CW00556882

ISBN 978-0-428-16991-6
PIBN 11305640

DEUTSCHE TECHNIKER-ZEITUNG

Herausgegeben vom Deutschen Techniker-Verbande

Wochenschrift für alle technischen Berufsstände

———·▪·———

Einunddreißigster Jahrgang 1914
Redaktion: Berlin SW. 48, Wilhelmstraße 130

Inhaltsverzeichnis der Deutschen Techniker-Zeitung

XXXI. Jahrgang 1914

Die fetten Ziffern bedeuten die Nummern, die gewöhnlichen Ziffern die Seiten der D. T.-Z.

A. Allgemeiner Teil.

I. Volkswirtschaft

1. Allgemeines

2. Genossenschaftswesen

3. Wohnungsfrage

II. Sozialpolitik

1. Allgemeine Sozialpolitik

2. Arbeitsmarkt, Arbeitsnachweis, Arbeitslosenunterstützung

(s. auch Sozialversicherung)

2. Staatsbeamte

3. Gemeindebeamte

V. Arbeiterfragen

VI. Arbeitgeberfragen, Arbeitgeberverbände

VII. Arbeitnehmerverbände, Freie Berufe

1. Deutscher Techniker-Verband

2. Bund der technisch-industriellen Beamten

3. Sonstige Techniker-Verbände

4. Beamten-Verbände

5. Kaufmännische und sonstige Angestellten-Verbände

6. Aerzte-Verband

VIII. Standesfragen

1. Allgemeines

2. Technikerberuf

3. Aus dem Berufsleben

(s. auch Beamtenfragen)

4. Besprochene Firmen

IX. Standesbewegung

X. Rechtsfragen

(s. auch Arbeitsrecht, Beamtenfragen, Konkurrenzklausel, Erfinderrecht, Briefkasten der Technischen Rundschau)

XI. Technisches Schulwesen

XII. Verschiedenes

XIII. Namenverzeichnis

B. Technische Rundschau.

Die mit * bezeichneten Artikel sind mit Abbildungen versehen.

I. Abhandlungen

II. Bücher- und Zeitschriftenschau

III. Briefkastenauskünfte

IV. Namenverzeichnis

Brühl'sche Universitäts-Buch- und Steindruckerei. R. Lange, Gießen.

DEUTSCHE TECHNIKER-ZEITUNG
HERAUSGEGEBEN VOM DEUTSCHEN TECHNIKER-VERBANDE
BERLIN SW. 48, Wilhelmstraße 130 — Schriftleitung: Erich Händeler-Berlin.
XXXI. Jahrg. — **3. Januar 1914** — **Heft 1**

Vorwärts!

In Beschaulichkeit sich zu versenken, ist nicht Art unserer Zeit. Zwar überkommt uns oft Sehnsucht nach guter alter Zeit, wo Wanderstab und Postkutsche die Gedanken von einem Ort zum andern trugen, wo an langen Winterabenden beim trüben Schein der Oellampe Zeit zum Grübeln, Muße zur Selbstprüfung und zum Nachdenken über die Vergangenheit war. Aber kaum, daß solche Gedanken gekommen, reißt uns auch schon unsere ganze Umgebung mit den Fortschritten der Technik aus der Gegenwart in die Zukunft hinein. Vorwärts! tönt's uns von allen Seiten entgegen. Und eh wir's noch vernommen, ist bereits die Gegenwart wieder Vergangenheit geworden, und vorwärts werden wir gerissen in tollem Wirbel, vorwärts geschoben, auch wenn wir uns sträuben.

Was ist das für ein Bild, wenn ein Schifflein in der Strömung bald nach rechts, bald nach links gerissen wird, und der Steuermann, anstatt nach vorn zu schauen, rückwärts blickt, so stets den Augenblick verpassend, wo ein fester Griff am Steuerrad das Schiff nach eigenem Willen lenken kann! Und doch sehen wir dieses Bild so oft, im Einzelleben sowohl wie im Gemeinschaftsleben. Da gibt es Tausende von Menschen, die ewig über „verpaßte Gelegenheiten" jammern, die sich umherwerfen lassen vom Leben ohne die Kraft zu eigenem starken Willen; die der Gegenwart erst gewahr werden, wenn sie Vergangenheit geworden; die sich vorwärts zerren lassen, anstatt mit dem Blick in die Zukunft, fest zuzupacken, wenn die Gelegenheit sich bietet. Und wie die Menschen sind ihre Gebilde.

Auch da gibt es Organisationen, die sich ängstlich vor jedem Schritt in die Zukunft scheuen, die mühsam von den Ereignissen gedrängt werden und, wenn sie einen Schritt vorwärts getan haben, zögern und zaudern mit einem weiteren Schritt, bis sie wieder ganz der Vergangenheit angehören. Es ist möglich, daß sich äußerlich keine Veränderung an ihnen zeigt; sie erscheinen so stark wie zuvor, denn es gibt ja auch die Menschen, die zu ihnen passen und denen die „Angst vor der eigenen Courage" so tief in den Knochen sitzt, daß sie nach jedem Schritt vorwärts auch wieder einen Schritt rückwärts machen müssen. Solche Gemeinschaften blühen und gedeihen äußerlich, aber ihren Zweck haben sie verfehlt. Sie sind nicht mehr die Kräfte, die sie sein sollen, die Kräfte, die das Wirtschaftsleben gestalten. Denn das ist doch der Zweck einer jeden Organisation: Mit vollem Bewußtsein und aller Kraft auf das Leben einzuwirken und es nach dem eigenen Willen zu lenken.

Wenn wir jetzt bei dem Scheiden des alten und dem Kommen des neuen Jahres gemahnt werden, einen Blick zurückzuwerfen, so soll das kein beschauliches Erinnern an Vergangenes, sondern nur der Ansporn dafür sein, daß wir im neuen Jahr noch mehr als bisher dem Wesen unseres Deutschen Techniker-Verbandes gerecht werden und durch ein mutiges Eingreifen in das Getriebe der Volkswirtschaft dem Ziele zustreben, das wir uns in unserer Satzung als Hebung der wirtschaftlichen und sozialen Lage der technischen Angestellten und Beamten und des Ansehens des technischen Berufes gestellt haben.

Wir können mit gutem Gewissen sagen, daß wir im alten Jahre ein gutes Stück auf diesem Wege vorwärts gekommen sind. Wir haben die auf dem Kölner Verbandstage beschlossene neue Satzung in die Wirklichkeit umgesetzt. Nicht leicht ging diese innere Umbildung des Verbandes vor sich. Manches lieb und wert Gewonnene mußte aufgegeben werden. Es wurden auch Stimmen der Zweifler laut, die meinten, ob es nicht besser gewesen wäre, mit diesem Schritt noch ein oder zwei Jahre zu warten. Aber auch sie sagen jetzt: es ist gut so, wir haben diese Schwierigkeiten überwunden. Es stellt dem Geiste, der in uns lebendig ist, ein gutes Zeugnis aus, daß örtliche Wünsche und Bestrebungen dem Wohl des großen Ganzen untergeordnet worden sind. Aus dem Verbande, der Vereine zusammenschloß, ist die einheitliche, geschlossene Masse geworden, die bei dem Stande der sozialen Bewegung nötig ist, um mit Erfolg wirken zu können. Allerdings — das müssen wir in offener Selbsterkenntnis hinzufügen — nicht überall ist dieser äußeren Aenderung der Organisationsform die Wandlung des Sinnes gefolgt. Hier liegt unsere Arbeit für das kommende Jahr. Zu der Kollegialität, die das Fundament für den auf Vereinen gegründeten Verband war, muß das gewaltige Gefühl der Solidarität bei allen Verbandsmitgliedern treten. Da darf in Zukunft keiner mehr abseits stehen und wähnen, es ginge auch ohne ihn. Nein, nur wenn alle Mitglieder des Verbandes sich die Hand reichen, um Solidarität zu üben zur Erringung der wirtschaftlichen und rechtlichen Besserstellung des ganzen Standes, ist unser Verband die Macht, die jeder von uns braucht, wenn nicht die Gesetze des Wirtschaftslebens über ihn hinweggehen sollen.

Was da die Organisation mit Hilfe der Solidarität aller ihrer Glieder leisten muß, hat uns das letzte Jahr mit der Steigerung der Arbeitslosigkeit gezeigt. Der eine oder andere mag vielleicht nicht mit so großer Sorge dieses Gespenst vor sich sehen, wenn er gespart und sich einen Notgroschen zurückgelegt hat; Tausende und Abertausende konnten es bei kärglicher Entlohnung leider nicht. Aber ganz gleich, für alle, die durch eine solche Krise, wie die gegenwärtige, arbeitslos geworden sind, trifft die Tatsache zu, daß sie mit ihrem Gelde oder ihren Entbehrungen für Fehler büßen, die nicht in ihnen, sondern in der Wirtschaftsordnung liegen. Diese Fehler kann aber nicht der einzelne beseitigen, sondern nur die Organisation, die den genügenden Einfluß auf das Wirtschaftsleben hat. Die Gewährung von Stellenlosenunterstützung ist das Nächstliegende, was die Berufsgenossen in Wahrung der Solidarität durch ihre Organisation tun können, um die schlimmsten Folgen der Arbeitslosigkeit zu mildern. Unser Verband hat im vergangenen Jahre das Möglichste getan, was er konnte. Statt der im Kostenvoranschlag vorgesehenen [illegible]000 M sind an die Hunderttausend Mark an Stellenlosenunterstützungen gezahlt worden. Doch es kann von der Organisation nicht Unmögliches verlangt werden. Die Schäden des Wirtschaftslebens kann auch der stärkste Berufsverband der Arbeitnehmer nicht auf die Dauer wieder gut machen. Da ist es Pflicht des Staates, der alle Glieder der Produktion umschließt, einzugreifen und, wenn er nicht in der Lage ist, die Krankheit am Volkskörper zu heilen, Mittel und Wege zu finden, die durch Versicherung gegen die Arbeitslosigkeit die Last dem einzelnen, der sie jetzt unverschuldet tragen muß, abnehmen und auf die Schultern der Gesamtheit legen. Arbeitslosenversicherung auf reichsgesetzlicher Grundlage ist darum die Forderung, die im neuen Jahre mit aller Tatkraft vertreten werden muß, nicht nur an dieser Stelle, sondern von jedem Mitgliede des Verbandes, wo sich nur immer Gelegenheit findet.

Von heut auf morgen erreichen wir das Ziel nicht. Wir geben uns keinen Selbsttäuschungen hin und nehmen darum die Vorteile, wo sie sich bieten; auch die kommunale Arbeitslosenversicherung ist als eine Etappe auf dem Wege zu begrüßen. Aber wir kommen vorwärts, wenn wir nur geschlossen auf das Ziel losmarschieren. Die Geschlossenheit unserer Bewegung verbürgt unseren Erfolg. Das wissen alle, die mit Abneigung der Erstarkung der Arbeitnehmerorganisationen gegenüberstehen. Darum die fortwährenden Angriffe auf das Koalitionsrecht. Was hat uns da alles das alte Jahr gebracht! Es ist gleichgültig, ob es sich um Angriffe auf das Koalitionsrecht der Arbeiter oder Angestellten handelt: hier gilt das Wort unseres Verbandsprogramms, daß wir uns als Glied in der sozialen Bewegung fühlen. Und die letzten Wochen des alten Jahres haben es auch den noch Zweifelnden klar gemacht, daß die wahren Freunde des Koalitionsrechtes außerhalb der Reihen der Arbeitnehmer recht dünn gesät sind. Der Hansabund, der neben anderen löblichen Zielen auch die Vertretung der Interessen der Angestellten auf seine Fahne geschrieben hatte, hat nicht nur gezeigt, wie wenig ernst es ihm um diese Aufgabe ist, sondern hat sogar bewiesen, daß er das Koalitionsrecht der Arbeitgeber schützt, das der Arbeitnehmer dagegen preisgibt. Man wende nicht ein, daß die Frage des Schutzes der Arbeitswilligen nichts mit den Organisationen der Angestellten zu tun habe. Hier heißt es: principiis obsta! Der § 153 der Gewerbeordnung sieht bereits für jede Behinderung oder Belästigung Arbeitswilliger Gefängnis bis zu drei Monaten vor, soweit nach dem allgemeinen Strafgesetz nicht eine härtere Strafe tritt — und die Erkenntnisse unserer Gerichte haben von der härteren Bestrafung reichlich Gebrauch gemacht. Der Ruf der Arbeitgeber geht, soweit sie nicht neue Strafbestimmungen fordern, auf eine Verschärfung in der Anwendung dieses Ausnahmegesetzes. Denn ein Ausnahmegesetz ist dieser § 153 sowohl wie der § 152 Absatz 2 der Gewerbeordnung. Fort mit solchen Ausnahmebestimmungen! Was wir brauchen, ist ein Gesetz zur Sicherung des Koalitionsrechts, zum Schutze der Freiheit der Persönlichkeit gegen wirtschaftlichen Druck jeder Art. Das ist eine weitere Forderung, wert, mit aller Kraft vertreten zu werden, die von den Ereignissen des alten Jahres so deutlich in den Vordergrund geschoben worden ist.

Aber auch hier stehen uns starke Gegner gegenüber. Nicht in der Regierung an und für sich, aber in den kleinen und doch mächtigen Kreisen der Arbeitgeber. Wo anders sind die Ursachen dafür zu finden, daß das Konkurrenzklauselgesetz nur auf die kaufmännischen, aber nicht auf die technischen Angestellten ausgedehnt wurde! Wie kommt es, daß das Gesetz über die Neuregelung der Sonntagsruhe wieder die technischen Angestellten übergeht? Denn wenn einmal der Gang der Gesetzgebung der war, daß zuerst die Gesetze für die kaufmännischen Angestellten kamen und dann erst die Gesetze für die technischen, so spricht doch nichts dafür, daß dieser ungerechtfertigte Grundsatz nun für alle Ewigkeit befolgt werden müsse. Im Gegenteil! Mit diesem Flickwerk in unserer Gesetzgebung muß endlich einmal Schluß gemacht werden. Wir brauchen so dringend wie nur etwas ein einheitliches Angestelltenrecht, das aus dem sozialen Gedanken unserer Zeit heraus geboren ist. Darum ist es Pflicht aller Organisationen, die nicht in Eigenbrödelei ihre Sonderinteressen verfolgen wollen, an diesem Ziele mitzuarbeiten und die Grundsätze festzulegen, die sich — ohne daß einer Gruppe ein Rückschritt gebracht wird — in einem einheitlichen Angestelltenrecht durchführen lassen.

Zu der Forderung nach einem einheitlichen Recht für die Privatangestellten kommt die Arbeit für ein einheitliches Beamtenrecht. Auch hier ist es für das neue Jahr unsere Aufgabe, mit allen Verbänden Fühlung zu nehmen, die das gleiche Ziel verfolgen, ohne daß wir vergessen, die kleinen Erfolge zu erstreiten, von denen unser Verband bisher schon manche für die in ihm zusammengeschlossenen Beamten errungen hat.

Und wenn wir zum Schluß noch der Aufgaben gedenken, die wir in der Frage des neuen Patentgesetzes zu erfüllen haben, um aus dem Regierungsentwurf ein Gesetz zu machen, das für die technischen Angestellten einen wirklichen Fortschritt bedeutet — eine Aufgabe, die wir hoffentlich Hand in Hand mit allen Technikerorganisationen aufgreifen können —; wenn wir ferner an unser Streben denken, den Baumeistertitel auch den auf einer Baugewerkschule vorgebildeten Technikern zu sichern; wenn wir uns auch all der Aufgaben erinnern, die unserer auf dem Gebiete des technischen Schulwesens harren, dann haben wir eine Uebersicht über die Arbeit, die es im neuen Jahr zu bewältigen gilt.

Also vorwärts ans Werk! Jeder, der im alten Jahre in Reih und Glied gestanden und mit uns gestritten hat, muß weiter mit seinem Idealismus uns vorwärts helfen. Die Ergebnisse der Vorstandswahlen in den Zweigverwaltungen haben uns den Namen manches treuen Freundes nicht wieder gezeigt. Neue Kräfte sind eingesprungen, um mit frischer Kraft für den Verband zu wirken. Aber auch die alten Kämpen werden weiter ihre Erfahrungen uns zugute kommen lassen. Und hinzukommen müssen alle die, die bisher abseits von der eigentlichen Verbandsarbeit standen. Es darf keine Lauen mehr unter uns geben. Wollen wir im neuen Jahre vorwärtskommen, dann muß der Gedanke der Solidarität zu einer Kraft in jedem einzelnen Mitgliede, ja in jedem Berufskollegen werden, die alle eng zusammenschließt.

Zu Pfingsten finden wir uns in Metz wieder zum Verbandstage zusammen. Da müssen die Abgeordneten der Mitglieder zeigen, daß wir auf dem Weg, den die Verbandstage in Königsberg und Stuttgart eingeschlagen und auf dem wir in Köln zu einem Ziel gekommen waren, weiter gegangen sind und daß wir kräftig und unerschrocken in der gleichen Richtung weiter marschieren, nicht geschoben und gedrängt von der wirtschaftlichen Entwicklung, sondern mutig gewillt, sie zu beeinflussen in unserem Sinne zum besten unseres Technikerverbandes.

Hdl.

Die Belastung durch soziale Versicherung

Von Dr. Heinz Potthoff, Düsseldorf.

Die Angriffe aus gewissen Unternehmerkreisen gegen die wachsende Belastung des Wirtschaftslebens durch staatliche Sozialpolitik haben sich in erster Linie mit der Versicherung beschäftigt, weil hier die Kosten am unmittelbarsten in die Augen springen, und weil hier bis vor kurzem das Deutsche Reich unbezweifelt die Führung hatte. Inzwischen sind andere Staaten unserem Beispiele gefolgt. Und man kann den jetzigen Vorstoß gegen die soziale Versicherung wohl als den letzten betrachten. Denn er hat auch eine Reihe von Gegenschriften hervorgerufen, in denen gezeigt wird, daß die deutsche Industrie nicht höher belastet ist als die der Hauptkonkurrenten auf dem Weltmarkte (weil dort den geringeren Versicherungskosten höhere Armenlasten und dergleichen gegenüberstehen), ferner, daß man von einer Belastung durch die Versicherung überhaupt nicht reden könne, weil die Kosten durch wirtschaftliche und andere Vorteile mehr als ausgeglichen würden. Dieser zum Teil wissenschaftlich, zum Teil sozialpolitisch geführte Streit ist noch nicht entschieden, wenn auch durch die Folge der Veröffentlichungen die Wage sich immer entschiedener zugunsten der Versicherung neigt. Aber neben den Teilergebnissen der Untersuchungen haben diese noch ein Wichtiges gelehrt: sie haben uns das Problem in seiner vollen Größe erkennen lassen. Und das ist die wichtiste Voraussetzung einer befriedigenden Antwort: es muß richtig gefragt werden. Was zu fragen ist, läßt sich etwa so zusammenfassen:

1) Die soziale Versicherung ist nur ein Teil der großen, umfassenden Staatstätigkeit, die ergänzt wird durch Pflichten und Aufwendungen der Unterorgane, namentlich der Gemeinden, durch Vereinstätigkeit, durch freiwillige Leistungen aller Staatsmitglieder, durch rechtlich oder sittlich erzwungene oder freiwillige Betätigung der Arbeitgeber, der Familienangehörigen usw. Es ist also ganz sinnlos, die sozialen Versicherungsgesetze und die daraus fließenden Geldsummen der verschiedenen Staaten zu vergleichen, um daraus ein Urteil über die Wettbewerbsbedingungen zu gewinnen. Sondern man muß bei einem solchen internationalen Vergleiche auch die Arbeiterschutzgesetze, das Arbeitsvertragsrecht, die Armen- und Steuergesetzgebung, das Familienrecht, die Zoll- und Wirtschaftspolitik usw. heranziehen. Erst alles das in Verbindung mit den Lebensgewohnheiten, den Sitten, den durch Arbeitergewerkschaften herbeigeführten Tarifverträgen oder Gebräuchen erlaubt es, einen Vergleich über die öffentlich rechtliche Belastung der verschiedenen Industrien durchzuführen und sich ein Urteil darüber zu bilden, ob ein Staat durch ein Uebermaß solcher Belastung seine Gewerbe vor denen der Nachbarn benachteiligt.

2) Aber auch damit ist noch nichts gewonnen. Denn die Kenntnis der gesetzlichen Belastung besagt noch nichts darüber, wer diese Lasten wirklich trägt. Das Gesetz schreibt vor, das Versicherungsbeiträge in bestimmter Höhe erhoben werden, daß der Arbeitgeber einen bestimmten Anteil, der Versicherte selbst einen anderen zu entrichten hat. Aber aus welchen Mitteln jeder die Beiträge nimmt, wie er sich für die Belastung schadlos hält, darüber kann das Gesetz nichts sagen. Ebensowenig wie bei Steuern kann bei Versicherungsbeiträgen der Gesetzgeber voraussagen oder vorschreiben, ob und wie die unmittelbar Pflichtigen die Kosten auf andere überwälzen. Solange man aber nicht weiß, in welchem Umfange die Versicherungskosten von der Unternehmung getragen werden, in welchem Umfange von den Arbeitern, welche Wirkung sie auf deren Lebensverhältnisse üben, wie weit sie den Unternehmungsgewinn schmälern oder mit andern Geschäftsspesen auf die Preise geschlagen werden, wie weit die unmittelbaren Abnehmer der Erzeugnisse sie zahlen, wie weit sie wiederum die erhöhten Preise für Rohstoffe oder Hutfabrikate beim Verkauf der eigenen fertigen Erzeugnisse zum Ausdruck bringen, wie weit also letzten Endes die Gesamtheit der Konsumenten Träger ist; ferner aber auch, in welchem Umfange diese Abwälzung durch Preisaufschlag auf dem Weltmarkte nicht möglich ist, wie weit der dort erzielte Mindergewinn unter dem Schutz von Zöllen oder Kartellen auf den inländischen Absatz geschlagen werden kann — so lange man das alles nicht weiß, kann man auch nicht über die wirkliche Minderung der Konkurrenzfähigkeit eines Betriebes durch soziale Versicherung urteilen.

3) Dazu kommt ein weiteres, das wichtigste: Nur kurzsichtige Interessenpolitik kann die Versicherungskosten als reine Belastung auffassen. Das ist nicht einmal bei der Altersversicherung der Fall, obgleich diese noch eine Versorgung von Personen darstellt, die niemals wieder leistungsfähig werden. Die Zeiten, da man Alte und dauernd Gebrechliche einfach tot schlug, um die „Belastung" der anderen aus der Welt zu schaffen, liegt doch so weit hinter uns, daß wir sie nicht zum Vergleich heranziehen können. Auch vor fünfzig Jahren mußten die Arbeitsunfähigen unterhalten werden. Nur geschah dieser Unterhalt früher meist auf anderer Leute Kosten, jetzt auf eigene; früher wurden die Mittel erst beim Bedarf beschafft, jetzt werden sie rechtzeitig während der Dauer der Arbeitsfähigkeit bereitgestellt; früher mußten Familie, Wohlfahrtsvereine, Armenpflege einspringen, jetzt ist die Beschaffung den am Arbeitsverhältnisse Beteiligten auferlegt. Also nur eine Neuregelung schon bestehender Kosten, eine bessere, rationellere Ordnung, die sicherlich nicht zu einer Erhöhung, sondern zu einer Minderung der Lasten oder zu einer Erhöhung des Ergebnisses führt. Das gleiche gilt von der Versorgung derjenigen, die durch Unfall oder Krankheit dauernd invalide geworden sind. In allen anderen Fällen springt die Aktivseite der Versicherung viel mehr in die Augen. Der Erkrankte oder Verletzte soll durch die Versicherungsleistungen in den Stand gesetzt werden, die vorübergehende Arbeitsunfähigkeit möglichst rasch zu überwinden, seine Leistungsfähigkeit möglichst bald und möglichst vollständig wieder herzustellen. Die Witwen- und Waisenrenten sollen die Erziehung eines neuen Geschlechtes von tüchtigen Arbeitern erleichtern, vielleicht erst ermöglichen. Und schließlich liegt die allerwichtigste Bedeutung gar nicht in den Renten, sondern in der Verhinderung der Rentenbedürftigkeit. Viel wichtiger als das Krankengeld ist die regelmäßige ärztliche Ueberwachung der Gesundheit, das frühzeitige Einschreiten beim Auftreten von Krankheitserscheinungen. Wichtiger als die Invalidenrenten ist das vorbeugende Heilverfahren, der Kampf gegen die Volkskrankheiten, die Förderung der Gesundheit, des Wohnungswesens, des Städtebaues usw., zu dem die deutschen Landesversicherungsanstalten außerordentlich bedeutsame Anfänge gemacht haben. Wer will die wirtschaftlichen Wirkungen solcher Maßregeln messen? Und doch ist das nötig, wenn man über die Lasten der sozialen Versicherung urteilen will. Nicht nur die Höhe der Vorteile müßte man feststellen, sondern auch diejenigen, denen sie zugute kommen. Denn nicht nur die Versicherten selbst sind es, die solche Vorteile haben und nicht nur die Volkswirtschaft im ganzen, sondern auch die Arbeit-

geber, denen erfahrene Arbeiter länger erhalten bleiben, die von manchem Wechsel verschont werden, die manche eigenen Leistungen sparen können; ebenso die Erzeuger und Verkäufer derjenigen Dinge, welche die Versicherten auf Grund der geregelten Fürsorge auch in Zeiten der Arbeitslosigkeit verbrauchen können. Nur wenn man diese Vorteile im einzelnen feststellen und den Kosten gegenüberstellen könnte, ließe sich wirklich objektiv darüber urteilen, ob und in welchem Maße einzelne Unternehmungen oder Industriezweige durch die staatliche Zwangsgesetzgebung belastet, ob und in welchem Umfange ihnen nicht etwa direkte wirtschaftliche Vorteile zugeführt werden (man denke an Apotheken, an die Herstellung der verschiedensten Dinge zur Krankenpflege, an das Baugewerbe usw.).

4) Schließlich wird der Politiker sich nicht auf das rein Wirtschaftliche beschränken dürfen. Auch die ideellen Wirkungen der Versicherung sind nicht zu unterschätzen. Man denke an den Ersatz der vielfach die Bürgerrechte kürzenden Unterstützungen durch den Anspruch auf Versicherungsleistungen, an den Wegfall der Sorge vor dem Schicksal bei Arbeitsunfähigkeit, an die Verknüpfung der Millionen mit dem Staate und seinen Einrichtungen, an die Mitwirkung der Versicherten bei den verschiedensten Organen der Verwaltung; aber auch an die Aenderungen des Familienlebens durch die baren Leistungen der Alten und Invaliden. Ein weites Kapitel. Aber die Frage ist auch vom rein wirtschaftlichen Gesichtspunkte aus so kompliziert, daß es eines Hinweises auf das nicht Wirtschaftliche wahrhaftig nicht bedarf, um fast mutlos vor dem Durcheinander wichtiger Beziehungen zu stehen.

Selbstverständlich darf die Schwierigkeit einer wissenschaftlichen Aufgabe nicht vor ihrer Lösung zurückschrecken, wenn sie als notwendig erscheint. Und man darf hoffen, daß in Deutschland Behörden, soziale Organisationen, Gelehrte und Versicherungsanstalten gemeinsam an die Arbeit gehen werden. Dennoch fehlt uns zur Beantwortung der aufgeworfenen Fragen fast alles — soweit es sich um exakte Feststellungen handelt.

SOZIALPOLITIK

Die Gegner des Koalitionsrechts

haben durch ihre wiederholten Vorstöße anscheinend an Boden gewonnen. Das haben die Ausführungen des Reichskanzlers in der Sitzung des Deutschen Reichstags vom 10. Dezember v. J. gezeigt. Herr v. Bethmann-Hollweg gab selbst einen Beweis dafür, wie sich seine Anschauungen gewandelt haben, indem er auf eine Rede hinwies, die er vor drei Jahren im Reichstag gehalten hatte und in der er klipp und klar jede Beschränkung des Koalitionsrechts abgelehnt hatte. Er sagte damals: „Gegen Auswüchse des Koalitionswesens kann nicht eingeschritten werden durch Ausnahmegesetze, sondern nur auf dem Boden des gemeinen Rechts, und es darf dabei ein Einbruch in die Koalitionsfreiheit nicht erfolgen.“ In seiner Rede vom 10. Dezember 1913 unterstrich er wieder diese Worte, aber im gleichen Atemzuge erklärte er seine Bereitwilligkeit zur Schaffung von Ausnahmegesetzen. Denn darauf kommen seine Ausführungen in Wirklichkeit hinaus trotz der schönen Versicherung, daß es ein „ebenso aussichtsloses wie törichtes Unternehmen“ wäre, „durch Akte der Gesetzgebung“ das Koalitionswesen einzuengen. Der Reichskanzler erklärte, daß bei der Revision der Strafgesetze das durchgeführt würde, was jetzt von denen, die nach dem Schutz der Arbeitswilligen rufen, gefordert wird. Er stützte sich zur Begründung für die Notwendigkeit dieser Maßnahme auf einen Gedankengang, der auf den ersten Blick einen Schein des Rechts für sich hat. Er sagte, daß bei der Schaffung des Strafgesetzbuches sich das Koalitionswesen im Vergleich zu heute noch sehr in den Anfängen befand, und daß der Gesetzgeber, als er die Paragraphen zum Schutze der persönlichen Freiheit faßte, im wesentlichen Angriffe auf die persönliche Freiheit des Individuums durch ein drittes Individuum im Auge hatte, nicht aber Angriffe, die auf die Macht der Koalitionen gestützt werden. Hier müsse die Gesetzgebung dem Gange der tatsächlichen Entwicklung folgen.

Gewiß ein richtiger Gedankengang! Aber warum mit einmal die Forderung, daß die Gesetzgebung mit der Entwicklung Schritt halten muß, nur auf das Strafgesetzbuch beschränken? Warum lehnt der Reichskanzler in derselben Rede einige Sätze vorher es ab, die Frage der Rechtsfähigkeit der Berufsvereine zu behandeln mit dem Hinweis, daß sie „noch keineswegs zu einem gesetzgeberischen Akt reif ist“? Wenn die Koalitionen eine so wesentliche Aenderung der Rechtslage herbeigeführt haben, dann muß es Aufgabe der Gesetzgebung sein, alle veränderten Verhältnisse zu erfassen und nicht ein Gebiet herauszugreifen, das für sich geregelt, die vorhandene Ungleichheit nur noch vergrößern würde. Drängt die Frage des Rechts der Koalitionen zur Entscheidung — und wir sind dieser Meinung —, dann gilt es vor allem, die Ausnahmegesetze gegen die Koalitionen in der Gewerbeordnung zu beseitigen, dann muß überhaupt erst ein positives Koalitionsrecht geschaffen werden. Dabei wird Gelegenheit sein, den Terrorismus durch gesetzliche Bestimmungen zu unterbinden; allerdings nicht nur den Terrorismus der Arbeitnehmer — wenn ein solcher vorhanden ist — sondern ebenso den Terrorismus der Arbeitgeber, die Ausbeutung der wirtschaftlichen Uebermacht zur Unterdrückung der persönlichen Freiheit der Arbeiter oder Angestellten. Hdl.

*

Schutz vor Arbeitswilligen

Bei dem Frauendorfer Streikkrawall hatte ein Arbeitswilliger einen Streikenden erstochen. Das Gericht sprach den Arbeitswilligen, weil es annahm, daß er aus Notwehr gehandelt habe, frei. In einem zweiten Prozeß wurden zwei Streikende, darunter ein Schwager des Erstochenen, zu 12 und 18 Monaten Gefängnis wegen Landfriedensbruchs verurteilt, weil sie in dem Krawall, der an die Erstechung des Streikenden anschloß, mit der Polizei zusammengerieten.

Es soll keines der beiden Gerichtsurteile hier kritisiert werden. Aber kann angesichts solcher Urteile behauptet werden, daß die bestehenden Gesetze zu wenig Schutz für die Arbeitswilligen bieten? Im Gegenteil könnte man versucht sein, einen Schutz vor Arbeitswilligen für nötig zu halten. Denn dieser Frauendorfer Prozeß hat wieder gezeigt, was für Elemente es sind, für die sich unser Scharfmachertum verwendet. Hdl.

ANGESTELLTENFRAGEN

Sonnabend-Frühschluß

Ein recht interessantes Ergebnis hat ein Rundschreiben gehabt, das der „Soziale Ausschuß der Privatangestellten-Vereinigungen Magdeburgs“ an alle Magdeburger Firmen wegen der Einführung des freien Sonnabendnachmittags gerichtet hatte. Eine namhafte Anzahl von Firmen, die diese Einrichtung schon getroffen haben, erklärten ihre volle Zustimmung zu dem Rundschreiben und heben ausdrücklich die guten Erfahrungen hervor, die sie mit der Einführung des Sonnabend-Frühschlusses gemacht haben. Sie stellten fest, daß die Leistungsfähigkeit der Unternehmen nicht gesunken sei.

Zwei Firmen ließen dem „Sozialen Ausschuß“ aber Antworten zukommen, die recht bezeichnend für die „sozialen“ Anschauungen mancher Arbeitgeberkreise sind. Eine kleinere technische Firma erklärte sich unumwunden als grundsätzlichen Feind derartiger Einrichtungen, wenn nicht gleichzeitig eine Kürzung der Gehälter eintrete.

Eine größere kaufmännische Firma begründete ihre ablehnende Haltung aber mit der Behauptung, daß bei ihren Angestellten die Arbeitslust so groß sei, daß sie ohne Sonnabendnachmittagsarbeit nicht zufrieden sein würden. Die Firma ist überzeugt, daß wenn sie für Sonnabends eine allgemeine „Aussperrung“ (!) ihrer Beamten anordnen würde, alle, mit Ausnahme des jüngsten Lehrlings, sich dagegen auflehnen würden. Eine Bureauzeit von 7 bezw. 8 Uhr vormittags und 6 bezw. 7 Uhr abends, bei einer zweistündigen Mittagspause bedeute keine überspannte Anstrengung. Kränkliche und ungesunde Personen, für die übrigens schon besonders gesorgt sei, wie ist nicht angegeben, könnten solche Wünsche hegen, gesunde nicht.

Daß bei solchen Ansichten gemäß bekannten Rezept auch als Folgen früheren Schlusses stärkerer Alkoholgenuß, Veruntreuungen in den verschiedenen Formen, Besuch der Rennplätze, Abgeben mit Glücksspielen und Weibern usw. angegeben würde, nimmt nicht weiter Wunder. Nur Leute — heißt es in der Antwort weiter —, die vom praktischen Leben wenig erfahren haben, könnten derartige Anträge an die Prinzipale stellen. Und zum Schluß kommt noch der in diesem Zusammenhange geradezu empörende Satz: „Will Deutschland auch fernerhin in jeder Beziehung in erster Reihe stehen, dann sind Männer erforderlich, welchen es auf eine Stunde Tätigkeit nicht ankommt."

Es wäre wirklich um Deutschland traurig bestellt, wenn solche Ansichten in weiteren Kreisen der Arbeitgeber bestünden. Daß Arbeitgeber die Gewährung des freien Sonnabendnachmittags ablehnen, ist ihr gutes Recht, wenn wir auch der Meinung sind, daß sie dann auch im eigenen Interesse kurzsichtig handeln. Dieses „Nein" aber mit Verdächtigungen der Angestellten zu verdecken, ist aber doch eine zu eigenartige Methode, die niedriger gehängt werden muß. Pa.

BEAMTENFRAGEN

Der Berliner Magistrat und die Beiträge zur Angestelltenversicherung

Der Magistrat und das Stadtverordnetenkollegium in Berlin beschäftigen sich seit fast einem Jahre mit der Frage der Beitragszahlung zur Angestellten-Versicherung für die etwa 3300 auf Privatdienstvertrag angestellten Techniker, Zeichner, Fleischbeschauer, Probeentnehmer und Bureauangestellte der Stadt Berlin. Allgemein wurde gehofft, daß auch der Berliner Magistrat, dem Beispiele anderer Städte folgend, die ganzen Beiträge zur Angestellten-Versicherung auf die Stadtkasse übernehmen würde. Leider hat die Magistratsvorlage vom 3. Oktober v. J. die städtischen Angestellten herb enttäuscht. Der Magistrat lehnte die Uebernahme der vollen Beiträge für die Angestelltenversicherung ab, und als die Stadtverordneten einen sozialdemokratischen Antrag auf Uebernahme der vollen Beiträge unterstützten, zog der Magistrat kurzerhand die ganze Vorlage zurück, ohne sich über die weitere Regelung überhaupt zu äußern. Das Stadtverordnetenkollegium beschäftigte sich am 4. Dezember auf Grund eines Antrags der Linken noch einmal mit der Frage, der forderte, daß den Angestellten die Beitragshälfte zwar auferlegt, dafür aber eine außerordentliche Gehaltszulage in Höhe der Beiträge rückwirkend vom 1. Januar 1913 gewährt werden sollte. Dieser Antrag, der von dem sozialdemokratischen Redner und dem Stadtverordneten Goldschmidt, dem Führer der Hirsch-Dunckerschen Gewerkvereine, mit guten Gründen vertreten wurde, ruht einstweilen beim zuständigen Ausschuß, und die Zustimmung des Magistrats dazu ist ungewiß.

Angesichts dieser Sachlage mußten die städtischen Angestellten, um ihrer Forderung Nachdruck zu verleihen, an die Oeffentlichkeit treten. Am 21. Dezember vorigen Jahres fand eine gemeinsam vom Verband der Bureauangestellten, Deutschen Techniker-Verband, Verband der Kunstgewerbezeichner, Bund der technisch-industriellen Beamten, Verein der Trichinenschauer und Verein der Probeentnehmer einberufene große öffentliche Versammlung statt, die von nahezu 1000 Personen besucht war.

Die Referenten, Reichstagsabg. Giebel, Vorsitzender des Verbandes der Bureauangestellten, und unser Kollege Kaufmann kritisierten unter stürmischem Beifall der Versammlung scharf die rückständige Stellung des Berliner Magistrats. In beiden Referaten kam die ganze Empörung über die im allgemeinen recht ungünstigen Arbeitsverhältnisse in den Berliner städtischen Betrieben zum Ausdruck. Wenn in der Versammlung festgestellt wurde, daß Bureauangestellte der Stadt Berlin mit einem Anfangsgehalt von 112 M im Monat, steigend auf 140 M nach zwölf Jahren beschäftigt werden, wenn weiter festgestellt wurde, daß eine andere Kategorie mit 125 M anfängt und nach 14 Jahren auf 165 M steigt, und wenn endlich Technikern, die eine kostspielige Vorbildung nachzuweisen haben, Gehälter bezahlt werden von 150 M, steigend in 18jähriger Dienstzeit auf 250 M, für eine kleinere Gruppe auf 300 M, dann muß auch der Fernerstehende zugeben, daß die Forderung der Angestellten berechtigt und deren Unzufriedenheit verständlich ist. Der Berliner Magistrat verlangt vom Geringsten seiner Angestellten, daß er in Berlin wohnt und fordert ein äußeres Auftreten, das bei diesen Gehältern einfach nicht möglich ist. In den weitaus meisten Fällen führt die dadurch erzwungene Einschränkung der Lebenshaltung zur Unterernährung. Es waren erschütternde Elendsbilder, die in der Diskussion ans Licht der Oeffentlichkeit gezogen wurden und diese Behauptung bestätigten. Dort trat ein 35jähriger Angestellter der städtischen Gaswerke auf, der verheiratet ist, eine kranke Frau und zwei Kinder zu ernähren hat und vom Magistrat Berlin mit 126 M im Monat besoldet wird. Ein Vertreter der Fleischbeschauer mußte bekennen, daß für sie, denen doch täglich ungeheure Mengen Fleisch durch die Finger gehen, dieses Nahrungsmittel eine Seltenheit geworden ist, und aus einer Eingabe der städtischen Techniker wurde nachgewiesen, daß einem solchen Angestellten bei Erfüllung all der mit seiner Stellung verbundenen Verpflichtungen von 210 M Monatsgehalt für eine vierköpfige Familie noch 90 M zum Lebensunterhalt übrig bleiben. Wie weit man in diesen teuren Zeiten damit kommen kann, weiß jede Hausfrau zu beurteilen. Das sind Zustände, die Kollege Kaufmann mit Recht in seinem Schlußwort als einer Weltstadt wie Berlin unwürdig bezeichnet hat.

Der zur Versammlung eingeladene Magistrat war fern geblieben: die Geschäftslage erlaube die Entsendung eines Vertreters nicht, und außerdem seien ihm die Wünsche der Angestellten bereits bekannt. Von den Stadtverordnetenfraktionen war wieder, wie schon öfter in der letzten Zeit, einzig nur die sozialdemokratische vertreten, namens der Herr Sassenbach erklärte, daß das Eintreten für Angestelltenforderungen bei seiner Fraktion selbstverständlich sei.

Es muß bei dieser Gelegenheit einmal ernstlich darauf hingewiesen werden, daß die anderen zwar eingeladenen aber nicht vertretenen Parteien in ihrem eigenen Interesse gut daran tun würden, sich mehr um die Nöte der Angestellten zu kümmern. So hat es die Versammlung ganz besonders bedauernd vermerkt, daß gerade die ausschlaggebende Mehrheitsgruppe der Berliner Stadtverordneten es an der nötigen Beachtung der Angestellten fehlen läßt. Das ist um so unverständlicher, als sich jene Kreise sonst mit Vorliebe auf den „neuen Mittelstand" zu stützen pflegen.

Die Anschauung der Versammlung kam in nachfolgender Resolution einstimmig zum Ausdruck:

„Die am 21. Dezember 1913 in Kellers Neuer Philharmonie versammelten technischen und Bureauangestellten der Stadt Berlin erwarten von dem Magistrat und dem Stadtverordnetenkollegium in Einlösung eines Wortes des Magistratsvertreters in der Sitzung vom 19. Juni d. J., wonach die Frage der Angestelltenversicherung ohne Schädigung der Angestellten geregelt werden soll, die Uebernahme der vollen Beiträge zur Angestelltenversicherung auf die Stadtkasse oder eine entsprechende außerordentliche Gehaltszulage.

Die Versammelten erklären nach reiflicher Ueberlegung ihrer Einkommensverhältnisse, daß sie außerstande sind, von ihren schmalen Gehältern diese neuen Ausgaben zu decken, wenn nicht die bedenklichsten gesundheitlichen Schäden für sie und ihre Familien entstehen sollen; denn die Stadtverwaltung Berlin — und hierauf machen sie besonders die Berliner Bürger aufmerksam — zahlt weiten Schichten ihrer auf Privatdienstvertrag beschäftigten Angestellten ein teils überhaupt nicht, teils nur ebenhin zur Deckung des notdürftigsten Lebensunterhaltes ausreichendes Gehalt.

Die Versammlung erklärt daher namens aller Angestellten, daß sie auf Erfüllung ihrer Forderung unbedingt bestehen muß. Sie wendet sich deswegen an die Stadtverordnetenversammlung mit dem Ersuchen, ihrerseits kein Mittel unversucht zu lassen, für die Durchsetzung des geforderten Ausgleichs.

An alle Kollegen richtet aber die Versammlung die Mahnung, ihre Organisation zu stärken." Kfm.

STANDESFRAGEN

Baumeister, Regierungsbaumeister und Anderes

Von Herrn Baugewerkschuldirektor Hirsch erhalten wir zu der Frage des Baumeistertitels folgende Zuschrift:

In den Standesvertretungen werden gegenwärtig voll Eifer Beschlüsse für und gegen die Bezeichnung „Baumeister" gefaßt, weil eine Regelung der Frage, wer zu seiner Führung berechtigt sein soll, durch Bundesratsbeschluß zu erwarten ist. Das Baugewerbe kann ihn in Sachsen erwerben und wünscht auch in den anderen Bundesstaaten das Anrecht darauf zu erhalten, während ihn die Beamten und die durch die zweite Staatsprüfung gegangenen Bauleute, die ihn als „Regierungsbaumeister" bereits besitzen, nicht hergeben möchten.

„O, was ist die Deutsch Sprak für ein arm Sprak! für ein plump Sprak!" kann man mit Chevalier Riccaut sagen, wenn man daran denkt, welche kaum je wiederkehrende Gelegenheit hier geboten ist, einmal großzügig und einmütig die Bezeichnungen durch den Bundesrat regeln zu lassen, durch welche die verschiedenen Funktionen im Stande der Bauleute gekennzeichnet werden. Wir wissen alle, daß hier wie in allen solchen Dingen das letzte Wort der Jurist hat, und es ist ganz gewiß nicht zu verlangen und zu erwarten, daß er diese unterschiedlichen Begriffe ermittelt. Sie müssen doch aus den Kreisen vorgeschlagen werden, die sie erhalten und führen sollen; in diesen Kreisen aber verbeißt man sich am Wort und verliert dabei den Maßstab dafür, was nach Sprachgebrauch und Begriff recht und billig wäre.

Verdient nicht zweifellos als Baumeister bezeichnet zu werden, wer einen Bau zu planen und auszuführen versteht? Baumeister ist so sinnfällig und auch volkstümlich, daß man der Bezeichnung nicht Zwang antun, sondern sie dem geben sollte, dem sie gebührt, also auch dem aus der Bauschule hervorgegangenen Techniker. Die hellen Sachsen sind darin voranmarschiert, aber es ist doch keine Schande für das übrige deutsche Vaterland, auch kein Schaden, wenn es einmal dem schönen Sachsenlande etwas nachmacht. Ja, aber die Regierungsbaumeister! Der Schmerz, der ihnen mit der Herabsetzung der einen Hälfte ihres Titels angetan wird, ist doch ganz unerträglich, das darf doch unter keinen Umständen sein! Gemach, wir haben Lehrer und Oberlehrer, Förster und Oberförster und andere Unterscheidungen, durch die ganz sinngemäß, klar und für die Allgemeinheit auch verständlich die höhere akademische Bildung über die andere hervorgehoben wird. Sollte es denn nicht möglich sein, auf diesem Wege auch der Forderung eines Standes gerecht zu werden, von dem mehr als die Hälfte, es wird sogar behauptet mehr als Dreiviertel aller Bauten ausgeführt werden? Sollte es sich nicht vermeiden lassen, dabei dem höheren Stande ein bestehendes Recht zu nehmen? Nun, ich glaube, daß es begrifflich reiner und der Allgemeinheit wohl auch verständlicher ist, wenn der „Regierungsbaumeister", der mit der Regierung erst etwas zu tun hat, wenn er sich „Königlicher" Regierungsbaumeister nennen darf, durch den Oberbaumeister ersetzt werden könnte. Wie klar würde dann der Aufbau der ganzen Standesbezeichnungen vom Baumeister über den Oberbaumeister und Baurat zum Geheimen Baurat und Oberbaurat sein. Für die im Staats- oder Hofdienst beschäftigten höheren Beamten würden die bisherigen Unterscheidungen hinzuzufügen sein. Unsere Muttersprache aber wäre ganz gewiß um einen trefflichen und kennzeichnenden Namen reicher.

Bei dieser Gelegenheit könnte auch den umständlichen und vielfach gar nicht zutreffenden Bezeichnungen an den mittleren Fachschulen für das Bauwesen der Garaus gemacht werden. Baugewerkschulen werden sie jetzt in den meisten Bundesstaaten noch genannt; Bauschulen sollten sie ihrem wahren Zwecke und dem Wunsche aller beteiligten Fachleute nach endlich heißen. Mit den Baugewerken haben sie nach Einrichtung der Tiefbauschulen nur noch zum geringsten Teile zu tun. Die Folgen für die Amtsbezeichnungen der an ihnen tätigen Lehrpersonen würden ebenfalls recht erfreuliche sein. Der Bauschullehrer, Bauschuloberlehrer und Bauschuldirektor ist dem Baugewerkschullehrer, Baugewerkschuloberlehrer und Baugewerkschuldirektor an Klarheit und Zungengeläufigkeit zweifelsohne überlegen, und wenn der schöne Titel „Gewerbeschulrat" durch den „Bauschulrat" ersetzt werden könnte, so würde dem Sprachgebrauch ebenso gut gedient sein wie dem Begriff. Regierungs- und Gewerbeschulräte meinetwegen als Aufsichtsbeamte und Dezernenten bei der Regierung, Bauschulräte die älteren oder verdienten Direktoren der Fachschulen — auch für die Maschinenbauschulen träfe die Bezeichnung zu —; wäre das nicht eine nützliche und erstrebenswerte Verbesserung des Sprachgebrauches? Ich möchte behaupten, daß alle Maßnahmen, die auf Herbeiführung einer Klärung und Verbesserung der jetzt auch für das Laienpublikum oft nicht auseinander zu haltenden Bezeichnungen hinzielen, allseitige Förderung verdienen und auch erfahren sollten.

*

Der Bund der technisch-industriellen Beamten

hielt am 20. und 21. Dezember des Vorjahres seinen 11. ordentl. Bundestag in Berlin ab. Nach dem kurzen Bericht, den der Verhandlungsleiter, Ingenieur Braun, über die gegenwärtige Lage des Bundes gab, ist die Austrittsbewegung gegen früher erheblich zurückgegangen, während die Zahl der Unterstützungsgesuche gegen Ende des Jahres eine außerordentliche Zunahme aufweist.

Die sozialpolitischen Verhandlungen brachten an erster Stelle ein Referat von Ingenieur Schweitzer über das Koalitionsrecht. Er führte aus, wie gewisse Arbeitgeberkreise schon seit langer Zeit eine systematische Agitation gegen das Vereinigungsrecht der Arbeitnehmer treiben, und belegte dies an Hand der bekannten Tatsachen. In diesen Bestrebungen der Arbeitgeber liege aber eine große Gefahr für jede Organisationsarbeit, der ja das Koalitionsrecht als unentbehrliche Grundlage diene. In neuerer Zeit sei eine einheitliche Phalanx in den Reihen der Gegner des Koalitionsrechts entstanden, nachdem sich die größten Arbeitgeberverbände zu einer Vereinigung deutscher Arbeitgeberverbände zusammengeschlossen hätten, denen sich als willkommene Helfer bei ihrem Vorgehen gegen die organisierte Arbeitnehmerschaft das Kartell der schaffenden Stände, Handels- und Handwerkskammern, in allerletzter Zeit auch der Hansabund zugesellt hätten. Während so unter dem Schlagwort „Schutz der Arbeitswilligen" offen gegen den angeblichen Terrorismus der Gewerkschaften Front gemacht werde — „Arbeitswilligenschutz" nicht etwa zugunsten der zahlreichen Arbeitslosen, die recht gern arbeiten wollten, wenn sie Stellung fänden, sondern zugunsten der Streikbrecher —, habe neuerdings, besonders gegen die technischen Angestellten, auch eine geheime Wühlarbeit der Arbeitgeberverbände eingesetzt, indem durch Umfragen nach der Zugehörigkeit zu einer Berufsorganisation eine systematische Gesinnungskontrolle ausgeübt werde. Unseren Lesern ist bekannt, daß die Ursprünge dieser Vorstöße gegen das Koalitionsrecht auf den Direktor der Garvenswerke in Hannover zurückführen, der es fertig gebracht hat, den Verband Hannoverscher Metallindustriellen von der Nützlichkeit einer Kartothek zu überführen, worin Name, Stand und Adresse aller organisierten Angestellten — lies: „unliebsamen Elemente" — verzeichnet sind. Angesichts dieser und ähnlicher Tatsachen, die von einem Terrorismus der Arbeitgeber Zeugnis ablegen, der nichts anderes als den Versuch bedeutet, das Koalitionsrecht der Arbeitnehmer im Geheimen zu untergraben, und der bei seiner Verstecktheit um so gefährlicher ist, forderte der Referent den Ausbau der bestehenden Koalitionsfreiheit zu einem wirklichen Koalitionsrecht. Das kam auch in einer Entschließung zum Ausdruck, die einstimmig angenommen wurde.

Gegen den Hansabund richtete sich eine besondere Resolution, die ebenfalls einmütig beschlossen wurde. Sie nimmt zu den bekannten Beschlüssen des Industrierats Stellung und bezeichnet diese als das, was sie in Wirklichkeit sind, nämlich: ein Versuch, das Koalitionsrecht der Arbeitnehmer noch mehr als bisher einzuschränken. Die Stellungnahme des Hansabunddirektoriums zu dem Beschlusse des Industrierates käme, soweit sie nicht dilatorischen Charakters sei, auf dasselbe hinaus.

Weiterhin wird in der Resolution die Mitgliedschaft im Hansabund mit den Interessen der Angestellten als Arbeitnehmer als unvereinbar erklärt.

Ein zweites großzügig angelegtes Referat des Bundesbeamten Sohlich behandelte die Notwendigkeit der reichsgesetzlichen Arbeitslosenfürsorge. Im Anschluß daran sprach sich der Bundestag für die Einführung der Arbeitslosenversicherung nach dem Genter System durch das Reich und solange dies nicht der Fall ist, durch die Gemeinden aus. Die Einführung der Reichs-Arbeitslosenversicherung wurde gleichzeitig als die dringendste Aufgabe der Zeit bezeichnet.

Im übrigen wurde der größte Teil der Verhandlungen durch die Versuche in Anspruch genommen, einen inneren Konflikt beizulegen, der sich im Bund zu einer Krise entwickelt hatte. Die Vorgänge stehen im engen Zusammenhang mit dem Ausscheiden des früheren Geschäftsführers des Bundes, Lüdemann, und hatten schon den wenige Wochen vorhergehenden 10. Bundestag, auf den wir wegen der ungeklärten Sachlage bisher nicht zurückgekommen waren, stark beschäftigt. Die Haltung, die der bisherige Vorstand in dieser Krise bewahrt hatte, zog ihm ein Mißtrauensvotum zu, das ihm mit 18 gegen 17 Stimmen bei 1 Stimmenthaltung von den Delegierten erteilt wurde. Der Vorstand legte darauf sein Amt nieder. Mit ihm erklärten sich durch Kündigung ihrer Stellung die Hilfssekretäre und der Zentralbeamte Sohlich solidarisch, weil sie die Verurteilung der Haltung des Vorstandes in der Angelegenheit Lüdemann auch als ein Mißtrauensvotum gegen sich auffaßten. Nach langen erregten Debatten wurde jedoch der bisherige Vorstand mit geringer Mehrheit — durchschnittlich 19 gegen 16 Stimmen — wiedergewählt, und es wurden zwischen den Zentralbeamten und den übrigen Beamten einerseits, diesen und dem Vorstand andererseits Erklärungen ausgetauscht, die zwar noch nicht Uebereinstimmung brachten, aber doch die Brücke zu einer zukünftigen Verständigung waren. Der Bundesvorstand beauftragte schließlich den Vorstand, die noch schwebenden Differenzen bis zum Frühjahrsbundestag durch ein Schiedsgericht zu beseitigen und Beamte, die den guten Willen zum Frieden nicht haben, von ihrem Posten zu entfernen. Aus den Beschlüssen geht also hervor, daß ein Wiedereintritt Lüdemanns in den Bund nicht mehr in Frage kommt. Mf.

// DEUTSCHE TECHNIKER-ZEITUNG
TECHNISCHE RUNDSCHAU

XXXI. Jahrg. **3. Januar 1914** **Heft 1**

Umschnürtes Gußeisen

System Dr. von Emperger.

Von Dr. H. NITZSCHE, Frankfurt a. M.

In Heft 38 des vorigen Jahrgangs der „Deutschen Techniker-Zeitung“ habe ich das Wesen und die Bedeutung des Dr. von Empergerschen Baustoffs, des umschnürten Gußeisens, kurz erläutert und das daraus als erstes errichtete größere Bauwerk, die Schwarzenberg-Brücke auf der „Iba“ in Leipzig, beschrieben. Im Anschluß hieran und mit Bezug auf einen Vortrag, den Dr. von Emperger am 12. September vorigen Jahres auf der Jahresversammlung der Deutschen Eisenhüttenleute in Eisenach hielt, möge hier einiges mehr über die für den Eisenbetonbau bedeutungsvolle Sache mitgeteilt werden.

Zuvor verweise ich bezüglich der grundlegenden Versuche, auf die hier nicht näher eingegangen werden soll, auf Dr. von Empergers eigene Veröffentlichungen [1] und die meinigen [2] (vgl. Fußnote), in denen die Grundlagen für die Berechnung und Anwendung des umschnürten Gußeisens zu finden sind.

Abb. 1. Bogenbrücke aus umschnürten Gußeisen im Ostseebad Deep (Stützweite 80 m). Projekt.

Wenn Dr. von Emperger früher seine erste Bogenbrücke mit 45 m Stützweite, die Schwarzenberg-Brücke, bezüglich der Abmessungen, die er für erreichbar hielt, als ein Modell der Anwendung seines Systems bezeichnete, so hat sich das bewahrheitet; denn in allernächster Zeit wird ein Bauwerk zur Ausführung gelangen, das ganz die gleichen Formen, wie die Leipziger Brücke erhalten wird und sich als diese in größerem Maßstab darstellt, das ist eine Bogenbrücke von 80 m Weite, die in dem Ostseebad Deep, Kreis Greifenberg i. Pom., erbaut werden wird und deren Bild Abb. 1 zeigt. Eine andere Konstruktionsform zeigt Abb. 2, das Projekt eines schlanken Brückenbogens, an welchem die Fahrbahn aufgehängt ist; die Leichtigkeit und Gefälligkeit der Form, welche der Baustoff mit seiner hohen Festigkeit gestattet, zeigt sich auch hier.

Eines der wesentlichsten Anwendungsgebiete des umschnürten Gußeisens ist der Stützenbau im Hochbau — (das Bogentragwerk einer Brücke kann aus einzelnen Säulen bestehend angesehen werden!) — und über diesen Sondergegenstand verbreitete sich Dr. von Emperger besonders in seinem Vortrage.

Aus der Berechnung der Säulen [2] aus umschnürtem Gußeisen, deren Richtigkeit durch die Versuche bestätigt ist, läßt sich nachweisen, daß es möglich ist, mittels einer Empergersäule eine etwa 3,5-fache größere Tragfähigkeit zu erzielen, als dies mit einer stark umschnürten, flußeisenarmierten Eisenbetonsäule möglich ist. Um das zu belegen, werde kurz auf die Berechnung eingegangen und zunächst vorausgesetzt, daß Knickung nicht zu berücksichtigen sei.

Nehmen wir eine Säule an, die einen Kernquerschnitt aus Gußeisen f_g habe, das Gußeisen besitze eine Würfeldruckfestigkeit k_g, die Betonummantelung habe den Querschnitt f_b und die Würfelfestigkeit des Betons sei k_b; außerdem sei noch eine (geringe) Längsbewehrung aus flußeisernen Rundstäben vorhanden vom Querschnitt f_e und das Flußeisen habe seine Fließgrenze bei k_e; vorhanden ist schließlich noch die enge Stahldrahtumschnürung des Betons, die laut amtlicher Vorschrift als in theoretische Längsbewehrung umwandelbar betrachtet werden darf, hiervon soll jedoch abgesehen werden.

Da nun die grundlegenden Versuche ergehen haben, daß der Bruch der Säule dann eintritt, wenn die Festigkeiten aller drei Baustoffe voll ausgenutzt sind, so ergibt sich ohne weiteres für die Bruchlast die Formel:

$$\text{Bruchlast } P_B = f_g \cdot k_g + f_b k_b + f_e \cdot k_e$$

Es sei nach einem Beispiel aus den Versuchsreihen:

$f_g = 45{,}9$ qcm $\quad k_g = 5840$ kg/qcm
$f_b = 276{,}5$ „ $\quad k_b = 218$ „
$f_e = 1{,}6$ „ $\quad k_e = 2400$ „

[1] a) Dr. von Emperger, Eine neue Verwendung des Gußeisens bei Säulen und Bogenbrücken, Berlin, 1911. b) Beton und Eisen, 1912, Hefte 3 und 5. c) Desgl., 1913, Hefte 2 und 6. d) Dr. von Emperger, Neuere Bogenbrücken aus umschnürten Gußeisen, Berlin 1913. e) Rundschau für Technik und Wirtschaft, 1913, Hefte 13 und 14. f) Gießereizeitung 1913, Heft 17.

[2] Vgl. vorstehende Literaturangabe, z. B. zu f).

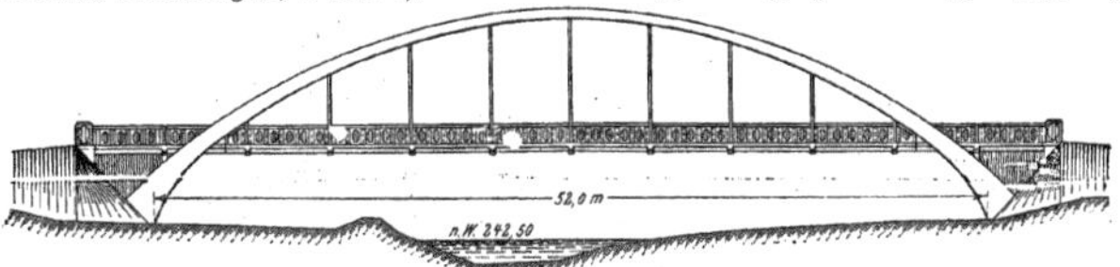

Abb. 2. Bogenbrücke mit aufgehängter Fahrbahn.

(Bem.: Dr. von Emperger betrachtet den außerhalb der Umschnürung liegenden Betonquerschnitt als nicht mittragende Schale und vernachlässigt ihn; nach den amtlichen Vorschriften wird die Schale mitgerechnet und es würde die Säule statt mit f_b = 276,5 mit $f^1{}_b$ = 467,8 qcm zu berechnen sein.)

Es ergibt sich

$$P_B = 45{,}9 \cdot 5840 + 276{,}5 \cdot 218 + 1{,}6 \cdot 2400 = 332\,200 \text{ kg} = 332{,}2 \text{ t}$$

Da eine fünffache Sicherheit als völlig ausreichend anzuerkennen ist, berechnet sich die Traglast der Säule zu

$$T = \frac{332{,}2}{5} = \mathbf{66{,}4\ t}$$

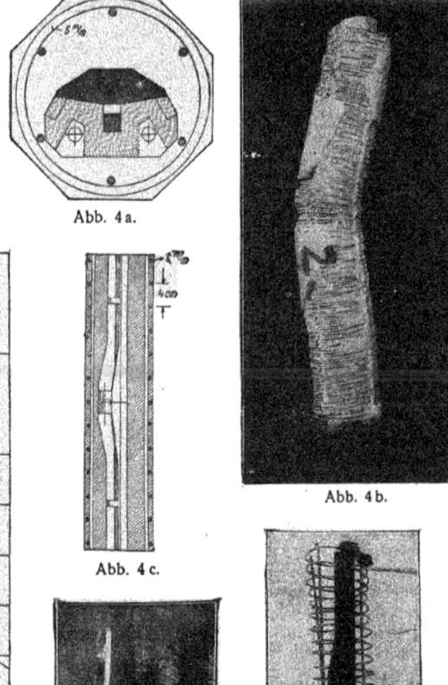

Abb. 4a.

Abb. 4b.

Abb. 4c.

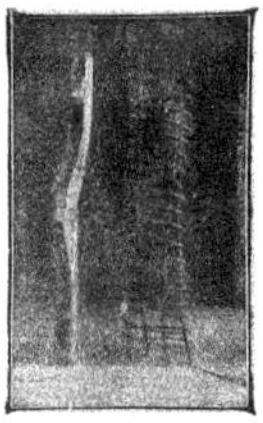

Abb. 4e. 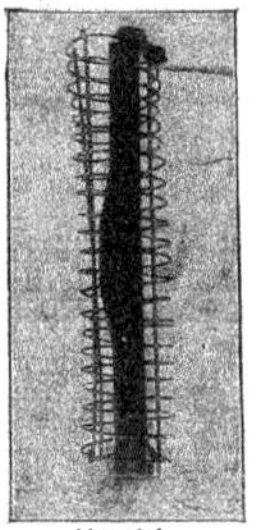 Abb. 4d.

Abb. 4 (a–e). Versuch mit kleinem Versuchskörper (gestoßene Gußeiseneinlage).

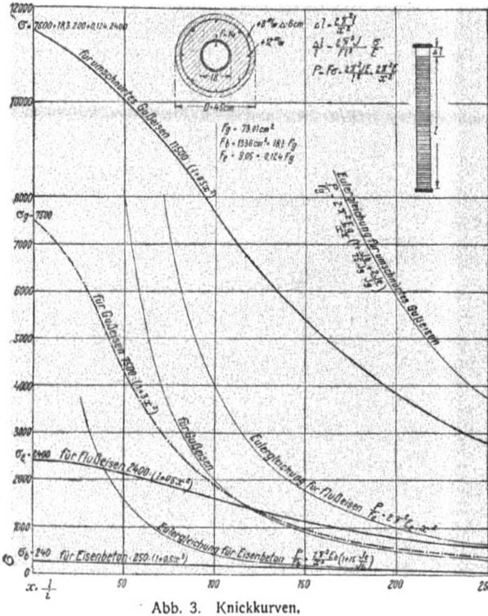

Abb. 3. Knickkurven.

Nach den amtlichen Vorschriften würde die Traglast für dieselbe Säule wie folgt zu bestimmen sein:

$$T' = 45{,}9 \cdot 10 \cdot \frac{218}{10} + 467{,}8 \cdot \frac{218}{10} + 1{,}6 \cdot 15 \cdot \frac{218}{10} = 20\,800 \text{ kg} = \mathbf{20{,}8\ t}$$

wobei $n_1 = \frac{E_e}{E_l} = 15$, $n_2 = \frac{E_g}{E_l} = 10$ gesetzt ist.

Würde man die umschnürte Gußeisensäule nur mit 20,8 t belasten, so würde ihr tatsächlicher Sicherheitsgrad ein $\frac{332{,}2}{20{,}8} \sim$ 16facher sein, während sie bei der genügenden fünffachen Sicherheit eine $\frac{16}{5} =$ 3,2fach größere Tragfähigkeit besitzt, als die amtliche Berechnung ergibt.

Auch in Bezug auf die Knickung sind mit der Emperger-schen Bewehrung erhebliche Vorteile zu erzielen. Durch Versuche hat sich nachweisen lassen, daß es immer unschwer möglich ist, durch entsprechende Versteifung schlanker Gußeisenstäbe mittels Umschnürung den Koeffizienten für Abminderung der Tragkraft infolge Knickung auf Null zu reduzieren und somit die Würfelfestigkeit des Gußeisens voll auszunutzen, also die Untauglichkeit des Gußeisens bei Knickgefahr auszuschalten.

In Abb. 3 sind Knickkurven dargestellt; die Kurve für umschnürtes Gußeisen ist aus der von Dr. v. Emperger aus den Versuchen abgeleiteten Formel entwickelt und es zeigt sich ein außerordentlich günstiger Verlauf dieser Kurve in dem ohne weiteres verständlichen Graphikon.

Die Bilder (Abb. 4, 5, 6) sind Versuche, aus deren Bruchbildern deutlich hervorgeht, daß wir es keineswegs mehr mit einem so spröden Baustoff zu tun haben, wie es das Gußeisen ist, daß vielmehr die Umschnürung zu einem elastischen Material führt, das starke Verkrümmungen erträgt, ohne zu zerspringen. Der Versuch Abb. 6 läßt insbesondere erkennen, daß Stöße der Gußeiseneinlage, wenn sie sachgemäß durchgebildet sind, das Verhalten der Säule in keiner Weise ungünstig beeinflussen. In konstruktiver Hinsicht ist die Stoßfrage naturgemäß eine der wichtigsten, denn Stöße sind praktisch stets erforderlich, z. B. auch bei

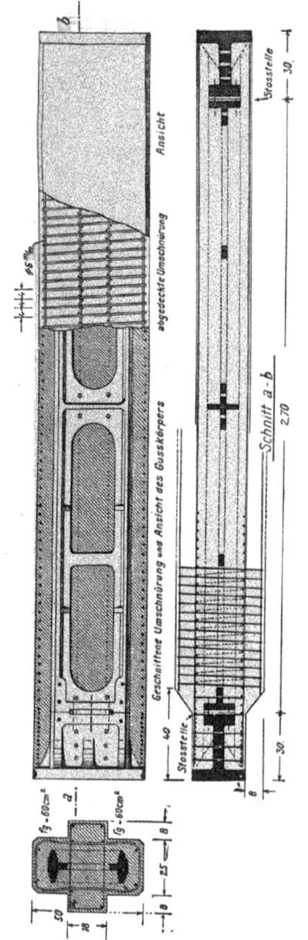

Abb. 5a und 5b. Versuch mit größerem Versuchskörper.

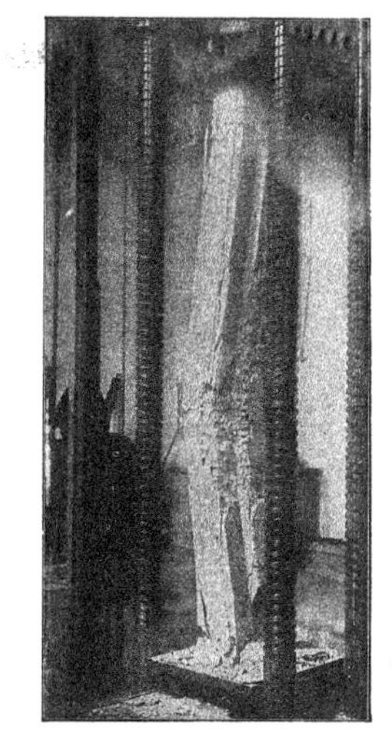

Abb. 5b.

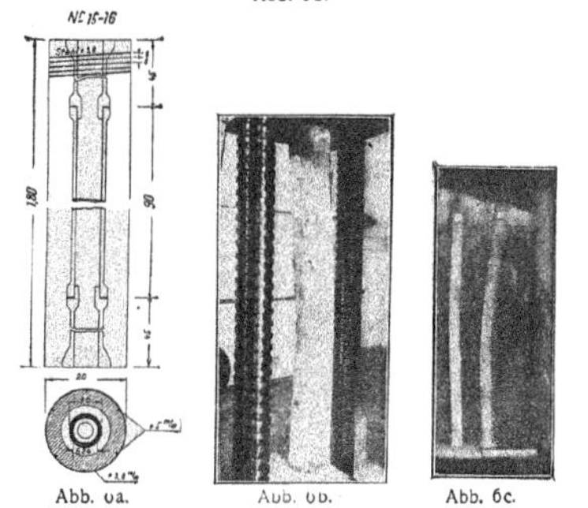

Abb. 6a. Abb. 6b. Abb. 6c.

Abb. 6 (a–c). Versuch mit größerem Versuchskörper und gestoßener Gußeiseneinlage.

der Bewehrung von Bogenkonstruktionen des Brückenbaues. Auf der „Iba" hatte Dr. v. Emperger ein besonders interessantes Versuchsstück ausgestellt, einen Balken von ca. 5 m Stützweite, dessen Gußeiseneinlagen sich bei der außergewöhnlich starken Durchbiegung von ca. 40 cm an den Stoßstellen vollkommen unversehrt erwiesen und an der Außenfläche des Betons durchaus nicht zu erkennen sind (vgl. auch die Literatur zu 1 d). Die Stoßfrage ist also als gelöst anzuerkennen.

Zur Erleichterung der Dimensionierungsarbeit für umschnürte Gußeisensäulen sind von Dr. von Emperger Tabellen und Graphikons aufgestellt worden, deren einfacher Gebrauch an einem Beispiel erläutert werde. Abb. 7 zeigt eine solche Tabelle mit Graphikon; die Säule soll 265 t aufnehmen; es wird eine Säule von D = 40 cm Gesamtdurchmesser und 20 cm Durchmesser der Gußsäule angenommen; wenn unter Berücksichtigung amtlicher Vorschriften der Betonquerschnitt z. B. 37 t aufzunehmen vermag, so verbleibt für die Gußsäule ein Rest von 265 — 37 = 228 t; bei l = 4 m freier Knicklänge der Säule beziffert

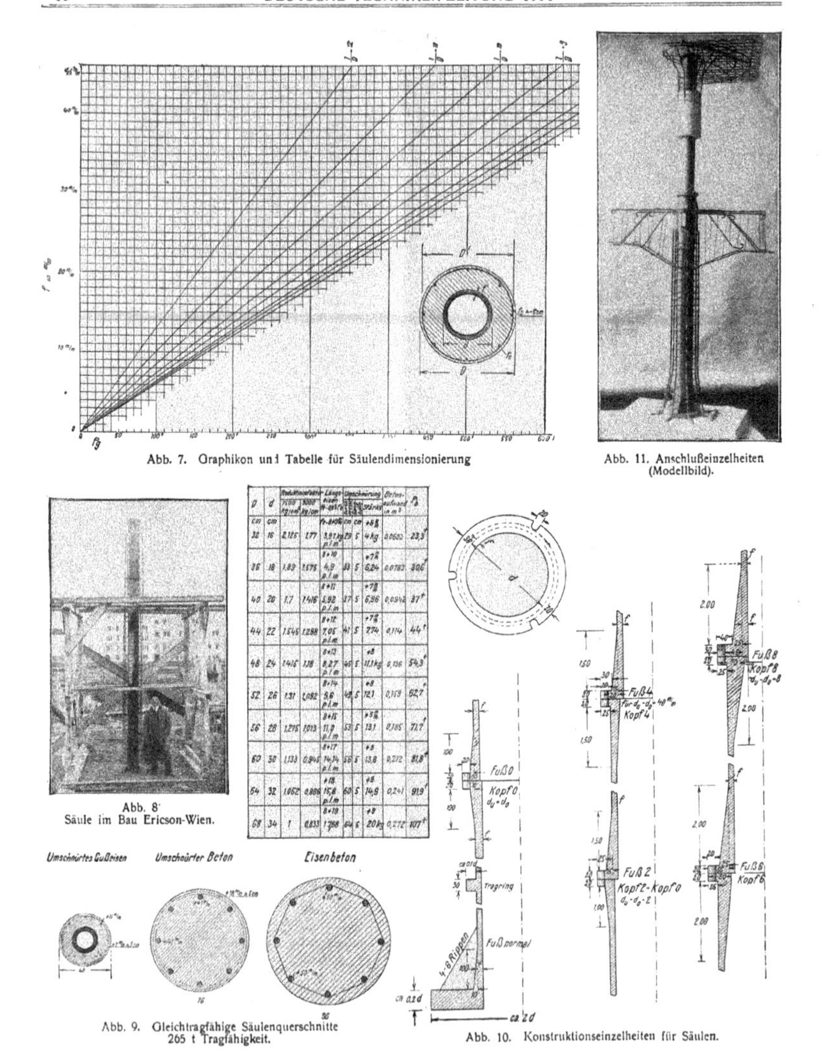

D	d	Reduktionsfaktor 7500 kg/cm²	5000 kg/cm	Längseisen	Umschnürung		Stärke	Betonaufwand in m³	P_b
cm	cm			fe-8+5%	cm	cm			
32	16	2,125	1,77	3,97 kg p. l. m	29	5	+6 m/m 4 kg	0,0602	23,3 t
36	18	1,89	1,575	8+10 4,9 p. l. m	33	5	+7 m/m 6,24	0,0763	30,6 t
40	20	1,7	1,416	8+11 5,92 p. l. m	37	5	+7 m/m 6,96	0,0942	37 t
44	22	1,545	1,288	8+12 7,05 p. l. m	41	5	+7 m/m 7,74	0,114	44 t
48	24	1,416	1,18	8+13 8,27 p. l. m	45	5	+8 11,1 kg	0,136	54,3 t
52	26	1,31	1,092	8+14 9,6 p. l. m	49	5	+8 12,1	0,159	62,7 t
56	28	1,215	1,013	8+15 11,0 p. l. m	53	5	+8 m/m 13,1	0,185	71,7 t
60	30	1,133	0,945	8+17 14,14 p. l. m	56	5	+8 13,8	0,212	81,8 t
64	32	1,062	0,886	+18 15,8 p. l. m	60	5	+8 14,9	0,241	91,9 t
68	34	1	0,833	8+19 17,68	64	5	+9 20 kg	0,272	107 t

Abb. 7. Graphikon und Tabelle für Säulendimensionierung

Abb. 11. Anschlußeinzelheiten (Modellbild).

Abb. 8. Säule im Bau Ericson-Wien.

Abb. 9. Gleichtragfähige Säulenquerschnitte 265 t Tragfähigkeit.

Abb. 10. Konstruktionseinzelheiten für Säulen.

sich das Schlankheitsverhältnis zu $\frac{1}{D} = \frac{400}{40} = 10$; im Graphikon sind die Schlankheitsverhältnisse durch Strahlen aus dem Koordinatenanfang, die Lasten als Abszissen aufgetragen; verfolgt man nun die Linie für 228 t von unten nach oben, bis sie den Strahl $\frac{1}{D} = 10$ trifft, so entspricht dieser Punkt einem auf der Ordinatenachse zu findenden Werte f = 19,5 mm; der Wert f ist nun noch mit einem Koeffizienten zu multiplizieren, der von der Druckfestigkeit des zu verwendenden Gußeisens abhängt, die z. B. 9000 bezw. 7500 kg/qcm betrage; hierfür sind lt. Tabelle die Koeffizienten 1,416 bezw. 1,7, daher ergibt sich die Gußeisenstärke zu $19{,}5 \cdot 1{,}416 \simeq 28$ mm, bezw. zu $19{,}5 \cdot 1{,}7 \cong$ 33 mm. Die Tabelle enthält außerdem noch zweckmäßige Angaben über die Längseisen, die Umschnürung (deren Ganghöhe von der Stärke der Betonschale abhängig ist), und den Betonbedarf. Die Bruchlast der oben berechneten Säule würde sich zu 1360 t ergeben, d. h. es ist eine vierfache Sicherheit vorhanden. Die Herstellung einer Säule zeigt Abb. 8.

Eine drastische Kennzeichnung für Material- (Kosten-) und Raumersparnis bei Anwendung umschnürten Gußeisens gibt Abb. 9, in welcher die Querschnitte von Säulen für 265 t Tragfähigkeit gezeichnet sind, die erforderlich werden, wenn gewöhnlicher Eisenbeton, umschnürter Beton und umschnürtes Gußeisen zur Anwendung gelangen. Einzelheiten der Kopf-, Fuß- und Stoßausbildung der z. B. im Bau Ericson-Wien erbauten Säulen zeigt Abb. 10, ferner sind aus Abb. 11 Anschlußeinzelheiten ersichtlich.

BRIEFKASTEN

Nur Anfragen, denen 10 Pfg. Porto beiliegt und die von allgemeinem Interesse sind, werden aufgenommen. Dem Namen des Einsenders sind Wohnung und Mitgliednummer hinzuzufügen. Anfragen nach Bezugsquellen und Büchern werden unparteiisch und nur schriftlich erteilt. Eine Rücksendung der Manuskripte erfolgt nicht. Schlußtag für Einsendungen ist der vorletzte Mittwoch (mittags 12 Uhr) vor Erscheinen des Heftes, in dem die Frage erscheinen soll. Eine Verbindlichkeit für die Aufnahme, für Inhalt und Richtigkeit von Fragen und Antworten lehnt die Schriftleitung nachdrücklich ab. Die zur Erläuterung der Fragen notwendigen Druckstöcke zur Wiedergabe von Zeichnungen muß der Fragesteller vorher bezahlen.

Technik

Berichtigung. In der Auskunft zur Frage 325 in Nr. 52/1913 (Tresorraum) muß es heißen: Lichte Durchgangsöffnung der Tür 1,90 × 0,90 m (statt 1,90 × 1,90 m).

Frage 1. Gegen **Zementsandsteine** herrscht das Vorurteil, daß die daraus hergestellten Mauern, ob mit oder ohne Luftschicht, im Winter an den Innenseiten naß werden und bei nicht genügender Heizung sogar befrieren. Ich bitte die Kollegen um Mitteilung ihrer Erfahrungen. Bei der Beantwortung dieser Frage ist zu berücksichtigen, daß künstliche Isolierungen durch Kosmostafeln, Anstrich, wasserdichten Putz usw. ausgeschlossen sind.

Frage 2. Ausnutzung der Rauchgase. In einer mittleren Gasanstalt sollen die Rauchgase von zwei nebeneinanderliegenden Zwölfer-Generatoröfen System „Didier“ für eine Warmwasser- oder Niederdruck-Dampfheizung ausgenutzt werden. Kann mir ein Kollege Zeichnungen einer ähnlichen Anlage auf einige Tage leihweise überlassen?

Frage 3. Plastische Darstellungen. Zur Beschickung einer Gewerbe-Ausstellung besteht die Absicht, neben Plänen mit statistischen Angaben auch Zeichnungen über Wasserkraft- und Eisenbahnanlagen einzusenden. Die Zeichnungen sollen einerseits projektierte, andererseits bereits ausgeführte Anlagen zur Darstellung bringen. Von den bereits ausgeführten Bauwerken sollen mehrere plastisch dargestellt und ausgestellt werden. Auf welche Art und Weise und durch welche Firmen kann man derartige Plastiken herstellen lassen, evtl. auch selbst herstellen? Welche Masse eignet sich besonders gut hierzu? Wie kann man bergiges Gelände für einen Bebauungsplan (Villenkolonie) mit den Straßenanlagen plastisch darstellen?

Frage 4. Türdübel. Wer kann mir ein Rezept von allseitig nagelbaren Türdübeln (Holzoindübel oder Holzasbestdübel usw.) angeben? Was gehört zur Fabrikationseinrichtung und wie hoch belaufen sich die Fabrikationskosten?

Frage 5. Welche **Höchstzahl der Klosette** kann ohne Nachteil für die Geruchsverschlüsse in jedem Stockwerk rechts und links an einen 100 mm weiten, mit 100 mm Dunsthut versehenen Fallstrang angeschlossen werden? Es handelt sich um einen Streitfall. Angaben aus Großstädten der verschiedenen Bundesstaaten wären sehr erwüncht.

Frage 6. Spritzenleitung. Von einem Punkte A, dem Druckstutzen einer Pumpe, ab geht eine Rohrleitung, 300 m lang, und zwar 200 m 60 mm und 100 m 50 mm l. W. Am Ende der Leitung ist ein Hydrant und an diesem ein Schlauch, 20 m lang, 25 mm l. Dmr. zum Spritzen angebracht. Das Mundstück mit etwa 10 mm weitem Spritzloch soll noch etwa 10 m weit spritzen. Von der Hauptleitung gehen seitlich noch 2 oder 3 Leitungen ab, 50 mm l. Dmr., 100 m lang, auch in einen Hydranten mündend, woran ebenfalls ein Schlauch, wie vorhin beschrieben, zum Spritzen angebracht ist. Welcher Druck muß am Stutzen der Kreiselpumpe herrschen, um evtl. an allen 3 Spritzständen zugleich zu spritzen? Die Abzweigungen gehen senkrecht und unter einem Winkel a geneigt von der Hauptleitung ab. Für Aufklärung durch einen Fachkollegen, dessen Adresse ich auch zu erfahren wünsche, wäre ich sehr dankbar.

Frage 7. Es ist eine **Niederdruck-Kreiselpumpe** zu entwerfen für H = 5 bis 30 m, L = 3500 m minimal und 5000 l/min maximal. n = 450 bis 1450 Touren. Der Einlauf soll axial und auch radial sein, also zwei Modelle. Welcher Kollege liefert gegen Vergütung Berechnung, Hauptkonstruktionsriß usw.?

Frage 272. Wasserdichte Keller. In einem bereits bestehenden Wohngebäude wurden vor ca. 1½ Jahren außer den bereits vorhandenen Kellern in dem ganzen nicht unterkellerten Teil des Gebäudes neue Keller durch Unterfangen der Umfassungsmauern und Ausschachtung bis auf die Sohle des vorhandenen Kellers geschaffen. In den neuangelegten Kellern zeigt sich Wasser, das von außen durch die Umfassungswände eindringt. Durch Abdichtung der Außenmauern mit Ceresitmörtel und Goudronanstrich ließe sich dem Uebelstand wohl abhelfen. Doch waren diese Arbeiten in dem Kostenanschlage nicht vorgesehen, die Ausführung der Arbeiten erfolgte genau nach Kostenanschlag. Der Bauherr verweigert die Bezahlung der Restsumme mit dem Vorbehalt, wegen der durch die nassen Keller eingetretenen Entwertung seines Grundstückes Schadenersatzansprüche geltend zu machen. Ich bitte um Auskunft darüber, ob der Bauherr darin Recht hat, kann er nur die nachträgliche Trockenlegung der Keller von dem Unternehmer verlangen? Müßte der Unternehmer diese Arbeiten kostenlos ausführen, oder ist vielmehr der Bauherr verpflichtet, diese Arbeiten zu bezahlen, da dieselben nicht veranschlagt, demgemäß auch nicht vereinbart waren? Kann der Bauherr die Ausführung dieser Arbeiten dem Unternehmer verweigern und dieselben auf Kosten des letzteren von einer anderen Firma ausführen lassen?

Antwort II (I s. Heft 50/1913). Es ist wohl anzunehmen, daß Sie selbst den Kostenanschlag für die nachträgliche Unterkeilerung aufgestellt haben. Hierbei mußten Sie auf das Einsetzen einer Position über Goudronierung oder dergl. Bedacht nehmen, da dies, selbst wenn der Grundwasserspiegel unterhalb der Kellersohle liegt, schon in Anbetracht des in den Boden absickernden Tagewassers (Niederschläge) nach den Regeln der Baukunst notwendig ist. Da Sie nun vermutlich praktischerweise das Unterfangen der Wände von innen her, d. h. in den ausgeschachteten neugewonnenen Kellerräumen vorgenommen haben werden, konnte das sonst übliche Verfahren des Schutzes der äußeren Wandflächen nicht erfolgen. Sie mußten als Fachmann mit der Möglichkeit des Durchdringens der Feuchtigkeit rechnen und damit auch mit der Notwendigkeit, daß hiergegen Maßregeln zu treffen seien. Lagen besonders ungünstige Grundwasserverhältnisse vor, so wäre es ebenfalls ihre Pflicht gewesen, sich beizeiten hiervon zu überzeugen, es sei denn, daß Ihnen seitens des Bauherrn oder von dritter Seite entgegenstehende Versicherungen gemacht wurden, die auch die Billigung des Bauherrn fanden. Jedenfalls haben Sie für eine ordnungsmögliche Benutzung des Kellers zu sorgen, wenn, wie gesagt, nicht entgegen anderen Versicherungen, denen Sie Glauben schenken durften, besonders schwierige und damit kostspielige Abdichtungen erforderlich sind. Sollten die üblichen Dichtungsarten, also etwa Goudronieren — wozu Ihnen der Bauherr eine angemessene Frist zu gewähren hat — dann nicht wirken, so dürften (immer nur unter obiger Voraussetzung) weitergehende Ansprüche des Bauherrn rechtlich nicht anzuerkennen sein. Wie steht es mit der Horizontal-Isolierung gegen aufsteigende Grundfeuchtigkeit? Sollten Sie diese unterlassen haben, so müssen Sie das auf Verlangen ebenfalls noch nachholen.

P. M.-69 072.

Frage 291. Berechnung einer Kuppel. Der Zugring eines Kuppelgewölbes aus Eisenbeton ist zu berechnen. Wie wird die Tangentialkraft am Kämpfer bestimmt? Durchmesser der Kuppel 6 m, Pfeilhöhe 0,8 m. Belastung der Kuppel einschl. Eigengewicht 2000 kg/qm.

Antwort II. (I s. Heft 51/1913.) Nach Saliger, „Der Eisenbeton in Theorie und Konstruktion", 2. Aufl. Leipzig 1908, Kröners Verlag, S. 205, ist der gesamte Seitenschub einer flachen Kreiskuppel bei der gleichmäßigen Belastung Q, dem Durchmesser D und dem Pfeil f $H = \frac{Q \cdot D}{4 \cdot f}$. Hieraus entsteht im Kämpferring eine Zugkraft $Z = \frac{H}{2\pi}$ = der erforderlichen Eisenquerschnitt des Kämpferrings wird $f_e = \frac{Z}{\sigma_z}$.

Die angegebenen Werte eingesetzt erhält man:

$$Q = \frac{D^2 \pi}{4} \cdot 2000 = \frac{6{,}0^2 \cdot \pi}{4} \cdot 2000 = 56\,500 \text{ kg}$$

$$H = \frac{56\,500 \cdot 60,}{4 \cdot 0{,}8} = 106\,000 \text{ kg}$$

$$Z = \frac{106\,000}{2 \cdot \pi} = 16\,900 \text{ kg}$$

$$f_e = \frac{16\,900}{1000} = 16{,}9 \text{ qcm.}$$

Reg.-Baumstr. P. N.

Frage 295. Fenster und Türen für ein Dampf- und Heißluftbad. Welche Gattung von Fenstern und Türen hat sich in einem Dampf- und Heißluftbad bewährt? Eiserne Fenster und Türen sind im Anschlage vorgesehen, doch meines Erachtens nicht zu empfehlen. Wie haben sich Pitch-pine-Fenster und -Türen bewährt?

Antwort II. (I s. Heft 51/1913.) Eiserne Türen und Fenster sind in einem Dampf- und Heißluftbad wegen der besonders starken Gefahr des Rostens im allgemeinen wenig geeignet. Die freistehenden Teile der Rahmen, Sprossen usw. können zwar mit einem gegen hohe Temperatur und Wasserdämpfe gut schützenden Anstrich wie Emaille-Pixol (farbig) oder Industriepixol gestrichen werden; doch sind die der Reibung ausgesetzten Teile möglichst zu verzinken oder zu bronzieren. Das gegenüber Eisen verhältnismäßig nicht teure Pitch-pine-Holz ist nicht sehr zum Quellen geneigt und kommt dem Eichenholz an Haltbarkeit auch bei Verwendung zu derartigen Fenstern ziemlich gleich; es kann durch Imprägnierung mit geruchlosem Schachtol oder Tränkung mit präparierten Karbolineum gegen Nässe geschützt werden. Kr.

Frage 306. Verdächtiges Brunnenwasser. Mein Brunnen, der in der Waschküche unter Hofflur liegt, hat bei anhaltenden Niederschlägen trübes Wasser, das wie Spülwasser aussieht. Der Brunnen ist 3 m tief, unter Waschküchenflur gegraben und aus Zementrohren von 60 cm Durchmesser hergestellt. Neben der Waschküche ist der Tonnenraum für die Aborte. Zu beiden Räumen führt eine offene Treppe. Das Regenwasser der Treppe sammelt sich vor der Waschküche in einer Senke, wo es teilweise versickert. Das Terrain ist Keuperformation. Ein benachbarter gebohrter Brunnen ist unter denselben Verhältnissen kaum getrübt.

Antwort II (I s. Heft 52/1913). Außer der chemischen Untersuchung des Brunnenwassers ist auch eine bakteriologische ausführen zu lassen und vor allem festzustellen, ob bakterium koli im Wasser enthalten ist. Jeder Kreisarzt und Bakteriologe wird die Schließung des beschriebenen Brunnens verlangen, wenn das Wasser ohne Abkochung und Filtration für Genußzwecke benutzt werden soll. W.

Frage 319. Ausbeulung bei einer Trockentrommel. Eine genietete und gelaschte rotierende Trockentrommel von 1200 mm Dmr., 10 m Länge, aus 12 mm Blech, zeigte schon nach sechswöchiger Betriebszeit dort, wo die Heizgase zum ersten Male auf die von außen geheizte Trommel treffen, eine ringförmige Ausbeulung. Die Gase konnten nicht senkrecht gegen die Trommel stoßen, da sie durch eine Mauerbrücke nach beiden Seiten abgelenkt wurden. Eine Lockerung der Rundnähte ist außerdem festgestellt worden. Kann man diese Fehler als normalen Verschleiß bezeichnen? Empfiehlt sich eine geschweißte an Stelle der genieteten Trommel? Wird eine kräftige, gußeiserne Ummantelung, die über die Ausbeulung, wie Skizze zeigt, gepreßt wird, eine Vergrößerung der Ausbeulung dauernd verhindern, nachdem eine Umführung der Heizgase bei Stillstand des Betriebes direkt an den Schornstein angeordnet ist?

Antwort I. Wenn eine genietete und gelaschte rotierende Trommel von 1200 mm Durchm. und 12 mm Wandstärke bei sonst sachgemäßer Ausführung schon nach sechwöchiger Betriebsdauer Ausbeulungen zeigt, so dürfte hauptsächlich die Ursache in der Befeuerung zu suchen sein. Diese ist scheinbar infolge der ganzen Anordnung unzweckmäßig und die Trommel ist demnach dauernd überhitzt worden. Dagegen hilft selbst eine an der Austrittstelle der Feuergase angebrachte Mauerwerkszunge nicht viel, sofern die Gase trotzdem direkt auf den Trommelmantel stoßen können, was hier der Fall zu sein scheint. Die Lockerung der Rundnähte ist eine Folge der sehr großen Spannungen, die durch Ueberhitzung entstanden sind und letzten Endes zur Ausbeulung führten. Unter normalen Verhältnissen könnte man solche Defekte nicht als normalen Verschleiß bezeichnen, aber in diesem Falle scheinen die Verhältnisse ungünstige zu sein und auch die Rostgröße ist hier mit in Betracht zu ziehen. Gegen eine genietete Trommel läßt sich bei guter Ausführung durchaus nichts einwenden, sie eignet sich in vielen Fällen besser als eine geschweißte, denn bei letzterer können mangelhafte Schweißstellen vorhanden sein, die als solche vorerst nicht erkennbar sind, aber im Betriebe sich zeigen. Eine gußeiserne Ummantelung der Ausbeulung, selbst in kräftiger Ausführung, dürfte das Uebel nicht beheben, da die auftretenden Spannungen auch dem Gußeisen verderblich werden. Falls der Austritt der Feuergase nicht eine Veränderung erfahren, oder die zu hohe Temperatur durch schwächeres Befeuern des Rostes oder durch entsprechende Zuführung frischer Luft herabgemindert werden kann, so wäre es zweckmäßig, die Ausbeulung durch einen schmiedeeisernen Schutzmantel zu überdecken. Der Mantel wird am besten aus kleineren Stücken hergestellt und legt sich auf kurze Zwischenstücke auf, die etwas höher als die Ausbeulung sind und nur an deren Enden auf dem Trommelmantel angebracht werden. Auf diese Weise entsteht eine Luftisolation, die besser als eine feste Ummantelung die weitere Ausbeulung verhindern dürfte. G. G.

II. Die Trockentrommel, System Zierau-Sauerbrey, besteht aus einem starken Blechmantel mit einer Inneneinrichtung, die durch Handgriff die Aufenthaltsdauer des Materials nach Belieben regelt. Im vorliegenden Falle ist wohl die Ausbeulung auf eine Unregelmäßigkeit — im Betrieb — gegebenenfalls in Verbindung mit fehlerhafter Nietung oder Stützung oder Armierung der Trommel zurückzuführen. Die Armierung wird öfter mittels gußeiserner Laufkränze bewirkt, die auf Laufrollen in Kugellagern laufen, wodurch die Betriebssicherheit erhöht wird. Dir mir bekannte Trommelkonstruktion ist auch g e n i e t e t. Die vorgeschlagene gußeiserne Ummantelung kann zur Verhinderung einer Vergrößerung der Ausbeulung tauglich sein; doch ist jene auch seitlich durch Anker oder Haltestangen abzustützen. Die zwischen der Ausbeulung und dem Gußmantelstück wegen der ungleichmäßigen Gestaltung verbleibenden Zwischenräume sind mit einem schmiegsamen Isoliermaterial, z. B. elastischen Asphaltbleiplatten von Andernach-Beuel auszufüttern. (Der betr. Schornstein darf nicht besonders beansprucht werden.) Wie bei der oben bezeichneten Bauart ist nach Angabe von Fr. Skott (Berlin) auch eine haltbare Isolation auf dem Trommelmantel außen anzubringen, die aus zwei geschmeidigen Hüllen von Strapazoidstoff mit zwischenliegender Spiral-Eiseneinlage (zur Aufnahme von Spannungen gegen sonstige Ausbeulungen) bestehen kann. Uebrigens ist unter Umständen darauf zu achten, daß die Gase seitlich nicht ungenützt entweichen, was durch entsprechend eingesetzte B l e c h r i n g e verhindert wird. Kr.

Frage 323. Bedürfen Drainage- und Bewässerungsprojekte der Genehmigung irgend einer Behörde und welcher?

Antwort. Eine prinzipielle Genehmigung ist zunächst von einer Behörde nicht einzuholen. Die Behörden (Kgl. Meliorationsbauämter der Regierungsbezirke, Bausachverständige der Kreise [Wiesenbaumeister]) werden nur bei selbst gestellten Anträgen, Beschwerden anderer Interessenten und Stellung von Anträgen um Gewährung von Beihilfen für die Melioration hinzugezogen und machen dann natürlich die besonderen gesetzlichen Vorschriften geltend. Im übrigen gibt es, wie gesagt, auf diesem Gebiete noch keine der im Baugewerbe sonst üblichen „Baupolizei". — Da durch unfachmännische Ausführung, Schädigung von Nachbarn usw. dem Bauherrn leicht Unannehmlichkeiten entstehen können, so liegt es in seinem Interesse, die Bearbeitung solcher Projekte einem Spezialisten zu übertragen. — Zu weiterer Auskunft gern bereit. Wiesenbaumeister L., M.-Nr. 68 620.

Frage 334. Geschwefelte Bleirohre. In einer Ausschreibung für Wasserleitungsanschlüsse sind durch die Behörde geschwefelte Bleirohre vorgesehen. Gibt es solche und wer ist Lieferant?

Antwort. Fast alle Wässer sind bleilösend. Es sind deshalb alle für Wasserleitungszwecke zu benutzenden Bleiröhren im Innern mit einem Ueberzug von Schwefelblei, welches in Wasser unlöslich ist, zu überziehen. Die im Handel übliche Bezeichnung für solche Rohre lautet gewöhnlich geschwefelte Bleirohre; sie werden von jeder Eisen- und Metallwarenhandlung geliefert. W.

// DEUTSCHE TECHNIKER-ZEITUNG
HERAUSGEGEBEN VOM DEUTSCHEN TECHNIKER-VERBANDE
BERLIN SW. 48, Wilhelmstraße 130 — Schriftleitung: Erich Händeler-Berlin
XXXI. Jahrg. — **10. Januar 1914** — **Heft 2**

Der Gewerbelehrer im Königreich Sachsen

Von Ingenieur HERMANN WEIDEMANN, Direktor der Gewerbeschule in Zwickau i. Sa.

In den letzten Jahren hat im industriereichen Königreich Sachsen infolge der großzügigen Bereitstellung von Mitteln durch die Königliche Staatsregierung, die Städte und die Gemeinden das gewerbliche Schulwesen dieses deutschen Bundesstaates eine unvergleichliche Förderung erfahren. Dies geschah zum Segen der Industrie, des Handwerkes, des Bergbaues und der in den verschiedenen Gewerken beschäftigten jungen werktätigen Bevölkerung. Tüchtige, brauchbare Arbeiter im weitesten Sinne des Wortes auszubilden ist der Zweck der gewerblichen Schulen. Nicht nur in seinem jeweiligen Berufe soll ein solcher Arbeiter ersprießliches leisten, nein er muß zudem auch ein gewisses Maß allgemeiner Bildung auf der gewerblichen Lehrstätte erringen.

Sachsens heutige Gewerbeschulen haben sich aus den gewerblichen Fortbildungsschulen entwickelt. Diese gingen zum Teile aus den sogenannten Sonntags- oder Feiertagsschulen hervor. Manche der letzten Art sollen über hundert Jahre alt sein. Von der Regierung erhält eine Schule nur dann den Titel Gewerbeschule verliehen, wenn sie in den Klassen mit Zeichenunterricht acht Stunden und in denen ohne Zeichnen sechs Stunden in der Woche abhält. Die gewerblichen Lehranstalten stehen unter dem Königlichen Ministerium des Innern, während die allgemeinen Fortbildungsschulen dem Königlichen Ministerium des Kultus und des öffentlichen Unterrichts unterstellt sind. An den zirka 100 Gewerbeschulen im Königreich Sachsen werden mit geringen Ausnahmen fast nur Lehrlinge unterrichtet.*) **).

Sehen wir uns den vom Königlichen Ministerium des Innern empfohlenen Lehrplan an, der sich auf drei Schuljahre erstreckt. Er sagt uns, daß der gewerblichen Jugend geboten werden: Deutsche Sprache, Rechnen, Geometrie, Buchführung, Wechsellehre, Bürgerkunde, Natur- und Materialkunde, Freihandzeichnen, Projektionszeichnen und Technischer Fachunterricht.

Lassen wir den speziellen technischen Fachunterricht zunächst aus dem Spiele, so ergibt sich, daß alle übrigen Fächer von dem g e b i l d e t e n Ingenieur und Architekten erteilt werden können. Hierfür ist die selbstverständliche Voraussetzung, daß er über Lehrgeschick und Liebe zum Lehrfach verfügt. Trifft diese Annahme nicht zu, dann bleibe er dem Berufe des Gewerbelehrers fern. Sein Amt bereitet ihm keine innere Freude und Genugtuung. Damit aber erlischt die Arbeitsfreudigkeit und Schaffenskraft. Stundengeber und Minutenfuchser gehören nicht an unsere blühenden, aufstrebenden Gewerbeschulen, deren Entwickelung und Ausbau ja noch nicht abgeschlossen ist.

Letzten Endes gilt die Arbeit des Gewerbelehrers dem einen köstlichen Ziele mit kerniger Kraft und nach bestem Gewissen die ihm anvertraute Jugend zu fördern. Ihre Fähigkeiten soll er wecken und sorgsam pflegen. Unsere Schüler müssen brauchbare Glieder des deutschen Volkes und Stützen des Vaterlandes werden. Was auch der Ingenieur, der Architekt, der Kunstgewerbler vor seinem Eintritt in den gewerblichen Schuldienst betrieben haben mag, dort hatte er es nur mit der toten Materie zu tun. Sei es nun, daß er Maschinen entworfen, Gebäude errichtet, die Kunst gepflegt oder dem Handwerk gedient hat. Es handelte sich immer nur darum, dem leblosen Gebilde Form zu geben, jenes zweckmäßig oder schön zu gestalten. Hier aber, darin beruht der unvergleichlich preisenswerte Vorzug jeglicher Lehrtätigkeit, gilt die Arbeit dem belebten Stoffe, der Jugend, also der Zukunft und dem Stolze unseres Volkes. Endziel dieser Arbeit ist, unsern jungen Leuten den schweren Kampf um das Fort- und Vorwärtskommen zu erleichtern.

Wie dürfte wohl nun die Ausbildung des Gewerbelehrers beschaffen sein? Sie sei dreifach: Allgemein, praktisch und theoretisch. Zunächst besuche er eine allgemein bildende Lehranstalt, die ihn m i n d e s t e n s in den Besitz des Zeugnisses für die wissenschaftliche Befähigung zum einjährig-freiwilligen Militärdienst bringt. Hier dürften als besonders geeignet infolge der Betonung der naturwissenschaftlichen Bildung erscheinen die Realgymnasien, die Oberrealschulen, die Realschulen und nicht zuletzt die Handelsrealschulen. Diese besonders deshalb, weil sie außer den Allgemeinen Fächern die Handelsfächer in ihrem Lehrgang haben. Dann mache der künftige Gewerbelehrer je nach seinem besonderen Berufe eine gründliche Lehre durch, möglichst nicht unter drei Jahren. Man muß immer die Tätigkeit des Gewerbelehrers im Auge behalten. Er soll tüchtige Arbeiter, nicht aber Techniker und Kunstgewerbler heranbilden helfen. Dazu gehört in erster Linie, daß er selbst in mehrjähriger praktischer Arbeit den Beruf seines Schülers ganz gründlich kennen gelernt hat. Ein weiterer Vorzug einer ausgedehnten praktischen Tätigkeit liegt darin, daß der Praktikant die Freuden und Leiden der werktätigen Kreise kennen lernt. Er wird für ihre Bedürfnisse einen ganz anderen Blick erhalten, als das nach dem Hineinsehen während des leider noch vielfach üblichen Volontärjahres denkbar ist. Die Wichtigkeit der Werkstattpraxis wird z. B. anerkannt bei der Königlichen Gewerbe-Akademie Chemnitz insofern Bewerber mit längerer Praxis denen mit geringerer bei der Aufnahme vorgezogen werden. Als zweite Stufe der Vorbildung zum gewerblichen Lehrdienst kommt das Studium an einer staatlich anerkannten höheren technischen oder kunstgewerblichen Lehranstalt. Von vielen derartigen Ausbildungsstätten nennen wir nur: Die Königliche Gewerbe-Akademie Chemnitz, die höheren Königlich preußischen Maschinenbauschulen, die Königlich sächsischen Bauschulen, die Königliche Kunstgewerbeschule Dresden usw.

*) Bei dieser Gelegenheit sei der verdienstvollen Arbeit: „Der gegenwärtige Stand des gewerblichen Schulwesens im Königreich Sachsen" von dem königlichen Gewerbeschulinspektor, Gewerberat Ingenieur H. Benisch, Dresden, gedacht. Zeit. f. gewerbl. Unter. Heft 36, 1913.

**) S. auch: Sechster Bericht über die gesamten Unterrichts- und Erziehungsanstalten im Königreich Sachsen. Erhebung vom 1. Juni 1911. Dresden, Buchdruckerei der Wilhelm und Bertha v. Baensch-Stiftung 1912. D. Red.

Man beziehe nur eine Lehranstalt, die auf Grund ihrer Aufnahmebedingungen und Prüfungen eine gründliche Ausbildung verspricht. Während der Studienferien beteilige man sich an Montagen, sehe Fabriken an, studiere mustergültige Erzeugnisse des Baufleißes und des Kunstgewerbes usw. Nach dem Studium gehe der künftige Gewerbelehrer in die Praxis.*) Hier halte er sich mehrere Jahre auf. Gleichzeitig suche er nebenamtliche Beschäftigung als Lehrer an einer gewerblichen Schule. Sollte das nicht erreichbar sein, so erteile er in seiner freien Zeit wenigstens Privatunterricht oder halte besondere Kurse ab. Für diese sind in größeren Orten stets Schüler vorhanden. Bei solcher Beschäftigung erkennt der „Gewerbeschulbeflissene" bald, ob er Geschick zum „Schulmeister" hat. Geht ihm die pädagogische Ader ab, so ist es seine Pflicht, dem Berufe des Lehrers fern zu bleiben. Dies Entsagen gelingt ihm ohne wirtschaftliche Schädigung. Die vorgeschlagene Vorbildung bedeutet nicht nur eine zweckmäßige Vorbereitung zum Gewerbelehrer, sondern schafft auch für die Praxis brauchbare Männer.

Jetzt betrachten wir den speziellen technischen Fachunterricht. Man kann mir entgegenhalten, die gekennzeichnete Ausbildung erbringt zweifelsohne tüchtige Lehrer — Lehrtalent vorausgesetzt — für das Bauwesen, das Maschinenwesen, die Bauschlosserei, die Klempner, die Mechaniker, die Elektriker, die Tischler usw., wie aber steht es z. B. mit den Klassen der Buchdrucker, der Schuhmacher usw.? Darauf sei erwidert: Die großen Gewerbeschulen können für den speziellen Fachunterricht stets tüchtige Spezialisten hauptamtlich oder doch wenigstens nebenamtlich halten. Kleine Gewerbeschulen aber haben ja gar nicht genug Schüler jener Berufe, um für sie besondere Klassen zu bilden. Daher mögen diese Anstalten Angehörige eines gewerblichen Zweiges, dem sie keinen gesonderten Fachunterricht erteilen können, einfach an die größeren Gewerbeschulen abgeben. Ist die Entfernung zu groß bis zur nächsten umfangreichen Gewerbeschule, so führt ein anderer Gedanke an das Ziel. Mehrere Gemeinden brauchen sich nur zu vereinigen, der Schulzweckverband, und damit die Gründung einer beruflich vollkommen gegliederten gewerblichen Lehranstalt sind verwirklichbar. Der letzte Vorschlag dürfte gerade in dem dicht bevölkerten Königreich Sachsen die beste Aussicht auf Erfolg bergen. Das angedeutete Projekt hat den großen Vorzug, daß die Leiter kleiner Gewerbeschulen, in deren Klassen eine bunte Fülle von Berufen vertreten ist, nicht mehr gezwungen wären, den Lehrern solcher Klassen „Fachunterricht" zuzumuten. Selbst der Schüler fühlt, daß er in diesen mit allen möglichen Berufen vollgepferchten Abteilungen nichts für sein Fach lernt. Zum Beweise gebe ich den Inhalt der Antworten mehrer meiner Schüler an. Auf meine Frage, warum sie nicht die Gewerbeschule ihres Heimatortes besuchten, erklärten die Jungen: „In unserer Schule sitzt der Schlosser, der Tischler, der Schreiber, der Schuhmacher, der Bergmann, der Bauhandwerker usw. in einer Klasse. Da ist doch an einen wirklichen Fachunterricht gar nicht zu denken."

Ferner wollen wir nicht vergessen, — hier glaube ich mich der Zustimmung aller einsichtsvollen Schulmänner erfreuen zu dürfen, — daß es für den Lehrer eine Qual ist, in Fächern zu unterrichten, in denen er nicht aus dem Vollen geben kann. Ganz abgesehen davon, daß derartige Fächer unmenschliche Anforderungen an die Vorbereitung stellen. Wie schnell merkt der Lehrling, ob sein Lehrer dem Stoffe gewachsen ist. Beherrscht er ihn nicht, so kommen Fragen nach allen möglichen Dingen, auf die der Lehrende nicht antworten kann, die aber die zu Belehrenden kennen. Das Ergebnis kennzeichnet sich darin, daß der Lehrer vor seiner Klasse in eine schiefe Lage kommt, vielleicht sich sogar lächerlich macht. Damit ist aber die Disziplin schwer gefährdet.

Glaubt man wirklich, es gäbe eine Möglichkeit Lehrkräfte auszubilden, die jeglichen Fachunterricht, der an unseren Gewerbeschulen besteht, mit Erfolg geben könnten? Diese Möglichkeit gibt es nicht. Sie hätte zur Voraussetzung Genies! Die aber sind kümmerlich gesät.

Einige Beispiele dürften meine Ausführungen erhärten. Ein technischer Wortverdeutscher diktiert: „Monteur = Vorarbeiter, Chauffeur = Feuermann, Ventil = Absperrklappe, also muß er logischerweise die Tellerventile als Tellerabsperrklappen und die Klappenventile als Klappenabsperrklappen bezeichnen. Ein technischer Schriftsteller schreibt „die Zahnräder kämmen sich". Wahrscheinlich glaubt der gute Mann, daß die Zahnräder Haare haben. Ein Kenner des Eisenhüttenwesens und der Eisengießerei läßt seine Schüler niederschreiben: „Im Kupolofen geht derselbe Prozeß vor sich als im Hochofen." Seit 22 Jahren gibt ein Fachlehrer Fachzeichnen für Bauschlosser. Es werden Schlösser in doppelter Größe gezeichnet. Die Maßzahlen läßt er ebenfalls in zweifacher Größe eintragen. Das sind wenige von vielen Fällen. Wären diese Tatsachen nicht gar so traurig, man könnte sie zur prächtigen Bierrede in einem technischen Vereine verweben. Mit Aufwand von viel Lungenkraft wird erklärt: „Mathematik gehört nicht an die Arbeiterschulen. Wir wollen keine Mathematiker ausbilden." Gewiß! Aber selbständig und folgerichtig denkende Menschen! Hierzu erzieht aber keine Wissenschaft besser, als gerade die mathematische. Besonders dann, wenn der Unterricht wirkungsvoll, also nicht trocken, erfolgt. Allerdings sollen Herren die Mathematik geben, die sie selbst können. Jemand, der die ebene Trigonometrie zur höheren Mathematik rechnet, und der bittet, den Lehrlingen des zweiten Lehrjahres keine Algebra geben zu müssen, der ist unbrauchbar für den mathematischen Unterricht. Das verüble ihm kein Verständiger. Wohl aber und mit Recht wird man es ihm arg verdenken, sofern er über die Zweckmäßigkeit des mathematischen Unterrichtes urteilt. Wird das Kräfteparallelogramm behandelt, so ist es meines Erachtens erwünscht, daß der Unterrichtende damit vertraut ist, daß die Mittelkraft entweder eine Gleichgewichts- oder eine Ersatzkraft verkörpert. Notwendig erscheint mir auch, daß der Lehrer den Brauch kennt, von dem ihm jeder Zeichnerlehrling des ersten Lehrjahres berichten kann, daß technische Zeichnungen unter 45° schraffiert werden und nicht unter einem beliebigen Winkel. Ausnahmen gehören nicht in die Schule. Auf keinen Fall darf man jene als Regel dem Schüler vermitteln. Will man die Kunst des galvanischen Vernickelns vorführen, so dürfte es sehr angebracht sein, selbst davon Kenntnis zu haben, an welchem Pol die Nickelplatten und an welchen Pol der zu vernickelnde Gegenstand anzuschließen ist.

Genug hiervon!

Sie haben keine Pädagogik gelernt, sagt man von den Fachleuten. Um diesem Vorhalt zu begegnen, haben wir uns um die klare Auffassung des Begriffes Pädagoge zu kümmern. Diese Klarheit entquillt der Definition des Wortes Pädagoge. Sie lautet: „Er ist eine Persönlichkeit, die Kunst und Wissenschaft des Erziehens und Unterrichtens beherrscht." Die Kunst ist eine besondere Befähigung des Menschen. Ohne besondere Gaben wird man keine Wissenschaft beherrschen. Mit Geschick und Erfolg kann nur der unterrichtliche und erzieherische Tätigkeit ausüben, den die

*) Wir halten es für empfehlenswerter, wenn nach der bestandenen Prüfung für die wissenschaftliche Befähigung zunächst eine praktische Lehrzeit folgt, die gegebenenfalls mit der technischen Ausbildung wechselweise nacheinander folgen kann, ähnlich wie bei den Bauschulen. D. Red.

gütige Natur dazu befähigte und begabte. Groß ist die Zahl der Fachleute, die auf dem Gebiete der Pädagogik Könner sind. Natürlich gibt es auch viele, denen diese Gaben fehlen. Genau so wie unter den seminaristisch und akademisch gebildeten Berufslehrern tüchtige und schlechte Lehrmeister leben. Ausschlaggebend werden die Früchte im Unterrichte sein. Je reicher ihre Zahl, um so größer das Können des Lehrers nicht nur im jeweiligen Unterrichtsfach, sondern auch in der Kunst und Wissenschaft des Erziehens und Unterrichtens. Weise ist die Vorsicht der Regierung in dem Verlangen ausgedrückt, daß ein aus der Praxis kommender Fachmann nicht gleich hauptamtlich festangestellt werden darf. In einer ein-, auch zweijährigen Probezeit muß er den Beweis für sein Lehrtalent erbringen.

Noch eins! Der von mir dargestellte Bildungsgang zum Gewerbelehrer könnte den Anschein erwecken, ich wünschte die technischen Vollakademiker vom gewerblichen Schuldienst ausgeschlossen. Mit nichten! Nur glaube ich, daß sie zu alt werden, ehe sie an die Gewerbeschulen gelangen. Vergleichen wir zu diesem Zwecke die erörterten Ausbildungszeiten.

Beruf	Einjähr.	Abitur.	Werkstatt-praxis	Studium	Militärjahr	Praxis nach dem Studium	Summe der Jahre für die Ausbildung
Dipl.-Ing.	–	19	3	4,5	1	4	31,5
Ing. oder Arch.	16	–	3	3,5	1	4	27,5

Vorstehende Zahlentafel gibt die normale Ausbildungszeit an. Für das Studium der Ingenieure und Architekten ohne Hochschulbildung wurde, um ungünstig zu rechnen, die 3,5jährige Ausbildungszeit, wie sie beispielsweise an der Königlichen Gewerbe-Akademie Chemnitz und dem Friedrichs-Polytechnikum Cöthen eingeführt ist, gewählt. Die Königlich preußischen höheren Maschinenbauschulen haben sogar nur 2,5 Jahre für ihren normalen Schulgang. Also würden die Absolventen dieser Schulen unter sonst gleichen Voraussetzungen schon mit 26,5 Jahren die Vorbereitungszeit hinter sich haben.

Ich bin mir wohl bewußt, daß die oben aufgestellten Forderungen für die Ausbildung zum Gewerbelehrer in rein handwerklichen Klassen (Bäcker, Fleischer, Friseure usw.) unausführbar sind. Aber eins ist möglich! Man gewinne für jenen Unterricht Fachlehrer, die neben ihren Berufskenntnissen auch ein gewisses Maß allgemeinen Wissens besitzen. Besonders ist von solchen Herren zu verlangen, daß sie unsere deutsche Sprache richtig sprechen und schreiben. Solche Männer gibt es. Ich kenne ihrer viele. Unter keinen Umständen darf vergessen werden, daß unsere Gewerbeschulen nicht nur Fachschulen sind, sondern auch Lehranstalten, die allgemeine Bildung vermitteln wollen und sollen.

Vor etlicher Zeit las ich — Verfasser und Ueberschrift seiner Abhandlung sind mir leider entfallen —, daß so vorbereitete Lehrer für Gewerbeschulen, wie ich sie eben charakterisiert habe, nicht existierten. Aus meiner sechsjährigen Lehrtätigkeit weiß ich, daß bei Stellenausschreibungen sich jedesmal 60 bis 100 und mehr Bewerber einstellen. Immer waren unter diesen Herren, die den von mir skizzierten Anforderungen genügten.

Die Bedeutung der Berufsorganisation für die Familie

Von G. SIPPACH, Altwasser.

Während der langen Winterabende gibt es für die Angestellten, die in den weitaus meisten Fällen bis sechs oder gar sieben Uhr abends dienstlich tätig sein müssen, wenig Gelegenheit, in der Natur Erholung von anstrengender Tagesarbeit zu suchen. Dafür bieten die Wintermonate besonders den verheirateten Kollegen traute Abende in der Familie. Die Lektüre guter Bücher und die Unterhaltung mit den Seinen am Familientisch bringt dem tagsüber mit Berufsgeschäften ganz in Anspruch genommenen Geiste jene wohltuende Ablenkung und damit Auffrischung der Spannkraft, die uns am nächsten Morgen mit neuer Lust und Liebe an die berufliche Arbeit gehen läßt.

Da ist es auch die Pflicht eines jeden organisierten und standesbewußten Kollegen, bei den Unterhaltungen im Familienkreise auch die Frage der Berufsorganisation anzuschneiden. Denn zweifellos ist die Frau als Gattin und Mutter an der Berufsorganisation ihres Mannes interessiert. Nur müssen wir Männer es verstehen, dieses Interesse bei unseren Frauen zu wecken. Anknüpfungspunkte bieten sich immer.

Denn die Aufgaben und Leistungen unseres Verbandes sind für die Familie in ganz besonderem Maße von einschneidender Bedeutung. Die Hebung der wirtschaftlichen Lage und die Hebung des gesellschaftlichen Niveaus der Techniker strebt unser Verband an. Unseren Frauen kann und darf es nicht gleichgültig sein, ob wir mit unserer Verbandsarbeit Erfolge erzielen oder nicht. Unser Wohlergehen ist ihr Wohlergehen, unsere Leiden sind ihre Leiden. Das Ueberangebot an technischen Arbeitskräften und die sehr wechselnde wirtschaftliche Konjunktur sind die Veranlassung dafür, daß jährlich tausende von Technikern kürzere oder längere Zeit stellenlos sind. Auch Familienväter verschont dieses Schicksal nicht. Da ist es die Berufsorganisation, da ist es unser Technikerverband, der helfend und rettend eingreift. Unsere Stellenvermittlung ist erfahrungsgemäß eine der am besten funktionierenden. Daneben zahlen wir Stellenlosenunterstützungen in Höhe von 153 M bis 540 M. So schützt die Berufsorganisation die Familie! Und wieviel Segen hat schon unsere Auskunftei gestiftet, vor wieviel Enttäuschungen und Geldverlusten haben wir durch diese Einrichtung schon unsere Mitglieder und ihre Familien bewahrt! Ist doch gerade die Rücksicht auf Frau und Kinder bei einem Stellenwechsel oft von ausschlaggebender Bedeutung. Ueber berufliche und örtliche Verhältnisse, über Schulen, Wohnungen, Lebensmittelpreise u. v. a. m., kurz über alles, was die sorgende Hausfrau vor einem Umzug nach einer ihr unbekannten Gegend erwägt, gibt unsere Auskunftei den Verbandsmitgliedern erschöpfende Auskunft. Klopft irgendwo die Not an die Tür der Unsrigen, da springt unsere Organisation helfend ein. Zinsfreie Darlehn und einmalige Unterstützungen helfen über die schwerste Zeit hinweg. Und wird eine Familie ihres Ernährers beraubt, stirbt der Gatte und Vater, so ist wieder die Berufsorganisation helfend zur Stelle. Je nach der Mitgliedsdauer erhalten die Hinterbliebenen bis zu 400 M Bestattungsbeihilfe.

Muß da nicht bei den Frauen, die ihre Männer im Technikerverband wissen, ein Gefühl der Sicherheit und des Geborgenseins eintreten? Zweifellos wird dies der Fall sein, umsomehr als noch andere segensreiche Verbandseinrichtungen der Selbsthilfe auch der Frau und den Kindern zugute kommen. Da ist die Rechtsauskunft, da ist der Rechtsschutz, die unsern Mitgliedern schon hunderttausende Mark gerettet haben. Wie viele könnten wohl sonst einen Prozeß, der aus ihrem Dienstverhältnis heraus veranlaßt wurde, mit eigenen Mitteln durchführen? Wieder ist es die Berufsorganisation, die auf der Basis der Solidarität fundiert, ihren Mitgliedern zu ihrem Rechte verhilft. Zur Hebung der wirtschaftlichen Lage der Privattechniker und der auf Privatdienstvertrag angestellten Techniker trägt auch die dem Vorgehen der Berufsorganisationen zu verdankende staatliche Angestellten-Versicherung mit bei. Ist das Gesetz auch nicht mustergültig, so beseitigt es doch manche Härte und Sorge, die vorher viele Familien belastete. Schon mit der Einleitung des Heilverfahrens, wonach es dem an einer langwierigen Krankheit leidenden Kollegen möglich wird, kostenlose Heilung in einem Krankenhause, Sanatorium u. dgl. zu finden, ohne daß seine Familie darben muß, da sie bis zu 4 M gesetzliches Haushaltungsgeld für den Tag erhält, ist ein bedeutsamer Schritt zur wirtschaftlichen Besserstellung getan. Auch die Invaliditäts- und Altersversicherung weist gegenüber dem früheren Zustande nicht wegzuleugnende Vorteile für die Familie auf. Wie häufig hat der Verband sich ferner mit Erfolg bemüht, günstigere Anstellungs-, Arbeits- und Urlaubsverhältnisse für seine Mitglieder zu erwirken. Kommen die erzielten Erfolge nicht alle unterschiedslos der Familie mit zugute?

Hand in Hand mit einer wirtschaftlichen Besserstellung geht die Hebung der gesellschaftlichen Stellung der Techniker. Diese wird nicht unwesentlich gefördert durch eine Reform der technischen Mittelschulen, auf denen die überwiegende Mehrheit der Techniker ihre theoretische Ausbildung erhalten. Auch die Baumeistertitel-Frage, die gewünschte Berechtigung zum einjährig-freiwilligen Militärdienst nach Ablegung der Abgangsprüfung an einer staatlichen technischen Mittelschule und eine Reihe weiterer zeitgemäßer Forderungen sind geeignet, eine gesellschaftliche Hebung des Technikerstandes herbeizuführen. An all diesen Fragen wird die Frau regen Anteil nehmen, da es ihr letzten Endes nicht gleichgültig sein kann, welche gesellschaftliche Stellung sie einnimmt.

Denken wir noch schließlich an unser Erholungsheim, in dem Familien bei sehr mäßigen Kosten die Ferien verleben können, an den geselligen Verkehr, gemeinsame Ausflüge, Besichtigungen u. a. m., die durch den örtlichen Zusammenschluß gewährt werden, so haben wir eine Menge Gründe, die auch unsere Frauen zu lebhaftem Interesse an unserm Verbande veranlassen müssen. Und aus diesem Interesse muß sich dann die Liebe zur Organisation kristallisieren, die hoffentlich recht bald Gemeingut aller Techniker und ihrer Familien wird.

SOZIALPOLITIK

Eine unerhörte Denunziation der Gesellschaft für Soziale Reform

und der Männer, die ihren Bestrebungen sympathisch gegenüberstehen, leistet sich die Deutsche Arbeitgeber-Zeitung in ihrer Nr. 48. Die Gesellschaft für Soziale Reform hatte sich auf ihrer 6. Hauptversammlung vom 21. November v. J. in einer Ausschußsitzung mit der Frage des sogenannten Arbeitswilligenschutzes beschäftigt und durch eine gerade gegenwärtig sehr angebrachte Resolution erklärt, sie erwarte von der Reichsregierung und den gesetzgebenden Körperschaften, daß sie allen Versuchen einer neuen verschärften Gesetzgebung auf diesem Wege entschieden entgegentreten. Hierzu läßt sich die „Deutsche Arbeitgeber-Zeitung" folgendermaßen schreiben:

„Die einseitige Stellungnahme der Gesellschaft für Soziale Reform für die Arbeiterschaft legt die Frage nahe, ob Männer, die als Beamte in Gemeindevertretungen Arbeiterfragen zu behandeln haben, auf dem Standpunkte der Gesellschaft stehen dürfen. Diese Frage drängt sich namentlich Herrn Wölbling gegenüber auf. Noch mehr gilt dies hinsichtlich der Beisitzer der Gewerbegerichte, da deren Unparteilichkeit durch die Angehörigkeit zu der obigen Gesellschaft doch eigentümlich beleuchtet wird. Im ganzen hat ja auch die Gesellschaft für Soz. Reform abgewirtschaftet, da nichts mehr zu reformieren ist!"

Es würde genügen, diesen unerhörten Versuch, Männer des Richter- und Beamtenstandes, die in sozialpolitischen Fragen nicht gerade ausgerechnet den Standpunkt der Deutschen Arbeitgeberzeitung teilen, zu denunzieren, niedriger zu hängen und es damit bewenden zu lassen, wenn nicht das genannte Blatt schon früher es darauf abgesehen hätte, Personen, die im öffentlichen Leben stehen, zu verdächtigen. Ihre Angriffe richteten sich seiner Zeit gegen Universitätsprofessoren, die es wegen ihrer sozialpolitischen Bekenntnistreue mit der Arbeitgeberzeitung verdorben hatten. Als unangenehme „Kathedersozialisten", die eine Gefahr für den akademischen Lehrstuhl, eine Quelle der Verführung für unseren studierenden Nachwuchs darstellen, wurden sie den Universitätsbehörden gegenüber hingestellt.

Die „Soziale Praxis" gibt übrigens der Deutschen Arbeitgeber-Zeitung eine treffende Antwort, indem sie sehr treffend bemerkt:

„Die „Deutsche Arbeitgeber-Zeitung" mag es sich gesagt sein lassen: Solange ein deutscher Kaiser sich noch zur Notwendigkeit sozialpolitischer Reformen für die Arbeiterschaft in solcher Entschiedenheit bekennt, wie es in den sozialpolitischen Botschaften Wilhelms II. geschehen ist, auf deren Boden die Gesellschaft für Soziale Reform steht und deren vielfach noch unerfüllte Forderungen sie zu verwirklichen bemüht ist, solange ist es auch für Berufs- und Ehrenbeamte des öffentlichen Gemeinwesens kein Amtsverbrechen, sondern weit eher eine Ehrenpflicht, solche sozialreformerischen Bestrebungen nach bestem Wissen und Gewissen zu unterstützen. Versteckte Denunziationen von Richtern, Beamten und Professoren wegen Zugehörigkeit zur Gesellschaft für Soziale Reform werden also in Deutschland wohl immer nur den einen Erfolg haben, daß sie dem Denunzianten den Ruhm eintragen, der Denunzianten gemeinhin gebührt."

*

Ein Schutzverband gegen Sozialpolitik und gegen die „Versicherungsseuche"

Immer neue Schlagworte zur Charakterisierung unserer sozialen Gesetzgebung erfinden gewisse Unternehmerkreise und ihnen verwandte Seelen. Zuerst war es das „Automobiltempo", dem zu steuern man für notwendig hielt, dann sprach man viel von „Simulation und Rentensucht", einer Folge der sozialen Versicherung. In neuerer Zeit erfand man für die Arbeitslosenversicherung die schönen Namen: „Feiernden"- und „Faulenzerversicherung". Jetzt hat man herausgefunden, daß weite Kreise unserer Bevölkerung an einer „Versicherungsseuche" leiden. Der dieses feinsinnige Wort geprägt hat, ist der geheime Kommerzienrat Vorster-Köln, der auf einer Vollversammlung des „Reichsdeutschen Mittelstandsverbandes" am 30. Nov. 1913 in Essen sein sozialpolitisches Gewissen mit dankenswerter Offenheit offenbart hat. Was er über unsere Sozialpolitik erklärte, übersteigt alles bisher Dagewesene. Aus seinen Ausführungen, die ihr Echo natürlich wieder in der „Deutschen Arbeitgeber-Zeitung" fanden, verdient folgendes weiten Kreisen bekannt zu werden:

„Ein wichtiges Gebiet für unsere Gemeinschaftsarbeit ist die Gründung eines Schutzverbandes gegen Sozialpolitik. Erst kürzlich tagte in Düsseldorf die Gesellschaft für Soziale Reform. Der Vorsitzende hat da u. a. gesagt: „Vom Stillstehen einer sozialen Reform kann für lange Zeit keine Rede sein." Demgegenüber erinnere ich an das Wort des Grafen Waldersee. Er sagte: „Je älter wir werden, desto mehr erkennen wir, daß unsere Sozialpolitik ein schwerer Fehler war. Sie macht die Arbeiter nicht zufriedener, sondern begehrlicher." . . .

Durch die neuen Versicherungsgesetze werden dem Mittelstand Lasten aufgebürdet, deren Begründung fehlt. So ist die Angestelltenversicherung, die nicht so dringend war, für die kleinen Gewerbetreibenden ebenso eine große Last, wie für den kleinen Kaufmann. Ich sehe keinen Grund für diese Versicherungsseuche, die bei uns in Deutschland eingetreten ist. Sie unterbindet bei den Angestellten jede Selbsthilfe und Verantwortlichkeit. Der moderne Staat darf kein Wohltätigkeitsinstitut werden. Ueber die Sozialpolitik haben wir die Weltpolitik etwas aus den Augen verloren. In diesen Tagen wird ein neues Gebilde der Versicherungsseuche uns vorgerollt werden, nämlich die Arbeitslosenversicherung. Freiherr von Wangenheim hat kürzlich über diese Versicherung gesagt: „Wir können uns nicht Hunderttausende erziehen, die fortwährend nach Arbeit schreien, aber keine haben wollen. Die notwendigsten Arbeiten können nicht ausgeführt werden, während über Arbeitslosigkeit geklagt wird."

Daß viele kleine und mittlere selbständige Existenzen ebenfalls schwer zu kämpfen haben, hat noch niemand bestritten. Man sollte es sich aber nachgerade abgewöhnen, den Lasten, die unsere Versicherungsgesetze den Unternehmern auferlegt haben, lediglich die Schuld beizumessen, sondern einmal ernstlich erwägen, ob nicht in den Fehlern unserer Wirtschaftspolitik die wahren Ursachen dieser Verhältnisse liegen. Aber wir haben wenig Hoffnung, daß dies geschieht, denn wenn sich gewisse Kreise nicht schämen, die Wünsche der Arbeitnehmer als „Versicherungsseuche" zu kennzeichnen, demgegenüber ein „Schutzverband gegen die Sozialpolitik" ein Erfordernis sei, so wissen wir wirklich nicht, wann einmal die notwendige Erkenntnis diesem Unternehmertum leuchten wird, das gar nicht den ernstlichen Willen hat, in die Ursachen der schwebenden sozialen Fragen tiefer einzudringen.

Mf.

*

Eine Zentrale der deutschen Arbeitgeberverbände für Streikversicherung

ist am 12. Dezember 1913 von der „Vereinigung der deutschen Arbeitgeberverbände" gegründet worden. Die beiden Einrichtungen für Streikrückversicherung der früher getrennten Sammelverbände, der „Schutzverband gegen Streikschäden" und die „Gesellschaft des Vereins deutscher Arbeitgeberverbände zur Entschädigung bei Arbeitseinstellungen", sind somit in der Zentrale verschmolzen, die ganz im Dienste der allgemeinen Arbeitgeberverbandssache steht. Der neuen Organisation traten sofort Verbände und Entschädigungsgesellschaften mit einer Gesamtsumme von 107 Millionen Mark und einer Arbeiterzahl von 675 000 bei. Der Vorsitz ruht in den Händen des Vorsitzenden der Vereinigung der deutschen Arbeitgeberverbände, Fabrikbesitzer Garvens-Hannover, die Geschäftsleitung in den Händen des bekannten Dr. jur. Tänzler.

Der Arbeitsmarkt im November 1913

Der Beschäftigungsgrad auf dem gewerblichen Arbeitsmarkt hat nach den Berichten des Reichsarbeitsblattes gegenüber dem Vormonat eine weitere Abschwächung erfahren; gegenüber dem gleichen Monat des Vorjahres ist er ebenfalls im allgemeinen etwas schlechter.

Auf dem Ruhrkohlenmarkt hielt nach den Berichten der Firmen und Verbände die Abschwächung weiter an. In Ober- und Niederschlesien und in der Niederlausitz war der Geschäftsgang zufriedenstellend, während im mitteldeutschen Braunkohlengebiet eine weitere Abschwächung zu verzeichnen war. Die Eisenindustrie, der Erzbau, die Kaliindustrie und die elektrische- und die chemische Industrie hatten gut zu tun. Im allgemeinen Maschinenbau erreichte allerdings nach den Berichten aus Mittel- und Süddeutschland, Südwestdeutschland und Schlesien der Beschäftigungsgrad nicht die Höhe des Vorjahres. Besonders zeigte sich namentlich in den Vorwerkstätten der geringe Eingang von neuen Aufträgen, ein Umstand, der sich auch allmählich bei den Fertigfabrikaten bemerkbar zu machen beginnt. Lokomotiv- und Lokomobilbau war wie im Vormonat zufriedenstellend, zum Teil sogar noch besser; die Herstellung landwirtschaftlicher Maschinen war im allgemeinen, der Jahreszeit entsprechend, zufriedenstellend.

Die Betriebe zur Herstellung elektrischer Instrumente und elektrotechnischer Apparate waren gut und infolge der starken Nachfrage noch besser beschäftigt als im Vormonat und im Vorjahre. Auch die Werkstätten zur Herstellung von Dynamomaschinen und Transformatoren usw. waren befriedigend, teilweise sogar gut beschäftigt. Gleichfalls günstig war die chemische und Textilindustrie beschäftigt.

Im Baugewerbe aber wird die Beschäftigung von der Mehrzahl der zahlreich vorliegenden Berichte mit schlecht bezeichnet. Nur Posen und Chemnitz berichten günstig über den Arbeitsmarkt, was darauf zurückzuführen ist, daß in diesen Orten größere Militärbauten vorgenommen werden. In der Gewerbegruppe Baumarkt waren von 100 Mitgliedern der drei berichtenden Fachverbände mit einer Mitgliederzahl von 7219 Mitgliedern im November 1913 9,7 und im November 1912 6,3 arbeitslos.

Die Verminderung des Beschäftigungsgrades hatte eine Steigerung der Arbeitslosigkeit zur Folge. Von den 1 959 604 Mitgliedern, über welche 48 Fachverbände für den November berichteten, waren 3,1 v. H. arbeitslos gegen 2,8 v. H. im Vormonat und 2,7 v. H. im September 1913. Gegenüber den Arbeitslosenziffern des November (1,8 v. H.) und Oktober (1,7 v. H.) des Jahres 1912 weisen die Arbeitslosenziffern der beiden letzten Monate eine erhebliche Zunahme auf.

Von der Gesamtzahl der Arbeitsnachweise kommen im Berichtsmonat auf je 100 offene Stellen bei den männlichen Personen 219 Arbeitsgesuche gegen 168 im Vormonat. Im Vorjahre waren die entsprechenden Verhältnisziffern 173 und 148. Bei den weiblichen Personen entfielen auf je 100 offene Stellen 143 Arbeitsuchende, dagegen im Vormonat 122; im Vorjahr waren die entsprechenden Verhältniszahlen 122 und 106. Bei beiden Geschlechtern läßt sich aus der Steigerung der Zahl der Arbeitsuchenden auf eine Verschlechterung des Arbeitsmarkts schließen.

ANGESTELLTENFRAGEN

Gegen das Konkurrenzklauselkompromiß

Ein trauriges Bild von dem Gange unserer sozialen Gesetzgebungsmaschinerie gibt das Schicksal der Konkurrenzklauselvorlage. Durch die fast einmütige Forderung aller Angestelltenorganisationen hatte sich die Kommission, die der Reichstag zur Beratung dieses Gesetzentwurfs eingesetzt hatte, veranlaßt gesehen, den Entwurf so auszugestalten, daß er in der Praxis einem Verbot der Konkurrenzklausel für die Handlungsgehilfen gleichgekommen wäre. Aber gegenüber der Regierung, die von den Arbeitgebern gedrängt wurde, wich die Kommission Schritt für Schritt zurück. Der Angestellten-Ausschuß der Gesellschaft für Soziale Reform hat leider durch seinen jüngsten Beschluß den Reichstag in seiner nachgiebigen Haltung noch unterstützt und es so den Abgeordneten leicht gemacht, die Verantwortung für ein Gesetz, von dessen Wirksamkeit für die Angestellten nichts zu hoffen ist, von sich auf die Organisationen der Angestellten abzuwälzen. Mit viel Geschick wurde das schwächliche Nachgeben des Angestelltenausschusses der Gesellschaft für Soziale Reform in die Oeffentlichkeit gebracht und so der Glaube erweckt, daß die Angestellten insgesamt mit diesem Kompromiß einverstanden seien. Der Kundige weiß ja, daß dem nicht so ist. Ein großer Teil der Mitglieder der Angestelltenverbände, deren Vertreter dem Kompromiß ihre Zustimmung gaben, sind durchaus nicht mit dieser Haltung einverstanden, und es gibt außerdem eine große Anzahl von Verbänden, die nach wie vor grundsätzlich auf dem Standpunkt verharren, daß nur eine völlige Beseitigung der Konkurrenzklausel einen greifbaren Erfolg bringen kann. Um auch der Oeffentlichkeit von dieser ablehnenden Haltung eines großen Teils der Angestellten Kenntnis zu geben, haben die Verbände, die für ein einheitliches Angestelltenrecht eintreten und von deren losen Fühlungnahme zur Aufstellung von Richtlinien für ein solches Recht wir bereits berichteten, eine Entschließung gefaßt, die die Tagespresse wiedergegeben hat:

„Der Arbeitsausschuß für das einheitliche Angestelltenrecht hat am 30. Dezember zu dem Gesetzentwurf über die Konkurrenzklausel Stellung genommen. Die ihm zugehörenden kaufmännischen Vereine (Allgemeiner Verband der Deutschen Bankbeamten, Allgemeine Vereinigung Deutscher Buchhandlungsgehilfen, Verein der Deutschen Kaufleute, Zentralverband der Handlungsgehilfen) protestieren gegen die Anregung des Angestelltenausschusses der Gesellschaft für soziale Reform an den Reichstag, sich damit abzufinden, daß nur eine Gehaltsgrenze von 1500 M vorgesehen und von der Schadensersatzpflicht der Prinzipale für geheime Konkurrenzklauseln abgesehen werde. Die in dem Arbeitsausschuß vertretenen nichtkaufmännischen Vereine (Bund der technisch-industriellen Beamten, Deutscher Techniker-Verband, Deutscher Steiger-Verband, Verband der Bureauangestellten, Verband der Kunstgewerbezeichner, Verband technischer Schiffsoffiziere) schließen sich diesem Protest an. Die gewerkschaftlichen Angestelltenverbände sprechen jedoch erneut ihr Bedauern darüber aus, daß sowohl die Regierung, als auch der Reichstag die Regelung der Konkurrenzklauselfrage lediglich auf die Handlungsgehilfen beschränkt haben. Sie erblicken darin eine durch nichts begründete Zersplitterung des heutigen Angestelltenrechts."

Wir können zu dieser Resolution hinzufügen, daß wir unsere Forderungen nur in einem Gesetzentwurf erfüllt sehen, der die Konkurrenzklausel gänzlich beseitigt. Alles andere ist Flickwerk, das die auf diesem Gebiete vorhandenen Mißstände nur noch vermehrt. Eine Gehaltsgrenze von 1500 M in einem solchen Gesetz ist geradezu eine Täuschung der Oeffentlichkeit. Man erweckt den Anschein, als ob etwas getan wäre, während in Wirklichkeit alles beim alten bleibt. Denn nur für die Angestellten wird die Konkurrenzklausel gefährlich, die höhere Gehälter beziehen. Da beginnt überhaupt erst das Interesse des Arbeitgebers, sich die Spezialkenntnisse eines Angestellten durch Unterbindung der Freizügigkeit zu sichern. Darum muß auch eine Gehaltsgrenze von 2000 M als unannehmbar gelten. Gerade für die technischen Angestellten wäre mit einem solchen Gesetzentwurf nichts erreicht. Denn wenn auch die Konkurrenzklauselfrage der technischen Angestellten in Zukunft durch ein besonderes Gesetz geregelt werden soll, so würde doch, wenn ein solches Gesetz überhaupt kommt, eine Gehaltsgrenze geschaffen werden, die noch niedriger ist als die für die Handlungsgehilfen. Bessere Gesetze als die Handlungsgehilfen haben wir noch nie bekommen. Ein solches Gesetz müssen wir aber mit aller Entschiedenheit ablehnen. Hdl.

*

Unser Austritt aus dem Hauptausschuß!

Wer es einmal unternimmt, die Geschichte der deutschen Privatbeamtenbewegung zu schreiben, wird nicht umhin können, dem Kampfe um das Pensionsversicherungsgesetz für Privatangestellte und damit dem „Hauptausschuß für die staatliche Pensionsversicherung der Privatangestellten" ein besonderes Kapitel zu widmen. Und es dünkt uns, daß gerade dieses Kapitel der jüngsten Gruppe in unserer sozialen Bewegung nicht zum Nachteile gereichen wird.

Sicher haben auch wir, die wir das Gesetz bis zur letzten Konsequenz mit geschaffen haben, und die wir auch heute noch bereit sind, dieses Gesetz als Ganzes zu vertreten, an ihm sehr viel auszusetzen. Ebenso sicher steht aber heute, wo bereits praktische Resultate ein Urteil zulassen, auch fest, daß alle die Angriffe von gegnerischer Seite weiter über das Ziel schossen, als dies, selbst unter Berücksichtigung der Kampfesleidenschaft, gerechtfertigt war. Das Gesetz, so wie es uns heute vorliegt, bedeutet für uns eine gute Basis. In dem Streben nach seiner Vervollkommnung aber werden wir uns in Zukunft mit jedem zusammen finden, der ehrlich, um der Sache willen, diesen Kampf mit uns führen will.

Was dem Hauptausschuß seine ausschlaggebende Bedeutung für die ganze Privatbeamtenbewegung gegeben hat, liegt nach unserem Empfinden mehr auf ideeller Seite. Unsere ganze soziale Gesetzgebung krankte bisher daran, daß sie letzten Endes als Mittel zum Zwecke gedacht war, und zwar zu einem Zwecke, der mit den berechtigten modernen Forderungen der deutschen Arbeitnehmerschaft recht wenig zu tun gehabt hat. Unsere Arbeitnehmer waren nur Objekt dieser Gesetzgebung. Man hielt es nicht für nötig, sie bei den Vorarbeiten beizuziehen oder gar ihre Wünsche zu berücksichtigen, sondern oktroyierte ihnen die jeweilige sozialen Gesetze auf und war sittlich entrüstet, wenn sie nicht bereit waren, dem Gnadenspender in ersterbender Demut die Hand zu küssen.

Mit diesem unheilvollen System brach man bei der Schaffung des Pensionsversicherungsgesetzes. Die Angestelltenverbände wurden zu den Beratungen zugezogen. Die deutsche Angestelltenschaft wurde damit zum Subjekte dieser Gesetzgebung gemacht.

Es soll hier nicht untersucht werden, welchen Motiven die veränderte Haltung der maßgebenden Stellen entsprang. Wir wollen auch annehmen, daß sie lediglich besserer Einsicht zu danken war. Immerhin hoffte man aber da und dort sicher, daß die Einigung der Verbände dabei recht bald in die Brüche gehen würde, daß die Gegensätze, die hier Auffassung und Entwickelung hervorgerufen haben, eine gedeihliche Mitarbeit bis zum Schluß nicht zulassen würden. Solche Hoffnungen sind durch die Selbstdisziplin der Angestelltenverbände zunichte geworden. Unsere Angestelltenbewegung hat den Beweis geliefert, daß sie reif genug ist, das Geschick der deutschen Privatbeamtenschaft selbst in die Hand zu nehmen.

Um so mehr ist es nunmehr zu bedauern, daß jetzt, wo dieses Kapitel zum Abschluß gelangt ist und auch wohl alle Vertreter im Hauptausschusse sich darüber klar sind, daß neue Aufgaben dieser Koalition keine Existenzberechtigung bieten können, man sich auf der letzten Hauptausschußsitzung am Sonntag, den 12. Dez., nicht dazu entschließen konnte, unserem Antrag auf Auflösung des Hauptausschusses zuzustimmen, sich vielmehr auf eine Lösung einigte, die wir als die allerunglücklichste bezeichnen müssen. Der Hauptausschuß hat sich, nachdem es sich gezeigt hat, daß er keiner, auch nicht der geringsten Belastungsprobe mit irgend einer anderen Materie gewachsen ist, ohne Aufgabe vertagt; denn eine Vertagung mit dem einen Gedanken, in fünf Jahren wieder bei den Wahlen zusammenzugehen, ist etwas vollständig Zweckloses. Abgesehen davon, daß man doch nicht Wahlkompromisse fünf Jahre vorher abschließt, abgesehen davon, daß die Stellung zur weiteren Ausgestaltung des Gesetzes nicht beeinflußt werden kann und darf vor der Stellung, die die einzelnen Verbände zur Schaffung dieses Gesetzes eingenommen haben, scheint uns dieser Entschluß schon aus dem Grunde problematisch zu sein, weil wir in der Privatbeamtenbewegung sicher an der Schwelle einer neuen Organisationsform stehen.

Unsere Angestelltenbewegung ist, wenn nicht alles trügt, der Vereinspolitik entwachsen und treibt einer Politik zu, die sich auf Koalitionen gleichartiger Verbände stützt. Die „soziale Arbeitsgemeinschaft" wird nicht eine Einzelerscheinung bleiben. Wir werden in den nächsten Wahlen bei Wahlabkommen sicher mit diesen neuen Vereinigungen zu rechnen haben.

Aus allen diesen Gründen haben wir es für notwendig erachtet, eine Verbindung zu lösen, die wir lange Jahre hindurch für ebenso notwendig gehalten haben, wie wir jetzt vom Gegenteile überzeugt sind, und der wir auch viele und teilweise schwere Opfer im Interesse der Sache gebracht haben. Für uns ist somit das Kapitel „Hauptausschuß" geschlossen. K. M.

STANDESFRAGEN

Die Frau als technische Angestellte

ist der Titel einer Schrift, die im Verlage von B. G. Teubner in Leipzig als Heft 1 der Schriften des Frauenberufsamtes des Bundes deutscher Frauenvereine erschienen ist. Sie hat Frau Lewy-Rathenau, die Leiterin der Auskunftsstelle für Fraueninteressen des Bundes deutscher Frauenvereine, zur Verfasserin. Den Hauptinhalt der Schrift bilden die statistischen Ermittelungen aus einer Umfrage, mit der die Verfasserin einen „Ueberblick über die Anstellungs- und Ausbildungsverhältnisse von technischen Beamtinnen" zu erlangen beabsichtigte. Daß dieser Zweck infolge sachkundiger Fragestellung und einer sehr geschickten Verteilung bei Verwendung der Fragebogen in hohem Maße erreicht worden ist, zeigt das reichliche und instruktive Zahlenmaterial. Es bringt nicht nur eine sehr begrüßenswerte Ergänzung und Erläuterung der großen Gruppenziffern der staatlichen Berufs- und Betriebsstatistik, sondern es weist auch auf notwendige Korrekturen infolge irriger Auslegung von Berufsbezeichnungen hin. Das Kapitel über „die weiblichen technischen Angestellten nach ihrer Tätigkeit" bringt Beweise über das Eindringen der Frau in den technischen Beruf, von dem sich bis jetzt wohl nur ganz wenige mit den Verhältnissen ganz Vertraute eine richtige Vorstellung gemacht haben. Man kann darum der Verfasserin durchaus zustimmen, wenn sie aus ihren Untersuchungen die Folgerung zieht, daß es hohe Zeit ist, sich um die Ausbildungsverhältnisse der weiblichen technischen Angestellten zu kümmern. Wenn uns natürlich auch nicht der Wunsch leiten kann, der Frau neue Erwerbsmöglichkeiten zu schaffen, so gehen wir mit der Verfasserin doch darin einig, daß für die Frauen, die sich den technischen Berufen zuwenden, Ausbildungsgelegenheiten geschaffen werden müssen, die der Forderung gerecht werden, daß die Frau unter den gleichen wirtschaftlichen Bedingungen und mit gleicher Ausbildung neben den männlichen Kollegen tritt. Wie notwendig es ist, der Gefahr des Eindringens ungeeigneter minderwertiger Kräfte in den Beruf entgegenzuarbeiten, zeigt uns die fleißige und sachkundige Arbeit. Wir empfehlen unseren Mitgliedern und besonders unseren Zweigverwaltungen angelegentlichst die Anschaffung dieser Schrift, die gutes Material für eingehende Besprechungen in den Versammlungen bringt. Lz.

TECHNISCHES SCHULWESEN

Technische Austauschprofessoren

Geheimrat Schwabe macht in der „Zeitschrift des Verbandes Deutscher Architekten- und Ingenieurvereine" den Vorschlag, eisenbahntechnische Austauschprofessuren einzuführen, ähnlich dem Austausch von deutschen und amerikanischen Universitätsprofessoren, der seit etwa sieben Jahren für andere wissenschaftliche Fächer, z. B. Geschichte, Literatur, Rechtswissenschaften und dergl., stattfindet. Der Charlottenburger Privatdozent Dr.-Ing. Probst bezeichnet diesen Vorschlag als sehr unterstützenswert und erweitert ihn in derselben Zeitschrift dahingehend, es möge auch auf anderen fachtechnischen Gebieten, wie Maschinen-, Eisen-, Eisenbeton-, Wasser- und Brückenbau ein Gedankenaustausch zwischen deutschen und amerikanischen Vertretern dieser Fächer auf dem angedeuteten Wege stattfinden. Zur Begründung wird angeführt, daß z. B. für die Förderung des Bau-Ingenieurwesens eine Austauschprofessur außerordentlich wertvoll wäre. Es sei ihm bekannt geworden, daß gelegentlich eines großen Wettbewerbes im deutschen Brückenbau einige unserer hervorragendsten Brückenbaufirmen Vertreter nach Amerika zum Studium bestimmter Fragen entsandt haben. Anderseits ist der Verfasser der Ansicht, daß in Amerika auch für die bei uns üblichen Methoden sicherlich sehr dankbare Hörer vorhanden wären. Er fährt dann weiter fort: „Die Kenntnis der auf beiden Seiten der Praxis üblichen Methoden wäre geeignet, manche schwierigen Fragen aufzuklären. Noch hat man vielfach bei uns ganz irrige Anschauungen über die wissenschaftliche Ausbildung und über die Arbeitsmethoden der amerikanischen Ingenieure. Diese unrichtigen Anschauungen führen oft zu einer unrichtigen Bewertung der Leistungen und der Leistungsfähigkeit, und diesem Fehler könnte durch Errichtung von technischen Austauschprofessuren gesteuert werden." Aus allen diesen Gründen sei nur zu wünschen, daß die Einführung technischer Austauschprofessuren in allen technischen Zweigen baldigst herbeigeführt werde.

Auch wir möchten uns dem Vorschlag der beiden Herren nach jeder Richtung hin anschließen. Auch in Nordamerika wird im technischen Schulwesen bedeutendes geleistet, so daß man hier in manchem von dort lernen, wie auch Amerika von uns profitieren kann.

Wenn jedoch Dr.-Ing. Probst meint, es wäre eigentlich erstaunlich, daß die Frage „Technische Austausch-Professoren" erst jetzt zum ersten Male öffentlich diskutiert werde, so möchten wir auf einen Aufsatz verweisen, den wir bereits im Jahre 1908 (Nr. 46 der D. T.-Z.) veröffentlicht haben. Unter der Ueberschrift „Deutsch-amerikanischer Austausch technischer Lehrer" wird darin von dem sächsischen Kammerrat Ing. Weitzel genau derselbe Vorschlag gemacht. Auch er knüpft an den bereits bestehenden Austausch von deutschen und amerikanischen Professoren an und berichtet dann weiter, daß zwischen der preußischen Unterrichtsverwaltung und dem Präsidenten des Carnegie-Instituts Verhandlungen gepflogen werden, die zum Zwecke haben, durch Austausch von Lehrern verschiedener höherer Schulen beider Länder diesen Gelegenheit zu geben, Fortschritte und Methoden im Unterrichte praktisch kennen zu lernen. Es scheint, daß diese Verhandlungen nicht zu Ende geführt wurden. Jedenfalls können wir feststellen, daß im Anschluß an diese seinerzeit schwebende Frage der Verfasser die Hoffnung aussprach, es möge recht bald auch ein Austausch von Professoren und Lehrern amerikanischer technischer Hochschulen gegen deutsche stattfinden. Der Verfasser geht in diesem Aufsatz auch des näheren auf die Frage ein, warum gerade Nordamerika das Land sei, das zum Austausch von Professoren und Lehrern besonders geeignet erscheint. Im Verlauf dieser Erörterung wird ein Ueberblick über die Entwickelung der technischen Hochschulen in Amerika geboten, der jetzt bei dem Neuauftauchen der Frage jedenfalls wieder von Interesse sein dürfte. Mf.

DEUTSCHE TECHNIKER-ZEITUNG
TECHNISCHE RUNDSCHAU

XXXI. Jahrg. — 10. Januar 1914 — Heft 2

Der Osthafen zu Berlin

Von Dipl.-Ing. LEIPOLD, Berlin.

Am 1. Oktober vorigen Jahres ist der von der Stadt Berlin erbaute Osthafen in vollem Umfange dem Verkehr übergeben worden. Er stellt die erste der beiden von der Stadt geplanten größeren Hafenanlagen dar, die mit modernen Lösch- und Ladegelegenheiten und umfangreichen Lagerhäusern ausgerüstet ist.

Das Baugelände liegt auf dem rechten Spreeufer zwischen der Oberbaumbrücke und der Ringbahnbrücke am Bahnhof Treptow und wird im Norden durch die Stralauer Allee und deren Verlängerung, die Straße Alt-Stralau, begrenzt. Es stellt einen Uferstreifen von rund 1390 m Kailänge mit einer durchschnittlichen Breite von 65 m dar und gestattet das gleichzeitige Laden und Löschen von 23 Oderschiffen größter Abmessung und 12 Finowkähnen. Das eigentliche Hafengelände zwischen der Stralauer Allee und der Kaikante umfaßt 89 728 qm, von denen 4952 qm außerhalb des Weichbildes der Stadt auf Stralauer Gebiet liegen. Mit Rücksicht auf die hochwasserfreie Lage der Gebäudekeller und die Erleichterung des Lösch- und Ladegeschäftes wurde die Höhenlage des Hafengeländes auf Ordinate + 34,28 NN, entsprechend ca. 2,00 m über dem ziemlich stetigen Wasserstande der Spree angenommen.

Die Abstützung des Hafengeländes gegen die Spree erfolgt durch eine senkrechte massive Kaimauer, die in Beton mit Granitverblendung ausgeführt ist. Der unter Wasser befindliche Teil wurde als Schüttbetonkörper von der Mischung 1:3:5 zwischen Spundwänden, der obere Teil aus Stampfbeton im Mischungsverhältnis 1:8 hergestellt. Nur drei Fünftel der Gesamtlänge konnten direkt gegründet werden; der übrige Teil wurde auf Holzpfählen fundiert, da mächtige Moorschichten über dem tragfähigen Baugrunde lagen. An den beiden Enden und in der Mitte der Kaimauer sind 1 m breite Treppen eingebaut; außerdem sind auf der ganzen Länge in regelmäßigen Abständen Steigeleitern, Schiffsringe und Reibhölzer angeordnet.

Die Verteilung der Hochbauten und der Lagerplätze längs des Kais ist die folgende: In der Mitte des Hafens stehen das Verwaltungsgebäude und das Arbeiterspeisehaus; an diese Gebäude reihen sich nach Osten und Westen je ein Lagerschuppen für den Durchgangsverkehr von Kaufmannsgütern und je ein Freiladeplatz von derselben Größe an. Es folgen dann am östlichen Ende der Kohlenlagerplatz und der Lagerplatz für Ziegel und andere Baumaterialien; der letztere liegt etwas niedriger, um dort das Löschen der Ziegelkähne von Hand zu ermöglichen. Auf dem westlichen Ende befindet sich das Benzinlager und der Speicherblock; rechts und links vom Speicher sind noch Freiladeplätze vorgesehen, die später zur Erweiterung der Speichergruppe herangezogen werden können. Auch die neben den Lagerschuppen liegenden Freiladeplätze sind als Bauplätze für den Ausbau des Hafens bestimmt.

Vor den Hochbauten und den Lagerplätzen, mit Ausnahme des niedriger gelegenen Ziegellagerplatzes am Ostende des Hafens führen an der Kaimauer zwei Gleise entlang, von denen das vordere als Verkehrs- und das hintere als Ladegleis dient. Den Lagerschuppen und den anschließenden Freiladeplätzen ist auch landseitig ein gleiches Gleispaar vorgelagert. Mit Rücksicht darauf, daß beim Speicher für die Abfuhr fast ausschließlich Fuhrwerksverkehr vorherrschen wird, konnten dort die landseitigen Gleise fortfallen, und der gewonnene Raum konnte der Breite des Speichers zugute kommen.

Hinter den Lagergebäuden und den Lagerplätzen zieht sich eine Verkehrsstraße durch das ganze Hafengelände hindurch, welche drei Ausfahrten nach der Stralauer Allee besitzt: das Tor I an der Oberbaumbrücke, das Tor II gegenüber der Caprivistraße und das Tor III am Ostende gegenüber dem Markgrafendamm. Die Breite dieser Straße ist so bemessen, daß, abgesehen von einem 2 m breiten Fußsteig, mindestens zwei Fuhrwerke an einem haltenden vorbeifahren können. Von dieser Verkehrsstraße aus führen neben und zwischen den Gebäuden Stichstraßen bis zur Kaikante, die genügend breit sind, um das Wenden der Fuhrwerke zu ermöglichen.

Bei der bevorzugten Lage des Hafens mußte bei den Hochbauten einiger Wert auf eine gefällige Architektur gelegt werden; dem Charakter der Bauten entsprechend mußte diese aber möglichst einfach bleiben, und man beschränkte sich deshalb auf eine schlichte Pfeilerarchitektur und ansprechende Dachformen. Die vorspringenden, stark dem Wetter oder der Benutzung durch den Hafenbetrieb ausgesetzten Teile, wie Sockel, Ladebühnen, Gesimsvorsprünge, Haupt- und Abdeckgesimse, sind in Haustein, die großen Fassadenflächen dagegen in grauen Verblendziegeln ausgeführt. Dekorierte Glieder sind nur an einigen Punkten angebracht, wo die sehr großen Fassadenflächen eine Betonung erforderten. Als Haustein wurde für die Sockel und Ladebühnen der großen Bauten und für das Erdgeschoß des Speichers graugrüner Beuchaer Granit, für die sonstigen Teile Muschelkalk verwendet. Als Dachdeckung wurden für den Speicher graue holländische Pfannen und für die übrigen Bauten Biberschwänze verwendet.

Der **Speicherblock** besteht aus drei feuersicher gegeneinander abgeschlossenen Einzelspeichern, von denen der mittlere zur Getreidelagerung bestimmt ist und die beiden seitlichen Abteilungen Stückgüter zur längeren Lagerung aufnehmen. Die Gesamtlänge der Anlage beträgt 107,76 m, der Mittelbau besitzt eine Länge von 47,18 m und eine Breite von 27,75 m, die Seitenbauten sind je 30,29 m lang und 27,49 m breit. Zur Erhöhung der Aufnahmefähigkeit war der Ausbau bis zur baupolizeilich zulässigen Höhe geboten; es wurden deshalb acht Geschosse vorgesehen: ein Kellergeschoß von 2,77 m Höhe, ein Erdgeschoß von 4,50 m Höhe, fünf Obergeschosse, das erste 3,50 m und die übrigen 3,00 m hoch, und ein Dachgeschoß. Der Dachgeschoßfußboden liegt 21,14 m über Terrain. Die Unterteilung des Speichers in Einzelabteilungen ist durch den Unterschied in den Drempel- und Dachhöhen besonders betont worden. Das Satteldach des Mittelbaues

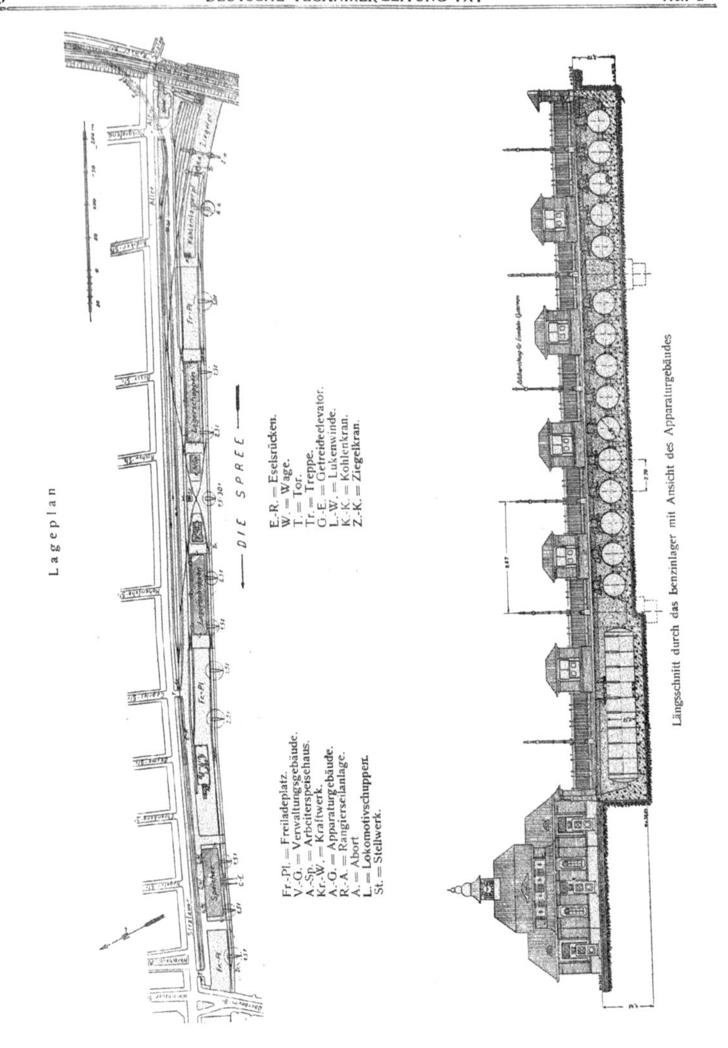

Lageplan

Längsschnitt durch das Benzinlager mit Ansicht des Apparaturgebäudes

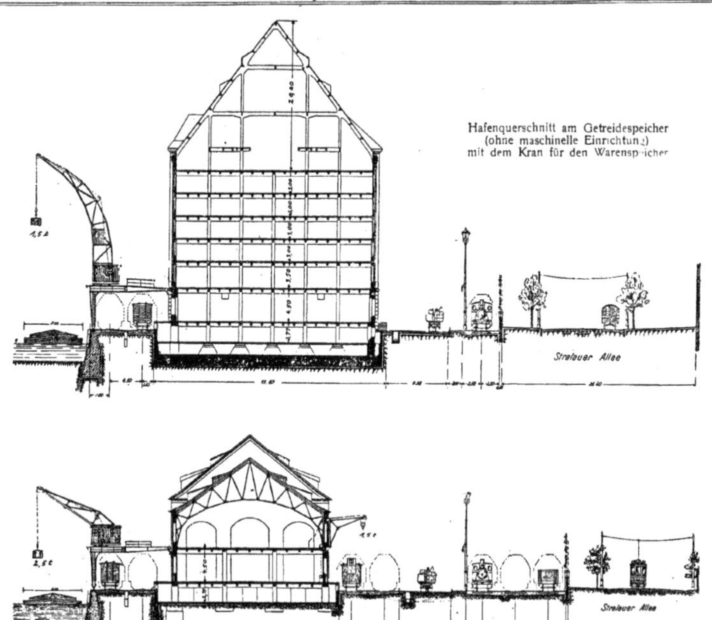

Hafenquerschnitt am Getreidespeicher (ohne maschinelle Einrichtung) mit dem Kran für den Warenspeicher

Hafenquerschnitt am Seitenbau des Lagerschuppens

besitzt eine Höhe von 18,00 m und einen 2 m hohen Drempel und die Höhe der Seitendächer beträgt 11,42 m bei einem 0,85 m hohen Drempel; die Gesamthöhe des Mittelbaues über Terrain ist demnach 41,14 m und die der Seitenbauten 33,41 m. In der Mitte des Getreidespeichers ist durch Einbau zweier bis unter die Dachhaut reichenden Brandmauern ein Maschinenhaus abgeteilt, welches zur Aufnahme der Getreideförderanlage dient. Durch diese Anordnung wurde gleichzeitig die aus Feuersicherheitsgründen notwendige Unterteilung des Mittelbaus in zwei Abteilungen erreicht. Auch die Seitenspeicher sind durch feuersichere Innenwände, die aber nur bis zum Dachgeschoßfußboden reichen, in je zwei Abteilungen geteilt.

Jeder Einzelspeicher enthält an der Straßenfront ein massives Treppenhaus, welches von beiden Abteilungen, im Mittelbau auch vom Maschinenhaus, zugänglich ist und direkt ins Freie mündet. Die benachbarten Abteilungen der einzelnen Speicher stehen in den oberen Geschossen durch kurze Balkone an der Straßenfront miteinander in Verbindung, die bei Feuersgefahr dem Bedienungspersonal den Zugang zu dem Treppenhaus des Nachbarspeichers ermöglichen; außerdem können von diesen Balkonen aus die an der Außenfront angebrachten Feuerleitern erreicht werden. Für die beiden äußersten Speicherabteilungen kommen diese Balkone als Notausgänge nicht in Betracht; dafür ist für diese Abteilungen an der Wasserfront je eine Steigeleiter vorgesehen.

Das Erdgeschoß öffnet sich an der Wasserseite auf eine durchgehende, 2,50 m breite Ladebühne, die 1,10 m über Schienenoberkante der Ladegleise angeordnet ist; landseitig sind nur vor den drei Treppenhäusern kurze Ladebühnen von 1,50 m Breite angeordnet. Vor den Giebeln sind wieder durchgehende Ladebühnen von 6,00 m Breite angelegt.

Der Speicher ist auf einer durchgehenden 1,50 m starken Stampfbetonplatte von der Mischung 1 Teil Portlandzement, $^1/_2$ Teil Traß und 7 Teilen Flußkiessand fundiert, deren Sohle auf Ordinate + 29,50 liegt. Für die Mauern und Stützen sind auf diese Platte pyramidenförmige Betonsockel bis zur Höhe des Kellerfußbodens aufgeführt; die dazwischen verbleibenden Hohlräume wurden mit reinem Sand ausgefüllt. Da die Kellersohle hochwasserfrei liegt, erübrigte sich eine besondere Dichtung des Fundamentes. Der Kellerfußboden besteht aus einer 20 cm starken Betonschicht, welche auf das Sandlager aufgebracht wurde.

Für die Wahl der Baustoffe war die Feuersicherheit ausschlaggebend; deshalb wurden die Decken und das Dach in reinem Eisenbeton ausgeführt und die aus Gründen der

Raumersparnis aus Walzprofilen konstruierten Stützen mit einer feuersicheren Ummantelung umgeben. Die Deckenkonstruktion für die Speicherräume ist in der üblichen Weise aus Zwischenträgern mit eingespannten Platten und Unterzügen zusammengesetzt. Die Unterzüge sind senkrecht zu den Frontwänden angeordnet und in ihren Abständen durch die Pfeilerteilung der Frontwände festgelegt. Zur Unterstützung der Unterzüge sind in der Längsachse des Gebäudes fünf Reihen von Stützen mit einem gegenseitigen Abstande von 4,41 m vorgesehen, die vom Keller bis zum Dachgeschoß durchgehen.

Die feuersichere Umkleidung der Stützen besteht aus 6 cm starken Schamottesteinen unter Ausfüllung der Zwischenräume mit Magerbeton. Die Deckenträger und Unterzüge wurden mit den „gelochten Betoneisen" der Pohlmanndecke bewehrt.

Die Decken der Ladebühnen und der Treppenläufe sind ebenfalls in Eisenbeton ausgeführt; doch sind als Entlastungsträger für die Tür- und Fensteröffnungen durchgehend Walzträger zur Verwendung gekommen.

Die in reinem Eisenbeton mit Rundeiseneinlagen hergestellte Dachkonstruktion besteht aus einer 7 cm starken Dachplatte zwischen parallel zum First angeordneten Pfetten und über den Säulenquerreihen aufgestellten Bindern. Aus dem unter der Dachhaut angeordneten Pfettenunterzug und den auf die eisernen Stützen aufzusetzenden Dachstielen ergab sich eine den bei Holzbauten üblichen Konstruktionen angepaßte Binderform. Das 47 m lange Mitteldach erhielt über der westlichen Abschlußwand des Maschinenhauses eine Dehnungsfuge; für die seitlichen Dächer erübrigte sich eine solche. Zur Anbringung der Dachsteine wurden auf der Dachhaut an einbetonierten Schraubenbolzen kleine Dachsparren befestigt und auf diese die eigentlichen Dachlatten aufgenagelt.

Die Berechnung wurde nach den ministeriellen Vorschriften durchgeführt, dabei wurden folgende besondere Nutzlasten eingeführt:

Decke über dem Kellergeschoß	= 2000 kg/qm
Decke über dem Erdgeschoß und den ersten vier Obergeschossen	= 1500 „
Decke über dem fünften Obergeschoß	= 1000 „
Winddruck	= 180 „

Die durch den Betrieb bedingten Einrichtungen sollen im Anschluß an die folgende Beschreibung des Betriebes erwähnt werden.

Die maschinelle Einrichtung des Getreidespeichers ist so ausgebaut, daß gleichzeitig Einspeicherung aus zwei Kähnen und einem Eisenbahnwagen und eine Ausspeicherung auf einen Kahn erfolgen kann, außerdem eine Umspeicherung im Innern des Gebäudes vorgenommen und das Absacken von losem Getreide zum Versand vorgenommen werden kann. Zur Einspeicherung von losem Getreide aus Kähnen sind vor dem Maschinenhaus zwei Schiffselevatoren von je 30 t Stundenleistung aufgestellt. Die Zuführung des Getreides aus den Schiffselevatoren zu den im Innern des Maschinenhauses untergebrachten Förderanlagen erfolgt auf Transportbändern, die in einem vom Kellergeschoß bis zur Kaimauer reichenden Tunnel angeordnet sind. Aus dem Kellergeschoß wird das Getreide zunächst durch einen der drei Empfangselevatoren in das dritte Obergeschoß gehoben und passiert dann eine Empfangswage, nach Bedarf noch eine Reinigungsmaschine und gelangt wieder zum Keller zurück. Darauf wird es durch einen der fünf Hauptelevatoren auf das oberste Dachgeschoß gehoben. Im Maschinenhaus sind nämlich noch vier weitere Geschosse im Dach eingebaut. Durch den Verteiler wird das Getreide alsdann auf eines der vier im Dachraum untergebrachten Förderbänder geleitet, von welchem es durch Abwurfwagen in eins der in jeder Speicherabteilung angeordneten 24 Fallrohre geschüttet wird. Diese Fallrohre führen es dann dem zur Lagerung bestimmten Raum zu. Sämtliche Obergeschosse des Speichers sind zur Lagerung eingerichtet und können durch vorsetzbare hölzerne Zwischenwände in Einzelabteilungen von 25 bis 125 qm Grundfläche unterteilt werden. Zur Einspeicherung von losem Getreide aus Eisenbahnwagen ist auf der Ladebühne ein Schütttrichter angeordnet, welcher das Getreide auf ein besonderes im Keller untergebrachtes Förderband leitet; die weitere Bewegung entspricht derjenigen des Schiffsgetreides.

Bei der Ausspeicherung wird das lose Getreide von dem Lagerboden durch das Fallrohrsystem einem der vier unter der Decke des Erdgeschosses untergebrachten Förderbänder zugeführt, von diesen in den Keller des Maschinenhauses befördert und von dort aus durch einen Hauptelevator in das oberste Dachgeschoß gehoben. Dort gelangt es nach dem Passieren der Schiffsausgabewage durch eine besondere Rohrleitung auf das im Eisengerüst der Schiffselevatoren untergebrachte Band und fällt alsdann durch ein Schiffsladerohr in den Kahn.

Das Getreide kann von einem Boden auf einen beliebigen andern umgeladen werden; zuweilen soll es aber nur bewegt und demselben Boden wieder zugeführt werden. Sofern das Getreide nicht durch ein Fallrohr direkt einem niedriger gelegenen Raum zugeführt werden kann, gelangt es durch das Fallrohr auf ein Erdgeschoßband, dann in den Keller, wird durch einen Hauptelevator zum Dach gehoben, auf ein Dachgeschoßband geleitet und von hier aus in ein Fallrohr geschüttet.

Das Abfüllen des Getreides in Säcke kann in allen Räumen erfolgen; vorzugsweise dient dazu das Erdgeschoß, in welchem fahrbare Absackwaren zur Entnahme des Getreides aus den Fallrohren aufgestellt sind. Zur Uebergabe des Sackgetreides in Eisenbahnwagen dient die durchgehende wasserseitige Ladebühne und zum Verladen auf Fuhrwerke die Ladebühne vor dem Treppenhaus. Das Ausladen von Säcken aus den Obergeschossen kann mittels einer Lukenwinde erfolgen, die über dem Treppenhaus im Dachgeschoß angeordnet ist und die Säcke auf die Ladebühne absetzt; außerdem kann zum Befördern des Sackgetreides der im Treppenhaus eingebaute Fahrstuhl benutzt werden, der sämtliche Geschosse bedient.

Im gegenwärtigen Ausbau sind die Seitenbauten zur Aufnahme von Stückgütern bestimmt, nach der in Aussicht genommenen Erweiterung des Speicherblocks beiderseitig um je zwei Seitenbauten soll der Speicher in seiner jetzigen Ausdehnung zur Getreidelagerung dienen. Zu diesem Zweck sind jetzt schon die dazu nötigen baulichen Anlagen in den Seitenbauten vorgesehen.

Zur Einspeicherung der zu Wasser oder Bahn ankommenden Güter ist vor jedem Warenspeicher ein fahrbarer Halbportalkran von 1,5 t Tragfähigkeit aufgestellt, dessen Ausleger so hoch bemessen ist, daß er sämtliche Obergeschosse, mit Ausnahme des Dachgeschosses, beschicken kann. Das Einladen in die einzelnen Stockwerke erfolgt von loggienartigen Einbauten aus, die in der Mitte jedes Warenspeichers an der Wasserfront vom Keller bis zum fünften Obergeschoß durchgeführt sind und eine herausklappbare Platte zum Absetzen der Güter besitzen. Zum Einladen in das Dachgeschoß muß der im Treppenhaus untergebrachte Fahrstuhl benutzt werden.

Für das Ausladen der Güter in Eisenbahnwagen kann derselbe Kran benutzt werden; für das Ausladen auf Fuhrwerke sind ebenso wie beim Getreidespeicher ein Fahrstuhl und eine Lukenwinde vorgesehen.

Das Kellergeschoß des Speichers ist in seiner gesamten Ausdehnung zur Lagerung von Stückgütern bestimmt. Das Ein- und Ausladen erfolgt mittels der Hebezeuge durch Ladeluken, welche in die Ladebühne eingelassen sind.

Vor den Giebeln des Speichers sind 6 m breite Ladebühnen angelegt und mit je einer besonders großen Ladeluke versehen, neben denen Fairbairnkräne zum Transport von Fässern aufgestellt sind.

Berücksichtigt man bei der Bestimmung des Fassungsvermögens der Speicher die der Berechnung zugrunde gelegte Nutzlast und bringt gleichzeitig von der Lagerfläche die für den Verkehr freizuhaltenden Gänge in Abzug, so ergibt sich eine Gesamtaufnahmefähigkeit des Speichers im gegenwärtigen Ausbau von 9380 t Getreide und 16 400 t Stückgütern.

Die beiden Lagerschuppen sind im Aufbau völlig gleichartig ausgebildet. Sie besitzen eine Länge von rund 123 m, eine Breite von rd. 21 m und sind dreigeschossig mit einem Keller-, einem Erd- und einem Obergeschoß ausgebaut. Rings um das Erdgeschoß läuft eine Ladebühne, deren Breite an der Wasserseite 2,50 m und an den übrigen Fronten 1,50 m beträgt. Durch zwei Trennwände ist jeder Schuppen in drei Abteilungen zerlegt: einen 23,65 m langen Mittelbau und zwei 49,60 m lange Seitenbauten; diese Trennwände besitzen in jedem Stockwerke drei breite offene Durchfahrten. In jeder seitlichen Abteilung ist an der Landseite ein feuersicheres, nach dem Keller und dem Obergeschoß führendes Treppenhaus eingebaut; im Mittelbau ist nur eine Kellertreppe angeordnet. Außerdem ist der Keller durch zwei an den Enden der wasserseitigen Ladebühne angelegte offene Treppen zugänglich. Als Notausgänge für das Obergeschoß sind an den Giebelseiten Austrittspodeste mit einer zur Ladebühne herabführenden Steigeleiter angeordnet; für den Kellerraum des Mittelbaus ist unter der wasserseitigen Ladebühne eine Steigleiter mit einer Austrittsluke als Notausgang vorgesehen. Die Geschoßhöhen sind dieselben wie in den entsprechenden Stockwerken des Speichers; das Obergeschoß ist als Dachgeschoß ausgebaut.

Bei der Fundierung konnte von einer durchgehenden Platte abgesehen werden; während aber der östliche Schuppen direkt gegründet werden konnte, mußte beim westlichen zu einer Holzpfahlfundierung geschritten werden. Die Deckenkonstruktion ähnelt der des Speichers; da jedoch nur zwei Längsreihen von Stützen zur Aufstellung gelangten, mußten die langen Unterzüge zur Erzielung einer geringeren Konstruktionshöhe aus Blechträgern hergestellt und mit einer Betonumkleidung versehen werden. Die Dachkonstruktion wurde in Eisen ausgeführt und besteht aus vertikal gestellten Gelenkpfetten auf fachwerkartigen Zweigelenkbogenbindern, deren Auflager auf den Unterzügen der Erdgeschoßdecke liegen, und die gleichzeitig den Winddruck auf die Frontwände aufnehmen. Als Nutzlasten wurden für die Decken 2000 kg/qm und ein Winddruck von 150 kg/qm eingeführt; bei den Bindern wurde außerdem ein Temperaturunterschied von 40° C berücksichtigt.

Zum Einladen der Güter sind vor jedem Schuppen zwei fahrbare Halbportalkrane von 1,5 und 2,5 t Tragfähigkeit aufgestellt, welche alle drei Stockwerke bedienen, den Keller wieder durch Ladeluken. Für das Ausladen aus dem Keller und dem Obergeschoß sind an den Giebelseiten je ein und an der Landfront drei Wanddrehkrane angebracht. Außerdem sind in jedem Schuppen zur weiteren Verteilung der Güter zwei von allen Seiten zugängliche Fahrstühle eingebaut, die durch alle drei Geschosse reichen. Das Fassungsvermögen jedes Schuppens beträgt 5700 t.

Die Benzinanlage dient zur feuersicheren Lagerung von 1 Million Liter Benzin oder anderer feuergefährlichen Flüssigkeiten in einer Anzahl von Tanks zur Einzelvermietung. Wenn auch die explosionssichere Lagerung größerer Mengen von feuergefährlichen Flüssigkeiten innerhalb bewohnter Stadtgebiete an und für sich nichts Neues ist, so ist doch diese Anlage in ihrer Art der Einzelvermietung und in der Größe ihres Fassungsvermögens bemerkenswert. Das gewählte System zur Verhütung der Explosionsgefahr besteht darin, daß sich das Benzin in unterirdisch gelagerten Behältern stets unter dem Druck nichtoxydierender Gase befindet, wodurch mangels des gefahrbringenden Sauerstoffs der Luft die Entstehung von explosiblen Gasgemischen verhindert wird. Gleichzeitig dienen diese Schutzgase dazu, die feuergefährliche Flüssigkeit ohne Pumpe und andere Vorrichtungen selbsttätig den Zapfstellen zuzuführen. Sämtliche Rohrleitungen und Ventile sind doppelwandig ausgeführt. Das innere Rohr dient als Flüssigkeitsleitung, das umschließende Rohr steht ebenfalls mit dem Kesselinnern in Verbindung und ist mit Schutzgas gefüllt. Bei einem Rohrbruch tritt somit ein Druckausgleich des Schutzgases ein und verhindert das Austreten des Benzins.

Für die Aufnahme des Benzins sind 36 Einzelbehälter von 20 000 bis 36 000 Liter Fassungsvermögen vorgesehen. Sie liegen mit ihrer Unterkante 1 m unter Terrain im Erdboden und ruhen fest verankert auf einer durchgehenden Betonsohle, die von Betonmauern eingefaßt ist. Diese bis zum Terrain aufgeführten Mauern bilden zusammen mit der Sohle einen Trog von 21 m Breite und 61 m Länge. Der Hof über dem Behältertrog ist gepflastert und umfriedigt; in den Schmalseiten der Umfriedigung sind je zwei Tore eingebaut.

Die Füllung der Behälter geschieht aus Eisenbahnzisternenwagen, welche auf der Nordseite des Platzes auf einem besonders umfriedigten Gleise zugeführt werden; die 60 000-Liter-Behälter sind außerdem zur Füllung aus Tankschiffen eingerichtet.

Zur Entnahme des Benzins aus den unterirdischen Behältern sind inmitten des Lagerhofes und an der Umfriedigung überdachte Aufbauten erric'·tet, die die Zapfvorrichtungen in verschließbaren Schränken aufnehmen. Alle Zapfstellen besitzen in Rollwagenhöhe eine Laderampe, auf der die Fässer gefüllt und verwogen werden.

Neben dem Benzinlagerhof ist in Verbindung mit dem Wiegehaus der Fuhrwerkswage das Maschinenhaus errichtet, welches die Gaserzeugungsanlage, zwei Gashochdruckbehälter und die Schalttafel aufnimmt.

BRIEFKASTEN

Frage 16. Projektionsapparat. Für die hiesige Gewerbeschule soll ein Projektionsapparat angeschafft werden, der sich zur Projektion von Diapositionen, Apparaten, horizontal liegender Gegenstände, Holzschnitten, Zeichnungen und dergleichen und schließlich auch zu kinematographischen Vorführungen eignet. Zur Verfügung steht Drehstrom 210 Volt Spannung. Raten Sie mir unbedingt zur Verwendung einer Gleichstrombogenlampe und zu einer Umformeranlage oder kann man es mit einer Drehstromlampe auch versuchen?

Frage 17. Wie ist in Spanien das Bauschulwesen entwickelt? Herrscht dort Mangel oder Ueberschuß an Bautechnikern? Ist die Ausbildung der deutschen ähnlich?

Frage 301. Heizung für Autogarage. Welche Polizeivorschriften sind zu beachten?

Antwort V (I—IV s. Heft 52/1913). Wenn die Anlage einer Luftheizung geplant ist, so ist es unbedingt nötig, vorher die Genehmigung der zuständigen Baupolizei einzuholen. Vor ca. drei Jahren mußte hier in Frankfurt a. M. eine neueingebaute Luftheizung für eine Garage auf Anordnung der Baupolizei entfernt werden. Sie wurde durch eine Warmwasserheizung der Firma Käuffer & Co., Frankfurt a. M., ersetzt. Die Baupolizei macht m Recht geltend, daß Teile des Luftheizofens leicht zum Glühen kommen und dadurch ein Brandschaden infolge Uebertragung durch die Luftkanäle stattfinden könne. Ob eine Niederdruck-Dampfheizung oder eine Warmwasserheizung zweckmäßig ist, läßt sich erst nach Vorlage der Baupläne entscheiden. Gegebenenfalls bin ich gern bereit, dem Fragesteller mit weiteren Vorschlägen zu dienen. G. G.

Frage 323. **Bedürfen Drainage- und Bewässerungsprojekte der Genehmigung irgend einer Behörde und welcher?**

Antwort II (I s. Heft 1). Das neue Wassergesetz vom 7. April 1913 hat eine Anzeigepflicht für jede Abwässerung eingeführt, die über den Gemeingebrauch hinausgeht, also auch für Drainageprojekte. Die Behörde, d. i. der Regierungspräsident, hat ein Untersagungsrecht. Reichen Sie das Projekt der für gewöhnliche Bauprojekte zuständigen Baupolizei ein, die es an die Stelle, deren Genehmigung erforderlich ist, weiterleiten wird. Die Red.

Frage 333. Wetterfester Anstrich. Kann man für etwa 10 Pfg. pro qm einen wetterfesten Anstrich herstellen? Wer ist Lieferant?

Antwort. Farben und Anstrichmittel zur Herstellung wetterfester Anstriche sind z. B. von F. Schacht-Braunschweig nachweisbar und zu beschaffen. Die Kosten für Beschaffung derartiger Materialien sind jedoch beträchtlich höher, z. B. für Industrie-Pixol zum Bedarf für Mauer- und Holzteile von $^1/_4$ kg/qm zu 1,40 M/kg = 0,35 M/qm und für Emaille-Pixol für Außen- und Innenanstriche von $^1/_4$ kg/qm zu 1,60 M/kg = 0,40 M/qm. (Rapputz kostet z. B. i. M. 0,40 M/qm.) — Wesentlich sind bei der Frage m. E. die Kosten der Herstellung des Anstriches selbst. Diese können durch Benutzung von Anstreichmaschinen bedeutend ermäßigt werden; solche Apparate werden z. B. von der Spezialmaschinenfabrik Dr. Gaspary & Co., Markranstädt bei Leipzig, fahrbar oder trag- und aufstellbar, geliefert. Diese sind als Behälter aus doppelt verbleitem Stahlblech hergestellt; die Pumpen haben selbstspannende Kolben und sind mit den Ventilen aus Messing hergestellt. Die Pumpen arbeiten mit Hebelkraft leicht. An jeder Maschine ist eine besondere Rührvorrichtung angebracht. Die Anstrichfläche beträgt nahezu 30 qm in der Minute bei Bedienung durch i. M. zwei Mann bei dichter Ausfüllung der Fugen und Poren. Die Kosten sind also außergewöhnlich niedrig für die Arbeit selbst. Also billige, praktische Arbeit. Für Zementanwurf oder Strapazur-Tropenfarbe kann z. B. auch der Auftrag mittels besonderer Druckspritze vorgenommen werden. K.-C.

Frage 334. Geschwefelte Bleirohre. In einer Ausschreibung für Wasserleitungsanschlüsse sind durch die Behörde geschwefelte Bleirohre vorgesehen. Gibt es solche und wer ist Lieferant?

Antwort II (I s. Heft 1). Geschwefelte Bleirohre sind in der Regel solche, die innenseitig mit Schwefelnatrium behandelt sind. Laut näheren Angaben des Handelsbureaus der königl. sächsischen Hüttenwerke zu Freiberg i. S. werden solche nach den meist üblichen Normalien aus Weich- und Hartblei gefertigt. Die Wandstärken sind von 1, 2, 3 mm usw. bis 10,0, 10,5, 11,5 mm, je nach dem zulässigen Druck und dem lichten Durchmesser (näheres dazu aus „Hütte" zu ersehen). Nach den Normalien des Verbandes Deutscher Architekten- und Ingenieurvereine sind für Abflußrohre aus Blei lichte Durchmesser von 25 bis 50 mm, Wandstärken von 3 bis 4 mm, bei 3 bis 7,7 kg Gewicht/lfdm, vorzusehen. Die neuen geschwefelten Bleirohre können bis zu den durch Rohr-Tabelle nachgewiesenen größten Längen (je nach l. W. und Durchmesser) in einem Stück ohne Naht und Lötstelle gepreßt werden; üblich ist jedoch die Lieferung in Teillängen zu den entsprechend angegebenen Bundgewichten. Ohne besondere Vorschrift des Bestellers zum Bundgewicht werden nur Bunde bis zu 140 kg geliefert. Kr.

Frage 335. **Dichter Behälter.** Gibt es ein Verfahren, womit man einen aus Zementbeton hergestellten Behälter gegen Natronlauge absolut dicht machen kann?

Antwort. Bei einem mit Natronlauge zu füllenden Behälter aus Zementbeton kommt es an: a) auf Dichtung gegen Durchsickern der Flüssigkeit; b) auf Isolierung gegen chemische Einflüsse; c) auf Schutz gegen hohe Temperatur. Bei einem Behälter mit verhältnismäßig starken Wänden ist ein innerer Ueberzug mit Awa-Isolierlack geeignet, der den Einfluß konzentrierter Lauge vom Beton abhält und auch reichliche Dichtigkeit bietet. Bei ausreichender Verdünnung der Lauge ist z. B. nach Christophe ein besonderer Schutzüberzug nicht unbedingt nötig; zur Dichtung ist dann eine Beimengung von rd. 2 Prozent Andernachschem Patentmörtelzusatz zum Beton ausreichend und bei mäßiger Wandstärke wirtschaftlich; sicherheitshalber kommt dann noch ein innerer Ueberzug von laugefestem Asphalt in Betracht. (Ueber wasserdichten Verputz siehe auch Anzeigenteil der D.T.-Z. Die Red.) Zum Schutze gegen hohe Temperatur der Lauge ist eine Einlage von Putzblech (z. B. nach Schüchtermann & Kremer) zwecks Vermeidung von Rissen zweckmäßig, worauf dann ein Ueberzug von Putzmörtel nebst vorbezeichnetem Isolierlack anzubringen ist. Im übrigen kommt noch eine Auskleidung mit lauge- und säurefesten Platten (z. B. aus Steinzeug von Friedrichsfelder Fabrikat) mit Dichtung der Fugen durch Braunschweiger Kaisermastixkitt in Frage, besonders bei Erfordernis klarer Reinhaltung der Lauge. Kropf, Cassel.

Frage 336. **Heizung für eine Motorjacht.** Für eine Motorjacht (Dieselmotor, ca. 150 PS) soll eine Heizung und eine Warmwasserbereitungsanlage zu Bade- und Waschzwecken eingerichtet werden. Salon nebst Nebenraum ca. 3×6 m und 2 m hoch. Welche Heizung ist am geeignetsten?

Antwort I. Zur Heizung von Räumen, sowie zu Badezwecken wurde schon des öfteren das aus dem Dieselmotor abfließende warme Wasser mit Erfolg verwendet. Da nicht bekannt ist, welche Firma den Motor liefert, können genaue Angaben über die in das Kühlwasser abgeführte Wärmemenge nicht gemacht werden; jedoch darf mit 800 WE/PS und Stunde jedenfalls gerechnet werden. Dies ergibt bei einer Eintrittstemperatur von 10° und einem Austritt von 60° C

$$\frac{150 \cdot 800}{50} = \frac{120000}{50} = 2400 \text{ ltr/st.}$$

und eine Gesamtwärme von 120 000 WE/st für die zu heizenden Räume. Der genaue Transmissionskoeffizient ist mir nicht bekannt; wenn jedoch dieser sehr ungünstig gewählt wird, z. B. 5, so sind zur Warmhaltung der beiden Räume, die jedenfalls nebeneinander liegen, bei einer Außentemperatur von — 10° und einer Raumtemperatur von + 20° C $W = F K (t - t_0) = (4 \cdot 6 \cdot 2 + 6 \cdot 6 \cdot 2) 5 (20 + 10) = 18\,000$ WE/st nötig. Sollte eine bestimmte Zeit zur Anwärmung der Räume festgesetzt sein, so kann dem durch beliebige Vergrößerung der Heizfläche Rechnung getragen werden. Der Transmissionskoeffizient des Heizkörpers ist auf jeden Fall von den zu liefernden Firmen zu erfahren. Das aus den Heizkörpern abfließende Wasser dürfte danach immer noch ca. 100 000 WE enthalten. Dem entspricht eine Wassertemperatur von $\frac{100\,000}{2400} \sim 40°$ C. Zur Kühlung von Dieselmotoren ist stets reines Wasser zu verwenden. Es liegt daher kein Grund vor, selbst wenn der Motor mit Seewasser gekühlt würde, das aus den Heizkörpern abfließende Wasser nicht ohne weiteres zu Wasch- und Badezwecken zu verwenden. Sollte dies nicht gewünscht werden, so könnte ein Teil des vom Motor abfließenden Wassers durch eine in einem Reservoir befindliche Heizschlange geleitet und somit das für diese Zwecke zu verwendende Wasser auf die gewünschte Temperatur gebracht werden. Ein in die Auspuffleitung eingebauter Vorwärmer würde jedenfalls die Leistungen wesentlich erhöhen. Um genauere Auskünfte erteilen zu können, müßten die örtlichen Verhältnisse bekannt sein. Sollten vorstehende Angaben nicht genügen, so stehe ich auf Wunsch mit weiteren Ausführungen gern zur Verfügung. M.-Nr. 40 804.

II. In Beantwortung dieser Frage möchte ich zuerst hinweisen auf meine Abhandlung „Die Frage der Heizung bei Fahrzeugen mit Antrieb durch-Oelmotoren" in der Zeitschrift „Das Motorboot" (jetzt „Das Motorschiff und Motorboot") in der Nr. 12 vom 3. Juni 1912, Seite 20 u. 21. — Bei motorbetriebenen Wasserfahrzeugen trifft man sonst im allgemeinen die Anordnung, daß die Heizung usw. der Wohnräume und für sonstige Zwecke durch Dampf geschieht und dieser in einem entsprechend großen Hilfskessel gewonnen wird. Zur Befeuerung dient dann in der Regel zugleich das Oel, das im Motor verarbeitet wird. Es wird mittels Dampf oder Druckluft in der Feuerung zerstäubt. Für das erste Anheizen dient eine Handpumpe im Falle der Dampfzerstäubung, während die Druckluft von aufgepumpten Behältern entnommen wird. Im Falle der Verbrennung von einer großen Oelmenge ist noch ein Gebläse für forcierten Kesselzug vorzusehen. Zu näherer brieflicher Auskunft bin ich gern bereit. Bs.

III. Zur Bearbeitung des Projektes hat sich ferner bereit erklärt: Alfred Halfpaap, Ingenieur, Glogau a. d. Oder, Mitglied-Nr. 16 823.

IV. Die beim Dieselmotor freiwerdende Wärme ist zur Erwärmung des Wassers in einem besonderen Behälter soweit als angängig zu verwerten. a) Zwecks Einrichtung der Heizung zweigt von diesem Behälter eine Rohrleitung ab, die ähnlich wie bei System Paul-Dresden an demselben mit Ventilen reguliert wird. Sie besteht z. B. aus Gußeisen mit Dichtung in den Flanschen durch Gummi oder Strapazoid bezw. in den Muffen mit Verschraubung oder Kaisermastixkitt, verläuft an den Wandungen nach einzelnen Heizkörpern; an diesen werden Lufthähne angebracht; zur Temperaturisolierung dient Ummantelung mit Asbestpappe. b) Zur Warmwasserbereitung für Wasch- und Badezwecke ist von dem Behälter eine besondere Leitung mit Regulierhähnen abzuzweigen. Kr.

DEUTSCHE TECHNIKER-ZEITUNG

HERAUSGEGEBEN VOM DEUTSCHEN TECHNIKER-VERBANDE

BERLIN SW. 48, Wilhelmstraße 130 Schriftleitung: Erich Händeler-Berlin

XXXI. Jahrg. **17. Januar 1914** **Heft 3**

„Wegweiser“

Wir werden in diesen Tagen unsern Mitgliedern ein kleines Merkblatt durch die Zweigverwaltungen und Verwaltungsabteilungen zugehen lassen, das die Ueberschrift „Wegweiser“ trägt und dazu dienen soll, unsern Mitgliedern den Weg durch die verschiedenen Verbandseinrichtungen zu weisen. Denn ein solcher Organismus wie unser Verband mit seinen 30 000 Mitgliedern kann nur funktionieren, wenn jedes Mitglied seine Pflichten und Rechte genau kennt und dann natürlich auch demgemäß handelt.

Durch den „Wegweiser“ geht der Grundgedanke hindurch, daß der Verband als demokratische Organisation von unten nach oben aufgebaut ist. Demgemäß sind seine Grundsteine die örtlichen Verwaltungsstellen: die Zweigverwaltungen und Verwaltungsabteilungen. In allen Angelegenheiten des Verbandes haben sich darum die Mitglieder zunächst an diese Instanzen zu wenden, wenn es sich nicht um Fragen handelt, die nur von der Hauptgeschäftsstelle aus erledigt werden können, wie z. B. Redaktionsangelegenheiten, Rechtsrat und Rechtsschutz. Die Vorstände der Zweigverwaltungen oder Vertrauensmänner der Verwaltungsabteilungen sind im Besitz der „Ausführungsbestimmungen“ zur Verbandssatzung, in der für alle Verbandseinrichtungen die erforderlichen Erläuterungen niedergelegt sind. Den „Ausführungsbestimmungen“ werden auch die Satzungen aller Unterstützungseinrichtungen des Verbandes beigefügt werden. Erst dann, wenn dem Vorstande der örtlichen Verwaltung die Fragen oder Unterstützungsgesuche vorgelegen haben, können sie an die höheren Instanzen weitergeleitet werden.

Die Zweigverwaltungen und Verwaltungsabteilungen haben auch die Einkassierung der Verbandsbeiträge vorzunehmen. Auch auf diese Pflicht der Beitragszahlung geht der „Wegweiser“ ein. Es ist nicht nur Pflicht jedes Mitgliedes, seinen Beitrag überhaupt zu entrichten, sondern ihn auch pünktlich zu zahlen. Was nützt es uns, wenn wir uns sagen müssen, wir haben noch so und so viel Beiträge zu bekommen! Das Geld fehlt uns zurzeit; denn die Aufgaben, die der Verband zu erfüllen hat, können nicht aufgeschoben werden. Dazu kommt durch die ausständigen Beiträge eine ungeheure Verteuerung des Verwaltungsapparats. Der geringe Aufschlag, der bei Einziehung der Beiträge durch Nachnahme erhoben wird, reicht nicht aus, um die Rückfragen, Buchungen und sonstige Schreibarbeit zu entschädigen, die dem Verbande durch säumige Zahler auferlegt werden. Und schließlich ist auch die Erfahrungstatsache nicht zu vergessen, daß die Mitglieder, die viele Beiträge haben anstehen lassen, am ehesten dem Verband den Rücken kehren, weil die hohe Beitragsschuld sie schreckt.

Die örtlichen Verwaltungsstellen müssen darum mit aller Energie für den pünktlichen Eingang der Beiträge sorgen. Unser Beitragswesen ist auf der monatlichen Zahlung der Beiträge in den Monatsversammlungen aufgebaut. Voraussetzung für die monatliche Zahlungsweise ist also der regelmäßige Versammlungsbesuch durch alle Mitglieder. Ein Verband wie der unsrige ist auch auf diese regelmäßige Mitarbeit aller Verbandskollegen angewiesen. Wir sind nicht eine Organisation, deren Tätigkeit in allen Fragen durch starre Satzungen geregelt ist, so daß durch eine bureaukratische Handhabung der Verwaltung die Ansprüche der Mitglieder an den Verband befriedigt werden können. Wir sind vielmehr ein lebendiger Organismus, der nur dann lebensfähig, gesund und stark zur Durchsetzung seiner Aufgaben ist, wenn seine Glieder, jedes an seiner Stelle, freudig in allen Fragen mitarbeiten. Wirkliches Verbandsleben kann in den örtlichen Verwaltungsstellen nur dann herrschen, wenn alle Mitglieder an diesem Verbandsleben Anteil nehmen. Kollegialität kann gepflegt werden auch unter einzelnen Kollegen, die sich zufällig zusammenfinden. Das, was das Wesen der modernen Berufsorganisation ausmacht, die Solidarität, kann nur gedeihen, wenn sie von allen Verbandsmitgliedern geübt wird.

Leider gibt es viele Verbandskollegen, die von ihrer Pflicht, regelmäßig zu den Monatsversammlungen zu kommen, nicht durchdrungen sind, es gibt auch viele, die durch besondere Umstände oftmals am Versammlungsbesuch verhindert werden. Darunter darf aber die Zahlung der Beiträge nicht leiden. Es ist eine falsche Auffassung vom Wesen der Monatsbeiträge, wenn diese Mitglieder meinen, sie brauchten den Beitrag dann erst für mehrere Monate nach zuzahlen. Nein, ihre Pflicht ist es vielmehr, dann — vielleicht vierteljährlich oder halbjährlich, um Porto zu ersparen — ihren Beitrag im voraus durch die Post einzusenden. Das ist umsomehr notwendig, als die Kassierer der Zweigverwaltungen gehalten sind, im dritten Monat eines jeden Quartals abzurechnen.

Die Abrechnung erfolgt direkt mit der Hauptgeschäftsstelle. Auch alle Unterstützungsgesuche werden sofort an die Zentrale weitergeleitet. In allen anderen Fragen kommt aber die weitere Organisation des Verbandes in Betracht.

Die Zweigverwaltungen und Verwaltungsabteilungen sind zunächst zu Bezirksverwaltungen zusammengeschlossen, deren Organe Bezirksvorstand und Bezirkstag sind. Sie sind Verwaltungseinheiten, die die örtlichen Wünsche zur Weiterleitung an die höheren Instanzen vorbereiten sollen und die Grundzüge für die Werbearbeit aufzustellen haben.

Zur Unterstützung der Bezirksverwaltungen in der Werbearbeit sind die Arbeitsgemeinschaften mit den Geschäftsstellen gebildet worden. Wir haben zurzeit deren acht, wovon vorläufig allerdings zwei zu einer Geschäftsstelle vereinigt sind. Die Arbeitsgemeinschaften haben es erreicht, daß die Geschäftsstellen organisch in den Verbandsaufbau eingefügt worden sind, so daß ein inniges Zusammenarbeiten mit den Bezirksverwaltungen gewährleistet ist.

Der Grundzug ihrer Organisation ist der, daß die Vertreter der angeschlossenen Bezirksverwaltungen einen Gesamtausschuß bilden, der die Grundzüge für die Arbeiten der Geschäftsstelle festlegt. Die Ausführung dieser Beschlüsse überwacht ein Geschäftsstellenausschuß am Sitz der Geschäftsstelle. An der Spitze dieser steht ein Agitationsbeamter, dem Hilfskräfte zur Seite gegeben sind.

Auf Grund der Vereinbarung mit den Bezirksverwaltungen sind zurzeit folgende Arbeitsgemeinschaften gebildet:

I. Ostdeutschland. Sie faßt die Bezirksverwaltungen Ostpreußen, Westpreußen, Posen, Oberschlesien, Mittelschlesien und Niederschlesien zusammen. Sitz der Geschäftsstelle ist Bromberg.

II. Brandenburg-Pommern. Diese Arbeitsgemeinschaft hat vorläufig zusammen mit den Bezirksverwaltungen

III. Nordwestdeutschland — Hamburg Unterelbe — Norddeutschland eine gemeinsame Geschäftsstelle in Berlin, bis der Verbandstag die Einrichtung einer solchen für diese drei nördlichen Bezirksverwaltungen beschlossen hat. Ihre Gesamtausschüsse tagen ebenfalls gemeinsam.

IV. Niedersachsen, Sachsen - Anhalt, Halle und Thüringen. Dieser Arbeitsgemeinschaft ist vorläufig nur eine ehrenamtlich verwaltete Geschäftsstelle beigegeben worden, die in Braunschweig ihren Sitz hat.

V. Rheinland, Westdeutschland und Westfalen. Sitz dieser Geschäftsstelle ist Elberfeld. Man kann sagen, daß diese Arbeitsgemeinschaft die festgefügteste ist. Hier ist mit aller Konsequenz der Gedanke durchgeführt, daß innerhalb eines Agitationsgebietes auch eine einheitliche Leitung der Werbearbeit stattfinden muß. Es wird auch ein gemeinsamer Bezirkstag aller drei Bezirksverwaltungen abgehalten.

VI. Hessen und Nassau. Das Gebiet dieser Arbeitsgemeinschaft deckt sich mit der Bezirksverwaltung Hessen und Nassau, die durch Zusammenlegung der Bezirksverwaltungen Kurhessen-Waldeck und Mittelrheinland seinerzeit gebildet worden ist. Sitz der Geschäftsstelle ist Frankfurt a. M. Auch diese Geschäftsstelle wird ehrenamtlich geleitet.

VII. Sachsen. Die vier sächsischen Bezirksverwaltungen waren seit jeher zu der Landesverwaltung Sachsen zusammengeschlossen, die sich nunmehr als Arbeitsgemeinschaft, ebenfalls mit einer festgefügten Organisation und einem Landestag konstituiert hat. Sitz der Geschäftsstelle ist Leipzig; es wird jetzt die Verlegung nach Dresden erwogen.

VIII. Süddeutschland. Diese Arbeitsgemeinschaft umfaßt die Bezirksverwaltungen Bayern, Baden, Württemberg, Elsaß-Lothringen und Saar-Pfalz. Sitz der Geschäftsstelle ist München.

Durch diese Bildung der Arbeitsgemeinschaften mit Geschäftsstellen hat sich unser Verband eine Organisation geschaffen, die zur Durchführung einer tatkräftigen Werbearbeit gut geeignet ist. In den Arbeitsgemeinschaften sind jetzt Werbeeinheiten gebildet, die mit ihrer Geschäftsstelle besser als es von der Hauptgeschäftsstelle aus geschehen könnte, die Fühlung mit den Zweigverwaltungen aufrecht erhalten und für eine lebhafte örtliche Agitation sorgen können.

Es ist jetzt auch möglich geworden, das Meldewesen des Verbandes auf eine neue Grundlage zu stellen. Jede Adressenänderung ist nunmehr von dem Mitgliede der Zweigverwaltung oder Verwaltungsabteilung zu melden. Diese gibt sie auf besonderen Formularen an die zuständige Geschäftsstelle weiter, die jetzt auch eine Kartothek der Mitglieder ihres Gebietes führt. Die Geschäftsstelle befördert die Meldekarte dann an die Hauptgeschäftsstelle weiter.

Mit dem alten Jahre ist diese Neuorganisation vollendet worden, so daß wir bei der Werbearbeit dieser Monate schon daraus unsern Nutzen werden ziehen können. Recht wirken wird sie aber nur, wenn uns auch alle Mitglieder in unserer Verbandsarbeit lebhaft unterstützen. Der „Wegweiser" wird ihnen gute Dienste leisten, damit der formelle Geschäftsgang eingehalten wird, Hauptsache ist aber doch der Geist, der in uns allen lebendig sein muß, der Geist der Hingabe an die Bestrebungen unseres Verbandes, der Wille, sie in die Wirklichkeit umzusetzen. Zeigen wir, daß es daran nicht fehlt, daß die neue Form, in die wir seit Köln den Verband gegossen haben, dazu angetan ist, daß der Geist und der Wille, der in unserer Bewegung lebt, sich frei und ungehindert entfalten kann!

Hdl.

Geteilte oder ungeteilte Dienstzeit auf den Kaiserlichen Werften

Das Streben nach Verbesserungen ihrer allgemeinen Lage gehört zum Leben einer ganzen Persönlichkeit. Dieser natürliche Drang macht sich selbstverständlich in allen Berufen geltend und wohl dort am stärksten, wo auf der Grundlage von Bildung ein hohes Maß von Selbstachtung vorhanden ist. Auf solche Wahrnehmungen beim deutschen Beamtentum können wir mit Recht stolz sein und im weiteren nur begrüßen, wenn in den einzelnen Beamtengruppen des öffentlichen Dienstes auf der Grundlage von Recht und Maßhalten ein reges Streben herrscht.

Dieses finden wir bei den Beamten der Kaiserlichen Werften. Unbeschadet der treuen Pflichterfüllung im Reichsdienste, wollen diese Beamten ihre staatsbürgerliche und somit ihre soziale Lage heben, was kein gerecht denkender Staatsbürger unbescheiden finden dürfte.

Eine Verbesserung ihrer sozialen Lage erblicken die Werftbeamten in der Einführung der ungeteilten Dienstzeit in denjenigen Betrieben, in denen eine solche Dienstzeit ohne Nachteil für den Werftbetrieb eingeführt werden kann, wie es z. B auf der Kaiserlichen Werft Kiel in früheren Zeiten jahrzehntelang der Fall gewesen ist. Es dürfte der Erfüllung dieses aufs tiefste empfundenen Wunsches seitens der vorgesetzten obersten Reichsbehörde (des Reichs-Marine-Amts) um so eher näher getreten werden, als eine Reihe von Abgeordneten diesem Wunsche sympathisch gegenüberstehen und auch der Herr Staatssekretär mit seinem Wohlwollen nicht mehr zurückhalten dürfte.

Die ungeteilte siebenstündige Dienstzeit würde sowohl dem Staat als auch den Beamten eine Reihe von Vorteilen bringen. Das wird wohl zunächst schon dadurch bewiesen, daß die ungeteilte Dienstzeit bei sämtlichen oberen Staats-, Reichs- und sonstigen Behörden und auch bei vielen privaten Firmen ohne Nachteil für den Dienst, aber zum Vorteil der Beamten eingeführt ist. Die durchgehende Dienstzeit ermöglicht es, Arbeiten von größerem Umfange, oder solche, welche Vertiefung verlangen oder welche rein rechnerisch zu erledigen sind, in einem Zuge, ohne wesentliche Unterbrechungen zu erledigen. Es gehen die notwendigen geistigen Anregungen durch längere Unterbrechungen nicht verloren und die Arbeitsleistung leidet nicht unter der auf die Einnahme der Hauptmahlzeit folgenden Erschlaffung. Ferner verringert sich die Arbeitszeit nicht durch das Verschließen von Geheimsachen, Zeichnungen, Arbeitsgerät, Akten usw. und das Wiederauspacken, Ordnen usw. nach der Mittagspause, ebenso fällt das mehrmalige Umkleiden weg. Außerdem wird sicher ein Mehr an Arbeit durch die gehobene Dienst- und Arbeitsfreudigkeit gewonnen; denn besonders arbeitsfreudig kann beim besten Willen der Dienst nicht aufgenommen werden, wenn der Beamte nach der Mittagsmahlzeit, nach anstrengendem Marsch bei jeder Witterung, (wozu wie in Kiel noch 2 Fahrten über den Hafen auf voll besetztem Dampfer, ohne genügenden Schutz gegen Witterungseinflüsse kommen) durchschwitzt oder durchnäßt und durchfroren zur Dienststelle kommt.

Es sei noch ferner darauf hingewiesen, daß das Verhältnis der Arbeitsdauer zur Erholung gerade bei der geteilten Dienstzeit nicht in Einklang gebracht werden kann. Von der Erholung hängt das körperliche und seelische Wohlbefinden ab; die Erholung kann aber nur eintreten, wenn sie konzentriert ist, sie wird aber zerstückelt und unwirksam durch die zwischen den Arbeitszeiten liegende Hauptmahlzeit mit den hierzu erforderlichen Wegen; denn die weiten Wege von und zur Arbeitsstelle erfordern wieder Arbeitsleistung, welche die gewährte Freizeit in Bezug auf Erholung völlig zwecklos macht. Man wird in diesem Falle behaupten können, daß diese zweite Hälfte des Tages für die Arbeitsleistung minderwertig und auf die Gesundheit schädigend wirkt, mithin weder dem Staate noch den Beamten nützt.

Ein wichtiger Faktor der ungeteilten Dienstzeit ist noch das Arbeiten bei Tageslicht, namentlich in den technischen Bureaus, in denen bei künstlicher Beleuchtung in den Nachmittagsstunden während der Wintermonate die Sehkraft übermäßig angestrengt und demnach auch die Arbeitsleistung beeinträchtigt wird. Hierzu kommt noch, daß außer der überanstrengten Sehkraft die Luftverderbnis in den überhitzten Räumen viele Gefahren für die Gesundheit in sich schließt. Schließlich spielt der Kostenpunkt bei der ungeteilten, im Verhältnis zur geteilten Dienstzeit, keine unwesentliche Rolle; man geht nicht zu weit, wenn man diese Kosten auf allen 3 Werften bei Berechnung der Brenn- und Heizstunden für die Nachmittags-Arbeitszeit auf 40 000 bis 50 000 M beziffert. Für die Werft Kiel kommen noch die Kosten für die längere Indiensthaltung von ca. 13 Dampfbooten, welche die höheren Beamten und Fachoffiziere in der Mittagspause von und zur Werft befördern hinzu, die mit ca. 20 000 M pro Jahr nicht zu niedrig eingeschätzt sein dürften. Nicht unerwähnt lassen soll man auch die arbeitsfördernde Ruhe während der Mittagspause der Arbeiter; oft lassen sich gerade in dieser Zeit Arbeiten erledigen, zu denen sich während der allgemeinen Arbeitszeit in den Werkstätten wenig Gelegenheit findet.

Den Beamten, namentlich den mittleren und unteren, hat das Leben nur wenig zu geben; er will seine Erholung hauptsächlich in und mit seiner Familie suchen. Diese wird ihm aber durch eine geteilte Dienstzeit wesentlich verkümmert; während der kurzen Mittagszeit können nur wenige häusliche Angelegenheiten geregelt werden. Kommt er abends nach Hause, so findet er die kleinen Kinder bereits schlafend vor. Der Erziehung der Kinder kann er sich lange nicht in dem Maße widmen, als wenn ihm nachmittags einige Stunden hierfür zu Gebote ständen. Wir denken hierbei an die Unterstützung der Schule durch Beaufsichtigung der Schularbeiten.

Bei der getrennten Dienstzeit mangelt es ferner an genügender Zeit für die Weiterbildung und somit droht die Stagnation auf fachlichem wie auf allgemeinem geistigen Gebiet, was doch die maßgebenden Stellen nicht übersehen sollten. Es ist aber in unserer schnell fortschreitenden Zeit ein Gebot der Notwendigkeit, sich nur auf seinen Fachkreis zu beschränken und im Tagesdienst zu verknöchern.

Professor von Schmoller-Berlin hebt in seinem Vortrage über „rationelle Arbeitsteilung" hervor, daß ganze Gesellschaftsklassen in neuerer Zeit durch eine zu einseitige körperliche und geistige Arbeit ohne Gegengewicht verkümmert und verkrüppelt worden sind.

Eine neben der Berufsarbeit geübte zweckmäßige Beschäftigung, welche den Geist harmonisch bildet, ihn regsam hält und seine Spannkraft sowie die des Körpers stärkt, sollte man gerechterweise den Beamten nicht vorenthalten. Eine Beschäftigung auf allgemein geistigem und bildendem Gebiet hebt aber mit der Fähigkeit auch die Freude an dienstlichen Aufgaben; sie bildet das Gegengewicht gegen fruchtlose Einseitigkeit und fördert sowohl das Berufs- als auch das allgemeine Staatsinteresse, ja diesem erwachsen so viele Vorteile, das er mit der Einführung einer ungeteilten Dienstzeit nicht länger zögern sollte.

Es bleibt noch anzuführen, daß die Anforderungen an den Beamtenkörper der Werften seit einem Jahrzehnt unverhältnismäßig hoch gestiegen sind, ohne daß angemessene Gegenleistungen da wären. Denn die 1908 erfolgte Einkommensaufbesserung kann als solche nicht bezeichnet werden, weil sie nicht im geringsten die durch die Steigerung der Lebensmittel usw. entstandenen Mehrkosten für die allgemeine Lebenshaltung deckt.

Läßt man den Satz gelten:

„Wo vermehrte Pflichten, da auch vermehrte Rechte und Freiheit", so wird man gerechterweise, wenn man nicht einmal Anspruch auf vermehrte Rechte geltend macht, den Beamten eine Vermehrung seiner, jetzt fast ganz beschnittenen, Freiheit gönnen. Daß die Werftbeamten diese Freiheit durch erhöhtes Pflichtbewußtsein, gesteigerte Dienst- und Arbeitsfreudigkeit anerkennen würden, kann mit Rücksicht auf die herrschende Meinung in diesen Kreisen, den leitenden Männern in der Marineverwaltung versichert werden.

Jedes objektive Prüfen der „ungeteilten" und der „geteilten" Dienstzeit ergibt den Vorzug der ersteren.

Grade hier wäre den Herren Regierungsvertretern trefflich Gelegenheit geboten, nicht allein ihr so oft versichertes Wohlwollen den Werftbeamten gegenüber zu betätigen, sondern auch im Interesse der Steuerzahler zu handeln. Ob der Herr Staatssekretär des Reichs-Marine-Amts ernstlich gewillt sein wird, auf Grund der vorgebrachten Tatsachen auch hier im vielseitigen Interesse zu reformieren, wird die kommende Beratung des Marine-Etats im Reichstage lehren. Se.

Die technischen Hilfsarbeiter in den Staatsverwaltungen Sachsens

In diesem Monat jährt sich der Tag zum achten Male, an dem wir erstmalig (15. Januar 1906) mit einer Eingabe an das Sächsische Gesamtministerium herantraten und uns um Besserung der Dienstverhältnisse der bei der staatlichen Hochbauverwaltung beschäftigten technischen Hilfsarbeiter bemühten. Innerhalb dieses Zeitraumes von 8 Jahren hat sich der sächsische Landtag, veranlaßt durch entsprechende Bittschriften, dreimal mit den Wünschen dieser Angestellten beschäftigt. Anfänglich ohne, später indessen mit dem Erfolge, daß die Regierung eine Anzahl der dringendsten Forderungen erfüllte, so die Einführung von festen Monatsbezügen anstatt der bis 1. Januar 1912 gebräuchlichen Berechnung der Bezüge nach Tagessätzen, Regelung der Kündigungsfristen nach § 622 des Bürgerlichen Gesetzbuchs, Fortbezahlung des Gehaltes bei militärischen Pflichtübungen, in Krankheitsfällen, sowie während des in jedem Kalenderjahre zu gewährenden Erholungsurlaubes.

Damit sind gewiß einige erfreuliche Fortschritte erreicht worden, aber ebenso gerechte Wünsche sind bisher unbeachtet geblieben. Noch immer mangelt es an Grundsätzen, nach denen die Monatsbezüge zu bemessen sind, es fehlt an geordneten Gehaltsstaffeln und an geregelten Aufrückungsfristen. Wenn gegenüber diesen Forderungen die Regierung einwendete, daß solche Gehaltsstaffeln sich für die technischen Hilfsarbeiter nicht aufstellen ließen, weil die Anfangsvergütungen nicht einheitlich festgesetzt werden könnten infolge der verschiedenartigen Vorbildung und des unterschiedlichen Lebensalters beim Eintritt in das Dienstverhältnis, so dürfte dieser Grund bei sachlicher Prüfung nicht als stichhaltig anzusehen sein. Gewiß soll die Anfangsvergütung der Vorbildung und Berufserfahrung, sowie dem Lebensalter des Neueintretenden entsprechen und die Regierung legt mit Recht Wert darauf, daß der Verwaltung für den jeweiligen Bedarf die Auswahl unter den Bewerbern mit geringerer oder größerer Erfahrung im Bauwesen, mit einfacherer oder höherer Ausbildung überlassen bleibt. Dies aber kann und soll auch nach Einführung von Gehaltsstaffeln mit bestimmten Aufrückungsfristen geschehen. Es ist durchaus nicht nötig, daß der Neueintretende stets mit dem untersten Gehalt der Staffel beginnt. Nur dafür hat die Verwaltung zu sorgen, daß die zu vereinbarende Vergütung in die vorgesehene Gehaltsstaffel hineinpaßt, damit die Aufrückungen in der festgesetzten Weise erfolgen können. Der weitere Grund, mit dem die Regierung ihre Abneigung gegen die Forderung auf Einführung staffelmäßiger Gehaltserhöhungen belegt, verfängt noch weniger. Damit nämlich, daß einige unbefriedigende Erfahrungen mit neueingestellten Kräften vorliegen, die sich nicht in dem erwarteten Maße als leistungsfähig erwiesen und daher Zulagen nicht verdient hatten, kann doch nicht ernstlich die Gerechtigkeit und Zweckmäßigkeit bestritten werden, die im allgemeinen in der Einführung so geordneter Verhältnisse zweifellos liegt. Auch bei den Beamten wird es zeitweilig vorkommen, daß sie die Erhöhung ihres Gehaltes nicht verdienen, daß ihre Leistungen hinter den Erwartungen zurückbleiben. Das sind Ausnahmen, bei den Hilfsarbeitern kann sich die Verwaltung stets mit Entlassung wegen Unfähigkeit helfen. Es dürfte also doch wohl zu hoffen sein, daß die Regierung den Widerstand aufgeben und den technischen Hilfsarbeitern zu der Wohltat geordneter Aufrückungsfristen verhelfen wird.

Noch einige andere Wünsche harren der Erfüllung. Die Fortgewährung des Gehaltes in Krankheitsfällen nur auf die Dauer eines Monats ist entschieden zu gering bemessen, sie muß angemessen verlängert werden. Ferner muß eine Entschädigung für geleistete Uebersunden eintreten in allen Fällen, wo solche dienstlich angeordnet werden.

Hinsichtlich des Personaletats bei Kap. 80 — Staatshochbauverwaltung — bringt der neue Staatshaushaltsetat für die Finanzperiode 1914/15, der dem Landtage gegenwärtig zur Beratung vorliegt, eine erfreuliche Besserung. Nachdem bereits der Etat für 1912/13 eine Vermehrung der Stellen für mittlere technische Beamte bei dieser Verwaltung um 6 gebracht hatte, sind im jetzt vorliegenden Etat für 1914/15 weitere 12 Stellen für Bausekretäre und Bauassistenten eingestellt worden. War das Zahlenverhältnis zwischen den mittleren technischen Beamten und den technischen Hilfsarbeitern noch im Etat 1910/11 wie 21 (Bauamtsarchitekten und Bausekretäre) zu 54 oder wie 1 : 2,6, so ergibt sich nach dem neuen Etat nunmehr ein Verhältnis von 39 mittleren Beamtenstellen zu 36 technischen Hilfsarbeitern oder wie 1 : 0,92. Dieses Verhältnis kann zwar noch nicht als ein befriedigendes bezeichnet werden, schon weil die Bautätigkeit an Umfang fortgesetzt zunimmt, nicht bloß durch Errichtung neuer Staatsgebäude, sondern auch durch umfängliche Um- und Erweiterungsbauten. — (Vergl. Erläuterung zu Kap. 80, Tit. 3.) — Indessen soll nicht verkannt werden, daß die Regierung bemüht gewesen ist, soweit die Staatshochbauverwaltung in Betracht kommt, die ausgedehnte Verwendung von Hilfskräften etwas einzuschränken und den bewährten technischen Hilfsarbeitern die Beamteneigenschaft zu verleihen. Wir möchten hoffen, daß diese Bemühungen noch fortgesetzt werden bis die Verwendung von Hilfskräften tatsächlich nur noch für vorübergehend erforderliche Dienstleistungen erfolgt.

Ein weit besseres Zahlenverhältnis zwischen mittleren technischen Beamten und Hilfsarbeitern, als es in der Staatshochbauverwaltung vorhanden ist, weist der Personaletat der Staatseisenbahnverwaltung — Kap. 16 — auf. Nach einer Zusammenstellung im Bericht Nr. 525 der Finanzdeputation A vom 11. Mai 1910 unter II, 29 Seite 19 bis 21 kamen damals auf 2,3 mittlere technische Beamte ein Hilfsarbeiter. Der vorliegende Etat für 1914/15 bringt auch hier verschiedene Verbesserungen. Die Endgehälter der Oberbahnmeister und Obertelegraphenmeister werden von 3600 auf 4200 M erhöht, die Bahnmeister, Gasmeister und Telegraphenmeister I. Klasse werden aus der Gehaltsstaffel 2100 bis 3300 M in die Staffel 2400 bis 3600 M versetzt, 10 Bahnmeisterstellen I. Klasse in Bausekretärstellen umgewandelt und die Stellen für 1 Oberwerkmeister und 8 Werkmeister neu geschaffen. Außerdem sind 31 Bahnmeisterstellen neu eingestellt worden mit der bemerkenswerten Begründung, daß es im dienstlichen Interesse liege, wichtige Dienstgeschäfte mehr als bisher an Beamte zu übertragen. Die beteiligten Beamten und Anwärter begrüßen wohl sehr diese Stellenvermehrungen als einen erfreulichen Fortschritt, sie empfinden aber nunmehr weniger einen Mangel an Beamtenstellen für Mittelschultechniker überhaupt, als vielmehr das Fehlen geeigneter Aufrückungs- und Beförderungsstellen für die mittleren technischen Beamten bei der Staatseisenbahnverwaltung. Nach dieser Richtung hin muß sich die künftige Entwickelung bewegen.

Das von allen staatlichen Verwaltungen, in denen technische Kräfte beschäftigt werden, günstigste Zahlenverhältnis zwischen mittleren technischen Beamten und Hilfsarbeitern bietet die Straßen- und Wasserbauverwaltung — Kap. 79 —. Nach dem erwähnten Deputationsbericht vom 11. Mai 1910 entfielen in dieser Verwaltung auf 6 mittlere technische Beamte nur 1 Hilfsarbeiter. Der neue Etat bringt hier ebenfalls Stellenvermehrungen. Es sind neueingestellt worden: 1 Bauobersekretär, 2 Bausekretäre, 1 Flußmeister und 6 Flußaufseher. Um den Straßenbauaufsehern, den ständigen Bautechnikern und den Flußaufsehern ein rascheres Aufrücken im Gehalte zu ermöglichen, sollen die jetzigen Aufrückungsfristen von 3 Jahren auf 2 Jahre herabgesetzt werden.

Wesentlich anders liegen dagegen zurzeit die Dienstverhältnisse der technischen Hilfsarbeiter bei der Baudirektion im Königl. Ministerium des Innern — Kap. 70 Abt. D —. In dieser Verwaltung, welcher die bauliche Unterhaltung, die zahlreichen Neu-, Um- und Erweiterungsbauten in den Landesanstalten obliegt, sind die Dienstgeschäfte noch stärker angewachsen als bei der Staatshochbauverwaltung des Königl. Finanzministeriums. Es ist dies deutlich sichtbar, wenn man in den Staatshaushaltsetats die Entwickelung von Kap. 70 während der letzten 12 Jahre verfolgt. Allein für Postulatbauten in den Landesanstalten bewilligte der Landtag in der abgelaufenen Finanzperiode 1912/13 12 883 830 M und im vorliegenden Etat für 1914/15 sind wieder für 5 262 000 M Neubauten in Aussicht genommen. Alle die mit der Bewilligung dieser Summen durch den Landtag verbundenen Arbeiten — Planung, Veranschlagung, Bearbeitung, Ausführung — sind von der Baudirektion zu bewältigen und dazu treten noch die sehr umfänglichen Unterhaltungsarbeiten an den zahlreichen Gebäuden der Landesanstalten. Die Zahl der bei der Baudirektion dauernd beschäftigten technischen Hilfsarbeiter hat sich innerhalb der letzten 12 Jahre fast verdreifacht, sie hat sich von 5 im Jahre 1900 auf gegenwärtig 14 erhöht. Die Beträge zur Bezahlung dieser technischen Hilfsarbeiter sind in demselben Zeitraum von jährlich rund 14 000 Mark im Jahre 1900 auf rund 45 000 Mark im Jahre 1912 gestiegen, und im vorliegenden Staatshaushaltsetat für 1914/15 werden für dieselben Zwecke wiederum 40 000 Mark jährlich angefordert. Der Personaletat der Baudirektion weist nach dem neuen Etat 4 Stellen für mittlere technische Beamte auf neben 14 technischen Hilfsarbeitern. Bei den Landesanstalten, deren technische Beamte der Baudirektion unterstehen, sind zurzeit 10 technische Betriebsinspektoren (mittlere Beamte) und 26 technische Hilfsarbeiter beschäftigt. Bei der Baudirektion allein besteht also ein Zahlenverhältnis von 4 mittleren technischen Beamten zu 14 technischen Hilfsarbeitern oder wie 1 : 3,5. Mit dem Etat des technischen Personals der Landesanstalten vereinigt, ergibt sich ein Verhältnis von 14 mittleren technischen Beamten zu 40 technischen Hilfsarbeitern oder wie 1 : 2,9. Infolge des Umstandes, daß seit dem Jahre 1900 bei der Baudirektion nur 2 neue Stellen für mittlere technische Beamte begründet worden sind, hat sich nunmehr die Tatsache herausgestellt, daß technische Hilfsarbeiter vorhanden sind, die während eines überaus langen Zeitraumes, bis zu 17 Jahren, als H i l f s k r ä f t e beschäftigt werden. Es dürfte also nur eine Forderung der Gerechtigkeit und Billigkeit sein, endlich eine angemessene Vermehrung der Stellen für mittlere technische Beamte eintreten zu lassen, um denjenigen technischen Hilfsarbeitern, die zur Erledigung der Dienstgeschäfte dauernd gebraucht werden, die Beamteneigenschaft verleihen zu können, wie es bei der Staatshochbauverwaltung gleichfalls geschehen ist bez. demnächst geschehen soll. Daß dies bei der Baudirektion nicht zum gleichen Zeitpunkt erfolgt wie bei der Staatshochbauverwaltung, hat wahrscheinlich seinen Grund in Sparsamkeitsrücksichten, von denen die Regierung — in diesem Falle gewiß nicht als im wohlverstandenen Staatsinteresse geboten — sich leiten zu lassen scheint.

Wiederholt ist im Landtag zum Ausdruck gekommen, daß Ersparnisse beim Personaletat erzielt werden sollen durch Zeit und Kraft sparende Organisation des Dienstbetriebes, durch Verminderung des Schreibwerks und der Instanzenwege, durch Uebertragung einer größeren Selbständigkeit und Verantwortlichkeit an mittlere und untere Beamte. Nicht aber sollte die Sparsamkeit dazu führen, die Vermehrung des Beamtenkörpers abzulehnen auch dann, wenn die Entwickelung bereits dahin geführt hat, daß wichtige Dienstgeschäfte, die im Sinne einer geordneten Geschäftsführung von Beamten zu leisten sein würden, von Hilfskräften verrichtet werden. Uebrigens verlieren die damit erhofften Ersparnisse sehr wesentlich an praktischer Bedeutung im Hinblick auf die neuere Entwickelung der Sozialgesetzgebung. Die jetzt von den Anstellungsbehörden zu tragenden Beitragsanteile zur Angestellten-, Invaliden- und Krankenversicherung werden unter Berücksichtigung der Zinsersparnisse ganz gewiß zu einem beträchtlichen Teile ausreichen, die späteren Leistungen für Ruhegehälter, Witwen- und Waisengelder zu decken.

In der 114. Sitzung der II. Ständekammer vom 10. Dezember 1912, in welcher die Verhältnisse der technischen Hilfsarbeiter bei der Staatshochbauverwaltung besprochen wurden, betonte der Herr Berichterstatter ausdrücklich, daß sich die Finanzdeputation A wiederholt schon mit den Verhältnissen der technischen Hilfsarbeiter bei der Baudirektion beschäftigt habe und daß dabei zur Sprache gebracht worden sei, die Finanzdeputation wünsche auch bezüglich der technischen Hilfsarbeiter bei der Baudirektion eine Regelung der Verhältnisse in ähnlichem Sinne, wie es bezüglich der Staatshochbauverwaltung zum Ausdruck gekommen sei. Von diesem Wunsche des Landtags hat jedoch die Regierung, wie der vorliegende Etat 1914/15 bei Kap. 70 Abs. D ausweist, keine Kenntnis genommen.

Was wir für die technischen Hilfsarbeiter bei der Staatshochbauverwaltung des weiteren noch gewünscht hatten — Einführung von Gehaltsstaffeln mit geordneten Aufrückungsfristen, Fortzahlung des Gehaltes in Krankheitsfällen auf einen längeren Zeitraum als die Dauer eines Monats, Bezahlung von dienstlich angeordneten Ueberstunden — gilt gleichfalls für die technischen Hilfsarbeiter bei der Baudirektion. Soweit diese bei den Bauleitungen beschäftigt sind, entbehren sie sogar noch eines regelmäßigen, angemessenen E r h o l u n g s u r l a u b e s.

Dem gegenwärtigen Landtage werden wir noch Gelegenheit bieten, sich mit den Verhältnissen der technischen Hilfsarbeiter bei der Baudirektion eingehend zu befassen und hoffen, daß er sich unserer Wünsche mit Wärme annehmen wird.

VOLKSWIRTSCHAFT

Dritte deutsche Wohnungskonferenz

Die Beratung des preußischen Wohnungsgesetzentwurfs steht jetzt nahe bevor. Darum wollen die Wohnungsreformer noch einmal das ganze Gewicht ihrer durch so viele Jahre theoretisch und praktisch erworbenen Kenntnisse und Erfahrungen in die Wagschale werfen, um eine Umgestaltung des Gesetzentwurfs durchzusetzen. Diesem Ziel soll vor allen Dingen die dritte Deutsche Wohnungskonferenz dienen, die am Freitag, 23. Januar 1914, in Berlin im Landeshaus der Provinz Brandenburg, Matthäikirchstraße, tagt. Geheimer Oberbaurat Dr.-Ing. Stübben, Berlin-Grunewald, Dr. Altenrath-Berlin und Dr. v. Mangoldt-Frankfurt a. M. werden die einzelnen Teile des preußischen Wohnungsgesetzes sachgemäß untersuchen. Wie der Deutsche Verein für Wohnungsreform bekannt gibt, hat er die Absicht, Leitsätze zu den einzelnen Referaten schon einige Zeit vor Beginn der Konferenz herauszugeben, um so den Interessenten ein genaues Urteil über die einzelnen Fragen zu ermöglichen. Auch unser Verband wird auf der Tagung vertreten sein. Die Frage der Wohnungsinspektion hat für uns außer dem allgemeinen Interesse noch im besonderen eine berufliche Bedeutung.

*

Zwangsweise Unterstützung des Kleinwohnungsbaues

Durch eine bemerkenswerte Senatsentscheidung der Regierung in Oberbayern wurde die Stadtgemeinde in Pasing bei München zur zwangsweisen Unterstützung des Kleinwohnungsbaues verpflichtet. Sie muß nach dieser Entscheidung der Baugenossenschaft für Kleinwohnungsbau G. m. b. H. in Pasing zur Herstellung von 118 Kleinwohnungen ein auf der Landeskulturrentenanstalt aufzunehmendes, an zweiter Stelle hypothekarisch zu versicherndes Darlehen in der Höhe von 30% des auf 515 000 M veranschlagten Gesamtaufwandes gewähren. Da die Landesversicherungsanstalt 60% des Baukapitals in Aussicht gestellt hat und die Genossenschaft 10% des Baukapitals aufbringen will, so fällt auf die Stadt eine Summe von 154 000 M. Somit ist Pasing die erste Stadt in Bayern, die auf Grund des Landeskulturrentengesetzes gezwungen ist, ein derartiges Darlehen aufzunehmen.

SOZIALPOLITIK

Die Versicherung der Arbeitslosen

Das Reichsarbeitsblatt bringt im Dezemberheft 1913 reiches Material über die Frage der Arbeitslosenversicherung, das wegen der neuesten amtlichen Zahlen und wegen der Gegenüberstellung verschiedener Länder besonderes Interesse erheischt.

Am weitesten von allen Systemen ist, wie die amtliche Mitteilung zeigt, das System der Zuschüsse öffentlicher Körperschaften zu den Arbeitslosenunterstützungen der Berufsverbände, das sogenannte „Genter" System, verbreitet. Bei diesem System finden sich verschiedene Variationen, je nachdem die Zuschüsse von den Gemeinden oder anderen öffentl. Körperschaften oder vom Staat gegeben werden. In Deutschland ist das Zuschußsystem lediglich Sache der Gemeinden; gleichfalls gemeindliche Zuschüsse geben Belgien, wo die Versicherung am längsten und besonders kräftig entwickelt ist, Holland, Luxemburg und einige Kantone in der Schweiz. In Frankreich gibt neben den Gemeinden und Departements auch der Staat einen alljährlichen Zuschuß von 100 000 Fr. laut Gesetz vom 22. April 1905, der aber bisher noch nie verbraucht worden ist, da die geringe Bedeutung des gewerkschaftlichen Unterstützungswesens in diesem Lande durch das Zuschußsystem bisher noch nicht beeinflußt zu sein scheint.

Gesetzlich geregelt ist die Arbeitslosenversicherung in Norwegen, Dänemark, Großbritannien, wo für einige Gewerbe auch eine Zwangsversicherung eingerichtet ist, und von den Schweizer Kantonen Genf und Basel-Stadt. In diesen Kantonen gibt es neben der Zwangsversicherung auch eine freiwillige Arbeitslosenversicherung und es ist ferner bemerkenswert, daß gleichzeitig das Arbeits**nachweis**wesen gesetzlich geregelt ist. Ueber die Erfolge des Genter Systems äußert sich das Reichsarbeitsblatt folgendermaßen:

„Eine ausreichende Erfüllung seines eigentlichen Zweckes „Erziehung zur Selbsthilfe", läßt sich fast nirgends nachweisen, weder in dem Sinne, daß infolge der Zuschüsse ein vermehrter Beitritt zu den Gewerkschaften erfolgt wäre, noch in dem, daß daraufhin die Gewerkschaften die Arbeitslosenunterstützung eingeführt oder ausgebaut hätten. Nur der Erfolg ist eingetreten, daß die den arbeitslosen Gewerkschaftsmitgliedern gewährten Arbeitslosenunterstützungen erhöht worden sind, indessen ist dies ein verhältnismäßig kleiner Teil der Arbeitslosen überhaupt, selbst da, wo, wie in Dänemark, schon vor Einführung des Zuschußsystems die Organisierung der Arbeiterschaft weit vorgeschritten war; auch in Belgien, dem Mutterlande des Systems, sind es doch verhältnismäßig wenige Arbeiter, denen es zugute kommt. In Deutschland ist zwar der Organisationsgedanke sehr viel mehr vorgedrungen als in Belgien oder Frankreich, und die Arbeitslosenunterstützung ist bei den Verbänden sehr viel besser entwickelt als in jenen Ländern. Dennoch ist irgend ein Einfluß auf Stärke der Organisation und Ausbau der Arbeitslosenunterstützung in den Städten, die das Genter System eingeführt haben, bisher nicht festzustellen. Es ist auch nicht zu verkennen, daß die Vorbedingungen für eine solche Wirksamkeit in Deutschland viel ungünstiger sind als in den genannten Ländern. Denn während in diesen die Gewerkschaften vorwiegend örtlich organisiert sind, sind sie in Deutschland durchweg stark zentralisiert, und auch ihr Unterstützungswesen ist in der Hauptsache einheitlich für das Reich geregelt. Die geringen finanziellen Aufwendungen, die das Genter System zur Folge hat — für 9 deutsche Städte, von denen Angaben mindestens über die jährlichen Bewilligungen vorliegen, ergibt sich eine Jahresleistung von wenig über 40 000 M — haben zwar seine Verbreitung sehr gefördert, ergeben aber zugleich seine geringe Bedeutung für die Bekämpfung der Folgen der Arbeitslosigkeit. Daher sind denn auch eifrige Befürworter des Genter Systems zu der Ansicht gelangt, daß die Einführung mindestens eines teilweisen Versicherungszwanges anzustreben sei. Mit den Zuschüssen an die Gewerkschaften sind vielfach, so schon in Gent, Zuschüsse an Sparer oder Spareinrichtungen verbunden, die aber überall fast ganz versagt haben."

Das Genter System ist in Deutschland in Gestalt einer kommunalen Arbeitslosenversicherung zuerst in Straßburg 1907 eingeführt worden und später von weiteren Gemeinden Elsaß-Lothringens, in badischen und württembergischen Städten. Ferner ist diese Versicherung noch in der Stadt Köln in Anwendung (im Jahre 1911 fand hier eine vollständige Reform der Versicherung statt), im Auslande besonders in der Stadt Bern und in Basel-Stadt. An diesen auf Freiwilligkeit beruhenden Kassen hat die amtliche Kritik besonders zu rügen, daß „sich ihnen nur verhältnismäßig wenige Arbeiter und fast nur solche zuwenden, für die die Gefahr der Arbeitslosigkeit besonders groß oder die Arbeitslosigkeit eine regelmäßig wiederkehrende Erscheinung ist, insbesondere Bauarbeiter. Die meisten freiwillig Versicherten hatte in ihrer früheren Gestalt die Kölner Kasse aufzuweisen; in ihrer neuen Gestalt mit Erhöhung der Beiträge hat sie bisher nur wenige solcher Versicherten erlangen können. Bessere Erfolge weist die Kölner Kasse in ihrem neuen Zweige, der Rückversicherung der Gewerkschaften, auf, die zwar mit dem Genter System verwandt ist, sich aber von ihm durch die Einführung des Grundsatzes von Leistung und Gegenleistung unterscheidet. Auch unter dem Gesichtspunkte der Förderung der Selbsthilfe hat Köln bessere Erfolge erzielt als andere Städte mit dem Genter System, denn es gelang, vier Gewerkschaften zur Einführung der Arbeitslosenunterstützung auf Grund der Rückversicherung zu gewinnen. Die Bauarbeiterverbände allerdings, auf die man in erster Linie gerechnet hatte, haben bisher die Beteiligung abgelehnt, die freigewerkschaftlichen mit der Begründung, daß sie Kampf-, nicht Unterstützungsvereine seien, die christlichen, weil ein Bedürfnis für sie nicht vorliege.

Eine **Zwangs**versicherung für sämtliche Arbeiter hat es abgesehen von den mißlungenen und rasch wieder aufgegebenen Versuchen in der Stadt St. Gallen vom Jahre 1894 bisher nicht gegeben und ebensowenig eine solche für einzelne Gewerbe bis zum englischen Gesetz von 1911. Die Wirksamkeit dieses Gesetzes, das in der Zwangsversicherung etwa $2^1/_2$ Millionen Arbeiter umfaßt, ist bisher noch so kurz, und sein Inkrafttreten ist in eine Zeit so günstigen Geschäftsganges gefallen, daß ein endgültiges Urteil darüber noch nicht am Platze ist. Das hat die Versammlung der Internationalen Vereinigung zur Bekämpfung der Arbeitslosigkeit in Genf, in Uebereinstimmung mit dem Berichte der englischen Sektion anerkannt.

ANGESTELLTENFRAGEN

Eine prinzipielle Auseinandersetzung

über die Stellung der Angestelltenverbände wird die nächste Tagung des Unterausschusses für Privatbeamtenfragen der Gesellschaft für Soziale Reform bringen, die am 21. Januar im Reichstagsgebäude stattfinden wird. Auf der Tagesordnung stehen folgende Punkte:

1. Die Stellung der Angestelltenverbände innerhalb der Gesellschaft für Soziale Reform.
2. Die von der Gesellschaft für Soziale Reform zu veranstaltende Tagung für Privatbeamtenfragen.
3. Das Gesetz über die Sonntagsruhe.

Mittelpunkt der Verhandlungen wird die Frage des einheitlichen Angestelltenrechts sein. Es wird sich bei dieser Gelegenheit zeigen, ob bei den großen Handlungsgehilfenverbänden der ernste Wille vorhanden ist, diese Frage anzugreifen. Die letzte Tagung des Angestelltenausschusses hat allerdings nichts von einem großzügigen Geiste erkennen lassen.

*

Das einheitliche Angestelltenrecht

hat den Hauptausschuß für die staatliche Pensionsversicherung der Privatangestellten noch nach dem Austritt unseres Verbandes aus dieser Organisation beschäftigt. Bekanntlich war vom Hauptausschuß ein Fünferausschuß eingesetzt worden, um den unbequemen Forderungen nach einem einheitlichen Angestelltenrecht wenigstens etwas nachzugeben. Dieser Ausschuß hatte am 30. April v. J. einen Bericht erstattet, der den Anhängern des einheitlichen Angestelltenrechts einige Konzessionen machte.

Aber um die Annahme auch dieses Berichts zu vermeiden, hatte die Siebenerkommission folgenden Antrag zu der letzten Sitzung eingebracht:

„Der H.-A. begrüßt die Bestrebungen der einzelnen Privatangestelltengruppen, die Rechtsgrundlagen ihres Dienstvertrags in sozialem Sinne auszugestalten.

Er erkennt an, daß der Schaffung eines einheitlichen Privatangestelltenrechts schwere praktische und standespolitische Bedenken entgegenstehen und lehnt es ab, zu dieser Frage Stellung zu nehmen.

Insbesondere aber stellt der H.-A. fest, daß die ihm angeschlossenen Handlungsgehilfenverbände erklären, daß sie an dem historischen Sonderprivatrechte der Handlungsgehilfen im Handelsgesetzbuche festhalten und seine baldige Sammlung und Ausgestaltung an dieser Stelle verlangen. Die dem H.-A. angeschlossenen nichtkaufmännischen Verbände lehnen es ab, diesen Wünschen der Handlungsgehilfen entgegenzutreten.

Der H.-A. erklärt anderseits es für eine dringende Aufgabe der Gesetzgebung, auch das Privatrecht der übrigen Gruppen der Privatangestellten in sozialer Beziehung zu verbessern.

Er fordert insbesondere, daß zunächst die Bestimmungen des Handelsgesetzbuches über die Kündigungsfristen, die Ausstellung der Zeugnisse und die Fortzahlung des Gehaltes bei unverschuldeter Behinderung der Dienstleistung auf alle Privatangestellten übertragen werden.

Die dem H.-A. angeschlossenen Verbände erklären sich bereit, die Bestrebungen der verschiedenen Privatangestellten-Berufe nach dieser Richtung gegenüber den maßgebenden Körperschaften zu unterstützen.

Das Recht zum selbständigen Vorgehen der einzelnen H.-A.-Verbände für die Ausgestaltung des Privatrechts der von ihnen vertretenen Berufsgruppen wird dadurch nicht berührt.“

Zu einer Abstimmung über den Antrag kam es infolge des Ausscheidens unseres Verbandes und der Vertagung des Hauptausschusses nicht. Er ist aber dennoch kennzeichnend für die Stellung, die die Handlungsgehilfenverbände zu unserer Forderung des einheitlichen Angestelltenrechts einnehmen.

STANDESFRAGEN

Auch ein Vertrag!

Wie in der Zeit der Arbeitslosigkeit und Stellungslosigkeit einzelne Firmen immer wieder versuchen, ihre technischen Arbeitskräfte bis zum äußersten auszunützen, zeigt folgende Stelle aus einem Vertragsentwurf, der einem unserer Verbandskollegen auf eine Annonce der Chemischen Fabrik zu Heinrichshall bei Köstritz (Reuß) zugegangen ist:

„Unter Bezugnahme auf die mit Ihnen gehabte mündliche Verhandlung übertragen wir Ihnen hiermit die Stelle als Bautechniker in unserer Fabrik zu nachstehenden Bedingungen: ...

Die Dienstzeit dauert von morgens 6 Uhr bis mittags 12 Uhr und von 2 bis 6 Uhr nachmittags. Selbstverständlich sind Sie verpflichtet, wenn es die Verhältnisse erfordern, auch zu jeder anderen Zeit tätig zu sein; Sonn- und Festtags haben Sie bis 12 Uhr im Geschäft zu sein, während der Nachmittag frei ist mit Ausnahme desjenigen Sonn- bezw. Festtages, an welchem Sie, in Abwechselung mit den anderen technischen Beamten, den ganzen Tag hier sein müssen.

Sie erhalten ein monatliches postnumerando zu zahlendes Gehalt von **125 M** (Mark: Einhundertundfünfundzwanzig). Bei zufriedenstellender Leistung wird sich Ihr Gehalt erhöhen. Sie erhalten außerdem freie Wohnung in der Fabrik (oder möbliertes Zimmer) incl. Heizung und Beleuchtung, jedoch ohne Bedienung, für welche Sie selbst zu sorgen haben ...“

Uebrigens ein deutlicher Beweis, wie notwendig ein Gesetz über die Sonntagsruhe für die Techniker ist.

*

Aus der Technikerbewegung

— Der Verband der Kunstgewerbezeichner hat am 27. Dezember vorigen Jahres eine Hauptversammlung in Chemnitz abgehalten. Die Verhältnisse im Zeichnerberuf haben sich in den letzten Jahren sehr zu Ungunsten dieser Angestellten entwickelt. Die Ursache liegt in der Arbeitsteilung, die auch im Kunstgewerbe mehr und mehr Eingang findet. Sie zieht der freien künstlerischen Betätigung der Kunstgewerbezeichner frühzeitig Grenzen. Das hat zur Folge, daß der Zeichner allenthalben nur als Handlanger des selbständig schaffenden Malers, Architekten usw. gilt, danach behandelt und entlohnt wird. Die Organisation der Kunstgewerbezeichner, die noch jung ist, hat aus dieser Entwicklung von Anfang an die richtigen Konsequenzen gezogen, und der letzte Verbandstag bewies wiederum, daß die Mitglieder von gutem gewerkschaftlichem Geiste erfüllt sind. Die Meinungsgegensätze infolge der Maßnahmen, die die Verbandsleitung zur Abhilfe der namentlich im Vorjahre sich schärfer hervorkehrenden Mißstände in den Arbeitsverhältnissen der Kunstgewerbezeichner getroffen hatte, konnten ohne ernstliche Folgen für den Verband beseitigt werden, und der einmütige Wille zu einem gedeihlichen Zusammenarbeiten innerhalb des ganzen Verbandes kam auch dadurch zum Ausdruck, daß man einem schwebenden Verfassungskonflikt schnell ein Ende bereitete.

Die Hauptaufgabe, die der Verbandstag zu lösen hatte, war die Beitragsfrage. Das Ergebnis, zu dem er gelangte, verdient angesichts der bescheidenen Lage, in der sich die meisten Angestellten befinden, vollste Anerkennung. Allgemein herrschte die Ueberzeugung, daß der Verband seine wachsenden Aufgaben und Verpflichtungen nur dann lösen und erfüllen konnte, wenn größere Opfer gebracht würden. Angenommen wurde nach gründlicher Durchsprache ein Antrag des Vorstandes, der eine Staffelung des Beitrages vorsieht. Während bisher ein Einheitsbeitrag von 2 M monatlich erhoben wurde, beträgt in Zukunft der Beitrag bei einem Einkommen unter 100 M (in Klasse I) 2,25 M — das bedeutet also eine nicht unwesentliche Erhöhung des Grundbeitrages —, bei 100 bis 150 M Einkommen (in Kl. II) 2,50 M, bei 151 bis 200 M Einkommen (in Klasse III) 2,75 M und bei einem 200 M übersteigenden Gehalt (in Klasse IV) 3 M monatlich.

Die Sätze der Stellenlosen-Unterstützungskasse wurden ebenfalls entsprechend gestaffelt. Sie betragen künftig nach 1- bis 10jähriger Mitgliedschaft in Klasse I 1,40 bis 1,60 M, in Klasse II 1,60 bis 1,90 M, in Klasse III 1,80 bis 2,20 M, in Klasse IV 2,00 bis 2,50 M für die Dauer von 2 bis 5 Monaten. Die neuen Unterstützungssätze treten am 1. Juli d. J. in Kraft.

Der Verband bleibt auch in Zukunft als selbständiger Verband bestehen. Der Anschluß an eine andere gewerkschaftliche Organisation, der von mehreren Delegierten gewünscht wurde, wurde demnach nicht vollzogen. Man hielt dies gerade im gegenwärtigen Stadium, wo man dem Verband durch Bewilligung reichlicher Mittel eben erst eine kräftigere Grundlage gegeben hatte, für unnötig, will aber zu gegebener Zeit die Konsequenzen aus der wirtschaftlichen Entwicklung ziehen. Angenommen wurde dagegen das vom Vorstand vorgeschlagene Regulativ für Arbeitseinstellungen und Sperren und die Einfügung einiger neuen Punkte in das Verbandsprogramm, das den veränderten Verhältnissen angepaßt und neu formuliert wurde. Es fordert nunmehr auch eine reichsgesetzliche Arbeitslosenversicherung und öffentlich paritätische Arbeitsnachweise für Privatangestellte. Bei der Beratung des Verbandsprogramms wurde auch in einer Entschließung gegen die bekannten Treibereien, die unter dem Deckmantel „Schutz der Arbeitswilligen“ gegen das Koalitionsrecht erfolgen, Stellung genommen und die Sicherung eines wirklichen und ausreichenden Koalitionsrechtes gefordert. Der Verbandstag beschloß fernerhin, sich an der diesjährigen Werkbundausstellung in Köln zu beteiligen, falls gewisse Vorbedingungen erfüllt werden. In Köln findet in diesem Jahre auch ein Zeichnertag statt. Der bisherige Verbandsvorsitzende Weiß wurde einstimmig wiedergewählt. Mf.

DEUTSCHE TECHNIKER-ZEITUNG
TECHNISCHE RUNDSCHAU

XXXI. Jahrg. 17. Januar 1914 Heft 3

Der Osthafen zu Berlin

Von Dipl.-Ing. LEIPOLD, Berlin.

(Schluß.)

Der Kohlenlagerplatz besitzt eine Grundfläche von 1890 qm und ist durch 2,50 m hohe Bohlwände eingefaßt, die zwischen herausnehmbare eiserne Träger eingeschoben werden. Zum Umschlag der Kohlen von Schiff zur Eisenbahn oder zum Lagerplatz ist eine besondere Löschvorrichtung mit 70 t Stundenleistung aufgestellt. Sie besteht aus einem fahrbaren Portalgerüst mit eingebauten Bunkern, welches die beiden Kaigleise überspannt, und trägt oben einen fahrbaren Drehkran mit Greiferbetrieb für eine Nutzlast von 2,4 t.

Für die Verschiebung der Eisenbahnwagen unter den Bunkern ist eine Rangierseilanlage vorgesehen, deren Antriebsstation unter dem Wiegehaus der Eisenbahnwage untergebracht ist.

Für das Löschen von Ziegeln, Stückgut und Massengütern ist auf dem Ziegelladeplatz eine fahrbare Ladebrücke mit innenlaufender Katze errichtet. Die Spannweite der Brücke beträgt 28,9 m und ihre beiderseitige Ausladung je 17 m; die Katze trägt am doppelten Seil 7 t, und am einfachen Seil, bei Greiferbetrieb, 5 t. Um außerdem das Löschen der Ziegelkähne von Hand zu ermöglichen, ist die Oberkante der Ufermauer längs des Ziegelladeplatzes um 66 cm tiefer als im übrigen Teil angelegt.

Außer den bisher genannten Hebezeugen sind vor den übrigen Freiladeplätzen vier fahrbare Vollportalkrane aufgestellt worden, und zwar ein 1,5-t-Kran für den Platz westlich vom Speicher, zwei Krane von 1,5 und 2,5 t Tragfähigkeit für den Platz zwischen dem Speicher und dem westlichen Lagerschuppen und ein 5-t-Kran für den Platz zwischen dem östlichen Lagerschuppen und dem Kohlenlagerplatz. Der letzte Kran ist außer für Stückgut noch für Greiferbetrieb eingerichtet, um nach Bedarf die Kohlenlöschvorrichtung zu ergänzen. Außerdem ist in Hafenmitte ein feststehender Schwerlastkran mit zwei Laststufen von 30 t bei 9 m Ausladung und 7,5 t bei 13 m Ausladung errichtet.

Sämtliche Umschlagseinrichtungen werden elektrisch angetrieben und von dem am Ostende des Hafens an der Straße gelegenen Kraftwerk mit Gleichstrom gespeist, welches auch gleichzeitig den Strom für die Beleuchtung liefert. Das Gebäude besteht aus einer großen Maschinenhalle, zwei seitlichen Anbauten mit Erd-, Ober- und Dachgeschoß und einem Turm.

In der 16 × 20 qm großen Halle stehen zwei Vierzylinder-Dieselmotoren von je 350 PS Normalleistung und ein dritter Zweizylindermotor von 150 PS. Die Auspuffgase werden durch eine über dem Dach des Turmes mündende Rohrleitung ins Freie geleitet. In den einzelnen Geschossen des Turmes sind die Kühlwasserbehälter, die beiden Behälter für das Treiböl (Teeröl) und das Zündöl (Gasöl), die Filtriergefäße für das Oel und der Wasserreiniger aufgestellt. Direkt mit den Dieselmotoren sind die Dynamomaschinen gekuppelt; sie erzeugen Gleichstrom von 500 Volt Spannung, die in 2 × 250 Volt geteilt wird.

Im westlichen Anbau sind zwei Akkumulatorenbatterien untergebracht: eine Pufferbatterie mit einer Kapazität von 440 Amperestunden bei einstündiger Entladung zur Aufnahme der Stromstöße und eine Lichtbatterie von 594 Amperestunden Kapazität bei dreistündiger Entladung zur Speisung des Lichtnetzes in Betriebspausen der Maschinenanlage.

In den übrigen Räumen der Anbauten sind Magazine, Werkstätten, Heizanlagen, Aborte u. dgl. untergebracht. Im östlichen Anbau befindet sich außerdem eine Durchfahrt für das Anschlußgleis der von der Stadt zum Zwecke des Gleistunnelbaues erworbenen Grundstücke Alt-Stralau 68 und 69. In einem besonderen Hofkeller liegen die beiden Brennstoffhauptbehälter.

Die ungünstige Gestaltung des Hafengeländes macht sich besonders bei der Anlage des Hafenbahnhofes geltend und bedingte einige Betriebserschwernisse. Die beiden Uebergabegleise, das Durchlaufgleis und das Ausziehgleis sind längs der Abschlußmauer des Hafens nach der Stralauer Allee untergebracht, während die Rangiergleisgruppe an das Ostende des Hafens zwischen der Verkehrsstraße und dem Kohlen- und dem Ziegellagerplatz verlegt werden mußte. Es war daher auch notwendig, für diese beiden Lagerplätze von der östlich neben dem letzten Freiladeplatz gelegenen Stichstraße parallel zur Hauptverkehrsstraße eine besondere Zufahrtstraße zu schaffen, die hinter der Rangiergleisgruppe eine Ausfahrtstraße nach der Kraftwerksdurchfahrt besitzt. Die Verbindung der Uebergabegleise mit den Bedienungsgleisen wurde durch zwei in der Mitte des Hafens sich kreuzende Weichenstraßen erzielt. Das Anschlußgleis des Hafenbahnhofes mit den Gütergleisen der Ringbahn wird in einer offenen Rampe auf dem Hafengelände um ca. 5 m gesenkt, unterfährt dann in einem Tunnel, der 4,65 m in das Grundwasser eintaucht, die Straße Alt-Stralau und den Bahnkörper der Ringbahn und steigt an der östlichen Böschung des Dammes zu der Schienenhöhe der Gütergleise empor; es überschreitet dann die Gleise der Schlesischen und Ost-Bahn und läuft neben den Gütergleisen entlang, bis es an der nordöstlich von der Station Stralau-Rummelsburg belegenen Gabelung der Ringbahngleise in diese einmündet. Die Gesamtlänge des Anschlußgleises beträgt ca. 1,5 km und die Baukosten allein 1 590 000 Mark. Für die Ueberführung des Gleises waren die massive Hauptstraßenbrücke zu verbreitern, fünf neue doppelgleisige Ueberbauten über die Schlesische und Ost-Bahn zu errichten und für die Straße Alt-Boxhagen ein doppelgleisiger Ueberbau, bestehend aus sieben vollwandigen Portalen von 24,4 m Stützweite und 1,28 m Abstand, herzustellen.

Das Einbringen und Abholen der Hafenzüge erfolgt durch Staatsbahnlokomotiven bis zu den Uebergabegleisen,

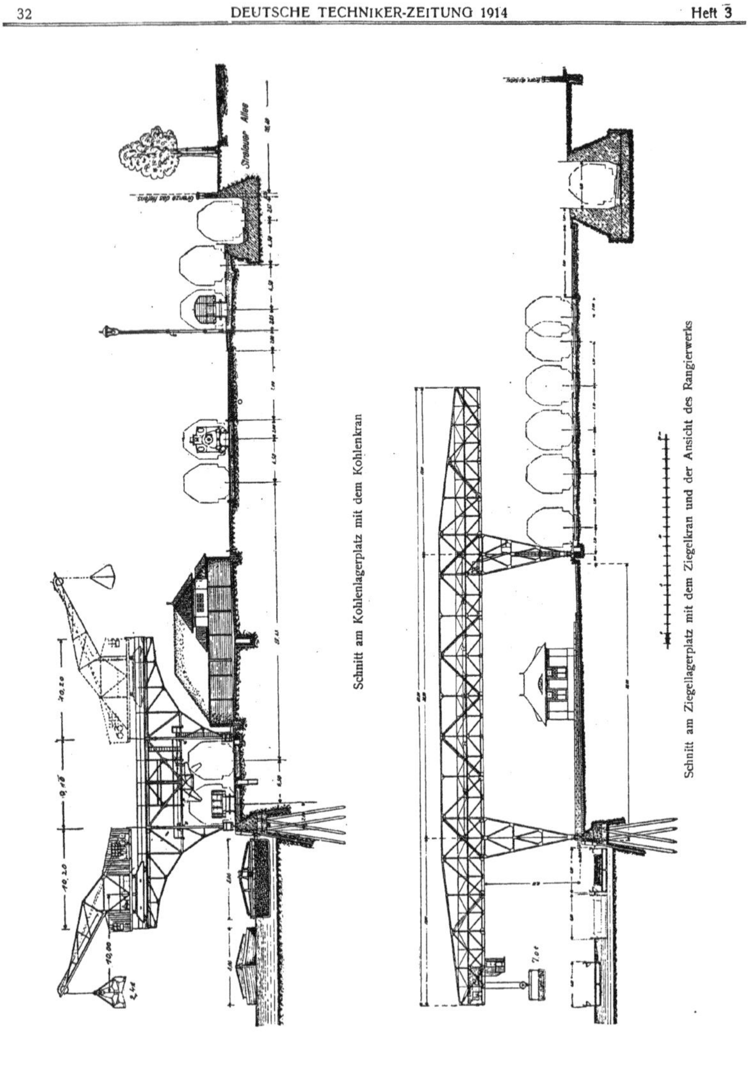

Schnitt am Kohlenlagerplatz mit dem Kohlenkran

Schnitt am Ziegellagerplatz mit dem Ziegelkran und der Ansicht des Rangierwerks

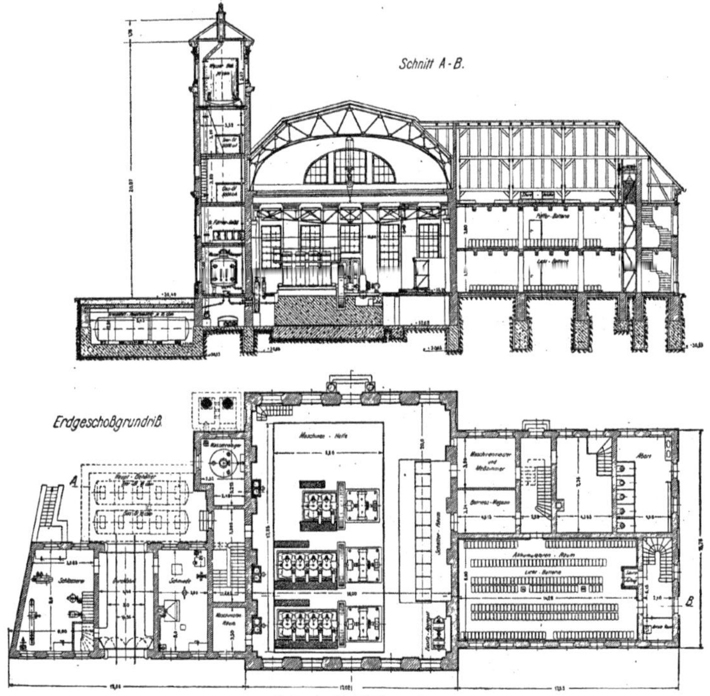

Kraftwerk mit Maschinenanlage

des Hafens, der Tarifstation ist; das Ordnen der Züge und sämtliche Rangierbewegungen besorgen zwei Hafenlokomotiven. Der Schuppen und der Kohlenbansen für diese beiden Lokomotiven befinden sich am Ostende des Hafens hinter der Rangiergleisgruppe.

Für die Bedienung der Weichen und der Signale sind drei Stellwerke vorgesehen, von denen das westliche in dem Pförtnerhäuschen des Tores II untergebracht ist, während die beiden anderen als besondere Bauten mit Keller-, Erd- und Obergeschoß ausgeführt ist. In dem mittleren Stellwerksgebäude ist noch eine Gleiswage untergebracht.

Die beiden in Hafenmitte stehenden Hochbauten, das Verwaltungsgebäude und das Arbeiter-Speisehaus sind als Mittelpartie des gesamten Hafens architektonisch reicher ausgestaltet als die übrigen Hochbauten. Sie bestehen je aus Keller-, Erd-, zwei Ober- und dem Dachgeschoß und enthalten außer den Bureauräumen bezw. den Speisesälen noch Beamtenwohnungen.

Im gegenwärtigen Ausbau vermag der Hafen 17 180 t Getreide und Stückgut in geschlossenen Räumen aufzunehmen und besitzt im ganzen ca. 13 000 qm an Freilagerplätzen; dazu kommt noch das Benzinlager mit 1 Million l Fassungsvermögen.

Die reinen Baukosten für den Hafen betragen rund 8 950 000 Mark. Berücksichtigt man noch die Kosten für den Grunderwerb und den Bodenwert des von der Stadt eingebrachten Geländes in Höhe von rund 8 350 000 M, so ergibt sich eine Gesamtsumme von 17,3 Millionen Mark.

BRIEFKASTEN

Nur Anfragen, denen 10 Pfg. Porto beiliegt und die von allgemeinem Interesse sind, werden aufgenommen. Dem Namen des Einsenders sind Wohnung und Mitgliednummer hinzuzufügen. Anfragen nach Bezugsquellen und Büchern werden unparteiisch und nur schriftlich erteilt. Eine Rücksendung der Manuskripte erfolgt nicht. Schlußtag für Einsendungen ist der vorletzte Mittwoch (mittags 12 Uhr) vor Erscheinen des Heftes, in dem die Frage erscheinen soll. Eine Verbindlichkeit für die Aufnahme, für Inhalt und Richtigkeit von Fragen und Antworten lehnt die Schriftleitung nachdrücklich ab. Die zur Erläuterung der Fragen notwendigen Druckstöcke zur Wiedergabe von Zeichnungen muß der Fragesteller vorher bezahlen.

Bekanntmachung.

Die an den Briefkasten gerichteten Anfragen sind in neuerer Zeit vielfach so weitgehender Natur, daß die Beantwortung in dem vorgesehenen Rahmen nicht möglich ist. Fragen, wie größere statische Berechnungen, Ausführungen von Entwürfen und Konstruktionen können an dieser Stelle kostenfrei nicht beantwortet werden. Wir sind dagegen bereit, in besonderen Fällen Mitarbeiter zu diesen Fragen heranzuziehen. Die uns dadurch entstehenden Kosten haben die Fragesteller zu erstatten.

Die Schriftleitung.

Frage 18. Wie werden in ca. 4 mm starke Blechplatten **kugelförmige Vertiefungen** von ca. 50 mm Tiefe, bei einem Durchmesser von ca. 120 mm, eingedrückt? Kann mir einer der Herren Kollegen vielleicht Zeichnungen oder Unterlagen von solchen Pressen oder Stanzen gegen Vergütung leihweise überlassen? Auch für Ratschläge wäre ich sehr dankbar. Adresse ist durch die Redaktion zu erfahren.

Frage 19. Wagenbau. Wer gibt mir Auskunft oder übermittelt mir Zeichnungen von eichpflichtigen Wagen (Waggon- und selbsttätigen Wagen) zum Studium? Auslagen werden vergütet. Meine Adresse ist durch die Schriftleitung zu erfahren.

Frage 20. Durchgerosteter eiserner Wasserbehälter. Ein in einer Papierfabrik befindliches eisernes Wasserbassins von 3 m Dmr. und 3 m Höhe, worin bis 100° heißes Wasser aufbewahrt wird, ist an verschiedenen Stellen defekt geworden. Um nun diesem Uebelstand abzuhelfen, wird beabsichtigt, dieses Bassin mit Beton oder Eisenbeton zu ummanteln. Kann mir einer der Herren Kollegen Auskunft geben, ob hier Beton oder Eisenbeton zu empfehlen ist, oder ist eine Isolierung zwischen Eisen und Beton nötig? Bemerke noch, daß an Sonn- und Feiertagen das Wasser um 10 bis 20% abgekühlt wird.

Frage 21. Kiesförderung. Welcher Kollege kann mir eine Maschine oder elektrisch anzutreibende Vorrichtung empfehlen oder beschreiben, um grobkörnigen Kies bis 6 cm Dmr. durch eine ca. 25 m lange, ca. 10 bis 15 cm weite Rohrleitung bis 15 m hoch zu fördern? Wie stark müßte die Antriebskraft sein?

Frage 22. Handbuch der Ingenieur-Wissenschaften gesucht! Welcher Kollege leiht mir gegen Porto-Vergütung auf etwa 5 Wochen Bd. VIII v. 3. Teil des Handb. d. Ingenieurwissensch. „Schiffsschleusen"? Stocklasser, Tiefbaugesch. O. Liedke, Baustelle Wielitzken, Kr. Oletzko (Ostpr.).

Frage 23. Lichtpausen. Welche Lichtquellen kommen außer Sonnenlicht und elektrischem Licht in Frage? Gibt es sonst noch Mittel, Lichtpausen herzustellen? (Wir machen auf einen demnächst erscheinenden Aufsatz „Die Luminographie" aufmerksam. Die Red.)

Frage 266. Vergrößerung der Betriebskraft einer Mühle. In einem größeren Mühlenbetrieb ist ein alter eingemauerter Cornwallkessel von 48 qm Heizfläche und 8 at Uebedruck vorhanden. Die Maschine, die sets voll belastet wird, leistet höchstens 55 PS. Es sollen jetzt folgende Maschinen betrieben werden: Ein 18er Gang, 4 Walzenstühle, 1 Franzose, 1 Spitzgang und 1 Roggengang (von einer Hauptwelle). Als Tagesleistung werden gefordert: 200 Sack Schrot, 50 Sack Roggen und 50 Sack Weizen. Kann mir einer der Herren Kollegen Auskunft geben, ob dieser Kessel groß genug ist, eine 80-PS-Maschine zu speisen? Empfiehlt es sich vielleicht, in dem Kessel einen Ueberhitzer einzubauen? Unter welcher Voraussetzung ließe sich die Betriebsspannung auf 9 at erhöhen? Bei einem in der Nähe befindlichen Elektrizitätswerk wurde eine noch neue Lokomobile abgeschafft und dafür ein Dieselmotor aufgestellt. Es sind auf diese Weise 50% Ersparnisse erzielt worden. Würde sich die Anschaffung eines solchen Motors empfehlen und wie steht es mit der Lebensdauer solcher Maschinen? Im letzten Jahre wurden für 7000 M Kohlen gebraucht. Ist überhaupt eine Maschine von 80 PS ausreichend?

Antwort IV (I—III s. Heft 49/1913). Wenn es gelingen sollte, die Werkbescheinigungen über die zum Bau des Kessels verwendeten Bleche herbeizuschaffen — was aber sehr wahrscheinlich nicht der Fall sein wird —, dann dürfte es vielleicht möglich sein, eine Erhöhung des zulässigen Betriebsdruckes zu erlangen, weil fast in der Regel die Abmessungen etwas reichlicher gewählt werden als die Normen vorschreiben. Voraussetzung hierbei ist auch, daß der Kessel sich in einem tadellosen Zustande befindet, keine Risse und keine Anfressungen zeigt. Der Einbau eines Ueberhitzers dürfte aber größere Vorteile als die Erhöhung des Betriebsdruckes bringen. So ist bei einer Ueberhitzung auf 220° mit einer Ersparnis von etwa 6%, und auf 300° mit einer Ersparnis von etwa 15% an Brennstoff zu rechnen. Die alte Dampfmaschine wird eine Ueberhitzung von über 220° kaum zulassen, während eine neue Dampfmaschine guter Herkunft infolge der vielen Verbesserungen, die im Laufe der Jahre getroffen wurden, neben der Ersparnis durch die Ueberhitzung des Dampfes noch weitere Dampfersparnis aufweisen wird.

Bei einer im guten Zustande befindlichen Dampfmaschine mit 50 bis 80-PS-Leistung können folgende Dampfverbrauchsziffern in Rechnung gestellt werden:

		Betrieb mit Kondensation	Betrieb mit Auspuff
für Sattdampfbetrieb, 8 at Ueberdruck	kg/PS-st	11	15
für Heißdampfbetrieb, 8 at, 220°	„	9	12
für Heißdampfbetrieb, 8 at, 300°	„	7	9
und demnach bei 80-PS-Leistung:			
für Sattdampfbetrieb mit 8 at Ueberdruck	kg/st	880	1200
für Heißdampfbetrieb, 8 at, 220°	„	720	960
für Heißdampfbetrieb, 8 at, 300°	„	560	720
so daß sich die Beanspruchung der Heizfläche pro qm			
für Sattdampfbetrieb mit 8 at Ueberdruck auf	kg	18,3	25,0
für Heißdampfbetrieb, 8 at, 220°	„	15,3	20,0
für Heißdampfbetrieb, 8 at, 300°	„	11,7	15,0

stellt.

Günstige Zugverhältnisse, gute Kohlen und gute Beschaffenheit des Kessels vorausgesetzt, wird man den Cornwall-Kessel mit 15 bis 20 kg Dampferzeugung auf dem Quadratmeter Heizfläche beanspruchen können, so daß bei einer Ueberhitzung auf 220° der Kessel für die Erzeugung des Dampfes für eine Maschinenleistung von 80 PS ausreichend erscheint. Es wird aber fraglich sein, ob die Dampfmaschine auf diese Leistung durch Erhöhung der Umdrehungszahl gebracht werden kann, zumal hier die Abmessungen der Lager, Gestänge, Welle usw. eine Rolle spielen. Neben dem Einbau eines Ueberhitzers wird sich daher die Anschaffung einer neuen Dampfmaschine für 300° Ueberhitzung empfehlen, die aber so bemessen sein sollte, daß später durch Auswechselung des Kessels auf 12 at Betriebsdruck übergegangen werden kann.

Diese neue Dampfmaschine mit Ueberhitzer wird aber einschließlich der Umbauten und Montage beinahe so viel Kosten wie eine moderne Heißdampf-Lokomobile verursachen. Letztere arbeitet aber noch bedeutend sparsamer, und es wäre daher entschieden vorteilhafter, gleich eine gründliche Aenderung zu treffen und eine Heißdampf-Lokomobile, möglichst mit Kondensation, anzulegen. Die Kondensation beansprucht bei 80-PS-Leistung etwa 12 cbm Wasser pro Stunde, das einem vorüberfließenden Bach entnommen und wieder dahin zurückgeleitet werden kann. Ein Diesel-Motor kommt aber nur dann in Frage, wenn die Kohlenbeschaffung Schwierigkeiten bereitet und der Preis für Teeröl oder Gasöl durch Frachten nicht sehr verteuert wird. In der Zahlentafel sind die Gesamtbetriebskosten, Brennstoffkosten und Verhältniszahlen für Heißdampf-Lokomobilen mit und ohne Kondensation, sowie für Diesel-Motore mit Teer- und und Gasöl-Betrieb, berechnet für eine Durchschnittsleistung von 80 PS bei verschieden langer Betriebsdauer, aufgestellt. Bei der Berechnung dieser Zahlen wurde alles berücksichtigt, was bei einer vollständig einwandfreien Kostenermittelung zu berücksichtigen ist.

Wie aus nebenstehender Zahlentafel hervorgeht, arbeitet die Heißdampf-Lokomobile mit Kondensation am vorteilhaftesten, ohne Kondensation wird der Betrieb schon um 15 bis 20% teuerer, während der Teeröl-Dieselmotor um 21 bis 25% und der Gasöl-Dieselmotor sogar um 44 bis 61% teurer arbeitet. Dies ist selbstverständlich nicht allein auf die Brennstoffkosten zurückzuziehen, sondern auf die bedeutend höheren Anlagekosten des Diesel-Motors sowie auf die durch seine Eigenart (raschen Verschleißes der Hauptteile) bedingten höheren Abschreibungs- und Instandhaltungsziffern und die höheren Kosten für Schmier- und Putzmaterial. Die Bedienungskosten sind bei dem vollständigen Tag- und Nachtbetrieb gleich, während beim reinen Tagbetrieb und bei dem in Mühlen häufigem verlängertem Tagbetrieb (15 Stunden) die Kosten bei den Heißdampf-Lokomobilen dadurch höher werden, daß der Maschinist bezw. Heizer seinen Dienst wegen des Anheizens früher antreten muß.

Wenn ein dortiges Elektrizitätswerk eine Lokomobile durch einen Diesel-Motor ersetzte und damit angeblich 50% Ersparnisse machte, so beweist das noch lange nicht, daß der Diesel-Motor nun auch gerade für eine Mühle die geeignetste Kraftmaschine ist, denn gerade hinsichtlich der Lebensdauer wird der Diesel-Motor stets hinter der Heißdampf-Lokomobile zurückstehen. In einer hiesigen Mühle ist der entgegengesetzte Fall vorgekommen, da war man vor einigen Jahren vom Dampfbetrieb zum Diesel-Motorenbetrieb übergegangen und im Vorjahre hat man wieder eine neue Dampfmaschine aufgestellt. Es muß eben von Fall zu Fall unter Berücksichtigung aller Umstände sorgfältig erwogen werden, ob diese oder jene Kraftmaschine sich besser für den in Frage kommenden Betrieb eignet.

Zahlentafel.

Vergleichende Uebersicht der Gesamtbetriebskosten und Brennstoffkosten für die effektive Pferdekraftstunde bei Heißdampf-Lokomobilen mit und ohne Kondensation von 80 bis 85 PS Normalleistung sowie Diesel-Motoren mit Teer- und Gasöl-Betrieb von 100 PS Normalleistung, berechnet für eine Durchschnittsleistung von 80 PS bei verschieden langer Betriebsdauer.

Jährliche Betriebsdauer	300	300	360
	Tage zu		
	10	15	23
	Stunden		
A. Gesamtbetriebskosten für die PS-st bei			
1. der Heißdampflokomobile m. Kondens. Pf.	3,82	3,37	2,57
2. der Heißdampflokomob. ohne Kondens. Pf.	4,37	3,94	3,09
3. des Dieselmotors mit Teeröl-Betrieb Pf.	4,80	4,07	3,21
4. des Dieselmotors mit Gasöl-Betrieb Pf.	5,50	4,87	4,15
B. Brennstoffkosten für die PS-st bei			
1. der Heißdampflokomobile m. Kondens. Pf.	1,47	1,47	1,35
2. der Heißdampflokomob. ohne Kondens. Pf.	2,10	2,10	1,80
3. des Dieselmotors mit Teeröl-Betrieb Pf.	1,52	1,52	1,52
4. des Dieselmotors mit Gasöl-Betrieb Pf.	2,60	2,60	2,60
C. Verhältniszahlen der Gesamtbetriebskosten, bezogen auf die Heißdampflokomobile mit Kondensation:			
1. Heißdampflokomobile m. Kondensation Pf.	1,00	1,00	1,00
2. Heißdampflokomob. ohne Kondensation Pf.	1,15	1,17	1,20
3. Dieselmotor mit Teeröl-Betrieb Pf.	1,26	1,21	1,25
4. Dieselmotor mit Gasöl-Betrieb Pf.	1,44	1,43	1,61

Für die Wahl einer Heißdampf-Lokomobile für den Mühlenbetrieb spricht noch der Umstand, daß im Winter die Mühle völlig kostenlos geheizt werden kann und zwar bei Betrieb mit Kondensation durch Zwischendampfentnahme und bei Betrieb ohne Kondensation durch den Auspuffdampf. Dieser Umstand wird heute noch viel zu wenig berücksichtigt, obwohl gerade hier viel Geld erspart werden kann.

Eine Maschine mit 80 PS Normal- oder 100 PS größter Dauerleistung dürfte für den Betrieb der angegebenen Müllereimaschinen ausreichend sein. Den Kraftbedarf für die angegebenen Tagesleistungen anzugeben, ist sehr schwierig, da dieser nicht nur in hohem Maße von der Art und Beschaffenheit des Getreides, sondern auch von der mehr oder minder guten Bauart der Maschinen und von deren Behandlung und Bedienung abhängig ist; eine schlecht angelegte Transmission kann auch viel Kraft verschlingen.

Zum Schluß sei noch darauf hingewiesen, daß bei der Bemessung der Brennstoffkosten der Heißdampf-Lokomobilen reichlich Zuschläge für Anheizen und Abbrand sowie schlechte Bedienung gemacht wurden, so daß diese Ziffern den Zahlen aus der Praxis entsprechen, und daß die Bedienung eines Diesel-Motors höhere Anforderungen an den Maschinisten stellt als die einer Heißdampf-Lokomobile.

Charbonnier-Weisenau.

V. Bei der Aufstellung eines Teeröl-Diesel-Motors ist der Motorenbesitzer nicht von den Gaswerken hinsichtlich der Lieferung des Teeröls abhängig, vielmehr hat die Teerölproduktenvereinigung in Essen an der Ruhr mit den einzelnen Gasanstalten abgeschlossen und liefert so jedem Kunden einen stets gleichwertigen Brennstoff. Auch ich würde dem Anfragenden raten, sich einen Teerölmotor zu beschaffen, da ein geübter Heizer, wie dieser bei der Dampfanlage nötig ist, nicht in Frage kommt. Die Bedienung des Dieselmotors ist sehr einfach, so daß sich hierin jedermann leicht einarbeiten kann. Ein besonderer Vorzug ist noch, daß das Anheizen in Fortfall kommt und daß die Maschine während ihres Stillstandes keinen Brennstoff verbraucht. Auch reguliert sich der Brennstoffverbrauch des Motors jeder Belastung entsprechend selbsttätig, so daß eine Vergeudung desselben nicht eintreten kann. Bei dem Dampfkessel hingegen ist man hierbei in weitestem Maße von der Geschicklichkeit des Bedienungsmannes abhängig. Ferner fallen bei dem Dieselmotor die lästigen Kesselrevisionen fort. Zu weiteren Auskünften bin ich gern bereit. Adresse durch die Schriftleitung. pl.

Anmerkung. Wir schließen hiermit die Diskussion dieser Frage. Die Schriftltg.

Frage 313. Auf Biegung und Torsion beanspruchter Freiträger. Ein durch Nietung eingespannter Freiträger, Freilänge $l = 1{,}00$ m, hat am freien Ende eine Einzellast $P = 1000$ kg und wird außerdem durch ein zur Längsachse senkrechtes Drehmoment $M = 30\,000$ kgcm beansprucht, das mit P in einer Ebene liegt. — Welches ⊏ N. P. ist erforderlich?

Antwort. Für den rechteckigen Querschnitt mit den Seiten-Abmessungen $s < h$ berechnet sich nach der zwar nicht auf absolut festen Füßen stehenden, aber bis jetzt allein allgemein anerkannten Theorie das Widerstandsmoment gegen Verdrehen zu $W_d = \frac{8}{3} \cdot \frac{J_{min}}{s} = \frac{8\, s^3 h}{3 \cdot 12 s} = \frac{2\, s^2 h}{9}$. Den normalen ⊏-Eisen-Querschnitt kann man als aus drei Rechtecken bestehend betrachten, mit $s_1 = d$; $s_2 = t$; $h_1 = h$; $h_2 = (b - d)$ (vergl. die Bezeichnungen in den üblichen Trägertabellen). Dann wird $W_d = \frac{2}{9} (s_1^2 h_1 + 3 \cdot s_2^2 h_2)$. Bei ⊏ N. P. 30 ist $s_1 = 10$; $s_2 = 1{,}6$; $h_1 = 30$; $h_2 = 9$; daher $W_d = \frac{2}{9} (1^2 \cdot 30 + 2 \cdot 1{,}6^2 \cdot 9) = 16{,}9$.

Die größte Drehspannung, die in der für Biegung neutralen, also spannungslosen Schicht (Stegmitte) besteht, wäre demnach $M_d : W_d = 30\,000 : 16{,}9 = 1775$ kg/qcm, während nur 1200 kg zulässig sind. Der Nachweis der „idealen Hauptspannung" erübrigt sich demnach. Ich schlage vor, zwei parallele ⊏-Eisen zu verwenden, die soweit voneinander entfernt sind, daß man die Drehspannungen vernachlässigen kann. Ist der Abstand z. B. 50 cm, so ergibt $M_d = 30\,000$ noch eine Belastungserhöhung von $30\,000 : 50 = 600$ kg, sodaß $P = 1600$ und $W_b = \frac{1600 \cdot 100}{1500} = 107$ ccm wird. Dann genügen 2 ⊏ N. P. 16 mit je 116 ccm.

Kann angenommen werden, daß sich ohne das Drehmoment die Last auf beide Träger gleichmäßig verteilt, so ist sogar $P = 0{,}5 \cdot 1000 + 600 = 1100$ kg und $W = 1100 \cdot 100 : 1500 = 73{,}4$ ccm. [⊏ N. P. 14.] Ob diese Annahme zutrifft, hängt von den Umständen ab. W. J. Sch.

Frage 314. Heizungsanlage für eine Kirche. Welches ist das geeignetste Sammelheizungs-System für den Neubau einer katholischen Kirche (Mittelschiff, 2 Seitenschiffe und Nebenräume) für 500 Sitzplätze bei einmaliger wöchentlicher Heizung?

Antwort. Als geeignetste Heizungsanlage für diese Kirche würde ich Luftheizung empfehlen unter Anwendung geeigneter Kalorifers wie: Kori, Eisenwerk Kaiserslautern, Kelling usw. (s. Rietschel, B. 2.) Rl.

Frage 323. Sind Drainage- und Bewässerungsprojekte genehmigungspflichtig?

Antwort III. Um die Frage richtig beantworten zu können, ist es zunächst erforderlich, zu wissen, welcher Bundesstaat des Deutschen Reiches hier in Betracht kommt, da die Gesetze verschiedenartig lauten. Sollte hier Bayern in Frage kommen, dann lautet die Antwort wie folgt: Nach dem seit dem Jahre 1907 in Kraft getretenen Wassergesetz ist zu jeder Ableitung von Grund- und Quellwasser nach Art. 19 des vorerwähnten Gesetzes die Erlaubnis der Verwaltungsbehörde erforderlich. Da nun durch eine Drainage Grundwasser abgeleitet wird, so ist zur Ausführung die vorherige Erlaubnis der Verwaltungsbehörde, d. i. das zuständige Bezirksamt, einzuholen. Der Antrag wird entweder an die Verwaltungsbehörde gestellt, welche ihn zur gutachtlichen Aeußerung an das zuständige Kulturbauamt weitergibt, oder er wird am zweckmäßigsten direkt bei letztgenanntem Amte eingebracht, das ihn dann nach Abgabe der gutachtlichen Aeußerung und Festsetzung der Bedingungen, unter denen die Erlaubnis erteilt werden kann, an die Verwaltungsbehörde weiterleitet.

Bewässerungsprojekte, bei denen die Benützung von Wasser aus Bächen und Flüssen, an denen schon andere Nutzungsrechte ausgeübt werden, in Aussicht genommen ist, bedürfen zur Ausführung der vorherigen Genehmigung der Verwaltungsbehörde nach Art. 45 des W. G. Soll das zur Bewässerung erforderliche Wasser erst durch eine in den Wasserlauf einzubauende Stauanlage aufgestaut werden, so ist auch noch die Genehmigung nach Art. 50 des W. G. erforderlich. Die Anträge zur Erteilung der Genehmigung können bei der zuständigen Verwaltungsbehörde gestellt werden, müssen jedoch mit den entsprechenden Plänen und Beschreibungen, woraus die Art der Wasserbenutzung und des Wasserverbrauches usw. zu ersehen ist, belegt sein. Auch hier wird am zweckmäßigsten der Antrag auf Ausarbeitung eines Projektes bei dem zuständigen Kulturbauamt eingebracht, das die Anfertigung des Projektes sowie die Beaufsichtigung der Ausführung unentgeltlich bewirkt.

A. M., Mitgl.-Nr. 51 540.

Zur Antwort II ist nachzutragen, daß das preußische Wassergesetz noch nicht in Kraft getreten ist. Wie verlautet, steht die königl. Kabinettsordre für den 1. April d. J. bevor. D. Red.

Frage 324. Elektrischer Hubmagnet. Wie ist der Gang der Berechnung von elektrischen Hubmagneten? Die Magnete werden in den Hauptstromkreis von 2,5-PS-Motoren von 220 V Gleich- oder auch Drehstrom gelegt. Die Hubhöhe beträgt etwa 30 mm, das Hubgewicht, das gleichzeitig als Eisenkern ausgebildet sein kann, etwa 2,5 kg. Die Spule wird aufrechtstehend montiert; in jedem Falle ist nur eine vorhanden. Am oberen Ende ist die Spule mit einem eisernen Pfropfen verschlossen. In den übrigbleibenden Hohlraum der Spule soll der Eisenkern hineingezogen werden. Ist es vorteilhaft, den Eisenpfropfen mit einem um die Spule zu legenden Eisenrohr, das gleichzeitig als Schutz für die Wicklung dienen kann, in Verbindung zu bringen? **Ist als Spulenmaterial Holz oder Metall zu empfehlen?**

Antwort. Der Gang zur Berechnung von Bremsmagneten für beide Stromarten ist vollständig getrennt zu führen, da die Stromwirkungen des Wechsel- bezw. Drehstroms infolge der Selbstinduktion ganz andere sind wie die des Gleichstroms.

1. Gleichstromhubmagnet vom Hauptstrom durchflossen. Da das Solenoid direkt vom lüftenden Ankerstrom durchflossen wird, bestimmt sich die Zugkraft dieses Magneten aus folgender Ueberlegung: Für zwei in geringem Abstande sich gegenüber stehende ungleichnamige Pole von der Stärke m können die Kraftlinien Z als vollständig gleichmäßig über die Polflächen q verteilt angesehen werden. Die Induktion B im Luftzwischenraum ist dann $B = \frac{4\pi m}{q}$ und die Kraft P, mit welcher der eine Pol den anderen anzieht:

$$P = \frac{1}{2} \cdot \frac{4\pi m}{q} \cdot m = \frac{2\pi}{q} \left(\frac{B \cdot q}{4\pi}\right)^2 = \frac{q B^2}{8\pi} \text{ Dynen}$$

$$\text{oder } P = \frac{q \cdot B^2}{8\pi \cdot 981000} \sim q \left(\frac{B}{5000}\right)^2 = \frac{1}{q} \left(\frac{Z}{5000}\right)^2 \text{ kg Zugkraft.}$$

Bei festgelegter Induktion ist also die Zugkraft P direkt proportional dem Querschnitt und bei gegebener Erregung Z umgekehrt dem Querschnitt. Die Induktion B pro qcm Durchgang findet sich in jedem Spezialwerk für Elektrotechnik als Wert in den sogenannten Magnetisierungskurven verzeichnet; hieraus können angenähert die erforderlichen Amperewindungszahlen pro cm Länge zur Berechnung der elektromagnetischen Kreise direkt abgelesen werden.

Die zur Erregung erforderlichen Amperewindungen AW folgen aus:

$$\frac{4\pi}{10} AW \cdot Z \Sigma \frac{1}{\mu} \cdot \frac{l}{q} = q B \Sigma \frac{1}{\mu} \cdot \frac{l}{q} \text{ und indem}$$

$$B = 1{,}25\, AW \Sigma \frac{\mu}{l} \text{ wird, zu } AW\, 4000 \sqrt{\frac{P}{q}} \cdot \Sigma \frac{l}{\mu}$$

wobei $\Sigma \frac{l}{\mu}$ die verschiedenen Quotienten aus den magnetisch in Betracht kommenden Weglängen und ihren Durchlässigkeitswerten darstellt. Für Luft ist $\mu = 1$, und unter alleiniger Berücksichtigung des magnetischen Luftwiderstandes zwischen den Polflächen q bestimmt sich auch die Zugkraft des Magneten zu

$$P = q \left(\frac{AW}{4000}\right)^2 \cdot \frac{1}{l^2} \text{ kg.}$$

d. h. die Zugkraft nimmt mit dem Quadrat des Luftweges ab. Dies ist der Grund, weshalb der ganze Hub sehr klein gehalten werden muß. In der Praxis bleibt dem Ingenieur die Wahl, die Bremsscheibe an einer rascher oder langsamer laufenden Welle kleiner oder größer zu halten und die Bremswirkung sanft oder scharf zu gestalten. Es steht daher ein gewisser Spielraum zur Bestimmung der Hubarbeit (Hubhöhe × Zugkraft + Kerngewicht) offen. Zur Vermeidung von umständlichen Berechnungen gebe ich nachstehend eine Tabelle über Hubarbeit für Bremsmagnete, die durch Versuche genau festgestellt worden ist:

½ bis 2,5 PS 30 bis 54 kgcm	15 bis 25 PS 120 bis 200 kgcm
2,5 „ 9 „ 54 „ 80 „	25 „ 40 „ 200 „ 400 „
9 „ 15 „ 80 „ 120 „	die evtl. Mittelwerte sind entsprechend auszumitteln.

Bei 2,5 PS und 30 mm Hub sowie 2,5 kg Solenoidgewicht beträgt die Hubarbeit = **54 kgcm**, also

54 = 3 × Zugkraft,

Zugkraft = **18 kg** inkl. Solenoidgewicht.

Beim Entwerfen von Hubmagneten nehme man bei sehr guter Eisenqualität B = 16 000 Induktionen pro qcm entsprechend 10,39 kg Zugkraft. In vorstehendem Falle bei Hauptstromerregung nehme man B = **10 000** entsprechend **4,05 kg** Zugkraft pro qcm.

In die Zugkraftformel eingesetzt, ergibt eine Polfläche **q = 4,5 qcm.**

Um die Werte $\frac{l}{\mu}$ für die verschiedenen Durchgänge zu erhalten, muß man das Kraftlinienbild für die mittlere Magnetstellung und diesen Weg l bestimmen. Man erhält dann die AW und hieraus die Windungszahl der Spule. Als Drahtbelastung wäre hier **1,0** bis **1,2** Amp. pro qmm am Platze.

2. Drehstromhubmagnet. Dieser läßt sich mit derselben Erreger-Amperewindungszahl AW für die gleiche Zugkraft herstellen wie der Gleichstrommagnet. Die AW können folgendermaßen bestimmt werden: Vernachlässigt man, wie es in der Praxis geschieht, den Ohmschen Widerstand der Spule, so daß die Klemmenspannung des Motors nur noch die elektromotorische Kraft der Selbstinduktion auszugleichen hat, und setzt weiter, da dann die Feldstücke mit dem Erregerstrom ziemlich nach dem Sinusgesetz pulsiert, die effektive Induktion

$$B = \frac{B_{max}}{\sqrt{3}}$$

bezw. die effektive Kraftlinienzahl

$$Z = \frac{Z_{max}}{\sqrt{3}} = q \cdot B$$

ein, so folgt hieraus die Windungszahl aus der Spulenspannung

$$E = W\, 2\pi \cdot p \cdot \frac{Z_{max}}{\sqrt{3}}\, 10^{-8} \text{ Volt.} \quad p = \text{Periodenzahl}$$

$$\text{zu } W = \frac{10^{-8} \cdot E \sqrt{3}}{2\pi \cdot p \cdot Z_{max}} = \frac{10^{-8} \cdot E}{2\pi \cdot p \cdot q} \text{ Windungen.}$$

Die Induktion B ist in den Grenzen 4000 bis 5000 pro qcm zu halten. Der Ausdruck für die Zugkraft P sowie die Hubarbeitstabelle beim Gleichstrommagnet und die weitere Berechnung bleibt auch hier in Geltung, nur sind zur Beschränkung der auftretenden Wirbelstromverluste sämtliche Kraftlinien führenden Eisenteile hier lamelliert herzustellen, da sonst ein Heißwerden und Brummen des Magneten eintritt, auch empfiehlt es sich zur Erzeugung eines konstanteren Feldes, bei Drehstrom dreiphasige Anordnung ähnlich wie Transformatoren und die Magnete in Stern zu schalten. Als Schutz eignet sich sehr gut ein Eisenzylinder aus dünnem Blech, der die Spule umspannt und den Kraftlinien einen geringen Widerstand entgegensetzt. Die Streuung wird dann sehr klein und die Zugwirkung auf dem ganzen Hub wird konstanter. Oberhalb des Eisenzylinders würde es sich noch empfehlen, um die Geschwindigkeit des Magneten bei Hoch- und Niedergang zu mäßigen und ein stoßweises Betätigen des Bremshebels zu vermeiden, einen kleinen Luftsaugekessel oder eine kleine Ventilschraube mit zwei seitlichen Oeffnungen anzubringen, damit der Nutzeffekt dieses Magneten nicht unter 0,2 sinkt. Als Spulenmaterial bezw. Spulenrahmen diene Preßspan mit Holz- und Zinkblechabdeckung. Zu weiteren Auskünften ist gerne bereit

J. Franz, Mitgl.-Nr. 65 642.

Frage 327. Wasserdichter Eisenbetonbehälter. Ich habe einen transportablen Wasserbehälter aus Eisenbeton, etwa 2,0 cbm Inhalt, unter Garantie wasserdicht herzustellen. Genügt hier ein Putzzusatz in geringen Mengen, wie „Aquabar" z. B., oder ist es vorteilhafter, den Behälter nach dem Einstampfen und Erhärten innen mit einem Gemisch von Goudron und Teer zu streichen und zum Haften des Putzes den Anstrich mit Sand zu bewerfen? Bitte evtl. auch um andere Vorschläge.

Antwort. Da mit allen künstlichen Dichtungsmitteln kein besserer Erfolg zu erzielen ist als mit einem Zementmörtel bei sauberster Ausführung und guten Baustoffen, bin ich Gegner jener viel angepriesenen Mittel und vermeide sie. In Ihrem Falle würde ich aber nicht nur einen wasserdichten Putz anordnen, sondern den ganzen Behälter in einem wasserdichten Beton ausführen. Der Putz ist mechanischen Einwirkungen ausgesetzt, die Bildung von Haarrissen ist in der Regel nicht zu vermeiden, zumal im vorliegenden Falle, in dem es wegen der Transportabilität nicht gut möglich sein wird, den eigentlichen Behälter mit einer Isolierschicht — etwa doppelter Wandung — gegen die Einwirkung der Sonnenstrahlen zu umgeben. Sie erhalten einen vollkommen wasserdichten Behälter, wenn Sie ihn in Kiesbeton 1 : 2 : 4 (Raumteile Zement, Kies bis zu Taubeneigröße) ausführen und mit einem Zementputz 1 : 2, gut verrieben und bestäubt mit reinem Zement, mit dem eisernen Reibebrett bis zum metallischen, tiefschwarzen Glanz geglättet, versehen. Wollen Sie sicher gehen, dann geben Sie auf den Putz noch einen heißen Goudron-Anstrich, wenn die spätere Verwendung des Behälters dies zuläßt. Für die Bewehrung des Behälters beachten Sie, daß nicht allein die endgültige Auflagerung auf dem Transportmittel, sondern auch die Beanspruchung der Bauteile beim Transport bis zur endgültigen Aufstellung für die Stärke und Lagerung der Eiseneinlagen maßgebend ist. Vielfach erhalten solche Behälter beim Transport schon Risse, deren Beseitigung, wenn sie überhaupt möglich ist, unverhältnismäßig hohe Kosten verursacht. Im übrigen finden Sie auf Seite 568/1912 der D. T.-Z. Fingerzeige, die bei der Ausführung sinngemäße Anwendung finden können.

S., M.-Nr. 60 374.

DEUTSCHE TECHNIKER-ZEITUNG

HERAUSGEGEBEN VOM DEUTSCHEN TECHNIKER-VERBANDE

BERLIN SW. 48, Wilhelmstraße 130 — Schriftleitung: Erich Händeler-Berlin

XXXI. Jahrg. — **24. Januar 1914** — **Heft 4**

Die Konsumvereine

Von Regierungsassessor Dr. Cl. HEISZ, Berlin-Treptow.

Die Konsumvereine haben mit den Landwirtschaftlichen Genossenschaften den wichtigen Vorzug gemein, der kapitalistischen Transformation nicht zu unterliegen, weil sie entweder reine Käufergenossenschaften oder in ihrer vollkommensten Entwicklung ebenfalls Käufer-Verkäufergenossenschaften wie die landwirtschaftlichen Produktiv- und Siedelungsgenossenschaften sind.

Sie sind aus den kleinsten Anfängen hervorgegangen. Die Pioniere von Rochdale (Rochdale Society of Equitable Pioneers) machten in einer Nebenstraße dieses Industrieplatzes ihren Laden auf. Er hieß: „Auld Wayvers Shop in Toad Street". Es war am 28. Oktober des Jahres 1844. Die Pioniertat dieser ehrbaren Weber, die vom Gelächter der Nachbarn begleitet war, bestand darin, daß sie sich entschlossen hatten, einer für alle und alle für einen einzutreten, und daß sie jene Mischung von ideellen und materiellen Motiven gefunden hatten, die sich am besten veranschaulicht dadurch, daß sie nicht bloß Dividenden nach Maßgabe der entnommenen Waren verteilten, sondern ihre Ueberschüsse auch zu andern Zwecken, wie z. B. zur Unterstützung von Schulen oder Volksbibliotheken verwendeten.

Die neuen Maschinen hatten die alten zünftigen Weber aus den Fabriken verjagt. Nur noch Frauen und Kinder fanden in den Fabriken Beschäftigung. Der Mann mußte zu Hause kochen, Strümpfe stricken und den Frauen und Kindern das Essen in die Fabrik tragen, sie bei der Arbeit füttern, wie das Karl Marx im ersten Bande seines „Kapitals" an der Hand der amtlichen Fabrikinspektionsberichte so ergreifend geschildert hat. Die bisherigen Männerlöhne, von denen eine ganze Familie zu leben gewohnt war, waren auf Frauenlöhne, d. h. auf Lohnteile herabgesunken, die nur als Zubuße für die Familien zur Erreichung einer besseren Lebenshaltung gedient hatten. Die Empörung über diese so tief traurigen Zustände war so hoch angeschwollen, daß viele, viele eine Rettung nur noch vom Umsturz aller bestehenden Verhältnisse erhoffen konnten. So war sie gekommen, die herrliche Zeit, da das Weberschifflein selber fliegt, von der schon der griechische Philosoph Aristoteles geträumt hatte. Aber das Erwachen aus diesem Traume war furchtbar. Da es keine schönheitstrunkenen griechischen Philosophen, auch keine dem Alkohol ergebenen Schwätzer, sondern eben englische Puritaner waren, gingen sie hin, zerschlugen die Maschinen, die all das Unheil über sie gebracht hatten, steckten die Fabriken in Brand und mordeten, was sich ihnen in den Weg stellte. — Doch auf diesem Wege konnte es unmöglich besser werden, das Elend wurde nur unsäglich größer. So sah es am Ende der unter dem Namen C h a r t i s t e n b e w e g u n g berühmt gewordenen im Keime von der Regierung mit harter Hand erstickten Revolution aus.

Der ganze Wochenlohn bis auf den letzten Pfennig wanderte am Zahltag zum Krämer; und selbst dann waren oft noch nicht alle Schulden bezahlt. Da mag es nun unter dem Dutzend zünftiger Weber, die die Väter der modernen Konsumvereins- und Genossenschaftsbewegung geworden sind, zwei oder drei Junggesellen gegeben haben, die nur wenige oder gar keine Schulden beim Krämer hatten; die übrigen hatten wenigstens bloß so viel Schulden, daß ihnen nach Bezahlung des Krämers noch ein paar Pfennige übrig blieben. Nun kam einer von ihnen auf den großen Gedanken, diese Pfennige solange zu sammeln, bis für jede Familie ein ganzer Wochenlohn aufgehäuft war. Wie schwer dieses scheinbar lächerlich kleine Ziel zu erreichen war, zeigt am besten die Tatsache, daß die Pioniere die Tore ihres Vereins allen Genossen weit öffneten, aber mit der der angelsächsischen Rasse eignen Härte und Zähigkeit am Prinzip der Barzahlung unerbittlich festhielten.

Was aus diesen kleinen Anfängen geworden ist, sagen uns die Zahlen der Statistik. Nach F. Staudinger, „Die Konsumgenossenschaft" und Dr. R. Wilbrandt, „Die Bedeutung der Konsumgenossenschaften"*) gab es 1906 und 1911 in den bedeutendsten Industrieländern der Erde an Konsumgenossenschaften

	1906			1911		
	Zahl der in Vereinen	Mitgl. in Tausenden	Umsatz in Mill. M	Zahl der in Vereinen	Mitgl. in Tausenden	Umsatz in Mill. M
Großbritannien	1448	2222,4	1267,1	1428	2542,5	1675,65
Deutschland	2150	1250	328,4	1449	1473,7	412,71
Belgien	198	103,0	27,2	379	250,2	46,16
Frankreich	640	362,0	92,9	2594	799,0	210,0
Italien	900	200,0	—	1764	346,0	—
Schweiz	237	152,4	49,5	328	212,3	80,18
Oesterreich	272	113,7	27,8	981	410,4	104,0
Ungarn	676	110,0	18,5	992	156,6	31,0
Ver. Staaten	—	—	—	163	36,3	46,17

Ueberwiegend agrarische Länder, wie Ungarn oder gar Bauernländer, wie Frankreich, fallen durch ihre geringen Umsatzziffern auf; wahrscheinlich sind hier sogar landwirtschaftliche Konsumvereine, die der produktiven Sphäre angehören, mitgezählt. Sonst müßten in Ungarn, das nur eine einzige Großstadt und sonst überwiegend ländliche Bevölkerung hat, die Umsatzziffern noch geringer veranschlagt werden, als sie hier geschätzt sind.

Doch was sagen uns die Ziffern der zweifellos reinen Konsumvereinsstatistik, die Ziffern von Großbritannien und dem Deutschen Reich? Sie sagen uns, daß die englischen Großeinkaufsgesellschaften eigne Dampfer auf dem Ozean fahren lassen, auf denen sie für ihre Mitglieder Nahrungs- und Genußmittel im eignen Betriebe aus überseeischen Weltteilen holen, daß sie eigne Schuh-, Textilfabriken, eigne Bäckereien und Schlächtereien besitzen. Sie sagen uns weiter, daß die Hamburger Großeinkaufsgesellschaft der im Zentralverband zusammengeschlossenen deutschen Arbeiterkonsumvereine — nach einem Aufwand von 14000 M allein für die Konzessionserteilung und nach jahrelangem, hartnäckigem Kampf ums Recht — eine allen Anforderungen der modernen Technik und Hygiene entsprechende Seifen-

*) Göttingen 1913. 2. Aufl., Vandenhoeck & Ruprecht, 28 S. 8°. Preis 50 Pfg.

fabrik als Großbetrieb errichtet hat, daß sie neben mehreren eignen Großbäckereien drei eigne Zigarrenfabriken besitzt.

Die Zahlen sind aber keusch und schamhaft. Deshalb erzählen sie uns nichts davon, wie sie sich zu Riesensummen aufgetürmt haben unter einem ununterbrochenen Kampf gegen Unverstand, Dummheit, Neid und Bosheit. Man hat den Arbeitern gesagt: Helft euch selbst, spart, damit ihr nicht zu borgen braucht, sondern bar zahlen könnt und in Zeiten der Arbeitslosigkeit einen Notgroschen habt! Als sie nun hingingen und diesen weisen Rat trotz himmelhoher Schwierigkeiten in die Tat umzusetzen begannen, da kamen die Händler, die dem Gesetzgeber die Ohren über die schlimmen Mißstände der Borgwirtschaft vollzujammern nicht müde werden, und sagten: Seht die bösen Konsumvereine treiben blühende Geschäfte, sie nehmen uns die Kunden weg, benützen ihre Ueberschüsse zur Förderung staats- und gesellschaftsfeindlicher Zwecke, und obendrein bezahlen sie weder Einkommen- noch Gewerbesteuer. Wir zahlen unsre Steuern nicht, damit unsre Beamten, die wir mit unsern Steuergroschen erhalten, die Konsumvereine als unbezahlte Ehrenbeamte leiten.

Was Wunder, daß man den Konsumvereinen den Verkauf ihrer guten und preiswerten Waren an Nichtmitglieder verbot, daß die Steuergesetzgebungen der Einzelstaaten die Finanzwissenschaft vergewaltigten, um da ein Gewerbe und ein Einkommen (der Jurist nennt alle solche Vergewaltigungen des gesunden Menschenverstandes Fiktionen) zu fingieren, wo weder Gewerbe, noch Einkommen, sondern nur Warenverteilung und Ueberschüsse der Verkaufspreise über die Einkaufspreise plus Betriebsspesen vorhanden sind. Man hetzte den Lagerhaltern Polizeispitzel auf den Hals, um sie zum Verkauf an Nichtmitglieder zu verleiten. Der eine Minister verbot seinen Angestellten, Arbeitern und Beamten, in der Verwaltung der Konsumvereine sich zu betätigen, der andre legte ihnen sogar nahe, aus den Konsumvereinen auszutreten, daß man es lieber sehe usw. . .

Der Anwalt des „Allgemeinen Verbandes" schmiß sogar auf jenem schwarzen Tag zu Kreuznach alle Vereine, die sich seiner Politik nicht bedingungslos unterwerfen wollten, kurzer Hand aus dem Verband hinaus.*) Kein Vernünftiger wird ihm übrigens diese Tat eines gesunden Selbsterhaltungstriebs übel nehmen. Denn neben Hans Crüger ist für das organisatorische Genie Heinrich Kaufmann so wenig ein Platz frei, wie umgekehrt. Hier die Fortsetzung der Tätigkeit von Hermann Schulze, dort der Erneurer der Gedanken der Gedanken Ferdinand Lassalles, aber ein eminent praktischer Schüler, der sich von allen theoretischen Voreingenommenheiten seines Meisters vollkommen frei gemacht hat, der mit dem Weitblick des Theoretikers die Vorsicht und Umsicht eines genialen Kaufmanns verbindet.

Zur Entschuldigung Crügers dient die Tatsache, daß das Konsumvereinswesen in Deutschland einen anderen Ausgangspunkt hatte als in England. Waren es in England die Arbeiter gewesen, die sich zur gemeinsamen Bedarfsdeckung zusammengeschlossen hatten, so waren es in Deutschland Kleinbürger und Beamte, die sich, um ihre beschränkten Verhältnisse zu verbessern, gern dieser Art der Bedürfnisbefriedigung bedienten. Ihre Politik war jeden Idealismus bar, ausschließlich auf Dividenden gerichtet. Als nun Crüger die Arbeiter in den Konsumvereinen das Uebergewicht gewinnen sah, fürchtete er nicht mit Unrecht, seinen bürgerlichen Kreditgenossenschaften gegenüber in eine schiefe Stellung zu geraten und seine Position als Verbandsanwalt zu gefährden. Daher zögerte er nicht, die Trennung von den Arbeiterkonsumvereinen, denen auch einige fortschrittliche, aus allen Bevölkerungsschichten zusammengesetzte Vereine, wie z. B. der Stuttgarter Konsumverein, Gefolgschaft leisteten, herbeizuführen.

Im Schneegestöber kleinlichster Schikanen durch Gesetzgebung, Staatsverwaltung und Polizei dachten die mutigen Nachfahren der ehrbaren Pioniere von Rochdale mit Leonidas: im Schatten läßt sich besser fechten, und gingen voran Schritt vor Schritt gleich dem Schwaben in der Uhlandschen Ballade. Und ihre Streiche saßen ebenso sicher wie jene Schwabenstreiche. Eine neuere Untersuchung von Wilhelm Tils hat gezeigt, daß die Konsumvereine gerade in den schlechten Zeiten der wirtschaftlichen Krisen ganz besonders gut fortkommen.

Die Mitgliederzahl der Konsumvereine stieg von 45 761 im Jahre 1870 auf 87 504 im Jahre 1873 und auf 101 727 im Jahre 1876; ferner von 192 486 im Jahre 1889 auf 215 420 im Jahre 1890 und von 431 439 im Jahre 1898 auf 522 116 im Jahre 1900. Die Krisen von 1873, 1890 und 1900 machen sich also durch eine außerordentlich starke Mitgliederzunahme der Konsumvereine bemerkbar. Die gleiche Beobachtung ist auch bei der Gründung neuer Konsumvereine zu machen: 1870 wurden 2, 1873 23 Konsumvereine gegründet; 1889 zählte man 39, 1890 68; 1898 66, 1900 117 Neugründungen, in den drei folgenden Jahren 193, 182 und 188. Die Zahl der Neugründungen hat in den letzten Jahren ganz enorm zugenommen. Sie betrug in den Jahrzehnten 1859 69 82, 1869/79 124, 1879/89 177 und 1889/99 695(!).

Wilhelm Tils, der diese Zahlen in übersichtlichen Tabellen im 4. Heft des 37. Jahrgangs von Schmollers Jahrbuch für Gesetzgebung, Verwaltung und Volkswirtschaft im Deutschen Reiche*) zusammengestellt hat, bemerkt dazu:

„Die differenzierten Bedürfnisse Tausender von Menschen werden auf die notwendigsten Bedarfsartikel zurückgeschraubt. Der Konsum von viel mehr sozialen Klassen wird vereinigt. Die Konsumvereinsgründungen und die Umsatzsteigerungen der bestehenden Konsumvereine verlaufen umgekehrt wie die Konjunktur. Dieser Umstand ist bisher allgemein übersehen worden, da die Anzahl der Konsumvereine zu Zeiten schlechter Konjunktur durch Ausmerzung der nicht existenzfähigen vermindert wird. Genau so wie dies bei den Privatbetrieben der Fall ist. Cum grano salis kann man also aus der in einem Konsumverein gegebenen Art der Bedürfnisbefriedigung und deren Aenderung auf die Lage der Schichten schließen, aus denen sich die Mitglieder rekrutieren. Wenn z. B. in größerer Menge Brot konsumiert wird, dann reicht das Einkommen nicht aus, um genügend Fleisch zu kaufen und anderes mehr."

Die Mitglieder- und Umsatzsteigerung hat ihren Grund darin, daß bei hohen Preisen und gleichzeitigem Rückgang des Verdienstes alle Bevölkerungsschichten, die ausschließlich auf Lohneinkommen angewiesen sind, sich gezwungen sehen, ihr Nahrungsbedürfnis einzuschränken oder vielmehr seine Befriedigung zu vereinfachen und von den früher genossenen der individuellen Geschmacksrichtung Rechnung tragenden Qualitätsartikeln zu den Massenartikeln des uniformierten Bedarfs überzugehen, wie sie die Konsumvereine führen. Besonders stark tritt dieser Zwang bei großen Familien und bei den Angehörigen des sogenannten neuen

*) Prof. Dr. Robert Wilbrandt bemerkt im Literaturanhang zu seinem Vortrag über „Die Bedeutung der Konsumgenossenschaften" (2. Aufl. Göttingen 1913, Vandenhoeck & Ruprecht): „Als Vertreter dieser Gegnerschaft gegen eine konsequente Entwicklung der Konsumentenorganisation benutzt der Verbandsanwalt Dr. Crüger in Conrads Handwörterbuch der Naturwissenschaften den Artikel „Konsumvereine", um von Auflage zu Auflage das wissenschaftliche Verständnis zu reduzieren auf Negation und Polemik gegen die fortschreitende jüngere Organisation des Zentralverbandes deutscher Konsumvereine".

*) München und Leipzig 1913, Duncker & Humblot.

Mittelstandes, den Beamten und Angestellten von Handel und Industrie auf. Der Aufwand für die Wohnung läßt sich ebensowenig einschränken wie der soziale Repräsentationsaufwand für Kleidung, Kindererziehung usw. Es bleibt also, um den Haushaltungsetat zu balancieren, nur eine Einschränkung der Qualität der Nahrungsmittel übrig.

Wie sehr der Nahrungsaufwand ins Gewicht fällt, zeigt folgende Uebersicht über die Belastung des Haushaltungsbudgets durch den Nahrungsmittelaufwand, die wir nach den als Beilage zum Reichsarbeitsblatt veröffentlichten Haushaltungsrechnungen von Arbeitern, Angestellten und Beamten, in denen eine große Zahl von Privatangestellten und Beamten berücksichtigt war, entnehmen. In Prozenten der Gesamtausgaben gaben für Nahrungsmittel aus

die Einkommen	Nahrungsmittel überhaupt	tierische	pflanzliche
unter 1200 M	54,2	26,5	19,1
1200–1600 M	54,2	28,5	17,3
1600–2000 M	51,0	27,3	16,1
2000–2500 M	48,1	25,1	14,5
2500–3000 M	42,7	23,5	12,7
3000–4000 M	38,1	20,5	11,4
4000–5000 M	32,8	17,9	9,8
über 5000 M	30,3	16,1	8,0

Wie sich die Waren des Konsumvereins in ihrem Werte zu der des übrigen Detailhandels verhalten, zeigt eine von Tils wiedergegebene Tabelle, die auf Grund von Probeeinkäufen in verschiedenen Detailgeschäften und Warenhäusern von Frankfurt a. M. zusammengestellt wurde. Danach betrug der Verkaufspreis und der Detailmarktwert beim Konsumverein für das Pfund Gerste 20 und 24 Pf., beim Kleinhändler 24 und 18, im Warenhaus 15 und 25 Pf. und im Delikatessengeschäft 42 und 35 Pf.; für Linsen entsprechend 26 und 20, 18 und 15, 24 und 25 und 24 und 20 Pfennig. Nur gelbe Erbsen und gemahlenen Zucker verkaufte das Warenhaus zum Detailmarktwert, während es alle übrigen angeführten Kolonialwaren unter diesem Wert absetzte. Auch die Filialgeschäfte verkaufen nach dieser Tabelle vielfach zum Detailverkaufswert und darunter. Daraus dürfte es sich wohl auch erklären, daß sich in manchen Großstädten die Konsumvereinsbewegung so schwer entwickelt.

Gegenwärtig, wo die Lohnempfänger, d. h. die Arbeiter und ganz besonders die mit sozialen Repräsentationspflichten belasteten Privatangestellten unter dem doppelten Druck der bis zu einer als allgemeine Kalamität empfundenen Teuerung und der wirtschaftlichen Depression leiden, die allgemeinen Gehaltserhöhungen aussichtslos erscheinen, wohl aber Stellenlosigkeit befürchten lassen, ist eine lebhafte Tätigkeit für die Konsumvereinsbewegung am Platze.

:: :: :: :: :: VOLKSWIRTSCHAFT :: :: :: :: ::

Der Baumarkt im Jahre 1913

Das Jahr 1913 sieht man ohne Bedauern am Immobilienmarkt scheiden; hat es doch selbst die geringsten Hoffnungen, die man in den beteiligten Kreisen auf eine Verbesserung der Lage setzte, arg enttäuscht. Etwas tröstend gestaltet sich der Umstand, daß gewisse Ansätze zu einer späteren Besserung im Grundstücks- und Hypothekenmarkt auftauchten, auf die sich die Hoffnungen der Bauunternehmer für das neue Jahr gründen können. Zu ihnen darf man die gegen Ende des Jahres eingetretene Gelderleichterung sowie das leichte Nachlassen des Wohnungsangebotes rechnen, die bevorstehende Aenderung des Hypothekenrechtes zugunsten der dinglichen Sicherung des Hypothekars, die Veranstaltung der Realkreditenquete und schließlich die Milderung des Wertzuwachssteuergesetzes, die erst bei einer regen Konjunktur zu merken sein wird, immer vorausgesetzt, daß nicht inzwischen, wie es in Sachsen und Bayern geplant ist, diese Milderung des Gesetzes in vielen Teilen des Reiches wieder außer Kraft gesetzt wird.

Ein Rückblick auf das Jahr 1913 zeigt, daß dieses Jahr mit zu den schwersten gerechnet werden muß, die das Baugewerbe überhaupt durchzumachen hatte, so daß die Forderungen zur Aenderung der rechtlichen Grundlagen dieses Gebietes berechtigt waren, zumal die schwersten Schäden im Verlauf der Krise zutage getreten waren. So hörte der Umsatz in Terrains so gut wie vollkommen auf, wenn man von einigen größeren von dem normalen Geschäftsgange abweichenden Verkäufen absieht. Auch werden die Jahresergebnisse der Terraingesellschaften 1913 noch weit hinter denen von 1912 zurückbleiben. Dies zeigen auch schon die Dividendenergebnisse der Bau- und Terraingesellschaften aus den Monaten Januar bis Oktober:

	Zahl der Gesellschaften	Aktienkapital in Mill. Mk.		Dividende in Proz.	
		1911/12	1912/13	1911/12	1912/13
Terraingesellschaften .	169	378,00	381,05	2,5	1,0
Baugesellschaften . .	121	135,75	146,18	5,9	5,6
Insgesamt	290	513,75	527,83	3,4	2,3

Die Hauptschuld muß man wohl in erster Linie der anhaltenden Schwierigkeit der Baufinanzierung zuschreiben, der selbst mancher solider Bauunternehmer bei den ständig zunehmenden Schwierigkeiten nicht gewachsen war. Die Folge hiervon war eine steigende Zunahme der Konkurse und Subhastationen und eine Abnahme des freiwilligen Besitzwechsels, belief sich doch allein in Großberlin die Zahl der Zwangsversteigerungen auf 154 im Juli, 130 im Oktober, 121 im November und 100 im Dezember. Zahlen, die deutlich erkennen lassen, daß gegenüber dem Vorjahre noch immer keine Aufwärtsbewegung geschweige denn eine merkliche Tendenz zur Besserung eingetreten ist. Dieselbe Klage spricht auch aus der Umfrage des Deutschen Bauarbeiterverbandes in der Mitte des Jahres 1913:

„Zusammenfassend läßt sich sagen, daß derzeitig die Privatbautätigkeit in den meisten Großstädten und Gegenden Deutschlands nur schwach und dementsprechend die Arbeitslosigkeit groß ist."

Ebenso blieb die Unternehmungslust in den ersten 9 Monaten in so engen Grenzen, wie es selbst in den ungünstigsten Jahren nicht der Fall war. Dies veranschaulicht die nachstehende Tabelle (in Millionen Mark ausgedrückt):

Januar–Sept.	Neu-Gründungen	Kapitals-Erhöhung	Summa der Neuinvest.
1909	55,52	9,96	65,48
1910	45,32	8,72	54,04
1911	37,98	10,96	48,67
1912	26,49	24,13	48,94
1913	31,71	14,07	45,78

Besonders schwierig gestaltete sich die Ablösung der Baugelder und Restkaufgelder in reguläre erste und zweite Hypotheken. Mag auch die Ruhe auf dem Baumarkte im Interesse der Gesundung der Verhältnisse zwischen Wohnungsangebot und Nachfrage nicht ganz unerwünscht sein, so muß doch andererseits berücksichtigt werden, daß die zahlreichen vom Baugeschäft abhängigen Kreise starkt geschädigt sind. Hieran erkennt man, welche schwer in die Gesamtwirtschaft eingreifende schädigende Wirkung dieser Stillstand auf den Erwerb vieler Berufstätigen ausübt. Somit wird eine der Hauptaufgaben der am Baugewerbe interessierten Kreise die sein müssen, die künftigen Krisen so viel als möglich abzuschwächen, eine Aufgabe, die wohl auch die demnächst zusammentretende Realkreditkommission dazu bringen sollte, den Ursachen der Krisen ihre volle Aufmerksamkeit zu schenken.

Dazu muß ein ständiger Hinweis auf die festverzinslichen Pfandbriefe kommen, um so der abneigenden Haltung des Publikums gegenüberzutreten. Eine Erhöhung des Zinsfußes der ersten Hypotheken, eine Verschärfung der Darlehensbedingungen und eine rechtlich festere Grundlage der zweiten Hypothek könnten hier einen Wandel herbeiführen und die Privatgelder mehr von den Industriewerten, die heute noch vielfach bevorzugt werden, für den Grundstücksmarkt zurückgewinnen. Nicht unerheblich würde dazu auch die Regelung des Grundstückstaxwesens beitragen; hängt doch von einer zutreffenden Grundstücksbewertung unzweifelhaft das wirtschaftliche Schicksal des Grundstücks und mithin auch des Grundeigentümers ab. Gerade die Ueberbeleihung von Grundstücken, die bei Subhastationen so oft unvermittelt an den Tag trat, hat zum Untergang vieler Hausbesitzer, namentlich in den Großstädten, beigetragen.

Eng zusammen mit diesen Zuständen hängt auch die Arbeitslosigkeit der Bauarbeiter, die sich nach dem Reichsarbeitsblatt wie folgt belief:

Es kamen auf 100 offene Stellen durchschnittlich Arbeitsuchende:

	1909	1911	1913
Januar	441,37	396,58	530,58
Februar	643,56	364,60	382,69
März	235,04	101,–	261,18
April	126,36	128,91	198,21
Mai	112,25	116,34	212,15
Juni	155,79	124,86	185,33
Juli	147,92	117,75	197,50
August	160,85	125,38	219,41
September	119,85	100,93	163,51
Oktober	139,70	141,53	228,28
November	212,–	206,–	437,–

Ein derartiges Mißverhältnis zwischen Angebot und Nachfrage am Arbeitsmarkt, und zwar das ganze Jahr hindurch, ist das bezeichnende Merkmal des Berichtsjahres.

Alle diese Erscheinungen drücken dem Immobilienmarkt den Stempel eines unzweifelhaften Konjunkturtiefstandes auf.

So steht der Baumarkt an der Schwelle des Jahres 1914 zwar mit einigen Hoffnungen, aber doch noch beschwert durch allerhand Lasten des verflossenen Jahres; erst wenn diese auf ein Minimum reduziert und die Knospen und Ansätze zu einer Besserung gereift sind, wird man von einem Eintritt in eine gesündere Zeit reden können. Dr. B.

*

Eine Stellungnahme zur preußischen Wohnungsgesetzgebung

bezweckt die 3. deutsche Wohnungskonferenz, die vom Deutschen Verein für Wohnungsreform für den 23. Januar 1914 nach Berlin einberufen worden ist.

In dem Aufruf zu dieser Konferenz wird darauf hingewiesen, daß mit der Wiedereröffnung des Preußischen Landtages am 8. Januar die Entscheidung über den preußischen Wohnungsgesetzentwurf näher rückt. „Wohl haben sich bisher schon viele einzelne Vereinigungen und Persönlichkeiten der Wohnungsreform zu dem preußischen Gesetzentwurf geäußert, aber die gegenwärtige Sachlage erfordert mehr: eine einheitliche, geschlossene Stellungnahme der Wohnungsreformbewegung überhaupt zu dem Ganzen wie zu den Einzelheiten des Entwurfs und sie erfordert weiter Vorkehrungen behufs praktischer Vertretung des wohnungsreformerischen Standpunkts während der Dauer der parlamentarischen Behandlung des Gesetzentwurfs."

Die Tagung, zu der alle auf dem Gebiete der Wohnungsverbesserung arbeitenden Körperschaften und Einzelpersonen eingeladen sind, wird am 23. Januar, vormittags 10 Uhr, im Landeshaus der Provinz Brandenburg, Matthäikirchstr. 20/21, stattfinden. Auf der Tagesordnung steht: 1. Stellungnahme zu dem preußischen Wohnungsgesetzentwurf im ganzen wie in seinen einzelnen Teilen. 2. Beschlußfassung über die Vertretung der wohnungsreformerischen Wünsche während der Dauer der parlamentarischen Verhandlungen über den Gesetzentwurf.

Ueber die einzelnen Teile des Gesetzentwurfs werden sprechen Geheimer Oberbaurat Dr. ing. Stübben-Berlin-Grunewald, Dr. Altenrath-Berlin, Abteilungsvorsteher in der Zentralstelle für Volkswohlfahrt, und Dr. K. v. Mangoldt-Frankfurt a. M., Generalsekretär des Deutschen Vereins für Wohnungsreform.

Anmeldungen werden an die Geschäftsstelle des Deutschen Vereins für Wohnungsreform, E. V., Frankfurt a. M., Hochstraße 23, II erbeten.

STANDESFRAGEN

Die Mitgliederbewegung des D. T.-V. im Jahre 1913

Das verflossene Jahr war in mehr als einer Richtung ein Probejahr für den Verband. Es hatte zu beweisen, daß die pessimistischen Auffassungen über die Entwicklung des Verbandes unter der neuen gewerkschaftlichen Satzung und mit dem gewerkschaftlichen Programm, das der Cölner Verbandstag durch seine Leitsätze unterstrichen hat, die in sonst recht rührigen Verbandskreisen nach dem letzten Verbandstag zum Ausdruck kamen, grundlos sind. Mancher sah nach Cöln das Ende des Verbandes bereits gekommen und es fehlte nicht an Kassandrarufen solch besorgter Verbandsfreunde, die sich selbst mit Stolz zur „alten Richtung" zählten. Die bange Frage, ob nun die Werbekraft des Verbandes nicht erlahme, die wir stets, vertrauend auf die siegreiche Macht der gewerkschaftlichen Idee, mit einem freudigen „Nein, im Gegenteil"! beantworten konnten, ist heute entschieden. Die neue Organisationsform hat sich glänzend bewährt und die Anziehungskraft des Verbandes ist ganz außerordentlich gestärkt worden. Das ist das erfreuliche Ergebnis der Organisationsarbeit des letzten Jahres. Trotz der schweren wirtschaftlichen Krise, die unserer Beitragserhöhung gewiß nicht günstig war, trotz der vielfachen Versuche, das Koalitionsrecht der Angestellten einzuengen oder ganz aufzuheben, trotz der Bemühungen gewisser Kreise, den Verband politischer Tendenzen zu verdächtigen und trotz aller Anfeindungen des Reichsverbandes zur Bekämpfung der Sozialdemokratie und seines inzwischen eingeschlafenen Schützlings, der „Deutschnationalen Technikerschaft", ist es im D. T.-V. vorwärts gegangen. 6488 ordentliche Mitglieder und 2713 Schülermitglieder sind in den Verband eingetreten. Dieser Zugang von insgesamt 9200 Mitgliedern in einem Jahre stellt eine Rekordziffer dar, die einzig ist in unserer dreißigjährigen Verbandsgeschichte. Hier sehen wir den Erfolg der in Stuttgart begonnenen und in Cöln vollendeten Reorganisation des Verbandes. Von den 2713 neu eingetretenen und am Jahresanfang bereits vorhandenen 1996 Schülermitgliedern sind im Laufe des Jahres 1037 ordentliche Mitglieder geworden; das sind 48% des durchschnittlichen Jahresbestandes, ein Ergebnis, das unsere kühnsten Erwartungen übertrifft.

So sehr wir uns dieser Erfolge unserer Werbearbeit, die in dem Mitgliederzugange zum Ausdruck kommen, freuen dürfen, so sehr müssen wir andererseits die gewaltige Fluktuation bedauern, unter der wir (das gleiche Schicksal trifft alle übrigen Angestelltenorganisationen) seit Jahren zu leiden haben. Können wir den Zugang als Rekordziffer bezeichnen, so haben auch die Abgänge eine Höhe erreicht, wie nie zuvor. 4318 ordentliche Mitglieder sind ausgetreten oder mußten von unseren Zweigverwaltungen abgemeldet werden, weil sie nicht mehr mit dem Verband übereinstimmen wollten. Die Zahl könnte bedenklich stimmen, ebenso wie die Zahl der wegen „Nichtzahlung" oder „unbekannter Adresse" gestrichenen 1181 Mitglieder auf den ersten Blick erschrecken möchte, wenn wir uns nicht bewußt gewesen wären, daß die Erhöhung der Verbandsbeiträge, die Aenderung unserer Organisationsform, mit der Umwandlung der Zweigvereine in Zweigverwaltungen, besonders aber der grundsätzliche Schritt von der paritätischen zur gewerkschaftlichen Organisation vielen willkommener Anlaß sein würde, das Band völlig zu lösen, das sie nach dem Stuttgarter Verbandstag nur noch leicht mit dem D. T.-V. verknüpft hielt, und wenn wir nicht deshalb auch bei der Etatsaufstellung für 1913 mit einem absoluten Mitgliederverlust von 1000 gerechnet hätten. Wir können jetzt zu Beginn des neuen Jahres mit Freuden feststellen, daß wir nicht nur den außergewöhnlichen Abgang eingeholt und ausgeglichen haben, sondern daß wir sogar mit einem wenn auch geringen Mehr von 193 ordentlichen und 297 Schülermitgliedern, insgesamt 490 Mitgliedern abgeschlossen haben. Unser Verband zählt jetzt 27914 ordentliche und 2293 Schülermitglieder, insgesamt 30207 Mitglieder.

Doch die Hochflut der Austritte ist vorüber! Das beweist eine genauere Betrachtung. Im ersten Halbjahr 1913 traten aus oder wurden abgemeldet 2948 Mitglieder mit einem durchschnittlichen Mitgliedsalter von 5,2 Jahren, im zweiten Halbjahr dagegen nur 1370 Mitglieder mit einem durchschnittlichen Mitgliedsalter von etwas über 3 Jahren. Der übernormale Abgang ist also nur auf die Flucht der älteren Mitglieder zurückzuführen. Es traten aus nach einer

Mitgliedschaft von	10–15 Jahren	im 1. Halbj. 354,	im 2. Halbj.	139
„ „	16–20 „	„ „ 170,	„ „	40
„	über 20 „	„ „ 99,	„ „	24

Diese Zahlen zeigen, daß wir im 2. Halbjahr wieder normaleren Verhältnissen näher kamen. Leider sind unter den Ausgeschiedenen auch alte Kämpfer, die in früheren Jahren den Verband wacker verteidigten, mit abgesprungen, weil sie glaubten, unserem Verbandsprogramm und der daraus mit zwingender Notwendigkeit sich ergebenden gewerkschaftlichen Satzung nicht mehr folgen zu können. Mancher ist darunter, den wir ungern scheiden sahen; doch wir müssen auch solche Verluste ertragen in der Ueberzeugung, daß, um sie zu vermeiden, gesunde und notwendige Reformen nicht aufgehalten werden dürfen. Der T o d hat wiederum reiche Ernte in unseren Reihen gehalten und 110 Verbandsmitglieder aus dem Leben abberufen. 484 Mitglieder sind z u m M i l i t ä r abgegangen. Ihre Rechte ruhen während der Dienstzeit; wir stehen aber mit ihnen durch die D. T.-Z. in enger Fühlung, weshalb wir hoffen können, sie beim Wiedereintritt in die Berufsarbeit als ordentliche Mitglieder weiter zu führen. Nach der Satzung müssen sie jedoch jetzt als Abgang gelten. Einige Mitglieder mußten ausgeschlossen werden, weil sie Handlungen begingen, die sie unwürdig erscheinen ließen, dem Verbande weiter anzugehören. Der Rest ging zur Schule und erscheint unter den Hospitantenmitgliedern.

Die in der Satzung vorgesehene N e u o r g a n i s a t i o n d e r Z w e i g v e r w a l t u n g e n u n d A b t e i l u n g e n ist heute restlos durchgeführt. Wir haben am Jahresabschlusse 376 Zweigverwaltungen, (darunter 5 mit mehr als 500 Mitgliedern, 13 mit 250—500, 36 mit 100—250, 43 mit 50—100 und 263 mit 15—50) und 179 Verwaltungsabteilungen mit 3—15 Mitgliedern, zusammen 555 V e r w a l t u n g s s t e l l e n. Die frühere Einzelmitgliedschaft, die mehr als 1/3 des gesamten Verbandes umfaßte, ist heute fast ganz aufgehoben. Nur 646 „Einzelne Mitglieder" werden an Orten geführt, wo es nicht möglich war, eine Abteilung oder Zweigverwaltung zu errichten. Wir hoffen, daß diese „Einzelnen" sich als Verbandspioniere betrachten und rührige Vorarbeit leisten werden, damit wir bald weitere Abteilungen und Zweigverwaltungen gründen können.

343 Mitglieder sind zurzeit teils im europäischen, teils im überseeischen Ausland beschäftigt. Wir hoffen, auch dort draußen (bis jetzt besteht nur die Zweigverwaltung Ostasien in Tsingtau) bald weitere Verwaltungsstellen errichten zu können, um die Fühlung dieser Kollegen mit dem Verband noch enger zu gestalten.

Das kommende Jahr findet den Verband innerlich und äußerlich gestärkt. Die Neuorganisation ist durchgeführt, die Mitglieder sind von einheitlichem Geiste durchdrungen, wir gehen mit frischem Mut zu neuer Arbeit! Wenn jeder seine Pflicht tut und den Platz ausfüllt, wohin ihn das Vertrauen der Verbandsmitglieder stellt, dann wird sich die Entwicklung des D. T.-V. „dem Gegner zum Trutz, den Mitgliedern zum Nutz", machtvoll vorwärts und aufwärts bewegen. Das wird sicher bereits der bevorstehende V e r b a n d s t a g i n M e t z bekunden. Kfm.

*

Die Pensions- und Witwenkasse des D. T.-V.

Die staatliche Pensionsversicherung der Privatangestellten mag noch so günstig ausgebaut werden, wie nur denkbar; so reichlich, daß daneben nicht eine freiwillige Versicherung empfehlenswert wäre, kann sie niemals werden. Unter den privaten Pensionskassen bietet die Pensions- und Witwenkasse unseres Verbandes so viel Vorteile, wie sie von keiner anderen geboten werden. Wir können darum unseren Verbandsmitgliedern nicht dringend genug empfehlen, von dieser ausgezeichneten Einrichtung gegen Zahlung eines verhältnismäßig geringen Beitrags Gebrauch zu machen. Der größte Vorzug unserer Kasse besteht darin, daß das eingezahlte Kapital dem Mitgliede oder seinen Erben nicht verloren geht. Die Pensionen werden nämlich nur aus den Zinsen der von jedem Mitgliede eingezahlten Beiträge bestritten. So ist es möglich, daß nach dem Tode des Mitgliedes der Witwe oder den Kindern das eingezahlte Kapital voll ausgezahlt werden kann, selbst wenn das Mitglied jahrelang Pension bezogen hat. Nach einjähriger Mitgliedschaft hat jedes Mitglied das Recht, die von ihm eingezahlten Beiträge zur Hälfte zu beleihen. Infolge ihres eigenartigen Aufbaus ist die Kasse nicht nur als Ergänzung zur staatlichen Pensionsversicherung geeignet, sondern sie wirkt für die Hinterbliebenen wie eine Sparkasse. Denn dies eingezahlte Kapital wird mit 3 % Zins und Zinseszins unter Abzug eines ganz geringen Verwaltungskostenzuschusses den Erben ausgezahlt.

Näheren Aufschluß geben die Satzungen der Kasse, die jedem Mitgliede auf Wunsch von der Verwaltung der Pensions- und Witwenkasse des D. T.-V. Berlin SW. 48, Wilhelmstr. 130 zugesandt werden. Ga.

*

Unsere Stellungslosenunterstützung

ist durch die Neubearbeitung der „Regeln für die Inanspruchnahme der Unterstützungskasse für stellungslose Mitglieder des Deutschen Techniker-Verbandes" auf eine etwas veränderte Grundlage gestellt worden. Es handelt sich für uns zunächst darum, die Regeln mit der Neuorganisation unseres Verbandes in Einklang zu bringen und die Fühlung zwischen der Hauptverwaltung und den örtlichen Verwaltungsstellen herzustellen, die im Interesse einer guten Verwaltung dringend erforderlich ist. Es war weiter Zweck dieser Neubearbeitung, mancherlei Härten der alten Satzung zu beseitigen, die sich in der Behandlung der Anträge bemerkbar machten, und schließlich sollte ein inniges Zusammenarbeiten zwischen Stellungslosenunterstützung und Stellenvermittlung durchgeführt werden. Es sei besonders auf die §§ 2, 3, 5 und 9 der Regeln hingewiesen, die nachstehend bekannt gegeben werden:

R e g e l n f ü r d i e I n a n s p r u c h n a h m e d e r U n t e r s t ü t z u n g s k a s s e f ü r s t e l l u n g l o s e M i t g l i e d e r d e s D e u t s c h e n T e c h n i k e r - V e r b a n d e s.

§ 1.

Zweck der Kasse ist die Gewährung von regelmäßigen Unterstützungen an stellunglose Mitglieder des Deutschen Techniker-Verbandes, jedoch nur nach Maßgabe der auf Grund der Satzung verfügbaren Mittel. Die Entscheidung über Umfang und Gewährung der Unterstützung steht dem Geschäftsführenden Vorstande, in Berufungsfällen dem Gesamtvorstande, zu. Klagbarkeit der Kassenleistungen und ein Rechtsanspruch der Mitglieder besteht nicht.

§ 2.

Der Bezug von Stellenlosenunterstützung ist an folgende Bedingungen geknüpft:

a) einjährige ununterbrochene Mitgliedschaft,
b) unverschuldeter Stellungverlust,
c) 6 Monate Beschäftigung seit dem letzten Unterstützungstag,
d) Erfüllungen sämtlicher Verpflichtungen gegenüber den Satzungen des Verbandes,
e) Meldung bei einer Stellenvermittlungszweigstelle des Verbandes innerhalb fünf Tagen nach erfolgter Kündigung.

Bei plötzlicher Entlassung hat die Meldung sofort am Entlassungstage zu erfolgen.

Als unverschuldet gilt der Stellungverlust auch dann, wenn das Mitglied aus einem im Sinne des Bürgerlichen Gesetzbuches triftigen Grunde selbst gekündigt hat.

Bei verspäteter Inanspruchnahme der Stellenvermittlung wird die Unterstützung um den Betrag gekürzt, der der Zahl der versäumten Tage entspricht. Jeder Stellunglose ist verpflichtet, sich einer von der Verbandsleitung angeordneten Meldung oder Kontrolle zu fügen. Die Meldung muß von der Meldestelle bescheinigt werden. Entzieht sich der Stellunglose der vorgeschriebenen Meldung, so erlischt der Anspruch auf Unterstützung.

§ 3.

Die Unterstützung ist spätestens bis zum fünften Tage nach Eintritt der Stellunglosigkeit oder nach Beendigung einer Krankheit, die Stellunglosigkeit im Gefolge hat, bei der Hauptgeschäftsstelle Berlin zu beantragen. Die Richtigkeit der Angaben des Antrages ist durch beglaubigte Abschrift des Kündigungsschreibens und Abgangszeugnisses, sowie durch die Unterschrift des Obmannes der Stellenvermittlungszweigstelle oder zweier Vorstandsmitglieder der zuständigen Zweigverwaltung bezw. des Vertrauensmannes der nächsten Verwaltungsabteilung unter Vorlage des Mitgliedbuches und der Versicherungskarte für die Privatangestellten-Versicherung oder eines anderen gleichwertigen Beleges nachzuweisen. Besteht an einem Orte keine Zweigverwaltung oder Verwaltungsabteilung, dann muß die Stellunglosigkeit von dem Obmann der nächsten Zweigstelle der Stellenvermittlung oder von einem Vorstandsmitglied der nächstliegenden Zweigverwaltung bestätigt werden. Mangels eines Kündigungsschreibens und Abgangszeugnisses muß die Stellunglosigkeit in anderer Weise glaubhaft nachgewiesen werden. Die Hauptgeschäftsstelle ist berechtigt, die Vorlage der Versicherungskarte zur Privatangestellten-Versicherung oder eines gleichwertigen Beleges zu verlangen.

§ 4.

Für die ersten 15 Tage nach der Auflösung des Dienstverhältnisses wird keine Unterstützung gewährt.

Die Unterstützungen werden regelmäßig am 1. und 16. eines Monats für die rückliegende Monatshälfte gezahlt, sofern die Quittungen der stellunglosen Mitglieder spätestens d r e i T a g e vorher bei der Hauptkasse eingereicht wurden. Die Quittungen müssen durch die örtlichen Verwaltungsorgane des Verbandes bescheinigt werden.

Später eingehende Quittungen kommen am nächsten Zahltage zur Auszahlung.

Die Auszahlung erfolgt an die in Berlin wohnenden Mitglieder persönlich in der Hauptgeschäftsstelle des Verbandes, an auswärtige Mitglieder durch die Post, wobei die Postzustellungsgebühren abgezogen werden.

§ 5.

Mitglieder, welche ihre Militärdienstzeit zurücklegten, und ein volles Jahr vor der Einziehung Mitglieder gewesen sind, ferner sich **mindestens** 60 Tage vor ihrer Entlassung als stellunglos melden, werden vom Entlassungstage ab unterstützt. Die gewährte Beihilfe ist jedoch für die ersten 15 Tage binnen zwei Monaten nach Erlangung einer Stellung zurückzuzahlen.

Mitglieder, die vorzeitig aus dem Militärdienst ausscheiden, haben sich **innerhalb 5 Tagen** bei der Hauptgeschäftsstelle des Verbandes unter Beifügung ihres Militärpasses zu melden.

§ 6.

Bei Antritt einer Aushilfsstellung ruht die Unterstützung während der Dauer der Stellung. Ob eine Stellung als Aushilfsstellung anzusehen ist, entscheidet die Hauptgeschäftsstelle.

§ 7.

Die Unterstützung beträgt (einschl. Sonn- und Feiertage):

nach einjähr.	Mitgliedschaft	1,50 M	pro Tag a. d. Dauer v.	3 Mon.
„ zweijähr.	„	1,75 „	„ „ „ „ „ „	3 „
„ dreijähr.	„	2,00 „	„ „ „ „ „ „	3 „
„ vierjähr.	„	2,25 „	„ „ „ „ „ „	3 „
„ fünfjähr.	„	2,50 „	„ „ „ „ „ „	3 „
„ sechsjähr.	„	2,75 „	„ „ „ „ „ „	3 „
„ siebenjähr.	„	2,75 „	„ „ „ „ „ „	4 „
„ achtjähr.	„	3,00 „	„ „ „ „ „ „	4 „
„ neunjähr.	„	3,00 „	„ „ „ „ „ „	5 „
„ zehnjähr.	„	3,00 „	„ „ „ „ „ „	6 „ .

Aenderungen der vorstehend aufgeführten Unterstützungssätze beschließt der Gesamtvorstand.

§ 8.

Nebeneinnahmen sind auf dem Antragsformular für die Stellunglosen-Unterstützung wahrheitsgemäß anzugeben. Uebersteigen Nebeneinnahmen und Unterstützungen zusammen den Betrag von 120 M, dann kann die Unterstützung um die Hälfte des überschießenden Betrages gekürzt werden.

§ 9.

Stellunglosenunterstützung wird nicht gewährt:

a) für die Zeit, für die das Mitglied noch Gehalt bezieht oder für die es auf einen ihm zustehenden Gehaltsanspruch freiwillig verzichtet,
b) für die Dauer einer militärischen Uebung, einer Krankheit oder des Besuchs einer technischen Lehranstalt,
c) bei Stellunglosigkeit im Anschluß an den Schulbesuch,
d) wenn das Mitglied aus einem im Sinne des B. G. B. wichtigen Grunde entlassen wurde,
e) wenn das Mitglied es unterläßt, sich um eine ihm zugewiesene Stellung, die seinem bisherigen Einkommen entspricht, zu bewerben oder ohne triftigen Grund eine solche Stellung zurückweist oder nicht antritt,
f) wenn das Mitglied zur Beurteilung des Antrags wichtige Tatsachen verschweigt oder wissentlich falsche Angaben macht,
g) wenn die Bedingungen des § 2 a, b, c und d und des § 3 nicht erfüllt sind.

§ 10.

Mitglieder, welche nachweisen, daß sie von ihrem letzten Gehalt bei Beginn der Stellunglosigkeit nichts haben erlangen können, und auf den Klageweg angewiesen sind, erhalten die Unterstützung sofort. Die erhaltene Mehrzahlung ist als Darlehn zu betrachten und binnen zwei Monaten nach Antritt einer neuen Stellung zurückzuzahlen.

§ 11.

Die nach diesen Bestimmungen zu unterstützenden Mitglieder erhalten innerhalb Jahresfrist, vom Beginn der Stellunglosigkeit an gerechnet, freiwillige Unterstützungen nach den im § 7 angegebenen Sätzen. Ist ein Mitglied bei der erstmaligen Inanspruchnahme der Unterstützungskasse nicht voll ausgesteuert worden, so können ihm innerhalb 12 Monaten, vom Beginn der ersten Stellunglosigkeit an gerechnet, weitere Unterstützungen bis zur Höchstsumme der im § 7 angegebenen Sätze gewährt werden.

§ 12.

Hat das Mitglied innerhalb 12 Monaten, vom Beginn der Bezugsberechtigung an gerechnet, die Unterstützung bis zur zulässigen Höchstdauer (auch mit Unterbrechungen) bezogen, so kann es erst 12 Monate nach dem letzten Unterstützungstag wieder beziehen, unter der Voraussetzung, daß es während dieser Zeit mindestens 6 Monat beschäftigt war.

§ 13.

Eine Inanspruchnahme der Darlehns- und Unterstützungskasse des Verbandes ist vom Tage der Stellunglosigkeit an bis zum Wiederantritt einer neuen Stellung unzulässig. Rückständige Darlehen oder sonstige dem Verband schuldig gebliebene Beträge werden von der Stellunglosenunterstützung in Abzug gebracht.

§ 14.

Unterstützungen, welche nicht bis **spätestens** 30 **Tage** nach dem Zeitpunkt, an welchem sie fällig waren, abgehoben worden sind, werden nicht mehr ausbezahlt.

§ 15.

Beschwerden und Streitigkeiten, soweit sie die Auslegung dieser Satzung und Art und Umfang der Zahlungen betreffen, sowie über Abweichungen von der vorliegenden Satzung entscheidet der Geschäftsführende Vorstand. Gegen eine solche Entscheidung ist Berufung an den Gesamtvorstand zulässig.

⠿ ⠿ ⠿ TECHNISCHES SCHULWESEN ⠿ ⠿ ⠿

Vereinigung zur Veranstaltung von Eisenbetonkursen

Die in diesem Winter wiederum vom Deutschen Techniker-Verbande in Gemeinschaft mit der Zentralstelle zur Förderung der Deutschen Portland-Zement-Industrie veranstalteten Eisenbetonkurse, die sowohl zur Einführung in die Elemente des Eisenbetonbaues als auch zur Weiterbildung von Berufsspezialisten dienen sollen, erfreuen sich einer steigenden Beliebtheit. Von dem günstigen Angebot, das den Zweigverwaltungen durch die vorgenannte Vereinigung gemacht werden konnte, haben bisher etwa 70 Gebrauch gemacht. Erledigt sind die Kurse in Speyer, Landau, Ludwigshafen, Metz, Diedenhofen, St. Avold, Düsseldorf, Osnabrück, Hannover, Oldenburg, Delmenhorst, Bremerhaven-Geestemünde, Cuxhaven, Burg i. D., Staßfurt-Leopoldshall, Fürstenwalde, Weimar, Pößneck, Neustadt a. Orla, Mühlhausen i. Th., Erfurt, Bromberg, Hohensalza, Gnesen, Schwerin, Rostock. Im Gange sind zurzeit 8 Kurse und zwar in Wetzlar, Marburg, Dietz a. Lahn, Bremen, Zittau, Kattowitz, Zabrze und Königsberg. An diese werden sich im Laufe des Januar oder der nächsten Monate noch anschließen Kurse in Mülhausen i. Els., Straßburg i. Els., Hagenau, Mainz, Koblenz, Rheine, Lingen, Dirschau, Pr.-Stargard und Nordhausen.

Sollten in den hier nicht genannten Zweigverwaltungen, insbesondere in solchen, die nicht in irgend einem engeren geographischen Kreis der vorgenannten liegen, Wünsche für die Abhaltung eines Kursus noch bestehen, so dürfte es höchste Zeit sein, diese der Zentralstelle zur Förderung der Deutschen Portland-Zement-Industrie zu Berlin-Charlottenburg, Knesebeckstraße 74 bekanntzugeben.

Im Anschluß an vorstehende Mitteilung sei heute schon darauf aufmerksam gemacht, daß die Vereinigung die Veranstaltung eines Preisausschreibens plant, an dem sich die sämtlichen Teilnehmer der Kurse beteiligen können. Wir werden über die näheren Bedingungen dieses Preisausschreibens in einer der nächsten Nummern eingehend berichten.

DEUTSCHE TECHNIKER-ZEITUNG
TECHNISCHE RUNDSCHAU

XXXI. Jahrg. 24. Januar 1914 Heft 4

Die Hauptfeuerwache in Dessau

Die bisherigen Räume für die Feuerwehr, die sich im Rathause befanden, wurden zu anderen Zwecken gebraucht. Deshalb erhielt das Stadtbauamt, Vorstand Stadtrat Schmetzer, den Auftrag, das an das Rathaus anstoßende Bürgerhaus für die Zwecke der Feuerwache umzubauen. Die Lösung der Aufgabe lassen die Abbildungen erkennen.

Der an das Rathaus unmittelbar anstoßende Seitenflügel nahm die Räume für die Angestelltenversicherung auf. Der gegenüber liegende Seitenflügel mit dem Turm zum Trocknen der Schläuche wurde neu errichtet. Die Ansicht an der Straße zeigt, wie das Aeußere des Gebäudes, seiner Zweckbestimmung entsprechend, umgestaltet wurde. Eine Aufnahme des Gebäudes in der ursprünglichen Gestalt, vor dem jetzigen Umbau, ist leider nicht mehr vorhanden. Das Gebäude sah durch den geschmacklosen Einbau von Verkaufsläden sehr entstellt aus. Die umstehende Abbildung stellt das

Hauptfeuerwache in Dessau Ansicht an der Straße

Hauptfeuerwache in Dessau Ansicht des Hofes

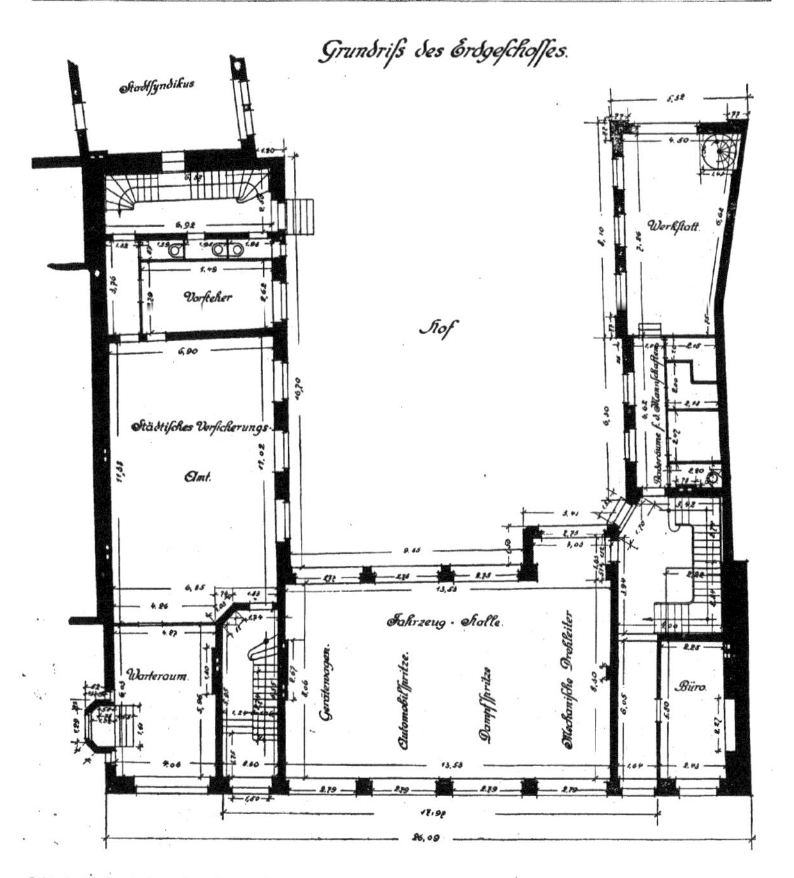

Gebäude im Straßenbild dar. Der an das Rathaus sich anlehnende Giebel ist nach dem Entwurf der Architekten Reinhardt & Süßenguth, Charlottenburg, den Erbauern des Rathauses, entstanden. Vom Stadtbauamt wurde jetzt nur der Eingang zum Versicherungsamt in den Giebel hineingebaut. Das dritte Bild gibt den reizvollen Einblick in den Hof wieder. Die hübsche Galerie mit dem Fachwerksbau dahinter ist ein Rest des alten Bürgerhauses.

W. Kramer.

BRIEFKASTEN

Nur Anfragen, denen 10 Pfg. Porto beiliegt und die von allgemeinem Interesse sind, werden aufgenommen. Dem Namen des Einsenders sind Wohnung und Mitgliednummer hinzuzufügen. Anfragen nach Bezugsquellen und Büchern werden unparteiisch und nur schriftlich erteilt. Eine Rücksendung der Manuskripte erfolgt nicht. Schlußtag für Einsendungen ist der vorletzte Mittwoch (mittags 12 Uhr) vor Erscheinen des Heftes, in dem die Frage erscheinen soll. Eine Verbindlichkeit für die Aufnahme, für Inhalt und Richtigkeit von Fragen und Antworten lehnt die Schriftleitung nachdrücklich ab. Die zur Erläuterung der Fragen notwendigen Druckstöcke zur Wiedergabe von Zeichnungen muß der Fragesteller vorher bezahlen.

Frage 24. Welcher **Stahl für Holländerwalzen** zur Erzeugung von photographischem Papier hat sich bisher am besten bewährt?

Frage 25. Hausschwamm-Vertilgung. Welche Erfolge sind mit dem Radikal-Schwammvertilgungsmittel „Certus“ (Vertrieb durch G. Durlach in Hamburg) bis heute erzielt worden, insbesondere ist „Certus“ ein wirklich zuverlässiges Mittel? Die anderweitigen im Handel befindlichen Mittel sind dem Fragesteller größtenteils bekannt.

Frage 319. Ausbeulung bei einer Trockentrommel. Eine genietete und gelaschte Trockentrommel zeigte schon nach sechswöchiger Betriebszeit eine ringförmige Ausbeulung, ferner Lockerung der Rundnähte. Würde eine gußeiserne Ummantelung (Skizze s. Heft 1), die über die Ausbeulung gepreßt wird, die Vergrößerung der Ausbeulung dauernd verhindern?

Antwort III (I u. II s. Heft 1). Das Trocknungssystem in einer außen mit direkten Feuergasen beheizten Trockentrommel ist nicht zu empfehlen. Ausbeulungen der geschilderten Art treten dabei sehr leicht auf, außerdem arbeiten die Trockenanlagen dieser Art, was den Kohlenverbrauch anbelangt, sehr unökonomisch. Es ist in Erwägung zu ziehen, die Trommel für Innenbeheizung umzubauen. Trockentrommeln, die mit direkten Feuergasen von Innen beheizt werden, haben sich bei hohen Eingangstemperaturen für mineralische und vegetabilische Stoffe aller Art in der Praxis bestens bewährt. Durch Zusatz von Frischluft läßt sich die Eingangstemperatur auf den für die Trocknung des Stoffes erforderlichen Grad bequem einregulieren. Das mit Feuchtigkeit gesättigte Gas-Luftgemisch wird am Ausfallende der Trockentrommel durch einen Exhaustor abgesaugt. Beim Stillstand der Anlage entweichen die Heizgase meistens durch einen Schornstein der der Trockentrommel vorgebauten Feuerung ins Freie, ohne die Trommel zu passieren. Beim Betrieb der Trocken-Anlage wird der Schornstein durch einen Schieber abgesperrt. Die in Antwort I, Heft 1 vorgeschlagenen Maßnahmen, Umlegen eines Eisenblechmantels um die ausgebeulte Stelle, bildet immerhin nur eine unzweckmäßige Flickerei. Die in Antwort II, Heft 1 vorgeschlagene Isolierung der Trommel ist bei außen beheizten Trockentrommeln vom wärmetechnischen Standpunkt zu verwerfen, da die Leistungsfähigkeit der Trockenanlage dadurch ganz beträchtlich herabgesetzt wird (schlechter Wärmeübergang an das Trockenmaterial). Das einzig richtige ist ein Umbau der Anlage für Innenbeheizung, wobei der ausgebeulte Schuß durch einen neuen event. zu ersetzen ist, falls die Beulen sich nicht durch Erhitzen und Hämmern zurücktreiben lassen. Bei innenbeheizten, mit besonderen Innenkonstruktionen versehenen Trockentrommeln sind Ausbeulungen der beschriebenen Art bei jahrelangem forciertem Betrieb nie zu verzeichnen gewesen. Außenbeheizte Trommeln lassen sich unter Umständen mit verhältnismäßig geringen Kosten für Innenbeheizung umbauen, wodurch eine betriebssichere Anlage hergestellt und die Leistungsfähigkeit und Rentabilität bedeutend gesteigert wird. Zu näheren Auskünften bin ich gern bereit. Meine Adresse ist durch die Redaktion zu erfahren. H. Schn.

Frage 322. Güterschuppen. Erwünscht sind einige Angaben über Ausführung und Besichtigungsmöglichkeit mehretagiger Güterschuppen aus Eisenbeton. Es handelt sich hier um den Neubau eines Güterschuppens von ca. 25×75 m Grundfläche, mit 3 bis 4 Etagen, vorzugsweise zum Unterbringen von landwirtschaftlichen Maschinen.

Antwort. Ein Güterschuppen von rd. 25×75 m zur Aufnahme von landwirtschaftlichen Maschinen usw. kann ähnlich wie Speicher bezw. Geräteschuppen in Geschossen von 3,5 bis 4,5 m Höhe mit Einbau von entsprechenden Plattform-Aufzügen errichtet werden. a) Die Fundamente werden aus Stampfbeton durchgehend oder aus einzelnen Grundpfeilern (von trapezförmigem Querschnitt), bei starkem Grundwasserandrange zwischen Fundamentrippen (z. B. wie bei einem Bau von Kell & Löser für Eggers-Wright & Co., Hamburg) aus Eisenbeton-Bogenplatten mit wasserabdichtendem Zusatz hergestellt. Darüber sind schmiegsame Asphaltplatten aufzulegen und die Innenmauern sowie Außenmauern für das Erdgeschoß (letztere mit Schutzanstrich gegen Erdfeuchtigkeit) in Beton mit Eiseneinlage aufzuführen. b) Ueber den stützenden Grundpfeilern der Fundamente wird der Aufbau der Pfeiler und Hauptträger aus Eisenbeton z. B. mit Felderteilung von rd. 4×5 m errichtet, welcher das Traggerippe für die verschiedenen Geschosse bildet. c) In den Außenwänden sieht man für die Temperatur-Isolierung doppelte Steineisenwandungen (z. B. nach System Keßler neuerdings mit paarweise angeordnetem Bandeisennetz) vor; die Innenwände sind zwecks Schallisolierung z. B. aus Gipshohldielen von 8 cm Stärke oder aus doppelten Columbuszementdielen nach Leipziger Zementindustrie-Formen zu je 3 cm mit Durchlochungen herzurichten. d) Die zwischen den Nebenträgern aus Eisenbeton (z. B. in 2 m Abstand) einzulegenden Decken sind zweckmäßig nach System Kleine (wie bei einem landwirtschaftlichen fisk. Schuppengebäude im Kreis Hofgeismar vorgesehen) 10 cm stark, z. B. mit Trumpfhohlsteinen, herzustellen. e) Die Dachkonstruktion kann flach oder steil zwischen Hauptbindern in z. B. 5 m Abstand, wie bei einem von der A.-G. für Beton- und Monierbau in Dresden erbauten Güterschuppen aus Eisenpfetten von i. M. 0,85 m Abstand mit Eisenbetonvouten (nach Bauweise Koenen) von rd. 4 bis 8 cm Stärke hergerichtet werden, ist mit Korkplatten zu belegen und mit Asphaltsteinpappe, Strapazurpappe oder Strapazoid abzudecken. Nähere Auskunft über landwirtschaftliche Schuppen kann z. B. auch von der Deutschen Landwirtschafts-Gesellschaft, Berlin SW. 11, eingeholt werden — z. B. betreffs Geräte- und Maschinen-Schuppen mit 2 Obergeschossen und 1 bis 2 Dachgeschossen — mit Kosten zwischen 20 000 und 50 000 M. Kr.

Frage 329. Baugrund-Verschlechterung. Seit etwa 25 Jahren hat ein an einen Graben anschließendes Gelände unter erheblichen Ueberflutungen zu leiden. Der Graben führt die Niederschlagswässer von Höfen und Straßen usw., die Abwässer aus den Häusern, Schlächtereien, die Ueberläufe aus Jauchegruben und, wenn Ueberflutungen eintreten, auch den Abraum der Gärten und Düngerplätze. Untersuchungen, die ich in letzter Zeit auf dem Grundstück vorgenommen habe, ergaben, daß der frühere reine Sand- und Tonboden vollständig mit Wasser gesättigt ist, daß der frühere, reine Sand jetzt eine blaugrüne, mit organischen Substanzen durchsetzte Bodenmasse darstellt, die als Baugrund nicht mehr benutzt werden kann. Der Boden scheint einen gewissen Zersetzungsprozeß durchgemacht zu haben. Ist nun meine Vermutung richtig, daß im vorliegenden Falle durch das häufige Steigen und Fallen des Grundwasserstandes infolge der stets wiederkehrenden Ueberflutung der Bodenoberflächen, ferner durch ungleichmäßige Absenkungen, die ein hier unterirdisch betriebener Bergbau verursacht — was wiederum auf den Grundwasserstand Rückwirkungen ausübt — die Bodenfestigkeit zerstört wurde? Literatur?

Antwort. Durch die regelmäßigen Ueberflutungen werden Fäulnis erregende Stoffe auf das Gelände aufgeschwemmt, die den Boden zersetzen, langsam in Ackerland (Humusboden) verwandeln und so natürlich seine Festigkeit bis zur Unbrauchbarkeit als Baugrund herabmindern. Jn wieweit die durch den Bergbau und seine Folgen verursachten Veränderungen im Grundwasser auf die Umwandlung Ihres Geländes von Einfluß sind, kann ohne Kenntnis der örtlichen Verhältnisse nicht beantwortet werden. An und für sich ist natürlich durch die vom Bergbau verursachten Veränderungen in der Schichtenformation eine Hebung des Grundwassers an einzelnen Stellen wohl möglich und im vorliegenden Falle sogar wahrscheinlich, da die Durchsättigung des Geländes mit Wasser nicht allein von den Ueberflutungen herrühren kann; es sei denn, daß unter dem Sande eine wasserundurchlässige Schicht lagert und das Gelände in einer Schichtenmulde liegt, alles von der Ueberflutung und den Niederschlägen herrührende Wasser hier zusammen fließt und Verdunstung und Versickerung geringer ist, als der regelmäßige Zuwachs. Das Steigen und Fallen des Grundwassers allein bedingt natürlich keine Zerstörung des Sandes und Tones. Aber die Durchsättigung hat natürlich eine Verminderung der Tragfähigkeit zur Folge. Sp. M. Nr. 60 374.

Frage 330. Lästiger Geruch im Wohnzimmer. Die Wände sind tapeziert. Der freistehende Ostgiebel ist 45 cm stark, außen rauh verputzt. Bei feuchter Witterung riecht es im Zimmer nach Carbid (? D. Red.). Die in der Mittelwand befindliche Kaminanlage ist nach meiner Ansicht einwandfrei. Wenn die Oefen geheizt sind, spürt man beim Berühren der Kaminwandungen mit der Handfläche keine Wärme. Der Geruch kann daher nicht vom Kamin, sondern nur von der Tapete herrühren. Die Ostwand hat weiße Flecken, die auch beim Abkehren mit warmen Besen stets wieder erscheinen. Wie kann der lästige Geruch (vielleicht durch einen Anstrich?) aufgehoben werden, und woher mag dieser kommen?

Antwort. Die in der Ostwand vorhandenen weißen Flecke, die nach dem Abfegen immer wieder erscheinen, sind kleine Pilze und deuten auf eine vollkommene Durchfeuchtung der in Frage kommenden Wand. Es wird Ihre Aufgabe sein, festzustellen, woher die Feuchtigkeit in der Mauer herrührt. Anscheinend trägt einen Teil der Schuld der äußere rauhe Putz, der dem Schlagregen Eintritt in die Mauer gestattet, da er vielleicht nicht auf einem geglätteten Unterputz liegt. Es ist aber nicht wahrscheinlich, daß die Feuchtigkeit in der Wand allein von diesem Umstande herrührt, da die Wand nach Osten liegt und verhältnismäßig wenig Regen bekommt. Auf Feuchtigkeit ist aber, soweit sich von der Ferne erkennen läßt, der Geruch zurückzuführen, da er höchst wahrscheinlich von dem in Fäulnis übergegangenen Kleister unter den Tapeten herrührt. Es dürfte sich empfehlen, die Tapeten zu entfernen, die Wand sauber zu reinigen und entweder, nachdem die Wand vor weiterem Feuchtigkeits-Zutritt geschützt ist, mit einem Anstrich Keim'scher „Silex"-Mineralfarbe (Steingewerkschaft Offenstetten, A.-G., Augsburg) zu versehen, oder sie mit Kosmos-Falztafeln (A. W. Andernach, Beuel a. Rh.) zu belegen und eine Austrocknung herbeizuführen. SB., M.-Nr. 60374.

Frage 331. Gründung auf schlechtem Baugrund. Fragesteller soll ein Grundstück mit größerem Hinterland in einer Mittelstadt bebauen. Geplant ist die Errichtung eines Wohn- und Restaurationsgebäudes als Vorderhaus und eines normalen Tanzsaales als Hinterhaus. Das Grundstück zeigt erst in 3,40 m Tiefe guten Baugrund, darüber befindet sich Schlamm und aufgefüllte Schuttmassen. (Nb. Das Grundstück wird von einem zu überwölbenden Bach durchflossen). Grundwasser tritt in mäßiger Stärke [illegible] kellerten Vorder- und des nicht unterkellerten Saalgebäudes empfehlen mir erfahrene Kollegen? Was ist beim Unterfahren des einen gemeinschaftlichen Brandgiebels, der nur 1,10 m tief gegründet ist, überhaupt und in Bezug auf Grundwasser und schlechte Bodenverhältnisse besonders zu beachten?

Antwort. a) Es ist angenommen, daß der von Ihnen erwähnte gute Baugrund eine genügende Mächtigkeit (etwa 3,0 m) aufweist, um die ihm durch den Neubau zugemuteten Lasten aufnehmen zu können. Es ist ferner angenommen, daß die Sandschicht trocken, nicht mit Wasser durchsetzt (also kein Schwemmsand) ist, und daß durch etwa spätere Veränderungen im Grundwasserstande keine Verminderung seiner Tragfähigkeit oder Veränderung seiner Lagerung eintreten kann. 1. Gründung für das unterkellerte Vordergebäude. Wenn der Fußboden im Erdgeschoß etwa 0,50 — 0,80 m über Gelände zu liegen kommt, wird Ihnen die Anordnung des Kellers im grundwasser-freien Baugrund möglich sein. Die Fundamente der Umfassungsmauern und der Scheidewände sind genügend zu verbreitern und in einzelne Pfeiler aufgelöst bis etwa 50 cm in die tragfähige Sandschicht hineinzuführen. Die auf die einzelnen Pfeiler entfallenden wirklichen Lasten sind an allen Stellen möglichst genau zu ermitteln und die Grundfläche ist so zu bemessen, daß allenthalben eine gleichmäßige Beanspruchung des Baugrundes eintritt und diese 3—5 kg nicht überschreitet. Die einzelnen Pfeiler werden durch Gurtbögen mit einander verbunden, die die aufkommende Last aufnehmen. An geeigneter Stelle ist die Isolierschicht gegen aufsteigende Feuchtigkeit anzuordnen. — 2. Gründung für den nicht unterkellerten Saalbau. Die Auflösung der Fundamente in einzelne Pfeiler ist auch hier anzuraten. Jedoch würde die eben beschriebene Ausführungsart einen unverhältnismäßigen Aufwand von Erdarbeiten, Absteifungen u. s. w. verursachen. Diese müssen deswegen umgangen werden. Das kann zweckmäßiger durch Versenken runder oder eckiger Brunnen von etwa 1,0—1,50 m Durchmesser bezw. Seitenlänge geschehen. Die Brunnen werden auf einen hölzernen Brunnenkranz auf dem Gelände aufgemauert, bleiben zu ihrer Erhärtung etwa 14 Tage stehen und werden versenkt dadurch, daß in ihrem Innern der Boden ausgeschachtet wird. Während des Versenkens werden sie nach Bedarf höher gemauert und zum Schluß mit Sparbeton vollgefüllt. Die Brunnen werden durch Eisenbetonbalken oder wie oben durch Gurtbögen mit einander verbunden. — b) Wenn die in 3,40 m liegende Sandschicht nicht die erforderliche Mächtigkeit (3,0 m) besitzt, kann Pfahlgründung nicht umgangen werden. Bei hölzernen Pfählen muß der obere Schnitt stets 20 cm unter dem Grundwasserspiegel liegen. Zukünftige Veränderungen in diesem müssen in Rücksicht gezogen werden. Bei Eisenbetonpfählen ist eine Rücksichtnahme auf die Höhe des Grundwasserspiegels nicht erforderlich, wohl aber auf die Beschaffenheit des Grundwassers. Eine chem. Untersuchung desselben auf Betongifte ist immer anzuraten. — 1. Gründung für das unterkellerte Vordergebäude. Da hier wegen des Kellers das Erdreich schon fast bis zum Grundwasserspiegel ausgehoben werden muß, ist unbedingt die Pfahlgründung in Holz billiger und zweckmäßiger. Einen Pfahl von 7,0 m Länge und 20 cm Durchmesser können Sie unbedenklich mit 12 bis 15 Tonnen (à 1000 kg) belasten. Die Pfahlköpfe werden wagrecht abgeschnitten und ohne jede Zimmerkonstruktion mit Betonklötzen umspannt, auf die sich dann das mit Bögen verbundene Pfeilermauerwerk aufsetzt. Ob Pfahlbündel oder Pfahlreihen anzuordnen sind, hängt von der Eigenart des Grundrisses ab. Die zweckmäßigere Lösung können Sie leicht ermitteln, wenn Sie zwei vergleichende Entwürfe aufstellen. — 2. Gründung des nicht unterkellerten Saalbaues. Auch hier würden bei Holzpfahlgründung zu umfangreiche Erdarbeiten zu bewältigen sein, genau wie oben unter a) 2. gesagt. Deswegen könnte die Eisenbeton-Pfahlgründung erfolgreich in den Wettbewerb eintreten. Fordern Sie von einer Spezialfirma (etwa Dyckerhoff und Widmann, Dresden) genauen Kostenanschlag, und ermitteln Sie selbst die Kosten für Holzpfahlgründung. Vergessen Sie aber nicht, daß bei den Erdarbeiten ein ziemlicher Raum zum Abschneiden der Pfähle erforderlich ist. Evtl. gibt Ihnen auch hier eine Firma genaues Angebot. Wenn Betongifte vorhanden sind, ist ev. die Verwendung kombinierter Pfähle — Holz und Eisenbeton — in Erwägung zu ziehen. Kostenberechnung durch die Eisenbetonfirmen. — 2. Unterfahren des gemeinschaftlichen Brandgiebels. Ohne Kenntnis der örtlichen Verhältnisse und ihrer speziellen Eigenart lassen sich Fingerzeige für die Ausführung kaum geben. Sie müssen Ihre neuen Fundamente einzeln unter größter Rücksicht auf den Giebel neben diesem heruntertreiben und müssen den Giebel durch zweckmäßige Auskragungen zunächst an einzelnen nicht zu weit von einander entfernten Punkten abfangen. Ist das geglückt, dann können die Teile zwischen den neuen Fundamenten entfernt und untermauert werden. Das Hauptaugenmerk ist auf die Ecken des alten Gebäudes zu legen. Evtl. müssen diese durch vorgerammte [illegible]

Frage 1. Gegen **Zementsandsteine** herrscht das Vorurteil, daß die daraus hergestellten Mauern, ob mit oder ohne Luftschicht, im Winter an den Innenseiten naß werden und bei nicht genügender Heizung sogar befrieren. Ich bitte die Kollegen um Mitteilung ihrer Erfahrungen. Bei der Beantwortung dieser Frage ist zu berücksichtigen, daß künstliche Isolierungen durch Kosmostafeln, Anstrich, wasserdichten Putz usw. ausgeschlossen sind.

Antwort I. Das in Fachkreisen, noch schlimmer bei Laien vorherrschende Urteil, daß aus Zementsandsteinen hergestellte Mauern innen naß werden oder in ungeheizten Räumen an der Innenseite gefrieren, trifft im allgemeinen nicht zu. Aus eigener Erfahrung im väterlichen Geschäft kenne ich die Herstellung und die Verwendung von Zementsandsteinen genau. Diese wurden angewendet bei Häuser-, Stall- und Scheunenbauten, ohne Zuhilfenahme jeglicher Mittel zur Verbesserung. Schädliche Einwirkungen von außen nach innen haben sich nicht gezeigt, trotzdem die Gebäude bereits über 10 Jahre stehen. Stehen Ziegelbacksteine zur Verfügung, so empfiehlt es sich, bei freistehenden Gebäuden die Strecker- und Läuferschichten im Innern aus vorgenannten Steinen herzustellen. Sollen nur Zementsandsteine zur Verwendung gelangen, so ist das Mauerwerk ohne Stoßfugen gut in Kalkmörtel zu fertigen. Von großem Vorteil ist bei der Herstellung der Zementsandsteine, das der Mischung beizugebende Wasser mit Kaliseife (gewöhnliche Schmierseife) zu vermengen. (2 kg/cbm.) K. L. Mitgl.-Nr. 58 291.

II. Bei ordnungsmäßig hergestellten Zementsandsteinen in passender Mischung hält der Bindemörtel in den Fugen an deren glatt oder rauh hergestellten Oberfläche je nach seiner Zusammensetzung reichlich fest. Im besonderen kommt es für ein dichtes, an und für sich meist wetterfestes Gefüge der Steine auch hauptsächlich auf die Behandlung des Zementsteinmaterials während der maschinellen Herstellung an. — Nach System „Pionier" sind die Ziegel z. B. einesteils feucht zu stampfen, in einer Mischung von Zement und gegebenenfalls grobkörnigem Kiessand in ziemlich feuchter Anmachung; dieser Mörtel wird in kürzester Zeit durch Schlageisen oder Schlaghammer verdichtet zu festen scharfkantigen Zementsandsteinen. Solche sind besonders als Hintermauerungssteine geeignet und haben sich erfahrungsgemäß als schützend gegen Frost und Feuchtigkeit bewährt. Nach Versuchen der Zementsteinindustrie Wismar ist ziemlich langsam abbindender Zement zu verwenden und eine Lagerung von 4—6 Wochen lang vorher zu fordern. Andernteils ist nach Erfahrungen bei der Leipziger Zementindustrie mit System „Wotan" für Herstellung der Steine auf P r e s s e n ein ziemlich trockener Mörtel von meist feinerem Sandkorn zu verwenden; die unter entsprechendem Druck geformten Steine müssen 1—2 Tage auf Unterlagen trocknen und sind nach weiteren 2—4 Tagen auf Stapel zu bringen. Gewisse Feuchtigkeit tritt an allerlei Steinarten auf — sobald Voraussetzung für Niederschläge gegeben ist. — Es kommen dabei jedoch mancherlei meteorologische und sonstige, bauliche Umstände in Betracht, so daß selbst bei guten, gleichmäßig dichten Materialien hin und wieder auch ungünstige Verhältnisse in wohnungstechnischer Hinsicht auftreten. Bei einem aus Zementsteinen nach Verfahren „Pionier" in Mischung 1 Zement, 8 Tl. feuchtem Sand im Jahre 1907 errichteten Wohngebäude von Baumeister P. Harde in Markranstädt im Verblendbau hat sich das Zementsteinmauerwerk als trocken bewährt. Im übrigen sind noch Gebäude aus Atlas-Zementsteinen, z. B im Brandenburgischen Siechenheim Eilanghof bei Reppen, aus sonstigen Zementsteinen für die Villenkolonie Cleverbrück bej Schwartau, für das Kinderstift Marschallen in Posen, für die Papierfabrik Priebus in Schlesien vom Jahre 1905 zur Beobachtung des Verhaltens der Steine unter verschiedenen wohnungstechnischen Anforderungen und Betriebsverhältnissen geeignet. Kropf-Cassel.

Frage 5. Welche **Höchstzahl der Klosette** kann ohne Nachteil für die Geruchsverschlüsse in jedem Stockwerk rechts und links an einen 100 mm weiten, mit 100 mm Dunsthut versehenen Fallstrang angeschlossen wurden ? Es handelt sich um einen Streitfall. Angaben aus Großstädten der verschiedenen Bundesstaaten wären sehr erwünscht.

Antwort. Eine zuverlässige theoretische Beantwortung dieser Frage gibt es meines Wissens nicht. Für den Anschluß mehrerer Klosetts an ein Fallrohr wird in der Regel eine Lichtweite desselben von 120 bis 125 mm verlangt. 100 mm Lichtweite sind nur ausnahmsweise zugelassen, wenn in nicht mehr als drei übereinander liegenden Geschossen höchstens vier Aborte angeschlossen sind und der Durchmesser ihrer Ausläufe nicht mehr als 80 mm beträgt. Die Mündungsweite der Aborte, für die in der Regel eine Höchstweite von 100 mm zugelassen ist, bestimmt auch die Lichtweite der Fallrohre. Ihr Gesamtquerschnitt soll immer kleiner sein als der des Fallrohres, da andernfalls bei großem Wasserandrang dieses sich vollkommen füllt und dann die Geruchverschlüsse als Heber wirken und sich entleeren. Aus diesem Grunde wird vielfach baupolizeilich eine an den höchsten Punkten der Geruchverschlüsse anzuordnende besondere Entlüftungsleitung vorgeschrieben, durch die dann ein Leersaugen de Verschlüsse vermieden wird. Sß., 60-374.

r **II.** Die baupolizeilichen Bestimmungen über den Anschluß von Aborten an Kanalisationsfallrohre lauten in Frankfurt a. M.: „Als Weite der Fallröhren für Spülaborte ist bei E i n z e l a n l a g e n und, falls die Ausmündung des Abortkörpers keine größere Weite als 80 mm aufweist 100 mm, in allen anderen Fällen 125 mm zu wählen.“ Ist die Zahl der an eine Fallröhre angeschlossenen Einläufe eine große, oder handelt es sich um Einläufe, die in kurzer Zeit außergewöhnlich große Wassermengen zum Abfluß bringen, so kann die Verwendung größerer Weiten vorgeschrieben werden. W.

III. Die Bauregel ist, daß an einem 100 mm weiten Abfallstrang in jedem Stockwerk nur ein Klosett angeschlossen wird. Die Durchführung des Abfallrohres nach oben über Dachhöhe und das Aufsetzen eines Saugehutes hat, außer dem Zweck der Ventilation, die Bestimmung, daß der Geruchverschluß des Klosetts im unteren Stockwerke durch den Gebrauch des darüber liegenden Abortes nicht leergesaugt wird und die Kanal- bezw. Grubengase nicht in die Wohnräume treten können. Schlösse man an den 100-mm-Abfallstrang noch ein Klosett oder gar deren mehrere an, so träte bei unvermeidlich gleichzeitigem Gebrauch mehrerer Aborte Rückstau im Rohre ein, der das Leersaugen der betr. Geruchverschlüsse, unter Umständen oft wiederholend, besorgen würde. Auch die Gefahr läge vor, daß durch die Rückstöße, im Augenblick des Spülens, ein Auswurf des Wassers aus den Geruchverschlüssen der darüber liegenden Klosetts stattfinden könnte. Ferner läge die Möglichkeit andauernder Verstopfung durch unsinnigen Papierverbrauch sehr nahe, vollends erst, wenn, wie dagewesen, Gemüll und harte Speisereste, sogar Küchenabgänge aller Art abgeführt werden. Hat Frost Zutritt zu den Anlagen, so tritt ein Betriebsstillstand mit der möglichen Wirkung ein, daß die unteren Stockwerke den Austritt der Abstoffe aus den oberen Klosetts besonders zu befürchten haben. —pf.

Frage 8. Abrechnungsart. Ich baute für die Eisenbahnbehörde: Es heißt im Anschlag (Vorbemerkung): „Die Arbeiten und Lieferungen werden nach den wirklich geleisteten Massen bezahlt, und zwar nach den abgebundenen Teilen. Ein Z u s c h l a g für Verschnitt, Zapfen und sonstige Verbindungen wird n i c h t gewährt.“ Die Behörde behauptet, die Zapfen dürfen nicht mit berechnet werden, auch nicht die Versätze in den Streben. Was ist richtig? In der Holzliste wurden bei Abgabe der Offerte die Zapfen mit gerechnet.

Antwort. Im Aufmaß von Balken und Verbandhölzern für Neubauten wird fast ausschließlich nach zwei Methoden verfahren. Einmal wird das aufgestellte Holzwerk nach seiner wirklichen notwendigen Länge aufgemessen, wobei für den Zapfen ein rundes Maß, ca. 7 bis 10 cm zur sichtbaren Abmessung addiert wird.

Nach der andern Methode werden die Hölzer ohne Rücksicht auf Zapfen und Unterblattungen gemessen. In diesem Falle wird dem berechneten Rauminhalt der Holzlieferung ein Prozentzuschlag, etwa 3 bis 5 v. H. für Zapfen und Verschnitt nachgesetzt.

Die erstere Abrechnungsart ist die zuverlässigere, weil sie der wirklichen Leistung und Lieferung entspricht, die letztere ist etwas einfacher, aber nur annähernd richtig. Sie berücksichtigt nur das Holzquantum einschl. Verschnitt, nicht aber die Arbeitsleistung an den Holzverbindungen. Die Vorbemerkung zu Ihrem Vertrage mit der Eisenbahnbehörde bedingt Aufmaß und Abrechnung nach dem erstgenannten Verfahren. Dies geht zweifellos aus dem Vordersatz hervor. Die wirklich geleisteten Massen sind eben die Hölzer in ihrer ganzen Länge mit den angeschnittenen Verbindungen, wie Zapfen, Kämme, Versätze und Blätter. Als abgebundener Teil ist das auf der Zulage liegende zur Verbindung mit dem Dachstuhl fertig vorgerichtete Kantholz anzusehen.

Der Nachsatz der Vorbemerkung hebt diese Annahme nicht etwa auf. Er soll nur ausschließen, daß außer den mitgemessenen Zapfen und Verbindungen ein weiterer (prozentualer) Zuschlag für Verschnitt usw. in Rechnung gesetzt wird. Die Eisenbahnbehörde befindet sich deshalb im Unrecht, wenn sie Ihnen die Bezahlung der Zapfen und Versätze streitig macht. Sie setzt sich aber gänzlich in Widerspruch mit der eigenen Vorveranschlagung, wenn die als Verdingungsunterlage ausgelegte Holzliste ersehen ließ, daß die Zapfen mitgerechnet waren. Auch die Art der Aufrechnung auf der Holzliste ist ein maßgebender Faktor für die Abrechnung. R e m a r k.

Frage 9. Mischungsverhältnisse für Mörtel und Beton. Dem Maurermeister sollen für seine Arbeiten an Neubauten die Mischungsverhältnisse für Mörtel und Beton vorgeschrieben werden. Bisher sind seitens der Bauleitung vorgeschrieben worden: Mörtel für Ziegelmauerwerk 1 : 4, Putzmörtel für Innen- und Außenputz 1 : 3, Betonmischung für Fundamente 1 : 12, bei freistehenden Mauern 1 : 8. Verwandt wird als Kalk Zementkalk (gemahlener Sackkalk). Sind diese Mischungen für die Praxis geeignet? Wie berechnet man die erforderlichen Materialmengen für 1 cbm Beton? 100 l Mörtel 1 : 4 oder 1 : 3? Besondere Auswahl in Sand und Kies findet nicht statt, er wird genommen, wie er in der Nähe gefunden wird. Ich habe bisher berechnet: 100 l Mörtel 1:4 brauchen $\frac{100}{5} \cdot 1{,}25 = 25$ l Kalk, 100 l Sand. Mehrfach habe ich gefunden, daß der Unternehmer diese berechneten Mengen nicht verbraucht. Ich bitte um Aeußerungen.

Antwort. Soll dem Unternehmer das Mischungsverhältnis für Mörtel und Beton vorgeschrieben werden, so muß sich die Bauleitung, falls die Materialien nicht genau bekannt sind, freie Hand vorbehalten, indem sie für die Mischungsverhältnisse einen angemessenen Spielraum läßt, um evtl. eine Verbesserung des Mörtels verlangen zu können, da die Güte des Kalkes und das Korn des Sandes sehr mitsprechen — Mauermörtel von Weißkalk 1 : 3 bis 1 : 4; Putzmörtel von Weißkalk 1 : 2,5 bis 1 : 3. —

Die Beton-Mischungsverhältnisse sind nicht zweckmäßig beschrieben. Es wird sehr empfohlen, den Aufsatz von P. M e r t e n in Heft 46/1913, Seite 501: „Ueber die Bedeutung der Korngröße usw.“ zu lesen. — Das Absieben und Mischen des Betons 1 : 4 : 8 oder 1 : 5 : 10, bei Fundamenten h ö c h s t e n s 1 : 6 : 12, wird sich in den meisten Fällen als sehr lohnend herausstellen. — Ein ungesiebter Kies in dem angegebenen Mischungsverhältnis 1 : 12 (!) verarbeitet, ist bei vorwiegend f e i n körnigem sowohl wie bei durchweg g r o b körnigem Material für fast jeden Zweck zu mager.

Materialbedarf etwas schwankend. Im allgemeinen ergeben 1 Rmt. Weißkalk und x Rmte. Sand $(0{,}85\,x + 0{,}65)$ Rmt. Mörtel (oft auch weniger). 1 Rmt. Zement + x Rmte. Sand = $(0{,}85\,x + 0{,}4)$ Rmte. Zementmörtel. Aehnlich bei h y d r a u l i s c h e m Kalk. Betonmischung $(1 + x + 2\,x)$ ergibt $2{,}2\,x$ Rmte. Beton. Meistens wird der Unternehmer etwas erübrigen, was ihm zu gönnen ist.

W. J. Sch.

Frage 11. Rostschutzmittel gegen Lötsäure. Wir haben viele Teile aus Eisen und Stahl, worin Messingbüchsen weich eingelötet werden. Wie schützt man diese Teile gegen Rosten durch die Lötsäure? Farbanstrich oder Lackieren kommt nicht in Betracht.

Antwort. Um das Rosten zu verhindern, ohne Farbanstrich oder Lackieren, müssen die Teile entweder verzinnt, verzinkt oder emailliert werden. Letzteres braucht nur im Grund zu geschehen, die Stellen, wo die Lötung geschehen soll, ist von der Grundemaille zu entfernen (vor dem Brennen). Diese Stellen werden vor dem Löten blank gefeilt oder geschabt. Sollten diese drei Arten nicht angewandt werden können, so empfiehlt es sich, die Lötung mittels Lötfett vorzunehmen, die Stellen, wo die Lötung geschehen soll, müssen vorher mit den Lötkolben verzinnt werden. Folgendes Lötfett käme in Frage: Man läßt in einem Topfe über gelindem Kohlenfeuer in $^1/_2$ kg Baumöl $^1/_2$ kg Talg (Unschlitt) zergehen, rührt alsdann allmählich 250 g gepulvertes Kolophonium hinein und läßt das Gemenge vorsichtig einmal aufkochen. Da hierbei die Masse steigt, so hat man einen genügend großen Topf zu wählen. — Nachdem die Mischung hinreichend abgekühlt ist, wird derselben unter fleißigem Umrühren $^1/_8$ l Wasser zugesetzt, worin man vorher gestoßenen Salmiak bis zur Sättigung aufgelöst hatte; hierbei nimmt die Masse eine gelbe Farbe an und ist zum Gebrauche fertig. — Beize für Messinggefäße: 1 Teil Schwefelsäure, 1 Teil Salpetersäure, eine Hand voll Salz und etwas Weinsteinsäure; letztere kann auch fehlen. — Zum Mattbeizen: 2 Teile Schwefelsäure, 1 Teil Salpetersäure. Die zu beizenden Teile dürfen nicht zu lange darin liegen, zum Mattbeizen brauchen die betreffenden Teile nur durchgezogen werden. Sie sind sofort in reinem Wasser abzuwaschen. G r ü s c h o w.

DEUTSCHE TECHNIKER-ZEITUNG
HERAUSGEGEBEN VOM DEUTSCHEN TECHNIKER-VERBANDE
BERLIN SW. 48, Wilhelmstraße 130 — Schriftleitung: Erich Händeler-Berlin
XXXI. Jahrg. — **31. Januar 1914** — **Heft 5**

Die Gewerkschaft der Aerzte

Von Geh. Sanitätsrat Dr. KONRAD KÜSTER.

Der jetzt beendete Kampf zwischen Aerzten und Krankenkassen hat die Oeffentlichkeit mehr als bisher auf die wirtschaftliche Organisation der Aerzte aufmerksam gemacht. Es hat sich in diesem Kampfe gezeigt, daß die Anwendung der gewerkschaftlichen Mittel, insbesondere der Arbeitsverweigerung, nicht auf die Arbeiterschaft beschränkt ist, sondern daß bei der Vertretung von Arbeitnehmerinteressen mit Notwendigkeit auch die gleichen Mittel in Anwendung kommen, die in größerem Umfange bisher nur von Lohnarbeitern angewandt waren, hier aber zum erstenmal einem ganz anderen Stande zum teilweisen Erfolge verholfen haben. Daß in diesem Kampf auf der Arbeitgeberseite diejenigen standen, die sonst als Arbeitnehmer den gewerkschaftlichen Gedanken vertreten, während den Arbeitnehmerstandpunkt die Kreise einnahmen, die durch ihre gewerkschaftliche Stellung in enger Fühlung mit Arbeitgeberkreisen stehen, verleiht dem Kampf der Krankenkassen und Aerzte einen besonderen Reiz und ist dazu angetan, der Verquickung von rein wirtschaftlichen Forderungen mit parteipolitischen Tendenzen ein für allemal ein Ende zu bereiten. Wir geben darum gern den nachstehenden Aufsatz wieder, der einige Streiflichter auf diese Fragen wirft, ohne damit in dem Kampf, der sich zwischen Aerzten und Kassen abgespielt hat, eine Partei ergreifen zu wollen. Die Schriftleitung.

Der Zug der Zeit geht auf Organisation, nicht aus Modetorheit, sondern notgedrungen aus den wirtschaftlichen Verhältnissen heraus. So segensreich das Kapital ist, wenn es zum Wohle der Gesamtheit angewandt wird, so schädigend ist es, wenn es rücksichtslos nur einzig und allein seinen eigensten Vorteil sucht. In einem Kampfe gegen solche Geldmacht ist der einzelne machtlos, er wird niedergetreten. Hier hilft nur die Koalition.

Auch die akademischen Stände haben sich notgedrungen organisieren müssen; so vor allen Dingen die Aerzte. Durch Einführung der Krankenkassen sind sie dazu gezwungen worden. Denn durch die Kassen war eine Organisation derjenigen geschaffen, die ärztliche Hilfe in Anspruch nahmen. Ihr mußte die Organisation der anderen Seite folgen.

Als das soziale Werk ins Leben gerufen wurde, erklärten die Aerzte sich bereit, ärztliche Hilfe unter der niedrigsten Taxe zu leisten. Sie sprachen aber damals schon in der Aerztekammer die Erwartung aus, daß nicht sie allein die Kosten dieser sozialen Einrichtung bezahlen sollten. Statt dessen haben die Vorstände der Krankenkassen versucht, die so minderwertigen Zahlungen noch mehr herabzudrücken. Es kam dahin, daß Beratungen in der Sprechstunde oft nur 20 Pf. und Besuche bei den Kranken nur 50 Pf. einbrachten. Dies mußte zu einem Kampfe zwischen Aerzten und Krankenkassen führen, um so mehr als die Krankenkassen als Arbeitgeber die Verträge mit Aerzten, die sich ihren Angeboten nicht fügten, einfach lösten und leider andere Aerzte fanden, die sich ihnen unterwarfen. Der einzelne Arzt war den Kassen gegenüber machtlos.

Zunächst wurde von Berlin aus Abhilfe versucht. Es bildete sich ein Verein zur Einführung der freien Arztwahl. Es sollten die Mitglieder der Krankenkasse das Recht haben, sich unter der sehr großen Zahl von Aerzten, die zu den verminderten Sätzen Hilfe zu leisten bereit waren, den Arzt ihres Vertrauens zu wählen. Hiermit hoffte man, eine gegenseitige Zufriedenheit herbeizuführen. Es wurde der Verband der freigewählten Kassenärzte geschaffen, welcher gemeinsam mit den Kassenvorständen eine Kontrolle ausüben und auch Mittel und Wege zur Verbilligung von Arzneikosten schaffen sollte. Hierdurch wären die Aerzte der lästigen Botmäßigkeit der Kassenvorstände entgangen. Aber gerade wohl deshalb fand die freie Arztwahl bei der Mehrzahl der Kassenvorstände keine Gegenliebe.. Man wies darauf hin, daß durch die freie Arztwahl sich die Geldbelastung der Kasse vermehre, obwohl eine Reihe Kassen sich die Vorteile der freien Arztwahl ohne weitere Geldbelastung zu Nutzen machte. So kam es zu andauernden Differenzen zwischen Aerzten und Kassen. Zeigten sich Aerzte nicht gefügig, so wurden Aerzte von außerhalb als „Streikbrecher" herangezogen, durch deren Konkurrenz die widerstrebenden Aerzte brotlos und nachgiebig gemacht werden sollten. Man sah infolgedessen auf ärztlicher Seite die Notwendigkeit ein, solchen Aerzten durch Geldbeihilfen das Rückgrat zu stärken. Der Verein zur Einführung der freien Arztwahl hatte hierfür keine Geldmittel. Es mußte darum eine Organisation mit diesen wirtschaftlichen Zielen geschaffen werden. Der Arzt Dr. Hartmann in Leipzig erließ am 25. Juli 1900 einen Aufruf an die Aerzte:

„Aerzte ganz Deutschlands, organisiert Euch!" Am 13. September 1900 wurde der „Verband der Aerzte Deutschlands zur Wahrung ihrer wirtschaftlichen Interessen", kurz der „Leipziger Verband" genannt, von etwa 20 Aerzten ins Leben gerufen. Die Entwicklung ging zuerst nur langsam vorwärts. 1903 waren von 29 679 Aerzten erst 2000, also 6,74% organisiert. Aber trotz hoher jährlichen Beiträge ist das Ziel doch annähernd erreicht worden. 1911 waren von 32 835 Aerzten 23 789, also 72,43% im Leipziger Verbande zusammengeschlossen.

Die Arbeitergewerkschaften hatten die Aerzte gelehrt, daß nur durch Ansammlung großer Geldmittel wirtschaftlich etwas zu erreichen ist. Man folgte deren Beispiel, hat aber gerade dadurch den Unwillen der Kassenvorstände erregt. An deren Spitze stehen die gleichen Personen, die als Arbeitnehmer den „Streikbrecher" verurteilen, aber als Arbeitgeber den Aerzten gegenüber mit Hilfe von Streikbrechern arbeiten. Die Ortskrankenkassen kämpften auch Schulter an Schulter mit den Betriebskrankenkassen der Arbeitgeber.

Ohne den Leipziger Verband, der die wirtschaftliche Sektion des großen Aerztevereinsbundes geworden ist, würde der ärztliche Stand auf ein tiefes und unwürdiges Niveau herabgedrückt worden sein. Noch größeren Aerger hat der Leipziger Verband bei den Krankenkassen dadurch hervorgerufen, daß er sich nicht bloß auf Geldbeihilfen bei Differenzen und Kündigungen beschränkt und zu diesem

Zweck eine „Streikkasse“ geschaffen hat, sondern daß er auch bewußt versucht hat, Einfluß auf den Abschluß von Verträgen zu gewinnen, wie z. B. bei dem Verbande der Lebensversicherungsgesellschaften. Er hat ferner Tarifverträge mit dem kaufmännischen Krankenkassenverbande abgeschlossen. Am meisten hat aber der Tarifvertrag mit der Reichspostverwaltung die Gegner verstimmt. Bei den Postbeamten ist mit deren fast einmütigem Wnusch die freie Arztwahl eingeführt, außerdem richtet sich die Bezahlung staffelweise nach der Höhe des Gehaltes. Daß dies mit Hilfe von Behörden hat geschehen können, hat den ganz besonderen Zorn erregt.

Man hat mit allen Mitteln versucht, die Aerzte in Mißkredit zu bringen. Besonders alle Schrecken des Wortes „Streik“ wurden heraufbeschworen, um die Oeffentlichkeit gegen die Aerzte einzunehmen. Man malte die Gefahr an die Wand, daß nirgends ärztliche Hilfe in Krankheitsfällen mehr zu erreichen sein würde und forderte deshalb das Eingreifen des Staates im Interesse der allgemeinen Wohlfahrt. Man verschwieg dabei, daß die Aerzte gar nicht die ärztliche Hilfe verweigern wollten. Die Aerzte hatten nur den Beschluß gefaßt, die Kassenmitglieder als Privatkranke zur mindesten Taxe zu behandeln, falls mit den Kassen kein würdiger Vertrag zustande kommt. Das Vorgehen der Aerzte richtete sich nicht gegen die Kranken, sondern gegen den Arbeitgeberstandpunkt der Kassen.

Dieses „Graulichmachen“ hat seine Wirkung verfehlt. Die Oeffentlichkeit hat mit Ausnahme der sozialdemokratischen Presse dem Vorgehen der Aerzte sypathisch gegenübergestanden, auch die Kassenmitglieder zum großen Teil, da sie ein großes Interesse an der freien Arztwahl haben. Und die von den Betriebskrankenkassen oft wiederholten Hinweise, daß die Aerzte mit der Androhung des „Streiks“ in das rote Lager übergingen, wurden von niemand geglaubt, da ja die Betriebskrankenkassen der Arbeitgeber Hand in Hand mit den Ortskrankenkassen, deren Leitung zum größten Teil in den Händen von Männern liegt, die zur sozialdemokratischen Partei gehören, gegen die Aerzte vorgingen. Gerade dieser Kampf zwischen Aerzten und Krankenkassen hat gezeigt, daß die wirtschaftlichen Organisationen nichts mit den politischen Parteien zu tun haben. Die Gründung des Leipziger Verbandes erfolgte zum Teil, um den Bestrebungen des sozialdemokratischen Arztes Dr. Landmann entgegenzutreten; der schärfste Gegner der Aerzte war später der sozialdemokratische Landtagsabgeordnete Fräßdorf als Vertreter der Krankenkassen. Die Gründer des Leipziger Verbandes sind durchaus politisch rechtsstehende Männer. Trotzdem hat sich dieser Verband zum „Streik“ bekannt, trotzdem hat er seine „Streikkassen“ gefüllt. Die Notwendigkeit, da auf dem Wege der Staatshilfe nichts zu erreichen war, zwang ihn, die Mittel der Selbsthilfe zu ergreifen und durch das solidarische Handeln sich stark zu machen.

Die wirtschaftliche Organisation der Aerzte bestätigt vollkommen das, was der Tübinger Nationalökonom Professor Wilbrandt in seinem auf dem Verbandstag des deutschen Techniker-Verbandes in Stuttgart gehaltenen Vortrage: „Technik und Organisation“ gesagt hat:

„Der Einzelne ist ein Blatt auf den Wogen des Ozeans, das herumgeschleudert wird von den Wellen; durch Organisation wird der Einzelne ein Blatt an einem großen Baume, er wird ein Teil von einem Organismus, welcher lebt in allen seinen Gliedern.“

Nur Selbsthilfe durch eine feste Organisation kann in den heutigen Zeiten einen Stand wirtschaftlich und ethisch aufrecht erhalten!

VOLKSWIRTSCHAFT

Die erste Lesung des preußischen Wohnungsgesetzentwurfes im Abgeordnetenhause

hat leider die Ansicht bestätigt, daß eine Verbesserung des Entwurfs durch die parlamentarischen Verhandlungen nicht zu erwarten ist, sondern daß vielmehr die wenigen zu begrüßenden Reformen wieder verschlechtert werden. Die Verhandlungen am 17. Januar leitete der Handelsminister Dr. Sydow mit einer kurzen Begründung ein, dann marschierten die Redner der Parteien auf. Der konservative Abgeordnete v. Hassell wehrte sich zunächst dagegen, daß die Bestimmungen des Gesetzes auch auf das platte Land ausgedehnt würden. Den Städten sei allerdings die Kontrolle zu gönnen, man müsse nur auf den Mittelstand im Grundbesitz genügend Rücksicht nehmen. In Anbetracht der engen Freundschaft zwischen Konservativen und Zentrum im preußischen Abgeordnetenhause pflichtete der Zentrumsredner Dr. Wuermeling diesen Ausführungen bei. Den Bestimmungen über die Ausdehnung der polizeilichen Befugnis auf das Wohnungswesen stehe er nicht ablehnend gegenüber, aber es müßten Unterschiede zwischen Stadt- und Landbevölkerung gemacht werden. Ebenso äußerte sich der freikonservative Abgeordnete Lüdicke. Von der Nationalliberalen Partei sprach der Abgeordnete Künzer für den Entwurf. Er vermißte jedoch Bestimmungen über Sanierung älterer Stadtteile und über die wichtigsten Fragen des Realkredits: die Beschaffung zweiter Hypotheken. Besonders befürchtete er, daß der Entwurf stark in das Selbstverwaltungsrecht der Gemeinden eingreife. Der Abgeordnete Flesch (Fortschrittliche Volkspartei) äußerte sich in ähnlichem Sinne. Er betonte besonders, daß das Verhalten der Regierung in der großstädtischen Wohnungsfrage nicht immer den sozialen Gesichtspunkten Rechnung getragen hätte, wofür der Verkauf des Tempelhofer Feldes ein Beweis wäre. Er vertrat ferner die Forderung des deutschen Städtetages, der als Voraussetzung für die Verbesserung des Wohnungswesens eine Uebertragung der Wohnungspolizei an die Städte verlangt hatte und begründet diese Forderung damit, daß der Bau der riesigen Etagenhäuser in Städten mit königlicher Baupolizei bedeutend häufiger zu finden sei als bei der städtischen Baupolizei. Als letzter Redner vertrat der sozialdemokratische Abgeordnete Hirsch den Standpunkt, daß man den Gesetzentwurf nur als eine Abschlagszahlung betrachten könne. Auch er sicherte die Mitarbeit seiner Partei zu, verlangte jedoch grundsätzlich die Uebertragung der Baupolizei an die städtischen Behörden und eine gesetzliche Vorschrift, die den Erlaß von Wohnungsordnungen auch für Orte unter 10000 Einwohnern bestimmt. Im Laufe der weiteren Verhandlungen verteidigte Ministerialdirektor Dr. Freund die Regierung gegen den Vorwurf, sie hätte ihr Versprechen in den 90er Jahren, die Baupolizei an die Städte zu übertragen, nicht erfüllt. Er führte dafür an, daß dies überall geschehen sei bis auf sechs Städte, mit denen teilweise noch Verhandlungen schwebten. Nur für Berlin sei eine Regelung noch nicht geschehen, weil nach Ansicht der Regierung bei Uebertragung der Berliner Baupolizei an die Stadt die zu einer energischen Forderung der Baupolizei notwendige Einheitlichkeit gestört würde.

Der Entwurf wurde sodann an eine Kommission zur weiteren Durchberatung überwiesen.

*

Die 3. deutsche Wohnungskonferenz,

die am 23. Januar stattfinden sollte, wie wir in Heft 4 berichteten, ist leider zu Wasser geworden. Sie war einberufen von dem rührigen Deutschen Verein für Wohnungsreform, der eine Stellungnahme der ideell an der Wohnungsreform interessierten Kreise zu dem preußischen Wohnungsgesetzentwurf herbeiführen wollte. Nun wird diesem Verein auch eine große Anzahl von Städten angeschlossen, die sich bereits auf dem Breslauer Städtetage u. a. auch gegen die durch Artikel I des preußischen Wohnungsgesetzentwurfs geplante Aenderung des § 12 des Gesetzes über die Anlegung und Veränderung von Straßen und Plätzen in Städten und ländlichen Ortschaften ausgesprochen haben. Dieser § 12 räumt nämlich den Gemeinden das Bauverbot an Straßen ein, die noch nicht für den Verkehr und den Anbau fertig gestellt sind, um den Gemeinden den erforderlichen Schutz gegen die durch das sogenannte wilde Bauen entstehenden Nachteile zu gewähren. Wie die Begründung zu dem preußischen Wohnungsgesetzentwurf hervorhebt, sind nun aber seit längerer Zeit Klagen darüber laut geworden, daß dieses Recht des Bauverbots willkürlich und in einer Weise gehandhabt wird, die das Maß der berechtigten Gemeindeinteressen überschreitet. Durch diesen Druck haben manche Gemeinden, um nur besonders steuerkräftige Mieter heranzuziehen, die Herstellung kleiner Wohnungen absichtlich verhindert oder erschwert. Es ist wiederholt vorgekommen, und gerade die Großberliner Gemeinden geben dafür viele Beispiele, daß Gemeinden in den bis auf geringe Lücken fertiggestellten Straßen die Anbauerlaubnis nur unter der Bedingung erteilt haben, daß auf den Grundstücken ausschließlich große Wohnungen von sechs und mehr Zimmern errichtet werden. Um diesen Mißstand zu beseitigen und die Errichtung von kleinen Wohnungen zu ermöglichen, wenn dafür ein Bedürfnis vorhanden ist, sieht der Wohnungsgesetzentwurf vor, daß ein Dispens von dem Bauverbot dann zu erteilen ist, wenn der Eigentümer Gewähr dafür bietet, daß dem Bedürfnisse nach dem Bau von kleinen Wohnungen durch den Bau entsprechender, gesunder und zweckmäßig eingerichteter Wohnungen Rechnung getragen wird und dem Bau keine berechtigten Gemeindeinteressen entgegenstehen. Es heißt darüber weiter in der Begründung: „Entsprechend der Absicht des Entwurfs, die Wohnungsverhältnisse im allgemeinen, wenn auch unter besonderer Berücksichtigung der Bedürfnisse der minderbemittelten Bevölkerungskreise zu verbessern, soll die [illegible] dürfnis nach Wohnungen einer gewissen Art und Größe besteht und diesem Bedürfnis durch Errichtung von Wohnungen der in Betracht kommenden Art abgeholfen werden soll. Wie die Worte „gesunder und zweckmäßig eingerichteter Wohnungen" indes weiter erkennen lassen, müssen die zu errichtenden Wohnungen den Anforderungen der Gesundheit, insbesondere hinsichtlich ihrer Durchlüftbarkeit, und der Zweckmäßigkeit, namentlich in Beziehung auf Abgeschlossenheit und Zubehör, entsprechen. Für Massenmiethäuser mit Seiten- und Hinterflügeln und dementsprechend nur ungenügend durchlüftbare Wohnungen soll daher das Dispens vom Bauverbote nicht verlangt werden können." Eine Bestimmung darüber, was unter berechtigten Gemeindeinteressen zu verstehen ist, wird in dem Entwurf nicht getroffen. Es wird nur darauf hingewiesen, daß die Fernhaltung von Personen der minderbemittelten Bevölkerungsklassen von dem Gemeindegebiete als ein berechtigtes Gemeindeinteresse, das die Versagung des Dispenses zu rechtfertigen geeignet wäre, nicht angesehen werden kann. Die Entscheidung darüber, was als berechtigte Gemeindeinteressen anzusehen ist, wird in dem Entwurf im Streitfalle dem Bezirksausschusse vorbehalten.

Gegen diese Bestimmung hatte sich der preußische Städtetag gewandt. Er erklärte gemäß den Leitsätzen des Berichterstatters über diese Frage, Beigeordneten Dr. Matthias-Düsseldorf, daß diese Bestimmung eine unbegründete Einschränkung der Selbstverwaltung bedeute und daß ihr nachdrücklichst widersprochen werden müsse.

Um eine Stellungnahme zum Gesetzentwurf ohne Rücksicht auf andere Interessen zu ermöglichen, hatte der Deutsche Verein für Wohnungsreform die Städte zu dieser Wohnungskonferenz nicht eingeladen, diese hatten aber unbedingt auf der Teilnahme bestanden. So kam es denn auf der Tagung zu heftigen Zusammenstößen, die schließlich zu einer Vertagung der Konferenz führten, ohne daß in die sachlichen Verhandlungen eingetreten wurde. Es wurden zwei Kommissionen eingesetzt, eine, die die Differenzen mit den Städten klären soll, eine zweite, die speziell versuchen soll, die getrennten Auffassungen über die Aenderung des § 12 durch den neuen Entwurf zusammenzuführen.

Es ist recht bedauerlich, daß diese Tagung, die viel für den Gedanken der Wohnungsreform hätte wirken können, einen solchen Verlauf genommen hat. Wir können nicht behaupten, daß unsere Sympathien auf Seiten der Städte sind. Gewiß ist es bedauerlich, wenn das Selbstverwaltungsrecht der Städte geschmälert wird. Aber die Herrschaft der Hausbesitzer in den Kommunen auf Grund des Haushesitzerprivilegs bei den Gemeindewahlen ist daran schuld, daß die Interessen der Allgemeinheit nicht in der genügenden Weise wahrgenommen werden. Da die Städte selbst nicht daran denken, diesem Hausbesitzerprivileg energisch zu Leibe zu gehen, bleibt wohl kein anderer Weg als der vom Gesetzentwurf vorgesehene übrig. Ueber dem Selbstverwaltungsrecht steht doch noch das Wohl der Allgemeinheit. Hdl.

*

Zur Durchführung des englischen Wohnungsgesetzes

Das Ministerium für lokale Verwaltung hat einen Bericht veröffentlicht über die bisherige Durchführung des im Jahre 1909 erlassenen Wohnungsgesetzes. (Town Planing Act.) In diesem Gesetz wird die Tätigkeit der örtlichen Verwaltungen nach fünf Richtungen hin skizziert: Einführung der Wohnungsaufsicht, Schließen oder, wenn nötig, Abbruch gesundheitsschädlicher Wohnungen, Förderung des Kleinwohnungsbaues, planmäßige Städteerweiterung und Städteanlage, Einstellung von Gesundheitsbeamten.

Im Laufe der vier Jahre nach Inkrafttreten des Gesetzes sind insgesamt an 114 000 Häusern bauliche Veränderungen vorgenommen worden. Die Zahl der Gemeinden, die auf Grund des Gesetzes eine ständige Aufsicht eingerichtet haben, ist fortgesetzt gewachsen. In der Zeit von 1909 bis 1911 belief sich ihre Zahl auf 500 Gemeinden, in denen insgesamt 18 927 Häuser besichtigt wurden, 1912 stieg ihre Zahl auf 778 mit 43 781 Häusern und 1913 auf 865 Gemeinden mit 51 915 Häusern. Die schärfste Maßregel, das Schließen oder wenn nötig Abbruch gesundheitsschädlicher Wohnungen wurde im verflossenen Jahre in etwa 13 000 Fällen angewandt. Zur Förderung des Kleinwohnungswesens wurden in der Zeit von 1910—1913 aus öffentlichen Mitteln 6355 Häuser gebaut, für die insgesamt 1 403 869 Sterling aus öffentlichen Mitteln gegeben wurden. Für das laufende Jahr ist der Bau von 1358 Häusern bereits fest geplant. Diese Errichtung von Häusern wird neben den gemeindlichen Unterstützungen weiter durch Hergabe billiger Darlehen gefördert. Von 1910—1913 wandten die Gemeinden hierfür 657 390 Sterling auf, während in den letzten 20 Jahren vorher für diese Zwecke insgesamt nur die gleiche Zahl von öffentlichen Mitteln verwandt wurde.

[illegible] Hand gegangen und mehrere Städte haben bereits den systematischen Bau von Stadtvierteln in Angriff genommen, so Birmingham für eine Baufläche von 1800 ha, Ruislep Nordwood für 3000 ha, Oldbury für 800 ha, Southport für 1400 ha und Luton für 2100 ha. Am Schluß des Jahres 1912 waren der Regierung 130 Pläne für systematischen Städtebau unterbreitet, die teils bereits in Angriff genommen oder geplant waren; die Gesamtfläche des zu bebauenden Bodens belief sich auf 30 000 ha.

SOZIALPOLITIK

Die Sozialpolitik im preußischen Abgeordnetenhause

Daß das preußische Abgeordnetenhaus die erste Gelegenheit ergreifen würde, um Front gegen die Sozialpolitik zu machen, war bei seiner Zusammensetzung zu erwarten. Staunen muß man aber doch über die Worte, die der Führer der Konservativen von Heydebrand am 15. Januar ausrief: „Man braucht bloß ein Arbeiter zu sein, um heute Recht zu haben. Das nennt man großzügige Sozialpolitik!" Wie malt in solchem Kopfe sich die Welt, wie fehlt es da auch an dem geringsten Verständnis für die sozialen Nöte unserer Zeit! Das zeigte auch die Rede des anderen konservativen Redners, des Abgeordneten Winckler, der einen verstärkten Schutz der Arbeitswilligen forderte und sogar dem Staatssekretär des Innern Dr. Delbrück dafür eine Rüge erteilte, daß er die Arbeitslosenversicherung nur zurzeit als nicht ausführbar erklärt hatte. Auch der Redner der Nationalliberalen, Dr. Röchling, lehnte die Arbeitslosenversicherung glatt ab. Für den Arbeitswilligenschutz hielt er ein besonderes Gesetz, ebenso wie der Zentrumsredner Herold, nicht für nötig, für Preußen gebe das allgemeine Landrecht der Polizei schon genügende Handhaben. Der preußische Minister des Innern v. Dallwitz erklärte darauf, daß bereits strengere Weisungen ergangen sind:

„Es bestehen Polizeiverordnungen, nach denen die Nichtbefolgung von Anordnungen unter Strafe gestellt wird, welche nicht nur gegen Störungen des Verkehrs sich richten, sondern auch den Zweck haben, die allgemeine Sicherheit, Ruhe und Ordnung auf der Straße und den Schutz der Person zu sichern. Diese Verordnungen sind durch eine Entscheidung des Reichsgerichts als rechtsbeständig anerkannt worden. Infolgedessen habe ich nicht versäumt, den Oberpräsidenten entsprechende Weisungen zu geben, derartige Verordnungen auch in ihren Bezirken zu erlassen. Ich glaube, daß es tatsächlich möglich sein wird, in dieser Weise Ausschreitungen besser zu verhindern, als es bisher der Fall gewesen ist."

Bezwecken diese Weisungen nur die Aufrechterhaltung der öffentlichen Ruhe, Ordnung und Sicherheit auf der Straße, so wird man nichts dagegen einzuwenden haben, ja sie für nötig halten. Die Befugnisse, die die Polizei durch das allgemeine Landrecht in Preußen hat, berechtigen aber zu dem allergrößten Mißtrauen. In Preußen ist man nur allzu sehr geneigt, Reichsgesetze durch Polizeiverordnungen zu umgehen.

Der freikonservative Freiherr von Zedlitz hat bei der Beratung des Arbeitswilligenschutzes sogar den Antrag eingebracht, die Regierung aufzufordern, für einen besseren reichsgesetzlichen Arbeitswilligenschutz im Abgeordnetenhause einzutreten.

Diesen fortgesetzten Versuchen der Arbeitgeberkreise und ihrer politischen Vertretung gegenüber müssen alle Arbeitnehmer gerade die Sicherung des Koalitionsrechtes fordern, nicht nur Beseitigung der einengenden §§ 152, 2 und 153 der Gewerbeordnung, sondern auch Bestrafung jeder gewaltsamen Verhinderung an der Ausübung des Koalitionsrechtes. Hier haben Arbeiter und Angestellte die gleichen Interessen. Die Gesellschaft für Soziale Reform hat durch Einladung zu einem Angestelltentag die Initiative zu einer solchen geschlossenen Kundgebung aller Angestelltenverbände für den Schutz des Koalitionsrechts gegeben. Hdl.

*

Regierung und Zentralverband

Wie der Zentralverband deutscher Industrieller versucht, Einfluß auf die Oeffentlichkeit zu gewinnen, zeigte sich in diesen Tagen bei dem Bestreben dieser Interessengruppe, zur Erweiterung ihres schon bedeutenden Einflusses auf die Presse auch den „Berliner Lokal-Anzeiger" in ihren Besitz zu bekommen. Aber noch beunruhigender wirkt die Mitteilung, daß der Reichskanzler persönlich an Großindustrielle mit dem Wunsche herangetreten ist, man möge dem Verlag Scherl die nötigen 10 Millionen, die er zur Erhaltung des Blattes braucht, zur Verfügung stellen, damit dieses Blatt nicht in den Verlag von Mosse und Ullstein gelange.

Eine Illustration dafür, wie die Regierung unparteiisch über den Interessengruppen steht!

*

Die Gewerkschaften im Jahre 1913

Das „Korrespondenzblatt der Generalkommission der Gewerkschaften Deutschlands", also das offizielle Organ der freien Gewerkschaften, macht in seiner Jahresbetrachtung Ausführungen, die zeigen, wie nüchtern die Arbeitergewerkschaften den Erfolg ihrer Politik und die Aussichten einschätzen. Der Bericht geht davon aus, daß einerseits die Beendigung des Balkankrieges keine erhebliche Wandlung auf wirtschaftlichem Gebiete nach sich gezogen hat, daß der günstige Ernteausfall des Jahres zwar auf die Lebensmittelpreise „immerhin schon eine große" Rückwirkung ausgeübt hat, „um die Höhe der Haushaltsposten wesentlich zu beeinflussen", daß aber von einer günstigen Rückwirkung auf den Beschäftigungsgrad nichts zu bemerken war, im Gegenteil die Arbeitslosennot und das Arbeitslosenproblem in der zweiten Hälfte des Jahres die öffentliche Diskussion beherrschte. Den ungünstigen Wirkungen der Wirtschaftslage konnten sich auch die Gewerkschaften nicht entziehen. Es haben sich Mitgliederverluste eingestellt. Das „Korrespondenzblatt" sagt darüber: „Wenn auch die meisten Organisationen wacker standgehalten haben, hat doch eine Minderzahl mit teilweise erheblichen Mitgliederverlusten kämpfen müssen. Von 48 Verbänden, deren Mitgliederzahlen für das dritte Quartal 1913 vorliegen, hatten 19 einen Rückgang von Mitgliedern zu beklagen. Diese 48 Verbände (einschließlich der Landarbeiter und Hausangestellten) zählten am Ende des dritten Quartals 1912 2 564 893 Mitglieder, dagegen am Ende des dritten Quartals 1913 nur 2 549 932 Mitglieder. Der Rückgang beträgt 14 691 Mitglieder oder 0,57 Prozent. Es ist nicht anzunehmen, daß das vierte Quartal des letzten Jahres günstigere Verhältnisse aufzuweisen hätte."

Ueber die organisatorisch wichtigen Vorgänge innerhalb der Gewerkschaftsbewegung macht das „Korrespondenzblatt" u. a. folgende Mitteilungen: Der Zusammenschluß zu größeren Verbänden hat anscheinend seinen Höhepunkt erreicht, das Berichtsjahr brachte nur Verschmelzungen von geringerer Tragweite; trotzdem wurde die Verschmelzungsfrage noch in einer ganzen Reihe von Organisationen weiter erörtert. Zwei der bedeutendsten Verbände des Baugewerbes, die der Bauarbeiter und der Maler, haben die Einführung der Arbeitslosenunterstützung am Orte beschlossen; es fehlen jetzt nur noch die Verbände der Steinarbeiter, Dachdecker, Schneider und Steinsetzer. Weiter weist der Bericht auf die großen Lohn- und Tarifbewegungen des Jahres hin. Die Ausführungen hierüber sind in mancher Beziehung sehr bemerkenswert. Es heißt da u. a.:

„Wenn auch die Voraussage, daß das Jahr 1913 ein Kampfjahr von außerordentlicher Bedeutung sein werde, sich nicht ganz erfüllt hat, da es gelang, die umfangreichsten Bewegungen friedlich zum Abschluß zu bringen, so waren doch immerhin große Kämpfe zu verzeichnen, vor allem im Malergewerbe, dessen Unternehmertum es darauf abgesehen hatte, die Arbeiterorganisationen weißbluten zu lassen, nicht minder auch in der Werftindustrie, wo das unbesonnene Vorgehen der Arbeiterschaft selbst schwere Organisationskonflikte nach sich zog. Größere Kämpfe waren auch in der Binnenschifferei, in der Krefelder Färberei, in der Stuttgarter Maschinenindustrie, in der Berliner Herrenkonfektion und im Stettiner Hafen zu verzeichnen; sie endeten mit Ausnahme des Berliner Schneiderstreiks und des großen Kampfes der Maler erfolglos. Darin zeigte sich wiederum die der Arbeiterschaft nachteilige Wirtschaftslage, die den Erfolg ihrer Lohnkämpfe fast völlig in Frage stellte... Angesichts dieser Ungunst der Verhältnisse war es doppelt verdienstlich, daß im Baugewerbe und Holzgewerbe die drohenden schweren Kämpfe vermieden wurden, wie es doppelt tadelnswert war, daß in der Schiffbauindustrie die Arbeiter sich nicht halten ließen und durch ihr eigenmächtiges Vorgehen den ganzen Erfolg der eingeleiteten Lohnbewegung verscherzten. Die Erinnerung an jene Vorgänge muß die bittersten Empfindungen auslösen. Es ist betrübend, zu sehen, wie eine jahrzehntelange gewerkschaftliche Erziehungsarbeit an der Arbeiterschaft dieser Riesenwerkstätten spurlos vorübergegangen ist, wie sie sich gegen jede Weiterentwicklung der gewerkschaftlichen Methoden auflehnt. Erfreulicherweise handelt es sich nur um Ausnahmeerscheinungen, die mit der wachsenden Festigung der Organisationen schwinden werden. Im vitalsten Interesse der Gewerkschaftsbewegung aber ist es gelegen, daß sich solche Vorgänge so wenig als möglich wiederholen, und daß die Gewerkschaften in jedem Moment auf die Disziplin ihrer Mitglieder rechnen können."

Im Zusammenhang mit der Erwähnung der Fragen des Koalitionsrechts, des Arbeitswilligenschutzes und des Streikpostenstehens wird dann das Vorgehen der Gewerkschaften gegen die Deutsche Bank erwähnt und dabei ausgeführt:

„Die Deutsche Bank würde sicher die Maßregelung ihres als Vertreter seiner Organisation fungierenden Angestellten Baron vermieden haben, wenn sie den Sturm vorausgesehen hätte, den ihr Vorgehen entfesselte. Den freien Gewerkschaften gab dieser Maßregelungsfall Gelegenheit, die Anlegung ihrer Gelder inniger mit der Wahrung gewerkschaftlicher Interessen zu verbinden und solche Bankinstitute zu bevorzugen, die Gewähr dafür bieten, daß ihre Angestellten sich ungehindert koalieren dürfen. Der Gewerkschafts- und Solidaritätsgedanke hat durch diesen Vorgang in den Kreisen der gesamten Angestelltenbewegung eine starke Belebung und Förderung erfahren."

Für das beginnende Jahr wird schließlich folgender Ausblick gegeben: „Die steigende Arbeitslosigkeit wird auch dem kommenden Jahre ihren Stempel aufdrücken. Aller Voraussicht nach gehen wir einer neuen Krisis, wenn auch vielleicht von kürzerer Dauer, entgegen. So drückend ihre Wirkungen besonders in den Kreisen der Arbeiter empfunden werden, so muß doch aufs neue eingeschärft werden, daß in solchen kritischen Zeiten ein vorsichtig abgewogenes Vorgehen der Arbeiterorganisationen, bei dem Einmütigkeit auf allen Punkten der Kampfeslinie herrschen muß, doppelt notwendig ist. Den wachsenden Anforderungen größerer Kämpfe wird die Schaffung einer zentralen Streikunterstützung durch den diesjährigen Gewerkschaftskongreß Rechnung tragen, so daß, wenn solche Kämpfe uns aufgezwungen werden, auch ihr Erfolg verbürgt werden kann." Die ganzen Ausführungen des offiziellen Gewerkschaftsorgans sind ein Muster nüchterner, von Utopistereien und phrasenhaften Verschleierungen freier Gewerkschaftspolitik, deren Ziel lediglich auf praktische Erfolge gerichtet ist und für die der wirtschaftliche und soziale Jenseitsglaube keiner Erwähnung wert ist.

⁑ ⁑ ⁑ ⁑ ⁑ BEAMTENFRAGEN ⁑ ⁑ ⁑ ⁑ ⁑

Die Staatsregierung und das Auswärtswohnen der Beamten

Das in letzter Zeit immer schärfer auftretende Bestreben der größeren Städte, ihrem Beamten das Wohnen in den Vororten zu untersagen, hat den Gesamtverband preußischer und deutscher Vororte veranlaßt, die preußischen Ministerien in einer Eingabe darüber um Auskunft zu bitten, welche Maßnahmen die Ministerien über das Auswärtswohnen der Beamten getroffen haben. Der Kriegsminister führt in seiner Antwort aus, daß in seinem Ressort der Grundsatz vertreten werde, die Beschränkung im Auswärtswohnen der Beamten könne nur durch Gründe herbeigeführt werden, die im unmittelbarsten Zusammenhange mit dem Dienstinteresse stehen. Der Justizminister meint, daß die Vorstellung des Gesamtverbandes preußisch-deutscher Vororte zu Maßnahmen für den Bereich der Justizverwaltung nicht in Frage käme. Der Minister der öffentlichen Arbeiten verweist auf die von ihm bereits in der Praxis getroffenen Bestimmungen. Hiernach ist es den Eisenbahnbeamten gestattet, so weit die ordnungsmäßige Wahrnehmung des Dienstes durch das Auswärtswohnen nicht beeinträchtigt wird, außerhalb ihres Dienstortes Wohnung zu nehmen. Bei Entscheidungen über Anträge ist der

Ministerialerlaß vom 12. Juli 1910 zu beachten, wonach den Beamten nicht gestattet werden soll, außerhalb des Dienstortes zu zu wohnen, wenn Dienstort und Wohnung mehr als 30 Kilometer von einander entfernt sind, oder wenn die einfache Eisenbahnfahrt länger als 30 Minuten währt. Aus diesen Antworten geht hervor, daß die preußische Regierung weitaus weniger an der strengen Durchführung der Residenzpflicht festhält als die Kommunen, die aus Gründen, die nicht im Dienstverhältnis liegen, auf die Bestimmungen des Landrechts über den Wohnort der Beamten zurückgreifen.

Bedauerlich ist die Antwort, die das Ministerium des Innern auf die Frage des Gesamtverbandes der Vororte über die Neuregelung dieser Materie gegeben hat. Der preußische Minister des Innern teilt darin mit, „daß es nicht in der Absicht der Staatsregierung liegt, die Frage des Auswärtswohnens der Beamten durch eine allgemeine Anordnung zu regeln". Wenn die Regierung nicht bereit ist, die Initiative zu ergreifen, wird es Pflicht des Landtags sein, eine Bestimmung, die vom Gesetzgeber getroffen worden ist, als an die gegenwärtige Bedeutung der Vororte nicht zu denken war, in der Weise zu ändern, daß sie den modernen Begriffen entspricht. Dr. B.

STANDESFRAGEN

Zeichen der Zeit

Das bedenkliche Anschwellen der Zahl der durch die Wirtschaftskrise stellungslos gewordenen Kollegen schließt die große Gefahr in sich, daß das Gehaltsniveau der technischen Angestellten durch das gegenseitige Unterbieten der zahlreichen Bewerber, die den Weg zur Organisation noch nicht gefunden haben, ungünstig beeinflußt wird. Wenn Unterbietungen stattfinden, so ist dies nicht zuletzt auch darauf zurückzuführen, daß der durch die schlechte Wirtschaftslage selbst in Mitleidenschaft gezogene Unternehmer jetzt mehr denn je danach trachten wird, nur billige Arbeitskräfte einzustellen. Aber die Sparsamkeit weiter zu treiben, als es der Einsender der folgenden Anzeige aus Nr. 97 der „Bergwerkszeitung" für gut befunden hat, dürfte schlechterdings nicht möglich sein. Wir lesen dort:

> **Jung. Techniker, gel. Z.,**
> fertig in stat. Berechnungen und Buchführung für Kontor u. Platz bei **90 M** Gehalt sofort gesucht.
> **Dampfsägewerk Limmritz, N.-M.**

Man ist also im Dampfsägewerk Limmritz augenscheinlich der Ansicht, daß der Techniker durch vielfache und lange Stellungslosigkeit das Hungern bereits gewohnt ist.

Aber nicht nur durch Unterbietungen bei der Stellung des Gehaltsanspruchs droht dem Technikerstand augenblicklich erhöhte Gefahr. Es hat sich mehr und mehr ein neuer Umstand herausgebildet, der vor allem dem Ansehen des Technikers schädlich ist. Das Ueberangebot von technischen Arbeitskräften, das Bestreben, unter allen Umständen so schnell wie möglich eine neue Stellung zu erlangen, treibt eine Giftblüte auf dem Arbeitsmarkt, deren Keime man schleunigst beseitigen sollte. Es mehren sich in erschreckendem Umfang Inserate, worin für die Vermittelung einer Stellung eine h o h e B e l o h n u n g versprochen wird. Nur sehr selten dürfte es die Not sein, die gewisse Leute, die sich vielleicht über das Bedenkliche ihrer Handlungsweise nicht im klaren sind, zu diesem Schritt veranlaßt hat. Die erstaunliche Höhe der Belohnung läßt vielfach auf ganz andere Ursachen schließen. Wir entnehmen z. B. der Nr. 104/5 der „Deutschen Bauzeitung" folgendes Stellengesuch:

> **500 M**
> **und mehr demjenigen,** der mir zu einer
> **dauernden Stellung**
> verhilft. Suchender ist **Bautechniker,** 25 J., verh., militärfrei, selbstständig, kautionsfähig, mit 8 jähr. Bau- und Bureaupraxis und abgeschlossener Schulbildung.
> Gefl. Offerten unter **H. 3158** an die Exp. d. Ztg. erbeten.

Wenn Belohnungen in dieser Höhe zugesichert werden — es ist in solchen Anzeigen bekanntlich sogar schon von 1000 und 2000 M die Rede gewesen —, so kann eine Notlage offenbar noch gar nicht vorhanden sein. Man muß daher auf eine große Bequemlichkeit des Bewerbers schließen, die umso schärfer zu tadeln ist, als eine ziemliche Portion Dreistigkeit dazu gehört, auf die Bestechlichkeit des Vorgesetzten, der die Stellung zu vergeben hat, zu spekulieren. Darum schädigen derartige Gesuche das Ansehen und die Lage unseres Standes. Die Bedenken, ob nicht mancher Hohlkopf, der anderen, befähigteren Leuten das Brot weg nimmt, seine gute Stellung lediglich dem Umstande verdankt, daß er sie sich hat „etwas kosten lassen", sind leider nicht von der Hand zu weisen. Denn daß Personen, die über die Besetzung einer Stellung zu entscheiden haben, solchen Ansuchen gegenüber unzugänglich sein würden, scheint in Wirklichkeit durchaus nicht immer der Fall zu sein. Und es ist interessant, daß es wieder die D e u t s c h e B a u z e i t u n g, die doch viel von Behörden gelesen wird, ist, worin sich folgender Auswuchs breit macht:

> **Lebensstellung**
> wird **Techniker** bei Behörde beschafft. Abgeschl. Baugewerkschulbildung nicht erforderlich. Gegenleistung 2—3000 M Darlehn, Sicherheit.
> Umgeh. Offerten unter **N. 3163** an die Exp. d. Ztg. erbeten.

Man weiß wirklich nicht, über wen man sich mehr wundern soll; über den, der Bestechlichkeit glatt voraussetzt, oder über den, der sich offen dazu bekennt, daß er einem Schmiergeld als „Gegenleistung" zugänglich ist. Die Konjunktur für Leute, die auf diese Weise Geld verdienen wollen, ist leider nur zu günstig. Inwieweit das Vorgehen der beiden Inserenten mit den guten Sitten vereinbart werden kann, wollen wir nicht weiter erörtern. Aber es wäre an der Zeit, daß sich die „Deutsche Bauzeitung" endlich dazu entschließt, derartige Gesuche nicht mehr aufzunehmen. Mf.

*

Gegen den Patentgesetzentwurf

richtete sich eine Kundgebung des Vereins Deutscher Maschinenbauanstalten, des Vereins zur Wahrung der Interessen der chemischen Industrie Deutschlands und zur Wahrung gemeinsamer Wirtschaftsinteressen der deutschen Elektrotechnik, vom Bund der Industriellen und vom Zentralverband deutscher Industrieller, die am 16. Januar in Berlin stattfand. Ein Bericht nennt unter den Erschienenen u. a. Regierungsrat S c h w e i g h o f f e r, Geheimrat V o r s t e r (Köln), Dr. B e u m e r (Düsseldorf), Dr. K u h l o (München), Landtagsabgeordneten H i r s c h (Essen), Dr. v. B ö t t i n g e r (Elberfeld), Geh. Regierungsrat K ö n i g, die Reichstagsabgeordneten W a r m u t h und G ö t t i n g u. a. m. Es hatten sich also die gesamten industriellen Arbeitgeber, die sonst getrennt marschieren und sich oft untereinander befehden, zusammengefunden. Es wurde eine Reihe von Referaten entgegengenommen. Justizrat Dr. Waldschmidt, Generaldirektor der Ludwig Löwe A.-G. sprach über das Patentgesetz im allgemeinen und das Erfinderrecht. Er wandte sich gegen den Grundgedanken des neuen Entwurfs, wonach dem Erfinder das Anmelderecht zuerkannt ist. Eine „d o k t r i n ä r e T h e o r i e" ist für ihn unsere Forderung, daß das geistige Eigentum geschützt werden muß. Dr. Waldschmidt leugnet, um den Grundgedanken des Gesetzentwurfs abzutun, ganz und gar, daß die Erfindung das besondere Verdienst einen Einzelnen sei. Erfindungmachen ist heute „in der Hauptsache organisierte Arbeit, selten das Werk eines Einzelnen." Es ist das derselbe Gedankengang, der seit dem Erscheinen des Gesetzentwurfs systematisch in den Vordergrund geschoben wird und den Dr. Aron im Verein deutscher Maschinenbauanstalten folgendermaßen formulierte: „Erfindung ist nichts weiter als ehrliche Arbeit, Arbeit, die einen Gegenstand verfolgt von Anfang bis zu Ende, bis man zum Ziel kommt, wie bei jeder anderen Arbeit." Um Argumente für die Ablehnung des Grundgedankens des Gesetzentwurfs zu finden, werden die größten logischen Sprünge gemacht. Ehrliche Arbeit, die einen Gegenstand verfolgt von Anfang bis zu Ende, ist auch das Umpflügen eines Ackers. Ist es dieser „ehrlichen Arbeit" zuzuschreiben, wenn der Landmann hinter seinem Pfluge einen S c h a t z entdeckt? Gewiß gehört zum Erfinden auch ehrliche, zielbewußte Arbeit, aber nicht ihr allein ist sie zuzuschreiben, sondern der persönlichen Kombinationsgabe des Erfinders. Sonst müßte die gleiche Erfindung von jedem gemacht werden, der mit gleichen Kenntnissen ausgerüstet an die gleiche Stelle gesetzt wird. Aber auch der Hinweis auf das Milieu kann die Erfindertätigkeit nicht herabsetzen. Durch die O r g a n i s a t i o n der Arbeit wird keine Erfindung geschaffen. Es ist wieder die schöpferische Tätigkeit des Einzelnen, der sie in dieser Organisation der Arbeit hervorbringt.

Die Angestelltenerfindung im besonderen, also den § 11 des Gesetzentwurfs, behandelte auf der Tagung Kommerzienrat Dr. Goldschmidt-Essen. Auch sein Bestreben ging dahin, das Verdienst des angestellten Erfinders möglichst zu verkleinern. Die Tatsache der Erfindung gewähre kein Anrecht auf Vergütung; erst die Aufwendung der oft erheblichen Mittel für die Durchführung des Patents bringe einen Gewinn hervor. Wie sehr diese Behauptung den Tatsachen widerspricht, zeigt doch schon der Umstand, daß sich die Unternehmer dagegen wehren, daß ein Angestellter sein Patent anderweitig verwertet. Eine wertlose Sache sucht man aber nicht in seinen Besitz zu bekommen!

Recht bezeichnend ist die Forderung von Dr. Goldschmidt, daß die Entschädigungsfrage aus dem Gesetz entfernt werden soll und seine Mahnung, das gute Verhältnis zwischen Arbeitgebern und höheren Angestellten nicht durch „eine falsche Auffassung sozialer Pflichten" zu stören. Diese falsche Auffassung ist nach Dr. Goldschmidt also die, daß die Arbeitgeber für eine besondere Leistung des Angestellten auch eine besondere Vergütung entrichten sollen!

Das einzige, was man den Angestellten zuerkennen will, ist der Schutz der Erfinderehre, ein Anerkenntnis, das nichts kostet. Aber auch hier erklärt Landtagsabgeordneter Clauß, daß dieses Zugeständnis ein Opfer bedeute, das die beteiligten Industriebetriebe dem Interesse der Angestellten bringen. Worin dieses Opfer allerdings besteht, konnte er nicht beweisen. Aber allerdings, ein „Opfer" ist es ja auch, wenn jemand etwas rechtswidrig Angeeignetes herausgeben muß.

Auf der Tagung sprach noch weiter Professor Dr. Bernthsen über die Verfassung des Patentamts, Kommerzienrat Dr. Guggenheimer über die Präklusivfrist, und Dipl.-Ing. Vogelsang über die Bedeutung des Patentanspruchs.

Zu den ersten drei Referaten wurden folgende Resolutionen angenommen:

1. Der Uebergang vom bisherigen öffentlich-rechtlichen Patentrecht (Anspruch des Anmelders auf das Patent) zu einem privatrechtlichen Urheberrecht (Anspruch des Erfinders auf das Patent) wird als unnötig, grundsätzlich verfehlt und für die deutsche Volkswirtschaft gefährlich abgelehnt.

2. Die Bestimmungen des Gesetzentwurfs, welche ein Recht der Angestellten auf besondere Vergütungen für erfinderische Leistungen schaffen, sind ungerechtfertigt und undurchführbar; sie müssen Interessengegensätze und Streitigkeiten zwischen Unternehmern und Angestellten einerseits und andererseits zwischen Angestellten untereinander mit Notwendigkeit hervorrufen und die bisherige gedeihliche Arbeitsgemeinschaft in den gewerblichen Betrieben gefährden.

Keinesfalls gehört die Behandlung einer solchen Sonderfrage des Dienstvertrages in ein Patentgesetz. Die bestehende Vertragsfreiheit muß unter allen Umständen uneingeschränkt erhalten bleiben.

3. Der Namensnennung des Erfinders in den Veröffentlichungen des Patentamts stehen ebenfalls die in den Leitsätzen 1 und 2 ausgeführten Bedenken entgegen. Die Namensnennung im Interesse der Angestelltenerfinder erscheint jedoch durchführbar, sofern nur das Recht, genannt zu werden, nicht aber ein Recht auf Nichtnennung anderer gewährt wird. Die Anerkennung eines „Erfinderrechts" darf hieraus nicht gefolgert werden.

Gegen jeden sozialen Fortschritt im Patentrecht! Das war die Parole, die auf jener Tagung ausgegeben wurde. Kleinlicher Unternehmergeist, der kein Verständnis dafür hat, daß die Hebung der Arbeitsfreudigkeit der Angestellten auch dem Unternehmen zugute kommt, beherrschte die Verhandlungen.

Was wir voraussagten, ist eingetroffen. Die Unternehmer haben gegen den Patentgesetzentwurf, der uns zwar auch nicht alles bringt, aber doch als eine geeignete Grundlage angesehen werden kann, mobil gemacht. Sache der Angestellten muß es sein, dieser Front geschlossen gegenüberzutreten und vor allem energisch gegen diese Herabsetzung der Tätigkeit des erfindenden Technikers zu protestieren, die von jener Seite systematisch betrieben wird. Hdl.

*

Lokomotivführer!

In ihrem Amtsblatt Nr. 3 vom 12. Januar 1914 teilt die Kgl. Eisenbahndirektion in Magdeburg mit, daß an der dortigen Kgl. Maschinenbauschule im April d. J. wiederum ein Kursus zur Heranbildung von Lokomotivbeamten beginnt. Sie zeigt dieses an, um ihre Bedienstete auf die Vorteile hinzuweisen, die durch die erfolgreiche Teilnahme am Unterrichte entstehen. Als Schüler kommen in erster Linie junge Schlosser und Maschinenbauer in Frage, die in den Betrieben der Eisenbahn zu Magdeburg, Halberstadt und Braunschweig arbeiten und sich auch körperlich eignen. Der Unterricht findet an einem Wochentag und am Sonntag statt. Den Teilnehmern wird der Lohnausfall vergütet, Freifahrscheine und freie Lehrmittel werden gewährt, und das Schulgeld soll für das Semester von 20 auf 10 M herabgesetzt werden. Die erfolgreiche Schlußprüfung befreit die Teilnehmer von der schriftlichen Prüfung und sichert ihnen Bevorzugung bei der Anstellung zum Lokomotivheizer und -führer. Zurzeit beträgt das pensionsfähige Endgehalt eines Führers jährlich 3400 M, erreichbar in 15 Dienstjahren. Das wirkliche Einkommen ist durch die Nebeneinnahmen an Ersparnis- und Kilometergeldern wesentlich höher! —

Vergleicht man das Endgehalt der Lokomotivführer mit dem der Eisenbahn-Bahnmeister und technischen Bahnassistenten, so findet man, daß dieses zurzeit nur um 500 M jährlich höher ist, erreichbar aber erst in 21 Jahren. Von den Technikern wird bei der Annahme das Reifezeugnis einer anerkannten Baugewerk- oder Maschinenbauschule mit dem Prädikat „Gut" verlangt. Die Kosten dieser Ausbildung dürften, den Zeitverlust ungerechnet, 4000 bis 5000 M betragen. Bei sonst gleicher Vorbildung in Schule und Handwerk kann man daher jungen Leuten nur raten, sich auf dem erstbezeichneten Wege eine gesicherte Existenz zu verschaffen und den anstrengenden Weg über eine technische Mittelschule zu vermeiden.

Die Lokomotivführer der preußisch-hessischen Staatseisenbahnen sind in einem festgefügten Verbande zusammengeschlossen, auf dessen Wirken viele der errungenen Standesvorteile zurückzuführen sind.

Die mittleren Techniker derselben Behörde bilden, soweit sie sich überhaupt zusammengeschlossen haben, mehrere vollkommen getrennte Verbände, die sich stets gegenseitig bekriegen und einander das Wasser abzugraben versuchen. Eine richtige Standesarbeit kann unter diesen Verhältnissen weder zum Wohle der Eisenbahn noch zur Hebung des Ansehens der mittleren Techniker geleistet werden. An den Lokomotivführern sollten die Techniker lernen, um sich selber und der vorgesetzten Behörde das Schauspiel des Bruderkampfes zu ersparen.

*

Ein öffentlicher Wettbewerb

Dank dem energischen Eingreifen unseres Vertreters im Verwaltungsrat der Angestelltenversicherung, Ingenieur Reichel, ist es erreicht worden, daß der Entwurf zu einem Dienstgebäude für die Reichsversicherungsanstalt für Angestellte auf dem Wege des öffentlichen Wettbewerbs ausgeschrieben wird, obwohl vorher die Absicht bestand, ihn einem einzelnen Architekten zu übertragen. Die Tageszeitungen melden jetzt:

„Zur Erlangung von Entwürfen zu einem Dienstgebäude für die Reichsversicherungsanstalt für Angestellte in Berlin-Wilmersdorf wird hiermit ein allgemeiner öffentlicher Wettbewerb unter den im Deutschen Reiche geborenen oder ansässigen Architekten ausgeschrieben. Als Preise sind ausgesetzt: 1. Preis 15 000 M., 2. Preis 10 000 M., 3. Preis 8000 M., 4. Preis 6000 M., 5. Preis 4000 M.

Der Ankauf weiterer Entwürfe bleibt vorbehalten.

Das Preisrichteramt haben folgende Herren übernommen:

1. der Präsident des Direktoriums der Reichsversicherungsanstalt für Angestellte, Wirklicher Geheimer Oberregierungsrat Koch, 2. der ständige Vertreter des Präsidenten des Direktoriums der Reichsversicherungsanstalt für Angestellte, Geheimer Oberregierungsrat Dr. Beckmann, 3. Professor Dr. Bestelmeyer in Dresden, 4. Professor Billing in Karlsruhe i. B., 5. Professor Bonatz in Stuttgart, 6. Professor Dr. Fischer in München, 7. Geheimer Baurat Professor Frentzen in Aachen, 8. Stadtbaurat Herrnring in Berlin-Wilmersdorf, 9. Wirklicher Geheimer Oberbaurat Hückels in Berlin, 10. Baudirektor Professor Schumacher in Hamburg, 11. Geheimer Baurat Professor Schwechten in Berlin.

Die mit Kennwort zu versehenden Entwürfe sind bis zum 15. Mai 1914, abends 6 Uhr, bei dem Zentralbureau der Reichsversicherungsanstalt für Angestellte in Berlin-Wilmersdorf, Hohenzollerndamm 193/195, portofrei einzureichen. Die Wettbewerbsunterlagen können von demselben Zentralbureau gegen porto- und bestellgeldfreie Einsendung eines Betrages von 5 M bezogen werden. Dieser Betrag wird den Einsendern von Entwürfen zurückerstattet.

Berlin-Wilmersdorf, den 8. Jan. 1914. Direktorium der Reichsversicherungsanstalt für Angestellte. Koch. Dr. Beckmann. Dr. Lehmann. Dr. Haßlacher. Roth."

Druckfehlerberichtigung

Im Aufsatz „Die Konsumvereine" in Heft 4 muß es im dritten Absatz statt „Christenbewegung" Chartistenbewegung heißen.

DEUTSCHE TECHNIKER-ZEITUNG
RECHTSRUNDSCHAU

XXXI. Jahrg. **31. Januar 1914** **Heft 5**

Zur Einführung

Mit der vorliegenden Nummer erscheint zum erstenmal die

RECHTSRUNDSCHAU

als ein in sich geschlossener Teil unseres Verbandsorganes. In jeder 5. Nummer wird sie sich von jetzt ab in dieser Form präsentieren. Die Rundschau soll den Mitgliedern aus den verschiedenen Gebieten des Angestelltenrechtes berichten und ihnen ermöglichen, im Bedarfsfalle schon vor oder vielleicht sogar ohne Inanspruchnahme der Rechtsauskunftstelle über Art und Umfang der ihnen aus dem Dienstverhältnis oder aus einer gesetzlichen Versicherung zustehenden Rechte und Pflichten sich selbst zu beraten, vor einer Verletzung der Pflichten sich zu behüten, bei Beeinträchtigung ihrer Rechte diejenigen Maßnahmen zu treffen oder wenigstens einzuleiten, die zur Geltendmachung ihrer Ansprüche dienlich sein können. Wir hoffen, diese Aufgabe erfolgreich lösen zu können.

Die aus nachfolgenden Abschnitten ersichtliche Gruppierung der für unsere Mitglieder wichtigen Rechtsgebiete bietet in ihrer übersichtlichen Zusammenstellung mit Hilfe einer leicht anzulegenden einfachen Handkartothek eine bequeme Nachschlagequelle für die Selbstberatung. Ein gemeinverständlich gehaltener Aufsatz aus irgend einem dieser Rechtsgebiete wird über die zu der betreffenden Frage in Angestelltenkreisen herrschende Rechtsauffassung, über das geltende Recht und dessen Handhabung berichten. Eine Auslese bemerkenswerter Entscheidungen aus allen Gerichtsinstanzen soll es unseren Mitgliedern ermöglichen, sich selbst ein kritisches Urteil über die Aussichten eigener Rechtsstreitigkeiten zu bilden. Der Briefkasten wird Rechtsauskunft über solche Fragen erteilen, deren Beantwortung allgemeines Interesse beanspruchen kann.

Damit, daß wir unsere Rechtsberatungsstelle gleichzeitig einem vielfach größeren Kreis dienstbar machen, als dies bisher in den fast ausschließlich persönlichen Beziehungen zwischen Fragesteller und Auskunfterteiler geschehen ist, daß wir ferner den schon recht vielseitigen Inhalt unseres Rechtsarchivs gewissermaßen zur allgemeinen Benutzung freigeben, hoffen wir dem vornehmsten Zweck unseres Rechtsschutzes besonders wirksam zu dienen und die Mitglieder für unsere Bemühungen um ein verbessertes Technikerrecht in erhöhtem Maße zu interessieren. In unserer Rechtsrundschau zu zeigen, wie weit oft noch Rechtsempfinden und Rechtsprechung in den sozialen und wirtschaftlichen Berufsfragen auseinandergehen, werden wir nach den bisherigen Erfahrungen leider nur zu oft Gelegenheit haben. Möge die in der neuen Einrichtung sich bietende Gelegenheit zur Bereicherung ihrer Rechtskenntnisse unsere Mitglieder anspornen, jeder an seiner Stelle und in seinem Wirkungskreis die Bestrebungen des Verbandes zu unterstützen, dem Rechte, das mit uns geboren ist, zum Siege zu verhelfen. Lz.

Klagbarer Anspruch der Angestellten auf die Gratifikation

In der Zeit nach Weihnachten und Neujahr häufen sich bei den Kaufmanns- und Gewerbegerichten und den ordentlichen Gerichten die Klagen wegen verweigerter und unterbliebener Auszahlungen von erwarteten und zum Teil auch zugesagten Gratifikationen. So löblich an sich die in vielen Handels- und Gewerbebetrieben eingeführte Sitte ist, den Angestellten in Form der Weihnachts- oder Neujahrsgratifikation eine besondere Zuwendung zu machen, so leicht bietet aber auch das Fehlen einer klaren Rechtsgrundlage für den Charakter solcher Zuwendungen Anlaß zu Streitigkeiten, die wegen der bestehenden Rechtsunsicherheit dann in den meisten Fällen zur gerichtlichen Austragung gebracht werden müssen.

Dem Wortlaute nach würde die „Gratifikation" als eine „Schenkung", also als eine unentgeltliche Zuwendung anzusehen und ein klagbarer Anspruch darauf demnach nur gegeben sein, wenn sie in gerichtlicher oder notarieller Form festgelegt wäre. Damit wäre der größte Teil der Gratifikationsklagen ohne weiteres ausgeschaltet, denn soweit überhaupt eine feste Zusage in Frage kommt, geschieht dies gewöhnlich nur in mündlichen oder schriftlichen Anstellungsverträgen. Ueberdies ist sich die neuere Rechtsprechung in tatsächlicher Beziehung darin einig, daß in beiden Fällen, mit oder ohne ausdrückliche Zusicherung, mit der Gratifikation bestimmte Betätigungen des Angestellten v e r g o l t e n oder belohnt werden sollen. Die inneren Gründe für diese Zuwendungen sind stets die gleichen. Der Angestellte soll für besonderen Eifer in der Pflichterfüllung, für solche Arbeiten, die über den Rahmen der vertraglichen Leistungen hinausgehen, also freiwillig sind, entschädigt, fester mit den Geschäftsinteressen verbunden und zu weiterem Fleiß und zu längerem Verbleiben veranlaßt werden. Der Zuwendung stehen also wohl fast ausnahmslos Gegenleistungen des Angestellten gegenüber, die sie ihres Charakters als Schenkung entkleiden.

Eine Schenkung setzt voraus, daß der Arbeitgeber aus persönlichen Gründen, etwa bei einem Geschäftsjubiläum oder anläßlich einer Familienfeier, ihm Nahestehenden Zuwendungen macht und bei dieser Gelegenheit auch die durch den Dienstvertrag ihm näher stehenden Angestellten bedenkt. Kann auch für solche Zuwendungen der Wille, treue Pflichterfüllung besonders anzuerkennen und zu belohnen, zum Teil mitbestimmend sein, so berechtigt doch der Sondercharakter der Veranlassung und ihr zeitlich rein zufälliges Zusammentreffen mit der Dienstverpflichtung der Angestellten von einer unentgeltlichen Zuwendung zu sprechen. Anders aber bei der periodisch wiederkehrenden Gratifikation, deren Fälligkeitstermin dem Angestellten entweder bei den Anstellungsverhandlungen durch mehr oder weniger bestimmte Zusicherung, andernfalls bald nach seinem Eintritt durch Mitteilungen der anderen Angestellten bekannt wird und auf deren Erlangung er im letzteren Fall erst recht sein Verhalten und seine Tätigkeit einstellen wird. Hier handelt es sich nur um Vergeltung oder Belohnung von Diensten, zudem bei größeren Betrieben jede persönliche Beziehung zwischen Angestellten und Arbeitgeber meist vollständig fehlt und deswegen schlechterdings von der Absicht besonderer Freigebigkeit des Arbeitgebers nicht gesprochen werden kann.

Es ist auch nicht recht einzusehen, warum in der Bewertung der Gratifikation deshalb ein Unterschied gemacht werden soll, weil sie das einemal versprochen, das anderemal ohne Zusage gegeben worden ist. Die Voraussetzung für die Gewährung ist doch dieselbe: Pflichteifer, Geschäftsinteresse, Anhänglichkeit an das Unternehmen. Wenn es sich nicht um langfristige Verträge handelt — und das sind zu Beginn einer Anstellung die Ausnahmen —, so wird es keinem Arbeitgeber einfallen, den Angestellten, dem die Gratifikation zugesichert ist, in seinen Diensten zu behalten, wenn er den Voraussetzungen für diese Zusicherung nicht gerecht wird. Lediglich des Gratifikationsversprechens halber behält er ihn sicher nicht. Mangels einer bestimmten Zusage liegt es freilich in der freien Entschließung des Arbeitgebers, ob er vergelten will oder nicht und er braucht ohne vorherige Zusage keine Gratifikation zu gewähren, auch wenn andere Angestellte desselben Betriebes eine solche vertraglich oder freiwillig erhalten. Leistet er sie aber, so wird sie Entgelt für die Leistungen des Angestellten. Der Arbeitgeber bringt damit zum Ausdruck, daß ihm die Leistungen seines Angestellten in ihrer Gesamtheit dementsprechend mehr wert geworden sind. Ebenso könnte er ihm stillschweigend durch Zahlung eines höheren Betrages sein Monatsgehalt steigern oder für bestimmte Geschäfte eine Provision gewähren. Erklärt er hierbei nicht, daß es sich um eine einmalige Zuwendung handelt, so darf der Angestellte davon ausgehen, daß seine Leistungen von jetzt an höher eingeschätzt werden und er darf erwarten, daß er bei der nächsten Gelegenheit die gleiche Zuwendung erhält, wenn nicht inzwischen Verhältnisse eintreten, die ein Zurückhalten der Zuwendung oder eine Minderwertung seiner Leistungen nach allgemeinen Rechtsgrundsätzen berechtigt erscheinen lassen. Und ebenso, wie er unter solchen Voraussetzungen das Dienstverhältnis fortsetzen wird, darf er in der unveränderten Fortsetzung seitens des Arbeitgebers auch ohne dessen ausdrückliche Willenserklärung die Absicht der Weitergewährung der Gratifikation erblicken, falls nicht auf der Gegenseite Verhältnisse eintreten, die die Unterlassung an sich rechtfertigen können.

Wenn man dazu noch berücksichtigt, daß das Einkommen des weitaus größten Teiles der Angestellten eine sehr haushälterische Verwendung der verfügbaren Mittel bedingt und daß jede Schwankung, sei sie nun durch unvorhergesehene Ausgaben oder durch unverhofften Einkommensausfall hervorgerufen, oft eine durch Monate und Jahre fühlbare Erschütterung des wirtschaftlichen Gleichgewichts verursacht, so wird man es auch aus diesem Grunde als eine unzulässige Unbilligkeit bezeichnen müssen, wenn es ausschließlich von der Willkür des Arbeitgebers abhängen soll, die einmal gewährte Gratifikation für die Zukunft wieder zu entziehen. In unverständlichem Gegensatz dazu erscheint die Rechtsauffassung der Steuerbehörde, die auch die erstmals und ohne feste Zusage gezahlte Gratifikation als Gehaltszulage betrachtet und ihre Einbeziehung in das steuerpflichtige Einkommen verlangt. Ebenso findet man nicht selten die Uebung, daß Gratifikationen als fester Einkommensanteil in Anrechnung kommen, wenn durch ihre Zurechnung die Grenze des versicherungspflichtigen Einkommens in der Kranken-, Alters- und Invalidenversicherung und damit die Befreiung von den Versicherungsbeiträgen erreicht werden kann, trotzdem dem Angestellten gegenüber die Gratifikation als freiwillige Zuwendung gelten soll.

Wir betonen also grundsätzlich, daß Gratifikationen immer Gegenleistungen sind, gleichviel, ob es sich um vorher ausbedungene oder ohne besondere Zusage gewährte handelt; der Charakter einer Schenkung bleibt nur in den Fällen gewahrt, wo dies bei oder vor der Hingabe ausdrücklich betont worden ist. Regelmäßig gezahlte Gratifikationen begründen auch ohne ausdrückliche Zusicherung einen Anspruch für die Zukunft.

Leider müssen wir nun demgegenüber feststellen, daß diese den wirtschaftlichen und sozialen Verhältnissen des Angestellten entspringende Auffassung in der Rechtsprechung nur in sehr geringem Grade wiederzufinden ist. Durch die neueren Entscheidungen hat sich die Rechtslage für den Angestellten sogar entschieden ungünstiger gestaltet.

Heute ist mit Sicherheit auf die Zuerkennung eines klagbaren Anspruchs nur dann zu rechnen, wenn die Gratifikation ausdrücklich zugesichert ist. Dabei werden Versprechungen, die nur in allgemeinen Redewendungen die Zahlung einer Gratifikation in Aussicht stellen, nicht als bindende Zusicherungen gewertet. Auch die stillschweigende Entgegennahme einer Erklärung des Angestellten, daß er in seiner früheren Stellung eine Gratifikation empfangen habe und auf den Weiterbezug auch in der neuen Stellung rechne, darf nicht als Einverständnis und somit als Verpflichtung des neuen Arbeitgebers angesehen werden. Wohl aber würde eine Aeußerung, wie z. B. die, daß Ueberstunden oder eine vorläufige Ablehnung einer Gehaltserhöhung, zu Weihnachten gut gemacht werden soll, als eine den rechtlichen Anspruch begründende Zusicherung zu gelten haben. Eine Gratifikation, die zwar versprochen, aber nach dem Betrage nicht festgelegt ist, würde in ortsüblicher oder angemessener Höhe zu zahlen sein. Was ortsüblich ist, liegt für eine Anzahl von Orten durch Gutachten von Handelskammern fest, doch zeigen diese unter sich wieder recht wenig Uebereinstimmung, so daß hier sofort wieder Streitpunkte entstehen, die in der Regel nur durch gerichtliche Entscheidung unter Zuziehung von Sachverständigen erledigt werden können. In gewissem Umfange anerkannt ist nur der Grundsatz, daß ohne erhebliche, in der Person des Angestellten liegende Gründe eine einmal gezahlte Gratifikation mindestens in derselben Höhe bezw. in demselben Verhältnis zum Gehalt weiter beansprucht werden kann.

Fast durchweg verneint wird der rechtliche Anspruch besonders in den neueren Entscheidungen dann, wenn er sich lediglich auf die wiederholte Gewährung gründet, selbst wenn diese Wiederholung sich auf eine ganze Reihe von Jahren bereits erstreckt. Nur dann, wenn der Arbeitgeber einer ausdrücklichen Erklärung des Angestellten gegenüber, daß dieser nur unter der Voraussetzung der Weitergewährung der Gratifikation das Dienstverhältnis fortsetze, eine abweichende Willensäußerung unterläßt oder auf die fortdauernde Eigenschaft der freiwilligen Schenkung hinweist, ist ein rechtlicher Anspruch zu konstruieren. Ebenso ist ein solcher als gegeben anzusehen, wenn im Dienstvertrag die Gratifikation zwar in Aussicht gestellt aber davon abhängig gemacht ist, daß überhaupt eine solche zur Auszahlung gelange (z. B. Abschlußgratifikationen bei Aktiengesellschaften) und wenn auch nur an einzelne Angestellte vertraglich vereinbarte Gratifikationen gezahlt werden.

Am meisten umstritten ist die Frage, ob der Anspruch auf eine anteilmäßige Zahlung der Gratifikation besteht, wenn das Dienstverhältnis vor dem Fälligkeitstermin aufgelöst wird. Unstreitig ist zunächst, daß die Gratifikation in jedem Falle erst zu Weihnachten oder zu Neujahr oder beim Geschäftsabschluß usw. zahlbar bleibt. Einheitlich ist die Rechtsauffassung ferner darüber, daß dem Angestellten ein der Dauer seiner Dienstzeit entsprechender Anteil keinesfalls zusteht, wenn er durch sein Verschulden Anlaß zur Auflösung des Dienstverhältnisses (etwa nach § 133c der GO. oder nach § 626 des BGB.) gegeben hat. Dagegen dürfte dem Angestellten ein Anteil an der Gratifikation für die Zeit, für die auch Gehaltszahlung gefordert werden kann, dann zustehen, wenn er selbst aus § 626 des BGB. oder 133d der GO. zu kündigen berechtigten Grund hatte, oder wenn der Arbeitgeber es durch sein Verhalten auf die Kündigung des Angestellten anlegt mit der Absicht, diesen um die Gratifikation zu bringen. Die an sich schwierige Beweisführung würde im letzteren Fall dem Angestellten obliegen.

Für die große Zahl derjenigen Fälle, in denen der Angestellte durch eigene Kündigung ohne einen der vorgenannten Gründe im Laufe des Jahres aus dem Dienst geschieden ist, verbleibt absolute Rechtsunsicherheit für einen anteilmäßigen Anspruch. Ein Gutachten der Aeltesten der Kaufmannschaft in Berlin aus dem Jahre 1900 verneint die Frage des anteilmäßigen Anspruches, wenn der Angestellte zur Zeit der Auszahlung nicht mehr im Dienstverhältnis zu der betr. Firma steht. Die Gewerbe- und Kaufmannsgerichte stellen sich in ihren Entscheidungen in der überwiegenden Zahl ebenfalls auf einen ablehnenden Standpunkt, wie wir in unserer eigenen Rechtsschutzstelle wiederholt feststellen konnten. — Einige wenige Urteile zu Gunsten des Teilanspruchs ergingen an den Kaufmannsgerichten in Hamburg, Fürth, Lichtenberg und von der 7. Kammer des Gewerbegerichtes Berlin, die damit aber nur die bestehende Unsicherheit der Rechtsprechung auf diesem Gebiet bestätigen. Wenn der Angestellte sich vor unangenehmen Ueberraschungen schützen und sein Dienstverhältnis vor einer gefährlichen Reibungsfläche bewahren will, dann gibt es für ihn nur e i n zuverlässiges Mittel, sich rechtzeitig Klarheit über die Gratifikation zu schaffen. Es wird ja nur in der Minderzahl der Fälle möglich und geboten sein, schon beim Abschluß der Anstellungsverhandlungen bestimmt formulierte Vereinbarungen festzulegen. Die Regel wird sein, daß er erst nach dem Antritt der Stellung erfährt, daß in dem betreffenden Unternehmen Gratifikationen gewährt werden. Dann sollte aber niemand versäumen, sobald und so eingehend als immer möglich den Rechtsanspruch im Sinne unserer eingangs dargelegten Auffassung klarzustellen und zu sichern.

L e n z.

⌗⌗⌗⌗ ANGESTELLTENRECHT ⌗⌗⌗⌗

Der Anspruch auf anteilmäßige Gratifikation

Zum Beleg dessen, was wir in den obenstehenden Ausführungen über die Rechtsunsicherheit in Bezug auf die Ansprüche der Angestellten auf Gratifikation ausgeführt haben, können wir auf das Urteil verweisen, das wir in Nr. 40, Jahrgang 1913 der D. T.-Z. veröffentlicht haben und das in erster Instanz vor dem Amtsgericht zugunsten des Angeklagten ausgefallen war. Demgegenüber hat nun in der Berufungsinstanz das Landgericht für Recht anerkannt:

„Auf die Berufung des Beklagten wird unter Abänderung des Urteils des Königlichen Amtsgerichts Berlin-Schöneberg vom 12. Juli 1913 der Kläger mit der Klage abgewiesen und verurteilt, die Kosten des Rechtsstreites zu tragen."

Das Urteil ist folgendermaßen begründet:

„Die im Geschäftsleben üblichen Weihnachtsgratifikationen der Angestellten sind, wenn sie besonders zugesagt worden sind — wie dies vorliegend im Engagementsschreiben der Fall gewesen ist —, keine Schenkung, sondern eine Vergütung, auf die der Angestellte einen rechtlichen Anspruch hat. Diese Vergütung ist aber nicht nur davon abhängig, daß die Leistungen des Angestellten befriedigen, sondern ist ferner auch dadurch bedingt, daß dieser in dem Vertragsverhältnis über Weihnachten hinaus ausharrt. Sie bedeutet, wie das Kaufmannsgericht Berlin in seinem Urteil vom 27. Februar 1907 (Dt. Jur.-Ztg., Bd. XIII, Seite 768) zutreffend ausführt, nicht nur, wie das sonstige Gehalt, eine Gegenleistung für die einzelnen Dienste, sondern zugleich einen Ansporn zur Fortsetzung der Tätigkeit und eine Belohnung für die durch das Verbleiben in der Stellung bewiesene Anhänglichkeit.

Berücksichtigt man diese Gesichtspunkte, so kann aber der Kläger, der unstreitig seine Stellung schon am 1. August 1912 aufgegeben hat, um sich durch Eintritt bei einer anderen Firma zu verbessern, Anspruch auf die Gratifikation nicht erheben. Anders würde die Rechtslage zu beurteilen sein, wenn der Kläger nicht auf eigenen Wunsch ausgetreten, sondern gegen seinen Willen von der Beklagten entlassen worden wäre; in diesem Falle wäre ihm das Recht auf den bis zum Tage seines Austritts zu berechnenden Teil der Weihnachtsgratifikation nicht zu versagen. (Vgl. auch Staub, Auflage 1912, Anm. 34 zu § 59.) Ob der Kläger, wie er noch unter Beweis gestellt hat, während der letzten Monate seiner Tätigkeit besonders angestrengt gearbeitet hat, ist für den geltend gemachten Klageanspruch rechtlich unerheblich."

In einem anderen Fall hat ein Verbandsmitglied in dem Anstellungsvertrag folgende Bedingung vereinbart:

„Bei ordnungsmäßiger Erfüllung Ihrer Pflichten erhalten Sie eine Gratifikation, deren Höhe Ihren Leistungen und Erfolgen entsprechend zu bemessen uns überlassen bleibt, zahlbar nach der Generalversammlung."

Der Kläger trat die Stellung am 1. Jan. 1912 an, verließ sie nach erfolgter Kündigung vor der Generalversammlung am 1. Okt. 1912 und verlangte eine der Dauer seiner Beschäftigung und seinen Leistungen entsprechende Gratifikation. Das Amtsgericht wies die Klage zurück. Gegen die Entscheidung ist Berufung eingelegt worden.

Das Landgericht hat auch in diesem Fall die Berufung zu Ungunsten des Angestellten zurückgewiesen und dazu folgendes ausgeführt:

„Aus dem Anstellungsvertrage des Klägers ergibt sich, daß ihm eine Gratifikation, deren Höhe den Leistungen und Erfolgen des Klägers entsprechend von der Beklagten zu bemessen war, nach der Generalversammlung ausgezahlt werden sollte. Der Kläger ist vor der Generalversammlung nach neunmonatlicher Tätigkeit bei der Beklagten ausgetreten. Es fragt sich nun, ob er trotzdem Anspruch auf einen seiner Dienstzeit entsprechenden Teil der Gratifikation hat. Zur Beantwortung dieser Frage kommt es auf die Bedeutung des Begriffes Gratifikation an.

Der Kläger erblickt in ihr nur eine Entschädigung für geleistete Dienste und faßt sie als einen Bestandteil seines Gehaltes auf. Er behauptete, er habe dieser Auffassung auch bei den dem Vertragsabschluß vorausgegangenen Verhandlungen Ausdruck gegeben. Es kann dahingestellt bleiben, ob der Kläger tatsächlich einen Brief am 5. November 1911 des von ihm behaupteten Inhaltes an die Beklagte geschrieben hat. Selbst wenn es geschehen wäre, würde es unerheblich sein, da eine dahingehende Vereinbarung nicht in den Vertrag aufgenommen worden ist. Maßgebend ist der Inhalt des Vertrages, welcher die Auffassung des Klägers in keiner Weise unterstützt. Mangels entgegengesetzter Vertragsbestimmungen ist die Bedeutung, welche man allgemein dem Begriffe Gratifikation gibt, zugrunde zu legen.

Die herrschende Meinung nimmt an, daß die Gratifikation ihrer Natur nach nicht nur eine Entschädigung für geleistete Dienste sei, sondern daß sie auch einen Ansporn zur Fortsetzung der Tätigkeit und Dienstbeflissenheit bezwecke. Vor allem aber sei sie eine Art Belohnung für das Ausharren im Dienste bis zum Zeitpunkte der Gratifikationsverteilung (vergl. Staub, 9. Aufl. § 59, Anm. 34 [S. 313] und Düringer-Hachenburg, 2. Aufl., Anm. 30 zu § 59 (S. 411). Dieser Ansicht ist beizutreten. Gerade der Umstand, daß nicht ein Gehaltszuschlag, sondern die Form der Gratifikation gewählt wird, zwingt zu der Annahme, daß sie etwas anderes, als nur eine Entschädigung für geleistete Dienste bezweckt. Durch sie solle nicht nur die Leistungsfähigkeit angespornt, sondern insbesondere auch eine Belohnung für die das Geschäftsjahr ausgehaltene Gesamttätigkeit gegeben werden. Diesem Zwecke der Gratifikation entspricht es, den Anspruch auf Gewährung einer anteiligen Gratifikation im Falle des Austritts vor Eintritt des Fälligkeitspunktes zu versagen. Die vorerwähnten Kommentare stehen auch auf diesem Standpunkte. Ein entgegenstehender Handelsbrauch hat sich bisher nicht gebildet und die größere Mehrzahl der Gerichte scheint sich auf den vorerwähnten Standpunkt zu stellen (vergl. die bei Staub a. a. O. angeführte Rechtsprechung).

Das Gericht tritt daher der Ansicht des ersten Richters bei, wonach der Anspruch auf Gratifikation nur dann gegeben ist, wenn der Dienstverpflichtete im Zeitpunkte ihrer vertraglichen Fälligkeit sich noch im Dienste befindet. Die Gewährung einer anteiligen Gratifikation bei früherem Austritt ist zu versagen. Nur dann, wenn etwa der Prinzipal aus nicht wichtigen Gründen kündigt oder wenn der Dienstverpflichtete durch vertragswidriges Verhalten des Dienstherrn zur Kündigung veranlaßt wird, könnte aus Billigkeitsgründen eine andere Beurteilung eintreten. Solche Tatsachen liegen aber hier nicht vor."

*

Wielange kann ein unrichtiges Zeugnis beanstandet werden?

Das Kaufmannsgericht Berlin hat in einer kürzlich gefällten Entscheidung sich auf den Standpunkt gestellt, daß ein Angestellter, der mit dem ihm erteilten Zeugnis nicht zufrieden ist und Berichtigung seines Zeugnisses verlangt, sich unmittelbar nach Erteilung des Zeugnisses zur Beanstandung desselben entschließen muß, während er andrerseits seines Anspruches auf Berichtigung und auf Schadenersatz wegen Erteilung eines unrichtigen Zeugnisses verlustig geht (vgl. Der Manufakturist 1913 Heft 1 Seite 27).

In der angeführten Entscheidung hatte es sich um einen Fall gehandelt, in welchem ein Angestellter ein Zeugnis vorläufig hinnahm und mittels dieses Zeugnisses Anstellung suchte. Nachdem mehrere Wochen verflossen waren und er auf Grund dieses Zeugnisses überall Schwierigkeiten fand, verlangte er gleichzeitig Berichtigung des Zeugnisses und Ersatz seines Schadens, wurde aber vom Kaufmannsgericht Berlin abgewiesen.

Die Entscheidung des Gerichts steht mit dem Billigkeitsgefühl nicht im Einklang. Man kann sich vorstellen, daß das Zeugnis in der Weise abgefaßt war, daß vielleicht der Anspruch auf Berichtigung des Zeugnisses zweifelhaft erschien, und daß der Angestellte durchaus korrekt handelte, wenn er sich vorläufig nicht auf einen zweifelhaften Prozeß einlassen, sondern es erst versuchen wollte, trotz dieses Zeugnisses Anstellung zu finden. Vielleicht auch, daß nur Rücksicht auf seinen Prinzipal ihn veranlaßt hat, die Unannehmlichkeit der Erzwingung einer Zeugnisberichtigung zu vermeiden, solange es nicht unumgänglich notwendig war.

Die Rechtsfrage dreht sich um den einen Punkt: Verliert jemand den Anspruch auf Berichtigung eines Zeugnisses dadurch, daß er seinen Anspruch nicht sofort nach Erteilung des Zeugnisses geltend macht?

Ich möchte im Gegensatz zu der obigen Entscheidung diese Frage verneinen. Man darf auf das Zeugnisrecht nicht ohne weiteres die Grundsätze anwenden, die sonst im Handelsrecht, insbesondere bei der Lieferung von Waren, üblich oder gar gesetzlich vorgeschrieben sind. Wer eine mangelhafte Ware annimmt und den Mangel nicht rügt, wird allerdings so behandelt wie jemand, der die Ware gebilligt hat.

In der widerspruchslosen Annahme eines unrichtigen Zeugnisses liegt aber keineswegs eine Willenserklärung, daß man die Leistung des Prinzipals als gesetz- oder vertragsmäßig anerkennt. In der Erteilung eines Zeugnisses ist überhaupt keine Rechtspflicht im Sinne eines gegenseitigen Vertragsverhältnisses zu erblicken. Das Zeugnis wird ja ohne eine Gegenleistung erteilt, und die Pflicht zur Zeugniserteilung ist nicht ein Bestandteil des Anstellungsvertrages, sondern eine vom Gesetz vorgeschriebene Nebenverpflichtung.

Die Erteilung eines Zeugnisses hat daher keine wesentlich andere Bedeutung, als die Erfüllung irgend einer anderen derartigen Pflicht. Wenn im Gesetz vorgeschrieben ist, daß der Prinzipal verpflichtet ist, Geschäftsräume usw. so einzurichten, daß der Angestellte gegen Gefährdung seiner Gesundheit usw. geschützt ist, so geht der Angestellte auch seines Anspruchs nicht dadurch verlustig, daß er vorläufig stillschweigend in einem gesundheitsschädlichen Raume arbeitet. Die Erfüllung einer derartigen Verpflichtung ist nichts anderes als eine tatsächliche Handlung, die nicht in der Weise wie Vertragsleistungen behandelt werden kann. So ist auch die Erteilung eines Zeugnisses nichts anderes als eine tatsächliche Handlung, die nicht wie eine Vertragsleistung den Prinzipal von seiner Zeugniserteilungspflicht befreit. Der Anspruch auf Erteilung eines Zeugnisses besteht vielmehr uneingeschränkt, auch wenn bereits einmal ein unrichtiges Zeugnis erteilt ist, und in der vorläufigen widerspruchslosen Annahme eines solchen Zeugnisses ist weder ein Verzicht noch in andrer Weise ein Verlust des Anspruchs auf Zeugnisberichtigung zu finden.

Hoffentlich wird die Rechtsprechung der höheren Gerichte Gelegenheit haben, die Frage in einem billigeren Sinne zu entscheiden.

In einer Beziehung nur wird man die Rechte des Angestellten auf Berichtigung eines unrichtigen Zeugnisses durch Zeitablauf für eingeschränkt ansehen müssen. Wenn ein Angestellter sieht, daß er infolge eines schlechten Zeugnisses keine Anstellung bekommt, aber wenn das Zeugnis von vornherein so beschaffen ist, daß er es sich sagen muß, daraufhin keine Anstellung zu bekommen, so würde er an dem Schaden, den er dadurch erleidet, selbst schuld sein, wenn er nicht mit Beschleunigung auf Berichtigung seines Zeugnisses drängt. Insofern würde sein Schadenersatzanspruch — aber nur dieser, nicht auch der Anspruch auf Berichtigung des Zeugnisses — zum Teil oder möglicherweise auch ganz entfallen können.

Dr. jur. Eckstein.

*

„Die Entlassung erfolgte auf eigenen Wunsch"

Ist der Angestellte berechtigt, zu verlangen, daß in das Zeugnis bei der Beendigung des Dienstverhältnisses eine Bemerkung aufgenommen werde, aus der ersichtlich ist, daß nicht eine Entlassung seitens des Prinzipals vorliegt? Dies wurde vom Kaufmannsgericht Berlin-Schöneberg bejaht. Das genannte Gericht sprach sich hierzu folgendermaßen aus: Der Kläger hat mit Recht eine Ergänzung des Zeugnisses dahin verlangt, daß „seine Entlassung auf seinen eigenen Wunsch erfolgte". Die Verpflichtung eines Prinzipals zur Ausstellung eines Zeugnisses unterliegt wie jede Verpflichtung zu einer vertraglichen Leistung dem Grundsatze des § 242 BGB., wonach die Leistung so zu bewirken ist, wie Treu und Glauben mit Rücksicht auf die Verkehrssitte es erfordern. Geht man von diesem Grundsatze aus, so muß man den Prinzipal zur Aufnahme jenes Beendigungsgrundes verpflichtet erachten. Man wird jenen Beendigungsgrund als einen Teil der „Führung und der Leistungen" ansehen müssen, die der Prinzipal nach § 73 HGB. auf Verlangen des Angestellten zu attestieren hat. Die Tatsache der Entlassung eines Angestellten läßt, auch wenn auf Grund ordnungsmäßiger Kündigung erfolgt, regelmäßig, wenn eben nicht besondere, hervorzuhebende Umstände vorliegen, auf eine gewisse Minderwertigkeit des Angestellten schließen — denn es ist eine Erfahrungstatsache, daß brauchbaren Angestellten, die sich in ihrer Stellung bewähren, vom Prinzipal mangels besonderer Umstände nicht gekündigt wird. — Es legt deshalb auch ein Prinzipal, der einen Angestellten engagieren will, Wert auf die Feststellung, ob ihm von seinem früheren Dienstherrn gekündigt worden, oder ob er selbst die Stellung aufgegeben hat. Da das Zeugnis eines Angestellten dazu bestimmt ist, ihm das Erlangen einer neuen Stellung zu erleichtern, so hat er nach dem oben erörterten Grundsatze einen Anspruch darauf, daß ihm der Wahrheit entsprechende Tatsachen attestiert werden, welche ihn für eine neue Stellung nach der Anschauung des Verkehrs besonders qualifiziert erscheinen lassen. Der beklagte Geschäftsherr wurde deshalb verurteilt, das Zeugnis entsprechend zu ergänzen.

¤ ¤ ¤ ¤ ¤ BEAMTENRECHT ¤ ¤ ¤ ¤ ¤ ¤

Können Beamte, wenn sie im Auftrag ihrer Behörde tätig sind, einem Konkurrenzverbot zuwider handeln?

Ein interessanter Fall, in dem ein vertragliches Konkurrenzverbot mit den von einem Beamten auf behördliche Anordnung hin vorgenommenen Arbeiten konkurrierte, lag der Beurteilung des Reichsgerichts vor. Der Tatbestand war folgender: Der Geometer F. B. in Duisburg war Inhaber eines gutgehenden Vermessungsbureaus. Er hatte auch viel in der näheren und weiteren Umgebung von Duisburg, vor allem auch in der Gegend von Mörs und in dem aufstrebenden Hoch-Emmerich zu tun. Zur schnelleren Erledigung seiner Geschäfte hatte er in letztgenanntem Orte ein Zweigbureau eingerichtet. Als nun im Jahre 1908 die Gemeinde Hoch-Emmerich einen beamteten Landmesser suchte, wurde B. auf seine Bewerbung hin gewählt. Er suchte deshalb schleunigst sein Geschäft zu verkaufen. Dies gelang ihm auch und zwar kaufte es ein Ingenieur H. für 14 000 M. Am 1. April 1908 übernahm dieser das Geschäft, am gleichen Tage trat B. seine Stellung in Hoch-Emmerich an. Im Kaufvertrag war zwischen den beiden Kontrahenten neben anderem vereinbart worden, daß dem Verkäufer bei Zahlung einer Konventionalstrafe innerhalb einer Sperrfrist von 15 Jahren es nicht gestattet sein sollte, im Bezirke seiner früheren Tätigkeit eine neue Praxis zu begründen, in ein anderes Geschäft als Teilhaber einzutreten oder Arbeiten gegen Entgelt anzunehmen. Weiterhin war noch vertraglich bestimmt, daß der Verkäufer das Geschäft in jeder Weise fördern sollte. Da nun B. in seiner neuen Stellung außer den für die Gemeinde notwendigen Vermessungen auch noch andere Arbeiten verrichtete, die zwar mit seinen amtlichen Arbeiten in Zusammenhang standen, aber doch mehr oder weniger privater Natur waren, so glaubte der Käufer H., daß B. dem Kaufvertrag zuwider handele und verklagte ihn deshalb auf Zahlung der vereinbarten Konventionalstrafe. Demgegenüber bestritt B., irgendwie vertragswidrig gehandelt zu haben, denn die Arbeiten, die er ausgeführt hätte, seien durchaus nicht privater Natur gewesen; er habe sie vielmehr auf Geheiß seiner vorgesetzten Behörde, nämlich des Bürgermeisters, ausgeführt, weiterhin habe er auch nicht den geringsten Nutzen davon gehabt, denn er hätte dafür keine Bezahlung erhalten. Wenn es auch richtig sei, daß die Stadt diese Arbeiten berechnet habe, so könne man doch nicht sagen, daß er seinem Nachfolger Konkurrenz gemacht habe. Das Landgericht Duisburg wies die Klage in erster Instanz ab, anders das Oberlandesgericht Düsseldorf. Dies erkannte den Anspruch des Klägers dem Grunde nach für gerechtfertigt an. Es führte dazu etwa folgendes aus: Nach dem Anstellungsvertrage der Gemeinde Hoch-Emmerich mit B. wäre diesem ausdrücklich jede private Tätigkeit untersagt worden. Nun sei aber unzweifelhaft festgestellt, daß B., wenn auch im Auftrage der Stadt und mehr oder weniger im Zusammenhang mit seiner amtlichen Tätigkeit doch Arbeiten ausgeführt hätte, die nicht nur im Interesse der Gemeinde gelegen hätten, sondern in größerem oder geringerem Grade den Charakter außeramtlicher Arbeiten gehabt hätten, was schon daraus hervorging, daß die Gemeinde diese Arbeiten berechnet habe und sie sich von den Einzelnen hätte bezahlen lassen. Die Ausführung dieser Vermessungen sei aber für B. nach dem mit H. abgeschlossenen Kaufvertrage nicht statthaft gewesen, denn der Sinn des Vertrages gehe zweifellos dahin, daß alle Privatarbeiten dem H. zu überlassen wären. Beide sollten Hand in Hand arbeiten, denn B. habe ausdrücklich die Verpflichtung übernommen, dem H. in jeder Hinsicht behilflich zu sein. Weiterhin sei unter „Arbeiten gegen Entgelt" nicht nur zu verstehen, daß B. keinen unmittelbaren Nutzen aus seiner Tätigkeit haben solle, sondern er habe dieser Bestimmung schon zuwider gehandelt, wenn er unter fremder Firma als Angestellter tätig wäre. Damit habe er aber auch zugleich entgegen dem Vertrage gehandelt, denn er erleichtere hierdurch der Gemeinde die Gehaltszahlung. Dem Publikum an sich sei es aber gleichgültig, an wen es zahle. Ob die Gemeinde das Geld kassiere oder B., mache keinen Unterschied, maßgebend für das Publikum sei gewesen, daß B. die Arbeiten vorgenommen habe. Privatarbeiten zum Vorteil der Gemeindekasse hätte er nicht übernehmen dürfen. Dies sei unvereinbar mit den Verpflichtungen, die er seinerzeit dem Käufer gegenüber übernommen hätte. Sein Verhalten sei also vertragswidrig. Auf die gegen dieses Urteil vom Beklagten eingelegte Revision hin hob das Reichsgericht das Urteil auf und wies die Sache zur nochmaligen Verhandlung und Entscheidung an das Oberlandesgericht zurück.

PATENTRECHT

Recht und Wirtschaft in der Reform des Patentgesetzes

Nach dem kürzlich veröffentlichten Entwurf zu einem neuen Patentgesetz soll auch in Zukunft das Reichsgericht für Berufungen in Nichtigkeitsprozessen sowie für Anträge auf Rücknahme von Patenten und für Streitigkeiten über Zwangslizenzen zuständig bleiben. Hiergeegn wendet sich in der neuesten Nummer der Rundschau für den deutschen Juristenstand, „Das Recht", mit sehr gewichtigen Gründen der Senatspräsident am Reichsgericht, Dr. Sievers. Seine Ausführungen sind um so bemerkenswerter, als er jahrzehntelang dem Patentsenate des Reichsgerichts, dem ersten Zivilsenate, angehört hat. Nachdem er dargelegt hat, warum seinerzeit die Entscheidung über die obenerwähnten Fragen in letzter Instanz dem Reichsgericht und nicht, was viel näher gelegen wäre, dem Patentamt überwiesen worden ist, weist er nach, daß diese Gründe heute nicht mehr vorliegen, ja daß es vielmehr dem Interesse der am Patentwesen beteiligten Kreise entsprechen würde, wenn das letzte Wort in diesen Fragen das Patentamt sprechen würde. Die Rechtsfragen des Patentrechts sind heute in der Hauptsache geklärt, und soweit dies noch nicht der Fall sein sollte oder neue auftauchen würden, bleibt auch bei der vorgeschlagenen Zuständigkeitsregelung dem Reichsgericht als der Revisionsinstanz im Verletzungsstreite der maßgebende Einfluß gewahrt. Im Nichtigkeitsverfahren spielen aber heute, wie jeder Kenner der Verhältnisse weiß, Rechtsfragen nur mehr eine ganz untergeordnete Rolle, maßgebend sind vielmehr rein technische Fragen und Werturteile. In Bezug auf die Entscheidung dieser Fragen steht nun Präsident Sievers nicht an, zu erklären: „Nach langen Jahren der Mitarbeit an diesen Entscheidungen muß ich bekennen, daß ich nicht der Ansicht bin, daß der Jurist besonders berufen ist, hier seine Stimme hören zu lassen. Eine gründliche Vorbildung auf den mannigfaltigen Gebieten der Technik kann von dem Richter nicht erwartet werden. Er bedarf allemal einer höchst mühseligen und zeitraubenden Arbeit, um nur zu einer klaren Anschauung über die streitige Erfindung und den bisherigen Stand der Technik zu gelangen. Und ist dieses Ziel glücklich erreicht, dann kommt es auf jenes Werturteil an, das notwendigerweise immer stark von subjektiven Momenten beeinflußt wird. Es ist ganz überwiegend Gefühls-, ich möchte sagen Geschmackssache. Der eine bejaht die Patentwürdigkeit, der andere verneint sie. Mit Gründen läßt sich darüber nicht streiten. Die Entscheidung der Juristen kann das Richtige treffen, kann aber auch fehlgreifen. Jedenfalls wird man unbedenklich sagen dürfen, daß ein unbeteiligter erfahrener Techniker auf diesem Gebiete sich nicht nur weit rascher zurechtfinden wird, sondern daß er auch von Haus aus größere Garantien eines angemessenen und richtigen Urteils in seiner Person vereinigt, als der Jurist." Mit Rücksicht auf diese ebenso sachverständige als gewichtige Stimme verdient der Vorschlag Sievers, einen Berufungssenat am Patentamt zu bilden und ihn mit den erfahrensten und bewährtesten juristischen und technischen Mitgliedern des Patentamtes zu besetzen, die volle Beachtung nicht nur der maßgebenden Faktoren, sondern ganz besonders der beteiligten wirtschaftlichen Kreise. Vielleicht ließe sich für die Uebergangszeit Sievers Vorschlag noch dahin erweitern, daß ein langjähriges, nicht zu altes Mitglied des Patentsenates (I. Zivilsenat) des Reichsgerichts als Vorsitzender des neuzubildenden Berufungssenates des Patentamtes ernannt würde.

Jzk.

*

Patentverletzung bei einer Lederfalzmaschine

Die Firma The Turner Company, A.-G. in Frankfurt a. M. ist Inhaberin des seit dem 29. September 1907 wirksamen Deutschen Patents Nr. 203 031, dessen Anspruch folgende Fassung erhalten hat: Vorrichtung zum Zuführen des Werkstücks von Hand für Lederfalzmaschinen, dadurch gekennzeichnet, daß das Werkstück über eine Widerstand bietende Walze von großem Durchmesser und dann über eine Gegendruckwalze mit im Vergleich zur Arbeitswalze sehr kleinem Durchmesser geführt wird. Von der Firma K. wird die Druckwalze „Schneidig" für Lederfalzmaschinen gewerbsmäßig angefertigt und in den Verkehr gebracht. Die Company ist der Ansicht, daß ihr Patent 203031 von der Firma K. verletzt werde, da die Druckwalze „Schneidig" die durch das Patent geschützten Merkmale aufweise. Sie erhob daher Klage und verlangte, der beklagten Firma K. das gewerbsmäßige Inverkehrbringen, Feilhalten oder Gebrauchen der bezeichneten Druckwalze unter Strafandrohung zu verbieten, sie auch zur Rechnungslegung und zum Schadenersatze zu verurteilen. Diesem Antrag entsprach das Landgericht Altona. Die Berufung der beklagten Firma wurde vom Oberlandesgericht Kiel verworfen. Auch ihre Revision war erfolglos, denn der 1. Zivilsenat des Reichsgerichts erklärte: Das Berufungsgericht führt aus, daß die Beklagte das klägerische Patent dadurch verletzt habe, daß sie das geschützte Merkmal in gleichwertiger Anordnung bei Herstellung ihrer Druckwalze „Schneidig" angewendet habe. Durch die patentierte Vorrichtung werde an Lederfalzmaschinen, bei denen das Werkstück der Messerwalze nicht mechanisch, sondern durch die Hand des Arbeiters zugeführt werde, der Vorteil erreicht, daß das Leder in scharf umgebogener Gestalt an das Messerwerk gelange und die Hand des Arbeiters gegen die Berührung mit den Messern geschützt werde. Die Anbringung des Leders geschehe durch Anordnung einer Gegendruckwalze, deren Durchmesser im Vergleiche mit dem der Messerwalze sehr klein sei; dem Schutze der Arbeiterhand diene eine große Vorwalze, welche die durch Verkleinerung der Gegendruckwalze verloren gegangene Reibung vollständig ersetze und gleichwohl die Leitung des Werkstücks durch die Hand zulasse. Deshalb bestehe das Wesen des Patents in der früher nicht bekannt gewesenen Kombination der großen Leitungswalze mit der kleinen Gegendruckwalze. Diese Kombination bestehe in gleichwertiger Anordnung an der Druckwalze „Schneidig" der Beklagten. Die Gegendruckwalze stimme mit der des klägerischen Patents fast vollständig überein. Auch zwischen der Vorwalze dieses Patents und dem Reibungsstücke, das die Beklagte der kleinen Gegendruckwalze vorgelagert habe, bestehe schon eine deutliche äußere Aehnlichkeit und nur insofern ein Unterschied, als die Klägerin eine einheitliche Walze anwende, während die Beklagte sich dreier vereinigter Walzen bediene, nämlich zweier seitlicher, frei drehbarer Rollen und einer kleinen metallenen Walze, die sich aus den Rücken des in gebogener Form hergestellten, fest gelagerten Mittelstücks hervorhebe. Unerheblich sei es, ob die Vorwalze des klägerischen Patents durch Maschinenkraft angetrieben werde, die kleine Mittelwalze der Druckwalze „Schneidig" aber nur auf dem ausgeübten Zuge des Leders erfolge. Denn dieser Unterschied begründe keine Besonderheit in der Wirkungsart der beiden Vorrichtungen. Diese Ausführungen, zu denen das Berufungsgericht unter Berücksichtigung des Inhalts der Patenterteilungsakten, der Patentschrift, des Standes der Technik zur Zeit der Patentanmeldung gelangt ist, lassen einen Rechtsirrtum nicht erkennen. Wesentlich für die Wirkungsweise der Vorwalze nach dem klägerischen Patent ist es, daß einerseits das Leder vermöge seiner Adhäsion von der Mantelfläche der Walze zurückgehalten, andererseits diese Wirkung durch die dem Messerwerke zustrebende Bewegung der Vorwalze auf das richtige Maß eingeschränkt wird. Demselben Zweck dient die Reibungsvorrichtung der Beklagten. Der Widerstand gegen den Zug des Leders in das Messerwerk übt das Reibungsstück in seiner Gesamtheit aus, vornehmlich aber wird das Leder vermöge seiner Adhäsion durch das feste Mittelstück zurückgehalten. Die angemessene Regelung des Widerstandes wird durch die beiden Rollen und hauptsächlich durch die kleine Mittelwalze erreicht. Da diese Teile durch den Zug des Leders in eine dem Messerwerk zustrebende Bewegung versetzt werden, so entspricht die Gesamtwirkung des Reibungsstücks im wesentlichen dem der Vorwalze des angegriffenen Patents. Die Revision wurde deshalb zurückgewiesen. (Urteil des Reichsgerichts vom 7. 7. 1913. Aktenzeichen I 420/12.). sk.

VERSCHIEDENES

Zum Generalpardon des Wehrbeitragsgesetzes

Noch nie hat ein Steuergesetz den Steuerzahlern und den Steuerbehörden soviel Arbeit und Kopfzerbrechen verursacht wie die Wehrsteuer. Nicht nur die obersten Finanzbehörden des Reichs und der Bundesstaaten sind durch Erläuterungen, Anordnungen und Bekanntmachungen tätig, sondern auch die Kommunalverwaltungen und die großen wirtschaftlichen Interessenverbände lassen allerorten Vorträge halten und haben Sprech- und Auskunftsstellen eröffnet. Von ganz besonderer Bedeutung ist hierbei der Generalpardon des § 68, nach dem von Strafe und der Verpflichtung zur Nachzahlung der Steuer für frühere Jahre frei sein soll, wer bisher verschwiegenes steuerpflichtiges Vermögen oder Einkommen bei der Veranlagung zum Wehrbeitrag oder in der Zwischenzeit seit dem Inkrafttreten dieses Gesetzes bei der Veranlagung zu einer direkten Staats- oder Gemeindesteuer angibt. Ueber die Auslegung dieses Paragraphen sind bereits eine Reihe von Zweifeln laut geworden. Zu den wichtigsten nimmt soeben in der Rundschau für den deutschen Juristenstand, das Recht (Helwings Verlag, Hannover), Reichsgerichtsrat Dr. Conrad Stellung. Das Ergebnis seiner ausführlichen Erörterungen läßt sich in nachstehende Punkte zusammenfassen: 1. Auch der Nichtbeitragspflichtige kann die Steuerstrafen und Steuernachzahlungen abwenden, wenn er jetzt mit seinem wahren Einkommen hervortritt. 2. Für Gesellschaften mit beschränkter Haftung gilt der Generalpardon nicht. 3. Berichtigungen können erfolgen bis zur Zustellung des reichsrechtlichen Veranlagungsbescheides an den Beitragspflichtigen. 4. Der Nichtbeitragspflichtige kann Berichtigungen bis zur Zustellung des Veranlagungsbescheides in dem nächsten landesgesetzlichen Verfahren betreffend die Veranlagung zu einer direkten Staats- oder Gemeindesteuer vornehmen. 5. Auf bereits schwebende Strafverfahren wegen landesgesetzlich-steuerlicher Verfehlungen findet der Generalpardon keine Anwendung, soweit es sich nicht um Vermögen oder Einkommen handelt, dessen Vorhandensein der Steuerbehörde überhaupt unbekannt war und das der Steuerpflichtige nunmehr selbst aufdeckt. Jzk.

BRIEFKASTEN

H. K. in H. Patent- und Gebrauchsmusterrechte sind für Gläubiger pfändbar. Die Zwangsvollstreckung erfolgt auf Antrag des Gläubigers gemäß § 857 ff. der C. P. O. (Vergl. Seligsohn Patentgesetz 1906 Nr. 12 § 6 Seite 155 und Seite 460 zu § 7 des Gebrauchsmustergesetzes.) Ist auf Grund des Pfändungs- und Ueberweisungsbeschlusses das Patent in den Besitz des Gläubigers übergegangen, so kann dieser über dessen Verwertung frei verfügen, also auch die Ausbeutung des Patentes betreiben. Auf Grund der Ueberweisung erfolgt auch die Uebertragung des Namens in die Patentrolle bezw. im Gebrauchsmuster-Register.

A. B. in M. „Muß dem angestellten Techniker, wenn sein Arbeitgeber Konkurs macht, vom Konkursverwalter gekündigt werden, oder erlischt das Dienstverhältnis ohne Kündigung am Tage der Konkurseröffnung? — Welche Kündigungsfrist kommt in Frage, wenn nichts vereinbart ist? — Können noch Gehaltsforderungen für die Zeit vor dem Konkurs geltend gemacht werden evtl. bis wie lange vorher?"

Im Falle des Konkurses des Arbeitgebers ist der Konkursverwalter nicht verpflichtet, das Dienstverhältnis zu kündigen Dasselbe erlischt auch nicht von selbst am Tage der Konkurseröffnung, vielmehr hat nach § 22 der Konkursordnung sowohl der Angestellte, als auch der Konkursverwalter nur das Recht, das Dienstverhältnis unter Einhaltung der gesetzlichen Kündigungsfrist zu lösen. Ist eine kürzere Kündigungsfrist vereinbart, so tritt diese an die Stelle der gesetzlichen. Im Konkurs des Arbeitgebers können Gehaltsforderungen eines Angestellten für beliebig lange Zeit vorher angemeldet werden. Bevorrechtigt sind jedoch nur diejenigen Forderungen, welche aus dem letzten Jahre vor Eröffnung des Konkurses herrühren.

W. B. in H. „Bin seit fünf Jahren in leitender Stellung, habe eine Fachschule besucht und vor der Handwerkskammer die Meisterprüfung im Zimmererhandwerk abgelegt. Darf ich den Titel Baugewerksmeister oder Bauwerkmeister führen?"

Gemäß § 133 der G. O. ist auf Grund der Novelle vom 30. Mai 1908 die Befugnis zur Führung des Meistertitels in Verbindung mit einer anderen Bezeichnung, die auf eine Tätigkeit im Baugewerbe hinweist, insbesondere des Titels Baumeister und Baugewerksmeister der Regelung durch den Bundesrat vorbehalten. Eine solche Regelung ist aber bisher noch nicht erfolgt. Bis zum Inkrafttreten eines Bundesratsbeschlusses darf ein solcher Titel nur dann geführt werden, wenn die Landesregierung für die Befugnis zu seiner Führung Vorschriften erlassen hat, und nur von denjenigen Personen, welche diesen Vorschriften entsprechen.

L. F. in W. „Ich bin seit 1. März v. J. beim Königlichen Hochbauamt in L. beschäftigt, ohne bei einer Krankenkasse angemeldet zu sein. Mein Einkommen beträgt monatlich 135 M. Vom 1. Dezember v. J. ab wurde ich bei der hiesigen Ortskrankenkasse angemeldet. Diese verlangt nun, daß die Beiträge vom 1. März bis 1. Dezember nachbezahlt werden. Bin ich zur Mitzahlung dieser Beiträge verpflichtet, oder müssen sie von der Behörde allein entrichtet werden?"

Sie sind nicht in einem Gewerbebetriebe, sondern bei einer Behörde tätig. In diesem Falle sind Sie überhaupt nicht schlechthin krankenkassenpflichtig, sondern nur, wenn dies durch besondere Bestimmung Ihre Behörde angeordnet hat (§§ 169 ff. der Reichsversicherungsordnung). Da Sie später in der Krankenkasse angemeldet sind, scheint dies der Fall zu sein. Für etwa zu Unrecht noch nicht bezahlte Beiträge haften nicht Sie der Krankenkasse direkt, vielmehr ist Ihre Arbeitgeberin gemäß § 380 der Reichsversicherung der Kasse gegenüber zur Zahlung des Beitritts- und Eintrittsgeldes verpflichtet, und Sie sind lediglich verpflichtet, sich ein Drittel dieser Beträge von Ihrer Arbeitgeberin bei den Lohnzahlungen einbehalten zu lassen (§§ 380 und 395 der Reichsversicherungsordnung). Diese Einbehaltung ist aber auch jetzt nur noch zulässig für die letzte Lohnzahlungsperiode und die vorhergehende.

F. T. zu B. „Durch Stellenwechsel gezwungen frage ich an, wie ich mich hinsichtlich meines Mietsvertrages zu verhalten habe. Ist es rechtlich zulässig, daß während der Wintermonate nicht gezogen werden darf? Muß ich dem Hausbesitzer vor meinem Wegzuge die Miete im voraus bezahlen oder kann ich sie wie sonst am Schlusse des Monats entrichten?"

Die Bestimmung des Mietsvertrages, daß in der Zeit vom 1. Oktober bis 31. März nicht gezogen werden darf, und daß auf diesen Zeitpunkt von keiner Seiet gekündigt werden darf, ist rechtsgültig, da nach den gesetzlichen Vorschriften Mietsverträge irgendwelchen Beschränkungen nicht unterliegen. Sie werden sich daher nach dieser Bestimmung des Mietsvertrages zu richten haben. Sie sind, wenn Sie bisher den Mietzins postnumerando bezahlt haben, nicht verpflichtet, denselben jetzt im voraus zu bezahlen. Es wird sich jedoch empfehlen, daß Sie dies tun; denn der Vermieter hat ein gesetzliches Pfand- und Zurückbehaltungsrecht an den eingebrachten Sachen des Mieters. Er kann daher, wenn Sie auszuziehen beabsichtigen, Ihre Möbel und sonstigen Einrichtungsgegenstände so lange in der Wohnung zurückbehalten, bis Sie die Miete für die ganze Zeit des Mietsvertrages gezahlt haben. Auf diesem Wege erhält der Vermieter die Zahlung des Mietzinses für die Dauer des Mietverhältnisses.

M. K. in D. „Infolge eines Wortwechsels bin ich von meiner Firma zur Disposition gestellt. Es ist mir mitgeteilt worden, daß ich mich bis zum 1. April zur Verfügung zu halten und jeden Morgen um 8 Uhr und jeden Nachmittag um 4 Uhr zu melden hätte. Beim ersten Besuch sagte mir der Chef sofort beim Betreten seines Zimmers: „Es ist gut, Sie können wieder abtanzen." Heute fiel wieder sofort die Bemerkung: „Es ist gut." Bin ich verpflichtet, mich jeden Vor- und Nachmittag zu melden; bin ich ferner verpflichtet, Beweis dafür zu erbringen, daß ich wegen einer Vorstellungsreise daran verhindert bin, bin ich berechtigt, meinen Wohnsitz nach meinem Heimatsort zu verlegen?"

Sie sind nicht verpflichtet, jeden Morgen und jeden Nachmittag ins Geschäft zu kommen, da dies nach Ihrer Darstellung rein schikanös ist. Sie sind auch nicht verpflichtet, vorher schriftliche Beweise zu erbringen, wenn Sie sich anderweit vorstellen wollen. Dagegen empfiehlt es sich nicht, Ihren Wohnsitz zu verlegen, da Sie alsdann nicht mehr mit der erforderlichen Schnelligkeit Ihrer Firma zur Verfügung stehen könnten, falls sie wirklich einmal Ihre Dienste braucht.

DEUTSCHE TECHNIKER-ZEITUNG

HERAUSGEGEBEN VOM DEUTSCHEN TECHNIKER-VERBANDE

BERLIN SW. 48 Wilhelmstraße 130 — Schriftleitung: Erich Händeler-Berlin

XXXI. Jahrg. — **7. Februar 1914** — **Heft 6**

Abschluß der Sozialpolitik

Die Pessimisten haben recht behalten. Die Kurve der Sozialpolitik ist in den letzten Jahren immer tiefer und tiefer gesunken und ist zurzeit fast am Nullpunkt angelangt. Das bewiesen uns klipp und klar die Worte, die der „Minister für Sozialpolitik" bei der Beratung des Etats des Reichsamts des Innern im Deutschen Reichstage gesprochen hat.

Noch vor einem Jahr klang es anders. Da stellte Staatssekretär Dr. Delbrück zwar nicht eine neue sozialpolitische Aera in Aussicht; er erklärte aber, daß die sozialpolitischen Probleme mit aller Energie angefaßt werden müßten. Jetzt sagte er aber:

„Unsere Gesetzgebungsarbeit ist an einem gewissen Abschluß angelangt. Für unsere Betätigung auf sozialpolitischem Gebiet im Verwaltungswege sind neue Wege geöffnet. Daneben sind aber auch neue Ziele emporgewachsen, die zu verfolgen und die ihrer Lösung entgegenzuführen unsere selbstverständliche Pflicht ist. Aber ebenso ist eine selbstverständliche Pflicht sowohl dieses hohen Hauses wie der Regierung, sich zu hüten, auf diesem Gebiete sich einem gedankenlosen Vorwärtsschreiten in ausgefahrenen Gleisen hinzugeben."

Diesen Worten fügte der Staatssekretär zwar hinzu:

„Eine verständige Sozialpolitik — ich lege den Ton auf das Wort „verständige" — ist nach meiner Auffassung eine Kraftquelle für das Deutsche Reich, die es niemals ungestraft vernachlässigen darf."

Aber diesen theoretischen Ausführungen hat er das praktische Bekenntnis vorangeschickt:

„Wir sind mit der Verabschiedung der Reichsversicherungsordnung in unserer sozialpolitischen Gesetzgebung zu einem gewissen Abschluß gelangt."

Das ist die Stellung unserer Reichsleitung zur Sozialpolitik, die durch die paar, noch dazu ungenügenden, Gesetzentwürfe, die dem Reichstag vorgelegt worden sind, bestätigt wird.

Die Bremsversuche der Gegner der Sozialpolitik haben Erfolg gehabt. Nicht umsonst waren die Bemühungen, die Feinde des sozialpolitischen Fortschritts zu vereinigen. Der Bund der Landwirte, der Zentralverband der Industriellen und der Mittelstandsbund haben durch das Kartell der schaffenden Stände — das ein Witzbold als Kartell der raffenden Stände bezeichnet hat — ihren schon vorher großen Einfluß auf die Reichsleitung noch verstärkt. Sie haben immer und immer wieder gerufen: Schluß mit der sozialpolitischen Gesetzgebung! Und dieser Gedanke hat in den Worten des Staatssekretärs, der die Sozialpolitik zu fördern berufen ist, seinen Widerhall gefunden. Systematisch werden von jener Seite die Klagen über die „unerwünschten Folgen der Sozialpolitik", die mit dem bekannten und auch an dieser Stelle kritisierten Buch von Professor Bernhard einsetzten, in die Tagespresse gebracht. Wie weit der Einfluß der Gegner der Sozialpolitik auf die Presse reicht, hat ja erst wieder die Nachricht gezeigt, die wir im vorigen Heft wiedergaben, daß angestrengte Versuche gemacht würden, den „Berliner Lokal-Anzeiger" von der Groß-Industrie abhängig zu machen. Immer und wieder wird die Behauptung erhoben, daß unsere Industrie durch die sozialpolitische Gesetzgebung überlastet sei, und wenn jemand wagt, dieser Behauptung zu widersprechen, wie Dr. Potthoff hier an dieser Stelle, dann fällt die ganze im Dienste der Arbeitgeber stehende Presse über ihn her. Das Kartell der schaffenden Stände ist es weiter, daß mit dem Ruf nach dem „Schutz der Arbeitswilligen" dem bißchen Koalitionsrecht, das wir haben, den Garaus machen möchte. In den Parlamenten waren es die Konservativen, die mit diesem Schlagwort den Zwiespalt in die übergroße Mehrheit der Parteien zu bringen suchten, die einigermaßen zur Förderung der sozialpolitischen Gesetzgebung bereit waren. Das Ziel scheint jetzt erreicht. Die Nationalliberalen sind infolge des industriellen Einflusses in ihren Reihen zum Teil gewonnen worden. Wenn im Reichstage auch ein Ausnahmegesetz keine Aussicht auf Annahme hat, so finden doch in den Einzellandtagen, besonders im preußischen Abgeordnetenhaus, polizeiliche Maßnahmen zur Unterdrückung des Streikpostenstehens freudigen Widerhall.

Die Regierungen haben den Einflüsterungen dieser Gegner der Sozialpolitik willig ihr Ohr geöffnet, den fast einmütig erhobenen Forderungen der Arbeitnehmer gegenüber sind sie taub. Eine „verständige" Sozialpolitik soll getrieben werden, sagt Dr. Delbrück. Doch was heißt „verständig"? Soll das bedeuten, daß unsere Forderungen zur Sozialpolitik unverständig sind? Fast muß man diesen Sinn aus den Worten herauslesen. Denn wie ist es sonst erklärlich, daß keine der von uns für so dringend notwendig erachteten Forderungen in Angriff genommen, ja im Gegenteil die Behauptung aufgestellt wird, daß wir mit der sozialpolitischen Gesetzgebung zu einem gewissen Abschluß gelangt sind?

Wie brennend ist die Frage der Sicherung des Koalitionsrechts geworden! Sollte der Reichsleitung nichts davon bekannt sein, wie die Unternehmer ihre wirtschaftliche Uebermacht dazu benutzen, die Arbeiter und Angestellten in ihrem Koalitionsrecht zu beschränken? Material ist in Hülle und Fülle zusammengetragen worden, nicht nur von den Organisationen der Arbeiter, sondern auch von denen der Angestellten, die ihre Erfahrungen der Gesellschaft für soziale Reform zur Verfügung gestellt und durch sie gesammelt der Oeffentlichkeit übergeben haben. Liegt nicht klar die Benachteiligung der Arbeitnehmerorganisationen gegenüber den Vereinigungen der Arbeitgeber durch die §§ 152, 2 und 153 der Gewerbeordnung auf der Hand? Doch schnell ging der Staatssekretär Dr. Delbrück über diese Frage hinweg. Er verquickte einfach das Koalitionsrecht der Arbeitnehmer mit dem der Arbeitgeber. Wenn das Recht der Koalition geregelt werde, dann müßten auch, so führte er aus, das Syndikatrecht, das Submissionswesen, die Verstaatlichung der Rüstungsindustrie, die Monopolisierung des Kalibaus, die Frage des Kohlensyndikats und Verstaatlichung des Kohlenbergbaus, ja noch weiter das Beamtenrecht, die Verhältnisse der Staatsarbeiter mit behandelt werden. Dann kämen auch das Recht des Tarifvertrags, die Rechtsfähigkeit der Berufsvereine und ihre Haftung mit ihrem Vermögen mit in Frage.

Woher hier mit einemmal der große Zug? Die Reichsleitung bringt doch sonst immer Sondergesetze und erklärt allen Einwendungen zum Trotz, daß man nur auf diesem Wege vorwärts komme. Man merkt aus diesen Worten nur allzusehr die Absicht und man wird verstimmt.

Wenn dieser große Zug die Regierungen beherrschte, dann müßte man freudig den Gedanken des einheitlichen Arbeitsrechtes, der von uns vertreten wird, aufgreifen oder doch wenigstens das einheitliche Angestelltenrecht seiner Verwirklichung entgegenführen. Statt dessen auf diesem Gebiete lauter Flickwerk, und zwar unzureichendes Flickwerk. Das hat uns erst der Gesetzentwurf über die Konkurrenzklausel gezeigt, das beweist der Entwurf über die Sonntagsruhe. Jedem einigermaßen annehmbaren Verbesserungsvorschlag des Reichstags setzen die Verbündeten Regierungen ihr „Unannehmbar" entgegen.

Das Bedauerlichste dabei ist es aber noch, daß der Reichstag mit der Vertretung der Forderungen der Angestellten nicht ernst macht. Schritt für Schritt weicht er vor den von den Arbeitgebern diktierten Erklärungen der Regierung zurück. Es war ein Jammer, den Beratungen über die Konkurrenzklausel zusehen zu müssen. Noch trauriger ist aber die Stellung der Parteien zum Gesetzentwurf über die Sonntagsruhe. Keine einzige Partei außer der Sozialdemokratie hat die völlige Sonntagsruhe gefordert. Selbst das Zentrum, von dem man doch in erster Linie erwartet hätte, daß es seine Ziele in die Tat umsetzt, hat vollkommen versagt.

Recht eigentümlich war auch die Haltung des Zentrums in der Budgetkommission in der Frage der Beamtenpetitionen. Wie schlimm es mit dem Petitionsrecht der Beamten steht, wissen wir zur Genüge. Da muß es aufs äußerste befremden, daß der Abgeordnete Erzberger den Vorschlag machte, die Petitionen der Beamten dann erst zu beraten, wenn die Beamten sich vorher an ihre Verwaltung gewandt haben. Ist dem Abgeordneten denn gar nichts davon bekannt, wie Kollektivpetitionen von den Behörden aufgenommen werden? Oder mutet er den Beamten zu, daß jeder für sich allein petitionieren soll, um sich der Ungnade der Vorgesetzten auszusetzen. Weiß der Abgeordnete denn nicht, daß die Berufsorganisationen, wenn sie sich für ihre Mitglieder an die Behörden wenden, immer die stereotype Antwort erhalten, daß der Minister mit den Berufsorganisationen nicht verhandelt? Wenn den Beamten ihr Petitionsrecht wirklich sicher gestellt ist, dann mag der vom Abgeordneten Erzberger vorgeschlagene Weg vielleicht gangbar sein, um den Reichstag von den Petitionen zu entlasten. Jetzt gibt es aber für die Beamten gar keinen anderen Weg, als durch ihre Berufsorganisationen an die Parlamente heranzutreten. Diese doch sicher nicht ohne Wissen des Zentrums gemachten Vorschläge des Abgeordneten Erzberger verraten ein bedauerliches Unverständnis von der Lage des Beamtenstandes.

Also wo man auch hinblickt: Die Zukunft unserer Sozialpolitik malt sich grau in grau. Ganz zu schweigen von den besonderen Wünschen, die wir Techniker erheben, von denen kein einziger bis auf das Patentgesetz der Erfüllung entgegensehen kann. Aber auch gegen den Fortschritt, den der Vorentwurf zum Patentgesetz bringen könnte, haben die geeinten Verbände der Unternehmer mobil gemacht. Wir werden dieser Kundgebung in dem Techniker-Kongreß vom 15. Februar den geschlossenen Willen aller Angestellten entgegensetzen und hoffen, daß das Reichsamt des Innern wenigstens an den Grundsätzen des Gesetzentwurfs festhält, wenn es sich nicht davon überzeugen lassen sollte, daß noch viel an dem Entwurf zu Gunsten des angestellten Erfinders gebessert werden muß.

Die traurige sozialpolitische Lage darf uns aber nicht in unserer Tatkraft erlahmen lassen. Im Gegenteil muß sie uns ein Ansporn dazu sein, die Reihen immer enger zu schließen. Nur in der festen Organisation liegt der Schlüssel für sozialpolitische Erfolge, nicht nur in der geschlossenen Organisation des eigenen Standes, sondern auch im Zusammenmarschieren mit allen Gruppen, die ähnliche Bestrebungen verfolgen. Das müssen uns die Organisationen der Arbeitgeber und ihre Erfolge gelehrt haben, die in der sozialpolitischen Debatte im Deutschen Reichstag diesmal ihren Niederschlag gefunden haben. Hdl.

Die Lage der Meliorationstechniker und deren Wünsche

In den Anfängen des staatlichen Meliorationswesens war den Meliorationsbauamtsvorständen bezw. den Generalkommissionen in der Bezahlung der auf Privatdienstvertrag angestellten Wiesenbautechniker und Wiesenbaumeister freie Hand gelassen worden. Die Monatsvergütung wurde aus den zur Verfügung stehenden Vorarbeitskosten bestritten. Durch eine allgemeine Verfügung vom 6. Mai 1892 wurden die ersten etatsmäßigen Wiesenbaumeisterstellen eingerichtet und eine Liste im Ministerium für Landwirtschaft, Domänen und Forsten derjenigen Wiesenbautechniker geführt, die sich zur Anstellung als Wiesenbaumeister eigneten; durch eine Verfügung vom 20. August 1897 wurde dann bestimmt, daß zum Ausgleich der verschiedenen Besoldung der Techniker und anderer Uebelstände, die sich bei Annahme im Wege privater Vereinbarung gezeigt hatten, in Zukunft eine Verteilung der Zöglinge der Wiesenbauschulen auf die einzelnen Bauämter bezw. Generalkommissionen durch das Ministerium für Landwirtschaft vorgenommen werden sollte. Gleichzeitig regelte eine allgemeine Verfügung vom 16. Dez. 1898 die Gehaltsverhältnisse derart, daß das für jeden Kalendertag zu gewährende Tagegeld auf 3,50 M festgelegt wurde. Diese Festsetzung der Tagegelder auf 3,50 M bedeutete aber eine wesentliche Verschlechterung der Besoldung, da bis zu diesem Zeitpunkte Tagegelder in Höhe von 4 bis 6 M gewährt waren. War trotzdem für die damalige Zeit der Satz von 3,50 M noch relativ günstig, so erfuhr er eine weitere Herabsetzung durch die allgemeine Verfügung vom 2. Mai 1906, welche die Monatsentschädigungen auf monatlich 80 M im ersten, 90 M im zweiten und 100 M im dritten Jahre festsetzte. Diese Sätze sind 1912 auf monatlich 90 M im ersten, 100 M im zweiten und 110 M im dritten Jahr erhöht worden. Der letzte Satz wird aber nur gewährt, wenn der Techniker bis dahin das Wiesenbaumeister-Zeugnis erworben hat. Dem Techniker wird aber seitens der Wiesenbauschulen erst nach zweijähriger Praxis die Genehmigung zur Bearbeitung der zur Erwerbung des Wiesenbaumeisterzeugnisses notwendigen Entwürfe erteilt. In vielen Fällen hat er bis dahin auch noch keine Gelegenheit gehabt, die erforderlichen Entwurfsunterlagen zu beschaffen. Es ist also vollständig ausgeschlossen, nach zweijähriger Dienstzeit im Besitze des Wiesenbaumeisterzeugnisses zu sein. Der Bezug einer Monatsentschädigung von 110 M kann also erst von einem späteren Zeitpunkt ab eintreten.

Gelegentlich der letzten Besoldungsordnung sind zwar die Meliorations- und Regierungsbausekretäre der landwirtschaftlichen Verwaltung den Bausekretären und Regierungsbausekretären der Bauverwaltung gleichgestellt worden. Die hierdurch zu erwartende Gleichstellung auch der Anwärter für die gleichen Beamtenstellen ist leider unterblieben, trotzdem beide Anwärtergruppen etwa im gleichen Alter (20 Jahre) zur Einstellung kommen. Den Bausupernumeraren der Bauverwaltung werden für die beiden ersten Jahre 1320 M und für das dritte Jahr 1440 M, also monatlich 110 M bezw. 120 M gewährt.

Der Wunsch der Meliorationstechniker, ebenfalls diese Vergütungen zu erhalten, dürfte als sehr bescheiden anzusehen sein, und dies umsomehr, wenn man berücksichtigt, daß die Anwärter, die voraussichtlich am 1. April d. J. zur diätarischen Anstellung gelangen, bereits 8 Jahre im Meliorationsdienste sind, also ein Lebensalter von 28 Jahren erreicht haben. In diesem

Alter, in welchem früher (1893 bis 1906) der Meliorationstechniker (Wiesenbaumeister) in eine etatsmäßige Stelle einrückte und heiraten konnte, muß er heute noch mit monatlich „110 M" Entschädigung vorliebnehmen. — Auch ein Beitrag zum Anteil der Staatsverwaltung am Geburtenrückgang. —

Jedem im praktischen Leben stehenden Menschen ist es bekannt, daß ein gelernter Handarbeiter höhere Löhne bezieht, und oft genug kommt es vor, daß der Meliorationstechniker auf der Baustelle Schachtmeister zu beaufsichtigen hat, die ein doppelt so hohes Einkommen beziehen als er.

So lange solche, des Staates sowohl, als auch des Technikers unwürdige Verhältnisse bestehen, sollten sich alle Eltern, die vor die Frage gestellt werden, was lasse ich meinen Sohn werden?, sagen, alles andere, nur nicht Meliorationstechniker.

Die in diesem Frühjahr zur etatsmäßigen Anstellung gelangenden Meliorationstechniker sind noch nach 3 bis 4½ Jahren privatdienstlicher Beschäftigung zur diätarischen Anstellung gelangt. Sie haben aber 7 bis 8 Jahre in diätarischem Verhältnis gestanden und beziehen jetzt als Diätar, in einem Lebensalter von 30 bis 33 Jahren, ein Einkommen von monatlich 150 M. Wenn die Vermehrung der diätarischen und etatsmäßigen Stellen nicht in einem größeren Umfange geschieht als bisher, werden die Meliorationstechniker unter Berücksichtigung der eingestellten Anwärter 35 bis 40 Jahre alt, ehe sie etatsmäßig werden. In diesem Frühjahr gelangen wohl noch nicht alle im Jahre 1903 eingetretene Anwärter zur Anstellung. Die im nächsten Jahre zur Anstellung gelangenden werden dann also bereits 12 Jahre im Dienste sein. Betrachten wir nun an Hand nachstehender Tabelle das Gesamt-Einkommen von 12 Jahren eines Meliorationstechnikers, der etwa 1894 oder 1895 in den Dienst eingetreten ist, mit dem voraussichtlichen Einkommen eines Technikers, der im kommenden Frühjahr Diätar wird, und dem von den Meliorationstechnikern erwünschten Einkommen, so ergibt sich, daß die Meliorationstechniker durch die Besoldungsaufbesserung nicht allein keinen Nutzen, sondern, infolge der bedeutend späteren diätarischen und etatsmäßigen Anstellung, einen Schaden von 3760 M erlitten haben. Hierzu kommt noch die in den letzten Jahren eingetretene außerordentliche Verteuerung aller Lebens- und Genußmittel. Hieraus ergibt sich, daß ein vermögensloser Meliorationstechniker schon jetzt nicht in der Lage ist, bis zu seinem 32. Lebensjahre mit seinem Einkommen eine Familie zu ernähren. Bekannt ist, daß der Mann, wenn er erst dieses Alter überschritten hat, viel weniger zur Ehe geneigt ist, als früher. Daß diese, durch die jetzigen Besoldungs- und Anstellungsverhältnisse, vom Staate geförderte Ehescheu vom nationalen und volkswirtschaftlichen Standpunkte sehr zu bedauern ist, braucht eigentlich nicht besonders betont zu werden.

Vergleichen wir in nachstehender Tabelle das frühere Einkommen mit dem, von den Meliorationstechnikern als Existenzminimum gewünschten Einkommen, so finden wir, daß erst im 11. Dienstjahre eine annehmbare Verbesserung gegen die früheren Besoldungsverhältnisse und zwar um 17 Prozent eintreten würde. Hierdurch würde der allgemeinen Steigerung der Lebensmittel usw. einigermaßen Rechnung getragen sein.

Die Wünsche auf Verbesserung der Lage der Meliorationstechniker würden also wie folgt zusammenzufassen sein:

1. Gleichstellung der Techniker mit den Supernumeraren der allgemeinen Bauverwaltung.
2. Nach 4 bis 5 Jahren diätarische und nach 10 Jahren etatsmäßige Anstellung.
3. Gehaltsklasse 2100 M bis 4500 M.
4. Zulage von 300 M an die bei den Regierungen beschäftigten Regierungsbausekretäre.

Zu 3 wäre noch zu erläutern, daß dieses Gehalt ohne Berücksichtigung der eingetretenen Teuerung den Wiesenbaumeistern (Meliorationsbausekretären) im Staatsdienst schon mit Rücksicht darauf gewährt werden müßte, daß auch die aus diesen Beamten hervorgehenden Kreiswiesenbaumeister meist diese Gehälter (öfter noch höhere) beziehen. Andernfalls könnte leicht der unberechtigte Verdacht entstehen, daß im Staatsdienst nur die minderwertigen Kräfte verbleiben. Sollte aber aus irgendwelchen Gründen zurzeit diese Besoldung nicht gewährt werden können, so dürfte unter völliger Würdigung der geschilderten Verhältnisse die Gewährung von 2000 bis 4000 M Gehalt, erreichbar in 18 Jahren, zu erhoffen sein.

Im Anschluß hieran sei noch die völlig unzureichende Entschädigung der im Anwärterverhältnis beschäftigten Meliorationstechniker bei Feldarbeiten hingewiesen. An Feldzulage wird gewährt bei eintägiger Reise 3,50 M, bei einer sich auf zwei Tage erstreckenden, in 24 Stunden beendeten Reise 6,75 M, und bei Reisen von mehrtägiger Dauer 4,50 M. Nach den geltenden Bestimmungen ermäßigt sich die tägliche Reisezulage für die über 14 Tage hinausgehende Zeit auf 3,50 M und für die über 30 Tage hinausgehende Zeit auf 3 M.

Es wird im Erlasse ausdrücklich darauf hingewiesen, daß diese Bestimmung über Ermäßigung der Reisezulage nur dann Geltung erhält, wenn die Techniker 14 bezw. 30 Tage in ein und demselben Orte wohnen. Die Ermäßigung dieser Sätze stützte sich auf die Voraussetzung, daß bei einem längeren Aufenthalt an einem Orte der tägliche Preis für Wohnung und Beköstigung niedriger einzusetzen sei, als bei einer Reise von wenigen Tagen. Diese Voraussetzung beruht auf einem Irrtum. Sie ist nur dann anwendbar, wenn man bei einem Aufenthalt von längerer Dauer voraussetzt, daß der Techniker in einem Privathause Wohnung nehmen kann. Ist dieses nicht der Fall, so muß man mit dem in Gasthäusern üblichen Pensionspreis von 4 bis 5 M pro Tag rechnen, bei dem die unvermeidlichen Ausgaben für Getränke usw. noch nicht einmal miteinbegriffen sind. Ferner muß man beachten, daß bei Außenarbeiten weitaus höhere Aufwendungen für Kleidung, Schuhwerk usw. erforderlich sind, weil die Arbeiten meistens in einem nassen Gelände ausgeführt werden. Es ist deshalb dringend notwendig, daß die zu gewährende Zulage von 4,50 M, ohne Rücksicht auf die Dauer der Reise, gezahlt wird.

Einkommensübersicht.

Dienstjahr	früher M	jetzt M	gewünscht M
1.	1440	1080	1320
2.	1440	1200	1320
3.	1440	1200*)	1440
4. (1. Diätarjahr)	1200	1320	1440
5 (2. „)	12 0	1320	1440
6. (3. „)	1440	1320	1500**)
7. (4. „)	1620	1320	1650
8. (1. Jahr etatsmäßig)	2082***)	1320	1800
9. (2. „)	2082	1500	1950
10.	2082	1650	2100
11.	2282	1800	2620†)
12.	2282	1800	2620
	20590 M	16830 M	21200 M
	weniger 3760 M		

*) Wiesenbaumeisterzeugnis erst im dritten Jahre erreichbar.
**) Nach 5 Jahren Diätar.
***) 1650 M Gehalt, 432 M Wohnungsgeldzuschuß.
†) Nach 10 Jahren etatsmäßig, 2100 M Gehalt, 520 M Wohnungsgeldzuschuß.

SOZIALPOLITIK

Die Arbeitslosenunterstützung der Stadt München

Die Frage der Arbeitslosenversicherung wird in Süddeutschland nicht in dem schroff ablehnenden Sinne behandelt, wie wir es leider in Norddeutschland allzu häufig beobachten müssen. Es ist bekannt, daß sich selbst der König von Bayern lebhaft dafür interessiert und seinen Minister beauftragt hat, die Arbeitslosigkeit aufmerksam zu verfolgen und geeignete Maßnahmen zur Linderung der dadurch hervorgerufenen Not vorzuschlagen. Das hat die Regierung Ende des vorigen Jahres in einer Denkschrift getan, die dem Bayerischen Landtag vorlag und zu dem Beschluß führte, daß 75 000 M für diese und 100 000 M für die nächste Finanzperiode in den Etat einzusetzen sind, um solchen Gemeinden, die eine Arbeitslosenfürsorge einrichten, bis zu etwa ⅓ der erwachsenden Kosten staatliche Beihilfen zu leisten. Dadurch wird in Bayern die kommunale Arbeitslosenversicherung gefördert und es den Gemeinden erleichtert, diese soziale Pflicht zu erfüllen. Nachdem bereits 1909 Erlangen und 1913 Kaiserslautern vorgegangen waren, stellen nun auch Ludwigshafen 10 000 M, Nürnberg 30 000 M und München 50 000 M zur Unterstützung der Arbeitslosen bereit. Wenn diese Summen auch kaum ausreichend erscheinen, um das große Elend so zu mildern, wie wir es wünschen müssen, so ist damit doch ein Anfang gemacht, der begrüßt werden kann, um so mehr, als jede neue kommunale Arbeitslosenversicherung der staatlichen vorarbeitet. In Berlin dagegen liegt ein sozialdemokratischer Antrag auf Bewilligung von 500 000 M zur Unterstützung der dort vorhandenen 80 000 Arbeitslosen immer noch — seit Monaten — im „Ausschuß“ begraben und die Beratung dieses Gegenstandes wird dort fortgesetzt „vertagt“.

Die bayerische Staatsregierung hat für die Gewährung der staatlichen Zuschüsse „Grundsätze“ aufgestellt, die „im Interesse der Allgemeinheit, wie auch zur tunlichsten Sicherung eines günstigen Erfolges“ dafür Sorge tragen sollen, daß „die Möglichkeit eines Mißbrauches der Versicherung durch Arbeitsscheue“ oder durch „eigene Schuld“ arbeitslos Gewordener hintangehalten wird, daß weiter „das Verantwortlichkeitsgefühl“ und der „Anreiz zum Aufsuchen von Arbeit“ aufrecht erhalten bleibt und nur eine „Förderung der Selbsthilfe“ platzgreift, daß ferner die „Unparteilichkeit im Kampfe zwischen Arbeitgebern und Arbeitnehmern“ gewahrt ist, „jede Begünstigung der Arbeitnehmerorganisationen oder ihrer Mitglieder vermieden wird“, und endlich, daß „eine Förderung der Landflucht“ ausgeschlossen ist. Diese Grundsätze stellen die Konzession dar, die die bayerische Staatsregierung leider gewissen Kreisen des Unternehmertums, die die Arbeitslosenversicherung bekämpfen, glaubt machen zu müssen. Die „Arbeitsnachweiskonferenz der Vereinigung deutscher Arbeitgeberverbände“ hat also nicht umsonst in Hannover ihr lebhaftes Bedauern gegenüber der entgegenkommenden Stellungnahme der Königl. Bayerischen Staatsregierung in der Frage der Arbeitslosenversicherung zum Ausdruck gebracht!

Wenn man sich nun in München unter dem Zwang dieser staatlichen Grundsätze auch nicht streng an das Genter System, das von den Arbeitgeberverbänden als eine Förderung der Arbeitnehmerorganisationen verworfen wird, anlehnt, so kann aber auch dort die Unterstützung nicht ohne die Mithilfe der Gewerkschaften und Berufsverbände durchgeführt werden.

Die am 16. Januar bekannt gewordenen „Bestimmungen über die Kontrolle und die Unterstützung der Arbeitslosen“ ziehen die Gewerkschaften in weitem Maße zur Kontrolle heran, denn auch der Magistrat der Stadt München hat sich davon überzeugen müssen, daß bei Unterstützung der Arbeitslosen nur die Organisationen die Träger der Einrichtung sein können, wenn nicht ein städtischer Verwaltungsapparat geschaffen werden soll, der soviel kostet, daß zum Schluß für die Bedürftigen nicht mehr viel übrig bleibt.

In München sollen Unterstützung erhalten alle beschäftigungslosen Arbeiter, kaufmännische und technische Angestellte, die sich mindestens seit dem 1. Januar 1913 ununterbrochen in München aufhalten, nach den Verhältnissen dieses Jahres regelmäßig gearbeitet haben und seit mindestens 14 Tagen arbeitslos sind. Für die in München heimatberechtigten Arbeitslosen sind die Unterstützungen bei Erfüllung der übrigen Voraussetzungen an einen Aufenthalt seit 1. September v. J. gebunden und für Reichsausländer ist eine Karenzzeit von zwei Jahren erforderlich. Ledige, die nicht in München beheimatet sind, und Jugendliche sowie Invaliden erhalten keine Unterstützung, in München beheimatete ledige Arbeitslose nur dann, wenn sie eine Familie zu erhalten haben.

Die Unterstützungssätze sind, damit der „Anreiz zum Aufsuchen von Arbeit“ bleibt, recht gering. Im Interesse der Arbeitslosen ist es zu wünschen, daß bald weitere Mittel nachbewilligt werden, damit die Hilfe wirklich fühlbar sein kann, denn das lobenswerte Vorgehen einer Münchener Brauerei, die dem Magistrat 10 000 M für die Arbeitslosen zur Verfügung stellte, wird bei dem wohlhabenden Teil der Bürgerschaft kaum Nachahmung finden. Grundsätzlich muß auch verlangt werden, daß die zur Unterstützung der Arbeitslosen erforderlichen Mittel von der Allgemeinheit aufgebracht werden. Man wird nicht sagen können, daß die Sätze der Münchener Unterstützung — wöchentlich für Ledige 2 M, für Verheiratete ohne Kinder 3 M, für Verheiratete mit ein oder zwei Kindern 4 M, mit drei und mehr Kindern 5 M — geeignet wären, den Zwang zum Arbeitssuchen auszuschalten oder gar, wie die „Arbeitgebernachweiskonferenz“ befürchtete, das „Selbstverantwortlichkeitsgefühl“ der Unterstützten herabzumindern.

Die Wirksamkeit der Unterstützung, die in keiner Weise als Armenunterstützung gilt, begann am 19. Januar und die Kontrolle wird für organisierte Arbeiter und Angestellte von den Gewerkschaften und Berufsvereinen geführt. Die übrigen Arbeitslosen haben sich bei den Amtsstellen und Pflegekommissionen des Stadtbezirkes, wo sie wohnen, zur Kontrolle (täglich von 3—4 Uhr nachmittags) einzufinden und glaubhaft nachzuweisen, daß sie die Voraussetzungen für die Unterstützung erfüllen. Die Auszahlung erfolgt nicht durch die Gewerkschaften wie beim Genter System, sondern durch die städtischen Kontrollstellen des Stadtbezirkes, wo der Unterstützte wohnt. Für die von den Gewerkschaften und Vereinen kontrollierten Arbeitslosen genügt eine von der Organisation ausgestellte Bestätigung der Arbeitslosigkeit, um die Unterstützung zu erhalten. Die unberechtigte Ausnützung wird strafrechtlich verfolgt. In Fällen, wo eine Hilfsbedürftigkeit nicht vorliegt, oder die Geldunterstützung mißbräuchlich verwendet wird, kann die Unterstützung verweigert oder auch durch die Naturalienunterstützung ersetzt werden.

Bei der Kontrolle und bei der Auszahlung der Unterstützungen wirken Abgeordnete der Verbände mit, welche die Kontrollstellen durch Auskunftserteilung und sonstige Beihilfe (wie Schreibarbeit) unterstützen. Ebenso werden die Gewerkschaftssekretariate zugezogen. Für Mitglieder der freien Gewerkschaften sind 4, für die der christlichen Gewerkschaften 2, für kaufmännische und technische Angestellte 8 und für Nichtorganisierte 29 Kontrollstellen eingerichtet. Auch unsere Geschäftsstelle München (Elisenstraße 7) ist zur Mitarbeit herangezogen und als Kontrollstelle eingerichtet.

Am 14. Dezember v. J. waren, wie wir durch unsere Arbeitslosenzählung feststellten, in München 71 stellenlose technische Angestellte vorhanden, darunter 47 Verbandsmitglieder, die zum größten Teil an der städtischen Unterstützung beteiligt sind. Hiervon waren 43 Bautechniker, das sind fast 11% unseres Mitgliederbestandes in dieser Gruppe.

Wir bemängeln die niedrigen Unterstützungssätze in München, die gegenüber der großen Not der Arbeitslosen kaum mehr als einen Tropfen auf den heißen Stein bedeuten, und wir betrachten auch die Organisation der dortigen Arbeitslosenunterstützung nicht als ideale Lösung der Frage. Aber als werbendes Moment für die Idee der Arbeitslosenversicherung sind die von der bayerischen Regierung eingeleiteten und in München, Nürnberg und Ludwigshafen aufgegriffenen Maßnahmen nur zu begrüßen. Wir wünschen, daß nun endlich auch die anderen größeren Städte in Bayern (Augsburg, Würzburg, Regensburg usw.) und auch die im Reiche folgen. Freilich müssen dann Ansichten wie die des reaktionären Vorsitzenden der Handwerkskammer Würzburg überwunden werden, der den wenig beneidenswerten Mut fand, die Arbeitslosen in öffentlicher Sitzung als „Vagabunden“ zu bezeichnen.

Kfm.

*

Der Arbeitsmarkt im Monat Dezember 1913

Der Beschäftigungsgrad auf dem gewerblichen Arbeitsmarkt hat sich nach den Berichten des Reichsarbeitsblattes gegenüber dem Vormonate und dem gleichen Monat des Vorjahres noch weiter verschlechtert. Nach den Berichten von industriellen Firmen und Verbänden dauert im Erzbau und in der Kali-, elektrischen und chemischen Industrie die befriedigende Beschäftigung an; Klage wird, wie im Vormonat, geführt in der Roheisenindustrie, in den Stahlwerken und in der Textilindustrie. Der allgemeine Maschinenbau war nach Berichten aus Nord-, Mittel-, Süddeutschland und Schlesien im allgemeinen zufriedenstellend beschäftigt, doch hatten die Auftragseingänge nachgelassen. Die Beschäftigung im Baugewerbe wird von den meisten vorliegenden Berichten als schlecht bezeichnet, nur aus Posen und Danzig wird ein befriedigender Beschäftigungsgrad gemeldet. Nach den Berichten der Tonindustrie-Zeitung war die Lage des süd-, mittel-, west- und norddeutschen Baumarktes nur gering, während in Ostdeutschland die Bautätigkeit infolge der Bauten für die Heeresverwaltung etwas umfangreicher war.

Die Nachweisungen der Krankenkassen über den Beschäftigungsgrad ergeben für Ende Dezember infolge der organisatorischen Veränderungen in der Krankenversicherung und der dadurch bedingten Neuerungen in der Statistik ein derartig lückenhaftes Bild, daß ein Vergleich der Ergebnisse mit den Ziffern der bisherigen Beobachtungsreihe nicht mehr zulässig erscheint und die Betrachtung sich im wesentlichen auf die Veränderungen beschränkt, die bei den berichtenden Kassen am 31. Dezember gegenüber dem 1. Dezember 1913 eingetreten sind. Danach trat in dem gewerblichen Beschäftigungsgrad im letzten Monat eine weitere Verschlechterung ein, da die Gesamtzahl der versicherungspflichtigen Kassenmitglieder sich erheblich verringerte. Dieser Rückgang traf vor allem das männliche Geschlecht mit 4,17 v. H. gegen 3,60 v. H. im Vorjahre, doch auch das weibliche Geschlecht mit 2,77 v. H. gegen 2,61 v. H.

Die Verminderung des Beschäftigungsgrades hatte eine weitere Erhöhung der Arbeitslosigkeit zur Folge. Von den 2 023 051 Mitgliedern, über welche 49 Fachverbände für den Dezember berichteten, waren 4,8 v. H. arbeitslos gegen 3,1 v. H. im Vormonat und 2,8 v. H. im Oktober. Im Vergleich zu den Arbeitslosenziffern des Dezember (2,8 v. H.), des November (1,8 v. H.) und des Oktober (1,7 v. H.) des Vorjahres zeigten die Arbeitslosenziffern der beiden letzten Monate und namentlich des Dezember eine ganz erhebliche Zunahme.

Von der Gesamtzahl der berichtenden Arbeitsnachweise entfielen im Dezember auf je 100 offene Stellen bei den männlichen Personen 214 Arbeitsuchende gegen 219 im Vormonat. Im Vorjahre waren die entsprechenden Verhältnisziffern 175 und 173.

Bei den weiblichen Personen kamen auf je 100 offene Stellen 120 Arbeitsuchende gegen 143 im Vormonat, und im Vorjahre waren die entsprechenden Verhältnisziffern 106 und 122. Der kleine Rückgang der Arbeitsuchenden bei beiden Geschlechtern ist zum Teil auf die zahlreicheren Einstellungen zur Bewältigung der Weihnachtsarbeiten zurückzuführen.

ANGESTELLTENFRAGEN

Der Ausschuß für die Privatangestellten-Fragen der Gesellschaft für Soziale Reform

hat in seiner letzten Sitzung vom 21. Januar zum Gesetzentwurf über die Sonntagsruhe Stellung genommen. Es wurde ein Ausschuß eingesetzt, der folgende Beschlüsse gefaßt hat:

Die Gesellschaft vertritt auch heute noch denselben Standpunkt wie in ihren Eingaben von 1905. Sie fordert deshalb: 1. Grundsätzlich volle Sonntagsruhe im Handelsgewerbe als Regel. 2. Ausnahmslose Sonntagsruhe in den Kontoren. 3. Im Kleinhandel für Bedürfnisgewerbe (frisches Fleisch, frische Backwaren, frische Milch, Eis, frische Blumen) eine Verkaufszeit von zwei ungeteilten Vormittagsstunden, die vor dem Beginn des Hauptgottesdienstes liegen müssen. 4. Beschäftigung an den beiden Sonntagen vor Weihnachten (falls diese beiden [illegible] als Ausnahmesonntage zugelassen werden) von höchstens 5 Stunden. 5. Erstreckung des Geltungsbereichs des Entwurfs auch auf die Versicherungsunternehmungen, Stellenvermittler, Konsumvereine usw., die kaufmännischen Angestellten in Gast- und Schankwirtschaften, Theatern usw. sowie auf die Apothekergehilfen. 6. Verbot des Anbietens und Feilhaltens von Waren in Gast- und Schankwirtschaften während der gesetzlichen Sonntagsruhezeit; Abgabe von Genußmitteln nur in beschränktem Maße zum sofortigen Genuß. 7. Aushang der gesetzlichen Vorschriften in den betroffenen Betrieben. 8. Möglichst gleichzeitige Regelung der Sonntagsruhe für die technischen und die Bureauangestellten.

Diese letzte Formulierung ist in die Leitsätze infolge des Drängens der Technikerverbände aufgenommen worden. Viel ist ja damit nicht erreicht, aber wenigstens ist das grundsätzliche Bekenntnis der Gesellschaft für Soziale Reform festgelegt, daß auch die Regelung der Sonntagsruhe für die technischen Angestellten ein dringendes Bedürfnis ist.

Der Ausschuß für Privatangestellten-Fragen beschäftigte sich auf seiner Tagung ferner mit der Einberufung eines Angestelltentages. Der Vorstand hatte als Punkte für die Tagesordnung das Koalitionsrecht der Angestellten und die Frage des Arbeitsrechts vorgesehen. Gegen diesen letzten Punkt wandten sich aber die Vertreter der gewerkschaftlichen Angestelltenverbände, indem sie der Befürchtung Ausdruck gaben, daß bei Behandlung dieser Frage auf einem Angestelltentag die Unterschiede zwischen den Angestelltenverbänden leicht allzu stark in den Vordergrund treten könnten und vor allem die Gefahr vorhanden sei, daß bei Behandlung dieser Frage die kaufmännischen Angestelltenverbände, Deutscher Handlungsgehilfen-Verband und Soziale Arbeitsgemeinschaft, sich gegen das einheitliche Angestelltenrecht erklären würden. Die Bedenken wurden auch im Interesse des gemeinsamen Zusammenarbeitens in der Gesellschaft für Soziale Reform von den gesamten Handlungsgehilfenverbänden geteilt und dafür unter Zustimmung dieser Verbände das Patentgesetz auf die Tagesordnung gestellt. Es wurde ein mit dem Recht der Zuwahl ausgestatteter Aktionsausschuß gewählt, dem außer den Vorstandsmitgliedern je ein Vertreter des Bundes der technisch-industriellen Beamten, des Deutschen Technikerverbandes, der Sozialen Arbeitsgemeinschaft, des Deutsch-nationalen Handlungsgehilfen-Verbandes, des Deutschen Bankbeamten-Vereines, der Bureaubeamten und der weiblichen Angestellten angehören soll. Der Angestelltentag ist für den Monat Mai in Aussicht genommen.

*

Eine unerfreuliche Erscheinung der Angestelltenversicherung

nennt die Kölnische Zeitung vom 13. Januar 1914 die Tatsache, daß der Arbeitgeber in der Versichertenkarte auch den jeweilig fälligen Betrag verzeichnen muß, dadurch ergibt es sich, daß der neue Arbeitgeber aus der Versicherungskarte das bisherige Gehalt des Angestellten ersehen kann, ein Umstand, der leicht dazu führt, den Aufstieg eines Angestellten zu höheren Gehaltsstufen zu erschweren. Als Beispiele hierzu werden folgende angeführt:

„Ein Angestellter hatte sich auf eine Annonce hin um eine Stelle beworben, mit der ein wesentlich höheres Gehalt, als er es bisher bezogen hatte, verbunden war. Es wurde ihm auch die Stelle übertragen. Daß er sie zur vollsten Zufriedenheit seines Arbeitgebers ausfüllte, entnahm er u. a. daraus, daß sein Aufgabenkreis und seine Selbständigkeit mehrfach erweitert wurden. Nach Ablauf eines halben Jahres glaubte er deshalb eine Gehaltserhöhung nachsuchen zu dürfen. Der Arbeitgeber erkannte auch ausdrücklich an, daß seine Leistungen ihn voll befriedigten, lehnte aber die Gehaltserhöhung mit der Begründung ab, daß der Angestellte sich, wie die Versicherungskarte ergebe, beim Eintritt in seine jetzige Stellung in solchem Maße verbessert habe, daß für absehbare Zeit eine weitere Erhöhung des Gehalts ausgeschlossen sei. In dem andern Falle hatte ebenfalls ein Angestellter sich durch Stellungswechsel erheblich verbessert. Seine neue Stelle versah er zur Zufriedenheit seines Arbeitgebers bis zu dem Augenblicke, in dem dieser die Versicherungskarte erhielt und aus ihr die mit dem Stellungswechsel für den Angestellten verbundene Gehaltserhöhung erfuhr. Nunmehr wurden ihm nicht nur im Vorwurfe der Uebervorteilung gipfelnde Vorhaltungen gemacht, sondern auch seine Leistungen entsprachen nach Aeußerungen des Arbeitgebers von jetzt an nicht mehr dem gezahlten Gehalt, so daß es schließlich zum Austritt des Angestellten aus seiner neuen Stellung kam."

Die „Kölnische Zeitung" befürchtet, daß sich aus diesen Verhältnissen leicht eine Besoldungsform entwickeln kann, die dem Steigen der Beamtengehälter nach Dienstjahren gleich käme. Einen Ausweg gebe es nach § 190 A. V. G., wonach sich die Versicherten bei jedem Stellenwechsel eine neue Versicherungskarte ausstellen lassen können, ohne daß ihnen dadurch Kosten ent- [illegible] unnötiger Arbeit und Kosten verursacht. Es sei darum angebracht, die Angabe der Höhe der Versicherungssumme auf den Karten zu streichen und dafür den Angestellten die gezahlten Beiträge auf einer besonderen Quittung zu bescheinigen.

BEAMTENFRAGEN

Arbeitsgemeinschaften von Beamtenvereinigungen

Eine „Soziale Arbeitsgemeinschaft der unteren Beamten" ist kürzlich gegründet worden. Ihre Forderungen sind folgende:

1. Daß seitens der gesetzgebenden Körperschaften im Reich und in Preußen unverzüglich die erforderlichen Schritte unternommen werden, um die infolge andauernder Teuerung außerordentlich drückend gewordene wirtschaftliche Lage der unteren Beamten noch im kommenden Etatsjahr durch eine Novelle zum Besoldungsgesetz ausreichend zu verbessern.

2. Daß eine baldige Revision der Gesetze, betreffend den Wohnungsgeldzuschuß im Reich und in Preußen, durchgeführt und dabei die Wohnungsverhältnisse und das erhöhte Wohnbedürfnis der unteren Beamten und ihrer meist zahlreichen Familien besonders berücksichtigt werde. Außerdem ist der verhältnismäßig höhere Mietaufwand für die kleineren Wohnungen der unteren Beamten in einer entsprechend erhöhten Bemessung des Wohnungsgeldes zum Ausdruck zu bringen.

3. Daß die Bestimmungen über das Arbeitsmaß, die Dienst- und Ruhezeiten und den Erholungsurlaub im Wege gesetzlicher Vorschriften zeitgemäß geändert werden.

4. Daß ein den heutigen Zeitverhältnissen angepaßtes einheitliches Beamtenrecht geschaffen werde, das vor allem lebenslängliche Anstellung für alle unteren Beamten und Abschaffung der Arreststrafen bringt.

Gleichzeitig hat sich auch eine „Arbeitsgemeinschaft von Berufsvereinen mittlerer Staatsbeamten" gebildet, deren vorläufiges Programm folgende Punkte aufweist:

Abgrenzung der mittleren Dienstgebiete in allen Staatsdienstzweigen unter Erhöhung der Selbständigkeit der Beamten, Verbesserung der Gehaltsverhältnisse, Begrenzung der außeretatsmäßigen Vordienstzeiten, vorteilhaftere Anordnung der Vorrückungsquoten und der Vorrückungsfristen, Gewährung von Wohnungsgeldzuschüssen und Einführung der sogenannten englischen Arbeitszeit. In Erwägung soll außerdem die Frage gezogen werden, ob und unter welchen Voraussetzungen die Gewährung von Erziehungsbeiträgen anzustreben wäre.

STANDESFRAGEN

Unsere Unterstützungseinrichtungen im Jahre 1913

Die Aufwendungen unseres Verbandes für die Unterstützungseinrichtungen haben im vergangenen Jahre eine außerordentliche Höhe erreicht. Es wurden verausgabt für

Stellenlosenunterstützung	87 238.35 M
Darlehen	22 299.— „
Unterstützungen	5 788.— „
Bestattungsbeihilfen	14 400.— „
Solidaritätsunterstützung	1 250.— „
	131 025.35 M.

Rechnet man noch die Ausgaben für Stellenvermittlung im Betrage von 21 359.42 M und für Rechtsschutz im Betrage von 29 955.58 M hinzu, so ergibt sich die Summe von **182 340.35 M**, die den Verbandsmitgliedern für die eingezahlten Beiträge wieder direkt zustatten kam.

Wir geben diese Zahlen heute ohne weiteren Kommentar und werden auf die Einrichtungen unseres Verbandes in den nächsten Heften eingehender zurückkommen.

*

Die Lage der bayerischen Militärbautechniker

kam bei den jüngsten Verhandlungen des bayerischen Landtages zur Besprechung. Ausgelöst wurde sie durch eine Petition unserer Bezirksverwaltung Bayern, die dagegen Stellung nahm, daß sich die Aussichten der Bausekretäre auf etatsmäßige Anstellung durch die neuen Bestimmungen wesentlich verschlechtert haben. Zwar wurde die Petition der Regierung nur als Material überwiesen, doch ergaben die Verhandlungen wenigstens insofern einen Teilerfolg, als die Regierung auf die Wünsche, die der Abg. Löweneck namens der beteiligten Kollegen in dankenswerter Weise zur Sprache brachte, erklären ließ, daß die Heeresverwaltung nichts ferner liege, als die auf Vertrag angenommenen Techniker in irgendeiner Weise zu schädigen. Es sei die Anordnung getroffen worden, daß, wenn irgendwo ein älterer schon längere Zeit im Dienste der Militärverwaltung stehender Techniker keine Beschäftigung mehr findet, dies bis an das Kriegsministerium gemeldet werde, damit der Betreffende irgendwo unterkommt. Die Schaffung von etatsmäßigen Stellen ließe sich allerdings nicht in dem gewünschten Maße beschleunigen, doch würden vielleicht im nächsten Jahre noch einige Bausekretärstellen in den Etat gebracht. Einige freundliche Worte, womit die Arbeitsleistung der Militärbautechniker die ihnen gebührende Anerkennung fand, lassen hoffen, daß wir in Zukunft über weitere Erfolge berichten können.

*

Ein Deutscher Technikerkongreß

wird am 15. Februar in Berlin, vormittags 11 Uhr im Lehrervereinshaus, stattfinden. Er ist einberufen vom Bunde der technisch-industriellen Beamten, vom Deutschen Techniker-Verbande und vom Deutschen Werkmeister-Verbande. Jede dieser Organisationen wird aus dem Deutschen Reiche Delegierte zu der Tagung entsenden. Es sind ferner alle übrigen Techniker-Vereine, Privatangestellten-Verbände und die Arbeiter-Organisationen zu der Tagung eingeladen worden. Ferner sind den Behörden und den politischen Parteien Einladungen zugestellt. Die Beratungen werden durch folgende Referate eingeleitet werden: 1. Erfinderrecht statt Anmelderecht. 2. Die Angestelltenerfindung. 3. Die Patentgebühren. Wir hoffen, daß diese Tagung zu einer machtvollen Kundgebung der Angestellten-Organisationen wird und die politischen Parteien davon überzeugt, daß die in dem Vorentwurfe des Reichsamtes des Innern zum Patentgesetze formulierten Bestimmungen das Mindestmaß des Entgegenkommens bedeuten, das den sozialen Forderungen entgegengebracht werden muß.

*

Vom Arbeitsmarkt der technischen Angestellten

Ist das Bild, das der Bericht über die Gesamtlage des Arbeitsmarktes entrollt, schon ein sehr trauriges, so ist die Lage der Privatangestellten, in Sonderheit der technischen Angestellten, noch schlechter. Denn es kommt hier in Betracht, daß die Stellungslosigkeit in der Zeit der jetzigen Wirtschaftsflaue gleich monatelang anhält. Eine Besserung im Baugewerbe ist noch nicht zu verspüren. So waren in unserem Verbande stellungslose Bautechniker gemeldet im IV. Quartal 1206, denen 642 offene Stellungen gegenüberstanden. Hiervon konnten nur 309 besetzt werden. Es ist als sicher anzunehmen, daß ein Teil der nicht besetzten Stellungen überhaupt nicht besetzt worden ist, da die Geschäfte sich mit der Einstellung neuer Techniker möglichst einschränken. Auch das neue Jahr bringt keine Besserung, denn die Zahl der im ersten Monat beschäftigungslos gemeldeten Techniker ist schon eine weitaus höhere, als wie im gleichen Monat des Vorjahres.

Auch das „Reichsarbeitsblatt" berichtet über die Stellenvermittlung technischer Angestellter im deutschen Reiche im vierten Vierteljahr 1913 ebenfalls ungünstig. Von den zwölf berichtenden Vereinen und Verbänden waren zu dem noch vorhandenen Rest von 3387 Bewerbungen weitere 4036 gekommen und zwar 2439 von Betriebspersonal und 1597 vom Bureaupersonal. Dazu kann der stehen gebliebene Rest unerledigt gebliebener Stellen aus dem Vorvierteljahre von 1936 Betriebs- und 1451 Bureaubeamten, so daß insgesamt 7423 Bewerbungen vorlagen. Von den im Vierteljahre selbst erledigten 4151 Bewerbungen wurden 996 (24 %) durch die Vermittlung der Vereine und 3155 (76 %) durch Zurückziehung oder ohne Vermittlung der Vereine erledigt.

Den Bewerbungen standen 173 alte und 852 neue Stellenangebote für Betriebspersonal und 514 alte und 1342 neue Stellenangebote für Bureaupersonal gegenüber. Es standen somit den Bewerbungen insgesamt 2881 Stellenangebote gegenüber. Zieht man auch hier nur die im Vierteljahre selbst erledigten 1924 Stellenangebote in Betracht, so sind von diesen durch Zurückziehung oder anderweitig ohne Vermittlung der Vereine erledigt 928 (48 v. H.), durch die Vereine besetzt 996 (52 v. H.).

Bei einem Vergleiche mit früheren Vierteljahren ergeben sich, auf die gleichen Vereine unter Fortlassung der jedesmal unerledigt gebliebenen Bewerbungen und offenen Stellen berechnet, nachstehende Verhältnisse:

Es wurden		4. Vierteljahr 1913	3. Vierteljahr 1913	4. Vierteljahr 1912
zurückgezogen oder anderweitig erledigt	Bewerbungen	79 v. H.	73 v. H.	67 v. H.
	Stellenangebote	60 „	69 „	70 „
durch die Vereine erledigt	Bewerbungen	21 „	27 „	33 „
	Stellenangebote	40 „	31 „	30 „

Für Betriebspersonal wurden im 4. Vierteljahr 1913 insgesamt 4375 Bewerbungen, 1025 offene und 522 besetzte Stellen gemeldet. Nach Abzug der zurückgezogenen oder ohne Vermittlung der Vereine erledigten Bewerbungen und offenen Stellen ergibt sich — die eingeklammerten Zahlen sind die des gleichen Vierteljahres des Vorjahrs —, daß auf je 100 Bewerbungen 28 (50) Stellenangebote und 20 (23) besetzte Stellen entfielen. Auf je 100 offene Stellen kamen 357 (198) Stellengesuche, das Verhältnis hat sich also gegen das Vorjahr erheblich verschlechtert. Für Bureaupersonal ergibt eine gleiche Berechnung, daß auf je 100 Bewerbungen 74 (56) offene und 29 (27) besetzte Stellen kamen. Auf je 100 offene Stellen entfielen 135 (176) Stellengesuche; hier ist also eine Besserung gegen das Vorjahr zu verzeichnen. Von dem vermittelten Betriebspersonal gehörten 53 zu dem leitenden und 469 zu dem sonstigen Personal, von dem vermittelten Bureaupersonal 28 zu dem leitenden und 446 zu dem sonstigen.

Die Vermittlung von Betriebspersonal vollzog sich hauptsächlich im künstlerischen Gewerbe, diejenige von Bureaupersonal vorwiegend im Baugewerbe und in der Metallindustrie.

Auf die einzelnen Gewerbegruppen verteilte sich die Stellenvermittlung folgendermaßen:

a) Betriebspersonal.

Gewerbegruppen	Leitendes und Aufsichtspersonal			Sonstiges Betriebspersonal		
	Bewerbungen	offene Stellen	Vermittlungen	Bewerbungen	offene Stellen	Vermittlungen
Insgesamt	995	212	53	3380	813	469
Davon entfallen auf:						
Bergbau	–	–	–	11	2	2
Steine und Erden . .	–	–	–	110	8	2
Metallindustrie . . .	237	89	14	918	197	71
Chemische Industrie .	2	–	–	24	1	1
Baugewerbe	746	123	39	709	103	27

b) Bureaupersonal.

Gewerbegruppen	Leitendes und Aufsichtspersonal			Sonstiges Betriebspersonal		
	Bewerbungen	offene Stellen	Vermittlungen	Bewerbungen	offene Stellen	Vermittlungen
Insgesamt	615	275	28	2433	1581	446
Davon entfallen auf:						
Bergbau	1	2	–	1	–	–
Steine und Erden . .	–	–	–	–	–	–
Metallindustrie . . .	310	209	15	1142	752	190
Chemische Industrie .	1	2	–	2	4	–
Baugewerbe	270	55	8	1148	782	242

Druckfehlerberichtigung

In dem Vorwort zu dem Leitartikel „Die Gewerkschaft der Aerzte" muß es in Zeile 19 statt „gewerkschaftliche" heißen gesellschaftliche.

DEUTSCHE TECHNIKER-ZEITUNG
TECHNISCHE RUNDSCHAU

XXXI. Jahrg. **7. Februar 1914** **Heft 6**

Leitungs- und Lichtmaste

Bei der immer mehr steigenden Verbreitung der elektrischen Ueberlandzentralen zum Zwecke der Licht- und Kraftversorgung weiter Strecken, sowie infolge des fortschreitenden Ausbaues der Telephonleitungen, wird der Mangel, der in der schnellen Vergänglichkeit des bisher vorherrschenden Materials, des Holzes, immer fühlbarer. Denn selbst imprägnierte Hölzer vermögen wechselnder Feuchtigkeit und Trockenheit nicht auf die Dauer zu widerstehen und versagen gegenüber den tropischen Insekten vollständig. Das Eisen ist wohl widerstandsfähiger als das Holz, doch nur, wenn es, mit ziemlichem Kostenaufwand, genau überwacht und wiederholt sorgfältig gestrichen wird. Gerade diese Ueberwachung wird aber in den einsamen, oft gebirgigen Gegenden, durch die die Leitungen zum größten Teile führen, kostspielig und schwierig. Als für Leitungsmaste ganz vorzüglich geeignetes Material kommt neuerdings immer mehr der Eisenbeton in Frage.

Abb. 1. Lichtmaste vor dem Leipziger Hauptbahnhof.

Im Anschaffungspreise stehen die Eisenbetonmaste zwischen den Holz- und Eisenmasten. Während die Eisenmaste infolge der hohen Anschaffungskosten und der umständlichen Unterhaltung wohl meistens nicht in Betracht kommen, hält die scheinbare Wirtschaftlichkeit des Holzes einer näheren Untersuchung nicht stand. Nimmt man die Lebensdauer eines Holzmastes mit 10 Jahren, die eines Eisenbetonmastes nur mit 30 Jahren an, so müßte, für Unterhaltung von Holzmasten unter Berücksichtigung der Zinsersparnis infolge des geringeren Anlagekapitals 5% gerechnet, ein Holzmast, einschl. Imprägnierung, schon um den

$$\frac{1}{3+0{,}05\cdot 30}=\frac{1}{4{,}5}$$

Teil des Preises eines Eisenbetonmastes zu haben sein, wenn er wirtschaftlich sein soll. Eine einfache Anfrage bei der in Betracht kommenden Firma wird aber sofort die wirtschaftlichen Vorteile des Eisenbetons erweisen.

Von großer Bedeutung ist auch der Umstand, daß, von besonderen Ereignissen abgesehen, die Leitungen auf Eisenbetonmasten mindestens dreimal solange Zeit unverändert liegen bleiben können, während die in derselben Zeit etwa dreimal stattfindende Auswechselung der Holzmaste erhebliche Betriebsstörungen mit sich bringt.

Der Einfluß des elektrischen Stromes auf Maste wird bei gut ausgeführten Isolierungen, die ja im eigensten Interesse der Elektrizitätswerke liegen, nur unbedeutend sein. Feuchte Holz- und Eisenmaste werden durch starke, längere Zeit dauernde Gleichströme ebenso geschädigt wie Eisen-

Abb. 2. Saxonia-Maste für die Ueberlandzentrale Leipzig-Land. (R. Wolle, Leipzig.)

betonmaste, während Wechselströme gefahrlos sind. Vagabundierende Ströme sind meist von geringer Intensität. Beton an sich bietet dem Durchgang elektr. Stromes einen ziemlichen Widerstand und wird erst gut leitend, wenn er selbst feucht und die Verbindung zum Erdleiter durch etwa vorhandene Humussäure gesteigert wird.

Mit dem Eisen teilt der Eisenbeton den Vorteil einer gefahrlosen Abführung des Blitzes durch die hohe Leitfähigkeit der Armierung. Holz verhält sich mit Rücksicht auf den Blitz sehr ungünstig, wie dies auf Versuchsleitungen beobachtet wurde.

Es wären nun noch die Wirkungen des Drahtzuges auf die Maste zu berücksichtigen. Wenn eine Leitung abzweigt oder die Zahl der zu beiden Seiten eines Mastes gelegenen Drähte ungleich ist (entweder von vornherein so angelegt oder auch durch teilweises Zerreißen) oder die Drähte verschieden stark gespannt sind, so entsteht ein einseitiger Drahtzug. Daß lange Holz- und Eisenmaste mit ihrem freien Ende Bewegungen von mehr als 1 Meter ausführen (am Eiffelturm wurden bei Sturm bis 4 Meter Ausschlag der Spitze beobachtet) ist bekannt. Dem Eisenbeton würde man eine derartige Elastizität nicht ohne weiteres zuschreiben,

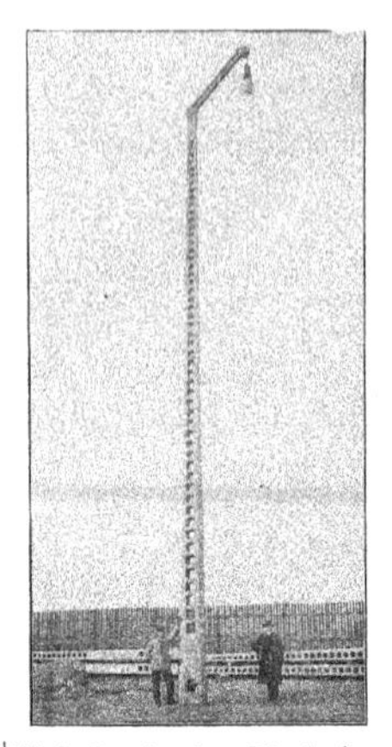
Abb. 3. „Saxoniamast“ zu Beleuchtungszwecken. (R. Wolle, Leipzig.)

Abb. 7. Eisenbetonmast auf der Architektur-Ausstellung in Krakau.

Abb. 4. „Bavaria“-Lichtmast. (R. Wolle, Leipzig.)

doch haben Versuche auch bei diesem Baustoffe günstige Resultate ergeben. Daß der Eisenbetonmast zunächst einen Teil des Drahtzuges selbst aufnimmt und erst bei merklichem Horizontalzug sich stärker aufzubiegen beginnt, ist nur von Vorteil, da andernfalls die ganze Zugkraft der größten Draht-Zahl von der geringeren aufgenommen werden müßte. Bei Holzmasten, die dem Drahtzuge leicht nachgeben, ist also die Beschädigung der Leitung auf längere Strecken viel eher möglich, als bei Eisenbeton- oder Eisenmasten.

Der Beton ohne Armierung kommt für Maste weniger in Betracht, da die auftretenden, großen Biegungsmomente und die notwendige Elastizität diesen Baustoff nicht sehr geeignet erscheinen lassen. Vereinzelt kommen Betonmaste, wenn sie, aus ästhetischen Gründen, große Abmessungen erhalten können, zur Anwendung und wirken dann künstlerisch sehr befriedigend. (Abb. 1.)

Im Nachfolgenden seien nun einige Eisenbetonmaste näher beschrieben.

Die Saxoniamaste der Firma Rud. Wolle-Leipzig (Abb. 2 und 3) haben rechteckigen Querschnitt und sind von senkrecht zur langen Querschnittsseite liegenden Aussparungen durchbrochen. Auf diese Weise entsteht ein statisch günstiger Querschnitt, auch haben die Maste den Vorteil großer Leichtigkeit, einfacher Herstellung, gefälligen Aussehens und leichter Besteigbarkeit, soweit Aussparungen vorhanden (um unbefugtes Besteigen zu verhindern, beginnen sie erst 2 Meter oberhalb des Bodens) und guter ästhetischer Wirkung bei geringer Windangriffsfläche. Dieselbe Firma und die Bauunternehmung E. Rank, München, bringen auch einen Bavariamast mit zum Teil T-förmigem Querschnitt auf den Markt. (Abb. 4.)

Während die Herstellung der Saxonia- und Bavariamaste nichts Außergewöhnliches bietet (sie werden einfach liegend gestampft) erfordert die Erzeugung der Stahlbeton-Schleudermaste der Firma Otto & Schlosser, Meißen i. S., größere maschinelle Einrichtungen, da die Herstellung in zweiteiligen, um ihre Längsachse in schnelle Umdrehungen versetzten Formen vor sich geht, in denen die abgemessene Betonmenge infolge der Zentrifugalkraft an die Wände geschleudert wird, so daß um die Achse ein Hohlraum entsteht, der im umgekehrten Verhältnisse der gewählten Betonmenge größer oder kleiner wird. Die Bewehrung besteht aus Rundstahlstäben sowie einer inneren und äußeren Stahldrahtspirale. Der Querschnitt ist ein Hohlquerschnitt, dessen innere Begrenzung ein Kreis, dessen äußere Begrenzung aber ganz beliebig ist.

Es können die reichsten Profilierungen ohne große Kosten hergestellt werden. Der Hohlraum läßt sich für die Zuführung der Leitungen bezw. Unterbringung der Ablaßvorrichtungen der Beleuchtungskörper gut verwenden. Der Hohlquerschnitt ist auch statisch sehr günstig.

Mit den entgegengesetzten Mitteln wird bei den Siegwartmasten von Ellmer & Co., Stettin, eine konstruktiv sehr ähnliche Form erzeugt, indem der Beton in einem spiralförmigen Band auf einen drehbaren Kern aufgepreßt wird und hierbei große Festigkeit erlangt. (Abb. 5.)

Die Bewehrung und die Vorzüge sind im Prinzip dieselben wie bei Schleuderbetonmasten.

Aehnlich sind auch die Panzerbetonmaste der Firma E. Lange, Cassel, die einen, mit einem durchbrochenen Eisenblechrohr bewehrten Hohlquerschnitt haben und unter Druck betoniert werden.

Die Eisenbetonmaste werden erst durch Erzeugung im Spezial-Massenbetriebe mit Holz-Masten konkurrenzfähig,

Abb. 5. Siegwart-Leitungsmaste. (Ellmer & Co., Stettin.)

doch kommen auch vereinzelt Ausführungen an Ort und Stelle vor, bei denen dann die teuere, schwierige Schalung und komplizierte Herstellung, gegenüber der architektonischen Wirkung und der, gewöhnlich geringen Anzahl, wenig Bedeutung hat. (Abb. 6 und 7.)

Es sei noch darauf hingewiesen, daß die Befestigung der Armaturen an Masten entweder schon beim Betonieren berücksichtigt, aber auch unschwer bei allen Systemen nachträglich angebracht oder geändert werden kann.

Zum Schlusse wären noch die Eisenbetonfüße für Holzmaste zu erwähnen, die den, dem Verfall am meisten ausgesetzten Teil des Mastes, den Fuß, ersetzen. Die Eisenbetonfüße können von vornherein für neue Maste zur Verwendung kommen, oder sie dienen zur Ausbesserung des im Boden abgefaulten Gestänges. In Abb. 8 ist ein zweiteiliger Fuß angegeben (auch vierteilige sind im Gebrauch), bei welchem die Befestigung der Maste durch, in den Beton eingelassene Winkeleisen und Verschraubung erfolgt. Die mit so kombinierten Masten vorgenommenen Belastungsproben hatten ein gutes Resultat.

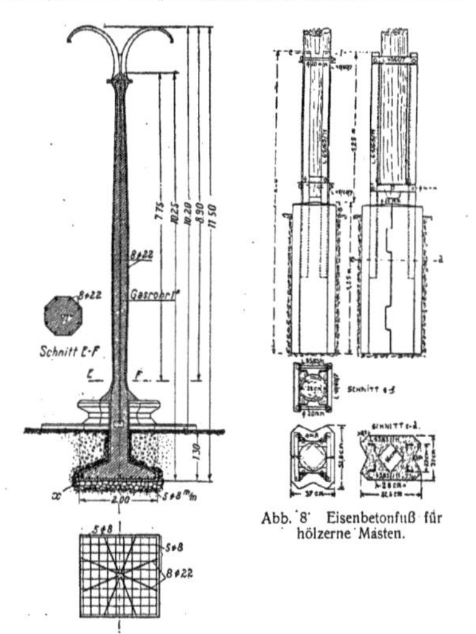

Abb. 6. Längenschnitt der Eisenbetonmaste auf der Architektur-Ausstellung in Krakau.

Abb. 8. Eisenbetonfuß für hölzerne Masten.

Das bei guten Ausführungen gebräuchliche Ummanteln des Fußes von Eisenmasten mit Stampfbeton bezweckt ebenfalls den Schutz des Eisens vor den schädlichen Einflüssen des Bodens.

Preisausschreiben

Die Vereinigung für Fortbildungskurse in Eisenbeton (Deutscher Techniker-Verband und Zentralstelle zur Förderung der Deutschen Portland-Zement-Industrie) erläßt ein

Preisausschreiben
zur Erlangung von Entwürfen nebst Kostenanschlägen für eine Wegüberführung über eine zweigleisige Bahn.

Das Bauwerk ist als Eisenbetonbalkenbrücke zu gestalten, deren Breite zwischen den Geländern auf 6,50 m zu bemessen ist. Hiervon sollen 5 m auf die Fahrbahn und je 0,75 m auf die beiderseitigen Fußwege entfallen.

Die Konstruktion der Brücke wird den Bewerbern vollkommen frei gestellt. Preisgekrönt werden diejenigen drei Entwürfe, die die beste wirtschaftliche und gleichzeitig ästhetische Lösung bringen, und zwar ist an Preisen ausgesetzt: ein erster Preis in Höhe von 100 M, ein zweiter Preis in Höhe von 75 M, ein dritter Preis in Höhe von 50 M. Verlangt wird ein Grundriß, ein Längsschnitt und ein Querschnitt im Maßstabe 1:50, eine Ansicht (oder Perspektive) in beliebigem, ein Detail eines wichtigen Konstruktionsteils im Maßstabe 1:10; weitere Zeichnungen, Modelle usw. werden nicht zugelassen. Beizufügen sind ein Erläuterungsbericht, eine statische Berechnung sowie ein Kostenanschlag.

In dem Erläuterungsbericht ist die gewählte Konstruktion zu begründen, ferner sind Angaben über die Behandlung der Oberflächen, Isolierungen, Fahrbahn- und Fußwegbefestigung zu machen.

Die statische Berechnung, die nach den amtlichen preußischen Bestimmungen vom 24. Mai 1907 aufzustellen ist, muß den Nachweis über die Standsicherheit der hauptsächlichsten Konstruktionsteile enthalten. Statisch unbestimmte Konstruktionen können auf elementare Weise berechnet werden.

Zur Teilnahme an vorstehendem Wettbewerb sind nur diejenigen Mitglieder des Deutschen Techniker-Verbandes berechtigt, die an einem von obengenannter Vereinigung eingerichteten Eisenbetonkursus im Winter 1912/13 bezw. 1913/14 teilgenommen haben. Die näheren Bestimmungen und die zeichnerischen Unterlagen für die Teilnahme am Wettbewerb sind von der Zentralstelle zur Förderung der Portland-Zement-Industrie, Charlottenburg, Knesebeckstr. 74, zu beziehen.

Die Einlieferung der Arbeiten hat bis zum 1. Juli 1914 zu erfolgen.

Sämtliche Teile der eingereichten Arbeiten sind mit einem Kennwort zu versehen. Name und genaue Adresse des Verfassers sind in einem verschlossenen Briefumschlag, auf dem ebenfalls das gewählte Kennwort vermerkt ist, beizufügen.

Ueber verfehlte technische Maßregeln)*

Es gibt im praktischen Bauwesen technische Maßregeln, die zwar allgemein angewendet werden, einer schärferen Prüfung auf ihre Berechtigung und Brauchbarkeit aber nicht standzuhalten vermögen.

*) Die vielfach an uns gerichteten Anfragen über Mittel zur Verhütung oder Beseitigung von Mauerfeuchtigkeit, Verbesserung der Zimmerluft usw. veranlasen uns, diesen Artikel der besonderen Aufmerksamkeit unserer Leser zu empfehlen.
Die Schriftleitung.

Hierher gehören zunächst die aus feuchtem Mauerwerk, namentlich im Innern der Häuser sich ergebenden Mißstände, zu deren Beseitigung man die verschiedenartigsten Maßregeln anwendet, ohne sich über deren Wert hinreichende Klarheit zu verschaffen. Da die Trockenlegung feuchter Mauern — sofern es sich nicht um Baufeuchtigkeit handelt oder um sonstige, mit unzureichendem Luftwechsel zusammenhängende Erscheinungen — immer durchgreifende, mit erheblichem Kostenaufwande verbundene Maßnahmen erfordert, begnügt man sich in den meisten Fällen damit, das Uebel für den Augenblick unsichtbar zu machen. Dies geschieht in den meisten Fällen durch Aufbringen eines wasserdichten Verputzes mit oder ohne Putzträger, wie Drahtgewebe, Lättchengewebe, Teerpappe (Falzbaupappe) oder dergl. Da hinter einer Verkleidung solcher Art die Feuchtigkeit unvermindert fortbesteht, sind alle mit der Wand in unmittelbare Berührung tretenden Holzteile aus naheliegenden Gründen ganz ungeeignet. Dies gilt naturgemäß auch von Holztäfelungen, die man immer noch zur Verdeckung feuchter Wandflächen antreffen kann. Was nun die viel verwendete Falzbaupappe anlangt, so kann ihre Zweckmäßigkeit zur Bekleidung feuchter Wände zwar nicht bestritten werden, doch ist die Meinung irrig, daß infolge der verbleibenden schlitzartigen Hohlräume zwischen Wand und Pappschicht eine allmähliche Austrocknung der Wand dann herbeigeführt werden könne, wenn man diese Hohlräume durch Anordnung von Luftöffnungen über dem Fußboden und unter der Decke mit der Zimmerluft in Verbindung bringt. Da die feuchte Wand stets kalt ist, kann es nicht ausbleiben, daß die am Fußboden eintretende warme Zimmerluft in den äußerst engen Hohlräumen sich alsbald abkühlt und ihren Wassergehalt auf der feuchten Wand niederschlägt, so daß das Gegenteil von dem eintritt, was man beabsichtigt hatte. Die erwähnten Luftlöcher bleiben daher lieber fort.

Aehnlich verhält es sich mit dem in manchen Lehrbüchern empfohlenen Verfahren zur Erwärmung von Fußböden, besonders in Erdgeschoßräumen, das darin besteht, daß man die warme Zimmerluft in den Raum unter die Dielen einführt, während die abgekühlte Luft durch den Schornstein bezw. durch einen besonderen, meist neben dem Schornstein liegenden Abluftkanal abgesogen wird. Ohne Zweifel werden durch die unter den Fußboden eintretende Zimmerluft fortwährend Staubteilchen mitgeführt, die sich in dem Hohlraum, und zwar besonders da anhäufen, wo infolge von Rauhheit der Dielen und Lagerhölzer eine Hemmung der Luftbewegung eintreten muß. Da selbst in ziemlich sauber gehaltenen Räumen die Bildung von Staubteilchen, die meistens reich an organischen Stoffen zu sein pflegen, nicht verhindert werden kann, so leuchtet ein, daß durch die verunreinigte Zimmerluft Krankheitskeime, Sporen von Pilzen usw. unter die Dielen gelangen. Da die Bedingungen zur Entwickelung aller dieser Keime in der Regel schon dadurch gegeben sind, daß von dem zur Reinigung der Fußböden verwendeten Wasser, wenn auch nur geringe Mengen durch die Fugen nach unten hindurchdringen, während in vielen Fällen auch bei nicht hinreichend sorgfältiger Isolierung (in Erdgeschoß-Räumen) Grundfeuchtigkeit von unten zutritt, so ist die Entstehung von üblen Gerüchen und eine gesundheitliche Schädigung der Bewohner unvermeidlich. Andererseits wird dem Gedeihen von Holzschädlingen (Hausschwamm) auf diese Weise reichlich Vorschub geleistet.

Aber auch durch die Zimmerluft selbst wird Feuchtigkeit in Form von Schwitzwasser dem Raum unter den Dielen zugeführt, anstatt, wie man im allgemeinen schlechthin annimmt, von ihr ausgetrocknet zu werden. Der in bewohnten Räumen umlaufenden Luft wird in den meisten Fällen hinreichende Möglichkeit zur Aufnahme von Wasserdampf gegeben. Tritt nun beim Herabsinken der sich allmählich abkühlenden Luft von der Zimmerdecke nach dem Fußboden zu durch Bestreichen der Wände und den dadurch verursachten Wärmeverlust eine Abkühlung der Luft dergestalt ein, daß sie an Wassergehalt den Sättigungsgrad erreicht, so wird bei weiterer Abkühlung die Bildung von Wassertropfen unbedingt eintreten müssen. Dieser Fall kommt aber beim Durchstreichen der Zimmerluft unter den Dielen, namentlich im Erdgeschoß über das kalte Kellergewölbe oder dergl. hinweg ohne Zweifel in Frage, und es ergeben sich somit die schon oben beschriebenen Gefahren.

Einem allerdings leicht verständlichen Irrtum begegnet man bei der Verglasung von Oberlichtern, wofür nicht selten das bekannte „Drahtglas“ in der Absicht verwendet wird, ein gegen jedweden Hagelschaden und andere äußere Angriffe gesicherte Verglasung zu erhalten. Man vergißt jedoch dabei, daß das Glas und die darin befindliche Drahtgewebe-Einlage ganz verschiedene Ausdehnungskoeffizienten haben. Dies macht sich sehr bald dadurch äußerlich bemerkbar, daß das Glas Sprünge erhält, da sich die Metalleinlage unter dem Einfluß der unvermeidlichen Wärmeschwankungen (Bestrahlung durch die Sonne) weit mehr ausdehnt als der umgebende Glaskörper. Trotzdem dieser einfache Vorgang auch dem Laien unschwer verständlich werden müßte, findet man selbst in Technikerkreisen oft nicht den wahren Grund für die entstehenden Risse, welche bei Verwendung von Rohglas nicht auftreten.

Durch die oben beschriebenen technischen Maßnahmen ist die Zahl der immer und immer wiederkehrenden Fehlgriffe keineswegs erschöpft. Es ist auch klar, daß selbst dem erfahrenen Techniker Irrtümer unterlaufen können. Immerhin kann man sich durch praktische Erfahrungen und eingehende Prüfung der jeweiligen Sachlage vor mancher Enttäuschung bewahren, wenn man nicht verabsäumt hat, die zur Beurteilung technischer Fragen unerläßlichen physikalischen und chemischen Kenntnisse sich zu eigen zu machen.

Lautensack.

BRIEFKASTEN

Nur Anfragen, denen 10 Pfg. Porto beiliegt und die von allgemeinem Interesse sind, werden aufgenommen. Dem Namen des Einsenders sind Wohnung und Mitgliednummer hinzuzufügen. Anfragen nach Bezugsquellen und Büchern werden unparteiisch und nur schriftlich erteilt. Eine Rücksendung der Manuskripte erfolgt nicht. Schlußtag für Einsendungen ist der vorletzte Mittwoch (mittags 12 Uhr) vor Erscheinen des Heftes, in dem die Frage erscheinen soll. Eine Verbindlichkeit für die Aufnahme, für Inhalt und Richtigkeit von Fragen und Antworten lehnt die Schriftleitung nachdrücklich ab. Die zur Erläuterung der Fragen notwendigen Druckstöcke zur Wiedergabe von Zeichnungen muß der Fragesteller vorher bezahlen.

Frage 7. (Wiederholt.) Es ist eine **Niederdruck-Kreiselpumpe** zu entwerfen für H = 5 bis 30 m, L = 3500 m minimal und 5000 l/min maximal. n = 450 bis 1450 Touren. Der Einlauf soll axial und auch radial sein, also zwei Modelle. Welcher Kollege liefert gegen Vergütung Berechnung, Hauptkonstruktionsriß usw.?

Frage 31. Glühlampenfabrikation. In Rußland, nahe der deutschen Grenze, soll eine Glühlampenfabrik für elektrische Lampen errichtet werden. Kann mir einer der Herren Kollegen Angaben über den Hergang der Fabrikation machen? Wo sind die Maschinen zu beziehen? Für evtl. leihweise Ueberlassung von Zeichnungen ausgeführter Fabriken wäre ich sehr dankbar. Wie groß (Leistungsfähigkeit) muß die Fabrik sein, um eine Rentabilität zu erzielen?

Frage 32. Ich will mir einen **Dampfstraßenwalzenzug** zulegen und wäre dankbar, wenn mir einer der Herren Kollegen eine genaue Berechnung über den Reinertrag unter Berücksichtigung der üblichen Abschreibung usw. angeben könnte. Für die Walzstunde werden etwa 4.50 M vergütet, bei zwölfstündiger Arbeitszeit pro Tag. Für die Walze kommen vielleicht 175 Arbeitstage im Jahre in Frage. Welches Fabrikat wird empfohlen und welches Gewicht bevorzugt?

Frage 33. Wie stellt man **konsistentes Fett** billig und rationell im Großbetrieb her? Z. B. Wagenschmiere, die leichter als Wasser sein soll.

Frage 34. Wie erzeugt man **Dachlack** aus Steinkohlenteer (Kompositionsfarben)? Evtl. bitte ich um einschlägige Literatur.

Frage 35. Die **Verdunkelungsvorhänge** im **Physikzimmer** lassen sich schlecht abrollen, da der Stoff aufeinander klebt, wenn die Vorhänge längere Zeit nicht heruntergelassen wurden. Gibt es vielleicht ein Mittel (Anstrich oder Imprägnierung), um dieses zu verhindern? Bemerkt sei noch, daß die Vorhänge öfters der Sonne ausgesetzt sind.

Frage 330. Lästiger Geruch im Wohnzimmer. Die Wände sind tapeziert. Der freistehende Ostgiebel ist 45 cm stark, außen rauh verputzt. Bei feuchter Witterung riecht es im Zimmer nach

Carbid (? Die Red.). Die in der Mittelwand befindliche Kaminanlage ist nach meiner Ansicht einwandfrei. Wenn die Oefen geheizt sind, spürt man beim Berühren der Kaminwandungen mit der Handfläche keine Wärme. Der Geruch kann daher nicht vom Kamin, sondern nur von der Tapete herrühren. Die Ostwand hat weiße Flecken, die auch beim Abkehren mit warmen Besen stets wieder erscheinen. Wie kann der lästige Geruch (vielleicht durch einen Anstrich?) aufgehoben werden, und woher mag dieser kommen?

Antwort II. (I s. Heft 4.) Der Geruch kann auf einer Verbindung des Tapeten-Klebestoffs (z. B. Kleister) mit dem darunter befindlichen Putz (gegebenenfalls Kalkmörtel) beruhen — wobei ja eine Kalkverbindung (ähnlich wie das Calcium-Carbid) möglich ist. Zur Abhilfe kann erwogen werden: a) Entfernung der Tapete und Ueberstreichung des Innenputzes oder sonstiger Wandbekleidung mit einer isolierenden Klebemasse z. B. Anol, das oft zur Tapezierung verwendet wird, sowie Aufziehung der Tapete nach Verfahren von Andernach-Beuel. b) Ueberstreichung der Tapete mit einer hitzebeständigen, wasserunlöslichen Strapazurfarbe, z. B. mittels Druckspritze (nach Verfahren von Dr. Gaspary-Leipzig), Marke H. L. mit Druckschlauch nebst Strahlmundstück. Ein satter grüner, blauer oder roter Ton dürfte auch den ästhetischen Anforderungen genügen. Im übrigen ist auch ein Ueberzug des Kalk- oder Zementputzes mit verdünntem Kaliwasserglase (1:2) zweckmäßig, wie solcher zum Schutz gegen Schlagregen an Wetterwänden verwendet wird. — Aehnliche Dienste leisten auch unter Umständen Anstriche mit Mastixzement, Emaillepixol usw. an der Außenwandung.

Kropf-Cassel.

III. Es handelt sich hier ohne Frage nur um inneren Wand-Niederschlag, der den Kleister der Tapezierung zur Gährung und Fäulnis bringt und Pilze ansetzt. Ich nehme an, daß die Wand außen sehr abgekühlt und kalt ist und daß der Raum auch zum Schlafen benutzt, oder daß darin gekocht oder gewaschen wird. Die Dämpfe der menschlichen Ausatmung oder der beim Kochen, Waschen u. dergl. entwickelte Wrasen schlagen sich an der kalten Wand nieder und verursachen die angedeuteten Folgeerscheinungen. Zu empfehlen ist hier, bei trockenem, auch kaltem Wetter: sehr viel lüften und dann ordentlich heizen, bei Verwendung als Schlafraum hauptsächlich vor dem Schlafengehen. Die Pilze müssen trocken abgerieben werden. Ein anderes Mittel ist, die freie Wand zu verdoppeln und einen Hohlraum zu schaffen, der die Temperaturunterschiede zwischen innerer und äußerer Luft ausgleicht. Es genügt ein Hohlraum von 1 bis 2 cm Stärke, auf die Wand 1 bis 2 cm starke und ca. 5 cm breite Leisten in Abständen von ca. 1 m genagelt, die zweckmäßig mit Karbolineum getränkt sind. Darauf werden 2 bis 4 cm starke Korkplatten oder 5 bis 7 cm starke Gips- oder Koksascheplatten genagelt und die Fugen mit Gips gedichtet. Darauf kann fast gleich wieder tapeziert werden.

Carl Pfundt 21 935.

Frage 1. Gegen **Zementsandsteine** herrscht das Vorurteil, daß die daraus hergestellten Mauern, ob mit oder ohne Luftschicht, im Winter an den Innenseiten naß werden und bei nicht genügender Heizung sogar befrieren. Ich bitte die Kollegen um Mitteilung ihrer Erfahrungen. Bei der Beantwortung dieser Frage ist zu berücksichtigen, daß künstliche Isolierungen durch Kosmostafeln, Anstrich, wasserdichten Putz usw. ausgeschlossen sind.

Antwort III (I u. II s. Heft 4). Von der Zentralstelle zur Förderung der Deutschen Portland-Zement-Industrie wird uns geschrieben: Bei der Anwendung jedes Materials müssen seine besonderen Eigenarten berücksichtigt werden. Da dies bei Zementmauersteinen aus Unkenntnis häufig nicht getan wurde, sind natürlich Fehlschläge nicht ausgeblieben, und so herrscht dann häufig das in der Fragestellung ausgesprochene Vorurteil. Beton, aus dem ja Zementmauersteine hergestellt werden, ist bei normalen Verhältnissen ein dichter, wenig poröser Baustoff, infolgedessen sehr druckfest und besser wärmeleitend als Tonziegel, saugt dagegen weniger Feuchtigkeit auf als letztere. Will man dagegen einen mehr porösen, also dem Tonziegel gleichwertigen Baustoff herstellen, verwendet man zweckmäßig einen groben, möglichst gleichkörnigen Sand, bei nicht zu knappem Wasserzusatz. Das fertige Mauerwerk erhält dann den üblichen Putz. Noch besser ist nachstehende Anordnung, die oftmals dem Tonziegelmauerwerk vorzuziehen sein wird. Es wir Mauerwerk mit Luftisolierung ausgeführt, bei dem der äußere schwächere Mauerteil aus möglichst dichtem, wasserabhaltendem Zementsandstein, der innere stärkere Teil dagegen aus einem wärmeren porösen Zementschlackenstein besteht. Die Bindersteine zwischen beiden Mauerteilen müssen, soweit sie das innere Mauerwerk berühren, in Asphalt getaucht werden. Auch darf auf diese Steine kein Mauermörtel fallen. Das Mauerwerk muß gut gegen Feuchtigkeit isoliert werden, damit die Luft in der Isolierungsschicht nicht feucht wird und so an Isolierungswert verliert. Bei Auswahl der Schlacke zur Herstellung der porösen Schlackensteine ist zu beachten, daß nur Hochofenschlacke oder gut ausgeglühte, von Schwefelverbindungen freie Steinkohlenschlacke verwendet wird.

Frage 3. Plastische Darstellungen. Erwünscht sind Angaben über die Herstellung plastischer Darstellungen ausgeführter Bauwerke und bergigen Geländes für einen Bebauungsplan.

Antwort. Es gibt verschiedene Arten, Modelle von gebirgigem Gelände und Bebauungsplänen herzustellen. Diese richten sich z.T. nach der Größe des gewählten Maßstabes, der Größe des Modells und nach der Genauigkeit der vorhandenen Höhenaufnahmen. Zwei Arten der Modellherstellung seien hier besprochen, die aus Ton oder Plastillin von Hand modellierten plastischen Pläne. Bevor die Herstellung des Modells begonnen wird, ist eine passende Planunterlage anzufertigen. Es erleichtert die Arbeit sehr, wenn man eine besondere Planunterlage für das Modell auf gutem, starkem Zeichenpapier herstellt. Dieser Plan muß die Horizontalkurven des Geländes enthalten und das Projekt mit den genauen Höhen. Es ist sehr zweckmäßig, wenn die Horizontalkurven über das Projekt ausgedehnt werden, so, als ob das Projekt schon ausgeführt wäre. In Heft 40 und 41, Jahrg. 1907 dieser Zeitschrift ist dies Verfahren von mir in einem Artikel „Horizontalkurven“ geschildert worden. Ist dies geschehen, so ist eine Modellunterlage, ähnlich wie ein Zeichenbrett, zu beschaffen. Der Schreiner hat das Brett so herzurichten, daß es möglichst „am Werfen“ gehindert wird. Das Holz muß trocken sein und je nach der Größe 2, 3 oder mehr Querleisten erhalten, die mit Schwalbenschwänzen zu versehen sind. Während sich für das Brett Weidenholz eignet, nimmt man für die Leisten zweckmäßig Buchen- oder Eichenholz. Auf dieses Brett muß die Planunterlage sorgfältig aufgeleimt werden.

Um das Modell nun anfertigen zu können, muß der Modellverfertiger sich einige Kenntnisse und Fertigkeiten im Modellieren aneignen. Er hat sich mit dem Modelliermaterial und mit dem Handwerkszeug vertraut zu machen. Dieses ist nicht besonders schwierig. Verfasser dieses hat vor Jahren ein größeres Modell über einen Bebauungsplan im M. 1:2500 in Plastillin für die Dresdener Städtebau-Ausstellung hergestellt, ohne vorher Kenntnisse im Modellieren besessen zu haben. Das Modelliermaterial besteht aus Ton oder aus Plastillin. Letzteres ist ein wachshaltiges Präparat, zwar teuer, es hat aber den Vorzug, nicht so leicht zu reißen als Ton. Das Handwerkszeug besteht aus sogenannten Modellierhölzern, die aus Buchsbaum hergestellt werden und in den verschiedensten Formen zum Preise von etwa 20 bis 40 Pfg. pro Stück bezogen werden können. Mit diesen Hölzern wird das Modelliermaterial aufgetragen, abgetragen, ausgeglichen und geglättet.

Modelle in größerem Maßstabe, von etwa 1:500 ab, werden am einfachsten folgendermaßen hergestellt. Für die Planfläche wird eine bestimmte Horizonthöhe angenommen, derart, daß die niedrigsten Geländestellen noch in ausreichender Weise mit Ton oder Plastillin versehen werden können. Bei Plastillin genügt hierfür schon eine Höhe von etwa 1 cm. Bei Ton werden 2 bis 3 cm erforderlich werden. Man schlägt nun Nägel, denen man vorher die Köpfe entfernt hat, in die Horizontalkurven in engen Abständen auf die richtige Höhe. Zwischen den Nägeln trägt man nun die Modelliermasse unter Zuhilfenahme der Modellierstäbe auf. Die zwischen den Nägeln liegende Fläche muß von Hand modelliert werden. Je näher die Nägel zusammenstehen, um so genauer wird das Modell. Während des Modellierens werden die Nägel wieder entfernt.

Ist das Modell in einem größeren Maßstabe aus Ton hergestellt, so empfiehlt es sich, von einem Gipsgießer ein Gipsmodell darnach herstellen zu lassen, das haltbar ist, und auch einen besseren Anblick gewährt.

Soll nun ein Modell in einem kleineren Maßstabe, etwa in 1:1000 oder in 1:2500 hergestellt werden, so dürfte das oben geschilderte Verfahren nicht ausreichen, da es zu ungenau ist. Auch die Verwendung von Ton ist dann nicht zu empfehlen, sondern das dauerhaftere Plastillin. Die Modellunterlagen sind bei diesem Verfahren ebenso herzustellen, wie dies oben geschildert worden ist. In die Modellunterlage zeichne man nun in dem Maße, wie das Gelände wechselt, Linien, so daß über die ganze Planunterlage ein dichtes Liniennetz entsteht, welches den Plan in kleine, unregelmäßige Flächen zerlegt, so daß innerhalb einer solchen Fläche das Gelände ziemlich eben ist. Es wird jede Fläche für sich nach und nach modelliert. Zu diesem Zwecke trägt man sich auf steifem Karton Querprofile auf, genommen an den kurzen Flächenseiten, für jede Fläche besonders. Die Horizontale dieser Profile muß die Bretthöhe sein. Man läßt unterhalb der Profilhorizontale einen etwa 1 cm breiten Streifen Karton stehen, ritzt das Profil in der Horizontalen, so daß der hierdurch entstehende Fuß, wie bei den Modellierbogen, umklappbar ist nach der außerhalb der zu modellierenden Fläche. Das Profil oder die Kulisse kann dann mit Heftstiften auf der Planunterlage befestigt werden. Die Terrainlinie ist sauber auszuschneiden. Sind für eine kleine Fläche die Kulissen hergestellt und auf dem Plan befestigt, so wird das Plastillin aufgetragen und sorgfältig unter Berücksichtigung der oberen Kulissenränder (Geländelinien) von Hand modelliert, wobei die Modellierhölzer ausgezeichnete Dienste leisten. Ist ein Feld fertig, so werden die es begrenzenden Kulissen entfernt und ein benachbartes Feld, vorgenommen, bis daß das Modell fertig ist. Um an Material zu sparen und um dem Modell eine größere Widerstandsfähigkeit zu geben, können in die einzelnen Felder Holzstücke aufgenagelt werden. Ist das Modell sauber hergestellt, die Oberfläche mit einem geeigneten, vorher angefeuchteten Modellierstab geglättet und die Straßenböschungskanten scharf nachgezogen worden, so kann das Modell mit Oelfarbe angemalt werden. Handelt es sich um die Herstellung eines Modells von geringen Höhenunterschieden, so empfiehlt es sich, die Höhen in einem größeren Maßstabe, also verzerrt, zur Darstellung zu bringen.

A. Lohmann, Elberfeld, Stadtbausekretär, Mitglied des D. T.-V.

Frage 10. Zerstörung von Bleirohren. In einem vor etwa zwei Jahren bezogenen Neubau kommt es wiederholt vor, daß die starkwandigen Bleirohre der Wasserzuleitung undicht werden. Die Untersuchung ergibt dann immer, daß das Rohr auf eine kurze Strecke zerstört ist. Es wird an dieser Stelle porös und macht den Eindruck, als sei es von einer zerstörenden Substanz durchsetzt. Die Leitungen liegen unter Putz. Das Ziegelmauerwerk ist in Zementkalkmörtel hergestellt, der Ueberputz besteht aus Weißkalkmörtel, nur an einzelnen Stellen kommen Gips oder Zement mit der Leitung in Berührung. Wie ist diese Erscheinung zu erklären, und welche wirksamen Maßnahmen gegen sie sind zu ergreifen? Mein Installateur spricht dabei von einer „Bleikrankheit"; gibt es eine solche?

Antwort. Wasserleitungsröhren, ob Blei-, Zink-, Eisen- oder galvanisierte Eisenrohre, sollten nie unter Kalk- oder Zementmörtel verlegt werden. Am zweckmäßigsten werden die Rohrleitungen in kleinen Rohrschellen an den Wänden und Decken befestigt und zwar so, daß zwischen Rohr und Wandfläche ein kleiner Zwischenraum von mindestens 5 mm verbleibt. Die Vorteile einer solchen Verlegung sind: 1. Die Rohre sind bei Beschädigungen leicht instand zu setzen, weil die Undichtigkeit sofort festzustellen ist und die Rohrleitungen gut zugänglich sind. 2. Feuchtwerden des Verputzes wie bei eingeputzten Rohren tritt nicht ein. Das Feuchtwerden des Verputzes entsteht durch die Kondensation der in der Luft enthaltenen Wasserdämpfe an den äußeren Wandflächen der Rohre. 3. Elektrolytische Zerstörungen der Rohre, welche durch feuchtgewordenen Verputz hervorgerufen werden können, treten nicht auf. Bleirohre werden von Zementmörtel sehr oft zerstört. Es gilt deshalb als Regel im Wasserversorgungsfache, daß Bleiröhren stets durch Hülsrohre, die in Mauern und Decken einzusetzen sind, geführt werden, nicht etwa durch Mauerlöcher, die dann später mit Kalk- oder Zementmörtel beigeputzt werden. Namhafte Chemiker haben sich bereits mit der durch Zementmörtel hervorgerufenen Bleirohrzerstörung befaßt. Bis jetzt sind die durch den Zementmörtel hervorgerufenen chemischen Zerstörungen noch nicht aufgeklärt. Bei der sogen. Bleikrankheit bilden sich weiße, aufgetriebene Beläge auf den äußeren Rohrwandungen. Auch dieser Vorgang, welcher beim Zinn häufiger beobachtet wird, harrt noch der Aufklärung.

W.

Frage 14. Buchführung für ein Baugeschäft. Welche Buchführung ist für ein Baugeschäft die zweckmäßigste? Wieviel und welche Bücher sind zu führen? Was ist zu unternehmen, wenn die bisherige Buchführung versagt hat, d. h. so in Unordnung geraten ist, daß ein Auskennen kaum noch möglich ist.

Antwort. Es wäre zunächst zu untersuchen, ob die bisherige Buchführungsmethode versagt hat oder die Eintragungen in die Bücher nicht kaufmännisch vorgenommen wurden. Ist letzteres der Fall, so müßte, da wahrscheinlich kein Kaufmann mit ausreichenden Kenntnissen im Geschäft tätig ist, ein vereideter Bücherrevisor hinzugezogen werden, der durch sachgemäße Normierung der falschen Buchungen wieder den wirklichen Zustand herstellt. Unter der Annahme, daß die Buchführungsmethode versagt hat, empfehle ich Ihnen, eine Inventur zu machen, um eine Bilanz zu ziehen. Hierbei kommt besonders § 40 des Handelsgesetzbuches in Betracht, welcher sagt, daß bei Aufstellung des Inventars und der Bilanz sämtliche Vermögensgegenstände und Schulden nach dem Werte anzusetzen sind, der ihnen in dem Zeitpunkte beizulegen ist, für welchen die Aufstellung stattfindet. Zweifelhafte Forderungen sind nach ihrem wahrscheinlichen Wert anzusetzen, uneinbringliche Forderungen sind abzuschreiben. — Besonders zu beachten ist noch, daß Hypotheken und gezogene Tratten, die noch nicht bezahlt sind, zu den Passiven gerechnet werden. Die Bilanz ist dann aufzulösen und die Werte in die verschiedenen Bücher und Kontis abzutragen. Für ein kleines bis mittleres Baugeschäft genügt die einfache Buchführung. Folgende Hauptbücher sind zu führen: 1. das Kassabuch, 2. das Memorial, 3. das Hauptbuch; an Nebenbüchern: 1. das Baubuch, 2. Kopierbuch, 3. Wechselbuch. Nebenher ist das Inventuren- und Bilanzbuch zu führen. Das Kassabuch ist zweiseitig zu führen, links „Debet", rechts „Kredit", hierin dürfen nur b a r e Einnahmen und Ausgaben gebucht werden. Wechsel gehen z. B. nicht über das Kassabuch, sondern durch das Memorial; wird dagegen ein Wechsel diskontiert (verkauft), so erscheint die Bareinnahme auf der Debetseite des Kassabuches. Ist Ihr Geschäft selbst im Besitze von Häusern und Grundstücken, so empfiehlt es sich, beide Seiten des Buches in zwei Rubriken zu teilen, damit man die Erträge aus den Immobilien von den andern Einnahmen einerseits resp. andererseits die Ausgaben für diese Immobilien von den übrigen Ausgaben getrennt halten kann. Das Memorial wird einseitig geführt und paginiert. Es werden hierin alle Posten verbucht, die mit gelieferten oder erhaltenen Waren zu tun haben; ebenso ein- und ausgehende Wechsel, größere Abzüge usw. In diesem Buch wechseln natürlich Kredit- und Debetposten auf einer Seite ab, und es ist hierbei wohl zu überlegen, ob ein „an", d. h. Debet- oder ein „per", d. h. Kreditposten vorliegt. Als Merkregel diene Ihnen: „Der Kreditor gibt und der Debitor empfängt". Das Hauptbuch gibt Ihnen eine Zusammenstellung sämtlicher Geschäftsvorfälle, verteilt auf die einzelnen Kunden; jede Seite nimmt Kredit und Debet auf. Jeder Schuldner oder Gläubiger erhält ein Konto, und die Eintragungen darin erfolgen aus dem Kassabuch, dem Memorial und dem Baubuch. Beim Uebertragen ist streng darauf zu achten, daß die Posten, die im Kassabuch auf der Kreditseite stehen, im Hauptbuch auf die Debetseite eingetragen werden. Im Memorial haben Sie bereits die Trennung in Debet- und Kreditposten, und es ist nur darauf zu achten, daß diese Posten in die richtigen Rubriken übertragen werden. Das Baubuch, das buchtechnisch hier als Nebenbuch aufgeführt wurde, ist an und für sich nicht geringwertiger anzusehen als die anderen, da es zur Aufnahme der Kunden- und Lieferungspreise benutzt wird — linke Seite —, und zur Selbstkostenaufstellung, rechte Seite. Es werden hieran also alle Ausgänge an Materialien, sowie gelieferte Akkord- oder Taglohnarbeiten eingetragen, die Schlußsummen werden ins Hauptbuch übertragen. Die Einrichtung ist ähnlich dem Hauptbuch, da auch hierin jeder Kunde ein Konto erhält unter Fortfall der Kredit- und Debetposten. Zu spezieller weiterer Ausführung bin ich gern bereit.

Joh. H a n n o, M.-Nr. 17082, Frankfurt a. M.-Niederrad, Bruchfeldstr. 10.

Frage 16. Projektionsapparat. Für die hiesige Gewerbeschule soll ein Projektionsapparat angeschafft werden, der sich zur Projektion von Diapositionen, Apparaten, horizontal liegender Gegenstände, Holzschnitten, Zeichnungen und dergleichen und schließlich auch zu kinematographischen Vorführungen eignet. Zur Verfügung steht Drehstrom 210 Volt Spannung. Raten Sie mir unbedingt zur Verwendung einer Gleichstrombogenlampe und zu einer Umformeranlage oder kann man es mit einer Drehstromlampe auch versuchen?

Antwort. Es ist nicht unbedingt notwendig, Gleichstrom zur Speisung der als Lichtquelle dienenden Bogenlampe zu verwenden. Gleichstrom hat gegenüber der Verwendung von Wechselstrom im wesentlichen nur den Vorteil etwas günstigerer Lichtausbeute. Drehstrom als solcher kommt nicht in Frage, da Drehstrom-Bogenlampen in der Praxis unbekannt sind. An Drehstromnetze werden ausschließlich Wechselstrom-Bogenlampen angeschlossen, da je zwei Leitungen oder Phasen des Drehstromnetzes reinen Wechselstrom liefern. Für den vorliegenden Fall würde also die Verwendung von Wechselstrom, der von zwei Phasen des Drehstromnetzes geliefert wird, zu empfehlen sein. Die hohe Netzspannung von 210 Volt wäre auf die Bogenlampenspannung von ca. 40 Volt zu transformieren, wobei ein regulierbarer Vorschaltwiderstand vorzusehen wäre, um die Stromstärke der Lampe in weiten Grenzen ändern zu können, und zwar hauptsächlich mit Rücksicht auf die beabsichtigte episkopische Projektion, welche eine wesentlich stärkere Lichtquelle als die gewöhnliche Projektion verlangt. Die Umformung von Drehstrom in Gleichstrom würde für den vorliegenden Zweck die Anwendung eines rotierenden Umformers notwendig machen, wodurch die Anlage wesentlich kompliziert und verteuert würde.

A l f r e d Q u a s t e n b e r g, Mitgl.-Nr. 26761.

II. Mit Wechselstrom empfehle ich die Bogenlampe nicht zu speisen, da die Lampe sehr geräuschvoll durch die Polwechsel arbeitet, was in einem Vortragssaal sehr störend wirkt. Außerdem ist die Lichtausbeute beim Wechselstrom geringer als bei Gleichstrom — mit Gleichstrom wird bei $^2/_3$ Stromstärke dieselbe Helligkeit erzielt. Als Gleichstromquelle, d. h. zur Umformung des Drehstroms, bringe ich einen Quecksilberdampf-Gleichrichter der Westinghouse Cooper Hewitt-Gesellschaft m. b. H., Berlin SW. 48, in Vorschlag; Generalvertreter ist Herr Adolf Muth, Nürnberg, Baaderstr. 18 II. Die Apparate für Projektionslampen haben automatische Zündung, bedürfen keiner besonderen Inbetriebsetzung, Wartung usw. Sie arbeiten mit höchstem Nutzeffekt; sie bedingen eine einfache Montage und keine Fundamentierung. Zu weiteren Aufschlüssen ist gerne bereit

Joseph Krafft, Ing., Mitgl.-Nr. 37 249, Nürnberg, Uhlandstr. 18 I.

DEUTSCHE TECHNIKER-ZEITUNG
HERAUSGEGEBEN VOM DEUTSCHEN TECHNIKER-VERBANDE
BERLIN SW. 48, Wilhelmstraße 130 Schriftleitung: Erich Händeler-Berlin
XXXI. Jahrg. 14. Februar 1914 Heft 7

Die Wohnungsinspektion dem Techniker!

In Nr. 24 der „Volkswirtschaftlichen Blätter“ vom 31. Dezember 1913 beschäftigt sich Dr. Sander (Hannover) mit der Vorbildung der Wohnungsinspektoren. Er kommt zu dem Schluß, „daß die Wohnungsaufsicht nicht zu lösen ist durch Techniker und Polizeibeamte, sondern durch sozialwissenschaftlich gebildete, praktische Volkswirte und Nationalökonomen, wie sie jetzt in großer Zahl unsere Universitäten verlassen“.

Dieser Hinweis auf die Nationalökonomen, „wie sie jetzt in großer Zahl unsere Universitäten verlassen“, ist charakteristisch für die ganze Art und Weise, wie der Verfasser die Wohnungsaufsicht betrachtet. Ein paar willkürlich herausgerissene Zitate und einige allgemeine Redensarten müssen dazu dienen, um den Nationalökonomen als den einzig brauchbaren Wohnungsinspektor abzustempeln. Praktische Erfahrungen stehen dem Verfasser nicht zur Seite, er macht auch nicht den geringsten Versuch, darzulegen, inwieweit der Nationalökonom durch seine Vorbildung zum Amt des Wohnungsinspektors vorbereitet sein soll.

Wir meinen, daß die Frage der Vorbildung des Wohnungsaufsichtsbeamten bereits hinreichend geklärt ist, nicht durch theoretische Betrachtungen, sondern durch die praktischen Erfahrungen, die eine große Zahl von Gemeinden bei der Wohnungspflege gesammelt haben. Mit ganz wenigen Ausnahmen sind Techniker als Wohnungsinspektoren — und von diesen wiederum vorzugsweise Mittelschultechniker — angestellt. Für die kleineren Städte und Gemeinden kann eine Schwierigkeit oder ein Zweifel in der Personalfrage kaum vorhanden sein; denn für sie kommt eben einzig und allein nur der Techniker in Frage, auch schon deshalb, weil dieser bei nicht voller Beschäftigung in der Wohnungsaufsicht leicht in anderen technischen Betrieben verwendet werden kann.

Ueber die Erfolge und die Befähigung des Mittelschultechnikers im Dienste der Wohnungsaufsicht liegen aus einer großen Zahl von Gemeinden die Erfahrungen vor. Auf eine Umfrage des „Deutschen Techniker-Verbandes“ bei den in Frage kommenden Gemeinden sind nicht allein aus Preußen, sondern aus allen Teilen des Reiches eine große Zahl von Antworten eingegangen, aus denen hervorgeht, daß die meisten Stellen mit Mittelschultechnikern besetzt sind und daß man mit ihnen sehr gute Erfahrungen gemacht hat. Einige dieser Zuschriften seien hier wiedergegeben:

Der Stadtrat zu Gotha schreibt: „Wir haben die Wohnungsaufsicht einem Bautechniker mit Baugewerkschulbildung übertragen, der den an einen Wohnungsinspektor zu stellenden Anforderungen in technischer und sozialer Hinsicht durchaus gewachsen ist.

„In Gmund wird die Wohnungsschau von einem geprüften Bauwerksmeister und Wasserbautechniker vorgenommen und zwar mit gutem Erfolg.“

Der Stadtrat zu Freiberg i. S. teilt mit: „Hier ist ein auf einer Baugewerkschule vorgebildeter Techniker (geprüfter Baumeister) als Wohnungsinspektor tätig. Der Genannte hat die ihm überwiesenen Aufgaben zu unserer vollen Zufriedenheit erledigt, so daß wir den Mittelschultechniker als für die Wohnungsfürsorge sehr geeignet halten“.

„Der Stadtmagistrat Bamberg ist gleichfalls der Anschauung, daß für die Wohnungsinspektion grundsätzlich Techniker zu verwenden sind.“

Der Bürgermeister zu Mettmann schreibt: „Der Stadtbauführer ist technisch vorgebildet und hat bei den ausgeführten Revisionen stets das richtige Maß zu treffen gewußt, so daß weder Mieter noch Vermieter darin eine bureaukratische oder polizeiliche Reglementierung empfunden haben. Die Einrichtung von Ausbildungskursen für diese Beamten halte ich nicht für erforderlich, da erst durch längere Tätigkeit auf dem Gebiete des Wohnungswesens die weiteren anwendbaren Maßnahmen gesammelt werden können“.

Der Stadtmagistrat zu Straubing teilt folgendes mit: „Seit mehr als zehn Jahren wird hier die Wohnungsaufsicht durch einen bautechnischen Beamten besorgt. Wir haben damit gute Erfahrungen gemacht und sind nicht gesonnen hiervon abzugehen. Die Fortbildung und Vervollkommnung des Wissens in volkswirtschaftlichen, sozialen und hygienischen Fragen, durch Besuch von diesbezüglichen Ausbildungskursen halten wir für rätlich“.

Der Stadtrat zu Offenburg schreibt: „Wir haben einen Bauwerksmeister als Wohnungskontrolleur angestellt und bis jetzt nur gute Erfahrungen gemacht“.

Außerordentlich charakteristisch ist die Mitteilung des Bürgermeisters zu Cronenberg, Bezirk Düsseldorf, auch deshalb, weil der Regierungsbezirk Düsseldorf in der Wohnungsaufsicht in Preußen an erster Stelle steht und auf eine mehr als zehnjährige — Essen sogar 15jährige — Erfahrung zurückblicken kann. Der Bürgermeister schreibt: „Hier wird die Wohnungsaufsicht von Technikern mit Mittelschulbildung ausgeführt. Diese haben sich in jeder Beziehung bewährt und sind auch meines Erachtens die geeignetsten Leute für den gedachten Zweck, weil sie besser die Verhältnisse der Bürger beurteilen lernen. Werden diese Stellen durch „Akademiker“ besetzt, dann müssen doch die „Mittelschultechniker“ die Arbeit tun. Uebergriffe sind auch in diesem Falle leichter zu erwarten, als wenn die Techniker die gesamte Verantwortung tragen. Zweckmäßig wäre es, wenn dem Mittelschultechniker entsprechende Gelegenheit zur Gewinnung weiterer Kenntnisse gegeben werden könnte“.

Nicht weniger charakteristisch ist auch die Mitteilung von dem städtischen Wohnungsamt zu Frankfurt a. M. schon aus dem Grunde, weil dort die Wohnungsaufsicht von zwei Technikern und zwei Volkswirtschaftlern ausgeführt wird. In der Zuschrift heißt es: „Bei dem städtischen Wohnungsamt sind zurzeit drei Wohnungsgehilfen und eine Wohnungsgehilfin beschäftigt. Die letztere und ein Wohnungsgehilfe sind volkswirtschaftlich und zwei Wohnungsgehilfen technisch vorgebildet. Nach den hier gemachten Erfahrungen ist eine technische Vorbildung für die Wohnungsgehilfen (Wohnungsinspektoren) dringend erwünscht, jedenfalls sollten alle ersten Besichtigungen nur durch technisch vorgebildete Kräfte erfolgen. Mittelschultechniker erscheinen für die Stellen der

Wohnungsgehilfen besonders geeignet, wenn sie noch dazu längere Praxis im Hausbau haben und daneben sich gründliche Kenntnisse der Wohnungshygiene und aller Zweige sozialer Fürsorge erwerben, um das Wohnungsproblem in seiner Gesamtheit erfassen zu können".

Das Bürgermeisteramt der Stadt Pirmasens teilt mit, „daß seit einer Reihe von Jahren ein technisch gebildeter Wohnungsinspektor (Mittelschultechniker) angestellt ist; seine Tätigkeit auf dem Gebiete des Wohnungswesens und der Feuerschau hat sich als sehr ersprießlich erwiesen".

Der Magistrat von Hannover schreibt: „Die Wohnungsaufsicht wird hier durch technische Beamte mit Baugewerkschulbildung ausgeübt. Die bisherigen Erfahrungen geben keinen Anlaß, hierin eine Aenderung eintreten zu lassen".

Der Bürgermeister von Remscheid teilt mit: „Die hiesige Einrichtung hat sich bewährt. Ich nehme als selbstverständlich an, daß der Wohnungsinspektor technisch vorgebildet sein muß und halte gute Mittelschulbildung für zweckmäßig und ausreichend. Für ebenso notwendig halte ich aber auch die vorherige Ausbildung als Verwaltungsbeamter".

Der Stadtrat zu Meißen führt folgendes aus: „Wir müssen sagen, daß wir mit unserem Wohnungsaufsichtsbeamten nur gute Erfahrungen gemacht haben. Wir halten es jedenfalls für richtig, wenn zur Durchführung der Wohnungsaufsicht Bautechniker mit Mittelschulbildung verwendet werden".

So könnten an dieser Stelle noch Dutzende solcher Auskünfte, die aus den verschiedensten Städten des Reiches — wo die Wohnungsaufsicht ausgeübt wird — eingegangen sind, angeführt werden. Die wiedergegebenen Urteile widerlegen wohl aber schon genügend die Ausführungen von Dr. Sander, der, ohne dafür einen Beweis zu erbringen, den Nationalökonomen als den einzig geeigneten Kandidaten für das Amt des Wohnungsaufsichtsbeamten hält. Es sei darum nur noch eine Zuschrift des Oberbürgermeisters von Worms wiedergegeben, weil einerseits in dieser Stadt wie in ganz Hessen die Wohnungsaufsicht mustergültig durchgeführt ist und andererseits dort langjährige Erfahrungen gesammelt sind.

„Die Einrichtung hat sich bis jetzt aufs beste bewährt. Durch die technische Vorbildung des Aufsichtsbeamten ist namentlich eine praktische Beratung bei der Notwendigkeit der Instandsetzung von Wohnungen möglich und der Beamte kann Mietern wie Vermietern am besten über alle vorkommenden Fragen Auskunft geben. Dadurch wird der größte Teil der Beanstandungen ohne irgendwelche schriftliche Auflagen erledigt. Die früher vielfach aufgetretenen Klagen, beispielsweise über nasse Wände, sind heute fast vollständig verstummt, weil der Beamte selbst an Ort und Stelle feststellen kann, auf was die Nässe zurückzuführen ist, ob sie infolge baulicher Mängel oder infolge unrichtiger Benutzung der Wohnungen entstanden ist. Auch die außerordentlich wichtige Wohnungspflege wird durch den technischen Aufsichtsbeamten in bester Weise mit behandelt."

Zum Schluß sei diesen Ausführungen nun noch ein Urteil des bayerischen Zentralwohnungsinspektors, Regierungsbaumeister Dr. oec. publ. Löhner, angefügt:

„Die K. Verordnung vom 10. Februar 1901, die die Grundlage für die Wohnungsaufsicht in Bayern bildet, legt Wert darauf, daß bei wahrgenommenen Mißständen deren Abstellung zunächst im Wege der Belehrung und Mahnung zu versuchen sei.

Um belehren zu können, muß man eine entsprechende Ausbildung genossen haben und Erfahrungen besitzen. Die überwiegende Zahl von Mißständen im Wohnungswesen sind baulicher Natur. Ihre Beseitigung erfordert je nach der Art erhebliche Kosten. Oft aber ist es aus der praktischen Erfahrung heraus möglich, mit ganz geringen Mitteln eine Verbesserung der Zustände herbeizuführen. Eine gute bautechnische Ausbildung, Erfahrung in der Beseitigung und Vermeidung bautechnischer Mängel und Verständnis für die soziale und wirtschaftliche Lage des Wohnungsinhabers und Hausbesitzers können daher von entscheidendem Einfluß auf einen Erfolg bei der Abstellung vorhandener Wohnungsmißstände sein.

Bayern besitzt eine große Zahl von Städten und Orten mit alten Ringmauern, die einen wohnungstechnisch, städtebaulich und kunsthistorisch interessanten Stadtkern umschließen. Aus historischen Gründen sehr eng gebaut, aus Kriegszeiten her im einzelnen bis aufs äußerste ausgenützt und den heutigen Anforderungen an Wohnlichkeit und Hygiene selten entsprechend, bieten diese Altstadtviertel der Wohnungsaufsicht besondere Schwierigkeiten. Nicht zum wenigsten dadurch, daß bei der Beseitigung von Mißständen in diesem altererbten Hausbesitz schonend vorzugehen ist und besonders dadurch, daß Verbesserungen auf eine möglichst wenig kostspielige Art und Weise, also mit größtmöglicher Sparsamkeit in den Mitteln erreicht werden sollen. Gerade bei der Behebung von Mißständen in solchen Altstadtvierteln, bei denen es also besonders schwer ist, durch zweckmäßigen Rat und unter Vermeidung allzuhoher Kosten wohnungspolizeiliche Verbesserungen zu erzielen, haben die bisher in Bayern aufgestellten technisch vorgebildeten Wohnungsinspektoren sich ausgezeichnet in der Wohnungsaufsicht bewährt."

Hätte der Artikelschreiber anstatt vom grünen Tisch aus nur für seinen Stand einzutreten, längere Zeit „praktische" Wohnungsaufsicht getrieben, oder hätte er sich der kleinen Mühe unterzogen, wenn auch nur bei einigen Gemeinden, wo praktische Wohnungsaufsicht geübt wird, Auskunft einzuholen, so wäre seiner Feder der grenzenlose Irrtum sicherlich nicht unterlaufen. Er stellt die Behauptung auf, daß die Hauptaufgaben der Wohnungsaufsicht „auf wirtschaftlichem, sozialem und kulturellem Gebiet" liegen, „die nicht zu lösen sind durch Techniker und Polizeibeamte, sondern durch sozialwissenschaftlich gebildete praktische (?) Volkswirte, durch Nationalökonomen, wie sie jetzt in großer Zahl unsere Universitäten verlassen".

Beim Niederschreiben dieses Satzes ist es dem Verfasser ganz entgangen, daß er einige Zeilen vorher festgestellt hatte, daß „etwa ein Drittel aller Beanstandungen bautechnische Mängel zur Ursache" hat. Durch seine eigenen Ausführungen hat er also dargelegt, daß der Nationalökonom in einem Drittel aller Fälle die Aufgabe des Wohnungsinspektors von vornherein nicht erfüllen kann. Auf diesem Gebiete bringt er nicht die geringste Vorbildung mit, ja er ist auch nicht einmal in der Lage, diese Lücke in seiner Vorbildung auszufüllen, da die Beurteilung des baulichen Zustandes einer Wohnung oder eines Hauses nicht mit theoretischen Kenntnissen möglich ist, sondern nur auf Grund jahrelanger praktischer Erfahrungen, die sich der bautechnisch vorgebildete Wohnungsinspektor in reichem Maße in seinem früheren Berufe gesammelt hat. Hinzu kommt, daß der Wohnungsinspektor mit den baupolizeilichen Vorschriften aufs innigste vertraut sein muß. Auch hier versagt der Nationalökonom vollkommen, weil es ihm eben auch an der bautechnischen Vorbildung fehlt. Alle baulichen Vorschläge sind nutzlos, wenn ihre baupolizeiliche Durchführbarkeit nicht feststeht. Vorschläge, deren baupolizeiliche Genehmigung nicht gegeben werden kann, würden sogar dazu führen, das Ansehen der Wohnungsinspektion in der Bevölkerung gehörig herabzumindern. Doch genug davon. Dr. Sander hat durch seine eigenen Darlegungen ja bewiesen, daß in einem Drittel aller Fälle der Nationalökonom seinen Posten nicht ausfüllen kann.

Doch ja, die übrigen Aufgaben der Wohnungsaufsicht sollen auf „wirtschaftlichem, sozialem und kulturellem“ Gebiet liegen. Und zu ihrer Erfüllung soll der „sozialwissenschaftlich gebildete, praktische Volkswirt, der Nationalökonom“ allein in Frage kommen. Mit Verlaub! Diese Worte sind weiter nichts als eine Phrase! Als wir sie oben zitierten, haben wir hinter das Wort „praktisch“ gleich ein Fragezeichen gesetzt. Von der Praxis, die bei der Wohnungsaufsicht in Frage kommt, versteht der „praktische Volkswirt“ so gut wie gar nichts. Die „wirtschaftlichen, sozialen und kulturellen“ Aufgaben, die der Wohnungsaufsichtsbeamte zu erfüllen hat, haben mit der Ausbildung des Nationalökonomen auch nichts zu tun. Auf sie bereitet nicht die Universität, sondern allein das praktische Leben vor. Die „wirtschaftlichen, sozialen und kulturellen“ Aufgaben des praktischen Wohnungsinspektors bestehen darin, daß er praktischen Blick für die Benutzung einer Wohnung, daß er soziales Verständnis für die wirtschaftlichen Verhältnisse der Familie hat. Er muß durch seine Er- [illegible] sein soll, leben, muß unter ihnen groß geworden sein, um nicht Ratschläge zu erteilen, die nicht verstanden und infolgedessen auch nicht befolgt werden. Er muß wissen, wie sich das Leben der Familie des kleinen Mannes abspielt, wie mit dem Groschen gerechnet werden muß und wie dadurch — nicht durch bösen Willen — oft die notwendigsten gesundheitlichen Maßnahmen außer acht gelassen werden. Also rein praktische soziale Hilfstätigkeit wird hier von dem Wohnungsaufsichtsbeamten gefordert, auf die das Universitätsstudium nicht vorbereitet. Viel eher muß man sagen, daß der, der aus diesen Kreisen, die hauptsächlich von der Wohnungsinspektion erfaßt werden, hervorgegangen ist, mehr Verständnis für ihre Sorgen und Mühen entgegenbringt, als der Durchschnittsakademiker, der nach einer „guten“ Kinderstube die Universität bezogen hat und nun nach mehr oder minder theoretischer Beschäftigung in einem volkswirtschaftlichen Berufe die Wohnungsinspektion ausüben will. Es soll nicht abgestritten werden, daß auch unter den Nationalökonomen sich mancher findet, der mit warmem Herzen diese Aufgabe des Wohnungsinspektors erfüllen kann, aber nicht sein nationalökonomisches Studium befähigt ihn dann dazu, sondern es kommt allein auf seine Persönlichkeit an. Hier hat der Mensch dem Menschen gegenüberzutreten.

Der von der Universität kommende Nationalökonom ist übrigens für die Tätigkeit in der Wohnungspflege gar nicht geeignet. Ein Wohnungsaufsichtsbeamter muß ein reifer gesetzter Mann sein, wenn er sein Amt mit Erfolg ausfüllen will. Der Nationalökonom könnte erst für dieses Amt in Frage kommen, wenn er eine Reihe von Jahren in anderen Berufen gearbeitet hat. Dann aber wird er es sich sehr überlegen müssen, ob er aus diesem Beruf austreten und gewissermaßen ganz von neuem anfangen will.

In einem Punkt allein ist scheinbar der Nationalökonom dem Techniker überlegen, in seinen volkswirtschaftlichen und sozialwissenschaftlichen Kenntnissen. Aber auch hier kann man nicht allgemein sagen: der Nationalökonom, sondern nur derjenige, der sich speziell dem Studium der Wohnungsfrage und der sozialen Hygiene gewidmet hat. Dieser Vorteil ist aber dadurch mehr als aufgehoben, daß dem Nationalökonomen das technische Wissen und Können fehlt. Der Techniker ist aber sehr gut in der Lage, sich ebenfalls diese Kenntnisse des Nationalökonomen durch Vortragskurse und durch Selbststudium anzueignen. Wenn Dr. Sander an den Kursen, die unser Verband veranstaltet hat, Kritik übt und hämisch bemerkt, daß es „dem unbefangenen Beurteiler“ doch etwas gewagt erscheinen muß,

> „wenn die durch Vorträge an vier Abenden ausgebildeten Mitglieder des Deutschen Techniker-Verbandes befähigt sein sollen, solche Posten auszufüllen“,

so zeigt er damit, daß er nicht als „unbefangener Beurteiler“ diesen Kursen gegenübersteht. Es hatte sich niemand vermessen, auf diese Weise Wohnungsinspektoren „ausbilden“ zu wollen. Die Kurse sollten nur als „Einführung“ in die Fragen dienen, die der Wohnungsinspektor beherrschen muß, sie sollten die Teilnehmer nur orientieren über die Fragen, die sie an der Hand der Literatur studieren sollen. Und fremd steht der Bautechniker all diesen Fragen nicht gegenüber. Der Wohnungsmarkt, die statistische Feststellung und Bearbeitung der Ergebnisse der Wohnungsinspektion, die Leitung des Wohnungsnachweises, Bau-, Kredit- und Verkehrspolitik, das sind alles Gebiete, in denen der Bautechniker bereits durch seinen früheren Beruf die größten Erfahrungen gesammelt hat.

Es bleibt dabei, daß der auf einer Bauschule vorgebildete Techniker am meisten für das Amt des Wohnungsinspektors geeignet ist. Als erste Stadt im Reich war es Essen-Ruhr, die schon im Jahre 1899 die Wohnungsinspektion als ein besonderes Amt einrichtete und einen Wohnungsinspektor im Hauptamt anstellte. Für diesen ersten Versuch wählte sich der auf dem gesamten Wohnungswesen als Autorität bekannte Oberbürgermeister Zweigert einen Mittelschultechniker als Wohnungsinspektor. Schon nach wenigen Jahren wurden zwei weitere Inspektorenstellen geschaffen und gleich der ersten, mit Mittelschultechnikern besetzt. War man sich bei der Neubesetzung dieser Stelle schon darüber klar, welche Vorbildung von den Inspektoren zu verlangen sei, so konnte bei dem wiederholten Stellenwechsel, wobei immer wieder auf Mittelschultechniker zurückgegriffen wurde, es als der beste Beweis betrachtet werden, daß mit der Wahl von Technikern das einzig Richtige getroffen worden ist. Oberbürgermeister Zweigert ging nach den gemachten Erfahrungen noch einen bedeutenden Schritt weiter und erklärte, daß s. E. auch für einen evtl. anzustellenden Regierungswohnungsinspektor — zu jener Zeit beabsichtigte der Regierungspräsident einen Wohnungsinspektor für den Regierungsbezirk Düsseldorf anzustellen — eine höhere, als eine technische Mittelschulbildung nicht erforderlich wäre. Von dem Grundsatz, daß der Techniker sich für die Wohnungsinspektion durchaus eignet, ist weder in Essen, noch in anderen deutschen Städten bisher abgegangen worden.

Die Baugenossenschaften

Von Regierungsassessor Dr. CL. HEISS, Berlin-Treptow.

Ein vom Statistischen Amt der Stadt Berlin auf der Berliner Städtebauaustellung ausgestelltes Diagramm gab eine anschauliche Entwicklung der Verhältnisse, die die städtische Wohnungsfrage zur dringendsten Frage unsrer Zeit gemacht haben. Nach seiner Wiedergabe im ersten Teil des von Dr. Werner Hegemann*) herausgegebenen monumentalen Werkes „Der Städtebau nach den Ergebnissen der Allgemeinen Städtebau-Ausstellung in Berlin nebst einem Anhang: Die Internationale Städtebau-Aus-

*) Dieses prächtig illustrierte Werk hat auch einen mannhaft geschriebenen Text, der eine ganze Bibliothek der Theorie und Praxis des Wohnungswesens zu ersetzen vermag. Das Werk ist für jeden Architekten unentbehrlich.

stellung in Düsseldorf"*) stellen wir folgende Tabelle zusammen:

	1871		1905	
Gesamtbevölkerung		40,98 Mill. E.		60,64 Mill. E.
„ des platten Landes		26,22 „ „		25,82 „ „
Landstädte (2000–5000 E.)	1716	5,09 Mill. E.	2386	7,16 Mill. E.
Kleinstädte (5000–20000 E.)	527	4,59 „ „	945	8,33 „ „
Mittelstädte (20000–50000 E.)	51	1,43 „ „	160	4,60 „ „
Mittelstädte (50000–100000 E.)	24	1,68 „ „	48	3,21 „ „
Großstädte (100 000 und mehr E.)	8	1,97 „ „	41	11,51 „ „

Neben dieser gewaltigen Steigerung der quantitativen Nachfrage nach städtischen Wohnungen hat sich nach Wygodzinski eine Aenderung qualitativer Art bezüglich des Wohnungsbedarfs vollzogen, wie sie in diesem Umfang Deutschland vorher niemals gesehen hat. Die Ansprüche der Hygiene und des Komforts sind derartig gestiegen, daß eine bürgerliche Durchschnittswohnung von heute etwas ganz anderes geworden ist, als man vor ein oder zwei Generationen auch nur hätte ahnen können. Wasserleitung und Kanalisation, Gas und Elektrizität, bald auch Zentralheizung und Vakuumreinigung werden aus Luxusforderungen solche des selbstverständlichen Verlangens; an die Solidität wie an die Ausstattung werden Wünsche gestellt, wie sie namentlich das arme und geschmackverlassene zweite Drittel des 19. Jahrhunderts nie auszusprechen gewagt hat. Die Steigerung der Bedürfnisse bezüglich der Wohnung hat aber beim Bürgerstand nicht Halt gemacht; sie setzt sich unwiderstehlich auch in den niedrigeren Einkommenstufen durch.

Unsere Tabelle zeigt aber auch, wie sich die Bevölkerung in den städtischen und großstädtischen Siedelungen unter dem Einfluß der Konzentration der Industrie zusammendrängt. Dazu kommt noch weiter, daß das Baugewerbe von allen Gewerben allein in der letzten Zeit — abgesehen von dem für Wohnungszwecke noch wenig in Frage kommenden Eisenbetonbau — nennenswerte technische Fortschritte nicht gemacht und so nicht verbilligend auf die Produktionskosten zu wirken vermocht hat. Dabei sind die Preise der Rohmaterialien und die Arbeiterlöhne gestiegen, im ausschließlichen Herrschaftsgebiet der Mietskaserne hat obendrein die Bodenspekulation die Bodenpreise unsinnig verteuert.

„Freilich ist mit dieser Erklärung", sagt der so vorsichtige Wygodzinski wörtlich, „dem wenig geholfen, der nun die erhöhten Mieten zu tragen hat. Und wenn nun in den großen Städten sich ein gewerbsmäßiges Hausbesitzertum herausgebildet hat, dessen Funktion im wesentlichen in der Steigerung der Mieten zwecks Steigerung des Hauswerts und baldiger Abstoßung des so im Werte erhöhten „Objekts" bestand, so mußten Klagen bald genug laut werden."

Angesichts dieser gewaltigen Aufgaben darf man die Leistungen des gewerbsmäßigen Wohnungsbaus für die Unterbringung dieser Bevölkerungsmassen und für den Umbau eines großen Teils der vorhandenen Wohnungen, um den neuen Anforderungen gerecht zu werden, keineswegs verkennen. Wenn aber Wygodzinski fortfährt: „Vielleicht hat in seiner Gesamtheit kein andrer Teil der nationalen Arbeit, die Landwirtschaft allein ausgenommen, Leistungen von solchem materiellen Umfang aufzuweisen wie gerade der gewerbsmäßige Wohnungsbau, und man sollte sich daran erinnern, daß eine eigentliche Wohnungsnot, ein positiver Mangel an Wohnungen, in dieser Zeit amerikanischen Wachstums fast nie vorgekommen ist", so genügt es, dieser Behauptung aus Hegemanns erwähntem Werk folgendes Zitat gegenüberzustellen: „Im Jahre 1875 wohnten in Berlin 435 479 Menschen in Wohnungen mit höchstens einem heizbaren Zimmer, heute sind es in Groß-Berlin kaum weniger als 1½ Millionen. Rechnet man jede Wohnung als überfüllt, in der mehr als vier Personen auf ein heizbares Zimmer treffen, so gab es im Jahre 1875 in Berlin 28 238 überfüllte Wohnungen mit 184 230 Bewohnern, hingegen **heute in Groß-Berlin rund 100 000 derartig überfüllte Wohnungen mit rund 600 000 Menschen.**" (Es ist dies die einzige im ganzen großen Band von Hegemann fett gedruckte Stelle.)

Unter den zahlreichen Mitteln, die dieser entsetzlichen Wohnungsnot abzuhelfen geeignet sind, bildet der gemeinnützige Wohnungsbau durch Baugenossenschaften nur eine sehr zweckmäßige und notwendige Ergänzung eines ganzen Systems von Maßregeln, deren gleichzeitige Anwendung notwendig ist. Es besteht, um es kurz zu skizzieren, in einer vernünftigen Bauordnung, die vorschreibt, daß in abgestuften Zonen, vom Stadtkern ins Land hinaus gerechnet, die Häuser immer niedriger zu bauen sind und in der reinen Wohnzone Etagenhäuser über drei Geschosse überhaupt verboten werden, in einer planmäßigen Stadterweiterung, einem planmäßigen Ausbau der Lokalverkehrsmittel, Lokalschnellverkehr, in billigen Tarifen für den Lokalverkehr, Aufkauf von Gelände durch die Kommunen und Ueberlassung an Baugenossenschaften oder Einzelne im Wege des Erbbaurechts und gegen amortisierbare Darlehen, in der Gewährung billigen Kredits an die Genossenschaften.*)

Einer der ersten, der für Baugenossenschaften eintrat, war der konservative Berliner Professor V. A. Huber. Als die wirksamsten Mittel zu der dringend benötigten gründlichen Reform forderte er, wie Hegemann in dem mehrfach erwähnten Werk berichtet, die Organisation einer „umfangreichen Konkurrenz", d. h. einer starken, vorbildlichen, standardsetzenden Bautätigkeit auf gemeinnütziger, vor allem b a u g e n o s s e n s c h a f t l i c h e r Basis bei energischer Unterstützung durch private und öffentliche Arbeitgeber sowie mit legislatorischer, administrativer und auch finanzieller Förderung durch Staat und Gemeinde; zur Bekämpfung der verderblichen Wirkungen der städtischen Bodenspekulation auf das Kleinwohnungswesen forderte Huber ferner „Ansiedlungen rings um die großen Städte innerhalb eines Rayons, dessen Entfernung von den Mittelpunkten der städtischen Industrie mittels Dampfwagen innerhalb einer Viertelstunde zurückgelegt werden kann". Obgleich sich der Prinz von Preußen, der nachmalige Kaiser Wilhelm I., an der 1847 gegründeten „Berliner gemeinnützigen Baugesellschaft" als tätig mitarbeitender Protektor und mit einem Kapital von 2000 Talern sowie einem jährlichen Beitrag von 200 Talern beteiligte, gelang es ihm nicht, die Teilnahmslosigkeit in den oberen Klassen, namentlich in seiner eigenen Umgebung zu überwinden. Statt einer Million waren nur 211 000 Taler Aktien aufzubringen, wofür 209 Musterwohnungen für 1168 Seelen gebaut wurden. Diese erste Niederlage im Kampf gegen die lethargische Gleichgültigkeit der oberen Klassen brachte Huber zur Verzweiflung. Unwillig klagt er über „dieses Geheimratsgeschlecht, das jetzt überall wieder das große Wort hat, ... ein gräßliches Geschlecht lebendiger Leichen". Der andere treibende Geist der Berliner Baugenossenschaft, der Architekt C. W. Hoffmann, „sollte, wie Huber sich ausdrückt, kraft bureaukratischer Weisheit als Wegebauinspektor in die Regionen der Wasserpolacken und Masuren versetzt, die Leiden der Wohnungsnot auch aus eigener Erfahrung kennen lernen".

Auch hier war es dem kleineren aber praktischeren Geist Schulzes gegönnt, die ersten Erfolge zu erzielen. Außer ihm interessierten sich für die Bewegung neben seinem Geschäftsteilhaber Parisius führende Männer wie Lette, Faucher, Friedrich Albert Lange, Sonnemann, Max Hirsch. In den 60er und anfangs der 70er Jahre entstand eine Anzahl Baugenossenschaften, die sowohl Mietshäuser als solche zum Verkauf herstellten. Der auf den Aufschwung der 70er Jahre folgende Krach erstickte diese Keime. Die Zahl der Baugenossenschaften sank von 46 im Jahre 1879 auf 28 im Jahre 1888.

Das Genossenschaftsgesetz von 1889, das die beschränkte Haftpflicht einführte, die Aufhebung des Sozialistengesetzes, das die Kräfte der Arbeiterschaft für produktive wirtschaftliche Aufgaben freisetzte, um das Invaliden- und Altersversicherungsgesetz, das große Kapitalien aufhäufte und für die Zwecke der Baugenossenschaften bereitzustellen vermochte, gaben der Baugenossenschaftsbewegung einen Anstoß zu neuem Aufschwung.

Die Zahl der Baugenossenschaften stieg von 466 im Jahre 1901 auf 588 im Jahre 1905 und auf 1063 im Jahre 1911; die Zahl der angeschlossenen Mitglieder von 114 061 im Jahre 1905 auf 204 321 im Jahre 1911. Von diesen 1063 Baugenossenschaften hatten nur 10 mit 231 Mitgliedern die unbeschränkte Haftpflicht; alle anderen hatten beschränkte Haftpflicht. Am 1. Januar 1908 zählten 736 Baugenossenschaften 146 941 Mitglieder, auf die 54 955 weitere Geschäftsanteile entfielen. Die Gesamthaftsumme belief sich auf 47⅓ Millionen Mark. Ganz niedrige Geschäftsanteile kommen ebenso wenig vor wie hohe. Es entfielen auf die Geschäftsanteile bis zu 200 M 67,75%, und auf die über 200 bis 300 und über 300 M 32,25%. Die Baugenossenschaften haben sich in 10 eigenen Revisionsverbänden zusammengeschlossen, von denen drei dem allgemeinen Verband angehören.

Innerhalb der Baugenossenschaften sind zwei Richtungen zu unterscheiden. Die eine behält die Häuser im gemeinsamen Besitz, während sie die andere in Individualbesitz der Mitglieder überführt. Letzteres eignet sich mehr für Einfamilienhäuser, jedoch sind gewisse Kautelen gegen Aufnahme zu vieler Untermieter oder gegen spekulative Veräußerung (durch ein Verkaufsrecht der Genossenschaft) nötig. Auch kann das eigene Haus den Privatangestellten, Beamten und Arbeitern, die das Hauptkontingent der Baugenossenschaften stellen, leicht zur Fessel werden.

*) Berlin 1911, Ernst Wasmuth A. G. mit 600 Wiedergaben des Bilder- und Planmaterials der beiden Ausstellungen, 144 S., 4°, Preis brosch. 20 M.

*) Weltruf hat der gemeinnützige Wohnungsbau der Stadt Ulm an der Donau erlangt, der von dem bekannten Architekten von Berlepsch-Vallendà in einer im Verlag von Otto Reinhardt in München erschienenen reich illustrierten Denkschrift dargestellt ist. Das schöne Buch bietet auch in ästhetischer Beziehung jedem Architekten reiche Anregung.

Aus diesem Grunde und wegen der hohen Bodenpreise sind viele Baugenossenschaften dazu übergegangen, nach dem Vorbild des „Spar- und Bauvereins Hannover" Mietshäuser zu erbauen und sie durch die Genossenschaft zu verwalten. Wenn den Genossen die Wohnungen unkündbar überlassen werden, haben sie fast die gleiche Sicherheit wie beim Eigenerwerb, ohne sich in ihrer Freizügigkeit Beschränkungen auferlegen zu müssen. Die Arbeiterbaugenossenschaft „Ideal" in Neukölln und der Berliner Beamtenwohnungsverein haben mustergültige Anlagen geschaffen.

Für 1909 schätzt Wygodzinski die Gesamtzahl der vorhandenen Genossenschaftswohnungen auf 60 000. In Frankfurt a. M., wo der gemeinnützige Wohnungsbau von Genossenschaften, Aktiengesellschaften, Staat und Stadt seit mehr als 50 Jahren besonders eifrig gepflegt wird, wird die Gesamtzahl der auf diesem Wege beschafften Häuser auf nicht mehr als 5% des gesamten Wohnungsbedarfs angegeben. Das sind so geringe Zahlen, daß die Agitation der Haus- und Grundbesitzervereine gegen die Baugenossenschaften grundlos ist und nur darin ihre Erklärung findet, daß kurzsichtige Vereine die Konkurrenz der mustergültigen Anlagen der Baugenossenschaften fürchten.

Die größte Schwierigkeit für die Baugenossenschaften bildet die Beschaffung und Festhaltung von Kapital. Sie sind größtenteils auf die ihnen vom Staat und den Versicherungsanstalten gewährten Kredite angewiesen. Da war es nun eine bureaukratische Kurzsichtigkeit sondergleichen, daß das Reichsversicherungsamt durch Erlaß vom 11. Mai 1910 die Landesversicherungsanstalten anwies, mit Rücksicht auf die errechnete Unterbilanz von 7% in Zukunft bei Beleihungen jeglicher Art, einschließlich der Baugenossenschaften, einen Satz von mindestens 3½% innezuhalten und da, wo sie bisher einen niedrigeren Zinsfuß bewilligt hätten, diesen innerhalb einer angemessenen Frist auf 3½% zu erhöhen. Als ob nicht billige, gute und gesunde Wohnungen die beste Vorbeugungsmaßregel gegen Invalidität wären. Aber das „gräßliche Geheimratsgeschlecht" vermag auch heute noch nicht die Ressortinteressen den höheren Lebensinteressen der ganzen menschlichen Kulturgemeinschaft unterzuordnen.

Nach den Worten Schmollers droht aus dem durch die großstädtischen Wohnungsverhältnisse geschaffenen „Niveau der Barbarei und Bestialität unserer Kultur die Gefahr", die er als die „größte" bezeichnet. Beim Versagen der herrschenden Elemente ist es an den Privatangestellten, Beamten und Arbeitern, durch mustergültige Leistungen ihrer Baugenossenschaften einen Druck auf das ganze Niveau des Wohnungswesens auszuüben und so die Umkehr in dieser arg verfahrenen Frage zu besseren Wegen zu erzwingen.

SOZIALPOLITIK

Ein neues soziales Partei-Programm!

Nicht immer werden die Forderungen der politischen Parteien so klar und bestimmt zum Ausdruck gebracht, wie das in dem neu angenommenen Programm der Lothringer Fortschrittspartei der Fall ist.

Wir als Berufsorganisation haben ein großes Interesse daran, die Programme aller Parteien in gleich hohem Maße zu verfolgen und sie zu prüfen, schon deshalb, weil unsere Arbeit nicht den Erfolg aufweisen kann, wenn sie nicht durch die Arbeit der politischen Parteien ergänzt wird.

Bei aller parteipolitischen Neutralität unseres Verbandes müssen wir unter diesem Gesichtswinkel von unseren Mitgliedern verlangen und sie immer wieder dazu auffordern, ihre Stimme in der ihrer Anschauung entsprechenden politischen Partei zu erheben und Partei und Parlamentarier für unsere Forderungen zu gewinnen versuchen. Es war nur möglich, auf diese Weise so manche Forderung durchzudrücken, die wir als Berufsorganisation vielleicht allein nicht so schnell erreicht hätten.

Wir freuen uns feststellen zu können, daß ein neues Programm erschienen ist, das von gesundem sozialem Geist getragen, den technischen Angestellten und Beamten helfen will.

Das Programm enthält u. a. folgende Forderungen, die wir unseren Mitgliedern nicht vorenthalten können und die verdienten überall Beachtung zu finden:

„Sicherung der staatsbürgerlichen Rechte und Förderung der wirtschaftlichen Lage der Beamten und Lehrer und der Hinterbliebenenfürsorge.

Förderung aller Bestrebungen zur Hebung der Volksbildung. Förderung des Fortbildungsschulwesens, Berechtigung zum Einjährigendienst für die Absolventen der Mittelschulen, insbesondere der staatlichen und vom Staate anerkannten technischen Mittelschulen (Baugewerkschulen).

Reform des technischen Mittelschulwesens.

Unterstützung der sozialen Bewegung durch eine einheitliche Sozialpolitik, Zusammenwirkung von Gesetzgebung, Regierung und Berufsorganisation zur Hebung der wirtschaftlichen und sozialen Lage der Lohnarbeiter und Angestellten. Regelung des Arbeitsrechts und Ausbau der staatlichen Fürsorge für alle Arbeitnehmer und deren Hinterbliebenen, unter Wahrung der Selbstverwaltung. Sicherung des Koalitionsrechts und Anstrebung eines gleichen freien Vereinigungsrechts für alle Staatsbürger, daß den Berufsverbänden Rechtsfähigkeit erteilt. Ausbau des Arbeiterschutzes, Ausdehnung der Gewerbeaufsicht.

Reichsgesetzliche Regelung der Sonntagsruhe und der Arbeitszeit. Schaffung von Arbeitskammern, Ausbau von Einigungsämtern und Arbeitsnachweisen. Gestaltung der öffentlichen Betriebe zu sozialen Musteranstalten. Reform der Wohnungsgesetzgebung. Hebung der öffentlichen Gesundheitspflege durch Bereitstellung größerer staatlicher Mittel. Förderung aller Maßnahmen zur wirksamen Bekämpfung der Arbeitslosigkeit und deren Folgen. Förderung des Tarifvertragswesens."

Besonders wertvoll ist für uns festzustellen, daß diese Partei programmatisch die Forderung erhebt:

Verleihung der Berechtigung zum Einjährigendienst an die Absolventen der technischen Mittelschulen. — Sicherung der staatsbürgerlichen Rechte der Beamten. — Zusammenwirkung von Gesetzgebung, Regierung und Berufsorganisation. — Regelung des Arbeitsrechts. — Sicherung des Koalitionsrechts — und Erteilung der Rechtsfähigkeit an die Berufsvereine.

Wie uns mitgeteilt wird, stammt der Entwurf des Programms aus der Feder eines unserer führenden Mitglieder in Metz und wir freuen uns, daß es einer der unseren war, der hier etwas geschaffen hat, das die Wünsche der technischen Angestellten und Beamten berücksichtigt. Mögen nun die Kollegen, die sich zu dieser Partei bekennen, dafür sorgen, daß auch die Forderungen, die in dem Programm erhoben sind, nicht nur auf dem Papier stehen bleiben. p.

*

Uneinigkeit unter den Arbeitgeberverbänden

Vor einem Jahre war ein Zusammenschluß der großen Unternehmerverbände in der „Vereinigung der deutschen Arbeitgeberverbände" erfolgt, zu der sich die „Hauptstelle" und der Verein deutscher Arbeitgeberverbände zusammengetan hatten. Die Führung in dieser Vereinigung hatten die scharfmacherischen Elemente, die Herren Freiherr von Reiswitz, Dr. Tänzler und Garvens in die Hand bekommen.

Dieser Friede, der anscheinend zwischen dem Zentralverband deutscher Industrieller und dem Bund der Industriellen dadurch geschlossen war, daß sie sich in der Vereinigung der deutschen Arbeitgeberverbände zusammengefunden hatten, ist jetzt in die Brüche gegangen. Der durch den Bund der Industriellen ins Leben gerufene „Deutsche Industrieschutzverband" hat gegen die Vereinigung der deutschen Arbeitgeberverbände durch Herausgabe eines Flugblattes einen entschiedenen Vorstoß geführt. Es wird in diesem Flugblatt der Zentralverband deutscher Industrieller der einseitigen Interessenvertretung der Schwerindustrie stark beschuldigt. Es wird auch besonders darauf hingewiesen, daß der Zentralverband durch seine Arbeitsgemeinschaft mit dem Bunde der Landwirte und dem „Kartell der schaffenden Stände" nicht das Interesse der verarbeitenden Industrie wahrnehme. Der Schutzverband betont weiter, daß er mit der scharfmacherischen Sozialpolitik der Vereinigung deutscher Arbeitgeberverbände nicht einverstanden sei, er könne die in der Vereinigung getriebene maßlose gemeingefährliche Hetze gegen alles, was Arbeitnehmer oder Sozialpolitik heißt, nicht mitmachen.

Diesem Flugblatt tritt die „Deutsche Arbeitgeber-Zeitung", die von Freiherrn von Reiswitz in Hamburg geleitet wird, und der „Arbeitgeber“, das Organ der Vereinigung der deutschen Arbeitgeberverbände, deren Schriftleiter Dr. Tänzler hat, in erregten Ausführungen entgegen. Besonders interessant ist im „Arbeitgeber“ der Satz, der feststellt, daß die Vereinigung deutscher Arbeitgeberverbände „auf dem Solidaritätsgedanken aufgebaut ist“ und „mit allen Kräften in den Unternehmern das Bewußtsein von der Notwendigkeit des solidarischen Zusammengehens zum Schutze des Verbandsinteresses stärken“ will. Wir sind davon überzeugt, daß der deutsche Industrieschutzverband von demselben Gedanken ausgeht, haben aber diese Stelle nur angeführt, um darauf hinzuweisen, wie der Solidaritätsgedanke, den manche Angestelltenorganisationen noch nicht recht begreifen können, den Arbeitgeberverbänden bereits in Fleisch und Blut übergegangen ist. Hdl.

*

Die gelbe Werkvereinsbewegung

Wie die schlechte Wirtschaftslage von den Arbeitgebern ausgenutzt worden ist, um die gelben Werkvereine zu fördern, zeigt der Mitgliederzuwachs dieser Organisationen. Die „nationalen Werkvereine“, die die Hauptgruppe der wirtschaftsfriedlichen Vereine bilden, haben innerhalb des letzten Jahres 50000 neue Mitglieder gewonnen, so daß sie jetzt 130000 Mitglieder zählen. Das ist also eine Vermehrung um etwa 45%. Zu dieser Gruppe kommen die Berliner Werkvereine mit 30000 Mitgliedern, so daß die ausgesprochen gelben Werkvereine 160000 Mitglieder stark sind.

*

Kein Stillstand der sozialpolitischen Gesetzgebung — in Argentinien

Wie die „Soz. Praxis“ berichtet, ist in Argentinien durch Gesetz vom 8. Oktober 1912 an Stelle der bisherigen Generaldirektion für Arbeit ein eigenes nationales Arbeitsamt geschaffen und dem Ministerium des Innern unterstellt worden. Das Hauptarbeitsgebiet des neuen Amtes ist die Vorbereitung der sozialpolitischen Gesetze und die Ueberwachung ihrer späteren Durchführung, doch hat es auch die Sorge für die Regelung des Arbeitsnachweiswesens und Mitwirkung zur Beilegung von gewerblichen Streitigkeiten. Zur Erledigung dieser Aufgaben ist das Amt in drei Abteilungen, für Statistik, Gesetzgebung und Gewerbeaufsicht, geteilt. Zur Regelung des Arbeitsnachweises wurde dann ferner mit Ausführungsverordnung vom 2. Januar 1913 ein staatliches Arbeitsvermittlungsamt geschaffen, welches alle Stellenangebote und Stellengesuche zu verzeichnen hat und durch öffentlichen Aushang bekannt macht, gegebenenfalls auch örtliche Arbeitsnachweisstellen schafft. Neben dem zentralen Arbeitsvermittlungsamt sind dann ferner durch ein neues Gesetz vom 25. September 1913 in den wichtigsten argentinischen Städten staatliche Arbeitsnachweisstellen eröffnet worden, ferner ist in diesem Gesetz bestimmt, daß Arbeitsnachweise, die von Gewerkvereinen oder auf gemeinnütziger Grundlage errichtet sind, staatlichen Zuschuß erhalten können, wenn sie bestimmte Vorschriften erfüllen und sich staatlicher Aufsicht unterwerfen. In Ergänzung des Gesetzes vom 8. Oktober 1912 ist auch eine Ausführungsordnung über die Einsetzung von Arbeitsräten zur Beilegung gewerblicher Streitigkeiten erlassen worden. Bei den Arbeitsstreitigkeiten können die streitenden Parteien den Vorsitzenden des Arbeitsamts um seine Vermittlung ersuchen. Dieser hat dann einen Arbeitsrat zu bilden, der sich aus je drei Personen aus den Listen der vorgeschlagenen Arbeitgeber- und Arbeitnehmervertreter zusammensetzt. Der Vorsitzende des Arbeitsamts ist zugleich der unparteiische Vorsitzende des Arbeitsrats. Der Arbeitsrat hat zunächst eine Einigung anzustreben und selbst ein Uebereinkommen vorzuschlagen. Wird dieser Vorschlag von den Parteien angenommen, so wird der Vorschlag bindend und ist im Arbeitsamt aufzubewahren. Andernfalls hat der Arbeitsrat ein Schiedsgericht vorzuschlagen, er kann sich auch, falls die Parteien zustimmen, selbst als Schiedsgericht einsetzen. Der Schiedsspruch ist dann von beiden Seiten zu unterzeichnen und aktenmäßig festzulegen. Wird der Schiedsspruch abgelehnt, so hat der Arbeitsrat dies festzustellen, und es bleibt ihm überlassen, ob er seine Meinung über die Angelegenheit dann veröffentlicht, damit auch die Oeffentlichkeit sich ein Urteil darüber bilden kann. Die Beschlüsse des Arbeitsrats werden mit Stimmenmehrheit gefaßt; der Vorsitzende stimmt nur mit, wenn er bei Stimmengleichheit den Ausgleich zu geben hat.

ANGESTELLTENFRAGEN

Die Beschäftigung weiblicher Kräfte im technischen Berufe

scheint allmählich eine größere Ausdehnung zu erlangen. Die Eigenart des technischen Berufes, der neben wirklichen Technikern zahlreiche Zeichner, die eine wissenschaftliche und praktische Schulung nicht benötigen, beschäftigt, bietet den Frauen eine bisher weniger beachtete Gelegenheit, bei einigem zeichnerischen Geschick und gewisser Auffassungsgabe erfolgreich mit dem Mann zu konkurrieren. Man kann darüber geteilter Meinung sein, ob es besser ist, wenn die niedere technische Arbeit, wie das bloße Zeichnen oder Pausen, von weiblichen Kräften nach und nach immer mehr ausgeführt wird, oder ob das bekannte Zeichnerelend der männlichen Kollegen, zu denen viele Elemente stoßen, die mangels Begabung oder wegen ungenügender Ausbildung nicht vorwärts kamen, zu einem dauernden Zustand werden soll. Wohl aber müssen wir die jungen Mädchen warnen, sich dem Zeichnerinnenberuf zuzuwenden mit der Hoffnung, in diesem Berufe läge ihnen die ganze Zukunft offen. So einfach ist es bekanntlich nicht. Und wenn auch, wie wir der Zeitschrift „Daheim“ entnehmen, zurzeit von der Firma Benno Schilde, Maschinenfabrik und Apparatebau G. m. b. H., Hersfeld H.-N., Zeichnerinnen bei „gutem Gehalt“ gesucht werden, so ist dies nicht etwa ein verlockendes Zukunftsfeld, das sich der Tätigkeit der Frau hiermit darbietet, sondern lediglich der Ausfluß wirtschaftlicher Erwägungen des Unternehmertums, das bei der Bezahlung männlicher Arbeitskräfte möglichst sparen will. Man kann sich danach leicht ein Bild davon machen, wie es mit dem „guten Gehalt“, das in der Anzeige nicht verraten wird, in Wirklichkeit stehen wird.

In neuerer Zeit geht auch die Eisenbahnverwaltung dazu über, weibliche Kräfte mit zeichnerischen Arbeiten zu betrauen. Die Erfahrungen, die sie damit bisher gemacht hat, sollen günstig sein, und es ist daher eine Vermehrung der Stellen für Zeichnerinnen geplant. Solange es sich um mechanische, nicht technische Arbeiten für Frauen handelt, wird man dagegen nichts einzuwenden haben. Aber es ist in dem Augenblick eine Gefahr für unseren Stand, wenn den Frauen Stellen eröffnet werden, die bisher mit Technikern besetzt würden. Hoffentlich ist sich die Eisenbahnverwaltung darüber im klaren, daß der Staat die technischen Lehranstalten, wenigstens die Mittelschulen, bisher ausschließlich, und in Zukunft doch wohl in erster Linie, für die männliche Bevölkerung errichtet hat.

Inzwischen wissen sich geschäftstüchtige Privatleute — wie immer — die veränderten Verhältnisse zunutze zu machen. In Essen ist ein Privatunternehmen entstanden, das speziell die Ausbildung von Zeichnerinnen für Eisenbahn- und sonstige Behörden betreibt. Wir erwarten, daß die Regierung ihr Aufsichtsrecht über diese Schule ebenso wahrnimmt, wie es ihr im übrigen obliegt. Mf.

*

Techniker als Bürgermeister

Die Erkenntnis, daß gerade der Techniker berufen ist, in der Verwaltung, besonders der Gemeinden, mitzuwirken, scheint sich langsam Bahn zu brechen. Der Magistrat der Stadt Demmin veröffentlicht soeben ein neues, vom Bezirksausschuß zu Stettin genehmigtes Ortsstatut, woraus hervorgeht, daß sich die Stadtverwaltung in Zukunft aus einem Bürgermeister, einem Beigeordneten (zweiten Bürgermeister) und 9 Schöffen (Stadträten) zusammensetzt. Während der erste Bürgermeister zum Richteramt befähigt sein muß, ist für den Posten eines zweiten Bürgermeisters ein Techniker vorgesehen, der mindestens den Grad eines Diplomingenieurs nachzuweisen hat.

Auch beim Magistrat der Stadt Heidelberg scheint sich die Erkenntnis durchgerungen zu haben, daß das Haupt einer Stadtverwaltung nicht durchaus ein Jurist sein muß. Wie bekannt wird, soll der Posten eines ersten Bürgermeisters für die Stadt Heidelberg demnächst ausgeschrieben werden. In dem Ausschreiben wird besonders zum Ausdruck gebracht werden, daß nicht nur Juristen oder Kameralisten, sondern vor allem Techniker sich bewerben möchten.

Wir registrieren mit Genugtuung diese Beschlüsse und hoffen, daß sich auch andere Orte bald diese Wertschätzung des Technikers zum Vorbild nehmen werden.

Alle Anfragen und Anmeldungen

die das Erholungsheim betreffen, sind nur zu richten: An das Erholungsheim des Deutschen Techniker-Verbandes in Sondershausen. *Die Verbandsleitung.*

DEUTSCHE TECHNIKER-ZEITUNG

TECHNISCHE RUNDSCHAU

XXXI. Jahrg. **14. Februar 1914** **Heft 7**

Ueber die makroskopische Gefügeuntersuchung des schmiedbaren Eisens*)

Von ROLF SPROECKE, Danzig.

Die Metallmikroskopie hat sich im Prüfungswesen der Metalle ihren Weg gebahnt, ebenso wie die makroskopische Gefügeuntersuchung des Eisens. Nicht nur zu wissenschaftlichen Erkundungen, sondern auch zu praktischen Zwecken werden beide Verfahren häufig angewendet. Neben den behördlichen Materialprüfungsämtern und öffentlichen Ingenieur-Laboratorien der technischen Schulen machen jetzt auch die Materialuntersuchungs- und -Abnahmestellen größerer Werke der Metallindustrie ausgedehnten Gebrauch davon.

Was mit dem bewaffneten Auge nicht gelingt, von einer hergerichteten oder geätzten Metallfläche abzulesen, das ist manchmal ohne Benutzung des Mikroskops möglich aufzudecken und zwar auf makroskopischem Wege, d. h. mit unbewaffnetem Auge. Natürlich bedarf es hierzu nicht nur einiger Schulung in der Behandlung und Beobachtung von geätzten Metallflächen, sondern es gehört zu einer richtigen, einwandfreien Aufdeckung auch ein gut Teil metallurgischer und technologischer Kenntnisse. Wer aber mit solchem Rüstzeug versehen und mit dessen Gebrauch vertraut ist, der dürfte dank der heutzutage von den Materialforschern einheitlich gebotenen Mittel und Verfahren zunächst brauchbare Mittel für die Verbesserung der Wirtschaftlichkeit des eigenen Betriebes schaffen, darüber hinaus aber auch mitwirken an einer wirtschaftlichen Erhöhung der Güte von Metallen, metallenen Gegenständen und Konstruktionen. Denn ein allseitiges Prüfen der Metalle in sachgemäßer und zweckdienlicher Weise kann verglichen werden mit einer allseitig unverabredet betriebenen Veredelung und Verbilligung der metallenen Konstruktionsstoffe.

Um allgemein das Gebiet der Metallprüfung etwas bekannter zu machen, wenigstens soweit es der Raum in einer Zeitschrift gestattet, soll hier einiges über die makroskopische Gefügeuntersuchung des schmiedbaren Eisens angeführt, vor allem den zu dieser Untersuchung dienenden Aetzverfahren nachgegangen und deren Ergebnisse praktisch gewertet werden.

Alltäglich unbeabsichtigte Vorgänge der makroskopischen Gefügebildung bieten aus Eisen geschmiedete Gebrauchsgegenstände, die der Einwirkung der Luft oder sonstigen Angriffen unterliegen, allmählich ihr Aussehen ändern und dann die makroskopische Bildung des Materialgefüges deutlich erkennen lassen.

Daß Säuren das Eisen zu ätzen vermögen, ist bekannt und häufig an solchen Teilen zu sehen, wo man Musterungen oder Verzierungen durch Aetzung absichtlich geschaffen hat, wobei mitunter zugleich das Gefüge des Materials mit aufgedeckt wurde.

Wenn auch das gewollte und nichtgewollte Aetzen des Eisens schon lange bekannt war, ging man doch erst im letzten Drittel des vorigen Jahrhunderts dazu über, die Aetzung des Eisens auch zu Prüfungszwecken zu benutzen, und zwar war es der Grubeninspektor van Ruth, der zum Sichtbarmachen des Gefüges und von Fehlern des Eisens dieses mit Säuren behandelte. Nach der „Berg- und Hüttenmännschen Zeitung", Leipzig 1872, waren dieses wohl die ersten Anfänge der Nutzbarmachung der Aetzung, um die Qualität einer Eisensorte zu bestimmen. Einiges aus der weiteren Entwickelung der makroskopischen Gefügeuntersuchung sei im folgenden angeführt.

In mehreren Etappen, von verschiedener Seite erkundet, wurden Prüfungsmethoden, die als Grundlage die Aetzung vorsahen, zur Beurteilung der Qualität des Eisens und der Ursachen von Materialschäden ausgebildet. Einem Bericht des Baudirektors W. Ast entnehmen wir, daß die Wiener Ausstellung 1873 mit geätzten Walzeisenstücken beschickt war, die die Wirkung der Aetzung veranschaulichten. Im gleichen Jahr empfahl Kick in einer Veröffentlichung unter Beifügung von Bildern geätzter Probestücke das Aetzen des Eisens als Prüfungsverfahren, indem er dieses gleich wertvoll für Erzeuger und Verbraucher von Eisen bezeichnete. Bemerkenswert sind dann die Hinweise von B. Kerl in seinem 1875 herausgegebenen Buche: „Grundriß der Eisenhüttenkunde", nämlich: daß die helleren und dunkleren Flecke der geätzten Flächen mit dem Kohlungsgrade und der Menge fremder Beimengungen des Eisens in Zusammenhang stehen. Hieraus ergibt sich bereits das Bestreben, einheitliche Kennzeichen der Materialbeschaffung bei der Verwendung der Aetzverfahren aufzustellen. Das gleiche Ziel hatte wohl Kérpely verfolgt, denn sein Werk: „Ueber Eisenbahnschienen" (1878) brachte nicht nur eine Reihe neuer Aetzbilder, sondern auch Angaben über die auf den Bildern ersichtlichen Ungleichmäßigkeiten, die von Schlackeneinschlüssen und Unterschieden in der Materialhärte herrührten, was daraus folge, daß diese Teile von Säuren erheblicher angegriffen werden als gegenteilig beschaffenes Material.

Natürlich blieben die mittels der Aetzung an Eisen gemachten Ermittelungen nicht unbeachtet. Zeigte sich doch, daß die Unregelmäßigkeiten des Gefüges von der Herstellung vielfach abhingen und durch verbesserte Verfahren der Walz- und Schmiedeprozesse behoben werden konnten. In den Kreisen der Verwender von Eisen erkannte man aber auch, daß nicht nur die Qualität des Eisens verbesserungsbedürftig sei, sondern daß dementsprechend auch die daraus hergestellten Konstruktionen bei den Beanspruchungen versagen konnten. Gleichzeitig wurde man sich darüber klar, daß mit der verbesserten Güte des Eisens auch die Leistungsfähigkeit der herzustellenden Konstruktionsteile zunehmen müßte und außerdem Ersparnisse an Material und Zeit erfolgen würden. Umsomehr drängte man zu einer Verbesserung des Eisens, indem man die Vornahme von Aetzungen an hergerichteten Flächen des Eisens in die Lieferungsbestimmungen einfügte. Nach Mitteilung von Wedding (1882) soll die „Nordhausen-Erfurter Bahn"

*) Vergl. „Die Metallographie, ihr Wesen und ihre Nutzanwendung" von R. Sproecke, Danzig. D. T.-Z. 1912 Nr. 27, 31 und 33.

zuerst derartige Bestimmungen erlassen haben und zwar mit dem Wortlaut: „Die geätzten Flächen dürfen weder ungleichmäßig harte und weiche Stellen oder Adern noch kleine Löcher im Material und namentlich an den Kanten des Profils erkennen lassen". Man entnimmt diesen Anordnungen bereits den Stand der Aetzverfahren und der damit erzielten Ergebnisse um die damalige Zeit.

Ledebur berichtete dann (1886 u. 1889) über makroskopische Beobachtungen an geätztem Eisen, woraus interessierte, daß sich bei quadratischen Stäben ein Kern bildet, der stärker von den Aetzmitteln angegriffen wird als die ihn umschließenden Teile. Wiederum folgen Arbeiten von Wedding (1891), nach denen in Querschnitten von Stahlschienenköpfen die Bildung einer sichelförmigen, äußerst dichten Zone beobachtet wurde, die einen weniger dichten Kern einschloß und auch von einer ebensolchen Materialschicht nach dem Kopfumfange zu umgeben war. Auch Martens brachte wertvolles Material über die Ergebnisse von Aetzungen an Eisen, besonders in seinem Aufsatze: "Seigerungen in Eisen und Stahlgüssen". Nacheinander zollte eine große Reihe anderer Forscher den Aetzverfahren zur Prüfung des Eisens ihre Aufmerksamkeit. So wurde die Aetzung an fehlerhaften Blechen benutzt (Eccles, 1888), wobei die fehlerhaften Stellen von der Säure herausgefressen wurden. A. v. Dormus gibt 1896 Untersuchungen der „Kaiser-Ferdinand-Bahn" bekannt und weist auf die Ermittelung der Rand- und Kernstahlbildung hin, indem er dazu bemerkt, daß die Erscheinungen von bestimmten Einflüssen mancher Eigenschaften der Eisenteile herrühren, woraus sich auch Schlüsse auf Materialbrüche ziehen lassen. Auch v. Tetmajer beschäftigte sich mit dem Auftreten der Zonenbildung und erbrachte dazu, welchen Einfluß das Schlußverfahren bei der Stahlbereitung auf die Menge und Verteilung der Verunreinigungen sowie auf die Blasenbildung hat. Neben Aetzungen mit verdünnter Salzsäure hat der genannte Forscher Aetzverfahren mit Jod ausprobiert, die schneller in der Wirkung und auch geeigneter für die Darstellung des Grobgefüges sein sollten. Auf dem Stockholmer Kongresse des Internationalen Verbandes für die Materialprüfungen der Technik gibt W. Ast ausführliche Darlegungen zu den Aetzverfahren für die Prüfung von Eisen und stellte besonders fest, welche innigen Beziehungen zwischen der makroskopischen Gefügebildung des Schienenstahls und dessen praktischer Bewährung bestehen. Zur Frage der Zonenbildung bringt Ruhfuß, 1897, einen brauchbaren Beitrag, indem er in seinem Aufsatze: „Ueber Seigerungen im Flußeisen" darstellt, welchen Einfluß der Chargengang für die Bildung der Randzonenschicht hat. Millers wirft 1899 die Frage auf: „Entspricht das zurzeit übliche Prüfungsverfahren von Schienen seinem Zweck?" und erkennt an, daß die Aetzung eine nützliche Methode zur Prüfung des Eisens, besonders der Stahlschienen sei.

Um die Jahrhundertwende wird von v. Dormus auf die Rotbrüchigkeit des Eisens hingewiesen, vornehmlich zeigt er an praktischen Beispielen, daß gerade die Rotbruch-Disposition des stärker verunreinigten Kernstahls zu Störungen im Materialzusammenhang führt, wodurch solche Eisenteile bei der Verwendung zu Brüchen neigen. Zur gleichen Zeit bringt Heyn Betrachtungen über das Kleingefüge von Eisen, zeigt hierbei auch auf beobachtete Rand- und Kernzonenbildung hin und liefert den Beweis, daß Wellen ohne sichtbare Veranlassung nach kurzer Betriebsdauer infolge Vorhandenseins erheblich verunreinigter Kerne gebrochen sind. Er hält die Seigerung des Eisens für wichtig bei der Beurteilung der Materialqualität, bemerkt, daß die Seigerung (Entmischungsvorgang der Legierung) dort am ausgeprägtesten sein wird, wo die Legierung am längsten flüssig gewesen ist und schließt hieraus, daß die Seigerung mit ihren schädlichen Folgen an solche Stellen des Blockes zu verlegen sei, wo sie zum mindesten unschädlich, wenn nicht überhaupt entfernbar ist, also z. B. in den Kopf des Blockes, der dann nicht als Verwendungsmaterial verarbeitet werden darf. Heyn berichtet in der gleichen Arbeit auch über ein Aetzverfahren mit Kupferammoniumchlorid, das zur Erlangung von Aetzbildern des Kleingefüges günstiger ist und auch zur makroskopischen Gefügeuntersuchung gute Aufschlüsse gibt. Mit dem Fortschreiten des Jahrhunderts entstehen auch überall Fortschritte in der Anwendung der Aetzverfahren zur Prüfung des Eisens und zur Aufdeckung von beurteilungsfähigen Aetzzeichnungen des Gefüges. Man findet deshalb auch zahlreiche Veröffentlichungen hierüber. Ebenfalls waren die Ausbildung und Benutzung der Aetzverfahren für die Untersuchung von Eisen für wissenschaftliche und praktische Zwecke Gegenstand eingehender Vorträge und Ausbildungskurse.

Den Schlußstein für die Verwendung des Aetzens zur makroskopischen Gefügeuntersuchung und Beurteilung der Brauchbarkeit für die Praxis fügte der bekannte Lehrmeister der Metallographie und Direktor des Kgl. Materialprüfungsamtes in Groß-Lichterfelde, Professor Heyn, hinzu, der Sehen und Denken bei der Prüfungsvornahme vereinfachte und Mittel und Verfahren schaffte, bei deren Benutzung die Aetzung zur makroskopischen Gefügeuntersuchung in einwandfreier Weise auch dem Praktiker zu guten Erfolgen verhilft. Er brachte auf dem internationalen Kongreß in Brüssel (1906) dankenswerte Ausführungen über „Aetzverfahren zur makroskopischen Gefügeuntersuchung des Eisens und die damit zu erzielenden Ergebnisse". Seine Hinweise fanden in der Fachwelt weitgehende Beachtung, und die Verfahren werden wohl zurzeit in den meisten Prüfungsämtern angewendet, weshalb auch wir diese als Grundlage für unsere weiteren Betrachtungen benutzen wollen.

Wir haben die historische Entwicklung der Aetzverfahren zur makroskopischen Gefügeuntersuchung etwas eingehender verfolgt, um zu zeigen, erstens, daß diese Prüfungsmethode aus kleinen Anfängen durch langjährige Forschertätigkeit aufgebaut und ausgestaltet wurde, bis sie die jetzige Vollkommenheit erfahren hatte. Zweitens sollte dargelegt werden, daß bei dem Ausbau der Aetzverfahren sich Ermittelungen ergaben, die zur Verbesserung der Herstellungsverfahren des Eisens und damit in unmittelbarer Verbindung zur Qualitätserhöhung dieses wichtigsten Konstruktionsstoffes führten.

Auch zur makroskopischen Gefügeuntersuchung bedarf es der besonderen Auswahl und Herrichtung des Probestückes. Vor allem ist davor zu warnen, etwa ein Stück des zu untersuchenden Materials zu benutzen, das eine Zustandsänderung erfahren hat; auf alle Fälle wird man dann zu einem andersartigen Ergebnis gelangen, als es das ursprüngliche Material gebracht hätte. Stets beachte man, daß das ausgewählte Stück eine Mittelprobe des ganzen Materials sein muß, ferner, daß die zu betrachtende Fläche nicht zu klein sei, da hierdurch die gegebene Betrachtungsmöglichkeit nur ungünstig begrenzt wird. Je nach der anzustellenden Ermittelung lege man das Gefüge zur Längs- und zur Querachse des zu untersuchenden Materialstückes bloß und beachte hierbei, daß die Behandlung des Probestückes so erfolgt, daß später mikroskopische Nachprüfungen angängig sind. Diese, wie auch die chemische Analyse, ferner die Ermittelung der mechanischen Eigenschaften werden durch das Aetzen und Betrachten mit dem unbewaffneten Auge nicht aufgehoben, nur zu oft gestatten erst die Ergebnisse der makroskopischen und mikroskopischen Untersuchung vereint mit denen der chemischen Analyse und der Festigkeitsprüfung eine Schlußfolgerung oder Aufklärung über Eigentümlichkeiten des untersuchten Materials. Ebenso hüte man sich aber davor, direkt mit dem Mikroskop unter Umgehen der makroskopischen Betrachtung zu arbeiten. Bekanntlich neigen die Eisen-Kohlenstoff-Legierungen zur Bildung eines Umwandlungsgefüges, das das Erstarrungsgefüge beim Betrachten mit dem Mikroskop häufig überdeckt und dann zu Trugschlüssen Veranlassung gibt. In vielen Fällen zeigt sich das Erstarrungsgefüge nur bei der makroskopischen Betrachtung und liefert Aufschlüsse, die auf gewisse Eigenschaften schließen lassen, die aber verloren gehen, wenn mikroskopische Beobachtungen des Gefüges bei schwächeren oder stärkeren Vergrößerungen stattfinden.

Am besten stellt man von dem zu untersuchenden Material etwa 10 mm dicke Plättchen her, die aus dem Gesamtstück heraus- oder abgesägt werden können, soweit dies für die Untersuchung überhaupt zulässig ist. Am Probeplättchen wird dann eine Fläche geschliffen, was im Vorschliff von Hand oder auch maschinell erfolgen kann. Im letztgenannten Fall sorge man aber durch unausgesetztes Kühlen für reichliche Abführung der beim Schleifen entstehenden Wärme, denn die sonst eintretende Beeinflussung des Gefüges würde das nachträgliche Bild der Untersuchung von vornherein sehr verändern. Man vermeide beim Schleifen mit rotierenden Scheiben eine hohe Umdrehungsgeschwindigkeit, denn je größer diese ist, umso stärker muß auch das zu schleifende Probestück angedrückt werden, wobei sich nur zu leicht nicht nur schädliche Wärme entwickelt, sondern auch andere Uebelstände, wie Risse u. dgl. sich einstellen. Eingehende Untersuchungen haben übrigens ergeben, daß sich durch das Schleifen von festen Körpern eine gehärtete Oberflächenschicht bildet, die beim Aufdecken bestimmter Zustände stören kann. Deshalb ist es ratsam, das Schleifen so auszuführen, daß der erwähnte Vorgang nicht erfolgen kann, indem man also allen thermischen und mechanischen Einwirkungen vorbeugt. Allgemein wird das Nachschleifen mit Schmirgelpapier in verschiedenen Abstufungen vorgenommen, um dann durch Polieren mit einem weichen Tuche unter Zutun von Poliermitteln beendigt zu werden. Das Nachschleifen und Polieren kann von Hand oder auch maschinell erfolgen, je nach den vorhandenen Einrichtungen. Le Chatelier benützt als Schleifpulver: 2 Minuten lang einen gesiebten Schmirgel, dann — in einem besonderen Apparat — geschlemmten Schmirgel und zuletzt gewaschene Tonerde. Die Schleifmittel werden entweder auf einem sauberen, weichen Tuche ausgebreitet, oder mit Wasser verbunden durch einen Pulverisator aufgetragen. Diese Schleifmethode soll geeignet sein, Zeit und Mühe zu sparen. Heyn gibt an, daß im Materialprüfungsamt zum Nachschleifen das Schmirgelpapier „Marke Hubert" in den Körnungen 3, 2, 1 G, 1 M, 1 F, 0, 00 und zum Polieren das Polierrot der Firma Schmidt & Co., Brötzingen-Pforzheim verwendet werden. Mit diesen Mitteln werden Schliffe an weichen und harten Legierungen mit gutem Erfolg behandelt. Die Bearbeitung kleinerer Schliffe soll zirka 1 bis 2 Stunden, die größerer Schliffe entsprechend längere Zeit in Anspruch nehmen. Diese Schleifmittel haben den Vorzug, daß sie jederzeit gebrauchsfertig und billig im Handel zu haben sind, somit keine Vorarbeiten und Apparatur zur Herstellung erfordern.

Aus allem ist zu entnehmen, daß von dem Herrichten der Schlifffläche vieles zum guten Gelingen der makroskopischen Gefügeuntersuchung abhängt; deshalb lasse man bei derartigen Vorarbeiten keine Sorgfalt aus und unterrichte sich zuvor noch in einschlägigen Werken über Einzelheiten.

Die sachgemäß zubereitete Schlifffläche muß nun zum Sichtbarmachen des Gefüges geätzt werden, wozu vielerlei Reagenzien in Gebrauch kommen, von denen einige schnell zum Ziele führen, wenn der Geübtere sich ihrer bedient, andere dagegen auch dem Ungeübteren die Bürgschaft bieten für das Zustandekommen eines brauchbaren Aetzbildes.

Zum Aetzen für die makroskopische Gefügeuntersuchung des Eisens wurde früher ausschließlich verdünnte Salzsäure angewendet, bei deren Benutzung aber nachweislich einige Uebelstände zu verzeichnen waren. Einige andere Mittel (s. oben) lieferten bei längerem Ausprobieren brauchbare Resultate, allgemeine Aufnahme fanden sie jedoch nicht. Martens und Heyn empfehlen und benutzen für ihre vielseitigen Arbeiten auf makroskopischem und mikroskopischem Gebiete: Kupferammoniumchlorid (12 g in 100 cbm/cm Wasser) als Aetzmittel, bei dessen Verwendung die Nachteile der Aetzung mit Salzsäure nicht nur aufgehoben werden, sondern auch das zu untersuchende Material nicht übermäßig angegriffen oder gar teilweise zerstört wird. Kupferammoniumchlorid erzeugt keine Löcher im Material, gibt somit die Möglichkeit, auch die geringsten Ungleichmäßigkeiten und Unterschiede in der Dichte zu erkennen, und gestattet auch außer der makroskopischen, eine nachträgliche mikroskopische Untersuchung der präparierten Fläche.

Die Aetzung mit Kupferammoniumchloridlösung soll folgenden Verlauf nehmen. In einer Porzellanschale befinde sich die vor allem im richtigen Verhältnis angesetzte Aetzflüssigkeit. In diese wird das Probestück rasch und gleichmäßig hineingetaucht und zwar so, daß die hergerichtete Fläche nach oben zeigt. Die Aetzwirkung lasse man eine Minute vor sich gehen; man achte darauf: nicht länger, weil sonst die Wirkung unklare Aetzbilder liefert. Dann gelangt der Schliff in ein Gefäß mit Wasser, möglichst fließendes Wasser. Der Aetzprozeß führt außer der gewünschten Gefügeaufdeckung noch zu einem Austausch zwischen dem Eisen der Probe und dem Kupfer der Lösung, infolgedessen sich auf der Schlifffläche schwammiges Kupfer absetzt. Dieses muß im Wasserbad entfernt werden, zweckmäßig durch Abtupfen mit einem Wattebausch.

Der so behandelte Schliff wird noch mit Alkohol abgespült, um dann in einem Handtuch (weich) bis zur gänzlichen Trockenheit bewahrt zu werden. Martens und Heyn, die dieses Aetzverfahren auf seine Wirksamkeit hinlänglich ausprobiert haben, geben für dessen Anwendung folgende beachtenswerte Hinweise: Man soll, vor allem Anfänger, nach der Fertigstellung einer geätzten Schlifffläche, sich das erschienene Aetzbild einprägen und dann nochmals durch Nachpolieren und Neuätzung ein erneutes Aetzbild auf derselben Fläche herstellen. Wenn die erste und zweite Aetzung ein gleiches Aussehen hervorbringt, hat man die Sicherheit, das wirkliche Gefügebild des Untersuchungsobjektes vor sich zu haben und nicht etwa eine durch ungeschicktes Hantieren oder durch ungleiche Einwirkung des Aetzmittels entstandene unwahre Aufdeckung des Gefüges.

(Fortsetzung folgt.)

BRIEFKASTEN

Nur Anfragen, denen 10 Pfg. Porto beiliegt und die von allgemeinem Interesse sind, werden aufgenommen. Dem Namen des Einsenders sind Wohnung und Mitgliednummer hinzuzufügen. Anfragen nach Bezugsquellen und Büchern werden unparteiisch und nur schriftlich erteilt. Eine Rücksendung der Manuskripte erfolgt nicht. Schlußtag für Einsendungen ist der vorletzte Mittwoch (mittags 12 Uhr) vor Erscheinen des Heftes, in dem die Frage erscheinen soll. Eine Verbindlichkeit für die Aufnahme, für Inhalt und Richtigkeit von Fragen und Antworten lehnt die Schriftleitung nachdrücklich ab. Die zur Erläuterung der Fragen notwendigen Druckstöcke zur Wiedergabe von Zeichnungen muß der Fragesteller vorher bezahlen.

K...e, **Frankenhausen.** (Erschließung eines Kalksteinbruchs.) Geben Sie Ihre genaue Adresse an. Brief kam als unbestellbar zurück! Die Red.

Frage 39. **Sickerschächte.** Kann mir einer der Herren Kollegen Zeichnungen über Sickerschächte leihen? Unkosten werden vergütet. Gefl. Mitteilungen an die Redaktion der D. T.-Z.

Frage 40. Sandgewinnung. Das Material einer Kies- und Sandgrube wurde bisher (mit Ausnahme des Gartenkieses) ausschließlich zu Maurer- und Betonarbeiten verwendet. Da sich aber auch ein gut Teil des Sandes vorzüglich zu Gebläsesand eignet, wird geplant, diesen heraus zu sondieren. Welches Verfahren oder welche Vorrichtungen sind hierzu vorteilhaft? Bemerkt muß werden, daß es sich nicht um eine großzügige Ausbeutung handelt, es ist vielmehr nur ein kleiner Nebenbetrieb in Aussicht genommen, durch zwei bis drei Mann Bedienung. Das Sondieren der einzelnen Materialien würde wohl am besten mittelst Drehsieben vorzunehmen sein? Elektrische Kraft wäre durch Anschluß an ein in der Nähe vorbeiführendes Kabel zu haben; ein evtl. anzulegender Brunnen an Ort und Stelle würde genügend Wasser hergeben, wenn man den Gebläsesand unter Benutzung der Drehsiebe herauswaschen wollte. Es erscheint dieses wohl erforderlich, da sich der erdfeuchte Sand sonst an dem gröberen Material festhalten und die Maschen des Siebes verstopfen würde. Gelegenheit zum künstlichen Trocknen des Materials vor dem Sieben ist nicht vorhanden, eine besondere Anlage hierzu würde sich jedenfalls zu teuer stellen. An regenlosen Sommertagen dürfte das Material von der Sonne genügend getrocknet werden, indessen könnte man dann mit Rücksicht auf Regentage nie ordentlich disponieren. Einen gewissen Vorrat trockenen Materials unter Dach zu bringen, würde die Unkosten bedeutend erhöhen. Kann mir ein Kollege in dieser Angelegenheit gute Ratschläge geben? Der Betrieb braucht nicht ständig aufrechterhalten werden, sondern könnte auch periodisch erfolgen.

Frage 41. Ablösung der Unterhaltungspflicht. Einer Stadt obliegt die Unterhaltungspflicht eines Wohngebäudes. Das Gebäude ist zwei Stock hoch, besteht aus Eichenfachwerk, ist zur Hälfte außen mit Schiefer bekleidet und 134 Jahre alt. Vor vier Jahren wurde es durch Aufwendung von 3500 M gründlich repariert. Der bauliche Zustand ist daher noch ziemlich gut. Die Stadt will nun die Unterhaltungspflicht ablösen. Wie berechnet sich die zu zahlende Ablösungssumme?

Frage 42. Schmelzöfen mit Teerölfeuerung. Ist jemand der Herren Kollegen vielleicht in der Lage, mir Näheres über den Bau von Schmelzöfen mit Teerölfeuerung mitzuteilen? Könnten mir vielleicht Detailzeichnungen über Ofen, Düsen und sonstigen Zubehör für einen Ofen zum Niederschmelzen von 3000 kg Eisen (Tempergießerei) in Chargen, in der Zeit von 5 bis 6 Std., überlassen werden? Die Zeichnungen sind als Werkzeichnungen gedacht. Es wären mir auch die Mitteilung von Betriebskostenberechnungen und Gegenüberstellungen mit anderen Schmelzverfahren erwünscht. Zur angemessenen Honorierung bin ich nach vorheriger Vereinbarung gern bereit. Ich würde auch mit Dank den Nachweis von Spezialliteratur über vorstehende Materie gern entgegennehmen.

Frage 43. **Kiesbagger.** Ich habe in 40 km Entfernung von Berlin, Nähe Bahnstation, ein Kieslager von ganz enormer Größe festgestellt. Es liegt jedoch vollständig im Grundwasser (zirka 2,50 bis 3 m unter Terrain, woselbst gleichzeitig der Grundwasserspiegel liegt). Oberhalb desselben liegt zum Teil brauchbarer Mauersand, welcher in der fraglichen Gegend sehr gesucht ist. Der Kies kommt dem Flußkies gleich. Würde sich eine etwaige Ausbeutung des Lagers als rentabel erweisen? Welche Art von Bagger würde hier am vorteilhaftesten sein? Wie hoch würden sich die Anschaffungs- und Betriebskosten eines solchen von 50 bis 80 cbm Tagesleistung stellen? Wie hoch ist der Preis in Berlin für vorgenannten Kies? Für eine Beantwortung dieser Fragen durch einen der Herren Kollegen wäre ich sehr dankbar.

Frage 44. Mängel eines Pumpenbetriebes. Eine Zentrifugalpumpe für ein Wasserwerk, durch einen direkt gekuppelten Elektromotor angetrieben, von 15 cbm stündlicher Leistung, 2900 Umdrehungen p. Min., arbeitet gegen eine Gesamtförderhöhe: Saugehöhe 2,50 + Druckhöhe 82,5 = 85,00 m. Die theoretisch manometrische Förderhöhe ergibt sich zu 95 m. Länge der Druckleitung 600 m. Wirkungsgrad der Pumpe 50%. Durchmesser der Sauge- und Druckleitung 80 mm, Durchmesser des Sauge- und Druckstutzens der Pumpe 50 mm. Die Pumpe entspricht trotz ihrer weiten Druckrohre nicht den Anforderungen. Es werden jetzt 10 cbm bei einer manometrischen Förderhöhe von 104 m geleistet. Dieser Stand wird am Manometer während des Betriebes abgelesen. Die Pumpe soll auf dem Probestand in der Fabrik ihre Leistungen genau eingehalten haben. Woraus kann man sich die Minderleistung erklären? Durch welche Vorrichtungen könnte man die Leistung der Pumpe erhöhen? Zu bemerken ist noch, daß die Druckleitung in gleichmäßiger Steigung mit nur einem Krümmer von 90° für die Steigeleitung im Turm verlegt ist.

Frage 45. **Dehnungsfugen.** a) Bei einstöckigen Fabrikbauten hatte der damalige Bauleiter angeordnet, daß der 15 cm starke Betonboden durch Dehnungsfugen in Felder von 3×5 m eingeteilt wurde. Die ganze Fläche eines Baues ist ca. 50×150 m groß. Die Böden werden mit kleinen Rollkarren befahren, wodurch an den Dehnungsfugen durch Anstoßen der Räder große Löcher entstehen. Ich beabsichtige nun, bei weiteren Neubauten diese Dehnungsfuge ganz wegzulassen. Sind dabei andere Nachteile zu befürchten oder was ist in diesem Fall sonst zu tun?

b) In denselben Bauten sollen in Zukunft die Dächer und Säulen aus Eisenbeton hergestellt werden. Die Säulen kommen alle 3×5 m zu stehen. Die Dachhaut, die demnach 3 m freie Länge hat, wird mit 2 Lagen Dachpappe in Holzzement und 10 cm hoher Kiesschüttung hergestellt. Ueber jedes zweite Feld der Dachfläche werden 2×7 m große Glasoberlichte angeordnet. Ist es nun notwendig, auch bei diesen Decken Dehnungsfugen anzuordnen und eventuell in welcher Weise?

Frage 8. Abrechnungsart. Ich baute für die Eisenbahnbehörde. Es heißt im Anschlag (Vorbemerkung): „Die Arbeiten und Lieferungen werden nach den wirklich geleisteten Massen bezahlt, und zwar nach den abgebundenen Teilen. Ein Zuschlag für Verschnitt, Zapfen und sonstige Verbindungen wird nicht gewährt.“ Die Behörde behauptet, die Zapfen dürfen nicht mit berechnet werden, auch nicht die Versätze in den Streben. Was ist richtig? In der Holzliste wurden bei Abgabe der Offerte die Zapfen mit gerechnet.

Antwort II. (I. s. Heft 4.) Dem Auftrage der Eisenbahnbehörde haben sicherlich auch die „Vorschriften für die Ausführung von Zimmerarbeiten und Lieferung der zugehörigen Werkstoffe“ beigelegen. Die Abrechnung regelt sich ganz nach dieser Vorschrift. Der § 6 besagt: „Für die Abrechnung gelten folgende Grundsätze: Der Rauminhalt wird nur bei Hölzern für Balkenlagen, Fachwerks- und Dachverbände usw. ermittelt. Die Längen dieser Hölzer werden ohne Berücksichtigung der Stöße, Zapfen, Versetzungen usw. — sowohl für Holzlieferung als für Holzbearbeitung — berechnet. Zu dem so ermittelten Rauminhalt — nicht zu den Längen für die Berechnung des Arbeitslohnes — wird für die Lieferung dieser Hölzer ein Zuschlag (2 bis 3 vom Hundert) für Verschnitt, Zapfen usw. in Ansatz gebracht; ebenso die Lieferung von Bohlen, Brettern usw. (3 bis 5 vom Hundert), falls hierfür die Lieferung des Materials getrennt zur Berechnung gelangt (im anderen Falle wird für die Brettarbeiten kein Zuschlag berechnet).“ Somit besteht aber auch kein Widerspruch zwischen den Vorbemerkungen und den Vorschriften. Es ist in den Vorbemerkungen lediglich besonders darauf aufmerksam gemacht, daß für Verbindungen usw. kein Zuschlag gewährt wird. Dieser Zuschlag ist eben in den 2 bis 3% mitenthalten. Die Holzliste ist in diesem Falle nicht maßgebend, siehe § 4 der vorangeführten Vorschriften. Dieser besagt: . . . . „für die Genauigkeit der Holzlängen wird keine Gewähr geleistet, der Unternehmer hat letztere vielmehr selbst zu ermitteln“. Also die Behörde hat in diesem Falle recht, es steht dem Fragesteller kein Anspruch auf Berechnung der Zapfen usw. zu, wohl aber die 2 bis 3% Zuschlag für Verschnitt usw. Die Ansicht des Herrn Remark mag in der Privatpraxis geltend sein, jedenfalls ist aber die Annahme in seinem Schlußsatz nicht richtig. B..r

Frage 12. **Kompressorleistung.** Wie erfolgt die Umrechnung des komprimierten Luftvolumens bei einem — am Windkessel gemessenen — Ueberdruck von 1,5 at in atmosphärische Spannung und zwar unter Berücksichtigung der Temperaturunterschiede? Es handelt sich um einen Streitfall wegen einer gelieferten Kompressoranlage, und es soll das wirklich angesaugte Volumen festgestellt werden. Die Bestimmung des Luftvolumens nach dem Indikatordiagramm ist mir bekannt, kommt aber wegen der Undichtigkeiten in der Rohrleitung nicht in Frage.

Antwort. Soll bei einer Kompressor-Anlage die wirklich angesaugte Luftmenge pro Stunde festgestellt werden, so empfiehlt es sich, das Volumen des Zylinder-Druckraumes, d. h. den Ventilraum und Verbindungsraum nach dem Druckstutzen, ferner das Volumen des Luftbehälters und der Verbindungsleitung samt Ventilen usw. zwischen Kompressor und letzteren festzustellen. Nachdem der Behälter an der Luftentnahme-Stelle abgesperrt ist, läßt man sämtliche Teile auf den gewünschten Enddruck, im vorliegenden Falle auf 1,5 at Ueberdruck, vollpumpen, unter genauer Messung der dazu benötigten Zeit und der Anfangs- und Endtemperaturen; was man dann auf atmosphärische Spannung und Anfangstemperatur umrechnet. Sollte der Kompressor nicht die vereinbarte Umdrehungszahl haben, so ist dieser Unterschied auch zu berücksichtigen. Es ist hierbei zu bemerken:

Der Ausdehnungskoeffizient, beim Erwärmen und Ausdehnen der Luft, = a ist die Zahl, welche, mit dem Volumen einer Luftmenge multipliziert, den Volumenzuwachs bei einer Temperatur-Erhöhung von 1° C angibt und beträgt

$$a = \frac{1}{273} = \mathbf{0{,}00366}.$$

Die absolute Temperatur beträgt = $T = (1 : a) + t = 273 + t$;

Ferner: Die Endtemperatur (nach dem endgültigen Zusammenpressen) ist abhängig von der Anfangstemperatur der angesaugten Luft und dem jeweiligen Druck.

Bezeichnungen für die nun folgenden Gleichungen:

angesaugte Luft	V_1	p_1	t_1	$T_1 = 273 + t_1$
gepreßte Luft	V_2	p_2	t_2	$T_2 = 273 + t_2$
	Volumen in cbm	Spannung i. Atm. abs.	Temperat. in Grad C	Absolute Temperatur in Grad C.

$p_2 : p_1$ = Kompressionsverhältnis.

Grundgleichungen, die für alle Berechnungen zutreffen:

$$\frac{p_2}{p_1} = \left(\frac{V_1}{V_2}\right)^{1,41} : p_2 \cdot V_2^{\;1,41} = p_1 \cdot V_1^{\;1,41}$$

$$\frac{T_2}{T_1} = \left(\frac{V_1}{V}\right)^{1,41-1} = \left(\frac{p_2}{p_1}\right)^{\frac{1,41-1}{1,41}} = \left(\frac{p_2}{p_1}\right)^{0,2908} = \frac{273 + t_2}{273 + t_1};$$

$$\frac{V_2}{V_1} = \sqrt[1,41]{\frac{p_1}{p_2}} = \frac{(1 + a \cdot t_2) \cdot p_1}{(1 + a \cdot t_1) \cdot p_2} = \frac{T_2}{T_1} \cdot \frac{p_1}{p_2} = \frac{273 + t_2}{273 + t_1} \cdot \frac{p_1}{p_2};$$

Allgemein: Gewicht

$$\gamma = \frac{1{,}252 \cdot p}{1 + 0{,}00366 \cdot Z} \text{ in kg/cbm.}$$

Angenommen: 1 Kompressor soll bei 200 Umdrehungen pro Minute 6 cbm Luft ansaugen und auf 1,5 at Ueberdruck zusammenpressen. Die Anfangstemperatur beträgt 20° C. Die Endtemperatur (rechnerisch bei adiabatischer Zustandsänderung bei 2,5 at abs. nach Gleichung 2

$$= \frac{T_2}{T_1} = \left(\frac{p_2}{p_1}\right)^{0,2908} = \left(\frac{2{,}5}{1}\right)^{0,2908} \cong \mathbf{1{,}261};\ \text{mithin}$$

$$T_2 = 1{,}261 \cdot (273 + 20) \cong 370^\circ \text{ abs.} = (370 - 273 = 97^\circ)$$

nach Gleichung 3

$$= \frac{V_2}{V_1} = \frac{293}{370} \cdot \frac{2{,}5}{1} = \mathbf{1.98} = \text{Volumenverhältnis zwischen Luft,}$$

von 1 at und 2,5 at abs.; bei adiabatischer Kompression.

Es beträgt nun beispielsweise

der Ventilraum	0,035 cbm Inhalt,
die genannte Rohrleitung	0,753 „ „
Luftbehälter	8,000 „ „
J = Gesamtinhalt =	8,788 cbm.

Dieses Volumen von 8,788 cbm ist nun von dem Kompressor bei 180 Touren in 1,5 Min. bei einer Endtemperatur im Behälter von 97° gefüllt worden. Das ergibt also: 1,5 Min. = 8,788 cbm Luft von 2,5 at abs. = *1,5 at* Ueberdr.
= $J \cdot p_2$ Ueberdr. = $8{,}788 \cdot 1{,}5 \cong$ **13,3 cbm** angesaugte Luft von 97° C. — Der Volumenunterschied ist nach Gleichung 3 = 1 : 1,98; mithin ergibt sich ein angesaugtes Volumen von 20° C. Anfangstemperatur $= V_1 = \frac{J}{\frac{293}{370} \cdot \frac{2{,}5}{1}} = \frac{13{,}3}{1{,}98} \cong$ **6,65** cbm in 1,5 Minuten. Das ergibt demnach in 1 Minute, da der Kompressor nur 180 Touren macht:

$$\frac{V_1}{n_1 \cdot Z} \cdot n_2 = \frac{6{,}65}{180 \cdot 1{,}5} \cdot 200 = \mathbf{4{,}92\ cbm} = v_1$$

worin V_1 = angesaugtes Volumen pro x Min.; n_1 = Tourenzahl, welche der Kompressor während der Messung macht; Z = Zeit zum Auffüllen; n_2 = Touren, die der Kompressor machen sollte.

Nach obigem Beispiel leistet der Kompressor nicht die festgesetzte Menge. Es wäre für Abhilfe durch Erhöhen der Umdrehungszahl von 200 pro Minute auf:

$$\frac{n_2}{v_1} \cdot v_2 = \frac{200}{4{,}92} \cdot 6 = \mathbf{245\ pro\ Minute}$$

zu sorgen, worin v_1 = das wirklich geförderte Volumen pro Minute; v_2 = das zu fördernde Volumen pro Minute bedeutet.

Arthur Rausch.

Frage 13. Dampfkochgefäß. Ich habe des öfteren Berechnungen über doppelwandige Dampfkochgefäße zu machen. Die Blechstärken, die ich nach den Formeln für Dampfkessel ausrechne, geben zu starke Dimensionen. Für Angabe einer geeigneten Formel wäre ich Ihnen sehr verbunden. Es kommen in Frage: „Doppelwandige Töpfe mit Innenkessel 900 bis 1500 l. W. und Mantelhöhe von 1000 bis 1500 mm hoch. Der Zwischenraum zwischen Innen- und Außenkesselboden ist ca. 75 mm. Mäntel und Böden autogen geschweißt, Böden ohne Krempe. Der Innenkessel ist ca. 70 mm vom Rande an dem Mantel des Außenkessels angeschweißt. Der Außenkessel ist oben durch Winkeleisen verstärkt. Der innere Boden ist weder mit dem äußeren, noch sonstwie verankert. Betriebsdruck 5 Atm.

Antwort. Nach den Formeln für Dampfkessel müssen sie allerdings größere Werte erhalten, da bei diesen das Material weit größeren Beanspruchungen unterliegt als wie bei Dampfkochtöpfen und Braupfannen, welche durch Dampf geheizt werden, und somit nicht dem unmittelbaren Einfluß von Feuergasen und dem Feuer selbst unterliegen, wie dieses bei Flammenrohren u. dgl. der Fall ist. Infolgedessen unterliegen die Kessel auch nicht den Einwirkungen so starker Temperaturwechsel und sind der Zerstörung nicht so ausgesetzt wie Kessel für direkte Feuerung.

Das Kochgefäß besteht also aus einem Innenkessel und einem Außenkessel. Zwischen beiden Gefäßen herrscht also der Betriebsdruck P = 5 Atm., infolgedessen wird das innere Gefäß auf äußeren Druck (siehe Formel 1 und 2), das äußere Gefäß dagegen auf inneren Druck beansprucht (nach Formel 3 und 4).

a) Der Innenkessel-Mantel (äußeren Druck)

$$s = \frac{p_a \cdot d}{4 \cdot k}\left(1 + \sqrt{1 + \frac{a}{p_a}\,\frac{L}{L + d}}\right) + c = \text{mm}$$

S = die Wandstärke in mm,
p_a = äußerer Ueberdruck, den größten zulässigen Betriebsdruck in kg/qcm,
d = äußerer Durchmesser des Hohlzylinders in mm,
k = die zulässige Druckbeanspruchung des Materials (in diesem Falle) = 550 für Flußeisen, 300 bis 350 für Kupfer (nur bis 5 Atm. verwendbar),
a = 50 bei Schmiedeeisen, wenn Zylinder geschweißt oder stumpf gestoßen und überlascht genietet wird,
= 80 bei Kupfer do.,
a = 70 bei Schmiedeeisen, wenn Zylinder überlappt genietete Längsnaht besitzt:
= 100 bei Kupfer do.,
L = Länge des Zylinders (zwischen den Versteifungen),
c = eine Konstante für Abnutzung und Rosten = 1 bis 1,5.

Bemerkung: „a" bezeichnet den Sicherheitskoeffizient der Naht und ist bei autogen-geschweißter oder einfach überlascht genieteter Naht = 50. Der Unterschied zwischen autog. Schweißung und einfacher Laschennietung ist sehr gering und spielt in der Berechnung keine große Rolle, anders ist es jedoch bei doppelter Laschennietung, weil das Blech in der Lochlinie gegen Rosten geschützt ist und die Biegungsbeanspruchung wegfällt. Die Hütte gibt an: Bei Anwendung doppelt gelaschter Nähte darf eine Zugspannung bis 1/4 der Zugfestigkeit des Bleches gestattet werden, in der Voraussetzung, daß die Nietung durchaus sorgfältig hergestellt wird. (In Preußen sind zurzeit durch den Ministerialerlaß vom 28. Nov. 1897 noch 1/5 bis 1/4,5 vorgeschrieben.) Bei geschweißten Mänteln darf nur mit 1/7 bis höchstens 1/6 der Zugfestigkeit des Bleches gerechnet werden.

„L" bezeichnet die Länge des Zylinders, d. h. Entfernung zwischen den Versteifungen, also von der Stelle, wo der Innenkessel am Außenkessel geschweißt ist, bis zur Schweißstelle am Boden.

„c" je nachdem für welchen Zweck der Kessel gebraucht wird, kann die Konstante „c" ausgeschaltet werden, z. B. wenn Speisen und andere fette Stoffe gekocht werden.

b) Innenkessel-Boden gewölbt (äußeren Druck) ohne Verankerung.

$$s = \frac{1}{2}\, r\, \frac{0{,}025 A \cdot p_a + B^2 + B\sqrt{0{,}05 A \cdot p_a + B^2}}{A^2} = \text{mm}$$

dabei ist:
r = äußerer Radius der inneren Wölbung in mm (etwa 1,5 d),
A = 26 für Flußeisenböden aus einem Stück,
A = 25 für Kupferböden aus einem Stück,
B = 1,15 für Flußeisenböden aus einem Stück,
B = 1,2 für Kupferböden aus einem Stück.

Boden flach mit Krempe (für inneren und äußeren Druck gleich)

$$s = \sqrt{\frac{3 \cdot p}{800 \cdot k}}\left[d - r\left(1 + \frac{2r}{d}\right)\right] = \text{mm}$$

darin:
r = Krempenradius,
k = 30.

Bemerkung: Da innere Böden bekanntlich durch Schöpfkellen, Rührhölzer und Rührwerke usw. mehr angegriffen werden als die Mäntel, so kann hier ein Zuschlag von 1 bis 1,5 mm nichts schaden; dies ist jedoch nicht direkt erforderlich.

c) Außenkessel-Mantel (innerer Druck).

$$s = \frac{d \cdot p \cdot x}{200 \cdot k \cdot \varphi} + c$$

darin ist:
d = äußeren Durchmesser in mm,
p_i = inneren Ueberdruck, den größten zulässigen Betriebsdruck in kg/qcm,
x = der Sicherheitsgrad gegen Zerreißen
4,75 für einreihige Nietnaht,
4,5 bei Ueberlappungsnietung,
4,3 bei autog. Schweißung,
4 bei Doppellaschennietung,
k = den Festigkeitskoeffizient des Bleches für Schmiedeeisen 34 bis 35, für Kupfer 19 bis 20 (bei 150°),
φ = das Verhältnis der Festigkeit der Naht zu der des vollen Bleches
0,6 bei einfacher Nietnaht,
0,7 bei zweireihiger Nietnaht,
0,7 bei autogener Schweißung,
c = die Konstante für Abnutzung und Rost usw. = 1 bis 1,5.

Bemerkung: Die autogene Schweißung ist in diesem Falle nur dann zu empfehlen, wenn die Herstellung in sorgfältigster Weise geschieht und die Bleche durch die Schweißung nicht verletzt oder geschwächt werden, auch ist darauf zu achten, daß das geschweißte Stück ausgeglüht werden kann. Dieses ist auch für den Boden gültig.

d) Außenkessel-Boden (inneren Druck)

$$s = \frac{p_i \cdot r}{200 \cdot k} = \text{mm}$$

r = Radius der inneren Wölbung = etwa 1,5 d,
k = 4,5 bis 5 für Schweißeisen,
5,5 bis 6,5 für Flußeisen,
3 bis 4 für Kupfer.

Bemerkung: In diesem Falle, wo der Boden keine Krempe besitzt und ein Uebergang des zylindrischen Teils am Umfang des gewölbten Bodens nicht stattfindet, sondern fast stumpf aneinanderstoßt, so darf für k höchstens 4 bei Flußeisen eingesetzt werden.

Für Niederdruck sowie für geringe Wandstärken kommt man mit der bekannten Formel aus:

$$s = r \frac{p}{k_z}$$

Ru.

Frage 15. Anlage einer feststehenden Drescherei. Beabsichtige neben meinem Dampfsägewerk eine feststehende Drescherei anzulegen. Zum Betriebe steht mir eine Lokomobile mit 17 PS Normal-, 21 PS größte Dauer- und 26 PS vorübergehender Höchstleistung zur Verfügung. Der Lohndrusch soll nach Gewicht der marktfähig abgelieferten Frucht berechnet werden, und es sind hierzu 300 Zentner Tagesleistung in Aussicht zu nehmen. Als Früchte kommen nur Roggen, Weizen, Gerste und Hafer in Betracht. Meines Erachtens sind die von berühmten Firmen erbauten Apparate für Lohndrusch viel zu kompliziert, daher ist die Bauart zu beengt und die Reparaturen werden erschwert. Welche Apparate ohne Presse und welche Firmen für deren Lieferung kommen in Betracht?

Antwort. Wie aus Ihrer Anfrage hervorgeht, wollen Sie den Dreschapparat ohne Strohpresse aufstellen. In diesem Falle ist aber eine Tagesleistung von 300 Zentnern (in 10 Stunden) ganz ausgeschlossen und erscheint nur bei Gerste und Hafer dann als möglich, wenn fünf bis sechs Leute zur Aufbindung des Strohes vorhanden sind. Mehr als fünf bis sechs Leute können bei der Aufbindung des Strohes nicht beschäftigt werden, da sich alsdann die Leute einander hindern. Beim Dreschen von Roggen und Weizen kann in diesem Falle nur auf eine Stundenleistung von 15 bis 20 und günstigenfalls 24 Zentner Frucht gerechnet werden. Die Wegschaffung der Spreu wird ebenfalls Schwierigkeiten bereiten, wenn eine Tagesleistung von 300 Ztr. Frucht in Betracht kommt. Die Anlage eines Spreubläsers ist daher vorzusehen, ebenso die Anlage einer Selbstbinde-Strohpresse mit Kurzstrohheber und Ballenrutsche, denn die Arbeiterersparnis beträgt hierbei 7 bis 8 Mann bezw. 10 bis 12 Frauen. Nur mit einer modernen Anlage bleiben Sie konkurrenzfähig. — Vorausgesetzt, daß die Zwischentransmission mit wenig Kraftverlust arbeitet, können Sie mit Ihrer Lokomobile eine moderne Dreschanlage, bestehend aus Dreschmaschine mit 1525 mm Trommelbreite bei 530 bis 610 mm (im Mittel 560 mm) Trommeldurchmesser, in Verbindung mit Selbstbinde-Strohpresse, Kurzstrohheber, Ballenrutsche und Spreubläser betreiben und dabei Stundenleistungen von 24 bis 32 Zentnern, je nach Getreideart und Ergiebigkeit, erzielen. Bei Aufstellung von nur einer einfachen Dreschmaschine können Sie mit einer Durchschnittsleistung von nur 15 bis 24 Zentnern Frucht pro Stunde rechnen. — Ihre Annahme, daß die Fabrikate berühmter Firmen zu kompliziert seien, ist ein Irrtum. Zur Erzielung eines guten Ausdrusches, einer guten Ausschüttelung, einer guten Spreureinigung und einer durchaus marktfertigen Reinigung der Körnerfrüchte sind folgende Vorrichtungen erforderlich: 1. Schlagleisten-Dreschtrommel mit Dreschkorb, 2. Kasten-Strohschüttler, vier- oder fünfteilig, 3. Spreureinigung, 4. ein erstes Siebwerk, daran anschließend ein Schöpfwerk, ein Entgranner und ein zweites Siebwerk mit den erforderlichen Gebläsen, sowie ein Sortierzylinder. Diese Einrichtungen finden sich bei allen Fabrikaten, die Anspruch auf Vollständigkeit erheben, ganz gleich, ob sie von berühmten oder weniger berühmten Firmen stammen. Manche Fabrikate zeigen allerdings eine Vereinfachung dadurch, daß die Antriebe für die Strohschüttler und die Siebwerke in einer einzigen Welle vereinigt werden, und daß an Stelle zweier Gebläse nur ein einziges, dessen Luftstrom dann auf beide Siebwerke verteilt wird, tritt. Doch dreht es sich hierbei fast ausschließlich nur um Dreschmaschinen mittlerer und kleinerer Leistung. Eine Ausnahme machen hiervon die Fabrikate von C. A. Klinger in Altstadt-Stolpen, bei denen das Schöpfwerk durch eine schrägliegende Schnecke ersetzt ist, die gleichzeitig das Entgrannen der Körner besorgt, so daß die Anlage eines besonderen Entgranners entbehrlich ist. Im übrigen gleichen sich aber die Fabrikate aller Firmen. Es ist daher nur eine Frage des Geschmackes und des Preises, ob Sie sich für das eine oder andere Fabrikat entschließen wollen. Gerade bei den Lohndreschereiunternehmern wird mit Freuden begrüßt, daß die Dreschmaschinen in ihrer heutigen Bauart Anspruch auf große Betriebssicherheit, tadellose Arbeit, große Solidität und leichte Reparaturfähigkeit machen können. Ganz genau das Gegenteil von Ihrer Annahme ist der Fall, denn gerade die komplizierten modernen Dreschmaschinen sind überall gut zugänglich und die dem Verschleiß unterworfenen Teile sind leicht austauschbar. Die Reparaturen können daher auch von weniger geschultem Personal in kurzer Zeit erledigt werden. Für Ihre Anlage kommen verschiedene Marken von Dreschmaschinen in Frage. Ein Lieferantenverzeichnis ist im Besitze der Redaktion und durch diese zu beziehen.

Charbonnier, Weisenau.

Frage 25. Hausschwamm-Vertilgung. Welche Erfolge sind mit dem Radikal-Schwammvertilgungsmittel „Certus“ (Vertrieb durch G. Durlach in Hamburg) bis heute erzielt worden, insbesondere ist „Certus“ ein wirklich zuverlässiges Mittel? Die anderweitigen im Handel befindlichen Mittel sind dem Fragesteller größtenteils bekannt.

Antwort I. Nach dem jetzigen Stande der wissenschaftlichen und fachmännischen Hausschwammforschung gibt es zurzeit noch kein absolut sicheres Mittel zur Abtötung der Hausschwamm-Infektion in bereits bestehenden Bauwerken. In neuerer Zeit befassen sich auffallend viele Firmen, darunter auch oft recht zweifelhafte, mit der Anfertigung von mehr oder weniger wirksamen Schwammvertilgungsmitteln. Ob „Certus“ ein wirksames Mittel gegen Hausschwamm ist, kann erst auf Grund besonderer Versuche, mit einer Probe dieses Mittels, beantwortet werden; zu den allgemein bekannten Holzschutzmitteln gehört es meines Wissens nicht. Alle Anstrichmittel bleiben naturgemäß an der Oberfläche des Holzes, wenn auch einige um ein geringes in die Holzfasern eindringen sollen und mögen. Daher können sie nur den Erfolg anstreben 1. auf der Oberfläche zur Zeit des Streichens etwa vorhandene Schädlinge abzutöten; 2. von außen nach dem Streichen auf das Holz eindringende Pilze am Eindringen zu hindern oder zu töten; 3. im Innern des Holzes etwa vorhandene Krankheitserreger latent zu erhalten, d. h. an der Weiterentwickelung zu hindern. Immerhin ist die Frage der Wirkungsdauer, namentlich mit Bezug auf das Holzinnere, ungewiß genug, und es kann bei bereits vorliegender Hausschwammbildung als sicherstes Mittel nur die radikale Beseitigung des erkrankten und schwammverdächtigen Holzwerkes und des unmittelbar benachbarten Baumaterials empfohlen werden. Das neu einzubringende Holzwerk ist mit einem der bekannten geruchlosen Schutzanstriche der besonderen Sicherheit halber zu versehen.

S.

II. Zunächst kommt es auf botanische Untersuchung darüber an, ob es sich bei der Schwammbildung um eigentlichen Hausschwamm handelt; solcher ist im allgemeinen an seinem spinngewebeartigen Gewebe in Fächerform erkennbar, im Anfang der Entwickelung jedoch nicht leicht als solcher unterscheidbar gegenüber anderen Schwammarten. — Als sicherstes Mittel zur Beseitigung des Hausschwammes gilt völlige Vernichtung der von demselben angegriffenen Holzteile. Falls diese nicht durchführbar ist, mögen chemische Mittel wie Certus angebracht sein. Solche sind antiseptisch, meist mit Borsäure und Kochsalz auch Wasserglas versetzt, wirksam. Wichtig ist auch noch das Erfordernis guter Wasserlöslichkeit (wie z. B. bei Schachtonin zu fünf bis zehn Prozent, auch bei Imprägnier-Karbolineum). Ferner kommt es auf Geruchlosigkeit (wie z. B. bei Schachtol) sowie auf sicheres Eindringen der Lösung in die Poren des Holzkörpers an. Mit solchen Hinweisen zum Vergleiche möge der Untersuchung obenbezeichneten Mittels gedient sein.

K. in C.

Deutsche Techniker-Zeitung
Herausgegeben vom Deutschen Techniker-Verbande
BERLIN SW. 48, Wilhelmstraße 130 Schriftleitung: Erich Händeler-Berlin
XXXI. Jahrg. 21. Februar 1914 Heft 8

Der Deutsche Technikerkongreß

Am 15. Februar hatten sich die Delegierten von 120 000 technischen Angestellten zu einem Deutschen Techniker-Kongreß zur Beratung der Patentgesetzreform in Berlin im Lehrervereinshaus zusammengefunden. Die Tagung war, wie wir bereits berichteten, gemeinsam vom Bund der technisch-industriellen Beamten, vom Deutschen Techniker-Verbande und vom Deutschen Werkmeister-Verbande einberufen worden. Außerdem beteiligten sich die übrigen Verbände der technischen Angestellten, wie der Verband Deutscher Kunstgewerbezeichner, der Deutsche Zuschneider-Verband und der Verband technischer Schiffsoffiziere, an der Tagung.

Der Kongreß wurde von Herrn Barthel-Cottbus, dem Vorsitzenden des Deutschen Werkmeister-Verbandes, eröffnet. Es waren über 120 offizielle Delegierte der Verbände anwesend, außerdem eine große Zahl von Gästen, die den Saal und die Galerien füllten. Die Einladung war ferner an sämtliche Behörden ergangen. Der Staatssekretär des Innern, der Staatssekretär des Reichsjustizamts, der Präsident des Kaiserlichen Patentamts, der preußische Kriegsminister, der Staatssekretär des Reichsmarineamts, der preußische Handelsminister, der preußische Minister der öffentlichen Arbeiten, Magistrat und Stadtverordneten-Versammlung der Stadt Berlin, der Vorstand des Deutschen Städtetages, das Bureau des Deutschen Juristentages, die Gesellschaft für Soziale Reform, der Verein Deutscher Ingenieure, der Elektrotechnische Verein, der Verein der Patentanwälte, der Deutsche Verein für den Schutz des gewerblichen Eigentums, die Berliner Handelskammer und die Aeltesten der Berliner Kaufmannschaft, ebenso die Fraktionen des Reichstages, die Zentralen der Arbeitergewerkschaften waren eingeladen, aber nur in geringer Zahl, wie mit Bedauern festgestellt werden muß, der Einladung gefolgt. Die Reichs- und Staatsbehörden hatten sich vertreten lassen durch Geheimen Ober-Regierungsrat Specht vom Reichsamt des Innern und durch Geheimrat Notholz vom Kaiserlichen Patentamt. Von Parlamentariern waren nur der sozialdemokratische Reichstagsabgeordnete Giebel und der fortschrittliche Abgeordnete Haas erschienen. Der nationalliberale Abgeordnete Marquart, Vorstandsmitglied des Verbandes der Deutschen Handlungsgehilfen Leipzig, der wiederholt für die Interessen der Angestellten eingetreten ist, hatte sich telegraphisch entschuldigen lassen. Die Generalkommission der Gewerkschaften hatte Herrn Reichstagsabg. Silberschmidt als Vertreter entsandt. Anwesend waren ferner als Vertreter des Reichsvereins liberaler Arbeiter und Angestellten die Herren Erkelenz und Wilhelm, der frühere Beamte des Bundes der technisch-industriellen Beamten, der jetzt zum Geschäftsführer dieser Organisation ernannt worden ist. Die Gesellschaft für Soziale Reform schenkte der Tagung dadurch ihre Aufmerksamkeit, daß sie Herrn Professor Zimmermann und Herrn Dr. Heyde entsandt hatte. Der Verein für gewerblichen Rechtsschutz war durch Herrn Dr. Osterieth und der Verein der Patentanwälte durch Herrn Rechtsanwalt Münz vertreten.

Die Verhandlungen wurden durch drei Referate eröffnet. Zunächst nahm das Wort Sohlich vom Bund der t.-i. Beamten. Er behandelte in seinem Referat die Frage „Erfinderrecht statt Anmelderrecht". Nach einem geschichtlichen Rückblick über die Entwicklung der Deutschen Patentgesetzgebung und einer Kritik des gegenwärtig in Geltung befindlichen Gesetzes legte er die Unterschiede zwischen dem neuen Entwurf und dem jetzigen Gesetz dar. Er bezeichnete es als erfreulich, daß unter dem Drucke des Vorgehens anderer Kulturstaaten, Oesterreich, Rußland, Japan, Norwegen, Niederlande, die dem Beispiele Englands und Amerikas folgend, zum Erfinderprinzip übergegangen sind, auch die Reichsleitung sich nicht der Forderung, daß die Grundlage eines Patentgesetzes nicht der Schutz der Erfindung sondern der Schutz des Erfinders sein muß, verschlossen hat. Gegen den Entwurf der Regierung wird nun aber von den Unternehmern Sturm gelaufen; es wird besonders mit dem Argument gearbeitet, daß unser Deutsches Patentgesetz sich bewährt habe. Demgegenüber muß darauf hingewiesen werden, daß das geltende Recht zwar den einseitigen vermögensrechtlichen Interessen der Unternehmer dient, nicht aber den Ansprüchen des Erfinders gerecht geworden ist. Ernstliche Bedenken gegen das Erfinderprinzip können schon deshalb nicht vorgebracht werden, da schon jetzt bei der Anmeldung eines deutschen Patents in Amerika der Erfinder genannt werden muß. Es sind noch nie Klagen darüber laut geworden, daß es nicht möglich gewesen sei, den Erfinder zu ermitteln. Wenn der Gesetzentwurf lediglich die Erfinderehre regeln würde, wie es die Arbeitgeber-Verbände zugestehen wollen, wäre mit ihm nichts erreicht. Es kommt eben darauf an, daß der soziale Gedanke, d. h. die Voranstellung des Menschen gegenüber den Vermögensinteressen, durchgeführt wird. Es ist bedauerlich, daß ein Mann wie Ostwald der Theorie huldigt, daß das Erfinden „gelehrt" werden könne. In dieser Anschauung zeigt sich eine Verwechslung von Bedingung mit Ursache. Bedingung für die Erfindung ist die Vorbildung, Ursache für die Erfindung die Begabung und das Können im Gegensatz zum Wissen. Es wird von den Arbeitgebern immer auf das „Betriebsmilieu" hingewiesen, dem es nur zu verdanken sei, wenn der Angestellte eine Erfindung macht. Aber auch das Betriebsmilieu ist nur eine von den Bedingungen, die zur Erfindung führen können, ebenso wie z. B. theoretisches Studium auch nur eine Vorbedingung ist. Wenn von Arbeitgeberseite gesagt wird, daß die Angestellten für ihre Erfindungen auch ohne den Grundsatz des Erfinderrechts eine Vergütung erhalten könnten, so ist das ein Einwand, der außerordentlich verdächtig ist. Wäre unter dem gegenwärtigen Gesetze eine derartige Anerkennung des Erfinderprinzips durchführbar, dann hätten die Rechtssprechung und die Praxis schon lange zeigen können, daß die Angestellten für ihre Erfindungen entsprechend honoriert werden müßten. Der Regierungsstandpunkt ist insofern konsequent, als er einen Schlußstein in die Entwicklung gesetzt hat. Damit allein ist es aber nicht getan, sondern es kommt noch erst der Kampf um die Neuverteilung der Rechte, der dazu führen muß, daß die im Gesetzentwurf festgelegten Grundsätze auch tatsächlich verwirklicht werden. Der Redner ging dann noch weiter auf die Schwächen des Gesetzentwurfes ein und schloß mit der Anerkennung, daß der Gesetzentwurf einen Fortschritt bringt, weil er an Stelle des Anmelderprinzips das Erfinderprinzip grundsätzlich anerkennt und weil er die materiellen Ansprüche der angestellten Erfinder überhaupt erst gesetzlich regelt.

Dem mit lebhaftem Beifall aufgenommenen Vortrage folgten die Ausführungen des Redners unseres Verbandes, des Ingenieurs Lenz. Während Sohlich in der Hauptsache die ideellen Momente behandelt hatte, die bei dem neuen Entwurf nicht berücksichtigt sind, beschäftigte er sich mit den materiellen Fragen, insbesondere mit dem § 10 des Gesetzentwurfs. Durch den § 10 werde die in der Erläuterung zum Gesetzentwurf niedergelegte Absicht des Gesetzgebers wieder vollkommen aufgehoben. Wenn den Angestellten auch in § 10 gewisse materielle Vorteile in Aussicht gestellt werden, so gibt der Verfasser des Gesetzestextes in nicht mißzuverstehender Weise den Arbeitgebern Winke und Ratschläge, wie sie durch besondere Vereinbarungen die materiellen Entschädigungen wieder umgehen können. Gegenüber der klaren Spruchpraxis des Reichsgerichts, daß die im Bereiche der Angestellten liegenden Erfindungen dem Unternehmer gehören sollen, bringt der Entwurf im § 10 zweideutige und den Angestellten ungünstige Begriffe. Nach dem dort vorgeschlagenen Wortlaut gehört schon „Erfindertalent" dazu herauszufinden, welche Erfindungen die Angestellten solcher Riesenunternehmen, die eine große Anzahl von Fabrikationszweigen führen, noch machen können, wenn sie nicht dem unbedingten Eigentumsrecht des Arbeitgebers verfallen sollen. Es ist bedauerlich, daß durch die Fassung des § 10 die klaren und überzeugenden Argumente, die die Begründung des Gesetzentwurfs selbst für den Grundsatz des Erfinderrechts anführt, über den Haufen geworfen werden. Der Referent wies weiter auf die Statistik des Deutschen Techniker-Verbandes hin, wonach 79,30% der Techniker ein Monatsgehalt von weniger als 250,— M beziehen. Derartige Gehälter werden aber nicht für das Erfinden, sondern nur für das Arbeiten ausgeworfen und unter diesem „Arbeiten" sind gewöhnlich nur Durchschnittsleistungen zu verstehen. Der Grundsatz des Gesetzentwurfs, daß im Gehalt bereits die Entschädigung für kommende Erfindungen zum Ausdruck kommen könne, ist nicht durchgeführt. Der einzig billige Rechtsstandpunkt ist der, daß der Verkäufer einer Ware den Kaufvertrag erst abschließt, wenn er sich mit dem Kauflustigen über die Höhe des Verkaufspreises geeinigt hat. Diese Bestimmung des Gesetzentwurfes stellt eine einseitige ungerechte Bindung des Angestellten dar. Es ist unbedingt zu fordern, daß eine Beschränkung der Vertragsfreiheit zu Gunsten des wirtschaftlich Schwachen im Gesetzentwurf durchgeführt wird. Das Vertrauen in das „billige Ermessen" des Unternehmers steht nicht bei allen Angestellten hoch im Kurs und wird sich auch unter dem neuen Gesetz kaum stärker entwickeln, wenn unter dem Eindruck der Veröffentlichung des Entwurfs große Firmen noch schnell ihren Angestellten Erfindungsklauseln dekretieren, wonach die unentgeltliche Ueberlassung von Erfindungen nicht nur während des Vertrages, sondern auch noch nach Beendigung des Anstellungsvertrages in Kraft bleibt. Die Bezugnahme auf den § 315 Abs. 3 des Bürgerlichen Gesetzbuches ist für den Angestellten nur von theoretischem Wert. Die Versammelten brachten durch lebhaften Beifall ihre Zustimmung auch zu diesen Ausführungen zum Ausdruck.

Als dritter Referent behandelte Dipl.-Ing. Kortenbach vom Bund der t.-i. Beamten die Frage der Patentgebühren. Er trat unter Hinweis auf die Regelung der Patentgebühren in Amerika für eine wesentliche Herabsetzung der in dem neuen Gesetzentwurf vorgesehenen Gebühren ein. Es sei ein falscher Grundsatz, der von dem Entwurf verfolgt werde, daß das Patentamt aus den Gebühren Ueberschüsse haben müsse, Ueberschüsse, die unter der Geltung der jetzigen Gebührensätze in die Millionen gingen. Wenn Ueberschüsse wirklich erzielt werden sollten, so dürften sie auch nicht der Staatskasse zugute kommen, sondern müßten wieder für die Zwecke des Patentamtes, vor allen Dingen für Studienzwecke, Verwendung finden. Interessant waren auch die Ausführungen des Redners über Armenrecht und Patentgebühren. Er trat dafür ein, daß auch unbemittelte Erfinder durch staatliche Unterstützung die Möglichkeit haben müßten, ihre Erfindungen zum Patent anzumelden.

Diesem gleichfalls mit lebhaftem Beifall aufgenommenen Referate schloß sich eine ausführliche Diskussion der Kongreßteilnehmer an. Dr. Werner-Düsseldorf, der Syndikus des Deutschen Werkmeister-Verbandes, wandte sich vor allen Dingen gegen die Haltung der Arbeitgeber zu diesem Gesetzentwurf, die den bescheidensten sozialen Fortschritt mit allen Mitteln bekämpfen. Er sprach mit aller Bestimmtheit die Erwartung aus, daß die Regierung sich von dem Treiben der Arbeitgeber-Verbände nicht einfangen lassen werde, sondern fest an dem sozialen Fortschritt halten werde, der in dem Gesetzentwurf zum Ausdruck gekommen ist. Zum mindesten im Interesse der technischen Angestellten sei es aber zu fordern, daß die Vertrags„freiheit" aus dem Gesetzentwurf entfernt werde; denn durch die ungleiche Verteilung der wirtschaftlichen Macht werden die Angestellten infolge der Bestimmungen im § 10 immer den kürzeren Weg ziehen.

Die Frage der Beamten-Erfindungen behandelte besonders Händeler vom Deutschen Techniker-Verbande. Er begründete die Forderung, daß der letzte Absatz des § 10, der die Beamten und Angestellten der öffentlichen Betriebe innerhalb des Gesetzes stellt, fallen müsse. Vor allen Dingen seien dadurch, daß die Beamten und Angestellten der öffentlichen Betriebe außerhalb der Bestimmungen des § 10 gesetzt seien, die auf Privatdienstvertrag bei den staatlichen und kommunalen Behörden Angestellten benachteiligt, denen sowieso schon durch den Privatdienstvertrag alle Pflichten der Beamten auferlegt seien, ohne daß ihnen deren Rechte gewährt würden.

Schweitzer vom Bund der t.-i. Beamten wies besonders auf die ruhige und sachliche Kritik an dem Gesetzentwurf hin, die in den Referaten und in der Diskussion bisher zum Ausdruck gekommen wäre und die angenehm absteche gegenüber den unerhörten und einseitigen Angriffen, die die Arbeitgeber gegen den Gesetzentwurf gerichtet haben. Darauf, daß die Rechte des angestellten Erfinders in dem Gesetzentwurf wahrgenommen werden müßten, müsse mit aller Energie bestanden werden. Stände die Frage des einheitlichen Angestelltenrechts jetzt so, daß eine Regelung in Aussicht genommen wäre, könnte man sich eventl. mit dem Herauslassen dieser Regelung der Stellung der Angestellten abfinden. Wo diese Bestrebungen aber noch in so weiter Ferne liegen, würde die Herauslassung des § 10 den Gesetzentwurf vollständig wertlos machen. Hoffentlich bleibe die Regierung gegenüber dem Vorgehen der vereinigten Arbeitgeber-Verbände hart.

Der nächste Diskussionsredner war Herr Bethge vom Deutschen Werkmeister-Verbande. Er wies besonders auf den Mißbrauch hin, der mit dem Ausdruck Etablissementserfindung getrieben werde. Die Unternehmer gingen darauf aus, jetzt alle Erfindungen als Etablissementserfindungen hinzustellen. Demgegenüber müsse betont werden, daß die Etablissementserfindung ganz ausnahmsweise vorkommen könne, namentlich dann, wenn es durch irgendwelche Zufälle nicht festzustellen ist, wer die Erfindung gemacht hat.

Als nächster folgte wieder ein Redner des Deutschen Techniker-Verbandes, Mühlenkamp aus Metz. Er behandelte nochmals im besonderen die Stellung der Beamten im neuen Gesetzentwurf. Auch er unterstützte die Forderung, daß der letzte Satz des § 10 aus dem Gesetz herausbleiben und der § 10 so geändert werden müsse, daß auch die staatlichen und kommunalen Betriebe den gewerblichen Unternehmungen gleichgestellt werden. Gelinge es nicht, unsere Forderungen zu verwirklichen, dann werde es nachher Sache der Angestellten-Organisationen und vornehmlich der Technikerverbände sein, die Angestellten so stark zu machen, daß sie Verträge, in denen das Erfinderrecht durch unsoziale Bestimmungen eingeschränkt wird, nicht unterschreiben.

Herr Dr. Steinitzer vom Bund der t.-i. Beamten wies besonders darauf hin, daß unter dem geltenden Patentgesetz die Angestellten direkt dazu gezwungen würden, ihre Erfindungen zu verheimlichen, um sie nachher, wenn ihr Vertrag gelöst ist, in nutzbringender Weise für sich verwenden zu können. Gerade im Interesse des Ausbaus des deutschen Patentwesens sei es zu fordern, daß das Erfinderprinzip in dem Patentgesetz durchgeführt werde.

Herr Hofmann aus Essen vom Deutschen Techniker-Verbande knüpfte an die Entscheidungen der Reichsgerichte auf Grund des gegenwärtigen Patentgesetzes an und wies nach, daß die in dem § 10 vorgesehene Regelung in manchen Punkten hinter den schon durch die gegenwärtige Rechtssprechung herausgebildeten Schutz des Erfinders zurückgehe.

Recht scharfe Kritik an der Formulierung des § 10 des Gesetzentwurfs übte der Syndikus des Bundes der t.-i. Beamten, Herr Dr. Weinberg. Er bemängelte es im besonderen, daß keinerlei Bestimmungen über die Höhe der Vergütung enthalten seien, so daß z. B. die Festsetzung einer Gebühr von 5,— M für jede Erfindung oder die Zuerkennung — und das sei ausdrücklich in der Begründung des Gesetzentwurfs hervorgehoben — von ideellen Vorteilen den Angestellten um den materiellen Erfolg seiner Erfindung bringen könne. Der Redner unterstrich noch besonders die Forderung, daß die Kompetenzen des Patentamtes auf die Feststellung der Urheberschaft von Erfindungen ausgedehnt werden. Im besonderen sprach er sich für die Einrichtung von Schiedsgerichten im Patentamt aus, die besser als die ordentlichen Gerichte Streitigkeiten zwischen Arbeitnehmern und Arbeitgebern schlichten könnten.

Die beiden letzten Diskussionsredner Kroll vom Deutschen Werkmeister-Verbande und Dr. Ing. Freiherr zu Putlitz aus Duisburg vom Bund der technisch-industriellen Beamten erläuterten die Wirkung des neuen Patentgesetzentwurfes an aus der Praxis herausgegriffenen Beispielen. Herr Kroll wandte sich im besonderen gegen die Ausführungen, die die Aeltesten der Kaufmannschaft in einer Eingabe über das Zustandekommen von Erfindungen gemacht haben, Ansichten, die direkt vom grünen Tisch stammen und den Tatsachen geradezu widersprechen. Dr. Ing. zu Putlitz meinte, daß es doch nicht so schwer halten dürfte, wie es von den Arbeitgebern immer hingestellt würde, den Namen des Erfinders herauszufinden, denn auf der anderen Seite gelänge es ja immer auch den Namen desjenigen Angestellten herauszufinden, der irgend einen Fehler begangen hat.

In seinem Schlußwort schloß sich Sohlich den vom Vorredner teilweise geäußerten optimistischen Ansichten, als ob von der Wahrung der Erfinderehre auch den Angestellten Vorteile materieller Art durch Erhöhung seines Gehalts entstehen könnten, nicht an. Im Gegenteil würde, wenn der § 10 in seiner jetzigen Fassung bestehen bliebe, recht bald von den Arbeitgebern Verträge geschlossen werden, die den Arbeitnehmer in jeder Beziehung als Erfinder benachteiligen. Er faßte noch einmal die in den Referaten und in der Debatte zum Ausdruck gekommene Stimmung der gesamten technischen Angestellten zusammen, die in folgender unter lebhaftem Beifall einstimmig angenommenen Resolution, die den Behörden und Parlamenten zugestellt wird, niedergelegt wurde:

„Der Deutsche Techniker-Kongreß zur Beratung der Patentgesetzreform begrüßt die Veröffentlichung der Vorentwürfe zum Patentgesetz, Gebrauchsmustergesetz und Warenzeichenrecht. Der Kongreß erkennt an, daß die gesetzliche Regelung des Erfinderschutzes der technischen Privatangestellten gegenüber dem geltenden Rechtszustande einen Fortschritt bedeutet, er betont aber zu gleicher Zeit, daß diese Regelung den berechtigten Wünschen der technischen Privatangestellten durchaus noch nicht entspricht.

Der Kongreß billigt den Systemwechsel in der deutschen Patentgesetzgebung durch Uebergang vom Anmelderprinzip zum Erfinderprinzip, fordert aber, daß das Erfinderprinzip im Gesetz auch folgerichtig durchgeführt wird.

Die Vergütung für Erfindungen ist dem Angestelltenerfinder im Gegensatz zu der im Entwurf vorgesehenen Regelung unabhängig von Lohn oder Gehalt sicher zu stellen. Der Erfinderlohn soll dem Angestellten nach einem angemessenen Prozentsatz entweder vom Reingewinn oder vom Absatz, evtl. auch durch eine Pauschalabfindung gewährt werden. Die Bestimmungen über Erfinderlohn sind auf Geheimverfahren entsprechend anzuwenden.

Die Angestellten öffentlicher Betriebe sind in Beziehung auf ihr Erfinderrecht mit den Privatangestellten gleichzustellen.

Unter einer Etablissementserfindung versteht der Kongreß eine Erfindung innerhalb eines Betriebes, bei der mehrere Angestellte mitgewirkt haben, ohne daß aber der Urheber der grundliegenden Idee und der Anteil der einzelnen in Frage kommenden Angestellten an der Ausgestaltung der Erfindung noch festgestellt werden kann. Nur bei solchen Erfindungen soll der Betriebsinhaber als Erfinder gelten. Bei sogenannten dienstlichen Erfindungen soll der Betriebsinhaber nur ein Anrecht auf Uebertragung des Inlandpatentes zur gewerblichen Ausnutzung der Erfindung haben. Ueber alle anderen Erfindungen steht dem Angestellten das freie Verfügungsrecht zu.

Der Kongreß erklärt, daß die vom Patentamt erhobenen Gebühren ausschließlich für die Zwecke des Patentamtes Verwendung finden sollen. Er fordert deshalb eine den tatsächlichen Kosten des Patentamtes entsprechende Herabsetzung dieser Gebühren.

Der Kongreß hält eine Ausdehnung der Kompetenzen des Reichspatentamtes in der Richtung auf die Feststellung der Urheberschaft an Erfindungen und der Vergütung für Angestelltenerfindungen für notwendig und durchführbar.

Der Kongreß erklärt, daß Erfinderehre und Erfinderlohn der technischen Privatangestellten nur gewährleistet werden können, wenn die Freiheit des Vertrages zugunsten des wirtschaftlich schwächeren Arbeitnehmers eingeschränkt wird."

Wir können am Schluß des Deutschen Techniker-Kongresses mit Befriedigung auf diese einmütige Kundgebung der technischen Angestellten zurückblicken. Das betonte auch besonders in seinen Schlußworten Herr Barthel, der sich mit dem Vorsitzenden des Deutschen Techniker-Verbandes, Architekt Paul Reifland, und dem Vorsitzenden des Bundes der technisch-industriellen Beamten, Ingenieur Krug, in der Leitung der Verhandlungen geteilt hatte. Er gab der Hoffnung Raum, daß auch die weitere Zukunft die technischen Angestellten so einmütig, wie auf diesem Kongreß, zusammenführen möge; dann werde es ihnen auch gelingen, ihren Forderungen Gehör zu verschaffen.

Wenn auch die Beteiligung der Reichs- und Staatsbehörden an der Tagung zu wünschen übrig gelassen hat, so wird doch diese geschlossene Kundgebung ihren Eindruck nicht verfehlen. Die technischen Angestellten haben auf dem Kongreß gezeigt, daß sie in weiser Mäßigung ihre Forderungen zu vertreten wissen, daß sie aber auch mit aller Energie das fordern, was nicht nur im Interesse der technischen Angestellten liegt, sondern auch im Interesse der Industrie und vor allen Dingen auch im Interesse der nationalen Volkswirtschaft ein unbedingtes Erfordernis ist. Hdl.

Gesamtwürdigung des Genossenschaftswesens*)

Von Regierungsassessor Dr. Cl. HEISS, Berlin-Treptow.

Wenn wir eine Gesamtwürdigung des Genossenschaftswesens versuchen, so haben wir nochmals auf jene voll entfalteten Konsumgenossenschaften zurückzugreifen, die zur Eigenproduktion übergegangen sind und sich Baugenossenschaften, Banken, Versicherungsgesellschaften und Sparanstalten angegliedert haben. Die englischen Konsumgenossenschaften betreiben, wie wir gesehen haben, in Ostindien Plantagenbau auf eigene Rechnung, führen dessen Produkte auf einer eignen Flotte ins Land, besitzen große Bäckereien, Schlächtereien, Schuh- und Textilfabriken usw., ja sie betreiben Landwirtschaft, insbesondere zum Zweck, ihre Kundschaft mit guter Milch zu versorgen. Aehnlich hat die Konsumgenossenschaft „Produktion" in Hamburg ein Rittergut erworben, Häuser zur Vermietung an ihre Mitglieder erbaut; ferner nimmt sie Spareinlagen an, um den Mitgliedern für den Fall der Arbeitslosigkeit einen Notgroschen bereit zu halten. Die Großeinkaufsgesellschaft deutscher Konsumvereine hat, wie wir schon erwähnt haben, eine eigne Seifenfabrik errichtet, sie besitzt eine eigne Buchdruckerei, eine Bankabteilung und hat in Gemeinschaft mit der Generalkommission der Gewerkschaften eine Volksversicherung eingerichtet.

Es ist nun die Frage aufgeworfen worden, ob die Konsumgenossenschaften die kapitalistische Wirtschaftsordnung durch Organisierung der Produktion vom Konsum aus als Gemeinwirtschaft, wie es W i l b r a n d t treffend nennt, zu ersetzen vermag. An sich klingt es sehr wahrscheinlich, daß die Konsumvereine, die zur Eigenproduktion übergehen, jede Ausbeutung von Arbeitern und Angestellten abzuschaffen vermögen, da sie keine Reserven für Krisen zurückzustellen brauchen, weil sie an der Hand der jeweiligen Berichte ihrer Lagerhalter den jeweiligen Bedarf leicht zu übersehen vermögen.

Nur wird von objektiver kritischer Seite (von Tils) nicht mit Unrecht eingewendet, daß die englischen Konsumvereine immer wieder die Gewinnbeteiligung ihrer Arbeiter beschlossen, sie aber aus geschäftlichen Gründen nicht durchgeführt haben. Die meisten Konsumvereine betreiben, abgesehen von der Dividendenverteilung nach Maßgabe der entnommenen Waren, z. B. bei der Anstellung von Arbeitern und untergeordneten Angestellten ihre Geschäfte nach erwerbswirtschaftlichen oder kapitalistischen Grundsätzen.

Weiter ist einzuwenden, daß sich bis jetzt die Landwirtschaft gegenüber dem genossenschaftlichen Betriebe mit einigen wenigen Ausnahmen spröde gezeigt hat. Das Verkehrswesen, Post und Telegraphen hat der Staat, Gas, elektrisches Licht, Wasserwerke usw. haben die Gemeinden mit Beschlag belegt. Bergwerke, Domänen und Forsten werden zum Teil großkapitalistisch, zum Teil staatlich, zum Teil großgrundherrschaftlich (feudal) betrieben.

Ein so warmer Anhänger des Genossenschaftswesens wie Professor S t a u d i n g e r geht aber noch weiter, indem er nur Massenartikel für geeignet zur Herstellung durch die Konsumvereine hält. Danach scheiden alle Luxusartikel aus. Je mehr aber, was heute Luxus ist, sich zum allgemeinen Bedarfsgegenstand der breiten Massen weiterentwickelt, desto weiter würde sich auch bei dieser Einschränkung der mögliche Aktionsradius der Konsumvereine ausdehnen.

Was die Mitgliedschaft anlangt, so kann natürlich jeder Mensch Mitglied eines Konsumvereins werden. In Wirklichkeit werden sich aber, wenn wir von einem leichten oder merkbaren Zwang, der auf manche Bevölkerungsklassen zur Fernhaltung von den Konsumvereinen ausgeübt wird, absehen, am meisten die Bevölkerungsschichten fernhalten, die einen individuellen Bedarf haben, deren Ansprüchen die Massenartikel der Konsumvereine nicht genügen. Ihre Zahl ist, trotzdem unser Reichtum im letzten Menschenalter gewaltig zugenommen hat, verhältnismäßig noch sehr gering, da die Steigerung der sozialen Repräsentationsansprüche, wie wir gesehen haben, gerade in erster Linie zur Sparsamkeit beim Nahrungsmittelbudget zwingt.

Einer großen Ausdehnung der Produktion der Konsumvereine würden also von Seite der in Betracht kommenden Mitglieder keine unüberwindlichen Schwierigkeiten gegenüberstehen. Es sind aber bisher nicht bloß die Massenartikel gewesen, auf die sich die Konsumvereine beschränkt haben, sondern einfache Massengüter, die im Handelsrecht als vertretbare Sachen bezeichnet werden. Auf dem großen Gebiet der Modewaren, das doch auch Massenartikel liefert, aber eine rasche Anpassung an den unaufhörlich wechselnden Geschmack verlangt, haben die Konsumvereine nicht bloß in der Eigenproduktion, sondern selbst im Handel noch sehr geringe Erfolge erzielt.

Die demokratische Verfassung der Konsumvereine und die damit eng zusammenhängende Abneigung, hochqualifizierte Arbeitskräfte ihrem wahren Werte entsprechend Angebot und Nachfrage zu bezahlen, hindert die Konsumvereine vielfach, zur Leitung die Kräfte zu engagieren, die für einen großen Betrieb notwendig sind, und ihnen die zu einer erfolgreichen Geschäftsführung unerläßliche Entschließungsfreiheit einzuräumen. Bei den Baugenossenschaften insbesondere mit ihren sich auf eine lange Reihe von Jahren erstreckenden verantwortungsvollen Geschäften kann die Wandelbarkeit der Massen einer gesunden Verwaltung gefährlich werden. Jedoch darf das Gewicht dieses Einwandes nicht übertrieben werden. Die Erfahrung unsrer Bevölkerung mit gewerkschaftlicher und genossenschaftlicher Selbstverwaltung ist noch sehr kurz. Erfreulicherweise ist von der bei den Einsichtigeren offenbar herrschenden Tendenz, die Leistungsfähigkeit der Organisation durch Steigerung der Mitgliederbeiträge zu heben, auch in diesem wichtigen Punkt eine Besserung zu erwarten.

Bis jetzt ist den Konsumvereinen auf ihrem Gebiet nachzurühmen, daß sie für die Verbilligung und Verbesserung der Produkte für die Mitglieder gesorgt und dabei ihre Angestellten und Arbeiter auf sozialem, hygienischem und technischem Gebiet gehoben haben.

Sich weiter die Folgen der Ersetzung der Erwerbs- durch die konsumgenossenschaftlich organisierte Gemeinwirtschaft auszumalen, scheint mir dagegen noch verfrüht zu sein. Keine Prophezeiungen gehen so leicht fehl, wie solche über die mögliche Entwicklung wirtschaftlicher Kräfte und Verhältnisse. Vorerst haben wir leider vollauf zu tun, um die namentlich in Deutschland von den politischen Machthabern und ausschlaggebenden Parteien unterstützten Bestrebungen, die sich gegen die genossenschaftliche Organisation der Wirtschaft richten, in Schranken zu halten.

Wenn wir ein wahres freiheitliches Vereins-, Koalitions- sowie Genossenschaftsrecht geschaffen und dessen vernünftige Anwendung durch die Gerichte erkämpft haben, wird es vielleicht Zeit sein, über diese ferner liegenden Fragen nachzudenken. Dann wird man vielleicht auch nicht mehr in dem Grade wie heute auf Tendenzen und Möglichkeiten angewiesen sein. Das Konsumvereinswesen bietet aber heute schon den Privatangestellten so große Vorteile, daß jeden das Selbstinteresse dazu führen muß, sich diesen Vereinen anzuschließen.

*) Siehe D. T.-Z. 1914, Heft 4 Seite 37 und Heft 7 Seite 75.

SOZIALPOLITIK

Gewinnbeteiligung der Arbeiter mit 50 %

Die Firma Ford Co. in Detroid (Michigan) im Zentrum der amerikanischen Automobil-Industrie ist eine der größten Fabriken der Welt. Sie beschäftigt 22 000 Arbeiter, deren Zahl jetzt sogar auf 26 000 erhöht werden soll; ihre Fabrikation umfaßt den Bau kleiner billiger Wagen, von denen im verflossenen Jahre 200 000 Stück mit einem Reingewinn von 20 Millionen Dollar abgesetzt. Der Betrieb gehört der Familie Ford, deren Oberhaupt, Herr Henry Ford, in den Vereinigten Staaten schon lange als ein eifriger Vorkämpfer der Sozialpolitik bekannt ist. Seine Betriebe gelten in Bezug auf Arbeiterschutz und hygienische Einrichtungen als Musterbetriebe. Herr Ford hat nunmehr bekannt gegeben, daß in Zukunft die Hälfte seines Reingewinnes seinen Arbeitern zugute kommen soll; so würden die 10 Millionen Dollar auf etwa 25 000 Arbeiter verteilt durchschnittlich 400 Dollar auf den Kopf ergeben. Gleichzeitig soll der Anfangslohn erhöht und die Arbeitszeit von 9 auf 8 Stunden verkürzt werden; selbst der geringste Handwerker soll nach den neuen Bestimmungen 5 Dollar Tagelohn verdienen. Ford selbst ist aus dem Stande der Mechaniker hervorgegangen und hat lange Zeit in den Edisonwerken als Mechaniker gearbeitet.

Ein Lohnschutz für Heimarbeiterinnen in Frankreich

Beeinflußt durch die englische Lohngesetzgebung hat im November 1913 das französische Parlament ein Gesetz für Heimarbeiterinnen angenommen. Das Gesetz ist anwendbar auf alle Heimarbeiterinnen der Bekleidungs-, Hut-, Wäsche-, Stickerei-, Spitzen-, Federn-, Kunstblumenindustrie und verwandter Gewerbe, die zur Bekleidungsindustrie gehören; es kann aber auch durch ministerielle Verfügung und nach Anhörung des obersten Arbeitsrates auf andere Gruppen von Heimarbeiterinnen ausgedehnt werden. Das Gesetz schreibt für alle Arbeitgeber und Zwischenmeister genaue Lohnlisten über alle in ihrem Betrieb beschäftigten Personen vor; die Lohnsätze müssen in den Arbeitsräumen, Lieferräumen und Warteräumen der Arbeiterinnen sichtbar aufgehängt sein. Bei Ausgabe der Arbeit muß einer jeden Arbeiterin ein aus einem Kopierbuch abgetrennter Arbeitszettel gegeben werden, der den Umfang, Zeitpunkt, Lohn der Arbeit und den Preis der zu Lasten des Unternehmers stehenden Zutaten enthält. Die Unternehmer haben die Pflicht, ein Jahr lang die Kopien dieser Zettel aufzubewahren und den Gewerbeinspektoren zur Einsicht zur Verfügung zu stellen.

Die Höhe der Mindestlöhne bestimmen die Arbeitsräte die paritätisch zusammengesetzt sind, oder, wenn solche nicht vorhanden sind, die Beisitzer der Gewerbegerichte, und zwar so, daß es einer Durchschnittsarbeiterin möglichst ist, [illegible] in zehnstündiger Arbeitszeit zu verdienen. Eine Prüfung der Lohnsätze muß alle drei Jahre erfolgen. Diese Mindestlöhne sind bindend und dienen bei Arbeitsstreitigkeiten als Grundlage, jedoch steht es den Gewerbegerichten frei, gegebenenfalls über den Mindestlohn hinauszugehen. Gegen Festsetzung der Mindestlöhne steht den Beteiligten innerhalb drei Monaten eine Berufung an die Zentralkommission frei; diese Kommission ist ebenfalls paritätisch zusammengesetzt und tagt unter dem Vorsitz eines Richters des Kassationshofes.

Von einschneidender Bedeutung ist die Bestimmung, daß gegen eine Verletzung der Mindestlohnvorschriften nicht nur von den davon betroffenen Arbeiterinnen selbst Klage erhoben werden kann, sondern auch von der betreffenden Industrie und den vom Arbeitsminister ermächtigten Vereinen, selbst wenn sie keine Heimarbeiterinnen zu ihren Mitgliedern zählen. (Es handelt sich hierbei um Wohltätigkeitsvereine, Käufergesellschaften und ähnliche.) Es ist somit auch anderen an der Frage der Verbesserung der Lage der Heimarbeit interessierten Kreisen die Möglichkeit zur Mitarbeit gegeben.

Bei jeder Gesetzesverletzung wird für je eine Person der geschädigten Arbeiterinnen eine Strafe von 5—15 Frank ausgesprochen, unbeschadet des Schadenersatzanspruches. Im Wiederholungsfalle steigt die Strafe auf 16—100 Frank, darf aber in der Gesamtsumme 500—3000 Frank nicht übersteigen. Bislang steht noch die Zustimmung des Senates aus, mit der aber bestimmt gerechnet werden kann. Der Arbeitsminister hat eine Beschleunigung des Gesetzes zugesagt, so daß es innerhalb zwei Monaten verabschiedet werden kann.

*

Eine amtliche Arbeitslosenzählung im Königreich Sachsen

hatte am 12. Oktober 1913 stattgefunden. Das Resultat dieser Zählung zeigt, daß im Königreich Sachsen 18 720 Arbeitslose waren, d. h. Personen, die arbeitswillig und arbeitsfähig aber mangels geeigneter Beschäftigung oder aus anderen Gründen arbeitslos waren. 15 025 dieser Personen waren Männer und 3695 Frauen. Auf die Gesamtbevölkerung bezogen belief sich die Arbeitslosigkeit auf 0,38 % gegen 0,23 % im Jahre 1912 und 0,26 % 1910 und 1911. Somit hatte die Arbeitslosigkeit gegen das Vorjahr um 69 % zugenommen. Auf die Großstädte Dresden, Leipzig, Chemnitz, Plauen und Zwickau entfiel die Mehrzahl, nämlich 70 % und auf das übrige Königreich 30 % aller Arbeitslosen. Der weitaus größte Teil (47 %) mußte die Arbeit wegen Einstellens der Saisonarbeit, schlechten Geschäftsganges oder Geschäftsstille einstellen, während freiwillig nur 22 % ihre Stellung gekündigt hatten. Das Hauptkontingent der männlichen Arbeitslosen stellte auch hier das Baugewerbe und die ihm verwandten Berufe, ungefähr 22 %. Ihm folgt das technische und kaufmännische Hilfspersonal mit fast 9 % und die Textilindustrie mit ungefähr 6 %.

:: :: :: :: :: :: STANDESFRAGEN :: :: :: :: :: ::

Der D. T.-V. im Landesgewerberat von Elsaß-Lothringen

Es gehört mit zu unseren Forderungen, daß Vertreter der Berufsorganisationen zu den von den Staatsregierungen eingesetzten Körperschaften zur Mitarbeit hinzugezogen werden. In Elsaß-Lothringen hat man hierfür besonders Verständnis gezeigt. So wurde vor zwei Jahren unserer dortigen Landesverwaltung der Sitz eines Vertreters in der Aufsichtskommission der Kaiserlichen technischen Schule in Straßburg eingeräumt und jetzt hat der Herr Statthalter von Elsaß-Lothringen Graf Wedel unseren Bezirksvorsitzenden Herrn M ü h l e n k a m p zum M i t g l i e d e d e s L a n d e s g e w e r b e r a t s ernannt.

Wir freuen uns dieser Tatsache, weil wir in dem Hinzuziehen von Vertretern des D. T.-V. zu den staatlichen und kommunalen Körperschaften nicht allein die Anerkennung der Berufsorganisation erblicken, sondern weil uns auch hierdurch Gelegenheit geboten ist, im Interesse unserer Berufskollegen an maßgebender Stelle tätig zu sein.

Dieser Erfolg ist ein neuer Beweis dafür, daß wir mit unserer Arbeit auf dem richtigen Wege sind. Hoffentlich wird man sich auch in den Bundesstaaten, deren Regierungen sich bisher nicht dazu entschließen konnten, den D. T.-V. zur Mitarbeit heranzuziehen, bald darüber klar, daß die Berufsorganisation der technischen Angestellten und Beamten ein Recht darauf hat, ihre Erfahrungen in den Dienst solcher Körperschaften zu stellen.

Der Landesgewerberat von Elsaß-Lothringen ist durch Verordnung des Statthalters vom 28. März 1908 dem Ministerium beigegeben und zwar zur Begutachtung von wichtigen Fragen auf dem Gebiete der Förderung und Pflege von Handwerk und Ge- [illegible] Aufgabe der Landesverwaltung ist. Sein Geschäftskreis umfaßt nach der ministeriellen Verordnung vom 3. April 1908 insbesondere die Begutachtung folgender Angelegenheit:

Allgemeine Anordnungen zur Förderung und Pflege von Handwerk und Gewerbe,

das gewerbliche Schulwesen des Landes, einschließlich der kaufmännischen Fortbildungsschulen,

die Veranstaltung von Buchführungs-, Meister- und andern Handwerkerfortbildungskursen,

die Förderung des gewerblichen Kredit- und Genossenschaftwesens,

die Unterstützung der Tätigkeit und Vereinigungen von Handwerkern und Gewerbetreibenden durch Bewilligung von Landesbeihilfen,

die Beförderung des Absatzes der Erzeugnisse des elsaß-lothringischen Gewerbes durch die Veranstaltung oder Unterstützung gewerblicher Ausstellungen im Lande oder die Mitwirkung bei auswärtigen Ausstellungen.

die Vervollkommnung des Handwerksbetriebes und des Gewerbes durch Beratung der Gewerbetreibenden und Ausstellung von Musterwerkzeugen und dergleichen,

die weitere Ausgestaltung der Muster- und Vorbildersammlungen des Kunstgewerbemuseums in Straßburg und die Veranstaltung von Wanderausstellungen der Sammlungen in einzelnen Gemeinden des Landes. Mß.

*

Landmesser contra Vermessungstechniker

Welcher Wertschätzung sich die Vermessungstechniker bei den akademisch gebildeten Landmessern erfreuen, dafür liegt uns ein neues Beispiel vor, das wir unseren Lesern nicht vorenthalten wollen. Wir waren leider schon oft gezwungen, haltlose Angriffe auf den Stand der Vermessungstechniker zurückzuweisen. Aber den Vogel hat jetzt der Stadtlandmesser M ü l l e r aus Zoppot abgeschossen. Dieser Herr brachte es fertig, im Verlaufe eines Konfliktes, in den der vereidigte Landmesser G e r s t n e r aus Danzig verwickelt war, in der Weise für seinen Kollegen Partei zu nehmen, daß er die Vermessungstechniker als m o r a l i s c h m i n d e r w e r t i g bezeichnete. Herr Müller läßt sich in einer Erklärung, die der Eingeweihte leicht als eigenes Geistesprodukt des Herrn Gerstner erkennt, über das Ansehen des Vermessungstechniker-Standes folgendermaßen aus:

„Derselbe Unterschied, der zwischen dem akademisch gebildeten Rechtsanwalt und seinem Bureaupersonal oder einem Volksanwalt resp. einem Winkelkonsulenten oder zwischen dem Arzt und dem Heilgehilfen resp. Kurpfuscher besteht, besteht auch zwischen dem akademisch gebildeten Landmesser und dem Vermessungsgehilfen."

Wir hängen diese Aeußerung hiermit verdientermaßen niedriger. Die sattsam bekannte Methode des Verbandes Deutscher Diplomingenieure, wenn es sich darum handelt, den vermeintlichen Unterschied zwischen dem akademisch gebildeten und dem nicht mit einem staatlichen Patent behafteten „niederen" Techniker hervorzuheben, wird noch übertroffen von der löblichen Absicht der Herren Gerstner und Müller, einer ganzen Gruppe von technischen Angestellten die moralische Qualifikation abzusprechen. Auf den Gegenstand des oben erwähnten Konfliktes des Herrn Gerstner einzugehen, liegt für uns vorläufig keine Veranlassung vor. Aber es muß doch um die Sache, die Herr Müller für seinen Kollegen vertritt, sehr schlecht bestellt sein, wenn beide Herren zu dem verzweifelten Mittel greifen, andere Personen, deren Ruf und Leistungen mindestens dasselbe Ansehen verdienen, das diese Landmesser jedenfalls für sich in Anspruch nehmen, in dieser Weise zu diskreditieren. Indem sie es für gut befanden, einen ehrenwerten und ganz gewiß unentbehrlichen Berufsstand mit Winkelkonsulenten, Kurpfuschern usw. auf eine Stufe zu stellen, vermeinten sie wahrscheinlich, ihrem eigenen Stand einen Dienst zu erweisen. Ein wie schlechter Dienst dieses jedoch gewesen ist, mag aus der Tatsache hervorgehen, daß Herr Gerstner in seinem Betrieb einen seiner engeren Berufskollegen, also auch einen akademisch gebildeten vereidigten Landmesser, beschäftigt, der bis vor kurzem das fürstliche Gehalt von 70 M pro Monat bezog. Inzwischen hat Gerstner dieses horrende Einkommen zuerst auf 90 M und ab 1. 1. 14 auf die schwindelhafte Höhe von 100 Reichsmark erhöht. Dabei ist der in Frage kommende Herr über 30 Jahre alt und verheiratet. Die Vermessungstechniker, die Herr Gerstner beschäftigt, beziehen zwar auch gerade keine hohen Gehälter, immerhin sind diese erheblich höher als das des vereidigten Landmessers. — Wie uns berichtet wird, dürfte Gerstner bald in die Lage kommen, Vermessungstechniker neu einstellen zu müssen. Auf Grund der vorstehend geschilderten Begebenheit werden unsere Leser von selbst beurteilen können, ob es sich empfiehlt, ihren Wirkungskreis gerade in den Betrieb des Herrn Gerstner in Danzig zu verlegen. Mf.

*

Dokumente!

Aus der großen Zahl von Anzeigen, die uns zurzeit vorliegt, greifen wir wieder einige heraus, die von argen Mißständen im technischen Berufe Zeugnis ablegen. Einer der bedenklichsten sind wohl die Schmiergelderinserate, die wir in der vorletzten Nummer eingehender besprachen, Anzeigen, deren Einsender auf die Bestechlichkeit der Person spekuliert, die die Stelle zu vergeben hat. War es bisher vornehmlich die „Deutsche Bauzeitung“, in der sich dieser Auswuchs breit machte, so müssen wir heute der „Ostdeutschen Bauzeitung“ unser Erstaunen ausdrücken, daß sie folgender Anzeige in ihrer Nr. 6 Raum gab:

> Für **Beschaff.** bzw. Vermittlung von
> **Lebensstellung**
> bei Behörde od. Verwaltung (auch Industriev.) für **Techniker** (Hoch- u. Baugewerkschule), 32 J. alt, m. gut. Zeugn. u. Empfehlungen, Anfangsgeh. 1800—3200 M zahle sofort
> **1000 Mark,**
> oder gebe größeres Darlehn. Strengste Diskretion zuges. Angebote unter **B 737** an die Geschäftsstelle dieser Zeitung.

Man muß es als Gewissenlosigkeit, gepaart mit Dreistigkeit bezeichnen, die der Einsender dieses Inserats gegenüber seinen stellenlosen Berufsgenossen bekundet. Wie groß die Not der in diesem unlauteren Wettbewerb von vornherein Unterlegenen ist, offenbart sich z. B. aus der nachstehenden Anzeige der „B. Z. am Mittag“ vom 19. Januar d. J.:

> **Chauffeurstelle,**
> bess., sucht Ingenieur, Führersch. 3b, mit kl. Reparaturen vertraut. **„Lagerkarte 1“**, Neukölln 2.

Die Anzeige findet sich mitten unter solchen, worin Reit- und Stallburschen, Kutscher usw. Stellung suchen. Der Chauffeurberuf ist heute allerdings vielfach lohnender als der eines Ingenieurs, und es ist bezeichnend, daß sich der Stellungsuchende — wahrscheinlich in seiner Not — auch zur handwerklichen Tätigkeit gern bereit erklärt.

Wir erleben es heute sogar nicht selten, daß sich Kollegen, die im Bureau oder Betrieb keine Stellung finden, wieder ihrer früheren Beschäftigung als Handarbeiter zuwenden. Bautechniker z. B. bieten sich als Poliere an, und umgekehrt werden stellenlose Bautechniker als Poliere gesucht. Daß sich die Standesunterschiede in dieser Krisenzeit auf dem technischen Arbeitsmarkte verwischen, dafür liefert auch dieses Inserat aus Nr. 28 des „Erfurter Allgemeinen Anzeigers“ den Beweis:

> **Bautechniker od. Polier,** d. zurzeit ohne Stell., f. Tätigk. v. 1—2 Tg. ges. Angeb. m. Ang. d. Hon. unt. **A. G. 475** an die **Anger**-Geschst.

Ein Dokument unserer Zeit! Der Techniker wird mit dem Tagelöhner auf eine Stufe gestellt. Die Kosten der theoretischen Vorbildung verzinsen sich zwar infolge der durchschnittlich nur geringen Gehälter der Techniker im allgemeinen überhaupt nicht, aber sie gänzlich nutzlos ausgegeben zu haben, wäre doch sehr betrübend. Leider dürfte sich auch auf dieses Inserat der Techniker finden, der froh ist, auch nur 1 bis 2 Tage lang dem wirtschaftlichen Elend zu entrinnen. Ein organisierter Kollege wird es ja wohl nicht sein, denn diese wissen, daß sie es nicht nötig haben, auf solche Zumutungen einzugehen, weil ihnen die Organisation einen genügenden Rückhalt bietet. Wollen wir aber verhindern, daß sich überhaupt noch Arbeitgeber finden, die den Techniker auf eine Stufe mit einem Tagelöhner stellen, so müssen wir auch aus diesem Angebot die Lehre ziehen, daß eine geschlossenere und festere Organisation der technischen Angestellten die dringendste Aufgabe der Zeit ist. Mf.

*

Eisenbahntechniker

Die Uebersicht über die etatmäßigen Stellen für die Beamten der vom preußischen Staate verwalteten Eisenbahnen ist erschienen. Danach sind an höheren und mittleren Technikern bei den Staatsbahnen in Beamtenstellungen tätig:

I. Höhere Techniker.

280	als Präsidenten und Mitglieder der 22 Eisenbahndirektionen,
492	als Vorstände der Betriebs-Maschinen und Werkstättenämter,
245	als Vorstände der Eisenbahnbauabteilungen und Regierungsbaumeister bei den Direktionen und Aemtern,
ca. 33	Regierungsbaumeister als Anwärter,
1050	zusammen.

II. Mittlere Techniker in gehobener Stellung.

13	als Vorstände von Betriebs-Maschinen und Werkstätten-Nebenämtern.
2	als Chemiker,
210	als Eisenbahnlandmesser,
25	als Eisenbahningenieure,
250	zusammen.

III. Mittlere Techniker.

2016	als technische Eisenbahnsekretäre, einschl. der Betriebsingenieure sowie der Betriebs- und Oberbaukontrolleure,
231	als Oberbahnmeister,
146	als Werkstättenvorsteher,
1099	als Bahnmeister 1. Klasse,
2	als erste Seemaschinisten,
76	als techn. Betriebssekretäre,
2853	als techn. Bureauassistenten und Bahnmeister,
ca. 575	als Diatäre und Aspiranten der zu III. genannten Techniker sowie der Landmesser,
69982	zusammen. Insgesamt also rund 8300 Stellen.

Gegenüber dem Etat von 1913 bedeuten diese Zahlen eine Vermehrung der Stellen:

Von den 1400 Oberbeamten der Eisenbahn sind 75% Techniker, 25% Juristen und Verwaltungsbeamte. Bei den gehobenen mittleren Beamten sind die entsprechenden Zahlen sogar 92% gegen 8%. Wesentlich anders gestaltet sich das Verhältnis naturgemäß bei den 34 000 mittleren Beamten, von denen 8300 = 24% Techniker und 76% Verwaltungs- oder Betriebsbeamte sind, Eisenbahnassistenten allein 44% der Gesamtsumme.

Aus den angeführten Zahlen ersieht man leicht, daß dem Techniker besonders in den höheren Stellen der Staatsbahnverwaltung, ein bedeutender Einfluß eingeräumt ist. Mit hoher Befriedigung kann er auf sein Werk blicken, erwächst doch aus dem Aufschwung der Technik dem Staate dauernd Nutzen.

Vergebens aber sucht man im Etat die Zahlen für die 1500 bei der preußischen Staatsbahn beschäftigten Ingenieure, Architekten und Techniker, die im Privatvertragsverhältnis stehen. Art und Zahlen werden nicht genannt, denn die Gehälter werden zum größten Teil aus den außerordentlichen Baufonds gedeckt. Aufbesserungen und Besoldungserhöhungen der Beamten gehen an ihnen spurlos vorüber. Die Fiktion, als wären sie nur vorübergehend beschäftigt, wird dauernd aufrecht erhalten und sie zahlen zur Privatbeamtenversicherung wie jeder Industrieangestellte. Die Techniker auf Privatdienstvertrag erstreben eine Anstellung, wie jeder andere Eisenbahnbeamte. Der Etat für 1914 kann sie nicht freudig stimmen, sind doch nur wenig etatmäßige Stellen ihnen in Aussicht gestellt, so daß nur eine beschränkte Zahl alter Eisenbahntechniker zu Beamten ernannt werden kann.

Zur großen Zahl von 34 000 mittleren Beamten stehen 1500 Technikern nur in einem Verhältnis von 4,5%. Der Herr Minister sollte sich doch dieser 4,5% einmal annehmen. Die Einstellung von 1% = 340 neuen Stellen in die Etats der kommenden Jahre für die Hilfstechniker würde diese Beamtenklasse sehr schnell beseitigen. Man würde sie als zufriedene Beamte dort vorfinden, wo sie ihrer Tätigkeit entsprechend hingehören, im Etat der preußischen Staatsbahnen. Sgm.

DEUTSCHE TECHNIKER-ZEITUNG
TECHNISCHE RUNDSCHAU

XXXI. Jahrg. | 21. Februar 1914 | Heft 8

Wettbewerbs-Entwurf zu einer Friedhofskapelle in Leopoldshall

Architekten: KONRAD HIRSCHBÖCK und CURT SCHÜTZ in Magdeburg.

Das Städtchen Leopoldshall bei Staßfurt schrieb Mitte des verflossenen Jahres einen Wettbewerb aus zur Gewinnung von Entwürfen für eine Friedhofskapelle auf dem neuen Friedhofsgelände. Die Baukosten sollten 20000 M nicht überschreiten. Die oben erwähnten Architekten hatten das im Bilde dargestellte Projekt eingereicht und darauf den 1. Preis erhalten. Der 2. Preis fiel auf die Arbeit des Architekten Kahm-Eltville.

Das Gebäude ist in der Achse des Friedhofseinganges gedacht. Es ist teilweise unterkellert. Eine Freitreppe führt zur geschlossenen Vorhalle, an die sich programmgemäß die Bedürfnisräume, getrennt für beiderlei Geschlechter, anschließen. Von der Vorhalle gelangt man in die rund 110 qm große Einsegnungshalle. Sie zeigt eine quadratische Grundform mit seitlichen Anbauten. Eine bequeme Treppe führt innerhalb der Einsegnungshalle zur Sängerempore hinauf. Daselbst befindet sich die Orgel. Der Anbau gegenüber der Vorhalle birgt den Altarraum. Links von diesem die Treppe nach dem Keller, rechtsseitig einen Raum für den amtierenden Geistlichen. Die Leichenzellen und der nach dem Programm verlangte Sezierraum sind im Kellergeschoß untergebracht worden und umschließen einen geräumigen Vorplatz, der zur Aufbewahrung von Geräten dient. Ein hier eingebauter hydraulischer Aufzug ist dazu bestimmt, die Särge mit den Verstorbenen vom Kellergeschoß nach der Einsegnungshalle emporzuheben. Die Leichen werden

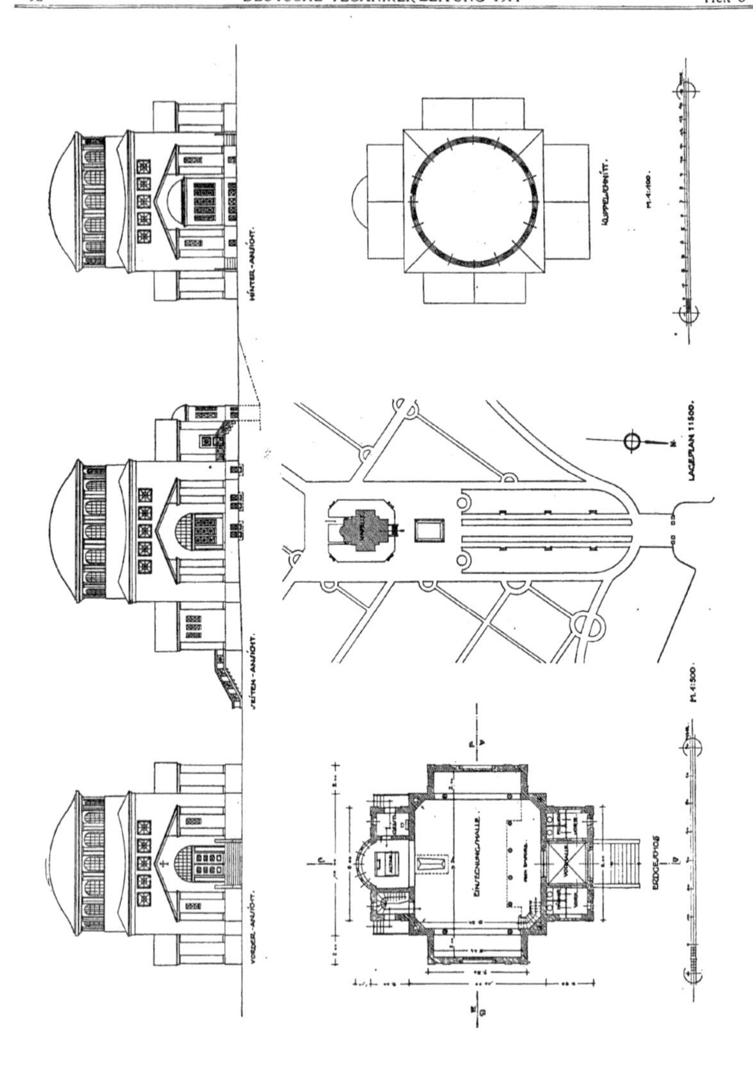
HINTER-ANSICHT.
SEITEN-ANSICHT.
VORDER-ANSICHT.
KUPPELSCHNITT.
LAGEPLAN 1:1500.
EINSEGNUNGSHALLE
ERDGESCHOSS
M. 1:500.

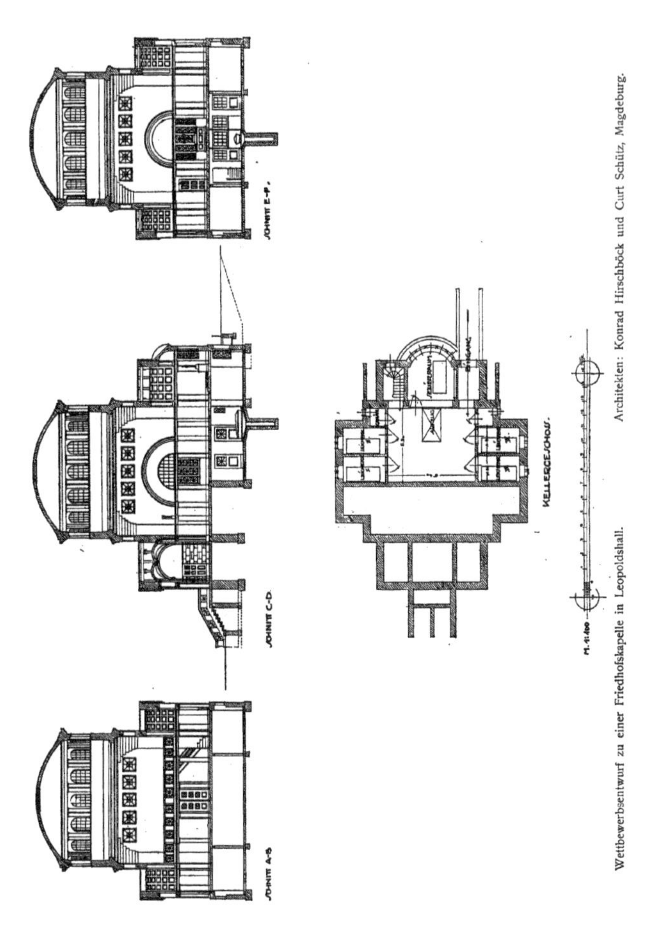

Wettbewerbsentwurf zu einer Friedhofskapelle in Leopoldshall. Architekten: Konrad Hirschböck und Curt Schütz, Magdeburg.

von außen auf einem, in schiefer Ebene angelegten Zugangswege zum Kellergeschoß nach den hier liegenden Zellen gebracht.

Die Architektur des Gebäudes ist mit Rücksicht auf die beschränkten Mittel in den einfachsten Formen gehalten, jedoch dem Zwecke entsprechend ernst und würdig. Aus Gründen der Sparsamkeit wurde auch von der Verwendung jeglichen Werksteines abgesehen und die Ausführung als Putzbau, etwa mit Teresit geputzt, gedacht. Die Bedachungen sollen aus Metall bestehen.

BRIEFKASTEN

Nur Anfragen, denen 10 Pfg. Porto beiliegt und die von allgemeinem Interesse sind, werden aufgenommen. Dem Namen des Einsenders sind Wohnung und Mitgliednummer hinzuzufügen. Anfragen nach Bezugsquellen und Büchern werden unparteiisch und nur schriftlich erteilt. Eine Rücksendung der Manuskripte erfolgt nicht. Schlußtag für Einsendungen ist der vorletzte Mittwoch (mittags 12 Uhr) vor Erscheinen des Heftes, in dem die Frage erscheinen soll. Eine Verbindlichkeit für die Aufnahme, für Inhalt und Richtigkeit von Fragen und Antworten lehnt die Schriftleitung nachdrücklich ab. Die zur Erläuterung der Fragen notwendigen Druckstöcke zur Wiedergabe von Zeichnungen muß der Fragesteller vorher bezahlen.

Empfehlungen von Firmen, die weder Abonnenten noch Inserenten der D. T.-Z. sind, werden nicht aufgenommen.

Frage 47. Kann mir ein Kollege genaue Auskunft erteilen über die neuesten Verfahren für **Verzinnerei, Verzinkerei und Emaillierung von Gußeisenartikeln?** Welche Firmen liefern vollständige Einrichtungen, und wie bewähren sich diese? Wie hoch stellen sich diese Einrichtungen im Anschaffungspreis? Kann ein vorhandener Kamin von 25 m Höhe benutzt werden oder genügt er nicht für diese Anlagen?

Frage 48. Zement-Elevator. Wie haben sich Gurt-Elevatoren für Zement-Rohmehl bewährt, und welche Art Gurte weisen die größte Lebensdauer auf? Was für Becherformen eignen sich am besten? Wie dicht können die Becher sitzen? Teilung? Welche Gurtgeschwindigkeiten sind im Dauerbetrieb noch zulässig? Backt Rohmehl an den Gurtscheiben leicht an oder fällt es bei der Umdrehung leicht wieder ab?

Frage 49. Kläranlage und Grundwasserstand. Bei einer neu hergestellten Kläranlage ist eine 90,0 qm große Kammer, deren Sohle 1,50 m tiefer als der höchste Grundwasserstand liegt, nicht wasserdicht zu bekommen. Das Wasser dringt durch die etwa 60 cm starke Betonsohle hindurch, obwohl ein Ceresitüberzug von 3 cm Stärke gegeben wurde. Das Mauerwerk der Umfassungswände, das mit reinem Zementputz versehen ist, ist wasserdicht. Bei Herstellung des Betons war ein Sammelgully angelegt, welcher ständig ausgepumpt wurde. Die Bodenverhältnisse sind Triebsand und Moor. Risse in der Sohle sind nicht vorhanden. Ich bitte um Auskunft, wie dem Uebelstand abzuhelfen ist. In genannter Kammer steigt das Wasser innerhalb 24 Stunden bis zu 5 cm Höhe.

Frage 50. Wer liefert eine weiße oder helle **Lackfarbe für den Innenanstrich eines Behälters aus verzinktem Eisenblech,** die man unter Garantie einer Hitztemperatur von 70 bis 80° C aussetzen kann, ohne daß ein Abplatzen oder Weichwerden stattfindet? Inhalt des Behälters ist Wasser.

Frage 51. Kollegen, welche bereits **Altmännerheime** in Städten bis zu 25 000 Einwohnern gebaut haben, bitte ich um Zusendung ihrer Adressen. R. Berlin, Techniker, Perleberg, Karlstraße 11.

Frage 52. Ueberhängende Mauer. Eine Gartenmauer von 20 m Länge und 1,50 m Höhe aus Bruchsteinmauerwerk, 0,55 m stark, hängt infolge einseitigen Erddruckes nach der Straße über. Der Garten liegt 1,20 m höher als die Straße und ist sehr wasserhaltig. Dabei hat, wie ich festgestellt habe, diese Mauer nur 10 cm Fundament, von Bürgersteig Oberkante abwärts gemessen. Wie bringt man wohl am besten die sonst noch gut erhaltene Mauer in eine dauernd lotrechte Richtung? Eine Erneuerung ist polizeilich unstatthaft.

Frage 53. Wasserenthärtungsanlage in Teichform. Für eine Textilfabrik soll eine Wasserenthärtungsanlage für stündlich 1000 cbm in Form von Teichen geschaffen werden. Als Enthärtungsmittel ist Kalk und Soda vorgesehen. Wer baut derartige Anlagen oder kann mir die Unterlagen dazu geben.

Frage 18. Wie werden in ca. 4 mm starke Blechplatten **kugelförmige Vertiefungen** von ca. 50 mm Tiefe, bei einem Durchmesser von ca. 120 mm, eingedrückt? Kann mir einer der Herren Kollegen vielleicht Zeichnungen oder Unterlagen von solchen Pressen oder Stanzen gegen Vergütung leihweise überlassen? Auch für Ratschläge wäre ich sehr dankbar. Adresse ist durch die Redaktion zu erfahren.

Antwort. Um derartige Vertiefungen herzustellen, die einem Anspruch auf Gleichmäßigkeit in der Ausführung genügen, ist das Pressen unbedingt erforderlich. Für große oder mittlere Betriebe ist dieses nun verhältnismäßig einfach, da derartige Maschinen hierfür in der Regel vorhanden sind. — Sind diese Pressen nicht vorhanden, so muß man sich damit begnügen, die Bleche in Gesenke zu schlagen, um so die gewünschte Form herauszubekommen. Die Uebereinstimmung wird bei sorgfältiger Arbeit auch hier sehr genau. Zur Anfertigung der Zeichnungen für die Gesenke und zu weiteren Angaben bin ich gerne bereit. — Meine Adresse durch die Schriftleitung. Bs.

Frage 19. **Wagenbau.** Wer gibt mir Auskunft oder übermittelt mir Zeichnungen von eichpflichtigen Wagen (Waggon- und selbsttätigen Wagen) zum Studium? Auslagen werden vergütet. Meine Adresse ist durch die Schriftleitung zu erfahren.

Antwort. Vielleicht kann eine größere Wagenfabrik, z. B. Gebrüder Credé, Cassel-Niederzwehren, die erforderlichen Unterlagen liefern. K. C.

Frage 20. **Durchgerosteter eiserner Wasserbehälter.** Ein in einer Papierfabrik befindliches eisernes Wasserbassin von 3 m Durchmesser und 3 m Höhe, worin bis 100° heißes Wasser aufbewahrt wird, ist an verschiedenen Stellen defekt geworden. Um nun diesem Uebelstand abzuhelfen, wird beabsichtigt, dieses Bassin mit Beton oder Eisenbeton zu ummanteln. Kann mir einer der Herren Kollegen Auskunft geben, ob hier Beton oder Eisenbeton zu empfehlen ist, oder ist eine Isolierung zwischen Eisen und Beton nötig?

Antwort I. Ohne auf die schon in der Frage angeführte Umkleidung mit Beton oder Eisenbeton einzugehen, möchte ich doch empfehlen, den Behälter auf Grundlage seiner jetzigen Ausführungsweise reparieren zu lassen. Sollte aus irgendwelchen Gründen ein Ausflicken mittels Vernieten nicht angebracht erscheinen, so kann immerhin noch ein autogenes Aufschweißen der Flickstücke stattfinden, womit dann auch bei einer einigermaßen sachgemäßen Behandlung die Dichtigkeit erzielt wird, ohne daß man, wie bei den Nietungen, nachzustemmen braucht. Der Vorteil dieser Reparaturart besteht ohne Zweifel darin, daß man den Behälter so weiter gebrauchen kann, wie er jetzt ist, ohne die schweren und dicken Beton- oder Eisenbetonmassen als Verstärkung der Wandung und des Bodens berücksichtigen zu müssen. Tritt andererseits das heiße Wasser zwischen Blechwand und die neue Betonwand, so ist noch lange nicht gesagt, daß sich die letztere gut bewährt. Bs.

Antwort II. Für die Ummantelung des eisernen Behälters mit Beton kommen u. a. folgende Momente in Betracht: 1. Die vorhandene Gestaltung der Wände und deren Absteifung. 2. Die Sicherung des Betons gegen Hitzeeinflüsse und Durchdringen des Wassers. 3. Die Abhaltung der Hitze vom umgebenden Raum.

Zu 1. An eine vorhandene Absteifung der Wände in Form von Profileisenstützen oder ähnlicher Streben — außenseits — kann man eine Zugbewehrung besonders einfach aus Maschendraht oder Streckmetall (nach Schüchtermann-Dortmund) mittels Drahtschlingen durch Löcher einspannen, die mit rd. 5 cm Beton (z. B. von 1 Tl. Zement, 1 Tl. Nettetaler Traß, 8 Tl. Kiessand) innerhalb aufwärts fortschreitender Schalung zu umhüllen ist. Die äußere Eisenblechwandung braucht nur mit Leinöl vom losen Rost befreit zu werden und kann mit dem Beton ohne besondere Isolierung in Berührung treten.

Zu 2. Auf der Innenwandung des Eisenblechs kann man zunächst eine filzartige Isolierung bezw. Andernachsche Isolierplatten mit kreuzweiser innenseitiger Drahtbewehrung anschrauben (zu rd. 1,20 M/qm) oder mit einem gut bindenden Asphaltklebelack, Anol oder dergl. aufkleben. Dadurch wird die äußere gegen den Druck des Wassers erforderliche Betonschicht gegen dessen Durchdringen und die große Hitze geschützt. Der innenseits nur etwa 3 cm stark aufzubringende Feinbeton ist gegen die Einwirkung des heißen Wassers mit einem porenfüllenden, hitzebeständigen Emaillepixol (zu rd. 1,70 M für das kg auf je 4 qm) nach Grundierung mit zugehörigem Emaillefirnis oder mit einer Asphaltemaille zu überziehen. (Die Abkühlung um 20% ist unwesentlich gegenüber der sonstigen Temperatur.)

Zu 3. Unter der Voraussetzung, daß der Behälter allseitig dementsprechend umschlossen wird, bietet sich somit auch eine ausreichende, etwa erforderliche Abhaltung der Hitze vom umgebenden Raum. Kropf-Cassel.

III. Mit der Umhüllung des defekten Behälters mittels Beton oder Eisenbeton, gegenüber einer Wassersäule von 3 m, im kochenden Zustande, wird auf die Dauer wenig getan sein. Die Spannungsgrade der Eisenmasse und ihrer Ummantelung sind verschieden und es werden Risse, trotz Isolierungen, die Folge sein. Faßt man ins Auge, daß Durchrostungen im Eisen weiterfressen, so dürfte es sich empfehlen, die betreffenden Bleche gegen neue auszuwechseln und den Behälter nach gründlicher Reinigung innen und außen mit Emaillehartanstrich (s. Notiz 286, Seite 563, Heft 51 D. T.-Z. 1913) zu versehen. — Es ist beobachtet worden, daß Leimlösungen mit Calcium oxymuriatic. (Chem. Fabrik Busse, Hannov.-Langenhagen) auf Rostungen gebracht, diesen ein Ziel setzt (vielleicht durch den Luftabschluß). Wird der Behälter gereinigt und werden alle Leckagen mit der genannten Lösung innen und außen behandelt, mit Eisenkitt gedichtet und die Emailleanstriche darüber gelegt, dann könnte ein haltbarer Zustand entstehen, da anzunehmen ist, daß die Wasserwärme den Erhärtungsprozeß befördert. —pf.

Frage 21. **Kiesförderung.** Welcher Kollege kann mir eine Maschine oder elektrisch anzutreibende Vorrichtung empfehlen oder beschreiben, um grobkörnigen Kies bis 6 cm Dmr. durch eine ca. 25 m lange, ca. 10 bis 15 cm weite Rohrleitung bis 15 m hoch zu fördern? Wie stark müßte die Antriebskraft sein?

Antwort I. Es wird zu bedenken gegeben, daß bei der durch Rohrwerk beabsichtigten Förderung unnötig tote Gewichte befördert werden und außerdem bei Rohrbruch erhebliche Förderungsverluste entstehen können. Im Laufe des Betriebes werden alle feinen und feinsten Kiesteile nach unten sacken und verstopfend wirken. Eine Abhilfe gäbe es dafür nur durch Geschwindigkeitsverminderungen und das bedeutet wieder Arbeitsverlust. Vorgeschlagen wird ein Becherwerk, wie es Trockenbagger haben. Förderungsstörungen können leicht beseitigt werden, die Antriebskraft ist geringer, und was die Hauptsache ist, der Kies behält die Lagerung seiner Teile, eine Siebwirkung, wie sie im Rohrwerk auftritt, fällt hier fort. Diese Anlage mag etwas teuerer als ein Rohrwerk sein, gewährt aber ungleich höhere Nutzleistungen. -pf.

II. Die Frage kann im Rahmen einer Briefkasten-Auskunft nicht genügend geklärt werden. Es bestehen bereits zwei deutsche Patente. Bei dem einen Verfahren soll das Durchfördern des Materials durch glatte Stahlrohre dadurch erfolgen, daß die durchströmende verdichtete Luft das Material sozusagen in ihrer turbulenten Geschwindigkeit mitreißt. Für dieses Verfahren wurden von der Bergwerksgesellschaft Gottessegen in Schlesien umfangreiche Versuche angestellt, die die horrende Summe von 85 000 M kosteten. Die Versuche konnten zu keinem wirtschaftlichen Resultate führen, da bei diesem Verfahren das Material von der im Rohr herrschenden Luftspannung mehr gegen die Rohrwandung gepreßt, als mitgerissen wird. Die Luft sucht sich naturgemäß mehr einen Weg durch und über dem Fördermaterial. Eine weitere Art der Kies- oder Betonförderung durch Rohre, ebenfalls patentiert, ist das pneumatische Durchdrücken des Materials durch die Rohrleitung, ähnlich der Rohrpost. Beide Verfahren sind völlig verfehlt. Ich selbst arbeite an einem Verfahren, womit Erde, Erze, Kohlen, Beton, durch eine Rohrleitung gefördert werden kann und zwar mittels Luftwirbel und eigens gebauten Rohren, die der verdichteten Luft den Weg für den Vortrieb und das Materialumwirbeln vorschreiben. Hierzu dienen Rohre mit eingeweideten Rillen, die schraubenartig vortreiben und worin die Preßluft strömt, während in der Reinrohrlichte der Materialstrom strömt. Maßgebend ist nun das stets gleichmäßige Einführen des Fördermaterials durch dessen eigene Schwere und mittels Schüttelverfahrens, während die in der Förderleitung herrschenden Luftwirbel und die Spannung den gleichmäßigen Materialstrom in ein festes, kompaktes Stromgebilde überführen. Dieser gleichmäßige Materialstrom wurde bei den Probeversuchen auch erreicht bei vollständig trockenem Getreide, das keinerlei Kohäsion besitzt und nach Austritt aus dem Rohrende in jedes Einzelkorn zerfiel. Der rotierende Materialstrom ist etwas geringer als die Förderrohrlichtweite, wodurch die Luft nicht nur in den Rohrrillen strömt, sondern noch über den Rillenrippen. Der Materialstrom wird von der Luft vollständig eingehüllt und in einem Luftpolster mitgeführt. Durch die konstante Umwirbelung des Materialstromes von dem Förderluftwirbel gerät dieser selbst in mitdrehende, kreiselnde Bewegung. Der Materialstrom wird stabilisiert und erlangt eine Förderfähigkeit auf große Entfernung. Höhenförderungen sind höchstens bis 20% Steigung möglich. Die Kosten dieser Förderung dürften sehr gering sein. Interessenten steht meine über 100 Seiten umfassende Broschüre mit vielen Abbildungen, sowie jede weitere Auskunft gern zur Verfügung.
Leopold Fischer, München, Westermühlstr. 2, Mitgl. No. 68 975.

Frage 26. Kann mir einer der Herren Kollegen Auskunft geben über die **Prüßsche Bauweise** für den Wohnhausbau? Vor allem kommt es mir an auf Wärmeverluste der Wände, Durchschlagsfähigkeit des Regens und der Kosten gegenüber der üblichen Bauweise.

Antwort. Die Prüßsche Bauweise hat bisher vornehmlich zu industriellen und landwirtschaftlichen Bauten Anwendung gefunden, jedoch sind auch in neuerer Zeit Wohngebäude in dieser Bauweise ausgeführt worden. Man ordnete hierbei für die Umfassungsmauern doppelte Außenwände mit einer Isolierschicht von 13 bis 20 cm Stärke an, die hohl bleiben oder auch mit schlechten Wärmeleitern, wie Asche, Torfstreu, Sägemehl, Kieselgur und Strohlehm oder dergl. ausgefüllt werden kann. Ich für meinen Teil würde die hohle Isolierschicht vor ausgefüllten vorziehen, da das Füllmaterial bei einiger Porosität der äußeren Ziegelwand leicht Feuchtigkeit aufnimmt und dann zum guten Wärmeleiter wird. Diese Isolierschicht ist es, die der Prüßschen Bauweise bei Wohngebäuden ihre Verwendungsmöglichkeit gibt und die auch den Uebergang der Innenwärme an die äußere Umgebung des Gebäudes verhindert oder doch erschwert. Der Wärmedurchgangskoeffizient, der allein einen Vergleich über die Wärmeverluste bei dieser Bauweise anderen gegenüber ermöglichen würde, ist meines Wissens wissenschaftlich noch nicht festgestellt. Jedoch bürgt die Bauweise in solider und zweckmäßiger Ausführung für volle Konkurrenzfähigkeit, wenn nicht Ueberlegenheit allen massiven Bauweisen gegenüber in dieser Hinsicht. Dasselbe gilt auch für ihre Güte und Widerstandsfähigkeit eindringender Feuchtigkeit gegenüber. Ueber die Kosten können ohne weitere Unterlagen treffende Angaben nicht gemacht werden, da diese sich ganz nach dem vorliegenden Falle richten. Die Prüßsche Bauweise bedarf zu ihrer Ausführung eines stützenden Gerippes aus Holz, massiven Steinpfeilern, Eisenbeton, Eisenkonstruktionen u. dergl., und je nach Wahl dieses Gerippes stellt sich der Preis der Ausführung. Im ganzen dürften sich die Kosten kaum erheblich niedriger stellen als bei massiver Bauweise, zu der Ihnen eingearbeitete und wahrscheinlich auch billigere Arbeitskräfte zur Verfügung stehen. Die Vorzüge der Prüßschen Bauweise liegen mehr auf hygienischem als auf finanziellem Gebiete. Wesentliche Ersparnisse werden nur bei nicht unterkellerten Gebäuden auf schlechtem Baugrunde erzielt, da hier die Fundamente in einzelne Pfeiler aufgelöst werden und die zwischenliegenden Teile der Mauern sich frei tragen. Ich empfehle Ihnen, sich wegen der Kosten und sonstigen Einzelheiten mit der Prüßschen Patentwände-G. m. b. H., Berlin SW. 11, Schöneberger Straße 18, ins Einvernehmen zu setzen. — Alles hier von dieser Bauweise Gesagte gilt auch von den sogenannten Keßlerwänden und den Helmschen Steinwänden, die auf ähnlichen Konstruktionsprinzipien beruhen. Auch hierüber nähere Angaben einzuholen, würde ich Ihnen empfehlen und zwar bei der Keßlerwände-G. m. b. H., Berlin SW. 11, Schöneberger Straße 18, bezw. bei der Helmschen Steinwände-G. m. b. H., Charlottenburg, Niebuhrstraße 11.

Sß., 60 374.

Frage 30. Betriebskraft für eine neuzuerbauende Fabrik. Für eine neuzuerbauende Fabrikanlage soll eine äußerst rationell ökonomisch arbeitende Betriebskraft von etwa 70 PS. Verwendung finden; hierbei ist folgendes zu beachten: Neben der Erzeugung von Kraft für die Transmission sind etwa 25 Bottiche mit zusammen rund 1000 l Wasserinhalt durch Dampf auf etwa 90° C zum Kochen zu bringen und täglich ungefähr $9\frac{1}{2}$ Stunden dauernd kochend zu unterhalten; außerdem sind etwa 10 000 cbm Räume durch Dampfheizung zu erwärmen. Welche Betriebskraft ist die geeignetste? Wieviel kostet die Pferdekraft und Stunde der verschiedenen Kraftanlagen? Elektrisches Kabel ist nicht vorhanden.

Antwort. Die geeignetste Kraftanlage für den neuen Betrieb ist zweifellos eine Heißdampf-Lokomobile oder ein Teeröl-Dieselmotor. Wie aus nachstehendem leicht ersichtlich, ist der Lokomobile jedoch der Vorzug zu geben, da bei ihr fast sämtliche Abwärme nutzbringend verwendet werden kann.

Der Wärmebedarf der Dampfheizung schwankt sehr und ist abhängig von der gewünschten Innentemperatur, der jeweils herrschenden Außentemperatur, der Art und Größe der Räume sowie ihrer Lage, der Größe der Fenster und dem verwandten Baumaterial. Die stündlich benötigte Wärmemenge kann zwischen 200 000 bis 700 000 WE betragen. Die Wärmemenge bezw. die zum Kochen benötigte Dampfmenge kann nur sehr mangelhaft ermittelt werden, da Fragesteller nicht angegeben hat, zu welchen Zwecken das kochende Wasser verwendet werden soll. Immerhin kann angenommen werden, daß zum Ersatz des verdunstenden Wassers sowie der Verluste durch Strahlung und Leitung stündlich etwa 100 000 WE erforderlich sind. Der schätzungsweise ermittelte Wärmebedarf beträgt demnach stündlich 300 000 bis 800 000 WE.

Die Heißdampflokomobile benötigt für die PS/st etwa 9 kg Dampf und bei einer Leistung von 70 PS demnach stündlich 630 kg Dampf. Diese Dampfmenge hat einen Wärmeinhalt von rd. 460 000 WE, von denen etwa 10% durch die Dampfmaschine in nutzbare Arbeit umgewandelt und 4% in Reibungsarbeit und Strahlung verlustig gehen, so daß an Abwärme etwa 86% verfügbar bleiben. Diese Abwärme ist jedoch nicht ganz nutzbar, weil der Dampf nur zu Wasser mit etwa 100° C kondensiert, so daß etwa 72% übrig bleiben. Die für Heiz- und Kochzwecke verfügbare stündliche Wärmemenge beträgt demnach $0{,}72 \cdot 460\,000 = 331\,200$, abgerundet 330 000 WE.

Der Teeröl-Dieselmotor benötigt für die PS/st etwa 0,22 kg Teeröl mit 0,013 kg Gasölzusatz, zusammen etwa 2330 WE enthaltend. Die dem Motor stündlich zugeführte Wärmemenge beträgt demnach $70 \cdot 2330 = 163\,100$ WE. Von dieser Wärmemenge werden etwa 33% in nutzbare Arbeit umgesetzt, etwa 8% gehen durch Reibungs- und Pumpenarbeit verloren, während im Kühlwasser rd. 27% und in den Abgasen rd. 32% Abwärme enthalten sind. Die in den Abgasen enthaltene Abwärme ist jedoch schlecht verwertbar, dagegen könnte das erwärmte Kühlwasser zum Speisen des Kochdampferzeugers und des Heizungskessels Verwendung finden. Unter Berücksichtigung der Leitungsverluste sind hierfür $0{,}25 \cdot 163\,100 = 40\,775$, abgerundet 40 000 WE verfügbar.

Selbst wenn auch die in den Abgasen enthaltene Wärmemenge noch nutzbar gemacht würde — was jedoch nur zum geringen Teil möglich ist, da die Gase eine bestimmte Temperatur beim Austritt behalten müssen, um das Zerfressen der Rohre usw. zu vermeiden —, so werden doch günstigstenfalls insgesamt nur 50 000 WE stündlich zu erhalten sein. Dieser Gewinn beträgt nur rd. 30% der im Brennstoff enthaltenen Wärme, während der durch die Verwendung des Abdampfes der Heißdampflokomobile erzielbare Gewinn nach Abzug der Kesselverluste rd. 63% der in dem Brennstoffe enthaltenen Wärmemenge beträgt.

Es stehen demnach an Wärmemengen zur Verfügung:

1. beim Betrieb mit Heißdampflokomobile = 330 000 WE/st
2. beim Betrieb mit Teeröl-Dieselmotor = 50 000 WE/st,

während 300 000 bis 800 000 WE/st benötigt werden.

Da nun im Sommer keine Heizung benötigt wird, so würde der größte Teil des Abdampfes der Lokomobile unausgenutzt bleiben, wenn eben die Annahme von 100 000 WE/st zu Kochzwecken richtig sein würde. Dies dürfte aber nicht der Fall sein, denn das kochende Wasser soll doch jedenfalls zu Fabrikationszwecken dienen und Wärme abgeben, so daß der tatsächliche Wärmeverbrauch größer sein wird, als angenommen wurde. Es wird darauf zu rechnen sein, daß auch im Sommer mindestens die Hälfte der Abwärme nutzbar gemacht werden kann. In den nachstehenden Betriebskostenermittelungen wurden daher bei beiden Betriebsarten die Kosten der PS/st ohne und mit Abwärmeverwertung, sowie bei den Heißdampflokomobilen mit Verwertung der Hälfte der verfügbaren Abwärmemengen festgestellt.

Kraftmaschinenart		Auspuff-Heißdampf-Lokomobile	Teeröl-Diesel-Motor
Anlagekosten einschließlich Fundament, Kamin und zur Maschine gehörigen Rohrleitungen	M	17000	26000
Gebäudekosten	M	2400	1800
1. Abschreibung, Verzinsung und Instandhaltung der Maschine 12 bezw. 15%	M	2040	3900
2. desgl. der Gebäudeanlagen 8%	M	192	144
3. Kosten der Bedienung	M	1800	1600
4. Kosten der Revision und Reinigung	M	270	270
5. Kosten des Putz- und Schmiermaterials	M	600	1000
6. Summe der jährlichen Betriebskosten ohne Brennstoff	M	4902	6914
7. Kosten der PS/st bei jährlich 210000 PS/st	Pf.	2,34	3,29
8. Kosten des Brennstoffes ohne Ausnutzung der Abwärme bei der Lokomobile 1,1 kg/PS/st à 2,1 Pf.	Pf.	2,31	
bei dem Motor 0,22 kg Teeröl und 0,013 kg Gasöl für die PS/st à 6 bezw. 13 Pf.	Pf.		2,49
9. Gesamtkosten der PS/st ohne Abwärmeverwertung	Pf.	**4,65**	**5,78**
10. Kosten des Brennstoffes bei voller Ausnutzung der Abwärme, 37 bezw. 70% der Werte unter 8	Pf.	0,86	1,74
11. Gesamtkosten der PS/st mit voller Abwärmeverwertung	Pf.	**3,20**	**5,03**
12. Kosten des Brennstoffes bei halber Ausnutzung der Abwärme, 68,5 % der Werte unter 8	Pf.	1,58	
13. Gesamtkosten der PS/st bei halber Ausnutzung der Abwärme	Pf.	**3,92**	

Wie aus vorstehender Betriebskostenaufstellung leicht ersichtlich, ist der Betrieb mit Heißdampflokomobile der wirtschaftlichste, selbst dann noch, wenn nur die Hälfte der Abwärme nutzbar gemacht wird oder auch keine Abwärmeverwertung stattfindet. Sie ist deshalb die gegebene Kraftmaschine für den zu errichtenden Betrieb.

Vergleichsweise seien noch die Kosten der PS/st bei Elektromotorbetrieb angegeben, diese betragen je nach dem Strompreise von 5 bis 10 Pfg./Kw à 4,3 bis 8,4 Pfg. Da jedoch ein Preis der Kilowattstunde von nur 5 Pfg. selten zu erreichen sein wird, ist diese Betriebsart, da zu teuer, ausgeschlossen.

Näheres über die Art und Weise der Ausführung der Anlage wird am besten mit der einen oder anderen unserer großen Lokomobilfabriken zu verhandeln sein.

Charbonnier-Weisenau.

Frage 33. Wie stellt man **konsistentes Fett** billig und rationell im Großbetrieb her? Z. B. Wagenschmiere, die leichter als Wasser sein soll.

Antwort. Eine für Räder verwendbare Schmiere kann aus Talg und Oelen, besonders mit Zusatz von Talk oder Graphit hergestellt werden. Der Graphit muß sehr rein und fein gemahlen sein. Derartige Schmiermittel sind nach verschiedenartigen mechanischen und chemischen Untersuchungsverfahren auf Schlüpfrigkeit, Flüssigkeitsgrad, Flammpunkt usw. zu untersuchen, z. B. nach den „Grundsätzen für die Prüfung von Mineralschmierölen" vom deutschen Verband für die Materialprüfungen der Technik, 1900/1905. Unter Zusatz von Vaseline wird z. B. Schachts Wagenfett als konsistentes Achsenfett hergestellt; es darf bei Hitze nicht ablaufen, und bei ordnungsmäßiger Verwendung ist ein Trockenlaufen der Achsen zu verhüten. K.

Frage 34. Wie erzeugt man **Dachlack** aus Steinkohlenteer (Kompositionsfarben)? Evtl. bitte ich um einschlägige Literatur.

Antwort. Ein Dachlack kann unter Benutzung von reinem und wasserfreiem Steinkohlenteer hergestellt werden. Eine Mischung von 8 Gewichtsteilen Teer mit 2 Gewichtsteilen gebranntem oder gepulvertem Kalk, sowie 1 Gewichtsteil Terpentinöl kann als Anstrichmittel dienen, soweit es sich um leicht bindungsfähige Deckmaterialien (wie Pappe) handelt. Für Lack auf Eisenbelag wird zwar auch Terpentinöl verwendet, doch ist die Mischung so einzurichten, daß das Terpentinöl nicht verflüchten kann, sonst würde der Anstrich abblättern. Ueber Kompositionsfarben (braun, rot usw.) dazu verfügt z. B. die chemische Spezialfabrik, Braunschweig, Bültenweg. Aehnlichen Zweck erfüllen auch fertig beschaffbare farbige Dachlacke, Dachpixol usw., die eine gewisse besondere Widerstandsfähigkeit gegen den Teer der Dachhaut haben müssen. Im übrigen kann auch eine Mischung von 1 Gewichtsteil Schwefel in 2 Gewichtsteilen schwerem Steinkohlenteeröl nebst 5 Gewichtsteilen Asphalt und ein wenig Wachs dienlich sein. K., C.

Frage 37. Unansehnlich gewordener Asphaltfußboden. Der Fußboden eines größeren Raumes, der als Arbeiter-Speisesaal dient, besteht aus Asphaltbelag und ist durch Kalk und Farbe äußerst unansehnlich geworden. Durch welches Mittel kann ich diesem Asphaltbelag dauernd eine schöne schwarze Farbe geben?

Antwort. Mittel zur Verschönerung des Aussehens eines Asphaltfußbodens gibt es meines Wissens nicht. Die Kalk- und Farbflecken können durch den täglichen Verkehr allmählich beseitigt werden. Man sorge nur dafür, daß durch veränderte Aufstellung der Tische und Bänke der Verkehr öfters in andere Bahnen gelenkt werde, bis die Flecke abgetreten sind. Entschieden muß vor der Verwendung von Oelen zum Reinigen und Aufbringen einer Glanzschicht gewarnt werden, da Oele den Asphalt angreifen und weich machen. Sß. 60 374.

Frage 38. Kosten der Austrocknung von Neubauten. Ein Neubau soll mittels Koksöfen ausgetrocknet werden. Ich bitte um Angaben für die Veranschlagung im allgemeinen.

Antwort. Erfahrungssätze über Austrocknen von Neubauten stehen mir leider nicht zur Verfügung; auch meine in dieser Richtung angestellten Nachforschungen bei erfahrenen und zuverlässigen Kollegen waren ohne Erfolg, wie auch in der einschlägigen Literatur Angaben darüber nirgends zu finden sind. Die Schuld liegt wohl daran, daß in jedem Einzelfalle ganz andere Verhältnisse vorliegen, die jedesmal zu einem anderen Ergebnis in der Berechnung führen müssen. Die Anzahl der einzelnen Räume, ihre Lage zueinander, die örtliche Lage des Gebäudes, die Stärke des Windanfalles, die Jahreszeit, in der das Gebäude ausgeführt wurde und in der es ausgetrocknet werden soll, die Witterungsverhältnisse bei der Ausführung und bei der Austrocknung, die Art der Ausführung, die Eigenschaften der verwendeten Baustoffe usw., das alles sind Faktoren, die in der Berechnung der Kosten billigerweise Berücksichtigung finden müßten und die sich kaum in eine Form werden bringen lassen. Eine Ermittelung von Einheitspreisen, etwa für das cbm zu trocknenden Raumes, dürfte demnach kaum angängig sein. Sie werden wohl besser fahren, wenn sie an Stelle der Akkordsätze Tagelohnsätze in ihre Berechnung einführen. Hier können Sie annehmen, daß ein Mann in oberen Geschossen drei, in mittleren Geschossen vier und in Erdgeschossen fünf Oefen beschicken und bedienen kann, wenn der Koks auf der Straße, im Keller oder auf dem Hofe lagert. Für Abnützung und Reparatur an den Koksöfen müssen Sie mindestens 2% der Neukosten für den Tag in Ansatz bringen. Für jeden Ofen rechnen Sie zweckmäßig drei Füllungen für den Tag. Die Anzahl der zu brennenden Tage richtet sich dann nach den örtlichen Verhältnissen. Sß. 60 374.

Antwort auf Frage 14. Buchführung für Baugeschäfte. (Druckfehlerberichtigung.) Zeile 6 letztes Wort muß heißen: Stornierung statt Normierung.

DEUTSCHE TECHNIKER-ZEITUNG

HERAUSGEGEBEN VOM DEUTSCHEN TECHNIKER-VERBANDE

BERLIN SW. 48, Wilhelmstraße 130 — Schriftleitung: Erich Händeler-Berlin

XXXI. Jahrg. — **28. Februar 1914** — **Heft 9**

Die Arbeitslosenzählung des D. T.-V.

Von HEINRICH KAUFMANN, Berlin.

Die Wirtschaftsgeschichte wird 1913 als ein schwarzes Jahr verzeichnen. Eine Krise, die an Umfang und Stärke fast alle vorangegangenen übertrifft, lastet auf dem Erwerbsleben. Das Baugewerbe liegt darnieder, zahlreiche Betriebe arbeiten nur noch mit halber Kraft, das Heer der Arbeitslosen steigt und die Notlage breiter Volksschichten wird immer größer. Das ist die wirtschaftliche Situation, in der wir ins neue Jahr hinübernahmen. Auch der Technikerstand ist mit hineingezogen in den Strudel der Zusammenbrüche. Die Stellenlosenunterstützung unseres Verbandes stieg von 46000 M im Jahre 1911 auf 87000 M im Jahre 1913, und die Zahl der bei unserer Stellenvermitthung eingetragenen Bewerber von 3466 im Jahre 1912 auf 4946 im letzten Jahre. Das ist der bündigste Nachweis der großen Arbeitslosigkeit in unserem Berufe, den man sich denken kann. Es gibt aber immer noch Menschen, die trotz dieser allgemein bekannten Tatsachen das Vorhandensein der Arbeitsnot leugnen und absichtlich nicht sehen wollen, was im Wirtschaftsleben vorgeht. Die Arbeitgeberverbände lehnen eine öffentliche Arbeitslosenversicherung als „unberechtigt" und „unbegründet" ab, „weil von einer Arbeitslosigkeit in Deutschland überhaupt nicht gesprochen werden kann", und sie erheben, wie der deutsche Arbeitgeberverband für das Baugewerbe, „entschieden Einspruch" gegen die Unterstützung der Arbeitslosen aus öffentlichen Mitteln. Das ist für sie „eine neue Begünstigung der Arbeiter gegenüber den anderen, wirtschaftlich schwachen Erwerbsgruppen, insbesondere gegenüber den Gewerbetreibenden", die nach ihrer Auffassung „in Zeiten wirtschaftlichen Niederganges mindestens in gleicher Weise zu leiden" hätten wie Angestellte und Arbeiter. Die Behauptung, daß der periodisch wiederkehrenden Arbeitslosigkeit im Baugewerbe infolge von Witterungseinflüssen bereits „durch Gewährung hoher Löhne Rechnung getragen sei", ist in diesen Kreisen zum ebenso beliebten Schlagworte geworden, wie das andere: „Wer Arbeit sucht, findet sie."

Auch die Reichsregierung steht der „Not der Arbeitslosen" kühl gegenüber, viel kühler wie z. B. der vielbesprochenen „Not der Landwirtschaft", und der Staatssekretär des Reichsamtes, das berufen ist, der sozialen Reform zu dienen, weist achselzuckend auf die Gemeinden hin, die eingreifen sollen. Diese wiederum schieben die Pflicht der Hilfe dem Reiche zu. Inzwischen müssen die Arbeitslosen sehen, wo sie bleiben. Denn die da und dort eingerichtete kommunale Arbeitslosenfürsorge, so wertvoll sie im einzelnen auch immer sein mag, fällt bei Betrachtung der Gesamtlage kaum ins Gewicht.

Dieser Situation gegenüber haben die Gewerkschaften und Berufsverbände eine schwere Aufgabe. Sie müssen nicht nur ungeheure Summen aufbringen zur Unterstützung ihrer arbeitslosen Mitglieder, sondern auch den Unverstand und vielfach noch bösen Willen besiegen, der bei der Beurteilung der Frage „Arbeitslosenversicherung" zutage tritt. Petitionen und Resolutionen helfen dagegen wenig oder gar nichts. Hier können Erfolge nur erreicht werden, wenn das Elend der Arbeitslosen, herausgeholt aus dem Dunkel der Verschwiegenheit, den maßgebenden Stellen so deutlich ins Auge gerückt wird, daß sie die Größe ihrer Verantwortung erkennen müssen, die sie auf sich nehmen, wenn sie die notwendige Hilfe versagen.

Deshalb haben auch wir im Deutschen Techniker-Verband am 14. Dezember 1913 eine Zählung der arbeitslosen Techniker vorgenommen und einen „Fragebogen zur Erforschung der Arbeitslosigkeit unter den technischen Angestellten" verbreitet. Das Resultat dieser auf 10 Großstädte beschränkten Enquete unterbreiten wir nachstehend der Oeffentlichkeit mit dem Wunsche, daß es dazu beitragen möge, die noch zu häufig vorhandene falsche Auffassung, daß die Lage im technischen Berufe eine „glänzende" sei, zu zerstören. Wir wollen den Schleier heben, damit Eltern und Vormünder, die beabsichtigen, die ihnen anvertrauten Kinder dem technischen Berufe zuzuführen, erkennen lernen, daß der Techniker im Zeitalter der Technik nichts weiter ist als eine abhängige Arbeitskraft mit allen Nachteilen dieser Eigenschaft. Das beweist die statistische Untersuchung des Materials unserer Zählung.

Die Erhebung umfaßte die 10 Großstädte: Berlin, München, Leipzig, Dresden, Hamburg, Kiel, Cöln, Nürnberg, Frankfurt a. M. und Breslau.

Maßgebend für die Beschränkung auf diese Orte war der Umstand, daß wir mehr den Charakter der Arbeitslosigkeit und weniger den Umfang ermitteln wollten, denn darüber geben die Vierteljahrsberichte des Reichsarbeitsblattes bereits ausreichend Aufschluß. Ebenso weisen die Ziffern der Stellenvermittlungen und Stellenlosenunterstützungseinrichtungen der Verbände die Größe der Arbeitslosigkeit im technischen Berufe nach; diese Zählung gibt dazu Einzelheiten, die die Lage der Techniker noch gedrückter erscheinen lassen.

Die Beteiligung an der Erhebung

kann in Anbetracht der kurzen Zeit, die für die Vorbereitung (infolge anderer dringender Arbeiten) zur Verfügung stand, namentlich soweit dabei unsere Mitgliederkreise in Betracht kommen, als recht zufriedenstellend bezeichnet werden. Wir erhielten insgesamt 676 Fragebogen; davon waren 32 = 4,7% als unbrauchbar oder zu spät eingegangen auszuscheiden. Nach den verbleibenden 644 brauchbaren Fragebogen waren von den Befragten

Ort	Organisiert					Unorganis.	Zusamm.
	D.T.V.	B.t.-i.B.	Werkm.	Zeichn.	and. Verb.		
Berlin	173	77	16	29	4	49	348
München	47	2	–	2	1	18	70
Hamburg	33	–	–	–	–	9	42
Leipzig	31	–	–	–	–	11	42
Dresden	19	–	4	–	1	4	28
Cöln	18	–	–	–	–	9	27
Frankfurt	11	2	–	–	–	11	24
Nürnberg	13	1	6	–	–	3	23
Kiel	12	4	1	–	–	5	22
Breslau	12	–	1	–	–	5	18
	369	86	28	31	6	124	644

Wie die Tabelle zeigt, haben in Berlin auch die übrigen Technikerorganisationen unsere Zählung in dankenswerter Weise unterstützt, ebenso einige öffentliche Arbeitsnachweise; dagegen waren wir in den übrigen Städten fast völlig auf unsere eigene Kraft angewiesen. Auffallend ist an der Beteiligung die verhältnismäßig erhebliche Zahl der Unorganisierten, nahezu 1 Fünftel der Gesamtziffer. Es sind darunter viele, die sicher zum ersten Male mit der Arbeit einer Berufsorganisation in Fühlung kamen. Uns scheint das starke Interesse der Unorganisierten an der Zählung nicht zufällig. Wir glauben den Grund in der Not zu finden, die gerade in diesen Kreisen, denen der Rückhalt einer Organisation fehlt, die Folge der Arbeitslosigkeit ist, und die auch dem individualistisch veranlagten Techniker die Erkenntnis einhämmert, daß dagegen „irgendetwas" geschehen muß.

Unsere stellenlosen Mitglieder haben die Fragebogen gut beantwortet, ein Zeichen dafür, daß sie die Wichtigkeit dieser Zählung erkannten. Das gewonnene Material kann deshalb auch als eine gute Stichprobe für den Grad der

Arbeitslosigkeit innerhalb unserer Mitglieder

betrachtet werden. Danach waren Verbandsmitglieder am Stichtage arbeitslos oder gekündigt:

Städte	Baugewerbe	Industrie	Staatsdienst	Gemeindedienst	Zus.	Prozent des in Betracht kommenden Mitgliederbestandes
Berlin	131	22	10	10	173	8 2 %
München	43	–	3	1	47	9,5 %
Hamburg	28	5	–	–	33	7,6 %
Leipzig	25	6	–	–	31	4,2 %
Dresden	13	3	2	1	19	3,4 %
Cöln	4	2	2	1	19	5,6 %
Frankfurt	19	1	–	–	10	5,0 %
Nürnberg	10	3	–	–	13	3,7 %
Kiel	7	3	1	1	12	3,5 %
Breslau	7	1	4	–	12	4,7 %
Zusammen	287	46	22	14	369	6,5 %

Hinsichtlich des Umfanges der Arbeitslosigkeit innerhalb unseres Mitgliederbestandes steht München mit fast 1 Zehntel an erster Stelle. Dann folgt Berlin mit 8,2%, Hamburg mit 7,6%, Cöln mit 5,6%, Frankfurt mit 5% usw.

Untersucht man die Arbeitslosigkeit der Bautechniker gesondert, dann ergibt sich, daß in Berlin 10,6% unserer bautechnischen Mitglieder, in München 9,9%, in Hamburg 9,5% und Cöln 8,4% stellenlos sind.

Diese Zahlen charakterisieren den Umfang der Arbeitslosigkeit im Baugewerbe der genannten Großstädte, denn nach dem Bericht des Reichsarbeitsblattes im Januarheft 1914 entfielen auf je 100 Mitglieder der technischen Verbände im ganzen Reiche nur 0,5 arbeitslose Mitglieder. Die Arbeitslosigkeit der Bautechniker in unserem Verbande ist also, wenn wir die Ziffern unserer Zählung dagegenhalten, in Berlin rund 21mal, in München 20mal, in Hamburg 19mal und in Cöln 17mal größer als der Reichsdurchschnitt.

Bei Berechnung der Verhältniszahlen sind selbstverständlich die festangestellten Staats- und Kommunalbeamten, deren Existenz nicht durch Arbeitslosigkeit bedroht ist, in Abzug gebracht.

Um festzustellen, welche Gebiete der Technik am stärksten von der Arbeitslosigkeit betroffen werden, empfahl es sich, auch die Gesamtheit der gezählten Stellenlosen bezw. Gekündigten nach den Hauptberufsgruppen: Baugewerbe, Industrie, Staats- und Gemeindedienst zu teilen. Dabei ergab sich — nach der letzten Stellung geschieden — folgendes:

Es waren

Städte	Gekünd. (im Baugewerbe)	arbeitsl. (im Baugewerbe)	Gekünd. (in der Industrie)	arbeitsl. (in der Industrie)	Gekünd. (im Staatsdienst)	arbeitsl. (im Staatsdienst)	Gekünd. (im Gemeinded.)	arbeitsl. (im Gemeinded.)	Zusammen
Berlin	40	158	24	104	–	12	2	8	348
München	9	50	2	5	1	2	–	1	70
Hamburg	8	26	2	4	–	–	1	1	42
Leipzig	13	21	1	6	–	–	–	1	42
Dresden	8	10	1	6	–	2	–	1	28
Cöln	3	14	2	4	1	1	–	2	27
Frankfurt	2	17	1	3	1	–	–	–	24
Nürnberg	5	7	4	7	–	–	–	–	23
Kiel	3	7	1	6	2	2	1	–	22
Breslau	3	6	–	4	3	2	–	–	18
Zusamm.	94	316	38	149	8	21	4	14	644
Im Ganzen	410 = 63,66 %		187 = 29,04 %		29 = 4,51 %		18 = 2,79 %		

Nach den Ziffern dieser Tabelle ist die Arbeitslosigkeit am größten im Baugewerbe, eine Tatsache, die auch die Beteiligung der Bautechniker an unserer Stellenlosenunterstützung und Stellenvermittlung bestätigt. Im übrigen kann daraus der Schluß gezogen werden, daß die technischen Behörden wesentlich besser beschäftigt sind, als private Unternehmungen. Besonders die Heeresverwaltung hat in den letzten Monaten Techniker in größerer Zahl eingestellt und dabei vorzugsweise solche Kräfte berücksichtigt, die schon bei Behörden waren. Der geringe Anteil der im öffentlichen Dienst beschäftigt gewesenen Angestellten an der allgemeinen Arbeitslosigkeit ist wohl darauf zurückzuführen. Von 47 zuletzt in Staats- oder Gemeindedienst tätigen Angestellten sind 44 Bautechniker und 3 Maschinentechniker, die bei der Stellungsuche selbstverständlich auch den Arbeitsmarkt des Baugewerbes oder der Industrie in Anspruch nehmen. Zum Teil handelt es sich auch hierbei um Angestellte, die bei Behörden nicht mehr ankommen, weil sie die festgesetzte Altersgrenze überschritten haben. Wir scheiden deshalb in den folgenden Untersuchungen nu noch nach Baugewerbe und Industrie und weisen die vorher im öffentlichen Dienst beschäftigt gewesenen Techniker diesen Berufsgruppen zu.

Danach wurden am Stichtag gezählt:

	in gekünd. Stellung	arbeitslos	insgesamt
Bautechnische Angestellte	101 = 22,25 %	353 = 77,75 %	454 = 100 %
Industrielle Angestellte	40 = 21,05 %	150 = 78,95 %	190 = 100 %
Zusammen	141 = 21,90 %	503 = 78,10 %	644 = 100 %

Von den durch unsere Erhebung erfaßten Techniker waren also am Stichtage 503 = 78,10% arbeitslos un 141 = 21,90% standen in Kündigung, wovon der größt Teil am 1. Januar 1914 arbeitslos wurde.

Die Fragen nach der

Ursache der Arbeitslosigkeit

wurden leider recht mangelhaft beantwortet. 360 = 56% de Fragebogen waren hierüber „ohne Angabe". Nach den ver bleibenden 284 Fragebogen wurden arbeitslos infolge:

	Eigener Kündigung	Krankheit	Militärpflicht	Arbeitsmangel	Konkurs bezw. Geschäftsaufgang	Aus anderen Gründen	Zusammen
Bautechniker	24	6	5	110	19	27	191
Industrietechn.	20	7	1	35	14	13	88
	44	13	6	145	33	40	279

Bei 63 = 22,6% lag die Ursache der Arbeitslosigkeit in der Person, bei 216 = 77,4% nicht in der Person der Arbeitslosen. Im Baugewerbe war bei 110 = 57,5% der Gesamtzahl der Berichtenden Arbeitsmangel und bei 19 = 10% Konkurs oder Geschäftsaufgabe des Arbeitgebers die Ursache der Arbeitslosigkeit. In der Industrie wurden 33 = 37,5% wegen Arbeitsmangel und 14 = 16% infolge Konkurs oder anderweitiger Auflösung der Firmen entlassen. Hinzu kommen noch 5 Arbeitslose, die nach Beendigung des Studiums als Anfänger bis zum Stichtage noch keine Stellung finden konnten.

Ueber

die demologischen Verhältnisse

können wir, soweit Alter und Familienstand in Frage kommt, folgendes feststellen. Es waren arbeitslos oder gekündigt:

im Alter	Bautechniker Gekündigt	Arbeitslos	Zusammen
unter 20	2 = 0,44%	5 = 1,10%	7 = 1,54%
20–25	18 = 3,96 „	88 = 19,61 „	107 = 23 56 „
25–30	37 = 8,14 „	96 = 20,92 „	132 = 29,07 „
30–35	18 = 3,96 „	53 = 11,67 „	71 = 15,63 „
35–40	18 = 3,96 „	43 = 9,47 „	61 = 13,43 „
40–45	7 = 1,54 „	44 = 9,69 „	51 = 11.23 „
über 50	1 = 0,88 „	24 = 4,62 „	25 = 5 50 „
	101 = 22,88%	353 = 77,08%	454 = 100%

im Alter	Industrietechniker Gekündigt	Arbeitslos	Zusammen	Bautechn. und Ind.-Tech. zus.
unter 20	1 = 0,52%	3 = 1,58%	4 = 2,10%	11 = 1,07%
20–25	2 = 1,05 „	27 = 14,21 „	29 = 15,26 „	136 = 21,10 „
25–30	16 = 8,42 „	34 = 17,89 „	50 = 26,31 „	182 = 28,26 „
30–35	6 = 3,15 „	22 = 12,10 „	29 = 15,26 „	100 = 15,53 „
35–40	9 = 4,73 „	14 = 7,36 „	23 = 12,10 „	84 = 13,04 „
40–50	4 = 1,57 „	27 = 14,21 „	30 = 15,78 „	81 = 12,57 „
über 50	2 = 1,05 „	23 = 12,10 „	25 = 13,15 „	50 = 7,76 „
	40 = 20,49%	150 = 79,45%	190 = 100%	644 = 100%

Die Altersstufe von 25 bis 30 Jahren weist sowohl bei den Bautechnikern — 29,07% — wie bei den Industrietechnikern — 26,31% — die größte Zahl der Kündigungen und Entlassungen nach. Aber auch die höheren Altersstufen sind bedenklich stark vertreten, weitaus stärker als ihrem Anteil an der Gesamtheit des Berufs entspricht. Das zeigt sich, wenn man diese Tabelle den Ziffern früherer Zählungen und Statistiken über die Lage der technischen Privatangestellten gegenüberstellt. Dann ergibt sich beim Vergleich der Altersgliederung folgende Beteiligung der einzelnen Altersstufen.

Alter	amtliche Berufszählung 1907	Statistik Dr. Günther 1910	Arbeitslosenzählung 1913 Bautechniker	Industrietechniker	Insgesamt
unter 30	56,21%	55,91%	54,17%	43,67%	50.43%
30–40	26,17 „	33,47 „	29,06 „	27,30 „	28,57 „
über 40	17.72 „	10,64 „	16,27 „	29,03 „	21,00 „
	100,00%	100,00%	100,00%	100,00%	100,00%

Die Statistik von Dr. Jäckel (Bureau für Sozialpolitik 1908) beschränkt sich auf das Gebiet „Groß-Berlin" und muß deshalb bei dieser allgemeinen Gegenüberstellung ausgeschieden werden. Dagegen war die Erhebung, die Dr. Günther 1910 unter unseren Mitgliedern vornahm, ebenso allgemeiner Art wie die amtliche Berufszählung 1907. Diese Erhebungen können deshalb hier als Grundlage dienen, wenn wir untersuchen, welche Altersschichten von Angestellten am meisten unter der Arbeitslosigkeit zu leiden haben. Aus der Gegenüberstellung ist ersichtlich, daß die jüngeren Angestellten, die unter 30 Jahren, nach der allgemeinen Berufszählung im Jahre 1907 mit 56,11%, nach der Erhebung von Dr. Günther fast im selben Verhältnis, (55,91) an der Gesamtzahl des Berufes beteiligt sind, während sie bei unserer Arbeitslosenzählung nur mit 50,43% hervortreten. Die jüngeren, in der Regel auch schlechter bezahlten Angestellten scheinen also in geringerem Maße von der Stellenlosigkeit betroffen, wie die älteren, besser bezahlten Schichten. Die nächste Gruppe, die 30 bis 40 Jahre alten Angestellten, bleiben 1913 ebenfalls noch zurückhinter der Zahl der Berufsangehörigen (sowohl nach Dr. Günther wie nach der amtlichen Berufszählung), dagegen übersteigt der Anteil der über 40 Jahre alten Angestellten bei unserer Arbeitslosenzählung weitaus die entsprechenden Ziffern aus der Statistik von Dr. Günther und auch noch die aus der Berufszählung.

Ein Vergleich der Arbeitslosenzählung in Groß-Berlin mit der, das gleiche Gebiet umfassenden Statistik von Dr. Jäckel läßt diese Feststellungen noch schärfer hervortreten. Danach waren bei den Erhebungen von

im Alter	Dr. Jäckel 1908	Unsere Arbeitsl.-Zählg. 1913 Bautechniker	Industrietechniker	Zusammen
unter 30 Jahr.	64,02%	120 = 54,54%	61 = 47,66%	181 = 52,01%
30–40 Jahr.	31,12%	70 = 31,81%	39 = 30,46%	109 = 31,32%
über 40 Jahr.	4,86%	30 = 13 65%	28 = 21,88%	58 = 16,67%
	100%	220 = 100%	128 = 100%	348 = 100%

Der Anteil der Angestellten über 40 Jahre ist in Groß-Berlin bei unserer Arbeitslosenzählung also im Baugewerbe fast 3 mal, in der Industrie fast 5 mal so groß wie nach Dr. Jäckel, d. h.: in Zeiten schlechten Geschäftsganges werden die älteren Angestellten, die naturgemäß in der Regel höhere Gehälter beziehen, zuerst abgeschoben. In der Industrie zeigt sich diese Tendenz dabei noch stärker wie im Baugewerbe, wo namentlich in kleineren Betrieben der ältere Angestellte noch etwas mehr mit dem Unternehmen verbunden erscheint. Das Problem „der alternden Angestellten" tritt auch in unserem Berufe immer mehr in Erscheinung! In der Industrie ist die Arbeitsteilung bereits bis ins kleinste durchgeführt und der einzelne Angestellte leichter entbehrlich; daher auch hier 29% Stellenlose über 40 Jahre!

Wir kennen diese Verhältnisse aus unserer Stellenlosenunterstützung und aus der täglichen Beschäftigung mit der Not der Arbeitslosen, uns überrascht daher diese Tatsache nicht. Wer aber die Berufslage der Techniker oberflächlich oder zu günstig beurteilt, möge an diesen Zahlen die Größe der Notlage im Technikerstand erkennen.

Die Scheidung der von unserer Zählung erfaßten Angestellten nach dem Familienstand ergibt folgendes:

Es waren:

im Alter	Bautechniker ledig	verheiratet	zusammen
unter 20	7 = 1,54%	–	7 = 1,54%
20–25	88 = 19,39 „	19 = 4,18%	107 = 23,57 „
25–30	77 = 16,96 „	54 = 11,89 „	131 = 28,85 „
30–35	24 = 5,28 „	47 = 10,36 „	71 = 15,64 „
35–40	16 = 3,52 „	45 = 9,92 „	61 = 13,43 „
40–50	9 = 1,98 „	42 = 9,25 „	51 = 11,23 „
über 50	4 = 0,88 „	22 = 4,84 „	26 = 5,74 „
	225 = 49,55%	229 = 50,45%	454 = 100%

im Alter	Industrietechniker ledig	verheiratet	zusammen	Insgesamt
unter 20	2 = 1,05 %	2 = 1,05 %	4 = 2,10 %	11 %
20–25	24 = 12,63 „	5 = 12,63 „	29 = 15,26 „	136 „
25–30	30 = 15,79 „	21 = 10,52 „	60 = 26,31 „	181 „
30–35	8 = 4,21 „	21 = 11,05 „	29 = 15,26 „	100 „
35–40	6 = 3,16 „	17 = 8,94 „	23 = 12,12 „	84 „
40–50	2 = 1,05 „	28 = 14,74 „	30 = 15,79 „	81 „
über 50	3 = 2,11 „	21 = 11,05 „	25 = 13,16 „	51 „
	75 = 40 %	115 = 60 %	190 = 100 %	644 %

Bei den Bautechnikern sind Ledige und Verheiratete noch gleich stark von der Arbeitslosigkeit betroffen, während in der Industrie die Verheirateten viel stärker darunter zu leiden haben, wie die Ledigen. Auch diese Erscheinung ist nicht zufällig und gibt zu denken. Die Tatsache, daß die Angestellten im Baugewerbe schwerer zur Ehe kommen, wie in der Industrie, hat bereits Dr. Günther festgestellt. Hier werden die Ergebnisse seiner Arbeit und damit auch seine Schlußfolgerungen, auf die bei dieser Betrachtung nicht einzugehen ist, bestätigt.

Noch klarer wird das Bild durch die Zusammenziehung vorstehender Tabelle.

Danach waren	Bautechniker ledig	verheiratet	Industrietechniker ledig	verheiratet
unter 30 Jahr.	37,89 %	16,07 %	29,47 %	14,20 %
30–40 „	8,80 „	20,28 „	7,37 „	18,99 „
über 40 „	2,86 „	14,09 „	3,16 „	25,79 „
insgesamt	49,55 %	50,45 %	40 %	60 %

Die Tatsache, daß von den stellenlosen Industrietechnikern über ein Viertel, und von den stellenlosen Bautechnikern ein Siebentel verheiratet und über 40 Jahre alt ist, unterstützt unsere Behauptung, daß in Krisenzeiten zuerst die älteren, verheirateten und darum teureren Angestellten abgestoßen werden.

Der für die Beurteilung des Charakters der Arbeitslosigkeit unter den technischen Angestellten wichtigste Abschnitt über

die Dauer der Arbeitslosigkeit

soll im nachfolgenden eingehender behandelt werden. Wir bringen zunächst Gesamtzahlen über „Alter der Arbeitslosen und Dauer der Arbeitslosigkeit“. Danach waren:

Alter	Anzahl	Gekündigt	arbeitslos im .... Monat 1	2	3	4	5	6	7	8	9	10	11	12	dar.	Zusam.
unter 20 J.	11 = 1,70 %	3 = 0,46 %	1	2	3		1		1							8 = 1,24 %
20–25	135 = 20,97 %	20 = 3,10 %	22	16	31	19	5	4	7		2	2	1	4	2	115 = 17,85 %
25–30	183 = 28,41 %	53 = 8,23 %	35	17	32	12	7	5	2	2	10		2	4	2	130 = 20,18 %
30–35	99 = 15,37 %	24 = 3,72 %	18	16	19	5	5	1		2	5	1	1	1	1	75 = 11,64 %
35–40	84 = 13,04 %	27 = 4,19 %	8	6	10	2	2	6	4	2	8		2		7	57 = 8,85 %
40–50	82 = 12,73 %	11 = 1,70 %	4	12	17	4	6	2	5	6	1	2	1	3	8	71 = 11,02 %
üb. 50	50 = 7,76 %	3 = 0,46 %	3	7	9	3	3	2	3		6			2	9	47 = 7,29 %
		141 = 21,89 %	91	76	121	45	29	20	22	12	32	5	7	14	29	503 = 78,07 %

Diese Tabelle spiegelt das ganze Elend der Stellenlosen in unserem Berufe wieder. Berechnen wir danach die durchschnittliche Dauer der Arbeitslosigkeit der einzelnen Altersstufen nach „Arbeitslosen Tagen“ unter Außerachtlassung derjenigen, die bereits länger als ein Jahr ohne Stellung sind (diese werden gesondert besprochen), dann ergibt sich folgende

durchschnittliche Arbeitslosigkeit in den einzelnen Altersstufen:

Altersstufe	Anzahl der Arbeitslosen	insgesamt Arbeitslosentage	Arbeitslosentage pro Kopf
unter 20 Jahren	8	780	98
20–25 Jahre	113	12540	111
25–30 „	128	14040	110
30–35 „	74	7560	102
35–40 „	50	7260	145
40–50 „	63	8880	141
über 50 „	38	5460	144
Zusammen	474	56520	120

Die Arbeitslosigkeit ist danach am stärksten in den Altersstufen über 35 Jahre. Die Zusammenfassung dieser Tabelle nach den 3 Altersstufen: unter 30 Jahren, 30 bis 40 Jahre und über 40 Jahre zeigt, daß die Arbeitslosigkeit mit zunehmendem Alter steigt. Es waren:

im Alter	Gekündigt	arbeitslos	durchschnittl. Dauer der Arbeitslosigkeit
unter 20 Jahren	76	249	110 Tage
30–40 Jahre	51	124	120 „
über 40 „	14	101	142 „
Gesamtzahlen	141	474	120 Tage

Also, fast 4 Monate durchschnittliche Arbeitslosigkeit im ganzen und fast 5 Monate bei den über 35 Jahre alten Angestellten! Das ist das Ergebnis unserer Arbeitslosenzählung.

„Der Menschheit ganzer Jammer faßt uns an“, wenn wir an das Elend denken, das hinter diesen Zahlen steckt. Die gehen ja noch über jene der arbeitslosen Holzarbeiter und Bauarbeiter hinaus und bringen den Technikerstand mit an die Spitze der Berufe, die unter der Arbeitslosigkeit zurzeit am härtesten zu leiden haben!

(Schluß folgt.)

VOLKSWIRTSCHAFT

Ueber die Entwicklung der Kartelle

gibt das von den Aeltesten der Kaufmannschaft in Berlin herausgegebene „Berliner Jahrbuch für Handel und Industrie“ interessante Aufschlüsse. In der Aufzählung konnten nur diejenigen Kartelle erfaßt werden, deren Bestehen in der Oeffentlichkeit bekannt geworden ist. Es fehlen also all die Zusammenschlüsse, die zum Teil mit Absicht ihr Bestehen geheim gehalten. Im Vergleich zu den Vorjahren ergibt sich auf grund dieser Zusammenstellung folgende Entwicklung der deutschen Kartelle 1911: 204; 1912: 190; 1913: 300. Am meisten kartelliert ist die Metallindustrie, mit 94 Verbänden, und davon wieder die Eisenindustrie mit 59 Organisationen. In der Textilindustrie werden 55 Kartelle gezählt.

Es ist erfreulich, daß angesichts dieser Entwicklung der alte manchesterliche Gedankengang, daß man auf wirtschaftlichem Gebiete das freie Spiel der Kräfte walten lassen müsse, immer mehr im Schwinden begriffen ist. So schreibt selbst das „Berliner Jahrbuch“ in bezug auf das Kohlensyndikat: „Je größer ein Verband ist, um so mehr übernimmt er gewissermaßen öffentliche Funktionen, Aufgaben der staatlichen Wirtschaftspolitik“. Da aber derartige öffentliche Funktionen unmöglich von privaten Organisationen, die im Erwerbsinteresse gegründet sind, wahrgenommen werden können, folgt aus dieser Erkenntnis, die hier die Aeltesten der Kaufmannschaft ausgesprochen haben, die Notwendigkeit eines staatlichen Eingriffs in die Kartellpolitik. Hdl.

SOZIALPOLITIK

Die Vereinigung der Steuer- und Wirtschafts„reformer“

hat sich anläßlich der „Großen Landwirtschaftswoche“ in Berlin wieder einmal der Oeffentlichkeit mit ihrem wahren Gesicht gezeigt. Unsere Sozialpolitik wurde in Bausch und Bogen verurteilt, unserer Steuergesetzgebung nachgesagt, daß sie geeignet sei, „die Freude an schaffender Arbeit zu zerstören, die Neigung zur Sparsamkeit, zur Vermögensansammlung zu vernichten, die Vermögensflucht ins Ausland zu begünstigen“. Der Hauptprotest galt aber der Arbeitslosenversicherung. Als Redner hatte man sich Professor Dr. jur Moldenhauer von der Handelshochschule in Köln verschrieben. Er legte Leitsätze vor, die die Arbeitslosenversicherung in jeder Form ablehnen und u. a. behaupten, daß sie „das Selbstverantwortlichkeitsgefühl der Arbeiter schwächen und den Trieb zur Selbsthilfe lähmen würde“. Das Hauptargument der Leitsätze soll aber wohl dies sein: „Einen wirklichen Vorteil von dieser Versicherung würden in erster Linie die Gewerkschaften haben, die auf diese Weise in die Lage versetzt werden, noch erheblich größere Mittel als bisher für Streikunterstützungen aufzuwenden“. Um den „Streik“ drehte sich dann auch die ganze Debatte, die in der Forderung nach einem Verbot des Streikpostenstehens auslief. Aufs höchste entrüstet war man darüber, daß ein Rittergutsbesitzer von Bodelschwingh zu behaupten wagte, daß nicht ohne weiteres jeder Streik zu verwerfen sei, da es Verhältnisse geben könne, wo die Anwendung des Streiks als ultima ratio notwendig sei. Stürmischer Beifall lösten aber die Worte von Dr. v. Richthofen (Kuhner) aus, daß die Arbeitslosenversicherung einführen, heißen würde, die Schlechtigkeit zu unterstützen, ja, daß die Arbeitslosenversicherung nichts weiter bedeute, als die Vorbereitung zur Revolution. Es seien noch die Worte von Professor Moldenhauer hier registriert, daß „die Arbeitslosenversicherung eine Besteuerung der Tüchtigen und Fleißigsten“ bedeute, um das Bild von den urreaktionären Ansichten dieser „Reformer“ zu vervollständigen. Kein Verständnis für die Nöte der Zeit, keine Ahnung davon, daß es Tausende und Abertausende gibt, die arbeiten wollen, aber infolge der wirtschaftlichen Verhältnisse keine Arbeit finden können. Hdl.

*

Auch ein Kommentar zur Arbeitslosigkeit!

In Charlottenburg-Berlin, der Stadt der Millionäre, waren auf Armenunterstützung u. a. angewiesen: 3 Apotheker, 3 Chemiker, 4 Zahntechniker, 3 Architekten, 4 Landmesser, 15 Ingenieure, 6 Schriftsteller, 8 Schausteller, 2 Sänger, 4 Kunstmaler, 6 Lehrer, 38 ehemalige Postbeamte, 51 ehemalige Eisenbahnbeamte, 11 Schutzleute und 59 Gastwirte. Unter den weiblichen Unterstützten: 15 Musiklehrerinnen, 10 Schauspielerinnen, Tänzerinnen usw., 2 Schriftstellerinnen und 55 Geschäftsinhaberinnen und Händlerinnen.

*

Einen Staatszuschuß zur gewerkschaftlichen Arbeitslosenunterstützung in Oesterreich

hat der Budgetausschuß des österreichischen Abgeordnetenhauses infolge eines sozialdemokratischen Antrags beschlossen. Nach dem Beschlusse sollen 2 Millionen Kronen im ersten Halbjahr 1914 für die Gewährung von staatlichen Zuschüssen zur gewerkschaftlichen Arbeitslosenunterstützung im Etat ausgeworfen werden. Im Plenum wird dieser Antrag infolge der Mehrheitsverhältnisse wohl keine Annahme finden. Er zeigt aber doch, wie weit die Forderung nach einer staatlichen Arbeitslosenversicherung unter Mitwirkung der Berufsorganisationen Fortschritte gemacht hat.

*

Die Löhne der Arbeiter und Angestellten in der deutschen Kraftfahrzeugindustrie

Das Kaiserliche Statistische Amt behandelt im III. Ergänzungsheft zu den Vierteljahrsheften zur Statistik des Deutschen Reichs „Die Ergebnisse der deutschen Produktionserhebungen“. Diese Publikation verdient insofern in weiteren Kreisen Beachtung, als sie die in den Jahren 1907 bezw. 1908 bis 1911 vorgenommenen Erhebungen übersichtlich zusammenstellt, teilweise auch auf Erhebungen der Jahre 1901 bis 1906 zurückgreift und eingehende Auskunft gibt über die Methode der Erhebungen, wodurch ihre Bedeutung für den praktischen Gebrauch erst ins richtige Licht gestellt wird.

Wir wollen unsere Leser mit den hauptsächlichsten Ergebnissen der Erhebungen über die Kraftfahrzeugfabriken, denen die Fabriken für Flugmaschinen und Luftschiffe zugezählt sind, bekannt machen.

Die Erhebungen erfassen in der Hauptsache die größeren Betriebe und lassen die handwerksmäßigen außer Betracht. Die in den Grundzügen für alle Industriezweige übereinstimmenden Fragebogen beziehen sich auf folgende Feststellungen: Die Art der Geschäftstätigkeit, die Art und die Zahl der Betriebseinrichtungen, die Zahl der beschäftigten Personen und ihren Gesamtverdienst, die Menge und den Wert der verarbeiteten Rohstoffe, Halb- und Ganzfabrikate, ihr Ursprungsland, den Wert der empfangenen Hilfsarbeiten einerseits und der für fremde Rechnung geleisteten Hilfsarbeiten andererseits, die Menge und den Wert der Erzeugnisse, sowie die Menge und den Wert des Absatzes nach dem In- und Ausland. Ganz besondere Kautelen sind für die Geheimhaltung der erhobenen Einzelergebnisse getroffen; die Ergebnisse werden vor der Veröffentlichung mit Sachverständigen der einzelnen Industriezweige besprochen. Firmen, die die Fragebogen nicht beantwortet haben, werden von diesen Sachverständigen eingeschätzt.

Nach den Ergebnissen betrug

	die Zahl der Betriebe	die Zahl der beschäftigten Personen, einschl. der Angestellten	Betrag der Löhne und Gehälter in Mill. M
1901	12	1773	2,2
1903	18	3684	4,8
1906	34	11439	15,9
1907	52	12688	18 9
1908	53	12430	18,2
1909	58	18046	23,1
1910	56	20311	31,4
1911	58	26572	42,0

Die Zahlen spiegeln die allgemeinen Entwicklungstendenzen der modernen Industrie wieder. Bis zum Jahr 1907 wachsen die Zahlen der Betriebe und der beschäftigten Arbeiter und Angestellten fast im gleichen Tempo; 1908 vermehrt sich die Zahl der Betriebe um einen, die der Arbeiter geht sogar zurück. 1909 tritt eine Aenderung in der Entwicklungstendenz, die im letzten Jahre bereits auf eine Sättigung der Industrie zu zeigen schien, ein: die Zahl der Betriebe steigt nochmals unbedeutend, bleibt dann aber mit einem kleinen Rückschlag stationär, die Zahl der Arbeiter dagegen steigt weiter in lebhaft beschleunigtem Tempo, d. h. die Kapitalskonzentration hat sich des neuen Industriezweigs bemächtigt, die kleinen Betriebe bleiben zunächst stationär, werden dann allmählich ausgemerzt, der Großbetrieb beherrscht den Markt. Die Entwicklung ist noch nicht abgeschlossen, aber sie hat deutlich erkennbar diese Richtung eingeschlagen.

Der Durchschnittslohn oder Gehalt einer beschäftigten Person stieg von 1243 M im Jahre 1901 auf 1464 M im Jahre 1908 und auf 1581 M im Jahre 1911.

Für die Jahre 1901, 1903 und 1906 sind die Arbeiter, technischen und kaufmännischen Angestellten nebst ihren Gehältern und Löhnen besonders angegeben. Wir geben darüber folgende Uebersicht:

	Zahl			Löhne oder Gehälter in 1000 M			Durchschnittslohn oder Gehalt		
	1901	1903	1906	1901	1903	1906	1901	1903	1906
Arbeiter	1589	3289	10347	1815	3816	13324	1142	1160	1287
techn. Beamte	116	228	612	270	557	1549	2590	2443	2531
kaufm. Beamte	68	167	480	156	399	1067	2294	2389	2223

Danach steigen die Löhne der Arbeiter, während die Gehälter der technischen und kaufmännischen Angestellten fallen. Die Erklärung für dieses widerspruchsvolle Verhalten in einem Punkte, in dem man Uebereinstimmung erwarten sollte, ist nicht schwer zu finden. Das rasche Wachstum der Arbeiterzahl veranschaulicht deutlich eine stark erhöhte Nachfrage nach Arbeitern, weshalb schon nach dem bekannten Preisgesetz der Preis der Ware Arbeit, d. h. der Lohn, steigen muß. Die Arbeiter werden ferner überwiegend im Akkord beschäftigt; bei guter Konjunktur werden höhere Akkordsätze leichter bewilligt und länger festgehalten, als im umgekehrten Fall. Die Arbeiter können also die erreichte größere Uebung zu ihrem Vorteil ausnützen. Endlich werden öfter Ueberstunden, die zu einem höheren Lohnsatz bezahlt werden, gemacht, was wiederum dazu mitwirkt, den Durchschnittslohn der Arbeiter zu steigern.

Ganz anders gestalten sich die Lohn- oder Gehaltsverhältnisse der Angestellten. Hier werden im Anfang die höchstbezahlten, hochqualifizierten Kräfte eingestellt. Sie müssen nicht bloß die Produktion in Gang bringen, sondern auch die Teilarbeiter, die jederzeit ersetzbar sind, anlernen. Diese werden nun in großer Zahl eingestellt (der starke Sprung der Zahl der technischen Beamten von 228 im Jahre 1903 auf 612 im Jahre 1906 zeigt dies deutlich); sie erhalten natürlich nur einen Bruchteil des Gehaltes jener zuerst eingestellten hochqualifizierten Beamten und drücken damit bei ihrer großen Zahl selbstverständlich das Durchschnittsgehalt der Angestellten stark herab.

Leider können wir diesen Vorgang nicht bis in die neueste Zeit weiter verfolgen, da von 1907 an in der Veröffentlichung des Kaiserlichen Statistischen Amtes die Gehälter der technischen und kaufmännischen Beamten mit den Löhnen der Arbeiter zusammengeworfen sind. Dies ist um so mehr zu bedauern, als namentlich im Gegensatz zu den Vereinigten Staaten von Amerika unsere Lohnstatistik äußerst dürftig ist, weshalb unsere statistische Zentralbehörde nicht versäumen sollte, ihr zugehendes lohn- und gehaltsstatistisches Material möglichst ausführlich zu veröffentlichen. Von diesem Gesichtspunkt aus genügen aber auch die Durchschnittslöhne der Angestellten und Arbeiter nicht, vielmehr sind die Löhne und Gehälter nach möglichst detailliert gegliederten Lohngruppen zu veröffentlichen.

Die Zahl der fertiggestellten Zweiräder stieg von 41 im Jahre 1901 und 2991 im Jahre 1903 auf 3901 im Jahre 1911, die der Kraftwagen und Untergestelle im gleichen Zeitraum von 884 und 1450 auf 16 939; der Wert der gesamten erzeugten Jahren betrug 5,7; 14,1 und 153,1 Mill. M; der Wert der verarbeiteten Rohstoffe, Halb- und Ganzfabrikate 2,6; 6,7 und 74,7 Mill. M.

Der Vergleichbarkeit halber wurden bei der bis jetzt behandelten Statistik die Betriebe ausgesondert, die ausschließlich Motorboote, Luftschiffe, Flugmaschinen und lediglich Motoren für Kraftwagen, Motorboote, Luftschiffe und Flugmaschinen hergestellt haben. Rechnet man diese, wie dies in der für 1907 bis 1911 nach einem neuen Fragebogen aufgestellten Statistik geschehen ist, hinzu, so hat sich von 1907 bis 1911 die Zahl der Betriebe nicht ganz verdoppelt (sie stieg von 69 auf 131); die der Arbeiter und Angestellten etwas mehr als verdoppelt (von 13 423 auf 28 694 vermehrt), ihre Löhne haben sich von 19,9 auf 45,057 Mill. M oder um 130% vermehrt. Der Gesamtwert der Produkte dagegen stieg von 60,9 auf 163 Mill. M, hat sich also um 167,6% gesteigert.

Sollte dabei, wie wir Grund haben, anzunehmen, das durchschnittliche Gehaltsniveau der technischen und kaufmännischen Angestellten noch weiter gesunken sein, so wäre dies für eine unabhängige und unparteiische Behörde, wie das Kaiserliche Statistische Amt, noch lange kein Grund, das Bild von den tatsächlichen Verhältnissen dadurch zu verwischen, daß man diese Gehälter mit den steigenden Löhnen der Arbeiter zusammenwirft. —s.

:: :: :: :: ANGESTELLTENFRAGEN :: :: :: ::

Vordringen des gewerkschaftlichen Gedankens

Der deutsche Bankbeamtenverein fängt an zu reformieren. Unter dem Druck der ungünstigen wirtschaftlichen Verhältnisse im Bankfach und wohl auch infolge der lebhaften Bewegung in seinen eigenen Mitgliederreihen, die nach der Gründung des eine rührige Agitation betreibenden „Allgemeinen Verbandes der deutschen Bankbeamten“ einsetzte, hat er beschlossen, einen ähnlichen Fonds zu sammeln, wie seine Konkurrenzorganisation. Während der Allgemeine Verband trotz seiner Jugend bereits über einen „Widerstandsfonds“ verfügt, der die immerhin schon recht stattliche Höhe von 40 000 M aufweist, erläßt jetzt der Leiter des bedeutend älteren Deutschen Bankbeamtenvereins, Fürstenberg, an der Spitze seines Organs einen Aufruf zur Schaffung eines „Solidaritätsfonds“ gegen etwaige Maßregelungen. Seine Notwendigkeit wird mit der dringend erforderlichen Gehaltsreform begründet, die die wirtschaftlichen Verhältnisse der Angestellten mit den erhöhten Anforderungen, die der Lebensunterhalt an die Bankbeamten stellt, in Einklang bringen soll. Zur Durchsetzung dieser Forderung sei neben Opfern an Zeit und Arbeit das Hervortreten Einzelner in die erste Reihe der um günstigere Existenzbedingungen kämpfenden Berufsgenossen notwendig, die in allen Zwischenfällen an ihrer Organisation einen festen Rückhalt haben müßten. Die finanziellen Mittel dazu aufzubringen, sei der Verein wegen niedriger Beiträge bisher nicht in der Lage gewesen, weshalb jetzt ein Solidaritätsfonds geschaffen werden solle, der die Mitglieder vor den Nachteilen etwaiger Maßregelungen schützt. Gleichzeitig sollen aus diesem Fonds auch die unterstützt werden, die infolge ungünstiger wirtschaftlicher Verhältnisse stellungslos geworden sind. Hiernach ist wohl zu erwarten, daß der Verband sein Beitragswesen demnächst ebenfalls reformiert. Denn die Verquickung des Solidaritätsfonds mit einer Stellungslosen-Unterstützungskasse muß notwendig zu einer Schwächung der Leistungen führen, wozu der Solidaritätsfonds eigentlich bestimmt ist.

Jedenfalls ist dieser Beschluß des Bankbeamtenvereins wieder ein Beweis dafür, daß der gewerkschaftliche Gedanke in den Kreisen der Angestellten immer festeren Fuß faßt. Mf.

:: :: :: :: :: :: STANDESFRAGEN :: :: :: :: :: ::

Differenzen mit der Maschinenbauanstalt Humboldt

Die Maschinenbauanstalt Humboldt, wohl das bedeutendste der Cölner Werke, gehört zu den großindustriellen Unternehmungen, bei denen Urlaub gar nicht oder nur in ganz geringem Maße, abhängig vom Wohlwollen der Vorgesetzten, gewährt wird. Es ist deshalb erklärlich, daß sich der Angestellten — es sind über 600 Beamte beschäftigt — allmählich eine Mißstimmung bemächtigte, die wiederholt zum Ausdruck kam. Insbesondere die technischen Angestellten, und unter ihnen namentlich die techn. Bureaubeamten, die jahraus, jahrein geistig angestrengt arbeiten, empfinden diesen Uebelstand; sie vereinigten sich im vor. Jahre, um dagegen gemeinsam anzukämpfen und geregelte Urlaubsverhältnisse herbeizuführen. Herr Timm, der Gauleiter des Bundes der technisch-industriellen Beamten im Rheinland hatte wiederholt als Aktionär des Humboldt in den Generalversammlungen der Gesellschaft die der Direktion in verschiedenen Eingaben unterbreiteten Wünsche der Angestellten vertreten; immer mit negativ. Erfolg. Ende 1913 traten nun unsere Mitglieder und die des Bundes zusammen, um in der Angelegenheit weiter zu arbeiten. Es wurde ein Ausschuß aus Mitgliedern beider Verbände und einigen nichtorganisierten Werksangehörigen gebildet, der die Aufgabe erhielt, zunächst die Schaffung eines von der Generaldirektion anerkannten Beamten-Ausschusses und die Festlegung ausreichender Urlaubsnormen vorzubereiten.

Nun ist die Bewegung durch die Kündigung zweier Vertrauensmänner des Bundes in ein neues Stadium getreten. Das Objekt des Kampfes ist damit ein anderes geworden. Es handelt sich nicht mehr um die an sich gewiß sehr wichtigen Fragen, Urlaub und Beamtenausschuß, sondern um das elementarste Recht der Angestellten, das Koalitionsrecht. Zum Protest gegen das Vorgehen des Humboldt hat am Freitag, dem 20. Febr., in Cöln-Kalk eine Massenversammlung stattgefunden, die von mehr als 1300 Personen besucht war. Viele Hunderte mußten wegen Ueberfüllung vor den Türen umkehren. Die in dieser Versammlung von der Direktion des Humboldt, die sich durch den Personal-Dezernenten und ihren juristischen Beirat vertreten ließ, gegebene Darstellung der Gründe für die Kündigung wiesen nun allerdings darauf hin, daß es sich in dem einen Falle um unbefriedigende berufliche Leistungen handeln soll, in dem anderen Falle um eine Einschränkung der betreffenden Abteilung. Aber selbst zugegeben, daß die beiden Kündigungen auf derartige Gründe zurückzuführen sind, so muß es doch aufs äußerste befremden, daß die Kündigung zweier Bundesmitglieder gerade in dem Augenblicke ausgesprochen wurde, wo diese beiden Angestellten als Wortführer und Vertrauensmänner des Bundes die Rechte ihrer Kollegen vertreten wollten. Das wurde auch von dem Redner unseres Verbandes, Kaufmann, in der Protestversammlung betont, der ausdrücklich darauf hinwies, daß auch der Deutsche Techniker-Verband, wenn es sich um die Wahrung des Koalitionsrechtes der Angestellten handele, Seite an Seite mit der angegriffenen Organisation kämpfen werde.

Wir hoffen, daß die Direktion des Humboldt sich des Eindrucks dieser Versammlung nicht entziehen wird. Der Grundgedanke, der in der Behandlung der Urlaubsfrage und des Angestelltenausschusses in der Versammlung zum Ausdruck kam, war der, daß die Angestellten nicht aus Wohlwollen Vergünstigungen gewährt erhalten wollen, wie sie nach den Aussagen von Werksangestellten „in reichem Maße“ gewährt werden, sondern daß sie das Recht auf Urlaub für sich in Anspruch nehmen.

Die Bundeszeitung hat sich in ihrer letzten Nummer bemüßigt gefühlt, unter Hinweis auf die Taktik der Direktion des Humboldt, die nach dem Grundsatze „divide et impera“ scheinbar unter den Angestellten Zwietracht aus ihrer Verbandszugehörigkeit zu säen versucht, es so hinzustellen, als ob die Verbandsmitglieder mit „Zuckerbrot“, die Bundesmitglieder mit der „Peitsche“ behandelt worden seien. Wir brauchen uns über diesen lächerlichen Vergleich an dieser Stelle wohl nicht weiter auszusprechen, da dem Bunde doch wohl zur Genüge die Momente bekannt sein müssen, die für unsere Haltung bestimmend waren. Wir würden eine Auseinandersetzung darüber an dieser Stelle bedauern, sie aber nicht zu scheuen haben.

DEUTSCHE TECHNIKER-ZEITUNG

TECHNISCHE RUNDSCHAU

XXXI. Jahrg. **28. Februar 1914** **Heft 9**

Ueber die makroskopische Gefügeuntersuchung des schmiedbaren Eisens

Von ROLF SPROECKE, Danzig.

(Fortsetzung von Heft 7.)

Die Wirkungen des Aetzmittels ermöglichen nun Einblicke in das Gefüge des Eisens, die wiederum gestatten, sowohl die Qualität des Eisens, als auch dessen Verhalten bei Beanspruchungen in gewissen Grenzen, zu bestimmen. Zahlenmäßige und allgemein feststehende Angaben lassen sich natürlich nicht machen, immerhin sind Winke möglich, die bei einiger Schulung brauchbare Resultate für die Materialkontrolle und für die praktische Bewährung in allgemein gebräuchlicher Art ergeben, außerdem für wissenschaftliche Beurteilungen zweckmäßig sind. Durch das Aetzen mit Säuren werden vornehmlich die verunreinigten, durch Aetzen mit Kupferammoniumchlorid außerdem die stärker gekohlten Teile des Eisens sichtbar gemacht. Diese Einflüsse der Aetzmittel werden nun praktisch ausgenutzt.

So ist an einem Material die Verteilung des Kohlenstoffgehaltes ungleich leichter durch Aetzung der Teile nachzuweisen, als auf chemisch-analytischem Wege, wenigstens wird die Genauigkeit des Nachweises bei der makroskopischen Untersuchung größer sein. Dieses hat seine Erklärung darin, daß bekanntlich zwischen den kohlenstoffärmeren und kohlenstoffreicheren Partien des Materials nur allmähliche Uebergänge bestehen, was die Untersuchung auf chemischem Wege nicht nur erschwert, sondern sie auch zeitraubend gestaltet. Eine Aetzung mit Kupferammoniumchloridlösung führt sicherer und schneller zum Ziele und bietet auch noch die Möglichkeit, aus dem Vorhandensein der verschiedenen Phasen und Bestandteile des Gefüges den Gehalt des Kohlenstoffes mit dem Mikroskop festzustellen, was auch für die einzelnen Zonen des Materials schneller zu erledigen ist, als durch die chemische Analyse. Durch Aetzen eines kohlenstoffhaltigen Eisens mit Kupferammoniumchlorid erhält das Gefüge eine verschiedene F ä r b u n g. Aus der Metallographie des Eisens und seiner Legierungen wissen wir, daß das Eisen nach dem Erstarren bei der Abkühlung U m w a n d l u n g e n erfährt, die die Gefügebildung verursachen. Wir erinnern uns ferner, daß die sich bildenden Bestandteile nicht nur verschieden charakteristisches Aussehen zeigen, sondern auch verschiedene Eigenschaften haben, besonders inbezug auf den K o h l e n s t o f f g e h a l t. Diese Punkte bilden mit die Ursache für die verschiedenartige Färbung des Gefüges durch die Aetzung, denn es ist erklärlich, daß der kohlenstoffreichere Perlit mehr gefärbt wird als der kohlenstoffärmere Ferrit, daher auch im Aetzbild dem Auge dunkler erscheint, als der Ferrit.

Die Praxis bietet oft Gelegenheit, derartige Ermittelungen anzustellen. So zum Beispiel, wenn an einem Material die Einwirkung der Einsatzhärtung aufgedeckt werden soll, kann eine Aetzung hierfür gute Dienste leisten. Wenn vor dem Abschrecken der im Einsatz zu härtenden Teile das Aetzen ausgeführt werden kann, so ist dieses günstiger für die Beurteilung. Bereits abgeschreckte Teile müssen zur Aetzung ausgeglüht werden, was so erfolgen soll, daß kein Kohlenstoffverlust eintritt. Nach erfolgter Aetzung mit Kupferammoniumchloridlösung wird man die Tiefe der gekohlten Schicht aus ihrem Kohlenstoffgehalt zur Genüge ermitteln können, um daraus weiter für die Verwertung des Materials oder des Härteverfahrens Schlüsse zu ziehen. Erklärlich ist es wohl, daß man durch Aetzung auch die Wirkungen des Glühens inbezug auf die erfolgte E n t k o h l u n g des Materials nachzuprüfen vermag, also auch den Nachweis erbringen kann, ob an einem geglühten Teil die Randzone einen anderen Kohlenstoffgehalt hat als die Kernzone. Wie wichtig die erwähnten Nachweise im praktischen Betrieb manchmal sind, weiß der metallverarbeitende und metallbearbeitende Praktiker wohl selbst.

Wenn schmiedbares Eisen einen übergroßen (etwa über 0,2%) Gehalt an P h o s p h o r besitzt, ist es leichter schweißbar, dagegen in der Kälte spröde und weniger fest, wird darum auch als kaltbrüchig bezeichnet. Bruchstellen von derartigem Material zeigen ein flaches, schuppiges Korn, hellweiße Farbe und starken Glanz. Schon hieraus kann man auf eine Anreicherung von Phosphor schließen, bei einer Aetzung mit Kupferammoniumchlorid erhält man ein noch klareres Bild, welches nach einer Tiefätzung mit Salzsäure ganz offenkundig die Häufung des Phosphors wiedergibt. Wird die Schlifffläche eines Eisens, das phosphorhaltig ist, mit Kupferammoniumchlorid behandelt, so zeigen sich an den Stellen, wo Phosphor vorhanden ist, dunklere Färbungen, die sich von jenen des höheren Kohlenstoffgehaltes durch ein bronzenes Aussehen unterscheiden. Einige Uebung beim Beurteilen des Aetzbildes ist schon nötig, um nicht zu falschen Resultaten zu gelangen. Die mit Kupferammoniumchloridlösung geätzte Schliff kann auch mit dem Mikroskop auf etwaige Unregelmäßigkeiten im Gefüge untersucht werden. Daß sich phosphorreiche Stellen nach der Behandlung mit Kupferammoniumchlorid dunkel gefärbt zeigen, ist darauf zurückzuführen, daß die Mischkristalle von Eisen und Eisenphosphid die Bildung von Phosphorkupfer ermöglichen. Reines Eisenphosphid selbst wird dagegen von Kupferammoniumchlorid nicht angegriffen, es erscheint darum im geätzten Schliff hell, ähnlich wie Eisenkarbid. Hieraus ist zu entnehmen, daß die dunkelfärbende Wirkung von Kupferammoniumchlorid an Ferritkristallen nur bis zu einer bestimmten Grenze erfolgt. Diese liegt bei einem Phosphorgehalt von 1%. Da die schädliche Einwirkung des Phosphors auf die mechanischen Eigenschaften des Eisens bei einem Gehalt von 0,2% beginnt, so genügt die Aetzung mit Kupferammoniumchloridlösung zur Bestimmung des Phosphors im Eisen, auch bei Anreicherungen, die die Grenze der Nichtfärbung überschreiten.

Sehr hochgekohlte Eisen-Kohlenstoff-Legierungen, in denen der Ferrit durch den Cementit ersetzt wird, können mit Kupferammoniumchlorid zur makroskopischen Untersuchung nicht mehr mit Erfolg geätzt werden, man muß dann den Schliff mit Säuren behandeln. Von diesen eignet sich wässrige Salzsäure, genauer 30 Teile Salzsäure in 70 Teilen Wasser am besten, denn sie wird dichtes, phos-

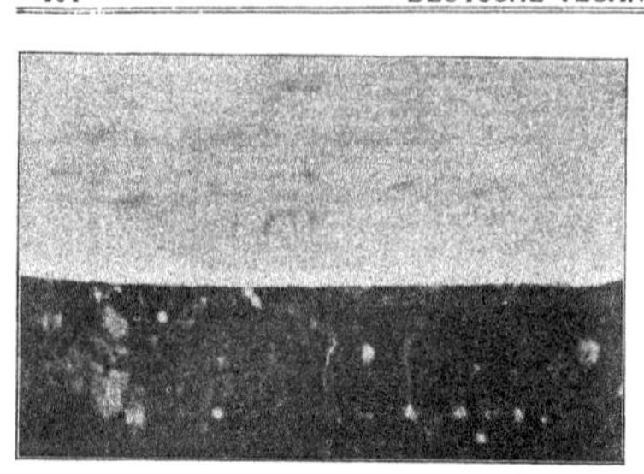

Abb. 1. Darstellung übereinander geschweißter Rohre.

Ueber ein Flußeisenrohr (hell) wurde ein anderes aus Schweißeisen gebracht und beide durch gewöhnliche Schweißung verbunden.
Probestück: gefeilt. Aetzung: Kupferammoniumchloridlösung 1:12; 1 Minute. Vergrößerung 2fach.

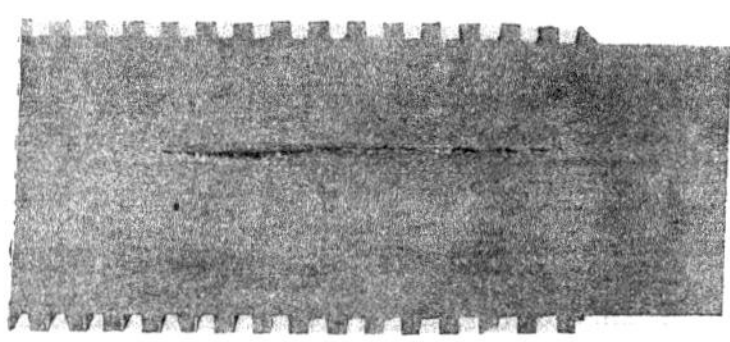

Abb. 2. Darstellung einer Kreuzkopfschraube aus S. M.-Stahl.

Diese Schraube brach im Betriebe. Nach der Halbierung zeigte sich der im Bilde sichtbare rißartige Hohlraum, der sich über etwa Dreiviertel der Länge der Schraube hinzog.
Probestück: gehobelt. Aetzung: verdünnte Salzsäure, 3 Stunden. Natürliche Größe.

Abb. 3. Darstellung der Fehlerstelle in der Schraube.

Die Fehlerstelle wurde nochmals geätzt und dann vergrößert aufgenommen, wobei die Einzelheiten im dargestellten Hohlraum deutlicher hervortreten.
Probestück: gehobelt. Aetzung: verdünnte Salzsäure; 5½ Stunden. Vergrößerung etwa 12fach.

phorfreies Eisen nicht wesentlich verändern, dagegen rissiges und phosphorhaltiges Material stark angreifen. Einige Vorsicht ist aber bei der Benutzung von Salzsäure als Aetzmittel geboten, denn durch sie werden nicht nur die phosphorhaltigen Stellen angegriffen, sondern auch benachbarte Teile angefressen, wodurch das Beurteilungsbild beeinträchtigt, vor allem die Entscheidung aufgehoben wird, ob vorhandene Hohlräume, Risse und Spalten wirklichen Materialfehlern oder nur Einwirkungen der Salzsäure entstammen.

Heyn gibt in seinem Bericht über den Brüsseler Kongreß einen Versuch bekannt, der charakteristisch ist für den Grad der Brauchbarkeit der Salzsäure-Aetzung, gleichfalls auch den Unterschied zwischen der Löslichkeit phosphorarmen und phosphorreichen Materials dartut. Hiernach wurden zwei Probestücke aus Eisen von je 0,01 % und 0,28 % Phosphorgehalt jedes für sich 3½ Stunden bei Zimmerwärme in einem Glase der Aetzwirkung von 200 ccm der oben angegebenen Salzsäure ausgesetzt. Als Aetzverlust, nach dem Gewicht der Probestücke vor und nach der Aetzung berechnet, war bei dem phosphorarmen Stück 0,0830 g, bei dem phosphorreichen Stück 6,4800 g festzustellen. Unter Berücksichtigung, daß die Oberfläche des phosphorreichen Probestückchens etwas kleiner war als die des phosphorreicheren, ergibt sich in der Löslichkeit ein Unterschied von mindestens 1:80. Der genannte Forscher bemerkt dazu, daß bei Salzsäureätzung eines Flußeisens der geätzte Querschnitt an phosphorreicheren Stellen durchgefressen wird und daß an Stelle einer Phosphorausseigerung ein Loch von erheblich größeren Abmessungen entsteht, als der Seigerung selbst zukommt. „Denn durch das Voreilen der Aetzung in die Tiefe des Materials entsteht eine wesentliche Oberflächenvergrößerung und damit ein stärkerer Angriff der Umgebung der Seigerungsstelle. Man hört bei der Beschreibung solcher Aetzungen vielfach den Ausdruck „poröser Stahl". Dabei wurde Ursache und Wirkung verwechselt. Zum Nachweis kleiner Hohlräume, die nicht schon im ungeätzten Schliff sichtbar sind, ist die Salzsäureätzung gar nicht zu gebrauchen. Hierzu ist die Kupferammoniumchloridlösung unentbehrlich, da sie selbst keine Löcher und Einfressungen erzeugt, sondern nur verschiedene Färbungen bewirkt. Man wird also Fehlstellen im Material auf Grund der Salzsäureätzung nicht in ihrem wirklichen Umfang beurteilen können, sondern geneigt sein, sie zu überschätzen".

Auch andere wichtige Fehler des Eisens lassen sich durch Aetzung nachweisen, so der Rotbruch. Man nennt rotbrüchiges Eisen solches, das im Rotglühen unter den Hammerschlägen aufreißt oder berstet, wogegen es sich bei der Schweißhitze gut schmieden läßt; die Ursache des Rotbruchs ist gewöhnlich eine geringe Verunreinigung mit Schwefel, ebenso kann aber auch ein kleiner Gehalt an Kupfer nachteilig werden. Das Vorhandensein von Schwefelmetalleinschlüssen ist unter dem Mikroskop leicht nachzuweisen, will man auf makroskopischem Wege eine Nachprüfung anstellen, so ist das im Materialprüfungsamt benutzte Aetzverfahren zu empfehlen. Auf die nur durch Feilen geglättete Fläche der Probe wird ein Seidenläppchen aufgelegt und mit einer Quecksilberchloridlösung angefeuchtet, was mittels eines Pinsels ausgeführt werden kann. Dann wird Salzsäure auf das Läppchen aufgetragen, worauf an den Stellen, wo Schwefelmetalleinschlüsse in erheblicher Anhäufung vorhanden sind, der entwickelte Schwefelwasserstoff das Läppchen dunkel färben wird. Aus der Probe mit dem Seidenläppchen lassen sich quantitative Ermittelungen von Schwefelmetallseigerungen ziehen, ebenfalls wird vielfach die Teilanalyse durch das Aetzverfahren ersetzt werden können und endlich ist auch die mikroskopische Untersuchung oftmals entbehrlich.

Fremdkörper im Eisen, wie Phosphor und Schwefel führen am ehesten zu Seigerungen. Letztere sind für die Verwendung des Materials deshalb unerwünscht, weil sich an größeren Teilen lockere Stellen zeigen, also die aus solchem Eisen gefertigten Gegenstände nicht überall die gleiche Zusammensetzung aufweisen und häufig den Erwartungen nicht genügen. Durch Aetzen sind Stellen, an

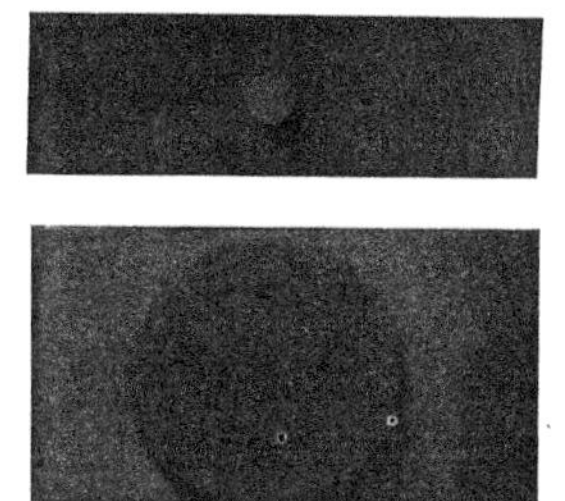

Abb. 4. Darstellung eines geglühten Stahlstückes.

Ein Stück gewöhnlichen Kohlenstoffstahles, das oben in der Abbildung in natürlicher Größe dargestellt ist, wurde leicht im offenen Holzkohlenfeuer geglüht und zeigte nach der Aetzung einen dunkleren Kern, der also noch den ursprünglichen Kohlenstoffgehalt hatte. Darunter ist derselbe Schliff in etwa sechsfacher Vergrößerung wiedergegeben. Auch hier kann man den dunkleren Kern unterscheiden (das Bild ist durch das drucktechnische Verfahren leider nicht so deutlich wie das Original ausgefallen).

Probestück: geschmirgelt. Aetzung: Kupferammoniumchlorid 1:12; 1 Minute.

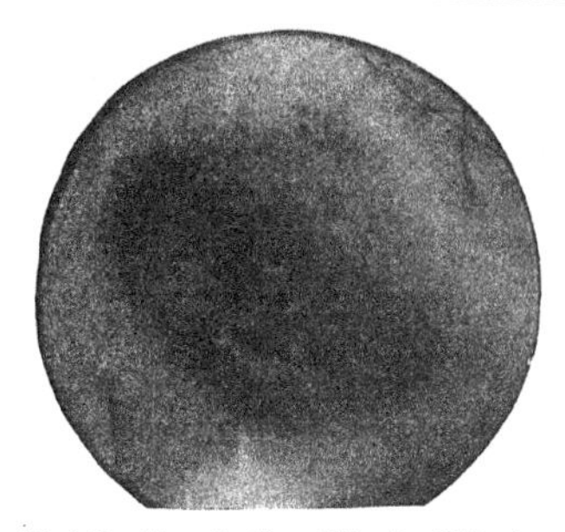

Abb. 5. Darstellung des Querschliffes einer Kolbenstange

Der wiedergegebene Materialschliff zeigt starke Ausseigerungen, vornehmlich Phosphorpartien nebst Anreicherungen mit sulfiden und oxydischen Stoffen.

Probestück: gefeilt. Aetzung: Kupferammoniumchlorid 1:12; 1 Minute. Natürliche Größe.

Abb. 6. Darstellung der Zonenbildung und phosphorreicherer Stellen.

Ein Stab aus gewöhnlichem Bauwerkseisen wurde zufälligerweise gebrochen und zeigte im Bruch ungleiche Partien. Im geätzten Querschliff waren diese als phosphorreichere Stellen erkenntlich, ebenso zeigte sich schwache Zonenbildung.

Probestück: gefeilt. Aetzung: Kupferammoniumchlorid 1:12; 1 Minute. Vergrößerung 2fach.

Abb. 7. Darstellung eines kaltgepreßten Rundstabes.

Der in Abb. 6 gezeigte Rundstab wurde kalt gepreßt und zwar bis eine bleibende Formänderung im großen Maße erreicht war. Durch diese Behandlung wurde die Gestalt des Stabes geändert, jedoch konnte die Charakteristik der Zonenbildung und der phosphorreicheren Stellen nicht verwischt werden, obwohl diese eine andere Gruppierung erhalten haben.

Prüfung wie vorher.

denen Seigerungen stattfanden, leicht nachweisbar. Meistens reichern sich die erwähnten Fremdkörper im Block an den am längsten flüssig gebliebenen Stellen an. Hierbei besteht dann auch nicht immer ein gleichmäßig verteilter Zustand, sondern es zeigen sich Partien, in denen der Phosphor- und Schwefelgehalt sehr hoch ist und nestartig sich ausbildet. Es ist also erklärlich, daß nebst dem Vorhandensein der Beimengungen von Phosphor und Schwefel im Eisen, auch von der Art der Erstarrung des Blockes die Gleichartigkeit oder Ungleichartigkeit der chemischen Bestandteile im Block abhängig wird, die dabei eintretende Entmischung (Seigerung) läßt sich nicht durch nachträgliche Behandlung beseitigen. Die weniger schwefel- und phosphorhaltige Randzone sowie die mehr Schwefel und Phosphor enthaltende Kernzone werden beim Walzen und Schmieden nur gestreckt, aber verschwinden nicht, selbst bis zur allergeringsten Verjüngung des Materials. Bei Stücken, wo das Grobgefüge zu bestimmen ist oder wo Seigerungen aufgedeckt werden sollen, müssen zum mindesten zwei Abschnitte und zwar je vom Kopf- und Fußende eines Blockes jeden Charge geprüft werden, daraus erhält man dann erst eine wirkliche Uebersicht von der Beschaffenheit des Materials. Von den zu prüfenden Stücken darf je eine Fläche nur mit der Feile abgeglichen sein, wenn die Aetzwirkungen nur mit dem unbewaffnetem Auge betrachtet werden sollen. Will man die geätzten Flächen mikroskopisch untersuchen, so sollten sie gleich von vornherein poliert werden. Nach dem Aetzen mit Kupferammoniumchlodilösung zeigen sich im Eisen, daß durch Schwinden, also durch Saugen mit Lunkern behaftet ist, schwarze Hohlräume. Falls erhebliche Seigerung stattgefunden hat, bemerkt man nicht nur eine helle Rand- und dunklere Kernzone, sondern auch verschiedene Färbungen des Gefüges, wodurch dann der Phosphor-, Schwefel- und Kohlenstoffgehalt nachgewiesen werden kann. Diese Feststellungen sind in der Praxis oft nötig, denn die Elemente C, S und P sind nicht nur die steten Begleiter des Eisens, sondern haben auch ein ausgeprägtes Seigerungsbestreben. Die Seigerungen an und für sich bilden für das Material eine Gefahr, ihr Vorhandensein ist nicht immer augensichtlich, und darum bieten Kontrollätzungen dem Konstrukteur einen großen Schutz.

Natürlich lassen sich ebenso wie Seigerungen im Material, auch Schlacken- und Gaseinschlüsse im Eisen durch Aetzung bloßlegen, selbst wenn sie durch irgendwelche Nacharbeit verdeckt sind. Welches Verfahren hierfür am brauchbarsten wirkt, lehrt meisthin die Erfahrung und hängt auch von den obwaltenden Umständen ab. Empfehlenswert bleibt auch hier die Martens-Heyn-Methode, weil sie nur das herausbringt, was im Material auch wirklich steckt, keineswegs aber trügliche Gefügebilder zutage fördert, wenn sie sachgemäß angewandt wird.

(Schluß folgt.)

BRIEFKASTEN

Nur Anfragen, denen 10 Pfg. Porto beiliegt und die von allgemeinem Interesse sind, werden aufgenommen. Dem Namen des Einsenders sind Wohnung und Mitgliednummer hinzuzufügen. Anfragen nach Bezugsquellen und Büchern werden unparteiisch und nur schriftlich erteilt. Eine Rücksendung der Manuskripte erfolgt nicht. Schlußtag für Einsendungen ist der vorletzte Mittwoch (mittags 12 Uhr) vor Erscheinen des Heftes, in dem die Frage erscheinen soll. Eine Verbindlichkeit für die Aufnahme, für Inhalt und Richtigkeit von Fragen und Antworten lehnt die Schriftleitung nachdrücklich ab. Die zur Erläuterung der Fragen notwendigen Druckstöcke zur Wiedergabe von Zeichnungen muß der Fragesteller vorher bezahlen.

Empfehlungen von Firmen, die weder Abonnenten noch Inserenten der D. T.-Z. sind, werden nicht aufgenommen.

Frage 29. **Neubau und Nachbargrenze.** (Wiederholt.) Die Baupolizeiverordnung für größere Landgemeinden des Regierungsbezirks Liegnitz v. 18. 11. 04 schreibt im § 23 vor, daß sämtliche Gebäude von der hinteren Nachbargrenze um die Hälfte ihrer Höhe, mindestens aber 6,00 m entfernt bleiben müssen. Ueblich ist jedoch, daß entgegen dieser Vorschrift die Nebengebäude alle an die hintere Nachbargrenze, sobald sie 20 m von der Straße entfernt sind, gebaut werden, was auch genehmigt wird. Hierfür spricht allerdings, daß es im § 36 heißt, jede dem Nachbar zugewandte Außenwand eines Gebäudes ist massiv und ohne Oeffnungen als sogenannte Brandmauer herzustellen, wenn sie weniger als 5 m von nachbarlichen Gebäuden oder von der Grenze eines unbebauten Nachbargrundstückes entfernt ist. Kann man daraus nun nicht schließen, daß der Abstand von 6,00 m lt. § 23 beachtet werden muß, sofern in der Wand Oeffnungen enthalten sind? Wäre es zulässig, wenn ein Grundstück von 31,00 m Tiefe mit einem kleinen Wohnhause in der Bauflucht und einem kleinen Wohnhause daneben, jedoch an die hintere Nachbargrenze gerückt, unter Einhaltung der vorgeschriebenen seitlichen Abstände bebaut wird?

Frage 27. **Fahrbarer Glühofen.** (Wiederholt.) In einem offenen, evtl. auch überbauten Wagen (Einspännerfuhrwerk) soll ein Ofen, in dem acht eiserne, zylindrische Bolzen, je 180 mm lang, 70 mm Dmr., während des Fahrens in Zeiträumen von 10 bis 15 Min. gut rotglühend gemacht werden sollen, aufgestellt werden. Kann mir einer der Herren Kollegen Auskunft geben, wie ein solcher Ofen beschaffen sein muß, und da der Ofen, außer beim Anstecken, nicht rauchen darf, was für Brennmaterial in Frage kommt? Für schriftliche Ratschläge, gegen Vergütung, wäre ich sehr dankbar. Adresse ist durch Redaktion zu erfahren.

Frage 55. Durchgehen der Preßpumpen. An kleinen Preßpumpen für hydraulische Anlagen hat sich bis jetzt immer der Uebelstand gezeigt, daß diese Maschinen durchgehen, wenn plötzliche Entlastung eintritt. Die Preßpumpen sind sogenannte Duplexpumpen (vierfachwirkend) und so konstruiert, daß sie bei einem Dampfdruck von 3 bis $3^1/_2$ at im Schieberkasten einen Wasserdruck von ca. 45 at erzeugen. Die Leistung der Pumpe beträgt ca. 9 ltr bei 45 Doppelhüben/min. Der Hub vom Dampfzylinder und Pumpenplunger beträgt bei belastetem Zustand 150 mm. Der Akkumulator, den die Pumpe speist, hat einen Inhalt von 6,5 ltr. Das Dampfregulierventil an der Pumpe wird vom Akkumulator gesteuert. Ist der Akkumulator in seiner höchsten Stellung, so steht die Pumpe still. Wird nun vom Akkumulator Wasser entnommen und zwar soviel, daß er ganz entleert wird, so wird das Dampfventil immer mehr geöffnet und zuletzt findet die Pumpe keinen Gegendruck mehr, die Pumpe geht durch und zertrümmert oftmals die Pumpenkörper. Ich möchte gern folgendes wissen: 1. Ist es möglich das Anschlagen bei sogenannten kurbellosen Duplexpumpen zu vermeiden und wodurch? (Im Leerlauf schlägt die Pumpe nicht an. Hub im Leerlauf ca. 165 mm.) 2. Ist es zweckmäßig, wenn der Akkumulator größer ausgeführt wird?

Frage 56. Streichmaschinen für Schirting. Welche Firmen bauen Streichmaschinen für den einseitigen Ueberstrich eines appretierten Schirtings? Der Schirting kommt in Rollen zur Bearbeitung. Der unmittelbar hinter die Maschine zu schaltende Trockenapparat darf ein Verzerren des Schirtings nicht zulassen. Es kommt in der Hauptsache darauf an, daß der Schirting möglichst glatt wieder aufgerollt werden kann. Wenn es für diese Zwecke Maschinen mit Farbzerstäuber gibt, so würde ich diese vorziehen.

Frage 57. **Dachlatten-Befestigung.** Welche Arten der Befestigung von Lattungen für Ziegeldachung auf Eisenbetondachhaut sind bis heute in Uebung und welche Konstruktion ist die empfehlenswerteste?

Frage 58. **Tropfende Decke.** In einer neuerbauten Appretur tropft die Decke sehr stark. Das Dach ist Klebepappdach mit Kiesschicht und 15 cm/m Gefälle. Die innere Deckenschalung besteht aus gehobelten und gespundeten Brettern. Die Entlüftung geschieht durch drei Stück Schlote mit Patententlüfter „Pecurt Saughut" von zusammen 3,75 qm Querschnittsfläche; Größe des Arbeitsraumes 30,00 × 13,00 m. Außerdem sind die einzelnen Maschinen durch besondere Schlote entlüftet. Am First befindet sich durchlaufend ein Oberlicht, in dieses sind die Lufträume der Sparrenfelder durch kleine Löcher entlüftet, um das Verstocken des Holzwerks zu verhindern. Kann mir einer der Herren Kollegen raten, wie hier Abhilfe zu schaffen ist? Welche Art der Ausführung, evtl. Neigung der Dächer für diese oder ähnliche Räume, worin sich große Mengen feuchtwarmer Luft entwickeln, hat sich in der Praxis bewährt?

Frage 59. **Geräuschloser Gang bei Kegelrädern.** In einem Spezialfall zum Antrieb einer Zentrifuge von 1200 mm Trommeldurchmesser haben sich Kegelräder aus Stahl und Phosphorbronze des Geräusches wegen bei 400 Umdrehungen und einem Kraftbedarf von 4 PS nicht bewährt. Rohhaut kann der mit dem Betrieb verbundenen Wärme und Nässe wegen nicht verwendet werden. Welches Material kann unter diesen Umständen zur Herstellung der Kegelräder empfohlen werden, oder ermöglicht eine besondere Zahnform einen geräuschlosen Lauf? Für die Angabe eines bewährten Konstruktions-Materials werden 100 M ausgesetzt, zahlbar nach zufriedenstellenden Betriebsergebnissen. Zähnezahl = 28, Mod. = 8, Zahnbreite = 70 mm.

Frage 6. Spritzenleitung. Von einem Punkte A, dem Druckstutzen einer Pumpe, ab geht eine Rohrleitung, 300 m lang, und zwar 200 m 60 mm und 100 m 50 mm l. W. Am Ende der Leitung ist ein Hydrant und an diesem ein Schlauch, 20 m lang, 25 mm l. Dmr. zum Spritzen angebracht. Das Mundstück mit etwa 10 mm weitem Spritzloch soll noch etwa 10 m weit spritzen. Von der Hauptleitung gehen seitlich noch 2 oder 3 Leitungen ab, 50 mm l. Dmr., 100 m lang, auch in einen Hydranten mündend, woran ebenfalls ein Schlauch, wie vorhin beschrieben, zum Spritzen angebracht ist. Welcher Druck muß am Stutzen der Kreiselpumpe herrschen, um evtl. an allen 3 Spritzständen zugleich zu spritzen? Die Abzweigungen gehen senkrecht und unter einem Winkel geneigt von der Hauptleitung ab.

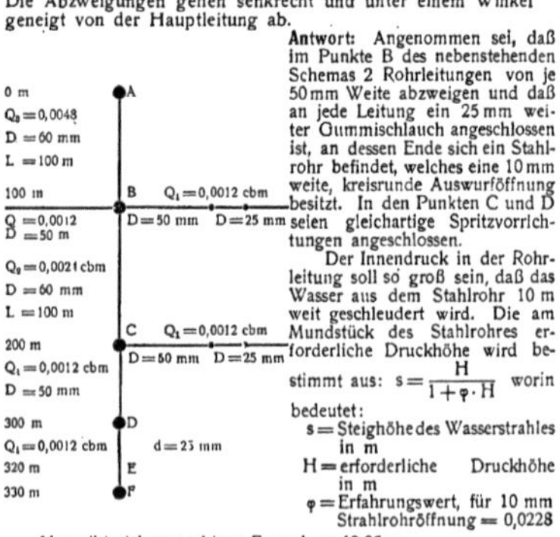

Antwort: Angenommen sei, daß im Punkte B des nebenstehenden Schemas 2 Rohrleitungen von je 50 mm Weite abzweigen und daß an jede Leitung ein 25 mm weiter Gummischlauch angeschlossen ist, an dessen Ende sich ein Stahlrohr befindet, welches eine 10 mm weite, kreisrunde Auswurföffnung besitzt. In den Punkten C und D seien gleichartige Spritzvorrichtungen angeschlossen.

Der Innendruck in der Rohrleitung soll so groß sein, daß das Wasser aus dem Stahlrohr 10 m weit geschleudert wird. Die am Mundstück des Stahlrohres erforderliche Druckhöhe wird bestimmt aus: $s = \frac{H}{1 + \varphi \cdot H}$ worin bedeutet:

s = Steighöhe des Wasserstrahles in m

H = erforderliche Druckhöhe in m

φ = Erfahrungswert, für 10 mm Strahlrohröffnung = 0,0228

H ergibt sich aus obiger Formel zu 12,95 m

Die bei diesem Drucke aus dem Stahlrohr austretende Wassermenge Q_1 berechnet sich aus:

$$Q_1 = 0{,}95 \cdot F \cdot \sqrt{2\,g \cdot H}; \text{ worin bedeutet:}$$

Q_1 = Wassermenge in cbm/Sek.
0,95 = Erfahrungswert
F = Querschnitt der Ausflußöffnung in m
g = 9,81 m, Beschleunigung des freien Falles
H = verfügbare Druckhöhe des Wassers im Stahlrohr

$$Q_1 = 0{,}95 \cdot 0{,}01^2 \frac{\pi}{4} \sqrt{2 \cdot 9{,}81 \cdot 12{,}95} = \sim \mathbf{0{,}0012\ cbm}$$

oder 1,2 Liter in der Sekunde.

Um den am Druckstutzen der Pumpe erforderlichen Druck festzustellen, müssen die Druckverluste auf den Rohrstrecken von A–E (s. nebenstehende Skizze) ermittelt werden:

Die Druckverluste sollen nach folgender Formel berechnet werden: $H = \frac{\lambda \cdot Q^2 \cdot L}{D^5}$; worin bedeutet:

H = Druckverlust im m, Q = Wassermenge in cbm/Sek.
λ = Reibungskoeffizient, L = Länge der Rohrleitung in m
D = Rohrdurchmesser in m

Druckverlust auf der Strecke D–E (Gummischlauch).

$$HD-E = \frac{0{,}0033 \cdot 0{,}0012^2 \cdot 20}{0{,}025^5} = \mathbf{9{,}73\ m}$$

Auf der Strecke C–D (Gußeiserne Rohre)

$$HC-D = \frac{0{,}0068 \cdot 0{,}0012^2 \cdot 100}{0{,}05^5} = \mathbf{3{,}13\ m}$$

Auf der Strecke B–C

$$HB-C = \frac{0{,}006 \cdot 0{,}0024^2 \cdot 100}{0{,}06^5} = \mathbf{4{,}82\ m}$$

auf der Strecke A–B

$$HA-B = \frac{0{,}006 \cdot 0{,}0048^2 \cdot 100}{0{,}06^5} = \mathbf{17{,}78\ m}$$

Am Druckstutzen der Pumpe muß also ein Druck vorhanden sein von: H + HA–B + HB–C + HC–D + HD–E =
12,95 + 17,78 + 4,82 + 3,13 + 9,73 = **48,41 m**

Man wird eine Zentrifugalpumpe wählen, die am Druckstutzen 50 m oder 5 atm. Druck erzeugen kann. W.

Zur Frage 8. Abrechnungsart. (Erwiderung auf die Begutachtung der Frage durch Herrn B . . r. Vergl. Heft 7, S. 82.) Der Fragesteller hat mit keinem Wort erwähnt, daß die Vorschriften für Ausführung von Zimmerarbeiten und Lieferung der zugehörigen Werkstoffe dem Auftrag der Eisenbahnbehörde beigelegen hätten. Schon aus diesem Grunde lag für mich kein Anlaß vor, solche Möglichkeit vorauszuschicken. Herr B . . r stützt jedoch seine Behandlung der Frage lediglich auf diese Annahme. Wäre seine Vermutung nun wirklich zutreffend, dann wäre dies auch nur dann von Belang, wenn in der Vorbemerkung gestanden hätte, daß sich die Abrechnung nach diesen Vorschriften regele. Wenn dies der Fall gewesen, dann wäre die Meinungsverschiedenheit zwischen Behörde und Unternehmer gar nicht entstanden. Hier aber hat die Eisenbahnbehörde in dem etwas komplizierten Wortlaut der Vorbemerkung selbst festgelegt, wie abgerechnet werden soll. Nach meiner Ueberzeugung werden hiermit die die Abrechnung betreffenden Paragraphen der Vorschriften überholt und außer Wirkung gesetzt. Die Vorschriften blieben nur für die Qualität der Lieferung und Arbeitsleistung maßgebend. Herr B . . r hält sich auch in seinen Ausführungen nicht genau an den Inhalt der Vorbemerkung, er kommt deshalb auch zu einer unrichtigen Schlußfolgerung. Die Vorbemerkung sagt ausdrücklich, daß Arbeiten und Lieferungen nach den wirklich geleisteten Massen bezahlt werden. Ein Zuschlag für Verschnitt, der doch nur für die Lieferung in Frage kommen kann, soll nicht gewährt werden. Nach den Vorschriften über Zimmerarbeiten usw. wird aber ein Zuschlag für Verschnitt der Lieferung hinzugerechnet. Daß hierin ein direkter Widerspruch liegt, ist unschwer zu erkennen. Herrn B . . r ist derselbe offenbar entgangen, sonst wäre er sicherlich zu einem anderen Urteil gekommen. Für mich ist hiermit der Fall erledigt. Remark.

Frage 28. Geräuschübertragung. In einer Metzgerei liegt die Transmission der Maschinen auf eisernen Konsolen; letztere sind mit Steinschrauben und Bolzen in dem Mauerwerk befestigt. Die Mauer dient gleichzeitig als Grenzmauer. Durch den Betrieb entsteht ein Geräusch, das den Nachbar stört, auch hat die Polizei angeordnet, den Betrieb zu ändern oder stillzulegen. Welche Aenderungen sind erforderlich, um das Geräusch zu vermeiden oder abzuschwächen? Genügt eine Filzunterlage?

Antwort. Ohne durchgreifende bauliche Aenderung werden Sie schwerlich einen Erfolg erreichen; denn eine bloße Filzunterlage unter die Wandkonsole sowie unter die Maschinen genügt nicht, um die Geräusche und Erschütterungen zu dämpfen. Die Maschinenfundamente stehen doch sicherlich mit dem Fußboden sowie den Grenzmauerfundamenten in direkter Verbindung. Der Fußboden, die Fundamente und der Baugrund leiten die Geräusche bezw. Erschütterungen weiter und übertragen sie nach der Grenzmauer und dem Nachbargrundstück.

1. Bei Isolierung der die Transmission stützenden Konsole wären vor allem die durchgehenden Bolzen zu entfernen und an deren Stelle starke Steinschrauben zu setzen; dann wäre als Isolierstoff Korkplatten und auf diese imprägnierter Filz zu legen (siehe Abb. 1) und darauf setzt man die Konsole. Diese Korkplatten müssen aber aus reinem geschnittenem Kork hergestellt werden; minderwertiges Material ist verwerflich. Die vorbeschriebene Art der Isolierung ist zwar nicht ganz einwandfrei; aber immerhin ist schon Abhilfe zu erwarten. Bedeutend besser ist allerdings nachstehend beschriebene Konstruktion.

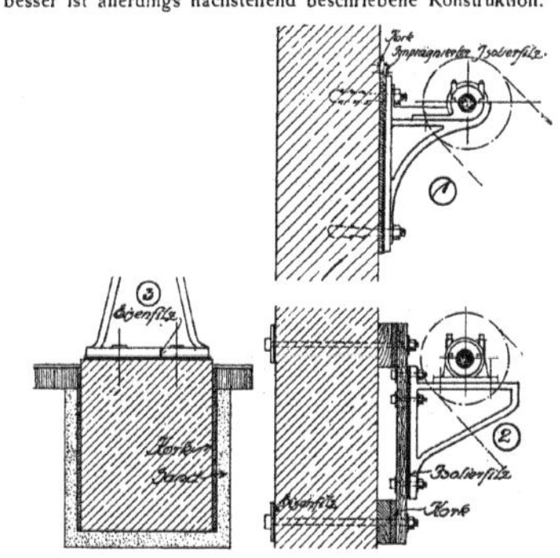

2. Nach Abb. 2 geschieht die Isolierung der Wandkonsole in der Weise, daß letztere unter Zwischenlegung einer Filzplatte auf eine kräftige Holzbohle geschraubt werden. Unter diese legt man oben und unten Korkplatten; hinter diese wiederum je eine starke Bohle und nun wird das ganze mit durchgehenden Ankern in der Wand befestigt. Diese Anker müssen frei durch die Wand gehen, damit sie ungehindert schwingen können. Auf der Nachbarseite erhalten dann die Ankerplatten nochmals eine Unterlage von Eisenfilz.

3. Bei nachstehend beschriebener Isolierung der Maschinenfundamente ist von dem Gesichtspunkte ausgegangen, daß der fragliche Maschinensaal nicht unterkellert ist; ob das zutrifft, geht aus der Anfrage nicht hervor. Nach Abb. 3 sind die Maschinenfundamente für sich, also ohne jegliche Berührung mit den Gebäudefundamenten und dem Fußboden bis auf guten Baugrund herzustellen. Vor Anlegung des Fundamentblockes stampfen Sie eine ca. 10 cm starke Kiesschicht ein. Nach Fertigstellung des Fundamentblockes ist dieser mit Korkplatten, die bis Oberkante Fußboden reichen, zu bekleiden. Schließlich ist um das ganze Fundament eine 10 bis 20 cm breite Kiesschicht einzubringen. Am besten eignet sich hierzu gemischtkörniger Kies, der als vorzüglicher Isolator gilt und sich in der Praxis gut bewährt hat. Die Maschinengrundplatten oder -Füße erhalten eine Unterlage von Korkplatten, elastischem Eisenfilz oder 5 mm starken Gummiplatten; dabei ist zu beachten, daß der betreffende Fundamentblock an seiner Oberkante sauber mit Zement geglättet wird, so daß das Isoliermaterial ein vollständig sicheres Auflager findet. Vorausgesetzt, daß Sie die vorstehend beschriebenen und in den Abbildungen gezeigten Isolierungen sorgfältig und sachgemäß ausführen, ist sicher eine Beseitigung, mindestens aber eine weitgehende Einschränkung der Geräusche zu erwarten. Ist das Gebäude unterkellert, so sind allerdings noch andere Maßnahmen zu ergreifen. Hartmann, Niesky O.-L.

Anmerkg. Wir verweisen hiermit auf den von anderer Seite als sehr instruktiv bezeichneten Aufsatz: Dipl.-Ing. Dr. Hannach, „Die Isolierung des Schalles und der Erschütterungen in technischen Betrieben“. D. T.-Z. 1911, Heft 22, S. 342. Die Red.

Frage 32. Dampfstraßenwalzenzug. Ich will mir einen Dampfstraßenwalzenzug anlegen und wäre dankbar, wenn mir einer der Herren Kollegen eine genaue Berechnung über den Reinertrag unter Berücksichtigung der üblichen Abschreibung usw. angeben könnte. Für die Walzstunde werden etwa 4,50 M vergütet bei 12stündiger Arbeitszeit pro Tag. Für die Walze kommen vielleicht 175 Arbeitstage im Jahre in Frage. Welches Fabrikat wird empfohlen und welches Gewicht bevorzugt?

Antwort I. Sehr häufig gebräuchlich sind Dampfwalzen mit 13 bis 14 t Dienstgewicht; eine solche Walze mit einem Dampfzylinder kostet komplett etwa 11 000 M. Dazu gehören ein Wohnwagen für Maschinist und Heizer mit Kohlenraum von 30 bis 40 Ztr. Fassung im Preise von 1400 M, ein Sprengwagen im Preise von 950 M und eine Pumpe im Preise von 350 M, so daß die Gesamtanlagekosten etwa 13 700 M betragen. Tilgung und Instandhaltung sind in Rücksicht darauf, daß in größeren Zeiträumen (3 bis 5 Jahren) die Stahl-Bandagen mit einem Kostenaufwand von über 2000 M erneuert werden müssen, zu mindestens 16% einzusetzen. Der tägliche Verbrauch an Kohlen beträgt etwa 5 bis 6 Ztr. und der an Wasser etwa 1200 bis 1500 l. Die Kohlen sind zu 1,30 M pro Zentner frei Verbrauchsstelle, das Wasser zu 2,50 M pro cbm erhältlich. Zur Bedienung sind ein Heizer und ein Maschinist erforderlich, die zusammen 11 M Lohn pro Tag erhalten. Die Arbeiterversicherung ist bei Dampfwalzenbetrieben sehr hoch und kann zu etwa 12% des Lohnes angenommen werden.

Es stellt sich demnach folgende Berechnung auf:

1. Tilgung u. Instandhaltung = 16% auf 13 700 M	rd.	2190,— M.
2. Schmier- und Putzmaterial		260,— M.
3. Kohlenverbrauch 175·6 = 1050 Ztr. à 1,30 M.	rd.	1365,— M.
4. Wasserverbrauch 175·1,5 = 262,5 cbm à 2,50 M	rd.	660,— M.
5. Löhne für Maschinist und Heizer 175·11 M	rd.	1925,— M.
6. Arbeiterversicherung	rd.	240,— M.
7. Auslagen verschiedener Art, Steuer u. dgl.	rd.	260,— M.
8. Jährliche Gesamtbetriebskosten		6900,— M.

Die Einnahmen betragen bei 175 Betriebstagen, vorsichtigerweise zu 10 Arbeitsstunden gerechnet = 175·10·4,50 = 7875 M. Der Reingewinn beträgt demnach 7875 — 6900 = 975 M, was einer Verzinsung des Anlagekapitals mit 7,1% gleichkommt.

Des geringeren Auspuffgeräusches wegen ist einer Maschine mit Verbund-Dampfzylindern der Vorzug zu geben. Diese kostet zwar etwa 1000 M mehr, erspart aber dagegen 15 bis 20% an Kohlen und Wasser.

Charbonnier, Weisenau.

II. Die Rentabilität eines Dampfstraßenwalzenzuges herechnet sich wie folgt:

1. Anlagekapital.

1 Walze (ca. 14 t Dienstgewicht)	ca.	11 000 M.
Zubehörteile zur Walze	ca.	450 „
1 Wohn- und Utensilienwagen (ca. 50 Ztr. Kohlen fassend)	ca.	1 300 „
1 Sprengwagen, 1500 l Inhalt	ca.	900 „
1 fahrbare Pumpe mit Zubehör	ca.	350 „
	ca.	14 000 M.

2. Unkosten für 175 Arbeitstage.

Verzinsung von 14 000 M zu 4%		560 M.
1 Maschinist pro Tag 6,— M		1050 „
1 Hilfsarbeiter pro Tag 4,— M		700 „
Schmieröl pro Tag 1,50 M		260 „
Für Reparaturen pro Tag 2,00 M		350 „
Für Bandagenabnützung		150 „
Amortisation 10%		1400 „
Invaliden- und Krankengeld	ca.	100 „
Kohle, pro Tag durchschnittlich 6 Ztr. à 1 M		1050 „
Gesamtunkosten pro Walzperiode		5620 M.

Für die Walzstunde werden 4,50 M vergütet, bei zwölfstündiger Arbeitszeit pro Tag.

Einnahme pro Tag = 4,50·12	= 54,— M.	
Einnahme pro 175 Tage = 175·54	= 9450,— „	
Einnahme pro Walzperiode		9450,— „
Unkosten pro Walzperiode		5620,— „
Reinverdienst pro Walzperiode		3830,— M.
		~ 3800,— „

Es werden jetzt hauptsächlich Dampfwalzen mittleren Gewichts verlangt, und zwar schwankt das Dienstgewicht zwischen 12 bis 15 Tonnen. Die Walzen mit Compound-Zylindern zeichnen sich durch einen sehr geringen Kohlenverbrauch und durch ihren ruhigen und geräuschlosen Gang aus.

E. H., Mitgl.-Nr. 35 439.

III. Nachstehend gebe ich eine Aufstellung über den Reinertrag einer Dampfstraßenwalze:

1 Dampfstraßenwalze bestehend aus:

Walze, Wohnwagen, Wasserwagen und Pumpe		17 000,00 M.

Die Ausgaben betragen:

Abschreibungen 10%	1700,00 M.	
Reparaturen 2%	340,00 „	
Kohlen, Oel, Putzwolle und sonstige kleine Betriebsunkosten 175 Tage pro Tag 9,50 M, höchstens	1662,00 „	
Löhne für Maschinist u. Gehilfe, Tagelohn 10 M ergibt = 175 Tage à 10 M	1750,00 M	
Sa. der Ausgaben	5452,50 M	

Die Einnahmen stellen sich wie folgt:

175 Tage Walzarbeit je 12 Stunden, ergibt 2100 Stunden, pro Stunde 4,50 M, ergeben	9450,00 M	
Einnahmen		9450,00 M.
Ausgaben		5452,50 „
mithin bleiben		3997,50 M.

Am besten bewährt haben sich in meinem Betriebe Walzen in einem Gewicht von 330 Ztr.

Fr. Meyer, Dampfwalzenbes., Hannover, Am Schatzkamp 7.

Anmerkung: In vorstehenden Auskünften wurde uns noch eine Reihe von Spezialfirmen genannt, deren Walzenzüge sich bewährt haben sollen. Im Interesse einer unparteiischen Geschäftsleitung bei der Erteilung von Briefkasten-Auskünften können an dieser Stelle die Namen der Fabrikanten nicht genannt werden. Unseren Brief werden Sie inzwischen erhalten haben.

Die Red.

Frage 36. Welcher Kollege kann mir mitteilen, ob nachstehende **Klärgrubenanlage für ein Einfamilien-Landhaus** (Kleinstadt) richtig angelegt wurden? Eine Sammelgrube 1,80 zu 2 m, eine Klärgrube 1,80/1,50 m groß und ein Desinfektionsschacht 60/90 cm groß; sämtliche Gruben sind 1,80 m i./L. tief. Die Seifen- und Fettabwässer der Küche und Waschküche werden in einer besonderen Grube mit Trennwand und unterem Abfluß gesammelt. Nachdem die Abflußleitungen aus dem Desinfektionsschacht und aus dem Entfettungsschacht in einem besonderen Kontrollschacht vereinigt sind, gelangen die Abwässer in eine zirka 25 m entfernt liegende 2,00/2,00 m große und $2^1/_2$ m tiefe Sickergrube, die auf Sandboden führt und $1^1/_2$ m hoch mit Koks gefüllt ist. Die Röhrenanlage (Tonrohre) führt in zirka 5 bis 6 m Entfernung am Brunnen des Hauses vorbei, die Sickergrube liegt etwa 15 m vom Brunnen entfernt. Liegen auch sanitäre Bedenken bezgl. des Brunnens vor? Die Gruben sind untereinander durch Doppelbogen abgeschlossen. Welches Desinfektionsmittel wird bei derartigen Anlagen verwendet und in welchen Mengen? Wie oft muß es angewendet werden?

Antwort. Die Größenverhältnisse der Kläranlage sind ausreichend bemessen. Wenn die Anlage sonst gut konstruiert ist, wird sich eine ausreichende Absetzung der Abwasser-Schmutzstoffe erzielen lassen. Es wird hierbei vorausgesetzt, daß die Zu- und Abflußvermittelung von der einen Kammer in die andere durch etwa 15 bis 20 cm weite Knierohre erfolgt, welche mindestens 30 cm tief in das Abwasser eintauchen, und daß Strömungen in den Kammern durch geeignete Maßnahmen vermieden werden. Nur in der Ruhe kann sich der Abwasserschmutz auf der Kammersohle ausscheiden. Die Desinfektionskammer wird, wenn nicht behördlich etwas anderes bestimmt wird, nur in Epidemiezeiten oder bei ansteckenden Krankheiten der Hausbewohner mit Desinfektionsmasse besetzt; sie wird beim bloßen Absetzverfahren vielfach gleich über dem Zuflußrohre der (ersten) Sammelgrube angeordnet. Als gebräuchlichste Desinfektionsmasse kommen Chlorkalk und Kupfervitriol in Frage. Beide Stoffe werden in äußerst geringer Verdünnung beigegeben. Ein weiteres Mittel ist Saprol, das von der chemischen Fabrik in Flörsheim bei Frankfurt a. M. bezogen werden kann. Dem Mittel liegt Gebrauchsanweisung bei. Zusatzmenge und Dauer der anderen Mittel ist stets an der Bezugsquelle zu erfahren. Daß die Ableitungsschleuse der Klärgrube in 5 bis 6 m Abstand an einem Brunnen vorbeiführt, besagt dann nichts, wenn diese Schleuse vollkommen dicht ist. Weniger einwandfrei ist dagegen die Sickergrube, welche vom vorgen. Brunnen nur 15 m entfernt ist. In verschiedenen Staaten, z. B. Sachsen und Baden, ist die Anlage von Sickergruben gesetzlich verboten wegen der möglichen Verseuchung der Grundwasserströme. Es ist keinesfalls ausgeschlossen, daß über kurz oder lang auch einmal der Brunnen infiziert wird. Das möchte vermieden werden vielleicht durch größeren Abstand der Sickergrube oder noch besser dadurch, daß eine Filterkammer an die Klärgrube angeschlossen und der geklärte Abfluß nach dem nächsten Graben oder Wasserlaufe geführt wird. Die Filterkammer muß aber bei etwa 4 qm Filterfläche und mindestens 70 cm Filterkörperhöhe vom Abwasser von oben überrieselt werden, ohne dem Luftzutritt von der Filterkammersohle in den Filter hinderlich zu sein. Der Abfluß der Filterkammer muß deshalb tiefer liegen als die Unterkante des Filtermaterials (Koks, Schlacken usw.). Wird der Filterkörper an die Klärgrube angeschlossen, so muß die Desinfektionsmasse dem Filterabflusse zugeführt werden, weil die vorzeitige Abwasserdesinfektion die Filtertätigkeit, insbesondere die sogen. biologische Wirksamkeit (Arbeit der Mikroorganismen) unterbindet. Das einfachere Verfahren ist freilich die Anwendung der Sickergrube. Es fragt sich nur, was dazu behördlich gesagt wird.

B.

DEUTSCHE TECHNIKER-ZEITUNG

HERAUSGEGEBEN VOM DEUTSCHEN TECHNIKER-VERBANDE

BERLIN SW. 48, Wilhelmstraße 130 — Schriftleitung: Erich Händeler-Berlin

XXXI. Jahrg. — **7. März 1914** — **Heft 10**

Die Arbeitslosenzählung des D. T.-V.

Von HEINRICH KAUFMANN, Berlin.

Untersucht man die Dauer der Arbeitslosigkeit getrennt nach: Baugewerbe und Industrie und nach „Ledigen“ und „Verheirateten“, dann ergeben sich folgende Tabellen:

Baugewerbe.

Ledige.

Alter	Anzahl	Gekünd.	Hiervon waren arbeitslos im . . . . Monat 1	2	3	4	5	6	7	8	9	10	11	12	dar.	Zus.
unter 20 Jahr.	7	2	–	–	3	–	1	–	1	–	·	–	–	–	–	5
20–25 „	88	16	12	10	17	14	4	2	4	–	1	2	1	3	2	72
25–30 „	78	19	14	10	12	6	4	2	1	–	7	–	–	2	1	59
30–35 „	23	10	2	4	3	1	1	–	–	–	2	–	–	–	–	13
35–40 „	16	3	2	1	3	2	–	–	–	1	1	–	–	–	3	13
40–50 „	9	2	–	1	2	1	–	–	2	–	–	–	–	–	1	7
über 50 „	4	–	–	1	2	–	–	–	–	–	–	–	–	–	1	4
Zusammen	225	52	30	27	42	24	10	4	8	1	11	2	1	5	8	173

Verheiratete.

Alter	Anzahl	Gekünd.	arbeitslos im . . . . Monat 1	2	3	4	5	6	7	8	9	10	11	12	dar.	Zus.
20–25 Jahr.	19	2	3	2	6	2	–	1	1	–	1	–	–	1	–	17
25–30 „	54	18	15	2	6	3	1	1	–	1	3	–	2	1	1	36
30–35 „	47	8	9	3	12	3	3	1	–	1	3	1	1	1	1	39
35–40 „	45	15	6	5	2	–	1	4	2	1	5	–	1	–	3	30
40–50 „	42	5	3	8	2	3	2	2	3	–	3	2	1	3	5	37
über 50 „	22	1	2	3	5	–	2	–	1	–	4	–	–	–	4	21
Zusammen	229	49	38	23	33	11	9	9	7	3	19	3	5	6	14	180

Industrie.

Ledige.

Alter	Anzahl	Gekünd.	arbeitslos im . . . . Monat 1	2	3	4	5	6	7	8	9	10	11	12	dar.	Zus.
unter 20 Jahr.	2	1	1	–	–	–	–	–	–	–	–	–	–	–	–	1
20–25 „	24	2	7	3	6	2	1	1	2	–	–	–	–	–	–	22
25–30 „	30	5	3	4	12	1	2	–	1	1	–	–	–	1	–	25
30–35 „	8	1	2	2	3	–	–	–	–	–	–	–	–	–	–	7
35–40 „	6	2	–	–	1	–	–	–	2	–	–	–	1	–	–	4
40–50 „	2	1	–	–	1	–	–	–	–	–	–	–	–	–	–	1
über 50 „	3	–	1	–	–	–	–	–	–	–	–	–	–	1	1	3
Zusammen	75	12	14	9	23	3	3	1	5	1	–	–	1	2	1	63

Verheiratete.

Alter	Anzahl	Gekünd.	arbeitslos im . . . . Monat 1	2	3	4	5	6	7	8	9	10	11	12	dar.	Zus.
unter 20 Jahr.	2	–	2	–	–	–	–	–	–	–	–	–	–	–	–	2
20–25 „	4	–	–	1	2	1	–	–	–	–	–	–	–	–	–	4
25–30 „	21	11	3	1	2	2	–	2	–	–	–	–	–	–	–	10
30–35 „	21	5	5	7	1	1	1	–	–	1	–	–	–	–	–	16
35–40 „	17	7	–	–	4	–	1	2	–	–	2	–	–	–	1	10
40–50 „	29	3	1	3	12	–	4	–	–	1	3	–	–	–	2	26
über 50 „	21	2	–	3	2	3	1	2	2	–	2	–	–	1	3	19
Zusammen	115	28	11	15	23	7	7	6	2	2	7	–	–	1	6	87

Auch diese Ziffern sind recht interessant; sie bestätigen wieder, daß die Arbeitslosigkeit bei den Ledigen geringer und bei den Verheirateten größer ist, und außerdem ganz deutlich, daß sie mit zunehmendem Alter bei beiden Gruppen wächst. Das wird klar erkennbar, wenn man hier nochmals zusammenzieht und nach den wiederholt genannten Gruppen scheidet. Dann ergibt sich (die über ein Jahr Arbeitslosen ausgeschieden), daß die Arbeitslosigkeit im Durchschnitt folgende ist:

Alter	Ledige im Baugewerbe	Verheiratete im Baugewerbe	Ledige in der Industrie	Verheiratete in der Industrie
	Tage	Tage	Tage	Tage
unter 30 Jahr.	116	113	96	84
30–40 „	109	129	117	103
über 40 „	113	133	160	137
Gesamt-Durchschnitt	115	131	103	116

Die 29 über ein Jahr Arbeitslosen haben wir, wie wiederholt bemerkt, bei unseren Untersuchungen ausgeschieden, weil sie die Durchschnittswerte zu ungünstig beeinflußt hätten und weil wir etwaiger Kritik den Einwand nehmen wollten, daß ganz außerordentliche Fälle herangezogen seien. Hier handelt es sich in der Hauptsache um Angestellte über 40 Jahre, die noch arbeitsfähig sind, infolge ihres Alters aber keine Arbeit finden konnten. Im einzelnen verteilen sich diese Arbeitslosen in folgender Weise:

Alter	Baugewerbe. Anzahl	Baugewerbe. Arbeitslosentage insgesamt	Baugewerbe. pro Kopf	Industrie. Anzahl	Industrie. Arbeitslosentage insgesamt	Industrie. pro Kopf
unter 30 Jahr.	4	2160	540	–	–	–
30–40 Jahr.	5	3480	696	3	1560	520
über 40 Jahr.	11	6780	616	6	5970	993
	20	12420	621	9	7530	837

Gesamtdurchschnitt 686 Tage = 1 Jahr 11 Monate.

Wir bemerken (wie auch bereits aus der Tabelle über die Ursachen der Arbeitslosigkeit hervorgeht), daß es sich nur in 13 Fällen um Techniker handelt, die infolge Krankheit arbeitslos wurden. Da aber bei den meisten die Krankheit inzwischen wieder behoben ist, haben wir bei der Untersuchung des Materials darauf keine Rücksicht genommen.

Bei den Unorganisierten, denen nicht die Hilfsmittel zu Gebote stehen wie den Organisierten, ist die Arbeitslosigkeit natürlich größer. Wenn wir auch die über 1 Jahr Arbeitslosen hier mit in Rechnung setzen, dann beträgt die durchschnittliche Arbeitslosigkeit der Organisierten (gleichviel in welchen Verbänden) 138 Tage, die der Unorganisierten 197 Tage pro Kopf.

Die durchschnittliche Arbeitslosigkeit der weniger als ein Jahr arbeitslos gewesenen war in den von der Zählung erfaßten Orten folgende:

Im Baugewerbe. Ort	Tage	Anz.	Durchschn.	In der Industrie. Ort	Tage	Anz.	Durchschn.
Breslau	900	6	150 Tage	Dresden	930	6	155 Tage
Nürnberg	1020	7	146 „	Hamburg	600	4	150 „
München	6930	50	136 „	Cöln	540	4	135 „
Frankfurt	1920	15	128 „	Breslau	390	3	130 „
Berlin	20970	167	125 „	Berlin	10470	100	105 „
Hamburg	3270	28	116 „	Kiel	630	6	105 „
Dresden	1440	13	111 „	Leipzig	600	6	100 „
Leipzig	2250	21	107 „	Nürnberg	480	5	96 „
Cöln	1560	15	104 „	München	330	5	66 „
Kiel	570	8	71 „	Frankfurt	120	2	60 „

Betrachtet man das Material im einzelnen auch noch näher nach der Berufsstellung, dann ergibt sich eine durchschnittliche Arbeitslosigkeit der Architekten, Bautechniker, Bauführer, Bau-Ingenieure und anderen höheren und mittleren Angestellten des Baugewerbes von 121 Tagen, der Konstrukteure, Ingenieure, Industrietechniker und anderen höheren und mittleren Angestellten der Industrie von 111 Tagen, der Werkmeister und ähnlichen Betriebsbeamten von 98 Tagen, der Bau- und Möbelzeichner von 120 Tagen und der industriellen Zeichner von 78 Tagen.

Die Angestellten des Baugewerbes werden also auch nach dieser Auszählung am stärksten von der Arbeitslosigkeit betroffen. Das zeigt sich auch in der folgenden Tabelle, die einen Ueberblick gibt über

Arbeitslosigkeit und Familienstärke.

Einige ledige bezw. geschiedene Angestellte, die überwiegend Ernährer von Familienangehörigen sind, haben wir dabei den Verheirateten zugezählt.

Es hatten zu ernähren: Anzahl	je Köpfe	Zus. Köpfe	darunter waren: Gekündigt	stellenlos	hiervon im . . . Monat: 1	2	3	4	5	6	7	8	9	10	11	12	dar.
Baugewerbe.																	
62	2	124	12	50	10	3	11	4	4	1	2	–	8	1	–	4	2
141	3–5	500	31	110	25	16	18	7	3	10	3	3	8	2	5	2	8
26	über 5	168	5	21	3	3	4	–	1	–	1	3	2	–	–	1	3
229		792	48	181	38	22	33	11	8	11	6	6	18	3	5	7	13
Industrie.																	
26	2	50	6	20	3	3	6	1	1	–	1	–	1	–	–	1	3
76	3–5	282	20	56	9	10	15	3	4	5	2	1	5	–	–	–	2
13	über 5	85	2	11	1	2	4	–	2	–	–	1	–	–	–	–	1
115		41[illegible]	28	87	13	15	25	4	7	5	3	2	6	–	–	1	6

Die durchschnittliche Dauer der Arbeitslosigkeit war bis zum Stichtage bei den Verheirateten mit Familienangehörigen:

In der Gruppe	Familienangehörigen: 2 Köpfe	3–5 Köpfe	über 5 Köpfe	insgesamt
Baugewerbe	141 Tage	126 Tage	174 Tage	229 Verh. 792 Köpfe
Industrie	110 „	111 „	105 „	115 „ 417 „

Hier sehen wir die nach den vorher festgestellten Tatsachen kaum mehr überraschende Erscheinung, daß die verheirateten Bautechniker, die die größten Familien zu erhalten haben, am längsten arbeitslos sind. So treffen eine Reihe von Umständen zusammen — die Verheirateten sind mehr und länger arbeitslos als die Ledigen — die Aelteren länger als die Jüngeren — die Angestellten mit großer Familie länger als die mit kleiner Familie —, die der Arbeitslosigkeit unter den technischen Angestellten einen recht bösartigen Charakter geben.

Dabei handelt es sich nicht um die in jedem Berufe mehr oder weniger vorhandenen, auch ohne sichtbaren Grund fluktuierenden Elemente, sondern um Angestellte, die im allgemeinen zu den Seßhaften zu zählen sind. Das zeigt die Beantwortung unserer Frage nach der

Dauer der letzten Stellung.

Die Gesamtzahl ist um 12, die als Selbständige oder Schüler hier nicht in Frage kommen, zu kürzen. Von den übrigbleibenden 632 waren in der letzten Stellung:

In der Gruppe	Monate: unter 3	3–6	6–12	Jahre: 1–2	2–5	5–10	über 10	ohne Angabe	Zus.
Baugewerbe	52	106	85	83	60	32	9	21	448
Industrie	10	44	37	36	31	12	4	10	184
Zusammen	62	150	122	119	91	44	13	31	632

Wir zählten also im Baugewerbe 184 = 42,5% und in der Industrie 83 = 47,7% der Angestellten, die mindestens ein Jahr und bis mehr als 10 Jahre, in Einzelfällen sogar 15 bis 20, ja sogar über 30 Jahre in der letzten Stellung waren. Man wird nach diesen Feststellungen berechtigterweise nicht sagen können — wie gewisse Scharfmacher es so gern tun —, daß es sich um „Arbeitsscheue“ handelt, die nirgends aushalten und der Arbeit aus dem Wege gehen. Dieser Einwand wird noch treffender widerlegt, wenn man noch die

Bemühungen um neue Stellung

kennen lernt, denen sich die von uns gezählten Arbeitslosen mit eisernem Fleiß unterziehen. Da ist zunächst festzustellen, daß 485 organisierte Angestellte bei den Stellenvermittlungen ihres Verbandes als Bewerber eingetragen waren, und zwar bei der Stellenvermittlung des D. T.-V. 359, des B. t.-i. B. 67, des Werkmeisterverbandes 32 und des Verbandes der Deutschen Kunstgewerbezeichner 27.

Bei privaten Stellennachweisen waren 60 gemeldet und in 240 Fällen suchten die Angestellten durch Inserate neue Stellung.

Bezeichnend ist auch die Beantwortung unserer Frage: „Wie oft haben Sie sich während Ihrer Stellenlosigkeit um neue Stellung beworben?“ Nach den hierauf eingegangenen 529 Antworten = 82,1% der Gesamtzahl bewarben sich vergebens um Stellung:

217 Angestellte = 41,02% mehr als 20 mal
127 „ = 24,00% „ „ 50 „
44 „ = 8,31% „ „ 100 „
23 „ = 4,35% „ „ 150 „
11 „ = 2,08% „ „ 200 „
107 „ = 20,24% beantworteten unsere Frage unbestimmt mit den Worten „sehr oft“ — „fortgesetzt“ — „dauernd“ — „unzählige Male“.

Daß die Bewerbungen den Arbeitslosen auch Geld kosten, ist bekannt. Wieviel Portis, Fahrgelder, Insertionsgelder und andere Aufwendungen beim Stellungsuchen von ihnen gemacht werden, zeigt folgende Tabelle. Es gaben aus:

81 Angestellte	bis zu	10 Mark
169 „	„ „	20 „
127 „	„ „	50 „
55 „	„ „	100 „
37 „	über	100 „

Diese Summen müssen sich die Arbeitslosen noch vom Munde absparen, und es ist darum verständlich, daß (namentlich wenn Bewerbung auf Bewerbung erfolglos bleibt, oder überhaupt nicht beantwortet wird) sich der Arbeitslosen eine nervöse Gereiztheit und schwer zu behandelnde Stimmung bemächtigt, welche auch innerhalb der Organisation mitunter schon zu ungerechten Urteilen führt. Man denke da nur an die stürmischen Versammlungen der Berliner Holzarbeiter, die ihrer Organisationsleitung unverdientermaßen die schwersten Vorwürfe machten.

Wenn es innerhalb der Technikerschaft angesichts einer solchen Lage nicht zum Kampfe „aller gegen alle" kommt, so ist das nur der durch die Organisation geweckten und durch die Stellenlosenunterstützung der Verbände gefestigten Standesdisziplin sowie dem Bewußtsein zu danken, daß jede Gehaltsunterbietung in dieser schweren Zeit eine besonders verwerfliche Verletzung der Standesinteressen wäre, weil dadurch die Gesamtlage des technischen Berufes nur noch weiter herabgedrückt werden würde. Die Organisationen der technischen Angestellten wollen das verhindern und bringen deshalb ganz gewaltige Summen auf für die Unterstützung ihrer arbeitslosen Mitglieder.

Auch die durch unsere Zählung erfaßten organisierten Arbeitslosen waren zu einem großen Teil — 159, beinahe ein Drittel der Gesamtzahl — in dem Genuß der Unterstützung ihrer Verbände, und zwar 91 beim D. T.-V., 43 beim B. t.-i. B., 16 beim Werkmeisterverband und 9 beim Verband Deutscher Kunstgewerbezeichner. 2 Verbandsmitglieder erhielten außerdem durch die städtische Arbeitslosenfürsorge in Schöneberg den festgesetzten Zuschuß und 8 Angestellte bezogen vor dem Stichtage Krankengeld. Dazu kommen noch 161 Angestellte, die andere Einnahmen (Privatarbeiten, Unterstützungen durch Verwandte usw.) angaben.

So gewaltig die Leistungen der Verbände im einzelnen nun auch sein mögen,*) gegenüber dem Massenelend, das durch die Arbeitslosigkeit hervorgerufen ist, bedeuten sie nicht mehr als einen Tropfen auf den heißen Stein, weshalb die auch von uns vertretene Forderung: **„Schaffung einer staatlichen Arbeitslosenfürsorge auf reichsgesetzlicher Grundlage"** nicht länger mehr unerfüllt bleiben darf.

Die für unsere Sozialpolitik verantwortlichen Organe mögen sich doch nur einmal

die Folgen der Arbeitslosigkeit

vergegenwärtigen und bedenken, daß es fühlende Menschen sind, die ohne ihre Schuld darunter leiden. Unsere Zählung, die sich nur auf einen kleinen Kreis von Orten und Personen beschränkt, ist nur ein Ausschnitt aus den Verhältnissen eines Berufes; sie erhebt auch nicht Anspruch, das Elend dieses einen Berufes restlos ans Licht gezogen zu haben, aber was dabei bekannt wurde, ist bereits traurig genug, um entsprechend gewürdigt zu werden.

214 Angestellte, genau ein Drittel, gaben auf unseren Fragebogen an, daß sie unter „Mietsschwierigkeiten" zu leiden haben, und 184 = 29% berichteten uns, daß es ihnen „am Nötigsten zum Leben fehlt". Wieviele mögen unter den Befragten noch sein, die als „verschämte Arme" ihren Jammer auch der Organisation gegenüber glauben verheimlichen zu müssen?

Wem die „Ziffern" unserer Zählung noch nicht die ganze große Not in unserem Stande zum Bewußtsein bringen, der höre, was die arbeitslosen „Menschen" sagen, die wir nachstehend zu Worte kommen lassen:

Bautechniker, 56 Jahre alt, D. T.-V., 40 Jahre im Beruf, letzte Stellung 32 Jahre, verheiratet, acht Kinder, seit dem 1. Oktober 1913 arbeitslos. Gekündigt wegen Aufgabe der Fabrik. „Ich bin zurzeit auf die Gnade meiner Kinder angewiesen. Da ich nervenleidend bin, ist es für mich sehr schwer, Stellung zu erhalten."

Architekt, 62 Jahre alt, unorganisiert, verheiratet, ein Kind, letzte Stellung 15 Jahre, arbeitslos seit 1. August 1912, wegen Konkurs. „Ich habe große Nahrungssorgen."

Architekt, 39 Jahre alt, unorganisiert, 24 Jahre im Beruf, letzte Stellung 22 Jahre, verheiratet, stellungslos seit dem 1. Oktober 1912 wegen Konkurs. „Das Notwendigste fehlt."

Bau-Ingenieur, 59 Jahre alt, unorganisiert, geschieden, 2 Jahre arbeitslos. „Zahle 16 M monatlich Miete. Habe bereits das Letzte versetzt und weiß nicht, wo ich die Miete zum 1. Januar 1913 herbekommen soll. Schreibe zeitweise Adressen."

Bauführer, 27 Jahre alt, D. T.-V., ledig, im April krank aus dem Ausland zurückgekommen und seitdem stellungslos. „Hatte in den wenigen Monaten mehr zu kämpfen als in der ganzen Zeit meines Auslandsaufenthaltes. Zur mißlichen pekuniären Lage — längere Zeit Herberge zur Heimat wohnhaft — gesellte sich die Verschlimmerung meiner Krankheit. Ich bin am 6. Dezember v. Js. als halb gesund aus dem Krankenhaus entlassen worden."

Architekt, 47 Jahre alt, unorganisiert, verheiratet, vier Kinder, seit Juli 1912 arbeitslos. Gekündigt wegen Arbeitsmangel. „Kämpfe tagtäglich mit den größten Nahrungssorgen, sowie auch Mietsschwierigkeiten. Habe durch eine Exmission meine ganzen Sachen verloren."

Maurermeister, 49 Jahre alt, unorganisiert, verheiratet, seit dem 1. Januar 1913 arbeitslos. „Habe zirka 350 M Schulden an rückständiger Miete, kl. Darlehen, Pfandleihe, Steuern usw."

Bautechniker, 37 Jahre alt, unorganisiert, ledig, seit April 1913 arbeitslos. „Es fehlt an Allem."

Kand. Arch. (Akademiker), 30½ Jahre alt, B. t.-i. B., verheiratet, zwei Kinder, stellungslos seit dem 15. Oktober 1910. Vier Jahre beim Magistrat einer preußischen Stadt, dort gekündigt: „Weil billigere Kräfte und Stadtratssöhne den Etat nicht so belasten. Wir leiden große Not, stehen vor der vierten Exmission, haben 450 M Mietsschulden, jeglichen Kredit verloren. Würde Stellung jeglicher Art annehmen. Wir leiden ständig an Unterernährung."

Verm.-Techniker, 34 Jahre alt, Verein deutscher Vermessungstechniker, verheiratet, drei Kinder, seit 1. Februar 1913 arbeitslos. „Der notdürftigste Lebensunterhalt wird durch den Erwerb der Ehefrau bestritten."

Hochb.-Techniker, 23 Jahre alt, D. T.-V., ledig, seit Oktober 1912 arbeitslos. „Habe seitdem mangels einer Technikerstellung wieder als Maurergeselle gearbeitet, zuletzt im April 1913. Da ich seitdem ohne jede Arbeit bin und mein Vater krank ist, auch noch zwei schulpflichtige Kinder da sind, so müssen meine Schwester und Mutter für den Unterhalt sorgen. Daher geht es immer knapp."

Architekt, 27 Jahre alt, D. T.-V., ledig, seit Oktober 1912 arbeitslos. „Habe, da ich mit meiner Klage (Gehaltsforderung) abgewiesen wurde und Gerichtskosten nicht bezahlen konnte, den Offenbarungseid leisten müssen."

Architekt, 28 Jahre alt, D. T.-V., verheiratet, seit Januar 1913 arbeitslos. Letzte Stellung zwei Jahre. „Da meine Verwandten nicht gewillt sind, weitere Mittel herzugeben, bin ich in absehbarer Zeit gezwungen, meinen Familienstand aufzulösen. Ich selbst falle dann wohl der Gemeinde zur Last."

Hochb.-Techniker, 43 Jahre alt, D. T.-V., verheiratet, zwei Kinder, seit einem Jahr arbeitslos. „Wir leiden sehr große Not und sind bereits exmittiert worden."

Architekt, 40 Jahre alt, D. T.-V., verheiratet, seit 1911 arbeitslos. „Habe schwere Nahrungssorgen. Bin am 5. 12. exmittiert worden."

*) Der D. T.-V. hat z. B. allein bis Ende März 1913 rund 300 000 M für seine arbeitslosen Mitglieder ausgegeben, darunter im letzten Jahre fast 90 000 M (das ist 150 M pro Kopf der 583 in diesem Jahre Unterstützten), also mehr als die Leistungen aller deutschen Städte, die eine Arbeitslosenfürsorge eingerichtet haben, zusammengenommen.

Bau-Ingenieur, 50 Jahre alt, D. T.-V., verheiratet, 5 Kinder, seit Anfang 1912 arbeitslos. „Bemühe mich seit zwei Jahren vergebens, eine Stellung zu erhalten. Habe bereits einen Teil meines Mobiliars verkaufen müssen. Ein Teil wird mir wegen rückständiger Miete einbehalten.“

Tiefb.-Ingenieur, 36 Jahre alt, D. T.-V., verheiratet, 5 Kinder, seit 1. Mai 1913 arbeitslos. „Nur durch Näharbeiten meiner Frau und einmalige Unterstützung des D. T.-V. sind wir vor dem allerschlimmsten bewahrt worden. Auch hatten mir entfernte Verwandte ein kleines Darlehen vorgestreckt, sonst hätte ich mich selbst nicht halten können.“

Fabrikbesitzer, 62 Jahre alt, unorganisiert, verheiratet, seit einem Jahr arbeitslos, unterstützt aus der Hilfskasse des Vereins deutscher Ingenieure. „Bemühe mich, irgendeine Stellung zu erlangen, leider vergeblich. Bis jetzt gelang es mir noch, das Notwendigste herbeizuschaffen. In den nächsten Wochen sind jedoch meine ersparten Bargelder vollständig erschöpft.“

Maschinen-Techniker, 59 Jahre alt, D. T.-V., verheiratet, infolge Krankheit ohne Stellung, seitdem arbeitslos seit 2½ Jahren. „Ich leide große Not, die nur durch etwas Mitarbeit der Frau vermindert wird.“

Heizungs-Ingenieur, 22 Jahre alt, D.T.-V., ledig, seit 1. Oktober 1913 arbeitslos, letzte Stellung zwei Jahre. „Wir leiden große Not. Habe zwei alte Eltern zu unterstützen (Vater 70, Mutter 65 Jahre).“

Maschinen-Techniker, 58 Jahre alt, B. t.-i. B., verheiratet, zwei Kinder, seit 1. April 1913 arbeitslos. Letzte Stelle 3 Jahre. „Da Miete für Dezember rückständig, habe ich die Klage und Exmission zu erwarten.“

Tischler-Werkmeister, 52 Jahre alt, Werkmeisterverband, Witwer mit Tochter, seit 8. November 1913 arbeitslos, letzte Stellung im Architekturbureau 1½ Jahre. „Ich habe Nahrungssorgen und Mietsschwierigkeiten, wird noch ungünstiger bis zu den Feiertagen. Wenn ich nur praktische Arbeit bekäme, genügte mir schon.“

Ingenieur, 38 Jahre alt, D. T.-V., verheiratet, zwei Kinder, seit neun Monaten arbeitslos. „Infolge der andauernden Arbeitslosigkeit, gegeben durch eine Konkurrenzklausel und scheinbar schlechter Auskunft meiner letzten Firma, ist es mir nicht mehr möglich, für den Lebensunterhalt meiner Familie aufzukommen.“

Chemiker, 43 Jahre alt, D. T.-V., verheiratet, arbeitslos seit April 1913, letzte Stellung im Ausland. Vom Verband bereits ausgesteuert. Frau bei den Schwiegereltern. „Ich mußte meine Lebensführung auf ein nicht mehr standesgemäßes Niveau herabschrauben.“

Bauführer, 36 Jahre alt, D. T.-V., verheiratet, drei Kinder, seit sechs Monaten arbeitslos. „Wir haben große Mietsschwierigkeiten und Nahrungssorgen, leben von dem Verdienst meiner kranken Frau.“

Architekt, 44 Jahre alt, unorganisiert, verheiratet, zwei Kinder, seit dem 15. Juli 1913 arbeitslos. Letzte Stellung vier Jahre, entlassen wegen Arbeitsmangel. „Meine derzeitigen Verhältnisse sind derart drückende, daß ich mich offen gestanden schäme, dieselben jemanden zu klagen. Lieber gehe ich zugrunde.“

Architekt, 29 Jahre alt, D. T.-V., ledig, vom 1. Juli bis 1. Oktober und vom 5. Dezember wieder ohne Stellung wegen Arbeitsmangel. „Ich habe die Mutter und zwei Schwestern zu versorgen und wir leiden sehr große Not. Alles versetzt, im Pfandhaus schon für 320 M.“

Architekt, 64 Jahre alt, unorganisiert, verheiratet, ein Kind, letzte Stellung 31 Jahre. „Wurde entlassen wegen Verkleinerung des Geschäftes; besonders die Alten wurden gekündigt. Wir haben im Alter Nahrungssorgen.“

Bautechniker, 41 Jahre alt, D. T.-V., verheiratet, zwei Kinder, letzte Stellung 15 Jahre. Wegen Konkurs arbeitslos geworden. „Lebe einstweilen von Ersparnissen. Wie lange?“

Maschinentechniker, 55 Jahre alt, unorganisiert, verheiratet, zwei Kinder, seit dem 1. November 1913 arbeitslos, „Durch vorläufige Unterstützung meiner ältesten Kinder bis jetzt noch vor Not geschützt. Doch ist das nicht dauernd.“

Tiefbau-Techniker, 22 Jahre alt, D. T.-V., ledig, arbeitslos seit Mai 1913, letzte Stellung beim Magistrat eines Berliner Vorortes, entlassen wegen Arbeitsmangel. „Arbeite jetzt als Tagelöhner gegen Stundenlohn von 40 Pfg.“

Bauführer, 38 Jahre alt, unorganisiert, verheiratet, sechs Monate arbeitslos, zuletzt ein Jahr in städtischen Diensten. „Meine Familie muß hungern, zumal ich meine ganzen Sachen, über 300 M im Leihhaus habe und jetzt möbliert wohne. Ich würde gern als Polier oder Schachtmeister gehen, leider finde ich nichts.“

Maurermeister, 53 Jahre alt, unorganisiert, verheiratet, 3 Kinder, seit Ende Oktober arbeitslos, früher selbständig. Geschäftsaufgabe wegen Arbeitsmangel. „Kann Ihnen über mein jetziges Leben wirklich nichts schreiben, denn es fehlt mir alles.“

Architekt, 37 Jahre alt, D.T.-V., verheiratet, ein Kind, entlassen wegen „ungünstiger Geschäftslage“. „Es ist traurig, daß ein anständiger, gesunder Mensch, der etwas gelernt hat, keine Arbeit findet. Mein letztes Gehalt war 350 M pro Monat. Ich habe bisher noch nicht für 200 M etwas finden können. Mein teures Vaterland gibt mir bald kein Brot mehr und so suche ich es anderswo. Teile Ihnen gefl. mit, daß ich am 13. Januar 1914 nach Buenos Aires abreise, wo ich Arbeit und Verdienst finde.“

Werkmeister, 42 Jahre alt, Gruben- und Fabrikbeamten-Verband, letzte Stellung 12 Jahre, gekündigt ohne Angabe der Gründe. „Habe mit großen Mietsschwierigkeiten zu kämpfen.“

Bauführer, 48 Jahre alt, D. T.-V., ledig, zuletzt bei Staatsbehörde zwei Jahre tätig. Vom Verband ausgesteuert. „Nehme die städtische Speiseanstalt in Anspruch.“

Zimmermeister, 60 Jahre alt, verheiratet, ein Kind, mehrere Jahre arbeitslos, vom D. T.-V. ausgesteuert. „Meine Frau bestreitet den Unterhalt, daß man gerade das Leben hat.“

Diese Elendsbilder könnten wir noch wesentlich verlängern, denn es sind das durchaus nicht alle Notschreie, die bei der Zählung an unser Ohr drangen. Einige nur haben wir herausgegriffen und doch findet sich hierbei alles vereinigt, was man sonst nur in den Kreisen der Elendesten unter den Proletariern sucht: Auswanderung, Mitarbeit der Frau, Offenbarungseid, Exmissionen, Inanspruchnahme der städtischen Speiseanstalt und des Pfandhauses, der Herberge zur Heimat und der Armenunterstützung usw.

Wir unterlassen absichtlich, hieran weitere Bemerkungen zu knüpfen. Solche Zustände zu bekämpfen, ist Aufgabe nicht nur der organisierten Arbeitnehmer, sondern eines jeden Menschenfreundes. Die Selbsthilfe hat hier ihre Grenze, darum muß die Staatshilfe einsetzen. Die unmittelbare Lehre aber, die wir aus dem Ergebnis unserer Zählung zunächst ziehen müssen, ist die: Mit Hilfe der Organisation muß es gelingen, einen höheren Anteil vom Ertrag unserer Arbeitskraft zu erreichen, um für die Zeit der Arbeitslosigkeit persönlich und in der Organisation größere Rücklagen machen zu können. Darum sammeln wir unsere Kräfte und schließen wir die Reihen dichter, damit wir imstande sind, diesen Kampf siegreich zu bestehen!

Die erste Gesamtvorstandssitzung 1914

Am 28. Februar und 1. März hatte sich der Gesamtvorstand des Deutschen Techniker-Verbandes zu seiner ersten Sitzung im Jahre 1914 zusammengefunden. Der Verbandsvorsitzende Herr Architekt Reifland eröffnete die Sitzung. Er gab der Hoffnung Ausdruck, daß die Aussprache eine volle Klärung über alle schwebenden Fragen bringen werde. Zu Verhandlungsleitern wurden die Herren Papenroth-Magdeburg und Mirtschin-Dresden, zu Beisitzern die Herren Ruhnau-Königsberg und Jordan-Frankfurt a. M. gewählt.

Die Gesamtvorstandssitzung beschäftigte sich zunächst mit der Wahl eines neuen Verbandsdirektors, die auf den in der Privatangestelltenbewegung bekannten Herrn Dr.

Höfle fiel. Im Mittelpunkt der Beratungen stand die Stellung des Gesamtvorstandes zu den Fragen, die die Angestellten-Organisationen und insbesondere unseren Deutschen Techniker-Verband in der letzten Zeit bewegt haben. Herr Kgl. Baurat Jaffé referierte über die Frage der Taxämter. Er gab eine Uebersicht über die Bestrebungen, die auf Bildung staatlicher oder kommunaler Taxämter hinzielen und wies besonders auf die Stellung hin, die der Bausachverständige bei der Taxation einnehmen müsse. Nicht der Verwaltungsbeamte, sondern allein der Techniker könne als zuverlässiger Taxator bezeichnet werden. Herr Baurat Jaffé machte ganz besonders darauf aufmerksam, daß die jetzt als Taxatoren für die Taxämter vorgesehenen Katasterkontrolleure die Taxen in Ermangelung eigener Sachkenntnisse fast ausschließlich an Hand von Statistiken aufstellen. Die Erfahrung hat gelehrt, daß diese Herren für die Taxen in der Regel viel zu niedrige Werte ermitteln. Die Differenz zwischen den von solchen Taxatoren angegebenen und den wirklichen Werten beträgt für Deutschland mehrere Milliarden, so daß, wenn plötzlich die Beleihung der Grundstücke auf Grund dieser Wertangaben reduziert werden müßte, eine unverhältnismäßig große Zahl von Grundstückbesitzern ruiniert würde. Da nicht nur der umbaute Raum für den Wert eines Gebäudes ausschlaggebend ist, sondern auch die größte Ausnützung des Bauplatzes, können in der Statistik die wahren Werte nicht richtig zum Ausdruck kommen. Nur der Baufachmann habe eine Uebersicht darüber, ob durch die Art der Bebauung der Wert des Grundstücks höher als der Durchschnittswert sei. Auf der anderen Seite aber ist auch der Kaufpreis bezw. Mietswert nicht immer maßgebend, da er von Konjunktur-Schwankungen und der augenblicklichen Lage des Verkäufers abhängig ist.

Der Vortrag wurde mit lebhaftem Beifall entgegengenommen. Von einer Besprechung nahm man Abstand. Es wurde aber beschlossen, die Frage eingehend weiter zu verfolgen, um den mittleren Technikern ein neues Arbeitsgebiet zu erschließen.

Der Gesamtvorstand wandte sich sodann der Besprechung derjenigen Vorgänge zu, die mit der Frage des Koalitionsrechtes zusammenhängen. Herr Kaufmann erstattete darüber das Referat, dessen Inhalt in folgender Entschließung, die nach ausführlicher Aussprache angenommen wurde, niedergelegt ist.

„Der Gesamtvorstand des Deutschen Techniker-Verbandes erblickt in dem Bestreben verschiedener Arbeitgeberverbände und politischer Parteien, unter dem Schlagwort „Schutz der Arbeitswilligen" eine Verschärfung der Gesetzes- und Polizeibestimmungen gegenüber den im Arbeitskampfe stehenden Arbeitnehmern herbeizuführen, eine Beeinträchtigung der Koalitionsfreiheit.

Dabei bedauert der Gesamtvorstand, daß sich auch der Industrierat und das Direktorium des Hansabundes bereit gefunden haben, solche Tendenzen zu unterstützen. Für die Mitglieder des Verbandes erwächst daraus die Pflicht, ihren politischen Einfluß außerhalb der Organisation zur Abwehr solcher Angriffe und zur Anerkennung unserer Forderungen einzusetzen.

Der Gesamtvorstand weist jede Beschränkung der Koalitionsfreiheit, gleichviel in welcher Form, energisch zurück und fordert dagegen von Regierung und Reichstag die Schaffung eines wirklichen Koalitionsrechtes durch Streichung der §§ 152 Abs. II und 153 der Gewerbeordnung, und für die im öffentlichen Dienst stehenden Angestellten und Beamten die Sicherstellung des Vereinigungs- und Petitionsrechtes.

Angesichts der Gefahr, die in den organisationsfeindlichen Bestrebungen einflußreicher Kreise liegt, fordert der Gesamtvorstand alle Verbandsmitglieder auf, durch verstärkte Werbearbeit den Gedanken der Koalition auf gewerkschaftlicher Grundlage in immer weitere Berufskreise zu tragen."

Die von unserem Verbande veranstaltete Arbeitslosenzählung im technischen Berufe, deren Ergebnis dem Gesamtvorstande in einem Sonderdrucke vorlag, besprach Herr Kroebel. Er begründete unsere Forderungen an Reich, Staat und Gemeinde über die Arbeitslosen-Versicherung, die aber nur dann wirkungsvoll sein kann, wenn sie Hand in Hand mit den Organisationen der Angestellten und Arbeiter geht. Er legte dem Gesamtvorstande folgende Entschließung vor:

„Der Gesamtvorstand des Deutschen Techniker-Verbandes stellt auf Grund des vorliegenden, durch eine Auszählung gewonnenen Materials fest, daß unter den technischen Angestellten eine außerordentliche Arbeitslosigkeit herrscht, die weiten Kreisen der Techniker eine angemessene Lebenshaltung nicht mehr ermöglicht.

Der Deutsche Techniker-Verband hat durch seine Selbsthilfe-Einrichtungen diese Not zu lindern versucht und kann deshalb erwarten, daß jetzt auch die Staatshilfe ergänzend eingreift. Der Gesamtvorstand fordert von Regierung und Reichstag die Einführung der Arbeitslosen-Versicherung auf reichsgesetzlicher Grundlage unter Anlehnung an die von den Organisationen geschaffenen Selbsthilfe-Einrichtungen. Bis zur Erfüllung dieser Forderungen erwartet der Gesamtvorstand, daß die Landesregierungen und Stadtverwaltungen helfend eingreifen durch Gewährung von Zuschüssen zu den von den Organisationen gezahlten Unterstützungen nach Art des bewährten Genter Systems der Arbeitslosenfürsorge."

Nach kurzer Debatte wurde auch diese Resolution angenommen.

Ueber den neuen Patentgesetzentwurf referierte Herr Lenz. Er knüpfte an die Verhandlungen des Technikerkongresses vom 15. Februar 1914 an und sprach insbesondere die Hoffnung aus, daß sich die politischen Parteien der Forderungen der technischen Angestellten zum Patentgesetz annehmen und sich nicht durch die Angriffe der Unternehmer gegen den neuen Gesetzentwurf beeinflussen lassen mögen. Der Gesamtvorstand begrüßte die Veranstaltung des Technikerkongresses und stimmte den dort aufgestellten Grundsätzen einstimmig zu.

Der Jahresbericht der Hauptgeschäftsstelle lag dem Gesamtvorstande im Druck vor. Er wird mit einem Rückblick über die Verbandsentwicklung seit dem Jahre 1908 vor dem Verbandstage der Oeffentlichkeit übergeben werden. In Ergänzung der Berichte der einzelnen Abteilungen erstattete Herr Händeler den Bericht über die Verbandspolitik seit der letzten Gesamtvorstandssitzung in Leipzig. Die Stellung des Verbandes ist vor allen Dingen durch unsere Programmforderungen „Einheitliches Angestelltenrecht" und „Einheitliches Beamtenrecht" beeinflußt worden. Da innerhalb des Hauptausschusses, wie der Bericht der eingesetzten Sonderkommission ergeben hat, nicht die Möglichkeit bestand, das einheitliche Angestelltenrecht zu propagieren, hat unser Verband seinen Austritt aus dem Hauptausschusse erklärt. Er hat dafür mit allen den Verbänden Fühlung genommen, die mit uns ein einheitliches soziales Angestelltenrecht propagieren. Es ist zu diesem Zwecke ein Arbeitsausschuß für das einheitliche Angestelltenrecht gebildet worden, dem sich neben unserem Verbande folgende Organisationen angeschlossen haben: Verein der Deutschen Kaufleute, Bund der technisch-industriellen Beamten, Verband der Bureauangestellten Deutschlands, Verband der Kunstgewerbezeichner, Allgemeine Vereinigung deutscher Buchhandlungs-Gehilfen, Allgemeiner Verband der deutschen Bankbeamten, Zentralverband der Handlungsgehilfen, Steigerverband, Verband technischer Schiffsoffiziere, Werkmeisterverband für das Buchbindergewerbe. Diese Verbände umfassen zusammen etwa 120 000 Mitglieder. Um den Gedanken der Vereinheitlichung und Modernisierung des Beamtenrechtes zu fördern, hat sich unser Verband ferner für seine Gruppen C (Staatstechniker) und D (Gemeindetechniker) dem Arbeitsausschuß zur Herbeiführung eines zeitgemäßen Beamtenrechts angeschlossen, der vor kurzem ins Leben gerufen worden ist. Dieser Arbeitsausschuß repräsentiert zurzeit etwa eine Viertelmillion organisierter Beamter und Angestellter in öffentlichen Diensten. Insbesondere sind weiter in der letzten Zeit die Beziehungen zu den anderen Techniker-Organisationen gepflegt worden. Es haben Verhandlungen stattgefunden, die die Neugründung eines Sozialen Kartells aller Techniker-Organisationen erhoffen lassen. Die Verhandlungen des Techniker-Kongresses zur Frage der Patentgesetz-Reform haben gezeigt, daß ein derartiges einmütiges Zusammenarbeiten zur Vertretung der Forderungen unseres Standes an die Gesetzgebung sich ermöglichen läßt. Der Gesamtvorstand nahm diese Ausführungen über die Verbandspolitik zustimmend entgegen.

Einen großen Teil der Verhandlungen nahmen die Beratungen über den Rechenschaftsbericht für das Jahr 1913 und die Aufstellung der Kostenvoranschläge in Anspruch. Die ganzen Finanzfragen waren von einer besonderen Kommission in einer Nachtsitzung durchberaten worden. Nach dem Bericht dieser Kommission wurde für den Rechenschaftsbericht Entlastung erteilt. Der Kostenvoranschlag wurde nach den Vorschlägen der Kommission angenommen.

Eine längere Debatte entspann sich über die Ausführungsbestimmungen. Das Ergebnis dieser Beratungen, sowie die übrigen Anträge, die im einzelnen durchbesprochen sind, wird demnächst veröffentlicht werden.

Die Gesamtvorstandssitzung ließ alles in allem erkennen, daß die vom Verbandstag in Köln beschlossene Reorganisation gute Frucht getragen hat. Hdl.

VOLKSWIRTSCHAFT

Ferienkursus über Volkswirtschaft, staatsbürgerliche Fortbildung und Redekunst

Der Bund Deutscher Bodenreformer veranstaltet in der Osterwoche — vom 14. bis 19. April — in der Landwirtschaftlichen Hochschule, Berlin, Invalidenstr. 42, einen Ferienkursus, zu dem Damen und Herren Zutritt haben. Dem neutralen Charakter des Bundes entsprechend bleiben parteipolitische und religiöse Fragen vom Kursus ausgeschlossen. Es werden behandelt: 1. Einführung in die sozialen Probleme der Gegenwart. 2. Grundlagen der Volkswirtschaft. 3. Grundlagen einer gesunden Kolonialpolitik. 4. Die ersten Forderungen einer gesunden Gemeindepolitik. 5. Die Agrarfrage der Gegenwart. 6. Industrielle Probleme. 7. Moderne Forderungen im Welthandelsverkehr. 8. Die Arbeitslosigkeit und ihre Bekämpfung. 9. Die Mittel und Wege zur Verhütung und Beilegung von Arbeitskonflikten. 10. Das Genossenschaftswesen. 11. Das Beamtenrecht. 12. Der Organisationsgedanke. – 13. Arbeitslosenfürsorge in der Praxis. 14. Einführung in die Gesetze der Redekunst. Innerhalb dieses Kursus findet eine Nebenveranstaltung unseres Verbandes statt. Herr Kaufmann wird über den „Schutz der beim Bauen beschäftigten Personen" sprechen, Herr Kroebel über „Berufsstatistik".

An den Kursus schließen sich Besichtigungen unter sachkundiger Führung an. Unter anderem sind in Aussicht genommen: das Strafgefängnis in Tegel, die ständige Ausstellung für Arbeiterwohlfahrt, der Flugplatz Johannisthal, die Genossenschaftshäuser des Erbbauvereins Moabit.

Unsere Mitglieder zahlen für den ganzen Kursus nur eine einmalige Einschreibegebühr von 5 M. Andere Hörer haben eine Hörerkarte für 10 M zu lösen. Außerdem werden Karten für 10 Stunden zum Preise von 3 M für Verbandsmitglieder ausgegeben.

Die Einlaßkarten werden gegen Voreinsendung des Betrages oder unter Nachnahme versandt. Anmeldungen und Geldsendungen sind an den Bund Deutscher Bodenreformer, Berlin NW. 23, Lessingstr. 11, zu richten. Die Anmeldungen werden nach dem Tage des Eingangs erledigt und im Interesse der Teilnehmer möglichst frühzeitig, spätestens aber bis zum 4. April erbeten. Die Prospekte sind in jeder Zahl kostenfrei vom Bunde zu beziehen, der auch die Vermittelung von Zimmern übernimmt.

Die außerordentlich interessanten und lehrreichen Vorträge sowie Besichtigungen lassen eine rege Beteiligung wünschenswert erscheinen.

SOZIALPOLITIK

Der Arbeitsmarkt im Monat Januar

Die Gesamtlage auf dem gewerblichen Arbeitsmarkt hat sich nach den Berichten des Reichsarbeitsblattes gegenüber dem Vormonat weiter abgeschwächt, gegenüber dem Januar 1913 aber erheblich verschlechtert.

Die Roheisenindustrie klagt vielfach über das Anwachsen der Vorräte auf den Hochöfen. Die Stahl- und Walzwerke berichten gleichfalls über einen schwachen Geschäftsgang, der häufig Feierschichten notwendig mache; selbst in Oberschlesien ist die starke Nachfrage nach Arbeitskräften gewichen.

Der allgemeine Maschinenbau war nach der Mehrzahl der Berichte nicht ausreichend beschäftigt. Ein hannoverscher Großbetrieb teilt allerdings eine kleine Verbesserung gegenüber dem Vormonat mit; die Arbeitskräfte reichten im allgemeinen aus. Die Lage in der Industrie zur Herstellung landwirtschaftlicher Maschinen wird im allgemeinen als ausreichend bezeichnet; das Angebot und die Nachfrage von Arbeitskräften deckten einander. Im Werkzeugmaschinenbau war nach einem Bericht aus Westdeutschland der Eingang neuer Bestellungen nach wie vor recht lebhaft. Arbeitskräfte waren genügend vorhanden, es mangelte jedoch an tüchtigen Facharbeitern. Im Bau von Gasmotoren und Lokomotiven wird die Lage als befriedigend geschildert, auch die Automobilfabriken waren im wesentlichen mit Aufträgen gut versehen. In der elektrischen Industrie fand im allgemeinen eine Abschwächung statt; das Angebot an Arbeitskräften war insbesondere in den Großstädten größer als die Nachfrage. Die wichtigsten Zweige der chemischen Industrie waren nach wie vor gut beschäftigt.

Im Baugewerbe war die Beschäftigung im Monat Januar sehr ruhig; erst gegen Ende des Monats trat an einigen Orten eine leidliche Belebung ein. Im Zusammenhange damit herrschte insbesondere in den Großstädten ein Ueberangebot an Arbeitskräften. Drei Arbeiterverbände des Baugewerbes mit 7148 Mitgliedern hatten im Januar 1914 18,8 v. H. Arbeitslose, im Januar 1913 12,5 v. H.

Nach der neu geordneten Berichterstattung der Krankenkassen über den Beschäftigungsgrad ergab sich vom 1. Januar zum 1. Februar eine Zunahme der versicherten Mitglieder um 5,7 v. H.

Die Arbeitslosigkeit unter den Mitgliedern der berichtenden Arbeiterverbände hielt sich im Januar ungefähr auf der Höhe des Vormonats. Unter den 2 000 918 Mitgliedern von 48 Fachverbänden waren im Januar 1914 arbeitslos 4,7 v. H. gegen 4,8 v. H. im Dezember 1913 und 3,2 v. H. im Januar 1913.

Von der Gesamtzahl der berichtenden Arbeitsnachweise entfielen im Januar auf je 100 offene Stellen bei den männlichen Personen 236 Arbeitsuchende gegen 218 im Vormonat; im Vorjahr beliefen sich die entsprechenden Zahlen auf 191 und 175. Bei den weiblichen Personen kamen auf je 100 offene Stellen 104 Arbeitsuchende gegen 120 im Vormonat; im Vorjahre lauteten die entsprechenden Zahlen 98 und 106. Vom Dezember zum Januar ergab sich bei den männlichen Personen die übliche Verschlechterung nur in größerem Rahmen als im Vorjahr, für die weiblichen Personen die übliche schwache Verbesserung.

Beschwerden

über unregelmäßige Zustellung der Zeitung sind, wenn sie bei dem zuständigen Postamt keinen Erfolg haben, **ausschließlich an die nachstehende Adresse zu richten.**

Deutscher Techniker-Verband
Abteilung V
Berlin, Wilhelmstraße 130.

// DEUTSCHE TECHNIKER-ZEITUNG
RECHTSRUNDSCHAU

XXXI. Jahrg. **7. März 1914** **Heft 10**

Das Dienstverhältnis der technischen Angestellten

Man unterscheidet in erster Linie Dienst- und Arbeits- oder Werkvertrag. Beide sind nebeneinander selbständige Verträge. Bei dem Dienstvertrag wird die Arbeit schlechthin ohne Rücksicht auf den Erfolg bezahlt, während bei dem Werkvertrag der Arbeitserfolg versprochen und vergütet wird. Daneben gibt es auch noch einen Mäkler-Vertrag. Dieser unterscheidet sich von erstgenannten Verträgen dadurch, daß der Mäkler (Vermittler eines Geschäftes) zur Erzielung eines Ergebnisses oder zur Leistung von Diensten nicht verpflichtet werden kann, vielmehr zur Tätigkeit nur durch den in Aussicht stehenden Lohn angehalten wird. Es kommt auch in Angestellten-Kreisen sehr häufig vor, daß Werk- und Mäkler-Verträge mit dem Dienstverhältnis in engem Zusammenhang stehen. Für diese verschiedenen Arten von Verträgen kommen die Bestimmungen des Bürgerlichen Gesetzbuches in Anwendung. Die Reichsgesetzgebung hat aber auch verschiedene unter den Begriff „Dienst- oder Werk-Vertrag" fallende Verhältnisse unabhängig von dem Bürgerlichen Gesetzbuch geregelt. Dahin gehören auch insbesondere die Dienstverträge der technischen Angestellten, wofür die Bestimmungen der Reichsgewerbeordnung Anwendung finden. Dortselbst sind in den §§ 133a ff. besondere Bestimmungen getroffen. Es werden nun in der Praxis verschiedene Arten von Dienstverträgen abgeschlossen, für die ebenso verschiedene Kündigungsfristen in Frage kommen.

§ 133a Gewerbeordnung sieht für das Dienstverhältnis der von Gewerbeunternehmern gegen feste Bezüge beschäftigten Personen, die nicht lediglich vorübergehend mit der Leitung oder Beaufsichtigung des Betriebes oder einer Abteilung desselben beauftragt oder mit höheren technischen Dienstleistungen betraut sind (Betriebsbeamte, Werkmeister, Maschinentechniker, Bautechniker, Chemiker, Zeichner u. dgl.) eine Kündigungsfrist von sechs Wochen zum Schlusse des Kalendervierteljahres vor. Daneben kann aber diese Kündigungsfrist anderweit vereinbart werden. Wird nun eine solche Vereinbarung getroffen, so muß diese Frist für beide Vertragskontrahenten gleich sein, sie darf nicht weniger als einen Monat betragen und ist nur für den Schluß eines Kalendermonats zulässig (vergl. § 133 a a Gewerbeordnung). Ist bei Abschluß eines Engagements eine Kündigungsfrist überhaupt nicht vereinbart, so kommt die gesetzliche, also die nach § 133a der Gewerbeordnung, zur Anwendung. Im § 133 a a der Gewerbeordnung wird der Grundsatz der Gleichheit der Kündigungsfrist für beide Teile auch auf die am § 133a der Gewerbeordnung genannten Personen ausgedehnt. Sind nun Vereinbarungen getroffen, die dahin gehen, daß der eine oder andere Teil sich eine längere oder kürzere Kündigungsfrist ausbedungen hat, oder daß eine kürzere Frist als ein Monat gelten soll, so sind die Vertragsabmachungen nichtig. Die Nichtigkeit des Vertrages leitet aber nicht ohne weiteres die gesetzliche Kündigungsfrist aus § 133 a Gewerbeordnung her. Wenn es sich bei der Nichtigkeit des Vertrages um eine Kündigungsfrist von weniger als einem Monat gehandelt hat, so kommt als maßgebend das Maximum des § 133aa, Absatz 1 und 2 der Gewerbeordnung, d. h. also die einmonatliche Kündigungsfrist zum Schlusse des Kalendermonats in Frage. Nichtigkeit des Vertrages ist z. B. dann gegeben, wenn sich ein Angestellter auf eine bestimmte Zeit bindet und für vorzeitiges Verlassen der Stellung eine Vertragsstrafe verspricht, während der Dienstherr sich nur die gesetzliche Kündigungsfrist vorbehalten hat. Von der Nichtigkeit des Vertrages wird der Vertrag in beiden Teilen sowohl hinsichtlich der Fristbestimmung als auch der Vertragsstrafe berührt, nicht aber in seinen übrigen Teilen. Der Vertrag ist auch dann nichtig, wenn die Vereinbarung für den Angestellten günstiger als für den Arbeitgeber ist. Durch die Bestimmung des § 133 a a GO. ist auch der Ausschluß jeglicher Kündigungsfrist untersagt. Unter Vereinbarung einer vierwöchentlichen Kündigungsfrist versteht man nur die einmonatliche. In diesem Falle muß die Kündigung am letzten Tage zum Schlusse des darauffolgenden Monats ausgesprochen werden. Erfolgt also eine Kündigung am Ersten des Monats zum Schlusse desselben Monats, so ist sie rechtsunwirksam und hat nur Wirkung zum Schlusse des weiteren Monats, so daß z. B. eine am 1. März zum 31. März 1914 ausgesprochene Kündigung erst zum 30. April 1914 geliche Kraft erlangt.

Wird eine kurze Kündigungsfrist, z. B. von 8 oder 14 Tagen vereinbart, so ist die zunächst höhere Kündigungsfrist von einem Monat maßgebend. Wie Absatz 3 des § 133 a a ergibt, kommen obige Bestimmungen bei Dienstverträgen, die auf bestimmte Dauer abgeschlossen werden, nicht zur Anwendung. In diesen Fällen endet das Dienstverhältnis ohne vorherige Kündigung am letzten Tage der Vertragsdauer. Wenn z. B. ein Vertrag für die Zeit vom 31. März 1914 bis zum 31. März 1915 abgeschlossen wird, so hört das Dienstverhältnis am 31. März 1915 auf, ohne daß es einen vorherigen Kündigung bedarf. Wohl kann zwischen den Vertragskontrahenten eine Kündigung vereinbart werden. Wenn bei einem auf bestimmte Dauer abgeschlossenen Dienstverhältnis dasselbe über die Zeit stillschweigend fortgesetzt wird, so wird dadurch ein neues Dienstverhältnis im Sinne der § 133 a und 133 a a der Gewerbeordnung konstruiert. Diese Art der Dienstverträge findet ihre Regelung in § 620 BGB.

Durch freie Vereinbarung kann bestimmt werden, daß das Dienstverhältnis sofort oder zu einem bestimmten Zeitpunkte aufgelöst werden kann. Es kommt dabei die Vorschrift des § 13 a a, Absatz 2 der Gewerbeordnung (Zulässigkeit der Kündigung nur zum Schlusse des Monats) nicht zur Anwendung.

Die Vorschriften des § 133 a a der Gewerbeordnung finden weiterhin keine Anwendung, wenn der Angestellte ein Gehalt von mindestens 5000 M für das Jahr bezieht. Sie bleiben ferner außer Anwendung, wenn der Angestellte für eine außereuropäische Niederlassung angenommen ist und nach dem Vertrage der Arbeitgeber bei Auflösung des Dienstverhältnisses die Kosten für die Rückreise dem Angestellten zu ersetzen hat (vergl. § 133 a b GO.). Bei Angestellten, deren Dienstverhältnis im Sinne dieser gesetzlichen Bestimmung abgeschlossen ist, kann die Kündigungsfrist für beide Teile ungleich sein. Sie kann auch weniger als ein Monat betragen, sie ist ferner für jede beliebige Zeit zulässig.

Unter Gehalt von 5000 M sind nur die festen Bezüge zu verstehen. Provisionsansprüche und Tantiemen sind keine festen Bezüge und scheiden hier aus. Unter außereuropäischer Niederlassung kommen für das Gebiet der Gewerbeordnung insbesondere Engagements für außereuropäische Zweigfabriken und die Verschickung von Ingenieuren in außereuropäische Gebiete in Betracht. Wenn allerdings in diesen Fällen nach dem Vertrage der Arbeitgeber die Kosten für die Rückreise nicht übernommen hat, so hat der Angestellte Anspruch auf die Anwendung des § 133 a a der Gewerbeordnung.

Nun kommt es sehr häufig vor, daß ein Angestellter zur vorübergehenden Aushilfe angenommen wird. In solchen Fällen kommt § 133 a a der Gewerbeordnung ebenfalls nicht zur Anwendung. Diese Art der Dienstverhältnisse sind durch den § 133 a c der Gewerbeordnung geregelt. Letztere Bestimmungen kommen aber auch nur für den Fall zur Anwendung, wenn das Aushilfe-Dienstverhältnis für unbestimmte Zeit abgeschlossen ist. Auf Verträge, die für eine bestimmte Zeit abgeschlossen werden, kommt, wie bereits vorher schon erwähnt, die Bestimmung des § 620 BGB. zur Anwendung. Die Kündigungsfrist bei einem Aushilfedienstverhältnis kann weniger als einen Monat betragen. Sie ist auch zu jeder beliebigen Zeit und zu jedem Tage zulässig, sie braucht also auch nicht zum Schlusse des Monats zu erfolgen. Die Kündigungsfrist kann auch ganz ausgeschlossen werden. Der Ausschluß wird rechtsgültig wirksam nur dann, wenn er ein beiderseitiger ist. Bei einem Aushilfedienstverhältnis muß die gesetzliche Regel des § 133 a ausgeschlossen sein. Ist dies nicht geschehen, auch eine Vereinbarung über die Kündigung nicht getroffen, so ist anzunehmen, daß das Aushilfs-Dienstverhältnis auf unbestimmte Zeit abgeschlossen worden ist. In diesem Falle tritt die gesetzliche Kündigungsfrist des § 133 a der Gewerbeordnung ein. Dies ist die herrschende Rechtsauffassung (vergl. Landmann, Kommentar zur Gewerbeordnung, II. Band, Anmerkung 1 zu § 133 a c Gewerbeordnung, — Staub, Kommentar, 8. Auflage, Anmerkung 2 zu § 69 Handelsgesetzbuch, — Schicker I Seite 764, — Nelken Seite 749). Nur Lotmar „Der Arbeitsvertrag" hat in seinem Kommentar eine entgegengesetzte Auffassung, nämlich die, daß auf alle Dienstverhältnisse, die weniger als 3 Monate betragen, § 133 a Gewerbeordnung keine Anwendung finden könnte. Diese Auffassung steht aber einseitig da und ist nicht entscheidend.

Wird das Aushilfe-Dienstverhältnis länger als drei Monate fortgesetzt, so tritt automatisch ein festes Dienstverhältnis im Sinne der §§ 133 a und 133 a a der Gewerbeordnung ein. In diesem Falle kommen die Kündigungsfristen zur Anwendung, die unter diesen Titeln vorstehend geschildert sind.

Ein Probedienstverhältnis fällt nicht unter die Bestimmung des § 133 a c der Gewerbeordnung. Für ein solches kommen die §§ 133 a und 133 a a in Frage. Ein Probedienstverhältnis ist in der Regel gleichartig mit einem solchen, das auf bestimmte Dauer abgeschlossen wird und nach Ablauf dieser Zeit ohne weiteres endet, wenn nicht neue Vereinbarungen getroffen werden (§ 620 BGB.). Es können also trotzdem innerhalb dieses Probedienstverhältnisses Kündigungsfristen nach freiem Ermessen vereinbart werden.

Die vorstehenden Ausführungen behandeln diejenigen Angestellten, die mit festen Bezügen engagiert sind. Der Begriff „fester Bezug" ergibt sich aus dem Gegensatz „schwankender Bezug". Schwankender Bezug ist lediglich Stück-Lohn (Akkord-Lohn); aber auch Tage- und Wochenlohn ist in der Regel ein schwankender Bezug. Er muß es jedoch nicht sein. Wenn sich z. B. ein Angestellter, der mit Tage- oder Wochenlohn angestellt ist, für diejenige Zeit einen Abzug gefallen lassen muß, in der er beschäftigungslos ist, so ist dies nicht als ein fester Bezug anzusehen. Der Angestellte muß am Schlusse irgendeines Zeitabschnittes, einer Woche, eines Monats, damit rechnen können, daß er ständig einen festen Lohnsatz in Empfang nimmt. Es ist bei Beurteilung dieser Frage noch besonders die Bezeichnung im § 133 a der Gewerbeordnung „nicht lediglich vorübergehend" zu beachten. Ein technischer Angestellter, der gegen Tage- oder Wochenlohn beschäftigt wird, ist sehr leicht als ein solcher anzusehen, der nur vorübergehend beschäftigt wird und aus diesem Grunde keinen Anspruch auf die Bestimmung des § 133 a der Gewerbeordnung erheben kann.

Nun gibt es auch technische Angestellte, für die die Reichsgewerbeordnung nicht in Frage kommt. In erster Linie handelt es sich dabei um die Kommunalbeamten und die Beamten des Reiches. Ihre Rechtsverhältnisse unterstehen dem öffentlichen Rechte und werden weder durch die Reichsgewerbeordnung noch durch das Bürgerliche Gesetzbuch berührt. Die bei Kommunalbehörden oder beim Reiche auf Privatdienstvertrag angestellten Personen haben gleichfalls keinen Anspruch auf Anwendung der Bestimmungen der Reichsgewerbeordnung. Ihr Dienstverhältnis regelt § 611 bis 630 BGB. Diese technischen Angestellten sind als solche zu betrachten, welche zur Leistung von Diensten höherer Art bestimmt sind und somit Anspruch auf die Kündigungsfrist gemäß § 622 BGB. erheben können (analog § 133 a GO.). Das Bürgerliche Gesetzbuch läßt bezüglich der Kündigungsfristen freie Vereinbarungen in jeder beliebigen Weise zu. Deshalb findet man auch fast durchweg in Dienstverträgen, besonders bei Behörden, die Vereinbarung der 14tägigen Frist, d. h. die Kündigung vom 15. zum Schlusse des Monats (§ 621 BGB.). Für Angestellte, die nicht in einem Gewerbeunternehmen tätig sind, sondern nur in künstlerischen Betrieben oder Bergwerken, Salinen und Hüttenwerken angestellt sind, kommen gleichfalls die vorerwähnten Rechtsverhältnisse in Frage.

ANGESTELLTENRECHT

Kann die Konventionalstrafe einer Konkurrenzklausel auch noch nach längerer Zeit gefordert werden?

Eine Fabrik engagierte einen Reisenden, und in seinem Anstellungsvertrage verpflichtete der Angestellte sich, innerhalb der nächsten fünf Jahre nach seinem Ausscheiden weder in einem Konkurrenzgeschäft einzutreten, noch ein solches zu gründen — bei Vermeidung einer Konventionalstrafe von 5000 M. Nachdem der Reisende 13 Jahre in dieser Position tätig gewesen war, schied er aus der Stellung aus, indem er ausdrücklich erklärte, er beabsichtige ein Konkurrenzunternehmen zu betreiben. Der Prinzipal, der gar nicht mehr an die vor langen Jahren verabredete Konkurrenzklausel dachte, sagte nichts dagegen, wünschte dem Abgehenden vielmehr in dem ihm erteilten Zeugnis „für sein neues Unternehmen von Herzen viel Glück".

Zwei Jahre später strengte der frühere Prinzipal gegen seinen ehemaligen Reisenden Klage auf Zahlung von 5000 M. an, die er auf die Bestimmung des erwähnten Anstellungsvertrages stützte.

Das Oberlandesgericht Celle hatte die Klage mit der Begründung abgewiesen, der Beklagte konnte das Verhalten des Klägers bei seinem — des Beklagten — Abgang aus der von ihm bekleideten Position nur so auffassen, daß der Prinzipal nichts dagegen habe, wenn er ein Konkurrenzunternehmen gründe. Es verstoße gegen Treu und Glauben im Geschäftsverkehr, wenn der Kläger dem Beklagten beim Scheiden aus seiner Stellung Glück zu seinem Unternehmen wünsche und mehrere Jahre später gegen ihn Klage auf Zahlung der Konventionalstrafe anstrenge.

Gegen dieses Urteil legte der Kläger Revision ein, in der er betonte, daß es doch für den Streitfall ganz bedeutungslos sei, wie er sich beim Abgange seines früheren Angestellten benommen habe; denn er habe doch weder das Recht gehabt, dem Beklagten den Austritt aus seiner Stellung zu verweigern, noch ihm das verlangte Zeugnis vorzuenthalten, noch auch ihn in seinem Vorhaben zu hindern.

Indessen hat das Reichsgericht das den Kläger abweisende Erkenntnis aufrechterhalten. Allerdings, so meinte der höchste Gerichtshof, hatte der Kläger nicht das Recht, dem Beklagten das verlangte Zeugnis vorzuenthalten, noch ihn zu hindern, sein Vorhaben zur Ausführung zu bringen. Wenn er aber auf die Unterlassung des Unternehmens Wert legte und dagegen Widerspruch erheben wollte, so war er verpflichtet, dies dem Beklagten zu erklären, und durfte sich nicht in Stillschweigen hüllen. Denn aus einem solchen Verhalten mußte der Beklagte entnehmen, daß sein Prinzipal gegen das von ihm geplante Unternehmen nichts einzuwenden habe.

Sonach hat der Kläger durch seine eigene Handlungsweise die angebliche Zuwiderhandlung des Beklagten mitveranlaßt, und er kann sich nicht hinterher darauf berufen, daß er damals aus Versehen an das ihm zustehende Wettbewerbsverbot nicht gedacht habe. Sein jetziges, mehrere Jahre nach dem Austritt gestelltes Verlangen auf Entrichtung der Vertragsstrafe verstößt gegen Treu und Glauben. (Reichsger. III 366/13.)

Die Konkurrenzklausel als nichtiges Rechtsgeschäft

Als Verträge gegen die guten Sitten kommen auch solche in Betracht, die die persönliche Freiheit oder die Gewerbefreiheit in unzulässiger Weise beschränken. Auch die sogenannte Konkurrenzklausel, eine der meist besprochenen Fragen im geltenden Recht, ist in diesem Zusammenhang zu nennen, falls nämlich das Konkurrenzverbot derart ist, daß es die Bewegungsfreiheit des Verpflichteten ungewöhnlich beschränkt, oder gar seine wirtschaftliche Vernichtung herbeizuführen geeignet ist. Sofern ein solches Verbot gegen die guten Sitten verstößt, ist der ganze Wettbewerbsbeschränkungsvertrag nichtig, seine Nichtigkeit oder Gültigkeit wird stets sehr peinlich und unter Berücksichtigung aller näheren Umstände vom Richter zu prüfen sein. Der folgende, hierfür einschlägige Fall beschäftigte kürzlich das Reichsgericht:

Zwei Kaufleute in Berlin, H. und O., hatten sich früher zum Zwecke der Anfertigung und des Vertriebes von Fahrrädern und Maschinen zu einer Gesellschaft mit beschränkter Haftung verbunden gehabt. Im Jahre 1909, wo H. ausgeschieden war, schlossen sie einen Wettbewerbsbeschränkungsvertrag. Gegen diesen verstieß H. dadurch, daß er nahe bei Berlin die Einrichtung des unter der Firma Kl. & Cie. betriebenen Engrosgeschäftes mit Nähmaschinen und Fahrrädern übernommen hat und die offene Handelsgesellschaft Tr. Na. & Cie. leitete. Das Landgericht Berlin II hat den Beklagten antragsgemäß bei Ver[illegible]dung einer Strafe zur Unterlassung der Konkurrenz bis zum 1. Okt. 1919 verurteilt und die Widerklage des Beklagten auf Nichtigkeit des Vertrages zurückgewiesen. Das Kammergericht Berlin hat die Berufung des Beklagten zurückgewiesen. Der Beklagte hat Revision eingelegt. Die Revision wurde zurückgewiesen. Der 3. Zivilsenat des Reichsgerichts führte aus: Der Berufungsrichter hat die Frage, ob die vom Beklagten vertraglich übernommene Wettbewerbsbeschränkung als gegen die guten Sitten verstoßend nichtig ist, mit Recht verneint. Allerdings enthält die durch ein berechtigtes Interesse des Klägers gebotene Wettbewerbsklausel für den Beklagten eine nicht unerhebliche Beschränkung in seiner Bewegungsfreiheit auf kaufmännischem Gebiete; mit Rücksicht auf das Lebensalter des Beklagten zur Zeit des Vertragsabschlusses kommt eine Beschränkung auf 10 Jahre einer dauernden Beschränkung nahezu gleich; in räumlicher Beziehung ist dem Beklagten eine Tätigkeit in Nähmaschinen- und Fahrradgeschäften in Preußen und Baden und in solchen Geschäften außerhalb dieser Gebiete, welche nach Preußen und Baden Geschäfte abschließen, untersagt: deshalb wird der Beklagte in Deutschland nur wenig Großbetriebe dieser Branchen finden, in denen er bis 1919 tätig werden kann. Andererseits steht er in einem Lebensalter, in welchem er sich in andere kaufmännische Geschäftszweige einzuarbeiten vermag; dies wird ihm um so leichter möglich sein, als er bereits früher viele Jahre lang in anders gearteten kaufmännischen Betrieben Beschäftigung gefunden hat. Mit Recht berücksichtigt der Berufungsrichter hierbei, daß der Beklagte selbst nicht behauptet hat, bereits eine Einbuße in seiner Arbeitsfähigkeit erlitten zu haben. Auch stellte der Berufungsrichter auf grund eigener Sachkunde ausdrücklich fest, daß es außerhalb Preußens und Badens große Geschäfte mit starker Lokalkundschaft gibt, die den Detailhandel mit Fahrrädern und Nähmaschinen betreiben und in Preußen und Baden keine Geschäfte abschließen. Diese Feststellung bindet das Revisionsgericht. Hiernach ist der Beklagte keineswegs zur Auswanderung aus Deutschland gezwungen. Mit Recht berücksichtigt der Berufungsrichter auch den Umstand, daß der Beklagte für seine Wettbewerbsbeschränkung vom Kläger mit einer erheblichen Geldsumme entschädigt worden ist. Bei einem erfahrenen Kaufmann im Alter des Beklagten kann man auch voraussetzen, daß er bei Uebernahme der Verpflichtung deren Tragweite übersehen hat. Da der Beklagte sich der Wettbewerbsbeschränkung, die sofort in Kraft trat, freiwillig unterworfen hat, muß auch angenommen werden, daß er sie selbst unter Berücksichtigung seiner kaufmännischen Ausbildung als eine drückende Fessel für seine Bewegungsfreiheit nicht angesehen, vielmehr in dem ihm gezahlten Entgelt einen hinreichenden Ausgleich erblickt hat. Der Revision war daher, wie es geschehen ist, der Erfolg zu versagen. (Wert des Streitgegenstandes in der Revisionsinstanz 5400 M.) (Urteil des Reichsgerichts vom 19. Dez. 1913. Aktenzeichen III. 435/13.) sk.

BEAMTENRECHT

Schadensersatzpflicht wegen Ueberanstrengung des Angestellten und Beamten

Die moderne Rechtssprechung neigt dazu, den Inhalt von gegenseitigen Verträgen in ziemlich weitgehendem Maße über das von den Parteien direkt Vereinbarte hinaus auszulegen, ein Standpunkt, der durchaus als billig und gesund anzuerkennen ist.

In zahlreichen Fällen von Kauf-, Miets-, Dienstverträgen usw. werden heute Nebenverpflichtungen angenommen, die nicht unmittelbar Gegenstand der vertraglichen Vereinbarungen sind, z. B. Pflichten zur Mitteilung von ungewöhnlichen Umständen, die auf die vertraglichen Pflichten Einfluß haben könnten, Pflichten, einen Schaden nach Möglichkeit zu verhüten, der dem Vertragsgegner entstehen kann und zahlreiche andere Pflichten.

Auch einen Dienstvertrag wird man in dieser Weise auslegen müssen. Wer einen Angestellten engagiert, übernimmt nicht nur vertragsmäßig die Vergütung für die zu leistenden Dienste, sondern er ist verpflichtet, auch in Hinsicht auf das Dienstverhältnis in jeder Weise für die Interessen des Angestellten einzutreten.

Ueber einige solcher Verpflichtungen enthalten die Gesetze eingehendere Bestimmungen; abgesehen von den Sondergesetzen, wie Gewerbeordnung, Beamtengesetzgebung, bestimmt der § 618 des Bürgerlichen Gesetzbuchs, daß der Dienstherr u. a. die unter seiner Anordnung vorzunehmenden Dienstleistungen so zu regeln hat, daß der Dienstverpflichtete gegen Gefahr für Leben und Gesundheit geschützt ist, soweit die Natur der Dienstleistung es gestattet.

[illegible] nur ein beschränktes Anwendungsgebiet hat, ist der Dienstherr doch verpflichtet, darüber hinaus auch die Kräfte und die Gesundheit seiner Angestellten zu schützen, da, wie gesagt, der § 618 nur einen ohnehin allgemein gültigen Grundsatz erwähnt, nicht aber die Verpflichtung des Dienstherrn erschöpfen will.

Wenn ein Dienstherr die Dienste seines Angestellten in dem Maße in Anspruch nimmt, daß dessen Gesundheit durch Ueberanstrengung beeinträchtigt wird, so ist die Zumutung einer solchen Arbeitsleistung dann vertragswidrig auf seiten des Dienstherrn, wenn es sich um ein objektives Zuviel-Verlangen, um ein tatsächliches Ueberspannen des Vertragsverhältnisses handelt (abgesehen von dem Fall also, in dem die schwächliche Konstitution des Angestellten oder ein unvorsichtiges Wirtschaften mit seinen Kräften Grund der Erkrankung ist.)

Nun wird man allerdings einwenden können, daß ein Angestellter dadurch, daß er die ihm zuviel zugemutete Arbeit ausführt, ja selbst den Anlaß zu dem Schaden gibt.

Gewiß wird man in einigen Fällen diesen Einwand gelten lassen müssen. Ein Dienstverpflichteter wird natürlich verpflichtet sein, den Dienstherrn auf eine etwaige Ueberanstrengung aufmerksam zu machen.

Andererseits wird aber jeder Angestellte auch sein Möglichstes tun, um die ihm zugemutete Arbeit auch auszuführen. Wenn er wirklich dem Dienstherrn seine Ueberanstrengung zu erkennen gibt, wird er fürchten müssen, von anderen Angestellten überholt zu werden, sich selbst vielleicht seine eigene Stellung zu gefährden. Leider ist es heute so, daß es geradezu als etwas Selbstverständliches gilt, unter Anspannung seiner äußersten Kräfte zu arbeiten; und man wird daher nur in den seltensten Fällen ein Verschulden des Dienstverpflichteten anerkennen können, wenn er sich nur in der Absicht geschädigt hat, allen Anforderungen seines Dienstherrn stillschweigend genügen zu wollen.

Ist eine Erkrankung eines Angestellten auf übermäßige Anspannung seiner Kräfte zurückzuführen, und ist diese Ueberanstrengung des Angestellten dem Dienstherrn oder dessen Vertreter als verschuldet oder ihm als vertragswidriges Verhalten zuzurechnen, so ist auch damit eine Schadensersatzpflicht begründet. Ein Grundsatz, den auch kürzlich das Reichsgericht anerkannt hat, in einem Falle, in dem ein Schlafwagenschaffner einer Privatgesellschaft durch übermäßigen Nachtdienst arbeitsunfähig geworden war. (Reichsgerichtsentscheidung vom 25. Okt. 1912. III 52/12, veröffentlicht im „Recht" 1913, Nr. 29.)

Die rechtliche Stellung des Beamten unterscheidet sich in keiner Weise von der eines privaten Angestellten. Wenngleich das Anstellungsverhältnis eines Beamten einen öffentlichen rechtlichen Einschlag hat, so ist das Rechtsverhältnis zugleich auch Dienstvertrag oder zum mindesten nach dem Grundsatz des Dienstvertrages zu behandeln. (Vergleiche die Entscheidung des Reichsgerichts in Seufferts: „Blätter für Rechtsanwendung", Band 68, Seite 303, wo es sich um einen ganz ähnlichen Fall einer Ueberanstrengung eines Beamten gehandelt hat.)

Auch der Staat oder Gemeindefiskus hat daher für eine Ueberanstrengung seiner Beamten infolge übermäßiger Anforderungen einzustehen.

Die Höhe des Schadensersatzanspruches ist in keiner Weise beschränkt. Wird für den erkrankten Angestellten oder Beamten etwa in der Weise gesorgt, daß er eine Pension oder eine sonstige Rente erhält, so besteht sein Schaden darin, daß er an Stelle seines vollen Gehaltes sich mit einer bescheideneren Rente oder Pension begnügen muß, und er kann daher den Fehlbetrag bis zur vollen Höhe seines bis dahin verdienten Gehaltes unter Berücksichtigung der nach normalen Umständen zu erwartenden Gehaltssteigerung als Schadensersatz in Rechnung stellen.

Dr. iur. Eckstein.

PATENTRECHT

Bestrafte Patentverletzung

Wegen vorsätzlicher Patentverletzung hat das Landgericht Tübingen am 25. Juli 1913 auf Grund von § 36,1 des Patentgesetzes den Maschinenfabrikanten Johann Weber in Reutlingen zu 500 Mark Geldstrafe verurteilt und dem Nebenkläger, dem Maschinenfabrikanten Wagner in Reutlingen, die Publikationsbefugnis zugesprochen. Weber wie Wagner stellen seit vielen Jahren Kreissägeblätter als Bestandteile von Werkzeugmaschinen her. Früher benutzte man hierzu Gußstahl, bis man auf der Pariser Weltausstellung von der hierzu weit mehr geeigneten Beschaffenheit des sog. Schnellaufstahles erfuhr. Da aber wegen des hohen Preises die Herstellung der Blätter aus reinem Schnellaufstahl zu teuer erschien, wurden von den beteiligten Fachkreisen zahlreiche Versuche angestellt, durch Einsetzen von Zähnen aus Schnellaufstahl in ein Sägeblatt aus Gußstahl ein preiswertes und technisch vollkommenes Fabrikat zu erzielen. Am 27. November 1909 erhielt nun Wagner ein Deutsches Reichspatent Nr. 193022 auf ein „Kreissägeblatt (aus Gußstahl) mit auswechselbaren Sägezähnen (aus Schnellaufstahl), die in Ausspannungen von halbkreisförmigen Querschnitt einseitig durch Nuten und Federn befestigt sind". Da sich später die auf Grund technischer Erwägungen getroffene Wahl des halbkreisförmigen Querschnittes als unvorteilhaft erwies, führte Wagner die Kreissägeblätter mit dem technisch vollkommenen vierkantigen Querschnitt der Ausspannungen aus. Auch Weber stellte Versuche an, erwarb eine Fräsmaschine und stellte seit März 1911 fabrikmäßig ähnliche Kreissägeblätter her, um sie gewerbsmäßig zu verkaufen. In einem Jahre erzielte er einen Absatz von 100 Stück. Daher der Strafantrag Wagners wegen vorsätzlicher Patentverletzung. Das Landgericht stellte hierzu folgendes fest: Beiden Fabrikanten sei gemein die einseitige Befestigungsart; ein Unterschied bestehe nur darin, daß der Angeklagte Weber von vornherein den vierkantigen Querschnitt bei der Anbringung der Nuten und Federn gewählt habe. Gegenüber Webers Verteidigung, die Benutzung der einseitigen Befestigungsart verstoße nicht gegen das Patent, ergebe sich auf Grund des Gutachtens des Sachverständigen, daß der wesentliche Teil der Erfindung Wagners die einseitige Befestigung der Zähne sei, die ein Abbrechen derselben verhindere, und daß es keinen Unterschied der Gesamtwirkung ausmache, ob der Querschnitt der Ausspannungen ein halbkreisförmiger oder vierkantiger sei. Der Patentschutz erstrecke sich in erster Linie auf die einseitige Befestigungsart, die das neue, geschützte Moment gegenüber der früher üblich gewesenen, minder brauchbaren zweiseitigen Befestigungsart enthalte. Durch gewerbsmäßige Herstellung von Kreissägeblättern mit auswechselbaren, einseitig befestigten Zähnen habe Weber somit objektiv das Wagnersche Patent verletzt. Aber auch Wissentlichkeit liege vor. Weber habe seit 1909 die Patentschrift gekannt und daher mit der Möglichkeit rechnen müssen, daß die einseitige Befestigungsart der wesentliche Teil des Patentes sei. Wenn er trotz seiner Kenntnis vom Haupt-Vorzug des neuen Systems sich des neuen Gedankens bedient habe, sei mindestens Eventualdolus gegeben. Daß die Idee vielleicht an sich nicht neu, sondern schon in Amerika benutzt worden sei, berühre nicht die formelle Rechtsgültigkeit des erteilten Patentes. Da auch keine Vorbenutzung im Sinne von § 5 des Patentgesetzes gegeben erscheine, liege ein vorsätzlicher Eingriff in das durch § 4 des Patentgesetzes geschützte Alleinbenutzungsrecht des Patentinhabers Wagner vor. Webers Revision beim Reichsgericht, die am 15. Januar 1914 den 1. Strafsenat beschäftigte, bezweifelte die hinreichende Feststellung des strafbaren Tatbestandes in subjektiver wie objektiver Hinsicht und bemängelte die Ablehnung von Beweisanträgen bezüglich Einholung weiterer Gutachten. Das Reichsgericht hat indessen entsprechend dem Antrage des Reichsanwalts die Revision als unbegründet verworfen, da angesichts der tatsächlichen Feststellungen der Strafkammer der Angriff der Revision, der auf eine Anfechtung des Patentes hinauslaufe, in der höchsten Instanz keine Beachtung finden könne. Urteil des Reichsgerichts vom 15. Januar 1914. (Aktenzeichen ID. 1004/13.).

sk.

VERSICHERUNGSFRAGEN

Die öffentliche Lebens- und Volksversicherung)*

Von EMIL ROHR, Charlottenburg.

Die öffentliche Lebensversicherung wird von gemeinnützigen landesherrlich genehmigten Körperschaften des öffentlichen Rechts betrieben. Die erste öffentliche Lebensversicherungsanstalt wurde im Jahre 1910 in Königsberg von der Ostpreußischen Landschaft unter dem Namen „Lebensversicherungsanstalt der Ostpreußischen Landschaft" errichtet und hat am 15. November 1910 ihre Tätigkeit aufgenommen. Im Jahre 1911 schritten die Provinzen Westpreußen, Posen, Pommern und Schlesien zur Errichtung öffentlicher Lebensversicherungsanstalten. In diesen Provinzen übernahmen die Gründung und Verwaltung der einzelnen Anstalten die Provinzialverbände, unterstützt von den Landschaften, teilweise auch von den Provinzial-Feuersozietäten. Die fünf Lebensversicherungsanstalten vereinigten sich noch im Jahre 1911 zum Verband öffentlicher Lebensversicherungsanstalten in Deutschland, der durch A. K. O. vom 24. Nov. 1911 landesherrlich genehmigt wurde.

Dem Verband, der seinen Sitz in Berlin hat, schlossen sich im Frühjahr 1912 die Provinzial-Landesversicherungsanstalt Brandenburg und im November 1913 die Nassauische Lebensversicherungsanstalt in Wiesbaden an.

Die öffentlichen Lebensversicherungsanstalten verfolgen den Zweck, der Lebensversicherung in breiten Schichten der Bevölkerung Eingang zu verschaffen, und zwar nicht im Wege staatlicher Zwangsmaßnahmen, sondern durch eine Belebung der im Volke schlummernden Kräfte zur Selbsthilfe. Der Betrieb der öffentlichen Lebensversicherung ist provinziellen Selbstverwaltungskörperschaften übertragen worden, weil nur eine vom Vertrauen der Provinz getragene, in ihrem Wirtschaftsleben wurzelnde Anstalt, die der Lebensversicherung obliegenden Aufgaben zufriedenstellend erfüllen kann. Ein bureaukratisch staatlicher Betrieb würde zwar den Anforderungen der Gemeinnützigkeit voll entsprechen. Er würde aber wegen unzulänglicher Beweglichkeit nicht auch der kaufmännischen und versicherungstechnischen Seite der Aufgabe mit demselben Erfolg gerecht werden können, wie ein auf Selbstverwaltung gegründetes Unternehmen. Andererseits hat die öffentliche Lebensversicherung den Vorzug, daß sie in die Behörden-Organisation eingereiht ist und deshalb bei bereits bestehenden Behörden Unterstützung findet.

Der Verband, in dem die einzelnen Anstalten vereinigt sind, dient vor allem einer sachgemäßen Verteilung der von den Einzelanstalten übernommenen Risiken, insofern, als er alle diejenigen Teilbeträge (Exedenten) der Versicherungssummen in Deckung nimmt, die über die Kräfte der einzelnen Anstalten (Selbstbehalt) hinausgehen. Der Verband hat weiter den Zweck, durch Vereinheitlichung der Verwaltungsaufgaben die Verwaltungskosten zu vermindern und so die Versicherungsnahme nach Möglichkeit zu verbilligen. Während ohne den Verband die Einzelanstalten für geschäftliche Maßnahmen, die sich wiederholen, wie die ärztliche Auslese und die versicherungsmathematischen Arbeiten besondere Beamte einstellen müßten, werden sie dieser Leistungen enthoben, indem der Verband die Verwaltungsarbeiten zentralisiert und sie bewährten Kräften überträgt, ohne daß dadurch die einzelnen Anstalten pekuniär zu schwer belastet werden.

Außerdem gehört es zu den Aufgaben des Verbandes, in gleicher Weise wie die einzelnen Anstalten die Lebensversicherung direkt zu betreiben und zwar in allen denjenigen Landesteilen, in denen Provinzial- oder Landesanstalten noch nicht bestehen. Bisher wurde der unmittelbare Betrieb der Versicherung in der Stadt Berlin, in den preußischen Provinzen und in sämtlichen Bundesstaaten außer in Württemberg, Bremen und Elsaß-Lothringen aufgenommen. Die öffentlichen Lebensversicherungsanstalten und die Direktabteilung des Verbandes betreiben alle Arten der Lebens- und Rentenversicherung, insbesondere die reine und die gemischte Todesfallversicherung gegen lebenslängliche, abgekürzte oder einmalige Prämienzahlung, die Versicherung zu festem Termin, die Erlebensfall- sowie die Leibrentenversicherung und seit dem 1. April vorigen Jahres auch die kleine Lebensversicherung ohne ärztliche Untersuchung mit Wochen- und Monatsprämien (Volksversicherung).

Sämtliche Tarife sind grundsätzlich ohne Berücksichtigung besonderer Dividendenzuschläge berechnet worden. Gemäß dem gemeinnützigen Charakter der öffentlichen Lebensversicherung werden laut Geschäftsplan sämtliche Ueberschüsse an die Versicherten ausgeschüttet. Mit der Aufnahme der Volksversiche-

*) Wir werden in weiteren Artikeln auch die beiden anderen Organisationen der „Volksversicherung" behandeln. Die Red.

rung hat die öffentliche Lebensversicherung ein neues Gebiet beschritten, das Gebiet einer zweckmäßigen Alters- und Hinterbliebenenversorgung der Angehörigen des Mittelstandes und der arbeitenden Klassen. Die Volksversicherung hat den Vorzug, daß sie durch Fortfall der ärztlichen Untersuchung und durch Aufbringung der Beiträge in Wochen- und Monatsraten den Bedürfnissen des kleinen Mannes Rechnung trägt. Die öffentlichen Lebensversicherungsanstalten bieten somit den Versicherten bei billigsten Prämien und überaus günstigen Versicherungsbedingungen den denkbar besten Versicherungsschutz. Sie stellen sich bei ihrer Anlagetätigkeit in den Dienst der Bestrebungen, die auf wirtschaftliche und soziale Hebung der minderbemittelten und mittleren Bevölkerungskreise gerichtet sind.

VERSCHIEDENES

Darf ein Ingenieur im Fall der Erweiterung seiner Baupläne ein Extra-Honorar verlangen?

In § 632 bestimmt das Bürgerliche Gesetzbuch über den Werkvertrag, daß eine Vergütung als vereinbart gilt, wenn die Herstellung des Werkes den Umständen nach nur gegen eine Vergütung zu erwarten ist. Hierbei fragt es sich, ob der Hersteller des Werkes dann eine höhere Vergütung verlangen kann, wenn er auf Grund eines erneuten Auftrags für dasselbe Objekt Erweiterungen des Werkes vornehmen muß. Diese Frage wurde soeben vom Reichsgericht in einem Prozeß entschieden, dem folgender Sachverhalt zugrunde lag: Im Interesse der Saale-Regulierung sollten bei Jena mehrere Brücken gebaut werden, deren Aufführung vom Gemeindevorsteher als „Bau der Camsdorfer Brücken" vergeben wurde. Zu diesem Zwecke hatte der Zivilingenieur K. auf eigenes Risiko Entwürfe angefertigt, die die Aktiengesellschaft L. in Holzminden übernahm. In dem zwischen der Gesellschaft und K. im Jahre 1908 geschlossenen Vertrag ist in § 3 festgesetzt, daß K. ein nach der Gebührenordnung für Architekten berechnetes Honorar von 20 000 M erhalten solle. Sollte die Gesellschaft den Zuschlag nicht bekommen, so sollte K. nur die erste Rate von 5000 M. erhalten. Nun erließ der Gemeindevorstand von Jena im Jahre 1910 ein anderes Ausschreiben für den Brückenbau, das eine Aufforderung zu bedeutend weiteren Bauten enthielt. Dieses neue Ausschreiben betraf außerdem die Ausnutzung der Wasserkraft der Saale. Die Gesellschaft sandte dieses neue Verdingungsschreiben an den Ingenieur K. mit dem Auftrage, neue Entwürfe zu liefern. Auch mit diesen neuen Entwürfen erhielt die Gesellschaft den Zuschlag nicht. K. berechnete jetzt nach der Gebührenordnung für Architekten ein Honorar von 48 000 M und verklagte die Bestellerin auf Zahlung dieser Summe beim Landgericht Braunschweig, das indessen die Klage abwies.

In gleichem Sinne entschied das Oberlandesgericht Braunschweig als Berufungsinstanz. Die Gründe, die zu dem Urteil der zweiten Instanz führten, sind etwa folgende: Die neuen Entwurfsarbeiten sind als Aenderungen und Ergänzungen der früheren durch Vertrag übernommenen zu betrachten. Richtig ist ja, daß die späteren Entwürfe wesentlich andere Bauten betrafen, unrichtig dagegen die Ansicht des Klägers K., daß die späteren Arbeiten nicht auf Grund des Vertrags von 1908 geleistet worden sind. Aus den Umständen ergibt sich vielmehr, daß beide Parteien die neueren Arbeiten als unter den Vertrag von 1908 fallend angesehen haben. Für die beklagte Gesellschaft waren die Entwürfe nur dann von Nutzen, wenn sie den Zuschlag erhielt. Daß sie für diesen Fall unverhältnismäßig hohe Kosten hat aufwenden wollen, ist nicht anzunehmen. In dem Vertrage vom Jahre 1908 ist aber die ganze Honorarzahlung von der Bedingung der Zuschlagserteilung abhängig gemacht. Hätte sich die Gesellschaft verpflichtet, die neuen Entwurfsarbeiten zu vergüten, so hätte sie auch alle anderen Kosten erstatten müssen. Da der Kläger K. für den Fall der Zuschlagserteilung ein höheres Honorar erhalten sollte, so muß gefolgert werden, daß er es für den entgegengesetzten Fall nicht beanspruchen kann. Diese Annahme wird auch durch den Briefwechsel der Parteien bestätigt. Die Berufung war deshalb zurückzuweisen. Dies Urteil focht der Kläger K. mit dem Rechtsmittel der Revision beim Reichsgericht an, indem er betonte, das Berufungsgericht sei dem Sachverhalt nicht gerecht geworden. Der III. Zivilsenat des höchsten Gerichtshofes konnte in der Entscheidung der zweiten Instanz einen Rechtsirrtum nicht finden und wies die Revision zurück. (Urteil des Reichsgerichts vom 13. Januar 1914. Aktenzeichen: III. 436/13.)

sk.

*

1500-Mark-Verträge

Durch die Presse ging vor einiger Zeit die Notiz, daß die Aeltesten der Kaufmannschaft von Berlin sich mit dem Antrage des Abgeordneten Bassermann im Reichstage beschäftigt und die Annahme desselben empfohlen hätten. Der Antrag geht dahin, daß ebenso wie bei den öffentlichen Beamten $^2/_3$ des 1500 Mark übersteigenden Einkommens dem Privatangestellten frei vom Zugriff seiner Gläubiger verbleiben soll, damit er daraus seinen und seiner Familie Unterhalt bestreiten kann. Bekanntlich läßt das zurzeit geltende Recht bei Privatangestellten Gehaltspfändungen soweit zu, als das Gehalt den Betrag von 1500 M übersteigt. Die Angestellten haben sich gegen diese den derzeitigen wirtschaftlichen Verhältnissen nicht mehr entsprechende gesetzliche Bestimmung dadurch zu schützen gesucht, daß sie mit den Arbeitgebern Verträge schließen, wonach ihnen von vornherein nur 1500 M an Gehalt gezahlt werden, den Rest aber die Ehefrau erhält. In Reichsgerichtsentscheidungen ist für berechtigt angesehen worden, daß der Angestellte durch solche Verträge für den Unterhalt seiner Familie Sorge trägt. Nur wenn durch einen solchen Vertrag den Gläubigern mehr entzogen wird, als zum Unterhalt des Schuldners und seiner Familie unbedingt erforderlich ist, wurde der Vertrag für anfechtbar erklärt.

Noch in jüngster Zeit hat das Reichsgericht in diesem Sinne ein Urteil gefällt, das deswegen charakteristisch ist, weil der der Ehefrau zugesprochene Einkommensanteil ein Mehrfaches des dem Ehemann verbleibenden Gehaltsrestes beträgt. Hier ist ganz besonders der Umstand berücksichtigt worden, daß die Gesamtsumme des Einkommens für eine standesgemäße Lebensführung der Familie erforderlich sei.

Die Klägerin hatte wegen einer vollstreckbaren Forderung gegen den Prokuristen der Beklagten dessen Ansprüche gegen die Beklagte auf Zahlung von Gehalt, Provision, Tantieme, Gratifikation u. dergl., soweit sie 125 M monatlich übersteigen, pfänden und sich zur Einziehung überweisen lassen. Der Angestellte hatte, als er in den Dienst der Beklagten trat, mit dieser vereinbart, daß er persönlich ein festes Gehalt von 1500 M jährlich erhalten soll, seiner Ehefrau aber 475 M monatlich nachzahlbar zu zahlen wären, diese auch für ihre geschäftliche Mitarbeit eine Tantieme vom Reingewinn der Berliner Filiale der Beklagten erhalten soll. Die Klägerin behauptete, daß der Prokurist tatsächlich ein weit höheres Gehalt als 1500 M erhalte. Sie bezeichnete diese Vereinbarungen als zum Schein, doch in der Absicht geschlossen, die Gläubiger zu benachteiligen, sie behauptete weiter, daß der Vertrag gegen die guten Sitten verstoße und die Beklagte ihr daher schadensersatzpflichtig sei. Die Klage wurde in allen Instanzen abgewiesen und der dritte Zivilsenat des Reichsgerichts erklärte:

„Das Berufungsurteil legt seiner Entscheidung im allgemeinen Rechtssätze zugrunde, welche das Reichsgericht hinsichtlich des sogenannten 1500-Mark-Vertrages in früheren Entscheidungen ausgesprochen hat, und führt aus, daß danach nur ein Schadensersatzanspruch der Klägerin, gestützt auf § 826 des Bürgerlichen Gesetzbuches, möglicherweise in Frage kommen könne, wenn anzunehmen wäre, daß diejenigen Beträge, welche nach dem Dienstvertrage zwischen der Beklagten und dem Prokuristen an dessen Ehefrau zu zahlen seien, die Summe, welche zur Bestreitung des notdürftigen oder standesgemäßen Unterhalts der Familie des Prokuristen erforderlich sei, offensichtlich übersteigen. Es bedürfe jedoch nicht der Feststellung, ob dies der Fall sei, weil durch den Abschluß des Dienstvertrages zwischen dem Angestellten und der Beklagten ein Schaden für die Klägerin nicht entstanden sei. Das Berufungsgericht erachtet für erwiesen, daß die Beklagte den Angestellten unter anderen Bedingungen nicht in ihrem Dienste angestellt haben würde, weil sonst seine und seiner Familie wirtschaftliche Existenz durch die Zugriffe seiner Gläubiger gefährdet sein würde. Wäre aber der Prokurist nicht in den Dienst der Beklagten getreten, sondern in der selbständigen Tätigkeit verblieben, die er vorher zwei Jahre hindurch betrieben hatte, so würde nach den eigenen Angaben der Klägerin keine Möglichkeit für sie vorhanden gewesen sein, sich aus den Ergebnissen der Verwendung seiner Arbeitskraft zu befriedigen. Die Begründung, mit der das Berufungsgericht die Entstehung eines Schadens für die Klägerin durch den Abschluß des Dienstvertrages zwischen der Beklagten und dem Prokuristen verneint, entspricht durchaus der Vorschrift des § 249 des Bürgerlichen Gesetzbuches. Die Beklagte würde der Klägerin nur dann Schadensersatz zu leisten haben, wenn sie durch den Abschluß des Dienstvertrages mit dem Prokuristen verursacht hätte, daß der Klägerin eine Möglichkeit der Befriedigung, die ihr andernfalls offen gestanden hätte, entging. Diese Möglichkeit aber bestand nach den Feststellungen des Berufungsgerichts ohnehin nicht. Die Revision der Klägerin wurde deshalb verworfen."

*

Zum Begriff des Baugeldes

Nach dem Reichsgesetz zur Sicherung der Bauforderungen ist der Unternehmer eines Neubaues, wenn er mit Baugeldern arbeitet, zur Führung eines Baubuches verpflichtet (§ 2). Die Versäumnis dieser Pflicht ist zu bestrafen, falls der Unternehmer in Zahlungsunfähigkeit gerät (§ 6), analog der Bestimmung in § 240, 3 K. O. (Unterlassung der Buchführung). Für die Praxis, in der ja leider der geschäftliche Zusammenbruch von Bauunternehmern nicht allzu selten ist, kommt daher angesichts dieser Strafdrohung alles auf den maßgebenden Begriff des „Baugeldes" an. Das Gesetz selber versteht (§ 1, 2) unter „Baugeld" Darlehen, die zur Bestreitung der Baukosten ratenweise je nach dem Fortschreiten des Baues gewährt werden und durch eine Sicherungshypothek oder durch Errichtung einer Grundschuld gesichert sind. Fraglich ist, ob eine ausdrückliche Verabredung zwischen Darlehnsgeber und Darlehnsnehmer erforderlich ist oder bereits die Duldung, das stillschweigende Einverständnis des Darlehnsgläubigers genügt, um dem Darlehen die bestimmenden Merkmale des Baugeldes zu verleihen.

Zu dieser Frage, die entscheidend ist für die Verpflichtung zur Führung des Baubuches, hatte jetzt auch der 5. Strafsenat des Reichsgerichts Stellung zu nehmen: Der Kaufmann D. ließ sich auf seinem Grundstück in Bredeney von November 1911 bis Frühjahr 1912 ein Wohnhaus erbauen. Im Grundbuch wurden darauf eingetragen 18 000 M später gelöschte Restkaufgeldhypothek, 52 000 M Sicherungshypothek für ein von der Sparkasse der Stadt Altena i. W. gewährtes Darlehen, ferner 22 000 M Baugeldhypothek von D.'s Schwester, einer Frau Dr. W. Anfang April 1912 stellte D. seine Zahlungen ein; die Bauhandwerker verloren 11 000 M. Ein Baubuch war nicht geführt worden, obwohl die hypothekarisch gesicherten Darlehen der Altenaer Sparkasse und der Frau Dr. W. als „Baugelder" gelten konnten, da D. sie ratenweise während des Baues erhalten und zu Lohnzahlungen und ähnlichen Bauausgaben verwendet hatte. Dennoch bestritt D., sich einer schuldhaften Verabsäumung der Baubuchführungspflicht schuldig gemacht zu haben.

Das Landgericht Essen hat jedoch am 2. Juli 1913 den D. wegen Vergehens gegen §§ 2 und 6 des Bauforderungsgesetzes zu 300 M Geldstrafe verurteilt, und diese Entscheidung folgendermaßen begründet: Bezüglich des Sparkassendarlehens ergebe sich zwar weder aus der Schuldurkunde noch sonstwie eine ausdrückliche Verabredung der Kontrahenten des Darlehensvertrages betreffs der Baugeldeigenschaft der Hypothek, indessen lasse sich aus dem Umstand der ratenweisen Auszahlung ein stillschweigendes Uebereinkommen des Gläubigeres und des Schuldners entnehmen, das Darlehen tatsächlich als Baugeld zu betrachten und zu behandeln. Das genüge; eine ausdrückliche Kundmachung des beiderseitigen Einvernehmens erfordere das Gesetz nicht. Das Gleiche gelte von der zweiten in Frage kommenden Hypothek, wo aus diesem Grunde die Behauptung D.'s die im Grundbuch gebrauchte formale Bezeichnung „Baugeldhypothek" keine Beachtung verdiene. Objektiv sei somit der Nachweis der „Baugeld"-Eigenschaft und daher der Baubuchführungspflicht gegeben. Verpflichtet sei D. als Unternehmer des Neubaues gewesen. Sein subjektives Verschulden werde dadurch nicht ausgeschlossen, daß er seinem Architekten die Baubuchangelegenheit übertragen habe und über die in Frage kommenden Rechtsnormen nicht ausreichend orientiert gewesen sei. Denn die Baubuchführungspflicht liege dem Unternehmer persönlich ob und sei daher nicht übertragbar; der Strafrechtsirrtum schütze aber nicht vor der Bestrafung. Die Revision D.'s, die den Nachweis der stillschweigenden Verabredung bezweifelte, hat das Reichsgericht am 13. Februar 1914 auf Antrag des Reichsanwalts als unbegründet verworfen, da nach den Feststellungen der ersten Instanz kein Bedenken darüber besteht, daß D. die hypothekarisch gesicherten Darlehen als Baugelder empfangen und verwendet hat und somit zur Führung des Baubuches verpflichtet gewesen ist. (Urteil des Reichsgerichts vom 13. Februar 1914. Aktenzeichen 5 D. 782/13.) sk.

BRIEFKASTEN

C. S. in D. „In meinem Dienstvertrage befindet sich folgende Bestimmung: Die Firma ist berechtigt, die von einem Angestellten gemachte und in ihren Geschäftsbereich fallende Erfindung gegen eine von ihr festzulegende Vergütung als ihr Eigentum in Anspruch zu nehmen. Das Gleiche gilt auch von denjenigen Patenten und Gebrauchsmustern, die der Angestellte innerhalb der ersten sechs Monate nach seinem Austritt aus der Firma selbst oder durch einen Dritten beim Patentamt zur Anmeldung gebracht hat. Verstößt die letztere Bestimmung gegen die guten Sitten?"

An sich hat eine Firma nicht das Recht auf Uebertragung von Erfindungen, die erst nach Beendigung des Dienstverhältnisses vom Angestellten angemeldet werden. Es kann ihr aber dieses Recht durch Vereinbarung eingeräumt werden, und das ist in diesem Falle geschehen. Dieser Vereinbarung liegt der Gedanke zu Grunde, daß ein Angestellter Erfindungen, die er während der letzten Zeit seines Anstellungsverhältnisses gemacht, zurückhält, und erst nach seinem Austritt herauszubringen beabsichtigt. Weder vom volkswirtschaftlichen noch vom rechtlichen Standpunkt können deshalb Maßnahmen gebilligt werden, die dem Anreiz des Angestellten, seine Erfindung so schnell als möglich der Allgemeinheit zugänglich zu machen, entgegen wirken. Trotzdem glauben wir aber nicht, daß im Klagefalle ein Gericht sich finden wird, das den letzten Teil der angeführten Bestimmung als gegen die guten Sitten verstoßend ansieht.

M. K. in L. „Ich bin hier am Herzogl. Anhaltischen Salzwerk als Bauführer beschäftigt und beziehe seit 1. Januar 1914 208,34 M monatlich, und bin ohne jeglichen Vertrag usw. beschäftigt. Nun wurde die Frage aufgeworfen, ob wir verpflichtet sind, der Norddeutschen Knappschafts-Pensionskasse beizutreten. In einem Privatgeschäft wäre ich laut Gesetz von der Beitragspflicht zur Krankenkasse und Invalidenversicherung befreit, da mein Jahresverdienst 2500 M übersteigt, ebenfalls von der Beitragspflicht zur Privatbeamtenversicherung, da ich mit 15 000 M in einer Lebensversicherung bin."

Richtig ist, daß Sie von der Versicherungspflicht auf Grund des Versicherungsgesetzes für Angestellte wegen der von Ihnen eingegangenen Lebensversicherung befreit sind. Es treffen aber für Sie gleichzeitig die Bestimmungen des Preußischen Allgemeinen Berggesetzes zu, wonach Sie Mitglied des Knappschaftsvereins sein müssen, und dieser Ihnen Pensionsleistungen zu gewähren hat. Die landesrechtlichen Bestimmungen werden im vorliegenden Falle durch die reichsrechtliche Regelung der Materie nicht aufgehoben, da ja, wie sich aus § 378 ergibt, die Knappschaftsvereine und Kassen weiter bestehen bleiben und nur eine Aenderung der Höhe der von den Knappschaftskassen bisher zu leistenden Ruhegeldbezüge eintritt, wenn gleichzeitig die Versicherungspflicht auf Grund des Reichsgesetzes gegeben ist.

R. M. in L. „Ich bin am 1. Januar vom Magistrat L. aushilfsweise zur Aufnahme der Rohrleitungen angenommen. Der Vertrag lautet: „R. M. wird bei dem Bau der Wasserleitung als Aushilfe auf einen Monat und bis auf weiteres gegen Tagegeld von 6 M angenommen." War der Magistrat berechtigt, mir die Sonntage und einen Urlaubstag, an dem ich zur Vorstellung bei einer Behörde war, abzuziehen? Ich bekam darauf die Kündigung ohne jeglichen Grund. Wohl wurde bemerkt, daß die Arbeiten beendet sind und daher das Dienstverhältnis aufhöre. Dies ist nicht richtig; die Arbeiten sind erst zur Hälfte beendet. Ich bitte um Mitteilung, ob diese plötzliche Kündigung berechtigt ist."

§ 133 a. c. d. G. O. bestimmt ausdrücklich, daß die gesetzlichen Bestimmungen über die Kündigungsfristen in der Gewerbeordnung dann keine Anwendung finden, wenn der Angestellte nur zu vorübergehender Aushilfe angenommen ist. Sie greifen jedoch dann Platz, wenn das Dienstverhältnis länger als drei Monate fortgesetzt wird. Im vorliegenden Falle sind Sie vor Ablauf der drei Monate entlassen worden. Es kommen daher die Bestimmungen des B. G. B. in Frage. Nach denselben ist bei einer nach Tagen bemessenen Vergütung die Kündigung von einem Tag zum andern zulässig. Es kommt hiernach nicht in Frage, ob ein Grund zur Kündigung vorliegt oder nicht. Wenn die gesetzliche Kündigungsfrist eingehalten ist — im vorliegenden Falle ein Tag — so ist es gleichgültig, ob ein Grund zur Kündigung vorlag oder nicht, da eine Kündigung mit der gesetzlichen Frist stets zulässig ist. Sie können daher vom Magistrat, selbst wenn dieser keinen Grund zur Kündigung hatte, eine Vergütung auf längere Zeit als bis zum 27. September nicht beanspruchen. Ist die Vergütung nach Tagen bemessen, so werden nur die Arbeitstage selbst bezahlt. Der Arbeitgeber ist also berechtigt, für Sonntage und sonstige Tage, an denen kein Dienst getan wird, die Vergütung zu verweigern. Sie haben daher keinerlei Ansprüche an den Magistrat.

G. A. in R. „Auf meine Bewerbung um die von einer Behörde ausgeschriebene Stelle wurde mir telephonisch anheimgestellt, mich vorzustellen. Wegen der Vergütung der Reisekosten wurde nichts erwähnt. Die Stelle ist jetzt anderweitig vergeben und frage ich an, ob ich die Erstattung meiner Reisekosten und Auslagen verlangen kann."

Da Ihnen, wie Sie selber angaben, anheimgestellt worden ist, sich persönlich vorzustellen, so können Sie diese Reisekosten nicht ersetzt verlangen. Es hing von Ihrem freien Ermessen ab, ob Sie sich vorstellen wollten oder nicht. Die Vorstellung geschah in Ihrem eigenen Interesse.

DEUTSCHE TECHNIKER-ZEITUNG
HERAUSGEGEBEN VOM DEUTSCHEN TECHNIKER-VERBANDE
BERLIN SW. 48, Wilhelmstraße 130 Schriftleitung: Erich Händeler-Berlin
XXXI. Jahrg. **14. März 1914** **Heft 11**

Syndikalismus und Lohnminimum

Von Regierungsassessor Dr. CL. HEISS, Berlin-Treptow.

Der Heidelberger Privatdozent Dr. Emil Lederer schreibt in seinem Jahrbuch der sozialen Bewegung in Deutschland und Oesterreich 1912, Seite 57: „Jedenfalls ist derzeit damit zu rechnen, daß die Forderung eines besseren Schutzes der Arbeitswilligen, worunter immer das Verbot des Streikpostenstehens verstanden wird, das zentrale Postulat der gesamten deutschen Industrie und des deutschen Gewerbes ist." Dabei ist es im Schlußeffekt auf die Vernichtung der Gewerkschaften abgesehen: „Das Problem ist immer das gleiche geblieben: durch autonome oder gesetzliche Institutionen die Macht der Gewerkschaften zu schwächen, sie wenn möglich in ihrer Aktionsfähigkeit zu unterbinden, ihre Vernichtung vorzubereiten."*)

Dem gleichen Ziele dienten ein paar Jahre früher die auf die Monopolisierung des Unternehmerarbeitsnachweises gerichteten Bestrebungen des Zentralverbandes deutscher Industrieller und des Gesamtverbandes Deutscher Metallindustrieller sowie die Propagierung der gelben Werkvereine, von denen ja bereits auch die kaufmännischen und technischen Angestellten der Industrie, insbesondere in Bayern, beglückt worden sind. Es drohen also nicht bloß dem freien Koalitionsrecht der Arbeiter, sondern auch dem der Privatangestellten ernste Gefahren.

Es ist daher ein ganz besonders hoch einzuschätzendes Verdienst, daß sich der bekannte Münchener National-Oekonom Professor Dr. Lujo Brentano in seinen zwei Vorträgen „Ueber Syndikalismus und Lohnminimum" (München 1913, Süddeutsche Monatshefte, G. m. b. H., 114 S., gr. 8°) des bedrohten Koalitionsrechts mit dem diesem Gelehrten eigenen feurigen Temperament angenommen hat. Daß darum gegen ihn unter der Führung des Verbandes der Bayrischen Metallindustriellen in der ganzen deutschen Presse ein Kesseltreiben veranstaltet worden ist, gehört zu den Kulturdokumenten unserer Zeit, das Brentano mit Recht dadurch der Geschichte einverleibt hat, daß er den gerichtlichen Vergleich in seiner Klage gegen Dr. Kuhlo, Kurt Wolff, Erich Elsner und Eduard Offenbrunner der Veröffentlichung seiner Vorträge angefügt und durch ein Schlußwort an den Geheimen Baurat Dr. von Rieppel ergänzt hat.

Im ersten Vortrag über Syndikalismus, den er am 6. November 1912 in der Volkswirtschaftlichen Gesellschaft in München gehalten hat, führt Brentano aus, daß der Syndikalismus uns bereits in der englischen Chartistenbewegung entgegentritt, daß es sich um Symptome der Verzweiflung, welche gewisse Arbeiterschichten ob ihrer Ohnmacht gegenüber dem Machtabsolutismus der Unternehmer beseelt, handelt. Bei der ganzen sogenannten Philosophie des Syndikalismus handele es sich „um eine dem ungeschulten Hirn der Arbeiter selbst entsprungene Apologie ihrer Unfähigkeit. Sorel, Berth und andere haben nichts getan, als die unartikulierten Stimmen der Arbeiter verdolmetscht und glossiert und dabei Anklänge an die Philosophie Bergsons gefunden". In Frankreich sei der Syndikalismus besonders verbreitet, weil dort die Gewerkschaften wegen ihrer geringen Mitgliederzahl und ihrer geringen Beiträge besonders schwach seien. In England habe er an Tom Mann einen einzigen Führer, der nur unter den ungelernten Arbeitern, namentlich den von ihm im Jahre 1889 erfolgreich in den Streik geführten Dockarbeitern Anhänger habe, von den Gewerkschaften aber einmütig abgelehnt werde. Der Syndikalismus sei staatsfeindlich, anarchistisch, ein entschiedener Gegner jeder Zentralisation; er bekämpfe die von der Sozialdemokratie geforderte Verstaatlichung der Produktionsmittel, aber auch die Beteiligung an der Politik und am Parlamentarismus. Dagegen verlange er die Abschaffung des Privateigentums und des Lohnsystems. Als Mittel zur Erreichung dieses Zieles diene ihm die „direkte Aktion" d. h. der Streik, insbesondere der Generalstreik aus Enthusiasmus ohne gefüllte Streikfonds, die für den Arbeiter aus dem Streik den aussichtslosen Kampf zwischen zwei Geldsäcken machten. Weiter dienen ihm dazu der Boykott und die Sabotage. Sie sei einfach zu deffinieren „als systematisches Außerachtlassen des Interesses des Arbeitgebers". Unter ihren Begriff falle auch das sogenannte „Ca-Canny-System" und die „passive Resistenz". „Sie äußere sich auch in schlechtem Arbeiten, steigere sich bis zur Zerstörung der Maschinen usw. Man hat gesagt, die Sabotoge sei im sozialen Krieg, was die Guerillagefechte in nationalen Kriegen seien. Alles das wird von den Syndikalisten gebilligt; nur eines verurteilen sie aufs schärfste, Sabotage, welche zur Einbuße des Lebens eines Menschen führen könnte."*)

Zum Schluß lehnt Brentano es ab, daß es gegenüber solchen Gärungen ein einfaches Heilmittel gäbe: die Gewalt. „Ein Krankheitszustand ist noch nie durch Unterdrückung der Symptome, in denen er sich äußert, sondern stets nur durch Beseitigung seiner Ursachen behoben worden. Die Ursachen sind klar. Sie liegen einerseits in unserer Wirtschaftspolitik, andererseits darin, daß, weit entfernt davon, auf sozialpolitischem Gebiete zuviel geschehen wäre, die Hauptfrage, um die es sich handelt, vom Staate noch gar nicht in Angriff genommen worden ist. Was uns fehlt ist, abgesehen von einer grundsätzlichen Revision unserer Wirtschaftspolitik, vor allem eine unseren veränderten Produktionsbedingungen und sittlichen Anforderungen entsprechende Fortbildung des Arbeitsvertrages."

In seinem zweiten am 28. November 1912 in einer gemeinsamen Sitzung der Münchener Volkswirtschaftlichen Gesellschaft und des Sozialwissenschaftlichen Studentenvereins der Universität München gehaltenen Vortrag „Auf dem Wege zum gesetzlichen Lohnminimum" entwickelt nun Brentano die zur Fortbildung des Arbeitsvertrags geeigneten Mittel, wie sie in mehreren Staaten bereits durchgeführt worden sind. Vor Einführung der Gewerbefreiheit

*) a. a. O. S. 61.

*) Der von Bernhard in Deutschland aufgetriebene Fall von Sabotage führte zur Einstellung des Verfahrens gegen die Beschuldigten, ohne daß Bernhard seine dadurch gegenstandslos gewordene Behauptung widerrufen hätte.

sei der Arbeitsvertrag „unter Direktion der Obrigkeit" zugunsten der Arbeitgeber geregelt gewesen. Die der Großindustrie günstige neue Theorie habe den freien Arbeitsvertrag gefordert und er sei durchgeführt worden. Diese Theorie sei aber von einer falschen Voraussetzung ausgegangen. Da die Ware „Arbeit" mit der Person des Arbeiters verknüpft sei, seien die Arbeiter beim freien Arbeitsvertrag außer Stande gewesen, ihre Freiheit zu wahren. „Ihre Hilflosigkeit gegenüber dem übermächtigen anderen Vertragschließenden gab sie dessen einseitiger Willensbestimmung preis." Die Arbeiterbevölkerung sei unter der herrschenden Vertragsfreiheit in physischer und sittlicher Hinsicht verkommen, das habe zur Arbeiterschutzgesetzgebung und ihrem allmählichen immer weitergehenden Ausbau geführt. Trotz dem von ihr befürchteten Ruin der ganzen Industrie sei die Arbeiterschutzgesetzgebung in allen Ländern, die industriell an der Spitze marschieren, etwas Selbstverständliches geworden.

„Dagegen lehnte man es aufs energischste ab, sich in den Arbeitsvertrag einzumischen, soweit er Kaufvertrag sei. Der Lohn solle nach wie vor Gegenstand der freien Vereinbarung der Kontrahenten sein. In die wirtschaftliche Seite des Arbeitsvertrags einzugreifen, würde einen Eingriff sowohl in das Eigentum als auch in die persönliche Freiheit bedeuten." Man dürfe in die Regelung des Lohnes anders, als er sich als das Ergebnis von Angebot und Nachfrage stelle, nicht eingreifen.

Bei anderen Waren bilden die Produktionskosten die untere Grenze des Preises. Diese Produktionskosten sind aber, da die Arbeit nichts anderes als die Nutzung der persönlichen Fähigkeiten des Arbeiters ist, die Produktionskosten des Arbeiters selbst. „Sie bestehen in den Aufziehungs- und Ausbildungskosten des Arbeiters in seiner Jugend, in dem, was er zum eigenen Unterhalt und dem seiner Familie in der Zeit, da er arbeitstätig ist, braucht, in dem, was nötig ist, ihn während der Arbeitsunfähigkeit infolge von Krankheit, Invalidität und Alter und während Arbeitslosigkeit zu erhalten, in den Kosten der Fürsorge für sein Begräbnis, für seine Witwen und Waisen. Sinkt nun der Lohn unter den Betrag, der zur Deckung dieser Produktionskosten nötig ist, so ist bitteres Elend die Folge. Nach wie vor muß die Armenunterstützung das Fehlende zuschießen, und wo dies nicht geschieht, wird durch Borgen ohne zurückzubezahlen, durch Prostitution, Diebstahl und andere Verbrechen das Fehlende ergänzt. Wo aber die Gesellschaft nicht auf die eine oder andere Weise das nachträglich zahlt, was an Lohn zu wenig gezahlt worden ist, findet die Anpassung des Angebots von Arbeit an die Nachfrage durch vermehrte Sterblichkeit statt. Die Kinder, die Greise, die durch Entbehrung Geschwächten werden von dieser oder jener Krankheit befallen und, während sie die Gefahr bei ausreichender Ernährung überstanden hätten, werden sie vor der Zeit hinweggerafft."

So sehr man an der Theorie der Nichteinmischung in die wirtschaftlichen Bedingungen des Arbeitsvertrages festhalte, so habe man in der Praxis durch den unentgeltlichen Schulunterricht und durch die Fürsorge für kranke, durch Unfall arbeitsunfähig gewordene und invalide Arbeiter die Hinterbliebenen-Versicherung im Wege der sozialen Zwangsversicherung längst mit dieser Theorie gebrochen.

Nur das Lohnminimum werde als unüberwindlichen Naturgesetzen widersprechend bekämpft. Es müsse aber als Wirkung außergewöhnlicher Voreingenommenheit erscheinen, wenn eine Ordnung, die während Jahrhunderten bestanden hat, für ewigen Naturgesetzen widersprechend und daher unmöglich erklärt werde. Der Arbeitsvertrag zwischen Gesellen und Meistern zur Zeit der Blüte des Zunftwesens sei ein kollektiver Arbeitsvertrag gewesen, der für alle in dem betreffenden Gewerbe an einem Orte Beschäftigten rechtsverbindlich gewesen sei. Ende des Jahres 1911 bestanden über 10 520 Tarife bei 483 232 Betrieben mit 1 552 827 Personen in Deutschland. Diese Tarifverträge sichern den in diesen Betrieben beschäftigten Arbeitern ein Lohnminimum. In vielen von ihnen sind Schiedsgerichte vorgesehen. Dagegen fehlt es noch an jeder Verpflichtung, ein Schiedsgericht oder Einigungsamt anzurufen, wo solche Tarifverträge nicht bestehen, und es kommt zum Streik wie im Ruhrkohlengebiet im Jahre 1905. „Außerdem setzt diese Neuordnung Arbeiterorganisationen voraus, die so stark sind, daß sie die Festsetzung der Arbeitsbedingungen im kollektiven Arbeitsvertrage zu erringen und auf der Beachtung des Festgesetzten zu bestehen vermögen. Es gibt aber Hunderttausende von Arbeitern und Arbeiterinnen, die in so erbärmlicher Lage sind, daß sie völlig außer Stande sind, sich wirksam zu organisieren."

Dem hat die australische Gesetzgebung durch Einführung des gesetzlichen Lohnminimums und der obligatorischen Schiedsgerichte abgeholfen. Das Wesentliche dieser Gesetzgebung ist, daß das Lohnminimum durch ein Lohnamt, in dem beide Parteien unter einem unparteiischen Vorsitzenden vertreten sind, festgesetzt werden, daß es verboten ist, außer gebrechlichen und alten Personen Arbeiter zu einem geringeren Lohn zu beschäftigen, daß Tarifverträge die gleiche Wirkung haben und daß Streiks verboten sind, bevor ein Schiedsgericht angerufen ist. Die Arbeiterorganisationen und ihre kollektiven Arbeitsverträge werden also ausdrücklich vom Gesetz anerkannt. Auch in Canada ist das Schiedsgerichtswesen gesetzlich geregelt worden, und es sind auch hier Arbeitseinstellungen unter hoher Strafe verboten, die unternommen werden, bevor das Schiedsgericht entschieden hat. Dagegen fehlt es hier an einem Zwang zur Durchführung des Schiedsspruchs. Einen Minimallohn hat ferner das englische Hausindustriearbeitergesetz vom Jahre 1909 eingeführt, sowie das Gesetz vom Jahre 1912, durch das der Bergarbeiterausstand beendigt wurde. Die Festsetzung des Lohnminimums ist hier Lohnämtern übertragen worden.

Eine solche gesetzliche Regelung der Frage macht den Schutz der Arbeitswilligen oder gar ihren vermehrten Schutz überflüssig, weil es dann, wie Brentano meint, keine „Arbeitswilligen" mehr geben kann. Sie hat zur Voraussetzung starke Arbeiterorganisationen und selbstverständlich auch solche der Privatangestellten und ihre gesetzliche volle Anerkennung, Eingliederung in den Apparat der anerkannten Selbstverwaltung, nicht bloß ihre Duldung.

Wenn man die in dieser Zeitschrift wiederholt kritisierten Stellenausschreibungen für technische Angestellte verfolgt, wird man auch für sie ein Lohnminimum keineswegs für überflüssig ansehen. Die üblichen Mindestlöhne der technischen Teilarbeiter sind so gering — und ein gesetzlich normiertes Lohnminimum der technischen Angestellten würde sicher nicht erheblich über sie hinausgehen —, sie sind namentlich im Vergleich mit den Löhnen gelernter Arbeiter so niedrig, das von der Festsetzung eines solchen Lohnminimums ein erneuter Anreiz zur Ergreifung des technischen Berufes wohl kaum zu befürchten wäre. Dagegen ist ein solches Lohnminimum für die Angestellten besonders notwendig, weil sie sich einem sehr beträchtlichen sozialen Repräsentationsaufwand nicht entziehen können, den die Arbeiter nicht zu machen brauchen. In der vom Reichstag angenommenen Zentrumsresolution vom 30. Januar 1914 wird eine Regierungsdenkschrift über die Auswüchse des Koalitionswesens im wirtschaftlichen, gesellschaftlichen und politischen Leben verlangt. Die Denkschrift soll sich auch auf die Koalitionen der Arbeitgeber und deren auf Beschränkung der gesetzlich gewährleisteten Koalitionsfreiheit gerichteten Bestrebungen durch Zwang zum Eintritt in gelbe Werkvereine, Führung schwarzer Listen, geheime Abmachungen, über Annahme oder Nichtannahme von Arbeitnehmern, Streikbrecher, Vermittelungswesen usw. beziehen.

Bei der großen Neigung der Regierung, in solchen Fragen die Anschauungen der Unternehmer zu vertreten, jedenfalls aber die der sozialdemokratischen und auch aller anderen so gern als sozialdemokratisch verdächtigten Gewerkschaften so viel als möglich zurückzudrängen, kann uns eine solche Regierungsdenkschrift in dieser wichtigen Frage nicht weiterführen. Wir müssen vielmehr, wie ich dieses schon an anderer Stelle getan habe, eine parlamentarische Kommission mit dem Rechte der eidlichen Zeugenvernehmung fordern, in der neben Politikern und Männern der Wissenschaft beide Parteien vertreten sind. Wie nützlich eine solche Kommission ist, zeigt der der Brentanoschen Schrift beigegebene Dokumentenanhang. Danach hatte Lord Claud J. Hamilton in einem als Entgegnung auf einen Brief von Sir Alfred Mond, in dem dieser sich für den kollektiven Arbeitsvertrag ausgesprochen hatte, an Dr. Tänzler, den Syndikus der Hauptstelle der Arbeitgeberverbände, gerichteten Schreiben seine Meinung dahin geäußert, daß, wenn nicht dem aggressiven Vorgehen der Gewerkvereine Halt geboten werde, der industriellen Bevölkerung und der wirtschaftlichen Wohlfahrt der Nation große Gefahren drohen. Derselbe Hamilton mußte es sich vor der englichen kgl. Kommission gefallen lassen, daß ihm gesagt wurde, als er keine andere Industrie zu nennen wußte, in der durch die Anerkennung der Gewerkschaften Chaos und Unheil herbeigeführt worden sei, als die Glasindustrie, und als ihm weiter mit Fragen zugesetzt wurde und er nur mehr sagen konnte, er nähme an, die Glasindustrie sei durch die Anerkennung der Gewerkschaften zugrunde gegangen, vorgehalten wurde: „Sie sind sicher nicht hierhergekommen, um lediglich Dinge bezüglich einer Industrie a n z u n e h m e n, mit der Sie in keiner Weise Beziehungen haben.“

Auch in Deutschland würde vor einer solchen parlamentarischen Kommission eine nicht geringe Zahl von Ausschreitungen, mit denen dem die Ruhe liebenden Spießbürger in einer Denkschrift, wie sie uns die Zuchthausvorlage traurigen Angedenkens gebracht hat, bange gemacht werden wird, in ihr Nichts zerfallen.

Wer die unangetastete Aufrechterhaltung des Koalitionsrechtes wünscht, der muß auch die Mittel dazu wollen, eines der besten Mittel aber scheint mir, über die gesamte Tätigkeit aller Arbeitnehmer- und Arbeitgeberorganisationen durch eine parlamentarische Kommission eine Enquete veranstalten zu lassen, damit endlich einmal die unberechtigten Angriffe auf das nur zu sehr eingeschränkte Koalitionsrecht zum Schweigen gebracht werden. Die Tätigkeit der Arbeiter- und Angestelltenorganisationen vollzieht sich in voller Oeffentlichkeit, sie hat das Licht einer gründlichen sachverständigen Untersuchung nicht zu scheuen.

SOZIALPOLITIK

Eine Konkurrenzklausel für sämtliche Arbeitnehmer leistet sich eine Firma in Plauen i. V. Nur wer sich bei 300 M Vertragsstrafe schriftlich verpflichtet, innerhalb dreier Jahre nach erfolgtem Austritt aus dem Dienste der Firma — „dieser Austritt mag erfolgen, aus welchem Grunde es auch sei, infolge Kündigung seitens der genannten Firma oder infolge eigener Kündigung oder aus welchem Grunde sonst“ — eine Stellung bei den vier namentlich aufgeführten hauptsächlichsten Konkurrenzfirmen nicht anzunehmen, wird von ihr überhaupt beschäftigt.

Auf Grund dieses Vertrages hat die Firma, wie die „Soziale Praxis“ berichtet, gegen eine Menge von Arbeitern und Arbeiterinnen, die teils freiwillig, teils infolge Kündigung seitens der Firma bei ihr aufgehört hatten und bei einer der gesperrten Firmen in Arbeit getreten waren, Konkurrenzklauselprozesse angestrengt und hierbei nicht etwa die Auflösung des verbotenen Arbeitsverhältnisses oder die Zahlung der Konventionalstrafe, sondern die Auflösung des jetzigen Arbeitsverhältnisses verlangt sowie das Verbot, bis zum Ablaufe des dreijährigen Zeitraumes bei einer der gesperrten Firmen in Arbeit zu treten bei Vermeidung einer Geldstrafe bis zu 1500 M oder Haft bis zu 6 Monaten für jeden Fall der Zuwiderhandlung.

In einer solchen vom Arbeitersekretariat Plauen i. V. übernommenen Klagesache erhob die Beklagte den Einwand, daß der Konkurrenzklauselvertrag in diesem Falle gegen die guten Sitten verstoße.

Der Beklagten seien als einfacher Arbeiterin irgendwelche Betriebs- und Geschäftsgeheimnisse der Klägerin nicht zur Kenntnis gekommen und sie könne daher solche Geheimnisse nicht bei der Konkurrenz verwerten. Auch bewirke der auf Schikane beruhende Vertrag eine unbillige und unzulässige Erschwerung des Fortkommens und der Existenzmöglichkeit der Beklagten, besonders bei der geradezu trostlosen Lage des Arbeitsmarkts in Plauen und dem Vogtlande. Endlich bewiesen der in keinem angemessenen Verhältnis zu dem geringen Lohne stehende hohe Betrag der Konventionalstrafe (300 M), die lange Dauer des Vertrages (drei Jahre) und die Sperrung aller der Firmen, die gerade für die Beklagte in Betracht kämen, daß die Klägerin nur beabsichtige, die Beklagte zu schikanieren und zu schädigen, besonders da im vorliegenden Falle die Klägerin selbst der Beklagten gekündigt habe.

Die klagende Firma führte noch aus, daß die Beklagte auch bei anderen als den durch den Vertrag gesperrten Firmen hätte Beschäftigung finden können, und verlangte endlich, daß die Beklagte bei ihr wieder in Arbeit trete. Die Beklagte erwiderte darauf, daß sie bei einer sehr großen Zahl namentlich angeführter Firmen vergeblich sich um Arbeit beworben habe; auch sei sie nicht verpflichtet, zur Klägerin zurückzukehren und sich von neuem deren Konkurrenzklausel zu unterwerfen, auch habe die Firma, bei der sie bei Erhebung der Klage beschäftigt war, ihrerseits ebenfalls eine Konkurrenzklausel gegen die klägerische Firma, so daß sie, wenn sie dem Verlangen der klägerischen Firma entspreche, von einer zweiten Klage bedroht sein würde.

Das Amtsgericht Plauen wies die Klage ab.

Es verneinte die Frage, ob der zwischen den Parteien geschlossene Vertrag nur den Zweck haben könne, der Beklagten Schaden zuzufügen, oder ob er gegen die guten Sitten verstößt, da bei den zahlreichen Bleichereien und Appreturanstalten in Plauen der Beklagten durch die vertragsmäßige Verschließung der genannten Firmen nicht jede Arbeitsmöglichkeit genommen worden sei. Auch die Möglichkeit, daß eine gewöhnliche Arbeiterin in einem Unternehmen, wie es das der Klägerin ist, Gelegenheit habe, in Betriebsgeheimnisse Einblick zu bekommen, deren Verheimlichung gegenüber Konkurrenzfirmen von höchstem Werte ist, bejahte das Urteil und erkannte damit der Klägerin ein berechtigtes Interesse zu, die Vertragsfreiheit ihrer Arbeiter, wie geschehen, einzuschränken. Dagegen rechtfertige der zwischen den Parteien geschlossene Vertrag selbst das Klagebegehren der Klägerin nicht, da nach diesem die Beklagte nur sich verpflichtet habe, für den Fall, daß sie eine verbotene Stellung annimmt, die vereinbarte Konventionalstrafe zu zahlen, der Vertrag gebe aber der Klägerin nicht das Recht, in diesem Falle sowohl die Strafe wie Unterlassung oder eins von beiden wahlweise zu fordern. Bei der Klarheit der Fassung könne der Vertrag auch auf Grund der §§ 133, 157 BGB. keine andere Auslegung erfahren.

Leider wurde die Klägerin in zweiter Instanz (Landgericht Plauen) durch Urteil vom 1. Dezember 1913 antragsgemäß verurteilt. In der Begründung heißt es:

Der Vertrag verstoße nicht gegen die guten Sitten. „Denn was nach § 74 HGB. bei den Handlungsgehilfen gesetzlichen Schutz findet, kann, auf gewerbliche Arbeiter angewendet, unmöglich gegen die guten Sitten sein. Es ist nicht einzusehen, weshalb Beschränkungen von Handlungsgehilfen hinsichtlich eines Dienstverhältnisses nach Beendigung des bisherigen unter anderen Gesichtspunkten zu behandeln seien als die von gewerblichen Arbeitern. Es läßt sich auch nicht sagen, daß die Vertragsstrafe zu hoch und die Dauer der Vertragswirkung zu lang bemessen sei. Denn wenn die Strafe die Beklagte verhältnismäßig schwer trifft und die Verpflichtung zur Strafzahlung auch für eine längere Zeit besteht, so ist doch mit Rücksicht auf den beabsichtigten Zweck dagegen nichts einzuwenden. Wenn ein solcher Vertrag überhaupt wirken soll, so müssen die für den Vertragsbruch festgestellten Folgen so bemessen sein, daß eben ein Vertragsbruch unterbleibt. Ebensowenig kann anerkannt werden, daß der Vertrag aus dem Grunde nicht bestehen könne, weil er nur auf eine Schädigung der Beklagten abziele. Der Vertrag verfolgt seinem Inhalte nach offensichtlich den Zweck, die Klägerin im Wettbewerb der Firma U. & Co. zu schützen, und das bedeutet keinen Schaden für die Beklagte. Er enthält selbstverständlich eine Beschränkung der Arbeitsmöglichkeiten der Beklagten, zumal in Anbetracht des schon im Sommer 1913 bemerkbaren ungünstigen Geschäftsganges der Spitzen- und Stickereiindustrie und damit der Bleicherei- und Appreturanstalten. Aber dem kann sie mit Rücksicht auf den in der Gegenwart allgemein bestehenden Wettbewerb und seine ineinandergreifenden Wirkungen nicht entgehen. Im übrigen hat die Beklagte für das Bestehen dieser Schädigungsabsicht nichts beigebracht. Es ist auch nicht richtig, daß der Vertrag deswegen hinfällig sei, weil eine Arbeiterin wie die Beklagte gar nicht Betriebsgeheimnisse kennen lernen und dann an die Konkurrenzfirma verraten könne. Es ist vielmehr recht wohl denkbar, daß auch einer einfachen, nicht in hervorgehobener Stellung beschäftigten Arbeiterin in einer Fabrik wie der der Klägerin Gelegenheit geboten ist, von Angelegenheiten des Betriebes Kenntnis zu erlangen, deren Geheimhaltung gegenüber einer Konkurrenzfirma wünschenswert ist". — Im übrigen wird in dem Urteil dargetan, daß die Klägerin die Wahl zwischen den beiden ihr zur Verfügung stehenden Zwangsmaßregeln hatte.

Es ist gut, daß dieser Fall noch vor Beschlußfassung des Reichstags über das Konkurrenzklauselgesetz bekannt geworden ist. Bekanntlich ist im Schoße des Angestelltenausschusses der Gesellschaft für Soziale Reform jener Kompromißvorschlag zustande gekommen, auf Grund dessen die Reichstagskommission die 1800-Mark-Grenze angenommen hat. Die „Soziale Praxis", das Organ der Gesellschaft für soziale Reform, weist jetzt auf die Gefahr hin, die „auch bei Festsetzung der Verdienstmindestgrenze von 1800 M die Konkurrenzklausel für weite Arbeiterkreise bieten kann, da es genug Arbeiter gibt, deren Jahresarbeitsverdienst 1800 M übersteigt, und daß deshalb die bisher von der Reichstagskommission angenommenen Bestimmungen, um die Auswüchse der Konkurrenzklauselerzwingung zu verhüten, unbedingt notwendig sind, wenn der mit ihnen angestrebte Zweck erreicht werden soll. Denn wenn sich die jetzt beabsichtigte Regelung zunächst auch nur auf die Handlungsgehilfen bezieht, so ist doch zu hoffen, daß unsere Richter analog dem Plauenschen Urteile sagen werden, daß das, was bei den Handlungsgehilfen verboten ist, auf gewerbliche Arbeiter angewendet, selbstverständlich gegen die guten Sitten verstößt — ein Behelf, den vielleicht auch einmal die Techniker versuchen sollten, anzuwenden".

Den Optimismus, der aus diesem letzten Satz spricht, können wir allerdings nicht teilen. Aber aus diesen Darlegungen geht wieder einmal klipp und klar hervor, wie ungerechtfertigt und unbegründet die Ausschaltung der Techniker aus dem Konkurrenzklauselgesetz ist.

*

Der freie Sonnabendnachmittag

Der Gedanke des Sonnabendfrühschlusses macht Fortschritte. In dem Jahresberichte der badischen Gewerbeinspektion für 1913 heißt es: Im Laufe der letzten Jahre haben manche großen, mittleren und kleinen Betriebe verschiedener Gewerbezweige den freien Samstagnachmittag eingeführt. Die Bewegung verstärkt sich und beginnt vereinzelt auf ganze Industriegruppen überzugreifen. Da und dort wird frisch zugefaßt, manche Unternehmer nähern sich dem Neuen wieder nur zögernd und tastend. Die Aufsichtsbeamten sind aber der Meinung, daß zu einer Aengstlichkeit in diesem Falle ein Anlaß nicht vorliegt. Wo nicht die Einsicht, daß der im freien Samstagnachmittag liegende soziale Fortschritt zugleich auch einen Vorteil, zum mindesten aber keinen nennenswerten Nachteil für die Wirtschaftlichkeit des Unternehmens bedeutet, zur Bereitwilligkeit der Unternehmer führte, wirkte Beispiel und Erfolg benachbarter Fabriken. Auch die nahe Schweiz, die den freien Samstagnachmittag schon allgemein eingeführt hat, blieb nicht ohne Einfluß auf den Fortschritt dieser Bewegung in Baden. Die freien Nachmittage würden überall, versichert der Bericht, vernünftig und nutzbringend verwendet, Mißbräuche seien nirgends bemerkt worden. Von dem Vorbehalt, daß zur alten Arbeitszeit zurückgekehrt werde, machte, soweit bekannt wurde, kein Unternehmer Gebrauch. Ueber den unmittelbaren wirtschaftlichen und hygienischen Nutzen hieraus wirkt der freie Samstagnachmittag in den Sonntag hinein, indem er diesen von der Arbeit befreit und ihm die Leib und Seele erquickende festliche Ruhe gibt, ihn zu einem wahren Feiertag gestaltet. Dadurch, daß Einkäufe, die sonst nur am Samstagabend oder am Sonntag gemacht werden konnten, jetzt am Nachmittag erledigt werden können, entsteht für viele andere die Möglichkeit erwünschter Freistunden. Arbeitsversäumnisse an den Wochentagen werden seltener, es werde weniger Urlaub zu häuslichen Arbeiten und Besorgungen erbeten.

ANGESTELLTENFRAGEN

Die Reichsversicherungsanstalt für Angestellte

hat Richtlinien zur Mitwirkung an der Verbesserung der allgemeinen Wohnungsverhältnisse aufgestellt. Sie will die Erstellung gesundheitlich einwandfreier Mittel- und Kleinwohnungen dadurch fördern, daß sie sich der Beleihung von Grundstücken, die ausschließlich oder überwiegend solche Wohnungen enthalten, und die von vielen Geldgebern grundsätzlich nicht beliehen werden, nicht verschließt. Sie wird die Beleihung solcher Grundstücke gegen eine Verzinsung, die im allgemeinen nicht höher als die bei anderen Hausgrundstücken verlangte sein soll, und ohne Erhöhung des üblichen Verwaltungskostenbeitrags vornehmen. Ausgeschlossen soll die Beleihung dann sein, wenn die Vermietbarkeit der Wohnungen lediglich von dem ununterbrochenen Gedeihen eines einzelnen Betriebes oder einiger weniger gleichartiger Betriebe abhängt. Grundstücke von Bauvereinigungen, Baugenossenschaften, Baugesellschaften, Bauvereinen können nur dann beliehen werden, wenn ein genügend großer Mitgliederbestand und ein genügendes Vermögen vorhanden ist, wenn ferner für die Zukunft weder eine Verminderung des Mitgliederbestandes noch eine solche des Vermögens zu befürchten oder die Bürgschaft eines öffentlich-rechtlichen Verbandes vorhanden ist.

Eine weitergehende Förderung innerhalb der Grenzen des § 221 des Versicherungsgesetzes für Angestellte soll dann möglich sein, wenn anzunehmen ist, daß durch die Erstellung der Wohnungen die Gesundheitsverhältnisse von versicherten Angestellten unmittelbar oder mittelbar und sofort oder in absehbarer Zeit günstig beeinflußt werden. Hierzu gehört, daß wenigstens ein Teil der Wohnungen, etwa ein Drittel, von versicherten Angestellten oder Angehörigen oder Hinterbliebenen von solchen bewohnt wird. Diese weitere Förderung soll erfolgen: durch Herabsetzung des Zinsfußes unter den der allgemeinen Lage des Geld- und Hypothekenmarktes entsprechenden und ferner durch Herabsetzung des einmaligen Verwaltungskostenbeitrags. Endlich kann nach § 225 a. a. O. eine besondere Förderung dann erfolgen, wenn die Bauunternehmung ausschließlich oder überwiegend versicherten Angestellten oder Angehörigen oder Hinterbliebenen von solchen zugute kommt. Hierzu gehört, daß mehr als die Hälfte der erstellten Wohnungen dauernd von versicherten Angestellten oder Angehörigen oder Hinterbliebenen von solchen bewohnt wird. Diese besondere Förderung soll, vorbehaltlich der Zustimmung des Reichskanzlers, erfolgen: durch Erstreckung der ersten Hypothek über 60% hinaus bis zu 75% des gemeinen Wertes, durch Bewilligung zweiter Hypotheken, auslaufend mit 75% des gemeinen Wertes, in besonderen Fällen durch Gewährung von Baugeld vor Vollendung der Baulichkeiten, sofern diese sichergestellt ist.

In den Richtlinien wird weiter darauf hingewiesen, daß die Reichsversicherungsanstalt, wo dies nötig oder zweckmäßig erscheint, durch Anregung und Beratung die Gründung von Bauunternehmungen fördern wird, die bereit sind, die Wohnungsverhältnisse von versicherten Angestellten zu verbessern.

Wir können diese „Richtlinien", besonders wenn sie in weitherziger Weise im Interesse der Versicherten angewandt werden, begrüßen. Die in kurzer Zeit angesammelten Milliarden, die zur Hälfte direkte Gelder der Angestellten sind, zur anderen Hälfte aber auch Abzahlungen der Arbeitgeber für die verbrauchten Arbeitskräfte ihrer Angestellten darstellen, dürfen lediglich zum Wohle der Angestellten verwandt werden.

BEAMTENFRAGEN

Die Regelung der Anstellungsverhältnisse der Angestellten in Staatsbetrieben

forderte ein Antrag der Fortschrittlichen Volkspartei im Reichstage. Die Resolution lautete folgendermaßen:

„den Herrn Reichskanzler zu ersuchen, das Arbeitsverhältnis der in Reichs- und Staatsbetrieben beschäftigten Arbeiter und Angestellten, insoweit dies noch nicht der Fall sein sollte, künftig nach Maßgabe der folgenden Grundsätze zu regeln.

I.

1. Arbeiter und Angestellte dürfen nicht in Wahrnehmung der durch Reichs- oder Landesgesetze geschaffenen staatsbürgerlichen Pflichten oder der auf Gesetz, Arbeitsordnung oder Bestimmungen über die Verwaltung von Wohlfahrtseinrichtungen beruhenden Ehrenämter beschränkt werden, insoweit nicht die Art ihrer dienstlichen Obliegenheiten dies unvermeidlich macht. §§ 22, 139, 140 RVO. finden entsprechende Anwendung.

2. Die Mitgliedschaft und Betätigung in Berufsorganisationen, die von Arbeitern und Angestellten der Staatsbetriebe keine gemeinsame Kündigung und Arbeitseinstellung verlangen, darf nicht gehindert werden.

II.

Für die Arbeiter sind Arbeiter-Ausschüsse, für die Angestellten Angestellten-Ausschüsse zu errichten.

1. Ein Ausschuß ist für alle Betriebsabteilungen einzurichten, in denen regelmäßig mehr als 50 Personen der betreffenden Art beschäftigt werden.

2. Der Ausschuß ist zu hören insbesondere vor Erlaß oder Aenderung von Arbeitsordnungen, Lohnbedingungen, Lohnberechnungsvorschriften; ferner von allgemeinen Bestimmungen über Urlaub, Unfallverhütung und Strafandrohungen jeder Art; endlich von Vorschriften über die mit dem Betrieb verbundenen, zur Verbesserung der Lage der Beteiligten oder ihrer Familien dienenden Einrichtungen (Wohlfahrtseinrichtungen).

3. Den Mitgliedern der Ausschüsse kann vor Ablauf ihrer Wahlperiode nur aus wichtigen Gründen gekündigt werden. Auch ihre Versetzung in eine andere Arbeitsstelle darf nur aus wichtigen Gründen angeordnet werden.

4. Die Wahl hat nach den Grundsätzen der Verhältniswahl zu erfolgen.

5. Der Ausschuß wählt aus seiner Mitte einen Obmann und dessen Stellvertreter. Sitzungen sollen nach Bedarf regelmäßig mindestens einmal im Monat stattfinden; die Einberufung ist der vorgesetzten Dienststelle anzuzeigen, ebenso die Tagesordnung. Vertreter der vorgesetzten Dienststelle sind berechtigt, anwesend zu sein und müssen jederzeit gehört werden. Die Sitzungen sollen zu einer mit der vorgesetzten Dienststelle vereinbarten Zeit und in einem von ihr zur Verfügung gestellten Raum stattfinden.

6. Der Ausschuß hat das Recht und die Pflicht, Beschwerden der Arbeiter und Angestellten zur Kenntnis der vorgesetzten Dienststelle zu bringen. Diese hat dem Ausschuß ihren Bescheid mitzuteilen und, falls der Ausschuß dies beantragt, der übergeordneten Stelle zur Kenntnis vorzulegen, die nach Anhörung des Ausschusses endgültig entscheidet.

7. Außer den einzelnen Ausschüssen ist für jeden Reichs- und für jeden Staatsbetrieb, in welchem mehr als 10 Ausschüsse bestehen, ein Gesamtausschuß zu bilden, zu dem die einzelnen Arbeiterausschüsse die Vertreter wählen.

III.

1. Arbeitern und Angestellten, die mindestens zehn Jahre ununterbrochen beschäftigt waren, darf nur von der Leitung des Betriebes und nur aus wichtigen Gründen gekündigt werden. Ist ihre Arbeit infolge Aenderungen des Dienstes nicht mehr erfordert, so sind ihnen ähnliche, ihren Fähigkeiten entsprechende Stellungen zuzuweisen. Sie sind verpflichtet, diese Stellungen anzunehmen, insoweit es ihnen nicht aus wichtigen Gründen unmöglich ist. Ablehnung ohne solche Gründe zieht Verlust der Ruhe- und Versorgungsgelder nach sich, auf die sie durch die Dauer ihrer Beschäftigung nach ihrem Anstellungsvertrage eine Anwartschaft erworben haben.

2. Beamte, Arbeiter und Angestellte, die ihre dienstliche Stelle oder Dienstgeschäfte zu einer religiösen oder politischen Betätigung mißbrauchen, sind zu verwarnen. Bei Wiederholung können Arbeiter und Angestellte, nachdem ihnen Gelegenheit zur Aeußerung gegeben ist, entlassen werden. Die Entlassung bedarf der Genehmigung der vorgesetzten Stelle. Gegen Beamte ist in solchen Fällen nach den Bestimmungen der Disziplinargesetze zu verfahren. Religiöse oder politische Betätigung außerhalb der Arbeitszeit und die Ausübung des Vereinsrechts dürfen, soweit sie nicht gegen die Gesetze verstoßen, nicht gehindert werden, und gelten an sich nicht als Gründe zur Kündigung oder Entlassung.

IV.

Gehälter, Löhne und Arbeitsbedingungen sollen nicht hinter den in der vergleichbaren Privatindustrie üblichen zurückbleiben. Sie sollen durch Einrichtungen zur Verbesserung der Lage der Beteiligten und ihrer Familien ergänzt werden.

Die Verwaltung dieser Einrichtungen hat unter Mitwirkung der Arbeiter und Angestellten zu erfolgen, denen für die Dauer dieser Mitwirkung die Rechte der Mitglieder der Arbeiter- oder Angestellten-Ausschüsse zustehen.

V.

In dem jährlich dem Landtage zu erstattenden Berichte über die staatlichen Betriebe ist Auskunft über die Arbeitsbedingungen, über wichtigere Aenderungen derselben, sowie über die Bedingungen zur Teilnahme an Verwaltung und Genuß der Wohlfahrtseinrichtungen zu geben. Auch sind alle Fälle aufzuführen, in denen Entlassungen auf Grund der Bestimmungen in III 2 erfolgten, oder in welchen zwischen der Zentralbehörde und einem Arbeiter- oder Angestellten-Ausschuß kein Einvernehmen erzielt worden ist (II 6).

Der Antrag erlebte im Reichstage ein merkwürdiges Schicksal. Zuerst verlangten die Sozialdemokraten getrennte Abstimmung über einzelne Teile des Antrags, die ihnen nicht weit genug gingen. Sie stimmten dann gegen diese beanstandeten Teile und hatten dabei, natürlich aus einem anderen Grunde, die konservativen Parteien an ihrer Seite. Da aber Zentrum, Nationalliberale und Volksparteiler geschlossen auftraten, wurden trotzdem alle Einzelteile angenommen. Zweimal erschien freilich die Abstimmung zweifelhaft, so daß „Hammelsprung“ gemacht werden mußte. Aber schließlich reichte die Mehrheit der Mitte doch jedesmal gut aus. Nun kam die Schlußabstimmung über den Gesamtantrag. Da schlug sich auf einmal die nationalliberale Partei in ihrer Mehrheit zu den Konservativen und Sozialdemokraten, und der in allen Einzelsätzen bereits angenommene Antrag wurde in der Schlußabstimmung abgelehnt.

Diese Haltung des Reichstags ist außerordentlich bedauerlich. Denn gerade die Stellung der auf Privatdienstvertrag vom Reich, Staat und Gemeinden beschäftigten Angestellten bedarf dringend einer gesetzlichen Regelung. Reich, Staat und Gemeinde legen dieser Angestelltenkategorie alle Verpflichtungen der Beamten auf, nehmen ihnen aber deren Rechte. Staat und Gemeinde dürfen nicht unter dem Gesichtspunkte des privaten Arbeitgebers beurteilt werden; sie haben als Vertreter der Allgemeinheit ihren Angestellten gegenüber auch höhere Pflichten.

STANDESFRAGEN

Die Unterstützungskassen des D. T.-V.

sind in den beiden ersten Monaten des neuen Jahres wieder außerordentlich in Anspruch genommen worden. Die Darlehnskasse zahlte in 61 Fällen 4470 M, die Unterstützungskasse in sechzehn Fällen 1000 M, die Sterbekasse entrichtete an die Hinterbliebenen verstorbener Mitglieder als Beihilfe zu den Bestattungskosten in 20 Fällen 3145 M. Am meisten wurde aber die Stellenlosen-Unterstützungskasse in Anspruch genommen. Es wurden im Januar und Februar 17 028,50 M gezahlt, eine Summe, die höher ist als der Durchschnitt der vorigen Jahre.

*

Die Preußische Regierung und der Baumeistertitel

Das höchste Erstaunen müssen die Worte des Ministers der öffentlichen Arbeiten, v. Breitenbach, im preußischen Abgeordnetenhause bei der Beratung des Etats der Bauverwaltung hervorrufen, mit denen er zur Baumeistertitelfrage Stellung nahm. Er sagte nach dem Stenogramm der 36. Sitzung vom 26. Februar 1914:

„Was die Frage der Reservierung des Baumeistertitels für die höheren Baubeamten betrifft, so kann ich mich den Ausführungen des Herrn Abgeordneten Gerlach im wesentlichen anschließen. Ich muß mir eine gewisse Reserve auferlegen, da es eine Angelegenheit ist, die auf Grund der Gewerbeordnung im Bundesrat ihre Erledigung findet. Der Streit geht hoch. Auf der einen Seite stehen die Diplomingenieure, die auf Grund der Ablegung des Diplomexamens den Baumeistertitel beanspruchen, auf der anderen Seite stehen die höheren Techniker, die ihre Staatsprüfung abgelegt haben, die dem mit aller Entschiedenheit widersprechen. Ich darf wohl aussprechen, daß ich für die letzte Auffassung Sympathien habe.“

Daß der Minister entsprechend der in Preußen herrschenden Strömung mit den Bestrebungen der Regierungsbaumeister sympathisiert, mußte man ja annehmen. Daß ihm aber nichts davon bekannt ist, daß auch die auf der technischen Mittelschule vorgebildeten Baufachleute mit wohlbegründeten Ansprüchen auf den Baumeistertitel auftreten, ist das Bedenkliche an diesen Worten. Hält man die einmütige Forderung eines Verbandes von 30 000 Mitgliedern für so gleichgültig, daß man sie nicht mit einem Worte erwähnt?

*

Mittelschulen für Vermessungs-Techniker

Wir haben an den Minister für Handel und Gewerbe eine Eingabe gerichtet, in der wir in Anlehnung an bestehende Baugewerkschulen für den Tiefbau technische Mittelschulen für Vermessungstechniker fordern. Die Eingabe weist darauf hin, daß es eine dringende Notwendigkeit ist, die praktische Ausbildung der Vermessungstechniker durch theoretische Unterweisung auf einer technischen Mittelschule zu ergänzen und gleichmäßig zu gestalten. Heutzutage kann kein Techniker mehr, auf welchem Platze er auch stehen mag, ohne theoretische Vorbildung auskommen. Es wird besonders auf die Regierung von Elsaß-Lothringen hingewiesen, die unter Würdigung des Vorteils einer planmäßigen Schulbildung bereits seit längeren Jahren für ihre Katasterverwaltung Schulen für Vermessungstechniker eingerichtet hat, die mit ihrem Lehrplan über das hinausgehen, was heute den bei der preußischen Katasterverwaltung und den Generalkommissionen eintretenden Zöglingen zu erlernen möglich ist. Die ausführliche Begründung der Eingabe stützt sich auf Material, das wir im letzten Jahre durch eine Umfrage bei Reichs-, Staats- und kommunalen Behörden und privaten Vermessungs- und Ingenieurbureaus gesammelt haben und das, da die Behörden und Bureauinhaber sich geäußert haben, den Anspruch darauf erheben kann, als objektive Grundlage für die Beurteilung der Frage angesehen zu werden.

*

Ein Zusammenschluß der technischen Vereine Münchens

Infolge der Initiative von Professor H ö n i g, Professor L i t t m a n n, Professor Dr. G r ä s s e l und Architekt S t e i n l e i n hat sich in München eine V e r e i n i g u n g s ä m t l i c h e r t e c h n i s c h e r u n d t e c h n i s c h - k ü n s t l e r i s c h e r V e r e i n e M ü n c h e n s gebildet, der sich auch unsere Zweigverwaltung München angeschlossen hat. Zweck des Kartells soll es sein, den Technikern endlich den berechtigten Anteil am öffentlichen Leben zu erringen. In der ersten Zusammenkunft am 8. Januar wies Professor Hönig in seinem einleitenden Referat darauf hin, daß Technik und Techniker zwar den nicht zu leugnenden Wohlstand unseres Volkes in erster Linie begründet hätten, daß es aber immer andere Berufsklassen waren, die die technische Arbeit vertreten und bewertet haben. Die Schuld an dieser Zurücksetzung trage aber der Techniker selbst, der seine staatsbürgerlichen Rechte unbenützt gelassen habe und dadurch auch wirklich k e i n v o l l w e r t i g e r Staatsbürger sei. Die T e c h n i k e r seien g e b o r e n e F a t a l i s t e n, wie die Juristen geborene Parlamentarier. Die übliche Redensart sei bei den Technikern: „J a m e i n, w a s i s t d a z u m a c h e n ? s' i s t e i n m a l s o!" Die Techniker müßten lernen, politischen Einfluß zu gewinnen. Es solle allerdings nicht „eine Aera schwätzender Techniker" heraufbeschworen werden. Wir sollten uns vielmehr feierlich geloben, „nur zu reden, wenn wir auch wirklich etwas von der Sache verstehen".

*

Die Stellung der Hilfstechniker im neuen Etat der preußisch-hessischen Eisenbahnverwaltung

Unter den technischen Beamten der preußisch-hessischen Staatsbahn und der Reichseisenbahn nehmen die Hilfstechniker eine besondere Stellung ein. Sie sind meistens als Architekten, Ingenieure, Bauassistenten, Bauaufseher und technische Bureaugehilfen bei Neubauabteilungen, auch bei den Direktionen als Landmessergehilfen auf Privatdienstvertrag angestellt. Seit Einführung des Gesetzes über die Privatbeamtenversicherung unterstehen sie diesem und leisten ihre Beiträge wie jeder andere Techniker, der in einem Privatbetrieb tätig ist! Ursprünglich waren diese Techniker dazu bestimmt, einem vorübergehenden Personalbedarf abzuhelfen. — Der Betrieb der Eisenbahn und mit ihm das Um- und Neubauerfordernis ist aber gewachsen, so wurden die Hilfstechniker eine ständige Einrichtung, an deren Bestehen man sich mit der Zeit gewöhnte. Am 1. Januar 1913 betrug ihre Zahl ca. 2500.

Bei der Annahme der Hilfstechniker wurde das Prinzip verfolgt, Leute aus der Praxis heranzuziehen. Es wurden entweder Spezialkenntnisse in Architektur, Brückenbau, Sicherungsanlagen oder Elektrotechnik verlangt, oder gute allgemeine Kenntnisse im Eisenbahnbau, so daß eine besondere Ausbildung sich erübrigte und die Kraft des neu Eintretenden gleich voll ausgenutzt werden konnte.

Dem Gedanken, wieder im Privatbetrieb zu arbeiten, haben sich die meisten Hilfstechniker entfremdet, sind doch viele bereits 10 bis 20, ja sogar über 25 Jahre im Dienste der Eisenbahn. An eine Sicherstellung ihrer Zukunft und eine Versorgung im Alter hatten wohl schon alle gedacht, und in manchen wohlbegründeten Eingaben an den Herrn Minister und das Abgeordnetenhaus war die Bitte ausgesprochen worden, die Hilfstechniker nach zehnjähriger Dienstzeit in das Beamtenverhältnis zu übernehmen. Da aber beide maßgebenden Instanzen am bestehenden Zustand nichts änderten, begrüßten es die Eisenbahntechniker mit großer Freude, daß der Reichstag den Zwang zur Privatbeamtenversicherung auch auf sie ausdehnte. Im geheimen nährten wohl alle die stille Hoffnung, daß die auch von der Regierung zu zahlenden hohen Beiträge den Herrn Minister veranlassen könnten, der Anstellung der Hilfstechniker näher zu treten. Fast hatte es den Anschein, daß die Regierung so handeln würde, waren doch im Etat 1913 731 neue Stellen für mittlere Techniker vorgesehen, von denen dankenswerter Weise 492 den Hilfstechnikern zugewiesen wurden. Leider ging man nicht in allen Direktionsbezirken gleichmäßig vor. Während in einigen Bezirken die Techniker mit der längsten Hilfsbeamtendienstzeit angestellt wurden, zogen andere Direktionen jüngere Herren vor, die teilweise nur vier oder gar zwei Jahre bei der Eisenbahn beschäftigt waren.

Alle wurden mit dem Anfangsgehalt angenommen, jedoch zahlt man ihnen den Unterschied zwischen dem neuen und dem früheren Einkommen, nach Abzug der früher für die Angestelltenversicherung gezahlten Beiträge, als Ausgleichszulage im Wege der Unterstützung so lange, bis die etatmäßigen Zulagen die Höhe des Einkommens am Anstellungstage erreicht haben.

Ging auch mit der Anstellung den Hilfstechnikern der bereits von ihnen für die Angestelltenversicherung aufgewendete Betrag verloren, mitsamt den noch zu verwertenden Gehaltszulagen, rechnete auch das Dienstalter als pensionsfähig erst vom Anstellungstage ab und mußten sich alle klar sein, daß sich in absehbarer Zeit ihr Einkommen nicht vergrößern werde, so waren doch alle gerne bereit, der festen Anstellung den Vorzug zu geben!

In den Kreisen der Eisenbahnhilfstechniker trat nach dem 1. April 1913 eine große Beruhigung ein. Man glaubte, es würde jedes Jahr eine ähnliche Summe neuer Stellen geschaffen und der langen Hilfsbeamtendienstzeit ein Ende bereitet werden. Die Hoffnung war wohl begründet, hat es doch an dahingehenden Aeußerungen von Seiten maßgebender Persönlichkeiten nicht gefehlt!

Um so größer ist die Enttäuschung aller Hilfstechniker nach der jetzt erfolgten Veröffentlichung des neuen Etats für 1914. An neuen Stellen für mittlere Techniker sind nur 75 vorgesehen, und bei der großen Zahl der naturgemäß zu bevorzugenden Praktikanten und Diätare werden wohl nur diese für die Neubesetzungen in Frage kommen.

An der mißlichen Lage der Eisenbahnhilfstechniker ist seit Jahren nichts gebessert worden. Die allgemeine Gehaltsaufbesserung der Beamten ging spurlos an ihnen vorüber und die wiederholten Lohnaufbesserungen der Arbeiter färbten auf sie nicht ab. Wohl aber erlitt das Einkommen eine empfindliche Einbuße durch die Zahlung der Angestelltenversicherungsbeiträge, da das Gesuch um Uebernahme derselben auf die Staatskasse abgelehnt wurde.

Etwas betrübt sehen die Eisenbahnhilfstechniker in die Zukunft. Ein Tag wird ihnen die feste Anstellung wohl noch bringen, möge er nicht in zu großer Ferne liegen. Jedes spätere Jahr bedeutet für den Beamten den Verlust eines Pensionsjahres und der Beiträge für die Angestelltenversicherung, für die Eisenbahn der von ihr gezahlten Teilsumme.

Ein Verlust auf beiden Seiten, dessen Nachweis wohl auch dazu führen muß, daß der Herr Minister sich den Dank der bei der Eisenbahn beschäftigten Hilfstechniker dadurch erwirbt, daß der Etat 1915 ähnliche Zahlen aufweist, wie das Jahr 1913.

*

Zu den Schmiergelder-Inseraten auf dem Arbeitsmarkt,

die wir in Heft 6 der D. T.-Z. besprachen, indem wir auch eine in der O s t d e u t s c h e n B a u z e i t u n g erschienene Anzeige der Kritik unterzogen, wird uns von dem Verlage dieser Zeitschrift mitgeteilt, daß in Zukunft die Aufnahme solcher Anzeigen vermieden werden wird. Auch er erblicke in derartigen Gesuchen einen gewissen ungesunden Zustand und werde, soweit es ihm möglich, solchen Versuchen, eine Stellung zu erlangen, entgegenarbeiten. Bei der Schnelligkeit, mit der kleine Anzeigen, wie Stellengesuche usw., erledigt werden, könne er eine Verbindlichkeit für die Nichtaufnahme allerdings nicht eingehen. Hoffentlich bricht sich die Erkenntnis dieses Uebelstandes auch bei den Verlegern anderer Zeitschriften allmählich Bahn. Es dürfte an der Zeit sein, dem von uns schon wiederholt gerügten Auswuchs einmal ganz energisch gegenüber zu treten.

DEUTSCHE TECHNIKER-ZEITUNG
TECHNISCHE RUNDSCHAU

XXXI. Jahrg. **14. März 1914** **Heft 11**

Die Luminographie

Ein einfaches Verfahren zur Herstellung photographischer Reproduktionen

Es tritt auch an den Techniker nicht selten die Frage heran, in welcher Weise sich von einer Zeichnung oder Abbildung, die sich in einem gebundenen Werke befindet, das vielleicht nur gelegentlich zur Verfügung steht, eine genaue Kopie herstellen ließe. Bisher war man nur auf das oft mühselige und zeitraubende Abzeichnen angewiesen. Dieses Verfahren versagte aber in den Fällen, wo es auf eine absolute Genauigkeit der Uebereinstimmung von Kopie und Original (Faksimilewiedergabe) ankam. Die direkte Aufnahme durch die Kamera bietet dem hierin wenig Geübten auch ziemliche Schwierigkeiten und ist immer etwas umständlich. Bei der Wiedergabe von Strichzeichnungen auf losen Blättern, die auf nicht allzu dickes Papier gedruckt sind, käme noch das Lichtpausverfahren in Betracht, etwa mittels des hochempfindlichen Sepiapapieres. Bei starkem Papier und bei beiderseitig bedruckten Blättern indessen scheidet auch dieses Hilfsmittel aus, da man ja bei Originalen, deren Rückseite ebenfalls bedruckt oder beschrieben ist, diese verkehrt mit auf die Kopie bekommt. Ich nenne hier den nicht selten eintretenden Fall, daß man von einem wichtigen, auf beiden Seiten beschriebenen Briefe ein naturgetreues, also beweiskräftiges Duplikat haben will. Durch die direkte photographische Aufnahme ist es allerdings möglich, eine bei gerichtlichen Anlässen als beweiskräftig geltende Kopie zu erhalten. Handelt es sich aber um die Wiedergabe aus einem gebundenen Werk, so sind, wenn bei der Aufnahme Buch und Bild tadellos erhalten bleiben sollen, eine Menge Vorkehrungen zu treffen, weshalb sich dieses Verfahren nicht für jedermann eignet, umsoweniger, als gerade für Reproduktionsaufnahmen eine ziemliche Beherrschung der photographischen Praxis gehört.

Hier bietet nun die sog. L u m i n o g r a p h i e ein einfaches und sicheres Mittel, um ohne Kamera und ohne große Umständlichkeit zum Ziele zu kommen. Ich möchte daher dieses Verfahren, das von Professor Dr. L. V a n i n o und Oberst a. D. P e t e r in München ausgearbeitet worden ist, zur allgemeinen Kenntnis bringen und im folgenden näher beschreiben.

Die Luminographie beruht auf der Anwendung der L e u c h t f a r b e n als Lichtquelle beim Kopieren. Die Leuchtfarben, die unter dem Namen Bologneser Leuchtsteine oder Balmain'sche Leuchtfarben schon lange bekannt sind, haben bekanntlich die Eigenschaft, durch Belichtung (Insolation) eine gewisse Menge Lichtstrahlen zu absorbieren und aufzuspeichern. Ins Dunkle gebracht, senden diese Körper die aufgespeicherte Lichtmenge nach und nach wieder aus, sie leuchten nach. Wenn auch das im Dunkeln ausgestrahlte Licht für das Auge nicht besonders wirksam ist, so enthält es doch eine Menge aktinischer Strahlen, die gerade für die chemische Lichtwirkung beim photographischen Prozeß in Betracht kommen. Das Licht der Leuchtsteine wirkt wie das Tages- oder elektrische Licht reduzierend auf das in photographischen Papieren und Platten enthaltene Bromsilber, natürlich nicht mit der gleichen Intensität. Immerhin ergeben sich bei genügend langer Bestrahlung durchaus brauchbare Kopien.

Die Leuchtfarben gelangen in Form von Platten bei der Luminographie zur Verwendung: Metall- oder Glasplatten, auch starke Kartons, die mit Leuchtfarbe bestrichen sind. Fabrikmäßig werden Leuchtplatten für Luminographie noch nicht hergestellt, doch ist es nicht schwierig, sich solche aus Leuchtfarbe selbst herzustellen. Zu diesem Zweck dient Elemi- oder Dammarharzlösung, auch Gelatinelösung, die angerieben und auf einen Karton gleichmäßig aufgestrichen wird. Auch kann man die pulverförmige Leuchtfarbe in geeigneter Weise zwischen zwei Glasplatten bringen, die an den Rändern miteinander verklebt sind. Leuchtfarben stellt die Firma Chemische Fabrik „List", G. m. b. H., in Seelze bei Hannover her.

Der Kopiervorgang kann ein zweifacher sein, nämlich mittels Durchbelichtung, wie bei dem bekannten Lichtpausverfahren, wenn das Original e i n s e i t i g bedruckt ist, und mittels Rückbelichtung, wenn b e i d e Seiten des Originals bedruckt sind. Als lichtempfindliches Material nimmt man am besten sog. Diapositivplatten, doch kann auch Negativpapier verwendet werden, das allerdings nicht so scharfe Abzüge ergibt, weil bei der Herstellung des Positivs der Papierfilz nicht so durchlässig ist.

Das Verfahren ist bei einseitig bedruckten Originalen im Prinzip dasselbe wie beim Lichtpausen. Die Leuchtplatte ersetzt hier das Tageslicht, die von ihr ausgehenden Strahlen durchdringen das Original von der Vorderseite und treffen die unter dem Original liegende Platte. Das Resultat dieser Belichtung ist zwar ein negatives Bild, d. h. weiße Linien auf schwarzem Grunde, doch ist es seitenrichtig, d. h. die Schriftzüge sind sofort richtig zu lesen.

Wichtiger als dieses ist das Verfahren mittels R ü c k - b e l i c h t u n g, das bei beiderseitig bedruckten Originalen angewendet wird. Hier trifft das von der Leuchtplatte ausgestrahlte Licht zuerst die lichtempfindliche Platte, die daher a u f das zu kopierende Original aufzubringen ist, also in direkte Berührung mit der Leuchtplatte gebracht wird. Das Lichtbild wird demgemäß ein negatives, seitenverkehrtes sein, also wie ein gewöhnliches photographisches Negativ aussehen. Die Ausführung läßt sich am besten an Hand eines B e i s p i e l s beschreiben.

Man will aus einem gebundenen Buch, das keinesfalls beschädigt werden darf, einen Holzschnitt oder sonst eine in Strichmanier hergestellte Zeichnung kopieren, d e r e n R ü c k s e i t e b e d r u c k t i s t. Der einfache Lichtpausprozeß ist also ausgeschlossen.

Zu diesem Zweck stellt man zunächst die Leuchtplatte ans Tageslicht, um sie zu „Insolieren". In der Dunkelkammer legt man nun unter die zu kopierende Seite des Buches, also in Berührung mit der bedruckten R ü c k - s e i t e, einen schwarzen Karton oder eine mit schwarzem Papier überzogene dünne Blechplatte. Auf die Bildseite des Originals legt man eine Diapositivplatte, so daß deren Schichtseite mit dem Original in Berührung kommt, darauf die bestrahlte Leuchtplatte. Auf die Leuchtplatte wird ein Stück Pappe oder ebenfalls eine Blechplatte gelegt und darauf das Buch geschlossen. Beistehende Skizze zeigt die Anordnung der einzelnen Schichten. Das Buch wird in einer Presse einem mäßigen Druck ausgesetzt, so daß die einzelnen Schichten gleichmäßig anliegen. Man läßt nun die Leuchtplatte 15 bis 30 Minuten wirken. Die Belichtung geht bei der beschriebenen Anordnung von Leuchtplatte, Original und lichtempfindlicher Platte folgendermaßen vor sich: Die von der Leuchtplatte ausgehenden Strahlen durchdringen die lichtempfindliche Schicht und werden an den Stellen, wo das Original weiß ist, reflektiert. Dieses, gewissermaßen auf dem Rückwege befindliche Licht bringt auf der photographischen Platte in bekannter Weise eine Reduktion des Bromsilbers hervor, die beim Entwickeln durch Schwärzung hervortritt. An den bedruckten Stellen dagegen werden die Strahlen nicht reflektiert,

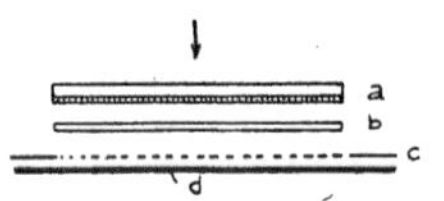

a) Leuchtplatte. b) Diapositivplatte.
c) Original, rückseitig bedruckt. d) Schwarzer Karton oder Blech.

sondern gehen durch den Druck und werden von dem dahinter befindlichen schwarzen Karton aufgenommen und unwirksam gemacht. Wir erhalten schließlich ein negatives und seitenverkehrtes Bild auf der Platte, das in bekannter Weise im Positivprozeß eine seitenrichtige, genau dem Original entsprechende Kopie ergibt.

Die Aufnahme geht also ganz selbsttätig vor sich. Man legt richtig ein, überläßt das Buch sich selbst und hat dann nur die Platte zu entwickeln. Die richtige Belichtungsdauer ist natürlich Sache der Erfahrung. Bei dem relativ schwachen Licht der Leuchtplatten ist aber eine Ueberbelichtung nicht leicht zu befürchten, da die Platte während der Belichtung allmählich an Intensität nachläßt. Es ist empfehlenswert, die insolierte Platte vor dem Einlegen in das Buch etwas „abklingen" zu lassen, d. h. einige Minuten beiseite zu legen, um von vornherein einer Ueberstrahlung vorzubeugen.

Bei allen photographischen Reproduktionen von Zeichnungen, auch bei direkter Aufnahme mittels der Kamera, muß man sein Hauptaugenmerk darauf richten, möglichst große Kontraste zu erzielen. Bei Kameraaufnahmen erreicht man dies, indem man Diapositivplatten anstatt der gewöhnlichen Trockenplatte für die Aufnahme verwendet. Diapositivplatten geben, richtige Belichtung vorausgesetzt, glasklare Linien bei guter Deckung, woraus beim Positiv scharfe schwarze Linien auf rein weißem Grunde folgen. Aus dem gleichen Grunde werden auch bei der Luminographie Diapositivplatten verwendet und zwar haben sich die billigen Eisenberger Diapositivplatten gut bewährt. Ferner muß man bei der Entwicklung durch geeignete Zusammensetzung des Entwicklers — wenig Alkali, Bromkalizusatz und Anwendung kalten Entwicklers —, darauf hinarbeiten, ein kontrastreiches Negativ zu erhalten. Schließlich kann man auch beim Positivprozeß durch Verwendung hart arbeitender Kopierpapiere — Gevaert Ridax hart — die Kontraste noch verschärfen. Ein gutes billiges Papier für diese Zwecke ist das bekannte braune Lichtpauspapier, unter dem Namen Sepia-Blitzlichtpauspapier erhältlich. Die Auskopierpapiere, Celloidin und Aristo, eignen sich ihres weichen Arbeitens wegen wenig für Reproduktionen.

Die Luminographie liefert brauchbare Kopieen, die zwar auf künstlerischen Wert keinen Anspruch erheben können, wohl aber dem praktischen Bedürfnis vollauf genügen. Dabei ist das Verfahren einfach und erfordert keine besonderen kostspieligen Apparate, was namentlich bei größeren Formaten ins Gewicht fällt. Es dürfte daher auch dem Techniker für manche Fälle ein willkommenes Hilfsmittel bieten.

Wer sich mit dem in vorstehendem gedrängt behandelten Stoff etwas näher befassen will, dem sei die Anschaffung der Broschüre: Die Luminographie von J. Peter und L. Vanino, Verlag A. Hartleben in Wien und Leipzig, angelegentlichst empfohlen, die zum Preise von 1,80 M, geb. 2,60 M, erhältlich ist. Das Werkchen enthält neben erläuternden Abbildungen auch verschiedene Rezepte zur Selbstanfertigung von Leuchtmischungen und Leuchtplatten, sowie geeignete Entwicklervorschriften speziell für Reproduktion.

Ingenieur Punde.

Ueber Anwendung des Teerzements im Tiefbau

Von Ingenieur E. PERSCHBACHER.

Der Teer-Zement-Beton ist wegen seiner hohen Druckfestigkeit und völligen Wasserundurchlässigkeit von hervorragender Bedeutung bei Herstellung von wasserdichten Baukonstruktionen wie Kanalisationsanlagen, Gewölben, Kellerbauten und dergl.

Beim modernen Eisenbetonbau wie beim gewöhnlichen Betonbau muß die Anwendung von Teerzement entschieden dazu beitragen, im ersten Falle das eingebettete Eisen bei starker Inanspruchnahme auf Zug und Druck oder bei bedeutenden Temperatureinflüssen auch für gewöhnliche Betonausführungen in dem spröden, teils porösen Beton gegen Rissebildung zu schützen und dadurch dem Grund- oder Niederschlagswasser, sowie der feuchten Luft den Eintritt zu verwehren. Die nicht hoch genug zu bewährenden Folgen sind: das Nachlassen des Rostens, innigere Verbindung von Beton und Eisen; hiermit Hand in Hand geht die größte Zuverlässigkeit der Konstruktion. Eine Verminderung der Kohäsion und damit die Verringerung der Festigkeit konnte bis jetzt in keinem Falle nachgewiesen oder auf das Konto der Teerung gesetzt werden.

Der gewöhnliche Teer-Zement-Beton schließt nicht allein ein Rissigwerden aus, sondern er gewährleistet auch eine gewisse Elastizität, die bei Ausführung von Kanalisations-Anlagen und dergl. z. B. bei Zement-Betonröhren oder bei Zement-Beton-Stampfkanälen eine nicht zu unterschätzende Rolle spielt, desgleichen bei Tunnel-, Unter- und Ueberführungsbauten und dergl. — In jedem Falle ist mit der Teervermischung auch eine Desinfektion verbunden. Daher ist Teer-Zement bei Kanalisationsröhren und -Arbeiten, ebenso schon als Teer-Zement-Isolier-Mörtel von unschätzbarem Wert

Es verdient wohl kaum ein Baustoff in letzter Zeit so viel Aufmerksamkeit in Industrie- und Technikerkreisen als der Teer-Zement.

Es möge daher noch auf ein Spezialgebiet des Tiefbaus hingewiesen werden, auf dem der Teer-Zement immer mehr Boden gewinnt. Ich meine die Herstellung des Teer-Zement-Pflasters im weitesten Sinne des Wortes.

Zu den oben geschilderten Vorzügen des Teer-Zements und des Teer-Zement-Betons kommen hier noch wesentlichere hinzu für Herstellung von Chausseen und Stadtstraßen, freien Plätzen, Bahnsteigen, Verlade- und Viehrampen, Markt- und sonstigen Hallen, Lagerschuppen, Schlacht- und Viehhöfen, bei Krankenhäusern, Baracken, Kadaververnichtungsanstalten usw.

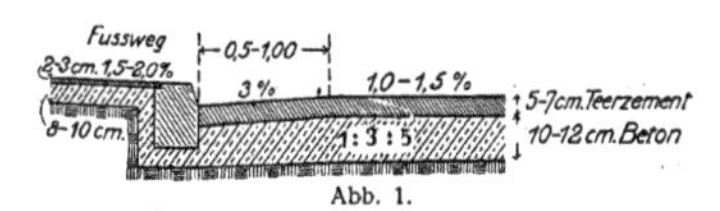

Abb. 1.

Die wesentlichen Vorzüge des Teer-Zement-Pflasters gegenüber vielen anderen Pflasterarten sind bei gleichmäßig geschlossener einheitlicher Oberfläche seine Geräuschlosigkeit, große Haltbarkeit, hohe Verkehrssicherheit (wird nicht glatt), Staubverminderung (-Bindung), Desinfektionswirkung (bei Pferdejauche und dergl.), Wasserundurchlässigkeit, gleichmäßige Abnutzung, daher auch leichte und billige Reinigung, Kraftersparnis beim Transport und schließlich verhältnismäßig billige Herstellung. (Vergl. Tabelle am Schluß.)

Die Desinfektionswirkung ist durch wissenschaftliche Versuche einwandfrei festgestellt. Uebrigbleibende Mikroben waren innerhalb 14 Tagen abgetötet.

Versuche über Herstellung von Straßen mittels Teer-Zements sind schon früher gemacht worden; auch mögen sich einige Herstellungsverfahren aus dieser Zeit mit mehr oder weniger Berechtigung behauptet haben. Ein völlig

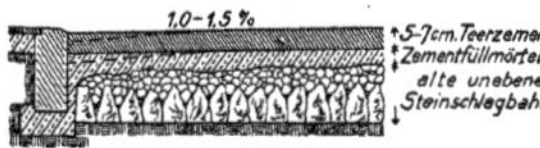

Abb. 2.

von den andern Verfahren abweichendes neues ist das patentierte Verfahren der Firma *F. Absolon* in Oldenburg im Großherzogtum. Die Versuche und ausgeführten Probestrecken, ferner viele bereits seit Jahren ausgeführten Straßen usw. haben die vorgenannten Vorzüge einwandfrei erwiesen. Daher will ich u. a. nur in den folgenden Zeilen von der Herstellungsweise der nach diesem Verfahren auszuführenden und ausgeführten Straßen sprechen.

Bei Herstellung von neuem Pflaster für Stadtstraßen wird nach Angabe des Patentinhabers folgendermaßen verfahren: Je nach der Verkehrsstärke und den Untergrundverhältnissen beträgt die festgestampfte Betonunterlage (vergl. Abb. 1) 12 bis 15 cm für gewöhnliche Fahrbahnen, bei Gehwegen nur 8 bis 10 cm und bei Auffahrten 10 bis 12 cm, wobei die übliche Mischung (1 : 3 : 5) genommen werden kann. Der Untergrund ist zuvor gut einzuebnen, festzurammen oder festzuwalzen, gegebenenfalls durch eine Sand- oder Kiesschicht zu verbessern bezw. zu befestigen.

Handelt es sich um eine Umlegung einer alten Steinschlagstraße (Abb. 2) oder einer alten Pflasterbahn (Abb. 3) in eine Teer-Zementstraße, so ist auf folgende Weise zu verfahren:

Die alte Oberfläche ist vorher gründlich zu reinigen und mittels einer Schicht Zementmörtel einzuebnen und zugleich mit dem nötigen Quergefälle zu versehen. In allen Fällen wird v o r dem Abbinden der Beton- bezw. der Zementmörtelschicht je nach dem zu erwartenden oder vorhandenen Verkehr, bei Fahrdämmen eine nach dem Feststampfen nur 5 bis 7 cm, bei Gehwegen eine nur 2 bis 3 cm und bei Einfahrten und Höfen eine nur 3 bis 5 cm starke Deckschicht — also die T e e r - Z e m e n t d e c k e — aufgebracht. Diese besteht gewöhnlich aus 90 Raumteilen Hartsteinschotter (in drei verschiedenen Korngrößen), 10 Raumteilen Kies und Sand und 40 bis 60 Raumteilen Portlandzement. Diese Bestandteile werden trocken gemengt, dann wird dem Gemenge etwa 10% Wasser hinzugefügt und schließlich werden im Mittel etwa fünf Teile Steinkohlenteerdestillat beigemengt. Der gut gereinigte Steinkohlenteer besitzt Zusätze, die ihn dünnflüssiger machen und seine desinfizierenden und staubbindenden Eigenschaften noch verstärken; er wird k a l t beigegeben.

Um eine möglichst dichte Lagerung der Schotterstücke zu erzielen, wird die Teer-Zementdecke mittels 12,5 kg schweren Stampfern sorgfältig bis zu der vorher angebenen Stärke festgestampft.

Zur Verhütung von Rissebildung infolge von Temperaturschwankungen oder von Sackungen des Straßen-

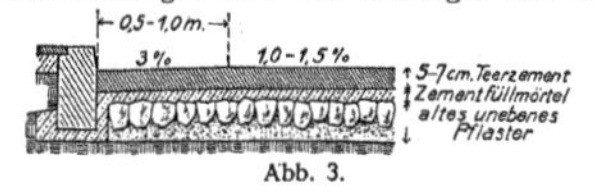

Abb. 3.

untergrundes müssen auch beim Teer-Zementpflaster sogenannte Temperaturfugen angeordnet werden. Im Gegensatz zu dem sog. Zementmakadampflaster genügen hier Abstände der Temperaturfugen von 12 bis 15 m. Die Breite der Temperaturfugen beträgt 10 bis 12 mm; sie werden auf $^2/_3$ Höhe der Teer-Zementdecke mit weichen, schmiedbaren Gußeisenleisten ausgefüllt und darüber mit Asphaltmastix ausgegossen.

Erst nach Abbindung der Deckschicht — bei Fahrdämmen mindestens 8 bis 10 Tage, bei Gehwegen, Auffahrten und Höfen mindestens 3 bis 4 Tage — kann das Teer-Zementpflaster dem Verkehr übergeben werden; bei heißer Witterung ist es während dieser Zeit feucht zu halten.

In einer bedeutenden Anzahl großer und mittlerer Städte hat das Teer-Zementpflaster Eingang gefunden. Außer bei Verlade- und Viehrampen auf Bahnhöfen hat es auch in steilen Straßen bis zu 5% und auf kürzeren Strecken bis zu 10% Steigung Anwendung gefunden.

Die Herstellungskosten (Neubau) belaufen sich bei normalen Verhältnissen einschließlich Betonunterbettung je nach Stärke der Deckschicht und ihrer Unterlage:

für Fahrdämme auf 9.50 bis 12.50 M f. d. qm
für Gehwege auf 4.50 M f. d. qm
für Auffahrten und Höfe auf 6.50 M f. d. qm.

Graphische Bestimmung der Tangenten

Von Bahnmeister I. Kl. JULIUS WEISS, Altona.

In Gleisplänen, besonders in solchen, die zur Absteckung der Gleise Verwendung finden sollen, ist bei den Kurven nicht nur die Festlegung der Tangentenschnittpunkte, sondern auch die genaue Bestimmung der Kurvenanfangspunkte unbedingt erforderlich. Dies geschieht nun aber in den wenigsten Fällen; die Kurven werden mittelst des Kurvenlineals einfach eingezeichnet. Bei diesem Verfahren lassen sich die Kurvenanfangspunkte auch nicht annähernd bestimmen und werden daher oft Kurven mit Halbmessern eingezwängt, die sich bei der späteren Absteckung als unmöglich erweisen. Besonders treten diese Fälle ein, wenn an die Kurven Weichen anschließen, so daß zuweilen eine Umänderung des Projekts notwendig wird. Bei dem nachstehenden Verfahren werden nach Festlegung des Tangentenschnittpunktes zuerst die Kurvenanfangspunkte in einfachster Weise mit dem Zirkel genau bestimmt, und erst dann die Kurve mittelst Kurvenlinial gezogen.

In Abb. 1 schneiden sich die verlängerten Gleisachsen im Punkte S, dem Tangentenschnittpunkt. Die eine Gleisachse bezw. Tangente wird über den Punkt S hinaus um etwa 60 m im Planmaßstab verlängert. Vom Punkt S wird nun mit 50 m Länge desselben Maßstabes ein Kreisbogen geschlagen, der die eine Tangente im Punkte D und die Verlängerung der anderen Tangente im Punkte E schneidet. Zu der Sehne D E wird durch den Punkt F, dem Halbierungspunkte des Kreisbogens D E, eine Parallele bezw. Tangente gezogen, die ebenfalls die eine Tangente und zwar in D_1 und die Verlängerung der anderen Tangente in E_1 schneidet. Dann ist D_1 E_1 die gesuchte Tangentenlänge für einen Halbmesser von 100 m. Die

Abb. 1.

Länge D_1 E_1 braucht man jetzt nur in den Zirkel zu nehmen und vom Schnittpunkt S ab, dem gewünschten Halbmesser entsprechend auf den Tangenten seinem Verhältnis zum Halbmesser von 100 m abzusetzen. Bei kleineren Kurven, deren Halbmesser vorher schon bekannt bezw. gegeben ist, wird man statt mit 50 m gleich mit der halben Halbmesserlänge den Kreisbogen schlagen, so daß man sogleich die gewünschte Tangentenlänge erlangt.

$$\text{Beweis: } A\,C = A\,G = \frac{R}{2},\ A\,B \,\#\, \text{Tangente } T$$

$$\text{folgt } A\,B = \frac{T}{2}$$

$$\text{Centriwinkel } \alpha = \text{Scheitelwinkel } \alpha$$

$$S\,F = A\,C = \frac{R}{2};\ \sphericalangle S\,F\,E_1 = \sphericalangle S\,F\,D_1 = \sphericalangle C\,A\,B = 90^0$$

$$\sphericalangle F\,S\,E_1 = \sphericalangle F\,S\,D_1 = \sphericalangle A\,C\,B = \frac{\alpha}{2}$$

$$\Delta\,S\,F\,E_1 \cong \Delta\,S\,E\,D_1 \cong \Delta\,A\,B\,C$$

$$\text{und } E_1\,F = F\,D_1 = A\,B = \frac{T}{2}$$

$$E_1\,D_1 = T.$$

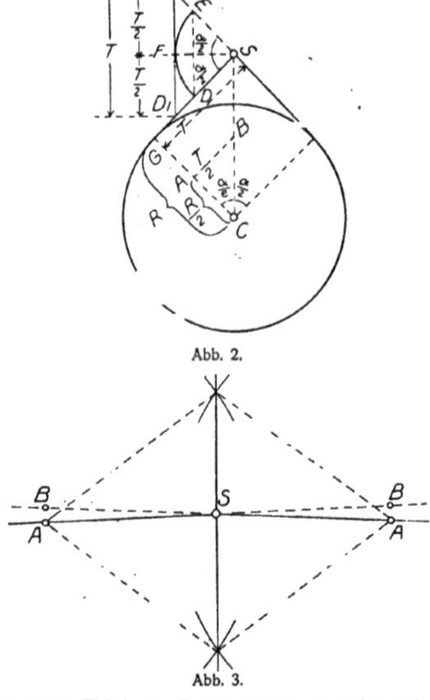

Abb. 2.

Abb. 3.

Wenn sich die Tangenten unter einem sehr kleinen Winkel schneiden (Abb. 3), bestimmt man den Schnittpunkt S am genauesten auf folgende Weise. Man nimmt eine beliebige kurze Länge z. B. A B im Zirkel und fährt mit der einen Zirkelspitze a auf der Tangente entlang bis die andere Zirkelspitze B die Verlängerung der anderen Tangente etwa winkelrecht zur Tangente trifft. Auf der anderen Tangente verfährt man ebenso. Im Halbierungspunkt zwischen a a und B B liegt dann der genaue Schnittpunkt S.

BRIEFKASTEN

Nur Anfragen, denen 10 Pfg. Porto beiliegt und die von allgemeinem Interesse sind, werden aufgenommen. Dem Namen des Einsenders sind Wohnung und Mitgliednummer hinzuzufügen. Anfragen nach Bezugsquellen und Büchern werden unparteiisch und nur schriftlich erteilt. Eine Rücksendung der Manuskripte erfolgt nicht. Schlußtag für Einsendungen ist der vorletzte Mittwoch (mittags 12 Uhr) vor Erscheinen des Heftes, in dem die Frage erscheinen soll. Eine Verbindlichkeit für die Aufnahme, für Inhalt und Richtigkeit von Fragen und Antworten lehnt die Schriftleitung nachdrücklich ab. Die zur Erläuterung der Fragen notwendigen Druckstöcke zur Wiedergabe von Zeichnungen muß der Fragesteller vorher bezahlen.

Empfehlungen von Firmen, die weder Abonnenten noch Inserenten der D. T.-Z. sind, werden nicht aufgenommen.

Frage 66. Modellier-Ton. Welche Anforderungen werden an einen guten Modellier-Ton gestellt? Bedarf der Ton einer besonderen Bearbeitung oder Zusätze und wie hoch stellt sich der Kaufpreis für 100 kg oder für 1 cbm?

Frage 67. Ausnutzung eines Scheunengebäudes. Durch welchen einfachen Betrieb aus dem Baugewerbe kann man ein Scheunengebäude am besten ausnutzen? Es ist Schliefsand, Ton und Lehm, auch etwas Kies auf dem Grundstück vorhanden. Elektrische Kraft und Wasser steht ebenfalls zur Verfügung. Auch andere Vorschläge, besonders aus der Holzbranche, sind willkommen. Der Betrieb soll nur für einige Jahre eingerichtet werden und müßte von ein bis zwei Arbeitskräften bewältigt werden können. Er kann auch periodisch betrieben werden.

Frage 68. Bleischrot-Fabrikation. Kann mir einer der Herren Kollegen mitteilen, wie man am besten Bleischrot-Körner von 0,5 bis 2 mm Dm. herstellt? Maschinenkraft steht nicht zur Verfügung.

Frage 69. Risse im Zementbeton einer Deckenkonstruktion. In einem Neubau sind als Deckenkonstruktion zwischen I-Trägern Stegzementdielen mit Eiseneinlage angeordnet, die zur Schalldämpfung eine 12 cm hohe Kohlenschlackenfüllung von der Bahn, darüber einen 5 bis 6 cm starken Zementbeton als Unterlage für Linoleum erhalten haben. Die Träger sind mit seitlich angestampften Stegen gegen etwaige chemische Einwirkung der Schlacke gesichert. Nun nach drei Monaten zeigen sich im oberen Zementbeton 1 bis 2 mm breite Längs- und Querrisse in Feldern von 6 bis 12 qm Fläche, deren Ränder auf der Unterlage lose sind und die anscheinend durch Hochtreiben der Schlacke entstanden sind. Beim Aufnehmen ergab sich völlige Geruchlosigkeit und Trockenheit der Füllung, auch zeigen die Deckenplatten gar keine, der obere Beton nur vereinzelt geringfügige Spuren von Einwirkung der Schlacke, die aber auch auf Entziehung der Feuchtigkeit durch die trockene Schlacke auf den feuchten Beton herrühren dürften. Sind anderweitig ähnliche Erfahrungen gemacht worden? Wie kann Nachteilen vorgebeugt werden, oder welche Mittel werden zur Abhilfe empfohlen? Wer dürfte evtl. nach Besichtigung ein sachverständiges Urteil abgeben können?

K. Z., Jannowitz i. P.

Frage 70. Durchschlagen des Antinnonnin-Anstriches. Bei Ausführung von Renovierungsarbeiten an einer Kirche wurde der alte fleckige, innere Wandputz abgeschlagen, die Steinfugen ausgekratzt und das nun freigelegte Ziegelmauerwerk mit gelöstem 3 prozent. Antinnonnin bestrichen. Nach Verlauf von drei Jahren Zwischenzeit für die Austrocknung wurde ein neuer Verputz in ganz reinem Kalkmörtel wieder angebracht, und es zeigt sich nun an der Putzoberfläche z. T. ein starkes Durchschlagen der gelben

Färbung des Antinnonnins. Die betr. Wandflächen des Kircheninneren müssen weiß gehalten werden; trotz wiederholten Weißens mit Kalkmilch kommen die gelben Flecke immer wieder zum Vorschein! Ist einem Kollegen ein unschädliches Mittel bekannt, das, der Kalkweiße beigemengt, diese gelben Flecke deckt? Ist etwa die Anwendung von Kasein mit Zinkweiß zu empfehlen?

Frage 71. Drahtstifte-Fabrikation. Welche Fabrik liefert Maschinen dazu? Welcher Kollege kann mir mit Rat für die Einrichtung zur Seite stehen? Briefe unter „Vertreter", Sofia (Bulgarien), Postfach Nr. 18.

Frage 72. Läßt sich **Braunkohle zur Feuerung in einem Kasseler Kammer-Ziegelofen** verwenden? Der Ofen besteht aus zwei Kammern gewöhnlicher Konstruktion mit je 15 000 Steinen Fassung und je drei durchgehenden Rosten für Steinkohlenfeuerung sowie oberen Schüttlöchern. Der Ofen ist bisher mit Stückkohle unten und Erbskohle oben befeuert worden. Da nun in der Nähe ein Braunkohlenbergwerk existiert, soll zur wesentlichen Verbilligung Braunkohle versucht werden. Läßt sich das ohne weiteres tun, oder wie weit und unter welchen Bedingungen ist das möglich? Eventuell wird Adresse eines in Schlesien gelegenen Werkes erbeten, das Braunkohle feuert.

Frage 73. Welche neueren Verfahren zur Herstellung von **Beton-Formstücken mit Eiseneinlagen** für bergbauliche Zwecke sind in letzter Zeit bekannt? Wie haben sich solche bewährt? Wie finden eisenumschnürte Beton-Bundstücke für Grubenbaue Verwendung und was ist über Bogenformstücke zu Grubenauskleidung näher zu bemerken? Können dafür ernsthafte Interessenten aus Industrie- und Bergbau-Kreisen näher nachgewiesen werden? Als Verwendungsgebiet kommt z. B. Sachsen und Schlesien in Betracht.

Frage 29. Neubau und Nachbargrenze. Die Baupolizeiverordnung für größere Landgemeinden des Regierungsbezirks Liegnitz vom 18. Nov. 1904 schreibt in § 23 vor, daß sämtliche Gebäude von der hinteren Nachbargrenze um die Hälfte ihrer Höhe, mindestens aber 6,00 m entfernt bleiben müssen. Ueblich ist jedoch, daß entgegen dieser Vorschrift die Nebengebäude alle an die hintere Nachbargrenze, sobald sie 20 m von der Straße entfernt sind, gebaut werden, was auch genehmigt wird. Hierfür spricht allerdings, daß es im § 36 heißt, jede dem Nachbar zugewandte Außenwand eines Gebäudes ist massiv und ohne Oeffnungen als sogenannte Brandmauer herzustellen, wenn sie weniger als 5 m von nachbarlichen Gebäuden oder von der Grenze eines unbebauten Nachbargrundstückes entfernt ist. Kann man daraus nun nicht schließen, daß der Abstand von 6,00 m lt. § 23 beachtet werden muß, sofern in der Wand Oeffnungen enthalten sind? Wäre es zulässig, wenn ein Grundstück von 31,00 m Tiefe mit einem kleinen Wohnhause in der Bauflucht und einem kleinen Wohnhause daneben, jedoch an die hintere Nachbargrenze gerückt, unter Einhaltung der vorgeschriebenen seitlichen Abstände bebaut wird?

Antwort. In § 23 Abs. 3 der betr. B. P. V. heißt es ausdrücklich: Im Gebiete der offenen und der geschlossenen Bauweise müssen sämtliche Gebäude von der hinteren Nachbargrenze um die Hälfte ihrer Höhe, mindestens aber 6,00 m entfernt bleiben. Diese Vorschrift bezweckt offenbar, hinteren Wohngebäuden mit Fenstern nach der hinteren Nachbargrenze das erforderliche Maß von Luft und Licht zu sichern. Es erhellt daraus ohne weiteres, abgesehen von dem eindeutigen Wortlaut des § 23 Abs. 3, daß das Gebäude auch dann von der hinteren Nachbargrenze 6,00 m entfernt sein muß, wenn es in der dem hinteren Nachbar zugekehrten Wand keine Oeffnungen besitzt.

Die Forderung dieses Abstandes wird auch in § 24 Abs. 3, der bestimmt, daß Nebenanlagen, die von der Straße einen Abstand von mindestens 20 m haben, an der Nachbargrenze errichtet werden dürfen, durchaus nicht aufgehoben; wenn hier von der Nachbargrenze gesprochen wird, so kann nur die seitliche, nicht die hintere in Betracht kommen. In § 23 wird auch deutlich zwischen hinterer und seitlicher Nachbargrenze unterschieden. Wenn das Baugrundstück nicht die erforderliche Tiefe besitzt, so bleibt nichts übrig, als das Nebengebäude 5,00 m von der seitlichen Nachbargrenze abzurücken, wenn nicht der Bauplatz so ungünstig gestaltet ist, das die Errichtung eines Nebengebäudes überhaupt ausgeschlossen ist. § 36 regelt nur die Feuersicherheit der Gebäude, die hier geforderten Abstände können die vorgehenden Bestimmungen nicht aufheben. Tatsächlich sind die vorstehenden Vorschriften auf Verhältnisse zugeschnitten, wie sie nur sehr selten vorliegen. Es wird deshalb sehr oft von den Polizeibehörden von der Forderung ihrer Erfüllung stillschweigend abgesehen, wenn es die Verhältnisse geboten erscheinen lassen, evtl. erteilt der Bezirksausschuß zu Liegnitz auf Antrag in weitgehender Weise Dispens, wenn die Vorschriften zu Härten führen. Nach Vorstehendem können Sie selbst ersehen, daß der Bau eines Hinterhauses in der von Ihnen beabsichtigten Weise nicht zulässig ist. Sie können ja trotzdem versuchen, unter Einreichung der Bauvorlagen die Genehmigung zu erhalten. Wird Ihnen diese von der Ortspolizeibehörde nicht erteilt, so versuchen Sie es auf dem Dispenswege. Der Erfolg wird schließlich von dem Nachweis abhängen, daß es dem Nachbar nicht möglich sein wird, ebenfalls ein Hinterhaus mit Fenstern nach der hinteren Nachbargrenze zu errichten. M.-Nr. 54 449.

Frage 40. Sandgewinnung. Das Material einer Kies- und Sandgrube wurde bisher (mit Ausnahme des Gartenkieses) ausschließlich zu Maurer- und Betonarbeiten verwendet. Da sich aber auch ein gut Teil des Sandes vorzüglich zu Gebläsesand eignet, wird geplant, diesen heraus zu sondieren. Welches Verfahren oder welche Vorrichtungen sind hierzu vorteilhaft? Es handelt sich nicht um eine großzügige Ausbeutung, vielmehr ist nur ein kleiner Nebenbetrieb in Aussicht genommen, durch zwei bis drei Mann Bedienung. Elektrische Kraft wäre durch Anschluß an ein in der Nähe vorbeiführendes Kabel zu haben; ein evtl. anzulegender Brunnen an Ort und Stelle würde genügend Wasser hergeben, wenn man den Gebläsesand unter Benutzung der Drehsiebe herauswaschen wollte. Gelegenheit zum künstlichen Trocknen des Materials vor dem Sieben ist nicht vorhanden. Der Betrieb braucht nicht ständig aufrechterhalten zu werden, sondern könnte auch periodisch erfolgen. Kann mir ein Kollege in dieser Angelegenheit gute Ratschläge geben?

Antwort. Der zu gewinnende Sand für Gebläsezwecke muß, soll er seinen Zweck erfüllen, rein (staubfrei) und von gleichmäßigem Korn sein. Er muß also gewaschen und gesiebt und mindestens ebenso genau behandelt werden wie Filtersand! Es ergibt sich dann ein Bauplan, dessen Teile folgende wären: 1. ein auf Senkschuh gemauerter Brunnen, überwölbt, mit Einsteigeschacht und Kanalschachtabdeckung sowie Lüftungsvorrichtung versehen; 2. ein Maschinengebäude; 3. ein Schuppen unter Pappdach, dessen Wetterseiten geschlossen sind bezw. geschlossen werden können. In dem Gebäude zu 2. fänden Einbau: a) zwei Elektromotoren, b) die Transmissionen, c) eine Luftdruck-, d) eine Wassersaug- und Druckpumpe mit getrenntem Antrieb, e) ein Luftkessel, f) ein Wasserkessel. Die Pumpe d hebt das Wasser aus dem Brunnen zu 1. und drückt es in den Kessel f gegen die Luftspannung aus Kessel e von 2 bis 3 at. Im Gebäude zu 3. fänden Platz: a) die Sandwäsche, b) die bereits in Aussicht genommenen Drehsiebe (angetrieben durch Transmission aus Gebäude zu 2), c) das Reinsandlager. Als Sandwäsche wird nicht eine Trommelmaschine (Anlage zu teuer), sondern eine Wasserstrahl-Wäsche, System Körting A. G., Körtingsdorf-Hannover, empfohlen. Die Wäsche erhält ihren Betriebsdruck vom Kessel f im Gebäude zu 2. Man hat es in der Hand, die Waschkörper ein- oder mehrreihig, im Viereck oder Kreise einzubauen. Die Druckkessel gewähren den Vorteil, daß eine wirksame Feuerspritze, ohne erhebliche Mehrkosten, eingebaut werden kann. Neben dem Gebäude zu 2., unter freiem Himmel, ist der Sandtrockenplatz, in möglichst großer Fläche und Doppelfeldern nebst den Karrbahnen von der Wäsche nach hier und von hier zur Sieberei, anzulegen, um in Flachschichtung und Wechselbetrieb einen ununterbrochenen Arbeitsfortgang zu schaffen. -pf.

II. Ohne genaue Kenntnis der in Frage kommenden Mengen läßt sich hier schwer raten. Es gibt verschiedene Konstruktionen von Sandwäschen für Sand oder Kies. 1. Eine langsam rotierende Trommel mit einer Innenkonstruktion, die den zu waschenden Sand fortwährend teilt. Hierdurch tritt eine Berührung des zufließenden Wassers mit allen Sandteilchen ein und wird ein gutes Waschen bewirkt. 2. In eisernen Kästen sind Wasserstrahlelevatoren angeordnet. Der Sand wird in den ersten Kasten geschüttet, durch einen Wasserstrahl aufgerührt. Durch die Wasserelevatoren erfolgt die Ueberführung des Sandes in die anderen Kästen. Der Sand setzt sich am Boden der Kästen ab. Durch das Betriebswasser der Elevatoren wird der Schmutz mehr und mehr aufgenommen, er läuft an den Ueberläufen der Kästen ab. 3. Das Material wird einer wasserdichten rotierenden Trommel aufgegeben. Schneckenflügel transportieren den Sand langsam vorwärts. Die Durchspülung mit Wasser erfolgt im Gegenstrom. Das am meisten gereinigte Material kommt auf diese Weise auch mit dem reinsten Wasser in Berührung. Hiernach fällt der Sand in einen rotierenden Siebzylinder, welcher im Wasser sich dreht. An der inneren Zylinderwand sind Schneckenflügel angeordnet. Der äußere Zylindermantel besitzt Auswerfer, die das in den Waschtrog gefallene feine Sandmaterial auswerfen. Das gröbere Material wird im Siebzylinder durch Mitnehmer hochgehoben und auf Siebblechen sortiert. Meistens erfolgt eine zweimalige Sortierung, das ganze Material verläßt meistens in vier Sorten gewaschen und sortiert die Maschine. Leistung einer derartigen Einrichtung ca. 2,5 cbm Sand pro Stunde. Kraftbedarf ca. 4 PS. Preis etwa 1200 M.

Eine Trocknung des Sandes vor Passierung der Siebzylinder und eine Sortierung und Gewinnung des Gebläsesandes auf trocknem Wege ist evtl. zu empfehlen, wenn billiges Brennmaterial für die Trocknung zur Verfügung steht und kontinuierlicher Betrieb eingerichtet wird, da bei unterbrochenem Betrieb kaum eine Rentabilität herauskommen dürfte. H. Schn.

III. Wir verweisen auf das Inserat „Moderne Sandwäschen" von Dr. Gaspary & Co., Markranstädt b. Leipzig (D. T.-Z. Nr. 10, letzte Umschlagseite). Die Red.

Frage 41. Ablösung der Unterhaltungspflicht. Einer Stadtgemeinde obliegt die Unterhaltungspflicht eines Wohngebäudes. Die Gemeinde will die Unterhaltungspflicht ablösen. Wie berechnet man die zu zahlende Ablösungssumme?

Antwort. Es ist festzustellen, wie viel im Durchschnitt die jährlichen Unterhaltungskosten betragen, wobei zu beachten ist, daß sie sich mit zunehmendem Alter des Gebäudes erhöhen, und es ist festzustellen, wieviele Jahre das Gebäude voraussichtlich noch erhalten bleibt. — Beispiel: Jährliche Unterhaltungskosten U = 800 M. Voraussichtlicher Weiterbestand des Gebäudes n = 50 Jahre. Man berechnet die Ablösungssumme K nach den Regeln der Zinseszins- und Rentenrechnung aus der Formel

$$K = U \cdot \frac{(p^n - 1)}{(p-1)\, p^n},$$

worin p der jährliche Diskontfaktor ist, also bei 5%iger Verzinsung p = (1 + 0,05) = 1,05. Es wäre also die Ablösungssumme

$$K = 800 \cdot \frac{(1{,}05^{50} - 1)}{0{,}05 \cdot 1{,}05^{50}} = 14\,600 \text{ M.}$$

So hohe Potenzen, wie sie bei Zinseszins- und Rentenrechnungen vorkommen, kann man mit Hilfe des Rechenstabes nur unbequem lösen. Man bedarf dazu der Kenntnis der Logarithmen. Doch sind auch Tabellen käuflich, welche die Berechnung ohne Logarithmen ermöglichen. W. J. Sch.

Frage 43. Kiesbagger. Ich habe in 40 km Entfernung von Berlin, Nähe Bahnstation, ein Kieslager von ganz enormer Größe festgestellt. Es liegt jedoch vollständig im Grundwasser (zirka 2,50 bis 3 m unter Terrain, woselbst gleichzeitig der Grundwasserspiegel liegt). Oberhalb desselben liegt zum Teil brauchbarer Mauersand, der in der fraglichen Gegend sehr gesucht ist. Der Kies kommt dem Flußkies gleich. Würde sich eine etwaige Ausbeutung des Lagers als rentabel erweisen? Welche Art von Bagger würde hier am vorteilhaftesten sein? Wie hoch würden sich die Anschaffungs- und Betriebskosten eines solchen von 50 bis 80 cbm Tagesleistung stellen? Wie hoch ist der Preis in Berlin für vorgenannten Kies?

Antwort. Man stellt einen Eimerbagger auf, der mit einem hölzernen oder eisernen Gerüst zu verbinden ist. Dieses besteht aus einem Bockgestell (z. B. durch zwei Rahmenwände mit Ober- und Unterbalken, zwei Stielen nebst Außenstrebe zusammensetzbar) als Aufstell-Konstruktion in freistehender oder fahrbarer Anordnung. Daran wird ein Ständerwerk aus senkrechten Pfosten von [-Eisen oder Holz nebst unterem Riegel — senkrecht heb- und senkbar angehängt; es dient als Eimerleiter. Das Eimerwerk besteht gemäß Anordnung der Maschinenfabrik Dr. Gaspary, Markranstädt, aus tief pombierten Elevatorbechern von Martin-Flußeisenblech an kalibrierten Ketten. Diese laufen oben über einer am Oberbalken des Bockgestells gelagerten vierkantigen Trommel, und unten über zwei fünf- oder sechskantige bezw. auch zylindrische Trommeln am unteren Riegel des Ständerwerks. Die obere Trommel erhält nach Bedarf ein Schiebelager (zum Nachspannen der Kette); an ein Triebrad wird der Antrieb für Hand- oder Maschinenarbeit angeschlossen. Darunter befindet sich eine Schüttrinne. Die Leistung bestimmt sich für einen nutzbaren Becherinhalt q = 0,20 cbm, einen Lieferungsgrad = 0,8, eine Kettengeschwindigkeit v = 0,015 bezw. 0,02 m/sk. und einen Becherabstand a = 0,8 m zu $Q_0 = \frac{0{,}8 \cdot v \cdot q}{a}$ = d · i · für

$$v = 0{,}015 \text{ msk} : Q = \frac{0{,}8 \cdot 0{,}015 \cdot 0{,}20}{0{,}8} = 0{,}003 \text{ cbm/sk und für}$$

$$v = 0{,}02 \text{ m/sk}, \quad Q_0 = \frac{0{,}8 \cdot 0{,}020 \cdot 0{,}20}{0{,}8} = \mathbf{0{,}004} \text{ cbm/sk; das sind für}$$

6stündige wirksame Betriebsdauer zu 6 · 60 · 60 = 21 600 sk. rd. Q_1 = 65 cbm und Q_2 = rd. 86 cbm; diese Mengen sind natürlich einfach zu regeln. — Wegen der Verstellbarkeit des Ständerwerks ist die Baggertiefe leicht je nach Fortschritt der Arbeit zu regeln. — Die Anschaffungskosten können von obenbezeichneter Firma nach Bedarf bestimmt werden. Die Betriebskosten können sich für Handbetrieb auf den Lohn von 3 bis 4 Mann sowie Unterhaltung erstrecken; dazu kommen 2 bis 3 Mann für Förderkarrenbetrieb. Auch kann für größeren Betrieb ein Anschluß der oberen Trommel mittels Ketten-Seils an eine Winde (nach Markranstädter Typ H. L. oder dergl.) bewirkt werden, die der Aufwärtsbewegung bei jeweils gewünschter Höhe, mit Spindelsteuerung einstellbar, sich anpassen läßt. — Das Kieslager ist dementsprechend leicht auszubeuten; der Preis in Berlin beträgt für Grubenkies 5 M, für Flußkies 5,50 M (nach Dipl. Günther-Berlin). Kr.

Frage 44. Mängel eines Pumpenbetriebes. Eine Zentrifugalpumpe für ein Wasserwerk, durch einen direkt gekuppelten Elektromotor angetrieben, von 15 cbm stündlicher Leistung, 2900 Uml./min, arbeitet gegen eine Gesamtförderhöhe: Saugehöhe 2,50 + Druckhöhe 82,5 = 85,00 m. Die theoretisch manometrische Förderhöhe ergibt sich zu 95 m. Länge der Druckleitung 600 m. Wirkungsgrad der Pumpe 50%. Durchmesser der Sauge- und Druckleitung 80 mm, Durchmesser des Sauge- und Druckstutzens der Pumpe 50 mm. Die Pumpe entspricht trotz ihrer weiten Druckrohre nicht den Anforderungen. Es werden jetzt 10 cbm bei einer manometrischen Förderhöhe von 104 m geleistet. Dieser Stand wird am Manometer während des Betriebes abgelesen. Die Pumpe soll auf dem Probestand in der Fabrik ihre Leistungen genau eingehalten haben. Woraus kann man sich die Minderleistung erklären? Durch welche Vorrichtungen könnte man die Leistungen der Pumpe erhöhen? Zu bemerken ist noch, daß die Druckleitung in gleichmäßiger Steigung mit nur einem Krümmer von 90° für die Steigeleitung im Turm verlegt ist.

Antwort. Die Pumpe ist zu schwach: Der Wirkungsgrad von 50% zu gering und die Reibungsverluste 104 — 85 = 19 m (9 m über das theoretische Soll) zu stark, die Wasserstromgeschwindigkeit in den Saug- und Druckstutzen der Pumpe soll ungefähr 0,8 m in einer Sekunde betragen, hier sind es bei 2,78 ltr/sk Förderung: $\frac{1}{2}\, d\, \pi\, r = \frac{1}{2} \cdot 0{,}50 \cdot 3{,}14 \cdot 0{,}25 \sim 14$ dm oder 1,40 m/sk. Nehmen Sie die Pumpe heraus und bauen dafür eine mehrstufige Hochdruck-Zentrifugal-Pumpe mit einer Leistung von 250 ltr/min ein. Die Wassergeschwindigkeit und mit dieser die Reibungswiderstände werden auf ein geringeres, normales Maß gebracht, die Lebensdauer der Pumpe (gleichmäßig bleibende Leistung) wird erheblich verlängert und die Nutzwirkung gesteigert. Vorteilhaft ist es, beim Umbau der Anlage die Möglichkeit vorzusehen, die Umlaufzahl des Motors bezw. der Pumpe, der Kraftreserve halber, verändern zu können. Ob direkter Antrieb oder Transmission zu nehmen, entscheidet die Kostenfrage. Der Motor hätte zur Zeit 4,17 ltr/sk × etwa 95 m : 75 = 5,3 PS netto zu leisten. -pf.

Frage 46. Rostschutz für Massenartikel aus schwachem Schwarzblech. Es sollen Massenartikel aus schwachem Schwarzblech, 8/10 cm groß, durch einen möglichst dünnflüssigen Stoff, Teer oder einem ähnlichen Produkt, gegen Rost geschützt werden. Das Blech kommt mit Mörtel in Berührung; das Ueberziehen bedarf also keiner Sorgfalt und wird wohl am besten durch Eintauchen geschehen. Die Hauptgesichtspunkte sind Billigkeit des Stoffes und Verfahrens und schnelles und festes Auftrocknen, da die Bleche dann nochmals durch die Presse gehen müssen und deshalb nicht kleben dürfen. Es wird um Angaben über zweckmäßige Verfahren gebeten.

Antwort. Bei Massenartikeln aus schwachem Schwarzblech, die auf Pressen hergestellt und gegen Rost geschützt werden sollen, ist das in Vorschlag gebrachte Verfahren, die einzelnen Gegenstände in eine dünnflüssige rostschützende Flüssigkeit einzutauchen, die billig sein, schnell trocknen und fest haften soll, nicht angängig, weil es eine solche Flüssigkeit nicht gibt und außerdem ein solches Verfahren für Massenfabrikationsartikel viel zu umständlich und teuer sein würde. Bei der Massenherstellung solcher Artikel verfährt man in der Weise, daß man die zur Verarbeitung kommenden Bleche vor ihrer Zerschneidung mit einem zähen und stanzfesten Oelkopallack (auch Ofenlack oder Blechüberlauflack genannt) überzieht, was mit dem Pinsel, schneller aber mit der Lackiermaschine geschieht, und die so behandelten Bleche in einem geeigneten Lackierofen bei etwa 100° C trocknen läßt, was innerhalb ca. 30 Minuten der Fall ist. Die lackierten Blechtafeln werden in größerer Anzahl in Drahthorden eingelegt und letztere dann in den Ofen eingebracht. Die lackierten Bleche gelangen dann zur Verarbeitung. Es ist nun ganz gleich, ob die Verarbeitung der Bleche auf Spindel-, Exzenter-, Kurbel- oder Ziehpressen erfolgt, der Lack erleidet keine Beschädigung, er reißt nicht und springt nicht ab, selbst dann nicht, wenn durch beliebige Formgebung der zu stanzenden Bleche die Struktur des letzteren gedehnt oder gestaucht werden sollte. Eine solche Lackier- und Trockeneinrichtung ist aber ohne weiteres nicht zu beschaffen, oder mit anderen Worten: die Anlage einer solchen ohne Aussicht auf konstante in Betrieberhaltung könnte nicht empfohlen werden. Im vorliegenden Falle dürfte es daher das zweckmäßigste sein, die Bleche einer Blechemballagenfabrik zur Lackierung zu übergeben, die das Ueberziehen mit Lack schnell, gut und billig besorgt. Hffm.

Zur Frage 32. Dampfstraßenwalzenzug. Die Firma Friedrich Meyer, Hannover, Schatzkamp 7, bittet uns um Feststellung, daß die in Heft 9 unter Nr. III veröffentlichte Auskunft auf diese Frage nicht von ihr stammt. Der Name ist durch einen Irrtum unter die Zuschrift gelangt. Die Redaktion.

DEUTSCHE TECHNIKER-ZEITUNG

HERAUSGEGEBEN VOM DEUTSCHEN TECHNIKER-VERBANDE

BERLIN SW. 48, Wilhelmstraße 130 — Schriftleitung: Erich Händeler-Berlin

XXXI. Jahrg. — **21. März 1914** — **Heft 12**

Wohnungsgesetz und Baulandsumlegung

Von HANS HILDEBRAND, vereid. Landmesser.

Im neuen bereits angekündigten Wohnungsgesetz sollen Maßnahmen getroffen werden, um die Bautätigkeit durch möglichst viel baureifen Geländes zu erleichtern und die Entwickelung zur Gartenstadt zu fördern. Gerade durch unsere jetzige Zeit geht ein Zug, der die Mietskasernen meidet und nach Wohnungen in gesunder Lage mit Licht und Luft strebt. Auch das Gefühl, in solchen Behausungen selbständig und eigener Herr zu sein, veranlaßt manchen, der inneren Stadt den Rücken zu kehren und sich an dem Stadtumkreis anzusiedeln. Der Wunsch, in nicht allzufernen [illegible] sitzen, wird immer größer werden, je mehr die Menschenmassen in die Großstädte zusammenströmen. Doch manchem Ansiedelungslustigen stellten sich bei der Ausführung seines Vorhabens oft Schwierigkeiten entgegen, die er nicht vorausgesehen hatte. Sein Sehnen ging nicht in Erfüllung, da er auf dem Plätzchen, das er sich ausgesucht hatte, nicht bauen konnte, weil das Gelände noch nicht baureif war und ihm die nötigen Zufuhrwege fehlten. Dort, wo er bauen konnte, waren aber die Bodenpreise hoch. Die Verteuerung der Bodenpreise wurde in der Hauptsache dadurch herbeigeführt, daß in Zeiten reger Bautätigkeit der Grundbesitz sich in festen Händen befand. Geordnete Verhältnisse auf dem Gebiete städtischer Bodenpolitik zu schaffen, soll der Zweck der Baulandsumlegung sein.

In vielen Gemeinden zeigt sich, daß die Stadterweiterung durch die Gestalt des Grundbesitzes gehemmt wird. Was nutzen noch so gut angelegte Bebauungspläne, wenn nicht die in den Baublöcken liegenden Parzellen eine zur Bebauung geeignete Lage haben. Bei den landwirtschaftlichen Grundstücken ist die Umlegung oder Zusammenlegung eine agrarpolitische, bei den städtischen eine bautechnische Maßnahme. Ein moderner Fluchtlinienplan nimmt keine Rücksicht auf das Eigentum, soll sie auch nicht nehmen, da ihm sonst Großzügigkeit und Anschmiegung an das sonstige Stadtbild fehlen. Ganz anders lagen die Dinge früher. Kleinliche Sonderinteressen waren oft ausschlaggebend. Da aber die Stadtbaukunst jetzt mehr gepflegt wird, läßt man sich von größeren Gesichtspunkten als vorher leiten. In unseren Fluchtlinien- und Bebauungsplänen finden wir oft, daß der Grundbesitz zersplittert und zerteilt ist. Durch Verkauf oder durch Erbschaftsverteilung sind die Parzellen sehr klein geworden und sind deshalb ohne weiteres zur Bebauung nicht geeignet. Alsdann werden wieder andere durch die projektierten Straßen so durchschnitten, daß Restflächen übrig bleiben, die bautechnisch nicht mehr ausgenutzt werden können. Weiterhin stoßen von vielen Grundstücken die Grenzen schiefwinklig auf die Straßenflucht und hindern somit die Bebauung des Grundstückes. Mitunter liegen Parzellen mitten in einem Baublock, ohne einen Zugang zur neuen Straße zu haben. Am verhaßtesten sind die Chikanierzipfel, die so manchem Nachbarn Sorge und Kummer bereiten und die er, wenn er sie beseitigen will, für teueres Geld erstehen muß. In einigen Fällen reicht auch Tiefe und Front zur Bebauung nicht aus. Bei solchen Grundstücksverhältnissen zeitigt die bloße Herstellung der Straße noch lange nicht baureifes Gelände, sondern es müssen noch Grenzregulierungen und Austausche stattfinden, die aber erfahrungsgemäß sich sehr in die Länge ziehen, da sich rechtliche Hindernisse einer solchen Verteilung des Eigentums entgegenstellen, oder die überhaupt nicht zustande kommen, weil der eine oder andere Eigentümer aus eigennützigen Gründen weder verkaufen noch ankaufen will. Wenn in Baublöcken mit solchen Zuständen doch gebaut wird, ist die Bebauung unwirtschaftlich und gibt auch zu Bedenken in gesundheitlicher Beziehung Veranlassung, ferner wird auch das Stadtbild verschandelt. Schiefwinklig zur Straße stehende Gebäude in geschlossenen Bauvierteln verbilligen das Bauen nicht, tragen vielmehr zur Erhöhung der Mieten bei.

Der Gedanke im neuen Wohnungsgesetz, diese unhaltbaren Zustände zu beseitigen, findet sowohl bei den Bodenreformern als auch bei den Grundbesitzern einen Resonanzboden. Durch das Widerstreben Einzelner lagen bislang zur Bebauung sehr gut geeignete Wohnviertel brach, obwohl das öffentliche Interesse die Erschließung solcher Baugebiete in hygienischer und sozialpolitischer Beziehung erheischte. Durch das Zurückbleiben des Angebots hinter der Nachfrage auf dem Grundstücksmarkte wird die Spekulation gefördert. Zur Erschließung von Baublöcken an den Stadtgrenzen wird die Bildung von Terraingesellschaften jedoch gehemmt, die zur Monopolisierung des Grundstücksmarktes führen und Bodenpreise bilden, die die Allgemeinheit bezahlen muß. Fühlbar macht sich in der Regel die Spekulation in der Zeit rapider Entwickelung einer Stadt, in der sie den Bodenpreis über [illegible] in die Höhe treibt und sich als Bodenwucher äußert. Die Spekulation bekämpft man zwar durch hohe Umsatzsteuer und Wertzuwachssteuer, jedoch hat die Erfahrung gezeigt, daß insbesondere die Wertzuwachssteuer auf den Käufer abgewälzt wird, der sie später nach Erbauung des Hauses wieder dem Mieter aufschlägt. Als zweckmäßiges Mittel, die Spekulation und die rapide Wertsteigerung des Grund und Bodens zu unterbinden, zeigt sich die Grundstücksumlegung, da durch sie die Nachfrage nach Bauland bedeutend geringer als das Angebot sein wird, wodurch eine Verbilligung des Bodens eintritt. Durch die Baulandsumlegung selbst wird eine weiträumige Bebauung, die man als Ideal der Stadterweiterung ansehen kann, ermöglicht. Die Stadterweiterung muß den Zweck verfolgen, Baugelände zu schaffen, das durch seinen billigen Preis den mittleren und unteren Berufsschichten das Wohnen in landhausähnlichen Gebäuden gestattet. In solchen Gebäuden vermindern sich die Kündigungen, Mietssteigerungen und Umzüge werden geringer. Ein nicht zu unterschätzender Vorteil für ein Gemeinwesen bei einer solchen Bebauung im Stadterweiterungsgebiet liegt darin, daß eine seßhafte Bevölkerung geschaffen wird, deren Steuerkraft bleibende Bedeutung hat. Das zur Erbauung zu erschließende Gelände soll aber allen Ansprüchen gerecht werden und das Baulandsumlegungsverfahren hat sich überall da, wo es zur Durchführung gelangt ist, durchaus bewährt.

In mancher Beziehung gleicht die Baulandsumlegung dem nassauischen Verfahren der Güterkonsolidation. Die Baublöcke sind identisch mit den sogenannten Zuteilungsbezirken im nassauischen Verfahren. Die Umlegung in einem Baublock gibt jedem Baugrundstück eine zur Bebauung geeignete Gestalt. Es erfolgt also eine Umformung von einer ungeeigneten in eine zweckmäßige Form. Innerhalb eines Baublocks verschwinden die kleinen, zur Bebauung ungeeigneten Flächen, indem sie von den Blockgenossen aufgekauft und prozentual unter die Beteiligten verteilt werden oder durch Uebertragung in einen anderen Baublock, falls dies zweckmäßig erscheint. Auch die Baumasken, welche bei ungeordneten Grundstückslagen eine Bebauung behinderten, werden beseitigt. Baugrundstücke mit angemessener Tiefe und Breite, die rechtwinklig zur Straße stehen, sind ein äußerliches Kennzeichen nach der Grundstücksumlegung. Die Fläche des neuen Grundstückes wird nach dem eingeworfenen Flächeninhalt im Block bestimmt und ist unabhängig von der Kulturart des Bodens. Sind Baulichkeiten wie Schuppen, Gartenhäuser usw. zu beseitigen, so erfolgt eine Schadloshaltung am besten in Geld, aber Entschädigungen in Land sind nicht selten.

Der Fluchtlinienplan im Stadtgebiet entspricht dem Wegenetz bei den Zusammenlegungen auf dem platten Lande. In den Stadterweiterungsgebieten muß die Straßenführung sich an das alte Stadtbild anschmiegen, und mit diesem ein einheitliches Ganzes bilden. Die Umgebung unserer heutigen größeren Städte gleicht einem offenen Gebilde von unbeschränkter Ausdehnungsmöglichkeit, in dem auch natürliche Hindernisse bei der Technik unserer jetzigen Städtebaukunst gewandt umgangen werden, um eine fortschreitende Bebauung zu sichern. Wenn nun eine Baulandsumlegung vorgenommen werden soll, so ist vorher in Erwägung zu ziehen, welchem Zweck die einzelnen Baublöcke dienen sollen. Die Größe der Wohnungen und der Baugrundstücke hängt viel von der Art der Beschäftigung ihrer Besitzer und Bewohner ab. Bei dem selbständigen Mittelstand und bei Fabrikbetrieben ist in Betracht zu ziehen, daß die Bauplätze genügende Tiefe besitzen müssen, um eine spätere Ausdehnung des Betriebes ohne teueren

Grunderwerb zu sichern. Auch spielt hier die Lage an Hauptverkehrsstraßen, in der Nähe der Bahn oder einer Wasserstraße eine Rolle. Ferner ist der Landanspruch für den wohlhabenden Mann größer als bei dem Mittelstand oder bei der Arbeiterschaft. Besondere Viertel für industrielle oder sonstige Zwecke, gesunde Arbeitervorstädte und Ansiedelungen mit offener Bauweise sind Fragen, die bei einer Stadterweiterung mit anschließender Baulandsumlegung aufgeworfen werden müssen. Bevor eine Stadtverwaltung an den Ausbau der Straßen herantritt, ist es aus all diesen Gründen nötig, die Zersplitterung des zukünftigen Stadterweiterungsgebietes aufzuheben, denn eine geordnete Bebauung kann nur dann eintreten, wenn die Grundstücke in enger Beziehung zur Straße stehen und jederzeit baureif sind. Ein großer Vorteil für den beteiligten Grundbesitzer bei der Baulandsumlegung liegt in der Regelung des Beitrags für Wege, Plätze und sonstige Anlagen, die im Interesse einer Stadt nötig sind. Wenn nach unserer jetzigen Bauordnung ein Baulustiger ein Gebäude oder sonstige bauliche Anlage errichten will, so hat er, bevor er die Bauerlaubnis erhält, die Verpflichtung zu übernehmen, die in die Straße auf seine Gebäudefront entfallende Fläche an die Stadtgemeinde schulden- und lastenfrei aufzulassen, oder in solchen Fällen, in denen die Stadt den Boden früher käuflich erworben hatte, der Verwaltung die vorher aufgewandte Geldentschädigung zurückzuerstatten. Diese Bauvorschrift ist schon oft die Veranlassung gewesen, daß eingereichte Baugesuche nicht zur Vollendung kamen. Die Verteilung des Beitrags für Straßenland und Freiflächen erfolgt dagegen bei der Baulandsumlegung in zufriedenstellender Weise. Die nach dem Fluchtlinienplan für die Offenlegung der Straßen erforderliche Fläche wird von dem Gesamtinhalt des Umlegungsgebietes abgezogen und der Anteil eines jeden Blockgenossen zum Weg in der Regel prozentual unter Berücksichtigung der eingeworfenen Umlegungsfläche verteilt. Sind die Wegeverhältnisse auf diese Weise geordnet worden, so wird auch das lästige Enteignungsverfahren hinfällig. Dieses Verfahren hat sehr viel Nachteile in sich. Die für die enteigneten Flächen festgesetzten Entschädigungssummen durch die Gerichte stellen bei der noch bestehenden Unsicherheit im Taxwesen weder den Enteigner noch den Enteigneten zufrieden. Ferner lehrt die Praxis, daß nach Enteignungen die Grundstücke von Besitzern, die durch die Enteignung selbst nicht betroffen werden, jedoch neben einer enteigneten Straße liegen, im Preise bedeutend im Taxwerte stiegen. In solchen Fällen wirkt das Umlegungsverfahren im Sinne bodensozialer Gerechtigkeit.

Die Bedeutung des Umlegungsverfahrens zeigt sich bei der vorgesehenen Aenderung des Fluchtliniengesetzes. Um die Bautätigkeit nicht zu beschränken, sollen Bauerleichterungen geschaffen werden. Bisher konnten nur an ausgebauten Straßen Gebäude errichtet werden. Das neue preußische Wohnungsgesetz will diesen Brauch durchbrechen und auch die Erbauung von Gebäuden an nicht ausgebauten Straßen gestatten, jedoch soll die Baupolizei die Festsetzung von Fluchtlinien verlangen können. Es wird also in Zukunft leichter als bisher sein, sich in der Umgebung der Stadt anzusiedeln und zwar da, wo das Gelände nicht in das eigentliche Stadtbaugebiet fällt. Aber es kann in solchen Fällen die Festsetzung von Fluchtlinien verlangt werden, und es wird wohl von der Baupolizei selten eine Ausnahme erfolgen. Dies kann aber um so leichter geschehen, wenn das Gelände zusammengelegt ist, da die Verbindung des Landes mit der Stadt durch das Wegenetz herbeigeführt ist. Bei dieser Entwicklung zur Landhausiedelung besteht ein innerer Zusammenhang zwischen der Baulandsumlegung und der Zusammenlegung ländlicher Besitzungen.

Baulandsumlegungen können ohne gesetzliche Eingriffe zustande kommen, wenn es gelingt, sämtliche Interessenten innerhalb eines oder mehrere Baublöcke von dieser bautechnischen Maßnahme zu überzeugen. Dies zu erreichen, ist gewöhnlich äußerst schwer. Die Fälle, in denen man auf diese Weise Bauland umlegte, sind sehr selten, da Eigensinn und Uebelwollen wohl nie zu beseitigende Charaktereigenschaften sind. Wenn ein solcher Vorschlag zur Regulierung der Eigentumsverhältnisse im Wege der katastermäßigen Fortschreibung nicht erfolgen kann, so führt nur noch Zwang zum Ziel. Wie soll nun eine gesetzliche Handhabe geschaffen werden, um Widerstände von Sonderinteressenten zu überwinden? In dieser Beziehung haben sich zwei Verfahren durchaus bewährt. Die Umlegungen nach den Bestimmungen der zuständigen Generalkommissionen, deren ausführende Organe die Spezialkommissionen sind, oder nach der lex Adickes. Das Wohnungsgesetz will die lex Adickes auf alle Orte über 10 000 Einwohner ausdehnen. Ob eine so weit gehende Ausdehnung zweckmäßig sein wird, ist noch nicht vorauszusehen und es werden auch Stimmen laut, die sich dagegen aussprechen. Bei der lex Adickes ist in Betracht zu ziehen, daß ihre Einführung nur nötig ist, wo die Entwickelung rapid vorschreitet und die Umgebung einer Stadt ihren ländlichen Charakter verloren hat. Die in verschiedenen Städten, Industriegemeinden und Villenorten nach dem preußischen Zusammenlegungsverfahren ausgeführten Baulandsumlegungen unter Berücksichtigung von Fluchtlinienplänen haben sich aber durchaus bewährt und auch keine Veranlassung zu Beschwerden gegeben.

Der Hauptvorteil für eine Gemeinde, nach der lex Adickes Umlegungen auszuführen, liegt darin, daß das Selbstverwaltungsrecht der Stadtverwaltung eine Erweiterung erfährt. Nach der lex Adickes werden Einwendungen gegen den Umlegungsplan durch Verhandlungen vor dem Magistrat oder, falls eine gütliche Einigung nicht erfolgt, vor dem Bezirksausschuß erledigt, während bei dem staatlichen Verfahren Beanstandungen durch die Spezialkommissionen bezw. durch die Generalkommission in Beschwerdefällen ihre Erledigung finden. Für die Ausführung der Umlegungen durch die Generalkommissionen spricht, daß sie bei der Aufstellung des Wegenetzes auch das an die Stadterweiterung grenzende Landgebiet berücksichtigen, was für kleinere Städte von nicht zu unterschätzender Bedeutung ist. Um im Interesse der Fortentwickelung einer Stadt unter Erwägung solcher Dinge eine Einigung zwischen Staat und Stadt herbeizuführen, würde es zweckmäßig sein, wenn beide Behörden zusammenarbeiten würden, um Ersprießliches für das Gemeinwohl zu schaffen. In vielen Städten bestehen Vermessungsämter. Von diesen Stadtvermessungsämtern wären die technischen Arbeiten für die Baulandsumlegungen auszuführen. Bevor die eigentliche Verteilung der neuen Baugrundstücke erfolgt, würde der Fluchtlinienplan den Generalkommissionen vorzulegen sein, die entweder gegen den Fluchtlinienplan Einwendungen erheben oder ihn gutheißen, und die dann gleichzeitig ein Wegenetz für die ländliche Gemarkung aufstellen, nach dem eine spätere Zusammenlegung ländlicher Grundstücke erfolgen müßte. Findet nicht gleichzeitig mit der Baulandsumlegung die Zusammenlegung der ländlichen Grundstücke durch die Spezialkommissionen statt, so muß der Stadtverwaltung ein Einspruchsrecht für die Zukunft zustehen. Dieses Zusammenarbeiten von Staat und Gemeinde wird wohl bei der Einführung der lex Adickes für kleinere Orte nicht zu umgehen sein, und es liegt hier der Gedanke nahe, die lex Adickes in mancher Beziehung einer Durcharbeit und Umgestaltung zu unterziehen.

Wenn Gemeinden zur Schaffung von umgelegtem Baugelände drängen, so geschieht dies aus dem Grunde, daß man durch Schwierigkeiten, die sich bei Erweiterung einer Stadt zeigten, die Ueberzeugung gewinnt, eine Neuformierung des Bodens zum Wohle der Gesamtheit herbeizuführen. Die Erschließung von Baugelände ist deshalb so wichtig, weil sie ein Mittel darstellt, um durch freie Konkurrenz die künstliche Bildung von hohen Bodenpreisen zu verhüten, da für die Zukunft immer ein starkes Angebot von Grundstücken auf dem Grundstücksmarkte vorhanden sein wird. Bei der Stadterweiterung handelt es sich aber nicht allein um gesundheitliche Fragen, sondern auch wirtschaftliche Gründe sind ausschlaggebend.

VOLKSWIRTSCHAFT

Konsumvereine

Bei der Beratung des Etats des Reichsamts des Innern präzisierte Staatssekretär Delbrück auch die Haltung der Regierung zur Beteiligung von Beamten an Konsumvereinen. Er führte am 28. Januar im Reichstag aus:

„Ich will auf das Gebiet der Konsumvereine im einzelnen nicht eingehen. Die Frage ist sehr schwierig. Man kann, wenn man auf der einen Seite Genossenschaften für das Handwerk fördert, sogar mit öffentlichen Geldmitteln unterstützt, nicht Genossenschaften für andere Leute zugunsten des Handwerks verbieten. Ich bin aber der Ansicht, daß die Betätigung von Beamten in Konsumvereinen unter allen Umständen auf diejenigen Fälle beschränkt werden muß, wo eine solche Betätigung im Interesse der Sache aus sozialpolitischen oder sonstigen Gründen notwendig ist. Ich bin auch der Ansicht, daß die Betätigung von Beamten gegen Honorar in den Konsumvereinen und anderen Genossenschaften auf diejenigen Fälle beschränkt werden soll, wo es absolut notwendig ist, um die Genossenschaft überhaupt betriebs- und lebensfähig zu erhalten. Hier im Wege der Gesetzgebung einzugreifen, halte ich, soweit ich die Dinge übersehen kann, für ausgeschlossen."

Es ist erfreulich, daß der Staatssekretär die Zumutung, auf gesetzlichem Wege den Beamten die Zugehörigkeit zu Konsumvereinen zu untersagen, ablehnt; aber aus den Worten geht leider hervor, daß die Beamten auch in dieser Frage von der Meinung der Vorgesetzten abhängig sein sollen. Als Staatsbürger sind die Beamten mündig genug, um darüber selbst zu entscheiden, ob ein konsumgenossenschaftlicher Zusammenschluß für sie Vorteile bringt und ob er aus „sozialpolitischen" Gründen nötig ist. Gerade über die „sozialpolitischen" Gründe werden die Ansichten auseinandergehen, da unsere offizielle Sozialpolitik leider noch nichts von dem Geiste atmet, den in der Frage der Konsumvereine die Wissenschaft vertritt. Im Februarheft der „Jahrbücher für Nationalökonomie und Statistik", die von Dr. Conrad herausgegeben werden, lesen wir z. B.:

„Wenn man gegen die Genossenschaftsbewegung eingewendet hat, daß dadurch Händler, Gewerbetreibende in ihrer Tätigkeit benachteiligt und in ihrer Zahl beschränkt werden würden, so müssen wir uns dagegen mit der allerdings harten, aber unausbleiblichen Bemerkung wenden, daß nur soviel Erwerbstätige eine volkswirtschaftliche Berechtigung haben, als sie mehr leisten, als es die Konsumenten selbst vermögen, und daß es das Recht der Konsumenten wie Produzenten ist, jede Tätigkeit selbst in die Hand zu nehmen, die sie ebensogut und mit demselben wirtschaftlichen Erfolg ausführen können, wie besondere Gewerbetreibende und Händler. Die sogenannte Mittelstandspolitik, die Gewerbetreibende in ihrer bisherigen Zahl erhalten will, nur um den gegenwärtigen Mittelstand in seinem bisherigen Umfang aufrechtzuerhalten, scheint uns über das richtige Ziel hinauszugehen und Unerreichbares zu erstreben. Alle prinzipiellen Einwendungen gegen die Viehverwertungsgenossenschaften, Zucht- und Mastgenossenschaften usw. sind ebenso unhaltbar wie die gegen die Konsumvereine. Es ist daher allein die Frage zu erörtern, ob sie in der Tat mehr zu leisten vermögen als die bisherigen Gewerbebetriebe oder im einzelnen Falle hervorgetretenen Schäden entgegenwirken können und außerdem, welche Verallgemeinerung diese erfahren können, ohne nach anderer Richtung hin nachteilig zu wirken."

*

Wohnungsaufsicht in Magdeburg

Wie die meisten modernen Großstädte hat Magdeburg ein städtisches Wohnungsamt, dessen Tätigkeit mit dem 1. Januar 1913 begann.

In einer Denkschrift an die Stadtverordneten-Versammlung über die Anstellung einer Wohnungspflegerin wird die Tätigkeit des Wohnungspflegers (Mittelschultechnikers) in den ersten zehn Monaten eingehend beleuchtet.

Aus dem Tätigkeitsbericht ist zu entnehmen, daß sämtliche Wohnungen, ob klein oder groß, der Aufsicht unterstehen.

Die Besichtigungen betrafen:

	Häuser	Vorderwohn.		Hinterwohn.	=	Räume
ordentliche Besichtigungen	305	1531		642		8481
außerordentliche Besichtigungen	63	103		73		704
Sa.	368	1634	+	715		9185
		2349 Wohnungen.				

Beanstandet sind insgesamt 54,9% = 202 Häuser mit insgesamt 477 Mängeln, 12,6% = 295 Wohnungen mit insgesamt 317 Mängeln. Die höchste Mängelzahl in einem Hause betrug 14, die in einer Wohnung 3. Bei den Beanstandungen wurden unterschieden Hausmängel, deren Beseitigung dem Besitzer obliegt und Wohnungsmängel, bei denen ein Verschulden des Wohnungsinhabers vorliegt.

Aus den Wohnungsmängeln werden besonders die hervorgehoben, die durch Halten von Schlafgängern, Ueberfüllungen und andere sittliche Gefahren entstehen.

Trotz der kurzen Zeit ihres Bestehens und der Neuheit der Einrichtung sind erhebliche Widerstände seitens der Bevölkerung nicht zu verzeichnen gewesen; es wurden im Gegenteil dem Wohnungspfleger willig die Türen geöffnet. Auch wurde in vielen Fällen die Erfahrung gemacht, daß bei fortschreitender, systematischer Besichtigung mehr und mehr das Verständnis der Beteiligten für die Forderungen des Wohnungsamtes wuchs und infolgedessen die Bereitwilligkeit zur Beseitigung festgestellter Mängel erhöhte.

In der sich anschließenden Beratung in der Stadtverordneten-Versammlung betonten sowohl der Referent des Antrages zur Anstellung einer Wohnungspflegerin als auch die folgenden Debatteredner, daß die Wohnungsaufsicht sich sehr gut eingeführt habe, wobei mehrfach die Tätigkeit des Wohnungspflegers besonders rühmend hervorgehoben wurde. Obgleich die Arbeiten bedeutend angewachsen und weitere Hilfskräfte notwendig sind, war keine nennenswerte Bereitwilligkeit für eine Vergrößerung der Beamtenzahl vorhanden, am allerwenigsten aber für die Anstellung einer Frau. Nur dem prinzipiellen Beschluß bei der Zustimmung zur Einrichtung eines Wohnungsamtes, neben dem Wohnungspfleger nach gegebener Zeit eine Wohnungspflegerin anzustellen, haben die Frauen es zu verdanken, daß statt eines Mannes eine Frau zur Anstellung kam.

*

Neuerungen im Verdingungswesen

Die Hauptstelle für das Verdingungswesen ist nach monatelangen Vorberatungen der interessierten Gruppen nunmehr endgültig beschlossen worden. Es werden sich ihr nach der „Soz. Praxis" zunächst anschließen: der Allgemeine Verband der auf Selbsthilfe beruhenden Erwerbs- und Wirtschafts-Genossenschaften (Berlin), der Hauptverband deutscher gewerblicher Genossenschaften (Berlin), der Verband deutscher Gewerbevereine und Handwerkervereinigungen (Darmstadt), der Zentralausschuß der vereinigten Innungsverbände (Berlin) und der Deutsche Werkbund (Berlin). Diese Verbände erkennen die vom Handwerks- und Gewerbekammertag errichtete Hauptstelle für Verdingungswesen als gemeinsame Sammelstelle für alle Reformbestrebungen auf dem Gebiete des Submissionswesens an. Die Verbände werden auch die Einrichtung mit Geld unterstützen, rechnen aber auf Zuschüsse der Reichsregierung, die der Staatssekretär bekanntlich früher schon versprochen hat. Als Aufgaben der neuen Hauptstelle kommen in [illegible] Listen über alle zur Uebernahme öffentlicher Arbeiten geeigneten Genossenschaften, Innungen und freien Vereinigungen sowie Sammlung, Sichtung und Bekanntgabe aller von Behörden zu vergebenden Arbeiten. Um den verschiedenen Organisationen die für die Beteiligung an öffentlichen Lieferungen notwendige Rechts- und Kreditfähigkeit zu verschaffen, wird die Zentralstelle ferner auf Bildung von Genossenschaften hinwirken und dabei behilflich sein. Sie wird auch, wo größere Geldmittel zur Uebernahme einer Arbeit erforderlich sind, für die Vermittlung von Darlehen besorgt sein. Für ein fruchtbares Arbeiten des neuen Amts ist es von Wichtigkeit, daß gerade jetzt das Reichsgericht den Zusammenschluß zu Submissionskartellen als berechtigte Selbsthilfemaßnahme des soliden Handwerks erklärt hat.

*

Staatliche Kraftwerke für die Berliner Stadtbahn

Die preußische Staatsregierung hatte bekanntlich zuerst beabsichtigt, die elektrische Energie für die Berliner Stadt-, Ring- und Vorortbahnen auf Grund eines 30jährigen Stromlieferungsvertrages von Privatunternehmern zu beziehen. Der Widerspruch, der sich im Abgeordnetenhaus hiergegen erhob, veranlaßte sie jedoch, davon abzusehen und die Frage der Eigenerzeugung der elektrischen Energie zu prüfen. Sie scheint jetzt geklärt zu sein. Wie aus der dem Abgeordnetenhause vor kurzem zugegangenen Uebersicht der Entschließungen der Königl. Staatsregierung auf Beschlüsse des Hauses der Abgeordneten aus der 21. Legislaturperiode hervorgeht, ist die Regierung nunmehr der Ansicht, daß die Anlage staatlicher Kraftwerke sogar mit Ersparnissen an den Kosten der Stromgewinnung verbunden sein würde. Dieses Zugeständnis ist außerordentlich lehrreich. Gibt es doch denjenigen recht, die von Anfang an die Meinung vertraten, daß der Staat die Energie ebenso billig wie Privatunternehmer erzeugen könne. Das gleiche gilt natürlich auch für andere öffentliche Verwaltungen, z. B. größere Gemeinden und Gemeindeverbände, welche vor der Frage stehen, ob sie die Energieversorgung ihres Gebietes selbst in die Hand nehmen oder Privatunternehmern übertragen sollen.

SOZIALPOLITIK

Arbeitslosenversicherung in Bayern

Mit knapper Mehrheit ist am 12. März die Regierungsvorlage auf Einführung eines staatlichen Zuschusses zur gemeindlichen Arbeitslosenversicherung im bayerischen Landtage angenommen worden. Es stimmten für die Vorlage nur die Parteien der Linken und ein kleiner Teil des Zentrums. Die bäuerlichen Mitglieder des Zentrums und die rein agrarischen Abgeordneten stimmten gegen die Vorlage, weil sie von ihr die Förderung der Landflucht befürchteten. Sie ließen sich auch nicht von dem ihnen politisch so nahestehenden Minister des Innern, Freiherrn von Soden, überzeugen, der von den in der Vorlage vorgesehenen Kautelen gerade das Gegenteil erwartete.

In der Tat enthält die Denkschrift außerordentlich viel Vorsichtsmaßregeln, die alle von der Furcht diktiert worden sind, die Angestelltenversicherung könnte den gewerkschaftlichen Organisationen in irgendeiner Weise zugute kommen. Mit Recht konnte in der Debatte darauf hingewiesen werden, die Vorlage erwecke den Eindruck, als ob die Gewerkschaften anders behandelt werden als sonstige Interessenorganisationen, wenn sie Staatszuschüsse erhalten.

Nach dem Gesetz sind 75 000 M, also für die ganze Budgetperiode 150 000 M für die Gewährung staatlicher Zuschüsse zu den gemeindlichen Arbeitslosenversicherungen bereitgestellt. Ein bestimmtes System ist nicht festgelegt worden, die Gemeinden haben vielmehr die Freiheit, den für sie geeigneten Weg selbst zu suchen.

Trotz der vielen Einwände, die man gegen das Gesetz erheben kann, muß man es doch als erfreulich bezeichnen, daß ein deutscher Bundesstaat den ersten Schritt auf dem Wege der Arbeitslosenversicherung getan hat. Dem ersten schüchternen Versuch werden weitere folgen.

*

Die Arbeitslosenfürsorge der Stadt Berlin

Am 12. Februar 1914 kam im Roten Hause zu Berlin endlich die Beratung des von den Stadtverordneten Dr. Arons und Genossen (Soz.) am 11. Dezember 1913 eingebrachte Antrag: „Die Versammlung wolle beschließen, den Magistrat zu ersuchen, ohne Verzug 500 000 M zur Unterstützung der Arbeitslosen zur Verfügung zu stellen“ zum endgültigen Abschluß. Er war zuerst einer Kommission überwiesen worden, deren Berichterstatter der Stadtverordnete Sonnenfeld von der Alten Linken war. Diese Kommission hatte sich schließlich auf folgenden Beschluß geeinigt:

„Die Versammlung lehnt den Antrag Dr. Arons ab. Sie ermächtigt jedoch den Magistrat, aus dem Etat der offenen Armenpflege 300 000 Mark zur Gewährung von unverzinslichen Darlehen an Personen, welche infolge des wirtschaftlichen Niederganges in vorübergehende Not geraten sind, zu verwenden. Voraussetzung der Bewilligung der Darlehen ist ein einjähriger Aufenthalt in Berlin. Sie sollen in der Regel nur verheirateten und solchen anderen Personen gewährt werden, welche eine Familie zu unterhalten haben und fortlaufende Armenunterstützung nicht beziehen. Der Betrag der Darlehen, welche an eine Person gegeben werden, darf 40 M im Gesamtbetrage nicht übersteigen. Wegen der Rückzahlung der Darlehen sind angemessene Fristen zu vereinbaren. Die weitere Ausführung dieses Beschlusses wird der gemischten Deputation zur Beratung von Maßregeln zur Bekämpfung der Arbeitslosigkeit übertragen.

Ferner ersucht die Versammlung den Magistrat, die Verwaltung der städtischen Rieselgüter zu beauftragen, einerseits Arbeitslose gegen den ortsüblichen Tagelohn in möglichst großem Umfange zu beschäftigen, anderseits einen Organisationsplan in bezug auf die Kolonisation städtischer Oedländereien vorzubereiten, nach welchem in Zeiten von Arbeitslosigkeit Arbeitslose in größerem Umfange als bisher auch in diesem Geschäftszweige der städtischen Verwaltung Beschäftigung finden können.“

Die diesem Antrag folgende Diskussion eröffnete der Stadtverordnete Dühring von der Freien Fraktion, der im Namen seiner Parteifreunde jegliche Mittel zur Linderung der Not der Arbeitslosen ablehnte. Selbst die vom Ausschuß vorgeschlagene Form der Kreditgewährung erregte sein Bedenken, da die Summe von 40 M pro Kopf „nicht ausreichend sei, um den vorhandenen Notstand zu heben“. Auch glaubt er, daß die Folge dieses Schrittes ein weiterer Zuzug nach Berlin sei, und verlangt zur Linderung der vorhandenen Not eine möglichst weite Ausübung der Armenunterstützung. Diesen Ausführungen widersprachen sämtliche Diskussionsredner, die die vorgeschlagene Form als angemessen erachten. Selbst der Redner der Sozialdemokraten, Dupont, gab sich mit der Kommissionsfassung zufrieden, allerdings unter dem Hinweis, daß trotz alledem die kommunale Arbeitslosenversicherung bis zur Einführung einer reichsgesetzlichen Regelung das Endziel bleiben werde. Bei der Abstimmung wurde sodann des Ausschußantrag mit großer Majorität angenommen und die geforderten 300 000 M bewilligt.

Auch der zweite Teil des Antrages, Arbeitslose gegen den ortsüblichen Tagelohn zu beschäftigen und die Kolonisation städtischer Oedländereien in Angriff zu nehmen, fand den Beifall der Stadtverordneten. Bedauerlicherweise konnte ein weiterer Antrag des Magistrates, dem Verein für innere Kolonisation ein Darlehen von 100 000 Mark zu gewähren, nicht mehr zur Verhandlung gelangen, da die Versammlung beschlußunfähig war. Für dieses Darlehen wollte der Verein die Verpflichtung übernehmen, ein Jahr hindurch ständig 200 Arbeitslose auf seinen Kulturstätten zu beschäftigen.

ANGESTELLTENFRAGEN

Die Konkurrenzklauselkommission des Reichstages

hat nunmehr ihre Beratungen beendet und dem Plenum folgende Beschlüsse unterbreitet:

„§ 74. Eine Vereinbarung zwischen dem Prinzipal und dem Handlungsgehilfen, die den Gehilfen für die Zeit nach Beendigung des Dienstverhältnisses in seiner gewerblichen Tätigkeit beschränkt (Wettbewerbsverbot), bedarf bei der Schriftform und der Aushändigung einer vom Prinzipal unterzeichneten, die vereinbarten Bestimmungen enthaltende Urkunde an den Gehilfen. Das Wettbewerbsverbot ist nur verbindlich, wenn sich der Prinzipal verpflichtet, für die Dauer des Verbots eine Entschädigung zu zahlen, die für jedes Jahr des Verbots mindestens die Hälfte der von dem Handlungsgehilfen zuletzt bezogenen vertragsmäßigen Leistungen erreicht.“

„§ 74a. Das Wettbewerbsverbot ist insoweit unverbindlich, als es nicht zum Schutze eines berechtigten geschäftlichen Interesses des Prinzipals dient. Es ist ferner unverbindlich, soweit es unter Berücksichtigung der gewährten Entschädigung nach Ort, Zeit oder Gegenstand eine unbillige Erschwerung des Fortkommens des Gehilfen enthält. Das Verbot kann nicht auf einen Zeitraum von mehr als zwei Jahren von der Beendigung des Dienstverhältnisses an erstreckt werden. Das Verbot ist nichtig, wenn die dem Gehilfen zustehenden jährlichen vertragsmäßigen Leistungen den Betrag von achtzehnhundert Mark nicht übersteigen. Das gleiche gilt, wenn der Gehilfe zur Zeit des Abschlusses minderjährig ist, oder wenn sich der Prinzipal die Erfüllung auf Ehrenwort oder unter ähnlichen Versicherungen versprechen läßt. Nichtig ist auch die Vereinbarung, durch die ein Dritter an Stelle des Gehilfen die Verpflichtung übernimmt, daß sich der Gehilfe nach der Beendigung des Dienstverhältnisses in seiner gewerblichen Tätigkeit beschränken werde. Unberührt bleiben die Vorschriften des § 138 des Bürgerlichen Gesetzbuches über die Nichtigkeit von Rechtsgeschäften, die gegen die guten Sitten verstoßen.“

„§ 74c. Der Handlungsgehilfe muß sich auf die fällige Entschädigung anrechnen lassen, was er während des Zeitraums, für den die Entschädigung gezahlt wird, durch anderweite Verwertung seiner Arbeitskraft erwirbt oder zu erwerben böswillig unterläßt, soweit die Entschädigung unter Hinzurechnung dieses Vertrages den Betrag der zuletzt von ihm bezogenen vertragsmäßigen Leistungen um mehr als ein Zehntel übersteigen würde. Ist der Gehilfe durch Wettbewerbverbot gezwungen worden, seinen Wohnsitz zu verlegen, so tritt an die Stelle des Betrags von einem Zehntel der Betrag von einem Viertel. Für die Dauer der Verbüßung einer Freiheitsstrafe kann der Gehilfe eine Entschädigung nicht verlangen. Der Gehilfe ist verpflichtet, dem Prinzipal auf Erfordern über die Höhe seines Erwerbes Auskunft zu erteilen.“

„§ 75. Löst der Gehilfe das Dienstverhältnis gemäß den Vorschriften der §§ 70, 71 wegen vertragswidrigen Verhaltens des Prinzipals auf, so wird das Wettbewerbsverbot unwirksam, wenn der Gehilfe vor Ablauf eines Monats nach der Kündigung schriftlich erklärt, daß er sich an die Vereinbarung nicht gebunden erachte. In gleicher Weise wird das Wettbewerbverbot unwirksam, wenn der Prinzipal das Dienstverhältnis kündigt, es sei denn, daß für die Kündigung ein erheblicher Anlaß in der Person des Gehilfen vorliegt oder daß sich der Prinzipal bei der Kündigung bereit erklärt, während der Dauer der Beschränkung dem Gehilfen die vollen zuletzt von ihm bezogenen vertragsmäßigen Leistungen zu gewähren.“

„§ 75a. Der Prinzipal kann vor der Beendigung des Dienstverhältnisses durch schriftliche Erklärung auf das Wettbewerbverbot mit der Wirkung verzichten, daß er mit dem Ablauf eines Jahres seit der Erklärung von der Verpflichtung zur Zahlung der Entschädigung frei wird.“

„§ 75c. Hat der Handlungsgehilfe für den Fall, daß er die in der Vereinbarung übernommene Verpflichtung nicht erfüllt, eine Strafe versprochen, so kann der Prinzipal nur die verwirkte Strafe verlangen; der Anspruch auf Erfüllung oder auf Ersatz eines weiteren Schadens ist ausgeschlossen. Die Vorschriften des Bürgerlichen Gesetzbuchs über die Herabsetzung einer unverhältnismäßig hohen Vertragsstrafe bleiben unberührt.“

Als neue Bestimmung hat die Kommission folgendes in den Entwurf aufgenommen:

„Auf eine Vereinbarung, durch die sich ein Prinzipal einem anderen Prinzipal gegenüber verpflichtet, einen Handlungsgehilfen, der bei diesem in Dienst ist oder gewesen ist, nicht oder nur unter bestimmten Voraussetzungen anzustellen, findet die Vorschrift des § 152 Absatz 2*) der Gewerbeordnung Anwendung. Auf Wettbewerbsverbote gegenüber Personen, die, ohne als Lehrlinge angenommen zu sein, zum Zwecke ihrer Ausbildung unentgeltlich mit kaufmännischen Diensten beschäftigt werden (Volontäre), finden die für Handlungsgehilfen geltenden Vorschriften insoweit Anwendung, als sie nicht auf das dem Gehilfen zustehende Entgelt Bezug nehmen. Die neuen Vorschriften finden, abgesehen von den Formvorschriften des § 74 Satz 1, auch auf die vorher vereinbarten Wettbewerbsverbote Anwendung. Ein Wettbewerbsverbot, das nach den neuen Vorschriften unverbindlich ist, weil eine dem § 74 Satz 2 entsprechende Entschädigung nicht vereinbart ist, oder die dem Gehilfen zustehenden vertragsmäßigen Leistungen den Betrag von achtzehnhundert Mark für das Jahr nicht übersteigen, bleibt verbindlich, falls sich der Prinzipal vor dem Ablauf von drei Monaten seit dem Inkrafttreten des Gesetzes schriftlich erbietet, die vorgeschriebene Entschädigung zu zahlen, sowie die dem Gehilfen zustehenden vertragsmäßigen Leistungen auf mehr als achtzehnhundert Mark für das Jahr zu erhöhen."

Die Kommission beantragt schließlich die Annahme folgender Resolutionen:

„Die verbündeten Regierungen zu ersuchen, einen Gesetzentwurf vorzulegen, der für Angestellte und Arbeiter die Unpfändbarkeit des Arbeitslohnes erweitert und einen weiteren Gesetzentwurf zu unterbreiten, durch welchen das Gebiet des Wettbewerbsverbotes für diejenigen Angestellten und Arbeiter geregelt wird, auf welche das Konkurrenzklauselgesetz keine Anwendung findet."

Es ist herzlich wenig, was dieser Gesetzentwurf in der vorliegenden Kommissionsfassung den Handlungsgehilfen bringt, so wenig, daß es das beste wäre, es verschwände bei der Plenarberatung in der Versenkung. Die unhaltbaren Zustände, die sich unter der Wirkung des gegenwärtigen Gesetzes herausgebildet haben, und von denen wir im vorigen Heft und auch in diesem zwei krasse Beispiele bringen konnten, würden in kurzer Zeit die Regierungen dazu zwingen, ein besseres Gesetz vorzulegen.

Die von der Kommission angenommene Resolution, daß die Regierungen einen Gesetzentwurf zur Regelung der Konkurrenzklauselfrage für die übrigen Angestellten vorlegen sollen, ist vor allem auf das Eingreifen der Technikerorganisationen zurückzuführen, bedeutet aber herzlich wenig. Bei unserem gegenwärtigen sozialpolitischen Kurse können wir uns keine Hoffnung machen, daß man unsere gerechten Forderungen erfüllt.

Erfreulich ist die Entschließung der Kommission, die die Heraufsetzung der Pfändungsgrenze fordert. Hoffentlich rafft sich die Regierung wenigstens zur Erfüllung dieser selbstverständlichen Forderung auf.

---

*) § 152, Abs. 2 G.-O.: „Jedem Teilnehmer steht der Rücktritt von solchen Vereinigungen und Verabredungen frei, und es findet aus letzteren weder Klage noch Einrede statt."

*

Eine Woche Haft für Uebertretung der Konkurrenzklausel

und zwar verhängt von einem Kaufmannsgericht, das ist das neueste von den vielen unserem Rechtsempfinden widersprechenden Urteilen, die unter dem geltenden Konkurrenzklauselrecht zustande kommen konnten. Der Akquisiteur einer Wach- und Schließgesellschaft hatte bei seinem Ausscheiden aus dem Betriebe der klägerischen Gesellschaft kein Hehl daraus gemacht, daß ihm als Familienvater nichts anderes übrigbleibe, als in dem Fache weiterzuarbeiten, in welchem er eingearbeitet sei. Die Feststellungsklage der Gesellschaft wurde seinerzeit vom Kaufmannsgericht abgewiesen, weil die Konkurrenzklausel als sittenwidrig erachtet wurde, das Landgericht hob aber das Urteil auf und stellte fest, daß das Konkurrenzverbot gültig sei. Nunmehr beantragte die klägerische Gesellschaft die Androhung einer Strafe für den Fall der Uebertretung, und das Kaufmannsgericht gab dem Antrage auch statt, indem es dem Beklagten eine Haftstrafe von einer Woche für jeden Fall der Uebertretung androhte. Inzwischen hatte die Gesellschaft erfahren, daß der Beklagte trotz der Strafandrohung für Konkurrenzunternehmungen Aufträge vermittelt. Sie beantragte in der jetzigen Verhandlung, daß das Kaufmannsgericht wegen Uebertretung in einem Falle auf die Strafe erkennen möge. Sie könne zahlreiche Uebertretungen nachweisen, da es der Gesellschaft aber nur auf das Prinzip ankomme, so genüge ihr der eine Fall, damit ein Exempel statuiert werde. Die Uebertretung der Konkurrenzklausel wurde in der Beweisaufnahme bestätigt. Nach langer Beratung verkündete der Vorsitzende, Magistratsassessor Dr. Hentschel, folgenden Beschluß: Der Beklagte Z. wird zu einer Woche Haft verurteilt. Nachdem das Landgericht durch rechtskräftig gewordenes Urteil das Konkurrenzverbot als zu recht bestehend anerkannt hat, blieb dem Kaufmannsgericht in dem Rechtsstreit nur noch die Rolle der Vollstreckungsinstanz.

BEAMTENFRAGEN

Residenzpflicht der Beamten und Lehrer

Die Gemeindekommission des preußischen Abgeordnetenhauses beriet am 11. März 1914 eine von den vereinigten Beamten- und Lehrervereinen Berlins an das Abgeordnetenhaus gerichtete Petition über das Auswärtswohnen der Gemeindebeamten, deren Inhalt wir bereits in Heft 49/1913 wiedergegeben hatten. Im Jahre 1912 war eine ähnliche Petition der Regierung als Material überwiesen worden. Die vorliegende Petition wurde ihr zur Berücksichtigung überwiesen. Das ist ein kleiner Fortschritt, wenn auch nach der Haltung des Regierungsvertreters wenig Hoffnung darauf vorhanden ist, daß die veralteten Bestimmungen des Landrechts einer Revision unterzogen werden. Der Regierungskommissar hielt es für ausgeschlossen, daß eine einheitliche Regelung in der Frage der Residenzpflicht getroffen werden könne; eine lex specialis wegen der Berliner Verhältnisse sei aber nicht angängig.

Es ist bedauerlich, daß die Regierung um den Kern der Sache herumging. Daß die Behörden berechtigt sein müssen, den Beamten Vorschriften über ihren Wohnort zu machen, wenn es Gründe des Dienstes erfordern, bestreitet niemand. Der Widerspruch der Beamten richtet sich nur dagegen, daß die „Residenzpflicht" aus fiskalischen Gründen durchgeführt wird. Die Staatsbehörden handhaben die Bestimmungen über die Residenzpflicht viel weitherziger als die Berliner Kommune, die nur aus steuerpolitischem Interesse auf ihrem rigorosen Standpunkt verharrt.

*

Geringes Verständnis für die Lage der Stellungslosen

verraten eine Reihe von Kommunalverwaltungen dadurch, daß sie die Antworten auf Bewerbungsschreiben unfrankiert absenden. Soviel uns bekannt, sind die Behörden gehalten, derartige Antwortschreiben zu frankieren und nicht als portopflichtige Dienstsache zu behandeln. Die Stellungslosen müssen schon soviel an Porto für ihre Bewerbungsschreiben ausgeben, daß es im sozialen Interesse nur zu wünschen wäre, daß die Behörden die für sie verhältnismäßig geringen, für die Bewerber aber recht drückenden Kosten tragen. Welche Unsummen von Stellungslosen für die Erlangung einer neuen Stellung ausgegeben werden, hat erst kürzlich unsere Arbeitslosenzählung gezeigt.

STANDESFRAGEN

Die gewerbmäßige Ausbildung von Zeichnerinnen

für den technischen Beruf scheinen sich geschäftstüchtige Unternehmer neuerdings in zunehmendem Maße zur Lebensaufgabe zu machen. Kaum hat in Essen, wie wir in Heft 7 berichteten, ein gewisser Forsthoff ein Privatunternehmen zur Ausbildung von Zeichnerinnen für Eisenbahn- und sonstige Behörden gegründet, so ist ihm, ebenfalls im Westen des Deutschen Reiches, durch Herrn Jos. Wilbert, der in denselben Spuren wandelt, ein Konkurrenzunternehmen entstanden. Saarbrücker Tageszeitungen entnehmen wir folgende Anzeige:

Ausbildung von Zeichnerinnen

zum Dienste bei Behörden und industriellen Werken. Aussichtsreiche gut bezahlte Lebensstellungen. Programm und Auskunft kostenlos durch **Jos. Wilbert, Ing.**, Saarbrücken 3, Großherzog-Friedrich-Straße 8. Tel. 1812. Honorar mäßig.

Wir wissen nicht, woher Herr Wilbert Kenntnis davon hat, daß sich technischen Zeichnerinnen zurzeit „aussichtsreiche und gut bezahlte Lebensstellungen" darbieten, erlauben uns vielmehr gegenteiliger Ansicht zu sein, von der wir uns auch nicht dadurch abbringen lassen können, daß jetzt die Eisenbahnverwaltung nach einer ministeriellen Verfügung eine Anzahl Stellen für Zeichnerinnen neu geschaffen hat. So groß wird der Bedarf jedenfalls nicht sein und erst recht ist hinter die Lebensstellung, die sich den Bewerberinnen dort eröffnen soll, ein großes Fragezeichen zu machen. Noch ist der Beschluß der Eisenbahnverwaltung nichts als ein Versuch, und über die Gehaltsverhältnisse dieser Zeichnerinnen, über das stufenmäßige Aufrücken in der Gehaltsskala ist überhaupt noch nichts in die Oeffentlichkeit gelangt. Aber selbst wenn Herr Wilbert besser als wir unterrichtet sein sollte, so sind seine Angaben angesichts der in der Industrie herrschenden Verhältnisse doch weiter nichts als eine grobe Irreführung der öffentlichen Meinung. Das Geschäftsmäßige des ganzen Unternehmens, das der Herr betreibt, geht am besten daraus hervor, daß für den zunächst auf drei Monate festgesetzten Kursus 30 M Monatshonorar verlangt werden.

Wir warnen Eltern und Erzieher, das teuere Schulgeld für einen Zweck zu opfern, der in der angepriesenen Weise gar nicht realisierbar ist. Mf.

*

Falsch angebrachte Sparsamkeit

Eine der bedauerlichsten Erscheinungen im Leben der Angestellten ist die immer mehr zutage tretende Tatsache, daß der Angestellte im höheren Lebensalter, wenn überhaupt noch, so nur unter den größten Schwierigkeiten, Stellung findet. Das Ueberangebot von Arbeitskräften, das gerade im technischen Beruf einen außerordentlichen Umfang angenommen hat, verleitet viele Arbeitgeber, namentlich in Zeiten schlechter Konjunktur, ihre älteren und daher meistens besser bezahlten Angestellten aus ihren Betrieben auszuscheiden und sie durch jüngere Kräfte, wie sie sich ihnen tagaus, tagein in Scharen anbieten, zu ersetzen. Leisten diese dann nicht wenigstens ungefähr das gleiche, was der ältere Vorgänger dank seiner größeren Berufserfahrung imstande war, so findet der Arbeitgeber bald wieder Ersatz, wenn er den Unbrauchbaren entläßt. Mitunter engagiert er auch wieder einen älteren Kollegen, der aber dann stets für ein ganz wesentlich niedrigeres Gehalt angestellt wird, als der Posten ursprünglich einbrachte. Ja, der Angestellte muß häufig froh sein, wenn er des Lebens Notdurft noch gerade befriedigen kann, da er gewissermaßen in einem Gnadensold steht und bei jeder Gelegenheit durch eine noch billigere Kraft ersetzt werden kann.

Wenn unsoziale Privatunternehmer glauben, in ihrem Geldinteresse besser zu fahren, indem sie möglichst nur junge Kräfte anstellen, so ist das eine recht bedauerliche Kurzsichtigkeit. Von einer Behörde sollte man aber verlangen, daß sie nicht aus falsch angebrachter Sparsamkeit in diesen Fußtapfen wandelt. Was soll man dazu sagen, wenn der Vorsitzende des Kreisausschusses Duderstadt in Nr. 49 des Kreisblattes für den Unterlahnkreis (Diezer Tageblatt) einen im Hoch- und Tiefbau erfahrenen *jungen* Techniker zur vorübergehenden Unterstützung des Kreisbaumeisters sucht. Erfahrungen kann man sich gerade in unserem Berufe doch nur mit den Jahren erworben haben. Jemand, der wie hier im Hoch- und Tiefbau praktische Erfahrungen aufweisen soll, wird also jedenfalls schon ein älterer Techniker sein. Da dies auch dem Kreisausschuß nicht unbekannt sein dürfte, bleibt nur die Voraussetzung übrig, daß es ihm bei einer Ausschreibung nicht sowohl um eine junge, als vor allem billige Arbeitskraft zu tun ist. Im Interesse des Kreisausschusses dürfte eine derartig falsch angebrachte Sparsamkeit wenig liegen, da die junge Kraft den ihr obliegenden Aufgaben schwerlich in vollem Umfange gewachsen sein dürfte.

Mf.

STANDESBEWEGUNG

Zur Klärung

Der neugewählte Direktor unseres Verbandes Dr. Höfle legt Wert darauf, folgende Feststellungen zu machen:

In Nr. 10 der „Industriebeamtenzeitung" (1914) werden mir folgende Behauptungen in den Mund gelegt: 1. die organisatorische Zusammenfassung von Privatangestellten und fest angestellten Beamten sei verfehlt, 2. Streik und Boykott kämen als Kampfmittel für die Angestellten nicht in Betracht. Dazu habe ich folgendes zu erklären. Allgemein wird eine organisatorische Verbindung von Privatangestellten und unkündbar angestellten öffentlichen Beamten nicht zweckmäßig sein, da die volkswirtschaftliche Stellung der beiden Gruppen grundsätzlich eine verschiedene ist. Ich habe aber ausdrücklich stets hinzugefügt, daß bestimmte Verhältnisse eine Ausnahme begründen und eine organisatorische Verbindung von Privatangestellten und unkündbar angestellten öffentlichen Beamten zweckmäßig und wünschenswert erscheinen lassen können. Als Beispiel habe ich dann gewöhnlich den „Deutschen Techniker-Verband" zitiert. Das Bindemittel der in dieser Organisation zusammengeschlossenen Gruppen ist eben die Eigenschaft als Techniker. Die gemeinsamn Interessen — Bildungsfragen, Titelwesen (Baumeistertitel), Rechtsfragen (einheitliches Angestelltenrecht usw.) sind so wichtig, daß eine organisatorische Verbindung nur zweckmäßig sein kann. Allerdings habe ich verlangt, daß unter Umständen ein Verband, der Privatangestellte und unkündbar angestellte Beamte umfaßt, eine verschiedene Taktik für die beiden Teile zur Anwendung bringen müsse. Auch diese Bedingung hat der „Deutsche Techniker-Verband" erfüllt, indem er für die öffentlichen Beamten — auch für die auf Privatdienstvertrag in den gemeinnötigen Betrieben von Staat und Gemeinde tätigen Angestellten — auf das Streikrecht verzichtete, während er für die Privattechniker dieses Recht in Anspruch nimmt.

Damit komme ich auf die Frage des Streikrechts. Ich habe niemals bestritten, daß auch die Privatangestellten das Streikrecht gesetzlich haben. Ich habe auch nicht gesagt, das Streikrecht käme für die Angestellten nicht in Betracht. Wenn ich in Nr. 43 der „Industriebeamten-Ztg." (1913) zum Ausdruck gebracht habe, Streik und Boykott seien keine brauchbaren Mittel für die Angestellten, so waren diese Ausführungen relativ zu nehmen, wie mir jeder bestätigen wird, der Zeuge meiner vielen Vorträge über Angestelltenfragen war. Ich wollte damit zum Ausdruck bringen, daß bei der heutigen gesetzlichen Regelung — lange Kündigungsfristen, daher Forderung unterschiedlicher Kündigungsfristen —, bei dem herrschenden Ueberangebot an Arbeitskräften, dem vorhandenen Mangel an Solidaritätsgefühl usw. in der Praxis das Streikrecht nur selten zum Erfolg führen kann. Daß diese heutigen Verhältnisse zu ändern sind, habe ich stets als notwendig hingestellt.

Zu diesen Erklärungen möchte ich eine weitere hinzufügen. Man hat mich mit der Gründung des „Deutschen Angestelltenverbandes", wie ihn die christlichen Gewerkschaften ins Leben gerufen haben, in Verbindung gebracht. Ich erkläre hiermit, daß ich dieser Neugründung vollkommen ferne stehe und von ihr erst durch die Presse erfuhr. Wer meine Schriften („Nächste Aufgaben der Angestelltenbewegung", „Aus der neuesten Entwicklung der Privatangestellten") kennt, wird wissen, daß ich stets für eine selbständige Angestelltenbewegung unabhängig von der Arbeiterbewegung eingetreten bin.

Dr. Höfle.

*

Anerkennung der Mitarbeit des D. T.-V. durch Staatsregierungen

In Heft 8 berichteten wir, daß der Statthalter von Elsaß-Lothringen ein Mitglied unseres Verbandes in den Landesgewerberat berufen hat, nachdem schon früher unserer dortigen Landesverwaltung der Sitz eines Vertreters in der Aufsichtskommission der Kaiserlichen technischen Schule in Straßburg eingeräumt worden war. Wir knüpften daran den Wunsch, die Regierungen der deutschen Bundesstaaten möchten sich die Mitarbeit des D. T.-V. in ähnlicher Weise sichern, und können heute zu unserer Genugtuung nachtragen, daß auch das Großherzogtum Hessen bereits mit gutem Beispiel vorangegangen ist.

Wie uns berichtet wird, hat das Großh. Hessische Ministerium des Innern, Abteilung für Landwirtschaft, Handel und Gewerbe, unser Verbandsmitglied Herrn Karl Horn, Offenbach, schon vor drei Jahren zur Mitwirkung bei Beratungen über Fragen, die die Angestellten und gewerblichen Arbeiter betreffen, berufen. Herr Horn hat solchen Sitzungen wiederholt beigewohnt, u. a. bei Beratung des Versicherungsgesetzes für Angestellte, und wurde erst kürzlich wieder zur Abgabe eines Gutachtens über den neuen Patentgesetzentwurf aufgefordert. Er ist für die Interessen der technischen Angestellten im Sinne unserer Verbandsforderung eingetreten.

Wir freuen uns dieser Berufung eines Vertreters der technischen Angestellten durch eine Regierung, der hoffentlich bald weitere folgen.

Beschwerden

über unregelmäßige Zustellung der Zeitung sind, wenn sie bei dem zuständigen Postamt keinen Erfolg haben, ausschließlich an die nachstehende Adresse zu richten.

Deutscher Techniker-Verband
Abteilung V
Berlin, Wilhelmstraße 130.

DEUTSCHE TECHNIKER-ZEITUNG
TECHNISCHE RUNDSCHAU

XXXI. Jahrg. 21. März 1914 Heft 12

Ueber die makroskopische Gefügeuntersuchung des schmiedbaren Eisens*)

Von ROLF SPROECKE, Danzig.

(Schluß.)

Ein wichtiges Gebiet der makroskopischen Gefügeuntersuchung bildet auch das Aufdecken von Formänderungen an Probestücken, wenn diese durch gewollte oder ungewollte Beanspruchungen bleibende Deformationen erhalten haben. Werden Schliffe derartiger Probestücke mit Kupferammoniumchloridlösung geätzt, so erscheinen die deformierten Stellen dunkler, besonders wenn sie Zugspannungen ausgesetzt waren. Die dunkleren Stellen entstehen infolge der Verschiebung, die die Materialfasern bei der eine bleibende Formänderung verursachenden Beanspruchung gegeneinander erleiden, wobei an den Stellen, wo der Spannungszustand herrscht, auch eine Lockerung des Gefüges eintritt. Die Dunkelfärbung der deformierten Partien läßt sich durch folgenden, mittels mikroskopischer Untersuchung festgestellten Vorgang erklären. In Richtung der Beanspruchung bilden sich bei der Aetzung mikroskopisch kleine Furchen (Aetzfurchen) und zwar so häufig, daß diese Stellen jene Fähigkeit eines Schliffes einbüßen, das daraufstrahlende Licht zurückstrahlen. Mithin erscheinen die einer formändernden Beanspruchung unterworfenen Materialstellen nach der Aetzung dunkler.

Außerdem läßt sich eine Deformation des Materials oftmals auch noch durch die Form der Gefügekörner nachweisen, von denen wir ja wissen, daß sie im normalen Zustand gleichachsig sind, dagegen im deformierten Zustand gestreckt erscheinen, sofern nicht nach der Deformation durch entsprechende Behandlung der ehemalige Zustand angenähert oder ganz wieder herbeigeführt wurde.

Die dargestellte Sichtbarmachung von Beeinflussungen der Materialfaserung durch Aetzen hat für die Praxis besondere Bedeutung, denn ebenso wie sich zu weit gehende Beanspruchungen und deren Folgen am Eisen nachweisen lassen, ist es auch vielfach möglich, die Art der Herstellung von Konstruktionen aus dem Aetzbild zu ermitteln, z. B. ob Gegenstände gelötet oder geschweißt sind. Auf welche Art die Schweißung erfolgte, ob überlappt, stumpf, patentgeschweißt, ist meistens aus dem Aetzbild ersichtlich, besonders wenn noch eine schwache Vergrößerung mit dem Mikroskop erfolgt, wobei dann außerdem die Güte der Schweißung nachgeprüft werden kann. An Schweißstellen werden sich auch kohlenstoffärmere Partien bemerkbar machen, die im geätzten Schliff heller erscheinen als die Umgebung. Bei der autogenen Bearbeitung von Eisen kann man den Einfluß der Entkohlung des Materials nachprüfen, unter Zuhilfenahme des Mikroskops diese sogar quantitativ. Für die Bestimmung, in welchen Grenzen die autogene Bearbeitung an bestimmten Stücken ohne diese zu gefährden noch erfolgen kann, ist die Aetzung ein willkommenes Hilfsmittel der betreffenden Arbeitsbereiche. Auch die Unterscheidung von Fluß- und Schweißeisen ist mittels der Aetzung möglich. Bekanntlich wird das Schweißeisen durch Paketieren verschiedener Eisensorten erzeugt, es bilden sich bei der Herstellung zumeist einzelne Schichten. Durch das Walzen erhält das Material dann ein bandähnliches Gepräge, das bei der Aetzung deutlich hervortritt, besonders weil die einzelnen Bänder eine verschiedene Färbung annehmen und die zwischen den einzelnen Bändern vorhandenen Einschlüsse der Schweißschlacke sich zeigen.

Abb. 8. Darstellung von Schweißeisen.

An einem Probestab von Schweißeisen wurde zur Längs- und Querachse je eine Fläche geätzt. Deutlich zeigte sich die bandähnliche Struktur von Schweißeisen, besonders treten die dunkleren Stellen, die Einschlüsse von Schweißschlacke hervor.

Probestück geschmirgelt. Aetzung: Kupferammoniumchlorid 1:12; 1 Minute. Natürliche Größe.

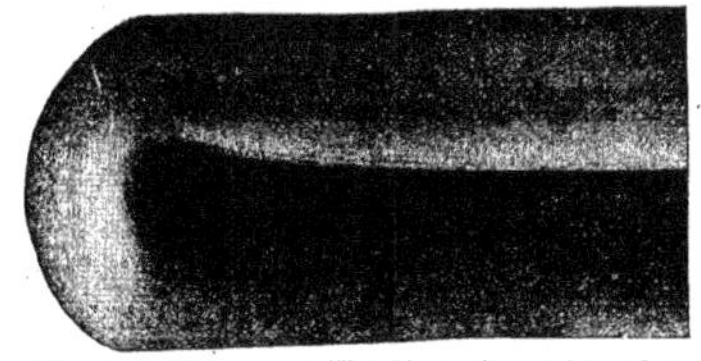

Abb. 9. Darstellung einer Warmbiegeprobe aus Schweißeisen.

Ein Stück Kesselblech wurde in dunkelrotwarmem Zustand zu der wiedergegebenen Form gebogen; darauf abgeglichen. Die geätzten Flächen zeigen außer dem eigentümlichen Charakter des Schweißeisens auch den Verlauf der Faserung, entsprechend der Beanspruchung.

Probestück: gefeilt. Aetzung: Kupferammoniumchlorid 1:12; 1 Minute. Vergrößerung 2fach.

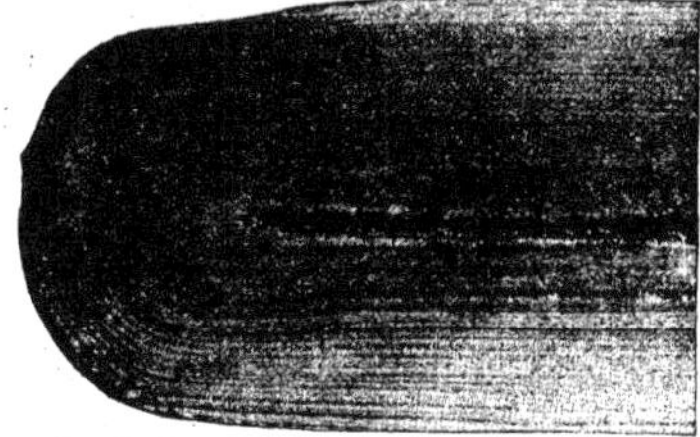

Abb. 10 Darstellung einer Kaltbiegeprobe aus Flußeisen.

Einem Stück gewöhnlichen Flußeisens wurde kalt die gezeigte Form erteilt und zwar durch Biegen im Schraubstock. Die geätzten Flächen lassen in den auf Zug beanspruchten Stellen die Verschiebung der Faserbündel erkennen, wobei innerhalb der Spannungsbereiche auch eine Lockerung des Gefüges eintrat.

Probestück: gefeilt. Aetzung: Kupferammoniumchlorid 1:12; 1 Minute. Vergrößerung 2fach.

*) S. Heft 7 u. 9.

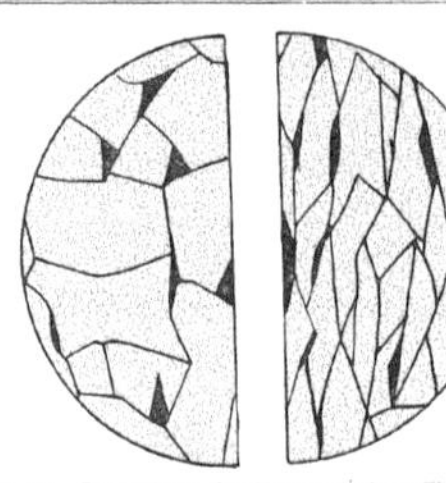

Abb. 11. Darstellung der Körnung eines Flußeisens.

Vom hergerichteten Querschliff eines kohlenstoffhaltigen Flußeisens wurde eine Korngrößen-Aufzeichnung gemacht und darin die kohlenstoffhaltigen Stellen markiert, Das Probestück wurde dann einer Kaltbearbeitung unterworfen und darauf wieder eine Abzeichnung der Körnung vorgenommen, worin sich eine Streckung der Körner und eine Aenderung der Korngröße wahrnehmen läßt.

Probestück: geschliffen, poliert. Aetzung: Kupferammoniumchlorid 1:12. Vergrößerung etwa 120fach.

Abb. 12. Darstellung der Bruchstelle eines Probestabes.

Die Bruchfläche eines Flußeisen-Probestabes zeigte hell erscheinende Ansammlungen, die auf stärkere Phosphorseigerung schließen ließen. Ein Durchschnitt des Stabes wurde geätzt, wonach an den Stellen, wo sich im Bruch die hellen gezeigt hatten, dunklere Streifen parallel zur Walzrichtung erkennbar wurden. Die Dunkelfärbung ergab den Nachweis nestartiger Ausseigerung von Phosphor im Material.

Probestück: gefeilt. Aetzung: Kupferammoniumchlorid 1:12; 1 Minute. Natürliche Größe.

Es lassen sich noch eine Reihe anderer, in praktischer Beziehung ebenso wichtige Vorgänge durch das Aetzen des Eisens aufdecken, alle hier aufzuzählen, würde ermüden und auch nur die Uebersicht erschweren. Gedacht sei noch solcher Fälle, wo der Nachweis erwünscht ist, ob die Herstellung einer gebogenen Konstruktion aus dem Vollen geschah oder durch Biegen. Gekröpfte Gegenstände, die aus dem Vollen herausgearbeitet werden, können erklärlicherweise keine Krümmungen der Faserung erleiden. Werden solche Stücke geätzt, so zeigt sich ein normaler, ungekrümmter Verlauf der Materialfasern. Dieses wird aber nicht sein, wenn eine Aetzung von Gegenständen vorliegt, die eine gekröpfte Form durch Biegen des Materials erhielten, da doch dann eine Krümmung der Materialfasern unvermeidlich ist. Wenn die Herstellung eines Konstruktionsteils unter Biegung des Materials unerwünscht ist, läßt sich dies auch nach jahrelangem Gebrauch noch nachweisen.

Die hauptsächlichsten Arten der Nutzanwendung des Aetzens für die makroskopische Gefügeuntersuchung wären somit umschrieben, insbesondere jene Fälle herangezogen, wie sie die Praxis der Eisenverarbeitung und Eisenverwendung häufig mit sich bringt. Die beigefügten Bilder von geätzten Eisenschliffen nebst den Hinweisen der daraus zu entnehmenden Materialbeschaffenheit, auch die allgemeinen Erörterungen der Aetzverfahren und der damit gewonnenen und zu erzielenden Aufschlüsse über das Grobgefüge des Eisens lassen die praktische Brauchbarkeit dieser Prüfungsmethode erkennen, führten aber auch zugleich in das Gebiet der makroskopischen Gefügebildung des Eisens, die für dessen Bewährung in hohem Maße mitspricht, warum noch einige Ausführungen hierüber am Platze erscheinen.

Wir erinnern uns, daß beim Vorhandensein fremder Beimischungen, besonders bei der Anwesenheit von Phosphor und Schwefel oder Kupfer die Beschaffenheit des Eisens dahin ungünstig beeinflußt wird, daß eine erhebliche Zonenbildung entsteht, wobei die Kernzone des Materials am stärksten von den genannten Beimengungen durchsetzt ist, weil sie bei der Abkühlung am längsten flüssig bleibt. Erstens neigt diese stark verunreinigte Kernzone am ehesten zu R o t b r u c h, d. h. das Material erfährt bei der Verarbeitung in Rotglühhitze innere Trennungen, es reißt also auf. Diese Störungen im Zusammenhang des Materials bilden nur zu oft den Anfang von Schäden, die sich an den Konstruktionsteilen später im Betriebe einstellen. Die bezeichneten Trennungen sind häufig unsichtbar und gefährden manchmal nicht nur aus solchem Material gefertigte Teile, sondern ganze Gebilde. Zweitens kann die starke Verunreinigung der Innenzonen infolge der damit verbundenen Seigerung zur K a l t b r ü c h i g k e i t des Materials führen, die nicht nur die Verarbeitung ungünstig beeinflußt, sondern auch die Verwendungsgrenze stark beeinträchtigt, darüber hinaus aber auch für die daraus hergestellten Konstruktionen ebenso ungünstig ist, wie Rotbrüchigkeit. Die Beziehung zwischen der geschilderten Materialbeschaffenheit und der makroskopischen Gefügebildung ist wohl aus den oben angeführten Erörterungen über die Aufdeckung von Seigerungen, sowie Schwefel, Kupfer und Phosphor ohne weiteres erkennbar.

Zusammenfassend läßt sich aufstellen: Das schmiedbare Eisen nimmt bei seiner Abkühlung ein verschiedenartiges Gefüge an, das oftmals nur nach Aetzen einer Schliffläche aufgedeckt werden kann und dann die Beschaffenheit des Materials in gewissen Grenzen zu beurteilen gestattet. Vornehmlich ist dieses gegeben für die Aufdeckung von Kohlenstoff, Phosphor und Schwefel im Eisen. Beim Vorhandensein der letzten beiden Elemente im Eisen bilden sich Seigerungsbereiche heraus, die sich auf einer geätzten Fläche durch verschiedene Färbung kenntlich machen. In Gegenwart fremder Beimengungen und infolge der Abkühlungsvorgänge bildet sich das makroskopische Gefüge, das in inniger Beziehung steht mit der praktischen Bewährung des Materials. Das makroskopische Gefüge ist am ehesten durch Aetzen nach seinen Grundbestandteilen zu ermitteln. Die Aetzungen können mit Säuren erfolgen, vornehmlich verdünnter Salzsäure, haben dann den Nachteil, daß sie nicht immer nur die wirkliche Beschaffenheit des Materials dartun, sondern übertriebene Aetzbilder liefern. M a r t e n s und H e y n haben für die makroskopische Gefügeuntersuchung das Aetzverfahren mit K u p f e r a m m o n i u m c h l o r i d - l ö s u n g ausgebildet, das besonders für Eisen-Kohlenstoff-Legierungen geeignet ist und bei diesen das Vorhandensein von fremden Beimengungen, von Seigerungen, Formänderungen und sonstigen Fehlerquellen nachzuweisen gestattet. Die makroskopische Gefügeuntersuchung, besonders des schmiedbaren Eisens, ist nicht nur für die Praxis allein brauchbar, sondern kann auch als Voruntersuchung für mikroskopische Prüfungen angewandt werden, in beiden Fällen liefert sie dem geschulten Metallprüfer oder gewandten Abnahmebeamten brauchbare Resultate, besonders für Kontrollzwecke.

Feuer- und explosionssichere Luftschiffe

Der über dieses Thema kürzlich im Verein deutscher Chemiker zu Berlin gehaltene Vortrag des Genfer Professors Dr. Raoul Pictet hat die allgemeine Aufmerksamkeit wieder auf den Vorschlag des deutschen Ingenieurs Arno Börner und anderer Fachmänner gelenkt, die mit Wasserstoffgas gefüllten Zellen des Ballons mit einem chemischen Panzer aus Stickstoffgas zu umgeben. Das die Zellhüllen durchdringende Wasserstoffgas gelangt dann nicht mehr in den Luftmantel, der z. B. bei dem Zeppelinballon die Gaszellen umgibt und hier das gefährliche Knallgas erzeugt, sondern diffundiert nur noch in Stickstoff, so daß eine Bildung von Knallgas oder überhaupt eines explosiblen Gasgemisches unmöglich wird. Da Stickstoff um 3 Prozent leichter ist als Luft, so könnte man sogar meinen, daß das Luftschiff durch diesen Stickstoffpanzer an Auftrieb gewönne, wenn nicht, wenigstens bei dem Börnerschen Projekt, eine Reihe von Ausgleichballonnetts erforderlich wären, die bei dem Steigen und Abnehmen des Gasdrucks je nach der Höhenlage, in der sich der Luftkreuzer befindet, und nach den Temperaturverhältnissen die richtigen Spannungsverhältnisse im Innern des Luftriesen aufrecht erhalten sollen. Das dadurch hinzukommende Gewicht an Ballonstoff wird aber eine weit höhere Belastung erzeugen, als dem durch die Stickstoffüllung des Mantels und der Ausgleichsballonnetts gewonnenen Auftrieb entspricht. In Erinnerung ist noch die scharfe Kritik, die Graf Zeppelin an dem Ungerschen Ballon geübt hat gerade wegen der ebenfalls angewandten und von ihm selbst schon im Anfang verworfenen Ausgleichringe, die bei Unger die Stelle der genannten Ballonnetts vertreten.

Nicht minder bedeutungsvoll für die Sicherung der Luftschiffe gegen Feuers- und Explosionsgefahr ist die Motorfrage. Bei dem feuergefährlichsten aller Fahrzeuge hat bis jetzt nur der feuergefährlichste aller Motoren, der Benzinmotor, zum Antrieb Verwendung finden können. Die Annahme, daß wir nur in dem flüchtigen und leicht brennbaren Benzin einen Wärme- und Kraftspeicher besäßen, der geringes Gewicht mit höchster Leistungsfähigkeit verbinde, ist durchaus irrig. Das dickflüssige, schwer entzündbare sogenannte Rohöl enthält pro Gewichtseinheit fast dieselbe Wärmemenge wie das Benzin und wird sogar heute schon im Dieselmotor überall mit einem um 50 Prozent höheren Nutzeffekt als das Benzin zur mechanischen Arbeitsleistung verwandt. —

Diesel selbst, dessen tragisches Ende jüngst in der ganzen Kulturwelt die lebhafteste Teilnahme hervorrief, hat schon im Jahre 1908 versucht, einen Automobilmotor nach seinem System zu schaffen. Der Automobilmotor ist aber bekanntlich der Vater des Luftschiff- und Flugzeugmotors, und der Klein-Dieselmotor scheint wenigstens hinsichtlich seiner Zündungs- und Arbeitsweise das geeignete Vorbild für den Luftschiffmotor der Zukunft zu sein. Das Diesel-Zündverfahren besteht darin, daß die für jeden Arbeitsprozeß eingespritzte Rohölmenge durch die hohe Eigentemperatur der im Zylinder komprimierten Luft zur Entflammung gelangt. Es entfällt also jede Möglichkeit einer äußeren Funkenbildung, die infolge der früher angewandten offenen Zündflamme und des heute üblichen Magnet-Zündapparates die meisten Luftschiffexplosionen herbeigeführt hat. Gleichwohl ist der heutige Dieselmotor sowohl wegen seines hohen Gewichtes wie auch wegen der mit den angewandten hohen Drücken bis zu 40 Atmosphären verbundenen Erschütterungen im Betriebe zum Luftschiffmotor gänzlich ungeeignet. Der heutige mit Benzin betriebene Luftschiffmotor wiegt etwa 4 Kilogramm pro erzeugte Pferdestärke, der normale Dieselmotor mehr als das zehnfache. Auch ist eine leichte Luftschiffgondel nicht das geeignete Fundament, um starke Betriebserschütterungen aufnehmen zu können. Es ergibt sich somit die zwingende, aber für die moderne Technik lösbare Forderung, den Rohöl-Luftschiffmotor einmal wesentlich leichter zu bauen und zweitens eine Konstruktion zu schaffen, die einen möglichst vollkommenen Massen- und Kräfteausgleich gestattet. Letzteres ist mit bekannten, bei sehr schnell laufenden Maschinen heute bereits viel angewandten konstruktiven Mitteln zu erreichen. Weit schwieriger ist die nötige Gewichtsverminderung, denn gerade der zur Entzündung des Brennstoffs erforderliche sehr hohe Luftdruck verlangt starke Abmessungen der Zylinderwandungen und des Kurbelgetriebes. Aber auch hier wird die Technik Abhilfe schaffen können durch Anwendung der sogenannten partiellen Kompressionszündung. Während bei dem normalen Dieselmotor der hohe Zündungsdruck auf den ganzen Zylinder- und Kolbenquerschnitt wirkt und damit die schwere Ausführung der ganzen Maschine verlangt, bedeutet die partielle Zündung die Verlegung des Hochdruck-Zündungsgebietes in einen kleinen Fortsatz des Zylinders mit ganz geringem Durchmesser. Wenn hier die Entflammung des Brennstoffs unter hohem Druck und bei hoher Temperatur stattgefunden hat, pflanzt sich die Verbrennung in den eigentlichen Arbeitsraum des Zylinders fort und erzeugt hier nur Spannungen, wie sie in jedem Benzinmotor auftreten. Die Wandstärken und Gewichte der Maschine können dadurch außerordentlich verringert werden.

Einen sehr großen Teil der Luftschiffbelastung bedeutet aber in jedem Fall der mitzuführende Brennstoff selbst. Selbst der beste Luftschiffmotor nutzt bis jetzt kaum mehr als 20 Proz. der im Benzin gebundenen Wärmeenergie aus. Bei einer sehr wohl denkbaren Ausnutzung von 40 bis 50 Prozent könnte also das Brennstoffgewicht bei gleichem Aktionsradius des Luftschiffes um die Hälfte vermindert und damit die Nutzlast um ebensoviel vergrößert werden. Das weist uns auf die zwingende Notwendigkeit hin, den Wirkungsgrad des Motors zu verbessern. Gerade auf diesem Gebiet wird eben **eifrig** gearbeitet. Vorschläge existieren in Menge. Auch wird eine Erhöhung des Motorwirkungsgrades angestrebt durch eine mit innerer Zylinderkühlung verbundene Wärmeregenerierung der Abgase. Es darf als sicher gelten, daß die fortschreitende Technik uns gerade in Verbindung mit dem Ausbau des kommenden Rohöl-Luftschiffmotors zu einer wesentlich besseren Brennstoffausnutzung führen wird. Damit wäre aber eine wichtige Frage noch nicht gelöst, die in ihrer Bedeutung auch in Fachkreisen nicht immer richtig gewürdigt wird. Der unsere Luftschiffe und Flugmaschinen fortbewegende Luftpropeller erreicht kaum einen höheren Wirkungsgrad als 50 Prozent, d. h. es wird von der Motorleistung, die an sich schon so wenig der aufgewandten Brennstoffmenge entspricht, nur die Hälfte und unter Berücksichtigung des Verlustes der zwischen Motor und Propeller eingeschalteten Zwischenglieder weniger als die Hälfte wirklich zur Fortbewegung des Luftschiffes ausgenutzt. Angestellte Versuche mit Hilfseinrichtungen, welche auch diesen Mangel zu mildern suchen, lassen einen schönen Erfolg erhoffen.

Abschließend kann gesagt werden, daß nach den bisherigen Erfahrungen zur Weiterentwicklung in den gekennzeichneten Linien hinsichtlich Feuer- und Explosionssicherheit nur das „starre System" in Frage kommen kann und auf Grund der bisherigen mit Luftschiffen erzielten Erfolge in erster Linie der Zeppelin. Dipl.-Ing. **Berger.**

BRIEFKASTEN

Nur Anfragen, denen 10 Pfg. Porto beiliegt und die von allgemeinem Interesse sind, werden aufgenommen. Dem Namen des Einsenders sind Wohnung und Mitgliednummer hinzuzufügen. Anfragen nach Bezugsquellen und Büchern werden unparteiisch und nur schriftlich erteilt. Eine Rücksendung der Manuskripte erfolgt nicht. Schlußtag für Einsendungen ist der vorletzte Mittwoch (mittags 12 Uhr) vor Erscheinen des Heftes, in dem die Frage erscheinen soll. Eine Verbindlichkeit für die Aufnahme, für Inhalt und Richtigkeit von Fragen und Antworten lehnt die Schriftleitung nachdrücklich ab. Die zur Erläuterung der Fragen notwendigen Druckstöcke zur Wiedergabe von Zeichnungen muß der Fragesteller vorher bezahlen.

Empfehlungen von Firmen, die weder Abonnenten noch Inserenten der D. T.-Z. sind, werden nicht aufgenommen.

Frage 77. Wie werden gegossene **Bleisoldaten** bemalt?

Frage 78. Schriftstücke vervielfältigen. Kann mir ein Kollege ein Verfahren bekanntgeben, womit man Schriftstücke, Kommissions-, Bestellzettel und dergleichen auf fünf Exemplare vervielfältigen kann und zwar in kürzester Zeit ohne Umstände und große Apparate? Bei Durchschrift bekommt man nur höchstens zwei brauchbare, d. h. deutlich lesbare Kopien.

Frage 79. Welcher Kollege gibt Auskunft über den Bau schmalspuriger **Werkstätten-Lastautomobile** mit Benzinbetrieb? Welche Spezialschriften können eventl. empfohlen werden? Fragliches Auto soll zum Materialtransport innerhalb der Werkstätten benützt werden.

Frage 80. **Erderschütterungen.** Kann mir einer der Herren Kollegen mitteilen, ob in der Literatur ein Werk existiert, aus welchem man ersehen kann, inwieweit Erderschütterungen, herrührend von Lokomotivbetrieb, Dampfhammer usw., auf Hochbauten nachteilig wirken? Oder ist vielleicht bekannt, ob in den Versuchsanstalten der Technischen Hochschulen derartige Versuche unternommen sind und wo kann man die Resultate dieser Versuche erfahren?

Zur Frage 28. Geräuschübertragung. II. (I siehe Heft 9). Im Anschluß an die wohl bemerkenswerten Mitteilungen der Antwort in Heft 9 zur Frage 28 möchte ich nur noch kurz auf eine bei Fleischhauereibetrieben oft erforderliche Geräusch-Isolierung für Hauklötze aufmerksam machen. Die durch Zerschlagen von harten Knochen übertragenen Stöße werden z. B. durch besondere Konstruktion der „Gesellschaft für Isolierung gegen Erschütterungen und Geräusche“, Berlin N., z. B. mit Schwingungsdämpfern, behoben. Bei Kuttern und Wölfen sind zwar auch Einlagen von Korkstücken, Andernachschen Isolierplatten mit Bleieinlage, Adlershofer Filz usw. üblich; sobald aber diese sonst mit den Fleischteilen in Berührung kommen, sind besonders umkapselte Isolierungen vorteilhaft.

K.-C.

Frage 45. Dehnungsfugen. a) In einem Fabrikgebäude von sehr großer Grundfläche ist der 15 cm starke, auf dem Erdboden aufliegende Betonfußboden durch sogenannte „Dehnungsfugen“ in Felder von 3×5 m Größe zerlegt. Durch das Befahren mit Rollkarren werden an den Dehnungsfugen große Löcher verursacht. Ist es ratsam, die Dehnungsfugen wegzulassen? Oder wie begegnet man sonst dem Uebelstande? b) In denselben Bauten sollen in Zukunft die Dächer und Säulen aus Eisenbeton hergestellt werden. Die Säulen kommen alle 3×5 m zu stehen. Die Dachhaut, die demnach 3 m freie Länge hat, wird mit zwei Lagen Dachpappe in Holzzement und 10 m hoher Kiesschüttung hergestellt. Ueber jedes zweite Feld der Dachfläche werden 2×7 m große Glasoberlichte angeordnet. Ist es nun notwendig, auch bei diesen Decken Dehnungsfugen anzuordnen und evtl. in welcher Weise?

Antwort I. „Dehnungsfuge“ ist eigentlich eine irreführende Bezeichnung, die beim Stoß von Eisenbahnschienen wohl angebracht ist, da hier die Möglichkeit gegeben werden soll, daß sich das Eisen unter dem Einfluß von Erwärmung noch etwas ausdehnen kann. Der Zweck der Beton-Dehnungsfuge ist jedoch ein ganz anderer: sie soll verhindern, daß die sehr große Betonplatte bricht, indem „Bruch“-Fugen durchgelegt werden bezw. die große Platte in kleinere zerlegt wird. — Bei nicht-armiertem Beton sind unter obigen Verhältnissen Dehnungsfugen unbedingt erforderlich, da die unvermeidliche Ungleichmäßigkeit der Unterlage und ihrer Nachgiebigkeit fraglos vielfältige Brüche verursachen würden. Wird der Fußboden befahren, wie in diesem Fall, so empfehle ich, die Fugen bis zu 11—12 cm Höhe mit Sand zu füllen und die obersten 3—4 cm mit Zementmörtel von derselben Mischung, wie der Betonmörtel, zu schließen, was jedoch zu einer Zeit geschehen muß, wo die Betonoberfläche ebenfalls noch bearbeitet werden kann — am besten zugleich mit dem Aufbringen der Glättschicht. Die dann entstehenden feinen Risse längs der Bruchfugen sind nicht lästig, wenn auf möglichst gleichmäßige Bodenunterlage geachtet wurde. Wird der Beton armiert, so sind bei vorsichtiger und sachlicher Ausführung Bruchfugen nicht erforderlich. Aus Vorstehendem geht hervor, daß bei armierten Eisenbetondächern — wie auch bei Decken — derartige Bruchfugen oder Biegungsfugen, gewissermaßen „Gelenke“, nicht erforderlich sind.

W. J. Sch.

II. a) Eine Anordnung von Dehnungsfugen im Betonboden halte ich als unerläßlich, da beim Weglassen dieser Fugen ein Reißen des Bodens unbedingt eintreten wird, sei es durch ungleichmäßige Belastung, Setzungen des Untergrundes, Temperaturschwankungen oder dergleichen. In welchen Abständen die Fugen angebracht werden sollen, hängt sehr von der Art des Untergrundes ab. Bei gutem, tragfähigem Untergrund kann selbstverständlich mit der Fugenteilung weitergegangen werden, als bei weniger gutem, der natürlich Setzungen eher unterworfen ist als guter; vielleicht können Sie die Fugenteilung mit der Säulenstellung in Einklang bringen. Um durch das Anstoßen der Räder des Rollkarrens Beschädigungen an den Trennungsfugen zu vermeiden, können Sie an der Oberkante der Fugen zwei stehende Flacheisen oder auch Winkeleisen mit einbetonieren, die Sie jeweils mit den dazu gehörigen Feldern durch an den Eisen angebrachte Pratzen oder Steinschrauben mit dem Betonboden in gute Verbindung bringen und so eine Beschädigung beim Anstoßen der Räder vermeiden.

b) Aus demselben Grunde, wie vorhin, ist es auch unumgänglich notwendig, bei den Decken Dehnungsfugen anzuordnen, da sonst willkürlich entstehende Risse unausbleiblich sind und so die Eisenbetonkonstruktion beschädigen, wenn nicht gar gefährden können. Ich würde Ihnen vorschlagen, die Fugen in je 30 m Entfernung anzuordnen, und halte eine vollständige Trennung quer durch das Gebäude, also durch die Decken, Balken und Säulen für das beste. Ich habe in meiner Praxis schon viele solcher Trennungen ausgeführt, die sich vorzüglich bewährt haben. Weiter möchte ich Ihnen noch empfehlen, statt des schweren Kiespappdaches doch eine leichtere Konstruktion zu wählen, wobei Sie dann auch eine größere Entfernung der Stützen zulassen können und die gesamte Konstruktion auch viel leichter und billiger würde. Nehmen Sie eine ganz einfache Hohlsteindecke, vielleicht in der Art, daß Sie Rippen ausbilden mit je drei Lagen stehender gewöhnlicher Lochsteine oder sonst ganz billigen Hohlsteinen. Sie haben dann auch eine ebene Untersicht und zugleich eine ganz gute Isolierung. Die Dachhaut können Sie wie vor mit Dachpappe abdecken. Zu weiteren Auskünften bin ich gern bereit.

G. E., M.-Nr. 37 047.

III. Von besonderer Seite, an die wir uns wegen dieser beiden, sich zum Teil widersprechenden Ausführungen gewandt hatten, geht uns folgendes Gutachten zu:

Der Zweck der Trennungsfugen ist ein zweifacher. Erstens soll die Größe der Nebenspannungen, die in den Konstruktionsteilen beim Erhärten und bei Temperaturänderungen auftreten, und die von der Länge der zusammenhängenden Konstruktionsteile abhängig ist, innerhalb zulässiger Grenzen gehalten werden; zweitens sollen Bodenbewegungen unschädlich gemacht bezw. deren schädliche Einflüsse auf ein kleineres Feld beschränkt werden. Die im vorliegenden Fall im Betonboden angeordneten Fugen können in der Hauptsache nur dem zweiten Zwecke dienen. Liegt guter Baugrund vor, so können sie entweder ganz fortbleiben, oder ihre Entfernungen sind dem erstgenannten Zwecke anzupassen. Als Maximalabstände für diese Trennungsfugen, die also lediglich dem ersten Zwecke dienen, sind 25—30 m nach beiden Richtungen anzunehmen. Als Füllmaterial empfiehlt sich eine plastische Masse, wie Asphalt, Sand oder dergleichen. Selbstverständlich sind solche Fugen auch im Dach anzuordnen und durch das ganze Gebäude durchzuführen. Man teilt also entweder an den betreffenden Stellen die ganze Tragkonstruktion (Platte, Träger, Stütze, Fundament), oder man ordnet die von einer Seite an die Fuge anstoßenden Teile (Platten, Pfetten, Deckenträger) längsverschieblich auf dem tragenden Teil an. Konstruktive Einzelheiten sind z. B. im Betonkalender (Verlag Wilhelm Ernst & Sohn, Berlin) enthalten.

L—d.

IV. Obwohl die Frage hiernach genügend geklärt scheint, möchten wir noch der nachstehenden Antwort, die in ähnlichem Sinne wie Nr. II lautet, Raum geben:

a) Bei der großen Fläche des Gebäudes ist die Anordnung von Dehnungsfugen unbedingt notwendig. Eine Unterlassung wird zur Folge haben, daß sich in der Decke baldigst Risse bilden. Eine Einteilung in Feldern von 3×5 m ist nicht erforderlich, sondern richtet sich nach der Grundrißform des Gebäudes.

b) In der Dachhaut sind Dehnungsfugen ebenfalls anzuordnen. Sie können in wirtschaftlichem Interesse bei den Stützen angeordnet werden, indem man Halb-Unterzüge und Stützen in der Konstruktion berücksichtigt. Auch hier hängt sehr viel von der Konstruktion ab, ob Sie die Decke an der Frontseite auf Mauerwerk legen, oder das Ganze als ein Fachwerk ausbilden und später erst ausmauern. Ueberlassen Sie mir bitte einen genauen Grundriß. Ich werde Ihnen dann die nötigen Erläuterungen geben.

H. Deisel, 49 279, Nürnberg, Södelstr. 4 II.

Frage 47. Bitte um Auskunft über die neuesten Verfahren für **Verzinnerei, Verzinkerei und Emaillierung von Gußeisenartikeln.** Wie hoch stellen sich diese Einrichtungen im Anschaffungspreis? Kann ein vorhandener Kamin von 25 m Höhe benutzt werden oder genügt er nicht für diese Anlagen?

Antwort. Das neueste und beste Verfahren für Verzinnen und Verzinken ist mittels Feuerverzinnen und Verzinken, und zwar Hochglanzverzinnen mittels Harz und Fett im Vollbade, Hochglanzverzinken mittels Salmiak-Zusatz, Aluminium, Zinn und Blei, worüber ich Ihnen gern persönliche nähere Auskunft geben würde. Der Anschaffungspreis der Einrichtungen ist schlecht anzugeben, da in der Frage nicht erwähnt wird, welche Sachen und Quanten verzinnt und verzinkt werden sollen. An den vorhandenen Kamin können sechs Zinn- oder Zinkkessel und noch zwei Muffelöfen zum Emaillieren angeschlossen werden, wenn nicht die lichte Weite zu eng ist. 500 mm müßte der Kamin schon oben haben. Mitgl.-Nr. 65 373. G.

Frage 48. Zement-Elevator. Wie haben sich Gurt-Elevatoren für Zement-Rohmehl bewährt, und welche Art Gurte weisen die größte Lebensdauer auf? Was für Becherformen eignen sich am besten? Wie dicht können die Becher sitzen? Teilung? Welche Gurtgeschwindigkeiten sind im Dauerbetrieb noch zulässig? Backt Rohmehl an den Gurtscheiben leicht an oder fällt es bei der Umdrehung leicht wieder ab?

Antwort. Die Zementelevatoren werden meist mit Ketten ausgeführt. Die zerlegbare Ewart-Kette ist am billigsten, hat jedoch den Nachteil, daß sich manchmal die Glieder aushaken. Sehr zu empfehlen ist die, allerdings erheblich teuerere Stahlbolzenkette. Auch kalibrierte Ketten werden viel verwandt. Soll jedoch Gurt verwendet werden, so wäre hier Balata-Gurt zu empfehlen, bei welchem die Zwischenräume im Gewebe durch Balatamasse ausgefüllt sind, so daß sich kein Zementstaub festsetzen kann. Besondere Aufmerksamkeit ist auf die Verbindung des Gurtes zu legen. Die beste Verbindung ist, den Gurt endlos herzustellen, was jedoch das Auflegen und Nachspannen erschwert. — Es kämen dann die Gelenkverbinder, Stabverbinbinder oder zweiseitige Riemenkrallen in Betracht. Das Uebereinanderlegen starker Gurte ist zu vermeiden, da der Stoß sehr ungünstig auf die Lager wirkt. Für Zementmehl werden bei kleineren Elevatoren flachbombierte Schwarzblechbecher von ca. 2 mm Blechstärke mit Randverstärkung verwendet. — Für große Leistungen nimmt man vorteilhaft Elevatorbecher aus Stahlguß mit angegossenem Rand. Die Bechergeschwindigkeit beträgt ungefähr 80 m in der Minute. Die Abstände der Becher richten sich nach deren Größe. Bei 150 mm Becherbreite kommen 3 bis $3^1/_2$ Becher auf 1 m. — Neuerdings werden vielfach Trichterbecher verwendet, die eine größere Geschwindigkeit und geringere Abstände gestatten. Bei 150 mm Becherbreite können bis 6 Becher auf 1 Meter gesetzt werden. Man darf jedoch mit der Geschwindigkeit bei mehligen Substanzen nicht zu hoch gehen, da sonst die Elevatoren Wind erzeugen und Staub ausblasen. Solange keine Feuchtigkeit hinzutritt, fällt das Rohmehl wieder von der Scheibe ab. Nach längerem Stillstand ist jedoch ein Backen zu befürchten, wenn der Elevator vorher nicht mit anderem Material ausgetrocknet ward. — Die untere Gurtscheibe muß sorgfältig verdeckt werden, um ein Eindringen von Zement zwischen Scheibe und Gurt möglichst zu verhindern.

Kansy.

Frage 49. Kläranlage und Grundwasserstand. Bei einer neu hergestellten Kläranlage ist eine 90,0 qm große Kammer, deren Sohle 1,50 m tiefer als der höchste Grundwasserstand liegt, nicht wasserdicht zu bekommen. Das Wasser dringt durch die etwa 60 cm starke Betonsohle hindurch, obwohl ein Ceresitüberzug von 3 cm Stärke gegeben wurde. Das Mauerwerk der Umfassungswände, das mit reinem Zementputz versehen ist, ist wasserdicht. Bei Herstellung des Betons war ein Sammelgully angelegt, welcher ständig ausgepumpt wurde. Die Bodenverhältnisse sind Triebsand und Moor. Risse in der Sohle sind nicht vorhanden. Ich bitte um Auskunft, wie dem Uebelstand ahzuhelfen ist. In genannter Kammer steigt das Wasser innerhalb 24 Stunden bis zu 5 cm-Höhe.

Antwort. Da die Sohlplatte der Kläranlage an sich (mangels Risse) widerstandsfähig genug ist, so kann voraussichtlich eine besonders dichte Neuherstellung ihrer oberen Schicht ausreichen. Diese ist in etwa 10 cm Stärke abzunehmen. Auf der vertieften Oberfläche wird z. B. Streckmetall (nach Schüchtermann & Kremer, Dortmund) mit Klammern befestigt, nachdem auf etwaige Leckstellen darunter dünne Streifen von Strapazurpappe (zur Isolierung) mit Asphalt-Klebemasse aufgezogen sind. Alsdann wird ein Feinbeton 1 · 2 : 4 mit 3 bis 4% Patentmörtel-Zusatz (s. Anzeigenteil der D. T.-Z.) zur Abdichtung aufgebracht. Diese Betonmasse wird mit Betonwalzen (z. B. nach System Dr. Gaspary-Leipzig) vorsichtig abgewalzt und dann mit Zementmörtel 1 : 1,5 verputzt. — Die Fugen zwischen Wandmauerwerk und der oberen Sohlenschicht sind mit elastischem Pixolfaserkitt je nach Bedarf mit Rücksicht auf Dehnung auszufüllen. Im übrigen ist auch auf Drainage an der Hinterwandung der Beckenmauer in möglichst tiefer Lage Bedacht zu nehmen; dazu sind moorbeständige Steinzeugrohre (z. B. von der Steinzeugwarenfabrik Friedrichsfelde in Baden) geeignet. Kropf-Cassel.

II. Rechnet man für 90 qm Grundfläche 1 cbm Beton einschl. eingesaugter Feuchtigkeit zu 2 t Gewicht, so beziffert sich die 0,6 m starke Betonplatte auf 108, dagegen die Masse des verdrängten Wassers auf 270 t. Die Platte ist über die Hälfte des wirkenden Wasserdruckes zu leicht und der Auftrieb sucht diese, da ihre Ränder fest eingespannt sind, in der Mitte zu heben und durchzubrechen: Risse oberhalb stellen sich allmählich ein. Läge, wie z. B. bei Siemensdrahtglas, in zweidrittel Höhe des Querschnitts eine hinreichend starke Armierung, so würde die Zugwirkung dieser dem Drucke entgegentreten und der Ceresitüberzug dicht halten. Statt dieser Platte wäre ein verkehrter Erdbogen in Monierkonstruktion mit Isolierung vorteilhafter. Es brauchen übrigens keine Brüche vorhanden zu sein, es genügen, wie der Auskunftgebende wiederholt an Tiefbauten im Grundwasser beobachtet hat, Feinrisse, um das Grundwasser unter Druck durch die Platte zu pressen, um so mehr, als hier Triebsand und Moor eine ziemliche Anflutung zulassen. 5 cm Durchtrittshöhe in 24 Stunden ist der Beweis hierfür. Es wird vorgeschlagen, die Gewichtsdifferenz durch Einbau einer Walzbleischicht in Asphalt mit genügend aufgekrempten Rändern auszugleichen, dies unter ständiger Wasserhaltung auszuführen und darüber eine Klinkerrollschicht nebst Estrich entweder in Zechit- oder Traß-Mörtel (letzterer in Talsperren-Mischung Meurin-Andernach am Rhein) zu legen. —pf.

Frage 50. Es wird um den Nachweis einer hellen **Lackfarbe für den Innenanstrich eines Behälters aus verzinktem Eisenblech,** die man unter Garantie einer Hitztemperatur von 70 bis 80° C. aussetzen kann, ohne daß ein Abplatzen oder Weichwerden stattfindet, gebeten. Inhalt des Behälters: Wasser.

Antwort. Die Fugen und Leckstellen an dem Behälter sind zunächst mit grauem Faserzement oder Metallzementkitt dicht zu verstreichen. Als Anstrichmittel auf der Innenfläche des verzinkten Eisenblech-Behälters können z. B. von F. Schacht-Braunschweig helle, auch weiße Emaillefarben geliefert werden. Solche widerstehen nach entsprechenden Erfahrungen bei Waschanstalten, Brauereien und Konservenfabriken hohen Temperaturen und Wasserdämpfen; 5 kg kosten rd. 8 M und reichen für 15 bis 18 qm. Zur Grundierung kann Pixolfirnis, Leinöl oder dergl. je nach Erfordernis — zwecks Bindung mit dem Zink — zuvor aufgetragen werden. Kr.

Frage 52. Ueberhängende Mauer. Eine Gartenmauer von 20 m Länge und 1,50 m Höhe aus Bruchsteinmauerwerk, 0,55 m stark, hängt infolge einseitigen Erddruckes nach der Straße über. Der Garten liegt 1,20 m höher als die Straße und ist sehr wasserhaltig. Dabei hat, wie ich festgestellt habe, diese Mauer nur 10 cm Fundament, von Bürgersteig Oberkante abwärts gemessen. Wie bringt man wohl am besten die sonst noch gut erhaltene Mauer in eine dauernd lotrechte Richtung? Eine Erneuerung ist polizeilich unstatthaft.

Antwort I. Zunächst ist reiflich zu überlegen, ob das Interesse, das behördlicherseits gegen die Erneuerung der Mauer spricht, berechtigt ist und unter Umständen die Entfernung von Ihnen zuzugeben wäre. Durch das Ueberhängen der Mauer ist die öffentliche Sicherheit gefährdet. Diese Gefahr muß beseitigt, d. h. die Mauer in ordnungsmäßigen Zustand gebracht, evtl. also auch polizeilich die Erneuerung zugegeben werden. Die lotrechte, besser anlaufende Stellung der Mauer wird auf folgende Weise erreicht: 1. Freilegen der Rückseite bis Fundamentsohle. 2. Absteifen nach hinten. 3. Unterwühlen der Mauersohle bis zur Mitte. 4. Nachlassen der Absteifung bis zur richtigen Stellung der Mauer. 5. Wenn es gestattet ist, ist das Erdreich an der Straßenseite aufzugraben und ein Fundament einzubringen, das bis Frosttiefe geht und mindestens $^1/_3$ der Mauersohle unterstützt. 6. Verputzen und Isolieren der Rückseite in Betracht des wasserhaltigen Erdreichs mit eventueller Entwässerung in Fundamentsohlenhöhe. 7. Zuschütten und richtiges Planieren des Erdreichs. Zu 2. Die Anordnung der Aussteifung hat gegen Längshölzer zu erfolgen, zwischen denen Keile eingelegt werden, die dann gleichmäßig nachgelassen werden müssen, um die Entstehung von durchgehenden Rissen zu vermeiden. Sollten kleine Risse entstehen, so sind diese mit Zementmörtel zu verstreichen. Sind die Fugen außenseits nicht verstrichen, so empfiehlt sich das Ausfugen im Herbst, damit die jetzt in der Mauer befindliche Nässe im Sommer noch etwas entweichen kann, während infolge der rückseits angebrachten Isolierung neue nicht eindringt. Die Fugen müssen vor dem Verstreichen genügend tief von vermorschtem Mörtel befreit werden. Genaue, durch Skizzen erläuterte Anleitung zur Anlegung der Aussteifung würde ich dem Fragesteller auf Wunsch direkt übermitteln.

Architekt Born, Niederlößnitz.

II. Das Mauerwerk mag durch den Wasserzudrang unterwaschen sein und auf der schwachen Grundplatte keinen Halt finden. Besondere Stützung und Isolierung ist nötig. In Abständen von rd. 1,5 bis 2 m sind besondere Aussparungen auszuhauen, und darin sind Pfeiler von 77×25 cm Querschnitt (d. h. in 77 cm Stärke) aus Zementsteinen einzusetzen, die etwa 50 cm unter Straßenoberkante heruntergehen. (Die Polizei muß doch entsprechende Verstärkungsmaßnahmen erlauben können.) Die sonstige zusammenhängende Mauermasse ist zuvor über der Grundplatte auszustemmen, in die etwa 3 cm starke vorläufige Fuge sind Eisenplatten einzulegen und mit breiten Flacheisen zu unterstützen; an deren vorderen Endteilen setzt man mit Ketten eine starke Winde an, und die Mauer wird in die richtige Lage gehoben. — In vorbezeichnete Aussparungen werden die einzelnen Mauerabschnitte mittels ⅃-Eisen verbunden und dann die erwähnten Pfeiler eingemauert. Die unteren Fugen über der Grundplatte sind mit Zementmörtel auszufugen bezw. durch Webersche Asphaltbleiplatten zu verfüllen. Die Isolierung der Hinterwand gegen den Wasserandrang kann durch Ueberzug von Industrie-Goudron, z. B. von der chemischen Spezialfabrik Büttenweg - Braunschweig, bewirkt werden. Darüber wird nötigenfalls noch Betongoudron aufgetragen.

Falls besondere Schwierigkeiten aus polizeilichen oder sonstigen Gründen entgegenstehen, ist andersartig z. B. an der straßenseitigen Wandung die Einsetzung von I-Eisen-Pfosten mit Verankerung nach hinten in 1,5—2 m Abstand zu erwägen; dazwischen ist eine Verblendung mittels Prüßscher Bauweise, z. B. aus Zementsteinen (in von oben nach unten zunehmender Stärke nach Leipziger Teutonia-Profilen 6,5·12·25 cm bezw. 10·12·25 cm) nebst Bandeisen einzusetzen. Kr.

III. Die Zaunmauer in ihre senkrechte Lage zu bringen, wird sich bei sorgfältiger Arbeit und geschickter Leitung nicht schwer ausführen lassen. Die Ursache der schiefen Stellung ist entweder der starke seitliche Erddruck oder die zu geringe Fundierung oder auch beide Momente zusammen. Es wird deshalb wie folgt zu verfahren sein. Nachdem von der Innenseite die Erde in genügender Breite abgegraben ist, muß die Mauer stückweise unterfangen werden, und zwar muß dies bis zur frostfreien Tiefe geschehen. Jetzt wird die Mauer möglichst im ganzen herübergedrückt, was mittels Steifen usw. zu geschehen hat, die hierbei entstehenden Risse müssen natürlich verschmiert werden. Die Mauer ist nun noch in ihrem unteren Teil zu verstärken, worauf schon bei Anlage der Untermauerung zu achten ist. Eine baupolizeiliche Genehmigung ist zu dieser Arbeit meines Erachtens nicht erforderlich. Erwin K., 75 275.

Frage 54. Abkühlung der Rauchgase eines Warmwasserkessels. Durch die Hitze der Rauchgase eines Warmwasserheizkessels haben sich im Schornstein große Risse gebildet. Die Räume, durch welche der Schornstein geführt wird, werden derartig erwärmt, daß mir bereits Beschwerde zugegangen ist. Wie könnte dort Abhilfe geschaffen werden? Ließe sich evtl. eine Abkühlung der Rauchgase mit umspülendem Wasser erreichen? Kessel: 1,26 m hoch, 0,68 m Dmr., Rauchaustritt 0,125 m l. W. Das Wasser erreicht eine Temperatur von 95°. Schieber vorhanden. Boyler: 2,53 m lang, 0,72 m Dmr. mit Heizschlange. Schornstein: 27×45 cm, 24 m hoch. Kesselraum: 2 m breit, 4 m lang, 2,4 m hoch.

Antwort. Die Heiz- bezw. Rauchgase Ihres Kessels werden mit zu hoher Temperatur dem Schornstein zugeführt. Schuld daran hat zunächst der zu große Schornsteinquerschnitt, denn bei den Abmessungen des Kessels kann dieser höchstens eine Heizfläche von 2,25 qm haben. Dieses würde 25 000 ÷ 35 000 WE. entsprechen und hierzu ein Schornstein von 14 × 20 cm genügen. Obwohl ein Schieber im Rauchrohr vorhanden ist, so unterbleibt doch die genaue Einstellung. Infolge des großen Schornsteinquerschnittes ist auch der Zug zu stark, die Folge davon ist großer Brennmaterialverbrauch und das Wasser im Kessel wird zu hoch temperiert, denn 95° ist entschieden zu hoch; das Wasser soll höchstens 85° erreichen und darf 90° überhaupt nicht übersteigen. Um das Wasser auf richtige Temperatur zu halten, empfehle ich einen selbsttätigen Feuerungsregler für Warmwasser-Heizkessel Modell „Delta" oder dergl., diese regeln die Verbrennung durch selbsttätige Regelung der Luftzufuhr unter dem Rost. Auch wird dadurch eine große Ersparnis an Brennmaterial erzielt. Was die Abkühlung der Rauchgase durch Wasserumspülung anbetrifft, so steht dem nichts im Wege. Es kann ein sogenannter Wassererhitzer ohne weiteres eingebaut werden. Dieser Apparat kann als Vorwärmer benützt werden und das darin kostenlos erwärmte Wasser zum Speisen des Boylers Verwendung finden, wodurch abermals eine große Brennstoffersparnis erzielt wird. Die Rauchgase selbst können bis auf 120° abgekühlt werden; eine noch tiefere Abkühlung unter 110° ist im Interesse des Schornsteinzuges zu vermeiden. Versuche haben ergeben, daß durch Abkühlen der Rauchgase von 200° auf 120° C 400 WE. pro qm Kesselheizfläche in der Stunde für die Wassererhitzung nutzbar gemacht werden. Infolgedessen müssen die Rauchgasenheizflächen entsprechend dimensioniert werden.

$$W = F \cdot K \cdot \left(\frac{t_1 + t_2}{2} - \frac{t_1' + t_2'}{2}\right)$$

$$W = 1 \cdot 13 \left(\frac{120 + 200}{2} - \frac{10 + 50}{2}\right) = 1690 \text{ WE.}$$

Quadratmeter im Erhitzer eingebaute Rauchgasheizfläche an das zu erwärmende Wasser übertragen wird. Werden also 400 WE. für die Wassererhitzung zurückgewonnen, pro qm Rauchgasheizfläche aber 1690 WE. an das zu erhitzende Wasser übertragen, so folgt, daß die Rauchgasheizfläche = 1/4 der Kesselheizfläche beträgt und zwar bei einer normalen Beanspruchung von 8000 WE. pro Quadratmeter Heizfläche im Kessel. Der Einbau eines Wassererhitzers ist also in diesem Falle sehr zu empfehlen; er bietet durch bedeutende Ersparnisse an Brennmaterial große Vorteile. Ru.

Frage 57. Dachlatten-Befestigung. Welche Arten der Befestigung von Lattungen für Ziegeldachung auf Eisenbetondachhaut sind bis heute in Uebung und welche Konstruktion ist die empfehlenswerteste?

Antwort. 1. Auf der Betondeckung werden z. B. kleine Löcher belassen, die zuvor mit Holzpfropfen ausgelegt sind. Dieselben können zur Aufnahme von Schrauben dienen, die in Zement oder Manganmastixkitt vergossen werden. Die Holzlatten werden darauf, entsprechend durchlocht, aufgesteckt und mit Muttern befestigt.

2. Andersartig legt man auch — z. B. nach Verfahren der Leipziger Zementindustrie Markranstädt — Klammern oder Esseneisen mit je zwei steinschraubenähnlichen umgebogenen Unterlagsstücken in die Betonplatte zuvor ein; das etwas herausragende Klammerflacheisen nebst zwei aufrechten durchlochten Endteilen dient zur Einfassung und Befestigung der Latten. An letzteren können übrigens noch D. Z.-Sturmdrähte angebracht werden, die zum Einlegen der Ziegel dienen.

3. Auf der Betonplatte werden schmale Aussparungen in Abständen von 30 bis 32 cm (wie auch für Ziegel in der Zementwaren-Industrie verbandsseitig bestimmt) gelassen; darin werden die Latten mit stellenweiser Einfüllung von bituminösem Kitt, Kaisermastixkitt oder Braunschweiger Faserzement eingesetzt.

Kropf - Cassel.

Frage 65. Aschen-Bunker aus Eisenbeton. Auf einer Zinkhütte wird beabsichtigt, Bunker, in denen glühende Asche abgelöscht werden soll, aus Eisenbeton zu bauen. Beim Einbringen hat die Asche noch eine Temperatur von + 500 bis 600° C. Die Innenflächen der Bunker sollen mit feuerfesten Steinen (Schamotte) ca. 12 cm stark verkleidet werden. Wird die Hitze, auch wenn die feuerfeste Verkleidung defekt werden sollte, auf den Beton nachteilig einwirken, oder bringt die plötzliche Abkühlung dem Beton Schaden? Sind derartige Bunker schon ausgeführt und evtl. welche Erfahrungen hat man damit gemacht? Wie hat sich sonst Eisenbeton bei großer Hitze verhalten?

Antwort. Bei richtiger Konstruktion, sachgemäßer Wahl der Baustoffe und sorgfältiger Ausführung wird sich eine Eisenbetonkonstruktion gut bewähren. Mir sind Anlagen bekannt, die einer Temperatur von 550° bis 700° ausgesetzt sind und sich gut bewährt haben. Eine feuerfeste Verkleidung ist hier aber nicht angewendet worden. Eine Verringerung der Festigkeitseigenschaften der Eiseneinlagen wird durch eine entsprechende starke Betonumhüllung vermieden. Alle Konstruktionsteile sind frei beweglich zu lagern; da auch die geschützte Betonkonstruktion noch höheren Temperaturen ausgesetzt wird, müssen Dehnungen durch Temperaturwechsel frei vor sich gehen können. Aus diesem Grunde erscheint es nicht sicher, daß die feuerfeste Verkleidung immer die gleichen Bewegungen mitmacht und absoluten Schutz gewährt. Es müßte sicherheitshalber der Beton doch die Eigenschaft haben, bei Defektwerden der Verkleidung ohne Nachteile die hohen Temperaturen vertragen zu können. Eine solche doppelt gesicherte Konstruktion wird natürlich zu teuer, weshalb man besser gleich einen geeigneten Beton ohne Verkleidung anwenden sollte. Für hohe Hitzegrade ist ein magerer, poröser Beton, der etwas mehr als gewöhnlich naß gemischt ist, besser geeignet, als ein fetter, dichter Beton mit hoher Druckfestigkeit. Das geeignetste Mischungsverhältnis läßt sich nur nach genauer Kenntnis der vorhandenen Materialien festsetzen. Der der Hitze ausgesetzte Beton wird etwa 20 bis 30% an Druckfestigkeit, je nach den Zuschlagsstoffen, verlieren, was bei der Konstruktion ebenfalls zu berücksichtigen ist. Quereisen sind reichlich anzuordnen. Schädlich ist natürlich immer eine plötzliche Abkühlung. Ich empfehle Ihnen, sich an einen unabhängigen Spezialisten zu wenden. Durch die Redaktion ist meine Adresse zu erfahren.

DEUTSCHE TECHNIKER-ZEITUNG
HERAUSGEGEBEN VOM DEUTSCHEN TECHNIKER-VERBANDE
BERLIN SW. 48, Wilhelmstraße 130 Schriftleitung: Erich Händeler-Berlin
XXXI. Jahrg. 28. März 1914 Heft 13

Zum Kampf um den Baumeistertitel

Die vom Bundesrat in Aussicht genommene Regelung der Befugnisse zur Führung des Baumeistertitels hat nun wohl sämtlichen Organisationen und Berufsgruppen des Baufaches, soweit sie an dieser Regelung irgendein Interesse haben, Veranlassung zur Stellungnahme in dieser Frage gegeben. In zahlreichen Veröffentlichungen sind Beschlüsse und Vorschläge verbreitet worden, die sich mit dem Titelschutz beschäftigen. Fortlaufend erscheinen neue Beiträge zu dem Thema, gewiß ein Beweis für die Bedeutung, welche man der Lösung der Aufgabe beimißt. Eine Prüfung der zahlreichen Kundgebungen aus den verschiedenen Interessentenkreisen läßt als den Kern aller Meinungsverschiedenheiten die Vorbildungsfrage deutlich und klar heraustreten. Ihr gegenüber treten, wie es scheint, berufliche Leistungen, Befähigung, Können und Wissen zurück. Die größte Unklarheit und Verworrenheit in bezug auf die Baumeistertitelfrage herrscht im Verbande Deutscher Architekten- und Ingenieur-Vereine. Der Geheime Oberbaurat Saran-Berlin hatte guten Grund, als er die Abgeordnetenversammlung des Verbandes in Bromberg im August v. J. davor warnte, der Oeffentlichkeit ein Bild der Uneinigkeit zu bieten, da man daraus den Schluß ziehen werde, die Herren wüßten selbst nicht, was sie wollen. Die Warnung ist ohne Erfolg geblieben. Die Vorschläge, welche der Vorstand zur Annahme empfohlen hatte, wurden nach heftigem Widerstreit der Meinungen zur nochmaligen Prüfung an den Vorstand zurückverwiesen.

Inzwischen hat sich nun im Architekten-Verein zu Berlin eine Sondergruppe der Regierungsbaumeister gebildet, die sich in der Baumeistertitelfrage scharf gegen die Auffassung der Mehrheit im Verbande wendet. Am 18. November v. J. hielt die Gruppe eine Versammlung ab, in der Herr Regierungsbaumeister Streit zur „Baumeisterfrage" einen Vortrag hielt. Er kam dabei zu dem Ergebnis, daß nur solche Techniker für die Verleihung des Baumeistertitels in Betracht kommen könnten, die durch ihre ganze Vorbildung, durch ein abgeschlossenes Hochschulstudium und eine weitere staatlich geregelte und überwachte dreijährige Ausbildung mit anschließendem Examen vor einem der bundesstaatlichen Oberprüfungsämter, die volle Gewähr dafür böten, daß sie nicht nur auf fachlichem Gebiete allein, sondern auch in allen erforderlichen Zweigen der Verwaltung und Volkswirtschaft geschult und mit der einschlägigen Gesetzgebung völlig vertraut seien. Nur die so vorgebildeten Techniker könnten den hohen Anforderungen gerecht werden, die in leitender und beratender Stellung, sei es im Staats-, Kommunal- oder Zivilbureau, heute gestellt werden müssen. In der einstimmig angenommenen Entschließung wurde verlangt, daß der Architekten-Verein zu Berlin in einer Eingabe an den Bundesrat die Regelung des Baumeistertitelschutzes in vorbezeichnetem Sinne beantrage und gleichzeitig das preußische Staatsministerium bitte, diese Forderungen zu unterstützen. Zugleich aber forderte man, daß, falls die Durchsetzung des Antrages beim Bundesrat wider Erwarten auf unüberwindliche Schwierigkeiten stoßen sollte, der Bauassessortitel für alle diejenigen einzuführen sei, die die große Staatsprüfung im Baufache abgelegt haben. Dieser Ansicht hat sich der „Berliner Architekten-Verein" in der Sitzung vom 15. Dezember 1913 grundsätzlich angeschlossen und am 12. Januar 1914 eine entsprechende Eingabe an den Bundesrat gerichtet. Ein Studium dieser Eingabe lehrt, daß die Ziele, welche die Mitglieder des „Berliner Architekten-Vereins" verfolgen, genau dieselben sind, die in einer im vergangenen Jahre im Technoverlag Berlin erschienenen Denkschrift mit dem Titel: „Die Schaffung des deutschen Baumeisters für Zivilangelegenheiten" ausführlich dargelegt worden sind. Diese Denkschrift fordert eine völlige Neuordnung im Bauwesen von Grund auf nach dem Vorbilde der Ordnung des Rechts- und des Medizinalwesens. Der Baumeisterstand soll eine staatlich autorisierte Stellung genießen und dafür ein großes Examen für den Zivildienst verlangt werden. Neben den Ausbildungsgang auf der technischen Hochschule bis zur Diplom-Prüfung hat ein Universitätsstudium in Jurisprudenz und Volkswirtschaftslehre zu treten. Die moderne Zeit benötige für das praktische Bauwesen, nach Ansicht des Verfassers der Denkschrift, Einrichtungen, wie sie auf anderen Gebieten in der Rechtsanwaltschaft und durch die Approbation der Aerzte gegeben seien. Eine Reform des Baustudiums an den technischen Hochschulen wird dabei als Grundbedingung unter dem Gesichtspunkte gefordert, daß nach bestandener Diplom-Prüfung eine weitere Ausbildung bei einer Handelsvertretung, Handwerks- und Gewerbekammer, bei einer wirtschaftlichen Interessenvertretung, bei einer Bank, Hypothekenbank, bei kaufmännischen Betrieben oder größeren Baugesellschaften erfolgen solle. Dem auf diese Weise vorgebildeten „Baumeister" liege die Führung im Zivildienst ob, ihm gebühre eine staatlich autorisierte Stellung, ähnlich der des Arztes und der des Rechtsanwalts. Solche Gedanken lugen aus der erwähnten Eingabe an den Bundesrat vom 12. Januar 1914 überall deutlich hervor und sind zum Teil sogar klar ausgesprochen.

Nicht treffender kann man die Gegensätzlichkeit der Meinungen innerhalb des Mitgliederkreises des „Verbandes Deutscher Architekten- und Ingenieur-Vereine" über die Baumeistertitelfrage beleuchten als durch eine Gegenüberstellung der hier vom „Architekten-Verein zu Berlin" vertretenen Auffassungen mit den Erklärungen, wie sie von der „Vereinigung Berliner Architekten" vorliegen. Es erübrigt sich, an dieser Stelle auf die Beurteilung der Baumeistertitelfrage durch die „Vereinigung" nochmals einzugehen, da wir uns bereits in Heft 42 vom 11. Oktober 1913 ausführlich damit beschäftigt haben. Wenn es angesichts dieser tiefgehenden Meinungsverschiedenheiten in den eigenen Reihen der Verbandsvereine bis heute zu einer Beschlußfassung über die Bromberger Vorschläge noch nicht gekommen zu sein scheint, so ist dies jedenfalls erklärlich. Die Vorschläge sollten ein Kompromiß darstellen und vor allem den Privat-Architekten entgegenkommen. Es gewinnt indessen den Anschein, als ob man an diesem Vermittlungsvorschlag auf keiner Seite rechte Freude empfinden könne.

Die Haltung der technischen Akademiker in der Baumeistertitelfrage ist voller Folgewidrigkeiten. Wie ist denn der jetzt tobende Kampf um den Baumeistertitel entstanden? Die Beschwerden über den Rechtszustand nach § 133 der Gewerbeordnung vom 26. Juli 1897 sind nicht von den Architekten- und Ingenieur-Vereinen ausgegangen, sondern von den Organisationen der Baufachleute, die den Titel „Baumeister" bis zum Inkrafttreten der Novelle zur Gewerbeordnung vom 30. Mai 1908 zu Recht geführt haben. Der „Verband Deutscher Architekten- und Ingenieur-Vereine" verlangte dagegen bereits in einer Eingabe vom 18. Dezember 1894 die Einführung der Titel „Baureferendar" bezw. „Bauassessor" an Stelle des Titels „Regierungsbaumeister" und zwar mit der Begründung, daß der Titel „Baumeister" seitens solcher Herren mehr und mehr in Anspruch genommen werde, die keine Staatsprüfung abgelegt haben. Im Königreich Bayern ist ja tatsächlich die Amtsbezeichnung „Bauassessor" für die etatmäßig angestellten Regierungsbaumeister bereits eingeführt. Warum sind sich die Herren im „Verbande Deutscher Architekten- und Ingenieur-Vereine" nicht konsequent geblieben? Warum erheben sie jetzt Anspruch auf einen Titel, der ihnen nach der geschichtlichen Entwicklung des deutschen Bauwesens gar nicht zusteht? Die Titel „Baureferendar" und „Bauassessor" bezeichnen viel treffender die Amtstätigkeit der höheren Baubeamten, als es die Bezeichnung „Baumeister" vermag. Jene Standesbezeichnungen fügen sich in die Titelreihen der übrigen höheren Verwaltungsbeamten, besonders der Juristen, organisch ein. Wir haben den „Bergreferendar" und den „Bergassessor", den „Forstreferendar" und den „Forstassessor"; ist der „Baureferendar" und der „Bauassessor" nicht viel logischer für die in Frage stehenden Beamtengruppen als der Titel „Regierungsbaumeister"? Man hat in Preußen wie in Sachsen auf den Titel „Bauinspektor" verzichtet, in Sachsen dafür den Titel „Bauamtmann" eingeführt, gewiß weil der Inspektortitel keine Berufsbezeichnung für Akademiker ist. In gleicher Folgerichtigkeit sollte man auch auf den Meistertitel verzichten in jeglicher Verbindung und sich auf Titel einigen wie die vorgeschlagenen.

Aber es scheint immer deutlicher zu werden, daß die treibenden Kräfte in dem Kampf um den Baumeistertitel nicht die etatmäßigen Regierungsbaumeister sind, sondern die Regierungsbaumeister a. D., die in der Hoffnung auf spätere Anstellung im Staatsdienste die Staatsprüfung abgelegt haben, und die nun, da sie eine Verwendung dort nicht finden konnten, die Wahrnehmung machen, daß all der in den Ausbildungsjahren erfolgte Aufwand an Zeit und Mühe ziemlich unnötig war, weil in der Privatpraxis das Staatsexamen durchaus nicht so hoch im Werte steht wie im Beamtentum. Gelegentlich eines Vortrages im Bezirksverein Berlin des „Verbandes Deutscher Diplom-Ingenieure" am 14. Oktober 1913 wies Dipl.-Ing. Berlowitz ausdrücklich darauf hin, daß die Regierungsbaumeister außerhalb des Staatsdienstes keinem Bedürfnis der Volkswirtschaft entsprechen und verlangte, daß der Staat nur für den eigenen Bedarf Regierungsbaumeister ausbilden möge. Freilich die Verwaltungsbehörden dürften kaum ein Interesse daran haben, die Diplom-Ingenieure unbeschränkt in den Vorbereitungsdienst zur Ablegung der Staatsprüfung zu übernehmen, vielmehr legen die technisch gebildeten Akademiker selbst zurzeit noch ein viel zu hohes Gewicht auf diese Ausbildung im Staatsbaudienst und auf das Bestehen des Staatsexamens. Hier muß erst unter den Diplom-Ingenieuren ein gründlicher Wandel über die Bewertung des Staatsexamens für die Privatpraxis einsetzen. Betont muß hierbei allerdings werden, daß nach dieser Richtung hin der „Verband Deutscher Diplom-Ingenieure" konsequent vor sich geht. In seiner Eingabe vom 19. Dezember 1913 wendet er sich dagegen, nach dem akademischen Abschlußexamen, der Diplom-Prüfung, etwa noch eine zweite Prüfung, die Baumeister-Prüfung, einzuführen, da dies der freien Entwicklung nur schädlich sei und den Absichten widerspreche, die man mit der Neuordnung des Prüfungswesens an den technischen Hochschulen — im Jahre 1903 — und mit der Einführung der Diplom-Prüfung verfolgt habe. Der Staatsprüfung im Baufache könne für die Privatpraxis keinesfalls die Bedeutung beigelegt werden, die ihr von manchen Seiten noch immer zugesprochen werde. Vor allem sei es falsch, eine Parallele zwischen dem juristischen und technischen Beruf in bezug auf die Gleichwertigkeit der Vorbildung zu ziehen, da im der Technik nach Abschluß des Studiums die praktischen Anforderungen an die verschiedenen Fachgebiete so weit auseinander gehen, daß von einer Homogenität wie bei den Juristen nicht mehr geredet werden könne. Die Eingabe sagt, daß die Uebertragung der Regierungsbaumeister-Prüfung auf die Privatpraxis als in fachlicher, sozialer und volkswirtschaftlicher Beziehung gleich schädlich sei und fordert für den Fall, daß der Bundesrat Bestimmungen über die Führung des Baumeistertitels erlassen sollte, daß Diplom-Ingenieure, ohne jede weitere Prüfung, auf Grund einer Bewährung in mehrjähriger Tätigkeit in der Privatpraxis zur Führung des Titels „Baumeister" befugt sein mögen.

Dieselben Wünsche vertritt auch der „Deutsche Ausschuß für technisches Schulwesen". Er hat sich in der Frage des Baumeistertitels gegen die Einführung jeder weiteren Prüfung nach der Diplom-Prüfung ausgesprochen und auch wir teilen diese Ansicht.

Aber folgewidrig handelt der „Verband Deutscher Diplom-Ingenieure", wenn er in derselben Eingabe die Auffassung vertritt, daß der heutige Rechtszustand, wie er durch § 133 Abs. 2 der Gewerbeordnung geschaffen sei, allen berechtigten Interessen Rechnung trage, indem er die Führung des Baumeistertitels im Baugewerbe verbiete und damit jede unlautere Konkurrenz den geprüften Handwerksmeistern gegenüber ausschließe. Aus diesem Grunde wird beantragt, der Bundesrat möge von der ihm zustehenden Befugnis, Vorschriften für die Führung des Titels „Baumeister" zu erlassen, absehen, zumal ein Bedürfnis dafür nicht vorliege. Der Verband setzt dabei voraus, daß es keine Schwierigkeiten bieten dürfte, die Königl. Sächs. Regierung zu bewegen, ihre landesgesetzlichen Vorschriften über den Baumeistertitel aufzuheben. Vor nicht allzulanger Zeit verkündete derselbe Verband, daß der Meistertitel als Berufsbezeichnung für akademisch Gebildete nicht geeignet sei, daß angestrebt werden solle, den Titel „Bauamtmann" für alle Diplom-Ingenieure mit zweiter Staatsprüfung zu erwirken, und daß der Titel „Baumeister" den nichtakademisch gebildeten Technikern überlassen werden könne. Die neuere Stellungnahme des Verbandes bedeutet daher eine Schwenkung, die bei der allgemeinen Haltung des Verbandes gegenüber den nichtakademisch gebildeten Technikern jedoch nicht wunder nehmen kann. Nun handelt es sich aber doch nicht allein darum, die unlautere Konkurrenz der ungelernten Bauunternehmer, der Pfuscher und Spekulanten gegenüber den geprüften Handwerksmeistern nach Möglichkeit auszuschließen. Die auf den Baumeistertitel Anspruch erhebenden, auf den deutschen Baugewerkschulen technisch vorgebildeten Baufachleute verlangen diesen Titel als **Standesbezeichnung**, um sich in der Oeffentlichkeit als ordnungsgemäß ausgebildete, vertrauenswürdige Bausachverständige mit **technischer**, nicht allein handwerklicher Vorbildung ausweisen zu können. Und wenn sich der Diplom-Ingenieur-Verband fernerhin der Hoffnung hingibt, daß in dieser Frage Schwierigkeiten seitens der sächs. Regierung nicht zu erwarten sein dürften, so beweist er damit seine Unkenntnis der tatsächlichen Verhältnisse.

Die Königl. Sächs. Staatsregierung hat in jüngster Zeit zweimal durch keinen Geringeren als durch den Ministerialdirektor Exzellenz Dr. Roscher unzweideutige Erklärungen abgegeben. Gelegentlich der Feier des 75jährigen Bestehens der Bauschule zu Leipzig am 11. Okt. 1913 sagte Se. Exzellenz:

„Dank unseren Bauschulen und den seit 71 Jahren abgehaltenen Baumeister-Prüfungen hat sich bei uns ein Baumeister-Stand entwickelt, der beruflich, wirtschaftlich und sozial zu dem Kerne des tüchtigen, vertrauenswürdigen und angesehenen Mittelstandes gehört. Die Sächsische Staatsregierung legt deshalb großes Gewicht auf die Forterhaltung unseres fest eingewurzelten Baumeister-Titels, der auch von den akademisch gebildeten Technikern bei uns nicht angefochten wird."

Und am 13. Dezember 1913 auf dem Fest zur Feier des 400jährigen Bestehens der Innung der Baumeister zu Dresden, zu deren Mitgliedern einst Dresdens größter Baukünstler, der Ratszimmermeister George Bähr zählte, erklärte Se. Exzellenz:

„Die Staatsregierung legt großen Wert darauf, daß der Titel „Baumeister" auch in Zukunft denen zugänglich bleibt, die nach erfolgreicher praktischer Tätigkeit und dem Besuche einer Bauschule ihr Baumeisterexamen bestanden haben."

Die Baumeistertitelfrage ist entstanden aus dem wirtschaftlichen Kampf gegen unlautere Elemente im Baugewerbe, an ihrer Lösung haben zuerst die Vertreter des Baugewerbes gearbeitet. Erst wesentlich später sind die technischen Akademiker auf den Plan getreten und haben gerade diese Frage zu einer Standes- und Ausbildungsfrage für die höheren Baubeamten aufgeworfen. Sie bemühen sich jetzt mit allen Kräften, auf diesem Wege einen tiefgreifenden Einfluß auf die weitere Entwickelung des deutschen Bauwesens zu gewinnen. Damit ist die Kampfesfront völlig verschoben worden. Aus dem Kampf gegen Pfuscher- und Spekulantentum im Baugewerbe ist ein wirtschaftlicher Kampf der technischen Akademiker gegen die nicht akademisch gebildeten Techniker geworden. Man hat in den Kreisen der Mittelschultechniker immer klarer erkannt, um welchen Preis es in diesem Kampfe geht; daher die tiefgehende Anteilnahme auch des Letzten im Berufe. Es kann keinem Zweifel unterliegen, daß es sich darum handelt, die Mittelschultechniker zurückzudrängen, sie als Konkurrenten im wirtschaftlichen Kampfe möglichst ungefährlich zu machen, ihren Anteil an den Erfolgen ihrer geistig technischen Arbeit zu schmälern, sie sozial herabzudrücken.

In Bromberg glaubte man, den rechten Weg gefunden zu haben. Man verlangte als Voraussetzung für die Zulassung zur künftigen deutschen Baumeister-Prüfung das Reifezeugnis einer neunklassigen höheren Lehranstalt. Die Logik ist sehr einfach! Diejenigen jungen Leute, welche, im Besitze des Reifezeugnisses eines Gymnasiums oder einer Oberrealschule, sich dem technischen Berufe widmen wollen, werden ihre Ausbildung an einer technischen Hochschule suchen und daselbst als Abschluß ihrer Studien das Diplom-Examen ablegen. Wenn hier und da einmal wirklich eine Ausnahme von dieser Regel zu finden sein sollte, so beweist dies nichts, jedenfalls ist die Zahl derer so verschwindend klein im Verhältnis zur Gesamtzahl der angehenden Baubeflissenen, daß sie völlig außer acht bleiben kann. Alle die zahlreichen Baufachleute, die nach Absolvierung einer Baugewerkschule ihre technische und künstlerische Ausbildung durch Besuch einer Akademie oder technischen Hochschule als Hörer bez. Hospitant erweitert haben und doch gewiß dann ebenfalls als „akademisch gebildet" zu gelten haben, wären nach den Forderungen des „Verbandes Deutscher Architekten- und Ingenieur-Vereine" von der Zulassung der Prüfung ausgeschlossen. Dabei gehen gerade aus den Kreisen der so Vorgebildeten unsere besten und anerkanntesten Fachleute hervor. Und welcher Widerspruch weiter in dem Vorschlage des „Verbandes", daß nur „hervorragend künstlerische Befähigung" das Maturitätsexamen soll ersetzen können! Warum soll ein Baufachmann, der über eine außergewöhnliche praktische Befähigung verfügt, der ein hervorragend tüchtiger Konstrukteur ist, dem Baukünstler gegenüber zurückstehen? Haben die Fachleute des Straßen-, Brücken-, Wasser- oder Eisenbahnbauwesens nicht denselben Anspruch auf den Baumeistertitel wie die Fachleute des Hochbaues? In Nr. 18 der Baugewerks-Zeitung vom 4. März 1914 schreibt hierzu Dipl.-Ing. Max Brücklmeier-München:

„Ganz besonders befremden muß aber die Forderung der „hervorragenden künstlerischen Befähigung" von den Baumeisterkandidaten ohne Gymnasial- oder Oberrealschulabsolutorium. Mit welchem Recht verlangt man von diesen eine „hervorragende künstlerische Befähigung"? Wie steht es denn mit der künstlerischen Befähigung mancher Regierungsbaumeister? Sind diese etwa mit dem Ablegen der Prüfung für den höheren Staatsdienst Inhaber von Patenten auf die künstlerische Befähigung geworden? Es wird behauptet, daß es auch Regierungsbaumeister gibt, deren künstlerische Ader bis heute noch niemand entdeckt hat, von „hervorragender" künstlerischer Befähigung gar nicht zu reden. Wie in jeder Berufssphäre gibt es auch bei den Regierungsbaumeistern Leute, die Hervorragendes und solche, die Mittelmäßiges oder weniger leisten."

Es ist durchaus nicht einzusehen, warum der Baumeistertitel nur auf der Grundlage des Maturitätszeugnisses einer neunstufigen höheren Lehranstalt erteilt werden soll. Glaubt man im Ernst wirklich daran, daß der junge Mann im bautechnischen Berufe künftig nicht mehr wird in Ehren bestehen können, ohne alle die mühsam erlernten philologischen Kenntnisse, die ihm das Gymnasium vermittelte, ohne daß er Homer und Cicero oder auch Rousseau und Shakespeare im Urtext zu lesen vermag, ohne die Geschichte der alten Griechen und Römer systematisch gepaukt zu haben? Vielleicht aber wird der freie Blick des jungen Mannes, der sich der Technik widmen will, durch allzu intensive Beschäftigung mit derlei Wissenschaften nur allzu getrübt für die Wirklichkeiten des praktischen Lebens, insonderheit für die Anforderungen des technischen Berufes, wo es vor allem gilt, rasch und sicher das Zweckmäßige zu erkennen, Raum- und Formbilder im Gedächtnis festzuhalten, die Vorstellungskraft zu stärken.

Zweifellos besitzt die große Mehrheit unserer heutigen anerkannten Architekten nicht das Maturitätszeugnis einer neunklassigen höheren Lehranstalt, sind darum die Leistungen, die Erfolge dieser Herren minderwertiger als die der anderen? Wenn Mißstände im heutigen Bauwesen vorhanden sind, und sie sind in reichem Maße vorhanden, von allen Seiten ohne Ausnahme wird dauernd darauf hingewiesen, tragen denn die auf den deutschen Baugewerkschulen ausgebildeten Baufachleute die Schuld daran? Ist ihre Ausbildung so minderwertig, ihr Können und Wissen so unzulänglich, daß eine Gesundung des deutschen Bauwesens nur von den technischen Hochschulen in Verbindung mit den Gymnasien und Oberrealschulen erwartet werden kann? Die Leistungen unserer technischen Hochschulen in allen Ehren, aber den deutschen Baugewerkenschulen auch das Recht, das ihnen zukommt! Nicht Unterdrückung, nicht Verkleinerung, sondern Hebung und Förderung derer, die ihnen ihre Ausbildung verdanken!

Man trete nur mit Ernst an eine objektive Prüfung der Lehrgänge an den deutschen Baugewerkschulen heran! Drei Jahre lang hat der junge Mann auf der Baustelle oder auf dem Werkplatz praktisch zu arbeiten und darnach seine Gesellenprüfung abzulegen. In fünf Halbjahren vollendet er seine technische Ausbildung an einer Bauschule. In der zwischen den einzelnen Unterrichtshalbjahren liegenden Zeit sucht er Beschäftigung in Baubureaus und wird zufolge seiner, den praktischen Anforderungen angepaßten Ausbildung im Gegensatz zum jungen Hochschultechniker gern angenommen. Dieser neben der schulmäßigen einhergehenden praktischen Ausbildung auf Baustelle, Werkplatz und Baubureau hat der Hochschultechniker nichts Gleichwertiger gegenüber zu stellen. Wenn nun der Lehrplan einer Baugewerkschule 5 Halbjahre, der Studiengang an einer Hochschule in der Regel 8 Semester umfaßt, so kann aus diesem Zeitunterschiede allein kein Schluß auf das Ergebnis der Ausbildung gezogen werden. Zunächst darf die praktische Ausbildungszeit, die dem Besuche einer Baugewerkschule vorausgeht, gewiß nicht ganz unberücksichtigt bleiben und dann entscheidet nicht die Länge des Studiums, sondern die Intensität der Arbeit während der Ausbildungszeit. Hier aber stehen die Baugewerkschulen mit ihrem Arbeitszwang ungleich günstiger da als die technischen Hochschulen, wo Lernfreiheit besteht und der Unterschied im Winter- wie im Sommersemester durch sehr lange Ferien unterbrochen wird. Im übrigen kann ohne Uebertreibung behauptet werden, daß in technischer Beziehung der an den Baugewerkschulen dargebotene Stoff nicht im mindesten zurücksteht gegenüber dem, der von den Studierenden des Hochbaues an technischen Hochschulen zu bewältigen ist. Soll nun auch durchaus nicht der Unterschied zwischen Bau- und Hochschule verwischt werden, der kurz gefaßt darin besteht, daß man an den Hochschulen zwar mehr lernen **kann** aber nicht unbedingt mehr lernen **muß**, so darf doch nicht unterlassen werden, darauf hinzuweisen, daß die Bemühungen gewisser Akademikerkreise, die sich an der Erweiterung der Kluft zwischen den Mittelschultechnikern einerseits und den Hochschultechnikern andererseits nicht genug tun können, tieferer Berechtigung entbehren. Zieht man aber gar sächsische Verhältnisse zur Untersuchung heran, wird man zu überraschenden Ergebnissen gelangen. Im Königreich Sachsen bestehen bekanntlich Baumeister-Prüfungsbehörden auf Grund landesgesetzlicher Bestimmungen. Man vergleiche die vor den sächsischen Behörden abgelegten Baumeister-Prüfungsarbeiten*) mit den Prüfungsarbeiten, wie sie für die Prüfungen zum höheren technischen Staatsdienst im Hochbaufache vorgelegt werden und wird bei sachlicher Beurteilung erstaunt sein über den hohen Grad der Leistungen, der bei den sächsischen Baumeister-Prüfungsarbeiten zu finden ist.

Nun wird im Kampf um den Baumeistertitel von gewisser Seite immer wieder betont, daß der „Baumeister" ein „Meister im Bauen" sein müsse und daß der Anspruch darauf „Meister im Bauen" zu sein, nur denen zustehe, welche die große Staatsprüfung im Baufach abgelegt haben. Dazu sagt Dipl.-Ing. Brücklmeier in Nr. 16 der Baugewerks-Zeitung vom 25. Februar 1914 sehr treffend:

„Wer die Verhältnisse auch nur einigermaßen kennt, weiß, daß der Staatsbaupraktikant, der seine Vorbereitungspraxis bei einem kleinen Landbauamt zugebracht hat, bei dem innerhalb dieser Zeit etwa ein Pfarr- oder Forsthaus als einziger Neubau in Ausführung begriffen war, selbst nach Ablegung des Staatsexamens alles andere ist, nur kein „Meister im Bauen". Man kann dies nicht einmal von einem Architekten behaupten, der in einem großen Baugeschäft tätig war und vielleicht über die dreifachen Kenntnisse des Staatspraktikanten verfügt, wenn man von den beim heiligen Bureaukratius gebräuchlichen Formalitäten absieht. Die Kunst des „Meisters im Bauen" ist keine Wissenschaft, die auf einer Hochschule gelehrt werden kann, es handelt sich dabei keineswegs um Dinge, die bei der Prüfung für den höheren Staatsbaudienst verlangt werden, sondern um praktische Fragen, welche die Erfahrung lehrt."

Also, worauf sind die Vorschläge des „Verbandes Deutscher Architekten- und Ingenieur-Vereine" gerichtet? Darauf, die auf den Baugewerkschulen vorgebildeten Baufachleute unter allen Umständen von der Berechtigung zur Führung des Baumeistertitels auszuschließen! Deshalb soll die Beurteilung nicht erfolgen nach den tatsächlichen Leistungen, nicht nach der vorhandenen Befähigung, nach dem Können und Wissen, sondern nach der Schulbildung! Der Besitz des Maturitätszeugnisses einer neunklassigen höheren Lehranstalt ist die conditio sine qua non! Das Maturitätszeugnis soll angeblich das Vorhandensein einer „abgeschlossenen wissenschaftlichen Allgemeinbildung" verbürgen, ohne die der künftige deutsche Baumeister nicht auszukommen vermag. Wir meinen, daß ein Mensch auch ohne Reifezeugnis über eine bedeutend abgeschlossenere Bildung verfügen kann als die durch Stempel und Unterschrift bescheinigte. Das Maturitätszeugnis darf nicht zur Voraussetzung für die Zulassung zur künftigen deutschen Baumeisterprüfung erhoben werden. Der Kampf hat sich zuerst gegen diese Bestimmung der Bromberger Vorschläge zu richten. Die Stellung des Bundesrats ist noch nicht bekannt geworden, es verlautbaren darüber die sich widersprechendsten Mitteilungen. Man wird zum Bundesrat das Vertrauen haben können, daß er die Gründe gegen die Bromberger Vorschläge gerecht prüft.

Die auf den deutschen Baugewerkschulen ausgebildeten Baufachleute haben nach der historischen Entwickelung des deutschen Bauwesens Anspruch auf den Baumeistertitel. Darüber hilft keine Dialektik hinweg. Es ist geschichtlich nachweisbar, daß sich der Baumeisterstand vom Mittelalter bis herauf in die neueste Zeit aus dem Handwerkerstande heraus entwickelt hat, daß also die Berufsausbildung mit dem Erlernen eines Bauhandwerks begonnen hat. Berühmte Baumeister der Gegenwart sind noch heute stolz auf ihre handwerkliche Vor- und Ausbildung. Unrichtig ist es daher auch, die auf den Baugewerkschulen ausgebildeten Baufachleute zu den Handwerkern zu zählen. Sie sind gewiß aus dem Handwerk hervorgegangen, aber über dasselbe hinausgewachsen, sie sind Techniker geworden und erheben als solche folgerichtig und mit historischem Recht Anspruch auf den Baumeistertitel.

Man hat den Titel „Baugewerksmeister" den Mittelschultechnikern bescheren wollen. Der Titel „Baugewerksmeister" ist kein Titel, der das Wesen und Wirken des Berufes bezeichnet, für den der Mittelschultechniker unserer Zeit vorgebildet wird. Die technischen Mittelschulen von heute sind keine Handwerkerfachschulen. Der Titel „Baugewerksmeister" bezeichnet im günstigsten Falle einen Mann, der in mehreren Handwerksarten Meister ist. Als Standesbezeichnung für die ordnungsgemäß ausgebildeten Mittelschultechniker ist dieser Titel nicht geeignet, wir müssen ihn daher unbedingt ablehnen.

Zum mindesten müssen wir verlangen, daß der erfolgreiche Besuch einer deutschen Baugewerkschule ausreicht, um zur künftigen deutschen Baumeisterprüfung zugelassen zu werden. Wie man die Prüfungsordnung im übrigen einrichtet, ist eine Frage 2. Ranges. Wenn wir bisher als Norm immer die Prüfungsordnung vorgeschlagen haben, wie sie

*) „Sächsische Baumeister-Prüfungsarbeiten." Verlag von H. A. Ludwig Degener, Leipzig.

im Königreich Sachsen besteht, so lag der Grund dafür darin, daß sich diese Prüfungsordnung ausgezeichnet bewährt hat. Es liegen keine Bedenken vor, diese Prüfungsordnung nach der einen oder anderen Seite hin auszubauen oder zu erweitern, wenn man den auf den Baugewerkschulen vorgebildeten Baufachleuten die Möglichkeit offen hält, die Baumeisterprüfung abzulegen. Wie sich in Sachsen die technischen Akademiker daran gewöhnt haben, daß der Baumeistertitel auch von Nichtakademikern rechtmäßig erworben werden kann, so werden sie sich auch in den anderen deutschen Bundesstaaten daran gewöhnen, wenn erst der Bundesrat dahingehende Bestimmungen erlassen haben wird. Den akademisch gebildeten Technikern stehen Titel und Standesbezeichnungen reichlich zur Verfügung, die sie vor den übrigen Bevölkerungsschichten auszeichnen, gegenüber anderen Gruppen hervorheben; bei eintretendem Bedürfnis können diese Titel auch noch weiter vermehrt werden (Baureferendar, Bauassessor, Bauamtmann). Den Hochschultechnikern wird damit nichts genommen, wenn auch den Nichtakademikern das Recht zur Erwerbung des Baumeistertitels erhalten bleibt. Den auf den deutschen Baugewerkschulen vorgebildeten Baufachleuten dagegen steht keine andere Standesbezeichnung offen als der Baumeistertitel. Sie können folgedessen nie darauf verzichten!

SOZIALPOLITIK

Gegen jeden sozialpolitischen Fortschritt

machte wieder einmal die Vereinigung deutscher Arbeitgeberverbände in ihrer Mitgliederversammlung am 13. März unter der Aegide des Hannoverschen Großindustriellen Garvens und des als Scharfmacher hinreichend bekannten Dr. Tänzler Front. Daß der verstärkte Schutz der Arbeitswilligen wieder gefordert wurde, nimmt nicht weiter wunder. Im Grunde genommen freut man sich ja über die Zusage des preußischen Ministers des Innern, daß mit Hilfe der Straßenpolizei das Streikpostenstehen verschärft werden soll; man weiß zu genau, was alles durch Polizeimaßnahmen zu erreichen ist. Aber das Schlagwort „Schutz der Arbeitswilligen" klingt zu schön, als daß man es ruhen lassen könnte. Mit seiner inneren Unwahrhaftigkeit ist es nur zu gut dazu angetan, die Begriffe zu verwirren und — wie in der Tat die Gefolgschaft allerhand Mittelstandsorganisationen zeigt — Wählerstimmen einzufangen, denen sonst an einer Unterdrückung der Koalitionsfreiheit nichts gelegen sein kann. Man klagte in einer Resolution über die „Willkür der Gewerkschaften" — natürlich nicht nur der „freien", sondern auch der Hirsch-Dunckerschen und der christlichen —, die „unerträglich" geworden sei, und forderte die sofortige Einbringung eines Gesetzes für den Arbeitswilligenschutz. Es wurde eine Kommission eingesetzt, die positive Vorschläge zur „Fortbildung" des geltenden Reichsrechts ausarbeiten soll. Was bei diesen Arbeiten herauskommt, kann man schon vorhersagen. Nicht anderes als die Forderung, daß die Koalitionsfreiheit für die — Arbeitnehmer aufgehoben werden soll. Für die Arbeitgeber nimmt man die uneingeschränkte Koalitionsfreiheit nach wie vor in Anspruch, ja nicht nur die Koalitionsfreiheit, sondern auch das Recht, einen Zwang zur Koalition ausüben zu dürfen. Diesen Bestrebungen gilt es die einmütige Forderung aller Arbeitnehmer gegenüberzustellen: Beseitigung aller Einschränkungen des Koalitionsrechts der Arbeitnehmer, Aufhebung der §§ 152 Abs. II und 153 der Gewerbeordnung, wie es auch der Gesamtvorstand unseres Deutschen Techniker-Verbandes gefordert hat.

Daß die Vereinigung deutscher Arbeitgeberverbände auch die Arbeitslosenversicherung in Grund und Boden verdammen würde, war ebenfalls vorauszusehen. Hatten sich doch die Organe der Arbeitgeberverbände in der Bekämpfung der Arbeitslosenversicherung in der letzten Zeit nicht genug tun können. Daß zur Zeit des großen Schneefalls sich in Berlin nicht genug Schneeschipper gefunden hatten, wurde damals als Beweis dafür angeführt, daß die Arbeitslosigkeit in Berlin nicht so groß sein könne; diese Arbeitslosen wollten eben nicht arbeiten! Dr. Tänzler forderte in der Versammlung dazu auf, der Propaganda für die Arbeitslosenversicherung in den Stadtparlamenten mit aller Entschiedenheit entgegenzutreten. Nun, viel Arbeit wird da nicht erwachsen. Es gibt leider nur sehr wenige Kommunen, die sich ihrer Pflicht gegenüber den Arbeitslosen bewußt sind; das preußische Dreiklassenwahlrecht zu den Stadtparlamenten gibt Sicherheit genug gegen derartige „sozialpolitische Experimente", und das Vorgehen des bayerischen Staates wird auf die Staaten, in denen die Vereinigung der Arbeitgeberverbände ihre Mitgliedschaft hat, vorläufig nicht abfärben.

Neu war auf der Tagung der Arbeitgeber aber der Protest gegen das einheitliche Arbeitsrecht, zu dem ebenfalls Dr. Tänzler aufrief. Noch steckt die Forderung in den Kinderschuhen, noch ist es von den Angestelltenverbänden erst ein kleiner Teil, der die Notwendigkeit dieser Forderung erkannt hat, und schon regt sich der Widerstand der vereinigten Arbeitgeber. In den dunkelsten Farben schilderte Dr. Tänzler die Folgen des einheitlichen Arbeitsrechtes. „Abschaffung des Kündigungsrechtes der Arbeitgeber", „Schaffung einer Art Beamtenverhältnis für die Arbeiter, demgegenüber der Arbeitgeber mehr oder weniger machtlos sein würde" und ähnliche Prophezeiungen malt er den Versammelten als warnendes Menetekel an die Wand.

Die alten Handlungsgehilfenverbände müßten doch eigentlich aus dieser Furcht der Arbeitgeber vor dem einheitlichen Arbeitsrecht ersehen, wie töricht ihre Furcht ist, daß durch die Vereinheitlichung das Recht der Handlungsgehilfen verschlechtert werden könnte. Eigentlich bürgte schon die fortschrittliche Haltung der Technikerorganisationen dafür, daß ein schlechteres Recht, als es das H. G. B. jetzt bietet, nie angenommen werden würde.

Aus der ablehnenden Haltung der Arbeitgeber können wir wieder sehen, daß wir mit der Forderung eines einheitlichen Angestelltenrechtes, eines einheitlichen Arbeitsrechtes, auf dem richtigen Wege sind. Soll uns diese Tagung der vereinigten Arbeitgeberverbände wieder ein Ansporn dafür sein, den Gedanken des einheitlichen Arbeitsrechtes noch weiter als bisher in die Oeffentlichkeit zu tragen. Hdl.

*

Gegen die Forderungen der Angestellten

machte auch der Deutsche Handelstag mobil. Mit Recht ist verschiedentlich gesagt worden, daß dieses Organ sich „Deutscher Industrietag" nennen sollte. Denn lediglich die Interessen der Großindustrie sind es, die dort zu Worte kommen. Auf dieser Tagung vom 18. März waren es vor allem die antisozialen Tendenzen, der Großindustrie, die dem Handelstag das Gepräge gaben. Zuerst fühlte man sich veranlaßt, über die Zusammensetzung des Reichstags zu klagen, in dem Handel und Industrie zu wenig vertreten wären. Der Referent Dr. Brandt von der Handelskammer in Düsseldorf warf dem Reichstag vor, er richte seine Politik einseitig nach den Wünschen der Massen, er habe stets die Wirkung auf die Massen mehr im Auge als die Wirkung auf das Wirtschaftsleben. Dr. Brandt erging sich in so starken Vorwürfen gegen die Tätigkeit der Reichstagsabgeordneten, daß sich der Präsident des Handelstages, Dr. Kaempf, in seiner Eigenschaft als Präsident des Reichstages veranlaßt sah, gegen die beleidigenden Ausführungen Verwahrung einzulegen.

Auf den gleichen Ton war die Rede des Vertreters der Hamburger Detaillistenkammer, Schmersahl, gestimmt, der eine Resolution über den Gesetzentwurf zur Sonntagsruhe begründete. Er ersuchte, unter lebhaftem Beifall, die Regierungen und den Reichstag, nicht immer nur auf die Wünsche der Angestelltenverbände zu hören, sondern auch die Interessen des Handelsstandes zu wahren! Man sollte es nicht für möglich halten, daß solche Worte ohne den lebhaftesten Widerspruch zu einer Zeit fallen können, wo die Regierungen den fast einmütigen Forderungen aller Angestellten zur Konkurrenzklauselfrage und zur Sonntagsruhe ihr entschiedenes Nein im Interesse der Unternehmer entgegengesetzt haben. Nicht Handel und Industrie haben sich darüber zu beklagen, daß sie nicht gehört werden; ihr Einfluß reicht leider viel zu weit! Die Angestellten müssen vielmehr verlangen, daß ihre berechtigten sozialen Wünsche im Interesse des Wohlstandes der ganzen Nation vom Reichstage mehr wahrgenommen werden.

Das sozialpolitische Niveau des Handelstages war vor allem durch das Referat von Justizrat Dr. Haeuser-Höchst über den

Patentgesetzentwurf gekennzeichnet. Ohne jegliche Debatte wurde nach dem Referat folgende Resolution angenommen:

„Die im „Deutschen Reichsanzeiger" vom 11. Juli 1913 veröffentlichten vorläufigen Entwürfe eines Patentgesetzes, eines Gebrauchsmustergesetzes und eines Warenzeichengesetzes stellen formell eine Verbesserung der Bestimmungen über den gewerblichen Rechtsschutz dar. Sachlich sind sie manchen Bedenken ausgesetzt, die für die Entwürfe eines Patent- und eines Gebrauchsmustergesetzes so schwer sind, daß diese Entwürfe in der vorliegenden Fassung unannehmbar erscheinen und ihnen gegenüber der gegenwärtige Rechtszustand den Vorzug verdient."

„Das bisherige Patentgesetz hat sich im großen und ganzen durchaus bewährt. Es sind daher seine Grundlagen beizubehalten und nur solche Aenderungen an ihnen vorzunehmen, für die ein allgemeines Bedürfnis sich geltend gemacht hat. Auch der Entwurf geht nach den Erläuterungen grundsätzlich von derselben Auffassung aus. Er bringt indessen eine Reihe von Aenderungen, die mit dieser Auffassung nicht im Einklang stehen und zu den schwersten Bedenken Anlaß geben. Hierher gehören insbesondere die Bestimmungen des Entwurfs über das Erfinderrecht, über die sogenannte Erfinderehre und über die Angestellten-Erfinder. Der Deutsche Handelstag ist der Ansicht, daß die Vorschriften des geltenden Gesetzes, wonach der erste Anmelder auf die Erteilung des Patents Anspruch hat, keinen Anlaß zu wesentlichen Beanstandungen gegeben haben und daher als praktisch bewährt beizubehalten sind. Für die Frage, wie die sogenannte Erfinderehre zur Anerkennung gebracht werden könnte, bieten die Bestimmungen des Entwurfs keine die Interessen der Industrie hinreichend wahrende Lösung. Bestimmungen über eine Vergütung an Angestellten-Erfinder gehören nicht in das Patentgesetz hinein; die Vorschläge des Entwurfs stellen auch keine vom engeren Interessenstandpunkt des Angestellten aus befriedigende Regelung dar, namentlich aber sind sie grundsätzlich nicht gerechtfertigt, weil sie unter Außerachtlassung der heutigen Organisation der erfinderischen Tätigkeit in den industriellen Unternehmen von der unrichtigen Auffassung ausgehen, daß hinsichtlich der Vergütung für ihre Leistungen die Angestellten-Erfinder mit einem anderen Maßstabe gemessen werden müßten, als die zahlreichen anderen, um die technischen Fortschritte tatsächlich nicht minder verdienten Angestellten. Auf der anderen Seite läßt der Entwurf Aenderungen vermissen, für die ein allgemeines Bedürfnis hervorgetreten ist. Insbesondere gehört hierher der Ausbau des Instanzenzugs im Erteilungsverfahren zugunsten des Anmelders. Es ist erforderlich, zugunsten des Anmelders eine weitere Instanz dadurch zu schaffen, daß gegen die Entscheidung des Einzelprüfers in erster Instanz die Beschwerde an eine mit drei Mitgliedern zu besetzende Beschwerdeabteilung gewährt wird und als dritte Instanz ein Beschwerdesenat zu entscheiden hat, dessen Mitglieder nicht an der Entscheidung der zweiten Instanz mitgewirkt haben dürfen."

Also unannehmbar! Nicht einmal Anerkennung der Erfinderehre, die in der Entschließung sogar noch mit dem Wort „sogenannte" beleuchtet wird. Haben die Herren des Deutschen Handelstag denn nicht einen Funken Verständnis für die Ansprüche des angestellten Erfinders? Durch diese Haltung zur Erfinderehre, deren Anerkennung den Herren doch eigentlich direkt nichts kostet, wird die Taktik in das rechte Licht gerückt, die in der Behauptung liegt, daß Bestimmungen über die Vergütung an Angestelltenerfinder nicht in das Gesetz hineingehörten. Es ist leider die Gefahr vorhanden, daß die Regierungen diesen Einflüsterungen der Arbeitgeber nachgeben. Aber sämtliche Angestellte sind sich wohl darüber einig, daß ohne diese Bestimmungen das Gesetz für die Angestellten einfach unannehmbar ist. Charakteristisch ist auch das Bestreben der Resolution, die Etablissementserfindung in den Vordergrund zu rücken; systematisch wird die Tätigkeit der technischen Angestellten als unbedeutend hingestellt und alles der Tätigkeit des organisierten Kapitals zugeschrieben. Sonderbar nur, daß es in Deutschland anders sein soll als in den vielen anderen Staaten, in denen das Prinzip des Erfinderrechts durchgeführt ist.

Hdl.

STANDESFRAGEN

Eine Herabsetzung der Baugewerkschule

Die „Deutsche Bauzeitung" berichtet in ihrer Nr. 15 vom 21. Februar über eine Versammlung des Frankfurter Architekten- und Ingenieurvereins, in der Prof. Unger, Direktor der Kgl. Baugewerkschule zu Frankfurt a. M., einen Vortrag über die Reform dieser Anstalten gehalten hat. Nach dem Bericht soll Prof. Unger in seinem Ueberblick über den Werdegang der seit 1908 durchgeführten Neuerungen als deren Kernpunkt besonders betont haben, daß die Baugewerkschulen Preußens keine Konkurrenz für Architekten-Heranbildung, sondern Erziehungsanstalten für Werkmeister sein sollten.

Es mußte einigermaßen befremden, daß der Direktor der preußischen Baugewerkschule es für nötig befunden haben soll, die Absolventen der von ihm selbst geleiteten Anstalt als „Werkmeister" zu klassifizieren. Wir wandten uns daher direkt an Herrn Prof. Unger und erfuhren, daß der Bericht in der „Deutschen Bauzeitung" unrichtig ist. Wie uns Herr Prof. Unger schreibt, hat er bei seinem Vortrag nur darauf hingewiesen, daß die Baugewerkschulen in ihrer Entstehung vor allem Schulen für die Ausbildung von Baugewerksmeistern waren, während sie heute mehr und mehr zu Fachschulen für Techniker des Hoch- und Tiefbaues geworden sind. Das in baugewerklichen Kreisen ganz ungebräuchliche Wort „Werkmeister" habe er in seinem Vortrag im Frankfurter Architekten- und Ingenieurverein überhaupt nicht verwendet. Seine Ausführungen seien in dem Bericht ganz unvollkommen und in den Einzelheiten durchweg unrichtig wiedergegeben.

Dies sei zu unserer Genugtuung hiermit festgestellt. Der Frankfurter Architekten- und Ingenieurverein aber sollte mit der Auswahl seiner Berichterstatter etwas vorsichtiger sein. Ob es sich in dem Bericht um eine tendenziöse Entstellung in der Hitze des Kampfes um den Baumeistertitel handelt, wollen wir dahingestellt sein lassen. Der Schein spricht dafür. Denn wenn wir nicht sehr irren, ist der Frankfurter Verein, in dem der Vortrag stattfand, ein Zweigverein des Verbandes Deutscher Architekten- und Ingenieurvereine oder steht ihm wenigstens sehr nahe. Diesem wäre es freilich sehr angenehm gewesen, wenn er sich bei seinem Bestreben, den Mittelschultechniker von der Erlangung des Baumeistertitels auszuschließen, auf eine Autorität wie den Direktor einer Baugewerkschule hätte berufen können.

Von der „Deutschen Bauzeitung" dürfen wir wohl erwarten, daß sie den irreführenden Bericht auch ihrerseits richtigstellt.

Mf.

*

Ein altes Unrecht

wird durch die Novelle zur preußischen Besoldungsordnung, die dem Abgeordnetenhaus zugegangen ist, gut gemacht werden — der Grundsatz, daß die Bezüge gleichartiger Beamten im Reich und in Preußen, als dem größten Bundesstaat, übereinstimmen sollen, wurde bei der Neuordnung im Jahre 1909 für einige Beamtengruppen durchbrochen. Nach endgültiger Verabschiedung der preußischen Gehaltsstufen für die Assistentenklasse bewilligten Reichstag und Bundesrat den Assistenten im Reiche ein höheres Einkommen.

Nunmehr sieht die Novelle eine Gleichstellung dieser Beamtengruppen vor. Auch 3000 Techniker der preußischen Staatsbahnen erhalten dadurch eine Gehaltsaufbesserung. Die technischen Bureauassistenten, techn. Oberbahnassistenten, die Bahnmeister und die technischen Betriebssekretäre erhielten bisher ein Anfangsgehalt von 1650 M, das in 21 Dienstjahren auf 3300 M stieg. Mit Annahme der Novelle, die am 1. April 1914 in Kraft treten soll, wird der Anfangsgehalt 1800 M betragen. Mit einer Zulage von 300 M und sechs weiteren Zulagen von je 250 M in dreijährigen Abständen wird nach 21 Dienstjahren das Höchstgehalt von 3600 M erreicht. —

Erfreulich bleibt die Wahrnehmung, daß der Minister die erste Zulage höher normiert hat, ein Schritt auf dem Wege dahin, den Beamten zu Zeiten großer Ausgaben für die Erziehung der Kinder auskömmlich zu besolden.

Die gute Lage der preußischen Finanzen beruht hauptsächlich darauf, daß im Jahre 1913 das in den Staatsbahnen festgelegte Kapital sich mit $7^1/_3$% verzinste. Zu diesem glänzenden Ergebnis dürften die Techniker ihr Teil beigetragen haben, so daß auch wir von den preußischen Abgeordneten eine zustimmende Haltung erwarten.

Beschwerden

über unregelmäßige Zustellung der Zeitung sind, wenn sie bei dem zuständigen Postamt keinen Erfolg haben, **ausschließlich an die nachstehende Adresse zu richten.**

Deutscher Techniker-Verband
Abteilung V
Berlin, Wilhelmstraße 130.

DEUTSCHE TECHNIKER-ZEITUNG
TECHNISCHE RUNDSCHAU

XXXI. Jahrg. 28. März 1914 Heft 13

Die Wiederherstellung von kirchlichen Bauwerken

Von Dr. SCHEFFER.

Die Auffassung, daß es sich bei solchen Wiederherstellungen doch eben nur darum handele, Verfallendes vor gänzlichem Verfall zu bewahren und es für eine weitere Zukunft durch technische Mittel zu erhalten — dieser Auffassung tritt jede Schilderung solcher Wiederherstellungsarbeiten entgegen, wie wir sie im 19. Jahrhundert erlebt haben. Denn man ging eben nicht von der theoretisch gewiß einfachen Sachlage aus, daß Verfallendes zu erhalten sei; so, wie wir heute die Ruinen des Heidelberger Schlosses als ein unversehrtes Denkmal denkwürdiger geschichtlicher Vorgänge und ein mit der Neckar- und Rheinlandschaft in mehreren Jahrhunderten eng verwachsenes romantisches Motiv zu erhalten trachten. Sondern man sah in diesen Wiederherstellungen dem buchstäblichen Wortsinn nach die Aufgabe: Gewesenes in seinem ursprünglichen Zustand wieder herzustellen. Diese Geistesrichtung sah in einer großen Kirche, in einem alten Dom nicht Denkmäler, die in der Zeit ihrer oft jahrhundertelangen Lebensdauer einen langsamen Zuwachs an Kunstwerken sowohl am Bau selbst wie an seiner inneren Ausstattung und Ausschmückung erhalten hatten, und sich so als ein lebendiger Längsschnitt durch die Kunst- und Kulturgeschichte verschiedener Landschaften und Zeiten darstellten. Sie sah in einem solchen Bauwerk vielmehr ein aus einer ferngerückten Stilepoche überkommenes Baudenkmal; ein Denkmal jedoch, an dem die der ersten Bauepoche oder dem ersten Entwurf folgenden Zeiten sich durch wesensfremde Zutaten versündigt hätten. So daß — im streng gefaßten Sinn des „Wiederherstellens" — es nun nichts wichtigeres zu tun gäbe, als eben diese „wesensfremden" Zutaten wieder zu beseitigen und so das alte Bauwerk krampfhaft im Stil seiner eigenen Jugendzeit wieder erstehen zu lassen.

Abb. 1. Chor der Jakobikirche in Chemnitz.

Die so dachten, entfernten nun aus Kirchen und Kapellen, was nicht aus der Zeit ihrer Erbauung stammte; oder, sofern das Bauwerk selbst unvollendet geblieben war, vollendeten sie es nun streng in dem Stil, der für das Bauwerk charakteristisch war. Als hervorragendstes Beispiel dieser Art ist die Vollendung des Kölner Domes allenthalben bekannt. Es hat diese Vollendung — die zugleich im politischen Sinn deutscher Reichserneuerung gefeiert und verstanden wurde — den Erfolg gehabt, daß man über ihr die ästhetischen Fragen vergessen hat und sich an das vollendete Werk hält. Auffälliger ist die Tendenz zur Stil-Einheit des ganzen Bauwerks aber in einer Form zutage getreten, die sichtbare Spuren nicht hinterlassen hat, sondern nur kunstgeschichtliche traurige Erinnerung geblieben ist. Dieser „Purismus" (von purus = rein) offenbarte sich nämlich darin, daß er aus den Kirchen die Erzeugnisse anderer, der Erbauungszeit folgender Kunstepochen rücksichtslos beseitigte. Ein Beispiel dafür ist die Wiederherstellung des Bamberger Domes unter Ludwig I. von Bayern. Der König ließ (für rund 8000 Gulden, die der Kaufmann Stuttgarter in Fürth dafür zahlte) sämtliche kupfernen und bronzenen Einrichtungsgegenstände, wie Grabplatten, Epitaphien, Leuchter und Aehnliches aus dem Dom verkaufen. So etwas kam öfters vor. Es war eine Zeit des Stil-Fanatismus ohne Ehrfurcht vor der Geschichte. Will man zusammenfassend sagen, worauf es den Restauratoren damals ankam, so war es dies:

1. waren alle Ein- und Anbauten, die gegen die erstrebte Stilreinheit verstießen, zu entfernen,
2. der Rest war auszubessern bezw. zu verschönern,
3. die neuen Einrichtungsgegenstände waren neu zu schaffen, aber — in dem mit der Kirche übereinstimmenden Stil.*)

Will man sich nun von den Personen, die das forderten, taten oder gut hießen, ein Bild machen, so muß man wohl annehmen, daß sie mit allen Mitteln dahin strebten, einer längst verschwundenen Zeit gerecht zu werden und daß sie sich in deren Formensprache, ja in deren Charakter so sehr zu vertiefen suchten, daß sie mit jener Sprache sprechen konnten, darüber aber ihrer eigenen Zeit-Sprache fast vergaßen. Ja, es war dieses Vergessen sogar nicht einmal eine Folge ihrer historischen Studien, sondern eine Art Absicht: eine Art Verachtung der eigenen Zeitläufte,

*) Vergl. Alexander Former, Wiederherstellung v. Bauten im 19. Jahrh. Verlag Neff, Eßlingen.

die in allem — aber auch in allem: in Politik und Kunst — hinter jenen entschwundenen besseren Zeiten so unendlich weit zurückständen. Und so sollte denn auch alles wie „damals" sein und die Renovation lief darauf hinaus, die Bauwerke zu entkleiden, kahl und stil-starr zu machen. Triumph, wenn es erreicht war! Daß aber solch eine Zeit ein Denkmal ihrer eigenen Arbeit, ihrer eigenen Ausdrucksweise hinterlassen hätte, das war an solch einem Bau nicht zu bemerken. Es war eine Schularbeit geleistet, aber keine individuelle, aus eigenem Empfinden geborene Schöpfung erstanden. Und die Puristen wurden über ihren eigenen Werken vergessen: nur der entrüstete Kunsthistoriker bewahrt die Namen in Werken von verschwiegener Wissenschaftlichkeit auf.

Ich will mehr Beispiele aus jener Zeit nicht aufzählen, sondern nur noch den Aachener Dom, die Nürnberger Sebalduskirche und einige Kölner Kirchen nennen: wem Gelegenheit gegeben ist, das anzusehen, der möge es ja tun.

Ich will hier vor der Entwicklung, die die Wiederherstellungsarbeiten nach der Zeit des strengsten Purismus genommen haben (es folgt der „geläuterte Purismus" und dann die Wiederherstellungen aus historischer Wissenschaftlichkeit, als deren Meister Bodo Ebhardt gilt) nicht ausführlich erzählen, sondern dem strengen Purismus unsere *künstlerischen Wiederherstellungen* gegenüberstellen. In dieser Gegenüberstellung begreift sich dann auch am besten der Fortschritt, dessen wir uns freuen dürfen. Ein Beispiel soll's veranschaulichen.

Die fleißige Stadt Chemnitz hat sich bis vor einem Jahr keiner besonderen kirchlichen Sehenswürdigkeit erfreut. Bemerkenswert war die Schönheit eines alten Chores (s. Abb. 1). Sonst waren die kirchlichen Bauwerke freundlicher Durchschnitt. Die Jakobikirche war von 1874—80 erneuert worden. Es schien nur ein gelegentlicher Neubau in Frage zu kommen, mit dem der Stadt eine architektonische Bereicherung geschenkt werden konnte, als sich vor einigen Jahren herausstellte, daß die sogenannte Renovation der Jakobikirche mit unzureichenden Mitteln geschehen war. Man hatte einen Sandstein verwandt, der weder den Witterungs-, noch weniger den atmosphärischen Verhältnissen der Fabrikstadt gewachsen war. Wiederholt stürzten Schmuckteile aus dem gotischen Ornament ab und die Untersuchung führte dazu, daß ein großer Teil der Simse und sonstigen Verzierungen sofort abgenommen werden mußte. Kurz: man stand abermals vor einer gründlichen Erneuerung. Und diese hebt zunächst, selbstsicher und bewußt, damit an, daß man die Erneuerungsarbeiten aus den siebziger Jahren vorigen Jahrhunderts rücksichtslos beseitigte. Denn nun galt es gleich, reine Bahn machen. Die Jakobikirche hatte an der Westfront eine monumental ausgebildete Schauseite. Und diese Schauseite hatte der Restaurator von 1876 mit gotischem Zierat überklebt — eben dem, der nun abzubröckeln begann. Nun trat der Baurat Gräbner (Dresden) mit einem Projekt hervor, in dem er zu den alten Gesamtformen der Schauseite zurückkehrte, diesen aber neuzeitlichen Ausdruck verlieh.

Abb. 2. Die Jakobikirche in Chemnitz von Nord-West.

Das ist das Entscheidende! Die Berichte über die Bauvorbereitungen melden nun, daß Gemeinde und Bürgerschaft sich lebhaft gegen dieses Gräbnersche Projekt gewendet hätten, da es der Kirche allen „Schmuck" nehme; daß aber der Kirchenvorstand — der hier zielbewußt vorging — sich an die kirchliche Oberbehörde wandte und diese wiederum den Beistand der Kommission zur Erhaltung der Kunstdenkmäler anrief, mit dem Erfolg: daß der Umbau nicht einmal in öffentlichem Wettbewerb ausgeschrieben, sondern in die Hände des Baurates Gräbner gelegt wurde.

Und nun geschah, was kunsthistorisch als ein Ausdruck unserer Zeit ewig denkwürdig sein wird: diese

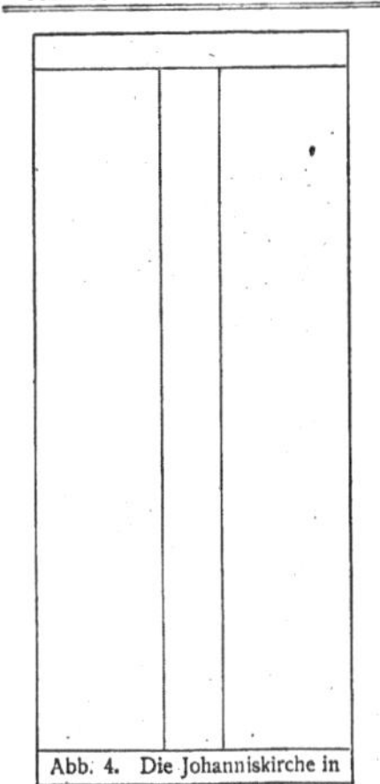

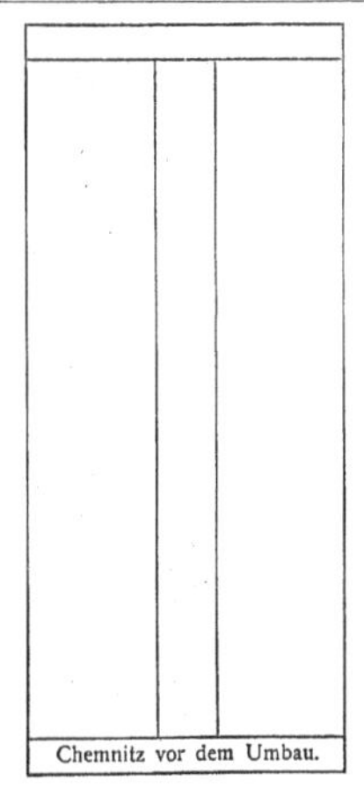

Abb. 4. Die Johanniskirche in Chemnitz vor dem Umbau.

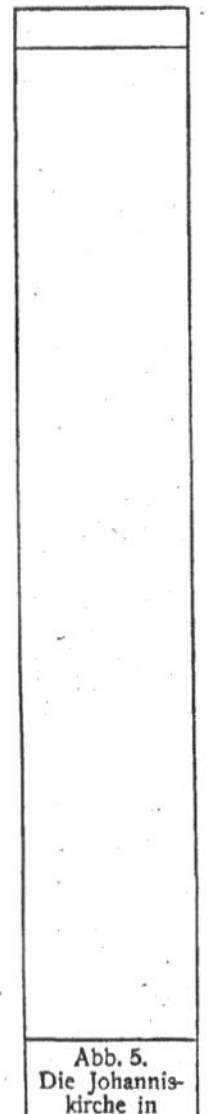

Abb. 5. Die Johanniskirche in Chemnitz nach dem Umbau.

gotische Kirche aus dem 14. Jahrhundert — im 19. gotisch „auf neu" aufgearbeitet — wird nun in den Ausdrucksformen des 20. Jahrhunderts erneuert. Und die überlegene Künstlerschaft dieses Baumeisters aus dem 20. Jahrhundert bekommt es fertig, altes und neues zu einer harmonischen Einheit zu verschmelzen.

Da uns die Bilder gerade für die Westseite zur Verfügung stehen, so will ich's an diesen aufzeigen. (S. Abb. 2 und 3.) Diese massige Giebelwand, früher mit gotischem Zierat überkleidet, hat Gräbner wieder hergestellt und von neuem zu der ihr inne wohnenden monumentalen Wirkung gebracht. Die beiden etwas zurücktretenden Seitenflächen heben das Mittelstück stark hervor und in diesem laufen die tragenden und aufteilenden Pfeiler dann wie eine mächtige steinerne Orgelwand empor, von der sich in der Mitte die überragende Figur des segnenden Christus abhebt. Hoch über ihm musizieren die Engel; zu seinen Füßen — an den vier Pfeilern — stehen die Gestalten eines Gelehrten, eines Kaufmanns mit der köstlichen Perle, eines betenden Arbeiters und einer jungen, ihr Kind wiegenden Mutter. Diese ganze Front atmet Ruhe und Kraft und spricht in lieblichen Einzelheiten zu den Herzen derer, die vor ihr stille stehn. Es ist ein gewaltiges Können, das diese Leistung vollbracht hat. Es ist darin Selbstbewußtsein, seelische Gesundheit und die Ueberzeugung, daß wir nicht nur Nachkommen unserer Ahnen sind, Epigonen, sondern daß wir in eigener Kraft und Kunst **neben** sie treten dürfen: das 20. Jahrhundert neben jede andere Zeit hohen künstlerischen Könnens, neben vollendeten romanischen und gotischen Stil.

Abb. 3. Die Schauseite (Westfront) der Jakobikirche in Chemnitz.

Solche Führerleistung aber entspringt aus der **Persönlichkeit**. Das ist hier geschehen. Und darum ist auch die ganze Renovation dieser Kirche eine **persönliche** Leistung. Wo es anging, hat man das alte erhalten. Der ganze Ostchor strahlt in ungeminderter gotischer Schönheit. Wo ein Neues gesetzt werden mußte, hat man es bewußt **als Neues** gegeben: als Ausdruck dieser unserer Zeit. Und hat sich damit von aller architektonischen und künstlerischen Phrase, vom Schein frei gemacht. Hier herrscht nicht mehr imitierte Scheingotik, hier wird nicht getäuscht: hier tritt unsere Leistung ebenbürtig neben die der früheren Hoch-Zeit, **daraus entspringt die Harmonie des Ganzen.** So war eine künstlerische Wiederherstellung zu leisten. Und so hat sie Schule gemacht. Ich füge zum Beweis nur noch zwei Bilder aus derselben Stadt bei, die den Umbau der Johanniskirche zeigen. Das erste Bild zeigt eine jener unpersönlichen „gotischen Kirchen" aus dem 19. Jahrhundert, wie sie landab landauf zu finden sind. Das zweite zeigt **denselben** Bau, wie er jüngst umgebaut worden ist; mit einem Turm, der kaum wieder zu erkennen ist, aber nun ein Turm **unserer Zeit** ist und bleibt.

Ich glaube, diese Beispiele überheben mich weiterer Ausführungen. In ihnen ist der „Purismus" erst völlig überwunden. Sie predigen, daß wir nicht alles „auf neu" aufzuarbeiten haben, sondern unseren eigenen Weg gehen und mit eigener Höchstleistung uns **neben** die Alten stellen müssen, damit die Bau-, Kunst- und Kulturgeschichte Deutschlands die Geschichte deutscher ehrlicher Ausdrucksformen, deutscher Persönlichkeiten werde.

BRIEFKASTEN

Nur Anfragen, denen 10 Pfg. Porto beiliegt und die von allgemeinem Interesse sind, werden aufgenommen. Dem Namen des Einsenders sind Wohnung und Mitgliednummer hinzuzufügen. Anfragen nach Bezugsquellen und Büchern werden unparteiisch und nur schriftlich erteilt. Eine Rücksendung der Manuskripte erfolgt nicht. Schlußtag für Einsendungen ist der vorletzte Mittwoch (mittags 12 Uhr) vor Erscheinen des Heftes, in dem die Frage erscheinen soll. Eine Verbindlichkeit für die Aufnahme, für Inhalt und Richtigkeit von Fragen und Antworten lehnt die Schriftleitung nachdrücklich ab. Die zur Erläuterung der Fragen notwendigen Druckstöcke zur Wiedergabe von Zeichnungen muß der Fragesteller vorher bezahlen.

Empfehlungen von Firmen, die weder Abonnenten noch Inserenten der D. T.-Z. sind, werden nicht aufgenommen.

Frage 84. Welche Firmen liefern **Maschinen zur Verarbeitung von Süßholz**, speziell Süßholzschäl- und Zerkleinerungsmaschinen?

Frage 85. Welche Prüfungen werden erforderlich, um **Bahnmeister einer Industriebahn** zu werden? Abgangszeugnis einer anerkannten Baugewerkschule ist vorhanden. Wie gestaltet sich die Vorbereitung und wo kann dieselbe abgelegt werden?

Frage 58. Tropfende Decke. In einer neuerbauten Appretur tropft die Decke sehr stark. Das Dach ist Klebepappdach mit Kiesschicht und 15 cm/m Gefälle. Die innere Deckenschalung besteht aus gehobelten und gespundeten Brettern. Die Entlüftung geschieht durch drei Schlote mit Patententlüfter „Pecurt-Saughut" von zusammen 3,75 qm Querschnittsfläche; Größe des Arbeitsraumes 30,00 × 13,00 m. Außerdem sind die einzelnen Maschinen durch besondere Schlote entlüftet. Am First befindet sich durchlaufend ein Oberlicht, in dieses sind die Lufträume der Sparrenfelder durch kleine Löcher entlüftet, um das Verstocken des Holzwerks zu verhindern. Kann mir einer der Herren Kollegen raten, wie hier Abhilfe zu schaffen ist? Welche Art der Ausführung, evtl. Neigung der Dächer für diese oder ähnliche Räume, worin sich große Mengen feuchtwarmer Luft entwickeln, hat sich in der Praxis bewährt?

Antwort I. Ich nehme an, daß es sich hier nicht um Spannsäle, sondern um Decken über Kochräumen handelt.

Bei älteren Ausführungen sind über den Kochräumen meistens noch sehr warme Spannsäle zu finden. Ein Tropfen der Decke kann nur dann vermieden werden, wenn die über dem Raum liegende Decke s e h r w a r m gehalten ist, so daß sich kein Kondenswasser niederschlägt.

Ich halte Ihre Dachausführung für v o l l s t ä n d i g v e r f e h l t, da Sie gerade gegen das Hauptprinzip einer w a r m e n Ueberdeckung gefehlt haben.

Wenden Sie eine doppellagige Decke an, deren Zwischenräume mit Korkschnitzel, Torfmull und dergleichen gefüllt sind. Empfehlenswert dürfte auch eine Zwischenfüllung mit Bimskies sein. Mit Rücksicht darauf, daß wenn die Decke direkt der atmosphärischen Luft ausgesetzt ist, die sehr starken Wärmeschwankungen zwischen Außen- und Innentemperatur nur sehr schwer ausgeglichen werden können, so daß im Innenraum eine möglichst gleichmäßige Temperatur herrscht, sieht man bei Appreturanstalten von der Anordnung von Pultdächern ab, man ordnet über den besagten Decken noch irgend einen wärmeausgleichenden Raum an. Durch die Aenderung der Dachneigung erzielen Sie, solange es sich um Kondenswasser handelt, reinezu gar nichts.

Dipl.-Ing. P.

II. Die Deckung mag wohl zu wenig temperaturisolierend sein; die Entlüftung selbst bietet wohl Gewähr für den Abzug der warmen Dünste. — Die Dachkonstruktion kann folgendermaßen besser ausgebildet werden:

a) Bei einer N e i g u n g von 1:10 bis 1:20:

1. Die Klebepappe nebst Kiesschicht ist a b z u n e h m e n; dann ist die Dachschalung mit leichtem Bimsbeton oder Ottmannscher Kunstbimsmasse zu belegen; darauf werden Schlackensteine — z. B. nach Markranstädter Teutonia-Formen mit Längsdurchlochungen, 25·12·10 cm, hoch oder flach — eingebettet in Abständen von rd. 25 cm; die Zwischenräume werden mit Lehm ausgefüllt. Darüber wird die alte Pappe mittels einer mit Schrobber aufzustreichenden Pixolfaserklebemasse aufgezogen; nötigenfalls kann noch eine zweite Lage von Strapazurpappe aufgeklebt werden.

2. Die Klebepappe nebst Kiesschicht b l e i b e l i e g e n. Die untere Deckenschalung wird mit hölzernen Latten in rd. 50 cm Abstand längs zum First benagelt; daran werden imprägnierte Kosmostafeln nach Verfahren von Andernach-Beuel nebst kreuzweiser Drahtbewehrung aufgespannt, in deren Hohlfalzen sich isolierende Luftschichten befinden; darunter wird ein Putz aus verlängertem Zementmörtel mit nässe- und hitzebeständigem Emaillepixol aufgetragen, was sich u. a. in Brauereien, Waschanstalten und chemischen Fabriken bewährt hat.

b) Bei einer N e i g u n g v o n 1:18 b i s 1:25:

Die Pappe nebst Kiesschicht bleibt liegen. Darüber wird eine Lage von Hohlzementdielen nach Kolumbusformen von Dr. Gaspary-Leipzig mit Falzen, 3 cm stark, aufgelegt, die in Anolklebemasse aufgeklebt werden. Darüber wird Holzzementmasse mit zwei Lagen Deckpapier, weiter 3 cm lehmiger Sand und 5 cm Kies aufgebracht. Allenfalls können an den inneren Schalbrettern noch 3 cm starke K o r k p l a t t e n mit Draht oder dergl. befestigt und mit wasserunlöslicher Strapazurfarbe, Tropenfarbe, bestrichen werden; solches hat sich in Papierfabriken u. a. bewährt. Im allgemeinen kommt es auf Abwechselung von porösen und dichten Schichten an.

K r o p f - Cassel.

III. Die Decke tropft, weil ihre zu kühlen Flächen die aufsteigenden Dämpfe (ein Mensch gibt in einer Stunde allein 14 bis 15 ccm Wasser in 60 bis 70 l Dampf ab) kondensieren läßt. Und das liegt daran, daß vermutlich die Entlüftungsvorrichtungen, bei einem Raumluftwechsel von etwa viermal in einer Stunde, zu stark die warmen Luftschichten unter der Decke absaugen, zudem das Oberlicht bei Ostwind namentlich schon abkühlend wirkt. Verlängern Sie daher die drei Schlote um ein paar Meter nach unten und verschließen die Rohrenden durch regulierbare Luftrosetten. Die Stellung dieser erfolgt nach den Angaben eines Recknagel-Registrier-Anemometers und eines Lambrecht-Gygrometers. Die Dachneigung mit 1:6 bis 7 (gegen 1:10 bis 11 anderweit) ist reichlich angelegt und Niederschläge aus Wind und Wetter finden ungehinderten Abfluß.

—pf.

Frage 59. Geräuschloser Gang bei Kegelrädern. In einem Spezialfall zum Antrieb einer Zentrifuge von 1200 mm Trommeldurchmesser haben sich Kegelräder aus Stahl und Phosphorbronze des Geräusches wegen bei 400 Umdrehungen und einem Kraftbedarf von 4 PS nicht bewährt. Rohhaut kann der mit dem Betrieb verbundenen Wärme und Nässe wegen nicht verwendet werden. Welches Material kann unter diesen Umständen zur Herstellung der Kegelräder empfohlen werden, oder ermöglicht eine besondere Zahnform einen geräuschlosen Lauf? Zähnezahl = 28, Mod. = 8, Zahnbreite = 70 mm.

Antwort. Daß die Kegelräder nicht ruhig laufen, liegt in erster Linie an der geringen Zähnezahl. Die Umfangsgeschwindigkeit ist für Phosphorbronze, auf Stahl arbeitend, nicht zu hoch. Am einfachsten ist es, wenn man den Kegelrädern die doppelte Zähnezahl bei halb so großer Teilung gibt, also 56 auf 56 Zähne und 4 π Teilung. Die bisherige Zahnbreite von 70 mm wäre beizubehalten. Man erhält dadurch sogar eine günstigere Zahnbeanspruchung. So widerspruchsvoll dieses klingen mag, beruht die Angabe doch auf Richtigkeit, wie aus folgendem hervorgeht. Unter Belassung der alten Zahnbreite und des Teilkreisdurchmessers erhält man bei einer halb so großen Teilung bekanntlich die doppelt so große Zahnbeanspruchung bei der Annahme von einem Zahn im Eingriff. Nun ist tatsächlich bei 28 Zähnen nur ein Zahn im Eingriff, während bei genügend sorgfältiger Ausführung bei 56 auf 56 Zähnen mindestens zwei Zähne gleichzeitig im Eingriff sind. Die Beanspruchung verteilt sich also auf zwei Zähne, bleibt also pro Zahn genau so groß, wie sie bei 28 Zähnen und 8 Mod. ist. Zieht man aber noch in Betracht, daß die Zähne bei 56 Zähnen im Zahnfuß im Verhältnis stärker und dadurch gegen Biegung widerstandsfähiger sind als bei 28 Zähnen, so erhält man eine etwas günstigere Zahnbeanspruchung, etwa 12%.

Die größere Zähnezahl gewährleistet eine bessere Abwicklung der Zahnform, so daß die Zahnräder viel ruhiger laufen. Dieser ruhigere Gang wird noch durch den gleichzeitigen Eingriff von mindestens zwei Zähnen wesentlich günstiger.

Eine Hauptbedingung für einen ruhigen Gang der Zahnräder ist auch die genügende Stärke der Wellen bezw. Zapfen. Besonders ruhigen Gang erhält man auch, wenn man die Zähne schräg oder als Winkelzähne ausbildet, jedoch ist die Herstellung teurer und bedingt bei Winkelzähnen ein besonders genaues Einbauen.

Sehr ruhigen Gang erhält man auch durch die Ausführung eines der beiden Zahnräder aus Vulkanfibre. Jedoch quillt dieses Material bei Feuchtigkeit etwas auf.

Für den vorliegenden Zweck wird der erste Vorschlag unter Voraussetzung einer genauen Herstellung der Zahnform am geeignetsten sein.

Ingenieur B r z ó s k a, M.-Gladbach, Siepensteg 11.

Anmerkung: Eine Anzahl anderweitiger Antworten, die auf diese Anfrage einliefen, empfehlen im wesentlichen Spezialfirmen für die Lieferung geeigneter Kegelräder. An dieser Stelle kann jedoch leider nicht darauf eingegangen werden. Allen Einsendern besten Dank! Wir haben den Fragesteller von sämtlichen Auskünften direkt benachrichtigt. Es sei nur noch auf das Inserat der Mercantile Druckknopf- und Metallwarenfabrik, G. m. b. H., Chemnitz, Hainstr. 109, aufmerksam gemacht — s. z. B. D. T.-Z. Heft 7 S. I —, die ebenfalls eine Spezialkonstruktion für geräuschlos laufende Kegelräder in den Handel bringt. Die Red.

Frage 61. Fußboden-Fäulnis. In einem Wohnhause, das vor drei Jahren erbaut wurde, ist der Fußboden auf der Balkenlage vollständig von unten herauf verfault. Der bauleitende Architekt behauptet, es sei Trockenfäule. Die Schutzdeckenbretter unter dem Lehmestrich sind kerngesund, ebenfalls sind die Balken gesund, nur an den Seitenflächen oberhalb des Lehmestrichs sind die Balken 1—2 mm tief angegriffen, dagegen ist der Fußboden zwischen den Balkenfeldern vollständig zerstört, jedoch dort, wo er auf die Balken genagelt ist, kerngesund. Im übrigen ist sämtliches Holzwerk, Mauerwerk, Schutzdecken pulvertrocken. Irgend welche Pilze und sonstige Gewebe sind am Holz nicht wahrzunehmen. Zu denken gibt dabei, daß als Füllmaterial heller, leichter Schlackensand, der ja bekanntlich einen großen Prozentsatz Kieselsäure enthält, auf Anordnung der Bauleitung verwendet wurde. Ist es möglich, daß an der Zerstörung des Fußbodens der Schlackensand schuld sein kann, oder ist die Zerstörung auf Schwamm bezw. Trockenfäule zurückzuführen?

Antwort. Nach Ihrer Schilderung ist, da Pilze und ähnliches nicht beobachtet werden konnte, die Zerstörung des Holzes durch Schwamm vollkommen ausgeschlossen, zumal ja auch sämtliche Bauteile „pulvertrocken" sind. Die Lebensbedingung des Schwammes aber ist gerade Feuchtigkeit. Ob Trockenfäule vorliegt, kann ohne Prüfung des Zersetzungsproduktes nicht einwandfrei festgestellt werden. Daß die Fußbodenbretter in ihrem Auflager auf den Balken gesund geblieben sind, spricht nicht ohne weiteres gegen die Trockenfäule. Das zum Bau verwendete Holz kann schon im Walde den Keim der Krankheit empfangen haben; es fand vielleicht nach dem Einbau in der Decke für die Entstehung der Trockenfäule günstige Bedingungen, d. h. geringe aber oft wechselnde Feuchtigkeit, vor. Diese Bedingungen können nun in den Feldern zu einem schnelleren Ausbruch und Verlauf der Krankheit beigetragen haben, als über den Balken, wo die Bretter durch diese vor der Befeuchtung geschützt wurden. Möglicherweise ist aber der Fußboden etwas feucht verlegt worden und hat dann die Feuchtigkeit nicht ausdünsten können, da der Oelanstrich vor vollkommener Austrocknung aufgebracht wurde. Wenn die Krankheit bereits vor der Verwendung im Holze steckte, dann müssen auch die scheinbar gesund erhaltenen Teile über den Balken Spuren der Krankheit zeigen. Vielleicht finden Sie einen Anhalt, wenn Sie die gesunden Teile senkrecht zur Faser durchschneiden. Es deuten mit weißen und rostgelben Höfen umgebene Flecken auf Trockenfäule. Sie werden deutlicher an solchen Brettern sich zeigen, die der Mitte des Stammes am nächsten gelegen haben. Das Zersetzungsprodukt bei Trockenfäule ist von weißlich-grauer Farbe. Ob das eingebrachte Füllmaterial irgendwie von Einfluß gewesen ist, läßt sich ohne chemische Untersuchung desselben nicht ohne weiteres sagen. Es dürfte sich empfehlen, eine Probe dem Materialprüfungsamte in Groß-Lichterfelde bei Berlin einzusenden. Im allgemeinen ist die Holzfaser — Zellulose — nur in Kupferoxydammoniak löslich.

Sß., 60 374.

Frage 62. Wetterfester Holzanstrich. Eine Montagehalle, die außen mit Brettern und Dachleisten verschalt ist, soll mit einem hellen, wetterfesten Anstrich versehen werden. Kann mir einer der Herren Kollegen einen Anstrich empfehlen oder mitteilen, ob ein einfacher Kalkmilchanstrich auch von großer Dauerhaftigkeit ist?

Antwort. Ein einfacher Kalkmilchanstrich ist nicht als dauerhaft zu empfehlen. Ihm ist der sogenannte fimische Anstrich vorzuziehen, für den Sie die Anstrichmasse auf folgende Weise gewinnen: Man löst 1,5 kg Kolophonium in 10 kg Tran in der Hitze vorsichtig auf, dann rührt man 5,0 kg Roggenmehl mit 15 l kaltem Wasser zu einem Brei und löst 2,0 kg Zinkvitriol in 45,0 l siedendem Wasser auf. Den Mehlbrei rührt man sorgfältig der noch heißen Zinkvitriollösung bei, gibt das in Tran gelöste Kolophonium langsam unter stetem Umrühren hinzu und fügt den gewünschten Erdfarbenzusatz (in der Regel Ocker) dazu und rührt, bis die ganze Mischung einfarbig erscheint. Der Anstrich ist mit Recht allenthalben beliebt, denn er ist wetterbeständig und schützt außerdem das Holz vorzüglich gegen Witterungseinflüsse und vor Würmern. — Ihm ähnlich in Zubereitung und Wirkung ist der sogenannte russische Anstrich, der aus einer Lösung von 0,33 kg Eisenvitriol in 12 l Wasser besteht, der zunächst 0,25 kg Kolophonium und 1,5 kg Caput mortuum, dann eine Mischung von 1,0 kg Roggenmehl und 0,4 l Wasser zugesetzt wird.

Sß. 60 374.

Frage 66. Modellier-Ton. Welche Anforderungen werden an einen guten Modellier-Ton gestellt? Bedarf der Ton einer besonderen Bearbeitung oder Zusätze, und wie hoch stellt sich der Kaufpreis für 100 kg oder für 1 cbm?

Antwort. Man unterscheidet zwischen frischem und getrocknetem Ton. Der f r i s c h e Modellierton wird für Abformung zu zerstörbaren Modellen benutzt und bedarf gewöhnlich keiner besonderen Bearbeitung; allenfalls würde eine Bestreichung mit Schellack oder venetianischer Seifenlösung (nach Dr. Moye) in Betracht kommen; danach kann ein wenig Leinöl oder helles Pixol-Imprägnieröl je nach Erfordernis der Dichtung aufgestrichen werden. Für die Abformung mit Ton muß aber das frische Tonmodell immer mit Schellack überzogen werden. — Der t r o c k e n e Ton wird bei Reliefs auf ebener Grundplatte mit Zinnfolie mittels Borstenpinsel betupft, bei runden Modellen mit Schellack überstrichen. Die Abformung erfolgt meist mit Wachsmasse. Bei Umsetzung des Modells aus kühler Luft in warme Räume ist für die Oberflächendichtung Vorsicht geboten; sonst können bei Erwärmung während der Abformung durch die Ausdehnung des in den Poren befindlichen Wasser- und Luftgemenges starke Beschädigungen am Modell entstehen. K. in K.

Frage 69. Risse im Zementbeton einer Deckenkonstruktion. In einem Neubau sind als Deckenkonstruktion zwischen I-Trägern Stegzementdielen mit Eiseneinlage angeordnet, die zur Schalldämpfung eine 12 cm hohe Kohlenschlackenfüllung von der Bahn, darüber einen 5 bis 6 cm starken Zementbeton als Unterlage für Linoleum erhalten haben. Die Träger sind mit seitlich angestampften Stegen gegen etwaige chemische Einwirkung der Schlacke gesichert. Nun nach drei Monaten zeigen sich im oberen Zementbeton 1 bis 2 mm breite Längs- und Querrisse in Feldern von 6 bis 12 qm Fläche, deren Ränder auf der Unterlage lose sind und die anscheinend durch Hochtreiben der Schlacke entstanden sind. Beim Aufnehmen ergab sich völlige Geruchlosigkeit und Trockenheit der Füllung, auch zeigen die Deckenplatten gar keine, der obere Beton nur vereinzelt geringfügige Spuren von Einwirkung der Schlacke, die aber auch auf Entziehung der Feuchtigkeit durch die trockene Schlacke auf dem feuchten Beton herrühren dürften. Sind anderweitig ähnliche Erfahrungen gemacht worden? Wie kann Nachteilen vorgebeugt werden, oder welche Mittel werden zur Abhilfe empfohlen?

Antwort. Die Schlacke enthält Kalk, der besonders in frischem, noch nicht abgelagertem Zustande als Aetzkalk, von intensiver Treibkraft ist. Die Körner wirken nachträglich auf den darüber befindlichen Zementbeton ein und geben zu Rissebildungen Anlaß. Demgemäß würde die Auflegung einer dünnen dicht abschießenden Lage von Asphaltpappe oder Strapazurpappe — mit versteifendem Drahtgeflecht oder Streckmetall darüber — zum Schutze des Zementbetons dienlich sein, wobei zugleich die Schalldämpfung begünstigt wird. Die Schlacke mag ja erst im Laufe der drei Monate reichlich ausgetrocknet sein; überdies ist auch inzwischen eine räumliche Schrumpfung derselben sehr wahrscheinlich erfolgt, und dadurch mag sich der Beton etwas ungleichmäßig gesetzt haben. In diesem würden daher an sich auch D e h n u n g s f u g e n zur Vorbeugung von Rissen vorteilhaft sein, während die vorbezeichnete bewehrte Pappstoffschicht auch eine gleichmäßige Unterlage bietet. Die Dehnungsfugen können mit elastischem Kaisermastixkitt oder mit elastischem Pixolfaserkitt dicht verfüllt werden. Soweit etwa auch der Beton — infolge seiner Abschließung nach unten — Wasser nach oben abgibt, würde er mit gut dichtender Anol- oder Asphalt-Klebemasse zu bestreichen sein, worauf dann das Linoleum a u f g e z o g e n wird. K. in K.

Frage 70. Durchschlagen des Antinonnin-Anstriches. Bei Ausführung von Renovierungsarbeiten an einer Kirche wurde der alte fleckige, innere Wandputz abgeschlagen, die Steinfugen ausgekratzt und das nun freigelegte Ziegelmauerwerk mit gelöstem 3 prozent. Antinonnin bestrichen. Nach Verlauf von drei Jahren Zwischenzeit für die Austrocknung wurde ein neuer Verputz in ganz reinem Kalkmörtel wieder angebracht, und es zeigt sich nun an der Putzoberfläche z. T. ein starkes Durchschlagen der gelben Färbung des Antinonnins. Die betr. Wandflächen des Kirchen-inneren müssen weit gehalten werden; trotz wiederholten Weißens mit Kalkmilch kommen die gelben Flecke immer wieder zum Vorschein! Ist einem Kollegen ein unschädliches Mittel bekannt, das, der Kalkweiße beigemengt, diese gelben Flecke deckt? Ist etwa die Anwendung von Kasein mit Zinkweiß zu empfehlen?

Antwort. Die Verwendung von Kaseinmasse kann insofern in Betracht kommen, als dieselbe in Form von Quark wie bei einem Käsekitt zugesetzt wird. Zu Pulver gelöschter Kalk wird mit feinem Sande im Verhältnis 1 : 1 gemischt und mit Wasser zu steifem Mörtelbrei verrührt; dann wird dieser mit dreifacher Menge von K ä s e q u a r k (als trockenes Pulver im Handel erhältlich) zu einem guten Steinkitt verrührt. Dieser ist nach Reinigung der Wandflächen in gleichmäßiger Schicht dünn (nötigenfalls zweimal) aufzutragen; vor Erhärtung ist jede Erschütterung zu vermeiden. (Vergl. auch Mitteilungen von Leonhardt, Halle a. S.) Andersartig ist auch zur Ueberdeckung der Flecken ein Ueberzug mit säurefestem und giftfreiem weißem E m a i l l e l a c k (nach Verfahren von F. Schacht-Braunschweig) geeignet, wenn die Wandung genügend feste U n t e r l a g e bietet. Solche kann als Mischung von Zement und Gips mit Wasser zuvor aufgetragen werden. Zur Grundierung des Ueberzuges kann auch Pixolfirnis oder sonst geeigneter Firnis dienen.

K r o p f - Kassel.

DEUTSCHE TECHNIKER-ZEITUNG
HERAUSGEGEBEN VOM DEUTSCHEN TECHNIKER-VERBANDE
BERLIN SW. 48, Wilhelmstraße 130 Schriftleitung: Erich Händeler-Berlin
XXXI. Jahrg. 4. April 1914 Heft 14

Vom Wesen und Werden der Technik

Von RICHARD WOLDT.

Soweit wir das Auftreten des Menschen in der Erdgeschichte nach rückwärts verfolgen können, immer finden wir Anzeichen, daß er sich im Kampfe um seine Existenz mannigfaltiger Werkzeuge und Waffen bedient hat. Fast alle materiellen Güter der Natur mußten aufgesucht und nach dem Ort ihrer Bestimmung transportiert werden. Ebenso mußte der Mensch lernen, die Naturprodukte zu bearbeiten, bevor sie für den Gebrauch geeignet waren. Das Getreide mußte gemahlen, das Erz geschmolzen, die Wolle gesponnen werden. Zu diesen Arbeiten war ein Kraftaufwand notwendig, in bewußter Ueberlegung gebrauchte der Mensch zuerst seine Muskelkraft, zuerst den Arbeitsgegenstand umzubilden oder zu transportieren. Meist mußte er aber auf Mittel sinnen, die Muskelkraft der Tiere oder die Naturelemente selbst in den Arbeitsprozeß einzuführen. Der Mensch ist frühzeitig zum Techniker geworden.

Das Wort „Technik" entstammt dem Griechischen und bedeutet eine Fertigkeit oder ein Können, den Arbeitsvorgang so zu leiten und die Arbeitskraft so auf einen Stoff wirken zu lassen, daß ein gewollter Zweck erreicht wird. Die Technik stellt sich also dar, wie das Ulrich Wendt in seinem Buch „Die Technik als Kulturmacht" definiert, als der Geist der Arbeitskraft, als die geistige Leitung der mechanischen Vorgänge im Leben der Menschen.

„Der menschliche Geist lenkt die Hand, indem er sie mit dem Hammer bewaffnet, er lenkt den Waldbach auf das Schaufelrad und hält dem Winde das Segel vor", er lenkt im Leib des Hochofens die chemischen Arbeitsvorgänge zur Erzeugung des Eisens und bestimmt dem elektrischen Strom zur Erzeugung von Licht und Kraft, seinen Weg und seine Stärke. Je höher die Menschen sich kulturell entwickelten, desto mehr verfeinerten sie ihre Arbeitsmittel, die sie anwenden lernten, desto höher stieg also auch ihre Technik.

Drei Entwicklungsperioden in dem Werden der Technik müssen wir unterscheiden: die primitive Technik, die empirische Technik, die rationelle Technik.

Primitiv war die Technik bei den Griechen und Römern des Altertums. Zwar waren schon die einfachen Arbeitsformen bekannt: Wagen und Pflug wurden von Pferden, Maultieren und Ochsen gezogen, man benutzte den Wind zum Segeln der Schiffe. An Arbeitsmaschinen waren schon in Gebrauch die Drehbank, die Mühle, die Töpferscheibe, der primitive Webstuhl, zur Hebung der Erze hatte man den Arbeitsvorgang zu einem bergbaulichen Betrieb ausgestaltet.

Aber die menschliche Arbeitskraft war doch hier noch die wichtigste Vorbedingung gewerblichen Schaffens. Die Menschen wußten die Werkzeuge und technischen Hilfsmittel nicht anders zu bewegen als durch die Kraft ihrer Hände. Ein grauenvolles Bild von dem Bergbau des Altertums gibt Plinius. Er schildert, wie in den römischen Bergwerken die Förderung der Erze von Hand zu Hand geschah: „Man schaffte sie Tag und Nacht auf den Schultern heraus, indem man sie in der Finsternis immer dem Nächststehenden überließ, nur die letzten sahen das Tageslicht."

Wohl sind die Bauwerke der Alten, ihre Tempel und Viadukte, Pyramiden und Straßen auch noch für unsere Zeit und für unsere Techniker zum Teil Riesenbauten, die Jahrhunderte überdauert haben, aber bei der Ausführung mußten die unterjochten Völker Sklavendienste verrichten. Von dem Bau der Cheops-Pyramide berichtet Herodot, daß zehnmal 10000 Mann im Dienste des Königs Cheops drei Monate hindurch die Steine vom Gewinnungsort zum Nil zogen, während eine gleiche Anzahl das über den Fluß gebrachte Baumaterial zum Bauplatze schaffte. Und diese Sklavenheere bauten vorerst zehn Jahre an dem Wege, worauf sie die Steine zogen. Alle Wunderwerke und Riesenbauten der Technik der Alten konnten also nur durch ungezählte und rücksichtslos ausgenutzte Menschenhände vollbracht werden.

Ein anderes Beispiel, wie auf der Grundlage der primitiven Technik der Mensch zum Arbeitstier herabgedrückt wurde, geben uns die alten Ruderschiffe. Der spanische Dichter Cervantes läßt Sancho, als dieser zum erstenmal auf einer Galeere fuhr und sah, wie der „Galeerenvogt" die nackten Rücken der „Ruderknechte" mit der Karbatsche bearbeitete, um durch die verzweifelte Kraftanstrengung dieser menschlichen Kraftmaschinen die Geschwindigkeit des Schiffes zu steigern, ausrufen: „Nun, wenn dies nicht die Hölle ist, so ist es doch wenigstens das Fegefeuer."*)

Kennzeichnet sich die primitive Technik also darin, daß man noch nichts vermag, als vorwiegend die Arbeitsmaschine Mensch einzuspannen und auszubeuten, so bedeutet die empirische Technik eine höhere Entwicklungsstufe. Im Zeichen der empirischen Technik suchen Erfinder und „Projektenmacher" Naturgesetze zu überlisten, die Arbeitsmittel und Arbeitsverfahren haben schon eine gewisse Vollendung erfahren, in den Handwerksstuben finden wir Kunstfertigkeit und Handgeschicklichkeit, die Technik bildet sich fort aus der Empirie, aus der Erfahrung des Einzelnen.

Das ganze Mittelalter hindurch zieht sich in der Geschichte der Technik das Wirken der „Projektenmacher". Es sind technische Quacksalber, entweder Narren oder Schwindler. In ihren stillen Forscherstuben und Geheimlaboratorien saßen die Kunstmeister, suchten hinter die Gesetze der Natur zu kommen, suchten diese Gesetze zu überlisten. Sie bauten ihre Meßinstrumente und Uhrwerke, sie suchten das „Perpetuum mobile", den „Selbstläufer" zu finden. Als der englische Mechaniker Thomas Savery (geboren um das Jahr 1650) mit seiner „Feuermaschine" im Jahre 1698 hervortrat, seine Maschine in einer Schrift „The Miners Friend" (den Freund des Bergmanns) nannte, waren die Grubenbesitzer sehr mißtrauisch gegen alle Projekte einer neuen Kraftmaschine; denn immer wieder waren die Erfinder gekommen und hatten durch maßlose Versprechungen Geld zu den Versuchen mit ihrer neu erfundenen Maschine zu erhalten gewußt. „Und immer wieder hatte sich die Hoffnung als trügerisch erwiesen. Es galt fast als eine Schande, ein Projektenmacher genannt zu werden. Savery mußte sich in den ersten Veröffentlichungen seiner Maschine ganz besonders dagegen verwahren, daß auf ihn die schlechte Beurteilung, die früher andere Erfinder erfahren hatten, übertragen wurde."**) Gepflegt in der Stille, abseits vom Strom des Lebens, trieben diese Art von Techniker als Kunstmeister die Technik als eine Geheimlehre und Geheimwissenschaft.

In den Handwerksstuben des zünftigen Meisters des Mittelalters aber war die Technik eine Regellehre. Jeder Beruf hatte seine Arbeitsmethoden und seine Arbeitsmittel, seine Kunstregeln und seine Handgeschicklichkeit. Das technische Können war hier auf die persönliche Erfahrung der Einzelmenschen aufgebaut, wurde von Meister zu Meister, von Geschlecht zu Geschlecht, durch die persönliche Lehre übertragen. „Man wußte, welche Handgriffe man anzuwenden hatte, um die Wolle zu verspinnen, die Brücken zu bauen, das Eisenerz zu schmelzen, damit begnügte man sich. Man nahm es hin und hütete es und gab es den Nachkommen weiter, wie man einen Schatz vererbt, den man bei Lebzeiten als Geschenk erhalten hat". (Sombart.) Aus den Laboratorien der Projektenmacher konnte daher die Technik nur als Geheimkunst weiter getragen werden, aus den Stuben der Handwerksmeister als Regellehre: Nachweis der Handgriffe, die man anzuwenden hatte, um einen bestimmten Erfolg zu erzielen, um einen bestimmten technischen Zweck zu erreichen.

Unter der Herrschaft des Kapitalismus hat auch die Technik ihren höchsten Reifegrad erreichen können, es ist das dritte Entwicklungsstadium: die rationelle Technik.

Diese Entwicklungsperiode kennzeichnet sich dadurch, daß die Maschine in die Arbeitsstätten überall hineingebracht wird, die Maschine soll Menschenkraft und Menschenarbeit ersetzen und verdrängen. Unabhängig von der Willkür der Natur, von der Unbeständigkeit der Naturkräfte werden die Arbeitsformen plan-

*) Matschoß, Geschichte der Dampfmaschine, Bd. I, pag. 12.
**) Matschoß, Bd. I, pag. 292.

voll nach bestimmten Gesetzmäßigkeiten entwickelt, die Technik wird zu einem wissenschaftlichen Verfahren ausgebildet. Wie der Kapitalismus in seinem Wesen rationell und ökonomisch ist, so wird auch seine Technik: rationell wird überall zu arbeiten gesucht mit dem Erfolge der höchsten Wirtschaftlichkeit.

Am Anfang der kapitalistischen Entwicklung in der Anwendung der rationellen Technik stand die Dampfmaschine. Matschoß nennt die Erfindung der Dampfmaschine im 18. Jahrhundert, die Nutzbarmachung der Sonnenenergie vergangener Jahrmillionen für menschliche Bedürfnisse, eines der bestimmenden Ereignisse in der Weltgeschichte, deren weittragende Bedeutung man kaum überschätzen kann. „Jetzt begannen die unzähligen eisernen Sklaven, die unermüdlich Tag und Nacht ihre Arbeit leisten und mit Kohlen statt Brot zufrieden sind, in den Dienst der Menschen zu treten. Und während die großen englischen Künstler des 18. Jahrhunderts ihre vornehm müßigen Herren und schönen lächelnden Damen malten, bauten die Ingenieure und Arbeiter in entlegenen rußigen Werkstätten der neuen Zeit der Arbeit ihr eisernes Kleid."

Gerade bei der Dampfmaschine läßt sich die Verwirklichung des rationellen Prinzips in der kapitalistischen Technik klar erkennen.

Die Dampfmaschine ist eine Kraftmaschine. Wärme, die in der Kohle seit Jahrmillionen aufgesparte Sonnenenergie, wird in mechanische Arbeit umgewandelt. Mechanische Kräfte und Kraftmaschinen hat auch die frühere Volkswirtschaft gebraucht, der Wind ist zum Treiben von Windmühlen und Segelschiffen verwendet, das Wasser in Wasserräder geleitet worden. Die Verwendung dieser Kraftmaschinen in der kapitalistischen Wirtschaft aber ist schon aus dem Grunde ungeeignet, weil Wind- und Wasserräder unbeständig sind. Der Wind kann ausbleiben, das Wasser austrocknen oder einfrieren. Es ist keine Raison in diese eigenwilligen Naturkräfte zu bringen. Ferner sind wir bei der Verwendung dieser Kraftmaschinen an örtliche Grenzen gebunden: wo die Windmühle und das Wasserrad steht, müssen wir die erzeugten mechanischen Kräfte abnehmen, Standort und Größe der verfügbaren Kräfte wird uns also von der Natur vorgeschrieben. Ein regelrecht modern organisierter Betrieb im kapitalistischen Sinn läßt sich mit solchen Hilfsmitteln nicht durchführen.

Dem gegenüber die Dampfmaschine! Unabhängig von der Willkür der Natur und unbeschränkt in ihrem Standort, können wir die Dampfmaschine überall aufstellen, wir geben ihr Kohle zur Nahrung und sie arbeitet. Es war den Dampfmaschinenbauern möglich, die Maschine zu vergrößern, viele Krafteinheiten zusammenzudrängen, eine Kraftsteigerung durchzuführen. Als für den Bergbau die Dampfmaschine die Retterin aus der Not im Kampf gegen das Grubenwasser sein sollte und später für Förderzwecke Verwendung fand, da mußte die Dampfmaschine eine Kraftsteigerung möglich machen. Die Arbeit vieler Haspelzieher, Grubenpferde, Pferdejungen, Pferdeknechte sollte einer Maschine übertragen werden, einer einzigen Kraftquelle. Und in ihrer Arbeit sollte diese Kraftmaschine ökonomisch wirtschaften, keine unnötige Kraft vergeuden, keine unnötige Minute versäumen, in ihrem Anschaffungspreis, in ihren Betriebskosten, im Kohlenverbrauch billig und sparsam sein, möglichst viel Arbeit zuverlässig und regelmäßig leisten.

So entsteht also auch im Zeitalter des Kapitalismus ein ganz neuer Repräsentant der Technik: der moderne Ingenieur. Er ist kein Künstler und Baumeister wie zu den Zeiten der alten Griechen und Römer, kein Kunstmeister und Empiriker wie noch in der frühkapitalistischen Technik, er ist ein wissenschaftlicher Mietling im Dienste des Kapitalismus geworden. Denn die Technik ist jetzt eine Wissenschaft. „Das kühn herausfordernde ‚Ich weiß' tritt an die Stelle des bescheiden stolzen ‚Ich kann'." „Ich weiß, warum die hölzernen Brückenpfeiler nicht faulen, wenn sie im Wasser stehen; ich weiß, warum das Wasser dem Kolben einer Pumpe folgt; ich weiß, warum das Eisen schmilzt, wenn ich ihm die Luft zuführe; ich weiß, weshalb die Pflanze besser wächst, wenn ich den Acker dünge." So wird das Wort „Ich weiß" zur Devise der neuen Zeit.

Nun wird nichts mehr vollbracht, weil ein Meister sich im Besitz eines persönlichen Könnens befindet, sondern weil jedermann, der sich mit dem Gegenstande beschäftigt, die Gesetze kennt, die dem technischen Vorgang zugrunde liegen, und deren direkte Befolgung auch jedermann den Erfolg verbürgt.

Schulen werden gegründet, technische Schulen. Wunderbar organisiert, arbeitet Wissenschaft und Praxis zusammen. Die Erfahrungen der technischen Arbeit werden jedermann zugänglich, werden gelehrt und gepredigt. In immer neuen Erscheinungsformen bildet die Technik für die Praxis Arbeitsmaschinen und Arbeitsmethoden aus, das Prinzip der höchsten Wirtschaftlichkeit herrscht, Zahlen regieren die Welt der Technik, ruhelos und ungestüm vollzieht sich der Kampf um den technischen Fortschritt, um die besseren Maschinen, um die leistungsfähigeren Arbeitsmittel, um den Sieg des Rationalismus.

Einheitliches Angestelltenrecht

In der neugegründeten Zeitschrift „Arbeitsrecht", die von Dr. Potthoff und Dr. Sinzheimer herausgegeben wird, veröffentlicht Dr. Potthoff den „Entwurf eines Gesetzes über den Dienstvertrag der Angestellten", der als ein Versuch zur Lösung der Frage des einheitlichen Angestelltenrechts angesehen werden soll. Wir wollen ihn in diesem und den folgenden Heften wörtlich zum Abdruck bringen, um eine Grundlage für die weitere Diskussion zu schaffen:

„Wir Wilhelm, von Gottes Gnaden, Deutscher Kaiser, König von Preußen usw., verordnen im Namen des Reiches, nach erfolgter Zustimmung des Bundesrates und des Reichstages, was folgt:

Geltung.

§ 1. Die Bestimmungen dieses Gesetzes gelten für das Dienstverhältnis der folgenden Personen (Angestellte):

1. Angestellte in leitender Stellung;
2. Betriebsbeamte, Werkmeister und andere Angestellte in einer ähnlich gehobenen oder höheren Stellung, Bureauangestellte, soweit sie nicht mit niederen oder lediglich mechanischen Dienstleistungen beschäftigt werden;
3. Handlungsgehilfen und Gehilfen in Apotheken;
4. Bühnen- und Orchestermitglieder ohne Rücksicht auf den Kunstwert der Leistungen;
5. Lehrer und Erzieher;
6. aus der Schiffsbesatzung deutscher Seefahrzeuge und aus der Besatzung von Fahrzeugen der Binnenschiffahrt Kapitäne, Offiziere des Decks- und Maschinendienstes, Verwalter und Verwaltungsassistenten sowie die in einer ähnlich gehobenen oder höheren Stellung befindlichen Angestellten.

Als deutsches Seefahrzeug gilt jedes Fahrzeug, das unter deutscher Flagge fährt und ausschließlich oder vorzugsweise zur Seefahrt benutzt wird.

Voraussetzung ist für alle diese Personen, daß sie gegen Entgelt als Angestellte beschäftigt werden. Unerheblich ist die Art der Vorbildung und die Form des Entgeltes.

Ortsgebrauch.

§ 2. Soweit nicht besondere Vereinbarungen über die Art und den Umfang der Dienstleistungen oder über das Entgelt getroffen sind, hat der Angestellte die dem Ortsgebrauche für die Art des Anstellungsverhältnisses entsprechenden Dienste zu leisten und das dem Ortsgebrauche entsprechende Entgelt zu beanspruchen.

In Ermangelung eines Ortsgebrauchs gelten die den Umständen nach angemessenen Leistungen als vereinbart.

Normaldienstvertrag.

§ 3. Ist zwischen einem Vereine von Angestellten und einem Dienstgeber oder einem Vereine von Dienstgebern ein Tarifvertrag (Normal-Dienstvertrag) abgeschlossen, so gelten dessen Bestimmungen als maßgebend für das Dienstverhältnis, wenn beide Vertragschließenden an dem Tarifvertrage beteiligt sind. Abweichungen im Dienstvertrage sind nur zugunsten des Angestellten gültig.

Sind nicht beide am Dienstvertrage Beteiligten am Tarifvertrage beteiligt, so gelten dessen Bestimmungen als vereinbart, soweit nicht ausdrücklich andere Vereinbarungen getroffen sind.

§ 4. Der Angestellte kann nach Abschluß des Dienstvertrages vom Dienstgeber eine schriftliche Aufzeichnung über die wesentlichen Rechte und Pflichten aus dem Dienstvertrage verlangen.

Entgelt.

§ 5. Zum Entgelt im Sinne dieses Gesetzes gehören neben Gehalt oder Lohn auch Gewinnanteile, Sach- und andere Bezüge, auf die der Angestellte aus dem Dienstverhältnis gegen den Dienstgeber oder gegen einen Dritten einen rechtlichen Anspruch hat.

Gehaltszahlung.

§ 6. Die Zahlung des dem Angestellten zukommenden Gehaltes hat spätestens am Schlusse des Kalendermonats zu erfolgen.

Der Dienstgeber ist verpflichtet, inzwischen dem Angestellten nach Maßgabe der geleisteten Arbeit einen Teil des Entgeltes zu gewähren, wenn der Angestellte seiner infolge einer Notlage bedarf und der Dienstgeber ihn ohne eigene Not zu gewähren vermag.

§ 7. Soweit als Entgelt eine Geldvergütung vereinbart oder üblich ist, muß diese in Reichswährung berechnet und bar ausbezahlt werden.

Gegegenüber einem minderjährigen Angestellten kann vereinhart werden, daß der Dienstgeber die Geldbezüge an den gesetzlichen Vertreter zahlt.

§ 8. Eine Aufrechnung des Entgelts ist, unbeschadet des § 394 des BGB., nur zulässig:

1. gegen Ersatzforderungen für absichtlich zugefügten Schaden;
2. gegen Beiträge des Angestellten zu Einrichtungen, die der Dienstgeber zur Verbesserung der Lage der Angestellten oder ihrer Familien getroffen hat. Voraussetzung ist dabei, daß die Beitragspflicht des Angestellten ausdrücklich vereinhart ist;
3. gegen Forderungen für die Lieferung von Lebensmitteln für den Betrag der Anschaffungskosten, Wohnung und Landnützung gegen die ortsüblichen Miet- und Pachtpreise, Feuerung, Beleuchtung, regelmäßige Beköstigung, Arzneien und ärztliche Hilfe sowie Werkzeuge und Stoffe zu den übertragenen Arbeiten für den Betrag der durchschnittlichen Selbstkosten.

Wohlfahrtseinrichtungen.

§ 9. Eine Pflicht des Angestellten zur Beteiligung an den Kosten von Einrichtungen zur Verbesserung der Lage der Angestellten oder ihrer Familien kann durch Vertrag oder Dienstordnung nur unter der Voraussetzung begründet werden, daß

1. der Dienstgeber keinen geschäftlichen Nutzen aus der Einrichtung zieht;
2. der Dienstgeber auch einen angemessenen Teil zu den Kosten der Einrichtung beiträgt;
3. das etwaige Vermögen für die Einrichtung derart sichergestellt ist, daß auch bei einem Konkurse des Dienstgebers oder seines Unternehmens die den Angestelltenbeiträgen entsprechenden Rechte gewahrt bleiben;
4. bei Beendigung des Dienstverhältnisses dem Angestellten die geleisteten Beiträge zurückgewährt oder die erworbenen Ansprüche aufrecht erhalten werden, beides ohne eine erhebliche Einbuße;
5. der Angestelltenausschuß oder eine andere freigewählte Vertretung der Angestellten mindestens gleichberechtigt neben dem Dienstgeber oder seinen Vertretern an der Verwaltung der Einrichtung beteiligt ist.

Ueberarbeit.

§ 10. Wird gegenüber dem vertraglich bestimmten oder üblichen Maß der Arbeit eine Mehrarbeit notwendig, so ist der Angestellte dazu verpflichtet, wenn er sie zu leisten vermag und die Verweigerung einen Verstoß gegen Treu und Glauben bedeuten würde.

Wenn diese Mehrarbeit nicht durch angemessene Gewährung freier Zeit ausgeglichen wird, hat der Angestellte Anspruch auf einen Gehaltszuschuß, der mindestens dem vereinbarten Gehalte mit einem Zuschlage von einem Drittel entsprechen muß.

Provision.

§ 11. Ist bedungen, daß der Angestellte für Geschäfte, die von ihm geschlossen oder vermittelt werden, Provision erhalten soll, so gebührt ihm mangels Vereinbarung die für den Geschäftszweig und den Ort des Betriebes, für den er tätig ist, übliche Provision.

Der Anspruch auf Provision ist bei Verkaufsgeschäften erst nach dem Eingange einer Zahlung und nach Verhältnis des eingegangenen Betrages, bei anderen Geschäften mit dem Abschluß des Geschäftes erworben.

Die Abrechnung über die Provisionen findet zum Schlusse jedes Kalenderjahres und beim Dienstaustritte sofort statt.

Der Angestellte kann, unbeschadet des sonst bestehenden Rechtes auf Vorlegung der Bücher, die Mitteilung eines Buchauszuges über die durch seine Tätigkeit zustande gekommenen Geschäfte verlangen.

§ 12. Dem Angestellten gebührt die Provision auch für solche Geschäfte, die ohne seine unmittelbare Mitwirkung während der Dauer des Dienstverhältnisses zwischen der ihm zugewiesenen oder von ihm zugeführten Kundschaft und dem Dienstgeber zustande gekommen sind.

Ist der Angestellte ausdrücklich für einen bestimmten Bezirk als Alleinvertreter des Dienstgebers bestellt, so gebührt ihm die Provision auch für solche Geschäfte, die ohne seine Mitwirkung während der Dauer des Dienstverhältnisses durch den Dienstgeber oder für ihn in dem Bezirke abgeschlossen worden sind.

Ist die Ausführung eines vom Angestellten oder durch seine Vermittlung abgeschlossenen Geschäftes oder die Gegenleistung des Dritten, mit dem das Geschäft abgeschlossen worden ist, infolge Verhaltens des Dienstgebers ganz oder teilweise unterblieben, ohne daß hierfür ein wichtiger Grund bei dem Dritten vorlag, so kann der Angestellte die volle Provision verlangen.

§ 13. Wenn der Angestellte vom Dienstgeber vertragswidrig verhindert wird, Provisionen, Tagegelder oder ähnliche Bezüge in dem vereinbarten oder in dem nach den Vereinbarungen zu erwartenden Umfange zu verdienen, so kann er Ersatz des Schadens verlangen.

§ 14. Ein mit dem Abschlusse oder der Vermittlung von Geschäften betrauter Angestellter darf ohne Einwilligung des Dienstgebers von dem Dritten, mit dem er für den Dienstgeber Geschäfte abschließt oder vermittelt, eine Provision oder eine sonstige Vergütung nicht annehmen.

Der Dienstgeber kann, unbeschadet weiterer Schadensersatzansprüche, vom Angestellten die Herausgabe der unrechtmäßig empfangenen Provision oder Vergütung verlangen.

Gratifikation.

§ 15. Hat der Angestellte Anspruch auf eine jährliche Gratifikation oder andere besondere, zu bestimmten Zeitpunkten fällige Entlohnung, so gebührt sie ihm bei Lösung des Dienstverhältnisses vor der Fälligkeit in dem Betrage, der dem Verhältnisse zwischen der Zeit, für die sie gewährt wird und der zurückgelegten Dienstzeit entspricht.

Gewinnanteil.

§ 16. Ist bedungen, daß das Entgelt ganz oder zum Teil in einem Anteile am Gewinne aus allen oder aus bestimmten Geschäften bestehen oder daß der Gewinn in anderer Art für die Höhe des Entgelts maßgebend sein soll, so findet die Abrechnung für jedes Geschäftsjahr auf Grund der Bilanz statt.

Der Angestellte kann die Einsicht in die Bücher verlangen, die zur Prüfung der Richtigkeit der Abrechnung erforderlich ist.

Reisekosten.

§ 17. Hat ein Dienstgeber einen Angestellten veranlaßt, zum Zwecke des Abschlusses eines Dienstvertrages sich vorzustellen, so hat er ihm die Reisekosten in angemessener Höhe zu vergüten.

Macht die Erfüllung eines Dienstvertrages einen Umzug des Angestellten erforderlich, so kann er vom Dienstgeber angemessenen Ersatz der Umzugskosten verlangen.

Recht auf Beschäftigung.

§ 18. Ein Angestellter, der auf Grund besonderer Fähigkeiten oder Erfahrungen beschäftigt wird, hat den Anspruch auf die Ausübung der vereinbarten Tätigkeit, wenn der Ausschluß davon eine Minderung seiner künftigen Leistungsfähigkeit oder eine Erschwerung seines Fortkommens erwarten läßt.

(Fortsetzung folgt.)

SOZIALPOLITIK

Vereinigung der deutschen Arbeitgeberverbände

Der Deutsche Arbeitgeberbund für das Baugewerbe, der mit 30 Bezirks-, Landes- und Provinzialverbänden sowie elf unmittelbar angeschlossenen Ortsverbänden sich über das ganze Deutsche Reich erstreckt und auch den Betonbau-Arbeitgeberverband für Deutschland mit umfaßt, hat, wie die Deutsche Arbeitgeber-Zeitung meldet, auf seiner in Eisenach unter dem Vorsitz von Architekt Behrens, Hannover, tagenden Generalversammlung einstimmig seinen Beitritt zur Vereinigung der deutschen Arbeitgeberverbände beschlossen. Durch den Beitritt dieses Verbandes, dessen Mitglieder rund 250 000 Arbeiter beschäftigen, erfährt die Zentralorganisation der deutschen Arbeitgeberverbände eine weitere bedeutsame Stärkung.

*

Der Arbeitsmarkt im Monat Februar

Die Lage des gewerblichen Arbeitsmarktes hat sich nach den Berichten des Reichsarbeitsblattes zwar für einige Saisongewerbe, wie alljährlich um diese Zeit, gebessert. Für die Mehrzahl der großen Industriezweige war jedoch keine wesentliche Veränderung der in der Hauptsache nicht befriedigenden Lage zu bemerken. Auf dem Kohlenmarkt hielt die wenig günstige Lage auch im Monat Februar an; auch im Braunkohlenbergbau trat eine Abschwächung ein, nur der Eisenerzbau war gut beschäftigt. Für die dem **Stahlwerksverband** angehörenden Werke wird eine kleine Besserung der Lage, besonders in Beziehung auf Formeisen, gemeldet. Die **Maschinenindustrie** war im allgemeinen nicht befriedigend beschäftigt, nur stellenweise wird im Zusammenhang mit den Vorbereitungen für die beginnende Bautätigkeit eine kleine Besserung mitgeteilt. Vielfach herrschte ein starkes Ueberangebot von Kräften. Die Herstellung landwirtschaftlicher Maschinen, der Bau von Maschinen und Apparaten für die Zuckerindustrie war im allgemeinen ausreichend beschäftigt. Aus dem Werkzeugmaschinenbau wird gemeldet, daß der Eingang neuer Bestellungen noch immer recht lebhaft war. Wenig beschäftigt waren die Dampfkesselfabriken und Armaturwerkstätten, die Betriebe für Brücken- und Hochbaukonstruktion. Die Betriebe für Herstellung elektrischer Apparate waren immer noch unternormal beschäftigt, die chemische Industrie hatte gut zu tun, das Angebot an Arbeitskräften war im allgemeinen reichlich.

Das **Baugewerbe** war im allgemeinen noch immer schlecht beschäftigt, jedoch wird aus Berlin, Kiel und Halle eine wenn auch nur geringe Besserung gegenüber dem Vormonate gemeldet. An Arbeitskräften bestand durchweg ein Ueberangebot. Aus den einzelnen Provinzen wird darüber folgendes berichtet: Wenn auch in Berlin und der Provinz Brandenburg im Monat Februar noch ein starker Druck besteht, so steht die Entwicklung des Arbeitsmarktes dennoch unter dem Zeichen einer Besserung, und zwar nicht nur in Berlin, sondern auch in einigen Städten der Provinz, z. B. in Guben, Königsberg i. Pr., Angermünde. Stärker nachgefragt wurden im besonderen in Berlin und Rathenow die Zimmerer, wogegen Maler und Töpfer noch immer unter der Ungunst der Verhältnisse zu leiden hatten. Für Schleswig-Holstein meldet der Bericht, daß die Erwerbsmöglichkeit für Bauarbeiter andauernd schlecht ist, während für Westfalen und das Fürstentum Lippe eine ganz bedeutende Besserung des Arbeitsmarktes im Baugewerbe zu verzeichnen ist. Dasselbe gilt für den Baumarkt im Rheinland. Auch dort ist an der Besserung des Arbeitsmarktes in erster Linie das Baugewerbe beteiligt. Ungünstig lauten aber noch immer die Nachrichten aus Hessen, Hessen-Nassau und Waldeck. Im Baugewerbe, so heißt es, war es im allgemeinen noch flau. Nach dem Bericht des Reichsarbeitsamtes in Frankfurt a. M. war die Vermittlung für Maurer und Zimmerer sehr flau. In Kassel war von einer Hebung der Bautätigkeit nichts zu merken. Dasselbe gilt für das Großherzogtum Baden, wo es im Baugewerbe noch immer sehr ruhig war. Die Bauerlaubnis wurde dort des Frostes wegen und nur unter gewissen Bedingungen erteilt, so daß die Nachfrage nach Arbeitskräften an den meisten Plätzen noch ziemlich gering war. Freiburg hatte etwas stärkeren Bedarf an Arbeitskräften im Malergewerbe, während Mannheim mehr Arbeitsgelegenheit für Bauschreiner, Maler und Glaser vermitteln konnte.

Nach der neu geordneten Berichterstattung der Krankenkassen über den **Beschäftigungsgrad** ergab sich vom 1. Februar zum 1. März für die in Arbeit stehenden Mitglieder eine Zunahme der Beschäftigungsziffer um insgesamt 231875 Mitglieder oder um 3,43 v. H. Die Zunahme betrug im einzelnen bei den männlichen Mitgliedern 3,30 v. H., bei den weiblichen Mitgliedern 3,69 v. H. Die **Arbeitslosigkeit** unter den Mitgliedern der berichtenden Arbeiterverbände ging im Februar wie alljährlich gegenüber dem Januar zurück, hatte aber immer noch einen erheblich höheren Umfang als im Februar 1913. Unter den 1 977 713 Mitgliedern von 45 Fachverbänden waren im Februar 1914 arbeitslos 3,7 v. H. gegen 4,7 im Januar und 2,9 im Februar 1913. Die Senkung gegen den Vormonat war immerhin größer als 1913, da der Januar 1913 3,2 v. H. Arbeitslose aufwies.

Bei der Gesamtzahl der berichtenden Arbeitsnachweise entfielen im Februar auf je 100 offene Stellen bei den männlichen Personen 218 Arbeitsgesuche gegen 234 im Vormonat und 190 im Februar 1913. Bei den weiblichen Personen kamen auf je 100 offene Stellen 97 Arbeitssuchende gegen 105 im Vormonat und 91 im Februar 1913. Danach hat sich die Lage auf dem Arbeitsmarkte wie alljährlich gegen den Januar gebessert, ist aber ungünstiger als im Februar 1913.

*

Ueber das staatliche Arbeitsnachweiswesen in Großbritannien

im Jahre 1913 schreibt die „Soziale Praxis":

Am Jahresende bestanden 423 staatliche Arbeitsnachweise. Von diesen ist ein Nachweis lediglich zur Vermittlung von Gelegenheitsarbeitern (hauptsächlich Packträger für die Tuchindustrie in Manchester) errichtet, ein anderer Nachweis vermittelt lediglich Arbeit im Baugewerbe; 19 betreiben die Vermittlung nur für männliche Arbeiter, zwei nur für Frauen, zwei nur für Erwachsene, einer nur für Jugendliche. Die übrigen Arbeitsnachweise sind für die Vermittlung aller Arten von Arbeit und für alle Schichten.

Die Zahl der Arbeitsgesuche, die 1913 in die Listen eingetragen wurden, betrug 2 965 893 oder nach Abzug der Personen, die mehrmals Arbeit suchten, 1 877 221 (darunter 7296 „Gelegenheitsarbeiter"). Besetzt wurden 921 853 Stellen, dazu kommen noch 204 629 Gelegenheitsarbeitsstellen. Die Zahl der Personen, denen Arbeit nachgewiesen werden konnte, betrug 656 411.

Die Inanspruchnahme der Arbeitsnachweise durch die Arbeiter erfuhr einen großen Aufschwung seit Mitte Juli 1912, wo die Einzahlungen für die staatliche Arbeitslosenversicherung begannen, die bekanntlich eng mit den Arbeitsnachweisen verbunden ist, und noch mehr seit Januar 1913, wo die ersten Auszahlungen der Arbeitslosenunterstützungen begannen. Die Zahl der bei den Arbeitsnachweisen eingeschriebenen männlichen Personen war 1913 gegenüber 1912 um 31 vom Hundert gewachsen, und der Zuwachs findet sich hauptsächlich in den der Arbeitslosenversicherung unterstellten Berufen. Bei den anderen Berufen und bei den anderen Arbeiterschichten (Frauen, Jugendliche) hat zwar auch in den letzten Jahren fortlaufend ein Zuwachs stattgefunden, aber er ist gleichmäßiger und geht nicht plötzlich so in die Höhe wie bei den erwachsenen Männern in den versicherten Gewerben.

Den größten Anteil an den für Männer vermittelten Arbeitsstellen haben das Baugewerbe, Wagenbau, Schiffbau, Maschinen- und Metallindustrie; bei den weiblichen Arbeitskräften entfällt der überwiegende Teil (52,6) auf häusliche Dienste, Aufwartestellen, Wäscherei.

Dem Arbeitsnachweis für Jugendliche wird besondere Aufmerksamkeit geschenkt; in mehreren Bezirken ist er mit Berufsberatung verbunden. An 45 Stellen ist die Berufsberatung, die in den Händen von Beratungsausschüssen liegt, auf Grund des Arbeitsnachweisgesetzes von 1909 erfolgt, das diese Möglichkeit vorsieht; an 60 Stellen sind die Einrichtungen zur Berufsberatung von den Erziehungsbehörden eingerichtet auf Grund des Erziehungsgesetzes. In London sind an 19 verschiedenen Arbeitsnachweisen besondere Einrichtungen für Jugendliche getroffen worden. Bei den männlichen und weiblichen Jugendlichen macht sich ein starkes Einströmen in den Handel bemerkbar. Unter den Knaben waren 21 696 (oder 24 v. H.), unter den Mädchen 20 013 (30 v. H.), die durch die Arbeitsnachweise ihre erste Stellung nach der Schulentlassung fanden.

Eine für die Regelung des Arbeitsmarkts wichtige Bestimmung des Arbeitsnachweisgesetzes ist die Ermächtigung der Arbeitsnachweisstellen, Reisegelder als Darlehen zu geben, damit der Arbeitsuchende eine an anderem Orte gebotene Arbeitsgelegenheit benutzen kann. In der Zeit von September 1912 bis September 1913 wurden in 9200 Fällen Reisedarlehen in der Höhe von etwa 2900 Pfund gegeben. Seit Inkrafttreten des Arbeitsnachweisgesetzes (September 1910) bis zum September 1913 wurden für diese Zwecke 10 400 Pfund in 34 000 Fällen aufgewendet.

ANGESTELLTENFRAGEN

Das Schicksal der Konkurrenzklauselvorlage

Ein trauriges Bild bot die zweite Lesung der Konkurrenzklauselvorlage im Deutschen Reichstage. Viel konnte man allerdings nach der mehr als lauen Haltung der Konkurrenzklauselkommission nicht erwarten. Zu großen Worten hatte man sich in der Kommission aufgerafft und den Gesetzentwurf so umgestaltet, daß er sich einigermaßen hätte sehen lassen können; vor dem „Unannehmbar" der Regierung ist man dann aber zu Kreuze gekrochen und hat bis auf einige wenige Punkte den Wünschen der Regierung Rechnung getragen. Ein Entwurf war so zustandegekommen, der es allen Angestellten, die einen wirklichen sozialpolitischen Fortschritt wollen, unmöglich machte, ihre Zustimmung zu geben. So forderte denn auch unser Verband in einer Eingabe an den Reichstag, er möge das Gesetz in dieser Form ablehnen. Besser ein Scheitern der Vorlage, als ein Gesetz, das uns auf unabsehbare Zeit wie eine Kette an den Füßen gehangen hätte. Der Zeit des „Stillstandes in der Sozialpolitik" müssen mit Notwendigkeit bessere Tage folgen, die uns auch ein e n ge ma en erträgliches Konkurrenzklauselgesetz bringen werden j r ß

Für den 27. März war nun die Plenarberatung des Entwurfes angesetzt worden. Jeder Kenner der parlamentarischen Verhältnisse mußte schon aufs äußerste darüber erstaunt sein, daß ein Gesetzentwurf von so umstrittener Natur, der die schärsten Debatten mit sich bringen mußte, am letzten Sitzungstage zur zweiten Lesung angesetzt wurde. Eine ernstliche Behandlung der Materie konnte unter solchen Umständen gar nicht erwartet werden. Nach dem Verlauf der Sitzung ist aber auch dem Uneingeweihten klar geworden, daß diese Ansetzung der zweiten Lesung auf den letzten Sitzungstag gar nicht den Zweck hatte, in eine Beratung einzutreten. Man wollte nur eine Erklärung der Regierung zu den Kommissionsbeschlüssen herbeiführen, eine Erklärung, die dazu dienen sollte, die Angestelltenverbände mit ihren Forderungen noch mehr als bisher einzuschüchtern. Der Reichstag selbst hat nicht den Mut, der Regierung seinen festen Willen entgegenzusetzen, er möchte nur zu gern dem von den Wünschen der Arbeitgeber diktierten Willen der Regierung nachgeben, scheut es sich aber wegen des lebhaften Widerspruchs der Angestellten zu tun. Jetzt soll erst die Regierungserklärung auf die Angestelltenorganisationen wirken, damit sie zum Umfall gefügig werden.

Diese Tendenz ging aus der Rede des Staatssekretärs des Reichsjustizamts Dr. Lisco klar hervor. Er wies zunächst auf die drei Streitpunkte hin:

„1. Die Verbündeten Regierungen haben sich im Laufe der Kommissionsverhandlungen damit einverstanden erklärt, daß die den Handlungsgehilfen für die Dauer des Wettbewerbverbots zu zahlende Entschädigung auf ein Drittel der den Handlungsgehilfen vertragsmäßig zustehenden Bezüge bemessen würde. Die Kommission ist über dieses Drittel hinausgegangen und hat die Entschädigung auf die Hälfte festgesetzt. 2. Die Verbündeten Regierungen haben sich in der Kommission damit einverstanden erklärt, daß die Zulassung der Konkurrenzklausel davon abhängig gemacht werde, entgegen dem Entwurf, daß die jährlichen vertragsmäßigen Bezüge der Gehilfen nicht mehr als 1500 M betragen. Die Kommission hat sich auf ein Mindestgehalt von 1800 M geeinigt. Endlich hat 3. die Kommission in zweiter Lesung in Abweichung von der Regierungsvorlage und von den eigenen Beschlüssen der Kommission erster Lesung beschlossen, daß bei Vereinbarung einer Vertragsstrafe nur das Recht auf diese selbst zustehe.“

Der Staatssekretär präzisierte dann weiter die Haltung der Regierung folgendermaßen:

„Die Verbündeten Regierungen waren äußersten Falles, um ein Zustandekommen des Gesetzes zu erreichen, bereit, sich mit dem ersten Punkte abzufinden. Sie werden also einer Erhöhung der sogenannten Karenzentschädigung von ein Drittel auf die Hälfte zustimmen. Dagegen wäre eine Erhöhung der Gehaltsgrenze von 1500 M auf 1800 M sowie die Erfüllung in der gedachten Form für die Regierung unannehmbar. (Unruhe links.) Wir möchten hierüber von vornherein nicht den geringsten Zweifel aufkommen lassen. Werden die Beschlüsse der Kommission nicht geändert, so wird die Vorlage, wie ich nochmals betone, für die Regierung unannehmbar.“

In der schärfsten Form hat die Regierung mit diesen Worten also zu erkennen gegeben, daß sie selbst das in der Konkurrenzklauselkommission geschaffene Kompromiß, das die Wünsche der Angestellten nicht einmal im entferntesten erfüllt, ablehnt. Es ist eben Schluß mit der sozialpolitischen Gesetzgebung gemacht worden. Man scheint diese Worte des Staatssekretärs des Reichsamts des Innern, die er vor kurzem gesprochen hat, durchaus mit Beweisen stützen zu wollen.

Dieser Brüskierung der Angestellten durch die schroffe Ablehnung der Kommissionsarbeit fügte der Staatssekretär Dr. Lisco noch eine neue hinzu:

„Wenn der Entwurf nicht zustande kommt, so würden wir das im Interesse der Handlungsgehilfen auf das lebhafteste bedauern. Die Handlungsgehilfen würden der großen Vorteile des Gesetzentwurfs beraubt werden. Die Verantwortung dafür aber würde neben den Handlungsgehilfen-Verbänden, die an ihren unerfüllbaren Wünschen festhalten, den Reichstag treffen. Die Regierung ist so weit entgegengekommen, wie sie es mit dem berechtigten Interesse der Prinzipale nur irgendwie für vereinbar halten kann. Ich bitte deshalb das hohe Haus im Interesse der Handlungsgehilfen, sich in der Frage der Gehaltsgrenze und der Erfüllungsklage auf den Standpunkt der Verbündeten Regierungen zu stellen. Wird auf diese Weise eine Einigung erreicht, so wird das nicht nur den Handlungsgehilfen zugute kommen, sondern es wird auch die Bahn freigemacht, um auch die Verhältnisse der technischen Angestellten neu zu regeln. Diese Materie würden wir nach Annahme des vorliegenden Gesetzentwurfs in Angriff nehmen.“

Nein, nicht die Angestelltenverbände werden die Schuld an dem Scheitern der Vorlage tragen; auch nicht der Reichstag, dessen Nachgiebigkeit gegenüber der Regierung mehr als recht war; die Schuld tragen einzig und allein die Verbündeten Regierungen, die sich dem geringsten sozialpolitischen Fortschritt widersetzen. Das ist nicht nur die Meinung wohl sämtlicher Angestellter, sondern auch die Oeffentlichkeit steht hier auf unserer Seite. Den Standpunkt der Regierungen teilt nur eine Gruppe von Arbeitgebern, denen jeder sozialpolitische Fortschritt ein Greuel ist und unter deren Einfluß zurzeit unsere offizielle Sozialpolitik steht.

Der Hinweis des Staatssekretärs darauf, daß die Konkurrenzklausel für die technischen Angestellten durch das Nichtzustandekommen des Gesetzes auch vereitelt würde, verfehlt vollkommen seinen Zweck. Groß sind unsere Hoffnungen auf ein solches Gesetz so wie so nicht; nach den bisherigen Erklärungen kann man nur annehmen, daß den Technikern ein noch elenderes Gesetz beschert werden würde als den Handlungsgehilfen. Aber auch abgesehen davon kann eine Aenderung unserer Stellung zu dem gegenwärtigen Gesetzentwurf durch derartige Gedanken nicht herbeigeführt werden. Uns kommt es wirklich nicht darauf an, daß nur etwas geschieht, sondern daß ein Gesetz geschaffen wird, das einen wirklichen sozialen Fortschritt bringt.

Eigentümlich berührten in der Geschäftsordnungsdebatte die Worte des konservativen Abgeordneten Frommer, der meinte, daß die Frage der Techniker erst geklärt werden müsse. Was soll das heißen? Jetzt in diesem Stadium der Beratung der Vorlage soll die Konkurrenzklauselfrage der Techniker aufgeworfen werden, nachdem die strikte Erklärung der Regierung vorliegt, daß die Techniker nicht in dieses Gesetz einbezogen werden könnten, nachdem unsere wohl begründete Petition in der Konkurrenzklauselkommission nichts ausrichten konnte? Nein, auch durch diese Worte lassen wir uns in unserer glatten Ablehnung des gegenwärtigen Entwurfs nicht beeinflussen!

Wie ein roter Faden zog sich durch die Geschäftsordnungsdebatte, die die Vertagung der Beratung schließlich herbeigeführt hat, bei fast allen Rednern der Gedanke hindurch, daß man nach dieser Erklärung des Staatssekretärs mit den Beteiligten im Lande Fühlung nehmen müsse. Der Sozialdemokrat Haase deutete diese Worte dahin, daß man in der Zwischenzeit die bescheidenen Wünsche der Kommission rückwärts revidieren wolle. Wir nehmen gern von den Worten des fortschrittlichen Abgeordneten Weinhausen, des Vorsitzenden der Konkurrenzklauselkommission, Notiz: „Wir wollen keineswegs die gefaßten Beschlüsse rückwärts revidieren oder umfallen.“ Aber was gilt diese Versicherung? Sein Fraktionskollege Waldstein ließ sich ganz anders vernehmen: „Wir wollen den Handlungsgehilfenverbänden Gelegenheit geben, nachdem nunmehr eine vollkommene Aenderung durch die bestimmte Aeußerung der Regierung eingetreten ist, sich in letzter Stunde noch einmal in einer der großen Verantwortlichkeit bewußten Weise zu entscheiden, ob sie ihre Wünsche aufrecht erhalten wollen oder nicht.“

Und diese Worte geben ja auch den ganzen Sinn des Vertagungsantrags wieder, der vom Zentrumsabgeordneten Trimborn gestellt war. Was Trimborn durch seine Haltung im Angestelltenausschuß der Gesellschaft für Soziale Reform nicht erreicht hat, weil die Technikerverbände und die „Arbeitsgemeinschaft für das einheitliche Angestelltenrecht“ entschieden widersprachen, das soll jetzt unter dem Druck der Regierungserklärung erreicht werden.

Wir wollen hoffen, daß die Angestelltenorganisationen ein steifes Rückgrat zeigen, daß sie sich bewußt sind, daß Erfolge für ihren Stand nicht durch fortwährendes Zurückweichen und Nachgeben zu erreichen sind, sondern nur durch zähes Festhalten an den Forderungen, die nichts anderes als Gerechtigkeit gegenüber ihrem Stand verlangen. Hdl.

STANDESFRAGEN

Vom Wettbewerb der freien Architekten

Zu der schon oft erörterten Frage, wie unsere Bauämter in wirtschaftlicher Hinsicht zu reformieren wären, liefert ein Schreiben der Arch. P. und Dipl.-Ing. S. in Altona, das uns zufällig zu Gesicht kommt, einen interessanten Beitrag. In diesem Schreiben bieten die genannten Herren einem Militärbauamt ihre Dienste an, indem sie sich einleitend darauf berufen, daß sie nicht nur schon für andere Militärbauämter „umfangsreiche" Vorarbeiten und Bauentwürfe durchgearbeitet hätten u. A. (sic!) die Kaserne in R . . ., sondern auch mit den Bestimmungen der Heeresverwaltung, der G. G. (?) und der „Garnisongebäudeordnung" in allen Teilen vertraut seien. Etwas unvorsichtig werden nach diesen Proben in der Beherrschung der deutschen Sprache dem Militärbauamt Belege angeboten, wonach es sich ein Urteil von der Qualität der Arbeiten der Herren Architekten selbst machen könnte. Dann aber heißt es wörtlich weiter:

> „Wir glauben behaupten zu dürfen, und in dieser Meinung werden wir von den Herren Bauräten bestärkt, daß ein Militärbauamt in allen Teilen bedeutend vorteilhafter und wirtschaftlicher arbeitet, wenn es sich mit einem selbständigen, in diesen Dingen vertrauten Architekten in Verbindung setzt, als sich (!) technisch untergeordnete Hülfskräfte anstellt, die nicht ohne ständige Beihülfe imstande sind, Arbeiten von solcher Qualität zu liefern, wie es der Würde und dem Ansehen der Militärbehörde entspricht."

Wir zweifeln nicht daran, daß ein berechtigter Kern in den Bestrebungen der freien Architektenschaft steckt, wenn sie, wie in einer Denkschrift des B. D. A. und an anderer Stelle wiederholt geschehen, dafür eintritt, Staat und Gemeinden möchten den Privatarchitekten mehr, als es bisher geschieht, zur Lösung ihrer Bauaufgaben heranziehen. Leider halten sich aber die Architekten vielfach von Uebertreibungen bei ihrem Vorgehen nicht fern, und es sind dann gewöhnlich die technischen Angestellten der Bauämter, auf deren Rücken der wirtschaftliche Kampf ausgefochten wird. Zum Beispiel wird von den freien Architekten gesagt, der „unübersehbare" Beamtenapparat der Bauämter sei an den hohen Kosten der öffentlichen Bauten schuld, seine volle Ausnutzung sei zu schwierig; in zweiter Linie sei es die überwiegende Verwaltungstätigkeit der Vorgesetzten der Bauämter, die die Kosten heraufsetzte, weil diese Beamten nicht in der Lage seien, ihre Hilfskräfte in wirksamer, zur Erreichung der höchsten Leistungen erforderlichen Weise „anzuspannen". Wir wiesen schon früher darauf hin, daß eine egoistische Ausnutzung der Angestellten bei Privatarchitekten allerdings nichts Seltenes ist, dieses Mittel zur Erzielung einer größeren Wirtschaftlichkeit des Bauens für Behörden aber im allgemeinen wohl nicht in Frage kommt.

Wir müssen daher auch ganz energisch dagegen Widerspruch erheben, daß die beiden Altonaer Herren ihr engstes Geschäftsinteresse lediglich in der Weise zu vertreten suchen, daß sie einen künstlichen Gegensatz zwischen sich, den mit Militärbauarbeiten „vertrauten Architekten", und den technisch „untergeordneten Hilfskräften" der Bauämter konstruieren. Damit nicht genug, wird es mit dem Ansehen und der Würde der Militärbehörde für unvereinbar erklärt, „sich" solche Hilfskräfte anzustellen, die nicht ohne ständige Beihilfe imstande sind, Arbeiten wie gerade die genannten Herren Architekten zu liefern.

Wenn die Herren wirklich so Hervorragendes leisten, so hätten sie wohl nicht nötig gehabt, die Leistungen einer auch oft hart ringenden Angestelltenschicht zu verkleinern, die ihrerseits solche Mittel für die Durchsetzung ihrer Bestrebungen mit ihrem Ansehen und ihrer Würde für unvereinbar halten.

Mf.

*

Der Arbeitsmarkt der Techniker

Die vom Bericht des Reichsarbeitsblattes konstatierte leichte Besserung auf dem Arbeitsmarkt ist in der Stellenvermittelung des Deutschen Techniker-Verbandes nicht bemerkbar geworden. Die herrschende Arbeitslosigkeit unter den Technikern ist noch so groß, daß im Durchschnitt auf 100 offene Stellen in den beiden ersten Monaten des Jahres fast 240 Stellenlose kamen. Auch die Inanspruchnahme unserer Stellunglosen-Unterstützungskasse läßt noch keine Besserung auf dem Arbeitsmarkt erkennen, mußten wir doch im Monat Januar und Februar zusammen ca. 17200 Mark an Stellunglosen-Unterstützung zur Auszahlung bringen, und auch im dritten Monat des 1. Quartals liegen soviel Gesuche um Stellunglosen-Unterstützung vor, daß für das 1. Quartal auf eine Abschwächung der Stellenlosigkeit gar nicht zu rechnen ist. Es ist zwar zu hoffen, daß durch den andauernd billigen Diskontsatz dem Baugewerbe bald reichere Mittel zugeführt werden, doch dürfte eine durchgreifende Besserung frühestens Ende des 2. Quartals oder Anfang des 3. Quartals eintreten. Dann steht bald wieder der Winter vor der Tür, der auf das Baugewerbe von erheblichem Einfluß ist. Eine Rückkehr zum normalen Zustand kann man wahrscheinlich vorläufig also nicht erwarten.

STANDESBEWEGUNG

Die Augen auf!

Schon seit einiger Zeit mußte man die Vorgänge in den Arbeitgeberorganisationen mit äußerster Sorgfalt beobachten. War es doch nicht allein die Bekämpfung der Arbeiterverbände, die in den verschiedenen Tagungen eingehend beraten wurde; mit nicht minderer Sorgfalt beschäftigte man sich dort auch mit den Organisationen der Angestellten, in Sonderheit mit den Technikerverbänden, die durch ihr entschiedenes Eintreten für die Interessen ihrer Mitglieder manchen Erfolg erreicht haben. Die verschiedenen Erwägungen scheinen sich jetzt zu dem Plan verdichtet zu haben, den Technikerorganisationen ihre Stellenvermittlungen zu zertrümmern. Ein vertrauliches Rundschreiben des südwestdeutschen Industriellenverbandes weist nämlich darauf hin, daß der Zentralverband der Industriellen mit dem Plane umgeht, eine eigene Stellenvermittlung für Techniker ins Leben zu rufen. Dieser Plan an sich könnte die Technikerorganisationen mit ihren gut ausgebauten Stellenvermittlungseinrichtungen nicht beunruhigen; zusammen mit diesem Arbeitsnachweis soll aber auch der Zwang für alle Industriellen durchgeführt werden, die freien Stellen nur durch den Unternehmernachweis zu besetzen. Das geht aus dem Rundschreiben des südwestdeutschen Industriellenverbandes hervor, in dem der Vorschlag gemacht wird, die Stellenvermittlung für die Techniker den Industriearbeitsnachweisen anzugliedern. Nimmt man zu diesem Vorgehen hinzu, daß auch in den Kreisen der Bauunternehmer ähnliche Bestrebungen schon seit langem erwogen werden, so wird es klar, wohin des Ziel der Arbeitgeberorganisationen geht.

Die Bedürfnisfrage für die Bildung einer neuen Stellenvermittlung für Techniker kann nicht bejaht werden. Die drei großen Technikerorganisationen, Bund der technisch-industriellen Beamten, Deutscher Techniker-Verband und Deutscher Werkmeisterverband, haben so gut organisierte Stellenvermittlungen, daß für jede Stellung geeignete Bewerber überwiesen werden können. Unangenehm bei dieser Art der Stellenvermittlung ist den Arbeitgebern nur die Gehaltspolitik, die von den Technikerverbänden in ihren Stellenvermittlungen durchgeführt wird. Wir arbeiten mit aller Konsequenz auf eine Erhöhung der Gehälter hin und sind auch bereits manchen Schritt vorwärts gekommen. Durch die Stellenvermittlung der Arbeitgeber soll diese Tätigkeit der Technikerverbände aufgehoben werden. Wan will sich billige und — willige Arbeitskräfte schaffen.

Willige Arbeitskräfte schaffen sich die Unternehmer nämlich auch durch eine solche Stellenvermittlung. Das ist ihr zweites Ziel. Denn das System der schwarzen Listen wird durch den Arbeitgebernachweis direkt gezüchtet. Das was seinerzeit Garvens in Hannover mit seiner Karthotek über die Organisationszugehörigkeit der technischen Angestellten erreichen wollte, wäre durch diese Stellenvermittlung der Arbeitgeber zur Tatsache geworden. Jeder Angestellte, der sich irgendwie mißliebig gemacht hat, wird geächtet. Er ist auf Gnade und Ungnade den Arbeitgebern ausgeliefert.

Und dadurch erreicht man das Dritte, das mit dem Nachweis bezweckt werden soll: Die Schädigung der Technikerorganisationen. Man will ihnen ihre Stellenvermittlungen nehmen, um ihre Werbekraft zu verringern, weil man glaubt, daß die Verbände ihre Mitglieder vor allem durch die Stellenvermittlung gewinnen.

Im Interesse einer gedeihlichen Entwicklung der Industrie ist dieser Plan der Arbeitgeber aufs höchste zu bedauern. Er wird zu einer außerordentlichen Verschärfung des wirtschaftlichen Kampfes beitragen. Aber auf dieses Ziel arbeiten gewisse Kreise der Arbeitgeber ja schon seit langem hin.

Wir brauchen aber den Kampf nicht zu scheuen, der uns hier aufgezwungen wird. Das, was wir uns durch jahrelange Arbeit in unserem Deutschen Techniker-Verbande geschaffen haben, lassen wir uns nicht nehmen. Im Gegenteil, wir werden dadurch noch enger zusammengekettet. Die Solidarität aller Berufskollegen wird hier zeigen, daß jeder von uns gewillt ist, für seinen Kollegen einzutreten. Einer für alle und alle für einen! Das sei unsere Losung. Und die Oeffentlichkeit wird in diesem Kampfe auf unserer Seite stehen.

Hdl.

DEUTSCHE TECHNIKER-ZEITUNG

TECHNISCHE RUNDSCHAU

XXXI. Jahrg. 4. April 1914 Heft 14

Buchführung für Baugeschäfte

Die in Heft 6 dieses Jahres erschienene Frage Nr. 14 veranlaßt mich, nachstehend einige Winke für die Anlegung der Bücher in einem Baugeschäfte zu geben. Es spielt nicht allein die Größe, sondern vielmehr auch die Vielseitigkeit eines Geschäfts die Hauptrolle. Sind dem Geschäft noch Nebenbetriebe angegliedert, so mag vielleicht die doppelte oder die amerikanische Buchführung zu empfehlen sein. Die erstere erfordert einen bilanzsicheren Buchhalter und eine größere Anzahl Bücher, während letztere in dem sogen. Journal eine Anzahl Bücher der doppelten Buchführung vereinigt, daher einen großen Teil Schreibwerk spart. Dem stehen aber wieder Nachteile, in bezug auf beschränkten Umfang und Uebersichtlichkeit, gegenüber. Für die meisten Baugeschäfte genügt jedoch die einfache Buchführung, und es soll auch nur diese hier behandelt werden.

Die Hauptbücher der einfachen Buchführung sind bekanntlich das Hauptbuch, wo für jeden Geschäftsfreund ein besonderes Konto eingerichtet wird, das Kassabuch, wo die baren Einnahmen und Ausgaben gebucht werden, und das Tagebuch oder Memorial, wo mit Ausnahme der Geldgeschäfte sämtliche Geschäftsvorfälle in fortlaufender Reihenfolge gebucht werden. Des besseren Verständnisses halber sollen jedoch die Bücher so aufgeführt werden, wie man sie im Geschäft benötigt und zwar zunächst bei der Ausführung der Arbeiten, wobei gleichzeitig eine Erklärung der Nebenbücher erfolgt.

Für jeden Bau wird ein Wochenzettel ausgeschrieben (für Tischler, Sägewerks- und Platzarbeiter sind Bücher vorteilhafter). Der Polier schreibt darauf die geleisteten Arbeitsstunden und das verbrauchte Material. Im Bureau wird daraus des Sonnabends die Lohnliste zusammengestellt, aus der bei jedem Arbeiter die täglich geleisteten Stunden, der Gesamtlohn, die Abzüge für Invaliditäts- und Krankenversicherung, und der ihm zustehende Barbetrag ersichtlich ist. Von da aus wird der Gesamtlohn in die Jahreslohnnachweisung für die Unfallversicherung übertragen. Die Summe der Barbeträge wird in das Kassebuch als Ausgabe eingetragen. Nun müssen die Löhne auf die verschiedenen Baukonten verrechnet werden. Dies geschieht zunächst im Lohnbuche. Die eingereichten Wochenzettel werden in fortlaufender Reihenfolge eingetragen, der Lohn ausgerechnet, summiert und in das Rechnungs- oder Baubuch übertragen. Eine solche Uebertragung würde z. B. wie folgt lauten: „Februar 7. Löhnung lt. L. B. 11. 385,14 M" (L. B. 11 = Lohnbuch Seite 11). Im Rechnungsbuche wird für jeden Kunden, bei dem gearbeitet worden ist (Tagelohn), und für jeden Bau, der lt. Vertrag ausgeführt wird (Akkord), ein besonderes Konto eingerichtet; desgleichen erscheinen auch hierin sämtliche verbrauchten Materialien. Das Rechnungsbuch muß am Schlusse ein alphabetisches Namenregister haben, damit man jedes Konto sofort findet. Bei den Kunden trägt man die Löhne so ein, wie sie in Rechnung gestellt werden, also einschließlich des sogen. Meistergeldes. Am Jahresschlusse oder wenn die Arbeit beendet ist, schreibt man die Faktura aus; das Rechnungsbuch bildet so eine Abschrift sämtlicher ausgehender Rechnungen. Bei den Baukonten (Akkordarbeiten) trägt man die Selbstkosten für Löhne und Material ein. Ist ein derartiger Bau beendet, und liegt bereits die Abrechnung vor, so ersieht man aus der Differenz, nachdem man natürlich noch die Beiträge für Invaliden-, Kranken- und Unfallversicherung, sowie die Geschäfts-Unkosten in Abzug gebracht hat, wieviel man verdient hat. Für jeden Akkordbau legt man ein Aktenstück an, wozu man am besten Schnellhefter verwendet. Hierein kommen Zeichnungen, Skizzen, Kostenanschläge, Verträge, die Vereinbarungen mit den Handwerkern, sowie alle sonstigen Notizen, ferner die Briefe, die den Bau betreffen, keinesfalls aber Briefe von Lieferanten, die im Briefordner aufbewahrt werden. Das Schlußstück in den Akten bildet die Abrechnung. Ist diese gelegt, so kann man bei kleineren Bauten das Aktenstück anderweit benutzen und auf diese Art, je nach Umfang, mehrere Bauten in einem Aktenstück vereinigen. Die Akten versieht man zur besseren Orientierung mit sogen. Aktenschwänzen, worauf der Inhalt verzeichnet wird. Die Schriftstücke wird man je nach ihrer Wichtigkeit kürzere oder längere Zeit aufbewahren. Das mindeste dürfte wohl fünf Jahre sein. Um die Uebersicht zu behalten, ordnet man am Jahresschlusse die zurückgelegten Akten alphabetisch.

Der Verkehr mit den Handwerkern geschieht meist mündlich, was zur Folge hat, daß das ganze Jahr über bestellt wird und am Schlusse lange Rechnungen einlaufen. Dann kann sich niemand mehr erinnern, wo die Sachen hingekommen sind, und eine Kontrolle ist vollkommen ausgeschlossen. Man muß daher die Rechnungen für alle Bauten getrennt und gleich, nachdem die Ausführung beendet ist, verlangen. Von allen übrigen Sachen muß regelmäßig jedes Vierteljahr Rechnung gelegt werden, sonst ist eine gute Ordnung und Erledigung unmöglich.

Zum schriftlichen Verkehr benötigt man ein Kopierbuch, in dem sämtliche ausgehende Briefe kopiert werden. Auch muß jedes Schreiben sofort in das am Schlusse befindliche Register eingetragen werden. In größeren Betrieben, wo auf der Schreibmaschine geschrieben wird, kann man das Kopierbuch entbehren. Man behält von den Schreiben Durchschläge zurück und reiht diese in den nachstehend erwähnten Briefordner ein. Es bietet dies den Vorteil, daß man immer Schreiben und Antwort an einer Stelle vereinigt. Die eingehenden Briefe bewahrt man gut geordnet in einem Briefordner auf. Die Rechnungen prüft man sofort nach Eingang auf ihre Richtigkeit und vermerkt vielfach darauf Frachtkosten und die zur Bestimmung des Verkaufspreises erforderlichen Notizen. Hierauf reiht man die Rechnungen in einen besonderen Briefordner ein. Die Rechnungsbeträge trägt man direkt ins Hauptbuch ein, so daß ein Nebenbuch hier nicht erforderlich ist.

Nun noch einmal zurück zu den Hauptbüchern. Die Einnahmen werden immer links, die Ausgaben immer rechts gebucht. Rechnungen werden im Hauptbuche auf dem Konto des Kunden links eingetragen, denn der in Rechnung gestellte Betrag ist eine Einnahme für ihn, während seine Zahlungen, also seine Ausgaben rechts eingetragen werden. Im Kassebuch trägt man am 1. eines Monats den vorhandenen Kassebestand als Einnahme ein, denn diesen Betrag hat der alte Monat an den neuen abgegeben. Ebenso trägt man am letzten eines Monats den Kassebestand als Ausgabe ein. Addiert man nun jede Seite des Kassebuches, so muß die Einnahme gleich der Ausgabe sein, denn man kann naturgemäß nur soviel Geld ausgeben, wie man eingenommen hat. Nach Monatsabschluß füllt man den noch vorhandenen freien Raum der Seite durch einen schrägen Strich aus, damit später nichts zwischen geschrieben werden kann und schreibt die Endsumme noch einmal auf die letzte Zeile nieder. Den neuen Monat beginnt man wieder mit einer neuen Seite. Im Tagebuch werden die Geschäftsvorfälle, mit denen keine Barzahlung verbunden ist, in laufender Reihenfolge, jedoch meist nur kleinere Objekte, eingetragen und von Zeit zu Zeit in das Hauptbuch übertragen. Wie wir jedoch ersehen haben, werden die größeren Objekte, die abgeliefert werden, in das Rechnungsbuch eingetragen, die erhaltenen Lieferungen dagegen direkt in das Hauptbuch. Es verbleiben daher für das Tagebuch nur einige kleinere Sachen.

Von den Nebenbüchern hatten wir bereits das Lohn-, Rechnungs- und Kopierbuch kennen gelernt. Ebenso Wochenzettel, Lohnliste, Jahreslohnnachweisung, Bauakten und Briefordner für Briefe und Rechnungen getrennt. Außerdem ist noch die Einrichtung einer Tageskasse und die Führung eines Tageskassenbuches erforderlich, um die Hauptkasse zu entlasten und das Kassebuch übersichtlicher zu halten. Hier werden alle kleineren Beträge verrechnet und gebucht. Es sind dies u. a. die Einnahmen aus dem Barverkauf, die Ausgaben für Porto, Fracht, Telephongebühren, Versicherungsbeiträge und dergleichen. Die Tageskasse wird genau so geführt wie die Hauptkasse. Häufen sich die Geldbeträge, so werden sie an die Hauptkasse abgeführt. Handelt es sich z. B. um einen Betrag von 300 M, so würde die Eintragung im Tageskassenbuche lauten: „Hauptkasse 300 M", und im Kassebuche: „Tageskasse 300 M". Man kann nun auch noch ein Wechselbuch führen. In den meisten Fällen wird es jedoch genügen, im Hauptbuche Wechselkonten einzurichten. Im übrigen wird das Wesen der Buchführung als bekannt vorausgesetzt. Dies zu behandeln ist ohne Schema nicht möglich und geht auch über den Rahmen eines Zeitungsartikels hinaus. Genau geführte Register, vollständige Buchungsvermerke machen die Buchführung erst wertvoll. Wenn man z. B. aus dem Rechnungsbuch einen Posten ins Hauptbuch Seite 112 überträgt, muß man auch im Rechnungsbuche den Vermerk „H. B. 112" machen.

Aus den Büchern kann man genau ersehen, in welchem Verhältnis man zu seinen Geschäftsfreunden steht. Will man jedoch sein Vermögen feststellen, so muß man eine Inventur machen und die Bilanz ziehen, d. h. man stellt den Besitz, die Forderungen und das Barvermögen (die Aktiven) den Schulden (die Passiven) gegenüber. Bei einem Baugeschäft würde das Verzeichnis etwa aus folgenden Titeln bestehen: A. Aktiven: 1. Gebäude einschließlich Platz; 2. Sparkassenguthaben; 3. Bureaueinrichtung; 4. Maschinen; 5. Geräte und Gerüste; 6. Materialbestände; 7. Außenstände; 8. Barbestand. B. Passiven: 1. Hypothekenschulden; 2. Wechselschulden; 3. Laufende Schulden. Es ist noch zu beachten, daß die Materialien höchstens zu den Einkaufspreisen angesetzt werden. Zweifelhafte Forderungen sind nach ihrem wahrscheinlichen Wert einzusetzen, uneinbringliche Forderungen sind abzuschreiben. Für die Abnutzung an Gebäuden und Maschinen sind ebenfalls entsprechende Abschreibungen vorzunehmen. Sämtliche Bücher sind abzuschließen und aus dem Hauptbuche die Außenstände und die laufenden Schulden herauszuziehen.

Vergleicht man nun die Bilanz mit der zuletzt gezogenen, so ersieht man aus der Differenz, ob das Geschäft mit Gewinn oder Verlust gearbeitet hat. Dividiert man das eventl. Mehr durch das Betriebskapital, so ersieht man, mit wieviel Prozent es sich verzinst hat.

Wird nun ein Geschäft verkauft, oder soll aus einem anderen Grunde der Wert desselben festgestellt werden, so ist bei schlecht geführten Büchern möglichst ein vereideter Bücherrevisor mit der Ordnung derselben zu betrauen. Soll jedoch eine geordnete Buchführung angelegt werden, so ist es das einzig Richtige, einen tüchtigen, fachkundigen, möglichst technisch gebildeten Buchhalter zu engagieren. Ist die dauernde Beibehaltung dieses Angestellten nicht angängig, so ist er mindestens auf ein Jahr zu verpflichten. Beim Ordnen der Bücher beginnt man mit dem Sichten der Konten im Hauptbuche und bringt diese in Ordnung. Liegen Unklarheiten vor oder stehen die Eintragungen in Widerspruch, so macht man sich zunächst in Bleistift entsprechende Notizen. Erledigte Konten schließt man ab. Gleichzeitig prüft man auch das Register auf seine Richtigkeit. Nun nimmt man das Kassebuch oder die entsprechenden Notizen zur Hand und prüft nach, ob alle erhaltenen und geleisteten Zahlungen im Hauptbuche eingetragen sind, dann kommen die anderen Bücher an die Reihe. Ist nun alles ins Hauptbuch übertragen, so kontrolliert man die Löhnungen, soweit es möglich ist, nach und stellt fest, ob jede ausgezahlte Stunde gebucht ist. Ist eine Bauarbeit erst in letzter Zeit beendet, so prüft man am besten alles örtlich unter Zuziehung des Poliers. Nun kann man mit dem Ausschreiben der Rechnungen beginnen. Da sich noch manches ändern wird, so ist die Anlegung eines Rechnungsbuches, in dem die Rechnungen übersichtlich geschrieben und geordnet werden, sehr geboten. Bringt man auf diese Weise ein Konto nach dem andern in Ordnung und regelt eine Angelegenheit nach der anderen, so wird man bald die gewünschte Ordnung haben. Nebenbei kann man die vorerwähnten Bücher anlegen.

An vorstehenden Ausführungen ändert sich nichts, wenn mit dem Baugeschäft ein Sägewerk verbunden ist. Will man ermitteln, ob das Sägewerk oder das Baugeschäft mehr einbringt, so stellt man den verarbeiteten Rundholzwert leicht fest, ebenso die gezahlten Löhne, die in der Lohnliste unter „S ä g e w e r k" getrennt gebucht werden. Es ist nur nötig, ein Buch über die übrigen Ausgaben und die Einnahmen zu führen. Außer dem Verdienst muß noch das im Sägewerk arbeitende Kapital festgestellt werden, und das ist nicht so leicht von dem des Baugeschäftes auseinander zu halten. Die ganze Berechnung ist auch überflüssig, wenn im Geschäft eine gute Kalkulation vorhanden ist. Daraus ersieht man mit großer Genauigkeit, ob das Baugeschäft oder das Sägewerk besser rentiert. Die Kalkulation im Baugeschäft soll jedoch eventl. später in einem besonderen Artikel behandelt werden, ebenso die Inventur, die für die Steuereinschätzung sehr wichtig ist.

R a u s c h e n b a c h, Graudenz, Mitgl.-Nr. 32 265.

Zum Schinkelfest 1914

Wie alljährlich, so wurde auch in diesem Jahre das Schinkelfest des Architektenvereins zu Berlin in festlicher Weise begangen. Zugleich hatte auch die Technische Hochschule Charlottenburg eine Ausstellung Schinkelscher Handzeichnungen veranstaltet, die das Schaffen des Meisters in frische Erinnerung zu bringen dankbare Gelegenheit bot. Das freudig festzustellende Ergebnis dieser beiden dem Gedächtnis des Altmeisters gewidmeten Veranstaltungen ist mit kurzen Worten dahin zu bezeichnen, daß man heute nicht gewillt ist, bei dem formalen Ergebnis Halt zu machen, sondern den treibenden Kräften nachspürt, die den bleibenden künstlerischen Wert seines Schaffens für die Nachwelt zur geschichtlichen Tatsache haben werden lassen. Auch die Wahl des Vortragenden im Architektenverein hat diesen Eindruck der lebendigen Erinnerungsfeier betont. Der Baudirektor Professor Fritz Schuhmacher aus Hamburg hielt einen durch reichliche Lichtbilder unterstützten Vortrag über die Organisation des Hamburger Hochbauwesens. Äußerlich bot diese Veranstaltung ein so reichhaltiges Bild modernen Gestaltens, daß nicht nur der Architekt, sondern überhaupt jeder für moderne Ereignisse interessierte Mensch in hohem Maße beteiligt sein mußte. Im fachlichen Sinne konnte kaum ein reichhaltigeres Thema gewählt werden, als hier vor den Augen anspruchsvoller Berufsgenossen entrollt wurde. Fritz Schuhmacher erläuterte an der Hand großzügiger Pläne und ausgeführter Bauten die Tätigkeit des Hochbaubureaus der Stadt Hamburg, die sich keineswegs ausschließlich darauf erstreckt, einzelne Gebäude in ansprechender Weise auszuführen, sondern deren Aufgabe es ist, ein ständiger Hüter und Mehrer des städtischen Bebauungswesens und städtischer Bodenpolitik zu sein. Im Gegensatz zu Berliner Verhältnissen, wo ein Zusammenhang zwischen öffentlicher Baupflege und Bodenaufteilung keineswegs besteht, ist in Hamburg dieser Zusammenhang aufs neue zur lebendigen Wahrheit geworden.

Durch gesetzgeberische Maßnahmen ist es gelungen, auch die gesamte private Bautätigkeit dem Zusammenhang des ganzen Bildes dienstbar zu machen. Nicht nur, daß grobe Verunstaltungen des Stadtbildes unmöglich gemacht sind, durch positive Vorschriften hat man es dahin gebracht, daß einheitliche Städtebilder auch unter der Teilnahme privater Bautätigkeit zustande kommen. So ist die durch Abbruch des alten Hamburger Hafenviertels entstandene Mönkebergstraße durchaus als das Resultat großzügiger städtischer Aufteilungs- und Bebauungspolitik zu betrachten. Es ist dabei im einzelnen zu begrüßen, daß auf die Wirkung der vorhandenen baulichen Denkmäler des Mittelalters weitgehende Rücksicht genommen ist, so daß an Stelle eines geistlosen Geschäftsamerikanismus ein durch Tradition gestärktes groß angelegtes Stadtbild entstanden ist. Es gibt kaum einen Gesichtspunkt, der in dieser Weise geeignet wäre, das Schaffen Schinkels lebendiger fortzusetzen als dieser. War es doch Schinkel, der sich im einzelnen Falle den Bedingungen des Bauplatzes in höchstem Maße unterzuordnen verstand. Jedoch nicht bloß diese Absicht, zu Gunsten der einheitlichen Wirkung auf die formale Eigenbetätigung zu verzichten, ist es, die das Stadtbild Hamburgs zu einem so lebendig wirkenden Organismus gestaltet hat, sondern auch die dem Schinkelschen Schaffen durchaus entsprechende lebhafte künstlerische Phantasie, welche auch in der Beschränkung diejenige Note anzuschlagen weiß, die ohne Aufdringlichkeit ihrer künstlerischen Wirkung sicher ist. Man kann kein besseres Beispiel für das Schaffen von Fritz Schuhmacher in Hamburg anführen, als die Art, wie das Pfarrhaus der Michaeliskirche neben diesen überragenden Baukomplex gesetzt ist. Bei vollständiger Unterordnung und mit der bewußten Absicht, den in der früheren Bebauung des Kirchplatzes herrschenden Maßstab aufrecht zu erhalten, ist dieses Gebäude in die unmittelbare Nähe der Kirche gesetzt worden. Trotzdem ist die Aufgabe in so lieblicher und stilistisch reizvoller Weise gelöst worden, daß dieses Häuschen ganz aus dem Zusammenhang betrachtet ein ästhetisch interessantes Gebilde geworden ist. Unter den Aufgaben, die in freier Weise einem modernen Bedürfnis dienen sollen, ist in erster Linie zu nennen das großzügige Projekt des Volksparkes in Eppingen, an dem die Stadt Hamburg bereits drei Jahre arbeitet. Hier ist in jeder Weise den Anforderungen einer großstädtisch sozial geschichteten Bevölkerung gedient. Alle Erinnerungen an historisch begrenzte Zeitbilder sind geschwunden, und doch gelingt es immer wieder, für die neue Gestaltung den Vergleichspunkt aus der Geschichte zu finden, der im Künstlerischen der ewige ist. Es ist das besondere Verdienst der Hochbauabteilung, daß sie eine Trennung der architektonischen und gärtnerischen Behandlung solcher Anlage nicht zuläßt; daher eine Verbindung von architektonischer und gärtnerischer Wirkung, daher eine Uebereinstimmung des ganzen Bildes, die allein die Großzügigkeit der Anlage für alle Zeiten gewährleistet. Für die vielfältigen Aufgaben, die die Großstadt in Gestalt von kleineren Wohnhäusern, Steuerwachen, Volksschulen und ähnlichen Aufgaben in regelmäßiger Folge stellt, sind die formgebenden Bestandteile in richtiger Weise dem heimatlich überlieferten Schatze der Backsteinarchitektur entnommen. Fritz Schuhmacher führte aus, daß auf diese Weise dasjenige Beispiel auch für die private Bautätigkeit gegeben wird, das dem mehr negativen Charakter der Baupflegetätigkeit den wirksamen positiven Antrieb an die Seite setzt. Daß auch bei dieser Einschränkung die persönliche Note des Architekten nicht zu leiden braucht, ergibt sich aus den verschiedenen Möglichkeiten, das Backsteinmaterial mit anderen Baustoffen gemeinsam zu verwenden. Es ist durch Verbindung mit Sandstein und Terrakottamaterial eine solche Reihe von Möglichkeiten eröffnet, daß die Gebundenheit an das Baumaterial zur Freiheit wird.

Für den, der diese große Reihe von städtischen Schöpfungen, die aus modernen Bedürfnissen erwachsen sind, gesehen, und den in stilistischer Weise so vorzüglich gesetzten Erläuterungen gefolgt ist, war es eine besondere Freude, daß auch die Wettbewerbsaufgabe um den Schinkelpreis einer durchaus modernen städtischen Idee dienstbar gemacht war. Es handelte sich darum, auf einem städtischen Friedhofsgelände diejenigen Baulichkeiten zu errichten, die imstande sind, den ausgedehnten Bedürfnissen einer Großstadt nach allen Richtungen hin zu genügen. So waren u. a. ein Krematorium, zwei Einsegnungshallen, eine Urnenhalle und ein Verwaltungsgebäude verlangt. Die besondere Schwierigkeit der Aufgabe lag darin, alles das einem gegebenen Lageplan einzuverleiben, der eine architektonische Platzgestaltung herausforderte. Zu dieser Aufgabe hatten sich 27 Bewerber mit erfreulich verschiedenen Lösungen gemeldet. Wenn auch im einzelnen die Grundrißlösung dieser Aufgabe zu kritischen Bedenken Anlaß gab, so war doch immer die Erkenntnis lebendig, daß jeder einzelne Bewerber dem städtebaulichen Charakter der Aufgabe auf seine Weise gerecht zu werden versucht hatte. Merkwürdigerweise hatte sich eine große Anzahl der Bewerber in der Formensprache so erheblich vergriffen, daß sie trotz des deutlich erkennbaren reifen Könnens aus der engeren Wahl ausscheiden mußten. Man sah eine Formgebung, wie sie im modernen Ausstellungs- und Bahnhofsbau heutzutage üblich ist. Man sah ferner Uebertreibungen nach der Seite des freundlich und lieblich gestalteten Wohnbaues, und es kann getrost behauptet werden, daß auch der Wille zur Monumentalität nicht diejenige Formensprache hat finden lassen, welche dem Charakter der Aufgabe voll gerecht wurde. Es ergab sich andererseits die Gewißheit, daß die akademisch geschulten Preisrichter doch nicht völlig imstande waren, der in historischen Formen durchgefeilten Leistung eine freiere Formgebung gleichzusetzen. Es befindet sich unter den mit der Schinkelschen Denkmünze ausgezeichneten Arbeiten eine, die es nicht verschmäht, dieser von modernem Geiste eingegebenen Aufgabe die gotische Kathedralform in geistreicher Weise aufzuzwingen und sie in stilgerechter Weise durchzubilden. Möge eine solche Betätigung auf der Hochschule ihre gebührende Achtung finden, für eine Arbeit, die der Praxis dient, ist sie prinzipiell unbrauchbar. Dennoch ist nicht zu verkennen, daß andere Arbeiten, die sich in loser Anlehnung an historische Stilgebung bewegen, den sicheren Vorsprung vor modernen Form- und Stilexperimenten voraus haben. So ist die Arbeit mit dem Kennwort „Surgite“, die sich an altchristliche Vorbilder anlehnt, in so natürlicher und reifer Weise zu einem baulichen Komplex zusammengeschmiedet, daß sie jeder Stadt ein zeitgemäßes Gepräge zu geben imstande wäre. Aus alledem ergibt sich, daß unsere junge Architektenschaft nicht am einzelnen klebt, nicht in der Durchbildung der Einzelform ihre Endziele erblickt, sondern die Gestaltung eines einheitlichen Gesamtbildes als oberstes Ziel erstrebt und auf diese Weise das Andenken des Berliner Altmeisters Schinkel in richtiger Weise pflegt.

Es ist nun noch ein Wort darüber zu sagen, in welcher Art die zeichnerische Schaffensweise Schinkels, wie sie aus der Betrachtung seiner ausgestellten Zeichnungen hervorgeht, noch heute ihren vorbildlichen Wert besitzt. Schinkel hat sich bereits in jungen Jahren als Theaterdekorateur und Zeichner betätigt, und es war ihm daher ein leichtes, für seine Darstellungen diejenige sinnfällige Methode zu wählen, die auch die Architektur als Bildwerk zur vollendeten Wirkung zu bringen imstande war. In diesem Sinne ist es weniger zu begrüßen, daß heute in so reichlichem Maße statt wirklichen Könnens Experimente angestellt werden, die mit der beabsichtigten Wirkung der Architektur nichts gemein haben. Auch ist es einleuchtend, daß bei einer größeren Uebereinstimmung in den Mitteln der zeichnerischen Darstellung vieler Arbeiten die wirkliche Wertbeurteilung erheblich erleichtert würde. Möge das Andenken Schinkels in diesem Sinne fruchtbar sein, daß der Kompositionsgedanke der leitende Gesichtspunkt, die Darstellung aber nur der dienende Bestandteil des baulichen Schaffens ist.

Dipl.-Ing. Hans Rosbund.

BRIEFKASTEN

Nur Anfragen, denen 10 Pfg. Porto beiliegt und die von allgemeinem Interesse sind, werden aufgenommen. Dem Namen des Einsenders sind Wohnung und Mitgliednummer hinzuzufügen. Anfragen nach Bezugsquellen und Büchern werden unparteiisch und nur schriftlich erteilt. Eine Rücksendung der Manuskripte erfolgt nicht. Schlußtag für Einsendungen ist der vorletzte Mittwoch (mittags 12 Uhr) vor Erscheinen des Heftes, in dem die Frage erscheinen soll. Eine Verbindlichkeit für die Aufnahme, für Inhalt und Richtigkeit von Fragen und Antworten lehnt die Schriftleitung nachdrücklich ab. Die zur Erläuterung der Fragen notwendigen Druckstöcke zur Wiedergabe von Zeichnungen muß der Fragesteller vorher bezahlen.

Empfehlungen von Firmen, die weder Abonnenten noch Inserenten der D. T.-Z. sind, werden nicht aufgenommen.

Frage 90. Bremsdruck der Wassersäule. Ist eine Wassersäule von 1,25 m Tiefe (in einem □ Wasserbecken von 1,25 m Seitenabmessung) imstande, ein Gewicht von 250 kg und in quadratischer Form mit 1 m Seitenabmessung, das in einer senkrecht stehenden □-Röhre genau wagerecht angebracht ist und 20 m Fallhöhe hat, so aufzuhalten, daß das Gewicht gebremst wird und ohne Erschütterung den Boden des Beckens erreicht? Evtl. welche Wassertiefe würde dazu erforderlich sein?

Frage 91. Schalldämpfende Deckenkonstruktion. Eine Eisenbetondecke (System Brazzola), 500 qm in einer Fläche, soll gegen Schall isoliert werden. Darunter befinden sich Wohnräume, darüber ist oder soll ein Lagerraum für Getreide sein. Das Getreide wird öfters gewendet, es wird mit Karren gefahren usf. Ist eine Isolierung mit Stoffmatten oder dergl., darüber ein dünner Schlackenbeton mit Zementüberguß nicht zu empfehlen? Wo kann man dieses Isoliermaterial bekommen?

Frage 92. Kann mir einer der Herren Kollegen mitteilen, welche **Fensterkonstruktion für eine Einlaßkarten-Ausgabe**, für ein Kino, die beste sein wird? Das Fenster führt direkt ins Freie. Ein Vorbau, zum Schutz gegen Kälte, kann nicht angebracht werden.

Frage 93. Wie groß ist der **Wärmetransmissionskoeffizient** einer schmiedeeisernen Heizschlange, in welcher Oel durch Abgase erhitzt werden soll. Wie berechnet man den Koeffizienten?

Zur Frage 54. Abkühlung der Rauchgase eines Warmwasserkessels. II. (I s. Heft 12). Wenn genügend Bedarf an warmem Wasser vorhanden ist, dann empfiehlt sich, zwischen Kessel und Schornstein einen geeigneten Warmwasserbereiter (Boiler) einzubauen. Anderenfalls genügt es, um den Schornsteinzug und die Erwärmung der Schornsteinwände zu verringern, wenn ein kleiner Schornsteinschieber von 13 × 20 cm, wie solche gewöhnlich am Fuße eines jeden Schornsteines angebracht werden, in einer Höhe von ca. 1,00 m über dem Fuchs in den Schornstein eingesetzt wird und zwar horizontal. Indem man dann diesen Schieber entsprechend weit öffnet, kann man den Schornsteinzug beliebig verringern. Durch das gleichzeitige Eindringen kalter Luft werden die Heizgase bezw. Abgase und somit die Schornsteinwände abgekühlt. Diese Vorrichtung ist billig und hat sich bestens bewährt.

Frage 60. Kläranlage. Es soll eine Kläranlage gebaut werden. Der Vorfluter (Fluß) führt bei N.W. 11 cbm Wasser pro Sekunde ab. Der Stadtteil hat 12 000 Einwohner. Es sind 23 l/sk Abwasser zu reinigen. Zur Wahl des Reinigungssystems besteht die Ungewißheit, ob mit diesem Verdünnungsgrad nach dem Frischwasserverfahren noch eine biologische Nachklärung mit Sprinkler oder dergleichen erfolgen muß. Es liegen acht Projekte verschiedener Systeme vor. Es findet Wahl zwischen zwei Frischwassersystemen und zwischen zwei Absiebtrommeln statt. Die jährlichen Kosten, die aus Zinsen, Amortisation, Betriebskosten usw. entstehen, verhalten sich wie 3,4 : 6,1 bei den Billigsten und wie 3,9 : 6,3 bei den Zweitbilligsten. Die Billigeren sind die Frischwassersysteme. Kollegen, die in derartigen Fragen Erfahrung besitzen, werden gebeten, ihre Ansichten mitzuteilen.

Antwort. Eine Wasserführung von 11 cbm/sk bei Niedrig- (oder Normal-) Wasser entspricht einer guten, wasserreichen Vorflut. Die Einführung von 23 l/sk Abwasser dürfte keine besonders bemerkbaren Nachteile mit sich bringen, wenn das Abwasser nur einer gutwirkenden m e c h a n i s c h e n Reinigung unterzogen wird. Die teuere biologische Nachklärung der mechanisch vorgereinigten Abwässer dürfte nach Lage der Verhältnisse kaum nötig sein. Es muß aber jedenfalls mit den Vorschriften der Flußpolizeibehörde gerechnet werden. Es dürfte sich empfehlen, zunächst nur die Absicht der mechanischen Abwasserreinigung bei der Flußpolizeibehörde darzulegen, biologische Reinigung also dabei außer acht zu lassen. Falls ein Projekt einer Spezialfirma zur Anwendung kommen soll, so müßte der Firma die Absicht der Planeinreichung mitgeteilt werden, gleichzeitig mit dem Hinweise, daß die Annahme und Durchführung des Projekts nur bei völlig unveränderter Annahme der Aufsichtsbehörde zugesagt wird. Die anderen Projekte wären demnach bis auf weiteres abzulehnen. Die mechanische Reinigung mit Siebtrommeln, Fangrechen, Tauchplatten und Absitzbecken hat sich auch bei bedeutend größeren Städten mit weniger wasserreicher Vorflut bewährt.

Baus. Böhm.

Frage 74. Pflege des Parkettfußbodens. In einer größeren Kinder-Erziehungsanstalt wird der Fußboden (Eichen-Parkett) alle vier Wochen nach gründlicher Reinigung mit Oel eingerieben, um ein staubfreies Kehren des Bodens zu ermöglichen. Dieser Zweck wird auch soweit erreicht. Hingegen zeigt sich, daß das dünn aufgetragene Oel nur schwer in den vorher gut getrockneten Boden eindringt und wochenlang nachher abfärbt, d. h. Kleider, Röcke, die den Boden streifen, stark beschmutzt. Liegt der Fehler vielleicht an der Qualität des Oeles? Es wird aus einer Drogerie zum Preise von 36 Pf. pro Liter bezogen. Oder gibt es ein anderes Mittel, obigen Zweck zu erreichen und genannten Nachteil zu vermeiden?

Antwort. Daß der Fehler an der Qualität des Oeles liegt, kann ohne Untersuchung desselben nicht ohne weiteres behauptet werden. In der Regel verwendet man auch Oel nicht zur Pflege von Parkettfußböden. Bei richtiger Behandlung muß guter Parkettfußboden sofort nach fertiggestellter Verlegung und nach der Bearbeitung mit Verputzhobel und Ziehklinge, gründlich von allem Staube gereinigt und dann gewachst und gewichst werden. Allem Anscheine nach ist nun bei Ihrem Fußboden von Anfang an Oel verwendet worden. Rückstände des Oeles haben bei den wiederholten Oelungen allmählich die Poren verschlossen, so daß das Holz jetzt überhaupt nicht mehr oder doch nur in ganz geringem Maße aufnahmefähig ist. Holzfußboden mit offenen Poren saugt das Oel gierig auf. Ich empfehle Ihnen, die weiteren Oelungen einzustellen und den Fußboden mit der Stahlbürste gründlich zu reinigen, immer parallel zur Faser. Den so gereinigten Fußboden behandeln Sie mit reinem farblosen Fußboden-Glanzlack, wie er bei verschiedenen Firmen käuflich zu haben ist. (Bezugsquellen sind durch die Redaktion zu erfahren.) Sie können sich aber auch selbst, vielleicht etwas billiger, eine naß wischbare Parkettfußbodenwichse nach folgendem Rezept herstellen: 200 g gelbes Wachs werden vorsichtig mit 50 g Karnaubawachs geschmolzen, dem 1 l Wasser zugesetzt wird. Die ganze Mischung wird bis zum Sieden erhitzt, und unter ständigem Umrühren fügt man 30 g Pottasche bei. Die Mischung kocht man einige Zeit und rührt sie fleißig um, bis eine gleichmäßige Masse entstanden ist, die man nunmehr vom Feuer nimmt, um 20 bis 50 g Terpentinöl, eventl. mehr, je nach gewünschter Konsistenz, zuzusetzen. Man rühre bis zum Erkalten. Die Masse ist dann auftragfähig; sie kann auch in verschlossenen Dosen zu späterer Verwendung aufbewahrt werden. Sß., 60 374.

Frage 75. Was ist die beste **Unterlage für Linoleum?** Zementbeton oder Gipsestrich?

Antwort. Sie haben nichts darüber verraten, wo das Linoleum verlegt werden soll, ob die Linoleum-Unterkonstruktion gegen aufsteigende Feuchtigkeit gesichert ist oder nicht. Grundsatz für die Verwendung von Linoleumbelag ist, daß er nur auf vollkommen trockener und dauernd trockener, sowie ganz ebener Unterlage verwendet werden soll. Ist auftretender Feuchtigkeit, wenn auch nur in ganz geringen Mengen, die Möglichkeit geboten, unter das Linoleum zu gelangen, dann wird dieses wellig und ist bald verdorben. Wenn also das Linoleum auf einer Betonunterlage ohne Unterkellerung verlegt werden soll, muß diese zunächst genügend gegen aufsteigende Feuchtigkeit isoliert werden. Dies geschieht zweckmäßig durch Verwendung eines d i c h t e n Mörtels im Beton, etwa 1 Rmt. Zement, 2 Rmt. Sand und 4 bis 5 Rmt. Kies bis zu 6 cm Korngröße. Zweckmäßig wird darüber zur größeren Sicherheit ein glatt abgezogener Gußasphaltüberzug von etwa 2 cm Stärke angeordnet, der dann einen besonderen Estrich für das Linoleum überflüssig macht und außerdem schalldämpfend wirkt. Liegt das Linoleum in den oberen Geschossen, dann sind außer einer vollkommen glatten Oberfläche des Betons und seiner vollkommenen Trockenheit (Wartezeit etwa drei Monate; die graue Farbe gibt allein noch keine Gewähr vollkommener Trockenheit) keine Sicherungsmaßregeln nötig. Erhöht wird die Dauerhaftigkeit, die Fußwärme und Schalldämpfung durch Anordnung einer Isolier-Pappeschicht zwischen Beton und Linoleum. Gipsestrich vermeide ich, weil es vorgekommen ist, daß eiserne Rohre von Heizungen, Gas usw., an den Stellen, wo sie mit dem Gipsestrich in Berührung kamen, zersetzt worden sind.

Sß., 60 374.

Frage 76. Was eignet sich am besten zur **Eindeckung eines Wohnhauses mit flachem Dach?** Es ist ein Pappdach vorgesehen; aber ich halte nicht viel davon. Gibt es nicht etwas, was sich besser dazu eignet?

Antwort. Pappdächer sind im allgemeinen für Wohnhäuser aus hygienischen Gründen zu verwerfen. Die Pappen sind verhältnismäßig gute Wärmeleiter, die auch infolge ihrer dunklen Färbung die Sonnenstrahlen gierig aufsaugen und dann im Dachraum eine oft unerträgliche Hitze entstehen lassen. Etwas gemildert wird dieser Zustand, wenn die Sparren auch von unten geschalt, gerohrt und geputzt werden, so daß ein einigermaßen abgeschlossener, isolierender Luftraum entsteht. Selbst wenn zwischen Dachhaut und dem dauernden Aufenthaltsraum für Menschen, den Wohnräumen, eine Decke mit Zwischendecke angeordnet wird, machen sich die Uebelstände noch bemerkbar, wenn nicht der Dachraum genügend hoch angeordnet und für eine reichliche Lufterneuerung gesorgt wird. Umgekehrt machen sich auch unangenehme Zustände in der kalten Jahreszeit bemerkbar, wie denn überhaupt jeder Witterungsumschlag fast unmittelbar in dem unter dem Pappdach liegenden Raume fühlbar wird. Allerdings spricht nun die Billigkeit der Pappdeckung und ihr geringes Gewicht und die dadurch bedingte leichte Dachkonstruktion für ihre Verwendung. Aber die Mißstände sind doch schwerwiegender, so daß von einer Verwendung abgeraten werden muß. — Ersatzmittel in gleich billiger Ausführung ohne die Uebelstände des Pappdaches gibt es nicht. Wenn Ihnen das dauerhafte und gut isolierende Holzzementdach wegen seiner geringen Mehrkosten nicht genehm ist, wenden Sie sich an die Redaktion der Deutschen Techniker-Zeitung, die durch meine Vermittlung in der Lage ist, Ihnen Firmen nachzuweisen, die z. B. Kunststeine zu Dachbekleidungen oder gut isolierende Dachtafeln aus Bimsbeton mit Eiseneinlagen einbaufertig liefern. Von der Empfehlung der Firmen muß an dieser Stelle abgesehen werden.

SB., 60374.

Anmerkung: Ohne zu den in vorstehender Auskunft genannten Nachteilen der Pappdächer Stellung nehmen zu wollen, verweisen wir noch auf das Inserat „Asphaltindächer" der Firma C. F. Weber, Akt.-Ges., Leipzig usw. (s. D. T.-Z., Nr. 5 oder 9, letzte Umschlagseite). Die Red.

Frage 77. Wie werden gegossene **Bleisoldaten** bemalt?

Antwort. Derartige kleine Figuren bedürfen zur Bemalung einer sorgfältigen Behandlung. Das Blei ist zuvor in geeigneter, ganz dünner Säurelösung zu reinigen — zwecks Entfernung des daran haftenden Staubes usw. Dann wird ein geeigneter Firnis, z. B. nach Anweisung von der chemischen Spezialfabrik Bültenweg-Braunschweig, zur Grundierung aufgetragen. Die Oberfläche wird dann mit feinem Pinsel bemalt und als Farbenanstrich kann ein besonders giftfreies Emaillepixol oder Emaillelack aufgetragen werden. Dieser haftet in der Regel auch ohne Grundierung und ist z. B. auch auf Zinnmasse so verwendbar. Für 100 qcm sind etwa 2,5 g Emaillepixol-Anstrichmasse erforderlich; sie ist nässe- und temperaturbeständig und in 13 verschiedenen Farben zu 4,50 M für 2,5 kg und zu 8 M für 5 kg erhältlich. Der Firnis kostet rd. 5,5 M für 2,5 kg. Zur Trocknung ist etwa eine Stunde erforderlich. Kr.

Frage 79. Welcher Kollege gibt Auskunft über den Bau schmalspuriger **Werkstätten-Lastautomobile** mit Benzinbetrieb? Welche Spezialschriften können evtl. empfohlen werden? Fragliches Auto soll zum Materialtransport innerhalb der Werkstätten benützt werden.

Antwort. Für derartige Zwecke kann z. B. von der Motoren- und Lastwagen-Gesellschaft Aachen näheres vorgeschlagen werden. Mit Bezug auf neuere Unterlagen und Darlegungen u. a. von Dipl.-Ing. A. Kuhlenkampff sei folgendes vorläufig bemerkt: Das entsprechende Automobil besitzt eine Zweifunken-Boschzündung, die eine reichlich hohe Leistung des Motors ermöglicht. Der Magnetapparat ist staub- und wasserdicht eingebaut, so daß Abnutzung, Verschmutzung sowie Oelverlust wirksam verhütet werden. Der Wagen hat einen Vergaser von großer Sparsamkeit und ist für Leicht- und Schwerbenzin, Benzol, auch für Petroleum verwendbar. Alle Ventile werden eingekapselt, damit kein Schmutz eindringt und kein merkliches Geräusch entstehen kann. Die Kühlung wird durch eine Wasserpumpe verstärkt, die durch eigenartige Kuppelung jederzeit prüfbar ist. Durch eine besonders abgefederte Vorrichtung werden die Beanspruchungen des Kühlers durch Stöße ohne weiteres aufgenommen. Die Steuerung besteht aus Kugelgelenken, die vollständig geschlossen, sowie gegen Staub und Wasser gesichert sind. Die Schaltung nach System „Mulag" erfolgt durch eine einzige Schaltstange, wodurch Verschleiß und Ausbesserung möglichst reichlich vermieden werden können. Die Wagenräder befinden sich paarweise ganz vorn unter der Vorderwand des Apparatgehäuses sowie hinten unter dem Tragrahmengestell und laufen an Patentachsen. Die an den Reibungsstellen glasharten Gelenke erhalten eine besondere Oeldichtung zur Verhinderung des Oelauslaufs. Das Tragrahmengestell besteht aus zwei Längsträgern, welche durch ein federndes Gesperre gegen Nachteile ungleicher Belastungen geschützt werden; zwischen denselben kann eine Plattform zur Aufnahme von Lasten des Werkstättenbetriebs aufgenommen werden. — Spezialschriften können z. B. vom Verlag „Praktisches Bauwesen" Berlin empfohlen werden. Kropf-Cassel.

Frage 81. Welcher rote Innenanstrich bei **Heißwasserleitungs- und Dampfheizungsröhren** wird durch Dampf, Kondensat oder Heißwasser nicht zerstört? Eignet sich mit Leinöl angeriebene Eisen- oder Bleimennige hierzu?

Antwort. Im Gesundheits-Ingenieur 1908 S. 451 werden als Schutzmittel für Warmwasserapparate, Eisenbleche, Röhren und Warmwasserbehälter glasurartige Lacke, sogenannte Emaillelackfarben (Lieferant O. Fritze & Co., G. m. b. H., Frankfurt a. M.) und Dr. Roths Inertol (Lieferant Paul Zechler, Stuttgart) genannt. Für Warmwasserbehälter wird besonders sorgfältige Herstellung empfohlen. Eingebrannter Mennigeanstrich, ebenso reiner Leinölanstrich wird ebenfalls verwandt, eine große Haltbarkeit besteht jedoch nicht. (Vergl. Dr. O. Kröhnke: Ueber Schutzanstriche eiserner Röhren.) Rl.

Anmerkung: Im Namen des Fragestellers bitten wir unsere Leser, sich zu dieser Frage weiterhin äußern zu wollen.

Frage 82. Das **Abwasser einer Brauerei** gelangt nach Durchfluß einer 5 bis 600 m langen Grabenstrecke in einen Fischteich, der außer zur Fischzucht auch zur Erzeugung von Eis benützt werden soll. Durch das Brauereiabwasser, das neben Hefe- und Oelabfällen auch sonstige Schlammabfälle mit sich führt, wird jedoch die Benützung des Weihers für die beabsichtigten Zwecke ausgeschlossen. Auf Beschwerden des Weiherbesitzers und der an den Graben anstoßenden Grundstücksbesitzer wurde dem Brauereibesitzer aufgetragen, unmittelbar bei seiner Brauerei eine Kläranlage zu bauen, durch die dem Abwasser, das nach wie vor dem Weiher zugeführt werden soll, die schädlichen Stoffe genommen werden. Die Abwassermenge beträgt 2 bis 3 ltr/sek; das Gefälle zwischen dem Weiher und der Brauerei dürfte zirka 3 m betragen. In welcher Weise wäre die Kläranlage herzustellen, und welche Kosten würden dadurch entstehen?

Antwort. Die Unschädlichmachung der Brauereiabwässer ist im vorliegenden Falle nicht ganz einfach. Als ein wirksames und geeignetes Verfahren ist die Bodenfiltration zu nennen. Sie läßt sich u. U. durch Erwerbung von Grundstücksteilen der oberhalb liegenden Grundstücksbesitzer durchführen, wenn nicht der eigene Grund und Boden hierzu ausreicht. Zwei gleichgroße, gleichmäßig tiefgründige und durchlässige Bodenflächen werden zunächst durch obere Einebnung, geringe Vertiefung (evtl. Umdämmung) so vorgerichtet, daß sie in 24stündigem Wechsel von dem gesamten Abwasser überstaut werden. Das Wasser dringt dann allmählich nach den unteren Schichten und wird dort von einer etwa 1,2 m tief eingebauten engen Drainage von 10 cm Weite abgefangen. Abstand der Drainstränge je nach Bodendurchlässigkeit 3 bis 5 m. Quer zu den Saugdrains werden Luftdrains verlegt, deren Enden an den Grenzen der Filterbecken aufwärts geführt werden, um nach der Abwässerung den Zutritt der Luft und damit die Oxydation der Schlammreste usw. zu bewirken. Gleichmäßige Wasserverteilung über die ganze Fläche ist nötig. Schwerer Tonboden usw. und feinkörniger Sand sind ungeeignet. Für 10 000 cbm Abwasser ist bei mittlerer Durchlässigkeit des Bodens 1 ha Filterfläche nötig. Dieses Verfahren wird sich bei angemessenen Landkosten als das billigste und wirksamste erweisen. Ist das vorbeschriebene Verfahren nicht durchführbar, dann ist eine Kläranlage mit Oxydationsbett herzustellen. Für die Zurückhaltung der Oel- und Schlammstoffe ist zunächst ein Absitzbecken (bei beschränkten Raumverhältnissen ein Absitzbrunnen [Emscher-, Kremer-, Röckner-Rothe- usw.]) herzustellen, in dem der Wasserabfluß stark verlangsamt wird. Oelstoffe gelangen dann an die Oberfläche, der Schlamm sinkt nach unten. Die so vorgereinigten Abwässer, die stark faulig und der Fischerei sehr nachteilig sind, müssen dann auf einen biologischen Körper gebracht werden, um hier durch energische Luftarbeit und durch entsprechende Umbildung unschädlich gemacht zu werden. Die Einrichtung im einzelnen kann wegen der unbekannten Orts- und Betriebsverhältnisse nicht beschrieben werden. Doch ist über die Einrichtung der Oxydations- oder biologischen Körper folgendes zu erwähnen: Auf einem wasserdichten Untergrunde (Betonsohle, Tondichtung oder ähnlich) werden Drainagerohre eingelegt, um das Wasser abzufangen und abzuleiten. Ueber Gelände und über den Drainagerohren sind etwa 0,5 m hoch grobe Schlacken, Koks, Ziegelbrocken, darüber eine zirka 30 bis 50 cm starke feinere Schicht gleicher Massen, die aber nicht durchfallen können, aufzubauen, während über dieser Mittelschicht wieder eine zirka 30 cm starke Feinschicht von Kies (3 bis 5 mm Korngröße) aufzubringen ist. Die Grundfläche dieser Filterbeete ist derart zu bemessen, daß auf 1 cbm Abwasser etwa 1,5 bis 2,0 cbm Filterkörper entfallen. Auf die Oberfläche dieses Filterkörpers ist das Abwasser möglichst gleichmäßig verteilt entweder aufzutropfen oder aufzustauen. Es sind zwei Körper zu empfehlen, damit der eine zeitweise zur Erholung ausgeschaltet werden kann. Es muß beim Aufbau des Filterkörpers vor allem darauf geachtet werden, daß der Luftzutritt während der Rieselei und auch sonst zu jeder Zeit sehr energisch auf den Filter einwirken kann, da erst dadurch die Umbildung der Faulstoffe möglich ist. Eingehende Behandlung der biol. Verfahren usw. ist zu finden in „Böhm, Entwässerung der Ortschaften (Reinigung der Abwässer)“. Verlag von H. A. Ludw. Degener in Leipzig.

Frage 83. Turmdach. In der Stadt G. soll ein alter runder Turm, mit 6 m Mauerstärke, 20 m Höhe und 24 m Durchmesser, wieder ein Kegeldach erhalten. Da am Orte Schiefer vorherrscht, so müßte ebenfalls Schiefer oder eine ähnliche Bedachung vorgesehen werden. Welche Konstruktion stellt sich nun am billigsten, Holz-, Beton- oder Eisenkonstruktion? Die Höhe des Kegeldaches müßte ungefähr 18 m betragen; es sollen Dachgauben und Kaminöffnungen vorgesehen werden.

Antwort. Nicht ohne wesentlichen Einfluß auf die Kostenvergleiche der Ausführungen sind die in G. geforderten Preise für Betonkies und für Bauholz, die Sie leider nicht angegeben haben. Meinen nachstehend ermittelten Baukosten habe ich 3 M für 1 cbm Betonkies und 48 M für 1 cbm Kantholz zugrunde gelegt. Eisenkonstruktion ist wegen der warm zu biegenden Teile mit 32 M p. 100 kg angenommen. Der 12 m Durchm. große Innenraum des Turmes ist vermutlich ohne Teilung, da Sie nichts von einer solchen schreiben. Balkenlage oder massive Decke für den Turmabschluß soll wohl nicht ausgeführt werden. In den folgenden Kostenangaben ist sie nicht enthalten. Unter diesen Voraussetzungen würde die Erneuerung des Turmdaches ausschließlich Schieferdeckung und ohne den Abbruch des alten Daches folgende Kosten verursachen: In reiner Holzkonstruktion 12 500 M, in Eisenbetonkonstruktion als glatte oder Rippendachplatte 12 900 M, mit eisernem Unterbau und Holzgesperre 13 800 Mark. Die Anbringung von Dachgauben und die Durchführung von Schornsteinen begegnet bei keinem der Dächer Schwierigkeiten. Sie haben hier einen Fall, bei dem das Holzdach nur wenig billiger wird als die Eisenbetonausführung, da sich die Form des Daches gerade für das Rundeisen und Betonmaterial eignet, während beim Holz mit ziemlich hohem Verschnitt zu rechnen ist. Bei dem geringen Kostenunterschied würde ich der Eisenbetonkonstruktion den Vorzug geben. Für die Bedachung werden Sie zweckmäßig wieder Schiefer nehmen. Dieser ist dort bodenständig, leichter als andere Bedachungsarten, die hier in Frage kommen könnten, und außerdem werden beim Abbruch sich noch große Flächen des alten Materials als brauchbar erweisen. Zu weiteren Arbeiten in dieser Sache auf direktem Wege bin ich gern bereit.

R e m a r k.

Frage 86. Blitzableiteranlage. Ich habe in letzter Zeit zwei Gebäude ausgeführt, die mit einer Blitzableiteranlage versehen worden sind. Die Prüfung dieser Anlage ergab für die Erdleitung 55,0 Ohm, wogegen erfahrungsgemäß nur ca. 5 bis 6 Ohm Widerstand sein sollen. Die Luftleitung ergab stets günstige Resultate. Die Erdplatte hat eine Größe von 1,0/0,50 m und ist aus 5 mm starkem Kupfer. Die Grube selbst in 5,5 m tief in Kiesboden (Grundwasser nicht vorhanden), und ist 0,80 m hoch mit Kleinkoks (5 bis 8 cm Dmr.) aufgefüllt, worauf die Erdplatte lagert, dann ist die Platte nochmals ca. 80 cm hoch mit Koks überdeckt. Nach Verfüllen habe ich reichlich Wasser in die Grube laufen lassen. Bei anderen Gebäuden konnte ich die Erdleitung an Wasserleitungen anschließen lassen. Der Widerstand betrug niemals mehr als 5 Ohm. Welcher Kollege könnte mir zweckdienliche Angaben für eine ordnungsgemäße Anlage machen? Die Frage interessiert hier allgemein, da noch mehrere Gebäude auszuführen sind und mit Grundwasser nicht gerechnet werden soll, da es sich erst in ca. 12 m Tiefe befindet.

Antwort. Beim m o d e r n e n Blitzableitungsbau ist v o r a l l e m d a r a u f z u a c h t e n, daß a l l e v o r h a n d e n e n g r ö ß e r e n M e t a l l m a s s e n, wie Wasserleitungsrohre, First- und Bordbleche, Blechkehlen, Blechabdeckungen, Dachrinnen, Abfallrohre, Wasserreserven, alle Spitzen, Metalldächer und deren Spitzen, dann eiserne Dachstuhl-Häng- und Sprengwerke, an einen vorhandenen Blitzableiter angeschlossen werden, und zwar nach abwärts gerichtet, oder wo kein Blitzableitungsseil vorhanden ist, das Abfallrohr als Erdübergangsseil verlängert wird. Es genügt aber schon, wenn das Abfallrohr unten belassen bleibt, d. h. der Abstand vom Boden (meist 10—20—30 cm) vermittelt schon den Blitzübergang zur Erde, ohne Schaden anzurichten. Also alle Metallteile müssen Verbindung mit der Erde haben. Alle am Gebäude höchstgelegenen Punkte, wie Giebel, Kamine, müssen auch nach unten angeschlossen werden, niemals darf aber ein solcher Abschluß nach aufwärts gerichtet und nur s c h w a c h gekrümmt sein, denn die natürliche Blitzbahn ist stets nach unten gerichtet, es darf also dem Blitz niemals ein unnatürlicher Weg aufgezwungen werden, sonst sind die darunter befindlichen Stellen vor Blitzschlägen nicht gesichert. Die üblichen Blitzauffangsstangen sind wertlos. Was nun Ihr Meßergebnis betrifft, so ist ein solches vom praktischen Standpunkt aus wertlos aber doch genügend, vom behördlichen Standpunkt aus jedoch ungenügend. Die Hauptsache ist, daß alles, was mit dem abwärts gerichteten Erdübergangsmetall (also Abfallrohr oder Blitz a b leitungsseil) zusammenhängt, gut zusammengeklemmt oder verlötet ist. Der Blitz findet dann anstandslos einen bequemen Weg, denn mit der kolossalen Spannung und Stromstärke, mit der er herniedersaust, verläuft er, ohne Schaden anzurichten, an dem ihm gebotenen Metallnetz zur Erde. 5 bis 6 Ohm ist schon ein ausgezeichnetes Ergebnis. Wenn nicht auf billigem Wege das Grundwasser zu erreichen ist, dann wähle man die sogenannte Oberflächenleitung oder Anschluß an die stets sichere Wasserleitung oder beides. An das Wasserrohr darf aber nicht dort angeschlossen werden, wo das Abzweigrohr schon an der Muffe durch Werg oder Hanf isoliert ist, schon vorher muß der Anschluß erfolgen, aber auch v o r d e r W a s s e r u h r, sonst wird diese beschädigt. Die Einbettung einer Bodenplatte mit Kokseinlage ist nur ein Verzweiflungsmittel und während eines heißen Sommers zwecklos; diesem ist die Oberflächenleitung vorzuziehen. Letztere wird hergestellt, indem man ein oder zwei Ableitungsseile nach abwärts führt, und diese in einem kleinen Abstande vom Haus, 0,50 bis 1,00 m, und einer Tiefe von 0,50 m rings um das Haus legt, die Enden des Drahtseiles öffnet und jeden Draht strahlenförmig ausbreitet, letzteres aber möglichst an natürlichen feuchten Stellen, unter Humus, zum Düngerhaufen, unter Bäumen usw. Dies bietet den besten Erdübergangswiderstand, d. h. den geringsten. Jeder Bauführer kann und soll schon beim Grundausheben Drähte oder sonstige alte unbrauchbare Eisen oder Rohre mit einlegen lassen, aber an mehreren Stellen. Es sind dann die teuren Erdplatten nicht nötig, und wenn der Hausbesitzer viel Geld hat und Pessimist ist, soll er vergoldete, abscheuliche Auffangspitzen und kupferne Erdplatten haben, sonst genügen aber meine Angaben vollständig. Auf solche Weise kann der sogenannte Blitzableitersetzer e n t b e h r t werden, nur etliche Klemmen und Lötspitzen sind noch nötig. Der der Wetterseite zugekehrte Gebäudeteil soll jedoch, wenn irgend möglich, das Abfallrohr oder das Blitzableitungsseil erhalten. Bei freistehenden und mit Gartenstreifen umgebenen Häusern ist die Oberflächenleitung, also 50 cm unter Boden, unbedingt vorzuziehen. Näheres F. Findeisen, Ratschläge über den Blitzschutz an Gebäuden oder Prof. Ruppel, Blitzableitungsbau.

D. Str., Augsburg.

Frage 89. Luftpressung und Zylindervolumen. Ein Zylinder von 1 cbm Inhalt wird auf 50 at mit Luft gepreßt, wie groß muß ein Zylinder sein, um dieselbe Luftmenge auf 5 at ausdehnen zu können?

Antwort. Nach dem Gesetz von Mariotte bestehen zwischen Druck und Volumen folgende Beziehungen: „Die Volumina ein und derselben Gasmasse verhalten sich umgekehrt zueinander wie die Drucke.“

Bezeichnet man das erste Luftvolumen 1 cbm mit V_1
das gesuchte Luftvolumen x cbm „ V_2
die Anfangspressung im 1. Zylinder 50 at „ p_1
die Entspannung im 2. Zylinder 5 at „ p_2,

so besteht die Proportion:

$$\frac{V_1}{V_2} = \frac{p_2}{p_1}.$$

Durch Bildung der Produktengleichung ergibt sich:

$$V_1 \cdot p_1 = V_2 \cdot p_2.$$

$$V_2 = \frac{V_1 \cdot p_1}{p_2}$$

$$V_2 = \frac{1 \cdot 50}{5} = 10 \text{ cbm}.$$

Der Entspannungszylinder muß also einen Kubikinhalt von 10 cbm erhalten. Temperaturen sind in der Rechnung nicht berücksichtigt, da der Herr Fragesteller keine diesbezügl. Angaben gemacht hat. Das Gesetz des Franzosen Gay Lussac lautet: Die Volumina eines Gases verhalten sich bei konstantem Druck wie die absoluten Temperaturen. Aus der Kombination des Gesetzes von Gay-Lussac mit dem Gesetz von Mariotte resultiert das Gay-Lussac-Mariottesche Gesetz oder die Zustandsgleichung der Gase:

$$\frac{V_1 \cdot p_1}{T_1} = \frac{V_2 \cdot p_2}{T_2}$$

$T_1 = (T + t_1)$; $T_2 = (T + t_2)$ T = absolute Temp. 273°.

Beträgt z. B. in vorliegender Rechnung die Temperatur der Luft bei 50 at 30° C und die Temperatur der Luft auf 5 at entspannt, 50°, so errechnet sich das Volumen V_2

$$V_2 = \frac{V_1 \cdot p_1 \cdot T_2}{T_1 \cdot p_2}$$

$$T_1 = (273 + 30) = 303°;\; T_2 = (273 + 50) = 323°$$

$$V_2 = \frac{1 \cdot 50 \cdot 323}{303 \cdot 5} = 10{,}66 \text{ cbm}.$$

S c h n e p p e n h o r s t, M.-Nr. 57 674.

DEUTSCHE TECHNIKER-ZEITUNG
HERAUSGEGEBEN VOM DEUTSCHEN TECHNIKER-VERBANDE
BERLIN SW. 48, Wilhelmstraße 130 Schriftleitung: Erich Händeler-Berlin
XXXI. Jahrg. 11. April 1914 Heft 15

Frühlingskräfte

Nur einmal bringt des Jahres Lauf uns Lenz und Lerchenlieder! Die schlummernden Kräfte läßt der Frühling zu neuem Schaffen sich entfalten. Osterhoffnungen durchzittern Gottes schöne Natur, wenn aus den schwellenden Knospen neues junges Leben ersprießt und des Menschen Brust von neuem Mut und neuem Schaffensdrang erfüllt wird. Dann eilen wohl die Gedanken über den engen Kreis der täglichen Sorgen und Mühen hinaus.

Sonn entgegen aus des Alltags sorgendumpfem Nebelspuk,
Mit der Siegkraft trotz'ger Jugend über Not und Last und Druck.
Und wenn andre töricht finden, was sie uns so „träumen" sehn,
Unsre Losung sei und bleibe: Nie im Alltag aufzugehn!

Ueber die Sorgen des Alltags hinüber bringen uns die Osterhoffnungen, hinaus über die engen Schranken des Egoismus. Da werden wir dann gewahr der vielen zarten Fäden, die uns mit der Umwelt und vor allem mit unseren Mitmenschen verbinden, da fühlen wir, daß wir unser Menschendasein nur dann voll ausfüllen, wenn wir uns dessen, daß wir nur ein Glied im Organismus der Menschheit sind, stets erinnern und auch demgemäß handeln. Religiöse Gedanken werden bei solchen Betrachtungen in uns lebendig, vaterländische Gefühle, die unsere Liebe zu Volk und Heimat zu neuer Kraft erwecken, aber auch Gedanken, die uns hier besonders angehen, Gedanken über den Wert und den Sinn unserer Berufsorganisation.

Wir fühlen, wie der Berufsverband der erste Kreis ist, der uns nächst unserer Familie umschließt, daß wir ihm es zu verdanken haben, wenn unser Technikerstand an Ansehen gewinnt und wenn dieses Ansehen in dem Entgelt, das für unsere Arbeit geboten wird, seinen Ausdruck findet. Es kommt uns aber dabei zugleich zum Bewußtsein, daß unsere Berufsorganisation nur dann mit Erfolg zu wirken vermag, wenn jedes ihrer Glieder einen Teil seiner Kraft in ihre Dienste stellt. Mit dem Beitrag, den der einzelne entrichtet, hat er einen Teil seiner Pflichten gegenüber seinen Berufsgenossen erfüllt; aber auch nur einen Teil. Ganz wird er seiner Aufgabe nur gerecht, wenn er auch etwas von seiner freien Zeit seinen Pflichten als Glied des deutschen Technikerstandes opfert.

Die Osterstimmung ist dazu angetan, uns aus der alten Gleichgültigkeit herauszureißen. Da wird uns klar, daß vorwärts die Menschheit nur kommt, wenn es Menschen gibt, die den Egoismus überwinden und bereit sind, für die andern zu wirken und zu schaffen. Die Liebe zur Menschheit hat in den Ostertagen ihre Auferstehung gefeiert. Ein Funken von dieser Liebe liegt aber auch in der Liebe zum Verbande, in dem Bereitsein, für ihn zu wirken, um dadurch den Berufsgenossen ein Helfer und, wenn es not tut, ein Mitstreiter zu sein.

Neue Frühlingskräfte stärken unseren Mut. Frühlingskräfte sollen auch in uns als Glieder des Verbandes lebendig werden, damit auch der Deutsche Techniker-Verband Frühlingskräfte entfaltet. Ueber 30 000 Mitglieder sind in ihm in gleichem Streben vereint. Eine Stunde Arbeit eines jeden Mitgliedes für die Ziele des Verbandes bedeutet, daß 30 000 Arbeitsstunden dem Wohle des gesamten Standes gewidmet werden. Durch einen kleinen Entschluß aller Mitglieder, durch ein kleines Opfer an Zeit und Arbeit von nur einer Stunde kann ein Werk für unseren Stand geschaffen werden, an dem ein einzelner Mensch fünfzehn Jahre seines Lebens zu wirken hätte. Sollte dieser Gedanke nicht jeden einzelnen von uns dazu anspornen, aus bisheriger Unentschlossenheit herauszutreten und sich in den Dienst der Berufsorganisation mit einer kleinen Hilfeleistung zu stellen? Unsern Mitgliedern wird in diesen Tagen ein Brief zugegangen sein, der dieses kleine Opfer erheischt. Wir wollen hoffen, daß es alle gern und freudig bringen.

Unsere Osterhoffnungen werden in Erfüllung gehen, wenn alle unsere Mitglieder ihre Pflicht tun, wenn sie zu Mitstreitern für unsere Sache werden. Aber auch alle! Da darf keiner müßig bei Seite stehen, in dem Wahn, es ginge auch ohne ihn. Nein, jeden einzelnen brauchen wir zu unserer gemeinsamen Arbeit, die nicht mit müder Resignation aufgenommen werden darf, sondern mit Mut und Zuversicht. Der Frühling naht mit Brausen! Mit diesem Frühlingsmut soll die Werbearbeit aufgenommen werden.

Frühlingskräfte sollen in diesem Jahr, in dem unser Verband auf sein dreißigjähriges Bestehen zurückblicken kann, lebendig werden. Der Schnee ist geschmolzen, das Eis durchbrochen, das in harten Jahren der inneren Reorganisation über unserem Verbandsleben lag. Ungeschwächt ist der Deutsche Techniker-Verband aus den Winterstürmen hervorgegangen; nur morsche Zweige wurden gebrochen. Jetzt soll er grünen und blühen in allen Gliedern.

Hdl.

Einheitliches Angestelltenrecht

(Schluß aus Heft 14.)

Dienstverhinderung.

§ 19. Wird nach Antritt des Dienstverhältnisses der Angestellte durch unverschuldetes Unglück an der Leistung der Dienste verhindert, so behält er seinen Anspruch auf das Entgelt, jedoch nicht über die Dauer von sechs Wochen hinaus.

Der Angestellte ist nicht verpflichtet, sich den Betrag anrechnen zu lassen, der ihm für die Zeit der Verhinderung aus einer Kranken- oder Unfallversicherung zukommt.

Der Angestellte behält ferner den Anspruch auf das Entgelt, wenn er für eine verhältnismäßig nicht erhebliche Zeit durch einen anderen in seiner Person liegenden wichtigen Grund ohne sein Verschulden an der Dienstleistung verhindert wird.

Wird er durch eine die Dauer von acht Wochen nicht übersteigende militärische Pflicht-Dienstleistung an der Verrichtung seiner Dienste gehindert, so behält er den Anspruch auf die Hälfte der Geldbezüge, wenn das Dienstverhältnis ununterbrochen bereits ein Jahr gedauert hat.

§ 20. Wegen einer durch die Gründe des § 19 verursachten Dienstverhinderung, die den Zeitraum nicht übersteigt, für den der Anspruch auf Fortbezug des Entgeltes oder eines Teiles davon besteht, darf der Angestellte nicht fristlos entlassen werden. Kündigt der Dienstgeber während der Verhinderung, so bleiben die Ansprüche des Angestellten während der im § 19 genannten Zeit bestehen, auch wenn das Dienstverhältnis früher endigt.

Dagegen erlöschen die Ansprüche mit der Beendigung des Dienstverhältnisses, wenn dieses infolge Ablaufes der Zeit, für die es eingegangen war, oder infolge einer früheren Kündigung aufgelöst wird. Das gleiche gilt, wenn der Angestellte aus einem anderen Grunde als wegen der im § 19 genannten Verhinderung entlassen wird.

Kaution.

§ 21. Ist vom Angestellten Kaution geleistet, die das Entgelt für einen halben Monat übersteigt, so hat der Dienstgeber sie bei einer öffentlichen Bank in der Weise zu hinterlegen, daß er nicht ohne Zustimmung des Angestellten darüber verfügen kann.

Eine Zuwiderhandlung gegen diese Bestimmung ist als wichtiger Grund im Sinne des § 36, eine Verwendung der Kautionssumme zu eigenem Nutzen als Unterschlagung im Sinne des § 246 des Reichsstrafgesetzbuches anzusehen.

Wettbewerbsverbot.

§ 22. Der Handlungsgehilfe darf ohne Einwilligung des Dienstgebers weder ein Handelsgewerbe betreiben noch in dem Handelszweige des Dienstgebers für eigene oder fremde Rechnung Geschäfte machen.

Die Einwilligung zum Betriebe eines Handelsgewerbes gilt als erteilt, wenn dem Dienstgeber bei der Anstellung bekannt ist, daß der Handlungsgehilfe das Gewerbe betreibt und er die Aufgabe des Betriebes nicht ausdrücklich vereinbart.

§ 23. Verletzt der Handlungsgehilfe die ihm nach § 22 obliegende Verpflichtung, so kann der Dienstgeber Schadensersatz fordern; er kann statt dessen verlangen, daß der Handlungsgehilfe die für eigene Rechnung gemachten Geschäfte als für Rechnung des Dienstgebers eingegangen gelten lasse und die aus Geschäften für fremde Rechnung bezogene Vergütung herausgebe oder seinen Anspruch auf die Vergütung abtrete.

Die Ansprüche verjähren in drei Monaten von dem Zeitpunkte an, in dem der Dienstgeber Kenntnis von dem Abschlusse des Geschäftes erlangt; sie verjähren ohne Rücksicht auf diese Kenntnis in fünf Jahren von dem Abschlusse des Geschäftes an.

§ 24. Vereinbarungen zwischen dem Dienstgeber und dem Angestellten oder zwischen dem Dienstgeber und einem Dritten, durch die der Angestellte für die Zeit nach der Beendigung des Dienstverhältnisses in der Verwertung seiner Arbeitskraft beschränkt wird, sind nichtig.

Ruhezeit.

§ 25. Den Angestellten ist nach Beendigung der täglichen Arbeitszeit eine ununterbrochene Ruhezeit von mindestens zehn Stunden zu gewähren.

Für Frauen und für Angestellte, die das achzehnte Lebensjahr noch nicht vollendet haben, muß die tägliche Ruhezeit mindestens elf Stunden betragen.

Ruhetag.

§ 26. Jeder Angestellte hat Anspruch auf einen wöchentlichen Ruhetag von sechsunddreißig Stunden ohne Unterbrechung. Soweit die Natur des Dienstverhältnisses es gestattet, ist der Ruhetag am Sonntag, anderenfalls an jedem zweiten Sonntag zu gewähren.

Diese Vorschrift kann durch Vertrag eingeschränkt werden, wenn der Dienstgeber nur einen Angestellten beschäftigt.

Urlaub.

§ 27. Wenn das Dienstverhältnis ununterbrochen sechs Monate gedauert hat, ist dem Angestellten in jedem Jahre ein ununterbrochener Urlaub von mindestens zehn Tagen zu gewähren; hat das Dienstverhältnis ununterbrochen fünfzehn Jahre gedauert, so beträgt der jährliche Urlaub mindestens zwei oder drei Wochen.

Während des Urlaubs behält der Angestellte den Anspruch auf seine Geldbezüge. In gewerblichen Betrieben, in denen nicht mehr als ein Angestellter beschäftigt wird, findet diese Bestimmung nur dann Anwendung, wenn der Angestellte für die Zeit der Beurlaubung einen angemessenen Ersatz stellt.

Bei gewerblichen Unternehmungen, in denen nicht mehr als drei Angestellte beschäftigt werden, kann der Urlaub in zwei Abschnitten gewährt werden.

Die Zeit, während der ein Angestellter durch unverschuldetes Unglück an der Dienstleistung verhindert war, darf nicht in den Urlaub eingerechnet werden.

Der Dienstgeber ist zur Gewährung des Urlaubes nicht verpflichtet, wenn der Angestellte gekündigt hat.

Angestellten-Ausschuß.

§ 28. Jeder Dienstgeber, der in der Regel mindestens zwanzig Angestellte beschäftigt, hat innerhalb vier Wochen nach dem Inkrafttreten des Gesetzes oder nach der Eröffnung des Betriebes einen Angestellten-Ausschuß einzurichten. Dieser muß aus mindestens drei Personen bestehen und von sämtlichen volljährigen Angestellten in geheimer Abstimmung nach den Regeln der Verhältniswahl gewählt werden. Die Wahlzeit beträgt mindestens ein halbes Jahr und höchstens zwei Jahre.

Die Mitgliedschaft im Angestellten-Ausschusse gilt als ein Amt im Sinne des § 33 Abs. 2.

§ 29. Der Angestellten-Ausschuß hat die Aufgabe, die gemeinsamen Interessen aller Angestellten gegenüber dem Dienstgeber zu vertreten. Er kann nicht eine Kündigung des Dienstverhältnisses für die vertretenen Angestellten erklären oder annehmen.

Er wählt sich einen Vorsitzenden, der mindestens in jedem Vierteljahre eine Sitzung abhalten muß. Auf Verlangen des Dienstgebers ist jederzeit sofort eine Sitzung einzuberufen. Der Dienstgeber oder ein von ihm bestimmter Vertreter hat das Recht, an den Sitzungen teilzunehmen.

Zu den Aufgaben des Ausschusses gehören:

1. die Begutachtung der Dienstordnung,
2. die Mitwirkung an der Verwaltung aller Einrichtungen, die der Dienstgeber zur Verbesserung der Lage der Angestellten oder ihrer Familien trifft,
3. die Mitwirkung bei der Kündigung gemäß § 33 Abs. 3.

Die Zuweisung weiterer Befugnisse bedarf der Zustimmung des Dienstgebers. Im übrigen setzt der Ausschuß seine Geschäftsordnung selbst fest.

Dienstordnungen.

§ 33. Für jeden Betrieb, in dem in der Regel mindestens zwanzig Angestellte beschäftigt werden, ist innerhalb vier Wochen nach dem Inkrafttreten dieses Gesetzes oder nach der Eröffnung des Betriebes eine Dienstordnung zu erlassen.

Auf die Dienstordnung finden die Vorschriften der §§ 134a, 134h Abs. 1 Ziffer 1—4, Abs. 2, Abs. 3 Satz 1, des § 134c, Abs. 1, Abs. 2 Satz 2 und 3, des § 134d Abs. 1 und der §§ 134e, 134f der Gewerbeordnung entsprechende Anwendung.

Die Dienstordnung muß Vorschriften über die Wahl, die Zusammensetzung und die Befugnisse des Angestellten-Ausschusses enthalten.

Soweit sie andere als die gesetzlich vorgeschriebenen Bestimmungen enthält, bedarf sie der Zustimmung des Angestellten-Ausschusses.

Die verhängten Geldstrafen sind in ein Verzeichnis gemäß § 134c Abs. 3 der Gewerbeordnung einzutragen, das auf Erfordern der Ortspolizeibehörde jederzeit zur Einsicht vorgelegt werden muß.

Kündigung.

§ 31. Das Dienstverhältnis kann, wenn es für unbestimmte Zeit eingegangen ist, von jedem Teile nach Maßgabe der §§ 32 bis 36 gekündigt werden.

§ 32. Die Kündigung des Dienstverhältnisses durch den Dienstgeber kann nur zum Schlusse eines Vierteljahres erfolgen. Die Kündigungsfrist beträgt sechs Wochen. Eine kürzere Frist kann nicht vereinbart werden.

Die Kündigung durch den Angestellten kann zum Schlusse jedes Monats mit einer Frist von einem Monat erfolgen. Eine längere Frist kann nicht vereinbart werden; es sei denn, daß das Entgelt dreitausend Mark im Jahre übersteigt oder es sich um Dienste höherer Art handelt, die auf Grund besonderen Vertrauens übertragen zu werden pflegen. In diesem Falle können für beide Teile gleiche Kündigungsfristen vereinbart werden.

§ 33. Hat das Dienstverhältnis ununterbrochen mindestens ein Jahr lang bestanden, so kann der Dienstgeber nicht ohne einen Grund kündigen, der den Gesetzen, den guten Sitten oder Treu und Glauben nicht widerspricht.

Hat das Dienstverhältnis ununterbrochen mindestens zehn Jahre bestanden, so kann der Dienstgeber nicht ohne triftigen Grund kündigen. Das gleiche gilt, solange der Angestellte ein auf einem Reichsgesetze beruhendes Amt ausübt, für dessen Ausübung die Beschäftigung als Angestellter Voraussetzung ist.

Hat das Dienstverhältnis ununterbrochen mindestens drei Jahre bestanden und liegt kein wichtiger Grund im Sinne des § 36 vor, so hat der Dienstgeber vor der Kündigung seine Absicht dem Angestellten-Ausschusse zu unterbreiten.

§ 34. Hat das Dienstverhältnis mindestens fünf Jahre hindurch bestanden, und kündigt der Dienstgeber, ohne daß der Angestellte einen Grund dazu verschuldet hat, so ist ihm eine Abgangsvergütung in der halben Höhe seiner Geldbezüge auf die Dauer von drei Monaten zu gewähren.

§ 35. Wird ein Angestellter nur zu vorübergehender Aushilfe angenommen, so finden die Vorschriften des § 32 keine Anwendung, es sei denn, daß das Dienstverhältnis über die Zeit von drei Monaten hinaus fortgesetzt wird.

Die Kündigungsfrist darf für den Angestellten nicht länger als für den Dienstgeber sein.

§ 36. Das Dienstverhältnis kann von jedem Teile ohne Einhaltung einer Kündigungsfrist gekündigt werden, wenn ein wichtiger Grund vorliegt.

Als wichtiger Grund ist namentlich jeder Umstand anzusehen, bei dessen Vorhandensein dem Kündigenden aus Gründen der Sittlichkeit oder nach Treu und Glauben die Fortsetzung des Dienstverhältnisses nicht mehr zugemutet werden darf.

Wird die Kündigung durch vertragswidriges Verhalten des anderen Teiles veranlaßt, so ist dieser zum Ersatz des durch die Aufhebung des Dienstverhältnisses entstehenden Schadens verpflichtet.

§ 37. Nach der Kündigung und während angemessener Zeit vor dem Ablaufe eines auf bestimmte Zeit abgeschlossenen Dienstverhältnisses hat der Dienstgeber dem Angestellten auf Verlangen an Werktagen angemessene Zeit zum Aufsuchen eines anderen Dienstverhältnisse ohne Schmälerung des Entgelts zu gewähren.

Konkurs.

§ 38. Wird nach Antritt des Dienstverhältnisses über das Vermögen des Dienstgebers der Konkurs eröffnet, so tritt die Masse in den Vertrag ein. Innerhalb eines Monats vom Tage der Konkurseröffnung kann jedoch das Dienstverhältnis vom Angestellten ohne Kündigungsfrist, vom Masseverwalter unter Einhaltung der gesetzlichen Kündigungsfrist gelöst werden.

Wird das Dienstverhältnis durch die Kündigung des Masseverwalters vor Ablauf der bestimmten Zeit gelöst, für die es eingegangen war, oder war eine längere Kündigungsfrist vereinbart, so kann der Angestellte Ersatz des ihm verursachten Schadens verlangen.

Dienstwohnung.

§ 39. Stirbt ein Angestellter, dem vom Dienstgeber auf Grund des Dienstvertrages Wohnräume überlassen sind, so ist die Wohnung bei eigenem Haushalte nach einem Monat, sonst nach zehn Tagen nach dem Tode zu räumen. Die Räumung kann nur zum Schlusse eines Monats verlangt werden.

Der Dienstgeber kann die sofortige Räumung eines Teiles der Wohnung verlangen, wenn und soweit dies zur Unterbringung des Nachfolgers und seiner Einrichtung erforderlich ist.

Das gleiche gilt, wenn das Dienstverhältnis nach § 36 gelöst wird.

Zeugnis.

§ 40. Von der Kündigung an sowie angemessene Zeit vor dem Ablaufe eines auf bestimmte Zeit abgeschlossenen Dienstverhältnisses kann der Angestellte ein schriftliches Zeugnis mit genauer Angabe der Art und Dauer der Beschäftigung fordern. Das Zeugnis ist auf Verlangen des Angestellten auch auf die Führung und Leistungen auszudehnen.

Auf Antrag des Angestellten hat die Ortspolizeibehörde das Zeugnis kosten- und stempelfrei zu beglaubigen.

Zeugnisse des Angestellten, die sich in der Verwahrung des Dienstgebers befinden, sind dem Angestellten auf Verlangen jederzeit zurückzugeben.

Schutz der Gesundheit.

§ 41. Der Bundesrat und, soweit er nicht Bestimmungen erläßt, die Landeszentralbehörde, kann Vorschriften darüber erlassen, welchen Anforderungen in bestimmten Arten von Anlagen oder Betrieben, in denen Angestellte beschäftigt werden, zur Durchführung der in § 618 des Bürgerlichen Gesetzbuches enthaltenen Grundsätze zu genügen ist.

In diese Bestimmungen können auch Anordnungen über das Verhalten der Angestellten im Betriebe zum Schutze von Leben und Gesundheit aufgenommen werden.

§ 42. Für solche Arten von Dienstverhältnissen, in denen durch übermäßige Dauer der Arbeitszeit die Gesundheit der Angestellten gefährdet wird, kann der Bundesrat und, soweit er nicht Bestimmungen erläßt, die Landeszentralbehörde, Dauer, Beginn und Ende der zulässigen täglichen Arbeitszeit und der zu gewährenden Pausen regeln, auch die zur Durchführung erforderlichen Anordnungen erlassen.

Lehrlinge.

§ 43. Auf das Dienstverhältnis von Lehrlingen, die zu Angestellten im Sinne dieses Gesetzes ausgebildet werden, finden die Vorschriften der §§ 2—9, 17, 19—26, 36—39, 41, 42 Anwendung.

Ferner finden auf dieses Dienstverhältnis die Vorschriften des Handelsgesetzbuches § 76 Abs. 2—4, §§ 77—82 und der Gewerbeordnung §§ 120, 128, 139i, 150 Abs. 1 Ziff. 4 und Abs. 2 Anwendung. Soweit dort auf andere Vorschriften des Handelsgesetzbuches Bezug genommen wird, treten an deren Stelle die entsprechenden Vorschriften dieses Gesetzes oder des Bürgerl. Gesetzbuches.

Ausschluß der Vertragsfreiheit.

§ 44. Die Bestimmungen der §§ 4, 6—10, 13, 15, 16, 18—21, 25, 27, 33—40, 43 können durch Vertrag nicht zum Nachteile des Angestellten abgeändert oder außer Kraft gesetzt werden.

Vereinbarungen, durch die von Vorschriften dieses Gesetzes abgewichen wird, bedürfen der schriftlichen Form.

Strafbestimmungen.

§ 45. Mit Geldstrafe bis zu zweitausend Mark und im Unvermögensfalle mit Gefängnis werden bestraft:
1. ein Dienstgeber, der gegen die Vorschriften der §§ 7 u. 8 verstößt;
2. wer einem Angestellten Bedingungen des Anstellungsverhältnisses unter Verpfändung der Ehre, auf Ehrenwort, eidlich oder unter ähnlichen Versicherungen oder Beteuerungen auferlegt;
3. wer den vom Bundesrate oder von der Landeszentralbehörde auf Grund der §§ 41, 42 erlassenen Anordnungen zuwiderhandelt.

§ 46. Mit Geldstrafe bis zu dreihundert Mark und im Unvermögensfalle mit Haft werden bestraft:
1. ein Dienstgeber, der dem § 9 zuwider einen Angestellten zu Zahlungen nötigt;
2. ein Dienstgeber, der eine Kaution nicht nach den Vorschriften des § 21 sicherstellt;
3. ein Dienstgeber, der seinem Angestellten nicht die in den §§ 25, 26 vorgeschriebene Ruhezeit gewährt;
4. ein Dienstgeber, der nicht in der vorgeschriebenen Zeit einen Angestellten-Ausschuß gemäß § 28 einrichtet;
5. ein Dienstgeber, der nicht in der vorgeschriebenen Zeit eine Dienstordnung gemäß § 30 erläßt.

Uebergangsvorschrift.

§ 47. Die Bestimmungen dieses Gesetzes finden auf die zur Zeit seines Inkrafttretens bestehenden Dienstverhältnisse Anwendung.

Verhältnis zu anderen Gesetzen.

§ 48. Mit dem Inkrafttreten dieses Gesetzes werden aufgehoben:
1. die §§ 59—75, 76 Abs. 1 des Handelsgesetzbuches;
2. die §§ 133a—133f, 139k, 139l der Gewerbeordnung;
3. § 35 Abs. 2 und § 40 der Seemannsordnung;
4. der § 20 Abs. 1—3 des Gesetzes betr. die privatrechtlichen Verhältnisse der Binnenschiffahrt;
5. der § 16 Abs. 1—3 des Gesetzes betr. die privatrechtlichen Verhältnisse der Flößerei.

§ 49. Auf Angestellte im Sinne dieses Gesetzes und ihr Dienstverhältnis finden keine Anwendung:

1. die §§ 152, 153 der Gewerbeordnung;
2. die §§ 107—112, 114a—119b, 121—127, 129—133, 154, 154a der Gewerbeordnung;
   Die übrigen Bestimmungen des Titels VII der Gewerbeordnung finden soweit Anwendung, als nicht in diesem Gesetze andere Bestimmungen getroffen sind.
3. die §§ 27 Abs. 2, 28 Abs. 3, 45, 46 der Seemannsordnung. Die übrigen Bestimmungen der Seemannsordnung finden soweit Anwendung, als nicht in diesem Gesetze andere Bestimmungen getroffen sind.

§ 50. Die Vorschriften der Landesgesetze über das Dienstverhältnis der im § 1 genannten Personen treten außer Kraft, soweit sie nicht für den Angestellten günstiger sind als die Bestimmungen dieses Gesetzes.

§ 51. Auf die in Betrieben oder im Dienste des Reiches, der Bundesstaaten, eines Gemeindeverbandes oder einer Gemeinde Beschäftigten finden die Vorschriften dieses Gesetzes insoweit Anwendung, als nicht durch Reichsgesetz oder Landesgesetz ausdrücklich andere Bestimmungen getroffen sind.

Inkrafttreten.

§ 52. Dieses Gesetz tritt am ..... in Kraft.
Urkundlich usw.
Gegeben usw.

SOZIALPOLITIK

Eine große Kundgebung für Fortführung der Sozialreform

veranstaltet am 10. Mai in Berlin die Gesellschaft für Soziale Reform. Professor Dr. Francke und Staatsminister Dr. Frhr. v. Berlepsch werden sprechen, daneben auch Vertreter der Angestellten und Arbeiter. Wir weisen auf diese recht zeitgemäße Kundgebung insbesondere unsere Berliner Mitglieder hin, damit sie sich für den 10. Mai nichts anderes vornehmen. Unsere Organisation ist der Gesellschaft für Soziale Reform angeschlossen, und es muß Ehrensache für uns sein, an der Veranstaltung, auf der alle schwebenden Fragen der Sozialpolitik zur Sprache kommen werden, massenhaft teilzunehmen, damit sie wuchtigen Protest gegen Stillstand und Rückschritt in der Sozialpolitik erheben kann.

*

Wiederaufleben des Arbeitskammergedankens?

Nach einer Mitteilung des badischen Ministers des Innern Frhrn. v. Bodmann vor der zweiten Kammer soll der Gedanke der Errichtung von Arbeitskammern noch nicht aufgegeben sein, vielmehr sei anzunehmen, daß die Reichsleitung ihm wieder nähertreten werde, sobald die umfassenden Arbeiten, welche die Reichsversicherungsordnung mit sich gebracht hat, abgeschlossen sind.

Der Abschluß der mit der Reichsversicherungsordnung verknüpften Arbeiten, so führt die „Soz. Praxis" aus, kann sich noch recht lange hinziehen, darum zielt also die Mitteilung des badischen Ministers auf einen fernen Zeitpunkt. Auch müßte der Staatssekretär des Innern Dr. Delbrück seinen Standpunkt in der Arbeitskammerfrage ändern und sich zur Zulassung der Arbeitersekretäre bekehren, wenn der Plan öffentlich-rechtlicher Arbeiter- und Arbeitgebervertretungen endlich fruchtbare Gestalt annehmen sollte; ohne jene Bedingung bleiben die Arbeitskammern für die meisten Gewerbe zwecklose Gebilde und für den Reichstag voraussichtlich unannehmbar.

*

Der deutsche Arbeitgeberbund für das Baugewerbe

hielt seine 15. ordentliche Hauptversammlung am 26. März in Eisenach ab. Im Jahresbericht wurde hervorgehoben, daß der Bund im vergangenen Jahre der „Vereinigung der Deutschen Arbeitgeberverbände" beigetreten sei. Allerdings schweben noch Verhandlungen, da der Bund als Bedingung die Bewilligung der Streikklausel und die Materialsperre durch die Industrie gefordert hat. Seit 1912 ist die Entwicklung des Bundes folgende gewesen:

Anfang des Jahres	Bezirksverbände		Einzelortsverbände	Zahl der Mitglieder des Bundes			Beitragspflichtige Gesamtlohnsumme
	Zahl	m. Ortsverbänd.		beitragspflichtige	nicht beitragspflichtige	zusammen	
1912	29	526	16	13 555	5 644	19 199	327 Mill.
1913	31	597	11	13 957	5 371	19 328	377 Mill.
1914	31	556	9	12 933	4 700	17 633	374 Mill.

Der Geschäftsbericht bemerkt dazu: „Der nicht unerhebliche Rückgang in der Mitgliederzahl (8,77% im ganzen, 7,34% der beitragspflichtigen Mitglieder) hat wohl in der Hauptsache seinen Grund in der überaus schlechten Konjunktur des Jahres 1913 gehabt, die zur Auflösung vieler Baugeschäfte geführt hat. Außerdem hat das durch die amtlichen Berufszählungen nachgewiesene stetige Zurückgehen der kleineren und Zunehmen der größeren Betriebe sicher auch im Jahre 1913 wieder ungünstig auf die Mitgliederzahl des Bundes gewirkt. Es muß in den Bezirks- und Ortsverbänden mit allen Kräften dahin gestrebt werden, die verlorenen Mitglieder zurück- und neue dazu zu gewinnen. Die Außenstehenden werden, sobald sich die Konjunktur bessert, wohl überall höhere Löhne als die Tariflöhne zahlen müssen und dann von selbst wieder Schutz in den Arbeitgeberverbänden suchen."

Also auch auf Arbeitgeberseite Anerkennung des Zurückgehens der Kleinbetriebe. Auch das Baugewerbe unterliegt der kapitalistischen Entwicklung! Und dann zweitens: Zweck der Arbeitgeberorganisation: Die Löhne niedrig zu halten. Aus diesen beiden Feststellungen werden auch die Arbeitnehmer wieder eine Lehre ziehen können.

*

Verkürzte Arbeitszeit in den staatlichen Betrieben Frankreichs

Der Finanzminister und der Kriegsminister haben der Kammer einen Gesetzentwurf unterbreitet, wonach die wöchentliche Arbeitszeit in den Staatsbetrieben allgemein auf 49 Stunden begrenzt werden soll. Die in Frage kommenden Betriebe sind die Tabak- und Zündholzfabriken, die Münze, die Staatsdruckerei, die Konstruktionswerkstätten der Artillerie, die Pulverfabriken und die Zuckersiedereien. Die 49 Wochenstunden sollen auf die sechs Arbeitstage so verteilt werden, daß „den Anforderungen der Betriebe und den persönlichen Interessen der Arbeitnehmer" Rechnung getragen wird. Die aus der Neuregelung der Arbeitszeit erwachsenden Mehrkosten werden für das laufende Jahr auf nahezu 6 Millionen Francs veranschlagt. Aber die Regierung vertritt die Ansicht, daß diese Belastung binnen kurzem durch Mehrerträge der Betriebe wieder ausgeglichen werden könne.

ANGESTELLTENFRAGEN

Ein Kongreß für einheitliches Angestelltenrecht

wird am 26. April stattfinden. Er ist von der Arbeitsgemeinschaft für das einheitliche Angestelltenrecht, dem zurzeit elf gewerkschaftliche Angestelltenverbände angehören, einberufen worden. Das einleitende Referat wird Dr. Sinzheimer, der bekannte Vorkämpfer für das einheitliche Angestelltenrecht, halten. Im Anschluß daran werden die Vertreter der einzelnen Angestelltenverbände das Interesse der einzelnen Angestelltengruppen am einheitlichen Angestelltenrecht darlegen. Dr. Höfle wird bei diesem Punkt als Vertreter des Deutschen Techniker-Verbandes für die technischen Angestellten sprechen. Diesen Darlegungen werden zwei Referate über die Einwände der Arbeitgeber und der Gegner des einheitlichen Angestelltenrechts in der Angestelltenbewegung folgen.

Der Kongreß ist mit Freuden zu begrüßen, da hier zum erstenmal eine gemeinsame Kundgebung der verschiedenen Angestelltengruppen für das einheitliche Angestelltenrecht stattfinden wird. Bekanntlich hatte sich ja der Hauptausschuß gegenüber dem einheitlichen Angestelltenrecht ablehnend verhalten, nachdem eine zur Beratung dieser Frage eingesetzte Kommission versagt hatte. Aus diesem Grunde hatte im vorigen Jahre unser Verband seinen Austritt erklärt und sich diesem neugebildeten Ausschuß angeschlossen, der jetzt mit dem Kongreß in die Oeffentlichkeit tritt.

*

Stellungswechsel und Angestelltenversicherung

Bei der Führung der Versicherungskonten der Reichsversicherungsanstalt hat sich ergeben, daß wenn versicherungspflichtige Angestellte ihre Stellung verlassen und eine Beschäftigung bei einem anderen Arbeitgeber, sei es sofort, sei es nach längerer Stellungslosigkeit, aufgenommen haben, der Beitragsentrichtung in vielen Fällen nicht die genügende Aufmerksamkeit geschenkt wird. Es dürfte sich meist um solche Fälle handeln, in denen der neue Arbeitgeber bisher Personen, die nach dem Versicherungsgesetze für Angestellte versicherungspflichtig sind, nicht beschäftigt hat und daher aus Unkenntnis der gesetzl. Bestimmungen die ihm obliegende neue Verpflichtung, d. h. die Anmeldung des Angestellten bei der Reichsversicherungsanstalt, versäumt. In anderen Fällen wird eine unverhältnismäßig lange Stellungslosigkeit schuld daran sein, daß die Reichsversicherungsanstalt über den Verbleib eines Angestellten unerwünscht lange Zeit keine Nachricht erhält. Bei dieser Sachlage empfiehlt es sich, daß die Angestellten in ihrer neuen Stellung, sobald der erste Monatsbeitrag zur Versicherung für sie fällig wird, den Arbeitgeber an die Beitragsentrichtung und die vorgeschriebene Formularmeldung (Uebersicht des versicherungspflichtigen Personals und der hierbei eingetretenen Veränderungen) im beiderseitigen Interesse erinnern. Bei längerer Stellungslosigkeit wird außerdem den Versicherten selbst anzuraten sein, der Reichsversicherungsanstalt dies durch Postkarte mitzuteilen und ebenso auch die Wiederaufnahme einer Tätigkeit anzuzeigen. Die Angestellten werden durch die gewiß nicht schwierige Beachtung des vorstehenden Hinweises ihrem Arbeitgeber jede unnötige Inanspruchnahme seitens der Reichsversicherungsanstalt für sein Personal ersparen und einen noch größeren Dienst sich selbst erweisen, indem sie dazu beitragen, ihr bei der Reichsversicherungsanstalt laufendes Verischerungskonto jederzeit in Ordnung zu halten.

BEAMTENFRAGEN

Keine Offenlegung der Personalakten

Allen sozialen Fortschritten setzt die Regierung jetzt ihr „Unannehmbar!“ entgegen. Hatte sie vor zwei Wochen den Beschlüssen der Konkurrenzklauselkommission ihre Zustimmung versagt, und damit eine fast einmütig erhobene Forderung der Angestellten zurückgewiesen, so tritt sie jetzt mit der gleichen Methode der von den Beamten fast einmütig geforderten Beseitigung der Geheimhaltung der Personalakten entgegen.

Dem fortgesetzten Drängen nach einer Reform des Disziplinarverfahrens war die Reichsleitung dadurch einen kleinen Schritt entgegengekommen, daß sie die Vorlage über die Wiederaufnahme im Disziplinarverfahren einbrachte. Die Reichstagskommission hatte neben einigen Verbesserungen auch den Zusatz hinzugefügt, daß den Beamten die Einsicht in die Personalakten gewährt werden soll.

Zu dem Beschluß der Reichstagskommission haben inzwischen die Bundesregierungen Stellung genommen. In einer offiziösen Korrespondenz wird das Ergebnis der Beratungen folgendermaßen wiedergegeben:

„Auf Grund der Beschlüsse des Reichstags zu der Vorlage über die Wiederaufnahme im Disziplinarverfahren sind die Bundesregierungen soeben zu einer nochmaligen Beratung zusammengetreten. Dem Vernehmen nach wurde mit Einstimmigkeit beschlossen, der Vorlage in der vom Reichstag gegebenen Fassung nicht zuzustimmen, falls der beschlossene Zusatz über die zu gewährende Einsicht in die Personalakten aufrecht erhalten bleibt.“

Aufs höchste muß zunächst die Einstimmigkeit befremden, mit der die Ablehnung erfolgt ist, da doch einige süddeutsche Staaten bereits die Einsichtnahme in die Personalakten kennen. Zu erklären ist diese Einstimmigkeit nur, wenn man das neue „Unannehmbar“ der Reichsleitung in Verbindung mit ihrem Widerstand gegen jeden kräftigen sozialen Fortschritt betrachtet. Es ist nun einmal die Parole „Stillstand der Sozialpolitik“ ausgegeben worden, und darum müssen Beschlüsse des Reichstages oder seiner Kommissionen abgelehnt werden, selbst wenn sie noch so notwendig und vernünftig sind.

Das preußische Oberverwaltungsgericht hat in einem Urteil ausgeführt:

„Es steht dem Beamten frei, Einwendungen gegen ein nach seiner Ansicht unrichtiges Zeugnis über seine Amtstätigkeit zu erheben und in sachlicher Weise gegebenenfalls den Nachweis der Unrichtigkeit zu erbringen.“

Wie soll das der Beamte tun, wenn ihm die Möglichkeit der Einsicht in die Personalakten genommen wird? Jener Fall, der kürzlich durch die Tagespresse ging, ist wohl noch in allgemeiner Erinnerung. Einem Beamten waren durch Zufall seine Personalakten zu Gesicht bekommen. Er fand dort ein Urteil über sich, gegen das er Beschwerde erhob. Das preußische Oberverwaltungsgericht entschied:

„Personalakten sind geheim. Ein Beamter, der ohne Erlaubnis der Behörde sich Auszüge aus seinen Personalakten, die ihm irrtümlich oder versehentlich zugänglich gemacht sind, anfertigt, um Unterlagen für ein Vorgehen gegen einen Vorgesetzten zu erhalten, begeht eine strafbare Handlung. Es entschuldigt ihn nicht, wenn er glaubt, sich gegen die in den Akten enthaltenen Vorwürfe verteidigen zu müssen.“

Dieses Urteil hebt klar den ganzen Zweck hervor, der mit der Geheimhaltung der Personalakten verfolgt wird. Das Urteil des Vorgesetzten soll unfehlbar sein.

Auch im preußischen Abgeordnetenhause hat der Abgeordnete Heß einen Antrag auf Beseitigung der geheimen Personalakten eingebracht. Nach dem oben wiedergegebenen Beschluß der verbündeten Regierungen, an dem die preußische Regierung sicher die größte Schuld trägt, ist auf einen unmittelbaren Erfolg des Antrages nicht zu rechnen. Aber es bleibt doch eine alte Wahrheit: Steter Tropfen höhlt den Stein!

In einer Zeit, wo man so gern alte Kabinettsordres ausgräbt, ist es nicht uninteressant, daß in einer preußischen Kabinettsorder vom 31. Juli 1848 die „geheimen Konduitenlisten“ aufgehoben worden sind. Diese Kabinettsorder ist noch jetzt gültig. Ob man auch auf sie wieder zurückgreifen wird? Hdl.

STANDESFRAGEN

Militäranwärter als technische Beamte!

Das Verzeichnis der den Militäranwärtern mit technischer Vorbildung im Reichs- und preußischen Staatsdienst vorbehaltenen mittleren und unteren Beamtenstellen ist neu herausgegeben worden. In demselben sind Stellen für 200 Maschinisten und Maschinenmeister sowie für 40 Schleusenmeister aufgeführt. Das Gehalt ist in der niedrigsten Stufe 1400 M und steigt für einzelne Posten bis 3300 M. Allen 240 Stellen wird das Wohnungsgeld der mittleren Beamten gewährt — für die sonst noch aufgeführten technischen Beamtenstellen wird geringeres Gehalt und das Wohnungsgeld der Unterbeamten gezahlt, sie erscheinen daher nicht gerade begehrenswert.

Als Anwärter auf die vorgenannten Stellen werden, neben Technikern, die durch zwölfjährige Dienstzeit oder auf eine andere Weise den Anstellungsschein erworben haben, auch solche vorgemerkt, die auf Staatslehranstalten ausgebildet sind. Hierzu rechnen beim Landheer die Wallmeister und Feuerwerker, bei der Marine die Seemaschinisten I., II. und III. Klasse.

Bei der verhältnismäßig geringen Stellenzahl kann von einem Eindringen der Militäranwärter in die technischen Beamtenstellen nicht gesprochen werden. Nach wie vor werden diese wohl den entsprechend vorgebildeten Zivilanwärtern, d. h. den Absolventen der anerkannten Fachschulen, zufallen. Sg.

TECHNISCHES SCHULWESEN

Der Vierte Ferienkursus

über Volkswirtschaft, staatsbürgerliche Fortbildung und Redekunst, der vom Bunde deutscher Bodenreformer veranstaltet wird, findet in der Woche vom 14. bis 19. April, wie wir bereits berichteten, in der Landwirtschaftlichen Hochschule in Berlin, Invalidenstr. 42, statt. Er wird am Osterdienstag um $3^1/_4$ Uhr eröffnet. Im Rahmen dieses Kursus wird auch der Deutsche Techniker-Verband zwei Vorlesungen halten lassen. Es werden sprechen:

Am 15. April, pünktlich $8^1/_2$ bis $9^1/_4$ Uhr, „Schutz der bei Bauten beschäftigten Personen,“ Dozent Architekt Kaufmann.

Am 16. April, pünktlich $9^1/_4$ bis 10 Uhr, „Die Bedeutung der Berufsstatistik für die Angestelltenbewegung“, Dozent Architekt Kröbel.

Sämtliche Teilnehmer des Ferienkursus haben zu diesen Veranstaltungen kostenfreien Eintritt und werden zum Besuch herzlichst eingeladen.

Die Hörerkarten für den ganzen Kursus sind zum ermäßigten Preise von 5 M (statt 10 M) noch im Verbandsbureau zu haben. Zur Teilnahme an zehn Vorlesungen werden außerdem Karten für 2 M nur für Verbandsmitglieder ausgegeben.

Im Interesse der staatsbürgerlichen Fortbildung unserer Mitglieder laden wir auch an dieser Stelle nochmals zu regem Besuch des Kursus ein.

*

Kurse für Lehrer und Lehrerinnen an Fortbildungsschulen

Der „Deutsche Verein für das Fortbildungsschulwesen" veranstaltet in der Zeit vom 2. Juni bis 13. Juli 1914 in Leipzig wiederum einen Kursus, der zur Lehrtätigkeit an der Fortbildungsschule vorbereiten soll. Ueber den Zweck der Kurse, die schon seit 16 Jahren abgehalten werden, haben wir in Heft 12 der D.T.-Z., Jahrg. 1913, ausführlich berichtet. Es sei daher heute nur wiederholt, daß die Teilnehmer an diesen Kursen mit all dem vertraut gemacht werden sollen, was für eine ersprießliche Tätigkeit in der Fortbildungsschule erforderlich ist, ohne daß sich die Kurse die Aufgabe stellen, mit der Technik bestimmter Handwerke bis ins einzelne bekannt zu machen. Neben wissenschaftlichen Vorträgen über die Grundlagen der Technologie und der Volkswirtschaftslehre, der Gewerbegesetzgebung, des Versicherungswesens, der Gewerbehygiene, sowie über Bürgerkunde sind Besichtigungen von Werkstätten, öffentlichen Wohlfahrtseinrichtungen und hervorragenden Etablissements geplant, ferner werden in den Kursen methodische Vorträge, praktische Uebungen und Besuche von Fortbildungs- und Fachschulen für die Jugend beiderlei Geschlechts geboten. An den Kursen können sowohl Berufslehrer und Lehrerinnen, als auch Angehörige anderer Stände teilnehmen. Es werden auch Herren und Damen, die noch nicht in der Fortbildungsschule unterrichtet haben, zum Besuche der Kurse zugelassen.

Programm (2. Juni bis 13. Juli 1914):

I. Wissenschaftliche Vorträge.

1. 5 Vorträge über Gewerbegesetzgebung: Herr Dr. Jacobi, Privatdozent an der Universität Leipzig.
2. 12 Vorträge über die neue Reichversicherung und über die Angestelltenversicherung: Herr Dr. Jacobi, Privatdozent an der Universität Leipzig.
3. 22 Vorträge über Volkswirtschaftslehre: Herr Dr. Schmidt, Assistent an den Vereinigten Staatswissenschaftlichen Seminaren der Universität Leipzig.
4. 12 Vorträge über die Kulturgeschichte der Gegenwart: Herr Geh. Hofrat Dr. Lamprecht, Professor an der Universität Leipzig.
5. 8 Vorträge zur Einführung in das bürgerliche Recht und in das Verfassungsrecht des Deutschen Reiches: Herr Rechtsanwalt Dr. Mothes.
6. 6 Vorträge über die Grundzüge des gerichtlichen Verfahrens (Gerichtsverfassungs- und Prozeßrecht): Herr Dr. jur. Stein, Professor an der Universität Leipzig.
7. 10 Vorträge über das Kunstgewerbe: Herr Prof. Dr. Graul, Direktor des Kunstgewerbemuseums.
8. 7 Vorträge über Technologie (Gespinstfasern, Papier, Häute, Leder und Rauchwaren): Herr Professor Dr. Pietsch, Dozent an der Handelshochschule zu Leipzig.
9. 16 Vorträge über die Technologie des Eisens und über Einrichtung und Betrieb der Werkstätten für Metallbearbeitung (mit Demonstrationen in der Lehrwerkstätte der Gewerbeschule): Herr Ingenieur Freund, Oberlehrer an der Städtischen Gewerbe- und Maschinenbauschule.
10. 4 Vorträge über Fortbildungsschulwesen im allgemeinen und über die Leipziger Fach- und Fortbildungsschulen: Herr Direktor Kahnt.
11. 4 Vorträge über das Fortbildungsschulwesen für Mädchen: Herr Direktor Dr. Lehmann.
12. 2 Vorträge über rationelle Ernährung (Arbeiterhaushalt) mit Demonstrationen in der Lehrküche der Carolaschule: Fräulein Götze, Lehrerin am Haushaltungslehrerinnenseminar.
13. 7 Vorträge über Gewerbehygiene und erste Hilfe bei Unglücksfällen: Herr Dr. med. Langerhans.
14. 8 Vorträge über Säuglings- und Krankenpflege und über die Entwicklung des weiblichen Körpers: Fräulein Dr. med. Moesta, prakt. Aerztin.

II. Methodische Vorträge.

1. 3 Vorträge über Methodik des Fortbildungsschulunterrichts: Herr Fortbildungsschullehrer Bloß.
2. 3 Vorträge über den Unterricht in den Klassen mit Schülern gemischter Berufe: Herr Fortbildungsschullehrer Bloß.
3. 2 Stunden Einführung in die Unterrichtspraxis der Metallarbeiterklassen: Herr Fortbildungsschullehrer Kruschwitz.
4. 2 Stunden Einführung in die Unterrichtspraxis der Bauhandwerkerklassen: Herr Prof. Winkler, Lehrer an der Kgl. Baugewerkschule und an der Städtischen Gewerbeschule.
5. 2 Stunden Einführung in die Unterrichtspraxis der Holzarbeiterklassen: Herr Fortbildungsschullehrer Stenzel.
6. 2 Stunden Einführung in die Unterrichtspraxis der Bäckerklassen: Herr Fortbildungsschullehrer Steinert.
7. 4 Vorträge über kunstgewerbliches Zeichnen in Verbindung mit Werkunterricht (unter Ausschluß praktischer Zeichenübungen, nach Wunsch Beteiligung am Werkunterricht): Herr Fortbildungsschullehrer Schröder.
8. 4 Vorträge über gebundenes Fachzeichnen unter Ausschluß praktischer Uebungen: Herr Ingenieur Freund, Oberlehrer an der Städt. Gewerbe- und Maschinenbauschule.
9. 3 Vorträge über ausgewählte Fragen aus der Methodik des Mädchenfortbildungsschulunterrichts (Lebenskunde, Bürgerkunde usw.): Fräulein Sander, Fräulein Prinzhorn, Fräulein Pütter, Lehrerinnen.
10. 2 Stunden Einführung in die Unterrichtspraxis der Schneiderinnenklassen: Fräulein Birckner und Fräulein Rentsch, Lehrerinnen.
11. 2 Stunden Einführung in die Unterrichtspraxis der Klassen für gewerbliche Arbeiterinnen: Fräulein Sander, Lehrerin.
12. 2 Stunden Einführung in die Unterrichtspraxis der Klassen für Verkäuferinnen: Fräulein Hörstel, Lehrerin.
13. 2 Stunden Einführung in die Unterrichtspraxis der Dienstbotenklassen: Fräulein Focke, Lehrerin.
14. 2 Stunden Einführung in den Nadelarbeitsunterricht für hauswirtschaftliche Fortbildungsschulklassen: Fräulein Dümling, Nadelarbeitslehrerin.
15. 2 Vorträge über das Fachzeichnen in der Mädchenfortbildungsschule: Herr Zeichenlehrer Hasenohr.

(Die methodischen Vorträge schließen sich an ausgeführt vorliegende Lehrpläne an und werden durch Musterlektionen ergänzt.)

Für Nichtpädagogen finden nach Bedarf Vorträge zur Einführung in Psychologie, Erziehungs- und Unterrichtslehre, sowie Präparations- und Lehrübungen statt.

III. Praktische Uebungen.

1. 15 Stunden Uebungen in der Buchführung: Herr Dir. Kohl.
2. 10 Stunden Uebungen in der Kalkulation: Herr Fortbildungsschullehrer Steinert.
3. 10 Stunden Uebungen im Wechsel- und Scheckwesen: Herr Professor Dr. Adler, Studiendirektor der Handelshochschule zu Leipzig und Kgl. Sächs. Handelsschulinspektor.

IV. Exkursionen.

An zwei Nachmittagen jeder Woche werden in systematischer Reihenfolge gewerbliche Etablissements und öffentliche Einrichtungen besucht. In Aussicht genommen sind Führungen durch eine Papierfabrik, ein bibliographisches Institut, ein Steinkohlen- und ein Braunkohlenbergwerk, eine Brikettfabrik, eine Gasanstalt, eine Eisengießerei, eine Maschinenfabrik, eine Instrumentenfabrik, eine Spinnerei und Weberei, eine Lampenfabrik, eine Gerberei, eine Schokoladenfabrik, eine Bierbrauerei, eine Seifenfabrik, eine Stahlfederfabrik, eine Ueberlandzentrale, die Militärwerkstätten, eine Lehrmittelhandlung, eine Sanitätswache, ein Säuglingsheim und eine Krippe, den Kindergarten der Frauenhochschule, die Handelsbörse, das Reichsgericht, das Krematorium, die Comeniusbibliothek und die Städtischen Museen.

V. Besuche in den Fortbildungsschulen und Fachschulen

der Stadt Leipzig, um den Betrieb des Unterrichts kennen zu lernen.

VI. Diskussionsabende,

an denen in freier Aussprache über wichtige Fragen des Fortbildungsschulwesens debattiert werden soll.

Anmeldungen zur Teilnahme sind bis zum 27. Mai 1914 an den Leiter, Direktor Heymann in Leipzig, Brandvorwerkstraße 38, zu richten. Die Eröffnung der Kurse erfolgt Dienstag, den 2. Juni, vormittags 11 Uhr, im Städtischen Kaufhause.

Als Honorar hat jeder Teilnehmer bei Beginn der Kurse 60 M zu entrichten. Einigen Teilnehmern kann dieses Honorar ganz oder teilweise erlassen werden. Wohnungen werden auf Wunsch durch das Kuratorium besorgt.

Sonderkurse für Techniker, bei denen auf deren Vorbildung Rücksicht genommen ist, bestehen noch nicht. Wir empfehlen unseren Mitgliedern, sofern sie gewillt sind, sich der Lehrtätigkeit an Fach- und Fortbildungsschulen zuzuwenden, ihre Anmeldung bei der vorstehend angegebenen Adresse umgehend zu bewirken und der Hauptgeschäftsstelle des D. T.-V., Berlin SW. 48, Wilhelmstr. 130, gleichzeitig Mitteilung zu machen.

DEUTSCHE TECHNIKER-ZEITUNG
TECHNISCHE RUNDSCHAU

XXXI. Jahrg. **11. April 1914** **Heft 15**

Kleinarbeiten bei der Aufstellung von Entwürfen von Bebauungs- und Städteerweiterungsplänen

Von A. LOHMANN, Elberfeld.

Das preußische Gesetz für die Anlegung und Veränderung von Straßen und Plätzen in Städten und ländlichen Ortschaften vom 2. Juli 1875 gibt die Richtlinien an, die bei der Aufstellung von Fluchtlinienplänen zu beachten sind. Es heißt im § 3 dieses Gesetzes:

„Bei der Festsetzung von Fluchtlinien ist auf Förderung des Verkehrs, der Feuersicherheit und öffentlichen Gesundheit Bedacht zu nehmen und darauf zu halten, daß eine Verunstaltung der Straßen und Plätze nicht eintritt. Es ist deshalb für die Herstellung einer geeigneten Breite der Straßen und einer guten Verbindung der neuen Bauanlagen mit den bereits bestehenden Sorge zu tragen."

Ferner ist von Bedeutung für die Gestaltung von Bebauungsplänen der Absatz 4 des § 1 des Fluchtliniengesetzes, es heißt hier:

„Die Straßenfluchtlinien bilden regelmäßig zugleich die Baufluchtlinie, d. h. die Grenze, über welche hinaus die Bebauung ausgeschlossen ist. Aus besonderen Gründen kann aber eine von der Straßenfluchtlinie verschiedene, jedoch in der Regel höchstens 3 m von dieser zurückweichenden Fluchtlinie festgesetzt werden."

Die Vorschriften für die Aufstellung von Fluchtlinien- und Bebauungsplänen vom 28. Mai 1876 geben noch weitere technische Hinweise. In § 7 dieser Vorschriften heißt es:

„Die Aufstellung der Projekte bedingt eine sorgfältige Erwägung der gegenwärtig vorhandenen, sowie des in der näheren Zukunft voraussichtlich eintretenden Bedürfnisses unter besonderer Berücksichtigung der in dem § 3 d. G. v. 2. Juli 1875 hervorgehobenen Gesichtspunkte.

Im Interesse der öffentlichen Gesundheit und Feuersicherheit ist auf eine zweckmäßige Verteilung der öffentlichen Plätze, sowie der Brunnen Bedacht zu nehmen.

Betreffs der Straßenbreiten empfiehlt es sich, bei neuen Straßenanlagen die Grenzen, über welche hinaus die Bebauung ausgeschlossen ist,

a) bei Straßen, welche als Hauptadern des Verkehrs die Entwickelung eines lebhaften und durchgehenden Verkehrs erwarten lassen, nicht unter 30 m,

b) bei Nebenstraßen von beträchtlicher Länge nicht unter 20 m,

c) bei allen anderen Straßen nicht unter 12 m anzunehmen.

Bei den unter a und b bezeichneten Straßen ist ein Längengefälle von nicht mehr als 1:50 bezw. 1:40, bei Rinnsteinen ein solches von nicht weniger als 1:200 nach Möglichkeit anzustreben."

Die genannten Paragraphen sind nun durchweg durch die Erfahrungen auf dem Gebiete des neuzeitlichen Städtebaues überholt worden. Eine Umgestaltung des alten Fluchtliniengesetzes wird bald erfolgen. Ministerialerlasse, die die Forderungen des Kleinbauwesens, des Denkmal- und Heimatschutzes sowie der Aesthetik betreffen, suchen die Lücken, die das Gesetz noch läßt, auszufüllen. Durch Veranstaltung von Städtebau-, Städte-, Heimat- und Denkmalschutzausstellungen usw. ist versucht worden, weite Kreise mit den neuen Erfahrungen und Forderungen auf den städtebaulichen Gebieten bekannt zu machen.

Ein wie großer Unterschied zwischen einem jetzt zu erlassenden Gesetz und dem alten Fluchtliniengesetz von 1875 sein wird, lehrt schon ein Vergleich mit den neueren Gesetzen der anderen Staaten des deutschen Reiches, z. B. mit dem im Jahre 1900 erlassenen allgemeinen Baugesetz für das Königreich Sachsen. Hat hier auch zweifellos das preußische Fluchtliniengesetz als Vorbild gedient, so geht doch das sächsische Gesetz viel eingehender auf die Ausgestaltung des Planes ein. In § 18 heißt es z. B.:

„a) Die Anlage der Baublöcke sowie der Straßen- und Baufluchtlinien hat sich dem Gelände anzupassen und im übrigen so zu erfolgen, daß eine ausreichende Besonnung der Wohnräume sichergestellt wird;

b) die Größenverhältnisse der einzelnen Baublöcke sind so zu bemessen, daß sie eine zweckmäßige bauliche Ausnutzung des Grund und Bodens ermöglichen;

c) die Breite der Straßen und Fußwege richtet sich nach den Bedürfnissen des örtlichen Verkehrs und ist je nach der Eigenschaft der Straßen als Haupt- oder Neben- oder bloßen Wohnstraßen zweckmäßig abzustufen. Bei Straßen mit offener Bauweise ohne eigentlichen Durchgangsverkehr kann die Verkehrsbreite bis zu 8 m herab beschränkt werden. Wo später eintretender Durchgangsverkehr und deshalb eine Straßenverbreiterung zu erwarten ist, sind auf beiden Seiten Vorgärten von entsprechender Tiefe anzulegen. Privatstraßen, welche für mehrere Grundstücke als Einfahrten zum Hinterlande dienen, dürfen nicht unter 6 m Breite erhalten. Straßen mit offener Bauweise und mäßigem Durchgangsverkehr sowie alle Straßen mit geschlossener Bauweise sind mindestens 12 m, Straßen mit starkem Geschäfts- oder Durchgangsverkehr mindestens 17 m breit anzulegen;

d) Steigungen in Straßen sind möglichst gleichmäßig zu verteilen, große Steigungen, Einschnitte und Straßenerhöhungen, sowie geradlinige Straßenfluchten in übermäßig langer Ausdehnung tunlichst zu vermeiden;

e) bei Feststellung der Straßenrichtungen ist auf kurze und zweckmäßige Verbindungen der Straßen unter sich und mit den Hauptpunkten des Verkehrs Bedacht zu nehmen;

f) freie Plätze und öffentliche Pflanzungen sind der Größe, Lage und Anzahl nach so anzulegen, daß sie sowohl den verkehrs- als auch den wohlfahrtspolizeilichen Bedürfnissen entsprechen. Plätze für Kirchen- und Schulbauten sowie öffentliche Spiel- und Erholungsplätze sind in ausreichender Zahl vorzusehen;

g) bei den Bestimmungen über die Bauweise und die Zulassung von Fabriken und gewerblichen Anlagen sind der bisherige Charakter des Ortes oder Ortsteiles sowie das vorhandene Bedürfnis zu berücksichtigen. Jedenfalls ist aber darauf Bedacht zu nehmen, daß geschlossene Bauweise, soweit solche ortsgesetzlich nicht ausgeschlossen wird, in ausreichendem Umfange von Straßen mit offener Bauweise unterbrochen wird und in den Außenbezirken eine zweckmäßige Beschränkung der Bau- und Wohndichtigkeit eintritt;

h) Vorgärten sind, wenn sie nicht lediglich zur Sicherstellung einer späteren Straßenverbreiterung dienen sollen, in einer Tiefe von mindestens 4,5 m anzulegen."

Wir sehen also in diesem Gesetze, obschon es seit 1900 gilt, die Berücksichtigung vieler Forderungen, die das preußische Gesetz nicht kennt.

Welche Arbeiten sind nun bei der Aufstellung von Bebauungsplänen usw. zu leisten?

Zuerst seien die Hauptarbeiten gestreift. Der Bearbeitung eines Bebauungsplanes hat eine genaue Aufnahme des Geländes und seiner Höhenverhältnisse voraufzugehen. Die Planunterlage muß u. a. zeigen historisch-merkwürdige und künstlerische, erhaltenswerte Gebäude, Naturdenkmäler, als erhaltenswerte Bäume, Baumgruppen, Felsbildungen u. dergl. Nachdem dieses geschehen, muß Klarheit darüber geschaffen werden, welche Art der Bebauung in dem betr. Stadtteil vorgesehen werden soll, ob Wohn-,

Fabrik-, Landhaus- oder Villenviertel angeordnet werden und an welchen Stellen, oder ob es sich um eine Gartenvorstadt handeln soll. Eine jede Bauart muß dem Plane ein besonderes Gepräge geben und ist von Einfluß auf die Einführung der Straße, ihre Breitenbemessung und Ausgestaltung. Ist diese Frage gelöst, so kann man an die Aufstellung eines generellen Straßennetzes denken. In diesem sind die Hauptverkehrsstraßenzüge zu projektieren, die Platz- und Grünanlagen anzuordnen und die Wohn- und Nebenstraßen zu planen, entsprechend der gewählten Bebauungsart, damit gut geschnittene, für den jeweiligen Bauzweck passende Baustellen entstehen. Besonders günstig gelegene Grundstücke sind für die Bebauung mit öffentlichen Gebäuden vorzusehen und hierbei ist besonders darauf zu achten, daß diese Gebäude das Straßenbild und die Platzwand beleben und bemerkenswerte Punkte im Stadtbild bilden.

Dieses sind nun die Haupt- und wichtigsten Arbeiten. Ist dieses alles geschehen und ist der Plan gebilligt worden, so kann die Kleinarbeit, der dieser Aufsatz gelten soll, beginnen. Diese Arbeiten sind außerordentlich umfangreich, falls sie mit Sorgfalt ausgeführt werden. Beginnen wir mit der Planung der Straßen. Hierbei ist größte Zweckmäßigkeit und Wirtschaftlichkeit anzustreben. Die Planung von Bebauungsplänen und Straßen durch nicht Sachkundige verschlingt unnötigerweise ungeheure Summen. Die Straßen sind in erster Linie genau dem Gelände anzupassen und es ist dafür Sorge zu tragen, daß den Nivellements große Aufmerksamkeit gewidmet wird, daß Straßen von Bedeutung Steigungsverhältnisse und Breitenbemessungen erhalten, die ihrer Bedeutung entsprechen, daß Unschönheiten, z. B. Buckel in gerader Linie und scharfe Gefällsbrüche, vermieden werden und daß aber auch hinreichend Gefälle vorhanden ist, um die Straßen, namentlich gilt dies von ebenen Städten, zu entwässern.

Es kann vorkommen, daß mehrere Projekte über ein Gelände aufgestellt werden, Projekte, die alle ihre Vorzüge haben. Oft ist dann das Projekt ausfindig zu machen, welches den geringsten Geländeverlust erfordert und dessen Straßenanlagen usw. am billigsten herzustellen sind.

Die Führung der Straßen ist oft abhängig von der Himmelsrichtung. Die Gebäude sollen eine Lage erhalten, durch die eine Besonnung der Wohnräume gewährleistet wird.

Die Profilierung der Straßen ist eine sehr wichtige Arbeit, die hier nur erwähnt sein mag.

Die Forderungen der Aesthetik sind bei den Straßenplanungen zu berücksichtigen. Hierzu gehört die möglichst verschiedenartige Behandlung der Straßenkreuzungen, die Anordnung von wirkungsvollen Plätzen, Straßenerweiterungen, welche Raum bieten für Straßenschmuck mancherlei Art, sowie die Planung von reichen Grünanlagen, möglichst unter Einbeziehung von Wiesentälern, Waldungen und schöne Baumgruppen in diese Flächen.

Besonderer Sorgfalt bedarf die Ausgestaltung der Kreuzungen der Bergstraßen in stark bewegtem Gelände, um nicht u. U. Straßenanlagen zu erhalten, die technisch überhaupt nicht durchführbar sind.

Zu diesen Arbeiten gehört auch ferner die Anordnung der Vorgärten. Vorgärten haben die Straßen zu erhalten, die voraussichtlich in Zukunft der Verbreiterung bedürfen. Es entspricht der Wirtschaftlichkeit, Straßen, die in Zukunft voraussichtlich größerer Breite bedürfen, die aber zur Zeit der Herstellung noch nicht erforderlich ist, zunächst in geringerer Breite auszuführen und der Zukunft zu überlassen, die Vorgärten zur Straße zuzuziehen. Vorgärten sind auch da am Platz, wo die Baumpflanzung vorhandener Alleen erhalten bleiben soll, und dort, wo Abtrags- oder Auftragsböschungen dies fordern. Vorgärten können den Anbau in steilem Gelände sehr erleichtern und verbilligen.

Abb. 1.

Geländeerhebungen und Bergkuppen bieten dem Planverfasser oft Gelegenheit, gute Ideen zu verwirklichen und interessante Plätze, Terrassen und Aussichtspunkte zu schaffen. Oft kann durch ganz geringe Mittel und kleine Opfer an Gelände einem Straßenzug oder einem Viertel eine besondere Note gegeben werden. An solchen Einzelheiten sind ja unsere alten deutschen Städte, namentlich in Süddeutschland besonders reich, durch sie sind diese Orte in hohem Maße bemerkenswert.

Es ist schon erwähnt worden, daß die Führung der Straßen nicht nur abhängig ist von der Gestaltung des Geländes, oder von dem Verkehrsbedürfnis, eine große Bedeutung hierfür hat die Art der Bebauung, welche an den fraglichen Straßen Platz greifen soll — die Führung der Straßen ist abhängig von der Tiefe der Baublocks und von dem Abstand, den die Straßen voneinander haben sollen. Zu diesem Zwecke ist es zu empfehlen, eine Parzellierung der durch die Anordnung von Strecken und Freiflächen entstandenen Baublocks in den Plan einzutragen, nebst einer gedachten Bebauung. Wenn auch in den seltensten Fällen bekannt ist, wie ein Baublock parzelliert, aufgeteilt und bebaut werden soll, so empfiehlt es sich doch, bei der Aufstellung des Projektes sich ein Bild davon zu machen, wie die Baublöcke praktisch einzuteilen, zu parzellieren sind und zu bebauen sein werden. Es können durch diese Arbeiten wertvolle Anregungen gegeben und durch die Unterstützung der Bauberatungsstellen und der Baupolizei gelingt es in vielen Fällen, daß die Anregungen von Privaten beachtet und verwirklicht werden.

Im folgenden soll nun an Beispielen die Bedeutung dargelegt werden, die eine zweckmäßige Parzellierung der

Abb. 2.

Grundstücke und Anordnung der Häuser zur Straße für den Bebauungsplan hat. Gerade diese Arbeit ermöglicht es, schöne Straßenbilder und Gesichtsziele vorzusehen und jeder Straße ihren besonderen Reiz zu geben.

Aber nicht nur ästhetische Bedeutung kommt einer solchen Planung zu, auch in wirtschaftlicher und gesundheitlicher Beziehung ist die Prüfung der Bebauungsfähigkeit notwendig. Dies gilt besonders bei der Planung von Kleinbauvierteln, Arbeitervierteln und den Wohnvierteln für die minderbegüterten Bürger.

Die größten Mißstände hinsichtlich der Parzellierung und Bebauung zeigen unsere Großstädte im Stadtinnern. Abbildung 1 zeigt den Ausschnitt eines Stadtplanes einer Großstadt über ein etwa 1850 bis 1870 entstandenes Stadtviertel, unfern der Stadtmitte. Infolge des hohen Bodenwertes herrscht hier intensiveste Ausnutzung des Grund und Bodens vor. Meistens ist hier nur der nach der Bauordnung vorgeschriebene Hofraum — in der Innenstadt $^1/_8$ bis $^1/_4$ der Gesamtfläche — vorhanden. Der Ausblick aus den Wohnungen zur Straße, oder in die Höfe ist gleich schäbig. Man schaut in kahle Höfe und auf starre, jeder Abwechselung baren Hausmauern, kaum ein grünes Fleckchen ist vorhanden, „in den öden Fensterhöhlen wohnt das Grauen“.

Gut, daß durch die langsam, aber stetig fortschreitende Eroberung der Innenstädte durch die Geschäfts- und Industriewelt immer mehr Wohnungen aufgesogen und die Bevölkerung mehr nach den reinen Wohnvierteln, den Außenvierteln gedrängt wird. Es vollzieht sich so, in den Großstädten wenigstens, nach und nach eine Sanierung des Stadtinnern.

Abb. 2 zeigt das Gegenteil der in Abb. 1 dargestellten Parzellierung und Bebauung. Es soll hier ein vornehmes Wohn- und Landhausviertel gezeigt werden. Die Parzellen haben die verschiedensten Ausmaße und es ist hier den Bauherrn und Baukünstlern Gelegenheit geboten, persönlich zu schaffen. Baukunst und Gartenbaukunst, Kunst und Natur können sich hier vereinen, um das Wandern und Wohnen in derartigen Stadtteilen zu einem Genuß zu machen.

Kehren wir aber wieder in die Altstadt zurück. Auf Abb. 1 sehen wir, daß von der außerordentlichen Ausnutzung der Fläche am meisten die Eckbauplätze betroffen werden. Dies ist auch natürlich, denn der Eckbauplatz ist in der Innenstadt der kostbarste. In der Regel sind die Laden- oder Wirtslokale an den Straßenecken die gesuchtesten.

Die Parzellierung der Altstadt kann, wie aus dem Geschilderten zur Genüge hervorgeht, für die neueren Stadtviertel, die Wohnviertel, nicht als Muster dienen. Hier liegen die Verhältnisse anders. Die Eckbauplätze sind hier durchaus nicht die wertvollsten. Das Eckhaus wirft als Miet- oder Eckhaus keine höheren Erträge ab, als jedes andere Haus. Es können daher andere Aufteilungen Platz greifen. Abb. 3 zeigt z. B. die Aufteilung eines Baublocks derart, daß nur die Langseiten des Blocks bebaut und die kurzen Seiten desselben unbebaut gedacht sind. Durch diese Anordnung wird eine tadellose Durchlüftung des Baublocks gewährleistet, woran es in der Innenstadt meistens fehlt.

Eine andere, engräumige Aufteilung stellt Abb. 4 dar. Hier ist die Ecke unbebaut gelassen. Es findet ebenfalls

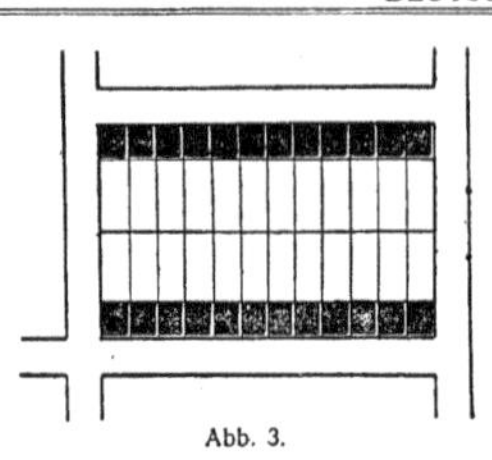

Abb. 3.

eine Durchlüftung des Blockes statt und es ist Gelegenheit geboten zur besonderen architektonischen Ausgestaltung der Ecke.

Zur wirkungsvollen Belebung des Straßenbildes kann es beitragen, wenn der Grundstückseigentümer sich zu einem geringen Opfer an Grund und Boden im Interesse der Allgemeinheit entschließen kann. In Abb. 5 ist z. B. dargestellt, wie unter Hinzuziehung eines Teiles des unbebaut gebliebenen Eckbauplatzes zum Straßenland Gelegenheit gegeben ist, die Kunst der Straße zur Geltung kommen zu lassen. Ein kleines Plätzchen bietet Raum zu einer Anpflanzung, zur Aufstellung einer schönen Bank, eines Zierbrunnens, eines Wetterhäuschens, einer Reklamesäule, Trink- oder Blumenhalle oder eines Denksteines u. dergl.

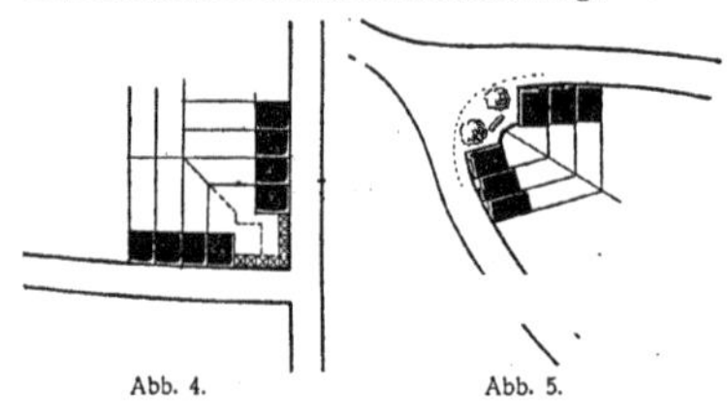

Abb. 4. Abb. 5.

Aus den wenigen Ecklösungen geht schon hervor, wie fruchtbar die in den Parzellierungsplänen niedergelegten Anregungen sein können. Die Ecklösungen lassen eine so mannigfaltige Ausgestaltung zu, daß die Straßenkreuze ganz verschiedenartig behandelt werden können.

Es ist außerordentlich lehrreich, unsere alten Städte daraufhin zu studieren, wie in ihnen in früheren Jahrhunderten die Parzellierungen vorgenommen worden sind. Die „Alten" waren Meister in der Behandlung ihrer Straßen und Plätze und ihre Art, die Häuser an die Straßen und Platzwandungen zu setzen, verdient auch heute noch beachtet zu werden. Es wurde in jenen Zeiten Wert darauf gelegt, von den Häusern aus auch auf die Gasse zu schauen, hier ist ein Haus vorgerückt, um von ihm aus der Gasse Flucht überschauen zu können, zugleich eine Straßenerweiterung bewirkend, die die Aufstellung eines kleinen plätschernden Brunnens ermöglicht. Vergl. Abb. 6. An anderer Stelle, dort wo die Straße eine Krümmung macht, und sie die Parzellen unter einem spitzen Winkel schneidet, ist die anscheinend ungünstige Situation dazu benutzt worden, ein heimisches Straßenbild durch Staffelung, d. h. sägeförmige Anordnung der Baufluchtlinie zu schaffen. An jedem Hause ist ein Auslug, ein Fenster, ein Tor, von dem aus man behaglich das Leben und Treiben auf der Straße beobachten kann. Aus der großen Anzahl von Beispielen, ein Haus vorteilhaft zur Straße anzuordnen, mögen die beiden genannten genügen.

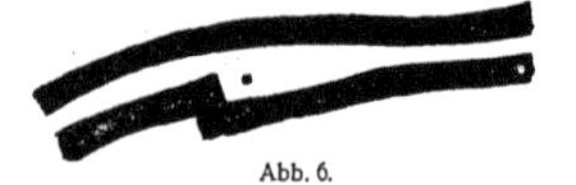

Abb. 6.

Es wäre nun verfehlt, die Beispiele aus alten Städten nachzuahmen und auf moderne Verhältnisse zu übertragen, jedoch ist es lehrreich, zu untersuchen, woher die starken Wirkungen kommen, und welchem man den Zauber verdankt, den die Gassen und Plätze unserer lieben alten Städte ausüben. Dem Einzelnen ist nun bei der Bearbeitung von Bebauungsplänen der weiteste Spielraum gelassen, ganz persönlich zu schaffen, aufbauend auf früher geschaffenes, aber anpassend auf die ganz veränderten Verhältnisse. Abb. 7 möge als Beispiel dienen. Sie stellt einen Teil einer ruhigen Wohnstraße dar. In der Mitte, an der Straßenerweiterung, möge ein starker Gefällsbruch im Gelände Veranlassung gegeben haben, die Straße zu versetzen. Von einer größeren Anzahl Häuser hat man einen freien Ausblick auf die Straße. An einer Studie (Abb. 8) sei die Durchführung einer größeren Aufgabe, nach der geschilderten Richtung hin, zum Schlusse gezeigt, ohne daß damit die Studie als vorbildlich gelten soll. Es sei die Aufgabe gestellt, auf der einer großen Stadt vorgelagerten Hochebene und deren Talwände eine Gartenvorstadt anzulegen. Die hierzu erforderlichen Gelände seien zu billigem Preise in die Hände einer Gesellschaft übergegangen. Die Hauptstraßenzüge dieser Studie, den Provinzialstraßen folgend, sind als breite Straßen mit Baumalleen gedacht. Aus dem Plan geht infolge der eingetragenen Parzellierung und Bebauung der Charakter der Straßenzüge als Hauptstraßen ohne weiteres hervor. Größere Gruppenbauten geben ihr die erwünschte Geschlossenheit und Abwechselung. Die Wohnstraßen geben Anlaß zur malerischen Anordnung der Gruppen- und Flügelgebäude. In dem vorliegenden Falle würden die Straßen an den Rändern der zu Anlagen ausgestalteten Talsenkungen ganz besonders zur liebevollen Behandlung der Landhäuser herausfordern. Im Osten der Gartenstadt ist eine Kleinbausiedelung gedacht, die durch die Parzellierung und durch die eingetragene Bebauung erkennbar ist. Eine Anzahl öffentlicher Gebäude, Kirchen, Schulen und eine Badeanstalt bieten weiterhin Gelegenheit zur wirkungsvollen Ausgestaltung von Architektur- und Wohnplätzen. Die reichen Grünflächen und die großen zusammenhängenden Flächen bildenden Hausgärten würden einer Gartenstadt ihren Namen mit Recht geben und Gesundheit ihrer Bevölkerung verleihen, die in Behaglichkeit und Zufriedenheit die in der Langweile und Oede der Großstadtzeilen verloren gegangene Heimatliebe zurückgewinnen lernen würden.

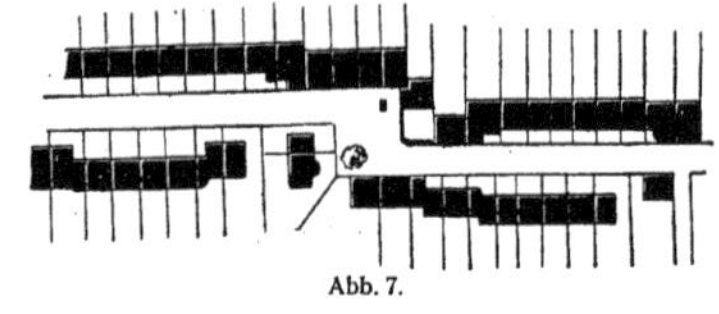

Abb. 7.

Zur Erlangung dieses Zieles vermag jeder ideal angelegte Techniker, der mit dem Entwerfen von Bebauungs-

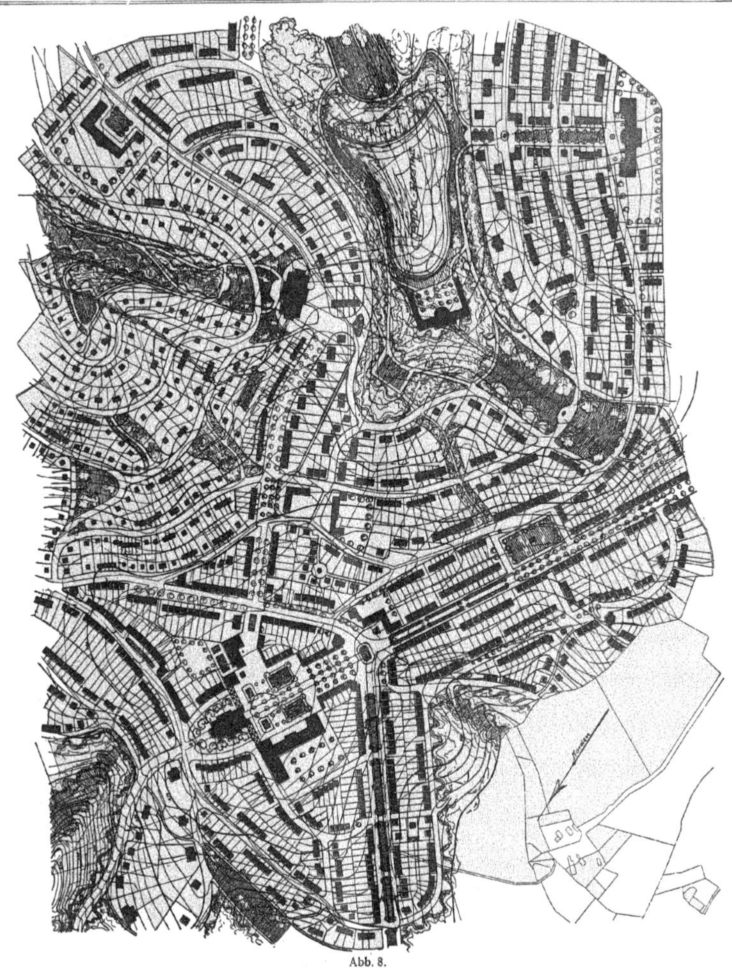

Abb. 8.

plänen beschäftigt ist, oder als Berater der Hausbauenden dient, an seinem Teile beizutragen. Sind die Schäden unserer Wohnungskultur allgemein bekannt und die Mittel zur Abhilfe Gemeingut geworden, so werden kleinliche und unzweckmäßige Städteplanungen und Wohnsiedelungen in das Raritätenkabinett technischer Werke vergangener Zeiten verwiesen werden.

BRIEFKASTEN

Nur Anfragen, denen 10 Pfg. Porto beiliegt und die von allgemeinem Interesse sind, werden aufgenommen. Dem Namen des Einsenders sind Wohnung und Mitgliednummer hinzuzufügen. Anfragen nach Bezugsquellen und Büchern werden unparteiisch und nur schriftlich erteilt. Eine Rücksendung der Manuskripte erfolgt nicht. Schlußtag für Einsendungen ist der vorletzte Mittwoch (mittags 12 Uhr) vor Erscheinen des Heftes, in dem die Frage erscheinen soll. Eine Verbindlichkeit für die Aufnahme, für Inhalt und Richtigkeit von Fragen und Antworten lehnt die Schriftleitung nachdrücklich ab. Die zur Erläuterung der Fragen notwendigen Druckstöcke zur Wiedergabe von Zeichnungen muß der Fragesteller vorher bezahlen.

Empfehlungen von Firmen, die weder Abonnenten noch Inserenten der D. T.-Z. sind, werden nicht aufgenommen.

Frage 98. Schlechter Schornsteinzug. In einem neuen Anbau an ein großes Herrschaftshaus sind zwei Schornsteine von 14×25 cm Querschnitt unmittelbar an die Außenwand des alten Gebäudes (jetzt Innenwand) eingebaut und bis über den First des Anbaues hochgeführt. Der First des alten Gebäudes liegt jedoch 4,00 m höher als der des Anbaues. Das Dach des alten Gebäudes ist ein von allen Seiten abgewandtes Mansardendach. Bei der Benutzung der beiden neuen Schornsteine stellt sich heraus, daß dieselben nicht genug ziehen. Die beiden Schornsteine höher zu führen, kann aus schönheitlichen Gründen nicht geschehen, da sonst das ganze Gebäude dadurch entstellt wird. Kann mir einer der Herren Kollegen angeben, wie diesem Uebelstande abzuhelfen ist? Es wurde mir schon empfohlen, die neuen Schornsteine mit den nächstliegenden Schornsteinen im alten Gebäude durch eiserne Rohre mit Astbestummantelung im Dachraum zu verbinden. Die Entfernung beträgt 8,00 m. Wie und wo hat sich dieses bewährt?

Frage 99. Welche Firmen stellen **Gärtnermatten-Webemaschinen** und **Schilfrohrschälmaschinen** her?

Frage 77. Wie werden gegossene **Bleisoldaten** bemalt?

Antwort II (I s. Heft 14). Die gegossenen Bleisoldaten werden mit Spirituslack bemalt. Der Lack ist in allen Farben in jeder Drogerie erhältlich. Nach dem Anstrich sind die bemalten Stücke am Ofen zu trocknen. Der Anstrich ist dauerhaft und gut aussehend. K. L., Mitgl.-Nr. 58 291.

Frage 78. Schriftstücke vervielfältigen. Kann mir ein Kollege ein Verfahren bekanntgeben, womit man Schriftstücke, Kommissions-, Bestellzettel und dergleichen auf fünf Exemplare vervielfältigen kann und zwar in kürzester Zeit ohne Umstände und große Apparate? Bei Durchschrift bekommt man nur höchstens zwei brauchbare, d. h. deutlich lesbare Kopien.

Antwort I. Der beste, mir bekannte Vervielfältigungsapparat ist der sogenannte Tipp-Topp-Apparat, welcher aus einem Zinkblechkasten besteht, der in einem Holzkasten eingebaut ist. Der Blechkasten ist mit einer kittartigen Masse, der Tipp-Topp-Masse gefüllt. Die Originale müssen mit besonderer Vervielfältigungstinte geschrieben werden; dann werden sie auf die Masse gelegt und glatt gestrichen, wodurch ein Negativ-Abzug entsteht. Von diesem kann man durch Auflegen und Glattstreichen der leeren Blätter 60 und mehr Abzüge herstellen, die äußerst scharf und vom Original kaum zu unterscheiden sind. — Ein Kasten 64 × 44 cm im Lichten kostet 60 M. Eine Ersatzfüllung, die bei starkem Gebrauch ca. 6 Wochen, bei schwächerem mehrere Monate ausreicht, kostet 21 M. Es wird wohl noch kleinere Apparate geben, die dann entsprechend billiger sind. Den Kasten kann man sich auch selbst herstellen. Wird das Negativ nicht mehr gebraucht, so wird es mit einem feuchten Schwamm abgewischt und die Masse kann gleich für andere Abzüge benutzt werden. — Etwas billiger, aber nicht so vorzüglich ist das Verfahren mit Hektographenmasse, die man in jeder größeren Schreibwarenhandlung, pro kg zu 1,80 M erhält. Die Masse wird geschmolzen und in Blechpfannen gegossen. Nach Erkalten und Erhärten der Masse kann man die Abzüge wie vorstehend herstellen. Die Originale werden mit Hektographentinte geschrieben. Die Negativschrift kann man jedoch nicht wegwischen; sie verschwindet aber nach zwei bis drei Tagen. Ist die Masse mehrmals gebraucht, so muß sie wieder geschmolzen werden. Für kleineren Bedarf genügt es, wenn man sich einige Hektographenblätter in einer Papierhandlung, das Stück zu 40 bis 60 Pf. kauft, von denen jedes auf zwei Seiten benutzt werden kann. Eine kräftig gebaute Schreibmaschine liefert auch fünf bis sechs Durchschläge, wenn Kohlenpapier zwischen die einzelnen Blätter gelegt wird. Die Bezugsquelle der „Tipp-Topp-Apparate" ist gegen Erstattung der Portokosten durch die Redaktion zu erfahren. Kansy.

II. Ohne jede Apparate dürfte Ihnen eine Vervielfältigung von fünf Kopien auf einmal wohl nicht gelingen, wenn es mit dem Durchschreibbuch nicht geht. Machen Sie doch die Durchschläge mit der Schreibmaschine, wo Sie mit einem guten System mehr als fünf Durchschläge machen können. Außerdem haben solche Schreibmaschinen-Durchschläge noch das besonders angenehme der absolut guten Lesbarkeit. Auskunft über eine billige, jedoch gute Schreibmaschine durch Vermittelung der Schriftleitung. Ich benutze eine solche Schreibmaschine zirka sechs Ja e, mache öfters viele Durchschläge und habe bisher noch keine Reparaturkosten gehabt, allerdings ist peinlichste Sauberhaltung usw. erforderlich. Die Maschine kostet komplett 120 M. Mitgl.-Nr. 16 823.

Frage 97. Kosten verschiedener Dächer. Eine Halle von 40×40 m Grundfläche soll überdacht werden. Der Betrieb gestattet das Aufstellen von Säulen nur in Entfernungen von etwa 10 m. Welches ist die vorteilhafteste Bedachung? Wie stellt sich der ungefähre Preis pro Quadratmeter Dachfläche ohne Eindeckung, jedoch geschalt (horizontal gemessen) bei 1. Stephansdach (Bogendach), 2. Sheddach, 3. gewöhnlichem Giebeldach?

Antwort. Für industrielle Bauten bleibt das Doppelpappdach auf Schalung auch in unserer Zeit noch das zweckmäßigste und vorteilhafteste. Es hat, wenn es trocken eingebracht wird, eine hohe Lebensdauer, erfordert wenig Pflege und gewährt auch im Innern mit Leimfarbe in hellen Tönen gestrichen keinen unschönen Anblick; die geringe zulässige Neigung (1:10 bis 1:20) macht es bei vorkommenden Reparaturen an den Oberlichten usw. leicht begehbar. Es ist billig und leicht, und wirkt infolgedessen auch günstig auf die erforderliche Tragkonstruktion ein; die Unterhaltungskosten sind geringe, da zu seiner Erhaltung ein einmaliges Teeren alle zwei bis drei Jahre genügt. — Zur Ermittelung der Herstellungskosten der einzelnen Dacharten sei in Anwendung auf den vorliegenden Fall bemerkt:

a) Das Stephansdach: Zweckmäßigerweise würde zur vollen Ausnützung des Materials und aller Konstruktionsvorteile nur eine Stütze in der Mitte angeordnet werden. Die Dachfront könnte dann entweder als Durchdringung zweier Tonnen mit vier Kehlbindern und angelegten Schiffbindern oder als eine durchgehende Tonne mit einem Hauptbinder und den erforderlichen Quer (Halb) hindern durchgebildet werden. In beiden Fällen ergibt sich ein vollkommen freier Hallenraum, der nur die eine Mittelstütze aufweist, eine Lösung, die im Interesse des Betriebes anzustreben wäre. Für den letzteren Fall sind die Kosten ermittelt; für den ersteren würden sie sich um ein Geringes höher stellen.

b) Das Sheddach: Aus den zu a genannten Gründen empfiehlt sich auch hier die Anordnung nur einer Säulenreihe in der Mitte. Die Stirnseiten der Sheddächer müssen dann als Binder ausgeführt werden, auf die sich die Shedbinder in Entfernungen von 5,0 m auflegen. Auch hier wird ein verhältnismäßig schöner, freier Hallenraum erzielt. Dem Sheddach haften jedoch verschiedene Mängel an, die seine Anwendung in neuerer Zeit immer mehr einschränken. Die sägeförmige Gestalt führt zu übermäßiger Ablagerung von Schnee, der dann bei eintretendem Tauwetter schmilzt und zu Durchnässungen Anlaß gibt, so daß sehr oft Wasser im Innern abtropft. Die zwischen den Dachrücken liegenden Rinnen sind nur sehr schwer und unter Aufwendung verhältnismäßig großer Kosten dicht herzustellen und dauernd dicht zu halten. Sie bedürfen einer dauernden gründlichen Beaufsichtigung und Pflege. Die natürliche Beleuchtung ist bei Sheddächern, die nach Norden geöffnet sind, nur dann eine gute, wenn die Hallen verhältnismäßig niedrig sind.

c) Das Satteldach, von Ihnen Giebeldach genannt, ist die jetzt am meisten für industrielle Bauten angewandte Dachform. Im vorliegenden Falle müßten vier parallele Schiffe angeordnet werden, zwischen denen dann Rinnen zur Abführung der Niederschläge liegen müssen. Besser aber würde man zwischen den einzelnen Satteln quer zur Längsrichtung der Hauptdächer flache Satteldächer anordnen, da auf diese Weise Schneelöcher und schwer dicht zu haltende Stellen vermieden würden. Etwa $^{1}/_{10}$ der gesamten Grundfläche nehme man für Oberlichte.

Hinsichtlich der Preise der einzelnen Dachformen lassen sich ohne Kenntnis der örtlichen Verhältnisse natürlich kaum treffende Mitteilungen machen. Da es Ihnen aber anscheinend nur auf einen Vergleich der Dacharten zueinander ankommt, dürften Ihnen vielleicht folgende Angaben genügen, die unter Zugrundelegung norddeutscher Verhältnisse nach jüngst ausgeführten Bauten ermittelt sind. Die Tonne Eisen fertig montiert und mit Bleimennige grundiert, ist hierbei mit 280,— M das Kubikmeter Holz in Kantholz und Schalung im Durchschnitt mit 70,— M in Ansatz gebracht. Darnach stellen sich die Preise für das im Grundriß gemessene Quadratmeter zu a) 5,65 M, zu b) 10,56 M dichte Fläche, 19,56 M Glasfläche einschl. Glas, zu c) 10,56 M ohne Oberlichte, 11,69 M mit Oberlichte einschließlich Glas. Dieser letzte Preis ist ein Einheitssatz für die ganze Grundfläche, bei dem die Kosten der Oberlichte anteilmäßig auf die ganze Fläche verrechnet wurden. Sß., 60 374.

DEUTSCHE TECHNIKER-ZEITUNG
HERAUSGEGEBEN VOM DEUTSCHEN TECHNIKER-VERBANDE
Schriftleitung:
Dr. Hoefle, Verbandsdirektor. · Erich Händeler, verantwortlicher Schriftleiter.
XXXI. Jahrg. 18. April 1914 Heft 16

Die Deutſche Techniker=Woche

Wir heiſchen in dieſen Tagen etwas Selbſtverſtändliches aber doch etwas Außergewöhnliches von unſeren Mitgliedern; Selbſtverſtändliches inſofern, als es – vom idealen Standpunkte aus geſehen – Pflicht eines jeden Mitgliedes iſt, alles, was in ſeinen Kräften ſteht, für die Ausbreitung des Verbandes zu tun; außergewöhnlich nennen wir unſere Aufforderung aber deshalb, weil es in der realen Wirklichkeit leider ſo iſt, daß nur ein kleiner Teil der Mitglieder werbend für den Verband arbeitet, während die große Maſſe glaubt, mit der Beitragszahlung allein ihren Verpflichtungen nachgekommen zu ſein. In der Deutſchen Techniker=Woche

vom 19. bis 26. April

ſoll es einmal für wenige Tage anders werden. Da muß jedes Mitglied aus ſeiner Zurückhaltung heraustreten und zu einem Mitſtreiter für den Verband werden.

Wir haben durch unſere Zweigverwaltungen und Verwaltungsabteilungen jedem Verbandskollegen einen Werbebrief mit der Bitte zuſtellen laſſen, ihn an alle ihm bekannten nichtorganiſierten Techniker zu verſenden. Wir hoffen, daß der größte Teil unſerer Mitglieder dieſer Bitte bereits nachgekommen iſt. An die Säumigen ergeht aber hiermit der Aufruf, dieſen kleinen Dienſt für den Verband noch in der kommenden Werbewoche nachzuholen.

Alle Mitglieder bitten wir aber, die ſchriftliche Werbung in dieſen Tagen noch durch die mündliche zu erſetzen und alle ihnen befreundete oder bekannte Kollegen durch einen perſönlichen Beſuch zum Eintritt in den Verband zu ermuntern. Werbematerial iſt in reicher Auswahl den Zweigverwaltungen und Abteilungen zur Verfügung geſtellt worden und durch den Vorſitzenden der örtlichen Organiſation zu erhalten. Neben dieſer Werbung ſind

über 50 Verſammlungen

in der kommenden Woche in ganz Deutſchland geplant, in denen verſchiedene Verbandsmitglieder und alle Beamte des Verbandes ſprechen werden. Wir erwarten von unſeren Mitgliedern, daß ſie dieſe Verſammlungen, die durch beſondere Einladungen bekannt gegeben ſind, beſtimmt beſuchen. Gilt es doch auch deſſen zu gedenken, daß das Jahr 1914 uns ein beſonderes Jubiläum bringt.

30 Jahre Deutſcher Techniker=Verband

ſoll das Thema lauten, über das in allen Verſammlungen geſprochen wird. Und ausklingen ſollen alle Ausführungen in die Mahnung:

Hört den Ruf der Dreißigtauſend!

Kollegen! Ein jeder einzelne von uns muß dafür ſorgen, daß unſere Deutſche Techniker-Woche wirklich den dreißigtauſendfachen Ruf erſchallen läßt. Es darf in dieſer Woche keine Lauen und Halben geben, die abſeits ſtehen. Die kommende Werbewoche ſoll beweiſen, daß die Werbekraft unſeres Verbandes jetzt ſtärker denn je iſt. Dieſe Tage ſollen zeigen, wie viel Idealismus für unſere Sache und wie viel Opfermut in den Kollegen ſteckt, die in unſerem Verband zuſammengeſchloſſen ſind.

Kollegen! Es ſoll mehr ſein als die alltägliche Werbearbeit, die in den Tagen vom 19. bis 26. April geleiſtet wird. Nicht mit der leider ſo oft zu findenden Reſignation wollen wir in die Werbearbeit hineingehen, uns nicht ſagen: „Bei dem und dem Kollegen zu werben, hat doch keinen Zweck, der und der Kollege wird wohl auch nicht zu gewinnen ſein.“ Nein! Nichts darf in dieſer Woche unverſucht gelaſſen werden.

Mit Hoffnung ſoll jeder von uns an die Werbearbeit gehen, mit der Ueberzeugung von der Richtigkeit unſerer Beſtrebungen, dann wird die Arbeit auch Erfolge haben. Hdl.

Solidarität

H. Kaufmann, Berlin.

Wir leben heute in einer Zeit schwerer wirtschaftlicher Not. Im Baugewerbe lähmt eine Krisis von bisher unbekannter Dauer und außerordentlichem Umfang den Unternehmungsgeist. In der Industrie mehren sich die Anzeichen des gleichen wirtschaftlichen Niederganges. Hundert und aber hundert von arbeitsfähigen und arbeitswilligen Berufsgenossen sind ohne Stellung. Es fehlt ihnen am nötigsten zum Leben. Tausend andere aber stehen in den Betrieben, seufzend unter der Last harter Dienstverträge, oder arbeiten ungeregelt in Bureaus zu völlig unzureichenden Gehältern. Sie sehen mit schwerer Sorge in die Zukunft. Die Existenzunsicherheit der Einzelnen wird immer größer, der Zwang, dauernd in diesen unwürdigen Verhältnissen zu leben, immer härter. Unaufhaltsam vollzieht sich die Entwicklung zum großkapitalistischen Industriestaat, der nur noch Herren kennt und Knechte. Der wirtschaftliche Gegensatz zwischen Arbeitgeber und Arbeitnehmer wird auch für den Angestellten immer schärfer. Das muß erkannt, und danach muß gehandelt werden.

Das kühne Wort „Der Starke ist am mächtigsten allein" hat keinen Kurswert mehr. Nicht Wissen und Können entscheiden heute über das Fortkommen des Einzelnen, sondern Konjunktur und andere Umstände, auf die er keinen Einfluß ausüben kann. Eine bis ins kleinste getriebene Arbeitsteilung nimmt der technischen Arbeitskraft Wert und Inhalt, macht den Angestellten entbehrlicher und leichter ersetzbar. Der schöpferisch schaffende Techniker, der stolze Erfinder ist Arbeitskraft geworden, die nur noch als solche, nicht aber als Persönlichkeit gewertet wird.

Damit sind hohe Kulturgüter verloren gegangen, die wir wieder erringen müssen. Der Einzelne ist dazu zu schwach. Aber in der Masse liegt die Kraft. Alle zusammen bedeuten wir eine Macht, die sich heute und in Zukunft durchsetzen wird, — wenn wir einig wären, wenn wir eines Sinnes sein könnten und einen gemeinsamen energischen Willen hätten, wenn keiner draußen bliebe, sondern alle, die den Ehrennamen Techniker tragen, sich aneinander anlehnen würden zum entschlossenen Handeln! Nur wenn die Kollegialität in unserem Berufe zur Solidarität wird, wenn einer für alle eintritt und alle für einen, werden wir die Stellung im Wirtschaftsleben erobern, die uns zukommt.

Solidarität ist das Zauberwort, das aus Schwachen Starke macht, und Organisation gibt dieser Kraft Form und Ziel. Solidarität übten die streikenden Aerzte im Kampfe mit den Krankenkassen, solidarisch sind die Schauspieler und Künstler, wenn es gilt, der Ausbeutung ihrer Kunst entgegenzutreten, solidarisch waren die Reichstagsjournalisten, als sie Beleidigungen zurückwiesen, solidarisch sind die Unternehmer, wenn sie mißliebige Angestellte aussperren oder der Regierung gegenüber den Unternehmerstandpunkt vertreten. Solidarisch sind auch die Arbeiter, die, gestützt auf das Zusammengehörigkeitsgefühl ihrer Klasse, heute eine Macht geworden sind. Solidarisch ist vor allem das internationale Großkapital, das sich immer enger und enger zusammenschließt in Syndikaten und Kartellen, das Ringe und Truste bildet, um den Konsumenten den Preis für Eisen und Kohle und andere unentbehrliche Produkte zu diktieren.

Auch die Arbeitskraft der Techniker ist unentbehrlich. Ohne technische Arbeit kein menschlicher Fortschritt, keine Industrie. Werden darum auch wir uns dieses Wertes bewußt. Lernen wir von unseren Gegnern und Nachbarn Solidarität üben in der Organisation. Beim Arbeitsvertrag handelt es sich um die Existenz. Deshalb ist unser Kampf ein ungleich höherer als der des Kapitals bei Verwertung seiner Produkte. Hier stehen lebende Menschen, dort tote Güter in Frage. Darum müssen wir stark sein. Wir werden es, wenn wir nur wollen! Solidarisch, einig sein, ist alles!

Falsche Rücksichten über Bord geworfen! Einig im Kampf um unsere gemeinsamen Interessen, gestützt auf die Treue und den Mut der Berufsgenossen und die Bedeutung unserer Arbeit für das Gemeinwohl: Alle, Privatangestellte und Beamte! Der ganze Technikerstand soll es sein!

Kampf erfordert Opfer. Tapfere, die fallen, müssen von der Gesamtheit gestützt werden. Dazu brauchen wir Mittel, die der Einzelne im Interesse des Ganzen freudig geben wird, denn es stehen große Dinge auf dem Spiel. Unser Koalitionsrecht ist bedroht. Die Mächtigen der Industrie sind am Werke, die Organisation der Arbeitnehmer zu zertrümmern, und Reichsbehörden scheuen sich nicht, unter Berufung auf die herrschende Arbeitslosigkeit die Gehälter der Techniker zu reduzieren. Auf den Schutz des Gesetzgebers ist dabei wenig Verlaß.

Nur Vertrauen auf die eigene Kraft kann helfen. Aber wir müssen noch widerstandsfähiger werden. Also machen wir uns stark. Unser alter Solidaritätsfonds, der uns half, den Marinetechnikern ihr Recht zu geben, muß neu gefüllt werden.

Wenn die junge Organisation der Bankbeamten in einem Jahre schon 50000 Mark für ihren Widerstandsfonds sammeln konnte, dann muß auch uns das gelingen. Der Techniker sei so opferwillig wie der Bankbeamte, der Arbeiter, der Arzt, wenn er den Platz an der Sonne wieder erringen will! Wir im D. T.-V. wollen die Zeit nutzen, damit wir kräftig sind, wenn wieder gute Jahre kommen. Wir wollen die Solidarität zur Tugend machen, die alle üben, die im Verband organisiert sind. Aber auch darüber hinausgreifen wollen wir, die Unorganisierten für unsere solidarische Arbeit gewinnen! Nichts darf zu schwer und kein Weg zu weit sein, um das Ziel zu erreichen! Deshalb auf zur Arbeit im Dienst der Organisation: „Nur der verdient sich Freiheit und das Leben, der täglich sie erobern muß."

*

Die für den Solidaritätsfonds gesammelten Gelder sind an die Hauptgeschäftstelle mit dem Bemerken „Konto S" zu senden.

Gewerkschaftliche Standesarbeit

Von ERICH HÄNDELER, Berlin.

Der Gedanke der gewerkschaftlichen Organisation ist erst spät in die Kreise der Angestellten eingedrungen, er ist für die Angestelltenbewegung sogar noch so neu, daß man tagtäglich auf die größten Mißverständnisse über diesen Begriff stößt. Der Sprachgebrauch verknüpft mit dem Wort „Gewerkschaft" noch fast stets die Bedeutung einer Arbeiterorganisation, und auch in den nationalökonomischen Handbüchern finden wir zumeist die Definition für „Gewerkschaft", daß es sich um eine bestimmte Form des Zusammenschlusses von Arbeitern handele. Erst die neuere volkswirtschaftliche und sozialwissenschaftliche Literatur hat der Umwandlung, die sich tatsächlich in der Organisationsform der Angestellten vollzogen hat, Rechnung getragen, und so zeigen denn auch die neuesten Auflagen der Konversationslexiken die Aenderung, daß eine Gewerkschaft als eine bestimmte Organisationsform von Arbeitnehmern bezeichnet wird.

Eine Gewerkschaft ist eine Vereinigung von Arbeitnehmern zur Erreichung besserer Lohn- und Arbeitsbedingungen. Alle anderen Begriffe, die man hier und dort mit dem Wort „Gewerkschaft" verbindet, sind erst sekundärer Natur; man denke nur an die ungeheuren Unterschiede zwischen der französischen und der englischen Gewerkschaftsbewegung, sowohl in der besonderen Organisationsform, als auch in den angewandten Mitteln. Allgemein geltend ist aber die oben wiedergegebene Begriffsbestimmung.

Die Gewerkschaft ist also zunächst eine Vereinigung von Arbeitnehmern. Insofern steht sie im Gegensatz zur paritätischen Organisationsform. Nach unserer Satzung nehmen wir in unseren Verband nur Angestellte auf; jeder, der selbständig wird, muß seine ordentliche Mitgliedschaft niederlegen. Die Gewerkschaft stellt sich ferner zur Aufgabe die Erreichung besserer Lohn- und Arbeitsbedingungen. Auch das ist die in unserer Satzung niedergelegte Hauptaufgabe des D. T.-V. Wir können uns darum mit Recht eine Gewerkschaft nennen.

Wenn wir das tun, so sagen wir damit aber nicht, daß wir alle Fehler, die die gewerkschaftliche Bewegung durchgemacht hat, auch begehen müssen, oder daß wir uns auf die Taktik, die sich für die Arbeitergewerkschaften bewährt hat, damit festlegen. Wir müssen uns stets dessen bewußt sein, daß wir eine gewerkschaftliche Organisation der Angestellten sind. Wir müssen von der eigenartigen Stellung ausgehen, die die Angestellten als Arbeitnehmer haben, und wir müssen mehr darauf sehen, daß die Mittel, die wir zur Erreichung unserer Ziele anwenden, der Kraft des Angestelltenstandes angepaßt sind.

Der grundlegende Unterschied zwischen der Taktik der Arbeiter- und der Angestelltengewerkschaften wird in erster Linie immer dadurch bedingt sein, daß der Angestellte nicht als Masse auftreten kann. In wenigen großen Betrieben mag es so sein. In der Regel wird aber jedem Zusammenwirken von Angestellten jene Wucht fehlen, die nur in der Massenbewegung zu finden ist. Damit, daß die Angestellten nie als Masse auftreten können, hängt auch teilweise ihre politische Einflußlosigkeit zusammen; sie sind unter Umständen das Zünglein an der Wage, aber nie ein Wählerstamm für eine Partei.

Zweitens wird die Taktik der Angestelltengewerkschaft aber noch durch die rechtliche Lage der Angestellten bestimmt. Die längere Kündigungsfrist zwingt sie dazu, andere Mittel und Wege zur Durchsetzung ihrer Ziele zu finden.

So ist es erklärlich, daß die Politik der Angestelltengewerkschaft das Schwergewicht auf die friedliche Verständigung mit den Arbeitgebern legt und den Verhandlungen um die Erfüllung ihrer Forderungen durch Beeinflussung der Oeffentlichkeit Nachdruck zu verschaffen sucht. Allerdings ist dieser Weg nur gangbar, wenn die Arbeitgeber zur Verständigung bereit sind. Eine Politik wie die des Zentralverbandes deutscher Industrieller oder des Herrn Tänzler mit seiner Vereinigung deutscher Arbeitgeberverbände nötigt uns, mit den gleichen Waffen zu kämpfen, wie sie die Arbeitgeber anzuwenden belieben. Aber auch hier haben wir einen starken Bundesgenossen an unserer Seite: die Oeffentlichkeit!

Es wird gesagt, in dem Begriff „Gewerkschaft" sei der Kampfcharakter einer Organisation festgelegt. Gewiß, einen Kampf führen wir; das Wort Kampf aber im übertragenen Sinne gemeint: Mensch sein, heißt Kämpfer sein! Aber es ist falsch, die Politik der Angestelltengewerkschaft nun gleich als eine Politik des Kampfes zu bezeichnen oder ihr gar unterzulegen, daß sie den „Klassenkampf" predige, wie es nicht nur gewisse Kreise der Arbeitgeber, sondern auch Gegner aus dem Angestelltenlager mitunter tun, um im Trüben fischen zu können. Wir vertreten die Interessen der in unserem Verbande vereinigten Kollegen, die Interessen unseres Technikerstandes, mit aller Tatkraft und Festigkeit. Einen wirklichen Kampf im ursprünglichen Sinne des Wortes wird es aber nur da geben, wo unerträgliche soziale Mißstände keinen anderen Ausweg übrig lassen, oder wo der Standpunkt des „Herr-im-Hause-seins" gewisser Arbeitgeberkreise uns diesen Kampf aufdrängt.

Für solche Kämpfe müssen wir uns allerdings rüsten. Der Weg zu ihrer Durchführung ist in unserer Satzung vorgezeichnet; die Mittel, um diesen Weg im äußersten Notfalle beschreiten zu können, müssen wir uns aber rechtzeitig sammeln. Wir dürfen nicht erst an die Anschaffung von Löschapparaten denken, wenn es brennt. Es gilt vorzusorgen!

In diesem Sinne ist auch für die Werbewoche der Aufruf zur Auffüllung des Solidaritätsfonds ergangen. Wir hoffen, daß unsere Verbandsmitglieder gern dem Rufe folgen werden.

Unsere sozialpolitische Arbeit

Von Dr. HÖFLE, Berlin.

Sozialpolitik ist nicht mehr modern. Von dem großen Zug, der sich bei Beginn der sozialen Aera bemerkbar machte, ist herzlich wenig mehr zu spüren. Die „Kompottschüssel" ist voll. Die Arbeitgeberverbände lassen es jeden Tag verkünden, daß auf dem Gebiete der Sozialreform Stillstand eintreten müsse. Man begründet das Verlangen mit der Vernichtung der Konkurrenzfähigkeit der deutschen Industrie gegenüber der Auslandsindustrie, die

Belastung mit Sozialpolitik nicht kenne. Das „Kartell der schaffenden Arbeit", an dem der Zentralverband deutscher Industrieller führenden Anteil hat, hat Leitsätze aufgestellt, die in der vorgetragenen allgemeinen Form unbedingt Mißtrauen in den Kreisen der Anhänger der Sozialpolitik erregen müssen. Die Wissenschaft, die Volkswirtschaftslehre, vollzieht zum Teil eine Schwenkung. Die ‚Kathedersozialisten", die als Vertreter der ethisch historischen Richtung in der Nationalökonomie nach mancher Richtung befruchtend auf die deutsche Sozialpolitik gewirkt haben, werden als überwunden angesehen. Es kommt die ‚neue Richtung" hoch, deren Hauptvertreter Prof. Bernhard in Berlin, in seinem Buch „Unerwünschte Folgen der Sozialpolitik" die Gefahren unserer sozialen Entwicklung von der „Rentenhysterie" und der Vernichtung des Verantwortlichkeitsgefühls verkündet hat. Auf der ganzen Linie macht sich eine gewisse soziale Müdigkeit bemerkbar. Im Reichstag stoßen sozialreformerische Wünsche auf Widerstände, die man früher nicht gekannt hat. Welche Klippen und Riffe haben z. B. die Wünsche der Beamten zurzeit im Reichstag zu überwinden. Wie wenig ist auf Regierungsseite Neigung vorhanden, den Gehaltswünschen der Beamtenschaft Rechnung zu tragen. Man hat auch auf Regierungsseite von einem „Stillstand" der Sozialpolitik gesprochen. Unter dem Schlagwort „Schutz der Arbeitswilligen" suchen die versteckten und offenen Angriffe auf das „Koalitionsrecht" Deckung.

Demgegenüber halten wir ein klares und offenes Bekenntnis zum „Sozialen Staate" für notwendig. So wertvoll die Erhaltung wirtschaftlich selbständiger Existenzen auch sein mag, die kapitalistische Entwicklung führt dazu, daß weitaus der größte Teil unseres Volkes, auf Grund eines Anstellungs- oder Arbeitsvertrags tätig, mit dauernder wirtschaftlicher Unselbständigkeit rechnen muß. Nur dem geringsten Teil der Techniker ist es mehr möglich, die Kluft zwischen Kapital und Arbeit zu überspringen. Auf der andern Seite ist die Notwendigkeit, Persönlichkeiten zu entwickeln und zur Entfaltung zu bringen, unverkennbar. Auch der Techniker, auch der Beamte hat, obwohl wirtschaftlich unselbständig, ein Recht auf Persönlichkeit. Die Geschichte zeigt, daß der moderne Kapitalismus freiwillig nach dieser Richtung keine Konzessionen macht. Der Staat kann der wirtschaftlichen Entwicklung gegenüber nicht Gewehr bei Fuß stehen. Die Theorie von der „freien Entfaltung der Persönlichkeit", von der uneingeschränkten Ausnützung der Freiheit, wie sie der wirtschaftliche Liberalismus geprägt, hat sich als eine Phrase erwiesen. Man hat sich schmählich getäuscht, als man annahm, bei der Möglichkeit der freien Entfaltung der Persönlichkeit werde die Rücksicht auf den Nebenmenschen soweit gehen, daß jeder nur das tut, was der Gesamtheit des Volkes am zweckdienlichsten ist. Man hat die Macht des Egoismus verkannt. Nicht die größtmögliche Produktivität im Wirtschaftsleben ist allein das Ziel, sondern höher steht das Ziel der Erhaltung der Volkskraft, der Förderung des allgemeinen Wohls und der Volksgesundheit. Es kann nicht das Ziel des Staates und unserer Volkswirtschaft sein, nur einem kleinen Häuflein Auserwählter die Segnungen des 20. Jahrhunderts zuteil werden zu lassen; das Endziel des sozialen Staates muß sein, sämtlichen Bevölkerungsschichten, auch den Technikern und Beamten, eine größtmögliche Anteilnahme an den Errungenschaften unserer Kultur und Nation zu sichern. Das kann nicht geschehen dadurch, daß der Staat den „Nachtwächterdienst" im Wirtschaftsleben ausübt, sondern nur durch energisches Eingreifen des Staates regulierend und regelnd in das Wirtschaftsleben; vor allem im Interesse der wirtschaftlich Schwächeren, zu denen Arbeiter, Angestellte und Beamte ohne Zweifel gehören, wenn auch neulich noch ein deutsches Amtsgericht in einem bestimmten Fall den Arbeitgeber als den wirtschaftlich Schwächeren und den Arbeitnehmer als den wirtschaftlich Stärkeren bezeichnet hat. Wir stehen gewiß auf dem Standpunkt, daß die Selbsthilfe für uns in erster Linie in Betracht kommt und haben stets darnach getrachtet, unsern Verband zu einer Selbsthilfeeinrichtung zu machen, wozu die Aufnahme der gewerkschaftlichen Standesarbeit nicht wenig beigetragen hat. Es darf aber nicht übersehen werden, daß es Fälle genug gibt, wo die Selbsthilfe zu schwach ist und dann die Staatshilfe, eben die Sozialpolitik als Ergänzung der Selbsthilfe, einzuspringen hat. Für den Beamten und den im Staats- und Gemeindedienst Tätigen hat die Staatshilfe besondere Bedeutung. Bei diesen Gruppen liegt das Verhältnis zwischen Staats- und Selbsthilfe umgekehrt als bei den andern Erwerbsständen, bei ihnen ist die Staatshilfe, der Gesetzgebungsakt, das primäre und die Selbsthilfe das sekundäre.

Entsprechend dieser Auffassung vom sozialen Staat haben wir es stets mit als unsere Hauptaufgabe angesehen, Regierung und politische Parteien, wie überhaupt die Wirtschaftspolitik, im Sinne der Interessen der Techniker, seien es nun Privatangestellte oder Angestellte von Staat und Gemeinde, zu beeinflussen. Es wäre sehr verkehrt, wenn wir den Gesetzeszweck, die wirtschaftspolitische Tätigkeit, die besonders stark bereits 1893/94 eingesetzt hat, vielleicht neben der gewerkschaftlichen Standesarbeit vernachlässigen wollten. Wirtschaftspolitische Tätigkeit ist etwas ganz anderes als parteipolitische Tätigkeit. Parteipolitisch ist unser Verband neutral, d. h. wir machen in unserem Verbande nicht die Geschäfte einer politischen Partei. Aber wir suchen auf die Politik der Parteien, auch auf die der Regierung, Einfluß zu gewinnen. Das geschieht durch Petitionen und Eingaben an die gesetzgebenden Faktoren, durch Kritik vorliegender Gesetzentwürfe, — ich erinnere an den Erfindertag, den wir kürzlich mit andern Organisationen zur Besprechung des vorliegenden Gesetzentwurfes zur Neuregelung des Erfinderrechts veranstaltet haben — durch Verhandlung mit Vertretern politischer Parteien oder der Regierung, durch die Mitgliedschaft zu sozialen Organisationen, wie Gesellschaft für soziale Reform, durch Veranstaltung von Tagungen, wie die am 26. April 1914 zur Propagierung der Vereinheitlichung des Angestelltenrechts. Der andere Weg ist der, unsere Mitglieder zu lebhafter Betätigung im Rahmen der politischen Parteien zu erziehen, indem sich jedes Mitglied der Partei anschließt, die seinem politischen Glaubensbekenntnis entspricht und dort die sozialen Wünsche des Verbandes vertritt. Die erste Arbeit ist eine überaus mühselige und beschwerliche. Mit allgemein gehaltenen Resolutionen macht man heute keinen Eindruck. Nur die Eingabe, die sachliches, nach jeder Richtung zuverlässiges Material bietet, die die Parteien so informiert, daß sie auch den „gerissensten Geheimrat" gegenüber Stand halten können, hat Aussicht auf Erfolg. Eine solche wirtschaftspolitische Tätigkeit kostet Geld, erfordert Beamte in der Organisation, aber sie ist auch wertvoll.

Wir haben gewiß durch unsere sozialpolitische Arbeit manchen Erfolg erzielt. So weit man heute von guten Rechtsverhältnissen der Techniker und Beamten reden kann, sind sie in der Hauptsache ein Ergebnis der Arbeit der Organisation. Die Pensionsversicherung der Angestellten bietet den besten Beweis. Wenn das Koalitionsrecht noch besteht, so verdanken wir das der energischen Verteidigung durch die bestehenden Organisationen. Welche Unsumme von Arbeit hat der Verband zur Verbesserung der Verhältnisse der Staats- und Gemeindetechniker geleistet. Wie notwendig die soziale Arbeit unserer Organisation gerade jetzt ist, ersehen wir aus unserem „Sozialen Programm“. Im Vordergrund steht der Schutz des Koalitionsrechts. Bei einem Rechtszustand, der so wenig die Parität wahrt, daß man den Angestellten wegen eines Zwanges eines anderen Angestellten, sich einer Organisation anzuschließen, unter scharfe Strafe stellt, den Arbeitgeber aber, der den Angestellten zwingt, sich keiner Organisation anzuschließen bezw. wieder aus der Organisation auszutreten, straffrei ausgehen läßt, wagt man einen erhöhten Schutz der Arbeitswilligen zu verlangen. Wenn die im Reichstag verlangte Denkschrift nicht nur den Terrorismus der Arbeitnehmer, der auch vorgekommen ist, zur Darstellung bringt, sondern auch den Terrorismus der Arbeitgeber, wird wohl manchen die Lust an der Denkschrift vergehen.

Die Angestellten von Staat und Gemeinde haben überhaupt kein Recht auf Organisation. Daß sie in der Praxis von der Organisation Gebrauch machen können, verdanken sie nur dem Druck der politischen Parteien auf die Verwaltungen. Daneben stehen unsere Wünsche hinsichtlich Konkurrenzklausel, Sonntagsruhe, Erfinderrecht, einheitliches Angestelltenrecht, Reform des Reichs-, des preußischen-, des Gemeindebeamtenrechts.

Soziale Arbeit genug! Notwendig ist aber auch ein einheitlicher Wille. Jemehr die deutschen Techniker sich ohne Rücksicht, ob sie Privattechniker oder Angestellte oder Beamte von Staat und Gemeinde sind, zu einer machtvollen Organisation im Deutschen Techniker-Verband zusammenschließen, mit desto mehr Recht kann der D. T.-V. von sich sagen, er sei der Repräsentant der Mehrheit der Techniker und der bei diesen herrschenden Anschauungen. Um so mehr ist der Erfolg unserer sozialen Arbeit garantiert.

Bildungsfragen

Von A. LENZ, Berlin.

Die gewaltige Umwertung und Umbildung, die unsere deutschen wirtschaftlichen Verhältnisse im allgemeinen und die technischen Berufsverhältnisse im besonderen erfahren haben, drängten unseren Verband zu immer stärkerer Betonung sozialer und gewerkschaftlicher Standesarbeit. Wenn dessen ungeachtet die Bestrebungen, die zur Zeit seiner Gründung und auch eine Reihe von Jahren nachher in überragendem Maße die Verbandsbetätigung bildeten, die Bestrebungen auf dem Gebiete des beruflichen Bildungswesens, auch heute noch sich einer besonderen Pflege erfreuen, so geschieht das aus der Erwägung heraus, daß jederzeit das berufliche Können die erste und unerläßliche Bedingung des Fortkommens sein wird. Wir sind uns als Berufsorganisation dessen bewußt, daß, wenn wir auf der einen Seite Lohn- und Arbeitsbedingungen für die technischen Angestellten fordern, die der wirtschaftlichen Bedeutung und sozialen Stellung des Standes entsprechen, wir auf der andern Seite auch mit zu verantworten haben, daß die berufliche Ausbildung des deutschen Technikers mit den Anforderungen Schritt hält, die in immer höherem Maße die industrielle und gewerbliche Entwickelung an den deutschen Techniker stellen.

Ausgehend von dem Grundsatz, daß nur ein auf den Stand der gewerblichen Technik jederzeit Rücksicht nehmendes technisches Schulwesen dem Techniker das für sein berufliches Vorwärtskommen notwendige Rüstzeug geben kann, haben wir fast von Anbeginn des Verbandes an der Frage der Organisation der technischen Mittelschulen unsere größte Aufmerksamkeit geschenkt. Denn nicht nur von der Industrie soll die Schule erfahren, was jene wünscht und was ihr nottut, auch von ihren früheren Schülern kann sie nützliche Anregungen darüber erhalten, welche Ergänzungen der Ausbildung ihnen auf Grund ihrer Erfahrungen in der Praxis ihnen wünschenswert erscheint oder was von ihnen als unnötiger Ballast später beiseite gelegt worden ist.

Mancher Erfolg ist uns auf diesem Gebiet schon beschieden gewesen. Bei der im Jahre 1908 durchgeführten Reform der preußischen Baugewerkschulen sind unsere von der Regierung als höchst wertvoll anerkannten Leitsätze und unsere grundsätzliche Forderung der Verstaatlichung oder wenigstens umfassenden staatlichen Kontrolle des technischen Schulwesens, in weitgehendem Maße berücksichtigt worden. Auch in Bayern und Sachsen hat die planmäßige und sachkundige Mitarbeit unserer dortigen Schulausschüsse Anerkennung gefunden, die nach außen durch die Berufung von Verbandsvertretern in die Zentralstellen für Handel und Industrie in die Erscheinung getreten ist. Schon mancher unzulängliche Gründungsplan ist durch unser energisches Dazwischentreten vereitelt und damit der Stand vor einer Zeugungsstätte beruflich minderwertiger, das Standesansehen und die wirtschaftliche Wertung des Technikers schädigender Elemente bewahrt worden. Auch an den Arbeiten des Deutschen Ausschusses für technisches Schulwesen, die Maschinenbauschulen zeitgemäß auszugestalten, hat der Verband stets lebhaften Anteil genommen, und die in der Schließung zweier Berliner Privatschulen bis jetzt zutage getretenen Erfolge seiner Bemühungen, auch hier gesunde Verhältnisse herbeizuführen, schreiben wir gern auf das Konto unserer Mitarbeit.

Auf dem technischen Arbeitsmarkt herrscht eine solche Ueberfüllung, daß es eben für die in der Berufspraxis Stehenden eine Lebensfrage geworden ist, den Zuzug, gleichviel, woher er komme, mit allen Kräften einzudämmen. Entgegengesteuert kann der Ueberfüllung aber auch dadurch werden, daß für den Techniker neue Betätigungsgebiete erschlossen werden. Leicht werden uns solche Bemühungen begreiflicherweise nicht gemacht, denn überall stoßen wir hierbei auf konkurrierende Bestrebungen anderer Berufsstände. Immerhin sind die Erfolge, die wir z. B. auf dem Gebiete der Wohnungspflege errungen haben, mit Freuden zu begrüßen. In rascher Folge mehrt sich die Zahl der Städte, welche die Wohnungsaufsicht einführen und bisher fast ausschließlich als Wohnungsaufsichtsbeamte Mittelschultechniker angestellt haben. Um diese uns günstige, sachlich ja auch wohlbegründete Tendenz tunlichst zu fördern, haben wir in einer Reihe von Städten Kurse zur Ausbildung von Wohnungsinspektoren veranstaltet, um für die entstehende Nachfrage stets ein entsprechendes Angebot ausreichend qualifizierter Bewerber aus unserem Mitgliederkreis zur Hand zu haben.

Ueberhaupt läßt der Verband es sich angelegen sein, durch berufliche Fortbildungskurse den Mitgliedern fachwissenschaftliche Anregung und Belehrung zu geben, und so ihre wirtschaftliche Konkurrenzfähigkeit zu kräftigen. Diesem Zweck entsprechen z. B. die Eisenbetonkurse, die der Verband in größerem Umfange bereits mehrere Male veranstaltet hat, und in denen bisher etwa 2500 seit Jahren in der Praxis stehenden Berufskollegen billige Gelegenheit gegeben wurde, die Lücken ihrer schulmäßigen Ausbildung auf diesem Spezialgebiete auszufüllen.

Ein besonders aussichtsvolles Berufsfeld eröffnet sich dem Techniker im Fortbildungsschuldienst. Unsere Bestrebungen auf diesem Gebiete sind aber nicht allein von dem Wunsche geleitet, dem Techniker einen neuen Beruf zu erschließen, sondern wir arbeiten an der Ausgestaltung der Fortbildungsschule mit, weil wir bei ihrer unaufhaltsamen Entwickelung zur Berufsschule an erster Stelle im Techniker den berufenen Erzieher der gewerblichen Jugend erblicken, um Industrie und Gewerbe das Menschenmaterial zu geben, das allein Gewähr für einen erfolgreichen Wettbewerb deutscher Arbeit auf dem Weltmarkte bietet. Wenn wir uns vergegenwärtigen, daß es bei unserem 25jährigen Verbandsjubiläum freudig begrüßt wurde, daß zu den sechswöchentlichen pädagogischen Ausbildungskursen auch Techniker zugelassen werden sollten, und dagegenhalten, daß den ersten Kursus am Königlichen Seminar in Charlottenburg 33 Praktiker gegenüber 27 Berufslehrern mit Erfolg bestanden haben, und ferner, daß die sächsische Regierung eine Anzahl von Technikern im vergangenen Jahr zu hauptamtlichen Lehrern berufen hat, dann dürfen wir mit Genugtuung auf das bis jetzt durch die intensive Arbeit des Verbandes Erreichte zurückblicken. Auch in Zukunft werden wir dieser Bildungsfrage unsere ganz besondere Aufmerksamkeit zuwenden.

Solche Erfolge stützen sich naturgemäß auf den hohen Stand unseres technischen Mittelschulunterrichts, durch den der ordnungsgemäß ausgebildete Techniker auch hochgespannten Ansprüchen gegenüber nicht versagen wird. Diese vorzügliche Berufsbildung berechtigt uns aber auch, mit besonderem Nachdruck eine alte Forderung des Verbandes, den Absolventen der technischen Mittelschulen, soweit sie nicht für die Aufnahme bereits den Nachweis der Berechtigung zum Einjährig-Freiwilligendienst vorschreiben, den Erwerb dieser Berechtigung zu ermöglichen. Bei der Beratung der Wehrvorlage im Reichstag bot sich hierzu eine günstige Gelegenheit. Die Zulassung zu dem erleichterten Einjährigen-Examen auf Grund des sogenannten Künstlerparagraphen hat ja durch die Erlasse des Preußischen Kriegsministers und des Handelsministers bereits eine Aenderung dahin erfahren, daß künftig auch die Absolventen der technischen Mittelschulen auf Grund hervorragender Leistungen in der Schule berücksichtigt werden sollen. Diese Lösung ist aber deswegen nicht befriedigend, weil die Beurteilung der Gesuche den zuständigen Korpskommandos anheimgestellt bleibt, und dabei eine sehr verschiedenartige Behandlung in den einzelnen Bezirken zutage tritt. Unsere Forderung geht weiter und zwar dahin, die berufliche Ausbildung an einer staatlichen oder staatlich anerkannten technischen Mittelschule hinsichtlich der Qualifikation für den einjährigen Militärdienst mit derjenigen gleich zu stellen, die der Besucher einer höheren Lehranstalt bei der Sekundareife erlangt hat. Wir haben die erwähnte Gelegenheit durch eine Eingabe an die Kommission des Reichstages ausgenützt und erfreulicherweise den Erfolg gehabt, daß nach eingehender Aussprache auf der Grundlage unserer Eingabe eine Resolution gefaßt und diese später auch vom Plenum des Reichstages mit großer Mehrheit angenommen wurde. Wir werden die Frage mit allen Kräften weiter verfolgen und dürfen hoffen, in absehbarer Zeit in dieser für die soziale und gesellschaftliche Wertung des Technikers außerordentlich bedeutsamen Frage ebenfalls einen großen Schritt vorwärts zu kommen.

Weniger günstig verlaufen unsere Bemühungen um die Verleihung des Baumeistertitels an den Mittelschultechniker. Obwohl sich die Regelung dieser Frage, so wie sie in Sachsen erfolgt ist, durchaus bewährt hat, ist doch der Widerstand, der von den zuständigen Behörden der übrigen Bundesstaaten und aus akademischen Kreisen unseren Bestrebungen entgegengesetzt wird, so groß, daß zurzeit sehr zu befürchten steht, daß die endgültige Regelung durch den Bundesrat dem Mittelschultechniker nicht günstig sein wird. Wir werden natürlich unsere Stellungnahme, die wir in dieser Zeitschrift schon wiederholt und ausführlich begründet haben, bis zum Ende verteidigen in der Hoffnung, daß schließlich doch noch das wohlbegründete Recht des Mittelschultechnikers zum Siege kommen wird.

Eine andere Frage, die auch in ihrer wirtschaftlichen Wirkung immer mehr in den Vordergrund des Standesinteresses rückt, ist das Eindringen der Frau in den technischen Beruf. In einer kürzlich erschienenen und von der Vorsteherin des Frauenberufsamtes vom Bunde deutscher Frauenvereine, Frau Lewy-Rathenau, verfaßten Schrift wird uns in dem Kapitel über die weiblichen technischen Angestellten nach ihrer Tätigkeit eine Vielseitigkeit ihrer Verwendung und ihrer Arbeitsstätten gezeigt, daß sich bis jetzt wohl nur ganz wenige mit den Verhältnissen Vertraute eine richtige Vorstellung von der Bedeutung gemacht haben, den diese Erscheinung für unsere Standesinteressen bereits erlangt hat. Wir müssen daraus die Folgerung ziehen, daß es hohe Zeit ist, uns auch um die Ausbildungsverhältnisse der weiblichen technischen Angestellten zu kümmern.

Wir glauben in den vorstehenden Ausführungen den Beweis dafür erbracht zu haben, daß der Aufgabenkreis einer Berufsorganisation auf dem Gebiete der Bildungsfragen außerordentlich vielseitig und auch außerordentlich bedeutsam ist. Wie wir eingangs erwähnt haben, hat der Deutsche Techniker-Verband neben all den Aufgaben, die ihm aus sozialem und wirtschaftlichem Gebiete zu lösen obliegen, die Förderung der beruflichen Ausbildung seiner Mitglieder stets sich ganz besonders angelegen sein lassen. Er darf mit gutem Recht von sich behaupten, zu dem heutigen Stande des technischen Bildungswesens unter den Angestelltenorganisationen an hervorragendster Stelle gearbeitet zu haben. Die Erfolge, die er bisher errungen hat, dürften ihm in Zukunft in noch viel größerem Maße beschieden sein, wenn auch von den heute noch ausgehenden Berufskollegen seine Tätigkeit gewürdigt und durch den Anschluß an die Organisation unterstützt wird, so daß der Verband an maßgebender Stelle mit dem Schwergewicht seines Ansehens sich für die Wahrung unserer Bildungsinteressen einsetzen kann.

Der D. T.-V. und die Beamten!

Von K. Müller-Berlin.

Lange, fast zu lange, hat es gedauert, bis sich der Organisationsgedanke auch die Kreise der Privatangestellten und Beamten erobern konnte.

Hier war es die Tradition, die den Handlungsgehilfen mit dem selbständigen Kaufmann, den Techniker mit dem Bauherrn oder industriellen Unternehmer solidarisch verband, und so der Entwicklung des Organisationsgedankens erheblichen Widerstand entgegensetzte. Dort erblickte ein Beamtenstolz, der sich aus dem Patriarchalstaate mit seiner „von Gott eingesetzten Obrigkeit“ in unser modernes Staatsleben hinübergerettet hat, schon in der Aufforderung zur Organisation einen Angriff auf die Beamtenehre.

Endlich überwand in beiden Lagern die moderne Auffassung von dem Werte organisierter Selbsthilfe die veralteten traditionellen Empfindungen, und die Erkenntnis der Organisationsnotwendigkeit ergriff besonders in den letzten Jahrzehnten auch diese Erwerbskreise. Aber zwischen der Erkenntnis der Organisationsnotwendigkeit und dem Verständnis für eine richtige Organisationshandhabung liegt ein weiter Weg, den unsere Beamten und Angestellten bis heute noch nicht durchschritten haben. Wir spielen noch zu viel mit dem Organisationsgedanken und setzen an seine Stelle eine zweckwidrige Vereinsmeierei, die sich in Differenzierungen gefällt, wo allein die Geschlossenheit der Bewegung Voraussetzung zum Erfolge bedeutet.

Noch werden heute wirtschaftliche Organisationen nach Glaubensbekenntnissen, nach Geschlechtern und sonstigen für das Wirtschaftsleben nicht in Betracht kommenden Voraussetzungen gebildet. Man handelt also immer dem Grundgedanken der Organisation entgegen, der da lautet: „Organisation bedeutet Zusammenschluß Aller, die gegen einen gemeinsamen Gegner unter gleichen Voraussetzungen gemeinsame ideelle und materielle Rechte zu schützen haben.“

Unter solchen Umständen ist es dann auch nicht weiter verwunderlich, daß die Frage, ob sich gleichartige Berufskategorien unserer Angestellten- und Beamtenschaft gemeinsam oder getrennt organisieren sollen, vielfach im letzteren Sinne beantwortet wird, so daß aus beiden Lagern dem gemeinsamen Organisationsgedanken, wie ihn der D. T.-V. vertritt, teilweise lebhafter Widerstand erwächst.

Und doch verlangen gerade die gegenwärtigen politischen und wirtschaftlichen Verhältnisse, unter denen Beamte und Angestellte zu leben und zu arbeiten gezwungen sind, gebieterisch eine organisatorische Vereinigung; denn nicht nur die sozialen Gefahren sind für beide Kategorien dieselben, sondern auch die Ursachen, aus denen die Gefahren für beide drohend entstehen, stimmen überein.

Alle Gegner des gemeinsamen Organisationsgedankens übersehen nämlich, daß unsere alles umgestaltende Zeit auch die Psyche unseres Staatsgebildes erheblich verändert hat. Der alte Patriarchialstaat stand den verschiedenen Erwerbsschichten neutral gegenüber. Der Staat von einst war nur Obrigkeit, er war Polizeistaat im guten und im schlechten Sinne.

Anders unser modernes Staatsgebilde! Durch die wirtschaftliche Entwickelung ist der Staat in die Rolle des Produzenten gedrängt worden. Damit wurde er in den großkapitalistischen Wirtschaftskampf hineingerissen. „Der Preußische Staat, — der größte Arbeitgeber der Welt —“ verschiebt das traditionelle Bild, das wir heute noch vom Wesen des Staates haben. Er ist Partei geworden und unterliegt, wie der Privatarbeitgeber, den zwingenden Konsequenzen des großkapitalistischen Daseinskampfes.

Den Arbeitgeberkreisen wird er, besonders in der Abwehr von Ansprüchen des anderen Produktionsfaktors, des Arbeitnehmers, an das Ertragsergebnis ein natürlicher, höchst willkommener Bundesgenosse, eine Stellung, die wir besonders in der Art und Weise, wie er soziale Gesetze auslegt, täglich recht unangenehm empfinden.

Für die Angestellten und Beamten wurde er aber zu einem Vertragsgegner, der schon deshalb nicht ernst genug genommen werden kann, weil er seine Arbeitgeberinteressen nur zu gerne — und für die Oeffentlichkeit äußerst wirksam — mit der Behauptung der Staatsnotwendigkeit und der Staatsautorität deckt. Unter dieser falschen Parole setzt sich der Arbeitgeber Staat jederzeit auch da über seine eigenen Gesetze hinweg, wo die Frage des gemeinnötigen Betriebes vollständig außer Betracht kommt und er nur als einfacher Wirtschaftskonkurrent in Erscheinung tritt. Daß durch dieses Verhalten die Privatarbeitgeber geradezu gezwungen werden, auch für ihre Betriebe sich über Recht und Gesetz hinwegzusetzen, ist eine für uns bedauerliche, aber an sich ganz natürliche Konsequenz.

So kann man ohne Uebertreibung behaupten, daß der Staatsangestellte, sei er Angestellter oder Beamter, ein Recht auf Koalition überhaupt nicht hat; denn die vom Staate gebildeten und geförderten Beamtenvereine, denen der Staatsangestellte beizutreten wenigstens moralisch gezwungen ist, stellen eine gefährlichere Art der Koalitionsbeschränkung dar, als ein einfaches Koalitionsverbot. Gerade durch die Beamtenvereine, die ihrer ganzen Struktur nach den Werkvereinen zuzuzählen sind, hat der Staat vorbildlich für alle Privatarbeitgeberkreise gewirkt. Er kann für sich den bedenklichen Ruhm in Anspruch nehmen, daß er diesen Kreisen gezeigt hat, wie man es anstellen muß, um die eigenen Arbeitgeber und Angestellten der unabhängigen Arbeitnehmerbewegung zu entziehen.

Die Entwickelung unseres Staates zum Produktionsfaktor birgt für Angestellte und Beamte gleich ernste Gefahren in sich, Gefahren, denen allein durch gemeinsame organisatorische Abwehr begegnet wird. Dabei ist die Tatsache, daß der fest angestellte Beamte — und nur bei ihm kann die hier behandelte Frage auftauchen, denn der auf Dienstvertrag Angestellte ist Privatbeamter, woran auch die zufällige Tatsache, daß der Staat oder die Kommune Arbeitgeber sind, nichts ändert — in seiner Existenz gesicherter erscheint als der Privatangestellte, absolut nicht ein Trennungsmoment, wie man es immer und immer wieder zu behaupten beliebt. Ein garantierter Lebensunterhalt braucht noch lange kein genügender Lebensunterhalt zu sein, und wenn wir heute sehen, daß an der Spitze der sozialen Forderungen unserer Beamtenschaft überall die Gehaltsfrage steht, so beweist das nur, daß die Behauptung von der Existenzsicherheit unserer unteren und mittleren Beamtenkategorien sehr mit Vorsicht zu gebrauchen ist. Was aber die Sicherheit der Beamten noch problematischer macht, das ist der Umstand, daß es für ihn keine Möglichkeit gibt, seinen Lebensunterhalt aus eigener Kraft den Lebensbedürfnissen anzupassen. Nach dieser Richtung hin ist er mit gebundenen Händen fiskalischen Erwägungen ausgeliefert, die für ihn um so ungünstiger sind, als sie auf der anderen Seite von den Arbeitgeberinteressen des Staates beeinflußt werden. Gerade in diesem Bestreben, einen Ausgleich zwischen dem garantierten Lebensunterhalt und den stets steigenden Lebensbedürfnissen zu schaffen, wird für den Beamten aber das Resultat des Kampfes um die Gehaltsfrage in der Privat-Industrie mehr ausschlaggebend sein als alle Petitionen um Gehaltszulage.

Der Beamte hat also ein sehr vitales Interesse daran, daß es den Angestelltenorganisationen möglich ist, die Gehälter der Angestellten in der Privatindustrie den stets steigenden Lebensbedürfnissen mehr und mehr anzupassen. Wenn er deshalb für Verbandsbeiträge einen ganz unerheblichen Bruchteil seines Einkommens opfert, wird dieser Aufwand ganz gewiß nicht vergebens sein.

Was aber die organisatorische Absonderung unserer Beamtenschaft von den Privatangestellten ganz besonders gefährlich macht, das ist die weitere Tatsache, daß die Organisation der Beamtenschaft auf eine Zersplitterung hinausläuft, die für die soziale Entwickelung unseres Beamtentums recht große Gefahren in sich birgt. Die Tatsache, daß heute jede, auch die kleinste Beamtenkategorie ihre eigene Organisation hat, zeigt, daß man hier vollständig verlernt hat, eine große Frage von einem großen Standpunkte aus zu behandeln. Es soll zugegeben werden, daß es für einen Beamten wertvoll ist, ob er ein Jahr eher Sekretär wird oder ob einige Jahre seiner früheren Tätigkeit mehr zum pensionsberechtigten Dienstalter gerechnet werden. Abgesehen davon aber, daß dies doch ganz untergeordnete Fragen sind, handelt es sich doch heute mehr um jene großen grundlegenden, sozialwirtschaftlichen und ethischen Fragen, deren Lösung jene kleine Standesordnung ganz von selbst mit sich bringt.

Wir haben es heute glücklich dahin gebracht, daß bei Petitionen an die Parlamente, bei Eingaben an die Regierung Beamtenkategorie gegen Beamtenkategorie auftritt, daß jeder Abgeordnete, der die ganze soziale Entwickelung des Beamtentumes hindern will, sich Material aus den Petitionen schöpfen kann, die die einzelnen Beamtenkategorien, in dem Bestreben sich durchzusetzen, gegen die anderen Kategorien liefern. Es kann auch keinem Zweifel unterliegen, daß gerade aus der modernen Entwickelung heraus sich die alten Gegensätze zwischen Beamten und Nichtbeamten mehr und mehr verwischen, daß die gemeinsam bedrohten Rechte der Angestellten und der Staatsbeamten gebieterisch verlangen, daß sich beide zur gemeinsamen Abwehr zusammenfinden.

Wir wissen, daß unsere heutige Zeit diesem Gedanken recht wenig günstig ist. Wir hoffen aber, daß, wie sich einst der Organisationsgedanke trotz aller Hindernisse in den Angestellten und Beamtenkreisen durchzusetzen vermochte, sich auch das Bewußtsein von dem Werte des gemeinsamen Handelns durchsetzen wird.

VOLKSWIRTSCHAFT

Der Techniker als Konsument

Die Lebenshaltung der Angestellten wird bestimmt durch zwei Faktoren: Die Summe der Einnahmen und die Summe der Ausgaben für unabweisbare Bedürfnisse des Lebens. Dabei ist nicht die Höhe des Einkommens an sich entscheidend für die Lebenshaltung, sondern maßgebend ist der Reallohn, d. h. die Summe der für das Einkommen erhältlichen Güter. Je teurer die Lebensmittel und je höher die Wohnungsmieten sind, um so geringer ist der Reallohn und um so bescheidener der Anteil des Angestellten an dem Reichtum unserer Kultur. Es muß deshalb das Bestreben aller Lohnempfänger sein, ihre Ausgaben als Konsument ins richtige Verhältnis zu bringen mit ihren Einnahmen als Produzent. Besonders die technischen Angestellten haben ein außerordentlich großes Interesse daran, mit ihren geringen, vielfach recht bescheidenen Einkommen haushälterisch umzugehen. Dieselben Gründe, die sie veranlassen, sich als Produzenten, als Wertschaffende einer gewerkschaftlichen Berufsorganisation anzuschließen, um mit deren Hilfe bessere Lohn- und Arbeitsbedingungen zu erreichen, müssen sie veranlassen, sich auch als Konsumenten zu organisieren. Das haben die „redlichen Pioniere von Rochdale", arme bedrückte Weber, vor einem halben Jahrhundert schon erkannt, als sie den Grundstein zu der gewaltigen Konsumgenossenschaftsbewegung legten, die heute bereits ein mächtiger Faktor unseres Wirtschaftslebens geworden ist. Seitdem hat sich die Konsumvereinsbewegung auch bei uns in Deutschland riesenhaft entwickelt, worüber wir wiederholt in der D. T.-Z. berichtet haben.

Auch unser letzter Verbandstag in Cöln hat sich mit der Stellung des Technikers als Konsument beschäftigt und festgestellt, daß die zunehmende Teuerung aller Lebensnotwendigkeiten in den letzten Jahrzehnten die Kaufkraft des Geldes herabgedrückt hat, und daß wirtschaftspolitische Maßnahmen der öffentlichen Körperschaften und privaten Unternehmungen die Einkommenspolitik des Verbandes beeinträchtigt haben. Der Verbandstag brachte dabei zum Ausdruck, daß wir grundsätzlich alle Bestrebungen unterstützen sollen, die geeignet sind, einen Ausgleich herbeizuführen zwischen der geringen Höhe des Gehaltes und der geringen Kaufkraft des Geldes. Als geeignetes Mittel hierfür bezeichnet der Verbandstag in erster Linie Konsumvereine, Mietervereine und Genossenschaften aller Art, sowie die Einwirkung der Mitglieder auf die politischen Parteien zur Förderung einer allgemeinen Konsumentenpolitik. Gerade jetzt, wo Bestrebungen im Gange sind, einen „lückenlosen Zolltarif" zu schaffen, der natürlich zur weiteren Verteuerung der Lebensmittel führen muß, ist es notwendig, unseren Standpunkt als Konsumenten schärfer zu betonen. Auch die Angestellten müssen wachsam sein, damit ihnen nicht durch eine falsche Wirtschaftspolitik wieder entrissen wird, was sie mit Hilfe ihrer Berufsorganisation erringen konnten. Kfm.

ANGESTELLTENFRAGEN

Einheitliches Angestelltenrecht

Vereinheitlichung des Angestelltenrechts bedeutet Schaffung einheitlicher Grundlagen für die Rechtsverhältnisse der Privatangestellten. Nicht in dem Sinne, daß sämtliche Spezialbestimmungen für die einzelnen Kategorien von Angestellten sich erübrigen, sondern auf die Weise, daß ein Stamm-, ein Zentralgesetz geschaffen wird für die Gesamtheit der Angestellten, um das sich die Spezialgesetze herumgruppieren. Warum sollten folgende Dinge sich nicht einheitlich regeln lassen: Kündigungsbedingungen, Gründe, die zur Auflösung des Dienstverhältnisses ohne Einhaltung der Kündigungsfrist berechtigen, Art der Zahlung des Arbeitslohns, Zurückhaltung und Stundung des Lohnes, Fortzahlung des Gehalts bei unverschuldeter Behinderung in der Dienstleistung, wie bei Krankheit und militärischer Uebung, Recht auf Dienstzeugnis, Recht auf Urlaub zur Aufsuchung einer neuen Stelle, Anspruch auf Urlaub, tägliche Höchstarbeitszeit, Mindestsonntagsruhe, Konkurrenzklausel, Erfinderrecht, Sicherung des Einkommens gegen Pfändung, Koalitionsrecht, Sicherung der Kautionen im Konkurs. Der heutige Zustand ist unhaltbar. 6 Reichsgesetze und mehr als 50 Landesgesetze sind notwendig, um die Rechtsverhältnisse von 2 Millionen Menschen zu regeln, während wir das bürgerliche Recht unserer 67 Millionenbevölkerung schon längst in einem Reichsgesetz geordnet haben. Die Folge davon ist, daß die einzelnen Gruppen von Angestellten ganz unterschiedlich behandelt werden. Warum stellt man bezüglich Kündigungsrecht, Konkurrenzklausel, Sonntagsruhe den Techniker schlechter als den Handlungsgehilfen? Jedoch es bleibt nicht nur bei der unterschiedlichen Behandlung der einzelnen Arten von Angestellten; es ergeben sich sogar Rechtsungleichheiten in gleichem Beruf, ja sogar Widersprüche der Gesetze untereinander.

Der Einwand, man könne doch nicht so differenzierte Gruppen, wie sie die Privatangestellten bilden, in einem Gesetz zusammenfassen, ist nicht stichhaltig. Gewiß, eine einheitliche Klasse der Angestellten gibt es nicht. Dazu ist der soziale, gesellschaftliche und kulturelle Abstand zwischen den einzelnen Schichten zu groß. Aber die allgemeinen Tendenzen sind einheitlich. Das Merkmal der wirtschaftlichen Unselbständigkeit, die gemeinsamen Interessen gegenüber dem Kapital, die mittelständische Lebenshaltung bringen einheitliche Gesichtspunkte mit sich, so daß man wenigstens von einem Stand der Privatangestellten sprechen kann. Hierin liegt der tiefere Grund für die Berechtigung des einheitlichen Angestelltenrechts. Es erscheint begreiflich, wenn der Deutsche Techniker-Verband mit allem Nachdruck auf die Vereinheitlichung des Angestelltenrechts hinarbeitet. Bereits auf den Delegiertentagen des Verbandes 1892 in Chemnitz und 1894 in Halle hat man auf die Zurücksetzung der Techniker gegenüber den Handlungsgehilfen hingewiesen. In der Tatsache, daß der Hauptausschuß in der Frage des einheitlichen Angestelltenrechts versagt hat, liegt der Grund, daß der Deutsche Techniker-Verband aus dem Hauptausschuß ausgetreten ist.

Die Schwierigkeiten sind nicht zu verkennen. Sie sind größer als beim Pensionsversicherungsgesetz, weil die Handlungsgehilfen zum großen Teil der Forderung ablehnend gegenüberstehen. Um so notwendiger ist ein Zusammenarbeiten der Angestelltenorganisationen, die Anhänger der Vereinheitlichung sind. Das Ausland, besonders Oesterreich, hat den Weg gezeigt, der zu gehen ist. Die Vorarbeiten der „Rheinischen Arbeitszentrale für Privatangestellte" enthalten wertvolles Material.*) Hoffentlich trägt die Tagung, die das „Kartell der Angestelltenverbände zur Erreichung eines einheitlichen Angestelltenrechts", dem auch der D. T.-V. angehört, am 26. April 1914 in Berlin veranstaltet, wesentlich zur Klärung und Propagierung des einheitlichen Angestelltenrechts bei. D. H.

*) Für die im Dienst von Staat und Gemeinde tätigen Techniker ist das einheitliche Angestelltenrecht insofern von Bedeutung, als erwartet werden darf, daß Staat und Gemeinde als sittliche Pflicht für ihre Betriebe anerkennen, was sie den Privatbetrieben gesetzlich vorschreiben.

*

Sonntagsruhe

Es gibt keine besseren Beispiele für die Zurücksetzung der Techniker gegenüber den Handlungsgehilfen durch die Gesetzgebung als die beiden vorliegenden Gesetzentwürfe über die Konkurrenzklausel und Sonntagsruhe. Während die Organisationen der technischen Angestellten auf ein einheitliches Angestelltenrecht hinarbeiten, scheint die Reichsregierung die Zersplitterung des bestehenden als Sport zu betreiben, denn sonst hätte sie die Techniker nicht von der Neuregelung der Konkurrenzklausel und Sonntagsruhe ausnehmen können. Da die Sonntagsruhe für die Handlungsgehilfen aus dem Handelsgesetzbuch herausgenommen und in einem eigenen Gesetz geregelt werden soll, werden wir in Zukunft statt 6 Reichsgesetzen für die Angestellten 7 haben. Wie schwierig es sein wird, für die Techniker nach Abschluß der Reformen für die Handlungsgehilfen Fortschritte zu erreichen, dafür ist die Nr. 14 der „Südwestdeutschen Wirtschaftszeitung", des Organs der Saarindustrie, typisch. Bekanntlich hat der Staatssekretär bei der letzten Besprechung des vorliegenden Gesetzentwurfes der Konkurrenzklausel im Reichstag angedeutet, daß nach der Annahme der Vorlage die Neuregelung der Konkurrenzklausel für die Techniker in Angriff genommen werden könne. Dagegen wendet sich die „Südwestdeutsche Wirtschaftszeitung" in aller Schärfe mit der Begründung, Industrie und Gewerbe müßten in der nächsten Zukunft in Ruhe gelassen werden. Man kann die „Südwestdeutsche Wirtschaftszeitung" wohl allgemein als Sprachrohr der Arbeitgeberkreise ansehen und damit rechnen, daß neuen Gesetzentwürfen zu Gunsten der Techniker die schärfsten Widerstände entgegen gesetzt werden.

Im Gegensatz zum Regierungsentwurf über die Sonntagsruhe vom Jahre 1907, der grundsätzlich vollkommene Sonntagsruhe schaffen und Ausnahmen nur in bestimmten Fällen zulassen wollte, geht der vorliegende Gesetzentwurf zur Neuregelung der Sonntagsruhe der Handlungsgehilfen den umgekehrten Weg: die Ausnahmen bilden die Regel, die vollkommene Sonntagsruhe die Ausnahme. Der Entwurf sieht eine drei- bezw. vierstündige Verkaufszeit vor — heute sind es fünf — den Kommunalverwaltungen soll es überlassen bleiben, die Verkaufsstunden zu kürzen bezw. vollkommene Sonntagsruhe einzuführen. Den meisten Fortschritt bringt der Entwurf für die Kontorangestellten der Industrie, indem für diese im Prinzip vollkommene Sonntagsruhe vorgesehen wird. Allerdings kann die Gemeinde eine Beschäftigungszeit bis zu zwei Stunden zulassen. Die Reichstagskommission hat nun aber nicht den von der Regierung vorgelegten Entwurf zur Grundlage ihrer Beratung gemacht, sondern sich auf ganz anderer Basis geeinigt. Man ist von dem Gedanken der Differenzierung nach Ortsgrößenklassen ausgegangen. Die Reichstagskommission hat für die Orte über 75 000 Einwohner vollkommene Sonntagsruhe beschlossen, für die Orte unter 75 000 ist eine beschränkte Arbeitszeit zugelassen. Mit dieser Differenzierung, die von den Interessenkreisen als rein schematisch und willkürlich bezeichnet wird, sind weder Angestellte noch Geschäftsinhaber einverstanden. Dem Reichstag sind aus Detaillistenkreisen massenweise Petitionen zugegangen, die den Regierungsentwurf als eine geeignete Grundlage für die Kommissionsberatungen des Reichstags bezeichnen. Die Handlungsgehilfenverbände suchen durch Aufbringung eines riesigen Materials die Möglichkeit der Einführung der vollkommenen Sonntagsruhe zu beweisen. Der Zentralverband der Handlungsgehilfen macht den Vorschlag, zur Selbsthilfe zu greifen und von einem bestimmten Tage ab keine Sonntagsarbeit mehr zu leisten. So tobt auch hier der Kampf, dessen Ausgang sich nicht absehen läßt. Die Techniker sind wenigstens indirekt interessiert. Verlangte doch schon der Delegiertentag unseres Verbandes 1885 zu Dresden „die Abschaffung aller nicht dringenden Sonntagsarbeit". Heute kann erst recht von unserem Standpunkt aus, ebenso aus religiösen, kulturellen und sozialen Gesichtspunkten heraus über die Notwendigkeit der Sonntagsruhe kein Zweifel mehr bestehen. Dr. H.

BEAMTENFRAGEN

Die Besoldung des Technikers und Verwaltungsbeamten

Jahr für Jahr werden den Parlamenten Petitionen in reicher Fülle übermittelt. Wenn man diese Bittschriften einer näheren Prüfung unterzieht, dann findet man immer den gleichen Inhalt mit mehr oder weniger zutreffender Begründung versehen. Es handelt sich fast immer um die Regelung der Besoldungs- und Anstellungsverhältnisse irgendeiner Beamtenklasse. Beamtete oder auf Privatdienstvertrag angestellte Techniker und Verwaltungsbeamte, alle haben die gleichen Wünsche. Es ist eine allgemeine Unzufriedenheit, die durch fast alle Kreise der einzelnen Beamtenschichten geht, und es ist anzunehmen, daß bei der gleichen Art der Bitten auch ein berechtigter Anlaß vorliegen muß. Trotzdem hat die Flut der Bittschriften bei den Regierungen sowohl als auch bei den Abgeordneten der verschiedenen Parlamente eine Nervosität gezeitigt, daß im Frühjahr 1914 im Reichstag bei einer Kommission der Antrag auftauchte, die gesamten Petitionen, soweit sie die Besoldungs- und Anstellungsverhältnisse der Beamten behandeln, den zuständigen Ressortchefs zur Prüfung und Berichterstattung zu überweisen. Dieser Antrag löste, sobald er durch die Presse weiteren Kreisen bekannt geworden war, unter den Beamten den lebhaftesten Widerspruch aus; bedeutete doch seine Annahme nichts weniger als die Beseitigung des Petitionsrechtes der Beamten. Denn wie entsteht denn eine solche Petition? Die betreffende Beamtenschaft reicht doch nicht wegen jeder Kleinigkeit eine Petition an die zuständigen Körperschaften ein. Im Gegenteil, erst wenn die Zustände unerträglich geworden sind, wenn alle Vorstellungen und eingereichten Bittschriften bei den einzelnen direkten Vorgesetzten vergeblich waren, erst dann wendet sich der Beamte an die höchste Körperschaft des Landes.

Sind nun die Besoldungs- und Anstellungsverhältnisse wirklich so verbesserungsbedürftig? Diese Frage ist unbedingt zu bejahen, doppelt aber zu bejahen, soweit es sich um die bei den Behörden beschäftigten Techniker handelt. Die Techniker, als jüngstes Glied im Beamtenkörper der Reichs- und Staatsbehörden, sind bisher, im Gegensatz zu den Verwaltungsbeamten, auch am stiefmütterlichsten bedacht worden. Man hat aber äußerdem auch noch unter den Technikern selbst so viel Unterschiede künstlich geschaffen, daß in der Besoldung der Techniker die tollsten Gehaltsskalen zur Anwendung kommen. Man verlangt bei der Einstellung der Techniker heut fast immer das Absolutorium einer anerkannten Baugewerk- oder Maschinenbauschule neben mehrjähriger Privatpraxis, bemißt aber das Endgehalt bei verschiedenen Betriebszweigen des Staates auf 2700 M, bei den andern bis auf 4500 M, ausschließlich Wohnungsgeldzuschuß. Daß diese unterschiedliche Behandlung starke Mißstimmung auslösen muß, ist selbstverständlich, und sie prägt sich aus in der Fülle der einlaufenden Petitionen. Es ist für den Techniker doch nicht angenehm zu sehen, daß er, der so häufig, auch von allerhöchster Stelle, als Pionier der Kultur bezeichnet worden ist, in so vielen Fällen, bei ungleich höherer Verantwortung, im Gehalt hinter den Verwaltungsbeamten zurückstehen muß. Hier kann und muß die Regierung endlich etwas Ganzes schaffen und nach dem Grundsatz: Gleiche Ausbildung, gleiche Leistung, gleiche Besoldung, für ein einheitliches Anfangs- und Endgehalt Sorge tragen. Man komme nicht mit dem Einwand, daß der technische Beruf in seiner Wirkung so unendlich differenziert sei, daß eine einheitliche Besoldung nicht möglich ist. Denn schließlich sind die einzelnen Zweige der inneren Verwaltung in ihren Leistungen ebenso verschieden; und doch hat man die Klasse der Assistenten mit einheitlicher Gehaltsstaffelung geschaffen.

Aber auch die Rangklasse, die der Techniker unter den Beamten einnimmt, entspricht nicht seiner Ausbildung und seiner Wichtigkeit in der jetzigen Zeit der Technik. Seiner ganzen auf ihm lastenden Verantwortung nach und auf Grund der Kosten, die seine Ausbildung verlangt, gehört der Techniker in die Gehalts- und Rangstufe der Sekretäre der inneren Verwaltung.

Wir bestreiten gewiß nicht die Notwendigkeit der anderen Beamtenklassen und unterschätzen auch nicht die Wichtigkeit ihrer Arbeiten, aber während der Verwaltungsbeamte für den inneren Staatsdienst, meist dem Militäranwärterstand entnommen, für seine Ausbildung fast gar keine Kosten aufzuwenden hat und meist im Alter von 32 Jahren zur festen pensionsfähigen Anstellung gelangt, hat der Techniker, bevor er überhaupt daran denken kann, in Stellung zu gehen, etwa 4000 M für seine Ausbildung auszugeben. Hat er dann mehrere Jahre in der Privatpraxis seine Kenntnisse und Erfahrungen erweitert, dann wird er auf Privatdienstvertrag von der Behörde angestellt und nach mehrjähriger Diätarzeit im Alter von 35 bis 40 Jahren etatsmäßig übernommen und erhält sein Höchstgehalt erst im hohen Alter.

Der Volksschullehrerstand, der jahrelang unter ähnlichen schlechten Gehaltsverhältnissen zu leiden hatte und der mit dem Technikerstand wohl am ehesten zu vergleichen ist, hat durch seine feste Organisation erreicht, daß er heut anerkannt wird und mit die besten Besoldungsverhältnisse hat.

Nehmen wir uns an ihm ein Beispiel, schließen wir uns zusammen zu einer festen Organisation und kämpfen Schulter an Schulter für die Anerkennung unseres Standes. Kr.

:: :: :: :: :: :: STANDESFRAGEN :: :: :: :: :: ::

Technikerelend.

Man hat von der Lage des Technikerstandes leider vielfach noch eine falsche Vorstellung. So ist in weiten Kreisen der Irrtum verbreitet, die glänzende Entwicklung unseres Wirtschaftslebens, in dem die Technik der Kraft- und Arbeitsmaschinen eine so hervorragende Rolle spielt, die gesteigerte Menge von Kulturgütern, die wir den ungeahnten Fortschritten der Technik zu danken haben, müßten auch den eigentlichen Urhebern dieser Errungenschaften, den Technikern, eine bevorzugte soziale Stellung sichern. Daß dem nicht so ist, daß vielmehr der Technikerstand trotz seiner hohen wirtschaftlichen Leistungen, trotz der Bedeutung seiner Berufstätigkeit für Nation und Menschheit, in einem schweren Kampf gegenüber der Unsicherheit der Grundlagen seiner Existenz steht, dafür können die Berufsorganisationen der technischen Angestellten leider mit so manchem Beispiel dienen. Das Schwergewicht der Verbandstätigkeit liegt daher auf der Verbesserung der materiellen Lage der technischen Angestellten. Durch die Selbsthilfe ist auch schon manches besser geworden. So konnte einer Verschlechterung der Arbeitsverhältnisse wiederholt mit Erfolg entgegengetreten werden, auch hat sich das Gehaltsniveau, dank der Gehaltspolitik des Verbandes, Stellungen nicht unter einem gewissen Mindestgehalt vermitteln, in letzter Zeit etwas gehoben.

Die Ueberwindung der Widerstände gegen eine dauernde Besserung der sozialen Lage des Technikerstandes wäre um ein erhebliches Stück weiter gediehen, wenn es nicht so viele Kollegen gäbe, die die Pflicht, sich einer Berufsorganisation anzuschließen, noch nicht erkannt haben. Sie sind es mit in erster Linie, die durch ihre Gleichgültigkeit dem ganzen Stand schaden. Und so sehen wir denn, wie man auf der einen Seite aus der schlechten Berufslage des Technikerstandes, die durch Mangel an Standesbewußtsein noch verschärft wird, dadurch Nutzen zu ziehen sucht, daß man dem Angestellten die unwürdigsten Arbeitsbedingungen einfach diktiert, während auf der anderen Seite sich viele Stellungsuchende selbst zu Schundgehältern anbieten.

Eine Blütenlese von Stellenangeboten und -Gesuchen, die wir aus den letzten Jahren wahllos herausgreifen und beliebig fortsetzen könnten, mag dies heute einmal etwas zusammenfassend illustrieren. Der Magistrat von Nördlingen suchte durch die „München-Augsburger Abendzeitung" einen Bautechniker in leitender Stellung und setzte dafür ein monatliches Gehalt von 100 M aus. — Das Bauamt Pelkum, Kreis Hamm i. W., schrieb in der „Deutschen Bauzeitung" die Stelle eines Bauassistenten aus, der abgeschlossene Baugewerkschulbildung und praktische Erfahrungen im Entwerfen, Veranschlagen, Abrechnung „pp." aufweisen sollte. Als Gehalt wurden 1350 M geboten. — Das Kgl. Bezirksamt in Landsberg a. L. suchte durch die „Süddeutsche Bauzeitung" einen Bauassistenten für den Distrikt Landsberg a. L., dem Baukontrolle, Ausarbeitung von Hoch- und Tiefbauprojekten und Bauleitung gegen ein Monatsgehalt von 125 M übertragen werden sollte. — Das Dampfsägewerk Limmritz (Neumark) veröffentlichte in der „Baugewerkszeitung" ein Stellenangebot für einen jungen Techniker, gelernten Zimmerer, fertig in statischen Berechnungen und Buchführung, für Kontor und Platz, bei 90 M. Gehalt. — Der Stadtrat in Radeberg hatte nach der „Deutschen Bauzeitung" die Stelle eines Bauamtsassistenten zu vergeben, der volle Baugewerkschulbildung sowie Gewandtheit im Entwerfen, Detail, statischen Berechnungen und Abrechnen aufweisen sollte. Das nichtpensionsberechtigte Gehalt betrug 1500 M, das Höchstgehalt 1800 M. Man vergleiche damit das Gehalt des Kanalmaurers der Stadt Rüstringen, deren Magistrat für diese Stelle im „Wilhelmshavener Tageblatt" 38 M, steigend bei achtstündiger Arbeitszeit binnen 2 Jahren bis 40 M wöchentlich, auswarf. In der gleichen Zeitung wurde ein Hausdiener für 140 M Monatsgehalt gesucht! Der Landrat des Kreises Salzwedel suchte nach einer Bekanntmachung im „Zentralblatt der Bauverwaltung" einen Regierungs-Baumeister für die Grubenbau-Inspektorstelle in Taterberg bei Oebisfelde für das Riesengehalt von 2000 M, das von 3 zu 3 Jahren sechsmal steigend auf 3800 M erhöht werden sollte. In den „Dresdener Neuesten Nachrichten" bot ein Architekt seine Arbeitskraft umsonst an, er verlangte nur einige 1000 M als Darlehn für sein Haus. In der „Deutschen Bauzeitung" bot sich ein Bauingenieur für ganze 60 M pro Monat an! In derselben Zeitung suchte ein Ingenieur mit höherer Schul- und akademischer Bildung, auch mehrjähriger praktischer Betätigung im Betonbau, zu sogleich, eventl. gehaltlose Stellung.

Die Lage der Industrietechniker beleuchten u. a. folgende Anzeigen: Essener Anzeiger: Jung.Techniker von vielseitig arbeitender Maschinenfabrik ohne gegenseitige Vergütung gesucht! (Der Techniker kann heute wirklich froh sein, wenn er für die von ihm geleistete Arbeit nicht noch etwas bezahlen muß!) In der Zeitschrift des Vereins Deutscher Ingenieure suchte ein Absolvent des Maschinenfaches der technischen Hochschulen Budapest, München, tüchtiger Konstrukteur und Zeichner, Stellung mit einem Anfangsgehalt von 80 M und eventl. Probezeit auf eigene Kosten. In Nr. 103 des Berliner Tageblattes bot ein Diplom-Bergingenieur im Alter von 34 Jahren mit 12jähriger Praxis demjenigen 300 M an, der ihm eine passende Stellung vermittelte. Die „Kölnische Zeitung" brachte eine Anzeige, in der es hieß, daß der Stellungsuchende, ein älterer Ingenieur, seine langjährigen vielseitigen Erfahrungen im Eisenhoch-, Brückenbau, Maschinenbau usw. eventl. ohne festes Gehalt zu verwenden suche.

Aus den letzten beiden Anzeigen geht schon hervor, wie schwer es dem Stellungsuchenden, der ein gewisses Alter überschritten hat, fällt, überhaupt noch irgendwo unterzukommen. Daß diese Altersgrenze aber schon um die Mitte der dreißiger Jahre liegt, sollte man kaum für möglich halten. Und doch ist dem so! Den Beweis lieferte z. B. kürzlich die Firma Pohlig, Akt.-Ges., Köln a. Rh., die, wie die „Industriebeamtenzeitung" meldet, einen erfahrenen Montageingenieur suchte, mit ausreichender (!) Bureau-, Werkstatt- und Montagepraxis, der aber, wie es ausdrücklich hieß, nicht über 35 Jahre alt sein durfte. Ferner: Die Eintrachtshütte, eine Maschinenbauanstalt der vereinigten Königs- und Laurahütte, schrieb einem 35 Jahre alten Ingenieur, der sich mit guten Zeugnissen bei ihr um Anstellung bewarb, daß dem Gesuch nicht entsprochen werden könne, da er das nach ihren Verwaltungsbestimmungen zulässige Alter bereits überschritten habe.

Mit diesen letzten, wohl den eindringlichsten Beweisen für die traurige Lage des Technikerstandes wollen wir unsere Zusammenstellung für heute schließen. Möge jeder die ernste Mahnung daraus entnehmen, daß es nicht nur gilt, die Oeffentlichkeit über die Aussichten unseres Berufes aufzuklären, sondern daß es unsere Pflicht ist, durch den Anschluß an eine Berufsorganisation für die Besserung dieser Zustände zu sorgen. Der Einzelne steht den Verhältnissen machtlos gegenüber. Erst die Organisation, und zwar die gewerkschaftliche Organisation, die unser Deutscher Techniker-Verband ist und die, wenn alle friedlichen Verhandlungen vergebens waren, sich auch einmal des äußersten gesetzlichen Mittels zu bedienen gewillt ist, gewährt ihm den Rückhalt, den er bedarf, um so unwürdige Zumutungen, wie die angeführten, mit allem Nachdruck zurückzuweisen. Mit dem argen Mißstand, der Ausschaltung des Technikers, der die „Altersgrenze" erreicht hat, aufzuräumen, wird in Zukunft eine der Hauptaufgaben unseres Verbandes sein.

Mf.

:: :: :: :: STANDESBEWEGUNG :: :: :: ::

Die Werbekraft des Verbandes

ist durch die in Köln beschlossene Neuorganisation mit dem offenen Bekenntnis zum gewerkschaftlichen Prinzip ganz außerordentlich gestiegen. Das zeigt eine Betrachtung der Neuanmeldungen zum Verbande in den letzten 20 Jahren. Danach hatten wir

1894	1054	Anmeldungen	1899	2145	Anmeld.	1904	3575	Anmeld.
1895	1038	„	1900	2371	„	1905	3954	„
1896	1225	„	1901	2218	„	1906	6432*)	„
1897	1561	„	1902	2400	„	1907	4404	„
1898	1876	„	1903	3008	„	1908	5169	„

Von 1908 ab wurden die Schüler technischer Lehranstalten als „Hospitanten“ im Verbande organisiert. Es zeigt sich von 1909 ab folgendes Bild:

1909	4800	ord.	Mitgl.	u.	385	Schüler,	zus.	5185	Anmeld.
1910	4330	„	„	„	1355	„	„	5685	„
1911	4400	„	„	„	1826	„	„	6226	„
1912	4244	„	„	„	1870	„	„	6114	„
1913	5917	„	„	„	1996	„	„	7913	„
I. Quart. 1914	1738	„	„	„	472	„	„	2208	„

In diesen Ziffern sind die Zugänge solcher Mitglieder, die bereits früher einmal dem Verbande angehörten und wieder in ihre alten Rechte eintraten und die vom Militär zurückgekehrten Mitglieder n i c h t enthalten.

Betrachtet man die Steigerung der Neuanmeldungen von Jahrfünft zu Jahrfünft, dann ergibt sich folgende Zusammenstellung:

Von 1894 bis mit 1898 hatten wir 6754 Neuanmeldungen,
„ 1899 „ „ 1903 „ „ 12142 „
„ 1904 „ „ 1908 „ „ 23584 „
„ 1909 „ „ 1913 „ „ 30047 „

Insgesamt sind in den 30 Jahren, die der Verband jetzt besteht, mehr als 76 000 Techniker einmal Mitglied gewesen. Viele sind gestorben oder selbständig geworden, ein großer Teil aber ist wieder ausgeschieden, weil er den Geist und das Wesen der modernen Angestelltenbewegung nicht begriffen hat und die innere Wandlung unseres Verbandes nicht mitmachen wollte. Die Törichten, die glaubten den Gang der Entwicklung aufhalten zu können, entzogen sich dem Organisationsgedanken, oder sie gingen hin und „gründeten“ mit Unterstützung der Unternehmer oder anderer, noch mehr kompromittierender Förderer „wirtschaftsfriedliche“ und „nationale“ Verbändchen. Diese sind inzwischen wieder verkracht und von der Bildfläche verschwunden oder vegetieren unter der Oberfläche. Die übergroße Masse der Abgegangenen gehört aber zu den Gleichgültigen, die zu uns kamen, als sie in Not waren, nach kurzer Zeit aber schon „das Zahlen“ vergaßen. Die müssen natürlich rücksichtslos bei uns gestrichen werden; denn wir können keine „Papiersoldaten“, sondern nur Mitkämpfer und überzeugte Kollegen gebrauchen.

Kfm.

---

*) In dieser Zahl ist der gesamte Mitgliederbestand (etwa 1800) des bayerischen Techniker-Verbandes enthalten, der am 1. I. 06 sich dem Verbande anschloß.

*

Unsere Stellenvermittlung

Eine der ersten Aufgaben, die bei der Gründung unseres Verbandes gestellt wurden, war die Schaffung einer Stellenvermittlung. Daß diese Aufgabe nicht leicht zu lösen war, wußten die Gründer des Verbandes schon, aber es ging frisch ans Werk, und der Erfolg, wenn auch in den ersten Jahren sehr bescheiden, blieb nicht aus. Mußten doch eine ganze Reihe von Widerständen überwunden werden. Auch die Arbeitgeber waren für diese neue Art der Stellenvermittlung zu interessieren. Bisher wurde lediglich in irgendeiner Fachzeitschrift eine offene Stelle angezeigt, die Bewerber meldeten sich und wurden auf Grund der eingereichten Zeugnisse ausgesucht. Hier galt es nun Ordnung hereinzubringen.

Zuerst wurde damit begonnen, daß die Bewerber auf Grund genauer Vordrucke bestimmte Fragen zu beantworten und Wünsche bekanntzugeben hatten. Die zur Anmeldung gebrachten offenen Stellen wurden klassifiziert nach Gehalt und geforderten Leistungen. Nach und nach kam der Apparat in Gang. Nebenbei sorgte ein Netz von Zweigstellen, über das ganze Reich verteilt, für den ständigen Zugang offener Stellen, und mit Eifer widmeten sich diese Kollegen ihrer ehrenamtlichen Tätigkeit. Mit der Ausdehnung der Stellenvermittlung und mit ihrer erhöhten Wirksamkeit zeigten sich aber auch verschiedene Mißstände. Es machte sich bemerkbar, daß manche Arbeitgeber einen außerordentlichen Bedarf an Technikern hatten, der nicht in Uebereinstimmung zu bringen war mit dem Umfang ihres Geschäfts. Andererseits liefen Klagen ein, daß das erzielte Gehalt in keinem Verhältnis stehe zu den am betreffenden Ort bestehenden Preisen für Wohnungsmiete und Lebensmittel. Man trat dem Gedanken näher, die Kollegen vor solchen Zufällen zu schützen durch Schaffung einer Auskunftei, deren Benutzung kostenlos sein sollte. Es kam nach sehr lebhaften Aussprachen zu einem Verbandstagsbeschluß, wonach die Einrichtung einer Auskunftei beschlossen wurde. Bescheiden war der Anfang, doch heute haben wir eine der besten Auskunfteien für unsere Mitglieder, und es ist zu wünschen, daß unsere Verbandsorgane auch weiterhin und immer reger die Auskunftei regelmäßig unterstützen.

Auch auf die Gehaltshöhe versuchte die Stellenvermittlung Einfluß zu gewinnen. Schlecht bezahlte Stellungen wurden nicht vermittelt. Nach und nach faßte der Gedanke der Festlegung eines Existenzminimums immer festere Wurzel und es kam zu dem Beschluß, daß Stellen unter 120 M Monatsgehalt nicht mehr vermittelt werden dürften. Viel Staub hat dieser Beschluß aufgewirbelt, doch mit der Ausbreitung des gewerkschaftlichen Gedankens in der Organisation fand dieser Beschluß immer mehr Anhänger. Heute hält man die Forderung eines Mindestgehaltes für etwas Selbstverständliches.

Aber auch auf die Fortentwicklung der höheren Gehälter mußte Bedacht genommen werden. Durch ein zielbewußtes Vorgehen sind auch hier Fortschritte zu verzeichnen. Wenn die erzielten Gehälter auch noch in keinem rechten Verhältnis stehen zu den verlangten Leistungen und der herrschenden Teuerung der Lebensmittel, eine Besserung ist ohne Frage festzustellen. Selbst im letzten Jahr, das als eines der schlechtesten im Wirtschaftsleben der letzten 20 Jahre verzeichnet steht, zeigte sich nach unseren statistischen Feststellungen ein, wenn auch sehr langsames Ansteigen der Gehälter. Aber auch die ständig steigende Inanspruchnahme unserer Stellenvermittlung berechtigt uns zu den besten Hoffnungen. 27 000 Stellen haben wir seit Bestehen unserer Stellenvermittlung vermittelt, 1452 davon allein im letzten Jahr, und wenn nicht alle Anzeichen trügen, dann werden wir im 30. Jahr unseres Bestehens weit über die Zahl des vergangenen Jahres hinausgehen.

*

Stellenlosen-Unterstützung

Das Streben des Angestellten nach Verbesserung seiner Lebenshaltung wird nicht nur durch die Lage des Arbeitsmarktes beeinflußt, eine vielleicht noch entscheidendere Rolle spielt die zufällige persönliche wirtschaftliche Lage, in der sich der Angestellte beim Aufsuchen einer neuen Stellung befindet.

Ist diese schlecht, drückt ihn Not und Sorge, dann ist er nur zu sehr geneigt, seine Arbeitskraft unter allen Umständen an den Mann zu bringen. Die Angst, die Vertragsverhandlungen könnten scheitern, brechen seine Widerstandskraft dem Anerbieten des Arbeitgebers gegenüber. Den in Not geratenen Angestellten beherrscht nur die eine Idee: „A r b e i t u m j e d e n P r e i s“.

Ein solcher Zustand ist keine Angelegenheit, die den Stellensuchenden allein betrifft, wir haben es hier vielmehr mit einer Standesfrage von ganz außerordentlicher Bedeutung zu tun. In dieser Situation wird nämlich der Stellungslose — mag er als Mensch auch die anständigste Persönlichkeit sein — ganz von selbst ein Feind seiner in Stellung befindlichen Kollegen und ein natürlicher Bundesgenosse des Arbeitgebers, der den durch die Sorge um seine und der Seinen Existenz zum Preisdrücker Gedrängten für seine wirtschaftlichen Interessen auszunutzen vermag. Hier nützen aber Vorwürfe nichts, denn der in Stellung Befindliche kann leicht dem Anderen Rat erteilen, in schlechten Zeiten nicht mit seinen Ansprüchen zurückzugehen. Solange 150 Mark in der Hand mehr sind, als ein berechtigter Anspruch auf 250 Mark, den niemand zu honorieren gewillt ist, hat immer der Andere Recht.

Es muß demnach Aufgabe der Allgemeinheit sein, es möglichst nicht dahin kommen zu lassen, daß der stellungslose Kollege in verzweifelte Not gerät, d. h. es muß die Allgemeinheit dafür sorgen, daß genügende Mittel vorhanden sind, um den Stellungslosen wirtschaftlich über Wasser zu halten.

Die Einrichtung der Stellenlosen-Unterstützung ist das Mittel gegen die Gefahr, welche der sozialen Entwicklung eines Angestelltenstandes aus ihren eigenen Reihen bedrohlich erwächst. Betrachten wir aber die Stellenlosen-Unterstützung von diesem Gesichtspunkte aus, dann verschiebt sich ihr Wesen nicht unerheblich. Die übergroße Anzahl der Verbandskollegen erblickt nämlich heute noch in der Stellenlosen-Unterstützung l e d i g l i c h eine Versicherung gegen die Folgen der eigenen Stellenlosigkeit. Die logische Konsequenz dieser Ansicht ist aber die, daß, wenn der betr. Kollege berechtigt oder unberechtigt glaubt, eine Lebensposition zu haben, er auf diese Versicherung für seine Person verzichtet, das heißt aus der Organisation ausscheidet. Ebenso ist es bei dem fest angestellten Beamten. Er tritt aus der Organisation aus, weil er die erhöhte Beitragsleistung mit der Begründung ablehnt, er hätte in seiner Beamtenposition kein Interesse mehr an dieser Versicherung gegen die Gefahren der Stellungslosigkeit. Wird sich aber der Angestellte in „gesicherter Position" wie der Beamte erst darüber klar, daß die Stellenlosen-Unterstützung nicht nur eine persönliche Versicherung ist, sondern daß sie in dem oben ausgeführten Sinne eine Versicherung gegen die Gefahren bedeutet, die in Not geratene Arbeitskollegen heraufbeschwören, so wird er gar nicht mehr auf die Idee kommen, die Notwendigkeit zur Organisation von seiner mehr oder weniger gesicherten Existenz abhängig zu machen. Auch die „gesicherte Existenz" wird ganz naturgemäß beeinflußt von der wirtschaftlichen Entwicklung des Standes. Fällt aber als Folge großer Arbeitslosigkeit das Gehaltsniveau, dann wird auch der sich in fester Position Befindliche ebenso wie der Beamte davon betroffen. Einmal, weil eine zu große Differenzierung seines vielleicht auskömmlichen Gehaltes mit dem üblichen Durchschnittsgehalte für ihn immer eine Gefahr bedeutet, dann aber, weil die schlechten allgemeinen wirtschaftlichen Verhältnisse seines Standes ganz zweifellos auf sein persönliches Vorwärtskommen stagnierend einwirken müssen.

Wir müssen deshalb, so sehr die Stellenlosen-Unterstützung eine Rückversicherung für den Einzelnen selbst ist, uns doch mehr zu dem höheren Gesichtspunkt bekehren, daß sie eine Rückversicherung bedeutet für die unangenehmen Konsequenzen, die die Stellenlosigkeit anderer auf unsere wirtschaftliche Lage auszuüben vermag. In diesem Sinne müssen die 8 7 2 8 8,2 5 M, die unser Verband im vorigen Jahre an Stellenlosenunterstützungen gezahlt hat, auch gewertet werden. K. M.

*

Der Rechtsschutz

ist eine derjenigen Einrichtungen des Verbandes, die schon durch die außerordentliche Steigerung ihrer Inanspruchnahme den Beweis erbringen, daß ihre Schaffung ein dringendes Bedürfnis zur Vervollständigung der Selbsthilfeeinrichtungen gewesen ist. Während die Rechtsauskunft im Jahre 1906 noch in nur 355 Fällen in Anspruch genommen worden ist, mußten im vergangenen Jahre allein an schriftlichen Auskünften 1461 und an mündlichen 819 erteilt werden. Anspruch auf die kostenlose Rechtsauskunft hat jedes Mitglied vom Tage seines Eintrittes in den Verband ab, und es kann nicht dringend genug empfohlen werden, insbesondere dann von ihr Gebrauch zu machen, wenn es sich um das Eingehen eines Dienstverhältnisses, den Abschluß von Dienstverträgen und um die Vereinbarung von Konkurrenzklauseln und Erfinderschutzbestimmungen handelt.

Der Rechtsschutz kann den Mitgliedern nach einjähriger Mitgliedschaft gewährt werden, und umfaßt die Uebernahme der Kosten von Prozessen

a) in allen ohne Schuld des Mitgliedes aus seinem Dienstverhältnis erwachsenden Streitigkeiten,
b) in der Geltendmachung von Ansprüchen aus gesetzlicher Versicherung,
c) in den Fällen, in denen ein Mitglied durch öffentliche Betätigung für die Interessen des Verbandes in einen Rechtsstreit verwickelt wird.

Von welch außerordentlicher Bedeutung heute bereits der Rechtsschutz für die Verbandsmitglieder ist, mögen die in den nachfolgenden Tabellen zusammengestellten Zahlen beweisen.

Von 245 behandelten Rechtsschutzgesuchen 1913	Hiervon entfielen auf Instanz				Betrafen Mitglieder der Gruppe					Insgesamt
	I	II	III	Verwalt.-Streitverfahren	A	B	C	D	eigene Sache	
sind aus den Vorjahren übernommen	58	5	1	–	36	21	4	3	–	64
kamen neu hinzu . .	148	31	1	1	119	39	9	11	3	181
wurden erledigt durch Urteil	91	16	2	–	66	27	6	9	1	109
„ Vergleich . . .	38	2	–	–	27	9	2	–	2	40
„ Zurückziehung des Rechtsschutzes .	1	1	–	–	1	1	–	–	–	2
sind auf das Jahr 1914 übernommen	75	18	–	1	61	23	5	5	–	94
Zusammen	206	36	2	1	155	60	13	14	3	245

Die folgende Tabelle zeigt die Hauptgruppen von Rechtsfällen, unter die sich die vorkommenden Streitfragen einreihen lassen, die Beträge, um die es dabei ging, die erstrittenen Erfolge und die Beteiligung der im Verbande eingerichteten Mitgliedergruppen an der Inanspruchnahme des Rechtsschutzes.

In erledigten Rechtsschutzfällen wurden erstritten:

Gegenstand der Klage	für Mitglieder der Gruppe								Insgesamt	
	A*)		B*)		C*)		D*)			
	M	Pf	M	Pf	M	Pf	M	Pf	M	Pf
Rückständiges Gehalt . .	9766	30	225	–	105	–	–	–	10096	30
Gehalts-Anspruch wegen fristloser Entlassung (§ 113c d. G.-O.) . . .	3835	76	824	–	292	50	100	–	5052	26
Tantieme, Provision . .	800	–	1089	54	–	–	–	–	1889	54
Konventionalstrafen . .	–	–	1000	–	–	–	–	–	1000	–
Schadenersatz-Ansprüche aus § 133d d. G.-O. .	–	–	–	–	325	–	–	–	325	–
Rente, pensionsberechtigte Anstellung. . .	–	–	65250	–	37000	–	–	–	102250	–
Schadenersatz-Ansprüche als Beklagte	14270	–	–	–	–	–	–	–	14270	–
Verschiedenes	1435	80	1324	–	360	–	266	60	3386	40
Summe	30107	86	69712	54	38082	50	366	60	138269	50

Der gewerbliche Rechtsschutz

bildet die notwendige Ergänzung des allgemeinen Rechtsschutzes und rundet damit das Gebiet ab, aus dem überhaupt Rechtsfragen, welche die Berufsverhältnisse des Technikers betreffen, entstehen können. Die Aufgaben des gewerblichen Rechtsschutzes bestehen zunächst in der Beratung der Mitglieder in Fragen des Patent- und Erfinderrechtes. Dabei ist die Tätigkeit der Rechtsberatungsstelle in 145 Fällen in Anspruch genommen worden. Die Auskünfte erstrecken sich auf die grundsätzliche Belehrung über das Anmeldeverfahren, die Patentfähigkeit einer Erfindung und auf die Auslegung des geltenden Erfinderrechtes. Auch zur Durchführung von Patentanfechtungsklagen kann ein Kostenvorschuß in dringenden Fällen, wo es sich um die wirtschaftliche Uebervorteilung des Angestellten handelt, bewilligt werden.

*) Gruppe A = Privatangestellte im Baugewerbe, Gruppe B = Privatangestellte in der Industrie, Gruppe C = Techniker im Staatsdienst, Gruppe D = Techniker im Gemeindedienst.

Beschwerden

über unregelmäßige Zustellung der Zeitung sind, wenn sie bei dem zuständigen Postamt keinen Erfolg haben, **ausschließlich an die nachstehende Adresse zu richten.**

Deutscher Techniker-Verband
Abteilung V
Berlin, Wilhelmstraße 130.

Einbanddecken zur Deutschen Techniker-Zeitung

sind von der Firma Berliner Buchbinderei Wübben & Co., Berlin SW. 68, Kochstraße 60/61, zum Preise von 1 M für das Stück zuzüglich 50 Pfg. bezw. 25 Pfg. für Porto zu beziehen. Um den Anzeigenteil nicht mit einbinden zu lassen, sind zwei Rückenstärken (Decke A mit Anzeigen, Decke B ohne Anzeigen) zum gleichen Preise lieferbar. Bei Bestellungen ist anzugeben, ob Decke A oder Decke B gewünscht wird und für welchen Jahrgang.

Alle Anfragen und Anmeldungen

die das Erholungsheim betreffen, sind nur zu richten: **An das Erholungsheim des Deutschen Techniker-Verbandes in Sondershausen.**

Ansichtspostkarten vom Erholungsheim

20 verschiedene, je 5 Pfg., 100 Stück 5 M, sind durch Postanweisung zu beziehen durch Bürgermeister Burkhardt in Sondershausen. Der Ueberschuß fließt zur Heimkasse.

DEUTSCHE TECHNIKER-ZEITUNG

HERAUSGEGEBEN VOM DEUTSCHEN TECHNIKER-VERBANDE

Schriftleitung:
Dr. Hoefle, Verbandsdirektor. Erich Händeler, verantwortlicher Schriftleiter.

XXXI. Jahrg. 25. April 1914 Heft 17

Neutralität

Von Dr. HÖFLE-Berlin.

Es taucht immer wieder die Frage auf, welche Stellung der technische Angestellte zu der Gewerkschaftsbewegung der Arbeiter einzunehmen habe. In der Hauptsache sind es drei Fragen, die hier in Betracht kommen: 1. Wie sich der einzelne Techniker im Betriebe zu den verschiedensten Formen der Arbeitergewerkschaftsbewegung zu stellen hat; 2. wie er sich verhalten soll bei Streiks oder Aussperrung der Arbeiter; 3. das offizielle Verhältnis der Angestelltenorganisationen zu den Gewerkschaften der Arbeiter. Da die Meinungen über diese drei Fragen weit auseinandergehen, andererseits eine Klarstellung aus prinzipiellen Gründen erwünscht ist, dürfte eine kurze Besprechung der drei Punkte angebracht sein.

Bekanntlich gibt es in Deutschland keine einheitliche Gewerkschaftsrichtung der Arbeiterschaft. Es sind im wesentlichen politische Gesichtspunkte, die zur Differenzierung geführt haben. Es soll hier ununtersucht bleiben, wer die Verantwortung für die Zersplitterung trägt. Wenn auch die freien Gewerkschaften zahlenmäßig die andern Gewerkschaftsrichtungen weit überflügelt haben — stehen doch den $2^1/_2$ Millionen Freiorganisierten nur 380 000 Christliche und 120 000 Hirsch-Dunker gegenüber — so braucht wohl nicht betont zu werden, daß auch die christliche und Hirsch-Dunkersche Gewerkschaftsrichtung ihre Bedeutung haben. Der Techniker kommt nun in der Praxis mit Angehörigen der Arbeitergewerkschaften in Berührung. Daß der Techniker die Berechtigung und Notwendigkeit der Arbeiterorganisationen anerkennt und gegebenenfalls mit ihnen verhandelt, darüber wird sich wohl eine Diskussion erübrigen. So viel Logik dürfen wir wohl jedem Techniker zutrauen. Wenn es anders sein sollte, kann man das nur bedauern. Bei der prinzipiellen Anerkennung der Arbeiterorganisationen braucht der Techniker sich aber nicht als Werber, als Agitator der Arbeitergewerkschaften zu fühlen. Es wäre verkehrt, wenn der Techniker etwa offiziell auf unorganisierte Arbeiter einen Druck ausüben wollte, sie sollten sich ihrer Gewerkschaft anschließen. Die Entscheidung über den Anschluß an die Gewerkschaft muß er der Arbeiterschaft überlassen. Die Gewerkschaftsbewegung der Arbeiterschaft hat Mittel und Wege genug, an die Arbeitermassen heranzukommen. Schwieriger wird die Situation für den Techniker, wenn er in seinem Betrieb die verschiedensten Arten von Arbeitergewerkschaften hat, freie, christliche, Hirsch-Dunker nebeneinander. Es liegt leicht die Gefahr vor, daß er je nach seinem persönlichen Empfinden und seiner Zuneigung der einen Richtung besonders sympathisch gegenübersteht und diese durch allerhand Mittel zu fördern sucht. Das ist ein äußerst gefährliches Experiment. Der Techniker ist der Vertrauensmann aller Arbeiter. Wenn er eine Gewerkschaftsrichtung fördert, wird er bei der anderen böses Blut machen. Drum ist die strikteste Neutralität allen Gewerkschaftsformen gegenüber am Platze. Wie aber soll er sich zur gelben Bewegung stellen? Auch ihr gegenüber ist er im Betriebe neutral. Daß er innerlich in der gelben Bewegung überhaupt keine selbständige Arbeiterbewegung sieht und ihr ablehnend gegenübersteht, darüber brauchen keine Worte verloren zu werden. Einen Anschluß an einen gelben Werkverein wird er stets ablehnen.

Viel schwieriger liegen die Dinge bei Streiks und Aussperrung der Arbeiter. In Arbeitgeberkreisen hat sich die Meinung herausgebildet, daß der Techniker bei Streiks und Aussperrung der Arbeiter unter allen Umständen auf der Seite der Arbeitgeber stehen müsse. Man hält das für eine Selbstverständlichkeit. Fälle, wie sie in der D. T.-Z. von 1910 behandelt sind, und wie sie jetzt wieder im Berliner Steinmetzgewerbe vorgekommen sind (s. „Standesbewegung" in dieser Nummer) beweisen das deutlich. Damit soll der Techniker ein Zensor-, ein Schiedsrichteramt über die Berechtigung des Streiks oder der Aussperrung übernehmen. Allerdings legt ihn der Arbeitgeber ohne weiteres einseitig fest. Prinzipiell liegt aber in dem Verlangen der Arbeitgeber für den Techniker die jeweilige Fragestellung über einen ausgebrochenen Streik, über eine verhängte Aussperrung enthalten. Wie aber soll der Angestellte dieses Schiedsrichteramt ausüben können? Welche Merkmale und Motive sollen für sein Urteil maßgebend sein? Wie schwer ist es jeweils zu entscheiden, wer recht hat, ob Arbeiter oder Arbeitgeber. Ein Streik kann berechtigt sein, dann wäre Solidarität der Techniker dem Arbeiter gegenüber am Platze. Der Arbeitgeber wird natürlich anderer Meinung sein. Oder der Streik ist nicht berechtigt, dann ist Solidarität dem Arbeitgeber gegenüber gerechtfertigt. Die Arbeiterschaft wird selbstverständlich anders urteilen. Genau so liegen die Dinge bei der Aussperrung. Das ausgeübte Schiedsrichteramt wird den Techniker in die schlimmsten Situationen bringen müssen. Daher bleibt auch hier nur der Weg der Neutralität. Der Techniker untersucht bei einem Streik, einer Aussperrung nicht „wer hat recht", sondern er hält sich draußen. Diese Neutralität schließt aber vor allen Dingen die Ablehnung jeglicher Streikarbeit in sich. Der Techniker wird sich nicht als „Arbeitswilliger" gebrauchen lassen. Dadurch bricht er ja die so notwendige Neutralität bei Arbeitskämpfen. Der Techniker wird nur die Arbeit übernehmen, die ihm in seiner Eigenschaft als Techniker übertragen ist. Daß der Verband hinter seinen Mitgliedern in dieser Frage steht, ist selbstverständlich. In der Praxis ist gerade die Durchführung dieser Neutralität überaus schwierig, aber es handelt sich um eine Prinzipiensache.

Zur Frage 3 ist wenig zu bemerken. Unser Standpunkt in dieser Frage ist bekannt. Wir stehen auf dem Standpunkt der selbständigen Angestelltenbewegung, unabhängig von der Arbeiterbewegung. Nicht vielleicht aus Standesdünkel heraus, weil wir uns über die Arbeiterschaft erhaben fühlen, sondern weil die volkswirtschaftliche Stellung des Privatangestellten und die des Beamten eine andere ist als die des Arbeiters. Die volkswirtschaftliche Stellung des Technikers zeigt etwas Negatives, er nimmt eine Zwischenstellung zwischen Arbeiterschaft und Arbeitgeber ein. Das ist auch der Grund, daß wir das Wort „Gewerkschaft" nicht einfach in dem von der Arbeiterschaft gebrauchten Sinne zur Anwendung bringen können und unsere Taktik eine andere sein muß als die der Arbeiter. (S. Artikel Gewerkschaftliche Standesarbeit in Nr. 16 der D. T.-Z. von 1914.) Selbst wenn wir eine einheitliche Arbeitergewerkschaftsrichtung in Deutschland hätten, würden wir für eine unabhängige Angestelltenbewegung nach wie vor eintreten. Dann könnte höchstens ein Zusammenarbeiten in gewissen Fragen erfolgen, was ja heute bei der Zersplitterung der Arbeiterbewegung und infolge der politischen Neutralität des Verbandes nicht möglich ist. Neutralität zum dritten Male. Handeln wir darnach in der Praxis.

Vermessungstechniker und Deutscher Techniker-Verband

Wenn eine Anzahl von Berufsgenossen sich zusammenschließt, um mit vereinter Kraft das zu erstreiten, was dem Einzelnen versagt blieb und bleiben muß, so formuliert diese Vereinigung ihre Forderungen zu einem festumgrenzten Programm. Der Kampf der Berufsorganisation hat den Zweck, die wirtschaftliche und soziale Lage des gesamten Standes zu heben und zu festigen.

Auch uns Vermessungstechnikern liegt es sehr am Herzen, unsere Lage zu bessern. Wir alle wissen, woran unser Stand krankt, und wo die Wurzel des Uebels liegt, die ausgerottet werden muß, soll unser Stand gesunden. Es ist die Ausbildung des Einzelnen, die, nichts weniger als ideal, dringend der Vereinheitlichung bedarf. Wenn wir uns vor Augen halten, unter welchen Umständen heute die Ausbildung des Vermessungstechnikers erfolgt, welche Unmenge von Willenskraft der Einzelne aufwenden muß, um sich vorwärts zu bringen, so brauchen wir uns nicht zu wundern, daß so viele vor der Zeit flügellahm werden, die unter normalen Umständen eine Zierde unseres Standes hätten werden können. Unsere Ausbildung liegt sehr im Argen, soweit man heute überhaupt noch von einer solchen sprechen kann, denn dem Arbeitgeber ist es weit weniger um die Ausbildung des angenommenen Lehrlings zu tun, als um die Gewinnung einer billigen Arbeitskraft. Und selbst wenn Gelegenheit zur Ausbildung geboten ist, so kann sie doch nur höchst einseitig sein, da sie sich nur nach dem Arbeitspensum der einzelnen Lehrstelle richtet. Der Lehrling wird also im angenommenen Falle die vorkommenden Arbeiten beherrschen lernen, um nach beendeter Lehrzeit — wenn er, mit einem guten Zeugnisse bewaffnet, sich um eine andere Stellung bemüht — zu erfahren, wie viel ihm noch zum Vermessungstechniker fehlt. Da muß er notgedrungen zu dem Mittel der Selbsthilfe greifen und aus Büchern und anderen Lehrmitteln das zu erlernen suchen, was ihn befähigt, die ihm übertragene Stellung auszufüllen. Wäre jedoch eine Ausbildung vorhanden, die ihm die Theorie aller im Vermessungsfach vorkommenden Arbeiten — soweit für deren Erledigung der Techniker in Frage kommt — vermittelte, wie leicht wäre es da, auch Arbeiten sachgemäß zu erledigen, die ihm bisher praktisch nicht vorgekommen sind.

Hier Wandel zu schaffen, ist unsere erste Forderung: Vereinheitlichung unserer Ausbildung. Wir fordern Errichtung von Fachklassen an den staatlichen Baugewerk-Tiefbauschulen. Für die Aufnahme in diese Schulen wären Vorbedingung: dreijährige Lehrzeit im Vermessungsfache und Ablegung der Aufnahmeprüfung. Nach erfolgreichem Schulbesuch hätte der Schüler sich einer Abgangsprüfung zu unterziehen, mit deren Bestehen das Recht verbunden sein müßte, sich „geprüfter Vermessungstechniker" oder ähnlich bezeichnen zu können.

Eine weitere Forderung ist, diesen geprüften Vermessungstechnikern ein bestimmtes Arbeitsgebiet zu selbständiger Betätigung zuzuweisen. Hierauf näher einzugehen, liegt außerhalb des Rahmens meines Themas und dürfte reichlichen Stoff zu einem besonderen Artikel bieten. Wir sehen auch so ein schönes und reiches Arbeitsprogramm uns vorliegen und mögen wohl der Ueberzeugung sein, daß es noch einer Unmenge Mühe und Arbeit bedarf, um unsere Forderungen verwirklicht zu sehen.

Nach diesen Vorausschickungen käme ich zu meiner ersten Frage: Warum erscheint die Organisation der Vermessungstechniker im Deutschen Techniker-Verband zweckmäßig?

Kaum eine Berufsgruppe ist in organisatorischer Hinsicht so zersplittert, wie die der Vermessungstechniker. Die verschiedenen Verbände bieten eine reichliche Organisationsgelegenheit, aber selbst diese genügt manchem Kollegen noch nicht, wie dies durch die Versuche zur Gründung eines neuen Verbandes in Hannover bewiesen wird, wo sich leider Vermessungstechniker im Vordergrunde der Bewegung befanden, die die Zweckmäßigkeit einer Organisierung im Deutschen Techniker-Verbande nicht anerkennen wollten. Auch von seiten unserer Konkurrenzverbände ist wiederholt die Zweckmäßigkeit der Organisierung der Vermessungstechniker im Deutschen Techniker-Verband bestritten worden. So schreibt der Verband Deutscher Vermessungstechniker in seiner Zeitschrift vom 1. März 1913:

> „Bereits in Nr. 2 unserer Zeitschrift vom 1. Februar d. J. haben wir uns mit dem Deutschen Techniker-Verbande und seiner Vertretung unserer besonderen Interessen beschäftigen müssen. Es kann auch hier nur wieder festgestellt werden, daß der Vermessungstechniker eine geeignete Vertretung seiner Wünsche und Forderungen im Deutschen Techniker-Verbande u. E. nicht hat, und besser tut, dieselben einem eigenen, unabhängigen Verband anzuvertrauen."

Das ist nur eine Probe, wie man uns die Unzweckmäßigkeit unserer Organisation zu Gemüte führen möchte. Wie steht es aber in Wirklichkeit? Uns allen dürfte es klar sein, daß zur Erreichung gewisser Ziele durch die Organisation der gute Wille allein nicht genügt, sondern auch die Aufwendung materieller Mittel erforderlich ist. Da gilt es zunächst, umfangreiche Erhebungen über die Lage eines Standes anzustellen, das gewonnene Material zu sichten und statistisch zu verarbeiten usw. Das alles erfordert eine Unmenge Zeit und Geld, wie es sich eine kleine Organisation gar nicht leisten kann. Also schon ein Grund, sich einem großen, leistungsfähigen Verbande anzuschließen. Wenn nun aber das gesichtete und zusammengestellte Material vorhanden ist, dann heißt es zunächst, es bei den gesetzgebenden Körperschaften, wie Regierung, Reichstag und Landtag anzubringen. In jedem Falle wird dann von den Regierungsvertretern und Abgeordneten die Frage gestellt werden: Durch wieviel Mitglieder sind diese Eingaben unterstützt? Daß dann ein großer Verband mit dem Schwergewicht seines Einflusses auf das wirtschaftliche und öffentliche Leben mehr Eindruck macht, als ein kleiner, weiten Kreisen völlig unbekannter Verein, steht doch außer Frage.

Weiter darf man nicht vergessen, daß es auch eine Hauptaufgabe unseres Verbandes ist, den Technikerstand in seiner Gesamtheit zu heben, und da darf der Vermessungstechniker nicht abseits stehen; denn das würde nur zu seinem eigenen Schaden ausschlagen. Es wird so häufig von anderer Seite betont, was haben denn wir Vermessungstechniker mit dem Bau-, Maschinen-, Elektrotechniker usw. zu tun?

Nur unbegreifliche Kurzsichtigkeit kann solche Fragen stellen. Sind denn die Existenzbedingungen und Anstellungsverhältnisse andere, als bei den übrigen Technikern? Hat denn der Vermessungstechniker kein Interesse an Sonntagsruhe, Erfinderschutz, Beseitigung der Konkurrenzklausel, an einem einheitlichen Angestelltenrecht, Ausbau der Privatbeamtenversicherung usw.? Wer das leugnen wollte, der muß seine Augen dem Wirtschaftsleben gegenüber verschließen, dem ist nicht zu raten und auch nicht zu helfen. Wo sind denn bei den Wahlen zur Angestelltenversicherung unsere Konkurrenzverbände geblieben? Das ist eben die Folge der Eigenbrödelei, daß ihre Anhänger bei Fragen von außergewöhnlicher Bedeutung abseits stehen müssen.

Ich möchte an dieser Stelle nicht verfehlen, noch auf etwas anderes aufmerksam zu machen. Für uns Techniker kann nicht allein die Staatshilfe in Frage kommen, denn der Staat kann unmöglich alle seine Einzelglieder so versorgen, daß Wünsche nicht mehr übrig bleiben. Wo die Staatshilfe aufhört, da muß nun die Selbsthilfe eingreifen, denn diese beiden müssen sich gegenseitig ergänzen. Träger der Selbsthilfe in unserem Sinne ist die Organisation, und da lohnt es sich, auch dieser Seite der Zweckmäßigkeitsfrage einige Aufmerksamkeit zu widmen. Es muß Staunen erregen, wenn wir erfahren, daß unser Verband im verflossenen Jahre allein für Stellenlosenunterstützungen die ungeheure Summe von etwa 90000 M aufgewandt hat. Rechnet man noch die Aufwendungen für Rechtsschutz und Unterstützungen hinzu, so ergibt sich die Summe von 147 000 M. Das ist nahezu ein Viertel der Gesamteinnahme aus Mitgliederbeiträgen, eine Leistung, die wohl einzig dasteht. Da muß man sich doch die Frage vorlegen: Kann eine unserer Konkurrenz-Organisationen annähernd etwas Gleiches bieten?

Das sind so einige Gründe (erschöpfend läßt sich dieses Thema wohl kaum behandeln), die für die Zweckmäßigkeit der von uns gewählten Organisationsform sprechen, und ich darf wohl annehmen, daß kein Vermessungstechniker nach Erwägung des Gesagten zu einem anderen Schlusse gelangen könnte.

Die angeführten Gründe sprechen aber gegen die Zweckmäßigkeit einer anderweitigen Organisierung der Vermessungstechniker! Nun noch einiges zu der zweiten Frage: In welcher Weise vertritt der Deutsche Techniker-Verband die Forderungen der Vermessungstechniker?

Auch hier ist die Zuständigkeit unseres Verbandes bezweifelt und bestritten worden. So machte seinerzeit der Berliner Vermessungstechniker-Verein, der in dem Verbande Deutscher Vermessungstechniker aufgegangen ist, seinen Austritt aus dem Deutschen Techniker-Verbande in einem Aufruf an alle Vermessungstechniker Deutschlands in folgender Form klar:

„Die Gründe für die ablehnende Haltung dem Deutschen Techniker-Verbande gegenüber waren:

1. die hohen Beiträge, für die dem Vermessungstechniker nicht genügend geboten wurde, und die veranlaßten, daß es nicht mehr möglich war, die noch größtenteils fernstehenden Vermessungstechniker für den Verein zu gewinnen;
2. daß die Vertretung der Interessen der Vermessungstechniker durch die dem Fach fernstehenden Mitglieder des Verbandsvorstandes nicht mit der Hingabe erfolgen konnte, die bei den noch völlig ungeregelten Verhältnissen erwünscht gewesen wäre;
3. daß gerade durch den Anschluß an den Deutschen Techniker-Verband eine Verflachung für die eigenen Interessen bei den Vermessungstechnikern eingetreten ist, soweit sie dem genannten Verbande angehörten und noch angehören."

Punkt 1 dürfte schon durch das Vorhergesagte erledigt sein. Zu Punkt 3 sei nur kurz erwähnt, daß eine Verflachung der eigenen Interessen nur dann eintreten kann, wenn diese Interessen von den Interessenten selbst preisgegeben werden, mithin die Schuld für die eingetretene Verflachung der damaligen Leitung des Berliner Vereins überlassen bleiben muß.

Was Punkt 2 anbelangt, so sei zunächst festgestellt, daß dieser Satz nur aus gänzlicher Unkenntnis der in unserem Verbande bestehenden Verhältnisse geschrieben werden konnte. Wir alle wissen, daß unsere besonderen Interessen im Deutschen Techniker-Verband nicht durch dem Fach fernstehende Mitglieder des Verbandsvorstandes, sondern durch Fachkollegen, die Abteilung der Vermessungstechniker, vertreten werden. Diese Abteilung hat die Bearbeitung sämtlicher uns interessierenden Fragen in Händen und ist eigens zu diesem Zwecke im Jahre 1909 eingerichtet worden. Ferner hat sie dem Verbandsvorstand in allen Fragen vermessungstechnischen Charakters mit Rat und Tat zur Seite zu stehen. Also kann von einer Vertretung unserer Sonderinteressen durch Uneingeweihte absolut keine Rede sein. Die Vertretung der vermessungstechnischen Sonderinteressen durch die Abteilung der Vermessungstechniker ist durch eine besondere Geschäftsordnung geregelt, die die Genehmigung des Gesamtvorstandes des Verbandes gefunden hat.

Sehen wir uns zunächst nun einmal an, was die Abteilung seit ihrem Bestehen für unsere Interessen geleistet hat. Es sind im Laufe der Zeit eine ganze Anzahl Eingaben gemacht worden, von denen ich folgende besonders nennen möchte:

1. Eingabe an den Minister der öffentlichen Arbeiten um Besserstellung und Regelung der Titelfrage der bei der Preußisch-Hessischen Staatseisenbahn angestellten Vermessungstechniker.
2. Denkschrift an den Reichstag über die von den vereideten Landmessern geforderte Abänderung der §§ 6, 29, 36 und 147 der Gewerbeordnung.
3. Eingabe an das Ministerium für Handel und Gewerbe um Errichtung von staatlichen vermessungstechnischen Fachschulen.
4. Eingabe an die Immediatkommission zur Regelung des Vermessungswesens in Preußen.
5. Eingabe an den deutschen Städtetag, unsere Eingabe auf Errichtung von Fachklassen für Vermessungstechniker an den staatlichen Baugewerk-Tiefbau-Schulen unterstützen zu wollen.
6. Weiter ist noch zu nennen die in jüngster Zeit erfolgte Eingabe an den Minister für öffentliche Arbeiten zur Ausdehnung der Verfügung vom 23. 10. 1913 auf alle bei den Königlichen Wasserbau-Verwaltungen beschäftigten Vermessungstechniker.

Es genügt ja nun allerdings nicht, daß Eingaben gemacht werden, sondern man möchte auch gerne Erfolge sehen. Daher ist ist es wohl angebracht, etwas über das Schicksal unserer Eingaben mitzuteilen.

Zu 1. sei bemerkt, daß infolge dieser Eingabe eine Verfügung des Ministers der öffentlichen Arbeiten erlassen wurde, nach der die Vermessungstechniker zu allen Außenarbeiten, ausschließlich Fortschreibungsvermessungen, herangezogen werden sollten. Ebenso erfuhren die Gehalts- und Anstellungsverhältnisse dieser Beamten in der Folgezeit eine wesentliche Besserung.

Unsere Eingabe um Abänderung der Gewerbeordnung wurde auf Empfehlung der Petitionskommission des Reichstages vom Plenum dem Herrn Reichskanzler als Material überwiesen.

Die Eingabe an den deutschen Städtetag ist dem Vorstande dieser Körperschaft zur Berücksichtigung überwiesen worden.

Die Eingabe an die Immediatkommission ist noch nicht zur Entscheidung gelangt, doch steht auch hier ein günstiges Resultat zu erhoffen.

Auf die Eingabe an den Minister für Handel und Gewerbe um Errichtung von Fachklassen für Vermessungstechniker an den staatlichen Baugewerk-Tiefbau-Schulen wurde uns aufgegeben, die Bedürfnisfrage nachzuweisen. Hieraufhin haben wir zunächst eine umfangreiche Rundfrage veranstaltet, um Material zu sammeln. In den an fast alle Behörden und Private, die Vermessungstechniker beschäftigen, verschickten Fragebogen war u. a. die Frage gestellt, ob ein Bedürfnis zur besseren Ausbildung der Vermessungstechniker vorliege und weiter, ob diese zweckmäßig an besonders einzurichtenden Schulen erfolgen müsse. Die hierauf eingegangenen Antworten haben ein außerordentlich günstiges Resultat gehabt, denn die von uns gestellten Fragen wurden zu etwa 85% mit „ja" beantwortet. Daß sich eine solche Rundfrage nicht in kurzer Frist durchführen läßt, liegt auf der Hand, ebenso beansprucht die Bearbeitung des eingegangenen Materials eine ganze Menge Zeit. Die Rundfrage ist abgeschlossen und die Bearbeitung bereits erfolgt. Auf Grund des zusammengetragenen Materials wurde eine erneute Eingabe an den Minister für Handel und Gewerbe ausgearbeitet und vor kurzem abgesandt.

Wir sind aber noch weiter gegangen; um unserer neuen Eingabe von vornherein die Wege zum Erfolge zu ebnen, haben wir mit einflußreichen Persönlichkeiten Fühlung genommen und deren Sympathie für unsere Bestrebungen gewonnen. Ohne allzu optimistisch zu sein, dürfen wir wohl eine baldige befriedigende Lösung dieser uns so sehr interessierenden Frage erhoffen.

Im Vorhergegangenen habe ich in knappen Zügen gezeichnet, in welcher Weise der Deutsche Techniker-Verband unsere Spezialinteressen vertritt, und hiernach dürfte es wohl niemanden mehr zweifelhaft sein, daß diese Interessenvertretung eine vollwertige ist. Wenn ich nun die Frage stelle, was andere Verbände bis heute für uns Vermessungstechniker geleistet haben, dann wird man die Antwort darauf schuldig bleiben müssen. Ich verkenne nicht, daß der Verband vermessungstechnischer Beamten für die Kollegen der Katasterverwaltung sehr schöne Erfolge erzielt hat, die wir ihm gern gönnen. Aber für die übrigen Vermessungstechniker sich in so weitgehendem Maße zu bemühen, wie dies unser Verband bisher getan hat und auch weiter tun wird, das kann sich ein kleiner Verband gar nicht leisten.

Danken wir unserem Verbande die Mühen und Arbeiten durch rege Teilnahme an allen Veranstaltungen, pünktlichen Besuch der Versammlungen und durch energische Mitarbeit.

Die beste Organisation ist leistungsunfähig, wenn nicht alle ihre Angehörigen mitarbeiten, denn die Gleichgültigkeit der Organisation gegenüber lähmt deren Arbeits- und Offensivkraft.

Suchen wir also unsern Verband auch zu unterstützen durch Werbung aller noch außerhalb stehenden Kollegen, denen die Nützlichkeit und Notwendigkeit des Beitritts zum D. T.-V. durch Ueberlassung dieser Nr. unserer Zeitung besonders vor Augen geführt werden muß. Auch diese werden später mit Genugtuung sagen können: Auch ich habe mein Teil zu den Erfolgen beigetragen, als Mitglied des Deutschen Techniker-Verbandes.

M. Schmitz, Essen.

SOZIALPOLITIK

Für das Koalitionsrecht!

Im Württembergischen Landtag fand ein Antrag der sozialdemokratischen Fraktion eine einstimmige Annahme, nach dem bei Vergebung der staatlichen Lieferungen Angebote von Unternehmern unberücksichtigt bleiben, die ihren Arbeitern und Angestellten nicht eine völlige Koalitionsfreiheit gewähren. In dieser Sitzung wurde ferner beschlossen, daß diejenigen Unternehmer bei der Zuschlagserteilung den Vorzug erhalten sollten, die die günstigeren Arbeitsbedingungen böten. Bislang schon wiesen die von der württembergischen Regierung erlassenen Bestimmungen die gleichen Vorschriften auf, nach denen Betriebe mit besonders ungünstigen Arbeitsbedingungen bei der Vergebung ausgeschlossen sein sollten. Hierzu soll nunmehr die Bevorzugung der Betriebe mit den günstigeren Arbeitsbedingungen kommen.

Der Beschluß des württembergischen Landtags ist lebhaft zu begrüßen. Württemberg ist der erste Staat, der in so entschiedener Weise für die Wahrung der Koalitionsfreiheit der Angestellten und Arbeiter eintritt und den Unternehmern gegenüber, die sich um Staatsaufträge bewerben, diese Rechte noch besonders unterstreicht.

ANGESTELLTENFRAGEN

Der Allgemeine Verband der deutschen Bankbeamten

jene gewerkschaftliche Organisation der Angestellten des Bankgewerbes, deren Gründung im Jahre 1912 erfolgte, hat an den beiden Osterfeiertagen seinen 2. Verbandstag in Berlin abgehalten. Die Entwicklung des jungen Verbandes scheint gute Fortschritte zu machen. Wenn auch über seine Mitgliederzahl aus den uns vorliegenden Berichten, allerdings nur Zeitungsnotizen, nichts zu ersehen ist, so erfährt man doch, daß aus zahlreichen Orten des Deutschen Reiches Vertreter zur Tagung erschienen waren. Der gewerkschaftliche Gedanke hat jedenfalls im Bankfach festen Fuß gefaßt, ein Umstand, der bereits den älteren „Deutschen Bankbeamten-Verein" veranlaßt hat, einige wichtige Reformen einzuführen. Der Allgemeine Verband hat, wie unsere Leser wissen, von Anfang an gegen die Bankkapitalisten hart zu kämpfen gehabt, doch konnte der Geschäftsbericht des Verbandssekretärs Marx (Berlin) feststellen, daß das brutale Vorgehen gewisser Banken, die mit Maßregelungen von Mitgliedern des Verbandes der ihnen unerfreulichen Bewegung entgegentreten wollten, das Solidaritätsgefühl der Bankbeamten nur gestärkt habe. Der Widerstandsfonds, der nur aus freiwilligen Beiträgen gespeist wird und ausschließlich zur Unterstützung gemaßregelter Mitglieder dient, ist in der kurzen Zeit von weniger als 2 Jahren auf über 50000 M angewachsen. In Anbetracht dieses erfreulichen Opfermutes der Mitglieder konnte der Verbandstag, der im übrigen dem Geschäftsführenden Vorstand Anerkennung für seine Tätigkeit zollte und sein Vertrauen aussprach, den sehr bemerkenswerten Beschluß fassen, die Maßregelungsunterstützung, die in voller Höhe des Gehaltes bisher auf ein halbes Jahr gewährt wurde, ein ganzes Jahr hindurch zu zahlen. Die nächsten Aufgaben des Verbandes umriß Marx unter Hinweis auf die im Vordergrund stehende Gehaltsfrage, ferner auf die Frage der Urlaubsregelung, der Beschäftigung von Lehrlingen und pensionierten Staatsbeamten (!) und schließlich auf die vermehrte Heranziehung weiblicher Kräfte zum Bankfach. Eine vom Verbandstag einstimmig angenommene Resolution erhebt nachdrücklichen Protest gegen die Haltung des Bankdirektors v. Gwinner in der Generalversammlung der Deutschen Bank und gibt gegenüber der dort kund gewordenen Herabsetzung der gewerkschaftlichen Organisation der Ueberzeugung Ausdruck, daß der gewerkschaftlichen Idee die Zukunft gehört. In einer zweiten, ebenfalls einstimmig gefaßten Entschließung wurde gegen den vom Industrierat des Hansabundes geplanten Anschlag auf das Koalitionsrecht, den der geforderte „Arbeitswilligenschutz" bedeute, Stellung genommen und die Mitgliedschaft im Hansabunde als eines Angestellten unwürdig erklärt. Die sozialpolitischen Forderungen der Angestellten behandelte ein Referat von Emonts (Berlin), das in eine dritte Resolution ausklang, in der grundsätzlich eine Vereinheitlichung und Reform des Arbeitsrechtes verlangt wurde. Was die Verbesserung des geltenden Rechtes anbelangt, so mißbilligt, wie die Entschließung besagt, der Verband die von der Regierung und den Mehrheitsparteien des Reichstages eingenommene Haltung in der Beratung der Gesetzentwürfe über die Konkurrenzklausel und Sonntagsruhe im Handelsgewerbe und verlangt die vollständige Abschaffung des Wettbewerbsverbotes und jeglicher Sonntagsarbeit. Ferner fordert die Entschließung Ausbau und freiheitliche Gestaltung des Koalitionsrechtes, Einführung einer Reichsarbeitslosenversicherung und erhebt im Gegensatz zu dem von der Regierung proklamierten Stillstand der Sozialpolitik den Ruf nach kraftvoller Förderung. Diese und eine weitere Entschließung, die den Vorstand trotz anfänglicher Meinungsverschiedenheiten besonders dazu auffordert, den gewerkschaftlichen Charakter des Verbandes auch weiterhin hervorzukehren, wurden einstimmig angenommen. Der bisherige Vorstand und auch der Geschäftsführer Marx wurden ebenfalls einstimmig wiedergewählt. Mf.

BEAMTENFRAGEN

Der wichtige Grund

Nach § 9 des Versicherungsgesetzes für Angestellte sind die in Betrieben oder im Dienste des Reiches, eines Bundesstaates, eines Gemeindeverbandes, einer Gemeinde oder eines Trägers der reichsgesetzlichen Arbeiter- oder Angestelltenversicherung Beschäftigten versicherungsfrei, wenn ihnen Anwartschaft auf Ruhegeld und Hinterbliebenenrenten im Mindestbetrage nach den Sätzen einer vom Bundesrat festzusetzenden Gehaltsklasse gewährleistet ist; dabei ist das Durchschnittseinkommen der betreffenden Beamtenklassen zu berücksichtigen.

Ob eine Anwartschaft als gewährleistet anzusehen ist, entscheidet für die im Reichsdienst oder bei der reichsgesetzlichen Arbeiter- oder Angestelltenversicherung Beschäftigten der Reichskanzler, im übrigen die zuständige oberste Verwaltungsbehörde des betreffenden Bundesstaates. Die Ausübung der durch das Gesetz ihm übertragenen Entscheidungsbefugnis hat der Reichskanzler auf die einzelnen Ressorts der Reichsverwaltung übertragen. Diese haben durch getrennte Verfügungen dann nähere Vorschriften für die Durchführung der gesetzlichen Bestimmungen gegeben, sind dabei aber auf die dienstlichen und organisatorischen Sonderverhältnisse ihres Verwaltungsbereiches so sehr eingegangen, daß von einer einheitlichen Rechtsstellung der in Betracht kommenden Angestellten, insbesondere der bei den Verwaltungsbehörden ja immer aus der Schablone fallenden Techniker, kaum noch die Rede sein kann.

Noch bedenklicher aber gestaltet sich die durch die dehnbaren Begriffsfestsetzungen im Gesetz an sich schon bestehende Rechtsunsicherheit für die im Gemeindedienst Beschäftigten. Als erschwerendes Moment tritt hier zunächst noch die Verschiedenartigkeit der landesgesetzlichen Bestimmungen und damit auch der bodenständigen Auffassung über den Umfang des den Angestellten und Beamten zu erweisenden sozialen Entgegenkommens hinzu. Damit wäre für die bei der praktischen Durchführung des Gesetzes zu erwartenden Entscheidungen eine Buntscheckigkeit gesichert gewesen, die unseres Erachtens auch den weitgehendsten partikularistischen Bedürfnissen genügt hätte, wann man ganz bescheiden berücksichtigen will, daß es sich doch im Grunde um ein einheitliches Reichsgesetz handelt.

Nun haben aber leider diese in den politischen Verhältnissen begründeten Mängel des Gesetzes noch eine ganz wesentliche Verschlechterung dadurch erfahren, daß das Preußische Ministerium des Innern die Entscheidungen für die Angestellten im Gemeindedienst den Kommunal-Aufsichtsbehörden übertragen und damit die Einheitlichkeit noch weiter durchbrochen hat. Das erscheint um so gefährlicher, als durch den maßgebenden Erlaß des Ministeriums vom 23. November 1912 noch ein weiterer dehnbarer Begriff den Entscheidungen unterlegt wird, der Begriff des „wichtigen Grundes" für die Kündigung.

Der Erlaß sagt nämlich, daß bei dem auf Kündigung Angestellten die Anwartschaft gewährleistet gilt, wenn folgende Bedingungen erfüllt sind:

a) Die Kündigung muß von dem Vorhandensein eines wichtigen Grundes (vergl. § 626 B. G. B.) abhängig gemacht sein.

b) Falls für die Entscheidung darüber, ob ein wichtiger Grund vorliegt, der Rechtsweg ausgeschlossen ist, muß in anderer Weise dafür gesorgt sein, daß diese Entscheidung nicht lediglich dem Ermessen des zur Kündigung berufenen kommunalen Organes endgültig überlassen bleibt. Es muß vielmehr dem Betroffenen die Möglichkeit offen stehen, durch Anrufung einer außerhalb der Kommune stehenden Instanz eine Nachprüfung zu erreichen.

Den Gemeinden ist nun anheimgestellt, entweder die Regierungspräsidenten, die Kreisausschüsse oder auch den Vorstand des Deutschen Städtetages als Nachprüfungs-Instanz festzusetzen. Daß bei dieser Verschiedenartigkeit der Beschwerdeinstanzen, bei der außerordentlich großen Zahl derselben und dem Fehlen jeder weiteren zentralen Berufungsinstanz — der ordentliche

Rechtsweg wird in den meisten Fällen von vornherein ausgeschlossen — die widersprechendsten Entscheidungen herauskommen werden, ist nach den Erfahrungen, die auf dem Gebiete der Rechtspflege mit den Entscheidungen der unteren Gerichtsinstanzen vorliegen, mit Sicherheit zu erwarten.

Das ist nach dem, was bisher über die Auslegung des § 626 B. G. B. von den in Betracht kommenden Stellen bekannt geworden ist, sehr zu bedauern. Es sind Angestellte, die für versicherungsfrei erklärt sind, gekündigt worden nicht etwa aus Gründen, die in ihrer Person lagen, die sie selbst verschuldet hatten, sondern aus Gründen, auf deren Entstehung und Geltendmachung sie nicht den geringsten Einfluß hatten. Wenn z. B. bei der Anwendung des § 626 B. G. B. wenigstens die nach den vorliegenden Entscheidungen der oberen Gerichtsinstanzen maßgebenden Momente — Vertrauensbruch, Zerrüttung der Vermögensverhältnisse, Vorbestrafungen, Trunkenheit, unsittliches Verhalten, Beleidigungen, berufliche Unfähigkeit usw. — im Vordergrund stehen bezw. allein geltend sein würden, könnte man ja zunächst ruhig der Entwicklung der Rechtspraxis entgegensehen. Da aber bereits Kündigungen vorliegen, die wegen vorübergehendem Mangel an Beschäftigung in irgendeiner Dienststelle der in ihren vielseitigen Betrieben an anderer Stelle reichlich beschäftigten Marineverwaltung ausgesprochen und vom Reichsmarineamt für gültig erklärt wurden, da ferner Gemeinden ihre auf Privatdienstvertrag beschäftigten und durch Gemeindebeschluß von der A. V. befreiten technischen Angestellten wegen Mangel an Etatsmitteln oder vorübergehendem Mangel an Beschäftigung gekündigt und sie damit nicht nur um die durch diesen Beschluß gewährleistete Anwartschaft auf Ruhegeld und Hinterbliebenenrenten, sondern auch noch um die Ansprüche gebracht haben, welche diese Angestellten sich wenigstens in der A.V. seither hätten erwerben können, dann muß doch ernstlich erwogen werden, ob ein solcher Rechtszustand sich einbürgern darf. Uns scheint eine klare Stellungnahme der obersten Verwaltungsbehörden und eine entsprechende Anweisung an die zur Entscheidung berufenen Stellen dahingehend unbedingt erforderlich, daß bei Anwendung des § 626 B. G. B. unter allen Umständen nur solche Gründe als wichtige anerkannt werden dürfen, die in der Person des zu Kündigenden liegen und daß sie dem Angestellten zu seiner Rechtfertigung bezw. zur Begründung seines Einspruches eingehend darzulegen sind.

Erfreulicherweise hat eine Beschwerdeinstanz, die eine Entscheidung über die Kündigung von 7 auf Privatdienstvertrag angestellte Techniker in einer Berliner Vorort-Gemeinde zu fällen hatte, denen wegen ungünstiger Finanzverhältnisse und der dadurch bewirkten Zurückhaltung in der Ausführung der eigenen baulichen Arbeiten der Gemeinde gekündigt war, dahin entschieden, daß ein wichtiger Grund zur Kündigung in solchen Verhältnissen nicht erblickt werden könnte. Die Gemeinde wurde veranlaßt, die ausgesprochenen Kündigungen sämtlich zurückzunehmen.

So erfreulich an sich diese einzige uns bisher bekannt gewordene Entscheidung ist, so halten wir doch die Bedenken, die gegen die jetzt allein mögliche Regelung aufkommender Differenzen bestehen, voll und ganz aufrecht. Wir sind dazu umsomehr berechtigt, als uns an zuständigster Stelle, und zwar im Ministerium des Innern selbst, erklärt worden ist, daß man dort nicht geneigt sei, so weit wie wir mit unserer Definition des wichtigen Grundes zu gehen, und daß man z. B. eine organisatorische Aenderung der betreffenden Dienststelle, durch die einzelne Angestellte überflüssig würden, tatsächlich als einen hinreichend wichtigen Grund für die Kündigung versicherungsfrei erklärter Angestellter ansehen würde. Das bedeutet eine Schlechterstellung dieser Angestellten ihren Kollegen in Privatstellungen gegenüber, die der Gesetzgeber sicherlich nicht gewollt hat und die auch wir unter keinen Umständen als billige und gerechte Lösung der Interessengegensätze zwischen den Behörden und den Angestellten ansehen können. Lz.

STANDESFRAGEN

Die Lage der Militärbautechniker

Schon seit Jahren haben die bei der Heeresverwaltung beschäftigten Militärbautechniker Grund zu einer Fülle von Klagen. Unwürdige Behandlung, ungenügende Bezahlung, Zwang zur Leistung von unbezahlten Ueberstunden, Unsicherheit in der Dauer der Stellung waren mit die Hauptursachen. Es kam im Herbst 1912 die neue Wehrvorlage und mit ihrer Bewilligung für die Heeresverwaltung der Zwang zur Einstellung neuer technischer Hilfskräfte. Bei der starken Nachfrage war es selbstverständlich, daß die Gehälter in die Höhe gingen, und unter 200 M, gewiß ein bescheidener Satz, leistungsfähige Techniker nur schwer zu finden waren.

Aber diese Höhe der Gehälter, die über den üblichen Satz um 20 bis 30 M hinausging, wurde von den Bauämtern der Heeresverwaltung weidlich ausgenutzt. Unter der Flagge der Dringlichkeit der Arbeiten wurden von dem Techniker täglich drei bis vier Ueberstunden verlangt. Bitten um Bezahlung wurden abgewiesen unter Hinweis auf die „hohen Gehälter“. Eine Eingabe des Verbandes hatte keinen Erfolg, man versuchte aber durch Vernehmungen den Urheber zu ermitteln.

Im Winter 1913 erhielten wir aus einer Garnisonstadt des Ostens die Nachricht, daß den Technikern dort Gehaltsabzüge drohten. Nach Eingang des Materials stellte es sich heraus, daß ein jüngerer Regierungsbaumeister seinen Untergebenen mitgeteilt hatte, die Intendantur bemängele die Höhe der in seinem Bauamt gezahlten Gehälter, und er sehe sich genötigt, die Gehälter um 20 bis 40 M zu erniedrigen. Wer damit nicht einverstanden sei, habe die Kündigung zu erwarten. Auch die Bauverwaltung habe die Pflicht, jede günstige Konjunktur auszunutzen, und da jetzt ein Ueberangebot von Arbeitskräften vorhanden sei, müsse eben billiger gearbeitet werden.

Diese Maßnahme war um so unverständlicher, als etwa drei Monate vorher ein Teil der jetzt mit der Kündigung Bedrohten bis zu 20 M pro Monat Zulage erhalten hatte. Eine Anzahl unserer Kollegen kündigte selbst und trat in andere Stellungen ein. Um festzustellen, wie weit die Herabsetzung der Gehälter beabsichtigt sei, wurden unsere Vertrauensorgane am Orte bei der zuständigen Intendantur vorstellig und sie erhielten dort den Bescheid, daß die Intendantur die Maßnahmen des Herrn Regierungsbaumeisters nicht billige. Eine Beschwerde an das Kriegsministerium wurde als unbegründet zurückgewiesen.

Ein Kollege, der von der Gehaltsreduzierung am ehesten betroffen wurde, erhielt vom Verband Gemaßregeltenunterstützung. Die Standhaftigkeit dieses Kollegen sollte aber gerade dazu dienen, gewisse Uebungen der Vorsteher einzelner Bauämter in das hellste Licht zu setzen. Der betreffende Kollege war einer der tüchtigsten Arbeiter des Herrn Regierungsbaumeisters. Um nun diese Kraft für sich zu erhalten, traf der Herr Baumeister Maßnahmen, die man nicht mehr als einwandfrei bezeichnen kann. Nicht allein, daß der Kollege, weil er für sich das Recht in Anspruch nahm, über die Bewertung seiner Arbeitskraft selbst zu entscheiden, auf die schwarze Liste gesetzt wurde, nein, der Herr Baumeister nahm auch Veranlassung, als von einer Stadtgemeinde Auskunft über die Leistungen des Kollegen von ihm eingeholt wurde, folgendes zu berichten: „Herr .... hat von mir, unter Ausnutzung meiner Notlage, eine Gehaltserhöhung erpreßt.“

Ist schon die Erklärung des Herrn Baumeisters, die Militärbaubehörde nutze die Konjunktur aus, bei einem vergrößerten Angebot von Arbeitskräften könne man es ihr nicht übel deuten, wenn sie versuche, die Gehälter zu erniedrigen, sehr eigenartig, so ist das zuletzt geschilderte Verhalten des Herrn Baumeisters überhaupt nicht mehr mit einem parlamentarischen Ausdruck kennzeichnen.

Aber noch eine andere Maßnahme ist geeignet, die Arbeitslust der bei der Heeresverwaltung beschäftigten Techniker herabzudrücken. Es ist bei einzelnen Bauämtern üblich, Gehaltserhöhungen überhaupt nicht zu bewilligen. An Stelle dessen müssen die betreffenden Kollegen vier Wochen vorher kündigen und dann ein Gesuch einreichen, daß sie sich jetzt mit einem Mehrgehalt von soundsoviel Mark zur Arbeitsleistung anbieten. Wird der neue Vertrag mit dem erhöhten Gehalt nicht getätigt, dann ist der Kollege am Schluß des Monats stellungslos. Bewirbt er sich aber um eine neue Stellung und erhält eine solche, und auch die Militärbehörde bewilligt ihm den neuen Arbeitsvertrag, dann muß er entweder in der neuen Stellung vertragsbrüchig werden, oder er wird von der Militärbehörde nie wieder eingestellt. Auf jeden Fall ist aber der Kollege im Nachteil. Man muß diese Zustände geradezu als mittelalterlich bezeichnen. Es ist hohe Zeit, daß sich alle Militärtechniker in unserm Verband zusammenschließen, um gemeinsam für ein einheitliches Beamtenrecht zu kämpfen. Kr.

STANDESBEWEGUNG

Techniker und Diplom-Ingenieure

Der Jahresbericht des Verbandes Deutscher Diplom-Ingenieure, der in Heft 7 seines Verbandsorgans soeben erschienen ist, ergeht sich diesmal in düsteren Prophezeiungen. Mit wahrhaft seherischer Begabung hat nämlich der Geschäftsführer des Verbandes, Dipl.-Ing. Dr. Lang, herausgefunden, daß der Zerfall der Angestelltengewerkschaften sicher ist. „Die Zukunft gehört", wie der Berichterstatter weiterhin schreibt, „den sogenannten „alten" Verbänden, den „Harmonie"-Verbänden, also Verbänden von der Art des Verbandes Deutscher Diplom-Ingenieure oder des Deutschen Werkmeister-Verbandes (!) und früher (!) auch des Deutschen Techniker-Verbandes". Daß der Verband Deutscher Diplom-Ingenieure sich selbst zu den „Harmonie"-Verbänden zählt, soll vielleicht ehrlich klingen, seine frühere Haltung bei Konfliktsfällen der technischen Angestellten hat aber gezeigt, daß er unter „Harmonie" doch noch etwas anderes versteht, als ein friedliches Nebeneinanderbestehen von Selbständigen und Angestellten in einem Verbande, wie z. B. im Verein Deutscher Ingenieure. Wir erinnern nur daran, daß der Verband Deutscher Diplom-Ingenieure es fertig gebracht hat, anläßlich des Konfliktes der Berliner Eisenkonstrukteure den technischen Angestellten in den Rücken zu fallen, eine Tatsache, die mit in erster Linie zum Scheitern der Bewegung geführt hat. Die „frühere" Organisationsform des Deutschen Techniker-Verbandes war denn doch etwas anderes, als es der Verband Deutscher Diplom-Ingenieure jetzt in der Rolle eines Helfers des Scharfmachertums unter den Arbeitgebern ist.

Ohne einen Schimmer des Beweises wird dann in dem Bericht, mit dessen schön überschriebenem Abschnitt „Der gewerkschaftliche Klassenkampf" wir uns etwas beschäftigen wollen, die Behauptung aufgestellt, gerade die letzten Jahre hätten gezeigt, daß für die Diplom-Ingenieure durch die gewerkschaftliche Politik nichts erreicht, wohl aber so gut wie alles preisgegeben wird. Schon die Zusammensetzung des Verbandes Deutscher Diplom-Ingenieure, der in der Hauptsache aus Patentanwälten, festangestellten Beamten, Hochschullehrern usw. besteht, beweist, daß ihm ein Urteil über den Wert der gewerkschaftlichen Standespolitik nicht zukommt. Wenn der Verfasser des Berichts einen rechten Begriff von der „gewerkschaftlichen" Arbeit der Technikerverbände hätte, würde er nicht die Phrase vom „Klassenkampf" damit in Zusammenhang gebracht haben. Die gleiche Unkenntnis der wirtschaftlichen Verhältnisse geht aber auch aus der weiteren Behauptung hervor, daß es als der Sitte widersprechend empfunden wird, den jungen Diplom-Ingenieuren ein Gehalt zu bieten, das ihrer Vorbildung nicht entspricht. Würde sich wirklich diese Erkenntnis in immer weiteren Kreisen Bahn brechen, wie Dr. Lang behauptet, so wären wohl solche Stellenangebote und -Gesuche nicht so häufig aufzufinden, wie wir sie in unserem Artikel „Technikerelend" im vorigen Heft angeführt haben, dann müßten die Mittelschultechniker nicht tagtäglich die traurige Erfahrung machen, daß sie von Diplom-Ingenieuren in den Gehältern unterboten werden. Diese Gehaltsunterbietung nimmt mitunter so krasse Formen an, daß daraus eine Gefahr für den Stand der Mittelschultechniker entsteht. Den Technikerorganisationen gelingt es durch ihre Verbandseinrichtungen, Schritt für Schritt bessere Gehälter zu erstreiten, die Diplom-Ingenieure machen die Bemühungen teilweise wieder zunichte. Und dann wagt der Verband der Diplom-Ingenieure in seinem Jahresberichte noch solche Worte niederzuschreiben! Statt auf Titel und Privilegien zu pochen, sollte sich der Verband lieber ernstlich um die Gehälter seiner Mitglieder kümmern. So lange z. B. noch Hochschulprofessoren die Leistungen ihrer eigenen Assistenten aufs kümmerlichste bewerten, Akademiker für 80 M Gehalt sich anbieten und in der Zeitschrift des Verbandes Deutscher Diplom-Ingenieure nie ein Wort der Kritik zu finden ist, wenn sich selbst Akademiker durch Ausschreibung einer Belohnung um eine offene Stelle bewerben, kann der Verband Deutscher Diplom-Ingenieure nicht als eine wirkliche Vertretung der Interessen der Diplom-Ingenieure angesehen werden. Mf.

*

Ablehnung von Streikarbeit

1910 mußten wir auf verschiedene Fälle aufmerksam machen, wo Arbeitgeber bei der Aussperrung im Baugewerbe Techniker suchten, die bereit waren, praktisch mitzuarbeiten. Das war natürlich nichts anderes als eine etwas plumpe Art, auf einem Umweg „Arbeitswillige" sich zu sichern. Mit dem entsprechenden Nachdruck haben wir damals die Kollegen vor der Annahme solcher Stellen gewarnt. Zurzeit sind in Berlin die Steinmetzen ausgesperrt. Wie wir erfahren, hat man in einigen Betrieben Versuche gemacht, die Steinmetztechniker zur praktischen Arbeit heranzuziehen, allso das gleiche Vorkommnis wie 1910. Leider scheinen einige Steinmetztechniker auch auf diese Taktik der Arbeitgeber hereingefallen zu sein. Die Sache erschien uns wichtig genug, um in einem Leitartikel unter der Ueberschrift „Neutralität" in dieser Nummer unseren Standpunkt darzulegen. Kein Kollege lasse sich für Streikarbeit gewinnen. Die Neutralität in Arbeitskämpfen darf nicht nur in der Theorie, sondern muß vor allem in der Praxis bestehen. Die Steinmetztechniker sind als Techniker engagiert, nicht als Arbeiter. Wir erwarten von unseren Mitgliedern, daß sie prinzipienfest bleiben.

BÜCHERSCHAU

Schmoller, Gustav, Charakterbilder. Verlag von Dunker & Humblot, München und Leipzig. Preis brosch. 7,00 M.

Im Vorwort zu dieser Schrift bemerkt der angesehene Meister der historischen Schule der Nationalökonomie, er habe sich von seinen Vorlesungen entbinden lassen, obgleich er heute noch die gleiche Freude an ihnen habe wie vor 50 Jahren und die Studenten ihm treu geblieben seien, um seinen literarischen Nachlaß zu bestellen. Die vorliegende Veröffentlichung zeigt die Meisterschaft unseres Autors in der Erfassung von Persönlichkeiten im Kerne ihres Wesens und zwar vom Standpunkt des Historikers, des Volkswirtes und des Politikers. Es gehört zu den ausgeprägtesten Charaktereigenschaften Schmollers, daß er gerade der Persönlichkeit das größte Verständnis entgegenbringt und doch wiederum als Wirtschaftshistoriker das Wirken der Persönlichkeit aus der Zeitgeschichte heraus zu begreifen sucht und auf der anderen Seite zeigt, wie sie auf die Geschichte selber eingewirkt hat.

So stellt er in großen plastischen Zügen die titanenhafte Willensenergie des großen deutschen Staatsmannes Bismarck vor unsere Augen; er zeigt, wie Bismarck, jeder Theorie abhold, sich nur auf seine Beobachtung und Erfahrung verließ und wie ihm die Voraussetzungslosigkeit dieser Beobachtung fortwährende Wandlungen, ununterbrochenes Neulernen möglich machte und daß er immer die Zeit verstehen und ihren Bedürfnissen folgen konnte. Er übersieht dabei Bismarcks Schwächen keineswegs, seinen ingrimmigen, leidenschaftlichen Haß, seine kalte Berechnung und Mangel an Wohlwollen gegen seine Mitarbeiter, sowie daß er in der Sozialpolitik geirrt hat, weil er hier nicht Fachmann war. Bismarcks Wirksamkeit auf sozialpolitischem Gebiete war umfassend und nachhaltig in positiver und negativer Hinsicht. Vor dem Uebergang zum Schutzzollsystem war es eine seiner bedeutsamsten Taten, daß er die Koalitionsfreiheit gewährte. Aber auch über Kinder- und Nachtarbeit ließ er Erhebungen anstellen und beschäftigte sich mit der Frage des Arbeiterschutzes und mit der Wohnungsfrage so eingehend wie irgend ein Kathedersozialist. Aber von 1876 an, als die Schutzzollpolitik vorbereitet wurde, war seine innere Politik der sozialen Reform ebenso entschieden als abgeneigt. Es folgte das Sozialistengesetz, das gerade für die Arbeiter das Vereins- und Versammlungsrecht aufhob und die Koalitionsfreiheit rückgängig machte. Die Arbeiterbewegung wurde unter den polizeilichen Schikanen schier gänzlich aufgelöst. Bismarck ordnete eben alle Dinge, die mehr auf der Peripherie seiner eigentlichen politischen Tätigkeit lagen, wie Schmoller treffend sagt, ihrem Zentrum ein und unter. Dies aber war, die Macht und das Ansehen des Deutschen Reichs nach der Begründung des einheitlichen deutschen Nationalstaates zu befestigen und zu wahren. Die zweite große der Sozialreform zugekehrte Periode der inneren Politik Bismarcks wird durch die großen Marksteine der Arbeiterversicherung bezeichnet. Auf Bismarcks umfassende sozialpolitische Taten in positiver und negativer Hinsicht brauche ich hier nicht näher einzugehen, sie gehören der Geschichte an. Ich wollte an diesem Beispiel nur zeigen, wie Schmoller sich zu der ihm gegebenen Aufgabe stellt.

Der Band umfaßt 21 Charakterbilder, zwei Könige: Friedrich Wilhelm I. und Kaiser Wilhelm I., drei Staatsmänner: Bismarck, von Miquel und Fürst Bülow, zwei Beamte: Friedrich Althoff und Ministerialdirektor Hugo Thiel, acht Gelehrte: Adam Smith, Friedrich List, Gustav Rümelin, Heinrich von Sybel, Heinrich von Treitschke, Albert Naudé, Adolph Wagner und Georg Friedrich Knapp, vier Unternehmer: Kilian Steiner, Carl Geibel, Ernst Abbé, Gustav von Mevissen sowie einen Journalisten: Ernst Francke und einen Parlamentarier: Friedrich Naumann.

Was viele dieser Charakterbilder Gemeinsames verbindet, ist die Sozialpolitik. Schmoller bemerkt selber, daß es sich überwiegend um Gedächtnis- und Festreden handelt und daß dabei natürlich mehr die Licht- als die Schattenseiten betont werden. Er hat sich aber nicht nur bemüht, sondern es ist ihm gelungen, objektiv zu sein.

Stets hat sich Schmoller warmherzig der Armen und Schwachen angenommen und ist, wenn er auch die Verdienste der Starken und Mächtigen rückhaltlos anerkennt, niemals davor zurückgeschreckt, die Wahrheit mit aller Entschiedenheit auszusprechen ohne Rücksicht darauf, ob sie irgendwo anstoßen könnte. Die Lektüre dieser Charakterbilder, die wegen ihrer vollendeten künstlerischen Darstellung einen hohen ästhetischen Genuß gewährt, kann daher jedem auf das eindringlichste empfohlen werden, der sich ein Bild unserer Zeit und ihrer bewegenden Kräfte machen will. Dr. Cl. Heiß.

// DEUTSCHE TECHNIKER-ZEITUNG
TECHNISCHE RUNDSCHAU

XXXI. Jahrg. **25. April 1914** **Heft 17**

Maschinelle Bekohlungsvorrichtungen für Lokomotiven

Von Dipl.-Ing. WINTERMEYER.

Schon seit einer Reihe von Jahren ist das Bestreben vorherrschend, die Handbekohlung der Lokomotiven durch die maschinelle zu ersetzen. Dies hat seinen Grund darin, daß der Handbetrieb, der in der Regel mittels Handkörben von etwa 50 kg Inhalt erfolgt, am teuersten von allen Betriebsarten ist, daß daher bei hohen Arbeitslöhnen und bei großem Verkehr ein wirtschaftliches Arbeiten mit ihm ausgeschlossen ist. Ferner geht die Bekohlung durch maschinell betriebene Einrichtungen in der Regel erheblich schneller von statten, so daß die Mannschaft für die Kohlenübernahme nur eine verhältnismäßig geringe Zeit benötigt. Schließlich ist als ein Vorteil der maschinellen Bekohlung noch das zu erwähnen, daß bei ihm eine größere Schonung der Kohle gewährleistet ist, insofern als nicht ein so häufiges Stürzen und Umladen der Kohle wie bei Handbetrieb erforderlich ist, daß daher auch eine entsprechend geringere Zerkleinerung und Grusbildung, welche gleichbedeutend ist mit einer Herabminderung des Heizwertes der Kohle, eintreten wird.

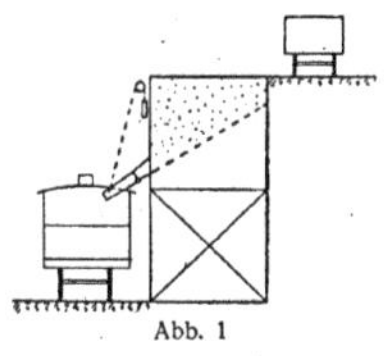
Abb. 1

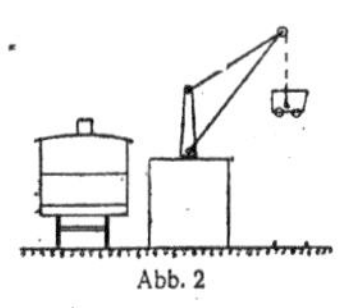
Abb. 2

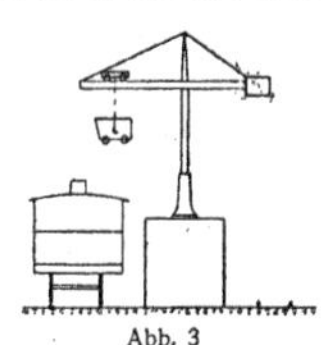
Abb. 3

Was die Wahl des Betriebes der maschinellen Bekohlungsvorrichtung für Lokomotiven betrifft, so ist entsprechend dem gewaltigen Aufschwung, den die elektrische Industrie in den letzten Jahren genommen hat, wenn eben möglich der elektrische Antrieb zu wählen. Denn der elektrische Betrieb zeichnet sich durch ständige Betriebsbereitschaft, große Betriebssicherheit und Einfachheit in der Bedienung aus, und die elektrische Energie stellt ihrer Zuleitung zu bewegten Teilen die geringsten Schwierigkeiten entgegen. Desgleichen kann die Antriebsmaschine, der Elektromotor, mit seinen Steuerapparaten gegen äußere Einflüsse wie Staubwirkung, Feuchtigkeit und Frost mit Leichtigkeit geschützt werden.

Im folgenden sollen die verschiedenen Arten der maschinellen Bekohlungsvorrichtungen für Lokomotiven näher besprochen werden. Welcher Art in den einzelnen Fällen der Vorzug zu geben ist, hängt in erster Linie auch von den örtlichen Verhältnissen ab, die ja bekanntlich fast überall abweichend sind. Es ist die Einteilung getroffen worden, daß zunächst die absatzweise wirkenden Bekohlungsvorrichtungen und dann solche mit steter Zuführung des Materials behandelt werden.

Abb. 1 stellt den einfachsten Fall einer absatzweise wirkenden maschinellen Bekohlungsvorrichtung für Lokomotiven dar. Bei dieser Einrichtung fällt die in einem trichterförmigen Behälter angesammelte Kohle durch die Wirkung der Schwere von selbst in den Tender der Lokomotive, sobald der Auslaß des Trichters freigegeben, d. h. sobald die an das Ende des Trichters angelenkte Ausschüttklappe in eine entsprechende Lage gebracht ist. Wie ersichtlich, bewirkt diese Anordnung nur den regelbaren Auslauf der Kohle. Unter Umständen ist es daher bei dieser Anordnung noch erforderlich, besondere Vorkehrungen dafür zu treffen, die Kohle auf die Höhe des Sammeltrichters zu heben. Dies kann z. B. durch Anlage einer besonderen Rampe bewirkt werden, auf die die Kohlenwagen mittels einer Lokomotive heraufgedrückt oder mittels eines Spills heraufgezogen werden.

Die Anordnung (Abb. 1) ist auch aus dem Grunde bemerkenswert, weil sie in dem Trichter einen Hochbehälter enthält, dessen Inhalt als Vielfaches von einer Tenderladung ausgebildet werden kann. In letzterem Falle wirkt der Trichter als Vorratsbehälter, der in sich eine für eine gewisse Zeit ausreichende Kohlenmenge aufnehmen kann. Die Anlage derartiger als Sammelräume dienender Hochbehälter ist aus dem Grunde erstrebenswert, weil sie die Kohlenversorgung in gewissem Grade unabhängig von nicht zu vermeidenden Zufälligkeiten macht.

Die wichtigste Rolle unter den absatzweise wirkenden Bekohlmitteln für Lokomotiven spielen die Krane. Abb. 2 und 3 stellen Beispiele von ortsfesten Kranen dar, die zum Bekohlen von Lokomotiven dienen. Bei ihnen wird die Kohle in besonderen Zubringerwagen bis zum Kran gefördert, worauf der Wagen durch den Kran erfaßt und soweit gedreht und eventl. gehoben und gesenkt wird, bis er sich über dem Tender befindet. Alsdann erfolgt die Entleerung der Wagen durch Kippen derselben von Hand.

Die Anordnung Abb. 2 läßt einen einfachen Drehkran erkennen, dessen Ausleger mit einer Kopfrolle zur Führung des Lastseiles ausgestattet ist. Derartige feststehende Bekohlungsdrehkrane und zwar mit elektrischem Betrieb sind z. B. von der Firma Carl Flohr für eine Tragfähigkeit von 1500 kg, Hub von 5,7 m und Ausladung von 4 m für den Bahnhof Dirschau, für eine Tragfähigkeit von 1000 kg, Hub von 5,7 m und Ausladung von 3,7 m für den Schlesischen Güterbahnhof Berlin u. a. m. geliefert worden. Bei ihnen ist die Anordnung in der Regel so, daß zur Reserve auch Handbetrieb vorgesehen ist.

Einen etwas größeren Wirkungsbereich hat der Kran Abb. 3, da bei ihm eine die Last tragende Katze auf dem Ausleger fahrbar ist, so daß die Ausladung der Katze den Verhältnissen entsprechend verschieden eingestellt werden kann. In ähnlicher Weise wirkt der feststehende Bockkran mit Laufkatze, der ebenfalls als Mittel zum Bekohlen von Lokomotiven stellenweise in Anwendung gekommen ist.

Bei all diesen Kranen kann der Wirkungsbereich nicht unwesentlich dadurch vergrößert werden, daß sie fahrbar gemacht werden.

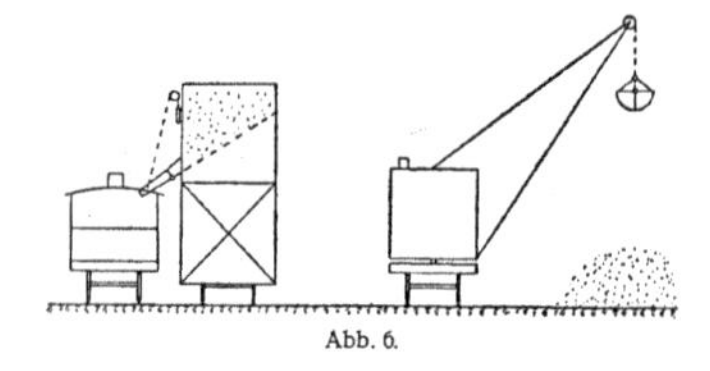
Abb. 6.

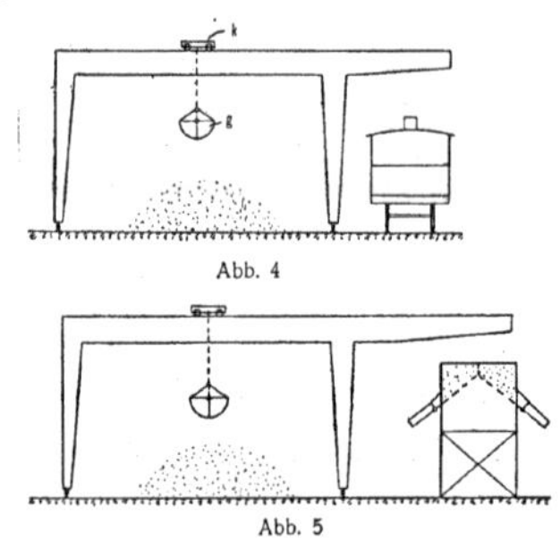

Abb. 4

Abb. 5

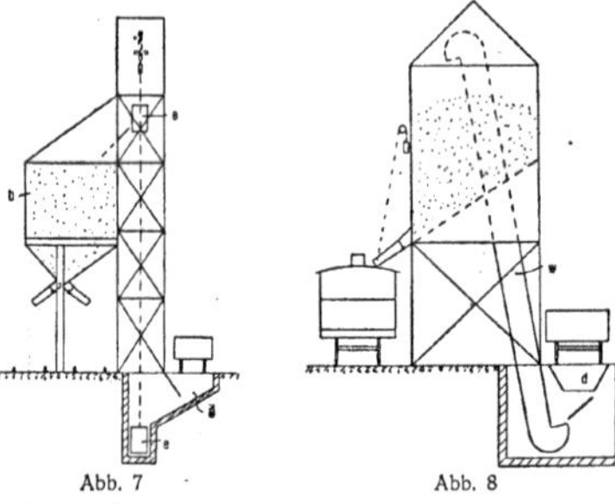

Abb. 7

Abb. 8

Besondere Bedeutung haben die fahrbaren Bockkrane als Bekohlmittel für Lokomotiven erlangt (vgl. Abb. 4). Bei Anlagen dieser Art werden die sonst gebräuchlichen fahrbaren Kohlenbehälter (sog. Hunde), die, nachdem sie durch den Kran über den Tender gebracht worden sind, noch einen besonderen Bedienungsmann zum Kippen erfordern, ersetzt durch Selbstgreifer g. Diese arbeiten, wie schon der Name sagt, vollständig selbständig, so daß bei ihnen die Bedienung zum Entleeren des Greifers fortfällt. Die Bockkrane selbst überspannen den Kohlenlagerplatz und reichen mit ihrem Ausleger, der von der Selbstgreiferlaufkatze k befahren werden kann, über das Gleis für den zu bekohlenden Tender. In der Regel ist der Bockkran auf der entgegengesetzten Seite noch mit einem zweiten Ausleger versehen, der das Zufuhrgleis für die Kohlenwagen überspannt, so daß die Kohle mittels des Selbstgreifers nicht nur vom Lagerplatz, sondern auch unmittelbar aus den Güterwagen in den Tender befördert werden kann.

Die erste derartige Bockkrananlage mit Greiferbetrieb wurde von den Guilleaume-Werken in Neustadt für den Bahnhof Mannheim für eine stündliche Förderleistung von 30 t, Stützweite von 6,7 m und Brückenlänge von 16,6 m ausgeführt.

Eine zweite von derselben Firma für den Bahnhof Wahren bei Leipzig gelieferte Bekohlungsanlage für eine stündliche Förderleistung von 57,5 t, Stützweite von 20 m und Brückenlänge von 30,1 m bringt den Greiferbockkran in Verbindung mit einem zur Entnahme dienenden Hochbehälter (Abb. 5), so daß hierbei die Vorteile eines als Vorratsraum dienenden Hochbehälters ausgenutzt werden. Diese Anlage, die wiederum einen weiteren Schritt vorwärts darstellt, vereinigt also die Vorteile des Selbstgreifers mit denen des Hochbehälters. Kommen bei einer derartigen Anlage mehrere zu bekohlende Lokomotiven gleichzeitig an, so fährt die eine unter den Kran, um von ihm direkt versorgt zu werden, während die andern zum gefüllten Hochbehälter fahren und aus ihm die Kohlen entnehmen. In den Ruhepausen, d. h. in der Zeit, wo ein Bekohlen der Lokomotiven nicht stattfindet, werden mittels des Bockkrans die Güterwagen entladen und der Hochbehälter gefüllt. Der Kran braucht also nur so leistungsfähig zu sein, daß er bei gleichmäßigem Fortarbeiten den täglichen Bedarf deckt.

Den ersten Ausführungen von Selbstgreifer-Bockkranen sind in neuerer Zeit weitere gefolgt. Bei diesen Bekohlungsbockkranen mit Greiferkatze erfolgt das Wiegen des Greiferinhaltes entweder in der Weise, daß die Katze über eine im Krangestell untergebrachte Wage hinwegfährt oder in der Weise, daß die an der Katze angebrachte und unmittelbar durch den Greifer beeinflußte Wage nach Auslösen einer Sperrung zum Anzeigen gebracht wird.

Abb. 6 stellt einen fahrbaren Dampfdrehkran dar, der mittels Selbstgreifers die Kohle aus den Lagern oder aus den Kohlenwagen entnimmt und in einen eventl. fahrbaren Hochbehälter einschüttet, aus dem sie bei Bedarf entnommen wird. Derartige fahrbare Greiferdrehkrane sind besonders in Amerika vielfach im Gebrauch.

Das Prinzip, einen als Vorratsraum dienenden Hochbehälter absatzweise durch eine maschinell bewegte Einrichtung zu beladen, liegt auch der mit einem Aufzug als Hebevorrichtung arbeitenden Anlage Abb. 7 zu Grunde. Diese Anlage ist vor kurzem von Roberts & Schaefer in Chicago für die Elgin, Joliet & Eastern Railway in Wankegan, Ill. erbaut worden und ist befähigt, 40 t Kohle stündlich zu fördern. Die Förderung geschieht mittels eines Doppelaufzuges, dessen Förderbehälter e von $1^1/_2$ t Inhalt in einem Gerüst von 25 m Höhe auf- und abwärts bewegt werden. In der untersten Stellung füllen sich die Förderbehälter e selbsttätig, indem sie die Verschlußeinrichtung des Auslauftrichters d, in den die Kohlenwagen entleert werden, bei ihrer Bewegung öffnen und wieder schließen. Die Förderbehälter entleeren ihren Inhalt in der höchsten Stellung in einen Hochbehälter b, der 100 t Kohle fassen kann. Dieser Hochbehälter wird auf der einen Seite durch besondere Stützen, auf der anderen Seite durch den Förderturm getragen. Der Hochbehälter b hat unten zwei Auslässe, aus denen die Entnahme der Kohle stattfinden kann.

Auch in Deutschland sind ähnliche Lokomotivbekohlungseinrichtungen zur Anwendung gelangt. So wird auf dem Hauptbahnhof Mannheim neuerdings ein Doppelaufzug zum Auffüllen von zwei Hochbehältern benutzt, wobei die beiden Förderbehälter ihren Inhalt nach Wahl in den einen oder anderen Hochbehälter entleeren. Das Beschütten der Förderbehälter in der tiefsten Lage geschieht dadurch, daß die neben dem Aufzug aufgestellten Kohlenwagen unmittelbar in die Behälter entleeren.

Im Gegensatz zu den bis jetzt behandelten Bekohlungsvorrichtungen für Lokomotiven, bei denen die Hebevorrichtung absatzweise wirkt, werden bei den Bekohlungsvorrichtungen Abb. 8 bis 10 stetig wirkende Fördermittel zum Heben benutzt. Zu diesen stetig wirkenden Fördermitteln gehören in erster Linie Becherwerk und Förderband. Die stetig wirkenden Fördermittel werden in der Regel so benutzt, daß sie unmittelbar aus den Kohlenlagerstellen einen als Vorratsraum dienenden Hochbehälter auffüllen, aus dem die Entnahme stattfindet. Die stete Förderung bei diesen Bekohlungsvorrichtungen bringt es mit sich, daß sie eine große Leistungsfähigkeit besitzen, weshalb sie besonders in den Fällen in Frage kommen dürften, wo eine große Leistung verlangt wird.

Die Bekohlung von Lokomotiven mittels eines nur von unten nach oben fördernden Becherwerkes ist schon früh in England und Amerika in Gebrauch gewesen, in England z. B. in Slades Green, um die Lokomotiven der South-Eastern and Chatham Bahn zu bekohlen. In Deutschland ist sie z. B. auf dem Bahnhof Grunewald bei Berlin seit dem Jahre 1904 in Anwendung. Bei dieser Bekohlungsanlage, die von der Firma Unruh & Liebig in Leipzig ausgeführt worden ist, wird die Kohle aus den Güterwagen in einen Trichter d von 20 t Fassungsvermögen gestürzt — vgl. Abb. 8 — und zwar mittels einer hydraulisch betriebenen Kippvorrichtung. Aus diesem Trichter d werden die Kohlen mittels eines selbsttätig wirkenden Speiseapparates, der durch einen Elektromotor von 3 PS angetrieben wird, der Einlauföffnung des Becherwerkes w zugeführt, das 30 t Kohlen in der Stunde zu fördern vermag und durch einen Motor von 10 PS angetrieben wird. Das Becherwerk w hebt die Kohle in den Hochbehälter mit einem Fassungsraum von 300 t, von wo sie durch Entnahmerohre an die Lokomotiven abgegeben wird.

Bei den Huntschen Bekohlungsanlagen für Lokomotiven, die in Amerika eine große Verbreitung gefunden haben und auch in Deutschland, hauptsächlich durch die Firma J. Pohlig in Köln, in Aufnahme gekommen sind, wird ein Becherwerk benutzt, das nicht nur von unten nach oben, sondern auch in wagerechtem Sinne fördert, so daß es dazu dient, die Kohle unmittelbar vom Lagerplatz nach dem Hochbehälter zu bewegen. Der Lagerplatz ist bei dieser Anordnung in der Regel unterirdisch angeordnet und besteht aus einzelnen Vorratsbehältern, die unmittelbar aus den Güterwagen aufgefüllt werden. Durch diese unterirdischen Vorratsbehälter hindurch verläuft das Becherwerk mit dem unteren wagerechten Strang (vgl. Abb. 9), füllt sich dort, wenn die Verschlüsse der Ausläufe a der einzelnen Behälter h geöffnet werden und fördert die Kohle in einen Hochbehälter, aus dem in üblicher Weise die Entnahme stattfindet. Da die Entleerung der Becher an dem oberen wagerechten Strang des Becherwerkes stattfindet, so kann die

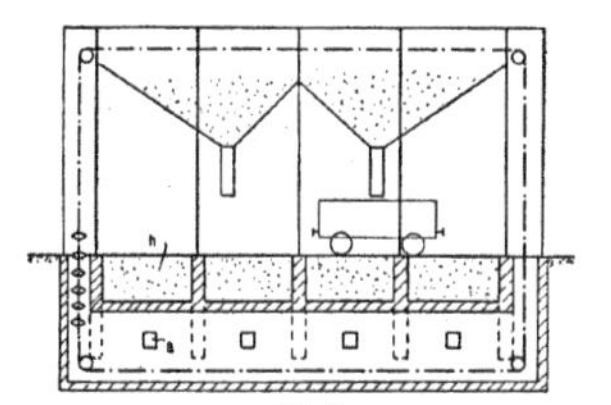

Abb. 9

Kohle beim Ausschütten auf eine große Fläche verteilt werden, infolgedessen diese Bekohlungsart besonders für leistungsfähige Anlagen am Platze ist.

Die erste Huntsche Bekohlungsanlage, von der Firma J. Pohlig im Jahre 1898 erbaut, war die Anlage für den Bahnhof Saarbrücken. Die Erdfüllrümpfe, in die die Eisenbahnwagen die Kohle unmittelbar entleeren, fassen bei dieser Anlage 1000 t und geben nach Oeffnen der Auslaßschieber ihren Inhalt an ein Becherwerk ab, das stündlich 30 t leistet und durch einen achtpferdigen Gasmotor angetrieben wird. Das Becherwerk fördert die Kohle unter Ueberwindung einer Förderhöhe von 18 m in einen Hochbehälter von 300 t Fassungsvermögen, dessen vier Abteilungen in die zur Entnahme der Kohle dienenden Ausschüttrohre auslaufen. Hierbei erfolgt die Abgabe der Kohle aus dem Hochbehälter an die Tender durch von Hand bediente Meßgefäße, die 1 t Kohle pro Minute abgeben. Mit dieser Anlage können vier Lokomotiven gleichzeitig mit Kohlen versorgt werden.

Eine im äußeren Aufbau im wesentlichen übereinstimmende Anlage wurde später von J. Pohlig für den Zentralbahnhof in München erbaut. Bei ihr beträgt der Inhalt der Erdfüllrümpfe 1500 t Kohle, während der des Hochbehälters wieder 200 t ist. Im Gegensatz zu der Anlage in Saarbrücken erfolgt die Abgabe der Kohlen aus dem Hochbehälter an die Tender durch elektrisch betriebene Meßgefäße, so daß deren Leistung nunmehr 1,5 t Kohle pro Minute beträgt. Da demzufolge bei dieser Anlage die Bedienung der Meßgefäße durch einen besonderen Arbeiter fortfällt, so ist hier ein Mann weniger zur Bedienung der Anlage erforderlich.

Bei einer anderen von der Firma J. Pohlig für den Bahnhof Berchem-Antwerpen erbauten Anlage beträgt der Inhalt der Erdfüllrümpfe sogar 2200 t. Infolgedessen erfordert auch das Becherwerk zum Antrieb einen Motor von 16 PS. Daß bei Anlagen dieser Art dafür zu sorgen ist, daß nach erfolgter Abnutzung der Bolzen und Laschenenden der Becherketten ein selbsttätiges Nachspannen der Kette und damit Wiederstraffziehen erforderlich ist, ist selbstverständlich.

In eigenartiger Weise werden Förderbecher zum Hochfördern der Kohle bei Bekohlungsvorrichtungen für Lokomotiven auf dem Bahnhof Nagykanizsa der ungarischen Südbahn benutzt. Während sie für gewöhnlich an Gelenkketten angebracht sind, sitzen hier die Becher an einem Radkranz von ca. 5 m Durchmesser, der durch eine Zahnräderübersetzung in Drehung versetzt wird. Die Kohle wird in den unteren Teil des Rades eingefüllt, alsdann hochgehoben und an eine Schüttrinne abgegeben, die sie in die Tender leitet. Die Becher des Rades werden dadurch gebildet, daß der Radkranz durch Zwischenwände in 16 Zellen geteilt ist. Die ganze Vorrichtung ruht auf Rädern, ist also fahrbar.

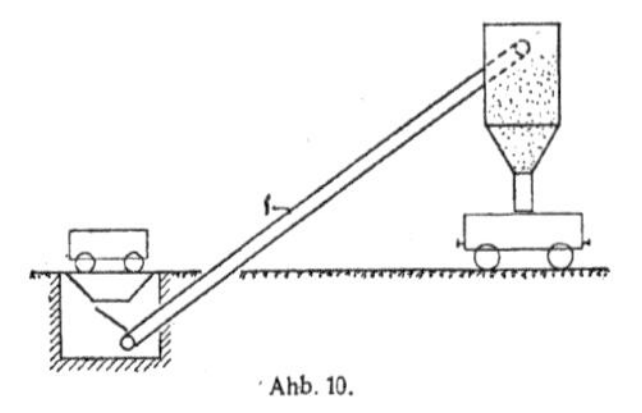

Abb. 10.

Im Vergleich zu Becherwerken haben Förderbänder als Transportmittel bei Bekohlungsvorrichtungen für Lokomotiven nur geringe Verbreitung erlangt. Abb. 10 zeigt eine Bekohlungsvorrichtung mit Förderband, die vor kurzem von Babcox und Wilcox für den Bahnhof in Crewe (England) erbaut worden ist. Bei ihr gelangt die Kohle aus einem Schütttrichter, in den sie unmittelbar aus den Kohlenwagen gestürzt ist, durch eine maschinell bewegte Speisevorrichtung auf das Förderband i, das 60 t in der Stunde auf die gewünschte Höhe heben kann. Von dem Band fällt die Kohle in den Hochbehälter, der ein Fassungsvermögen von 300 t hat. Der Hochbehälter ist in einen Behälter von 200 t und einen von 100 t geteilt, von denen jeder eine besondere Kohlensorte aufnimmt, so daß nach Wahl jede Lokomotive entweder mit der einen oder der andern Kohlensorte versorgt werden kann.

Zum Schluß sei noch erwähnt, daß in neuerer Zeit auch die Hängebahn als stetig wirkendes Fördermittel dazu benutzt worden ist, einen Hochbehälter, aus dem die Entnahme der zum Bekohlen der Lokomotiven dienenden Kohle stattfindet, mit Kohle zu versorgen. Selbstverständlich kann eine derartige Anlage nur dort in Frage kommen, wo es sich um den Transport der Kohle von einem entfernt liegenden Lagerplatz handelt. Eine Anlage dieser Art ist die Bekohlungsanlage auf Bahnhof Liski der russischen Südostbahn. Der Kohlenstapelplatz liegt hier fast 1 km von dem Hochbehälter entfernt. Die einzelnen Hängebahnwagen, die die Kohle befördern und in den Hochbehälter entleeren, folgen einander in Abständen von 180 m bei einer Fahrgeschwindigkeit von 2 m/sk. Der Antrieb des mit den Hängebahnwagen verbundenen Zugseiles geschieht durch einen Naphta-Motor von 15 PS.

BRIEFKASTEN

Nur Anfragen, denen 10 Pfg. Porto beiliegt und die von allgemeinem Interesse sind, werden aufgenommen. Dem Namen des Einsenders sind Wohnung und Mitgliednummer hinzuzufügen. Anfragen nach Bezugsquellen und Büchern werden unparteiisch und nur schriftlich erteilt. Eine Rücksendung der Manuskripte erfolgt nicht. Schlußtag für Einsendungen ist der vorletzte Mittwoch (mittags 12 Uhr) vor Erscheinen des Heftes, in dem die Frage erscheinen soll. Eine Verbindlichkeit für die Aufnahme, für Inhalt und Richtigkeit von Fragen und Antworten lehnt die Schriftleitung nachdrücklich ab. Die zur Erläuterung der Fragen notwendigen Druckstöcke zur Wiedergabe von Zeichnungen muß der Fragesteller vorher bezahlen.

Empfehlungen von Firmen, die weder Abonnenten noch Inserenten der D. T.-Z. sind, werden nicht aufgenommen.

Zur gefl. Beachtung.

Um die Beantwortung der Fragen durch Rückfragen nicht zu verzögern oder die Erteilung eines wirklich brauchbaren Ratschlages nicht etwa gar unmöglich zu machen, ist es dringend notwendig, daß die Herren Fragesteller bei der Aufsetzung ihrer Anfragen mit der größten Gewissenhaftigkeit vorgehen. Die Antworten werden den Fragestellern schon vor der Veröffentlichung sobald als möglich direkt zugänglich gemacht.

Frage 106. **Kreuzung eines Weges durch Lokomotivbetrieb.** Ein Interessentenweg (Feldweg), der nur zur Zufuhr zu Ackergrundstücken dient, soll durch Feldbahn mit Lokomotivbetrieb gekreuzt werden. Sämtliche Interessenten gaben ihre schriftliche Zustimmung. Trotzdem verlangt die Gemeinde bezw. Polizeibehörde Nachsuchung der landespolizeilichen Genehmigung. Die Kreuzung soll nur vorübergehend für Erd- und Sandtransport benützt werden. Kann die Gemeinde bezw. Ortspolizeibehörde die landespolizeiliche Genehmigung verlangen?

Frage 107. **Geschäftsstörung infolge Uebertragung von Erschütterungen.** Im Keller eines Warenhauses steht zum Betrieb einer Dynamomaschine ein Sauggasmotor. Im zweiten, etwa 30 m entfernten Gebäude derselben Häuserreihe befindet sich im 4. Stockwerk ein photogr. Atelier. Der Motor verursacht bei seinem Gange derartige Erschütterungen, daß zeitweise das Arbeiten mit empfindlichen Apparaten an Reproduktionen, ja selbst Portraitaufnahmen unmöglich sind. Ist gegen den Warenhausbesitzer erfolgreich vorzugehen und ev. welcher zuständigen Behörde (Großstadt) ist die Beschwerde einzureichen? Hat der Besitzer des Motores seiner Pflicht bereits genügt, wenn er Vorkehrungen traf, die die Erschütterungen beseitigen sollten, ohne aber Erfolg zu haben? Muß der Photograph dulden, daß der Gegner im Atelier Messungen der Erschütterungen durch Instrumente vornehmen läßt?

Frage 108. **Stubenofen.** Ein Ofen, $2^1/_2 \times 3^1/_2 \times 10$ Kacheln groß, soll unter normalen Verhältnissen als Stubenofen gesetzt werden. Brennmaterial: Kohle und Briketts. Welche Bauart ist vorzuziehen: a) Kachelausfütterung mit Dachsteinen (Biberschwänzen) in Lehmmörtel mit zusammengesetzten, unteren (2) horizontalen und oberen senkrechten Zügen oder b) Kachelausfütterung mit ganzen Ziegelsteinen in Lehmmörtel und senkrechten Zügen? Welche Vorzüge bezw. Nachteile sind hierbei zu beobachten?

Frage 109. **Prüfung von Leinöl.** Ist Leinöl vom Harzöl auf der Baustelle vor dem Anstrich in reinem, bezw. mit Farbe gemischtem Zustand, erkennbar? Wie kann man den Unterschied der Oele feststellen?

Frage 110. **Haftung für Brandschaden.** Einem Landwirt ist durch Brandschaden unter anderem auch ein Elektromotor vernichtet worden. Der Motor war von ihm von einer Elektro-Gesellschaft auf Abzahlung gekauft. Die Lieferantin hatte sich das Eigentumsrecht bedungen und zwar bis nach Zahlung der letzten Rate. Von dem Landwirt ist der Motor nicht versichert worden, da derselbe vor kurzem eingebaut worden ist. Wer trägt nun den Schaden?

Frage 111. **Feuerfeste Unterlage.** Im Abstand von 5 cm einer feuerfesten Unterlage befindet sich ein 50 cm langes, parallel zur Unterlage angeordnetes $1^1/_2''$ Gasrohr, aus dem mit einem Druck von ca. 3 at eine ca. 45 cm breite gleichmäßige Flamme (Gemisch von Kraftgas und Luft) auf die Unterlage schlägt. Die Oberfläche der Unterlage soll glatt und wenn möglich durchsichtig sein. Welches Material ist zu empfehlen und wer liefert solches?

Frage 81. **Innenanstrich bei Heißwasser- und Dampfheizungsröhren.** Welcher Anstrich wird durch Dampf, Kondensat oder Heißwasser nicht zerstört? Eignet sich mit Leinöl angeriebene Bleimennige hierzu?

Antwort II (I s. Heft 14). Als hitzebeständiger Schutzanstrich, der auch vom Wasser und Dampf wenig angegriffen wird, sind Dixons Silica-Graphit-Farben zu empfehlen. Mit Dr. Roth's Inertol D. R. P. liegen sehr gute Resultate vor als wasserabstoßender Schutzanstrich bei Metallen. Schachts farbiger Industrie-Pixol, emailleartige Farbe, für Metalle besonders geeignet, widersteht hohen Temperaturen, wird von der Feuchtigkeit nicht angegriffen, ist blei- und giftfrei. Sehr gut hat sich ferner Lackfarbe Selhamin D. R. G. M. S. 86 882 bewährt. Anstrich ist porenfrei, sowie widerstandsfähig gegen heißes Wasser und Dämpfe. Ferner ist noch zu nennen Controxin-Glasurfarbe. Dieselbe hält Temperaturen bis 120° aus, hat sich für Warmwasserbassins und Warmwasserrohrleitungen vorzüglich bewährt. H. Schn. 57674.

III. Gegenüber schädlichen Einflüssen der Wärme auf das Farb-Bindemittel Leinöl ist ein wirksamer Schutz schwierig. Die Anstriche verlieren in der Wärme an Gewicht und ziehen sich zusammen. Nach Versuchen von J. Spennrath wird die Haltbarkeit im allgemeinen umso sicherer sein, je geringer das spezifische Gewicht des Farbkörpers ist. Im übrigen ist folgendes in Betracht zu ziehen: Die Innenwandung wird zunächst mit Grundierung, z. B. durch einen Pixolfirnis, je nach Art des Rohrmaterials (zu rd. 7,50 M/5 kg), warm mittels dicht anliegenden Putzers überzogen. Die für Heißwasser bestimmten Röhren werden mit rotem Emaillelack, z. B. von F. Schacht, Braunschweig (zu je $^1/_4$ kg/qm, 7,50 M für 5 kg, bei je einem Anstrich) überzogen, der bei Heißwasserapparaten öfter verwendet wird. Die für Dampf, auch für Heißwasser, bestimmten Röhren werden mit rotem Industrie-Pixol (zu $^1/_4$ bis $^1/_3$ kg/qm, 7 M für 5 kg) gemäß Erprobung, z. B. in Kgl. Bad Elster, bei der Holzzellstoff- und Papierindustrie A. G. Altdamm-Stahlhammer, überstrichen. Die Dichtung in den Muffen usw. kann mit hitze- und wasserbeständigem Kaiser-Mastixkitt oder rotem Braunschweiger Faserzement elastisch bewirkt werden. Kropf.

Zur Frage 84. Maschinen zur Verarbeitung von Süßholz. Holzschälmaschinen werden von bedeutenden Werken hergestellt. (Adressen durch die Schriftleitung.) Die Anschaffungskosten der Schälmaschinen schwanken, je nach Schälbreite, zwischen 1500 und 9000 M. Holzmehlmühlen haben Aehnlichkeit mit Schlagkreuzmühlen. Das Mahlgehäuse ist mit feilenartig ausgearbeiteten Stahlpanzern oder Raspeln ausgerüstet. In dem Gehäuse rotiert mit seitlicher Bewegung ein ebenfalls feilen- oder raspelartig ausgebildeter Mahlzylinder. Das zu zermahlende Holz wird geraspelt bezw. gefeilt, das Endprodukt ist ein feines Holzmehl. Der Feinheitsgrad läßt sich an der Mühle bequem nach Belieben einstellen. H. Schn. 57 674.

Frage 87. Dreschsatz mit Strohpresse und elektrischem Antrieb. Es besteht die Absicht, eine Dreschmaschine anzuschaffen, und zwar kommt in Betracht eine fahrbare Dreschmaschine mit Selbstbinde-Strohpresse und als Antriebskraft ein fahrbarer Elektromotor. 1. Wie groß muß die Maschine genommen werden bei einer maximalen Stundenleistung von 10 D.-Ztr. Körner? 2. Wie hoch stellen sich die Anschaffungskosten der Dreschmaschine? 3. Welches ist der Preis der dazu passenden Strohpresse? 4. Ein wievielpferdiger Motor ist zum Betrieb erforderlich? (Preis?) 5. Wie stellt sich die Rentabilität der Anlage bei: a) einem Preis von 19 Pfg. pro KW/st? b) einer 40tägigen Dreschperiode? c) bei Bedienung durch fremde Arbeitskräfte? d) einem Preis von 0,80 M pro Sack (160 bis 180 Pfd.) Körner?

Antwort. Wenn der Dreschsatz für den eigenen Betrieb eines größeren Gutes dienen soll, dann können leichtere Maschinen gewählt werden; ist er aber zum Lohndrusch auf kleineren Bauerngütern bestimmt, dann wählt man vorsichtigerweise schwerere Maschinen, die höher beansprucht werden können. Für den leichten Dreschsatz mit einer durchschnittlichen Stundenleistung von 8 D.-Ztr. kommt in Betracht: 1. eine leichte Dreschmaschine mit marktfertiger Reinigung, 1530×460 mm Trommel und 6 Schlagleisten zum Listenpreise von 4000 M; 2. eine leichte Selbstbinde-Strohpresse zum Listenpreise von 2800 M, und 3. ein 15 PS-Elektromotor mit Schaltwalzen-Anlasser für volle Last, Meß- und Schalt-Instrumenten und 50 m bewegliches Anschlußkabel, alles montiert auf einem gut abgefederten soliden Wagen mit Feststellvorrichtung zum Preise von 2200 M. Für den schweren Dreschsatz mit einer durchschnittlichen Stundenleistung von 10 D.-Ztr. kommt in Betracht: 1. eine Dreschmaschine mit marktfertiger Reinigung, 1530×510-535 mm Trommel und 6—8 Schlagleisten zum Listenpreise von 4400 M, 2. eine Selbstbinde-Strohpresse zum Listenpreise von 3400 M, und 3. ein 20 PS-Elektromotor in gleicher Ausstattung wie oben beschrieben zum Preise von 2600 M.

Art des Dreschsatzes . . . . . Leistung in 40 Arbeitstagen à 10 Std. Anschaffungskosten des Dreschsatzes	leicht 3200 D.-Ztr. 9000 M	schwer 4000 D.-Ztr. 10400 M
1. Tilgung, Instandhaltung und Verzinsung 8 + 5 = 13 %	1170 M	1352 M
2. Schmier- und Putzmaterial . . .	40 „	50 „
3. Arbeitslöhne für Maschinist, Einleger und Pressenwärter 40×3×3,00	360 „	360 „
4. Arbeiterversicherung	50 „	50 „
5. Feuer- und Haftpflichtversicherung	120 „	130 „
6. Steuern und andere Nebenkosten aller Art	120 „	130 „
7. Summe der Betriebskosten ohne Bindegarn und Strom	1860 M	2072 M
8. Betriebskosten für den Doppel-Zentner Leistung	58,1 Pfg.	51,8 Pfg.
9. Bindegarnverbrauch auf den D.-Ztr. Körner bezogen, je nach Getreideart und Pressung, 10—20 Pfg., Mittel	14,0 „	14,0 „
10. Stromverbrauch auf den D.-Ztr. Körner bezogen, je nach Getreideart und Reifezustand, 0,9—1,6, im Mittel 1,3 Kilowattstunden à 19 Pfg.	24,7 „	24,7 „
11. Gesamtbetriebskosten für den D.-Ztr. Körnerleistung	96,8 Pfg.	90,5 Pfg.

Die Anschaffungskosten betragen demnach für den leichten Dreschsatz 9000 M und für den schweren Dreschsatz 10 400 M. An Tilgung und Instandhaltung sind 8 % zu veranschlagen, während für die Verzinsung des Anlagekapitals 5 % in Rechnung zu setzen sind. Zur Bedienung des Dreschsatzes gehören drei Arbeiter und zwar der Maschinist, der Einleger und der Pressenwärter, deren Lohn zu je 3 M für den Tag in Anschlag gebracht wird, wobei zu berücksichtigen ist, daß diesen Leuten freie Verköstigung und Schlafstelle gewährt wird. Die zur Heranschaffung des Getreides, zum Wegschaffen des Strohes und der Spreu und zur Abtragung der Körner dienenden Leute werden in der Regel nicht zum Bedienungspersonal gezählt, sondern beim Lohndrusch durch die den Dreschsatz benutzenden Landwirte besonders angeworben. Die jährlichen Betriebskosten sind aus vorstehender Aufstellung ersichtlich.

Die Betriebskosten betragen demnach für den D.-Ztr. Körnerleistung rd. 97 bezw. 91 Pfg., während der Dreschlohn nur 90 Pfg. bis 1 M beträgt. Der zu erzielende Gewinn ist so geringfügig, er beträgt nur etwa 220 bezw. 360 M im Höchstfalle, so daß zu befürchten steht, daß bei einer ungünstigen Ernte oder bei einer größeren Zufallsreparatur noch Geld darauf gelegt werden muß. Dabei ist noch Rücksicht auf die vielfachen Störungen im elektrischen Betriebe durch Ausbleiben des Stromes zur richtigen Zeit, durch Schmelzen der Sicherungen usw. zu nehmen, wobei nicht unerwähnt bleiben soll, daß während der Abendstunden der doppelte Tarif oder doch ein wesentlich höherer Tarif in Frage kommt, wodurch die Betriebskosten noch weiter gesteigert werden. Eine Dampflokomobile ist dagegen viel sparsamer im Betriebsstoffverbrauch und dabei vollständig unabhängig von einer fremden Kraftquelle. Bei Wahl einer Sattdampflokomobile mit 11 bis 18 PS Leistung kostet der leichte Dreschsatz laut Liste 11 800 M, während der schwere Dreschsatz mit einer Sattdampflokomobile von 15 bis 26 PS Leistung laut Liste 13 800 M kosten wird. Die Betriebskosten auf den Doppelzentner Körner bezogen betragen 94 bezw. 86 Pfg., sind also bedeutend niedriger als bei Elektromotorbetrieb. Die Kohlenkosten sind dabei zu 2,60 M für 100 kg veranschlagt. Charbonnier, Weisenau.

Frage 88. Mörtel für Arbeiten bei Wasserandrang. Was für ein Mörtel ist zum Fugen bei starkem Wasserandrang zu empfehlen? Wirkt Sodawasser auf Zementmörtel nachteilig ein? Ist es für das Mauerwerk bezw. für den Mörtel nachteilig, wenn sich der Mörtel teilweise mit dem Sodawasser vermischt?

Antwort. Im allgemeinen sind alle dichten Zementmörtel, das sind nach Unna und anderen solche von mindestens 1 Raumteil Zement auf $2^1/_2$ Raumteile Sand, zu Arbeiten bei Wasserandrang geeignet. Nur muß den Mörteln die zum Abbinden und zur Erreichung einer genügenden Festigkeit unbedingt erforderliche Zeit und Ruhe gelassen werden, da ohne diese weder ein festes Haften der Mörtelteilchen aneinander noch an dem Steinmaterial zu erzielen ist. Es gibt auch keine künstlichen Beimengungen für den Zement, die gestatten würden, den frisch aufgebrachten Mörtel sofort dem Andrang des Wassers auszusetzen. Bei vorhandenem Wasserandrang wird es demnach immer zuerst darauf ankommen, daß für kurze oder längere Zeit der Druck des andrängenden Wassers auf den frischen Mörtel beseitigt wird, und daß in dieser Zeit der Zement abbinden und der Mörtel erhärten kann. Der Druck des Wassers kann dadurch aufgehoben werden, daß man an nicht zu weit voneinander entfernten Stellen Rohrenden durch die Mauer hindurchgehen läßt, die dem Wasser solange einen freien und bequemen Abfluß gestatten, als sie offen gelassen werden. Der Mörtel kann dann in dieser Zeit ungestört abbinden und erhärten. Erst dann werden die Rohrenden mit Bleiwolle verstemmt und mit dichtem Mörtel ausgestopft. Auch die oft so sehr angepriesenen Zementzusätze wie Aquabar, Ceresit, Bitumenemulsion, und wie sie alle heißen mögen, können erst die ersehnte Wirkung zeigen, wenn ihnen ebenfalls die zum Abbinden und Erhärten des Zements erforderliche Zeit gelassen ist. Sie können sich aber das Geld für diese oft teueren Zusatzstoffe sparen, wenn Sie reinen Zementmörtel 1 : 2 wählen und Ihr besonderes Augenmerk auf reine Baustoffe und grundsolide Arbeitsausführung richten. Von den angepriesenen Dichtungsmitteln scheint der sogenannte „Anti aqua-Mörtel" mehr Bedeutung zu besitzen, da er eine Eigenschaft besitzt, die weder der reine Zementmörtel noch solcher mit Zusatz von Dichtungsmitteln aufweist. Bei entstehenden Undichtigkeiten nämlich — und diese kommen bei allen Bauwerken im Laufe der Zeit infolge von Setzungen, mechanischen Einflüssen usw. vor — teilt er die eindringende Feuchtigkeit nicht den benachbarten Bauteilen mit. Die undichten Stellen sind infolgedessen leicht aufzufinden, und ihre Beseitigung verursacht verhältnismäßig nur geringe Unkosten. Die Zeit nun, die der Zement zum Abbinden und Erhärten braucht, kann dadurch erheblich gekürzt werden, daß man dem Anmachewasser Soda zusetzt, die auch die Verarbeitung des Zementes bei Kälte ermöglicht, da sie den Zement raschbindend macht. Bei Wasserbauten an der Nordsee, bei denen die Arbeiten ja von den Gezeiten, d. i. Ebbe und Flut, abhängig sind, benutzt man öfters Mörtel mit Sodazusatz zu Fugearbeiten, damit beim Eintritt der Flut, die das Bauwerk wieder bespült oder überspült, der Mörtel bereits eine gewisse Festigkeit besitzt und dem andrängenden Wasser einen gewissen Widerstand entgegensetzt. Nachteilige Folgen der Soda auf den Zement sind von mir nicht beobachtet worden. Bei Laboratoriumsversuchen ist auch keine Festigkeitsverringerung durch die Soda bemerkt worden, im Gegenteil eine geringe Zunahme der Festigkeit. Die Ausblühungen, die durch den Sodazusatz in der Regel hervorgerufen werden, sind für das Mauerwerk ungefährlich, sie sind abwaschbar und verschwinden fast immer in zwei oder drei Jahren. Sß., 60374.

Frage 91. Schalldämpfende Deckenkonstruktion. Eine Eisenbetondecke (System Brazolla), 500 qm in einer Fläche, soll gegen Schall isoliert werden. Darunter befinden sich Wohnräume, darüber soll ein Lagerraum für Getreide sein. Das Getreide wird öfters gewendet, es wird mit Karren gefahren usf. Ist eine Isolierung mit Stoffmatten oder dergl., darüber ein dünner Schlackenbeton mit Zementüberguß nicht zu empfehlen? Wo kann man dieses Isoliermaterial bekommen?

Antwort I. Ueber dem eigentlichen Eisenbeton-Gefüge der Decke ist die Isolierung und die obere Auffüllung so herzurichten, daß sie den Anforderungen der Schalldämpfung sowie der Widerstandsfähigkeit gegen die Stöße durch das Befahren mit Karren entspricht. Dazu kann z. B. in Betracht kommen: a) Man verlegt in einer dünnen Klebeschicht von Anolmasse eine Lage von imprägnierten Spezial-Filz-Matten, die von A. W. Andernach zu Beuel a. Rhein erhältlich ist. Darüber werden Schlackensteine in Hohlprofilen Teutonia 25·12·6,5 cm nach System der Zementindustrie Markranstädt als Flachschicht von 6,5 cm Höhe in Mörtel — z. B. von Zement, Sand und Nettetaler Traß — verlegt und auch damit überputzt. b) Man besetzt die Eisenbeton-Oberfläche mit einer durch Streckmetall (nach Schüchtermann & Kremer, Dortmund) zu bewehrenden und mit dem Eisenbeton über dünner Luftschicht zu verknüpfenden Lage von Strapazurpappe oder einer entsprechend mittels Drahtgewebe aufzubringenden Mattenlage von imprägniertem Strapazoidstoff von Andernach. Darüber wird dann eine dünne Schlackenbetonschicht von 3 bis 5 cm Stärke aufgestampft sowie vor dem Abbinden durch Zementsandmörtel übergossen. Die zur Schalldämpfung nützliche Abwechslung verschieden schwerer, teils weicher und harter Schichten wird somit gewahrt. Regbmstr. K. in K.

II. Ihre Eisenbetondecke isolieren Sie gegen Schall, Wärme und Kälte, wenn Sie über der vorhandenen Decke eine etwa 10 cm starke Bimsbetonschicht aufbringen. Die Oberfläche dieses Bimsbetons wird zweckmäßig mit einem dünnen Zementestrich versehen, der sodann auch mit Karren befahren werden kann. Bimskies liefert zu diesen Zwecken die Firma J. Meurin-Andernach. V.

Frage 94. Kauf eines kleinen Fabrikationsgeschäftes. Beabsichtige den Kauf eines kleinen Fabrikationsgeschäftes, das mit den vorhandenen Werkzeugmaschinen 10000 M kosten soll. Dieser Preis kommt mir sehr hoch vor, doch erklärt mir der Besitzer, daß die vorhandene Sauggasanlage mit etwa 10 PS Leistung und die zur Speisung von 60 Lampen dienende Dynamomaschine 8000 M wert sind. Dieser Preis kommt mir riesig hoch vor, zumal die Sauggasanlage schon ca. 10 Jahre in Betrieb ist. Da mir die Anlagekosten solcher Maschinen nicht bekannt sind, so bitte ich um Angabe derselben bei heutiger Neubeschaffung. Früher rechnete man im allgemeinen die Pferdekraftstunde bei Sauggasanlagen mit 4 bis 5 Pfg., bei Gasmotoren mit 10 Pfg. und bei Elektromotoren (20 Pfg./KW/st) 16 Pfg. Sind diese Angaben auch heute noch gültig?

Antwort. Unter den heutigen Verhältnissen würde die Sauggasmotorenanlage von 10 PS einschl. einer Dynamomaschine mit 3 KW Leistung, nebst Zubehör und der Lichtanlage auf rund 7000 M einschließlich Fundamenten und Rohrleitungen zu stehen kommen. Vor 10 Jahren wird der Preis kaum höher gewesen sein. Der heutige Wert der alten Anlage dürfte unter der Voraussetzung, daß sie recht gut im Stande gehalten ist, und unter Zugrundelegung einer zehnprozentigen Abschreibung vom Buchwerte noch 33% = rd. 2300 M wert sein. Nimmt man an, daß eine 10 PS-Motorenanlage durchschnittlich mit 75% = 7,5 PS belastet ist, dann stellen sich die Kosten für den Betriebsstoff auf 4 Pfg. für die PS/st bei Sauggasmotoren (Anthrazit = 4 M für 100 kg), 7,2 Pfg. für die PS/st bei Leuchtgasmotoren (Leuchtgas = 12 Pfg./cbm), 17 Pfg. für die PS/st bei Elektromotoren (Strompreis = 20 Pfg./Kw/st). Unter Berücksichtigung der Tilgung und Verzinsung der Anlagekosten, der Unterhaltung, Schmierung und Wartung stellen sich die Gesamtkosten wie folgt: 11 Pfg. für die PS/st bei Sauggasmotoren, 11,3 Pfg. für die PS/st bei Leuchtgasmotoren, 22,5 Pfg. für die PS/st bei Drehstrommotoren.

Charbonnier, Weisenau.

Frage 96. Wie beseitigt man die Nässe der Wände, vor allem das Feuchtwerden der Tapete? Die Nässe wird wohl schwerlich fortzubringen sein, da der Mühlgraben sich in unmittelbarer Nähe befindet.

Antwort. Ohne umfangreiche und kostspielige Arbeitsausführungen, wie Putzen der Fundamentmauern mit wasserdichtem Mörtel, Einbringen einer horizontalen Isolierschicht zum Schutze gegen aufsteigende Feuchtigkeit etwa mit Hilfe des Sägerverfahrens usw. dürfte kaum wegen der Nähe des Baches Abhilfe zu schaffen sein. Sie werden sich nur darauf beschränken müssen, für die Tapeten ein ständig trockenes Auflager zu schaffen und durch dauernde gute Lüftung der inneren Wandflächen eine Weiterverbreitung der Feuchtigkeit zu verhindern. Beides können Sie erzielen durch Belegen der inneren Wandflächen mit Kosmos-Falztafeln oder ähnlichen auf gleichen Prinzipien beruhenden Industrie-Erzeugnissen, wie sie öfters im Inseratenteil dieser Zeitung angeboten werden. Sß., 60374.

Frage 100. Stalldecke. Ein Kuhstall von 4,00×8,00 m besitzt eine Holzbalkendecke. Die Zwischenfelder sind gestickt. Durch die feuchte Luft fällt der Putz leicht ab, auch sind die Balken angegriffen. Ueber dem Stall befindet sich ein Heuboden. Die Umfassungsmauern sind massiv. Wie kann man die Decke am besten vor Feuchtigkeit schützen, oder welche Ausführung ist bei vollständiger Erneuerung der Decke vorzuziehen?

Antwort. Die Balken schützt man entweder durch schwache Gips-(Hohl-)Dielen oder Falzbaupappe. Beides wird an der Unterseite der Balken mittels Nagelung (verzinkte Eisennägel) befestigt und abgeputzt. Gleichzeitig ist zur Verminderung des Stalldunstes für genügende Durchlüftung durch die Fenster und womöglich auch durch senkrecht über Dach zu führende Schlote von mindestens 45×45 cm l. W. Sorge zu tragen. Zweckmäßig ist auch die Anordnung von Luftlöchern (eventl. mit Tonröhren auszukleiden) dicht unter den Balken an zwei einander gegenüberliegenden Umfassungswänden, und zwar in Abständen von etwa 1,50 m. Soll die Stalldecke ganz erneuert werden, so empfiehlt sich die Anwendung einer Massivdecke aus Hohlziegeln, da die Luftschicht in den Hohlräumen zum Ausgleich der Temperaturunterschiede im Stallraum und Futterboden sehr wertvoll ist. Lautensack, Regierungs- und Stadtbaumeister.

Frage 101. Wasserturm. a) Schlechter Zug im Schornstein. Die Heizgase der Oefen einer in einem Wasserturm zu ebener Erde gelegenen Wohnung werden durch ein in offener Halle liegendes verzinktes Rohr von 18 cm l. W., das nicht isoliert ist, zu dem im benachbarten Gebäude vorhandenen 6,0 m hohen Schornstein geleitet. So oft nun der Wind in der Richtung Schornstein-Wasserturm weht, füllt sich die Wohnung stark mit Rauch. Wie kann dem Uebel abgeholfen werden?

b) Risse im Turm. Derselbe ca. 30 m hohe massive Wasserturm zeigt in den Fensterstürzen und Brüstungen durchgehende Risse, die nach erfolgter Reparatur wiederkehren, und die ich auf die steten Schwankungen des Turmes zurückführe. Kann diesem Uebelstande an dem Turme, der keine horizontale Ankerung besitzt, abgeholfen werden?

Antwort. Zu a) Soweit sich aus Ihren Angaben die Verhältnisse überschauen lassen, wird der mangelhafte Zug im Schornstein durch dessen Lage zum Wasserturm, wobei auch das 4,0 m freie, nicht isolierte Lagerrohr ungünstig einwirkt, veranlaßt. Bei der Windrichtung Schornstein-Wasserturm „stößt sich", wie man allgemein sagt, die bewegte Luft am Wasserturm, es bildet sich eine der Windrichtung entgegengesetzte Luftströmung vom Wasserturm zum Schornstein. Mit jeder geringen Richtungsveränderung des Windes ändert sich natürlich auch die Richtung dieser entgegengesetzten Luftströmung; ferner mögen noch besondere örtliche Verhältnisse, benachbarte Dachflächen usw. ihrerseits auf die Luftströmungen einwirken. Kurzum, am Schornsteinkopfe befindet sich ein Chaos von Luftströmungen, die den Heizgasen den freien Austritt aus der Schornsteinmündung versperren. Sie haben darin um so mehr Erfolg, als die Heizgase infolge ihres Durchflusses durch das 4,0 m lange, nicht isolierte Rohr abgekühlt sind, und nur noch einen geringen Auftrieb zeigen. Um das Uebel zu beheben, muß zunächst das Rohr gut isoliert werden; vorteilhaft wäre auch eine geringe Steigung des Rohres vom Wasserturm zum Schornstein. Um den Heizgasen am Schornsteinkopf freien Ausfluß zu ermöglichen, muß ihr Auftrieb vergrößert werden. Sie werden dies vermutlich dadurch erreichen, daß sie im Fuß des Schornsteins an jenen Tagen, an denen die Winde Schornstein-Wasserturm wehen, ein möglichst lebhaftes Lockfeuer entzünden, ehe sie die Oefen der Wohnung in Betrieb nehmen.

Zu b) Senden Sie zur Untersuchung der Angelegenheit die Zeichnungen des Turmes, wenn möglich auch Angaben über die Baugrundbeschaffenheit, die vorherrschende Windrichtung und Handskizzen über die Lage der Risse zu dieser Windrichtung ein. Ohne diese Angaben könnten nur allgemeine Redensarten gegeben werden, die Ihnen natürlich nichts nützen. Sß.

DEUTSCHE TECHNIKER-ZEITUNG
HERAUSGEGEBEN VOM DEUTSCHEN TECHNIKER-VERBANDE
Schriftleitung:
Dr. Hoefle, Verbandsdirektor. Erich Händeler, verantwortlicher Schriftleiter.
XXXI. Jahrg. 2. Mai 1914 Heft 18

Der Erholungsurlaub der Angestellten!

Von P. COSMUS-Berlin.

Unbedingte Tätigkeit, von welcher Art sie sei, macht zuletzt Bankerott! Vor mehr denn 100 Jahren sprach diesen Satz Goethe. — Und noch heute können wir diesen größten Deutschen als ein Beispiel dafür anführen, wie die Oekonomie der Kräfte ein langes Leben gut und glücklich gestalten kann. Ob der Olympier damals bereits geahnt hat, daß eine moderne Zeit seinen Warnungsruf gebrauchen kann? Daß vor allen der Techniker ihn beherzigen soll! Unbedingte Tätigkeit ist eben sein Los, will er mit seiner Familie leben, denn was soll seinen Erwerb bilden, wenn er nicht ständig arbeitet. Heute liegt das Unbedingte und Zwingende mehr vor denn je, der Kampf um's Dasein muß mit schärferen Waffen geführt werden und mit größerer Hingabe aller Kräfte. Was liegt näher als zu versuchen, die Kräfte aufzufrischen, ihren Bankerott zu vermeiden und sich neu zu stärken. Die unbedingte Tätigkeit zu unterbrechen, um sich frei zu fühlen, wenn auch nur auf kurze Zeit!

Urlaub heißt das große Wort, das in den kommenden Monaten die Gedanken der angestellten Techniker bewegt, denn jeder warme Sonnenstrahl, der an einen Zeichentisch dringt, erinnert ihn an die Heilkräfte der freien Natur für Körper und Geist. Und jetzt schon muß der Techniker seinen Arbeitgeber mit dem Gedanken vertraut machen, daß es auch in dessen Interesse liegt, wenn die Arbeitskraft seines Angestellten eine Auffrischung erfährt, wenn er dem modernen Gedanken Raum gibt. Denn dem Jünger der Technik bieten sich heute andere Arbeitsverhältnisse als vor 30 Jahren. In dichtbewohnten Gegenden weilt die Industrie, die Städte sind gewachsen, Licht und Luft in Wohn- und Arbeitsräumen sind beengt worden, und es wird zur Unmöglichkeit, die Erholungsstätten täglich zu erreichen.

Dabei ist aber die Arbeit an sich anstrengender und oft auch einseitiger geworden und stellt an die Nerven der Techniker höhere Ansprüche. Das Bild der Maschine, das Symbol unbedingter Tätigkeit, färbt auf den Angestellten ab. Doch auch sie wird zeitig unbrauchbar, wenn ihre Leistungen unausgesetzt in Anspruch genommen werden. In der Hast des Erwerbslebens erfährt der Mensch aber oft eine geringere Einschätzung als eine kostspielige Maschine, ist er doch s c h n e l l e r s e t z t u n d b r a u c h e n a u f i h n k e i n e A b s c h r e i b u n g e n v o r g e n o m m e n z u w e r d e n.

Der Angestellte hat den Wert in sich, sein Kapital ist seine Arbeitskraft, und die muß er sich zu erhalten trachten, Ein einsichtsvoller Chef wird der wiederholten Bitte um Urlaub sein Ohr wohl nicht verschließen. Sache des Angestellten ist es aber, die Bitte vorzutragen, seine einfachen Gründe klarzulegen und auf die Vorteile hinzuweisen, die dem Betriebe entstehen durch frischgestärkte und erholte Kräfte. Es ist wohl Ehrensache der Angestellten in gehobenen und sicheren Stellungen, die Forderung um Erholungsurlaub mit für diejenigen zu stellen, deren Position bei eigenem Vorgehen gefährdet erscheinen könnte. Ist in einem Betriebe aber erst der Urlaub einmal gewährt, wird das Gute sich bahnbrechen.

In einem Betriebe mit mehreren Angestellten wird der Erholungsurlaub leichter gewährt werden, wenn die Beamten sich über die Zeit vorher einigen. Es wäre eine Torheit, wollten alle Beamten gerade im Hochsommer, der in vielen Gewerben die beste Beschäftigungszeit bietet, ihren Urlaub beanspruchen. Zu Gunsten der verheirateten Techniker müßten die Jüngeren zurücktreten und außerhalb der Ferien ihre Zeit wählen. Dabei kann man auch an Winterurlaub denken, der nach Ansicht hervorragender Aerzte sich für die Gesundheit gleich vorteilhaft gestalten läßt. Große Mittel sind nicht erforderlich. Fußwanderungen durch Wald und Gebirge sind der Gesundheit äußerst dienlich und lassen sich in fast allen Landesteilen ohne viel Aufwand an Reise- und Zehrgeld zu jeder Jahreszeit ermöglichen. Denkt man noch an unser schönes Techniker-Erholungsheim in Sondershausen, das im Sommer seine Besucher nicht fassen kann und zu anderen Zeiten größere Raumfreiheit und Ruhe gestattet, kann man nur zu einem Frühjahrs- oder Herbsturlaub raten.

Durch die Errichtung des Erholungsheimes fast ganz aus freiwilligen Beiträgen hat der deutsche Techniker seine Opferwilligkeit für eine gute und große Sache bekundet. In dieser Zeit des gesteigerten sozialen Empfindens kann man auch den Arbeitgebern wohl zumuten, das Ihre zur Hebung der Gesundheit ihrer Angestellten beizutragen. Sie können dieses tun, indem sie der Bitte um Gewährung von Urlaub unter Fortzahlung des Gehalts ihr Ohr nicht verschließen.

Am Aufstieg des deutschen Gewerbes hat der Techniker wacker mitgearbeitet, doch von dem vermehrten Nationalvermögen ist wenig in seine Tasche geflossen. Die sittliche Pflicht gebietet daher doppelt, die Techniker wenigstens ideal zu entlohnen, dadurch, daß man es ihnen ermöglicht, ihre unbedingte Tätigkeit im Laufe des Jahres einmal zu unterbrechen und in der Natur neue Kräfte zu sammeln Um so freudiger wird dann der Techniker zurückkehren zur Arbeit mit dem frohen Gefühl im Herzen, daß der gut ausgenutzte Urlaub ihn vor dem vorzeitigen Bankerott seiner Kräfte bewahrt hat.

Der Urlaub ist ein absolut notwendiges Mittel, um den Angestellten und Beamten vor zu frühem Verbrauch seiner Arbeitskraft zu schützen.

Kollegen, solltet Ihr keinen oder unzureichenden Urlaub erhalten, so wendet Euch sofort an den Verband, damit Eurer Forderung der notwendige Nachdruck gegeben werden kann!

Der Kongreß für einheitliches Angestelltenrecht

Der von den gewerkschaftlichen Angestelltenverbänden einberufene Kongreß für einheitliches Angestelltenrecht hat unter zahlreicher Teilnahme von Delegierten der angeschlossenen Verbände am 26. April im Architektenhause zu Berlin stattgefunden. Es hatten entsprechend ihrer Mitgliederzahl Vertreter entsandt: Allgemeiner Verband der Deutschen Bankbeamten, Allgemeine Vereinigung Deutscher Buchhandlungsgehilfen, Bund der technisch-industriellen Beamten, Deutscher Steiger-Verband, Deutscher Techniker-Verband, Deutscher Zuschneider-Verband, Verband der Bureauangestellten, Verband der Kunstgewerbezeichner, Verband technischer Schiffsoffiziere, Verein der Deutschen Kaufleute, Werkmeister-Verband für das Buchbindergewerbe, Zentralverband der Handlungsgehilfen.

Der Kongreß wurde durch den Vorsitzenden des bereits bestehenden Arbeitsausschusses für einheitliches Angestelltenrecht Schweitzer mit einigen einleitenden Ausführungen über die bisherigen Bestrebungen zur Erreichung des einheitlichen Angestelltenrechtes eröffnet. Unter den Gästen, die der Einladung des Kongresses gefolgt waren, seien Prof. Zimmermann als Vertreter des Bureaus für Sozialpolitik und Dr. Baum, Archivar des Verbandes deutscher Gewerbe- und Kaufmannsgerichte, genannt. Keinen Vertreter hatte das Reichsjustizamt entsandt. Es hatte auf die Einladung erwidert, daß man durch anderweitige dringende Geschäfte in Anspruch genommen sei. Eine für das Interesse, das die Reichsleitung den dringenden Wünschen der Angestellten entgegenbringt, charakteristische Antwort!

Als Referent für den ersten Punkt der Tagesordnung: „Die Notwendigkeit des einheitlichen Angestelltenrechts", war Rechtsanw. Dr. Sinzheimer aus Frankfurt a. M. gewonnen worden, der als Vorkämpfer für das einheitliche Angestelltenrecht bekannt ist und jetzt mit Dr. Potthoff zusammen das „Arbeitsrecht, Jahrbuch für das gesamte Dienstrecht der Arbeiter, Angestellten und Beamten", herausgibt und dadurch den Gedanken des einheitlichen Angestelltenrechts lebhaft fördert. Er legte in seinen Ausführungen besonders Wert darauf, die unterschiedliche Behandlung der einzelnen Kategorien von Angestellten darzulegen und zeigte die praktischen Konsequenzen mit ihren ungünstigen Wirkungen. Der Ausbau des Rechts hat besonders nach der Seite des Schutzes der Persönlichkeit zu erfolgen. Sein mit außerordentlichem Beifall aufgenommenes Referat gipfelte in folgenden Leitsätzen:

I.

Die geschichtliche Entwicklung der Arbeitsrechts in Deutschland, das die Privatangestellten zu einem Teil inhaltlich verschiedenen Sonderrechten, zu einem anderen Teil aber nur den allgemeinen Dienstvertragsbestimmungen des B. G. B. unterwirft, hat zu einer Rechtszersplitterung geführt, die alle Gruppen der Privatangestellten benachteiligt. Sie hindert die Uebersichtlichkeit und Klarheit ihres Rechtes und führt in vielen Fällen zu einer innerlich unbegründeten, ungleichen Behandlung gleicher Rechtsbeziehungen.

II.

Die Vereinheitlichung des Privatangestelltenrechtes ist daher nicht nur ein Gebot einer modernen, nach Vereinfachung strebenden Rechtstechnik, sondern auch eine Forderung der Gerechtigkeit. Ohne die Differenzierung hindern zu wollen, wo sie sachlich unentbehrlich ist, strebt sie planvoll danach, den gleichen Interessen denselben rechtlichen Ausdruck zu verleihen. Sie muß auf alle Gruppen der Privatangestellten gerichtet sein, um eine klare Rechtsanwendung sicherzustellen.

III.

Die zu erstrebende einheitliche Ordnung des Privatangestelltenrechtes darf aber nicht nur als eine Verallgemeinerung bestehender Sondervorschriften, sie muß vielmehr zugleich als eine weitere Entwicklung des sozialen Rechtsgedankens betrieben werden. Dies bedeutet:

1. alle Schutzvorschriften müssen unzweideutig zwingenden Rechtes sein;
2. die Fürsorgepflicht des Arbeitgebers ist den neuen Schutzbedürfnissen des Angestellten anzupassen;
3. die sozialen Freiheitsrechte in und gegenüber dem Arbeitsvertrag sind sicherzustellen;
4. daß ein geheimes und verstecktes Recht die Wirkungen der gesetzlichen Regelung ausschließt, muß verhindert werden.

IV.

Die Vereinheitlichung des materiellen Rechts bedarf der Ergänzung durch Maßnahmen des Prozeß- und Verwaltungsrechts. Dies bedeutet:

1. Erweiterung der Sondergerichtsbarkeit nach dem Muster der Gewerbe- und Kaufmannsgerichte für alle Privatangestellten,
2. Erweiterung der Gewerbeinspektion auf die Fälle des Angestelltenschutzes,
3. Arbeitskammern mit Angestelltenabteilungen im Anschluß an die unabhängigen Angestelltenverbände.

Bei Punkt 2 der Tagesordnung legten die im Arbeitsausschuß vertretenen Verbände das Interesse der einzelnen Angestelltengruppen an einem einheitlichen Dienstvertragsrecht dar. Es sprachen Georg Borchardt vom Verein der Deutschen Kaufleute, Benno Marx vom Allgemeinen Verband der Deutschen Bankbeamten, Dr. Pfirrmann von der Allgemeinen Vereinigung Deutscher Buchhandlungsgehilfen, Hugo Zaddach vom Verband der Bureauangestellten, Dr. Höfle vom Deutschen Techniker-Verband, Max Feder vom Verband der Kunstgewerbezeichner, Georg Werner vom Deutschen Steiger-Verband, Goldbeck vom Verband technischer Schiffsoffiziere, Drews vom Werkmeister-Verband für das Buchbindergewerbe, Fr. Schulz vom Deutschen Zuschneider-Verband. Sämtliche Redner stimmten den Ausführungen Dr. Sinzheimers zu und brachten eine Fülle von Material aus den Erfahrungen, die sie in ihrem Berufsleben gesammelt hatten, zum Beweis für die Notwendigkeit eines einheitlichen Angestelltenrechtes bei. Es wäre unmöglich, in der Form eines kurzen Berichtes die schlagenden Beweise wiederzugeben, die zeigten, daß die Schaffung eines einheitlichen Angestelltenrechts wohl die dringendste Forderung ist, die die Angestellten an die Gesetzgebung richten müssen. Ein gedruckter Verhandlungsbericht wird dafür sorgen, daß das wertvolle Material, das von den Rednern beigebracht wurde, der größeren Oeffentlichkeit zugänglich gemacht wird.

Es seien hier nur die Gedankengänge wiedergegeben, die Dr. Höfle als Redner unseres Verbandes im Namen der technischen Angestellten darlegte. Die deutschen Techniker müssen für ein einheitliches Angestelltenrecht eintreten, weil die Vergangenheit gezeigt hat, daß die technischen Angestellten in der Verbesserung des sozialen Rechts wenig Erfolge erreicht haben. Die Gewerbeordnung, die in erster Linie zur Regelung des Dienstrechtes der Techniker in Betracht kommt, sowie die anderen Gesetze, die für die technischen Angestellten von Bedeutung sind, sind äußerst reformbedürftig. Bei der Betrachtung der Reformbestrebungen muß auf der ganzen Linie ein Mißerfolg konstatiert werden. Die Gewerbeordnungsnovelle von 1907 bezw. 1909 fiel ins Wasser; die Arbeitskammervorlage scheiterte. Dem Sozialen Ausschuß, den die Techniker-Verbände gebildet hatten, war gleichfalls kein Erfolg beschieden. Es drängt sich die Anschauung auf, daß die einzelne Organisation zu schwach ist, um Erfolge zu erzielen. Der Gedanke liegt nahe, mit gleich Interessierten das gemeinsame Ziel zu erstreben. Die Handlungsgehilfen-Organisationen haben keinerlei Veranlassung, auf die Schwäche der Techniker-Organisationen hinzuweisen. Obwohl sie zahlenmäßig viel stärker sind, haben sie in den letzten zehn Jahren in der Verbesserung des Dienst- und Arbeitsrechtes gleichfalls keine Erfolge erzielt. Die jetzt vorliegenden Gesetzentwürfe über Sonntagsruhe und Konkurrenzklausel sind dafür der beste Beweis.

Als zweiten Grund, der die Techniker veranlasse, mit aller Energie für das einheitliche Angestelltenrecht einzutreten, nannte Dr. Höfle die unterschiedliche Behandlung des Technikers gegenüber dem Handlungsgehilfen. Wir gönnen, führte er aus, diesen sicher ihr fortgeschrittenes soziales Recht, aber wir stehen auf dem Standpunkte, daß der Techniker dem Handlungsgehilfen mindestens als gleichwertig gegenübersteht und daher von dem Gesetzgeber eine gleichartige Behandlung verlangen kann. Welche wichtigen Gründe lassen sich dafür ins Feld führen? Der Techniker hat an den Kündigungsfristen, an der Fortzahlung des Gehaltes bei Krankheit, Zeugnisausstellung, Konkurrenzklausel, Sonntagsruhe usw. das gleiche Interesse wie der Handlungsgehilfe. Die heutige Zersplitterung des Angestelltenrechts in 6 Reichsgesetze und über 50 Landesgesetze führt zu unhaltbaren Konsequenzen. Es bleibt nicht nur bei der unterschiedlichen Behandlung einzelner Arten von Angestellten, sondern es ergeben sich sogar Rechtsungleichheiten im gleichen Berufe und Widersprüche der Gesetze untereinander. Wie stark leiden die Techniker an der Schwierigkeit einer Begriffsfeststellung. Die verschiedensten Anschauungen der Gewerbegerichte und die Erfahrungen mit dem Pensionsversicherungsgesetz sind dafür der beste Beweis.

Dr. Höfle legte schließlich das Interesse der Beamten und Angestellten von Staat und Gemeinde an dem einheitlichen Angestelltenrecht dar. Das Reichsbeamtenrecht ist noch relativ das beste. Viel schlechter ist das preußische Beamtenrecht und noch schlimmer ist es mit dem Gemeindebeamtenrecht bestellt. Der Beamte hat kein Recht auf Organisation. Seine staatsbürgerlichen Rechte sind ständig in Gefahr; man denke nur an die Erfahrungen mit dem Petitionsrecht. Die Wünsche der Beamtenschaft hinsichtlich des Disziplinarrechts, der Geheimhaltung der Personalakten, der Residenzpflicht usw. sind bekannt. An dem einheitlichen Angestelltenrecht haben die Techniker im Staats- und Gemeindedienst zum mindesten insofern ein Interesse, als man von Staat und Gemeinde verlangen kann, daß sie als sittliche Pflicht anerkennen, was sie dem privaten Arbeitgeber durch die soziale Gesetzgebung auferlegt haben.

Der Redner unseres Verbandes schloß mit dem Hinweis, daß die Forderung des einheitlichen Angestelltenrechtes keine öde Gleichmacherei bedeute. Wir wünschten nur einen Stamm, ein Zentralgesetz, um das sich die Spezialgesetze für die besonderen Eigenarten einzelner Gruppen herumgruppieren sollten.

Der nächste Punkt der Tagesordnung des Kongresses war überschrieben: Die Gegner des einheitlichen Angestelltenrechts.

Sandrock vom B. t. i. B. beschäftigte sich zunächst mit den Einwänden der Arbeitgeber gegen das einheitliche Angestelltenrecht. Die Arbeitgeber wehrten sich gegen jedes soziale Gesetz mit der Behauptung, die Industrie könnte die sozialen Lasten nicht tragen. Aber die Aufwendungen, die man von ihnen fordert, reichten nicht an das heran, was die Unternehmer zur Erhaltung der gelben Werkvereine freiwillig hergaben, Summen, die bei einzelnen Werken in die Hunderttausende gingen. Der schärfste Gegner des einheitlichen Angestelltenrechts unter den Unternehmerorganisationen sei der Zentralverband Deutscher Industrieller, jene Organisation, die zwar auch einen „Ausschuß für das Angestelltenrecht“ eingesetzt habe, aber zu dem Zweck, das Material gegen das einheitliche Angestelltenrecht zu sammeln. Es sei vom Zentralverband beschlossen worden, auch Vertreter der Angestellten zum Ausschuß hinzuzuziehen. Bisher sei aber noch nichts davon bekannt geworden, daß ein Vertreter der fortschrittlichen Angestelltenverbände hinzugezogen worden wäre. Wohl aber ist Dr. Alexander Lang vom Verbande Deutscher Diplomingenieure eingeladen worden, von dem man aber nicht recht weiß, ob er als Interessenvertreter der Arbeitgeber oder als Leiter einer Angestelltenorganisation bei den Beratungen anwesend gewesen sei. Die Stellung der Arbeitgeber zur Vereinheitlichung des Angestelltenrechts sei allerdings keine einheitliche. Aber selbst die Kreise, die einem einheitlichen Angestelltenrecht nicht so scharf ablehnend gegenüberstehen, wollten nur einer formellen Zusammenfassung zustimmen, nichts aber von dem Grundgedanken wissen, den der Kongreß vertrete, daß die Vereinheitlichung zu einer sozialen Ausgestaltung des gegenwärtigen Rechtes führen müsse.

Paul Lange vom Zentralverband der Handlungsgehilfen skizzierte darauf die Stellung der Gegner des einheitlichen Angestelltenrechts in den Kreisen der Angestellten. Neben den auf dem Kongreß vertretenen Verbänden hätten sich bisher für ein einheitliches Angestelltenrecht auch ausgesprochen der Werkmeister-Verband, der Bureaubeamtenverband in Leipzig, der Deutsche Bankbeamtenverein in Berlin, der Verband der Deutschen Versicherungsbeamten in München, der Kaufmännische Verband für weibliche Angestellte.

Diese Verbände legten allerdings mehr auf die Vereinheitlichung als auf den sozialen Ausbau Gewicht. Zu den Gegnern des einheitlichen Angestelltenrechts gehörten aber die großen Handlungsgehilfenverbände und von Technikerorganisationen der Verband Deutscher Diplomingenieure, dessen Stellungnahme allerdings keine weitere Bedeutung habe. Der eigentliche Grund für deren ablehnende Haltung sei der Mangel an sozialer Gesinnung, der in diesen Kreisen vorhanden sei.

Der Kongreß wurde nach einem Schlußwort von Dr. Sinzheimer mit der Annahme folgender Resolution geschlossen:

Die bestehenden Unterschiede in den Rechtsverhältnissen der verschiedenen Angestelltengruppen sind weder in den wirtschaftlichen Verhältnissen begründet noch entsprechen sie den Forderungen der Gerechtigkeit. Auch die Zersplitterung des Dienstvertragsrechtes der Angestellten in sechs Reichsgesetze und Dutzende von Landesgesetzen ist unhaltbar, weil die einzelnen Gruppen der Angestellten nicht scharf untereinander abzugrenzen sind. Sie bildet außerdem, wie die Vorgänge der letzten Jahre mit aller Deutlichkeit gezeigt haben, ein wesentliches Hindernis einer wirksamen Sozialpolitik für alle Angestelltenberufe.

Der Kongreß für einheitliches Angestelltenrecht erklärt es deshalb für dringend notwendig, daß, unbeschadet der Notwendigkeit, die Besonderheiten der einzelnen Angestelltenschichten zu berücksichtigen, ein einheitliches Angestelltenrecht geschaffen wird. Er betont jedoch ausdrücklich, daß ein einheitliches Recht, das sich auf die bloße Ausgleichung der bestehenden Unterschiede und die formale Zusammenfassung der Rechtsvorschriften beschränken würde, den zu stellenden Anforderungen noch keineswegs entspräche; vielmehr kommt es vor allem darauf an, die Rechtsverhältnisse aller Angestelltengruppen einer durchgreifenden Reform in sozialem Sinne zu unterziehen. Dabei ist sich der Kongreß bewußt, daß angesichts der Uebereinstimmung der Grundfragen des Angestelltenrechts mit denen des Arbeiterrechtes das einheitliche Angestelltenrecht nur eine Etappe auf dem Wege zum allgemeinen Arbeitsrecht bilden wird.

Der Kongreß fordert die beteiligten Angestelltenverbände auf, die Schaffung eines einheitlichen Angestelltenrechts nach Kräften zu fördern.

So bildete der erste Angestelltenkongreß eine machtvolle Kundgebung für den Gedanken des einheitlichen Angestelltenrechtes. Dr. Sinzheimer führte treffend in seinem Schlußwort aus, daß es sich bei diesem Kampf um zwei Hauptmomente handele: Es gilt, den Kampf aufzunehmen gegen die Brutalität, die jetzt oft im Arbeitsverhältnis liege und von der besonders das Material, das der Steigerverband dem Kongreß vorgelegt hatte, Zeugnis abgelegt hatte; es gilt zum zweiten zu kämpfen gegen das versteckte, geheime Recht, das in Gestalt der schwarzen Listen und der geheimen Konkurrenzklausel wie die geheime Fehme im Mittelalter den Angestellten hin- und herhetzt. Es handelt sich darum, daß der Mensch nicht nur geschützt wird in dem, was er hat, sondern auch in dem, was er ist.

Hdl.

Das Schiedsgerichts- und Einigungswesen im Baugewerbe Deutschlands und Groß-New-Yorks

Zwei Schriften geben Veranlassung, sich mit dem Schiedsgerichts- und Einigungswesen im deutschen Baugewerbe und jenseits des Ozeans zu beschäftigen. Die eine behandelt den Kampf im deutschen Baugewerbe vom Jahre 1910.*) Sie zeigt das deutsche Schiedsgerichtswesen bei Leistung einer seiner schwierigsten Arbeiten. Die andre ist im Juni v. J. vom Arbeitsministerium der Vereinigten Staaten veröffentlicht worden und behandelt das Schiedsgerichts- und Einigungswesen in den Baugewerben von Größer, New York.**) Ein Vergleich der Institutionen beider Staaten zeigt, wie gleiche wirtschaftliche und soziale Bedürfnisse sich gleiche organisatorische Formen schaffen, und ist daher für jeden Gewerkschafter und Sozialpolitiker sehr lehrreich.

Tischer gibt in seiner Schrift über den Kampf im deutschen Baugewerbe 1910 zunächst eine kurze Geschichte der beiden Kampfgegner, der Organisationen der Arbeiter und Arbeitgeber. Schon vor der Einführung der Gewerbefreiheit (1869) wurde im Baugewerbe die Organisation der Arbeiter im Stillen betrieben. Der 1869 begründete Maurerverein machte sich „die Wahrung der Interessen der Vereinsmitglieder durch Verkürzung der Arbeitszeit und Erhöhung der Löhne“ zur Aufgabe und zeigt damit von Anfang an ein tiefes Verständnis für die wirtschaftliche und soziale Lage seiner Mitglieder. Von Anfang an scheuten seine Mitglieder vor Streiks zur Durchführung ihrer Forderungen nicht zurück. Bereits 1872 und 1873 wurde der Zehnstundentag als Normalarbeitstag, Minimallohnsätze gefordert und die Akkordarbeit verworfen. Das Sozialistengesetz von 1878 legte der Gewerkschaftsbewegung unerträgliche Schranken auf und verhinderte die Durchführung der längst geplanten Zentralisierung (die Darstellung Tischers hat hier einen der Arbeiterbewegung wenig günstigen Ton). Als Notbehelf wurde einer gemeinsamen Agitationskommission die Leitung der Lohnbewegungen übertragen.

*) Dr. Ing. Alfred Tischer, Der Kampf im deutschen Baugewerbe 1910. Drittes Heft der von Rob. Wuttke herausgegeb. Abhandlungen aus dem volkswirtschaftlichen Seminar der Technischen Hochschule zu Dresden. (Leipzig 1912, Duncker & Humblot. VI u. 158 S. gr. 8° mit einem Literaturnachweis. Preis broch. 4,50 M.)

**) U. S. Department of Labor. Bureau of Labor Statistics. Nr. 124. Charles Winslow Conciliation and Arbitration in the Building trades of Greater New York. Washington 1913, Government Printing Office, 95 S. gr. 8.

Nach Ablauf des Sozialistengesetzes wurde die zentralisierte Verwaltung eingeführt und systematisch für die Verbesserung der Arbeitsverhältnisse gearbeitet. Der „Zentralverband der Maurer Deutschlands“ wurde die einflußreichste Vereinigung des gesamten Baugewerbes. Er steht der Sozialdemokratie nahe und verficht das Prinzip des Klassenkampfs. Der Zentralverband der Bauhilfsarbeiter, der jetzt im Bauarbeiterverband mit dem Maurerverband vereinigt ist, hat sich diesem „großen Bruder“ von Anfang an eng angeschlossen. Auch der „Zentralverband der Zimmerer und verwandten Berufsgenossen Deutschlands“ hat eine ähnliche Entwicklung genommen. Der Zentralverband der christlichen Bauarbeiter Deutschlands ist zwar ein Gegner der Sozialdemokratie und verwirft die Lehre vom Klassenkampf, anerkennt aber den Interessengegensatz zwischen Arbeitern und Arbeitgebern und hat in beruflichen Fragen die Interessen der Arbeiter ebenso entschieden wahrgenommen wie der sozialistische Verband. Erst durch die christlichen Gewerkschaften ist der Gewerkschaftsgedanke auch in Arbeiterkreise gedrungen, die sonst wohl nie in eine freie Gewerkschaft eingetreten wären.

Die erfolgreiche Organisation der Arbeiter schloß auch die Arbeitgeber in ihren Berufsverbänden enger zusammen und führte sie zu einer schärferen Betonung ihres Arbeitgeberstandpunktes. Der im Februar 1872 gegründete „Allgemeine Verband der deutschen Baugewerkvereine“ bildete die Grundlage, auf der sich die weitere Entwicklung der heutigen Arbeitgeberorganisation aufgebaut hat. 1875 änderte der Verband seinen Namen und nannte sich nunmehr „Verband deutscher Baugewerksmeister“. Im Verband herrschten die verschiedensten sozialpolitischen Anschauungen. Die einen wollten eine allgemeine Krankensowie eine „allgemeine deutsche Baugewerksunfallgenossenschaft“, deren Gründung auch beschlossen wurde, errichten, während die andern den Kampf mit den Gesellen wünschten, um ihre Macht zu brechen. Auf dem Delegiertentag von 1885 wurde die Durchführung des Prinzips verschiedener Löhne nach den Leistungen der Gesellen statt der von den Gewerkschaften geforderten Minimallöhne beschlossen, ferner allgemeine gesetzliche Einführung von Arbeitsbüchern und Revision des Koalitionsrechts gefordert. Es wurde laute Klage geführt über ein „arges Mißverhältnis der Leistungen bei Akkord- und Tagelohnarbeit und über einen allgemeinen Rückgang der Arbeitsleistungen“. 1886 nahm der Verband den Namen an „Innungsverband deutscher Baugewerksmeister“. In den 90er Jahren zeigten sich bereits Bestrebungen zur Gründung eines allgemeinen Arbeitgeberverbandes, dem auch nicht den Innungen angehörige Unternehmer beitreten sollten, die aber an der Uneinigkeit der Arbeitgeber scheiterten. Erst am 15. März 1899 wurde der „Deutsche Arbeitgeberbund für das Baugewerbe“ gegründet. Jetzt erst waren die beiden gegnerischen Parteien in der Organisationsform gleichwertig. Nur fehlt es dem Arbeitgeberverband an der straffen Zentralisation, insofern sich die größeren Orts- und Bezirksverbände innerhalb des Bundes ein gewisses Selbstbestimmungsrecht zu wahren bestrebt sind. Gleich in der ersten ordentlichen Generalversammlung verlangte Baumeister Felisch die Kraftprobe. Man müsse die Arbeiter in größeren Bezirken, ja in ganz Deutschland aussperren, damit die unberechtigten Forderungen ein Ende nähmen. In diesem Geiste wurde weitergearbeitet. Es machte sich jedoch auch der entgegengesetzte arbeiterfreundliche Standpunkt geltend. Die Bundessache hatte jedoch unter den mannigfachen Sonderaktionen der Unterverbände zu leiden. Die Mehrzahl wahrte den Kampfcharakter und machte 1901 Eingaben gegen die Erweiterung der Kompetenz der Gewerbegerichte. Wenn man sich auch nicht entschließen wollte, mit den Gegnern zu verhandeln, so kamen doch bei der Uneinigkeit der Verbände um diese Zeit die ersten Tarifverträge zustande. Die Notwendigkeit der tariflichen Regelung der Lohn- und Arbeitsbedingungen wird heute von der überwiegenden Mehrzahl beider Parteien anerkannt. Sie führte aber auch bei den Arbeitgebern zu strafferer Zentralisation, da immer größere Wirtschaftsgebiete durch einen einzigen Vertrag für bestimmte Zeit gebunden wurden. In letzter Zeit (seit 1909) suchte man in sogenannten gemischten Verbänden sämtliche Arbeitgeberorganisationen des Baugewerbes (also einschließlich der Lieferanten von Rohmaterialien und Fabrikaten) zusammenzuschließen. Im Jahre 1907 hatte der Deutsche Maurerverband allein bereits 674 Tarifverträge abgeschlossen.*) Diese Verträge regelten die Lohn- und Arbeitsbedingungen in 781 Lohngebieten mit 7876 Orten für 11 361 Arbeitgeber und 147 000 Maurer und Spezialisten dieses Gewerbes. Man ging nun mehr und mehr von Orts- zu Bezirksverträgen über: so im Maingau, im rheinisch-westfälischen und oberschlesischen Industriegebiet. Im Zimmerergewerbe entwickelten sich die Tarifverträge ähnlich. Die Tendenz einer fortschreitenden Entwicklung der Großbetriebe im Maurer- und Zimmerergewerbe bestärkte die Arbeiten in ihrer Agitation für die Tarifverträge. Im Deutschen Arbeitgeberbunde wurden die Bezirksverbände immer mehr in die Gefolgschaft der Arbeitgeber der „großen Industrie“ hineingezogen und die ganze Bewegung wird nach Tischer wohl nicht mit Unrecht auf einen gewissen Einfluß dieser Großindustriellen zurückgeführt, die im „Verein Deutscher Arbeitgeberverbände“ eine führende Rolle spielen.

Vorbereitet wurde der Kampf von 1910 durch den 1907 auf der Hauptversammlung des Arbeitgeberbundes für das Baugewerbe in Köln gefaßten Beschluß, alle im Jahre 1908 zu vereinbarenden Tarifverträge bis zum 31. März 1910 abzuschließen. Eine Verkürzung der Arbeitszeit unter 10 Stunden sollte nur nach verlorenem Streik zugelassen werden. Weiter sollte durch eine besondere Kommission ein Normalarbeitsvertrag ausgearbeitet werden. Obgleich das im Oktober 1907 beschlossene Arbeitsvertragsmuster von den Arbeitern mit Entrüstung abgelehnt wurde, beschloß doch die Hauptversammlung des Bundes im Februar 1908, daß nichts daran geändert werde.

Die Anfang 1908 mit den Arbeitern auf Grund des Vertragsmusters der Arbeitgeber angeknüpften Verhandlungen scheiterten, jedoch gelang es dem aus den drei Unparteiischen Dr. Prenner, Dr. Wiedfeldt und Dr. von Schulz bestehenden Schiedsgericht auf Grund eines neuen Vertragsentwurfs und eines Schiedsspruchs vom 4. Mai 1908 nochmals eine Einigung zu erzielen. Aber alle neuen Verträge enthielten als gemeinsamen Ablaufstermin den 31. März 1910. So war der Kampf von langer Hand vorbereitet und auf dem Verbandstag des Zentralverbandes der Industriellen als sein Ziel offen zugegeben „die Vernichtung der Organisationen und die Wiederherstellung des Herrschaftsverhältnisses in den Betrieben“. Damals bediente man sich in der Hochburg der Scharfmacher, der Phraseologie Alexander Tilles.

Einem im Jahre 1903 von einer Dreizehnerkommission des Arbeitgeberbundes aufgestellten Vertragsmuster stellt Tischer die Forderungen der Maurer, Bauhilfsarbeiter und christlichen Bauhandwerker und Bauhilfsarbeiter, sowie der Zimmerer und verwandten Berufsgenossen gegenüber. Auf die Einzelheiten näher einzugehen würde hier zu weit führen. Die wichtigsten Differenzpunkte waren folgende: die Arbeiter verwarfen den zentralen Abschluß der Tarifverträge, sie verwarfen die Durchschnitts- und Staffellöhne und ganz besonders entschieden die Forderungen der Arbeitgeber hinsichtlich der Akkordarbeit, deren Einführung im Belieben der Arbeitgeber stehen sollte, und der obligatorischen unparitätischen Arbeitsnachweise, in denen sie mit Recht Maßregelungsbureaus befürchteten. Weiter war für sie unannehmbar die von den Arbeitgebern verlangte Regelung der Arbeitszeit und der Ueberstunden, sowie endlich die Vorschläge über die Bestimmung der Lohnhöhe. Dagegen stellten die Arbeiter keine Forderungen, hielten an der Tarifidee fest und erklärten, daß die Forderungen der Arbeitgeber der Parität hart ins Gesicht schlagen. In der Zurückweisung der Zumutungen der Arbeitgeber waren alle angeführten Arbeiterverbände einig. Nicht so die Arbeitgeber. Die Berliner, Hamburger und Bremer Arbeitgeber lehnten es ab, sich am Kampfe zu beteiligen. Trotzdem schlug ein von Dr. Wiedfeldt im Auftrag des Reichsamts des Innern vor Ausbruch des Kampfes unternommener Einigungsversuch fehl. Im Kampfe selbst, der neun Wochen dauerte, und alle Hilfsgewerbe des Baugewerbes durch die Materialsperre sowie zahlreiche andere Gewerbe in Mitleidenschaft zog, hat sich die Solidarität der Arbeiter, soweit sie sich in materiellen Opfern dokumentierte, glänzend bewährt, die der Arbeitgeber dagegen versagt. Die kleineren und mittleren Bauhandwerker kamen in große Not, und es ist leider vom Verfasser nicht versucht worden, festzustellen, wie groß die Zahl derer war, die ruiniert worden sind. Die Zahl der von der Aussperrung betroffenen Arbeiter wird von Arbeitgeberseite auf 197 164, von seiten der Arbeiter dagegen auf 113 441 angegeben. Die Friedensverhandlungen zogen sich von Ende Mai bis Mitte Juni hin. Nur zögernd unterwarfen sich die Arbeiter dem Schiedsspruch, und langsam wurde die Arbeit wieder aufgenommen.

Die Originaldokumente beider Kampfparteien, die fast vollständig, ebenso wie die Schiedssprüche abgedruckt sind, legen ein beredtes Zeugnis dafür ab, wie die Arbeitgeber in diesem großen Kampfe ihre Kraft überschätzt haben. Selbst bei viel weiter vorgeschrittener innerer Festigung des Gefüges der Arbeitgeberorganisation wäre die Vernichtung eines einzigen Verbandes mit einem Widerstandsfonds von 5 bis 6 Millionen Mark nicht zu erreichen gewesen. Insgesamt haben die Arbeiter fast 10 Millionen, zum größten Teil aus eigenen Kräften der beteiligten Berufe, für den Kampf aufgebracht. Die Generalkommission der Gewerkschaften hat nur 825 000 M beigesteuert, denen allerdings die 270 000 M, die der Verein der Arbeitgeberverbände aufzubringen vermochte, als weit geringere Summe gegenüberstehen. (Schluß folgt).

*) Sie sind abgedruckt in der vom Zentralverband der Maurer Deutschlands herausgegebenen Schrift „Die im Jahre 1907 abgeschlossenen Tarifverträge“, Hamburg 1908, Th. Bömelburg.

SOZIALPOLITIK

Ueber die schwarzen Listen

macht Rechtsanwalt Dr. Sinzheimer in der „Sozialen Praxis" recht beachtenswerte Ausführungen. Er weist darauf hin, daß das Arbeitsverhältnis zwar ein Gewaltverhältnis sei, da die absoluten Rechte des Arbeitgebers, der einseitig, soweit nicht ausdrückliche Abreden getroffen sind, das Arbeitsverhältnis zu bestimmen vermag, nicht aufgehoben seien. Durchgeführt sei aber allenthalben in der Gesetzgebung der Grundsatz der Oeffentlichkeit. Der Arbeiter soll die Rechtsbedingungen kennen, unter denen er lebt und arbeitet. Diesen Zweck verfolgen auch die §§ 111, 113 und 114a der Gewerbeordnung, die die heimliche Kennzeichnung des Arbeiters in Arbeitsbüchern, Zeugnissen und Lohnbüchern gesetzlich verpönen.

„Und doch," so führt Dr. Sinzheimer aus, „ist dieses gesetzlich offene Arbeitsrecht heute von einem geheimen sozialen Rechte umschlungen, welches allen diesen Gedanken widerspricht. Hinter dem gesetzlichen Rechte lebt eine Privatgerichtsbarkeit, welche über den Arbeiter und Angestellten Recht spricht, ohne daß diese das Recht kennen, das über sie gesprochen wird, ohne daß sie das Verfahren wissen, welches gegen sie geübt wird, ohne daß sie den Richter kennen, der das Urteil fällt. Wenn ein Arbeiter oder Angestellter heute auf die schwarze Liste gesetzt wird, so muß ihm keine Mitteilung davon gemacht werden, daß über ihn eine Maßregel verhängt ist, die sein Fortkommen auf das erheblichste zu schädigen oder zu gefährden geeignet ist. Mag er von Stelle zu Stelle wandern, um Arbeit zu suchen, er braucht es nicht zu wissen, warum ihm die Arbeit verweigert wird, daß ein Verfahren gegen ihn anhängig war, welches ihn von der Arbeit ausschließt. Selbst wenn die Selbsthilfe der Arbeitgeber aus Gründen der Disziplin, wie man angegeben hat, zu rechtfertigen wäre, so gibt es doch kein Wort der Verteidigung für die Heimlichkeit des ganzen Vorganges. Und hinter demselben Gesetze besteht auf weiten Gebieten eine private Arbeitsnachweisverwaltung, die über die Arbeitsgelegenheit verfügt, als ob die Arbeitvergebung eine private und nicht eine allgemeine Angelegenheit sei. Wir sprechen von der geheimen Konkurrenzklausel, die Arbeitgeber unter sich vereinbaren oder Arbeitgeberverbände beschließen, um den Uebertritt von Arbeitern und Angestellten von einem Geschäft in das andere zu erschweren oder zu hindern. Sie wirken gegen diejenigen, gegen die sie sich richten, ohne daß die Betroffenen sie kennen. Sie treffen sie in ihrem wesentlichen Interesse, ohne daß die Betroffenen oft auch nur ahnen können, welche Schranke gegen sie errichtet ist. Die Rechtsprechung hat diese Veranstaltungen und Abreden, wenn sie nicht offenbar brutal sind, für gültig erklärt, so daß bis auf weiteres mit dem praktischen Bestand dieses geheimen Rechtes zu rechnen ist."

Dr. Sinzheimer weist dann auf das „Unannehmbar" hin, das die Regierung gegenüber dem Beschlusse der Konkurrenzklauselkommission, daß die „geheime Konkurrenzklausel" nichtig sei und zum Schadenersatz verpflichte, ausgesprochen hat und schlägt darum vor, wenigstens „das Recht zur Offenlegung im Arbeitsvertrag" zu fordern. Alle geheimen Abreden müssen denjenigen zur Kenntnis gebracht werden, die durch sie betroffen werden.

„Dies ist die geringste Forderung, die ihnen gegenüber zu erheben ist. Ein solches Recht steht im Einklang mit dem allgemeinen Rechtsbewußtsein, es entspricht den Grundgedanken der Arbeitsgesetzgebung, und es findet auch seine Analogie bereits im allgemeinen bürgerlichen Rechte. § 810 BGB. bestimmt, daß derjenige, der ein rechtliches Interesse daran hat, eine im fremden Besitze befindliche Urkunde einzusehen, von dem Besitzer die Gestattung der Einsicht verlangen kann, wenn die Urkunde in seinem Interesse errichtet oder in der Urkunde ein zwischen ihm und einem andern bestehendes Rechtsverhältnis beurkundet ist oder wenn die Urkunde Verhandlungen über ein Rechtsgeschäft enthält, die zwischen ihm und einem anderen oder zwischen einem von beiden und einem gemeinschaftlichen Vermittler gepflogen worden sind. Man wird ein gleich dringendes Interesse auf Einsicht solchen Abreden gegenüber anerkennen müssen, die wie die schwarzen Listen und geheimen Konkurrenzklauseln, das Fortkommen der Arbeiter und Angestellten in erheblicher Weise zu gefährden und zu schädigen geeignet sind."

Ueber den Weg, wie dieser Rechtsgrundsatz durchgeführt werden könne, äußert sich Dr. Sinzheimer folgendermaßen: „Man wird dieses Interesse in doppelter Weise schützen können. Zunächst muß jeder Arbeitgeber, der sich mit einem anderen Arbeitgeber über eine Erschwerung des Fortkommens der in ihren Betrieben beschäftigten Arbeiter oder Angestellten verständigt oder einem Verbandsbeschlusse unterworfen ist, der eine solche Erschwerung zum Ziele hat, verpflichtet sein, den durch solche Verständigung Betroffenen Mitteilung von ihr zu machen. Diese Pflicht zur Mitteilung ist sicherzustellen durch Bestrafung ihrer vorsätzlichen oder fahrlässigen Verletzung. Neben der Strafe wird dem Berechtigten ein Anspruch auf Buße zuzuerkennen sein. Außer diesen Rechten des unmittelbar Betroffenen wäre eine Berechtigung der Berufsvereinigungen der Arbeiter und Angestellten einzuführen, Auskunft von den Verbänden und den einzelnen Arbeitgebern darüber zu verlangen, ob und mit welchem Inhalt solche das Fortkommen der Arbeiter und Angestellten benachteiligenden Abreden bestehen. Diese Berechtigung ist notwendig. Denn nicht immer beziehen sich solche geheimen Abreden auf bestimmte Einzelne. Außerdem ist die Oeffentlichkeit daran interessiert, ob und wo solche Abreden bestehen. Dieses öffentliche Interesse wird am besten von den Berufsvereinigungen in Form einer Popularklage gewahrt."

Bei dem gegenwärtigen Stande unserer Sozialpolitik ist nicht zu erwarten, daß diese bescheidenen Forderungen Aussicht auf Verwirklichung haben, zumal inzwischen die Regierung zu allen Forderungen des Reichstags zum Konkurrenzklauselgesetz ein entschiedenes Nein gesprochen hat. Aber gerade darum werden diese Gedanken Dr. Sinzheimers, denen auch Arbeitgeber keinen vernünftigen Grund entgegenhalten können, in die weitere Oeffentlichkeit getragen werden müssen.

ANGESTELLTENFRAGEN

Die Frage der Eisenbahnhilfstechniker vor dem preußischen Abgeordnetenhaus

In der 51. Sitzung des preußischen Abgeordnetenhauses vom 17. März 1914, die sich mit dem Etat der preußisch-hessischen Staatsbahnen befaßte, hat der Abgeordnete Delius-Halle in seiner, mit großer Sachkenntnis vorgetragenen, Rede zum Personaletat auch der Techniker gedacht.

Nachdem der Abgeordnete die großen Leistungen der Eisenbahnverwaltung, namentlich in den letzten Jahren anerkannt hat, kommt er auf die einzelnen Beamtengruppen zu sprechen und sagt:

„Im Jahre 1913 hat die Kgl. Eisenbahnverwaltung eine große Zahl technischer Sekretärstellen eingerichtet, in die eine Reihe technischer Hilfsbeamten ohne Prüfung übergeführt worden sind. Es trifft jedenfalls zu, daß unter den technischen Hilfsbeamten viele hervorragend tüchtige Beamte sind, die ohne Zweifel auch die Stellung eines technischen Sekretärs ausfüllen können. Aber es hat berechtigtes Mißfallen bei den technischen Sekretären erregt, daß man sämtliche Beamte ohne Prüfung in diese Beförderungsstellen hineingelassen hat, trotzdem die Prüfungsbedingungen für die technischen Sekretäre bedeutend erhöht worden sind. Der Zustand — geprüfte und ungeprüfte Beamte bringt Reibungsflächen."

„Von den technischen Hilfskräften," so sagte der Abgeordnete Delius weiter „sind etwa 2400 bei uns vorhanden. Ihr Diensteinkommen sollte erhöht werden. Seit 1903 sind ihre Bezüge nur um 3% gestiegen, davon gehen jetzt noch die Beiträge für die Angestelltenversicherung ab. Das Durchschnittseinkommen im Jahre 1912 mit 2788 M ist angesichts der bedeutenden Erhöhung der Assistentengehälter zu niedrig. Fünfhundert von diesen Beamten hat man in mittlere Beamtenstellen überführt. Da wird nun sehr geklagt, daß die Anstellung nicht der Reihe nach erfolgt ist, daß man zu wenig das Dienstalter und dergleichen mehr berücksichtigt habe, daß Beamte mit 25jähriger Dienstzeit nicht befördert worden seien. Diese seien nun darauf angewiesen, sich in ihrem Alter mit einer Gnadenpension abfinden zu lassen. Bekanntlich sind diese Beamte nicht etatmäßig angestellt, sondern stehen im Hilfsbeamtenverhältnis. Daher erlangen sie auch niemals eine feste Anstellung und ebensowenig steht ihnen ein Pensionsrecht zu. Man kann deshalb verstehen, wenn diese Kategorie von technischen Hilfskräften möglichst in feste Stellungen hineinzukommen bestrebt ist. Die Beamten sind dauernd beschäftigt und notwendig, deshalb gebe man ihnen ein festes Dienstverhältnis."

In der 52. Sitzung vom 18. März 1914 antwortete dem Herrn Abgeordneten Delius der Herr Minister und sagte:

„Eine weitere bedeutsame Frage betraf die Lage unserer technischen Hilfsbeamten und die Beschwerden der etatsmäßigen technischen Beamten. Wir haben zurzeit ein technisches Personal von 6400 Köpfen, davon sind 2000 Hilfsbeamte, eine unverhältnismäßig große Zahl. Diese haben nicht dieselbe berufsmäßige Vorbildung, wie die in etatsmäßigen Stellen befindlichen Beamten. Es sind aber unter diesen Hilfsbeamten eine erhebliche Zahl von sehr tüchtigen Technikern, denen man ein weiteres Fortkommen und eine größere Sicherung ihrer Lebensstellung wünschen kann. Aus diesem Grunde ist es zweckmäßig erschienen, im Jahre 1913 eine erhebliche Vermehrung der Etatsstellen für mittlere Techniker vorzunehmen. 600 Stellen sind geschaffen und von diesen Stellen ist den Hilfstechnikern eine größere Zahl zugewiesen. Daraus hat sich eine große Beunruhigung der in etatsmäßigen Stellen befindlichen Techniker ergeben, die diejenige Berufsvorbildung haben, die wir als Regel festgesetzt haben. Es fragt sich nur, welches das größere Uebel ist und ob nicht die Wünsche der Hilfstechniker, die berechtigt waren, bei der Verwaltung Berücksichtigung finden mußten, wie es geschehen ist. Ich gebe aber zu, daß die ganze Frage unserer Techniker, mögen es etatsmäßige oder Hilfstechniker sein, einer erneuten Nachprüfung bedarf, und diese Nachprüfung wird erfolgen!"

Ja! daß sie **bald** erfolgen möge und mit Wohlwollen können auch wir nur wünschen! In den Heften 8 und 11 der D. T.-Z., gerade zur Zeit der Etatsberatung, wurde auf die verbesserungsbedürftige Lage der Hilfstechniker bei der preußisch-hessischen Staatsbahn hingewiesen. Ihnen selber ganz unerwünscht sind sie durch die Ernennung einiger bevorzugter Kollegen zu technischen Eisenbahnsekretären in eine schiefe Lage zu dieser Beamtengruppe gedrängt worden. Mit Anerkennung der Fähigkeiten einzelner Kollegen ist dem Stande der Hilfstechniker aber in keiner Weise gedient. Der Herr Minister hätte seine Worte ruhig etwas weiter fassen und sagen können: Die Mehrzahl der technischen Hilfsbeamten sind tüchtige Leute, die genau wie die etatsmäßigen Beamten jahrzehntelang, jedoch ohne eine Aussicht auf Versorgung, dem Staate aufopfernde und treue Dienste geleistet haben. Wenn aber der Minister sagt, daß die Hilfstechniker im Gegensatz zu den etatsmäßigen Technikern nicht die Vorbildung haben, die als Regel aufgestellt ist, so ist das nur bedingt richtig. Denn von **allen** Eisenbahntechnikern wird bei ihrem Eintritt das Reifezeugnis einer anerkannten Baugewerk- oder Maschinenbauschule verlangt. Der Hilfstechniker, der vor der Annahme meistens sich längere Zeit in Privatstellung befand, wird gleich zu bestimmten Arbeiten verwandt. Der Aspirant auf eine etatsmäßige Beamtenstellung macht zunächst eine $2^1/_2$ bis 3jährige Ausbildung in den einzelnen Verwaltungszweigen durch und bereitet sich während dieser Zeit zum Examen vor. Das ist der Unterschied in der berufsmäßigen Vorbildung — aber ursprünglich saßen alle auf derselben Schulbank — und darum ist es auch nicht gut, immer wieder den Unterschied ihrer Stellung zu betonen.

Die Gesamtheit der Eisenbahnhilfstechniker denkt gar nicht daran, sich an den beamteten Technikern zu reiben und ihnen die durch die Ausbildungszeit erworbenen Stellungen fortzunehmen. Sie wünschen vielmehr nur, nach 10jähriger Hilfsbeamtendienstzeit mit gleichem Titel und ohne Gehaltseinbuße mit Pensionsberechtigung dauernd übernommen zu werden.

Der Abgeordnete Delius hat bereits gesagt, daß zurzeit das Gehalt der Hilfstechniker vollkommen unzulänglich ist und seit 10 Jahren eine wesentliche Steigerung nicht erfahren hat. Zudem herrschen noch ganz unzeitgemäße Bestimmungen über die Fortzahlung des Gehalts- in Urlaubs-, Krankheits- und Militärdienstfällen, die für die Hilfstechniker anderer staatlicher Betriebe weit günstiger lauten. Auch wir wollen daher wiederholt das dankenswerte Ersuchen des Abgeordneten an den Herrn Minister unterstützen, den technischen Hilfskräften recht bald das Gehalt aufzubessern und sie ihren Wünschen entsprechend in ein besonders für sie geschaffenes festes Dienstverhältnis zu überführen. Ein altes Unrecht am gesamten Technikerstand würde dadurch gutgemacht werden. Vor allem aber wäre damit vermieden, daß Unfrieden zwischen den einzelnen Beamtengruppen entsteht, den wir, als dem Aufstieg aller Eisenbahntechniker hinderlich, von ganzem Herzen bedauern müssen. sg.

STANDESBEWEGUNG

Der Bund der technisch-industriellen Beamten

hielt am 12. und 13. April seinen 12. ordentlichen Bundestag in Berlin ab. In den ersten Debatten hallten noch die inneren Zwistigkeiten wieder, die das Ausscheiden Lüdemanns aus der Bundesleitung zur Folge gehabt hatte. Es handelte sich um die Gültigkeit der Mandate mehrerer Berliner Delegierten. Es zeigte sich aber auf diesem Bundestage noch mehr als auf dem vorigen, daß die Anhängerzahl Lüdemanns zurückgegangen ist. Man darf wohl annehmen, daß mit diesem Bundestag der „Fall Lüdemann" seinen Abschluß gefunden hat, nachdem sich drei Bundestage fast ganz und gar mit den persönlichen Streitigkeiten beschäftigt hatten.

Der Jahresbericht, den dieses Mal **Sohlich** erstattete, gab einige Ergänzungen zu dem im Druck vorgelegten Bericht über das Jahr 1913. Sohlich beschäftigte sich auch mit der Stellung des Bundes zum D. T.-V. Er wies im Einklang mit den schriftlichen Ausführungen auf die „Unzuverlässigkeit" des D. T.-V. hin, die es nicht ermögliche, unseren Verband als gleichberechtigte Organisation der technischen Angestellten anzuerkennen. Solche Worte haben wir schon oft genug gehört. Wahr werden sie aber auch dadurch nicht, daß sie — wohl in Erinnerung an frühere Zeiten — von Sohlich ausgesprochen werden, der eigentlich der Technikerbewegung etwas **objektiver** gegenüberstehen sollte. Aber der Bund braucht ja solche Mittelchen zu seiner Agitation; und anders als eine Agitationsphrase wollen sie ja auch nicht angesehen sein. Als Bundesgenossen im Ausschuß der **gewerkschaftlichen** Angestelltenverbände für das einheitliche Angestelltenrecht braucht man den D. T.-V.; wenn es einem aber gerade paßt, spricht man ihm einfach den gewerkschaftlichen Charakter ab.

Die Mitgliederzahl des B. t.-i. B. ist im Jahre 1913 von 22 140 auf 23 386 gestiegen, die Zahl der Hospitanten hat von 1365 auf 2312 zugenommen. Insgesamt wurden 5296 Mitglieder und 1539 Hospitanten **neu** aufgenommen. [Unser Verband verzeichnete 1913 6488 neue ordentliche Mitglieder und 2713 neue Hospitanten.] Daß man aber gleichwohl der weiteren Entwicklung nicht mit allzu großem Optimismus entgegensieht, zeigte das Bestreben, das Werbegebiet zu vergrößern. Es wurde nach langer Debatte ein Antrag angenommen, die Werbearbeit mehr als bisher auf die **Werkmeister** auszudehnen.

Die sozialpolitische Arbeit des Bundestages fand in mehreren Resolutionen ihren Niederschlag. Nach dem Referat Granzins über die sozialpolitische Lage wurde einstimmig beschlossen:

„Der Bundestag erblickt in der staatlichen Sozialreform die unerläßliche Korrektur der durch die moderne Wirtschaftsentwicklung verursachten sozialen Schäden. In Uebereinstimmung mit den Ausführungen des Staatssekretärs Dr. Delbrück am 7. Februar 1913 betrachtet er die Sozialpolitik als die wichtigste Aufgabe unserer Zeit und als eine sittliche Pflicht des Staates.

Der Bundestag erhebt deshalb entschiedenen Einspruch gegen die Versuche einzelner Vertreter der Wissenschaft und des scharfmacherischen Unternehmertums, der deutschen Sozialpolitik unerwünschte Folgen hinsichtlich ihrer Wirkung auf die allgemeine Volksmoral anzudichten und damit ihre Fortführung zu hintertreiben. Vor allem aber protestiert der Bundestag auf das lebhafteste dagegen, daß auch nach Ansicht der Reichsregierung unsere sozialpolitische Gesetzgebungsarbeit an einem gewissen Abschluß angelangt sein soll.

Er stellt demgegenüber fest, daß, abgesehen von sonstigen großen Aufgaben, bis heute noch nichts zur Einlösung der Versprechungen getan worden ist, die den technischen Angestellten bereits vor acht Jahren gegeben worden sind, so daß diese noch heute unter Rechtsverhältnissen leiden, die den Bedürfnissen unserer modernen wirtschaftlichen Zustände in keiner Weise mehr gerecht werden. Der Bundestag erwartet von den gesetzgebenden Körperschaften, daß sie nicht nur baldigst die Initiative zur Erfüllung dieser alten Versprechungen ergreifen, sondern darüber hinaus auch mit gutem Willen an die Lösung der Probleme herantrete, die durch die wirtschaftliche Entwicklung neu aufgerollt werden."

Zur Konkurrenzklauselfrage wurde folgende Entschließung angenommen:

„Angesichts der Erklärung des Staatssekretärs Dr. Lisco, daß durch die Annahme des von der Regierung angebotenen Kompromisses in der Frage der Neuregelung der Konkurrenzklauselvorschriften des Handelsgesetzbuches die Bahn frei gemacht würde für eine nachfolgende Regelung der Konkurrenzklausel der Techniker, betont der zwölfte ordentliche Bundestag, daß die technischen Angestellten an einer Neuregelung ihrer Rechtsverhältnisse auf der Grundlage dieser Regierungsvorschläge kein Interesse haben. Die Annahme dieser Vorschläge erscheint ihnen nur geeignet, eine baldige gründliche Reform der Konkurrenzklausel auch für die technischen Angestellten aufzuhalten, und er bittet daher den Reichstag, diese Regierungsvorschläge abzulehnen und statt dessen die grundsätzliche Ungültigkeit aller Konkurrenzklauseln zu beschließen."

Die Vorstandswahl ergab die Wahl der Herren Bock, Braun, Edinger, Hochwald, Kortenbach, Krug, Mahlow, Reichelt, Rosenstiel, Schuhmann, Tieck, Voß. Ferner wurden die Herren Sohlich, Sandrock, Schweitzer, Gramm, Granzin und Dosmar als Zentralbeamte des Bundes bestätigt. Hdl.

DEUTSCHE TECHNIKER-ZEITUNG
TECHNISCHE RUNDSCHAU

XXXI. Jahrg. **2. Mai 1914** **Heft 18**

Die Entwicklung der Atomlehre

Von S. BRAUER, Mülheim (Ruhr).

Schon im Altertum war der Mensch bestrebt, die mannigfaltigen Vorgänge und Erscheinungen des täglichen Lebens auf eine gemeinsame Grundformel zu bringen, wie sie uns in der Atomtheorie der alten Griechen überliefert ist. Als ihre Gründer werden Leukipp und sein Schüler Demokrit, der um 460 v. Chr. geboren wurde, genannt, wahrscheinlich haben jedoch auch diese auf älteren Ueberlieferungen gefußt. Die epikuristische Weltanschauung jener Tage baute sich auf dieser Theorie auf, nach der sich die Vielgestaltigkeit der Dinge aus der verschiedenartigen Lagerung unsichtbarer, kleinster, nicht weiter zerlegbarer Teilchen gewisser Grundstoffe ergibt. Diesen kleinsten Teilen gab man den Namen „Atome". Es wurde eine gewisse Anzahl Grundstoffe hypothetisch angenommen, aber ohne jeden Versuch eines experimentellen Nachweises, das ganze war vielmehr nur ein reines Gedankengebilde spekulativer Köpfe. Diesen Atomen dichteten die Alten nun alle möglichen Eigenschaften an, teilweise mit vielem Scharfblick, jedoch auch mit großer Naivität, wenn sie z. B. meinten, daß scharfschmeckende oder bittere Sachen scharfkantige Atome haben müßten, während anderseits die Atome der Seele besonders glatt und rund seien wegen der Beweglichkeit der Gedanken.

Unter dem Einfluß der Kirche im Mittelalter verschwand die Atomtheorie, da sie mit der christlichen Weltanschauung nicht in Einklang zu bringen war; sie wurde erst im 17. Jahrhundert von einem katholischen Priester Gassendi wieder ausgegraben. Jedoch auch die neueren Philosophen lehnten sie ab, so auch Kant und Schopenhauer, von letzterem in seiner Abhandlung: „Zur Philosophie und Weltanschauung der Natur"; es bereitet dem heutigen Leser ein eigenes Vergnügen, gegen die Atomtheorie mit den scharfen Waffen Schopenhauers kämpfen zu sehen, nachdem uns die Naturwissenschaft die Existenz der Atome glaubhaft nachgewiesen hat; allerdings unterscheiden sie sich wesentlich von den spekulativen Gebilden der Philosophen.

Durch die Alchimisten des Mittelalters, welche Gold und Mittel gegen Krankheiten entdecken wollten, wurden eine Unmenge Stoffkenntnisse, ihre Verbindungen und Verwandlungsfähigkeiten zutage gefördert. Eine stetig sich steigernde experimentelle Geschicklichkeit mit Hilfe der neu erfundenen Instrumente, die Arbeiten eines Galilei, Kepler usw., die Erforschung des Magnetismus und der elektrischen Erscheinungen bahnten der experimentellen Naturwissenschaft mit Macht den Weg und ließen in ihr eine geeignetere Führerin zur Erforschung der Atome erscheinen, als die bis dahin allein maßgebende Philosophie.

Es war der englische Gelehrte Boyle (1627—1691), der als erster diejenigen Stoffe als Grundstoffe festlegte, die sich mit den jeweils bekannten Methoden nicht weiter zerlegen lassen, er gab ihnen die Bezeichnung „Elemente". Zu ihnen gehören erstens sämtliche Metalle, ferner Kohlenstoff, Wasserstoff, Stickstoff, Sauerstoff usw., im ganzen etwa 83, eine Zahl, die sich entsprechend den naturwissenschaftlichen Fortschritten täglich ändern kann. Die kleinsten Teile der Elemente nennt die Naturwissenschaft „Atome". Aus der Vereinigung mehrerer Atome entstehen „Moleküle", die also die kleinsten Teile eines neuen zusammengesetzten Stoffes mit neuen Eigenschaften darstellen. So entsteht z. B. aus der Verbindung von 2 Atomen Wasserstoff und 1 Atom Sauerstoff 1 Molekül Wasser. Ein alter philosophischer Einwand, daß mich nichts hindern könne, auch die Atome noch weiter teilbar zu denken, wird dadurch hinfällig, daß bei weiterer Spaltung der Atome eben ein neuer wesensanderer Stoff entsteht, analog wie sich bei Teilung der Moleküle eine neue Substanz bildet, deren Träger in diesem Falle die Atome sind. Die Atome sind eben die letzten charakteristischen Teile der Elemente, die noch deren sämtliche Eigenschaften erkennen lassen. Daß es noch kleinere Teilchen gibt, hat uns das Gebiet der radioaktiven Erscheinungen gezeigt, wie wir später sehen werden.

Soll nun die Frage über die Größe der Atome eine Antwort finden, so müssen wir auf eine von Dalton (1768 bis 1844) zuerst nachgewiesene Tatsache zurückgreifen. Dalton stellte fest, daß die Vereinigung der Atome zu Molekülen, wie schon aus dem oben erwähnten Beispiel des Wassers zu ersehen ist, nur in bestimmten gesetzmäßigen Gewichtsverhältnissen geschieht. Diese Gesetzmäßigkeit ermöglichte es nach und nach, die Verhältnisgewichte der Atome festzulegen, welche uns angeben, in welchem Verhältnis die Gewichte der Raumeinheiten der Elemente zueinander stehen. Diese Werte auf das leichteste Element, den Wasserstoff = 1, bezogen, nennt man Atomgewichte.

Es ist verständlich, daß von den drei Aggregatzuständen fest, flüssig und gasförmig, der letztere den Forschungen nach dem Molekül am wenigsten Schwierigkeiten in den Weg zu legen scheint, da seine Moleküle hier weiter voneinander entfernt liegen, also einzeln leichter zu fassen sind. Ein großes Verdienst verschafften sich auf diesem Gebiet Mariotte, Gay-Lussac und Avogadro. Letzterer stellte in dem nach ihm benannten Satze fest, daß in gleichen Räumen bei gleichem Druck und bei gleicher Temperatur stets die gleiche Anzahl Gasmoleküle vorhanden ist. Hiermit hatte man eine Handhabe, die Gewichtsverhältnisse der verschiedenen Gasmoleküle, die sogenannten Molekulargewichte, festzulegen, wobei wiederum das Wasserstoffgas als leichtestes zum Vergleichsobjekt diente.

Aehnliche Beziehungen bestehen auch bei Lösungen, wie von Van't Hoff und Raoult nachgewiesen wurde, und zwar ist es der osmotische Druck in Verbindung mit der Siedetemperatur und dem Gefrierpunkt, der eine experimentelle Festlegung der Molekulargewichte ermöglichte. Schwieriger wird die Sache nun bei tropfbar flüssigen und festen Körpern, bei welchen die Moleküle eng aneinanderliegen. Bei ersteren gestattet uns die Oberflächenspannung noch einen gewissen Vergleich, der uns vermuten läßt, daß deren Moleküle etwa die Größe der Gasmoleküle haben, bei letzteren fehlt jeder Anhalt, doch erlaubt uns deren Atomwärme, worunter man die Wärmemenge versteht, welche nötig ist, um das Atomgewicht des betreffenden Elementes in gr. um 1° C zu erhöhen, eine Nachprüfung der Atomgewichte. So gelang es, die Atomgewichte sämtlicher Elemente festzulegen, wobei manche Schwierigkeiten und Widersprüche zu beseitigen waren, auf die näher einzugehen hier zu weit führen würde.

Meyer und Mendelejeff gruppierten zuerst sämtliche Elemente nach den Atomgewichten, es ließen sich in dieser Tabelle dann Abschnitte machen, deren Glieder große Aehnlichkeit untereinander zeigten. Auf Grund dieser anfangs noch lückenreichen Tabelle beschrieb Mendelejeff drei neue Elemente mit den Atomgewichten 44,70 und 72,5 und ihren chemischen und physikalischen Eigenschaften. Es war ein Triumph der Wissenschaft, als kurze Zeit darauf die drei Elemente entdeckt wurden mit den vorhergesagten Eigenschaften, es waren Skandium 44,1, Gallium 69,9 und Germanikum 72,5.

Da uns jetzt die Verhältnisgewichte sämtlicher Atome und Moleküle bekannt sind, braucht nur das absolute Gewicht eines Atoms bestimmt werden, um im gleichen Augenblick die absoluten Gewichte aller Atome zu kennen. So einfach sich dies anhört, so schwierig ist diese Bestimmung. Lohschmidt führte zum erstenmal den Buchstaben N in der Wissenschaft ein, welcher uns die Anzahl der Moleküle angibt, die in einem Kubikmeter Gas enthalten sind. Diese Zahl ist auf die verschiedenartigsten Weisen berechnet worden und alle ergaben ungefähr den gleichen Wert. Raleigh z. B. berechnete die Zahl aus dem Himmelslicht, dessen blaue Farbe bekanntlich durch Luftmoleküle abgebeugtes, polarisiertes Sonnenlicht ist, Svedberg aus der Diffusion kolloidaler Goldlösungen, wobei man unter kolloidalen Lösungen solche versteht, die infolge der Größe ihrer Teilchen einen Uebergang bilden von den wirklichen Lösungen zu den groben Suspensionen (Suspension = staubförmige Verteilung im Ultramikroskop noch sichtbarer Teilchen). Eine interessante Bestimmung hat Perrin gemacht. Unter der Annahme, daß sich die Teilchen einer kolloidalen Lösung ebenso verhalten wie die Moleküle einer richtigen Lösung und damit auch wie die von Gasen, erfolgt die Dichteabnahme der Gasmoleküle einerseits und die der Teilchen der kolloidalen Lösung andererseits nach denselben Gesetzen. Perrin stellte nun fest, bei welchem Höhenunterschied die Dichte des Gases und damit der Gasmoleküle, und zweitens die Dichte der Lösung und damit der Teilchen um die Hälfte sank. Um diesen Unterschied muß dann das Gasmolekül leichter sein als ein Kolloidteilchen, dessen Gewicht ermittelt werden kann, wobei allerdings noch einige Umrechnungen vorgenommen und der Auftrieb des Wassers berücksichtigt werden muß.

Expandiert man gesättigten Wasserdampf, so kondensiert dieser, wie bekannt. Nach Versuchen von Thomson tritt eine Kondensation aber nur ein, wenn Staubteilchen vorhanden sind, sogenannte Kondensationskerne, an die sich die Tropfen bilden können. In vollkommen staubfreier Luft tritt also ein Niederschlag nicht ein. Um in solchem Falle eine Kondensation trotzdem zu ermöglichen, können die Ionen als Kondensationskerne benutzt werden. Ionen sind jedoch elektrisch geladene Atome, die u. a. durch Röntgenstrahlen erzeugt werden; es bildet sich also an jedes Ion und damit Atom ein Wassertropfen, der auf diese Art die kleinsten Teilchen sichtbar macht und eine allerdings nicht einfache Zählung und dadurch Berechnung der Zahl N gestattet. Alle diese verschiedenen Methoden lieferten, wie schon früher erwähnt, gut übereinstimmende Werte, aus denen das absolute Gewicht der Atome berechnet werden kann.

Es ergibt sich im Mittel das Gewicht eines Molekül Wasserstoff zu $3{,}33 \cdot 10^{-24}$ g und seines Atoms zu $1{,}66 \cdot 10^{-24}$ g eine unheimlich winzige Zahl, wenn man bedenkt, daß die 3,33 resp. 1,66 erst an 24. Stelle hinter dem Komma steht. Um einen besseren Begriff über die Größenverhältnisse zu bekommen, sei folgender Vergleich angestellt. Würde ein Wassermolekül zu der Größe eines kleinen Apfels anschwellen, so müßte der Apfel etwa die Größe unserer Erdkugel annehmen, um den Größenabstand zu wahren.

Es gilt nun, ein weiteres, schwieriges Problem durch die Atomtheorie zu erklären, die Wärmeerscheinungen. Nach der Atomtheorie gibt es keine warmen oder kalten Atome, sondern die verschiedenen Wärmegrade sind der Ausfluß mehr oder weniger großer Geschwindigkeiten der Atome, die in fortwährender Bewegung sind. Je schneller die Bewegung, desto heißer der Körper. Diese Bewegung gelingt es dem menschlichen Auge sichtbar zu machen. Betrachtet man mikroskopisch kleine Teilchen, so sieht man je nach Größe eine mehr oder minder lebhafte Bewegung der Teile, die Brownsche Bewegung, so genannt nach ihrem ersten Beobachter (1827), und man hat in ihr eine vergröberte Molekularbewegung zu sehen. Die Bewegung hört bei Teilchen von etwa 0,0004 cm Durchmesser auf. Bei Temperaturzunahme wird die Beschleunigung größer, wie Svedberg folgendermaßen feststellte. Ein genau regulierbarer Momentverschluß wurde so eingestellt, daß die Flimmerbewegung gerade noch erkennbar war, bei Erwärmung der Lösung mußte die Beobachtungszeit nun immer mehr gekürzt werden, um die Bewegung noch gerade als solche zu erkennen. Einen weiteren Beweis für die Richtigkeit der Annahme, daß Wärme Bewegung der Atome und Moleküle ist, hat uns die kürzlich von Gaede konstruierte Molekularluftpumpe geliefert. Die Pumpe beruht auf dem Prinzip, daß die Moleküle durch einen rotierenden Kolben Stöße erhalten, welche sie aus dem zu evakuierenden Raum herausschaffen. Am Ausgangsrohr der Pumpe haben die Moleküle also eine durch die Stöße erhöhte Geschwindigkeit und müßten demnach auch eine höhere Temperatur haben, wie auch tatsächlich von Gaede gefunden wurde. Auf der Molekulartheorie basierend, muß die Pumpe um so besser arbeiten, je weniger Moleküle zu fördern sind, je luftleerer also der Raum ist. Man hat dann auch bei einem Vorvakuum von 0,05 mm Quecksilbersäule ein Endvakuum von 0,000 000 2 mm bei 12 000 Umdrehungen in der Minute des Kolbens erreicht. Der Enddruck ist vielleicht noch niedriger gewesen, jedoch reichten die Meßinstrumente nicht weiter.

Nach langwierigen Beobachtungen und Berechnungen ist es denn gelungen, mittlere Werte für die Geschwindigkeiten der Gasmoleküle festzustellen, und diese sind bei 0° etwa 1844 m/sek. bei Wasserstoff, 461 m/sek. bei Sauerstoff und 492 m/sek. bei Stickstoff. Als Vergleich sei die Anfangsgeschwindigkeit der Geschosse unserer modernen Infanteriegewehre mit 800 bis 900 m/sek. angegeben. Trotz dieser ungeheuren Geschwindigkeit fliegen die Moleküle nicht weit, da sie nach kurzen Wegstrecken bereits an andere anprallen, so daß sich in einer Sekunde etwa 5 Milliarden Zusammenstöße ereignen. Die Weglänge beträgt dabei rund 0,0001 mm. Welche ungeheure Energie in dieser rastlosen Bewegung steckt, erhellt daraus, daß man aus 2 g Wasserstoff von 0° C bis zum vollständigen Stillstand der Bewegung theoretisch $4^2/_3$ Pferdestärken herausholen könnte. Dieser vollständige Stillstand tritt bei —273°, dem absoluten Nullpunkt, ein, die Moleküle und Atome liegen starr und unbeweglich nebeneinander. Wir wissen, daß bei Abkühlung eines Gases um 1°

der Druck, d. h. die Bewegungsenergie, der Moleküle um $^1/_{273}$ abnimmt von dem Druck bei 0° C. Das Gas verliert also seinen ganzen Druck und damit die Moleküle die Bewegung, wenn wir es bis 273° unter Null abkühlen. Heute trennen uns nur wenige Grade vom absoluten Nullpunkt, jedoch gehen alle Gase schon vorher in den flüssigen Zustand über, so Sauerstoff bei — 183°, Stickstoff bei — 196°, Wasserstoff bei — 252° und Helium bei — 268°, so daß es uns wohl nie vergönnt sein wird, diesen theoretischen Punkt der Erstarrung aller Bewegungsenergie zu erreichen. Durch Verdampfenlassen des Heliums konnte die Temperatur noch bis auf — 271,5°, also nur 1,5° vom absoluten Nullpunkt entfernt, herabgedrückt werden. Chemische Reaktionen lassen schon bei geringen Kältegraden nach und hören unterhalb von — 135° bald ganz auf.

Nachdem uns nun die Größe der Moleküle und Atome bekannt ist, erhebt sich die Frage, ob wir sie sinnlich wahrnehmen können oder wieweit uns überhaupt ein Nachweis kleinster Teilchen gelingt.

Der Chemie ist es möglich, eine Menge von 0,000 000 02 = $2 \cdot 10^{-8}$ g Magnesium in einer Lösung nachzuweisen. Emich vermochte noch $3 \cdot 10^{-10}$ g Aetznatron und $2 \cdot 10^{-9}$ g Schwefelsäure mittelst der bekannten Lackmusfarbenmethode festzustellen. Sogar unsere sonst doch ziemlich stumpfe Nase ist imstande, noch Mengen von $2{,}2 \cdot 10^{-13}$ g Mercaptan, einer äußerst unangenehm riechenden Substanz, wahrzunehmen. Dieser Nachweis wurde von E. Fischer und Petzold auf folgende Art ausgeführt. In einem leeren Raum wurde eine geringe Menge eines Riechstoffes verstaubt und die Luft durch Wedeln gut gemischt. Wurde der Geruch von einer hereintretenden Person gerade noch richtig erkannt, so war aus der Zimmergröße, der Größe des Nasenhohlraumes und der verstaubten Substanzmenge die unterste Grenze des Wahrnehmbaren zu errechnen. Trotz dieser oben angegebenen geringen Gewichtsmenge des Riechstoffes würden doch noch ungefähr $2{,}5 \cdot 10^{10}$ = 25 Tausendmillion Moleküle des Mercaptan in der Nase vorhanden sein.

Durch direkte Wägung mittelst der Mikrowagen, die z. B. auch zur Messung der Gewichtsveränderungen radioaktiver Stoffe Verwendung finden, kann noch $4 \cdot 10^{-9}$ g gewogen werden, in Worten 4 Millionstel Milligramm.

Einen bedeutenden Schritt kommen wir den Molekülen bei der Herstellung von Häuten näher. Ein geschickter Goldschläger vermag einen Goldwürfel von der Größe eines Kubikmillimeters zu einer zusammenhängenden Oberfläche von 10 000 qmm auszutreiben, die Dicke der Haut würde also $^1/_{10000}$ mm sein und ein würfelförmiges Goldteilchen von dieser Kantenlänge $2 \cdot 10^{-14}$ g wiegen. Durch Versuche von Raleigh, Röntgen und Overbeck wurde die geringste noch nachweisbare, doch schon unsichtbare Dicke einer Oelhaut auf Wasser zu 0,000 000 5 mm festgestellt. Jedoch schon bei einer Dicke von 0,000 002 mm läßt ihre Festigkeit stark nach und ein feiner Strahl eines in Wasser löslichen Gases vermag dann die Haut zu durchlöchern, während er vorher an ihr abprallte. Diese letzte Kantenlänge angenommen, würde ein Oelwürfel $8 \cdot 10^{-21}$ g wiegen und die Oelschicht nur aus 1 bis 2 Moleküllagen bestehen. Ebensolche dünnen Metallhäute erzeugte Overbeck auf Platin und Glas, wie sie sich z. B. auch in den Geißlerschen Röhren bildet. Selbst kann man derart dünne Häute aus Seifenwasser herstellen, wobei die schwarzen Flecke in den Seifenblasen die dünnsten Stellen sind, deren Dicke von Reinhold durch elektrische Widerstandsmessung zu 0,000 001 mm ermittelt wurde.

In den besten Mikroskopen sind wir imstande, noch Teilchen von 0,000 2 mm Durchmesser zu unterscheiden, weiter herunterzukommen ist wegen der Unfähigkeit unserer Augen, Lichtwellen von unter ca. 0,000 3 mm Länge wahrzunehmen, ausgeschlossen; müßten doch unsere Augen, um die Moleküle direkt zu sehen, aufnahmefähig sein für Wellenlängen, die etwa die millionste Länge der sichtbaren Lichtwellen hätten. Da gelang es durch die Erfindung des Ultramikroskopes durch Zsigmondy und Siedentopf noch Goldteilchen von 0,000 005 mm sichtbar zu machen; das Gewicht dieses Teilchens beträgt $3{,}28 \cdot 10^{-22}$ g und enthält dabei noch 3,5 Millionen Atome. Wir sehen also, daß wir von der sinnlichen Wahrnehmung der Moleküle und Atome noch weit entfernt sind, ein Ziel, das also noch zu erstreben ist.

Wie schon oben angedeutet, genügt diese kleine Masse, wie die Atome sie darstellen, zur Erklärung der elektrischen und radioaktiven Erscheinungen nicht mehr, vielmehr sind wir gezwungen, Teilchen von $^1/_{2000}$ Größe des Wasserstoffatoms anzunehmen. Die Vorgänge bei der Elektrolyse wurden zuerst von Faraday erforscht und von ihm der Begriff der Ionen festgelegt, worunter er positiv oder negativ geladene Atome verstand, die die elektrische Ladung von einem Pol zum anderen tragen. Die Elektrizitätsmenge z. B., welche von 1 g Wasserstoff in Bewegung gesetzt wird, beträgt 96 500 Coulomb. Zu noch kleineren Elektrizitätsmengen kommen wir bei den Versuchen über die Entladungserscheinungen hochgespannter elektrischer Ströme im luftleeren Raum, die von Plücker, Hittorf und Crooks angestellt wurden. Hierbei wurde eine neue Strahlenart entdeckt, die Kathodenstrahlen, die derart wunderbare Eigenschaften aufwiesen, daß man damals von einem vierten Aggregatzustand, dem der strahlenden Materie sprach.

Lorentz in Leiden entwickelte hierauf eine mathemathisch begründete Theorie, nach der die strahlende Materie aus kleinsten Elektrizitätsquanten bestehen soll, den Elektronen, deren Masse etwa den 2000. Teil der Masse des Wasserstoffatoms beträgt. Populär ausgedrückt kann man sagen, wie die Atome zur Materie, so verhalten sich die Elektronen zur Elektrizität. Wir erhalten also nun folgende Auffassung: Ein Atom besteht aus einer positiv elektrischen Hauptmasse, der im allgemeinen mehrere negativ elektrische Elektronen angelagert sind, deren Anzahl maßgebend dafür ist, ob das Atom positiv, negativ oder ungeladen ist.

Nach der Lorentzschen Theorie ist auch das Licht eine elektrische Erscheinung, eine Behauptung, die zuerst großen Widerspruch hervorrief. Einem Schüler Lorentz', Zeemann, gelang es 1896, in leuchtenden Dämpfen Elektronen nachzuweisen, so daß heute die inzwischen weiter ausgebaute Theorie wohl allgemein anerkannt ist und damit die Lehre von der Optik zu einem Unterkapitel der Elektrizitätslehre wird.

Treffen die Kathodenstrahlen auf feste Körper, so geben sie Veranlassung zur Entstehung neuer Strahlenarten, der nach ihrem Entdecker benannten Röntgenstrahlen. Veranlaßt durch diese 1895 erfolgte Entdeckung, untersuchten mehrere Forscher, ob auch ähnliche Strahlen von der Natur hervorgebracht würden. Der 1903 mit dem Nobelpreis ausgezeichnete französische Forscher Bequerel fand im Jahre 1896, daß alle uranhaltigen Stoffe durch Papier und dünnes Metall hindurch photographisch wirksame Strahlen sandten, sowie die umgebende Luft ionisierten, d. h. für Elektrizität leitfähig machten. Das Ehepaar Curie in Paris befaßte sich besonders eingehend mit der Untersuchung radioaktiver Gesteine und entdeckte zwei äußerst aktive Elemente, Polonium und Radium, die zuerst nur in Verbindung mit Chlor und Brom und erst in neuerer Zeit rein hergestellt werden. Wie kostbar diese

Elemente sind, ist ja aus den Zeitungsnachrichten allgemein bekannt, bezahlt man doch für $^1/_{1000}$ g Radiumbromid ungefähr 300 Mark. Das Atomgewicht des Radiums beträgt 226,4, damit ist also das Radium das drittschwerste Element. Die von den radioaktiven Substanzen ausgesandten Strahlen teilt man nach dem Vorgange von Rutherford in α-, β-, γ und δ-Strahlen ein.

Die α-Strahlen sind positiv elektrisch geladene Teilchen von der Größe eines Atoms, die mit einer Geschwindigkeit von etwa 16 800 klm-sek. von dem Element fortfliegen. Von einem Magneten sind sie aus ihrer gradlinigen Bahn abzulenken. Für den materiell atomistischen Charakter der α-Strahlen ist von Crookes und anderen ein hübscher experimenteller Beweis erbracht. Bringt man Sidotblende unter die Einwirkung von α-Strahlen, so sieht man auf dieser unter der Lupe ein ununterbrochenes Aufblitzen, das von dem Aufprall der α-Teilchen herrührt. Man hat so die Möglichkeit, wenn auch nicht die kleinsten Teilchen selbst, so doch die Wirkung eines jeden einzelnen zu beobachten.

Die β-Strahlen sind negativ geladene Elektronen, deren Geschwindigkeit nahe an die des Lichtes kommt, sie beträgt etwa 280 000 km/sek. (Lichtgeschwindigkeit = 300 000 km/sek.). Die Abbiegung der Strahlen durch einen Magneten ist bedeutend größer als die der α-Strahlen.

Grundsätzlich verschieden von diesen beiden materiellen Strahlarten, ist die dritte, die γ-Strahlen. Sie sind magnetisch nicht ablenkbar und haben die größte Durchdringungskraft, bis 30 cm dicke Eisenplatten. Mit den Röntgenstrahlen lassen sie sich auf eine Stufe stellen, sind also wie diese Bewegungserscheinungen des Aethers. Entstehen letztere durch den Anprall der Kathodenstrahlen auf Bleche, so bilden sich diese als Aetherwellen beim Austritt der korpuskolaren β-Strahlen aus dem Radiumatom. Man darf den Vorgang etwa mit einem abfeuernden Geschütz vergleichen, wobei das Radiumatom die Stelle des Geschützes, das Elektron die des Geschosses und der Weltäther die der Luft einnimmt, wobei dann der sich in dieser fortpflanzende Schall den γ-Strahlen entspricht.

In aller Mund sind heutzutage die Heilwirkungen des Radiums besonders bei Krebsleiden. Ob sich die großen Hoffnungen erfüllen, ja bevor überhaupt von einer Heilwirkung gesprochen werden kann, bedarf es noch einer Wartezeit von mindestens 4 bis 5 Jahren, da der Krebs noch nach 5 Jahren wieder zum Ausbruch kommen kann, also für im Jahre 1912/13 als geheilt bezeichnete Fälle erst das Jahr 1917 ein endgültiges Resultat liefert.

Eine weitere bisher noch bei keinem anderen Element beobachtete Eigenschaft ist die andauernde Wärmeabgabe des Radiums, erzeugt doch 1 g in der Stunde eine Wärmemenge von 100 bis 120 Calorien, welche uns u. a. erlaubt, auf das Alter der Erde Schlüsse zu ziehen. Da die Physiker bisher eine Abkühlung der Erde mangels innerer Wärmezufuhr annahmen, mußte die Erde vor rund 10 Millionen Jahren noch im geschmolzenen Zustand gewesen sein. Die Geologen und Biologen gebrauchten aber weit größere Zeiträume, die jetzt durch die Wärmezufuhr des Radiums auch angenommen werden können. Auch der Wärmegehalt der Sonne wird auf Radium zurückzuführen sein; konnte es auch bisher auf ihr nicht nachgewiesen werden, so müssen sich doch dort radioaktive Prozesse abspielen, da ein Zerfallprodukt des Radiums, das Helium, auf der Sonne nachgewiesen ist.

Diese ständige Wärme- und Strahlenabgabe ließ zuerst den völligen Umsturz der Naturgesetze vermuten, bis es Rutherford gelang, durch seine geistreiche Zerfallhypothese Licht in die verwirrende Fülle der Tatsachen zu bringen. Nach dieser entsteht aus dem Uran, das eine nach Milliarden Jahren zählende Lebensdauer hat, über verschiedene Zwischenstufen durch den Zerfall der Atome das Radium, das weiter zerfällt und als Endglied unser bekanntes Blei vermuten läßt. Aus dem Radium bildet sich zunächst Radiumemanation, ein Gas, das bei — 153° flüssig wird. Rutherford gelang es, den Nachweis zu bringen, daß die aus der Emanation ausgeschiedenen α-Teilchen nach Verlust der positiv elektrischen Ladung Atome des Edelgases Helium seien. Aus dem Gehalt an Helium, der sich bei dem Zerfall der Uranmineralien in diesen ansammelt, kann schätzungsweise der Zeitraum berechnet werden, der erforderlich war, um das Uran zerfallen zu lassen. Die dazu nötige Zeit von 5 Milliarden Jahren, in denen der Urangehalt der Erde um die Hälfte abnimmt, ist für uns unfaßbar.

Die Energiebeträge, die durch den Zerfall der radioaktiven Substanzen frei werden, übersteigen weit alle bisher bekannten Energie erzeugenden Reaktionen. Le Bon berechnete, daß aus dem vollständigen Zerfall von 2 g Kupfer eine Energie von 13,6 Milliarden Pferdestärken geliefert wird. Um mittelst Kohle diesen Betrag zu erreichen, müßte man 5600 t Kohle zum Preise von 113 000 M verbrennen.

Zum Schluß seien noch die Anschauungen einiger neuer Forscher erwähnt, nach der die ganze materielle Welt auf die Elektrizität zurückzuführen sei und wir in dieser den Urstoff zu sehen hätten. Behauptet doch der bekannte Forscher Soddy, aus Thallium und auch aus Blei Gold herstellen zu können durch Fortnahme eines α-Teilchens, resp. zwei α- und eines β-Teilchens, wozu allerdings eine Spannung von 1 Million Volt nötig wäre, die wir zu erzeugen noch nicht in der Lage sind, um die Probe auf das Exempel zu machen. Wir kämen damit zur Erfüllung der alten Träume der Goldmacher und Alchimisten, wollen aber doch noch ein großes Fragezeichen hinter diese Zukunftsmöglichkeiten setzen.

Wir haben so in kurzen Zügen gesehen, wie der Mensch an Hand der stetig fortschreitenden Erkenntnis einen immer tieferen Einblick in den Aufbau der Materie gewann. Ob sich die letzten kühnen Hypothesen bestätigen, wird die Zukunft zeigen.

BRIEFKASTEN

Empfehlungen von Firmen, die weder Abonnenten noch Inserenten der D. T.-Z. sind, werden nicht aufgenommen.

Zur gefl. Beachtung.

Um die Beantwortung der Fragen durch Rückfragen nicht zu verzögern oder die Erteilung eines wirklich brauchbaren Ratschlages nicht etwa gar unmöglich zu machen, ist es dringend notwendig, daß die Herren Fragesteller bei der Aufsetzung ihrer Anfragen mit der größten Gewissenhaftigkeit vorgehen. Die Antworten werden den Fragestellern schon vor der Veröffentlichung sobald als möglich direkt zugänglich gemacht.

Frage 93. (Wiederholt.) Wie groß ist der **Wärmetransmissionskoeffizient** einer schmiedeeisernen Heizschlange, in welcher Oel durch Abgase erhitzt werden soll. Wie berechnet man den Koeffizienten?

Frage 118. Innenanstrich für Kabelsteine. Kann mir einer der Herren Kollegen eine streichfertige Masse zum inneren Anstrich von Kabelsteinen empfehlen, die sich nachweislich tadellos bewährt hat?

Frage 119. Kann mir einer der Herren Kollegen etwas über die **Stampfbauweise aus** Kalkmörtel **und Schlacken** berichten, wie dieselbe in der Oberlausitz und im angrenzenden Königreich Sachsen bei Wohnhäusern und landwirtschaftlichen Anlagen ausgeführt wird? Erwünscht wären mir Angaben über die Ausführung, Haltbarkeit, Druckbeanspruchung, Dauerhaftigkeit und vor allem: Wie hoch stellen sich die Kosten?

Frage 120. Sauerstoff- und Wasserstoffanlage. Ich benötige eine Auskunft über die derzeitige Herstellung, Vertrieb und Konsum verdichteten Sauerstoffes, um einer bestehenden Wasserkraftanlage eine bessere Ausnutzung durch Angliederung einer Sauer- und Wasserstoffanlage sichern zu können. Wenn die Beantwortung durch den Fragekasten nicht erschöpfend erfolgen kann, dann bitte brieflich gegen mäßiges Honorar. Die Antwort soll neben der gedrängten Herstellungsart die Möglichkeit des Absatzes, ob dieser kartelliert ist oder im freien Handel erfolgen darf, angeben. Literaturangaben gleichfalls erbeten.

Frage 121. Zur Hebung der **Akustik in Kirchenräumen** sollen die Wände einen Verputz mit Korkzusatz erhalten. Welcher Kollege kann mir sagen, auf welche Weise diese Art Putz hergestellt wird, eventl. welche Firmen sich mit der Herstellung dieses Putzes befassen?

Frage 92. Welche **Fensterkonstruktion für die Einlaßkarten-Ausgabe** eines Kinos ist die beste? Das Fenster führt direkt ins Freie. Ein Vorbau, zum Schutz gegen Kälte, kann nicht angebracht werden.

Antwort I. Für Kinotheater halte ich ein Schiebefenster von etwa 40×80 bis 50×100 cm Größe, bei dem sich der untere Flügel in seiner ganzen Breite nach oben schieben läßt, für besonders geeignet. Die Konstruktion, die im übrigen aus der nebenstehenden Skizze hervorgeht, ist ähnlich wie die der Schalterfenster bei Postämtern, Fahrkartenschaltern usw. Im Fensterbrett können Sie eventl. einen Ausschnitt (wie punktiert angedeutet) anordnen, und hier kann dann das Zahlbrett liegen. Schließlich wäre es angebracht, im oberen Teil des Fensters eine Sprechrosette anzubringen; diese kann auch runde, ovale,

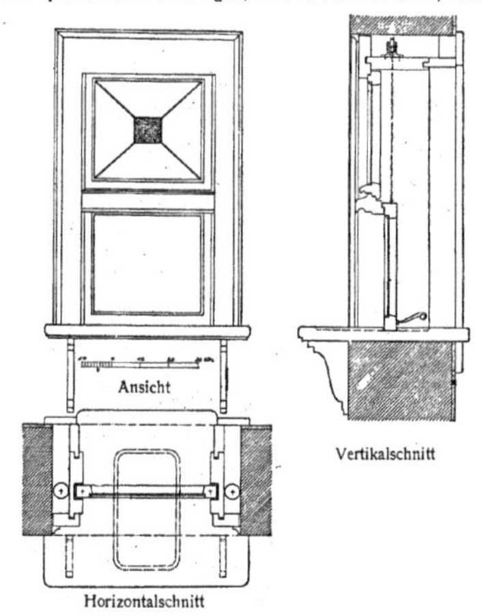

achteckige oder eine andere Form erhalten. Um nun tadelloses Funktionieren zu erreichen, müßten Sie gutes, trockenes, ausgelohtes Eichenholz verwenden, und ferner ein Hauptaugenmerk darauf richten, daß die Gewichte (am besten solche zum Nachfüllen eingerichtet) gut ausbalanciert werden. Zur Beschaffung der Beschläge wenden Sie sich am besten unter Vorlegung der Zeichnung an eine Spezialfabrik für Baubeschläge; diese Fabriken sind gern bereit, entsprechende Vorschläge zu machen. Damit die Kinobesucher beim Lösen der Eintrittskarten nach Möglichkeit gegen die Unbilden der Witterung geschützt sind, wäre ja ein kleiner Vorbau sehr zweckmäßig. Da dies aber nach Ihrer Darstellung nicht möglich ist, so könnte man vielleicht das Fenster von der Straßenfront zurück, möglichst tief in eine Nische legen; ob dies angängig ist, läßt sich von hier nicht beurteilen. — Ebenfalls praktisch sind aber auch diejenigen Schiebefenster, bei denen sich der untere Flügel seitlich in horizontaler Richtung in einen Mauerschlitz schieben läßt (also ähnlich wie die Schiebetüren). Die Konstruktion an sich ist im Prinzip eigentlich die gleiche wie die hier wiedergegebene, nur mit dem Unterschiede, daß an dem Kämpfer eine Laufschiene, auf der sich der untere Flügel mittels Rollen hin und her schieben läßt, anzuordnen ist. Hartmann, Niesky (O.-L.).

II. Ein derartiges Fenster kann z. B. in eine einflügelige Tür eingesetzt werden, welche zwischen einem kleinen offenen Vorraum und dem Einlaßkarten-Ausgaberaum sich befindet. So ist die Einrichtung bei den Hassia-Lichtspielen zu Kassel getroffen. An die Tür werden Zahlbretter aus starkem Eichenholz mit nässeschützender Imprägnierung durch Karbolineum oder Schachtol eingesetzt; das äußere ist rund 15 bis 20 cm, das innere rund 30 bis 35 cm breit. In einem Rahmenstück wird das Fenster, z. B. mit Verglasung nach Angabe von Streit-Berlin, in 50 cm Breite und 80 cm Höhe eingesetzt, die mit nässebeständigem und frostbeständigem Kaiser-Mastixkitt oder Pixolfaserkitt verdichtet wird. Außen wird ein Deckbrett angesetzt, das etwa halbe Höhe des Fensters oder mehr hat und je nach Bedarf als Schalter mit Scharnier oder dergleichen befestigt wird oder fortbleibt; innenseits wird ein Schalter auf ganze Höhe des Fensters aus Holz (außer der Kartenausgabe-Zeit) mittels Drehriegel oder Schubriegel angesetzt. Das Fenster selbst — also dessen Rahmen nebst der dicht darin eingefügten Verglasung wird in einer Führung von C-Eisen-Leisten mit daran angeklebtem Futter, z. B. aus Spezialfilz- oder Strapazoidstreifen auf- und niedergeführt und mit Schubriegel je nach gewünschter Höhe der Ausgabe-Oeffnung festgehalten. Kr. in K.

Frage 95. Abdichtung gegen Grundwasser. Der Keller meines Hauses wird jedes Jahr vom Grundwasser heimgesucht. Wie kann man den Keller auf die billigste Art unter Garantie gegen Grundwasser abdichten? Wie kann man die Umfassungsmauern des Hauses gegen aufdringende Feuchtigkeit isolieren?

Antwort. Da das Gebäude bereits fertig und in Benutzung genommen ist, dürfte die nachträgliche Isolierung gegen Grundwasser von außen her zu erhebliche Kosten verursachen, so daß nur eine Innenhautdichtung in Frage kommt, obwohl sie gegenüber der ersteren darin einige Mängel hat, daß sie mechanischen Einwirkungen infolge der Benutzung der Kellerräume weniger Widerstand entgegensetzt. Die innere Abdichtung des Kellers kann nun erfolgen entweder durch Aufführung einer Vorlegeschicht in Klinkermauerwerk mit Zementmörtel 1:2 hochkantig oder flachkantig, je nach den örtlichen Verhältnissen, oder ferner durch Ausführung einer mindestens 2,5 cm starken Putzschicht in Zementmörtel 1:2 oder endlich bei ganz geringem Wasserdruck mit einem wasserdichten Anstrich. Bei allen Arbeiten ist gleichmäßig solide, sachverständige Ausführung Grundbedingung für das Gelingen; bei den Anstrichen muß vor allen Dingen auf vollkommene Trockenheit der Anstrichflächen geachtet werden. Die vielfach angepriesenen Zusatzstoffe für wasserdichten Mörtel sind in ihrer Wirkung nicht erheblich besser als Zementmörtel 1:2 bei sauberster Ausführung. Wie nun im einzelnen die Isolierung vorgenommen werden muß, kann ohne Kenntnis der örtlichen Verhältnisse nicht treffend angegeben werden. Ich empfehle Ihnen zur Information: „Grundwasser-Abdichtung; Darstellung aus der Praxis von Dr. Ing. J. Schultze", bei W. Ernst & Sohn in Berlin, Preis 1,60 M, ein Werkchen, das Theorie und Praxis glücklich vereinigt und Ihnen manchen Wink zur sicheren Beurteilung Ihres Falles geben kann. SB., 60 374.

Frage 112. Nachträgliche Isolierung gegen Feuchtigkeit. Mein Haus ist ein Eckhaus, und in dem freien Giebel an der Straße (Nordseite) zieht das Grundwasser hoch, so daß zu Zeiten die Unterwohnung feucht ist und außen der Putz abfällt. Ich habe nun schon den Giebel unten mit Zement putzen lassen, was zur Folge hatte, daß die Feuchtigkeit höher zog und der Putz über dem Zement abfiel. Was ist da nun zu tun? Könnte man nicht Isolierpappe einziehen lassen, um das Aufsteigen des Grundwassers zu verhüten? Gibt es Spezialfirmen, die sich damit befassen, oder kann das jeder Maurer machen? Wie teuer würde sich das Verfahren ungefähr stellen per m?

Antwort. Der bestehende Mangel wird sich auf billige Weise nur durch Einbringen einer Isolierschicht beheben lassen. Gründliche und sorgfältige Arbeit ist hierbei wie bei allen Isolierungsarbeiten die Grundbedingung für das Gelingen, ohne deren Erfüllung kein Erfolg zu erwarten ist. Der geringste Fehler, nur eine undichte Stelle in der Isolierung, läßt das Uebel unvermindert weiterbestehen. Auf die Konstruktion des Hauses muß ebenfalls Rücksicht genommen werden. Man knausere deswegen nicht mit dem Heller bei solchen Arbeiten, führe auch die Arbeiten nicht etwa „in eigner Regie" mit Hilfe eines erfahrenen Maurers aus, sondern wende sich an einen zuverlässigen, erfahrenen Maurermeister des Ortes, der mit seiner Sachkenntnis und Erfahrung für den vorliegenden Fall den richtigen Weg finden wird. Das Einziehen der Isolierschicht kann auf zweierlei Weise erfolgen: 1. durch streckenweises Durchstemmen des Fundamentes in Handbreite, und Wiedervermauern nach Einlegung der Isolierschicht. Vorzug: Die Arbeit kann nach Fertigstellung besichtigt und etwaige Fehler und Mängel können sofort abgestellt werden. 2. Durch streckenweises Aussägen einer horizontalen Fuge mit Hilfe der Steinsäge, Einbringen der Isolierung und nachheriges Ausgießen der Fuge mit heißem Asphalt. Als Isoliermittel genügt in der Regel eine gute zähe Dachpappe, deren Stöße aber im ersten Falle gut mit Asphalt gedichtet werden müssen. Isolieren Sie nicht nur den Giebel, sondern greifen Sie auch noch ein genügend großes Stück in die Frontwände hinein, damit das Wasser auch an einem seitlichen Umfließen der Isolierung verhindert wird. Der Preis richtet sich nach den örtlichen Verhältnissen und wächst schnell mit zunehmender Stärke der Grundmauern. Unter 5—6 M dürfte das laufende Meter in solider Ausführung kaum herzustellen sein. SB.

Frage 113. Dampfdichter Behälter. In einer Plüschfärberei befindet sich ein gemauerter, 3,5 × 5,00 × 3,00 m großer Dampfkasten zum Dämpfen des Plüsches. Die Wände des Kastens sind 25 cm stark, gemauert, der Fußboden (Decke des darunter liegenden Geschosses) mit Strapazoideinlage gedichtet, Wände und Massivdecke des Kastens mit Zementmörtel verputzt und mit gespundeten, 25 mm starken Brettern verkleidet. Der Dampf tritt mit ca. 100° und bis 6 at ein und durchdringt die Brettverkleidung und die Mauern. Die abwechselnde heiße und sich wieder abkühlende Feuchtigkeit zerstört den Putz und die Mauern und dringt in die angrenzenden Räume. In welcher Weise kann ich die Wände vom Dampf am besten abschließen? Ein Verputz der Wände auf Asphalt-Falzpappe wird ebenfalls nicht halten, weil die heißen Dämpfe den Putz zerstören und auch bei den Stößen der Asphaltfalztafeln keine ordentliche Dichtung erreicht werden kann. Den jetzt mit Brettern ausgeschlagenen Kasten mit Zinkblech ausschlagen, wird sich ebenfalls nicht bewähren, weil das Zinkblech sich beulen und auch reißen wird.

Antwort. Da alle Baustoffe eine mehr oder minder große Porosität aufweisen, wird es bei dem angegebenen Drucke von 6 at nicht möglich sein, mit Mauerwerk, Putz, Beton und ähnlichen Stoffen einen dichten Behälter zu errichten, zumal ja auch wegen der großen Wärme alle asphaltartigen Dichtungsmittel ausscheiden müssen. Die einzige mögliche Lösung wird wohl in einem dampfdicht genieteten, in den Nähten besonders verstemmten Eisenbehälter bestehen, den man innen mit einer Klinkeerschicht auslegt. Der Behälter muß wegen seiner Ausdehnung mit genügend Spielraum im vorhandenen Mauerwerk Platz haben. Die Blechstärke ist nach den bekannten Formeln auf inneren Druck zu berechnen.

Frage 114. Aufstehender Linoleumbelag. Auf eine massive Unterschicht wurde Gipsestrich aufgebracht und darauf Linoleum verlegt. Letzterer trieb Wellen und mußte aufgenommen werden. Empfiehlt es sich, den Gipsestrich mit einem Schutzanstrich aus Farbe zu versehen, und welcher käme in Frage? Oder wie kann dem Uebelstande abgeholfen werden?

Antwort. Anscheinend liegt der fragliche Fußboden zu ebener Erde und eine Isolierung desselben gegen aufsteigende Feuchtigkeit ist seinerzeit nicht erfolgt, so daß nunmehr die Grundfeuchtigkeit infolge der Kapillarität durch den Beton bis zur Oberkante des Estrichs aufsteigt, wo sie die Wellenbildung des Linoleums verursacht. Hier gilt es also, das Aufsteigen des Wassers zu verhindern. Dies kann durch Aufbringung von solchen schützenden Anstrichen geschehen, wie sie im Inseratenteile dieser Zeitschrift oft empfohlen werden. Da aber die kleinste Undichtigkeit das Uebel erneut auftreten lassen kann und erhebliche Werte wieder vernichten würde, empfiehlt sich eine zwar etwas teuere, aber dafür zuverlässigere Isolierung gegen Grundfeuchtigkeit; die Aufbringung einer etwa 2 cm starken Gußasphaltschicht. — Wenn das Linoleum, auf einer oberen Decke liegend, Wellen getrieben hat, ist nur anzunehmen, daß seine Verlegung zu zeitig, d. h. vor vollkommener Austrocknung des Betons und des Estrichs erfolgte. Vor der Neuverlegung müßte dann erst die vollständige Trockenheit der Decke festgestellt werden, etwa indem Sie einen Bogen Zeitungspapier glatt auf die Decke aufgebürstet über Nacht liegen lassen, der den Zustand der Decke erkennen läßt, da er vorhandene Feuchtigkeit gierig aufsaugt. Das Linoleum darf nur auf vollkommen trockener Unterlage verlegt werden. -s.

Frage 115. Wetterfester Kalkfarbenanstrich. Auf welche einfache Weise kann man Kalkfarbenanstriche wetterbeständig machen?

Antwort. Um die Kalkfarbenanstriche zweckmäßig aufzubringen, vergegenwärtige man sich den chemischen Vorgang, auf dem die Anwendung des Kalkes im Bauwesen überhaupt beruht: Der aus einer Verbindung des Calciums mit Kohlensäure (Calciumcarbonat) bestehende Kalkstein wird durch das Brennen von dem in ihm gebundenen Wasser und der Kohlensäure befreit, so daß nur eine Verbindung von Calcium mit Sauerstoff (Calciumoxyd) übrig bleibt. Beim Löschen entsteht ein weißer Brei (Calciumhydrat), der genügend abgelagert und verdünnt die Kalkmilch ergibt, die als Kalkfarbe verwendet wird. Solange nun in der Kalkmilch noch Wasser vorhanden ist, aber auch nur so lange, nimmt sie aus der Luft Kohlensäure auf. Man ersieht schon hieraus, daß alle Kalkanstriche in heißer Jahreszeit, womöglich noch auf stark wasseraufsaugendem Untergrunde aufgetragen, nicht die für die Dauerhaftigkeit erforderlichen Vorbedingungen gefunden haben. Durch Zusatz von Kochsalz und Viehsalz kann man den chemischen Vorgang günstig beeinflussen, da diese Stoffe infolge ihrer hygroskopischen Eigenschaft, d. h. ihrer Fähigkeit, Wasser aus der Luft anzuziehen, den Kalkfarbenanstrich lange naß erhalten und die Bildung von Calciumcarbonat begünstigen. Das bisher Gesagte gilt von Kalkfarbe ohne Farbzusätze. Auch bei der Wahl dieser Zusätze ist Vorsicht geboten, da ungeeignete Zusätze den Anstrich unbrauchbar machen. Die dem Kalk zugesetzten Farbstoffteilchen müssen im Kalk eingebettet liegen, daraus ergibt sich, daß zu reichlicher Zusatz die Umhüllung unvollkommen macht und der Farbstoff herausgewaschen werden kann. Dunkle Anstriche sind deswegen ohne Zusatz von Bindemitteln nicht dauerhaft herzustellen. Solche Bindemittel sind animalischer Leim, Pflanzenleim, Milch, Quark, Blut und Tranfarbe, auch mit fertiger Leimfarbe kann Kalk versetzt werden. Kalk ist ein Alkali, er zersetzt demnach alle alkaliempfindlichen Farbstoffe, wie Chromgelb, Zinkgelb usw. und wird wieder zu Calciumcarbonat und damit unlöslich. Kalkfeste Farbstoffe sind: Kadmiumgelb, Neapelgelb, alle gelben Ocker, Chromgrün, Kobaltgrün, Ultramarinblau, Kobalt-Bergblau, alle Eisenoxyde, alle braunen, gebrannten und ungebrannten Farbstoffe und alle schwarzen Farbstoffe. Evtl. sind die Farbstoffe auf Kalkfestigkeit zu prüfen, aber nicht nur durch einen Anstrich auf Papier, sondern der Wirklichkeit möglichst entsprechend auf Kalkmörteluntergrund. Zur treffenden Beurteilung der Proben ist eine Frist von mehreren Wochen erforderlich. Ferner können Kalkanstriche festgemacht werden durch Bindung mit kieselsäurehaltigen Substanzen, mit denen die Anstriche überbraust werden, z. B. Fluate und Wasserglas. Auch die Wahl des Untergrundes ist von Wichtigkeit. Die Verwendung erfolgt am zweckmäßigsten nur auf Kalk- und Zementmörteluntergrund, mit denen der Anstrich sich dann chemisch verbindet, wobei wahrscheinlich auch die Kieselsäure der Quarzkörner im Mörtel eine Rolle spielt. Oft gibt man deswegen auch dem Kalk einen Zusatz von etwas reinem scharfen Flußsand. Rauher Untergrund ist zweckmäßiger als glatter. Holz ist ungeeignet. Auf altem Leimfarbenuntergrund oder verschmutztem Mörtel oder auf alten Anstrichen wird der Kalkanstrich leicht fleckig. -s.

Frage 117. Freitragende Wände. Bitte um Auskunft über die Konstruktionen der verschiedenen freitragenden 1/4 und 1/2 Stein starken Zwischenwände mit Eiseneinlage. 1. Die Arten der Eiseneinlagen, deren Stärken und Verbindungen. 2. Wie ist eine derartige Wand statisch zu berechnen? 3. Welche Systeme gibt es außer Keßler, Förster, Helm, Prüß, Auerbach? 4. Wie stehen die Preise (Arbeitslohn) zueinander? 5. Welches ist die billigste Wand? 6. Welche Wand eignet sich am besten für Scheunenbauten als Umfassungswand?

Antwort. Für eine gründliche Beantwortung Ihrer Anfrage sind von Ihnen nicht die unbedingt erforderlichen Angaben über die Materialpreise, über die besonderen örtlichen Verhältnisse und über die speziellen Sonderheiten des vorliegenden Objektes gemacht worden, die sämtlich einen wesentlichen Einfluß auf die Preisbildung ausüben — gerade bei diesem Mauerwerk von äußerst geringer Dicke. Im einzelnen sei zu Ihrer Frage bemerkt: Zu 1: Die Art und Stärke der Eiseneinlagen richtet sich naturgemäß nach den statischen Anforderungen. Zu 2: Die Berechnung solcher Wände erfolgt analog derjenigen der ebenen massiven Decken. Hierüber finden Sie eine hübsche elementare Anleitung in „Das Eisen im Hochbau", herausgegeben vom Deutschen Stahlwerksverbande. Zu 3: Die Beschäftigung mit der statischen Untersuchung wird Ihnen zeigen, daß alle Massiv-Deckenkonstruktionen sinngemäß auch zur Herstellung massiver Umfassungswände verwendet werden können. Näheres über Massiv-Decken in dem genannten Werke und in den Prospekten der in dieser Zeitschrift inserierenden Spezialfirmen. Zu 4: Die Arbeitslohnkosten dürfen im allgemeinen für Decken gleicher Stärke die gleichen sein. Zu 5: Muß von Fall zu Fall entschieden werden. Fordern Sie von einigen Firmen Kostenberechnung ein. Zu 6: Die Wände beruhen auf gleichen Konstruktionsprinzipien, sie sind also hierin annähernd gleichwertig. Vorzüge können nur auf Grund des verwendeten Materials entstehen. Es kommt darauf an, was Sie für dieses anlegen wollen und können. —S.

Anmerkung: Ueber die fraglichen Wandkonstruktionen können Sie sich z. B. auch aus dem „Rezeptbuch der Baugewerkszeitung" (Berlin SW., Kleinbeerenstr. 3) unterrichten. Das Schriftchen (Preis 1 M) enthält eine Sammlung für das Baugewerbe wichtiger Rezepte und Ratschläge und kann den Herren Fragestellern bestens empfohlen werden. Die Red.

DEUTSCHE TECHNIKER-ZEITUNG
HERAUSGEGEBEN VOM DEUTSCHEN TECHNIKER-VERBANDE
Schriftleitung:
Dr. Hoefle, Verbandsdirektor. Erich Händeler, verantwortlicher Schriftleiter.
XXXI. Jahrg. 9. Mai 1914 Heft 19

Wir marschieren!

Die uns übel wollen — nicht nur in den Kreisen unserer Gegner, sondern leider auch einige in unseren eigenen Reihen — höhnten uns, ob der Veranstaltung einer Werbe-„Woche“. Die Gleichgültigen lasen den Aufruf und — legten ihn beiseite. Die Kleinmütigen sahen uns ungläubig an; es hat ja doch keinen Zweck, meinten sie.

Aber viele hätten verstanden, was die Deutsche Techniker-Woche bedeuten sollte. Sie gingen ans Werk und arbeiteten.

Schon jetzt können wir sagen, daß ihre treue Arbeit den Lohn gefunden hat. 782 ordentliche Mitglieder und 229 Hospitanten, also zusammen 1011 neue Mitglieder sind unserem Verbande in der Werbewoche gewonnen worden, soweit uns bis jetzt von den Verwaltungsstellen Meldungen zugegangen sind. Die Zahl wird noch größer werden. Der Deutsche Techniker-Verband zählt mithin jetzt weit über 31000 Mitglieder.

782
ordentliche Mitglieder
und
229
Hospitanten,
zusammen
1011
neue Mitglieder
hat uns die
Werbewoche
bis jetzt
gebracht!

Das Ergebnis dieser einen Woche Arbeit zeigt, daß wir marschieren. Die Arbeit der Reorganisation des Verbandes ist zum Abschluß gelangt; Programm und Satzung haben uns einen festen Boden gegeben, auf dem wir weiter bauen können. Die, die nicht mitwollten oder nicht mitkonnten, weil sie die Entwicklung nicht zu verstehen vermochten, sind draußen.

Eine einheitliche Auffassung von den Zielen des Verbandes ist nunmehr in unseren Mitgliederkreisen durchgedrungen. Das zeigte sich in den mehr als 50 Versammlungen, die wir in der Werbewoche veranstaltet hatten. Jede Unsicherheit und Unklarheit ist geschwunden, die damals eine natürliche Begleiterscheinung war, als es galt, in einer neuen Satzung den Kern unserer Verbandsarbeit zum Ausdruck zu bringen. Vertrauen auf die Richtigkeit unserer Verbandspolitik ist jetzt vorhanden. Und daß wir auf dem richtigen Wege sind, zeigten auch die Auseinandersetzungen mit Rednern des B. t. i. B., die wir in vielen Versammlungen hatten. Gerade sie haben uns viele neue Mitglieder zugeführt.

Aber auch der innere Ausbau der Organisation ist zum Abschluß gelangt. Die Werbewoche war die erste Probe ihrer Schlagfertigkeit. War hin und wieder noch Unzufriedenheit über die „Anordnung“ der Werbewoche von „oben“ vorhanden, weil manchem noch der alte Vereinsgedanke etwas in den Gliedern steckte, so wurde doch fast überall der Zweck der Neuorganisation richtig verstanden. In kaum drei Wochen ist der Gedanke der Werbewoche einschließlich aller Vorbereitungen in die Tat umgesetzt worden.

Und doch bleibt noch viel zu tun übrig. Unsere Verbandsbestrebungen müssen noch mehr als bisher auch allen Mitgliedern in Fleisch und Blut übergehen. Die „Erziehungsarbeit“ der Organisation an den Mitgliedern muß weiter fortgesetzt werden, damit der Gedanke der Solidarität zu einem festen Bollwerk wird, das unsern Stand gegen alle Anfeindungen schützt. Und die Organisation müssen wir noch weiter ausbauen, damit auch die Gleichgültigen zur Mitarbeit herangezogen werden. Es geht nicht an, daß so und so viele Mitglieder glauben, es genüge, wenn sie ihren Beitrag zahlen; mehr könne man nicht von ihnen verlangen. Nein, die rege Mitarbeit jedes Einzelnen brauchen wir, wenn wir unser Ziel, die Organisation aller deutschen Techniker, erreichen wollen. Da müssen unsere Zweigverwaltungen noch viel Arbeit leisten. Vor allem muß der Vorstand mit gutem Beispiel vorangehen. Was soll werden, wenn dort schon Saumseligkeit herrscht? Wir werden über die Arbeit der Werbewoche eine weiße und eine schwarze Liste unserer Zweigverwaltungen veröffentlichen, aus der hervorgeht, welche Verwaltungen gearbeitet, und welche die Hände in den Schoß gelegt haben. —

Das in der Werbewoche begonnene Werk gilt es jetzt weiter zu führen. Die neu angeknüpften Beziehungen müssen dazu verwertet werden, um auch noch diejenigen, die sich bei der ersten Werbung nicht sofort zum Eintritt in den Verband bereit gezeigt haben, zu gewinnen.

Aber auch die Mitglieder, die bisher noch nichts getan haben, müssen noch ihre Pflicht gegenüber dem Verbande erfüllen. Es kennt doch jeder wenigstens einen Kollegen, der noch draußen steht und den er leicht hineinholen kann, wenn nur der rechte Wille vorhanden ist. Bis zum Verbandstag, der uns zu Pfingsten nach Metz ruft, muß jeder diese Pflicht erfüllt haben.

Hdl.

Das Schiedsgerichts- und Einigungswesen im Baugewerbe Deutschlands und Groß-New-Yorks

(Schluß aus Heft 18.)

Nicht hinlänglich behandelt hat Tischer die prinzipielle Bedeutung des Kampfes für das ganze Wirtschaftsleben und das gewerbliche Schiedsgerichts- und Einigungswesen im besonderen. Obwohl immer mehr die Institution der paritätischen Schlichtungskommissionen mit einem unparteiischen Vorsitzenden in die Tarifverträge aufgenommen werden, versagt das gewerbliche Einigungswesen immer dann, wenn es sich um die Machtfrage handelt, eine Beobachtung, die in allen industriell entwickelten Ländern gemacht wird.

Es ist zum Vergleich mit den deutschen Verhältnissen von Interesse, das vielseitige, komplizierte Einigungswesen von Groß-Newyork, einem Riesenstadtgebiet mit 5,7 Millionen Einwohnern kennen zu lernen. Schiedsgerichts- und Einigungsverträge bestanden in der Newyorker Bauindustrie schon seit mehr als 28 Jahren. Diese mit mehreren Verträgen zwischen der Bauunternehmer-Vereinigung und dem Ziegelmaurerverband sowie den gemischten deutschen Gewerkschaften vom 24. April 1885 beginnend, umfaßten das Recht, Beschwerden jeder Art, mit Ausnahme der gewerblichen Rechtsprechung zu erledigen. Diese letztere sollte nach Ansicht der Gewerkschaften der „gemeinsamen Gesetzgebung zwischen den Gewerkschaften und den Unternehmern vorbehalten bleiben". In dieser ganzen Periode vor 1885 haben die Maurer niemals eine Behörde wegen ihrer Streitigkeiten in Anspruch genommen. Als Beschwerden werden nunmehr genau so wie heute geltend gemacht: „Beschäftigung von Nichtmitgliedern der Gewerkschaft", „Maßregelung durch die Unternehmer", „Bezahlung unter dem vereinbarten Lohnsatz", und auf seiten der Unternehmer „Beschränkung der Zahl der Lehrlinge", „Verlassen des Betriebs, um höhere als die gewerkschaftlichen Löhne zu bekommen", „Niederlegung der Arbeit" (stoppage of work). Trotzdem schienen beide Parteien mit dem Vertrag zufrieden zu sein und erneuerten ihn jährlich. Unterm 10. Mai 1892 wurde zwischen der erwähnten Unternehmervereinigung und der Gewerkschaft der Handlanger ein zweiter Vertrag abgeschlossen. Während der 15 Jahre vor 1902 machten die Unternehmer krampfhafte Anstrengungen, ihre Organisationen zu einer Zentralorganisation auszubauen, jedoch ohne Erfolg. Das Amt der Delegierten im Baugewerbe wurde 1884 organisiert; es umfaßte seit 1890 alle Gewerkschaften des Baugewerbes mit Ausnahme der Ziegelmaurer. 1894 trat eine Spaltung ein, eine Partei schloß sich dem Building Trades Concil an, die andern blieben dem Board of Delegates treu. Bis zum Jahre 1900 nahmen diese einander feindlichen Schiedsämter dasselbe Arbeitsfeld für sich in Anspruch. Im März 1902 gelang jedoch eine Einigung, und das Vereinigte Amt des Baugewerbes (United Board of Building Trades) nahm die Stelle der früheren beiden Aemter ein. Dieses neue Amt umfaßte alle starken Gewerkschaften im Baugewerbe, mit Ausnahme der Ziegelmaurer. Die Delegierten zu diesem Amt wurden gewählt von jeder lokalen Gewerkschaft im Baugewerbe und zur Mitgliedschaft beim Amt zugelassen nur auf Grund von Beglaubigungsschreiben, die von den Geschäftsführern solcher Gewerkschaften unterzeichnet waren. Gegenstand und Ziel waren „Harmonie und Einheit der Aktion zu sichern". Ferner sollte es Rechtsstreitigkeiten als Schiedsamt entscheiden; es hat während seines Bestehens 15 solcher Streitigkeiten erledigt. Es gehörten ihm 22 Gewerkschaften von gelernten und 15 von ungelernten Arbeitern an. Beim Streik der Zimmer- und Fuhrleute trennten sie sich; die gelernten Arbeiter gründeten 1903 ein neues Schiedsamt der gelernten Maschinenarbeiter (Board of Skilled Mechanics).

Um dieselbe Zeit gründeten die 30 Vereinigungen der Unternehmer im Juni 1903 die Bauunternehmervereinigung (Building Trades Employers Association). Jede Vereinigung behielt ihre Selbständigkeit, aber jedes Mitglied sollte neben seiner Fachvereinigung der allgemeinen angehören. Die Vereinigung hatte umfassende Befugnisse namentlich hinsichtlich der Bestimmung und Kontrolle der Arbeitsbedingungen der Arbeiter. Um dieselbe Zeit entwarf das Board of Governors den Plan eines Einigungsamtes. Nach langen Verhandlungen wurde der Vertrag von zwei Dritteln der Gewerkschaften unterzeichnet und am 10. August 1903 das General Arbitration Board (Allgemeines Schiedsamt) organisiert.

Das Verfahren war so geregelt, daß zunächst der Sekretär in Beschwerdefällen zu vermitteln suchen sollte. Waren seine Bemühungen erfolglos, so wurde vom Sekretär an eine Kommission von 12 Mitgliedern berichtet. Innerhalb 24 Stunden mußte das Exekutivkomitee zusammentreten und den Streit beizulegen suchen. Wenn aber die Frage schließlich als ein Gegenstand des Schiedsamts betrachtet wurde, wurde ein besonderes Schiedsamt aus vier Mitgliedern organisiert. Dieses spezielle Amt war befugt, einen Oberschiedsrichter (Unparteiischen, umpire) zuzuziehen. Die Institution hat sich bewährt. „An Stelle der früheren hitzigen Diskussion, des offenen Krieges und unvernünftiger Aktionen zeigte sich hier das Verlangen beider Parteien, Beschwerden friedlich und nach Maßgabe der vorgelegten Tatsachen zu schlichten."

Das Schiedsamt arbeitete bis 1910 sehr erfolgreich, der Vertrag lief aber am 1. Juli 1910 ab. Nach dem neuen Plan soll das Exekutivkomitee und der Generalsekretär mit ihren Aufgaben beibehalten werden. Nichterfüllung oder Gehorsamsverweigerung gegen den Schiedsspruch wird nicht vom Allgemeinen Schiedsamt direkt bestraft, sondern es wird über den widersetzlichen Unternehmer an die Bauunternehmervereinigung berichtet, die ihn mit Geldstrafen von 500 bis 5000 $ belegen oder von der Mitgliedschaft ausschließen kann.

An dem Plan sind nicht bloß die eigentlichen Bauunternehmer, sondern auch Nebengewerbe wie Innendekorateure und Bautischler, sowie Lieferanten von Baumaterialien und Fuhrleute auf der einen und die entsprechenden Gewerkschaften der von diesen Unternehmern beschäftigten Arbeiter auf der andern Seite beschäftigt. Auf beiden Seiten sind es je 31 Organisationen. Diese 31 Gewerkschaften des Baugewerbes repräsentieren annähernd 90 000 Mitglieder, die ausschließlich im Bauwesen von Groß-New-York beschäftigt sind. Zu den Kosten sollen die Arbeitergewerkschaften 4952,70 $ und die Unternehmervereinigungen 4572,80 $ aufbringen.

Nach einem der Veröffentlichung beigegebenen Diagramm setzt sich das Allgemeine Schiedsamt aus 124 Mitgliedern (je zwei Vertretern jeder Organisation) zusammen; es versammelt sich monatlich, wählt das aus zwölf Mitgliedern bestehende Exekutivkomitee und den Generalsekretär. Der Vorsitzende und der stellvertretende Vorsitzende des Amts werden halbjährlich vom Amt gewählt; je einer von ihnen muß Unternehmer und Arbeiter sein. Besondere Streitigkeiten, die den Gegenstand einer allgemeinen Entscheidung bilden, gehen an ein spezielles Schiedsgericht aus vier Personen und von diesem an einen Oberschiedsrichter. Bestehen zwischen einer Unternehmervereinigung und einer Gewerkschaft, wie z. B. zwischen den Maurermeistern und der Gewerkschaft der Ziegelmaurer Tarifverträge, so sind besondere lokale Schiedsämter von 6 bis 16 Personen vorgesehen, von denen die Sache, im Falle sie sich nicht einigen können, an den Oberschiedsrichter geht, der endgültig entscheidet. Auch in diesen lokalen Schiedsämtern ist die Parität gewahrt. Das Exekutivkomitee entscheidet also vor allem die Beschwerdefälle zwischen Organisationen, die keine Tarifverträge abgeschlossen haben. Das Allgemeine Schiedsamt erhält Kenntnis von allen entschiedenen Fällen, wodurch eine gewisse Einheitlichkeit der Entscheidungen gesichert wird. Dieses System von Schiedsämtern ist trotz seiner reichen Gliederung sehr übersichtlich.

Bei gutem Willen auf beiden Seiten kann es sicher zur Erhaltung des bewaffneten Friedens, der um so mehr Aussicht auf Dauer hat, je mehr sich gleich stark gerüstete Gegner gegenüberstehen, beitragen. Wird aber die Machtfrage gestellt, so wird es ebenso sicher versagen, wie bisher alle anderen Schiedsgerichtssysteme in diesem Fall versagt haben.

Dr. Cl. Heiß, Berlin-Treptow.

SOZIALPOLITIK

Für die Fortführung der Sozialreform

Wie wir bereits in Heft 15 berichteten, findet am 10. Mai in Berlin eine öffentliche Kundgebung für Fortführung der deutschen Sozialreform statt. Der Veranstaltung wird eine außerordentliche Hauptversammlung der Gesellschaft für Soziale Reform vorhergehen, die am Sonnabend, den 9. Mai, vormittags 9 Uhr, beginnt und in der ausschließlich Angestelltenfragen auf der Tagesordnung stehen sollen. Die Tagesordnung lautet folgendermaßen:

1. Das Koalitionsrecht, Vortrag von Professor Dr. Keßler, Jena, Aussprache.
2. Der Erfinderschutz, Vortrag des Reichstagsabgeordneten Justizrat Dr. Bell, Aussprache.
3. Dringende Einzelforderungen an die Sozialpolitik. Erklärungen von Vertretern der Bureaubeamten, Gasthausangestellten, Krankenpfleger, der technischen und künstlerischen Berufe.

Die Kundgebung für Fortführung der deutschen Sozialreform findet am Sonntag, den 10. Mai, in der Neuen Welt, mittags um 12 Uhr statt. Diese Massenversammlung der Arbeitnehmer wird durch Staatsminister Dr. Freiherrn v. Berlepsch eröffnet werden. Das Hauptreferat wird Professor Dr. Ernst Francke halten. Dieser Ansprache werden Erklärungen von Vertretern der Arbeiter, Angestellten und Beamten und von Parlamentariern folgen. Das Schlußwort nimmt dann wieder Staatsminister Dr. Freiherr v. Berlepsch.

Wir hoffen, daß diese Veranstaltung der Gesellschaft für Soziale Reform eine machtvolle Kundgebung für den Gedanken der deutschen Sozialpolitik werden wird. Der Erklärung des Staatssekretärs Dr. Delbrück, daß unsere Sozialpolitik zu einem gewissen Abschluß gekommen sei, muß der einmütige Wille aller Arbeitnehmer und aller nicht als einseitige Vertreter der Unternehmerinteressen dastehenden Persönlichkeiten entgegengesetzt werden, daß das Werk der deutschen Sozialreform mit stets wachsender Energie durchgeführt werden muß. Ein einstimmiger Ruf muß hier ertönen: Nun erst recht Sozialpolitik!

*

Eine sozialpolitische Verdauungspause

hat der eigentliche Leiter der deutschen Sozialpolitik Staatssekretär Delbrück im Reichstage gefordert, damit Industrie, Handel und Gewerbe sich von den sozialreformerischen „Lasten" erholen können, die der alte Reichstag diesen Berufsständen aufgebürdet habe. Dem unverständlichen Verlangen ist schon im Reichstage recht kräftig widersprochen worden, denn angesichts der sozialpolitischen Unfruchtbarkeit der letzten Jahre kann niemand im Ernst eine solche Forderung erheben. Selbst Männer wie Freiherr v. Berlepsch, Prof. Franke u. a., die gewiß nicht zu den sozialpolitischen Stürmern und Draufgängern gehören, sehen sich veranlaßt, gegen die vom Reichsamt des Innern im einseitigen Arbeitgeberinteresse betriebene Flaumacherei Front zu machen und für die Fortführung der Sozialreform einzutreten. Dagegen wittern die Scharfmacher der Industrie jetzt Morgenluft, wie sich auf der Hauptversammlung des Bergbaulichen Vereins, die am 25. April in Essen stattfand, wieder gezeigt hat. Dort waren die Beherrscher der schweren Industrie versammelt, um zu den gegenwärtig im Vordergrund des öffentlichen Interesses stehenden Fragen auf ihre Art Stellung zu nehmen.

Der Geschäftsführer des Vereins, Berg-Assessor von Loewenstein behandelte in seinem Geschäftsbericht natürlich auch die Sozialpolitik des Reiches, die nach ihm „in ungesunde Bahnen eingelenkt sei", weil sie Forderungen der Sozialpolitiker zulasse, die „sich mit der nüchternen Wirklichkeit des praktischen Lebens nicht vereinbaren ließen" und „die wirtschaftlichen und politischen Interessen der Nation gefährdeten". Deshalb müsse vor allem auch eine „bessere Vertretung der Industrie" in den parlamentarischen Körperschaften, besonders im Reichstag angestrebt werden, die mit den „Kreisen der Praxis" Fühlung suchen und dem Drängen der besitzlosen Masse entgegenarbeiten müsse. Diese Fühlungnahme soll „von den Abgeordneten selbst ausgehen und auch getragen werden von dem ernsten Pflichtbewußtsein vor Beratung wirtschaftlicher Gesetze durch eingehendes Studium der praktischen Verhältnisse sich die Klarheit und das sachliche Urteil zu verschaffen, ohne die die Mitarbeit an Gesetzen zu recht folgenschweren Mißgriffen führen müsse". Diese Worte gelten natürlich nur, soweit das Interesse des Unternehmers in Frage kommt. Wehe, wenn sich einmal ein unter dem Einfluß der Industrie stehender Abgeordneter einfallen ließe, z. B. auch mit den Angestelltenverbänden und Gewerkschaften Fühlung zu nehmen, um sich Klarheit und ein sachliches Urteil über deren Forderungen zu verschaffen!

Für die Herren vom Bergbaulichen Verein ist nämlich jeder sozialpolitische Fortschritt bereits ein folgenschwerer Mißgriff, weshalb sie auch ganz besonders „Einspruch" gegen die von einigen Kommunalverwaltungen eingeführte Arbeitslosenversicherung erheben. Das seien „Experimente", die das Gleichgewicht der von der sozialen Gesetzgebung ausgehenden Segnungen stören und ein örtliches „Uebermaß" schaffen, „das in seiner Anziehungskraft nur geeignet sei, den Ausgleich zwischen Arbeitsangebot und -Nachfrage zu verhindern. Solange noch auf dem flachen Lande und den einzelnen Industrien dauernd Mangel an Arbeitskräften bestehe, müßten alle Mittel verboten werden, die, wie die kommunale Arbeitslosenversicherung, die im reißenden Fortschritt befindliche Konzentration in den großen Städten noch förderten."

So ist's recht! Her mit einem Gesetz, das den Gemeinden, die die Not der Arbeitslosen nicht länger mehr mitansehen können und helfend eingreifen wollen, von Reichs wegen untersagt, eine Arbeitslosenfürsorge einzurichten! Hier haben wir wieder einmal den Herrenstandpunkt der industriellen Uebermenschen in Reinkultur! Der Vorsitzende des Bergbaulichen Vereins und des Krupp'schen Direktoriums, Geheimer Finanzrat Dr. Hugenberg wandte sich mit scharfen Worten gegen die Leute, „welche eine gesunde Sozialpolitik und sozialpolitische Quacksalberei nicht mehr zu unterscheiden vermögen". Viel deutlicher noch aber wurde der bekannte Geheime Kommerzienrat Kirdorf — neben Stinnes wohl der typischste Vertreter des industriellen Herrentums —. Er sprach von „Abwehrmaßnahmen" gegenüber unserer heutigen Sozialpolitik, wobei der Bergbauliche Verein an der Spitze stehen müsse.

„In der jetzigen Zeit der Gesetzgebung auf diesem Gebiete handele es sich nur darum, Gesetze zu schaffen, um ihnen einen Namen zu geben, ohne zu wissen, ob sie Nutzen stiften werden.

Wir haben jene Richtung gefördert, aber es kann auch zum Uebermaß werden. Gerade wir hier in unserer Industrie sind fördernd dabei gewesen, besonders um die Unfallversicherung ins Leben zu rufen. Aber mit dem Paradeschnellschritt auf diesem Gebiete kann man nicht einverstanden sein. Diese Erscheinung hat uns in die Lage der Abwehr gebracht, und wenn ich das heute hier wieder erwähne, so geschieht es im Hinblick auf die große Freundschaft und das Wohlwollen, das Sie (die Gäste) uns erweisen. Ich möchte Ihnen zurufen, daß jeder an seiner Stelle, so gut er kann, dafür arbeiten möge, daß man auf dem Wege, den wir betreten haben, einen gewissen Abschnitt findet. Wir müssen Halt machen, und das ist nicht, wie so häufig von anderer Seite, besonders von der Seite, die nicht im praktischen Leben steht, behauptet wird, eine Geldbeutelfrage. Gewiß ist die starke Belastung, die durch die Gesetzgebung unserer Industrie auferlegt wird, eine Erscheinung von großer Bedeutung für unsere zukünftige Entwicklung. Ich sehe aber vor allem die Schattenseite in dieser Gesetzgebung darin, daß wir in Gebiete des Zwangs hineinkommen, daß große Teile unseres Volkes unter einen Zwang im Gegensatz zu anderen Völkern gestellt werden, wodurch auf die Dauer ein gewisser Rückgang in der Leistungsfähigkeit unseres Volkes hervorgerufen werden muß."

So sprach Kirdorf, einer der Mächtigsten in unserem Wirtschaftsleben und die anwesenden Vertreter hoher und höchster Regierungsbehörden, die man bei keinem Arbeiter- oder Angestelltenkongreß findet, werden leider nur zu gern bereit sein, „jeder an seiner Stelle" dafür zu arbeiten, daß der gewünschte Abschluß bald erfolgt.

Solche Worte wagt man auszusprechen, obwohl auf sozialpolitischem Gebiete im neuen Reichstag bisher so gut wie gar nichts geschehen ist. Von den im Jahre 1905 erhobenen Technikerforderungen, die man damals „rührend bescheiden" nannte, ist bis heute auch noch nicht die Bescheidenste erfüllt und auch auf anderen sozialen Gebieten bleibt noch außerordentlich viel zu tun übrig. Für die Großindustrie bedeutet die soziale Gesetzgebung trotz aller gegenteiligen Betonung eine „Geldbeutelfrage". Es ist für sie nichts weiter als eine Schmälerung des Profits, wenn von Reichs wegen zum Schutze der in den Betrieben wirkenden Hand- und Kopfarbeiter eingegriffen wird. Die Herren vom Bergbaulichen Verein wollen die „Freiheit der Ausbeutung" und treten jedem entgegen, der sie daran hindern will. Die Angestellten, die auf der anderen Seite stehen, müssen an dieser Rücksichtslosigkeit, mit der hier die Mächtigsten der Arbeitgeber ihr Profitinteresse vertreten, erkennen, daß auch sie, — und das geht besonders die Industrietechniker an — noch viel rücksichtsloser werden und sich gewerkschaftlich organisieren müssen, wenn sie sich im harten Kampfe der gegensätzlichen Interessen zur Geltung bringen wollen.

Kfm.

Der Arbeitsmarkt im Monat März

Die Besserung des gewerblichen Arbeitsmarktes hat nach den Berichten des Reichsarbeitsblattes im Berichtsmonat angehalten. Namentlich gilt dies von einer Reihe von Saisongewerben, während sich in anderen wichtigen Gewerben im Berichtsmonat noch keine Belebung bemerkbar machte. Die Berichte von industriellen Firmen und Verbänden lauteten im allgemeinen noch fast ebenso ungünstig wie im Vormonat und mit geringen Ausnahmen ungünstiger als im März 1913. Es wird allenthalben über zu geringe Aufträge und schlechte Preise geklagt. In der Roheisenerzeugung und bei den Stahlwerken war eine Besserung zu verzeichnen.

Der allgemeine Maschinenbau war nach der Mehrzahl der Berichte mangelhaft beschäftigt. Es war keine Veränderung gegenüber dem Vormonat, jedoch eine Verschlechterung gegen das Vorjahr festzustellen. Eine Reihe von Betrieben arbeitete noch immer mit wesentlich verkürzter Arbeitszeit, zum Teil mußte sogar ein Teil der Betriebe still liegen. Der Lokomotiv- und Lokomobilbau sowie die Industrie für landwirtschaftliche Maschinen war im allgemeinen befriedigend beschäftigt. In der elektrischen und chemischen Industrie hatten die Betriebe nach wie vor gut zu tun.

Das Baugewerbe lag zwar nach der Mehrzahl der eingegangenen Berichte noch sehr darnieder, doch wird aus Posen, Halle, Kiel, Cöln, Krefeld und Nürnberg eine leichte Besserung gemeldet. In der Provinz Brandenburg und in Berlin ist die Lage im Baugewerbe noch immer flau. Immerhin ließ sich besonders in der Provinz eine leichte Besserung wahrnehmen. Schleswig-Holstein, Nassau und Waldeck, sowie Westfalen und Lippe berichten von einer anhaltenden Besserung im Baugewerbe und von einer größeren Nachfrage nach Arbeitskräften. So berichtet Westfalen und das Fürstntum Lippe, daß doppelt so viel offene Stellen gemeldet waren als im Vorjahre, so daß immerhin auf 100 Arbeitsuchende 80 bis 85 offenen Stellen kamen. Ein anderes Bild bietet dagegen Süddeutschland, wo noch nicht einmal ein Ansatz zu einer leisen Besserung zu finden ist. Hier lauten die Berichte noch genau so trostlos wie in den Zeiten des tiefsten Konjunkturstandes, und Nachrichten, wie z. B. aus Straubing: „Das Baugewerbe liegt noch ganz darnieder“, zeigen am besten die noch immer verzweifelte Lage des Baugewerbes, die sich über den ganzen Bereich des Landes ausdehnt.

Nach der neugeordneten Berichterstattung der Krankenkassen über den Beschäftigungsgrad ergab sich vom 1. März zum 1. April für die in Arbeit stehenden Mitglieder eine Zunahme der Beschäftigungsziffer um insgesamt 256 191 Mitglieder oder um 3,0 v. H. Die Zunahme betrug bei den männlichen Mitgliedern 3,04 und bei den weiblichen 2,94 v. H. Vom 1. März zum 1. April ist eine Belebung des Beschäftigungsgrades die Regel.

Die Arbeitslosigkeit unter den Mitgliedern der berichtenden Arbeiterverbände setzte ihren Rückgang auch im Berichtsmonat fort. Unter den 1 961 625 Mitgliedern von 49 Fachverbänden waren im März 1914 2,8 v. H. arbeitslos gegen 3,7 v. H. im Februar ds. Js. Der Rückgang gegen den Vormonat war in diesem Jahr größer als im Jahre 1913, wo er sich auf 0,6 v. H. (von 2,8 auf 2,2 v. H.) bezifferte. Die im Frühjahr alljährlich eintretende Abnahme der Arbeitslosigkeit hat sich demnach im Berichtsmonat weiter fortgesetzt, was in der Hauptsache auf den zunehmenden Geschäftsgang in den Saisonbetrieben zurückzuführen sein wird.

Von der Gesamtzahl der berichtenden Arbeitsnachweise entfielen im März auf 100 offene Stellen bei den männlichen Personen 173 Arbeitsgesuche gegen 218 im Vormonat und 168 im März 1913. Bei den weiblichen Personen kamen auf je 100 offene Stellen 92 Arbeitsuchende gegen 97 im Vormonat und 87 im März 1913. Danach hätte sich eine erhebliche Verbesserung gegenüber dem Vormonat ergeben, während die Lage gegenüber dem März 1913 noch ungünstiger ist.

:: :: :: :: ANGESTELLTENFRAGEN :: :: :: ::

Das Schicksal der Konkurrenzklauselvorlage

Diejenigen Reichstagsabgeordneten, die dahin gewirkt hatten, daß das Konkurrenzklauselgesetz am letzten Tage, an dem der Reichstag vor den Osterferien noch beisammen war, auf die Tagesordnung gesetzt wurde, haben sich mit ihrer Spekulation doch geirrt. Sie wollten, nachdem die Regierung ihr „Unannehmbar“ gesprochen, den Angestellten Gelegenheit geben, sich darüber zu äußern, ob sie das Gesetz mit den durch die Regierungserklärung gegebenen Einschränkung annehmen wollten, in der stillen Hoffnung, daß die Angestellten prompt „umfallen“ würden.

Die in der sozialen Arbeitsgemeinschaft zusammengeschlossenen Handlungsgehilfenverbände haben inzwischen erklären lassen, daß sie sich zwar mit der Herabsetzung der Gehaltsgrenze von 1800 auf 1500 Mark einverstanden erklären würden, daß sie aber auf keinen Fall die Verschlechterung in Kauf nehmen wollten, daß neben der Vertragsstrafe auch auf die „Erfüllung“ geklagt werden dürfte. Mit Recht hält die Zeitschrift des Verbandes Deutscher Handlungsgehilfen, die „Soziale Praxis“, die in einem Artikel für die Annahme des Gesetzes auf Grund der Regierungserklärung eingetreten war, entgegen, daß ihren Ausführungen ein grober Irrtum zugrunde liegt:

> „Die Soziale Praxis übersieht vollkommen, daß die Anwendung des § 140 B.G.B. neben der Vertragsstrafe oder der Erfüllung die Erhebung von Schadenersatzansprüchen möglich macht. Das durfte ein so angesehenes Blatt wie die „Soziale Praxis“ nicht verschweigen. Mit den Schadenersatzansprüchen aber wird man dem Angestellten, der das Unglück hatte, in die Hände der Konkurrenzklausel zu fallen, zu Tode hetzen. Die bezahlte Karenz ist keine Verbesserung des Rechtes der Angestellten, sie ist lediglich ein Schmerzensgeld für ein barbarisches Unrecht, das man den Angestellten zufügt. Die Unterstellung der Angestellten unter den § 340 aber ist eine Verschlechterung eines jetzt geltenden besseren Rechtes und fügt zu dem Unrechte der Konkurrenzklausel noch ein zweites, indem man den Angestellten etwas nimmt, was sie bisher besaßen.“

Auch wir bedauern aufs lebhafteste, daß die „Soziale Praxis“ derartige Ausführungen, die eine vollkommene Verkennung des Interesses der Angestellten zeigen, machen konnte. Selbst wenn die „Soziale Praxis“ auf dem Standpunkt stehen sollte, daß durch den Grundsatz der bezahlten Karenz eine Besserung gegenüber dem jetzigen Zustande erreicht wird, dann ist es doch ein Grundsatz, der nie durchbrochen werden darf, daß eine Verbesserung auf dem einen Gebiete nicht durch eine Verschlechterung auf einem anderen erreicht werden darf.

Kläglich ist aber die Rolle, die der Deutschnationale Handlungsgehilfenverband in der Frage der Konkurrenzklausel spielt. Der 13. Verbandstag der Deutschnationalen hat eine Resolution über die Konkurrenzklausel angenommen, in der es heißt, „daß die Handlungsgehilfen an einem Gesetze auf der Grundlage der neuerdings zwischen der Reichstagskommission und den verbündeten Regierungen erörterten Vorschläge zur Lösung der Konkurrenzklauselfrage kein Interesse mehr haben würden“. Diese Vorschläge waren aber noch bedeutend besser als die, die gegenwärtig von der Konkurrenzklauselkommission gemacht werden und sind gar nicht zu vergleichen mit dem Rechtszustand, der eintreten würde, wenn die Regierungsbedingungen Annahme fänden. Am 20. Juni 1913 wurde in dem Verbandsorgan der Deutschnationalen noch besonders eine frühere Erklärung unterstrichen, in der es heißt:

> „Wenn die Vertreter der verbündeten Regierungen nun auch ferner auf ihrer Taktik beharren sollten, durchgreifende Verbesserungen des Gesetzentwurfes durch das Drohen mit dem Zurückziehen der Vorlage zu bekämpfen, dann müßten wir die Herren Kommissionsmitglieder bitten, durch diese Drohungen sich nicht in ihren Beschlüssen beeinflussen zu lassen, da unter solchen Umständen ein Scheitern des Gesetzes von unserer Seite schließlich zu verantworten ist. Wir müssen die Verantwortung für die Folgen der berechtigten Mißstimmung über die Haltung der Regierung dieser in vollem Umfange überlassen.“

Aber derselbe Deutschnationale Handlungsgehilfenverband, der damals diesen „energischen“ Standpunkt eingenommen hatte, läßt sich jetzt durch Alfred Roth in der „Sozialen Praxis“ unter der Ueberschrift „Unannehmbar — und dann? Ein offenes Wort zur Konkurrenzklauselfrage“, in einem Aufsatze, der noch als Sonderdruck herausgegeben worden ist, folgendermaßen vernehmen:

> „Doch genug der Einzelheiten. Sie zeigen dem, der sehen will, wie ungeheuer töricht es wäre, durch unfruchtbaren — wenn auch vielleicht für den Augenblick dankbaren — Radikalismus die Handlungsgehilfen um die Frucht jahrelangen Ringens in der Konkurrenzklauselfrage zu bringen. Wem der Ernst der Stunde auf der Seele lastet, der darf nicht schweigen, er muß seinen Einfluß als Verantwortlicher mit in die Wagschale werfen, damit die Betörten zur Besinnung gerufen werden. Ich bin überzeugt, die Handlungsgehilfen denken praktisch genug, um den Teilerfolg hinzunehmen, da sie Besseres nicht bekommen können. Sie müssen nur aufgeklärt werden, worum es sich handelt. Dann wird auch die Mehrheit des Reichstags in den Grenzen seiner Macht den Gesetzentwurf zur Verabschiedung bringen, und es muß gesagt werden, daß die Kommission für ihre hartnäckige Arbeit alles Lob der Handlungsgehilfen verdient. Diese aber mögen bedenken, wie leicht es

für sie diesmal heißen kann: Was du von der Minute ausgeschlagen, bringt keine Ewigkeit zurück."

Für eine derartige Rückgratlosigkeit fehlt einem jedes Wort. Die Handlungsweise des D. H. V. ist geradezu ein Verrat an den Interessen der Angestellten, die nach den früheren Erklärungen glauben mußten, daß vom Deutschnationalen Handlungsgehilfenverband ihre ablehnende Haltung gegenüber der Konkurrenzklauselregelung energisch verfochten würde, die aber jetzt sehen müssen, daß man ihre Interessen ohne weiteres preisgibt.

Gegenüber dem Gesetz gibt es nur eine einzige Möglichkeit: die glatte Ablehnung. Auf diesem Standpunkte stehen wir nicht nur vom allgemeinen Angestellteninteresse aus, sondern auch vom Standpunkte der Techniker. Sollte auf dieser Grundlage ein Versuch gemacht werden, für die Techniker die Konkurrenzklausel zu regeln, dann würde eine neue Verschlechterung des Technikerrechts herbeigeführt werden.

In kurzsichtiger Weise glauben allerdings die Reichstagsabgeordneten, in ihrer Mehrheit wenigstens, einen „sozialen Erfolg" ihrer Arbeit aufweisen zu müssen. Wenn nicht alles trügt, wird das Gesetz in der von der Regierung gewünschten Form angenommen werden. Denn eine Parlamentskorrespondenz meldet jetzt:

„Zur zweiten Lesung des Konkurrenzklauselgesetzes ist im Reichstage von den konservativen, nationalliberalen, freisinnigen und Zentrumsabgeordneten der 12. Reichstagskommission für das Plenum ein Kompromißantrag gestellt worden. Es handelt sich um folgendes: Das Konkurrenzklauselverbot soll nichtig sein, wenn das Gehalt des Gehilfen den Betrag von 1500 Mark nicht übersteigt. Die Kommission hatte 1800 Mark beschlossen. Die Regierung erklärte damals, über die Summe von 1500 Mark nicht hinausgehen zu können. § 71 c soll nun lauten:

„Hat der Handelsgehilfe für den Fall, daß er die in der Vereinbarung übernommene Verpflichtung nicht erfüllt, eine Strafe versprochen, so kann der Prinzipal Ansprüche nur nach Maßgabe der Vorschriften des § 340 des Bürgerlichen Gesetzbuchs geltend machen. Die Vorschriften des Bürgerl. Gesetzbuchs über die Herabsetzung einer unverhältnismäßig hohen Vertragsstrafe bleiben unberührt. Ist die Verbindlichkeit der Vereinbarung nicht davon abhängig, daß sich der Prinzipal zur Zahlung einer Entschädigung an den Gehilfen verpflichtet, so kann der Prinzipal, wenn sich der Gehilfe einer Vertragsstrafe unterworfen hat, nur die verwirkte Strafe verlangen. Der Anspruch auf Erfüllung oder auf Ersatz eines weiteren Schadens ist ausgeschlossen." (Hier hat man also die Vorlage wiederhergestellt.)

Nach dem Kompromißantrage soll das Gesetz am 1. Oktober d. J. in Kraft treten."

Dieses sogenannte „Kompromiß" bedeutet für die Angestellten kein Entgegenkommen. Die Tatsache bleibt bestehen, daß hier ein Gesetz geschaffen wird, das die überwiegende Mehrheit der Angestellten in der vorliegenden Form für „unannehmbar" erklärt. Die in der „Sozialen Arbeitsgemeinschaft" zusammengeschlossenen, ebenso wie die in dem Ausschuß für einheitliches Angestelltenrecht vereinigten Handlungsgehilfenverbände haben es abgelehnt; ablehnend haben sich auch alle übrigen Angestelltengruppen, insonderheit die Techniker, verhalten. Hdl.

*

Der Verein für Handlungskommis von 1858

hielt vom 15. bis 27. April seine Hauptversammlung in Hamburg ab. Der Jahresbericht verzeichnet eine größere Anzahl von Neuaufnahmen als in irgend einem Jahre vorher (zurzeit beträgt die Mitgliederzahl rund 130 000). Erklärlich erscheint diese Entwickelung, wenn man berücksichtigt, daß durch die große Zahl der Stellungsuchenden, die infolge der Wirtschaftskrise der letzten Zeit besonders stark in Erscheinung trat, dem in der Vermittelung von Stellen sehr rührigen Verband jedes Jahr zahlreiche Mitglieder zugeführt werden. Ueber die Qualität der vermittelten Stellen sind die Meinungen allerdings sehr oft geteilt. Deshalb ist der Bericht, daß der Verband 46,5 Prozent von den trotz der verschiedenen wirtschaftlichen Störungen eingelaufenen 26 000 neuen Stellenmeldungen erledigen konnte, einigermaßen vorsichtig aufzunehmen. — Der Jahresbericht führt lebhaft Klage über die von Jahr zu Jahr sich steigernde Schwierigkeit, ältere Handlungsgehilfen in eine Stellung zu bringen, und betont mit Recht, daß angesichts solcher unsicheren Erwerbsverhältnisse die Ehescheu und der Geburtenrückgang einen immer größeren Umfang annehmen. Zu dieser Frage lag dem Verbandstag eine von den Bezirken im Königreich Sachsen eingebrachte Entschließung mit Vorschlägen zur Besserung der Lage der älteren Handlungsgehilfen vor, die der Verwaltung als Material überwiesen wurde. Die bekannte Soziale Arbeitsgemeinschaft der Handlungsgehilfenverbände hat inzwischen an verschiedene Reichsbehörden, an den Handelstag und an die Handelskammern eine ausführliche Petition gerichtet, für die Beseitigung bestehender Mißstände in geeigneter Weise Sorge zu tragen. Die Arbeitsgemeinschaft ist weiterhin für die völlige Beseitigung der Konkurrenzklausel eingetreten und hat bei dieser Gelegenheit die Eingabe des Deutschen Handelstages an den Bundesrat durch eine Eingabe bekämpft. Im unklaren bleibt man trotz alledem noch über die endgültige Stellung des Verbandes zu dem von der Reichsregierung vorgeschlagenen Kompromiß in der Konkurrenzklauselfrage. Aus einer an die Tagespresse versandten Zuschrift war kürzlich zu entnehmen, daß sich die Soziale Arbeitsgemeinschaft mit der Herabsetzung der Gehaltsgrenze von 1800 auf 1500 M bereits abgefunden hat und lediglich in dem Wunsche der Regierung, die die Klage auf Erfüllung der Konkurrenzklausel eingeführt wissen will, noch einen, allerdings wichtigen, Differenzpunkt erblickt. Wer demnach eine Entschließung des Verbandstages erwartet hatte, daß die Vorlage als eine völlig ungenügende Neuregelung vom Reichstage abgelehnt werden soll, sah sich bitter enttäuscht. Sondervorteile für die kaufmännischen Angestellten, und seien sie noch so gering, stehen eben dem Verband höher als der Wille zur einheitlichen Regelung dieser Frage für alle Angestellte wie des Angestelltenrechtes überhaupt. Auf der gleichen Stufe steht ein Passus in der vom Verbandstag einstimmig angenommenen Resolution, die die Fortführung der Sozialpolitik von Reichstag und Regierung verlangt. Zwar wird treffend betont, daß ein Verharren in der Zurückhaltung der Sozialpolitik bei den Angestellten tiefe Mißstimmung erregen muß, aber in einem Atemzug wird auch der Befürchtung Ausdruck verliehen, daß diese Zurückhaltung zu einer weiteren „ungesunden Radikalisierung" des Privatbeamtenstandes führen wird. Hier offenbart sich wieder einmal so recht der alte Harmonieverband, der, obschon wissend, daß Druck Gegendruck, und zwar in gleichem Maße steigend, erzeugen muß, in jeder mit größerer Energie hervortretenden Forderung der Angestelltenverbände einen „ungesunden Radikalismus" erblickt.

Für Ende Juni ist eine außerordentliche Hauptversammlung des Verbandes in Aussicht genommen, die sich mit Vorschlägen befassen wird, über die die Beratungen noch nicht abgeschlossen sind, so u. a. die Frage der Erhöhung der Einnahmen, Vermehrung der Wohlfahrtseinrichtungen und Erhöhung deren Leistungen.

Mf.

STANDESFRAGEN

„Die beste Gelegenheit"

die junge Techniker für ihre Fortbildung überhaupt finden können, bietet sich ihnen zurzeit beim Kreisbauamt des Kreises Arnsberg! So lautet nämlich der Grundton eines Stellenangebotes, das das genannte Bauamt in der „Deutschen Bauzeitung" vom 15. April d. J. veröffentlicht. Wir lesen dort:

> Im hiesigen Kreisbauamt wird einem noch im Studium stehenden oder mit demselben soeben fertig gewordenen
>
> **Techniker**
>
> die beste Gelegenheit gegeben, sich auszubilden
> a) in der Ausführung von Schulen, Amts- und Gemeindebauten,
> b) im Kleinwohnungswesen,
> c) in der baupolizeilichen Prüfung und in der Abnahme von Privatbauten,
> d) in den Bestrebungen des Heimatschutzes und der diesbezüglichen Beratung des bauenden Publikums,
> e) in der Verwaltung eines größeren Bauamtes.
>
> Herren, welche sich ohne Entgelt in den erwähnten Arbeiten auszubilden wünschen, wird anheimgestellt, ihre Gesuche mit Lebenslauf und Zeugnisabschriften alsbald einzureichen.
>
> Arnsberg, den 3. April 1914.
> **Kreisbauamt des Kreises Arnsberg.**

Man staunt ordentlich über die Fülle der schwierigen und neuzeitlichen Fragen, in die der angehende Techniker eingeweiht werden soll. Wen sollte es nicht verlocken, sich außer mit mehr oder minder trockenen technischen Dingen, als baupolizeiliche Prüfungen, Ausführung öffentlicher und Abnahme privater Bauten, auch mit den Bestrebungen des Heimatschutzes und der — wie das Bauamt so schön sagt — „diesbezüglichen" Beratung des bauenden Publikums zu beschäftigen? Nicht jedem angehenden Techniker bietet sich heute, wo die Arbeitsteilung in allen Betrieben, privaten wie behördlichen, große Fortschritte macht, so gute Gelegenheit zu einer gründlichen Ausbildung in zahlreichen wichtigen Zweigen des Bauwesens. Damit aber noch nicht genug! Der Bewerber soll auch in die Geheimnisse der Verwaltung eines größeren Bauamtes eingeführt werden. Noch einmal: Wer will da nicht zugreifen?

Doch das dicke Ende kommt nach. Für die gute Gelegenheit, zu der „diesbezüglichen" Ausbildung zu gelangen, soll der Angestellte nur schöne Dankesworte haben, und nicht etwa gar ein Entgelt für seine Dienste verlangen. Das wäre ja auch unter der Würde des Technikers, der das teuere Lehrgeld für seine praktische und wissenschaftliche Bildung gern umsonst ausgegeben hat, wenn er dann einige Jahre in der Registratur des Bauamts seine Verwaltungstätigkeit ausüben oder sich mit untergeordneten schriftlichen Arbeiten und Botengängen daselbst beschäftigen kann. Denn in Wirklichkeit wird man den Techniker mit so verantwortungsvollen Arbeiten, wie es in dem Ausschreiben heißt, nur ausnahmsweise oder erst nach sehr langer — unentgeltlich abzuleistender Vorbereitungszeit betrauen. Soll doch eventuell ein Bewerber eingestellt werden, der seine Studien noch nicht beendet hat! Darin liegt aber eine sehr große Gefahr für den zukünftigen Angestellten des Bauamtes. Ohne gründliche theoretische Kenntnisse wird er z. B. bei der Begutachtung von baupolizeilichen Vorlagen sehr bald versagen, und seine Hoffnungen werden wohl auch bei anderweitigen Arbeiten infolge der ihm noch anhaftenden Bildungsmängel getäuscht werden. Darum ist es ebenso unverantwortlich von dem Bauamt, einen Schüler durch dieses verlockende Angebot zur vorzeitigen Unterbrechung seiner Studien zu ermuntern, als es gegenüber dem fertigen Techniker, der gewöhnlich auf baldigen Verdienst angewiesen ist, eine Zumutung ist, ihm den Lohn für seine Arbeit vorzuenthalten. Mf.

*

Vom Arbeitsmarkt der technischen Angestellten

Das Reichsarbeitsblatt berichtet über die Stellenvermittelung der technischen Angestellten im Deutschen Reiche im ersten Vierteljahr 1914 noch immer ungünstig. Ueber die Vermittelungstätigkeit im 1. Vierteljahr 1914 haben 12 an die Berichterstattung angeschlossene Techniker-Vereine bezw. -Verbände vollständige Berichte eingesandt. Bei ihnen gingen im Laufe des 1. Vierteljahres 5335 neue Bewerbungen ein und zwar 3034 von Betriebspersonal und 2301 von Bureaupersonal. Hierzu trat ein Rest unerledigt gebliebener Bewerbungen aus dem Vorvierteljahre von 2100 Betriebs- und 1169 Bureaubeamten, so daß insgesamt 8604 Bewerbungen vorlagen. Von den im Vierteljahre selbst erledigten 4025 Bewerbungen wurden 1010 (25 v. H.) durch die Vermittelung der Vereine und 3015 (75 v. H.) durch Zurückziehung oder ohne Vermittelung der Vereine erledigt.

Den Bewerbungen standen 214 alte und 1211 neue Stellenangebote für Betriebspersonal und 756 alte und 1442 neue Stellenangebote für Bureaupersonal gegenüber. Es standen somit den Bewerbungen insgesamt 3623 Stellenangebote gegenüber. Zieht man auch hier nur die im Vierteljahre selbst erledigten 1990 Stellenangebote in Betracht, so sind von diesen durch Zurückziehung oder anderweitig ohne Vermittelung der Vereine erledigt 980 (49 v. H.), durch die Vereine besetzt 1010 (51 v. H.).

Bei einem Vergleiche mit früheren Vierteljahren ergeben sich, auf die gleichen Vereine unter Fortlassung der jedesmal unerledigt gebliebenen Bewerbungen und offenen Stellen berechnet, nachstehende Verhältnisse:

Es wurden		1. Viertel-jahr 1914	4. Viertel-jahr 1913	1. Viertel-jahr 1913
zurückgezogen oder anderweitig erledigt	Bewerbungen	73 v. H.	73 v. H.	67 v. H.
	Stellen-angebote	52 v. H.	51 v. H.	67 v. H.
durch die Vereine erledigt	Bewerbungen	27 v. H.	27 v. H.	33 v. H.
	Stellen-angebote	48 v. H.	49 v. H.	33 v. H.

Für Betriebspersonal wurden im 1. Vierteljahr 1914 insgesamt 5134 Bewerbungen, 1425 offene und 628 besetzte Stellen gemeldet. Nach Abzug der zurückgezogenen oder ohne Vermittelung der Vereine erledigten Bewerbungen und offenen Stellen ergibt sich — die eingeklammerten Zahlen sind die des gleichen Vierteljahres des Vorjahrs —, daß auf je 100 Bewerbungen 30 (34) Stellenangebote und 19 (29) besetzte Stellen entfielen. Auf je 100 offene Stellen kamen 329 (297) Stellengesuche, das Verhältnis hat sich also gegen das Vorjahr erheblich verschlechtert. Für Bureaupersonal ergibt eine gleiche Berechnung, daß auf je 100 Bewerbungen 71 (36) offene und 17 (26) besetzte Stellen kamen. Auf je 100 offene Stellen entfielen 140 (275) Stellengesuche; hier ist also, mit Ausnahme des Verhältnisses der besetzten Stellen zu den Bewerbungen, eine Besserung gegen das Vorjahr zu verzeichnen. Von dem vermittelten Betriebspersonal gehörten 82 zu dem leitenden und 546 zu dem sonstigen Personal, von dem vermittelten Bureaupersonal 27 zu dem leitenden und 355 zu dem sonstigen.

Die Vermittelung von Betriebspersonal vollzog sich hauptsächlich im künstlerischen Gewerbe, diejenige von Bureaupersonal vorwiegend im Baugewerbe und in der Metallindustrie.

Auf die einzelnen Gewerbegruppen verteilte sich die Stellenvermittelung folgendermaßen:

a) Betriebspersonal.

Gewerbegruppen	Leitendes und Aufsichtspersonal			Sonstiges Betriebspersonal		
	Bewerbungen	offene Stellen	Vermittlungen	Bewerbungen	offene Stellen	Vermittlungen
Insgesamt	1390	318	82	3744	1107	546
Davon entfallen auf:						
Bergbau	1	—	—	22	—	—
Steine und Erden	—	—	—	126	15	11
Metallindustrie	309	118	10	1038	257	90
Chemische Industrie	6	—	—	27	3	3
Baugewerbe	1065	198	72	702	260	69

b) Bureaupersonal.

Gewerbegruppen	Leitendes und Aufsichtspersonal			Sonstiges Betriebspersonal		
	Bewerbungen	offene Stellen	Vermittlungen	Bewerbungen	offene Stellen	Vermittlungen
Insgesamt	670	444	27	2800	1754	355
Davon entfallen auf:						
Bergbau	—	1	—	2	—	—
Steine und Erden	—	—	—	—	—	—
Metallindustrie	326	380	17	1180	896	156
Chemische Industrie	—	1	—	3	3	—
Baugewerbe	325	52	1	1483	793	164

Kr.

⁘ ⁘ ⁘ ⁘ STANDESBEWEGUNG ⁘ ⁘ ⁘ ⁘

„Ehrliche" Zitate

Die I. B. Z. versucht sich wieder einmal an uns zu reiben. Sie ist mit unserem Artikel „Gewerkschaftliche Standesarbeit" nicht einverstanden und behauptet, wir suchten dem Worte „Gewerkschaft" eine möglichst harmlose Deutung zu geben und meint, es scheine uns beinahe unangenehm zu sein, daß wir uns Gewerkschaft nennen müssen. Ihren Lesern sucht sie diese Behauptung dadurch zu rechtfertigen, daß sie aus dem Artikel von Händeler die Worte herausnimmt, in denen dargelegt wird, daß eine Gewerkschaft nicht immer den Kampf nötig habe. Sie bricht willkürlich mitten im Absatz ab, in dem es dann weiter heißt:

„Einen wirklichen Kampf in ursprünglichem Sinne des Wortes wird es aber nur da geben, wo unerträgliche soziale Mißstände keinen anderen Ausweg übrig lassen, oder wo der Standpunkt des „Herr-im-Hause-seins" gewisser Arbeitgeberkreise uns diesen Kampf aufdrängt."

Ebenso willkürlich wird aus einem Flugblatt, in dem wir den Einwänden unserer Gegner aus dem Lager der sogenannten Deutschnationalen Technikerschaft entgegentreten, eine Stelle herausgerissen, die nicht die Absicht hatte, das Wort Gewerkschaft zu definieren, sondern nur den überängstlichen Gemütern darlegen wollte, daß sie sich getrost zu einer gewerkschaftlichen Organisation bekennen könnten.

Diese Art des Zitierens ist aber typisch für die Waffen, mit denen die I. B. Z. kämpft und mit denen jetzt überhaupt der Bund, wie uns die Werbewoche gezeigt hat, gegen uns vorzugehen sucht. Wir lehnen es jetzt noch ab, in der D. T. Z. diesen Unwahrheiten, die über unseren Verband ausgestreut werden, entgegenzutreten. In den Versammlungen hat der B. t. i. B. jedesmal die gehörige Antwort erhalten. Sollten sie aber irgendwie in der I. B. Z. auftauchen, werden wir auch wohl oder übel hier an dieser Stelle uns mit diesen Angriffen des Bundes beschäftigen müssen.

Festgestellt sei aber jetzt schon, daß wir uns ganz entschieden die schulmeisterliche Art des Bundes verbitten. Was gewerkschaftliche Standesarbeit heißt, lassen wir uns nicht vom Bunde sagen, lassen uns von ihm auch nicht vorschreiben, in welcher Weise wir die Interessen der technischen Angestellten wahrnehmen. Hdl.

DEUTSCHE TECHNIKER-ZEITUNG
TECHNISCHE RUNDSCHAU

XXXI. Jahrg. 9. Mai 1914 Heft 19

Die weitere Entwicklung der Dampfturbinen

Von HENRI E. WITZ.

In den Heften 18 bis 22 der Deutschen Techniker-Zeitung, Jahrgang 1909, hat Herr Ingenieur R. Hintz die allgemeine Entwicklung der Dampfturbinen behandelt. Im vorliegenden Aufsatz will ich nur die Weiterentwicklung des Dampfturbinenbaues der letzten Jahre erörtern.

Das Bestreben, den Betrieb von Kraftmaschinen möglichst wirtschaftlich zu gestalten, hat dazu geführt, Mittel und Wege zu finden, die eine bessere Ausbeute des Brennstoffes gewährleisten, als dies bei reinen Kraftanlagen möglich ist, wo der erzielte Wirkungsgrad im günstigsten Falle 20 bis 25% beträgt. Insbesondere handelte es sich darum, die im Abdampf enthaltene, verhältnismäßig große Wärmemenge nach Möglichkeit auszunutzen. Da diese Wärmemenge nicht mehr in mechanische Energie umgesetzt werden kann, so muß diese in anderer Weise, nämlich zur unmittelbaren Abgabe ihrer Wärme selbst ausgenutzt werden. In zahlreichen Betrieben, wie z. B. chemische Fabriken, Papier-Zellulosefabriken, Zuckerfabriken, Brauereien usw. wird Heizdampf in größeren oder kleineren Mengen benötigt, der der Kraftmaschinenanlage dieser Betriebe entnommen werden kann.

Während nun die Kraftanlagen hochgespannten Dampf erfordern, zu Heizzwecken jedoch Dampf geringer Spannung nötig ist, so ist es dennoch nicht möglich, den Abdampf jeder beliebigen Dampfkraftanlage ohne weiteres zu Heizzwecken zu benutzen. Es muß vielmehr ein gewisser Ausgleich zwischen dem für Kraftbetrieb und dem zu Heizzwecken bestimmten Dampf geschaffen werden. Dies ge-

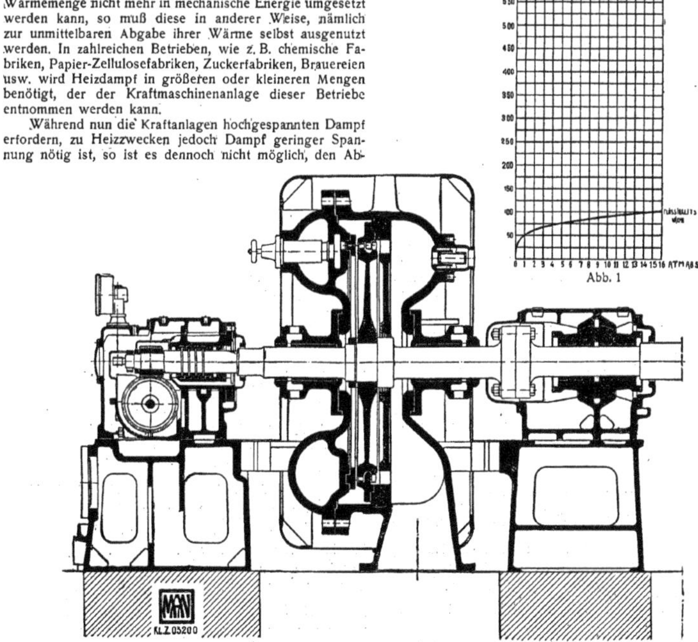

Abb. 1

Abb. 2. Gegendruckturbine der Maschinenfabrik Augsburg-Nürnberg.

schieht in der Weise, daß der für den Kraftbetrieb bestimmte hochgespannte Dampf nicht mehr durch ein Reduzierventil auf den für die Heizzwecke erforderlichen Druck herabgesetzt wird, wodurch große Wärmeverluste entstehen, sondern durch eine Dampfturbine, sogenannte Gegendruckturbine, so daß das Druckgefälle des Dampfes zur Erzeugung mechanischer Arbeit ausgenutzt wird. Dabei wird der Wärmeinhalt des Dampfes nur unwesentlich vermindert. Dies soll an Hand des Diagrammes (Abb. 1) gezeigt werden.

Zur Erzeugung von Dampf einer bestimmten Spannung, Temperatur und eines bestimmten Feuchtigkeitsgehaltes ist eine bestimmte Wärmemenge erforderlich, die man Erzeugungswärme nennt. Wie die Abb. 1 zeigt, ist zur Erhöhung des Druckes und der Temperatur des einmal erzeugten Dampfes die Zufuhr einer verhältnismäßig geringen Wärmemenge erforderlich, während zur Erzeugung des Dampfes aus dem Wasser eine weitaus größere Wärmezufuhr benötigt wird.

Für Heiz- und Kochzwecke verwendet man für gewöhnlich Dampf von 2 bis $2^1/_2$ Atm., der also noch eine bedeutende Menge Wärme mit sich führt. Würde nun nicht der ganze zur Verfügung stehende Abdampf zu Heizzwecken verwendet werden, so würden, dem Bedarfe an Heizdampf entsprechend, größere oder kleinere Verluste auftreten, die unter Umständen die Wirtschaftlichkeit dieser Betriebsart illusorisch machen würden. Dieser Uebelstand kann nun auf zwei Arten beseitigt werden. Man regelt entweder die Leistung der Turbine der benötigten Heizdampfmenge entsprechend und läßt die Leistungsänderung durch andere mit der Turbine parallel geschaltete Kraftmaschinen ausgleichen. Oder aber man entnimmt den erforderlichen Heizdampf einer Zwischenstufe einer Kondensationsturbine, die dann als Entnahmeturbine bezeichnet wird.

Es soll nun auf die verschiedenen Bauarten dieser neuen Dampfturbinenarten und deren Regelung eingegangen werden.

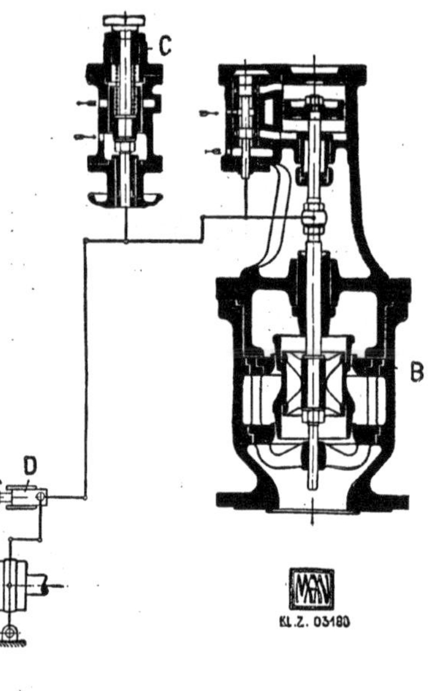

Abb. 3. Ausführungsschema der Gegendruckregelung für die Turbinen der Maschinenfabrik Augsburg-Nürnberg.

Die Gegendruckturbine der Maschinenfabrik Augsburg-Nürnberg, A.-G., ist in den Grundzügen ebenso ausgeführt wie ihre Kondensationsturbine. Sie unterscheidet sich von dieser dadurch, daß der ganze Niederdruckteil in Fortfall kommt. (Abb. 2.) Die Gegendruckturbine besitzt demnach ein einziges, durch Düsen beaufschlagtes Geschwindigkeitsrad, das in einem kurzen Gehäuse Aufnahme findet. Die hohe Geschwindigkeit des aus den Düsen austretenden Dampfstrahles wird durch mehrere auf dem Laufrad angeordnete Schaufelkränze herabgesetzt, um so eine mäßige Umfangsgeschwindigkeit zu erhalten.

Die Regelung ist derart getroffen, daß der Turbine nie mehr Dampf zuströmt als der jeweilig geforderten Abdampfmenge von gleichbleibendem Drucke entspricht. Die Leistungsschwankungen der Turbine müssen dann durch die übrigen, parallel geschalteten Maschinen aufgenommen werden. Läuft die Turbine dagegen allein, so wird die Frischdampfzufuhr der jeweiligen Belastung entsprechend geändert.

Die von der Maschinenfabrik Augsburg-Nürnberg, A.-G., ausgeführte und durch Patent geschützte Gegendruckregelungsvorrichtung ist in Abb. 3 dargestellt.

Der Geschwindigkeitsregler A wirkt durch eine Hebelübertragung auf das Frischdampfventil B. Auf diese Hebelübertragung wirkt ein Druckregler C ein, dessen eine Kolbenseite unter dem Einfluß des Abdampfdruckes, dessen andere Kolbenseite dagegen unter Federbelastung steht. Dieser Druckregler kann durch einen Schlüssel festgestellt werden, so daß er wirkungslos ist und die Regelung der Turbine nur der Leistung entsprechend erfolgt. In diesem Falle bildet der Angriffspunkt des Druckreglers den festen Drehpunkt für den mit ihm gelenkig verbundenen Schwinghebel. Der Regler A wirkt somit unmittelbar durch Hebelübertragung auf die Steuerung des Servomotors ein, der mit dem Frischdampfeinlaßventil verbunden ist.

Wird der Druckregler C wieder ausgelöst, so wirkt er durch Hebelübertragung auf die Steuerung des Servomotors ein und stellt diese unter Konstanthaltung des Abdampfdruckes dem Verbrauche an Abdampf entsprechend ein, während der Leistungsregler seine Lage beibehält, da die Leistung von den parallel laufenden Maschinen geregelt wird.

Die Konstruktion einer Entnahmeturbine ist in Abb. 4 veranschaulicht. Im oberen Teil der Turbine ist eine besondere Vorrichtung angeordnet, die den Druck des zu entnehmenden Dampfes beständig auf gleicher Höhe oder innerhalb vorgeschriebener Grenzen hält. Der Druck des Zwischendampfes wirkt auf ein Spannwerk ein, das die Stellung des Ventils in der Weise regelt, daß der Druck des Entnahmedampfes innerhalb der gewünschten Grenzen gehalten wird. Fällt der Druck des Entnahmedampfes, weil mehr Dampf verbraucht wird als durch die Turbine strömt, so wird der Niederdruckteil der Turbine geschlossen (die Turbine läuft dann als reine Gegendruckturbine), und ein

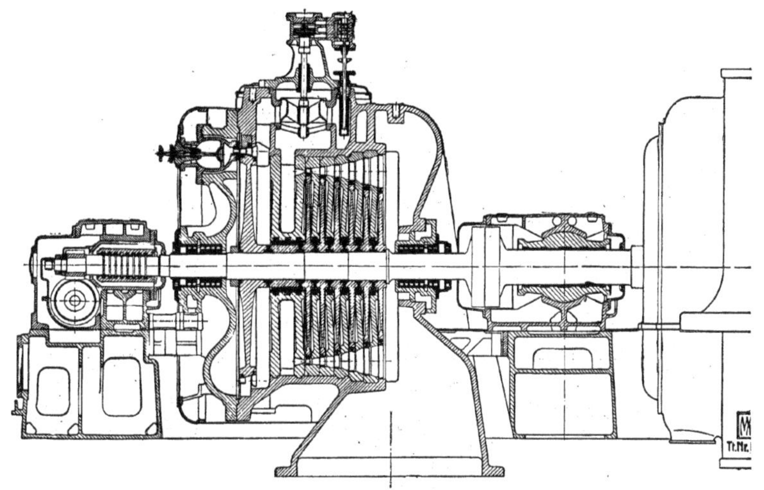

Abb. 4. Anzapfturbine der Maschinenfabrik Augsburg-Nürnberg.

Frischdampfreduzierventil sorgt für selbsttätige Zufuhr gedrosselten Frischdampfes in die Entnahmeleitung.

Aber auch die Verwertung des Abdampfes in Niederdruckturbinen hat in den letzten Jahren bedeutende Fortschritte gemacht. Die reine Abdampfturbine läßt sich vorteilhaft nur da verwenden, wo immer eine genügende Abdampfmenge zur Verfügung steht. Ist dies nicht der Fall, so muß man sich damit behelfen, daß man dem Wärmespeicher gedrosselten Frischdampf zuführt. Da aber dieser Behelf unwirtschaftlich ist, so ist eine neue Turbinengattung, die sogenannte Frischdampf-Abdampfturbine (Mischdruckturbine) entstanden. Diese von Professor Rateau in Frankreich eingeführte Turbine hat auch in Deutschland in kurzer Zeit eine ausgedehnte Verbreitung gefunden, da sie sowohl mit Frischdampf als auch mit Abdampf nahezu gleich vorteilhaft arbeitet.

Die Mischdruckturbine unterscheidet sich dadurch von der reinen Abdampfturbine, daß dem Niederdruckteil im selben Gehäuse ein Hochdruckrad vorgeschaltet ist. Ist kein Abdampf vorhanden, so arbeitet die Turbine als reine Frischdampfkondensationsturbine. Beim Betrieb durch Abdampf ist ihr Dampfverbrauch derselbe wie bei einer reinen Abdampfturbine. Beim Stillstande der Primärmaschine entnimmt die Mischdruckturbine ihren Dampf unmittelbar dem Kessel und mildert dadurch die ungleiche Dampfentnahme aus dem Kessel, wodurch die Wirtschaftlichkeit der Dampferzeugung verbessert wird.

Da die Turbine den von den Primärmaschinen kommenden Abdampf vollständig verarbeiten soll und in Hütten- und Zechenbetrieben große Belastungsänderungen auftreten, so bietet die Regelung einige Schwierigkeiten.

Sehr gut hat sich die Regelung von Professor Rateau bewährt, die auch von der Maschinenfabrik Augsburg-Nürnberg, A.-G., ausgeführt wird. Abb. 5 zeigt das vereinfachte Schema der Niederdrucksteuerung. Die Steuerung steht einerseits unter dem Einfluß eines Fliehkraftreglers A und andererseits unter dem Einfluß eines dem Drucke im Abdampfsammler ausgesetzten Druckreglers G. Dieser wirkt unmittelbar auf das Abdampfreglerventil E und mittelbar durch ein vom Fliehkraftregler beeinflußtes Gestänge auf das Frischdampfventil D.

Solange eine der Belastung entsprechende genügende Abdampfmenge zur Verfügung steht, hält der Druck im Dampfsammler das Abdampfventil E offen. Sinkt der Druck im Dampfsammler, so wird das Abdampfventil allmählich

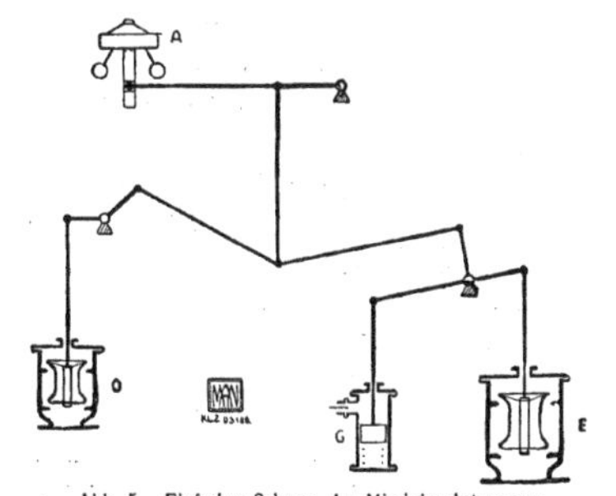

Abb. 5. Einfaches Schema der Mischdrucksteuerung der Maschinenfabrik Augsburg-Nürnberg.

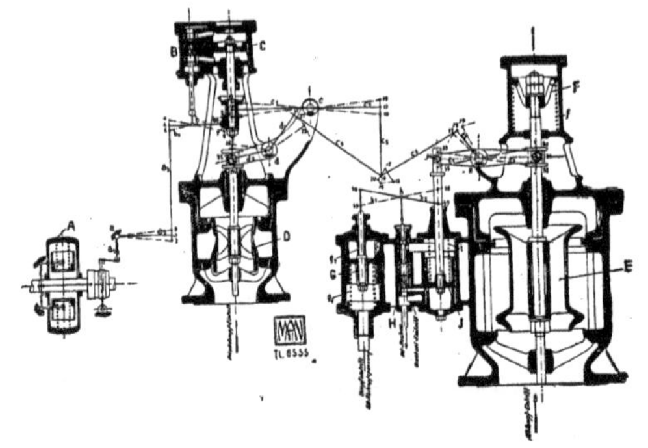

Abb. 6. Ausführungsschema der Mischdrucksteuerung der Maschinenfabrik Augsburg-Nürnberg.

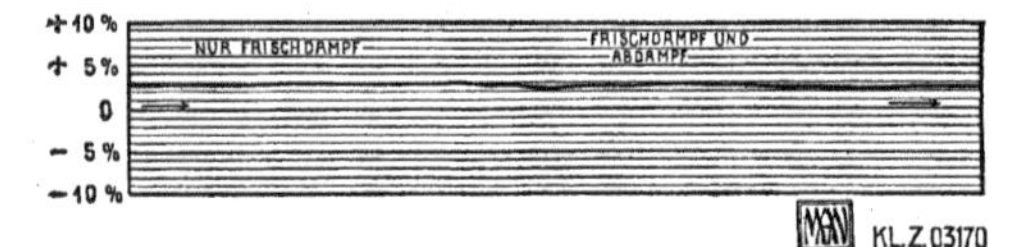

Abb. 7. Tachogramm der Mischdruckturbine der Maschinenfabrik Augsburg-Nürnberg.

geschlossen. Das Gestänge überträgt diese Bewegung auf das Frischdampfventil D und öffnet dieses, ohne daß der Fliehkraftregler A überhaupt beeinflußt wird. Nimmt der Druck im Dampfsammler wieder zu, so findet der umgekehrte Vorgang statt. Es tritt somit unabhängig von der Umdrehungszahl selbsttätig eine Umschaltung auf Frischdampf oder Abdampf ein.

Tritt nun infolge einer Entlastung eine Zunahme der Umdrehungszahl ein, so tritt der Fliehkraftregler in Tätigkeit und schließt zunächst das Frischdampfventil, während das Abdampfventil durch den Druckregler offen gehalten wird, bis das Frischdampfventil ganz geschlossen ist, das Abdampfventil wird dann durch den Fliehkraftregler beeinflußt.

Sinkt die Umdrehungszahl wieder, so erfolgt der umgekehrte Regelungsvorgang.

Abb. 6 zeigt die tatsächliche Ausführungsform dieser Regelung. Die Bewegung der Ventile geschieht durch Servomotore, deren Steuerkolben durch die beiden Regler beeinflußt werden.

In Abb. 7 sind zwei Tachogramme dargestellt, die das Arbeiten der Regelung deutlich erkennen lassen. Wie die Tachogramme erkennen lassen, erfolgt der Uebergang von der einen Betriebsart auf eine andere fast ohne merkliche Beeinflussung der Kurve.

Für die Regelung der Frischdampfturbine benutzt die Maschinenfabrik Augsburg-Nürnberg, A.-G., eine vereinigte Drossel- und Düsenregelung. Eine solche ist in Abb. 8 schematisch dargestellt. Das Frischdampfventil a wird in üblicher Weise durch einen Servomotorkolben b eingestellt. Vom Ventil a geht der Dampf zu den Düsen, die gruppenweise durch Ventile e_1, e_2, e_3 abgesperrt werden können, und durch kleine Dampfkolben f_1, f_2, f_3 bewegt werden, die als Differentialkolben ausgebildet sind. Die untere Kolbenseite steht unter dem Drucke p_2 des Dampfes in dem hinter dem Ventil a liegenden Teil der Leitung. Die ringförmige Kolbenseite steht unter dem Drucke des Dampfes einer Hilfsdampfleitung g, die vor dem Drosselventil an die Frischdampfleitung angeschlossen ist. Diese Leitung ist durch Drosselspalte h_1, h_2, h_3 in verschiedene Abschnitte unterteilt, in denen verschiedene gleichbleibende Spannungen p_3, p_4, p_5 herrschen. Die oberste Kolbenfläche hat dieselbe Größe wie die Düsenventile e, deren Unterseite durch einen kleinen Kanal mit der oberen Kolbenseite in Verbindung steht. Der Kolben wird daher durch den von unten auf das Düsenventil einwirkenden Druck nicht beeinflußt, sondern er untersteht lediglich den Einflüssen der Drücke auf seine Unterseite und auf die Ringfläche. Bei Zunahme der Belastung der Turbine wird das Drosselventil a mehr geöffnet. Der Druck p_2 des hinter diesem Ventil befindlichen Dampfes ist bei einer bestimmten Grenze größer als der auf die Ringfläche des Kolbens f_1 einwirkenden Druckes p_5, so daß infolgedessen das Düsenventil e_1 geöffnet wird. Bei weiterem Oeffnen des

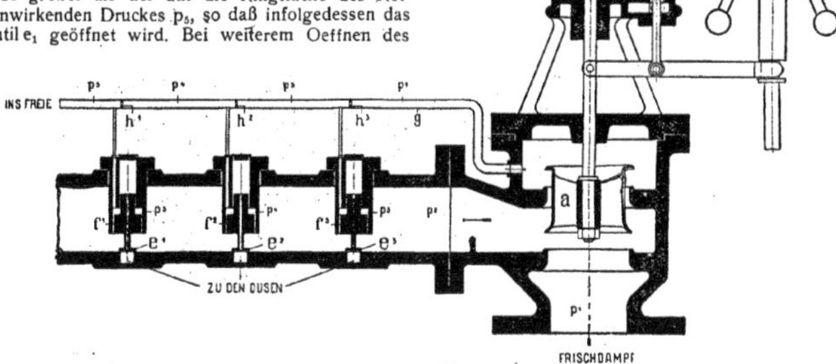

Abb. 8. Schema der Düsenregelung für die Turbinen der Maschinenfabrik Augsburg-Nürnberg.

Ventils a steigt der Druck p_2 in der Leitung und es werden in derselben Weise nacheinander die übrigen Düsenventile geöffnet. Bei abnehmender Belastung wird das Ventil a mehr geschlossen und der Druck p_2 nimmt wieder ab, so daß sich die Düsenventile wieder der Reihe nach schließen. Da das Drosselventil a die Dampfspannungen nur um wenige Zehntel Atmosphären ändert, so übernimmt das Drosselventil die Regelung kleiner und rascher Belastungsschwankungen, während den großen und andauernden Belastungsschwankungen durch Ab- und Zuschalten von diesen Rechnung getragen wird. Bei Turbinen, die verhältnismäßig geringen Belastungsschwankungen unterworfen sind, kann die Zu- und Abschaltung von Düsen mit der Hand ausgeführt werden. Abb. 9 zeigt den Dampfverbrauch bei reiner Drosselregelung und bei Düsenabsperrung. (Schluß folgt).

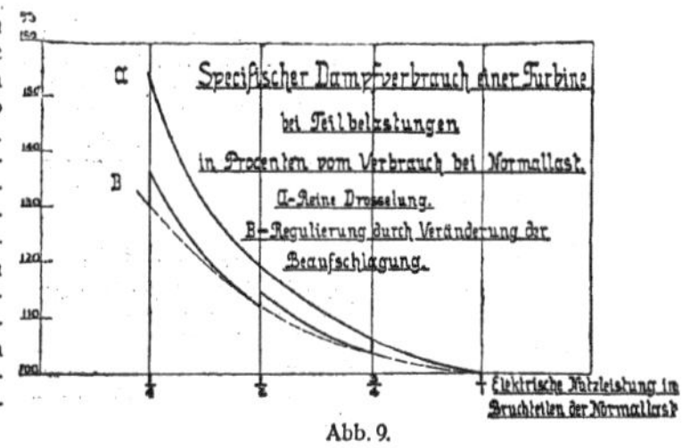

Abb. 9.

BRIEFKASTEN

Nur Anfragen, denen 10 Pfg. Porto beiliegt und die von allgemeinem Interesse sind, werden aufgenommen. Dem Namen des Einsenders sind Wohnung und Mitgliednummer hinzuzufügen. Anfragen nach Bezugsquellen und Büchern werden unparteiisch und nur schriftlich erteilt. Eine Rücksendung der Manuskripte erfolgt nicht. Schlußtag für Einsendungen ist der vorletzte Mittwoch (mittags 12 Uhr) vor Erscheinen des Heftes, in dem die Frage erscheinen soll. Eine Verbindlichkeit für die Aufnahme, für Inhalt und Richtigkeit von Fragen und Antworten lehnt die Schriftleitung nachdrücklich ab. Die zur Erläuterung der Fragen notwendigen Druckstöcke zur Wiedergabe von Zeichnungen muß der Fragesteller vorher bezahlen.

Empfehlungen von Firmen, die weder Abonnenten noch Inserenten der D. T.-Z. sind, werden nicht aufgenommen.

Zur gefl. Beachtung.

Um die Beantwortung der Fragen durch Rückfragen nicht zu verzögern oder die Erteilung eines wirklich brauchbaren Ratschlages nicht etwa gar unmöglich zu machen, ist es dringend notwendig, daß die Herren Fragesteller bei der Aufsetzung ihrer Anfragen mit der größten Gewissenhaftigkeit vorgehen. Die Antworten werden den Fragestellern schon vor der Veröffentlichung sobald als möglich direkt zugänglich gemacht.

Frage 122. Kalksandsteinfabrik. Es ist die Neueinrichtung bezw. Umwandlung eines Sägewerksbetriebes in eine Kalksandsteinfabrik geplant. Bitte um Auskunft, welche Anlage-, Betriebs- und Herstellungskosten eine Kalksandsteinfabrik erfordert und in welchem Falle sich dieselbe am besten rentiert. Grundstück, Gebäude und Lokomobile sind vorhanden.

Frage 123. Heranziehung zu den Straßenbaukosten. Ist die Stadt berechtigt, an Landstraßen, die vor oder nach Erlaß des Ortsstatuts auf Kosten der Stadt mit Hilfe des Kreises und der Provinz ausgebaut und dann vom Kreise in Eigentum und Unterhaltung übernommen wurden, Straßenbaukosten zu erheben? Gibt es hierüber bereits Entscheidungen?

Frage 124. Wellblech-Dachanschluß an Bruchsteinmauerwerk. Bei einem Hause in D.-S.-W.-Afrika bestehen die Maueranschlüsse des Wellblechdaches aus Zinkkappen, die in die Lagerfugen der Bruchsteinschichten eingebogen und mit Zementmörtel verstrichen sind. Infolge der großen Temperaturschwankungen, die hier herrschen, haben sich die Zinkkappen losgerissen. Die Temperatur beträgt in der heißen Zeit, im Schatten gemessen, 30—35° Celsius. Durch die Sonnenbestrahlung tagsüber wird das Wellblech so heiß, daß man es nicht anfassen kann. Durch die losgerissenen Zinkkappen tritt das Regenwasser überall in das Gebäude. Schlitze in der Mauer sind nicht vorhanden, das Dach setzt sich stumpf an die Mauer und ist durch die Zinkkappen mit der Mauer verbunden. Ich beabsichtige nun, die Zinkkappen loszunehmen, dafür 2 mm starke Bleikappen anzubringen und diese mit Weichblei in die Fugen einzustemmen. Wer ist Lieferant solcher Bleikappen? Es werden ca. 250 lfdm. gebraucht. Offerte wäre mir sehr erwünscht. Gibt es evtl. noch andere billigere Mittel, einen solchen Dachanschluß zu dichten, z. B. Asphaltkitt, oder Materialien, die bei Dampfleitungen verwandt werden? Wer ist Lieferant?

Frage 125. Turbinenpumpe. Wie ist der Gang der Berechnung einer mehrstufigen Turbinenpumpe für 0,7 cbm Minutenleistung, 83 m manometr. Druckhöhe, 3,3 m Saughöhe, die Saug- und Druckrohre der früheren Kolbenpumpe sollen wieder angeschlossen werden und haben 150 mm Durchmesser. Pumpenantrieb durch Elektromotor 220 Volt Gleichstrom. — Eventuell welche Literatur ist zu empfehlen? Die Berechnung der Niederdruckpumpen ist mir bekannt.

Frage 126. Stellung im Auslande. Bitte um Mitteilung von Adressen ausländischer Eisenbetonfirmen (möglichst deutschen Ursprunges). Ist San Francisco für den Eisenbeton-Fachmann zu empfehlen?

Frage 90. Bremsdruck der Wassersäule. Ist eine Wassersäule von 1,25 m Tiefe (in einem □ Wasserbecken von 1,25 m Seitenabmessung) imstande, ein Gewicht von 250 kg und in quadratischer Form mit 1 m Seitenabmessung, das in einer senkrecht stehenden □-Röhre genau wagerecht angebracht ist und 20 m Fallhöhe hat, so aufzuhalten, daß das Gewicht gebremst wird und ohne Erschütterung den Boden des Beckens erreicht? Welche Wassertiefe würde dazu erforderlich sein?

Antwort I. Da Wasser unelastisch ist, kann das Gewicht nicht gebremst werden. Es tritt vielmehr ein sehr heftiger Stoß auf. Wird völlig freier Fall vorausgesetzt, so ist die Geschwindigkeit im Augenblick des Auftreffens des Gewichtes auf den Wasserspiegel

$$c = \sqrt{2 g h} = \sqrt{2 \cdot 9{,}81 \cdot 20} = 19{,}8 \text{ m/sk.}$$

Der Arbeitsverlust ist

$$L = \frac{G}{2 g} \cdot c^2 = \frac{250}{2 \cdot 9{,}81} \cdot 19{,}8^2 = 5000 \text{ mkg.}$$

Durch diese plötzlich vernichete Leistung wird nicht nur das Wasser heftig bei Seite geschleudert werden, es besteht auch Gefahr für die Wandungen des Wasserbeckens, sofern diese nicht stark genug sind. Die Stoßwirkung kann etwas gemildert werden durch pyramidenförmige Formung der Unterseite des Gewichtes. Von einer Bremsung kann auch dann nicht gesprochen werden, wenngleich das Wasser noch kurz nach dem Auftreffen des Gewichtes ausweichen kann. Zweckmäßig würden sie wohl pneumatisch bremsen. Dazu ist erforderlich, daß Sie den Fallschacht auf das letzte Fünftel der Fallhöhe derart verengern, daß zwischen Gewicht und Schacht das äußerst ausführbare Spiel bleibt. (Dies kann z. B. durch Einbau von Bohlen zweckmäßig so geschehen, daß die Verengerung stärker und stärker wird. Das Gewicht ist gut zu führen.) Die lebendige Kraft des Gewichtes wird nun durch die Kompression der Luft aufgezehrt. Ordnen Sie, wenn erforderlich, am untersten Ende des Fallschachtes noch einen Puffer nach Art der Eisenbahnpuffer an. Derartige Bremseinrichtungen haben sich gut bewährt. H., Mitglied Nr. 44 041.

II. Ohne genauere Kenntnis des Verwendungszweckes läßt sich die Sache nicht erschöpfend beleuchten. Es fehlen z. B. Angaben über die Führung der quadratischen Platte in dem viereckigen Schacht von 1 qm Querschnitt, bei 20 m Fallhöhe. Wenn diese Führung keine sorgfältige ist, dürfte die quadratische Gewichtsplatte von 1 qm Fläche ecken und kaum den Boden erreichen; jedenfalls wird nicht die ganze Fläche der Platte die Wasserfläche treffen. Aus der Frage geht nicht hervor, zu welchem speziellen Zweck die Einrichtung bestimmt ist; vielleicht handelt es sich um Abbremsung eines Fahrstuhlgewichtes beim Reißen des Seiles. Bei 20 m Fallhöhe und 250 kg Fallgewicht beträgt die lebendige Kraft beim Auftreffen $20 \times 250 = 5000$ mkg Bei tatsächlich freiem Fall ist diese lebendige Kraft zu vernichten. Die Schlagwirkung und Erschütterung beim Auftreffen der Platte auf die Wasserfläche ist sehr groß, so daß von einem ruhigen, sanften Ankommen der Platte am Boden des 1,25 m tiefen Wasserbeckens keine Rede sein kann, selbst nicht bei bedeutender Erhöhung resp. Vertiefung des Wasserbeckens. Es kann sogar vorkommen, daß die Platte beim Aufschlagen auf den Wasserspiegel zertrümmert wird. Um diese Schlagwirkung zu mildern, dürfte es sich empfehlen, dem Gewicht an der Unterseite abgerundete, parabolische Form zu geben, oder unterhalb der Platte einen Hohlraum, Hohlprisma, anzuschließen, aus vier Seitenwänden bestehend, die luftdicht anschließen müssen. Beim Auftreffen der Platte mit Hohlraum unterhalb, wird die Sache günstiger, indem durch das Wasser Luft, die federnd wirkt, unterhalb der Platte komprimiert wird. Falls es sich nur darum handelt, die lebendige Kraft zu vernichten, dürfte eine Anfüllung des Auffangbehälters mit Sägepänen oder Putzwolle geräuschloser und besser den Schlag aufnehmen, als das Wasservolumen. — Handelt es sich um einen Aufzug, so wendet sich Fragesteller am besten an Spezialfirmen, die erstklassige Aufzüge bauen. (Adressen durch die Schriftleitung.) Unser heutiger moderner Aufzugsbau liefert erstklassige Erzeugnisse, besonders Sicherheitsvorrichtungen zum Aufhalten von Fahrschale und Gewicht beim Bruch des Seiles in jeder beliebigen Höhe des Fahrschachtes. H. Schn. 57 674.

Frage 96. Wie beseitigt man die **Nässe der Wände,** vor allem das Feuchtwerden der Tapete? Die Nässe wird wohl schwerlich fortzubringen sein, da der Mühlgraben sich in unmittelbarer Nähe befindet.

Antwort II (I s. Heft 17). Immerhin ist ja auch die Vorsetzung einer wasserdichten Putzschicht an der Außenwand mit Zuhilfenahme von Spundwänden (z. B. aus Eisen nach System Larssen) oder von vorher streckenweise zusammengesetzter Stülpwandung am Mühlgrabenbett möglich. Zwischen solcher Schutzwand und dem Mauerwerk wird Zementmörtel mit Zugabe von 5 bis 8% Awa-Patentmörtelzusatz von A. W. Andernach, Beuel, eingestampft; nach reichlicher Abbindung und Erhärtung des Mörtels wird die Schutzwand entfernt. Innenseitig wird zur Schaffung eines trockenen Auflagers gegen aufsteigende Feuchtigkeit eine gleichartige Mörtelschicht in vorher ausgestemmte Aussparung eingefügt. Die Tapete kann man dann ohne sonstige Isolierung mit wasserabweisender Anolmasse aufkleben, so daß der obere Teil der Hauswände gegen Schlagregen- bezw. Hochwassereinwirkung schon genügend geschützt ist. Kropf.

Frage 107. Geschäftsstörung infolge Uebertragung von Erschütterungen. Im Keller eines Warenhauses steht zum Betrieb einer Dynamomaschine ein Sauggasmotor. Im zweiten, etwa 30 m entfernten Gebäude derselben Häuserreihe befindet sich im vierten Stockwerk ein photographisches Atelier. Der Motor verursacht bei seinem Gange derartige Erschütterungen, daß zeitweise das Arbeiten mit empfindlichen Apparaten an Reproduktionen, ja selbst Porträtaufnahmen unmöglich sind. Ist gegen den Warenhausbesitzer erfolgreich vorzugehen und evtl. welcher zuständigen Behörde (Großstadt) ist die Beschwerde einzureichen? Hat der Besitzer des Motores seiner Pflicht bereits genügt, wenn er Vorkehrungen traf, die die Erschütterungen beseitigen sollten, ohne aber Erfolg zu haben? Muß der Photograph dulden, daß der Gegner im Atelier Messungen der Erschütterungen durch Instrumente vornehmen läßt?

Antwort. Ohne darauf einzugehen, ob Sie erfolgreich gegen den Warenhausbesitzer vorgehen können, wäre es am besten, den Reproduktionsapparat auf ein sog. Schwingegestell zu setzen, d. h. also eine geeignete Vorrichtung anzubringen, die die Vibration des Fußbodens aufnimmt. Ich wäre gern bereit, Ihnen eine Skizze gegen Erstattung meiner Auslagen anzufertigen, wenn ich eine Skizze von ihrem Apparat hätte. Meine Adresse erfahren Sie durch die Schriftleitung. . . . n.

Frage 116. Beseitigung der Küchen- usw. Abwässer, Abortanlage, Wasserversorgung auf dem Lande (Ostpr.). Welche Einrichtung empfiehlt sich für einfaches Dreifamilienhaus, Erdgeschoß und 1. Stock, zur Aufnahme und Beseitigung der Küchenabwässer und der Klosettabgänge? Welche Klosettanlage ist die einfachste, dabei aber zweckmäßig? Zu dem Haus gehören 3 Morgen Garten und 1 Kleintierstall. Es könnten also die Klosettabgänge nach geeigneter Vorbehandlung zur Düngung verwendet werden. Wasserleitung ist aber nicht im Haus. Das Wasser soll durch eine Druckpumpe beschafft werden. — In den ländlichen Küchen der nördlichen Rheinprovinz sah ich einmal sehr saubere und anscheinend praktische Einrichtungen für Wasserbeschaffung. Die Pumpe stand in der Küche. Sie hatte oben einen Windkessel. An der Pumpe befand sich ein großes Spülbecken aus Stein. Vielleicht läßt sich mittels solcher Pumpe auch das Wasser einen Stock hoch drücken. Gibt es hierüber ein belehrendes Schriftchen?

Antwort. Es dürfte je eine wasserdichte Sammelgrube für die Küchenabwässer und für die Klosettabgänge in Frage kommen. Beide Gruben werden je nach Bedarf entleert, so wie dies in Einzelsiedelungen ohne Kanalisation jetzt Vorschrift und am gebräuchlichsten ist. Wenn Torfmull bequem und billig zu beschaffen ist, was in Ostpreußen angenommen werden kann, dann empfiehlt sich die Einrichtung von Torfstreuklosetts. Diese sind nicht nur äußerst zweckmäßig und wirtschaftlich, weil die Abtrittstoffe ein unausgelaugtes wertvolles Düngemittel abgeben, sondern auch absolut geruchlos. — Wasserklosett ist selbst nach geregelter Hauswasserversorgung in ländlicher Gegend nicht zu empfehlen. Diese Einrichtung ist wohl eine Bequemlichkeit und Annehmlichkeit für die Benutzer, aber ein Unding, wenn ein landwirtschaftlicher Vorteil aus den stark verwässerten und meist zur Unzeit überflüssigen Abtrittstoffen erhofft wird. Soll dagegen der flüssige Abgang der Wasserklosetts in einen Graben oder ein Gewässer geleitet werden, so ist dieses Verfahren zum mindesten eine Rücksichtslosigkeit gegen die Nachbarschaft. Da ausreichende Landflächen zur Verfügung stehen, wird die gelegentliche Unterbringung der Abfallwässer und der Abtrittstoffe auf diesen Flächen zweckmäßig sein. Regenwässer sind den Gruben zur Vermeidung häufiger Ueberfüllungen fernzuhalten. — Die Frage über die zweckmäßigste Wasserversorgung des Hauses kann nach der kurzen Anfrage nicht ohne weiteres beantwortet werden. Ausführliche Angaben hierüber und über die Abwässerbeseitigung usw. sind enthalten in den Schriften: Frommer & Dieckmann, Hauswasserversorgung, Entfernung der Abwässer und Abortanlagen. Leipzig. Preis 1,30 M. Hopp, A., Hauskanalisations- und Hauswasserleitungsanlagen amerikanischen Systems. Leipzig 1903. Preis 2 M.

B.

DEUTSCHE TECHNIKER-ZEITUNG
HERAUSGEGEBEN VOM DEUTSCHEN TECHNIKER-VERBANDE
Schriftleitung:
Dr. Hoefle, Verbandsdirektor. Erich Händeler, verantwortlicher Schriftleiter.
XXXI. Jahrg. 16. Mai 1914 Heft 20

Auf nach Metz!

Nur noch zwei Wochen trennen uns vom Metzer Verbandstag. Die Vorbereitungen sind getroffen, die Abgeordneten allerorts gewählt. Sie sollen in Metz beraten und beschließen über das, was an Neuem für den Verband geschaffen werden soll. Denn neue Aufgaben sind uns zahlreich erwachsen. Wir müssen den Weg, den wir von Breslau über Königsberg und Stuttgart nach Köln gegangen sind, weiter marschieren. Ein Verweilen an einer Stelle gibt es nicht; Stillstand wäre Rückschritt. Auch für uns gilt das Kaiserwort: Denn die Entwicklung steht nicht still! Als wir von Köln auseinander gingen, meinten wir, daß an der Satzung des Verbandes nun nichts mehr zu ändern wäre. Wir haben die Zwischenzeit redlich ausgenutzt, um die beschlossenen Reformen durchzuführen. Aber bei dieser Arbeit wuchsen wieder neue Wünsche empor, die wir nicht zurückdrängen konnten, weil sie sich folgerichtig aus der Kölner Arbeit ergaben. Aus allen Teilen Deutschlands sind Anträge auf Satzungsänderungen gekommen, über die der Metzer Verbandstag befinden wird. Wir werden abwarten müssen, wie die Entscheidung der Abgeordneten ausfällt. Den einen Grundgedanken der Kölner Satzungsarbeit wollen wir aber nicht vergessen, daß an der Satzung möglichst wenig geändert werden soll; sie ist die Verfassung des Verbandes. Die eigentliche Gesetzesarbeit gehört in die Ausführungsbestimmungen hinein.

Die zweite große Arbeit des Verbandstages wird die Beratung der Verbandsfinanzen sein. Das Etatsrecht ist ja bekanntlich das vornehmste Recht der Parlamente. Und so wird auch das Parlament des Verbandes, im besonderen durch seine Finanzkommission, sich eingehend mit Rechenschaftsberichten und Kostenvoranschlägen beschäftigen müssen, mit denen die ganze Verwaltung des Verbandes zusammenhängt. Ein Bericht der Hauptgeschäftsstelle über das Jahr 1913, dem ein Rückblick auf die Geschichte des Verbandes in den letzten fünf Jahren vorausgeht, wird in den nächsten Tagen den Abgeordneten und den Verbandsorganen im Druck zugehen, steht aber auch allen Mitgliedern gegen Erstattung der Selbstkosten zur Verfügung.

Neben diesen die innere Verwaltung des Verbandes angehenden Arbeiten wird es die Aufgabe des Verbandstages sein, zu einer Reihe von Problemen Stellung zu nehmen und an ihrer Lösung zu arbeiten, die wir — wie aus der Tagesordnung zu ersehen ist — durch Referate behandeln lassen wollen und die zum Teil ihren Niederschlag in Leitsätzen finden werden, die für die weitere Arbeit des Verbandes maßgebend sein sollen.

Die Hauptaufgabe dieses, wie jedes Verbandstages, wird aber noch eine weit größere sein. Seine ganzen Arbeiten werden einem Ziel dienen: die Fühlung zwischen Verbandsleitung und Verbandsmitgliedern zu verstärken. Jede Leitung wird es selbstverständlich stets als ihre Aufgabe betrachten, in enger Fühlung mit allen Gliedern zu bleiben. Zeit und Raum stehen da aber hindernd entgegen. Beim Verbandstag sind beide überbrückt. Da wird aus dem Widerstreit der Meinungen, der überall vorhanden ist, wo es Leben gibt, die Einheit und Geschlossenheit entstehen, die die Grundlage jeder Organisation sein muß, wenn sie ihren Zweck erfüllen soll. In diesem Sinn Einheit und Geschlossenheit da zu schaffen, wo sie noch fehlen sollte, wollen wir unser Metzer Werk beginnen und zu Ende führen! Hdl.

Warum

haben Sie noch kein neues Mitglied gewonnen?
Oder haben Sie in der Werbewoche doch Ihre Pflicht getan?
Dann wirken Sie auf Ihren säumigen Kollegen ein, daß er dem Verbande auch ein neues Mitglied bringt.

Die Fortführung der deutschen Sozialreform

Der großen Kundgebung für Fortführung der deutschen Sozialreform ging am Sonnabend, dem 9. Mai, eine außerordentliche Hauptversammlung der Gesellschaft für Soziale Reform voraus, die sich mit einer Reihe Angestelltenfragen beschäftigte. Der Vortrag von Professor Keßler-Jena über das Koalitionsrecht, das vor allem die unterschiedliche ungünstige Behandlung der Arbeitnehmerorganisationen gegenüber den Arbeitgeberorganisationen durch Gesetzgeber und Rechtsprechung hervorhob und auf die Bedeutung der öffentlichen Meinung und des sozialen Empfindens für die Bewertung der Frage hinwies, löste eine lebhafte Debatte aus. Dabei erregte es besonders Befremden, daß Geheimrat Delbrück, der Herausgeber der Preußischen Jahrbücher, die gelbe Bewegung verteidigte und große Gefahren in der freien Entwicklung der Organisationen nach der Seite des Terrorismus erblickte. In der weiteren Diskussion, an der sich auch unser Verbandsdirektor beteiligte, erfuhren die Ausführungen Delbrücks die schärfste Widerlegung. Man wies darauf hin, daß gerade die gelbe Bewegung Gewissenkonflikte heraufbeschwöre und der Persönlichkeit am wenigsten Rechnung trage. Mit Wachsen der Organisation wachse auch die Verantwortung.

Reichstagsabgeordneter Dr. Bell sprach über den Erfinderschutz. Er erkannte an, daß der vorliegende Gesetzentwurf gegenüber dem bisherigen Zustand einen Fortschritt bedeute, kritisierte aber die Regelung des materiellen Anspruchs des Erfinders und sprach sich gegen die absolute Vertragsfreiheit aus. Im Namen des Deutschen Techniker-Verbandes stimmte Lenz den grundsätzlichen Ausführungen des Redners zu. Im weiteren Verlauf der Verhandlungen wurden dringende Einzelforderungen der Bureaubeamten, Gasthausangestellten, Krankenpfleger, künstlerischer Berufe usw. behandelt.

Am Sonntag mittag fand dann in dem großen Saale der „Neuen Welt“ die öffentliche Kundgebung für Fortführung der deutschen Sozialreform statt. Ueber 2000 Personen aus allen Schichten der Arbeitnehmer waren der Einladung gefolgt, darunter zahlreiche Delegierte der der Gesellschaft angeschlossenen Verbände aus dem Reiche. Bekanntlich sind der Gesellschaft für Soziale Reform durch die christlichen Gewerkschaften, die Hirsch-Dunckerschen Gewerkvereine, die evangelischen Arbeitervereine, die Verbände der Gastwirtsgehilfen usw. rund 920 000 gewerbliche Arbeiter angeschlossen. Es gehören ihr durch den Anschluß der Verbände etwa 330 000 Staatsarbeiter sowie mittlere und untere Staatsbeamte an. 630 000 kaufmännische und 100 000 technische Angestellte bekennen sich ebenfalls zu den Bestrebungen der Gesellschaft für Soziale Reform. Rechnet man noch 100 000 Angehörige der verschiedenen Berufe wie Bureaubeamte, Güterbeamte, Schauspieler, Musiker, Artisten und Krankenpflegerinnen hinzu, so zeigt sich, daß die Massenversammlung die Forderungen von mehr als zwei Millionen Arbeitnehmern vertrat.

Die Kundgebung wurde durch eine Ansprache des Staatsministers Dr. Freiherrn v. Berlepsch, des 1. Vorsitzenden der Gesellschaft für Soziale Reform, eröffnet. Er wies auf die besondere Art der Versammlung hin, die nicht Vertreter eines bestimmten Berufstandes zusammengeführt habe, sondern die Vertreter einer großen Schicht des deutschen Volkes, die das gemeinsame Schicksal verbindet, daß sie eine unselbständige und wirtschaftlich abhängige Existenz führen, daß sie gegen Lohn oder Gehalt im Dienste eines anderen für sich und ihre Angehörigen den Lebensunterhalt verdienen. Gerade für diese Schicht des deutschen Volkes sei die Sozialreform aber am nötigsten, weil — da sich die menschliche Arbeit nicht von der menschlichen Persönlichkeit trennen läßt — aus der wirtschaftlichen auch die persönliche Abhängigkeit ergeben hat. Frhr. v. Berlepsch wies dann aber darauf hin, daß keine Sozialreform sich ohne Kampf durchgesetzt habe. So haben, fuhr er fort, auch wir unsere Gegner gefunden in machtvollen Kreisen, die ihre Interessen mit Geschick und Kraft vertreten und, unterstützt durch große materielle Interessen ihre Meinung geltend machen. Und doch ist es ihnen nicht gelungen, den starken Strom der sozialen Reform einzudämmen, wenn es ihnen auch oft genug zu unserem Bedauern gelungen ist, ihn abzuschwächen und zu verlangsamen. Bisher hielten die maßgebenden Faktoren des Deutschen Reiches grundsätzlich daran fest, daß die Sozialreform für die Arbeiter und Angestellten fortzuführen sei. Denn die Entwicklung steht nicht still, wie ein von maßgebendster Stelle gesprochenes Wort lautete. Nun scheint es uns aber, als ob in neuester Zeit die Aussichten unserer Gegner sich gebessert haben. Ihre Angriffe werden lebhafter, ihre Aeußerungen zuversichtlicher. Man hört auch aus Kreisen, die bisher der Sozialreform geneigt waren, das Wort fallen, daß eine Pause in der Sozialreform eintreten müsse. Diesen Strömungen entgegenzutreten, solle der Zweck der Kundgebung sein. In Erinnerung an die ersten Zeiten der deutschen Sozialreform schloß Frhr. v. Berlepsch seine einleitenden Worte mit einem Hoch auf Deutschland und den Kaiser. Stürmischer Beifall folgte den begeisternden Worten des Mannes, der als Staatsminister mit an der Wiege der deutschen Sozialpolitik gestanden hatte.

Das Hauptreferat hielt Professor Dr. E. Francke, der 2. Vorsitzende der Gesellschaft für Soziale Reform und Herausgeber der „Sozialen Praxis“. Er führte folgendes aus:

In allen kaiserlichen Erlassen, Thronreden, Regierungserklärungen bis 1913 wird die Fortführung der sozialpolitischen Gesetzgebung als vornehmste Christenpflicht und wichtigste Aufgabe des Staates bezeichnet. Jetzt plötzlich ist eine Umkehr eingetreten. Vom Bundesratstisch wird eine Pause verlangt, gewichtige Stimmen im Reichstag und noch mehr im Lande fordern einen Stillstand, das „Kartell der schaffenden Stände“ verkündet offen die Herrschaft des Unternehmertums und arbeitet auf eine Fesselung der Arbeitnehmerbewegung hin. Polizei und Gericht erschweren schon jetzt die Tätigkeit der Organisationen der Arbeitnehmer aufs äußerste. So ist die Sozialreform, bestehe sie nun in Staatshilfe oder in Selbsthilfe, schwer bedroht. Hiergegen Einspruch zu erheben, ist die Pflicht der Gesellschaft für Soziale Reform. Redet man neuerdings soviel von den „unerwünschten Folgen“ der Sozialpolitik, so wollen wir hier an erster Stelle auf die Tatsachen hinweisen, die für eine starke Mitarbeit der Sozialpolitik an dem glänzenden Aufstieg des deutschen Volkes sprechen.

Vor 30 Jahren hat die Arbeiterversicherung zuerst begonnen, wenige Jahre später eine neue Epoche des Arbeiterschutzes. In diesem Zeitraum bis heute hat sich die Volkszahl von 45 auf 67 Millionen erhöht, die früher starke Auswanderung ist bis auf eine Mindestzahl gesunken, die jährliche Einwanderung fremder Arbeiter ist auf mehr als eine Million jährlich gestiegen. Die Sterberate hat sich von 29 auf 17 vom Tausend vermindert, die Lebensdauer gerade der arbeitenden Klasse um 4 bis 5 Jahre vermehrt. Dies alles bedeutet einen gewaltigen Zuwachs an Leistungsfähigkeit unseres Volkes im ganzen; unbefangene Beobachter, wie Direktor Helfferich (Deutsche Bank) stellen auch eine Steigerung der Leistungsfähigkeit des Einzelnen fest. Dies kommt unserer Wehrkraft zugute. — Wir dürfen für die Sozialpolitik in Anspruch nehmen, daß ohne sie dies Ergebnis nicht erreicht worden wäre. Nicht minder erfreulich sind die sittlichen Wirkungen: die Erhaltung und Stärkung des Familienlebens, die Zunahme der Volksbildung, die Kräftigung der Persönlichkeit, die Erziehung zum Staatsbürger. Es ist nicht wahr, daß die Staatshilfe die Massen entnerve, niemals ist der Drang zur Selbsthilfe (Gewerkschaften, Genossenschaften, Bildungsvereine) stärker gewesen als heute. Endlich wird die Behauptung, daß die Sozialpolitik durch die Versicherungslasten und den Arbeiterschutz unser Wirtschaftsleben hemme und ihren Wettbewerb auf dem Weltmarkt bedrohe, durch alle Tatsachen widerlegt: Volkseinkommen, Steuerkraft, Volksvermögen sind enorm gestiegen, der innere Markt ist aufgeblüht, der auswärtige Handel hat sich fast vervierfacht. Alle diese Erfolge waren ohne die Mithilfe einer gehobenen Arbeiterschaft nicht möglich gewesen, und an dieser Hebung hat auch die Sozialpolitik mitgearbeitet.

So enthält die bisherige Entwicklung keine Warnung vor, sondern eine Mahnung zur Fortführung der Sozialreform. Denn die größten Aufgaben sind erst noch zu lösen. Gewiß ist für die Arbeiterversicherung ein äußerer Abschluß erreicht. Aber der innere Ausbau und wichtige Einzelfragen, Herabsetzung der Altersgrenze, Erhöhung der Witwen- und Waisenrenten, Verbesserung des Mutterschutzes, werden noch viel Arbeit erfordern. Daneben ist die freie Versicherung zu fördern. Die Arbeitslosenfürsorge, Arbeitsnachweis, innere Kolonisation, Regelung der Wanderarbeit, Arbeitslosenversicherung steckt noch in den Anfängen. Sollen denn die Gewerkschaften allein die Kosten tragen für die Arbeitslosigkeit, an der sie nicht Schuld sind? Neben die Versicherung gegen Krankheit und Invalidität stellt sich die Bekämpfung der Volksseuchen (Tuberkulose, Säuglingssterblichkeit, Trunksucht, Geschlechtskrankheiten) und vor allem die Linderung der Wohnungsnot, dieses Wucherbodens für alle leiblichen und sittlichen Volksschäden. Alles, was hier bisher getan, ist nur ein Tropfen auf den heißen Stein. Hier heißt es zu arbeiten. Da hilft es nicht, daß man alle fünf oder sechs Jahre erklärt, dieses oder jenes Problem ist noch nicht reif. Auch Bismarck hat man entgegengehalten, daß er einen Sprung ins Dunkle tue.

Nicht minder mahnt die Zeit eines Geburtenrückgangs auf Fortschritte im Arbeiterschutz: Kinder und Jugendliche sind vor übermäßiger und gefährlicher Arbeit zu behüten. Auch die Erwachsenen dürfen nicht durch allzulange Arbeitszeit geschädigt werden. Die Sonntagsruhe ist einzuschränken. Viel unnütz wird in der Industrie noch Sonntags gearbeitet. Noch gibt es 14-, 18-, ja 20-stündige Arbeitszeiten. Die Giftgefahren in der Industrie, namentlich Blei, sind zu bekämpfen. Der Verblendung der Heimarbeiter ist wirksam nur durch Lohnämter zu steuern. Große Gruppen bedürfen besseren Schutzes: die kaufmännischen Gehilfen, die technischen Angestellten, die Werkmeister, die Steiger, die Gastwirtsgehilfen. Für die Techniker ist noch nichts getan worden. Man hat ihnen jetzt ein neues Patentgesetz vorgehalten, gegen das das Unternehmertum Front macht. Andere Gruppen (Bureaugehilfen, Bühnenleute, Musiker) entbehren des Schutzes noch ganz. Auf die Dauer wird man auch die Dienstboten, das ländliche Gesinde, die Land- und Forstarbeiter nicht ohne Schutz lassen können. Die Staatsarbeiter fordern eine feste und klare Regelung ihrer Dienstverhältnisse. Eine gesunde Mittelstandspolitik für Handwerk und Kleinhandel muß planmäßig betrieben werden.

Zersplittert sich hier die Sozialpolitik in tausend oft sehr schwierige, in ihrer Gesamtheit höchst wichtige Einzelmaßnahmen, so erwächst in der Reform des Arbeitsrechts eine wahrhaft große soziale Aufgabe, die wahrlich des Schweißes der Besten wert ist. Hier ist alles noch unsicher, veraltet. Der sog. freie Arbeitsvertrag ist noch für Millionen ein Herrschaftsvertrag, in dem der Unternehmer die Bedingungen diktiert, die die ganze Persönlichkeit des Arbeiters binden. Hier hat nun der Tarifvertrag schon eine breite Bresche gelegt: er macht die Gleichberechtigung beider Parteien zur Wahrheit, regelt in freier Selbsthilfe die Arbeitsbedingungen, dient dem gewerblichen Frieden. Aber seinem Fortgang stellt sich der Widerstand stärkster Unternehmergruppen entgegen, die kein Verhandeln wollen. Der Versuch der Arbeiterkammern ist mißlungen: er wird sicher wieder aufleben. Um so mehr bedürfen wir der Fundierung des Tarifvertrags auf einem klaren Rechtsboden und seiner Ergänzung durch Ausbau des Einigungswesens (Reichseinigungsamt), das die Kämpfe einschränkt, die friedliche Einigung fördert.

Voraussetzung hierfür aber sind starke Organisationen beider Parteien. Hier nun ist alles Licht auf Seiten der Arbeitgeber, aller Schatten bei den Arbeitnehmern. Wir haben kein Berufsvereinsrecht, im Koalitionsrecht sind die Arbeiter ungünstiger gestellt, das Vereinsrecht hemmt nur sie. Und diese Rechtsungleichheit wird durch Polizei und Rechtsprechung noch durch drakonische Handhabung verschärft. Unternehmer vollbringen straflos, was bei Arbeitern hart geahndet wird. Und noch nicht genug: unter dem Ruf nach strengerem Arbeitswilligenschutz enthüllt sich das nackte Streben nach einer Zertrümmerung der Gewerkschaften. Dies Unrecht brennt alle Arbeitnehmer ohne Unterschied der Richtung in tiefster Seele, weckt ihre heiße Empörung, schürt das fast schon im Erlöschen begriffene Feuer des Radikalismus. Will man denn auch die reichs- und kaisertreue Arbeiterschaft gewaltsam in den Widerstand gegen den Staat drängen? Diese Gewaltpolitiker sind die Schrittmacher der Sozialdemokratie, wir Sozialreformer arbeiten nicht nur für die Hebung der Massen, sondern für den inneren Frieden! Heute, am 10. Mai, dem Jahrestag des Frankfurter Friedens, wollen wir es allen Müden und Lauen, allen Bremsern und Rückwärtsern zurufen: Die Entwicklung steht nicht still, Vorwärts heißt die Losung: Nun erst recht Sozialreform!

Durch stürmischen Beifall gab die Versammlung ihre Zustimmung zu diesen grundsätzlichen Darlegungen zu erkennen, wie denn überhaupt manche Stellen der Rede durch Beifallskundgebungen kräftig unterstrichen wurden.

Die Reihe der Diskussionsredner wurde durch Staatsminister Graf zu Posadowsky-Wehner eröffnet. Er legte den Gegnern der Sozialreform die Frage vor, ob nicht dadurch, daß der deutsche Arbeiterstand durch die soziale Gesetzgebung gehoben worden ist, auch der wirtschaftliche Aufstieg Deutschlands wesentlich gefördert worden ist. Leider gäbe es unter den Arbeitgebern noch solche, die in den Arbeitern nur Hände sehen und keine denkenden, fühlenden, leidenden Seelen. Der Arbeitslosenversicherung könne allerdings erst dann näher getreten werden, wenn der Reichsarbeitsnachweis geregelt sei. Es gehe nicht an, daß Hunderttausende ausländischer Arbeiter eingeführt werden, während man über die Arbeitslosigkeit klagt. Sozialpolitik bedeute, daß auch die Masse einen Anteil an dem wirtschaftlichen und zivilisatorischen Fortschritt des Volkes erhält. Sonst sei kein Kulturfortschritt vorhanden.

Es sei vorausgenommen, daß noch ein dritter früherer Minister in der Debatte das Wort nahm, Staatssekretär a. D. Dr. Dernburg, der auch auf die Wichtigkeit der Wohnungsreform hinwies. Den Gegnern der Sozialpolitik, die über die finanziellen Opfer klagten, hielt er entgegen, daß die Sozialreform um so billiger werde, je stärker sie durchgeführt wird. Daß man den Organisationen der Arbeitnehmer so ablehnend gegenüberstehe, könne er nicht begreifen. Wenn er an der verantwortlichen Stelle im Reiche stände, würde er alle diese Leute gerade an sich heranziehen. Auch er schloß seine Ausführungen mit dem Bekenntnis zur Fortführung der Sozialpolitik. Sie könne gar nicht stille stehen, das sei eine Unmöglichkeit.

Mit stürmischen Beifallskundgebungen wurde als Vertreter der Wissenschaft Professor Dr. Gustav v. Schmoller empfangen. Als Veteran der sozialpolitischen Wissenschaft wolle auch er einige Worte sagen. Vor jetzt 50 Jahren habe er als junger Hallenser Professor zum erstenmal in den Preußischen Jahrbüchern seine Stimme für die Sozialpolitik erhoben. Es habe lange gewährt, bis dieser Gedanke sich durchgerungen habe. Professor v. Schmoller erwähnte auch ein persönliches Gespräch, das er mit Bismarck über die Sozialpolitik gehabt habe. Da habe ihm Bismarck gesagt: „Ich bin auch Kathedersozialist, ich habe nur keine Zeit dazu und keine Gehilfen!“ Im Hinblick auf die jetzige angebliche Pause in der Sozialpolitik wies Professor v. Schmoller darauf hin, daß es immer Haltepunkte und Rückschläge geben müsse. Aber gerade diese Zeiten hätten immer nur den Erfolg, daß sie neues Leben in die Sozialpolitik bringen. Ohne Kampf gehe es in der Welt einmal nicht. Darum mit Mut voran im Kampfe für die weitere Sozialreform!

Von Parlamentarien kamen weiter zu Wort Prof. Dr. Hitze als Mitglied der Zentrumsfraktion des Reichstages, Landgerichtsdirektor Kanzow als Mitglied der Fortschrittlichen Volkspartei im Preußischen Abgeordnetenhause, Lic. Mumm, der als Reichstagsabgeordneter zur Wirtschaftlichen Vereinigung zählt, und der nationalliberale Reichstagsabgeordnete Marquardt. Professor Hitze meinte, daß es keinen Grund zum Pessimismus gebe. Sein Hinweis auf die sozialpolitischen Arbeiten des jetzigen Reichstags wurde allerdings mit einigem Widerspruch aufgenommen. Aber gleichwohl wurde sein freudiges Bekenntnis zur Sozialreform, an der er jetzt 32 Jahre mitgearbeitet hat, mit lebhaftem Beifall aufgenommen. Der Abgeordnete Kanzow wandte sich gegen die Absichten des Kartells der schaffenden Stände. Es sei falsch, zu behaupten, daß der Unternehmer allein Werte schaffe, ebenso falsch wie auf der anderen Seite das marxistische Dogma, daß nur die Arbeiter Werte schafften. Beide müßten zusammenwirken. Aber gerade darum sei der Widerstand gewisser Kreise des Arbeitgebertums gegen die Fortführung der Sozialpolitik zu verurteilen. Der Abgeordnete Mumm sprach sich für Fortführung der Sozialpolitik im Sinne der christlichen Sozialreformer aus. „Gerechtigkeit erhöht ein Volk, aber die Sünde ist der Völker Verderben.“ Im übrigen fühlte er sich noch bewogen, im Namen des Deutschnationalen Handlungsgehilfenverbandes zu sprechen, der den Verhandlungen ferngeblieben war, weil er mit der Auswahl des Redners, der für die Handlungsgehilfen sprechen sollte, nicht einverstanden war.

Für sie ergriff nämlich der nationalliberale Abgeordnete Marquardt das Wort. Seine Ausführungen zeigten, wie unrecht die Deutschnationalen daran taten, unzufrieden zu sein. Denn er betonte so einseitig wie nur möglich, daß für den Handlungsgehilfenstand soziale Reformen geschaffen werden müßten. Großmütig fügte er hinzu, daß er auch den anderen Ständen soziale Fortschritte „gönne“. Die Hauptsache, das klang fortwährend durch seine Ausführungen hindurch, seien aber doch die Handlungsgehilfen.

Die Ansichten der technischen Angestellten legte Schweitzer dar. Vor nunmehr acht Jahren sei den Technikern eine Verbesserung ihres Rechts versprochen worden. Man habe ihre Forderungen damals als „rührend bescheiden“ bezeichnet. Bis jetzt sei aber noch kein einziger dieser Wünsche erfüllt. Er betonte weiter, daß die Techniker sich bewußt seien, daß sie sich in erster Linie selbst helfen müßten. Aber dazu sei ein freies Koalitionsrecht erforderlich. Der Unterstützung der Forderungen der Angestellten und Arbeiter durch die Männer, die in der Gesellschaft für Soziale Reform wirkten, könne man froh sein, aber in erster Linie müßten die betroffenen Kreise sich selbst rühren, damit der sozialpolitische Stillstand überwunden wird.

Von den Vertretern der Angestelltenorganisationen kamen noch weiter zu Wort Dr. Jahn, der für die Bureauangestellten, die Versicherungsbeamten, die Angestellten der Privateisenbahnen, die Güterbeamten, Bühnenangestellten, Musiker, Krankenpfleger und Gasthausangestellten sprach, und Frl. Mleineck als Vertreterin der kaufmännischen weiblichen Angestellten. Im Namen der Beamtenverbände erhielt Kamossa das Wort.

Im Auftrage der Arbeiterorganisationen protestierten gegen einen Stillstand der Sozialpolitik Stegerwald, Generalsekretär der christlichen Gewerkschaften, Hartmann, der Vorsitzende des Zentralrats der Deutschen Gewerkvereine Hirsch-Duncker, Pfarrer Ungnad als Vertreter der evangelischen Arbeitervereine, Frl. Schmidt, Generalsekretärin des Verbandes katholischer erwerbstätiger Frauen und Frl. Behm, die Vorsitzende des Gewerkvereins der Heimarbeiterinnen.

Von den weiteren Rednern seien noch genannt Tischendörfer, der als Vertreter der Liberalen Arbeiter und Angestellten sich besonders mit den Gegnern der Sozialpolitik beschäftigte, die sich „liberal" nennen, und der Oberbürgermeister von Schöneberg, Dominicus, der zeigte, welche Aufgaben die Kommunen auf sozialem Gebiete zu erfüllen haben.

Die gewaltige Kundgebung für die Fortführung der Sozialreform wurde durch Staatsminister Frhr. v. Berlepsch geschlossen. Er erinnerte an ein Wort, das Graf Posadowsky, als er im Reiche noch an verantwortlicher Stelle stand, gesprochen hatte: Es muß das Ziel der Sozialpolitik sein, die unselbständigen Arbeiter und Angestellten in den gesellschaftlichen und staatlichen Organismus als gleichberechtigte Menschen und Bürger einzugliedern. Es müßten jetzt Aufgaben in Angriff genommen werden ähnlich denen der Stein-Hardenbergschen Reformen. Auch damals galt es Gebundenheit zu beseitigen. Die wirtschaftliche Gebundenheit werde man allerdings nicht aufheben können, aber es müßten Gegengewichte geschaffen werden, damit der Mensch im Arbeitnehmer zur vollen Geltung komme. Die Parole aller wahren Patrioten müsse lauten: Fortführung der Sozialreform!

Damit hatte die eindrucksvolle Kundgebung ihr Ende erreicht, die, wie die Berichte der Tagespresse zeigen, überall die lebhafteste Beachtung gefunden hat. Zu der Tagung waren von den Ortsgruppen der Gesellschaft für Soziale Reform aus ganz Deutschland Zustimmungsadressen oder Telegramme eingegangen. Ebenso hatten die großen Berufsorganisationen der Angestellten und Arbeiter sich nicht nur durch ihre Zentralen beteiligt, sondern es waren aus vielen Lokalvereinen im ganzen Reich Zustimmungserklärungen eingegangen. Der Deutsche Techniker-Verband hatte neben seinem Geschäftsführenden Vorstande noch verschiedene auswärtige Vertreter entsandt. (Kahnt-Leipzig, Horn-Offenbach, Schweisfurth-Elberfeld, Kayser-Stuttgart.)

Auch von Vereinen mit verwandten Bestrebungen waren Sympathiekundgebungen eingegangen. Es seien genannt: Deutscher Werkbund, Deutscher Käuferbund, Deutsche Zentrale für private Fürsorge, Berliner Zentralverband zur Bekämpfung des Alkoholismus, Evangelisch-Sozialer Kongreß, Kirchlich-Soziale Konferenz, Volksverein für das katholische Deutschland. Auch ein Zustimmungsschreiben von Professor Harnack war eingegangen. Hdl.

ANGESTELLTENFRAGEN

Die zweite Lesung der Konkurrenzklauselvorlage

Den Befürchtungen, die wir im vorigen Heft an das Schicksal der Konkurrenzklauselvorlage knüpften, hat das Ergebnis der Beratungen des Reichstages vom 4. Mai schnell genug recht gegeben. Zwar hat die Vorlage noch die dritte Lesung zu passieren, aber das, was sich am Montag der vergangenen Woche bei der zweiten Lesung abspielte, ändert wohl nichts mehr an der Tatsache, daß das Gesetz in der von der Regierung gewünschten Form angenommen wird. Daß es dazu gekommen ist, liegt nicht nur an der Mehrzahl der Reichstagsabgeordneten, die sich durch das „Unannehmbar" der Regierung einschüchtern ließen, sondern zum gut Teil an der Uneinigkeit der großen Handlungsgehilfenverbände, insbesondere an der inneren Zerfahrenheit der Beschlüsse des Deutschnationalen Handlungsgehilfen-Verbandes, dem ein angeblicher „Teilerfolg" lieber war als Grundsatztreue.

Fest geblieben in der Ablehnung des Gesetzes waren von den Handlungsgehilfenverbänden außer dem Zentralverband und dem Verein der Deutschen Kaufleute lediglich der Verband Deutscher Handlungsgehilfen in Leipzig, während der 58er Verein, wie der Abg. Mumm (Wirtschaftl. Vereinigung) erklärte, ebenfalls um Annahme der Vorlage gebeten hatte.

Während von der Sozialdemokratie, die im übrigen durch den Abg. Hoch gute Gründe gegen die Niedrigkeit der Gehaltsgrenze und gegen die unsoziale Bestimmung über die Erfüllungsklage vorbrachte, die Ablehnung der Vorlage von vornherein feststand, war aus den Ausführungen des Zentrumsabgeordneten Trimborn zu entnehmen, daß seine Partei den Standpunkt, die Konkurrenzklausel überhaupt verbieten zu wollen, aufgegeben habe. Obgleich die Techniker eine Neuregelung „ihrer" Konkurrenzklausel in ähnlicher Form wie die vorliegende bekanntlich ablehnen, glaubte der Abg. Trimborn das Zustandekommen der Vorlage besonders im Interesse der Techniker begrüßen zu sollen. Er spielte an die Erklärung des Staatssekretärs an, die für uns Techniker voraussichtlich ja noch weniger Erfreuliches zur Folge haben wird. Dabei sei auch ein bedauerlicher Irrtum des Abg. Thoma (Nl.) berichtigt, der davon Kenntnis haben will, „daß wir längst froh wären, wenn wir uns dieser gesetzgeberischen Fortschritte der Vorlage erfreuen könnten". Haben diese Abgeordneten denn nichts von unserer scharf ausgesprochenen ablehnenden Haltung gelesen? Kennen Sie nicht die auch an sie gerichteten Petitionen der Techniker?

Wie die nationalliberale und Zentrumspartei, so hatten auch die übrigen Parteien nur schöne Worte für die Handlungsgehilfen. Selbst die Debatte über die geheime Konkurrenzklausel verriet ein bedauerliches Manchestertum bei der Abgeordnetenmehrheit. Man will es den Prinzipalen überlassen, wie sie sich zu derartigen Abmachungen stellen, und ein Vertreter der Reichspartei glaubte sogar der Hoffnung Ausdruck geben zu können, die Prinzipale würden, trotz des Fehlens einer Bestimmung gegen derartige Abmachungen, das Vertrauen, das man dadurch in sie setze, nicht täuschen. Im Sinne eines solchen Aufrufes an die selbständige Kaufmannschaft schloß sich an die Ausführungen dieses Referenten der Abg. Mumm an.

Von der Seite der Regierung wurden neue Erklärungen nicht gegeben, der Staatssekretär wohnte aus Gesundheitsrücksichten der Verhandlung nicht bei, und ließ durch einen Vertreter nur bekannt geben, daß er seinen früheren Ausführungen nichts hinzuzusetzen habe. Mf.

BEAMTENFRAGEN

Die Residenzpflicht der Gemeindebeamten

Das Vorgehen der Stadt Berlin gegen das Auswärtswohnen der Beamten erregt unter den Betroffenen immer größere Unzufriedenheit. Man fordert jetzt nicht nur von den festangestellten Beamten das Wohnen in Berlin, sondern auch von den auf Privatdienstvertrag Angestellten. Gerade dieser Gruppe gegenüber ist das Verlangen der Stadt Berlin eine außerordentliche Ungerechtigkeit. Die Stadt nimmt für sich durch den Privatdienstvertrag das Recht in Anspruch, die Angestellten zum Monats- oder Vierteljahrsschluß kündigen zu können, fordert von ihnen aber, daß sie dieser unsicheren Anstellung wegen ihren Wohnsitz aufgeben und durch einen einjährigen Vertrag, wie er in Berlin wenigstens üblich ist, sich an eine Berliner Wohnung binden. Ist schon den festangestellten Beamten gegenüber in den meisten Fällen das Bestehen auf der Residenzpflicht eine Maßnahme, die sich nicht aus den Pflichten des Beamtenverhältnisses ergibt, sondern von fiskalischen Erwägungen diktiert ist, — ist es doch bezeichnend, daß gerade die Berliner Grundbesitzervereine für die Aufrechterhaltung der Residenzpflicht in einer Petition an den Landtag eingetreten sind —, so fehlt der Stadt Berlin zu dieser Forderung an die auf Privatdienstvertrag Angestellten jede sittliche Berechtigung. Wenn die Stadt den Privatdienstvertrag anwendet, kann sie auch von den Angestellten nichts anderes fordern, als ein privater Arbeitgeber; sie hat durch den Dienstvertrag nicht das Verfügungsrecht über die persönliche Freiheit des Angestellten gepachtet. Hdl.

STANDESFRAGEN

„Schweigepflicht" über die Gehaltsverhältnisse

Neu ist die Tatsache zwar nicht, daß es Firmen gibt, die ihren Angestellten, sei es im Dienstvertrage oder durch die Bestimmungen einer „Geschäftsordnung", verbieten, die Anstellungsbedingungen und Gehaltsverhältnisse einander bekannt zu geben. Es wird uns jedoch jetzt so häufig von einem derartigen Schweigegebot berichtet, daß man annehmen muß, die Zahl der Arbeitgeber, die sich in diese Privatangelegenheit der Angestellten mischen, hat eine erhebliche Zunahme erfahren. Dabei suchen die Kleinen es den Großen nachzumachen. Ende vorigen Jahres gab die Firma Krupp in Essen eine neue Dienstordnung heraus, worin u. a. „verfügt“ wurde, daß die Angestellten auch ihre Gehaltsverhältnisse als Geschäftsgeheimnis zu betrachten haben. Seitdem laufen aus allen Orten Nachrichten ein, die von anderen Firmen ähnliches besagen. Selbst in kleinem Kreise, von Kollege zu Kollege, dürfen die Angestellten sich nicht erzählen, wie hoch ihre Leistungen bewertet werden, was wunder, wenn bei Strafe der Entlassung verboten wird, etwa Konkurrenzfirmen oder Angestellten von Konkurrenzfirmen darüber Mitteilung zu machen. Unsere Leser erinnern sich der famosen Geschäftsordnung der Firma Klein, Schanzlin und Becker, Frankenthal (Pfalz), die wir vor einigen Monaten hier besprachen, weil sie unter anderen rigorosen Bestimmungen auch ein solches Schweigegebot ihren Angestellten auferlegte. Wir könnten heute noch mehr Beispiele, auch aus Berlin, anführen, doch es genügt wohl zunächst die allgemeine Feststellung.

Was die Firmen mit solchen Vorschriften beabsichtigen, ist unschwer zu erraten. Ein solches Schweigegebot entspricht allerdings den Anschauungen eines gewissen Arbeitgebertums, dem jedes Mittel recht zu sein scheint, Angestelltenwünsche, die mit dem Vermögensinteresse der Geschäfts- oder Aktieninhaber nicht im Einklang stehen, zu unterdrücken, um sich unbequeme Gehaltsforderungen, zu denen ein Vergleich der Gehälter oder eine Besprechung der Kollegen untereinander leicht führen könnten, fernzuhalten. Sehen wir von den nur natürlichen Aussprachen zwischen Kollegen über ihre Gehälter ab, so laufen derartige Verbote schließlich darauf hinaus, Zusammenkünfte von Arbeitnehmern, die ja nicht selten auch der Besprechung von Gehaltsfragen dienen, einfach zu untersagen. Was bedeutet dies aber letzten Endes? Einen Angriff in das heiligste Gut des Arbeitnehmers, in das Koalitionsrecht! Was auf gesetzlichem Wege nicht erreicht werden kann, versucht man so von hinten herum, kraft des Gewaltverhältnisses, zu dem die jetzige Form des Arbeitsvertrages geführt hat. Derartige Abreden sind natürlich nichtig, weil sie den guten Sitten zuwiderlaufen. Von der Solidarität unserer Kollegen ist auch zu erwarten, daß sie sich durch derartige „Verbote“ in der Wahrung ihrer berechtigten Interessen nicht einschüchtern lassen. Mf.

*

Wieder ein kommunaler „Musterbetrieb“

Wie „freigebig“ man bei der Besoldung technischer Angestellten in öffentlichen Betrieben immer noch verfährt, zeigt auch das nachstehende Angebot des Magistrats der Stadt Plathe in Pommern in Nr. 49 des „Essener Anzeigers“:

Bekanntmachung.

Die Stelle des Betriebsleiters unseres städtischen Elektrizitätswerkes ist zum 1. Juli d. J. neu zu besetzen. Das Gehalt beträgt 1200 Mk. jährlich, steigend von 4 zu 4 Jahren um 60 Mk. bis zum Höchstbetrage von 1500 Mk. Daneben wird freie Wohnung im Mietswerte bis zu 225 Mk. gewährt und eine Vergütung von 2 Proz. der gesamten Stromeinnahmen des Werkes, die in Höhe von mindestens 250 Mk. jährlich von der Stadt garantiert wird. Die Anstellung erfolgt durch Privatdienstvertrag. Meldungen bis zum 15. Mai d. J. an den Magistrat.
Plathe i. Pomm., den 20. April 1914.

Der Magistrat:
Fischer.

Also nach zwanzigjähriger Tätigkeit soll der Betriebsleiter auf höchstens 1975 M einschließlich aller Nebeneinnahmen gelangen! Sparsamkeit in einer städtischen Verwaltung auf Kosten der Angestellten muß bei den Betroffenen nicht nur Erbitterung erzeugen, sondern die Stadt leidet selbst darunter, weil in solchen Betrieben ein ständiger Wechsel der Angestellten herrschen muß, der z. B. einem Elektrizitätswerk nicht gerade zum Vorteil gereichen kann. Mf.

*

„Beste“ Gelegenheit für Stellungsuchende!

Beim Kreisbauamt Arnsberg ist stellungslosen Technikern, wie wir im vorigen Heft berichteten, die „beste“ Gelegenheit geboten, die Dienstgeschäfte eines größeren Bauamtes, als da sind: Ausführung von Schulen, Amts- und Gemeindebauten, Kleinwohnungsbau, baupolizeiliche Prüfungen und Abnahmen, Heimatschutz, Bauberatung usw., kennen zu lernen. Bedingung für die „Anstellung“ ist nur, daß auf ein Entgelt für die Tätigkeit verzichtet wird!

Da es sich bei dem Angebot, wie auch aus der Anzeige hervorging, um eine Stellung für einen jungen Anfänger handelte, war immerhin noch zu hoffen, der Angestellte würde, falls er sich bewähre, späterhin eine Entschädigung erhalten. Ein Kollege bat daher das Bauamt um näheren Aufschluß darüber. Hierauf wurden ihm durch den Kreisbaumeister „glänzende“ Aussichten eröffnet.

Zunächst hieß es in dem Antwortschreiben, könnten Zusagen für eine spätere Bezahlung bezw. Weiterbeschäftigung nicht gemacht werden, auch handele es sich nicht um eine Anwärterstelle für eine spätere Beamtenstelle. Bei einem eintretenden Personalwechsel, so wurde weiter bemerkt, sei ein Gehalt jedoch nicht ausgeschlossen .... aber ohne Gewähr! Damit wollte man jedenfalls dem Bewerber das Angebot einigermaßen schmackhafter machen.

Der Schluß des Schreibens verrät endlich, weshalb jeder Techniker eigentlich froh sein sollte, gerade diese Gelegenheit zur Fortbildung benutzen zu können. So undankbar will nämlich das Bauamt nicht sein, daß es dem Angestellten, der vielleicht jahrelang seine Dienste unentgeltlich geleistet hat, nicht für sein späteres Fortkommen in einer anderen Stellung behilflich wäre. Daher wird ihm gleichzeitig mitgeteilt, daß ihm „bei einer unentgeltlichen Beschäftigung und Bewährung bezw. Einarbeitung in die recht vielfältigen Arbeiten des Kreisbauamtes eine gute Unterstützung für sein Fortkommen sicher sei, d. h. seine Weiterbewerbung würde von dem Bauamt „naturgemäß“ auf das kräftigste unterstützt werden“. Mit einem Optimismus, den wir angesichts der Ueberfüllung des technischen Berufes leider nicht teilen können, wird schließlich noch hinzugefügt, daß es dem so Ausgebildeten „nicht schwer fallen“ werde, von einem Kreisbauamt mit Empfehlung in eine neue Stellung hineinzukommen.

Daß es dem Bauamt lediglich auf die Erlangung einer unentgeltlichen Arbeitskraft ankommt, wird also durch das Antwortschreiben klipp und klar bestätigt. Großmütigerweise will man ihn jedoch für sein späteres Fortkommen „kräftig unterstützen“. Die Sorge um das weitere Unterkommen sollte das Bauamt ruhig den Angestellten und ihren Organisationen überlassen. Mit dem wahren Wohlwollen des Bauamts scheint es doch nach diesem Ausschreiben ein eigenartiges Ding zu sein!

Mf.

*

12 Stunden Arbeitszeit!

Bekanntlich liegt in Kleinbetrieben die Gefahr, daß mit der Arbeitskraft des Angestellten Raubbau getrieben wird, in vielen Fällen mindestens ebenso nahe wie in Unternehmungen größeren Umfangs. Und in der Tat ist die Arbeitszeit in Kleinbetrieben, wie uns die Statistik und am besten die Praxis fast täglich zeigt, vielfach von unerträglicher Dauer. Die Ursache liegt darin, daß im Kleinbetrieb die Angestellten sehr oft Arbeiten mitübernehmen müssen, für deren Bewältigung anderswo noch kaufmännisches Personal, Werkmeister, Poliere usw. vorhanden sind. Ist dann die Bezahlung des Angestellten auch nur einigermaßen hinlänglich, so hat er dafür Pflichten zu erfüllen, durch deren Uebernahme der Arbeitgeber die natürlich erheblich höheren Kosten der Dienste weiterer Angestellten erspart.

Solchermaßen ausgenutzt sollte auch der Techniker werden, der sich bei dem Inhaber eines kleinen Baugeschäftes in Frankenstein i. Schles., namens Rich. Anders (vorm. A. Glatzer), Maurer- und Zimmermeister, um Anstellung bewarb. Er erhielt auf seine Bewerbung folgendes Schreiben:

„... Ich bin nicht abgeneigt, Ihnen den geforderten Gehalt von 180 M zu geben und Sie unter folgenden Bedingungen zu engagieren:

Sie werden als 2. Techniker bei mir eingestellt. Ihre Beschäftigung besteht im Entwerfen, Veranschlagen und Abrechnen, sowie in Erledigung der im Betrieb vorkommenden technischen und kaufmännischen Arbeiten. Um die Bücherführung haben Sie sich auch zu kümmern und darauf zu halten, daß die einzelnen fertig gestellten Bauten schnellstens abgerechnet werden und daß die kleinen Conten sofort Rechnung erhalten.

Die Arbeitszeit beginnt mit der der Arbeitsleute, im Sommer von 6 Uhr früh bis 7 Uhr abends, mit 1 Stunde Mittagszeit. Im Winter vom hell werden, spätestens 7 Uhr morgens. Pünktlichkeit wird von mir vor allen Dingen verlangt, es darf Ihnen auch mal bei eiligen Sachen auf etwas Zeit nicht darauf ankommen und werden Sie auch ab und zu die auswärtigen Leute früh zum Beginn der Arbeit überraschen müssen, um dieselben zu kontrollieren, ob sie auch pünktlich anfangen und nicht zu zeitig aufhören. Dazu steht Ihnen ein Geschäftsrad zur Verfügung. Auf ein solides, entgegenkommendes Betragen lege ich besonders Wert . . ." gez. Anders.

Also 12- bis 13 stündige Arbeitszeit, im Winter vom „hell werden", aber spätestens von 7 Uhr früh ab, entgegenkommendes Betragen auch insoweit, als es bei eiligen Sachen nicht „auf etwas Zeit" ankommen kann, Pünktlichkeit natürlich auch bei der Ueberwachung der Arbeiter vor Beginn der Bauarbeiten. Auf die Zeit bis zum Eintreffen auf dem Bauplatz darf es dem Angestellten ebenfalls nicht ankommen.

Wunder nimmt es bei diesen Arbeitsverhältnissen nur, daß der Techniker nicht auch noch die Kosten für das Rad tragen muß. Aber der Maurer- und Zimmermeister fürchtet jedenfalls, daß ein Angestellter mit einem eigenen Rade eines schönen Tages, statt wieder in den Frohndienst zurückzukehren, auf und davon radeln würde. Mf.

*

Der Baumeistertitel in der Ersten Sächsischen Kammer

Mit der Frage des Baumeistertitels beschäftigte sich die Erste Kammer des sächsischen Landtages auf Grund einer Anfrage von Oberbürgermeister Dr. Kaeubler-Bautzen an die Regierung über die Stellung des Reichs zur Baumeistertitelfrage. Ministerialdirektor Dr. Roscher erklärte namens der Regierung:

„Die sächsische Regierung hat sich mit der Sache bereits beschäftigt. Sachsen hat den großen Vorteil, daß es seit 1890 eine Regelung der Baumeistertitel-Frage hat, die die Fachleute durchaus befriedigt, insbesondere auch diejenigen Teile der Baumeister, die eine akademische Ausbildung haben. Der Titel „Baumeister" ist von diesen Akademikern bisher grundsätzlich nicht angefochten worden. Leider sind die Bestrebungen, dem in Sachsen auf Grund einer Prüfung oder auf Grund der Absolvierung einer technischen Mittelschule erlangten Titel nach außerhalb Sachsens Geltung zu verschaffen, noch nicht von Erfolg begleitet gewesen. Die Reichsgewerbeordnung gibt nur die Möglichkeit, daß der Bundesrat diese Sache regelt. Nun ist auch von der Reichsregierung eine solche Regelung vorbereitet worden. Die sächsische Regierung hat gegenüber der Reichsregierung ausdrücklich den Wunsch ausgesprochen, daß die Regelung, wie sie seit langen Jahren in Sachsen gilt, in Zukunft beibehalten werden möchte."

Es ist erfreulich, daß die sächsische Regierung trotz der vielen Widerstände, die besonders von Preußen dieser allein gerechten Regelung der Baumeistertitelfrage entgegengestzt wurden, auf ihrem Standpunkt verharrt. Wir hoffen, daß auch die sächsischen Vertreter im Bundesrat mit aller Tatkraft für die Uebertragung der sächsischen Bestimmungen auf das Reich eintreten werden. Es werden sich dann sicher außer der sächsischen und bayerischen Regierung noch andere finden, die nicht mit den Ansprüchen der preußischen Regierungsbaumeister a. D. auf den Baumeistertitel einverstanden sind.

Wir haben schon wiederholt darauf hingewiesen, daß sich nicht alle „Akademiker" auf den einseitigen Standpunkt stellen, daß nur sie „Meister im Bauen" werden könnten. So hat u. a. auch Professor Franz Kreuter von der technischen Hochschule in München in einer Zuschrift an die Münchener Neuesten Nachrichten folgendes ausgeführt:

„Früher hat man, nach etwa dreijähriger „Vorbereitungspraxis" und bestandener praktischer Prüfung, unsere jungen, angehenden Staats-Ingenieure und -Architekten als „Staatsbauassistenten" bezeichnet und damit zutreffend ausgedrückt, daß sie nunmehr als Gehilfen oder Gesellen zu achten seien. Ich glaube nicht, daß man gut daran getan hat, obige wahrheitsgemäße Benennung durch den importierten „Regierungsbaumeister" zu ersetzen; denn an der Sache hat sich nichts geändert und vom Meister sind sie, nach überstandener bloßer Vorbereitungspraxis, genau so weit entfernt wie früher."

Wir können diesen Ausführungen nur zustimmen. Der „Meistertitel" soll eben besagen, daß jemand nicht nur theoretisches Wissen sich erworben, sondern auch in der Praxis sein Können bewiesen hat. Hat er aber dieses „Können" einwandfrei gezeigt, dann ist es gleich, wie er sich seine Kenntnisse erworben hat. Hdl.

STANDESBEWEGUNG

Ein Verband „Deutscher Mittelschulingenieure"

ist die neueste Erscheinung auf dem Gebiete der Technikerorganisationen. Was dahintersteckt, wird sofort offenbar, wenn man hört, daß der „Gründer" dieses Verbandes der bekannte Herr Matthes-Berlin ist, dessen „Berliner Gewerbe-Akademie" im vorigen Jahre von der Polizei geschlossen worden ist. Nachdem ihm auf diese Weise sein Handwerk gelegt worden ist, versuchte er zunächst sein Heil in der Ausstellung von „Ingenieur-Diplomen", eine Tätigkeit, die ihm wohl weniger Gewinn als eine Polizeistrafe von 300 M eingebracht hat. Die Klagen der früher von ihm beschäftigten Dozenten auf Zahlung ihres Gehaltes und verschiedener Schüler wegen Rückzahlung des Schulgeldes waren leider erfolglos; Herr Matthes hat am 13. Februar den Offenbarungseid geleistet! Jetzt sollen die Dummen dadurch gewonnen werden, daß Herr Matthes sich anbietet, „die stark bedrohten Interessen des Standes der Mittelschulingenieure" zu vertreten, die „gebieterisch einen Zusammenschluß der interessierten Kreise erheischen". Die Persönlichkeit des Herrn Matthes sagt schon zur Genüge, welche „Interessen" in diesem angeblichen Verbande wahrgenommen werden sollen. Die Aufklärung unter den Technikern über den Wert der Organisation ist wohl weit genug vorgeschritten, so daß diese Spekulation keinen Erfolg haben wird. Aber im Interesse der Lauterkeit der Organisationsbestrebungen der deutschen Techniker muß gegen derartige Geschäftspraktiken der schärfste Widerspruch in aller Oeffentlichkeit erhoben werden. Hdl.

DEUTSCHE TECHNIKER-ZEITUNG
RECHTSRUNDSCHAU
XXXI. Jahrg. 16. Mai 1914 Heft 20

Die Regelung der Reisekostenentschädigung der preußischen Kommunalbeamten

Von Bürgermeister HANS ASSMANN.

Der § 6 des preußischen Kommunalabgabengesetzes vom 30. Juni 1899 verleiht den Kommunalverbänden allgemein das Recht, über die Art und Höhe der Reisekostenentschädigung Vorschriften zu erlassen.

Nur die besoldeten, hauptamtlich angestellten Beamten, und zwar ohne Rücksicht auf die Art der Anstellung, ob auf Lebenszeit, Zeit, Kündigung, Probe oder Vorbereitung (§ 1, § 2 Abs. 1) sind nach § 6 K. B. G. als anspruchsberechtigt anzusehen. Die nebenamtlich tätigen oder Ehrenbeamten fallen nicht unter das Gesetz und somit auch nicht unter den § 6. Damit ist aber mangels gegenteiliger positiver Bestimmung nicht gesagt, daß der Kommunalverband nicht in der Lage ist, auch solche Vorschriften für die nebenamtlich angestellten Beamten und Bediensteten zu erlassen.

Der Anspruch auf Reisekosten setzt eine Entfernung aus dem Orte des Amtssitzes voraus, und zwar von mindestens 2 km von der Wohnung oder Grenze bis zur Mitte des Bestimmungsortes. Der Zuzug eines einberufenen Beamten ist mangels besonderer Vereinbarung keine Dienstreise, sondern ein Umzug. Für besondere Aufträge innerhalb des Amtsbezirks können die besonderen Auslagen an Fahrkosten und sonstigen Auslagen, die aus Anlaß dieses Sonderauftrages notwendig waren, erstattet werden. Hieraus resultiert auch, daß die Ausgabe von Freifahrtkarten für Kommunalstraßenbahnen an sich nicht statthaft ist, denn die Bahnfahrtkosten würden nur dann erstattungspflichtig sein, wenn die Bahn bei der Ausübung eines besonderen Auftrages nicht aber zur Ausübung des gewöhnlichen Dienstes benutzt wird. Dienstreisen nach einem Ort fallen fort, insofern dieser Ort eingemeindet und dadurch Dienstort wird.

Die Vorschriften können als Ortsstatut oder als Regulativ erlassen werden oder aber in der Anstellungsurkunde Aufnahme finden. Werden sie als Ortsstatut erlassen, so unterliegen sie der Genehmigung des Kreis- bezw. Bezirksausschusses. Nach dem Erlaß des Herrn Ministers des Innern vom 27. August 1903 (Min. Bl. 1903 S. 192) und 17. September 1912 (IV a 2185) sollen die Entschädigungssätze nicht über diejenigen der unmittelbaren Staatsbeamten hinausgehen; es kann die mitwirkende Aufsichtsbehörde also die Genehmigung versagen, wenn die staatlichen Sätze überschritten worden sind. Die Einmischung wird aber beseitigt, wenn der Kommunalverband die Festsetzung der Reisekostenentschädigungssätze durch Beschluß (Regulativ) vornimmt, denn diese sind eine interne Angelegenheit der Selbstverwaltungskörperschaft, die nur dann der Beanstandung anheimfallen, wenn Gesetz oder Zuständigkeit verletzt worden ist. Kein Gesetz schreibt den Kommunalverbänden aber die Grenzen der Sätze vor, es liegt daher in deren freier Willensentschließung, die Art und Höhe der Entschädigungen auf Grund des § 6 des Kommunalbeamtengesetzes festzusetzen. Namentlich in letzterer Zeit haben hier und da Gerichtsbehörden die Staatsaufsichtsbehörden darauf aufmerksam gemacht, daß die Reisekostenentschädigungssätze der Kommunalbehörden nicht denen der Staatsbeamten entsprächen. Aus diesem Grund sowohl, als auch aus anderen Anlässen, haben sich die Aufsichtsbehörden daher veranlaßt gesehen, die Gemeindevorstände zu ersuchen, die Reise- und Tagegelder herabzusetzen, d. h. mit denen der staatlichen in Einklang zu bringen. Ob die Gemeindekörperschaften diesem Ersuchen Folge leisten wollen, liegt in deren freiem Ermessen; keinesfalls steht der Aufsichtsbehörde ein Recht zu, die Herabsetzung zu verlangen, denn es fehlt, wie bereits erwähnt ist, sowohl der Aufsichtsbehörde als auch dem Gemeindevorstand an irgendwelcher gesetzlichen Handhabe, die Beschlüsse der Gemeindevertretung (Stadtverordneten), durch welche die Sätze festgelegt worden sind, zu beanstanden. Rückwirkende Kraft haben die Reisekostenstatuten nicht, bei Eingemeindungen müssen sie ausdrücklich auf die Gebietserweiterung ausgedehnt werden.

Die Festsetzung durch Statut hat wegen des hindernden Ministerialerlasses vom 27. August 1903 seine Schwierigkeit. Es lassen sich schwer die Rangklassen auf die Beamten eines Kommunalverbandes anwenden. Wählen die Kommunalverbände, wie betont, aber die Festsetzung durch Beschluß (Regulativ), dann sind sie an die staatlichen Sätze nicht gebunden. Die festgesetzten kommunalen Reisekosten müssen für alle Fälle in Betracht kommen, in denen Reisekosten zu zahlen sind, also auch bei Vernehmungen als Zeuge oder Sachverständiger vor Gericht. Diese Kommunalreisekosten-Entschädigungssätze sind daher auch in diesen Fällen, wo also auf Grund der Gebührenordnung vom 30. Juni 1878 Gebühren für gerichtliche Zeugen- und Sachverständigen-Vernehmungen vor dem ordentlichen Gericht zu zahlen sind, anwendbar. Ebenfalls bei Vertretungen des Kommunalverbandes im Verwaltungsstreitverfahren beim Verwaltungsgericht. Eine Regelung, die ausschließlich für Gerichtsgebühren Geltung haben sollte, wäre ungültig; die vor dem 1. April 1900 von der Gemeinde geschaffenen Bestimmungen über die Reisekostenentschädigungen haben für die Gerichte keine Verbindlichkeit. Die Regulative und Statute müssen inhaltlich klar sein, insbesondere den Begriff der Dienstreise, Mindestentfernung vom Rathause oder Grenze des Dienstortes aus gerechnet, die Arten der Gehaltssätze und dergleichen enthalten. Ist der dienstliche Wohnort aus dienstlichen Gründen ein anderer als der Ort der Behörde, so gilt der dienstliche Wohnort als Ausgangspunkt für Dienstreisen. Für Dienstgeschäfte am Orte sind keine Reisekosten zu gewähren. Die Rückzahlung zuviel gezahlter Gebühren von den Empfängern oder die aufrechnungsweise erfolgenden Abzüge derselben vom Diensteinkommen sind nur dann begründet, wenn der Empfänger, als er von der erfolgten Zuvielzahlung erfuhr, noch bereichert war. Bei Streitigkeiten sind die Rechtsmittel des § 7 K. B. G. gegeben.

Die zwangsweise Festsetzung der Art und Höhe der Reisekostenentschädigung kann im Falle eines Bedürfnisses durch die kommunale Staatsaufsichtsbehörde (Landrat oder Regierungspräsident) erfolgen, wenn der Kommunalverband sich weigert, eine solche Regelung vorzunehmen oder diese aus anderen Gründen nicht zustande kommt. Der § 6 K. B. G. gibt den Gemeinden wohl das Recht, erlegt ihnen aber nicht die Pflicht auf, die Reisekostenentschädigung für ihre Beamten zu regeln. Die Gemeinde kann somit auch jederzeit diese Regelung wieder aufheben. Dadurch werden die vermögensrechtlichen Ansprüche der Gemeindebeamten, soweit solche in dem aufgehobenen Kostenentschädigungsbeschluß bezw. Statut begründet sein sollten, aber nicht in ungesetzlicher Weise berührt. Waren durch den Beschluß derartige Ansprüche begründet, so bleibt den betreffenden Beamten die Verfolgung ihrer Ansprüche in dem dieserhalb vorgesehenen Verfahren unbenommen. Eine derartige Streitigkeit kann aber mit

Rücksicht darauf, daß die Beamten auch hinsichtlich der Reisekostenentschädigung auskömmlich und angemessen zu stellen sind, mit dem wohlverstandenen Gemeindewohl und Gemeindeinteresse erheblich in Widerspruch treten. Eine unzulängliche Regelung ist daher auch ein Bedürfnis im Sinne des § 6 K. B. G. Die Zwangsfestsetzung bleibt bis zum Erlaß anderweitiger Festsetzungen durch den Kommunalverband bestehen.

Die Erstattung der Reisekosten für Bewerbungsreisen kann nur dann in Frage kommen, wenn der Beamte von der stellenausschreibenden Behörde zur Vorstellung aufgefordert worden ist, sei es um den Beamten kennen zu lernen, sei es um den Beamten einer Prüfung zu unterziehen. In diesem Auffordern liegt ein Auftrag zur Reise im Sinne des § 670 B. G. B., während die Aufforderung zur Bewerbung um eine Stelle eine solche zur Abgabe einer Offerte darstellt, und es besteht im letzteren Falle daher keine Verpflichtung zu deren Beantwortung, wenigstens kostenfreien Beantwortung. Anders liegt die Sache, wenn die stellenausschreibende Behörde dem Bewerber die persönliche Vorstellung anheimstellt oder wenn es in der Ausschreibung heißt, daß die Vorstellung erwünscht sei. Hier bezweckt die Vorstellung nicht ausschließlich das Interesse der Gemeinde als Auftraggeber, sondern das Interesse des Bewerbers, nämlich durch die anheimgegebene Vorstellung die Gemeindekörperschaften zur Wahl geneigt zu machen. Die Vorstellungsreise ist demnach hier Mittel zur Verbesserung der wirtschaftlichen Lage. Es entspricht der Verwaltungspraxis, daß die Gemeinde, falls sie die Erstattung der baren Auslagen nicht auf sich nehmen will, solches in der Aufforderung zur Vorstellung ausdrücklich zu erkennen gibt, etwa in der Art, daß gesagt wird, daß die Reise auf Kosten des Bewerbers zu erfolgen hat. Wenn die Gemeinde einen Bewerber zur Vorstellung „ersucht“, dann ist dies gleichbedeutend mit „auffordern“, denn es würde unhöflich erscheinen, und entspricht der Verwaltungspraxis, daß man Personen, die nicht unter die Befehlsgewalt stehen, stets „ersucht“. Jeder Bewerber lasse sich daher die Erstattung der Kosten zusichern und zwar diejenigen Sätze, die ihm ortsstatutarisch oder sonstwie für Dienstreisen gewährleistet sind.

Leider fehlt es an einer höchstgerichtlichen Entscheidung. So hat z. B. ein Gericht einem Beamten, der vom Magistrat zur persönlichen Vorstellung aufgefordert war, die Reisekosten zugesprochen. Es führte aus, daß der Kläger der Aufforderung, sich persönlich vorzustellen, entsprochen habe, damit sei auch der Anspruch auf Erstattung der von der Stadt zugesicherten Reisekosten (Fahrt und Tagegeld) fällig geworden und daran ändere die Tatsache nichts, daß der Kläger später seine Bewerbung zurückgezogen habe. Der Kläger wäre vielmehr in seiner Entschließung, ob er die Bewerbung aufrecht erhalten wolle oder nicht, vollständig frei, die Bewerbung verpflichte ihn noch nicht, die Stelle auch wirklich anzutreten, ebensowenig, wie die Stadt gezwungen sei, den Bewerber nach der von ihr geforderten und erfolgten Vorstellung anzustellen. Ein anderes Gericht verneint den Anspruch auf Reisekosten, obgleich der Magistrat einen Beamten aufgefordert hatte, an einem bestimmten Tage zur Anfertigung einer Probearbeit und Feststellung seiner Brauchbarkeit als Kanzlist zu erscheinen. Die Anstellungsbehörden könnten eine Prüfung vorschreiben, von der sie die Berücksichtigung der Bewerbung um bestimmte Stellen von vornherein abhängig machen wollen. Ein weiteres Gericht hat den Anspruch auf Erstattung an einen Beamten, der sich auf eine Ausschreibung, in der gesagt war, „Persönliche Vorstellung ist erwünscht“, gemeldet und persönlich vorgestellt hatte, abgelehnt. Der Kläger hatte aber außerdem noch ein Schreiben des Bürgermeisters erhalten, worin er ersucht worden war, sich an einem bestimmten Tage einzufinden, um sich vorzustellen. Das Gericht führte in seinen Entscheidungsgründen aus, weder durch die Ausschreibung noch durch das Schreiben des Bürgermeisters sei für die Stadt eine Verpflichtung begründet worden, den Bewerbern um die ausgeschriebene Stelle die aus Anlaß der Bewerbung gemachten Aufwendungen zu erstatten; weder sei darin ein Auftrag noch ein anderer Rechtsgrund, der den Anspruch auf Erstattung und somit die Klage stützen könne, enthalten. Der Kläger sei um „persönliches“ Erscheinen gebeten worden. Das Hauptinteresse am Ausfall der Wahl habe der Bewerber, der den dringenden Wunsch haben müsse, durch seine Person und sein Auftreten die Behörde für sich zu gewinnen. Er habe somit auch die Kosten zu tragen, daran ändere auch nichts, daß häufig Bewerbern ihre Auslagen ganz oder teilweise vergütet werden.

Gebühren im Interesse der Strafrechtspflege und keine Reisekosten nach den Grundsätzen des § 6 Kommunalbeamtengesetzes werden erstattet, wenn der Kommunalbeamte nicht als solcher, sondern als Zeuge oder Sachverständiger geladen ist, der über Umstände, von denen er nicht in Ausübung seines Amtes Kenntnis erhalten hat, vernommen werden soll. Hier tritt die Gebührenordnung für Zeugen und Sachverständige vom 30. Juni 1878 in der Fassung vom 20. Mai 1898 in Kraft. Diese findet aber auch dann Anwendung, wenn der Beamte als Zeuge oder Sachverständiger kraft seines Amtes geladen worden ist, insofern keine kommunale Reisekostenentschädigungsordnung im Sinne des § 6 des Kommunalbeamtengesetzes besteht und der Beamte kein solcher im Sinne des § 1 und 2 des K. B. G. ist. Der Anspruch auf Gebühren verjährt binnen drei Monaten nach der Vernehmung als Zeuge oder Abgabe des Gutachtens. Gegen die Festsetzung der Beträge durch die zuständige Gerichtsstelle findet Beschwerde nach Maßgabe der §§ 346—352 der Strafprozeßordnung statt. Die Beurteilung der Frage, welche Gebühren dem Beamten zustehen, hängt somit von der Art der Reise, dem Zweck der Vernehmung ab. Hält sich ein beurlaubter Beamter während seines Urlaubes an einem anderen als seinem Dienstorte auf, und muß er als Zeuge vor Gericht erscheinen, so stehen ihm die Gebühren nach § 6 K. B. G. zu.

⠿ ⠿ ⠿ ⠿ ANGESTELLTENRECHT ⠿ ⠿ ⠿ ⠿

Die Konkurrenzklausel der Firma Orenstein & Koppel

Zu den Firmen, die ihren Angestellten eine Konkurrenzklausel im Dienstvertrage aufbürden, gehört seit einigen Jahren auch die Feldbahnfabrik Orenstein und Koppel, Arthur Koppel, A.-G., Berlin. In einem Prozeß, den die Firma gegen einen früheren Angestellten führte, handelte es sich um die angebliche Uebertretung folgenden Konkurrenzverbotes:

„Ich verpflichte mich, während der Dauer eines Jahres seit meinem Ausscheiden aus Ihrem Geschäft innerhalb Deutschlands, sowie Oesterreich-Ungarns weder selbst ein Konkurrenzgeschäft Ihrer Branche zu eröffnen, noch mich an einem solchen in irgendeiner Weise zu beteiligen, noch für ein solches in irgendeiner Weise tätig zu sein.“

Die Klage stützte sich darauf, daß der Beklagte, ein Ingenieur, der 250 M Monatsgehalt bezog, nachdem er am 15. Mai 1912 aus irgendeinem für die Beurteilung des Falles nebensächlichem Grunde von der Firma entlassen worden war, eine neue Stellung bei der Firma Ernst Heckel, G. m. b. H., Saarbrücken, angetreten hatte.

Trotzdem das Spezialgebiet der Firma Heckel die Konstruktion von Seil- und Elektrohängebahnen ist, während die Haupttätigkeit von Orenstein und Koppel die Konstruktion von Streckenförderungsanlagen, d. h. Feld- und Kleinbahnen, umfaßt, behauptete die Klägerin, daß die Firma Heckel ihre Konkurrentin sei. Der Beklagte habe während seiner früheren Tätigkeit volle Gelegenheit gehabt, die Konstruktionen und Fabrikationsmethoden der angeblich übereinstimmenden Branchen beider Firmen kennen zu lernen.

Nachdem der Prozeß weit länger als die Karenzzeit, nämlich vom 25. Juni 1912 bis 6. Januar 1914 (!), gedauert hatte, entschied endlich die 18. Zivilkammer des Landgerichts II Berlin, daß die Klage der Firma Orenstein und Koppel abzuweisen sei, da das Verbot eine unbillige Erschwerung des Fortkommens des Beklagten enthalte, es mithin nach § 133 f. der Gewerbeordnung unverbindlich sei. Die Kosten des Rechtsstreites wurden der Klägerin auferlegt. Im übrigen hat das Gericht die Frage, ob die Firma Ernst Heckel ein Konkurrenzunternehmen ist, bejaht, weil, wie es in der Entscheidung hieß, beide Firmen Elektrohängebahnen, Bremsberganlagen, Gleisbahnen mit Seil- und Kettenbetrieb herstellen. Aus den Urteilsgründen, die teilweise von einem erfreulichen Verständnis für die Lage der Angestellten Zeugnis ablegen, seien folgende Stellen angeführt:

„Maßgebend für die Frage der Unbilligkeit ist vorliegend der Umfang des klägerischen Betriebes und das dem Beklagten gewährte Gehalt.

Die Klägerin verlangt Unterlassen der Konkurrenztätigkeit nicht bloß bei der Firma Ernst Heckel, sondern auch bei jeder anderen Konkurrenzfirma. Zum Betriebe der Klägerin gehören aber nicht nur die oben genannten Fabrikationszweige, sondern auch die Fabrikation von Lokomotiven, Feldbahnen, elektrischer Lokomotiven, Feld- und Kleinbahnanlagen, Eisenbahnschienen usw. Jede Firma, welche einen der genannten Gegenstände neben anderen Artikeln herstellt, würde somit eine Konkurrenzfirma der Klägerin sein. Dahin würden also gehören z. B. alle größeren Maschinenfabriken, Waggonfabriken, Eisenkonstruktionswerkstätten, Hüttenwerke, ja sogar die Elektrizitätsfirmen würden darunter fallen.

Es würde demnach kaum noch ein Unternehmen geben, das nicht als Konkurrenzunternehmen der Klägerin betrachtet werden könnte und zwar kämen nicht nur solche in Deutschland, sondern auch in Oesterreich-Ungarn in Frage; desgl. aber auch die im Auslande, in welchen Unkenntnis der fremden Sprache dem Beklagten eine Anstellung unmöglich machen würde.

Wenn auch dieses Verbot nur auf ein Jahr Gültigkeit hat, so ist dabei auch zu berücksichtigen, daß der Beklagte bei einem Monatsgehalt von 250 M mit Rücksicht auf die seinem Bildungsgrade entsprechende bessere Lebenshaltung nicht in der Lage ist, Ersparnisse zu machen, um davon ein Jahr leben zu können.

Wenn Klägerin dem Beklagten durch die Konkurrenzklausel das Fortkommen derartig erschwerte, dann mußte sie ihm auch eine Bezahlung zuteil werden lassen, welche ihm die Möglichkeit gewährte, eine Zeitlang ohne Anstellung leben zu können. Als eine solche kann aber der Betrag von 250 M monatlich mit sechswöchentlicher Kündigung ohne Pensionsberechtigung nicht angesehen werden. 250 M monatlich erhält in der Industrie jeder Monteur oder ein Maschinenschlosser, welcher auf Akkord arbeitet, ohne daß er sich durch eine Konkurrenzklausel das Fortkommen zu erschweren braucht."

Mit Rücksicht auf diese Umstände gelangte das Gericht zu der oben angeführten Entscheidung.

Formell mußte das Gericht die Uebertretung der Konkurrenzklausel feststellen. Es ist aber erfreulich, daß das Gericht trotzdem die Konkurrenzklausel für nichtig erklärt hat, unter Anerkennung des Umstandes, daß die Konkurrenzklausel nur dann berechtigt sei, wenn der Angestellte in einer Abteilung verwendet wird, die seiner früheren Firma wirkliche Konkurrenz macht. Daß dieser Tatbestand aber nicht vorlag, ging daraus hervor, daß der Angestellte, wie Dr. Greil in der I. B. Z. ausführt, bei beiden Firmen mit ganz verschiedenartigen Arbeiten betraut wurde. Während er bei Orenstein und Koppel in der Exportabteilung IX Projekte zu bearbeiten hatte, wie z. B. Goldwäschereien, Schlachthaus- und Bremsberganlagen, Lokomotiven für Feld- und Kleinbahnen, Drehscheiben, Schiebebühnen, Bagger, wurde er bei der Firma Heckel insbesondere mit dem Abändern und Entwerfen von Schutzbrücken für Drahtseilbahnen und der Ausarbeitung eines Wagens für eine Elektrohängebahn und der Konstruktion von zugehörigen Details betraut.

Gegen dieses Erkenntnis des Landgerichts legte die Firma Orenstein und Koppel Revision beim Kammergericht ein mit dem Erfolg, daß die Kosten des Rechtsstreites im Gegensatz zu der Entscheidung der Vorinstanz dem beklagten Ingenieur auferlegt wurden!

In der Begründung des Urteils hat sich das Kammergericht eine Auffassung zu eigen gemacht, die ganz im Einklang mit seinen früheren Entscheidungen steht, wobei wir dem Kammergericht leider ebenfalls einen erstaunlichen Mangel an Verständnis für die Berufsverhältnisse der technischen Angestellten vorwerfen mußten.

Nachdem das Kammergericht die Frage, ob die Firma, bei der der Beklagte nach Lösung seines Dienstverhältnisses bei der Firma Orenstein eingetreten sei, eine Konkurrenzfirma sei, wie die Vorinstanz bejaht hatte, führt es weiter aus, daß es völlig unerheblich sei, ob die Tätigkeit, die der Beklagte bei den beiden Firmen entfaltet habe, eine verschiedenartige gewesen sei. Ferner sei eine unbillige Erschwerung des Fortkommens des Beklagten aus dem Inhalt der Konkurrenzklausel nicht herzuleiten, da der Beklagte als Ingenieur mit Hochschulbildung nicht auf die Betätigung im Eisenbahnfach (dem Spezialfach der Klägerin) angewiesen sei. Beschränke man in dieser Weise das Konkurrenzverbot auf das „Spezialgebiet" der Klägerin, so könne darin keine unbillige Erschwerung des Fortkommens gefunden werden, wenn das Verbot, wie hier, überhaupt nur auf die Dauer eines Jahres wirksam ist; mag die Entlohnung, so fährt das Urteil fort, bei der Klägerin auch sehr kärglich gewesen sein.

Der Widerspruch, der in den beiden Urteilen vom Landgericht und Kammergericht liegt, wird am besten dadurch gekennzeichnet, daß man untersucht, was das Kammergericht alles unter dem Spezialgebiet „Eisenbahnfach" der Firma Orenstein & Koppel versteht. Wie schon das Landgericht ausführte, beschäftigen sich mit dieser Fabrikationsgattung alle größeren Maschinenfabriken, Waggonfabriken, Eisenkonstruktionswerkstätten, Hüttenwerke, ja sogar die Elektrizitätsfirmen. Man kann mit Leichtigkeit hunderte deutscher Unternehmungen nennen, die das Eisenbahnfach als Spezialität betreiben. Der Begriff „Eisenbahnfach" ist ein so umfassender, auf diesem Felde der mechanischen Industrie betätigen sich so zahlreiche Firmen — ganz von den Konstruktionswerkstätten und Bauunternehmungen abgesehen, deren Spezialgebiet ebenfalls das Eisenbahnfach ist —, daß es geradezu unmöglich ist, den Kreis der „Außenseiter", der Nichtkonkurrenten der Klägerin, festzulegen. Ja noch weiter! Durch die Einführung des Generalbegriffes „Eisenbahnfach" bringt es das Kammergericht nahezu fertig, den Geltungsbereich der Konkurrenzklausel noch weiter auszudehnen, als dem Wirkungskreis der gesamten Produktion von Orenstein & Koppel entspricht. Natürlich muß es dann das Kammergericht für „völlig unerheblich" halten, ob die Tätigkeit, die der Beklagte bei beiden Firmen entfaltete, eine verschiedenartige gewesen sei. So „feine" Unterschiede zu machen, hatte das Kammergericht anscheinend nicht die geringste Veranlassung. Nach alledem darf es auch nicht wunder nehmen, daß es dem Beklagten nahe legte, er sei, dank seiner Hochschulbildung, auf die Betätigung im Eisenbahnfach gar nicht angewiesen. Es attestiert der Firma, daß sie ihrem Angestellten nur ein kärgliches Gehalt gezahlt hat, richtet aber gleichzeitig an diesen Mann, der eine bessere Stellung doch nur da erlangen kann, wo er Gelegenheit findet, seine gesammelten Kenntnisse und praktischen Erfahrungen zu verwerten, das Ansinnen, eventuell wieder von vorn anzufangen. Das Verständnis dieser Richter für die technischen Berufsverhältnisse geht immer noch nicht so weit, daß sie endlich begreifen: ein Ingenieur, selbst mit Hochschulbildung, wird sein Fortkommen immer wieder als Spezialist in seiner früheren Branche suchen müssen. Hält es doch gerade wegen der außerordentlich verbreiteten Spezialisierung der Technik überaus schwer, in eine neue Stellung, wo man sich wieder in ein anderes Spezialfach einarbeiten muß, hineinzukommen. Glückt es, so muß sich der Ingenieur dort natürlich mit einem geringeren Gehalt begnügen. Aber auch nach der Dauer des Wettbewerbsverbotes ist es ihm in den meisten Fällen nicht mehr möglich, in sein früheres Gebiet zurückzutreten, da ihm die Fühlung mit der Praxis verloren gegangen ist. Jede Konkurrenzklausel, mag sie auch nur ein Jahr dauern, bedeutet für ihn eine dauernde Schädigung. Das sind so oft geschilderte Tatsachen, daß wir uns hier nicht länger damit zu beschäftigen brauchten, wenn es nicht auch dem Kammergericht z. B. völlig unbekannt wäre, daß heute in den Stellenangeboten industrieller Firmen, insbesondere für bessere Posten, nur Spezialisten gesucht werden. Ein Blick in die Fachpresse macht dies auch dem Laien sofort offenkundig.

Darum muß ein Urteil, wie das des Kammergerichts, unseren schärfsten Protest herausfordern. Auf etwas anderes als auf die unnütze Ausschaltung von Arbeitskräften, die der Volkswirtschaft dienen könnten, laufen solche rigorosen Zumutungen nicht hinaus. Das hat auch das Landgericht beinahe richtig erkannt, indem es beanstandete, daß die Bezahlung der Angestellten zu niedrig war, um ihm die Möglichkeit zu gewähren, „eine Zeitlang ohne Anstellung leben zu können".

Wir fordern von unserer Gesetzgebung, daß mit dem Unfug der Konkurrenzklausel endlich aufgeräumt wird. Von unseren Richtern aber erwarten wir, daß sie sich, solange wir noch unter den alten unsozialen Bestimmungen leiden, die Berufsverhältnisse der technischen Angestellten nicht lediglich vom theoretischen Standpunkte aus betrachten, sondern sich auch einmal in die Wirklichkeit etwas hineinvertiefen. So widerspruchsvolle Urteile, wie die des Landgerichts und Kammergerichts, in ziemlich einfach liegenden Dingen können weder das Zutrauen zu unserer Rechtsprechung bei den Angestellten stärken, noch dem Ansehen der von unseren Richtern geübten Spruchpraxis förderlich sein.

Matzdorff.

Ist ein technischer Angestellter verpflichtet, an Sonn- und gesetzlichen Feiertagen Dienst zu tun?

Ein Anhaltspunkt dafür, daß der technische Angestellte nicht verpflichtet ist, dem Verlangen seines Chefs, Sonntags und an gesetzlichen Feiertagen Dienst zu tun, zu entsprechen, gibt die nachfolgende Gerichtsentscheidung, die zweitinstanzlich bestätigt ist.

Der Bauunternehmer A. beschäftigte am Fronleichnamstage einige Stunden des Vormittags auf seinem Bureau Angestellte. Wegen dieser Beschäftigung erhielt der Unternehmer ein Strafmandat. Er erhob Einspruch, der Einspruch wurde jedoch von dem Schöffengericht sowie auch von der Strafkammer als Berufungsinstanz verworfen, obwohl der Unternehmer anführte, es handelte sich nur um eine informatorische Besprechung.

Der Unternehmer wandte ferner ein, die Strafbestimmung beziehe sich nur auf Handelsgewerbe, sein Betrieb sei jedoch kein Handelsgewerbe. Es ist durch Sachverständige festgestellt worden, daß ein Bauunternehmer, selbst wenn er auch eine kaufmännische Beschäftigung für Angestellte habe, nicht als Handelsgewerbe anzusehen ist. Den Betrieb einer Baugesellschaft auf die gleiche Stufe mit einem Fabrikgeschäft zu stellen, sei nicht angängig, weil von dem Unternehmer nicht Waren zwecks Weitervertriebs fabriziert würden.

Ebensowenig wäre es gerechtfertigt, zwischen einer technischen und einer kaufmännischen Abteilung zu unterscheiden, denn es handele sich um einen einzigen Betrieb, bei dem die kaufmännische Tätigkeit lediglich der Ausfluß der gewerblichen sei. Der § 105 b Abs. 2 der GO. und die auf ihn beruhende Ortssatzung über die Sonntagsruhe im Handelsgewerbe könne daher im vorliegenden Falle nicht zur Anwendung kommen. Sonach bleibe nur noch die Frage zu prüfen, ob gegen § 105 b Abs. 1 der GO. verstoßen worden sei. Ob unter Arbeiter im Sinne dieser Bestimmung auch die Betriebsbeamten und Techniker fielen, sei zweifelhaft, könne aber dahingestellt bleiben. Tatsache wäre, daß nach den getroffenen Feststellungen Angestellte der Betonbaugesellschaft Sonntags und Feiertags nur auf dem Bureau beschäftigt werden, nicht aber auch auf Bauhöfen und in Baustellen. Sie seien aber wohl im Betriebe der Betonbaugesellschaft, nicht jedoch bei Bauten beschäftigt worden. Wenn das Gesetz auch die Bureautätigkeit von Angestellten hätte treffen wollen, so wäre das sicherlich durch die Worte „in Baubetrieben" oder in ähnlicher Weise ausgedrückt worden. Indem es im Gegensatz zu den Eingangsworten: „Im Betriebe von . . ." den Wortlaut „bei Bauten" gewählt habe, hätte es sachlich zum Ausdruck bringen wollen, daß nicht jede Beschäftigung eines Angestellten im Baubetriebe untersagt sei.

Das Schöffengericht war der Ansicht, es handele sich zweifellos hier nicht um den Betrieb eines Handelsgewerbes, da ein Bauunternehmer nicht als solcher angesehen werden könne. Nach dem Wortlaut des Gesetzes, welches von Gehilfen usw. im Handelsgewerbe spreche, würde sonach für alle in einem Bauunternehmergeschäft, wie es der Angeklagte betreibe, beschäftigten Personen der § 105 b bezw. das Ortsstatut keine Anwendung finden können. Allein nach dem Geiste des Gesetzes solle die Wohltat der Sonntagsruhe doch allen denjenigen gewährt werden, welche nach der Art ihrer Arbeit und der an sie gestellten beruflichen Anforderungen mit Rücksicht auf ihre soziale Position dieser Wohltat bedürfen. Die gesetzliche Vorschrift müsse daher in dem Sinne ausgelegt werden, daß Personen, welche, wenn sie auch nicht in einem eigentlichen Handelsgewerbe tätig seien, doch nach der Natur ihrer Arbeit denjenigen gleichzustellen wären, die im Handelsgewerbe selbst sich betätigen, wie Buchhalter usw., und daß sie in gleicher Weise den Schutz des Gesetzes genießen müßten, wie solche, die in einem Handelsgewerbe beschäftigt seien. Der Angeschuldigte sei deshalb zu bestrafen. Bei der Strafausmessung sei die Tatsache strafmildernd zu berücksichtigen, daß der Angeschuldigte im guten Glauben gehandelt, so daß die geringe Strafe von 3 M ausreiche. Gegen dieses Urteil legte zuerst F. und dann auch der Amtsanwalt Berufung ein. Die Strafkammer, unter Vorsitz des Landgerichtsdirektors Obenauer, beschäftigte sich erneut mit dieser prinzipiellen Frage. Das Gericht stellte sich ebenfalls auf den Standpunkt des Schöffengerichts und verwarf beide Berufungen. Der Angeklagte hatte auch die Kosten zu tragen.

:: :: :: :: :: :: PATENTRECHT :: :: :: :: :: ::

Hat der Lizenznehmer ein Klagerecht gegen Patentvertreter?

Ein Lizenznehmer strengte gegen einen Fabrikanten eine Klage an, mit der er behauptete, der Beklagte verwende das Patent, für das er, der Kläger, eine Lizenz erworben habe, unbefugt. Er verlangte die Verurteilung des Beklagten dahin, während der Gültigkeitsdauer des fraglichen Patentes keine auf Grund dieses Patentes fabrizierten Gegenstände herzustellen, feil zu halten oder in Verkehr zu bringen.

Der Beklagte wandte ein, der Kläger sei als Lizenznehmer zur Erhebung der Klage gar nich berechtigt, und das Reichsgericht hat diese Anschauung auch gebilligt. Allerdings, so führte der höchste Gerichtshof aus, steht dem Lizenznehmer, wenn ihm die Lizenz als ausschließliche verliehen ist, eine selbständige Befugnis zur Geltendmachung seines Benutzungsrechtes gegen jeden Dritten zu. Diese Voraussetzung ist hier jedoch nicht gegeben; denn außer dem Kläger sind auch der Patentinhaber und noch drei andere Firmen berechtigt, das Patent zu benutzen.

Es fragt sich nun weiter, ob dem Kläger als Inhaber der ihm erteilten gewöhnlichen Lizenz ein selbständiges Klagerecht gegen dritte Patentverletzer zusteht. D a s m u ß v e r n e i n t w e r d e n. Denn würde man den einzelnen Trägern gewöhnlicher Lizenzen die Klagebefugnis einräumen, so würde das zu bedenklichen Folgen führen. Schon daraus, daß der Patentinhaber, der gewöhnliche Lizenzen verleiht, das Recht behält, weitere Lizenzen an andere zu erteilen, ergibt sich, daß auch die Verfolgung von Patentverletzungen in seiner Hand bleiben muß, soll nicht in die zwischen Patentinhabern, Lizenznehmern und dritten Beteiligten bestehenden Rechtsverhältnisse Verwirrung gebracht werden. Mit dem Rechte des Patentinhabers, Lizenzen ausdrücklich oder auch stillschweigend zu vergeben, dabei zu bestimmen, von welchem Zeitpunkte an die Lizenzen als geltend anzusehen sind, und wie lange sie laufen, sind selbständige Ansprüche gewöhnlicher Lizenznehmer gegen Dritte nicht wohl vereinbar. Diese Ansprüche würden im Hinblick auf jenes Recht des Patentinhabers von Anfang an aller sicheren Grundlage entbehren und könnten jederzeit durch Verfügungen als Patentinhaber entkräftet werden. Die Ansicht, daß jeder gewöhnliche Lizenznehmer ein eigenes Klagerecht gegen Patentverletzer ausüben könnte, müßte in der Praxis auch insofern besonderen Schwierigkeiten begegnen, als der Umfang des dem einzelnen Lizenznehmer erwachsenden Schadens nicht sicher abgegrenzt werden könnte. Diese Schwierigkeiten fallen weg mit der Annahme, daß die gegen Patentverletzer zu erhebenden Ansprüche dem Patentinhaber allein zustehen.

Weiter muß man auch erwägen, daß die Patentverletzer nicht in die gewöhnlichen Lizenzrechte eingreifen, sondern in das P a t e n t, und wenn natürlich auch die Erwerbsverhältnisse des gewöhnlichen Lizenznehmers durch derartige Eingriffe beeinflußt werden können, so genügt das doch nicht zur Begründung eines selbständigen Klagerechtes des Lizenznehmers gegen den Patentverletzer. (Reichsger. Rep. I. 66/13.)

:: :: :: VERSICHERUNGSFRAGEN :: :: ::

Die Volksfürsorge Versicherungs-Aktiengesellschaft

Daß das Interesse für die Volksversicherung — die kleine Lebensversicherung — im deutschen Volke zur allgemeinen Erörterung und zu größerem Verständnis kam, ist sicher einer der ersten und wichtigsten Erfolge der Gründung der V o l k s f ü r s o r g e.

Die Volksversicherung wurde in Deutschland seit 1882 von wenigen Privatgesellschaften betrieben und war für diese Gesellschaften, ihre Aktionäre und Aufsichtsräte zu einem sehr lukrativen Geschäft geworden. Die Dividenden für die Aktionäre und die Tantiemen für die Aufsichtsräte stiegen von Jahr zu Jahr, so daß z. B. die einzige Gesellschaft „Victoria" in den acht Jahren 1904—1911 an ihren Vorstand und Aufsichtsrat an Dividenden und Tantiemen den Betrag von 14 653 651 M auszahlen konnte. Diese Erträgnisse waren keineswegs lediglich die Folge besonders kluger Geschäftsführung oder billiger Verwaltung, sondern es waren zuviel bezahlte Prämien der Versicherten, soweit es nicht vergütungslos verfallene Prämien derselben waren. Die Verwaltungskosten der Privatgesellschaften waren, weil die ganze Werbung neuer Versicherungen und die Einkassierung der Prämien durch besonders bezahlte Akquisiteure erfolgen mußte, außerordentlich hoch. Alle Versicherungen, für die im Laufe der ersten drei Jahre der Versicherte nicht regelmäßig seine Prämien weiter bezahlen konnte, verfielen vergütungslos. So sind im Jahre 1912 von 656 901 abgeschlossenen Versicherungen 330 599 Versicherungen v e r g ü t u n g s l o s v e r f a l l e n und die dafür bezahlten Prämien den Versicherten zu Gunsten der Versicherer und ihres teueren Akquisitionsapparates verloren gegangen.

Diese empfindlichen finanziellen Schädigungen weiter Kreise des deutschen Volkes wurden als eine soziale Ungerechtigkeit sowohl von Fachleuten als Laien empfunden und schon im Jahre 1905 wurde auf dem Gewerkschaftskongreß in Köln die Anregung gegeben, daß „der nächste Kongreß, eventuell unter Bestellung eines sachvershtändigen Referenten, sich mit der von großen kapitalistischen Versicherungs-Aktiengesellschaften in oft skrupelloser Weise betriebenen sogenannten Volksversicherung beschäftigen möge, die der erdrückenden Mehrheit der zum größten Teil der Arbeiterschaft angehörenden Versicherten sehr zum Schaden gereicht."

Durch diese Anregung war der Leitung der deutschen Gewerkschaften die Lösung einer neuen und wichtigen Aufgabe gestellt worden. Auch in den Kreisen der Konsumvereine erfolgten immer wieder Anregungen auf diesem Gebiete. Ununterbrochene Prüfungen und Erwägungen haben in den beteiligten Kreisen die Ueberzeugung gezeitigt, daß diese große Aufgabe gemeinsam von diesen beiden großen Organisationen in Angriff genommen werden sollte. Die beiden leitenden Instanzen, Generalkommission der Gewerkschaften und der Vorstand des Zentralverbandes deutscher Konsumvereine, traten zu zahlreichen gemeinsamen Verhandlungen zusammen und förderten die Grundlagen so, daß der achte ordentliche Genossenschaftstag am 21. Juni 1911 in Leipzig und der achte Gewerkschaftskongreß am 26. Juni 1911 entscheidende Beschlüsse fassen konnten, mit welchen sie ihre Vorstände beauftragten, die Gründung einer Volksversicherungsgesellschaft mit dem Namen „Volksfürsorge" als gewerkschaftlich-genossenschaftliche Versicherungsaktiengesellschaft ins Leben zu rufen. Während des Jahres 1912 wurden die schwierigen und schwerwiegenden Vorarbeiten derart gefördert, daß die beiderseitigen Generalversammlungen die Errichtung der Volksfürsorge genehmigten und die Bereitwilligkeit aussprachen, je 500 000 M als Gründungskapital und je 100 000 M zur Bildung eines Organisationsfonds zu bewilligen. Am 16. Dezember 1912 erfolgte die definitive Gründung der Gesellschaft durch die Vertreter der deutschen Gewerkschaften und der deutschen Genossenschaften, die am 6. Mai 1913 die Genehmigung durch das Kaiserliche Aufsichtsamt für Privatversicherung erhielt und am 22. Mai 1913 in das Handelsregister zu Hamburg eingetragen wurde.

In bemerkenswert kurzer Zeit bildeten sich in allen Teilen des Reiches paritätisch aus Mitgliedern der Genossenschaften und Gewerkschaftskartellen zusammengesetzte Verwaltungskommissionen, denen von ihren Organisationen Mittel zur Verfügung gestellt wurden zur Gründung des Unterbaues der örtlichen Rechnungsstelle. Für jede dieser Stellen wurde ein Rechnungsführer bestellt, dem eine genügend große Zahl Vertrauensleute aus den Organisationen zur Seite gestellt wurden, die nun die Agitations- und Werbearbeit aufnahmen. Zur Leitung der Gesellschaft im Hauptvorstand wurden der frühere technische Leiter der Zigarrenfabriken der Großeinkaufsgenossenschaft, Adolf von Elm, und der Arbeitersekretär Friedrich Lesche berufen. Das Aktienkapital wird nur mit 4% verzinst. Eine Gewinnbeteiligung der Aktionäre, des Aufsichtsrats und der Vorstandsmitglieder findet nicht statt. Der ganze Gewinn aus dem Unternehmen fließt unverkürzt den Versicherten zu. Der wichtigste Grundsatz der Volksfürsorge ist, dem Verfall von Versicherungen möglichst vorzubeugen; es sollen den Versicherten die eingezahlten Prämien nicht mehr verloren gehen. Ist ein Versicherter absolut nicht imstande, seine Kapitalversicherung durch Zahlung regelmäßiger Prämien aufrecht zu erhalten, so tritt, wenn die Versicherung schon ein Jahr bestanden hat, und die Prämien für diesen Zeitpunkt bezahlt sind, Umwandlung in eine prämienfreie Versicherung ein. Ist noch kein volles Jahr Prämien bezahlt, dann werden die eingezahlten Prämien als einmalige Prämie auf die Sparversicherung übertragen. Die erzielten Gewinne werden den Versicherten gutgeschrieben und mit 3½% Zins und Zinseszins beim Tode oder beim Ablauf der Versicherung ausbezahlt. Die Volksfürsorge untersteht dem Aufsichtsamt für Privatversicherung und ist in allen Dingen an die gesetzlichen Bestimmungen gebunden. Die Höhe der Versicherungssumme ist auf 1500 M begrenzt. Aerztliche Untersuchung findet bei der Aufnahme nicht statt. Das Geschäftsgebiet der Gesellschaft ist das Deutsche Reich.

Die Volksfürsorge pflegt alle Arten der kleinen Lebensversicherung: Versicherung einer bestimmten Summe auf den Todesfall, solche auf den Todes- und Erlebensfall, d. h. das bestimmte Kapital wird beim Tode oder in einem bestimmten Alter voll ausbezahlt; Kinderversicherung, Militär- und Aussteuerversicherung, Spar- und Risikoversicherung. Die Werbung neuer Versicherten und den Einzug der Prämiengelder besorgen die Vertrauensleute der Konsumvereine und der Gewerkschaften gegen eine geringe Zeitentschädigung.

Diese Reform hat sowohl bei den privaten Versicherungsgesellschaften, die sich durch die neue Konkurrenz in ihrem Geschäft und in ihrem Profit bedroht sahen, wie bei den Gegnern jeder Selbsthilfe der Arbeiterorganisationen große Mißbilligung erzeugt, und sie veranlaßt, durch neue Gründungen das Tätigkeitsgebiet der Volksfürsorge möglichst zu beschränken. Dreißig private Gesellschaften verbündeten sich mit den Führern der gewerkschaftlichen und genossenschaftlichen Gegenorganisationen zur Gründung der „Deutschen Volksversicherung A.-G." in Berlin. Auf der anderen Seite organisierte der Leiter der agrarischen öffentlich-rechtlichen Lebensversicherungsanstalten in Preußen ebenfalls die Volksversicherung. Beide eröffneten mit Unterstützung der Behörden zunächst einen heftigen Kampf gegen die Volksfürsorge, der sie dadurch besonders zu schaden glaubten, daß sie sie als eine sozialdemokratische Gründung hinstellten und mit allen Mitteln die öffentliche Meinung gegen sie zu beeinflussen suchten. Aber alles war vergebens. Die Reform war im Gange. Trotz der Bekämpfung durch die gemeinsamen Gegner wurden seit Eröffnung des Betriebes der Volksfürsorge am 6. Juli 1913 bis Ende März 1914 116 788 Versicherungen mit einer Kapitalversicherungssumme von 21 245 143 M und einer Risikoversicherungssumme von 734 698 M erledigt. Der demnächst zu erstattende Geschäftsbericht für die Zeit bis Ende Dezember 1913 wird aufs neue Zeugnis ablegen von der sozialen Arbeit der deutschen Gewerkschaften und Genossenschaften, die dem Grundsatz Geltung verschafft haben: Die Volksversicherung nur im Interesse der Versicherten!

⁞⁞ ⁞⁞ ⁞⁞ ⁞⁞ ⁞⁞ VERSCHIEDENES ⁞⁞ ⁞⁞ ⁞⁞ ⁞⁞ ⁞⁞

Vorsicht bei Verträgen mit Abzahlungsgeschäften

Wenn auch durch Reichsgesetz Bestimmungen getroffen sind, die den Abzahlungsgeschäften strenge Vorschriften geben, und die den Käufer vor Handlungen gegen die guten Sitten schützen, ist doch dringend zu raten, die zur Unterschrift vorgelegten Verträge genau durchzulesen und zu prüfen. Es finden sich oftmals Klauseln in den Verträgen, die für den Käufer von unangenehmer Wirkung sein können und schließlich seinen wirtschaftlichen Untergang mehr oder weniger zur Folge haben. Insbesondere werden Klauseln eingeschaltet, die die Folgen der unpünktlichen Ratenzahlung, wozu jeder Käufer einmal kommen kann, erheblich verschärfen, wie nachstehender Fall zeigt:

Im § 4 Absatz 2 des Reichsgesetzes vom 16. Mai 1894 ist bestimmt:

„Die Abrede, daß die Nichterfüllung der dem Käufer obliegenden Verpflichtungen die Fälligkeit der Restschuld zur Folge haben solle, kann rechtsgültig nur für den Fall getroffen werden, daß der Käufer mit mindestens zwei aufeinander folgenden Teilzahlungen ganz oder teilweise im Verzug ist, und der Betrag, mit dessen Zahlung er im Verzug ist, mindestens dem zehnten Teile des Kaufpreises der übergebenen Sache gleichkommt."

Das Reichsgericht hatte folgendes zu entscheiden:

Durch Bestellschein kaufte jemand eine Lokomobile für 5280 Mark. Der Kaufpreis sollte bezahlt werden in der Weise, daß bei Empfang der Lokomobile, sodann am 1. Juli, 1. Oktober, ferner am 1. Januar und so fort an jedem Vierteljahrs-Ersten je 250 M gezahlt werden sollten, bis der ganze Kaufpreis, der mit 5% zu verzinsen, getilgt war. Die Verkäufer der Lokomobile sollten berechtigt sein, den ganzen, noch nicht bezahlten Kaufpreis ohne Inverzugsetzung zu verlangen, wenn zwei aufeinander folgende Teilzahlungen ganz oder teilweise nicht bezahlt würden. In dem Bestellschein stand ferner:

„Mündliche Vereinbarungen, welche das vorliegende Geschäft betreffen und nicht in diesem Schreiben ausdrücklich niedergeschrieben sind, haben keine Gültigkeit."

Die Verkäufer behaupteten, der ganze Restkaufpreis von noch 4625,90 M nebst Zinsen sei fällig geworden, weil der Käufer mit 50 M von der auf den 1. Oktober verfallenen Rate und mit der ganzen Januar-Rate im Rückstand geblieben sei. Sie verklagten deshalb den Käufer. Sowohl das Oberlandgericht in Karlsruhe, wie das Reichsgericht haben den beklagten Käufer verurteilt.

Das Reichsgericht führt aus, daß der Wortlaut des oben angeführten § 4 Abs. 2 Abz. G allerdings für die Auffassung des Beklagten sprechen, nach der die Verfallklausel rechtsgültig nur für den Fall getroffen werden könne, daß der Käufer mit mindestens zwei aufeinander folgenden Teilzahlungen im Verzuge sei, und der rückständige Betrag mindestens dem zehnten Teile des Kaufpreises gleichkomme, während in dem vorliegenden Falle die Verfallklausel von den Parteien ohne alle Rücksicht auf die Höhe des rückständigen Betrages vereinbart und deshalb ungültig sei.

Nach Ansicht des Reichsgerichts sprechen aber Grund und Zweck des Gesetzes gegen die Auffassung des Beklagten. Nach richtiger Ansicht enthält der § 4 Abs. 2 a. a. O. nicht eine Strafvorschrift zum Nachteil desjenigen Verkäufers, welcher die Fälligkeit der Restschuld in weiteren als in dem gesetzlich zulässigen Maße sich ausbedingt. Vielmehr bezweckt der § 4 Abs. 2 a. a. O. nur den Schutz des Käufers gegen übermäßige

Härte der Kaufbedingungen. Es liegt kein Grund vor, die Ungültigkeit der Vereinbarung weiter auszudehnen, als es zur Erreichung dieses Zweckes notwendig erscheint. Der Absicht des Gesetzes und dem regelmäßigen Willen der Vertragschließenden entspricht die Auslegung, daß die Vereinbarung nur insoweit, als sie die gesetzlichen Grenzen überschreitet, ungültig, dagegen mit der Beschränkung auf den gesetzlich zulässigen Inhalt rechtswirksam ist. Ein Käufer, der darin willigt, daß die ganze Restschuld fällig werden soll, wenn er mit mindestens zwei aufeinander folgenden Teilzahlungen in Verzug kommt, selbst wenn der rückständige Betrag noch so geringfügig ist, übernimmt in der weitergehenden Verbindlichkeit stillschweigend auch die beschränktere Verpflichtung zur sofortigen Zahlung der Restschuld für den Fall, daß er mit mindestens zwei aufeinander folgenden Teilzahlungen ganz oder teilweise in Verzug gerät, und der rückständige Betrag mindestens dem zehnten Teile des Kaufpreises der übergebenen Sache gleichkommt.

Das Reichsgericht meint, daß mit dieser Auffassung auch dem Interesse des Verkäufers am meisten gedient sei. Seiner Entscheidung stehe auch der Grundsatz des § 134 des Bürgerl. Gesetzbuches nicht entgegen, wonach ein Rechtsgeschäft, das gegen ein gesetzliches Verbot verstößt, nichtig ist, wenn sich nicht aus dem Gesetz etwas anderes ergibt. Denn, wie das Reichsgericht sagt, ergibt sich aus dem gesetzgeberischen Grunde des § 4 Abs. 2 a. a. O., daß die Ungültigkeit der Abrede nur in beschränktem Umfange gewollt ist, und die abweichende Bestimmung, die der § 134 B. G. B. vorsieht, braucht im Verbotsgesetze nicht ausdrücklich ausgesprochen zu sein, sondern kann auch im Wege der Auslegung aus ihm entnommen werden.

Die Folge solcher oberflächlich abgeschlossenen Abzahlungsverträge ist, daß der Käufer neben dem Verlust der gekauften Gegenstände auch noch den Verlust der gezahlten Raten erleidet, ja oft sogar noch einen erheblichen Betrag für angebliche Abnutzung dazu zahlen muß. Die erheblichen Kosten der Rechtsverfolgung die der Käufer zu tragen hat, sind gleichfalls zu berücksichtigen.

Eine weitere erhebliche Schädigung des Käufers liegt auch noch in der Festsetzung des Kaufpreises. Dieser ist bei Abzahlungsverträgen e i n w e i t h ö h e r e r als bei einem Kauf gegen Kasse. Erlangt nun der Verkäufer die Handhabe, den ganzen restierenden Kaufpreis einzuziehen, so ist es für den Käufer so, daß er gezwungen wird, den für ein Abzahlungsgeschäft vorgesehenen erhöhten Kaufpreis sofort ebenfalls gegen Kasse zu zahlen, wenn er nicht die gekauften Gegenstände mit den bereits geleisteten Teilzahlungen verlieren will.

Es kann nicht oft genug davor gewarnt werden, Abzahlungsverträge abzuschließen.

*

Vergütung von Bauprojektarbeiten

Bei Werkverträgen gilt eine Vergütung für den Unternehmer vereinbart, wenn nicht ausnahmsweise nach den Umständen des Falles eine Vergütung vom Besteller nicht zu erwarten war. Gegenstand des Werkvertrages kann sowohl die Herstellung oder Veränderung einer Sache, als ein anderer durch Arbeit oder Dienstleistung herbeizuführender Erfolg, also ein Arbeitsergebnis, sein. Ob es sich dabei um ein Erzeugnis körperlicher oder geistiger Arbeit handelt, ist gleichgültig. Die Aufschüttung eines Grabens ist ebensowohl Gegenstand eines Werkvertrages wie die Aufführung eines Musikwerkes. Hierher gehört auch die Lieferung eines Bauprojektes, in der, im nachstehenden Falle, das Reichsgericht nicht lediglich ein einseitiges Vertragsangebot der betreffenden Baufirma sah, sondern einen selbständigen Werkvertrag erblickte.

Eine erste Berliner Baufirma hatte Ende 1909 dem Hotelbesitzer N. in Hannover für den von ihm beabsichtigten Um- und Neubau eines ihm gehörigen Gasthofes ein Bauprojekt mit Zeichnungen und Kostenanschlägen geliefert. Nachdem dieser die Ausführung des Baues dem Architekten K. übertragen hatte, forderte die Baufirma Zahlung der üblichen Vergütung für die geleisteten Arbeiten, die jedenfalls schon deshalb zu bezahlen seien, weil es sich um Arbeiten handele, deren Herstellung den Umständen nach nur gegen eine Vergütung zu erwarten gewesen sei; auch seien die Arbeiten tatsächlich bei der Bauausführung benutzt worden. Unter Bestreiten dieses Vorbringens sind der beklagte Hotelbesitzer und der ihm als Nebenintervenient beigetretene Architekt dem Klageanspruch entgegengetreten mit der Behauptung, daß die Klägerin das Bauprojekt auf ihre eigene Rechnung und Gefahr zum Zwecke eines Vertragsangebots hergestellt habe. Nach stattgehabter Beweisaufnahme hat das L a n d g e r i c h t unter teilweiser Abweisung der Klage den Beklagten zur Zahlung von 11 885 M nebst 4% Zinsen verurteilt.

Die Berufung gegen dieses Urteil wurde vom O b e r l a n d e s g e r i c h t C e l l e zurückgewiesen. Auch die Revision beim R e i c h s g e r i c h t blieb ohne Erfolg. Der 7. Zivilsenat des Reichsgerichts führte aus: Der Berufungsrichter hat in Uebereinstimmung mit dem Landgericht den Anspruch der Klägerin auf Gewährung der üblichen Vergütung für das dem Beklagten gelieferte Bauprojekt nach den Grundsätzen über den Werkvertrag für begründet erachtet. Er hat nun unter eingehender Begründung und unter Berücksichtigung der Umstände des Falles tatsächlich festgestellt, daß die Klägerin „die nach Umfang und Wert weit über den Rahmen eines Angebots hinausgehenden Arbeiten“ zwar nach Erbieten ihrerseits, aber nach Erklärung des Einverständnisses seitens des Beklagten hergestellt hat und zwar nicht etwa als Mittel der Bewerbung um die Uebertragung des Werkes, sondern um dem Beklagten ein ungefähres Bild über die Art und die Kosten der Ausführung zu geben, damit e r i m s t a n d e s e i n s o l l t e, m i t K o n k u r r e n z f i r m e n i n V e r h a n d l u n g zu treten. Der Berufungsrichter hat aber auch weiter als erwiesen angesehen, daß die von der Klägerin gelieferten Arbeiten tatsächlich seit des Beklagten nicht nur in dieser Richtung benutzt sind, sondern auch bei Einholung der baupolizeilichen Genehmigung sowie bei der Ausführung des Baues selbst. Diese ohne erkennbaren Rechtsirrtum getroffenen Feststellungen rechtfertigen den vom Berufungsrichter gezogenen Schluß, daß die Klägerin im Einverständnis und auf Bestellung des Beklagten ein Werk geliefert hat, dessen Herstellung den Umständen nach nur gegen Vergütung zu erwarten war, und daß somit ein selbständiger Werkvertrag im Sinne des Gesetzes zustande gekommen ist. Dem Gesetze entspricht insbesondere auch die Annahme des Berufungsrichters, daß es darauf nicht ankommt, ob der Beklagte seinerseits den inneren Willen hatte, sich zur Bezahlung einer Vergütung nicht zu verpflichten, daß vielmehr die objektive Tatsache, daß eine Arbeit im Einverständnis mit dem Beklagten geliefert ist, kraft des Gesetzes ausreicht, um bis zum Nachweis eines übereinstimmenden gegenteiligen Parteiwillens die Entgeltlichkeit als von beiden Teilen gewollt anzusehen. Die Revision war daher zurückzuweisen. (Urteil des Reichsgerichts vom 16. Januar 1914.)

BRIEFKASTEN

K. Sch. in B. „Da ich in meiner Stellung erkrankt bin, hätte ich gern um Auskunft gebeten, ob mir vom Tage der Erkrankung ab noch irgendwelche Gehaltsansprüche zustehen.“

Nach § 616 B. G. B. wird der zur Dienstleistung Verpflichtete seines Anspruches auf die Vergütung nicht dadurch verlustig, daß er für eine verhältnismäßig nicht erhebliche Zeit durch einen in seiner Person liegenden Grund ohne sein Verschulden an der Dienstleistung verhindert ist. Zu solchen unverschuldeten Verhinderungen gehört auch Krankheit. Es muß Ihnen also während Ihrer Krankheit Ihr Gehalt bezahlt werden und zwar für eine Dauer von sechs Wochen. Jedoch müssen Sie sich den Betrag abziehen lassen, den Sie für die Zeit Ihrer Verhinderung aus gesetzlicher Zugehörigkeit zu einer Krankenkasse oder Unfallversicherung erhalten. Im übrigen aber ist der Arbeitgeber bei längerer oder andauernder Krankheit berechtigt, das Dienstverhältnis ohne Einhaltung einer Kündigungsfrist zu lösen. Durch die Ausübung dieses Rechtes wird aber Ihr Anspruch auf Fortzahlung des Gehaltes nicht berührt.

Sch. in T. Ich bin seit einiger Zeit in einem hiesigen Baugeschäft als Bauführer tätig und habe einen Vertrag auf eine Mindestbeschäftigungsdauer von 5 Jahren. Mir ist die Vertretung des Chefs in dessen Abwesenheit übertragen. Trotzdem übt die Frau meines Chefs diese Funktion aus. Kann ich, da auch noch andere Gründe vorliegen, das Dienstverhältnis vor Ablauf der 5 Jahre aufgeben? Wie lange muß ich ev. vorher kündigen?

Nach Ihrer Darstellung haben Sie einen Dienstvertrag abgeschlossen, nach dem Sie sich auf 5 Jahre verpflichtet haben. Dieser Vertrag ist zulässig und bewegt sich im Rahmen der gesetzlichen Bestimmungen. (§ 624 B. G. B.) Danach kann eine Höchstdauer überhaupt nur auf 5 Jahre festgesetzt werden. Sie sind nicht berechtigt, ohne wichtigen Grund das Dienstverhältnis vor Ablauf dieser Zeit zu lösen. Als wichtiger Grund käme für Sie nun ein solcher nach § 133d der RGO., § 626 BGB. in Frage. Der Umstand, daß Sie bisher noch nicht mit der Vertretung des Chefs vertraut worden sind, und daß die Frau diese Funktion ausübt, obwohl Ihnen gleichfalls eine solche Funktion übertragen werden soll, ist kein Grund, der Sie zur fristlosen Auflösung des Dienstvertrags berechtigt. Wenn Sie trotzdem vor Ablauf der Vertragszeit die Stellung verlassen, so kann Ihr Chef die Erfüllung des Vertrages verlangen, eventl. auch Schadenersatz beanspruchen. Inwieweit letzterer bemessen werden kann, und inwieweit es Ihrem Chef gelingt, den Schaden nachzuweisen, ist in einem etwaigen Prozesse erst zu entscheiden.

Wenn in dem Vertrage eine besondere Kündigungsklausel nicht enthalten ist, so endigt Ihr Dienstverhältnis ohne voraufgegangene Kündigung nach Ablauf der 5 Jahre.

DEUTSCHE TECHNIKER-ZEITUNG

HERAUSGEGEBEN VOM DEUTSCHEN TECHNIKER-VERBANDE

Schriftleitung:
Dr. Hoefle, Verbandsdirektor. Erich Händeler, verantwortlicher Schriftleiter.

XXXI. Jahrg. 23. Mai 1914 Heft 21

22. ordentlicher Verbandstag des D.T.-V.

am 30. und 31. Mai und 1. Juni 1914 in Metz

TAGESORDNUNG:

I. Jahresbericht.
II. Rechenſchaftsbericht.
III. Bericht der Kaſſenprüfer und Entlaſtung.
IV. Referate über folgende Fragen:
1. Die Baukontrolleurfrage, Referent: Baurat Steinberger, Darmſtadt.
2. Einheitliches Angeſtellten- u. Beamtenrecht, Referent: Verbandsdirektor Dr. Höfle, Berlin.
3. Techniker- und Fortbildungsſchullehrer, Referent: Fortbildungsſchullehrer K. Heuſer, Mülheim-Rhein.
4. Die Frau im techniſchen Beruf, Referent: Ingenieur A. Lenz, Berlin.
5. Der alternde Techniker, Referent: Architekt A. Kroebel, Berlin.
6. Maximalarbeitszeit u. Mindeſtlohn, Referent: Architekt H. Kaufmann, Berlin.
7. Parteipolitiſche Neutralität, Referent: Chefredakteur E. Händeler, Berlin.
8. Das Koalitionsrecht, Referent: Ingenieur E. Luſtig, Bromberg.
V. Anträge.
VI. Koſtenanſchlag.
VII. Wahlen.

Vor Beginn des Verbandstages findet gemäß § 51 der Gruppentag ſtatt.

Wir verweiſen noch beſonders auf folgenden Beſchluß des Geſamtvorſtandes in ſeiner Sitzung vom 1. März 1914: »Bis vier Wochen vor dem Verbandstage müſſen alle Verwaltungsſtellen die fälligen Abrechnungen eingeſandt und die entſprechenden Zahlungen an die Hauptgeſchäftsſtelle abgeführt haben. Andernfalls kann der Geſamtvorſtand der betreffenden Bezirksverwaltung das Stimmrecht, auch das Vertretungsrecht teilweiſe oder ganz entziehen«.

Der Geſchäftsführende Vorſtand.
gez. Paul Reifland, Vorſitzender.

Willkommen in Metz!

Von E. MÜHLENKAMP, Metz.

Rühmt mir nur alle Städte
Im weiten deutschen Reich,
Dich soll mir keiner schelten,
Es kommt, und das muß gelten,
Dir, Metz, kein' and're gleich!

Nur wenige Tage trennen uns noch von der diesjährigen, der XXII. ordentlichen, Tagung des Deutschen Techniker-Verbandes. Diesesmal ist es die Stadt Metz, die ihren Gästen den ersten Gruß an einer Stätte entbieten darf, die die beredte Sprache eines neuen Lebens spricht.

Ein glücklicher Zufall hat es gewollt, daß die Tagung des Deutschen Techniker-Verbandes in einer Stadt stattfindet, auf deren Gelände neue gewaltige Bauwerke entstanden sind. Der Umschwung in der Bebauung der Stadt Metz vor nunmehr 15 Jahren kam dadurch zustande, daß der Kaiser mit Erlaß vom 9. Februar 1899 die Auflassung der inneren Befestigung befahl und damit auch dieser Stadt die Freiheit der Ausdehnung innerhalb ihres doppelten Fortgürtels gab.

Möge auch unser Verband in ähnlicher Weise sich weiter entwickeln, wie die Entwickelung der diesjährigen Kongreßstadt Metz Fortschritte machte.

Nicht ein prunkvolles Fest wollen wir feiern, nein, der Würde unseres ernsten Tuns entsprechend, wollen die elsaß-lothringischen Kollegen ihren Freunden und Berufskollegen von „jenseits des Rheins" während ihres Aufenthaltes in Elsaß-Lothringen angenehme Stunden bereiten.

Ein langgehegter Wunsch der Metzer Mitglieder des D. T.-V. ist mit der Verlegung des Verbandstages nach Metz in Erfüllung gegangen. Viele unserer Kollegen haben unser schönes Land mit all seinen Reizen während ihrer Militärzeit kennen gelernt; aber wenigen wird es möglich gewesen sein, den gesunden Sinn unseres Volkes, den mächtigen wirtschaftlichen Aufschwung des Landes und die innige Liebe der Bevölkerung zu ihrer Heimat richtig zu verstehen.

Deshalb begrüßen wir es, daß deutsche Techniker es sind, die dazu beitragen wollen, von all dem Wertvollen und Schönen, von der bedeutenden kulturellen und wirtschaftlichen Entwicklung Elsaß-Lothringens im deutschen Reiche zu verkünden.

Unser Gruß soll sich an alle richten, die kommen wollen, Elsaß-Lothringen und seine Bevölkerung kennen zu lernen, die sich im Verkehr mit dem Alt-Elsaß-Lothringer davon überzeugen wollen, daß er häufig falsch beurteilt wird. Wohl kein Land und auch wenige Städte haben eine Entwicklung durchgemacht, wie Elsaß-Lothringen und dessen Hauptstädte Metz und Straßburg. Dort, wo früher der Landmann seinen Acker bestellte, reiht sich ein Hochofenwerk an das andere. Und dort, wo in Metz die Reste eines alten römischen Amphitheaters vergraben liegen — die 1903 noch einmal das Licht der Sonne schauten —, erhebt sich der Metzer Hauptbahnhof. Hier dräuten noch vor wenig mehr als einem Jahrzehnt die mächtigen Erdwerke, Mauerwälle und Festungsgräben, die eine jüngere Zeit an die Stelle der älteren uralten Stadtbefestigungen gesetzt hatte.

Eine prächtige Neustadt ist erstanden, deren Hauptzierde eine ganze Anzahl von Monumentalbauten des Reichs, des Landes und der Stadt bilden. Aber nicht allein die Neustadt erstand, sondern es ging Hand in Hand damit die Umgestaltung und Sanierung der Altstadt vor sich.

Wo früher der sog. alte Gerbegraben (Seille) die Häuserreihen durchzog, ist eine neue, breite Verkehrsstraße erstanden.

Das alte Metz ist eine schöne Stadt geworden, die den Vergleich mit anderen modernisierten deutschen Städten gleicher Größe nicht mehr zu scheuen hat.

Den Fremden empfängt ein Bahnhof, wie er jeder Großstadt zur Zierde gereichen würde.

In den Jahren 1905 bis 1908 mit einem Kostenaufwande von 8 Millionen Mark errichtet, gehört er zu den kraftvollsten Bauschöpfungen unserer Zeit.

An der Stelle des verschwundenen St. Theobaldstores beginnt der mit wohlgepflegten Blumenanlagen und Promenadenwegen versehene Boulevard, der Kaiser-Wilhelm-Ring.

Hier erhebt sich der imposante Eckbau des Gewerbehauses und vor diesem das Reiterstandbild Kaiser Friedrichs III. von Dorrenbach. Gegenüber das Gebäude der Reichsbank und der ziemlich in seinem Urzustande erhaltene Rest der mittelalterlichen Ringmauer, der sog. Camoufle-Turm.

Wo man sich noch vor einem Jahrzehnt durch ein krummes enges Walltor zwängte, das frühere Ranertor, heute Prinz Friedrich Karl-Tor genannt, vermittelt jetzt ein breiter freier Durchgang den Eintritt in die Altstadt.

Ein Stück jenes Walltores hat man als Wahrzeichen der alten Stadtgrenze stehen lassen.

Einen herrlichen Blick in das Moseltal bietet das Generalkommando, in welchem der Kaiser sein ständiges Absteigequartier hat.

Auf die Esplanade mit ihren prächtigen Gartenanlagen und ihrer entzückenden Fernsicht hat Metz ein Recht, stolz zu sein. Hier erhebt sich mit dem Blick nach dem St. Quentin das Kaiser-Wilhelm-Denkmal, geschaffen von Professor Ferdinand v. Miller jun.

Denkt man sich das Gesamtbild, wie es sich von der Esplanade aus bietet, an Sommerabenden von Ruderbooten und dem flaggengeschmückten Lustdampfer belebt, so wird man zugeben müssen, daß Metz seiner Mosel eine Naturschönheit dankt, wie man sie selten findet, und in großen Festungen wohl niemals suchen würde.

Ein interessantes Bild bietet sich von der Wachtstraße nach der Mittelbrücke zu. Zur Linken sich an die Pulverinsel anlehnend, rauscht das Jungfernwehr.

Die Belle-Isle-Straße verewigt den Namen eines Statthalters, der in der Mitte des vorigen Jahrhunderts durch Straßenanlagen und Neubauten im Stile der französischen Spätrenaissance dem alten Metz ein neues Gepräge gab. Unter seinem Gouvernement wurden ausgeführt oder doch entworfen 1738 das Stadttheater, 1766 das Stadthaus, 1776 der Justizpalast usw.

Majestätisch erhebt sich auf dem Paradeplatz, zwischen Domsteig und Kammerplatz, der Bau der Kathedrale, der um 1250 begann, aber erst im Jahre 1546 nach erfolgter Fertigstellung eingeweiht wurde. Das Marienportal wurde 1884 neu gebaut, auf der Westseite aber mit Aufwand einiger Millionen ein gotisches Hauptportal geschaffen.

Eine der interessantesten Sehenswürdigkeiten der Stadt ist das deutsche Tor, eine vollständige Torburg mit Binnenhof, die in ihrer älteren Architektur aus dem XIII. Jahrhundert stammt, später aber viele Umbauten erfuhr.

Unter Burg und Tor rauscht die Seille. Das deutsche Tor hat heute seine eigentliche Rolle ausgespielt, dafür aber die Bestimmung erhalten, eine aus den Beständen des Museums und Neuerwerbungen zusammengesetzte Sammlung aufzunehmen, die zum Torbau stimmt.

Vom deutschen Tor schließt sich ein eleganter Ring, die Paixhansstraßen, um den äußeren Gürtel der Stadt. Eine Tunnelstraße von hier führt zu dem lieblichen Villenstadtteil Plantières-Queleu.

In wohltuender Stille liegt die Stadt Metz mit ihren Stadtteilen Sablon Devant les Ponts und Plantières-Queleu zwischen dem Außengürtel der die Stadt umschließenden Bergketten und mächtigen Forts.

Eingeschlossen von diesem Außengürtel werden noch Vororte wie Montigny, Ban St. Martin, wo Bazaine 1870 während der Einschließung sein Hauptquartier aufgeschlagen hatte, das langgestreckte Longeville usw. Bollwerk an Bollwerk reiht sich aneinander an. Die regelmäßig geformten Kuppen des Mont St. Blaise verraten, daß auch sie Bollwerken haben Platz bieten müssen. Die Forts Prinz Friedrich Karl, Manstein Graf Häseler, Steinmetz, Kaiserin Zastrow, Württemberg, Lothringen, Prinz Luitpold usw. schützen ein Gesamtgebiet von etwa $16\frac{1}{2}$ qkm und eine Bevölkerung von annähernd 100000 Seelen in einem Kreise von 8 bis 12 km Radius.

Als stärkste Garnison, wozu etwa 17 Regimenter zählen, bietet Metz ein recht farbenreiches Bild, da preußische, bayrische und sächsische Truppen zu der Besatzung gehören. Von dieser großen Garnison und dem eigenartigen Charakter, den sie der Stadt gibt, wird der Besucher allerdings verhältnismäßig wenig wahrnehmen, da ein bedeutender Teil der Besatzung auf den weit vorgeschobenen Forts liegt, andere Truppenteile ihre Kasernen in zu entfernten Vororten haben, um durch ihre Uniform das Straßenbild der inneren Stadt wesentlich beeinflussen zu können.

Unsere Verbandstagsgäste werden im „neuen Metz" eine Stadt kennen lernen, die, umgeben von so vielen Naturschönheiten, sich mit anderen Städten, zu denen der Fremdenzuzug größer ist, vergleichen kann, ja sie in vielen Fällen übertrifft.

Einen besonderen Reiz zum Besuch unserer lieben Stadt Metz bieten die Schlachtfelder von Gravelotte—Vionville—Mars la Tour, St. Privat, Noisseville—Combey usw.

Einen erhebenden Eindruck gewinnt man beim Durchschreiten der Gefilde um Gravelotte—St. Privat usw., wo sich zwischen den kleinen weißen Kreuzen die Denkmäler der Regimenter erheben, die als Zeugen von dem heißen Ringen zweier Völker verkünden sollen.

Man vermag sich diesen Eindruck nicht vorzustellen, wenn man nicht selbst die blutgetränkten Gefilde um Metz herum durchschritten hat.

Unsere **Festschrift**, die wir zum Verbandstage herausgeben, wird in einem besonderen Abschnitt unseren Kollegen von Metz und seiner Umgebung erzählen. Sie wird eine reiche Quelle der Belehrung und Freude sein. Mag sie für diejenigen, denen es nicht möglich ist, zu uns zu kommen, Ersatz bieten für das, von dem sich unsere Verbandstagsteilnehmer persönlich überzeugen konnten.

Bürgerschaft und die Kollegen in Metz freuen sich, an der Verwirklichung eines langgehegten Wunsches mithelfen zu können. In den Tagen des Pfingstfestes soll nun dieser Wunsch in Erfüllung gehen.

Wir wollen allen denen, die zu uns kommen, nach den anstrengenden Beratungen angenehme Stunden bereiten, damit alle Teilnehmer befriedigt in die Heimat zurückkehren werden.

Mögen Viele unserer Einladung Folge leisten, der altehrwürdigen und doch so jugendkräftig aufblühenden Stadt Metz einen Besuch abzustatten, aus der wir Ihnen heute zurufen:

Herzlich willkommen!

Bauarbeiterschutz und Baukontrolle*)

Von K. BUTTERBRODT.

Mit den Fragen des Bauarbeiterschutzes und der Baukontrolle hat sich die Deutsche Techniker-Zeitung schon wiederholt befaßt. Auch der demnächst in Metz tagende 22. Verbandstag wird sich nach einem Referat des Herrn Baurats Steinberger eingehend mit diesem Problem beschäftigen. Während die Technikerschaft sich erst in neuerer Zeit in verstärktem Maße dem Bauarbeiterschutze und den mit der Erörterung und der Förderung desselben auftauchenden Fragen und Aufgaben zuwenden konnte, hat die organisierte Bauarbeiterschaft auf dem Gebiete des Bauarbeiterschutzes schon Jahre der Arbeit und des Kampfes hinter sich.

*) Wir geben diese Ausführungen unseres Verbandsmitgliedes Butterbrodt gern wieder, ohne damit den Beschlüssen des Metzer Verbandstags, der sich mit dieser Frage beschäftigen wird, vorgreifen zu wollen. Die Redaktion.

Die Arbeit der baugewerblichen Arbeiterorganisationen ist denn auch nicht ohne Erfolg geblieben; heute besteht in Deutschland eine Unmenge von Bauarbeiterschutzgesetzen und -verordnungen. Es gibt Reichs- und Landesgesetze, Bundesrats- und landesrechtliche Verordnungen und Polizeiverordnungen für Regierungsbezirke, für Kreise und für große und kleine Gemeinden. Ein Teil dieser Schutzvorschriften bezieht sich auf den Unfallschutz allein, ein anderer Teil nur auf den Gesundheitsschutz, den sog. sittlich-sanitären Bauarbeiterschutz. Manche Vorschriften und Verordnungen suchen beiden Aufgaben gerecht zu werden. Wie kaum anders möglich, ist es bei dieser Vielverordnerei und Vielregiererei zu einer äußerst buntscheckigen Musterkarte von Bauarbeiterschutzvorschriften gekommen. Manche der Vorschriften sind außerordentlich rückständig, andere hingegen zeigen einen mehr fortschrittlichen Charakter. So bedeutet die württembergische Ministerialverfügung zum Schutze der Bauarbeiter vom Jahre 1911 ein weites Entgegenkommen gegen die Wünsche der Bauarbeiter; die Regierungsmaßnahmen in Sachsen gehen in einzelnen Punkten sogar über die Arbeiterforderungen hinaus. In anderen Bundesstaaten aber hat allerdings die Regierungsbureaukratie bislang weder Hand noch Fuß gerührt, um den Karren des Bauarbeiterschutzes aus dem Sumpfe zu ziehen.

Ist auf dem Wege der Gesetzgebung im Laufe der letzten 10 bis 15 Jahre auch manches Gute geleistet, so sieht es in der Praxis der Unfall- und Krankheitsverhütung anders aus. Die Gefahren des Baugewerbes sind bekanntlich mit dem Aufkommen neuer und der Wandelung alter Bauweisen, der Vergrößerung der Dimensionen der Bauwerke, der Steigerung der Intensität der Arbeit und der zunehmenden Verwendung von Baumaschinen stets gestiegen. Erst in den letzten Jahren scheint es der Unfallverhütung gelungen zu sein, im Kampfe mit der Vermehrung der Gefahren und mit den steigenden Unfallziffern obenaufzukommen; die Relativzahlen der erstmalig entschädigten Unfälle im Baugewerbe haben aufgehört, Jahr für Jahr sprunghaft in die Höhe zu schnellen. Wenn eine Verminderung der auf je 1000 Vollarbeiter erstmalig entschädigten Unfälle eingetreten ist, so ist das wohl weniger auf die Unfallverhütung als auf eine schärfer gehandhabte Praxis der Berufsgenossenschaften bei der Zuerkennung der Renten zurückzuführen. Auch sind die großen Fortschritte der Chirurgie und die Erfolge der Heilbehandlung im letzten Jahrzehnt, durch die manche schwere Unfallfolgen hintangehalten oder doch abgeschwächt wurden, nicht zu unterschätzen. Die Verhältniszahlen der überhaupt gemeldeten Unfälle sind dauernd im Steigen begriffen. Auch die Zahlen der tödlichen Unfälle gehen nicht zurück.

Wie es mit der Unfallhäufigkeit im Baugewerbe heute noch aussieht, darüber hier einige Angaben: Im Jahre 1912 gelangten bei den Trägern der Unfallversicherung im Baugewerbe 81 374 Unfälle zur Anmeldung und von diesen wiederum 14 477 zur erstmaligen Entschädigung; sie hatten also eine mehr als 13 Wochen dauernde Erwerbsunfähigkeit zur Folge. Die Folgen der Unfallverletzungen waren 1304 Todesfälle, 81 Fälle mit völliger, 3722 mit dauernder teilweiser und 9370 mit voraussichtlich vorübergehender Erwerbsunfähigkeit. Die Getöteten hinterließen 810 Witwen, 1609 Kinder und 38 unterstützungsberechtigte Eltern und Großeltern. Um ein weiteres Bild von der Zahl und den Folgen der Unfälle im Baugewerbe zu geben, sei angeführt, daß im Jahre 1912 bei 12 421 Unfallverletzten Aufwendungen für Heilverfahren gemacht werden mußten; an 87 209 Unfallinvaliden mußte Unfallrente gezahlt werden. Hinterbliebenenrente wurde gezahlt an 13 587 Witwen, 13 480 Kinder und 952 unterstützungsberechtigte Verwandte aufsteigender Linie tödlich Verunglückter.

Es könnte noch weiteres statistisches Material angegeben werden. Doch genügen schon diese wenigen Zahlen, bei deren Wiedergabe jeder Kommentar erspart werden kann. In diesen Zahlen sind auch die verunglückten Techniker mit einbegriffen. Auch die Krankheitshäufigkeit im Baugewerbe ist noch immer ungemein hoch. Namentlich sind es Erkrankungen der Hals- und Atmungsorgane, insbesondere die Lungentuberkulose, die in den Reihen der baugewerblichen Arbeiter fürchterlich aufräumen. Diese Krankheiten verdanken ihr Entstehen oder ihre Entwickelung zum großen Teile dem Einwirken der gesundheitsschädlichen Bauarbeit. Auch in Regierungskreisen sind diese Zustände recht wohl bekannt. So sagte noch im Okt. 1913 der Staatssekretär Dr. Delbrück auf den 11. internationalen Tuberkulosekongreß in Berlin: „Wird doch in Deutschland unter allen Todesfällen jeder zehnte, unter den im erwerbsfähigen Alter Dahingerafften jeder vierte Todesfall durch Tuberkulose herbeigeführt, und bei den bis zum 35. Lebensjahre der Industrie-, Berg- und Bauarbeiter sich erstreckenden Todesfällen ist sogar mehr als die Hälfte der Tuberkulose zuzuschreiben."

Diese kurzen Angaben mögen genügen, um die Unzufriedenheit der Bauarbeiter mit den heutigen behördlichen Schutzmaßnahmen zu rechtfertigen und um deren Unzulänglichkeiten zu beweisen. Die baugewerblichen Arbeiter erstreben eine analog der Arbeiterversicherung durchgeführte reichsgesetzliche Regelung des Arbeiterschutzes. Mit dem heutigen System der Zersplitterung und Verzettelung soll gebrochen werden. Gar zu leicht sind die mit der Verordnungsberechtigung ausgestatteten, zahlreichen mittleren und unteren Verwaltungsbehörden und deren Beamte geneigt, den Bauarbeiterschutz in ihrem Kompetenzbereiche nach ihrem subjektiven Empfinden zu regeln und ihre Maßnahmen mit dem gewohnten Hinweis auf die „besonderen örtlichen Verhältnisse" zu begründen. Diese Zersplitterung und Unvollständigkeit des gesetzlichen Schutzes mußten schon viele Bauarbeiter und auch Bautechniker, die auf den Bauten tätig waren, mit Leben und Gesundheit bezahlen.

Das Interesse der Bautechniker mit dem der Bauarbeiter an einer durchgreifenden Besserung und wirksamen reichsgesetzlichen Regelung des Bauarbeiterschutzes ist durchaus konform, da der auf Bauten beschäftigte Techniker den gleichen Gefahren ausgesetzt ist wie der Bauarbeiter. Schon aus Gründen der allgemeinen Arbeitnehmersolidarität, die noch verstärkt wird durch das Selbstinteresse, kommen wir dazu, in den Ruf nach Sanierung des Bauarbeiterschutzes einzustimmen und die Forderungen der Arbeiterschaft im wesentlichen zu unseren eigenen zu machen. Ein weiteres, ganz besonderes Interesse hat aber die Bautechnikerschaft noch an der Schaffung guter, gesetzlicher Handhaben, weil neuerdings die Reichsversicherungsordnung mit ihrem § 913 dem Unternehmer das Recht gibt, Pflichten, die ihm auf Grund der Unfallversicherung obliegen, an Techniker und Bauführer, Betriebsleiter, Aufsichtspersonen oder andere Angestellte seines Betriebes zu übertragen. Diese Bestimmung ist in Unternehmerkreisen mit Jubel begrüßt worden. Sicherlich wird mancher unserer Kollegen seinen Nacken auch noch diesem Joche beugen müssen. Der § 913 ist ein Geschenk zweifelhaftester Art für die Technikerschaft, denn er birgt Konfliktsstoff und Konfliktsmöglichkeiten in Fülle. Kann sich mancher unserer Kollegen der Aufbürdung dieser Verantwortlichkeit mit all ihren Konsequenzen nicht erwehren, so hat er umsomehr Anlaß, einem guten Bauarbeiterschutz seine ernsteste Beachtung zu widmen.

Sollen Bauarbeiterschutzvorschriften, sowohl die jetzt bestehenden wie auch später kommende, einheitlichere und bessere, wirksam sein, so bedarf es einer ständigen Ueberwachung der Bauten und Arbeitsplätze hinsichtlich der Befolgung dieser Vorschriften. Es bedarf auf Bauten einer weit häufigeren und intensiveren Ueberwachung und Kontrolle als etwa bei festen Betriebsstätten, wie Fabriken und Werkstattanlagen. Während hier einmal angebrachte Schutzvorkehrungen dauernd bleiben, ändert sich auf den Bauten die Situation von Tag zu Tag, oft von Stunde zu Stunde. Der Gerüstbau und das Anbringen von Schutzvorkehrungen, wie Abdeckungen, Auffangvorrichtungen usw., muß stets von neuem dem Stande der Arbeit angepaßt werden. Da aber die über das zum Fortgang der Arbeiten unbedingt Nötige hinaus erforderlichen Schutzeinrichtungen Kosten unproduktiver Art verursachen, liegt stets die Versuchung nahe, diese Kosten zu sparen und die genannten Einrichtungen nicht zu treffen. In der Tat kommen auch zahlreiche Verstöße vor, wie jeder Kollege weiß, der auf Bauten zu tun hat, hier kann nur eine ständige, unabhängige Kontrolle Wandel schaffen.

Bekanntlich erhebt die Arbeiterschaft die Forderung, daß zur Ausübung der Bauaufsicht Baukontrolleure aus dem Arbeiterstande mit herangezogen werden sollen. Gegen diese Arbeiterforderung setzt sich seit langer Zeit das Unternehmertum, besonders in Norddeutschland, heftig zur Wehr. Man sagt, diese Kontrolleure sollten der sozialdemokratischen Agitation dienen, sie seien in Ermangelung technischer Kenntnisse nicht imstande, ihrer Aufgabe gerecht zu werden und ihr Wirken sei nur dazu angetan, das Verhältnis zwischen Arbeitgeber und Arbeitnehmer zu verschlechtern. Die Baukontrolle könne nur von technisch gebildetem Personal wirksam durchgeführt werden.

Manchem Techniker, der dem Kern der Sache nicht näher getreten ist und der seinen Gedankengang lediglich auf das Standesinteresse konzentriert, mögen die oben angeführten Argumente bei oberflächlicher Betrachtung ganz plausibel erscheinen. Demgegenüber müssen wir uns aber klar darüber sein, daß es durchaus nicht Zuneigung zum Technikerstande ist, was die Unternehmerschaft zu dieser Haltung veranlaßt. Daran wird kaum ein Techniker zweifeln. Wo noch immer die Arbeiterschaft mehr Techniker als Baukontrolleure verlangt hat, wie etwa bei den Berufsgenossenschaften, hat die Arbeitgeberschaft auch diese Forderung bekämpft, allerdings mit anderen Gründen.

Wenn wir als Techniker an die Beurteilung der Frage herantreten, ob die Mitheranziehung der Arbeiter zur Ausübung der Baukontrolle als opportun erscheinen mag, so wollen wir uns von keiner Seite beeinflussen und verwirren lassen. Unser Leitmotiv bei der Behandlung dieser Frage sei die Erstrebung jenes Zustandes, bei dem die bestmögliche Kontrolle und der wirksamste Arbeiterschutz, der auch dem am Bau tätigen Techniker zugute kommt, garantiert ist.

Wenn wir uns daran erinnern, daß die Arbeiterorganisationen nicht etwa ein Monopol in der Bautenkontrolle für den Arbeiterkontrolleur beanspruchen, sondern nur Heranziehung zur praktischen Ausübung der Kontrolle auf den Bau- und Arbeitsplätzen unter Oberleitung von technisch geschulten Beamten der Baupolizei — also Technikern —, so verlieren die Gegengründe der Arbeitgeberschaft bei richtiger Würdigung ihrer Motive den letzten Rest ihres scheinbaren Wertes. Die Befürchtung, daß sich die Arbeiterkontrolleure als sozialdemokratische Agitatoren betätigen würden, kann uns ganz kalt lassen. Auch die Frage, ob zur Ausübung der Baukontrolle hinsichtlich der Befolgung der Arbeiterschutz-Vorschriften unbedingt technische Kenntnisse erforderlich sind, wie sie die Absolvierung einer Baugewerkschule garantiert, vermögen wir, wenn wir uns von jedem Standesegoismus frei machen wollen, nicht zu bejahen. Hätte die Ausübung der Baukontrolle diese Kenntnisse — von denen wohl die Kenntnisse in der Statik für diesen Fall die wertvollsten wären — zur Voraussetzung, so ergäbe sich daraus die Konsequenz, daß derjenige, der für die Innehaltung der Schutzvorschriften verantwortlich ist, wenn auch als Vertreter des Unternehmers, also in den meisten Fällen der Polier, über mindestens dieselben Kenntnisse verfügen müßte. Der Fall, daß ein Baukontrolleur einmal die Stabilität eines Gerüstes rechnerisch zu ermitteln hat, wird nur selten vorkommen; es könnte sich da nur um abgebundene Gerüste handeln, bei denen der Unternehmer die Standfestigkeit und Tragfähigkeit zu beweisen hat. Zur praktischen Ausübung der Baukontrolle gehören vor allem genaue Kenntnis des Gewerbes und der verschiedenen Arbeitsweisen, gute Uebung in der Vornahme der Kontrollen, gesundes Urteilsvermögen und ein durch die Praxis geschulter Verstand, der sich nicht ängstlich an die Bestimmungen der Paragraphen anklammert. Wer aber wollte bezweifeln, daß es in den Reihen der Arbeiter Intelligenzen genug gibt, die diesen Aufgaben gewachsen sind?

Während sich ein Teil der Arbeitgeber — namentlich in Preußen — noch immer gegen die Beteiligung der aus Arbeiterkreisen hervorgehenden Baukontrolleure sträubt, ist inzwischen die Entwickelung ihren Weg gegangen. In sämtlichen süddeutschen Staaten, vor allem in Bayern, aber auch in den Hansastädten sowie in einer Reihe von Städten des Westens, sind längst Baukontrolleure, die man aus den Reihen der Arbeiter entnommen hat, tätig. In vielen Fällen handelt es sich um ehemalige Poliere. Auf meinem Schreibtische liegt eine große Anzahl von Mitteilungen der Baupolizeiverwaltungen aus Städten, wo solche Kontrolleure angestellt sind. Uebereinstimmend bestätigen alle, daß sich die Anstellung bewährt hat. Gegenteilige Urteile liegen nicht vor. Alle diese Baukontrolleure sind technisch gebildeten Beamten der städtischen Bauämter, welch letztere sich an der Kontrolle nach wie vor beteiligen, unterstellt. In München z. B., wo zurzeit 13 Baukontrolleure aus dem Arbeiterstande als Gehilfen der mit der gesamten Baukontrolle betrauten Bezirks-Ingenieure angestellt sind, wurden im Jahre 1913 durch die Baukontrolleure 34 384 Besichtigungen und durch die Bezirks-Ingenieure und Ingenieur-Assistenten 24 935 Kontrollen ausgeführt. Die Baukontrollen der Bezirksingenieure erstreckten sich vorwiegend auf Beaufsichtigung konstruktiver Aufgaben, Innehaltung der Baupläne, Rohbau- und Fertigabnahmen usw. Selbstverständlich wurden auch Mängel, die sich auf den Bauarbeiterschutz beziehen, beanstandet. Die Baukontrolleure haben als Hauptaufgabe die Beaufsichtigung der Arbeiterschutzvorkehrungen, doch müssen sie, falls Verstöße gegen die Regeln der Baukunst oder gegen die genehmigten Pläne zu ihrer Kenntnis kommen, ihre vorgesetzte Behörde benachrichtigen.

Den Technikerstand wird man bei der Bautenkontrolle niemals ausschalten können. Sollte man die Arbeiter künftig zur Ausübung der Bauaufsicht heranziehen, so werden diese Aufsichtsorgane stets als Gehilfen der eigentlichen verantwortlichen Beamten anzusehen sein. Wenn es — wofür gegenwärtig allerdings nicht allzuviel Aussichten bestehen — zur einheitlichen reichsgesetzlichen Regelung des Bauarbeiterschutzes kommen sollte, sei es durch ein Reichsbauarbeiterschutzgesetz oder durch eine Bundesratsverordnung im Sinne des § 120 e der Gewerbeordnung, so wird auch die Frage der Baukontrolle mit zu regeln sein. Zweifellos wird man dann auch Baukontrolleure aus dem Arbeiterstande zur Ausübung der Kontrolle berufen. Auch dann wird man den Technikerstand weder übergehen können noch übergehen wollen. Eine Baukontrolle, bei der der technisch gebildete Baupraktiker ausgeschaltet werden sollte, müßte ja in der Luft hängen. Wenn befähigte Arbeiter zur Vornahme der Kontrollen auch durchaus geeignet erscheinen und wir als Techniker nicht gesonnen sind, der weiteren Anstellung von Arbeiterkontrolleuren Schwierigkeiten zu bereiten, deren Vermehrung vielmehr als zur Besserung des Bauarbeiterschutzes geeignet begrüßen, — so müssen wir doch verlangen, daß man den Technikerstand nicht beiseite schiebt, sondern ihm auch bei der Bauaufsicht hinsichtlich des Arbeiterschutzes einen Platz einräumt. Die Revisionsbeamten der Baugewerks-Berufsgenossenschaften sind sämtlich technisch gebildet. Alle haben die Baugewerkschule absolviert. Ob die Baugewerks-Berufsgenossenschaften von ihrem ihnen in § 875 der Reichsversicherungsordnung verliehenen Rechte, als Aufsichtsbeamte auch solche Personen anzustellen, die früher in den versicherten Betrieben als Arbeiter tätig waren, Gebrauch machen werden, läßt sich noch nicht sagen.

Daß übrigens auch die Arbeiterorganisationen auf die Mithilfe des Technikerstandes zur Förderung des Bauarbeiterschutzes und auch bei der Ausübung der Kontrollen nicht verzichten wollen, sondern die Mithilfe der Technikerschaft hoch einschätzen, ergibt sich aus ihren oft erhobenen Forderungen, aus ihren Publikationen. Der Gesamtverband der christlich-nationalen Gewerkschaften hat im Herbste vorigen Jahres bei seinem Generalsekretariate in Cöln eine Zentralstelle für Bauarbeiterschutz errichtet. In voller Würdigung der Bedeutung und des Einflusses der Technikerschaft zur Herbeiführung besserer Zustände auf dem Gebiete des Schutzes für Leben und Gesundheit der Arbeiter im Baugewerbe hat man die Stelle des Sekretärs dieser Zentralstelle einem Techniker, und zwar einem unserer Verbandskollegen übertragen.

Wir sehen also, daß die organisierten Arbeiter des Baugewerbes der Bautechnikerschaft Vertrauen entgegenbringen und daß sie auf ihre Mithilfe Hoffnungen setzen. Enttäuschen wir sie nicht! Die Interessen der Bauarbeiterschaft und der Bautechnikerschaft divergieren in der Frage des Bauarbeiterschutzes durchaus nicht; auch nicht in der Frage der Baukontrolle. Hoffentlich wird unser Verbandstag das aufs neue beweisen. Hüben wie drüben ist das Ziel die Besserung der unfallverhütenden und gesundheitlichen Verhältnisse auf Bauten. Daß sich bei guten Schutzgesetzen, bei guter Kontrolle und bei verständigem Hand-in-Handarbeiten aller Beteiligten die noch vielfach bestehenden schlechten Zustände auf Bauten erheblich verbessern und die vorstehend angeführten hohen Unfallzahlen bedeutend reduzieren lassen, wird wohl niemand bezweifeln.

BEAMTENFRAGEN

Schmiergelder und Stellengesuche

Der alte Unfug dauert fort. Dreister denn je wird auf die Bestechlichkeit von Personen spekuliert, die eine Stellung zu vergeben oder über die Besetzung zu entscheiden haben. Es blüht der Weizen für Leute von weitem Gewissen in dieser Beziehung. Heute kann der, der einem Bewerber zu einer auch nur einigermaßen besseren Stellung verhilft, Reichtümer verdienen. Was sind 50 M, was 100 M Belohnung dem solchermaßen der Bestechung Zugänglichen? .... Eine Kleinigkeit, womit er nicht mehr vorlieb zu nehmen braucht. Die Herren Bewerber, die durch Ausschreibung einer Belohnung Stellung suchen, müssen jetzt schon etwas tiefer, sogar sehr tief in die Tasche greifen. Denn die Zeiten sind da, wo auch das „Schmieren“ immer teurer wird. Glücklich sind bald nur die Geschmierten — ein kleiner Hoffnungsstrahl auf dem leider noch weiten Wege bis zum Verschwinden dieses Uebelstandes. Für eine erfolgreiche Vermittlertätigkeit werden heute 500 bis 3000 M Entschädigung geboten! Auch wird die Gelegenheit, auf solche Weise Geschäfte zu machen, immer bequemer. Z. B. wird die Befürchtung einer Anzeige wegen Bestechung dadurch zu zerstreuen versucht, daß man in den Schmiergelderinseraten gewöhnlich strengste Diskretion, mitunter sogar ehrenwörtlich verheißt. Die Bequemlichkeit reicht aber noch weiter. Man hat es nicht mehr nötig, nach solchen Anzeigen lange zu suchen. Sie fallen durch ihre G r ö ß e von selbst ins Auge. Die Größe der Anzeige und die darin an den Tag gelegte D r e i s t i g k e i t halten sich die Wage.

Vor uns liegt z. B. eine Anzeige aus Nr. 34 der „D e u t s c h e n B a u z e i t u n g". Ein Schmiergeldinserat in dieser Breite und Höhe: 7½×12 cm, ist wohl noch nicht da gewesen! Der Raum ist uns zu kostbar, um das Dokument hier abzudrucken. Wir erwähnen daher nur, daß darin ein „Verwaltungstechniker" — so lautet wenigstens die Chiffre der Anzeige — 500 M B e l o h n u n g demjenigen zusichert, der ihm eine etatsmäßige Anstellung als Stadtbaumeister, Stadtingenieur, Betriebsleiter oder als Stadtbauführer beschafft. Es folgt ein längerer Hinweis auf die angebliche Qualifikation des Bewerbers, woraus u. a. hervorgeht, daß dieser Mann bereits 7 Jahre (!) im städtischen Tiefbau beschäftigt gewesen, unverheiratet und die Hauptprüfung für Bauingenieure mit dem Prädikat „s e h r g u t" an einem höheren Technikum bestanden hat. Ausgeführt hat er bereits 3 Wasserwerke, 4 Städtekanalisationen und die Neupflasterung einer ganzen Stadt. Ein besonderes Kennzeichen erhält das nette Angebot noch durch den Zusatz: „Die Auszahlung des Honorars erfolgt prompt".

Sollten sich die Hoffnungen, die der Bewerber an dieses Inserat jedenfalls knüpft, nicht ebenso „prompt" erfüllen, so dürfte er es in erster Linie bedauern, nahezu 60 M — soviel kostet schätzungsweise ein Inserat von dieser Größe — nutzlos ausgegeben zu haben. Unser Mitleid verdient er jedoch nicht. Denn er ist ein Schädling für das Ansehen des Technikerberufes, ein Schädling auch für die Bestrebungen der organisierten Angestelltenschaft um Erlangung besserer Gehalts- und Anstellungsbedingungen, die wir mit idealen Mitteln erkämpfen. Mf.

*

3000 M Belohnung!

wohl die h ö c h s t e Summe, die bisher für diesen Zweck ausgeworfen wurde, schreibt ein A r c h i t e k t, der sich selbst einen „begabten Künstler" nennt, in Nr. 121 des „Essener Generalanzeigers" für diejenigen aus, der ihm zu einer selbständiger, verantwortungsvollen Stellung bei einer Behörde, bedeutendem industriellen Werk oder großen Architektenfirma verhilft. „Ehrenwörtliche Diskretion zugesichert", so fügt er noch hinzu.

Wir verzichten darauf, uns auch mit diesem Herren auseinanderzusetzen, möchten jedoch noch der Hoffnung Ausdruck geben, daß sich die Verbände der selbständigen Architekten auch einmal mit der Frage beschäftigen, ob hier nicht ein Krebsschaden vorliegt, zu dessen Beseitigung es ihrer schleunigsten M i t h i l f e bedarf. Mf.

STANDESFRAGEN

Landmesser contra Vermessungstechniker

Wir berichteten in Heft 8/1914 über einen Landmesser G e r s t n e r - Danzig, der an der Fassung eines Gutachtens beteiligt war, in dem unerhörte Beleidigungen gegen den Stand der Vermessungstechniker ausgesprochen wurden. Es hieß darin:

„Derselbe Unterschied, der zwischen dem akademisch gebildeten Rechtsanwalt und seinem Bureaupersonal oder einem Volksanwalt resp. einem Winkelkonsulenten oder zwischen dem Arzt und dem Heilgehilfen resp. Kurpfuscher besteht, besteht auch zwischen dem akademisch gebildeten Landmesser und dem Vermessungsgehilfen."

Wir haben diese unerhörten Ausführungen dort mit den Worten belegt, die ihnen gebühren. Der Landmesser Gerstner-Danzig hat darauf persönlich in unserem Verbandsbureau vorgesprochen, um eine Zurücknahme der „Sperrung" seines Betriebes, wie er sich ausdrückte, zu erreichen. Wir erklärten uns bereit, eine Notiz zu bringen, wenn er sich wegen dieser Worte entschuldigen würde. Die Verhandlungen haben sich aber vollkommen z e r s c h l a g e n. Es bleibt darum das bestehen, was wir in Heft 8 schrieben. Wir wollen auch unsere Ausführungen noch ergänzen durch eine der zahlreichen uns zugegangenen Zuschriften, die von einem städtischen Vermessungstechniker herrührt. Es heißt da u. a.:

„Jedermann, der Vermessungstechniker und Landmesser kennt, wird diese Art, sich in ein besseres Licht zu setzen, verurteilen. Den Vermessungstechniker, der größtenteils bei Königlichen Katasterämtern, General- und Spezialkommissionen vorschriftsmäßig ausgebildet wird und vielfach bei diesen, den Eisenbahn-, Kommunal- und anderen Behörden als technischer Assistent bezw. Sekretär angestellt wird, verwechselt man doch nicht mit Existenzen wie Winkelkonsulenten oder Kurpfuschern. Uebrigens würde mancher Vermessungstechniker nicht gern mit einem Landmesser, der vermöge seiner „akademischen" vielseitigen Ausbildung gezwungen ist, wie hier mit 70 M Monatsgehalt zu arbeiten, die Position vertauschen. Derartige Angriffe liegen auch nicht einmal im Interesse des Standes der Landmesser. Das Beste wäre, wir halten den seit Jahren bewährten Burgfrieden aufrecht."

Wir bitten die Kollegen, dafür besorgt zu sein, daß allen Stellungsuchenden bekannt wird, wie dieser Herr G e r s t n e r - Danzig über den Stand der Vermessungstechniker denkt. Hdl.

*

Wie die Bundeszeitung berichtet

Unter der Ueberschrift „Ein neues Mittel im Kampf gegen den Bund" brachte die „Industriebeamtenzeitung" die Nachricht, daß die Firma S e n k i n g in H i l d e s h e i m keine Mitglieder des B. t.-i. B. einstelle, daß aber Mitglieder des D. T.-V. zugelassen seien. Außerdem „stellte sie fest", daß die Bekanntmachung am schwarzen Brett der Fachschule in Aue, aus der sie diese „Tatsache" schöpfte, von einem Verbandsmitglied, sogar dem „Schriftführer" unserer Zweigverwaltung in Hildesheim, der bei der Firma Senking tätig ist, unterzeichnet worden sei. Mit welchen Worten diese „Feststellungen" begleitet werden, brauchen wir hier an dieser Stelle nicht zu schildern, sowohl die Firma Senking als auch der D. T.-V., dessen Vorstandsmitglieder sich zu solcher Unterdrückung der Koalitionsfreiheit hergeben, werden gehörig gebrandmarkt.

Nur schade, daß die Bundeszeitung einer f a l s c h e n I n f o r m a t i o n zum Opfer gefallen ist. Hier der w i r k l i c h e Tatbestand.

Unser Kollege R u m m e l erhielt in seiner Eigenschaft als Obmann der Zweigstelle unserer Stellenvermittlung in Hildesheim die Mitteilung, daß einige Stellen neu zu besetzen seien. Er erließ darum u. a. auch am schwarzen Brett der Fachschule in Aue folgenden Anschlag:

D e u t s c h e r T e c h n i k e r v e r b a n d, A b t e i l u n g S t e l l e n v e r m i t t l u n g.

H i l d e s h e i m, 28. März 1914.

An die
Direktion der Deutschen Fachschule für Installateure
zu Aue i. S.

Von einem größeren Werke der Provinz Hannover werden möglichst bald mehrere jüngere Techniker für Dampfkochanlagen, Apparatebau und Installation, gesucht. 120 bis 140 M. Bewerbungsschreiben mit allgemeiner Ueberschrift P. P. sind an meine Adresse zu senden. Mitglieder oder Hospitanten des Bundes der technisch-industriellen Beamten sind von vornherein ausgeschlossen. Mitglieder des Deutschen Techniker-Verbandes bevorzugt, jedoch nicht Bedingung.

Um Uebersendung von Angeboten bittend, zeichnet
mit Hochachtung
W. Rummel.

Um sich diese Bekanntmachung zunutze zu machen, l ä ß t die Bundeszeitung beim Abdruck die Wiedergabe der Worte, aus denen hervorgeht, daß es sich um eine Anzeige der S t e l l e n v e r m i t t l u n g d e s D. T.-V. handelt, f o r t und stempelt sie zu einer Aeußerung der Firma Senking, die sich zur Durchführung ihrer scharfmacherischen Gelüste unseres Mitgliedes Rummel bediene, der sich auch zu dieser Verletzung der Koalitionsfreiheit hergebe und nicht wage, mannhaft Widerstand zu leisten. Aber dieses Bild vom „Verrat" der Koalitionsfreiheit durch ein Mitglied des D. T.-V. sollte entworfen werden, und darum unterdrückte man einfach den Stempel der Stellenvermittlung. Hätte sich der Bund auch nur die Mühe genommen, der Sache auf den Grund zu gehen, dann hätte er erstens einsehen müssen, daß man u n s e r e r Stellenvermittlung nicht gut zumuten kann, Stellen für B u n d e s m i t g l i e d e r zu vermitteln; denn n u r d i e s e n Sinn hat der betreffende Satz in der obigen Bekanntmachung, der vielleicht nicht ganz geschickt gewählt ist. Dann hätte der Bund aber auch zweitens mühelos feststellen können, daß der Firma S e n k i n g die Absicht, die Koalitionsfreiheit irgendwie zu beschränken, v o l l k o m m e n f e r n l i e g t, daß sie B u n d e s- und V e r b a n d s mitglieder b e s c h ä f t i g t und sich beiden Organisationen gegenüber l o y a l gezeigt hat.

Es ist gut, wenn der Bund gehörig auf der Hut ist, um Angriffe auf die Koalitionsfreiheit zurückzuweisen. Aber s c h a d e n kann es dem gemeinsamen Interesse aller Techniker nur, wenn so l e i c h t f e r t i g e Angriffe wie in diesem Fall erhoben werden. Durch einen einfachen Brief an den Verband hätte die ganze Angelegenheit richtig gestellt werden können. Doch mit wahrem Heißhunger stürzt sich die Bundeszeitung auf alles, was ihr irgendwie geeignet erscheint, um dem „unzuverlässigen" D. T.-V. eins auszuwischen. Hdl.

DEUTSCHE TECHNIKER-ZEITUNG
DAS BILDUNGSWESEN DES TECHNIKERS
XXXI. Jahrg. 23. Mai 1914 Heft 21

Die berufliche und kaufmännische Weiterbildung des Technikers

Von Dr. HÖFLE, Berlin.

1. Um zu einer Umgrenzung der in Betracht kommenden Arbeitsgebiete zu gelangen, dürfte eine Fixierung der Begriffe zweckmäßig sein. Bei der beruflichen Weiterbildung kommen in erster Linie die Kenntnisse in Betracht, die der Techniker bei der Ausübung seines Berufes, bei der Erfüllung seines Dienstvertrags benötigt. Diese Kenntnisse sind mit dem Begriff der fachlichen Weiterbildung gedeckt. Durch seinen Beruf ist der Techniker aber auch Mitglied einer bestimmten Erwerbsgruppe. Er gehört zu dem großen Heer der Arbeitnehmer. Als solcher hat er Interessen dem Arbeitgeber gegenüber, aber auch gegenüber seinem Standesgenossen. Im Gegensatz zu den anderen Ständen entstehen eigene Standesinteressen der Techniker. In unserer Organisation ist der sozialwirtschaftliche Gegensatz gegenüber dem Arbeitgeber durch die Betonung der „gewerkschaftlichen Standesarbeit“ ausdrücklich anerkannt. Ueber die Organisationspflicht gibt es heute keine Diskussion mehr. Das Wort, das auf der letzten Generalversammlung der Gesellschaft für soziale Reform geprägt wurde: „Jeder anständige Mensch gehört seiner Berufsorganisation an“, hat seine Berechtigung. Aus diesen Zusammenhängen ergibt sich die Notwendigkeit der sozialen, volkswirtschaftlichen Durchbildung des Technikers.

Der Techniker ist außerdem Staatsbürger. Als solcher stellt er Ansprüche an den Staat, an die soziale Gesetzgebung und die politischen Parteien. Wenn der D. T.-V. als solcher parteipolitisch neutral ist, so hat er doch stets auf die parteipolitische Betätigung seiner Mitglieder großen Wert gelegt. Für den Staats- und Gemeindetechniker sind diese Dinge von besonderem Wert, weil die Beeinflussung der gesetzgebenden Faktoren das in erster Linie in Betracht kommende Mittel zur Besserung seiner wirtschaftlichen Lage ist. Eine Betätigung, wie sie hier verlangt wird, setzt aber staatsbürgerliche Schulung voraus.

Danach gilt für die berufliche Weiterbildung die bekannte Dreiteilung: in fachliche, volkswirtschaftliche und staatsbürgerliche. Was die kaufmännische Weiterbildung des Technikers angeht, so ist der Einwand zu erwarten: Der Techniker ist doch kein Kaufmann. Wenn auch die Berufs- und Betriebszählung die Angestellten ausdrücklich scheidet in kaufmännische und technische, so sind in der Praxis die Grenzen der beiden Berufe gar oft flüssig. Nebenbei bemerkt, ein Moment, das für das einheitliche Angestelltenrecht spricht. Es ist ein ungesunder Zustand, wenn der Techniker, was Bilanzen, Wareneinkauf, Berechnungen der Rentabilität anbelangt, zu sehr vom Kaufmann abhängig ist. Die Vermittlung kaufmännischer Kenntnisse hat demnach den Zweck, dem Techniker im modernen Betrieb auch nach der finanziellen Seite eine gewisse Selbständigkeit zu gewähren und ihm unter Umständen neue Arbeitsgebiete zu erschließen.

2. Nach Zurücklegung der Schulzeit wird sich für den Techniker in der Hauptsache nach drei Richtungen die Notwendigkeit der fachlichen Weiterbildung ergeben. Bei dem Studium liegt gar zu leicht die Gefahr vor, irgend eine Disziplin zu vernachlässigen. Vielleicht mußte sogar aus gewissen Gründen ein Zurücktreten eines Wissensgebietes vor dem anderen erfolgen. In die Praxis eingetreten, macht sich aber dieser Mangel schmerzlich bemerkbar. Es ergibt sich die Notwendigkeit einer Wiederholung und Vertiefung des auf der Schule Gehörten. Oder die Tatsache macht sich bemerkbar, daß das Wirtschaftsleben, speziell die Technik, nicht stillsteht. Eine Einrichtung, die seit Jahren als vorzüglich angesehen wurde, überlebt sich. Im Prinzip bleibt sie vielleicht bestehen, aber es werden wesentliche Verbesserungen eingeführt. Eine Erfindung jagt die andere. Neue Maschinen, Apparate, Arbeitsmethoden werden eingeführt. Oder ein vollkommen neues Gebiet wird erschlossen, das besondere Spezialkenntnisse notwendig macht. Es sei nur auf den Eisenbetonbau verwiesen. Der Beruf des Fortbildungsschullehrers des Wohnungs- und Gewerbeinspektors kann eröffnet werden.

Dementsprechend werden auch die Mittel einzurichten sein, die der fachlichen Weiterbildung dienen. Der Besuch einer technischen Hochschule ist nur einem kleinen Teil der Techniker möglich. Die Organisation muß einspringen. Dem ersten, in die Erscheinung tretenden Bedürfnis, gewisse Mängel der Schulbildung zu beseitigen, kann durch sog. Stammkurse abgeholfen werden. Sie vermitteln den Wissensstoff, der für jeden Techniker unentbehrlich ist. Sie bauen auf dem auf, oder schließen sich dem an, was die Schule bietet. Allerdings bieten sie die Möglichkeit der Berücksichtigung der Praxis. Den Bedürfnissen, die sich aus dem Fortschreiten der Technik ergeben, dienen die Ergänzungskurse. So macht z. B. ein Kursus in der Elektrotechnik mit dem Fortschreiten in dieser Branche vertraut. Die Spezialkurse tragen den weiteren Bedürfnissen Rechnung. Die mit ziemlichem Erfolg durchgeführten Kurse für Eisenbetonbau, die Kurse für Wohnungsinspektion gehören hierher. Der Verband wird die Wege finden müssen, soweit sie heute noch nicht da sind, wie diese Kurse am zweckmäßigsten durchzuführen sind. Die Träger der Stammkurse werden am zweckmäßigsten die Zweigverwaltungen sein. Die Ausarbeitung eines entsprechenden Lehrplans wird sich nicht umgehen lassen. Die Ergänzungskurse lassen sich vielleicht an die technischen Schulen angliedern. Sie wären dann eine Parallele zu den Meisterkursen, wie sie von den Fach- und Kunstgewerbeschulen für das Handwerk mit weitgehender staatlicher Unterstützung durchgeführt werden. Die Spezialkurse werden am zweckmäßigsten in Verbindung mit den in Betracht kommenden Industriezweigen oder mit Hilfe des Staates, oder aus eigener Kraft durch den Verband erledigt. Daneben wird die D. T.-Z. stets zur fachlichen Weiterbildung unserer Mitglieder ihre Spalten öffnen.

3. Die Notwendigkeit sozialer, volkswirtschaftlicher Kenntnisse ergibt sich schon aus den obigen kurzen Erläuterungen. Das Verhältnis zum Arbeitgeber setzt Kenntnis der sozialen Gesetzgebung, wie Gewerbeordnung, Reichsversicherungsordnung, Angestelltenversicherungsgesetz voraus. Gar mancher Verlust könnte

bei besserer Kenntnis der sozialen Gesetzgebung vermieden werden. Die Beeinflussung der Gesetzgebung setzt erst recht volkswirtschaftliche Kenntnisse voraus. Bei der Menge von Material, wie es an die gesetzgebenden Körperschaften gelangt, hat nur die Petition Aussicht auf Erfolg, die mit nach jeder Richtung beweiskräftigem und zuverlässigem Material ausgestattet ist. Die Unterorgane des Verbandes müssen soweit volkswirtschaftlich geschult sein, daß sie in der Lage sind, das wichtigste von dem unwichtigen Material zu unterscheiden und das wichtigere an die Verbandsleitung weiter zu geben, z. B. ganz krasse Fälle von Konkurrenzklauseln usw. Die Hauptgeschäftsstelle des Verbandes wird gesetzgeberische Erfolge nur dann erzielen können, wenn die Unterorgane sich tatsächlich auch nach dieser Richtung als Glieder des Verbandes fühlen. Dazu gehört auch möglichst rasche Information der Hauptgeschäftsstelle bei wichtigen Vorkommnissen, z. B. Konflikten mit Behörden usw. Die volkswirtschaftliche Bildung läßt auch den Wert der Organisation erkennen. Mit Mitgliedern, die nur deshalb sich dem Verband angeschlossen haben, weil eine plötzliche Hurrastimmung es ihnen angetan hat, oder damit sie vor dem Drängen des Kollegen Ruhe haben, oder die in der Organisation die „zu melkende Kuh" erblicken, um von den Wohlfahrtseinrichtungen möglichst viel zu profitieren, ist uns nicht gedient. Wir brauchen Mitglieder, die den Organisationsgedanken als im Wesen unserer wirtschaftlichen Entwicklung liegend erfaßt haben. Dann werden die vielen Mitgliederverluste, das vielfach beliebte Drohen mit Austritt oder Niederlegung der Aemter ganz von selbst aufhören. Dann werden sich auch notwendig werdende Reformen im Verband ohne Schwierigkeiten durchführen lassen. Bei dieser Arbeit wird uns die D. T.-Z. wertvolle Dienste tun. In dem Vortragsprogramm der Zweigverwaltungen wird das volkswirtschaftliche Gebiet mehr Berücksichtigung finden müssen. S o z i a l e K u r s e in den einzelnen Zweigverwaltungen müssen eine ständige Einrichtung werden. Vielleicht nimmt der Verband die Durchführung größerer Kurse für die im Verband an führender Stelle tätigen Mitglieder selbst in die Hand, ausgehend von dem Gedanken, daß die Organisationsfrage nicht zu guter letzt eine Personenfrage ist. Der Verband preußisch-hessischer Lokomotivführer hat z. B. in seinem Erholungsheim achttägige Kurse für seine führenden Verbandsmitglieder abgehalten.

4. D i e s t a a t s b ü r g e r l i c h e E r z i e h u n g ist nicht minder nötig. Hier macht sich gar oft ein bedauerliches Manko an Wissen bemerkbar. Und doch wird im politischen Leben nur der durchdringen, der über ein möglichst großes Maß von Kenntnissen auf dem Gebiete der Staatsbürgerkunde verfügt. Staatsbürgerliche Kenntnisse sind für die Taktik eines Verbandes, die er in Gesetzesfragen einschlägt, von einschneidender Bedeutung. Gesetzgeberische Aktionen werden gar oft nach den Plenarverhandlungen der Parlamente beurteilt, während man vollkommen übersieht, daß der Kampf in den Kommissionen ausgefochten wird. Die staatsbürgerlichen Kenntnisse werden sich am zweckmäßigsten mit den volkswirtschaftlichen zusammen vermitteln lassen.

5. Die k a u f m ä n n i s c h e n K e n n t n i s s e erscheinen aus folgenden Erwägungen unentbehrlich. Wenn der Techniker eine Reform durchführen will, wird er vor allem die finanzielle Wirkung beurteilen müssen. „Wieviel kann dadurch verdient werden", das ist die Frage. Man spricht heute soviel von der „Fabrikorganisation", die schon eine eigene Wissenschaft geworden ist. Bei der Verwertung eines Patents handelt es sich um rechnerische Ergebnisse. Vor allem muß, wie schon oben erwähnt, der Techniker unabhängiger im Betrieb gemacht werden. Der Techniker, der eine gut bezahlte Stelle und vorwärtskommen will, muß von Buchführung und Bilanzen soviel verstehen, daß er aus den Geschäftsbüchern selbständig einen Ueberblick und ein Urteil über den guten oder schlechten Gang eines Betriebes gewinnen, eine Bilanz prüfen und beurteilen kann. Daher sind Buchführungs-, Bilanz-, Liquidationskenntnisse unentbehrlich. Als Einkäufer hat der Techniker sicherlich die notwendigen Materialkenntnisse. Aber was nützen ihn diese, wenn er die kaufmännischen Geschäftsgebräuche nicht kennt und glatt „über's Ohr gehauen wird". Der Techniker braucht bei Ausübung seines Berufs Kenntnisse über Geschäftskorrespondenz, Registratur und Statistik. Er muß orientiert sein über das Auskunftswesen, er muß die Kreditwürdigkeit eines Unternehmens prüfen können, mit den Grundlagen des Bankverkehrs vertraut sein. Der Architekt z. B. muß Kostenvoranschläge aufstellen. Vielleicht ergeben sich für den Techniker neue Berufe, wie der des Reisenden und des Propagandachefs mit technischen Artikeln. Die Vermittlung kaufmännischer Kenntnisse bietet allerdings Schwierigkeiten. Vielleicht liegt der Weg darin, daß die örtlichen Handelsschulen eigene Kurse für die Techniker einrichten. Die Zeitschrift: „Techniker und Kaufmann" bietet wertvolle Anregungen.

Die Bildungsgebiete sind wichtig genug, daß sie ausführlicher behandelt werden. Vielleicht bietet sich dazu später Gelegenheit. Der Verband wird nach Mitteln und Wegen suchen müssen, um praktische Erfolge zu erzielen. Die Weiterbildung des Technikers ist mit eine der wichtigsten Aufgaben einer modernen Technikerorganisation. Gerade eine gewerkschaftliche Organisation hat die Pflicht, auf diesem Gebiete zu arbeiten; denn die Voraussetzungen für unsere gewerkschaftlichen Forderungen, wie sie im Verlangen höherer Gehälter und Verbesserungen der Dienstverträge zum Ausdruck kommen, ist die Leistungsfähigkeit unserer Mitglieder nach jeder Richtung, die ihrerseits wiederum von dem Bildungsstand abhängt. Die Pflege der Bildungsbestrebungen ist eine Eigenart unserer Verbandsarbeit im Gegensatz zum Bund technisch-industrieller Beamten, die wir nicht missen wollen.

Technikererziehung — Gedanken aus praktischer Schularbeit

Von Dipl.-Ing. P. BERGER, Oberlehrer a. D.

Erst in den letzten 20 Jahren hat sich in Deutschland eine Schulart entwickelt, die in deutlicher Unterscheidung von den sogenannten höheren Lehranstalten einerseits und den Hochschulen andererseits nach Ziel und Zweckbestimmung die unteren und mittleren Industriebeamten ausbilden soll, die technische Mittelschule.*)

Zur Erörterung einiger Gedanken über Technikererziehung ist es von gewisser Bedeutung, hier scharf zwischen den beiden Gattungen der technischen Mittelschule, der niederen und höheren Fachschule, zu scheiden. Die Werkstatt ist der gemeinsame Boden, auf dem der ehemalige Volksschüler in vierjähriger Lehrlingsausbildung und der mit dem Einjährigen-Zeugnis entlassene höhere

*) Der Verfasser spricht zwar nur von der Maschinenbauschule. Seine Worte haben aber für die Baugewerkschule wohl die gleiche Bedeutung. D. Red.

Schüler als Volontär-Praktikant oder auch als Lehrling zwei Jahre lang vorbereitende Erfahrungen sammeln, um sich dann in 4 bis 6 Semestern die Grundzüge der technischen Wissenschaften auf der Mittelschule anzueignen. Diese Werkstattpraxis ist ein Hauptgrund dafür, daß die anschließende Fachschule nicht nur ihrem Ziel, sondern auch ihrem Wesen nach etwas ganz anderes ist, als etwa die Oberstufe eines Gymnasiums, wenngleich das äußere Bild des Schulbetriebs sehr viel Parallelen aufweist. Der mit durchschnittlich 18 Jahren aus der Werkstatt kommende junge Mann besitzt eine weit größere Lebenskenntnis als etwa der Primaner. Er hat Arbeiter und Vorgesetzte in jahrelangem, ständigem Zusammenarbeiten kennen gelernt, so wie sie wirklich sind. Er hat in dem an Püffen und Knüffen, real und bildlich, reichen Werkstattleben die Ueberempfindlichkeit der Jugend gegen Unrecht und Kränkungen ebenso wie die der Jugend eigne, leichte Entflammbarkeit und Begeisterungsfreudigkeit zum großen Teil abgelegt. Vor allem aber weiß der die technische Mittelschule beziehende junge Mann im allgemeinen, was er will. Denn er wendet sich bewußt dem Studium eines Faches zu, das er als Lebensberuf selbst erwählt hat. Der Primaner dagegen empfindet, zumal in dem letzten Jahr, die Schule oft als eine drückende Fessel, denn er muß bewußt vieles treiben, zu dem er auch nicht die geringste Neigung verspürt. Daß endlich das viel freiere und unkontrollierte Leben der technischen Mittelschüler außerhalb der Schule diese auch mit den verführerischen Nachtseiten des Lebens in weit höherem Maße bekannt macht, als es an den höheren Lehranstalten möglich ist, ist eine nicht zu leugnende Tatsache.

Ebenso wie das Schülermaterial stammen aber auch die Lehrer der technischen Mittelschule aus ganz anderen Vorbildungs- und Erfahrungskreisen wie bei den höheren Lehranstalten. Ohne Zweifel haben die technischen Lehrer ihren „Kollegen von der anderen Fakultät" das eine voraus, daß sie größtenteils mitten aus der industriellen Praxis des schaffenden Ingenieurstandes herauskommen und infolgedessen das: „non scholae sed vitae" als gewissermaßen natürlichen integrierenden Bestandteil ihrer Lehraufgabe in den Unterrichtsbetrieb mit hineinbringen. Aber auf der anderen Seite fehlt ihnen die pädagogische Schulung des Philologen wenigstens nach der wissenschaftlichen Seite hin. Die geringen Anfänge einer Einführung des technischen Lehrers in den Unterrichtsbetrieb während eines oder zweier Probejahre sind auch nicht mit der systematischen Schulung zu vergleichen, die ein junger Philologe in streng geregelter Weise während des Seminarjahres erfährt. Doch diese Bemerkungen sollen lediglich zur Kennzeichnung der Situation, nicht zur Kritik und noch weniger zur Empfehlung der Ausbildung eines technischen Lehrers nach Analogie der Philologen dienen. Aber darauf möchten diese Zeilen mit Nachdruck hinweisen, daß die technischen Mittelschulen ein neuartiges Erziehungsproblem in die Schulfrage der Gegenwart hineingeworfen haben, das als solches noch zu wenig erkannt, jedenfalls aber nicht genügend gewürdigt wird.

Die Mehrzahl der technischen Lehrer, die nicht zufällig geborene Pädagogen sind, und die sich eine spätere Verwendung als Lehrer im gewerblichen Schuldienst bei ihrer ersten Ingenieurstellung auch nicht hätten träumen lassen, weist den Gedanken wohl gar mit Entrüstung von sich, daß sie hier als „Pauker" tätig sein sollten wie einst gewisse Herren in ihrer längst begrabenen Schulzeit „unseligen Angedenkens".

Gemach, meine Herren! Vermittler technischer Geisteswissenschaften sollen wir sein, nicht bloß Dresseure von Technikermaterial, mit einem Mandat von der Industrie ausgestattet. Auch nicht vom hohen Katheder herab sollen wir unsere Weisheit über ein Heer von Köpfen weg ins Vakuum hinein predigen, sondern wir haben erwachsene und denkende junge Männer vor uns in einem Entwicklungsstadium, in dem aus einem chaotischen Wust von Weltanschauungselementen und zahlreichen Brocken praktischer Lebensphilosophie der Charakter geschmiedet wird.

Wenn auch damit dem erfahrenen technischen Lehrer nichts neues gesagt wird, so ist doch der Hinweis berechtigt, daß gerade die Technik als angewandte Naturwissenschaft eine solche Fülle allgemeiner Bildungswerte enthält, daß der Lehrer sich einer schweren Versäumnis schuldig macht, der seine technischen Wissenschaften nicht als willkommenes Bildungs- und Erziehungsmittel benutzt, um seinen bewußt oder unbewußt einen Führer im Werdekampf suchenden Schülern Halt und Stütze zu bieten.

Mit der Kennzeichnung dieser Aufgabe ist aber auch zugleich eine gewisse Unterscheidung gegeben, welche zwischen der erzieherischen Tätigkeit eines Lehrers der Technik und etwa eines Gymnasiallehrers besteht. Letzterer hat disziplinar-pädagogische Qualitäten in weit höherem Maße nötig als der Fachlehrer, weil er sonst seinen lebensunkundigen, der Schule vielfach überdrüssigen Zöglingen gegenüber oft in erbarmungswürdige Hilflosigkeit gerät, wenn er nicht zu dem traurigen Grundsatz: „oderint dum metuant" seine verzweifelte Zuflucht nehmen will. Anders der technische Lehrer. Seine Schüler bringen einmal dem behandelten Lehrgegenstand fast durchweg ein gewisses aktives, mitarbeitendes Interesse entgegen und sind weiter infolge der abschleifenden, in den Werkstätten erworbenen Lebenserfahrung oft mit feinerem Takt ausgestattet als die sich vielfach einer besseren Kinderstube rühmenden höheren Schüler. Infolgedessen braucht auch der vielleicht nicht gerade über hervorragende pädagogische Fähigkeiten verfügende technische Lehrer noch lange keine unglückliche Figur zu machen, wenn er es nur einigermaßen versteht, sein Fachgebiet so vorzutragen, daß auch ein mittelmäßig begabter Schüler zu folgen vermag. Weil aber gerade die disziplinar-pädagogische Seite des Unterrichts an den technischen Mittelschulen weit mehr zurücktritt als an den höheren Schulen, so ist der unmittelbar bildend und erzieherisch wirkenden Qualität der technischen Wissenschaften ein um so weiteres Feld geöffnet.

Der straffe und logische Aufbau der Gedanken in Mathematik und Mechanik, die unerbittlich zerstörend wirkenden Konsequenzen auch des kleinsten Fehlers in Rechnung und Konstruktion bei einer Maschine, die weiten und hohen Perspektiven der an die Grenzen des Forschens führenden Thermodynamik sind Mittel in der Hand des charaktervollen Lehrers, um seinen Schüler zunächst zur Selbsterkenntnis und damit zum Ausgangspunkt jeder wahren Bildung und Kultur zu führen. Dankbar wird jeder werdende und kämpfende junge Mann die Hand des Führers ergreifen, wenn er in seinem Lehrer einen solchen aufrechten, vorurteilsfreien und gerechten Freund findet.

Die mit so großem Erfolg überall einsetzende staatliche Jugendfürsorge würde eine ungeheure Stütze und Förderung erfahren, wenn die Erziehung der nach vielen Tausenden zählenden jungen Techniker auf den zahlreichen staatlichen, städtischen und privaten technischen Mittelschulen Deutschlands zu charaktervollen, sittlichen Persönlichkeiten von einer ernsten, sich ihrer hohen Aufgabe und ihres mächtigen Einflusses voll bewußten technischen Lehrerschaft als zündende Losung aufgenommen würde. Denn es gibt in der Tat in

Deutschland keinen Stand, der in der Lage wäre, auf unsere besonders gefährdete und sich selbst überlassene Großstadtjugend einen entscheidenden Einfluß auszuüben, als der alle industriellen Betriebe umspannende Stand der mittleren Betriebsbeamten. Diese Beamtenkategorie ist es aber gerade, die auf den deutschen technischen Mittelschulen ausgebildet wird.

In unseren großen industriellen Betrieben ist es zur Unmöglichkeit geworden, daß die leitenden Beamten mit den unteren Werkstattorganen, insbesondere mit den Arbeitern und Lehrlingen, in nähere persönliche Berührung kommen. Gegenseitiges Mißverstehen, was gerade bei uns in Deutschland wie in den meisten anderen Ländern andauernd zu den betrübendsten Konsequenzen führt, ist die notwendige Folge. Hier kann nur die vermittelnde Tätigkeit der nach oben wie nach unten gleichmäßig Fühlung besitzenden mittleren Beamten Abhilfe schaffen. Zu dem Zweck können für diesen ungemein wichtigen Posten aber nur Männer in Frage kommen, die gerade in den Jahren ihrer wissenschaftlichen Ausbildung, in denen die Zusammenfügung der zahlreichen, ihr Leben und Werden beeinflussenden Eindrücke und Bildungselemente zu einem geschlossenen Charakter erfolgt, an ihren Lehrern einen festen, sittlichen Rückhalt erfahren haben.

In diesem Sinne ist das vor vielen Jahren von unserem Kaiser in der Technischen Hochschule zu Charlottenburg gesprochene Wort zu verstehen: Ich erwarte von der Technik die Lösung der sozialen Frage.

In richtiger Würdigung des hier vorliegenden Erziehungsproblems hat sich der Utilitarismus des Amerikaners längst mit dem praktischen Idealismus verbündet und für uns vorbildliche technische Erziehungsverhältnisse geschaffen.

Wenn auch die weit größere Kompliziertheit des deutschen Geistes eine glückliche Lösung des angedeuteten Erziehungsproblems nicht von heute auf morgen erwarten läßt, so dürfen wir doch hoffen, daß auch der deutsche technische Lehrer, wenn er das Ziel erst klar ins Auge gefaßt hat, eine für unsere Verhältnisse passende Lösung des Problems finden wird. Voraussetzung dazu ist, daß der Lehrer die gewohnte Folgerichtigkeit seines technisch geschulten Denkens mit dem warmen Herzen des echten Pädagogen verbindet.

Nochmals der Gewerbelehrer im Königreich Sachsen*)

Von Ingenieur HERMANN WEIDEMANN, Direktor der Gewerbeschule zu Zwickau i. Sa.

Der frühere Direktor der Gewerbeschule zu Zwickau, Herr Sonntag, jetzt Lehrer an den Techn. Staatslehranstalten in Chemnitz, hat meinen Artikel „Der Gewerbelehrer im Königreich Sachsen" (s. Heft 2, 1914) scharf angegriffen. Die „Entgegnung" findet sich in den „Monatsblättern" (Heft 10 vom 1. Febr. 1914), dem Verbandsorgan des Verbandes sächsischer Gewerbeschulmänner, dessen Vorsitzender Herr Sonntag ist.

Es ist im höchsten Grade bedauerlich, daß Herr Sonntag es nicht für notwendig hielt, sich mit mir, seinem Amtsnachfolger, über die angeblichen, unangenehmen Folgen meiner Arbeit auszusprechen. Dadurch wären Mißverständnisse beseitigt worden. Ich wäre gern bereit gewesen, irrtümliche Auffassungen zu erklären, sogar in den „Monatsblättern". Den einfachen und anständigen Weg der Aussprache hat Herr Sonntag nicht gewählt. Er hat die Brücke zur Verständigung zertrümmert.

Nur infolge vieler mir zugegangener Meinungsäußerungen über die „Entgegnung" des Herrn Sonntag sehe ich mich veranlaßt, nochmals, allerdings mit Widerwillen, den unsachlichen Ausführungen des Herrn S. zu begegnen. Freilich werde ich nicht im Tone des Herrn S. antworten. Leider läßt es sich nicht vermeiden, zu meiner Rechtfertigung und zur Charakterisierung des Herrn Sonntag persönliche Sachen ganz auszuschalten. —

Gerade in Gewerbelehrerkreisen können Herrn Sonntags „sonderbare" Erörterungen viel böses Blut erzeugen! Warum? Weil er aus meiner Publikation künstlich Dinge konstruiert, die sie nicht enthält. Das ist eine große Gefahr! Sie zu vernichten, erscheint im Interesse nicht nur des sächsischen, sondern des gesamten deutschen Gewerbelehrerstandes dringend notwendig.

Was wollte meine Abhandlung?

Sie wollte einen Weg weisen zur Heranbildung tüchtiger Fachlehrer mit guten Fachkenntnissen und hinreichender allgemeiner Bildung.

Die Grundlage dieser Fähigkeiten wird fast stets auf den Schulen erworben. Auch den Einfluß der „Kinderstube" unterschätze ich nicht. Daß sehr hochgebildete Menschen auf unserm Planeten wandeln, die nicht des Glückes teilhaftig wurden, Kinder gebildeter Eltern zu sein, die auch aus irgendeinem Grunde auf eine gute Schulbildung verzichten mußten, wird damit nicht bestritten. Ich habe auch mit keiner Silbe in Abrede gestellt, daß Herren ohne „Einjähriges" hervorragend tüchtige Fachlehrer sein können (s. Entgegnung des Herrn S.). Daß ich auch solche Herren sehr hoch achte, folgt aus dem Umstande, daß auf meinen Vorschlag der Schulausschuß der Zwickauer Gewerbeschule am 13. Dez. 1913 zwei technisch gebildete Herren ohne „Einjähriges" einstimmig zu hauptamtlichen Lehrern wählte.

Herr Sonntag dürfte wissen, daß die von mir genannten staatlichen, technischen Schulen, mit Ausnahme der Baugewerk- und Kunstgewerbeschulen, bei der Aufnahme von ihren Besuchern die wissenschaftliche Befähigung zum einjährig-freiwilligen Militärdienst verlangen. Sollte diese Maßnahme nicht von den dazu berufenen Persönlichkeiten nach reiflicher Ueberlegung getroffen worden sein?? —

Ist es Herrn Sonntag unbekannt, daß Direktoren gewerblicher Schulen in andern deutschen Bundesstaaten von ihren Fachlehrern (Arch., Ing. usw.) verlangen, daß sie den Unterricht im „Deutschen" übernehmen, daß sie überhaupt allen Unterricht in den ihnen zukommenden Klassen geben müssen? Ist diese Forderung nicht gerade das Ergebnis pädagogischer Erwägungen? — Freilich muß die Vorbildung der Fachlehrer die Möglichkeit der Einarbeitung in sämtliche Fächer jener Klassen gewährleisten. Vielleicht anvertraut man selbst solchen Herren noch den Unterricht im Deutschen und in der Buchführung, die die zwar nicht klangvolle, aber durchaus korrekt gebaute Form „verwirklichbar" prägen! —

Gerade der „Vorsitzende des Verbandes sächs. Gewerbeschulmänner" sollte sich freuen, daß ein Fachmann den Ruf nach allgemeiner Bildung der Fachlehrer erhebt! Unserm Ansehen bei andern Berufen wird das wirklich nicht schaden! —

Hätte Herr Sonntag Einblick in die technische Praxis, dann würde er nicht behaupten: „Ein technischer Lehrer könne nach ein- bis zweijährigem Schuldienst nicht wieder in jene zurück". Bei den gewerblichen Schulen Preußens und denen anderer deutscher Bundesstaaten wird fast immer eine Probezeit vom Fachmann beansprucht. Viele Techniker verlassen angesehene Stellungen, um in den Lehrberuf zu gehen. Wäre ein Rücktritt in die praktische Tätigkeit unmöglich, jene Herren würden sich hüten, eine Probezeit einzugehen. —

Die „Winterlehrer" scheint Herr Sonntag nicht zu kennen. Der „Winterlehrer" kann die von Herrn Sonntag der Praxis zugeschobene Forderung „eines lückenlosen Nachweises der Beschäftigung in praktischen Betrieben" nie erbringen. —

Ferner nimmt die nebenamtliche Tätigkeit an gewerblichen Schulen kaum ab. Dafür sorgen die Klassen der Gehilfen. Ich halte es sogar für eine der vornehmsten Aufgaben der maßgebenden Kreise unseres Deutschen Vaterlandes, außer den Lehrlings- auch Gehilfenklassen an allen gewerblichen Schulen, besonders auch in Zwickau, zu errichten! — —

Ich verwahre mich auf das schärfste gegen den Vorwurf pädagogischer Taktverletzung.

Woher schöpft Herr Sonntag den Glauben, die angeführten Beispiele entstammten der Zwickauer Gewerbeschule?

*) Leider mußte dieser Aufsatz, der uns sofort zuging, nachdem in den „Monatsblättern" der Verfasser wegen seines Aufsatzes in Heft 2 der D. T.-Z. stark angegriffen war, aus redaktionstechnischen Gründen zurückgestellt werden. Wir glauben, daß die sachliche Erwiderung trotzdem nicht an Wert verloren hat.
Die Redaktion.

Habe ich in meinem Artikel das auch nur mit einem Worte ausgesprochen? Ist es etwa die Kenntnis des einen von ihm total unrichtig erläuterten Falles, den ich ihm, dem frühern Leiter der Gewerbeschule in Zwickau, vertraulich mitteilte? (19. Oktober 1913.)

Darüber, ob die in den Beispielen meiner Arbeit angegebenen Fehler Kleinigkeiten sind, sollte Herr Sonntag als Nichtfachmann ein Urteil besser unterlassen.

Wo steht auch nur eine Silbe in meiner Arbeit, die den Satz rechtfertigt: „Der Pädagoge ist ihm ebensowenig lieb wie der Techniker ohne „Einjähriges“, auch gegen den Hochschultechniker hegt er Bedenken?“ Meine Arbeit handelte — ich betone das ausdrücklich — nur von dem Fachlehrer! — Von den „Pädagogen“ (übrigens ein verfehlter Ausdruck) habe ich überhaupt nicht gesprochen. — Keiner der zahlreichen „Pädagogen“, die meine Kollegen in meiner bald sechsjährigen hauptamtlichen Lehrtätigkeit waren, können mir etwas nachsagen, das auch nur im geringsten darauf hindeutet, sie wären mir als Mitarbeiter nicht „lieb“ und wert. Vom Hochschultechniker habe ich besonders gesagt, man solle nach meinen Ausführungen nicht wählen, ich wünschte ihn vom Gewerbeschuldienst ausgeschlossen. —

Warum wählt Herr Sonntag für seine „sonderbare“ Entgegnung eine andere Zeitschrift? Das ist doch sonst nicht Brauch! Verschanzt sich Herr Sonntag hinter dem Redaktionstisch der „Monatsblätter“?

Will Herr Sonntag Unfrieden zwischen mir und meinem Lehrerkollegium säen? — Meine ehrliche Ueberzeugung, nichts Schlechtes beabsichtigt zu haben, hat mich veranlaßt, meinen Herren Kollegen an der Gewerbeschule in Zwickau zu erklären:

„Sie haben die „Entgegnung“ meines Herrn Vorgängers gelesen, bitte, lesen Sie auch meine Ausführungen in der D. T.-Z., um sich selbst zu überzeugen, daß ich weder den „Pädagogen“ noch den Fachlehrer ohne „Einjähriges“ noch dem Hochschultechniker der Unfähigkeit des Unterrichtens an einer gewerblichen Lehranstalt geziehen habe.“

Wer „Beunruhigung“ schafft, wer „Zwiespalt“ stiftet, das zu entscheiden, überlasse ich dem objektiv denkenden Leser, der meine Arbeit und des Herrn Sonntag „Entgegnung“ darauf gelesen hat. Ebenso anvertraue ich den von persönlichen Aversionen freien Geistern die Entscheidung, ob mein Aufsatz den geringsten Anlaß zu der im nachfolgenden Satze gekennzeichneten Anschauung bietet: „Herr W. ist nicht einverstanden mit den meisten Lehrern, wie sie jetzt an den Gewerbeschulen arbeiten.“ Das ist eine aus der Luft gegriffene Behauptung. Sie veranschaulicht die ganze Art der „Entgegnung“ des Herrn Sonntag. Es gibt genug Herren, die mich gründlich kennen und die genau wissen, wie hoch ich das sächsische Gewerbeschulwesen und die in ihm tätigen Kräfte achte! —

Herr Sonntag schreibt: „Mit einer Definition, wie sie sich in jedem Lexikon findet, hat er (nämlich ich) das Wesen der Pädagogik erfaßt.“ Herr Sonntag irrt sich. Die „Definition“ entstammt keinem Lexikon. Die „Definition“ gab mir ein „Pädagoge“. Er, den meines Wissens auch Herr Sonntag hochschätzt, besitzt nicht nur die angeborene Kunst, sondern beherrscht auch die Wissenschaft der Pädagogik. Um den Rahmen meines Artikels nicht zu weit zu spannen, sehe ich ab von einer eingehenden Verteidigung meiner Auffassung über das Wesen der Pädagogik. Das soll in einem besonderen Artikel geschehen. Kurz erwähnen will ich nur noch, daß ich, bevor der Angriff des Herrn Sonntag erfolgte, bereits zahlreiche Werke über Pädagogik für die Bücherei unserer Schule erwarb. Das spricht zur Genüge dafür, daß ich das „pädagogische Prinzip an den gewerblichen Schulen“ nicht unterschätze.

Ich bin am Schlusse meiner Erörterungen. Sie haben den Zweck, entstandene Mißdeutungen richtig zu stellen. Zu dieser Richtigstellung fühlte ich mich den beteiligten Kreisen, nicht Herrn Sonntag, gegenüber verpflichtet. Er hat mich durch die Art der Behandlung dieser Angelegenheit der Verpflichtungen und Rücksichten enthoben, die mich als Amtsnachfolger und gebildeten Menschen mit ihm verbanden.

Nachwort. Bei dieser Gelegenheit danke ich für die vielen, freundlichen, anerkennenden Zuschriften aus dem Kreise der Herren Kollegen des ganzen deutschen Vaterlandes. Der Dank gilt auch den Herren Kollegen ohne „Einjähriges“. Die Beantwortung der zahlreichen Briefe ist mir leider unmöglich! Besonders freut es mich, daß meine Arbeit so verstanden wurde, wie ich sie gemeint habe.

RUNDSCHAU

Der V. Verwaltungsbericht des Königl. Preuß. Landesgewerbeamtes

ist soeben erschienen.*) Er gibt einen Ueberblick über die Entwicklung des gewerblichen Schulwesens und der Gewerbeförderung in der Zeit vom 1. Okt. 1911 bis zum 30. Sept. 1913. Wiederum sind auf diesem Gebiete große Fortschritte zu verzeichnen, insbesondere ist die Zahl der Fortbildungsschulen und noch mehr die Zahl der Schüler und Schülerinnen gewachsen. Dementsprechend sind auch die staatlichen Aufwendungen in Preußen von 12,8 Millionen Mark im Etat 1910 auf 14,2 Millionen Mark im Jahre 1913 gestiegen. Das Interesse, das unser Verband dem gewerblichen Schulwesen gegenüber stets bekundete — bekanntlich hat der Minister schon vor längerer Zeit einen Vertreter unseres Verbandes in das Landesgewerbeamt berufen —, wird durch den vorliegenden über 700 Seiten starken Band in hohem Maße gefesselt. Es ist nicht möglich, in Form eines kurzen Berichtes auf den gesamten, durchweg wertvollen Inhalt einzugehen. Wir empfehlen unseren Mitgliedern, insbesondere aber denen, die der Fortbildungsschule nahe stehen, an ihr unterrichten oder sich dem Unterricht erst widmen wollen, das Werk selbst zu lesen. Einiges aus dem Inhalt sei jedoch kurz mitgeteilt. Z. B. bringt das Buch ein interessantes Referat, das der Ministerialdirektor Dr. Neuhaus über den letzten Verwaltungsbericht des Landesgewerbeamtes auf einer Sitzung des Ständigen Beirates für gewerbliches Unterrichtswesen gehalten hat. Was dort der Vortragende über die Auswüchse des technischen Privatschulwesens gesagt hat, können wir nur Wort für Wort unterstreichen. Bei der Wichtigkeit dieses Themas, speziell für uns Techniker, scheint es angebracht, den betreffenden Abschnitt des Berichtes zu zitieren. Ministerialdirektor Dr. Neuhaus führte aus:

„Die Wahrung der Schulhoheit des Staates und die daraus sich ergebende verantwortungsvolle Pflicht der Staatsorgane erfordert es, daß den zum Teil bedenklichen Privatschulunternehmungen die erforderliche Aufmerksamkeit zugewendet wird. Wir wissen aus eigenster Erfahrung, daß gute Schulen teuer sind, daß ihr Betrieb, wenn er gewissenschaft und mit dem Ziel, die Schüler zu fördern, gehandhabt wird, mehr Aufwendungen erfordert als an Schulgeld dafür einkommt. Das rechtfertigt den Schluß, daß die Einrichtung und der Betrieb von Schulen keine Erwerbsunternehmen sein sollten. Wenn gleichwohl die Privatschulen der auf Erwerb ausgehenden Unternehmer wie Pilze nach einem warmen Regen hervorschießen, wird man diese Erscheinung mit einem gewissen Mißtrauen betrachten müssen, da nicht anzunehmen ist, daß diese Leute, wenn sie Zeit, Arbeit und Geld opfern, darauf ausgehen, dem öffentlichen Wohle zu dienen, und die Wachsamkeit der Behörden darf nicht dadurch eingeschläfert werden, daß einzelne einwandfrei geführte und mit Recht angesehene Privatschulen vorhanden sind. Unter den Unternehmern befinden sich viele gescheiterte Existenzen, Leute, die sich auf allerlei Pfaden versucht haben, und in deren Konduiten sich, wie man zu sagen pflegt, oft ein Fettfleck befindet, zuweilen mehrere. Ihre technische Qualifikation, ihr Können und Wissen ist oft recht dürftig. Die von ihnen benutzten Unterrichtsräume lassen oft alles zu wünschen übrig, und die von ihnen angestellten Lehrkräfte werden selbst, wenn sie sonst einwandfrei sind, was keineswegs immer zutrifft, so schlecht besoldet, daß in diesen Schulen oft nichts beständig ist wie der Wechsel dieser Lehrer. Dagegen zeichnen sich diese Unternehmungen in den meisten Fällen durch eine marktschreierische Reklame aus. Unter dem Namen „Akademie“ oder „Hochschule“ tut solch ein Unternehmer es gewöhnlich nicht, wenn man ihn gewähren läßt. Die kühnste Phantasie feiert geradezu Orgien auf diesem Gebiete. Dazu werden am Schlusse der Kurse oder des Schuljahres sogenannte Prüfungen veranstaltet, die, nach den Prospekten zu urteilen, stets glänzende Ergebnisse haben und den Geprüften sichere Anwartschaft auf glänzende, hochbezahlte Stellen im Handel und Gewerbe in Aussicht stellen. Diese Künste verführen nur zu viele Leute, ihr gutes Geld für derartigen Privatunterricht auszugeben; und zu spät entdecken sie dann oft genug, daß sie elend geprellt worden sind. Diesen schwindelhaften Unternehmungen mit Nachdruck ein Ende zu machen, ist — leider — in immer

*) Carl Heymanns Verlag, Berlin. Preis 5 M.

steigendem Maße in den letzten Jahren auch eine Aufgabe der Regierungs- und Gewerbeschulräte gewesen."

Hoffentlich schreitet man auf diesem Wege rüstig fort. Wir haben ja schon vielfach Gelegenheit gehabt, auf diesen Krebsschaden im technischen Unterrichtswesen hinzuweisen.

Sehr interessant ist auch die Uebersicht über die seit langem erstrebte und in der Berichtszeit endlich geschaffene Ausbildungsgelegenheit für hauptamtliche Lehrer an gewerblichen Fortbildungsschulen. Ueber den Plan, die Durchführung und den Verlauf des 1. Seminarkursus für Lehrer an gewerblichen Fortbildungsschulen haben wir bereits ausführlich berichtet. In dem Werk findet der Leser alle Einzelheiten sorgfältig zusammengestellt. Die Seminarkurse sollen eine ständige Einrichtung werden. Ein besonderes Gebäude für das Seminar wird vorläufig nicht errichtet werden. Die Stadt Charlottenburg hat sich bereit erklärt, dem Seminarkursus in dem großen Neubau, der für alle gewerblichen Schulen beschlossen ist, dauernd Unterkunft zu gewähren. Die Zahl der Teilnehmer ist bekanntlich auf 60 bis 70, als Termin für Anmeldung bei den Regierungspräsidenten der 15. November festgesetzt. In ähnlicher Weise bringt der Bericht eingehendes Material über die Ausbildungsgelegenheiten neben amtlicher Lehrer an gewerblichen Fortbildungsschulen.

Es wird ferner beabsichtigt, neben den Kuratorien der Fortbildungsschulen in den Großstädten für die einzelnen Gewerbe und Fachgruppen allgemein besondere Fachbeiräte zu schaffen, die nach Möglichkeit bei der Aenderung der Organisation, des Lehrplanes und der Unterrichtszeit sowie beim Vorgehen gegen dauernde Schulversäumnisse zur Mitarbeit herangezogen werden sollen. Hier scheint sich eine neue Aufgabe für uns Techniker, an der wir großen Anteil nehmen sollten, zu bieten. Wir könnten dort z. B. dafür eintreten, daß die Unterrichtszeit möglichst in die Tagesstunden verlegt wird, vielleicht könnte aber auch in diesen Fachbeiräten die Auffassung nachdrücklicher vertreten werden, daß sich gerade der Techniker zum Lehrer an der gewerblichen Fortbildungsschule in besonderem Maße eignet.

Die Bedeutung des Buches, das im übrigen noch ein reichhaltiges Material über das kaufmännische Bildungswesen, über den Stand, die Einrichtungen, Frequenz usf. der Kunst- und Handwerkerschulen, der Baugewerkschulen, der Schulen für die Haus-, Metall- und Textilindustrie, über die bestehenden Meisterkurse usw. enthält, wird demnach jeder schon aus diesen kurzen Angaben ermessen können. Darum sei sein Studium jedem Techniker nochmals warm empfohlen. Wenigstens sollte es in den Bibliotheken unserer Zweigverwaltungen nirgends vermißt werden. Mf.

*

Der Deutsche Verein für das Fortbildungsschulwesen hat jetzt sein 5. Jahrbuch*) herausgegeben. Der Verein, der seinen Sitz in Leipzig hat, ist unseren Lesern nicht fremd. Er veranstaltet die bekannten Kurse zur Ausbildung von Lehrern und Lehrerinnen an Fortbildungsschulen, worüber wir schon wiederholt berichteten. Näheres über den nächsten Kursus findet sich in Heft 15 dieses Jahres unserer Zeitschrift. Wie aus dem vorliegenden Jahrbuch hervorgeht, wird der Verein vom 4. bis 6. Oktober 1914 seinen 13. Deutschen Fortbildungsschultag in Würzburg abhalten. Zum Hauptthema der Verhandlungen ist die Frage der ungelernten und angelernten Arbeiter ausgewählt worden. Nebenbei steht das kaufmännische, gewerbliche, ländliche und weibliche Fortbildungsschulwesen zur Beratung.

Der Verein, dem zurzeit neun Landesverbände mit rund 9400 Mitgliedern und 452 korporativen Mitgliedern, — auch unser Verband ist Mitglied — angehören, verfolgt den Zweck, die Ausbreitung und zeitgemäße Gestaltung des Fortbildungsschulwesens für die männliche und weibliche Jugend zu fördern. Er will für alle auf diesem Gebiet hervortretenden Bestrebungen und Einrichtungen den Mittelpunkt bilden und zu sachlichem Meinungsaustausch sowie zu fachlicher Belehrung Gelegenheit bieten. Das Organ des Vereins ist die in Herrosé's Verlag, Wittenberg, Bezirk Halle, erscheinende Zeitschrift „Die Deutsche Fortbildungsschule" (vierteljährlich 2.50 M). Das Blatt, das wertvolle Aufsätze aus allen Gebieten des Fortbildungsschulwesens bringt, darf als unentbehrlich für jeden Fortbildungsschullehrer bezeichnet werden. Es erscheint am 1. und 15. eines jeden Monats; der letzte Jahrgang hatte einen Umfang von 1232 Seiten. Unter dem Titel „Feierabend" gibt der Verein eine sich mit Recht großer Beliebtheit erfreuende Jugendzeitschrift heraus, zu der sich in neuester Zeit eine speziell für die weibliche Jugend bestimmte zweite Zeitschrift dieser Art „Der Weg zur Freude" hinzugesellt. Daß sich der Verein in dieser Weise auch der Jugendpflege annimmt, verdient wärmste Anerkennung.

Eine besondere Pflege widmet der Verein auch dem Fortbildungsschulmuseum, das sich seit 1910 im Besitz und in der Verwaltung der Pädagogischen Zentralbibliothek (Comenius-Stiftung) zu Leipzig, Schenkendorfstraße, befindet. Nach den Bestimmungen der Bibliotheksordnung werden Bücher an Lehrer und pädagogische Schriftsteller auch außerhalb Leipzigs verliehen.

In den Berichten der einzelnen Landesverbände findet der Leser des Jahrbuches wertvollen Stoff über Fortbildungsschulfragen, womit sich die Vereine im Berichtsjahre beschäftigten, in Form von kurzen Berichten, Leitsätzen und Resolutionen niedergelegt. Einen weiteren Abschnitt in dem Buche nimmt das Adressenverzeichnis der Staatsbehörden, denen das Fortbildungsschulwesen in den Bundesstaaten untersteht, ein. Wichtig sind auch die hier gemachten Angaben über Ausbildungsgelegenheiten für Fortbildungsschullehrer. Das Schlußkapitel, weitaus das stärkste des Jahrbuches, bildet das Verzeichnis der hauptamtlichen Leiter und Lehrer, sowie der nebenamtlichen Lehrer an den Fortbildungsschulen. Es ist nicht ein reines Namensverzeichnis, sondern gibt u. a. auch Auskunft über die verschiedenen Arten der Schulen und Schulgebäude, Pflichtstundenzahl, Werkstattunterricht, Turnunterricht, über die Gehaltsskalen der hauptamtlichen und über die Honorarsätze der nebenamtlichen Lehrer.

Das verdienstliche Werk, dessen Bearbeitung in der Hand des Fortbildungsschullehrers Ehrenheim, Charlottenburg, lag, dürfte unseren Mitgliedern, die sich dem Unterricht an der Fortbildungsschule widmen, unentbehrlich sein. Mf.

*) Jahrbuch des Vereins für das Fortbildungsschulwesen 1914. Magdeburg, Creutz'sche Verlagsbuchhandlung.

BÜCHERSCHAU

Steinberger. **Die Wohnung und die Wohnungsfeuchtigkeit.** Berlin. Wilhelm Ernst & Sohn.

Der Verfasser hat als Vorstand des Baupolizeiamts in Darmstadt, dem auch die Wohnungsaufsicht angegliedert ist, reiche Gelegenheit gehabt, über die Fragen der Hygiene im Wohnungsbau Erfahrungen zu sammeln. Es ist sehr dankenswert, daß er dieselben auch weiteren Kreisen zugänglich macht; seine Darstellungen sind leicht verständlich und zeugen von wissenschaftlicher Gründlichkeit. Im ersten Abschnitt behandelt er die hygienischen Gesichtspunkte, die hinsichtlich der Lage und baulichen Beschaffenheit der Wohnungen zu beachten sind. Die weiteren Abschnitte beschäftigen sich mit der wichtigsten Aufgabe der Schrift, nämlich mit eingehenden Untersuchungen über die Wohnungsfeuchtigkeit, ihre Ursachen und deren Feststellung, die Folgen der Feuchtigkeit und ihre Bekämpfung. Mit gründlicher Kenntnis aller in Betracht kommenden Einzelheiten behandelt er diese Fragen, er beschäftigt sich ferner in eingehender Weise mit dem Hausschwamm und gibt eine Reihe von Winken für dessen Erkennung und Beseitigung. Endlich geht er noch näher ein auf die Lüftung und Beheizung der Wohnungen, und auch hier entwickelt der Verfasser große Sachkenntnis.

Die Begutachtung von Feuchtigkeitsschäden will er — und zwar durchaus mit Recht — dem Techniker vorbehalten wissen und er wendet sich mit einiger Schärfe dagegen, daß die Befähigung zur Ausübung der Wohnungsaufsicht im ganzen den Frauen und Aerzten in besonderem Maße zuerkannt werden soll, vielmehr betont er mit Nachdruck, daß hier in erster Linie der Techniker zuständig ist.

Etwas geringschätzig behandelt der Verfasser m. E. die Statistik. Wenn der Wert derselben auch von mancher Seite etwas übertrieben wird, so ist sie doch nicht zu entbehren, und sie kann auch an Wert nicht dadurch verlieren, daß hier und da unrichtige Schlüsse aus ihr gezogen werden. Die zahlenmäßigen Feststellungen haben uns doch in erster Linie wie auf anderen Gebieten so auch in der Wohnungsfrage die Kenntnis der bestehenden Zustände vermittelt. Die Statistik kann ja auch nicht mathematisch genau bis in alle Einzelheiten Aufschluß geben, aber sie zeigt mit größter, der Wirklichkeit am nächsten liegender Wahrscheinlichkeit, wie die Verhältnisse tatsächlich sind. Damit hat sie ihren Zweck durchaus erfüllt. Wir werden sie auch in Zukunft nicht entbehren können.

Das Buch Steinbergers ist eine schätzenswerte Bereicherung der Wohnungsliteratur, es sollte in keinem Baubureau fehlen, namentlich für Behörden, die mit dem Häuserbau zu tun haben, insbesondere also für die Baupolizeiämter, erscheint es von großem Wert. Einen solchen hat es auch für die Wohnungsaufsicht und die mit der letzteren betrauten Beamten können aus dem Buche sehr viel lernen, wenn sie ihre Aufgabe gründlich erfüllen wollen.

Darmstadt. Gretzschel.

DEUTSCHE TECHNIKER-ZEITUNG

HERAUSGEGEBEN VOM DEUTSCHEN TECHNIKER-VERBANDE

Schriftleitung:
Dr. Höfle, Verbandsdirektor. Erich Händeler, verantwortlicher Schriftleiter.

XXXI. Jahrg. 30. Mai 1914 Heft 22

30 Jahre Deutscher Techniker-Verband

Im dreißigsten Jahre unserer Verbandsarbeit treten wir nunmehr in Metz zum 22. ordentlichen Verbandstage zusammen. Dreißig Jahre des Wirkens und Schaffens für den deutschen Technikerstand liegen hinter uns, dreißig Jahre ehrlicher, treuer Arbeit, die zwar nicht immer alles erreichen konnte, was wir erstrebt, uns aber doch ein kräftiges Stück vorwärts gebracht hat. Die Mittel, mit denen der D. T. V. dem deutschen Technikerstande dienen wollte, waren in den drei Jahrzehnten verschieden, die Form seiner Organisation hat sich auch gewandelt. Es mußte so sein; denn nicht Willkürakte von Menschen konnten den Verband umformen, das Wirtschaftsleben selbst ist es vielmehr, das auch unseren Verband in seine Gesetze gezwungen. Doch nicht rückschauend verweilen wollen wir hier bei dem, was war. Der Zukunft gilt unsere Arbeit in Metz. Die letzten Jahre der Verbandsarbeit haben uns den festen Boden unter die Füße gegeben, auf dem wir den Stürmen trotzen können, wenn wir alle, Mann für Mann, von dem Willen der Solidarität durchdrungen, geschlossen zusammenstehen. Diese Einheit unseres Willens muß in Metz zum Ausdruck kommen, diese Einheit des Strebens von annähernd

32000 Mitgliedern,

die sich jetzt zu uns bekennen.

Die Steigerung der Mitgliederzahl von 30207 am 1. Januar 1914 auf 31762 am 22. Mai muß allen, die bisher noch zweifelnd der neuen Verbandsarbeit gegenüberstanden, zeigen, daß wir auf dem rechten Wege sind. 4109 neue Anmeldungen lagen uns bis jetzt in diesem Jahre vor, ein Zeichen dafür, wie außerordentlich die Werbekraft des Verbandes gestiegen, allerdings im Vergleich zu der wirklichen Zunahme des Mitgliederbestandes auch eine dringende Mahnung, wie bitter notwendig der weitere innere Ausbau der Organisation ist, damit nicht so viele Mitglieder gestrichen werden müssen, die ihrer ersten Verbandspflicht, den Beitrag pünktlich zu entrichten, nicht nachkommen. In den letzten Jahren des dritten Dezenniums war unsere ganze Verbandsarbeit auf die Schaffung eines neuen Programms und einer neuen Satzung eingestellt. Die ersten Jahre des vierten Jahrzehnts müssen uns in allem die innere Festigung bringen; dann wird die Werbekraft, die wir unserem Verbande durch die Reformen gegeben haben, erst ganz in Erscheinung treten können. Die vielen Anträge zeugen von dem regen Interesse der Mitglieder an dieser Arbeit; der Metzer Verbandstag wird aus ihnen die richtigen Schlüsse ziehen, um der Verbandsarbeit den Weg zu weisen, der zu weiterer innerer Erstarkung führt. In diesem Sinne

auf ans Werk!

Von Breslau bis Metz!

Von HEINRICH KAUFMANN.

> Das Alte stürzt, es ändert sich die Zeit
> und neues Leben blüht aus den Ruinen.

Wenn wir heute zurückblicken und die letzten 8 Jahre Verbandsarbeit überschauen, dann sehen wir 8 Jahre voll harter Arbeit und schwerer Kämpfe, innerhalb und außerhalb des Verbandes: „Von der Parität zur Gewerkschaft“ könnte man ebenso gut diese Betrachtung überschreiben, denn die beiden Worte gaben unserer Arbeit in der zwischen Breslau und Metz liegenden Zeit Richtung und Schwung. Vor wenigen Tagen noch schrieb im Berliner Tageblatt Dr. Potthoff in einem Festartikel zum 20jährigen Jubiläum des Deutschen Bankbeamtenvereins auch von unserem Verbande. Er gedachte der Gründungszeit des Bundes der technisch-industriellen Beamten und erinnerte an den Optimismus der ersten Bundesführer, die vor zehn Jahren in übel angebrachter Ueberschätzung ihrer Kraft glaubten, daß in längstens zwei Jahren der alte Harmonieverband — der Deutsche Techniker-Verband — „erledigt“ sei. Nun, so schreibt Dr. Potthoff: „Der Deutsche Techniker-Verband aber lebt auch noch und ist mit 30 000 Mitgliedern noch immer der Stärkere“. Wenn wir heute ebenfalls ein Jubiläum, das der 30jährigen Wiederkehr des Gründungstages unseres Verbandes feiernd, diese Feststellung Potthoffs unterstreichen und berichtigend hinzufügen dürfen, daß der Verband zurzeit nicht 30 000, sondern bereits 32000 Mitglieder zählt, dann danken wir dieses Resultat der Arbeit der in unseren eigenen Reihen oft so heftig bekämpften gewerkschaftlichen Richtung. Darüber ist wohl kein Zweifel, daß „der alte Harmonieverband“ niemals sich gegenüber der Konkurrenz des gewerkschaftlichen Bundes hätte behaupten können, wenn er sich nicht den Forderungen der Zeit angepaßt hätte. Deshalb ist es den Männern, die dablieben und mitarbeiteten im D. T. V. und allen Schwierigkeiten zum Trutz den Kampf im Verbande aufnahmen, getragen von der ehrlichen Ueberzeugung, daß der paritätische Gedanke in der Technikerbewegung sachlich unberechtigt ist, hoch anzurechnen, daß sie die Flinte nicht vorzeitig ins Korn warfen und zum Gegner übergingen, dessen gewerkschaftlichem Programm sie sich innerlich zugezogen fühlten. Ihre Gedanken haben sich heute, — das darf wohl jetzt vor dem Metzer Verbandstage gesagt werden — durchgesetzt. Was will es verschlagen, wenn vielleicht noch da oder dort einzelne zögernd bei Seite stehen, oder gar hemmend der Entwicklung in den Weg treten wollen; die Masse der Techniker, diejenigen, für die wir arbeiten und kämpfen, reißt sie mit oder geht über sie hinweg. Die Masse denkt und fühlt gewerkschaftlich! Das ist unser Glaube und darin liegt unsere Stärke. Die Masse der vom Recht vernachlässigten, vom Gesetzgeber geflissentlich übersehenen, vom Unternehmer ausgebeuteten Techniker! Sie glaubt nicht mehr an die vor und auch noch oft nach Breslau im Verbande gepredigte „Harmonie der Interessen“ zwischen Kapital und Arbeit. An die Stelle dieses süßen, und auch recht bequemen Glaubens ist das zwar harte, aber stolzere Bewußtsein getreten, daß gekämpft werden muß, gekämpft um Lohn und Arbeitszeit und um noch höhere Güter, um die Anerkennung der Persönlichkeit, die frei sein und sich auch als Staatsbürger betätigen will. Das Bewußtsein ist heute lebendig in den Kreisen der Verbandsmitglieder, daß den Organisationen ebenso wenig geschenkt wird, wie dem Einzelnen, daß alles, was notwendig ist, im harten Kampfe erobert werden muß. Die alten Harmoniegedanken sind verflüchtigt; dafür ist die Erkenntnis gekommen, daß es auch für den Techniker nur ein Hüben und Drüben gibt beim Abschluß des Arbeitsvertrages. Hüben steht der Angestellte als einzelner widerstandsunfähig, gezwungen, seine Arbeitskraft zu verkaufen, wenn er leben will. Drüben der wirtschaftlich unabhängigere Unternehmer, die Aktien-Gesellschaft oder gar der Arbeitgeberverband, dessen Mitglieder, stark von Hause aus, übermächtig werden durch die Koalition. Diese Scheidung hat auch in unseren Kreisen den Gegensatz zwischen Käufer und Verkäufer der Arbeitskraft enthüllt, der mit zwingender Logik zur Gewerkschaft führte.

Wenn hier des Weges gedacht wird, den wir von Breslau bis Metz gegangen sind, dann sollen dabei nicht die Beschlüsse der dazwischen liegenden Verbandstage behandelt werden, auch nicht die Stellung des Verbandes zu den Fragen der Gesetzgebung, — darüber gibt unser Jahresbericht Auskunft — sondern nur die Wandlungen und Auseinandersetzungen im Innern gestreift sein, die oft aus Freunden unversöhnliche Gegner machten, denen es schwer fiel oder ganz unmöglich wurde, sich nach dem Austrag sachlicher Meinungsverschiedenheiten wieder zusammenzufinden. Gar mancher ist uns so verloren gegangen, dessen Kraft zu schade ist, um nutzlos irgendwo zu verkümmern. Wenn deshalb nur alle, die einen frischen Kampf scheuen, sich der Worte erinnern wollten, die auf dem Breslauer Verbandstag der Vertreter der Preußischen Regierung, Oberpräsident Graf Zedlitz und Trütschler den Delegierten zurief: „Auch bei Ihren Verhandlungen werden Gegensätze hervortreten und zu Kämpfen führen, aber das ist gerade der Vorteil, denn Kampf und Leben sind identisch und der Geisteskampf bringt vorwärts.“

Daran sollten die denken, die sich am Ton stoßen, wenn einmal im Kampfe ein schärferes Wort gebraucht wird; eine wirtschaftliche und soziale Interessenvertretung ist keine Gouvernantenstube, das zeigt ein Blick in die Arbeitgeberorgane. Den Verband hat dieser Kampf vorwärts gebracht. Das Ringen des rechten und linken Flügels, der alten paritätischen und der neuen gewerkschaftlichen Richtung im Verbande hat seine Kräfte gestählt und Menschen und Charaktere herauswachsen lassen, die wir in der Bewegung nicht missen dürfen. Denken wir an den Redekampf, der in Breslau der Beitragserhöhung und der Einführung der Stellenlosenunterstützung vorausging, oder an jene Debatte über den Leipziger Antrag auf dem Königsberger Verbandstag, welcher den Einfluß der selbständigen Verbandsmitglieder beschneiden wollte. Hier wurden zum ersten Male gewerkschaftliche Gedanken ausgesprochen, nachdem schon vorher die Magdeburger Konferenz der Bezirksverwaltungsvorstände ein neues Ziel gesteckt und die Richtung gewiesen hatte. Damals ging es gewiß um große Dinge! Eine Reform des Verbandes an Haupt und Gliedern war geplant, und wenn in Königsberg das Magdeburger Programm noch nicht völlig verwirklicht werden konnte, so nur deshalb, weil die Gedanken der Reformarbeit in der kurzen Zeit von Ostern bis Pfingsten nicht mehr in die Masse der Mitglieder getragen werden konnten. Nur so kam es, daß in Königsberg Zweigvereine gegen Bezirksverwaltungen standen und das paritätische Prinzip sich äußerlich noch zu behaupten schien. Aber es hat dort den ersten und wichtigsten Stoß erhalten. Kein Beschluß zugunsten der Arbeitgeber, alles für die technischen Arbeitnehmer! Das war das Ergebnis des Königsberger Verbandstages. In Königsberg wurde der Verband erst eine Angestelltenorganisation, wie er später in Köln eine Gewerkschaft wurde. Von da ab schwinden Ansichten, wie sie noch 1908 Kulemann in seinem Werke „Die Berufsvereine“ als die herrschenden im Techniker-Verbande wiedergab. Dort heißt es: „der Verband meine, die in ihm vorhandenen 2000 selbständigen Techniker nicht als Hindernis für die energische Vertretung der Arbeitnehmerinteressen seiner etwa 20 000 abhängigen Mitglieder ansehen zu sollen“ und er glaube, daß die Dinge doch anders lägen „bei Arbeitgebern wie den Mitgliedern des Verbandes, die das Technikerelend in jahrzehntelanger Abhängigkeit selbst gefühlt hätten“, weshalb „sie zu bekämpfen nach dem berechtigten Grundsatze der Interessenharmonie aller erwerbstätigen Stände verfehlt“ sei.

Nun, in der Zeit von Königsberg bis Stuttgart hat sich mancherlei ereignet, was zur beschleunigten Revision dieser Grund- und Glaubenssätze beitrug: Die Angriffe der Bayrischen Metallindustriellen, das brutale Wort Uthemanns, die Maßregelungen unserer Mitglieder just in dem Moment, wo sie sich wählen ließen in Körperschaften wie den Angestelltenausschuß der Bayrischen Handelskammern, „die der Interessenharmonie erwerbstätiger Stände“ dienen sollten, jene Inserate, welche während der großen Bauarbeiteraussperrung Techniker suchten, die als Maurer tätig sein und die schimpfliche Rolle des „Arbeitswilligen“ übernehmen sollten. Dazu noch die harten Ziffern unserer Verbandsstatistik, die zeigt, daß der Arbeitslohn gering, die Arbeitszeit aber übermäßig lang ist, daß Urlaub nur in ganz unzureichendem Maße gewährt wird, daß unbezahlte Ueberstunden und Sonntagsarbeit recht häufig vorkommen, daß Konkurrenzklauseln und Erfinderschutzbestimmungen sich immer mehr einbürgern, kurz, daß die wirtschaftliche Lage der technischen Angestellten eine außerordentlich gedrückte ist.

So kam es, daß aus der Mitgliedschaft der Gedanke herauswuchs, dem Verbande eine völlig neue Satzung zu geben, die auch äußerlich der veränderten Auffassung Rechnung trägt. Jene bald scharf angegriffenen, bald verspotteten, „weitblickenden Berliner Kollegen“, die dem Verband zu seinem 25jährigen Jubiläum den ersten Entwurf der neuen Satzung stifteten, gaben das Beste, was zu jener Zeit gegeben werden konnte. Ihr Rundschreiben an Bezirksverwaltungen und Zweigvereine hat gewiß aufrüttelnd gewirkt, und es muß trotz der scharfen Auseinandersetzungen, die es zur Folge hatte, anerkannt werden, daß damit für den Stuttgarter Verbandstag gute Vorarbeit geleistet und auch der vom Gesamtvorstand eingesetzten Satzungskommission recht wertvolle Anregungen gegeben wurden. Die Grundgedanken dieses Satzungsentwurfes: einheitliche Mitgliedschaft, einheitlicher Beitrag, zentrale Leitung, sind heute bereits verwirklicht. Wie aber wurde damals noch in den Zweigvereinen darüber gestritten und wie häufig prallten mancherorts die Gegensätze deshalb aufeinander. Die vom Stuttgarter Verbandstage nach den Vorschlägen der Satzungskommission angenommene Satzung brachte noch nicht die von der Mehrheit im Verbande gewünschte Lösung. In heftigem Kampfe rangen damals noch die alte und neue Richtung miteinander. Allen, die an diesen Erörterungen teilnahmen, wird die erregte Debatte noch in Erinnerung sein, die bei dem entscheidenden § 4 des Satzungsentwurfes einsetzte. 18 015 Stimmen waren nach namentlicher Abstimmung dafür, daß Selbständige im Verbande in Ehrenämter gewählt werden können, 9915 dagegen. Damit war die Zweidrittelmajorität, die erforderlich ist, um eine solche grundsätzliche Frage zu entscheiden, nicht vorhanden. 606 Stimmen fehlten an der Zweidrittelmajorität, um damals schon dem Verband in der Satzung gewerkschaftlichen Charakter zu geben. Die Minderheit nahm ihren Sieg ohne Beifall entgegen, wie es im Bericht über diesen Verbandstag heißt. Und sie hatte auch allen Grund zu schweigen. Denn mit erdrückender Majorität wurde dann in einfacher Abstimmung der Antrag angenommen, allen Verbandsorganen zu empfehlen, bei Wahlen Selbständige tunlichst nicht in Ehrenämter zu wählen, womit der Mehrheitswille im Verbande wieder zum Ausdruck kam.

Trotzdem hatten wir es unseren „guten Freunden“ im gegnerischen Bundeslager nicht recht gemacht. Kurz nach dem Verbandstage setzte eine Hetze gegen den Verband ein, an der eigentlich nur die Druckereibesitzer ungeteilte Freude haben konnten. In allen Farben schillerten die Flugblätter und Bilderbogen, die „nach Stuttgart“ den Verband vernichten und „dem Bunde die Zukunft“ sicher stellen sollten. Ebenso die riesengroßen Plakate, die zu Versammlungen einluden, wo über „die Verschmelzung der Techniker-Verbände“ gesprochen wurde. Der fanatische Haß eines inzwischen zurückgetretenen Bundesführers gegen den D. T. V. ließ ihm damals diesen an sich guten Gedanken mißbrauchen, um sich billige Triumphe zu sichern. Doch es war ein vergeblich Mühen: „Der Verband blieb auch nach Stuttgart noch „die stärkste wirtschaftliche und soziale Interessenvertretung der deutschen Techniker“. Allen Angriffen zum Trutz! Ja man darf sagen, je mehr wir befeindet wurden, umsomehr wuchsen unsere Kräfte. Der Stuttgarter Verbandstag wirkte nach und die Mitglieder des Verbandes erkannten immer mehr, „daß das Stuttgarter Verbandsprogramm zur gewerkschaftlichen Standesarbeit verpflichtet.“ Nachdem noch am 9. Januar 1911 der Gesamtvorstand ausdrücklich feststellte, daß dieser Verbandstag „in der Ablehnung der paritätischen Politik durch unser fortschrittliches Verbandsprogramm der Vertretung der Angestellteninteressen weiten Spielraum gegeben“ habe, konnte, getragen von der Autorität des ersten Aufsichtsorgans nun erst recht gewerkschaftlich gearbeitet werden. Das zeigt unsere Stellung im Marinetechniker-Konflikt, welcher den Verband auf der Höhe seiner Aufgaben sah. Und als dann der erste Technikerstreik kam, der Kampf der Berliner Eisenkonstrukteure, da standen auch unsere Mitglieder in Reih und Glied der kämpfenden Berufsgenossen.

Gewiß gab es darüber noch Meinungsverschiedenheiten in weiten Verbandskreisen, ob es zweckmäßig war, von dem in Berlin versuchten äußersten Mittel im Arbeitskampfe Gebrauch zu machen. Der Mehrheit des Verbandes war diese Frage schon damals nicht mehr eine Frage des Prinzips, sondern eine Zweckmäßigkeitsfrage. Einzelne Ueberängstliche sahen darin bereits den Anfang vom Ende des Verbandes. Sie glaubten, daß eine Technikerorganisation, die zu solchen Mitteln greife, sich selbst proletarisiere, ohne zu verstehen, daß die wirtschaftliche Entwicklung das bereits viel gründlicher besorgt hat. Diese Schwachen und Lauen, die wohl noch dem alten paritätischen Verbande wichtige Mitglieder sein konnten, die aber für die gewerkschaftliche Organisation eine innere Gefahr bedeuten, weil sie gerade dann, wenn die Geschlossenheit des Verbandes erstes Erfordernis ist, die Fahne der Zwietracht erheben, trennten sich von uns; wir werden diese Trennung eher für einen Gewinn, als für einen Verlust ansehen können, umsomehr als es uns nach diesen Vorgängen gelang, in größerem Maße die Jugend zu organisieren. Und das wollen wir auch heute nicht vergessen: wer die Jugend hat, hat die Zukunft!

Dann kam der Kölner Verbandstag. Mit welchen Hoffnungen und Befürchtungen wurde nach den vorausgegangenen Auseinandersetzungen auf den Bezirkstagen und in den Versammlungen der früheren Zweigvereine nach Köln gesehen. Die Mehrzahl der Delegierten ging dorthin mit dem festen Willen, dem Verband endlich die innere Geschlossenheit wiederzugeben, und ihr gelang dies Werk.

Es genügt, Verbandskollegen, die größtenteils diese Tagung mit erlebt haben, daran zu erinnern. In Köln wurde der Verband eine Gewerkschaft. Mit 23 582 gegen 4276 Stimmen, d. h. mit mehr als Fünfsechstelmajorität wurde dort dem Verbande eine Satzung gegeben, die das verwirklicht, was der Stuttgarter Verbandstag nicht schaffen konnte. Ein Verbandsbeitrag, welcher den Leistungen des Verbandes mehr entspricht, eine einheitliche Mitgliedschaft, die sich künftig nur aus Arbeitnehmern zusammensetzen kann, eine Zweigverwaltung des Verbandes am Ort, schärfere Zentralisation der Leitung und damit größere Schlagfertigkeit nach außen! Das sind die Errungenschaften des Kölner Verbandstages. In den Leitsätzen zum Programm wurde die Taktik des Verbandes festgelegt und die solidarische Arbeitsverweigerung für Techniker der Industrie und des Baugewerbes als zulässiges Mittel zur Verbesserung der wirtschaftlichen und sozialen Lage anerkannt. Nicht um damit theoretisch zu prunken, sondern aus der harten Notwendigkeit heraus, daß die Arbeitskraft der Techniker geschützt werden muß mit allen gesetzlich überhaupt zulässigen Mitteln, entstand dieser Beschluß. Man hat uns nachher in der Arbeitgeberpresse deshalb politischer Tendenzen bezichtigt und mit Absicht übersehen, daß gerade der Kölner Verbandstag die parteipolitische Neutralität des Verbandes klar und deutlich zum Ausdruck brachte.

Wir rechneten mit solchen Angriffen und wir wußten, daß die Feinde der unabhängigen Angestelltenbewegung nach den Kölner Beschlüssen uns aufs neue befehden würden. Ebenso waren wir uns auch darüber klar, daß die Zögernden und Unentschlossenen, die nur noch den Kölner Verbandstag abwarteten, nach diesen Beschlüssen sich vom Verband loslösen würden. Uns überraschte also weder die Absonderung der Breslauer Gruppe, noch der Austritt einiger Straßburger Mitglieder, die erst später zeigten, wes Geistes Kind sie sind; als sie die „Deutschnationale Technikerschaft" gründeten. Trotzdem diese Gründung aus Arbeitgeber- und politischen Kreisen, die glaubten, damit die freie Technikerbewegung zersplittern zu können, finanzielle und moralische Unterstützung fand, darf heute auch dieser Gegner als erledigt betrachtet werden. Und die Angriffe der Arbeitgeberpresse lassen uns kalt. Wir wären schlecht beraten, wenn wir deren Beifall fänden.

Nun ziehen wir nach Metz! Ebenso hoffnungsvoll wie vor zwei Jahren nach Köln. Wir glauben daran, daß auch dieser Verbandstag uns wieder ein Stück vorwärts bringen wird, denn unsere Aufklärungsarbeit in den letzten zwei Jahren muß Früchte zeitigen. Die Technikerwoche, die mit einem Schlage den Mitgliederbestand des Verbandes um rund 1200 ordentliche und 400 Schülermitglieder vermehrte, war ein guter Auftakt für den Verbandstag. Sie hat gezeigt, was erreicht werden kann, wenn sich die Masse unserer Mitglieder in den Dienst des Verbandes stellt. In Metz stehen sehr wichtige Standesfragen auf der Tagesordnung: Die Baukontrolle, das einheitliche Angestellten- und Beamtenrecht, das wir mit Nachdruck zu fordern haben, die Bildungsfragen, die uns auch in den letzten Jahren außerordentlich stark beschäftigt haben, die Frau im technischen Beruf — ein Problem, welches für den Techniker ebenso wichtig zu werden beginnt wie die Frauenarbeit für den kaufmännischen Angestellten, ebenso das andere, der alternde Techniker, das durch unsere Arbeitslosenzählung erschreckende Belege erhalten hat, ferner Maximalarbeitszeit und Minimalgehalt, Fragen, die die wichtigsten Bestandteile des Dienstvertrages berühren, das Koalitionsrecht, um das heute aufs neue wieder gekämpft werden muß und schließlich noch die parteipolitische Neutralität, die gegenüber böswilligen Angriffen unserer Gegner wieder aufs neue betont werden soll. Dazu zahlreiche Anträge aus den Kreisen unserer Mitglieder, die den Verband kräftigen und seine Arbeit erfolgreicher machen sollen. Es wird also harte Tage der Arbeit in Metz geben, aber auch Stunden der Freude und Geselligkeit, denn unsere Freunde dort haben gute Vorbereitungen getroffen.

Der Blick von Breslau nach Metz und auf die dazwischen liegende Verbandsentwickelung lehrt uns, daß für den Verband im allgemeinen und für diesen Verbandstag im besonderen die Parole gilt: Vorwärts immer, rückwärts nimmer! Von diesem Gedanken beseelt wollen wir in Metz gute Verbandsarbeit leisten.

Parität?

Von Dr. HÖFLE.

1. Wenn heute die Diskussion über den Organisationsgedanken eine ziemlich starke ist, so erscheint das verständlich. Wir spüren eben die Wirkung der Organisation auf der ganzen Linie. Der Organisationsgedanke hat auf allen Gebieten des wirtschaftlichen Lebens seinen Einzug gehalten. Das Organisationsprinzip ist zu einem allgemein geltenden volkswirtschaftlichen Prinzip geworden. In seiner heutigen Form und Ausdehnung relativ neuen Datums, jedoch von einschneidender Bedeutung für die Gestaltung des Wirtschaftslebens wird die lebhafte Erörterung des Organisationsgedankens verständlich. Ohne Zweifel führt die Organisation zu einer gewissen Gebundenheit des Wirtschaftslebens. Das Einzelindividuum tritt bis zu einem gewissen Grade zurück, die Berufsvereinigung tritt an seine Stelle. Der Gesetzgeber wird vor neue Probleme, wie Rechtsfähigkeit der Berufsvereine, gesetzliche Regelung der Tarifverträge, Kartellgesetz, Petroleummonopol gestellt.

2. Bei dieser Erörterung des Organisationsgedankens muß aber auffallen, daß sie in durchaus einseitiger Weise geführt wird. Diese Einseitigkeit zeigt sich darin, daß man die Organisationen der Arbeitgeber als etwas selbstverständliches, unentbehrliches hinnimmt, ihre Pflege als eine Notwendigkeit bezeichnet, während man sich in Darstellung der Gefährlichkeit der Arbeitnehmerorganisation nicht genug tun kann. Man will in manchen Kreisen immer noch nicht das Organisationsrecht der Arbeitnehmer anerkennen. Daß die Techniker nach dieser Richtung bedeutend schlechter gestellt sind als die Handlungsgehilfen, hat die Untersuchung der Gesellschaft für soziale Reform bewiesen. Man hat in manchen Kreisen immer noch nicht erkannt, daß unsere kapitalistische Entwicklung es dem weitaus größten Teil der auf Grund eines Arbeitsvertrags Tätigen unmöglich gemacht hat, die „Kluft zwischen Kapital und Arbeit" zu überspringen und zur wirtschaftlichen Selbständigkeit zu gelangen, was ohne weiteres den sozialwirtschaftlichen Gegensatz zwischen Arbeitgeber und Arbeitnehmer zur Folge gehabt hat. Man sieht, wie die Arbeitgeber ihre Organisationen immer mehr ausbauen, wie sie in der Anwendung der Mittel, um die widerstrebenden Unternehmer zur Organisation zu bringen, nicht wählerisch sind, aber jedermann findet das selbstverständlich. „Verräter" in den eigenen Reihen dürfe man eben

nicht dulden. Man spürt, wie die Kartelle und Konventionen der Industrie und des Handels die Preise schrauben, man murrt auch hie und da mal dagegen, aber dabei bleibts. Daß der Arbeitgeber von seinen Angestellten im Falle des Ausbruchs eines Streiks der Arbeiter Streikarbeit leisten soll, hält man aber für etwas selbstverständliches. Es wird behauptet, die ganze Grundlage der herrschenden Arbeitnehmerorganisationen sei falsch und sieht in der „gelben Bewegung", der die Selbständigkeit dem Unternehmer gegenüber fehlt, weil dieser sie finanziell unterstützt, das Ideal. Der Ruf nach dem „Schutz der Arbeitswilligen" wird laut, um vor dem Terrorismus zu schützen. Merkwürdigerweise lehnen aber die, denen der Schutz zugute kommen soll, diesen Schutz von vornherein ab. Verstöße der Arbeitnehmer — sie sind gewiß zu verurteilen — gegen das Koalitionsrecht werden gewissenhaft registriert. In einer freiheitlichen Entwicklung des Organisationsgedankens sehen Leute, wie Professor Dr. Delbrück, der Herausgeber der preußischen Jahrbücher, die größte Gefahr. Von dieser eigentümlichen Behandlung werden alle Arbeitnehmerkreise betroffen. Nicht nur die Arbeiter und Angestellten, bei denen der gewerkschaftliche Gedanke fest Fuß gefaßt hat. Auch Mitglieder von sog. „paritätischen" Angestelltenorganisationen sind schon gemaßregelt worden. Wenn Staat und Gemeinde belieben, ihren Beamten, Angestellten und Arbeitern gegenüber öfter das Koalitionsrecht nicht anzuerkennen, so finden sich stets Kreise, die ein solches Vorgehen begrüßen. Die bestehenden Beamtenorganisationen, die mit Recht auf das Streikrecht verzichtet haben, finden trotzdem in manchen Zirkeln keine Gnade.

Man fragt sich unwillkürlich: „Wo bleibt da die Parität"? Warum diese unterschiedliche Behandlung.

3. Allerdings braucht uns diese Art der Erörterung nicht zu wundern, wenn wir sehen, wie wenig in der Gesetzgebung selbst die Parität gewahrt bleibt. Die rechtlichen Grundlagen für die Kapitalsorganisationen sind in bester Form gewährt. Gewiß liegen auch hier Wünsche auf Verbesserungen vor, aber die Grundlagen sind gute. Unser deutsches Aktienrecht kann sich sehen lassen. Die weiteren Bestimmungen des Handelsgesetzbuchs tragen den verschiedensten Arten der Kapitalsassoziationen, wie Kommanditgesellschaft, offene Handelsgesellschaft Rechnung. Die Gesellschaft mit beschränkter Haftung ist in einem eigenen Gesetz geregelt. Für die Kartelle und Konventionen kommen die Bestimmungen des Bürgerlichen Gesetzbuches zur Anwendung in Ermangelung eines eigenen Kartellgesetzes. Handel und Industrie haben ihre gesetzliche Vertretung in den Handelskammern, die sich im deutschen Handelstag eine Zentralinstanz als Sprachrohr der Wünsche von Handel und Industrie geschaffen haben. Das Handwerk hat als gesetzliche Vertretung seiner Wünsche und Anschauungen die Handwerkskammern, die sich im deutschen Handwerks- und Gewerbekammertag zusammengefunden haben. Die Landwirtschaft hat im Deutschen Genossenschaftsgesetz eine gute Grundlage für ihre Kapitalsassoziationen. Die Landwirtschaftskammern bilden ihre gesetzliche Vertretung. Im wirtschaftlichen Ausschuß, der über Fragen unserer Handels- und Wirtschaftspolitik gehört wird, sitzen Industrie und Landwirtschaft.

Wie stehts mit den Arbeitnehmern? Den Arbeitgebern sind selbstverständlich die vorhandenen gesetzlichen Grundlagen zur Vertretung der Kapitalsinteressen zu gönnen. Man sollte nur annehmen, daß auch den Arbeitnehmern zur Vertretung ihres Kapitals, eben der Arbeitskraft, gleichartige Grundlagen vom Gesetzgeber gewährt werden. Das sollte umsomehr der Fall sein, weil das Kapital „Arbeit" das einzige ist, was der Kopf- und Handarbeiter auf den Wirtschaftsmarkt zu werfen hat. Dazu tritt noch das weitere ungünstige Moment, daß die Ware Arbeitskraft mit der Person des Besitzers unzertrennlich verbunden ist. Die Parität des Gesetzgebers wird man aber vergebens suchen. Eine gesetzliche Vertretung für die Arbeitnehmer gibts nicht. Die Vorlage betr. Arbeitskammern ist in der Versenkung verschwunden. Im wirtschaftlichen Ausschuß kennt man die Arbeitnehmer nicht. In der Anwendung des Genossenschaftsgedankens stellt man die Arbeitnehmer schlechter, indem die Konsumvereine stets Steuern zu zahlen haben, auch wenn sie an Nichtmitglieder nicht verkaufen, während die andern Arten von Genossenschaften nur dann Steuern zahlen, wenn sie an Nichtmitglieder verkaufen. Es liegt nahe, auf die spezielle Regelung der Arbeitnehmerorganisationen zu verweisen, wie sie in den Paragraphen 152 und 153 der Gewerbeordnung erfolgt ist. Gewiß bedeuten diese Vorschriften gegenüber dem früheren Zustand einen Fortschritt. Waren doch selbst zur Zeit der französischen Revolution, die von Freiheit und Gleichheit triefte, die Arbeitnehmerorganisationen gesetzlich verboten. Aber was nützt das in Absatz 1 des genannten Paragraphen zugestandene Recht auf Organisation, wenn der Abs. 2 des gleichen Paragraphen bestimmt, daß der Rücktritt von der Organisation und von den mit der Organisation getroffenen Vereinbarungen jederzeit frei steht? Es werden damit Verpflichtungen und Verträge, die sonst auf Grund des bestehenden Rechts ohne weiteres rechtsverbindlich sind, als unverbindlich erklärt. Man wird das Streben nach Rechtsfähigkeit der Berufsvereine unter Berücksichtigung ihrer Eigenarten, die Regelung der Tarifverträge in diesem Zusammenhang verstehen können. Für den § 153 fehlt jede Berechtigung. Terrorismus wird niemand verteidigen. Aber Sondervorschriften erübrigen sich. Die bestehenden Gesetze reichen vollständig aus. Der Koalitionszwang ist ebenso zu behandeln wie der allgemeine Willenszwang. Die Grundsätze von den „guten Sitten", die allgemeinen Begriffe des Strafrechts müssen maßgebend sein. Was gegen die allgemeinen Rechtsauffassungen verstößt, ist nicht gestattet. Das Koalitionsrecht selbst muß ein Teil des allgemeinen Vereinsrechts werden. Die öffentlichen Beamten und die sonstigen im Dienste von Staat und Gemeinde Tätigen haben überhaupt kein Koalitionsrecht. Der Antrag Trimborn, in das Reichsvereinsgesetz eine entsprechende Bestimmung aufzunehmen, ist leider nicht Gesetz geworden. Wenn die Behörden vielfach mit den Organisationen ihrer Beamten und Angestellten verhandelt haben, so liegt der Grund weniger darin, daß sie von der Notwendigkeit der Organisation überzeugt sind, sondern darin, daß der parlamentarische Druck und der der Oeffentlichkeit sie zwingt, die Organisationen in der Praxis anzuerkennen.

4. Bei dieser Sachlage wird das Verlangen nach einer Verschlechterung, des heute schon ungünstig genug erscheinenden Rechts, bei einer so wenig gewahrten Parität zwischen Arbeitgeber und Arbeitnehmer erst recht befremdend erscheinen müssen. Aber man wird einwenden, diese „Verschlechterungen" würden ja auch die Arbeitgeber treffen. Gewiß gelten die §§ 152 und 153 auch für die Arbeitgeberorganisationen in engerem Sinne. Aber es bestehen doch wesentliche Unterschiede. Zunächst einmal ist die rechtliche Gleichstellung doch keine vollkommene. Für das Handwerk sieht die Gewerbeordnung eigene gesetzliche Organisationen in Form der Innungen, Innungsausschüsse und Innungsverbände vor. Es besteht sogar die Möglichkeit, Handwerker, die nicht freiwillig der Organisation sich anschließen, in die Organisation auf dem Weg der Zwangsinnungen hineinzubringen. Also für die Möglichkeit eines Organisationszwanges gesetzlich sanktioniert.

So ist der Fall möglich, daß der Bauunternehmer seinen Kollegen zur Organisation zwingt, während er seinen Techniker zwingt, seiner Berufsorganisation fern zu bleiben. Sodann wird die theoretische Gleichstellung, soweit sie tatsächlich gegeben ist, in der Praxis zu einer nur scheinbaren Gleichstellung. Die Arbeitgeber sind wegen ihrer geringeren Zahl an sich schon leichter zu organisieren. Wenn auch die in den Arbeitgeberorganisationen getroffenen Vereinbarungen nicht klagbar sind, so haben es die Arbeitgeber infolge ihrer Organisationen, wie Kartelle, Konventionen leicht in der Hand, die verschiedenen Mitglieder zur Einhaltung der Abmachungen zu zwingen. Wenn z. B. ein Arbeitgeber des Baugewerbes glaubt, sich an einer Aussperrung nicht beteiligen zu müssen, so wird ihn die über ihn mit Hilfe des Verbandes der Baumaterialienhändler verhängte Lieferungssperre bald eines besseren belehren. Er erhält eben kein Baumaterial mehr. Dazu kommt, daß an sich der Arbeitgeber der wirtschaftlich stärkere ist, da der Arbeitnehmer seine Arbeitskraft nicht allzu lange zurückhalten kann. Wenn neulich ein deutsches Amtsgericht in einem konkreten Falle zum Ausdrucke gebracht hat, daß der Arbeitnehmer als der wirtschaftlich stärkere anzusehen sei, so stimmt das für 99 Prozent der Arbeitnehmer nicht. Dem Arbeitgeber ist es im einzelnen Falle schwer, nachzuweisen, ob ein Verstoß gegen das Koalitionsrecht seines Arbeiters oder Angestellten vorliegt. Der Fall, daß einem Arbeitgeber das Koalitionsrecht durch eine Behörde unterbunden wird, ist nicht denkbar, wohl aber beim Arbeitnehmer schon mehr wie einmal dagewesen.

Die Parität ist also in der Praxis nicht vorhanden. Sie wird noch vergrößert dadurch, daß die Rechtsprechung Arbeitnehmer ungünstiger behandelt als Arbeitgeber. Verstöße der Arbeitnehmer gegen den § 153 der GO. werden streng geahndet. Der Fall, daß aber der Arbeitgeber, der einen Angestellten oder Arbeiter zwingt, aus einer Organisation auszutreten, ist uns nicht bekannt. Wir haben wenigstens nichts davon gehört, daß der Staatsanwalt gegen die bekannten Maßregelungen von Angestellten in Sterkrade, Augsburg und Nürnberg eingeschritten wäre. Der Fall, daß Arbeitgeber gegen den § 153 verstoßen, kommt sozusagen jeden Tag vor. Der Strafrichter tritt aber nicht in Aktion. Nach einem Streik aber erfolgt gar oft eine Massenverurteilung.

Der Boykott, der rechtlich durchaus zulässig ist, ist von manchen Gerichten schlankweg als „grober Unfug" angesehen und nach § 360 des Strafgesetzbuchs behandelt worden. Von einer gleichen Behandlung der „schwarzen Listen" ist bis jetzt nichts bekannt geworden. Was nützt, wenn der Streik rechtlich ja gestattet ist, die Streikandrohung aber als Erpressungsversuch nach § 253 des Strafgesetzbuchs bestraft wird, wie das das Glogauer Schöffengericht 1910 getan hat. Die Androhung einer Aussperrung müßte dennoch genau so behandelt werden. Bisher ist noch kein Arbeitgeber deshalb bestraft worden. 1906 war ein Arbeiter in Breslau wegen Streikandrohung mit 14 Tagen Gefängnis bestraft worden. Dagegen lehnte das gleiche Schöffengericht es ab, gegen die Direktoren eines Unternehmens wegen Androhung der Aussperrung das Verfahren zu eröffnen. Wer mehr Material nach dieser Richtung will, lese das Buch von Dr. Nestriepke: Das Koalitionsrecht in Deutschland.

5. Eine solche „Parität" ist allerdings eine sehr eigentümliche. Diese mangelnde Parität, wie sie sich in der Behandlung der Frage des Koalitionsrechtes in der öffentlichen Diskussion, in der gesetzgeberischen Regelung und Rechtsprechung zeigt, kann nicht scharf genug herausgearbeitet werden. Sie zeigt zugleich, welche Riesenarbeit die Arbeitnehmerorganisationen noch zu leisten haben. Diese Arbeit ist heute um so schwieriger, als die soziale Müdigkeit nicht nur bei der Regierung vorhanden ist, sondern auch bereits auf die Kreise übergegriffen hat, die bisher treue Stützen unserer Sozialpolitik gewesen sind. Die Interessen der Privatangestellten und der im Dienste von Staat und Gemeinde Tätigen decken sich hier vollkommen.

Bei der Wichtigkeit der Frage legen wir auch auf das kleinste Mittel Wert, das geeignet ist, die Koalition der Angestellten zu stärken. In diesem Sinne müssen wir uns auch gegen eine einseitige Regelung der Streikklausel in den Submissionsbestimmungen von Staat und Gemeinde wehren (s. Notiz in dieser Nummer) und begrüßen die Aufnahme der Lohnklausel, die solche Firmen von der Uebernahme öffentlicher Arbeiten und Lieferungen ausschließen, die das Koalitionsrecht der Arbeiter und Angestellten nicht anerkennen. Der Schwerpunkt unserer Bewegung ist in stärkerem Maße auf das einheitliche Angestelltenrecht mit einer entsprechenden Regelung des Kündigungsrechts zu legen.

Gegenüber Bismarckschen Zeiten haben wir sogar einen Rückschritt auf dem Gebiete des Koalitionsrechts zu verzeichnen. Ein Bismarckscher Gesetzentwurf sah selbst für die landwirtschaftlichen Arbeiter das Koalitionsrecht mit Streik vor. Vor allem wollen wir uns nicht irre machen lassen durch das Schlagwort: „Organisation vernichte die Persönlichkeit". Wenn sie auch nach mancher Richtung eine Unterordnung des Einzelnen unter den Willen der Gesamtheit verlangt, so geschieht das im Interesse des ganzen Standes. Der Einzelne kann sich wohl einmal durch Einschlagen einer besonderen Taktik Vorteile verschaffen, auf die Dauer kann er nur vorankommen, wenn der ganze Stand vorwärts kommt.

Bildungsarbeit und Gewerkschaft

Von A. LENZ.

Wenn die älteren auf paritätischer Grundlage geschaffenen Berufsorganisationen der Handlungsgehilfen und der Techniker sich anschicken, den wirtschaftlichen und sozialen Umwälzungen Rechnung zu tragen und ihre Organisationsarbeit auf gewerkschaftliche Grundlage zu stellen, so finden sie nicht selten erheblichen Widerstand auch in sonst fortschrittlich gesinnten Mitgliederkreisen. Dieser Widerstand ist zu einem guten Teil auf die Anschauung zurückzuführen, daß die durch Jahrzehnte hindurch mit besonderer Anhänglichkeit und Sorgfalt gepflegten Bildungsbestrebungen nun durch die gewerkschaftliche Betätigung verdrängt würden, daß Bildungsarbeit und Gewerkschaftsarbeit zwei sich gegenseitig ausschließende Dinge seien.

Gewiß fordert die wirtschaftliche und soziale Lage der Handlungsgehilfen und noch mehr die der technischen Angestellten, daß die Wahrung und Förderung der wirtschaftlichen Standesinteressen an erster Stelle der Organisationsarbeit stehen, aber damit ist weder ein Zurückdrängen noch gar ein Verzicht auf die Pflege der Bildungsbestrebungen ausgesprochen, im Gegenteil, richtig verstandene und richtig geleitete Gewerkschaftsarbeit kann der gleichzeitigen Pflege der Bildungsarbeit gar nicht entbehren.

Den Beleg hierfür liefert uns schon ein flüchtiger Blick auf die Arbeitergewerkschaften, bei denen sich eine ganz auffällige Wandlung der Anschauungen vollzogen hat. Sie waren als Kampforganisationen geschaffen und sahen in der Fachbildungsarbeit, die ihnen schon wegen der aus der Zunftzeit ihr anhaftenden Tradition unsympathisch war, nur eine Zersplitterung ihrer Kräfte. Nur im Kampf gegen das Unternehmertum sollte die wirtschaftliche und soziale Hebung der Arbeiterklasse erfolgen. Aber schon die außerordentlichen Anforderungen, welche die Gewerkschaften in den Wirtschaftskämpfen an die Massendisziplin und an die Selbstzucht des Einzelnen stellen mußten, legten ihnen das Bedürfnis nahe, das geistige und soziale Niveau, das sie bei Beginn ihrer Tätigkeit vorfanden, durch Erziehungs- und Kulturarbeit zu heben.

In treffenden Worten charakterisiert Sassenbach Ursache und Umfang der Bildungsarbeit der Arbeitergewerkschaften. Aufklärung über die geschichtliche Entwickelung der Völker, über die Zusammensetzung der Gesellschaft, über die Funktionen des Staates, Bekanntschaft mit den geistigen Strömungen der Zeit, mit den Möglichkeiten, den Gesundheitszustand der Arbeiter zu verbessern, erschienen als wertvolle Mittel, um die Arbeiterschaft aus ihrer Gleichgültigkeit aufzurütteln und zu bewußten Mitkämpfern zu machen.

Man braucht mit der Kritik über die Art und Methode, die von den Gewerkschaften zur Ausbreitung des allgemeinen Wissens angewandt wird, und insbesondere über die in politischer und wirtschaftlicher Hinsicht meist recht einseitige Auswahl des Bildungsstoffes durchaus nicht hinter dem Berge zu halten und wird doch anerkennen müssen, daß der kulturelle Aufstieg der Arbeiterklasse fast restlos unmittelbare und mittelbare Erfolge der modernen Arbeiterbewegung darstellt. Die Erziehung zur Körperpflege, für Wohnungshygiene und Wohnungskultur, für soziale Fürsorge, das wenn auch noch in bescheidenem Umfange vorhandene Verständnis für Kunst und Literatur, der in der Frequenz der öffentlichen Volks- und Wanderbibliotheken sich äußernde Bildungshunger sind hauptsächlich ihr Werk. Damit haben sich die Gewerkschaften aber auch wieder ein Menschenmaterial geschaffen, das mit seiner gereifteren Einsicht in die politischen Zusammenhänge und die wirtschaftlichen Lebensbedingungen von Industrie und Gewerbe, mit seinem Verständnis für Ordnung und Disziplin eine ungleich wertvollere Garantie für die erfolgreiche Durchführung der wirtschaftlichen Aufgaben der Organisation bietet.

Nicht die gleiche Bedeutung wird von den Arbeitergewerkschaften der Fachbildungsarbeit zuerkannt. Besonders gegen diese richtet sich der Einwand der Gegner, daß die Organisation von ihren eigentlichen Aufgaben abgelenkt werde und ihre Kräfte verzettele. Der Einwand ist nicht stichhaltig. Wenn man bei der Fachbildungsarbeit im Auge behält, daß sie nicht Selbstzweck, sondern Mittel zum Zweck sein soll und den ihr zuzuweisenden Raum entsprechend bemißt, dann kann auch sie nur zur Stärkung der Aktionskraft der Organisation dienen. Diese Erkenntnis bricht sich auch immer mehr Bahn und in der Mehrzahl der Verbandsorgane erscheinen neben allgemeinbildenden auch Fachartikel, eine ständig wachsende Zahl von fachlich gegliederten Gewerkschaften besitzt bereits neben den sozialwirtschaftlichen selbständige fachtechnische Organe. Sie tragen damit dem stark entwickelten Entwickelungsbedürfnis gehobener Arbeiterschichten Rechnung, die dem Wesen und dem Zweck ihres täglichen Schaffens nicht teilnahms- und verständnislos gegenüberstehen wollen. Es ist mit Sicherheit zu erwarten, daß dieses Bildungsbedürfnis durch den Fortbildungsschulunterricht nicht befriedigt wird, sondern daß der Einfluß der zur Berufsschule sich entwickelnden Fortbildungsschule bei der heranwachsenden Generation noch eine Steigerung zur Folge haben wird.

Beim Handarbeiter sind ja die fachlichen Fähigkeiten nicht in dem Maße Vorbedingung seiner wirtschaftlichen Existenz, wie in den sozial höher stehenden Berufsschichten. Die Lohnfrage differenziert sich zwischen dem gelernten und ungelernten Arbeiter wenigstens nicht in dem Maße, daß das Schritthalten mit den fachtechnischen Neuerungen geradezu der Lebensnerv seiner wirtschaftlichen Existenz überhaupt wird. Immerhin aber ist eine auf die Verbesserung ihrer wirtschaftlichen Existenz bedachte und ihres wirtschaftlichen Wertes bewußte Arbeiterschicht im Kampf um verbesserte Lohn- und Arbeitsbedingungen, um Mitgenießen der kulturellen Errungenschaften ein ganz anderes Instrument in den Händen der Führer, als eine in Unwissenheit und Wunschlosigkeit dahinvegetierende Masse. Mit der Leistungsfähigkeit und dem Kulturzustand der Arbeiterschaft ist aber auch das Ansehen und die Machtstellung der deutschen Industrie auf dem Weltmarkte untrennbar verbunden. Ein Zurücksinken der Arbeiterschaft in die früheren sozialen und kulturellen Verhältnisse würde mit unfehlbarer Sicherheit auch die Leistungsfähigkeit der deutschen Industrie beeinträchtigen. Auch von diesem Gesichtspunkt aus verdient die allgemeine und die fachliche Bildungsarbeit der Gewerkschaften unsere höchste Anerkennung.

Eine ungleich größere Bedeutung wohnt aber noch der Fachbildungsarbeit der gewerkschaftlichen Angestelltenorganisationen inne. Auch das beweist uns die Wandlung, die in den jüngeren Verbänden vor sich gegangen ist. Der B. t.-i. B. z. B., der in den ersten Jahren seines Bestehens nicht genug tun konnte in der Herabwürdigung der „Bildungsbestrebungen und ähnlicher Tendenzen" unseres Verbandes, legt heute Wert darauf, in all den Körperschaften mit vertreten zu sein, die auf die zeitgemäße Ausgestaltung des technischen Unterrichtswesens bestimmenden Einfluß haben, und seine Ortsgruppen veranstalten fachliche Fortbildungskurse genau wie unsere früheren Zweigvereine und jetzigen Zweigverwaltungen. Es bleibt eben doch ein erprobter Erfahrungssatz, was unser früherer Verbandsdirektor Dr. Tissen in seiner Schrift „Die Lage des D. T.-V." sagt, daß jederzeit das berufliche Können die erste und unerläßliche, wenngleich nicht immer ausreichende Bedingung des Fortkommens sein wird.

Auch für die gewerkschaftlichen Angestelltenorganisationen gilt natürlich der Grundsatz, daß die Bildungsbestrebungen nicht Selbstzweck, sondern nur Mittel zum Zweck sein können. Aber es kann ihnen bei dem wesentlich größeren Einfluß, den berufliches Können und Wissen innerhalb der weitgehenden Differenzierung auf die wirtschaftliche und soziale Stellung der Angestellten haben, ein weiterer Spielraum als in den Arbeitergewerkschaften eingeräumt werden. Welchen Wert eine durch berufliche Tüchtigkeit sicher fundierte Mitgliedschaft für die Organisation bei der Lösung der eigentlichen gewerkschaftlichen Aufgaben hat, das hat Weiß in folgenden treffenden Worten in seinem Artikel über „die Fachpresse der Gewerkschaften" in der D. T.-Z. gesagt:

> „Die Tüchtigsten sind die besten Stützen für die gewerkschaftliche Arbeit. Sie brauchen sich nicht so um ihre Stellung zu bangen wie mindertüchtige und minderwertige Arbeiter. Auf die guten Kräfte nimmt der Unternehmer Rücksicht, weil er sie nicht gern durch einen gewerkschaftlichen Kampf verlieren will. Um der anderen willen nimmt er dagegen einen Kampf mit weniger Sorge auf. Darum soll und muß die Fachbildung im Dienste des Organisationsgedankens stehen."

Hier sind die Beziehungen zwischen Bildungsarbeit und Gewerkschaft offen und klar gekennzeichnet. Es sind aber nicht die einzigen. Wer in Organisationsleben steht, weiß, wie vielseitig die durch die Bildungsarbeit vermittelten Anregungen sind. Da ist ein Mitglied, das gelegentlich über eine fachtechnische Frage in der Vereinsversammlung Vortrag gehalten hat, und damit in den Gesichtskreis seiner Berufskollegen gekommen ist. Es wird, einmal an die Oberfläche des Vereins gebracht, ganz von selbst sein Interesse der eigentlichen Organisationsarbeit zuwenden. Dieses Interesse wach zu halten und zu steigern durch Förderung rhetorischer Fertigkeiten der Mitglieder in fachtechnischen und volkswirtschaftlichen Diskussionen ist ebenfalls eine Aufgabe der Organisation, weil sie sich damit schätzenswerte Hilfstruppen für die im Werbe- und Aufklärungsdienst unentbehrliche Kleinarbeit selbst heranzieht.

Für den Techniker kommt noch das Bedürfnis hinzu, in Fühlung mit Neuerungen auch in solchen Zweigen des Berufes zu bleiben, in denen er augenblicklich wegen der Spezialisierung der technischen Arbeit sich nicht auf Grund praktischer Erfahrung und Betätigung weiter entwickeln kann, in denen vollständiges Brachliegen seiner Kenntnisse ihn aber in seiner Anwartschaft auf wirtschaftliches Vorwärtskommen erheblich beschränken müßte. Der Techniker, der durch fachliche Bildungskurse sich eine tunlichst vielseitige Verwendbarkeit wahrt, ist wirtschaftlich freier und unabhängiger, und damit für die Organisationsarbeit wertvoller. Nicht unerwähnt soll auch bleiben die Wertsteigerung, die in der Aneignung geschäftlicher und kaufmännischer Kenntnisse liegt, wie sie in den Fortbildungskursen der Organisation geboten werden.

Diese Bildungsarbeit der Organisation fördert das Interesse am Beruf, erhält die Freude an der Berufsarbeit und ist somit eine aufbauende Standesarbeit von eminenter Bedeutung, die letzten Endes immer wieder der Organisation zu gut kommen muß. In diesen Wechselbeziehungen zwischen Bildungs- und Gewerkschaftsarbeit das richtige Verhältnis walten zu lassen, ist Aufgabe der Leitung. Aufbauen kann es sich aber nur auf der grundsätzlichen Erkenntnis, daß im Vordergrunde unserer Arbeit die Vertretung der wirtschaftlichen und sozialen Interessen steht, daß die Bildungsförderung der Mitglieder aber ein wertvoller und unentbehrlicher Bestandteil dieser Arbeit ist.

Persönlichkeit und Beamtentum

Von ERICH HÄNDELER.

Die Organisationen der Arbeitnehmer haben von jeher erkannt, daß ihre Tätigkeit mit dem Streben nach besserem Lohn und gesünderer Arbeitszeit nicht erschöpft ist, sondern daß sich ihr Hauptaugenmerk vielmehr auf die Wahrung der Freiheit der Persönlichkeit richten muß. Die bessere materielle Lage kann keine Hebung eines Standes bringen, wenn nicht der höhere Lohn und die gewonnene freie Zeit zur Vervollkommnung der Persönlichkeit verwandt werden können, deren Stärkung es nur wieder ermöglicht, die Ansprüche auf besseren Lohn und gesündere Arbeitszeit aufrecht zu erhalten. Die wirtschaftliche Uebermacht des Arbeitgebers führt aber nur zu leicht dahin, daß er die ihm aus dem Arbeitsvertrage erwachsene Macht über die Grenzen des eigentlichen Arbeitsverhältnisses ausdehnt und dem Arbeitnehmer Verpflichtungen aufzuerlegen versucht, die ihn nicht nur in seiner staatsbürgerlichen und wirtschaftlichen Freiheit empfindlich beschränken, sondern oft auch in die innersten Angelegenheiten eingreifen, die der freien Entscheidung der einzelnen Persönlichkeit überlassen bleiben müssen, wenn der Verkauf der Arbeitskraft nicht zu einem Verkauf der Persönlichkeit führen soll. Die energische Aufklärungsarbeit der Arbeiter- und Angestelltenorganisationen hat zwar noch nicht alle Uebergriffe gewisser Arbeitgeberkreise beseitigen können, hat noch nicht vermocht, ein Arbeitsrecht zu schaffen, das dem Ideal der Freiheit der Persönlichkeit nahe kommt, hat es aber doch erreicht, daß diese Gedanken fast von der ganzen Oeffentlichkeit als berechtigt anerkannt werden.

Anders liegt es aber noch mit der Freiheit der Persönlichkeit der Beamten. Hier herrschen selbst noch in der öffentlichen Meinung Anschauungen vor, die es als selbstverständlich ansehen, daß der Beamte nicht nur im Dienst, sondern auch als Persönlichkeit dem Arbeitgeber, Staat oder Gemeinde gegenüber gebunden ist. Starke politische Parteien und vor allem die Regierungen selbst verfechten diesen Grundsatz. Leider muß gesagt werden, daß ein Teil der Schuld an diesem Zustande den Organisationen der Beamten selbst zuzuschreiben ist, die nur allzu oft ihre Wirksamkeit auf die Gehaltsfrage beschränkt und damit die Wahrung der Persönlichkeitsrechte vernachlässigt haben. Vor allem gilt dieses Urteil für die vielen Verbände der beamteten Techniker, die eigentlich mehr sogar als die übrigen Beamtenorganisationen Wert auf diese ideellen Ziele legen müßten.

Es mag zugegeben werden, daß die Anerkennung der persönlichen Freiheit des Beamten auf viel größere Schwierigkeiten stößt, als sie gegenüber der Durchsetzung der persönlichen Freiheit des Arbeitnehmers in Privatbetrieben bestehen. Denn mit dem Begriff des Beamten sind Anschauungen verbunden, die aus einer früheren Periode des Beamtentums in den modernen Staat hinübergewachsen sind. Der noch jetzt in der preußischen Eisenbahnverwaltung übliche Ausdruck „Königlicher Bediensteter“ charakterisiert so recht diese alte Auffassung von der Stellung des Beamten. Er war ein Diener seines Königs und als solcher ihm mit seiner ganzen Person verpflichtet.

Das vorige Jahrhundert hat aber aus dem alten absoluten Staat den modernen Staat entstehen lassen. Aus Untertanen wurden Staatsbürger, aus Bediensteten des Königs Staatsbeamte. Neben dem eigentlichen politischen Verwaltungsbeamten und den Beamten mit richterlichen Funktionen entstanden ganze Beamtenkategorien, deren Stellung zum Staat weniger durch ihre Persönlichkeit bedingt war als dadurch, daß sie dem Staat ihre Arbeitskraft zur Verfügung stellten. Den größten Einfluß auf die Stellung des Beamten hatte aber das Vordringen der Staatsbetriebe, des Gemeinde- und Staatssozialismus, das den Staat als Arbeitgeber in Erscheinung treten ließ.

Wie an Stelle des alten patriarchalischen Systems in den Privatbetrieben der moderne Arbeitsvertrag getreten ist, so bedingt auch die Stellung des Beamten zum modernen Staat eine andere Auffassung seiner Rechte und Pflichten. Aber leider hat die Wandlung, die sich hier vollzogen hat, nicht mit der Entwicklung Schritt gehalten. Es ist die Aufgabe der kommenden Zeit, das Beamtenrecht so zu gestalten, daß alle Beschränkungen der persönlichen Freiheit, die sich nicht unbedingt aus den dienstlichen Obliegenheiten ergeben, aufgehoben werden.

Das vornehmste Recht, das jedem Beamten gesichert werden muß, ist das Recht der eigenen politischen Meinung, und die Freiheit, sie zu betätigen. Eine Beschränkung der freien Meinungsäußerung im alten Staat war denkbar, weil der Beamte Untertan war, der dem Willen des Staatsoberhauptes nur zu folgen hatte. In dem modernen Staat mit dem Wahlrecht, das jedem Staatsbürger durch die Verfassung gewährleistet ist, bedeutet eine Beschränkung der politischen Freiheit aber die Aufhebung eines verfassungsmäßigen Rechtes. Auf diesem Gebiete ist die erste Arbeit zu vollbringen. Es geht nicht an, daß die Regierung, die über den Parteien stehen muß, durch irgend welchen Druck die Beamten von der Betätigung in der einen oder anderen Partei abhält; denn in demselben Augenblick hat sie die Neutralität, die sie allen Staatsbürgern gegenüber beobachten soll, verletzt. Klare gesetzliche Bestimmungen müssen darum der Spruchpraxis der Gerichte ein Ende machen, die dem Beamten nicht unbedingt die gleichen Rechte wie dem Staatsbürger ohne Beamteneigenschaft zugesteht.

Noch mehr eingeengt als die politische Bewegungsfreiheit ist das Vereins- und Versammlungsrecht der Beamten. Auch hier herrscht noch die alte Ansicht vor, daß das Beamtenverhältnis über die Dienstobliegenheiten hinausgeht. Selbst das neue Reichs-Vereinsgesetz hat hier keine Wandlung gebracht; denn die Verbündeten Regierungen haben ausdrücklich erklärt, daß die Disziplinargewalt über die Beamten durch das Gesetz nicht berührt wird. Und die verschiedenen Fälle der Koalitionsrechtsbeschränkung der Beamten in jüngster Zeit haben uns mit aller Deutlichkeit gezeigt, wie dieses Disziplinarrecht dazu benutzt wird, um die Koalitionsfreiheit der Beamten zu unterdrücken. Auch diese Materie bedarf dringend der reichsgesetzlichen Regelung.

Ueberhaupt ist in der Ausdehnung der Disziplinargewalt auf das außerdienstliche Verhalten des Beamten eine Gefahr für die Freiheit der Persönlichkeit zu sehen. Denn Vorschriften wie die, daß ein Beamter sich auch außer dem Amte durch sein Verhalten der Achtung, des Ansehens und des Vertrauens, die sein Beruf erfordert, würdig zeigen muß, sind Kautschukbestimmungen, die noch dazu bei der jetzigen Regelung des Disziplinarverfahrens den Beamten vollständig der Willkür preisgeben.

Also Sicherung der politischen Freiheit, Sicherung des Koalitionsrechtes und feste Umgrenzung der Disziplinargewalt hinsichtlich des außerdienstlichen Verhaltens der Beamten sind die drei Grundforderungen, die erhoben werden müssen, um die Freiheit der Persönlichkeit der Beamten zu sichern.

Aber auch bei der Regelung des Dienstvertrags selbst gilt es, die Persönlichkeit des Beamten mehr zur Anerkennung zu bringen. Es kann kein Zweifel darüber bestehen, daß der riesenhafte Beamtenapparat eines modernen Staates nicht ohne scharfe Disziplin in Ordnung gehalten werden kann, daß eingehende Dienstvorschriften bestehen müssen, die den Gang der Riesenmaschine regeln. Aber auf dem Wege der Verordnung von oben können sie nicht zum Segen gereichen. Befehlen löst das Gehorchen aus. Aber mit dem Gehorchen allein ist es nicht getan. Der moderne Staat braucht die freudige Mitarbeit aller seiner Glieder. Und diesem Zwecke sollen die Beamtenausschüsse dienen. Wenn wir die Forderung aufstellen, daß ein modernes Beamtenrecht alle Hindernisse beseitigen soll, die der Entfaltung der Persönlichkeit außerhalb des Dienstes entgegenstehen, so geschieht das gerade im Interesse des Staates. Aufrechte und selbständige Persönlichkeiten werden, wenn sie in Beamtenausschüssen zur Mitarbeit herangezogen werden, dem Staate die besten Dienste leisten. Allerdings mußten Hand in Hand damit manche andere Reformen gehen: Beseitigung der geheimen Personalakten, Reform des Disziplinarverfahrens, Sicherung des Petitionsrechtes, alles Forderungen, die wir in unserem Verbandsprogramm niedergelegt haben.

Wenn der Deutsche Techniker-Verband zu dieser Frage „Persönlichkeit und Beamtentum" Stellung nimmt, wenn er für die in ihm organisierten Beamten — und auch für die bei den Behörden tätigen Privatangestellten gelten im Grunde genommen die gleichen Grundsätze — die freie Entfaltung ihrer Persönlichkeit fordert, so leiten ihn dabei nicht, wie es von den Gegnern so oft hinzustellen versucht wird, „radikale" Tendenzen. Gerade der Techniker muß eine vollkommene Persönlichkeit sein, wenn er den Forderungen, die sein Beruf an ihn stellt, ganz gewachsen sein will, wenn er schaffen soll aus Eigenem heraus und nicht nur eine Maschine sein soll, die mechanisch die ihr übertragene Arbeit leistet. Das Interesse des Staates und der Gemeinde deckt sich mit unseren Wünschen, die weit entfernt sind von destruktiven Tendenzen, die vielmehr von dem Glauben diktiert sind, der unsere ganze Auffassung von dem Wirken des Berufsverbandes bestimmt, daß ein freudiges und bewußtes Mitarbeiten eines jeden Staatsbürgers an dem Wohle des ganzen Volkes und des Staates eine Grundbedingung für die kräftige Entfaltung aller Volkskräfte ist.

SOZIALPOLITIK

Alte und neue Richtung

„Auch ich bin ein Kathedersozialist" soll Fürst Bismarck eines Tags zu dem Berliner Volkswirtschaftslehrer Schmoller geäußert haben. An das Wort Kathedersozialist knüpft sich der Streit zweier Richtungen innerhalb der Volkswirtschaftslehre, der Nationalökonomie. Die alte, sog. ethisch-historische Richtung, wie sie von Wagner, Schmoller, Brentano vertreten wird, vertritt mit Wärme die Idee des „sozialen Staates". Darnach hat der Staat nicht den „Nachtwächterdienst" im Wirtschaftsleben zu erfüllen, indem er sich nach den Auffassungen des Manchestertums auf die Garantie der persönlichen Freiheit und des Privateigentums beschränkt, sondern er hat die Aufgabe, in das Wirtschaftsleben regelnd und regulierend, vor allem auch im Interesse der wirtschaftlich schwächeren, einzugreifen. Diese Richtung lehnt die liberale Wirtschaftstheorie von dem freien Spiel der Kräfte, der freien Entfaltung der Persönlichkeit ab, sieht vielmehr als Zweck des Staates ohne weiteres drin. Die geschichtlichen Erfahrungen des Volkes den größtmöglichsten Anteil an den Errungenschaften unserer Kultur und Nation zu ermöglichen. Die ethischen Momente, daß nicht allein die Rücksicht auf die größtmöglichste Produktion maßgebend sein dürfe, sondern dem Volkswohl Rechnung getragen werden müsse, liegen in dem genannten Zweck des Staates ohne weiteres drin. Die geschichtlichen Erfahrungen und Erkenntnisse sucht die „alte Richtung" praktisch nutzbar, indem sie Staat und Gemeinde auf zu lösende Aufgaben hinweist. So entstand in dieser „alten Richtung" einer der besten Förderer der Sozialpolitik und manche wertvolle Anregung ist von jener Seite gekommen. In dem „Verein für Sozialpolitik" hat die „alte Richtung" eine Sammelstätte gefunden.

Nun taucht daneben die „neue Richtung" auf. Man hat für sie das Wort „exakte Wirtschaftsforschung" geprägt. Sie will keine „Politik" treiben, nur Feststellungen machen. Richard Ehrenberg gehört hierher. Wir kennen alle das Buch von Prof. Bernhardt „Unerwünschte Folgen der deutschen Sozialpolitik", worin er maßlos übertrieb und sozusagen zu einer glatten Verurteilung der sozialen Versicherung gelangte. Er hat das Wort von der „Rentenhysterie" geprägt. Die Antwort ist ihm allerdings gründlich besorgt worden. Aber es bleibt charakteristisch für die „neue Richtung", daß eine antisoziale Tendenz bei ihr zur Geltung kommt. Jedermann wird die Kritik an Mängeln, die vorhanden sind, begrüßen. Aber es darf keine Tendenzwissenschaft werden. Die Handelshochschulen scheinen im besonderem Maße Pflegestätten der neuen Richtung werden zu wollen. Vielleicht hängt das mit ihren engen Verbindungen zu den Handelskammern und Arbeitgebervereinigungen zusammen. Der sozialpolitische Standpunkt des deutschen Handelstags ist ja zu bekannt. Man weiß schon bei jeder sozialpolitischen Vorlage, daß die Antwort: „Ablehnung" heißen wird. Die Arbeitgeber freuen sich natürlich über die „neue Richtung". Sie öden über die Professoren als weltfremde Menschen, nehmen ihre Hilfe aber gern in Anspruch, nur dürfen es keine Kathedersozialisten von der „alten Richtung" sein.

Auf welche Seite die Angestellten zu treten haben, ist klar. Sie haben an dem Ausbau des sozialen Staates naturgemäß das größte Interesse. Heute schon ist die Sympathie für Weiterführung der Sozialpolitik gering. Wenn nun auch noch die, welche sich offiziell mit der Lehre von dem Wirtschaftsleben zu befassen haben, zu den Gegnern der Sozialpolitik überschwenken, so ist damit die Situation für die Angestellten bedeutend verschlechtert. Der Einfluß der Wissenschaft auf die Oeffentlichkeit, auf die gesetzgebenden Körperschaften ist natürlich kein geringer. Wo das Urteil der Wissenschaft hinfällt, dort steigen die Chancen. Es kann auch nicht Aufgabe der Wissenschaft sein, immer nur rein doktrinär Material zu sammeln, sie muß bis zu einem gewissen Grade Wegweiser für die praktische Arbeit von Staat und Gemeinde sein.

Die Angestellten haben alle Veranlassung, dem Kampf zwischen der alten und neuen „Richtung" Beachtung zu schenken. Wenn auch sonst der Fortschritt beim Techniker nicht zu kurz kommen darf, hier gehören seine Sympathien dem Alten, weil es etwas besseres Neues nicht gibt. Vorderhand ist die „alte Richtung" noch im Uebergewicht. Tragen auch wir durch Beeinflussung der öffentlichen Meinung dazu bei, daß „Kathedersozialist" stets eine Ehrenbezeichnung für die deutschen Gelehrten bleibt.

Dr. H.

*

„Die Gelben"

In einer französischen Stadt wurde gestreikt. Es fanden sich Arbeitswillige. Die streikenden Arbeiter warfen an dem bestreikten Betrieb die Fenster ein — ein gewiß nicht zu billigendes Vorgehen. Die Arbeitswilligen klebten die eingeworfenen Fenster mit „g e l b e m P a p i e r" zu. Daher der Name „Die Gelben".

Schon darin liegt der Begriff. Man versteht unter gelber Bewegung die Arbeitnehmerbewegung, die zwar äußerlich eine wirksame Interessenvertretung der Arbeitnehmer sein will, in Wirklichkeit aber in Abhängigkeit vom Arbeitgeber steht. Diese Abhängigkeit äußert sich vor allem in der finanziellen Unterstützung durch den Arbeitgeber und in dem Mangel der Selbständigkeit in den Entschließungen. Man wird daher nicht jeden Wohlfahrts- und Geselligkeitsverein, der in einem Werke besteht, als „gelb" bezeichnen können. Interessant ist die Begründung von der Notwendigkeit der Gelben. Man sagt: Der bestehende Terrorismus der übrigen Arbeitnehmerorganisationen zwinge zu eigenen Organisationen. Die Gelben seien aus freier Initiative der Arbeitnehmer ohne Zutun der Arbeitgeber entstanden. Man fragt sich, wo bleibt da die sachliche Begründung? Wenn in gewissen Arbeitnehmerorganisationen der Terrorismus vorkommt, so ist das doch kein Grund, um das an sich richtige Prinzip durch ein falsches zu ersetzen. Die Bekämpfung des Terrorismus ist zuguterletzt ein Erziehungsproblem, das man nicht lösen kann durch Gründung neuer Organisationen auf unrichtiger Basis, sondern durch Mitarbeit in den alten Organisationen bezw. durch Stärkung der Organisationen, die den Terrorismus von jeher ablehnten, als die Gelben noch gar nicht da waren. Wir kennen Betriebe, in denen selbständige Gewerkschaftsrichtungen nicht zugelassen wurden, trotzdem aber die Gelben Gnade fanden. Wir von unserem Verband kennen gewerkschaftlichen Terrorismus in unserem Programm und unserer Praxis überhaupt nicht, trotzdem versucht man unsere Mitglieder in die gelben Werkvereine hineinzupressen. Wenn die gelbe Bewegung so selbständig ist, wie das ihre Förderer hinstellen, wenn eine Richtung der Gelben, die „Berliner", sogar das Streikrecht in Anspruch nehmen, so fragt man sich unwillkürlich, woher kommt denn die große Liebe der Arbeitgeber zu den „Gelben"? Dann beständen ja zur wirklich selbständigen Arbeiterbewegung, soweit sie im bürgerlichen Lager steht, keine nennenswerten Unterschiede mehr. Es muß also doch anders sein. Die Arbeitgeber wissen genau, warum sie für die „Gelben" zahlen, warum sie gar oft mehr zahlen, als ihnen die Erfüllung der von der selbständigen Arbeitnehmerbewegung geäußerten Wünsche kosten würde. Sie nehmen gerne, wie der nationalliberale Abgeordnete Hasenclever in der Sitzung des Preußischen Abgeordnetenhauses vom 22. Mai d. J. erklärte, die Hilfe der gelben Vereine in Anspruch. Die Rückgratlosigkeit der Gelben entspricht ja so sehr dem Standpunkt des „Herr im Hause" sein.

In der gelben Bewegung liegt für den Arbeitnehmer eine große Gefahr. Er sieht, wie die Mitglieder der gelben Werkvereine gewisse Vorzüge durch den Arbeitgeber genießen. Sie erhalten die besten Stellen mit den höchsten Löhnen, sie werden bevorzugt bei der Verteilung von Wohnungen und Urlaub. An sich liegt etwas überaus Verwerfliches darin, jemand für das offene Bekenntnis seiner wirtschaftlichen Auffassung dadurch zu strafen, daß man ihn im Betriebe ohne Rücksicht auf die Leistungsfähigkeit schlechter stellt. Wenn auch der Direktor der Deutschen Bank Herr v. Gewinner meinte, es wären nicht immer die besten, die sich organisierten, so ist doch durch die Praxis erwiesen, daß die Elite der Arbeitnehmer am ehesten Anschluß an die Organisation findet. Sodann liegt die Gefahr vor, daß beim Arbeitnehmer der Gedanke Platz greift: Warum soll ich auf all die Vorteile verzichten, die die gelbe Mitgliedschaft mit sich bringt? Ich kann mir diese Vorteile durch das gelbe Couleur sichern, innerlich bleibe ich aber, was ich bisher war. Die Gefahr der Erziehung zur Charakterlosigkeit und politischen Gesinnungslumperei ist gegeben. Innerlich steht der Arbeitnehmer auf dem Standpunkt der selbständigen Arbeiterbewegung. Durch seine Zugehörigkeit zur gelben Bewegung handelt er äußerlich anders. Die angedeutete Gefahr wird um so größer dadurch, daß die Betriebe dazu übergehen, von jedem beschäftigten Arbeitnehmer die Zugehörigkeit zum gelben Werkverein zu verlangen. Die Arbeitgeber verbinden gar zu gern mit der Förderung der „Gelben" politische Zwecke, vor allem die Bekämpfung der Sozialdemokratie. Die praktischen Erfahrungen bestätigen die hier zum Ausdruck gebrachten Befürchtungen. Wahlen auf Grund der Reichsversicherungsordnung z. B. sind mehr wie einmal zu Ungunsten der „Gelben" ausgefallen, obwohl zahlenmäßig die „Gelben" weitaus die stärkste Gruppe darstellen. Ein Beweis, daß die Arbeitnehmer bei geheimer Wahl anders handeln, als sie nach außen durch die Zugehörigkeit zu den „Gelben" dokumentieren. Die Organisation hat den Zweck, die P e r s ö n l i c h k e i t zu fördern und zu heben. Die „Gelben" lösen gerade die umgekehrte Wirkung aus, sie vernichten in vielen Fällen die Persönlichkeit, indem sie die Rückgratlosigkeit fördern.

Die Gelben sind sich auch nicht einig. Wer hat denn Recht: die Essener oder Berliner Richtung. Die erstere verzichtet auf den Streik und beschränkt ihre Neutralität angeblich auf die politischen Parteien. Die letzteren beziehen auch die Sozialdemokratie mit ein und verzichten auf das Streikrecht nicht. Wo aber bleibt die politische Neutralität der „Essener", wenn sie bei den letzten Landtagswahlen die Parole ausgaben: Kein Gelber dürfe Giesberts wählen; dafür aber den von der Industrie protegierten liberalen Kandidaten empfohlen?

Es wird vollkommen übersehen, daß die w i r t s c h a f t l i c h e n V o r a u s s e t z u n g e n für die Gelben gar nicht gegeben sind, weil die Werksgemeinschaft, auf der die Gelben aufbauen, nicht vorhanden ist. Wenn auch nach der technisch-wirtschaftlichen Seite sich die Interessen der Arbeitnehmer mit denen der Arbeitgeber decken, so bestehen nach der sozialwirtschaftlichen Seite wesentliche Unterschiede. Die sich daraus ergebenden Interessen der Arbeitnehmer kann nur eine völlig selbständige Bewegung vertreten. Die Gelben erfreuen sich allerdings hoher P r o t e k t o r e n. Auf der letzten Generalversammlung der Gesellschaft für soziale Reform hat Professor Delbrück für sie eine Lanze gebrochen. Neuerdings erfreuen sich die Gelben als wirtschaftsfriedliche Bewegung der Protektion der „Deutschen Vereinigung". Ihr Vorsitzender Graf Hoensbroech hat sie als die staatserhaltenden Elemente gefeiert. Mit keinem Wort wird mehr Verirrung angerichtet als mit dem wirtschaftsfriedlich. Wenn der als Störenfried bezeichnet werden soll, der seine Interessen vertritt, dann sind auch wir nicht wirtschaftsfriedlich. Wir sehen aber in der Wahrung der Interessen der Techniker keinen Friedensbruch, sondern unsere Pflicht. Wir haben Verantwortlichkeitsgefühl genug, um nicht ohne Grund Kämpfe zu provozieren. Aber wir haben auch Rückgrat genug, um die Interessen der Techniker mit Maß aber energisch zu vertreten. Wir haben früher schon unzweideutig unsere ablehnende Haltung den Gelben gegenüber begründet. Wir haben auch heute keine Veranlassung, unsern Standpunkt zu ändern. Wenn die vorhandene „gelbe Technikerbewegung" nach ihren eigenen Worten bis jetzt bedeutungslos ist, so wünschen wir: es möge immer so b e ben.

Dr. H.

*

Die Streikklausel

war wieder mal Gegenstand parlamentarischer Verhandlungen. In einer Reichstagskommission hat man darüber verhandelt. Der Deutsche Handels- und Gewerbekammertag, die Zentralorganisation der deutschen Handwerkskammer hatte am 19. Jan. 1914 folgende Eingabe gemacht:

„Arbeitsniederlegungen und Aussperrung der Arbeitnehmer im Baugewerbe oder in einem für die Erfüllung des übernommenen Werkvertrags erforderlichen Betriebe bewirkt die Verlängerung aller Fristen um die Dauer der Arbeitsniederlegung oder Aussperrung, ohne daß deshalb der Vertrag einseitig rückgängig gemacht oder Schadenersatz gefordert werden kann".

Die Einführung der Streikklausel würde eine einseitige Stellungnahme der Behörden zu Gunsten der Arbeitgeber bedeuten. Eine Lohn- und Gehaltsbewegung, wie alle Bestrebungen zur Verbesserung des Arbeitsvertrags hängen naturgemäß von der jeweiligen Konjunktur ab. Die Aussicht für das Durchdringen mit einer Forderung ist besonders günstig, wenn der Arbeitgeber zu bestimmten Terminen Arbeiten abzuliefern hat. Eine Sanktionierung dahin gehend, daß bei jeder Differenz der Termin der abzuliefernden Arbeiten sich um die Dauer der Auseinandersetzungen hinausschiebt, kommt einer Verschlechterung der Aussichten der Arbeitnehmer gleich. Andererseits kann auch eine Bewegung der Arbeitnehmer unberechtigt sein. Ein Beispiel bilden die Monopolbestrebungen einer Arbeitnehmerorganisation mit der Tendenz, nur Arbeitnehmer ein und derselben Organisation zu beschäftigen. Aus diesen Gründen kann eine Bestimmung, daß unter keinen Umständen eine Verlängerung des Ablieferungstermins stattfinden darf, auch nicht gebilligt werden, weil darin eine einseitige Bevorzugung der Arbeitnehmer liegen würde. Am zweckmäßigsten dürfte eine Entscheidung von Fall zu Fall sein. Die Entscheidung wäre in die Hände des Gewerbegerichts zu legen, das bei seiner paritätischen Zusammensetzung am besten die notwendige Objektivität garantiert.

Der hier vorgetragenen Forderung entspricht begrüßenswerter Weise auch die Antwort, die der preußische Handelsminister dem Handels- und Gewerbekammertag gegeben hat: Sie enthält unter anderem folgenden Passus: „Die beantragte Einführung der Streik- und Sperrklausel in die Verdingungsverträge der staatlichen Verwaltungen würde einen Eingriff in die zwischen den Unternehmern und ihren Arbeitern auszutragenden Lohnstreitigkeiten lediglich zu Gunsten der Unternehmer bedeuten und mit der von den staatlichen Verwaltungen beobachteten Unparteilichkeit nicht vereinbar sein, auch die eine rechtzeitige Fertigstellung der Ausführungen verlangenden staatlichen Interessen schädigen." Es bleibt also bei der bisherigen Praxis, die nach dem oben als richtig bezeichneten Grundsatze der Entscheidungen von Fall zu Fall handelte. Dr. H.

*

Zwang und Freiheit im Organisationsleben

Auf dem evangelisch-sozialen Kongreß hat Waldemar Zimmermann, der Mitherausgeber der „Sozialen Praxis" ein Referat über die Frage „Zwang und Freiheit im Organisationsleben" gehalten, dem er Leitsätze zu Grunde gelegt hatte, die eingehender Beachtung wert sind und die wir an dieser Stelle im Hinblick auf das Referat über das „Koalitionsrecht" auf dem Verbandstag wiedergeben:

1. Organisation ist Zusammenfügung; die einzelnen zu binden, liegt in ihrem Wesen. Organisationszwang in diesem Sinne ist Wesensnotwendigkeit aller Organisation, und da ohne Organisation kein geschichtliches Leben, keine Kulturentwicklung denkbar, ist solcher Organisationszwang sittliche Notwendigkeit.

2. Das heiß umstrittene Problem unserer Tage aber ist jener technische Organisationszwang, der im Gegensatz zur „Organisationsfreiheit" der einzelnen darauf zielt, sie in die Organisation, und zwar in eine bestimmte Organisation (Konvention, Koalition, Kartell, Kollektivkampf usw.) hineinzuzwingen oder die einzelnen Mitglieder durch Zwang in der Organisation festzuhalten. (Die gesetzlichen Zwangsorganisationen scheiden bei unserer Betrachtung aus.)

3. Dieser Organisationszwang ist als notwendiges Stück der Organisationstechnik seit alters mit fast allen Organisationen schier untrennbar verbunden. In unserem widerspruchsvollen Zeitalter der grundsätzlichen Freiheit des Individuums einerseits und der wuchtigen Massenorganisationen anderseits hat dieser technische Organisationszwang sittliche Konfliktsfragen in Theorie und Praxis gezeitigt („Individuum und Gemeinschaft", „Egoismus und Solidaritätspflicht", „Minderheits- und Mehrheitsrecht" usw.).

4. Die sittliche Berechtigung oder Nichtberechtigung des Organisationszwanges hängt ab:

a) vom Zweck und Ziel der jeweiligen Organisation (sozialwirtschaftliche und marktbeherrschende oder politische und kulturelle Organisationen);
b) von der Summe und Vielseitigkeit der Beziehungen und Einwirkungen der Organisation auf das Individuum;
c) von der Tatfrage, ob das Individuum in eine Herrschafts- oder eine Genossenschaftsorganisation hineingezwungen werden soll;
d) von Macht und Umfang der Organisation;
e) von der Art der Zwangsmittel und den Formen der Anwendung;
f) von dem tatsächlich vorhandenen Maß individueller Freiheit, namentlich auf sozialwirtschaftlichem Gebiete, das durch den Organisationszwang überhaupt beeinträchtigt werden kann. (Ein gut Teil tatsächlicher Freiheit erlangt das Individuum heute gerade erst durch die Organisation.)

5. Die vorherrschende Tagesmeinung und die mit ihr leider vielfach schwankende Rechtsprechung über den Verruf, das vielseitige Hauptinstrument des Organisationszwanges, wird diesen mannigfachen Gesichtspunkten bei seiner Beurteilung nur selten gerecht; sie hält sich meist zu äußerlich an Form und Ton des Organisationszwanges.

6. Verwerflich und für die Organisation auf die Dauer verhängnisvoll sind:

niedriger Terrorismus, zumal wenn er in Ueberzeugungs- und Gewissenszwang ausartet;

Ueberspannung der Organisationsmacht zum Schaden der Interessen des Volksganzen, und:

Organisationszwang, der die sittliche Selbstverantwortlichkeit des Individuums völlig auslöscht.

7. Abhilfe gegen Ueberspannungen und Verirrungen des Organisationszwanges schaffen zivilrechtliche und strafrechtliche Maßnahmen kaum. (Das heutige ungleiche Organisationsrecht für Arbeiter und Unternehmer fördert sogar den Organisationszwang. Der strafrechtliche Arbeitswilligenschutz kann nur die primitivsten Akte des Koalitionszwanges treffen.)

8. Abhilfe schaffen sicherer:

die innere Ausbalancierung des Organisationswesens (genossenschaftliche Erziehung und Aufklärung, Autorität guter Führer, Auflehnung der Persönlichkeiten im Verband gegen die Verbandsschablone, nötigenfalls Konkurrenzorganisationen der Minderheit);

Abwehrorganisationen der Interessenwiderparte;

öffentliche Kontrolle und Kritik (Publizitätszwang für Organisationsakte); schließlich: die drohende „Verstaatlichung" oder Umwandlung der privaten übermächtigen Organisationen in öffentliche Zwangsorganisationen für alle Beteiligten ohne Ausnahme (z. B. Staatsmonopole statt der Trusts und Kartelle, Arbeits- und Aerztekammern, Lohnämter und Zwangsschiedsgerichte statt freier Berufsorganisationen).

9. Die sittliche und bürgerliche Einzelpersönlichkeit vor der Zerreibung durch Organisationszwang oder Zwangsorganisation zu bewahren, scheint eine der vornehmsten politischen und kulturellen Aufgaben des nächsten Menschenalters.

*

Die Kundgebung der Gesellschaft für Soziale Reform und ihre Gegner

Wie es eigentlich auch nicht anders zu erwarten war, hat die Kundgebung der Gesellschaft für Soziale Reform in den Kreisen, die systematisch auf ein Bremsen in der Sozialpolitik hingearbeitet haben, den heftigsten Widerspruch hervorgerufen. Am bedauerlichsten ist es aber, daß gerade in einigen nationalliberalen Zeitungen ein Ton gegenüber der Kundgebung angeschlagen worden ist, der verrät, daß die scharfmacherische Richtung der Industrie einen außerordentlichen Einfluß auf diese Organe besitzt.

Die Rheinisch-Westfälische Zeitung, das Blatt der rheinischen Schwerindustrie, gefällt sich in der Geschmacklosigkeit, der Gesellschaft den Titel zu geben „Gesellschaft für soziale Phantastereien", nennt die in der Gesellschaft für Soziale Reform zusammengeschlossenen Männer „blinde Theoretiker" und sagt: „Es ist nur ein Glück, daß das Gegengewicht der Vernunft stark genug ist, um diesen Unfug weit vom Erdboden zu halten."

Auch die nationalliberale „Kölnische Zeitung" haut in die gleiche Kerbe. Spöttisch bemerkt sie gegenüber dieser Massenkundgebung: „Man hat die nötige Anzahl von Leuten zusammengebracht, um einen Saal anständig zu füllen." In ihrer Betrachtung kehrt das Wort von der „verständigen" Sozialpolitik wieder, das in jener bekannten Reichstagssitzung Dr. Delbrück gesprochen hat. Mit einer „verständigen" Sozialpolitik will sie einverstanden sein, fordert aber, „daß jetzt nach einer Periode beispielloser Schnell- und Massenarbeit in der Sozialpolitik erst einmal eine Periode der Prüfung und der Verbesserung des Geschaffenen eintritt". „Wer aber jetzt ohne Rücksicht auf die weitere Belastung unserer Volkswirtschaft und ohne Rücksicht auf die Bewährung der bisherigen Sozialgesetzgebung mit geräuschvollen Kundgebungen auf der sozialpolitischen Bahn vorwärtsdrängt, der sorgt zwar billig für seine eigene Popularität, bereitet aber einer wohlverstandenen Sozialpolitik mehr Hemmnis als Förderung. . . . Wir möchten daher glauben, daß die Gesellschaft für Soziale Reform, deren verdienstliche Tätigkeit in der Vergangenheit aller Anerkennung wert ist, auf eine abschüssige Bahn gerät, wenn sie in der Agitation fortfährt, die sie gestern mit ihrer Kundgebung in der Hasenheide eingeleitet hat."

Die gleiche unerfreuliche Haltung gegen die Kundgebung nimmt die „Korrespondenz“ der Altnationalliberalen ein. Sie schreibt u. a.: „Die Zukunft wird es den Männern einst danken, die es auf sich nahmen, dem Begehren der Massen und dem, wenn auch gewiß uneigennützigen Unverstand von Ideologen sich entgegenzustellen. Wider den Strom zu schwimmen ist nicht jedermanns Sache, aber es stählt die eigene Kraft und führt sicherer zu dem selbst gesteckten Ziel, als willenlos und bequem sich von der Strömung treiben zu lassen.“

Die Organe der Deutschen Arbeitgeberverbände haben natürlich die Kundgebung der Gesellschaft für Soziale Reform ebenfalls auf das Entschiedenste verurteilt. So lesen wir in dem „Arbeitgeber“ der offiziellen Zeitschrift der „Vereinigung der deutschen Arbeitgeberverbände“ nach einer recht einseitigen Schilderung der ganzen Verhandlungen aus der Feder von Dr. Tänzler folgendes: „Gott sei Dank, daß unser politischer und unser wirtschaftlicher Aufstieg sich immer noch auf Taten und nicht auf Worten aufbaut, sonst stünde es wohl schlimm um unsere Zukunft. Wenn die Gesellschaft für Soziale Reform sich wirklich zu den Worten und zu dem Programm ihres zweiten Vorsitzenden bekennt, so wird in ihren Reihen für praktische Arbeit der deutschen Unternehmer kein Raum sein. Insofern hat die „öffentliche Kundgebung“ zweifellos eine Klärung gebracht.“

In der „Deutschen Arbeitgeber-Zeitung“ gibt Freiherr v. Reiswitz-Hamburg in der Hauptsache die Rede von Prof. Hans Delbrück wieder, die allen Scharfmachern ja so recht aus dem Herzen gesprochen war, ohne auf die Einwände einzugehen, die gegen die Ausführungen aus der Versammlung heraus erhoben wurden. Recht bezeichnend für die Art und Weise, wie dieses Organ der Arbeitgeber die Gesellschaft für Soziale Reform und die in ihr wirkenden Männer abzutun sucht, mag es sein, daß von ihnen gesagt wurde, daß sie „ihren Doktorhut und Professorentitel in überwiegendem Maße einer glücklichen Befähigung zum Kompilieren des in so überaus reicher Fülle angesammelten Materials in sozialpolitischer Abtraktion verdanke“.

So sucht man die Männer, deren Wirken auch von den Gegnern wenigstens geachtet werden müßte, abzutun. Hdl.

ANGESTELLTENFRAGEN

Gescheiterte Tarifvertragsverhandlungen

Der Gedanke des Tarifvertrages ist in der Angestelltenbewegung erst jüngsten Datums. Es sind zwar verschiedentlich Versuche gemacht worden, mit den Arbeitgebern Abmachungen herbeizuführen, Erfolge haben aber nur der Zentralverband der Handlungsgehilfen und der Verband der Bureauangestellten aufweisen können, die einen gewissermaßen vorbereiteten Boden in den Konsumvereinen und den Verwaltungen der Krankenkassen vorfanden.

Eine neuere Tarifvertragsbewegung ist dagegen jetzt gescheitert. Der Verband deutscher Bureaubeamten in Leipzig und der Verband Deutscher Bureauangestellten in Berlin haben versucht, für ihre bei den Rechtsanwälten beschäftigten Mitglieder einen Tarifvertrag zu erreichen. Der Deutsche Anwaltverein, die Gesamtorganisation des Anwaltsstandes, setzte auch im Jahre 1912 einen besonderen Ausschuß zur Beratung der Angestelltenfragen ein, der dem Vorstande und dem Vertretertage des Deutschen Anwaltvereins berichten sollte. Der Ausschuß kam auch zu der Ueberzeugung, daß eine Regelung der Lehrlingsfrage, des Fachschulwesens, der Angestelltenversicherung, der Gehälter usw. in Form eines Tarifvertrages mit den Angestelltenverbänden möglich wäre. Es wurden auch im Juni 1913 der Leipziger Verband Deutscher Bureaubeamten, der Berliner Zentralverband der Bureauangestellten Deutschlands und der Wiesbadener Verband Deutscher Rechtsanwalts- und Notariatsbureaubeamten nach Berlin zu einer Sitzung eingeladen, und kurz darauf traten die Vertreter der drei Angestelltenorganisationen noch einmal in Eisenach zusammen, um ihre Vorschläge über Lehrlingswesen, Arbeitszeit, Kündigungsfrist, Dienstzeugnis, Urlaub, Gehaltszahlungstermin, Gehaltszahlung bei Dienstbehinderung usw. zu formulieren. Das Ergebnis dieser Beratungen wurde dem deutschen Anwaltsverein im September 1913 in Form eines Antrages eingereicht. Es wurde auch die Vorbereitung der weiter nötigen Vorschläge über die Einteilung der Angestellten in Beschäftigungsgruppen und Altersklassen und die Höhe und Abstufung der Mindestgehälter nach Städteklassen und Ortsverhältnissen durch Einziehung von Material in Angriff genommen. In einer weiteren Vertreterkonferenz in Halle wurden diese Vorschläge festgestellt und im Laufe des Dezember dem Ausschuß des Deutschen Anwaltsvereins überreicht.

Die mit einer gewissen Hoffnung in Angriff genommenen Arbeiten haben aber leider nicht das gewünschte Ergebnis gehabt. Denn der Vertretertag des Deutschen Anwaltsvereins am 8. März 1914 ist nicht den Beschlüssen seines Sozialen Ausschusses beigetreten, hat vielmehr geglaubt, daß sich angesichts der Verschiedenheit der örtlichen Verhältnisse gleichmäßige Grundlagen für das ganze Reich nicht festsetzen lassen. Der Anwaltstag empfahl zwar seinen Mitgliedern eine weitgehende Berücksichtigung der Interessen und Rechte der Bureauangestellten und legte weiter den örtlichen Anwaltsvereinen nahe, den Verhältnissen der einzelnen Orte angepaßte Vorschläge nach Anhörung der Vertretung der Bureauangestellten auszuarbeiten. Aber diese entgegenkommende Form der Ablehnung ändert nichts an der Tatsache, daß hier ein nach eingehenden Vorarbeiten in Angriff genommener Versuch, auch für die Angestellten der Rechtsanwälte einen Tarifvertrag zu schaffen, an dem Widerstand des Anwaltsvereins gescheitert ist. Der Hinweis auf die Verschiedenheit der örtlichen Verhältnisse kann nicht als ein stichhaltiger Grund angesehen werden; denn wenn wirklich die von den Angestelltenverbänden formulierten Vorschläge über die Gehaltshöhe usw. dem Anwaltsverein nicht als ausreichend erschienen, so war doch immer die Möglichkeit gegeben, die allgemeinen Bedingungen des Dienstvertrages über Arbeitszeit, Kündigung, Zeugnis, Urlaub, Gehaltszahlung, Fortzahlung des Gehalts bei Dienstbehinderung und Vereinbarungen über das Lehrlingswesen in Form eines Tarifvertrages abzuschließen.

Es ist bedauerlich, daß dieser Versuch der drei Angestelltenverbände ergebnislos verlaufen ist. Ein Grund zum Pessimismus ist dadurch aber nicht gegeben. Denn auch bei den Verhandlungen des Anwaltsvereins hat es sich gezeigt, daß eine beträchtliche Minderheit dem Gedanken des Tarifvertrages durchaus sympathisch gegenüberstand. Sache der Angestelltenorganisationen wird es sein, immer und immer wieder den Tarifvertragsgedanken zu propagieren. Die Arbeitgeber werden sich ihm nicht auf die Dauer verschließen können. Hdl.

BEAMTENFRAGEN

Fort mit den geheimen Personalakten!

Die Versuche, die geheimen Personalakten zu beseitigen, die in letzter Zeit in Preußen und im Reiche gemacht worden sind, haben leider ein völlig negatives Ergebnis gehabt. Die Preußische Regierung hält mit aller Hartnäckigkeit an dieser Einrichtung fest, von deren Beseitigung sie eine Lockerung der Beamtendisziplin befürchtet. Wie unberechtigt dieser Einwand ist, zeigt uns Bayern, in dem die geheimen Personalakten schon längst aufgehoben sind. Nach dem bayr. Beamtenrecht ist die Bekanntgabe der dienstlichen Qualifikation gesetzlich vorgeschrieben. Auf Verlangen wird den Beamten in Bayern der wesentliche Inhalt der Befähigungsberichte mitgeteilt; gegen die Eintragung sind Beschwerden zulässig. Aucn im Reichskolonialbeamtengesetz ist der Versuch gemacht worden, die Frage der Personalakten in etwas entgegenkommenderem Sinne zu lösen. Es heißt dort: „Sind in die Personalakten Vorkommnisse eingetragen, die dem Beamten nachteilig sind, so kann eine Entscheidung hierauf nur begründet werden, nachdem dem Beamten Gelegenheit zur Aeußerung gegeben ist“. Als eine befriedigende Lösung kann die Bestimmung des Reichskolonialbeamtengesetzes nicht angesehen werden. Dem gröbsten Mißbrauch der geheimen Personalakten ist in dieser Bestimmung zwar ein Riegel vorgeschoben, der Beamte ist aber machtlos gegen gewisse Vorurteile, die auf Grund derartiger Eintragungen gegen ihn wachgerufen werden können. Hdl.

DEUTSCHE TECHNIKER-ZEITUNG

HERAUSGEGEBEN VOM DEUTSCHEN TECHNIKER-VERBANDE

Schriftleitung:
Dr. Höfle, Verbandsdirektor. Erich Händeler, verantwortlicher Schriftleiter.

XXXI. Jahrg. **6. Juni 1914** **Heft 23**

Der Metzer Verbandstag

Tages Arbeit, abends Gäste,
Saure Wochen, frohe Feste.

An dieses Wort, das Goethe dem armen verzweifelten Schatzgräber als letzte Lebensweisheit, als Zauberwort mit auf den Weg gab, müssen wir denken, wenn wir über den Verlauf des XXII. Verbandstages berichten. Saure Wochen der Vorbereitung liegen hinter uns, Tage harter Arbeit hat der Verbandstag leisten müssen, um den gewaltigen Stoff zu erledigen. Aber auf des Tages Arbeit folgten „frohe Feste“, die unsere Zweigverwaltung Metz den Teilnehmern vom Verbandstage zu erleben möglich machte. Man kann auf dem Standpunkte stehen, daß die Verbandstage „Arbeitstagungen“ sein sollen, die ohne jede Ablenkung sich nur mit dem Geschick des Verbandes und unseren sozialen Aufgaben zu beschäftigen haben, und muß doch anerkennen, daß der Metzer Verbandstag den Verband großartig repräsentiert hat. Alle Teilnehmer sind des Lobes voll über die Aufnahme, die sie in Metz gefunden haben. Stadtverwaltung und Bürgerschaft wetteiferten, um uns die Pfingsttage so angenehm wie möglich zu machen.

Gleich der erste Schritt aus dem Bahnhofsgebäude ließ uns hohe, bekränzte Flaggenmasten mit riesengroßen Transparenten erblicken, die dem Beschauer sagten, daß diese Stadt den Verbandstag beherbergt. An der Esplanade, der Triumphstraße von Metz, fanden wir wieder die gleiche Aufmerksamkeit und nach einer Reihe anderer Stellen war auf unsere Veranstaltung hingewiesen.

Die erste festliche Veranstaltung war der Bierabend im Stadthaus, den die Stadt Metz uns gegeben hat. In drangvoll fürchterlicher Enge schoben sich an diesem Abende die Massen in den Räumen des Stadthauses, die sonst ernster Beratung dienen. Zivil- und Militärbehörden waren stark vertreten. Wir sahen die Herren Generalmajor Schröder, Inspekteur der IV. Ingenieur-Inspektion, den Chef des Generalstabs vom Gouvernement, Oberst Kapisch, Oberleutnant und Ingenieur-Offizier vom Platz Kraemer, Geh. Oberregierungsrat Boehm und Geh. Baurat Cailloud vom Bezirkspräsidium, Polizei-Inspektor Schwantge und den Gemeinderat, der fast vollständig vertreten war. Der dort kredenzte Stoff ließ bald eine fröhliche Stimmung aufkommen, die durch liebevolle Begrüßungsworte und begeisterte Ansprachen erhöht wurde. Der Bürgermeister der Stadt Metz, Dr. Foret, begrüßte als Gastgeber die große Zahl der Erschienenen und gab seiner Freude Ausdruck „daß der große, angesehene Deutsche Techniker-Verband seine Tagung nach Metz verlegt habe“. Er wünschte dem Verbandstag den besten Verlauf und sprach die Hoffnung aus, daß es allen Teilnehmern in Metz gut gefallen möge, auf daß Metz noch recht lange jedem einzelnen in recht guter Erinnerung verbleibt. Sein namens der Stadtverwaltung und der gesamten Bürgerschaft gegebener Willkommengruß wurde von den anwesenden Metzer Bürgern mit stürmischem Beifall unterstrichen. Kollege Reißland konnte seinen Dank für die schönen Begrüßungsworte freudigen Herzens zum Ausdruck bringen und darauf hinweisen, daß wir gerne dem Rufe nach Metz Folge geleistet haben. Denn gerade hier dränge sich dem Besucher eine Fülle von Eindrücken auf, die den alten Kulturboden des Lothringer Landes, in dem die Schwerindustrie in den jüngsten Jahren einen so gewaltigen Aufschwung genommen habe, umso wertvoller erscheinen lassen.

Darauf ergriff Herr Mühlenkamp das Wort, um im Namen der Metzer Zweigverwaltung der Freude Ausdruck zu geben, daß der Verbandstag nach Metz gekommen sei. Es gelte hier nicht um kleinliche Dinge zu streiten, sondern um die großen Ziele, die unserer Verbandspolitik Richtung geben. Hier in Elsaß-Lothringen wollen die Kollegen den Beweis erbringen, daß sie auf der Höhe ihrer Aufgaben stehen und den Kollegen aus dem übrigen Deutschland ein anderes Bild geben von dem oft viel geschmähten Lande.

„Sie werden Gelegenheit haben, meine Herren“ — führte Herr Mühlenkamp weiter aus —, „den biederen Landmann, wie den Bürgersmann der Stadt kennen zu lernen und Sie werden konstatieren, daß die Leute hierzulande genau so ehrlich und aufrichtig sind, wie anderswo. Sie werden erkennen, daß nicht alles das zutrifft, was die Zeitungen in Altdeutschland über Lothringen und Elsaß schreiben, sondern werden die Ueberzeugung gewinnen, daß Elsaß-Lothringen ein Land ist, auf das Deutschland stolz sein kann.“ In der Festschrift habe Herr Prof. Keune gezeigt, was Metz und Lothringen an Schönheiten und Wissenswertem bieten. Aber auch sonst enthalte die Festschrift eine Fülle anregender Gedanken und wertvoller Arbeit. So einen „Beitrag zur Verbandsgeschichte“ von Kaufmann, den begeisterten „Ruf der 30 000“ von Küster, einen hervorragenden Artikel Dr. Potthoffs über „das deutsche Arbeitsrecht“ und einen Aufsatz unseres Mitgliedes Heuser über „technisches Bildungswesen“. Mit einem herzlichen Willkommen in Metz und dem verbindlichsten Dank an Herrn Bürgermeister Dr. Foret für die Bewirtung im Stadthaus schloß Herr Mühlenkamp seine mit großer Begeisterung aufgenommene Rede.

Ebenso stimmungsvoll wie der erste Abend verlief der Festkommers im festlich geschmückten großen Saale des „Terminus“. Auch diese weiten Räume waren dicht gefüllt. Nach der Begrüßungsrede von Kollegen Mühlenkamp sprach der Landtagsabgeordnete von Metz, Rechtsanwalt Donnevert. Seine Worte, die den Persönlichkeitsgedanken des Einzelnen und den Gemeinsamkeitswillen der Masse feierten, fielen auf recht fruchtbaren Boden und fanden stürmische Zustimmung. Unser Ehrenmitglied, Koll. Schwenkler, gab der Freude über die Aufnahme in Metz Ausdruck und fand warme Worte der Anerkennung für die von unserer Zweigverwaltung Metz geleistete Arbeit. Auch hier verschönte der Metzer Liederkranz wieder den Abend und Fräulein Filtzinger erfreute durch ihre herrliche Sopran-Stimme. Aus den zusammenfassenden Worten unseres Verbandsdirektors Dr. Höfle, welcher das Verhältnis der Stadtverwaltungen zu ihren Technikern besprach, möge die Bürgerschaft Metz entnehmen, daß die aus Altdeutschland gekommenen Techniker frei sind von Anschauungen, die die Gefühle des elsaß-lothringischen Volkes verletzen können.

Auch dieser Kommers wird den Verbandstags-Teilnehmern ebenso in Erinnerung bleiben, wie das Fest auf der Esplanade, das die Stadt Metz durch eine geradezu großartige Beleuchtung und Dekorierung der herrlichen Anlagen zu verschönen verstand. Die Einwohner von Metz kamen zu Tausenden — dabei war das schöne Geschlecht besonders stark vertreten —, um ihre Anteilnahme an unserer Feier zu bekunden.

Alles in allem — wir haben uns in Metz wohl gefühlt. Deshalb sagen wir auch an dieser Stelle der Stadtverwaltung, den Regierungsvertretern, der Bürgerschaft der Stadt, die uns überall mit der größten Zuvorkommenheit begegnete, und vor allem noch den werten Kollegen von Metz, die sich aufopfernd in den Dienst des Verbandstages stellten, unseren herzlichsten Dank. Wir werden die Tage von Metz nicht vergessen und wenn wir uns der dort vollbrachten Verbandsarbeit freuen, uns auch stets der echt kollegialen Aufnahme erinnern.

Die Gesamtvorstandssitzung

Wie vor jedem Verbandstage, so fand auch vor diesem eine Sitzung des Gesamtvorstandes statt, um noch zu einigen Fragen Stellung zu nehmen, die den Abgeordneten der Bezirksverwaltungen zur Entscheidung vorgelegt werden sollten. Die Sitzung begann am Freitag, den 29. Mai, vormittags 10 Uhr. Nachdem sie durch den Verbandsvorsitzenden, Herrn Reifland, eröffnet worden war, wurde als Verhandlungsleiter wieder Herr Sander gewählt, zu seinem Stellvertreter Herr Klohs, zu Schriftführern die Herren Ruhnau und Schneider-Karlsruhe.

Als Hauptpunkt stand auf der Tagesordnung die Besprechung der Finanzlage des Verbandes. Den Mitgliedern des Gesamtvorstandes war vor der Tagung ein eingehender Bericht der Kassenprüfer über die Finanzlage zugegangen, so daß gleich in eine Besprechung eingetreten werden konnte, die sich in der Hauptsache mit den außerordentlich hohen Außenständen an Verbandsbeiträgen beschäftigte. Mit dem vom Geschäftsführenden Vorstande dem Verbandstag unterbreiteten Antrag 25 erklärte man sich nicht einverstanden. Es wurde besonders darauf hingewiesen, daß durch eine direkte Einziehung der Beiträge die Fühlungnahme der örtlichen Verwaltungsstellen mit den Mitgliedern verloren gehen würde. Auch der Einwand fand allgemeine Zustimmung, daß man nicht schon wieder, nachdem erst recht kurze Zeit das neue System der Beitragseinziehung in Kraft ist, mit einem neuen Weg hervortreten dürfe. Es müsse vielmehr versucht werden, die Mängel des bisherigen Verfahrens zu beseitigen. Es wurde schließlich folgender Antrag einstimmig angenommen:

Sämtliche Rückstände vom Jahre 1913 und vom 1. Quartal 1914, die bis zum 15. Juni 1914 bei der Hauptgeschäftsstelle nicht eingegangen sind, werden von den säumigen Zahlern ohne vorherige Mitteilung durch Nachnahme erhoben. Dasselbe Verfahren ist stets 6 Wochen nach Schluß eines jeden Quartals zu wiederholen. Bekanntmachung erfolgt durch die D. T.-Z.

Die Nachnahme- und Bestellgebühren fallen dem Mitgliede zur Last und werden mit der Nachnahme eingezogen.

Die Abteilung Kasse hat sofort die Zweigverwaltungen wegen ihrer Rückstände zu mahnen. Gleichzeitig hat die Kasse der Arbeitsgemeinschaft von den Rückständen und den näheren Verhältnissen der Zweigverwaltungen Mitteilung zu machen. Die Arbeitsgemeinschaften werden bevollmächtigt, durch Beauftragte die ihnen geeignet erscheinenden Schritte zur Regelung der betr. Kassenverhältnisse vorzunehmen.

Von den Beiträgen, die von der Hauptgeschäftsstelle eingezogen werden müssen, weil die Einziehung von den Zweigverwaltungen und Abteilungen nicht erfolgen konnte, wird nur die Hälfte der satzungsgemäßen Rückvergütungen an die Zweigverwaltungen und Abteilungen gewährt.

Der Gesamtvorstand hofft mit diesem Beschlusse, die geeigneten Maßnahmen getroffen zu haben, die in Zukunft ein pünktlicheres Eingehen der Beiträge gewährleisten. Auch bei der monatlichen Einziehung der Beiträge muß es jedes Mitglied für seine Pflicht halten, den geringen Betrag von 2,— M an jedem Monatsersten sofort abzuführen oder, wenn es dazu in der Lage ist, den Beitrag gleich ein Vierteljahr im voraus zu entrichten. Bereits dieser Umschlag der Deutschen Techniker-Zeitung ist mit einem Zettel versehen, der ausdrücklich auf diesen Beschluß des Gesamtvorstandes aufmerksam macht und hoffentlich seine Wirkung nicht verfehlen wird.

Der Gesamtvorstand beschäftigte sich weiter mit einigen Einsprüchen und den Verträgen mit den leitenden Beamten und Geschäftsstellenleitern.

Die Verhandlungen dehnten sich so weit aus, daß auch noch der Sonnabend, der Sonntag und sogar der Montag teilweise zu Sitzungen des Gesamtvorstandes in Anspruch genommen werden mußten.

Die Festsitzung

Am Sonntag, dem 31. Mai, vormittags 11 Uhr, fand im großen Saale des „Terminus" die feierliche Eröffnung des Verbandstages statt. Zahlreiche Ehrengäste hatten sich eingefunden. Es seien genannt die Herren Oberregierungsrat Boehm, Regierungs- und Baurat Cailloud, Baurat Wahn, Beigeordneter Jung, Landtagsabgeordneter Kommerzienrat Hinsberg, Landtagsabgeordneter Donnevert, Reichstagsabgeordneter Dr. Weill, ferner Herr Oehm vom Deutschen Werkmeister-Verband, Herr Thimm vom Bunde der technisch-industriellen Beamten und Vertreter des Polytechnischen Vereins der Stadt Metz.

Von einer großen Reihe Behörden und im öffentlichen Leben stehender Persönlichkeiten waren Begrüßungsschreiben zugegangen. So ließ sich das Reichsamt des Innern entschuldigen, ein herzliches Begrüßungsschreiben hatte u. a. auch Herr Dr. Potthoff gesandt.

Der Verbandsvorsitzende, Herr Reifland, eröffnete die Tagung mit einer herzlichen Begrüßung der Gäste und Teilnehmer und schloß seine Ausführungen mit einem Hoch auf den Kaiser.

Herr Oberregierungsrat Boehm entschuldigte den Bezirkspräsidenten, Freiherrn von Gemmingen, der leider an der Teilnahme verhindert sei, ihn aber beauftragt habe, den Deutschen Techniker-Verband in Metz auf das herzlichste zu begrüßen. Er schilderte die Vorzüge des alten schönen Mosellandes, dieser alten deutschen Kulturstätte mit ihren Wahrzeichen deutscher Kunst. Gerade hier gelte das Dichterwort „Das Alte stürzt, es ändern sich die Zeiten und neues Leben blüht aus den Ruinen".

Herr Stadtbaurat Wahn begrüßte im Namen des verhinderten Bürgermeisters Dr. Foret den Verband. Er wies darauf hin, daß dieser Besuch des Verbandes in Metz auch den Bildungsbestrebungen diene. Denn gerade bei der Besichtigung von Bauwerken lerne man, wie man es besser machen kann, und sehe, wie man es nicht machen soll. Er erinnerte daran, daß hier in Metz alter Kulturboden sei. Die Römer hätten sehr bedeutende Zeugen ihrer hochentwickelten Technik hinterlassen, das Mittelalter zeige den herrlichen Dom und zahlreiche Profanbauten und beweise dadurch den hohen Stand der Baukunst zu jener Zeit.

Herr Oehm überbrachte die Grüße des Deutschen Werkmeister-Verbandes. Er meinte, von einem Stillstand der Sozialpolitik dürfe niemals die Rede sein. Auf keinen Fall könnte man bei den technischen Angestellten davon sprechen, denn an Sozialpolitik für sie wäre noch so gut wie gar nichts geschehen. Es sei deshalb gerade die Aufgabe der Techniker, immer wieder darauf hinzuweisen, wie notwendig die Erfüllung ihrer sozialpolitischen Forderungen sei.

Herr Mühlenkamp begrüßte sodann den Verbandstag im Namen der Elsaß-Lothringischen Landesverwaltung. Er wies besonders auf die 352 Seiten starke Festschrift hin, die die Landesverwaltung Elsaß-Lothringen dem Verbandstage dargebracht habe und dankte den Mitarbeitern herzlichst für ihre ausgezeichneten Beiträge.

Nunmehr erhielt Herr Landtagsabgeordneter Rechtsanwalt Donnevert-Metz das Wort zu seinem Vortrage.

Das vergangene Jahr hat unsere Blicke oftmals um ein Jahrhundert zurückgehen lassen in jene Zeiten tiefster Erniedrigung und siegreichen Wiederaufbaus und hat uns damit besonders eindringlich die machtvolle nationale Entwickelung Deutschlands vom Einst zum Jetzt vor Augen geführt. Wenn ich Sie heute zu einer erneuten geistigen Rückwanderung in jene vergangenen Zeiten einlade, so will ich Sie nicht so sehr auf das allgemeine Gebiet unserer nationalen Gestaltung, als auf das besondere unserer damals einsetzenden neuzeitlichen politischen und wirtschaftlichen Entwickelung hinlenken.

Wie an den Anfängen aller großen Entwickelungsperioden, so sind es auch hier die Gestalten großer Männer, die, ihrer Zeit voran, und ihre Zeitgenossen überragend, prophetischen Geistes die neuen Wege und Ziele der Entwickelung wiesen. Lassen Sie mich zwei aus ihnen herausgreifen: Kant, der den Ideen der Aufklärung in seinem ethischen Hauptsatze vollendeten Ausdruck dahin gegeben hat: daß kein Mensch seinen Mitmenschen zum bloßen Werkzeug seiner Eigensucht erniedrigen dürfe, — und Goethe, der das Programm einer neuen Volksbewegung in den Vers geprägt hat: Höchstes Glück der Erdenkinder sei nur die Persönlichkeit!

Schon zu Lebzeiten dieser großen Männer begann die französische Revolution, nicht nur die Verwirklichung der „Menschenrechte", in die Tat umzusetzen, sondern es brach auch der Gedanke sich immer mehr Bahn, daß die elementarsten dieser Rechte jedem, auch dem letzten der Volksgenossen zugute kommen müßten.

Auf der Grundlage dieser Gedanken und Geschehnisse entstand in Deutschland die große politische und wirtschaftliche Bewegung, die unter dem Namen des Liberalismus die Schranken und Gebundenheiten des Mittelalters niederriß und Raum schuf für das kommende neue Deutschland. Sie führte den bedeutsamen Gedanken durch, daß der Staat nicht darin bestehe, daß die Masse des Volkes nur Material und Rohstoff ist in der Hand des Staatsleitenden, sondern daß die Masse des Volkes besteht aus lauter Einzelpersonen, und daß erst diese Einzelnen ihren Willen zusammentragen müssen, zur Bildung des Gesamtwillens der Nation; aus dem Hörigen schuf sie den Freien, aus den Untertanen den Staatsbürger, dessen Rechte in der Verfassung festgelegt sind. — Ehedem eine Unzahl von Einzelstaaten und kleine Volkswirtschaften, die durch Zollschranken mehr oder weniger streng voneinander abgeschlossen waren, und die nach dem treffenden Vergleich Friedrich Lists das Bild eines lebendigen Organismus boten, dessen Glieder durch Bänder voneinander abgeschnürt, keine freie Blutzirkulation untereinander hatten — jetzt daraus erwachsen: Der Deutsche Einheitsstaat, unser großes Vaterland, das neue Reich.

Damit war die Möglichkeit geschaffen, zu ungeahnter wirtschaftlicher Entfaltung und einer Verdreifachung unserer Volkszahl, damit war Raum gewonnen zur glänzenden Entwickelung von Handel und Technik. Das alte stille liebe Deutschland wird umgewandelt in ein neues Land der wachsenden Stärke, des wachsenden Verkehrs, aufblühenden Handels und gewaltigster Arbeit. Ein neues Geschlecht tritt an die Stelle des alten stillen Volkes der Denker; hastender Eifer löste ab eine jahrhundertelang erprobte brave Stetigkeit; täglich sich steigende Bedürfnisse und der Luxus eines Nationalvermögens von über 300 Milliarden traten an die Stelle einer mäßigen Dürftigkeit; wo früher in ländliche Stille das Posthorn erklang und der Hirte seiner Flöte empfindsame Töne entlockte, dröhnt nun in gewaltigen Akkorden der Rhythmus der Arbeit.

Es ist in der Tat etwas erstaunliches und bewundernswertes, wie aus einem verhältnismäßig so armen und von der Natur nicht einmal besonders gesegnetem Lande ein so mächtiger Staat entstanden ist, dessen Stellung im Rate der Völker angesehen, dessen Reichtum während der letzten Menschenalter beneidet ist. Gibt es für dieses neue und kraftvolle Deutschland ein besseres Symbol als das bekannte Plakat der Berliner Gewerbeausstellung vom Jahre 1896: Die nervige Riesenfaust, die vom Menschengeist geleitet, aus der Sandwüste hervorbricht und den titanenhaften Hammer gen Himmel schwingt!

Eine der wichtigsten Rollen in dieser durch die politische Freimachung aller Kräfte angebahnten Entwickelung fällt der Technik zu.

Von der Erfinderin des primitivsten Steinwerkzeugs hat sie sich entwickelt, bis zur gewaltigen Schöpferin der unübersehbaren Fülle von Hilfsmitteln für die Befriedigung der Bedürfnisse einer modernen Menschheit. Jahrtausendelang verläuft die Linie ihrer Entwickelung mit schwacher Steigerung; ja, man kann sagen, daß die technische Signatur der europäischen Staaten in der Zeit vom 12. bis 18. Jahrhundert in vieler Beziehung hinter der der antiken zurückstand — sie hatten keine Großtechnik, keinen Straßenbau, keine Großstädte, keinen Großhandel wie jene; soweit sie im einzelnen höheres leisteten, war es zu beschränkt, um die ganze Volkswirtschaft umzugestalten; auch der Gesamtaufbau der Gesellschaft war ein ähnlicher wie im Altertum: Die Familienwirtschaft, der kleinbäuerliche und Handwerksbetrieb, der lokale Markt, der Gegensatz von Stadt und Land, die Arbeitsteilung und soziale Gliederung zeigen ähnliche oder gleiche Grundzüge.

Nun aber, am Ende des 18. Jahrhunderts, wurde der gleichförmige Gang der technischen Entwickelung durch einen gewaltigen Aufschwung unterbrochen. Die Technik schaffte nicht mehr wie bis dahin, Werke allein mit Hilfe praktischer Arbeit auf Grund von Erfahrungstatsachen, sie begann sich nun vielmehr der zweiten Grundbedingung ihrer Erfolge bewußt zu werden, und stellte die Ergebnisse der Wissenschaft, zunächst der Mathematik und der Naturwissenschaften und weiter aller abstrakten Wissenschaften in ihren Dienst, um aus ihnen Nahrung zu saugen und sie ihrerseits wieder neu zu befruchten.

Trotz mancher Unsicherheit im einzelnen bleibt die Tendenz eine stetig nach oben steigende. Was die letzten 100 Jahre an technischen Leistungen brachten, ist ungeheuer, vielseitig und großartig, nicht nur der Menge, sondern auch dem Wert des Geschaffenen nach. Und was gleich bedeutsam ist, die technischen Errungenschaften und Umwälzungen brachten eine Umwälzung nahezu aller menschlichen Verhältnisse mit sich.

Sie werden von mir zumal im Rahmen der heutigen Veranstaltung keine ins Einzelne gehende Darstellung der technischen Entwickelung in ihren tausendfachen Erscheinungsformen und Folgeerscheinungen verlangen; eine solche Darstellung, deren wir überdies für unsern heutigen Zweck nicht bedürfen, wäre fast unmöglich. Lassen Sie mich nur in einigen wenigen großen Strichen die Folgen zeichnen, die die gewaltigen technischen Fortschritte in diesem Zeitalter der Maschine hervorgebracht haben.

Als das 19. Jahrhundert auf die Bahn trat, wurde das deutsche Volk, zwar, wie ich Ihnen gezeigt habe, politisch und wirtschaftlich frei, aber es blieb arm. Erst als die Dampfmaschine auch in Deutschland ihren Einzug hielt, als die Steinkohle ihren Sieg erfocht über die Holzkohle bei der Bereitung von Stahl und Schmiede-Eisen und nun die Schiene über das Land sich schob, erst da zog eine wahrhaft neue Zeit heran. Aus einer Volkswirtschaft mit mäßiger Bevölkerung, Kleinstädten, durch die Wasserkräfte zerstreuten Gewerben, mit feudaler, stabiler Agrarverfassung, lokalem Absatz, geringem Außenverkehr, haben Technik und Maschine eine neue gemacht, die durch Riesenstädte und Industriezentren, Großbetrieb, großartigen Fernverkehr und weltwirtschaftliche Arbeitsteilung, durch Kartelle und Trusts sich charakterisiert.

Lesen Sie Goethes „Hermann und Dorothea", wenn Sie ein Bild der alten Welt haben wollen und halten Sie den Qualm einer jungen niederrheinischen Industriestadt daneben; vergleichen Sie die Laterne im Frankfurter Goethehaus mit der sich die Frau Rat leuchten ließ, wenn sie durch die holperigen und schmutzigen Straßen aus dem Theater nach Hause ging, mit den gewaltigen Lichtquellen, die den Asphalt unserer Großstädte beleuchten; lesen Sie die entzückende Schilderung einer Reise durch Deutschland vor 100 Jahren in Sombarts „Deutscher Volkswirtschaft im 19. Jahrhundert" und stellen Sie neben diese Monographie der alten Postschnecke den Imperator, der den Ozean durchfurcht oder den Expreßzug, der durch die Länder dahinjagt — setzen Sie diese Vergleiche fort und Sie haben plastischer als durch alle langen Abhandlungen und statistischen Zahlen den Unterschied von einst und jetzt.

Aber diese glanzvolle Entwickelung hat auch ihre Schattenseiten. Dieselben Jahrzehnte, die aus dem selbstgenugsamen Agrarstaate unserer Großväter einen Weltmarktstaat ersten Ranges gemacht, haben uns vor große und schwere Probleme gestellt.

Unsere politische Entwickelung ging und geht dahin, den Einzelnen freier zu machen; unsere wirtschaftliche Entwickelung geht den entgegengesetzten Weg zu immer größerer Abhängigkeit vieler von Einzelnen. Es ist das immer dieselbe alte Konstruktion der Menschheitsgeschichte, daß, wenn man einen alten Zwang aufhebt, immer ein neuer Zwang entsteht, daß von Generation zu Generation ebenso eifrig, wie man auf der einen Seite Fesseln bricht, ganz von selber auf der anderen Seite neue Bindungen sich einstellen.

Der Liberalismus hat die Zünfte beseitigt; was für harmlose Kinder waren diese alten Zünfte gegen die neuen Zünfte, die jetzt vor unseren Augen sich erheben. Was jetzt in Syndikatsbildungen über unser ganzes Gewerbe gelegt wird, braucht nur noch 20 Jahre so zu wachsen wie bisher, so hat es eine Festigkeit und einen Zwang erreicht, daß der Einzelne in diesem System nicht mehr weiß, was er als einzelner Geschäftsmann oder Gewerbetreibender noch bedeuten soll. Die alten Zunftbestimmungen: „wo man verkaufen dürfe, zu welchen Preisen und mit welchen Arbeitskräften" leben in den modernen Syndikatsbestimmungen wieder auf. Das Zeitalter der wachsenden Masse und der wachsenden Arbeitsteilung wird von Natur ein Zeitalter immer verwickelterer menschlicher Abhängigkeit. Alle leben von allen, alle streiten sich mit allen; es entsteht ein Netz von Verträgen, Tarifen, Krediten, Gesellschaften, Pflichten, wie es bunter und verwickelter niemals etwas gegeben hat.

Der Einzelmensch hört auf, eine Größe für sich zu sein.

Die Parole der neuzeitlichen geistigen und politischen Bewegung war die Unabhängigkeit des Einzelmenschen. Die Philosophen haben sie in die Höhe gehoben, die Dichter sie gefeiert.

Man zerbrach Verbände und Zünfte, um den Einzelnen frei zu machen. Heute ist es mit dem Siege des Individualismus vorbei. Es verbreitet sich ein Geist von Gebundensein an ein dunkles Ganze, das alle umfängt; man spürt, wie eine organisierte Macht über uns kommt, die den Einzelnen als Null betrachtet.

Dieser Entwickelung gegenüber aber werden von neuem die alten Empfindungen wieder wach, daß es in allen Wirtschaftsleben nichts Größeres gibt, als die einzelne Persönlichkeit, die ihre Menschenrechte fordert. Die alten Probleme der Menschenrechte, die Hinderung der unnützen Bevormundung, die Befreiung der Tätigkeit der Einzelnen kommen wieder neu heran. Der alte Kampf zwischen Monarchie und Demokratie erlebt in der Volkswirtschaft eine grandiose Auferstehung. Soll der Massenbetrieb monarchisch sein, konstitutionell, oder republikanisch, soll er staatssozialistisch sein? Die alte Frage der Abhängigkeit des Menschen vom Menschen ist in ein neues Stadium getreten.

Noch nie gab es eine solche Masse abhängiger Leute, die ihre Abhängigkeit fühlen und gleichzeitig bereit sind, die Notwendigkeit geschichtlich gewordener Abhängigkeitsverhältnisse zu erörtern und zu bestreiten.

Das Millionenheer der Lohnarbeiter ist der Hauptbestandteil dieser abhängigen Volksschicht; dies und daß es am ersten und stärksten betroffen wurde, hat dazu geführt, von einer Arbeiterfrage in diesem Zusammenhange zu sprechen. Es ist aber in Wirklichkeit keine bloße Arbeitsfrage, sondern eine Frage, die heute von der Masse der kaufmännischen Angestellten, der Privatbeamten und technischen Angestellten in gleicher Weise empfunden und gestellt wird; es ist auch kein Sozialismus doktrinärer Art, es ist die alte liberale Frage, „Mensch, wo bleibst du als Mensch in diesem Zwangszusammenhängen des menschlichen Daseins!"

Dieser neue Kampf um die Menschenrechte, um das Recht der Einzelpersönlichkeit inmitten all der großen Betriebe und neuen volkswirtschaftlichen Zusammenhänge kann von dem Einzelnen mit Erfolg nicht mehr geführt werden; alle fühlen es, daß er gemeinsam ausgefochten werden muß und daß auf Vereinzelung heute wirtschaftliche Todesstrafe gesetzt ist. Das Schicksal des Einzelnen ist heute das seiner Standes- und Berufsgenossen; das Klassenbewußtsein ist erwacht.

Damit tritt ein neues Problem in die soziale Entwickelung — das Problem der Organisation. Die sozialen Organisationen der 20 und mehr Millionen Arbeitnehmer entstehen als das natürliche Gegengewicht und als ein notwendiger Ausgleich gegenüber der wirtschaftlichen Organisation, wie sie sich in Ringen, Trusts und Kartellen kundgibt.

Die neue Zeit begann mit dem Kampf des Individuums gegen die nivellierende Macht der Organisation in ihren verschiedenen Gestaltungen, wie Staat, Zunft, Kirche; die Gegenwart gibt das resignierte Bekenntnis zur Organisation; die Persönlichkeit muß durch die Organisation geschützt werden; die Organisation nimmt den Kampf auf für den Kantschen Satz vom Selbstzweck der Menschen.

„Wie ist es möglich, daß trotz Verdreifachung unserer Volkszahl auf jeden einzelnen ein Mehr an wirtschaftlichen und geistigen Gütern kommt? Wie ist es möglich, daß trotz Großbetrieb, trotz weitgehender Arbeitsteilung und Massenorganisation der einzelne, ob Beamter, ob Arbeiter, nicht zum seelenlosen Rädchen im Getriebe wird, sondern sein höchstes Glück, seine Persönlichkeit bewahrt; daß er weiß, was und wofür und daß er mit Freuden schafft! Leben und Persönlichkeit!" Das sind die großen sozialen Fragen der Gegenwart, für deren Lösung die Organisationen der Arbeitnehmer kämpfen!

In diesem Kampfe hat auch der deutsche Techniker einen Platz und seine Aufgabe. Der Techniker hat unserer Zeit die riesenhafte Beherrschung und Verwertung der Naturkräfte gebracht, mit ihren Riesenunternehmungen, ihren Maschinen, ihrer Arbeitsteilung, mit all den schweren sozialen Fragen, die dem Volk im Zeitalter der Maschine entstanden sind. Der Techniker hat das Millionenheer der industriellen Arbeiter und Arbeiterinnen geschaffen. Der Techniker hat schließlich sich selbst in die gleiche Lage gebracht: Arbeitnehmer, abhängiger Diener des Großbetriebes zu sein.

So ist er an dem glücklichen Ausgange der sozialen Kämpfe doppelt interessiert; es handelt sich um die Konsequenzen seines Schaffens für die anderen, es handelt sich aber auch um ihn selbst.

Auch bei ihm ist vielfach das, was Kern und Wesen eines in höherem Sinne persönlichen Daseins ausmacht, wenigstens soweit die wirtschaftliche Auswirkung der Persönlichkeit in Betracht kommt, verloren gegangen: Freiheit und Unabhängigkeit; auch bei ihm machen sich die materiellen Folgen wirtschaftlicher Abhängigkeit in vielfacher Richtung empfindlich fühlbar.

Ich brauche das vor einer Versammlung, wie der heutigen, nicht im einzelnen zu belegen; sie wissen es alle aus eigener Erfahrung, und viele haben wohl selbst am eigenen Leibe die Mängel ihrer sozialen und wirtschaftlichen Lage verspürt.

Wer von Ihnen hat es nicht empfunden, daß gerade für den Techniker Arbeitsleistung und Besoldung zueinander in ein wachsendes Mißverhältnis geraten sind? Das Maß von Verantwortung, das auf dem technischen Beamten ruht, die Höhe der Vorbildung, die oft mit großen Kosten erworben, die geistigen Qualitäten, die hinter dem materiellen Ergebnis seiner Tätigkeit stehen, sie alle werden bei der Bemessung seiner Bezüge gar nicht oder nicht genügend in Ansatz gebracht.

Und während dem Arbeiter wenigstens die formale Freiheit seines Arbeitsverkaufs gesichert ist, ist dem Techniker die Nutzbarmachung seines einzigen Gutes, seiner Arbeitskraft, fast völlig unterbunden. Welche Summe von materiellem und moralischem Zwang umschließt allein das eine Wort „Konkurrenzklausel"! Wie lange und mit welch geringem Erfolg wird schon um die Beseitigung der großen Mängel und Mißstände gekämpft, die aus dieser Vertragsklausel sich allein ergeben!

Wie vielfältig sind die sonstigen Beschränkungen, denen sich der Techniker zu unterwerfen hat; die Beschränkung freier literarischer Tätigkeit, der brutale Eingriff in das Erfindereigentum, die Beschränkung der Freizügigkeit, die sogenannte geheime Konkurrenzklausel u. a.

In der Tat, mit der Feststellung ihrer niedrigen Lohnverhältnisse und ihrer langen Arbeitszeiten ist die ungünstige Lage der Techniker nicht erschöpfend behandelt. Gewiß sind Lohnfrage und Arbeitszeit überaus wichtige Dinge, die nicht allein materiell einzuschätzen sind, deren Bedeutung auch für höhere Persönlichkeitswerte auf der Hand liegt.

Fast noch wichtiger ist aber die Freimachung des geistigen Menschen von der modernen Verfrohnung, in die er immer mehr hineingeraten ist.

Arbeiter und Handlungsgehilfen haben zuerst die ganze Tragweite der veränderten wirtschaftlichen Lage erfaßt; sie haben durch ihre Organisation mit Erfolg an der Verbesserung ihrer rechtlichen und wirtschaftlichen Verhältnisse gearbeitet. Das spätere Erwachen der technischen Angestellten hat es verschuldet, daß ihre Lage heute noch weniger günstiger ist, wie die jener. Sie haben manches nachzuholen; daß sie es mit Erfolg nachholen werden, zeigt das starke Aufblühen und die rege Arbeitsentfaltung ihrer Organisationen, zeigt nicht zuletzt diese stolze Tagung, zu der Sie heute hier versammelt sind.

Große Aufgaben liegen vor Ihnen; möge Ihnen die Erfüllung gelingen, möge Ihnen vor allem gelingen, die Grundlage für alles andere zu erreichen: „Das Recht, das mit Ihnen geboren ist!"; mögen Sie erreichen, daß die Gesetzgebung den Fortschritten der technischen Entwickelung Rechnung trägt. Das Recht des Dienstvertrages, die Grundlage für die wirtschaftliche Existenz und persönliche Freiheit der Mehrheit unseres Volkes, ist die große soziale Aufgabe unserer Zeit, an deren Erfüllung gerade Sie als die geborenen Führer und Sachkundigen mitzuwirken berufen und verpflichtet sind.

Ohne einen zähen Kampf wird die Erfüllung Ihrer berechtigten Forderungen nicht zu erreichen sein; aber sie wird erreicht werden, wenn jeder an seinem Platze seine Pflicht tut und sich der Verantwortung bewußt ist, die er auf sich lädt, wenn er in diesem Kampfe abseits steht.

Der Kampf geht um keine geringe Sache; er geht nicht nur um materielle Dinge; er geht — auch heute wieder — um das Beste und Höchste, was in Ihnen ist, um „das größte Glück der Erdenkinder“, um Ihre Persönlichkeit. Seien Sie bei diesem Kampfe nicht die kleinen Söhne Ihrer Väter, die im vergangenen Jahrhundert ihr Bestes an den gleichen Kampf für die politische Freiheit setzten.

Und noch eines!

Für den großen Wettkampf der Nationen sind wir nicht von der Natur begünstigt; an Klima, Bodenschätzen und Verkehrslage sind andere Völker reicher als wir. Was wir dagegen in die Wagschale werfen können, das ist die menschliche Arbeit; Deutschlands Zukunft beruht auf der Leistungsfähigkeit seiner arbeitenden Bürger. Nach Quantität und Qualität müssen wir das höchste an menschlicher Arbeit leisten. Dazu aber gehören Männer, die Freude an ihrer Arbeit haben, die wissen, was und wofür sie arbeiten; dazu gehören nicht menschliche Maschinen, sondern Persönlichkeiten.

Und, so denke ich, ist das, was Sie für sich und Ihre Standesgenossen heute und in Zukunft erstreben und erringen, letzten Endes auch erkämpft und errungen für des Vaterlandes Blühen und Gedeihen! Und das gibt Ihrem Streben, denke ich, die beste Rechtfertigung und den höchsten Adel!

Stürmischer Beifall folgte diesen Ausführungen, die wohl allen Teilnehmern aus dem innersten Herzen heraus gesprochen waren.

Die Festversammlung wurde durch den Verbandsvorsitzenden, Herrn Reifland, mit der Hoffnung geschlossen, daß der diesmalige Verbandstag in Metz den Verband wieder ein großes Stück vorwärts bringen möge.

Die Verbandstagsverhandlungen

Nachmittags 2 Uhr wurden die geschäftlichen Verhandlungen eröffnet.

Zum Verhandlungsführer wurde der bewährte Leiter der Kölner Tagung, Herr Habeck-Borbeck, zum Stellvertreter Herr Bolten-Köln gewählt. Zu Schriftführern wurden die Herren Grüttner-Köln und Sommer-Leipzig bestimmt.

In die Mandatsprüfungs-Kommission wurden entsandt die Herren Suhr-Kiel, Drabik-Duisburg. Gegen die Wahlen der Verbandstags-Delegierten der Bezirksverwaltung Brandenburg war von einigen Zweigverwaltungen ein Protest eingelegt worden. Da der Geschäftsführende Vorstand zu einer Ablehnung dieser Proteste gekommen war, hatten die Zweigverwaltungen beim Gesamtvorstande Berufung eingelegt. Dieser hatte in eingehenden Verhandlungen festgestellt, daß auf dem Bezirkstage der Bezirksverwaltung Brandenburg am 5. April 1914 unabsichtlich formale Verstöße vorgekommen sind. Er verurteilte diese, hielt sie aber nicht für so erheblich, daß sie das Ergebnis der Wahlen beeinflußt hätten. Die Delegierten der Bezirksverwaltung Brandenburg seien somit als rechtmäßig gewählt anzuerkennen.

Gemäß dem Brauch, der bereits in Stuttgart und Köln mit Erfolg geübt worden ist, wurden nunmehr für die Beratung der Anträge vier Ausschüsse gebildet: Der Finanzausschuß, der Satzungs- und Verwaltungsausschuß, der Wohlfahrtsausschuß und der Sozialpolitische Ausschuß. Die Verhandlungen wurden bereits nach kurzer Zeit unterbrochen, damit zunächst diese Ausschüsse in ihre Beratungen eintreten konnten. Besonders der Finanzausschuß und der Satzungsausschuß hatten mit dem Etat und den Anträgen außerordentlich viel Arbeit zu vollbringen. Sie tagten am Sonnabend bis spät in die Nacht hinein und nahmen bereits am Sonntag in aller Frühe ihre Arbeit wieder auf. Ja sogar der Sonntag abend hielt die den beiden Ausschüssen zugeteilten Delegierten noch während der Festlichkeiten der Stadt Metz zu anstrengender Arbeit zusammen. Der Satzungsausschuß mußte sich dazu verstehen, einen Unterausschuß zu bilden.

Am Sonntag vormittag um 12 Uhr wurden wieder die Plenarverhandlungen des Verbandstages eröffnet. Sie begannen mit den auf der Tagesordnung vorgesehenen Referaten. Als erster sprach Herr Baurat Steinberger-Darmstadt über

„Techniker und Arbeiter als Baukontrolleure“

Er knüpfte daran an, daß er auf der Tagung der höheren technischen Baupolizeibeamten am 12. Februar 1913 in Berlin die Absicht hatte, über das Thema „Arbeiter als Baukontrolleure“ einiges aus seiner Praxis vorzutragen. Leider konnte er damals seine Absicht nicht zur Durchführung bringen, da es an Zeit für die vollständige Erledigung der Tagesordnung mangelte. Auch in diesem Jahre sei er zu seinem Bedauern verhindert, an der Tagung der Baupolizeibeamten teilzunehmen und er freue sich darüber, daß der Deutsche Techniker-Verband es ihm ermöglicht habe, sich über die immer mehr in den Vordergrund der Bauausführung tretende Frage der wirksamsten Gestaltung und des zweckmäßigsten Ausbaues der Baukontrolle zu verbreiten.

Stadtbaurat Steinberger gab zunächst eine Darstellung über die Gesetzgebung im Gebiet des Arbeiterschutzes und zwar nach der sachlichen als auch der persönlichen Seite und fuhr dann fort:

Es geht aus den fortgesetzten Bestrebungen der Behörden zur Verbesserung und Vervollkommnung der Bauarbeiterschutzvorschriften hervor, daß die Notwendigkeit einer möglichst vollkommenen und erschöpfenden Regelung der Materie allgemein anerkannt worden ist, auch hat man längst eingesehen, daß diese Regelung umso dringender ist, als nicht nur die Unfallgefahren, sondern auch die sanitären Gefahren im Baugewerbe viel größer sind, als in jedem anderen bestehenden Gewerbebetrieb. Während hier mit bleibenden Schutzvorkehrungen und dauernd vollkommenen sanitären Einrichtungen gerechnet werden kann, ist dies bei dem Baugewerbe nicht der Fall. Die besonderen Verhältnisse im Baugewerbe machen daher auch besondere Maßnahmen erforderlich, es genügt daher nicht, wenn die sachlichen Vorschriften zur Unfallverhütung und Erhaltung der Gesundheit fortgesetzt weiter und weiter vervollkommnet werden, es muß auch dafür gesorgt werden, daß die Befolgung der Vorschriften sicher gestellt wird.

Meiner Ansicht nach sind die meisten Baupolizeibehörden vollkommen unzureichend mit Aufsichtspersonal versehen. Wenn eine geordnete Aufsicht über die technische Ausführung eines Baues stattfinden soll, so muß er in allen Teilen vom Fundament bis zum Dach kontrolliert werden können. Wenn ein Privatarchitekt etwa zehn Bauten auszuführen hat, so hat er für diese zehn Bauten gewiß mindestens einen Bauführer, der während des Rohbaues im wesentlichen dieselben Funktionen zu erfüllen hat, wie die Baupolizeibeamten. Den Baupolizeibehörden wird aber selten für je zehn Bauten ein Kontrollbeamter zur Verfügung stehen, trotzdem dies umso notwendiger wäre, als der Baukontrolleur mit einer Menge schriftlicher Arbeiten belastet werden muß; die Behörden müssen sich mit einem weit geringeren Verhältnis zufrieden geben. In der letzten Zeit werden in Darmstadt jährlich für etwa $2^1/_2$ Millionen Rohbauarbeiten ausgeführt.

Das gleicht etwa einem Wert von 70 einzelnen Häusern zu je 35 000 M. Rohbauwert. Dafür standen aber nur zwei Techniker zur Verfügung. Es unterliegt keinem Zweifel, daß dieses Verhältnis (35 Bauten für einen Baukontrolleur) eine geordnete Aufsicht hintanhält und zur Ueberlastung führen kann. Daß bei der geringen Zahl der Aufsichtsbeamten der rein technische Teil der Bauausführung oft nicht mit der nötigen Gründlichkeit, wie sie die heutige ausgeklügelte Bauweise erfordert, betätigt werden kann. Ich will hierbei nur an die vielen Schwierigkeiten erinnern, die für den prüfenden Techniker schon bei der Fundierung eines Bauwesens entstehen, es gehört meines Erachtens zu den vornehmsten Aufgaben der Baupolizei, die bauliche Sicherheit eines Gebäudes in allen Teilen und damit auch die Grundlage, auf der gebaut werden soll, zu prüfen.

Welche Anforderungen werden aber erst an den Techniker bei fortschreitendem Bau gestellt, insbesondere bei Prüfung von Eisen- und Eisenbetonkonstruktionen, der zahllosen Massivdecken usw. Hierzu gehört neben Sachkenntnis viel Zeit und nochmals sehr viel Zeit, infolgedessen auch ausreichendes technisches Personal. Wie es heute bei den Baupolizeibehörden gerade damit bestellt ist, lehrt ein Blick in die Personalverhältnisse der technischen Aemter der größeren Städte. Da ist für jeden Neubau in der Regel mindestens ein örtlicher Bauaufseher und ein Bauführer vorhanden, die sich in die Aufgaben der Bauleitung zu teilen haben; dem einen liegt die Kontrolle der Materialverwendung und des Bauarbeiterschutzes, dem anderen die Ueberwachung der konstruktiven Sicherheiten ob. Demgemäß wäre auch die Baukontrolle durch die Baupolizeiämter zu gestalten.

Die Aufsicht im Bauarbeiterschutz muß neben der Kontrolle der Bauführung und Bauentstehung herlaufen und nicht miteinander verbunden sein, eines ist so wichtig wie das andere und darf durch Zusammenlegung in eine Hand nicht Not leiden. Ich stehe hier unbedingt auf dem Standpunkt der Dezentralisation, zum mindesten dürfte der die Bauausführung prüfende Techniker nicht mit der Kontrolle der Wohlfahrtseinrichtungen belastet werden, die verantwortliche Prüfung des Gerüstbaues möchte ich jedoch nach wie vor gern in seiner Hand sehen, halte aber die Unterstützung des Technikers durch Gehilfen aus dem Bauarbeiterstand für äußerst wünschenswert.

Die Beobachtungen, die ich während meiner langjährigen baupolizeilichen Praxis gemacht habe, sprechen für die unbedingte Notwendigkeit der Erweiterung des Aufsichtsdienstes bei geeigneter Trennung der Aufgaben, einerseits nach der rein praktischen Bauausführung und den Ergebnissen der theoretischen Untersuchung, andererseits nach den mehr der Wohlfahrt dienenden Einrichtungen. Aufsichtsbeamte, die beiden Richtungen in gleich befriedigender Weise entsprechen und beide Teile der Aufsicht mit gleicher Hingebung behandeln, gehören zu den Ausnahmen, ist es doch einleuchtend und menschlich erklärlich, daß die auf höherer Stufe stehenden Techniker, wie sie heutzutage zur Beaufsichtigung konstruktiver Aufgaben erforderlich sind, für die Beobachtung der Erfordernisse der baulichen Wohlfahrtspflege keine besondere Neigung besitzen und diese unbewußt vernachlässigen, zumal da ihnen bei dem Personalmangel an den Baupolizeibehörden auch in der Regel die erforderliche Zeit dazu fehlt. Wie notwendig die Erweiterung des Aufsichtsdienstes ist, beweist auch die Ausführung des Architekten Müller-Stettin auf dem 27. Verbandstag der Berufsgenossenschaft in Hamburg am 7. September 1912. Er sagte damals unter Bezugnahme auf eine am 14. Mai 1912 stattgehabte Konferenz, bei der die engen Grenzen der berufsgenossenschaftlichen Kraft und die jetzt schon sehr hohen Aufwendungen von 700 000 M für jährliche Baukontrolle betont wurden: „Hoffen und wünschen wir, daß das Ergebnis dieser Konferenz dazu beitragen möge, den Arbeiterschutz durch die energische Mitwirkung der Polizeibehörden noch immer weiter auszubauen zum Wohle der uns unterstellten Arbeiter." Die Zahl der Unfälle wird zweifellos durch verstärkte Kontrolle vermindert, es ist daher Nächstenpflicht, diese verstärkte Kontrolle herbeizuführen zum Wohle des Einzelnen und der Gesamtheit, die Erhaltung eines gesunden Menschenstammes ist nationale Arbeit und beste Volkswirtschaft.

Wenn Leute wie Geh. Baurat Felisch, der Vorsitzende der deutschen Berufsgenossenschaften, sagen, es stehe fest, daß die genügende Anstellung von technischen Aufsichtsbeamten, wenn auch kein großes, so doch ein sichtbares Zurückgehen der Unfälle herbeigeführt hat, und wenn er empfiehlt, die Zahl der Aufsichtsbeamten dieserhalb weiter zu vermehren, so braucht wohl über die Notwendigkeit des Ausbaues auch des baupolizeilichen Aufsichtsdienstes nach meinen früheren Anschauungen nichts mehr gesagt zu werden. Herr Geh. Rat Felisch hat sich in obigem Sinne auf der 27. Tagung der Berufsgenossenschaft in Hamburg ausgesprochen. Ich muß hier noch betonen, daß die Notwendigkeit zum weiteren Ausbau des baupolizeilichen Aufsichtsdienstes nicht zuletzt auch aus der ständigen Erweiterung der Gewerbeaufsichten hervorgeht.

Die Arbeitnehmer sind für, die Arbeitgeber gegen die Baukontrolle des Bauarbeiters, die Behörden stehen bei diesem Streit in der Mitte. Von der einen Seite wird gesagt, daß die Arbeiter zur Kontrolle der Bauten nicht geeignet sind, da ihnen die nötigen Vorkenntnisse auf theoretischem und praktischem Gebiet fehlen und es wird deshalb die Heranziehung von Arbeitern zur Baukontrolle nicht als Verbesserung, sondern als Verschlechterung der seitherigen Verhältnisse betrachtet. Nach Ansicht der Arbeitgeber ist der größte Wert darauf zu legen, daß zur Kontrolle von Bauten nur ausreichend vorgebildete Fachleute Verwendung finden, die das Baugewerbe theoretisch und praktisch beherrschen. Sie berufen sich hierzu auf den Standpunkt der verbündeten Regierungen, die in der sechsten Kommission des Deutschen Reichstags bei den Verhandlungen über die Baukontrolle folgendes Urteil gefällt haben: „Zunächst fehlt selbst dem tüchtigen, zuverlässigen und erfahrenen Arbeiter der Ueberblick über die mannigfachen Vorgänge und Einrichtungen auf dem Bau, z. B. Schöpfmaschinen bei Gründungen, Maschinen zur Senkung des Grundwasserspiegels, elektrische Materialaufzüge, wenn es sich um Eisenkonstruktionen, namentlich Betoneisenkonstruktionen handelt, wozu eine Beherrschung der Statik und Mechanik gehört. Aber selbst hiervon abgesehen, ist in Abrede zu stellen, daß der Arbeiterkontrolleur die Stabilität einfacher Stangen und Rüstungen und ihre Tragfähigkeit zu beurteilen imstande ist. Der Versuch, durch die Arbeiterkontrolleure die Zahl der Ziegelsteine bestimmen zu lassen, welche auf ein Gerüst abgeworfen werden darf, würde bestimmt mißglücken. Aber auch die richtige Beurteilung der F e u e r u n g s anlagen, der Verankerungen, der Stärke der Bögen und Widerlager, die Vergleichung des Belastungsbildes in der Ausführung mit dem in der statischen Berechnung, das Urteil über die auf der Baustelle vorhandenen Baumaterialien, namentlich, wenn es sich um die vielen neuen Surrogate handelt, sind Dinge, welche außerhalb der Sphäre eines selbst tüchtigen Arbeiters liegen."

Ferner stehen die Arbeitgeber auf dem Standpunkt, daß die Arbeiter des Baugewerbes durch baupolizeiliche Vorschriften und Kontrolle sowie durch Vorschriften und Kontrolle der Berufsgenossenschaften, also durch doppelte Fürsorge gegenüber anderen ähnlichen Betrieben schon jetzt in besonders bevorzugter Weise geschützt sind, so daß eine Erweiterung der Fürsorge entbehrt werden kann. Schließlich soll die Einführung der Baukontrolle in politischer Hinsicht schwere Nachteile zeitigen und den Terrorismus der Sozialdemokratie vermehren, auch soll die Einführung der Baukontrolle des Bauarbeiters geeignet sein, das ohnedies schlechte Verhältnis zwischen Arbeitgeber und Arbeitnehmer bis zur Unerträglichkeit zu steigern.

Nach Ansicht der Arbeitgeber ist es die Absicht der freien Gewerkschaften, zu erreichen, daß ihnen die Baustellen freigegeben werden für Parteibestrebungen. Diese Absicht soll auch deutlich aus dem in Vorschlag gebrachten Anstellungsmodus (nach dem Wahlmodus für Gewerbegerichtsbeisitzer) hervorgehen, denn der Vorsitzende des Zentralverbandes der Maurer Deutschlands habe bei den diesbezüglichen Verhandlungen im Reichstag die Ansicht ausgesprochen, daß die Anstellungsdauer dieser Kontrolleure auf drei Jahre eine Maßregel bedeute, welche der sozialdemokratischen Partei immer wieder Gelegenheit biete, verdiente Leute in diese Stellung zu bringen und ungefügige Elemente nicht wieder zu wählen. Die Ablehnungsgründe der Unternehmer sind also sachlicher und politischer Art.

Die Arbeitnehmer bezeichnen diese Ablehnungsgründe als nicht stichhaltig, sie sind vielmehr der gegenteiligen Ansicht. Der aus langjähriger Praxis hervorgegangene Arbeiterkontrolleur soll den Bau von Arbeits- und Schutzgerüsten mindestens ebenso gut wie die anderen Baukontrolleure beurteilen können, die wohl etwas weiter in das theoretische Fachstudium eingedrungen seien, trotzdem aber die heutigen schwierigen Konstruktionen des Eisen- und Eisenbetonbaues geistig nicht hinreichend erfaßt hätten, was unter Umständen für die Baukontrolle ebenso nachteilig sein könne, wie der den Arbeitern zugeschriebene Mangel einfacher theoretischer Kenntnisse. Da in der Regel die theoretischen Kenntnisse der Techniker unvollständig seien, wären auch diese für die Kontrolle nicht vollgültig; es seien unklare Begriffe und Unsicherheit im Handeln zu befürchten. Da die Bauarbeiter aber das praktische Gebiet, also die Bauausführung als solche, vollständig beherrschen, so wird von ihnen behauptet, daß sie in der Lage sind, diese Bauausführung besser zu übersehen, mindestens sollen sie diese ebenso gut wie die Technikerkontrolleure beurteilen können.

Nach der Statistik über Bauunfälle soll erfahrungsgemäß die Mehrzahl der Unfälle in der Bauausführung selbst, weniger in konstruktiven Mängeln des Entwurfs, also Verstößen gegen die Theorie, liegen und es wird daher die Forderung der Arbeiter nach Heranziehung der Baukontrolle als Leute mit richtigem Verständnis für die Bauausführung als sachlich durchaus gerechtfertigt bezeichnet und die Durchführung der Forderung als unumgänglich notwendig verlangt. Ein Abgeordneter äußert sich hierzu in der zweiten hessischen Kammer wie folgt:

> „Ich stehe auf dem Standpunkte, daß gerade in Bezug auf praktische Schutzvorrichtungen die Arbeiter, die in der Praxis gearbeitet haben, am besten zur Kontrolle in dieser Beziehung sich eignen und ich will im übrigen durchaus nicht bestreiten, daß es auch Vorschriften geben muß, die so kurzerhand durch einen Arbeiter schließlich nicht ausgeführt werden können und es ist deshalb auch der Wunsch der Bauarbeiter im allgemeinen, daß man den technischen Kontrollbeamten praktische Arbeiter

zur Seite gibt, um auf diese Weise eine bessere Kontrolle zu ermöglichen."

Ferner sagt ein anderer Abgeordneter:

„Ich glaube betonen zu müssen, daß wohl 99% aller einfachen Bauten von den Parlieren geleitet werden, daß es üblich ist, daß der Parlier den Plan, die Zeichnung, bekommt und den Bau vom Fundament bis unters Dach aufführt. Nun bin ich der Meinung, daß diese Leute ohne Zweifel besser in der Lage sind, als die Baubeamten (Techniker im hessischen Staatsdienst), die praktische Durchführbarkeit der Bauten zu überwachen. Ich bin der Ansicht, daß sie eher dazu in der Lage sind als die Baubeamten, mindestens aber, daß sie es gerade so gut vermögen. Ich bin dieser Meinung, weil die Parliere mehr mit den praktischen Aufgaben, die den Kontrolleuren gestellt werden, vertraut sind, weil sie ständig auf dem Bau praktisch tätig waren und in der Beziehung mehr Erfahrung besitzen, als Baubeamte."

Dieser Standpunkt wurde auch auf der Bauarbeiterschutzkonferenz in Duisburg am 15. September 1912 von Heinke-Berlin vertreten. Weiterhin wird von den Vertretern der Arbeiter an Hand statistischer Aufzeichnungen über Unfälle und sonstiger in fürsorglicher Hinsicht auf Bauten festgestellte Beanstandungen die Notwendigkeit des Ausbaues der Arbeiterkontrolle gefordert. Mit der Zahl der Beanstandungen wird bewiesen, daß das bis jetzt vorhandene Aufsichtspersonal der Berufsgenossenschaft noch nicht genügt zur Aufrechterhaltung befriedigender Zustände und möglichster Beseitigung der Gefahren für Leben und Gesundheit der Bauarbeiter. Die notwendige Anzahl dieser Aufsichtsbeamten wird entsprechend einer Erklärung des Staatssekretärs v. Posadowsky-Wehner im Jahre 1904 auf 183 Beamte berechnet, da schon 1911 im ganzen 183 380 eingetragene Betriebe der Bauberufsgenossenschaften vorhanden gewesen seien und für je 1000 Betriebe ein Aufsichtsbeamter gestellt werden müßte. Vorhanden seien aber nur 119 technische Aufsichtsbeamte, also 64 zu wenig, was um so bedenklicher sei, als die heutige Bauweise besondere Vorsicht und Beaufsichtigung erfordert. Im Jahre 1911 bestanden nach Angaben der hess.-nass. Berufsgenossenschaft, Sektion II, Darmstadt 743 823 eingetragene Betriebe, während 350 Beamte beaufsichtigend tätig wären. Es würden also immer noch 393 Beamte fehlen und zwar fehlen sie tatsächlich für den notwendigen Erfolg, da im Baugewerbe im Jahre 1911 insgesamt 9 657 622 Arbeiter und Beamte tätig waren. Hiervon waren 8 653 302 Vollarbeiter. Was will demgegenüber ein Aufsichtspersonal von 393 Beamten heißen. Die Arbeitnehmer behaupten mit ihren Bestrebungen zum weiteren Ausbau der Bauaufsicht lediglich der Sache selbst dienen zu wollen; politische Ziele sollen nicht verfolgt werden.

Dies ist in kurzem die heutige Lage in sachlicher und persönlicher Hinsicht, die durch die Politik nicht unwesentlich erschwert ist. Lassen wir bei Prüfung der Frage politische Erwägung unberücksichtigt und stellen wir uns auf den neutralen Boden sachlicher Betrachtung, so muß auch baupolizeilich anerkannt werden, daß das Baugewerbe mehr als jedes andere Gewerbe von Gefahren umgeben ist und daß diese Gefahren mit den Fortschritten der Technik und den heutigen Bestrebungen der größten Sparsamkeit und höchsten Vollkommenheit der Baukonstruktionen mindestens gleichen Schritt halten und dementsprechend zunehmen müssen. Deshalb kann für die Bauaufsicht als solche auch nur der vollständig durchgebildete Techniker und zwar von den guten nur der beste in Frage kommen, er kann wie schon früher erwähnt, durch die Arbeiter nie ersetzt werden, und es ist dies auch mit dem Vorgehen der Arbeiter gar nicht beabsichtigt. Dagegen kann der Bauarbeiter sehr wertvolle Beihilfe leisten als Gehilfe bei der Kontrolle des Gerüstbaues und der Wohlfahrtspflege. Jedenfalls ist anzuerkennen, daß das heutige Bauwesen außerordentlich hohe Anforderungen stellt, und, da anerkanntermaßen die Unfälle mit der intensiveren Kontrolle abnehmen, so ist einerseits diese Kontrolle so viel wie möglich zu erweitern, andererseits aber eine richtige Verteilung der Funktionen vorzunehmen.

Danach wäre eine Scheidung des Aufsichtsdienstes nach den Sondergebieten der praktischen und der theoretischen Bauausführung nur zu empfehlen, und es könnte der rein praktisch gebildete Baukontrolleur, also der Bauarbeiter, gewiß nicht schaden, er würde die Organisation ihrem Wesen nach sogar eher vervollständigen und die jetzt schon vorwiegend mit der Prüfung konstruktiver Aufgaben betrauten Techniker wesentlich entlasten. Hierbei kommt es aber darauf an, daß Leute gefunden werden, die es verstehen, nicht allein das Vertrauen der Arbeiter, sondern auch das der Arbeitgeber zu erringen. Daß dies möglich ist, beweisen die Antworten, die auf eine Anfrage wegen Verwendung von Arbeiterkontrolleuren eingegangen sind.

Die Anfrage erging an 13 badische Städte, von denen nur Mannheim und Heidelberg je einen Kontrolleur aus dem Arbeiterstand verwendeten, ferner wurden 26 bayerische Städte befragt und es stellte sich heraus, daß bereits in zwölf Städten Arbeiter bei der Baukontrolle tätig waren und zwar zusammen 34 Personen, allein in München elf, in Augsburg vier, und in Nürnberg acht. Von zehn Städten in Württemberg kamen drei mit insgesamt sechs Bauarbeitern in Betracht, in Elsaß-Lothringen wird nur in Kolmar ein Arbeiterkontrolleur beschäftigt, in den übrigen sechs befragten Städten war die Organisation noch die alte. Von den fünf größeren hessischen Städten hat nur Offenbach den Versuch mit Arbeiterkontrolleuren gemacht. Von Sachsen und Preußen sind die Auskünfte negativ ausgefallen; wo aber Arbeiter als Gehilfen bei der Baukontrolle beschäftigt gewesen sind, wurde die Einrichtung gelobt, und warum soll sie auch fehlschlagen? Wenn die Befugnisse so abgeteilt werden, wie dies vorher gesagt wurde, die Aufgabe der Konstruktion von Bau und Gerüst dem Techniker, und die Wohlfahrt- und Unfallverhütungsmaßnahmen dem Arbeiter, dann ist eine durchaus sachgemäße Organisation bei verstärkter Kontrolle geschaffen, womit die Erfolge unbedingt Hand in Hand gehen müssen. Die Vermehrung der baupolizeilichen Kontrollbeamten ist m. E. auf die Dauer nicht abzuweisen. Die Berufsgenossenschaften können das Verhältnis von einem Aufsichtsbeamten auf 1000 Betriebe wegen der außerordentlichen Belastungen doch nicht durchführen, dafür müßten die Baupolizeibehörden helfend eintreten und mindestens für je 30 Bauten einen Techniker und für je 60 bis 70 Bauten einen Arbeiter als Kontrolleur anstellen, und ich bin überzeugt, daß bei der besseren Aufsicht dann auch die Unfälle und namentlich auch die Erkrankungen der Bauarbeiter sehr wesentlich zurückgehen werden, da auch auf die Durchführung der sanitären Erfordernisse alsdann mehr Wert gelegt werden kann. Letzteres wäre besonders wünschenswert. Es ist eine bekannte Tatsache, daß gerade die Bauarbeiter sehr stark unter Erkrankungen der Atmungsorgane sowie an Rheumatismus zu leiden haben. Diese Erscheinung dürfte ihre Erklärung allein in dem Umstand finden, daß die Vorschriften über sanitäre Fürsorgemaßnahmen auf der Baustelle entweder noch nicht hinreichend ausgebaut oder noch zu wenig beachtet werden. Da ersteres nicht der Fall ist, bleibt nur das letztere übrig und es wird auch dadurch wieder der notwendige Ausbau des Aufsichtsdienstes durch vermehrte Kontrolle bestätigt.

Die vermehrte Kontrolle bedeutet stets vermehrte Erfolge. Bei der Baupolizei in Darmstadt wird bis jetzt noch ohne Aufsichtsbeamte aus dem Arbeiterstande gearbeitet; durch die darniederliegende Bautätigkeit mußte die Lösung der angeregten Frage auf später verschoben werden. Dagegen ist eine aus Vertretern der Arbeiter gebildete Arbeiterschutzkommission tätig, die soweit möglich von Zeit zu Zeit besichtigend und prüfend zusammentritt.

Die von dieser Kommission festgestellten Anstände sind dann von der Baupolizei zur Erledigung gebracht worden. Die Tätigkeit der Kommission war seither stets sachlich und daher auch in ihrer Wirkung befriedigend. So könnten und würden m. E. nach auch die Arbeiterkontrolleure wirken. Die Behörden haben jedenfalls das Bestreben, möglichst viel auf dem Gebiet der Sicherheit für Menschen und Eigentum zu erreichen, und es werden ihnen daher auch alle Anregungen, die an sie in dieser Richtung herantreten, nur erwünscht sein; sie werden zur Klärung der schwebenden Fragen sicher beitragen und hoffentlich demnächst zu einer Verständigung führen. An gutem Willen dazu wird es bei allen Beteiligten sicher nicht fehlen.

Mit der Baukontrolleurfrage hatten sich auch die Gruppentage A und C, sowie der sozialpolitische Ausschuß beschäftigt. Im Namen des letzteren sprach sich Herr Korthals für die Annahme der vorliegenden Resolution aus, im gleichen Sinne äußerte sich Herr Naupert-Halle als Referent des Gruppentages C. Beide betonten, daß dem Techniker die eigentliche technische Ueberwachung überlassen bleiben müsse, daß aber die Arbeiter als Gehilfen des Technikers bei der Baukontrolle hinzugezogen werden könnten. Dieser Auffassung widersprach Herr Grünig-Gießen als Korreferent des Gruppentages C. Er erklärte, daß die Bautenkontrolle lediglich dem Techniker vorbehalten bleiben müsse. Würde der Arbeiter mit zur Kontrolle herangezogen werden, dann würden in kurzer Zeit die teueren technischen Arbeitskräfte zurückgedrängt werden. Herr Grüttner sprach im Namen des Gruppentages A für die vorliegende Resolution, die er dringend in der vorgeschlagenen Form zur Annahme empfahl. Nachdem noch Herr Kaufmann energisch für die Resolution in der vorliegenden Form eingetreten war und besonders betont hatte, daß es nicht Aufgabe des Deutschen Techniker-Verbandes sein könne, seine Forderungen ohne Rücksicht auf andere Stände zu vertreten, sondern daß er sie in Einklang mit den allgemeinen sozialen Forderungen bringen müsse, wurde die Resolution gegen 3 Stimmen in folgender Fassung angenommen:

Mit der fortschreitenden Entwicklung des Bauwesens und der steigenden Tendenz, möglichst schnell und billig zu bauen, sind die Gefahren für Leben und Gesundheit der im Bau beschäftigten Personen gewachsen. Die zurzeit geltenden Schutzbestimmungen müssen als unzureichend betrachtet werden, weil dieselben nicht einheitlich für das ganze Reich geregelt sind und es an der notwendigen Ueberwachung der Durchführung der einzelstaatlichen Gesetze fehlt.

In Erwägung, daß die technischen Angestellten des Baugewerbes an der Verwirklichung eines gesunderen Bauarbeiterschutzes doppelt interessiert sind — als Arbeitnehmer und als verantwortliche Aufsichtsorgane — fordert der 22. Verbandstag des Deutschen Techniker-Verbandes die Schaffung eines Reichsgesetzes, welches den Unfallgefahren beim Bauen nachdrücklichst entgegentritt, insbesondere aber

1. für alle Hoch- und Tiefbauten Unfallverhütungsvorschriften vorsieht, die dem Stand der Technik entsprechen und den technischen Fortschritten auf dem Gebiete der Unfallverhütung ständig angepaßt werden,

2. den sittlich sanitären Schutz den heutigen Kulturbedürfnissen entsprechend erweitern,

3. die geregelte Ueberwachung sämtlicher Baubetriebe sicherstellt,

a) durch Verstärkung des technischen Personals der örtlichen Baupolizei,

b) durch Vermehrung der technischen Aufsichtsbeamten der Berufsgenossenschaften,

c) durch Anstellung von mittleren Technikern als örtliche Baukontrolleure, denen Gehilfen aus dem Arbeiterstande beigegeben werden können.

Sämtliche Aufsichtsorgane müssen völlig unabhängig sein und deshalb vom Staate oder den Gemeinden besoldet werden.

Bis zur Erreichung dieses Zieles ist auf eine Verbesserung des einzelstaatlichen Schutzes und auf die stärkere Heranziehung von mittleren Technikern bei der Kontrolle der Schutzbestimmungen hinzuwirken. Der Verbandstag spricht die Bereitwilligkeit des Verbandes aus, zur Erreichung des Reichsgesetzes mit allen interessierten Kreisen auf neutralem Boden zusammenzuwirken und beauftragt den Geschäftsführenden Vorstand, mit den Hauptausschüssen und den in Frage kommenden Organisationen in Verbindung zu treten.

Sodann sprach Herr Verbandsdirektor Dr. Höfle über

„Einheitliches Angestellten- und Beamtenrecht“

Er erläuterte die in dem Programm unseres Verbandes festgelegten Forderungen, gab eine Uebersicht über die Bestrebungen, die auf einheitliches Angestellten- und Arbeitsrecht hinzielen und zeigte, wie auch auf dem Gebiete des Beamtenrechts schon manche Ansätze vorhanden sind, die es erhoffen lassen, daß das Ziel des Verbandes doch trotz aller Widerstände, die wohl hauptsächlich in Preußen zu finden seien, erreicht werden könnte. Er legte im Auftrage des Geschäftsführenden Vorstandes dem Verbandstage eine Entschließung vor, die nach kurzer Debatte in folgender Fassung angenommen wurde:

Der XXII. Verbandstag des Deutschen Techniker-Verbandes sieht in der Schaffung eines einheitlichen Angestellten- und Beamtenrechts den besten Weg, um zu einem modernen Arbeitsrecht der Privatangestellten und Beamten zu gelangen.

1. Beim einheitlichen Angestelltenrecht handelt es sich nicht um eine mechanische Gleichmacherei, sondern um die Bildung eines Stammgesetzes, um das sich die Spezialbestimmungen für die einzelnen Arbeiten von Angestellten, soweit nicht Sondervorschriften nötwendig sind, herum gruppieren.

Der heutige Zustand der Zersplitterung in 6 Reichs- und über 50 Landesgesetze ist aus sozialen und rechtlichen Gründen unhaltbar. Die Privatangestellten bilden einen einheitlichen Stand, dessen volkswirtschaftliche Grundlagen im wesentlichen gleichartige Merkmale aufweisen. Der ungünstigen Behandlung des Technikers gegenüber dem Handlungsgehilfen fehlt jede Berechtigung. Die heutige Regelung führt zu Rechtsungleichheiten im gleichen Berufe und sogar zu Widersprüchen der Gesetze untereinander. Die Einwände der Handlungsgehilfen und Diplom-Ingenieure gegen die Vereinheitlichung sind nicht stichhaltig.

Für die im Staat- und Gemeindedienst tätigen Techniker hat das einheitliche Angestelltenrecht insofern eine Bedeutung, als Staat und Gemeinde zum mindesten als sittliche Pflicht anerkennen müssen, was sie dem privaten Arbeitgeber vorschreiben.

Der Weg zum einheitlichen Angestelltenrecht liegt in der Schaffung eines eigenen Gesetzes nach dem Muster des österreichischen, das an Stelle der heutigen Angestelltengesetze tritt, insofern die Art der Dienstverhältnisse es gestattet. Das Gesetz darf in keinem Punkte hinter den zurzeit bestehenden Sondergesetzen zurückbleiben. Zugleich ist mit der Neuregelung eine Erfüllung der alten Wünsche der Techniker zu verbinden und der Gedanke der Gewerbe- und Kaufmannsgerichte auf die Gesamtheit der Streitigkeiten aus den Arbeitsverhältnissen der Angestellten zu übertragen.

2. Das heutige Beamtenrecht, wie es im Reichsbeamtengesetz und den Beamtenrechten der Einzelstaaten geregelt ist, weist die gleiche Zersplitterung auf. Am ungünstigsten liegen die Rechtsverhältnisse der Gemeindebeamten. Der Schwierigkeiten, die sich gerade einer Neuregelung des Beamtenrechtes entgegenstellen, ist sich der Verbandstag voll bewußt. Andererseits zwingt die überaus starke Reformbedürftigkeit des Beamtenrechts zu gesetzgeberischen Maßnahmen. Gegenüber dem laut gewordenen Wunsche, die Beamten allgemein unter das bürgerliche Recht zu stellen, hält der Verbandstag im Interesse der Beamten ein eigenes Beamtenrecht für notwendig. Die Reformen haben sich nach folgender Richtung zu vollziehen: Eingehende Regelung der Rechtsverhältnisse der Beamten. Wertung der Persönlichkeit und Sicherung der staatsbürgerlichen Rechte. Am zweckmäßigsten wird das einheitliche Beamtenrecht in einem Reichsbeamtengesetz geregelt. Bis zur Erreichung dieses Gesetzes ist mit allem Nachdruck auf eine Reform der bestehenden Gesetze hinzuarbeiten.

Der Verbandstag erwartet von den Verbandsmitgliedern, daß sie den Verband in der Propaganda für die beiden Forderungen unterstützen. Die Mitarbeit des Verbandes in der Arbeitsgemeinschaft zur Erreichung eines einheitlichen Angestelltenrechts und der Arbeitsgemeinschaft zur Verbesserung des bestehenden Beamtenrechts wird begrüßt.

Herr Fortbildungsschullehrer Heuser-Mülheim am Rhein sprach über

Techniker als Fortbildungsschullehrer

Die Gedankengänge des Referats sind in folgender, vom Verbandstage angenommenen Entschließung niedergelegt:

Der XXII. Verbandstag des Deutschen Techniker-Verbandes wünscht nach wie vor eine stärkere Berücksichtigung der Mittelschultechniker bei Besetzung offener Stellen für Gewerbe- und Fortbildungsschullehrer.

Die Fortbildungsschule ist nicht allein Erziehungsschule, sondern Berufs- und Erziehungsschule. Sie soll dem Lehrling in Gemeinschaft mit der Lehre eine Ausbildung auf beruflicher Grundlage vermitteln. Die Erfahrungen der Praxis haben gezeigt, daß der Mittelschultechniker wegen seiner gründlichen praktischen und theoretischen Ausbildung und seiner fachlichen Kenntnisse nicht allein für rein fachkundliche Stoffe und Zeichnen, sondern auch für den Unterricht im Rechnen, Bürger- und Geschäftskunde geeignet ist.

Die Erziehungskunst kann sich auch der Techniker aneignen. Seminare und Ausbildungskurse bieten Gelegenheit zur Vervollkommnung in Methodik und Pädagogik.

Es wird auch in Zukunft Aufgabe des Verbandes sein, die Lehrtätigkeit an Fach- und Fortbildungsschulen unseren Kollegen zu erschließen. Der Ausschuß für technisches Bildungswesen im D. T.-V. hat in zielbewußter Weise der Lehrtätigkeit des Technikers Anerkennung verschafft und wird diese Aufgabe weiter verfolgen.

Durch geeignete Schriften des Verbandes, durch Vorträge und Kurse soll den Mitgliedern Gelegenheit geboten werden, auch die schultechnischen Fragen für den Gewerbelehrerberuf kennen zu lernen. Es ist dahin zu wirken, daß die Ausbildung von Technikern zu Gewerbelehrern in den sämtlichen Bundesstaaten einheitlich geregelt wird.

Nach einer Mittagspause wurden die Verhandlungen um 1/24 Uhr mit Punkt 1 der Tagesordnung

Jahresbericht

wieder aufgenommen. Dieser Bericht war den Verbandstags-Delegierten in einer 173 Seiten starken Schrift zugegangen, die nicht nur den Bericht der Hauptgeschäftsstelle für das Jahr 1913 enthielt, sondern auch eine Uebersicht über die Entwicklung des Verbandes in den Jahren 1907 bis 1912 gab. Der Bericht wurde ohne Debatte zur Kenntnis genommen.

Eine längere Aussprache rief der folgende Punkt der Tagesordnung,

der Rechenschaftsbericht,

hervor. Im Namen des Finanzausschusses referierte darüber Herr Landgraf-Leipzig. Er gab eine einheitliche Uebersicht über die Verhandlungen dieses Ausschusses zum Rechenschaftsbericht 1912 und 1913 und teilte mit, daß der Finanzausschuß beide Rechenschaftsberichte genehmigt hätte. Der Gegenreferent, Herr Hofmann-Essen, ergänzte diese Ausführungen in einigen Punkten. Herr Landgraf schlug dann weiter im Namen der Finanzkommission vor, dem Gesamtvorstande und dem Geschäftsführenden Vorstande mit Ausnahme der Darlehens-Angelegenheit Entlastung zu erteilen. Diesen Antrag des Finanzausschusses nahm der Verbandstag nach kurzer Aussprache an.

Es folgte nunmehr die Beratung der

Anträge

Der Verbandstag nahm zunächst den Bericht des

Wohlfahrtsausschusses

entgegen, in dessen Namen Herr Thon-München referierte. Seine Ausführungen wurden durch Herrn Schurich-Nürnberg als Korreferenten ergänzt. Nach diesen Referaten hat der Wohlfahrtsausschuß folgende Stellung zu den ihm überwiesenen Anträgen eingenommen:

Stellenvermittelung. Antrag 97 wird angenommen; dadurch ist Antrag 98 erledigt. Antrag 102 wurde abgelehnt, da die Kosten zu hoch werden und die Stellenvermittler durch den Besuch der Stellensuchenden zu stark in Anspruch genommen würden. Ueber die Anträge 99, 100 und 101 wurde zur Tagesordnung übergegangen, da sie durch die Anordnungen des Geschäftsführenden Vorstandes überholt sind. Ueber Antrag 103 wurde zur Tagesordnung übergegangen, da jetzt schon im Sinne des Antrages verfahren wird. Der Antrag 104 wurde der Stellenvermittelungs-Abteilung als Material überwiesen. Die Anträge 105 und 106 wurden abgelehnt, da die Stellenvermittelung sonst unter die behördlichen Bestimmungen fällt. Antrag 107 wurde angenommen, da die Kosten nicht erheblich sind und der Verband danach trachten muß, seine Stellenvermittelung entsprechend auszubauen.

Unterstützungen, Darlehen und Stellenlosen-Unterstützungen. Die Anträge 108 und 110 werden als erledigt angesehen. Es wird jetzt schon im Sinne der Anträge verfahren. Es soll jedoch der Geschäftsführende Vorstand gehalten werden, in allen Fällen danach zu handeln. Die Anträge 109, 111, 112 und 113 wurden abgelehnt, da das in den Anträgen Gewünschte durch Neueinführung einer Kartothek erreicht wird. Antrag 114 wurde abgelehnt. Durch die Satzung ist jedes Mitglied ohnedies verpflichtet, seine Dienste dem Verbande zur Verfügung zu stellen. Antrag 115 wurde abgelehnt. Die vorgeschriebenen Fristen müssen auf alle Fälle eingehalten werden. Antrag 116 wurde dem Vorstand als Material überwiesen. Antrag 117 wurde abgelehnt, da gerade das Gegenteil, daß die Zweigverwaltungen das Material an die Zentrale senden müssen, der Fall sein sollte.

Beihilfen zu den Bestattungskosten. Die Anträge 118 und 119 wurden abgelehnt, da die finanzielle Lage des Verbandes eine Erhöhung des Sterbegeldes nicht gestattet.

Allgemeines. Antrag 120 wurde durch Maßnahmen des Geschäftsführenden Vorstandes als erledigt angesehen. Es wurde jedoch gewünscht, daß diese baldigst veröffentlicht werden. Antrag 121 wurde abgelehnt, da nach den Satzungen nur Beamtenvereine aufgenommen werden können und der D. T.-V. auch nichtbeamtete Mitglieder hat. Antrag 122 wurde abgelehnt. Die Anträge 123, 124, 125 wurden dem Geschäftsführenden Vorstande als Material überwiesen.

Angenommen hatte der Ausschuß ferner folgenden Dringlichkeits-Antrag des Geschäftsführenden Vorstandes.

Der Verbandstag wolle beschließen:

Tritt ein Mitglied innerhalb eines Jahres nach dem letzten Unterstützungstage aus dem Verbande aus, so hat es die auf Grund dieser Regeln zuletzt bezogene Stellenlosen-Rente sofort an den Verband zurückzuzahlen.

Der Verbandstag schloß sich den Vorschlägen des Wohlfahrtsausschusses an, beauftragte aber zu Antrag 122 den Geschäftsführenden Vorstand, die Frage der kommunalen Arbeitsnachweise und der Arbeitslosenversicherung weiter zu verfolgen und geeignete Schritte zu unternehmen.

Nunmehr folgte der Bericht über die Beratungen des

Sozialpolitischen Ausschusses

der von den Herren Korthals und Schumann erstattet wurde. In diesem Ausschuß wurde Antrag 126 durch die Entschließung zu dem Referat „Der alternde Techniker" als erledigt angesehen. Antrag 127 wurde dem Geschäftsführenden Vorstande als Material überwiesen. Antrag 128 wurde angenommen, Antrag 129 abgelehnt. Die Anträge 130 und 131 wurden dem Geschäftsführenden Vorstande als Material überwiesen. Antrag 132 wurde unter Hinweis auf die Resolution über diese Frage abgelehnt. Antrag 133 wurde dem Geschäftsführenden Vorstande als Material überwiesen. Antrag 134 wurde angenommen, dabei aber festgestellt, daß jeweilig die Genehmigung des Geschäftsführenden Vorstandes eingeholt werden muß. Die Anträge 135 und 137 wurden der Schulkommission zur Berücksichtigung überwiesen. Die Anträge 136, 138, 139 und 140 wurden angenommen, die Anträge 141 bis 144 dem Geschäftsführenden Vorstand als Material überwiesen. Antrag 145 wurde zurückgezogen, Antrag 146 abgelehnt. Antrag 147 wurde zurückgezogen, Antrag 148 angenommen. Die Anträge 149 und 150 wurden abgelehnt, die Anträge 151 und 152 dem Geschäftsführenden Vorstande zur Berücksichtigung überwiesen.

Der Sozialpolitische Ausschuß hatte sich auch mit folgendem Dringlichkeits-Antrag der Zweigverwaltung Saarbrücken beschäftigt und ihn dem Bildungsausschuß zur Berücksichtigung überwiesen:

Es soll mit allen Mitteln dafür eingetreten werden, daß das von dem D. T.-V. bisher in der Baumeistertitelfrage verfolgte Ziel erreicht wird.

Der Verbandsvorstand wird daher beauftragt:

1. Durch Artikel in der Tagespresse die Oeffentlichkeit über den Kampf um den Baumeistertitel objektiv zu informieren. Die von gegnerischer Seite durch die Tageszeitungen ausgestreuten Nachrichten, soweit diese unzutreffend sind, zu widerlegen und die von den mittleren Technikern erhobenen Ansprüche ausführlich zu begründen.

2. Zu veranlassen: Daß eine Auslese „Sächsischer Baumeister-Prüfungsarbeiten" durch eine vorurteilsfreie fachwissenschaftliche Kommission geprüft und dahin begutachtet wird, ob die Aufsteller dieser Arbeiten als Baumeister angesprochen werden können. Ferner sollen Vergleiche zwischen diesen Arbeiten und den Prüfungsarbeiten der akademischen Techniker herbeigeführt werden. Die Resultate sollen gegebenenfalls dem Bundesrat zur Begründung der von den Mittelschultechnikern erhobenen Ansprüche vorgelegt werden.

3. Soll dafür eingetreten werden, daß für die Zulassung zu den künftigen Baumeisterprüfungen besondere Bedingungen über den Gang der Schulausbildung nicht gestellt werden.

4. Soll angestrebt werden, daß die künftigen Baumeisterprüfungen in der Hauptsache unter Klausur angefertigt werden müssen.

Der Verbandstag schloß sich diesen Vorschlägen seines Sozialpolitischen Ausschusses ganz an.

Am Sonntag wurden die Verhandlungen, nachdem noch über einige, bereits erwähnte Anträge des Sozialpolitischen Ausschusses verhandelt war, mit dem Referat von Herrn Lenz über

„Die Frau im technischen Berufe"

fortgesetzt. Herr Lenz knüpfte an die Ergebnisse der Umfrage an, die Frau Levy-Rathenow in ihrem Buche veröffentlicht hat, und empfahl folgende Entschließung zur Annahme:

Der 22. Verbandstag des Deutschen Techniker-Verbandes erkennt die wirtschaftliche und soziale Notwendigkeit an, daß die Frau sich in immer steigendem Maße auch solchen Berufen erwerbstätig zuwendet, die ihr bisher wegen der Anforderungen, die Ausbildung und Betätigung an die körperliche Leistungsfähigkeit des jungen Berufsnachwuchses stellen, verschlossen waren. In Uebereinstimmung hiermit stellt der Verbandstag fest, daß infolge der weitergehenden Arbeitsteilung auf dem Betätigungsgebiet des technischen Angestellten die Voraussetzungen für die Verwendung der Frauenarbeit sich zu Gunsten der letzteren geändert haben, und daß infolgedessen die Frau auch schon in erheblichem Umfange in den technischen Beruf eindringt.

In der Art und Weise aber, wie sich dieses Eindringen unter völliger Umgehung der für die männlichen technischen Angestellten geltenden Vor- und Ausbildungsbedingungen vollzieht, erblickt der Verbandstag eine ernste Gefahr für die wirtschaftliche und soziale Stellung der technischen Angestellten. Der Verbandstag hält deshalb eine baldige Regelung der Ausbildung und Betätigung der in die Berufsstellungen von männlichen technischen Angestellten eintretenden Frauen für dringend erforderlich, und bekennt sich zu den grundsätzlichen Forderungen, daß

1. die Zulassung zum Unterricht an den staatlichen und staatlich anerkannten Fachschulen für Schüler beiderlei Geschlechts unter denselben Bedingungen hinsichtlich der praktischen Vorbildung erfolge,
2. die Genehmigung zum Unterrichtsbetrieb an private Anstalten von der Erfüllung dieser Bedingung abhängig gemacht werde,
3. unter der Voraussetzung gleicher Vorbildung in gleichartigen Stellungen für weibliche technische Angestellte dieselben Arbeitsbedingungen gelten wie für männliche.

Die Verwirklichung dieser Grundsätze hält der Verbandstag für eine der dringendsten Aufgaben der Organisation. Die Erfüllung ist im Wege einer umfassenden Aufklärung der Oeffentlichkeit und der heute schon im technischen Beruf tätigen weiblichen Angestellten anzustreben. Als nächstliegende Maßnahme beschließt der Verbandstag, den Verbandsvorstand mit der Einleitung einer nachdrücklichen Werbearbeit unter den weiblichen technischen Angestellten und nach dem Grundsatz vollständiger organisatorischer Gleichstellung zu beauftragen.

Die Resolution wurde angenommen, nachdem in einer kurzen Aussprache festgestellt war, daß damit der Deutsche Techniker-Verband von jetzt ab auch die Frauen, die im technischen Berufe stehen, als gleichwertige Glieder organisieren wolle.

Hierauf begründete Herr Kaufmann die von dem Geschäftsführenden Vorstande vorgelegte Entschließung über die

Gelbe Bewegung

Er wies darauf hin, daß die gelbe Bewegung nicht nur in Arbeiterkreisen, sondern auch in Angestelltenkreisen im Vordringen begriffen sei und daß sich sogar ein Wissenschaftler, von dem man eine bessere Würdigung der Arbeitnehmer-Bewegung erwartet hätte, für diese gelben Organisationen ausgesprochen hätte. Ohne Debatte nahm der Verbandstag die nachfolgende Entschließung an:

Der XXII. Verbandstag des Deutschen Techniker-Verbandes erblickt in der sogenannten „gelben Bewegung" eine große Gefahr für die Weiterentwicklung der selbständigen Arbeitnehmer-Organisationen. Die „Gelben" können als Vertretung von Arbeitnehmerinteressen nicht anerkannt werden, da ihnen die Unabhängigkeit vom Arbeitgeber und die volkswirtschaftlichen Voraussetzungen fehlen, weil sie den sozialwirtschaftlichen Gegensatz zwischen Arbeitgeber und Arbeitnehmer, wie er in den Fragen des Arbeitsvertrages zum Ausdruck kommt, leugnen. Die gelbe Bewegung bringt die einzelnen Arbeitnehmer in schwerste Gewissenskonflikte und die Bezeichnung der Gelben als „wirtschaftsfriedliche Bewegung" ist geeignet, den Anschein zu erwecken, als betrachte die unabhängige Arbeitnehmerbewegung den wirtschaftlichen Kampf als Selbstzweck. Dabei bedauert der Verbandstag besonders, daß die preußische Staatsregierung sich dieser Auffassung, wie sie in dem Begriff „wirtschaftsfriedlich" zum Ausdruck kommt, zu eigen macht.

Der Verbandstag erwartet in Anlehnung an frühere Beschlüsse des Gesamtvorstandes von seinen Mitgliedern, daß sie die Zugehörigkeit zu gelben Werkvereinen ablehnen und ihre Aufgabe nur in der Förderung der selbständigen gewerkschaftlichen Angestelltenbewegung erblicken.

Zur Fortführung der Sozialreform wurde folgende Resolution des Geschäftsführenden und Gesamtvorstandes, die auch dem Sozialpolitischen Ausschuß vorgelegen hatte, angenommen:

Der XXII. Verbandstag des Deutschen Techniker-Verbandes stellt mit Bedauern die wachsende soziale Müdigkeit bei der Regierung, gewissen politischen Parteien, der Wissenschaft und einzelnen Kreisen der Bevölkerung fest. Diese Tatsache ist um so bedenklicher, als die Techniker von jeher das Stiefkind der sozialen Gesetzgebung gewesen sind und eine ganze Reihe gesetzgeberischer Fragen der Lösung harren. Im Gegensatz zu diesen antisozialen Strömungen vertritt der Verbandstag den Standpunkt, daß die deutsche Volkswirtschaft gerade unter der sozialen Aera eine glänzende Entwicklung genommen hat und bezeichnet die Förderung der Sozialpolitik als die wichtigste Kulturaufgabe der Gegenwart.

Der Verbandstag wird seine gesetzgeberischen Wünsche mit verstärktem Nachdruck vertreten und zu diesem Zwecke ein Zusammenarbeiten mit den anderen technischen Angestellten-Organisationen erstreben. Von den Mitgliedern wird erwartet, daß sie durch ihre politische Betätigung und ihre Anteilnahme am öffentlichen Leben den Resonanzboden für soziale Reformen schaffen. Die „Gesellschaft für Soziale Reform", die in dankenswerter Weise die Fortführung der deutschen Sozialpolitik als ihre Lebensaufgabe ansieht, verdient die weitgehendste Förderung.

Der Verbandstag wandte sich dann wieder der Beratung der Anträge zu. Der Referent des

Finanzausschusses

Herr Landgraf, besprach zunächst die Reorganisation der Verbandskasse, die in der Hauptsache darin besteht, daß ein eiserner Fonds im Betrage von 250 000 M gegründet worden ist, der jährlich um 5000 M erhöht werden soll. Dieser Fonds kann nur durch Beschluß des Verbandstages angegriffen werden.

Der Finanzausschuß hatte zu den Anträgen folgende Stellung eingenommen:

Antrag 1 wurde als durch Maßnahmen des Geschäftsführenden Vorstandes erledigt angesehen. Antrag 2 wurde abgelehnt. Antrag 3 hatte durch Kostenvoranschlag ebenfalls seine Erledigung gefunden. Die Anträge 4, 5, 6 und 7 wurden abgelehnt. Die Anträge 8 bis 14 sind durch den Kostenvoranschlag erledigt. Antrag 11 wurde zurückgezogen, die Anträge 15 bis 23 abgelehnt. Antrag 24 wurde mit der Aenderung angenommen, daß statt „eingereicht“ „abgeschlossen“ gesetzt wird. Antrag 25 wurde zurückgezogen, die Anträge 26 und 27 abgelehnt, Antrag 28 für erledigt erklärt, da schon so verfahren wird. Antrag 29 wurde abgelehnt. Antrag 30 wurde abgelehnt, aber festgestellt, daß es den Zweigverwaltungen überlassen bleiben soll, ihren Vorstandsmitgliedern in irgendeiner Form den örtlichen Verhältnissen entsprechend eine Entschädigung zu gewähren. Antrag 31 wurde angenommen.

Der Verbandstag schloß sich auch den Vorschlägen dieses Ausschusses ganz an und gab folgendem Dringlichkeitsantrag der Zweigverwaltung Remscheid seine Zustimmung mit der Maßgabe, daß der Geschäftsführende Vorstand von Fall zu Fall entscheiden soll:

Der Verbandstag wolle beschließen:

Alle im Angestellten- oder Beamten-Verhältnis stehenden früheren Verbandsmitglieder, die in den letzten Jahren ausgetreten sind, können bei einer Neuaufnahme ohne Nachzahlung wieder in die Rechte eintreten, welche sie bei ihrem Austritt erworben hatten, unter der Bedingung, daß sie beim Austritt ihre Verpflichtungen gegenüber dem Verbande erfüllt hatten, daß sie sich bis zum 1. Oktober dieses Jahres wieder anmelden, und daß die Inanspruchnahme der Unterstützungseinrichtungen des Verbandes erst nach Ablauf der für Neueintretende maßgeblichen Fristen erfolgen kann.

Den Bericht über die Stellungnahme des

Satzungs- und Verwaltungs-Ausschusses

über die Anträge 32 bis 96 erstattete Herr Schweisfurth.

Allgemeines. Antrag 32 wurde dem Geschäftsführenden Vorstand als Material überwiesen, Antrag 32 nach einer Erklärung des Geschäftsführenden Vorstandes abgelehnt.

Beiträge. Die Anträge 33 bis 37 wurden sämtlich abgelehnt, ebenso Antrag 38. Antrag 39 wurde in der Form angenommen, daß Kollegen, die während ihrer Militärzeit sich bereit erklären, nach deren Beendigung in den Verband einzutreten, die Stellenvermittelung und Auskunftei des Verbandes geöffnet und die Deutsche Techniker-Zeitung zugestellt werden soll. Antrag 40 wurde abgelehnt, dagegen der oben erwähnte Dringlichkeitsantrag Remscheid angenommen. Nach Erklärungen des Geschäftsführenden Vorstandes wurde der Antrag 42 unter Hinzunahme des Absatzes 2 des Antrages 41 angenommen.

Verbandstag. Die Anträge 57 und 58 wurden abgelehnt, Antrag 59 zurückgezogen, die Anträge 60 und 61 abgelehnt. Der Antrag 62 wurde angenommen, die Anträge 63 und 64 an den Finanzausschuß überwiesen.

Die den Gesamtvorstand betreffenden Anträge wurden sämtlich abgelehnt.

Geschäftsführender Vorstand. Antrag 69 wurde sinngemäß angenommen mit der Bestimmung, diesen Grundsatz auf alle Wahlen auszudehnen. Antrag 70 wurde abgelehnt, die Anträge 71 und 72 zurückgezogen. Antrag 73 wurde in folgender Fassung angenommen: „Der Verbandstag wolle beschließen, daß der Jahresbericht, sowie die Rechnungslegung mit Kostenvoranschlägen des Verbandes den sämtlichen Verwaltungsstellen alljährlich rechtzeitig zur Kenntnis gegeben wird.“ Antrag 74 wurde zurückgezogen, die Anträge 75 bis 81 abgelehnt.

Bezirksverwaltungen. Die Anträge 82 und 83 wurden angenommen, Antrag 84 abgelehnt.

Zweigverwaltungen. Antrag 85 und 86 wurde angenommen, Antrag 87 zurückgezogen, Antrag 88 in folgender Fassung angenommen: Das Verbandsgebiet ist restlos in örtliche Verwaltungsstellen aufzuteilen. Antrag 89 wurde abgelehnt, da nach den Erklärungen des Geschäftsführenden Vorstandes schon so verfahren wird. Antrag 90 wurde ebenfalls abgelehnt, Antrag 91 auf Grund der Erklärungen des Geschäftsführenden Vorstandes über die jetzige Handhabung zurückgezogen. Antrag 92 wurde in folgender Fassung angenommen: Das Adressenverzeichnis der örtlichen Verwaltungsstellen und der übrigen Verbandsorgane ist jährlich den Verwaltungsstellen bekanntzugeben. Vierteljährlich sind Nachträge bekanntzugeben. Antrag 93 wurde infolge der Erklärung des Geschäftsführenden Vorstandes, daß in den vom Gesamtvorstande in seiner Sitzung vor dem Verbandstage beschlossenen Verträgen der Verbandsbeamten diesen das aktive Wahlrecht nicht genommen worden ist, zurückgezogen.

Gruppen. Antrag 94 wurde durch die jetzige Fassung des § 64 der Ausführungsbestimmungen als erledigt angesehen, die Anträge 95 und 96 wurden dem Geschäftsführenden Vorstande als Material überwiesen.

„Der Verbandstag nahm diese Vorschläge des Satzungsausschusses an. Die dem Finanzausschuß überwiesenen Anträge 63 und 64 wurden gemäß den Vorschlägen dieses Ausschusses abgelehnt, dagegen ein Antrag angenommen, in Düsseldorf im nächsten Jahre eine Wanderversammlung abzuhalten, wenn dadurch nicht besondere Kosten entstehen sollten.

Die Hauptarbeit des Satzungsausschusses hatte der Beratung der Anträge 43 bis 56 gegolten, die sich mit der Neuorganisation beschäftigten. Einstimmig hatte der Ausschuß dem Verbandstag folgenden Vorschlag unterbreitet:

In der Satzung sind folgende Aenderungen vorzunehmen:

§ 30 Zeile 2 statt „Gesamtvorstand“ „Verbandstag“.

§ 43 hinter „Bezirksverwaltungen“ einzuschalten: „Den von den Gruppentagen gewählten Mitgliedern der Hauptausschüsse.“ Die Worte „Jede Bezirksverwaltung entsendet einen Vertreter in den Gesamtvorstand“ werden gestrichen.

In den Ausführungsbestimmungen sind außer den durch die Aenderung der Satzung sich ergebenden Korrekturen folgende Aenderungen vorzunehmen:

§ 21 Absatz 3: „Der Bezirksvorstand ist auf dem Bezirkstage vor dem Verbandstage zu wählen. Er tritt sein Amt nach dem Verbandstage an.“

§ 24: „Der Bezirkstag setzt sich aus dem Bezirksvorstand und aus den Vertretern der örtlichen Verwaltungsstellen zusammen. Diese werden durch den Bezirksvorstand mit Genehmigung des Geschäftsführenden Vorstandes zu Werbebezirken zusammengeschlossen, die für jedes volle Hundert ihrer Mitglieder einen Vertreter entsenden können. Stimmenübertragung ist nur innerhalb des Werbebezirkes zulässig. Für jeden Vertreter ist ein Ersatzmann zu bestellen. Stimmenübertragung ist unzulässig. Die Amtsperiode ist zweijährig. Die Werbebezirke wählen einen Vorort, dem die Leitung obliegt.“

§ 28 Satz 2: „Die Tagegelder der Vertreter werden anteilig nach der Mitgliederzahl von den örtlichen Verwaltungsstellen getragen.“

§ 31 bis 36 werden sinngemäß eingearbeitet.

§ 48 Satz 2: „Für jedes angefangene 2000 der Mitglieder entsendet jede Bezirksverwaltung einen Vertreter in den Gesamtvorstand.“

Uebergangsbestimmungen. 1. Der auf Grund der gegenwärtigen Verbandsverfassung zu wählende Gesamtvorstand amtiert bis zum nächsten Verbandstage. Die von den Gruppentagen gewählten Mitglieder der Hauptausschüsse werden bis zum nächsten Verbandstage auf Kosten der Hauptausschüsse mit beratender Stimme hinzugezogen.

2. Zur Ueberführung der jetzigen Bezirksverwaltungsorganisation in die neue treten die Bezirkstage der jetzigen Bezirksverwaltungen tunlichst bald zu einem gemeinsamen Bezirkstage zusammen, der als ordnungsgemäßer Bezirkstag der neuen Bezirksverwaltung gilt. Die Einberufung dieses gemeinsamen Bezirkstages erfolgt nach Verständigung mit den zusammengehörigen Bezirksverwaltungen durch den Geschäftsstellen-Ausschuß der jetzigen Arbeitsgemeinschaften. Die neuen Bezirksverwaltungen müssen spätestens bis zum 31. Dezember 1914 gebildet sein.

3. Die neue Abgrenzung der Bezirksverwaltungen erfolgt auf der Grundlage der jetzigen Arbeitsgemeinschaften.

4. Der Verbandstag beauftragt den Geschäftsführenden Vorstand mit der satzungsgemäßen Einarbeitung der Beschlüsse in die Ausführungsbestimmungen, die dann durch Beschluß des Gesamtvorstandes in Kraft zu setzen sind.

Durch Annahme dieser Beschlüsse werden die Anträge 43 bis 56 für erledigt erklärt.

Auf Antrag Hofmann-Essen wurde in § 24 statt 100 75 Mitglieder gesetzt und ferner auf Antrag Grünig-Gießen beschlossen, daß die Bestimmung von Vertretern im Verhältnis zur Mitgliederzahl der Verwaltungen geschehen soll.

Die Vorschläge wurden unter lebhaftem Beifall mit 109 gegen 17 Stimmen bei 6 Stimmenthaltungen angenommen.

Damit waren die Anträge erledigt.

Die Kostenvoranschläge

für 1914 und für 1915 und 1916, die der Finanzausschuß eingehend beraten hatte, wurden nach dem Berichte von Herrn Landgraf angenommen.

Der Verbandstag nahm darauf noch folgende Referate entgegen, deren Inhalt in Entschließungen niedergelegt wurde:

„Der alternde Techniker“, Referent: Architekt A. Kroebel, Berlin. „Das Koalitionsrecht“, Referent: Ingenieur E. Lustig, Bromberg. „Parteipolitische Neutralität“, Referent: Chefredakteur E. Händeler, Berlin. „Maximalarbeitszeit und Mindestlohn“, Referent: Architekt H. Kaufmann, Berlin.

Die Entschließung zu dem Vortrag von Kroebel über

„Der alternde Techniker“

lautet:

Es bildet sich im technischen Beruf die Praxis aus, Techniker im vorgeschrittenen Lebensalter von der Anstellung auszuschließen. Bedauerlicherweise hat sich diese Unsitte auch bei vielen Staats- und Gemeindebetrieben eingebürgert. Ein solches Vorgehen hat zur Folge, daß der Techniker im besten Mannesalter gezwungen wird, aus seinem Beruf auszuscheiden, um in anderen Berufen, für die er nicht vorgebildet ist, Unterkunft zu suchen. Die Gefahren für den Techniker und die Nachteile für die Volkswirtschaft liegen klar zutage. Die Begründung des Vorgehens der Arbeitgeber mit der angeblich mangelnden Leistungsfähigkeit des alternden Technikers ist nicht stichhaltig. Die weitaus größere Erfahrung des älteren Technikers, die im technischen Beruf von besonderer Bedeutung ist, wird leicht die etwa vorhandene geringere körperliche Beweglichkeit ersetzen. Auch der Einwand, daß der ältere Angestellte es nicht versteht, sich unterzuordnen, ist hinfällig, denn je reifer der Mensch wird, desto besser versteht er sich anzupassen.

Keinem Arbeitgeber, der das 40. Lebensjahr überschritten hat, fällt es ein, sich vom Geschäft zurückzuziehen, weil er glaubt, verbraucht zu sein. Gerade in diesen Jahren erzielen unsere Betriebsinhaber häufig die größten Erfolge. Die gleichen Grundsätze dürften wohl auch auf den Techniker anwendbar sein. Staat und Gemeinde messen — wenn sie den Techniker in mittleren Jahren ausscheiden — mit zweierlei Maß, denn bei ihren übrigen Beamten handeln Staat und Gemeinde gerade umgekehrt, indem mit dem Alter das Einkommen steigt. Der Verbandstag verlangt deshalb:

1. daß die Behörden von der bisher bestehenden Höchstaltersgrenze bei Einstellung von Technikern in Zukunft Abstand nehmen in der Erkenntnis, daß die volkswirtschaftliche Nutzbarmachung der vorhandenen Arbeitskräfte im Technikerstand nicht mit dem mittleren Alter aufhören darf, da sich das in dem einzelnen Techniker festgelegte Ausbildungskapital bis dahin noch nicht amortisiert hat,
2. daß der Gesetzgeber ernstlich die Frage prüft, ob der Angestellte, der wegen seines Alters nicht mehr in seinem Berufe Stellung erhalten kann, nicht als Berufs-Invalide im Sinne der staatlichen Versicherungs-Gesetzgebung bezeichnet werden muß,
3. daß eine entsprechende Regelung des Kündigungsverhältnisses seitens des Arbeitgebers in dem Sinne herbeigeführt wird, daß nach einer längeren Dauer des Dienstverhältnisses die Kündigung nur unter erschwerten Umständen stattfinden kann. (Vergl. italienisches Dienstvertragsrecht),
4. daß die Oeffentlichkeit über diese Zustände aufzuklären ist und die Stellenvermittlung des Verbandes bei der Stellenbesetzung den Bedenken der Arbeitgeber gegen den älteren Techniker entgegentreten soll.

Zu dem Referat von Kaufmann über

„Maximalarbeitszeit und Mindestlohn“

wurde folgende Entschließung angenommen:

Arbeitszeit und Lohn sind die wichtigsten Bestandteile des Arbeitsvertrages der Angestellten. Sie bilden die Grundlage der wirtschaftlichen Existenz und müssen im Einklang stehen mit der wirtschaftlichen und kulturellen Bedeutung der technischen Arbeit. Die Arbeitszeit der Techniker ist aber in der Industrie sowohl wie im Baugewerbe bis zum äußersten ausgedehnt. Ueberstunden sind in vielen Betrieben die Regel und Sonntagsarbeit selbst bei Behörden noch zu finden. Die Gehälter der technischen Angestellten dagegen sind gering; sie reichen kaum aus, um bei den heutigen teuren Lebensverhältnissen eine Familie zu begründen und standesgemäß zu erhalten, wie die Statistik des Deutschen Techniker-Verbandes nachgewiesen hat. Dabei tritt, unterstützt durch ein ungeheures Ueberangebot von technischen Arbeitskräften die Tendenz immer mehr hervor, die Arbeitszeit der Techniker zu verlängern und deren Gehälter zu drücken.

Gegenüber diesem Zustand, der auf die Dauer nicht ertragen werden kann, beschließt der Verbandstag in Anlehnung an frühere Beschlüsse, die Regelung der Arbeitszeit und der Gehälter auf dem Wege von Kollektivverträgen als das zurzeit wichtigste Ziel der Organisationsarbeit der technischen Angestellten zu erklären. Er beauftragt den Geschäftsführenden Vorstand, die notwendigen Schritte zu unternehmen und soweit es zur Erreichung dieses Zieles erforderlich wird, ein Zusammenarbeiten mit anderen Organisationen anzustreben.

Der Verbandstag betrachtet die achtstündige Arbeitszeit als das Höchstmaß, welches die Leistungsfähigkeit der technischen Angestellten berücksichtigt und Zeit für Fortbildung, Erholung und Anteil am öffentlichen Leben gewährt. Darüber hinausgehende Arbeitszeiten erfüllen nicht mehr diese Bedingungen und sollen nur in besonders dringlichen Fällen als Ueberstunden, die mit einem entsprechenden Aufschlag zu entschädigen sind, zugelassen werden. Sonntagsarbeit ist grundsätzlich abzulehnen.

Der Verbandstag verpflichtet die Verbandsorgane zu genauester Einhaltung der vor Jahren schon festgesetzten Mindestgehaltsgrenze von 120 M für Techniker, die in den Beruf eintreten. In Anbetracht der in den letzten Jahren besonders gesteigerten Lebensbedingungen ist im allgemeinen aber auch auf eine Erhöhung der Gehälter der älteren Techniker zu dringen. Von den einzelnen Mitgliedern des Verbandes erwartet der Verbandstag, daß sie beim Abschluß ihres Arbeitsvertrages selbst in diesem Sinne wirken.

Der Verbandstag ist sich bewußt, daß sich die Regelung der Arbeitszeit und der Gehälter nur dann erfolgreich durchführen läßt, wenn die Gesamtheit der Berufsgenossen gewerkschaftlich organisiert ist und sich bereit findet, die erforderlichen Opfer auf sich zu nehmen. Deshalb ist es Pflicht eines jeden Verbandsmitgliedes, für die Stärkung des gewerkschaftlichen Gedankens in der Organisation einzutreten und die Werbung neuer Mitglieder für den Verband energisch zu betreiben.

Die Entschließungen über das Koalitionsrecht und parteipolitische Neutralität werden wir im nächsten Heft wiedergeben.

Es folgten die

Wahlen

Die von den Gruppentagen vorgemachten Vorschläge für die Hauptausschüsse würden bestätigt. Es gehören somit den Hauptausschüssen an:

Gruppe A: Nettlenbusch-Gelsenkirchen, Sommer-Leipzig, Zimmermann-Stettin. Ersatzmänner: Köhler-München, Landgraf-Leipzig, Stiehl-Mühlheim (Ruhr).

Gruppe B: Drabik-Duisburg, Schulz-Bromberg, Weber-Cannstatt. Ersatzmänner: Baumgart-Dresden, Pflugk-Magdeburg, Rothe-Essen.

Gruppe C: Heinz-Wiesbaden, Sasse-Kiel, Wettengel-Wilhelmshaven. Ersatzmänner: Grünig-Gießen, Krämer-Würzburg, Ullmann-Dresden.

Gruppe D: Jakoby-Altona, Polster-Nürnberg, Schweisfurth-Elberfeld. Ersatzmänner: Bendorf-Chemnitz, Flögel-Königsberg, Hofmann-Essen.

Es folgten die Wahlen für den Geschäftsführenden Vorstand. Unter großem Beifall zieht die Bezirksverwaltung Brandenburg die Liste der Kandidaten für den Geschäftsführenden Vorstand zurück. Zum Verbandsvorsitzenden wurde Herr Reifland wiedergewählt. Er nahm die Wahl mit herzlichem Dank an. Da Herr Reifland der Gruppe D angehört, war für diese Gruppe nur noch ein Mitglied zu wählen. Die Wahl fiel auf Herrn Heinze. Als Ersatzmänner würden Küster und Mraseck gewählt.

Die anderen Wahlen für den Geschäftsführenden Vorstand fielen folgendermaßen aus: Gruppe A: Wildegans, Schramm; Ersatzmänner: Höche, Müller. Gruppe B: Reichel, Harenberg; Ersatzmänner: Moritz, Neumann. Gruppe C: Schirmbeck, Cosmus; Ersatzmänner: Mahlke, Langeheine.

Mit Dankesworten an den alten Vorstand, an Herrn Reifland für seine aufopferungsvolle Tätigkeit, an das Ehrenmitglied des Verbandes Herrn Schwenkler, an die Verhandlungsleitung, an das Bureau und die Metzer Kollegen, die den Verbandstag vorbereitet hatten, schloß der Verbandstag um 1/2 8 Uhr.

DEUTSCHE TECHNIKER-ZEITUNG

HERAUSGEGEBEN VOM DEUTSCHEN TECHNIKER-VERBANDE

Schriftleitung:
Dr. Höfle, Verbandsdirektor. Erich Händeler, verantwortlicher Schriftleiter.

XXXI. Jahrg. **13. Juni 1914** **Heft 24**

Die sozialpolitische Müdigkeit in Deutschland

Von Regierungsassessor a. D. Dr. CLEMENS HEISS.

In den 80er Jahren bekämpfte man die Sozialdemokratie durch das bekannte Ausnahmegesetz auf das Heftigste. Man suchte sie durch alle möglichen Verfolgungen zu vernichten. Aber auch aggressiv ging man gegen sie vor, man nahm den Kampf um die Seele der Arbeiter auf, gab sich alle Mühe, dem Arbeiter das verloren gegangene Interesse am Staate und seinen Einrichtungen wieder beizubringen. Man wollte ihn ferner wirtschaftlich loslösen von seinen sozialistisch durchtränkten Verbänden und Vereinigungen, man wollte der Sozialdemokratie, wo sich dazu nur immer eine Möglichkeit zeigte, den Wind aus den Segeln nehmen. Aus diesem Gedankengange heraus schuf man die Sozialversicherung. Der Arbeiterschutz, der bereits früher eingesetzt hatte, verdankt seine Entstehung militärischen Rücksichten auf die Qualität der ausgehobenen Rekruten. Die Arbeiterversicherung brachte den Organen des Staates den Umfang der Gewerbekrankheiten und der Betriebsgefahren erst zum Bewußtsein. Die Sozialversicherung heischte gebieterisch den weiteren Ausbau der Arbeiterschutzgesetzgebung, wenn sie nicht durch Vernachlässigung der Vorbeugung gegen Gesundheits- und Unfallgefahren unwirtschaftlich arbeiten und so zu teuer werden sollte. So verlangte das einmal eingeführte sozialpolitische System auch seinen weiteren Ausbau.

Man hatte sich aber schwer getäuscht, als man annahm, man könne die Sozialdemokratie durch die soziale Gesetzgebung erfolgreich bekämpfen. Sie gedieh und mehrte sich, der von vielen erhoffte und innigst gewünschte Mauserungsprozeß blieb aus. Nachdem man die Unmöglichkeit, den von Anfang gesteckten Zweck zu erreichen, eingesehen hatte, trieb man die Sozialpolitik nicht mehr aus eigenem Antrieb, sondern nur noch von der öffentlichen Meinung geschoben weiter.

Am besten zeigt sich dies bei dem letzten größeren sozialpolitischen Gesetzgebungswerk: bei der Reichsversicherungsordnung. Hier wollte man eine Vereinheitlichung und Verallgemeinerung der sozialen Versicherungsgesetzgebung, man wollte zahlreiche Lücken ausfüllen, Härten und Ungerechtigkeiten abstellen und den ganzen Verwaltungsapparat vereinfachen und vereinheitlichen. Und was hat man ausgeführt? Man hat die bestehenden Versicherungsgesetze durch den Reichsgesetzgeber als Buchbinder zusammenbinden lassen und hat die Krankenversicherung in einer sehr abgeschwächten Form auf die landwirtschaftlichen Arbeiter ausgedehnt. Man hat aber vor allem — und das war der sehnlichste Wunsch der Regierung — den Krankenkassen die Rechte der Selbstverwaltung arg beschnitten. Man hat die Geschäftsführer der Kassen gleich den Kommunalbeamten der Beamtendisziplin zu unterstellen verstanden. Man hat auch die Wünsche der Privatangestellten durch die Angestelltenversicherung berücksichtigt.

Man hat aber mit der Kodifikation des sozialen Versicherungsrechtes seinem weiteren Ausbau einen starken Riegel vorgeschoben. Damit war der erste Markstein geschaffen, der an einen gewissen Abschluß der sozialen Gesetzgebung erinnern und für die nächste Zukunft vor ihrem übereilten Weiterbau warnen sollte.

Aber auch die treibenden sozialen und wirtschaftspolitischen Kräfte wirkten in der gleichen Richtung. Die Unternehmer folgten dem Beispiele der Arbeiter und Angestellten und schufen ihre Arbeitgeberorganisationen. Mit reichen Mitteln ausgestattet, entfalteten sie eine rührige Tätigkeit. Sie wendeten die gleichen Mittel an, um ihren Interessen Geltung zu verschaffen wie die Arbeiter- und Angestelltenorganisationen und warfen außerdem noch die Macht ihres Kapitals in die Wagschale. Die Arbeiter wandten bekanntlich als äußerstes Mittel im sozialen Kampf den Streik an. Sie bedienten sich zu seiner Durchführung der Fernhaltung von Zuzug durch öffentliche Warnung in den Blättern, durch Ausstellung von Streikposten und vor allen Dingen durch die scharfe Ausbildung des Solidaritätsbegriffes, die Bildung einer stark bindenden Sitte, die die Streikarbeit in den Augen jedes anständigen d. h. organisierten Arbeiters für ehrlos erklärte.

Die Arbeitgeberorganisationen gingen systematisch gegen ihre Gegner vor. Sie befolgten dabei das Prinzip der Arbeitsteilung, dessen mächtige Wirksamkeit sie aus ihren eigenen Betrieben kannten. So konzentrierten sie zunächst alle ihre Kräfte auf die Frage des Arbeitsnachweises. Der Unternehmerarbeitsnachweis, mag er es auch noch so sehr abstreiten, ist von allem Anfang an gedacht als Kampfmittel zur Bekämpfung der Arbeiter- und Angestelltenorganisationen. Um für ihn Raum zu schaffen, mußten zunächst auf wiederholten Arbeitsnachweiskonferenzen nicht nur die Arbeitsnachweise der Arbeiter, sondern auch die paritätischen Arbeitsnachweise als unzulänglich angegriffen werden. Dadurch sollten die in den paritätischen Arbeitsnachweisen tätigen sozialgesinnten Unternehmer, die sich bei den Arbeitgeberorganisationen längst als unangenehme Kollegen mißliebig gemacht hatten, in ihrem Eifer gelähmt und ihnen Hindernisse in den Weg gelegt werden. Als man aber im Hamburger System den ersten und maßgebend gebliebenen Typ des Arbeitgebernachweises geschaffen hatte, zeigte sich nach kurzer Zeit, daß der Arbeitgeberarbeitsnachweis mit der ausgesprochenen Absicht geschaffen war, ihn zum Maßregelungsbureau auszubauen. Es erübrigt sich, dies hier im einzelnen zu beweisen. Ein Blick in die mit reichen Dokumenten ausgestattete Schrift Stegerwalds „Aus der Geheimpraxis eines Arbeitgeberarbeitsnachweises“, die im Christlichen Gewerkschaftsverlag erschienen ist, genügt, jeden, der daran noch zweifeln sollte, zu überzeugen. Man hatte nämlich erkannt, daß diese anrüchigen schwarzen Listen nicht bloß die öffentliche Meinung gegen die Unternehmerverbände mobil machten, sondern daß sie auch wenig wirksam waren. Deshalb legte man eine Personalkartenkartothek aller Arbeiter an, die den Unternehmernachweis passierten. Dann genügte der Vermerk „Hetzer“ ein für allemal, um einen Arbeiter, der sich bei einem Streik besonders hervorgetan hatte, für alle Zukunft im Arbeitsgebiet des Nachweises zu kennzeichnen. Die Arbeitsnachweise brauchen dann nur noch derartige Karten unter sich auszutauschen, um einen Arbeiter in einem ganzen großen Industriezweig seines ganzen lieben Vaterlandes brotlos zu machen und ihn zum Berufswechsel zu zwingen oder gar ins Lumpenproletariat hinabzustoßen.

Die immer wieder auftauchenden Versuche einzelner Arbeitgeberverbände, auch für die Angestellten den Unternehmerarbeitsnachweis einzuführen, verdienen die alleraufmerksamste Beachtung aller Angestelltenorganisationen. Es kann den organisierten Angestellten nicht dringend genug empfohlen werden, die Erfahrungen, die Arbeiter mit dem Unternehmernachweis machen mußten, aufmerksam zu studieren. Denn für die Angestellten ist der Unternehmernachweis noch weit gefährlicher als für die Arbeiter. Die Bezahlung ihrer Arbeit, ja sogar die Möglichkeit, überhaupt Beschäftigung zu finden, hängt nicht allein und nicht in dem Maße, wie bei den Arbeitern, von der Arbeitsleistung ab, sondern auch von gewissen Charaktereigenschaften, der Zuverlässigkeit und dem Verantwortungsgefühl auf der einen Seite, der Fähigkeit, die Aufträge des vorgesetzten Angestellten rasch zu begreifen, sich auch in seine nicht ausdrücklich zu erkennen gegebenen Intentionen einzufühlen, überhaupt sich unentbehrlich zu machen. Wenn sich schon in den Personalkarten der Arbeiter Bemerkungen finden, wie: „Hat sich frech gegen den Meister benommen!", so kann man sich denken, was eine ähnliche Bemerkung in der Personalkarte eines Angestellten bei dem Ueberangebot an technischen Angestellten für ihn bedeuten würde. Alle technischen Angestellten haben also das größte Interesse daran, durch sorgsamste Pflege ihres eigenen Arbeitsnachweises und durch Nichtbenutzung eines Unternehmerarbeitsnachweises, sobald ein solcher eingeführt werden sollte, dessen Wirksamkeit unmöglich zu machen. Die Erfahrung hat nämlich gezeigt: Ist einmal ein solcher Arbeitsnachweis geglückt, so findet er Nachahmung und wird schließlich zu einem ganzen Maßregelungssystem ausgebaut, das die Tendenz in sich hat, sich auf das ganze Deutsche Reich auszudehnen.

Nachdem man so mit dem Arbeitsnachweis einen gewissen Erfolg erzielt hatte, nahm man den Schutz der Arbeitswilligen systematisch in Angriff. Hatte man sich bisher auf dem Gebiete der Selbsthilfe betätigt, so rief man immer energischer nach der Staatshilfe. Man bekämpfte, weil das zu wenig modern gewesen wäre, nicht das freie Koalitionsrecht, sondern nahm sich als Schutzgeist der Freiheit an, sich nicht zu koalieren oder seine Organisation frei zu wählen. Man ließ alle Register der sittlichen Entrüstung gegen den unerträglichen Koalitionszwang spielen. Die wenigen Fälle, in denen eine Organisation einer anderen Organisationsrichtung gegenüber einen Zwang ausgeübt hatte, wurden stark übertrieben. Die Arbeitswilligen aber wurden als ganz besonders wertvolle, des stärksten staatlichen Schutzes bedürftige und würdige Mitglieder der menschlichen Gesellschaft gepriesen. Die hier entfaltete Agitation ist leider nicht ohne Einfluß auf die Rechtsprechung geblieben. Leichte Beleidigungen von Arbeitswilligen, die mit ein paar Mark Geldstrafe hinlänglich gebüßt gewesen wären, zumal man die Erregung des Solidaritätsgefühls, offenbar eines edlen Triebes des Menschen, bei objektiver Bewertung nicht als Strafverschärfungs-, sondern als Milderungsgrund berücksichtigen müßte, wurden mit harten Gefängnisstrafen geahndet.

Das genügte aber den Vertretern der Unternehmerinteressen nicht, sie schrien vielmehr nach verschärftem gesetzlichen Schutz der Arbeitswilligen, d. h. nach einem so umfassenden und weitgehenden Schutz der Freiheit, sich nicht oder nur in solchen Organisationen zu koalieren, die der Regierung und den Unternehmern, was auf dasselbe hinauskommt, angenehm sind, daß durch diesen Schutz jede praktische Gewerkschaftsarbeit unabhängiger Gewerkschaften unter verschärfte Strafparagraphen gestellt wird. Schutz der Arbeitswilligen verlangte man, die Mittel zu seiner Durchführung sollten aber nebenbei jede ernst zu nehmende gewerkschaftliche Arbeit unmöglich machen. Man wollte die stark und mächtig gewordenen Gewerkschaften wieder in einzelne schwache Gruppen zersplittern.

Dem gleichen Ziele dient die gerade bei den konzentrierten Großbetrieben eifrig gepflegte und gehätschelte gelbe Arbeiterbewegung: die Organisation der Nichtorganisierten oder die Schutztruppe der Unternehmer in ihrem auf die Vernichtung zielenden Kampfe gegen die Arbeiterorganisationen. Auch hier hat man, bisher glücklicherweise ohne Erfolg, die Angestellten gelb zu organisieren gesucht.

Auch ein neues System der Arbeitgeberpolitik hat man zu schaffen versucht. Das Werk von Alexander Tille ist zu einem unverhältnismäßig billigen Preise verbreitet worden; einige Arbeitgeberorgane und Zeitungen haben sogar Tilles übertreibenden Sprachgebrauch, der nur die Unternehmerarbeit als wertschaffend gelten ließ und daher die Arbeiter, sie gleichzeitig aller Persönlichkeitsrechte entkleidend, als Handkräfte bezeichnete, in den Gebrauch des Tagesschrifttums übernommen. Der in seiner Uebertreibung allzu täppische Versuch hat aber fähigere und daher gefährlichere Nachahmer gefunden.

Die Presse, das Organ der öffentlichen Meinung, wurde von den Unternehmerorganisationen systematisch bearbeitet. Die Tagespresse liebt zwar die Sensation über alles, sie hat aber eine stark entwickelte Scheu vor Berichtigungen. Solange die Arbeitgeberorganisationen noch schwach waren, nahm man zu den einzelnen Streikfällen wenigstens in liberalen Organen in arbeiterfreundlichem Sinne Stellung. Seitdem aber die Arbeitgeberorganisationen erstarkt sind, registriert man bloß mehr die nackten Tatsachen des Streiks, man gibt sogar den Inhalt harter Gerichtsurteile gegen die Teilnehmer eines Streiks wieder und überläßt es dem Leser, sich ein Urteil darüber zu bilden. Unsere bürgerliche Presse, abgesehen von der sozialdemokratischen, dient vor allem dem Erwerbsinteresse der Verleger. Soweit sie politische Interessen vertritt, geschieht dies eben deshalb, weil die Vertretung dieser Interessen für besonders gewinnbringend gehalten wird. Die einflußreichen Zeitungen, die einen hohen Abonnementspreis haben, werden daher, vielleicht unbewußt, Rücksicht nehmen auf die Interessen der zahlungsfähigen Abonnenten. Die Mittel und Wege, auf denen gerade sie ihren Einfluß durchzusetzen wissen, sind überaus zahlreich und schwer kontrollierbar.

Den Koalitionszwang, gegen den sich die Arbeitgeberorganisationen in sittlicher Entrüstung nicht genug ereifern können, üben sie übrigens in ihren Kartellen in der ungeniertesten Weise. Der letzte Bauarbeiterstreik hat gezeigt, wie dieser Zwang sogar auf zunächst am Streik und an der Aussperrung unbeteiligte Hilfsindustrien weitergreifen kann. Auch hier hat sich die Rechtsprechung vielfach einseitig arbeitgeberfreundlich gezeigt.

So ist denn auch die öffentliche Meinung in ihrem Eifer für den weiteren Ausbau der sozialen Gesetzgebung, wenigstens soweit sie sich im ganzen Ton der Presse widerspiegelt, erlahmt. Dies ist zu einem Zeitpunkt eingetreten, als man kaum die ersten Anfänge dazu gemacht hatte, die Interessen der Angestellten bei der sozialen Gesetzgebung zu berücksichtigen. Die technischen Angestellten im besonderen werden nach wie vor als Stiefkinder der Sozialpolitik behandelt. Die Konkurrenzklauselfrage harrt immer noch ihrer Erledigung, die Kompromißanträge der politischen Parteien sind für die technischen Angestellten unannehmbar. Auch in dem Entwurf eines neuen Patentgesetzes sind ihre Interessen nicht ausreichend zur Geltung gekommen. Die wichtige Frage eines einheitlichen Angestelltenrechtes kommt nicht vom Fleck.

Die Angestelltenorganisationen haben ihre Pflicht erkannt und die öffentliche Meinung durch Abhaltung gemeinsamer Kongresse auf ihre für die ganze Wirtschaft und das ganze Volk so wichtigen Berufs- und Standesinteressen nachdrücklich hinzuweisen gesucht. Der unerfreuliche Müdigkeitszustand in sozialpolitischen Fragen sollte den Angestelltenorganisationen ein neuer Anstoß sein, ihre gemeinsamen Interessen gemeinsam wahrzunehmen. Er sollte sie aber auch davor warnen, die Meinungsverschiedenheiten in Einzelfragen allzu scharf zu betonen. Sie mögen dabei bedenken, daß ein verärgerter, gehässiger und absprechender Ton bei der Austragung solcher Meinungsverschiedenheiten, die deshalb keineswegs zurückgestellt zu werden brauchen, der Gesamtbewegung der Angestellten als solcher nur schaden kann. Jene Berufsgenossen, die aus irgend einem Grunde für eine Organisation überhaupt schwer zu gewinnen sind, werden durch den gehässigen Ton, der sich gerade bei der Austragung von Kleinigkeiten häufig am schärfsten geltend macht, in ihrer Abneigung, irgend einer Organisation beizutreten, nur bestärkt. Wenn man darauf angewiesen ist, im eintretenden Fall jederzeit in vereinigter Schlachtreihe gegen den gemeinsamen Feind kämpfen zu müssen, dann soll man auch kleine häusliche Streitigkeiten in sachlicher, den Gegner nicht verletzender Form erledigen.

Der Metzer Verbandstag

Wir hatten bereits im vorigen Heft einen Bericht über die Hauptverhandlungen des Verbandstages gegeben. Hier seien noch die beiden Entschließungen nachgetragen, die zu den Referaten von Lustig und Händeler gefaßt worden sind. Die zu dem Vortrage über das

Koalitionsrecht

angenommene Entschließung lautet folgendermaßen:

Der 1914 in Metz tagende XXII. ordentliche Verbandstag des Deutschen Techniker-Verbandes erhebt energisch Einspruch gegen die von verschiedenen Seiten gemachten Versuche, die Gesetzgebung zu beeinflussen mit dem Ziele, die bestehende Koalitionsfreiheit zu schmälern oder deren praktische Anwendung zu erschweren. Insbesondere wendet er sich gegen das Schlagwort „Schutz der Arbeitswilligen", unter dem sich die Angriffe auf die Koalitionsfreiheit verdecken, und gegen die Gewohnheit, stets auf die angeblichen Gefahren der Arbeitnehmer-Organisationen hinzuweisen, dabei aber die Arbeitgeber-Verbände als etwas Selbstverständliches anzusehen.

Wir erwarten von den gesetzgebenden Körperschaften, daß sie jeder Verschlechterung des bestehenden Rechtes ihre Zustimmung versagen.

Die heutige Regelung des Koalitionsrechtes ist sehr reformbedürftig. Während das Recht der Kapital-Organisationen eingehend geregelt ist und vom Gesetzgeber gepflegt wird, bedeutet die Regelung des Koalitionsrechtes in den §§ 152 und 153 der G. O. in der Praxis eine Verkümmerung der Koalitionsfreiheit. Dem Techniker im Staats- und Gemeindedienst steht überhaupt kein Koalitionsrecht zu. Der Rechtszustand erfährt eine Verschlechterung dadurch, daß Verwaltung und Rechtsprechung oft die Arbeitgeber- und Arbeitnehmerorganisationen unterschiedlich behandeln zugunsten der ersteren. Die Reform soll erreicht werden durch Aufhebung der §§ 152 Absatz 2 und 153 der G. O. Der erste Absatz des § 152 der G. O. ist durch ein besonderes Reichsgesetz zu ersetzen, das den Berufsvereinen unter Berücksichtigung ihrer Eigenarten die Rechtsfähigkeit gibt. Im übrigen sind die allgemeinen Rechtsbestimmungen, wie sie für den Rechtsverkehr maßgebend sind, auch für das Koalitionsrecht anzuwenden. Daneben sind gesetzliche Regelung der Tarifverträge, Schaffung eines Reichseinigungsamtes mit Verhandlungszwang zu erstreben.

Die im öffentlichen Dienst stehenden Beamten und Angestellten sind in dieses Recht mit Einschränkungen, welche die Eigenart der gemeinnötigen Betriebe bedingen, einzubeziehen bezw. hat dieses Recht als Mindestvorschrift für die für diese Kategorien geltenden Gesetze zu gelten.

Der Verbandstag erwartet von den Verbandsmitgliedern, daß sie den Verband in der Verteidigung des vornehmsten Rechtes des Technikers, des Koalitionsrechtes, unterstützen und ihren ganzen Einfluß auf die Oeffentlichkeit und gesetzgebenden Körperschaften geltend machen, um die gesetzgeberischen Wünsche zu erfüllen.

Die Resolution zu dem Vortrage über

Parteipolitische Neutralität

hatte folgenden Wortlaut:

1. Parteipolitische Bestrebungen sind satzungsgemäß von der Tätigkeit des Verbandes ausgeschlossen. Der Verband nimmt also selbst weder eine parteipolitische Stellung ein, noch fordert er von seinen Mitgliedern die Zugehörigkeit zu einer bestimmten Partei, duldet auch nicht, daß in Veranstaltungen des Verbandes eine bestimmte Parteirichtung propagiert wird. Die strenge Durchführung der parteipolitischen Neutralität ist unbedingt notwendig, damit der Verband alle Berufsglieder, welcher politischen Partei sie auch angehören mögen, erfassen kann.

2. Da die Verwirklichung der wirtschaftlichen und sozialen Forderungen des Verbandes nicht ohne die von politischen Parteien beeinflußte Gesetzgebung möglich ist, müssen der Verband und seine Mitglieder gleichwohl die Stellung der politischen Parteien zu den Verbandsforderungen verfolgen und nötigenfalls kritisieren. Die Kritik muß von den Mitgliedern dadurch unterstützt werden, daß sie sich innerhalb derjenigen politischen Partei, der sie sich aus ihrer staatsbürgerlichen Ueberzeugung heraus zurechnen, politisch betätigen, um dadurch den wirtschaftlichen und sozialen Forderungen des Verbandes zur Anerkennung zu verhelfen. Dabei ist jeder Versuch der Arbeitgeber, auf die parteipolitische Zugehörigkeit der Angestellten einen Druck auszuüben, entschieden zurückzuweisen.

3. Die parteipolitische Neutralität des Verbandes und die Pflicht jedes einzelnen Mitgliedes, sich parteipolitisch zu betätigen, müssen streng auseinander gehalten werden. Der Verband und seine Organe dürfen darum bei Wahlen zu öffentlichen Körperschaften, die nach parteipolitischen Grundsätzen zusammengesetzt sind, also bei Wahlen für die Parlamente von Reich, Staat und Gemeinde, nicht für einen bestimmten Kandidaten Stellung nehmen. Wohl aber steht es ihnen zu, an die aufgestellten Kandidaten die Frage zu richten, wie sie sich zu den wirtschaftlichen und sozialen Forderungen des Verbandes stellen. Jedem einzelnen Mitgliede muß es aber auf Grund der Beantwortung dieser Frage überlassen bleiben, wie es eine Entscheidung bei der Wahl auf Grund seiner parteipolitischen Stellung treffen will.

Vor der Eröffnung des Verbandstages waren die Berufsgruppen zu ihren Gruppentagungen zusammengetreten. Die meisten Gruppen hielten auch noch während des Verbandstages zur Erledigung ihrer Tagesordnung Sitzungen ab.

Der Gruppentag A

Die Tagung wurde durch den Vorsitzenden des Hauptausschusses A, Herrn Simoleit, eröffnet. Zum Verhandlungsleiter wurde Herr Stiehl-Mühlheim-Ruhr gewählt, zu Schriftführern wurden die Herren Grüttner-Cöln und Schnieber-Hamburg ernannt.

Dem Gruppentage lag ein vervielfältigter Tätigkeitsbericht über die Jahre 1912 bis 1914 vor, der ohne weitere Debatte entgegengenommen wurde. Ebenso stimmte der Gruppentag dem Rechenschaftsbericht und den Kostenvoranschlägen für 1914/1915 zu. Dem Hauptausschusse wurde Entlastung erteilt. Ein Vorschlag von Herrn Grüttner, aus den Mitteln der Gruppe auch den Zweigverwaltungen einen Betrag zur Verfügung zu stellen, wurde abgelehnt, da für diese Zwecke die Zweigverwaltungen Mittel bereitstellen müssen. Bei dieser Gelegenheit wurde auch beschlossen, in Zukunft Berichte über die Sitzungen der Hauptausschüsse an die Bezirksverwaltungen und örtlichen Verwaltungsstellen zu senden, damit die Verbandsmitglieder über die Tätigkeit der Hauptausschüsse näher unterrichtet sind.

Eine ausführliche Erörterung löste die Frage des Submissionswesens aus. Es wurde beschlossen, das Material darüber zu beschaffen, welche Ansätze zur Regelung der Frage in den einzelnen Bundesstaaten vorhanden sind. Der Gruppentag stellte ferner fest, daß er für die Schaffung von Submissionsämtern, die mit Mittelschultechnikern zu besetzen sind, eintritt. Diese Submissionsämter sollen an die bestehenden Handwerkskammern oder ähnliche Aemter angegliedert werden.

Die Besprechung der Frage der Verstaatlichung oder Verstaatlichung der Taxämter führte dahin, den Geschäftsführenden Vorstand zu bitten, dahin zu wirken, daß bei der Einrichtung von Taxämtern nur Techniker angestellt werden.

An den Verhandlungen des Gruppentages über die Baukontrolleurfrage nahm auch der Verbandskollege Butterbrodt-Cöln teil, der im letzten Heft der Deutschen Techniker-Zeitung seinen Standpunkt zu dieser Frage niedergelegt hatte. Er versprach weitgehendes statistisches Material der Gruppe zur Verfügung stellen zu wollen. Der Gruppentag nahm auch zu der dem Verbandstage vorzuschlagenden Resolution über die Baukontrolleurfrage Stellung; sie wurde mit einer kleinen Aenderung angenommen.

Von den weiteren Fragen, mit denen sich die Gruppe beschäftigte, ist zu erwähnen die Frage der Nebenarbeiten der bei Behörden beschäftigten Techniker, die als nicht im Interesse der vielen stellungslosen Kollegen gelegen angesehen wurde. Es wurde eine Entschließung angenommen, in der die Mitglieder des Verbandes im Interesse der vielen stellungslosen Kollegen aufgefordert werden, die Ausführung technischer Arbeiten im Nebenberufe in Zukunft zu unterlassen, um damit die Möglichkeit zu geben, mehr stellungslose Mitglieder in neuen Stellungen unterzubringen.

Die Frage der Konkurrenz, die den Mittelschultechnikern durch die Hochschultechniker insofern bereitet wird, als diese sich zu geringeren Gehältern für Stellungen anbieten, die bisher von Mittelschultechnikern ausgefüllt wurden, veranlaßte den Gruppentag, die Veranstaltung einer Umfrage in Aussicht zu nehmen. Bezüglich der Polierschulen stellte sich der Gruppentag auf den Standpunkt, daß die Errichtung von Polierschulen in Zukunft nicht weiter gefördert werden dürfte. Angenommen wurde auch eine Entschließung, die die Zweigverwaltungen auffordert, jedesmal zum Schulschluß Anzeigen in ihren örtlichen Zeitungen aufzugeben, die darauf aufmerksam machen, daß der Vorsitzende der Zweigverwaltung gern bereit ist, über die Aussichten des technischen Berufes und über die Kosten des Ausbildungsganges ausführliche Auskunft zu geben. Bezüglich eines Verbandstags-Antrages, der eine Stellungnahme dazu wünscht, ob die Gruppengliederung nach beruflichen oder fachlichen Gesichtspunkten erfolgen soll, stellte sich der Gruppentag auf den Standpnukt, daß es bei der Feststellung im § 64 der Ausführungsbestimmungen auch in Zukunft bleiben soll, daß also die fachlichen Gesichtspunkte maßgebend sein müssen.

Den Rest der Verhandlungen nahmen die Vorschläge des Gruppentages für die Wahlen zum Geschäftsführenden Vorstand und die Wahlen für den Hauptausschuß in Anspruch. Zum Berichterstatter über die Gruppenverhandlungen für den Verbandstag wurde Herr Grüttner gewählt.

Beschluß des Metzer Verbandstages

Sämtliche rückständigen Beiträge vom Jahre 1913 und vom 1. Quartal 1914, die bis zum 15. Juni 1914 bei der Hauptgeschäftsstelle nicht eingegangen sind, werden von den säumigen Zahlern ohne vorherige Mitteilung durch Nachnahme erhoben. Die Nachnahme- und Bestellgebühren fallen dem Mitgliede zur Last und werden mit der Nachnahme eingezogen. Die Kassierer müssen also bis zum 15. d. M. alle Abrechnungen an die Hauptgeschäftsstelle abgesandt haben, da sie sonst die Schuld daran tragen, wenn Mitgliedern Nachnahmen zugehen, die bereits gezahlt haben, deren Beiträge aber noch nicht an die Hauptkasse abgeführt sind.

Mit dem Versand der Nachnahmen wird am 15. Juni begonnen

Die Verbandsleitung

Gruppentag B

Herr Reichel eröffnet als Vorsitzender des Hauptausschusses den Gruppentag. Als Verhandlungsleiter wurde Herr Thon-Nürnberg, als dessen Stellvertreter Herr Beier-Chemnitz gewählt.

Bei der Erstattung des Jahresberichts weist Herr Reichel darauf hin, daß die Fragen, die als Sonderinteressen der Privatangestellten in der Industrie betrachtet werden können, zum großen Teil auch allgemeine Standesangelegenheiten sind. Es sei deshalb nicht in dem Maße wie in den Gruppen der im Staats- und Gemeindedienst tätigen Techniker eine Abgrenzung der Gruppe gehandhabt worden. Er sprach die Hoffnung aus, daß in Zukunft eine rege Zusammenarbeit zwischen Hauptausschuß und den Gruppenvertretern in den Bezirks- und Zweigverwaltungsvorständen stattfinden werde. Ueber die Arbeiten des Hauptausschusses lag ein vervielfältigter Geschäftsbericht vor. Dieser, sowie der Rechenschaftsbericht werden genehmigt.

Bei dem Arbeitsplan für 1914 und 1915 fand eine allgemeine Aussprache über die Zweckmäßigkeit der Gruppeneinteilung statt. Es wurde auf die Gefahren hingewiesen, die die Gruppenteilung für das Weiterbestehen des Verbandes haben könnte und davor gewarnt, den Gruppen zuviel Spielraum im Verwaltungsorganismus einzuräumen. Auch darauf wurde hingewiesen, daß die Gruppenteilung eine ganz andere Bedeutung erlangt habe, als ihr ursprünglich zugemessen werden sollte. Es drang aber die Ansicht durch, daß von Aenderungen dieser in Cöln endgültig geschaffenen Einrichtung abgesehen werden müsse und daß man sehr gut durch zweckmäßigeres Arbeiten in den Gruppen jede Gefahr beseitigen könne. Der Hauptwert müsse darauf gelegt werden, daß der Verband eine einheitliche Organisation sei, die alle technischen Angestellten umfassen wolle. In der Debatte wurde weiter betont, daß ein innigeres Zusammenarbeiten zwischen den Hauptausschüssen und den Gruppenmitgliedern eintreten müsse. Die Schüleragitation und die Frage der Werkschüler sind weitere Stoffe, die in der allgemeinen Aussprache berührt wurden. Bezüglich der Werkschüler pflichtete der Hauptausschuß der Stellung des Ausschusses für das Bildungswesen der Techniker zu der Frage bei. Es soll den Zweigverwaltungen von Fall zu Fall überlassen bleiben, in welchem Umfange Werkschüler aufgenommen werden können. Denn sehr oft kämen die jungen Leute, die die Werkschule besuchten, gar nicht als spätere Techniker in Frage. Arbeitsplan und Kostenvoranschlag wurden darauf genehmigt.

In der Besprechung der Verbandsanträge trat der Gruppentag für die Zugehörigkeit der Hauptausschüsse zum Gesamtvorstand ein.

Den Rest der Tagung bildeten ebenfalls die Vorschläge für die Wahlen zum Geschäftsführenden Vorstand und die Wahl der Hauptausschußmitglieder.

Gruppentag C

Die Tagung wurde vom Vorsitzenden des Hauptausschusses, Herrn Schirmbeck, geleitet. Er erstattete auch den Jahres- und Rechenschaftsbericht. Es ist daraus besonders zu erwähnen, daß auch die Gruppe C dem Ausschuß zur Herbeiführung eines zeitgemäßen Beamtenrechts beigetreten ist. In der Besprechung wurde die nach der Gruppenzugehörigkeit aufgestellte Mitgliederstatistik bemängelt. Die Verwaltungsstellen des Verbandes sollen gebeten werden, eine Nachprüfung vorzunehmen. Es wurde weiter beschlossen, einen Leitfaden für stellungsuchende Kollegen bei Behörden herauszugeben, der Angaben über Gehalts-, Urlaubs- usw. Verhältnisse, Form der Gesuche, Hinweise auf Rechte der beamteten Kollegen, ihre Versorgung im Alter usw. enthalten soll und von den Kollegen für 25 bis 30 Pfg. bezogen werden kann.

Ueber den Arbeitsplan und Kostenvoranschlag 1914 bis 1915 berichtete Herr Cosmus. In der Debatte wurden die Verhältnisse der Militärbautechniker eingehend besprochen und die Maßnahmen des Geschäftsführenden Vorstandes gutgeheißen. In einer Entschließung sprach der Gruppentag weiter die Hoffnung aus, daß durch die Anstellung des neuen Verbandsdirektors eine noch weitergehende Förderung der Interessen der der Gruppe C angehörenden Verbandsmitglieder eintreten werde und daß außerdem ein in Beamtenfragen bewanderter Verbandsbeamter der Gruppe zugeteilt werde.

Bei der Beratung der Anträge zum Verbandstage sprach sich der Gruppentag gegen die Anträge 33 bis 37 aus, da die beamteten Mitglieder keine Sonderstellung im Verbande wünschen. Es wurde auch mit Befriedigung davon Kenntnis genommen, daß der Bezirkstag Bayern diese Anträge ebenfalls abgelehnt habe. Antrag 38 wurde ebenfalls abgelehnt. Der Antrag 48 wurde einstimmig angenommen, da man sich von der Zugehörigkeit der Hauptausschüsse zum Gesamtvorstand ein einheitlicheres Arbeiten versprach. Antrag 95, der eine Verschmelzung der Gruppen C und D wünscht, wurde nach kurzer Debatte abgelehnt. Antrag 96 wurde durch Ueberweisung als Material an den Geschäftsführenden Vorstand erledigt mit der Maßgabe, daß in Zukunft ein Beamter dauernd für die Gruppe C beschäftigt wird. Antrag 130 wurde einstimmig angenommen, dagegen der Antrag 70 gegen 2 Stimmen abgelehnt.

Der Gruppentag beschäftigte sich auch mit der Baukontrolleurfrage, ohne zu einem festen Beschlusse zu kommen. Es wurde schließlich noch ein Antrag Lentzen-Duisburg einstimmig angenommen, durch den der Geschäftsführende Vorstand ersucht wird, beim Minister der öffentlichen Arbeiten dahingehend vorstellig zu werden, daß Techniker nach Fertigstellung eines Bauwerkes nicht entlassen, sondern in anderen staatlichen Betrieben, in denen Stellen frei sind, angestellt werden sollen.

Den Rest der Sitzung füllten die Vorschläge zu den Wahlen für den Geschäftsführenden Vorstand und die Wahlen für die Hauptausschüsse aus.

Gruppentag D

Der Gruppentag D wurde durch Herrn Heinze eröffnet. Zum Verhandlungsleiter wurde Herr Habeck-Borbeck gewählt, zum Schriftführer Herr Stender-Essen.

Herr Heinze erstattete zunächst einen ausführlichen Geschäftsbericht. Die Forderungen der Gemeindetechniker sind vom Hauptausschuß in einem Programm niedergelegt worden, das folgendermaßen lautet:

1. Gleichberechtigung. Die Techniker sind den Verwaltungsbeamten rechtlich gleichzustellen. Ihre Anstellung muß in der Regel auf Lebenszeit erfolgen. Der Privatdienstvertrag darf nur für solche Stellen zugelassen werden, die für vorübergehende Arbeiten eingerichtet sind.

2. Staatsbürgerrechte. Den Beamten und Angestellten der Gemeinden ist die uneingeschränkte Vereinigungsfreiheit zu sichern. Durch Ausbau des Petitionsrechtes und Einrichtung von Beamtenausschüssen ist den Beamten die Möglichkeit zu geben, ihre Interessen zu vertreten.

3. Beamte. Das Kommunalbeamtenrecht ist auf eine moderne Grundlage zu stellen und für das ganze Reich zu vereinheitlichen. Für Gehalt, Arbeitszeit und Urlaub sind Mindestbestimmungen zu erlassen. Die im Staats- oder Gemeindedienst an anderer Stelle zugebrachte auch diätarische Dienstzeit ist auf das Besoldungsdienstalter anzurechnen. Das Disziplinarverfahren muß den Beamten das Recht der Verteidigung und der Berufung nach dem Vorbilde der bürgerlichen Gerichte sichern. Die Geheimhaltung der Personalakten muß beseitigt werden.

4. Privatangestellte. Bei der Regelung der Anstellungsverhältnisse der auf privaten Dienstvertrag bei Gemeinden beschäftigten Techniker muß der Grundsatz maßgebend sein, daß die jeweilig für technische Privatangestellte in Industrie und Baugewerbe geltenden günstigsten Vorschriften auf sie Anwendung finden und daß jede Verbesserung dieser Vorschriften auf sie ohne weiteres übertragen wird. Die Gemeinden sollen ihre Dienstverträge nicht vom Standpunkte des Arbeitgebers, sondern entsprechend ihrer Stellung im Volksorganismus vom sozialen Gesichtspunkte aus abfassen. Regelung der Dienstzeit, Urlaub, Fortzahlung des Gehalts während militärischer Uebungen, Uebernahme der gesamten Beiträge für die Angestelltenversicherung sind Forderungen, die in jedem Dienstvertrag erfüllt sein müssen.

Um eine feste Grundlage für die weitere Tätigkeit zu haben, ist eine Statistik über die Anstellungsverhältnisse der Gemeindetechniker vorbereitet worden, die in diesen Tagen an eine große Reihe Deutscher Städte versandt worden ist. Die Ergebnisse dieser Statistik werden in einer Broschüre bearbeitet werden. Die Eingabe wegen Aenderung des Gemeindebeamtenrechts an die beiden Häuser des Preußischen Landtages ist leider im Herrenhaus durch Uebergang zur Tagesordnung erledigt worden, während im Abgeordnetenhause die Petition der Regierung als Material überwiesen wurde. Um die Programmforderung des

Verbandes „Einheitliches Beamtenrecht" zu fördern, hat sich der Verband für die Gruppen C und D dem Arbeitsausschuß zur Herbeiführung eines modernen Beamtenrechts angeschlossen. Herr Heinze berichtete weiter über die Tätigkeit des Verbandes zur Verbesserung des Ausbildungswesens der Vermessungstechniker, über die Maßnahmen, die getroffen worden sind, um den Technikern die Wohnungsinspektorenstellen zu öffnen, über die vorbereitenden Schritte, die in der Frage der Taxämter getroffen worden sind.

In der Debatte wurde besonders über die ablehnende Haltung der Oberbürgermeistergruppe im Preußischen Herrenhause zu der Petition unseres Verbandes Stellung genommen. Es wurde ein Antrag angenommen, der mit Bedauern von dieser ablehnenden Haltung des Herrenhauses Kenntnis nimmt und in der die Erwartung ausgesprochen wurde, daß die Verbandsleitung energisch die berechtigten Wünsche der Mitglieder der Gruppe D weiter verfolgt. Auch die Frage der Gewerbeschullehrer und ihre Organisationen lösten eine eingehende Debatte aus. In der allgemeinen Aussprache wurde schließlich noch die Stellung des Deutschen Techniker-Verbandes zu den übrigen Verbänden, die technische Gemeindebeamte organisieren, besprochen. Die Rechenschaftsberichte für 1912/13 wurden genehmigt. Dem Hauptausschuß wurde Entlastung erteilt.

Der Rechenschaftsbericht über das Zeitungsunternehmen und die Kostenvoranschläge für 1914/15 für den „Technischen Gemeindebamten" führten eine Aussprache über dieses Organ der Gruppe D herbei. Es wurde von allen Seiten mit Freuden anerkannt, daß der „Technische Gemeindebeamte" ein treffliches Mittel für die Bestrebungen der im Deutschen Techniker-Verbande organisierten technischen Gemeindebeamten sei. Rechenschaftsberichte und Kostenvoranschläge wurden nach einigen Aufklärungen einstimmig genehmigt.

Ueber den Arbeitsplan der Gruppe D und die Kostenvoranschläge für 1914 und 1915 referierte Herr Heinze. Auf eine Anfrage gab bei diesem Punkt Herr Polster einen ausführlichen Bericht über die Tätigkeit der bayerischen Gemeindetechniker bei der Beratung des neuen bayerischen Gemeindebeamtengesetzes. Es sei alles veranlaßt worden, was irgendwie hätte geschehen können. Der Verband habe auch mit den übrigen Gemeindebeamtenorganisationen zusammen gearbeitet.

Die Gruppe nahm dann zu den Verbandstagsanträgen Stellung, die ihre Angelegenheiten berühren. Die Anträge 33 bis 37, die einen geringeren Beitrag für Beamte fordern, wurden einstimmig abgelehnt. Antrag 38, der fordert, daß die Anwärter für die technische Beamtenlaufbahn als Hospitanten zu behandeln sind, wurde abgelehnt. Antrag 48, der die Zugehörigkeit der Hauptausschüsse zum Gesamtvorstande fordert, wurde angenommen. Ueber den Antrag 95, der eine Verschmelzung der Gruppen C und D wünscht, wurde zur Tagesordnung übergegangen. Bei dieser Gelegenheit wurde den Hamburger Gemeindetechnikern anheimgegeben, sich dahin zu entscheiden, ob sie der Gruppe C oder D angehören wollen. In der Aussprache werden auch schwere Bedenken gegen die im Geschäftsbericht veröffentlichte Gruppenstatistik erhoben, aber andererseits auch wieder darauf hingewiesen, daß diese Statistik nach den Angaben der Zweigverwaltungen gemacht worden sei. Es wird in Aussicht genommen, durch eine erneute Umfrage eine genauere Klärung herbeizuführen. Der Hauptausschuß nahm noch ferner zu der Frage Stellung, zu welcher Gruppe die bei den Handwerkskammern beschäftigten Techniker gehören sollten. Es wurde beschlossen, daß die Handwerkskammern als Selbstverwaltungskörper zur Gruppe D gerechnet werden sollen. Der Antrag 96, der die Einrichtung einer besonderen Abteilung für die Gruppen C und D in der Hauptgeschäftsstelle wünscht, wurde dem Geschäftsführenden Vorstande als Material überwiesen, die Forderung, daß der „Technische Gemeindebeamte" auf die Gruppen C und D ausgedehnt werden soll, dagegen abgelehnt. Antrag 130, der sich mit der Beschäftigung von Staatspensionären in Kommunalbetrieben befaßt, wurde angenommen. Es wurde mitgeteilt, daß Herr Rohr-Charlottenburg sich für diese Vorarbeiten zur Verfügung stellt. Der Gruppentag nahm ferner noch energisch gegen den Antrag 70 Stellung, der den Gruppentagen das Vorschlagsrecht zu den Wahlen für den Geschäftsführenden Vorstand entziehen will.

Den Rest der Verhandlungen bildeten die Vorschläge für den Geschäftsführenden Vorstand und die Wahlen der Vertreter zum Hauptausschuß. Zu Berichterstattern für den Verbandstag wurden die Herren Hofmann-Essen (Finanzausschuß), Schweisfurth-Elberfeld (Wohlfahrtsausschuß), Schütte-Osnabrück (Wohlfahrtsausschuß) und Witt-Recklinghausen (Sozialpolitik) gewählt.

Beschluß des Metzer Verbandstages

Sämtliche rückständigen Beiträge vom Jahre 1913 und vom 1. Quartal 1914, die bis zum 15. Juni 1914 bei der Hauptgeschäftsstelle nicht eingegangen sind, werden von den säumigen Zahlern ohne vorherige Mitteilung durch Nachnahme erhoben. Die Nachnahme- und Bestellgebühren fallen dem Mitgliede zur Last und werden mit der Nachnahme eingezogen. Die Kassierer müssen also bis zum 15. d. M. alle Abrechnungen an die Hauptgeschäftsstelle abgesandt haben, da sie sonst die Schuld daran tragen, wenn Mitgliedern Nachnahmen zugehen, die bereits gezahlt haben, deren Beiträge aber noch nicht an die Hauptkasse abgeführt sind.

Mit dem Versand der Nachnahmen wird am 15. Juni begonnen

Die Verbandsleitung

DEUTSCHE TECHNIKER-ZEITUNG
TECHNISCHE RUNDSCHAU
XXXI. Jahrg. 13. Juni 1914 Heft 24

Die weitere Entwicklung der Dampfturbinen

Von HENRI E. WITZ.

(Schluß von Heft 19, Seite 227.)

Der Regler Abb. 10 liegt wagerecht und wird durch ein Schneckengetriebe angetrieben. Die Schneckenachse dient gleichzeitig zum Antrieb der Zahnradölpumpe, die das Oel für die Schmierung und für die Servomotore liefert. Als Ersatz für die Oelpumpe und zur Schmierung während der Anlaß- und Auslaufzeit dient eine kleine Zentrifugalpumpe, die durch eine kleine Dampfturbine angetrieben wird. (Abb. 11.)

Die in Abb. 12 dargestellte Mischdruckturbine der Firma Brown & Boveri besteht aus zwei symmetrisch auf der Turbinenwelle angeordneten Trommeln mit Schaufelkränzen für niedrig gespannten Dampf, der den Trommeln durch ein Ventil von den Enden her zugeführt wird. Der einen Trommel ist ein Aktionsrad vorgebaut, dem bei mangelndem Abdampf für den Niederdruckteil Frischdampf zugeführt wird. Der Abdampf des Aktionsrades strömt dann den Niederdruckteilen der Turbinen zu.

Zur Regelung der Frischdampfzufuhr dient die in Abb. 13 und 14 dargestellte Einrichtung.

Auf der Regulatorwelle D sitzt ein Sicherheitsregler H und der Hauptregler J. Dieser überträgt seine Bewegung auf eine Reglermuffe K, die von einem Gehäuse M umgeben ist. Dieses hat an seinem unteren Teil einen Ringkanal, der durch einen Stutzen N und durch ein Rohr T mit dem Unterteile des Druckkolbens O (Abb. 4) in Verbindung steht, der das Dampfeinlaßventil Q bewegt. Das Oel gelangt von der Pumpe R aus in einer durch die Regulierbüchse bestimmten Menge durch eine besondere Leitung L unter den Druckkolben O und tritt durch die Leitung T in den Ringraum des Reguliergehäuses M, von wo es in einer vom Regler bestimmten Menge durch einen Schlitz der Regulierbüchse L austreten und auf den Regulator fallen kann, dessen beweglichen Teile dadurch reichlich geschmiert werden. Die Oberseite des Druckkolbens steht unter Federbelastung. Das Drucköl wird andauernd in gleicher Menge unter den Druckkolben geführt und sein Abfluß durch die Stellung des Reglers und der Reglermuffe K bestimmt, so daß der Druckkolben höher oder tiefer eingestellt wird und dadurch das Dampfeinlaßventil mehr oder weniger offen hält. Um ein dauerndes Spielen der Steuerung und dadurch eine große Empfindlichkeit derselben zu erhalten, ist die Regulierkante der Reglermuffe wellenförmig gestaltet, so daß der freie Querschnitt des Schlitzes der feststehenden Büchse L abwechselnd ver-

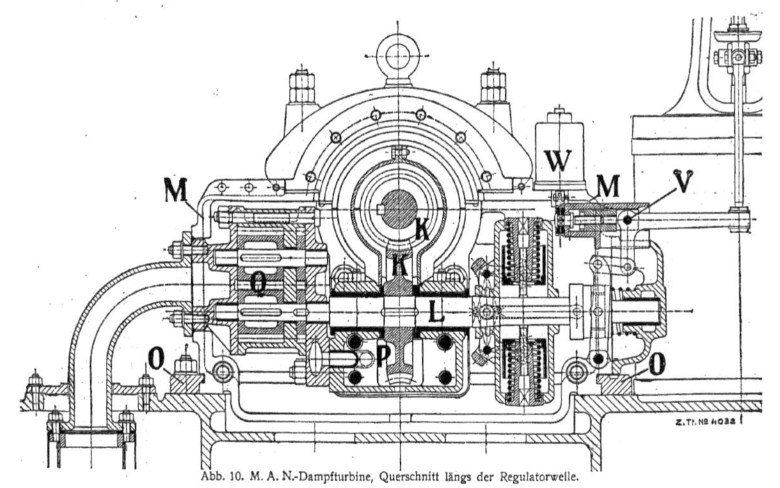

Abb. 10. M. A. N.-Dampfturbine, Querschnitt längs der Regulatorwelle.

kleinert und vergrößert wird und ein rasch aufeinander folgendes Heben und Senken des Druckkolbens O um ganz geringe Beträge bewirkt. Diese in der Minute 200—400 mal sich wiederholenden Schwingungen des Dampfeinlaßventils verursachen nur unbedeutende und unschädliche Schwankungen des Dampfdruckes. Die achsiale Bewegung der Regulatormuffe übt daher eine regelnde Hauptwirkung und ihre Drehung eine pulsierende Nebenwirkung aus.

Abb. 11. Hilfsturbine mit Hilfsölpumpe der M. A. N.-Turbinen.

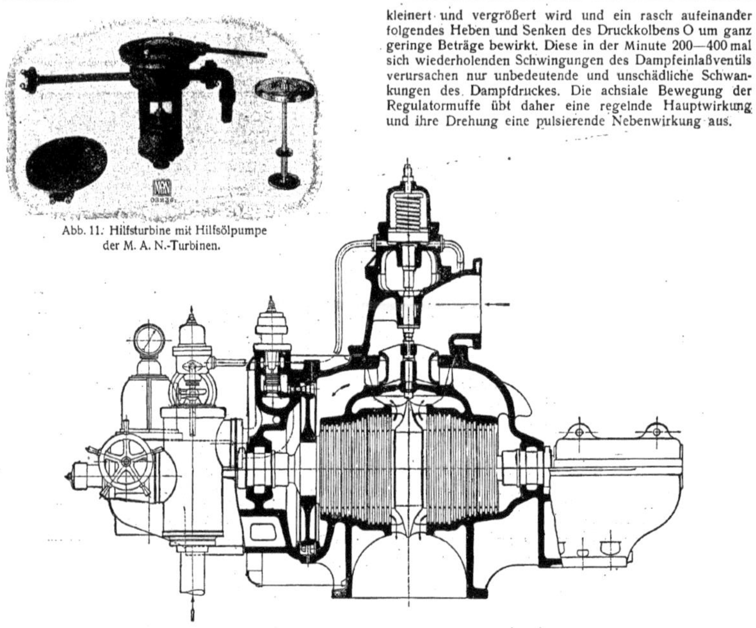

Abb. 12. Mischdruckturbine der Firma Brown & Boweri, Mannheim.

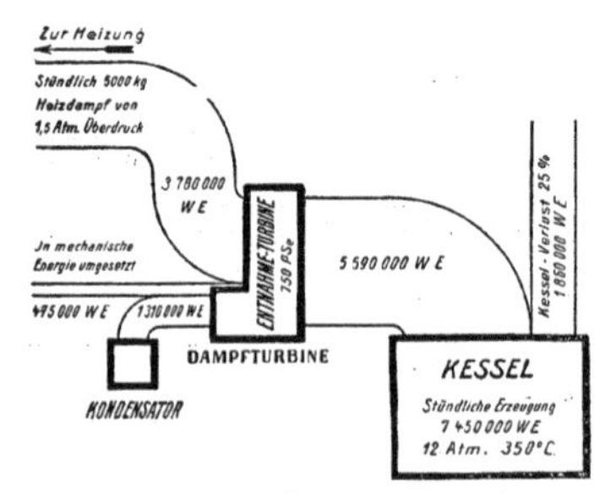

Abb. 16. Wärmebilanz einer Entnahmeturbine.

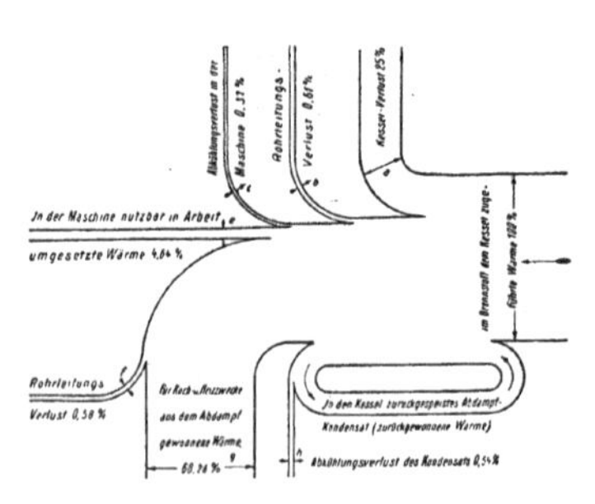

Abb. 17. Wärmebilanz einer Gegendruckturbine.

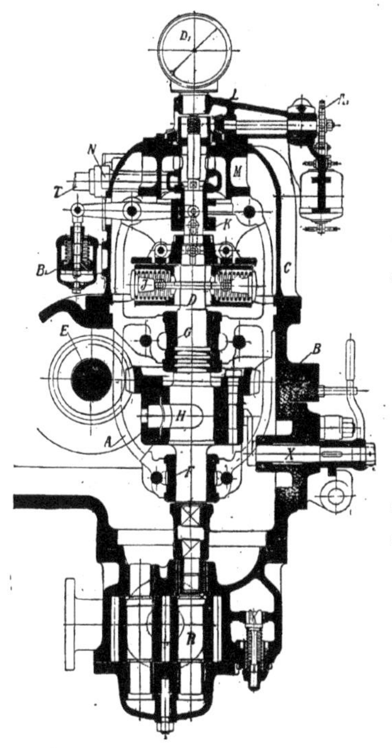

Abb. 13.
Regelungseinrichtung der Brown- & Boweri-Turbine.

A Gehäuse der Steuerung, B Kammlagerdeckel, C Verschalung zur Steuerung, D Regulatorwelle, E Turbinenspindel, F Halslager, G Hals- und Kammlager, H Sicherheitsregulator, J Hauptregulator, K Regulatormuffe, L Regulierbüchse, M Reguliergehäuse, N Oelzuleitungsstutzen, R Oelpumpe, T Verbindungsrohr zwischen Steuerung und Kolben O, X Drehwelle zur Ausklinkvorrichtung, A_1 Rädchen zur Umlaufzahl-Verstellungsvorrichtung, A_2 Magnetisches Fernschaltwerk, B_1 Oelbremse, D_1 Tachometer.

Durch Drehen eines Handrädchens A_1 kann die Büchse L gehoben und gesenkt und damit der freie Querschnitt ihres Schlitzes geändert werden, so daß dadurch die Umdrehungszahl der Turbine bei gleicher Belastung verändert werden kann. Die Drehung des Handrädchens A_1 kann anstatt mit der Hand durch ein elektromagnetisches Schaltwerk erfolgen.

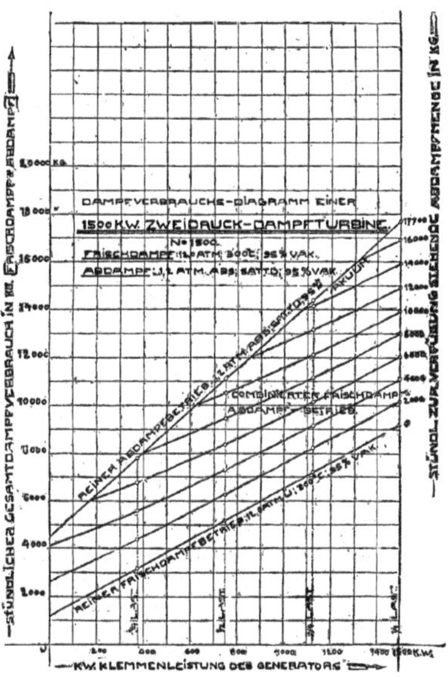

Abb. 15. Dampfverbrauchs-Diagramm einer 1500-KW-Bergmann-Mischdruckturbine.

Ein Durchgehen der Turbine wird durch den Sicherheitsregler H verhindert, der beim Ueberschreiten der zulässigen Umdrehungszahl eine Welle X dreht, die durch entsprechende Uebertragungen einen Schlüssel Y auslöst (Abb. 13), so daß das Hauptschlußventil W durch die Belastungsfeder geschlossen werden kann und den Dampfzutritt zur Turbine vollkommen absperrt.

Abb. 15 zeigt ein Dampfverbrauchsdiagramm einer 1500 KW Bergmann-Mischdruckturbine. Daraus ist zu ersehen, daß diese Maschine sowohl als reine Hochdruck-, als kombiniert arbeitende, wie auch als reine Abdampfturbine, bei günstigem Dampfverbrauch den Betrieb aufrecht zu erhalten vermag.

Die Stellung der Ventile ist nämlich abhängig einerseits von der Umdrehungszahl und andererseits von der zur Verfügung stehenden Abdampfmenge.

Ein Quecksilberschwimmer vermag schon bei einer Druckabnahme von $^1/_{10}$ Atm. im Akkumulator das Abdampfventil zum Schließen zu bringen, um ein Leerpumpen des Abdampfakkumulators zu verhindern.

In Abb. 16 ist mit Genehmigung der Görlitzer Maschinenbauanstalt und Eisengießerei die Wärmebilanz einer Gegendruckturbine und in Abb. 17 eine Wärmebilanz einer Entnahmeturbine diagrammatisch dargestellt.

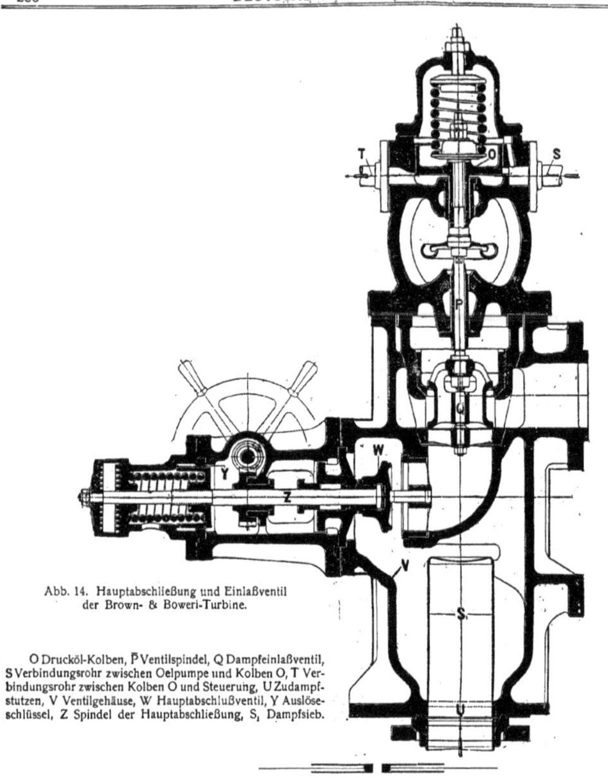

Abb. 14. Hauptabschließung und Einlaßventil der Brown- & Boweri-Turbine.

O Drucköl-Kolben, P Ventilspindel, Q Dampfeinlaßventil, S Verbindungsrohr zwischen Oelpumpe und Kolben O, T Verbindungsrohr zwischen Kolben O und Steuerung, U Zudampfstutzen, V Ventilgehäuse, W Hauptabschlußventil, Y Auslöseschlüssel, Z Spindel der Hauptabschließung, S_1 Dampfsieb.

BRIEFKASTEN

Nur Anfragen, denen 10 Pfg. Porto beiliegt und die von allgemeinem Interesse sind, werden aufgenommen. Dem Namen des Einsenders sind Wohnung und Mitgliednummer hinzuzufügen. Anfragen nach Bezugsquellen und Büchern werden unparteiisch und nur schriftlich erteilt. Eine Rücksendung der Manuskripte erfolgt nicht. Schlußtag für Einsendungen ist der vorletzte Mittwoch (mittags 12 Uhr) vor Erscheinen des Heftes, in dem die Frage erscheinen soll. Eine Verbindlichkeit für die Aufnahme, für Inhalt und Richtigkeit von Fragen und Antworten lehnt die Schriftleitung nachdrücklich ab. Die zur Erläuterung der Fragen notwendigen Druckstöcke zur Wiedergabe von Zeichnungen muß der Fragesteller vorher bezahlen.

Empfehlungen von Firmen, die weder Abonnenten noch Inserenten der D. T.-Z. sind, werden nicht aufgenommen.

Frage 143. Automobilbau. Wer von den Herren Kollegen überläßt mir auf einige Tage Zeichnungen und Anweisungen über Automobilbau, woraus die Arbeitsweise der verschiedenen Motore, Zünder und Vergaser zu ersehen ist? Die Angaben sollen zur Ausarbeitung eines Vortrages sein. Die Ausgaben werden vergütet.

Frage 144. Vorgelege für veränderliche Tourenzahlen. Kann mir einer der Herren Kollegen ein Vorgelege empfehlen, wodurch man die Umdrehungen einer Transmission beliebig während des Betriebes in möglichst kleinen Grenzen verstellen kann? Die Verhältnisse liegen folgendermaßen: Der Antrieb der Transmission für fünf Rostbeschicker erfolgt von dem Schwungrad der Speisepumpe. Erstere soll gleichmäßig mit 30 bis 45 Umdrehungen bei 40 bis 80 Umdrehungen der Pumpe durchlaufen. Soll also einmal die Pumpe beim schnelleren Aufspeisen der Kessel mehr Umdrehungen machen, so müssen die Umdrehungen der Transmission unter Vollast reduziert werden können. Stufenscheiben sind zu umständlich und lassen auch keine genügend feine Einstellung zu. Das Schwungrad der Speisepumpe hat 900 mm Durchmesser, während der Kraftbedarf der Transmission 1 bis 2 PS beträgt.

Frage 63. Nachbarrecht. Ein älteres Wohnhaus, in kleiner Stadt des Reg.-Bez. Liegnitz gelegen, steht mit der einen vierfenstrigen Giebelmauer 1,50 m von der Grenze. Würden nach den dortigen baupolizeilichen Vorschriften, bei der geringen Entfernung der Fenster von der Grenze, bauliche Veränderungen am Wohnhause, wie Aufbau eines Stockwerkes und ebenfalls wieder mit Fenstern an der betreffenden Giebelseite, zugelassen oder müßte erst durch Ankauf vom nachbarlichen Garten eine bestimmte Entfernung nachgewiesen werden, und welche in diesem Fall? Wenn der Nachbar auf seinem Grundstück, das jetzt als Garten benutzt wird, baut, wieviel Meter muß er von den Giebelfenstern ableiben?

Antwort. Die Baupolizeiverordnung für die Städte des Regierungsbezirks Liegnitz schreibt für Neubauten mit Oeffnungen nach dem Nachbar eine Entfernung von 5 m von der Nachbargrenze vor. Der Aufbau eines Stockwerks wird sehr wahrscheinlich einem Neubau gleich behandelt werden. Ohne weiteres ist deshalb der Aufbau nicht zulässig. Der Abstand darf indes geringer sein, wenn die Unbebaubarkeit des Nachbargrundstücks bis auf 5,00 m Abstand von dem bestehenden Bau gesichert ist. Es müßte mit dem Nachbar ein dahingehendes Abkommen getroffen werden, ein Landankauf ist nicht durchaus nötig. Will der Nachbar bauen, so kann er nach der Baupolizei-Verordnung den Neubau entweder mit Brandmauer auf der Grenze errichten, oder wenn die Ihrem Gebäude zugekehrte Wand Oeffnungen erhält, in 5 m Entfernung von der Grenze. Im ersten Falle müssen von ihm jedoch die Bestimmungen des Allgemeinen Landrechts, Teil I Titel 8, §§ 142 bis 143, beachtet werden, die wie folgt lauten: § 142. Sind jedoch die Fenster des Nachbars, vor welchen gebaut werden soll, schon seit 10 Jahren oder länger vorhanden und die Behältnisse, wo sie sich befinden, haben n u r von dieser Seite her Licht, so muß der neue Bau so weit zurücktreten, daß der Nachbar noch aus dem ungeöffneten Fenster des unteren Stockwerks den Himmel erblicken könne. — § 143. Hat in diesem Falle das Gebäude des Nachbars, in welchem die Fenster sich befinden, noch von einer andern Seite Licht, so ist es genug, wenn der neue Bau nur soweit zurücktritt, daß der Nachbar aus dem ungeöffneten Fenster des zweiten Stockwerks den Himmel sehen könne. M.-Nr. 54 449.

Frage 98. Schlechter Schornsteinzug. In einem neuen Anbau an ein großes Herrschaftshaus sind zwei Schornsteine von 14 × 25 cm Querschnitt unmittelbar an die Außenwand des alten Gebäudes (jetzt Innenwand) eingebaut und bis über den First des Anbaues hochgeführt. Der First des alten Gebäudes liegt jedoch 4,00 m höher als der des Anbaues. Das Dach des alten Gebäudes ist ein von allen Seiten abgewandtes Mansardendach. Bei der Benutzung der beiden neuen Schornsteine stellt sich heraus, daß diese nicht genug ziehen. Die beiden Schornsteine höher zu führen, kann aus schönheitlichen Gründen nicht geschehen, da sonst das ganze Gebäude dadurch entstellt wird. Kann mir einer der Herren Kollegen angeben, wie diesem Uebelstande abzuhelfen ist? Es wurde mir schon empfohlen, die neuen Schornsteine mit den nächstliegenden Schornsteinen im alten Gebäude durch eiserne Rohre mit Asbestummantelung im Dachraum zu verbinden. Die Entfernung beträgt 8,00 m.

Antwort I. Nach den Erfordernissen guten Zuges müssen alle Teile eines Schornsteinbaues in einer genügend steilen Lage hergestellt werden. Die b a u p o l i z e i l i c h e n B e s t i m m u n g e n, z. B. für den Regierungsbezirk Cassel schreiben hierfür senkrechte Richtung oder höchstens eine Schleifung unter 60° vor, wobei auf leichte Reinigungsfähigkeit zu achten ist. Dementsprechend würde eine Verbindung der beiden Schornsteine bei 8 m Abstand z. B. folgendermaßen erfolgen können: Man setzt etwa in Höhe der Mansardentraufe des alten Gebäudes an beide Schornsteine je ein R o h r aus E i s e n b l e c h mit innerem Ueberzug von hitzebeständigem Industriepixol an, wobei die Anschlußstellen durch Muffenformstücke nebst Dichtung durch Kaisermastixkitt oder Pixolfaserkitt zu sichern sind. Die beiden Rohre werden oben in einem Winkel von höchstens 60° zusammengeführt und durch ein Rohr-Formstück aus Steinzeug mit kurzem unterem Doppel-Schenkelansatz nebst Muffen zusammengehalten. Die Rohrkonstruktion kann mit Asbestpappe zur Feuersicherheit nach außen ummantelt werden. Soweit die Konstruktion aus dem Dachraum hervorragt, kann sie immerhin den Rücksichten auf Schönheit eher genügen, als die zu meidende Höherführung der beiden Schornsteine; unter Umständen kann eine besonders verzierte Verankerung mit Eisenstangen nebst etwa erforderlichem Anschluß an die Blitzableiteranlage zweckmäßig sein; auch ist je nach ästhetischem Bedarf eine Unterstützung mittels Spitzbogen zu erwägen. Uebrigens dürfte auch zuvor nachzuprüfen sein, ob bei der vorhandenen Anlage die Konstruktion der Schornsteine selbst etwa verbesserungsfähig ist, ob alle seitlichen Reinigungsöffnungen mit dichtschließenden, möglichst doppelten und unverbrennlichen Türen (gegebenenfalls mit eigenem Zwangssicherheits-Verschluß oder einem Doppeltürchen mit äußerem Vorreiber) versehen sind. Kropf.

II. Es wird empfohlen, von der Verbindung der neuen und alten Schornsteine durch ummantelte Eisenrohre — noch dazu auf 8 m Länge — Abstand zu nehmen. Das Ergebnis in einem ähnlichen Falle (Verbindung auf 3 m Länge) war Zusetzung des Rohres um ein Drittel des Querschnittes mit dichtem Ruß nach Ofenbenutzung während eines Winters. Die Rauchgase kondensieren, auch wenn das Eisenrohr mit gutem Isolierstoff umkleidet wird, dadurch, daß zu gegebenen Zeiten die kalte Außenluft als schwerere Säule in die Rauchrohre eindringt und, rückwärts strömend, die Wandungen nebst Rußlagerung abkühlt. Dies ist ein Uebelstand, der zwar durch größere Schornsteinhöhe etwas ausgeglichen werden kann, indem die dadurch erzeugte größere Rauchgasgeschwindigkeit der kalten Luftsäule entgegentritt, meistens aber, besonders für die oberen Stockwerke, bestehen bleibt, weil eine Schornsteinerhöhung nicht angängig ist. Dafür tritt die Aufsetzung je eines Rauchsaugers auf die neuen niedrigen Schornsteine. Der Saugehut, der eine größere Saugegeschwindigkeit gleichmäßig durchhält, muß nach einem System gebaut sein, bei dem ab- und aufsteigende Winde nur saugend wirken können. Diesem Prinzip entspricht die „Kernchen-Konstruktion" in der Ausführung der Blechwaren-Fabrik Lauterbach (Hess.) nach Abbildung links auf erster Seite des Umschlages von Heft 15 der D. T.-Z. Vorausgesetzt ist, daß an jeden Schornstein nur eine Feuerstelle angeschlossen wird. Ferner ist zu beachten, daß der Rauchsauger in allen Teilen dem vollen Querschnitte des Schornsteins entspricht. Versuche mit engeren Saugern haben nachteilige Ergebnisse gehabt. Würde man die neuen mit den alten Schornsteinen verbinden, dann könnte eine gegenseitige Beeinflussung der Luft- bezw. Rauchgassäulen stattfinden, dadurch, daß kalte Rückströmungen das Gleichgewicht der aufsteigenden Gase störten, diese abkühlten und niederdrückten. Es würden dann die angeschlossenen Feuerstellen, namentlich bei frisch blasendem Nordost, rauchen und die Wohnungen verqualmen. — Als Brandschutz für eiserne Rauchrohre empfiehlt sich ein Asbestmantel auch nicht. Dafür ist besser Tonrohr mit Luftschicht zu nehmen. —pf.

Frage 102. Dreirad-Auto. Ich beabsichtige für einen selbstgebauten leichten Dreiradwagen mit Hinterradantrieb ein Reibungsvorgelege einzubauen, wie in der „Hütte", Bd. I S. 816, unter Abb. 104 dargestellt ist. Die zu übertragende Kraft würde 6 PS betragen. Die konischen Scheiben sind im Durchmesser 140 auf 210 mm bei einer Länge von 250 mm. Ich wollte geleimte Hartholzscheiben verwenden, um die Reibung zwischen Riemen und Scheiben zu vergrößern. Die Antriebswelle macht 1070 Touren. 1. Kann mir einer der Herren Kollegen sagen, ob sich diese Reibungsvorgelege bei so großen Tourenzahlen bewähren? 2. Werden die über Kreuz verleimten konischen Scheiben bei diesen Tourenzahlen reißen oder zerspringen?

Antwort. Bei guter Montierung bewährt sich diese Kraftübertragung durchaus, jedoch ist Feuchtigkeit ihre größte Feindin. Auch dürfen Sie nur genähten Riemen verwenden; am besten solchen aus einzelnen, hochkantig mit Kupfer- oder Bronzedraht versetzt zusammengesetzten Streifen. Dieser Riemen ist wohl in der Anschaffung teuerer, jedoch im Betriebe bedeutend billiger als der gewöhnliche Riemen. Können Sie ihn nicht an Ort und Stelle bekommen, so setzen Sie sich am zweckmäßigsten mit einer Treibriemenfirma in Verbindung. Bei dieser Tourenzahl würden die Scheiben nur reißen oder zerspringen, nachdem Feuchtigkeit ihre schädlichen Wirkungen geltend gemacht hat. K. Sch.

Frage 103. Benzin-Motor. Wie berechnet sich bei einem kleinen Benzin-Motor (Modell) die Größe des sogenannten schädlichen Raumes, und in welchem Verhältnis hierzu müssen die Ein- und Ausströmungen sein? Genügt ein Funkeninduktor von 5 mm Funkenlänge zur Zündung bei 2 Volt Elementspannung?

Antwort. Als schädlichen Raum betrachtet man allgemein den Teil des Kompressionsraumes, der nicht im Arbeitszylinder selbst liegt, wie z. B. die Kanäle nach den Ventilen usw. Sie meinen wohl den Kompressionsraum? Da es sich um einen Modell-Motor handelt, dürften Ihnen folgende Angaben genügen: Wählen Sie den Kompressionsraum mit 40% des Kolben-Saugvolumens, d. i. Zylinderquerschnitt mal Hub mal 0,4 gleich Raum über dem Kolben, wenn letzterer in seiner höchsten Stellung ist, so erhalten Sie folgende Kompressionswerte unter Berücksichtigung der Wärmewirkungen und Abweichungen im Guß: Höchstwert 4,9 at; Mindestwert 3,8 at. Die schädlichen Räume müssen möglichst klein gehalten werden. Ein- und Austrittsventilquerschnitt wählen Sie am besten gleich groß und zwar maximal 20% und minimal 10% des Zylinderquerschnittes; Saugleitungsquerschnitt gleich 1,25 und Auspuffleitungsquerschnitt gleich zweimal dem Ventilquerschnitt entsprechend. Ob sich der Funkeninduktor verwenden läßt ist fraglich. Die Brauchbarkeit hängt ab einmal von der Aktionsfähigkeit des Unterbrechers, Funkenbildung an demselben usw.; dann von der Isolierung der Zündkerze durch Brennstoff- und Schmiermaterial (Verrußen, Verkleistern usw.). Tauchen Sie eine Zündkerze in Zylinderöl und lassen Sie das Oel gerade ablaufen, der Funkeninduktor muß dann noch einen kräftigen Funken von mindestens $^1/_2$ mm bei jeder Unterbrechung erzeugen. Induktoren von unter 10 mm Funkenlänge sind kaum noch zuverlässig. Auf jeden Fall dürfen Sie nur Leicht-Benzin verwenden, Spez. Gew. 0,7 + 0,72, dem entsprechen auch obige Angaben. K. Sch.

Frage 104. Ausnützung der Rauchgase für eine Zentralheizungsanlage. Für eine Fabrik soll eine Dampfheizung angelegt werden. Als Wärmequelle stehen die Rauchgase eines Trockenofens für Tonwaren zur Verfügung, die eine Temperatur von 500° C erreichen. Läßt sich überhaupt und in welcher Weise eine derartige Anlage schaffen?

Antwort. Für vorliegenden Fall dürfte Warmwasser- oder Luftheizung zu empfehlen sein. Die Warmwasserheizung bietet bei geringen Betriebskosten eine leichte Regelung der Temperatur, gibt milde, angenehme Wärme ohne starke Strahlung und ohne Geruch nach verbrannten Staubteilchen, sie besitzt ein großes Wärmeaufspeicherungsvermögen, läßt sich jedoch wegen der verhältnismäßig weiten erforderlichen Rohrleitungen nur bei Neubauten anwenden, bei welchen die Anlagekosten keine große Rolle spielen, da diese ziemlich hoch sind. Bei der Luftheizung wären die Rauchgase durch ein Rippenrohrsystem zu leiten, das sich erwärmt und die strahlende Wärme an die Luft abgibt. Falls die vom Trockenofen abziehenden Rauchgase tatsächlich 500° haben, lassen sie sich auf jeden Fall nutzbringend für eine Heizungsanlage verwenden. Ohne genaue Kenntnis der örtlichen Verhältnisse sowie der Menge der zur Verfügung stehenden Rauchgase resp. stündlich verfeuerten Brennstoffmenge läßt sich die Anlage nicht rechnerisch festlegen. Bei einer Ausnutzung der Rauchgase von 500° auf 100°, einer mittleren spezifischen Wärme der Rauchgase von 0,24 sowie der Annahme, daß 1 kg Brennstoff von 7000 WE 16 kg Rauchgase liefert, stehen an WE, die an das Rohrsystem abgegeben werden, pro 1 kg Brennstoffverbrauch des Trockenofens $1 \cdot 16 \cdot (500 - 100) \cdot 0{,}24 = 1536$ WE zur Verfügung. Am besten wenden Sie sich unter Beifügung einer kleinen Situationsskizze der örtlichen Verhältnisse, Lage des Trockenofens, Lage des zu heizenden Raumes zum Fuchs des Trockenofens, Angabe der Brennstoffmenge pro Stunde und stündlich resultierenden Rauchgasmenge an eine Spezialfirma für Heizungsanlagen.

H. Schn. 57 674.

Frage 106. Kreuzung eines Weges durch Lokomotivbetrieb. Ein Interessentenweg (Feldweg), der nur zur Zufuhr zu Ackergrundstücken dient, soll durch Feldbahn mit Lokomotivbetrieb gekreuzt werden. Sämtliche Interessenten gaben ihre schriftliche Zustimmung. Trotzdem verlangt die Gemeinde bezw. Polizeibehörde Nachsuchung der landespolizeilichen Genehmigung. Die Kreuzung soll nur vorübergehend für Erd- und Sandtransport benützt werden. Kann die Gemeinde bezw. Ortspolizeibehörde die landespolizeiliche Genehmigung verlangen?

Antwort. Hier liegt eine Grunddienstbarkeit gemäß § 1020 des BGB. vor. Nach diesem Rechte können im Interesse der jeweiligen Eigentümer bei der Ausübung bestimmte Schranken gezogen werden. Nach § 1024 des BGB. kann die Gemeinde bezw. Ortspolizeibehörde die landespolizeiliche Genehmigung verlangen. Die Grunddienstbarkeit bedarf zu ihrer Rechtswirksamkeit der Eintragung in das Grundbuch; ebenso ist zu ihrer Aufhebung die Löschung im Grundbuch erforderlich. Es stehen daher der Gemeinde im Falle der Beeinträchtigung der Grunddienstbarkeit die ihr zukommenden Rechtsbehelfe zu; ebenso findet im Falle irgend einer Störung der Grundstücke in Ausübung der Grunddienstbarkeit die für den Besitzschutz geltenden Vorschriften entsprechende Anwendung, sofern die Dienstbarkeit innerhalb eines Jahres vor der Störung auch nur einmal ausgeübt worden ist. (§§ 1027, 1029, 1014, 858 BGB.) Durch Ersitzung kann die Grunddienstbarkeit nicht mehr erworben werden, trotzdem sie eingetragen ist; sie kann aber durch Verjährung erlöschen. (§§ 873 bis 878 BGB.) Darum sichert sich die Gemeinde mit vollem Rechte.

Hbgr., Mitglied-Nr. 29 264.

II. Nach § 17 des Gesetzes über Kleinbahnen und Privatanschlußbahnen vom 28. Juli 1892 darf mit dem Bau von Bahnen, welche für den Betrieb mit Maschinenkraft bestimmt sind, erst begonnen werden, nachdem der Bauplan durch die genehmigende Behörde festgestellt worden ist. Hieraus geht klar und deutlich hervor, daß zu der fraglichen Anschlußbahn die landespolizeiliche Genehmigung erforderlich ist. Ob die Bahn über einen Interessentenweg führt und ob zu der Ueberführung die Interessenten ihre Genehmigung schriftlich erteilt haben, ist belanglos. Ich kann darnach nur raten, die Genehmigung zum Bahnbau schleunigst einzuholen. D. 20.

Frage 107. Geschäftsstörung infolge Uebertragung von Erschütterungen. Im Keller eines Warenhauses steht zum Betrieb einer Dynamomaschine ein Sauggasmotor. Im zweiten, etwa 30 m entfernten Gebäude derselben Häuserreihe befindet sich im 4. Stockwerk ein photogr. Atelier. Der Motor verursacht bei seinem Gange derartige Erschütterungen, daß zeitweise das Arbeiten mit empfindlichen Apparaten an Reproduktionen, ja selbst Portraitaufnahmen unmöglich sind. Ist gegen den Warenhausbesitzer erfolgreich vorzugehen und ev. welcher zuständigen Behörde (Großstadt) ist die Beschwerde einzureichen? Hat der Besitzer des Motores seiner Pflicht bereits genügt, wenn er Vorkehrungen traf, die die Erschütterungen beseitigen sollten, ohne aber Erfolg zu haben? Muß der Photograph dulden, daß der Gegner im Atelier Messungen der Erschütterungen durch Instrumente vornehmen läßt?

Antwort II (I s. Heft 19). Sichere Auskunft auf Ihre Frage kann nur ein mit solchen Sachen vertrauter Jurist geben; vorher wären aber noch verschiedene Umstände näher zu erörtern und außerdem wird es auch notwendig sein, Gutachten von maßgebenden Sachverständigen einzuholen. Aus Ihrer Frage geht vor allen Dingen nicht hervor, welche der beiden fraglichen Anlagen (Sauggasmotor oder Photographen-Atelier) am ersten errichtet worden ist. Angenommen, das Atelier habe bereits mehrere Jahre in fragl. Gebäude bestanden, dann hat der Besitzer desselben sicher das Recht, zu verlangen, daß der Ruhezustand nur soweit gestört wird, als das normaler Weise der Fall ist. Bevor Sie aber weitere Schritte unternehmen, rate ich Ihnen, mit dem zweiten Nachbar eine gütliche Einigung herbeizuführen. Merkwürdig erscheint es immerhin, daß der Besitzer des Motors bereits Vorkehrungen getroffen haben will, und doch keinen Erfolg erzielt hat. Die Technik ist doch heute soweit vorgeschritten, daß Erschütterungen dieser Art mit ziemlicher Sicherheit vermieden bezw. auf das kleinste Maß eingeschränkt werden können. Nach meiner Ansicht liegt das Uebel daran, daß das Fundament des Sauggasmotors mit dem Kellerfußboden und den benachbarten Gebäuden bezw. mit deren Grundmauern in direkter Verbindung steht. Selbstverständlich werden dann die durch den Gasmotor verursachten Erschütterungen durch die Mauern oder das mehr oder weniger elastische Erdreich fortgepflanzt (alle festen Körper pflanzen den Schall und die Erschütterung fort) und machen sich dann im zweiten etwa 30 m entfernt liegenden Gebäude durch die geschilderten Begleiterscheinungen bemerkbar. Hier kann dadurch Abhilfe geschaffen werden, daß das Sauggasmotorfundament vollständig für sich, also ohne jegliche Verbindung mit den Gebäudeumfassungen aufgeführt und mit einer mindestens 10 cm breiten Luftisolierung umgeben wird; in diese Isolierschicht dürfen weder Mörtelabfälle, Ziegelbrocken noch sonstige feste Gegenstände fallen, weil sonst die Luftschicht wirkungslos wäre. Oder das Fundament wird ringsherum mit Korkplatten oder Filz umkleidet und dann mit gemischtkörnigem Kies umschüttet; zudem ist es ratsam, den Baugrund, auf dem das Fundament errichtet werden soll, mit ca. 20 cm hohem Kies auszustampfen. Der Motor selbst darf nicht direkt auf das Fundament gesetzt werden, sondern er muß eine elastische Unterlage aus Eisenfilz, Gummiplatten, Korkgewebebauplatten usw. erhalten. Die Stärke dieser Unterlagen richtet sich nach der jeweiligen Stärke der auftretenden Erschütterungen. Ha.

III. Nach Ihrer Darstellung können Sie gegen den Besitzer des Warenhauses auf Beseitigung der störenden Erschütterungen, die von dem Sauggasmotor ausgehen, erfolgreich vorgehen. Der Ihnen gemachte Vorschlag, ein sogenanntes Schwinggestell einzubauen und darauf den Reproduktions-Apparat zu setzen, dürfte keinen genügenden Erfolg haben, sondern es wird unerläßlich sein, direkt am Sauggasmotor eine geeignete Isolierung anzubringen. Da die Oertlichkeit mir nicht bekannt ist, kann ich leider nähere Angaben über die Ausführung der Isolierung nicht machen, bin aber gern bereit, Ihnen weiter kostenlose Ratschläge zu erteilen, sofern Sie mir Näheres über die Lage des Warenhauses und der Maschine zu dem Atelier mitteilen wollen.

R. Kmoth, Mitgl.-Nr. 43 524.

IV. Der Nachbar ist ohne weiteres verpflichtet, die Erschütterungen zu beseitigen. Die Beschwerde ist anzubringen, wenn gesundheitliche Störungen der Mieter eintreten können, bei dem Kreisarzt, sonst beim Gewerbeinspektor bezw. bei der Polizei-Zentralbehörde (Polizeipräsidenten), schließlich auch durch ein Gerichtsverfahren. Hierzu ist eine Bescheinigung des Mieters erforderlich, daß er seine Räume infolge der Erschütterungen nicht benutzen kann. Carl. Pfundt, Mitgl.-Nr. 21 935.

Erholungsheim des Deutschen Techniker-Verbandes!

Das ganze Jahr geöffnet! Herrliche, freie Gebirgslage an der Hainleite. Buchen- und Nadelwald. Gesundes, billiges Wohnen, freundliche Zimmer mit ein oder zwei Betten und Liegesofa. Behagliche Gesellschaftsräume.

Gute und reichliche Kost (1. und 2. Frühstück, Mittagbrot, Nachmittags-Kaffee mit Gebäck und Abendbrot). Volle Pension (Wohnung und Kost) 3,50 M für den Tag und Person. Geselliger Verkehr unter Kollegen und deren Angehörigen. Zentralheizung, elektr. Licht, Badeanlagen: Wannen- und Brausebäder, Fichtennadel-, Kohlensäure- und Soolbäder. Turn- und Spielplatz am Hause. Konzerte der Hofkapelle. Fürstliches Theater. Für Juli und August ist rechtzeitige Anmeldung nötig. Gesuche um Zusendung der Heimordnung und Anmeldungen sind zu richten: An das Techniker-Erholungsheim in Sondershausen i. Thür. Fernsprecher Nr. 14.

DEUTSCHE TECHNIKER-ZEITUNG

HERAUSGEGEBEN VOM DEUTSCHEN TECHNIKER-VERBANDE

Schriftleitung:
Dr. Höfle, Verbandsdirektor. Erich Händeler, verantwortlicher Schriftleiter.

XXXI. Jahrg. **20. Juni 1914** **Heft 25**

Die Frau im technischen Beruf*)

Von A. LENZ.

Etwa seit der Mitte des vorigen Jahrhunderts macht sich in fast allen Kulturländern eine Bewegung geltend, die für das weibliche Geschlecht eine bessere politische, wirtschaftliche, rechtliche und soziale Stellung, letzten Endes auf den genannten Gebieten die Gleichstellung mit dem Manne erstrebt. Ihren Ursprung hat die Bewegung auf dem wirtschaftlichen Gebiet genommen und auch der engere Abriß, den ich unter dem Thema „die Frau im technischen Beruf" zu behandeln habe, interessiert uns zunächst vom wirtschaftlichen Standpunkt aus.

Die von Jahr zu Jahr wachsende Erwerbstätigkeit der Frauen beruht auf den wirtschaftlichen Erscheinungen, die das heutige soziale Leben umgestaltet haben. Arbeitende Frauen gab es zu allen Zeiten und auch die Notwendigkeit der Erwerbstätigkeit der Frauen steht außer Zweifel. Neu ist nur der Umfang, den die Frauenarbeit teils wegen der Zunahme der Bevölkerung, teils wegen der Umwälzungen auf wirtschaftlichem Gebiet angenommen hat.

Neu ist insbesondere auch die erwerbsmäßige Tätigkeit der Frauen aus den besseren Ständen, die früher nicht darauf angewiesen waren.

Neuesten Datums aber ist das Eindringen der Frau in Berufe, die bisher als ausschließliche Domänen des Mannes galten. Das trifft sowohl auf die Erwerbsgebiete der Handarbeiter als auch und in noch stärkerem Maße auf diejenigen der sozial höher stehenden Berufsstände der Kopfarbeiter zu. Im Handelsgewerbe, im Lehramt betrachtet man Frauenarbeit bereits als etwas selbstverständliches, selbst in der Wissenschaft hat man sich daran gewöhnt, die Frau immer häufiger als Mitarbeiterin oder Konkurrentin des Mannes zu finden. Eine Ausnahme unter den Männerberufen machte bis in die neueste Zeit die Technik.

Die Gründe hierfür liegen in der früher üblichen Art der Ausbildung und der Tätigkeit des Technikers. In der Zeit, in der auch noch in der Industrie wie heute noch im Baugewerbe der Mittel- und Kleinbetrieb vorherrschte, mußte der technische Angestellte noch Universalist im weitesten Sinne des Wortes sein. Das was er im Bureau ersonnen, gerechnet und mit Zirkel und Lineal bildlich hatte erstehen lassen, das formte sich auch draußen in der Werkstatt oder auf dem Bauplatz unter seinen persönlichen Anordnungen konstruktiver und praktischer Natur. Um sich hier aber keine Blöße zu geben, mußte er selbst Kenntnis von der Arbeitsweise der Maschinen, den Eigenschaften des Materials, Erfahrung in der Handhabung der Werkzeuge, ein eigenes Urteil über die Anforderungen an die Leistungsfähigkeit der Arbeiter und noch vieles mehr besitzen. Das bedingt aber eine praktische handwerksmäßige Ausbildung, bei der die Frau einfach nicht mitmachen konnte und bei der die Töchter der sozial besser gestellten Kreise auch gar nicht mitmachen wollten, weil ihnen die blaue ölgetränkte Arbeiterbluse oder der speisbedeckte Maurerkittel ihrem angeborenen Reinlichkeitssinn ganz besonders verabscheuungswürdig erschienen. Solche Demütigungen forderte die Vorbereitung auf den kaufmännischen und andere Berufe nicht und so sehen wir, daß, während in kaufmännischen Bureaus die Zahl der weiblichen Arbeitskräfte ständig und rapid zunahm, der Mann in den technischen siegreich das Feld behauptete.

Die Entwicklung zur großkapitalisten Produktion hat darin grundlegende Aenderung geschaffen. Die weitgehende Arbeitsteilung in unseren Großbetrieben, vor allem die Scheidung in Bureau- und Betriebsbeamte und innerhalb dieser Grenzen noch eine vielmalige Trennung und Zerlegung der Arbeitsgebiete hat Beschäftigungsarten freigelegt, die nicht mehr eine so universelle und vor allem praktische Ausbildung bedingen. Es ist für den Konstrukteur nicht mehr unbedingt nötig, daß er auch gleichzeitig im Betriebe leitend verwandt werden kann und es gibt bei der Verrichtung der technischen Berufsarbeit eine ganze Reihe völlig neuer Positionen, die auch für die schwächeren Kräfte der Frau sich eignen, bei denen zum Teil der Vorzug der größeren Handgeschicklichkeit noch besonders zu Gunsten der Verwendung von Frauenarbeit spricht. Damit waren die Schranken, die Natur und Erziehung der Frau gesetzt hatten, gefallen und als die zwingende Folge sehen wir jetzt auch das Eindringen der Frau in den technischen Beruf. Der Anteil der Frauenarbeit auf den uns besonders interessierenden Gebieten ist zwar noch verhältnismäßig gering, aber dieser Anteil ist im Wachsen. Wir haben deshalb und besonders, solange sich die Möglichkeit vorbeugender Tätigkeit bietet, die Pflicht, dem Einbürgern von Mißständen entgegenzuarbeiten, wie sie namentlich im Handelsgewerbe durch das ungeregelte Eindringen minderwertiger und billiger Arbeitskräfte zutage traten.

Ich will nun versuchen, Ihnen mit einigen knappen Strichen den Umfang zu skizzieren, den heute bereits die Frauenarbeit in den technischen Berufsstellungen erreicht hat. Das Material hierzu entnehme ich einer vor kurzer Zeit im Verlage von Teubner erschienenen Schrift „Die Frau als technische Angestellte". Verfasserin ist Frau Levy-Rathenau, die Leiterin des „Frauenberufsamtes des Bundes deutscher Frauenvereine", die das Material durch eine im Juni 1913 veranstaltete Umfrage mit großem Fleiß zusammengetragen und mit anerkennenswerter Sachkenntnis gesichtet hat.

Bei dieser Wiedergabe ist natürlich zu beachten, daß der Begriff, „die Frau als technische Angestellte" weitgreifender ist, als „Die Frau im technischen Beruf". Der erstere läßt eine Einbeziehung der in der Textil-, Konfektions- und Wäsche-Industrie, etwa in der Stellung von Werkmeistern beschäftigten weiblichen Angestellten zu, während wir mit der Formulierung meines Themas nur diejenigen Stellungen treffen wollen, die eine ordnungsmäßige theoretische Berufsbildung oder den Nachweis über den Besitz entsprechender theoretischer Fähigkeiten und Kenntnisse voraussetzen. Im übrigen lehnt sich Frau Levy-Rathenau einmal an die Berufs- und Betriebsstatistik, und hinsichtlich des zu erfassenden Personenkreises an die vom Direktorium der Reichsversicherungsanstalt gegebene Anleitung zum § 1 des Versicherungsgesetzes für Angestellte an.

Die Berufsstatistik teilt in der Berufsabteilung: Industrie einschließlich Bergbau und Baugewerbe, die hier vornehmlich in Betracht kommt, die Erwerbstätigen ein in:

a) selbständige, auch leitende Beamte,
b) nichtleitende Beamte, überhaupt das wissenschaftlich, technisch oder kaufmännisch gebildete Verwaltungs- und Aufsichts-, sowie das Rechnungs- und Bureaupersonal,
c) sonstige Gehilfen, Lehrlinge, Fabrik-, Lohn-, Tagearbeiter.

Uns interessieren die Angestellten, zu „b", die sich wieder in 3 Gruppen gliedern und zwar in:

b_1) technisch gebildete Betriebsbeamte (Betriebsinspektoren, Ingenieure, Chemiker usw.),
b_2) Aufsichtspersonal (Aufseher, Werkmeister usw.),
b_3) kaufmännisch gebildetes Verwaltungspersonal usw.

Statistische Angaben über die b_1- und b_2-Personen sind in den Gruppen III bis XVIII der Betriebsstatistik aufzusuchen. Darnach sind beschäftigt

als b_1 Personen	124 614 männl.	711 weibl.
„ b_2 „	232 624 „	9 520 „
	Zusammen also	10 231 weibl.

Die Zahlen der Berufsstatistik weichen von denen der Betriebsstatistik deshalb etwas ab, weil in der Berufszählung die besondere Art der persönlichen Tätigkeit, in der Betriebszählung die Art des Betriebs das ausschlaggebende Moment bildet. Die Endziffern der letzteren seien aber der Vollständigkeit halber ebenfalls wiedergegeben, da sie durch die Gegenüberstellung der Ergebnisse von 1895 und 1907 besonders interessant sind.

*) Referat zum XXII. Verbandstag in Metz.

Techn. Betriebs- und Aufsichtspersonal

	männl. 1895	männl. 1907	weibl. 1895	weibl. 1907
In Industrie einschließl. Bergbau u. Baugewerbe	106 899	283 519	2339	8684
somit Zunahme	160%		271%	

Untersuchen wir noch etwas eingehender den Anteil, den die uns besonders interessierenden Gewerbegruppen an dieser Zunahme haben, so sehen wir, daß diese sämtlich noch über dem Zunahmen-Durchschnitt von 271% der weiblichen Arbeitskräfte stehen. So hatten an Betriebs- und Aufsichtspersonal

	1895	1907	
III. Bergbau-, Hütten- u. Salinenwesen	2	19	weibl. Arbeitskräfte
IV. Industrie der Steine u. Erden	8	43	" "
V. Metallverarbeitung	40	179	" "
VI. Industrie der Maschinen, Instrumente und Apparate	13	329	" "
VII. Chemische Industrie	12	271	" "
XVIII. Künstlerische Gewerbe	1	444	" "

Wir sehen, daß auf sämtlichen Berufsgebieten von 1895 bis 1907 eine ganz außerordentliche Zunahme technischer Frauenarbeit erfolgt ist und wir können mit Sicherheit annehmen, daß die Statistik über den laufenden zwölfjährigen Zeitabschnitt noch eine Steigerung dieser Zunahme zeigen wird. Es ist deshalb etwas befremdend, daß im neuesten Bande der Reichsstatistik bei den als „Technische Berufe" besonders herausgegriffenen 12 Berufsgruppen sehr wenig Frauen, insgesamt 6872 weibliche Berufszugehörige zu finden sind, eine Zahl, die im Vergleich zu den vorhin genannten Ergebnissen der Berufs- und Betriebszählung entschieden zu niedrig ist. Auf eine Fehlerquelle weist Frau Levy-Rathenau hin: „Daß die Frauen vielfach nicht genügend geschult sind, um bei statistischen Ermittelungen durch klare und zuverlässige Antworten die Feststellungen zu erleichtern, ein Mangel, der nicht zuletzt auf das Fehlen geeigneter Organisationen zurückzuführen ist.

Den Versuch, von dem Geheimnis den Schleier zu lüften, in welchen Verhältnissen in Bezug auf Dienststellung, Gehalt, Alter und Familienstand diese 6872 weiblichen technischen Angestellten stehen, hat nun Frau Levy-Rathenau durch ihre Umfrage gemacht. Ich streife bei der Wiedergabe ihrer Ermittelungen nur kurz die 6201 Werkmeisterinnen, weil diese ihrer Berufsstellung nach mehr den Deutschen Werkmeister-Verband als uns interessieren. Unter ihnen sind 5956, die in Industrie einschließlich Baugewerbe und Bergbau tätig sind und zum weitaus überwiegenden Teil als Direktricen der Konfektions-, Putz- und Wäschebranche angehören, dem Charakter ihrer Stellung nach als Werkmeister anzusprechen sind. Die Gesamtzahl weiblicher Werkmeister wird vom D. W.-V. auf etwa 15 000 geschätzt.

Wenden wir uns nun der Gruppe zu, die für uns besonderes Interesse hat, den in der Hauptsache als Zeichnerinnen beschäftigten weiblichen Angestellten in technischen Bureaus privater und offentlicher Unternehmungen. Von den nach der Berufsstatistik von 1907 ermittelten weiblichen Zeichnern, Pausern, techn. Hilfspersonal waren 534 angestellt, 22 selbständig in der Industrie, 34 angestellt in Handel und Verkehr. Unter den 534 Industrieangestellten waren dem Familienstand nach 488 ledig, 31 verheiratet und 15 verwitwet. Ueber die Art ihrer beruflichen Betätigung vermag uns nun Frau Levy-Rathenau als Resultat ihrer Umfrage zwar kein abschließendes und umfassendes, aber immerhin doch interessantes Bild zu geben. Man wird es bei dem vorher schon erwähnten geringen Verständnis, und bei der Schwierigkeit, die zu befragenden Kreise zu erreichen, noch als ein verhältnismäßig günstiges Ergebnis betrachten dürfen, wenn von 243 ausgegebenen Fragebogen von 57 Angestellten brauchbare Antworten eingingen.

Nachfolgend einige Proben aus diesem Material:

Es waren tätig in:

Bekleidungsindustrie (Konfektions- u. Modezeichnerinnen)	11
Textilindustrie (Weberei u. Stickereibranchen)	16
Graphische Gewerbe (Zeitungsverlag)	10
Porzellanwaren	2
Metallwaren	2
Möbelbranche	1
Techn. Bureau	2
Wissenschaftl. Institut	13
	57

Die Frage nach der Schulbildung ergab folgendes:

Bildung einer Volksschule	16	28%
Bürger- oder Mittelschule	4	7%
Höhere Mädchenschule	37	65%
	57	

Besonders wichtig ist natürlich die Frage nach dem Einkommen. Es waren sowohl Angaben über die Anfangsgehälter als über die bisher erreichten Höchstgehälter erbeten.

Anfangsgehälter monatlich	
20 – 50 M	21
51 – 70 M	14
71 – 99 M	5
100 M	8
	38

Höchstgehälter monatlich	
60 – 99 M	20
100–115 M	4
116–149 M	17
150–199 M	6
200–215 M	2
	36

Diese Zahlen zeigen, daß auf der einen Seite tatsächlich eine Unterbietung der von uns vertretenen Mindestgehälter in ganz erheblichem Maße stattfindet, auf der andern Seite aber auch, daß ein bemerkenswert großer Teil in leidlich bezahlte Stellungen und besonders Befähigte sogar in Gehaltsstufen aufrücken können, die nach der Güntherschen Statistik für nahezu 60% der männlichen technischen Angestellten die obere Gehaltsgrenze darstellen.

Ueber die Kosten ihrer Ausbildung vermögen die Befragten wenig Auskunft zu erteilen. Sie geben fast alle an, daß der Unterricht nicht hintereinander erfolgte, daß gelegentlich einmal erst gearbeitet und dann wieder, da die Kenntnisse nicht ausreichen wollten, eine Weiterbildung versucht wurde. Vor Eintritt in die Zeichnertätigkeit wurden mehrfach andere Berufe ausgeübt.

Es ist schließlich noch interessant zu sehen, daß in den erbetenen besonderen Bemerkungen gerade von den Zeichnerinnen mit den besten Gehältern ausdrücklich darauf hingewiesen wird, daß nur bei gründlicher Ausbildung ein Vorwärtskommen und selbständigeres Arbeiten möglich ist, während die anscheinend nur mit einfacheren zeichnerischen Arbeiten Beschäftigten die erworbenen Kenntnisse für ausreichend erachten.

Die vorstehenden Angaben finden in den von den Firmen gemachten Mitteilungen eine gewisse Ergänzung. Freilich sind auch hier nur Stichproben möglich und zuverlässige Schlüsse erst dann zu ziehen, wenn ein viel umfassenderes Material vorhanden ist.

Nach diesen Angaben beschäftigen

Entwerfende Zeichnerinnen	6 Firmen
Ausführende "	8 "
Hilfskräfte	7 "
Alle drei Gruppen	1 "
Entwerfend und ausführend	2 "
Ausführende und Hilfskräfte	3 "
Nur Hilfskräfte	4 "

Die Angaben der Firmen über das Einkommen stimmen mit denen der Angestellten gut überein. Es wurden gezahlt:

Anfangsgehälter für Entwerfende	für ausführende Zeichnerinnen
60 M 2 mal	40 M 1 mal
75 " 1 "	60 " 3 "
100 " 2 "	80 " 1 "
	Stücklohn 2 "

Höchstgehälter für entwerfende Zeichnerinnen	Höchstgehälter für ausführende Zeichnerinnen
130 M 1 mal	80 M 1 mal
140 " 1 "	100 " 1 "
150 " 2 "	110 " 2 "
180 " 1 "	130 " 2 "
Stücklohn 1 "	Stücklohn 2 "

Die Dauer der Arbeitszeit ist 14 mal angegeben und betrug

8 Stunden	2 mal
$8^1/_2$ "	5 "
9 "	7 "
$9^1/_2$ "	1 "

Wichtige und wertvolle Ergebnisse hat die Umfrage bei den zur Industrie der Maschinen, Instrumente und Apparate gehörenden Firmen gehabt und zwar vornehmlich in der elektrischen und Maschinenindustrie. Zwar ist die Zahl der Antworten nur klein, insgesamt 65, von denen nur 13 die Mitteilung enthalten, daß weibliche Personen als Zeichnerinnen oder zeichnerische Hilfskräfte beschäftigt werden, aber es darf gerade hier nicht nach der Anzahl der Firmen, sondern es muß nach dem Umfang ihrer Betriebe geurteilt werden. So sind in den 7 Antworten aus Berlin alle Riesenbetriebe vertreten. Auch die Antworten aus Bremen, Cöln, Duisburg, Elbing, Gummersbach und Heidenheim kommen von großen und angesehenen Firmen.

Anstatt der statischen Aufbereitung des Materials gibt die Verfasserin an dieser Stelle einige Proben aus dem Inhalt der ihr auf die Umfrage zugegangenen Antworten. Die Aeußerungen zeigen, daß die Elektrische und Maschinenindustrie der Frage der Einstellung von Frauen in die Zeichenbureaus vielfach wohlwollend und interessiert gegenübersteht. Die Urteile sind unter Berufung auf die Neuheit der Einrichtung im allgemeinen zurückhaltend, unverkennbar aber zeigen alle, daß das Verlangen nach billigen Arbeitskräften für die Anstellung von Frauen nicht allein maßgebend ist, sondern daß Wert auf geeignete Vorbildung gelegt wird. Gute Handschrift und zeichnerische Fertigkeit wird gefordert. Technische Kenntnis soll, soweit solche bei den meist rein mechanischen Verrichtungen überhaupt erforderlich ist, die Bureaupraxis vermitteln. Der Verwendung für höhere technische Arbeiten werden erhebliche Bedenken wegen der unerläßlichen praktischen Ausbildung entgegengesetzt.

Die Schwierigkeit, eine zweckmäßige, praktisch technische Ausbildung zu erhalten, bildet zwar zunächst noch kein Hindernis für das Vorwärtskommen der Frauen als Zeichnerinnen in Architektur- und Baubureaus. Es wird aber auch hier von den Arbeitgebern darauf hingewiesen, daß eine gewisse Zeit der Baupraxis zur Einführung in die bauzeichnerischen Arbeiten unerläßlich ist. Zurzeit verrichten die in Baubureaus tätigen Frauen zumeist nur zeichnerische Hilfsarbeiten, wie Pausen, Kolorieren, Vervielfältigen, Beschreiben usw., die mechanisch angelernt werden können. Daß Frauen im Baufach aber auch an selbständigeren Posten mit Erfolg tätig sein können, beweist die Tatsache, daß es in Deutschland einige akademisch gebildete Architektinnen gibt.

Wichtig für uns ist nun noch, die Stellung der Behörden und öffentlichen Unternehmungen zu der Frage des Vordringens der Frauen in technische Arbeitsgebiete kennen zu lernen.

Bereits Anfang 1912 wurde eine Verfügung des Ministers der öffentlichen Arbeiten in Preußen bekannt, in der die Beschäftigung weiblicher Personen im Zeichnerdienst der Staatseisenbahnverwaltung allgemein zugelassen und den Königlichen Eisenbahndirektionen die Einstellung weiblicher Arbeitskräfte empfohlen wurde. Für die Annahme weiblicher Personen für den technischen Staatseisenbahndienst gelten in der Hauptsache die gleichen Bedingungen wie für den nicht technischen Bureau-, Telegraphen-, Fernsprechdienst, die Fahrkartenausgabe und Auskunftsstellen usw. Verlangt wird ausdrücklich, daß die Bewerberinnen im „technischen Zeichnen" gut ausgebildet sind.

Eine Anweisung, was unter „gut ausgebildet" verstanden wird, ist bisher nicht erfolgt, auch der Ausbildungsgang, der für die anderen erwähnten Beamtinnengruppen sieben Monate dauert und bestimmt geregelt ist, hat noch keine endgültige Festsetzung erfahren. Die Zeichnerinnen werden zunächst gegen eine Tagesbesoldung außerhalb des Beamtenverhältnisses beschäftigt. Wenn sie sich bewähren, können sie dann als Eisenbahnanwärterinnen in das diätarische Beamtenverhältnis übernommen und beim Freiwerden von Etatsstellen als Eisenbahngehilfinnen etatsmäßig angestellt werden. Die Anwärterinnen beziehen eine diätarische Jahresbesoldung, die von 840 M in zwei Jahren auf 1080 M steigt. Das Anfangsgehalt der Eisenbahngehilfinnen beträgt 1100 M und steigt in 18 Jahren auf 1600 M. Daneben erhalten sie den gesetzlichen Wohnungsgeldzuschuß der Unterbeamten für ihren jeweiligen Stationsort, d. i. je nach Tarifklasse 150 bis 480 M.

Die Preußischen Eisenbahndirektionen haben der Anregung sehr schnell Folge geleistet, und die Einstellung technischer Zeichnerinnen vorgenommen. Von den befragten 21 Eisenbahndirektionen haben 20 geantwortet. Von diesen beschäftigen 14 insgesamt 40 Zeichnerinnen; und zwar werden beschäftigt:

5 Zeichnerinnen 3 mal
4 " 2 "
3 " 1 "
2 " 6 "
1 " 2 "

Mit Ausnahme der Eisenbahndirektion Breslau, die schon 1906 Zeichnerinnen einstellte, und deren gute Erfahrungen die Empfehlung des Ministers veranlaßten, haben 9 Direktionen im Jahre 1912 und 3 Direktionen 1913 mit der Annahme von Zeichnerinnen begonnen. Auch das Königliche Eisenbahn-Zentralamt in Berlin hat seit 1912 2 Zeichnerinnen angestellt.

Aber nicht nur die preußischen Eisenbahnverwaltungen, auch andere Behörden beschäftigen zum Teil schon seit längerer Zeit weibliche zeichnerische Hilfskräfte. So werden bei der Landesaufnahme weibliche Personen mit Herstellung von Verkleinerungen von Karten (Pantographierarbeiten) sowie mit Auszügen aus trigonometrischen Listen und ausnahmsweise mit Kolorierarbeiten beschäftigt.

Nach Mitteilungen der Königlichen Regierung in Potsdam werden auch bei den Katasterämtern gelegentlich weibliche Personen als zeichnerische Hilfskräfte, etwa als Privatgehilfinnen der Katasterkontrolleure beschäftigt.

In den Bureaus der Feldmesser, Markscheider, Kulturtechniker hat die Berufszählung von 1907 auch 5 weibliche technische Angestellte ermittelt, deren Zahl jetzt gewiß wieder gestiegen ist.

Ein in neuester Zeit von den Frauen schon stark frequentiertes Berufsfeld ist die Tätigkeit in privaten und öffentlichen Laboratorien, in der Zuckerindustrie, bei den chemischen Untersuchungsämtern, Nahrungsmittel-Untersuchungsanstalten und landwirtschaftlichen Versuchsstationen.

Wohin man auch blickt, überall scheint der Rahmen für die Tätigkeit fest anzustellender weiblicher Zeichner weiter geworden, und er wird sich voraussichtlich in den nächsten Jahren noch ausdehnen.

Die Verfasserin hat mit diesen Ermittelungen wertvolles Material zur Behandlung der Frauenarbeit im technischen Beruf geliefert. Wenn auch die Zahlen wegen des privaten Charakters der Erhebungen und Umfragen keinerlei Anspruch auf Vollständigkeit und absolute Zuverlässigkeit machen können, so gewinnt man doch die Ueberzeugung, daß auf einer ganzen Reihe von Arbeitsgebieten technischen Charakters Bedarf und Angebot weiblicher Arbeitskräfte bereits einen Umfang angenommen haben, der Versuche des Zurückdämmens und Ausschaltens vollkommen zwecklos erscheinen läßt. Das Eindringen der Frauen in die technischen Berufe ist eine unvermeidbare, neue wirtschaftliche Entwickelung, der wir je eher, desto besser Rechnung tragen, wenn wir Wege zu finden uns bemühen, die verhindern, daß sie zu Schädlingen für ihre männlichen Berufsgenossen werden und die ihnen selbst befriedigende wirtschaftliche Existenzbedingungen gewährleisten.

Diese Erwägungen führen zur Frage der Ausbildung der weiblichen technischen Angestellten und wir können der Verfasserin nur zustimmen, wenn sie dieses Kapitel ihrer Schrift mit folgenden Worten einleitet:

„Der zuverlässigste und beste Weg zur Erreichung dieser Ziele ist die Schaffung zweckentsprechender Ausbildungseinrichtungen, die durch bestimmte Aufnahmebedingungen ungeeignete Elemente fern halten und tüchtige Persönlichkeiten so fördern, daß sie zu leistungsfähigen Arbeitskräften werden können. Für die männlichen technischen Angestellten sind eine große Anzahl von Ausbildungsgelegenheiten vorhanden, die sind aber den Frauen zum Teil grundsätzlich nicht zugänglich gemacht, zum Teil stellen sie die Bedingung der praktischen Vorbildung, die bei der heutigen Sachlage von Frauen zunächst nur schwer erfüllt werden kann."

Auch was die mit den Erwerbsmöglichkeiten der Frau durch ihre ehrenamtliche Tätigkeit besonders vertraute Verfasserin hinsichtlich der für die zeichnerischen weiblichen Hilfskräfte der technischen Bureaus zu fordernden Ausbildung sagt, kann von uns gebilligt werden:

Der technischen Zeichnerin sind Tagesfachschulen, die als Vorbereitungsanstalten vor Eintritt in die Berufsarbeit gelten könnten, bisher kaum erschlossen.

Im Interesse der Heranbildung gut vorgebildeter weiblicher Kräfte muß die Schaffung oder Erschließung geeigneter Ausbildungsgelegenheiten angestrebt werden. Es würde sich dabei durchaus nicht um neue Schulformen handeln, da Fachschulen für Feinmechanik, Edel-Metall- und Metallindustrie usw. vorhanden sind, die auch männlichen Schülern Ersatz oder Ergänzung der Werkstatt oder Fabriklehre bieten. Solche Schulen bestehen namentlich in Gegenden, in denen die industriellen Betriebe hauptsächlich auf Massenfabrikation eingerichtet sind, und daher oft keine vielseitigere Ausbildung vermitteln können, sind also auch aus gewissen besonderen Bedürfnissen begründet, und nehmen die jungen Leute ohne jede praktische Vorbildung auf.

Auch die den Frauen zugänglich zu machenden Schulen müssen Lehrwerkstätten erhalten (Modelltischlerei, Maschinenschlosserei, Werkzeugmaschinenbau, Montage usw.), so daß eine enge Verbindung zwischen Werkstätte und Zeichensaal hergestellt werden kann. Das Hauptgewicht ist natürlich auf den Zeichenunterricht zu legen, daneben muß sich der Unterricht auf Mathematik, Physik, Elektrizitäts- und Projektionslehre, Maschinenkunde, technisches Rechnen usw. erstrecken.

Der Unterricht ist als voller Tagesunterricht mit etwa 40 bis 44 Wochenstunden zu denken. Abendkurse für zeichnerische Hilfskräfte, sowie für Fortgeschrittene, können angegliedert werden. Die Einrichtung besonderer Frauenschulen dürfte an der Kostenfrage scheitern. Die Eingliederung in die vorhandenen Schulen evtl. in besondere Frauenklassen erscheint dagegen ausführbar, und ist von privaten Schulen auch bereits versucht worden. Jedenfalls muß, wenn nicht die von den männlichen technischen Angestellten mit Recht als eines der größten Uebel erkannten ungeregelten Ausbildungsverhältnisse auch auf die in den Beruf hereindrängenden weiblichen Konkurrenten übergreifen und damit verewigt werden sollen, sehr bald auf diesem Gebiete etwas geschehen. Die zurzeit völlig fehlenden öffentlichen oder gemeinnützigen Unterrichtsgelegenheiten haben eine Anzahl von privaten Unterrichtsunternehmungen schon auf den Plan gerufen, die durchaus nicht geeignet sind, die Ausbildung der Frauen in die richtigen Wege zu leiten. Es sind eine Reihe von Schulen ganz neu entstanden, die nicht entfernt billigen Anforderungen entsprechen, oft sogar in unverhüllter Schamlosigkeit die Spekulation auf die Unerfahrenheit der in Frage kommenden Personenkreise an der Stirne tragen.

Eine recht instruktive Sammlung von Reklameangeboten aller bedenklichster Art zeigt uns, wie weit hier bereits gewissenlose Spekulanten den Boden für die schwersten Erschütterungen der wirtschaftlichen und sozialen Standesverhältnisse vorbereitet haben. Deshalb darf die Frage der Bereitstellung geeigneter Ausbildungsstätten für weibliche technische Angestellte nicht mehr lange ungelöst bleiben.

Wir dürfen uns dabei aber nicht allein auf die Regelung des Ausbildungswesens für die technischen Angestellten beschränken, sondern müssen unsere Aufgabe auch darin suchen, Aufklärung über die allgemeinen wirtschaftlichen und sozialen Berufsverhältnisse in diejenigen Kreise zu tragen, deren Töchter Gefahr laufen, als wirtschaftliche Schädlinge das wirtschaftliche und soziale Niveau unseres Standes herabzudrücken. Damit Hand in Hand gehen muß ferner die organisatorische Erfassung und Zusammenfassung der Frauen, die heute bereits in Unkenntnis der Verhältnisse in den Beruf hereingekommen sind. Noch ist in dieser Hinsicht so gut wie nichts geschehen.

Während unter den kaufmännischen Verbänden eine Frauenorganisation, der „Kaufmännische Verband für weibliche Angestellte E.V." Berlin, mit rund 32 000 Mitgliedern aufgeführt wird, haben es die jungen Organisationen weiblicher technischer Angestellten noch nirgends auf mehr als 1000 Mitglieder gebracht. Im statistischen Jahrbuch werden sie unter den Verbänden von Privatangestellten nicht mit aufgeführt. Die dort genannten 47 weiblichen Mitglieder verteilen sich auf 3 Verbände:

Gemischte Organisation:	männl.	weibl.
B. t. i. B.	20 452	?
Verband Deutscher Kunstgewerbe-Zeichner	2 231	16
Verband Deutscher Zahntechniker	1 300	24

Frauenorganisationen (die Zahlen beruhen auf Mitteilungen der betr. Organisationen Sommer 1913, dabei sind aber auch Einrichterinnen, Abnehmerinnen usw., die auf der Grenze zwischen Lohnarbeiterinnen und Angestellten stehen):

Verband Deutscher Gewerbegehilfinnen Berlin	1 000
Vereinigung Deutscher Chemikerinnen Magdeburg	180
Vereinigung wissenschaftlicher Hilfsarbeiterinnen	1 160
Club ehemaliger Schülerinnen der photographischen Lehranstalt des Lettevereins	314

Die Gesamtzahl dieser organisierten Frauen bildet nur einen Bruchteil der weiblichen technischen Angestellten, so daß für ihre zahlenmäßige Erfassung hier nichts gewonnen wird und mit Recht weist deshalb Frau Levy-Rathenau darauf hin, daß das Lob, das Dr. Günther in seinem Werk „Die deutschen Techniker" der Entwicklung und Bedeutung der deutschen Angestelltenbewegung spendet, vorläufig für die weiblichen technischen Angestellten keine Gültigkeit hat.

Möge deshalb der Verbandstag durch seine Beschlüsse, für die ich die Annahme der Ihnen unterbreiteten Leitsätze empfehle, zeigen, daß der Deutsche Techniker-Verband bereit ist, die auch auf diesem Gebiet erwachsenden Aufgaben zu lösen.

Aus der Entwickelung der gewerbsmäßigen Frauenarbeit der letzten 40 Jahre kann man lernen, daß sie nicht zurückzudrängen und nicht einzudämmen ist, aber mit zweckentsprechenden Bildungseinrichtungen aus einem wilden, ja rücksichtslosen Schädling zu einer wertvollen Kraftquelle gemacht werden kann. Darum wollen wir den Wunsch, daß die weiblichen technischen Angestellten einsichtsvolle Freunde finden möchten, die ihnen in diesem Sinne die Wege erleichtern, an uns gerichtet sein lassen, und ihnen diese Freunde sein in unserem eigenen wohlverstandenen Interesse.

SOZIALPOLITIK

Der Arbeitsmarkt im Monat April 1914

Die Lage des gewerblichen Arbeitsmarktes zeigte nach den Berichten des Reichsarbeitsblattes im Berichtsmonat eine weitere leichte Besserung, die allerdings in der Hauptsache nur bei einigen Saisongewerben Platz gegriffen hat, während wichtige andere Gewerbe keinerlei Belebung zum Teil sogar einen Rückgang aufweisen. Die Berichte von industriellen Firmen und Verbänden über die Lage des Arbeitsmarktes lauten weniger günstig als im April 1913.

Die Eisengießereien hatten im allgemeinen geringe Beschäftigung, die vielfach zur Einlegung von Feierschichten führte. Das Angebot von Arbeitskräften war sehr groß. In den übrigen Zweigen der Eisen- und Metallindustrie wurde geklagt.

Dieselbe Klage machte sich beim allgemeinen Maschinenbau bemerkbar, der noch schlechter als im gleichen Monat des Vorjahres beschäftigt war. Die umfangreichen Arbeitseinstellungen bedingten an manchen Orten ein Ueberangebot von Arbeitskräften, besonders der mittelmäßig ausgebildeten Maschinenarbeiter und Schlosser. Man klagte aber vielfach über Mangel an guten Kesselschmieden, eine Erscheinung, die nach dem Bericht eines größeren Werkes voraussichtlich mit der Zeit noch stärker hervortreten wird, da Eltern und Jungen bei der Wahl des Berufes vor dem Kesselschmiedehandwerk zurückschrecken.

Die bessere Beschäftigung im Lokomotiv-, Lokomobil- und Bergmaschinenbau machte sich in einem Steigen der Arbeiterzahl bemerkbar; in der elektrischen Industrie war die Beschäftigung im allgemeinen befriedigend, was sich auch in der Vergrößerung der Arbeiterzahl zeigte, die bei 11 Firmen der Elektrizitätsindustrie 11 820 und im gleichen Monat des Jahres 1914 12 905 betrug, also 9,15 v. H. mehr. Auch die chemische Industrie konnte ihren guten Beschäftigungsgrad weiter aufrecht erhalten.

Nach längerer Pause kann endlich ebenfalls das Baugewerbe nach den eingegangenen Berichten eine gewisse Belebung verzeichnen. Aus Berlin, Cassel, Crefeld und Cöln wird zwar noch über einen unbefriedigenden Geschäftsgang geklagt, wenngleich auch dort eine leichte Verbesserung gegenüber dem Vormonat festzustellen ist. Nach Mitteilung der Tonindustrie war im April der ostdeutsche Baumarkt verhältnismäßig am besten beschäftigt, da die private Unternehmungslust sich wieder dem Baumarkte in erheblichem Umfange zugewandt hatte. In Westdeutschland trat in einigen Orten infolge ungünstiger Witterung von neuem ein Stillstand ein, während in Nord- und Mitteldeutschland die noch immer ungeklärte Lage auf dem Hypothekenmarkte eine günstige Entwickelung hemmte. Auf dem süddeutschen Baumarkt hatte der April die erhoffte Verbesserung nicht gebracht; wohl konnte man eine etwas stärkere Baulust feststellen, doch ließ im allgemeinen die Beteiligung am Baumarkt, namentlich des privaten Kapitals, zu wünschen übrig, so daß nur in den großen Städten die öffentlichen Bauten eine bessere Arbeitsgelegenheit schufen. Im einzelnen berichteten die Arbeitsnachweise der verschiedenen Gegenden über den Baumarkt: Der Verband märkischer Arbeitsnachweise meldete eine Besserung in Brandenburg und Rathenow. Im übrigen war aber die Lage sowohl in Berlin wie in der Provinz noch immer gedrückt. Ueber die Lage in Schleswig-Holstein äußerte sich der Verband der Schleswig-Holsteinschen Arbeitsnachweise dahin, daß eine in der Jahreszeit begründete Besserung eingetreten sei, die sich aber hauptsächlich auf einzelne Berufe beschränkte. In Westfalen und Lippe hielt die im Vormonat eingesetzte Besserung noch an, ebenso in Hessen, Hessen-Nassau, Waldeck und Baden, während in Süddeutschland, wie schon die Tonindustrie erwähnte, die Lage des Baumarktes noch immer flau war. Von den drei berichtenden Arbeiterverbänden des Baugewerbes waren im April 10,8 v. H. arbeitslos gegen 15,3 v. H. im gleichen Monat des Vorjahres. Die über den Beschäftigungsgrad berichtenden Krankenkassen hatten vom 1. April bis zum 1. Mai für die in Arbeit stehenden Mitglieder eine Zunahme der Beschäftigungsziffer um insgesamt 339 466 Mitglieder oder 3,70 v. H. An der Zunahme waren die männlichen Mitglieder mit 3,72 v. H., die weiblichen mit 3,67 v. H. beteiligt. Die im Laufe des April eingetretene Besserung des Beschäftigungsgrades hat sonach weitere Fortschritte gemacht.

Dies zeigt sich auch in den Zahlen der Vermittlungen der Arbeitsnachweise, bei denen im April auf 100 offene Stellen 161 Arbeitsgesuche männlicher Personen gegen 173 im Vormonat und 160 im April 1913 entfallen. Die Nachfrage weiblicher Personen auf 100 offene Stellen hat sich gegenüber dem Vormonat etwas gehoben, indem 94 weibliche Arbeitsuchende gegen 92 im Vormonat und 96 im April 1913 auf 100 offene Stellen trafen. Die Besserung des Arbeitsmarkts kam sonach in der Hauptsache den männlichen Personen zugute, während für die weiblichen die Lage etwas ungünstiger war als im Vormonat.

Die Ziffern über die Arbeitslosigkeit unter den Mitgliedern der berichtenden Arbeiterverbände zeigen ebenfalls ein günstiges Bild. Unter etwas mehr als 2 Millionen Mitgliedern von 47 berichtenden Arbeiterverbänden waren im April wie im März 2,8 v. H. arbeitslos. Stellt man nur die gleichen Verbände gegenüber, so ist die Arbeitslosigkeit von 2,8 auf 2,6 v. H. zurückgegangen, während in der Regel die Arbeitslosigkeit Ende März bis Ende April etwa auf dem gleichen Stand zu bleiben pflegt. Dies war auch im Vorjahre der Fall, in dem der Verhältnissatz der Arbeitslosigkeit in beiden Monaten 2,3 v. H. betrug.

ANGESTELLTENFRAGEN

Der Verband der deutschen Versicherungsbeamten

hat ein sozialpolitisches Programm angenommen, das den modernen Gedanken der Berufsorganisation Rechnung trägt. Aus den „Leitgedanken" und den „Allgemeinen Forderungen" seien folgende grundlegende Punkte hervorgehoben.

Leitgedanken.

Der V. D. V. ist die Interessenvertretung der Versicherungsbeamten aller Branchen und Stellungen. Er ist sich bewußt, daß neben der in manchen Fällen bestehenden wirtschaftspolitischen Interessengemeinschaft aller im Versicherungsgewerbe Tätigen (Unternehmer, Beamte usw.) auf sozialpolitischem Gebiet meist ein unleugbarer Interessengegensatz zwischen Versicherungsbeamten und Unternehmerinteressen besteht, wie er bei unserer freien Arbeitsverfassung zwischen den Vertragsparteien natürlich ist. Daraus leitet der Verband keinerlei Feindschaft zwischen Unternehmer und Beamten ab. Es entspringt für ihn hieraus jedoch die dringende Notwendigkeit, die sozialpolitischen Interessen der Versicherungsbeamten energisch und frei von paritätischen und patriarchalischen Einflüssen und mit allen geeigneten Mitteln der organisierten Macht zu vertreten.

Die sozialpolitische Arbeit des V. D. V. hat den Zweck, auf dem Boden der bestehenden Gesellschaftsordnung die rechtliche, soziale und wirtschaftliche Lage der Versicherungsbeamten zu heben.

Die vom V. D. V. erstrebte Sozialpolitik ist die Durchführung des wirtschaftlichen Prinzips in der Volkswirtschaft, deren wertvollstes Gut der Mensch ist. Solche Sozialpolitik ist ein Glied der Fortentwicklung des Wirtschaftslebens der nationalen Arbeitsgemeinschaft der Menschheit. Sozialpolitik in diesem Sinne ist eine Ergänzung und Fortbildung der kapitalistischen Entwicklung, die nicht nur im Interesse der Versicherungsbeamten, sondern auch der Gesamtheit und der einzelnen Unternehmungen notwendig ist.

Zur Verwirklichung dieses Strebens erhebt der V. D. V. folgende Forderungen:

Allgemeine Forderungen.

I. Die Grundforderung ist die vollendete Koalitionsfreiheit. Die freien Koalitionen, wie der V. D. V., sind die notwendigen Organe der freien wirtschaftlichen und sozialen Selbsthilfe, Selbstverantwortlichkeit und Interessenvertretung aller Bevölkerungsschichten. Sie sind im heutigen Zeitalter der Großbetriebe und Konzentration im Interesse der Volkswirtschaft ebenso notwendig, wie es allein die Selbstverantwortung und Selbsthilfe des Einzelnen im Beginn der liberalen Aera erscheinen mußten.

II. Die staatliche Sozialpolitik hat davon auszugehen, daß Sozialpolitik die Durchführung des rationellen Wirtschaftens in der Volkswirtschaft bedeutet, deren vornehmstes Gut der Mensch ist. Die Sozialpolitik darf daher vom Staate nicht unter dem Gesichtspunkte der Interessenforderung irgend einer Bevölkerungsschicht gewertet werden. Sie kann an sich ebenso wenig wie unsere gesamte wirtschaftliche und kulturelle Fortentwicklung ein „Halt!" erreichen.

*

Gelbe Angestelltenorganisationen

Seine „Richtlinien" veröffentlicht der Verein Kruppscher Beamten, die wir nach dem Wortlaut, wie wir ihn im „Gewerkverein" (1914/43) von den Hirsch-Dunckerschen Gewerkvereinen finden, nachstehend wörtlich wiedergeben:

„Der V. K. B. (Verein Kruppscher Beamten. D. Red.) hat den Zweck, seine Mitglieder in geistiger, sozialer und wirtschaftlicher Hinsicht zu heben. Er geht bei seiner Organisation und bei seiner Arbeit von der Tatsache aus, daß die Interessen der Unternehmer sowie der Beamten und der Arbeiter überwiegend gleichlaufend sind. Als Organisationsform erscheint ihm deshalb die Betriebsorganisation als die gegebene und die zweckmäßigste und als Arbeitsweise das friedliche Zusammenwirken mit dem Unternehmer.

Die Beiträge der Firma an seine Kasse sind gerechtfertigt durch die wirtschaftliche und soziale Gemeinschaft sowie die besonderen wirtschaftlichen Vorteile; die auch der Firma durch die Wirksamkeit des V. K. B. erwachsen.

Der V. K. B. verwirft den Streik, da er für Beamte ungeeignet und zudem nicht in Einklang zu bringen ist mit dem besonderen Vertrauensverhältnis, in dem der Beamte in seinem Werke durch Uebernahme einzelner Unternehmerfunktionen steht. Die streikgewerkschaftliche Methode verbittert die Angestellten zwecklos, zerstört die Arbeitsfreude und verhindert von vornherein die friedliche Verständigung der Arbeitsgemeinschaft.

Der V. K. B. ist konfessionell streng neutral.

Der V. K. B. steht gemäß seinem grundsätzlichen Festhalten an der heutigen Staats- und Wirtschaftsordnung unbedingt auf nationalem Boden. Im übrigen ist er parteipolitisch streng neutral. Bei den Wahlen empfiehlt er, in erster Linie für solche Kandidaten der bürgerlichen Parteien einzutreten, die dem Gedanken der wirtschaftsfriedlichen Interessenvertretung freundlich gegenüberstehen. Ein Eintreten zu Gunsten der Sozialdemokratie ist ausgeschlossen."

Die gleichen Gedankengänge, wie sie den gelben Arbeiter-„organisationen" also zu Grunde liegen! Besonders bemerkenswert ist dabei auch der zweite Absatz, der von den Beiträgen der Firma an den gelben Verein handelt, die durch die der Firma durch den Verein erwachsenden „besonderen wirtschaftlichen Vorteile" gerechtfertigt werden. Leider ist hier vergessen worden, anzugeben, worin diese denn eigentlich bestehen sollen. Von einer politischen Selbständigkeit der Mitglieder der gelben Vereine kann ferner wohl kaum die Rede sein, wenn ihnen „empfohlen" wird, Abgeordnete zu wählen, welche der wirtschaftsfriedlichen Interessenvertretung „freundlich gegenüberstehen". In so ziemlich allen Fällen dürfte das zugleich der Werkskandidat sein. Wenn nach dieser Richtung hin schon die gelben Arbeiter bei den Wahlen „gebunden" werden, so werden erst recht wohl den Angestellten bei denselben ihre „Richtlinien" vorgeschrieben werden. Klarer wie durch obige Richtlinien kann der gelbe Charakter einer Angestellten„organisation" wohl kaum ausgedrückt werden.

STANDESBEWEGUNG

Zu der Frage Techniker als Fachschullehrer

geht uns aus Geestemünde folgende Mitteilung zu:

Der Unterricht im Fachzeichnen für Metallarbeiter und Bauhandwerker wurde an der städt. Fortbildungsschule in Bremerhaven bisher von 3 Volksschullehrern nebenamtlich erteilt. Infolge zu starker Besetzung ist eine Teilung der Klassen notwendig; hierdurch entstehen wöchentlich 12 Zeichenstunden, für die Lehrkräfte nicht zu beschaffen waren; in der Hauptsache deshalb nicht, weil ein Teil der Stunden auf Vormittage zu liegen kommt.

Demzufolge hat die Schulkommission in Uebereinstimmung mit dem Stadtrat beschlossen, eine ständige Hilfslehrerstelle neu einzurichten und sie durch einen technisch vorgebildeten Lehrer zu besetzen und den nebenamtlichen Unterricht der Volksschullehrer aufzuheben.

An die Vorlage dieses Beschlusses in der Stadtverordnetensitzung knüpfte sich eine lebhafte Debatte, in der vielfach Partei dafür genommen wurde, daß man den nebenamtlich beschäftigten Volksschullehrern den bisher erteilten Unterricht lassen solle, da für sie der Ausfall der nebenamtlichen Tätigkeit einen Einkommens-Ausfall von 600 M für jeden Lehrer jährlich bedeute. Es wurde sogar angeregt, auch den bisher durch Techniker erteilten Unterricht den Volksschullehrern zu übertragen. —

Dank der ausführlichen und sachlichen Darlegung über die unbedingte Notwendigkeit der Vorlage, wie sie durch den Direktor der Fortbildungsschule erfolgte, gelangte die Vorlage mit großer Mehrheit zur Annahme. Aus dem Bericht über die Anführungen des Schuldirektors seien nachstehende Zeilen im Wortlaut wiedergegeben.

„Herr Direktor Siegle gibt noch einmal genaue schultechnische Erläuterungen und erklärt eine Zweiteilung des Zeichenunterrichts für unmöglich. Gerade in den Metallarbeiterklassen sollen die jungen Leute lernen, nach der Zeichnung zu arbeiten, und hierin könne sie nur ein Fachmann unterrichten. Seiner Meinung nach könnte ein Volksschullehrer das nicht, ja, er selbst würde es sich nicht zutrauen, in der Oberklasse der Metallarbeiter den Unterricht zu übernehmen. Die jungen Leute empfinden es aber ganz genau, ob der vor ihnen stehende Lehrer fachkundig ist oder nicht, und ist er das nicht, so hat er eben fortwährend mit Disziplinschwierigkeiten zu kämpfen.

Herr Stadtv. Bohls schließt sich diesen Ausführungen des Direktors Siegle an und meint ebenfalls, daß nur ein Techniker, also ein Praktiker, in diesen Fächern fruchtbringend unterrichten könne."

Mit Genugtuung kann jeder interessierte Kollege es begrüßen, daß von einem an leitender Stelle stehenden Pädagogen die Notwendigkeit des Vorhandenseins von technisch erfahrenen Lehrern an den Fachschulen immer mehr erkannt und gewürdigt wird.

Das Bestreben eines jeden Kollegen, der für diese Sache Interesse hat und sich zum Unterrichten fähig fühlt, muß es daher sein, sein Augenmerk dauernd darauf zu richten, daß auch er an seinem Wohnorte nach Möglichkeit mit in den Fachschulunterricht hineinkommt. Obschon die Möglichkeit auch nicht immer gleich vorhanden ist, so soll doch keine Gelegenheit versäumt werden, um das erstrebte Ziel mit der Zeit zu erreichen. Gm.

*

Ueber die Fachschulen für das Baugewerbe

berichtet ausführlich der jüngst erschienene V. Jahresbericht des preußischen Landesgewerbeamts 1914. Danach betrug die Zahl der staatlichen und staatlich unterstützten Baugewerk s c h u l e n zu Beginn der Berichtsperiode (1. Okt. 1911) 25. Neue sind in den letzten beiden Jahren nicht errichtet worden. Neu eröffnet wird nur am 1. Okt. 1914 eine staatliche Baugewerkschule in Neukölln. Dagegen hat die Zahl der K l a s s e n eine weitere Vermehrung erfahren. Im Jahre 1909 wurden im Sommer 151 Klassen und im Winter 245 Klassen, im Jahre 1910 im Sommer 165 Klassen und im Winter 260 Klassen, im Jahre 1911 im Sommer 182 und im Winter 268 Klassen und im Jahre 1912 im Sommer 190 und im Winter 272 Klassen betrieben. Das bedeutet seit dem Jahre 1909 eine Gesamtvermehrung um 66 Klassen oder 16½%. Betrachtet man aber die Vermehrung im Sommer und im Winter für sich, so ergibt sich seit 1909 im Winter ein Mehr von 27 Klassen, das sind 11% und im Sommer ein Mehr von 39 Klassen oder 26%. Der Gesamtschulbesuch betrug im Jahre 1908 9056 Schüler, 1909 9402 Schüler, 1910 9150 Schüler, 1911 9576 Schüler und 1912 9563 Schüler. Die starke Steigerung von 1908 zu 1909 ist nach dem Bericht darauf zurückzuführen, daß in diesem Jahre alle diejenigen Schüler mitgezählt wurden, die in die Schule eingetreten waren, um noch vor dem Erfordernis des fünfsemestrigen Besuchs zur Abschlußprüfung zu kommen, auch der besonders starke Sommerbesuch spreche für diese Annahme. Hand in Hand damit ging eine Vermehrung des L e h r e r personals. Trotzdem in den Jahren 1907 bis 1910 eine sehr große Zahl von jungen Lehrern einberufen worden war, von denen in den beiden letzten Jahren 44 fest angestellt wurden, mußten, um dem durch die Vermehrung der Klassen stetig steigenden Unterrichtsbedürfnisse zu genügen, 1911 noch 23, 1912 noch 26 und 1913 noch 40 Probelehrer einberufen werden. Allerdings war ein Teil der Einberufungen nötig, weil in diesen Jahren eine Reihe von Lehrern infolge von Tod, Pensionierung und sonstigen Gründen ausschied und die Lehrerstellen an der neuen Anstalt in Neukölln besetzt werden mußten. Ueber die u n t e r r i c h t l i c h e n Erfolge nach Durchführung der Reorganisation der Baugewerkschulen heißt es u. a.: „Soviel steht aber fest, daß durch die neue Methode, welche das Haus als Ganzes in den Mittelpunkt des Unterrichts stellt, bei Schülern und Lehrern die Freude am Unterricht gleichmäßig gewachsen ist, und daß allein dieser Umstand auf die Unterrichtserfolge schon einen recht günstigen Einfluß ausgeübt hat. Von den strebsamen Leitern und Lehrern aller Schulen wird aber noch immer eifrig daran gearbeitet, den Grundgedanken, das Haus als Ganzes, mehr und mehr nutzbar zu machen. Es ist nur zu erklärlich, daß sich das neue Prinzip nicht mit einem Male und an allen Schulen gleichmäßig, ohne daß man in eine schablonenhafte und der guten Sache nur schädliche Behandlung des Unterrichtsstoffes verfallen würde, in den jetzt so eng zusammengeschlossenen Fächern Baukonstruktion, Baukunde und Gestaltungslehre in der vollkommensten Weise praktisch durchführen läßt. Es ist sogar gut, daß immer wieder neue Versuche über die beste Art der Vermittlung der Unterrichtsstoffe an die Schüler gemacht werden. Das aber zeigen die Ergebnisse deutlich, daß der neue Weg der richtige ist und zum guten Ende führt. Besonders erfreulich ist auch, daß man sich an manchen Schulen, angeregt durch die guten Ergebnisse im Bauzeichnen, mit Erfolg bemüht hat, auch den Unterricht in der Projektionslehre und im Freihandzeichnen weniger abstrakt und mehr praktisch zu gestalten und insbesondere das Freihandzeichnen für die Gestaltungslehre nutzbar zu machen. Unverkennbar ist durch die Reorganisation ein reges Leben in den gesamten Unterrichtsbetrieb gekommen. Selbst im Tiefbauunterricht sind Versuche gemacht worden, bei der Wahl und der Bearbeitung der Aufgaben ähnliche Grundsätze wie im Bauzeichnen in der Hochbaukunde anzuwenden."

„Die veränderte Unterrichtsmethode hat noch den Vorteil gezeitigt, daß sie es erleichtert, in den Unterricht Themen einzufügen, die in den letzten Jahren im Baufache von besonderer Bedeutung waren: Heimatschutz, Denkmalpflege, Städtebau und Bauberatung. Durch Lichtbildervorträge und durch Ausflüge, auf denen einfache Bauwerke als Beispiele guter heimatlicher Bauweise aufgenommen werden, wie in engem Anschluß an den Unterricht in der Gestaltungslehre und dem Freihandzeichnen werden die Schüler für die Bestrebungen des Bundes Heimatschutz interessiert sowie in die Denkmalpflege praktisch eingeführt."

Beschwerden

über unregelmäßige Zustellung der Zeitung sind, wenn sie bei dem zuständigen Postamt keinen Erfolg haben, **ausschließlich an die nachstehende Adresse zu richten.**

D e u t s c h e r T e c h n i k e r - V e r b a n d
Abteilung V
Berlin, Wilhelmstraße 130.

Einbanddecken zur Deutschen Techniker-Zeitung

sind von der Firma Berliner Buchbinderei W ü b b e n & C o., B e r l i n SW. 68, Kochstraße 60/61, zum Preise von 1 M für das Stück zuzüglich 50 Pfg. bezw. 25 Pfg. für Porto zu beziehen. Um den Anzeigenteil nicht mit einbinden zu lassen, sind zwei Rückenstärken (Decke A mit Anzeigen, Decke B ohne Anzeigen) zum gleichen Preise lieferbar. Bei Bestellungen **ist anzugeben, ob Decke A oder Decke B gewünscht wird und für welchen Jahrgang.**

Ansichtspostkarten vom Erholungsheim

20 verschiedene, je 5 Pfg., 100 Stück 5 M, sind durch Postanweisung zu beziehen durch Bürgermeister Burkhardt in Sondershausen. Der Ueberschuß fließt zur Heimkasse.

DEUTSCHE TECHNIKER-ZEITUNG

TECHNISCHE RUNDSCHAU

XXXI. Jahrg. — 20. Juni 1914 — Heft 25

Kleinstadtkirche

Von Architekt CONRAD GRAFF, Posen.

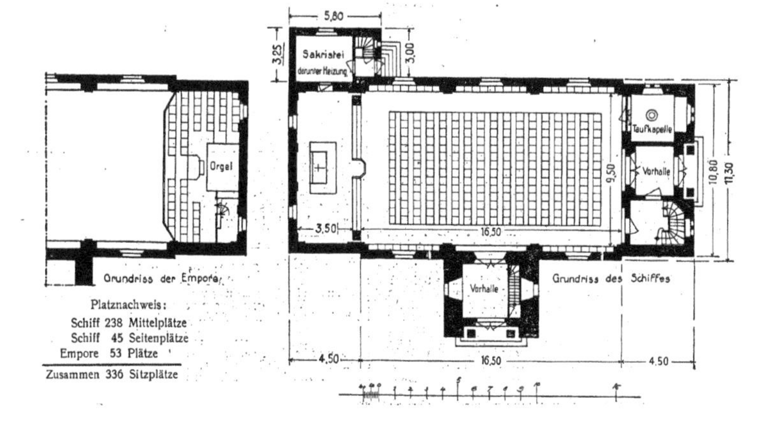

Kleinstadtkirche

Von Architekt CONRAD GRAFF, Posen.

Die Abbildungen zeigen den Entwurf zu einer evang.-luth. Kirche für eine kleine Gemeinde. Die Architektur ist in einfachen Putzbauformen gehalten. Der Grundriß ist einfach und schlicht, er besitzt die Form eines langgestreckten Rechteckes. Eine Vorhalle an der einen Giebelseite und eine solche im unteren Teile des Glockenturmes dienen als Hauptzugänge zum Innern der Kirche. Seitlich ist eine kleine Sakristei angebaut mit besonderem Zugange von außen. Die seitliche Stellung des Glockenturmes mit der Haupteingangshalle ließ die Anordnung eines Mittelganges im Kirchenraum als unerwünscht erscheinen. Das Gestühl wurde deshalb geschlossen in die Mitte des Raumes gestellt, der dadurch das Merkmal einer Predigtkirche erhielt. Die Stellung der Kanzel vor dem Altar in der Hauptlängsachse der Kirche steigert diesen Eindruck. Der Altarplatz nimmt die ganze Breite des Kirchenschiffes ein und wird von zwei wuchtigen, aufstrebenden Pfeilern mit quadratischer Grundfläche begrenzt. Trotz aller Einfachheit in den Formen wirkt der Raum ernst und würdig. Dieser Eindruck des Raumes wird erhöht durch wirksame, farbige Malereien und entsprechende Verglasung der Fenster. Der Taufstein hat in einer besonderen kleinen Kapelle Platz gefunden, die gegen das Kirchenschiff durch ein Gitter abgeschlossen ist. Die Orgel steht auf der Empore, dem Altar gegenüber.

Die Weltausstellung für Buchgewerbe und Graphik, Leipzig 1914

Am 6. Mai haben sich die Tore der „B u g r a“, der ersten buchgewerblichen Weltausstellung, geöffnet. Im Südosten Leipzigs, am Fuße des gewaltigen Völkerschlachtdenkmals, liegt das herrliche 400 000 qm große Ausstellungsgelände. An der Straße des 18. Oktober, die in gerader Linie von Nordwest nach Südost auf das Völkerschlachtdenkmal führt, befindet sich der Haupteingang A. Der Besucher beobachtet schon von weitem, wie sich in die schmuckvolle Silhouette des Haupteinganges und der anschließenden Ausstellungsbauten die massive Form der Denkmalskuppel mit den riesigen Freiheitswächtern einfügt. Links und rechts von dieser auf das Denkmal gerichteten Prachtstraße befindet sich das Ausstellungsgelände. Eine weitere Prachtstraße, die Straße des 18. Oktober winkelrecht kreuzend, zieht sich vom Eingang B bis zur mächtigen monumentalen Kulturhalle hin. Das ist die „Straße der Nationen“, benannt nach den Staatspalästen der fremden Länder, von denen sie eingesäumt wird.

Die von dem deutschen Buchhandel allein erfüllte Halle bedeckt 20 000 qm, die Maschinenhallen fassen eine Grundfläche von 15 000 qm. Schon diese zwei Zahlen führen die riesenhafte Ausdehnung und die gewaltigen Gebiete dieser Ausstellung zum Bewußtsein. Das Gelände wird durch einen Eisenbahneinschnitt in zwei Teile geteilt, die durch Eisenbetonbrücken mit Freitreppenanlagen miteinander in Verbindung stehen. Der jenseits der Eisenbahn gelegene Teil ist ganz den Stätten der Erholung und des Vergnügens gewidmet.

Erst im zurückliegenden Jahre wurde auf dem gleichen Gelände die in jeder Beziehung wohlgelungene B a u f a c h a u s s t e l l u n g abgehalten, die den Besuchern der W a n d e r v e r s a m m l u n g d e s D. T.-V. noch in bester Erinnerung sein wird. War es krankhaftes Ausstellungsfieber, das schon in diesem Jahre wieder auf dem durch das Völkerringen bei Leipzig 1813 mit Blut getränktem Gelände eine neue Ausstellung mit anderem Namen entstehen lassen mußte? Nein, das war durchaus nicht der Grund. Den äußeren Anlaß zur Veranstaltung der I n t e r n a t i o n a l e n A u s s t e l l u n g f ü r B u c h g e w e r b e u n d G r a p h i k bot die 150 j ä h r i g e J u b e l f e i e r d e r L e i p z i g e r K ö n i g l i c h e n A k a d e m i e f ü r g r a p h i s c h e K ü n s t e u n d B u c h g e w e r b e, die weit über die Grenzen Sachsens, ja Deutschlands hinaus, als einzige Hochschule ihrer Art bekannt ist. Der Deutsche Buchgewerbeverein zu Leipzig, der in enger Fühlung mit der Akademie seine Aufgabe darin erblickt, alle Zweige des graphischen Gewerbes zu umfassen und vor allem den Einfluß der bildenden Kunst zur Veredelung des Buchgewerbes nach Kräften zu erhöhen, hat die Ehrenpflicht übernommen, die Ausstellung als Zeugnis für die Blüte des deutschen Buchgewerbes zu organisieren und durchzuführen. Daß diese Ausstellung international und ein Dokument der geistigen Kultur aller Völker und Zeiten sein müsse, setzten sich die Veranstalter von vornherein zur Aufgabe. Unter Führung des hochentwickelten deutschen Buchgewerbes soll sie ein klares Spiegelbild der völkerverbindenden Kultur geben, die sich auf der Basis des Schrift- und Druckwesens erhebt, ein Bild von dem Buchgewerbe als dem Träger und Bewahrer der geistigen Güter der Menschheit. Sie soll zeigen, daß das Schrift- und Druckwesen nicht nur dazu dient, die geistigen Schätze der Menschheit zu erhalten und in alle Welt hinauszutragen, sondern daß das Buchgewerbe mit der Zivilisation aller Völker und mit der Kultur der gesamten Menschheit untrennbar verknüpft ist. So ist aus dem Unternehmen eine Industrieausstellung auf der breitgelagerten Basis einer großzügig angelegten Kulturausstellung geworden.

In einem großen Verwaltungsgebäude, in dem der Eingang B eingebaut ist, sind alle Abteilungen und ein stattliches Heer von Angestellten untergebracht, die dem Gesamtorganismus der Ausstellung in mustergültiger Weise das Leben verschafft haben, die ihn in angestrengter Arbeit lebensfähig erhalten und die Verbindung mit der ganzen Welt herstellen.

Am Verwaltungsgebäude, dem Lebensnerv der Ausstellung, beginnt die „Straße der Nationen“. Links und rechts erheben sich die Staatspaläste fremder Staaten und künden dem Beschauer den Charakter einer Weltausstellung größten Stils. Fast alle Kulturnationen haben auf dieser Weltkulturausstellung die Entwickelung ihres Schrift- und Buchwesens dargestellt.

An der mehr als einen halben Kilometer langen Prachtstraße der Nationen erheben sich die S t a a t s p a l ä s t e O e s t e r r e i c h s, R u ß l a n d s, G r o ß b r i t a n n i e n s, F r a n k r e i c h s und I t a l i e n s. Sie bedecken je 1000 bis 2400 qm Bodenfläche. Die T ü r k e i hat mit S i a m, C h i n a, K o r e a, J a p a n und dem ganzen Osten und Orient ihre Unterkunft in der Halle der Kultur gefunden. In einem großen internationalen Palast sind die S c h w e i z, die N i e d e r l a n d e, D ä n e m a r k, S c h w e d e n, S p a n i e n und P o r t u g a l untergebracht worden. An der nordwestlichen Seite der Straße der Nationen, jenseits der Kreuzung mit der Straße des 18. Oktober, liegen noch einige kleine Gebäude, unter denen ein J a p a n e r h a u s, in dessen Werkstätte japanische Holzschnitte hergestellt werden, und ein E s p e r a n t o p a v i l l o n, der dieser internationalen Kunstsprache gewidmet ist, besonders auffallen.

Das fertige Werk stimmt den Deutschen stolz. Man kann sich nur eine schwere Vorstellung von der Menge der Vorarbeiten machen, die erledigt werden mußten, bis diese Ausstellung zustande kam. Die Erkenntnis aber drängt sich unwiderstehlich auf, welch umfangreicher Schriftwechsel mit Regierungsstellen, Ministerien, Botschaftern, Konsulaten, Handelskammern und unzähligen Privatpersonen in allen Kultursprachen geführt werden mußte. Groß war die Aufgabe, die der Präsident der Bugra Dr. Volkmann, 1. Vorsteher des Deutschen Buchgewerbevereins, übernommen hatte, der persönlich in die einzelnen Länder reiste, durch Vorträge in der Landessprache Erläuterungen gab und da, wo das Interesse einmal vorübergehend erlahmt war, es neu entfachte.

Die wunderbaren Ausstellungsbauten und ganz besonders die Ausstellungen der fremden Länder beweisen deren große Opferfreudigkeit. Sie zeigen, daß diese Lande das dringende Bedürfnis für den friedlichen Wettstreit der Völker untereinander erkannt haben. In Leipzig, Deutschlands erster und ältester buchgewerblichen Stadt, dem Buchzentrum für manche Hauptzweige des Buchgewerbes und der Graphik, soll dieser Wettstreit ausgetragen werden.

Mehr als 600 Gelehrte des In- und Auslandes haben sich zusammengetan, um in der 5000 qm bedeckenden „H a l l e d e r K u l t u r“ die Entwickelung von Buchgewerbe und Graphik aller Zeiten und Völker geschlossen vorzuführen. Die Bedeutung dieser hochwichtigen, kulturgeschichtlichen Abteilung geht weit über das Ausstellungsunternehmen hinaus, denn in solchem Umfange ist dieses Gebiet überhaupt noch nie zur Darstellung gelangt. Die A u s s t e l l u n g d e r K u n s t u n d d e r P h o t o g r a p h i e schließt sich in drei großen Hallen von 3000 qm Fläche an vorgenannte Abteilung an. Ein umfassendes Bild der n e u z e i t l i c h e n g r a p h i s c h e n K u n s t d e r g a n z e n W e l t wird hier geboten.

Der gesamte Stoff des Ausstellungsgebietes ist lebendig veranschaulicht worden. Nicht weniger als ein Drittel des gesamten Ausstellungsgebietes ist nämlich dem historischen Teil des Buchgewerbes und den technisch-belehrenden Darstellungen aus buchgewerblichen Betrieben gewidmet. Dem Besucher der Ausstellung ist dadurch Gelegenheit gegeben, bei jedem der unzähligen Fachgebiete sich mit dessen geschichtlicher Entwickelung vertraut zu machen und in den belehrenden Abteilungen einen Ueberblick zu gewinnen, in welcher Weise bei dem heutigen Stande der Technik die Arbeit vor sich geht und stufenweise bis zur Vollendung des Erzeugnisses fortschreitet. Dadurch wird für den Laien ein anregender Ueberblick über das gesamte Gebiet der geistigen Arbeit und für den Fachmann gewissermaßen eine lebendige Fachschule jedes einzelnen Arbeitsgebietes geschaffen.

In der Haupthalle „Deutsches Buchgewerbe" befinden sich hauptsächlich die fertigen Erzeugnisse der gewerblichen Industrie. An allen ist festzustellen, daß sich das deutsche Buchgewerbe in höchster Blüte befindet. In den sehr geräumigen Maschinenhallen wird dem Besucher gezeigt, auf welchem Wege und mit welchen Mitteln die Ausstellungsobjekte durch die Industrie hergestellt werden. Die Antriebs- und Herstellungsmaschinen in allen ihren Abarten werden in der großen Zahl der übrigen Hallen auf dem weiten Gelände vorgeführt.

Die Vorführung der Papiererzeugung in alter und neuer Zeit, vom Lumpenpapier (Büttenpapiere) in einer alten Papiermühle bis zum Maschinenpapier in einer gewaltigen modernen Papierfabrik an der „Straße der Industrie", sind treffliche Zeugen des Fortschrittes der alles umwälzenden Technik. Eine neuzeitliche Papiermaschine läßt die Höchststufe der Vollendung der Papierindustrie erkennen. Im Anschluß hieran ist in der Abteilung Tagespresse die moderne Zeitungsdruckerei durch mächtige Rotationsmaschinen außerordentlich beachtenswert und hochinteressant veranschaulicht. Der Tempel der Fachpresse bietet dem Beschauer in erster Linie ihren historischen Werdegang. In zweiter Hinsicht findet im engsten Rahmen die wirtschaftliche Bedeutung und die Macht der Fachpresse in großen anschaulichen Tabellen lebendigen Ausdruck.

Um das Riesengebiet des Buchgewerbes und der Graphik lückenlos zu erschöpfen, ist eine ganze Anzahl von Sonderausstellungen geschaffen worden. Erwähnt seien nur: Schule und Buchgewerbe; die Frau im Buchgewerbe; der Student; das kaufmännische Bildungswesen; das Deutschtum im Ausland und Deutsche Kolonien, endlich Deutschland im Bild.

Eine Sonderausstellung „Der Techniker und das Buchgewerbe" ist nicht vorhanden, aber der deutsche Techniker hat als Konstrukteur, Betriebsleiter, Erfinder usw. hervorragenden Anteil an den Werken auf der Weltausstellung für Buchgewerbe und Graphik. Neben den Schätzen der Kunst ist eine ganz gewaltige Summe von geistiger technischer Arbeit in dieser Ausstellung aufgespeichert. Zahlenmäßige Angaben können hierfür nicht gemacht werden. Eine Maßeinheit oder gar ein Meßinstrument zur Feststellung der aufgewendeten geistigen technischen Arbeit ist noch nicht erfunden. Jedes einzelne Stück, jede Maschine zeugt vom Hochstand der Technik, und geistig regsame Besucher werden in Verehrung und Bewunderung den Männern der Technik Anerkennung zollen. Wir wollen solcher Anerkennung technischer Arbeit nachhaltige und dauernde Wirkung verschaffen durch rege Anteilnahme an dem großen Kulturwerk und durch den Besuch und fleißiges Studium der „Bugra" Leipzig 1914.

Baumstr. Kahnt.

BRIEFKASTEN

Nur Anfragen, denen 10 Pfg. Porto beiliegt und die von allgemeinem Interesse sind, werden aufgenommen. Dem Namen des Einsenders sind Wohnung und Mitgliednummer hinzuzufügen. Anfragen nach Bezugsquellen und Büchern werden unparteiisch und nur schriftlich erteilt. Eine Rücksendung der Manuskripte erfolgt nicht. Schlußtag für Einsendungen ist der vorletzte Mittwoch (mittags 12 Uhr) vor Erscheinen des Heftes, in dem die Frage erscheinen soll. Eine Verbindlichkeit für die Aufnahme, für Inhalt und Richtigkeit von Fragen und Antworten lehnt die Schriftleitung nachdrücklich ab. Die zur Erläuterung der Fragen notwendigen Druckstöcke zur Wiedergabe von Zeichnungen muß der Fragesteller vorher bezahlen.

Empfehlungen von Firmen, die weder Abonnenten noch Inserenten der D. T.-Z. sind, werden nicht aufgenommen.

Frage 145. Kann mir einer der Herren Kollegen Angaben über **Heftzwecken-Fabrikation** machen? Meine Adresse ist durch die Schriftleitung zu erfahren. Porto wird vergütet.

Frage 146. Perspektivisches Zeichnen. Kann mir einer der Herren Kollegen die Bezugsquellen von Körbers Strahlendiagramm (W. Ernst & Sohn, Berlin. D. Red.) und von Kießlings Strahlenlineal für Perspektiven nachweisen? Welches von beiden ist am praktischsten?

Frage 147. Hartholzpflaster. Ein Sägewerk in Deutsch-Ost-Afrika beabsichtigt, sich evtl. mit der Herstellung von Holzpflaster zu befassen und wäre um folgende Angaben sehr dankbar: 1. Kann jede Art von Hölzern, harte und weiche, verwendet werden? 2. Welche Spezialmaschinen sind erforderlich und wer ist Lieferant? 3. Auf welche Weise werden die im Handel befindlichen Holzpflasterarten imprägniert, und ist eine derartige Anlage mit größeren Kosten verbunden? 4. Welche Art von Betrieb ist zur Rentabilität erforderlich? 5. Werden an die Qualität der Hölzer besondere Anforderungen gestellt? 6. Wo sind die erforderlichen Maschinen zu erhalten?

Frage 148. Oelgewinnung. Die in Kiautschou gezogene Seyabohne wird zur Oelfabrikation verwendet; ihre Rückstände benutzt man als Viehfutter oder als Düngemittel. Die mir bekannten Wege zur Oelgewinnung aus der Bohne sind: 1. Auspressen der gemahlenen Bohne mittels hydraulischer oder anderer Pressen. 2. Extrahieren des Oeles aus der gemahlenen Bohne durch Schwefelkohlenstoff oder Kanadol. a) Welche der beiden Methoden ist die billigste? b) Welche der beiden Methoden liefert das meiste und beste Oel? c) Welche Maschinen und Apparate sind dazu erforderlich und welche Firmen beschäftigen sich mit dem Bau derselben?

Frage 108. Stubenofen. Ein Ofen, $2^{1}/_{2} \times 3^{1}/_{2} \times 10$ Kacheln groß, soll unter normalen Verhältnissen als Stubenofen gesetzt werden. Brennmaterial: Kohle und Briketts. Welche Bauart ist vorzuziehen: a) Kachelausfütterung mit Dachsteinen (Biberschwänzen) in Lehmmörtel mit zusammengesetzten, unteren (2) horizontalen und oberen senkrechten Zügen oder b) Kachelausfütterung mit ganzen Ziegelsteinen in Lehmmörtel und senkrechten Zügen? Welche Vorzüge bezw. Nachteile sind hierbei zu beobachten?

Antwort I. Die Ausführung a hat den Vorzug schnellerer Erwärmung, den Nachteil rascherer Abkühlung, die Lebensdauer ist geringer und bei nicht besonders guter Ausführung ist der Ofen weniger gasdicht. In den horizontalen Zügen lagert sich Flugasche ab, die den Querschnitt verengt und die Gase abkühlt, d. h. ihren Auftrieb verringert und zum Rauchen Anlaß gibt, wenn in den oberen Stockwerken das Schornsteinrohr nicht mehr hoch genug, an Zugkraft verliert. Die Ausführung b hat den Vorzug eines größeren Wärmebehaltes: die Anheizung dauert länger, die Lebensdauer des Ofens ist größer, die Züge bleiben reiner. Der Ofen ist gasdichter, namentlich, wenn er eine Röhre besitzt. Die Rauchgase in Ofen-Ausführung b erfahren größere Ausnutzung, sparen also Brennmaterial. Zurzeit werden die Kachelöfen für Holz- und Brikett-Feuerung gebaut, d. h. sie besitzen keinen Rost und nur den Feuerraum. Gegenüber den Oefen mit Rost und Ascheraum sind die ersten im Nachteil: Die Ascheentfernung ist schwierig, ein Dauerbrand ist nicht durchführbar, beim Abbrand des Hartholzes werden Teeröle frei, kondensieren und laufen übelriechend zur geschlossenen Tür hinaus, die Regulierung ist schwer und beim Nachlegen von Brennmaterial dringen Gase ins Zimmer. In den oberen Stockwerken geben die Oefen unverbrannte Reste. Es ist darauf zu achten, daß die Oefen mit Ventilation gebaut werden und diese sowie die Ofenwärme dann in Wirksamkeit tritt, wenn die Fenster während des Anheizens geöffnet bleiben. Der Ofen saugt dann die Verbrennungs- und weiter die Zirkulations-Luft an. Im Laufe des Tages erfolgen weitere Lüftungen.

—pf.

II. Zur guten Wärmeaufspeicherung ist die Ausfütterung der Kacheln mit solchem tonigem Material wohl zu empfehlen, das den jeweiligen Bedürfnissen der Wärmeabgabe je nach Stärke und Zeit Rechnung trägt. Zu a. Kachelausfütterung mit Dachsteinen bietet wegen deren geringen Stärke einen ziemlich starken Wärmedurchgang. Die Mauerung in Lehmmörtel ist ziemlich bequem und auch beständig, nützlich dafür ist noch Verstreichung der Fugen mit hitzebeständigem Kitt. Diese Ausfütterung kann wegen ihrer ziemlich schnellen Wärmeabgabe an die Kachelwandung immerhin zu Ueberhitzung Anlaß bieten. An und für sich bietet die Einlegung von zwei unteren wagrechten Zügen — außer zwei oberen senkrechten Zügen — reichliche Wärme nach unten, was ja auch wünschenswert ist. Man hat hierbei öfter vorteilhafte Gelegenheit zur schnellen Erwärmung des Raumes mit Kohle und Briketts. Zu b. Kachelausfütterung mit ganzen Ziegelsteinen bewirkt wegen deren größerer Stärke einen langsameren Wärmedurchgang und läßt sich in Lehmmörtel oder in feuerfestem Mörtel vermauern. Heutzutage ist die Anordnung von senkrechten Zügen fast allein üblich; doch werden bei der gegebenen Größe von $2^1/_2 \times 3^1/_2 \times 10$ Kacheln schon möglichst drei bis fünf Züge angeordnet. Die Anheizung erfolgt zwar langsamer, dafür hält aber die Erwärmung länger an. Man ist auch von der hohen Kachelofenkonstruktion mehr auf die niedrigere Konstruktion abgekommen, um die Wärme besser am Boden zu halten. — Besser als Dachsteine und ganze Ziegelsteine eignen sich Schamottesteine als gut hitzebeständig und wärmehaltend für Kachelausfütterung; sie sind heutzutage in Aufnahme und werden in feuerfestem Mörtel, gegebenenfalls mit Zuhilfenahme von Braunschweiger Faserzement, versetzt. Man kann hierbei sowohl mit Briketts, gewöhnlicher Kohle als auch mit Anthrazit heizen. K.-C.

Frage 109. Prüfung von Leinöl. Ist Leinöl vom Harzöl auf der Baustelle vor dem Anstrich in reinem, bezw. mit Farbe gemischtem Zustand erkennbar? Wie kann man den Unterschied der Oele feststellen?

Antwort. Man unterscheidet zwischen Oelfirnissen und Harzfirnissen. Leinöl ist als Stoff für Oelfirnis geeignet; es muß gut abgelegen und gereinigt sein, wenn es einen guten Grundier-Anstrich geben soll. Durch einfaches Kochen mit Umbra oder sonstigen Erden wird Leinöl von seinem überflüssigen Schleim befreit; bei Fortsetzung des Kochens und Zusatz von Bleiglätte, Zinkoxyd oder dergl. entsteht Leinölfirnis (nach Anweisung von R. Gottgetreu-München). Dieser schnell trocknende Firnis wird entweder den angeriebenen Oelfarben beigemengt oder auch selbst zum Anstrich verwendet. Mit Farben gemischte Leinölfirnisse machen die Farben dunkel und gelblich; daher setzt man sie nicht gern hellen Farben zu. Leinölfirnisse allein blättern leicht ab und schwinden in der Wärme; sie können jedoch nach gehöriger Auftrocknung als Grundierung zu Lackfarben, wie Eisenpixolit, Industriepixol, von dunkler Tönung dienen. — Für die Oelfirnisse sind auch die Eigenschaften einiger Sorten von fetten Oelen maßgeblich, daß sie beim Auftragen in dünnen Schichten auf der Oberfläche von Holz-, Eisenteilen usw. zu einem festen elastischen, für Wasser undurchdringlichen Ueberzug erhärten. — Harzöl ist zwar wasserbeständig und gut rostschützend, aber wenig wärmebeständig. Zu den Harzfirnissen verwendet man hauptsächlich Schellack, Fichtenharz, Bernstein, Kolophonium und bituminöse Stoffe wie Mastix. Die Lösung erfolgt besonders in Weingeist oder Terpentin; die so entstehenden Lösungen werden in dünnen Schichten auf die Oberfläche der Gegenstände aufgetragen und sind dadurch erkennbar, daß sie zugleich mit der Verdunstung der flüchtigen Lösungsstoffe erhärten. — Ueber besondere Merkmale an Harzfirnis mit bituminösem Gehalt kann z. B. von Chemiker F. Schacht-Braunschweig Auskunft erbeten werden — auch im besonderen über Firnis, der zum Grundieren und Verdünnen sowie zum Selbstanrühren mit Mineralfarben geeignet ist. Kr.

II. Fälschungen von Leinöl sind heute durchaus nicht selten und deshalb ist es Pflicht eines jeden Bauführers bezw. Bauaufsehers, sich von der Güte und Beschaffenheit des Leinöls zu überzeugen. Solche Fälschungen werden aber nicht nur mittelst Harzöl, sondern häufig genug auch mit Rüböl, Maisöl und sonstigen Pflanzenölen vorgenommen. Soll nun eine in jeder Beziehung einwandfreie Prüfung des Leinöls bezw. der Oelfarbe vorgenommen werden, so sind schon einige chemische Kenntnisse sowie besonders konstruierte Apparate erforderlich. In der Regel fehlt aber dem gewöhnlichen Handwerker beides; deshalb ist er darauf angewiesen, eine solche Prüfung ohne Zuhilfenahme von Apparaten und ohne besondere chemische Kenntnisse vorzunehmen. Uebrigens ist die chemische Zusammensetzung des Leinöls von den Chemikern noch keineswegs einwandfrei festgestellt; jeder gibt eine andere Zusammensetzung an. Die Hauptbestandteile sind: Linolein, Elain und Palmitin. —

Zur Feststellung von Leinölfälschungen gibt es verschiedene Methoden. Da reines Leinöl ein spezifisches Gewicht von 0,933 hat, so ist es aus naheliegenden Gründen geboten, daß man es vorerst mit der Oelwage (Oleometer) wiegt. Geht nun das Gewicht unter 0,92 herunter, so ist das Oel eben gefälscht. Die Art der Fälschung kann naturgemäß nur ein mit guten Kenntnissen ausgerüsteter Chemiker feststellen. — Reines Leinöl riecht angenehm; ist es dagegen mit Harzöl vermischt, so hat es einen unangenehm beizenden Geruch und jeder Praktiker wird die Fälschung sofort merken. — Reines Leinöl erweckt bei kaltem Wetter einen trüben Eindruck und bleibt bis zu —25° immer noch in flüssigem Zustande, ohne daß dabei ein Niederschlag oder eine Ausscheidung sichtbar würde. Bringt man es jedoch in normale Temperatur, so bekommt es bald wieder einen hellen, klaren und durchsichtigen Schein. Sobald es aber mit Harzöl vermischt ist, bildet sich bei längerem ruhigen Stehen ein sichtbarer Satz am Boden des Gefäßes; bei Erwärmung löst sich dieser bald wieder auf. —

Eine weitere Prüfung kann nach folgender Art vorgenommen werden: Ein kleines Quantum Leinöl wird über dem Feuer (Gas- oder Spirituskocher) erhitzt und zwar so lange bis es aufwallt; dabei dürfen sich weder schwimmende Flecken noch sonstige Ausscheidungen zeigen. Machen sich aber solche Anzeichen bemerkbar, so ist das ein Zeichen der Fälschung. — Reines Leinöl soll, möglichst dünn auf eine Glasplatte gestrichen, bei normaler Belichtung und etwa 15° C in mindestens 72 Stunden trocken sein; sodann soll es allmählich vollkommen erhärten, darf aber keinesfalls von selbst wieder erweichen. Wenn Sie die Prüfungen nach vorstehenden Fingerzeigen vornehmen, so werden Sie bald merken, ob Sie reines oder gefälschtes Leinöl vor sich haben. Ha.

Frage 110. Haftung für Brandschaden. Einem Landwirt ist durch Brandschaden u. a. auch ein Elektromotor vernichtet worden. Der Motor war von ihm von einer Elektro-Gesellschaft auf Abzahlung gekauft. Die Lieferantin hatte sich das Eigentumsrecht bedungen und zwar bis nach Zahlung der letzten Rate. Von dem Landwirt ist der erst vor kurzem eingebaute Motor nicht versichert worden. Wer trägt nun den Schaden?

Antwort. Den Schaden hat der Landwirt selbst zu tragen. Wenn er auch infolgedessen, daß sich die Lieferantin das Eigentumsrecht an dem Motor bis zur vollständigen Bezahlung vorbehalten hatte, noch nicht Eigenbesitzer war, so war doch mit der Uebergabe die Gefahr des zufälligen Untergangs auf ihn übergegangen. (Vergl. § 446 BGB.) Der Landwirt war schon in rechtliche und wirtschaftliche Beziehungen der ihm übergebenen Sache getreten; er war ihr Verwalter und Verweser geworden und hatte als solcher ein Interesse an ihrer Erhaltung. Da nach den Grundsätzen der Vereinigten Versicherungs-Gesellschaften der Gegenstand der Versicherung lediglich das Interesse an der Sache ist, war ihm auch die Möglichkeit der Versicherung gegen Brandschaden geboten. Zur Klarstellung der Verhältnisse von vornherein wird in vielen Verträgen über Verkäufe von Gegenständen, an denen sich der Lieferant bis zur vollständigen Bezahlung das Eigentumsrecht vorbehält, ein Passus aufgenommen, wonach der Käufer noch besonders verpflichtet wird, die gelieferte Sache gegen Brandschaden zu versichern. In wenigeren Fällen übernimmt der Lieferant die Versicherung bis zum letzten Zahlungstermin selbst; wahrscheinlich aber nur deshalb, um sich unsicheren Käufern gegenüber für alle Fälle zu sichern.

B. Th., Gotha. M.-Nr. 27 336.

Frage 111. Feuerfeste Unterlage. Im Abstand von 5 cm einer feuerfesten Unterlage befindet sich ein 50 cm langes, parallel zur Unterlage angeordnetes $1^1/_2''$ Gasrohr, aus dem mit einem Druck von ca. 3 at eine ca. 45 cm breite gleichmäßige Flamme (Gemisch von Kraftgas und Luft) auf die Unterlage schlägt. Die Oberfläche der Unterlage soll glatt und wenn möglich durchsichtig sein. Welches Material ist zu empfehlen und wer liefert solches?

Antwort I. Die der starken Gasflamme auszusetzende Unterlage kann aus feuerfesten Steinen hergestellt werden. Mit der gewünschten Durchsichtigkeit mag wohl eher eine spiegelnde Beschaffenheit der Oberfläche verlangt sein; die Steine sollen einen sehr hohen Schmelzpunkt besitzen und auch bei längerer Feuereinwirkung nicht weich werden. Im besonderen kommen dazu Schamottesteine in Betracht, die z. B. von Eugen Hülsmann, Fabrik Altenbach bei Wurzen i. Sa., geliefert werden. Nach der Feuerfestigkeitsskala von Dr. Bischoff über feuerfeste Tone usw. sowie solcher des Chemischen Laboratoriums für Tonindustrie Berlin NW. gilt für Ton von Großalmerode 20%, von Mügeln 30%, Klingenberg 50%, von Zettlitz 60 bis 70%, von Altenbacher kaolinartigem Ton über 50 bis 60% Feuerfestigkeit. Der zugehörige Sand ist als geeignet befunden zu Schweißsteinen und auch zu Dinassteinen. Die Steine können z. B. eine Glasur erhalten. Die Altenburger Schamottesteine sind bei der starken Hitze in Oefen als gut feuerfest erprobt, z. B. von der Maschinenfabrik und Eisengießerei Leipzig-Neuschönefeld sowie von der Königl. Porzellanmanufaktur zu Meißen. Auch sind derartige Schamottesteine in Ofenkanälen mit Glasur überzogen benutzt. Uebrigens werden auch von der Gailschen Ziegelei und Tonwaren-Fabrik in Gießen Schamottesteine für feuerfeste Unterlage geliefert. Die Schamotteplatten wären in Formaten $25 \times 25 \times 5$ cm bis $60 \times 50 \times 6$ cm (zu 0,25 bis 2 M für das Stück) zu verlegen und mit Zement oder auch Braunschweiger F. Schachtschem Mangan-Mastix-Kitt zu verfugen, der in Feuer bei Temperaturen bis ~ 400° C widerstandsfähig bleibt. Die Verlegung der Steine erfolgt in feuerfestem Mörtel. K. C.

II. Wollen Sie einen Nutzen von der Flammenschlagplatte haben, d. h. eine möglichst lange Lebensdauer, so wäre von Ihnen die Temperatur anzugeben, bis zu der die Platte in Anspruch genommen wird. Mit dieser Angabe wenden Sie sich an das Chemische Laboratorium für Tonindustrie Professor Dr. Seger und Cramer-Berlin zur Feststellung des Segerkegels, von denen 58 Nummern für Hitzegrade von 590 bis 1850° C vorhanden sind. Da von jedem Kegel dessen chemische Zusammensetzung nach feststehender Tabelle bekannt ist, so wird Ihnen dort mitgeteilt werden, welchen Widerstand (Silikatgehalt) die Platte zum mindestens haben muß, und aus welchem Material die Platte herzustellen ist, mit Rücksicht darauf, daß sie ihre Durchsichtigkeit behält und durch den Flammenangriff nicht vorzeitig blind wird. Sie erfahren dort auch, welche Firma die Platte liefert. -pf.

Frage 118. Innenanstrich für Kabelsteine. Erwünscht sind Angaben über die Zusammensetzung einer Masse, die zu diesem Zweck hervorragend geeignet ist.

Antwort. Ein Schutzüberzug an den Innenwandungen von Kabelsteinen (in Kastenform usw.) gegen etwa durch deren Betonmörtel und deren Fugen dringende, den Kabeln unzuträgliche Nässe bezw. gegen Einflüsse von Säuren und Laugen usw. auf den Betonmörtel kann z. B. durch gut bewährten Awaasphalt von Andernach-Beuel bewirkt werden. Dieser läßt sich einfach auf Röhren mit Gewindemuffen, z. B. nach C. Reinsch-Niedersedlitz (nötigenfalls auch in Bogenform beschaffbar) aufstreichen, welche bei Formsetzen und Stampfen von Kabelkästen nach Verfahren von Dr. Gaspary-Leipzig (mit eisernen Längs- und Giebelwänden) als Kerne eingelegt und wieder herausgezogen werden. Die von den glatten Rohraußenwänden abziehbare Anstrichmasse haftet dann an den rauhen Betonkabelstein-Innenwänden. Ebenso wirksam gegen Nässe und Säure ist auch Awaisolierlack, der unmittelbar mittels Putzer-Bürsten oder dergl. an den Kabelstein-Innenwänden auch nachträglich aufgetragen werden kann. Die Fugen der Kabelsteine sind mit elastischem, säure- und nässebeständigem Asphaltkitt oder Kaisermastixkitt zu dichten. Kr. in K.

Frage 119. Kann mir einer der Herren Kollegen etwas über die **Stampfbauweise aus Kalkmörtel und Schlacken** berichten, wie diese in der Oberlausitz und im angrenzenden Königreich Sachsen bei Wohnhäusern und landwirtschaftlichen Anlagen ausgeführt wird? Erwünscht wären mir Angaben über die Ausführung, Haltbarkeit, Druckbeanspruchung, Dauerhaftigkeit und vor allem über die Kostenfrage.

Antwort. Die dem Aufbau aus Schlackenkalksteinen im ganzen entsprechende Stampfbauweise wird zwischen Holzverschalung ausgeführt. 1 Rt. dicke Kalkmilch mit 6 Rt. Schlacke oder Schlackensand werden sorgfältig gemischt. Unter Umständen kann man auch bis 9 fache Schlackensandmenge nehmen und Zement zusetzen. Die Erhärtung an der Luft dauert rd. 4 Wochen. Die Stampfung erfolgt in Lagen von rd. 10 cm, sie muß im Verbande geschehen. — Die Druckfestigkeit beträgt rd. 150 bis 200 kg/cm², die zulässige Druckbeanspruchung kann 8 bis 10 kg/cm² betragen. Durch Zusatz von Zement wird die Erhärtung gefördert. Die Mischung kann mittels Trichtertellermischer z. B. Typ T. T. M. 2 der Leipziger Zementindustrie-Markranstädt (zu rd. 1000 M) erfolgen. Die Herstellungskosten belaufen sich auf 10 bis 14 M/cbm. — Die Wände bedürfen zur Dichtung eines Innenputzes, z. B. aus F. Schachtschem Pixolisoliermörtel, und werden gegen das Erdreich mit Braunschweiger Industrie-Goudron bezw. Betongoudron isoliert. Die Dauerhaftigkeit hängt sehr von der sorgfältigen Beachtung des Abbindens ab; mit geeigneter Isolierung und Verkleidung können die Wände für landwirtschaftliche Bauten genügend warm hergerichtet werden. Kr.

Frage 120. Sauerstoff- und Wasserstoffanlage. Ich benötige eine Auskunft über die derzeitige Herstellung, Vertrieb und Konsum verdichteten Sauerstoffes, um einer bestehenden Wasserkraftanlage eine bessere Ausnutzung durch Angliederung einer Sauer- und Wasserstoffanlage sichern zu können. Wenn die Beantwortung durch den Fragekasten nicht erschöpfend erfolgen kann, dann bitte brieflich gegen mäßiges Honorar. Die Antwort soll neben der gedrängten Herstellungsart die Möglichkeit des Absatzes, ob dieser kartelliert ist oder im freien Handel erfolgen darf, angeben. Literaturangaben gleichfalls erbeten.

Antwort. Für die Sauerstoffgewinnung gibt es eine ganze Anzahl meistens patentierte Einrichtungen:

1. Sauerstoffmaschinen System Hildebrandt D. R. P. gewinnen den Sauerstoff der Luft, welche zu diesem Zwecke komprimiert und von Kohlensäure und Feuchtigkeit befreit wird. In einem Sauerstofferzeugungsapparat erfolgt die Verflüssigung der Luft. Durch fraktionelle Verdampfung wird die Luft von ihrem Stickstoffgehalt befreit. Eine derartige Anlage besteht aus Luftkompressor, Abscheider für Kohlensäure und Feuchtigkeit sowie dem Sauerstofferzeugungsapparat. Je nach Größe beträgt das Anlagekapital für eine derartige Anlage bei einer stündlichen Erzeugung von 1 bis 50 cbm Sauerstoff 7800 bis 74 000 M. Besondere Kühlanlagen zum Vorkühlen von Luft sind nicht erforderlich. Der erzeugte Sauerstoff besitzt einen Reinheitsgrad bis 99 %.

2. System Griesheim. Dasselbe beruht auch auf der Luftverflüssigung und Rektifikation der flüssigen Luft.

3. System Linde D. R. P. Die Gewinnung erfolgt durch fraktionierte Verdampfung flüssiger Luft. Die Luft wird zuerst verflüssigt und dann unter Wiedergewinnung der zur Verflüssigung notwendigen Kälte einer Rektifikation unterworfen. Es kann ein Reinheitsgrad des Sauerstoffs bis 95 % erreicht werden. Bei einer stündl. Sauerstoffmenge von 1 bis 50 cbm beträgt hier der erforderliche Kraftbedarf 6 bis 100 PS. Die hierzu erforderliche Kühlwassermenge beträgt 0,3 bis 4,5 cbm stündlich.

Verdichteter Wasserstoff wird in großen Mengen auf elektrolytischem Wege gewonnen. Das Wasserstoffgewinnungsverfahren System Linde-Frank-Caro beruht auf der Zerlegung von Wassergas in seine Hauptbestandteile. Durch Verflüssigung des Kohlenoxyds erhält man Wasserstoff und Kohlenoxyd. Durch Absorption werden die Kohlensäure, die Hauptmengen Stickstoff und Kohlenoxyd durch ihre Verflüssigung, die letzten Reste des Kohlenoxydes durch Calcium-Carbid oder Natronkalk aus dem Gasgemenge vom Wasserstoff getrennt. Diese Zerlegung beruht darauf, daß Wasserstoff einen niedrigeren Siedepunkt besitzt als Kohlenoxyd und Stickstoff.

Wird komprimiertes Wassergas auf die Temperatur der flüssigen Luft abgekühlt, so verflüssigen sich Kohlenoxyd und Stickstoff sowie die anderen Verunreinigungen des Wassergases. Die Verflüssigung erfolgt durch Abkühlung und Druck. Der Preis des Wasserstoffes nach diesem Verfahren ist natürlich bedingt durch den Preis des Rohmaterials und der Größe der Anlage. Bei einer Erzeugung von stündlich 25 bis 100 cbm Wasserstoff sind 70 bis 250 cbm Wassergas erforderlich. Der Koksverbrauch stellt sich hierbei auf 45 bis 155 kg. Der Versand des Wasserstoffs erfolgt wie beim Sauerstoff in Stahlflaschen mit einem Druck von 125 bis 150 at.

Die größte Anwendung findet Sauerstoff und Wasserstoff beim autogenen Schweißverfahren mittels Knallgas. Ein besonderes Flußmittel ist nicht erforderlich, da die Flamme reduzierend wirkt. Temperatur der Flamme bei 1 Teil Sauerstoff und 4 Teilen Wasserstoff ca. 1900° C. Der Konsum an Wasserstoff und Sauerstoff ist bei dem heutigen hochentwickelten Schweißverfahren ein sehr großer. Die Absatzmöglichkeit daher eine gute. Konkurrenz jedoch eine sehr große. Am besten wendet sich der Fragesteller an eine Spezialfirma für Sauerstoff- und Wasserstoffgewinnungsanlagen mit genauer Angabe der für ihn in Frage kommenden stündlich zu erzeugenden Gasquantitäten. Adressen durch die Schriftleitung. An Literatur kann empfohlen werden: H. Teichmann „Komprimierte und verflüssigte Gase, industrielle Herstellung und Eigenschaften der im Handel vorkommenden verdichteten Gase". Horn, „Die autogene Schweiß- und Schneidetechnik". H. Schn., Mitgl.-Nr. 57 674.

Frage 121. Verputz mit Korkzusatz. Zur Hebung der Akustik in Kirchenräumen sollen die Wände einen Verputz mit Korkzusatz erhalten. Auf welche Weise wird dieser Verputz hergestellt?

Antwort I. Zur Herstellung eines Verputzes mit Korkzusatz kann man sich des Kalk-Gipsbreies als Mörtelmasse bedienen, der sich mit dem Kork verbinden kann. Kalkmörtel und Gips werden zu gleichen Teilen vermischt und mit Korkabfällen zusammen aufgestampft. Als schalldämpfende Unterlage dient z. B. Beueler Spezialfilzkarton, der mit Anolklebelack auf der Wand aufgeklebt wird. — Darüber wird ein Drahtgewebe kreuzweise mit Nägeln aufgesteckt, an welchem der Korkputz mit Kellen angeworfen wird und somit gut haften kann. Kr. in K.

II. Zur Hebung der Akustik in Kirchenräumen, Theatern, Konzerträumen usw. empfehle ich das von der Firma Ferd. Thoenissen in M.-Gladbach hergestellte und vertriebene Korkputzmaterial, dessen Verarbeitung einfach und zuverlässig ist. Das Material ist frei von Magnesit und Chlormagnesium und daher für alle Baustoffe unschädlich. Es wird verwendungsfertig geliefert, nur mit reinem Wasser angerührt und kann dann ohne weiteres von jedem Maurer, Putzer, Zementierer verarbeitet werden. Mitgl.-Nr. 24 154.

Frage 122. Kalksandsteinfabrik. Es ist die Neueinrichtung bezw. Umwandlung eines Sägewerksbetriebes in eine Kalksandsteinfabrik geplant. Bitte um Auskunft, welche Anlage-, Betriebs- und Herstellungskosten eine Kalksandsteinfabrik erfordert und in welchem Falle sich dieselbe am besten rentiert. Grundstück, Gebäude und Lokomobile sind vorhanden.

Antwort I. Kalksandsteine werden durch Mischung von eingepulvertem ungelöschtem Kalk mit viel Sand und wenig Wasser hergestellt. Sie werden unter Einwirkung von gespanntem Dampf durchgearbeitet und unter starker Pressung geformt, sodann noch stundenlang hochgespanntem Dampf ausgesetzt. Der Kalkgehalt soll 6 bis 10 % betragen. Die Pressung erfolgt, z. B. nach System der Leipziger Zementindustrie Markranstädt, mittels einer Mauerstein-Maschine „Wotan", die bei stündlicher Leistung von 900 bis 1100 Steinen 25×12×6,5 cm rd. 5000 M kostet; dazu ist noch 1 Trichtertellermischer, z. B. Typ TT. M 2, zu rd. 950 M, Transmission zu 350 M, sowie ein großer Bestand an Unterlagsblechen, z. B. 6500 Stück, je 2 Steine groß — für Jahresleistung von 13,4 Million Steinen erforderlich. — Die

Gesamtkosten der vorbezeichneten Einrichtung betragen rund 10 400 M. Die Maschine selbst erfordert 3 PS Antriebskraft; der gesamte Kraftbedarf beträgt rd. 5 PS, und der Rauminhalt ist rd. 19,5 cbm. — Zur Pressung mit einer automatischen Mauerstein-Maschine „Herkules“ nach Markranstädter System ist für eine Jahresleistung von 5,4 Million Steinen eine erweiterte Einrichtung (mit Hinzufügung u. a. von 1 Abteil-Apparat, 1 Balata-Materialförderband, Verteiler, 2 Förderwagen, Schiebebühne) für zusammen rd. 15 900 M erforderlich. Der Rauminhalt beträgt rd. 40,5 cbm; der gesamte Kraftbedarf rd. 13 PS. — Die Gesamtkosten betragen jedoch einschl. 60 Schock Bretter (gegebenenfalls an Ort und Stelle beschaffbar) rd. 20 000 M. — Aus obigen Angaben können die Betriebskosten in Anpassung an die vorhandenen Gebäude-Anlagen und die Lokomobile nebst deren Bedienungs- und Heizkosten usw. bestimmt werden. Die Herstellungskosten für 1000 Steine werden i. M. zu etwa 12 M angegeben.
Br: C—.

II. Kalksandsteine bestehen aus einer Mischung von Kalk und Sand und werden unter Dampfdruck gepreßt.

Man unterscheidet verschiedene Verfahren:

1. Reines Hydratverfahren dadurch gekennzeichnet, daß gebrannter Kalk in Löschtrommeln ohne Sandzusatz trocken gelöscht, zerkleinert und alsdann mit Sand vermischt wird.

2. Gebrannter Kalk wird in Trommeln gelöscht, nachdem schon ein Teil Sand zugesetzt ist. Der übrige Sand wird alsdann zugesetzt.

3. Gebrannter und gemahlener Kalk wird mit einem Teil des Sandes gemischt. Meistens lagert dieses Gemisch in Silos, wird mit dem übrigen Sand gemengt zur Preßstation gegeben.

4. Das Aetzkalkverfahren besteht darin, daß gemahlener gebrannter Kalk mit dem ganzen Sandquantum in Mischmaschinen gemischt, in Silos gelagert, das Gemisch alsdann gepreßt wird.

5. Gemahlener und gebrannter Kalk wird mit dem ganzen Sand in Aufbereitungsmaschinen oder Löschtrommeln solange gemischt, bis ein preßbares Produkt entstanden ist.

Früher erfolgte die Erhärtung der Formlinge zum Teil in Abdampf. Dieses Verfahren wird nicht mehr ausgeübt. Erhärtung erfolgt unter Dampf von 8÷10 At. Ueberdruck.

Man gebraucht zur Herstellung von 1000 Kalksandsteinen im Format 25×12×6,5 cm zirka 2,5 cbm Sand, 200 bis 240 kg gebrannten Kalk, 125 bis 170 kg Steinkohle und einen Arbeiter. Die maschinelle Einrichtung kostet bei einer täglichen Produktion von 15÷30 000 Steinen zirka 50 000 bis 80 000 M ohne Betriebskraft und Gebäulichkeiten.

Es existiert eine Reihe Spezialfabriken, die durch die Schriftleitung zu erfahren sind. Stündliche Produktion, Preise der Rohmaterialien, Größe der Betriebskraft müssen natürlich angegeben werden.
H. Schn. 57 674.

Frage 123. Heranziehung zu den Straßenbaukosten. Ist die Stadt berechtigt, an Landstraßen, die vor oder nach Erlaß des Ortsstatuts auf Kosten der Stadt mit Hilfe des Kreises und der Provinz ausgebaut und dann vom Kreise in Eigentum und Unterhaltung übernommen wurden, Straßenbaukosten zu erheben? Gibt es hierüber bereits Entscheidungen?

Antwort. Sämtliche Kreise einer Provinz sind zusammengefaßt zu einer Provinzialbehörde, die alle Angelegenheiten zu verwalten hat, die über die Kreise hinaus die Interessen der ganzen Provinz berühren. Vom Kreise ist die Landstraße in Eigentum und Unterhaltung übernommen. Die Stadt hat den jeweils festgesetzten Kreiszuschuß zu leisten. Es wird angenommen, daß die Festsetzung und Ausführung der Fluchtlinien auf Grund des Ortsstatuts, — ob vor oder nach Erlaß, ist in diesem Falle gleichgültig — nach dem Willen der Stadt erfolgte und die Bestimmungen daher einzuhalten sind. Aus der Sachlage ist zu erkennen, daß die Landstraße sich in der Umwandlung zur Kreisstraße befand, ein Verbindungsmittel darstellt und allmählich besiedelt und bebaut wird. In diesem Falle greift unbedingt das ortsstatutarische Bauverbot Platz, d. h. die Bebauung wird nur gestattet, wenn die Anlieger der Straße den Beitrag für die Straßenbauunkosten leisten. Die Kosten hierfür sind nach dem Verhältnis der Gesamtkosten, der Frontlänge des Grundstückes zu bezahlen, sobald ein Gebäude darauf errichtet wird. Es ist nicht einzusehen, warum die Stadt nicht für berechtigt erachtet werden sollte, derartige Bedingungen zu stellen, denn die Kommune hat die Straße jedenfalls in ihrem eigenen Interesse, um dem Stadtverkehr zu dienen, gebaut. Der Unterhalt der Straße in eigener Verwaltung kommt zu teuer, daher wurde die Straße zur Verminderung der Unterhaltungskosten an den Kreis abgetreten. Die Stadt ist zu ihrem Verlangen berechtigt, denn ohne Zweifel hat das Baugrundstück durch den Bau der Straße eine Wertsteigerung erfahren. Die Stadt kann an den Anlieger erst dann Ansprüche stellen, wenn ein Gemeindebeschluß in der vorgeschriebenen Weise zustande kommt, wonach die Gemeinde von ihrem Recht zur Erhebung der Straßenbaukosten, nach dem Kommunalabgabengesetz, Gebrauch machen will und ferner, wenn die Straße selbst benutzbar und anbaufähig geworden ist. Es mag nun freilich als eine Härte erscheinen, daß ein Grundbesitzer durch Vorgänge der geschilderten Art zu den Kosten für sein Besitztum ohne und gegen seinen Willen herangezogen werden soll. Allein es ist zu bedenken, daß der oder die Anlieger rechtzeitig vor Erlaß des Ortsstatuts in der Lage gewesen wären, vorzubeugen. Die Streitfrage wird meistens nicht im ordentlichen Rechtswege, sondern im Verwaltungsstreitverfahren entschieden; Entscheidungen dieser Art sind nicht bekannt. Ein Einspruch wird nichts helfen.
Hbgr., Mitgl. No. 29 264.

Frage 124. Wellblech-Dachanschluß an Bruchsteinmauerwerk. Bei einem Hause in D.-S.-W.-Afrika bestehen die Maueranschlüsse des Wellblechdaches aus Zinkkappen, die in die Lagerfugen der Bruchsteinschichten eingebogen und mit Zementmörtel verstrichen sind. Infolge der großen Temperaturschwankungen, die hier herrschen, haben sich die Zinkkappen losgerissen. Die Temperatur beträgt in der heißen Zeit, im Schatten gemessen, 30—35° C. Durch die Sonnenbestrahlung wird das Wellblech so heiß, daß man es nicht anfassen kann. Durch die losgerissenen Zinkkappen tritt das Regenwasser überall in das Gebäude. Schlitze in der Mauer sind nicht vorhanden, das Dach setzt sich stumpf an die Mauer und ist durch die Zinkkappen mit der Mauer verbunden. Ich beabsichtige nun, die Zinkkappen loszunehmen, dafür 2 mm starke Bleikappen anzubringen und diese mit Weichblei in die Fugen einzustemmen. Wer ist Lieferant solcher Bleikappen? Es werden ca. 250 lfdm. gebraucht. Gibt es evtl. noch andere billigere Mittel, einen solchen Dachanschluß zu dichten, z. B. Asphaltkitt, oder Materialien, die bei Dampfleitungen verwendet werden.

Antwort. Da das Mauerwerk zur stumpfen Auflagerung der Wellblech-Dachung dient, so ist die in die Lagerfuge der Bruchstein-Schichten (unten) eingebogene Zinkkappe immerhin schon an den Zinkblech-Wellen befestigt. Entsprechend oder sonst — je nach der wirklich vorhandenen Konstruktion — würden auch die Bleikappen anzusetzen sein. Diese können z. B. als Streifen mit winkelförmig umgelegten oberen Auflagerändern mittels Weichblei oben aufgelötet werden und sind am unteren Teile umgebogen in die Lagerfuge einzufügen — oder sonst an Holzdübeln im Mauerwerk einzuschrauben. Die Bleiindustrie A. G. vorm. Jung & Lindig zu Freiberg i. Sa. kann für Lieferung nach Deutsch-S.-W.-Afrika voraussichtlich Angebote übermitteln.

Im übrigen kann auch für D i c h t u n g s z w e c k e ein Pixolfaserkitt von F. Schacht-Braunschweig in Betracht kommen, der in entsprechender Weise bei Wellblech- und Zinkdächern und verloren gegangenen Anschlüssen öfter als temperaturbeständig und elastisch verwendet wird. 5 kg kosten 2,75 M; 10 kg 4 M in Schwarz; in Grau betragen die Kosten 3,25 M für 5 kg und 5 M für 10 kg. Als Materialien, die bei Dampfleitungen verwendet werden, können zu Dichtungszwecken in Betracht kommen: a) Hitzebeständiger elastischer Manganmastixkitt von letztgenannter Firma zu 6,50 M für 5 kg sowie elastischer Kaisermastixkitt zu 3,25 M für 5 kg.
K r o p f - Cassel.

II. Die Verwendung von Blei- anstatt der Zink-Kappen ist gut zu nennen; nicht aber das Einstemmen der Blei-Kappen mittelst g e w ö h n l i c h e n W e i c h b l e i e s in die vorhandenen Fugen. Es wird befürchtet, daß das Dichtungsmaterial durch seine Starrheit nicht tief genug in die Fugen, ohne Beschädigung derselben, eindringt und infolgedessen bei der nächtlichen Abkühlung nicht genügend nachzugeben imstande ist: daher eine baldige Lockerung die Folge wäre. Um also die Arbeit nicht wieder in Frage zu stellen, wird empfohlen, Bühne's Bleiwolle (Freiburg in Baden), die mit Erfolg zum Dichten von Gas- und Wasserleitungsrohren seit Jahren verwendet wird, mit übrigens 33% Gewichtsersparnis, in Anwendung zu bringen.
—pf.

Erholungsheim des Deutschen Techniker-Verbandes!

Das ganze Jahr geöffnet! Herrliche, freie Gebirgslage an der Hainleite. Buchen- und Nadelwald. Gesundes, billiges Wohnen, freundliche Zimmer mit ein oder zwei Betten und Liegesofa. Behagliche Gesellschaftsräume.

G u t e u n d r e i c h l i c h e K o s t (1. und 2. Frühstück, Mittagbrot, Nachmittags-Kaffee mit Gebäck und Abendbrot). Volle Pension (Wohnung und Kost) 3,50 M für den Tag und Person. Geselliger Verkehr unter Kollegen und deren Angehörigen. Zentralheizung, elektr. Licht, Badeanlagen: Wannen- und Brausebäder, Fichtennadel-, Kohlensäure- und Soolbäder. Turn- und Spielplatz am Hause. Konzerte der Hofkapelle. Fürstliches Theater. Für Juli und August ist rechtzeitige Anmeldung nötig. Gesuche um Zusendung der Heimordnung und Anmeldungen sind zu richten: An das Techniker-Erholungsheim in Sondershausen i. Thür. Fernsprecher Nr. 14.

DEUTSCHE TECHNIKER-ZEITUNG
HERAUSGEGEBEN VOM DEUTSCHEN TECHNIKER-VERBANDE
Schriftleitung:
Dr. Höfle, Verbandsdirektor. Erich Händeler, verantwortlicher Schriftleiter.
XXXI. Jahrg. 27. Juni 1914 Heft 26

Der Verband katholisch-kaufmännischer Vereine, „Die berufene Organisation" der Techniker

Von Dr. HÖFLE.

Die deutschen Techniker werden über die Ueberschrift erstaunt sein. Und doch hat sie ihre Berechtigung. Der Verband katholisch-kaufmännischer Vereine will die Zukunftsorganisation der katholischen Techniker werden. In Nr. 24 der „Allgemeinen Rundschau" einer in München erscheinenden Wochenschrift für Politik und Kultur findet sich ein Artikel: „Wo bleiben die katholischen Techniker?". Er ist im wesentlichen eine Wiedergabe einer Notiz der „Monatsblätter" des genannten Verbandes. In den beiden Artikeln wird auf den Mangel einer katholischen Technikerorganisation hingewiesen. Die bestehenden Technikerverbände seien interkonfessionell und schwämmen im radikal gewerkschaftlichen Fahrwasser. Bei der religiösen Neutralität der Verbände sei es nicht möglich, bei wichtigen Entscheidungen religiös-sittliche Wünsche oder Bedenken der Mitglieder geltend zu machen. Leicht liege die Gefahr vor, durch Anschluß an den „Antiultramontanen Reichsverband" oder den „Hansabund" die religiöse und politische Neutralität zu verletzen. Während katholische Arbeitervereine, Gesellenvereine, Beamtenvereine, kaufmännische Vereine beständen, fehlten katholische Technikervereine. Am zweckmäßigsten sei es, die katholischen Techniker als eigne Gruppe an die katholisch-kaufmännischen Vereine anzuschließen. Die einzelnen Vereine sollten umgehend zu der Frage Stellung nehmen, damit die diesjährige Hauptversammlung, die in Krefeld stattfindet, die Entscheidung treffen könne.

Um die gesamten Zusammenhänge zu verstehen, dürften einige orientierende Bemerkungen über die katholischen sozialen Vereine am Platze sein. Der Streit im katholischen Lager zwischen „Kölner und Berliner Richtung" hat nicht nur einen politischen, sondern auch einen wirtschaftlichen Hintergrund. Die „Berliner" sehen das Ideal in einer wirtschaftlichen Interessenvertretung auf konfessioneller Grundlage. Die katholischen Arbeitervereine Berliner Richtung wollen nicht nur die religiös-sittlichen, sondern auch die wirtschaftlichen Interessen pflegen. Die „Kölner", hinter denen der weitaus größte Teil der deutschen Katholiken steht, vertreten prinzipiell den Standpunkt, daß zur wirtschaftlichen Interessenvertretung ein Zusammenarbeiten mit den Andersdenkenden durchaus erwünscht und zweckmäßig sei. Daher ihre Zuneigung zu den christlichen Gewerkschaften, denen Leute der verschiedensten politischen Kouleur und Glieder beider Konfessionen angehören. Daneben gibt es auch katholische Arbeitervereine „Kölner" Richtung. Sie stehen aber in scharfem Gegensatz zu den Berliner Arbeitervereinen. Sie haben eine Arbeitsteilung vorgenommen. Sie selbst beschränken sich auf die religiös-sittliche und allgemeine soziale Erziehung und Förderung ihrer Mitglieder, während sie die wirtschaftlichen Interessenvertretung den christlichen Gewerkschaften überlassen. Das gleiche tun die katholischen Gesellenvereine. Der Papst hat in seiner berühmten Gewerkschaftsenzyklika „singulari quadam" zu diesen Fragen Stellung genommen. Wenn er auch den rein konfessionellen Organisationen den Vorzug gibt, so hat er die gemischten Organisationen doch gestattet. Um jedem Irrtum vorzubeugen, sei bemerkt, daß es sich nicht um dogmatische Entscheidungen, sondern um disziplinare Maßnahmen handelt. Auch die jüngeren Datums entstandenen katholischen Beamtenvereine beschränken sich auf das Religiös-Sittliche und überlassen die wirtschaftliche Interessenvertretung den interkonfessionellen Beamtenverbänden.

Die katholisch-kaufmännischen Vereine lassen sich mit den Berliner Arbeitervereinen bis zu einem gewissen Grade vergleichen. Sie nehmen für sich in Anspruch nicht nur die berufene Organisation der katholischen Kaufleute — und zwar der selbständigen und unselbständigen — zur Vertretung der religiös-sittlichen Interessen zu sein, sondern sie wollen auch die berufene wirtschaftliche Interessenvertretung sein. Wenn daher in dem Artikel der „Allgemeinen Rundschau" die katholisch-kaufmännischen Vereine schlankweg in eine Paralelle mit den katholischen Arbeiter-, Gesellen- und Beamtenvereine gestellt werden, so ist das eine Irreführung der öffentlichen Meinung. Die katholisch-kaufmännischen Vereine sind etwas ganz anderes als die übrigen genannten katholischen Standesvereine. Diese sind keine wirtschaftlichen Interessenorganisationen, wohl aber der Verband katholisch-kaufmännischer Vereine.

Ob sich die Techniker an konfessionelle Organisationen zur Pflege ihrer religiös-sittlichen Interessen anschließen wollen, ist eine Frage, zu der der deutsche Technikerverband als wirtschaftlicher Berufsverein keine Stellung zu nehmen hat. Jeder Techniker hat nach dieser Richtung sich selbst zu entscheiden. Denn der deutsche Technikerverband kümmert sich grundsätzlich nicht darum, wie seine Mitglieder sich religiös — ich füge hinzu: politisch — betätigen wollen. Eine konfessionelle Organisation zur wirtschaftlichen Interessenvertretung den Techniker aber muß der D. T.-V. ablehnen. Wie der Verband katholisch-kaufmännischer Vereine selbst zugibt, ist die wirtschaftliche Lage der Techniker schlechter als die der Handlungsgehilfen. Eine Besserung der Verhältnisse erscheint nur dann möglich, wenn die Gesamtheit der Techniker ohne Rücksicht auf religiöses und politisches Glaubensbekenntnis in einer Organisation zusammengefaßt wird. Das ist umso notwendiger, als die Arbeitgeberverbände, die gerade den Koalitionen der Techniker Schwierigkeiten machen, geschlossen dastehen. Nur wenn eine Organisation einen großen Teil eines Berufsstandes hinter sich hat, kann sie für sich in Anspruch nehmen, daß die von ihr vertretene Anschauung als Anschauungen des Standes angesehen werden. Das Hineintragen religiöser und parteipolitischer Gesichtspunkte in die Organisation bedeutet für diese Sprengpulver.

Ist aber wirklich die Zugehörigkeit des Katholiken zum D.T.-V. eine Gefahr für dessen Weltanschauung? Wie oben schon betont, ist der D. T.-V. nach der religiösen und parteipolitischen Seite neutral. Bei den Fragen, die der D. T.-V. zu bearbeiten hat, kommen religiöse und parteipolitische Gesichtspunkte eben nur insofern in Betracht, als der D. T.-V. nichts tun darf, was die religiöse und politische Ueberzeugung seiner Mitglieder verletzt. Darum ist ein Anschluß des D. T.-V. an den „Antiultramontanen Reichsverband" oder „Hansabund" eine Unmöglichkeit. Der Verband katholisch-kaufmännischer Vereine hebt immer mit Stolz hervor, daß sein soziales Programm gleichwertig sei dem der interkonfessionellen Handlungsgehilfenverbände. Das ist auch tatsächlich der Fall. Das Auffallende dabei ist aber, daß der Verband katholisch-kaufmännischer Vereine in der Formulierung seiner Forderungen als konfessionelle Organisation zu den gleichen Resultaten wie die interkonfessionellen Organisationen gelangt ist. Es wäre für den Katholizismus wahrhaftig ein Armutszeugnis, wenn schon das Zusammenarbeiten der Katholiken mit den Andersdenkenden eine Gefahr für ihre religiöse Ueberzeugung bilden würde. Dann müßten sich die Katholiken überhaupt vom Wirtschaftsleben zurückziehen, denn überall kommen sie mit Andersdenkenden in Berührung. Der Arbeitgeber, der Mittelständler, der Landwirt und Beamte darf sich ruhig auch als Katholik den interkonfessionellen Verbänden anschließen, niemand macht ihm einen Vorwurf daraus. Der Verband katholisch-kaufmännischer Vereine ist selbst an den Reichsdeutschen Mittelstandsverband, sogar an das „Kartell der schaffenden Arbeit" trotz dessen bedenklichen Leitsätzen zur Sozialpolitik angeschlossen, alles interkonfessionelle Organisationen. Wenn aber der Angestellte und Arbeiter sich interkonfessionell organisieren will, sieht man darin eine Gefahr für seine Religion.

Natürlich versucht man den katholischen Technikern damit bange zu machen, daß man sagt, der D. T.-V. ist eine radikal gewerkschaftliche Organisation. Man hofft damit bei der Unklarheit der Begriffe Erfolg zu erzielen. Gewerkschaftliche Arbeit in dem Sinne des D. T.-V., daß Hauptzweck der Organisation nicht ein beliebiger Zweck, vielleicht die Gründung von Unterstützungseinrichtungen sein darf, sondern die Interessenvertretung des Technikers dem Arbeitgeber gegenüber auf Grund des bestehenden sozialwirtschaftlichen Gegensatzes zwischen Arbeitgeber und Arbeitnehmer, also die Besserung der Gehalts- und Arbeitsverhältnisse, kann der Techniker gut gebrauchen. Wenn der D. T.-V. glaubt, dabei des rechtlich zugelassenen Mittels des Streiks nicht entbehren zu können, so weiß er auf der anderen Seite genau, daß dieses Mittel für ihn nur relative Bedeutung hat. Als selbstverständlich wird dabei angenommen, daß der Streik stets nur die ultima ratio sein kann. Man kann es verstehen, wenn der Verband katholisch-kaufmännischer Vereine als paritätische Organisation — der Verband umfaßt ungefähr 6000 Chefs und 22 000 Angestellte als gleichberechtigte Mitglieder — gegen die gewerkschaftliche Organisation zu Felde zieht. Eindruck wird er allerdings damit bei den Technikern nicht mehr machen. Paritätische Technikerverbände gibts nicht, die Techniker haben sich durch die Bank dem Prinzip des reinen Angestelltenverbandes zugewendet. Der Verband katholisch-kaufmännischer Vereine mag auch in einer eignen Broschüre den Versuch machen, den Nachweis zu erbringen, die Zukunft gehöre der paritätischen Organisationsform, in Wirklichkeit verlieren die paritätischen Verbände von Jahr zu Jahr mehr an Bedeutung. Die Techniker mögen auch nicht vergessen, daß der Verband katholisch-kaufmännischer Vereine in einer Entschließung zum Ausdruck gebracht, daß die Einführung eines einheitlichen Privatangestelltenrechts unmöglich und undurchführbar sei. Er erklärt sich allerdings schließlich zu einer Aenderung dieses Standpunkts bereit. So angenehm dem D. T.-V. das sein wird, so haben wir immer geglaubt, daß zur Begründung einer Anschauung sachliche Gründe maßgebend sein müßten, nicht die Aussicht, eine der Organisation fernstehende Gruppe für die Organisation zu gewinnen.

Bis heute ist es gelungen, die wirtschaftlichen Organisationen der technischen Angestellten, abgesehen von einigen Ausnahmen, frei zu halten von religiösen und parteipolitischen Tendenzen im Gegensatz zur Arbeiterbewegung, die eine starke Zersplitterung aufweist. Daß dieses auch in Zukunft so sein möge, dafür muß sich der D. T.-V. einsetzen. Die Frage „Wo bleiben die katholischen Techniker?" ist heute schon zum Teil beantwortet: sie gehören eben zum Teil zum D. T.-V. Der D. T.-V. wird dafür sorgen müssen, daß auch noch die draußen stehenden sich anschließen. Die Leitung des D. T.-V. ist infolge der Zusammensetzung seiner Verbandsinstanzen derart, daß die religiöse und politische Neutralität garantiert ist. Verstöße untergeordneter Organe können stets vorkommen. Gerne wird den in ihren Anschauungen Verletzten aber Genugtuung verschafft und es werden alle Maßnahmen getroffen, um eine Wiederholung solch unliebsamer Fälle zu verhüten.

Zur Lebenshaltung in Deutschland in den letzten 25 Jahren

Von Dr. EMIL van den BOOM.

Wohl keine Zeitspanne in der Menschheitsentwickelung hat, soweit wir zurückdenken können, eine derartige Steigerung des Volkswohlstandes und damit einen Umschwung in der Lebenshaltung der Kulturvölker zum Besseren gebracht, als die letzten fünfundzwanzig Jahre. Diese Hebung der Lebenshaltung umfaßt alle Klassen der Bevölkerung und findet ihren besten Ausdruck in der Vermögens- und Einkommensgestaltung. Während bei der Vermögenssteuer in Preußen die Zahl der Zensiten 1896 1 166 700 betrug, belief sie sich 1911 auf 1 767 000, stieg also um 51,5%. Das gesamte Vermögen — 1896 64 024 Mill. M, 1911 104 057 Mill. M — nahm zu um 62,5%. Es hatten ein Vermögen von über 6000 M in Proz. der Bevölkerung (ausschl. Angehörige) 1896 45,7%, 1911 50,5%. Das Durchschnittsvermögen der Zensiten vermehrte sich 1896/1911 um 7,3%. Der jährliche Vermögenszuwachs wird in Deutschland auf 5 Milliarden M geschätzt. Die Hebung der Lebenshaltung umfaßt alle Klassen der Bevölkerung. Den besten Maßstab hierfür gibt die preußische Einkommensteuerstatistik. Das zu direkten Steuern in Preußen veranlagte Einkommen über 900 M betrug 1892 5704 Mill., 1902 8560, 1912 15 240 Millionen Mark. Die Zahl der Zensiten belief sich 1892 auf 2,6, 1902 auf 4,06 und 1912 auf 7,54 Mill. M. Während die

Bevölkerung in Preußen um 34% zunahm, vermehrte sich das Einkommen um 167%. An diesem Einkommensaufstieg haben alle Stände und alle Einkommensklassen teilgenommen. Es vollzieht sich ein allgemeiner sozialer Aufstieg, einmal insofern die Zahl derer, welche einkommensteuerpflichtig, rascher wächst als die Bevölkerung zunimmt, sodann aber, indem bisher steuerfreie Bevölkerungsschichten in steuerpflichtigen Einkommenstufen heraufrücken und von hieraus wieder ein lebhaftes Aufsteigen aus den unteren in die höheren Einkommenstufen erfolgt. Dieser Aufstieg verteilt sich auf Stadt und Land, wenn er hier aus leicht erklärlichen Gründen auch stärker ist wie dort.

An der Steigerung von Volkswohlstand und Volkseinkommen hat auch der Arbeiterstand kräftig teilgenommen und damit seine Lebenshaltung erhöhen können. Leider gibt es keine genaue Lohnstatistik für die einzelnen Berufe. Nur im Bergbau besteht eine. Danach betrug der Durchschnittslohn unterirdisch beschäftigter Bergarbeiter (Hauer) nach Abzug aller Gefälle im Bezirk des Oberbergamts Dortmund 1886 846 M, 1910 1589, 1911 1666, 1912 1858. Für den Bezirk Oberschlesien ergeben sich die Ziffern 536, 1068, 1094, 1196, für den Saarbezirk 836, 1248, 1298, 1399. Im Bericht der preußisch-hessischen Eisenbahngemeinschaft stieg der Lohn für Hilfsbedienstete und Arbeiter im Betriebe um 783 i. J. 1895 auf 1267 M i. J. 1912, d. i. ein Plus von 484 M oder 61,8%. Nach einer privaten Statistik, Erhebungen der Generalkommission der freien Gewerkschaften, ging in die Höhe in der Zeit von 1895 bis 1908 durchschnittlich der Stundenlohn der Maurer von 34,3 Pf. auf 50,5 Pf., der Tagelohn der Zimmerer von 4,02 M auf 5,61 M, der Wochenverdienst der Holzarbeiter von 19 auf 25,18 M. Die Buchdrucker erzielten Lohnaufbesserungen 1876 um 5%, 1901 um 7½%, 1906 um 10%. Alle Arbeitergruppen erzielten gleichzeitig eine teilweise beträchtliche Arbeitszeitverkürzung. (Vgl. Sisyphusarbeit oder positive Erfolge? Berlin, 1910.)

Bei der Bemessung des Grades der Erhöhung der Lebenshaltung ist allerdings festzuhalten, daß mit den gestiegenen Löhnen auch die Lebensmittelpreise aufwärts gegangen sind. „Ueberblickt man eine längere Jahresreihe, so ist unzweifelhaft der Lohn erheblich stärker gestiegen als die Lebensmittelpreise. Die Lebenshaltung hat sich also gebessert. Aber solche Entwicklungen erfahren zeitweise auch Unterbrechungen. Und es wäre möglich, daß die starke Preissteigerung in den letzten Jahren der Lohnentwicklung vorausgeeilt ist." („Reichsarbeitsblatt" 1913. 11.) Für die allgemeine Beurteilung der Frage kann aber nur der erste Satz maßgebend sein. Jedenfalls steht fest, daß das, was der Arbeiter für das aufgewandte Geld heute bekommt, erheblich viel mehr und besser geworden ist, daß vor allem auch die Wohnungen besser geworden sind, wenn hier auch Mißstände noch bestehen, daß der Arbeiter von heute sich ganz anders kleidet wie ehedem und daß der Arbeiter das alles hat bezahlen können.

Was insbesondere den gestiegenen Warenkonsum als Gradmesser der erhöhten Lebenshaltung anbelangt, so stieg (vergleiche Helferich, „Deutschlands Wohlstand", 1888/1913. Berlin 1914) pro Kopf der Bevölkerung der Verbrauch an Brotgetreide von 178,1 kg i. J. 1886/90 auf 231,7 kg 1907/11. Dabei ist die Zunahme des Verbrauchs pro Kopf in Deutschland größer wie in anderen Ländern. Beträge sie bei uns (1886/90 bis 1902/06) in kg 39,0%, so belief sie sich in Oesterreich-Ungarn auf 16,3, Großbritannien und Irland auf 1,4, Frankreich 4,2, Italien 18,0, Vereinigte Staaten 28,3%. Es hob sich in Deutschland (1886/90 bis 1907/12) der Verbrauch von Gerste pro Kopf der Bevölkerung um 70,4, von Kartoffeln um 49,8%. Zuzüglich der Mehreinfuhr von frischem Fleisch, zubereitetem Fleisch, Schmalz und schmalzartigen Fetten berechnet die amtliche Statistik 1912 den Fleischverbrauch in Deutschland auf den Kopf der Bevölkerung auf 51,9 kg. Für Großbritannien und Irland werden (1904) 52,6 kg angegeben. Der Branntweinkonsum hat in Deutschland von 1887/88 bis 1911/12 von 4,4 auf 5,3 l zugenommen, der Bierkonsum von 98 l auf 99 l i. J. 1910/11 und auf 106 in dem durch seinen heißen Sommer ungewöhnlichem Jahr 1911/12. Recht bezeichnend ist der Verbrauch von Zucker: 1888/86 in Deutschland 6,8, 1910/11 19,0 kg auf den Kopf der Bevölkerung, in Oesterreich 5,1 bezw. 13,0 Großbritannien und Irland 31,9 bezw. 41,1, Frankreich 11,8 bezw. 19,3, Rußland 3,7 bezw. 10,1, Vereinigte Staaten 22,4 bezw. 35,9. Auch bei den Kolonialwaren und Südfrüchten ist bei uns eine ansehnliche Verbrauchssteigerung zu verzeichnen und zwar wurde auf den Kopf der Bevölkerung konsumiert: Kaffee 1886/90 2,38 kg, 1912 2,53 kg; Kakaobohnen 0,16 bezw. 0,81; Tee 0,04 bezw. 0,06; Reis 1,76 bezw. 2,43 kg. Der Verbrauch an Baumwolle betrug 1886/90 4,19 kg auf den Kopf der Bevölkerung, 1912 dagegen 7,56 kg. All diese Ziffern demonstrieren die Tatsache, daß in den letzten 25 Jahren eine starke quantitative und qualitative Verbesserung in der Ernährung und auch Bekleidung der großen Massen eingetreten ist und die Lebenshaltung sich wesentlich gehoben hat. Dank dieser Hebung der Lebenshaltung, ebenso der verstärkten Gesundheitspflege durch die Krankenversicherung, durch Vermehrung der Krankenhäuser, Fürsorge für Lungenkranke, Bekämpfung der Seuchen, bessere Versorgung mit Wasser, Durchführung der Kanalisation in den Städten usw. ist die Sterblichkeit stark zurückgegangen. Auf 1000 Einwohner kamen Gestorbene im Durchschnitt 1881/90 26,5, 1891/1900 23,5, 1906 19,2, 1907 19,0, 1908 19,0, 1909 18,0, 1910 17,1, 1912 16,4. Für die physische Volkskraft nicht zum Nutzen ist der Geburtenrückgang: von 38,2 auf 1000 Einwohner im Durchschnitt der Jahre 1881/90 auf 29,5 im Jahre 1911. Dagegen hat die mittlere Lebensdauer unter dem günstigen Einfluß der Säuglingssterblichkeit wie der Gesamtsterblichkeit eine weite Ausbesserung erfahren. Für das letzte Jahrzehnt hat sich herausgestellt, daß die Zunahme der mittleren Lebensdauer im Vergleich mit dem vorhergegangenen Jahrzehnt etwa so groß war, wie die der drei letzten Jahrzehnte des verflossenen Jahrhunderts zusammengenommen. Diese Zunahme betrug 4,98% für das männliche Geschlecht von 1871 bis 1900, und 4,26% für 1901 bis 1910 und 5,52% für das weibliche Geschlecht von 1871 bis 1900 und 4,36% für 1901 bis 1910. Mit dem vermehrten Wohlstande ging Hand in Hand eine erhöhte Bildungs- und Kulturpflege. Gewaltige Summen werden heute für Volksschulen, Fortbildungsschulen, mittlere und Hochschulen aufgewendet, gewaltige Anstrengungen gemacht im Wohnungsbau und in der Wohnungsausstattung. Die Städte bemühen sich, Straßen zu verbessern, Licht und Wasser in angenehmster Weise bereit zu stellen, Stadtgärten und andere der Erholung dienende Anlagen zu schaffen.

So haben Vervollkommnung der Technik und die Organisation der wirtschaftlichen Arbeit sowie eine steigende Wohlfahrtspflege materiell das Volk in die Höhe gehoben, sie haben es aber auch in gesteigertem Maßstabe teilnehmen lassen an den kulturellen Gütern des Lebens. Aber trotz des vielen Lichtes gibt es doch noch reichlich Schatten, und diesen mitverscheuchen zu helfen, ist Sache einer fortschreitenden Sozialreform. So lehrt auch diese Betrachtung wieder, daß die letztere allen Bremsversuchen zum Trotz nicht stille stehen kann und auch nicht still stehen wird.

:: :: :: :: :: VOLKSWIRTSCHAFT :: :: :: :: ::

Deutsche Werkbund-Ausstellung Köln 1914

Bekanntlich ist die Deutsche Werkbund-Ausstellung, die einen Ueberblick von dem heutigen Stand der deutschen Qualitätsarbeit geben soll, eröffnet. Der Deutsche Techniker-Verband sieht es mit als eine seiner wichtigsten Aufgaben an, seine Mitglieder beruflich weiterzubilden. Da von der Leistungsfähigkeit der deutschen Techniker die Ergiebigkeit der deutschen Produktion zum großen Teile abhängt, halten wir einen Besuch der Werkbund-Ausstellung durch unsere Mitglieder für sehr zweckmäßig. Zu begrüßen ist, daß die preußisch-hessische Staatseisenbahnverwaltung und die Verwaltung der Reichseisenbahn zum Besuche der genannten Ausstellung Fahrpreisermäßigungen der 3. Klasse zum halben Fahrpreis für Eil- und Personenzüge, in Schnellzügen außerdem gegen Zahlung des vollen tarifmäßigen Zuschlages zugesagt haben. Diese Fahrpreisermäßigung kommt in Betracht für versicherungspflichtige Mitglieder von Krankenkassen im Sinne der Reichsversicherungsordnung (Ortskrankenkassen, Landkrankenkassen, Betriebskrankenkassen, Innungskrankenkassen) von Versicherungsvereinen auf Gegenseitigkeit, die als Ersatzkassen zugelassen sind, sowie von eingeschriebenen Hilfskassen und von knappschaftlichen Krankenkassen; Versicherungspflichtige Versicherte der Versicherungsanstalten und der Sonderanstalten im Sinne der Reichsversicherungsordnung; Freiwillige Mitglieder der genannten Kassen und Versicherungsanstalten, deren jährliches Gesamteinkommen 2500 M nicht übersteigt; Versicherte der Reichsversicherungsanstalt für Angestellte, deren jährliches Gesamteinkommen 2500 M nicht übersteigt, sämtlich soweit es sich um handwerksmäßig beschäftigte Arbeiter, einschließlich der sog. gelernten Arbeiter in Fabriken, sowie um sonst im technischen Betriebe von Fabriken Angestellte handelt; selbständige Handwerker, die in ihrem Gewerbebetriebe nicht mehr als 8 Gesellen beschäftigen.

Zur Hinreise müssen sich wenigstens 10 Teilnehmer zu einer gemeinschaftlichen Reise zusammentun. Die Rückreise kann einzeln ausgeführt werden. Notwendig ist eine Erklärung des Arbeitgebers, daß der um die Fahrpreisermäßigung Nachsuchende Angestellter im technischen Fabrikbetriebe ist.

Da wir den Personenkreis, der von der Fahrpreisermäßigung Gebrauch machen kann, für zu enge hielten, haben wir an das Preußische Eisenbahnministerium sowie an die Generaldirektion der Reichseisenbahnen eine Eingabe gemacht, die Fahrpreisermäßigung möge auf alle bei der Reichsversicherungsanstalt für Angestellte versicherten Techniker ausgedehnt werden.

:: :: :: :: ANGESTELLTENFRAGEN :: :: :: ::

Die Alters-, Gehalts- und Familienverhältnisse der bei der Reichsversicherungsanstalt für Angestellte Versicherten

Unter diesem Titel hat die Reichsversicherungsanstalt für Angestellte als erstes Beiheft zu der Zeitschrift „Die Angestelltenversicherung" eine Statistik veröffentlicht, die als ein ausgezeichneter Beitrag zur Lage der Angestellten lebhaft begrüßt werden muß. Der Bearbeitung sind 1 423 603 Aufnahmekarten unterzogen worden. Das sind bei weitem noch nicht alle Versicherungspflichtige, aber man muß den Bearbeitern der Statistik beipflichten, daß die bereits auf so breiter Grundlage aufgebaute Statistik genügend Anspruch auf Zuverlässigkeit erheben kann, und daß es gut war, sofort, auch ohne daß alle Anmeldungen der Angestellten vollzogen sind, die Bearbeitung der Statistik vorzunehmen.

Das erste Ergebnis der Statistik ist folgendes:

Von den 1 007 070 männlichen Versicherten haben einen Jahresarbeitsverdienst

bis zu 2000 M	600 523	oder	59,63 %
über 2000 bis zu 5000 M	404 438	„	40,16 %
freiwillig nach § 394 sind versichert .	629	„	0,06 %
ohne Angabe des Jahresarbeitsverdienstes	1 480	„	0,15 %
zusammen	1 007 070	oder	100,00 %

Von den 417533 weiblichen Versicherten haben einen Jahresarbeitsverdienst

bis zu 2000 M	402 554	oder	96,41 %
über 2000 bis zu 5000 M	14 443	„	3,46 %
freiwillig nach § 394 sind versichert .	6	„	0,00 %
ohne Angabe des Jahresarbeitsverdienstes	530	„	0,13 %
zusammen	417 533	oder	100,00 %

Von der Gesamtheit der Versicherten haben in Uebereinstimmung mit den Schätzungen in der Begründung einen Jahresarbeitsverdienst

bis zu 2000 M	70,41 %
über 2000 bis zu 5000 M . .	29,40 %;
der Rest mit	0,19 %

fällt auf freiwillig Versicherte und Versicherte ohne Angabe des Jahresarbeitsverdienstes.

Von den gezählten Versicherten sind:

	Männer	Frauen
Ledige	564 890 = 56,1 %	398 089 = 95,1 %
Verheiratete	418 126 = 41,5 %	12 699 = 3,0 %
Verwitwete	8 497 = 0,8 %	3 368 = 0,8 %
Geschiedene	1 014 = 0,1 %	1 094 = 0,3 %
Ohne Angabe . . .	14 543 = 1,5 %	3 283 = 0,8 %
zusammen	1 007 070 = 100 %	417 533 = 100 %

Aus diesen Uebersichten geht also hervor, daß weit mehr als die Hälfte der männlichen Angestellten ein Gehalt unter 2000 M beziehen, und daß in der Gesamtheit drei Viertel der Angestellten unter dieser Gehaltsgrenze bleiben. Der durchschnittliche Jahresverdienst beträgt bei den männlichen Angestellten 1941 M, bei den weiblichen 997 M. Im Durchschnitt berechnet sich also das Einkommen der weiblichen Angestellten auf 51 % des Gehalts der männlichen. Allerdings lassen sich aus diesem Durchschnittssatz keine Folgerungen ziehen, wenn man nicht die Verhältniszahlen für die einzelnen Altersgruppen mit berücksichtigt:

Altersgruppen Jahre	Männliche Versicherte Anzahl	Jahresarbeitsverdienst auf den Kopf der Versicherten in M	Weibliche Versicherte Anzahl	Jahresarbeitsverdienst auf den Kopf der Versicherten in M	Der durchschnittliche Jahresarbeitsverdienst der Frauen beträgt % des der Männer
16 bis unter 20	129 911	927,46	136 538	675,39	72,82
20 „ „ 25	210 959	1458,66	133 916	997,35	68,37
25 „ „ 30	191 289	2001,24	63 636	1221,65	61,04
30 „ „ 35	152 294	2350,92	34 044	1351,59	57,49
35 „ „ 40	117 257	2446,35	20 602	1375,58	56,23
40 „ „ 45	81 339	2464,87	12 316	1372,91	55,70
45 „ „ 50	59 704	2442,14	8 249	1347,76	55.19
50 „ „ 55	41 241	2405,25	5 213	1284,44	53,40
55 „ „ 60	21 596	2326,38	2 489	1213,88	52,18
16 bis unter 60	1 005 590	1940,79	417 003	996,67	51,35

Die Tabelle wirft auch ein Licht auf die Frage des alternden Angestellten. Es zeigt sich, daß bei den männlichen Versicherten bis zur Altersgruppe 40 bis 45 Jahren der durchschnittliche Jahresverdienst auf 2464,87 M steigt, um dann wieder zu sinken. Der Höchstbetrag wird im 42. Altersjahr erreicht. Bei den weiblichen Angestellten wird der Höchstbetrag mit 1375,58 M in der Altersgruppe 35 bis 40 Jahr erreicht, um dann ebenfalls wieder zurückzugehen.

Sehr lehrreich ist im Vergleich der Durchschnittsgehälter der männlichen Angestellten gegenüber den Erhebungen des Jahres 1903:

Altersgruppen Jahre	Durchschnittlicher Jahresarbeitsverdienst in M: nach den Erhebungen des Jahres 1903	nach den neuen Zählungen: Betrag	mehr gegen Spalte 2: Betrag	mehr gegen Spalte 2: %
1	2	3	4	5
unter 20				
20 bis „ 25	1 063,53	927,46	– 136,07	– 12,79
25 „ „ 30	1 466,70	1 458,66	– 8,04	– 0,55
30 „ „ 35	1 953,74	2 001,24	+ 47,50	+ 2,43
35 „ „ 40	2 264,66	2 350,92	+ 86,26	+ 3,81
40 „ „ 45	2 379,70	2 446,35	+ 66,65	+ 2,80
45 „ „ 50	2 412,98	2 464,87	+ 51,89	+ 2,15
50 „ „ 55	2 403,72	2 442,14	+ 38,42	+ 1,60
55 „ „ 60	2 357,70	2 405,25	+ 47,55	+ 2,02
bis unter 60	2 263,64	2 326,38	+ 62,74	+ 2,77
bis unter 60	2 054,61	1 940,79	– 113,82	– 5,54

Stimmt man den Darlegungen des Statistikers zu, daß der Rückgang der Bezüge in den beiden untersten Altersgruppen darauf zurückzuführen ist, daß bei den Erhebungen von 1903 für die Ermittelung des Jahresarbeitsverdienstes Umrechnungen erfolgen mußten, für die bei der untersten Gehaltsstufe „unter 1000 M" ein Durchschnittssatz anzusetzen war, der wahrscheinlich zu hoch gegriffen ist (764 M), so ergibt sich doch, daß in den übrigen Altersgruppen nur eine geringe Steigerung der Bezüge eingetreten ist, die im Höchstfalle in der Altersgruppe von 30 bis unter 35 Jahren nur 3,81 % des Betrages nach den Erhebungen von 1903 erreicht. Die Steigerung der Gehälter der Angestellten in den letzten zehn Jahren hat also nicht mit der Teuerung der Lebensmittel Schritt gehalten. Die Lage der Angestellten hat sich in diesem Zeitraum verschlechtert. Diese Feststellung ist eine bedeutsame Ergänzung zu den Ausführungen von Dr. van den Boom in diesem Heft über die Lebenshaltung der Arbeiter in Deutschland. Hdl.

*

Aus den Verbänden

— Die allgemeine Vereinigung deutscher Buchhandlungsgehilfen hielt zu Pfingsten in Leipzig ihre 14. Tagung ab, die mit einem Besuch der Bugra verbunden war. Auf der Tagung wurde das sozialpolitische Programm gemäß den Vorschlägen des Zentralvorstandes angenommen, ein weiterer Ausbau der Stellenlosenkasse beschlossen und eine Gemaßregeltenunterstützungskasse eingerichtet. Auch die Begründung einer Todesfallunterstützung wurde im Prinzip angenommen, ihre Einführung aber bis zur nächsten Hauptversammlung vertagt. Der Verbandstag nahm ferner einen Anstellungsvertragsentwurf an, für dessen Einführung die Ortsgruppen jetzt tätig sein sollen. Zu der Frage der Mindestgehaltstabelle wurde grundsätzlich die bisherige Form des lokalen Mindestgehalts beibehalten, dagegen eine eingehende Revision durch den Zentralvorstand, die Landesvereinigungen und Ortsgruppen unter Berücksichtigung der Zahlen des Buchdruckertarifs sowie der Serviceklassen der Beamten beschlossen. In einer öffentlichen Versammlung sprach Verlagsbuchhändler Eugen Diederichs (Jena) über „Der Buchhändlerberuf und die Fragen der modernen Kulturentwicklung“ und Dr. Sinzheimer über die Bedeutung der Forderung des Mindestgehalts.

STANDESFRAGEN

Aus den Marinebetrieben

Am 7. Februar ds. Js. machte der Staatssekretär des Reichsmarineamts in der 131. Kommissionssitzung des Reichstages Angaben über den derzeitigen Personalbestand in den ihm unterstellten Marinebetrieben und entwarf einen Plan über die weitere Entwickelung dieses Personalbestandes, in dem insbesondere ausgeführt wurde, daß das zurzeit 638 Angestellte umfassende technische Hilfspersonal bis zum Jahre 1920 wegfallen soll.

Unter Bezugnahme auf diese Ausführungen reichten bei den Kaiserlichen Werften beschäftigte, auf Privatdienstvertrag angestellte Hilfsarbeiter für Konstruktionsbureau bezw. Hilfstechniker gleichlautende Gesuche ein, durch die sie vom Staatssekretär des Reichsmarineamts Aufklärung erbaten, ob für sie etatsmäßige Stellen in Aussicht genommen seien, oder ob sie bis 1920 eine Kündigung zu erwarten hätten. Eine hierauf vom Reichsmarineamt eingegangene Antwort wurde den Gesuchstellern verlesen, der Wortlaut jedoch nicht ausgehändigt.

Wenn nun der Wortlaut derartiger „Verfügungen“ so und auch anders ausgelegt werden kann, was insbesondere von dem einleitenden Satz gilt, wonach eine Kündigung bis 1920 „nicht beabsichtigt ist“, so wird doch allgemein angenommen, daß für ältere Angestellte eine etatsmäßige Anstellung wegen des erforderlichen „Diätariats“ mit geringem Einkommen nicht in Frage kommt, während der Ersatz für die durch Abgang oder etatsmäßige Anstellung freiwerdenden Stellen von Hilfspersonal in der Folge nur für ein jeweils vorliegendes Arbeitsobjekt eingestellt und nach Fertigstellung desselben entlassen werden soll, ein Grundsatz, nach dem bisher in den Marinebetrieben nicht verfahren wurde und durch den eine wesentliche Verschlechterung der Arbeitsbedingungen bei den Kaiserlichen Werften eintreten würde, besonders gegenüber den Arbeitern, die es durch ihre parlamentarischen Vertreter erreicht haben, daß sie wegen Arbeitsmangel kaum entlassen werden; wenn eine Entlassung erforderlich wurde, so versuchten die Kaiserlichen Werften wenigstens die Arbeiter in privaten Werftbetrieben unterzubringen.

Aus einer zu dem Schreiben des Staatssekretärs gegebenen Erklärung ging für die zurzeit bei den Marinebetrieben angestellten Hilfskräfte hervor, daß das für die Hilfsarbeiter für K.-B. in den Ausschreibungen für diese Stellen bekanntgegebene Endgehalt von 5100 M im allgemeinen nicht erreicht werden soll, daß vielmehr dieses Endgehalt nur für ältere, aus der Privatpraxis mit hohem Anfangsgehalt herübergezogene Hilfskräfte in Aussicht genommen sei. Das ist ein ganz neues Moment für die bisher eingestellten Hilfskräfte, die meistens im Hinblick auf das Endgehalt ihre Stellung in Privatbetrieben aufgegeben haben und für die durch Entziehen dieser Aussicht auf das Endgehalt eine bedeutende Verschlechterung ihrer Arbeitsbedingungen eingetreten ist. Das Bestreben der Hilfskräfte wird nunmehr sein, den ungewissen Verhältnissen bei den Marinebetrieben auszuweichen und sich nach festeren Arbeitsverhältnissen in der Privatindustrie umzusehen, während andererseits gute, befähigte Arbeitskräfte sich scheuen werden, aus ihren Plätzen in Privatbetrieben zu den Marinebetrieben überzutreten.

Für heute halten wir uns daher verpflichtet, Ingenieure und Techniker der Schiffs- und Maschinenindustrie vor Annahme einer Stellung in den Marinebetrieben zu warnen.

STANDESBEWEGUNG

Wahrheit und Klarheit

Unter dieser Ueberschrift hat sich in der letzten Nummer der I. B. Z. der „Betriebsleiter“ des Bundesbureaus Herr Martin Dosmar mit dem D. T.-V. beschäftigt. Veranlassung dazu gab ihm unsere Flugschrift Nr. 1, worin wir einen Vergleich zwischen den Wohlfahrtseinrichtungen des D. T.-V. und des B. t.-i. B. zogen. Unser Bestreben war es, die technischen Angestellten über die Leistungen der für sie in Frage kommenden Verbände zu informieren. Wir taten das sachlich, müssen es aber bedauern, daß die I. B. Z. in ihrer Erwiderung sich wieder Verdrehungen und Entstellungen zu schulden kommen läßt, die uns doch zu verschiedenen Richtigstellungen zwingen.

Zunächst ist vorauszuschicken, daß sich Herr Dosmar den Kopf nicht darüber zu zerbrechen braucht, ob die „neue Leitung“ (Herr Dr. Höfle) „bei der Herausgabe dieser Flugschrift bereits einen entscheidenden Einfluß“ ausgeübt hat, oder ob andere an der Führung des Verbandes mitwirkende Personen die Verantwortung dafür zu tragen haben. Die Leitung des Verbandes ist sich in ihrer Gesamtheit darüber einig, daß Angriffe des Bundes mit aller Schärfe zurückgewiesen werden müssen, wenn sie sich auch bewußt bleibt, daß die von Herrn Dosmar wieder eingeleitete Auseinandersetzung den höheren Gesamtinteressen der technischen Angestellten nicht förderlich ist.

Herr Dosmar beginnt mit einer Untersuchung über die „Ergebnisse des Stellennachweises“, die in unserer Flugschrift, der Wahrheit entsprechend, den Beweis erbringen, daß in den letzten fünf Jahren 6042 Verbandsmitglieder und nur 2308 Bundesmitglieder durch ihre Organisation neue Stellung erhielten. Ihm ist es ersichtlich unbequem, daß der D. T.-V. mit 38% Vermittlungen von den gemeldeten Stellen gegenüber 14% des Bundes fast dreimal so wirksam arbeitet als der Bund. Er entrüstet sich darüber, daß wir „den Mut“ haben, die 1452 Besetzungen unserer Stellenvermittlung im Jahre 1913 gegenüber den 431 des Bundes zu stellen, obwohl im Jahresbericht des Bundes hervorgehoben sei, daß dieser in Wirklichkeit viel mehr Stellen vermittelt habe, da danach allein im Jahre 1913 2057 Bewerber Stellung erhalten haben, ohne den Bund hiervon zu benachrichtigen. Auch wir haben leider darüber zu klagen, daß viele Kollegen, die durch unsere Stellenvermittlung untergebracht werden, es unterlassen, ihre selbstverständliche Meldepflicht zu erfüllen. Wir zählen sie aber nicht mit, weil wir nicht sicher wissen können, ob diese Bewerber durch den Verband oder anderweitig eine Stellung erhalten haben. Wenn wir das tun würden, dann hätten wir natürlich auch „in Wirklichkeit viel mehr Stellen vermittelt“ als die 1452, die wir angegeben haben. Wir sind übrigens der Meinung, daß, wenn die „anderweitigen Feststellungen“ ergeben hätten, daß von den 2057 Bewerbern, die den Bund ohne jede Nachricht ließen, auch nur ein nennenswerter Bruchteil durch die Bundesstellenvermittlung eine Stelle erhalten hätte, Herr Dosmar diese Tatsache in seinen Angriffen gegen den D. T.-V. verwertet hätte.

Noch weniger Glück hat der Bund, wenn er sich mit unserer Stellenlosenunterstützung beschäftigt. Der alte Trick, einfach die theoretisch höheren Unterstützungssätze des Bundes neben die des Verbandes zu stellen, verfängt heute nicht mehr. Denn „die Güte der Unterstützungseinrichtung“ wird nicht durch das Formular, worauf die Unterstützungssätze der Organisation aufgedruckt sind, bestimmt, sondern in der Tat durch die Summe, „die der Stellenlose für 1 M Beitrag erhalten hat“. Hier ist Leistung gegen Leistung zu halten. Wenn eine Organisation für 2 M Monatsbeitrag fast genau dieselbe Gesamtsumme an Stellenlose zahlt, wie eine andere mit 3 M Monatsbeitrag, dann ist zweifellos diejenige mit dem geringeren Beitrag die leistungsfähigere.

Doch wir folgen der I. B. Z. noch weiter bei ihrer Vergleichführung. Herr Dosmar sagt, man müsse „nach der Tagesrate“ urteilen, die dem Stellenlosen satzungsgemäß zusteht. Wir urteilen nicht danach, was jemand satzungsgemäß erhalten kann, sondern danach, was der stellenlose Angestellte tatsächlich erhalten hat. Wenn wir nach dieser einzig richtigen Methode verfahren, dann zeigt sich, daß 1913 beim Bund pro Stellenlosenunterstützungstag 1,69 M gezahlt wurde, beim D. T.-V. aber 2,30 M. Unsere Leistung ist also um 40 % größer als die des Bundes! Man vergleiche unseren Jahresbericht Seite 101, wo festgestellt ist, daß wir auf den Kopf des Unterstützten 149,72 M bezahlten, die sich, wie auf Seite 104 nachgewiesen wird, auf 65 Unterstützungstage verteilen.

Herr Dosmar moniert weiter, daß wir in einer Tabelle unserer Flugschrift bei der Zusammenstellung der in den Jahren 1909 bis 1913 ausgezahlten Unterstützungen unseren früheren Monatsbeitrag von 1,50 M angaben und dabei auch das Jahr 1913 mit dem auf 2 M erhöhten Beitrag in diese Tabelle aufnahmen. Herr Dosmar brauchte nur um einige Zeilen weiter zu lesen, um zu finden, daß wir bei der Mitteilung dessen, was Verbandsmitglieder bezw. Bundesmitglieder für 1 M ihres Jahresbeitrages erhalten, den 24-M-Beitrag in Rechnung stellten. Wir haben dort nachgewiesen, daß der D. T.-V. für 1 M Beitrag 6,25 M Unterstützung gewährt, der Bund aber bei 74 % seiner Mitglieder für 1 M nur 3,14 M. Unsere Leistung ist also tatsächlich genau doppelt so groß als die des Bundes.

Ebenso unglücklich wie mit Stellenvermittlung und Stellenlosenunterstützung beschäftigt sich Herr Dosmar auch mit unserm Rechtsschutz, wobei er mit der für die Art seiner Polemik charakteristischen Bemerkung beginnt: „Hoffentlich sind in den angegebenen Zahlen nicht auch die zahlreichen Klagen enthalten, die die Rechtsschutz-Abteilung des D. T.-V. wegen rückständiger Beiträge gegen die eigenen Mitglieder führen mußte." Das schreibt Herr Dosmar, obwohl auf Seite 115 unseres Jahresberichtes unser „Beitragsmahnverfahren" besonders besprochen ist. Herr Dosmar spielt weiter bei der Betrachtung unseres Rechtsschutzwesens die Tatsache gegen uns aus, daß wir nur 149 Prozesse führten, während der Bund in 237 Fällen prozessieren mußte. Wir haben aber in den 149 Fällen — und diese Zahlen verschweigt die I. B. Z. — nicht weniger als 138 269 M für unsere Mitglieder erstritten, während der Bund mit seinen 237 Prozessen nur 37 808 M für seine Mitglieder erstreiten konnte. Herr Dosmar legt mit einem Male auf „den finanziellen Effekt jedes einzelnen Rechtsschutzfalles" keinen Wert mehr; den Grund dafür können wir verstehen, denn wir haben jetzt auch diese Einrichtung des Bundes weitaus überflügelt. Früher, als wir noch nicht so genau Buch führten über das Ergebnis unseres Rechtsschutzes, da war es gerade der Bund, der immer auf Mark und Pfennig ausrechnete, was er auf diesem Gebiete alles geleistet hat. Aber im übrigen geben wir gern zu, daß man der Meinung sein kann, daß es gar nicht auf die Zahl der Prozesse ankommt, um den Wert der Rechtsschutzeinrichtung zu charakterisieren. Wenn es uns gelungen ist, mit weniger Prozessen das Recht unserer Mitglieder zu wahren, so ist das eben auf den Einfluß des Verbandes zurückzuführen, dem es möglich war, in recht vielen Fällen die Rechtsinteressen seiner Mitglieder wahrzunehmen, ohne es zum Prozesse kommen zu lassen.

Den Höhepunkt der Art und Weise, wie es Herrn Dosmar beliebt, den Deutschen Techniker-Verband anzugreifen, bildet aber der folgende Satz:

> „Auch das rechnet er — nämlich der D. T.-V. — sich zum Verdienst an, daß aus seinem Bestande im Jahre 1913 107 Mitglieder starben, während es der B. t.-i. B. im gleichen Zeitraume nur auf 43 Todesfälle brachte."

In dieser gehässigen Art wagt es die Bundeszeitung gegen uns zu polemisieren, obwohl wir in unserem Flugblatt nur sachlich die Leistungen des Bundes und Verbandes gegenübegestellt hatten. Selbstverständlich behauptet der Bund auch bei dieser Einrichtung wieder, „daß die Unterstützungssätze für das einzelne Mitglied beim B. t.-i. B. wesentlich höher als beim D. T.-V. sind", obwohl es ihm bekannt ist, daß zwar der Bund gleich mit einem Sterbegeldsatze von 100 M beginnt, während der Satz bei uns nur 50 M beträgt, — eine Tatsache, die praktisch von geringer Bedeutung ist, da die Sterbefälle in der Regel doch wohl nicht in den ersten Jahren der Mitgliedschaft eintreten —, daß aber beim Bunde der Höchstsatz des Sterbegeldes nur auf 300 M, beim Verband aber auf 400 M steigt.

Um schließlich die Wirkung der „Kritik" an unserer Flugschrift Nr. 1 noch zu erhöhen, beschäftigt sich Herr Dosmar auch mit den Finanzen des Verbandes. Er äußert zunächst seine Verwunderung darüber, daß wir in unserer Flugschrift, die überschrieben war „Ein Vergleich zwischen den Wohlfahrtseinrichtungen des D. T.-V. und des B. t.-i. B., nicht auch über die Ausgaben unseres Verbandes im Jahre 1913 und über unser Vermögen berichtet hätten. Herr Dosmar hätte sich doch vor dem Niederschreiben eines solchen Satzes hüten sollen, wo der Bund in seinem „Weckruf Nr. 2" ebenfalls nur seine Unterstützungseinrichtungen behandelt und nichts von seinen Ausgaben und seinem Vermögen gesagt hat. Aber was der Bund tut, ist ja immer ausgezeichnet; nur macht der Verband dasselbe, dann wird ihm der Vorwurf gemacht, daß er etwas „verschweigt".

Die I. B. Z. sucht weiter die Tatsache, daß wir von unserem Verbandsvermögen 83 530,24 M als Betriebskapital für das Jahr 1913 entnommen haben, gegen den Verband auszuspielen. Sollte es Herrn Dosmar als „Finanzmann" des Bundes denn ganz entgangen sein, daß diese angebliche Inangriffnahme des Verbandsvermögens nur dadurch entstanden ist, daß wir infolge der Zusammenlegung unserer Kassen zu einer anderen Art des Abschlusses übergegangen sind? Der Rechenschaftsbericht für 1912 beruht auf der Grundlage, daß der Abschluß erst nach Eingang aller Außenstände für das Jahr 1912 erfolgt ist, während für den Rechenschaftsbericht 1913 der Abschluß am 31. Dezember 1913 vollzogen wurde. Herr Dosmar brauchte nur, um ein wahres Bild von der Finanzlage des Verbandes zu erhalten, die Tatsache zu beachten, daß den 83 530,24 M, die wir aus dem Verbandsvermögen für das Jahr 1913 entnommen haben, 181 502,17 M rückständige Beiträge gegenüberstanden. Man muß auch hier konstatieren, daß es Herrn Dosmar gar nicht um eine klare und wahre Darlegung der Finanzen des Verbandes zu tun ist.

Auf denselben schwachen Füßen steht die Kritik, die die I. B. Z. an dem Vermögen des Verbandes übt. Herr Dosmar gefällt sich zunächst darin, das nicht nur von den Vorstandsmitgliedern und Beamten des Verbandes, sondern auch von zwei gerichtlichen Bücherrevisoren festgestellte Vermögen — die Bilanzen des Bundes sind auf die gleiche Weise geprüft und unterzeichnet — mit dem Worte „angeblich" als nicht wirklich vorhanden hinzustellen. Er kritisiert weiter, daß wir unsere sicheren Außenstände mit als Aktiva in unsere Bilanz eingesetzt haben. Vor allem haben es ihm die 181 502,17 M rückständiger Beiträge angetan, die er den Lesern der Bundeszeitung als Beweis für die schlechte Vermögenslage unseres Verbandes bekannt gibt. Er verschweigt aber, daß im Jahresbericht festgestellt ist, daß bereits zur Zeit der Drucklegung 119 435,37 M davon eingegangen waren!

Nicht gefallen will es dem Bundeskritiker weiter, daß unser Erholungsheim im letzten Jahre eine Wertsteigerung von 37 584 M erfahren hat. Wir können ihm verraten, daß wir trotz der vom Bund als so schlecht hingestellten Finanzlage des Verbandes durch Spenden und Einnahmen des Erholungsheims den Grund und Boden durch Ankauf vergrößern konnten. Der von Herrn Dosmar so sehnlichst herbeigewünschte Rechenschaftsbericht des Erholungsheims wird ihm auch schon bekannt werden, wenn die bautechnische Prüfung des Abschlusses erfolgt ist.

Aber vielleicht gestattet der Bund eine Gegenfrage: Wie kommt es, daß der Industriebeamten-Verlag seine Aktiva auf einmal durch den Posten „Geschäftsbewertung" um 15 000 M erhöht? Nur dadurch ist es ihm gelungen, den Industriebamten-Verlag vor einer Unterbilanz für das Jahr 1913 zu bewahren.

Um die „ehrliche" Methode des Herrn Dosmar zum Schluß noch zu kennzeichnen, drucken wir die letzten Sätze seiner Kritik hier wörtlich ab:

> „Uns interessiert nur, daß die Hauptkasse des D. T.-V. am Ende des Jahres 1913 nicht nur keinen Pfennig besaß, sondern auch noch Schulden in Höhe von 285 888,30 M verzeichnen müßte. Ob nun der D. T.-V. mit diesen Schulden oder der B. t.-i. B. mit einem Vermögen von 421 019,60 M, von dem über 250 000 M flüssig waren, die größere Schlagfertigkeit besitzt, das wird letzten Endes nicht von dem Rechenkünstler des D. T.-V., sondern von den technischen Angestellten entschieden werden."

Die technischen Angestellten werden entscheiden, ob diese Aufstellung handgreiflicher Unwahrheiten und Verdächtigungen, wie sie sich Herr Dosmar in diesen Sätzen leistet, dem Anstandsgefühl entspricht, das unter Berufskollegen vorhanden sein sollte.

Der D. T.-V. hat nicht Schulden in Höhe von 285 888,30 M, sondern ein Vermögen von 622 997,86 M, wovon über 300 000 M flüssig, also in Bar, Depositen, Effekten und mündelsicheren, jederzeit beleihbaren Hypotheken vorhanden sind.

Wir bedauern im Interesse unserer Mitglieder, die gewerkschaftlich so gut erzogen sind, daß sie in der gegenwärtigen Situation eine Polemik mit dem Bunde als nicht im Interesse des Standes gelegen erkennen, der I. B. Z. in dieser ausführlichen Weise antworten zu müssen. Uns ist der Raum unserer D. T.-Z. zur Antwort auf derartige unsachliche Angriffe des Bundes zu schade. Wir mußten aber, nachdem wir bereits oft genug geschwiegen, einmal unseren Mitgliedern zeigen, wie von jener Seite einem ruhigen und sachlichen Nebeneinanderarbeiten beider Organisationen systematisch entgegen gearbeitet wird.

DEUTSCHE TECHNIKER-ZEITUNG

TECHNISCHE RUNDSCHAU

XXXI. Jahrg. 27. Juni 1914 Heft 26

Statische Untersuchung eines freistehenden, einfach symmetrischen Turmes

Von W. J. SCHULTZ. Mtgld. No. 49 330.

Der Turmgrundriß sei rechteckig, mit einer Oeffnung an jeder Seite nach beistehender Abbildung, so daß nur e i n e Symmetrie-Achse Y—Y vorhanden ist. Die Wände seien in dem am meisten beanspruchten Horizontalquerschnitt, von Oeffnungen abgesehen, ringsum gleichmäßig 2 m dick. Die Oeffnungen in den Schmalseiten a seien hoch $h_a = 6{,}50$ m, diejenigen in den Breitseiten b hoch $h_b = 9{,}00$ m.

Wird vom Winddruck zunächst abgesehen und wird angenommen, daß die Pfeiler I und II aus gleichem Material — z. B. Klinkermauerwerk — hergestellt werden sollen, so ist die Last Q, welche man im allgemeinen im Diagonalenschnittpunkt C annehmen kann, in der lotrechten Ebene Y—Y e x z e n t r i s c h, d. h. bei vollkommen gleichmäßig verteilten Spannungen würde die Reaktionsmittelkraft R nicht in C liegen, also nicht mit Q zusammenfallen, sondern der Reaktionsmittelpunkt ist S, der Schwerpunkt des gesamten Pfeilersystemes. SC = s ist also die Exzentrizität, d. h. der Hebelarm eines in der lotrechten Ebene Y—Y liegenden Angriffsmomentes $M_x = Q \cdot s = R \cdot s$.

Man berechnet s folgendermaßen (vgl. Abb.).

$$\begin{aligned} 4{,}50 \cdot \ 8{,}75 &= 39{,}375 \\ 1{,}50 \cdot 10{,}00 &= 15{,}000 \\ 2{,}00 \cdot \ 0{,}00 &= \ 0{,}000 \\ \hline f = 8{,}00 \qquad & n = 54{,}375. \end{aligned}$$

Man beachte, daß bei den links angesetzten Momenten die Flächenteile auf ihre Schwerlinien konzentriert gedacht sind. Dann ist der Abstand des Punktes S von der Schwerlinie I—I gleich $n : f = 54{,}375 : 8{,}00 = 6{,}797$ m und

$$s = 6{,}797 - 5{,}000 = 1{,}797 \text{ m}.$$

Die gesamte tragende Fläche ist $F = f \cdot 2{,}00 \cdot 2 = 2 \cdot 8{,}00 \cdot 2 = 32$ qm. Das Trägheitsmoment J_x des Pfeilersystemes, auf die durch S gelegte X-Achse bezogen, berechnet sich wie folgt (vgl. Abb.).

$$\begin{aligned} 2 \cdot 2{,}00 \cdot (7{,}797^3 - 5{,}797^3) &= 1119 \\ 2 \cdot 2{,}00 \cdot 0{,}297^3 \ . \ . \ . \ . &= \ \ \ 0 \\ 2 \cdot 2{,}00 \cdot 4{,}203^3 \ . \ . \ . \ . &= \ 297 \\ 2 \cdot 1{,}50 \cdot (4{,}203^3 - 2{,}203^3) &= \ 192 \\ \hline J_x = 1608 : 3 &= 536{,}0 \text{ m}^4. \end{aligned}$$

Der Abstand des Schwerpunktes S (bezw. der Neutralachse X—X) von der Kante 5—5 ist

$$e = 6{,}00 - s = 6{,}00 - 1{,}797 = 4{,}203 \text{ m}.$$

Bekanntlich berechnet sich nun die Rundspannung k_1 in 5—5 nach der Formel $k_1 = Q : F - M_x : W_x$. Es ist aber $W_x = J_x : e_5$ *) und $M_x = Q \cdot s$, woraus folgt

$$k_1 = Q \cdot [1 : F - s \cdot e : J_x] = Q \cdot [1 : 32 - 1{,}797 \cdot 4{,}203 : 536{,}0]$$
$$k_1 = Q\,[0{,}0312 - 0{,}0141] = 0{,}0171\ Q.$$

Es sei nun angenommen, daß die Werte der angreifenden Kräfte durch Rechnung folgendermaßen gefunden sind:

(Eigenlast + Nutzlast) = Q = 3600 Tonnen (t).

Der gesamte Winddruck auf die Breitseite b ist $\mathfrak{W}_b = 120$ t, wenn der Wind senkrecht auf die Wand trifft. — Daher der Winddruck pro lfdm. Grundrißlänge der Wand $= \mathfrak{w} = 120 : 12 = 10$ t.

*) e_5 = Abstand der Kante 5—5 von der Neutralachse.

Angriffspunkt der Windresultierenden in einer Höhe

H = 30,0 m über Pfeilersohle.

Man berechnet noch leicht das auf die Symmetrie-Achse (als Neutralachse) bezogene Trägheitsmoment I_y durch folgenden Ansatz:

$$\begin{aligned} 2{,}00 \cdot (2 \cdot 9{,}00^3 - 2{,}00^3 - 5{,}00^3) &= 2650 \\ 2{,}50 \cdot (9{,}00^3 - 5{,}00^3) &= 1510 \\ \hline &\ \ \ 4160 \end{aligned}$$

$$I_y = 4160 : 12 = 346{,}7 \text{ m}^4$$
$$W_y = 346{,}7 : e_{5-2} = 346{,}7 : 4{,}5 = 77{,}0 \text{ m}^3.$$

Es würde sich nun ergeben für die Ecke 5

$$k_1 = 0{,}0171\ Q \text{ (s. o.)} = 0{,}0171 \cdot 3600 \qquad = \ \ 61{,}6 \text{ t/qm}$$
$$k_2 = \pm M_w : W_y = \pm \mathfrak{W}_b \cdot H : W_y = \pm 120 \cdot 30 : 77{,}0 = \pm 46{,}8 \ \text{„}$$

Daher Spannungsminimum $k_{min} = +14{,}8$ t/qm oder rund 1,5 kg/qcm Druckspannung.

Man wird vermuten, daß bei diagonaler Windrichtung sich diese Zahl weiter verringert und daß bei Berücksichtigung der Torsions- und Schubmomente — worüber näheres unten — sich nicht unbedeutende Zugspannungen errechnen.

Zugspannungen, deren Zustandekommen gerade auf Fundamentoberflächen (d. i. Pfeilersohle!) aus allerlei praktischen Gründen ohnehin sehr fraglich ist, sollten im auf-

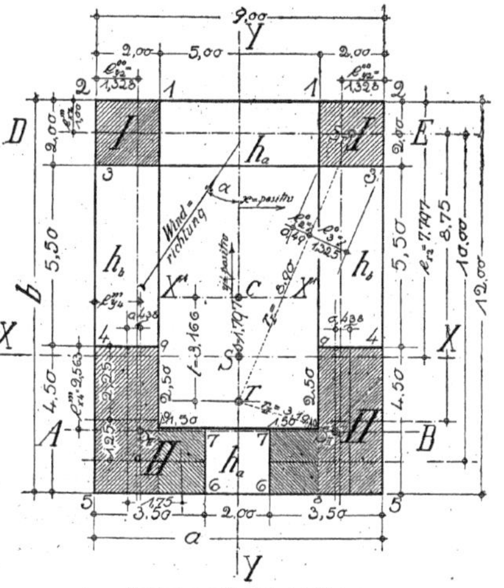

Bruchquerschnitt durch den Turm

gehenden Mauerwerk grundsätzlich vermieden werden. Will man sie durch eine lotrechte Bewehrung bezw. Verankerung nahe den Ecken 5 aufnehmen, so ist zu bedenken, daß man das Eisen, wenn man den statischen Voraussetzungen genügen will, nur mit etwa dem 78fachen des benachbarten Klinkermauerwerkes beanspruchen darf, da das Elastizitätsverhältnis (2 150 000 : 28 000) etwa dieser Zahl entspricht.

Eine solche Anordnung würde das gebrechliche, untechnische Ansehen eines Notbehelfs haben, den man jedoch durch ein einfaches Mittel umgehen kann. Die Zugspannungen werden nämlich auf ein relatives Minimum beschränkt, wenn man die Neutralachse X—X nicht durch S, sondern durch den Mittelpunkt C legt. Dies ist dann erreicht, wenn die auf die neue Neutralachse X^1—X^1 bezogenen Kraftmomente K' der Pfeiler I gleich denen der Pfeiler II sind.*) Es ist

$$K_I' = 2 \times 2{,}00 \cdot (6{,}00^2 - 4{,}00^2) \cdot \frac{1}{3} \cdot k_I' = \frac{80}{3} k_I',$$

worin k_I' die größte Randspannung der Pfeiler I wäre. Ebenso wäre

$$K_{II}' = 2 \times [2{,}00 \cdot (6{,}00^2 - 1{,}50^2) + 1{,}50 \cdot (6{,}00^2 - 4{,}00^2)] \cdot \frac{1}{3} \cdot k_{II}' = \frac{195}{3} k_{II}'.$$

Da nach obigem

$K_I' = K'_{II}$, so ist $80\, k_I' = 195\, k_{II}'$, oder $k'_I = 2{,}44\, k_{II}'$.

Dieses Spannungsverhältnis ist aber, da Q in bezug auf $X^1 - X^1$ kein Angriffsmoment liefern kann, also alle vier Pfeiler durch die Eigenlast um die gleiche Strecke durch Zusammenpressen verkürzt werden, leicht durch Regulieren der Pfeiler-Elastizitäten erreichbar; denn: je größer der Elastizitätsmodul $E_,$ um so größer ist unter diesen Voraussetzungen der Spannung k'. Bei gleichen Pfeilerhöhen — mit solchen haben wir es in jeder Achsialrichtung zu tun — ist demnach $E_I = 2{,}44\, E_{II}$ zu machen.

Nach Angabe der „Hütte" ist für Klinkermauerwerk $E_k \sim 28\,000$ und für guten Zementbeton bei hohen Spannungen $E_b \sim 180\,000$. (Im Eisenbeton ist $E_b = 143\,000$ vorgeschrieben.) Das Elastizitätsverhältnis beider Baustoffe ist demnach ungefähr, aber nahe genug $E_b : E_k = 154\,000 : 28\,000 = \mathbf{5{,}5}$ oder $E_b = 5{,}5 \cdot E_k$. Stellt man Pf. II in Klinkern her, so wird $E_I = 2{,}44\, E_k$. Stellt man den Pf. I, dessen Höhe $= h_a$ ist, bis zur Höhe x aus Beton, den Rest $(h_a - x)$ aber auch aus Klinkern her, so ist an der Pfeilerelastizität E_b mit dem Bruchteil $\frac{x}{h_a}$, E_k aber mit $\left(\frac{k_a - x}{h_a}\right)$ beteiligt, d. h. es ist $E_I = E_b \cdot \frac{x}{h_a} + E_k \cdot \frac{(h_a - x)}{h_a}$.
Setzt man hierin nach obigem $E_I = 2{,}44\, E_k$ und $E_b = 5{,}5\, E_k$, so wird $2{,}44\, E_k = 5{,}5\, E_k \cdot \frac{x}{h_a} + E_k \cdot \frac{(h_a - x)}{h_a}$, woraus sich ergibt

$$1) \ldots x = 0{,}32\, h_a.$$

Man erreicht also die richtige Durchschnittselastizität, wenn man etwa 5 Schichten = 38,5 cm Klinkermauerwerk mit einem Block von $38{,}5 \cdot \mathbf{0{,}32} = 12{,}3$ cm Höhe aus gutem Stampfbeton abwachseln läßt.**)

Sind nun F_I und F_{II} die Pfeilerquerschnitte, so folgt aus

$$k'_I = 2{,}44\, k'_{II} \text{ und } Q = 2 \cdot (F_I \cdot k_I' + F_{II} \cdot k_{II}') = 2 \cdot (F_I \cdot 2{,}44 + F_{II}) \cdot k_{II}'$$

$$\text{bezw. } Q = 2 \cdot (F_I + F_{II} : 2{,}44) \cdot k_I',$$

wenn $F_I = 2{,}0 \cdot 2{,}0 = 4{,}0$ qm und $F_{II} = 2{,}0 \cdot (4{,}5 + 1{,}5) = 12{,}0$ qm.

*) Das absolute Minimum ist etwas schwieriger zu finden.

**) Je kleiner die Schichtung, um so mehr nähert man sich den praktischen Voraussetzungen.

$$2) \ldots k_I' = \frac{Q}{2 \cdot (F_I + F_{II} : 2{,}44)} = \frac{3600}{2 \cdot (4{,}0 + 12{,}0 : 2{,}44)} = 202 \text{ t/qm}.$$

$$3) \ldots k_{II}' = \frac{Q}{2 \cdot (2{,}44\, F_I + F_{II})} = \frac{3600}{2 \cdot (2{,}44 \cdot 4{,}0 + 12{,}0)} = 82{,}5 \text{ t/qm}.$$

Der Winddruck $\mathfrak{W}$, welcher in der Höhe H über Pfeilersohle angreift, liefert zunächst ein Biegungs- (oder Kipp-) Hauptmoment $M'' = \mathfrak{W} \cdot H$. Dies zerlegt sich, wenn der Wind in beliebiger Richtung weht, senkrecht zu der X- bezw. Y-Achse in $M_x'' = \mathfrak{W}_x \cdot H$ und $M''_y = \mathfrak{W}_y \cdot H$. Wird eine ebene Fläche (b, s. Abbildg.) im Winkel α (s. Abbildg. durch einen Winddruck $\mathfrak{W}_1$ getroffen, so berechnet sich nach den für Preußen gültigen ministeriellen Vorschriften vom 31. Januar 1910 die zu b senkrechte Winddruckkomponente zu $\mathfrak{W}_y = \mathfrak{W}_1 \cdot \sin^2 \alpha$. Dies ist die Newtonsche Formel. Diese Formel ist unter einigen anerkannten, die alle Anspruch auf Richtigkeit erheben, diejenige, welche den kleinsten Wert für $\mathfrak{W}_x$ ergibt. Da aber Fensterleibungen, Nischen, Lisenen, Dachgaupen und andere Vor- und Rücksprünge Windfänger bilden, so würde sich $\mathfrak{W}_y$ auch dann höher stellen, als die Newtonsche Formel ergibt, wenn diese Formel unanfechtbar richtig wäre. Es ist daher ratsam, nach einer Formel zu rechnen, die einen höheren Wert ergibt, z. B. nach derjenigen von Lössl: $\mathfrak{W}_y = \mathfrak{W}_1 \cdot \sin \alpha$. Ist $\mathfrak{w}$ der Winddruck pro lfdm. Grundrißlänge einer senkrecht getroffenen Rechteckfläche (s. Abb.), so wird

$$M_y'' = b \cdot \mathfrak{w} \cdot \sin \alpha \cdot H \text{ und } M_x'' = a \cdot \mathfrak{w} \cdot \sin (90^0 - \alpha) \cdot H = a \cdot \mathfrak{w} \cdot \cos \alpha \cdot H.$$

Dann sind die hieraus folgenden Biegungsspannungen $k_x'' = M_x'' : W_x''$ und $k_y'' = M_y'' : W_y''$.

Da nun allgemein $W = J : e$, d. h. gleich dem Trägheitsmoment, geteilt durch den Abstand des angenommenen Querschnittspunktes von der Neutralachse, ist, so ist die aus M" hervorgehende Gesamtspannung des betr. Punktes

$$k'' = k_x'' + k_y'' = \frac{M_x'' \cdot e_x''}{J_x''} + \frac{M_y'' \cdot e_y''}{J_y''}$$

Nun ist aber k_x'' im Pfeiler I 2,44 (s. o.) mal so groß wie bei gleichem e_x'' das k_x'' des Pfeilers II ... $k_{xI}'' = 2{,}44\, k_{xII}''$. Daraus folgt, daß für einen Punkt des Pfeilers II das J_{xI}'' des Pfeilers I mit einem 2,44 fachen Wert einzuführen ist, während für Pfeiler I das J_{xII}'' durch 2,44 zu teilen bezw. mit $1 : 2{,}44 = 0{,}41$ malzunehmen. Führt man dies in obiger Gleichung aus und setzt noch die Werte für M_x und M_y ein, bedenkt auch zugleich, daß für J_y'' das Gleiche gilt, wie für J_x'', so ergibt sich für Pfeiler I

$$4) \ldots k_I'' = 2{,}44 \cdot \mathfrak{w} H \cdot \left\{ \frac{a \cdot \cos \alpha \cdot e_{xI}''}{(2{,}44\, J_{xI}'' + J_{xII}'') \cdot 2} + \frac{b \cdot \sin \alpha \cdot e_{yI}''}{(2{,}44\, J_{yI}'' + J_{yII}'') \cdot 2} \right\}$$

oder (s. Gl. 5) $k_I'' = 2{,}44 \cdot k_{II}''$; und für Pfeiler II

$$5) \ldots k_{II}'' = \mathfrak{w} H \cdot \left\{ \frac{a \cdot \cos \alpha \cdot e_{xII}''}{(2{,}44\, J_{xI}'' + J_{xII}'') \cdot 2} + \frac{b \cdot \sin \alpha \cdot e_{yII}''}{(2{,}44\, J_{yI}'' + J_{yII}'') \cdot 2} \right\}.$$

In diesen Formeln sind also die Werte e" und J" auf die Achsen X^1—X^1 und Y—Y bezogen.

Die soeben besprochenen Biegungs-Hauptmomente M" wirken dahin, den Turm als Ganzes um eine in der Horizontalebene der Pfeilersohle liegende Kippachse in diese Ebene umzulegen. Die widerstehenden Pfeilersysteme sind Pfeilerpaare, deren Paarungsrichtung senkrecht zur Biegungsachse liegt, wie z. B. I—I oder II—II (s. Abb.) zur Biegungsachse Y—Y; I—II zur Biegungsachse X^1—X^1.

— Es treten aber noch Biegungs-Nebenmomente M''' auf, die man auch als „Schubmomente" bezeichnen könnte, indem der Winddruck $\mathfrak{W}$, der an den Pfeilerköpfen als Schubkraft auftritt, die einzelnen Pfeiler ebenso umzukippen strebt, wie im vorigen Falle den ganzen Turm; jedoch bleibt durch M''' der obere Teil des Turmes, von den Pfeilerköpfen aufwärts, beim Kippen unberührt, er behält seine lotrechte Stellung beim Kippen der Pfeiler bei.

Die Schubmomente sind, wie aus dem Vergleich mit $M_y'' = b \cdot \mathfrak{w} \cdot \sin\alpha\, H$ usw. (s. o.), ohne weiteres hervorgeht,

$$M_y''' = b \cdot \mathfrak{w} \cdot \sin\alpha \cdot h_a \text{ und } M_x''' = a\mathfrak{w} \cdot \cos\alpha \cdot h_b$$

Diesen Schubmomenten widerstehen die Kraftmomente der einzelnenen Pfeilerquerschnitte, und zwar sind diese doppelt zu rechnen, da sowohl am Pfeilerkopf wie am Pfeilerfuß ein Kraftmoment auftritt. Im übrigen gelten die Systeme der Gleichungen 4 und 5 in sinngemäßer Umgestaltung. Es wird also für Pfeiler I

$$6) \ldots k_I''' = \mp 2{,}44\, \mathfrak{w} \cdot \left\{ \frac{a \cdot \cos\alpha \cdot h_b \cdot e_{xI}'''}{(2{,}44\, J_{xI}''' + J_{xII}''') \cdot 4} + \frac{b \cdot \sin\alpha \cdot h_a \cdot e_{yI}'''}{(2{,}44\, J_{yI}''' + J_{yII}) \cdot 4} \right\}$$

oder $k_I''' = 2{,}44\, k_{II}'''$ (s. Gl. 7), und für Pfeiler II

$$7) \ldots k_{II}''' = \mp \mathfrak{w} \cdot \left\{ \frac{a \cdot \cos\alpha \cdot h_b \cdot e_{xII}'''}{(2{,}44\, J_{xI}''' + J_{xII}''') \cdot 4} + \frac{b \cdot \sin\alpha \cdot h_a \cdot e_{yII}'''}{(2{,}44\, J_{yI}''' + J_{yII}''') \cdot 4} \right\}.$$

Hierin sind e''' und J''' bezogen auf die Schwerachsen der einzelnen Pfeiler. + gilt für Pfeilersohle, — für Pfeilerkopf.

Außer den drei Angriffsgrößen Q, M'' und M''' entstehen aus der Verschiedenheit der Pfeiler I und II noch horizontale Drehmomente, da zwar $\mathfrak{W}_y$ zentral, d. h. durch C gehend, festgesetzt wurde, aber weder die durch $W_{I-I}'' \cdot k_I''$ u. $W_{II-II}'' \cdot k_{II}''$ gelieferte Horizontalreaktion, noch die aus $W_I''' \cdot k_I'''$ und $W_{II}''' \cdot k_{II}'''$ bedingte zentral liegt. Diese Drehmomente sind nach der oben vorgenommenen Regulierung der Elastizitätsverhältnisse an und für sich gering und heben sich, da sie einander entgegengesetzt gerichtet sind, was man sich leicht klar machen kann, zum Teil auf. Endlich ist der Faktor $\mathfrak{w}$ in Gl. 6 und 7 etwas zu groß, da streng genommen der unterhalb der Pfeilermitte ausgeübte Winddruck nicht als Schubkraft auf den Pfeilerkopf verrechnet werden dürfte. Doch wird man unter anderem bei Vernachlässigung der Drehmomente diese unwesentliche, eventl. leicht zu korrigierende Ungenauigkeit wohl besser bestehen lassen.

Die Gesamtspannung in einem beliebigen Punkte eines Pfeilerquerschnittes ist nun

$$8) \ldots k = k' + k'' + k'''.$$

Hierin sind k', k'' und k''' nach den Gleichungen 2, 3, 4, 5, 6, 7 zu berechnen, wobei zu beachten ist, daß die Vorzeichen wechseln, je nachdem $\sin\alpha$, $\cos\alpha$ und e positiv oder negativ sind, während in Gl. 6 und 7 als Hauptvorzeichen das ungünstigste zu wählen ist.

Zum Zweck der numerischen Berechnung nach beigegebener Abbildung sind nun die e- und die J-Werte zu ermitteln.

e''_1 bis e''_{10}, d. h. die Abstände der in Abbildg. mit den Ziffern 1 bis 10 bezeichneten Grundrißpunkte von den Haupt-Neutralachsen X^1—X^1 und Y—Y, können der Abbildung ohne weiteres entnommen werden.

e'''_1 bis e'''_3, d. h. die Abstände der Ecken 1, 2 und 3 von den Neutralachsen des Pfeilers I, sind ebenfalls ohne weiteres zu entnehmen, da die Achsen durch den Mittelpunkt des Quadrates I gehen.

$$e_{x4}''' = 1{,}50 \cdot 1{,}25 : (1{,}50 + 4{,}50) + 2{,}25 = 2{,}563 \text{ m.}$$

(Vgl. Maße bei Pfeiler A in der Abb.). — In diesem Ansatz ist der Einfachheit halber die Fläche durch ihre Schwerlinie ersetzt.

$$e_{x5}''' = e_{x6}''' = -4{,}50 + 2{,}563 = -1{,}937 \text{ m.}$$

$$e_{x7}''' = 2{,}00 - 1{,}937 = 0{,}063 \text{ m.}$$

$$e_{y4}''' = e_{y5}''' = \pm [1{,}50 \cdot 1{,}75 : (1{,}50 + 4{,}50) + 1{,}00] = \pm 1{,}438 \text{ m.}$$

$$e_{y6}''' = e_{y7}''' = \pm (3{,}50 - 1{,}438) = \pm 2{,}062 \text{ m.}$$

Die Trägheitsmomente berechnet man bekanntlich am einfachsten nach der Formel $J = (bh^3 : 3)$. So wird

$$J_{xI}'' = 2{,}00 \cdot (6{,}00^3 - 4{,}00^3) : 3 = 101{,}3 \text{ m}^4 \text{ (Auf } X^1\text{—}X^1 \text{ bezog.)}$$

$$J_{xII}'' = \{2{,}00 \cdot (6{,}00^3 - 1{,}50^3) + 1{,}50 \cdot (6{,}00^3 - 4{,}00^3)\} : 3 = 217{,}7 \text{ m}^4.$$

$$J_{yI}'' = 2{,}00 \cdot (4{,}50^3 - 2{,}50^3) : 3 = 50{,}3 \text{ m}^4 \text{ (Auf Y—Y bezog.)}$$

$$J_{yII}'' = \{2{,}00 \cdot (4{,}50^3 - 1{,}00^3) + 2{,}50\, (4{,}50^3 - 2{,}50^3)\} : 3 = 122{,}8 \text{ m}^4.$$

$J_{xI}''' = J_{yI}''' = 2{,}0^4 : 12 = 1{,}33 \text{ m}^4$, auf die Schwerachse von Pfeiler I bezogen.

$J_{xII}''' = \{2{,}00 \cdot (2{,}563^3 + 1{,}937^3) + 1{,}50\, (1{,}937^3 + \sim 0^3)\} : 3 = 19{,}7 \text{ m}^4$ (auf Schwerachse des Pfeilers II bezogen).

$J_{yII}''' = \{2{,}00 \cdot (1{,}438^3 + 2{,}062^3) + 2{,}50 \cdot (1{,}438^3 + 0{,}562^3)\} : 3 = 10{,}46 \text{ m}^4$ (auf Schwerachse des Pfeilers II bezogen).

Die Daten waren $Q = 3600$ t; $\mathfrak{W} = 120$ t; $\mathfrak{w} = 10$ t/m; $H = 30{,}0$ m; $h_a = 6{,}50$ m; $h_b = 9{,}00$ m; $a = 9{,}00$ m; $b = 12{,}00$ m.

Es sind nun nach Einsetzung der so gewonnenen Werte

$$9) \ldots k_{II}' \text{ (Gl. 3)} = \frac{Q}{2 \cdot (2{,}44\, F_I + F_{II})} = \frac{3600}{2 \cdot (2{,}44 \cdot 4{,}0 + 12{,}0)} = 82{,}5 \text{ t/qm.}$$

$$10) \ldots k_I' \text{ (Gl. 2)} = 2{,}44 \cdot k_{II}' = 2{,}44 \cdot 82{,}5 = 202 \text{ t/qm}$$

$$k_{II}'' \text{ (nach Gl. 5)} = 10 \cdot 30{,}0 \cdot \left\{ \frac{9{,}00 \cdot \cos\alpha \cdot e_{xII}''}{2 \cdot (2{,}44 \cdot 101{,}3 + 217{,}7)} + \frac{12{,}0 \cdot \sin\alpha \cdot e_{yII}''}{2 \cdot (2{,}44 \cdot 50{,}3 + 122{,}8)} \right\}$$

$$k_{II}'' = 2{,}9 \cdot \cos\alpha \cdot e_{xII} + 7{,}32 \cdot \sin\alpha \cdot e_{yII}''$$

$[k_I'' = \text{(folgt nach Gl. 11)}]$

$$k_{II}'' \text{ (s. Gl. 5)} = \mathfrak{w} \cdot H \cdot \left\{ \frac{a \cdot \cos\alpha \cdot e_{xII}''}{2 \cdot (2{,}44\, J_{xI}'' + J_{xII}'')} + \frac{b \cdot \sin\alpha \cdot e_{yII}''}{2 \cdot (2{,}44\, J_{yI}'' + J_{yII}'')} \right\}$$

$$= 10 \cdot 30{,}0 \cdot \left\{ \frac{9{,}00 \cdot \cos\alpha \cdot e_{xII}''}{2 \cdot (2{,}44 \cdot 101{,}3 + 217{,}7)} + \frac{12{,}0 \cdot \sin\alpha \cdot e_{yII}''}{2 \cdot (2{,}44 \cdot 50{,}3 + 122{,}8)} \right\}.$$

$$11) \ldots k_{II}'' = 2{,}9 \cdot \cos\alpha \cdot e_{xII}'' + 7{,}32 \cdot \sin\alpha \cdot e_{yII}''. \text{ Hieraus}$$

$$k_I'' \text{ (s. Gl. 4)} = 2{,}44 \cdot (2{,}9 \cdot \cos\alpha \cdot e_{xI}'' + 7{,}32 \cdot \sin\alpha \cdot e_{yI}'').$$

$$12) \ldots k_I'' = 7{,}07 \cos\alpha \cdot e_{xI}'' + 17{,}86 \sin\alpha \cdot e_{yI}''$$

$$k_{II}''' \text{ (Gl. 7)} = \mp \mathfrak{w} \left\{ \frac{a \cdot h_b \cdot \cos\alpha \cdot e_{xII}'''}{4\, (2{,}44 \cdot J_{xI}''' + J_{xII}''')} + \frac{b \cdot h_a \cdot \sin\alpha \cdot e_{yII}'''}{4\, (2{,}44\, J_{yI}''' + J_{yII}''')} \right\}$$

$$= \mp 10 \cdot \left\{ \frac{9{,}00 \cdot 9{,}00 \cdot \cos\alpha \cdot e_{xII}'''}{4\, (2{,}44 \cdot 1{,}33 + 19{,}7)} + \frac{12{,}00 \cdot 6{,}50 \cdot \sin\alpha \cdot e_{yII}'''}{4 \cdot (2{,}44 \cdot 1{,}33 + 10{,}46)} \right\}.$$

$$13) \ldots k_{II}''' = \mp (8{,}84 \cdot \cos\alpha \cdot e_{xII}''' + 14{,}2 \cdot \sin\alpha \cdot e_{yII}'''). \text{ Hieraus}$$

$$k_I''' \text{ (Gl. 6)} \doteq \mp 2{,}44 \cdot (8{,}84 \cdot \cos\alpha \cdot e_{xI}''' + 14{,}2 \cdot \sin\alpha \cdot e_{yI}''').$$

$$14) \ldots k_I''' = \mp (21{,}6 \cdot \cos\alpha \cdot e_{xI}''' + 34{,}6 \cdot \sin\alpha \cdot e_{yI}''').$$

Nun wären die Gl. 9 bis 14 durch Einführung von möglichst vielen α-Werten weiter zu berechnen. Es genügt i. a., wenn für $\alpha = 0^0, 30^0, 60^0, 90^0, 120^0, 150^0, 180^0$ die k-Werte bestimmt werden. Es sei als Beispiel $\alpha = 120^0$ vorgerechnet, und zwar für Punkt 1; s. Abbildung.

Es ist sin 120^0 (= sin 60^0) = 0,866 und cos 120^0 (= — cos 60^0) = — 0,5. Dann ergibt Gl. 12:

$$k_I'' = 7{,}07 \cdot -0{,}5 \cdot e_{xI}'' + 17{,}86 \cdot 0{,}866 \cdot e_{yI}''.$$

15) ... $k_I'' = 15{,}5\, e_{yI}'' - 3{,}54\, e_{xI}''$. Ebenso aus Gl. 11:

16) ... $k_{II}'' = 6{,}35\, e_{yII}'' - 1{,}45\, e_{xII}''$. Aus Gl. 14:

17) ... $k_I''' = \mp (30{,}0\, e_{yI}''' - 10{,}8\, e_{xI}''')$. Aus Gl. 13:

18) ... $k_{II}''' = \mp (12{,}3\, e_{yII}''' - 4{,}42\, e_{xII}''')$.

Die e-Werte für Punkt 1 ergeben sich aus der Abbildung wie folgt:

$e_x'' = +6{,}00$ (Abstand von X^1—X^1).
$e_y'' = +2{,}50$ für Pfeiler E; $-2{,}50$ für Pfeiler D (Abst. von Y—Y).
$e_x''' = +1{,}00$ für Pfeiler E; $+1{,}00$ für Pfeiler D (Abst. von der Pfeiler-Mittellinie I—I).
$e_y''' = -1{,}00$ für Pfeiler E; $+1{,}00$ für Pfeiler D (Abst. von der zu Y—Y parallelen Mittellinie).

Nimmt man diese Werte mit Gl. 10, 15 und 17 zusammen, so erhält man für Pfeiler E

k_1' (d. i. k' für Ecke 1) . . . . . . $= +202{,}0$ t/qm
$k_1'' = 15{,}5 \cdot 2{,}50 - 3{,}54 \cdot 6{,}00$ . . . $= +\ 17{,}5$ „
$k_1''' = \mp(30{,}0 \cdot -1{,}00 - 10{,}8 \cdot +1{,}00) = \mp\ 40{,}8$ „

Der ungünstigste Wert für k'''_1 ist positiv (Pfeilersohle). Daher $k_{1\,E\,120^0} = k' + k'' + k''' = 260{,}3$ t/qm = 26,0 kg/qcm.

Für Pfeiler D würde sich ergeben:

k_1' . . . . $= +202{,}0$ t/qm
$k_1'' = 15{,}5 \cdot -2{,}50 - 3{,}54 \cdot 6{,}00$ . . $= -\ 60{,}1$ „
$k_1''' = \mp(30{,}0 \cdot +1{,}00 - 10{,}8 \cdot +1{,}00) = \mp\ 19{,}2$ „

Der ungünstigste Wert für k'''_1 ist in diesem Falle der negative, da es darauf ankommt, die äußersten — sowohl die höchsten, als auch die niedrigsten — Spannungswerte zu ermitteln und es sich hier um einen Minimalwert handeln muß, da ein Maximalwert für k_1 schon in der Reihe der Werte für k_{1E} vorkommt; denn es ist $k_{1\,D\,120^0} = k_{1\,E\,240^0}$.

Es wäre demnach:

$$k_{1\,E\,240^0} = k_{1\,D\,120^0} = 202{,}0 - 60{,}1 - 19{,}2 = 122{,}7 \text{ t/qm} = 12{,}3 \text{ kg/qcm für Pfeilerkopf.}$$

In der beigefügten Tabelle sind — salvo errore calculi — die größten und kleinsten Spannungswerte der Eckpunkte 1 bis 9 für Windrichtungen α, die von 30 zu 30 Grad verschieden sind, zusammengestellt. Man sieht zunächst, daß der absolut kleinste Spannungswert in Punkt 5 bei $\alpha = 300^0$ erscheint mit + 1,9 kg/qcm. Will man die Minimalspannung noch genauer haben, so muß man zwischen 270^0 und 330^0 noch weitere Windrichtungen einschalten. Man ersieht aber aus dem Vergleich mit den Nachbarwerten, daß der durch die eingangs besprochene Regulierung der Elastizität des Pfeilers I verfolgte Zweck erreicht ist: Zugspannungen sind vermieden.

Die größten Spannungen sind bei 1, 2 und 3 mit 28,1 bezw. 33,4 bezw. 31,7 kg/qcm. Damit sind die in Preußen für bestes Klinkermauerwerk zulässigen Spannungen (30 kg/qcm) um etwas überschritten. Will man dies vermeiden, so genügt eine geringe Verstärkung der Pfeiler I. Vielleicht auch würde man sich, falls dies nicht angeht, entschließen, die Pfeiler II in Beton zu stampfen und, um die Hauptachse X^1—X^1 wieder durch C legen zu können, die Pfeiler I in Eisenbeton auszuführen. Die Eiseneinlage bestimmt sich dann nach dem oben verwendeten Prinzip. Ein Fehler wäre es aber, wollte man die Kante 2—3 allein aus (Vorsatz-)Beton herstellen, während die übrige Masse der Pfeiler I aus dem oben beschriebenen Beton-Klinkermauerwerk besteht; denn u. a. würde in der Betonkante 2—3 nach obigem die 2,44 fache Spannung des benachbarten gemischten Mauerwerkes auftreten müssen.

Die Maximalspannungen der Pfeiler II sind nur mäßig. (14,6 kg/qcm.)

In ähnlicher Weise, wie der oben behandelte Querschnitt, wären auch die durch höher liegende Oeffnungen geschwächten Querschnitte zu untersuchen. Besonders ist das Augenmerk zu richten auf die Verankerung des Helmes. Aeltere Kollegen werden sich vielleicht noch erinnern, daß der Helm, der auf dem Winterfeldplatz zu Berlin-Schöneberg neuerbauten bezw. im Bau begriffenen Matthias-Kirche von einem plötzlich hereinbrechenden Sturme mangels genügender Verankerung seiner Zeit heruntergeworfen wurde. —

Das Fundament soll quadratisch 14,0 · 14,0 = 196 qm angelegt werden, da der Baugrund mit nicht mehr als 3,5 kg/qcm belastet werden soll. Es ist dann das normale Widerstandsmoment $W_n = 14{,}0^3 : 6 = 458\ m^3$, und das diagonale Widerstandsmoment (über Eck) $W_d = 0{,}118 \cdot 14{,}0^3 = 324\ m^3$.

Es ist ferner das normale Angriffsmoment auf die Breitseite $M_n = 10 \cdot 12{,}0 \cdot (30{,}0 + 3{,}0) =$ rd. 4000 t/m, wenn die Fundamentsohle 3,00 m unter Terrain liegt, und nach der Lößlschen Formel das diagonale Angriffsmoment

$$M_d = 10 \cdot (12{,}0 + 9{,}0) \cdot \sin^2 45^0 \cdot (30{,}0 + 3{,}0) = 3470 \text{ t/m}.$$

Daraus ergeben sich die Randspannungen k der Fundamentsohle für normale (k_n) und diagonale (k) Windrichtung zu

$$19) \ldots k_n = \frac{Q}{F} \pm \frac{M}{W} = \frac{\sim 3900}{196} \pm \frac{4000}{458} = 28{,}6 \text{ bzw. } 11{,}2 \text{ t/qm}$$

oder 2,9 bzw. 1,1 kg/qcm, und

$$20) \ldots k_d = \frac{\sim 3900}{196} \pm \frac{3470}{324} = 30{,}6 \text{ bzw. } 9{,}2 \text{ t/qm}$$

oder 3,1 bzw. 0,9 kg/qcm.

Es wären nun noch die aus Eisenbeton herzustellenden Fundamente selbst mit Hilfe des Inhaltes der Gleichungen 19 und 20 zu berechnen, was eine Aufgabe der Eisenbetonstatistik ist, auf deren Behandlung an dieser Stelle verzichtet werden muß.

Tabelle der Randspannungen in kg/qcm.

Die obere Hälfte der Tabelle enthält Maximal-, die untere Minimalspannungen. Alle Werte sind positiv.

	Pfeiler I			Pfeiler II						
Punkt Nr.	1	2	3	4	5	6	7	9		
Windrichtung α gegen die Y-Achse, gültig für Pfeiler B und E									**Windrichtung α gegen die Y-Achse, gültig für Pfeiler A und D**	
0°	26,6	26,6	25,2	10,1	8,2	8,2	7,2	10,1	360°	Maximalwerte
30°	26,3	31,5	26,6	12,5	9,2	10,1	9,1	9,5	330°	Maximalwerte
60°	28,1	33,4	30,3	13,8	11,2	11,4	10,8	10,1	300°	Maximalwerte
90°	28,1	31,7	31,7	13,6	13,6	11,9	11,9	10,9	270°	Maximalwerte
120°	26,0	27,0	29,8	12,0	14,6	11,4	12,8	11,9	240°	Maximalwerte
150°	22,4	20,7	25,4	10,3	12,2	10,1	11,1	11,1	210°	Maximalwerte
180°	18,2	23,2	19,5	11,0	11,7	11,7	9,5	11,0	180°	Maximalwerte
180°	13,8	13,8	15,2	6,4	8,3	8,3	9,3	6,4	180°	Minimalwerte
210°	14,2	8,9	13,6	4,0	7,3	6,4	7,4	7,0	150°	Minimalwerte
240°	12,3	7,0	9,9	2,7	5,4	5,1	5,6	6,4	120°	Minimalwerte
270°	12,3	8,7	8,7	2,9	2,9	4,6	4,6	5,6	90°	Minimalwerte
300°	14,4	13,4	10,6	4,5	1,9	5,1	4,5	4,6	60°	Minimalwerte
330°	18,0	19,7	15,0	5,3	2,6	6,4	5,4	5,4	30°	Minimalwerte
360°	22,3	22,3	20,9	5,5	4,8	4,8	7,0	5,5	0°	Minimalwerte
Punkt Nr.	1	2	3	4	5	6	7	9		
	Pfeiler I			Pfeiler II						

BRIEFKASTEN

Nur Anfragen, denen 10 Pfg. Porto beiliegt und die von allgemeinem Interesse sind, werden aufgenommen. Dem Namen des Einsenders sind Wohnung und Mitgliednummer hinzuzufügen. Anfragen nach Bezugsquellen und Büchern werden unparteiisch und nur schriftlich erteilt. Eine Rücksendung der Manuskripte erfolgt nicht. Schlußtag für Einsendungen ist der vorletzte Mittwoch (mittags 12 Uhr) vor Erscheinen des Heftes, in dem die Frage erscheinen soll. Eine Verbindlichkeit für die Aufnahme, für Inhalt und Richtigkeit von Fragen und Antworten lehnt die Schriftleitung nachdrücklich ab. Die zur Erläuterung der Fragen notwendigen Druckstöcke zur Wiedergabe von Zeichnungen muß der Fragesteller vorher bezahlen.

Empfehlungen von Firmen, die weder Abonnenten noch Inserenten der D. T.-Z. sind, werden nicht aufgenommen.

Frage 149. Schmiervorrichtung. Kann mir einer der Herren Kollegen eine Schmiervorrichtung für Förderwagen von ca. $^3/_4$ cbm Inhalt empfehlen, die nur innerhalb 2 bis 3 Wochen mit Schmiermaterial versehen werden braucht?

Frage 150. Straßenbauwesen. a) Gelegentlich der Turiner Weltausstellung wurde die Abhandlung des Stadtbaurates Bindewald, Kaiserslautern, bei einem von der Verwaltung des Regierungskreises ausgeschriebenen Wettbewerb für Maschinen und Verfahren auf dem Gebiete des Straßenbauwesens, die sich gegenüber den bisherigen Verfahren als besonderen Fortschritt kennzeichnen, mit einem Preise von 2000 Lire ausgezeichnet. Ist diese Abhandlung im Druck erschienen und woher ist sie gegebenenfalls zu beziehen? — b) Sind Kataloge oder Abhandlungen vom III. Internationalen Straßenkongreß in London 1913 erschienen?

Frage 151. Laufkatze mit elektromotorischem Antrieb. a) Wie berechnet man den Fahrwiderstand und die erforderlichen PS einer Elektrolaufkatze mit Selbstgreifer? Eigengewicht der Elektrolaufkatze 6200 kg, Eigengewicht des Selbstgreifers 1800 kg Nutzlast 1200 kg, Gesamtgewicht 9200 kg. Laufraddurchmesser 300 mm, Laufradzapfendurchmesser 60 mm. Die Laufkatze hat 6 Laufräder, 4 vorne, 2 hinten, letztere werden angetrieben. Die Laufräder laufen auf dem Unterflansch eines I N. P. 38. — b) Ein wievielfaches vom Drehmoment eines Drehstrom-Elektromotors ist das Anzugsmoment?

Frage 152. Wetterfester Gummi. Bitte um Auskunft, ob es wetterfesten Gummi in einer Stärke von 1 bis 2 mm gibt? Wie ist die Herstellung einer beutelartigen Form, 15/30 cm groß; wird diese gepreßt oder gegossen? Welches Buch gibt darüber genaue Auskunft?

Frage 126. Stellung im Auslande. Bitte um Mitteilung von Adressen ausländischer Eisenbetonfirmen (möglichst deutschen Ursprungs). Ist San Francisco für den Eisenbeton-Fachmann zu empfehlen? —

Antwort. Das Ausland ist nicht mehr das Dorado für deutsche Intelligenz, wie vor einigen Menschenaltern. Speziell hat Rußland sehr tüchtige Eisenbetontechniker herangebildet. Deutscher Fleiß und deutsche Verläßlichkeit wird freilich noch überall geschätzt, deutsche Preisdrückerei gehaßt. Beherrschen der fremden Sprache muß der Auswanderungslustige als Vorbedingung annehmen. Russisch ist schwer. — Ueber die U. S. Am. kann ich aus eigener Erfahrung folgendes mitteilen:

1. Wer nach den U. S. auswandern will, kaufe sich Tousaint-Langenscheidt „Land und Leute in Amerika", Preis zirka 4 M, und studiere es vor der Abreise in den wesentlichen Teilen gewissenhaft durch.

2. Wer nach den U. S. will, lerne vorher sehr gut englisch.

3. Wer nach den U. S. fährt, lasse den „deutschen Michel" zu Hause.

4. Wer in den U. S. ankommt, tue, als ob er dort zu Hause wäre; verliere aber nicht Zeit mit unnötigem Suchen nach „Stellung" in deutschem Sinne: Sie finden keine „Stellung" als Eisenbetoningenieur, — wenn Sie nicht, was das amerikanische Gesetz verbietet, von hier nach dort hinüberengagiert worden sind.

5. Wer in den U. S. Arbeit sucht, gehe möglichst nur zu amerikanischen Firmen, — nie zu deutschen. (? Die Red.) Arbeit finden Sie immer, und Ihre persönliche Tüchtigkeit wird erkannt und geschätzt.

6. Wer in den U. S. arbeitet, erkenne seine momentanen Rivalen, führe von vornherein einen offenen und energischen Kampf gegen diese, wenn man seiner eigenen Ueberlegenheit sicher ist, lasse aber nie aus dem Auge, daß Höflichkeit, besonders gegen den Arbeiter, ein Grundzug des Amerikaners ist.

7. Man lasse es nicht aus dem Auge, daß das Ziel des Amerikaners (namentlich im Westen) die Selbständigkeit ist.

8. Man berücksichtige die klimatischen Verhältnisse: wer diesseits der rocky mountains bleiben will, treffe vor Beginn des indian summer, also etwa Ende August, am Reiseziel ein; jenseits des Gebirges nordwärts treffe man im Frühjahr ein. San Francisco hat subtropisches Klima.

9. Mit Zeitungslesen und Studieren von Fachliteratur (natürlich nur englisch) fülle man in den ersten Jahren jede freie Minute aus.

10. Große Schwierigkeiten sind zu überwinden, bevor man sich einlebt; aber Fleiß, Ausdauer und Tüchtigkeit werden schließlich reich belohnt.

11. Man wählt in einer mittelgroßen Stadt, wo die Umstände günstig liegen, seinen dauernden Sitz, bis man sich eingelebt hat. A rolling stone gathers no moss. W. J. Sch.

Frage 127. Schallsichere Schulhausdecke. In einem vor vier Jahren neu erbautem einkl. Schulgebäude soll eine weitere Schulklasse in der ersten Etage über dem im Erdgeschoß befindlichen Klassenzimmer eingerichtet werden. Die Decke des vorhandenen Klassenzimmers besteht aus Holzbalken spaliert, Zwischendecke mit Sandauffüllung und 30 mm starkem Tannenfußboden. Ich bitte um Auskunft, wie die Schallsicherheit bezw. Schalldämpfung dieser Decke am sichersten und billigsten erzielt werden kann. Die vorhandene Balkenlage, Spalierdecke und Zwischendecke, soll erhalten bleiben.

Antwort. Da die Schallwellen vom Fußboden aufgenommen und von diesem den Balken und den Umfassungswänden mitgeteilt werden, muß dafür gesorgt werden, daß diese Resonanz möglichst unterbunden wird. Dies kann man im vorliegenden Falle wohl am billigsten dadurch erreichen, daß auf die Sandauffüllung, — bezw. wenn im Obergeschoß schon Fußboden liegt — auf diesen eine Torfmullschicht eingebracht und ohne Zwischenräume oder hohle Nester dicht eingestampft wird. Besonders ist nun bei Verlegung des aufzubringenden Fußbodens darauf zu achten, daß nirgends Holz mit Holz, oder Holz mit Mauerwerk in Berührung kommt. Man wird also auf die Balken unter den Fußbodenbrettern 2 bis 3 cm breite, 1 cm starke Filzstreifen anordnen und ebenso zwischen Fußleisten und Wandputz solche von 1,5 cm Breite, die zum Schutze gegen Feuchtigkeit beim Reinigen des Zimmers einen Gipsverstrich erhalten können. Im oberbayerischen Haspelmoorgebiet findet sich ein Rohstoff, der entsprechend vorbereitet ein vorzügliches Isolierungsmittel für vorliegenden Zweck abgibt. Die Mullwerke Haspelmoor, Oberbayern, dürften Ihnen gern nähere Auskunft erteilen. —s.

Frage 128. Schlechter Steinholzfußboden. Kann mir einer der Kollegen mitteilen, was die Ursache ist, daß Steinholzfußböden, die am zweiten Tage nach Fertigstellung sehr fest waren, nach einiger Zeit, wenn öfter mit Wasser abgewaschen, — wieder weich werden? Ist es möglich, daß Magnesit durch Gipszusatz gefälscht in den Handel gebracht wird und dieser Zusatz vielleicht das Weichwerden verursacht? Wenn ja — wo erhält man ein absolut einwandfreies, reines, zur Herstellung von Steinholzfußböden geeignetes Magnesit? Verwendungsort in Ungarn. Kann Steinholzfußboden gefärbt werden, ohne dessen Festigkeit zu beeinflussen, und welche Farben eignen sich dazu am besten?

Antwort. Ueber die von Ihnen angeführten Punkte wird Ihnen Herr Ing. Manch, Karlsruhe i. B., Kriegsstr. 118, ein Mitbegründer der deutschen Steinholzindustrie, gegen angemessenes Honorar gern Auskunft erteilen. Als Bezugsquellen für Magnesit kommt für Sie vielleicht die Magnesit-A.-G. Budapest in Frage. -s.

Frage 129. Schutz von Behälterwandungen, die durch Säuren angegriffen sind. In einer Färberei ist ein Behälter auszubessern, der zu $^2/_3$ seiner Höhe in Zementbeton geputzt und oberhalb in Fugmauerwerk ausgeführt ist. Schwefelsäurehaltige Ausdünstungen haben den Zement an den inneren Wandungen mehr oder weniger zerstört. Der Behälter muß ohne Betriebsstörung, also unter Aufrechterhaltung des Zu- und Abflusses über dem Wasserstande, wieder instand gesetzt werden. Kann mir einer der Herren Kollegen einen Zusatz zum Zement oder Anstrich empfehlen, der auf den feuchten inneren Wandungen aufzubringen wäre, wasserundurchlässig ist und schwefelsäurehaltigen Ausdünstungen Widerstand leisten muß?

Antwort. Für die Instandsetzung kommt nur das neuerdings von der Deutschen Eironit-Gesellschaft m. b. H. in Beckum i. W. in den Handel gebrachte „Eironit" in Frage, das auf die feuchten Wände aufgebracht wird und sich schnell erhärtend innig mit diesen verbindet, indem es tief in die Poren eindringt. Die Behandlung des Eironits ist verhältnismäßig einfach. Eine genaue Gebrauchsanweisung liegt jeder Sendung bei. Ein kg kostet etwa 2,80 bis 3,00 M und deckt 4 bis $4^1/_2$ qm bei dreimaligem Auftrag, so daß das qm einschl. Lohn etwa 0,80 M kostet. -s.

Frage 130. Steinholzfußboden. Ich baue mir ein Einfamilienhaus und habe die Absicht, als Fußbodenbelag Steinholz (Xylolith) zu verwenden. Kann einer der Herren Kollegen Erfahrungen über Steinholz mitteilen in Bezug auf Haltbarkeit usw., oder ist Gipsestrich mit Linoleumbelag für Stube und Terrazzo für Küche, trotz höherer Kosten, mehr zu empfehlen? Wie ist die genaue Mischung von Steinholz?

Antwort. Zunächst: Steinholz und Xylolith sind zwei verschiedene Baustoffe. Letzteres wird von O. Sening & Co. in Potschappel bei Dresden unter hohem Druck hergestellt und besteht aus Sägemehl und Mineralien. Es kommt in fertigen Platten in den Handel. Steinholz ist ihm ähnlich, wird aber auf der Baustelle im breiartigen Zustande aufgebracht und erhärtet infolge seines

Magnesitgehalts zu einem fugenlosen Fußbodenbelage. Bei guter Pflege und sorgfältiger Herstellung ist Steinholz von unbegrenzter Dauer; wegen seiner Fußwärme ist es dem Terrazzo in Küchen unbedingt vorzuziehen. Hinsichtlich der Haltbarkeit verdient es auch vor Linoleum auf Gipsestrich für die Zimmer den Vorzug, freilich — aber das ist rein persönliche Geschmackssache — würde ich für die Wohnzimmer usw. in meinem Eigenheim Linoleum anwenden, weil Zimmer mit Steinholz auf mich einen kalten, nicht anheimelnden Eindruck machen. Die Zusammensetzung und Herstellung des Steinholzes finden Sie in dieser Zeitschrift 1913 Seite 233; seine Pflege und Reinigung 1911 Seite 605. Für Flur, Treppenhaus und Küche ist „Dresdament" (s. D. T.-Z. 1913 Seite 552, Frage 281) ein vorzüglich geeigneter Baustoff. -s.

Frage 131. Wasserleitungsanlage (Kostenüberschlag). Für einen Hof, der an die 1000 m entfernte Wasserleitung angeschlossen werden soll, ist ein Kostenüberschlag anzufertigen. Der Hof hat höchstens 10 Personen und 60 Stück Großvieh. Wie hoch stellt sich nun das Meter dieser Leitung fix und fertig einschl. aller Nebenkosten bei normaler Erdbeschaffenheit. Wie setzt sich diese Summe aus den Preisen für die einzelnen Arbeiten zusammen? Welche Rohrsorte und welche lichte Weite ist für die Leitung am vorteilhaftesten? Zum Kostenüberschlag genügt es wohl, wenn die Entfernung auf der Karte abgegriffen und für Unebenheiten im Terrain 5 Proz. dazu gerechnet werden? Die Leitung gedenke ich in Feldwege zu legen, obwohl dies ein Umweg von 10 bis 15 Proz. bedeutet. Muß die Zeichnung dieser Wasserleitungsanlage der Behörde zur Genehmigung vorgelegt werden? Gibt es ein kleineres Werk, das die Ausführung einer solchen Wasserleitung mit allen Einzelheiten beschreibt?

Antwort. Der Wasserverbrauch des Hofes wird 70·50 = 3500 Liter im Tag betragen. Empfohlen wird das Einlegen einer 50 mm weiten Mannesmannrohrleitung mit Muffendichtung. Der Preis des Rohres beträgt pro Meter 2,80 bis 3 M. Die Rohrlegungs- und Dichtungsarbeiten pro Meter 0,30 M. Für Transport der Rohre vom nächsten Bahnhof zur Baustelle ist ein Zuschlag zum Einheitspreis zu machen. Die Rohre werden wohl mit den Gespannen des Hofes transportiert. Werden die Rohrgräben ebenfalls von Arbeitern des Hofes hergestellt, dann kann der Rohrgraben pro Meter für 0,70 bis 0,90 M hergestellt werden. Die Gesamtkosten pro lfdm. Rohr, fertig eingelegt, werden zwischen 3,80 und 4,20 M schwanken. Obige Angaben sind Erfahrungswerte. Dr. ing. Weyrauch gibt in der Sammlung Göschen kurze Angaben über die Einrichtung von Wasserwerken. W.

Frage 132. Schadhafte Emaillierung. Durch das Herabfallen eines eisernen Gegenstandes ist die Emaille eines Rührwerkes an einigen Stellen abgesprungen. Es soll versucht werden, die beschädigten Stellen so auszubessern, daß sie der Einwirkung von Salzsäure bei 100° C widerstehen. Wie könnte dies am besten geschehen?

Antwort. Nach den Laboratoriumserfahrungen des Auskunftgebenden wird sich eine Ausbesserung der Emailleabsprünge siedender Salzsäure gegenüber nur dann dauernd haltbar erweisen, wenn sozusagen eine „Schweißung" vorgenommen wird, die einen Verband der alten mit der neuen Emaille gewährleistet. Inwieweit dies möglich ist, erfahren Sie von den Emaillierwerken Thale im Harz. —pf.

Frage 133. Fenster in einer Brandmauer. Welche Fenstergröße ist in einer Brandmauer, die auf der Grenze direkt am Nachbar steht, zulässig? Welches Glas darf verwendet werden, Glasbausteine oder Drahtglas? Es handelt sich um einen Ort in der Provinz Sachsen.

Antwort. Meistens besagen die in Betracht kommenden baupolizeilichen Bestimmungen folgendes: Oeffnungen in Brandmauern sind im allgemeinen nicht zulässig. Jedoch kann die Baupolizei im Erdgeschoß solcher Gebäude, die nicht zur Bearbeitung, Herstellung und Lagerung leicht entzündlichen bezw. schwer zu löschenden Materials bestimmt sind, die Anlage von Tür- und Fensteröffnungen gestatten. Diese Oeffnungen dürfen höchstens 2,00 qm lichte Fläche erhalten. In den oberen Geschossen dagegen dürfen Oeffnungen nur in ganz besonderen Ausnahmefällen erlaubt werden. Andere Bestimmungen besagen wieder, daß höchstens ein Zehntel der Wandfläche mit Oeffnungen versehen werden darf. Wahrscheinlich treffen diese Bestimmungen auch mehr oder weniger für die dortige Gegend zu. — Neben den bereits in der Frage erwähnten Glasbausteinen und dem Drahtglas gibt es noch eine dritte Art feuersicheres Glas, nämlich: Elektroglas. Die gewöhnlichen (meistens sechseckigen) Glasbausteine können nicht als besonders feuersicher bezeichnet werden, weil sich die im Innern der Steine befindliche Luft bei eintretender Erhitzung ausdehnt und die Steine auf diese Weise zum Zerspringen bringt; aber sie lassen sich gut auswechseln und isolieren vorzüglich gegen Kälte, Hitze und Schall. Es gibt außerdem noch eine kastenförmige Art Glasbausteine mit einer offenen Seite. Diese haben sich sehr widerstandsfähig gegen Feuer erwiesen. In letzter Zeit werden Glasbausteine ohne Hohlräume mit Eisenbetonzwischenstegen in den Handel gebracht; sie zeichnen sich durch Feuerbeständigkeit und Festigkeit ganz besonders aus und sind daher für Ihre Zwecke sehr empfehlenswert. — Drahtglas sieht zwar nicht besonders schön aus, aber dafür besitzt es eine große Widerstandsfähigkeit im Feuer, und, falls die Scheiben mit dem nötigen Luftraum zur Ausdehnung des Glases in einen gut verschraubten Winkeleisenrahmen sachgemäß eingesetzt werden, ist es ebenfalls empfehlenswert. Die Befestigung der einzelnen Glasplatten erfolgt durch entsprechend umgebogene Flach- oder Winkeleisen. Außer der Feuersicherheit besitzt das Glas noch den Vorzug, daß es gegen äußere Beschädigungen, wie Stöße und Schläge besonders widerstandsfähig ist. — Elektroglas besitzt zwar ein besseres Aussehen als das Drahtglas, dafür ist es aber nicht so widerstandsfähig gegen äußere Beschädigungen. Im übrigen besitzt es ebenfalls große Feuersicherheit; denn je nach seiner Ausstattung mit stärkerem oder schwächerem Glasmaterial ist es in der Lage, Temperaturen von mehr als 1000 Grad auszuhalten. Unter normalen Umständen sollen Elektroglastafeln nicht über 0,50 qm Fläche erhalten; wenn angängig, soll man sie noch kleiner wählen. Diese Verglasung besitzt aber den Nachteil, daß, wenn eine kleine Scheibe zersprungen ist, die ganze Tafel aus dem Rahmen herausgenommen werden muß, damit die Fabrik eine neue Scheibe einsetzen kann. Wenn also größere Flächen zur Ausführung gelangen sollen, so empfiehlt es sich immer, dieselben durch Doppeleisen mit Asbesteinlage in kleinere Felder zu teilen. — Bevor Sie sich nun zur Anschaffung einer bestimmten Sorte Glas entschließen, werden Sie gut tun, bei der betreffenden Fabrik sowie bei der Baupolizei Erkundigungen einzuziehen, ob die betreffende Glassorte auch als feuersicher anerkannt ist. Fabriken, die solche Glassorten liefern, finden Sie im Annoncenteil jeder Fachzeitung. H.

Frage 134. Kosten des Einjährig-Freiwilligen-Jahres. Kann mir ein Kollege mitteilen, was der Einjährig-Freiwilligendienst bei den Pionieren in Berbin, Koblenz und Harburg kostet? Ich habe als Hochbautechniker das „Künstler-Einjährige" und muß mich sehr einschränken. Würde das Dienen in Koblenz zu empfehlen sein?

Antwort. Die Kosten des Einjährig-Freiwilligen-Jahres sind bei fast allen Pionier-Bataillonen die gleichen, besondere exklusive Bataillone gibt es bei den Pionieren nicht. Wie hoch sich die Kosten belaufen werden, hängt ganz von den Ansprüchen des Dienenden ab. Die Dienstuniform kostet alles in allem einschließlich Ergänzung abgetragener Stücke rund 150 M. Die Extrauniform kostet je nach Ansprüchen 200 bis 400 M. Ein Rock nebst Hose und Mantel, sowie Mütze, Halsbinden und Handschuhe sind für 200 M zu haben; die meisten Einjährigen nehmen allerdings noch eine zweite Hose und eine Extra-Litewka, unbedingt nötig ist das aber nicht. Der Putzer kostet, je nach den Gepflogenheiten im Bataillon, 5 bis 10 M im Monat. Die übrigen Kosten sind die gleichen wie im Zivilberuf, der Einjährige muß sich Wohnung mieten und hat für Beköstigung selbst zu sorgen. Volle Pension zu nehmen ist nicht ratsam, da die Pioniere meistens keinen geregelten Dienst haben und sich sodann im Sommer viel auf Uebungen außerhalb der Garnison befinden. Außerhalb der Garnison kommt der Einjährige manchmal (auf Truppenübungsplätzen) in die Lage, zwei Zimmer halten zu müssen, eins in der Garnison und eins im Orte des Truppenübungsplatzes. Diese Mehrkosten werden aber dadurch aufgehoben, daß bei den meisten anderen auswärtigen Uebungen auch der Einjährige in Bürgerquartieren untergebracht und dann wie die Mannschaften, allerdings gegen Erstattung des Beköstigungsgeldes, das aber sehr gering ist, verpflegt wird. Ob das Dienen in Koblenz zu empfehlen ist, läßt sich so ohne weiteres nicht sagen; die dienstlichen Verhältnisse sind wohl bei allen Bataillonen die gleichen. Schreiber dieses hat z. B. in Köln a. Rh. gedient, in Koblenz, Stettin und Thorn geübt und überall die gleichen Verhältnisse angetroffen. Nur in dem vorliegenden Fall, wo sich der Dienende besonders einzuschränken hat, dürfte es sich empfehlen, ein Bataillon des bevorzugten Westens zu wählen, weil hier gleichzeitig mehr Einjährige (20 bis 40 im Bataillon) dienen und man daher nicht so, wie es in der Dienstsprache heißt, „auffällt". Bei den Gardepionieren in Berlin dienen indessen in der Regel Einjährige, die nicht auf den Groschen zu sehen haben, bei den Linienpionieren wird man bei den Bataillonen am Rhein immer solche Kameraden treffen, die sich auch einschränken müssen. Beim Kölner Bataillon hatten wir sowohl Einjährige, die außer den Kosten für die Bekleidungsstücke monatlich 120 und 150 M, als auch solche, die 200 M und darüber erhielten. Die ersteren kamen mit ihrem Gelde gut aus, die letzteren sind teils mit Schulden abgegangen, wahrscheinlich, weil sie es so gewöhnt waren. Schreiber dieses ist bei 2000 M für Unterhalt und Ausrüstung gut ausgekommen, ohne sich einschränken zu müssen. A'...r, Hannover.

DEUTSCHE TECHNIKER-ZEITUNG
HERAUSGEGEBEN VOM DEUTSCHEN TECHNIKER-VERBANDE
Schriftleitung:
Dr. Höfle, Verbandsdirektor. Erich Händeler, verantwortlicher Schriftleiter.
XXXI. Jahrg. 4. Juli 1914 Heft 27

Die Sozialreform außer Mode?

Von Dr. Emil van den Boom.

Seit einigen Jahren bewegt sich eine gewisse wissenschaftliche Richtung um den Nachweis, daß unsere Sozialreform, sonst ein Stolz des deutschen Volkes, nicht mehr modern, und es jetzt an der Zeit sei, damit Schluß zu machen. Die Sozialversicherung soll auf unserer Industrie wie eine Last ruhen und bei denjenigen, für die sie geschaffen sei, allerhand üble Selbstverantwortungs- und Ehrgefühl herabwürdigende Gewohnheiten hervorgerufen haben. Der Arbeiterschutz mische sich in geradezu lästig fühlbarer Weise in die Interna der Betriebe ein und wirke hier unangenehm bevormundend. Eine auf Selbständigkeit und Unabhängigkeit haltende Gewerkschaftsbewegung bringe den Arbeitern in der Tat nicht die Vorteile, die deren Führer und Befürworter diesen in gewissem Sinne vormalten; viel eher sei eine Hebung der Arbeiterlage von einer wirtschaftsfriedlichen Arbeiterbewegung zu erwarten. So klingt's wissenschaftlich und findet natürlich ein Echo in der Praxis bei jenen Kreisen, die sich überhaupt bis heute mit unserer sozialen Reform so recht nicht haben aussöhnen können.

Man braucht durchaus nicht bei allem, was unsere soziale Gesetzgebung geschaffen hat, eitel Licht zu sehen und vor gewissen Schatten die Augen zu verschließen. Das verlangen selbst die nicht, die in sozialer Beziehung auf dem fortschrittlichsten Standpunkt stehen und an der Schaffung unserer sozialen Gesetzgebung mitgeholfen haben. Wer aber von Schattenseiten spricht, die derart sein sollen, daß sie gewissermaßen den ganzen Segen unserer sozialen Reform in Frage stellen, der bekennt dadurch, daß er entweder ein unverbesserlicher Pessimist ist oder sich über die Notwendigkeit einer Sozialreform als einer absoluten Forderung in ihren Kernpunkten nicht klar geworden ist. Die Sozialreform ist nicht etwa eine Modesache, die man heute aufnimmt und morgen vielleicht wieder in die Ecke stellt, eine Laune, eingegeben und gefördert von Philantropen oder gar Ideologen, ein Sport, der etwa zum guten Ton gehört, und bei dem man deshalb nur so mitmacht, sondern eine absolute Notwendigkeit, die tief verankert ist in den Zusammenhängen und Fortschrittsbedingungen unseres wirtschaftlichen, materiellen und kulturellen Lebens.

Die Sozialreform für die Arbeiter, mag sie nun in der sozialen Versicherungsgesetzgebung oder in der Arbeiterschutzgesetzgebung zum praktischen Ausdruck kommen, bezweckt die Erhaltung und Sicherung der physischen und sittlichen Kraft eines Volkes. „Das Volk, die Volkskraft, ist das kostbarste Gut der Nation, es ist das organische Nationalkapital, das in weitem Umfange den Mutterboden der Kultur und der wirtschaftlichen Produktivität darstellt. Die Verwertung und Entwickelung unserer Bevölkerung muß mehr als je „organisches" Kapitalisieren sein, es müssen dabei neue Entwickelungswerte erzielt werden, ohne daß das Volkskapital in seinem innern Wert angegriffen, beeinträchtigt wird. Darum muß — und zwar, je mehr in den Industriestaaten der Mensch selber jetzt Produktionsquelle, Mehrwertquelle geworden ist — unser Streben nicht so sehr auf Geld- als auf Kraftreserven gerichtet sein. Diesem Postulat entspricht in weitem Umfange die Arbeiterversicherung. Die für ihre Zwecke ausgegebenen Summen rentieren sich reichlich als reproduktiv in der Hebung der Gesamtproduktion des Volkes und der einzelnen Produktion jedes Betriebes. Sie bilden in noch höherem Maße als die militärischen Rüstungsgaben, die zur Sicherung der heimischen Wirtschaft gegen Bedrohung von außen getragen werden, eine nationale Versicherungsprämie, die im wohlverstandenen Interesse der physischen, geistigen und sittlichen Gesunderhaltung der Produktivkraft im Innern des Landes, im Interesse einer gesicherten, erfolgreichen Betätigung derselben im Inland und im weltwirtschaftlichen Getriebe, im Interesse der nationalen Zukunft sich reichlich lohnt." (Ministerialrat Dr. Zahn, München, über „Belastung durch die deutsche Arbeiterversicherung", in der „Zeitschrift für die gesamte Versicherungswissenschaft" 1912,6).

Es ist hier selbstverständlich nicht möglich, in vorliegendem Rahmen all die Vorteile aufzuzählen und näher zu begründen, welche die Sozialreform in vorstehender Auffassung mit sich bringt. Hingewiesen sei zunächst noch auf die prophylaktische Bedeutung der Sozialreform, speziell der sozialen Versicherung. Eine derartige vorbeugende Tätigkeit erstreckt sich jedoch nicht bloß etwa auf Unfälle; seitdem vielmehr auf Grund einer sorgsam gepflegten Arbeiterstatistik Hergang, Ursachen und Folgen der vorkommenden Krankheiten, Invaliditätsfälle usw. klargelegt werden, erfolgt eine systematische Bekämpfung der Hauptschädlinge, welche das Arbeiterleben bedrohen, so der Tuberkulose, der Trunksucht, der Geschlechtskrankheiten, der Arbeiterwohnungsnot, der Arbeitslosigkeit, eine sozialhygienische Schulung der Arbeiterschaft und ihrer Familien, eine Aufklärung der Versicherten durch regelmäßige Vorträge, Merkblätter usw. Was hierdurch gewonnen wird, liegt auf der Hand: Nicht mehr bloß unterstützte Kranke, Verletzte, Invalide, sondern Geheilte und Arbeitsfähige! Wo sonst der Tod eintrat, wird jetzt das Leben erhalten, wo sonst dauernde Verkrüppelung die Folge gewesen, tritt jetzt Erhaltung der Gliedmaßen ein. Tausende von vorher ganz oder teilweise Arbeitsunfähigen werden wieder arbeitsfähige Elemente. Die erwachsene Arbeiterschaft ist den Gefahren von Krankheit, Invalidität und Unfall jetzt überhaupt weniger ausgesetzt und erscheint gegen sie widerstandsfähiger, das heranwachsende Geschlecht aber entfaltet sich von vornherein gesünder und kräftiger. Mit der Hebung der Gesundheit der Versicherten wird, wenn nicht gänzliche Verhütung, mindestens eine Hinausschiebung der Invalidität erzielt, und es werden auch die übrigen Schichten der Bevölkerung mehr als früher vor Ansteckung bewahrt und andererseits zu gesundheitsmäßigem Leben erzogen.

Die hierdurch erzielte Hebung der Lebenskraft kommt der Arbeits- und Schaffenskraft des einzelnen wie der Nation zugute.

Noch kurz eine Reihe sonstiger wertvoller Wirkungen unserer Sozialreform. Durch sie wird ohne Zweifel die Arbeitsfreude erhöht und der Arbeiter fähig zu höheren Leistungen. Tatsächlich war die deutsche Arbeiterschaft in der Lage, die ihr heute gegenüber früher erwachsenden schwierigen Aufgaben im modernen Produktionsprozeß zu bewältigen. Ohne die von der Arbeiterversicherung namhaft geförderte Hebung des allgemeinen Niveaus unserer Arbeiterschaft wäre der Aufschwung unseres Wirtschaftslebens schwerlich so rasch vorangegangen, als er in Wirklichkeit erfolgt ist. Durch die Sozialreform und die durch dieselbe mit bedingte Erhöhung der Lebenshaltung stieg ohne Zweifel die Konsum- und Kaufkraft der Arbeiterschaft auf dem Binnenmarkte für Industrie, Gewerbe und Landwirtschaft. Indirekt waren die Versicherungslasten wieder mit ein Anlaß zur Hebung der einheimischen Produktion. Die Unternehmer suchten die erhöhten Produktionskosten durch verbesserte Betriebe, durch technische Fortschritte wieder wettzumachen. Eine größere Unfallsicherheit des Betriebes wurde erreicht, der gesundheitliche Zustand der Betriebe wesentlich gebessert. Dadurch, daß der Arbeiter beim Empfang der Versicherungsleistung seine volle Selbständigkeit behält, den Vollbesitz der bürgerlichen Ehrenrechte, daß er ferner nicht auftritt als Almosenempfänger, sondern daß er die Leistungen der Sozialversicherung als sein wohlerworbenes Recht fordert, wird sein Selbstgefühl, das Bewußtsein des persönlichen Wertes gestärkt. Die Arbeiterschaft gewinnt durch Mitwirkung bei Vollzug des Versicherungsgesetzes eine größere Rechtskenntnis und Rechtssicherheit, wie auch ein tieferes Vertrauen zur Rechtsprechung selbst.

Wenn man im Lichte dieser Tatsachen die deutsche Sozialgesetzgebung auf sich wirken läßt, so erhält man doch einen Eindruck von ihr, als ihn die Schwarzseher aufkommen lassen möchten. Sie kleben an gewissen Aeußerlichkeiten und Unvollkommenheiten und verlieren über diesen Blick für das Ganze: Die Bedeutung der Sozialreform für Leben und Gesundheit eines Millionen Köpfe betragenden Arbeiterheeres und seines ebenfalls auf Millionen Köpfe sich belaufenden Familienanhanges, und damit für die Gesundheit des deutschen Volkes.

Für die Zukunft unserer Sozialreform gelten die Worte, mit denen sich programmatisch der Staatssekretär des Reichsamts des Innern, Dr. Delbrück, in der Reichstagssitzung vom 7. Februar 1913 über Wesen und Zweck der Sozialpolitik äußerte: „Die Sozialpolitik," so führte er aus, „ist nicht eine Frage, die die Sozialdemokraten erfunden haben und die von den Sozialdemokraten gelöst werden soll oder muß, sondern ist der Komplex von Problemen, die herausgewachsen sind aus der gewaltigen Umgestaltung der Verhältnisse in unserm deutschen Vaterlande. Die Lösung dieser Probleme ist und bleibt die wichtigste Aufgabe unserer Zeit. Sie ist und bleibt eine sittliche Pflicht des Reichstags und des Staates." Die Sozialreform ist nicht nur eine sittliche Pflicht, sondern, wie obige Darlegungen schon kurz dartun, sie rentiert sich auch in dem Sinne, daß das Volk im wirtschaftlichen Leben am besten fährt, das über den körperlich und intellektuell besten Arbeiter verfügt. In diesem Sinne ist die Sozialreform nicht bloß modern, sondern bleibt sie auch modern!

VOLKSWIRTSCHAFT

Die Einheitsstenographie in Sicht

Was in den stenographisch interessierten Kreisen eigentlich schon von niemandem mehr geglaubt wurde, scheint jetzt Wirklichkeit werden zu wollen. Die Verhandlungen, die zum Ziele haben, das deutsche Volk mit einer Einheitsstenographie zu beglücken und es von dem kräfteaufreibenden Systemhader zu befreien, nahen sich dem Ende. Am 21. Juni hat der von allen Kurzschriftschulen Deutschlands gebildete Sachverständigenausschuß — kurz der 23er Ausschuß genannt — einem Kompromißentwurf einmütig zugestimmt, der den beiden Hauptschulen Gabelsberger und Stolze-Schrey ungefähr gleich nahe steht, der aber auch manche wertvollen Gedanken von den kleineren Schulen in sich aufgenommen hat. Ein Unterausschuß wird das System noch bis ins kleinste ausfeilen, dann wird, wohl gegen Ende dieses Jahres, das fertige System den verbündeten Regierungen zugehen, und es besteht begründete Aussicht, daß sie diesem System zustimmen und es offiziell zum deutschen Einheitssystem erklären werden, zumal da die Vertreter der deutschen Schulen sich einstimmig dafür ausgesprochen haben.

Der Beschluß krönt mühevolle, über 8 Jahre währende Verhandlungen, die bei dem erbitterten Kampfe der einzelnen Schulen oftmals zu scheitern drohten. Allerdings gehen die ersten Bestrebungen auf ein deutsches Einheitssystem in eine weit früher gelegene Zeit zurück, aber erst der vor 8 Jahren entstandene Gedanke, die Verhandlungen mit dem Beistand der Regierungen zu unternehmen, hat den gewünschten Erfolg gebracht. Die Mithilfe der Regierung, besonders des preußischen Kultusministeriums und des Geh. Rats Prof. Dr. Tiebe, unter dessen Leitung die Besprechungen zuletzt stattfanden, ist dem Werke sehr förderlich gewesen. Dabei muß anerkannt werden, daß die Regierungsstellen sich der größten Unparteilichkeit und Objektivität befleißigt haben.

Sollte das Einheitssystem, woran kaum noch zu zweifeln ist, in kurzem dem deutschen Volke beschert werden, so dürfen neben den Regierungen auch die Stenographieschulen nicht vergessen werden, die in jahrzehntelanger mühseliger und vor allem uneigennütziger Arbeit dafür gesorgt haben, daß Hunderttausenden deutscher Staatsbürger, männlicher wie weiblicher, die Kunst der Kurzschrift zugänglich gemacht und ihnen damit eine Waffe in die Hand gegeben worden ist, die ihnen im Kampfe ums Dasein wertvolle Dienste geleistet hat. Wie sehr auch der Techniker die Stenographie in seinem Berufe mit Nutzen verwenden kann, darüber hat erst vor einiger Zeit an dieser Stelle Herr Froehlich-Frankenhausen berichtet. Man kann es den Kurzschriftschulen nachfühlen, daß sie mit Wehmut eine Organisation zerbrechen, der sie seit vielen Jahren mit ihrem Herzblut angehangen haben. Aber sie haben das Allgemeinwohl ihren eigenen Wünschen vorangestellt und haben somit einen weiteren Baustein in dem Gebäude deutscher Einheit geschaffen. Dr. L.

*

Ein neues Taxamt

In Württemberg, Baden und Hessen bestehen gesetzliche Bestimmungen über die Tätigkeit der Gemeindevorstände für Schätzungsarbeiten. Auch in Preußen ist jetzt in Stettin ein kommunales Taxamt errichtet worden. Es besteht aus einem vom Magistratsdirigenten zu ernennenden Magistratsmitgliede als Vorsitzenden, dem technischen Leiter der städtischen Baupolizei als bautechnischem Mitglied, einem vom Magistrat aus den städtischen Beamten und zwei in der Stadtverordnetenversammlung auf jedesmal sechs Jahre zu wählenden Beisitzern und den vom Magistrat zu ernennenden Schätzern. Die Mitglieder des Schätzungsamts dürfen nicht gewerbsmäßige Geschäfte betreiben, die den Erwerb, die Veräußerung, die Versicherung oder die Beleihung solcher Grundstücke zum Gegenstande haben, auch nicht in eine Gesellschaft oder in den Vorstand oder Aufsichtsrat (Verwaltungsrat) einer Gesellschaft eintreten, die auf den Betrieb eines solchen Unternehmens gerichtet ist. Der Vorsitzende, das bautechnische Mitglied, die Beisitzer und die Stellvertreter haben ihres Amtes als eines Teils der ihnen durch ihre Stellung im Dienste der Stadtgemeinde auferlegten Pflichten ohne besondere Vergütung zu walten. Die Schätzer dagegen erhalten für ihre Mitwirkung eine nach dem Zeitaufwand für die bei einer Schätzung geleisteten Arbeit zu berechnende

Vergütung. Die Vergütung wird für die ersten auf eine Schätzung verwandten fünf Arbeitsstunden auf je 5 M, für die weiteren Arbeitsstunden auf je 3 M festgesetzt. Die Mindestvergütung beträgt, ohne Rücksicht auf den Zeitaufwand, 20 M für jede Schätzung.

SOZIALPOLITIK

Bauarbeiterschutzkonferenz

Für den 21. Juni hatten die christlichen Gewerkschaften nach Köln eine Bauarbeiterschutzkonferenz einberufen. Auf der Konferenz wurden folgende Leitsätze angenommen:

1. Der Unfall- und Krankheitsschutz für die Arbeiter im Baugewerbe muß durch das Reich nach Art der Arbeiterversicherung durch ein besonderes Reichsgesetz oder durch Bundesratsverordnung auf Grund des § 120 e der Reichsgewerbeordnung einheitlich für das Gebiet des Reiches geregelt werden. Diese Regelung kann derart erfolgen, daß Mindestbestimmungen festgelegt werden, so daß die Möglichkeit der Berücksichtigung von örtlichen oder für größere Gebiete bestehenden Verhältnissen bleibt. In Anbetracht der ungewöhnlich großen Unfallgefahr, der die Eisenkonstruktionsarbeiter ausgesetzt sind, fordert die Bauarbeiterschutzkonferenz die Erweiterung und den Erlaß von Unfallverhütungsvorschriften für die Montagebetriebe durch die Berufsgenossenschaften, denen Eisenkonstruktionsarbeiter unterstellt sind, und bei Schaffung eines Reichsbauarbeiterschutzgesetzes Einbeziehung der Vorschriften für die Montagebetriebe in dieses Gesetz.

2. Gleichzeitig muß durch reichsseitige Regelung die für die Durchführung der Schutzbestimmungen unbedingt erforderliche Kontrolle der Baustellen und Arbeitsplätze verschärft und vereinheitlicht werden. Die Kontrolle der Befolgung der Vorschriften unfallverhütender, sowie sittlich-sanitärer Natur ist zu vereinigen. Die Kontrolle ist durch unabhängige, vom Staate besoldete Beamte auszuüben, denen Kontrolleure aus dem Arbeiterstande in genügender Anzahl zur Seite zu stellen sind.

3. Bis zur Durchführung des reichsgesetzlichen Bauarbeiterschutzes ist eine stete Besserung des jetzigen, durch die Berufsgenossenschaften, die Einzelstaaten und die anderen Behörden auszuübenden Schutzes zu erstreben.

4. Die Bauarbeiterschutzkonferenz fordert die baugewerblichen Arbeiter aller Berufe auf, zur Besserung der Verhältnisse durch Gebrauch der Selbsthilfe nach Kräften beizutragen. Jedem einzelnen Bauarbeiter, der Gesamtheit der auf Bauten tätigen Arbeiter, sowie den Ortsgruppen der Organisation bietet sich dazu Gelegenheit in Fülle. Durch strikte Befolgung der Vorschriften muß die Bauarbeiterschaft zur Verminderung der Unfall- und Krankheitshäufigkeit beitragen und durch restlose Ausnutzung des gegenwärtigen Schutzes beweisen, daß sie einer Vermehrung und Besserung desselben würdig ist. Die am Bauarbeiterschutz interessierten Ortsgruppen der verschiedenen Verbände haben die Verpflichtung, im Anschluß an die Ortskartelle Bauarbeiterschutzkommissionen zu errichten, die den Bauarbeiterschutz am Orte wahrzunehmen und von Zeit zu Zeit Baukontrollen zu veranstalten haben. Das Resultat der Kontrolle ist der Zentralstelle für Bauarbeiterschutz mitzuteilen und der Bauarbeiterschaft und der Oeffentlichkeit bekanntzugeben. Die Förderung und Wahrnehmung des Bauarbeiterschutzes muß jeder baugewerbliche Arbeiter als eine hohe sittliche und moralische Pflicht gegenüber sich selbst und seinen Kollegen ansehen.

*

Der Arbeitsmarkt im Monat Mai

Die Lage des gewerblichen Arbeitsmarktes zeigte nach den Berichten des Reichsarbeitsblattes im Berichtsmonat eine geringe Zunahme des Beschäftigungsgrades, bei der Großindustrie zum Teil eine Abnahme. Die im Vormonat berichtete Wiederbelebung bewahrte in der Hauptsache ihren saisonartigen Charakter. Die Gesamtlage des gewerblichen Arbeitsmarktes war noch unbefriedigend.

Die Berichte der industriellen Firmen und Verbände über die Lage des Arbeitsmarktes lauten nach wie vor ungünstig; es wird sogar gegenüber dem Vorjahre aus den meisten Industrien eine Verschlechterung gemeldet. Im Ruhrkohlengebiet gestaltete sich die Lage infolge besonderer Verhältnisse etwas besser, wogegen der Kohlenbergbau in Ober- und Niederschlesien unzulänglich beschäftigt war.

Die Beschäftigung der dem Stahlwerksverband angeschlossenen Werke war um 2,55% niedriger als gegen den gleichen Monat des Vorjahres.

Die Eisengießereien hatten gegenüber dem Vormonat bei außerordentlich gedrückten Preisen nur ganz vereinzelt eine geringe Besserung zu verzeichnen, es herrschte nach wie vor ein außergewöhnliches Ueberangebot an Arbeitskräften, auch mußten teilweise die im Vormonat eingelegten Feierschichten beibehalten werden.

Das gleiche gilt vom allgemeinen Maschinenbau, der noch immer schlechter als im Vormonat beschäftigt war. Die Ursache hiervon sieht man in dem Mangel an größeren Aufträgen infolge der stets sinkenden Konjunktur. Auch mußte hier infolge eines starken Ueberangebots an Arbeitskräften Verringerung der Belegschaften und Arbeitsverkürzungen vielfach angewendet werden.

Im Lokomotiv- und Lokomobilbau hielt die im Vormonat eingesetzte gute Beschäftigung an und war sogar besser als im Vorjahr. Der Bergwerksmaschinenbau war nur zum Teil ausreichend beschäftigt, da sich der Eingang von Aufträgen noch immer nicht besserte; geklagt wurde über Mangel an tüchtigen Berufsarbeitern. Die elektrische und chemische Industrie war etwas geringer im Vormonat beschäftigt, das noch immer starke Angebot von Arbeitskräften ist aber gegen den gleichen Monat des Vorjahres zurückgegangen.

Im Baugewerbe hat die im vorigen Monat eingesetzte Belebung des Arbeitsmarktes trotz gewisser Fortschritte in Halle, Chemnitz und Mannheim nicht überall angehalten. In Berlin und Kiel scheint die Wiederbelebung sogar zurückzugehen; in Magdeburg und Nürnberg ist gegen den Vormonat eine Verschlechterung eingetreten. Auch Hamburg bezeichnet den Beschäftigungsgrad nur als mittelmäßig, so daß zum Teil Ueberangebote von Arbeitskräften vorhanden waren. Nach Mitteilungen der Tonindustrie war der ostdeutsche Baumarkt weiter lebhaft beschäftigt, und zwar gab nicht allein die staatliche und städtische Bautätigkeit dem Baugewerbe lohnende Beschäftigung, sondern vor allem machte sich die private Unternehmungslust in erfreulichem Umfang bemerkbar. In Westdeutschland brachte der Mai im allgemeinen einen erfreulichen Aufschwung, wenn auch noch an verschiedenen Plätzen die Schwierigkeiten des Hypothekenmarktes die Unternehmungslust zurückhielten. In Nord- und Mitteldeutschland war die Lage des Baumarktes wenig einheitlich; während an einigen Plätzen die Bautätigkeit sehr darniederlag, ja zum Teil fast vollständig ruhte, wurde an anderen Orten sehr lebhaft gebaut. Fast überall hatte die private Bautätigkeit nur einen mäßigen Umfang angenommen, weil vielfach von einer Erleichterung des Hypothekenmarktes noch nichts zu verspüren war. Daher boten hier im großen und ganzen nur die öffentliche und gemeinnützige Tätigkeit für Baugewerbe, Baustoffhandel und Baustoffindustrie Arbeitsgelegenheit. In das süddeutsche Baugeschäft ist zwar im Mai ein etwas lebhafterer Zug gekommen. Verschiedene Städte berichten wenigstens von einer größeren Regsamkeit des Bauverkehrs. Trotzdem kann nur an wenigen Orten von einer ausreichenden Beschäftigung gesprochen werden. Erheblich im Rückstand ist vor allem die private Baulust gegenüber der öffentlichen Bautätigkeit, die oft genug allein irgendwelche Arbeitsgelegenheit für das Baugewerbe bietet.

Die über den Beschäftigungsgrad berichtenden Krankenkassen hatten vom 1. Mai bis zum 1. Juni für die in Arbeit stehenden Mitglieder eine Zunahme der Beschäftigungsziffer um insgesamt 139 184 Mitglieder oder 1,37 v. H. zu verzeichnen und zwar ist die Zahl der männlichen Mitglieder um 83 808 oder 1,25 v. H., die der weiblichen um 55 376 oder 1,60 v. H. gestiegen. Die bereits im April berichtete Besserung des Beschäftigungsgrades ist alo, wenn auch in mäßigem Umfange, fortgeschritten.

Ein wenig günstiges Bild zeigt dagegen der Andrang der Arbeitsuchenden bei den Arbeitsnachweisen; und zwar kamen im Berichtsmonat auf je 100 offene Stellen bei den männlichen Personen 172 Arbeitsgesuche gegen 161 im Vormonat und 166 im Vergleichsmonat des Vorjahres. Bei den weiblichen Personen kamen im Berichtsmonat auf 100 offene Stellen 100 Arbeitsgesuche, gegen 94 im Vormonat und 100 im Mai 1913. Es kommt in diesem Ergebnisse die gewöhnlich im Mai eintretende Steigerung des Andranges der männlichen und weiblichen Arbeitsuchenden zum Ausdruck; doch weist der im Vergleiche zum Mai 1913 erheblich stärkere Andrang der männlichen Arbeitsuchenden auf eine Verschlechterung gegenüber dem Vorjahre hin.

Weniger ungünstig lauten wieder die Ziffern über die Arbeitslosigkeit unter den Mitgliedern der berichtenden Arbeiterverbände; und zwar waren unter 2 313 079 Mitgliedern von 48 berichtenden Arbeiterverbänden im April wie im Mai 2,8 v. H. arbeitslos. Der gleiche Stand ergibt sich, wenn man nur die gleichen Verbände gegenüberstellt. Die Arbeitslosigkeit pflegt von Ende April bis Ende Mai etwa auf gleicher Höhe zu verharren. Das ist demnach in diesem Jahre der Fall gewesen, wogegen die Arbeitslosenziffer im Vorjahre von 2,3 v. H. Ende April auf 2,5 v. H. Ende Mai stieg. Immerhin ist die Arbeitslosenziffer des Mai 1914 noch größer als die des Mai 1913.

*

Das wahre Gesicht des Hansabundes

Wir hatten dem Hansabund gegenüber bis vor kurzer Zeit eine abwartende Haltung eingenommen. So kam es, daß auch viele unserer Mitglieder sich dem Hansabund anschlossen. Mit dieser Haltung mußten wir brechen, und unsere Mitglieder zum Austritt aus dem Hansabund auffordern, als der Industrierat des Hansabundes jene Erklärungen veröffentlichte, die sich gegen die Grundlagen einer jeden Arbeitnehmerorganisation richteten, und die durch die gebundene Erklärung des Hansabundes selbst nicht aufgehoben wurden. Was sich jetzt aber auf der Jubiläumstagung des Hansabundes in Köln ereignet hat, zeigt uns mit aller Deutlichkeit, daß der Hansabund als ein Gegner aller fortschrittlichen Angestellten und Arbeiterorganisationen anzusehen ist.

Schon bei den Begrüßungsreden äußerte sich im Namen der Industrie Rheinland-Westfalens der Geh. Regierungsrat Professor Dr. Duisberg-Leverkusen dahin, daß im Hansabund alle Parteien, weiß, blau oder schwarz, Platz haben. „Nur die rote Partei hat in ihm keinen Raum.“ „Der Hansabund will alle staatstreuen Elemente in versöhnender Art zusammenfassen im Kampf gegen die rote Internationale.“ Vor Tisch las mans anders. Da hieß es, der Hansabund wolle allein die Agrarier bekämpfen, um der Industrie den ihr gebührenden Einfluß zu sichern.

Daß es sich bei diesen Aeußerungen von Dr. Duisberg nicht nur um die Entgleisung eines Festredners handelte, zeigten die weiteren Ausführungen des Präsidenten des Hansabundes, Geheimrat Dr. Riesser. Er wehrte die Gedankengänge des Vorredners zwar vorläufig ab, indem er sagte, daß die Frage nach einer Sammlung des gesamten Bürgertums gegenüber der Sozialdemokratie akut werden wird, wenn die Sozialdemokratie sich nicht entschließt, auch in Deutschland, wie in England, Frankreich und Italien, eine auf nationalem Boden stehende Arbeiterpartei zu werden, und wenn es gelingt, ein Programm für den Kampf selbst und für die nach Kampf und Sieg einzuschlagende Politik zu vereinbaren. Es sei hier eingeschaltet, daß der gleiche Gedanke, der Hansabund müsse sich vor allem gegen die Sozialdemokratie wenden, auch bei der Gründung des sächsischen Hansabundes, die in diesen Tagen vollzogen wurde, zum Ausdruck kam.

Geheimrat Riesser verkündete in der gleichen Rede aber der erstaunten Mitwelt weiter, daß der Hansabund mit in die Reihe der Bremser der Sozialpolitik eintreten will. Nach dem Bedauern darüber, daß Geheimrat Vorster kürzlich von einer „Versicherungsseuche“ und von der Notwendigkeit eines „Schutzverbandes gegen die soziale Gesetzgebung“ gesprochen hat, fährt er fort:

> Andererseits ist es klar, daß die Frage, ob mit der sozialen Gesetzgebung im bisherigen Tempo fortzufahren ist oder ob eine Pause eintreten soll, von der Bejahung oder Verneinung der einfachen Vorfrage abhängt, ob die Konkurrenzfähigkeit unserer Industrie durch die heute bereits bestehenden sozialen Lasten und Steuern mit Berücksichtigung der geringeren Lasten und Steuern von Auslandsindustrien gefährdet ist. Wie von der wichtigen Lösung dieser Frage, so hängt unsere wirtschaftliche Zukunft zu einem guten Teil auch davon ab, ob die gemäßigten Angestelltenverbände, die für diese Grundsätze bei der Behandlung der Sozialpolitik Verständnis haben, oder ob die radikalen Verbände die Oberhand gewinnen. (Sehr richtig!) Der Hansabund muß weit abrücken von den Tendenzen der radikalen Verbände, die in dem Unternehmer einen Feind sehen, gegen den man einen Krieg nach sozialdemokratischem Muster durch Erregung grundsätzlicher Unzufriedenheit und Erbitterung und eventuell auch Streiks führen müsse. Die systematisch geschürte Unzufriedenheit raubt nicht nur den Angestellten die Freude an ihrem Beruf und an der Arbeit, sondern setzt sich auch bewußt über die notwendige Erkenntnis hinweg, daß wir für das Gedeihen der Gesamtwirtschaft sowohl einen kräftigen und weitblickenden Unternehmerstand wie einen gesunden und vorwärtsstrebenden Angestelltenstand gebrauchen. (Beifall.)

Mit den „radikalen“ Verbänden sind hier die gemeint, die gegen die unverständige Haltung des Hansabundes in der letzten Zeit Front gemacht haben. Der Präsident des Hansabundes arbeitet hier also mit denselben Gedankengängen, mit denen das industrielle Scharfmachertum gegen eine starke und verständige Angestelltenbewegung Front macht. Es ist eine Irreführung der Oeffentlichkeit, wenn hier behauptet wird, daß „Unzufriedenheit und Erbitterung“ „geschürt“ würde. Wir wollen sie nur nicht künstlich unterdrücken und vertuschen, sondern auf Grund des natürlichen Interessengegensatzes, der zwischen Arbeitgebern und Arbeitnehmern als Käufer und Verkäufer der Arbeitskraft besteht, selbständige Organisationen haben, die über die strittigen Punkte miteinander verhandeln. Das Prinzip des Hansabundes ist, Käufer und Verkäufer in einer Organisation zusammen zu haben, also nach altem paritätischen Muster einen „Ausgleich“ der Interessen herbeizuführen. Wir brauchen uns nicht von Herrn Riesser sagen zu lassen, daß nicht nur Gegensätze, sondern auch Interessenharmonien zwischen der Industrie und den Angestellten bestehen, daß auch die Angestellten ein Interesse an der gedeihlichen Entwicklung der deutschen Industrie und ihrer Konkurrenzfähigkeit gegenüber dem Auslande haben. Diesem Gedanken haben wir stets Rechnung getragen. Aber etwas anderes ist es wieder, wenn diese Konkurrenzfähigkeit der Industrie gegenüber dem Auslande dazu benutzt werden soll, wie es Herr Riesser tut, um gegen die sozialpolitischen Lasten Front zu machen. Die erste Erkenntnis jedes Sozialpolitikers ist es doch, daß gerade die Ausgaben für Sozialpolitik reichlich durch die Hebung des Volkswohlstandes und die dadurch erreichte Stärkung der deutschen Industrie wieder eingebracht werden. Hdl.

*

Koalitionsrecht und Gemeindearbeiter

Der 7. Delegiertentag des Gewerkvereins der deutschen Gemeindearbeiter in Berlin nahm nach einem Referat von Dr. Heyde über das Koalitionsrecht der Gemeindearbeiter folgende Resolution an: „Der 7. Delegiertentag des Gewerkvereins der Deutschen Gemeindearbeiter erklärt übereinstimmend mit dem 18. Verbandstag der Deutschen Gewerkvereine, daß den Gemeindearbeitern zur Vertretung ihrer Interessen das Recht zustehen muß, sich in Berufsvereinigungen zusammenzuschließen. Der Delegiertentag erklärt, daß es möglich ist, auf das Recht gemeinsamer Kündigung und Arbeitsniederlegung der Gemeindearbeiter in gemeinnützigen Betrieben zu verzichten, wenn ihnen dafür ein wirksames Mitbestimmungsrecht auf die Arbeitsverhältnisse gewährleistet wird. Hierzu fordert der Delegiertentag den weiteren Ausbau der Arbeiterausschüsse. — Von der Erwägung ausgehend, daß die Gemeindebetriebe Musterbetriebe sein sollen, spricht sich der Delegiertentag dafür aus, daß die Wohlfahrtseinrichtungen verbessert werden müssen. Erteilung von jährlichem Erholungsurlaub, Fortzahlung des vollen Lohnes während Krankheiten, Versorgung alter und invalider Arbeiter, sowie auch der Witwen und Waisen durch Gewährung von Ruhegeldern und Pensionen sind hierzu besonders zu nennen. Diese Einrichtungen überall anzustreben, hält der Gewerkverein für seine wichtigste Aufgabe.“

*

Die Arbeitslosenversicherung in Bayern und Baden

Die bayerische Arbeitslosenversicherung, die in der Bayerischen Abgeordnetenkammer mit knapper Mehrheit angenommen worden war (vergl. Heft 12 S. 135), ist infolge der Haltung der Reichsratskammer doch gescheitert. Es tauchten bei der Beratung in diesem bayerischen „Herrenhause“ die gleichen Bedenken auf, die von den Gegnern der Arbeitslosenversicherung hundertmal erhoben und ebenso oft widerlegt worden sind: Die Faulheit der Arbeitslosen, die Unmöglichkeit, zwischen verschuldeter und unverschuldeter Arbeitslosigkeit zu unterscheiden, die Unterstützung der freien Gewerkschaften und damit der Sozialdemokratie. Die bayerischen Reichsräte haben also hier gegen den ausdrücklichen Wunsch des Königs gehandelt, dessen Initiative die Vorlage zu danken war. Unter der Minderheit, die für den Entwurf stimmten, waren auch der Bayerische Kronprinz und sein Schwager, die der Reichsratskammer angehören.

In diesen Tagen hat sich auch die Badische Zweite Kammer mit einem Antrag ihrer Budget-Kommission über die Arbeitslosenversicherung beschäftigt. Der Antrag fordert die Regierung auf, in einem Nachtragsbudget 25 000 M einzufordern und hiervon denjenigen Gemeinden, die die Arbeitslosenversicherung eingeführt haben, auf Ansuchen einen Zuschuß in der Höhe der Hälfte der von ihnen für diesen Zweck aufgewendeten Summe zu überlassen und im Bundesrate dahin zu wirken, daß eine reichsgesetzliche Arbeitslosenversicherung geschaffen wird. Der Kommissionsantrag wurde angenommen. Minister des Innern, Frhr. v. Bodmann, erklärte in der Besprechung, daß die Arbeitslosenversicherung nur durch das Reich wirksam durchgeführt werden könne und auf Grund eines gesetzlichen Zwanges. Die Einzelstaaten können das nicht für sich allein machen, weil sie sonst zu einem Anziehungsgebiet für die Arbeitslosen werden würden. Der Minister bezeichnete es ferner als nicht richtig, daß die Reichsregierung aus dem Stadium der Erwägungen nicht herauskomme, sie sei bereits in das Stadium der Verhandlungen eingetreten und der Standpunkt des Staatssekretärs Dr. Delbrück müsse von ihm als berechtigt anerkannt werden. Er werde die gesetzliche Regelung der Angelegenheit im Auge behalten und alles tun, was zur Linderung der Not der Arbeitslosen ihm möglich sei.

Wir wollen zwar hoffen, daß die Reichsleitung wirklich in Verhandlungen, also in die Vorarbeiten zur Einführung einer Reichsarbeitslosenversicherung eingetreten ist, optimistisch können wir nach dem Ausgang der Beratungen dieser Frage im Reichstage allerdings nicht in die Zukunft sehen. Hdl.

STANDESFRAGEN

Wertschätzung technischer Arbeit

Eine Zumutung unerhörter Art stellt die nachstehend wörtlich abgedruckte Annonce in der Nummer 49 der Baugewerkszeitung dar:

„Gesucht zum 1. Juli d. J. ein verheirateter Techniker oder Zeichner, der im Bureaugebäude Wohnung (2 Zimmer, Küche, Speiseraum, Keller) zu nehmen hat. Die Frau hat die Reinigung der Bureauräume, sowie die Aufwartung zweier Herren zu besorgen. Meldungen mit Gehaltsansprüchen, Lebenslauf, Zeugnisabschriften, polizeilichem Führungszeugnis sind einzureichen an das Königliche Talsperrenbauamt in Helminghausen bei Bredelar, Kreis Brilon."

Von allen Seiten hört man schöne Worte über die Wertschätzung technischer Arbeit und der Techniker im besonderen. Gerade unsere Behörden können sich bei allen möglichen Gelegenheiten nicht genug darin tun, von der Wichtigkeit des Technikerstandes zu reden. Die obige Anzeige bietet hierzu eine treffliche Illustration. Berührt es schon eigenartig, daß der verheiratete Techniker oder Zeichner eine Wohnung von zwei Zimmern, Küche, Speiseraum (gemeint ist anscheinend wohl Speisekammer) und Keller zu nehmen hat, so schlägt es dem Faß wohl den Boden aus, wenn von der Frau des Kollegen verlangt wird, daß sie die Reinigung der Bureauräume und die Aufwartung zweier Herren zu übernehmen hat. Der Staat sucht nach allen Mitteln, den Rückgang der Geburten zu verhindern. Eine Staatsbehörde fordert aber die Mitarbeit der Frau, durch die sie ihren Familienpflichten entzogen wird.

*

Ein Denunziantenstückchen

In Hamburg werden von einer kleinen Gruppe von Technikern Bestrebungen gefördert, die auf eine systematische Bekämpfung unseres Verbandes hinauslaufen. So ist es in jüngerer Zeit zur Gründung eines Vereins der mittleren Techniker im Hamburger Staatsdienst gekommen. Aber auch der frühere Zweigverein des D. T.-V., der Hamburger Techniker-Verein von 1884, der außerhalb des Verbandes noch weiter besteht, hat sich, von einigen Personen gedrängt, zu unfreundlichen Schritten gegen den Verband hinreißen lassen.

Der Grund für die Haltung dieser Hamburger Technikergruppe ist in dem fortschrittlichen Programm unseres Verbandes zu sehen, das er sich in Köln gegeben hat. Man sympathisiert dort mit der „Nationalen" Technikerschaft in Hannover, jener mit Unterstützung des Reichsverbandes gegen die Sozialdemokratie ins Leben gerufenen gelben Organisation. Freudige Unterstützung finden jene Elemente aber leider bei einem Teil der Hamburger Presse. Daß die „Hamburger Nachrichten", die ganz unter dem Einfluß scharfmacherischer Arbeitgeber stehen, verschiedentlich Angriffe gegen unseren Verband gerichtet hatten, nahm uns nicht weiter Wunder. Das größte Erstaunen mußte aber ein Sprechsaal-Artikel auslösen, den die „Hamburger Neuesten Nachrichten", ein liberales Blatt, in ihrer Nr. 146 veröffentlichten.

Anonym, mit den Buchstaben X. V. gezeichnet, bringt dort ein „Privattechniker" Denunziationen gegen Verbandsmitglieder vor, die einfach unerhört sind. Es heißt dort unter anderem:

„Wie ist es nur möglich, daß ein Staatsbeamter Vorsitzender einer gewerkschaftlichen Organisation sein darf, welche ihre Mitglieder bei gegebener Gelegenheit direkt zum Streik auffordert."

„Man verlangt aber auch für die Staatsbeamten die Schaffung eines einheitlichen Beamtenrechtes, das die Vereinigungsfreiheit, Beamtenausschüsse und Petitionsrecht gewährleistet. Was sagen denn hierzu die Oberbeamten?" (Das sind die Vorgesetzten der Techniker!)

„Und ein solcher Staatsbeamter wird beurlaubt, wenn diese gewerkschaftliche Organisation einen Verbandstag — wie jetzt z. B. zu Pfingsten in Metz — abhält?"

„Im vorigen Jahr sollen sogar in dem Dienstbureau dieses Vorsitzenden die Arbeiten einer Geschäftsstelle erledigt worden sein."

„Nach dem Werbevortrag des Verbandsbeamten Kroebel sprach als folgender Redner gleich ein Staatstechniker Jonas, welcher bei der hiesigen Medizinalbehörde angestellt sein soll."

„Und solche Agitatoren beschäftigt der Hamburger Staat!"

„Wie war es nur möglich, daß dieser Techniker, welcher überhaupt keine technische Mittelschule besucht haben soll, nachdem er als Verbandsbeamter in der gewerkschaftlichen Organisation des D. T.-V. Fiasko gemacht hatte, wieder eingestellt werden konnte? Sollten sich Senat und Bürgerschaft nicht einmal vorher ihre Angestellten ansehen, bevor solche Agitatoren zu einer festen Anstellung gelangen."

Zunächst bezüglich dieses letzten Satzes die sachliche Richtigstellung, daß unser Herr Jonas, der die Geschäftsstelle Leipzig verwaltet hatte, nicht „Fiasko gemacht" hatte, sondern auf eigenen Wunsch, entgegen der Absicht der Verbandsleitung, ausgeschieden war.

Was soll man aber zu diesen niedrigen Denunziationen sagen? Es spricht eine Meinung daraus, die einem die Schamröte ins Gesicht treibt, daß ein solcher Denunziant unserem Technikerstande angehört. Aber „mutig", wie es bei solchen Elementen immer der Fall ist, verbirgt er sich hinter der Anonymität, die noch dazu wegen des Preßgeheimnisses nicht durchbrochen werden kann. Wir würden sonst gern seinen Namen an den Pranger stellen, um damit dann auch gleich die Hintermänner der Oeffentlichkeit zu übergeben, die an diesem schnöden Verrat beteiligt sind.

Diese Elemente haben sich allerdings selbst durch eine solche Veröffentlichung gerichtet! Das bedauerlichste ist aber, daß eine sonst angesehene Tageszeitung, die Hamburger Neuesten Nachrichten, die im Verlage der Hamburger Börsenhalle, G. m. b. H. zusammen mit dem „Hamburgischen Korrespondenten" erscheint, eine Tageszeitung, die sich als liberal bezeichnet, zu einem solchen Denunziantenstückchen hergibt. Die Ausrede, daß dieser Artikel im Sprechsaal veröffentlicht ist, ist nicht stichhaltig. Dort können Meinungen ausgesprochen werden. Der Briefkasten einer Zeitung ist aber nicht da, um Denunziationen von Beamten bei ihrer vorgesetzten Behörde zu veröffentlichen. Ein solches Gebaren widerspricht dem einfachsten journalistischen Anstand. Hdl.

*

Nochmals: Aus den Marinebetrieben

Im Anschluß an den Bericht in Heft 26 können wir mitteilen, daß inzwischen in Wilhelmshaven Besprechungen der bei den Kaiserlichen Werften auf Privatdienstvertrag angestellten Schiffs- und Maschinenbautechniker unter Teilnahme des D. T.-V. und des B. t. i. B. stattgefunden haben. Die Besprechungen haben zu einer Einigung der Organisationen über das weitere gemeinsame Vorgehen geführt.

Wir bitten alle Verbandsmitglieder, die beabsichtigen, bei den Kaiserlichen Werften als Schiffs- oder Maschinenbautechniker Stellung zu nehmen, sich vorher mit der Hauptgeschäftsstelle in Verbindung zu setzen.

STANDESBEWEGUNG

Die Auflösung des Sozialen Ausschusses

wurde auf unseren Antrag hin im Mai dieses Jahres beschlossen. Damit verschwindet ein Kartell, das in der Angestelltenbewegung zeitweise richtunggebend war. Heute hatte es, abgelöst durch eine andere Verbindung, welcher fast alle bis zur Auflösung des Sozialen Ausschusses diesem angehörenden Organisationen beitraten, jede Bedeutung verloren. Zurzeit des Kampfes um die Reichsversicherungsordnung und das Versicherungsgesetz für Angestellte dagegen war der Ausschuß auf der Höhe seiner Aufgabe. Von da an aber ging es abwärts mit ihm. Nachdem bereits im Sommer 1911 der Werkmeister-Verband im Verlauf der bekannten Krise ausgetreten war, hatte der Soziale Ausschuß, um gut die Hälfte seiner Mitglieder geschwächt, nicht mehr das Gewicht in der Angestelltenbewegung wie früher. Die scharfen Auseinandersetzungen, die dann später wir und der Werkmeister-Verband — ohne unsere Schuld — mit dem B. t. i. B. zu führen gezwungen waren, besonders aber die Kämpfe um die Mandate zu den Verwaltungs- und Rechtsprechungsstellen in der Angestellten-Versicherung mußten das gegenseitige Vertrauen stören, das als Grundlage einer dauernden und geschlossenen Kartellpolitik unerläßlich ist. In dieser Kampfzeit, als bereits das Ende vorauszusehen war — der Werkmeister-Verband war nicht mehr zu bewegen, wieder beizutreten — übernahm Schubert die Leitung des Sozialen Ausschusses. Auch er konnte den Verfall nicht aufhalten, weshalb in unseren Kreisen immer mehr die Ueberzeugung wuchs, daß mit dem Sozialen Ausschuß ein Ende gemacht werden müsse, um die Bahn frei zu erhalten für neue Orientierungsmöglichkeiten der technischen Angestellten-Organisationen. So kamen wir zu unserem Auflösungsantrag. Die gleichen Empfindungen sind wohl bei allen anderen Organisationen maßgebend gewesen, denn sonst wäre unser Antrag auf Auflösung nicht einstimmig angenommen worden.

Die seit einem Jahre bestehende „Arbeitsgemeinschaft zur Herbeiführung eines einheitlichen Angestelltenrechts", der auch wir angehören, ist also zurzeit die einzige Zusammenfassung der auf gewerkschaftlichem Boden stehenden Angestellten-Organisationen, die mit mehr Wucht und hoffentlich mit noch größerem Erfolge als der „Soziale Ausschuß" arbeiten wird. Daneben sind noch Bestrebungen im Gange, alle Technikerorganisationen auf loserer Grundlage zu sammeln. Inwieweit ihnen Erfolg beschieden sein wird, bleibt abzuwarten. Kfm.

*

Der Werkmeisterverband für das deutsche Buchgewerbe

benutzte seine Pfingsttagung in Leipzig anläßlich der Internationalen Ausstellung für Buchgewerbe und Graphik auch zu einer Kundgebung für das einheitliche Angestelltenrecht. Das Referat über „Werkmeisterrecht und Arbeiterrecht" hielt der Verbandsvorsitzende Drews. Der Verbandstag sprach sich vom Standpunkt der Werkmeister für die Notwendigkeit eines einheitlichen Angestellenrechtes aus.

*

Gelbe Werkmeistervereine

Der B. t. i. B. hat auf seinem letzten Bundestage bekanntlich den Beschluß gefaßt, von nun ab auch Werkmeister zu organisieren, die bisher im Deutschen Werkmeister-Verband zusammengefaßt waren. Die „Deutsche Arbeitgeber-Zeitung" sieht in dieser wohl weniger von dem Gedanken einer gesunden Entwickelung der Technikerverbände als vom Organisationsegoismus diktierten Absicht des Bundes, der „seine Fangarme auch nach den Werkmeistern ausstreckt", eine große Gefahr für das Unternehmertum. In düsteren Farben wird die Zukunft an die Wand gemalt. „Man hält die Zeit für gekommen, den Ring zu schließen, der Angestellte und Arbeiter umfaßt und in dem ihre Solidarität gepredigt und eine einheitliche Aktion gegen das Unternehmertum propagiert werden soll." So schwarz wird die Zukunft für die Unternehmer hingestellt, um die Folgerung zu ziehen, daß jetzt nach dem Vorbild der „wirtschaftsfriedlichen Arbeitervereine" eine Organisation der Werkmeister geschaffen werden müßte. „Die Unternehmer werden Mittel und Wege finden müssen, die die Werkmeister den Einflüssen der gewerkschaftlichen Organisation, sowohl der Angestellten wie der Arbeiter, namentlich des „Butib" und der freien Gewerkschaften entziehen." Und weiter heißt es: „Die mäßigen Opfer, die etwa die Industrie hierfür bringt, werden sich reichlich dadurch lohnen, daß die Werkmeister in kritischer Zeit treu verbleiben und sie im Abwehrkampf gegen Machtforderungen der gewerkschaftlich organisierten Arbeiter und Angestellten unterstützen."

Wir hoffen, daß die Werkmeister sich für derartige gelbe Gründungen ebenso bedanken werden, wie es die technischen Angestellten bisher getan haben. Es ist aber bezeichnend für die Art und Weise, wie der Verfasser des Artikels, Dr. Niefind-Erfurt, den Lesern der Arbeitgeber-Zeitung die Lage hinstellt, indem er nichts von der Existenz des Deutschen Werkmeister-Verbandes erwähnt und so tut, als ob nur der „radikale" B. t. i. B. als Organisation der Werkmeister in Betracht käme. Hdl.

Erholungsheim des Deutschen Techniker-Verbandes!

Das ganze Jahr geöffnet! Herrliche, freie Gebirgslage an der Hainleite. Buchen- und Nadelwald. Gesundes, billiges Wohnen, freundliche Zimmer mit ein oder zwei Betten und Liegesofa. Behagliche Gesellschaftsräume.

Gute und reichliche Kost (1. und 2. Frühstück, Mittagbrot, Nachmittags-Kaffee mit Gebäck und Abendbrot). Volle Pension (Wohnung und Kost) 3,50 M für den Tag und Person. Geselliger Verkehr unter Kollegen und deren Angehörigen. Zentralheizung, elektr. Licht, Badeanlagen: Wannen- und Brausebäder, Fichtennadel-, Kohlensäure- und Soolbäder. Turn- und Spielplatz am Hause. Konzerte der Hofkapelle. Fürstliches Theater. Für Juli und August ist rechtzeitige Anmeldung nötig. Gesuche um Zusendung der Heimordnung und Anmeldungen sind zu richten: An das Techniker-Erholungsheim in Sondershausen i. Thür. Fernsprecher Nr. 14.

Alle Anfragen und Anmeldungen

die das Erholungsheim betreffen, sind nur zu richten: An das Erholungsheim des Deutschen Techniker-Verbandes in Sondershausen.

Einbanddecken zur Deutschen Techniker-Zeitung

sind von der Firma Berliner Buchbinderei Wübben & Co., Berlin SW. 68, Kochstraße 60/61, zum Preise von 1 M für das Stück zuzüglich 50 Pfg. bezw. 25 Pfg. für Porto zu beziehen. Um den Anzeigenteil nicht mit einbinden zu lassen, sind zwei Rückenstärken (Decke A mit Anzeigen, Decke B ohne Anzeigen) zum gleichen Preise lieferbar. Bei Bestellungen ist anzugeben, ob Decke A oder Decke B gewünscht wird und für welchen Jahrgang.

DEUTSCHE TECHNIKER-ZEITUNG
RECHTSRUNDSCHAU
XXXI. Jahrg. 4. Juli 1914 Heft 27

Das Dienstzeugnis

Von Rechtsanwalt FRITZ GRÜNSPACH, Syndikus des D. T.-V.

Von besonderer Wichtigkeit für die soziale Wohlfahrt des Angestellten, für sein wirtschaftliches Fortkommen, für die Möglichkeit, sein Können zu verwerten und eine neue Stellung zu finden, ist das Zeugnis. Deshalb hat der Gesetzgeber dem Selbstbestimmungsrecht des Angestellten bei der Gestaltung des Zeugnisrechts weite Grenzen gezogen. Von seinem Willen hängt wesentlich der Inhalt des Zeugnisses ab. Er allein hat darüber zu bestimmen, ob das Zeugnis ein Urteil über Führung und Leistungen enthalten soll oder nicht. Nur dann, wenn er die Aufnahme einer solchen Kritik in das Zeugnis wünscht, ist der Arbeitgeber berechtigt und verpflichtet, seinem Urteil über Leistungen und Führung des Angestellten in dem Zeugnis Ausdruck zu geben. Macht der Angestellte von diesem Rechte keinen Gebrauch, dann hat sich der Inhalt des Zeugnisses lediglich auf Art und Dauer der Beschäftigung zu beschränken. Die Art der Beschäftigung muß in dem Zeugnis so angegeben werden, daß der Inhalt der dem Angestellten obliegenden Tätigkeit und die Stellung, die er in dem Unternehmen eingenommen hat, für jeden Sachkenner klar zum Ausdruck kommt. Daraus folgt, daß der Angestellte, da zur Kennzeichnung der Beschäftigungsart die Angabe einzelner größerer Arbeiten nicht erforderlich ist, regelmäßig kein Recht darauf hat, daß einzelne größere Arbeiten besonders in dem Zeugnis bezeichnet werden. Nur in den Ausnahmefällen, wo die Beschäftigungsart sich durch eine allgemeine Bezeichnung der Tätigkeit nicht für einen Sachverständigen genügend klarstellen läßt, ist der Arbeitgeber verpflichtet und berechtigt, einzelne größere Arbeiten im Zeugnis anzuführen. Für die Beschäftigungsart wird auch von wesentlicher Bedeutung sein das Maß der Selbständigkeit, welches dem Angestellten bei Ausübung seiner Tätigkeit im Betriebe überlassen worden ist. Das Zeugnis muß daher auch hierüber Aufschluß geben. Schließlich wird noch in vielen Fällen der Stand des Angestellten und sein Titel angegeben werden müssen, um ein klares Bild von der Beschäftigungsart zu geben. Hierbei sei wegen der Bezeichnung „Ingenieur" auf eine Entscheidung des Oberlandesgerichts Darmstadt hingewiesen, inhalts deren auf diese Bezeichnung nur derjenige ein Recht hat, welcher ein Zeugnis einer technischen Hochschule über seine Ausbildung als Ingenieur besitzt. Die Bezeichnung „Architekt" steht nach einer Entscheidung des Kammergerichts nur dem zu, der akademisch vorgebildet ist und eine selbständige Tätigkeit ausübt.

Das Zeugnis soll nicht nur die Art der Beschäftigung, sondern, wie es wörtlich im § 113 der Gewerbeordnung heißt, die „Dauer der Beschäftigung" angeben. Bei wörtlicher Auslegung dieser Gesetzesvorschrift würden die Angaben des Zeugnisses bei einem Angestellten, der vorzeitig den Dienst verlassen hat oder der vor Ablauf des Dienstvertrages beurlaubt worden ist, sich nur bis zu diesem Zeitpunkt erstrecken. Eine solche wörtliche Auslegung würde aber dem Zweck des Zeugnisses nicht gerecht werden, denn der Angestellte könnte durch das Zeugnis nicht einen umfassenden Nachweis über die Dauer seiner Stellungen führen. Das Zeugnis muß daher nicht nur Angaben über die Dauer der tatsächlich geleisteten Dienste, sondern auch über die Dauer des Rechtsverhältnisses enthalten. Würde nur die Dauer der tatsächlichen Beschäftigung angegeben werden, so könnte, wenn der Angestellte beispielsweise beurlaubt war, dadurch der Anschein erweckt werden, als ob der Angestellte während der Zeit seines Urlaubs stellungslos gewesen wäre.

Das Zeugnis ist gemäß § 113 der Gewerbeordnung beim Abgange zu erteilen. Daraus folgt, daß der Angestellte das Zeugnis nicht schon mit dem Beginn der Kündigungsfrist verlangen kann.

Hierin liegt offenbar eine mit dem Zweck des Zeugnisses nicht zu vereinigende Unbilligkeit; wenn das Zeugnis, wie feststeht, dazu dienen soll, dem Angestellten Gelegenheit zu geben, eine neue Stellung zu erhalten, dann müßte der Angestellte grade in der Zeit, in der er sich um eine neue Stellung bemüht, bereits im Besitz des Zeugnisses sein. Die Beseitigung dieses schweren Mißstandes bleibt der Gesetzgebung vorbehalten. Auch das Recht auf ein sogen. Interimszeugnis, ein Zeugnis, das am Tage der ausgesprochenen Kündigung vorbehaltlich eines endgültigen, mit dem Ablauf des Dienstvertrages zu erteilenden Zeugnisses gegeben wird, ist in der Rechtsprechung nicht anerkannt, obwohl das Interesse des Angestellten und auch das Interesse des Arbeitgebers die Erteilung von Interimszeugnissen notwendig macht. Das Interesse des Arbeitgebers erhellt aus der Erwägung, daß das Zeugnis nicht nur den Zweck hat, dem Angestellten bei seinem persönlichen Fortkommen zu helfen, sondern auch dem Arbeitgeber, bei welchem der Angestellte Beschäftigung sucht, die Möglichkeit zu geben, sich über die bisherige Tätigkeit des Bewerbers zu informieren. Da das Zeugnis bei dem Abgange zu erteilen ist, so folgt hieraus, daß die Pflicht zur Erteilung nicht erst mit dem Zeitpunkt eintritt, in welchem das Dienstverhältnis sein rechtliches Ende erreicht, sondern mit dem Zeitpunkt, in welchem es tatsächlich beendet wird. Wenn beispielsweise der Arbeitgeber den Angestellten, weil er einen Entlassungsgrund zu haben glaubt, ohne Einhaltung einer Kündigungsfrist vor Ablauf des Dienstvertrages entläßt, dann entsteht der Zeugnisanspruch mit dem Zeitpunkt der tatsächlichen Entlassung. Das gleiche gilt, im Falle der vorzeitigen Auflösung des Dienstverhältnisses durch den Angestellten. Diese durch die Rechtsprechung anerkannten Grundsätze entsprechen dem Sinn und Wortlaut des § 113 der Gewerbeordnung und dem mehrfach gekennzeichneten Zweck, den das Zeugnis nach dem Willen des Gesetzgebers zu erfüllen hat. Dem Angestellten, der vorzeitig entlassen wird, ist im § 615 BGB. die Pflicht auferlegt, sich um eine neue Stellung zu bemühen. Er muß sich nämlich nach dieser gesetzlichen Bestimmung dasjenige anrechnen lassen, was er in der Zwischenzeit durch anderweite Verwertung seiner Arbeitskraft verdient oder zu verdienen böswillig unterlassen hat. Würde ihm das Zeugnis nicht schon mit der tatsächlichen Beendigung des Dienstverhältnisses erteilt werden, so würden ihm bei der Erfüllung seiner Pflicht, sich um eine neue Stellung zu bemühen, erhebliche Schwierigkeiten erwachsen. Die Pflicht zur Erteilung des Zeugnisses liegt dem Arbeitgeber ob. Diese Pflicht erlischt auch nicht dadurch, daß der Arbeitgeber das Unternehmen, in welchem der Angestellte beschäftigt ist, veräußert, auch nicht dadurch, daß der Nachfolger den Dienstvertrag mit dem Angestellten fortsetzt und das Geschäft mit allen Rechten und Pflichten übernimmt; denn diese Pflicht ist eine höchst persönliche. Der Arbeitgeber kann sich ihr dem Angestellten gegenüber nicht dadurch entziehen, daß er sein Unternehmen verläßt. Bei einem Wechsel des Inhabers wird daher der Angestellte, der von dem neuen Inhaber übernommen wird, bis zum Zeitpunkt des Wechsels ein Zeugnis von seinem ersten Arbeitgeber beanspruchen können und von diesem Zeitpunkt ab von dessen Rechtsnachfolger. Hat dieser aber das Geschäft mit allen Aktiven und Passiven übernommen, so wird auch er verpflichtet sein, ein Zeugnis über die gesamte Dauer der Tätigkeit dem Angestellten zu erteilen, wenn es ihm möglich ist, diese Pflicht zu erfüllen. Dies wird immer dann der Fall sein, wenn ein tatsächlicher Personenwechsel nicht eingetreten ist, sondern nur die Rechtspersönlichkeit eine Aenderung erfahren hat, wenn z. B. der Alleininhaber eines Unternehmens dieses in eine Gesellschaft mit beschränkter Haftung umgewandelt hat und als Geschäftsführer der neu geschaffenen Gesellschaft in dem Unternehmen fernerhin tätig bleibt. In diesem Fall ist die Gesellschaft mit beschränkter Haftung, falls sie den Angestellten übernommen hat, mit Rücksicht auf die Identität des früheren Alleininhabers und ihres Geschäftsführers ohne weiteres in der Lage, über die gesamte Dauer der Tätigkeit Auskunft zu geben und infolgedessen auch hierzu verpflichtet. Gleich liegt der Fall bei der Umwandlung einer offenen Handelsgesellschaft in eine Aktiengesellschaft usw., vorausgesetzt immerhin, daß der frühere Alleininhaber oder Gesellschafter in der rechtlich neu gestalteten Gesellschaft in führender Stellung verbleibt. Diese Grundsätze geben auch eine Antwort auf die Frage, ob beim Tode des Arbeitgebers die Erben zur Ausstellung eines Zeugnisses verpflichtet sind. Sind sie tatsächlich nicht in der Lage, über die Tätigkeit des Angestellten eine zuverlässige Auskunft zu geben, weil sie z. B. in dem Betriebe nicht tätig waren, oder sonst keine Möglichkeit haben, sich zuverlässig zu unterrichten, dann liegt ihnen die Pflicht zur Erteilung des Zeugnisses nicht ob. Waren aber die Erben oder einer von ihnen schon zu Lebzeiten des Erblassers im Betriebe tätig, oder sind sie in der Lage durch Befragung anderer leitender Angestellter, über deren Zuverlässigkeit kein Zweifel besteht, sich zu orientieren, dann liegt ihnen die Pflicht zur Erteilung eines Zeugnisses ob.

Wird das Dienstverhältnis durch einen Konkurs beendigt, dann folgt aus der höchst persönlichen Natur der Zeugnispflicht, daß der Konkursverwalter, dem im übrigen im Rahmen der von der Konkursordnung gegebenen Bestimmungen die Erfüllung der Pflichten des Gemeinschuldners obliegt, nicht verpflichtet, dem Angestellten ein Zeugnis zu erteilen; der Zeugnisanspruch ist keine Konkursforderung. Die Pflicht zur Erteilung des Zeugnisses verbleibt vielmehr trotz Eröffnung des Konkurses bei dem Arbeitgeber. Die Richtigkeit dieser Grundsätze folgt insbesondere daraus, daß das Zeugnis nicht nur leicht nachzuprüfende, tatsächliche Angaben enthält, sondern auf Wunsch des Angestellten auch ein Urteil über die Leistung und Führung. Dieses Urteil kann sich aber regelmäßig nur der Arbeitgeber selbst bilden. Einem Rechtsnachfolger würde man, wollte man ihm die Pflicht zur Erteilung des Zeugnisses auferlegen, also auch von ihm eine Kritik über Leistung und Führung verlangen, eine Pflicht über die Grenzen seiner Kraft auferlegen.

Die Angaben über Art und Dauer der Beschäftigung müssen der objektiven Wahrheit entsprechen. Dieses Erfordernis kann, so merkwürdig es auf den ersten Blick klingt, bei dem Urteil über Leistung und Führung nicht schlechthin aufgestellt werden; denn jedes Urteil ist etwas höchst persönliches in seiner Gestaltung von den Fähigkeiten dessen abhängig, der das Urteil abzugeben hat; die Fähigkeit, die Wahrheit zu erkennen, ist bei allen nicht in gleichem Maße vorhanden. Die Pflicht zur objektiven Wahrheit im Zeugnis würde daher häufig eine Leistung darstellen, zu der der Verpflichtete nicht im Stande ist. Auf diesen Erwägungen beruht ein in seinem Endergebnis unbefriedigendes Urteil eines Berliner Gerichts in einem Fall, in welchem es dem Arbeitnehmer gelungen war, den Nachweis zu führen, daß das in dem Zeugnis über Führung und Leistungen enthaltene Urteil objektiv unrichtig sei. Seine Klage wurde trotzdem abgewiesen, weil das Gericht zu der Ueberzeugung gelangt war, der Arbeitgeber habe von seinem Standpunkt aus die durch die Beweisaufnahme festgestellten Tatsachen nicht zu erkennen vermocht und wäre infolgedessen gar nicht in der Lage gewesen, ein anderes Urteil in das Zeugnis aufzunehmen, als es in Wirklichkeit geschehen sei. Die Gesetzgebung wird bei diesem unbilligen Ergebnis einer dem geltenden Recht entsprechenden Auffassung dem Arbeitgeber die Pflicht auferlegen müssen, dem Angestellten ein der objektiven Wahrheit entsprechendes Zeugnis zu erteilen, falls die Unrichtigkeit des erteilten Zeugnisses erweislich ist, auch dann, wenn der Arbeitgeber zur Erkenntnis der Wahrheit selbst nicht in der Lage war.

Rechtsmittel bei Konkurrenzklauseln

Von Dr. HEINZ POTTHOFF, Düsseldorf.

Die Novelle zum Handelsgesetzbuche ändert zwar nur die für Handlungsgehilfen gültigen Vorschriften über Wettbewerbsverbote, muß aber auch auf die Auslegung des § 133 f. der Gewerbeordnung für Techniker und des § 138 BGB. für alle Arbeitnehmer einwirken. Vor allem wird die Erneuerung einzelner Bestimmungen zu einer neuen Prüfung des gesamten Rechtes führen. Das ist sehr nötig, denn weder die Beteiligten noch die Gerichte übersehen immer mit der genügenden Klarheit und Sicherheit die Rechtslage. Insonderheit die Frage, welche Rechtsmittel den Angestellten gegen eine drückende Klausel oder dem Chef gegen eine Verletzung der Vertragspflicht offen stehen, ist wenig geklärt. Es seien daher im folgenden die wichtigsten Fälle zusammengestellt. Dabei ist zu beachten, daß eine Konkurrenzklausel

1. n i c h t i g ist, also vollständig ungültig, wenn sie gegen die guten Sitten verstößt;

2. eine g ü l t i g e Klausel aber soweit u n v e r b i n d l i c h, als sie die Grenzen der Billigkeit überschreitet.

I. Bei V e r l e t z u n g e i n e r g ü l t i g e n K o n k u r r e n z k l a u s e l i n n e r h a l b d e r G r e n z e n d e r V e r b i n d l i c h k e i t hat der Gewerbeunternehmer folgende Möglichkeiten des Einschreitens:

1. Gegen den A n g e s t e l l t e n selbst:
   a) Klage auf Erfüllung des Vertrages, d. h. auf Unterlassung der verbotenen Konkurrenz (meist Aufgabe der neuen Stellung);
   b) Klage auf Schadensersatz statt der Erfüllung oder neben ihr;
   c) Falls eine Vertragsstrafe ausgemacht ist, so kann diese je nach der Vereinbarung verlangt werden statt der Erfüllung (BGB. § 340), oder neben der Erfüllung (BGB. § 341), oder als Mindestbetrag des Schadens, unter Vorbehalt des Nachweises eines höheren Schadensersatzanspruches, oder an Stelle des Schadensersatzes.

Die neuen Vorschriften des § 75 HGB. finden ebensowenig wie die bisherigen auf § 133 f. Anwendung.

2. Gegen den n e u e n A r b e i t g e b e r, der den Angestellten beschäftigt:
   a) Klage auf Unterlassung der verbotenen Beschäftigung des Angestellten.

b) Klage auf Schadensersatz, wenn er um die Verletzung des Verbotes gewußt hat.

c) Die Klage auf Schadensersatz und Unterlassung wegen unerlaubter Handlung (vorsätzliche, sittenwidrige Schädigung) kann nach BGB. § 826 auch dann gegeben sein, wenn GO. § 133 f. versagt. Denn das systematische Wegengagieren von Angestellten des Konkurrenten wird unter Umständen vom Reichsgericht als unlauter angesehen, auch wenn der einzelne Techniker keine Konkurrenzklausel verletzt hat.

Die Rechtslage des neuen Chefs ist die gleiche, ob es sich um kaufmännische, technische oder andere Angestellte handelt.

3. Alle Klagen sind bei den ordentlichen Gerichten geltend zu machen. Die Unterlassung einer nach Gerichtsurteil verbotenen Konkurrenz kann durch Androhung von Geld- und Haftstrafen erzwungen werden (ZPO. § 888). Auch der Erlaß einer einstweiligen Verfügung, welche die Konkurrenz untersagt, ist zulässig (ZPO. § 935).

II. Die Unverbindlichkeit einer Konkurrenzabrede besteht von selbst, braucht weder durch Urteil noch durch Erklärung vorher festgestellt zu sein. Der Angestellte braucht sich an eine unverbindliche Verpflichtung nicht zu kehren, sondern kann ihr zuwiderhandeln und das Vorgehen des Unternehmers abwarten. Dieses Vorgehen ist die Regel und die meisten Prozesse werden vom Arbeitgeber wegen Verletzung der Verpflichtung angestrengt. Dann hat der Richter zu entscheiden:

a) ob die Vereinbarung gültig ist (BGB. § 138),
b) ob sie die Handlung des Angestellten verbietet und
c) ob das Untersagen dieser bestimmten Handlung unter den besonderen Umständen des Einzelfalles innerhalb der Grenzen der Billigkeit liegt.

Zu Schwierigkeiten für den Angestellten führt der Umstand, daß ein Urteil nur diesen einzelnen Fall entscheidet. Eine unsittliche Klausel wird zwar ein für allemal nichtig, aber eine nur unbillige Klausel bleibt bestehen; der Richter entscheidet nur, daß der Techniker sie durch eine bestimmte Handlung nicht verletzt habe. Aber bei einem künftigen Stellenwechsel kann der Prozeß von neuem angestrengt werden und ein anderer Richter die Sachlage anders beurteilen.

Um die Gefahr abzuschwächen, kann der Angestellte vor der Annahme der neuen Stellung oder vor der Vornahme der Konkurrenzhandlung eine Feststellungsklage nach § 256 der Zivilprozeßordnung anstrengen dahin, daß der Chef nicht berechtigt ist, ihm diese Stellung oder Handlung zu untersagen. Umgekehrt kann auch der Chef, der erfährt, daß der Angestellte im Begriffe ist, eine Konkurrenzhandlung zu begehen oder dem an einer bestimmten Art von Konkurrenzunterlassung besonders gelegen ist, die Feststellungsklage erheben dahin, daß diese Handlung oder Tätigkeit dem Angestellten durch die Klausel gültig und verbindlich untersagt ist.

Eine für alle künftigen Fälle (nicht unbeschränkt) gültige Entscheidung kann der Angestellte herbeiführen durch allgemeine Feststellungsklage. Sowohl während der Dauer des Dienstverhältnisses wie bei der Beendigung wie nachher kann der Angestellte auf Nichtigkeit oder auf Ermäßigung einer unbilligen Wettbewerbsabrede klagen, d. h. auf Feststellung, daß von einer bestimmten Grenze ab die Klausel unverbindlich ist. Die Klage geht entweder

1. auf Ermäßigung der Zeit der Verbindlichkeit. Ihr ist nachzugeben, wenn unter Berücksichtigung aller anderen Umstände die vereinbarte Zeitdauer eine unbillige Erschwerung des Fortkommens bedeutet. Der Chef wird die Ermäßigung abwenden können, wenn er sich zu einer Einschränkung in anderer Richtung oder zu sonstigen Aenderungen bereit erklärt, welche die Unbilligkeit ausschließen. Das trifft nicht zu, wenn die Zeitdauer unter allen Umständen als unbillig gelten muß. Z. B. wenn die Höchstfrist des § 74a HGB. überschritten ist und kein Schutz von Betriebsgeheimnissen oder andere Umstände, welche eine andere Behandlung als beim Handlungsgehilfen rechtfertigen, in Frage kommen.

2. Auf Einschränkung des örtlichen Geltungsbereiches. Das unter 1. Gesagte gilt entsprechend. Auch die Ortsausdehnung kann unbedingt unbillig sein, wenn sie das Gesamtgebiet umfaßt, auf dem ein Fortkommen des Angestellten vernünftigerweise in Frage kommt. Ein Verbot der bisherigen Tätigkeit in ganz Deutschland muß in der Regel als unbillig gelten.

3. Auf Einschränkung des Gegenstandes. Auch hier gilt sinngemäß das unter 1. Gesagte. Unbedingt unbillig würde ein Abkommen sein, durch das dem Angestellten jede gewerbliche Tätigkeit untersagt oder ihm Gebiete verschlossen würden, auf denen der Arbeitgeber kein Interesse hat.

4. Auf Ermäßigung allgemein. Diese kann dann vom Richter nach einer oder mehreren der drei Beziehungen vorgenommen werden. Vom Arbeitgeber geltend gemachte besondere Interessen an der Aufrechterhaltung bestimmter Verpflichtungen (etwa des Ortes) wird er berücksichtigen müssen, soweit trotzdem die Zurückführung auf billige Grenzen möglich ist. In zweiter Linie wird er die besonderen Einschränkungswünsche des Angestellten zu berücksichtigen haben, soweit sie durch die Billigkeit geboten sind. Im übrigen entscheidet er nach eigenem Ermessen unter Abwägung aller Umstände.

5. Auf Beschränkung der Vertragsstrafe kann nicht geklagt werden, da § 133 f. sie nicht kennt und das Ermäßigungsrecht des § 343 BGB. erst nach Verwirkung eintritt.

6. Schließlich kann nach Ablauf bestimmter Zeit auf die Feststellung geklagt werden, daß die Klausel nunmehr unverbindlich geworden sei. Z. B. beim Fehlen von Betriebsgeheimnissen bei einem Handlungsgehilfen ähnlichen Angestellten nach Ablauf der in § 74a zugelassenen Höchstfrist.

Wird durch Urteil die Konkurrenzabrede beschränkt und die Grenze ihrer Verbindlichkeit neu festgesetzt, so ist trotzdem nicht ausgeschlossen, daß in einem künftigen Einzelfall das Zuwiderhandeln erlaubt ist, weil seine Verwehrung unbillig sein würde. Die Voraussetzungen dazu können liegen

1. in den besonderen Umständen des Falles, z. B. Geringfügigkeit der Konkurrenz, äußerst geringes Interesse des Chefs, außergewöhnliche Zukunftsaussichten für den Angestellten,

2. in Veränderungen, die inzwischen eingetreten sind entweder beim Chef (Aenderung der Fabrikation, Verlegung des Geschäfts) oder beim Angestellten (Notlage) oder in den sachlichen Verhältnissen (Bekanntwerden eines bisher geheimen Verfahrens, Kartellgründung, Verständigung mit der Konkurrenz über Produktion oder Absatz).

⁜⁜⁜⁜ ANGESTELLTENRECHT ⁜⁜⁜⁜

Kennzeichnung des Arbeitnehmers in Zeugnissen

Eine über die Frage des Inhalts von Zeugnissen für Angestellte erhebliche Entscheidung des Landgerichts Halle a. S. I. Zivilkammer vom 7. Mai 1914 — 6. S. 179/14 — dürfte die weitere Oeffentlichkeit interessieren. Der Sachverhalt ist folgender:

Der Kläger war als Techniker bei dem Beklagten beschäftigt gewesen und erhielt von ihm bei seinem Abgange folgendes Zeugnis:

„Dem Inhaber dieses, Herrn N. N., bescheinigen wir hiermit, daß er bei uns vom 27. März 1911 bis 13. Februar 1914 beschäftigt gewesen ist. Seine Leistungen wie auch Führung haben uns befriedigt, und sind wir zu weiterer Auskunft jederzeit gern bereit. Unterschrift.“

Der Kläger forderte mit Klage beim Gewerbegerichte Streichung der letzteren Bemerkung betreffend die Bereitwilligkeit zu weiterer Auskunft. Das Gewerbegericht in Halle a. S. erkannte auf Streichung dieses Zusatzes mit der offenbar zutreffenden Begründung, daß nach § 113 der Reichsgewerbeordnung (anwendbar auch auf die Techniker, §§ 133 a der Gewerbeordnung) — die Arbeiter ein Zeugnis über Art und Dauer ihrer Beschäftigung fordern können, auch betreffend ihre Führung und ihre Leistungen, daß dagegen den Arbeitgebern untersagt sei, die Zeugnisse mit Merkmalen zu versehen, welche den Zweck haben, den Arbeiter in einer aus dem Wortlaute des Zeugnisses nicht ersichtlichen Weise zu kennzeichnen, daß deshalb niemand ein Zeugnis anzunehmen brauche, welches mehr enthalte, als das Gesetz vorschreibe. Der Kläger bestreite daher mit Recht dem Beklagten, im Atteste zum Ausdrucke zu bringen, daß Beklagter „zur weiteren Auskunft bereit“ sei, weil er befürchte, daß in diesem Zusatze eine Aufforderung zur weiteren Erkundigung erwirkt werden könne, die ihm nicht günstig sei, von ihm weder kontrolliert noch verhindert werden könne. Der Zusatz habe zweifellos etwas verfängliches, ohne ihn gewinne das Zeugnis an Wert; wer sich erkundigen wolle, könne es auch ohne den Zusatz tun, der nach dem Gesetze nicht in das Zeugnis gehöre.

Das Landgericht hat ohne weiteres die Klage abgewiesen mit folgender Begründung:

„Der Schlußpassus ergibt bei vorurteilsfreier Betrachtung lediglich die Bereitwilligkeit der Firma, über den Kläger nähere Auskunft zu geben. Es liegt darin keinerlei Angabe einer für den Kläger ungünstigen Tatsache, sondern es handelt sich um einen an sich belanglosen Zusatz. Daß aber ein solcher schlechthin ausgeschlossen sein soll, ist im § 113 Gew. O. nicht ausgesprochen. Einer anderen Beurteilung hätte das streitige Zeugnis allerdings dann unterliegen können, wenn nach der Auffassung und Uebung der beteiligten Kreise der Vermerk als ein Merkmal anzusehen wäre, welches bezweckt, den Kläger in einer aus dem Wortlaute des Zeugnisses nicht ersichtlichen Weise zu kennzeichnen.“

Diese Begründung erscheint keineswegs bedenkenfrei. Wenn der Arbeitgeber den Arbeiter loben will, so tut er dies sicher mit ausdrücklichen Worten im Zeugnisse selbst, und wenn er ihn tadeln will, muß er den Mut haben, dies im Zeugnisse selbst zu tun und in das Zeugnis seine abfällige Kritik aufzunehmen, darf aber nicht im Zeugnisse das einwandfreie Verhalten des Angestellten bescheinigen mit der Andeutung, daß er noch Weiteres mitzuteilen habe. Es kann nicht im Geringsten bezweifelt werden, daß die fragliche Bemerkung nur bezweckt, das Fortkommen des Angestellten zu erschweren, aber nicht zu erleichtern. Wenn letzteres der Zweck wäre, so würden die dem Arbeiter förderlichen Bemerkungen sicher vom wohlwollenden Arbeitgeber in das Zeugnis hineingeschrieben sein. Auch Merkmale negativer Art können hindernde Merkmale im Sinne des § 113 sein und eine Betrachtung des § 111 (Arbeitsbuch) führt ebenfalls zu dem Ergebnisse, daß Zusätze der fraglichen Art unzulässig sind. Vor allem ist es aber ganz gleichgültig, ob die Bemerkung gehässig oder wohlwollend auszulegen ist. Sie enthält nicht den Charakter des Zeugnisses wegen ihrer Unbestimmtheit, und der Arbeitnehmer kann fordern, daß aus dem Zeugnisse alle Bemerkungen fortbleiben müssen, welche nicht lediglich den Charakter des Zeugnisses haben im Sinne des § 113 Gewerbeordnung, also welche sich nicht lediglich befassen mit Art und Dauer, mit Führung und Leistungen des Arbeitnehmers. Alles übrige ist unzulässig, mag es günstig oder ungünstig lauten, oder mag es indifferent lauten; sonst könnten beliebige Erzählungen und Erörterungen in das Zeugnis aufgenommen werden, die den Arbeitnehmer interessieren oder nicht interessieren. Die Entscheidung ist also aus zwei Gesichtspunkten unzutreffend, einmal, weil die Bemerkung nur ungünstig im Sinne des § 113 Abs. 3 aufzufassen war (Kennzeichnung des Arbeitnehmers in einer nicht ersichtlichen Weise), alsdann aber, weil die Bemerkung eventuell überhaupt nicht den Charakter des Zeugnisses hat und solche Bemerkungen aus den Zeugnissen prinzipiell wegbleiben müssen.

Es würde interessieren, Entscheidungen anderer Gerichte aus demselben Gebiete kennen zu lernen und in dieser Zeitung zu veröffentlichen.

Eulenberg, Justizrat in Halle a. S.

*

Besteht ohne besondere Abrede ein Anspruch auf Ersatz von Vorstellungskosten, wenn ein Anstellungsvertrag zustande gekommen ist?

Auch ohne daß eine Anstellung zustande kommt, müssen dem Angestellten die ihm durch persönliche Vorstellung beim Chef erwachsenen Kosten ersetzt werden, wie jetzt das Kaufmannsgericht Stuttgart entschieden hat. Dieses führte zur Begründung dafür aus: Das Kaufmannsgericht steht auf dem Standpunkt, daß der Bewerber um eine ausgeschriebene Stelle nach allgemeinem Handelsgebrauch Ersatz der Reisekosten verlangen kann, wenn er sich auf ausdrücklichen Wunsch zur Vorstellung an den Wohnort des Ausschreibenden begeben hat und wenn er nicht seinerseits sich verpflichtet hat, diese Kosten selbst zu tragen. Diese Verpflichtung besteht für den Prinzipal ohne Rücksicht darauf, ob nachträglich eine Anstellung zustande kommt oder nicht. Sie besteht besonders auch dann, wenn die Anstellung nur eine kurze ist und ohne Verschulden des Angestellten nicht fortgesetzt wurde. Dies trifft aber im vorliegenden Falle zu. Bei länger dauernden Anstellungsverhältnissen wird allerdings der Angestellte in vielen Fällen seinen Anspruch auf Ersatz der Reisekosten gegen den Prinzipal nicht geltend machen. Dies ändert jedoch daran nichts, daß der Prinzipal zur Erstattung dieser Kosten tatsächlich verpflichtet ist. Hier kommt noch in Betracht, daß der Kläger gleichzeitig zur Besichtigung der Muster bestellt war, also zu einer Tätigkeit im Interesse der beklagten Firma. Die Kosten der Reise zur Entgegennahme der Muster, zur Vorbereitung der Reise u. dgl. aber sind dem Reisenden gleichfalls zu erstatten. Die dem Kläger erwachsenen Kosten betragen für Eisenbahnfahrt von München nach Stuttgart und zurück 16 M, der von ihm durch sonstige Auslagen berechnete Betrag von 6 M erscheint gleichfalls angemessen. Die beklagte Firma war daher zur Bezahlung von 22 M zu verurteilen.

*

Gesetz und Vertrag im Angestelltenverhältnis

In Uebereinstimmung mit den Bestimmungen des § 67 des Handelsgesetzbuchs bestimmt die Gewerbeordnung in § 133aa, daß, falls durch Vertrag eine kürzere oder längere Kündigungsfrist bedungen ist als die im Gesetz vorgesehene, diese Frist für beide Teile gleich sein muß. Diesen Vorschriften zuwiderlaufende Vereinbarungen sind nichtig. Durch diese Bestimmungen hat der Gesetzgeber, von sozialen Gesichtspunkten ausgehend, den präsumtiv wirtschaftlich Schwächeren, also den Angestellten, schützen wollen. Es entsteht nun hierbei die Frage, ob ein Angestellter berechtigt ist, vorzeitig, ohne Einhaltung der durch den Anstellungsvertrag bestimmten Frist, das Dienstverhältnis zu kündigen. Diese Frage bildete den Gegenstand eines Prozesses, der bis in die höchste Instanz, das Reichsgericht, gelangte. Aus der Prozeßgeschichte ist folgendes von Bedeutung: Die Maschinenfabrikanten R. u. S., A.-G. zu Dresden schlossen unterm 31. 3. 1910 mit dem Techniker D. folgenden Anstellungsvertrag: „Wir engagieren Sie fest gegen ein Gehalt von 200 M bis zum 31. 3. 1915. Wird nach Ablauf dieser Zeit die Verlängerung des Dienstverhältnisses nicht gewünscht, so ist drei Monate vorher zu kündigen. Unbeschadet dessen steht es uns frei, das Engagement schon früher zu lösen, wenn Sie den Ihnen gestellten Aufgaben nicht gewachsen sein sollten oder durch mehrfache Unpünktlichkeit und Nachlässigkeit ihre Pflichten nicht erfüllen“. Unterzeichnet war dieses Anstellungsschreiben von dem einen Direktor der Fabrik, R. Als D. bereits vor Ablauf der vereinbarten Frist kündigte, erhob die Firma R. u. S. beim Landgericht Dresden Klage mit dem Antrag festzustellen, daß der beklagte Techniker nicht berechtigt sei, das Vertragsverhältnis vorzeitig zu lösen. Hiergegen machte D. geltend, seine gesetzmäßige Kündigung bestehe zu Recht, da eine Bindung auf 5 Jahre unzulässig sei, ganz abgesehen davon, daß eine Bindung schon deshalb nicht zustande gekommen sei, weil das Engagementsschreiben nur von dem einen Direktor und nicht wie vorschriftsmäßig von zwei Vorstandsmitgliedern unterzeichnet worden sei. Demgegenüber replizierte die klagende Firma, sie habe die alleinige Unterschrift R.s nachträglich genehmigt. Das Landgericht stellte sich auf den Standpunkt des Beklagten und wies die Klage der Firma R. u. S. ab. Die nunmehr von der Klägerin beim Oberlandesgericht Dresden eingelegte Berufung hatte Erfolg. Die Gründe, auf die sich das Urteil der Berufungsinstanz stützt, sind etwa folgende: Wenn das Landgericht annimmt, der angefochtene Anstellungsvertrag laufe den Vorschriften des § 133aa Abs. 1 der Gewerbeordnung zuwider und sei deshalb nichtig, so kann dieser Ansicht durch das Berufungsgericht nicht beigetreten werden. Nach § 133b der Gewerbeordnung kann jeder der beiden Kontrahenten vor Ablauf der vertragsmäßigen Zeit und ohne Innehaltung einer Kündigungsfrist die Aufhebung des Dienstverhältnisses verlangen, wenn ein wichtiger, nach den Umständen des Falles die Aufhebung rechtfertigender Grund vorliegt. Besondere Aufhebungsgründe finden sich dann weiter in § 133c. Ueber die Wichtigkeit der Gründe können über die Bestimmungen des § 133c hinaus durch den Dienstvertrag noch anderweite Vereinbarungen getroffen werden und zwar sind diese insoweit zulässig, als dadurch nicht eine Umgehung der gesetzlichen Vorschriften über die Kündigungsfrist erfolgt. Unstatthaft ist es darnach, solche Gründe als Entlassungsgründe festzusetzen, die nur der subjektiven Willkür des Arbeitgebers überlassen sind. Die hier streitige Vertragsbestimmung kann aber nicht anders als eine Bestimmung über die Dauer des Dienstverhältnisses aufgefaßt werden. Wenn der klagenden Firma die Möglichkeit gewährt worden ist, das Vertragsverhältnis einseitig zu lösen, so hat sie gegebenenfalls die Pflicht, die besonderen den Tatbestand für die Kündigung erfüllenden Umstände anzuführen und zu beweisen. An dieser Auffassung wird dadurch nichts geändert, daß die besonderen Auflösungsgründe nicht als solche bezeichnet worden sind. Daß die Firma R. u. S. mit der streitigen Vertragsklausel etwas anderes als eine Regulierung der Vertragsdauer bezwecken wollte, ist nicht anzunehmen. Ebenso ist der Einwand, eine Bindung sei deshalb nicht erfolgt, weil nur e i n Direktor den Anstellungsvertrag unterzeichnet habe, hinfällig. Dieser Mangel ist u. a. auch durch die Klageerhebung geheilt worden. Berücksichtigt man alle die angeführten Gesichtspunkte, so mußte die Berufungsinstanz dem Klageantrage stattgeben. Mit diesem Urteil gab sich der beklagte Techniker nicht zufrieden, legte vielmehr Revision beim R e i c h s g e r i c h t ein, die er damit begründete, daß durch das Urteil des Berufungsgerichts die Bestimmung des § 133aa verletzt sei.

Der III. Zivilsenat des höchsten Gerichtshofs teilte den Standpunkt der Berufungsinstanz nicht, hob vielmehr das Urteil auf und verwies die Sache an das Oberlandesgericht zurück.

Berechtigt öfteres Zuspätkommen zur sofortigen Entlassung?

Der Leiter eines kaufmännischen Geschäfts in Hannover war ohne Kündigung entlassen, und diese sofortige Entlassung vom Geschäftsinhaber u. a. damit begründet, daß der Entlassene wiederholt 5 bis 15 Minuten zu spät ins Geschäft gekommen sei. Dieser hielt sein Zuspätkommen nicht für einen wichtigen Grund zur sofortigen Entlassung, und er forderte durch Klage vom Geschäftsinhaber sein Gehalt bis zum vertragsmäßigen Kündigungstermin.

Das L a n d g e r i c h t H a n n o v e r wies die Klage ab; das O b e r l a n d e s g e r i c h t C e l l e, das dagegen der Klage zusprach, äußert sich über das Zuspätkommen in folgender, allgemein interessierender Weise: „Es ist ohne weiteres zuzugeben, daß das Zuspätkommen eines Werkmeisters oder Betriebsleiters unter Umständen dessen sofortige Entlassung zu rechtfertigen vermag. Dies wird z. B. dort anzunehmen sein, wo es sich um gefährliche Betriebe handelt, die die stetige Anwesenheit eines Aufsichtsbeamten unbedingt verlangen, oder wo infolge der Verspätung Unordnung im Dienst einreißen muß und dem Geschäftsinhaber erheblicher materieller Schaden daraus erwachsen kann. Namentlich kann dies in Betracht kommen, wenn die Arbeiter infolge großer Verspätung des Arbeitsleiters beschäftigungslos bleiben. Im vorliegenden Falle trifft dies nicht zu. Es darf davon ausgegangen werden, daß durch die innerhalb eines Rahmens von 5 bis 15 Minuten liegenden Verspätungen des Klägers dem Beklagten ein fühlbarer Schaden nicht zugefügt worden ist. Dagegen konnte das Verhalten des Klägers allerdings die Disziplin gefährden. Andererseits muß aber zu seinen Gunsten berücksichtigt werden, daß der Beklagte selbst die Verspätungen desselben nicht zum Anlaß einer ernsten Rüge gemacht, dem Kläger insbesondere niemals mit einer Entlassung dieserhalb gedroht hat. Die Billigkeit und die Gepflogenheit des Verkehrs erfordern es, daß der Geschäftsinhaber bei einem Verstoße des Angestellten, sofern derselbe nicht ohnehin jedes gemeinsame Zusammenwirken ausschließt, auf Unterlassung etwaiger Wiederholung dringt; erst wenn wiederholte Rügen erfolglos bleiben, wird im allgemeinen auch ein leichteres Dienstvergehen der hier in Rede stehenden Art als wichtiger Grund zur Kündigung angesehen werden können." — Der Beklagte legte gegen dies Urteil Revision ein, die jedoch vom R e i c h s g e r i c h t zurückgewiesen wurde.

PATENTRECHT

Zur Reform des Erfinderschutzes

Als am 11. Juli v. J. die Reichsregierung den vorläufigen Entwurf eines Patentgesetzes der öffentlichen Kritik unterbreitete, schrieben wir, daß endlich der Ruf der Oeffentlichkeit nach einer Reform unseres Patentrechtes einen Erfolg gezeitigt habe. Wir haben sofort anerkannt, und erklären es auch heute noch gerne, daß der Entwurf gegenüber dem zurzeit geltenden Gesetz erhebliche Verbesserungen enthält und daß uns insbesondere die grundsätzlichen Aenderungen in Bezug auf das E r f i n d e r r e c h t und die E r f i n d e r e h r e wertvolle Z u g e s t ä n d n i s s e an unsere berechtigten Forderungen sind.

Der Entwurf ist nun ein Jahr lang Gegenstand lebhafter Kritik gewesen. In Wort und Schrift, in Versammlungen und auf Kongressen, in Broschüren und in spaltenlangen Artikeln der Fach- und Tagespresse haben alle an der künftigen Gesetzesgestaltung interessierten Kreise dazu Stellung genommen. Im Streit der Meinungen ist manch sachlicher Vorschlag zur Verbesserung des Entwurfes gemacht worden, und insbesondere die A n g e s t e l l t e n und ihre Interessenvertretungen dürfen von sich behaupten, in o b j e k t i v e r und s a c h l i c h e r Form ihre Stellungnahme erörtert und vertreten zu haben, wofür der Verlauf des von den drei größten technischen Angestellten-Organisationen veranstalteten T e c h n i k e r - K o n g r e s s e s und die Erörterung des Themas auf der Tagung der G e s e l l s c h a f t f ü r S o z i a l e R e f o r m Zeugnis ablegten.

Dasselbe läßt sich leider nicht in gleichem Maße von den wirtschaftlichen Verbänden der I n d u s t r i e l l e n behaupten. Dort ist der r e i n m a t e r i e l l e I n t e r e s s e n s t a n d p u n k t meist so e i n s e i t i g und h a r t n ä c k i g vertreten worden, daß an einen Ausgleich der wirtschaftlichen und sozialen Gegensätze von vornherein nicht zu denken war. Auch der Regierung wird es schwer fallen, bei der endgültigen Ausgestaltung des den gesetzgebenden Körperschaften vorzulegenden Entwurfes aus dem Wust von Vorschlägen und Forderungen das herauszuschälen, was als berechtigter Kern Beachtung und Berücksichtigung zu finden verdient.

Mit welch außerordentlichem Aufgebot von Energie und Interessenegoismus die Großindustrie in dieser Frage gearbeitet hat, das zeigte noch der vor wenig Wochen vom „Deutschen Verein für den Schutz des gewerblichen Eigentums" nach Augsburg einberufene VII. K o n g r e ß f ü r g e w e r b l i c h e n R e c h t s s c h u t z. Der Vorsitzende begrüßte dort zwar eine dem Besuch der früheren Kongresse gegenüber sehr stattliche Teilnehmerzahl, daß diese aber nur einer recht nachdrücklichen Bearbeitung durch öffentliche und vertrauliche Mahnungen der industriellen Verbände zur Beschickung des Kongresses zu verdanken war, „u m v o n d e n V e r t r e t e r n g e g e n s ä t z l i c h e r A n s c h a u u n g e n n i c h t m a j o r i s i e r t" zu werden, das erfuhr man in der Eröffnungsansprache nicht. Dagegen wurde in dieser aber recht nachdrücklich betont, daß es sich um die Tagung eines „w i s s e n s c h a f t l i c h e n" Vereins handele und daß die Diskussion deshalb sich nur auf die objektive Behandlung grundsätzlicher Fragen erstrecken solle. Trotzdem kam in allen Ausführungen der Gegner des im Entwurf festgelegten Systemwechsels der I n t e r e s s e n s t a n d p u n k t d e r I n d u s t r i e l l e n s o e i n s e i t i g z u r G e l t u n g, wie er nur je im Laufe des Jahres in ihren Sonderveranstaltungen vertreten worden war.

Die Behauptung, daß die deutsche Industrie dem U n t e r g a n g g e w e i h t i s t, wenn an die Stelle des Anmelderechts das Erfinderrecht gesetzt wird, kehrte in a l l e n V a r i a t i o n e n wieder. Daß das Erfinden eigentlich gar nichts absonderliches, sondern eine ganz normale Technikerleistung ist, daß zum Erfinden eigentlich nur wie bei einer Treibjagd Halali geblasen zu werden braucht, daß man Angestellte, die bei der Etablissementserfindung mitgewirkt haben, um eines Einzelnen willen nicht benachteiligen könne — und deshalb am besten keinem etwas gibt — solche und ähnliche sattsam bekannte S c h e r z e bildeten auch auf der Plattform dieses w i s s e n s c h a f t l i c h e n Vereins die beweiskräftigen Gründe für Beschlüsse, die dem Sinne nach vollkommen mit denen der einzelnen industriellen Verbände übereinstimmen, und die keinem dem Gesetz sympathisch gegenüber stehenden Teilnehmer des Kongresses auch nur einen Augenblick zweifelhaft waren.

Auch der Hinweis des Vertreters des ö s t e r r e i c h i s c h e n Patentamtes, daß die Erfahrungen, die man dort mit Bestimmungen gemacht hat, welche über die Vorschläge des deutschen Gesetzentwurfes zugunsten der Angestellten noch erheblich hinausgehen, i n k e i n e r W e i s e d i e v o r g e b r a c h t e n B e f ü r c h t u n g e n r e c h t f e r t i g e, konnte an dem Willen der Kongreßmehrheit nichts ändern. Während sonst stets auf die guten Erfahrungen mit dem bestehenden Gesetz zurückgegriffen wurde, standen die Erfahrungen eigentümlicherweise weit niedriger im Kurs, sobald sie in einem dem Angestellten günstigen Sinne ausgelegt werden mußten.

Der Tagungen und Erörterungen sind nun genug. Neue Gedanken, neues Material wird kaum mehr beigebracht werden können. Aufgabe der Regierung wird es nun sein, das Fazit aus dem recht reichlich dargebrachten Stoff zu ziehen, um den Entwurf so umzugestalten, daß er den tatsächlichen wirtschaftlichen Verhältnissen der Industrie sowohl als auch der Angestellten, daß er vor allem auch den berechtigten Ansprüchen der letzteren auf öffentliche Anerkennung ihres Anteils an dem Aufstieg der deutschen Industrie entspricht. Um die Meinungen zu klären, hat in der vorigen Woche nochmals im Reichsamt des Innern eine Besprechung von Sachverständigen stattgefunden, die vielleicht in sachlicherer Art der Regierung Information geliefert hat. Daß der Entwurf nicht zurückgezogen wurde, sondern als Grundlage für die Weiterbearbeitung zu dienen hat, ist an sich vom Standpunkte der Angestellten aus schon begrüßenswert. Wir wünschen aber auch, daß die Gründe, die der Verfasser des ersten Entwurfes in den Erläuterungen für die Notwendigkeit einer Reform angeführt hat, aufrechterhalten und in ganz besonderem Maße bei der Ausarbeitung des endgültigen Entwurfes zur Geltung kommen werden. Lenz.

*

Vertragliches Recht des Prinzipals auf die Erfindung des Angestellten

Mit einer Frage, die für weite Kreise der Industrie und der industriellen Angestellten von großem Interesse ist, beschäftigt sich ein vor kurzem ergangenes Urteil des Reichsgerichts von grundlegender Bedeutung. Bekanntlich bedingen sich viele industrielle Etablissements in den Dienstverträgen mit ihren technischen Angestellten das Recht aus, die von diesen während der Dauer des Dienstvertrags gemachten Erfindungen für sich in Anspruch zu nehmen. Solche Verträge sieht die Rechtsprechung für zulässig an. In der jetzt vorliegenden Entscheidung hat nun das Reichsgericht ausgesprochen, daß das Recht des Prinzipals sich nicht nur auf solche Erfindungen erstreckt, die der eigenen Idee des Angestellten entsprungen sind, sondern auch auf diejenigen Erfindungen, zu denen der Angestellte die Anregung von einer dritten Person erhalten und mit deren Einwilligung die Idee zu einer schutzfähigen Erfindung ausgearbeitet hat. Es handelte sich im Streitfalle um folgenden Sachverhalt:

Der Ingenieur H. in Zwickau war von 1907 bis Ende 1910 bei der Firma S. in Magdeburg als Ingenieur und später als Prokurist angestellt. Der Anstellungsvertrag enthielt die Bestimmung: „Der Prinzipalin steht das Eigentumsrecht zu von allen während der Zeit des Engagements bei ihr erfundenen neuen Konstruktionen oder Verbesserungen, welche in den Rahmen ihrer Fabrikation fallen, von anderen Neuerungen oder Verbesserungen bezw. Konstruktionen nur insoweit, als sie deren Erwerb etwa nicht ablehnen sollte.“ H. überließ während seiner Anstellungszeit zwei Gebrauchsmuster (Stopfbuchsdichtung für bewegliche Injektorregulierdampfdüsen und mehrteiliges Injektorgehäuse) an einen Fabrikbesitzer F. Die Idee zu den Gebrauchsmustern hat ein Dritter, ein gewisser L., dem H. überlassen. H. war mit L. infolge eines dienstlichen Auftrags der Firma S. zusammengekommen, als er ihm Injektoren in deren Namen anbot. Hierbei hat L. dem H. seine Idee über eine Verbesserung des Baues von Injektoren auf Grund des Prinzips der Zweiteiligkeit entwickelt und erklärt, wenn H. sich einmal selbständig mache, könne er die Verbesserung verwerten. H. hat dann die Idee weiter ausgearbeitet und durchkonstruiert, alsdann hat er die beiden streitigen Gebrauchsmuster auf den Namen des F. anmelden lassen. Nach Beendigung seines Anstellungsverhältnisses verband sich H. mit F. zu einer Gesellschaft für Strahlapparate und nutzte in dieser Gesellschaft die für F. angemeldeten und eingetragenen Gebrauchsmuster aus. Die Firma S. hat die Musterrechte auf Grund der angeführten Vertragsklausel für sich in Anspruch genommen und gegen H. und F. Klage erhoben.

Landgericht Magdeburg und Oberlandesgericht Naumburg entschieden zu Gunsten der Klägerin: der Beklagte H. wurde verurteilt, anzuerkennen, daß der Klägerin das Eigentum an den geschützten Erfindungen zusteht, F. wurde zur Uebertragung der in der Gebrauchsmusterrolle auf seinen Namen eingetragenen Gebrauchsmuster an die Klägerin und beide Beklagte zur Rechnungslegung und Herauszahlung des von den Apparaten gezogenen Gewinns verurteilt. Die hiergegen von den Beklagten eingelegte Revision blieb erfolglos: das Reichsgericht hat das Urteil des Oberlandesgerichts bestätigt und in seinen Entscheidungsgründen ausgeführt: Aus dem vorliegenden Sachverhalt erhellt soviel ohne weiteres, daß der Inhalt der Gebrauchsmuster, soweit er aus der Bearbeitung des Beklagten H. herrührt, von der Vertragsklausel erfaßt wird. Der bezeichnete Inhalt hat sich mit der von L. stammenden, dem Beklagten H. bei seiner dienstlichen Tätigkeit zugegangenen Idee zu einer Einheit, zu einem unzertrennlichen Ganzen verschmolzen. Das Oberlandesgericht konnte ohne Rechtsirrtum annehmen, daß auch für dieses Ganze die Vertragsbestimmung zu Gunsten der Klägerin durchgreift. Dies erscheint umsoweniger bedenklich, als das Oberlandesgericht nicht mit Unrecht betont, daß die Vertragsklausel den Zweck habe, eine Konkurrenz des Beklagten H. auf Grund seiner Betätigung im Dienste der Klägerin auszuschließen und daß Vertragsklauseln der hier vorliegenden Art der Gedanke innewohnt, der Angestellte erhalte zu technischen Neuerungen und Verbesserungen die Anregung vornehmlich aus dem Betriebe, welchem er gegen Entgelt seine Dienste leiste. Die Meinung, der Klägerin könne nur ein mit ihrem Angestellten gemeinsames Recht an der Erfindung zugesprochen werden, muß als nicht sachgemäß abgelehnt werden. Daß der zur Entscheidung stehende Fall sich wesentlich von dem durch die Revision herangezogenen Beispielsfalle des Ankaufs einer Erfindung von einem Dritten unterscheidet, ist augenfällig. Mit den Vorinstanzen ist also anzunehmen, daß die den Gebrauchsmustern innewohnende Erfindung gemäß der Vertragsklausel der Klägerin zugefallen ist.

⌗ ⌗ ∷ VERSICHERUNGSFRAGEN ⌗ ⌗ ∷

Begriffsbestimmung des Betriebsunfalls

Der große Senat des Reichsversicherungsamtes hatte sich vor kurzem in einem seiner Entscheidung unterbreiteten Falle mit der Frage zu beschäftigen, was als Betriebsunfall anzusehen ist. In den Entscheidungsgründen wird ausgeführt: Ein Betriebsunfall ist gegeben, wenn der Verletzte der Gefahr, der er erlegen ist, durch die Betriebsbeschäftigung ausgesetzt war. Damit scheiden für die Haftung der Berufsgenossenschaften im allgemeinen aus: Plötzliche Gesundheitsschädigungen während der Betriebsbeschäftigung, die lediglich auf körperlicher Veranlagung beruhen und deshalb regelmäßig nicht als Unfälle gelten können, ferner Unfälle von Versicherten, wenn diese durch ihr Verhalten die Beziehungen zum Betriebe gelöst hatten oder eigenwirtschaftlich tätig waren.

Der Begriff des Betriebsunfalles erfordert nicht, daß die Unfallsgefahr eine besondere, dem Betriebe eigentümliche war, oder daß der Versicherte ihr durch die Betriebsbeschäftigung in erhöhtem Maße ausgesetzt war. Andererseits liegt ein Betriebsunfall nicht schon vor, wenn ein schädigendes Ereignis mit der Betriebsbeschäftigung nur zufällig zusammentraf, wie bei Epidemien, Ueberschwemmungen oder bei vorsätzlichen Verletzungen, die durch Dritte aus rein persönlichen Beweggründen erfolgen.

Vielmehr bedarf es zur Annahme eines Betriebsunfalles auch des ursächlichen Zusammenhangs zwischen dem Betriebe und dem schädigenden Ereignis. Als Ursachen kommen dabei nicht schon Ereignisse in Betracht, die nur entfernt mit dem Betriebe verbunden sind, sondern nur solche Umstände, die „rechtlich beachtlich“ sind. Daraus folgt, daß die den Zwecken des Betriebes dienende Beschäftigung ursächlich in obigem Sinne beim Unfall mitgewirkt haben muß, daß der Versicherte also infolge der Beschäftigung im Betriebe der Gefahr, der er erlegen ist, ausgesetzt wurde.

Ob danach der ursächliche Zusammenhang gegeben ist, muß von Fall zu Fall unter Abwägung des verschiedenen Wertes der Bedingungen des Erfolges geprüft werden.

Was den zur Entscheidung stehenden Fall anlangt, so hatte der Verletzte den Unfall auf einem Wege erlitten, den er im Interesse seines Betriebes unternommen hatte. Auf den Betrieb war es mithin zurückzuführen, daß der Verunglückte am Hause eines Mannes vorbei kam, der einen Angriff gegen einen mit ihm verfeindeten Mann plante. Der Betrieb brachte den Kläger in die Gefahr gerade in der Abenddämmerung mit einem anderen Manne verwechselt und so das Opfer des vom Angreifer geplanten Anschlages zu werden. Der Betrieb hat sonach die Bedingungen geschaffen, die das Ereignis verursachten, so daß man zu dem Schlusse kommen muß, daß hier ein „Unfall beim Betriebe“ vorliegt.

Ansichtspostkarten vom Erholungsheim

20 verschiedene, je 5 Pfg., 100 Stück 5 M, sind durch Postanweisung zu beziehen durch Bürgermeister Burkhardt in Sondershausen. Der Ueberschuß fließt zur Heimkasse.

DEUTSCHE TECHNIKER-ZEITUNG
HERAUSGEGEBEN VOM DEUTSCHEN TECHNIKER-VERBANDE

Schriftleitung:
Dr. Höfle, Verbandsdirektor. Erich Händeler, verantwortlicher Schriftleiter.

XXXI. Jahrg. **11. Juli 1914** **Heft 28**

Die Steiger im rheinisch-westfälischen Bergbau

Von G. WERNER-Essen.

In den letzten Jahren ist so mancherlei über den Stand der technischen Aufsichtsbeamten im rheinisch-westfälischen Bergbau in die Oeffentlichkeit gedrungen. Einmal waren es die Angaben über die Dienstverhältnisse, zweitens die eigenartigen Praktiken, mit denen die Grubenbesitzer den Berufsverband dieser Angestellten (den Steigerverband) bekämpften, die Aufsehen hervorriefen.

Das technische Aufsichtspersonal der Zechen besteht außer den in den meisten Fällen akademisch gebildeten Direktoren aus den Inspektoren, den Betriebsführern, den Fahr- und Wettersteigern, den Revier- und Hilfssteigern und den Fahrhauern. Die Zahl der Beamten vom Fahrsteiger abwärts beträgt zirka 7000. Die übergroße Mehrzahl sämtlicher Aufsichtsbeamten stammt aus den Kreisen der Arbeiter. Die Ausbildung erfolgt durch den Besuch von Schulen, die die Besitzer unterhalten. Im allgemeinen besucht der zukünftige Grubenbeamte 2 Jahre eine Vorschule mit wöchentlich 6 Stunden Unterricht und 2 Jahre die Bergschule mit 24 Stunden wöchentlichem Unterricht. Die Schüler sind verpflichtet, jeden Tag außer dem Besuche der Schule eine Schicht in der Grube zu verfahren und sich auf diese Weise ihren Lebensunterhalt zu verdienen.

Bisher erhielten, von ganz wenigen Ausnahmen abgesehen, die Schüler sofort nach dem Besuch der Bergschule Stellung. Durch die gewaltige Vermehrung der Belegschaft, die in den letzten 10 Jahren um zirka 160 000 Mann zugenommen hat, wurden so viele neue Stellen geschaffen, daß kein Ueberangebot eintrat.

Wer die Unterklasse der Bergschule mit dem Prädikat „gut" verläßt, hat die Berechtigung zum Besuch des Betriebsführerkursus. Dieser Kursus dauert ein Jahr. Die Schüler, die fast alle in dem Alter von 28—33 stehen, und die schon mehrere Jahre Steiger waren, brauchen während dieser Zeit keinen Dienst zu versehen. So mancher Verheiratete aber, der mit Glücksgütern nicht gesegnet ist, tut es doch, und es gibt eine Anzahl Anlagen, die diesen Beamten, trotzdem sie ihre Arbeit nicht im vollen Umfange leisten, die vollen Bezüge gewähren. Die Schüler der Oberklasse haben täglich 6 Stunden Unterricht. Ein großer Teil der Schulzeit wird zu Exkursionen nach Gruben und industriellen Werken verwendet. Durch den Besuch dieser Klasse wird das Zeugnis als Betriebsführer erworben.

Während im rheinisch-westfälischen Industriegebiet die übergroße Anzahl der Schüler aus Arbeiterkreisen stammt, ist dies auf den Bergschulen anderer Bezirke nicht der Fall. In Oberschlesien besitzt die Mehrzahl der Schüler die Berechtigung zum einjährigen-freiwilligen Dienst. In den anderen Revieren, z. B. in Sachsen, Niederschlesien, Saarbrücken und im Wurmrevier, ist der Prozentsatz an „Einjährigen" zwar geringer als in Oberschlesien, jedoch stammen auch die anderen Schüler nur zum geringen Teil aus der Arbeiterschaft.

Die Ursache der Verschiedenheit des Ersatzes beruht auf den Dienstverhältnissen. Zwar versucht man auch im Ruhrrevier mit allen Mitteln Leute mit besserer Bildung heranzuziehen, aber vergebens. Denn nur die Aussicht, im späteren Leben gute, d. h. sichere und auskömmliche Stellungen mit ordentlichen Arbeitsverhältnissen zu erhalten, kann Ersatz aus besseren Kreisen anlocken. Dieses Lockmittel aber fehlt.

Ueber die Höhe der Bezahlung wird am wenigsten geklagt. Das Einkommen der Steiger, um die es sich bei dieser Betrachtung vor allem handelt, setzt sich aus einem festen Gehalt und einer schwankenden Prämie zusammen. Das Gehalt erreicht für den Reviersteiger nach 5—10jähriger Tätigkeit 180—250 M pro Monat. Die Prämie schwankt im Durchschnitt zwischen 0 M und 150 M. Hinzu kommt freie Wohnung und Feuerung, so daß mit einem durchschnittlichen Einkommen von 3—4000 M gerechnet werden kann. Ob diese Bezahlung für die Dauer beibehalten wird, ist eine Frage. Man hat in den letzten Jahren die Zahl der Schulen vermehrt und die alten Bergschulen so vergrößert, daß gegenwärtig pro Jahr zirka 1000 Mann ausgebildet werden. Was das für einen Beruf bedeutet, der insgesamt höchstens 10—11 000 Stellen umfaßt, ist ein sehr einfaches Rechenexempel. Sobald aber ein Ueberangebot von Beamten erfolgt, sinkt die Bezahlung. Der Beweis ist jetzt schon da. So hat sich z. B. der Großindustrielle Thyssen in Hamborn am Rhein eine eigene Bergschule gebaut. Während er noch vor 3 Jahren die von der Bochumer Bergschule entlassenen Steiger mit 150 M Gehalt und der Hälfte der Reviersteigerprämie einstellte, zahlt er jetzt nur noch 130 M und 1/3 der Prämie, außerdem aber gibt er diesen Leuten zum Teil nicht sofort Beamtenwohnungen, sondern läßt sie weiter in der Arbeiterkolonie.

Die Prämien sind schwankende Einnahmen, über die die meisten Zechen in ihren Dienstverträgen wörtlich sagen: „Wir zahlen Ihnen freiwillig eine Prämie, über die wir uns jederzeit das Verfügungsrecht vorbehalten." Andere Zechen garantieren einen festen Satz und nur der überschießende Teil wird nicht garantiert. Durch die Gewährung dieser nicht garantierten Prämie sind die Verwaltungen in der Lage, die Beamten durch Entziehung der Prämie zu bestrafen. Während ein Teil der Zechen von diesem Strafmittel sehr wenig Gebrauch macht und nur damit droht, wird auf anderen Anlagen sehr oft die Prämie gestrichen. Und nicht nur wegen wirklicher oder angeblicher dienstlicher Verfehlungen werden Prämien entzogen, auch andere Gründe spielen mit. So hat man z. B. auf der Zeche Prinzregent einigen Steigern wegen ihrer Mitgliedschaft zum Steigerverband 2 Monat die Prämie und außerdem das Weihnachtsgeschenk in Höhe des Gehalts, insgesamt eine Summe von über 300 M gekürzt. Dieses Strafmittel hat weiter zur Folge, daß sich die Beamten sehr viel gefallen lassen, ohne sich zu wehren. Denn wer einem Vorgesetzten dabei zu nahe tritt, muß befürchten, von diesem entweder direkt oder indirekt durch Entziehung der Prämie bestraft zu werden. Welche moralischen Wirkungen diese Bestrafungen auf Leute von Ehrgefühl ausüben, läßt sich denken.

Der Dienst ist sehr anstrengend. Das Laufen in den niedrigen, langen Strecken, das Klettern in den Bremsbergen und Schächten, das Kriechen in den dünnen Flözen strengt den Körper an. Dazu kommt die warme, schwüle Luft, die in den immer tiefer werdenden Schächten zur Regel wird und die ebenfalls die Gesundheit ruiniert. Treten an irgendeiner Stelle des unterirdischen Betriebs Gefahren auf, so muß der Beamte stets dabei sein.

Diese natürlichen ungünstigen Verhältnisse werden nun noch durch andere Momente erschwert. So ist in den letzten Jahren durch den gewaltigen Zustrom von Arbeitern einmal die Zahl der gelernten Bergleute prozentual ganz erheblich zurückgegangen, außerdem sind Tausende von Arbeitern aus Ländern mit polnischer und slovenischer Muttersprache herangezogen worden, mit denen sehr schwierig umgehen ist und die vielen Aerger heraufbeschwören.

Ganz besonders aber wird der Dienst erschwert durch die immer größer werdenden Ansprüche, die die Zechenverwaltungen an die Steiger stellen. Durch die Einführung der Maschinen, durch eine immer mehr fortschreitende Intensität im Betriebe ist es gelungen, die Leistungen ganz erheblich zu steigern. Von den Steigern verlangt man nun, daß diese erhöhten Leistungen auch jederzeit erzielt werden. Aber in der Grube mit den wechselnden Lagerungsverhältnissen, wo Gebirgsdruck und Wasser alle Einrichtungen oft in kurzer Zeit verändern oder zerstören, wo die Maschinen leiden und aussetzen, wo die Arbeiter Schwierigkeiten machen und wo noch so manches andere sich ganz anders abspielt als es beim Licht der Sonne der Fall wäre, ist es oft nicht möglich, den Wünschen der Vorgesetzten zu entsprechen. Tritt dieser Fall aber ein, dann werden die Steiger wie man im Bergmannsjargon sagt: „Aufgedreht". So gibt es Zechen, auf denen man die Steiger in der gemeinsten Weise ausschimpft. Namen, die wegen ihrer Gemeinheit auf dem Kasernenhof nicht zu finden sind, werden da ausgesprochen.*) Außerdem bestraft man die Beamten mit Strafarbeit. Es gibt wohl keinen Beruf mehr im deutschen Reich, vielleicht in der ganzen Welt nicht, abgesehen von Gegenden, wo noch die Sklaverei herrscht, wo der Arbeitgeber bestimmt, wenn die genügende Leistung nicht gekommen ist, der Beamte muß einige Stunden Strafarbeit ohne Bezahlung verrichten. Im Ruhrrevier ist es nichts Seltenes, daß nicht nur einzelne Steiger, sondern mehrere zusammen, nachdem sie ihre achtstündige Schicht verfahren haben, zur Strafe nochmals 8 Stunden wieder in die Grube fahren müssen.

Zu diesen Unannehmlichkeiten des Dienstes kommt nun noch eine stellenweise sehr lange Arbeitszeit hinzu. Der Steiger muß genau wie jeder Arbeiter seine 8stündige Schicht in der Grube verfahren. Ferner hat er die schriftlichen Arbeiten, als das Anschreiben der Schichten für die ihm unterstellten Arbeiter, das Berechnen des Lohnes, die Ausgabe von Scheinen für Material usw. zu besorgen. Aber mit diesem Dienst, der ungefähr 9 Stunden pro Tag erfordert, ist es nur auf sehr wenigen Zechen getan. Auf den meisten Anlagen wird der Steiger noch zu andern Arbeiten herangezogen. So gibt es Anlagen, z. B. bei der sich oft als sozial fortgeschritten rühmenden Gelsenkirchener Bergwerks-Aktien-Gesellschaft, wo die Beamten jeden Tag eine Stunde und länger zur Konferenz kommen müssen. Auf anderen müssen sie nach oder vor der Schicht Sprengstoffe ausgeben, alle möglichen Listen führen, Uebungen bei den Feuerwehr und bei der Rettungspumpe mitmachen, so daß die Dienstzeit stellenweise bis zu 15 Stunden verlängert wird. Etwas ganz selbstverständliches ist es weiter, daß die Steiger, wenn von der Zeche Förderüberschichten eingelegt werden, die Beamten diese auch mitmachen müssen. Diese ungesunden Verhältnisse bedingen es, warum sich nur Söhne von Arbeitern dem Beruf zuwenden. Für andere hat der Beruf nichts lockendes mehr.

Diese schlechten Dienstverhältnisse führten im Jahre 1907 zu einer mit elementarer Gewalt losbrechenden Bewegung unter den Grubenbeamten. Die Steiger der Zeche Neumühl waren es, die sich gegen die Beschimpfungen und Bestrafungen, die ihnen vor allem von dem neu eingetretenen Inspektor Faust zugefügt wurden, durch Gründung eines Verbandes wehren wollten. Im Zeitraum von sechs Wochen hatten sich diesem Verbande ca. 1500 Grubenbeamte, das waren ungefähr 40% aller zu jener Zeit in Betracht kommenden, angeschlossen.

Aber sofort nach dem Einsetzen dieser Bewegung gingen die Grubenbesitzer in der rigorosesten Weise gegen die Mitglieder vor. Eine ganze Anzahl wurde gemaßregelt, andere durch Prämienentziehung bestraft, allen aber angedroht, wer sich organisieret, wird entlassen.

In der Folgezeit hat man in die Dienstverträge Klauseln aufgenommen, die es bei Strafe sofortiger Entlassung den Beamten verbieten, dem Steigerverband anzugehören. An anderen Stellen haben die Beamten sich durch Ehrenwort und Handschlag verpflichten müssen, dem Verband nicht anzugehören, nicht die Zeitung zu halten, noch sonst den Verband finanziell zu unterstützen. In besonders scharfer Form wurde gegen die Mitglieder im Herbst 1911 vorgegangen. Der bergbauliche Verein stand mit dem Leiter der politischen Abteilung der Essener Polizei, dem Polizeiassessor **Hansch** in Verbindung und veranlaßte diesen durch Zahlung laufender Bestechungsgelder, die in die Tausende gingen, die Organisationen der Beamten und Arbeiter zu bespitzeln und das Material an den bergbaulichen Verein auszuliefern. Vor allem hatte man es auf die Mitgliederliste des Steigerverbandes abgesehen. Der Polizeiassessor hat nun einen seiner Untergebenen veranlaßt, sich die Namen der Mitglieder und der Empfänger der Verbandszeitung zu beschaffen, was dem Betreffenden auch gelang, indem er in das Verbandsbureau einbrach. Die Namen hat der Assessor an den bergbaulichen Verein ausgeliefert. Fast sämtliche Zechenverwaltungen, — nur ganz wenige machten eine Ausnahme —, gingen nun gegen die Anhänger des Steigerverbandes in schärfster Form vor und zwangen sie, jegliche Verbindung mit dem Verbande zu lösen.

Es haben anläßlich dieser Vorgänge einige Prozesse stattgefunden. Im ersten Prozeß gaben sich die Richter Mühe, Klarheit zu schaffen, und hier wurde der Beweis geliefert, daß die Bestechung stattgefunden hat. In den folgenden Prozessen wurde die Beweisaufnahme auf den engsten Rahmen beschränkt, so daß das Organ des Steigerverbandes unmittelbar nach der Verhandlung schrieb:

„Die Aufklärung ist nur zum Teil eingetreten. Die Schuld liegt beim Gericht, das die Beweisaufnahme **in der unerhörtesten Weise einschränkte**. — — — —

Die Essener Verhandlung wird wohl jedem Zuhörer unvergeßlich bleiben. **Sie war ein Hohn auf Recht und Gerechtigkeit.**"

Den Polizeiassessor hat der Regierungspräsident mit 90 M Disziplinarstrafe belegt, die er angesichts der Tausende von Mark, die er bekommen hat, gut zahlen konnte. Und diese Bagatelle soll eine Strafe dafür sein, daß er eine Anzahl von Grubenbeamten ins Unglück gestürzt hat, so daß sie die Stellung verloren oder um Hunderte, ja in Einzelfällen um Tausende von Mark durch Kürzung der Gehälter und Entziehung von Prämien in ihren Einkommen

*) In zwei Broschüren: „Unfälle und Erkrankungen im Ruhrbergbau" und „Wie die Wetter schlagen" sind eine große Anzahl von Beispielen mit voller Nennung der Namen der beteiligten Personen angeführt.

geschädigt wurden, ganz abgesehen davon, daß er die Hand dazu bot, Hunderten von Grubenbeamten das Koalitionsrecht zu rauben.

Der Steigerverband wäre durch diese systematische Verfolgung ohne weiteres vernichtet worden, wenn nicht die Dienstverhältnisse so schlecht wären, daß trotz der Gefahr der sofortigen Entlassung eine Anzahl von Steigern auf dem Standpunkt stände, der Verband muß erhalten bleiben, damit wenigstens die Oeffentlichkeit erfährt, wie die Grubenbesitzer mit ihren Beamten umspringen. Der Steigerverband ist heute eine Geheimorganisation geworden. Versammlungen können nur im kleinsten Kreise stattfinden, denn überall haben die Grubenbesitzer ihre Spione. Die Zeitungen werden unter Deckadressen und als geschlossene Briefe verschickt und in den verschiedensten Orten aufgegeben. Kurz, es wird alles versucht, damit die Grubenbesitzer keine Opfer finden. So liefert der Steigerverband die beste Illustration für die im deutschen Reich geltende Koalitionsfreiheit.

So wenig wie sich die Regierung geneigt zeigt, diesen Beschränkungen der Koalitionsfreiheit entgegenzutreten, so wenig zeigt sie sich auch geneigt, die schlechte Behandlung der Beamten auf den Zechen zu verhindern. Auf alle Wünsche und Beschwerden wird von ihr geantwortet, die zur Begründung dienenden Tatsachen sind Einzelfälle, die ein Einschreiten nicht rechtfertigen. Der frühere Handelsminister und jetzige Staatssekretär Delbrück hat sogar die Verhängung von Strafschichten als eine berechtigte Maßnahme hingestellt. Für diesen Standpunkt gibt es nur eine Aufklärung. Es ist die Großindustrie, gegen die sich die Regierung wenden müßte. Deren Interessen gelten aber mehr als die eines Standes von Angestellten.

Der Samstags-Frühschluß in Deutschlands Handel und Industrie

Von Dr. LUDWIG HEYDE, Berlin-Halensee.*)

Der Gedanke des frühen Arbeitsschlusses an Sonnabenden und Vorabenden von Feiertagen hat, von England ausgehend, im Deutschen Reich neuerdings große Fortschritte gemacht. Arbeiter- und Angestelltenverbände erörtern ihn aufs lebhafteste, Arbeitgeber in Handel und Industrie wagen den praktischen Versuch, Sonnabends früher als an anderen Tagen Arbeitsschluß eintreten zu lassen. In immer weiteren Kreisen wird die allgemeine Verbreitung des freien Sonnabendnachmittags nur noch für eine Frage der Zeit gehalten und nicht bezweifelt, daß sie einmal kommen wird.

Die Internationale Vereinigung für gesetzlichen Arbeiterschutz hat auf ihrer 7. Delegiertenversammlung (Zürich 1912, XXI, 1601) in ausführlicher Entschließung die Bedeutung des freien Sonnabendnachmittags gewürdigt; die im Herbst bevorstehende 8. Delegiertenversammlung wird sich mit „Sonntagsruhe und Sonnabend-Frühschluß“ als besonderem Punkte ihrer Tagesordnung befassen. Als deutsche Sektion der Internationalen Vereinigung veröffentlicht die Gesellschaft für Soziale Reform soeben einen Bericht über die bezüglichen Verhältnisse in Deutschland,**) der für die Berner Verhandlungen wichtig sein dürfte.***)

Der Bericht befaßt sich am ausführlichsten mit dem Sonnabend-Frühschluß für die gewerbliche Arbeiterschaft. Daneben gibt er auch einen Ueberblick über die Erfolge der Frühschlußbewegung für die Privatangestellten und die im öffentlichen Dienst tätigen Personen.

Der Wert des freien Sonnabendnachmittags tritt nur da in die Erscheinung, wo ihm ein völlig arbeitsfreier Sonntag folgt, so daß anderthalb dienstfreie Tage entstehen. Diese Vermehrung der wöchentlichen Ruhezeit ist angesichts der gestiegenen Intensität moderner Arbeitsweise nur zu begrüßen und liegt im Interesse der körperlichen Leistungsfähigkeit unserer Arbeiterschaft. Vor allem aber darf nicht vergessen werden, daß sehr oft anderthalb von gewerblicher Arbeit freie Tage noch längst nicht gleichbedeutend sind mit einem ebensolangen völligen Ausspannen: die weibliche Arbeiterschaft zumal hat bisher einen großen Teil des Sonntags statt zur wirklichen Erholung meist zur Erledigung häuslicher Arbeiten verwenden müssen und gelangt durch den freien Sonnabendnachmittag überhaupt erst in den Genuß eines einzigen wirklichen Feiertags in der Woche, da nunmehr die Hausarbeit am Sonnabend erledigt werden kann. Der Sonntag wird entlastet, wird zum festlichen, Leib und Seele erquickenden Ruhetag; dem Familienleben wird Zeit geschaffen, der Mann nicht mehr durch die ungemütliche Wasch- und Putzarbeit der Frau ins Wirtshaus gedrängt. Religion, geistiges Vorwärtsstreben, Körperpflege kommen zu ihrem Recht. Lebensfreude und Spannkraft werden erhöht; für das Bewußtsein des Arbeiters vom Stande seiner Lebenshaltung bedeutet ein freier Nachmittag überaus viel.

Die Gesetzgebung des Deutschen Reichs hat im Vergleich zu derjenigen mancher andern Kulturstaaten die Sonntagsruhe des gewerblichen Arbeiters verhältnismäßig weitgehend sichergestellt. Unzweifelhaft wird zwar noch immer viel zu Sonntagsarbeit geleistet, so daß die Absicht der Reichsregierung, die diesbezüglichen Vorschriften zu verschärfen, nur aufs wärmste zu begrüßen ist, zumal sie einem dringenden Bedürfnis entspricht; aber zweifellos genügt die heutige Regelung bereits, um einer auf den Frühschluß an Sonnabenden hinzielenden Bewegung für viele Industrien die ausreichende und unentbehrliche Grundlage zu geben. Der Bericht der Gesellschaft für Soziale Reform geht auf diese Frage ausführlich ein, um sich dann dem zuzuwenden, was das geltende Recht in Deutschland über die Arbeitszeit an Sonnabenden vorschreibt. Hier wird naturgemäß vor allem der Gewerbeordnungsnovelle vom 28. Dezember 1908 gedacht, die für Betriebe mit mindestens 10 Arbeitern im § 137 GO. den Arbeiterinnen — in der Praxis sehr oft aber auch den männlichen Arbeitern — eine Einschränkung der Beschäftigungsdauer an Sonnabenden auf höchstens acht Stunden bei spätestens 5 Uhr nachmittags erfolgendem Arbeitsschluß gebracht hat. Die Wirkung dieser Bestimmung für die Entwicklung des Frühschlusses in Deutschland wird sehr hoch veranschlagt,*) und zwar vor allem deshalb, weil, wie es die hessische Gewerbeaufsicht (Jahresbericht 1910, S. 50) ausdrückt, „die üblichen Anfangszeiten am Vormittag, namentlich im Sommer, die gewohnheitsmäßigen Pausen, die achtstündige Arbeitszeit und der Fünfuhrschluß in keinem zahlenmäßigen Zusammenhang stehen“.

Die achtstündige Arbeitszeit ist meist wesentlich vor 5 Uhr schon abgelaufen, oft schon um 3½ oder 4 Uhr. Zudem wird dadurch die Nachmittagsarbeit so kurz, daß „sich von selbst der Gedanke nahelegt, die Vormittagsschicht noch um eine Stunde zu verlängern und dann die Nachmittagsschicht ganz wegfallen zu lassen“ (Jahrb. württ. Gew.-Aufs., 1911, S. 28). Dafür sind freilich Aenderungen in den Pausen erforderlich, die für Arbeiterinnen und Jugendliche in den §§ 136 und 137 GO. an sich derart geregelt sind, daß Arbeiterinnen eine einstündige (wenn sie ein Hauswesen zu besorgen haben, eine anderthalbstündige), Jugendliche ebenfalls eine einstündige Mittagspause und daneben noch vor- und nachmittags je eine halbstündige Pause erhalten müssen. Die Möglichkeit zu Aenderungen geben die §§ 136 und 139 GO.; ihnen zufolge kann ohne weiteres die Pause der Jugendlichen auf eine halbe Stunde verkürzt werden, wenn ihre Arbeitszeit nur sechs Stunden dauert, auch können Vor- und Nachmittagspause fortfallen, wenn die Jugendlichen nicht länger als acht Stunden beschäftigt werden und ihre Arbeitszeit vor- und nachmittags je vier Stunden nicht übersteigt. Vor allem aber kann die höhere Verwaltungsbehörde eine anderweitige Regelung der Pausen für Arbeiterinnen und Jugendliche gestatten, wenn „die Natur des Betriebes oder Rücksichten auf die Arbeiter“ es erwünscht erscheinen lassen; über sechs Stunden dürfen dann aber die Jugendlichen nur arbeiten, wenn ihnen zwischen den Arbeitsstunden Pausen von zusammen einer Stunde Dauer gewährt werden.

Von der Möglichkeit, nach Maßgabe dieser Bestimmungen eine Kürzung der Samstagsarbeit unter Pausenminderung eintreten zu lassen, macht die deutsche Industrie regen Gebrauch. Im Bericht der Gesellschaft für Soziale Reform wird dies ausgiebig dargelegt, freilich aber auch mit Nachdruck auf Unstimmig-

*) Aus der Sozialen Praxis.

**) Der Samstags-Frühschluß in Industrie und Handel des Deutschen Reichs“, Bericht für die 8. Hauptversammlung der J. V. f. g. A. Von Dr. Ludwig Heyde. Schriften der Ges. f. Soz. Reform, Heft 52/53. Jena, Gustav Fischer, 1914. 201 S. Preis 1,30 Mark.

***) Ueber die französischen Verhältnisse vgl. Sp. 394.

*) Ueber die Durchführung der Novelle in der ersten Zeit ihrer Gesetzgebung vgl. Dr. Rose Ottos Aufsatz XXI, 226.

keiten, die sich in der Handhabung der Ausnahmevorschriften seitens der einzelnen Bundesstaaten ergeben haben, hingewiesen; es wird in Uebereinstimmung mit einem Vorschlage der badischen Gewerbeaufsicht gewünscht, § 139 Abs. 2 GO. möge dahin ergänzt werden, „daß in Betrieben, welche die nicht länger als sieben Stunden dauernde Arbeit nicht nach $1^1/_2$ Uhr schließen, die Gewährung einer halbstündigen oder zwei viertelstündiger Pausen an die jugendlichen Arbeiter, zugleich mit den Arbeiterinnen und erwachsenen Arbeitern, genüge". Eine derartige Regelung würde die Ausbreitung des Frühschlusses wesentlich erleichtern und vor allem auch eine Vereinheitlichung der heute in Württemberg von der in anderen Bundesstaaten eingebürgerten Auslegung der §§ 136 und 137 abweichenden Praxis herbeiführen.

Die Ausbreitung des Frühschlusses an Sonnabenden schildert der Bericht auf etwa 80 Seiten ausführlich auf Grund der Berichte der Gewerbeaufsichtsbeamten und unter Hinzuziehung gewerkschaftlichen Materials. Es wird versucht, eine Uebersicht nach größeren Verwaltungseinheiten (in Preußen: Regierungsbezirken) für das ganze Reich zu geben. Dabei zeigt sich, daß der Sonnabend-Frühschluß — bald nur wenig das gesetzlich geforderte Maß überschreitend, bald den vollen freien Nachmittag erreichend — bereits fast überall in Deutschland begonnen hat Fuß zu fassen. Ja, an einzelnen Stellen sind die Fortschritte sogar recht beachtlich, so vor allem im Wuppertale (1912 hatten laut Gewerbeaufsichtsbericht in Elberfeld 51, in Barmen 89 v. H. aller Arbeiterinnen beschäftigenden Betriebe spätestens 2 Uhr Schluß!), ferner in Nürnberg und Fürth, in Offenbach und vor allem in ganz Württemberg. Was die Verteilung der Frühschlußerfolge auf die einzelnen Industriegruppen betrifft, so weisen Metallindustrie und Maschinenbau, Holzindustrie und Buchdruckgewerbe schon eine verhältnismäßig weite Verbreitung auf. Vor allem aber ist die Textilindustrie das Gebiet, auf dem schon wegen der Frauenarbeit die Frage besonders brennend ist; hier sind große Erfolge unbestreitbar. Nach gewerkschaftlichen Angaben sollen gegen 70 000 textilindustriell Beschäftigte den freien Samstagnachmittag haben.

Der Samstags-Frühschluß hat sich in der Praxis durchaus bewährt. Die Arbeitgeber, die ihn eingeführt haben, sind mit verschwindenden Ausnahmen sehr zufrieden damit. Vielfach empfinden sie den Ausfall an Arbeitszeit um so weniger, als auch in kürzerer Zeit ebensoviel geleistet und am Montag frischer an die Arbeit herangegangen wird; vor allem aber wird die Ordnung bei durchgehender Arbeitszeit im Betriebe besser innegehalten, als wenn eine kurze Nachmittagsschicht besteht, die nach hundertfachen Erfahrungen Sonnabends von zahlreichen Arbeiterinnen einfach versäumt wird, weil sie lieber materiellen Nachteil dulden wollen, als die Hausarbeit bis zum Sonntag liegen lassen.

Trotz der vielfältigen Zustimmung, die der freie Sonnabendnachmittag nach Ausweis der Tatsachen — eben durch seine tatsächliche Einführung — bei einsichtigen Industriellen findet, sind die meisten Arbeitgeberverbände unbedingte Gegner des Frühschlusses. Diese eigenartige Erscheinung hat ihr bemerkenswertes Seitenstück im Lager der Arbeitnehmer. Auch bei ihnen pflegen die wirklich an der Einrichtung Beteiligten sie in ihrem Werte voll zu würdigen, während ein Teil der gewerkschaftlichen Verbände ihr nur reichlich lauwarm gegenübersteht (so vor allem der Deutsche Holzarbeiterverband — in vollem Gegensatz zum Verband Deutscher Textilarbeiter). Diese Organisationen stehen auf dem Standpunkte, daß die tägliche Verkürzung der Arbeitszeit vorläufig viel wichtiger und dringlicher sei als die Freigabe einiger Stunden am Sonnabendnachmittag. Ob dieser Gedanke richtig ist, wird im Bericht der Gesellschaft für Soziale Reform lebhaft bezweifelt; vor einem doktrinären Verhalten sei jedenfalls im Interesse der weiblichen Arbeiterschaft nur zu warnen.

(Schluß folgt.)

VOLKSWIRTSCHAFT

Die erste Generalversammlung der „Volksfürsorge"

Als 1911 der 8. Gewerkschaftskongreß in Dresden beschloß, zusammen mit dem Zentralverband Deutscher Konsumvereine eine gemeinnützige Volksversicherung ins Leben zu rufen, um den empörenden Mißständen entgegenzutreten, die sich bei der Praxis der privatkapitalistischen Volksversicherungsgesellschaften herausgebildet hatten, begrüßten auch wir diesen Gedanken sich konzentrierter Selbsthilfe.

Inzwischen sind drei Jahre vorübergegangen. Der Dresdener Beschluß ist nicht ohne Schwierigkeiten verwirklicht worden und die „gewerkschaftlich-genossenschaftliche Versicherungs-Aktien-Gesellschaft" unter dem Namen „Volksfürsorge" im Juli v. J. ins Leben getreten. Am Sonnabend, 13. Juni, fand nun in Hamburg die erste Generalversammlung dieses Unternehmens statt, die einmal bewies, daß unsere optimistische Begrüßung nicht unbegründet war, ferner aber auch, daß alle an die Gründung geknüpften Befürchtungen parteipolitischer Art durchaus unzutreffend sind. Darin, daß das Kaiserliche Aufsichtsamt für Privatversicherung die „Volksfürsorge" trotz aller erhobenen Beschuldigungen genehmigt hat, liegt die sicherste Gewähr für sachliche und unparteiische Arbeit.

Die „Volksfürsorge" will nur im Interesse der Versicherten wirken: Das beweist der Verlauf der Generalversammlung, wo über das erste Geschäftsjahr (vom Juli bis Dezember 1913) Bericht erstattet wurde. Bis Ende des Berichtsjahres waren bereits über 70 000 Versicherungen mit rund 13 Millionen Versicherungssumme abgeschlossen und mehr als 1 Million an Prämien eingegangen. Nach der Bilanz, die dem Kaiserlichen Aufsichtsamt vorlag und ohne Einwendungen zurückging, wurden insgesamt 66 066,22 Mark Ueberschuß erzielt, wovon 5 Proz. dem Reserve- und weitere 5 Proz. dem Kriegsreservefonds, sowie den besonderen Reserven zufließen. 52 852,98 Mark verblieben nach sechsmonatlicher Tätigkeit als Gewinn zur freien Verfügung der Generalversammlung. Diese beschloß, den ganzen Gewinn den Versicherten gutzuschreiben. Die Aktionäre verzichteten, um dem gemeinnützigen Charakter der „Volksfürsorge" zu entsprechen, auf Verzinsung des Aktienkapitals zugunsten der Versicherten. Ohne Widerspruch wurde § 23 des Gesellschaftsvertrages geändert, welcher die Entschädigungen an den Aufsichtsrat festsetzt. Dort heißt es:

„Die Mitglieder des Aufsichtsrates haben Anspruch auf den Ersatz ihrer in Ausübung ihres Amtes gemachten Auslagen. Ferner wird dem gesamten Aufsichtsrat eine Vergütung gezahlt, die pro Jahr so viel mal 250 M beträgt, als er Mitglieder besitzt. Ueber die Verteilung dieser Summe an die einzelnen Mitglieder beschließt der Aufsichtsrat selbst."

Die „Volksfürsorge" zahlt also nicht, wie andere Versicherungsgesellschaften hohe Tantiemen an ihren Aufsichtsrat, obwohl gerade hier dieses Amt nicht mühelos ist; denn im Genossenschaftsleben müssen die Aufsichtsratsmitglieder tüchtig mitarbeiten. Um den gemeinnützigen Charakter der „Volksfürsorge" auch nach außen hin in Erscheinung treten zu lassen, wurde beschlossen, die Bestimmung über Verwendung des Vermögensbestandes bei eventueller Auflösung der Gesellschaft in dem Gesellschaftsvertrag schärfer zu formulieren. Nun heißt es:

„Im Falle der Liquidation ist nach Tilgung oder Sicherstellung aller Verbindlichkeiten, insbesondere derjenigen aus laufenden Versicherungsverträgen und Rückzahlung des Grundkapitals, ein etwa verbleibender Ueberschuß zur Rückzahlung des Organisationsfonds (§ 9), soweit erforderlich, zu verwenden.

Ein etwaiger Rest ist im Interesse der im Zeitpunkt der Auflösung vorhandenen Versicherten durch Zuschläge zu den festgesetzten Versicherungssummen im Verhältnis zu der von ihnen eingezahlten Gesamtprämiensumme zu verwenden oder inländischen Gesellschaften und Genossenschaften zuzuweisen, welche vom Bundesrat gemäß der Befreiungsvorschrift zu Tarifnummer 1 A a, b, c des Reichsstempelgesetzes vom 3. Juli 1913 (Reichsgesetzblatt S. 544) als gemeinnützig anerkannt sind.

Ueber die Art der Verwendung im Sinne dieser Vorschrift beschließt die Generalversammlung."

Das im Falle der Auflösung noch vorhandene Vermögen wird also, wenn es nicht an die Versicherten verteilt wird, nicht irgendwelcher Parteikasse überwiesen, sondern an eine gemeinnützige Gesellschaft, deren Bestimmung dem Bundesrat anvertraut ist.

Die „Volksfürsorge" wird für das Volksganze eine noch größere Bedeutung gewinnen, wenn sie ihre gewaltigen Kapitalien in den Dienst des Kleinwohnungsbaues stellt oder zur Förderung der Gartenstadtbewegung und ähnlichen Bestrebungen verwendet.

Kfm.

SOZIALPOLITIK

Ein Gesetz über den Schutz der Kautionen

ist in Frankreich am 2. April 1914 erlassen worden. Es verpflichtet Arbeitgeber, die von ihren Angestellten Kautionen bis zu 1500 Frs. fordern, sie unter Mitunterschrift beider Vertragsteile in ein Verzeichnis einzutragen, das dem Arbeitsinspektor auf Verlangen vorzuweisen ist. Binnen fünf Tagen ist dann der Betrag in einer Sparkasse auf den Namen des Angestellten anzulegen. Kautionen über 1500 Frs. sind, wenn sie in Bargeld oder Wertpapieren gefordert werden, innerhalb der fünftägigen Frist bei einer Depositenkasse unter Angabe von Art und Zweck der Einlagen zu hinterlegen. Uebertretungen werden mit Geldstrafe von 16 bis 500 Frs. geahndet. Die Verwendung von Kautionen für die persönlichen Zwecke des Arbeitgebers fällt als Unterschlagung unter das Strafgesetz.

In Deutschland haben wir noch keinerlei Sicherungen gegen die mißbräuchliche Verwendung der Kautionen. Wie lange werden wir noch warten müssen?

*

Die Kundgebung zur Fortführung der Sozialreform

die die Gesellschaft für Soziale Reform veranstaltet hatte, hat die Wut aller großindustriellen Bremser der Sozialpolitik erregt.

Die „Post", die „Rheinisch-westfälische Zeitung" und selbst die „Kölnische Zeitung" wandten sich ebenso wie die Organe der Arbeitgeberorganisationen gegen die Gesellschaft. Diesen Angriffen gegenüber schreibt Professor Francke in der „Sozialen Praxis" mit Recht:

> Es ist die beliebteste Methode, uns das Recht, in der Sozialpolitik mitzusprechen zu verwehren, weil wir von den praktischen Dingen nichts verständen. Das ist nun so eine eigene Sache. Wir erleben es, daß der Reichstag der Weltfremdheit geziehen wird, wenn er sozialpolitische Gesetze beschließt, dagegen als höchst sachverständig belobt wird, wenn er schutzzöllnerische Politik treibt. Solange ein Beamter am grünen Tisch sitzt, versteht er nichts von den Forderungen des praktischen Lebens, scheidet er aber aus dem Amte aus, um seinen Dienst dem Zentralverbande zu widmen, so ist er plötzlich eine Autorität. Der Professor ist ein überspannter Ideologe, wenn er für die Arbeiter eintritt, aber ein sehr geschätzter Mitstreiter, wenn er sich dem Unternehmer zur Seite stellt. Man mag aus den Gefilden der Landwirtschaft, vom Katheder des Gymnasiums, aus der Redaktion der Tagespresse, aus den Bureaus der Rechtsanwaltschaft kommen — sofort ist man sachverständig, wenn man literarisch und agitatorisch die Interessen des Unternehmertums vertritt. Mit diesen Herren glauben wir, in aller schicklichen Bescheidenheit, uns in der sachkundigen Beurteilung sozialpolitischer Notwendigkeiten wirklich noch messen zu können. Und was den Unternehmer selbst betrifft, so ist er doch nicht nur Sachverständiger für sein eigenes Wohl und Wehe, sondern auch Interessent, Parteivertreter, der sich den Argumenten der andern Seite verschließt. Es stände wahrlich besser um die öffentliche Diskussion dieser Dinge, wenn die leitenden Männer der Großindustrie sich in eigener Person mehr um die Arbeiterfragen, die Arbeiterbewegung, die soziale Gesetzgebung bekümmerten, als alle diese Probleme, die ihre wichtigsten Lebensbedingungen ebenso erfassen wie die technischen Fortschritte, die kaufmännische Organisation, die wirtschaftlichen Betriebsformen, ihren literarischen Beamten und Wortführern zu überlassen. Wäre das der Fall, so bekäme man doch endlich mal Beweise in die Hand und nicht immer bloß Klagen, Behauptungen, Anwürfe, mit denen sich so gut wie nichts anfangen läßt.

Aber selbst amtliche Körperschaft haben sich gegen die Gesellschaft für soziale Reform gewandt. So hat die Handelskammer Altona folgende Resolution angenommen:

> „Die Gesellschaft für soziale Reform hat im vorigen Monat eine Massenkundgebung für die Fortführung der Sozialreform veranstaltet und durch den Mund ihrer Redner erklärt, keine Pause in der Sozialpolitik eintreten zu lassen, sondern jetzt, nachdem sich allmählich in weiteren Kreisen des deutschen Volkes Unmut über den übertriebenen Ausbau der Sozialpolitik zu erheben beginnt, erst recht Sozialpolitik treiben zu wollen. Die Forderung der genannten Gesellschaft erscheint um so unverständlicher, wenn man erwägt, daß das Deutsche Reich gerade erst am Abschluß zweier außerordentlich bedeutungsvoller Sozialgesetze, der Reichsversicherungsordnung und der Angestelltenversicherung, steht, durch die alle großen Erwerbsstände in sehr erheblichem Maße belastet werden, und wenn man ferner berücksichtigt, daß eine ganze Reihe wichtiger sozialer Fragen augenblicklich ihrer Erledigung im Reichsamt des Innern harren. Die Rufe nach Reform des Arbeitsrechts, nach Arbeitslosenversicherung und unbeschränkter Koalitionsfreiheit haben in der Versammlung der Gesellschaft für Sozialreform ein starkes Echo gefunden, während sich der größte Teil der Industrie und des Handels sowohl wie des Kleingewerbes und der Landwirtschaft darin einig sind, daß die einseitige Begünstigung der sozialen Arbeiterpolitik endlich einmal zum Stillstand kommen muß. Die fortschreitende Belastung der genannten Erwerbsstände durch erhöhte Ausgaben für soziale Zwecke bewirkt nicht nur eine Schädigung der in Frage kommenden Gewerbe selbst, sondern zieht auch weiteste Bevölkerungskreise in Mitleidenschaft. Soll weiter Sozialpolitik getrieben werden, so hat diese sich nicht wie bisher fast nur auf Angestellte und Arbeiter zu erstrecken, sondern sich mehr der Hebung und Besserung der Lage des selbständigen Mittelstandes zuzuwenden, dessen Wünsche und Forderungen zu erfüllen eine der wichtigsten innerpolitischen Aufgaben unserer Zeit bedeutet. Die Förderung dieser berechtigten Interessen ist ein dankbares Gebiet für die Betätigung der heutigen Sozialpolitik."

Es ist bei solchen Kundgebungen nur verwunderlich, daß der gewerbliche Mittelstand sich so vor den Wagen der Scharfmacher in der Großindustrie spannen läßt, der gewerbliche Mittelstand, der doch gerade an einem kaufkräftigen Angestellten- und Arbeiterstand das größte Interesse haben müßte. Hdl.

ANGESTELLTENFRAGEN

Aus den Verbänden

— Der 8. ordentliche Delegiertentag des Vereins der deutschen Kaufleute, der am 7. und 8. Juni in Berlin stattfand, beschäftigte sich mit dem „Einheitlichen Angestelltenrecht". Der Redner, Rechtsanwalt Dr. Sinzheimer (Frankfurt a. M.), verstand es, in recht interessanter und für Handlungsgehilfen besonders lehrreicher Weise das Interesse dieser Angestelltengruppe an dem einheitlichen Angestelltenrecht nachzuweisen, die in ihrer Mehrheit leider immer noch glaubt, in dieser Frage partikularistische Handlungsgehilfenpolitik betreiben zu müssen ohne Rücksicht auf die gemeinsamen Interessen des Angestelltenstandes. Bei der Fortzahlung des Gehaltes in Krankheitsfällen, bei der Lohnzahlung, bei der Kündigung und in einer Reihe anderer Fälle seien die Handlungsgehilfen je nach der Art ihres Arbeitgebers ebenso rechtlos wie die übrigen Angestellten. Darum liegt es nicht im Interesse der Handelsangestellten, wenn die großen kaufmännischen Verbände dem einheitlichen Angestelltenrecht entgegenwirken, oder sich ihm lau gegenüberstellen. Das betonte auch der zweite Referent, Redakteur Georg Borchardt-Berlin, welcher über „Die Stellungnahme des Vereins der deutschen Kaufleute zum einheitlichen Angestelltenrecht" sprach. Dieser Redner kritisierte die schwankende Haltung des Leipziger Verbandes und des 58er Vereins und gab der Hoffnung Ausdruck, daß sich auch der D. H.-V. für das einheitliche Angestelltenrecht „begeistern" würde, wenn erst einmal der Widerstand der Regierung überwunden sei. Darum müßten alle auf fortschrittlichem Boden stehenden Organisationen zusammen wirken, um dieses Ziel recht bald zu erreichen. Die von Dr. Sinzheimer vorgelegten Leitsätze, welche sich in der Hauptsache decken mit den Leitsätzen, die der letzte Angestelltenkongreß formulierte, wurden durch nachstehende Resolution unterstrichen:

> „Der am 7. Juni 1914 abgehaltene Vereinstag des Vereins der deutschen Kaufleute, unabhängige Organisation für Handlungsgehilfen und -gehilfinnen, gibt der Ueberzeugung Ausdruck, daß für die Handlungsgehilfen genau so wie für die übrigen Berufsgruppen der Angestellten, die Vereinheitlichung der zurzeit in inhaltlich verschiedenen Sonderrechten enthaltenen Rechtsbestimmungen notwendig ist. Der gegenwärtige Zustand, daß das Recht der Handlungsgehilfen sich je nach der Art des Betriebes ihres Arbeitgebers richtet, führt zur Ungerechtigkeit, zur Rechtszersplitterung und ist unhaltbar, weil demzufolge die Handlungsgehilfen als gewerbliche, als handelsgewerbliche, als landwirtschaftliche oder sonstige Angestellte gelten und bei der Verschiedenartigkeit der entsprechenden Rechtsbestimmungen ihnen sicher erscheinende Rechtsansprüche aufgeben müssen. Die Vereinheitlichung des Dienstvertragsrechtes ist deshalb eine der dringlichsten Aufgaben der Gegenwart; sie soll nicht nur allen Angestellten den Anspruch auf gesetzliche Gleichberechtigung sicherstellen, sondern zugleich eine durchgreifende soziale Reform, aller zum Schutze der Gesundheit und der wirtschaftlichen Verhältnisse der Angestellten dienenden gesetzlichen Bestimmungen bewirken."

*

— Außerordentliche Hauptversammlung des 1858er kaufmännischen Vereins. Am 27. Juni hielt der Verein für Handlungs-Commis von 1858, der gegenwärtig über 130 000 Mitglieder zählt, in Hamburg eine außerordentliche Hauptversammlung ab. Der Abgeordnetenausschuß, der in der ordentlichen Hauptversammlung vom 25. und 26. April mit der Vorberatung der geplanten Organisationsänderungen betraut worden war, erstattete seinen Bericht. Gemäß seinen Vorschlägen wurden nach eingehender Verhandlung folgende Beschlüsse gefaßt:

Die Rentenkasse für Stellenlose, an der alle Mitglieder ohne Sonderbeitrag beteiligt sind, wird weiter ausgebaut. Nach 20 jähriger Kassenmitgliedschaft werden z. B. täglich 2.50 M auf 210 Tage gezahlt, nach 30 Jahren täglich 3 M für 9 Monate. Verheiratete Mitglieder erhalten einen Zuschlag in Höhe von einem Fünftel bis drei Fünfteln des satzungsgemäßen Anspruches. Für die Stellenlosenkasse werden von den Beiträgen jährlich 3 M zurückgelegt. Neu geschaffen wird eine besondere Kasse für ältere, in Not geratene Mitglieder. Aus dieser sollen stellenlose Mitglieder, die dem Verein mindestens 20 Jahre angehören, eine Sonderrente bis zu 600 M erhalten, die auch in einer Summe gewährt werden kann. Ferner wird ein Betrag von einer halben Million Mark angesammelt, aus dem in Not geratene, ältere Handlungsgehilfen, die nicht stellenlos sind, Hilfsgelder erhalten sollen. Für in Not geratene Mitglieder in überseeischen Ländern werden alljährlich bis zu 5000 M zur Verfügung gestellt. Der Unterstützungsausschuß erhält bedeutend erhöhte Zuweisungen. Größere Summen werden in Aussicht genommen für Unterrichtszwecke und für die Jugendpflege. Den Bezirken und Bezirksvereinigungen werden zur Pflege der örtlichen Vereinszwecke 100 000 M mehr als bisher zugewendet. Endlich soll das Kapitalkonto durch jährliche Rücklage von 2 v. H. der Beitragseinnahmen erhöht werden. Außerdem sollen umfangreiche Erweiterungen der inneren und äußeren Organisation des Vereins erfolgen. Die Vereinsbeiträge werden vom 1. Januar 1915 ab 4.50 M vierteljährlich für ordentliche Mitglieder, 6 M halbjährlich für Mitglieder, die dem Verein 10 Jahre angehören, und 5 M halbjährlich für außerordentliche (selbständige) Mitglieder betragen. Der Beitrag für Lehrlinge bleibt unverändert 3 M jährlich.

Die Hauptversammlung beriet sodann eingehend die durch diese Beschlüsse bedingten Aenderungen der Satzungen und der Bestimmungen über die einzelnen Wohlfahrtseinrichtungen. Ferner wurde beschlossen, daß Handlungsgehilfen, welche ihrer Wehrpflicht genügen und vor ihrer Dienstentlassung im dritten Vierteljahre dem Vereine als Mitglied beitreten, erst vom vierten Vierteljahre ab beitragspflichtig sind.

Endlich wurde eine Entschließung angenommen, nach der die leitenden Körperschaften des Vereins zur nächsten Hauptversammlung Vorschläge machen sollen, durch welche die außerdeutschen europäischen Mitglieder eine Vertretung in der Hauptversammlung erhalten.

STANDESBEWEGUNG

Die nationale Technikerschaft

macht wieder einmal durch Mitteilungen an die Presse für sich Reklame. Es ist bezeichnend, daß in dieser Notiz von den „schweren und immer noch steigenden Lasten — man denke nur an das neue Privatbeamtengesetz —, die der deutschen Industrie auferlegt werden", gesprochen wird. So halten es angebliche „Vertreter" von Angestellteninteressen für nötig, gegen den Fortschritt der Sozialpolitik Front zu machen. Drollig nimmt es sich aus, wenn in dem Artikel weiter fabuliert wird, daß der Unterschied zwischen B. t. i. B. und D. T.-V. im wesentlichen darin besteht, „daß der Bund den freien (soz.), der Verband den christlichen Gewerkschaften näher steht. Der Verfasser der Zeitungsnotiz weiß recht genau, daß unser Verband streng auf dem Boden der parteipolitischen Neutralität steht und ferner den Grundsatz einer gegenüber der Arbeiterbewegung neutralen Angestelltenbewegung vertritt. Aber den Herren kommt es ja auch weniger auf die Wahrheit an, als auf die Verdächtigung der Technikerorganisationen und das Lob ihrer eigenen gelben Gründung. „Im Gegensatz zu diesen gewerkschaftlichen Verbänden", so heißt es weiter, „ist in jüngster Zeit unter den Technikern eine Bewegung entstanden, die anstatt Kampf — Verständigung, anstatt Konstruierung gegensätzlicher — die Betonung gemeinschaftlicher Interessen, anstatt Mißtrauen — Vertrauen zum Programm macht". Das haben wir ja auch nur immer von der Nationalen Technikerschaft behauptet, daß sie den Kampf nur gegen diejenigen führt, die entschieden die Interessen der angestellten Techniker vertreten, daß sie aber Verständigung sucht oder vielmehr inniges Verständnis findet bei den Arbeitgebern, denen eine selbständige Technikerbewegung ein Dorn im Auge ist, daß die Herren ferner gar keine Ahnung von dem natürlichen Gegensatz zwischen Arbeitgeber und Arbeitnehmer haben, — von denen der eine möglichst geringe Gehälter zahlen, der andere seine Arbeitskraft möglichst hoch bewertet sehen möchte, — sondern vielmehr durch Verwischung des natürlichen Gegensatzes die Geschäfte der Arbeitgeber zu besorgen trachten, zu denen sie auch das größte Vertrauen haben — um ein paar Worte aus der Zeitungsnotiz zu nehmen — „angesichts der vielen freiwilligen Aufwendungen der Arbeitgeber für ihre Arbeiter und Angestellten." Worin die freiwilligen Aufwendungen der Arbeitgeber für die „nationale" Technikerschaft bestehen, zeigt uns das folgende Schreiben:

„Verein Braunschweiger Metallindustrieller
Geschäftsstelle: Sidonienstraße 2
Braunschweig, ...

Herrn . . . .

Die kürzlich in Hannover gegründete Vereinigung „Nationale Technikerschaft" gibt zur Förderung ihrer auf wirtschaftsfriedlicher Basis beruhenden Bestrebungen eine Zeitschrift, die

„Nationale Techniker-Zeitung"

heraus. Die Bestrebungen der jungen Vereinigung verdienen wärmste Anerkennung und Unterstützung der arbeitgebenden Kreise; stehen sie doch im erfreulichen Gegensatze zu den bekannten Forderungen der beiden großen streikgewerkschaftlichen Technikerverbände in Berlin.

Wir empfehlen daher, die Vereinigung „Nationale Technikerschaft" durch Ueberweisung von Inseraten zu unterstützen, damit ihr die anfänglich mit großen Kosten verknüpfte Werbearbeit in ihren Berufskreisen erleichtert wird.

Ein Exemplar der Zeitschrift

„Nationale Techniker-Zeitung"

legen wir zur gefl. Information ergebenst bei.

Hochachtungsvoll
Verein Braunschweiger Metallindustriellen
Der Geschäftsführer
Sölter

Der Vorstand
gez. Dr. Ing. I. Konegen."

So macht ein Verein der Metallindustriellen für die gelbe Technikerorganisation Propaganda. Und da eine Liebe der anderen wert ist, ist die Haltung der Nationalen Technikerschaft wohl verständlich. Hdl.

*

Die Gehaltsverhältnisse der städtischen Tiefbautechniker zu Cöln am Rhein

Von unserer Zweigverwaltung Cöln wird uns geschrieben:

Cöln a. Rh. ist während der Deutschen Werkbund-Ausstellung 1914 die Kongreßstadt vieler wirtschaftlicher Vereinigungen und beruflicher Verbände. Trotzdem fühlen sich die Cölner Kollegen nicht zurückgesetzt, daß unser diesjähriger Verbandstag in Metz stattgefunden hat; denn der glänzende Verlauf dieser Tagung hat gezeigt, daß die dortigen, bei unseren Verhandlungen zahlreich vertretenen, städtischen, staatlichen und militärischen Behörden ein reges Interesse für die Entwicklung der Technik und deren Träger bezeugen.

Leider haben die Bestrebungen der beim Tiefbauamt der Stadt Cöln angestellten Kollegen bei der dortigen, städtischen Verwaltung seit unserer letzten Tagung in Cöln noch keine Fortschritte gezeitigt; denn diese Kollegen erstreben schon jahrelang bessere Gehaltsverhältnisse. Die letzte Besoldungsordnung vom Jahre 1908 hat sie nicht befriedigt. Inzwischen haben die Kollegen vom Hochbauamt eine Verbesserung durch Aufnahme in die Gehaltsklasse der Bauassistenten mit dem Endgehalt 5100 M erhalten, während die Tiefbautechniker, die dieselbe technische Vorbildung haben, nur bis zu 3400 M steigen; auch enthalten ihre Dienstvorschriften verschiedene, unzeitgemäße Bestimmungen. Auf eine Eingabe des D. T.-V. im Dezember v. J. an den Oberbürgermeister wurde den Kollegen nunmehr die Antwort zuteil, daß eine Regelung demnächst stattfinden soll. Es ist zu hoffen, daß jetzt nach der Eingemeindung von Mülheim und Merheim bei Regelung der Personalverhältnisse, die Techniker des Tiefbauamtes ihren Kollegen des Hochbauamtes gleichgestellt werden und dadurch die ihnen gebührende Anerkennung finden.

Beschwerden

über unregelmäßige Zustellung der Zeitung sind, wenn sie bei dem zuständigen Postamt keinen Erfolg haben, **ausschließlich an die nachstehende Adresse** zu richten.

Deutscher Techniker-Verband
Abteilung V
Berlin, Wilhelmstraße 130.

DEUTSCHE TECHNIKER-ZEITUNG
TECHNISCHE RUNDSCHAU

XXXI. Jahrg. **11. Juli 1914** **Heft 28**

Ueber die Entwicklung des „Unipolarprinzips"

Von Ing. KLETTENBERG.

Der Kommutator-Gleichstromdynamo haften noch immer Mängel an, die in der Kommutierung des ursprünglich erzeugten Wechselstromes ihre Ursache haben. Die Vorgänge der Kommutierung sind sehr komplizierter Art und wenn sie auch durch besondere Maßnahmen (Bemessung und Anordnung der Wicklung, Ausgleichsleitungen, Wendefelder, Kompensationswicklungen, Bürstenstellung, Verwendung von Kohlenbürsten besonderer Zusammensetzung, verschiedener Härtegrade und Imprägnierung usw.) heute als gemeistert angesehen werden können, so kommen doch noch bei großen Maschinen hoher Drehzahl (Turbos) mechanische Unzuträglichkeit in Gestalt von Verwerfungen, Wärmedehnungen, Rillenbildungen und Vibrationen am Kommutator hinzu, die ein funkenfreies Arbeiten häufig sehr erschweren.

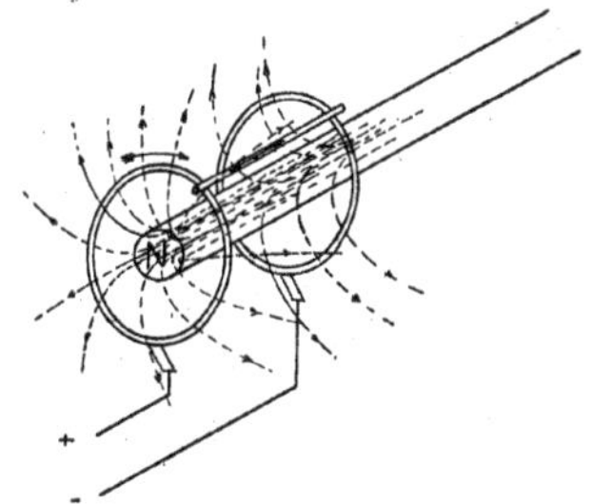

Abb. 1

Hinzu kommt noch, daß die Kommutatormaschine für die chemische Industrie bei den verlangten hohen Stromstärken und geringen Voltzahlen wenige aber sehr starke Leiter im Anker und große Kupfermassen nebst viel Bürsten am Kommutator erheischt, was einerseits bei hohen Drehzahlen zu mechanischen Schwierigkeiten führt, andererseits eine wellige EMK-Kurve verursacht. Schließlich gibt keine Kommutatordynamo absolut reinen Gleichstrom, sondern sendet auch höhere Wechselharmonische ins Leitungsnetz. Beides ist für die elektrochemische Industrie nicht angenehm.

Absolut reinen Gleichstrom liefert aber theoretisch und praktisch das Prinzip der „unipolaren Induktion", bei dem sämtliche in Reihe geschalteten Leiter in einem einzigen, homogenen und gleichgerichteten Feld rotieren. Die Theorie ist daher eine sehr einfache, ebenso die praktische Ausführung. Man stößt schon sehr frühzeitig auf einschlägige Versuche und die Namen Faraday, Forbes, Siemens, Ferraris, Edison u. a. bezeichnen den Entwicklungsweg. Von den verschiedenen Konstruktionen war allerdings nur die Maschine von Ferraris zeitweise zu einer gewissen Bedeutung gelangt und auch nur in bescheidenen Grenzen. Wir werden gleich sehen warum.

Ordnet man einen Stab derart an, daß er sich kreisförmig um die Axe e i n e s Magnetpoles bewegt (Abb. 1), so wird in ihm bei gleichbleibender Feldstärke und Drehgeschwindigkeit eine EMK von konstanter Richtung und Größe erzeugt. Der Stab kann an zwei mitrotierende Ringe angeschlossen sein, von denen der Strom mittels Schleifbürsten abgenommen wird.

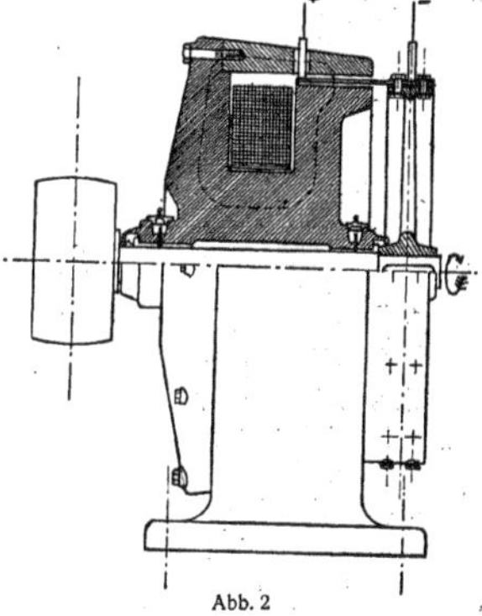

Abb. 2

Eine solche Anordnung kann niemals eine praktische Bedeutung erlangen, weil die magnetischen Kraftlinien sich in weitem und daher schwachem Streufeld nach dem anderen Pol hin schließen müssen; sie erforderte eine enorme Erregerenergie und erzielte trotzdem nur eine sehr geringe EMK. An diesem grundlegenden Fehler krankte auch die Maschine von Ferraris, trotzdem sie durch zwei Anker beide Pole auszunutzen suchte.

Die spätere Entwicklung, in deren Verlauf man dem magnetischen Kraftfluß den Weg durch Anordnung von Stahl- oder Eisenmassen vorzuschreiben lernte, gelangte zu Anordnungen ähnlich der nebenstehenden Abb. 2. Der Verlauf des Kraftflusses ist durch die gestrichelte Linie gekennzeichnet. In dem ringförmigen Luftspalt rotiert ein isoliert aufgesetzter, im übrigen freitragender Kupferzylinder, der die Armatur bildet und von dessen Enden der Strom durch Schleifbürsten abgenommen wird. Auch diese Anordnung konnte nicht zum Ziele führen. Die Rechnung zeigt, daß bei Anwendung einer solchen Doppelmaschine, deren Armaturzylinder hintereinander geschaltet werden, bei einer Luftdichte von 20 000 Kraftlinien pro cm² höchstens 120 Volt Spannung erreicht werden können, wobei dann die mechanischen Größen schon an der Grenze der Ausführbarkeit angelangt sind. Ferner würde die notwendige Erregerenergie und die Masse des Erregerkupfers unmöglich groß und die Maschine zu schwer. Eine Wirtschaftlichkeit ließe sich erst dann erzielen, wenn entsprechende Strommengen entnommen werden könnten. Hier liegt aber eine weitere Schwierigkeit, die für die Hilfsmittel jener Entwicklungsstufe des Unipolarprinzips unüberwindlich war. Selbst wenn man den ganzen Umfang der Zylinderenden mit Abnahmebürsten besetzte, so würden letztere nicht einmal ausreichen, um auch nur den etwa 5. Teil der Stromstärke abzuführen, die der Armatur selbst zugemutet werden könnte und die eine Wirtschaftlichkeit der Maschine gewährleistete. Käme man aber zu irgend einem Modus, der gestattete, den Strom abzunehmen, so wäre doch noch die Reibungsarbeit der Bürsten eine so große, daß der Wirkungsgrad der Maschine durchaus unzureichend wäre.

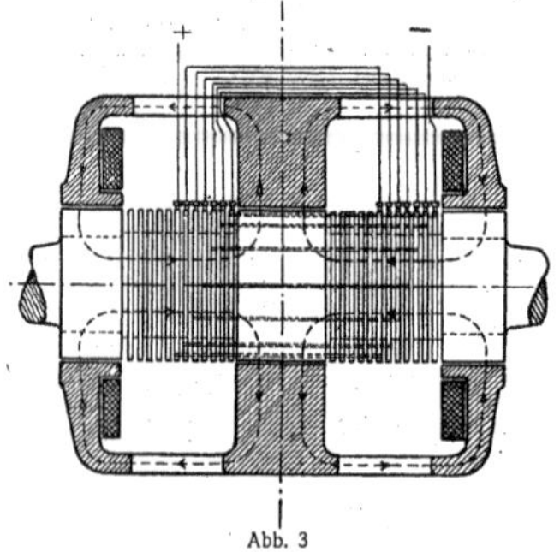

Abb. 3

Erst die Dampfturbine mit ihren hohen Drehzahlen hat die „Unipolarmaschine" ausführbar gemacht und zwar deshalb, weil durch die hohen Drehzahlen Erregung und damit Eisen und Kupfer, aber auch Armaturkupfer gespart, trotzdem aber weit höhere Spannungen erzielt werden; das Verhältnis von Leistung zu Maschinengewicht wird ebenso wie der Wirkungsgrad so viel günstiger, daß, wie ausgeführte Beispiele gezeigt haben, heute die Unipolarmaschine im Begriffe steht, mit den sonstigen Kommutatormaschinen in einer Reihe zu rangieren. Daß die hohen Drehzahlen durch die erreichte Hochwertigkeit der Materialien ermöglicht wurden, versteht sich hier am Rande, denn das ist ein Kriterium des ganzen heutigen Maschinenbaues.

Die erste und bis jetzt einzige bekannt gewordene Veröffentlichung ist der im Jahre 1905 in der E. T. Z. erschienene Artikel von Prof. C. P. Feldmann über die „Azyklische Maschine von J. E. Noeggerath". Ausgeführt wird die Maschine, die eine Leistung von 300 Kw bei 500 Volt besitzt, von der General Electric Co.

Der Name besteht im Gegensatz zur Bezeichnung Unipolarmaschine deshalb eher zu Recht, weil er präzise ausdrückt, daß die elektrische Energie in keinem periodischen oder zyklischen Prozeß gewonnen wird; denn das Magnetfeld ist nach Stärke, Richtung und Intensität konstant und die Ankerleiter erzeugen alle eine EMK von gleicher Größe und Richtung. EMK- und Stromkurven sind bei dauernder Vollast zur Abszissenaxe parallele Geraden.

Der Aufbau der Maschine ist denkbar einfach. In dem mit drei Ringpolen ausgerüsteten Magnetgehäuse rotiert ein Massivanker mit drei den Polen entsprechenden Ringwülsten. Abb. 3. Die Kraftlinienführung geht ohne weiteres aus den gestrichelten Linien hervor. Desgl. sichtbar sind die drei Ringpole, denen am Massivrotor drei Ringwülste entsprechen. Die beiden Ringpole, bezw. Wülste dienen nur der Kraftlinienführung. Der mittlere Ringwulst, der eigentliche Rotor, trägt die Armatur, eine Anzahl flacher, axial verlegter und mittels Treibbolzen und Bandagen gegen die Zentrifugalkraft gesicherter Kupferleiter. Jeder dieser Kupferleiter ist beiderseits an je einen Schleifring angeschlossen, so daß doppelt soviele Schleifringe als Kupferleiter vorhanden sind. Mittels Abnehmerbürsten und Rückleitungskabeln sind dann die Leiter über den Rücken des Joches hinweg in Reihe geschaltet. Die Leiter rotieren also dauernd in einem homogenen Feld konstanter Richtung und Stärke. Die Gleichung der EMK leitet sich wie folgt ab: Bezeichnet B die Felddichte, l die Leiterlänge und v die Leitergeschwindigkeit, so wird für einen Leiter:

$E_1 = B \cdot l \cdot v$ cgs oder $= B \cdot l \cdot v \cdot 10^{-8}$ Volt. Ist Φ das Gesamtfeld und d der Ankerdurchmesser, so ist $B = \frac{\Phi}{d \cdot \pi \cdot l}$ und $v = \frac{d \cdot \pi \cdot n}{60}$, worin n = Drehzahl. Daraus wird dann:

$E_1 = \frac{\Phi \cdot n}{60} \cdot 10^{-8}$ für 1 Leiter und die Gesamtspannung für Z Leiter wird $E = \frac{\Phi \cdot n \cdot Z}{60} \cdot 10^{-8} = 1{,}666 \cdot \Phi \cdot n \cdot Z \cdot 10^{-10}$.

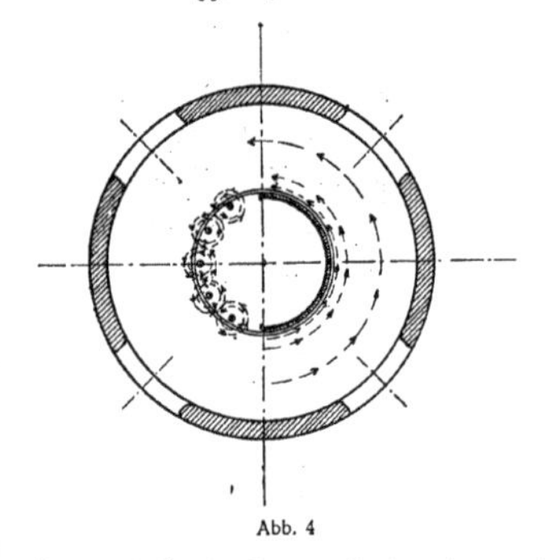

Abb. 4

Die Berechnung der Erregung für die unbelastete Maschine bietet keine Schwierigkeit. Die Erregung setzt sich zusammen aus den Amperewindungen für den Hauptluftspalt, den Hauptpol, den Rückschluß, den Nebenpol, den Nebenluftspalt und den Rotor. Hauptpol, Hauptluftspalt und Hauptrotor führen den vollen, alle übrigen Teile den halben Kraftfluß. Es sind, wie der Kraftlinienverlauf angibt, also zwei gleiche magnetische Kreise, die sich im Hauptpol und Hauptrotor vereinigen. Demgemäß verteilt sich auch die Erregerwicklung auf zwei Erregerspulen, die auf den beiden Nebenpolen sitzen. Nimmt man als Material für das Gehäuse Stahlguß und für den gesamten Rotor Siemens-Martinstahl an, so kann man bei einer Sättigung von etwa 15 000 bis 16 000 mit einer Streuung von ca. 25 bis 30 % rechnen, die also zu den errechneten Amperewindungen zuzuschlagen wären. Der Zuschlag für Erwärmung bleibt in den üblichen Grenzen.

Demgegenüber gestaltet sich die Ankerrückwirkung besonders eigenartig. Jeder Ankerleiter erzeugt ein Kraftfeld, dessen Linien sich kreisförmig um ihn schließen. Je näher sie indessen aneinanderliegen — und das ist der Fall —, desto radikaler heben sie gegenseitig die Radialkomponenten ihrer Felder auf und es bleiben schließlich nur die Tangentialkomponenten übrig, die sich zu einem Ringfeld vereinigen. Letzteres verläuft im Anker, im Luftspalt und im Poleisen und wird natürlich durch die über den Jochrücken verlegten Rückleitungen verstärkt, weil der Luftspalt und das Poleisen von den Ankerleitern und Rückleitungen wie von einer Ringwicklung umschlungen werden. In seiner Größe und Intensität ist es abhängig von seiner Amperewindungszahl und von der Reluktanz seines Weges. Seine Amperewindungszahl wird, da wir (Abb. 5, abgewickeltes Schaltschema) eine Rückleitung weniger haben als Ankerleiter, beim Vollaststrom J und bei Z Ankerleitern

$$AW_{quer} = J \cdot \frac{2\,Z - 1}{2}$$

Ist das Poleisen massiv und nach allen seinen Dimensionen und magnetischen Eigenschaften bekannt, so ist in

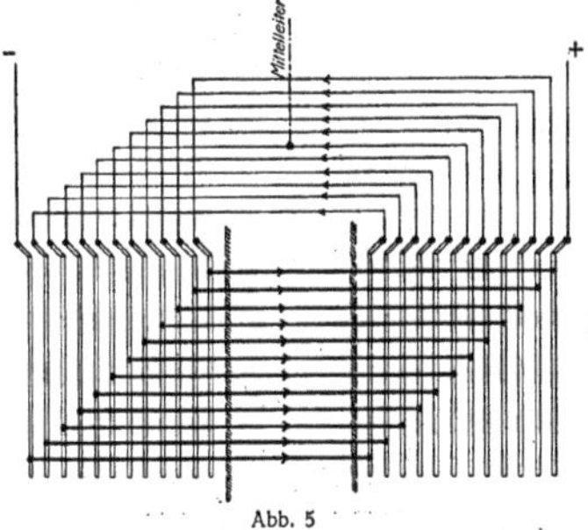

Abb. 5

diesem Fall ein Rückschluß mindestens auf die Größenordnung des ringförmigen Querfeldes möglich, indem man $aw_{quer} = \frac{AW_{quer}}{l_{quer}}$ berechnet, für dieses aw_{quer} aus der zugehörigen Magnetisierungskurve die entsprechende Dichte abliest und dann mittels des Querschnittes des Polringes $\Phi_{quer} = B_{quer} \cdot Q_{quer}$ findet. Ein ähnliches Querfeld bildet sich natürlich auch im Luftspalt aus und bringt eine Unsicherheit in die Berechnung des Gesamtquerfeldes. Es hängt nämlich von der Quersättigung des Poleisens ab, inwieweit das Querfeld im Luftspalt sich ausbildet. Sicher ist jedenfalls, daß bei dieser Anordnung der Rückleiter auch im Luftspalt ein Querfeld vorhanden ist, und das Gesamtquerfeld würde sein

$$\Phi_{quer} = \Phi_{equer} + \Phi l_{quer}$$

Es würde sich dann mit dem Haupterregerfeld zusammensetzen zu einem resultierenden Feld

$$\Phi_{res} = \sqrt{\Phi^2 + \Phi^2_{quer}}$$

Dieses resultierende Feld wäre ja nun an und für sich größer als das Hauptfeld, es würde aber die Ankerstäbe nicht mehr im rechten Winkel treffen, sondern in einem Winkel $90 - \alpha$, wenn α der Verschiebungswinkel zwischen Φ und Φ_{res} ist und da die EMK proportional ist dem Sinus des Winkels, in welchem die Kraftlinien die Stäbe schneiden, so würde die resultierende EMK werden

$E_r = 1{,}666 \cdot \Phi_{res} \cdot \sin(90 - \alpha) \cdot n \cdot Z \cdot 10^{-10} = 1{,}666 \cdot \Phi_{res} \cdot \cos \alpha \cdot n \cdot Z \cdot 10^{-10}$.

Der Einfluß dieser Ankerreaktion kann daher bei ungünstig gewählten Verhältnissen recht beträchtlich werden, denn die resultierende EMK wird durch die Feldverzerrung sinken.

Man könnte nun diese Ankerrückwirkung dadurch nahezu radikal beseitigen, daß man um den Hauptpolring eine Kompensationswicklung herumlegt, gleicher Art und gleicher Windungszahl, wie sie von den Ankerleitern und Rückleitern gebildet wird, die man aber vom Nutzstrom in der den Ankerströmen entgegengesetzten Richtung durchfließen läßt.

Indessen müßte man den in der Kompensationswicklung entstehenden Ohmschen Spannungsabfall mit in Kauf nehmen und wenn man diesen auch durch starken Kupferaufwand herabdrücken könnte, so wäre eine solche Methode doch unökonomisch. Es gibt auch noch andere Mittel. Je größer man den magnetischen Widerstand des Querfeldes macht, desto kleiner wird Φ_{quer}. Dies ist der Fall, wenn man die Rückleiter nicht außen um den Hauptpol-

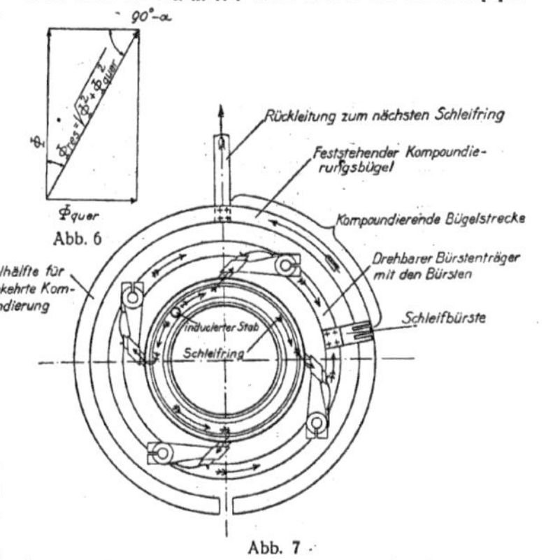

Abb. 6

Abb. 7

rücken, sondern auf der inneren Ringfläche oder doch zum mindesten möglichst nahe dieser inneren Ringfläche durch das Poleisen hindurchlegt. Dann wird von den $\frac{2\,Z - 1}{2}$ Windungen nur oder fast nur der Luftspalt umschlungen und dessen hoher, magnetischer Widerstand läßt nur ein vernachlässigbar kleines Querfeld aufkommen, das durch wenig Mehrkupfer in der Erregerwicklung auch noch teilweise kompensiert werden kann. Eine solche Maßnahme erzeugt aber Hysterese und Wirbelstromverluste, weil sie Unsymmetrien im Poleisen bedingt, und ist daher ebenfalls nicht sehr empfehlenswert. Wie vorhin aber schon angedeutet, wird der Einfluß des Querfeldes umso geringer, je größer sein magnetischer Widerstand ist, und je größer die magnetische Leitfähigkeit in Richtung des Hauptfeldes ist. Das ist bei der besprochenen Maschine durch möglichst kleinen Luftspalt, mäßige Dichte in Richtung des Hauptfeldes, geringen Eisenquerschnitt in Richtung des Querfeldes und — das ist die Hauptsache — durch eine derartige Verlegung der Rückleiter über den

Hauptpolrücken hinweg, zu erreichen, daß zwischen dessen Eisen und den Rückleitern ein starker Luftraum verbleibt. Dieser Luftraum erhöht die Reluktanz des sekundären magnetischen Kreises sehr wesentlich. Ferner kann die Reluktanz des Querfeldes durch Anordnung radialer Schlitze im Poleisen sehr stark erhöht werden. Sind die Verhältnisse also dementsprechend gewählt, so wird der Einfluß des Querfeldes in befriedigender Weise vermindert und der Spannungsabfall beträgt höchstens 10 bis 12 % ohne Verstärkung des Hauptfeldes. Durch letztere Maßnahme kann auch noch dieser Abfall ermäßigt werden.

Es ist bei der Würdigung dieses Fortschrittes in der Gleichstromtechnik noch einzugehen auf die Bürstenreibungsverluste, die immer noch den weitaus wesentlichsten Teil der Verluste bei der azyklischen Maschine bilden. Die hohe Bürstenreibung läßt sich kaum vermeiden, wohl aber durch Anordnung von möglichst wenig Bürsten und durch sorgfältige Auswahl des Schleifringmaterials und der Bürsten (geringer gegenseitiger Reibungskoëffizient) auf ein erträgliches Maß herabdrücken. Ueber das Material der Schleifringe und der Bürsten ist wenig bekannt geworden. Die eingehenden Versuche an der besprochenen Maschine über die Bürstenverluste haben aber das Ergebnis gezeitigt, daß die Reibungsverluste bis zu 42 m/sec Umfangsgeschwindigkeit steigen und dort maximal etwa 560 Watt erreichten und dann langsam mit zunehmender Umfangsgeschwindigkeit fallen bis zu etwa 430 Watt bei 113 m/sec. Die Temperaturerhöhung der Schleifringe beträgt bei Stillstand und dauerndem Vollaststrom 120° C, fällt dann mit zunehmender Drehzahl rasch und erreicht bei 50 m/sec bereits nur 20° C. Der Gesamtverlust nähert sich bei 50 m/sec. asymptotisch einem Grenzwert von ca. 1200 Watt. Der Gesamtwirkungsgrad der Maschine betrug 90,5 %, ein Ergebnis, das durchaus nicht wesentlich hinter dem Wirkungsgrad einer gleichwertigen Kommutatormaschine zurückbleibt.

Die Maschine läßt sich natürlich ebenso gut als Dynamo wie als Motor verwenden; sie kann als Nebenschluß, wie als Hauptstrommaschine oder als Kompoundmaschine gebaut werden. Als besonderes Charakteristikum kann man es gelten lassen, daß bei dieser Maschine nicht weniger als drei Kompoundierungsarten möglich und erfolgreich sind. Als erste Art sei die gewöhnliche Methode angeführt, nämlich Hauptstromwicklung auf der Nebenschlußerregerspule. Eine zweite Kompoundierungsweise ergibt sich dadurch, daß man die Stäbe nicht unmittelbar in die zugehörigen Schleifringe einführt, sondern erst in Kupferbügel, die sich konzentrisch um den Ankerkörper herumlegen, und dann erst in den Schleifring. Die Windungszahl, die sich dann aus der Gesamtlänge der Kupferbügel dividiert durch ihren vollen, mittleren Umfang ergibt, mit der Hauptstromstärke multipliziert, stellt die kompoundierende AW-Zahl dar. Dasselbe erreicht man, wenn man die Bürsten der Schleifringe an ebenfalls zum Ankerkörper konzentrischen Bügeln (Abb. 7) verschiebbar anordnet; dann erhält man auch wieder Windungen, die eine Kompoundwirkung ausüben. Diese Konstruktion bietet auch noch den Vorteil, daß man in bestimmten Grenzen eine Spannungvariation (bei der Dynamo) oder eine Tourenänderung (beim Motor) erzielt, je nach der Drehrichtung der Bürstenverschiebung. Denn die Bügelhälften rechts und links von den festen Anschlußpunkten der Stromableitungen erzeugen entgegengesetzt gerichtete Amperewindungen, die Kraftlinien der einen Bügelhälfte verstärken das Gesamtfeld (Spannungserhöhung, Tourenabfall), die der anderen schwächen das Gesamtfeld (Spannungsabfall, Tourenerhöhung). Schließlich sei noch erwähnt, daß die Noeggerathdynamo sich auch ohne irgend eine Bauänderung dadurch als Dreileitermaschine benutzen läßt, daß man in der Mitte der Rückleiter (siehe Abb. 5) den sog. Rückleiter des Dreileitersystems anschließt.

Zusammenfassend kann man aussprechen, daß diese azyklische Maschine auf dem Gebiete der Gleichstromtechnik einen recht guten Schritt vorwärts bedeutet, daß die Vielseitigkeit ihrer Verwendungsmöglichkeit, ihre hohe Spannung und hohe Leistung, die teilweise neuartige und elegante Lösung der Schwierigkeiten zu der Hoffnung berechtigt, daß diese Maschine mit der Einfachheit ihrer Theorie und ihres praktischen Aufbaues die Gleichstrommaschine bekannter, aber komplizierter und schwieriger Bauart vielleicht mit der Zeit verdrängen kann. Ja man ist wieder, wie schon oft, versucht, in der Entwicklung dieser Maschine einen neuen Beweis zu sehen für das Gesetz, daß das Einfache auf dem Umweg über das Komplizierte gefunden wird.

BRIEFKASTEN

Nur Anfragen, denen 10 Pfg. Porto beiliegt und die von allgemeinem Interesse sind, werden aufgenommen. Dem Namen des Einsenders sind Wohnung und Mitgliednummer hinzuzufügen. Anfragen nach Bezugsquellen und Büchern werden unparteiisch und nur schriftlich erteilt. Eine Rücksendung der Manuskripte erfolgt nicht. Schlußtag für Einsendungen ist der vorletzte Mittwoch (mittags 12 Uhr) vor Erscheinen des Heftes, in dem die Frage erscheinen soll. Eine Verbindlichkeit für die Aufnahme, für Inhalt und Richtigkeit von Fragen und Antworten lehnt die Schriftleitung nachdrücklich ab. Die zur Erläuterung der Fragen notwendigen Druckstöcke zur Wiedergabe von Zeichnungen muß der Fragesteller vorher bezahlen.

Empfehlungen von Firmen, die weder Abonnenten noch Inserenten der D. T.-Z. sind, werden nicht aufgenommen.

Frage 107. Geschäftsstörung infolge Uebertragung von Erschütterungen. Im Keller eines Warenhauses steht zum Betrieb einer Dynamomaschine ein Sauggasmotor. Im zweiten, etwa 30 cm entfernten Gebäude derselben Häuserreihe befindet sich im vierten Stockwerk ein photographisches Atelier. Der Motor verursacht bei seinem Gange derartige Erschütterungen, daß zeitweise das Arbeiten mit empfindlichen Apparaten an Reproduktionen, ja selbst Porträtaufnahmen unmöglich sind. Ist gegen den Warenhausbesitzer erfolgreich vorzugehen und evtl. welcher zuständigen Behörde (Großstadt) ist die Beschwerde einzureichen? Hat der Besitzer des Motors seiner Pflicht bereits genügt, wenn er Vorkehrungen traf, die die Erschütterungen beseitigen sollten, ohne aber Erfolg zu haben? Muß der Photograph dulden, daß der Gegner im Atelier Messungen der Erschütterungen durch Instrumente vornehmen läßt?

Antwort V. (Vergl. Heft 19 und 24.) In Ergänzung der unter I bis IV gegebenen Antworten sei noch mitgeteilt, daß die Sauggasanlage nicht zu denjenigen gehört, welche nach § 16 der Gewerbeordnung genehmigungspflichtig sind, weil sie erhebliche Nachteile für die Nachbarschaft mit sich bringen. Sie können daher eine diesbezügl. Beschwerde weder beim Gewerbeinspektor noch bei der Polizei anbringen. Auch § 27 GO. wird Ihnen keinen Anhalt bieten. Er gibt lediglich der Polizei Befugnis, die Oeffentlichkeit gegen Störungen zu schützen.

Einige Großstädte haben für Sauggasanlagen besondere Polizeivorschriften erlassen. Falls dort eine solche existiert, ist es nicht ausgeschlossen, daß sie auf Grund dieser mittels Beschwerde an die Polizei erfolgreich vorgehen können. Sie erkundigen sich hierüber am besten persönlich bei der Polizei. Im übrigen schreitet die Polizei nur im „öffentlichen" Interesse ein.

Außerdem kann der Hausbesitzer im Wege des Zivilprozesses Klage beim Gericht einreichen. (Ist der Photograph Mieter, so muß er sich an den Hauswirt halten.) Vgl. §§ 862 und 1004 BGB.; aber auch § 906. Hierbei ist es wesentlich, ob Sie wegen Betriebsstörung klagen oder ob die Erschütterung so groß ist, daß Sie wegen gesundheitsschädlicher Einwirkung klagen können. Im ersten Falle wird der Gegner einwenden, daß Sie ebensogut an den eignen Geräten Maßnahmen treffen können, wie er am Motor. Das Gericht wird Gutachten von Sachverständigen einfordern und je nachdem, ob diese die Störung für wesentlich oder unwesentlich halten, wird es urteilen. Ob an dem Motor bereits Vorkehrungen getroffen sind, ist an und für sich belanglos. Es kann sehr zu Ihren Ungunsten wirken, wenn festgestellt wird, daß nur durch verhältnismäßig große Unkosten weitere Schalldämpfungen angebracht werden können, während das gleiche Ziel durch geeignete Vorrichtungen an dem photographischen Apparat mit bedeutend geringeren Mitteln erreicht wird. Messungen brauchen nur geduldet zu werden, wenn sie auf Grund eines Gerichtsbeschlusses erfolgen. Sie können mit Sicherheit darauf rechnen, daß diese im Falle eines Zivilprozesses von Sachverständigen vorgenommen werden. Bedeutend einfacher ist es, wenn Sie nachweisen können, daß gesundheitsschädliche Störungen vorhanden sind. Bestätigt dies ein gerichtlich vereideter Medizinalsachverständiger, so ist der Erfolg sicher. Zu erwägen wäre noch, ob wegen Schadenersatz geklagt werden kann. Die Zuziehung eines tüchtigen Rechtsanwalts ist unbedingt erforderlich. Rauschenbach, Graudenz.

Frage 123. Heranziehung zu den Straßenbaukosten. Ist die Stadt berechtigt, an Landstraßen, die vor oder nach Erlaß des Ortsstatuts auf Kosten der Stadt mit Hilfe des Kreises und der Provinz ausgebaut und dann vom Kreise in Eigentum und Unterhaltung übernommen wurden, Straßenbaukosten zu erheben? Gibt es hierüber bereits Entscheidungen?

Antwort II. (I s. Heft 25.) Die Beantwortung in Heft 25 unterscheidet nicht zwischen der Einziehung von Anliegerbeiträgen auf Grund des Fluchtliniengesetzes vom 2. Juli 1875 mit danach erlassenem Ortsstatut und der Einziehung von Beiträgen zu den entstandenen Straßenbaukosten auf Grund des § 9 des Kommunalabgaben-Gesetzes: Will die Stadt ortsstatutarische Anliegerbeiträge erheben, so ist Bedingung, daß die Straße vor Erlaß des Ortsstatuts noch nicht eine für den inneren städtischen Verkehr und den Anbau fertiggestellte Straße war. Die Beiträge werden fällig, sobald die Straße ganz oder in einzelnen Teilen fluchtlinienplanmäßig fertiggestellt ist von denjenigen anliegenden Grundstücken, die nach Erlaß des Ortsstatuts und nach Aufstellung des Fluchtlinienplans mit Wohngebäuden bebaut werden. Vor Fertigstellung der planmäßigen Straße, aber erst nach Aufstellung des Fluchtlinienplanes, kann die Stadt gesetzlich das Bauen an der unfertigen Straße untersagen, aber gegen Vorauszahlung oder Sicherstellung der Beiträge hiervon absehen. Die Kosten müssen auf die Gesamtfrontlängen gleichmäßig verteilt werden und können nur die tatsächlichen Selbstkosten (ohne Zinsen) umfassen. Ob die Einziehung der Anliegerbeiträge angängig ist, wenn die Stadt das Eigentum an der Straße abgetreten hat, erscheint mir zweifelhaft, da anzunehmen ist, daß das Ortsstatut wohl nur städtische Straßen umfassen kann. Eine Entscheidung dieser Frage ist mir nicht bekannt. Es bleibt aber noch die Möglichkeit, nach § 9 des Kommunalabgaben-Gesetzes einen Teil der von der Stadt verausgabten Kosten einzuziehen. Nach diesem Gesetz ist die Stadt berechtigt, von den Kosten derjenigen Anlagen, die im Interesse der Allgemeinheit und zum Vorteil einzelner Grundstücksbesitzer hergestellt werden, verhältnismäßige Anteile der Kosten einzuziehen und zwar nicht allein von den unmittelbaren, sondern auch von den mittelbaren Anliegern, sofern ihnen nachweislich ein wesentlicher Vorteil erwachsen ist. Die Anteile berechnen sich im Verhältnis zum Umfang des Vorteils. Hierzu ist die Aufstellung einer entsprechenden Berechnung und Schätzung des Wertzuwachses usw., sowie die Genehmigung der Aufsichtsbehörde (Bezirksausschuß) erforderlich. Es ist jedoch hierbei nicht erforderlich, daß die Anlage (Straße) Eigentum der Stadt ist.

Thielke, Cassel, Mitgl.-Nr. 15551.

III. Die Antwort in Heft 25 kann ich nicht in allen Teilen für richtig finden. In Preußen wird oft, wie in der Antwort beschrieben, gehandelt. In vorliegendem Falle handelt es sich um eine bereits ausgebaute Landstraße. 1. Es ist zu prüfen, ob die Straße eine historische ist oder nicht. Ist sie eine historische, so können auf keinen Fall Anliegerbeiträge erhoben werden. 2. Wie lange ist die Straße schon ausgebaut und sind die Baukosten in Summa rechtzeitig durch Stadtratsbeschluß festgesetzt worden (Verjährung)? 3. Sind die Kosten der Stadt für sich verbucht und von den Zuschüssen getrennt? (Die Stadt kann nur ihre Auslagen erheben.) Handelt es sich um Baukosten, die zur Umwandlung der Landstraße in eine städtische Straße entstanden sind, so können nur diese erhoben werden (nachträgliche Bürgersteige usw.). Eine Ablehnung der Baugenehmigung an dieser Straße kann gerichtlich mit Erfolg angefochten werden. Zu weiterer Auskunft bin ich gern bereit. Mitgl. Nr. 67010.

Frage 137. Wie funktionieren elektrische Badeöfen?

Antwort I. In elektrisch geheizten Kesseln wird das Wasser auf etwa 90° erwärmt und dann mit kaltem Wasser vermischt. Bei anderen Apparaten fließt das Wasser durch ein Rohrsystem, welches mit einer Anzahl Heizelemente von hohem Widerstand versehen ist. Der Stromverbrauch der zuerst angeführten Kessel stellt sich auf etwa 50 Ampère bei 110 Volt, Zubereitungsdauer für ein Bad ca. 3/4 Stunden. Die Rohrapparate werden für 66, 132 und 200 Ampère Stromverbrauch bei 110 Volt Spannung hergestellt. Das Bad kann hiernach in 3/4, 1/2 oder 1/4 Stunde zubereitet werden. Der Preis der zuletzt angeführten Apparate beträgt dem Ampère-Stromverbrauch entsprechend ca. 200÷500 M. Die Kosten eines Bades betragen bei 12 Pfg. für die KW/St. ca. 0,60 M. Die Bedienung ist sehr einfach. Ohne genauere Kenntnis der örtlichen Verhältnisse, KW/Stundenpreis usw. läßt sich nicht sagen, ob die Anlage zu empfehlen ist. Es kann nur soviel gesagt werden, daß, wenn Gas zur Verfügung steht, eine Warmwassererzeugung mittels Gas bezw. Gasbadeöfen vorzuziehen sind, weil betriebssicher, und ferner die Kosten zur Herstellung eines Bades bei normalen Gaspreisen bedeutend geringer sind. Dem Fragesteller kann nur geraten werden, sich unter genauer Angabe aller Daten, wozu gehören: Zahl der Bäder pro Stunde, Stromart, Preis einer KW/St., evtl. Gaspreis, an Spezialfabriken für Warmwassererzeugungsanlagen zu wenden. Adressen durch die Schriftleitung. H. Schn., 57674.

II. Hierüber dürften wohl noch keine Erfahrungen vorliegen. Auf alle Fälle aber müssen Sie sich im voraus vergewissern, was eine Kilowattstunde zu Heizzwecken an Ihrem Platze kostet und hierauf die KW/St. mit 865 Wärmeeinheiten einsetzen, indem Sie die Leitungsverluste usw. in Abzug bringen, sowie annehmen, daß 200 Liter Wasser von 10° C. Temperatur für ein Bad auf 35° C. zu erwärmen sind, wozu $200 \times 25 = 5000$ WE netto benötigt werden. Hierzu sind rund 6 KW/St. à 865 WE erforderlich, die 5190 WE brutto ergeben. Da im Durchschnitt in vielen Städten die KW/St. 20 Pf. für Heiz- und motorische Zwecke kostet, so würden, um ein Bad von 200 Liter Wasser auf 35° C. zu erhitzen, zum mindesten $6 \times 20 = 1{,}20$ M Stromkosten entstehen. — Den gleichen Effekt können Sie schon bei Gasbadeöfen mit 1,1 cbm Gas erzielen. 1 cbm Gas für Heizzwecke kostet in den meisten Städten 10 bis 12 Pf. und liefert durchschnittlich 5000 bis 5600 WE, die Sie also für 12 bis höchstens 14 Pf. erhalten. Oder aber Sie nehmen einen gewöhnlichen Zylinderbadeofen und heizen mit Braunkohlenbriketts, deren Sie für ein Bad von 200 Liter Wasserinhalt, Temperatur wie oben, höchstens 10 bis 12 à Stück 1 Pf. brauchen; sowie etwas Holz zum Feueranmachen, was insgesamt ca. 15 Pf. kostet. Rechnen Sie in den beiden letzten Fällen rund 20 Pf., so bleibt noch immer 1 M Differenz zu Ungunsten der Elektrizität. Die Anschaffungskosten dürften bei dem Zylinderbadeofen die geringsten sein. Mitgl. Nr. 1157.

Frage 138. Mauerausschlag infolge Kohlenschlacke im Mörtel. Bei der Herstellung einer 25 cm starken Außenmauer eines Wohngebäudes ist dem Mörtel Braunkohlenschlacke zugesetzt worden. Hierdurch ist ein Ausschlag an den Ziegelsteinen aufgetreten. Das Mauerwerk ist infolgedessen nur 1 m hoch mit diesem Mörtel mit Schlackenzusatz ausgeführt worden. Die Mauer soll innen und außen geputzt werden. Die Fugen sind bereits 2 cm tief ausgekratzt worden. Gibt es ein Mittel, dem Durchbruch des Ausschlages durch den späteren Putz vorzubeugen?

Antwort. Da anzunehmen ist, daß die Wand gegen aufsteigende Feuchtigkeit gut isoliert ist, sind keine ernsten Befürchtungen wegen des Ausschlages zu hegen. Der Ausschlag kann nur unter Zutritt von Feuchtigkeit entstehen und kann nur gefährlich werden, wenn dieser Zutritt der Feuchtigkeit nicht unterbunden wird. Sonst können die sich bildenden und stets wachsenden Kristalle aber dieselben Sprengwirkungen hervorbringen, wie das gefrierende Wasser. Wenn Sie also Ihre Wand zurzeit möglichst lange ungeputzt stehen lassen, wird eine schnelle Austrocknung erfolgen. Später putzen Sie und überziehen den Putz zum Schutz gegen Regen und Schnee mit einem Anstrich von Keßlerschen Fluaten. Dann wird nach kurzer Zeit der Ausschlag verschwunden sein. —s.

Frage 140. Platzen der Wasserstandsröhren nach deren Reinigung. In unserer Wassermesser-Reparaturwerkstätte befindet sich an den Meßgefäßen zum Prüfen der Wassermesser, an einer Holzskala angebracht, eine ca. 1,5 m lange Glasröhre mit 25 mm innerem und 35 mm äußerem Durchmesser, die unten am Gefäßboden in einer Stopfbüchse mit Gummiringen gedichtet ist. Die in dem Leitungswasser enthaltenen Unreinigkeiten setzen sich mit der Zeit an die innere Wand dieser Röhre ab, so daß man den Wasserstand nicht einwandfrei ablesen kann. Die Glasröhren werden dann gereinigt, und zwar geschieht dieses in der Weise, daß in dem oberen, offenen Ende der Röhre ein Rohrstock mit einem daran gebundenen feuchten Lappen eingeführt und einigemal vorsichtig hin- und hergezogen wird. Ich habe jetzt bemerkt, daß nach dieser einfachen Reinigung, die etwa alle 3 bis 4 Monate erforderlich ist, die Röhren jedesmal in der oberen Hälfte direkt abplatzten und zwar gewöhnlich zwei bis drei Stunden nachher, einerlei, ob das betr. Gefäß gebraucht wurde oder nicht. In einer Nachbarstadt ist derselbe Vorgang beobachtet worden. Kann mir jemand hierüber zweckdienliche Angaben machen?

Antwort. Glasmasse hält gewissen Flüssigkeiten gegenüber nicht dicht, wie z. B. das Schwitzen der Glasbehälter bei Petroleumlampen beweist. Glasröhren, die zu Meßzwecken Quecksilber enthielten, wurden, nachdem sie eine zeitlang im Dienst, und blind geworden waren, ausgewechselt, und nach erfolgter Reinigung liegend, durch Temperatureinflüsse in Stücke — eins nach dem andern — gesprengt, meist mit rechtwinklig zur Rohrachse liegenden glatten Sprengflächen. Eine Oelschicht auf der Quecksilbersäule verlängerte die Dienstzeit der Glasröhre erheblich. Hier liegt vermutlich ein ähnlicher Vorgang der Brucherscheinung zu Grunde. Das Wasser wird salzige Kalk- und Kieselverbindungen enthalten, deren kleinste Teile nach Ausscheidung in die Glaswand eindringen. Dadurch, daß diese einen anderen Wärmegrad als die Glasmasse annehmen, treten, nachdem die schützende Schicht durch die Reinigung fortgenommen worden ist, Spannungsunterschiede mit Bruchwirkungen ein. Geben Sie das Wasser und den Belag in der Röhre einem Apotheker zur Analyse. Eine Oelschicht auf der Wassersäule dürfte auch hier helfen. Das Oel müßte neutral sein, z. B. Vaselinöl, was man auch zum Füllen der Oelglocke von Wassermessern (Trockenläufer) benützt. -pf.

Frage 144. Vorgelege für veränderliche Tourenzahlen. Kann mir einer der Herren Kollegen ein Vorgelege empfehlen, wodurch man die Umdrehungen einer Transmission beliebig während des Betriebes in möglichs kleinen Grenzen verstellen kann? Die Verhältnisse liegen folgendermaßen: Der Antrieb der Transmission für fünf Rostbeschicker erfolgt von dem Schwungrad der Speisepumpe. Erstere soll gleichmäßig mit 30 bis 45 Umdrehungen bei 40 bis 80 Umdrehungen der Pumpe durchlaufen. Soll also einmal die Pumpe beim schnelleren Aufspeisen der Kessel mehr Umdrehungen machen, so müssen die Umdrehungen der Transmission unter Vollast reduziert werden können. Stufenscheiben sind zu umständlich und lassen auch keine genügend feine Einstellung zu. Das Schwungrad der Speisepumpe hat 900 mm Durchmesser, während der Kraftbedarf der Transmission 1 bis 2 PS beträgt.

Antwort I. Moderne Rostbeschicker erstklassiger Firmen besitzen meistens als Reguliermechanismus Stufenscheibenantrieb, der eine bequeme und für die Praxis ausreichende Regulierfähigkeit gestattet. Sollten Sie sich von der Pumpe als Antriebsorgan der Transmission freimachen können und Elektrizität zur Verfügung stehen, so ist der Antrieb der Transmission durch einen langsam laufenden Motor zu empfehlen. Die Tourenzahl der Transmission kann durch Regulierung der Motortourenzahl mittels Regulieranlassers eingestellt werden, so wie es die Rost- resp. Kesselbeanspruchung erfordert. Eine andere Möglichkeit zur Regulierung besteht noch darin, daß man zwischen Pumpenschwungrad und Transmission für jeden Rost je ein kleines Vorgelege zwischenschaltet, die von der Haupttransmission ausrückbar angetrieben werden. Von einem freien Ende der Vorgelege sind die Rostbeschicker mittels Kurbelscheiben, Schalträder, Klinken und Gestänge anzutreiben. Bei Erhöhung der Pumpentourenzahl beim schnelleren Aufspeisen der Kessel erhöht sich auch die Tourenzahl der Haupttransmission und Vorgelege entsprechend. Die Rostbeschicker sollen nach Ihren Angaben konstante Tourenzahl haben; dieses wird dann durch entsprechende Verstellung der Schaltwerke mit ein paar Handgriffen erledigt sein. Falls Sie moderne Rostbeschickungsapparate besitzen, wenden Sie sich am besten unter genauer Klarlegung der Verhältnisse und Beifügung einer Situationsskizze an die Spezialfirma, die die Beschickungsapparate lieferte und sicher Ihre Anlage billig und modern umbauen wird. H. Schn., 57 674.

II. Da nur 1 bis 2 PS zu übertragen sind, würde es sich empfehlen, eine Zwischenwelle einzuschalten und auf diese, wie auch auf die vorhandene Welle, je eine konische Scheibe so anzubringen, daß der größere Durchmesser der einen Scheibe mit dem kleineren Durchmesser der anderen Scheibe auf derselben Seite sitzt. Bei größerem Abstand läßt man das Vorgelege durch einen Riemen antreiben, der in einer Gabel geführt wird. Ist der Abstand gering, so setzt man auf eine schräg liegende Welle, parallel zu den Schrägen der konischen Scheiben, einen Rohhautkolben, der die Kraft von einer Scheibe auf die andere durch Friktion überträgt. Die drei Wellen dürfen dann aber nicht in einer Ebene liegen, da nach geringer Abnutzung des Rohhautkolbens ein Mitnehmen durch Reibung unmöglich wäre. — Man legt deshalb die Friktionswelle höher, versieht sie am besten mit Hebellagern und läßt den Kolben durch Hebel und Gewichte auf die konischen Scheiben aufdrücken. — Der Kolben muß entweder auf der Welle, oder mit der Welle verschiebbar sein und auch mittels einer Gabel geführt werden. Es ist vorteilhaft, die Gabel sowohl beim Riemen, wie beim Reibungskolben mit einem Regulator zu verbinden, der bei höherer oder niedrigerer Umdrehungszahl selbsttätig den Riemen bezw. Kolben verschiebt, und so die Umdrehungszahl konstant hält. Die Steigung der konischen Scheiben kann auf 100 mm Länge etwa 30 bis 40 mm im Durchmesser betragen. Skizze der Anordnung durch die Redaktion, die auf Wunsch eine Firma zur Ausführung nachweist. Kansy.

Frage 145. Welcher Kollege gibt Auskunft über Maschinen zur **Heftzwecken-Fabrikation?**

Antwort. Wenden Sie sich an die Firma C. H. Kuhne, Iserlohn, die für diesen Zweck auf Grund ihres D. R. P. 221, 886 eine neuerdings verbesserte Spezialmaschine herstellt, auf deren Einzelheiten an dieser Stelle infolge Raummangels leider nicht eingegangen werden kann. Es sei jedoch bemerkt, daß bei den durch diese Maschine hergestellten Reißbrettstiften eine völlig zentrische zur Stiftebene rechtwinkelige, unlösbar feste Verbindung zwischen Kopfplättchen und Stift entsteht, und daß das lästige Durchdrücken des Stiftes durch die Platte (Fingerverletzungen) vermieden, ja unmöglich gemacht ist. Eine ausführliche Beschreibung der Maschine wird Ihnen durch die Vermittelung der Redaktion bereits zugegangen sein. Mitgl. Nr. 24 133.

Frage 149. Schmiervorrichtung. Kann mir einer der Herren Kollegen eine Schmiervorrichtung für Förderwagen von ca. 3/4 cbm Inhalt empfehlen, die nur innerhalb 2 bis 3 Wochen mit Schmiermaterial versehen werden braucht?

Antwort. Bei Muldenkippwagen des Bochumer Vereins für Bergbau- und Gußstahl-Fabrikation, die Lager aus Antifriktionsmetall erhalten, ist eine Oeffnung im Längsträger vorgesehen, die mit besonderem Verschlußdeckel ausgestattet ist. Durch diese Oeffnung wird Oel, z. B. Patent-Achsenöl nach F. Schacht-Braunschweig, eingegossen. Das Schmiermaterial tritt zunächst in einen über der Lagerschale befindlichen Behälter und tropft beim Drehen der Achse durch die in der Schale befindliche Bohrung. Nach Schmieren der Achse oben wird das Oel durch ein im Unterlager befindliches federndes Schmierkissen aufgefangen; das überflüssige Oel tropft ins Unterlager ab und wird von hier durch die beiden am Schmierkissen befindlichen Dochte aufgesogen und dem Achsschenkel wieder zugeführt. Die Schmierung wirkt kontinuierlich, ohne daß die Achsen warm laufen. Das Eindringen von feinem Staub oder von Nässe auf die Laufflächen wird durch Scheiben von imprägniertem Filz, z. B. nach Andernach, Beuel, verhütet, die den Achslauf eng umschließen. K. C.

Frage 152. Wetterfester Gummi. Bitte um Auskunft, ob es wetterfesten Gummi in einer Stärke von 1 bis 2 mm gibt? Wie ist die Herstellung einer beutelartigen Form, 15/30 cm groß; wird diese gepreßt oder gegossen? Welches Buch gibt darüber genaue Auskunft?

Antwort. Als wetterfester Gummi ist besonders Kautschuk in Betracht zu ziehen; dieses ist vulkanisierter Gummi, d. h. Gummi mit Schwefel vermischt und dann unter Druck hoher Temperatur ausgesetzt. Weichkautschuk, sowie Hartkautschuk, z. B. von Dr. H. Traun & Söhne, besitzen große Elastizität und Festigkeit, sowie Luft- und Wasserbeständigkeit. Kautschuk läßt sich nackt oder übersponnen zu Scheiben (auch von 1 bis 2 mm Stärke) und als Weichkautschuk zu Ballons und Beuteln herrichten. Das Kautschuk läßt sich zwischen 2 Walzen in weiche, steifteilige Masse auswalzen. Die Beutelform wird vermöge der elastischen Eigenschaften gepreßt. Die stark gewölbten, z. B. oberen Teile, werden als Calotte in einem Stück hohl gepreßt oder auch aus einzelnen Ringen vorgerichtet, die dann mittels Anolklebemasse fest aufeinander geklebt werden. Die sodann fertig zusammengesetzte Beutelform wird noch im Anschluß an eine Schleifmaschine mittels Schleifringen nach Dr. Gaspary-Leipzig in ihrer oberen Oeffnung sauber ausgerundet, auf die dann ein Hals gesetzt wird. Aehnliche Eigenschaften wie wetterfester Gummi hat auch das Silenzmaterial der Gesellschaft für Isolierung gegen Erschütterungen und Geräusche, Berlin N. 39, das in sehr geringen Stärken weitgehenden Ansprüchen zur Isolierung von primären Luftschwingungen u. a. bei Telephonzellen, Krankenhauswänden, sowie zur Kapselung von geräuschvollen Zahnradbetrieben genügt. R. K.

Alle Anfragen und Anmeldungen

die das Erholungsheim betreffen, sind nur zu richten: An das Erholungsheim des Deutschen Techniker-Verbandes in Sondershausen,

---

Einbanddecken zur Deutschen Techniker-Zeitung

sind von der Firma Berliner Buchbinderei Wübben & Co., Berlin SW. 68, Kochstraße 60/61, zum Preise von 1 M für das Stück zuzüglich 50 Pfg. bezw. 25 Pfg. für Porto zu beziehen. Um den Anzeigenteil nicht mit einbinden zu lassen, sind zwei Rückenstärken (Decke A mit Anzeigen, Decke B ohne Anzeigen) zum gleichen Preise lieferbar. Bei Bestellungen ist anzugeben, ob Decke A oder Decke B gewünscht wird und für welchen Jahrgang.

DEUTSCHE TECHNIKER-ZEITUNG

HERAUSGEGEBEN VOM DEUTSCHEN TECHNIKER-VERBANDE

Schriftleitung:
Dr. Höfle, Verbandsdirektor. Erich Händeler, verantwortlicher Schriftleiter.

XXXI. Jahrg. **18. Juli 1914** **Heft 29**

Die Pensions- und Witwenkasse des D. T.-V.

Von HEINRICH KAUFMANN.

Unter den vom Verbande geschaffenen Wohlfahrtseinrichtungen und Unterstützungskassen nimmt die Pensions- und Witwenkasse einen hervorragenden Platz ein. Vor 20 Jahren, auf dem 11. Delegiertentage in Halle gegründet, steht sie selbständig neben dem Verbande als eine Einrichtung, die es dem Verbandsmitgliede ermöglicht, in guten Tagen Rücklagen zu machen, um im Alter oder bei der Erwerbsunfähigkeit davon zehren zu können. Die Kasse ist als eine Art Genossenschaft nach dem Grundgedanken errichtet, Pensionen aus den Zinsen des jeweilig beigesteuerten Kapitals zu bestreiten, während das Kapital dem Einzahler restlos vorbehalten bleibt oder nach seinem Tode den Hinterbliebenen ausgezahlt wird, oder auch zu einer Pension an die Witwe Verwendung finden kann. Der Gründungsbeschluß in Halle stellte die Bedingung, daß 50 Mitglieder bis zum 1. Oktober 1894 bereit sein mußten, sich der Kasse anzuschließen, wenn sie ins Leben treten soll. Das Bedürfnis dazu war damals wohl vorhanden, denn es meldeten sich weit mehr Mitglieder, als erwartet wurde. So trat die Kasse mit 96 Anteilen ins Leben. Heute zählt sie 127 Mitglieder, die zusammen 525 Anteile stehen haben und an dem mehr als 170 000 Mark betragenden Vermögen beteiligt sind. Immerhin ist die Entwicklung nicht so, wie sie bei einer großzügigen Propaganda hätte sein müssen. Die Kämpfe um die staatliche Versicherung der Angestellten waren der Kasse wenig günstig, denn der einzelne Angestellte hoffte immer mehr auf das Eingreifen des Staates und vergaß darüber die Selbsthilfe. Die Lebensversicherungsunternehmungen mit ihrer großzügigen Reklame paßten ihre Versicherungsleistungen den Bedürfnissen der Versicherten immer mehr an und so kam es, daß unsere Pensions- und Witwenkasse lange nicht die Popularität in Verbandskreisen genießt, der sich z. B. die obligatorische Sterbekasse des Verbandes erfreute. Die zur Erlangung einer ausreichenden Rente nötigen Beiträge mögen auch manchen abgehalten haben, an seine spätere Versorgung zu denken. Eine zielbewußte Agitation, die über den Wert unserer Pensionskasse hätte aufklären können, gab es nicht. Das kann und muß jetzt nachgeholt werden.

Mit dem Inkrafttreten des Versicherungsgesetzes für Angestellte ist das Versicherungsbedürfnis der weitesten Kreise unseres Berufes gestiegen. Darauf wiesen wir früher schon in den Kämpfen um das Gesetz gegenüber den Einwänden der Versicherungsgesellschaften hin und die Erfahrung hat uns recht gegeben. Die Arbeitgeberhälfte der Beiträge wirkt eben zusammen mit dem gesetzlichen Zwang, sich versichern zu müssen, fördernd auf alle Versicherungsbestrebungen ein. Das haben die klugen Leiter der großen Lebensversicherungsunternehmungen sofort erkannt, weshalb sie Möglichkeiten schufen, durch Zusatzversicherungen zur Angestelltenversicherung auf eine ausreichende Rente zu kommen. Was den Versicherungsgesellschaften mit ihrem teuren Verwaltungsapparat, mit ihren ungeheuren Tantiemen und Direktorengehältern möglich ist, das muß einer Genossenschaft von Verbandsmitgliedern im Rahmen unserer eigenen Pensions- und Witwenkasse, die kaum Verwaltungskosten hat — die Kasse wird vom Hauptkassierer unseres Verbandes, Herrn Gaedke, verwaltet — erst recht möglich sein.

Diese Gedanken kamen in der letzten außerordentlichen Mitgliederversammlung der Kasse, die am 28. März dieses Jahres in Berlin stattfand, wiederholt zum Ausdruck. Von Leipzig und Halle aus war der Antrag eingebracht worden, die Kasse aufzulösen, und das vorhandene Vermögen satzungsgemäß zu verteilen. In großer Einmütigkeit wurde aber von allen andern anwesenden Vertretern diese Anregung zurückgewiesen. Denn gerade jetzt, neben dem Wirken des Versicherungsgesetzes für Angestellte, läßt die Kasse eine rasche Entwicklung erhoffen. Aus dem vorgelegten Rechenschaftsbericht geht hervor, daß sich das Vermögen der Kasse in folgender Weise entwickelt hat:

1905 . . .	82 177,20 M
1906 . . .	96 317,31 „
1907 . . .	105 523,50 „
1908 . . .	122 987,87 „
1909 . . .	134 199,73 „
1910 . . .	138 331,80 „
1911 . . .	151 122,31 „
1912 . . .	156 451,89 „
1913 . . .	163 768,80 „
z. Zt. über	170 000,— „

Auch der Erbfonds, dessen Zinsen an die vorhandenen männlichen Pensionäre zu gleichen Teilen in vierteljährlichen Raten verteilt werden, steigt fortgesetzt:

1901	493,43 M
1906	1586,88 „
1909	2076,19 „
1910	2967,42 „
1911	4326,58 „
1912	5135,32 „
1913	6390,03 „
z. Zt.	6900,— „

Bei dieser Entwicklung liegt gar kein Grund vor, die Kasse aufzulösen, sondern es muß jetzt erst recht für sie gearbeitet werden, damit diese Verbandseinrichtung noch ein kräftiges Glied der Wohlfahrtspflege unseres Verbandes werden kann. Diese Auffassung kam auch bei der Wahl des Aufsichtsrates und Vorstandes zur Geltung. Als Vorort, welcher Aufsichtsrat und Vorstand zu stellen hat, wurde nun Berlin bestimmt und die Herren Otto Schmidt, Berlin, Knütter, Berlin, Seydel, Schöneberg, Kaufmann, Grünau, Lenz, Steglitz einstimmig als Vorstandsmitglieder der Kasse gewählt. Dem Aufsichtsrat gehören die Herren Richard Schulz, Berlin, W. Hänseler, Berlin, als ordentliche Mitglieder und die Herren Jakob, Berlin, Kroebel, Berlin, Baumschulenweg, Haendeler, Steglitz, als Ersatzmänner an. Dieser Vorstand und Aufsichtsrat sieht es als seine wichtigste Aufgabe an, eine rege Werbetätigkeit für die Pensions- und Witwenkasse unter den Mitgliedern des Deutschen Techniker-Verbandes einzuleiten, und die Vorteile der Kasse möglichst weiten Kreisen unserer Mitgliedschaft zugänglich zu machen.

Die staatliche Angestelltenversicherung kann dem Einzelnen immer nur Mindestleistungen gewähren. Sie ist auf die Bedürfnisse der Masse zugeschnitten und es besteht zunächst noch keine Aussicht, eine Erhöhung der Renten zu erreichen. Deshalb soll jeder, der wirtschaftlich dazu in der Lage ist, durch Zusatzversicherung für eine Rente sorgen, die ihn davor bewahrt, im Alter von der gewohnten Lebenshaltung abgehen zu müssen. Dazu bietet die Pensions- und Witwenkasse des Deutschen Techniker-Verbandes die beste Gelegenheit.

Die Kasse gewährt nach vollendetem 65. Lebensjahr — der neue Vorstand wird die Frage prüfen, ob bei den jetzigen Beiträgen nicht eine Herabsetzung der Altersgrenze auf das 60. Lebensjahr möglich ist — zunächst eine lebenslänglich zu zahlende Jahrespension, die ebenso wie die Beiträge nach dem Lebensalter abgestuft wird. Stirbt ein Mitglied, ohne Pension erhalten zu haben, so fallen sämtliche eingezahlten Beiträge, nur um den Verwaltungszuschuß (3 Prozent) gekürzt, samt Zinsen und Zinseszinsen an die Hinterbliebenen zurück. Stirbt ein Mitglied, das Pension bezogen hat, so erhält die Witwe trotz der Pension das eingezahlte Kapital, in diesem Falle allerdings ohne Zinsen, zurück. Da die eingezahlten Beiträge also für alle Fälle gesichert sind, bildet die Kasse zugleich eine Sparkasse, die aber weitaus mehr leistet als jede andere Sparkasse, weil sie die Zinsen verwendet, um fortlaufende Pensionen an die Mitglieder der Kasse zu zahlen.

Wird ein Mitglied vor dem 65. Lebensjahr wegen Invalidität oder Altersschwäche unterstützungsbedürftig, so ist es bei mindestens zweijähriger Zugehörigkeit zur Kasse berechtigt, die ganze oder teilweise Rückzahlung der eingezahlten Beiträge zu verlangen, oder eine lebenslängliche, nach Maßgabe dieser Beiträge zu bestimmende Pension zu fordern. Auch die Witwe erhält Pension, wenn der Ehegatte der Kasse mindestens 10 Jahre angehört hatte, andernfalls kann sie die Hälfte der eingezahlten Beiträge ohne Zinsen verlangen. Ebenso gewährt die Kasse Darlehen bis zur Hälfte der wirklich eingezahlten Beiträge gegen Verzinsung, die aber nicht bar geleistet zu werden braucht, sondern im Falle des Pensionsgenusses von der Pension gekürzt wird. Im Einzelnen gibt das Statut der Kasse, das kostenlos allen Interessenten von der Hauptgeschäftsstelle des Verbandes zugeschickt wird, weiteren Aufschluß.

Die Kasse untersteht dem Kaiserlichen Aufsichtsamt für Privatversicherung. Das Vermögen wird vom Verbandsvermögen getrennt verwaltet.

Wir glauben, daß es leicht gelingen wird, die Mitgliederzahl der Kasse zu vervielfachen, wenn unsere Verbandsorgane bei allen Gelegenheiten auf diese Einrichtung des Verbandes hinweisen und das Versicherungsbedürfnis der Mitglieder nicht mehr bei den privaten, kapitalistisch arbeitenden Unternehmungen, sondern bei der eigenen Kasse befriedigt wird. Da die Mitgliedschaft der Pensions- und Witwenkasse nur Verbandsmitglieder und Beamte des Verbandes erwerben können, ist der Einfluß des Verbandes nach jeder Seite hin gesichert. Jedes Mitglied kann also vertrauensvoll seine etwaigen Spargelder innerhalb des vom Verbande geschaffenen Organisationsgebäudes gut anlegen. Die Aufklärungsarbeit hat in den letzten Jahren im Verbande so riesige Fortschritte gemacht, daß es wohl nur dieses Hinweises bedarf, um den genossenschaftlichen Geist, der heute bei den technischen Angestellten mehr und mehr zum Durchbruch kommt, in die Tat umzusetzen. Das alte genossenschaftliche Wort: „Viele Wenig geben ein Viel" kommt auch hier bei unserer Pensionskasse wieder zur Geltung.

Der Samstags-Frühschluß in Deutschlands Handel und Industrie

Von Dr. LUDWIG HEYDE, Berlin-Halensee.

(Schluß.)

Die Verwendung, die der freie Samstagnachmittag bei den Arbeitern findet, kann wohl nicht kürzer und besser geschildert werden als mit den Worten der badischen Gewerbeaufsicht (1913, S. 42):

„Die freien Nachmittage werden überall vernünftig und nutzbringend verwertet. Mißbräuche sind nirgends bemerkt worden. Von dem Vorbehalt, daß zur alten Arbeitszeit zurückgekehrt werde, falls sich Anstände ergäben, machte, soweit bekannt wurde, kein Arbeitgeber Gebrauch. Daß unverheiratete junge Leute ihre Zeit vertrödeln, kann nicht ins Gewicht fallen den Vorteilen gegenüber, die der Gesamtheit zugute kommen. Männer, Frauen und Hauskinder, die bisher die Mittagsmahlzeit in der Familie nur am Sonntag zu sich nehmen konnten, gewinnen einen zweiten Mittagstisch zu Hause. Die Ehepaare finden sich in häuslicher Arbeit zusammen. Ordnung und Reinlichkeit wird größer, die eigene Lebensführung wird sorgfältiger. Auch für den Vater ist manches zu tun im Hause. Briefe werden geschrieben, Gänge erledigt, Besorgungen gemacht. Wer eine kleine Fläche anbaut, arbeitet in Garten, Feld oder Stall. Die Frau wird entlastet. Auch die Kinder kommen mehr zu ihrem Recht. Wer nichts zu schaffen hat, der ergeht sich im Freien oder treibt Leibesübungen .... Ueber den unmittelbaren wirtschaftlichen und hygienischen Nutzen hinaus wirkt der freie Samstagnachmittag in den Sonntag hinein. ... Dadurch daß Einkäufe, die sonst nur am Samstagabend oder am Sonntag gemacht werden konnten, jetzt am Samstagnachmittag erledigt werden können, entsteht für viele andere die Möglichkeit erwünschter Freistunden. Sie kann entstehen, wenn der Arbeiter sich seiner Pflicht als Konsument bewußt wird und sie richtig ausübt ... So ist der freie Samstagnachmittag ein bedeutsames Glied in der Kette sozialhygienischer Einrichtungen."

Das hier über die Verwendung der Freizeit Gesagte wird in dem Bericht der Gesellschaft für Soziale Reform an der Hand zahlreicher Beispiele aus anderen Bundesstaaten belegt und bekräftigt, so daß der Nutzen des Samstag-Frühschlusses für die gewerbliche Arbeiterschaft, obwohl auch gegnerische Stimmen durchaus nicht unterdrückt sind, aus dem Berichte mit Klarheit hervorgeht.

Der Frühschluß für die Privatangestellten wird erheblich kürzer behandelt. Nach Darlegung der wichtigsten Bestimmungen über die Sonntagsruhe der Handlungsgehilfen und Techniker wird eine große Anzahl günstiger Urteile von Arbeitgebern über den Frühschluß am Sonnabend angeführt. Dann geht der Bericht dazu über, nach Möglichkeit statistisches Material beizubringen und die einzelnen Betriebe, von denen dem Verfasser auf Grund reichen Materials, zu dem die Berufsvereine in dankenswerter Weise beigetragen haben, bekannt geworden ist, daß sie den Frühschluß eingerichtet haben, namentlich mitzuteilen. Neben einer Anzahl von Betrieben des Großhandels, sehr vielen Bankgeschäften und zahlreichen Verlagsbuchhandlungen sind es vor allem industrielle Betriebe, die hier zu nennen sind. Es zeigt sich, daß die Frühschlußbewegung für die Angestellten in recht gutem Flusse ist. Auch bei den Bureauangestellten dringt sie, wie die amtliche Erhebung über die Verhältnisse in Anwaltsbureaus und einige private Erhebungen engeren Rahmens bewiesen haben, immer mehr vor.

Im öffentlichen Dienste besteht schon ziemlich oft der freie Samstagnachmittag. Der Bericht gibt die bezüglichen Mitteilungen der wichtigsten Reichs- und Landesbehörden an die Gesellschaft für Soziale Reform wieder. Die englische Arbeitszeit an Sonnabenden ist z. B. im Geschäftsbereich des bayerischen, sächsischen und württembergischen Ministeriums des Innern großenteils durchgeführt. Um Stichproben über die Verbreitung des Samstags-Frühschlusses bei städtischen Verwaltungen und Betrieben zu gewinnen, wurden ferner 35 Gemeinden befragt; es zeigte sich, daß auch hier die englische Arbeitszeit besonders der Beamten und Angestellten für die Sonnabende bereits weit verbreitet ist und daß sich diese Verbreitung keineswegs etwa nur auf die größten Städte beschränkt.

Als Ergebnis verzeichnet der Bericht ein erfreuliches Vordringen der Frühschlußsitte auf der ganzen Linie. Trotzdem aber seien die Dinge noch längst nicht aus der freien Entschließung oder dem Machtkampfe der Beteiligten heraus so weit gediehen, daß man sagen könnte, nur die üblichen Nachzügler des sozialen Fortschritts ließen noch mit der Einführung der englischen Woche auf sich warten. Diese Einführung ist vielmehr ohne Zweifel erst bei einer Minderheit von Betrieben erfolgt. Immerhin aber fehlt es nicht an Stimmen, die ihre weitere und allgemeine Verbreitung voraussehen. In diesem Sinne schreibt z. B. die Gewerbeaufsicht des preußischen Regierungsbezirks Düsseldorf (Jb. preuß. G.-A. 12, S. 523): „Es ist anzunehmen, daß der frühe Arbeitsschluß und die damit verbundene Verkürzung der Arbeitszeit am Sonnabend in der nächsten Zeit noch erheblich an Umfang gewinnen werden", und die Gewerbeaufsicht des Regierungsbezirks Merseburg meint im Anschluß an die Erwähnung mehrerer um 12 oder 1 Uhr mittags schließender Betriebe (Jb. preuß. G.-A. 12, S. 253): „Damit ist der Anfang zur Gewährung eines ganz freien Sonnabendnachmittags gemacht, der sich allmählich überall durchsetzen wird." Ein ähnlicher Eindruck besteht auch vielfach hinsichtlich des freien Samstagnachmittags der Angestellten und Beamten.

Wirft man nun die Frage auf, ob und inwieweit es ratsam ist, in die Entwickelung durch ein gesetzgeberisches Vorgehen einzugreifen, so erscheint es — so wünschenswert es an sich natürlich wäre, wenn ein reichsdeutsches Gesetz der Arbeiterschaft oder wenigstens den Arbeiterinnen sowie vielleicht den nicht in offenen Verkaufsstellen tätigen Angestellten recht bald den vollen freien Samstagnachmittag brächte — doch nach Maßgabe der ganzen sozialpolitischen Situation zwecklos, Forderungen solcher Art im Augenblick überhaupt aufzustellen, sofern man dabei an ein auf das Deutsche Reich begrenztes Vorgehen denkt. Der einzige Erfolg würde voraussichtlich der sein, daß man in einflußreichen Arbeitgeberkreisen nun in eine Gegenagitation gegen die bisher schon ohne gesetzlichen Zwang vielerorts eingetretene Freigabe der Samstagnachmittagstunden eintreten würde. Eine Gefährdung des bisher Erreichten wäre leider wahrscheinlicher als die Erzielung baldigen gesetzgeberischen Erfolges. Hierzu kommt, daß man in Arbeitgeberkreisen mit freudiger Geschicklichkeit auf die Meinungsverschiedenheiten innerhalb der Arbeiterschaft selbst hinweist und es bestreitet, daß hinter der Forderung des freien Samstagnachmittags überhaupt eine so große Zahl von Arbeitern stehe, daß man der übrigen Arbeiterschaft den womöglich mit Lohnausfall verknüpften Frühschluß darum aufzwingen dürfe. Also: ein forciertes nationales Vorgehen würde im Deutschen Reich nichts nützen. Das schließt allerdings nicht aus, daß in einigen Einzelheiten dem Frühschluß der Weg geebnet werden könnte. Hier ist besonders an die von der badischen Gewerbeaufsicht empfohlene, oben erwähnte Aenderung des § 139 Abs. 2 GO. zu denken. Eine derartige Bestimmung dürfte leicht durchzusetzen sein, weil sie nicht ohne weiteres eine soziale Belastung des Arbeitgebers, sondern nur eine im allgemeinen Interesse liegende Erleichterung des heute etwas drückenden Zwanges der §§ 136 und 139 enthalten würde. Mit dieser kleinen Bestimmung wäre aber für die Fortentwickelung des Samstag-Frühschlusses recht Erhebliches gewonnen. Ferner käme die Unterstellung der kleinen Motor- und Konfektionswerkstätten unter die Schutzbestimmungen des § 137 GO. in seiner jetzigen Fassung in Betracht sowie Verwaltungsmaßnahmen, wie Fortfall der postalischen Nachmittagsbestellungen an Sonnabenden u. dgl. m.

Anders liegt die Frage unter dem Gesichtswinkel des internationalen Arbeiterinnenschutzes. Ohne Zweifel wären weite Arbeitgeberkreise Deutschlands bereit, in einen freien Samstagnachmittag einzuwilligen, wenn er in den konkurrierenden Industriestaaten zugleich eingeführt würde. Das hat z. B. ein den textilindustriellen Kreisen Badens zugehöriger Abgeordneter erst kürzlich im badischen Landtag ausgesprochen. Der Bericht empfiehlt daher, daß die Internationale Vereinigung für gesetzlichen Arbeiterschutz die Frage des allwöchentlichen Ruhetages mit früherem Arbeitsschluß am Vorabend desselben einer ständigen Kommission überweist, die zunächst den internationalen Stand der Dinge feststellt und die Frage dann fortlaufend weiter bearbeitet. Er schließt mit der Hoffnung, daß die Kraft der organisierten Selbsthilfe und die Einsicht des Arbeitgebertums in absehbarer Zeit die Frühschlußbewegung so weit gefördert haben mögen, daß nur noch die Nachzügler durch das Eingreifen der Staatshilfe dazu gezwungen zu werden brauchen, ihren Arbeitnehmern die segensreiche Einrichtung des freien Samstagnachmittags zu gewähren.

SOZIALPOLITIK

Die sozialpolitischen „Lasten"

Dem fortwährenden Gerede der Arbeitgeber, unsere Industrie sei durch die soziale Gesetzgebung zu stark belastet, so daß es ihr schließlich nicht mehr möglich wäre, erfolgreich mit dem Auslande zu konkurrieren, Redensarten, die selbst der Präsident des Hansabundes, wie wir berichteten, wiederholt hat, setzen wir hier das Urteil eines Sachverständigen auf dem Gebiete des sozialen Versicherungswesens entgegen. Der Präsident des Reichsversicherungsamtes Dr. Kaufmann führt in seiner soeben in der zweiten Auflage erschienenen Schrift „Schadenverhütendes Wirken in der deutschen Arbeiterversicherung" folgendes aus:

„Die Opfer sind getragen worden, wenn sie auch namentlich in Zeiten wirtschaftlichen Niederganges oft schwer empfunden sein mögen. Der wirtschaftliche Aufschwung ging trotz der neuen Lasten unaufhaltsam fort und hat auch Krisen ohne dauernden Nachteil überstanden. Deutschland, dessen Bevölkerung im letzten Menschenalter um mehr als die Hälfte zunahm, ist den reichen Nachbarvölkern ebenbürtig geworden. Sein Nationalvermögen wächst jährlich etwa um vier Milliarden. Das beispiellose Emporschnellen von Handel und Industrie beruhte zwar auf einer Reihe von Gründen, deren Tragweite sich schwer scharf scheiden läßt. Die durchgreifende Verbesserung der Lage unserer Arbeiter hat aber keinesfalls hindernd im Wege gestanden. Vielmehr ist die Arbeiterversicherung eine, wenn auch zahlenmäßig kaum zu begrenzende, mitbestimmende Ursache dieser Entwickelung geworden."

Jetzt wird man wohl auch bald Dr. Kaufmann der „Weltfremdheit" zeihen und ihn zu den „überspannten Ideologen" rechnen, wie man es von Arbeitgeberseite gegenüber der Gesellschaft für Soziale Reform getan hat. Hdl.

Die ständige Ausstellung für Arbeiterwohlfahrt

(Reichsanstalt) in Charlottenburg, Fraunhoferstraße 11/12, veröffentlicht ihren Jahresbericht für das Jahr 1913. Von dem Interesse, dessen sich die Ausstellung in immer weiteren Kreisen zu erfreuen hat, gibt vor allem die stetig wachsende Zahl der Besucher Kunde, die sich von rund 32 000 im Vorjahr auf über 35 000 gehoben hat. Was der Ausstellung vor manchen anderen ihren besonderen Wert verleiht, sind die sachverständigen Gruppenführungen, die auf vorherige Anmeldung jederzeit veranstaltet werden; solche Führungen fanden im Jahre 1913 574 mit rund 21 000 Teilnehmern statt. Es waren daran nicht nur Berliner beteiligt, sondern auch von auswärts finden sich häufig Besucher ein, wie auch besondere Führungen für Aufsichtsbeamte, Studiengesellschaften, Teilnehmer an Kursen der verschiedenartigsten Organisationen, Fortbildungsschulen usw. veranstaltet werden. Ihrem Inhalt nach hat die Ausstellung im abgelaufenen Jahre wieder erheblich an Umfang gewonnen. Der im Juni vorigen Jahres zusammengetretene fachwissenschaftliche Beirat der Ausstellung hat unter den vorhandenen Ausstellungsgegenständen manche bezeichnet, die den Unfallverhütungsvorschriften und gewerbehygienischen Anforderungen nicht mehr ganz entsprechen und daher auszuscheiden waren. Es ist Sorge getragen, daß die dadurch entstandenen Lücken durch neuere Konstruktionen ersetzt sind. Von mehr als 1100 Ausstellern werden zurzeit rund 3600 Einzelgegenstände zur Ausstellung gebracht. Eine Neuerung besteht in der Veranstaltung von Sonderausstellungen zur Veranschaulichung der gewerbehygienischen und Unfallverhütungseinrichtungen für einzelne Berufsarten; so war u. a. vom April bis Juli vorigen Jahres eine solche Ausstellung von Einrichtungen zum Schutze der in Metallbrennen und Metallbeizereien beschäftigten Personen gegen die schädlichen Wirkungen nitroser Gase geöffnet. Einen besonderen Wert erhält der Jahresbericht der Ausstellung durch die Veröffentlichung der Gutachten, die der Beirat über diese Sonderausstellung erstattet hat, und einen Bericht über sie, der Versuche und Beobachtungen widergibt, die der wissenschaftliche Hilfsarbeiter der Verwaltung, Regierungsbaumeister Ernst an den ausgestellten Einrichtungen angestellt hat. Bemerkenswert ist auch die der Ausstellung angegliederte Sammlung von Fachliteratur und die Sammlung von Katalogen und Prospekten, die jedem Besucher zur Einsichtnahme zur Verfügung steht. Daneben wird der Auskunfterteilung und dem Vortragswesen, für das ein Hörsaal mit Lichtbilderapparat und Einrichtung zur Vorführung kinematographischer Aufnahmen vorhanden ist, besondere Aufmerksamkeit geschenkt. So dürfte die Ausstellung ein vortreffliches Mittel zur Orientierung über alle Fragen des Arbeiterschutzes bieten, so daß ihr Besuch, der unentgeltlich ist, warm empfohlen werden kann. Der Jahresbericht ist auch im Buchhandel, Verlag von Springer, zum Preise von 2 M erhältlich.

*

Wieder eine Handelskammer gegen die Arbeitslosenversicherung

Die Handelskammern geben sich fortgesetzt Mühe, zu beweisen, daß sie nicht als Vertreter des Handels, sondern als Vertreter einseitiger Arbeitgeberinteressen angesehen werden wollen. Den vielen Handelskammern, die gegen die Arbeitslosenversicherung Front gemacht haben, ist jetzt auch die Handelskammer Oppeln gefolgt. Sie behauptet, daß die Arbeitslosenversicherung den Verlust des Selbstverantwortlichkeitsgefühls mit sich bringen müsse. „Die Pflicht, für sich und die Angehörigen unter allen Umständen zuerst selbst zu sorgen, ist bei der ständigen Agitation und dem zum mindesten theoretischen Entgegenkommen der herrschenden sozialpolitischen Richtung der Anschauung gewichen, daß der Staat oder die Gesellschaft für alle Schäden aufzukommen hat, die dem Arbeiter zustoßen; eine Anschauung, die den Arbeiter zum Eingehen ihm unbequemer oder auch nur zeitweise schlechterer Arbeitsbedingungen natürlich nicht geneigt macht. . . . . Wenn auch der Staatssekretär des Reichsamts des Innern die Frage nicht für spruchreif und irgendeine staatliche Regelung für absehbare Zeit für ausgeschlossen erklärt hat, so dürfen wir uns doch nicht der Täuschung hingeben, daß damit die Gefahr dieses sozialpolitischen Experiments endgültig verschwunden ist."

Es ist erfreulich, daß die Handelskammer hier so klipp und klar sagt, worum es sich bei der Gegnerschaft gewisser Arbeitgeberkreise gegen die Arbeitslosenversicherung handelt. Man befürchtet, daß dann der Arbeitnehmer „zum Eingehen ihm unbequemer oder auch nur zeitweise schlechter Arbeitsbedingungen natürlich nicht geneigt" ist. Der Handelskammer ist sehr bekannt, daß die Arbeitslosenversicherung den Arbeitslosen nur so geringe Zuwendungen geben kann, daß jeder das größte Interesse daran hat, so schnell wie möglich eine neue, selbst „unbequeme" Stellung mit „schlechteren Arbeitsbedingungen" anzunehmen. Denn die Versicherung soll den Arbeitslosen doch nur vor der schlimmsten Not bewahren und verhüten, daß er der Armenpflege zur Last fällt. Aus dieser Aeußerung der Handelskammer geht darum hervor, daß man diese Stützung des Selbstbewußtseins des Arbeiters als die größte Gefahr ansieht. Man will zermürbte und zerknirschte Existenzen, die keine Widerstandskraft in sich mehr haben, die bereit sind, die elendsten Arbeitsbedingungen zu schlucken, wenn sie nur überhaupt wieder eine Arbeit bekommen. In dieser „Reservearmee" von Arbeitern, die Lohndrücker ohne ihre Absicht werden, sehen gewisse Kreise des industriellen Scharfmachertums einen wertvollen Bundesgenossen zur Aufrechterhaltung ihrer Macht auf dem Arbeitsmarkt. Das ist die wirkliche „Gefahr dieses sozialpolitischen Experiments", die sie befürchten. Hdl.

ANGESTELLTENFRAGEN

Verwendung von Mitteln der Angestelltenversicherung

Von zuständiger Stelle schreibt man uns:

In der Kölnischen Zeitung Nr. 750 vom 30. Juni 1914 wird unter der Ueberschrift „Verwendung von Mitteln aus der Angestelltenversicherung" mitgeteilt, die Reichsversicherungsanstalt habe über 1 Million Mark den Kreisen Biedenkopf und Dillenburg zur Ausdehnung der Elektrizitätsversorgung als Darlehn gegen 2½ proz. Verzinsung bewilligt. Diese Nachricht klingt von vornherein so unwahrscheinlich, daß es Wunder nehmen muß, wie die Redaktion einer so bedeutenden Zeitung sie ohne Nachprüfung aufnehmen konnte, zumal sie sich über die beunruhigende Wirkung schwerlich im Unklaren sein konnte. Wie sollte die Reichsversicherungsanstalt dazu kommen, in ihren Kapitalanlagen derart vom allgemeinen Zinsfuße abzuweichen, zumal für Unternehmungen, deren Förderung in keiner Beziehung zu den Aufgaben der Angestelltenversicherung steht! In der Tat hat sich die Reichsversicherungsanstalt bisher im Interesse der Versicherten auch derartige Anlagen wie ihre sonstigen Darlehen zu 4¼ bis 4½ Proz., ja unter Umständen noch höher verzinsen lassen.

*

Die gescheiterten Tarifverhandlungen

der Anwaltsangestellten mit ihren Arbeitgebern haben die in Betracht kommenden Angestellten-Verbände, den Verband Deutscher Bureaubeamten in Leipzig, den Verband der Bureauangestellten Deutschlands in Berlin, den Verband Deutscher Rechtsanwalts- und Notariatsbureaubeamten in Wiesbaden und den Süddeutschen Bund der Anwaltsgehilfenvereine in Augsburg veranlaßt, in Leipzig zu einem allgemeinen deutschen Anwaltsangestellten-Tag zusammenzutreten. Die Tagung war von über 600 Personen aus dem ganzen Reiche besucht. Von dem sozialen Ausschuß des deutschen Rechtsanwaltsvereins war Dr. Mehnert erschienen. Nach Referaten von Dr. Jahn (Leipzig), Bureauvorsteher Marxen (Kiel) und Reichstagsabg. Giebel (Berlin) und einer allgemeinen Aussprache wurden einstimmig zwei Resolutionen angenommen. Die erste vertritt im Gegensatz zu den Beschlüssen des Deutschen Anwaltsvereins die Ansicht, daß die Verschiedenheit der örtlichen Verhältnisse keineswegs so groß sei, daß nicht die Festsetzung und Beobachtung gleichmäßiger Mindestbestimmungen für das ganze Deutsche Reich bei Wahrung berechtigter örtlicher und landschaftlicher Besonderheiten möglich wäre, doch beauftragt der Anwaltsangestellten-Tag die beteiligten Verbände, nicht erst Schritte der Anwaltsorganisationen abzuwarten, sondern ihrerseits an diese heranzutreten, um zu versuchen, zu einer örtlichen Regelung der Arbeits- und Gehaltsverhältnisse zu gelangen und dadurch zugleich Vorarbeit für einen künftigen Reichstarif zu leisten. Die zweite Resolution bringt entgegen der im Reichsjustizamt bestehenden Auffassung zum Ausdruck, daß ein tarifvertragliches Abkommen die gesetzliche Regelung der Anstellungsverhältnisse in den Rechtsanwaltsbureaus ganz und gar nicht entbehrlich machen könne. In diesem Sinne heißt es:

Der Anwaltsangestellten-Tag stellt, gestützt auf die Erhebungen des Reichsjustizamts, die dringliche Notwendigkeit fest, ohne Verzug die Berufsverhältnisse gesetzlich zu regeln. Er erwartet daher von der Reichsregierung, daß sie dem Reichstag alsbald bei seinem Zusammentritt einen Gesetzentwurf vorlegt, der im besonderen regelt: die Ausbildung und die Beschränkung der Zahl der Lehrlinge, die Kündigungsfristen, die Gründe für die fristenlose Kündigung, das Recht auf Zeugnisse, die Fortzahlung des Gehalts bei unverschuldeter Arbeitsbehinderung, die Zuständigkeit der Kaufmannsgerichte sowie den Schutz gegen gesundheitliche Schädigung bei der Arbeit; hierfür fordert der Anwaltsangestellten-Tag namentlich: Beschränkung der werktägigen Arbeitszeit auf acht Stunden und an den Tagen vor Sonn- und Festtagen auf sechs Stunden; Verbot der Sonntagsarbeit; einen Mindesturlaub von zwei Wochen in jedem Jahre für jeden Beschäftigten unter Fortzahlung des Gehalts; Einbeziehung der Bureaubetriebe in eine amtliche Inspektion. Der Anwaltsangestellten-Tag setzt als selbstverständlich voraus, daß die zu schaffenden gesetzlichen Bestimmungen zum mindesten auch Anwendung finden auf die Privatangestellten der Notare und Gerichtsvollzieher.

STANDESFRAGEN

Der Werkmeisterverband gegen die Gelben

Wir berichteten in Heft 27 über die Absicht gewisser Unternehmerkreise, die Werkmeister in die gelben Werkvereine hineinzuzwingen. Wie zu erwarten war, hat der Werkmeisterverband gegen diesen Druck der Arbeitgeber mit aller Entschiedenheit Front gemacht. Die Werkmeister-Zeitung bringt wuchtige Anklagen gegen die Art und Weise, wie die Unternehmer die Koalitionsfreiheit der Werkmeister zu unterbinden drohen. So heißt es u. a.:

„Vermehrter Arbeitswilligenschutz ist die Parole der Arbeitgeberverbände. Wir allerdings rufen nicht nach einem vermehrten Schutze der Arbeitswilligen, da die gesetzlichen Vorschriften vollkommen ausreichen, um etwaige Uebergriffe der Arbeiter bei Aussperrungen auf das richtige Maß zurückzuführen. Wir verlangen heute etwas ganz anderes! Nämlich den Schutz der Werkmeister gegen den Terrorismus im Betriebe, der sich heute überall breit macht, der heute dem tüchtigen Werkmeister das Leben verleidet, ihm die Arbeitsfreude nimmt. Dabei handelt es sich nicht um die freien, christlichen und Hirsch-Dunckerschen Gewerkschaften, sondern um den

Terrorismus, den die Werkvereine ausüben, bezw. die Personen im Betriebe, die die Schutzpatrone der Werkvereine sind. Darunter leiden am allermeisten die Werkmeister, bei denen man von vornherein eine neutrale Stellung den verschiedenen Arbeitergruppen gegenüber erwartet. Aber nicht nur die Werkmeister sind es, die darunter zu leiden haben, sondern die technischen und Bureauangestellten der Fabrikbetriebe, bei denen auch alles geschieht, um sie zu Mitgliedern der Werkvereine zu werben."

Mit welchen Mitteln versucht wird, Werkmeister in die gelben Werkvereine zu pressen, zeigen folgende Ausführungen:

„Hört man das von den beteiligten Personen, ist es geradezu haarsträubend, welche Mittel manchmal angewendet werden, um das Rückgrat der Werkmeister, auf die der Arbeitgeber angewiesen ist, zur Nachgiebigkeit zu zwingen. Die von ihm hergestellten Produkte werden getadelt, überall findet man etwas auszusetzen, das auch dann, wenn die Arbeiten, die der Werkmeister früher lieferte, absolut einwandfrei waren. Die Mitglieder der Werkvereine machen dem Werkmeister allerhand Schwierigkeiten, nur um ihn zum Beitritt zu zwingen. Oft werden gute Arbeiter in der Abteilung, die der Werkmeister angelernt hat, auf die er sich verlassen kann, nach und nach in andere Betriebe versetzt, nur damit seine Arbeit nicht mehr einwandfrei ist, damit ihm bewiesen wird, daß er den gestellten Anforderungen nicht mehr entspricht. Es ist auch nichts Seltenes, daß dem Werkmeister mit der Kündigung gedroht wird, wenn er dem Werkvereine nicht beitritt."

Zu der Beschränkung der Koalitionsfreiheit kommt noch die Unterdrückung der politischen Freiheit hinzu. Darüber schreibt die Werkmeister-Zeitung:

„Gehört der Arbeitgeber der Zentrumspartei an, wird es ungern gesehen, wenn der Werkmeister eine führende Rolle in einem liberalen Verein spielt, ist der Arbeitgeber nationalliberal, darf der Werkmeister in der Zentrumspartei nicht den Ton angeben; ist der Arbeitgeber konservativ, verlangt er von seinem Angestellten auch Betätigung nach der konservativen Richtung hin."

Diese Klagen der Werkmeister decken sich fast ganz mit den Klagen, die auch die übrigen technischen Angestellten gegen den Terrorismus gewisser Arbeitgeberkreise vorzubringen haben.

Es muß darum der Oeffentlichkeit immer und immer wieder zum Bewußtsein gebracht werden, daß es die dringendste sozialpolitische Aufgabe ist: „Schutz der persönlichen Freiheit gegen wirtschaftlichen Druck." Hdl.

*

Der Bund der Absolventen staatlich höherer Fachschulen B. s. h. F. und die Lage der Hilfsarbeiter auf den Kaiserlichen Werften

In Nr. 7 der Zeitschrift der genannten Vereinigung läßt sich ein Herr Mzl. ausführlich über die Laufbahn der Hilfsarbeiter in den Kaiserlichen Marinebetrieben aus. Am Schluß seines Berichtes kommt der Verfasser zu einer Erklärung, die reich an Widersprüchen ist. Da die Angelegenheit der Hilfsarbeiter zurzeit die Oeffentlichkeit beschäftigt, so ist es sicher am Platze, auf diesen Artikel noch einmal näher einzugehen.

Der Widerspruch wird noch größer, wenn man sich vorweg die Ziele vor Augen führt, die der Bund der Absolventen höherer Fachschulen bei der Gründung sich gesteckt hat. Es heißt an erster Stelle: der B. s. h. F. ist eine Vereinigung zur Wahrung und Förderung der Standesinteressen seiner Mitglieder.

Wo hinaus führt aber der Schluß des erwähnten Artikels? Es wird darin auch die Aeußerung des Staatssekretärs, daß das Hilfspersonal bis 1920 möglichst verschwinden soll, berührt. Mag die Zeit nun in dieser Angelegenheit bringen was sie will, es wäre doch die Aufgabe jeder Berufsvereinigung, die von dieser Frage betroffene Kollegen unter ihren Mitgliedern hat, gewesen, dafür einzutreten, daß die Kollegen, die in den Marinebetrieben solche Stellungen inne haben, nicht über kurz oder lang dieser verlustig werden.

Wie der Verfasser des Artikels offen sagt, befindet sich eine große Menge von Kollegen in solchen Stellungen. Ja der Verfasser erlaubt sich noch ein Urteil über die Beschäftigung der Hilfskräfte, das sie durchweg als konstruktive Ingenieure hinstellt. Hat denn der B. s. h. F. sich einmal vorgestellt, wie den Kollegen in ihrer Lage zu helfen ist? Der einzig richtige Weg wäre doch wohl der, dafür einzutreten, daß die zum Aufschwung der ganzen deutschen Marine, wohl mit unser größtes Nationalgut, unbedingt nötig gewesen, und fürs erste auch kaum zu entbehrende Kräfte einen Platz weiter dort behalten werden. Wie das nun möglich wäre, soll hier nicht untersucht werden, aber ganz verfehlt ist es doch, von dem Herrn Mzl., in einem Atemzuge einen Weg anzudeuten, der ohne Frage dazu führen würde, die Lage der Hilfskräfte nur zu schwächen. Denn in dem erwähnten Artikel werden die Absolventen der Fachschulen auf die augenblickliche günstig scheinende technische Marine-Sekretariatslaufbahn hingewiesen. Ganz sicherlich gehört zu dem ganzen Apparat der Marine ein großes Heer von Beamten, das sich stetig weiter aufbauen muß, aber doch nicht mit einem Male kräftiger zu Ungunsten anderer, die bisher unentbehrlich waren.

Dieser Widerspruch, der in dem Artikel liegt, wenn man bedenkt, daß der B. s. h. F. die Lage seiner Kollegen sichern will, ist mit einem verräterischen Geschütz zu vergleichen, das von Kollegen bedient, aus den eigenen Reihen die auch im Kampfe um den Lebensunterhalt stehenden Kollegen herausreißt. Daß ein solcher Kampf gerade in der Technik besteht, will doch wohl kaum einer abstreiten, denn solange die Existenz des Ingenieurs nur von der jeweiligen Konjunktur abhängig ist, so bleibt einem jeden hiervon Betroffenen das Gefühl der Sicherheit fern. Der B. s. h. F. würde sicher des Dankes seiner Mitglieder gewiß sein können, wenn er sich auch auf diesem unendlich arbeitsreichen Gebiet betätigen würde, ganz besonders seine in der Angelegenheit der nach hunderten zählenden Hilfskräfte in den Marinebetrieben.

Wenn eine solche Auffassung der B. s. h. F. nicht verstanden und vertreten werden kann, dann können einem die Mitglieder, die in diese Sache hereingezogen werden, leid tun. Sie sollten so schnell wie möglich dem B. s. h. F. den Rücken wenden und andere Wege suchen, auf denen sie für die notwendigsten Lebensbedingungen zu erkämpfen, tatkräftigere Unterstützung finden.

Etwas auffällig in dieser Angelegenheit, die den B. s. h. F. aber auch schon längere Zeit anscheinend interessiert, ist auch noch folgende Erscheinung, die leider den Schein wach werden läßt, daß die Schriftleitung nicht ganz unbeeinflußt handelt. In Nr. 5 ist ein Artikel begonnen „Die Hilfskräfte in den Marinebetrieben" worin die Schriftleitung sagt: Der I. B. Z. entnehmen wir folgenden interessanten Artikel . . ., dann folgt der Abdruck des Artikels mit dem Schlußvermerk Schluß folgt! Bis heute aber ist der Schluß noch nicht erschienen. Wo liegt der Grund hierfür? Sollte wohl irgend eine Gruppe im B. s. h. F. Einhalt dagegen getan haben?

Alle beteiligten Organisationen würden aber nur in dieser Frage der Hilfskräfte mit Freuden feststellen, wenn der B. s. h. F. die doch wirklich nicht zu großen Wünsche der betroffenen Kollegen auch der Oeffentlichkeit gegenüber vertreten würde.

*

Ein Gemeindevorsteher als technischer Betriebsleiter!

Unsere preußische Staatseisenbahn-Verwaltung und die ihr angeschlossenen Staatsbahnen geben sich die größte Mühe, durch Einführung aller möglichen Sicherheitseinrichtungen auf bahntechnischem Gebiet jede Gefährdung für Eisenbahntransporte und Menschenleben auszuschließen. Wenn man auf die letzten Jahre zurückblickt, maß man zugeben, daß mancher Fortschritt zu verzeichnen ist. Um so eigentümlicher wird man von dem Ergebnis einer Stellenausschreibung berührt, die in der Nr. 18 der D. T.-Z. vom 2. Mai 1914 erfolgte und hier wörtlich abgedruckt ist:

„Für unsere 8 km lange, normalspurige Kleinbahnstrecke wird zum 15. Mai d. J. ein im Bahnunterhaltungs-, Betriebs- und Verkehrsdienste erfahrener

Betriebsleiter

mit technischer Vorbildung bei einem Anfangsgehalte von 2400 M jährlich, steigend von drei zu drei Jahren um je 300 M bis 3600 M neben freier Dienstwohnung, sowie mit Pensionsberechtigung durch Beteiligung an der Pensionskasse für Beamte Deutscher Privateisenbahnen, gesucht. Meldungen mit Lebenslauf und Zeugnissen sind sofort einzureichen.

Beesenlaublingen, den 18. April 1914.

Der Vorstand der Kleinbahn-Aktiengesellschaft Bebitz-Alsleben."

Die Hallesche Allgemeine Zeitung und Zentralanzeiger bringt nun in ihrer Sonnabend-Nummer vom 16. Mai 1914 folgende Nachricht:

„Beesenlaublingen, 14. Mai. (Zum Betriebsleiter der Kleinbahn) Bebitz-Alsleben wurde Gemeindevorsteher H. Butzmann hierselbst an Stelle des bisherigen Betriebsleiters Jülich zum 1. Juli gewählt."

Es ist unverständlich, wie der Vorstand der Kleinbahn-Aktiengesellschaft Bebitz-Alsleben erst sich Bewerbungsgesuche (es sollen ca. 80 Gesuche gewesen sein) einsenden läßt und dann zum Betriebsleiter einer Bahnanlage einen Gemeindevorsteher anstelle des bisherigen Betriebsleiters, Ing. Jülich, einstellt. Dabei hat diese Bahn ziemlich bedeutende technische Anlagen. Im Anschluß an die Staatsbahnstation Bebitz — sie gehört wohl zum Betriebsamt Aschersleben —, hat die Kleinbahn eine Haltestelle mit Gebäude und Ladestraße, den Bahnhof Beesenlaublingen mit Stationsgebäude, Nebengebäuden und Lokomotivschuppen und mehrere zum Teil recht umfangreiche Gleisanlagen. Zum Betriebe gehört ferner die große Strombrücke über die Saale in Eisenkonstruktion, welche technisch als besonders schwierig in der Unterhaltung und Ueberwachung anzusehen ist, weil sie in einer Kurve liegt. Jenseits der Saale liegt dann der große Schlußbahnhof Alsleben mit Gebäude, Lokomotivschuppen und Anschluß-Gleisanlagen.

Diese ganze Anlage steht nun unter der Aufsicht und Leitung eines Herrn, dem man selbst unter höchster Anerkennung seiner bisherigen Verdienste doch nicht die nötigen technischen Kenntnisse zuerkennen kann, die notwendig sind, um eine solche Anlage so zu prüfen und zu beobachten, daß eine Gefährdung von Eisenbahntransporten ausgeschlossen ist. Unseres Wissens existiert kein Betriebsamt im ganzen Preuß.-Hess. Staatsbahnbereich, das nicht an der Spitze einen technischen Oberbeamten hat, dem gewöhnlich der technisch besonders vorgebildete Betriebs-Ingenieur, im Bureau außerdem technisch vorgebildetes Eisenbahnpersonal und auf der Strecke als ständige technische Aufsicht besonders vorgebildete Bahnmeister zur Seite stehen. Die vorstehend skizzierte technische Aufsicht findet man auf den kleinsten Staatsnebenbahnen, wo nur einfache Anlagen vorhanden sind, wo nicht noch Anschluß-Gleisanlagen, Strombrücken und ähnliches zu überwachen sind, wie bei der Kleinbahn Bebitz-Alsleben.

Wir können uns nicht vorstellen, wie der nicht technisch gebildete Gemeindevorsteher die Betriebsaufsicht durchführen will und wie von dem Vorstand der Kleinbahn-Aktiengesellschaft Bebitz-Alsleben die technische Beaufsichtigung der Betriebsanlagen und Betriebsmaschinen gedacht worden ist. Wir halten uns, nicht nur im Interesse der Techniker, sondern auch im Interesse des reisenden Publikums für verpflichtet, die Aufsichtsbehörde auf die Art der Besetzung dieses unserer Ansicht nach ziemlich wichtigen Postens aufmerksam zu machen. Denn wir können uns nicht denken, daß das aufsichtsführende Betriebsamt der Staatsbahn die Genehmigung zur Besetzung dieser Stelle durch einen Gemeindevorsteher erteilt hätte, wenn es genau über die Schwierigkeit der Ueberwachung unterrichtet gewesen wäre. Es liegt im Interesse unseres Standes, daß wir auf die Besetzung solcher Posten mit durchaus tüchtigen Technikern Wert legen müssen, da es letzten Endes bei Betriebsunfällen schließlich immer heißt, daß die Betriebsleitung, unter der man sich immer technisches Personal vorstellt, nicht auf der Höhe gewesen ist.

Kr.

:: :: :: :: STANDESBEWEGUNG :: :: :: ::

Die Festschrift zum XXII. Verbandstage des D. T.-V.

Als ein stattlicher, reich und schön illustrierter Band von über 350 Seiten, so repräsentiert sich rein äußerlich diese von Mühlenkamp-Metz im Auftrage der Landesverwaltung Elsaß-Lothringen des D. T.-V. anläßlich unseres Metzer Verbandstages herausgegebene Festschrift. Schon ein kurzer Blick in den Inhalt läßt erkennen, daß dieses Buch nicht nur zur bleibenden Erinnerung an die kurze Spanne Zeit, die unsere Tagung einschloß, bestimmt ist, sondern auch ein Stück Verbands- und Kulturgeschichte darstellt. Während es uns in einem besonderen, auch den Fernstehenden interessierenden Abschnitt mit den Reichslanden Elsaß-Lothringen, seinen Bewohnern und Werken näher bekannt macht, ist der Zweck des Hauptteiles, der Oeffentlichkeit von unserem Deutschen Techniker-Verband, seiner Entstehung, seinem Wollen und Wirken Kunde zu geben. Wie es sich an den Mitbürger und Kollegen wendet, die in diesem Buche, sei es in kulturgeschichtlicher oder fachlicher Hinsicht, Belehrung suchen, so will es auch die noch abseits stehenden Berufsgenossen, will es Gesetzgeber, Regierung und Gemeinden über unsere Ziele und berechtigten Forderungen aufklären.

Der erste Abschnitt des auf dieser breiten Basis angelegten Werkes ist somit ausschließlich unseren Interessen, die wir als Techniker- und Angestelltenstand vertreten, gewidmet. Ein in die Geschichte der Techniker-Organisationen einführender Artikel von H. Kaufmann, Berlin, schildert die innere und äußere Entwicklung des D. T.-V. bis zum Königsberger Verbandstag. In einer Nachschrift sind die wichtigsten Vorgänge und Beschlüsse angeführt, die auf die Entwicklung des Verbandes von der paritätischen zur gewerkschaftlichen Organisation entscheidenden Einfluß ausübten. Ein nur wenig bekannter, aber heute sehr aktueller Beitrag zur Geschichte der Technikerverbände ist der auf Seite 5 abgedruckte Aufruf aus dem Jahre 1875, wo in Bromberg zum ersten Male der (noch heute unerfüllte) Ruf zur Organisation aller deutschen Techniker auf genossenschaftlicher Grundlage ertönte. Die Hauptprinzipien sollten folgende sein: 1. Vereinigung sämtlicher Techniker Deutschlands. 2. Unterstützung hilfsbedürftiger Kollegen. 3. Vermittelung von Engagements für stellenlose Kollegen. 4. Anschluß an eine bewährte Lebensversicherungsgesellschaft zur Erlangung billiger Prämien und 5. Pensionierung älterer oder arbeitsunfähiger Kollegen. Zur Erreichung dieses Zieles war vorgesehen, daß jedes Mitglied außer einem Eintrittsgeld von etwa 6 M einen Monatsbeitrag von mindestens 3 M zahlt! In dem auf die Gründerperiode folgenden „Krach" verhallte der Ruf unerhört. Es mag sein, daß auch die Unklarheit über die Anwendung der erstrebten Macht den Mißerfolg mit verschuldete. Aber es muß der Vergessenheit entrissen werden, daß schon vor einem Menschenalter Männer aufstanden, die eine modernen Prinzipien ähnliche Organisation auf finanziell kräftiger Grundlage schaffen wollten. Eine Anzahl anderweitiger Dokumente aus der Geschichte unseres eigenen Verbandes bieten reichen Stoff zum Nachdenken und zu Vergleichen. — An diesen Aufsatz schließt sich die aus einem Preisausschreiben hervorgegangene und mit einem ersten Preise ausgezeichnete Arbeit des Architekten A. Küster, Berlin an: „Hört den Ruf der Dreißigtausend! Ein Mahnwort an die deutschen Techniker", ein Aufruf, der nicht nur an den Verstand, sondern auch an das Gemüt mit begeisternden Worten appelliert. Drei wichtige Kapitel aus dem deutschen Arbeitsrecht: 1. Dienstrecht, 2. Angestelltenrecht, 3. einheitliches Beamtenrecht behandelt Dr. Potthoff im 3. Teil dieses Abschnittes; im 4. schildert der Herausgeber Mühlenkamp, Metz, die Entwicklung und das Wirken der Landesverwaltung Elsaß-Lothringen. Der 5. Teil bringt einen Aufsatz von Architekt und Gewerbelehrer K. Heuser, Mülheim a. Rh., der darin die Frage „Techniker als Gewerbe- und Fortbildungsschullehrer" eingehend behandelt. Auch diese Arbeit ist aus dem Preisausschreiben hervorgegangen; der Verfasser wurde ebenfalls mit einem ersten Preise bedacht. Der 6. Aufsatz ist speziell unserem Erholungsheim gewidmet, über dessen Entstehung unser für die Entwicklung des Heims so verdienstvolles Mitglied, Bürgermeister Burkhardt, Sondershausen, berichtet. Der Aufsatz ist mit einer großen Anzahl wohlgelungener Aufnahmen von Außen- und Innenansichten des Heims ausgestattet. Ein Verzeichnis der einzelnen Organe unseres Verbandes bildet den Schluß des 1. Abschnittes.

Der 2. Abschnitt ist überschrieben: Aus der Vergangenheit Elsaß-Lothringens, insbesondere der Hauptstädte Metz und Straßburg. Ueber die Geschichte der Stadt Metz mit besonderer Berücksichtigung ihrer Bauten hat Museumsdirektor Prof. Keune, Metz, einen hochinteressanten Aufsatz veröffentlicht. Der Kulturhistoriker sowohl als der Architekt und Bautechniker finden hier eine Fülle anregenden und belehrenden Stoffes. Des beschränkten Raumes wegen können wir nur die zahlreichen hochinteressanten und wohlgelungenen Abbildungen erwähnen, die dem Leser die verschiedenen Kultur- und geschichtlichen Epochen, die das alte Metz durchgemacht hat, erläutern: Römer-Zeit, das fränkische Metz, Metz als bischöfliche, dann als freie Stadt des Deutschen Reiches, die französische Stadt und Festung Metz, die deutsche Stadt und Festung. Sehr reizvoll sind die Bilder, die uns die jungen Bewohnerinnen der Reichslande in einheimischer Tracht vor Augen führen.

Dieser großzügig angelegten Arbeit folgen noch 4 anderweitige, nicht minder interessante und ebenfalls reich illustrierte Aufsätze. Stadtbaumeister Nack, Metz, berichtet über den Einfluß der Stadterweiterung auf die gesundheitliche Entwicklung Metz'. Dieser Aufsatz bietet auch dem Tiefbautechniker manches Interessante. Das Elsaß und seine Baukunst schildert Prof. Staatsmann, Straßburg. Regierungsrat und Beigeordneter der Stadt Straßburg, Dr. Emmerich, berichtet über die Wohnungsfürsorge der Stadt Straßburg, ein gewiß sehr viele Leser fesselndes Kapitel, schließlich bespricht noch Regierungsrat und Beigeordneter der Stadt Straßburg Dr. Carl den großen Straßendurchbruch in dieser Stadt, dessen erster Abschnitt im Jahre 1911 begonnen wurde und im Oktober dieses Jahres voraussichtlich durchgeführt sein wird.

Es steckt eine solche Fülle belehrenden und anregenden Stoffes in diesem Werk, daß man seinen Verfassern und dem Herausgeber nur wärmste Anerkennung zollen kann. Auch die graphische Kunstanstalt von Gebr. Lang in Metz hat bei der Ausstattung des Werkes Hervorragendes geleistet. Der Preis des Buches, das von der Landesverwaltung Elsaß-Lothringen des D. T.-V., Metz, Ponceletstraße 6, auch von unserer Buchhandlung geliefert wird, ist im Verhältnis zu seinem Werte so billig (2 M für Mitglieder, sonst 5 M), daß wir schon aus diesem Grunde seine Anschaffung jedermann bestens empfehlen können.

Mf.

// DEUTSCHE TECHNIKER-ZEITUNG
TECHNISCHE RUNDSCHAU

XXXI. Jahrg. 18. Juli 1914 Heft 29

Ueber Schubspannungen und Knicksicherheit

Von R. SCHIERITZ, Berlin-Lichtenberg. (M.-Nr. 26 636.)

In der Regel wird den Schubspannungen im Bauwesen eine untergeordnete Rolle zugesprochen und sie werden bei den meisten Konstruktionen als unerheblich vernachlässigt, ob mit Recht oder nicht, soll nachstehend näher untersucht werden.

Berücksichtigt wurden die Schubspannungen bei den aufzustellenden Festigkeitsberechnungen erst, nachdem durch Versuche festgestellt ist, daß eine Vernachlässigung ein schwerer Fehler war.

Wohl bei keiner Bauart hat dies zu solchen Ueberraschungen geführt wie beim Eisenbetonbau, womit natürlich nicht gesagt werden soll, daß bei anderen Bauweisen nicht auch Fehler in dieser Hinsicht gemacht wurden.

Die meisten Unfälle und Fehlkonstruktionen im Eisenbetonbau lassen sich — wenn man von einigen groben Verstößen gegen die anerkannten Regeln der Technik absieht — auf ungenügende Anordnungen zur Aufnahme der Schubspannungen zurückführen. Auch heute kann die Frage, wie die Schubspannungen bei Eisenbetonkonstruktionen aufgenommen werden, trotz aller Versuche als vollkommen gelöst noch nicht bezeichnet werden, da bei den Aufbiegungen noch zu mechanisch nach den ministeriellen Bestimmungen verfahren wird. Ob sich die einzelnen aufgebogenen Stäbe auch genügend übergreifen und nicht zuviel Spielraum frei lassen, auf diesen Umstand wird zu wenig Rücksicht genommen, so daß schiefe Schubrisse entstehen.

Weiter muß die unsymmetrische Anordnung der aufgebogenen Stäbe als Fehler bezeichnet werden, weil dadurch im Balken Verdrehungsmomente erzeugt werden, die, wenn keine ringartigen Umschnürungen ausgeführt sind, die Schubspannungen vergrößern. Der oft als Vorzug der Eisenbetonbauweise ins Feld geführte Zusammenhang der Konstruktion aus einem Guß ändert daran nicht viel, jedoch soll darauf hier nicht weiter eingegangen werden.

Beim Mauerwerk haben die Schubspannungen bisher wohl die geringste Bedeutung erlangt, und erst ein erhöhtes Interesse erreicht, als zwei englische Forscher durch Versuche nachzuweisen suchten, daß die Schubspannungen für Sperrmauern zum Ansammeln von Wasser doch eine größere Gefahr für die Standsicherheit derartiger Mauern ergeben, als dies nach den bisher üblichen Voraussetzungen und Annahmen bekannt war.

Die Folge dieser Versuche war ein lebhafter Meinungsaustausch in den in Frage kommenden Kreisen, die in verschiedenen Fachblättern veröffentlicht wurden, ohne indessen eine allgemein gültige Klärung zu bringen.

Im Holzbau spielen die Schubspannungen, so lange volle Holzquerschnitte zur Verwendung kommen, keine große Rolle; Einfluß erlangen sie erst, wenn es sich um zusammengesetzte und durch Einschnitte geschwächte Querschnitte und Konstruktionen handelt, die zur Aufnahme großer Lasten dienen, wie dies namentlich bei Leergerüsten zu massiven Brücken der Fall ist. Derartige Gerüste werden in neuerer Zeit mit besonderer Sorgfalt hergestellt, um schädliche Wirkungen für das Bauwerk zu vermeiden.

Im Eisenhoch- und Brückenbau können die Schubspannungen bei der Verwendung vollwandig gewalzter, in den Hauptachsen symmetrischer Profile mit Recht vernachlässigt werden, und bei den gegliederten Systemen werden die Anschlüsse ohnehin nach den jeweilig auftretenden Stabkräften ermittelt, dagegen nicht bei zusammengesetzten vollwandigen Querschnitten, welche große Lasten aufzunehmen haben, hier kommen dadurch Fehler vor, daß die auftretenden Schubspannungen nicht genügend berücksichtigt werden, namentlich wenn, wie dies im Hochbau häufig der Fall ist, jüngere Techniker mit ungenügend praktischen Erfahrungen derartige Konstruktionen auszuführen haben.

Ob Hochschul- oder Mittelschultechniker ist hierbei gleichgültig, vielfach habe ich die Erfahrung gemacht, daß der Mittelschultechniker seine Aufgaben mit mehr praktischem Verständnis behandelt als der Hochschultechniker. Letzterer betrachtet solche Aufgaben als zu wenig wichtig und seiner nicht würdig, möchte nur große Projekte bearbeiten, die nicht immer vorhanden sind, und ist erstaunt, wenn man ihm sagen muß, daß er die für die Ausführung äußerst wertvolle Aufgabe nicht richtig gelöst hat. —

Nunmehr soll der Nachweis fehlerhafter und richtiger Lösungen an einigen Beispielen gebracht, und gleichzeitig der Beweis geliefert werden, daß die Schubspannungen im Eisenbau eine wichtigere Rolle spielen als mancher Eisenkonstrukteur anzunehmen geneigt ist, und daß die Nietteilungen nicht immer nach Erfahrungs- und Faustregeln richtig gewählt werden, sondern rechnerisch aus den Querkräften zu ermitteln sind.

Die Bilder 1 bis 6 geben einige Querschnitte von Niet- und Kastenträgern, wie sie in der Praxis vorkommen, dabei ist noch zu bemerken, daß es manchmal nicht leicht ist, mit dem am Lager vorhandenen Eisen die geforderte Konstruktion sparsam und richtig auszuführen. Man ist oft gezwungen, Querschnitte anzuwenden, wie sie in den Bildern 5 und 6 zum Ausdruck kommen und die hinsichtlich der Schubspannungen besonders ungünstig sind.

Bei der Berechnung der Trägheits- und Widerstandsmomente für die einzelnen Querschnitte sind stets die senkrechten Nietquerschnitte in Abzug gebracht, wie dies durch die Ueberschrift und die eingeschriebenen Zahlen zu erkennen ist.

Ob bei der Berechnung der Nietteilung das Trägheitsmoment des ganzen Querschnittes und das statische Moment einer Gurtung mit oder ohne Nietabzug einzusetzen ist, kann als belanglos angesehen werden, da es einen wesentlichen Unterschied nicht ergibt und deshalb dem praktischen Gefühl des Konstrukteurs überlassen bleiben kann.

In der beigefügten Tabelle sind am Kopfe die Belastungsfälle angegeben, daraus die Biegungsmomente und weiter die Widerstandsmomente bei einer Beanspruchung von 1200 kg/cm² ermittelt.

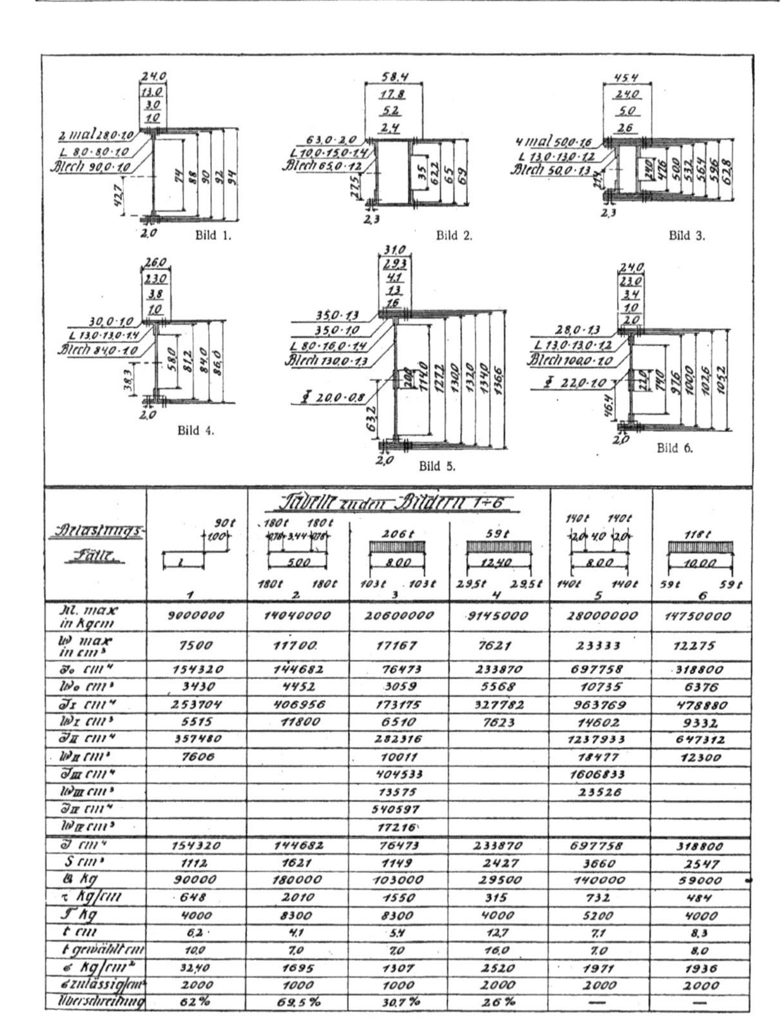

Bild 1. Bild 2. Bild 3.

Bild 4. Bild 5. Bild 6.

Tabelle zu den Bildern 1÷6

Belastungs-Fälle	1 (90 t; 1,00; l)	2 (180 t, 180 t; 0,78–3,44–0,78; 5,00; 180 t, 180 t)	3 (206 t; 8,00; 103 t, 103 t)	4 (59 t; 12,40; 29,5 t, 29,5 t)	5 (140 t, 140 t; 2,0–4,0–2,0; 8,00; 140 t, 140 t)	6 (118 t; 10,00; 59 t, 59 t)
M. max in kgcm	9000000	14040000	20600000	9145000	28000000	14750000
W max in cm³	7500	11700	17167	7621	23333	12275
J_0 cm⁴	154320	144682	76473	233870	697758	318800
W_0 cm³	3430	4452	3059	5568	10735	6376
J_I cm⁴	253704	406956	173175	327782	963769	478880
W_I cm³	5515	11800	6510	7623	14602	9332
J_{II} cm⁴	357480		282316		1237933	647312
W_{II} cm³	7606		10011		18477	12300
J_{III} cm⁴			404533		1606833	
W_{III} cm³			13575		23526	
J_{IV} cm⁴			540597			
W_{IV} cm³			17216			
J cm⁴	154320	144682	76473	233870	697758	318800
S cm³	1112	1621	1149	2427	3660	2547
Q kg	90000	180000	103000	29500	140000	59000
τ kg/cm	648	2010	1550	315	732	484
T kg	4000	8300	8300	4000	5200	4000
t cm	6,2	4,1	5,4	12,7	7,1	8,3
t gewählt cm	10,0	7,0	7,0	16,0	7,0	8,0
σ kg/cm²	32,40	1695	1307	2520	1971	1936
σ zulässig kg/cm²	2000	1000	1000	2000	2000	2000
Überschreitung	62 %	69,5 %	30,7 %	26 %	—	—

Hiernach sind die Querschnitte in den Bildern 1 bis 6 festgelegt, und die in Frage kommenden Werte berechnet.

Es bedeutet J_0 und W_0 das Trägheits- und Widerstandsmoment ohne Gurtplatten, J_I bis J_{IV} und W_I bis W_{IV} die Trägheits- und Widerstandsmomente mit je 1 bis 4 oberen und unteren Gurtplatten. Für die Nietberechnung ist eine gleichmäßige Nietteilung über die Trägerlänge angenommen, ohne Rücksicht auf die sprungweise Einsetzung der Querkraft. Der senkrechte Nietquerschnitt ist, für das Trägheitsmoment des ganzen Querschnittes und für das statische Moment einer Gurtung auf die neutrale Achse bezogen, in Abzug gebracht.

Da am Auflager, wo die größte Querkraft ist, Gurtplatten noch nicht erforderlich sind, so ist das Trägheitsmoment $J_0 = J$ zu Grunde gelegt, alsdann das statische Moment S von einer aus zwei Winkeleisen bestehenden Gurtung auf die neutrale Achse vermittelt und hiernach die Schubspannung τ nach der Formel $\tau = (Q.S.) : J$ berechnet.

Aus der Tragkraft T eines Nietes, für welche in der Regel bei einschnittigen Nieten die Scheerspannung und bei doppeltschnittigen Nieten der (Stauchdruck) Lochwanddruck maßgebend ist, sind weiter die erforderlichen Nietteilungen $t = T : \tau$ berechnet und eingetragen.

Die hiernach ermittelten Teilungen sind bei Zick-Zack-Nietungen durchweg brauchbar und erfordern demnach keine Querschnittsänderungen.

In den für die Ausführung bestimmten Zeichnungen waren Nietteilungen eingetragen, wie sie in der Tabelle unter „t gewählt“ angegeben sind, so daß, wenn die Ausführung hiernach erfolgt wäre, Ueberschreitungen gegen die zulässigen Spannungen bis zu 69,5 % stattgefunden hätten.

Hierdurch wird bewiesen, daß die nach Erfahrungen gewählten Nietteilungen einen recht zweifelhaften Wert abgeben und daher stets durch Rechnung geprüft werden sollten.

Nach diesen Ausführungen und den vorweg genommenen Angaben sei nachfolgend der Rechnungsgang am Querschnitt und Belastungsfall Bild 1 gezeigt.

Es ist $Q = 90\,000$ kg; $l = 100$ cm: Demnach $M_{max} = Q \cdot l = 90\,000 \cdot 100 = 9\,000\,000$ kgcm.

Bei einer zulässigen Beanspruchung von $\sigma = 1200$ kg : cm² wird $W_{max} = M_{max} : \sigma = 9\,000\,000 : 1200 = 7500$ cm³.

Dieses Widerstandsmoment ist nur über der Stütze erforderlich, während es nach dem freien Ende bis auf Null abnimmt.

Da nun am Ende, wo die Last Q angreift, aus praktischen und konstruktiven Gründen wegen der Anschlüsse eine bestimmte Höhe vorhanden sein muß, so wurde im vorliegenden Falle eine solche von 90 cm Höhe angenommen und ein Querschnitt, bestehend aus 1 Stehblech 900 · 10 und 4 ∡ 80 · 80 · 10 gewählt.

Für diesen Querschnitt nach Bild 1 wird

$$J_0 = [(90^3 - 88^3)\,13 + (88^3 - 74^3)\,3 + 74^3 \cdot 1] : 12 = 154\,320 \text{ cm}^4.$$

$$W_0 = J_0 : 45 = 154\,320 : 45 = 3\,430 \text{ cm}^3.$$

Um auch gleichzeitig die Länge der einzelnen Gurtplatten zu bestimmen, sei noch untersucht, bis zu welchem Abstande x_0 der Wert W_0 für die angegebene Belastung vom freien Ende aus genügt: Es ist:

$W_0 = (Q \cdot x_0) : \sigma$, und hieraus $x_0 = (W_0 \cdot \sigma) : Q = (3430 \cdot 1200) : 90\,000 = 45{,}7$ cm.

Erhält der Querschnitt Bild 1 noch je eine obere und untere Deckplatte 280 · 10, dann wird

$$J_I = J_0 + [(92^3 - 90^3)\,24] : 12 = 253\,704 \text{ cm}^4$$

$$W_I = J_I : 46 = 253\,704 : 46 = 5515 \text{ cm}^3$$

$$x_I = (5515 \cdot 1200) : 90\,000 = 73{,}5 \text{ cm}.$$

Bei je zwei oberen und unteren Deckplatten 280 · 10 wird nach Bild 1

$$J_{II} = J_I + [(94^3 - 92^3)\,24] : 12 = 357\,480 \text{ cm}^4$$

$$W_{II} = J_{II} : 47 = 357\,480 : 47 = 7606 \text{ cm}^3.$$

Da W_{II} größer als W_{max} ist, so genügt der gewählte Querschnitt und ist das gesuchte W erreicht.

Nunmehr wäre die Nietteilung für den Träger zu ermitteln.

Hierfür kommt die Schubkraft τ in Frage, welche zwischen dem Stehblech und den Gurtwinkeln auftritt und die sich nach der bereits angegebenen Formel $\tau = (Q \cdot S) : J$ ermittelt; Q und J sind bekannt, während S, das statische Moment einer Gurtung auf die neutrale Achse, noch zu ermitteln ist.

Die Gurtung besteht aus zwei Winkeleisen 80 · 80 · 10, die nach Abzug der 2 cm starken Nietquerschnitte in den wagerechten Schenkeln nach Bild 1 ein statisches Moment von $S = (2 \cdot 15{,}1 - 2 \cdot 2)\,42{,}7 = 1112$ cm³ ergeben.

Nach Einsetzung der Werte wird:

$$\tau = (90\,000 \cdot 1112) : 154\,320 = 648 \text{ kg : cm}.$$

Die Tragkraft T eines Nietes von 20 mm Durchm. ist bei 10 mm starkem Stehblech a) auf Lochwanddruck $\sigma_l = 2 \cdot 1 \cdot 2000 = 4000$ kg; b) auf Abscherung $\sigma_s = 2 \cdot 3{,}14 \cdot 1000 = 6280$ kg. Maßgebend für die Berechnung ist der kleinere Wert von 4000 kg aus dem Lochwanddruck.

Hieraus die Nietteilung $t = 4000 : 648 =$ rd. 6,2 cm.

In der Ausführungszeichnung war die Nietteilung mit 10 cm angenommen, was einem Lochwanddruck von $(648 \cdot 10) : (2 \cdot 1) = 3240$ kg : cm² entspricht und die zulässige Spannung von 2000 kg : cm² um $[(3240 - 2000) \cdot 100] : 2000 = 62\,\%$ überschritten hätte.

Hiermit sind die Werte der ersten Tabellenreihe, wie eingeschrieben, nachgewiesen, die weiteren Reihen mit den zugehörigen Querschnitten sind in gleicher Weise berechnet.

In der Mehrzahl der hier angeführten Fälle wären breitflanschige Walzträger (I B) nicht nur gleichwertig, sondern sogar wirtschaftlicher als Nietträger gewesen, so daß, wenn nicht besondere Gründe vorliegen, den gewalzten Trägern immer der Vorzug zu geben ist. Diese Möglichkeit wird allerdings durch die Forderung mancher Architekten sowohl zeitlich als auch räumlich unterbunden.

Welche Anstrengungen und Forderungen werden von Seiten des bauleitenden Architekten gemacht und gestellt, um den Eisenverbrauch und damit die Kosten zu verringern. Ein gewiß anerkennenswertes Bestreben, wenn die Güte und Sicherheit des Baues darunter nicht leidet.

Sobald jedoch mit der Ausführung begonnen wird, ändert sich die Sache, es werden Einengungen für die Konstruktionen gemacht, die nur mit wesentlich höheren Gewichten zu erfüllen sind, wodurch natürlich die Kosten steigen und das Gegenteil von dem erreicht wird, was im Anfang angestrebt wurde.

Fordert man größere Freiheit zur Ausbildung der Konstruktion, so erhält man regelmäßig zur Antwort: Das geht nicht! Warum nicht? Aus architektonischen Gründen. — Wiederholt habe ich später die Beobachtung gemacht, daß durch eine angehängte Monierkonstruktion eine Vergrößerung des Unterzuges usw. vorgenommen wurde.

Als ich in einzelnen Fällen nach dem Grunde dieser gegenteiligen Anordnung fragte, erhielt ich dieselbe Antwort wie früher: Aus architektonischen Gründen.

Ueberhaupt ist es immer eine mißliche Sache, wenn die Konstruktionsglieder, welche große Kräfte aufzunehmen haben, in der Höhe und Breite in keinem richtigen, d. h. angemessenen, Verhältnis zur Stützweite stehen. Ich erinnere in dieser Beziehung an den Einsturz der Quebecbrücke in Amerika, wo neben dem Hauptfehler, daß die Brückenbreite zur Spannweite und Höhe in keinem richtigen, den statischen Anforderungen entsprechenden, Verhältnis stand, der weitere Fehler gemacht wurde, für Druckstäbe ungenügend verbundene Blechbänder zu verwenden.

Bei den gewaltigen Abmessungen dieser Brücke sind während der Montage wahrscheinlich Verdrehungsmomente durch Montagelasten und Winddruck hervorgerufen worden, die den Einsturz mit veranlaßt haben. Jedenfalls haben derartige Kräfte bereits vor dem Tage des Einsturzes die Stäbe nahe am Auflager deformiert und geschwächt, so daß bei der geringsten Erschütterung die Katastrophe erfolgen mußte.

Die Wahrscheinlichkeit dieser Annahme wird gestützt, wenn man sich den Stand der Arbeit sowie die Belastungsmöglichkeiten während der Montage klar macht. Durch die senkrechte Montagebelastung und den wagerechten Winddruck wurden im System schräge Resultierende erzeugt, welche die hiergegen wenig widerstandsfähigen Blechbänder verdreht haben, wobei Spannungen entstanden sein dürften, die sich jeder Berechnung entziehen, weil die Theorie zur Nachweisung von Torsionsspannungen in solchen Baugliedern noch unvollkommen ist. Auch Versuche über derartige Bauglieder und Belastungsfälle, auf denen die Theorie aufbauen kann, fehlen so gut wie ganz, so daß die Berechnung solcher Bauwerke bis zu einem gewissen Grade immer ein waghalsiges Unternehmen bleibt, so lange nicht Stabquerschnitte gewählt werden, welche den natürlichen Formen entsprechen und eine hohe Knicksicherheit besitzen.

Lehrreich in dieser Beziehung ist ein Vergleich zwischen der Forthbrücke in Schottland und der eingestürzten Quebecbrücke in Amerika, — wenn man von den mehr als unschönen Konstruktionslinien, welche beide gemeinsam haben, absieht.

So zeigt die Auflagerbreite der Forthbrücke wesentlich günstigere Verhältnisse zur Stützweite und Höhe auf, ebenso haben die Druck-Querschnitte wesentlich günstige Formen, indem sie sich mehr den natürlichen runden und geschlossenen Form nähern.

Jedenfalls haben die Erbauer der Forthbrücke in bezug auf Querschnittsausbildung und sonstige Anordnungen ein größeres praktisches Können und Verständnis an den Tag gelegt, als die Erbauer der eingestürzten Quebecbrücke, die sich mehr an, in diesem Falle ungünstige, theoretische Grundlagen gehalten haben.

Bei der neuen Cölner Brücke über den Rhein, welche für die Ausführung bestimmt ist, sind nach der Monatsschrift „Der Eisenbau" Nr. 6 v. Js. für den unteren Aussteifungsträger der Hängebrücke Querschnitte gewählt, die gegen Biegung zweckmäßig und wirtschaftlich sein mögen, aber als Druckgurt einen unsicheren Eindruck machen, weil die 3,20 m hohen Stegbleche zu wenig Aussteifungen in der Längsrichtung haben, so daß bei den hohen Blechwänden und bei ungenauen Ablängungen leicht seitliche Ausweichungen zwischen den Querverbindungen eintreten können, die jede Theorie über den Haufen werfen und dem Bauwerk kaum die Sicherheit geben, die theoretisch vorausgesetzt ist und praktisch gefordert werden muß.

Wohl ist anzunehmen, daß sich die Konstrukteure der Cölner Rheinbrücke über die Aufnahme von rund 4000 t Druck im Aussteifungsträger gewissenhaft Rechenschaft über den anzuwendenden Querschnitt verschafft haben, trotzdem können bestimmte Bedenken über die Knicksicherheit dieses Trägers mit Rücksicht auf den gewählten Querschnitt und auf Grund der Erfahrungen bei der Quebecbrücke nicht unterdrückt werden, so lange nicht durch einwandfreie Versuche die zulässige Anwendung derartiger Stabquerschnitte als Druckstab nachgewiesen ist. —

Zum Schluß möchte ich noch Beobachtungen mitteilen, die ich in einem schneereichen Winter in märkischen Kiefernwaldungen gemacht habe, und die interessant genug sind, um hier einen Platz zu finden.

Kurze Zeit nach einem großen Schneefall machte ich zusammen mit einem Freunde an einem sonnigen Wintertage eine Wanderung durch einen kräftig entwickelten Kiefernwald. Hierbei fielen uns frisch abgebrochene Baumstämme auf, deren Bruchstellen sich in halber und zweidrittel Baumhöhe vom Erdreich befanden.

Da eine gewisse Gesetzmäßigkeit an den Bruchstellen vorhanden war, so suchten wir die Ursache, durch welche der Baumbruch entstanden war, zu ergründen. Durch Wind konnte die Zerstörung nicht erfolgt sein, weil alle Merkmale dagegen sprachen. —

Grübelnd wanderten wir von einem Baumbruch zum andern, ohne daß es uns gelingen wollte, den Grund für die Brüche zu ermitteln. Da, ein Gedankenblitz, ich hab's! Was hast du? fragt mein Freund. Nun die Ursache, durch welche diese Bäume gebrochen sind, ich kenne das aus meiner see- und waldumkränzten märkischen Heimat aus meinen Jugendjahren. Die Erscheinung, welche wir vor uns haben, ist Schneebruch! Derselbe äußert sich im Abbrechen von weit ausladenden Zweigen und im Zerknicken schlanker Stämme. Bei dem Wort Zerknicken entfährt meinem Freunde, welcher ebenfalls Techniker ist, ein lauter Ruf des Erstaunens, ja jetzt verstehe ich. —

Der wahrscheinliche Vorgang dürfte folgender sein!

Ein schlanker Kiefernbaum mit einer besonders dichten aber einseitig ausgebildeten Krone erhält durch ziemlich feuchten Schneefall eine bedeutende Auflast und wird auf Druck beansprucht. Ein zentrisch wirkender Druck würde wahrscheinlich den Baumstamm nicht zum Bruch bringen. Da aber der Knickung stets eine Biegung vorausgehen muß und letztere durch die einseitig ausgebildete und belastete Krone eingeleitet wird, so erfolgt die Zerknickung um so leichter. Langsam biegt sich der Baum nach der überlasteten Seite, während dichte Schneeflocken weiter herniedertanzen und die Last vergrößern, da, ein langsames Knarren, ein kurzer Ruck und der Stamm bricht an einer durch Aeste geschwächten oder eingeschnürten Stelle ab. — Die Gedanken schweifen nach vorstehender Ausführung hinüber nach dem eingestürzten Gasbehälter in Hamburg und der eingestürzten Quebecbrücke in Amerika, wo die gleichen Wirkungen wie an der märkischen Kiefer einen ungeahnten traurigen Abschluß fanden, und deren Folgen hervorgerufen wurden durch ungenügende Knicksicherheit gedrückter Stäbe.

Es ist wunderbar, wie uns an den aufgeführten Fällen die Natur die Gesetzmäßigkeit ihres Waltens zeigt, welche Folgen die Unkenntnis dieser Gesetze nach sich ziehen kann, und wieviel uns noch zur richtigen Erkenntnis derselben fehlt. —

BRIEFKASTEN

Nur Anfragen, denen 10 Pfg. Porto beiliegt und die von allgemeinem Interesse sind, werden aufgenommen. Dem Namen des Einsenders sind Wohnung und Mitgliednummer hinzuzufügen. Anfragen nach Bezugsquellen und Büchern werden unparteiisch und nur schriftlich erteilt. Eine Rücksendung der Manuskripte erfolgt nicht. Schlußtag für Einsendungen ist der vorletzte Mittwoch (mittags 12 Uhr) vor Erscheinen des Heftes, in dem die Frage erscheinen soll. Eine Verbindlichkeit für die Aufnahme, für Inhalt und Richtigkeit von Fragen und Antworten lehnt die Schriftleitung nachdrücklich ab. Die zur Erläuterung der Fragen notwendigen Druckstöcke zur Wiedergabe von Zeichnungen muß der Fragesteller vorher bezahlen.

Empfehlungen von Firmen, die weder Abonnenten noch Inserenten der D. T.-Z. sind, werden nicht aufgenommen.

Frage 171. Entschädigung für das Stillegen zweier Mahlmühlen. Bei einer Flußregulierung kommen zwei Mahlmühlen in Betracht, die wegen erforderlicher Umbauarbeiten etwa 14 Tage bis 4 Wochen still stehen müssen. Die Wasserkräfte der Turbinen betragen bei Mittelwasser 23,5 bezw. 55,7 PS. Da die Mühlenbesitzer eine ziemlich hohe Entschädigung für den Stillstand ihrer Mühlen fordern, bitte ich um den Gang der Berechnung zur Festsetzung dieser Entschädigung. Kann man diese unmittelbar aus der Wasserkraft schließen, oder sind Angaben über Einrichtung und Leistung der Mühlen erforderlich? Beide Mühlen sind modern eingerichtet.

Frage 172. Durchbruch durch starke Fundamentmauern. In die Fundamentmauern eines Wasserturmes habe ich zwecks Durchführung zweier Saugrohrleitungen zwei Löcher von 50×50 Zentimeter durchzubrechen. Die Mauern sind ca. 2 m stark und mit Klinkern in reinem Zementmörtel gemauert. In welcher Weise kann dies am einfachsten geschehen?

Frage 173. Peltonräder. Nach Meyers Konversationslexikon sind Peltonräder bis zu $^1/_{40}$ Pferdekraftleistung zur Ausführung gelangt. — Welche Firma baut solche Maschinen und mit welchem Nutzeffekt arbeiten derart kleine Motore? Innerhalb welcher Grenzen der Aufschlagswassermenge und des Gefälles ist dieser Effekt garantiert? Welches Werk gibt evtl. genaue Auskunft über die Berechnung der Tourenzahl?

Frage 174. Gittermast. Wer von den Herren Kollegen überläßt mir gegen Erstattung der Unkosten eine bis ins Detail durchgeführte Berechnung von Gittermasten aus U- und ∠-Eisen mit Flacheisen-Verstrebungen nebst den dazu gehörigen Skizzen? Die Masten dienen für Ueberlandzentralen zum Zwecke der Leitungsführung.

Frage 175. Schlachthausbau. In welchen Städten bis zu 12 000 Einwohnern sind moderne öffentliche Schlachthäuser errichtet? Sind einige Kollegen in der Lage, mir über irgendwelche Schlachthäuser in Städten oben genannter Größe Aufklärung zu geben? (Bau, Einrichtung, Kosten usw.) Gibt es neue Literatur über den Bau von Schlachthäusern?

Anmerkung: Im Jahrgang 1913 der D. T.-Z. wurde auf das Bad Godesberg (15 bis 20 000 Einw.) hingewiesen, das vor kurzem ein mustergültiges modernes Schlachthaus erbaut hat. 1910 machte ein Mitarbeiter auf die Adresse des vielerfahrenen Schlachthausbaumeisters Carl Kleinert, Wiesbaden, Niederwaldstraße 3, aufmerksam. Die Red.

Frage 176. Wachsschmelze. Eine Lokomobile liefert Dampf von 12 At. Ueberdruck, der bis 300° C. überhitzt wird. Dieser Dampf soll verwandt werden, um in einem schmiedeeisernen, doppelwandigen, mit Kondenstopf versehenen Schmelzkessel von 500 Ltr. Inhalt Wachs zu schmelzen, dessen Schmelzpunkt bei 110° C. liegt. Das Schmelzen soll höchstens 2 Std. dauern. Der Dampf muß mit Rücksicht auf den Kessel auf 8 At. reduziert werden. Die Länge der Dampfzuleitung ist nicht bekannt. Wie groß ist der stündliche Dampfverbrauch oder für welche maximale stündliche Leistung ist der Kondenstopf zu nehmen?

Frage 121. Verputz mit Korkzusatz. Zur Hebung der Akustik in Kirchenräumen sollen die Wände einen Verputz mit Korkestrich erhalten. Auf welche Weise wird dieser Verputz hergestellt?

Antwort III (I u. II s. Heft 25). Verputz mit Korkzusatz hat einen sehr geringen Isoliereffekt und trägt nicht viel zur Hebung der Akustik bei. Am besten versehen Sie die Wände mit einer Lage von ca. 20 mm starken Korkplatten, wodurch ein sehr großer Isoliereffekt erzielt wird, und bringen hierauf den Verputz an. Bezugsquelle für Korkplatten durch die Redaktion zu erfahren.

L. Mack, München.

Frage 126. Stellung im Auslande. Bitte um Mitteilung von Adressen ausländischer Eisenbetonfirmen (möglichst deutschen Ursprunges). Ist San Francisco für den Eisenbeton-Fachmann zu empfehlen?

Antwort II. Zu meinem Rate 5 (Heft 26): „Wer in den U. S. Arbeit sucht, gehe möglichst nur zu amerikanischen Firmen, nie zu deutschen", hat die Redaktion ein Fragezeichen eingeschaltet. Ich bitte deshalb, meine Gründe dartun zu dürfen.

a) Der im Auslande ansässige Deutsche fürchtet mit gutem Grunde des Konkurrenz des newcomers, des Neuangekommenen, besonders in den U. S., da hier die Konkurrenzmöglichkeit weit größer und naheliegender ist, als in good old Germany, hierzulande.

b) Aus diesem Grunde enthält er diesem gern jede Möglichkeit vor, „smart" zu werden, d. h. sich mit den Verhältnissen bekanntzumachen.

c) Aus demselben Grunde u. a. zahlt jener schlecht und nützt gern die ihm aus eigener Erfahrung am besten bekannten Schwächen eines Landsmannes aus.

d) Aus demselben Grunde wird das Verhältnis meist mit einem Mißton enden.

Diese Erfahrungen habe ich persönlich gemacht und sie mir von anderen, die z. B. Rußland, Italien, Frankreich bereist haben, mehrfach bestätigen lassen. — In der Auskunftei des D. T.-V. liegt eine Auskunft über Argentinien, die dem Sinne nach besagt: „Wer spanisch kann, wird bei argentinischen Firmen eintreten und von vornherein 50 bis 100 Pesos monatlich mehr verdienen, als bei deutschen." Wer ins Ausland geht, muß eben Ernst mit der Sache machen und sich nicht gewissermaßen in einer deutschen Enklave aufhalten. — Im Notfall — d. h. auch wenn man nicht in wenigen Tagen Arbeit findet — wende man sich an die german society. Adressen im „Toussaint-Langenscheidt". Jedenfalls halte man Nachfrage beim City Labour Office, wo man seine Wohnung, Telephonnummer, sowie seine handwerksmäßigen Fertigkeiten angibt. Die Betonbauweise ist in allen Teilen der U. S., auch für schwach Bemittelte, ein dankbares Feld, — und jeder „trägt den Marschallstab im Tornister". Doch ist Einarbeiten in die neuen Methoden erforderlich. — Also mein Rat: Meiden Sie deutsche Firmen im Auslande, wenn sie schnell vorwärts wollen.

W. J. Sch.

Frage 133. Fenster in Brandmauern. Unter welchen Bedingungen sind Fenster in Brandmauern zulässig?

Antwort II (I s. Heft 26). Falls in Brandmauern Fenster überhaupt zulässig, sind die näheren Bedingungen von Fall zu Fall in der jeweils maßgebenden Baupolizeiverordnung angegeben. (Z. B. für Berlin in § 7, 4.) Läßt die B. P. V. irgend welchen Zweifel und will man sich vor Unannehmlichkeiten schützen, so erkundige man sich bei der zuständigen Baupolizeibehörde; diese wird bereitwilligst ihren Standpunkt auseinandersetzen und dieser ist maßgebend.

W. J. Sch.

Frage 147. Hartholzpflaster. Ein Sägewerk in Deutsch-Ost-Afrika beabsichtigt, sich evtl. mit der Herstellung von Holzpflaster zu befassen und wäre um folgende Angaben sehr dankbar: 1. Kann jede Art von Hölzern, harte und weiche, verwendet werden? 2. Welche Spezialmaschinen sind erforderlich? 3. Auf welche Weise werden die im Handel befindlichen Holzpflasterarten imprägniert, und ist eine derartige Anlage mit größeren Kosten verbunden? 4. Welche Art von Betrieb ist zur Rentabilität erforderlich? 5. Werden an die Qualität der Hölzer besondere Anforderungen gestellt? 6. Wo sind die erforderlichen Maschinen zu erhalten?

Antwort I. Mit Holzpflaster sind Versuche mit verschiedenen Holzarten gemacht worden und hierbei hat sich gezeigt, daß Buchenholz nicht geeignet ist und sich nicht bewährt hat. Gegenwärtig wird meist Pitchpine verwendet, von größerer Dauerhaftigkeit sind indessen die amerikanischen und australischen Eukalyptusarten, die eine Druckfestigkeit von 1150 bis 1550 kg pro qm besitzen, freilich auch sehr hoch im Preise stehen. Das zu Pflasterstöcken verwendete Holz muß imprägniert werden, was entweder mit karbolsäurehaltigem Zinkchlorid, oder mittelst Kreosot geschieht. Das Imprägnieren wird am besten in einem geschlossenen Kessel unter Vakuum und Druck vorgenommen. Die Pflasterklötze haben entweder quadratische oder rechteckige Form, die letztere ist vorherrschend. Spezialmaschinen zur Herstellung dieser Pflasterklötze werden in Deutschland nicht gebaut. Die Hölzer werden vielmehr auf die gewöhnliche Weise auf einem Vertikalgatter zu Kanthölzern von den benötigten Abmessungen vorgeschnitten und die einzelnen Klötze von diesen auf der Kreissäge abgetrennt. Zur Förderung der Arbeit benutzt man hierzu eine Säge mit 4 bis 6 Blättern. An die Qualität der Hölzer wird immer nur die Forderung größter Haltbarkeit gestellt und darum dürfen nur Hölzer verwendet werden, die sich wie die oben genannten bereits bewährt haben. Die erforderlichen Maschinen, Vertikalgatter und Kreissägen können von jeder Holzbearbeitungsmaschinenfabrik bezogen werden.

Zu Vorstehendem soll noch bemerkt werden, daß der Direktor der städtischen Gemeindewerkstätten in Paris, Herr M. Josse, zur Deckung des kolossalen Bedarfs an Holzpflaster eine Spezialmaschine konstruiert und gebaut hat, die mit 17 Kreissägen arbeitet und stündlich 24 000 Plasterstöcke liefert. Die vorgeschnittenen Kanthölzer werden durch eine Transportvorrichtung den Sägen selbsttätig zugeführt, die von diesen abgetrennten Pflasterstöcke fallen in bereit stehende, auf Schienen laufende Wagen, in denen sie nach der Verladestelle weiter befördert werden. Hffm.

II. 1. Für Brückenfahrbahnen hat sich Holzpflasterung aus Eichen-, Buchen- und Nadelholz vorzüglich bewährt. Für Straßenpflasterung hat feinfaseriges Nadelholz die meiste Verwendung gefunden. Ueber Eichen- und Nadelholz liegen gute Erfahrungen vor; bei Buchenholz sind die Versuche noch nicht abgeschlossen. Die zur Pflasterung benutzten Holzklötze, sogenannte Stöckel, haben meistens prismatische Form, 10 bis 15 cm Höhe, 7 bis 10 cm Breite und 16 bis 25 cm Länge. Um die Lebensdauer der Holzstücke zu erhöhen, werden diese mit Fäulnis verhütenden Stoffen, wie Zinkchlorid oder schwache Karbolsäure, imprägniert. Hierdurch wird erfahrungsgemäß das Quellen und Schwinden des Holzes erheblich vermindert.

Ein anderes Verfahren des Imprägnierens besteht in starkem Trocknen und nachherigem Eintauchen der Holzstücke in heißen Teer oder Asphalt. Namentlich bei Eichenholzpflasterung hat man hiermit gute Erfahrungen gemacht. Die Fugenausfüllung beim Verlegen des Holzpflasters erfolgt entweder durch Einkehren eines dünnen Zementmörtels oder durch Ausfüllen mit Asphalt. Die Klötze erhalten meistens eine Asphaltbettung über einer Betonunterlage. Bei Uebergabe an den Verkehr erhält das Holzpflaster eine dünne Decke aus Sand oder gesiebtem Flußkies. Hierdurch wird die Abnutzung der Holzklötze, die so verlegt werden, daß die Fasern senkrecht stehen, der Verkehr sich also über die Hirnholzflächen der Klötze bewegt, gleichmäßig. In größeren Städten, die Straßen mit Holzpflasterung besitzen, wird die dünne Sand- oder Kiesdecke jeden Tag erneuert, weil es die Festigkeit und Widerstandsfähigkeit des Holzpflasters erhöht und allzu große Glätte vermeidet.

2. Spezialmaschinen für das Zurichten und Imprägnieren der Hölzer werden von bedeutenden Firmen gebaut. Die Größe und Anzahl der Maschinen richtet sich nach der Menge der Holzklötze, die täglich fabriziert werden sollen. Jedenfalls sind die Absatzmöglichkeiten für die Größe der Fabrik ausschlaggebend. Sägegatter für Holz, Durchgangshöhe 0,6 bis 1 m, kosten 2700 bis 4000 M. Bandsägemaschinen mit Schnitthöhen von 0,3 bis 0,6 m und Schnittbreiten von 0,6 bis 1,2 m liefern erste Firmen für 600 bis 1500 M. Kantholzkreissägen sowie Pendelkreissägen zum Schneiden von Kantholz in kurze Stücke werden von Spezialfirmen zum Preise von 500 bis 800 M geliefert.

3. Holzimprägnierverfahren gibt es eine ganze Reihe.

Die Holzimprägnierung mit Wiesesalz oder naphatlinsulfosaurem Zink wird von Spezialimprägnierwerken in Deutschland pro cbm Holz für 8÷10 M ausgeführt. Bei den Holzkonservierungsapparaten, Patent Kruskopf, Dortmund, erfolgt die Imprägnierung durch Oele und Salze. Hierbei wird das Holz unter dem Flüssigkeitsspiegel evakuiert und imprägniert. Apparatenleistung bis 30 cbm täglich. Apparatenpreis 900 bis 4700 M.

Das Holzkonservierungsverfahren System Wolmann geschieht in geschlossenen Kesseln, die mittels Luftpumpe entlüftet werden. Die Imprägnierflüssigkeit wird in die Kessel gesaugt, alsdann bläst man Dampf hinein, der den Kesselinhalt auf ca. 100° erhitzt. Unter einem Druck von etwa 4 at, der durch eingepreßte Flüssigkeit erzeugt wird, bleibt das Holz 1 bis 2 Stunden. Die Einrichtung kostet für 10 000 cbm Holz im Jahre etwa 15 000 M.

Bei den anderen Verfahren zur Holzimprägnierung schwanken die Imprägnierkosten zwischen 8÷15 M pro cbm Holz.

4. Für eine Fabrik zur Herstellung von Holzpflaster dürfte für die Rentabilität der Anlage 24 stündige Betriebszeit zu empfehlen sein.

5. Es empfiehlt sich, nur solche Hölzer zu verarbeiten, welche widerstandsfähig im Trocknen und im Feuchten sind. Weiche Holzarten können nicht benutzt werden.

6. Durch die Schriftleitung können Sie Adressen erfahren von denjenigen Firmen, welche Holzbearbeitungs- und Imprägnierungsanlagen als Spezialität bauen. Diese Spezialfirmen sind in der Lage, sofern Sie angeben, welches Holzquantum und welche Holzarten Sie verarbeiten wollen, für dortige Verhältnisse geeignete Apparatur zu offerieren. H. Schn. 57 674.

Frage 153. Schwitzen eines Blechschornsteins. Bei einer Heizungsanlage, die einen schmiedeeisernen eingemauerten Sattelkessel besitzt, hat der Fuchs einen Querschnitt von 450×450 mm. Die Rostfläche ist 1040×600 mm groß. Der eiserne Schornstein, der einen Durchmesser von 300 mm und eine Höhe von 17 200 mm hat, war von der Fabrik nur 15 000 mm gesandt, da jedoch der Rauch belästigte, wurde er um 2200 mm erhöht. Er steht in einer Entfernung von 1500 mm vom Kessel. Bei normaler Beanspruchung des Kessels schwitzt der Schornstein, hauptsächlich in der unteren Hälfte, dermaßen, daß sich unten eine kaffeesatzartige Flüssigkeit ansammelt. Im Winter herrscht hier eine normale Temperatur von —10 bis —25° (Ostsibirien). Die niedrigste Grenze ist —40°. Bei anderen Schornsteinen zeigt sich diese Unannehmlichkeit nicht. Wie wäre diesem Uebelstande am besten abzuhelfen?

Antwort. Der geschilderte Mangel des Schornsteins läßt sich aus den gemachten Angaben nicht erkennen. In der Regel versieht man eiserne Schornsteine, wenigstens im unteren Teil, mit einem Schamotte-Futter. Der kaffeesatz-ähnliche Niederschlag ist eine auf Kondensation zurückzuführende Erscheinung, die mehr oder weniger bei allen eisernen Schornsteinen im ungefütterten Teile aufzutreten pflegt, aus dem Kondensat und den vom aufsteigenden Luftstrom mitgeführten unverbrannten Brennstoff-Bestandteilen besteht und bald eine Kruste auf dem inneren Blechmantel bildet. Ich habe schon eine ganze Reihe eiserne Schornsteine ausgeführt und ständig unter Beobachtung gehalten, habe aber niemals einen Niederschlag a m F u ß e des Schornsteins feststellen können. Zuverlässigen Rat für Abhilfe wird nur derjenige geben können, dem ein solcher Fall schon einmal in der Praxis vorgekommen ist. Vielleicht äußern sich noch andere Kollegen zu dieser Frage. -s.

Frage 154. Umwandlung der Fabrik-Betonfußböden in Zimmerfußböden. Welcher Kollege möchte mir als Maschinentechniker Auskunft geben, wie man gut erhaltene Betonfußböden eines früheren Fabrikgebäudes am billigsten in Zimmerfußböden umwandeln kann?

Antwort. Für die Umwandlung der Fabrik-Betonfußböden in Zimmerfußböden muß die Forderung aufgestellt werden, daß der neue Fußboden im allgemeinen den übrigen Anforderungen hinsichtlich der Fußwärme und Dauerhaftigkeit wie der leichten Reinigung und geringen Abnutzung genügt, dabei aber auch nur eine möglichst geringe Stärke besitzt, um nicht etwa kostspielige Veränderungen an den Türen usw. zu veranlassen. Dieser Anforderung entspricht am ehesten ein Linoleumbelag, der auf vollkommen ebenem Beton direkt aufgeklebt werden kann und nur einen Auftrag von 4 bis 5 mm verursacht. Ist der Beton nicht mehr eben, dann muß zuvor ein Gipsestrich aufgebracht werden. Kosten etwa 4 bis 5 M für das qm ohne Estrich. Nähere Auskunft gibt Ihnen jedes Linoleum-Spezialgeschäft. Billiger, aber etwas stärker (etwa 5 bis 6 cm Auftrag) ist die Verlegung eines gehobelten und gespundeten kiefernen Fußbodens auf quer angeordneten Lagern, zu denen Sie in diesem Falle auch Dielbretter nehmen. Dieser Belag dürfte in dortiger Gegend für etwa 3,10 M herstellbar sein. Schwierigkeiten werden Sie hierbei hauptsächlich im Treppenhaus antreffen. Sie werden wohl zweckmäßig die Treppenpodeste in ihrem jetzigen Zustande lassen, um die Steigungen der An- und Austrittsstufen nicht zu verändern. Drittens kommen die sogenannten Steinholzfußböden in Frage, über deren Ausführung schon öfters im Briefkasten gesprochen worden ist. (1911: Frage 448, 190; 1912: Frage 271; 1913: Frage 86, 281 und 255.) Sß. 60 347.

Frage 157. Vorschriften für die Anlage von Abortgruben. Muß ich mit der Abortgrube, die auf meinem Grundstück angelegt werden soll, von dem 16 m tiefen Rohrbrunnen des angrenzenden Nachbars 10 m entfernt bleiben? Meines Erachtens kommt hier nur der eigene Brunnen in Frage, denn die Baupolizeivorschriften für die Landgemeinden und Gutsbezirke des Reg.-Bez. Frankfurt a. O. vom 12. September 1910 besagen im § 22: „Aborte sind so anzulegen, daß Anstand und Sittlichkeit nicht verletzt wird. Sie müssen, ebenso wie Dungstätten, von Brunnen mindestens 10 m entfernt sein.“ Da es sich hier um einen Wohnhausanbau handelt, an dessen Hoffront der anschließende Abort scharf auf der Nachbargrenze mit Brandmauer errichtet werden soll, ist der vorgenannten Verordnung meiner Ansicht nach entsprechend projektiert worden. Die Grube liegt demnach von dem Nachbarrohrbrunnen 4,50 m entfernt, ebenso wie seine Abortgrube von dem eigenen Brunnen ca. 4,00 m entfernt liegt. Mein Brunnen liegt von der fraglichen Grube 12,75 m ab.

Antwort. Die bestehenden Baupolizeivorschriften können nicht derart ausgelegt werden, daß die Nachbargrenze auf den Mindestabstand beschränkend einwirkt. Weil das Nachbargrundstück bereits bebaut ist, muß von dem Angrenzer, welcher bauen will, auf die bereits bestehenden Verhältnisse Rücksicht genommen werden. Der Brunnen wird also unbedingt mit mindestens 10 m Abstand von der fremden Abortgrube entfernt angelegt werden müssen. Es ist auch durchaus zweifelhaft, daß hier der in vielen anderen Bauvorschriften mögliche Dispens erteilt wird, weil gesundheitspolizeiliche Vorschriften schon im allgemeinen und öffentlichen Interesse strenger durchgeführt werden. Da die Grube nach der Planung vom Brunnen des Nachbargrundstücks nur 4,5 m Abstand erhalten würde, steht dem Nachbar das Einspruchsrecht zu. Sein Einspruch würde unbedingten Erfolg versprechen, so daß ihre Abortanlage an dieser Stelle untersagt werden müßte. Daß ältere Anlagen den nach neuen Bauvorschriften verlangten Mindestabstand nicht besitzen, hat auf Neuanlagen keinen Einfluß. In der Regel wird bei den älteren Anlagen dann auf Abänderung gedrungen, wenn bauliche Veränderungen vorgenommen werden sollen oder wenn der bestehende Zustand bedenklich erscheint. B.

DEUTSCHE TECHNIKER-ZEITUNG
HERAUSGEGEBEN VOM DEUTSCHEN TECHNIKER-VERBANDE
Schriftleitung:
Dr. Höfle, Verbandsdirektor. Erich Händeler, verantwortlicher Schriftleiter.
XXXI. Jahrg. 25. Juli 1914 Heft 30

Die Macht des Organisationsgedankens

Von ALFRED FRÖHLICH.

In Venedig war es, auf einer Dampferfahrt durch den großen Kanal. Mitten in einer Schar geschwätziger Damen, die die Schönheit der weltberühmten Paläste durch das ganze Alphabet bewunderten, stand ich neben einem blondbärtigen Manne, der gleich mir das unvergleichliche Schauspiel still und ehrfurchtsvoll genoß. Ein Zufall machte uns bekannt; es war ein bayrischer Baumeister und, wie ich bald erfuhr, ein Verbandskollege. Da freuten wir uns beide, und der freundschaftliche Händedruck, mit dem wir nach gemeinsamer Wanderung durch die herrliche Stadt voneinander Abschied nahmen, bleibt mir seither ein Sinnbild für die Zusammengehörigkeit und Verbrüderung unserer Verbandsgenossen.

Auf der einsamen Fahrt nach der Heimat dachte ich noch lange der schönen Stunden und des freundschaftlichen Gefühles, das uns beide so rasch verbunden hatte. Ich weiß mich frei von Gefühlsduseleien. Woher also dieses schöne, angenehme Gefühl der Vertrautheit, ja der Freundschaft? Schon nach kurzem Nachdenken glaubte ich die Ursache gefunden zu haben: Wir gehören der selben Organisation an, das muß es sein.

Wirklich? Ist das Band, das uns umschließt, so stark, um Gefühle herzlicher Art auszulösen? Hat die Organisation nicht nur die nüchterne Grundlage der Stellenlosenunterstützung, der Stellenvermittlung, des Rechtsschutzes, des Sterbegeldes und all der sonstigen gewiß wertvollen Vorteile, die das Programm aufzählt?

Und darauf antwortete ich mir: Nein; die Bedeutung des Organisationsgedankens reicht weit höher, als die Nützlichkeitskrämer ahnen; muß höher reichen, sollen die gesteckten Ziele erreicht werden. Der Organisationsgedanke darf nicht bloß einem Rechenbeispiele entspringen, das aus Leistung und Gegenleistung eine einfache Gleichung macht. Wer nur mit den sachlichen Vorteilen der Organisation rechnet, ist ein falscher und kurzsichtiger Rechner, dessen Horizont über das eigene Ich nicht hinausreicht. Dieser kleinliche Egoismus hat aber im Organisationsgedanken glücklicherweise keinen Raum. Man hat den Idealismus des gereiften Mannes so und so oft tot gesagt, man nennt den Optimismus seit Schopenhauer ruchlos und sieht auf allen Fahnen den krassesten Materialismus geschrieben. Geld regiert die Welt, so heißt das Schlagwort unserer Tage. Ein Kampf aller gegen alle scheint ausgebrochen zu sein und in diesem Kampf ums Dasein entscheiden nicht Kenntnisse und Fähigkeiten, sondern ererbte Rechte, überliefertes Gut. Es kann kaum Wunder nehmen, wenn schwächliche, kampfunfähige Naturen Lebenszweifler und Lebensverächter werden. Aber unter den Schlacken dieser ungesunden Lebensverachtung glüht in Tausenden und Abertausenden, vor allem in den Männern der ernsten Arbeit, der prometheïsche Funke, die Sehnsucht nach Lebensfreude, nach einer kraftvollen, lebensbejahenden Weltanschauung. Nicht zum Golde drängt sich alles, sondern zum Lichte, zum Leben. Darum sei es jedem Zweifler, jedem Verzagenden mit heller, freudiger Stimme zugerufen: Der Idealismus ist nicht ausgestorben, er lebt, ringt sich empor und feiert im Organisationsgedanken eine wunderbare Auferstehung. Auf festgegründeter Erde schreitet er einher mit dem festen Schritte des Wollenden, im emporschauenden Auge den Blick der Siegeszuversicht. Der Organisationsgedanke will weder Mitleid noch Wohltat, er will, daß Gerechtigkeit im Kampf ums Dasein walte, um auch den wirtschaftlich Schwachen den Platz an der Sonne anweisen zu können. Deshalb hat die Organisation die wirtschaftlich Schwachen zu einer Macht zusammengeschweißt, deren Stärke in dem einheitlichen Willen aller, in dem Eintreten aller für einen und des einen für alle liegt. Der raubtierhafte, sittlich verwerfliche Egoismus ist in einem gesunden Egoismus der Gemeinschaft aufgegangen, aus einer menschlichen Schwäche ist eine Tugend geworden.

Wir wissen es heute, daß Tells Ausspruch: Der Starke ist am mächtigsten allein, daß Ibsens ähnlicher Gedanke nur eine schöne These ist, die schon an der Erklärung des „Starken" scheitert. Wer ist stark? Stark ist der harmonische Mensch, dessen Wollen und Sollen, dessen Wollen und Können im Einklang steht. Stark ist der vorwärtsschauende Mensch, der das Leben liebt, ohne es zu fürchten. Stark ist der sittliche Mensch, der sich über die Grenzen seines eigenen Ichs hinaus zu seinem Volke bekennt und für dessen freie Entwickelung mannhaft eintritt. Der Einsame, Verbitterte, dessen Leben im Kampfe widerlicher Kleinigkeiten aufgerieben wird, zersplittert seine Kräfte und gelangt nie zu ihrer freien Entfaltung. Wer mit Nahrungssorgen zu kämpfen hat, wer das Damoklesschwert der Unsicherheit seiner Stellung, der Stellungslosigkeit stetig über seinem Haupte fühlt, wer seinen Kindern nicht jene Erziehung zuteil werden lassen kann, die ihm das Gesetz der Entwickelung bewußt oder unbewußt eingibt, wird selten vollkommenes leisten und sei er stark wie Tell und ein Eigenbrödler, wie Ibsens Volksfeind. Und was nicht minder ins Gewicht fällt: Nur wenigen von uns ist es vergönnt, selbständige Herren ihres Geschickes zu werden. Zeitlebens sind die meisten von uns dazu verurteilt, in fremden Diensten ihre besten Kräfte zu verbrauchen. Dabei ist unser Gegner selten eine Einzelperson, sondern eine weit stärkere Macht, das unpersönliche Kapital, das keine anderen Gefühle kennt als den Hunger nach Vergrößerung. Hier gilt es, einzusetzen, Rechte zu wahren und zu erkämpfen. Was der Einzelne unmöglich erreichen kann, das muß der Zusammenschluß aller zu einem Ziele erringen. Das Gesetz der Trägheit ist ein Naturgesetz; um große Widerstände zu überwinden, bedarf es großer Kräfte, größerer, als sie der Einzelne besitzt, bedarf es einer gewissen Wucht. Diese Macht besitzt die Organisation und sie wird umso größer sein, je straffer und lückenloser sie ist, je mehr ihr angehören, je klarer und einheitlicher ihr Ziel ist, je mehr sie die Mitglieder zu begeisterter Mitarbeit, zur Solidarität zu erziehen vermag.

Nun wußte ich es genau, der Reisegefährte in Venedig war mir als Mitkämpfer so rasch lieb und wert geworden.

Im Rhythmus des dahinjagenden Zuges verfolgten mich weiter die Gedanken.

Was für Ziele hat die Organisation?

Innere und äußere.

Die äußeren sind im Programm enthalten: Förderung der wirtschaftlichen und sozialen Interessen der technischen Privatangestellten und der öffentlichen technischen Beamten, Hebung des Ansehens des technischen Berufes, Pflege der technischen Wissenschaft. Neben diesen äußeren Zielen gibt es aber innere, die nicht weniger wichtig sind, weil sie einen ungeheuren Gegenwartswert besitzen, weil sie erzieherisch wirken, weil sie Glücksgefühle auslösen. Der Organisationsgedanke lehrt uns den Egoismus unterdrücken, den Verbandsgenossen lieben, für ihn eintreten, ihn unterstützen. Der wachsende Ideenkreis führt uns allmählich zu einer Weltanschauung, zu politischer und sozialer Klarheit; ein besonderer Grund, den Organisationsgedanken schon dem jungen Techniker ins Herz zu pflanzen. Er führt über die Liebe zum Kollegen zur Gerechtigkeit, zur allgemeinen Menschenliebe. Vor allem aber: Der Organisationsgedanke macht uns gesund und froh. Wir fühlen uns nicht mehr vereinsamt, weil Tausende mit uns fühlen, mit uns kämpfen; die Verbitterung, dieser hämische, freudetötende Geselle verläßt uns, die Freude zum Leben, zur Arbeit, die Hoffnung zieht in unser Herz. Der sichere Weg zu unserem Ziele liegt ja vor uns, eine berganführende Straße! Wir marschieren nicht allein, mit uns wandern, rüstig ausschreitend, tapfere Mitstreiter, den selbstgewählten Führern folgend. Das stärkt unser Selbstgefühl, unsere Menschenwürde. Wir dürfen Achtung fordern, Achtung vor unseren Kenntnissen und Fähigkeiten, Achtung vor unserem Menschentum. Auf diesem Wege ist uns jeder willkommen, der zu uns gehört. Wir haben keine Standes- und Bildungsvorurteile. So gibt der Organisationsgedanke unserem Leben erhöhte Spannkraft, größere Selbstsicherheit und Zufriedenheit; so vermag er unsere Fähigkeiten zu konzentrieren und unsere Leistungsfähigkeit zu steigern; so macht er aus Lebenszweiflern freudige Lebensbejaher, so steigert er die Lebenstüchtigkeit breiter Volksschichten, zum Segen für das ganze Volk — eine nationale Heldentat!

Der Organisationsgedanke hat heute feste Wurzeln geschlagen im Herzen aller, die das Leben kennen gelernt haben. Jeder Einzelne muß erkennen, daß sein schwacher Ruf verhallt, daß nur die Wucht der geeinten Masse wirken kann. Den Gleichschritt der unter einer Fahne marschierenden Bataillone muß man hören. Staatliche, städtische Behörden, private Betriebe aller Art haben heute bereits Achtung vor der Organisation; zudem unterstehen sie bis zu einem gewissen Grade der öffentlichen Meinung, der Kritik der Presse. Beide stehen, durch uns allmählich erzogen, auf unserer Seite. Was bisher auf dem Gebiete des Vereinsrechtes, der Angestelltenversicherung, des Patentrechtes, der Konkurrenzklausel, der Ausgestaltung des technischen Schulwesens geschah und angeregt wurde und zu großen Teilen noch der Erledigung harrt, geschah und muß geschehen unter Mitwirkung, zumindest unter Anhörung der technischen Berufsorganisation. Der Organisationsgedanke verhindert Angriffe gegen die Koalitionsfreiheit, ungerechtfertigte Entlassungen, entwürdigende Arbeitsbedingungen, gegen die guten Sitten verstoßende Arbeitsverträge, beschämende Gehaltsangebote, teils durch gütliche Verständigung, teils durch öffentliche Brandmarkung krasser Fälle, wo die Achtung vor dem Gesamtwillen nicht ausreicht. Und wir können mit Stolz sagen: Soviel noch zu erkämpfen ist, es ist doch vieles besser geworden. Wir Techniker wissen genau, daß nicht alle Blütenträume reifen. Auch unser Streben hat einen Wirkungsgrad kleiner als eins. Aber deshalb werden wir nicht die Hoffnung auf einen allmählichen, aber doch sicheren Sieg unserer Bestrebungen aufgeben, weil wir schließlich das unumstößliche Gesetz der Entwickelung für uns haben. Mögen die Gegner von uns lernen, wir fürchten sie nicht, weil wir neben der ungeheuren Summe von Intelligenz unserer Mitkämpfer vor allem über jene Begeisterung verfügen, die nur eine gerechte Sache einzuflößen vermag.

Darum sei der Organisationsgedanke gepriesen, als ein Streben, aus mürben, schwächlichen Geschöpfen starke, lebensfreudige, tatkräftige Männer zu machen.

VOLKSWIRTSCHAFT

Konsumgenossenschaftliche Organisation der Beamten und Privatangestellten

Der Bund der Festbesoldeten hat auf seinem 4. Bundestage die Frage der „konsumgenossenschaftlichen Organisation der Beamten und Privatangestellten" behandelt und seine Stellung in folgenden Leitsätzen einstimmig niedergelegt:

„Die auf kapitalistischer Basis betriebene Gütererzeugung und Güterverteilung macht einen Einfluß der Konsumenten auf die Preisbildung unmöglich, da für Produzenten und Händler nicht die Bedürfnisse und Wünsche der Konsumenten, sondern die eigenen Profitinteressen ausschlaggebend sind.

Hinzu kommt, daß die wirtschaftspolitische Gesetzgebung der letzten Jahrzehnte auf die Einkommensverhältnisse der breiten Konsumentenschichten wenig oder gar keine Rücksicht genommen hat, so daß die Kaufkraft des Einkommens auch aus diesem Grunde ständig abnimmt.

Die wirtschaftliche Selbsthilfe der Konsumenten ist deshalb durchaus geboten, und es sind auch seitens der Beamten und Privatangestellten alle Bestrebungen zu unterstützen, die geeignet erscheinen, die Kaufkraft des Einkommens zu erhöhen und einer weiteren Verteuerung notwendiger Lebensbedürfnisse entgegenzuwirken.

Als ein geeignetes und bewährtes Mittel wirtschaftlicher Selbsthilfe ist die konsumgenossenschaftliche Organisation anzusehen, deren weitere Entwicklung deshalb weder durch steuerliche noch sonstige Ausnahmegesetze gehemmt werden darf.

Gegenüber den Beschwerden gewerblicher Kreise über die konsumgenossenschaftliche Betätigung der öffentlichen Beamten ist zu betonen, daß der Beamte wie jeder Staatsbürger das Recht hat, über sein Einkommen und seine freie Zeit nach eigenem Ermessen zu verfügen. Die Angriffe der betreffenden Kreise sind deshalb als unberechtigte Eingriffe in die staatsbürgerlichen Rechte der Festbesoldeten zurückzuweisen.

Aus der Erkenntnis heraus, daß Maßnahmen der Wirtschafts- und insbesondere der Handelspolitik die Lebenshaltung der festbesoldeten Schichten unseres Volkes oft stärker beeinflussen, als alle Erfolge jahrelanger Besoldungs- und Gehaltspolitik, hat es der Bund der Festbesoldeten für seine Pflicht gehalten, schon heute zu den kommenden Handelsverträgen Stellung zu nehmen.

Die für das Jahr 1917 neu abzuschließenden Handelsverträge werden zum mindesten bis zum Jahre 1930 das gesamte deutsche Wirtschaftsleben maßgebend bestimmen. Je nach dem, ob sie für die wichtigsten Verbrauchsartikel Zölle und damit auch Preiserhöhungen oder Erniedrigungen bringen werden, können sie die Lebenshaltung der vorwiegend konsumierenden Bevölkerungsschichten, vor allem der Angestellten und Beamten mit ihrer festen Besoldung, nachhaltend beeinflussen; sie können gegebenenfalls den wirtschaftlichen und damit auch den kulturellen Aufstieg dieser Bevölkerungsklassen stark erschweren.

Schon jetzt drückt die Teuerung der letzten Jahre die Festbesoldeten überaus schwer. Die Besoldungserhöhungen vom Jahre 1909 haben für die Beamten die Steigerung der Lebensmittelpreise, der Mieten und der andern notwendigen Ausgaben, wie sie seit dem Ende der 90er Jahre eingetreten ist, zum großen Teile nicht einmal einholen können, ganz zu schweigen von den Gehaltserhöhungen, die die Privatangestellten zu erreichen vermochten. Seitdem ist das Preisniveau der wichtigsten Bedarfsartikel aber in noch viel stärkerem Maße gestiegen und die Teuerung ist schon zu einer dauernden Erscheinung geworden.

Im Interesse der Lebenshaltung der von ihm vertretenen Bevölkerungsschichten fordert der Bund der Festbesoldeten deshalb für die kommenden Handelsverträge eine Aufhebung der Futtermittelzölle und die Beseitigung der Getreideeinfuhrscheine, um wenigstens die allernotwendigsten Nahrungsmittel von dem Preisdruck der jetzigen Zölle zu entlasten. Im Interesse des weiteren wirtschaftlichen und kulturellen Aufstiegs der Festbesoldeten spricht er sich energisch gegen jede Zollerhöhung aus, seien es Zölle für wichtige industrielle Rohprodukte und Fabrikate oder für Agrarprodukte; insbesondere lehnt er scharf die Forderungen des Bundes der Landwirte nach einem lückenlosen Zolltarif, nach Mindestzöllen für Vieh und Fleisch, Zöllen für Milch und Molkereiprodukte, für Obst und Gemüse usw. ab.

Der Bund der Festbesoldeten bedauert, daß bisher beim Abschluß von Handelsverträgen nur die Interessen der Produzenten berücksichtigt worden sind, und daß so z. B. in dem Gutachterausschuß für die Vorbereitung von Handelsverträgen, dem „Wirtschaftlichen Ausschuß", die Konsumenten gar nicht vertreten sind. Er fordert deshalb eine Ausgestaltung des Wirtschaftlichen Ausschusses in dieser Richtung, und spricht die Erwartung aus, daß die Reichsregierung auch sonst bei dem Abschluß von Handelsverträgen Vertreter der Organisationen der Konsumenten (der Arbeiter, Angestellten und Beamten) gutachtlich hört."

Soweit diese Leitsätze sich allgemein mit der Notwendigkeit der konsumgenossenschaftlichen Organisation beschäftigen, decken sie sich mit der Stellung, die bereits unser Kölner Verbandstag eingenommen hat. Die Konsumenten müssen sich ihrer Macht, die sie im Wirtschaftsleben besitzen, bewußt werden, und sie durch genossenschaftliche Organisation betätigen.

Aber auch insofern ist die Resolution des Bundes der Festbesoldeten zu begrüßen, als hier energisch gegen die weitere Verteuerung der Lebensmittel durch Zölle, wie sie vom Bunde der Landwirte angestrebt werden, Front gemacht wird. Die mühsame Arbeit der Beamten- und Angestelltenorganisationen, für ihre Mitglieder bessere Gehälter zu erringen, wird durch eine Zollerhöhung, die eine Verteuerung der Lebensmittel herbeiführt, wieder a u f g e h o b e n. Ja, die Statistik, die das Reichsversicherungsamt für Angestelltenversicherung aufgestellt hat, hat uns bewiesen, daß es uns im vergangenen Jahrzehnt nicht gelungen ist, die Gehälter in annähernd gleicher Weise zu steigern, wie die Lebensmittel im Preise gestiegen sind.

Welche Wirkung übrigens die Zölle haben, zeigt die Tatsache, daß nach einem Aufsatz der „Hilfe" im Durchschnitt der Jahre 1896 bis 1905 die hypothekarischen Mehreintragungen in Preußen jährlich 283 Millionen Mark betrugen, daß sie aber unter der Wirkung des jetzigen Zolltarifs gestiegen sind: 1906 auf 515,19 Mill. M, 1907 auf 556,81 Mill. M, 1908 auf 585 Mill. und 1909 auf 640 Mill. M jährlich. In Schmollers Jahrbuch hat Walther R o t h k e g e l nachgewiesen, daß die durchschnittliche Bodenpreissteigerung in der Periode 1901/03 bis 1907/09 die der vorhergehenden Periode von 1895/97 bis 1901/03 übersteigt: bei kleineren Betrieben bis 20 ha um 11 bis 13%, bei mittleren Betrieben von 20 bis 100 ha um 23% und bei großen Betrieben von über 100 ha um 34 bis 36%.

Wir wollen durchaus nicht eine Standespolitik treiben, die egoistisch nur an den eigenen Stand denkt, wir sind uns bewußt, daß unsere Arbeit nur zum Ziele führt, wenn wir uns, wie es in unserem Programm heißt, als „Glied der sozialen Bewegung" fühlen; darum wünschen auch wir eine starke und gesunde Landwirtschaft. Zur Verteuerung des landwirtschaftlichen Grund und Bodens sind uns unsere Gelder, die uns durch die Zölle abgenommen werden, aber doch zu schade! Hdl.

SOZIALPOLITIK

Die Wirkung der sozialpolitischen Gesetzgebung

Nach Zeitungsmeldungen ist im Reichsamt des Innern die Bearbeitung einer Denkschrift in Angriff genommen, in der die Wirkungen unserer sozialpolitischen Gesetzgebung dargestellt werden sollen. Die Anregung dazu ist im vergangenen Jahre aus Reichstagskreisen ergangen. Sie wurde veranlaßt durch die Erörterungen über die Schrift des Berliner Nationalökonomen Prof. Dr. Bernhard über die sozialpolitische Belastung unserer Industrie. Die Denkschrift wird sich nicht darauf beschränken, die Wirkungen der Sozialpolitik auf wirtschaftlichem Gebiete zur Darstellung zu bringen, sondern sie soll sich auch erstrecken auf das sittliche und gesundheitliche, sowie auf alle anderen Gebiete, auf denen die Einflüsse der sozialpolitischen Gesetzgebung in die Erscheinung treten. Hieraus geht hervor, daß es sich um eine außerordentlich umfassende Arbeit handelt, an der neben dem Reichsamt des Innern auch das Reichsversicherungsamt, das Reichsgesundheitsamt und andere nachgeordnete Behörden beteiligt sein werden. Darüber hinaus müssen aber auch die Bundesregierungen zur Mitarbeit herangezogen werden, weil beispielsweise die gesamte Tätigkeit der Gewerbeaufsichtsbeamten wertvolles und wichtiges Material für die Denkschrift liefert. Unter diesen Umständen läßt sich einstweilen nicht übersehen, wann die Denkschrift zum Abschluß gebracht werden kann.

*

Wieder ein Dokument des „Scharfmachertums"

Man findet keinen anderen Ausdruck als „Scharfmacher", das Wort, das Freiherr v. Stumm geprägt hatte, um die Hetze zu bezeichnen, die eine Gruppe von Unternehmern gegen alles richtet, was das Wort „sozial" trägt. So wird jetzt ein Rundschreiben des V e r e i n s d e r I n d u s t r i e l l e n für den Regierungsbezirk K ö l n bekannt, in dem sogar dem evangelisch-sozialen Kongreß und der kirchlich-sozialen Konferenz sozialer Radikalismus vorgeworfen und der G e s e l l s c h a f t f ü r s o z i a l e R e f o r m „h ö c h s t e i n s e i t i g e V o r e i n g e n o m m e n h e i t" und „s a c h u n k u n d i g e H a l t u n g g e g e n ü b e r d e m U n t e r n e h m e r t u m" nachgesagt wird. Wie der Verein der Industriellen selbst zur Sozialpolitik steht, das geht aus den nachstehenden Zeilen hervor, die in dem Rundschreiben über die Versicherungsgesetzgebung stehen:

„Das Pflichtgefühl der eigenen Fürsorgetätigkeit wird fortschreitend verringert und an Stelle der Mannhaftigkeit tritt ein Feminismus im öffentlichen Leben. Der alte Spruch: „Hilf Dir selbst, so hilft Dir Gott" verliert an Geltung, obwohl er das einzig Richtige ist. So sehen wir als höchst unerfreuliche Folge der an sich berechtigten Sozialpolitik eine fortschreitende Verminderung des Pflichtgefühls und der Entsagungsfähigkeit in weiten Kreisen des Volkes. Diese Richtung muß auch auf die Wehrhaftigkeit des Volkes schädlich einwirken. Es wächst ein schwächeres Geschlecht heran, das gegenüber den kräftigen und von der Sozialismusblässe nicht angekränkelten Völkern des Ostens uns schwer Nachteil bringen muß. Ein Volk braucht Männer zur Aufrechterhaltung seiner politischen und nationalen Selbständigkeit, Männer, nicht Weiber. Unsere heutige Sozialpolitik führt aber notwendigerweise zur Weiberherrschaft, d. h. zu einer Herrschaft von Grundsätzen im öffentlichen Leben, die nicht männlichen, sondern weiblichen Eigenschaften entsprechen."

Man weiß nicht, worüber man sich mehr wundern soll, über den Unverstand, der aus diesen Zeilen spricht, oder den Hohn, der in der Zitierung des alten Spruches liegt: „Hilf Dir selbst, so hilft Dir Gott". Das schreiben Leute, die gegenüber jeder Selbsthilfe, die ja gerade die Arbeitnehmer anwenden wollen, nach der Polizei und nach Einschränkung jeder Möglichkeit der Selbsthilfe durch Unterdrückung der Koalitionsfreiheit rufen.

Hdl.

*

Der 9. Kongreß der freien Gewerkschaften

In München waren vom 22. bis 27. Juni die freien Gewerkschaften zu ihrem 9. Kongreß zusammengetreten. Wie bei jeder Arbeitnehmerorganisation mußten auch im Mittelpunkt dieser Tagung die Proteste gegen das Flaumachen in der Sozialpolitik und gegen die Versuche, das Koalitionsrecht einzuengen, stehen.

Der Abg. R o b e r t S c h m i d t referierte über den S t a n d d e r S o z i a l p o l i t i k. Er wies nach, daß der Vorsprung Deutschlands in der Sozialpolitik vor dem Auslande vorbei sei. Das lange rückständig gebliebene Frankreich hat die Altersversorgung, Skandinavien die Arbeitslosenversicherung im Zusammenwirken mit den Gewerkschaften geschaffen. Die Schweiz führt den Zehnstundentag allgemein ein. Wir haben noch keinen allgemeinen Normalarbeitstag. Besonders aber ist in England unter der liberalen Regierung viel geschehen. Da ist das Krankenversicherungsgesetz, das unter voller freier Selbstverwaltung der Versicherten steht, und hoch über den reaktionären Bestimmungen des deutschen Gesetzes steht. Die englische Unfallversicherung hat manche Vorzüge gegenüber der unsrigen und das wichtige und dringende Problem der Arbeitslosenversicherung hat England fast für $2^1/_2$ Millionen seiner Arbeiter zu regeln begonnen. Man hat dort durch gesetzliche Lohnregelung im Bergbau festgelegt, daß der Mindestlohn durch eine paritätische Kommission bestimmt wird, und allen Staaten voran hat England Lohnkommissionen mit Lohnfestsetzungsrecht in der Heimarbeit eingeführt.

In Deutschland sei trotz viel stärkerer Vertretung der Arbeiter der Kurs entgegengesetzt. Man rufe nach einer „verständigen" Sozialpolitik, als ob die bisherige Sozialpolitik nicht auch den „Arbeitgebern gegeben hat, was ihnen zusteht". Die Gewerkschaften müßten darum geschlossener auftreten. Staatssekretär Delbrück habe darin recht, daß die Schwäche der Gewerkschaften von ihrer Zersplitterung nach religiösen und politischen Auffassungen herrühre. Es müsse darum eine Verständigung unter den verschiedenen Gewerkschaftsrichtungen angebahnt werden, um gemeinsame Kämpfe gegen die Unternehmer führen zu können, die sich ebenfalls eng zusammengeschlossen haben. Die Gewerkschaften könnten noch manches erreichen; aber sie bedürfen dazu der Bewegungsfreiheit nach allen Seiten und Gleichstellung mit den Gegnern. — Robert Schmidt sprach in seinem Referat manch treffliches Wort, das hier des mangelnden Raumes wegen nicht wiedergegeben werden kann. Aber ein Satz sei hier doch noch angeführt: „Die Gewerkschaften erblicken ihre Macht nicht in der Anwendung von Mitteln, die mit tönenden Worten angekündigt werden, sondern in der ruhigen kühlen Abwägung des Erreichbaren."

In der Resolution zu diesem Referat wurde zum Ausdruck gebracht, daß Volksgesundheit und wirtschaftliches Wohlergehen der Volksmassen höher stehen müsse als die Förderung des Anhäufens der Riesenvermögen und der wirtschaftlichen Machtentfaltung einer verhältnismäßig kleinen Gruppe kapitalistischer Interessenten. Wenn gegenwärtig von einflußreichen Unternehmerverbänden lauter als je der Ruf nach einem Stillstand der Sozialpolitik ertöne, so habe dafür nicht die angeblich hohe Entwicklung der sozialen Gesetzgebung den Anreiz gegeben, sondern das Drängen jener Kreise nach politischer und wirtschaftlicher Machtentfaltung und Unterdrückung der Arbeiterklasse. Gegenüber diesen Bestrebungen fordert die Resolution verstärkte Organisation der Arbeiterschaft.

Ueber das Koalitionsrecht sprach zunächst Abg. Brey, indem er die Frage des Reichsvereinsgesetzes behandelte. Seine Ausführungen wandten sich vor allem gegen den Versuch des Berliner Polizeipräsidenten, die freien Gewerkschaften zu politischen Vereinen zu stempeln, der keinen Rechtsgrund habe und den Arbeiter unter ein Ausnahmegesetz stellen wolle. Brey brachte zahlreiche Beispiele zum Beweis für die gewerkschaftsfeindliche Stimmung in Verwaltung und Rechtsprechung vor. In der von ihm vorgelegten Entschließung wurde ein freies, uneingeschränktes, gegen Eingriffe aller Art geschütztes Vereins- und Versammlungsrecht als die notwendige Grundlage für eine ersprießliche gewerkschaftliche Tätigkeit und für die geistige, kulturelle und wirtschaftliche Hebung der Arbeiterklasse gefordert. Jede Einschränkung, Verweigerung oder Erschwerung des Vereins- und Versammlungsrechtes stärke das Unternehmertum als Klasse, vermindere den Widerstand der von ihm abhängigen Arbeiter und Angestellten. Die Bestimmungen des Vereinsgesetzes von 1908 erfüllten die Anforderungen an ein freies Vereins- und Versammlungsrecht nicht. Die Handhabung des Vereinsgesetzes, wie sie besonders in Preußen üblich geworden sei, sei ein Hohn auf die feierlichen Versprechungen des früheren Staatssekretärs und jetzigen Reichskanzlers auf eine loyale Handhabung, um so mehr, als gegen die Verbände der Unternehmer, gegen sogenannte vaterländische Arbeitervereine und bürgerliche Jugendorganisationen die einschränkenden Bestimmungen des Vereinsgesetzes nicht zur Anwendung kommen.

Der zweite Referent zum Koalitionsrecht, Alexander Schlicke, begründete eine Resolution in der Frage Arbeitswilligenschutz und Unternehmerterrorismus, in der das Eingreifen der Gesetzgebung sowie der Regierungen und Polizeibehörden im Sinne der vom Unternehmertum gestellten Forderungen in die Arbeitskämpfe mit Entrüstung zurückgewiesen und demgegenüber der Ausbau des Koalitionsrechts gefordert wird durch: Ausdehnung desselben auf alle Arbeiter ohne Rücksicht auf die Art ihres Beschäftigungs- oder Dienstverhältnisses; Aufhebung des § 153 der Gewerbeordnung; Bestrafung derjenigen, die Arbeiter und Angestellte an der Ausübung des Koalitionsrechts hindern oder zu hindern suchen.

Mit Forderungen an die Staatshilfe beschäftigten sich auch die Referate über Tarifverträge, Arbeitsnachweise, Arbeitslosenfürsorge und Lebensmittelteuerung.

Leipart behandelte die Frage der gesetzlichen Regelung der Tarifverträge, die die Generalkommission jetzt noch nicht für erforderlich halte, da auch ohne sie der Bestand der Tarifverträge gesichert sei. Er vertrat weiter den Standpunkt, daß tarifvertragliche Bestimmungen auch unmittelbar für die einzelnen Pensionen, nicht nur für die Organisationen gelten müßten. Aus dem Reichsgerichtsurteil vom 20. Januar 1910 lasse sich die Unabdingbarkeit des Vertrags auch in dem Sinne ableiten, daß der einzelne Arbeiter genau so wie der einzelne Arbeitgeber Anspruch auf Erfüllung des Tarifvertrags haben muß. Was die Haftung anlange, so brauchten die Gewerkschaften in den Ruf „Fort mit dem § 152 Abs. 2" nicht einzustimmen. Die Tarife in der Holzindustrie und im Buchdruckgewerbe zeigten, daß sich die Haftfrage recht gut durch freie Vereinbarung befriedigend lösen lasse. Bei der Frage, wer Tarifstreitigkeiten entscheiden und die Entscheidung vollstrecken solle, sei gleichfalls zu bedenken, daß die bestehenden Gesetze die Möglichkeit tarifvertraglicher Schiedsinstanzen gäben, deren Entscheidungen rechtswirksam wären. Es komme, wie mehrfache Reichs- und Kammergerichtsurteile beweisen, lediglich darauf an, daß die Schiedsverträge genau nach der Zivilprozeßordnung abgefaßt wären.

Aus dem Vortrag von A. Neumann klang ein lebhaftes Mißtrauen gegen die Bestrebungen des Verbandes deutscher Arbeitsnachweise hervor. Seine Gedankengänge sind in folgender Entschließung niedergelegt.

„Die Bestrebungen des Verbandes Deutscher Arbeitsnachweise, eine gesetzliche Regelung der Arbeitsvermittlung im Sinne des öffentlichen Arbeitsnachweismonopols durch Bureaukratisierung der Arbeitsnachweise und der Beseitigung der paritätischen Verwaltung herbeizuführen, sind geeignet, der Arbeiterklasse den mühsam errungenen Einfluß auf die Arbeitsvermittlung illusorisch zu machen.

Die Gewerkschaften wollen grundsätzlich, daß der Arbeitsnachweis den Interessenkämpfen zwischen Unternehmern und Arbeitern entzogen werde. Sie weisen den Anspruch der Unternehmer, allein den Arbeitsnachweis zu beherrschen und ihn ihren einseitigen Interessen dienstbar zu machen, entschieden zurück und erkennen die beste Lösung des Arbeitsnachweisstreites in einer gesetzlichen Regelung, die alle paritätisch organisierten, gemeinnützigen Arbeitsnachweise anerkennen, und zu gemeinsamem Wirken verpflichtet. Die tariflichen Facharbeitsnachweise sind wertvolle Errungenschaften der Arbeiterschaft, die von dem Vertrauen und der Mitarbeit beider Parteien getragen, einen weit größeren Einfluß auf den beruflichen Arbeitsmarkt ausüben können, als öffentliche Arbeitsnachweise. Sie vermitteln nicht nur Arbeitsgelegenheit und Arbeitskräfte, sondern gewährleisten auch die Durchführung tariflich geregelter Arbeitsverhältnisse, die zugleich dem wohlverstandenen Interesse der Arbeitgeber und dem Wohle des ganzen Gewerbes dienen. In der Bekämpfung dieser tariflichen Facharbeitsnachweise durch den Verband Deutscher Arbeitsnachweise erblickt der Kongreß eine verhängnisvolle Schädigung der gesamten Arbeitsvermittelung, wie auch der gesunden Entwickelung des Arbeitsrechtes auf paritätischer Grundlage.

Die Vorschläge des Vorsitzenden des Verbandes deutscher Arbeitsnachweise, die darauf gerichtet sind, in einer öffentlichrechtlichen Organisation der Arbeitsvermittelung den Einfluß der Bureaukratie wie auch der Unternehmer zu stärken und selbst einseitige Unternehmernachweise zuzulassen, den Einfluß der Arbeiter dagegen zu schwächen und völlig lahm zu legen, weist der Kongreß mit großer Entschiedenheit zurück."

Ueber die „Arbeitslosenfürsorge" referierte A. Winnig. Er gab eine Uebersicht über die bisherigen Versuche mit Arbeitslosenversicherungen. Jetzt stehe man vor einem „Trümmerfeld". Aber diese Frage werde ebensowenig zur Ruhe kommen wie die der Sicherung des Koalitionsrechts.

Die Frage der Lebensmittelteuerung besprach der Abg. Timm.

Timms Forderungen auf diesem Gebiete zeigten, nach der „Soz. Praxis", in vielen Punkten Verwandtschaft mit denjenigen, die Stegerwald auf dem 3. Deutschen Arbeiterkongreß vertreten hatte, gingen aber mannigfach noch darüber hinaus. Insbesondere hält Timm unter Aufrechterhaltung veterinär-polizeilicher Vorsichtsmaßregeln die Oeffnung der Grenzen für den Verkehr mit ausländischem Vieh und Fleisch für unbedenklich und tritt im Interesse der einheimischen Vieh- und Fleischproduktion bloß für die Beseitigung der Futtermittelzölle ein. Ferner wünscht er, übereinstimmend mit Stegerwald, Aufhebung des Einfuhrscheinsystems. Die Einzelstaaten sollen in den Eisenbahntarifen eine die Ernährung verbilligende Politik treiben, die Gemeinden Produktion und Verkauf von Nahrungsmitteln insoweit selbst übernehmen, daß sie die Preisbildung beeinflussen. Endlich sollen die Arbeiter die Konsumvereine, sowie die gemeinnützigen Kleinwohnungsgenossenschaften fördern und sollen in der Gewerkschaft selbst den machtvollsten Faktor zur Sicherung und Steigerung der Einkommen gegenüber den wachsenden Lebenskosten erblicken lernen.

Mit diesen Referaten ist die Stellungnahme des Kongresses zu den allgemeinen sozialpolitischen Forderungen erschöpft. In einem zweiten Bericht werden wir die organisatorischen Fragen behandeln, die den weitaus größten Teil der Zeit auf der Tagung in Anspruch nahmen. Hdl.

*

Tagungen deutscher Gewerverkeine

Neben dem Gewerkverein der deutschen Gemeindearbeiter, über dessen Tagung wir in Heft 27 berichteten, haben nach Pfingsten noch eine Reihe anderer Hirsch-Dunckerscher Gewerkvereine getagt. Hauptgegenstände waren das Koalitionsrecht und der Stillstand der Sozialreform. Die Maschinenbauer, deren Tagung Geheimrat Siefart vom Reichsamt des Innern beiwohnte, betonten, wie die „Soziale Praxis" berichtet, nach einem Vortrag Dr. Heydes über das bedrohte Koalitionsrecht in einer Entschließung den Glauben an die wirtschaftliche, sittliche und staatliche Notwendigkeit des Koalitionsrechts, forderten die Beseitigung der §§ 152 Abs. 2 und 153 GO., verlangten von den Verwaltungsbehörden eine gerechtere und versöhnlichere Anwendung des Reichsvereinsgesetzes und verurteilten die „klassenkämpferischen und staatsgefährlichen Bestrebungen für vermehrten Arbeitswilligenschutz"; das Streikpostenstehen sei ein unentbehrliches Kampfmittel der Arbeiterschaft, sein Verbot müsse die Ungleichheit der Machtverhältnisse zum Nachteile der Arbeitnehmer ins Unerträgliche steigern. Aehnliche Entschließungen faßten die Holzarbeiter und, nach einem Vortrage von A. Erkelenz über den „Zukunftsstaat der Scharfmacher", die Lederarbeiter. Die letzteren wünschten insbesondere die Einsetzung eines gemischten kaiserlichen Prüfungsausschusses für den von der Reichsregierung gesammelten Stoff zum Arbeitswilligenschutz. Den Stillstand der Sozialreform behandelte bei den Maschinenbauern Stadtverordneter Ziegler (Siegen). Er wandte sich besonders der mangelhaften Durchführung der bestehenden Arbeiterschutzgesetze, zumal in der Großeisenindustrie, zu und hob die Bedeutung eines Reichseinigungsamtes hervor. Eine Entschließung, die die neue Bundesratsverordnung für die Hütten- und Walzwerke als unzulänglich bezeichnete, forderte die achtstündige Arbeitszeit für die Feuer- und die zehnstündige für die übrigen Arbeiter dieser Betriebe; weiter wurde das Verbot der 24stündigen Wechselschicht, die ausnahmslose Festlegung einer einstündigen Mittagspause auf die Zeit zwischen 11 und 1 Uhr, sowie Beschränkung der Ueberarbeit auf höchstens 6 Stunden gefordert. Weiter wurde die Anstellung von Sicherheitsmännern aus den Reihen der Hüttenarbeiter verlangt und die Erwartung ausgesprochen, daß die Regierung zu künftigen Besprechungen über den Hüttenarbeiterschutz auch Vertreter der Arbeiterorganisationen hinzuziehen möge. Eine zweite Entschließung wandte sich gegen die „Ruhepause in der Sozialpolitik". In gleichem Sinne, und zwar unter besonderer Hervorhebung der notwendigen Reform des Arbeitsrechts, äußerten sich auch die Lederarbeiter und die Holzarbeiter.

ANGESTELLTENFRAGEN

Eine Zentralstelle der Buchhandlungsgehilfen

Die Delegiertenversammlung des Allgemeinen Buchhandlungsgehilfentages, der in Leipzig stattfand, beschloß einstimmig die Begründung einer Zentralstelle der Buchhandlungsgehilfen in Leipzig. Die Zentralstelle soll den Zweck haben, die Beziehungen zwischen den Organisationen der einzelnen Länder zu pflegen, für eine Besserung der wirtschaftlichen und sozialen Verhältnisse der Buchhandlungsgehilfen einzutreten und bei Bewerbungen für das Ausland über die Verhältnisse des betreffenden Landes Auskunft zu erteilen.

BEAMTENFRAGEN

Die Notwendigkeit der Reform des Disziplinarverfahrens

ergibt sich wieder aus einem Bericht, den die „Berliner Beamten-Korrespondenz" veröffentlicht. Dort erzählt der pensionierte Regierungsrat G. von einem Disziplinarverfahren, in dem er selbst als Richter fungiert hat. Die Zeitung des Reichsverbandes deutscher Zollaufseher, -Assistenten und -Sekretäre hatte das Verhalten eines Oberzollinspektors in Emden kritisch besprochen. Auf Veranlassung des Provinzialsteuerdirektors in Hannover war bei der Schriftleitung der Zeitung eine polizeiliche Haussuchung abgehalten worden, um den Verfasser des Artikels zu ermitteln. Man fand nur eine Postkarte eines Zollaufsehers K. in Wilhelmshaven vor, auf der dieser seine Zustimmung zu dem Artikel aussprach; das genügte, um unverzüglich die Suspension des K. vom Amte zu verfügen und das Disziplinarverfahren zwecks Entfernung aus dem Amt gegen ihn einzuleiten. (!) Zum Untersuchungskommissar wurde der damalige Regierungsrat, jetzige Provinzialsteuerdirektor G. in Köln bestellt.

Bei der Untersuchung sollte der Zollaufseher K. nun nicht die volle Wahrheit gesagt und die Beantwortung ihn belastender Fragen abgelehnt haben. Darin wurde Ungehorsam gefunden, der die Dienstentlassung zur Folge haben sollte. (!) Als der Untersuchungskommissar den pensionierten Regierungsrat G. darüber befragte, wie er sich als Richter in dieser „besonders interessanten Sache" verhalten würde, erhielt er zur Antwort, daß die Strafe der Dienstentlassung wohl schwerlich zu rechtfertigen sei.

Einige Wochen später wurde der jetzt pensionierte Regierungsrat G. in das Dienstzimmer des stellvertretenden Provinzialsteuerdirektors, eines Oberregierungsrats Sch., gerufen, der ihm mitteilte, der „Provinzialdirektor hätte ihn beauftragt, die Regierungsräte G. und M. von dem mündlichen Verhandlungstermine gegen den Zollaufseher K. durch Reisen fernzuhalten, weil sie beide in ihrem Urteil zu mild sind". Der jetzt pensionierte Regierungsrat G. warnte den stellvertretenden Chef vor dieser schweren Rechtsbeugung und erreichte auch, daß er sowohl wie Regierungsrat M. an der Sitzung des Disziplinargerichts teilnahmen. Der Zollaufseher K. wurde nicht zur Dienstentlassung verurteilt.

Diese Vorgänge, die sich im Jahre 1905 abgespielt haben, sollen keineswegs verallgemeinert werden; daß sie vorkommen konnten, zeigt aber, daß das System des Disziplinarverfahrens unhaltbar ist. Die Grundforderung für jedes Gerichtsverfahren muß die Unabhängigkeit der Richter sein. Ist diese nicht gewahrt, dann ist der Rechtsunsicherheit Tür und Tor geöffnet. Hdl.

STANDESFRAGEN

Das Konkurrenzklauselgesetz für die techn. Angestellten

Wie die „Deutsche Parlaments-Korrespondenz" berichtet, werden mit dem Beginn des Herbstes die zuständigen Ressorts an die Ausarbeitung eines Gesetzentwurfes zur Regelung der Konkurrenzklausel für technische Angestellte herantreten. Ob die Vorlage jedoch in der nächsten Tagung schon an den Reichstag gelangen wird, ist noch unentschieden; es wird dies auch von der Geschäftslage des Reichstages abhängen, da man in der nächsten Tagung nur so viel Beratungsmaterial zur Vorlage bringen will, wie auch erledigt werden kann.

Die „Korrespondenz" bemerkt, anscheinend auf Grund amtlicher Information weiter: „Die Frage der Konkurrenzklausel hat für die technischen Angestellten eine wesentlich andere Bedeutung wie für die kaufmännischen. Es ist deshalb auch unmöglich, das vom Reichstag beschlossene Gesetz für den kaufmännischen Angestellten einfach auf die Techniker zu übertragen. Es wird daher auch erforderlich sein, aus den beteiligten Kreisen Vertreter über die für eine gesetzliche Regelung vorhandenen Wünsche zu hören."

*

Aus den Marinebetrieben

Die Stellung der Marinebehörden zu den auf Privatdienstvertrag angestellten Schiffs- und Maschinenbautechnikern bei den Kaiserlichen Werften beschäftigt jetzt auch die Tagespresse. So lesen wir im „Berliner Tageblatt":

„Bei den letzten Beratungen des Marineetats im Reichstag hat Staatssekretär v. Tirpitz über die Neuorganisation des technischen Beamtenpersonals Ausführungen gemacht, die in den beteiligten Kreisen lebhafte Beunruhigung hervorgerufen haben. Danach haben die in großer Anzahl zum Ausbau der Flotte herangezogenen technischen Hilfskräfte im Laufe der nächsten Jahre, spätestens bis 1920, ihre Entlassung zu erwarten. Der Ersatz soll durch neu auszubildendes Personal geschaffen werden, das später fest angestellt wird. Die Ausführungen des Staatssekretärs werden noch durch eine vor kurzem erlassene Verfügung bekräftigt, nach welcher die Absicht bestehen soll, die Privatangestellten nicht „in umfangreichem Maße" zu entlassen. Unter „in umfangreichem Maße" kann natürlich jeder verstehen, was er will. Wesentlich muß es aber erscheinen, daß die Kaiserl. Werften bereits durch Inserate jüngere Techniker für die Ausbildung zur technischen Sekretariatslaufbahn suchen, und daß bereits eine Anzahl Aspiranten eingestellt sind. Es erweckt den Anschein, daß die beabsichtigte Umwälzung nicht allmählich vor sich gehen wird, sondern daß man jetzt schon mit der Entlassung der auf Privatdienstvertrag tätigen Techniker beginnt. Die geplante Reorganisation ist aber auch nach dem Urteil von Fachleuten überhaupt nicht gerechtfertigt. Wenn dabei versucht wird, den Hilfskräften die Befähigung für die an sie gestellten Anforderungen abzusprechen, so muß darauf hingewiesen werden, daß der Bildungsgrad der technischen Hilfskräfte demjenigen der festangestellten Beamten durchaus gleichwertig ist, und, was das wichtigste ist, die technischen Hilfskräfte haben sich bei dem jetzt vorgenommenen raschen Ausbau der deutschen Flotte durchaus bewährt. Es geht einfach nicht an, daß ein Staatsbetrieb bewährte Arbeitskräfte in der beabsichtigten Weise erwerbslos macht. Es darf doch nicht unbeachtet bleiben, daß die hier in Frage kommenden technischen Angestellten sich bei ihrem Austritt aus guten Stellungen der Privatindustrie Lebensstellungen bei den Kaiserlichen Werften erhofften. Zudem widmen sie ihre besten Jahre dem Staatsdienst und dürfen deshalb im vorgerückten Alter nicht einfach abgeschoben werden."

*

Geldbelohnungen an Beamte für technische Neuerungen

Zum Zwecke der Belebung der Erfindungsfreudigkeit unter den städtischen Beamten, Angestellten und Arbeitern und zur Sicherung der Ausnutzung vorteilhafter Erfindungen will die Stadt Düsseldorf für solche Neuerungs- und Verbesserungsvorschläge, deren Verwirklichung der Stadt technische oder wirtschaftliche Vorteile bietet, den Erfindern unter Ausschluß des Rechtsanspruchs Geldbelohnungen zukommen lassen, und zwar gleichviel, ob die Erfindung zum Patent oder Musterschutz angemeldet wird oder nicht. Gegenstand der Belohnung können Vorschläge zur Einführung neuerfundener oder zur Verbesserung oder Verbilligung bestehender Arbeitserzeugnisse, Arbeitsmittel, Arbeitsverfahren und Betriebseinrichtungen jeglicher Art auf wirtschaftlichem oder technischem Gebiete der Stadt, sowie auch Vorschläge zur Vereinfachung und Verbilligung des Geschäftsbetriebs sein.

*

Die Hilfstechniker bei der preußischen Bauverwaltung

Die bei der allgemeinen Bauverwaltung vertraglich beschäftigten Hilfskräfte verlieren nicht selten mit der Vollendung der Bauten, bei denen sie tätig gewesen sind, ohne eigenes Verschulden ihre Stellung und Arbeitsgelegenheit. Um ihnen die Wiedererlangung einer Beschäftigung nach Möglichkeit zu erleichtern, hat jetzt der Minister der öffentlichen Arbeiten in Erneuerung einer älteren Verfügung die in Betracht kommenden Dienststellen in einem Runderlaß aufgefordert, sich bei eintretendem Bedarf an Helfstechnikern jedesmal der in den amtlichen Blättern mitgeteilten Stellennachweise zu bedienen und namentlich solche Bewerber zu berücksichtigen, die in anderen Bauämtern verfügbar geworden sind und sich in der Bauverwaltung bereits bewährt haben. Es wird noch weiter verfügt, daß die betreffenden Techniker in ihrer neuen Stellung, wenn hier keine größeren Anforderungen als in ihrer früheren Tätigkeit an sie gestellt werden und die verfügbaren Mittel es gestatten, eine Schmälerung ihrer Bezüge nicht erleiden sollen.

*

Technische Angestellte als Mitglieder der Handelskammern

Eine bemerkenswerte Streitfrage wurde auf Anregung der Handelskammer Nürnberg vom bayrischen Ministerium entschieden. Bekanntlich sind in Bayern den Handelskammer-Ausschüssen auch die Ausschüsse der Kleingewerbetreibenden sowie der kaufmännischen und technischen Angestellten zugeteilt. Diese haben sich deshalb wiederholt als „Mitglieder der Handelskammer" ausgegeben. Die Nürnberger Kammer hielt diesen Beisatz nicht für berechtigt. Das Ministerium hat aber entschieden, daß die Mitglieder dem Ausschusse mit vollem Recht und Pflicht angehören. Sie dürfen sich deshalb auch als Mitglieder der Kammer bezeichnen. Eine endgültige Entscheidung der Streitfrage wird wohl die bevorstehende Revision der Handelskammer-Verordnung von 1909 bringen.

STANDESBEWEGUNG

Der Schweizerische Techniker-Verband

hielt am 27. und 28. Juni seine 9. Hauptversammlung in Bern ab. Die Tagung war eine Kundgebung der schweizerischen Techniker anläßlich der Landesausstellung zu Bern, die für die Technik einen neuen Triumph bedeutet. Erschienen waren 400 Verbandsmitglieder, Vertreter der Regierung, die Gemeindebehörden der Stadt Bern und einer Reihe befreundeter Techniker-Verbände, darunter auch der Vorsitzende unserer Zweigverwaltung Konstanz im Auftrage unseres Verbandes. Der Pressebericht verzeichnet, daß der gedruckt vorliegende Jahresbericht rasch erledigt wurde. Der Vorstand wurde einstimmig wiedergewählt. Präsident des Verbandes ist Herr E. Graner, Betriebsleiter der Hagneckwerke in Biel. Der Jahresbericht stellt fest, daß das Jahr 1913 für den Schweizerischen Techniker-Verband dank einer gründlichen Revisionsarbeit auf statutarischem Gebiet und Schaffung festgefügter Normen ein Jahr ruhiger, aber steter Weiterentwicklung war. Den Mahnworten des Vorstandes an die vielen gleichgültigen oder egoistischen Techniker, die den Weg zu dem schweizerischen Verbande noch immer nicht gefunden haben, können wir von unserem Standpunkte aus und an die Adresse der deutschen Kollegen gerichtet, nur beipflichten. Dieser Umstand mag es mit verschuldet haben, daß der Mitgliederbestand des S. T.-V., der am 1. März 1913 sich auf 2061 belief, einen kleinen Rückgang erfuhr. Die Arbeiten des Schweizerischen Techniker-Verbandes auf sozialpolitischem Gebiet betrafen hauptsächlich die endgültige Fassung eines bereits auf der Generalversammlung in St. Gallen 1912 gutgeheißenen Normaldienstvertrages. Ein Zusammengehen mit dem Schweizerischen Ingenieur- und Architektenverein in dieser Frage scheint auf Hindernisse gestoßen zu sein und zwar in der Frage des Erfinderrechtes des Angestellten und in der Frage der Abzugsfähigkeit der Krankengelder vom Monatsgehalt. Die Verhandlungen sind noch nicht abgeschlossen, es besteht aber schon jetzt die Gefahr, daß bei der Rückständigkeit des Schweizerischen Architekten- und Ingenieur-Vereins nicht viel Gutes herauskommt. Der Schweizerische Techniker-Verband sollte es sich daher überlegen, ob er nicht besser seinen eignen Weg geht. In dem vergangenen Jahr hat sich der S. T.-V. auch wiederholt gegen die Bestrebungen gewendet, die von gewissen Stellen immer von neuem gemacht werden, um den Begriff „Ingenieur" zu einem Titel zu stempeln, der nur von Hochschulabsolventen getragen werden darf. Der Rechtsschutz des Verbandes hat auch im verflossenen Geschäftsjahr gute Erfolge zu verzeichnen. Unbefriedigend funktionierte die zurzeit nur provisorischen Charakter tragende Stellenvermittelung des Verbandes, deren Ausbau nun definitiv in Angriff genommen werden soll. Auch in der Schweiz war das Jahr 1913 der Stellenvermittelung keineswegs günstig, denn die Nachfrage nach technischem Personal war außerordentlich gering, nicht nur im Baugewerbe, in der während 6 Monaten keine einzige Vakanz angemeldet wurde, sondern auch in den anderen Branchen. Deutsche Techniker sollten daraus die Lehre ziehen, es sich sehr zu überlegen, ob sie etwa in der Schweiz ihr Fortkommen suchen sollten. Mf.

*

„Dreiste Verdächtigungen"

Die Art und Weise, wie die Bundeszeitung gegen den Verband seit einiger Zeit polemisiert, ist wieder eine derartige geworden, daß es jeden anwidert, sich mit solchen „dreisten Verdächtigungen" (dieser Ausdruck ist der Bundeszeitung entnommen) zu befassen. Im Interesse des Ansehens des deutschen Technikerstandes erheben wir gegen eine derartige Kampfesweise entschieden Protest. Wir verzichten, um nicht auf dieses Niveau der Bundeszeitung herabsteigen zu müssen, auf jede weitere Polemik mit diesen Herren der Bundesleitung, die glücklicherweise nicht die Gesinnung der Mehrzahl der Bundesmitglieder zum Ausdruck bringen.

Erholungsheim des Deutschen Techniker-Verbandes!

Das ganze Jahr geöffnet! Herrliche, freie Gebirgslage an der Hainleite. Buchen- und Nadelwald. Gesundes, billiges Wohnen, freundliche Zimmer mit ein oder zwei Betten und Liegesofa. Behagliche Gesellschaftsräume.

Gute und reichliche Kost (1. und 2. Frühstück, Mittagbrot, Nachmittags-Kaffee mit Gebäck und Abendbrot). Volle Pension (Wohnung und Kost) 3,50 M für den Tag und Person. Geselliger Verkehr unter Kollegen und deren Angehörigen. Zentralheizung, elektr. Licht, Badeanlagen: Wannen- und Brausebäder, Fichtennadel-, Kohlensäure- und Soolbäder. Turn- und Spielplatz am Hause. Konzerte der Hofkapelle. Fürstliches Theater. Für Juli und August ist rechtzeitige Anmeldung nötig. Gesuche um Zusendung der Heimordnung und Anmeldungen sind zu richten: An das Techniker-Erholungsheim in Sondershausen i. Thür. Fernsprecher Nr. 14.

Ansichtspostkarten vom Erholungsheim

20 verschiedene, je 5 Pfg., 100 Stück 5 M, sind durch Postanweisung zu beziehen durch Bürgermeister Burkhardt in Sondershausen. Der Ueberschuß fließt zur Heimkasse.

DEUTSCHE TECHNIKER-ZEITUNG

DAS BILDUNGSWESEN DES TECHNIKERS

XXXI. Jahrg. **25. Juli 1914** **Heft 30**

Der Techniker als Fortbildungsschullehrer*)

Von KARL HEUSER, Architekt und Gewerbelehrer in Mühlheim a. Rh.

Es ist ein Gesetz aller lebenden Wesen, daß das erwachsene Geschlecht seine Fürsorge dem heranwachsenden widmet; und je höher die Sprosse liegt, die auf der Stufenleiter der Entwickelung erreicht ist, desto umfassender ist diese Fürsorge, am umfassendsten selbstredend bei dem Menschen. Hier beginnt sie bei der Geburt und endet erst mit dem Zeitpunkt, wo der junge Mensch zum vollentwickelten Charakter ausgereift ist und die volle Verantwortlichkeit für seine Entschließungen übernehmen kann.

Es gibt im Leben des Menschen gewisse Abschnitte, die man als das Kindheitsalter, das Jünglingsalter usw. bezeichnet, und die entsprechenden Abschnitte waren bei vorgeschrittenen Kulturvölkern jeweils durch einen gewissen Abschluß der Jugendfürsorge gekennzeichnet. Durchweg war es das 14. Lebensjahr, das als das Ende der Kindheit und der planmäßigen Fürsorge betrachtet wurde. Aber warum? — Der Drang nach weiterer Entfaltung ist nicht erloschen, sondern lebhafter als zuvor, und unter dem Zwange der Umstände setzt sich die Entwickelung des jungen Menschen fort und nicht selten in einer Richtung, die den Wünschen aller an seiner Bildung Interessierten nicht entspricht. Man sah sich genötigt, die plan- und schulmäßige Beeinflussung des jungen Menschen über die Kindheit hinaus fortzusetzen und auf das Jünglingsalter auszudehnen, nicht nur seiner selbst wegen, sondern ebensosehr im Interesse der Gesamtheit, deren aktives Glied er später werden sollte. So entstanden schulmäßige Veranstaltungen, die als Fortbildungsschulen bezeichnet wurden und heute unter diesem Namen ein wesentliches Glied unseres modernen Bildungswesens sind.

Fortbildungsschulen im weitesten Sinne sind also Anstalten, die die Jugend über die Zeit der Kindheit hinaus schulmäßig weiterbilden sollen.

Eine erfolgreiche und planmäßige Weiterbildung ist aber nur dann möglich, wenn das Ziel der Volksschule erreicht ist. Die, früher mehr wie jetzt, unvollkommenen Schuleinrichtungen und der sehr oft unregelmäßige Schulbesuch drängten dazu, in dem Fortbildungsschulunterricht eine Gelegenheit zur Ergänzung der mangelhaften Schulbildung zu geben. Auch vergaßen viele das Gelernte sehr rasch, wenn sie in das Erwerbsleben eingetreten waren und dort meist schwere körperliche Arbeit zu verrichten hatten. Die Einrichtung einer Wiederholungsschule erwies sich deshalb als notwendig. Diese Ergänzungs- und Wiederholungsschule, die Stoffe der Volksschule meist in volksschulmäßiger Weise behandelte, erteilte ihren Unterricht ausschließlich am Sonntag und an den Abenden der Wochentage nach Schluß der Berufsarbeit und es ist daher verständlich, daß zur Erteilung dieses Unterrichts Volksschullehrer herangezogen wurden. Meistens waren es solche Lehrer, die den Schüler schon aus der Volksschulzeit her kannten, die den Fortbildungsschulunterricht nebenamtlich erteilten.

Einen neuen Inhalt bekam die Fortbildungsschule im Laufe der zweiten Hälfte des 19. Jahrhunderts. Die Umgestaltung des wirtschaftlichen Lebens durch die Gewerbefreiheit und die Verwendung der Dampfkraft führte dazu, daß die Ausbildung durch die praktische Lehre allein nicht mehr genügte und daß eine bessere theoretische Ausbildung für die große Masse der im Handel und Gewerbe Beschäftigten notwendig für das Fortkommen wurde. Wer vorwärts kommen wollte, mußte sich mit der neuen Technik bekannt machen und ihre Sprache verstehen lernen. Als wichtigstes Mittel dafür erschien das Zeichnen. Es wurde daher von gemeinnützigen Vereinen, von wohlwollenden Unternehmen, hier und da auch von Gemeinden, Sonntags- und Abendzeichenschulen und offene Zeichensäle errichtet und unterhalten. Mehr und mehr brach sich auch in den breitesten Volksschichten die Erkenntnis Bahn, daß eine rasche und dem Bedürfnis der Zeit entsprechende Entwicklung des Fortbildungsschulwesens eine feststehende Forderung sein müsse. Das wesentlich höhere Maß von fachlicher und geschäftlicher Bildung, das jeder im Erwerbsleben Stehende besitzen muß, um den großen Fragen der mit Riesenschritten fortschreitenden Technik innerhalb seiner Berufssphäre folgen zu können, machte es zur gebieterischen Notwendigkeit, der heranwachsenden Jugend diejenige gewerbliche Vorbildung zu geben, die sie befähigte, im Kampf um die Existenz ganz ihren Mann zu stellen. Wohl oder übel genügte da der nebenamtlich unterrichtende Volksschullehrer nicht mehr. Und wenn auch mancher vielleicht vorzügliche Pädagoge sich vermaß, das bißchen Technik so nebenbei mitzuerledigen, so ließ doch der Einsichtige, durch vielsagende Blicke und mißbilligendes Kopfschütteln bedenklich gemacht, bald davon ab. Man bequemte sich dazu, wenn schon der Zeichenunterricht unumgänglich notwendig sein sollte, den Praktiker heranzuziehen. Leider geschah das nicht überall. In den weitaus meisten Fällen fand man den Ausweg, einen zwei-, vier- oder sechswöchigen Kursus im Fachzeichnen für Volksschullehrer einzurichten, die dann, gestützt auf die hier erworbenen Fertigkeiten, nunmehr der Ansicht zu sein glaubten, eine genügende Vorbildung für das technische Zeichnen und die damit verbundene Fachkunde zu haben.

Die große Bedeutung, die das Fortbildungsschulwesen inzwischen erreichte, und ihre Notwendigkeit, die allmählich den Kreisen der Interessierten zum Bewußtsein kam, und nicht aber zuletzt schultechnische Fragen, machten die Umgestaltung der Abendschule in eine *Tagesschule* notwendig. Das bedeutete unter anderem die Anstellung hauptamtlicher Lehrkräfte, die selbstverständlich wieder vorwiegend aus den Reihen der Berufslehrer gewählt wurden. Die *ministeriellen Bestimmungen* vom 1. Juli 1911 über die Einrichtung und Lehrpläne kaufmännischer und gewerblicher Fortbildungsschulen gaben dem ganzen Fortbildungsschulwesen eine gewisse Einheitlichkeit und ein festes Ziel. Als Aufgabe der gewerblichen Fortbildungsschule wird darin erkannt:

a) das Verständnis der Schüler für ihren Beruf nach Möglichkeit zu vertiefen und sie zu denkendem pflichtbewußten Arbeiten zu erziehen (*Fachkunde*);

b) die für den einzelnen notwendigsten Kenntnisse des geschäftlichen Lebens zu übermitteln (*Geschäftskunde*);

c) den Zusammenhang des einzelnen und seiner Berufsarbeit mit dem Gemeinschaftsleben in Familie, Schule und Werkstatt, in Gemeinde, Staat und Reich zum Bewußtsein zu bringen, das Werden und Wesen wichtiger Einrichtungen des öffentlichen Lebens zu erklären, die Ehrfurcht vor der Verfassung und Rechtsordnung, die Liebe zu Heimat, Vaterland und Herrscher zu pflegen und Ziele für die freudige Mitarbeit im Staate vor Augen zu stellen (*Bürgerkunde*).

Der *Rechenunterricht* steht im Dienste der Berufs- und Bürgerkunde und hat den dort behandelten Stoff weiter zu bearbeiten, soweit sich dieser für eine zahlenmäßige Behandlung eignet. Die Schüler sollen lernen, die für das bürgerliche und berufliche Leben notwendigen Aufgaben aufzusuchen und zu lösen und einzelne Einrichtungen des gewerblichen und öffentlichen Lebens an der Hand ausgewählter Rechenbeispiele besser zu verstehen. Der *Form* nach hat er die Aufgabe, die in der Volksschule erworbene Rechenfertigkeit zu erhalten und zu steigern.

Die *Buchführung* hat die Aufgabe, zu einer geordneten Geschäftsführung und zu sparsamer, zweckentsprechender Verwendung des Einkommens für den eigenen Bedarf und für den Haushalt anzuleiten.

Der *Zeichenunterricht* soll den Schüler in den Stand setzen, Werkzeichnungen richtig zu verstehen und womöglich Werkzeichnungen für die landläufigen Arbeiten seines Berufes selbst anzufertigen.

Zur Ergänzung der Berufskunde und des Zeichnens kann *Werkstattunterricht* eingeführt werden. Der Werkstattunterricht ist stets von Fachleuten zu erteilen und kann den pflichtmäßigen Zeichenunterricht ergänzen.

Mit Erlaß dieser ministeriellen Bestimmungen war für die *Mitarbeit des Technikers*, des im Erwerbsleben stehenden Fachmannes, innerhalb des Wirkungskreises der Fortbildungsschule und ihrer großen kulturellen Aufgaben ein weiterer Schritt vorwärts getan. Mit anerkennenswertem Nachdruck legten die

*) Vortrag auf dem XXII. Verbandstag des D. T.-V.

staatlichen Aufsichtsorgane Wert darauf, wo immer es angängig war und der Unterricht es erforderte, den Techniker heranzuziehen, wenngleich manche Stadt und mancher für den Berufslehrer voreingenommene Direktor in Vorurteilen gegen den Techniker befangen waren und in diesem einen tatkräftigen Helfer, den rechten Mann am rechten Ort, zu erkennen nicht vermochten. Jedenfalls wird es den weiterschauenden, einflußreichen Männern staatlichen Aufsichtsorgane zu danken sein, wenn im Jahr 1912 in Preußen 460 Berufslehrern im Hauptamt 242 Praktiker, gleich 34,50 %, und 12 700 Berufslehrern im Nebenamt 2800 Praktiker, gleich 18 %, gegenüberstanden.

Es ist natürlich, daß durch die zunehmende Verwendung der im Erwerbsleben stehenden Fachleute als Lehrkräfte für die Fortbildungsschulen bei den Berufslehrern sich Unzufriedenheit und Mißgunst einstellte. Sahen sie doch die Fortbildungsschule als ihre ureigenste Domäne an, waren sie es doch, die von Anfang an ihre Entwicklung begleitet hatten; sie sollten jetzt den fremden Eindringlingen Platz machen, sollten zum großen Teil auf die Möglichkeit besseren Verdienstes, ansehnlicher Nebeneinnahmen Verzicht leisten! Kein Wunder, daß sie in der Begründung ihrer vermeintlichen Ansprüche auf die Fortbildungsschule übersahen, daß der Fachmann nicht allein infolge seiner beruflichen Vorbildung für die fachkundlichen Stoffe unentbehrlich ist, sondern daß auch mit dem Techniker ein neues, frisch pulsierendes Blut, ein mit der Tätigkeit in der Werkstätte und auf dem Arbeitsplatz eng verbundenes Leben dem Lehrkörper einverleibt wurde. Die Frage: „Ist der Techniker nach seiner technischen Vorbildung, seiner Allgemeinbildung, seiner beruflichen und sozialen Stellung im Leben als hauptamtlicher Fortbildungsschullehrer geeignet?" war daher in den Kreisen der Berufslehrer oft genug Gegenstand tiefsinnigster Betrachtungen, ganz davon zu schweigen, daß nach ihrer Ansicht der Techniker als Pädagoge überhaupt nicht in Betracht kam.

Gehen wir aber unbefangen an die Beantwortung dieser Frage heran. Zunächst, und als Grundbedingung, setze man voraus, daß der Techniker über *Lehrgeschick*, und vor allen Dingen über *Liebe zum Lehrfach* verfügt. Trifft diese Annahme nicht zu, dann bleibe er dem Berufe des Gewerbelehrers fern. Sein Amt bereitet ihm dann keine innere Freude und Genugtuung, damit aber erlischt die Arbeitsfreudigkeit und Schaffenskraft. Kleinliche Pedanten und Bureaukraten gehören nicht an unsere blühenden, aufstrebenden Fortbildungsschulen und sind nur geeignet, das eingedämmte Mißtrauen gegen den Techniker als Lehrer zum Schaden der Nachfolgenden neu aufleben zu lassen.

Wie ist's aber mit dem Techniker, den es zu diesem Beruf hinzieht, der mit kerniger Kraft, nach bestem Gewissen und mit ehrlicher Begeisteurng mitarbeiten will an dem kösflichen Ziele, die heranwachsende Jugend zu fördern? Um diese Frage zu beantworten, müssen wir uns den *Werdegang* des *Durchschnittstechnikers* vergegenwärtigen.

Der aus der Volksschule entlassene Jüngling absolviert in einer Maschinenfabrik oder in einem Baugeschäft usw. eine drei- bis vierjährige Lehrzeit, arbeitet danach als Volontär oder Geselle, sagen wir ein bis zwei Jahre lang, in einem technischen Bureau, besucht dann eine technische Mittelschule und ist nach Erledigung seiner militärischen Dienstzeit noch etwa vier Jahre als Techniker beschäftigt. Ein großer Prozentsatz der Techniker hat seine Schulbildung auf einer Realschule erhalten und die Berechtigung zum einjährig-freiwilligen Militärdienst erlangt.

Daß sich diese so vorgebildeten Leute eine für die gewerbliche Fortbildungsschule vollständig genügende Fachkenntnis erworben haben, dürfte wohl kaum bezweifelt werden können. Ja, der Umstand, daß sie am eigenen Leibe erfahren haben, wie's dem Lehrling in der Werkstätte und auf dem Bauplatz zu Mute ist, daß sie aus eigener Anschauung wissen, wie sich das Leben in dem unerbittlichen Erwerbskampf abspielt, setzt sie gerade am ehesten in die Lage, den Lehrlingen Führer und Leiter zu sein. Es ist nicht damit getan, daß jemand 4 bis 8 Wochen in einer Werkstatt arbeitet, um sich die erforderlichen „Fachkenntnisse" anzueignen. Denn die feinen und doch so starken Fäden des Gemeinschaftslebens in der Arbeit bleiben dem verborgen, der so als Fremdkörper in den Betrieb gesetzt wird. Dem Manne im sauberen Stehkragen mit den gepflegten Händen wird gegen ein gutes Trinkgeld bereitwilligst der Arbeitsplatz aufgeräumt und gesäubert, das Arbeitsgerät in Stand gehalten, die schmutzigen Arbeiten des Betriebes abgenommen. Weiß er, wie der noch unentwickelte Körper des Lehrlings oft genug durch die Profitsucht des kleinen Meisters total erschöpft ist, und daß dieser Lehrling, zumal dem Abendunterricht, nur mit Aufwendung seiner ganzen Willenskraft zu folgen vermag? Nein, nicht immer weiß er es, und das ist auch nicht das Schlimmste. Viel schlimmer ist es, wenn ein solcher Werkstattgast nach den 8 Wochen ein Lehrbuch für den Unterricht schreibt: „Eigene Erfahrungen aus dem Erwerbsleben", oder „Was muß der Maurer-, Maschinen-, Maler- usw. Lehrling wissen?" Man kann es sich versagen, hier näher auf diese Erzeugnisse einzugehen, sie sind leider zu Dutzenden zu haben. Was würde man sagen, wenn ein Techniker wagen würde, ein Werk über Pädagogik und Psychologie herauszugeben.

Es ist aber noch etwas anderes als das rein handwerksmäßige, was der Techniker dem Lehrling zu geben vermag, nämlich die geistige Durchdringung und Erfassung seiner Berufssphäre, die geistige und sittliche Förderung, die ihn mit anderen Ständen emporhebt und ihn als ein würdiges Glied am Kulturleben teilnehmen läßt. Wer vermöchte wohl mehr als der in dem betreffenden Fachgebiet Großgewordene den Lehrling auf die Anhöhen seines Berufslebens zu führen, ihn die schöneren Seiten seiner Arbeit schauen zu lassen und ihm ein frisch lebendiges Standesbewußtsein einzugeben, das sich bewährt als unerschütterliche Stütze im Ringen ums Dasein und im Kampfe um die Aufrechterhaltung einer vernünftigen Wirtschafts- und Gesellschaftsordnung!

Zu einer solchen Berufs- und Lebensauffassung, mag sie noch so schlicht und einfach sein, gehören aber als Elemente Anschauungen und Gedanken, die sich nicht bloß aus der Technik, sondern auch aus der Theorie des Berufslebens herausholen lassen. Daraus ergibt sich ohne weiteres, daß der Techniker über ein gewisses Maß von Allgemeinbildung verfügen muß, ein Maß von *Allgemeinbildung*, das mitbestimmend, wenn nicht entscheidend ist für seine Stellung im beruflichen und sozialen Leben.

Hat er dieses Maß? In unserer hastigen, vorwärtseilenden Zeit, in dem unerbittlichen Kampf um das liebe Brot ist nicht derjenige der Bevorzugtere, der nur sein technisches Können in die Wagschale zu werfen hat. Der tüchtige Techniker muß ebenso sehr Kaufmann sein. Was nützt es ihm, wenn er sein technisches Erzeugnis einwandfrei herzustellen versteht, er muß es auch verkaufen. Je mehr er dabei Welt- und Menschenkenntnis zeigt, je größer der Erfolg. Die wechselnde Konjunktur, die Vielgestaltigkeit des geschäftlichen Lebens, und das Bestreben vorwärts zu kommen, zwingt ihn, den aktuellen Tagesfragen und dem politischen Leben erhöhte Aufmerksamkeit zu schenken. An der Arbeiterfrage, der sozialen Gesetzgebung, dem volkswirtschaftlichen Gedeihen des Staates ist er genau so persönlich interessiert, wie an der Entwicklung des Gemeinwesens, dem er zugehört. Der ungemein vielseitige geschäftliche Verkehr mit hoch- und niedriggestellten Leuten der verschiedenen Branchen erhöht sein Bildungsniveau, schützt ihn vor Verflachung und rückständiger Pedanterie. Fast immer bringt ihn sein Beruf für kürzere oder längere Zeit vom Heimatsort weg, oft ins Ausland; er lernt Land und Leute, Sitten und Gebräuche kennen. Will er entsprechend seiner beruflichen Stellung gesellschaftlich voll gewertet werden, so muß er, falls er sich nicht schon aus Neigung damit beschäftigt hat, mit den bekanntesten Werken und Personen der Kunst und Wissenschaft vertraut sein. Nicht allein der Techniker, sondern jeder im Erwerbsleben stehende muß — will er sich oft vor empfindlichem Schaden schützen — mit nicht unbedeutenden Rechtskenntnissen ausgerüstet sein. Nehmen wir z. B. den Bautechniker, den Architekten, so dürfen wir von ihm voraussetzen, daß er nicht allein mit den sozialen Gesetzen vertraut ist, sondern daß er über das Hypotheken- und Grundschuldwesen, das zivilrechtliche Mahn- und Klageverfahren, die Gewerbeordnung, über Bau- und Mietverträge, Bestimmungen der Baupolizei usw. ebenso orientiert ist.

Es ist selbstverständlich, daß nicht jedem Techniker diese Vielseitigkeit eigen ist, wie ja auch nicht behauptet werden soll, daß jeder, der sich der Technik zugewandt hat, hier am richtigen Platz ist. Ist das aber bei dem Berufslehrer nicht ebenso? Tausende und Abertausende von Technikern jedoch haben sich in mühevoller Arbeit an sich selbst, und durch die Ausnützung entsprechender Bildungsmöglichkeiten diese Bildung zu eigen gemacht und erzwingen sich dadurch Achtung und Wertschätzung. Kann es somit keinem Zweifel unterliegen, daß der tüchtige Techniker die nötigen Vorbedingungen für den Unterricht an der gewerblichen Fortbildungsschule mitbringt, soweit er sich auf Zeichnen, Berufs- und Bürgerkunde erstreckt, so hört man doch zuweilen die Frage: Wie steht's mit den anderen in den ministeriellen Bestimmungen vom 1. Juli 1911 geforderten Fähigkeiten, der Geschäftskunde, dem Rechenunterricht, der Buchführung?

Nun, was die *Geschäftskunde* betrifft, so soll aus dem gewerblichen Fortbildungsschüler ja auch kein Vollkaufmann gemacht werden. Es heißt ausdrücklich in den Bestimmungen, daß es erforderlich sei, dem einzelnen die notwendigsten Kenntnisse des geschäftlichen Lebens zu übermitteln. Was ist denn unter notwendigsten Kenntnissen zu verstehen? Gesetzesvorschriften im allgemeinen, soweit sie sich auf Rechtspersonen, Rechtssachen und Rechtsgeschäfte erstrecken, auf Beschaffenheit, Bestandteile und Wirkung des Vertragsangebots und der Vertragsannahme, auf die verschiedenen Arten des Kaufs, auf die Leistungen des Käufers und Verkäufers und das erforderliche Schriftwerk hierzu, sowie Wechselkunde, Kredit- und Konkurswesen, Verkehrseinrichtungen (Post, Telegraph, Eisenbahn). Sollte hiermit, sowie mit dem Rückgrat des geschäftlichen Lebens, der Buchführung, der im Erwerbsleben stehende Fachmann nicht vertraut sein? Er würde nicht weit kommen und bald durch Uebervorteilung so gewitzigt sein, daß er das Versäumte schnellstens nachholen würde.

Der Rechenunterricht steht im Dienste der Berufs- und Bürgerkunde und hat den dort behandelten Stoff weiter zu bearbeiten, soweit sich dieser für eine zahlenmäßige Behandlung eignet, heißt es in den ministeriellen Bestimmungen weiter. Auch hier kann es nur der Fachmann sein, der die geistige Verarbeitung der Berufsstoffe dem Schüler am Rechenexempel erläutert. Und nur der Fachmann wird in der Lage sein, geeignete Aufgaben zu wählen, die in der Praxis auch tatsächlich vorkommen und nicht etwa in der Phantasie des Lehrers bestehen. Dann das große und für die Existenz des Handwerkers bedeutendste Gebiet, die Kalkulation. Was für eine Unsumme von persönlicher Erfahrung und genauester Beobachtung schließt allein das Kapitel „Unkosten" ein! Der Laie glaubt ja nicht, was alles und wieviel in der Werkstätte und auf dem Arbeitsplatz fahrlässig und mutwillig zerstört oder teilweise unbrauchbar gemacht wird. Er weiß nicht aus eigener Anschauung, wie Werkzeuge um so schneller abnutzen, je mehr sie zu Zwecken verwandt werden, für die sie nicht angeschafft wurden. Der Techniker braucht nicht Anhänger des Taylor-Systems zu sein, um zu wissen, daß jeder vergebliche Gang, jede überflüssige Hantierung, jede nicht voll ausgenutzte Kraft die Unkosten erhöht, die Konkurrenzfähigkeit mindert. Sparsames Umgehen mit Licht, Schonung aller Gebrauchsgegenstände und allen Inventars, Schutz der fertigen Erzeugnisse vor Witterungseinflüssen, absolute Pünktlichkeit im Betrieb usw. sind alles Umstände, die vom Nichtfachmann im Unterricht allzu oft unbeachtet bleiben, und die doch für die Rentabilität eines Geschäfts von so großer Bedeutung sind.

Es ist also ein reiches, ausgedehntes und vielseitiges Wissensgebiet, welches der Gewerbelehrer beherrschen muß, und die Frage, ob denn auch nun jeder tüchtige Techniker diese Vorbedingungen für den Unterricht mitbringt, ist berechtigt. Soweit die gewerblichen Riesenbetriebe in Frage kommen, ist eine spezialisierte Arbeitsteilung naturgemäß. Der eine Techniker kalkuliert, der andere konstruiert, der dritte führt aus usw., alle aber haben die technische Grundlage gemeinsam, nämlich genaueste Kenntnis des technischen Erzeugnisses, seiner Herstellung und Verwendung, ob dies nun eine Maschine oder ein Bauwerk ist. Derjenige, der kalkuliert, kennt also auch die Arbeit des Konstrukteurs und des Ausführenden. Damit ist die Nutzanwendung für die Fortbildungsschule gegeben. Mag der eine oder der andere Techniker — im Großbetrieben — sich ruhig eine Zeitlang einer Spezialarbeit gewidmet haben, die Grundlage gemeinsamer technischer Vorbildung befähigt ihn, die vernachlässigten Arbeitsgebiete in ganz kurzer Zeit wieder zu beherrschen.

Nach den bisherigen Ausführungen dürfen wir wohl mit Recht annehmen, daß die Brauchbarkeit des Technikers nach seiner technischen und allgemeinen Vorbildung zur Erteilung aller an der gewerblichen Fortbildungsschule in Frage kommenden Unterrichtsfächer feststeht. Aber er hat doch keine Ahnung von Pädagogik, versteht doch nicht, den Stoff methodisch darzubieten! Um diesem Vorhalt zu begegnen, haben wir uns die klare Auffassung des Begriffs Pädagoge zu vergegenwärtigen. Der Pädagoge ist eine Persönlichkeit, die Kunst und Wissenschaft des Erziehens und Unterrichtens beherrscht. Die Kunst ist eine besondere Gabe der allgütigen Mutter Natur, und die Wissenschaft wird nicht von denjenigen erlernt, denen die Lernbegier und das Streben nach Vervollkommnung mangelt. Groß ist die Zahl der Fachleute, die auf dem Gebiete der Pädagogik Könner sind, und die sich im öffentlichen Leben hierin meisterlich, wenn auch nicht schulmeisterlich bewähren. Natürlich gibt es auch viele, denen diese Gaben fehlen. Genau so wie es unter den seminaristisch und akademisch gebildeten Berufslehrern tüchtige und schlechte Pädagogen gibt: An ihren Früchten werdet ihr sie erkennen.

Nun hat der Berufslehrer durch seine eigens auf seine spätere Unterrichtstätigkeit zugeschnittene systematische seminaristische Vorbildung dem Fachmann vieles voraus. Sie ist aber doch immerhin auf den Dienst der Volksschule zugeschnitten und läßt sich nicht so eine weiteres auf die Fortbildungsschule übertragen. Ob ich mein Erzieheramt an sechs- bis vierzehnjährigen Kindern oder an angehenden Männern von 14 bis 18 Jahren erprobe, scheint mir nicht gleich zu sein. In diesem Alter tritt die Geschlechtsreife ein, die Entwicklung der inneren Organe wie besonders Lunge und Herz nimmt rapide zu, das Gehirn vermehrt sich um ein Drittel seines Gewichts usw. Mit der veränderten körperlichen Beschaffenheit entwickelt sich ein anderes Triebleben, hierdurch wird das Gefühls- und Wissensleben und dadurch wieder das Verstandesleben außerordentlich beeinflußt. Es äußert sich dies in einer größeren Empfindlichkeit und Gefühlsstärke; die Phantasie des Jungen wird größer, seine Abenteurerlust wächst, er steckt sich hohe Ziele, hat Ideale. Für Großes und Heldenhaftes ist er schnell begeistert, den Freiheitsdrang faßt er als Ellenbogenfreiheit auf; er will tun, was er will. In seinem Verstandesleben macht sich eine größere Eindrucksfähigkeit bemerkbar. Die Empfänglichkeit für sinnliche Wahrnehmungen ist besonders gesteigert. Die Vorstellungen werden intensiver, die Fähigkeit zur Begriffsbildung nimmt stark zu usw. Kurz, es ist diese Zeit die wertvollste Grundlage zur Bildung des Charakters.

Was bleibt da dem Berufslehrer von seinem seminaristischen Wissen und seinen Erfahrungen aus der Volksschule zur Betätigung an der Fortbildungsschule übrig? Erscheint es da nicht zweckmäßig, daß da beide, der Lehrer sowohl wie der Fachmann, noch lernen? Aber auch die Kenntnis anderer Wissensgebiete ist noch für beide unerläßlich, so die Stellung des gewerblichen Unterrichts im Organismus der Volksbildung, die äußere und innere Organisation des Fortbildungsschulwesens, die Lehrplanfragen, die Didaktik und Methodik des Unterrichts, der praktische Lehrbetrieb, die einschlägige Literatur, die Lehr- und Lernmittelfrage, die schulgesetzlichen Grundlagen usw.

Wir haben eben keine Wiederholungs- und Ergänzungsschulen mehr; die Fortbildungsschule ist eine Schulgattung für sich geworden. Hierfür Leherr zu gewinnen, die allen berechtigten Anforderungen genügen, ist seit einigen Jahren erfreulicherweise die besondere Sorge der einzelnen Regierungen deutscher Bundesstaaten gewesen.

Württemberg richtete Kurse von $^5/_4$jähriger Dauer mit einer Teilnehmerzahl von 20 Personen ein. Zwei Semester entfallen hiervon auf die Studien zur Ergänzung der Fachbildung und die pädagogische Ausbildung der Techniker, die übrigen drei Monate sind für die Vorbereitung zu der Dienstprüfung bestimmt. Besondere Berücksichtigung finden Techniker, die eine gute Allgemeinbildung, und eine abgeschlossene technische Fachbildung haben, die mindestens auf der Höhe steht, die von Hochbautechnikern durch erfolgreiche Ablegung der staatlichen Baugewerkmeisterprüfung, von Maschinentechnikern durch Diplomprüfung und von Kunstgewerblern durch die zeichnerische Prüfung nachgewiesen wird.

In Sachsen besteht ein derartiger Kursus von einjähriger Dauer seit Frühjahr 1912. Als Bedingung für die Aufnahme wird verlangt, vom Berufslehrer: Das Reifezeugnis eines Lehrerseminars und eine mindestens sechsmonatige praktische Tätigkeit in gewerblichen Betrieben; vom Techniker: Eine mindestens zwölfmonatige praktische Tätigkeit in gewerblichen Betrieben, eine auf einer staatlich anerkannten technischen Schule erworbene gute technische Ausbildung und eine mehrjährige technische Berufstätigkeit nach Vollendung der Schule. Außerdem ist eine nebenamtliche Lehrbetätigung an einer technischen oder gewerblichen Schule erwünscht.

Bayern hat seit 1. April 1913 am Gewerbelehrerinstitut in München einjährige Kurse und zwar nur für das Metallbearbeitungsgewerbe. Zur Einberufung kommen allerdings nur Persönlichkeiten in Betracht, welche an fachlich gegliederten Fortbildungsschulen bereits Unterricht erteilen oder für die Unterrichtserteilung an solchen Schulen, wenn auch nicht hauptamtlich, in bestimmte Aussicht genommen sind. Wesentlich ist, daß die Kursisten für die Dauer des Studiums, mit Ausnahme der Herbstferien vom 15. August bis 15. Oktober, monatlich 150 M sowie Ersatz der Reisekosten erhalten. Die Zahl der Kursusteilnehmer soll nicht unter 8 und nicht über 12 betragen. Falls Bewerbungen nicht in genügender Zahl einlaufen, besteht die Absicht, auch andere Personen, insbesondere Techniker, welche sich der Lehrtätigkeit an gewerblichen Fortbildungsschulen als Beruf widmen wollen, zuzulassen. Für die Zulassung solcher Personen wird das Zeugnis der Berechtigung zum einjährig-freiwilligen Militärdienst, dann das Abschlußzeugnis einer gewerblichen Fachschule gefordert und möglichst einige Unterrichtserfahrung gewünscht. Die Gewährung einer Beihilfe kommt jedoch für diese Kursusteilnehmer nicht in Betracht. Nur nachgewiesene Dürftigkeit könnte die Hergabe eines Stipendiums veranlassen.

Der Seminarausbildungskursus in Preußen stellt dem Techniker wesentlich günstigere Aufnahmebedingungen. Er besteht seit dem 1. April 1913 und zählt 60 Teilnehmer. Die Zulassung erfolgt auf Grund einer Aufnahmeprüfung, an welcher zugelassen werden:

1. Techniker und Handwerker mit ausreichender allgemeiner Bildung, welche mindestens drei Jahre praktisch gearbeitet haben. Bevorzugt werden Bewerber, die schon nebenamtlich an Fortbildungsschulen unterrichtet haben.
2. Berufslehrer, welche die zweite Lehrerprüfung abgelegt haben, sich mit der Technik und dem Fachzeichnen eines wichtigen Gewerbezweiges vertraut gemacht haben und möglichst schon nebenamtlich in einer Fortbildungsschule tätig gewesen sind. Bevorzugt werden Bewerber, welche

nachweisen können, daß sie sich im gewerblichen Leben betätigt haben. Ausnahmsweise können Lehrer zugelassen werden, die noch nicht an der Fortbildungsschule unterrichtet haben.

3. Andere Personen, die nach ihrer Vorbildung geeignet erscheinen, sofern sie sich bereits mit dem Fortbildungsschulunterricht befaßt und sich im gewerblichen Leben betätigt haben. Das Lebensalter der Aufzunehmenden soll mindestens 24, höchstens 35 Jahre betragen.

Das Großherzogtum Baden hat an der Baugewerkschule in Karlsruhe ein Gewerklehrerbildungsinstitut eingerichtet. Der Kursus dauert sieben Semester, verlangt den Nachweis einer längeren praktischen Tätigkeit in Gewerbebetrieben, wie das Bestehen einer Vorprüfung und Hauptprüfung.

Aus den Vergleichen ergibt sich, daß Preußen in Bezug auf die Vorbildung gerade dem Techniker weitesten Spielraum läßt. Auch die Zahl der einberufenen Teilnehmer ist in weiser Vorsorge so getroffen, daß mit einer gewissen Sicherheit zum Schluß der Seminarausbildung jeder ein Unterkommen finden kann. Schon Monate vorher kommen die Direktoren der Fortbildungsschulen größerer Städte zum Seminar nach Charlottenburg, um sich geeignete Kräfte für ihre Schulen zu sichern und sich Lehrproben anzuhören. Eine, die vorliegenden Ausführungen vollauf bestätigende Erscheinung ist dabei zu beachten, daß hierbei der Techniker außerordentlich bevorzugt wird. Ueber die Hälfte der Techniker war bereits an den verschiedensten Fortbildungsschulen fest verpflichtet, als nur zwei Lehrer feste Zusage hatten. Daß dadurch für die besser bezahlten Stellen in erster Linie der Techniker in Frage kommt, ist erklärlich und — erfreulich. Es ist jetzt Sache der seminaristisch vorgebildeten Techniker, zu zeigen, wem die Fortbildungsschule gehört. Die Frage, ob Berufs- oder Erziehungsschule, kann nicht mehr vorwiegend zugunsten des Technikers oder Berufslehrers entschieden werden. Die Fortbildungsschule soll beides sein, beides vermag der seminaristisch vorgebildete Techniker zu geben. Man wende nicht den Mangel an Unterrichtserfahrung ein. Gemach! Es ist noch kein Meister vom Himmel gefallen und so gut oder schlecht wie der Berufslehrer in den ersten Jahren seiner Lehrtätigkeit seine Unterrichtserfahrungen sammelte, wird es der in gereifterem Lebensalter stehende Techniker gewiß können.

Wir haben also gesehen, daß, trotz aller mißgünstigen Gegenansichten, wenn irgend jemand, der Techniker der geeignetste Lehrer für den Unterricht an der gewerblichen Fortbildungsschule ist. Bedeutet das nun den völligen Ausschluß des Berufslehrers? Nein! Auch für diesen ist ein reiches Arbeitsfeld vorhanden. Man denke an die Unzahl von Berufen, die nicht rein technischer Natur sind und wofür eine technische Lehrkraft nicht absolut nötig ist, bzw. auch nicht zu haben sein wird. Z. B. Bäcker, Metzger, Schuhmacher, Schneider, Barbiere, Böttcher, Töpfer, Kellner, Köche, Instrumentenmacher und andere. Auch die große Anzahl der ungelernten Berufe wird dem Berufslehrer dauernd ein großes Gebiet zur Entfaltung seiner pädagogischen Fähigkeiten geben, wobei natürlich die Verwendung des Technikers, besonders bei den ungelernten Berufen, nicht ausgeschlossen zu sein braucht.

So ist zu hoffen, daß mit der fortschreitenden Entwickelung der Fortbildungsschule mehr und mehr der Fachmann zu seinem Recht kommt. Das große Interesse für die Fortbildungsschule und den Lehrerberuf, das in den Hunderten von Bewerbungen zur Aufnahmeprüfung in den Seminarkursus zum Ausdruck kommt, wird dazu beitragen, daß aus den Tüchtigen die Tüchtigsten berufen werden, um den nachfolgenden Geschlechtern praktische Kenntnisse und Fertigkeiten zu übertragen und an der Hebung der Volksbildung und an der Förderung der Volkswohlfahrt mitzuarbeiten. Die Entwickelung wird dazu hindrängen, daß allmählich auch die Direktorstellen, wie dies schon jetzt zu beobachten ist, vorwiegend von Fachleuten besetzt werden, wodurch eine stärkere Heranziehung des Technikers zum Lehrberuf erfolgen wird.

Die Gehaltsverhältnisse sind zwar bis heute noch nicht einheitlich geregelt, doch besteht die begründete Aussicht, daß in kurzer Zeit die städtischen Körperschaften, die von dem Landesgewerbeamt in Preußen angeregte Normalbesoldungsordnung übernehmen werden. Hiernach beträgt das Anfangsgehalt 2400 M, steigend in Abständen von drei zu drei Jahren um 300 M bis zum Höchstgehalt von 4800 M. Hierzu kommt die übliche Mietsentschädigung, die ja nicht überall gleich ist, deren Betrag man aber durchschnittlich mit 600 bis 800 M in Rechnung setzen kann. Größere Städte gehen auch, bei entsprechender Vorbildung des Bewerbers, über diese Norm hinaus. Die Pflichtstundenzahl beträgt 24 bis 26 pro Woche. Der hauptamtlichen Anstellung geht gewöhnlich eine einjährige Probedienstzeit mit besonderer Vereinbarung der Vergütung hierfür — 2400 bis 3000 M — voraus.

Zum Schluß sei nun noch einmal wiederholt und, im Gegensatz zu manchen anderen in den letzten Jahren geäußerten Ansichten, besonders betont, daß der Techniker als Fortbildungsschullehrer und Gewerbelehrer nicht allein für den Unterricht im Zeichnen, der Werkarbeit und der damit verbundenen technologischen Berufskunde in Betracht kommt, sondern daß er auch den Unterricht in der Bürger- und Geschäftskunde, in der Buchführung und im Rechnen zu geben hat. Diese Forderung ergibt sich nicht allein aus der Erwägung, daß bei Ausschluß dieser Unterrichtsfächer der Techniker, wie bereits ausgeführt, eine unverdiente Zurücksetzung erfährt und auch bei seinen Schülern Gefahr läuft, seine Autorität zu verlieren, sondern daß auch den Bestrebungen der Fortbildungsschule damit ein schlechter Dienst erwiesen wird.

Die Tatsache, daß nur die Belehrungen, die der Lehrer als eigene Ergebnisse wiedergeben kann, fesselnd auf die jungen Hörer einwirken, bezieht sich eben auch auf die letztgenannten Unterrichtsfächer. Der Lehrer sei in seiner Klasse voll und ganz diejenige Instanz, an die sich der Schüler in allen Fällen wenden kann. Es geht nicht an, daß bei dem innigen Ineinandergreifen der einzelnen Wissensgebiete auf die Frage eines Schülers, dieser von dem Lehrer der Fachkunde an den Lehrer der Bürgerkunde verwiesen wird. Alles Wissen sei gründlich. Fehlt dem Techniker an dieser Gründlichkeit, so hat er sie zu ergänzen. Die beste Gelegenheit hierzu bieten ihm die Seminarausbildungskurse, die ihn auch für seine schwere Erziehertätigkeit durch Vermittelung der notwendigen Kenntnisse in der Pädagogik und Methodik vorbereiten.

Ein neues Arbeitsgebiet steht dem Techniker offen, jedem Techniker, der sich als Lehrer berufen fühlt. Es ist vielleicht das gewaltigste und bedeutendste Arbeitsgebiet, denn hier wird der Same gelegt, der der deutschen Technik tausendfältige Frucht bringen soll. Der aus dem Technikerstand hervorgehende Gewerbelehrer wird nicht auf Rosen gebettet sein. Aber dem Kampfe entspricht die Krone. Möge sein schönster Lohn die innere Befriedigung sein, als Bildner der Jugend zu dem stolzen Gebäude deutscher Technik und deutschen Gewerbefleißes Bausteine geformt und an dem großen Ziele mitgearbeitet zu haben, an das wir alle glauben, dem Ziele, die Menschen immer vollkommneren Daseinsformen entgegenzuführen.

Der Jugend gehört die Welt. In der späteren Generation wird er sein Wissen und Können wieder aufblühen sehen und mit Stolz darauf hinweisen, aus der Praxis für die Praxis geschafft zu haben.

25. Wanderversammlung des Deutschen Gewerbeschulverbandes am 3., 4., 5. und 6 Juni 1914 in Aachen

In der schönen alten Kaiserstadt Aachen tagte die 25. Wanderversammlung des Deutschen Gewerbeschul-Verbandes, nachdem der Deutsche Techniker-Verband während des Pfingstfestes seinen prächtigen 22. Verbandstag in Metz mit großem Erfolge zu Ende geführt hatte.

Der Gewerbeschul-Verband hält seine Wanderversammlungen alljährlich ab, und jedesmal gibt es wieder neuen und hochwichtigen Stoff aus den weiten Gebieten des gewerblichen Unterrichts- und Erziehungswesens. Ein vollgültiger Beweis dafür, daß die Pflege des technischen Bildungswesens die kraftvolle Mitarbeit aller berufenen Kreise ganz dringend erfordert, denn erst in der Zusammenarbeit liegt der Erfolg.

Vertreter zahlreicher Regierungen, Behörden und Verbände waren auch auf dieser Versammlung wieder anwesend und nahmen lebhaften Anteil an den einzelnen Punkten der umfänglichen Tagesordnung. (Der D. T.-V. war vertreten durch Ing. Lenz, Berlin und Baumeister Kahnt, Leipzig.) Sollte es wirklich nicht möglich sein, daß der Deutsche Verein für das Fortbildungsschulwesen an den hochwichtigen Fragen, die doch tatsächlich gleiche Gebiete des technischen Bildungswesens betreffen, lebhaftere Anteilnahme bekundet als seither? Aus der innigen Zusammenarbeit können beide Verbände große Erfolge erzielen, darin liegen geistige und nicht zuletzt auch wirtschaftliche Ersparnisse.

Die 25. Wanderversammlung eröffnete der 1. Vorsitzende, Direktor Professor Meyer (Hamburg), mit dem Ausdruck der Freude über die große Teilnehmerzahl und mit herzlichen Worten der Begrüßung. Nicht weniger als 20 Referenten unterbreiteten ihre Erfahrungen und Forderungen den verschiedenen Gesamt- und Gruppensitzungen.

Der Vertreter des Kgl. Preuß. Ministeriums für Handel und Gewerbe, Geh. Regierungsrat Schulze, begrüßte, zugleich im Namen aller anwesenden Regierungsvertreter, die Versammlung. Er dankte dafür, daß der Verband alljährlich Gelegenheit gebe,

Fragen des gewerblichen Unterrichts in eingehendem Gedankenaustausch zu beraten. Der Deutsche Gewerbeschul-Verband habe durch seine Tätigkeit vorbildlich gewirkt. Ein besonderes Gewicht sei in Zukunft auf die erziehliche Tätigkeit zu legen. Mit dem Wunsche, daß auch diese Tagung für die Entwicklung des gewerblichen Schulwesens bedeutungsvoll wirken möge, schloß Geh. Regierungsrat Schulze seine mit großem Beifall aufgenommene Ansprache.

Den Willkommengruß der Stadt Aachen entbot Oberbürgermeister Veltmann und betonte hierbei, daß die Entwicklung der kommunalen Tätigkeit an den Schulen nicht gehemmt werden möge. Durch ein Zusammenarbeiten aller Kräfte seien Erfolge in erster Linie zu erzielen.

Für den Deutschen Techniker-Verband überbrachte Baumeister Kahnt die Glückwünsche zur 25. Tagung. Er nahm Bezug auf den soeben beendeten 22. Verbandstag in Metz, seine Verhandlungen und Stellungnahme zum technischen Bildungs- und Erziehungswesen und wünschte für die Zukunft weiter gute Beziehungen und gedeihliches Zusammenarbeiten zwischen beiden Verbänden.

Der Vorsitzende dankte den Rednern und bat besonders unsere Vertreter, ihrem Verbande den Dank und die Grüße der Tagung mit der Versicherung zu übermitteln, daß der Gewerbeschul-Verband stets bereit sein werde, bei Lösung der technischen Bildungs- und Erziehungsfragen gemeinschaftlich zu arbeiten.

Es folgte der Jahresbericht, den der Vorsitzende erstattete. Hervorzuheben ist hieraus, daß sich die Mitgliederzahl in den letzten drei Jahren um die Hälfte vergrößert hat. Unter der bewährten Leitung des Rektors Dr. Ing. Barth, Stuttgart, hat die Verbandsgeschäftsstelle eine außerordentliche Tätigkeit für Propaganda und auf literarischem Gebiete entfaltet.

Der Vorsitzende gedenkt der Toten des Verbandes mit Worten der Anerkennung und des Dankes für die dem Verbande gehaltene Liebe und Treue und geleisteten Dienste. An dieser Stelle sei des heimgegangenen Baurats Pickersgill gedacht, der fünf Jahre lang des Gewerbeschul-Verbandes Führer war und unermüdlich bemüht geblieben ist, auch die Interessen und das Ansehen der deutschen Mittelschultechniker fördern zu helfen und freundschaftliche Beziehungen zum D. T.-V. aufrecht zu erhalten. Auf unserem Stuttgarter Verbandstage hatten wir die Ehre, ihn bei uns — leider zum letzten Male — begrüßen zu können. Der D. T.-V. wird dem Heimgegangenen ein treues, ehrendes Gedenken bewahren.

Der nun folgende Vortrag des Professors W. Hecker, Charlottenburg: „Der Seminarkursus für hauptamtliche Fortbildungsschullehrer in Charlottenburg“ gab einen ganz vorzüglichen Ueberblick über die geschichtliche Entwickelung der Lehrerausbildung die seitherigen Erfahrungen damit, den gegenwärtigen Stand und Ausblicke für die Zukunft. Sehr zu beachten sind die Ausführungen über die Beobachtungen des Verhältnisses der Berufslehrer und Techniker zu einander. Die bestehenden Gegensätze zwischen beiden müssen mit der Zeit ausgeglichen werden. Ob Volksschullehrer oder Praktiker, beide werden notwendig gebraucht, jeder muß mit Ausdauer, Lust und Berufsfreudigkeit, und ganz besonders mit einem Herz voll Liebe für die Jugend ausgerüstet sein. Die Ausführungen des berufenen Fachmannes und Leiters des Charlottenburger Seminarkursus lösten eine lebhafte Besprechung aus. Hierbei wurden die noch bestehenden sechswöchentlichen und vierzehntägigen Ausbildungskurse für Lehrer und Techniker berührt, die als ein Notbehelf bezeichnet wurden. Im Landesgewerbeamt werden gegenwärtig Pläne und Richtlinien zur Ausbildung von nebenamtlichen gewerblichen Fach- und Fortbildungsschullehrern bearbeitet. Mehrere Redner forderten größere Vertiefung der Ausbildung in den Seminarkursen und Verteilung des sehr umfänglichen Stoffplanes über zwei Kursusjahre. Dem ist Ingenieur Lenz, Berlin, entgegengetreten. Er erkennt ganz gern an, daß sich aus den bisherigen Erfahrungen am Seminarkursus die Notwendigkeit ergab, die Ausbildung der angehenden Fortbildungsschullehrer noch zu vertiefen. Dies möge aber dadurch versucht werden, daß man einen strengeren Maßstab an den Bildungsgrad der aufzunehmenden Kandidaten lege. Außerdem habe sich aber nicht die verfügbare Zeit für die Aneignung methodischer und pädagogischer Kenntnisse seitens der Praktiker, sondern diejenige für die berufliche Unterweisung der Lehrer als unzureichend erwiesen. Wenn also eine Verlängerung der Unterrichtsdauer geplant sei, so möge man diese fakultativ gestalten, damit es entsprechend vorgebildeten, meist aus Privatstellungen kommenden Technikern möglich ist, unter Uebergehung dieser beruflichen Vorstufe und mit tunlichster Einschränkung finanzieller Opfer die Ausbildung in der bisherigen Frist zu erwerben. Der D. T.-V. werde gerne bereit sein, durch Einrichtung von Kursen seinen Mitgliedern eine entsprechende Vorbereitung für die Aufnahme in das Seminar zu ermöglichen, wenn die Vertreter des Landesgewerbeamtes dem Verbande geeignete Vorschläge nach dieser Richtung zukommen lassen.

Der Königl. Schulrat Schmid, München, berichtet über seine persönlichen Erfahrungen in der Lehrerausbildung. Man habe Berufslehrer an die technische Hochschule zum Studium der Technologie, an die Universität zum Hören der Volkswirtschaft und außerdem noch in die praktischen Berufe hinein geschickt. Dieser jahrelange Irrtum habe viel Geld gekostet. Eine Kommission zur Prüfung des Erfolges dieser kostspieligen Einrichtung habe ein vernichtendes Urteil abgegeben. Seitdem ist eine reinliche Scheidung gemacht worden und dem Techniker bleibt der Unterricht im Fachzeichnen, Werkzeichnen, Berufskunde, Kalkulation, Technologie und Gewerbehygiene vorbehalten. Der Zwang im Aufbau der Technologie ist es, der den Techniker für die Unterrichtstätigkeit befähigt. Es ist verlorene Arbeit, will man den Berufslehrer zum Techniker, und den Techniker zum Berufslehrer machen.

Ein Antrag auf zweijährige Dauer des Seminarkursus ruft lebhafte Widerrede hervor. Der Leiter der Kurse in Charlottenburg schlägt vor, einfach zu sagen: „Die Aufnahmebedingungen sind zu erhöhen oder die Dauer ist zu verlängern“. Die Art der Abstimmung ließ die Stellungnahme der Versammlung nicht klar erkennen.

Zahlreiche neue Anregungen haben wir aus den Ausführungen der vielen Vortragenden mit fortgenommen. Heute kann des Raumes wegen darauf nicht eingegangen werden. Nur aus der Schlußsitzung wollen wir noch über eine für uns hochwichtige Angelegenheit berichten. Es erfolgte abermals eine „Stellungnahme des Verbandes zur Frage des Berufs-Einjährigen“. Rektor Dr.-Ing. Barth, Stuttgart, gab den Bericht über die Stellungnahme des Gesamtausschusses. Er führte aus: Die Frage ist noch niemals im großen Rahmen angeschnitten worden, schon oft haben wir uns mit ihr beschäftigt. Die Erklärung des Preußischen Kriegsministers, „an dem bestehenden Institut kann nicht gerüttelt werden“, zwingt zur Nachprüfung der augenblicklichen Handhabung der Prüfungsordnung. Wie wird der Nachweis der „hervorragenden Leistung“ erbracht? Die Art des Nachweises ist gegenwärtig ganz verschieden gehandhabt worden. Es ist darauf hinzuarbeiten, daß eine gewisse Vereinheitlichung eintritt. Zu dem Zwecke muß die bestehende Einrichtung studiert, eine Statistik aufgestellt und die Schule gehört werden. Die Prüfung muß in andere Hände kommen. Der Gewerbeschullehrer ist der geeignete Mann hierzu. An den Mittelschulen drängt die Lösung der Frage umsomehr, als das seitherige System des wissenschaftlichen Befähigungsnachweises an den landwirtschaftlichen Schulen und bei den Lehrern bereits durchbrochen ist. Die Militärbehörde fordert unter Ziffer 4, daß die Kosten für die Ableistung des Militärdienstjahres bereits vor Ablegung der Prüfung gedeckt sein sollen, oder der gesetzliche Vertreter des Prüflings sich verpflichtet, die Kosten zu tragen. Der Nachweis der Befähigung ist nicht mit dem Geldpunkt zu verknüpfen. Redner schließt mit der Versicherung, daß der Verband gewillt ist, das Problem der Berufs-Einjährigen-Frage in die Hand nehmen zu wollen. Es wird ein Ausschuß hierfür eingesetzt und der Vorstand bearbeitet die Frage unter Zuziehung geeigneter Personen. Lenz, Berlin, gab in längeren, treffenden Ausführungen die Zustimmung des D. T.-V. zu den Grundsätzen bekannt, erklärte aber, daß darüber hinaus das Endziel der Bestrebungen die Gleichstellung der beruflichen Ausbildung mit der rein wissenschaftlichen sein müsse. Für die militärischen Zwecke sei die Ausbildung auf einer technischen Mittelschule derjenigen des Untersekundaners mindestens gleichwertig und auch an Lebensreife und moralischen Eigenschaften stehe der Absolvent einer Baugewerk- oder Maschinenbauschule nicht nach. Man müsse bei der Bewertung der Forderung in Berücksichtigung ziehen, welche gewaltige Aufwärtsentwickelung das technische Mittelschulwesen auch in bezug auf die allgemeinbildenden Fächer gemacht habe gegenüber jener Zeit, als die Einjährigenberechtigung den höheren Lehranstalten verliehen wurde.

Einen Erfolg habe der D.T.-V. mit seiner Eingabe an den Reichstag bei der Beratung der Wehrvorlage bereits erzielt. Er habe in der letzten Sitzungsperiode von einer Weiterverfolgung der Angelegenheit aus Zweckmäßigkeitsgründen abgesehen, werde aber im kommenden Tagungsabschnitt die Angelegenheit wieder aufgreifen und hoffe, dabei auch auf die Unterstützung des Gewerbeschulverbandes rechnen zu dürfen.

Der Verbandsvorsitzende verspricht die Lösung der Frage in Gemeinschaft mit dem Deutschen Techniker-Verband.

Nach Erledigung weiterer geschäftsmäßiger Punkte der Tagesordnung kommt man zur Wahl des Tagungsortes im nächsten Jahre. Mit berechtigtem Stolz konnte der Vorsitzende, Direktor Professor Meyer, Hamburg, ausführen, daß fünf große Gemeinwesen miteinander streiten, den Verband im nächsten Jahre zu empfangen. Der Verband könne guten Mutes in die Zukunft sehen, wenn sich ihm so freundlich die Tore öffnen. Nach Anhörung der um die nächste Tagung werbenden Vertreter wurde als Ort für die 26. Wanderversammlung Hamburg gewählt.

Ueberblicken wir am Ende nochmals die diesjährigen Arbeiten des Deutschen Gewerbeschul-Verbandes, so können wir uns des befreundeten Verbandes freuen, der ebenso wie der D. T.-V. in uneigennützigster Weise der Förderung des technischen Bildungs- und Erziehungswesens dient und damit der Volksgesamtheit große weltwirtschaftliche Dienste erweist.

Baumeister Kahnt, Leipzig.

RUNDSCHAU

Die Regelung der Baumeistertitelfrage

im Reich hat, wie Zeitungsnachrichten besagen, auf dem Programm der letzten Plenarsitzung des Bundesrats vor den Ferien gestanden, ist aber nicht zur Erledigung gekommen. Die Instruktionen sämtlicher Bundesratsbevollmächtigten über die Angelegenheit, die bisher zum Teil noch ausstanden, sind vollzählig eingegangen. Es ist zu erwarten, daß der Bundesrat in einer der ersten Sitzungen nach den Ferien die Angelegenheit zur Entscheidung bringen wird.

Die Nachricht, die anscheinend aus den Kreisen des Verbandes deutscher Architekten- und Ingenieurvereine stammt, die bekanntlich mit den zuständigen Stellen im Reichsamt und bei den Ministerien der Einzelstaaten rege Beziehungen haben, fährt weiter fort:

Gegen eine derartige Regelung der Baumeistertitelfrage müssen wir den lebhaftesten Protest erheben. Wir haben unsere verschiedenen Eingaben an den Bundesrat, die Frage im Sinne der sächsischen Bestimmungen zu regeln, noch durch einen persönlichen Besuch im Reichsamt des Innern zu unterstützen gesucht, mußten aber dabei zu unserem Bedauern feststellen, daß für die Erfüllung unserer Wünsche keine Geneigtheit besteht. Der Ministerialdirektor Exzellenz Caspar erklärte auf die Fragen unserer Herren Händeler und Lenz wiederholt, daß er keine Auskunft über die Haftung der Reichsleitung in der Baumeisterfrage geben könne, daß die Entscheidung vielmehr allein dem Bundesrate zustehe. Wie man aus obiger Zeitungsnotiz sieht, gibt es aber Kreise, die über die Haltung des Bundesrats besser unterrichtet worden sind.

Wir müssen im letzten Augenblicke noch einmal unsere Stimme dafür erheben, daß der Baumeistertitel auch dem Mittelschulbautechniker zugängig sein muß. Unseren Standpunkt hat die Zweigverwaltung Halle nach einem Referat von Baumeister Kahnt (Leipzig) in diesen Tagen in einer Entschließung niedergelegt, in der es heißt, „daß sie die vom Bundesrat beabsichtigte Regelung der Baumeistertitelfrage im Sinne, daß der Baumeistertitel nur den akademisch gebildeten Baufachleuten vorbehalten bleibt, während die Baufachleute mit Mittelschulbildung zusammen mit den Handwerksmeistern nur den Titel „Baugewerksmeister" erhalten sollen, nicht für gerechtfertigt hält. Die Bauschulen verfolgen nicht die Aufgabe, Handwerker heranzubilden, sondern Baufachleute, die nicht nur technisches Verständnis für alle beim Bau eines Hauses mitwirkenden Handwerksarten haben, sondern auch zum Entwurf und zur selbständigen Leitung von Bauwerken befähigt sind. Ihr Lehrplan unterscheidet sich nur graduell von dem der Hochschulen, indem bei diesen die Pflege monumentaler Bauarten im Mittelpunkt steht, während die Bauschulen die Bearbeitung von häufiger vorkommenden Wohn- und Geschäftshäusern, landwirtschaftlichen und industriellen Bauten, Schulen und kleinere monumentale Bauten pflegen. Die Zweigverwaltung erwartet, daß auch den Mittelschultechnikern der Baumeistertitel vorbehalten bleibt, wenn sie durch ihr Können zeigen, daß sie Meister vom Bauen sind."

Hdl.

*

Eine Schule für weibliche Kräfte im technischen Beruf

hat der Architekt und Bauingenieur Forsthoff in Essen eingerichtet. Wir hatten uns schon wiederholt mit dieser eigenartigen Neugründung befassen müssen (vgl. Heft 7 und 12 der D. T.-Z. 1914), weil es sich um ein reines Erwerbsunternehmen handelt, für das weder ein Bedürfnis vorliegt, noch die Garantie, daß die angepriesene Ausbildung in geeigneter Weise erfolgt. Vielmehr hatten wir allen Grund zu befürchten, daß von hier aus eine neue Art billiger und mangelhaft ausgebildeter Arbeitskräfte dem technischen Beruf zugeführt wird. Heute, wo uns fortwährend Neues über die rührige Propaganda des Institutsinhabers zugeht, müssen wir auch im Interesse des weiblichen Geschlechts vor dem Besuch der Anstalt warnen. Es ist durchaus irreführend, wenn es in den verschiedenen Prospekten und Zuschriften des Herrn Forsthoff heißt, die technischen Zeichnerinnen würden bei den Eisenbahn- und Bergwerksdirektionen ein gutes Fortkommen finden. Denn die Zahl derer, die später einmal, nach langem Warten, lebenslänglich angestellt werden, dürfte aller Voraussicht nach nur sehr gering sein, wie überhaupt der Bedarf an weiblichen technischen Kräften im Staatsdienst noch durchaus problematisch ist. Noch unverantwortlicher müssen wir es aber nennen, daß Herr Forsthoff jetzt auch den technischen Beruf in der Privatindustrie Frauen gegenüber als aussichtsvoll bezeichnet. Zum Beweise wird angeführt, daß dem Herrn selbst eine Dame bekannt sei, die in einem Architekturbureau 100 M verdiene! Nach Forsthoff sind die in der Privatindustrie beschäftigten Damen sehr gut in der Lage, abzuwarten, bis sie von einer Behörde zum Dienstantritt berufen werden.

Die Richtigkeit der Behauptung, daß die Dame mit 100 M bezahlt wird, wollen wir nicht bezweifeln. Aber für jeden Eingeweihten ist es klar, daß dies nur ein Ausnahmefall sein kann. In der Regel wird jenes auch nicht gerade übermäßig hohe Gehalt nicht erreicht. Da redet doch die schlechte Bezahlung schon der männlichen Zeichner eine allzu deutliche Sprache. Die Firmen aber wollen doch durch die Einstellung weiblicher Kräfte an den Gehältern möglichst sparen.

Man ersieht daraus, was es mit der angeblich „recht guten Beschäftigung" weiblicher technischer Kräfte in Wirklichkeit auf sich hat.

Mf.

BÜCHERSCHAU

„Die Wiege der Schweinfurter Kugel- und Kugellagerfabrikation" ist der Titel eines kleinen, aber sehr geschmackvoll ausgestatteten Reklameheftes, das die Kugelfabrik Fischer in Schweinfurt zurzeit an Interessenten versendet. Es verdient aber auch die Beachtung aller derer, die sich für die noch immer nicht genügend gepflegte Geschichte der Technik interessieren. Denn es ist z. B. bemerkenswert, daß die Schweinfurter Gußstahlkugel- und Kugellager-Industrie — wie es in der Schrift heißt — ihre Entstehung im weiteren Sinne dem am 8. März 1812 zu Oberndorf bei Schweinfurt geborenen Philipp Moritz Fischer verdankt, der der eigentliche Erfinder des Tretkurbelfahrrades ist. Seine Erfindung reicht in den Anfang der 50er Jahre zurück, um welche Zeit er das erstmals im Jahre 1815 auf dem Wiener Kongreß von dem Freiherrn Karl von Drais vorgeführte sogen. Laufrad mit Tretkurbel versah. Der Mechaniker Michaux in Bar-le-Duc brachte erst im Jahre 1862 die Pedale am Vorderrad an. Auf die weitere Verwertung seiner Erfindung legte Fischer, der Instrumentenmacher war, kein Gewicht. Die automatische Herstellung von Präzisions-Gußstahlkugeln glückte dann einem Sohne des genannten Philipp Moritz Fischer, Friedrich Fischer, geb. am 19. März 1849, der nach mühevollen Versuchen in seiner Fahrrad-Werkstatt die erste brauchbare Kugelschleifmühle konstruierte. Die heute in eine Aktiengesellschaft umgewandelte Fabrik beschäftigt zurzeit 1000 Angestellte auf einer Fläche von 40 000 qm am Hauptbahnhof Schweinfurt und liefert Präzisions-Gußstahlkugeln, Metallkugeln und Kugellager jeder Art als Spezialität nach allen Weltteilen.

Mf.

Wegweiser durch die deutsche Reichsversicherung einschließlich der Angestelltenversicherung, in gemeinverständlicher Darstellung von Dr. B. Schmittmann, Landesrat, Dozent an der Hochschule für kommunale und soziale Verwaltung der Stadt Köln. Oktav, 127 Seiten. Preis einzeln 1,— M, 25 Stück zusammen 22,50 M, 50 Stück zusammen 42,50 M; 100 Stück zus. 80,— M. Verlag L. Schwann, Düsseldorf.

Wenn von den gewaltigen Mitteln, welche die beiden genannten Versicherungen zur Verfügung stellen, der richtige Gebrauch gemacht werden soll, muß die Kenntnis der Gesetze, auf denen die Versicherungen beruhen, Gemeingut des Volkes werden. Von diesem Ziele sind wir heute aber noch weit entfernt, denn die Bestimmungen dieser Gesetzeswerke sind verwickelt und umfassen mehrere tausend Paragraphen. Darum ist ein Wegweiser wie der vorliegende, der sehr übersichtlich und leichtfaßlich die Forderungen und Leistungen der Versicherungen darstellt, ein dringendes Bedürfnis für alle, die selbst versichert sind oder als Arbeitgeber die Versicherungslast ihres Personals mittragen haben. Das Buch ist in folgende vier Abschnitte eingeteilt: Krankenversicherung, Unfallversicherung, Invaliden- und Hinterbliebenenversicherung, Angestellten- oder Privatbeamtenversicherung. Im Anhange werden zur Erhöhung des praktischen Wertes der Schrift 17 Muster für Eingaben, Anträge und Beschwerden geboten.

// DEUTSCHE TECHNIKER-ZEITUNG
HERAUSGEGEBEN VOM DEUTSCHEN TECHNIKER-VERBANDE
Schriftleitung:
Dr. Höfle, Verbandsdirektor. Erich Händeler, verantwortlicher Schriftleiter.

XXXI. Jahrg. 1. August 1914 Heft 31

Erziehung zur Zeiteinteilung

Von Dr. THEODOR NEUKIRCHEN.*)

Der Mai ist gekommen, die Bäume schlagen aus, nun bleibe wer Lust hat, mit Sorgen zu Haus! So singt das Volk. Und es hat recht, wie die Kinder recht haben, wenn sie sich nicht die Köpfe mit den Tatsachen Thomas Gradgrinds, eines Mannes der Handgreiflichkeit, wie ihn Dickens nennt, vollfüllen lassen wollen.

So ist der Maifeiertag entstanden. Wo alle Knospen springen, da will auch der Bursche seiner Liebsten einen Maibaum aufrichten. Die Zünfte tanzen öffentlich auf den Straßen. In München hat sich der Schefflertanz erhalten. In London sah Dickens noch kümmerliche Reste des Tanzes, den die Schornsteinfegerjungen am 1. Mai veranstalteten.

In der guten alten Zeit, wo des Lebens Pein und Qual hart, die Freude gering war und die Arbeit lange dauerte, hielt man sich an den Spruch: „Man muß die Feste feiern wie sie fallen." So schaffte sich das Volk seine Feiertage, um verschnaufen zu können; und die Kirche half nach.

Doch heute, wo wir mit dem Blitze sprechen, schreiben und fahren, heute gilt der Spruch: „Zeit ist Geld!" Jawohl, nicht bloß das, Zeit kostet sogar Geld. Wenn man als Arbeitsloser den ganzen Tag Zeit hat, läuft die Miete unbarmherzig weiter. Darum kostet Zeit Geld.

Daß der Mensch Zeit hat, ist schon so stark in Vergessenheit geraten, daß es notwendig wird, ihn durch einen besonderen Maifeiertag daran zu erinnern. Deshalb hat auch Prof. Abbe in seiner Zeißstiftung den 1. Mai zum Feiertag eingesetzt zur Erinnerung daran, daß an diesem Tage im Jahre 1849 in England das Zehnstundengesetz in Kraft getreten ist.

Weil die Zeit ein so kostbares Gut geworden ist, sollte es ein unweigerliches Gesetz anständigen Verhaltens sein: Du sollst niemanden die Zeit stehlen, aber du sollst sie dir auch nicht stehlen lassen. Denn läßt du dir die Zeit stehlen, so bist du ein leichtsinniger Verschwender. Du vergeudest das kostbarste und unwiederbringlichste Gut. Darum sollst du als Arbeitgeber deinem Angestellten und Arbeiter seine Zeit nicht stehlen. Du sollst keine unbezahlten Ueberstunden von ihm verlangen! Du sollst ihn aber auch nicht in der Fabrik oder im Kontor in schlechter Luft, heißen, staubigen, nach Oel duftenden, durch fortwährendes knirschendes, ratterndes, hämmerndes Geräusch nervenpeinigenden Räumen einen Augenblick länger festhalten, als zur Erreichung deines wirtschaftlichen Zweckes unbedingt notwendig ist.

Nun hat aber einer deiner bedeutendsten Kollegen, lieber Arbeitgeber, der geniale Physiker und erfolgreiche Großunternehmer Professor Abbe mit mathematischer Bestimmtheit festgestellt, daß das Optimum der Arbeitszeit mit neun Stunden noch nicht erreicht und mit acht Stunden nicht überschritten ist, daß es geringer ist als 8 Stunden. Das kommt daher, daß die Arbeitszeit, in der der Mensch außerhalb der Fabrik seiner Erholung leben kann, für die Erneuerung der Arbeitskraft doppelt zählt. Es ist nämlich nicht nur die Zeit der Ermüdung geringer, da die Zeit für den Leerlauf der menschlichen Muskeln (ähnlich dem Leerlauf einer Maschine, wie wir weiter unten sehen werden) als Ermüdungszeit mitzuzählen ist. Auf der einen Seite der Gleichung wird also die Ermüdung geringer, auf der anderen wächst die Erholungszeit, die Gleichung verschiebt sich also auf beiden Seiten zu Gunsten der Erholung, d. h. der Erneuerung der Arbeitskraft und der Gesundheit.

Von den Kohlenverladern und Röstern von Bleiblende in Belgien bis zu den Maschinenarbeitern und Schiffszimmerleuten des Arsenals in Woolwich, bis zu den Maschinenbauern in Hannover und zu den Feinmechanikern in den Zeißwerken in Jena — von all diesen Arbeitern ließ sich feststellen, d a ß s i e i n e i n e r k ü r z e r e n Z e i t m e h r l e i s t e t e n a l s i n e i n e r l ä n g e r e n, ohne sich dessen bewußt zu sein oder gar ohne es zu wollen. Das Charakteristische ist, daß bei Leuten gänzlich verschiedener Beschäftigungsart, verschiedener Nationalität sich dieselbe Reaktion auf die Verkürzung der Arbeitszeit zeigt, nämlich eine Beschleunigung der Arbeitsgeschwindigkeit und ein Gleichbleiben des Produktes oder der Arbeitsleistung. Eine solche allen Industriearbeitern gemeinsame Einwirkung der Verkürzung der Arbeitszeit kann aber ihren Grund nur haben in Ursachen, die allen gemeinsam sind, die auf alle in derselben Art einwirken. Nach der äußeren Seite, d. h. nach dem Gesichtspunkt der Betätigung der Personen, bleiben nach Abbe nur solche Ursachen übrig, die aller Industriearbeit, so wie sie sich jetzt gestaltet hat, in gleicher Art zukommen; und nach der inneren oder subjektiven Seite hin, insoweit die Personen als solche dabei in Betracht kommen können, können nur solche Ursachen in Frage kommen, denen alle Menschen überhaupt unterliegen, d. h. also gewisse allgemeine Bedingungen des menschlichen Organismus. So stellt sich Abbe folgende zwei Fragen:

1. „Was ist gemeinsam in Hinsicht auf die Betätigung der Personen auf so ganz heterogenen Arbeitsgebieten?"

2. „Was ist in Hinsicht auf die zu betrachtende Wirkung allen Menschen gemeinsam, die den gewöhnlichen Bedingungen, die der menschliche Organismus bietet, unterliegen?"

Diese ganz gleichmäßig quantitativ und qualitativ sich wiederholende Tätigkeit, die immer sich wiederholende Einseitigkeit bringt Tag für Tag dieselbe Art von Anstrengung, ermüdet dieselben Muskelpartien, nötigt dieselbe Art von Körperhaltung auf, zwingt dieselbe Gruppe von Tätigkeiten, von Einzelaktionen auf im Gegensatz zu der Mannigfaltigkeit der Beschäftigung, wie sie früher das Handwerk bot. Diese Arbeitsteilung drückt der industriellen Arbeit ihren ganz bestimmten Stempel auf in der Gleichförmigkeit der Inanspruchnahme der Menschen. Mit dieser Gleichförmigkeit und fortgesetzt übereinstimmenden Einförmigkeit ist nun gegeben die fortgesetzte Ermüdung immer derselben Organe, derselben Muskelgruppen, derselben Nervenzen-

*) Nachdruckrecht vom Verfasser vorbehalten.

tren, derselben Gehirnpartien, weil alle Verrichtungen, mögen sie in Muskel- oder Sinnesarbeit bestehen, immer in derselben Weise von früh bis abend Tag für Tag, jede Woche angestrengt werden.

Das zweite, das Gemeinsame, was übergreift über die Verschiedenartigkeit der Nationalität, kann nun nichts anderes sein, als irgend ein gemeinsamer Grund, der im menschlichen Organismus bedingt ist im Hinblick auf die Wirkungsweise gleichartiger, Tag für Tag sich wiederholender, ermüdender Beschäftigung. Und da ist es nun sehr leicht, wenn man das beides kombiniert, den Gesichtspunkt zu finden für die Erklärung, die Abbe glaubt, den vorher charakterisierten Beobachtungen geben zu können.

Wenn durch eine täglich sich wiederholende Tätigkeit, die in denselben Bahnen, in denselben Formen sich wiederholt, am Ende des Tages jeder, der daran teilnimmt, sich ermüdet hat, so kann diese Tätigkeit nicht mehr Tag für Tag fortgesetzt werden, außer wenn bis zum Morgen des folgenden Tages, durchschnittlich Tag für Tag, diese Ermüdung vollkommen durch die bis zum Wiederbeginn am nächsten Tage dazwischen liegende Ruhezeit und durch die Wirkung der Ernährung ausgeglichen ist. Beim geringsten Defizit, das Tag für Tag bliebe, müßte der Mensch in kürzerer oder längerer Zeit physisch heruntergebracht werden.

Kräfteverbrauch oder Ermüdung und Kräfteersatz oder Erholung sind aber ganz bestimmte quantitative Veränderungen im körperlichen Organismus, die unmittelbar durch Größenbestimmungen zu fassen sind. Die Ermüdung durch die tägliche Arbeit setzt sich bei einem industriellen Arbeiter aus drei deutlich unterschiedenen Teilen additiv zusammen. Sie entspricht: 1. der Größe des täglichen Arbeitsprodukts. 100 Löcher zu bohren erfordert doppelt so viel Handgriffe wie 50, ergibt also eine doppelte Ermüdung, einen doppelten Kräfteverbrauch. Dieser Kräfteverbrauch ist natürlich für verschiedene Personen verschieden. Er wird mit größerer Erfahrung, Fertigkeit, Umsicht und Zweckmäßigkeit zu arbeiten geringer.

Ein zweiter Teil des Kräfteverbrauchs ist abhängig von der Geschwindigkeit, mit der die Arbeit geleistet wird. Er bleibt in weiten Grenzen konstant und kommt erst beim Erreichen einer sehr großen Geschwindigkeit merklich in Betracht. „Es braucht sich jemand nur zu überlegen, daß, wenn er etwa einen bestimmten Weg, sagen wir von vier Kilometern, einmal langsamer und einmal schneller geht, die Verschiedenartigkeit der Kraftanstrengung unmerklich, nämlich so lange dieselbe ist, als er nicht etwa zum Laufschritt überzugehen hat. Dasselbe, glaube ich sagen zu können, tritt auch für alle technischen Arbeiten ein, so lange noch die Verschiedenheiten der Geschwindigkeit in den Grenzen liegen, in denen gewohnheitsmäßig gearbeitet werden kann — etwas rascher oder langsamer — und es ist nicht anzunehmen, daß „etwas rascher" einen besonderen Kräfteverbrauch bedeutet." (Abbe.) Dieser zweite Teil ist im allgemeinen zweifellos wachsend, wenn verlangt wird, daß dasselbe Tagewerk in der kürzeren Zeit zu leisten ist.

Das wichtigste ist aber der dritte Bestandteil, der sich in diesem Kräfteverbrauch des industriellen Arbeiters in seinem Tagewerk nachweisen läßt, der durchaus analog ist mit dem, was man bei den Maschinen „Kraftverbrauch für Leergang" nennt. Wenn nämlich in einer Fabrik in den ersten 5 Minuten der Arbeitszeit die Betriebsmaschinen und Transmissionen laufen, ohne daß irgend eine Arbeitsmaschine benutzt wird, so wird für diesen absoluten Leergang Betriebskraft verbraucht, die natürlich geringer ist, als wenn beispielsweise $^2/_3$ der Maschinen in Betrieb sind. Dieser Kraftverbrauch für Leergang kommt fortwährend vor, da regelmäßig in einem Fabrikbetrieb die eine oder die andere oder meist eine größere Zahl von Arbeitsmaschinen nicht in Betrieb ist, weil z. B. die Arbeiter an den Maschine wechseln oder neues Material heranschaffen müssen usw.

Die gleiche Körperhaltung, das Anhören derselben Geräusche, die Aufmerksamkeit gegen Unfallgefahren würde nach Abbes Ansicht die Leute in 10 Stunden viel stärker ermüden, selbst wenn sie während der ganzen Zeit gar nichts zu tun, sondern nur in ihrer Arbeitsstellung zu verharren hätten.

Wenn diese rein passive Ermüdung einen ganzen großen Teil des Tagewerks der Leute bedeutet, so muß jede Verkürzung der Arbeitszeit, die also bewirkt, daß die Arbeitsleistung in der verkürzten Arbeitszeit sich zusammendrängt, ein reiner Gewinn an Kraft für die beteiligten Personen sein.

Eine längere Ruhezeit wenigstens für die stärkst ermüdeten Organe gestattet ein größeres Maß von vorangegangener Ermüdung auszugleichen. In Hinsicht auf die Herstellung des Gleichgewichts zwischen Kräfteverbrauch und Kräfteersatz, zwischen Ermüdung und Erholung, kommt also die Arbeitszeit dreimal zur Geltung: zweimal auf der Seite der Bestimmung des Kräfteverbrauches — das eine Mal im ungünstigen Sinne für die Verkürzung, insofern als die Verkürzung der Arbeitszeit intensivere Arbeit nötig macht, vorausgesetzt, daß ein gewisses Maß der Geschwindigkeit nicht überschritten wird, ein zweites Mal aber im günstigen Sinne, nämlich durch Verminderung, nach Analogie der Maschine, der Leergangsarbeit des Menschen. Außerdem spielt aber nun noch dieselbe Größe der täglichen Arbeitszeit eine Rolle auf der anderen Seite der Gleichung, in bezug auf den Kräfteersatz und zwar im günstigen Sinne, da die Verkürzung der Arbeitszeit und eine längere Ruhepause den Ersatz eines größeren Kräfteverbrauchs vermittelt.

Danach muß, wenn man den mathematischen Zusammenhang genau ansieht, für jede bestimmte Art von Verrichtungen und jede bestimmte Person ein Optimum existieren, nämlich eine verkürzte Arbeitszeit, bei der das größte Arbeitsprodukt herauskommt. Wo dieses liegt, wird wesentlich von der Art abhängen, wie sich die einzelnen Bestandteile des näheren bestimmen.

Abbes eigene und die in Deutschland, England und Belgien gemachten Erfahrungen rechtfertigen die Annahme, daß für wenigstens dreiviertel aller industriellen Arbeiter, das Wort in dem Sinne gebraucht, wie ich es vorhin angewandt habe, wahrscheinlich auch für einen größeren Bruchteil bei 9 Stunden das Optimum noch nicht erreicht und bei 8 Stunden noch nicht überschritten ist, und daß daher diese Beobachtungen, wie sie vorliegen, am Leitfaden dieser Erklärung die Meinung rechtfertigen, daß es möglich sein wird, auf fast allen Gebieten der industriellen Tätigkeit in Deutschland ohne jede Einbuße, ohne jede Herabsetzung des Tagewerks, in einem vernünftigen Tempo, nicht etwa nur zum Neunstundentag, sondern zum Achtstundentag überzugehen.

Die Ausgleichung des Kräfteverbrauchs und Kräfteersatzes vollzieht sich nach verhältnismäßig kurzer Zeit im täglich geleisteten Arbeitsprodukt des Arbeiters automatisch für den Arbeiter unbewußt und ohne, ja gegen seinen Willen. Viel schlimmer als das nutzlose Verbrennen von 30 bis 40 Millionen Mark Kohlen für den Leergang der Maschinen ist nach Abbe die Kraftverschwendung in dem nutzlosen Leergang von 3 oder 4 Millionen Menschen in Deutschland. Die arbeitsteilige Arbeit hat zur Folge die geistige Verödung des Menschen. Ihr kann nur durch Einschränkung des Leergangs des Menschen begegnet werden. „Diese Kraftvergeudung durch nutzlosen Leergang des Menschen geht auf Kosten der Mitwirkung der Intelligenz und der geistigen Regsamkeit des Menschen, und bedeutet, daß ein wertvolles Kapital, welches Deutschland besitzt in der natürlichen Intelligenz seiner arbeitenden Schichten, zum großen Teil brach liegen bleibt, weil die Bedingungen abgeschnitten sind, unter denen diese Intelligenz voll zur Geltung kommen könnte."

Wer also seine Arbeitskraft vernünftig verkauft, wird sie vom Standpunkt eines tüchtigen Geschäftsmannes immer dem Arbeitgeber zuerst anbieten, der ihm die kürzeste Arbeitszeit garantiert. Er wird also mit großem Mißtrauen dem Arbeitgeber gegenüberstehen, der sich die Arbeitszeit je nach Bedarf festzusetzen vorbehält oder der bei eintretendem Bedarf unbezahlte Ueberstunden verlangt. Er wird sogar, wenn er sich nicht in einer vorübergehenden Notlage befindet und die freie Wahl hat, den Arbeitgeber vorzuziehen, der auf Ueberstunden überhaupt verzichtet; jedenfalls aber den, der sie höher bezahlt als die vertragsmäßig vereinbarte regelmäßige Arbeitszeit. Nur so kann er sein wertvollstes und einziges Kapital: seine Arbeitskraft gegen vorzeitigen Verbrauch schützen.

Wer die Mechanisierung der Büroorganisation in den Fachzeitschriften aufmerksam beobachtet, der sieht förmlich das Taylorsystem herankriechen, der merkt jeden Tag, wie es nur darauf wartet, sich auch in die kaufmännischen und vor allem in die technischen Büros einzuschleichen. Der Auftragszettel setzt automatisch und zwangsläufig Dutzende von Beamten in Bewegung, von denen der eine nur eine Unterschrift zu geben, der andere einen Auftrag zu erteilen, der dritte etwas zu buchen, der vierte etwas zu revidieren, der fünfte die Arbeit zu beaufsichtigen, der sechste sie zu lagern hat; der siebente beaufsichtigt die Verpackung, der achte schreibt die Fakturen, der neunte die End- und Schlußrechnung. Einer gibt immer dem andern die Hand weiter, jeder beaufsichtigt den andern, keiner kann einen Augenblick pausieren, irgend etwas liegen lassen, ohne daß die ganze Maschine zu kreischen anfängt. (Wer sich davon überzeugen will, möge nur einmal das Buch von E. Lilienthal „Fabrikorganisation, Fabrikbuchführung und Selbstkostenberechnung der Firma Ludw. Loewe & Co. Aktiengesellschaft, Berlin. Mit Genehmigung der Direktion zusammengestellt und erläutert. Berlin 1914, Jul. Springer XI u. 245 S. Lex. 8°, Preis in Leinw. gebunden 10 M" durchblättern.) Wenn aber, wie beim Taylorsystem, nicht mehr das Arbeitsstück vorgeschrieben, sondern schlimmer als beim Militär (Mattschoß hat auf der vorjährigen Versammlung des Vereins deutscher Ingenieure auf die Schießvorschriften der Armee als das beste Gegenbild des Taylorismus hingewiesen) jede Muskelbewegung, jede Innervation, d. h. die Auslösung jeder Muskelbewegung durch das Gehirn, kommandiert wird, dann hat der Arbeiter und Angestellte doppelt und dreifach Grund, wenigstens mit dem Tagesquantum seiner in seelenlosen Sklavendienst gestellten Zeit vorsichtig zu sein. Denn sonst könnte er, ohne es zu bemerken — eines schönen Tages an den physischen Folgen jenes von dem Unternehmer Abbe, der die Welt allerdings mit den Augen eines Arbeitersohnes zeitlebens angesehen hat, so sehr gefürchteten geringen Defizits in der täglichen Bilanz der Muskel- und Nervenkräfte zusammenbrechen.

Daher gehört der Kampf um die Verkürzung der Arbeitszeit so lange, bis das Optimum erreicht ist, zu den einfachsten Selbsterhaltungsaufgaben jeder Gewerkschaft. Es handelt sich hier nach den Ergebnissen der unparteiischen Wissenschaft einfach um die Erhaltung der Arbeitskraft in ihrem Bestande. Dieser Kampf ist also geradezu sittliche Pflicht. Daß er vorsichtig, aber mit Stetigkeit und unermüdlicher Geduld geführt werden muß, ergibt sich aus der Größe der hier lastenden sittlichen Verantwortung.

Daß der Arbeiter oder Angestellte seinem Arbeitgeber die Zeit nicht stehlen kann, ohne in kürzester Frist entlassen zu werden, haben die vorstehenden Ausführungen zugleich mitbewiesen. Wo jedes Arbeitspartikelchen kontrolliert wird, da sind irgendwie erhebliche Zeitdiebstähle einfach zur Unmöglichkeit geworden.

Das gilt von der Arbeitskraftgleichung der täglichen Werktagsarbeit. Der größte Hygieniker aller Zeiten, jener Babylonier, von dem die mosaischen Gesetzestafeln stammen, hat mit weiser Umsicht den wöchentlichen Ruhetag als einen gottgeweihten heiligen Tag eingesetzt.

Er ist heute nötiger denn je, weil der Mensch nicht vom Brot allein lebt; weil er erst ein Leben, das lebenswert und menschenwürdig ist, führen kann, wenn er, um mit Dr. Walther Rathenau zu sprechen, seine Seele entdeckt oder vielmehr geboren hat. Dazu ist Zeit notwendig, freie Zeit, in der der Mensch befreit ist von der Furcht, die ihn immer umschleicht, um seine Existenzsorgen. Wenn er frei und mutig sich dem Genuß der Natur oder seines Gottes je nach Veranlagung und Erziehung hingeben kann, dann erst ist er ein aufrechter Mann, der sich nicht mehr um den Zweck kümmert, sondern sich in die Sache versenkt. Solche Tage sind in regelmäßiger Wiederkehr notwendig. Daher ist, da die religiöse Bindung bei der menschlichen Unvollkommenheit immer noch die wirksamste ist, der Sonntag eine sozial wohltätige, heilige Institution.

Bei der Teilarbeit werden aber einseitig Muskeln und Nerven beansprucht, während andere ebenso einseitig nicht beansprucht werden. Damit nun diese fortgesetzte einseitige Beanspruchung nicht zu einer den Gesamtkörper schädigenden Gewöhnung wird, die einzelne Organe nach den Gesetzen der Physiologie durch Nichtgebrauch an Unterernährung verkümmern läßt, ist für den Arbeiter sowohl als namentlich für den Angestellten mit seiner überwiegend sitzenden Lebensweise jährlich ein Urlaub von längerer Dauer notwendig.

Denn auch hier kommt der Leerlauf der menschlichen Maschine in Betracht, wenn die physiologische Erholungsbilanz kein Defizit aufweisen soll. Der in der Großstadt festgehaltene Mensch leidet Jahr für Jahr, Tag für Tag, Stunde für Stunde, Tag und Nacht an dem Lärm der Großstadt und unter der bei jedem Gang über die Straße zur Unfallverhütung instinktiv, ohne daß es ihm zum Bewußtsein kommt, angespannten Aufmerksamkeit. Das Schlimme ist eben, daß man sich so sehr daran gewöhnt, daß man es gar nicht mehr merkt. Wenn man sich in Waldeinsamkeit ergeht, wird man dann erst nach mehreren Tagen gewahr, was der stille Gottesfrieden, die Ruhe, das Sichhingeben an die Natur für wunderbare Heilkräfte für Leib und Seele bieten.

Je größer die Stadt, desto weniger wirksam — man denke nur an die Berliner Verkehrsverhältnisse — ist die Sonntagserholung; um so nachhaltiger muß also die Jahreserholung durch den Sommerurlaub sein. Auch dafür läßt sich leicht eine Formel aufstellen. Die nach Dienstalter, Gehaltsskala usw. aufgestellte Formel ist einfach mit einem Koeffizienten für die Größe der Stadt in den bekannten Abstufungen der Statistik zu multiplizieren, wobei allerdings so trostlose Agglomerationen wie z. B. Bochum, Wattenscheid, Gelsenkirchen und Essen als Einheit einzusetzen wären.

Zum Schluß also ganz kurz die Hauptgrundsätze der Einteilung der Arbeitszeit unter sozialem Gesichtspunkte:

1. Arbeite nicht länger, als zur Erreichung des wirtschaftlichen Zweckes notwendig ist! Was in 8 Stunden gemacht werden kann, dazu sollst du dich vom Arbeitgeber nicht 8½ und 9 Stunden festhalten lassen! Vereinigte Kräfte machen stark, stellt einzeln und gemeinsam unermüdlich solange die Forderung der Verkürzung der täglichen Arbeitszeit, bis das Optimum im Sinne der physiologischen Kräftebilanz von Abbe erreicht ist!

2. Halte den Sonntag heilig, d. h. frei von Berufsarbeit!

3. Unterstütze alle auf eine Jahreserholung, einen Sommerurlaub gerichteten Bestrebungen!

SOZIALPOLITIK

Schutz der „Arbeitswilligen"

Da auf dem Wege des Reichsgesetzes keine Maßnahmen zum Schutze der „Arbeitswilligen" möglich sind, wird in den Einzelstaaten alles versucht, um die Regierungen zu den schärfsten Maßnahmen gegen „das Streikpostenstehen" mobil zu machen. Der preußische Minister des Innern von Löbell erklärte in der Sitzung des preußischen Herrenhauses vom 28. Mai allerdings gegen Ausführungen des Herrn v. Puttkamer, daß er in den Aeußerungen der Reichsregierung durchaus nicht eine Ablehnung sehe, einen verstärkten Schutz der Arbeitswilligen herbeizuführen und fuhr dann fort:

„Sie dürfen das volle Zutrauen haben, daß auch die Reichsregierung ganz durchdrungen ist von ihrer Pflicht, den hier zur Sprache gebrachten erheblichen Uebelständen energisch entgegenzutreten, soweit die Gesetzgebung ihr die Mittel an die Hand gibt, und wenn es nötig ist, auch den gesetzlichen Schutz zu verstärken."

Aber trotz dieser Aeußerung wird es wohl nur bei einer platonischen Liebeserklärung des Reiches für die Arbeitswilligen bleiben, da der Reichstag in seiner jetzigen Zusammensetzung allen gesetzlichen Maßnahmen ablehnend gegenübersteht. Aber auf dem Verwaltungswege werden alle möglichen Eingriffe in das Koalitionsrecht versucht. Allen voran marschiert Preußen und Sachsen.

So wird jetzt versichert, daß die preußische Staatsregierung beabsichtigt, sämtliche Polizeivorschriften über Streikpostenstehen usw., von denen kürzlich einige vom Kammergericht für rechtsungültig erklärt wurden, einer Revision zu unterziehen und sie derartig zu gestalten, daß das Kammergericht nichts gegen sie einwenden kann. Weiter sollen in den Industrierevieren die Polizeikräfte nach Bedarf verstärkt werden, um in Gegenden, wo Streikausbrüche zu vermuten sind, rechtzeitig die nötigen Organe zur Hand zu haben. Ferner werden überall, wo noch nichts geschehen ist, Polizeiverordnungen erlassen, die Streikausschreitungen und Ruhestörungen wirksam entgegentreten sollen. In diesem wird auf die Bestimmungen des Allgemeinen Landrechts Bezug genommen, nach denen die Polizei die nötigen Anstalten zur Erhaltung der öffentlichen Ruhe, Sicherheit und Ordnung und zur Abwendung der dem Publikum oder einzelnen Mitgliedern desselben bevorstehenden Gefahr zu treffen hat.

Bemerkenswert ist an dieser offiziösen Auslassung noch folgende Stelle:

Auf Grund der bestehenden reichsgesetzlichen Bestimmungen ist jetzt bereits der Schutz der Arbeitswilligen möglich. Der § 153 der Gewerbeordnung sieht vor, daß derjenige mit Gefängnis bis zu drei Monaten bedroht wird, der andere durch Anwendung körperlichen Zwanges, Bedrohungen, Ehrverletzung oder Verrufserklärung bestimmt oder zu bestimmen versucht, an Verabredungen und Vereinigungen zum Behufe der Erlangung günstiger Lohn- und Arbeitsbedingungen teilzunehmen. Das Reichsgericht hat ferner mehrfach zweifelhafte Fragen geklärt. Auf Grund ergangener Entscheidungen genügt die Bezeichnung „Streikbrecher", um die Anwendung des § 153 zu rechtfertigen. Weiter hat das Reichsgericht eine Verrufserklärung schon in der Erklärung erblickt, daß jemand mit einem anderen Arbeiter nicht mehr zusammenarbeiten kann oder will. Auch die Ankündigung von Mitteln, durch die freie Entschließungen der Arbeitswilligen beeinflußt werden können, sowie ein Abhalten von der Arbeit durch passive Mittel ohne Handgreiflichkeiten bedeutet einen körperlichen Zwang."

Besser kann man das Ausnahmerecht, unter denen die Arbeitnehmer stehen, gar nicht charakterisieren.

In dem sächsischen Erlaß wird ausgeführt, daß Streikposten, wenn sie „die öffentliche Ordnung oder Sicherheit, die Bequemlichkeit oder Ruhe auf den öffentlichen Wegen, Straßen, Plätzen oder Wasserstraßen stören, insbesondere Arbeitswillige oder andere Personen belästigen oder in bedrohlicher Weise auftreten, sie von dieser Stelle des Verkehrsraumes einschließlich Einfahrten und Hauseingängen fortzuweisen und nötigenfalls zu entfernen sind". Es ist damit allein in das Belieben der Polizei gestellt, Streikposten zu erlauben oder zu entfernen. Als Belästigung, die zum Verbot berechtigt, soll schon angesehen werden, wenn Arbeitswillige „wider ihren ausgesprochenen oder erkennbaren Willen auf öffentlichen Straßen oder Plätzen angesprochen oder augenfällig begleitet werden". Noch schärfer ist aber die folgende Bestimmung:

„Müssen Streikposten wegen derartiger Belästigungen fortgewiesen werden oder ist durch Streikposten eine unmittelbare Störung der öffentlichen Ordnung zu erwarten, so kann die Polizeibehörde nach Lage des Falles die Ausstellung von Streikposten vorübergehend oder für die Dauer der betreffenden Streitigkeit ganz verbieten."

Also schon die Vermutung bei der Polizei, daß eine Störung eintreten könnte, berechtigt zum Verbot des Streikpostenstehens. Damit ist die Ausstellung von Streikposten fast ganz unmöglich gemacht.

Die organisierten Arbeiter, gleichviel welcher Richtung, protestieren gegen diesen Erlaß. Nicht nur die „freien", sondern auch die „Hirsch-Dunckerschen" und die „christlichen Gewerkschaften" wenden sich in aller Schärfe gegen diese Bestimmungen. So haben die sächsischen nationalen Arbeiter- und Angestellten-Ausschüsse auf ihrer Tagung vom 19. Juli in Dresden erklärt, daß sie in dem Erlaß „eine schwere wirtschaftliche und soziale Gefahr" sehen. Es heißt in der Resolution weiter:

Selbst bei den größten Lohnbewegungen im Königreich Sachsen waren Ausschreitungen der Streikposten nur in geringem Umfange zu verzeichnen, weil sich deren Tätigkeit in vollster Oeffentlichkeit abwickelt. Da den im Lohnkampf stehenden Arbeitern dieser Weg in Zukunft so gut wie vollständig versperrt ist, wird durch die Verordnung die Tätigkeit der Streikposten der Kontrolle der Oeffentlichkeit entzogen.

Der Vertretertag ist der Ueberzeugung, daß Uebergriffe der Parteien im wirtschaftlichen Kampfe nur gemindert — wenn auch nicht ganz beseitigt — werden können durch Ausbau der Gesetzgebung in der Richtung, daß

1. allen Arbeitern, Angestellten und Unternehmern das Koalitionsrecht in vollem Umfange — unter Aufhebung des § 152 Absatz II und § 153 der Gewerbeordnung — gewährleistet wird und jede Beschränkung dieses Rechtes durch private Abmachungen unter Strafe gestellt wird;
2. durch Verleihung der Rechtsfähigkeit an die Berufsvereine;
3. durch Errichtung von Einigungsämtern.

Der Vertretertag richtet an die Königlich Sächsische Regierung die Bitte, im Bundesrat für Ausbau der Gesetzgebung in genannter Richtung eintreten zu wollen.

Die angeschlossenen Organisationen werden aufgefordert, alle Fälle von Beschränkung der Koalitionsfreiheit der Arbeiter zu sammeln und zu gegebener Zeit entsprechend zu verwenden.

Es ist erfreulich, daß sich die sächsischen nationalen Arbeitervereine mit solcher Schärfe gegen die Unterdrückung der Koalitionsfreiheit durch Polizeireglement wenden. Ob die Regierung dieser Forderung Gehör schenken wird, nachdem sie die nationalen Arbeitervereine doch wiederholt ihres größten Wohlwollens versichert hat? Wir glauben es kaum. Das Wohlwollen für die Wünsche der Arbeitgeber wird wohl größer bleiben. Hdl.

*

Gesetzlich zulässiger „Terrorismus"

Vor dem Landgericht I in Berlin ist zwischen dem Verband der Mineralwasserfabrikanten und drei wegen Vergehen gegen das Gesetz zum Schutze der Warenbezeichnung angeklagten Mineralwasserfabrikanten folgender Vergleich geschlossen worden:

„An den Verband der Mineralwasserfabrikanten eine Buße von 20 M zu zahlen; die Angeklagten verpflichten sich weiter, so lange sie den Handel mit Selterswasser und ähnlichen Produkten betreiben, ihre Wagen und ihre Fabrik durch die Kontrolleure oder sonstigen Beauftragten des obigen Verbandes einer Durchsicht unterziehen zu lassen bei Meidung einer Konventionalstrafe von 30 M für jeden Fall der Zuwiderhandlung.

Endlich verpflichten sich die Angeklagten, innerhalb einer Frist von zwei Wochen nach erfolgter Aufforderung des obenerwähnten Verbandes bei Meidung einer Konventionalstrafe von 300 M für jeden von ihnen einem der drei zu dem Verbande gehörigen Selterswasserfabrikanten-Vereine in Groß-Berlin beizutreten."

In § 153 der GO. werden Arbeitnehmer, die jemand durch Drohungen zu bestimmen versuchen, an ihren Vereinigungen teilzunehmen, mit Gefängnis bis zu drei Monaten bestraft, sofern nach dem allgemeinen Strafgesetze nicht eine härtere Strafe eintritt. Während den Arbeitnehmern nach § 152 ferner der Rücktritt von ihren Vereinigungen und Verabredungen frei steht, ohne daß daraus Klage noch Einrede stattfinden kann, können, wie obiger gerichtlicher Vergleich zeigt, die Arbeitgeber sogar unter Festsetzung einer Konventionalstrafe den Eintritt in ihre Organisation erzwingen. Wieder ein Beispiel über das „gleiche Recht" für Arbeitgeber und Arbeitnehmer in Deutschland! Hdl.

*

Die Kundgebung für Fortführung der Sozialreform

Ueber die öffentliche Kundgebung für Fortführung der Sozialreform, die die Gesellschaft für Soziale Reform am 10. Mai veranstaltet hatte, ist jetzt als Heft 51 der Schriften der Gesellschaft für Soziale Reform ein stenographischer Bericht erschienen.*) In dem Vorwort wird noch einmal darauf hingewiesen, daß sich die Widerstände gegen die Sozialreform ständig gemehrt haben. Die Aeußerung des Staatssekretärs Dr. Delbrück ist in der Oeffentlichkeit vielfach als die amtliche Verkündigung eines Stillstandes der gesamten sozialpolitischen Gesetzgebung aufgefaßt worden. Dadurch ist die Zuversicht der Gegner der Sozialreform gewaltig gestiegen. Zudem sollte die Kundgebung den Zweck haben, die große Masse der Lauen und Gleichgültigen aufzurütteln, die, ohne selbst von der sozialpolitischen Gesetzgebung betroffen zu werden, sich nur allzu leicht und allzu gern dem beruhigenden Gefühl hingibt, „wie wir's so herrlich weit gebracht".

In dem Vorwort wird noch darauf hingewiesen, daß die der Gesellschaft für Soziale Reform angeschlossenen Berufsorganisationen von Arbeitnehmern aller Art durch ihre freudige Zustimmung zu dem Plane der Kundgebung und durch ihre eifrige Werbearbeit ein wesentliches Verdienst an der eindrucksvollen Veranstaltung für sich in Anspruch nehmen können, die, von mehr als 5000 Personen besucht, als die Aeußerung des Willens von etwa 2 Millionen Arbeitnehmern angesehen werden kann.

*) Preis 50 Pfg., zu beziehen auch durch die Buchhandlung des D. T.-V.

*

Städtische Arbeitslosenversicherung in Frankfurt a. M.

Eine von den städtischen Behörden der Stadt Frankfurt a. M. eingesetzte gemischte Kommission von Mitgliedern der Stadtverordnetenversammlung und des Magistrats hat die Einführung einer städtischen Arbeitslosenversicherung beschlossen. Die Versicherung soll nach dem Kölner System durchgeführt werden. Die Wochenbeiträge der einzelnen Berufsgefahrenklassen sind für die angeschlossenen Arbeiterorganisationen auf 2, 3, 4 und 6 Pf., für die versicherten Einzelmitglieder auf 10, 20, 35 und 45 Pf. festgesetzt worden. Die Ersatzleistung der Kasse soll für den Tag und Fall nach Entrichtung von 30 Wochenbeiträgen 1 M für Unverheiratete und 1,20 M für Verheiratete betragen. Die Stadt leistet einen regelmäßigen Beitrag in Höhe der Beiträge der angeschlossenen Organisationen und Einzelversicherten. Sie wird in den nächsten Jahren etwa 60 000 M jährlich aufzubringen haben.

*

Nationale Arbeiter gegen die Gelben

Die sächsischen nationalen Arbeiter- und Angestellten-Ausschüsse haben sich auf ihrer Dresdener Tagung auch gegen die „Gelben" ausgesprochen. Sie erklären die gelben Arbeiterorganisationen aller Art für eine völlig ungeeignete Standes-Vertretung der Lohnarbeiterschaft. Das Interesse des gesamten deutschen volkswirtschaftlichen Lebens erfordert, so heißt es in der Entschließung, in stets steigendem Maße von der Arbeiterschaft Weitblick, Opferwilligkeit, Selbständigkeit, Initiative und Energie. Das sind Eigenschaften, die in den von Unternehmern und in deren Interesse geschaffenen gelben Arbeitervereinen keinen Nährboden finden können. Die Beschaffung der Geldmittel und damit die entscheidende Führung ist bei den gelben Arbeitervereinen mehr oder weniger in die Hände der Arbeitgeber gelegt. Zu gleicher Zeit in Bezug auf Fortschritt und Ausgestaltung der Erwerbsverhältnisse der Lohnarbeiter alles von der Einsicht der Unternehmer zu erwarten, ist nicht nur verfehlt, sondern im heutigen vielfach unpersönlich geleiteten Großbetrieb geradezu ein Unding. Nur eine auf sich selbst gestellte, aus eigener Kraft des Arbeiterstandes gewordene und vom vollsten Vertrauen der Arbeiter getragene Bewegung vermag in der Arbeiterwelt jene Eigenschaften zu verbreiten, ohne die unser Wirtschafts- und Volksleben nicht auskommen kann. Die Anhänger der gelben Arbeiter- und Werkvereine aber werden von ihren Gönnern und Förderern zur Unselbständigkeit im Denken und Handeln erzogen. Dieser Zustand macht den einzelnen Arbeiter gegenüber den Anstürmen der Sozialdemokratie widerstandsunfähig und wehrlos. Deshalb treiben jene Kreise letzten Endes Vorarbeit für die Sozialdemokratie. Die gesamte Arbeiter- und Gehilfenschaft Sachsens fordern wir daher auf, sich niemals in die Gefolgschaft irgendwie gelbgearteter Vereine zu begeben, mögen sie auch unter der Flagge vaterländisch oder deutschnational segeln.

*

Verringerung der Arbeitszeit in den französischen Staatsbetrieben

Der Gesetzentwurf über die Herabsetzung der wöchentlichen Arbeitszeit in den staatlichen Betrieben auf 49 Stunden ist jetzt auch im Senat angenommen worden. In der Sitzung herrschte nach dem ablehnenden Urteil des Berichterstatters de Selves wenig Geneigtheit, diesem Entwurf die Zustimmung zu geben, aber den überzeugenden Ausführungen des Ministerpräsidenten Viviani gelang es, den Gesetzentwurf mit einer überraschenden Mehrheit von 246 gegen 10 Stimmen durchzudrücken. Das Gesetz bedeutet einen außerordentlichen Fortschritt für die Regelung der Arbeitsverhältnisse in Frankreich, denn auch die französische Industrie wird aus diesem Vorgehen der Staatsbetriebe ihre Folgerungen ziehen müssen.

Bei uns in Deutschland ist es allerdings umgekehrt. Da werden vom Regierungstisch in den Parlamenten regelmäßig Erklärungen abgegeben, daß der Staat nicht einseitig mit derartigen sozialen Maßnahmen vorangehen dürfe, weil man sich nach den Verhältnissen in der Privatindustrie zu richten habe. Hdl.

⁘ ⁘ ⁘ ⁘ ANGESTELLTENFRAGEN ⁘ ⁘ ⁘ ⁘

Politisch neutrale Angestelltenpolitik

Es werden wiederholt an den einzelnen Orten Versuche gemacht, Wahlvereinigungen der Angestellten für die Gemeindewahlen zu bilden, die den Zweck verfolgen, besondere Angestelltenvertreter in die Stadtparlamente zu bringen. So fand kürzlich in München eine vom Verein für Handlungskommis von 1858 einberufene Versammlung statt, in der eine Wahlvereinigung der Angestellten in Industrie, Handel und Gewerbe in München gegründet werden sollte. Von den eingeladenen 40 Verbänden waren allerdings nur zehn erschienen, von denen zwei, darunter auch unser Deutscher Techniker-Verband, die Beteiligung an einer Gründung ohne weiteres ablehnten.

Aus der Versammlung ging klipp und klar hervor, daß die in Aussicht genommene Wahlvereinigung sich der politischen Neutralität gegenüber allen Parteien mit Ausnahme der Sozialdemokratie befleißigen wollte. Durch diese Stellungnahme hat sie aber bereits bekundet, daß von einer wirklichen parteipolitischen Neutralität nicht die Rede sein kann; denn auch nur die Stellungnahme gegen eine Partei bringt die Erörterung politischer Fragen in die Berufsorganisation hinein. Unser Deutscher Techniker-Verband hat darum auch auf seinem Verbandstag in Metz ausdrücklich erklärt, daß die Beteiligung unserer Zweigverwaltungen als solcher an derartigen örtlichen Wahlvereinigungen ausgeschlossen ist. Wenn Mitglieder auf Grund ihrer persönlichen politischen Anschauung derartige Wahlvereinigungen für gut halten, dann steht es ihnen frei, sich für ihre Person solchen Vereinigungen anzuschließen. Da in der Regel auch die Gemeindewahlen von den politischen Parteien vorbereitet werden, können unsere Verbandsorgane nur insoweit eingreifen, als sie den von den politischen Parteien aufgestellten Kandidaten Fragen über ihre Stellungnahme zu unserem Verbandsprogramm vorlegen. Je nach der Beantwortung dieser Fragen wird unter Berücksichtigung der eigenen politischen Anschauungen jedes einzelne Migtlied sich dann entscheiden müssen, welchem der aufgestellten Kandidaten es seine Stimme geben will.

Wir müssen unter allen Umständen darauf sehen, daß in unseren Reihen die strengste parteipolitische Neutralität geübt wird. Denn nur, wenn wir alle Glieder unseres Standes umfassen, werden wir die technische Berufsorganisation werden können, die zur Durchsetzung unserer Standesforderungen notwendig ist.

Hdl.

*

Für das einheitliche Angestelltenrecht

nimmt der Vorsitzende des Bundes der Festbesoldeten, Falkenberg, in der „Neuen Beamten-Zeitung" Stellung. Er untersucht, weshalb nicht alle Angestellten dieses einheitliche Angestelltenrecht wollen. „Wo nicht kleinliche Sonderinteressen entgegenstehen", führt er aus, „ist es immer wieder dieselbe Begründung, die dagegen angeführt wird: Das einheitliche Angestelltenrecht wird ewig Utopie bleiben! Wir wollen lieber Verbesserungen schaffen auf dem Boden der Wirklichkeit! Hier stehen Wirklichkeiten gegeneinander: sämtliche Vertreter der das einheitliche Angestelltenrecht wollenden Verbände haben auf dem erwähnten Kongreß dafür gesprochen, weil die miserable Wirklichkeit auf Vereinheitlichung des Angestelltenrechts hindrängt. Die Gegner aber wollen gerade auf dem Boden dieser Wirklichkeit stehen bleiben — und verbessern. Sie scheiden trotz der miserablen Wirklichkeit den Vereinheitlichungsgedanken grundsätzlich aus, das heißt, sie fühlen nichts von der Zentralisierungstendenz der Entwickelung. . . . Vereinheitlichung des Angestelltenrechts heißt nicht Gleichmacherei, sondern innerlich begründete, nicht zufällige Rechtsdifferinzierung, die von fließenden Wirklichkeiten durchströmt ist. Auch das einheitliche Angestelltenrecht ist Mittel zum Zweck der Menschenhebung und Menschenverfeinerung. Schließlich ist, wenn auch wider Willen, niemand eifrigerer Wegebereiter zu diesem Ziel, als die Vertreter des Herrenstandpunktes. Erst in diesen Tagen ist die Fusion des Schaafhausenschen Bankvereins mit der Diskontogesellschaft erfolgt. Das bedeutet nicht nur Kapitalskonzentration, sondern auch einen Ruck in der Schichtung der Angestelltenheere, der auch auf die Schaffung eines einheitlichen Angestelltenrechts nicht ohne Einfluß bleiben wird.

Es gibt keine konsistenten Wirklichkeiten, sie bleiben immer nur Etappen auf dem Wege zu den größeren Zielen. Darum ist es mindestens kurzsichtig, die „Realpolitik" allein auf Wirklichkeiten einzustellen."

STANDESFRAGEN

Das neue Patentgesetz

ist jetzt so weit vorbereitet, daß dem Vernehmen nach die Vorlage bereits im Oktober dem Bundesrat zugehen wird. Am 15. und 16. Juni haben im Reichsamt des Innern Konferenzen von Vertretern der verbündeten Regierungen, der Industrie, der Wissenschaft und der Patentanwaltschaft stattgefunden, über die verlautet, daß von einem Teil der Großindustrie zwar noch grundsätzlicher Widerspruch gegen das Gesetz aufrecht erhalten wird, aber doch im ganzen eine Annäherung der Anschauungen soweit erzielt worden ist, daß ein mittlerer Weg gefunden zu sein scheint, auf welchem es gelingen dürfte, die gesetzgeberische Behandlung der Vorlage zum Abschluß zu bringen. Für den September sind kommissarische Beratungen der beteiligten Reichsressorts in Aussicht genommen. Die Vorlage soll allerdings nur dann bereits in der nächsten Session dem Reichstage zugehen, wenn mit Sicherheit darauf zu rechnen ist, daß auch die Beratungen zum Abschluß kommen können.

Wir glauben, daß die Regierung über die feste Absicht des Reichstages, diesen von den technischen Angestellten für so notwendig gehaltenen Gesetzentwurf zur Verabschiedung zu bringen, nicht im Unklaren ist. Es wäre außerordentlich zu bedauern, wenn doch noch durch nichtkontrollierbare Einflüsse die Einbringung der Vorlage weiter hinausgeschoben würde.

*

Vermessungstechniker der Wasserbauverwaltung

Eine dankenswerte Verfügung hat der Minister der öffentlichen Arbeiten für sein Ressort erlassen:

„Infolge der bevorstehenden Beendigung mehrerer großer Wasserbauten werden im laufenden Jahre oder später eine größere Anzahl von Vermessungstechnikern (Landmessergehilfen), die bei der Wasserbauverwaltung im Vertragsverhältnis tätig sind, entbehrlich werden. Im Gegensatz zu den Bautechnikern findet erfahrungsgemäß gerade diese Art von Hilfskräften in Privatbetrieben verhältnismäßig schwer ein Unterkommen. Um ihnen die Wiedererlangung einer Beschäftigung nach Möglichkeit zu erleichtern, hat der Minister der öffentlichen Arbeiten die Provinzialbehörden jetzt in einem Runderlaß ersucht, diejenigen zur Entlassung kommenden Vermessungstechniker, die etwa schon länger als 5 Jahre im Dienste der Bauverwaltung stehen und die für eine weitere Verwendung im Staatsdienst geeignet erscheinen, dem Eisenbahnzentralamt in Berlin anzumelden, damit sie dort für eine Tätigkeit in der Staatseisenbahnverwaltung vorgemerkt werden können."

Es ist zu begrüßen, daß sich während der Zeit der wirtschaftlichen Notlage fast aller Berufe ein gewisses soziales Verständnis bemerkbar macht an Stellen, die sonst den Wünschen der Angestellten verhältnismäßig kühl gegenüberstehen.

*

Die Behandlung der Steiger

In Nummer 28 dieser Zeitung ist ein Artikel enthalten, der die Dienstverhältnisse der Grubenbeamten schilderte. Am 15. Juli ds. Jahres hat sich nun wieder einer jener Fälle ereignet, der die Wahrheit der gemachten Ausführungen blitzartig beleuchtete. An diesem Tage wurde auf der Zeche Helene in Altenessen der Steiger van Dyck wegen schlechter Leistung wieder in die Grube geschickt und ist spurlos verschwunden. Man hat ihn abends um 9 Uhr noch gesehen. Als er jedoch am anderen Morgen noch nicht wieder am Tage erschienen war, haben Hunderte von Menschen mit Polizeihunden gesucht, jedoch bis zum Schreiben dieser Zeilen am Mittwoch, den 22. Juli, vergeblich. Und wahrscheinlich wird er überhaupt nicht mehr gefunden werden.

Die Meinungen über die Ursachen seines Verschwindens gehen nun auseinander. Die Zeche, der das Verschwinden während einer Strafschicht sehr fatal ist, denn jetzt gelangt die schlechte Behandlung, die auf dieser Anlage, auf der seit zwei Jahren ein neuer Inspektor sein Zepter schwingt, in die Oeffentlichkeit, hat den Pressevertretern nichts von dem „Wieder-in-die-Grube-jagen" mitgeteilt. Sie spricht schamhaft von notwendigen Reparaturen und gibt der Meinung Ausdruck, der Steiger sei von Arbeitern erschlagen und verscharrt worden. Das ist aber sehr unwahrscheinlich, denn der Steiger war unter den Arbeitern allgemein beliebt, außerdem wäre der Mord dann in noch im Betriebe befindlichen Bauen passiert, wo sich der Leichnam nicht so leicht verstecken läßt und gefunden worden wäre.

Die Steiger und die Arbeiter sind anderer Meinung, denn bereits vor mehreren Jahren ist auf Zeche Deutscher Kaiser ein Steiger während einer Strafschicht verschwunden und ebenfalls tagelang ohne Erfolg gesucht worden, bis der Steiger von selbst aus dem alten Bau, in dem er sich verkrochen hatte, hervorgekommen ist. Genau wie auf Zeche Deutscher Kaiser liegt nach ihrer Ansicht der Fall auf Zeche Helene.

Die schlechte Behandlung, das fortwährende Drohen mit Revierentziehung oder Entlassung, die Uebermüdung nach einer Doppelschicht, verbunden mit der Verletzung des Ehrgefühls, die darin liegt, daß der Steiger van Dyck im Beisein von Arbeitern heruntergeputzt und wieder „rein gejagt" wurde, haben mit größter Wahrscheinlichkeit bei dem Steiger, bei dem die Sorgen durch die Frage: Wie erhältst du deine starke Familie von sechs Kindern, wenn du entlassen wirst, noch besonders verschärft wurden, einen Verzweiflungsausbruch ausgelöst, bei dem er sich in einem verlassenen Bau, dessen Zugang außer ihm vielleicht niemand kennt, verkrochen hat. Hierbei ist ihm dann ein Unglück zugestoßen. Es gibt so manchen Steiger, der infolge der schlechten, ungerechten Behandlung Stunden erlebt hat, in denen er vor Scham und Wut in einen Zustand geraten, in dem alles möglich ist.

Der Steiger ist verschollen. Aehnliche Fälle von schlechter Behandlung, wenn auch nicht mit diesen Folgen, sind im Laufe der letzten Jahre äußerst zahlreich bekannt geworden. Aber nicht das geringste von seiten der Bergbehörde geschieht, um das Strafschichtsystem zu verbieten.

Ein Regierungsvertreter erklärte im Mai d. J. im Preußischen Abgeordnetenhause in der Kommission für Handel und Gewerbe, bei der Beratung einer Eingabe des Steigerverbandes:

> „Das Königliche Oberbergamt Dortmund hat vor nicht langer Zeit seine Erfahrungen dahin zusammengefaßt: Es kann, von ganz vereinzelten Fällen abgesehen, von einer allgemeinen Ueberanstrengung der Steiger durch Ueberschichten über ihren regelmäßigen Dienst überhaupt nicht gesprochen werden. Auch in den letzten Monaten sind nach den Berichten sämtlicher Bergrevierbeamten keinerlei Beobachtungen gemacht worden, die auf eine die Sicherheit des Grubenbetriebes gefährdende Inanspruchnahme des Steigerpersonals durch die Grubenverwaltungen schließen lassen."

In diesem Verhalten der Regierung, die das durch den schärfsten Terrorismus erzwungene Schweigen der Steiger über Mißstände zum Vorwand nimmt, um erklären zu können, nichts zu sehen und zu hören, weil sonst die Freundschaft mit den Grubenbesitzern in die Brüche gehen könnte, liegt der Schlüssel zur Erklärung der Dienstverhältnisse der Grubenbeamten.

G. Werner.

// DEUTSCHE TECHNIKER-ZEITUNG
TECHNISCHE RUNDSCHAU

XXXI. Jahrg. **1. August 1914** **Heft 31**

Korpshaus

Von Architekt KARL ZIEGENBEIN, Barmen.

Das Gebäude soll eine Stätte frohen Lebensgenusses, heiterer Geselligkeit, jugendlicher Fröhlichkeit sein. Dieser Zweckbestimmung entsprechend wurde die Einteilung der Räume so gewählt, daß Bequemlichkeit und Behaglichkeit überall zum Ausdruck kommen.

Im Erdgeschoß befinden sich neben dem Haupteingange die Kleiderablage, Aborte, ferner ein großer Festsaal, in unmittelbarer Verbindung mit diesem ein Kneipzimmer mit Erkern und lauschigen Sitzplätzen, sowie ein Spiel- und Lesezimmer. Nach der Talseite zu ist dem Festsaal und dem Kneipzimmer eine geräumige, überdachte Veranda vorgelagert, von der man einen herrlichen Fernblick in die reizvolle Landschaft hinaus genießen kann. Diese Veranda ist sowohl vom Garten aus durch eine kleine Freitreppe, als auch durch eine Verbindungstür vom Kneipzimmer aus unmittelbar zugänglich.

Eine Musikbühne für den Festsaal ist im Obergeschoß über dem an den Festsaal anstoßenden Teil des Kneipzimmers eingebaut, außerdem enthält das Obergeschoß die Wohnung des Hausmeisters.

Im Untergeschoß liegen die erforderlichen Wirtschafts- und Kellerräume und unter dem Festsaal ein geräumiges Paukzimmer.

Dunkler Werksteinsockel, graugrüne Putzflächen, dunkler Schiefer für einige obere Wandflächen, blauschwarzes Holzfachwerk mit weißem Felderputz, altschwarzes Ziegeldach und weiße Rinnen und Gesimse geben dem Hause eine geschmackvolle Farbenstimmung.

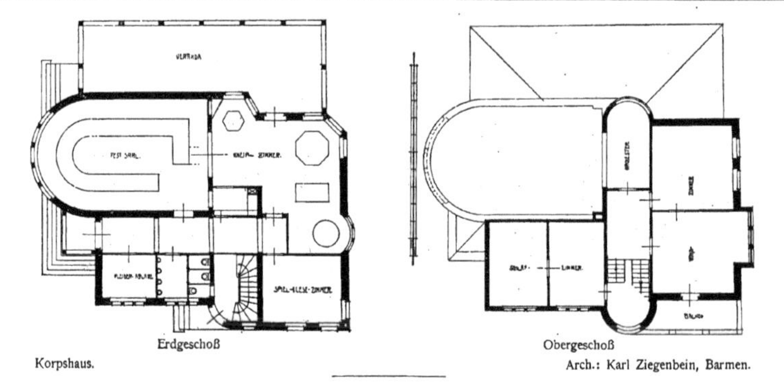

Erdgeschoß Obergeschoß

Korpshaus. Arch.: Karl Ziegenbein, Barmen.

Die wirtschaftliche und technische Bedeutung des Panama-Kanals

Von F. LÜDECKE, Reg.-Bauf., Oberlehrer a. D.

In Heft 43 Jahrg. 1913 dieser Zeitschrift wurde von mir der Kaiser-Wilhelm-Kanal und seine Erweiterung behandelt. Es wurde gezeigt, daß ein vollkommen neuer und leistungsfähigerer Kanal geschaffen ist, der für absehbare Zeit jeder Vergrößerung der Schiffsabmessungen gewachsen ist. Hierbei ergaben sich mehrfach Vergleiche mit dem Panama-Kanal, der etwa gleichzeitig zur Vollendung gelangt und nach seiner im Anfang des nächsten Jahres zu erwartenden Eröffnung eine neue Weltverkehrsstraße bilden wird, die auch für Deutschlands Schiffahrt und Handel von Bedeutung in wirtschaftlicher Hinsicht sein wird und die andererseits auch als rein technische Leistung unsere Anerkennung und Würdigung verdient.

Der Gedanke, die Landenge von Panama zu durchstechen zur Verkürzung des Schiffahrtsweges nach dem Westen Amerikas, reicht weit zurück, und schon Alexander von Humboldt und Goethe besaßen Interesse für das Projekt. Die von Goethe hierüber geäußerte Ansicht bekundet eine so klare und weitschauende Auffassung, daß sie hier angeführt werden möge:

„Soviel ist gewiß, gelänge ein Durchstich derart, daß man mit Schiffen von jeder Ladung und jeder Größe durch solchen Kanal aus dem Mexikanischen Meerbusen in den Stillen Ozean fahren könnte, so würden daraus für die ganze zivilisierte und nichtzivilisierte Menschheit ganz unberechenbare Resultate hervorgehen. Wundern sollte es mich aber, wenn die Vereinigten Staaten es sich sollten entgehen lassen, ein solches Werk in ihre Hände zu bekommen. Es ist vorauszusehen, daß dieser jugendliche Staat, bei seiner entschiedenen Tendenz nach Westen, in dreißig bis vierzig Jahren auch die großen Landstrecken jenseits der Felsengebirge in Besitz genommen und bevölkert haben wird. Es ist ferner vorauszusehen, daß an dieser ganzen Küste des Stillen Ozeans, wo die Natur bereits die geräumigsten und sichersten Häfen gebildet hat, nach und nach sehr bedeutende Handelsstädte entstehen werden, zur Vermittlung eines großen Verkehrs zwischen China nebst Ostindien und den Vereinigten Staaten. In solchem Falle wäre es aber nicht bloß wünschenswert, sondern fast notwendig, daß sowohl Handels- als Kriegsschiffe zwischen der nordamerikanischen westlichen und östlichen Küste eine raschere Verbindung unterhielten, als es bisher durch die langweilige, widerwärtige und kostspielige Fahrt um das Kap Horn möglich gewesen. Ich wiederhole also: es ist für die Vereinigten Staaten durchaus unerläßlich, daß sie sich eine Durchfahrt aus dem Mexikanischen Meerbusen in den Stillen Ozean bewerkstelligen, und ich bin gewiß, daß sie es erreichen. Dieses möchte ich erleben, doch ich werde es nicht.“ (Eckermann, Gespräche mit Goethe.)

Was im Jahre 1827, in so weit zurückliegender Zeit, vorausgesagt wurde, hat sich nunmehr erfüllt: Der Tatkraft von Volk und Regierung der Vereinigten Staaten wurde die Durchführung dieses großen Kulturwerkes beschieden. Nachdem in den achtziger Jahren des vorigen Jahrhunderts das französische Unternehmen gescheitert war, trotzdem an dessen Spitze der um den Bau des Suezkanales verdiente Ingenieur Lesseps stand, trat zunächst wiederum eine lange Ruhepause in den Kanalbestrebungen ein, bis erst gegen Ende der neunziger Jahre die Union der Kanalfrage näher trat, da sie nach dem siegreichen spanischen Kriege eine weitere politische und militärische Festigung erstrebte. Präsident Roosevelt war es, der erkannte, welche Wichtigkeit diese Verbindung für die Marine der Vereinigten Staaten in gleicher Weise wie für ihre Handelsinteressen hat und die Uebernahme des Kanalbaues durch die Regierung der Vereinigten Staaten mit anerkennenswertem Geschick ins Werk setzte.

Der Kanal führt von Colon an der Küste des Atlantischen Ozeans mittels einer nur 46 Meilen langen Wasserstraße nach Panama am Ufer des Stillen Ozeans. Nach Erwerbung der Rechte, welche die französische Gesellschaft noch besaß, und nach Gründung der unabhängigen Republik Panama wurde das erforderliche Land erworben und eine Kanalzone geschaffen, die den Bau ermöglichte und danach dauernd unter der Hoheit der Vereinigten Staaten verbleibt. Mit dem Bau wurde im Jahre 1904 begonnen. Die Kosten belaufen sich auf rund $1^1/_2$ Milliarden Mark.

Hinsichtlich der *wirtschaftlichen Bedeutung* des Kanals ist von vornherein klar, daß die Vorteile der Vereinigten Staaten diejenigen anderer Länder weit überwiegen. Da der Weg zwischen Ost- und Westküste der Union durch den Kanal um rund 8000 Seemeilen abgekürzt wird, so besteht die Möglichkeit, dieselbe Schlachtflotte an beiden Küsten zu verwenden, so daß eine erhöhte militärische Sicherheit mit erheblicher Ersparnis an Flottenmaterial verbunden ist. Hierzu kommen die Vorteile, die für den amerikanischen Handel sich ergeben. Die reiche Industrie des Ostens tritt in nähere Verbindung mit dem an Naturprodukten reichen Westen der Vereinigten Staaten. Die großen Eisenbahnlinien, die den amerikanischen Kontinent von Osten nach Westen durchqueren, werden vom Güter- und Massenverkehr entlastet, und voraussichtlich wird auch eine Verbilligung ihrer Tarife herbeigeführt werden. Ebenso wird sich der Handelsverkehr zwischen der Union und dem „fernen Osten", Australien mit eingerechnet, vergrößern, da der Schiffahrtsweg von New-York nach vielen ostasiatischen, sowie nach allen australischen Häfen sich wesentlich verkürzt, so daß die amerikanische Eisen- und Stahlindustrie, sowie die Woll-Industrie von jetzt ab erfolgreicher mit dem englischen und deutschen Handel in Wettbewerb treten kann, so weit diese Gebiete in Frage kommen.

Doch auch dem deutschen Handel und dem der europäischen Staaten überhaupt wird der Kanal wirtschaftliche Vorteile bringen, da die gesamte Westküste Amerikas durch den Kanal den europäischen Häfen näher gerückt wird. So wird z. B. der Seeweg zwischen Hamburg und San Francisco um rund 10 000 Seemeilen abgekürzt gegenüber dem alten Weg um das Kap Horn, so daß sich Fahrzeit und Kosten etwa auf die Hälfte ermäßigen. Wie groß die Vorteile sein werden, wird hauptsächlich abhängen von der Art, wie die Kanalgebühren festgesetzt werden, d. h. ob die amerikanische Küstenschiffahrt Gebührenfreiheit erhält oder nicht. Diese Frage ist noch nicht ganz entschieden. Zwar hebt die Panama-Kanal-Bill die Gebührenfreiheit der amerikanischen Küstenschiffahrt auf; doch ist ein Zusatz-Antrag zu dieser Bill angenommen, dahin gehend, daß die Vereinigten Staaten nicht auf das Recht verzichten, ihre eigenen Schiffe im Kanal gebührenfrei verkehren zu lassen. Es ist aber anzunehmen, daß später volle Gleichheit der Gebühren für alle Handelsflotten herrschen wird, da die Amerikaner durch derartige Sonder-Tarife ihren eigenen Handel auf die Dauer leicht schädigen und sich ins eigne Fleisch schneiden würden.

Der Umstand, daß die südamerikanischen, an Rohprodukten besonders reichen Länder wie Brasilien, Argentinien und Chile nach Eröffnung des neuen Seeweges zweifellos eine raschere Entwickelung erfahren werden, wird ebenfalls eine günstige Wirkung auf den deutschen Außenhandel ausüben, umsomehr als der Schiffsverkehr zwischen deutschen Häfen und diesen Ländern ein bedeutender ist und unser Handel nach Südamerika sich in befriedigender Entwicklung befindet.

Die technische Bedeutung des Panama-Kanales beruht auf der durch Ausdauer und Geschick der Bauleitung ermöglichten Ueberwindung zahlreicher Schwierigkeiten bezw. Lösung neuer Aufgaben. Lange Zeit war zunächst die Frage unentschieden, ob man den Kanal als Schleusenkanal in einzelnen Stufen mit verschiedener Höhe des Wasserspiegels oder als freien Durchstich zwischen beiden Meeren ausführen solle. Roosevelt berief eine internationale Kommission von Ingenieuren zur Abgabe eines Gutachtens. Ein Meeresspiegelkanal hätte zwar eine größere Betriebssicherheit und kürzere Durchfahrtszeit geboten, dafür aber ein erhebliches Mehr an Kosten und Bauzeit beansprucht infolge des größeren Erdaushubes. Da zudem die amerikanischen Ingenieure den technischen Schwierigkeiten eines Schleusenkanals gewachsen zu sein glaubten, so gelangte dieser zur Ausführung. Die Schleusen erhalten eine Länge von 274 m und eine Weite von 29 m, sowie einen Querschnitt der Umläufe von 25 qm und werden durch zweiflügelige Stemmtüren verschlossen. Die drei Schleusenstufen bei Gatun im östlichen Teile des Kanals erfordern 1,6 Millionen cbm Mauerwerk. Ferner ergab sich die Notwendigkeit des Baues eines riesigen Staudammes bei Gatun, der genügend standfest und dicht herzustellen war. Die technische Hauptleistung beruht jedoch wohl in der Bewältigung der Erdarbeiten und namentlich in der Ausführung des Culebra-Einschnittes, mittels dessen die höchste Erhebung der Landenge zwischen beiden Meeren durchschnitten wird. Schon die französische Baugesellschaft hatte hier eine schmale Rinne hergestellt, in dem Bestreben möglichst rasch an Tiefe zu gewinnen. Die amerikanische Bauleitung nahm dagegen die Räumung des Profils durch einzelne Baggerschnitte in voller Breite vor, wobei sich als geeignetes Hilfsmittel zur Förderung des hier meist aus Geröll und Fels bestehenden Bodens die „Dampfschaufel" erwies d. i. ein Trockenbagger, der nicht eine Reihe von Schaufeln, sondern ein einziges Gefäß von größerem Inhalt bewegt.

Eine sehr wesentliche Aufgabe lag jedoch auch in der Fürsorge für die zahlreichen, meist aus Farbigen bestehenden Arbeiter, ihrer Unterbringung und Verpflegung und ferner in der Bekämpfung der Sterblichkeit unter ihnen in diesen den Tropenkrankheiten, besonders Malaria und Typhus, ausgesetzten Gebieten. Die Tatkraft und Umsicht, welche die Bauleitung in dieser Hinsicht bewies, war eine wesentliche Vorbedingung für das Gelingen des Werkes.

Eine sehr ausführliche technische Beschreibung des Panama-Kanales, der Vorarbeiten, des Entwurfs, der Bauarbeiten, Werkzeuge usw. ist verfaßt von Tincauzes und veröffentlicht in der Zeitschrift für Bauwesen, Jahrgang 1911, S. 503.

Stemm- und Bohrmaschine für Handbetrieb

Von Ingenieur A. JOHNEN, Aachen.

Die in Abb. 1 bis 8 dargestellte kleine Arbeitsmaschine wurde vom Verfasser für die Tischlerei der Zentralwerkstätte einer großen Aktiengesellschaft entworfen und in genannter Werkstätte selbst zur Ausführung gebracht. Soll mit der Maschine gestemmt werden, so wird die Stoßstange a durch Einstecken des Stiftes b, in dem die in der Stange befindliche Nut auf und ab geht, an einer drehenden Bewegung gehindert und mittelst des Handhebels c die Stoßstange a und dadurch das Stemmeisen d auf und nieder bewegt. Will man von der anderen Seite stemmen, so hat man nicht nötig, das Stemmeisen umzuspannen, sondern hat nur den Stift herauszuziehen, die Stoßstange mittelst des Kurbelrades e halb herumzudrehen und den Stift wieder einzustecken. Der Hub der Stoßstange a läßt sich durch Einstellen eines Stellringes f begrenzen. Das Holz kann, wenn eingespannt, durch Vor- oder Rückwärtsstellen des Schraubstockes g in die richtige Lage unter das Stemmeisen gebracht werden; ein seitliches Vorschieben des Holzes wird durch Drehen des großen Handrades h mittelst Getriebe und Zahnstange leicht und sicher bewirkt. Um die

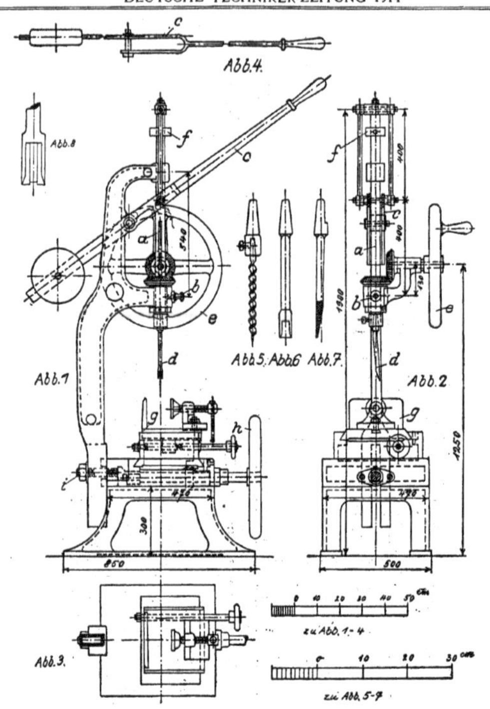

in verschiedener Höhe vorkommenden Arbeitsstücke bearbeiten zu können, läßt sich der obere Teil der Maschine durch Lösen einer Schraube i höher oder niedriger stellen. Damit man ferner bei tiefen Stemmlöchern die Späne leichter aus dem Loche entfernen kann, sind die Stemmeisen auch so angeordnet, daß sie die Späne in mehrere Teile schneiden, was dadurch erreicht wird, daß die Schneide an den Stemmeisen nicht gerade, sondern in der Mitte tiefer gemacht ist (siehe Abb. 8 in $^1/_2$ natürl. Größe). Man kann mit der Maschine Löcher bis zu 25 mm Breite und 150 mm Tiefe herstellen, wobei die Arbeitsstücke eine Höhe bis zu 300 mm haben können. — Soll die Maschine als Bohrmaschine gebraucht werden, so wird der Führungsstift b entfernt und die Drehung der Bohrspindel a mittelst des Kurbelrades e betätigt. Das Tiefergehen des Bohrers wird durch Niederdrücken des Handhebels c ermöglicht. Bei harten Hölzern ist es sehr zweckmäßig, ehe man stemmt, ein Loch vorzubohren.

BRIEFKASTEN

Empfehlungen von Firmen, die weder Abonnenten noch Inserenten der D. T.-Z. sind, werden nicht aufgenommen. — Zivilrechtliche Verantwortung ausgeschlossen

Frage 137. Elektrische Badeöfen. Wie funktionieren diese?

Antwort III. (I u. II s. Heft 28.) Es wird zunächst darauf hingewiesen, daß bei Gebrauch von Warmwasser — hier also zu Badezwecken — zwischen Temperierung im Warmwassererzeuger bezw. dessen Rohrsystem (durch Beobachtung des Thermometers und Einstellung des Kaltzuflusses, im Zwangslauf mit Brause) und Mischung im Gebrauchsbehälter (durch getrennten Zulauf von Warm- und Kalt-Wasser, im Freilauf ohne Brause) zu unterscheiden ist. Letzteres Verfahren bedeutet eine Entlastung des Warmwassererzeugers, weil das kalte Wasser schneller zur Stelle ist, als das erwärmte, d. h. Wärmeverluste durch Abkühlung in der Badewanne herabgemindert werden. Das ist in diesem Falle eine Hauptsache, indem als Badeofen nur ein elektrischer Schnellwassererhitzer in Betracht kommen kann, dessen Leistung etwa durchschnittlich 40- bis 50mal höher ist, als die der gewöhnlichen Wassertöpfe elektrischer Befeuerung. Nimmt man zum Bade als geringstes Quantum 80 l, ferner eine Temperatur von 25° C. im Misch-, 10° C. im Kalt- und 40° C. im Heiß-Wasser an, so braucht man 40 l zu 40° C. + 40 l zu

10° C. = 80 l mit zusammen 2000 WE. Nimmt man ferner als Badeofen die größte Nummer eines Modells, z. B. der Allgem. Elektrizitäts-Gesellschaft mit 93% Wirkungsgrad (gebaut für Gleich-, Wechsel- oder dreiphasigen Drehstrom), so liefert dieser Apparat etwa in einer Minute unter Volldurchfluß 10 l Wasser von 40° C. mit einem Stromverbrauch von 24 KW (220 Volt) = 24 KW-st und das Vierfache hiervon wäre erforderlich! Der Apparat (60 × 40 × 16 cm groß) besteht aus einem System von Doppelröhren mit auswechselbaren Heizpatronen, deren Befeuerung durch die in einer Glimmerbettung liegenden Drahtwindungen (Spulensysteme), die aus verschiedenen Metallen hergestellt sind, erfolgt. Die Lebensdauer der Patrone hängt von Stromart und der Häufigkeit des Dienstes ab. Der Apparat nebst Armatur kostet 400 bis 500 M, ohne Einbau und Badewanne usw. Die Kosten eines Bades hängen von der Höhe der Verzinsung und Abtragung des Anlagekapitals und der Höhe der Stromkosten ab. Der Apparat wird sich nur da installieren lassen, wo Strom durch billige Wasser- oder Windkraft zu haben ist. -pf.

Frage 149. Schmiervorrichtung. Kann mir einer der Herren Kollegen eine Schmiervorrichtung für Förderwagen von ca. 3/4 cbm Inhalt empfehlen, die nur innerhalb 2 bis 3 Wochen mit Schmiermaterial versehen zu werden braucht?

Antwort II. (I s. Heft 28.) Wenden Sie sich an Herrn A. Florstedt, Düsseldorf, Ackerstr. 36. (Mitgl.-Nr. 26 608.)

Frage 155. Mangelhafter Fußboden in Asphalt. Durch einen kürzlich verstorbenen Kollegen wurden im Jahre 1912 ca. 400 qm Fußboden aus 25 mm starker amerikanischer Kiefer (pitche pine) als Streifenfußboden in 1 1/2 cm starkem Asphalt verlegt, in einem nicht unterkellerten, mit Zementbetonunterlage versehenen Erdgeschoß eines öffentlichen Gebäudes ausgeführt. Die Brettstreifen sollten gleichmäßig nicht über 14 cm breit und nicht über 1,5 m lang mit schwalbenschwanzförmigen Asphaltnuten versehen auf der Splintseite gehobelt sein. Dieser Fußboden zeigt jetzt nach ca. 1 1/2 Jahren bis 4 mm breite Fugen und ist an einigen Stellen vom Asphalt abgetreten, hat sich also teilweise gehoben, so daß die betreffenden Brettstücke sich hohl gezogen haben und etwas vorstehen. Von der betr. Verwaltungsstelle wird deshalb jetzt gefordert, den Fußboden umzulegen, so daß er fugenlos ist und gut am Asphalt haftet. Dadurch würde den Erben eine bedeutende Ausgabe erwachsen, die eventl. beim Umlegen durch eine andere Firma, unter Inanspruchnahme der zurückbehaltenen Garantiesumme gedeckt werden soll. Es wird kaum möglich sein, diesen Fußboden ohne Verletzung der Bretter herauszunehmen und umzulegen, sowie den an ihm haftenden Asphalt zu entfernen, also wahrscheinlich der größte Teil der Brettstreifen zur Wiederverwendung untauglich werden. Was kann die Ursache der angeblichen Mängel sein? Sind diese überhaupt zu vermeiden? Kann ein Verfahren empfohlen werden, diese Mängel ohne zu große Kosten zu beseitigen? Ist die betreffende Behörde berechtigt, vollständige Abstellung, also gewissermaßen neuen Fußboden, zu fordern?

Antwort. Die Ursache der angegebenen Mängel kann nur Feuchtigkeit sein, die beim Verlegen der Dielenbretter bereits in diesen vorhanden war. Ob nun das Holz beim Einbringen zu wenig abgelagert war, oder ob die bei der Verlegung herrschende Witterung ganz besonders feucht gewesen ist, so daß die Bretter Feuchtigkeit aus der Luft aufsaugen mußten, oder ob bei der Beförderung zur Baustelle oder bei der Lagerung des Holzes auf der Baustelle irgendwie Wasser Zutritt zum Holze gehabt hat, kann von der Ferne aus nicht beurteilt werden. Jedenfalls sind 4 mm breite Fugen reichlich stark, die vermieden werden können, wenn bei der Auswahl des Holzes und seiner Verarbeitung die nötige Sorgfalt und Gründlichkeit beobachtet wird. Bei den hohlgezogenen Brettstücken ist es nicht ausgeschlossen, daß Feuchtigkeit nach dem Verlegen, vielleicht durch Risse in dem Asphalt aus dem Erdreich durch den Beton eingedrungen ist. Nur eine örtliche Untersuchung könnte zuverlässigen Aufschluß geben, ob eine von den Erben vertretbare Schuld vorliegt oder nicht. Die Risse können, brauchen es aber nicht unbedingt, von Setzungen des Gebäudes herrühren. Ein Verfahren zur Beseitigung der Fugen gibt es nicht; höchstens käme ihre Ausfüllung mit Kittmasse oder dünnen Holzstäbchen in Frage. Rechtlich liegt die Sache analog dem in Frage 272, Seite 551, Jahrgang 1913 dieser Zeitschrift, dargestellten Falle. Die Behörde ist nicht ohne Einschränkung berechtigt, Beseitigung des Mangels zu verlangen. -s.

Frage 156. Unterschied zwischen Torgament und Miroment. Worin besteht dieser?

Antwort. Alle die Patentfußböden, wie Miroment, Torgament, Steinholz, Fama und wie sie alle heißen mögen, bestehen im wesentlichen aus den Bestandteilen, über die sie in der Antwort zu Frage 86 des Briefkastens der D. T.-Z. das Nähere finden. Wohl mögen die einzelnen Firmen auf Grund ihrer Erfahrungen in diesem und jenem Punkte bei der Fabrikation der Fußböden geringe Abweichungen voneinander aufweisen, auf Grund deren sie ein besonderes Verhalten ihres Erzeugnisses in besonderen Fällen rühmen. In der Hauptsache sind aber alle Beläge die gleichen. Die von den Firmen gewählten Namen deuten nicht auf ein anderes Fabrikat, sondern nur auf einen anderen Bezugsort. -s.

Frage 158. Schalldämpfende Deckenkonstruktion. Für eine Restauration mit darüber befindlichen Wohnungen wird eine gute Isolierung gegen Schall erforderlich. Voraussichtlich findet in den Restaurationsräumen auch ein Orchestrion Aufstellung. Ich beabsichtige, eine Hohlsteindecke mit Aschenbetonauffüllung und Korkestrich zu verwenden, darunter außerdem mit 20 cm Luftraum eine Bakuladecke zu spannen. Genügt diese Anordnung, oder ist noch eine Isolierung der Wände zu empfehlen, und in welcher Weise ist diese am billigsten herzustellen? Die Wände erhalten über Deckenhöhe noch große Lasten. Würde die Verwendung einer Eisenbetondecke in diesem Falle ratsam sein?

Antwort. Von der Verwendung des Eisenbetons würde ich auf alle Fälle abraten, da bei dieser Konstruktion auch bei größter Vorsicht Schallsicherheit kaum erreicht werden kann. Auch die Hohlsteindecken halten nicht die Vorzüge, die ihnen nachgerühmt werden, wenn nicht auch die Auflager der Träger gegen Fortpflanzung des Schalles isoliert werden. Die geplante Aschenbetonschicht wird zwar den Uebelstand etwas mildern, aber sie wird ihn nicht vollkommen beseitigen. Dagegen ist bei Verwendung von Torfmull hohe Schallsicherheit zu erzielen. Wenden Sie sich an das Bayerische Torfstreu- und Mullewerk, Haspelmoor (Oberbayern), Korrespondenz-Bureau Nürnberg, das Ihnen mit sachgemäßem Rat gern dienen wird. -s.

Frage 159. Verwendung einer Eisbahnfläche als Spielplatz im Sommer. In hiesiger Stadt hat der Verein für Jugendpflege eine Eisbahn angelegt und zwar so, daß man ein Stück Gelände 100 · 50 = 5000 qm groß bis ca. 2,50 m tief unter Terrain ausgeschachtet hat. Im Winter wird nun in diese Vertiefung durch eine Pumpe etwa 20 cm hoch Wasser eingepumpt, diese vereiste Fläche soll nun vergrößert werden und im Sommer als Spielplatz Verwendung finden. Das Wasser versiegt erst um die Mitte des Sommers. Es ist nun angeregt worden, die Fläche gleich im Frühjahr zu entwässern, indem ein Senkbrunnen bis auf die wasserführende Schicht, 7,0 m unter Terrain geführt werden soll. Der Untergrund besteht bis auf die wasserführende Schicht aus festem Lehm. Ich bitte um Auskunft, ob nun auch ein Senkbrunnen der an ihn gestellten Forderung entsprechen würde. Gleichzeitig bitte ich um andere Vorschläge zur Abführung des Wassers. Ein Vorflutgraben ist erst in etwa 3000 m Entfernung vorhanden.

Antwort. Eine regelrechte Drainierung der Eisfläche wird eine schnellere Austrocknung und damit die zeitigere Benutzung herbeiführen. Der Brunnen allein genügt nicht für diese große Fläche. Die Sammelstränge der Drainage können in den Senkbrunnen münden. Die einzelnen Drainstränge (Rohre von 6 bis 8 cm Weite) erhalten bei dem in Frage kommenden Boden etwa 10 m Abstand. Die Mindesttieflage ist von der Frosttiefe abhängig, also nicht unter 1,0 bis 1,2 m zu wählen. Schnelle Information über Drainagen gibt das kleine Schriftchen von Dr. Spöttle, „Leitfaden für Kulturtechniker", oder ähnlich betitelt. (Verlag Paul Parey, Berlin.) B.

Frage 160. Heizkessel für Brikettfeuerung. a) Welche wirtschaftlichen Vorteile bietet ein Kessel für Brikettfeuerung gegenüber einem solchen für Koksfeuerung bei einer Warmwasser-Versorgungsanlage in einem großstädtischen Mietshause? — b) Ist bei Verwendung eines Brikettkessels ein größerer oder kleinerer Querschnitt bezw. eine größere oder kleinere Höhe des Schornsteinrohres notwendig?

Antwort. a) Die wirtschaftlichen Vorteile eines Kessels für Brikettfeuerung ergeben sich lediglich aus dem billigeren Preise der Briketts, wie aus Nachstehendem ersichtlich: Nach den Beiheften zum Gesundheits-Ingenieur, Heft 3 Bd. 1 vom April 1914, und Ges.-Ing. 1913 v. 22. Februar 1913 S. 158 ergeben sich nach Versuchen von Prof. Brabbée und vom Sächsischen Dampfkessel-Revisionsverein:

	Koks	Briketts	
Theoret. Heizwert	7040	4736	WE.
Abgabe pro kg. bei einem Nutzeffekt von 80–84%	5600	3900	WE.

Für eine Leistung von stündlich 100 000 WE. ermitteln sich bei einem 16stündigen Heizbetrieb und 25% Zuschlag für Nachtbedienung und 180 Heiztagen:

	Koks	Briketts
a) kg/Std.	17,86	25,64
b) 16 Std.	285,76	410,24
c) 25% von b	71,44	102,56
d) kg/Tag (b+c)	857	513
e) für 180 Heiztage kg	64260	92340
f) 60% von e als Durchschnittsjahresverbrauch kg	38560	55400
g) 10000 kg/M	340	160
h) Preis des Brennmaterials (Jahresverbrauch) M	1311	866,40.

b) Bei Verwendung von Brikettkesseln ist, wie aus dem Katalog des Strebelwerks ersichtlich, bei gleicher stündlicher Leistung der gleiche Schornstein-Querschnitt wie für andere Kessel zu rechnen. Rl.

Frage 161. **Lichtpausen trocknen.** Es wird um Mitteilung einer geeigneten Einrichtung gebeten, womit aus dem Wasserbad kommende Lichtpausen in kürzester Zeit vollständig getrochnet werden können.

Antwort I. Eine geeignete Vorrichtung zum Trocknen von Zeichnungen kann jeder geschickte Tischler oder Zimmermann ohne erhebliche Kosten herstellen. Es wird z. B. ein Holzgestell (Hölzer etwa 2×8 cm) nach Abb. 1, die die Stirnansicht des Gestelles darstellt, gebaut.

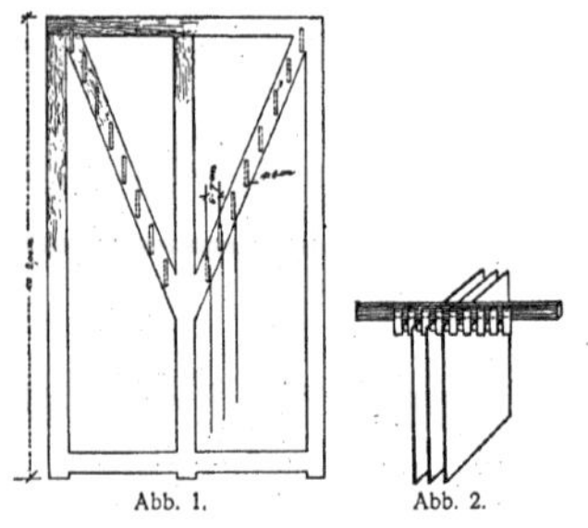

Abb. 1. Abb. 2.

Der Länge nach werden gehobelte Latten aus Pappelholz von etwa 1×6 cm Stärke zwischen den Stirnwänden befestigt; an diese Latten heftet man die feuchten Zeichnungen mittels Reißnägel an und läßt sie trocknen. Die Länge des Gestelles kann beliebig gewählt werden; im allgemeinen genügt eine solche von 1,20 bis 1,50 m. Sie dürfen aber die Pausen nicht direkt aus der Wässerungsschale nehmen und aufhängen, sondern es empfiehlt sich, dieselben erst durch eine Wasserabstreichvorrichtung aus Gummi, die von jeder Spezialfirma fertig bezogen werden kann, zu ziehen, nunmehr zwischen besonders starkes Löschpapier zu bringen und erst dann befestigt man sie an der Aufhängevorrichtung. Bei Erfüllung dieser Vorbedingungen vollzieht sich der Trockenprozeß in $^1/_5$ der sonst benötigten Zeit. Um die Trocknung nach Möglichkeit zu beschleunigen, stellt man das Aufhänge-Gestell nahe an die Dampfheizung oder in die Nähe eines Ofens. — Ein andere praktische Aufhänge-Vorrichtung ist in Abb. 2 schematisch angedeutet. In dieser Aufhänge-Vorrichtung sind paarweise Klammerlatten, deren Porzellanrollen die eingeschobenen Pausen sofort festhalten, angeordnet. Solche Latten mit allem Zubehör liefern Spezialfirmen in Längen bis zu 2,25 m bei einer Teilung von etwa 5 bis 6 m. Der Preis stellt sich auf 1,75 bis 2,25 M p. m.

II. Der Auskunftgebende hat eine Trocken-Einrichtung und ihre Mängel längere Zeit im Betriebe gesehen. Handelt es sich um schnelle Erledigung der Arbeit, so ist darauf zu achten, daß die Lichtpausen mit möglichst wenig Wasser behaftet schon aus dem Spül- und Waschbade kommen. Das übliche Flachbecken mit der Wasserabstreifvorrichtung ist namentlich bei großen Blättern unbequem und die Pausen sind derart feucht, daß immer noch ein erhebliches Quantum Wasser zu verdampfen bleibt. Dieses alte Verfahren verbessert die raum- und wassersparende Trommelwaschmaschine der Dampfturbinen-Bauanstalt Hörenz & Imle, Dresden (s. Inserat). Das Waschen und die Entnahme der Pausen unter Abstrich der meisten Feuchtigkeit wäre hiermit in kürzerer Zeit zu schaffen. Es folgt das Aufhängen der Pausen in einem einwandigen Wärmeschrank aus schwarzem Eisenblech, der an einen Schornstein angeschlossen ist. Geheizt wird der Schrank durch Gas (gelochtes Gasrohr mit Reihenflämmchen auf dem Boden liegend) oder auch Petroleum und zwar in ungeschützter Weise. Infolgedessen bewirken die in ungleichen Temperaturen aufsteigenden Verbrennungsgase, daß die Pausen fleckig, wellig, spröde (leicht brüchig) werden. Man vermeidet dies, wenn man dem Schranke doppelte Wände aus verzinktem Eisenblech mit Wasserfüllung gibt und Gas- oder Petroleumheizung unterhalb des Bodens anbringt. Die schnelle Wirkung des Apparates wird jedoch von dem, durch einen Ventilator, von unten nach oben durchgeschickten Luftstrom erzeugt, der, sich erwärmend, die Feuchtigkeit des Papiers als Dampf aufnimmt und ins Freie befördert. Temperaturhöhe je nach Bedarf. Vorausgesetzt ist, daß alle Pausen an einem Rande, nicht in Blattmitte, aufgehängt werden. Die Resultate sind dann besser und der Schrank wird mehr ausgenutzt. -pf.

Frage 162. **Feuersicherer und wetterfester Anstrich.** Ein Brikettstapelschuppen aus Holz mit rauhem Brettschlag soll außen und innen feuersicher gemacht werden. Der äußere Anstrich muß gut wetterfest sein. Womit wird der Anstrich zweckmäßig vorgenommen, und wie sind die ungefähren Kosten? (Streichfläche ca. 800 qm.)

Antwort. I. Einen vollkommen feuersicheren Anstrich gibt es noch nicht, wohl aber kann man das Holz mittelst geeigneter Anstriche derart gegen Feuer schützen, daß es sehr schwer entzündlich wird und nicht mit heller Flamme zu brennen vermag. — In den meisten Fällen wird das Holz mit dem gut bewährten Wasserglas gestrichen, sind die betreffenden Flächen aber den Einflüssen der Witterung ausgesetzt, so ist ein reiner Wasserglas-Anstrich nicht zu empfehlen, weil das Wasserglas von den Holzporen nicht vollkommen aufgenommen und auch durch Regen sehr bald wieder abgewaschen wird. Die Außenflächen des Bretterschuppens müssen deshalb mit einer Anstrichmasse gestrichen werden, die möglichst wenig oder überhaupt kein Wasserglas enthält. Nachstehend seien einige Rezepte für gute Anstriche mitgeteilt: 1. Gleiche Teile von Alaun, Wasserglas, Kochsalz und wolframsaures Natron werden mit der vierfachen Menge Kalk gemischt und mit Leinöl angerieben. 2. 25 Teile gemahlener Schwerspat, 1 Teil trockenes Zinkweiß, 25 Teile Wasser und 20 Teile Wasserglas werden innig gemengt. Während der Arbeit muß die Flüssigkeit wiederholt umgerührt werden, damit die pulverigen Stoffe nicht zu Boden des Gefäßes fallen. Mit dieser weißen Anstrichmasse streicht man das Holz am besten zweimal. Will man aber statt des weißen Anstriches einen blauen, roten oder andersfarbigen erzielen, so setzt man entsprechende Mineralfarben hinzu. — Vorzügliche Anstriche ohne Wasserglas sind folgende: 100 Gips, 150 Wasser und 50 schwefelsaures Ammoniak. Oder 20 Teile Bittersalz, 60 Teile Wasser und 15 Teile Borax. Entsprechende Farben kann man nach Belieben zusetzen. — Bezugsquelle für streichfertige Feuerschutzfarben, deren Brauchbarkeit und Güte von Baubehörden und Baukreisen anerkannt ist, erfahren Sie durch die Schriftleitung. H.

II. Soll die Arbeit ihren Zweck erfüllen, so müssen alle Wand- und Dachflächen mit dem Feuerschutzmittel innen und außen gestrichen werden. Ob in den 800 qm alle diese Flächen mit enthalten sind, sagt die Frage nicht. Als eins der billigsten Mittel dieser Art wird empfohlen: eine Mischung von Chlorkalcium mit Aetzkalk (hydraulisches Kalkpulver) 1:1 in Raumteilen unter 100% Wasserzusatz. Da Chlorkalcium schwerer als Kalk ist, so ist eine gute Trockenmischung vorzunehmen, die in flüssigem Zustande von Zeit zu Zeit gründlich durchgerührt werden muß. Die Ergiebigkeit wird folgende sein: Die Massen stehen im Gewichtsverhältnis etwa 1:0,70. Angenommen 2 Liter Trockenmischung, hierzu 100% Wasser = rd. 1,8 kg. Gesamtgewicht 3,50 kg : 0,50kg/1 qm = 7 qm Deckfläche einmaligen Anstriches, der doppelt zu erfolgen hat. 800 qm erfordern 800 : 7×1,0 × 2 = 230 kg Chlorkalcium und 800 : 7 × 0,7 × 2 = 162 kg Kalk. An Wasser sind rund 500 Liter erforderlich. Es kosten Chlorkalcium 100 kg 11 M ab Berlin, hydrl. Kalk 100 kg 3 M. Zur Erhöhung des Schutzes gegen Feuer und Wetter wird gesättigtes Natronwasserglas (1 Liter = 1,6 kg) mit 100 Gew. % Wasserzusatz in doppeltem Anstrich darüber gelegt. 100 kg kosten ausschl. Faß 10 M ab Berlin. Die oben genannte Mischung hat an Ort und Stelle zu erfolgen und nicht mehr ist einzurühren, als an einem halben Arbeitstag verstrichen werden kann. Die Pinsel — Maschinenanstrich ist vorzuziehen — und die Apparate sind nach jeder Arbeitsschicht zu reinigen. Alle Anstrichflächen sind zuvor mit Drahtbürsten zu bearbeiten. Zwischen zwei Anstrichen, die alle bei trockenem Wetter auszuführen sind, ist gehörige Trockenheit zu lassen. Bezüglich der Brikettlagerung achte man auf genügende Luftkanalisierung in Blockstapelung, um Selbstentzündungen vorzubeugen. -pf.

Frage 163. **Geräuschdämpfung bei Kegelbahnen.** Gegen den Abendbetrieb einer Kegelbahn wird wegen Störung der Nachbarschaft Einspruch erhoben. Die Bahn verläuft rechtwinklig zur Straße nach der Tiefe des Baublockes und grenzt dort, jedoch nicht in direkter Berührung, an das Hinterhaus des entsprechenden Grundstückes der Parallelstraße. — Welche Maßnahmen sind zu treffen, um das Geräusch, das die getroffenen und umfallenden Kegel verursachen, unschädlich zu machen? Kann überhaupt durch entsprechende bauliche Maßnahmen Geräuschlosigkeit, soweit die Nachbarschaft in Frage kommt, erzielt werden?

Antwort. Um das starke Geräusch des Kegelns zu vermindern, werden um die Kegel je zwei Kautschukringe in Falz eingelegt. Auch können die Kugeln aus diesem Stoff genommen werden. Die Red.

DEUTSCHE TECHNIKER-ZEITUNG

HERAUSGEGEBEN VOM DEUTSCHEN TECHNIKER-VERBANDE

Schriftleitung:
Dr. Höfle, Verbandsdirektor. Erich Händeler, verantwortlicher Schriftleiter.

XXXI. Jahrg. **15. August 1914** **Heft 32**

Das Beamtenproblem mehr als eine Frage des Gehalts?

Von Dr. HÖFLE.

1. Gar mancher hat die Meinung, die ganze Bewegung der öffentlichen Beamten erschöpfe sich in der Forderung nach Erhöhung der Gehälter. Das Beamtenproblem sei daher ein höchst einfaches, eben eine Frage der Besoldung. Kein Wunder, wenn infolgedessen die übrigen Steuerzahler so wenig Verständnis für die Beamtenbewegung zeigen. Selbstverständlich haben die Beamtenorganisationen mit in erster Linie die Pflicht, für eine Anpassung der Gehälter an die Verteuerung der Lebensmittelpreise, die fortschreitende Verfeinerung der Kultur und Hebung der Lebenshaltung zu sorgen. Aber die Meinung, weitere Momente spielten in der Beamtenbewegung keine Rolle, ist trotzdem grundverkehrt. Auch auf die Beamtenbewegung übt die allgemeine, soziale und politische Entwickelung ihre Rückwirkung aus.

Es erscheint erklärlich, daß das letztere so oft übersehen wird. Das Beamtentum ist eine volkswirtschaftliche Schicht, die sich durch ihre Eigenarten wesentlich von den anderen Erwerbsgruppen unterscheidet. Das öffentliche Beamtentum ist anders zu beurteilen als die anderen Stände. Es sei nur auf die Tatsache verwiesen, daß für den Beamten die Staatshilfe, der Akt der Gesetzgebung, das primäre Mittel ist, um die wirtschaftliche Lage des Beamten zu bessern, die Selbsthilfe bei all ihrer Berechtigung und Bedeutung nur in zweiter Linie in Betracht kommen kann. Oder es sei auf die weitgehende Beschränkung der persönlichen Freiheit aufmerksam gemacht, die wir beim Beamten für selbstverständlich halten, für die übrigen Stände aber ablehnen. Dazu trägt gar mancher Beamter durch seine Abschließung vom öffentlichen Leben mit zur Verbreiterung der Anschauung bei, das Beamtenproblem erschöpfe sich in der Erhöhung der Gehälter. Es gibt gar manchen Beamten, der „Philister" und „Spießer" geworden ist, der vom Bureau zum Stammtisch und von da nach Hause geht, sich aber um all die Erscheinungen des sozialen, wirtschaftlichen und politischen Lebens nicht kümmert.

Wenn seine Organisation nach vieler Mühe wieder mal eine Gehaltserhöhung durchgesetzt hat, glaubt er sich erst recht der beschaulichen Lebensphilosophie hingeben zu können. Dann brauchen sich die Beamten allerdings nicht zu wundern, wenn man sie als eine „Kaste" für sich betrachtet und draußen beim Volk so wenig Resonnanzboden für ihre Wünsche und Forderungen vorhanden ist.

Daß das Beamtenproblem weit mehr als eine Gehaltsfrage ist, soll an einigen zurzeit aktuellen Beispielen gezeigt werden.

2. Die kapitalistische Entwicklung unserer Volkswirtschaft tritt gerade in den letzten Jahren mit solcher Wucht in die Erscheinung, die wissenschaftliche Bearbeitung der Berufs- und Betriebszahlen bringen den zahlenmäßigen Nachweis, daß ein großer Teil unserer Bevölkerung mit dauernder wirtschaftlicher Unselbständigkeit rechnen, ihr Leben lang auf Grund eines Arbeits- oder Dienstvertrages tätig sein muß. Die wirtschaftliche Entwickelung hat in starkem Maß die Abhängigkeit gefördert und damit das Problem der „Persönlichkeit" geschaffen. Es liegt die Gefahr vor, daß die Produktivität der Arbeit allein als maßgebend angesehen, der Mensch als solcher aber zu wenig gewürdigt wird, daß der Arbeitgeber glaubt, das „Herr im Hause sein" lasse kein Mitbestimmungsrecht seines Arbeiters und Angestellten zu, kurzum, daß die Sachgüter über die Person gestellt werden. Damit ist eine Frage aufgerollt, die gerade für den öffentlichen Beamten von einschneidender Bedeutung. Denn das heutige Beamtenrecht trägt dem Recht der Persönlichkeit nicht in genügendem Maße Rechnung. Das Beamtentum soll seine Eigenarten behalten. Es wäre verkehrt, die Verhältnisse und Anschauungen der anderen Stände restlos auf das Beamtentum zu übertragen. Aber unseren heutigen sozialen kulturellen und staatsbürgerlichen Auffassungen entspricht das Beamtenrecht nach mancher Richtung nicht. Man wird es als eine Selbstverständlichkeit bezeichnen, daß im privaten Leben Arbeitgeber und Arbeitnehmer beim Abschluß des Arbeitsvertrags sich als gleichberechtigt gegenüber stehen. Man wird dem Arbeitnehmer über die Verwertung der Arbeitskraft, das einzige, was er auf den Wirtschaftsmarkt zu werfen hat, gleichgültig, ob es sich um Kopf- oder Handarbeiter handelt, ein Mitbestimmungsrecht einräumen müssen. Beim Dienstvertrag des Beamten ist bei der staatsrechtlichen Auffassung desselben eine direkte Beeinflussung durch den Beamten nicht möglich. Aber weil es sich um eine Lebensfrage der Beamten handelt, wird man ihm wenigstens eine indirekte Beeinflussung durch politische Betätigung und Pflege der Berufsorganisation zugestehen müssen. In der Anerkennung des Rechtes des Beamten auf parteipolitische Betätigung und des Rechtes auf Organisation zeigt sich die Wertung der Persönlichkeit des Beamten. Das gleich gilt von den Beamtenausschüssen. Der Beamte sucht eine Möglichkeit, sich bei der inneren Ausgestaltung seiner Dienstverhältnisse Gehör zu schaffen. Er braucht eine Instanz, um seine Sorgen und Wünsche noch oben ohne Risiko weiter geben zu können. Was gibt es besseres, um dessen Zweck zu erfüllen, als selbstgewählte Vertreter, die er mit der Erledgiung genannter Aufgaben betraut. Die heutige Geheimhaltung der Personalakten, gegen die der Beamte wehrlos ist, die Nichtberücksichtigung der mittleren und unteren Beamten bei den Disziplinarkammern und -höfen, das Fehlen des Wiederaufnahmeverfahrens im Disziplinarverfahren, sind alles Dinge, die sich mit der Wertung der Persönlichkeit schlecht vertragen. Ebenso die gar oft engherzige Handhabung der Residenzpflicht. In der genauen Fixierung der Rechte und Pflichten liegt eine weitere Möglichkeit, die Persönlichkeit zur Geltung zu bringen. Naumann sagte einmal: „Wir wünschen nicht so sehr Väterlichkeit als Recht." Warum gibt man denn dem Beamten nicht ein Recht auf Urlaub, das doch nur eine gesetzliche Bestätigung des heute schon

vorhandenen Zustandes der allgemeinen Urlaubsgewährung bedeuten würde.

Im Gegensatz zu der Abhängigkeit als Folge der wirtschaftlichen Entwickelung, haben wir uns auf staatsbürgerlichem und politischem Gebiete zu freieren Auffassungen durchgerungen. Die Fortschritte äußern sich vor allem im gleichen, geheimen und direkten Wahlrecht, wie wir es im Reich und einer Reihe Bundesstaaten haben. Eine allgemeine Anteilnahme an der Staats- und Volksgemeinschaft wird gewünscht. Ohne Zweifel ein Moment, das die Persönlichkeit fördert. Wie mißtrauisch steht man aber der politischen Betätigung des Beamten gegenüber. Es ist klar, daß der Beamte bei seiner Betätigung auf diesem Gebiete sich gewisse Schranken aufzuerlegen hat. Aber er hat das Recht auf eine eigene politische Meinung. Fälle, daß ein Beamter wegen politischer Betätigung im zulässigen Rahmen im „Interesse des Dienstes" versetzt wird, vertragen sich schlecht mit der Wertung der Persönlichkeit.

3. Man spricht heute so viel von der sozialen Müdigkeit. Es ist das Wort geprägt worden, „die Kompottschüssel ist voll". Es wird von dem Stillstand der Sozialpolitik geredet. Das „Kartell der schaffenden Arbeit" spricht von der weisen Beschränkung der Sozialpolitik. Die Arbeitgeber begründen diese Maßnahmen mit der Behauptung, die Arbeitgeber seien, was die sozialen Lasten angeht, an der Grenze ihrer Leistungsfähigkeit angelangt. Die Rücksicht auf die Konkurrenzfähigkeit der deutschen Industrie dem Ausland gegenüber lasse weitere sozialpolitische Maßnahmen nicht zu. Neben der sog. „alten Richtung" in der Volkswirtschaftslehre, die ethisch-historische Richtung, die den sozialen Staat wissenschaftlich propagierte, und der Politik nach der sozialpolitischen Seite neue Aufgaben zuwies — die Namen der „Kathedersozialisten" Adolf Wagner, Brentano charakterisieren diese Richtung —, tritt die „neuere Richtung", die keine Politik mehr treiben will, sondern exakte Wirtschaftsforschung! Sie sieht in der sozialen Entwicklung eine Gefahr. Das Verantwortlichkeitsgefühl, das gesunde Vorwärtsstreben soll gefährdet sein. Ihr Hauptsprecher, Professor Bernhard in Berlin, hat in seinem Buch: „Unerwünschte Folgen der deutschen Sozialpolitik" das Wort von der „Rentenhysterie" geprägt. Demgegenüber stehen die, die sagen, das Wort, das von höchster Stelle geprägt wurde: „Und die Entwicklung steht nicht still", müsse auch für das sozialpolitische Gebiet Geltung haben. Wenn sie auch die Belastung der Arbeitgeber durch die Sozialpolitik anerkennen, so erkannten sie, daß diesen Nachteilen viel größere Vorteile gegenüberständen, nämlich die Hebung der Volkskraft und Volksgesundheit, der Leistungs- und Konsumfähigkeit weiter Schichten unserer Bevölkerung. Sie verwiesen darauf, daß nur die sozialhygienischen Maßnahmen das Hinausschieben der Sterblichkeitsgrenze ermöglichten, der wir es verdanken, daß wir trotz Geburtenrückgang immer noch einen jährlichen Bevölkerungsüberschuß von rund 900 000 Menschen zu verzeichnen haben. Sie heben hervor, daß Deutschlands Qualitätsindustrie auch Qualitätsarbeiter benötige. Wenn auch jede soziale Einrichtung mißbraucht werden könne, so seien das nur Einzelfälle und im übrigen sei die Besserung der Verhältnisse eine Frage der Erziehung. Es sei aber verkehrt, wegen vorkommender Mißbräuche ohne weiteres ein an sich gesundes Prinzip über den Haufen zu werfen.

Für den Beamten kann es keinen Augenblick einen Zweifel geben, auf wessen Seite er sich zu stellen hat. Er gehört auf die Seite derer, die in der Förderung der Sozialpolitik eine der wichtigsten Kulturaufgaben der Gegenwart erblicken. Denn die Beamtenpolitik ist selbst ein Teil der allgemeinen Sozialpolitik. Beide weisen durchaus die gleichen Prinzipien auf. Stärkung der wirtschaftlich Unselbständigen und wirtschaftlich Schwachen. Wenn die antisoziale Stimmung hoch kommen sollte, so wird sich ihre Rückwirkung auf Parlamente, Regierung, öffentliche Meinung bemerkbar machen in einer sozialen Unfruchtbarkeit. Daß damit auch die Beamtensozialpolitik erledigt wäre, bedarf keines weiteren Beweises.

4. Ueberaus stark ist auch zurzeit die Diskussion über den Organisationsgedanken. Dieser ist in seiner heutigen Form ein Produkt der letzten zwei Jahrzehnte. Wir

Kriegsfonds

Der Verband hat einen Betrag von 5000 M. als Grundstock für einen Unterstützungsfonds zur Verfügung gestellt, der durch freiwillige Spenden aufgefüllt werden soll. Aus diesem Fonds werden nichtrückzahlbare Unterstützungen den Angehörigen der Verbandsmitglieder gewährt. In Betracht kommen für diese Unterstützungen nur solche Angehörige, deren Ernährer unter den Waffen steht. — Die Mitglieder des geschäftsführenden Vorstandes, die leitenden Beamten und das Bureaupersonal haben sich verpflichtet, 5 % ihres Gehaltes in jedem Monat während des Krieges in diesen Fonds zu zahlen. Es sind dadurch bereits 500 M. weiter zugeführt worden.

Kollegen tut desgleichen!

Die Namen und Spenden werden in der Deutschen Techniker-Zeitung bekanntgegeben, aber in der Weise, daß immer mehrere Namen zusammen genannt werden, so daß die Höhe des Gehalts nicht zu erkennen ist.

spüren seine Wirkung auf der ganzen Linie. Er hat eben die Unterordnung des Einzelnen unter den Willen der Gesamtheit zur Folge und eine gewisse Gebundenheit des Wirtschaftslebens. Das eigentümliche bei der Erörterung der Organisationen ist aber, daß man die Organisationen der Arbeitnehmer viel ungünstiger behandelt als die der Arbeitgeber. Die Organisationen der Arbeitnehmer, die Kapitalassoziationen, betrachtet man als etwas ganz selbstverständliches, begrüßt sie und preist ihre wohltätige Wirkung. Man murrt vielleicht einmal gegen die Preispolitik des Kohlensyndikats, aber dabei hat's sein Bewenden. Sobald man aber von den Organisationen der Arbeitnehmer spricht, hat man überall Bedenken und sieht Gefahren, kehrt einseitige Fälle von vorkommendem Terrorismus vor, übersieht aber vollständig, daß die Organisation nichts anderes ist als der Träger des Kampfes, den sonst der Einzelne, ohne daß es die Oeffentlichkeit merkt, führen muß. Der Gesetzgeber behandelt Organisationen der Arbeitgeber besser als die der Arbeitnehmer. Man vergleiche nur einmal die Bestimmungen des Handelsgesetzbuchs über Kapitalsassoziationen mit den §§ 152 und 153 der Gewerbeordnung. An ein Kartellgesetz wagt man sich nicht heran, verlangt aber eine Verschlechterung des bestehenden Koalitionsrechts und hat zur Verdeckung dieser Bestrebungen das Wort: „Arbeitswilligenschutz" geprägt. Die Rechtsprechung wandelt gar oft die gleichen Wege wie die Gesetzgebung. Wie oft wird gegen den berechtigten Satz verstoßen, daß Organisationszwang zu behandeln ist, wie der allgemeine Willenszwang.

Die Organisationen der Beamten erfreuen sich nicht einer viel beseren Behandlung. Ein Recht auf Organisation hat der Beamte überhaupt nicht. Es ist nicht zu viel gesagt, daß gar oft erst der parlamentarische Druck die Behörden zu der Anerkennung der Organisationen der Beamten veranlaßt hat. Obwohl die Beamtenorganisationen ausdrücklich und mit Recht auf das Streikrecht verzichtet haben, finden sie nicht immer das Entgegenkommen, das sie verdienen. An der Verteidigung des Koalitionsrechts ist auch der Beamte interessiert.

Die Beispiele ließen sich noch vermehren. Die vorgebrachten lassen aber zur Genüge erkennen, daß hinter dem Beamtenproblem weit mehr steckt als das Verlangen nach höheren Gehältern. Der Beamte wird von der sozialen und kulturellen Entwicklung gefaßt und damit wird das Beamtenproblem ein soziales und kulturelles Problem von weitgehender Tiefe. Möge das Beamtentum diese Zusammenhänge sehen und als Glieder der Volks- und Staatsgemeinschaft sich betätigen.

Die Vakanzenliste wird den bisherigen Beziehern nicht mehr zugestellt. Es bedarf jetzt eines neuen Antrages.

Der Kriegszustand und die Rechtsverhältnisse der technischen Angestellten

Es ist vorauszusetzen, daß der durch die Mobilmachung und die Kriegserklärung jetzt eingetretene außerordentliche Zustand in die Kreise unserer Mitglieder eine gesteigerte Rechtsunsicherheit über die ihnen zustehenden Rechte und Pflichten trägt. Wir wollen deshalb im Nachstehenden versuchen, so weit als möglich eine Aufklärung zu geben. Mangels zutreffender Entscheidungen für diese abnormalen Verhältnisse müssen wir uns dabei auf juristische Erwägungen an Hand der bestehenden Gesetze stützen und die Aeußerungen der anerkannten Autoritäten auf dem Rechtsgebiete heranziehen. Wir beabsichtigen mit dem Nachstehenden also nur, unseren Mitgliedern Richtlinien für ihr Verhalten an die Hand zu geben, damit sie sich nicht durch Rechtsunsicherheit Nachteile zuziehen, die durch diese vorläufige Aufklärung vermieden werden können.

Am wichtigsten aus dem Anstellungsvertrag sind die Fragen des Anspruchs auf Weiterzahlung des Gehalts und der Kündigung des Dienstverhältnisses. Hierbei ist zu unterscheiden zwischen Personen, die zum Heeresdienst einberufen sind, und solchen, die keine Einberufung erhalten haben, an der Fortsetzung ihrer Dienste ihrerseits also nicht behindert sind.

Mit der E i n b e r u f u n g d e s A n g e s t e l l t e n z u r F a h n e liegt ein wichtiger Grund vor, der dem Arbeitgeber nach § 626 B.G.B. das Recht gibt, das Dienstverhältnis o h n e E i n h a l t u n g e i n e r K ü n d i g u n g s f r i s t zu lösen. Naturgemäß hört auch mit dem Tage der Entlassung der Anspruch des Angestellten oder seiner von ihm unterhaltenen Angehörigen auf Fortzahlung des Gehaltes auf, ebensowenig können Schadensersatzansprüche an den Arbeitgeber geltend gemacht werden.

Man wäre vielleicht versucht, Gehaltsansprüche auf den § 133 c II der G.O. zu stützen, der bestimmt,

> daß der Anspruch auf die vertragsmäßige Leistung des Arbeitgebers für die Dauer von 6 Wochen in Kraft bleibt, wenn die Verrichtung der Dienste durch unverschuldetes Unglück verhindert worden ist.

Auch der § 616 B.G.B. könnte durch seinen Inhalt:

> daß der zur Dienstleistung Verpflichtete des Anspruchs auf die Vergütung nicht dadurch verlustig geht, daß er für eine verhältnismäßig n i c h t e r h e b l i c h e Z e i t durch einen in seiner Person liegenden Grund ohne sein Verschulden an der Dienstleistung verhindert wird,

zu der Anschauung verleiten, daß hierauf Gehaltsansprüche zu gründen seien.

Zunächst wird man nun die voraussichtliche Dauer des Krieges nicht als eine zeitlich „n i c h t e r h e b l i c h e B e h i n d e r u n g" ansehen können, so daß damit die grundlegende Voraussetzung für den Anspruch auf Fortzahlung des Gehaltes nach § 616 B.G.B. wegfällt. Aber auch als u n v e r s c h u l d e t e s U n g l ü c k ist nach unseren hervorragendsten Kommentatoren des B.G.B. und der G.O. der Krieg nicht zu betrachten. Selbstverständlich liegen bezüglich des Unverschuldetseins für den Einzelnen Zweifel nicht vor. Auch darf man den Begriff „Unglück" nicht vom persönlichen, sondern nur vom rein formal juristischen Standpunkte aus auffassen, wird aber dann der vorerwähnten Auffassung unserer Autoritäten nicht entgegentreten können. Die Folge aus diesen Erwägungen ist aber, daß für die Einberufenen ein Anspruch auf Fortzahlung des Gehaltes nicht besteht und daß sie ohne Innehaltung einer Kündigungsfrist entlassen werden können, unter dem Zwange des Mobilmachungsbefehls auch entlassen werden müssen.

Die andere Kategorie, um die es sich hier handeln kann, sind diejenigen Personen, die nicht zum Kriegsdienst einberufen sind. Bei ihnen ist weiter zu unterscheiden, ob der Betrieb weitergeführt wird oder ob in dem Ausbruch des Krieges ein triftiger Grund für die Einschränkung oder vollständige Aufhebung des Betriebes gegeben ist. Für einen solchen Grund wird man zunächst die Einberufung des Inhabers einer kleinen Firma ansehen müssen, dessen Betrieb ohne seine persönliche Leitung nicht weitergeführt werden kann. Auch andere wirtschaftliche Veränderungen können als ein „wichtiger Grund" im Streitfalle gerichtlicherseits anerkannt werden. Keinesfalls wird man aber dem Arbeitgeber allgemein nur aus dem Umstand, daß er der gefährlichen Zeiten, geringeren Verdienstes oder anderer Gründe wegen seinen Betrieb einschränken oder stillegen will, ein Recht auf fristlose Entlassung seiner Angestellten einräumen können. In einem solchen Falle ist es unter allen Umständen **ratsam, die Ansprüche geltend zu machen** und es auf die gerichtliche Entscheidung, ob die vorgebrachten Gründe wirklich als ausreichend angesehen werden können, ankommen zu lassen. Der Angestellte würde also seine vertraglichen Rechte bis zur Auflösung des Dienstverhältnisses unter Beobachtung der zutreffenden Kündigungsfrist aufrecht zu erhalten haben. Ausschließen würde den Gehaltsanspruch natürlich ohne weiteres eine auf den Kriegsfall berechnete Klausel.

Hinsichtlich der übrigen aus den bürgerlichen Rechtsverhältnissen des Angestellten sich ergebenden Rechtsfragen sei folgendes erwähnt:

Beim **Mietsverhältnis** ist ebenfalls die Frage, ob ein Grund zur Kündigung vorliegt, entscheidend. Während alle übrigen Schuldverpflichtungen bedingungslos vollständig erfüllt werden müssen, kommt es beim Mietsverhältnis hauptsächlich darauf an, ob es sich um Familien oder um Untermieter handelt. Wenn ein Familienvater zum Heeresdienst einberufen wird, so gibt dies kein Recht, die Fortzahlung der Miete zu verweigern. Die Vorschrift des § 323 B.G.B. gibt die nötige Anleitung zur Aufklärung dieses Rechtsbegriffes.

§ 323 B. G. B. besagt: Wird die aus einem gegenseitigen Vertrage dem einen Teil obliegende Leistung infolge eines Umstandes unmöglich, den weder er noch der andere Teil zu vertreten hat, so verliert er den Anspruch auf die Gegenleistung. Bei teilweiser Unmöglichkeit mindert sich die Gegenleistung nach Maßgabe der §§ 472, 473 B.G.B.

§ 472 B.G.B.: Bei der Minderung ist der Kaufpreis in dem Verhältnisse herabzusetzen, in welchem zurzeit des Verkaufs der Wert der Sache in mangelfreiem Zustande zu dem wirklichen Werte gestanden haben würde.

Findet im Falle des Verkaufs mehrerer Sachen für einen Gesamtpreis die Minderung nur wegen einzelner Sachen statt, so ist bei der Herabsetzung des Preises der Gesamtwert aller Sachen zugrunde zu legen.

§ 473 B.G.B.: Sind neben dem in Geld festgesetzten Kaufpreise Leistungen bedungen, die nicht vertretbare Sachen zum Gegenstand haben, so sind diese Leistungen in den Fällen der §§ 471, 472 nach dem Werte zurzeit des Verkaufs in Geld zu veranschlagen. Die Herabsetzung der Gegenleistung des Käufers erfolgt an dem in Geld festgesetzten Preise; ist dieser geringer als der abzusetzende Betrag, so hat der Verkäufer den überschießenden Betrag dem Käufer zu vergüten.

Die Hauptfrage ist also, ob dem einen oder anderen Teile die Leistung oder die Gegenleistung unmöglich gemacht wird. Das ist bei ledigen Personen, die zum Kriegsdienst einberufen werden, der Fall bis zu dem Termin, zu dem ihre Einberufung lautet, nicht aber bei Familien, bei denen das Familienoberhaupt einberufen, der Familie selbst aber die Weiterbenützung der Wohnung möglich ist. In diesem Falle ist also und ebenso auch bei allen übrigen Schuldverpflichtungen bis zur Bekanntmachung eines staatlichen Moratoriums die Miete zu den bisher üblichen Terminen und den gleichen Beträgen weiter zu entrichten.

Die **Steuern** aus dem Diensteinkommen und aus Vermögen sind auch während des Krieges zu zahlen. Nach § 63 des Einkommensteuergesetzes kann aber eine Ermäßigung der Steuern beantragt werden, wenn die infolge der Einberufung eintretende Einkommensminderung mehr als ein Fünftel des bisher bezogenen Einkommens ausmacht; außerdem können Stundungsanträge gestellt werden, wenn durch Fortfall der Einnahmequelle die Bedürftigkeit erwiesen wird.

Für die **gesetzlichen Versicherungen** ruhen die Beitragszahlungen. In der Angestelltenversicherung sowohl als auch in der Alters- und Invalidenversicherung gelten die Zeiten, in denen der Versicherte zur Erfüllung der Wehrpflicht in Friedens-, Mobilmachungs- oder Kriegszeiten eingezogen gewesen ist, als Beitragszeiten.

Ein Stillstehen der **Rechtspflege** ist in einem geordneten Staatswesen wie dem unseren nur im alleräußersten Falle zu befürchten. Immerhin hat das B.G.B. einen solchen Fall vorgesehen, denn § 203 desselben bestimmt:

daß die Verjährung gehemmt ist, solange der Berechtigte durch den Stillstand der Rechtspflege und zwar innerhalb der letzten 6 Monate der sonstigen Verjährungspflicht an der Rechtsverfolgung seines Anspruchs verhindert wurde,

Immerhin aber läßt unsere Prozeßbehandlung Milderungen in Kriegszeiten zu. So kann nach der Z.P.O.:

wenn sich eine Partei im Militärdienste befindet oder wenn sie sich an einem Orte aufhält, der durch Krieg usw. mit dem Prozeßgerichte abgeschnitten ist, die Aussetzung des betreffenden Prozeßverfahrens bis zur Beseitigung dieses Hindernisses angeordnet werden.

Endlich kann durch ein besonderes Gesetz, wie dies auch im Kriegsjahre 1870 geschehen ist, die Aussetzung aller Prozesse und Vollstreckungshandlungen gegen die im Kriege befindlichen Personen während der ganzen Dauer des Krieges angeordnet werden. Es ist also immerhin nicht ausgeschlossen, daß eine Reihe der bei unserer Rechtsschutzstelle schwebenden Prozeßverfahren während des Krieges zum Stillegen kommt und wir möchten hierbei ganz besonders an die Ruhe und Besonnenheit unserer Mitglieder appellieren, wenn in diesen außergewöhnlichen Zeiten und in Anbetracht der Lücke, welche die Mobilmachung auch bereits in unseren Beamtenkörper gerissen hat, der Verkehr sich nicht immer mit der gewohnten Präzision abwickelt. Daß ihnen kein Schaden in der von uns übernommenen Vertretung ihrer Interessen entsteht, dafür zu sorgen werden wir auch unter schwierigsten Verhältnissen bemüht bleiben, insbesondere aber stehen wir jederzeit in solchen Rechtsfragen jetzt zur Verfügung, die sich aus den Kriegsverhältnissen ergeben. Auch die Angehörigen unserer im Felde stehenden Mitglieder mögen sich vertrauensvoll an uns wenden.

Lenz.

SOZIALPOLITIK

Der Arbeitsmarkt im Juni

Nach vorläufiger Mitteilung des kaiserlichen Statistischen Amtes auf Grund der Berichte für das „Reichs-Arbeitsblatt" zeigt die Lage des gewerblichen Arbeitsmarktes im Juni 1914 gegenüber dem Vormonat wenig Besserung, in einer Reihe wichtiger Gewerbszweige sogar eine Verschlechterung, die aber großenteils auf die im Juni einsetzende sommerliche Abflauung zurückzuführen ist. Die **Gesamtlage** des gewerblichen Arbeitsmarkts war noch großenteils **unbefriedigend**. Die an das „Reichs-Arbeitsblatt" berichtenden Krankenkassen hatten am 1. Juli 1914 10 779 339 beschäftigte Mitglieder (7 074 920 männliche und 3 704 419 weibliche) oder 22 753 weniger als am 1. Juni, und zwar hat die Zahl der männlichen Mitglieder um 11 454 oder 0,16 vom Hundert, die der weiblichen um 11 299 oder 0,30 vom Hundert abgenommen. Der in der Regel vom 1. Juni zum 1. Juli stattfindende Stillstand bei den männlichen Personen hat sonach in diesem Jahre einer Abschwächung Platz gemacht, die bei den weiblichen Personen alljährlich um diese Zeit wiederkehrt. Nach den Berichten von 16 größeren Arbeiterfachverbänden mit zusammen 1 699 619 Mitgliedern waren Ende Juni 1914 39 855 oder 2,3 Prozent der Mitglieder arbeitslos gegenüber 2,5 Prozent Ende Mai 1914. Von Ende Mai auf Ende Juni pflegt die Arbeitslosigkeit etwa gleich zu bleiben. Der diesmalige Rückgang der Arbeitslosenziffer ist zwar zu geringfügig, doch wies von Ende Mai bis Ende Juni des Vorjahres die Bewegung der Arbeitslosigkeit ein schlechteres Bild auf, da sie damals von 2,5 auf 2,7 Prozent stieg. Bei 380 öffentlichen Arbeitsnachweisen mit 161 390 Vermittlungen kamen im Juni auf 100 offene Stellen bei den männlichen Personen 159, bei den weiblichen 98 Arbeitsgesuche. Die entsprechenden Ziffern der Vormonate waren 165 und 96 und die des Juni 1913: 166 bezw. 101. Hiernach hätte, wie gewöhnlich im Monat Juni, der Andrang männlicher Arbeitsuchenden gegenüber dem Mai etwas abgenommen. Gegen den gleichen Monat des Vorjahres zeigt sich bei beiden Geschlechten eine Verbesserung.

:: :: :: :: :: STANDESFRAGEN :: :: :: :: ::

Der Mittelschultechniker als Wohnungsinspektor

Die Frage, ob der Mittelschultechniker oder der Vollakademiker für den Posten eines Wohnungsinspektors geeigneter ist, wurde schon wiederholt erörtert. Bisher ist ohne weiteres festgestellt, daß diese Frage zu Gunsten der Mittelschultechniker beantwortet worden ist. Der Beweis hierfür ist zur Genüge dadurch erbracht, daß bei den bis jetzt in den verschiedensten Städten eingerichteten Wohnungsinspektionen „Mittelschultechniker" als Wohnungsinspektoren angestellt sind. Die in Frage kommenden Städte haben mit diesen Beamten ausnahmslos nur gute Erfahrungen gemacht. Aber auch da, wo neben dem Mittelschultechniker Akademiker (Vollakademiker) angestellt sind, steht der Mittelschultechniker in keiner Weise hinter dem Akademiker zurück, ja er übertrifft diesen sowohl in der Leistungsfähigkeit, wie auch an den Erfolgen, die er in seiner Tätigkeit erreicht, um ein ganz Bedeutendes. An Hand eines Beispieles läßt sich dies deutlich beweisen.

Die nachstehenden Zahlen (Tabelle), die wir den uns vorliegenden zwei Jahresberichte eines städtischen Wohnungsamtes entnehmen, geben die Tätigkeit und zugleich die Erfolge von zwei Wohnungsinspektoren während der ersten zwei Berichtsjahre wieder. Die Art der Besichtigungen ist zweifacher Natur; einmal handelt es sich um „ordentliche" Besichtigungen, d. h. es werden die Wohnungen bezw. Häuser von Haus zu Haus systematisch besichtigt, das andere mal sind es „außerordentliche" Besichtigungen, welche auf erfolgte Anzeige vorgenommen werden. Bei letzteren handelt es sich meistens nur um eine einzelne Wohnung in einem Hause. Das Hauptarbeitsgebiet liegt deshalb auch bei den „ordentlichen" Besichtigungen, diese werden unter Nr. 1 und 5 der nachstehenden Tabelle veranschaulicht. Die Leistungsunterschiede sind hierbei ganz enorm. Aber auch bei der, dem Hauptarbeitsgebiet am nächsten stehenden Arbeitsteilung, den „Nachbesichtigungen" unter Nr. 9 der Tabelle, sind die Arbeitsunterschiede ganz erhebliche. So kann es denn auch kein Wunder nehmen, wenn unter Nr. 10 der Tabelle das Ergebnis der „Gesamtbesichtigungen" sich nahezu verhält wie: 1 zu 2, d. h. 66% der Gesamtbesichtigungen sind von dem Mittelschultechniker und nur 34% von dem Vollakademiker geleistet worden.

In dem gleichen Verhältnis wie die Arbeitsleistung steht auch der Erfolg der Arbeit der beiden Inspektoren zu einander. Die Grundsätze fast eines jeden Wohnungsamtes sind die, daß die Wohnungsinspektion keine „polizeiliche" Maßnahme, sondern eine Wohlfahrtseinrichtung sein soll. Alles polizeimäßige soll von dieser Einrichtung so fern als möglich gehalten werden. Durch überzeugende Belehrung und Beratung der Betroffenen soll bei vorgefundenen Mängeln auf deren Beseitigung hingewirkt werden; hiervon hängt dann auch einzig und allein der Erfolg des zu Erreichenden ab. Es ist bekannt, daß die weitaus größte Zahl der von einem Wohnungsinspektor aufgedeckten Mängel technischer Natur sind. Hier als praktischer Ratgeber und Helfer aufzutreten, ist in erster Linie Sache des Bautechnikers. Er ist, wie wohl kaum ein anderer, vermöge seiner Vorbildung und Stellung in der Lage, wirklich nutzbringend zu wirken. Nicht allein aber für die Beurteilung der auf technischem Gebiete liegenden Mängel, sondern auch auf kulturellem, sozialem und wirtschaftlichem Gebiete besitzt der Techniker dadurch, daß er mehr als ein anderer vor der Lösung solcher Aufgaben im praktischen Leben steht, reiche Erfahrungen. In all diesen Fällen muß der Wohnungsinspektor als Mensch zum Menschen sprechen, er muß den Ernst des Lebens kennen und einen sicheren Blick für das, was in der Wohnung ist und vorgeht, besitzen. Daß der Mittelschultechniker hierzu am besten sich eignet, beweisen die Erfolge der technisch gebildeten Wohnungsinspektoren in den verschiedensten Städten. Außerordentlich deutlich geht es auch aus dem oben angeführten Beispiel d. h. aus den Zahlen unter Nr. 12 der nachstehenden Tabellen hervor. Hier beträgt der Erfolg des Erreichten bis zu 75% der Gesamtzahl der vorgefundenen Mängel. Während nun bis dahin, d. h. bis zu Nr. 12 der Tabellen die Leistungen sowie die Erfolge auf Seiten des Mittelschultechnikers sind, wird es bei den Zahlen unter Nr. 13 und 14 umgekehrt. Die Zahl der nichterreichbaren, unerledigt gebliebenen und Ausnahme-Fälle wird bei dem Mittelschultechniker kleiner gegenüber dem Vollakademiker. Wenn man nun noch berücksichtigt, daß bei dem ersteren in keinem Falle das Einschreiten polizeilicherseits nötig war und alles das was erreicht worden ist, auf gütlichem Wege, d. h. durch Belehrung und Erteilung sachgemäßer Ratschläge möglich war, so wird jeder zugeben müssen, daß das Amt eines Wohnungsinspektors am besten und sichersten von einem erfahrenen Mittelschultechniker verwaltet wird.

Die in einem städtischen Wohnungsamt ausgeführte Tätigkeit von zwei Wohnungsinspektoren (ein Mittelschultechniker und ein Vollakademiker), während eines Zeitraumes von 2 Jahren.

Lfd. Nr.	Zahl der	Gesamtzahl	A Mittelschultechniker	Prozentsatz zur Gesamtzahl	B Vollakademiker	Prozentsatz zur Gesamtzahl
1	systematisch besichtigten Häuser	217	**161**	**74,2%**	**56**	**25,8%**
2	beanstandeten Häuser (zu 1)	166	**116**	**70,0%**	**50**	**30,0%**
3	auf Anzeige besichtigten Häuser	340	**212**	**62,4%**	**128**	**37,6%**
4	beanstandeten Häuser (zu 3)	171	**72**	**42,0%**	**99**	**58,0%**
5	systematisch besichtigten Wohnungen	5290	**3809**	**72,0%**	**1481**	**28,0%**
6	beanstandeten Wohnungen (zu 5)	1629	**1100**	**67,5%**	**529**	**32,5%**
7	auf Anzeige besichtigten Wohnungen	468	**242**	**51,5%**	**226**	**48,5%**
8	beanstandeten Wohnungen (zu 7)	346	166	**48,0%**	180	**52,0%**
9	Nachbesichtignngan:	4568	**2695**	**59,0%**	**1873**	**41,0%**
10	Besichtigungen insgesamt	10883	**7119**	**65,5%**	**3764**	**34.5%**
11	vorgefundenen Mängel insgesamt	3594	**2093**	**58,4%**	**1501**	**41,6%**
12	beseitigtenMängelinsgesamt	2295	**1382**	**60,0%**	**913**	**40,0%**
13	Ausnahmefälle etc.	150	**55**	**36,5%**	**95**	**63,5%**
14	noch unerledigten Mängel nach Abschluß des zweiten Berichtsjahres	1973	**891**	**45,0%**	**1082**	**55,0%**

:: :: :: :: STANDESBEWEGUNG :: :: :: ::

Werbebezirke

nannte der Metzer Verbandstag die Bezirkstagswahlkreise und hat damit angedeutet, daß diese Bezirke neben der Wahl der Abgeordneten zu den künftigen Bezirkstagen wichtige Aufgaben zu erfüllen haben. — Werben sollen sie!

Satzungsgemäß ist jedes Mitglied verpflichtet, an der Ausbreitung des Verbandes und der Verwirklichung seiner Bestrebungen nach allen Kräften mitzuwirken. Der Erfolg dieser Einzelbestrebungen wird aber größer, wenn die Arbeit organisiert wird. In Erkenntnis dieses Erfahrungssatzes haben viele Zweigverwaltungen besondere Besuchs- oder Werbegruppen gebildet, die insbesondere in der Techniker-Woche Erfreuliches leisteten. Was diese Werbegruppen für die Zweigverwaltung bedeuteten, sollen die neuen Werbebezirke für ein größeres Gebiet sein. Dieser Vergleich zeigt, daß die Werbebezirke in der Hauptsache Kleinarbeit leisten sollen.

Wenn wir auf einer Landkarte alle Ortschaften, in denen Mitglieder wohnen, kenntlich machen, so wird dem Beschauer sofort auffallen, daß in einer großen Zahl zum Teil bedeutender Orte kein Mitglied unseres Verbandes wohnt. Hier sollen die Werbebezirke eingreifen. Der benachbarten Zweigverwaltung oder Verwaltungsabteilung wird es in der Regel sehr leicht sein, an dem betreffenden Orte mit einigen Kollegen in Fühlung zu treten, und auf diesem Wege ein Verzeichnis der ortsansässigen Techniker zu erhalten. An die so gewonnenen Adressen ist zunächst Werbematerial zu versenden. Ob als weiterer Schritt die Einzelwerbung, Einladungen zu Versammlungen der benachbarten Verwaltung oder die Einberufung einer Versammlung an dem betr. Orte selbst in Frage kommt, muß nach Lage der Sache von Fall zu Fall entschieden werden. Eine Gelegenheit, mit den zu werbenden Kollegen persönlich Fühlung zu nehmen, sind Ausflüge oder Besichtigungen, die eine größere Anzahl Mitglieder nach der zu bearbeitenden Ortschaft hinführt, und zu denen die nichtorganisierten Kollegen eingeladen werden. Ist dieserart eine Verbindung erst angeknüpft, so wird der Werbeerfolg bei einiger Ausdauer nicht ausbleiben, und die oben angedeuteten Lücken in der Landkarte werden mehr und mehr verschwinden. Eine ähnliche Arbeitsweise hat zweifellos den Gründern unserer ersten Bezirksverwaltungen vorgeschwebt, sie gingen auch ähnlich vor, mußten sich aber mit der Bearbeitung der größeren Städte mit guter Bahnverbindung begnügen, weil ihre Gebiete meist zu groß waren. Auch die Kosten einer vielleicht zweckmäßigen Reise wurden gescheut, wenn ein Erfolg nicht mit Sicherheit vorauszusehen war. In den neuen Werbebezirken mit kleinerer Ausdehnung fallen diese Bedenken und Schwierigkeiten fort, hier kann, der geringen Kosten halber, etwas unternommen werden, ohne daß ein unmittelbarer Erfolg gewährleistet scheint.

Eine weitere wichtige Aufgabe der Werbebezirke ist die Gründung neuer Verwaltungsabteilungen und deren Unterstützung sowohl in der Agitation als auch in der Verwaltung. Wenn man die Mitgliederlisten der Zweigverwaltungen daraufhin prüft, so kann man in vielen Fällen feststellen, daß sie an einem ziemlich weit vom Sitz der Verwaltung entfernten Orte 3 bis 10 und mehr Mitglieder haben, die natürlich an den Versammlungen der Zweigverwaltung nur in Ausnahmefällen teilnehmen und sich gegenseitig vielleicht gar nicht oder doch nicht als Verbandsmitglieder kennen. Hier darf die Zweigverwaltung nicht ruhen, bis an dem betreffenden Orte eine Verwaltungsabteilung gegründet ist. Die Zweigverwaltung verliert allerdings durch dieses Verfahren einige Mitglieder, die aber dem Werbebezirk erhalten bleiben, und die, nun zu einer selbständigen Verwaltung zusammengeschlossen, eine verstärkte Werbekraft haben. Die Arbeit der Werbebezirke muß von dem Grundsatz geleitet werden, möglichst viel Stützpunkte für den Verband zu schaffen, jeder derartige Stützpunkt wirkt als Magnet auf die noch außenstehenden Kollegen. Außerdem ist der Versammlungsbesuch in kleineren Verwaltungen prozentual besser als in den großen; es werden also bei dem hier empfohlenen Verfahren mehr Kollegen als bisher mit der Verbandsarbeit vertraut gemacht, ein Erfolg, der unseres Erachtens dem Werbeerfolg gleichberechtigt ist.

Eine solche Abtrennung von Mitgliedern einer Zweigverwaltung zum Zweck der Gründung neuer Verwaltungsabteilungen unterblieb bisher meistens nicht aus Egoismus der betreffenden Verwaltung, sondern weil vielleicht nicht mit Unrecht befürchtet wurde, daß die neue Verwaltungsabteilung auf die Dauer nicht lebensfähig sei. Diese Bedenken sind mit Gründung der Werbebezirke hinfällig. Sollte aus irgendeinem Grunde die neue Verwaltung nicht funktionieren, so greift der Werbebezirk ein und überträgt eventl. die Verwaltung vorläufig der zunächst gelegenen Zweigverwaltung.

Zur Besprechung gemeinsamer Angelegenheiten werden einige Vorstandsmitglieder der beteiligten örtlichen Verwaltungen von Zeit zu Zeit zusammenkommen, und bei dieser Gelegenheit ihre Erfahrungen austauschen. Ein kurzer Bericht über derartige Zusammenkünfte in den Verkündigungsblättern oder Rundschreiben der Bezirksverwaltungen veröffentlicht, wird dann auch auf die übrigen Werbebezirke anregend wirken.

Wir sehen also, daß die Werbebezirke lohnende Aufgaben zu erfüllen haben. Aufgaben, denen die bisherigen Bezirksverwaltungen nicht gerecht werden konnten, deren Lösung aber den Werbebezirken ohne allzu große Opfer an Zeit und Geld verhältnismäßig leicht gelingen wird. Wenn so die künftigen großen Bezirksverwaltungen unterstützt werden, so ist nicht zu befürchten, daß diese ihre satzungsgemäßen Aufgaben nicht erfüllen könnten, umso weniger, als jeder der künftigen großen Bezirksverwaltungen eine Geschäftsstelle zur Seite steht. Daß aber in einem großen Bezirk mit verhältnismäßig reichlichen Mitteln besser gewirtschaftet werden kann als in den bisherigen, zum Teil recht kleinen Verwaltungen, bedarf keines besonderen Nachweises.

Zum Schluß noch ein Wort über die Kostenfrage. Hier und da ist schon die Frage aufgetaucht: „Wie sollen die Werbebezirke finanziert werden?“ Diese Frage schließt eine Verkennung des Verbandstagsbeschlusses ein. Es ist nicht beabsichtigt, durch neue Sonderkassen für die Werbebezirke den Verwaltungsapparat zu beschweren und das Kassenwesen unübersichtlich zu machen. Der Verbandstag nahm als selbstverständlich an, daß die einzelnen Verwaltungen eines Werbebezirkes die ihnen zufallenden Aufgaben mit eigenen Mitteln durchführen. Daß die Zweigverwaltungen und Verwaltungsabteilungen für die Zwecke des Werbebezirkes Mittel aufbringen können, beweisen die Abrechnungen des Vorjahres. Künftig werden gegenüber dem Vorjahr noch Ersparnisse gemacht werden, weil die Vertretung auf den Bezirkstagen weniger Mittel erfordert als bisher.

Wir sind davon überzeugt, daß der Verbandstag mit der Neueinteilung der Bezirksverwaltungen und der Einrichtung der Werbebezirke eine Form der inneren Organisation gefunden hat, die sich in jeder Beziehung bewähren und besonders die Agitation erleichtern wird. Wir wiederholen deshalb an dieser Stelle den Wunsch des Verbandstages, daß die Neuorganisation überall baldmöglichst durchgeführt werde, damit schon im kommenden Herbst die Mitarbeit der Werbebezirke zur Geltung kommt.

E. L.

Die Verbandsbeiträge sind von jetzt ab nur an die Hauptgeschäftsstelle Berlin SW. 48, Wilhelmstr. 130, zu entrichten.

Vom Erholungsheim des D. T.-V. in Sondershausen

sind gegen vorherige Einsendung des Betrags zu beziehen:

1. Reklamemarken vom Erholungsheim als Briefverschlüsse; 1 Serie, acht verschiedene Marken, für 10 Pfg.
2. Broschüre „Unser Erholungsheim“, 13 Seiten Text und acht große Bildbeilagen bei freier Zusendung für 50 Pfg.
3. Ansichtspostkarten (20 verschiedene) je 5 Pfg.

Einbanddecken zur Deutschen Techniker-Zeitung

sind von der Firma Berliner Buchbinderei Wübben & Co., Berlin SW. 68, Kochstraße 60/61, zum Preise von 1 M für das Stück zuzüglich 50 Pfg. bezw. 25 Pfg. für Porto zu beziehen. Um den Anzeigenteil nicht mit einbinden zu lassen, sind zwei Rückenstärken (Decke A mit Anzeigen, Decke B ohne Anzeigen) zum gleichen Preise lieferbar. Bei Bestellungen ist anzugeben, ob Decke A oder Decke B gewünscht wird und für welchen Jahrgang.

DEUTSCHE TECHNIKER-ZEITUNG
TECHNISCHE RUNDSCHAU

XXXI. Jahrg. **15. August 1914** **Heft 32**

Fachwerk-Rathäuser in Franken*)

Von Stadtbaumeister LAUTENSACK, Wismar (Ostsee), Mtgld.-Nr. 26778.

Es ist nicht unberechtigt, wenn man in einem Orte zunächst nach dem Rathause sucht in der Hoffnung, dort ein Stück Geschichte verkörpert zu sehen und vielleicht auch in baulicher Hinsicht eine wenn auch noch so bescheidene Entdeckung zu machen. Glücklicherweise lohnt in vielen Fällen der Erfolg die mit solchen Entdeckungsfahrten verbundene geringe Mühe, und man pflegt nicht selten überrascht zu sein von der Fülle architektonischer Schönheit, welche oft den schlichtesten Dorf-Rathäuschen innewohnt. Vielfach handelt es sich um Fachwerkbauten, deren Betrachtung in mancherlei Beziehung besonders anregend erscheint und daher zum Gegenstande der vorliegenden Abhandlung ausersehen worden ist.

Die hier im Bilde vorgeführten Fachwerk-Rathäuser finden sich in Franken (Bayern) und sind nicht nur durch ansprechenden und reizvollen Gesamtaufbau, sondern teilweise auch durch großen Reichtum der Fachwerksbildung bemerkenswert. Dies gilt namentlich von den stattlichen Giebelhäusern in Ebern (Abb. 1) und Marktzeuln (Abb. 2), während das Rathaus in Staffelstein (Abb. 3) an der Vorderseite nur einen bescheidenen Giebelaufbau mit Zifferblatt zeigt, im übrigen aber bezüglich der auf die Obergeschosse beschränkten Fachwerksbildung den beiden zuerst genannten Rathäusern an Reichtum und Schönheit kaum nachsteht.

Abb. 5. Rathaus Rieneck.

Wesentlich einfachere Formen zeigt das an den Außenseiten der oberen Geschoßwände ganz mit Schiefer bekleidete kleine Rathaus in Rieneck (Abb. 4), welches vermöge der von mächtigen hölzernen Säulen getragenen offenen Vorhalle (Abb. 5) außerordentlich anheimelnd wirkt, ohne aber seine Zweckbestimmung zu verleugnen. Auch die als Fachwerksbauten schlichtester Art sich darstellenden Dorf-Rathäuser in Hattersdorf (Abb. 6 und 7) und in Neuses am Eichen (Abb. 8) entbehren gleichwohl nicht einer gewissen Würde, wodurch sie als Verwaltungsgebäude unschwer kenntlich werden. Hierzu trägt der zierliche Dachreiter mit Zwiebelhaube, den wir mit Ausnahme des turmlosen Rathauses in Rieneck und des Rathauses in Marktzeuln (Abb. 2) auch bei allen anderen oben erwähnten Beispielen antreffen, nicht unerheblich bei.

Das Rathaus in Marktzeuln zeigt anstatt des Dachreiters einen mächtigen, das Dach weit überragenden selbständigen Turmbau mit großer Zwiebelkuppel. Uebrigens verdient bei dem Rathaus in Hattersdorf (Abb. 6) die reizvoll angeordnete Freitreppe mit ebenfalls überdachtem, von kräftigen Säulen getragenen Altan besondere Beachtung, wie denn auch die Lage dieses bescheidenen Rathauses im Dorfbilde auf sanft ansteigendem Gelände (Abb. 7) außerordentlich wohltuend anmutet.

Die besprochenen Abbildungen stellen dabei nur eine bescheidene Auswahl aus der Fülle der in Ober-, Mittel- und Unterfranken vorhandenen Fachwerk-Rathäuser dar. Immerhin geben schon diese wenigen Beispiele eine eindringliche Vorstellung von dem hohen Reiz alter Fachwerk-Rathäuser.

Sie vermögen nicht nur als Einzelbauten, sondern auch im Ortsbilde betrachtet als wertvolle Fingerzeige für den Architekten und für alle Freunde einer gesunden heimatlichen Bauweise zu dienen.

---

*) Wir bringen gern diesen Aufsatz des unseren Lesern durch manchen anderen Beitrag bekannten Verfassers. Wenngleich die Arbeit mehr kunsthistorisches als technisches Interesse hat, so können die Abbildungen als treffliche Beispiele dafür gelten, wie unsere Vorfahren verstanden haben, aus urwüchsigem Kunstverständnis heraus, ohne großes Studium, mit den einfachsten Mitteln und Materialien Schönheitswerte für Jahrhunderte hindurch zu schaffen. Die Neuzeit soll an solchen guten alten Vorbildern lernen, die Bauwerke unserer Tage schlicht und recht, aber auch zweckentsprechend echt und schön zu gestalten. Ein Stück Heimatsschutzarbeit spricht aus dem Artikel. Die Red.

Abb. 1. Rathaus Ebern (Unterfranken).

Abb. 2. Rathaus Marktzeuln (Oberfranken).

Abb. 7. Rathaus Hattersdorf bei Seßlach (Oberfranken).

Abb. 3. Rathaus Staffelstein.

Abb. 8. Rathaus Neuses an den Eichen.

Abb. 4. Rathaus Rieneck.

Abb. 6. Rathaus Hattersdorf bei Seßlach.

BRIEFKASTEN

Empfehlungen von Firmen, die weder Abonnenten noch Inserenten der D. T-Z. sind, werden nicht aufgenommen. — Zivilrechtliche Verantwortung ausgeschlossen

Nur Anfragen, denen 10 Pfg. Porto beiliegt und die von allgemeinem Interesse sind, werden aufgenommen. Dem Namen des Einsenders sind Wohnung und Mitgliednummer hinzuzufügen. Anfragen nach Bezugsquellen und Büchern werden unparteiisch und nur schriftlich erteilt. Eine Rücksendung der Manuskripte erfolgt nicht. Schlußtag für Einsendungen ist der vorletzte Mittwoch (mittags 12 Uhr) vor Erscheinen des Heftes, in dem die Frage erscheinen soll. Eine Verbindlichkeit für die Aufnahme, für Inhalt und Richtigkeit von Fragen und Antworten lehnt die Schriftleitung nachdrücklich ab. Die zur Erläuterung der Fragen notwendigen Druckstöcke zur Wiedergabe von Zeichnungen muß der Fragesteller vorher bezahlen.

Frage 181. Holzfußboden. Ist bei 3 cm starkem Pitch-pine- oder Tannenholzfußboden aus gewöhnlichen gespund. Stabdielen eine seitliche Nagelung der Bretter zu empfehlen, und wie stellt man zweckmäßig einen derartigen Fußboden bei Vermeidung der Nagellöcher her?

Frage 182. Turnhalle. Ist es empfehlenswert, eine Turnhalle (Hallengröße von 300 qm) in Holzfachwerk herzustellen? Ist einer der Herren Kollegen in der Lage, mir Angaben über die fragl. Anlage zu machen (Einrichtung und Dachkonstruktion) oder sind in irgend einer Zeitung Skizzen darüber zu finden? Gibt es Literatur spez. über derartige Fachwerkbauten?

Frage 183. Welcher Kollege fertigt gegen Vergütung **Berechnungen für Gleich- und Drehstrom-Motoren** von $^1/_4$ bis 6 PS an?

Frage 184. Es wird beabsichtigt, die **Fabrikation von Sandpapier und Schmirgelleinen** einzurichten. Was für Maschinen sind hierfür erforderlich, welche Fabriken liefern derartige Maschinen, und ist diese Fabrikation rentabel? Der Schmirgel soll gemahlen bezogen werden.

Frage 185. Backofen. Wie berechnet man die Anzahl und lichte Weite der Rauchkanäle (Füchse), sowie die lichte Weite und Höhe des Schornsteins für einen Backofen von 3,0 qm Herdfläche mit direkter Herdfeuerung. Im Scheitel soll der Ofen 0,60 m und am Kämpfer 0,20 m hoch werden. In welchen Büchern findet man bestimmte Angaben hierüber?

Frage 186. Ein in Eisenbeton hergestellter **Fruchtsaftbehälter** ist innen mit einem gebügelten Zementputz und zu dessen besonderem Schutze mit einem Paraffinanstrich versehen. Der Fruchtsaft ist mit einem Zehntel Fruchtsäure versetzt. Obwohl Paraffin von dieser Säure nicht angegriffen wird, ist der Schutzanstrich an verschiedenen Stellen abgegangen und nach etwa $^3/_4$ Jahren der Zementputz zerstört. Wie lassen sich die Wandungen gegen den Einfluß der Säure dauernd schützen? Wie verhält sich Zement und Paraffin, wenn der Fruchtsaft mit einem halben Prozent Kieselfluorwasserstoffsäure versetzt wird?

Zur Frage 129 in Heft 26: **Schutz von Behälterwandungen,** die durch Säuren angegriffen sind, erhalten wir noch folgende Ausführungen:

Salzsäure, Salpetersäure, Essigsäure, Laugen und dergl. zerstören bekanntlich sehr bald Bottiche, Reservoire, Fußböden und Wände, wenn diese nicht besonders geschützt sind. In chemischen Fabriken usw. wendet man mit großem Erfolg hierzu Awa-Asphalt an, dessen Anwendung außerordentlich einfach und zweckdienlich ist. Nachdem die zu schützenden Flächen und Gegenstände gut gesäubert und getrocknet sind, werden sie zuerst mit Awa-Isolierlack kalt gestrichen. Wenn der Lack getrocknet ist, wird der Awa-Asphalt heiß aufgetragen. Bei sehr starker Beanspruchung kann ein zwei- bis dreimaliger Anstrich mit Awa-Asphalt vorgenommen werden. So präparierte Flächen und Gegenstände besitzen eine außerordentliche Widerstandsfähigkeit gegen chemische Einflüsse, ferner eine gewisse Elastizität und hervorragende Wasserdichtigkeit. Zement ist bekanntlich meist wasserdurchlässig, er ist aber mit Awa-Asphalt überzogen vollkommen wasserdicht. Der Fabrikant A. W. Andernach, Beuel a. Rh., versendet bei Bezugnahme auf unsere Zeitschrift kostenlos und portofrei Zementplatten, teilweise nach obigem Verfahren präpariert, die Interessenten zu Versuchen in ihren Betrieben dienen können.

Ferner wird auf das Inserat der Firma A. Prée, Dresden-N., aufmerksam gemacht (s. I. Umschlagseite Heft 25 u. 29), die unter dem Namen „Preolit" einen Isolier-Anstrich gegen Feuchtigkeit und Rostbildung auf den Markt bringt, der auch säure- und laugenfest ist.

Frage 148. Oelgewinnung. Die in Kiautschou gezogene Seyabohne wird zur Oelfabrikation verwendet; ihre Rückstände benutzt man als Viehfutter oder als Düngemittel. Die mir bekannten Wege zur Oelgewinnung aus der Bohne sind: 1. Auspressen der gemahlenen Bohne mittels hydraulischer oder anderer Pressen. 2. Extrahieren des Oeles aus der gemahlenen Bohne durch Schwefelkohlenstoff oder Kanadol. Welche der beiden Methoden ist die billigste und liefert das meiste und beste Oel? Welche Maschinen und Apparate sind dazu erforderlich?

Antwort I: Extraktion gibt am meisten Oel, doch wird das Pressen im allgemeinen wirtschaftlicher sein. Ueber die weiteren Fragen gibt das Werk „Technologie der Fette und Oele" von G. Hefter die beste Auskunft. Die Einrichtungen sind von den bekannten Spezialfabriken für Maschinen und Apparate zur Oelgewinnung zu beziehen, deren Adressen auf Wunsch die Schriftleitung mitteilt.

II. Nach dem heutigen Stande der Technik unterscheidet man 2 Methoden der Oelgewinnung: Das Preßverfahren und die Extraktion: Das gewonnene Oel erfährt meistens noch eine besondere Raffination. Die Saat wird in Speichern aufbewahrt und zwar werden in erster Linie Bodenspeicher angewendet, nur vereinzelt Silospeicher. Namentlich die überseeischen Oelfrüchte bedürfen eine intensive Reinigung von Staub und Sand. Dieses erfolgt auf Plansichtern und rotierenden Sichtmaschinen. Die Zerkleinerung der Oelsaat erfolgt bei modernen Anlagen durch Walzwerke und Kollergänge. Hierbei wird Wasser eingeknetet, das in das Zellengewebe der Samen eindringt, wodurch das Oel beim Pressen besser herausgetrieben wird. Handelt es sich um Speiseöle, so wird das auf dem Kollergang erhaltene Saatmehl meistens direkt den Pressen zugeführt. Sollen jedoch Oele für techn. Zwecke hergestellt werden, so findet eine Erwärmung des Saatmehles in Pfannen über freiem Feuer oder durch indirekte Dampferhitzung statt.

Die erstere Methode ist zu verwerfen, da das Material überhitzt wird, was ranziges Oel ergibt. In den Pfannen mit Rührwerk und indirekter Dampfbeheizung steigt die Temperatur des Saatmehles auf ca. 60 bis 80°.

Man unterscheidet 2 Arten von Pressen: offene und geschlossene Pressen. An eine gute Oelpresse müssen folgende Anforderungen gestellt werden: 1. Bequemlichkeit der Handhabung; 2. der Preßraum muß allmählich abnehmen, so daß Zeit für den Oelabfluß vorhanden ist, daher langsamer Druck; 3. der Druck muß anhalten, während das Oel abfließt und das Volumen des Preßmaterials sich vermindert; 4. der Druck muß zunehmen mit wachsendem Widerstand des Preßmaterials; 5. der Kraftaufwand muß möglichst gering sein. Jede moderne Oelmühle besitzt hydraulische Pressen, die obige Anforderungen am besten erfüllen. Zu den offenen Pressen gehören die gewöhnliche Packpresse und die Etagenpresse. Die geschlossenen Pressen zerfallen in Kasten-, Seiher- und Ringpressen. Die Kastenpressen ergeben viereckige, die Seiherpressen runde Kuchen. Vorteil der liegenden hydraulischen Pressen gegenüber den stehenden: leichterer Oelabfluß. Nachteile: Anschaffung teuer und großer Raumbedarf. Bei den stehenden hydraulischen Pressen geht der Kolben durch seine eigene Schwere in die entsprechende Lage zurück. Hingegen muß bei der liegenden Presse die Zurückführung des Kolbens bei alten Konstruktionen durch Gegengewichte und bei neueren Ausführungen durch kleine hydraulische Gegenpressen bewirkt werden.

Die abgepreßten Oelkuchen werden mittels Holzhammers zerschlagen, auf Oelkuchenbrechwerken vor- und auf Walzenstühlen nachzerkleinert, um alsdann nochmals durch die Pressen zu wandern.

Durch das Preßverfahren läßt sich nicht alles Oel aus dem ölhaltigen Gut entfernen. Es bleibt bis 10% Oel auch bei den besten Einrichtungen in den Kuchen zurück. Schon in früherer Zeit wußte man, daß sich Oel durch Kochen mit Wasser aus ölreichen Stoffen verdrängen läßt. Später ersetzte man das Wasser durch eine fettlösende Flüssigkeit. So entwickelte sich das Extraktionsverfahren. Das Verdienst der Einführung des Schwefelkohlenstoffes als Lösungsmittel gebührt in der Hauptsache dem Franzosen Deiß und zwar arbeitete er mit einfacher Verdrängung. Systematische Auslaugung in Extraktionsbatterien kam später auf durch A. Seyferth und andere, die Petroleumdestillate als Lösungsmittel anwandten.

Die Urteile über die Extraktionsverfahren waren anfangs nicht ermutigend. Man hatte viele Schwierigkeiten, um Oele und Rückstände vom Lösungsmittel zu befreien, damit waren natürlich auch große Verluste an Lösungsmitteln verbunden. In neuerer Zeit sind diese Mängel behoben resp. auf ein Minimum beschränkt. Die Vorteile des Verfahrens, die in niedrigen Anlage- und Betriebskosten liegen, kamen dadurch zur Geltung.

In der Knochenentfettung, Preßkuchenextraktion sowie zur Herstellung technischer Oele hat das Extraktionsverfahren in der Industrie Eingang gefunden. Trotzdem wird das Extraktionsverfahren das Preßverfahren nie ganz verdrängen, insbesondere muß bei der Herstellung von Speiseölen Pressung bleiben. An Geschmack stehen die durch Extraktion gewonnenen Speiseöle denjenigen nach, die durch Pressung gewonnen werden. Bisher hat man diese schädigenden Einflüsse noch nicht beseitigen können. Die Reinigung des Materials vor der Extraktion ist meistens primitiv, da die Oele nie zu Speisezwecken dienen.

Beim Preßverfahren wirken Verunreinigungen störend, während sie bei der Extraktion wenig Einfluß haben. Empfehlenswert ist eine gründlichere Vorreinigung, wenn die Oelrückstände als Viehfutter Verwendung finden sollen.

Für die Seyabohnen dürfte auch die Oelgewinnung mittels Extraktion am billigsten sein. Die Zerkleinerung muß faserig sein, damit das Gut nicht in den Extrateuren fortgeschwemmt wird, was zu Verstopfungen von Leitungen und Ventilen Anlaß geben kann. Eine sehr wichtige Sache ist die Zurückgewinnung des Lösungsmittels, weil sonst Oel und Rückstände an Güte verlieren und dabei das Extraktions- oder Lösungsmittel verloren geht. Hierfür gibt es auch eine Reihe Verfahren mittels Dampf und heißer Luft. Die meisten Oelfabriken haben hier besondere Verfahren, die als Betriebsgeheimnisse gehütet werden.

Für die Raffination der Oele gibt es auch eine Reihe Methoden. Meistens wird Schwefelsäure oder Lauge angewandt. Ohne genaue Angaben des täglich zu verarbeitenden Seyabohnenquantums lassen sich keine Anschaffungs- und Betriebskosten angeben. Deutschland besitzt eine Reihe Spezialfabriken, die Maschinen zur Oelgewinnung fabrizieren. Adressen durch die Schriftleitung. Am besten wendet sich der Fragesteller unter Einsendung eines größeren Musters Bohnen für Versuchszwecke, Angabe der täglich zu verarbeitenden Bohnenmenge bezw. der zu erzeugenden Oelmenge an eine Spezialfirma, die ausführliche Kostenaufstellung und Rentabilitätsberechnung aufmachen wird.

H. Schn., 57 674.

Frage 153. Schwitzen eines Blechschornsteins. Bei einer Heizungsanlage, die einen schmiedeeisernen eingemauerten Sattelkessel besitzt, hat der Fuchs einen Querschnitt von 450×450 mm. Die Rostfläche ist 1040×600 mm groß. Der eiserne Schornstein, der einen Durchmesser von 300 mm und eine Höhe von 17 200 mm hat, war von der Fabrik nur 15 000 mm gesandt, da jedoch der Rauch belästigte, wurde er um 2200 mm erhöht. Er steht in einer Entfernung von 1500 mm vom Kessel. Bei normaler Beanspruchung des Kessels schwitzt der Schornstein, hauptsächlich in der unteren Hälfte, dermaßen, daß sich unten eine kaffeesatzartige Flüssigkeit ansammelt. Im Winter herrscht hier eine normale Temperatur von —10 bis —25° (Ostsibirien). Die niedrigste Grenze ist —40°. Bei anderen Schornsteinen zeigt sich diese Unannehmlichkeit nicht. Wie wäre diesem Uebelstande am besten abzuhelfen?

Antwort II. (I s. Heft 29.) Das Schwitzen von Schornsteinen, seien es solche aus Eisenblech, Mauerwerk oder Beton, kann auf verschiedene Uebelstände zurückgeführt werden.

1. Da es sich im vorliegenden Falle um einen eingemauerten Sattelkessel handelt und angenommen werden kann, daß die Rauchgase des letzten Zuges nach unten, also zur Kesselraumsohle und von da durch den Fuchs zum Kamin gelangen, so könnte evtl. Feuchtigkeit durch das Kesselfundament, Rauchfuchssohle oder Umfassungsmauern des Fuchses oder des Kesselraumes in den letzten Zug oder in den Fuchs eindringen.

Diese Feuchtigkeit wird alsdann durch die Rauchgase verdunstet und schlägt in dem unteren Teile des Kamins nieder. Je nach der Menge der Feuchtigkeit schwitzen daher die Kamine bis zu erheblicher Höhe, und die Funktion des Kessels bezw. der Feuerung wird stark beeinträchtigt, ja sogar unmöglich.

2. Das Verfeuern von zu nassem Brennmaterial kann ebenfalls den Uebelstand hervorrufen.

3. Der Kessel selbst kann eine undichte Stelle haben, sei sie noch so gering, so daß Wasser oder Dampf austritt und innerhalb des Mauerwerks nach den Zügen gelangt, was von außen gar nicht sichtbar ist. Um die Undichtigkeit feststellen und den Uebelstand beseitigen zu können, würde es sich empfehlen, den Kessel mit Anschlußleitungen, die innerhalb des Kesselmauerwerkes liegen, auf ca. 3 at abzupressen.

Ferner ist zu prüfen, ob Feuchtigkeit (Grund- oder Tageswasser) unterhalb des Kesselfundamentes oder Fuchses vorhanden ist. Falls dies sich ergibt, muß für vollständige Trockenlegung des Kessel- und Schurraumes mit Fuchsanlage gesorgt werden und alsdann die neue Aufmauerung mit geeigneten Isolierschichten erfolgen, damit nicht durch die Wärme das wasserdicht hergestellte Fundament und Mauerwerk beschädigt wird und die Feuchtigkeit an dem eigentlichen Fuchsmauerwerk und an den Zügen verdunstet.

Evtl. könnte man auch, statt den letzten Zug nach unten zu führen, diesen oben auf dem Kessel zusammenziehen und von da in den Kamin leiten, wobei jedoch der vorhandene letzte Zug entsprechend geändert werden muß, um eine gute Ausnützung der Rauchgase zu erzielen. Es wäre auch noch zu prüfen, ob der untere Teil des Blechkamins eine ungünstige Lage hat, indem dieser von der äußeren Atmosphäre nicht genügend bestrichen wird, wobei Niederschläge durch die stagnierende feuchte Luft entstehen können. In letzterem Falle würde sich empfehlen, von der Fuchssohle aus bis auf eine der örtlichen Lage angepaßte Höhe den Blechkamin mit etwa $^1/_2$ starken Stein zu ummauern, jedoch so, daß zwischen dem Blechkamin und dem Mauerwerk eine Luftschicht von 8 bis 10 cm verbleibt. Diese Luftschicht wird mit dem Kesselraum unter der Decke desselben verbunden, damit die warme Luft vom Kesselraum außen um den Blechkamin herum aufsteigt und ins Freie gelangt. Ueber der Luftschicht wäre dann ein Schutzdach am Blechkamin anzubringen, um das Hereinregnen oder Schneien in den Luftschacht (Aspirationsschlot) zu vermeiden. Der Blechkamin muß natürlich, um eine gute Funktion zu erzielen, von oben bis unten gut dicht und von Windeinfällen befreit sein.

Ing. Junkes, Cöln. Mitgl.-Nr. 25 855.

Frage 164. Wie und womit bessert man die **abgenutzte** eichene **Auflegbohle in einer Kegelbahn** aus?

Antwort I. Ausgebesserte Bohlen sind stets eine Quelle des Kummers für den Kegler, da die geflickten Stellen fast immer auf den Lauf der Kugel einwirken. Man sollte daher die Instandsetzung der Kegelbahn stets einer alten erfahrenen Spezialfirma überlassen. Als eine solche ist G. Spellmann, Hannover-Kleefeld, zu nennen. (Vgl. Inserat in der D. T.-Z.) Wenden Sie sich an diese Firma; sie wird Ihnen gern mit Rat und Tat zur Seite stehen. —s.

II. Zu erwägen wäre, ob nicht die Laufbohle einfach durch Abhobeln wieder instandzusetzen ist, wobei evtl. eine Hobelmaschine gute Dienste leistet. Die Red.

Frage 165. Frostschutz für einen Wasserturm. In einem neuerbauten Wasserturm von 500 cbm Fassungsvermögen soll in einem Anbau im Erdgeschoß oder ohne denselben eine Zentralheizungsanlage für den frostsicheren Schutz und damit das Wasser des Behälters nicht gefriert, eingebaut werden. Welches System und welche Art der Heizung wäre hier zu empfehlen?

Antwort. Für die Beheizung eines Wasserturmes kommt nur eine Niederdruckdampf- oder Warmwasserheizungsanlage in Frage. Im großen und ganzen ist diese Frage der Beheizung von den örtlichen Verhältnissen und näheren Umständen abhängig.

Rl.

Frage 166. Kläranlage von Beton. In einer Chemischen Bleicherei sollen die Abwässer geklärt werden, wozu drei Klärbassins vorgesehen sind. In einem soll die Kochlauge, im anderen die mit Chlorkalk und im letzteren die mit ca. 0,03 Prozent Schwefelsäure versetzten Abwässer gesammelt werden. Ist es ratsam, die Anlage von Beton mit Zementüberzug herzustellen, oder wird der Zement angegriffen und zerstört? Ich bitte um Ratschläge über die Ausführung einer solchen Anlage.

Antwort. Beton und Zementmörtel sind nicht widerstandsfähig gegen die genannten Laugen und Säuren. Der beste Schutz dürfte erreicht werden, wenn die Innenwände der Klärbassins mit salzglasierten Steinzeugplatten ausgekleidet werden. Die größeren Steinzeugfabriken haben ausreichenden Vorrat an solchen Verkleidungssteinen. — Nicht so gut, aber wenn die Erneuerung nicht allzu lange ausgesetzt wird, ist der Innenanstrich des fetten Zementmörtelputzes (1 : 2 bis 1 : $2^1/_2$) mit entsprechenden Schutzpräparaten, z. B. Preolit (zu beziehen von der Firma A. Prée in Dresden), Inertol von Dr. Roth (zu beziehen von der Firma Paul Lechler in Stuttgart), Bitumen (Wunnersche Werke in Unna i. Westf.). Ich empfehle, von den genannten Firmen Prospekte kommen zu lassen. S. auch „Zur Frage 129". B.

Frage 167. Wasserradschütze. Welchen Wasserdruck hat eine senkrechtstehende, hölzerne Wasserradschütze von 0,8 m Höhe und 2,4 m Breite auszuhalten; und wie stark müssen die Bretter werden?

Antwort. Der Druck des Wassers auf eine senkrechte Fläche wächst im gleichen Verhältnis wie die Wassertiefe. Da 10,0 m Wassersäule einen Druck von 1 kg/qcm (1 Atmosphäre) ausüben, so wird die untere Kante der Schütze mit $1 \cdot \frac{0{,}80}{10{,}00} = 0{,}08$ kg/qcm gedrückt. Nach der Oberkante zu nimmt der Druck auf Null ab. Man könnte also den Wasserdruck auf die ganze Schützentafel wirkend und im Schwerpunkt des Druckdreieckes angreifend rechnen, so daß der mittlere Druck auf die ganze Schütze $\frac{0{,}08}{2} \cdot 240 \cdot 80 = 768$ kg beträgt. Praktisch wird man die Schütze aus gleich starken Bohlen herstellen und zwar so stark, daß die unterste Bohle dem darauf wirkenden Wasserdruck standhält, da die Schütze nach längerem Gebrauch den Charakter einer einheitlichen Tafel verliert.

Bei einer Breite der untersten Bohle von 0,20 m beträgt der mittlere Druck auf diese $P = \frac{(0{,}08 + 0{,}06) \cdot 20 \cdot 240}{2} = 336$ kg

$$M = K \cdot W = \frac{P \cdot l}{8} = \frac{336 \cdot 240}{8} = 10\,080$$

K mit 80 kg/qcm angenommen, ergibt ein W = 126 und damit eine Bohlenstärke von rd. 6,5 cm. Mitgl. Nr. 23 095.

DEUTSCHE TECHNIKER-ZEITUNG

HERAUSGEGEBEN VOM DEUTSCHEN TECHNIKER-VERBANDE

Schriftleitung:
Dr. Höfle, Verbandsdirektor. Erich Händeler, verantwortlicher Schriftleiter.

XXXI. Jahrg. **22. August 1914** **Heft 33/34**

Beschlüsse der Sitzung des Geschäftsführenden Vorstandes vom 2. August 1914*)

1. Die Sterbegelder werden während des Feldzuges auch für die im Felde gefallenen Mitglieder in 1/3 Höhe ausgezahlt. Es ist Ehrenpflicht der Verbandskollegen, die während des Feldzuges im Amt oder Stellung bleiben, sofort ihre restierenden und die bis einschließlich Dezember 1914 fälligen Beiträge zu entrichten, damit der Verband seine übernommenen Verpflichtungen durchführen kann.

2. Stellenlosenunterstützung und Darlehen werden während der Kriegswirren nicht mehr gezahlt.

3. Der Verband stellt einen Betrag von 5000 M als Grundstock für einen Unterstützungsfonds zur Verfügung und richtet den Appell an den Opfersinn seiner Mitglieder, durch freiwillige Spenden diesen Fonds so schnell wie möglich aufzufüllen. Aus diesem Fonds werden nicht rückzahlbare Unterstützungen den Angehörigen der Verbandsmitglieder gewährt. In Betracht kommen für diese Unterstützungen nur solche Angehörige, deren Ernährer unter den Waffen steht.

4. Das Erholungsheim des Deutschen Techniker-Verbandes wird der Genossenschaft freiwilliger Krankenpflege im Kriege vom Roten Kreuz zur Verfügung gestellt.

5. Der Verband errichtet eine Auskunftsstelle für die Kollegen, um ihnen in allen Fragen des praktischen Lebens beratend zur Seite zu stehen.

Die gefaßten Beschlüsse treten sofort in Kraft, der Gesamtvorstand wird nachträglich um Entlastung gebeten.

Berlin, den 3. August 1914.

Paul Reifland, Verbandsvorsitzender.
Dr. Höfle, Verbandsdirektor.

*) Diese Beschlüsse sind bereits in Heft 32 der D. T.-Z. auf Seite III veröffentlicht. Drucktechnische und postalische Schwierigkeiten machten leider dort eine andere Anordnung unmöglich.

Deutsche Techniker – Verbandskollegen!

Und auch Euch schließen wir in diesen Aufruf mit ein, die Ihr als Frauen, Mütter und Schwestern mit dem Schicksal unserer Verbandskollegen eng verbunden seid:

Deutsche Frauen!

Der unserem Volke aufgezwungene Krieg hat auch unseren Deutschen Techniker-Verband vor unerwartete, schwere Aufgaben gestellt. War im Frieden unsere ganze Tätigkeit auf das gerichtet, was wir mit dem Begriff „gewerkschaftliche Standesarbeit" zusammengefaßt haben, galt es da, unserem deutschen Technikerstande die Anerkennung im Wirtschaftsleben zu erringen, die ihm gebührt, war es da unsere Aufgabe, jedes Mitglied durch die Solidarität seiner Verbandskollegen so stark zu machen, daß es freier und unabhängiger trotz des ungleichen Rechts für Arbeitgeber und Arbeitnehmer dastand, so sind jetzt alle diese Bestrebungen vor dem einen großen Ziel, das uns jetzt allen vorleuchtet, Deutschland in seiner Freiheit und Größe gegen fremde Knechtschaft zu schützen, in den Hintergrund getreten. Das Kaiserwort, in jener schweren Stunde gesprochen, als für Deutschland die Mobilmachung verkündet wurde, daß es in Deutschland jetzt keine Parteien mehr gibt, gilt auch für die wirtschaftlichen Gegensätze: Wir wollen sein ein einzig Volk von Brüdern, in keiner Not uns trennen und Gefahr!

Unsere gewerkschaftliche Arbeit wird jetzt ruhen. Wir müssen nur unser Verbandsgebäude zu erhalten suchen, damit wir nach einem glücklichen Frieden wieder unsere Verbandsorganisation mit neuem Leben erfüllen, damit wir wieder mit neuer Hoffnung und ungebrochenem Mut die Ziele, die sich unser Deutscher Techniker-Verband gesetzt, verfolgen können. Diesem Zwecke sollen die Beschlüsse dienen, die der Geschäftsführende Vorstand in seiner Sitzung vom 2. August gefaßt hat, die zwar manchen hart treffen können, die aber unbedingt notwendig waren, wenn wir nicht in dieser Zeit des Krieges die Verbandsorganisation selbst opfern wollten, die nach dem kommenden Frieden größere Aufgaben noch als vorher zu erfüllen haben wird.

Unsere gewerkschaftliche Arbeit ruht. Dafür haben wir aber unseren ganzen Verband in die Dienste des Vaterlandes gestellt. Wohl mehr als zehntausend Mann unserer Verbandskollegen stehen im Felde, um mit den Waffen dem Feind zu zeigen, was es heißt, Deutschland, das den Frieden wollte, in seiner durch regen Fleiß und zähe Ausdauer errungenen Stellung zu bedrohen. Wir werden siegen! Deutsche Technik und die Macht deutscher Organisation stehen unserem Heere zur Seite.

Die übrigen Mitglieder unseres Verbandes stellen sich in ihrer freien Zeit Staat, Gemeinde und gemeinnützigen Anstalten zur Verfügung. Auch sie dienen damit dem Vaterlande!

Der Verband selbst hat sein Erholungsheim in Sondershausen dem Roten Kreuz als Lazarett übergeben.

Um aber die Not zu lindern, die der Krieg vor allem über die Familien der im Felde stehenden Krieger bringt, haben wir einen

Kriegsfonds

ins Leben gerufen, dem der Verband 5000 M überwiesen hat. Den Aufruf an unsere Mitglieder, durch freiwillige Spenden diesen Fonds aufzufüllen, hat bereits das vorige Heft der Deutschen Techniker-Zeitung gebracht.

Kollegen, die Ihr während des Krieges in gesicherten Stellungen verblieben seid, folgt dem Beispiel, mit dem der Geschäftsführende Vorstand und die Verbandsbeamten vorangegangen sind, zahlt ebenfalls monatlich 5% Eures Gehalts in diesen Unterstützungsfonds, beweist durch die Tat, daß auch Ihr für das Vaterland Opfer bringt und dabei vor allem Eurer Kollegen und ihrer Familien gedenkt, die die größten Opfer in diesem Riesenkampfe bringen. Es darf keiner sich ausschließen.

Aber auch Ihr Frauen der tapferen Krieger, die Ihr weiter das Gehalt Eurer Männer ausgezahlt erhaltet, handelt im Sinne Eurer Männer, steuert auch zu diesem Kriegsfonds, helft mit, das Elend derer zu mildern, die jetzt mittellos dastehen!

Die große Zeit, in der wir leben, braucht ein starkes Geschlecht, tapfere Männer und edle Frauen, die über den engen Kreis der Familie hinaus dem Vaterlande sich mit Herz und Hand ergeben. Zeigt der Welt, daß in unseren Verbandsmitgliedern und bei ihren Angehörigen dieser Geist lebendig ist, auf dem die Stärke unseres deutschen Volkes beruht. Hdl.

Die Deutsche Techniker-Zeitung erscheint von jetzt ab alle 14 Tage als Doppelheft.

Aufruf!

Kollegen, die Ihr nicht zu den Fahnen müßt, stellt Euch Staat, Gemeinde und gemeinnützigen Anstalten für Krankenpflege, Post, Straßenbahnen, Eisenbahnen, Elektrizitäts-, Gas- und Wasserwerken zur Verfügung. Das Vaterland braucht jeden!

Der Hauptgeschäftsstelle ist folgende Meldung einzureichen:

Hiermit stelle ich meine Dienste für .... während des ganzen Tages oder von .... Uhr ab zur Verfügung.

Name: .... Wohnort: ....

Beruf: .... Straße: ....

Die Hauptgeschäftsstelle gibt die Meldung an die zuständigen Stellen weiter.

Bekanntmachung

Wir geben folgendes Rundschreiben, das wir an die Zweigverwaltungen und Verwaltungsabteilungen gerichtet haben, nachstehend bekannt!

Die erste und dringendste Bitte, die wir durch dieses Rundschreiben an Sie richten, ist die, uns postwendend eine

Kriegsadresse

für Ihre Zweigverwaltung mitzuteilen. Wir können nicht übersehen, welche Vorstandsmitglieder infolge der Mobilisierung und teilweisen Einberufung des Landsturms zurückgeblieben sind. Die Aufrechterhaltung der Stellenvermittelung, die Durchführung unseres Rechtsschutzes und unserer Unterstützungs-Einrichtungen, soweit sie aufrecht erhalten werden können, die Erteilung von Rat und Auskunft in allen Fragen des praktischen Lebens, die jetzt an unsere Verbandsmitglieder und deren Angehörige herantreten, nötigen uns zur Aufrechterhaltung unserer Organisation, soweit es irgendwie möglich ist. Wenn wir darum an den Empfänger dieses Rundschreibens — wir wissen nicht, ob es überhaupt an alle Vorstandsmitglieder gelangt — die dringende Aufforderung richten, unverzüglich sich als Vertrauensmann für die Kriegszeit zu melden, so geschieht es aus dem Gedanken heraus, daß auch unser Verband in dieser schweren Zeit alles zu tun hat, was irgendwie geeignet ist, die Nöte, die der Krieg über uns bringen kann, für unsere Verbandsmitglieder zu mildern.

Neben der Einschränkung aller Ausgaben auf das unbedingt Notwendige, hat der Geschäftsführende Vorstand in seiner Sitzung vom 2. August die nachfolgenden Beschlüsse gefaßt:

1. Die Sterbegelder werden während des Feldzuges auch für die im Felde gefallenen Mitglieder in $^1/_3$ Höhe ausgezahlt. Es ist Ehrenpflicht der Verbandskollegen, die während des Feldzuges im Amt oder Stellung bleiben, sofort ihre restierenden und die bis einschließlich Dezember 1914 fälligen Beiträge zu entrichten, damit der Verband seine übernommenen Verpflichtungen durchführen kann.
2. Stellenlosen-Unterstützung und Darlehen werden während der Kriegswirren nicht mehr gezahlt.
3. Der Verband stellt einen Betrag von 5000 M als Grundstock für einen Unterstützungs-Fonds zur Verfügung und richtet den Appell an den Opfersinn seiner Mitglieder, durch freiwillige Spenden diesen Fonds so schnell wie möglich aufzufüllen. Aus diesem Fonds werden nichtrückzahlbare Unterstützungen den Angehörigen der Verbandsmitglieder gewährt. In Betracht kommen für diese Unterstützungen nur solche Angehörige, deren Ernährer unter den Waffen steht.
4. Das Erholungsheim des Deutschen Techniker-Verbandes wird dem Landesverein der Genossenschaft freiwilliger Krankenpflege im Kriege vom Roten Kreuz zur Verfügung gestellt.
5. Der Verband errichtet eine Auskunftsstelle für die Kollegen, um ihnen in allen Fragen des praktischen Lebens beratend zur Seite zu stehen.
6. Den Verbandsmitgliedern, die unter den Waffen stehen, werden ohne besonderen Antrag die Beiträge bis zur Demobilisierung gestundet.

Der Geschäftsführende Vorstand hat beschlossen, diese Beschlüsse sofort in Kraft zu setzen und den Gesamtvorstand nachträglich um Entlastung zu bitten.

Maßgebend für diese Maßnahmen war für uns vor allen Dingen der Grundsatz, daß wir den Verband über die Kriegszeit hinweg erhalten müssen und möglichst das Verbandsvermögen nicht angreifen.

Wenn wir die

Sterbegelder

auf $^1/_3$ herabgesetzt haben, so geschah das aus folgender Erwägung heraus. Nach der Satzung müßten diejenigen, die zum Militär einberufen werden, aus dem Verbande ausscheiden, wodurch alle ihre Rechte ruhen würden. Bei der großen Zahl unserer Verbandskollegen, die zu den Fahnen geeilt sind, wäre eine derartige Handhabung der Satzung aber eine große Ungerechtigkeit. Wir haben darum beschlossen, die Sterbegelder allen Verbandskollegen auszuzahlen, wenn wir auch dabei genötigt waren, den Betrag auf $^1/_3$ der satzungsgemäßen Höhe zu reduzieren.

Stellenlosen-Unterstützungen und Darlehen

während der Kriegszeit auszubezahlen, wäre für den Verband eine einfache Unmöglichkeit, da zu dieser Aufgabe nicht einmal unser Verbandsvermögen voraussichtlich ausreichen würde. Im übrigen kann es auch nicht Aufgabe der Stellenlosen-Unterstützung sein, wie sie satzungsgemäß begründet ist, über Zeiten der Not hinwegzuhelfen, die nicht durch Schäden des normalen Wirtschaftslebens, sondern durch den Krieg herbeigeführt worden sind. Wir dürfen wohl von der Einsicht aller unserer Mitglieder erwarten, daß sie die Notwendigkeit dieses Beschlusses verstehen werden und daß sie auch hier dessen eingedenk sind, daß, so schwer die wirtschaftlichen Nöte den einzelnen treffen mögen, es doch unsere Aufgabe ist, die Allgemeinheit, also hier unseren Verband, über die einzelne Person zu stellen.

Die Deutsche Techniker-Zeitung

erscheint diesmal noch in vollem Umfange, die Herausgabe wird aber in Zukunft nicht mehr in der Weise durchzuführen sein. Wir werden sie aber alle 14 Tage in verkleinertem Umfange erscheinen lassen.

Der Technische Gemeindebeamte

stellt sein Erscheinen während der Kriegswirren ganz ein, ebenso

der Zirkel.

Kriegsfonds

Der Verband hat einen Betrag von 5000 M. als Grundstock für einen Unterstützungsfonds zur Verfügung gestellt, der durch freiwillige Spenden aufgefüllt werden soll. Aus diesem Fonds werden nichtrückzahlbare Unterstützungen den Angehörigen der Verbandsmitglieder gewährt. In Betracht kommen für diese Unterstützungen nur solche Angehörige, deren Ernährer unter den Waffen steht. — Die Mitglieder des geschäftsführenden Vorstandes, die leitenden Beamten und das Bureaupersonal haben sich verpflichtet, 5% ihres Gehaltes in jedem Monat während des Krieges in diesen Fonds zu zahlen. Es sind dadurch bereits 500 M. weiter zugeführt worden.

Kollegen tut desgleichen!

Die Namen und Spenden werden in der Deutschen Techniker-Zeitung bekanntgegeben, aber in der Weise, daß immer mehrere Namen zusammen genannt werden, so daß die Höhe des Gehalts nicht zu erkennen ist.

Dagegen haben wir uns entschlossen, einen außerordentlichen

Kriegsfonds

zur Unterstützung der Angehörigen derjenigen Mitglieder einzurichten, die unter den Waffen stehen. Aus den Verbandsgeldern haben wir für diesen Fonds 5000,— M zur Verfügung gestellt, der durch freiwillige Spenden aufgefüllt werden soll. Die Mitglieder des Geschäftsführenden Vorstandes, die leitenden Beamten und unser Bureaupersonal sind mit dem Beispiele vorangegangen, daß sie sich verpflichtet haben, 5% ihres Monatsgehalts in diesen Kriegsfonds zu steuern. Wir erwarten auch von allen Verbandsmitgliedern, die sich in Stellung befinden oder deren Angehörigen das volle Gehalt weitergezahlt wird, daß sie in gleicher Weite dazu beitragen, damit den Angehörigen unserer Verbandsmitglieder, die brotlos geworden sind, über die schlimmste Not hinweggeholfen werden kann.

Eine ganz besondere Aufgabe wird

die Auskunftsstelle

zu erfüllen haben, die wir zur Beratung unserer Mitglieder und ihrer Angehörigen in allen Fragen des täglichen Lebens eingerichtet haben. Schriftliche Auskünfte werden nur von der Hauptgeschäftsstelle in Berlin erteilt. Für mündliche Auskünfte stehen unsere Geschäftsstellen, soweit sich deren Betrieb aufrechterhalten läßt, zur Verfügung. Unsere Mitglieder und ihre Angehörigen können sich in allen Fragen an uns wenden, in denen sie eines Rates bedürfen. Wir nennen außer den Fragen des Dienstvertrages u. a. Schuldverhältnisse, Miets-Angelegenheiten, Steuersachen, Versicherungsbeiträge, Vormundschaftssachen, Erbangelegenheiten, Hypothekensachen usf.

Auch die

Verkündigungsblätter

werden selbstverständlich vorläufig nicht mehr verwandt.

Für die Bezieher der

Vakanzenliste

ist folgendes zu beachten. Die Zusendung der Vakanzenliste an diejenigen Mitglieder, die bis jetzt den Bezug beantragt haben, wird eingestellt. Wer sich jetzt durch den Verband um eine Stelle bewerben will, muß einen neuen Antrag um Uebersendung der Vakanzenliste stellen. In dem nächsten Heft der D. T.-Z. hoffen wir, bereits sämtliche Kriegsadressen der Zweigverwaltungen bekanntgeben zu können. Wir machen es allen für die Kriegszeit ernannten Obmännern zur Aufgabe, soweit es in diesen Zeiten überhaupt möglich ist, sich der Vermittelung von Stellen zu widmen.

Wir richten ferner zum Schluß das dringende Ersuchen an die Herren

Kassierer,

die vorhandenen Kassenbestände sofort an die Hauptgeschäftsstelle zu übermitteln. Ausgaben für Agitation haben die Ortsverwaltungen jetzt nicht; dafür wird aber in der Hauptgeschäftsstelle zur Bestreitung der Unterstützungsansprüche jeder Betrag dringend gebraucht.

Mit kollegialem Gruße!

Deutscher Techniker-Verband.

gez. P. Reifland, I. Vorsitzender.
gez. Dr. Höfle, Direktor.

An unsere Jungmannschaft!

Der Ruf des Vaterlandes hat auch zahlreiche deutsche Studenten um die Fahnen versammelt. Als Kriegsfreiwillige nehmen sie vielfach am Schlachtenschicksal unseres Heeres teil. Durch die ins Feld ziehende Jugend hätten sich die Hörsäle unserer Universitäten und Hochschulen, auch wenn nicht gerade Ferienzeit wäre, doch sehr bald geleert. Wenn man dies jetzt zum Ruhme unserer deutschen Studentenschaft hier und dort feststellt, so sollte man nicht vergessen, daß auch unsere weitaus zahlreicheren technischen Mittelschulen eine große Schar von Kriegsteilnehmern entsandt haben. Gerade der studierende Techniker ist in der Regel im waffenfähigen Alter, denn er nimmt erst in reiferen Jahren, nach mehrjähriger praktischer Tätigkeit, seine theoretischen Studien auf und hat dann nicht selten auch seiner gewöhnlichen Militärpflicht bereits genügt.

Die ausrückenden Jünger der Technik besuchten vielfach schon die höhere Klasse und sind daher häufig Hospitanten-Mitglieder unseres Verbandes. Wir begleiten sie im Geiste mit unseren Wünschen für das Vaterland.

Den zurückbleibenden Studierenden unserer technischen Lehranstalten erwächst aber in dieser schweren Zeit, wo allem, was Deutsche im Frieden schufen, so auch unserem Deutschen Techniker-Verband, große Gefahren drohen, eine hohe und ernste Pflicht. Der Dienst für das Vaterland — sei es als Ernte-Hilfsarbeiter, als freiwilliger Krankenpfleger, Verteiler von Liebesgaben usw. — über alles! Davon abgesehen aber ist Arbeit zu leisten und sind Opfer zu bringen für unsere gemeinsame große Sache, den Deutschen Techniker-Verband! Was uns die wirtschaftliche Not gelehrt hat zu schaffen, das darf keine Kriegsnot zu Grunde richten. Schon jetzt, nicht erst nach Friedensschluß, fällt allen Technikern, die dazu in der Lage sind, und so in erster Linie der technischen Jungmannschaft, die Aufgabe zu, mit daran zu arbeiten, daß wir die Grundlagen unseres Verbandes während der Kriegszeit erhalten können.

Es ist darum Pflicht aller Hospitanten, dafür zu sorgen, daß uns auch jetzt unter den die Lehranstalt weiter Besuchenden neue Hospitanten-Mitglieder geworben werden, vor allen Dingen aber Pflicht aller, die ihre Studien jetzt beendet haben und nicht unter der Fahne stehen, unter Angabe ihrer neuen Adresse sofort ihre Beiträge als ordentliche Verbandsmitglieder zu entrichten, die sie ja jetzt sowieso gemäß der Satzung nach Beendigung des Studiums geworden sind.

Mf.

Kriegsadressen

Bis jetzt sind auf Grund unseres Rundschreibens uns für die nachstehenden Verwaltungen Kriegsadressen angegeben worden. Wir bitten dringend auch die Mitglieder der anderen Zweigverwaltungen, sich freiwillig zur Uebernahme des Vertrauensamtes zu melden. Durch ein besonderes Rundschreiben werden die Kriegsobmänner mit ihren Aufgaben vertraut gemacht werden.

Aue: Karl Georgi, Aue i. Erzgb., Pfarrstr. 22.
Augsburg: W. Arnold, Augsburg 2, Jakoberstr. G 26.
Bautzen: Alfr. Reh, Bautzen, Schäfferstr. 31.
Bayreuth: Anton Schafnitzl, Bayreuth, Rich.-Wagner-Str. 40.
Bergedorf: Hans Eggert, Bergedorf, Sillemstr. 15.
Berlin-Lichtenberg: Aug. Meyer, Berlin-Lichtenbg., Rathausstr. 3.
Berlin-Nieder-Schöneweide: Wilh. Gurrau, Berlin-Nieder-Schöneweide, Brückenstr. 29.
Berlin-Pankow: E. Franzen, Berlin-Pankow, Florapromenade 28.
Berlin-Tempelhof: Ing. Emil Frischmuth, Berlin-Tempelhof, Werder-Straße 16.
Berlin-Weißensee: Max Rotzoll, Berlin-Weißensee, Sedanstr. 78.
Bottrop: B. Leniger, Bottrop, Wilhelmstr. 20.
Braunschweig: Ing. Paul Pelka, Braunschweig, Rudolfstr. 11.
Bremen: J. Wiencken, Bremen, Gösselstr. 60.
Briesen: Bauf. M. Schmidt, Briesen i. W., Bahnhofstr. 73.
Breslau: Willy Scheuner, Breslau, Scheitniger Str. 26.
Buer i. W.: Theodor Strotmann, Buer i. W., Urbanusstr. 30.
Bunzlau: F. Trammitz, Bunzlau, Am Bahnhof 2.
Cannstatt: W. Metzger, Stuttgart, Wolframstr. 66.
Celle: Carl Hennekens, Celle, Harburger Straße 8 a.
Charlottenburg: Rob. Eckhardt, Charlottenburg, Kais.-Augusta-Allee 90.
Coblenz: Ing. Franz Müller, Coblenz, Chlodwigstr. 17.
Coburg: W. Hahn, Coburg, Metzgergasse 6.
Coethen: H. Vellbinger, Coethen i. A., Franzstr. 53.
Cottbus: Karl Sichler, Cottbus, Wilhelmstr. 5.
Crefeld: Hans Schneppenhorst, Ing., Crefeld, Louisenstr. 26.
Crimmitschau: Ing. W. Franke, Crimmitschau, Moltkestr. 10.
Cüstrin: Wiegand Schlage, Cüstrin, Schützenstr. 1.
Darmstadt: H. Sattler, Darmstadt, Viktoriastr. 26.
Deggendorf: Jul. Brand, Deggendorf, Pflegstr. 60.
Delmenhorst: Heinr. Schröder, Delmenhorst, Kantstr. 53.
Dessau: G. Stock, Dessau, Beaumontstr. 6.
Detmold: W. Köller, Detmold, Werrestr. 2.
Dresden: Otto Lippmann, Dresden, Alttrachau 10.
Düsseldorf: Hugo Ruwoldt, Düsseldorf, Burgmüllerstr. 23.
Eßlingen: J. Bernhardt, Mettingen i. Wttbg., Maschinenfabrik Eßlingen.
Feuerbach: Gust. Wörner, Feuerbach, Ludwigstr. 56.
Forst i. L.: Max Thiele, Forst i. L., Albertstr. 6.
Frankfurt a. O.: Bernh. Brandes, Frankfurt a. O., Gr. Müllroser Straße 51 a.
Freiberg i. Sa.: Max Leonhardt, Freiberg i. Sa., Rittergasse 11.
Friedland: Otto Heusler, Friedland i. M., Gerichtstr. 1.
Gelsenkirchen: Jul. Schüller, Gelsenkirchen, Hochstr. 24.
Gerdauen: August Claus, Gerdauen, Poststr. 2.
Gießen: Georg Grünig, Gießen, Bahnhofstr. 66.
Glatz: Alfons Heinemann, Glatz, Friedrichstr. 16 b.
Goslar: Eisenb.-Sekr. G. Schulz, Goslar a. H., Bäckerstr. 63c, I.
Großenhain: Hugo Rothe, Großenhain, Kirchpl. 10.
Grünberg i. Schl.: Magn. Müller, Grünberg i. Schl., Blücherstr. 2.
Halle-Saalkr.: Emil Naupert, Halle a. S., Kl.-Berlin Nr. 2 pt.
Hamburg: G. Heins, Hamburg, Banksstr. 250.
Hanau: A. Jung, Hanau, Bernhardstr. 6.
Hannover-Lind.: Herm. Kahn, Hannover, Hartmannstr. 2.
Harburg: W. Fehse, Harburg a. E., Wilsdorfer Str. 76 I.
Hirschberg i. Schl.: Ing. A. Meißner, Hirschberg i. Schl., Wilhelmstraße 68 a.
Hof a. S.: H. Stöhr, Hof a. S. Ludwigstr. 17.
Hohensalza: C. Palm, Hohensalza, Jagenower Str. 27.
Jena: Chr. Behrends, Jena, Marienstr. 13.
Kattowitz (O.-S.): Jos. Jelinski, Kattowitz (O.-S.), Wilhelmpl. 5.
Kiel: W. Heinitz, Kiel-Gaard., Kirchenweg 36.
Königsberg i. Pr.: Conr. Flögel, Königsberg i. Pr., Hardenbergstraße 3.
Königswusterhausen: Franz Otto, Königswusterhausen, Luckenwalder Straße 42.
Köslin: Hans Battige, Köslin, Bergstr. 33.
Kolberg: Adolf Dieckmann, Kolberg, Kanalbauamt.
Kreuzburg: Karl Meitner, Kreuzburg, Pitschnerstr. 20.
Leipzig: H. Drachau, Leipzig-Li., Lützener Straße 62.
Lengerich: E. Lehrbach, Lengerich i. W., Bergstr. 52.
Löbau: Hans Proßmann, Löbau, Neumarkt 12.
Ludwigshafen: K. Meinhardt, Ludwigshafen a. Rh., Mendelsohnstraße 24.
Mannheim: Rich. Kluge, Mannheim, Spelzenstr. 13.
Marburg: Carl Haedke, Marburg a. L., C[illegible]eler Straße 3.
Meißen: O. Berndt, Meißen, Rauentalstr. 29.
Merseburg: Max Ludwig, Merseburg, Am Stadtpark 1.
Minden: Emil Bernreuter, Minden i. W., Bäckerstr. 48.
Mühlhausen: Carl Krieger, Mühlhausen a. Rh., Graßhofstr. 1.
Mülheim: Rich. Kuhnke, Mülheim a. Rh., Roonstr. 12/14.
München-Gladbach: Paul Castell, München-Gladbach, Dalemer Straße 164.
Münster: Karl Weyer, Münster i. W., Schulstr. 11.

Neugersdorf: Rich. Poppe, Seifhennersdorf, Zollstr. 75[a].
Neuruppin: H. Schwarzkopf, Neuruppin, Präsidentenstr. 57.
Neusalz: Jul. Kroft, Neusalz a. O., Paulinerhütte.
Neustettin: W. Luther, Neustettin, Schloßstr. 11.
Neustrelitz: P. Gierow, Neustrelitz, Töpferberg 5.
Niesky: Frd. Eggeling, Niesky, Konsulstr. 1.
Nowawes: Rich. Veith, Nowawes, Yorkstr. 41.
Nürnberg: Carl Held, Nürnberg, Wirthstr. 16.
Offenbach: Karl Horn, Offenbach a. M., Bismarckstr. 27.
Oranienburg: Dietr. Rummel, Oranienburg, Markgrafenstr. 1.
Penig: G. Tränkner, Penig i. Sa., Schillerstr. 2.
Plauen: Max Seyfert, Plauen, Karlstr. 52.
Plauenscher Grund: Paul Ficke, Potschappel, Lindenstr. 7.
Potsdam: Ferd. Hüttenhain, Potsdam, Viktoriastr. 11.
Prenzlau: E. Matuschek, Prenzlau, Winterfelder Straße 37.
Quedlinburg: C. Brunswig, Quedlinburg, Schützenstr. 12.
Rastenburg: Georg Höpfner, Rastenburg, Angerburger Straße 31.
Rathenow: Herm. Jungblut, Rathenow, Spandauer Straße 2.
Regensburg i. B.: Adam Bauer, Regensburg, Gesandtenstr. 4.
Rendsburg: Walter Grade, Rendsburg-Büdelsdorf, Mühlenstr. 4.
Rostock: Walter Krohn, Rostock, Kabutzenhof 10.
Sagan: Emil Kreßler, Sagan, Sprottauer Straße 34.
Schkeuditz: Bernh. Geschke, Architekt, Schkeuditz.
Schmölln: Alfred Heinze, Schmölln Sa.-A., Amtsplatz 5.
Schwedt a. O.: Herm. Weihrauch, Schwedt, Berliner Straße 39.
Schweidnitz: Manfred Kuske, Schweidnitz, Markt 12.
Selb: Frau Anna Rötzer, Selb i. Bay., Poststr. 111 a.
Senftenberg i. L.: M. Winkler, Senftenberg, Bahnhofstr. 16.
Spandau: Friedr. Arnold, Spandau, Ruhlebener Str. 3.
Stade: C. Fries, Stade-Campe, Harburger Straße.
Stralsund: Walter Busch, Stralsund, Frankenstr. 14.
Stuttgart: E. Baisch, Cannstadt, Moltkestr. 91.
Trebnitz: Rich. Heinze, Trebnitz i. Schles., Fünftisch-Straße.
Vegesack: Otto Schulz, Grohn (P. Vegesack), Lange Straße 12.
Verden a. Aller: W. Söhle, Verden a. Aller, Kleinbahnhof.
Vietz: Joh. Wappler, Vietz.
Waldenburg: Gust. Sippach, Altwasser, Freiburger Straße 51.
Warmbrunn: Rechn.-Rat Paul Beßler, Warmbrunn, Neumarkt 1.
Wehlau: Hugo Kummer, Wehlau, Scheunenstr. 17.
Weißenfels: P. Schönburg, Weißenfels, Herrmannstr. 9.
Werdau: Paul Hentschel, Werdau, Burgstr. 31.
Westpriegnitz: Joh. Behrends, Perleberg, Judenstr. 14.
Wilhelmshaven-Rüstringen: F. Mammen, Rüstringen, Bremer Straße 49.
Wittenberg: M. Lindemann, Wittenberg (Bez. Halle), Bürgermeisterstraße 4.
Wollstein: Arth. Köhler, Wollstein, Bergstr. 55.
Würzburg: Wilh. Krähmer, Würzburg, Weißenburger Straße 11.
Wurzen: Herm. Kaumbach, Wurzen, Reichsstr. 12.
Zeitz: Albert Laue, Zeitz, Kaiser-Wilhelm-Straße 71.
Züllichau: Dietr. Wagschal, Zschicherzig, Kr. Züllichau.

VOLKSWIRTSCHAFT

Die Unterstützung der Familien Einberufener

Das Gesetz über die Unterstützung von Familien in den Dienst eingetretener Mannschaften vom 28. Februar 1888 ist in der denkwürdigen Sitzung des Reichstages vom 4. August in drei wichtigen Punkten verbessert worden. Es sind neben den Familien der Dienstpflichtigen auch die Familien derer berücksichtigt worden, die freiwillig im Heere oder in der freiwilligen Krankenpflege Dienst leisten. Ferner ist das Gesetz auch auf die unehelichen Kinder ausgedehnt worden, insofern eine Verpflichtung des Vaters zur Gewährung des Unterhalts festgestellt ist. Und schließlich sind die Unterstützungssätze von 6 bezw. 9 M folgendermaßen erhöht worden:

a) für die Ehefrau im Mai, Juni, Juli, August, September, Oktober auf monatlich 9 M, in den übrigen Monaten auf 12 M;

b) für jedes Kind unter 15 Jahren auf monatlich 6 M.

Viele Kommunen haben beschlossen, zu diesen staatlichen Unterstützungen Zuschüsse zu gewähren. Berlin hat z. B. die gleichen Sätze wie der Staat beschlossen. Am weitesten ist wohl Leipzig gegangen, das einen 300prozentigen Zuschuß zu der Staatsunterstützung leistet.

*

Lebensversicherungen während des Krieges

Der Deutsche Versicherungs-Schutzverband macht bezüglich der Lebensversicherung auf folgendes aufmerksam: Nicht nur diejenigen Lebensversicherten, die das Kriegsrisiko weder durch die Bedingungen noch durch besonderen Nachtrag in die Versicherung haben einschließen lassen, also gegen die Kriegsgefahr bis jetzt noch nicht gedeckt sind, dies aber nunmehr beabsichtigen, sondern auch die bereits gegen Kriegsgefahr Versicherten müssen unverzüglich bei der Direktion ihrer Gesellschaft Antrag auf Einschluß der Kriegsversicherung stellen und Mitteilung von der erfolgten oder bevorstehenden Einberufung machen. Ob alle Gesellschaften angesichts des Kriegsausbruchs das Kriegsrisiko einschließen werden, ist fraglich. Nach einer vom Schutzverband in Berlin vorgenommenen Umfrage bei zahlreichen Gesellschaften und ihren Berliner Subdirektionen werden wohl viele Gesellschaften gegen einen entsprechenden Prämienzuschlag und innerhalb einer bestimmten Frist auch jetzt noch Deckung gegen Kriegsgefahr gewähren. Auch wenn das Kriegsrisiko nicht eingeschlossen ist, besteht in jedem Falle Anspruch auf die volle Prämienreserve. Auf die einige — in der Regel wenigstens drei — Jahre bestehenden Lebensversicherungen gewähren die Gesellschaften Darlehen in Höhe von regelmäßig bis 75% der Prämienreserve gegen einen Zinszuschlag, der in normalen Zeiten 5% für das Jahr beträgt.

SOZIALPOLITIK

Gehaltszahlungen an Einberufene

Der Krieg hat schon jetzt über Tausende eine Notlage gebracht. Die Unterstützungssätze, die der Staat an die zurückbleibenden Familien der zum Heeresdienst einberufenen Arbeiter und Angestellten zahlt, können naturgemäß nicht hinreichen, um die Aufrechterhaltung ihres Haushaltes sicher zu stellen. Auch die Wirksamkeit unserer Sozialpolitik, die für eine friedliche Entwicklung geschaffen wurde, ist nicht darauf eingestellt, der Not in Kriegszeiten ausreichend zu steuern. Eine amtliche Auslassung weist daher darauf hin, daß es jetzt selbstverständliche Pflicht jedes Arbeitgebers ist, möglichst vielen Arbeitskräften Beschäftigung zu gewähren. Verlängert dürfe die Arbeitszeit nur werden, wenn und solange Ersatzarbeitskräfte nicht zu beschaffen sind oder wenn die vorhandenen Betriebsräume, Einrichtungen oder Maschinen die Einstellung vermehrter Arbeitskräfte nicht zulassen. Von den neuen gesetzlichen Grundlagen für die Abweichung von den Bestimmungen der Gewerbeordnung, insbesondere über die Beschäftigung von Frauen und Kindern, soll nur in dringenden Ausnahmefällen Gebrauch gemacht werden.

Vorbildlich für private Arbeitgeber haben bereits viele Behörden besondere Fürsorgemaßnahmen für die Angehörigen der einberufenen Arbeiter und Beamten getroffen. So soll den Angehörigen der im Felde stehenden Arbeiter, die in Reichs- und preußischen Staatsbetrieben ständig beschäftigt waren, nach einer Vereinbarung der beteiligten Verwaltungen bis auf weiteres der Lohn des Einberufenen in folgender Weise fortgewährt werden: a) der Ehefrau je nach Bedarf bis zu 25% des Lohnes; b) jedem Kinde unter 15 Jahren je nach Bedarf bis zu 6% des Lohnes, im ganzen für alle höchstens die Hälfte des Lohnes. Die Bezüge im einzelnen werden unter Berücksichtigung der örtlichen Verhältnisse und der Höhe des Lohnes bemessen werden.

Auch der Hamburger Senat hat die Gehaltsfortzahlung zugunsten der Beamten, die zum Heeresdienst einberufen sind oder sich freiwillig gestellt haben, in Uebereinstimmung mit den für die Reichs- und preußischen Beamten bestehenden Vorschriften geregelt. Ein zurzeit vorliegender Antrag, auch für die Familien der nicht im Beamtenverhältnis stehenden Personen, die bis zum Einstellungstage dem Staate längere Zeit ununterbrochen gedient haben und durch den Krieg ihrer bisherigen Tätigkeit entrückt wurden, in gleicher Weise zu sorgen, dürfte beim Erscheinen dieser Zeilen Annahme gefunden haben.

Die Treptower Gemeindevertretung hat beschlossen, allen im Felde stehenden Beamten und sonstigen Angestellten das volle Gehalt und Diensteinkommen während des Feldzuges zu zahlen. Die Familienangehörigen der Gemeindearbeiter erhalten den vollen Tagelohn, der bisher von den Arbeitern verdient wurde. Aehnliche Beschlüsse sind auch von anderen Gemeindeverwaltungen wohl in Kürze zu erwarten.

Von der Landesversicherungsanstalt Berlin wird allen zum Kriegsdienst eingezogenen oder freiwillig eingetretenen Personen, auch wenn sie nicht mit Beamtenrecht angestellt sind, das Gehalt fortgezahlt und die Dienststelle offengehalten werden, mit Ausnahme der zu einer sechsmonatlichen Probedienstzeit einberufen gewesenen Militäranwärter. Infolge der Betriebseinschränkungen sollen Entlassungen nicht verwendbarer Kräfte vermieden werden, soweit diese nicht anderweitig Arbeit bekommen können.

Weiter ist ein Erlaß des preußischen Handelsministers an die Handelskammern zu verzeichnen, in dem es u. a. heißt, das nationale Interesse erfordere es in besonderem Maße, daß Entlassungen von Arbeitern und Angestellten in den ersten Wochen der Mobilmachung nach Möglichkeit vermieden werden. Er habe das feste Vertrauen zu der bewährten Vaterlandsliebe von Handel, Gewerbe und Industrie, daß die beteiligten Arbeitgeber alles, was in ihren Kräften steht, tun werden, um auch unter persönlichen Opfern die Weiterbeschäftigung ihrer Angestellten und Arbeiter zu ermöglichen.

Erfreulicherweise hat sich die Erwartung des Ministers schon in einer größeren Zahl von Fällen bestätigt. Der Stahlwerksverband hat bereits am 30. Juli an seine sämtlichen Beamten ein Rundschreiben gerichtet, in dem es nach einem Hinweis auf die Möglichkeit einer Mobilisierung heißt: „Um denjenigen Beamten und Angestellten, die als Familienväter bezw. Ernährer ihrer Familien einberufen werden, die Sorge um ihre zurückbleibenden Familienmitglieder zu benehmen, ist der Stahlwerksverband bereit, soweit er dazu in der Lage bleibt, den von ihnen als empfangsberechtigt zu bezeichnenden Familienmitgliedern das Gehalt unter dem Vorbehalt der Einzelprüfung weiter zu zahlen. Ebenso dürfen diejenigen einberufenen Beamten und Angestellten, die nicht für Angehörige zu sorgen haben, auf die Unterstützung des Verbandes rechnen; vor allem in der Hinsicht, daß er ihnen ihre Stellung wenn irgend möglich offen hält." Der Vorstand der Mannesmannröhrenwerke hat beschlossen, den verheirateten Angestellten, die infolge einer Mobilmachung zur Fahne einberufen werden, für die Dauer eines etwaigen Krieges das seither bezogene Gehalt zu Händen ihrer Frau oder Kinder weiter zu zahlen, den unverheirateten Angestellten aus gleicher Veranlassung für die Dauer eines etwaigen Krieges 25% ihres seitherigen Gehaltes auf Sparkassenkonto gutzuschreiben. Ueber die gutgeschriebenen Beträge kann nach Bedarf von seiten der Angestellten verfügt werden. Den Angestellten steht die bisherige Stellung für die Dauer des Krieges offen. Die Firma Voigt & Haffner, A.-G., Frankfurt a. M. gab ihrer Beamtenschaft bekannt, daß sie den ins Feld ziehenden Angestellten bis auf weiteres das Gehalt unverkürzt anweisen will. Der Betrag kann durch die Angehörigen erhoben werden. Die A. E. G. zahlt den einberufenen Angestellten für den Monat August, soweit sie unverheiratet sind, sogleich oder am Tage späterer Einberufung das volle Monatsgehalt für August, den Angestellten mit eigenem Hausstande sogleich oder am Tage späterer Einberufung die Hälfte ihres Gehalts für August, die andere Hälfte wird einem empfangsberechtigten Mitgliede des Hausstandes am 31. August gezahlt. Für den Monat September werden für die verheirateten Angestellten der Ehefrau die Hälfte des Monatsgehaltes des Mannes und außerdem für jedes ihrem Haushalt zugehörige Kind unter 16 Jahren 5% des Gehaltes gewährt. Der Frau eines einberufenen Arbeiters soll bis auf weiteres ein Betrag von 6 M wöchentlich und für jedes ihrem Haushalt zugehörige Kind 1 M wöchentlich ausgezahlt werden. Die gleichen Bestimmungen gelten für die B. E. W., E. L. G., N. A. G. und die von der A. E. G. kontrollierten Berliner Gesellschaften m. b. H. Die Auergesellschaft (Deutsche Gasglühlicht A.-G.) zahlt jedem zur Fahne einberufenen Angestellten noch sein Augustgehalt. Der Familie jedes verheirateten Angestellten gewährt sie soviel Monate Unterstützung, wie er volle Jahre in ihren Diensten gewesen ist, für die Ehefrau 50% und für jedes im Haushalt lebende Kind ohne eigenen Erwerb 5%, im ganzen höchstens 80% des Monatsgehalts. Die Siemens & Halske A.-G. und die Siemens-Schuckert-Werke, G. m. b. H., zahlen ihren in den Krieg ziehenden Beamten und Hilfsbeamten außer dem Gehalt bis einschließlich des Tages des Abganges ein weiteres Monatsgehalt. Die Ehefrauen der Einberufenen erhalten zunächst noch für einen weiteren Monat die Hälfte des Monatsgehalts des Mannes und außerdem für jedes im Haushalt lebende Kind unter 14 Jahren weitere 5% des Gehalts. Die Julius Pintsch A.-G. hat beschlossen, ihren mit monatlichem Gehalt angestellten ca. 100 Beamten, die zur Dienstleistung im Heere einberufen werden, vom Tage ihres Austritts aus der Firma das Gehalt noch auf die Dauer von 6 Wochen zu zahlen. Nach Ablauf dieser 6 Wochen behält sich die Firma vor, nach Prüfung der Verhältnisse weitere Unterstützungen zu zahlen. Die Gesellschaft für drahtlose Telegraphie hat auch aus Anlaß der Einberufung zahlreicher Angestellten für die Unterstützung deren Familien gesorgt. Jeder zur Fahne gerufene Arbeiter erhielt 20 M, während die Frau wöchentlich 6 M und jedes Kind 1 M erhält. Auch bei den Beamten ist die Unterstützungsfrage geregelt. Die Firma Zwietusch & Co., Charlottenburg, zahlte den verheirateten Angestellten das volle Monatsgehalt. Für die folgenden Monate wird an die Frauen die Hälfte des Gehalts und außerdem für jedes Kind unter 14 Jahren 5% des Monatsgehalts gezahlt. Die Firma Krupp, Essen, zahlt jedem verheirateten Einberufenen 30 M, jedem unverheirateten 10 M als Zuschuß zu den mit der Mobilmachung verbundenen Ausgaben. Zurückbleibenden Familien soll für die nächsten zwei Lohnperioden die Hälfte des bisherigen Arbeitsverdienstes des Einberufenen gezahlt werden. Zur Fahne gerufene Beamte gelten zunächst auf die Dauer von drei Monaten unter Fortzahlung des Gehalts als beurlaubt. Die optischen Werkstätten von Karl Zeiß, Jena, zahlen der Ehefrau des im Felde stehenden Beamten vier Sechszehntel des pensionsfähigen Lohnes bezw. Gehaltes und außerdem für jedes Kind ein Sechszehntel mehr. Die Zeit des Kriegsdienstes wird von der pensionsfähigen Dienstzeit nicht in Abzug gebracht. — Verschiedene Banken, so die Deutsche Bank und die Münchener Banken, haben sich bereit erklärt, den zum Kriegsdienst berufenen Angestellten das Gehalt weiter zu bezahlen. Die Aeltesten der Berliner Kaufmannschaft haben einen Aufruf erlassen, worin sie um Bekanntgabe der Adressen solcher Firmen, die ihren am Kriege teilnehmenden Angestellten das Gehalt weiterzahlen, ersuchen. Mf.

*

Sozialer Burgfriede

In der Begeisterung, mit der die gesamte waffenfähige Bevölkerung zu den Fahnen geeilt ist, ist die leider nur zu oft berechtigte Gegnerschaft zwischen Arbeitnehmern und Arbeitgebern völlig untergetaucht. Die schwere Fehde zwischen dem Holzarbeiterverband und dem Arbeitgeberschutzverband für das deutsche Holzgewerbe ist auf beiden Seiten vergessen. Auf Veranlassung des Holzarbeiterverbandes hat der Vorsitzende Rahardt der Arbeitgeberorganisation einen in warmen Worten gekleideten Aufruf an seine Kollegen erlassen, worin zur Einleitung einer Hilfsaktion für die Frauen und Kinder der einberufenen Arbeiter in

Freiwillige vor!

Von vielen Zweigverwaltungen und Abteilungen stehen sämtliche Vorstandsmitglieder unter den Waffen. Wir bitten Mitglieder aller Zweigverwaltungen, deren Kriegsadresse nicht in diesem Heft veröffentlicht ist, sich freiwillig zur Uebernahme der Verwaltung ihrer Zweigverwaltung oder Abteilung bereit zu erklären.

Frauen unserer Kollegen!

Wenn Ihr das Gehalt Eures im Felde stehenden Mannes weiter bezieht, so sendet möglichst sofort den Beitrag bis zum Schlusse des Jahres (2 Mark für den Monat) an den

Deutschen Techniker-Verband

Berlin SW. 48, Wilhelmstraße 130

ein.

Ihr handelt damit im Sinne Eurer Männer!

Gemeinschaft mit deren örtlichen Organisation aufgefordert wird. Der in den Kämpfen um das Koalitionsrecht als schärfster Gegner der Angestellten bekannte Verband bayerischer Metallindustriellen hat 100000 M zur Verfügung für die Arbeiter gestellt, die durch Betriebseinstellung eines Verbandsbetriebes, in dem sie seit mindestens einem Jahre arbeiten, arbeitslos wurden. Auch der Bund der Industriellen erließ einen Aufruf, in dem auf die Verpflichtung hingewiesen wird, für die Angehörigen der Krieger zu sorgen. Soweit die Betriebe seiner Mitglieder geschlossen werden mußten, haben sich die Besitzer bereit erklärt, den Arbeitern für die nächsten vierzehn Tage den vollen Lohn und von da ab die Hälfte des Lohnes zu bezahlen. Der Bund stellt seine gesamte Organisation in den Dienst der Ernte- und Proviantarbeiten. Mf.

*

Zentralisierung des Arbeitsnachweises

In dem Erlaß des Ministers des Innern an die Regierungspräsidenten heißt es: Um die in allen Teilen des Reichs hervortretenden Bestrebungen für Arbeitsvermittlung einheitlich zusammenzufassen, insbesondere um die in Deutschland vorhandenen russischen Arbeiter für landwirtschaftliche Arbeiten möglichst auszunutzen und in den Städten arbeitslos gewordenen Industriearbeitern auf dem Lande Arbeit zu verschaffen, ist auf Veranlassung des Reichskanzlers im Reichsamt des Innern eine „Reichszentrale der Arbeitsnachweise“ unter dem Vorsitz des Direktors im Reichsamt des Innern Dr. Lewald errichtet worden. Die Reichszentrale (Telegrammadresse „Reichsarbeit“) steht in engem Zusammenhange mit allen vorhandenen Arbeitsnachweis-Organisationen, den öffentlichen und gemeinnützigen, den Nachweisen der Arbeitgeber- und der Arbeitnehmerverbände, ferner mit den Organisationen der Landwirtschaftskammern, des Zentralverbandes Deutscher Industrieller, des Bundes der Industriellen, des Hansabundes, der christlichen, Hirsch-Dunckerschen und freien Gewerkschaften. Die selbständige Tätigkeit aller dieser Organisationen soll in vollem Umfange aufrechterhalten, jedoch nach gemeinsamen Zielpunkten gelenkt werden.

*

Kriegsausschuß der deutschen Industrie

In einer am 8. August vom Zentralverbande deutscher Industrieller, woran der Staatssekretär des Innern, Staatsminister Delbrück, teilnahm, wurde beschlossen, sofort einen Kriegsausschuß der deutschen Industrie zu bilden. Dieser Kriegsausschuß stellte sich die Aufgabe, die systematische Verteilung und Unterbringung der Angestellten und Arbeiter sowohl in der Landwirtschaft wie in der Industrie zu sichern, die Unterstützung und Beschäftigung notleidender Zweige der Industrie zu fördern, für schnellste Verbreitung der staatlichen Lieferungsausschreibungen Sorge zu tragen, sowie überhaupt der Industrie in allen aus dem Kriegszustande sich ergebenden Verwaltungsrechtsfragen zur Seite zu stehen. Der Staatssekretär erkannte in der Debatte sowohl die Zweckmäßigkeit als auch die Notwendigkeit einer solchen zusammenfassenden Organisation an und stellte auch weitestgehende Unterstützung von Seiten der Reichsverwaltung in Aussicht. Für die zunächst wichtigste Frage der Verteilung der Arbeitskräfte zwischen den verschiedenen Bezirken und Industrien des Reiches ist eine enge Zusammenarbeit mit der zu diesem Zwecke vom Reichsamt des Innern gebildeten „Reichszentrale der Arbeitsnachweise“ beschlossen worden.

*

Die Krankenkassen

Um die Krankenkassen betriebsfähig zu erhalten, ist eine harte, aber für viele Kassen wohl unbedingt notwendige Maßnahme erfolgt: Für die Orts-, Innungs- und auch die Betriebskrankenkassen sind die Beiträge auf $4^1/_2$% des Grundlohnes heraufgesetzt worden, die Leistungen aber auf die Regelleistungen beschränkt worden. Diese Maßnahmen, auf die für frühere Monate fällige Beiträge keinen Einfluß haben, betrifft auch nicht die Leistungen, die schon vor Erlaß der Verordnung begonnen haben, die selbstverständlich weiter gewährt werden müssen. Allerdings können Kassen, die ihren Verhältnissen nach bei niedrigeren Beiträgen oder höheren Leistungen leistungsfähig bleiben, mit besonderer Genehmigung des Versicherungsamtes bei ihren alten Bestimmungen bleiben.

Recht bedauerlich ist der Beschluß, daß die Krankenversicherung der Hausgewerbetreibenden aufgehoben wird. Wenn auch hier die Möglichkeit geboten ist, daß Kassen, die finanziell leistungsfähig sind, die Versicherung der Hausgewerbetreibenden weiter durchführen können, so ist doch zu erwarten, daß nur recht wenige Kassen um eine solche Genehmigung nachsuchen werden.

Erfreulich ist der Erlaß eines Gesetzes, wonach alle Versicherten, die zum Heeresdienst einberufen oder im Sanitäts- oder ähnlichen Dienst tätig sind und dadurch für die Kriegszeit aus der Versicherung ausscheiden, nach Beendigung ihrer Militärdienstzeit der Krankenversicherung unter unverkürzter Aufrechterhaltung aller ihrer Rechte und Anwartschaften wieder eintreten können.

*

Unfallversicherung und der Krieg

Das Reichsversicherungsamt hat mit den Vertretern der Berufsgenossenschaften sich über eine Reihe durch die Kriegslage notwendigen Maßnahmen verständigt, von denen folgende genannt seien:

Die Herabsetzung und Aufhebung von Renten ist, abgesehen von besonderen Einzelfällen, auf die Dauer von zunächst drei Monaten zu unterlassen. Einspruchsbescheide über die Herabsetzung oder Aufhebung von Renten sind mit der Erklärung zurückzunehmen, daß die Genossenschaft sich vorbehält, ihre Rechte aus der bisher eingetretenen Veränderung der Verhältnisse zu geeigneter Zeit geltend zu machen. Von Kapitalabfindungen an Verletzte ist bis auf weiteres abzusehen. Die Zahlung von Verletztenrenten der im Felde stehenden Rentenempfänger zu Händen der Angehörigen ist nach Möglichkeit zu erleichtern. Zu diesem Zweck werden sich die Genossenschaften mit einer möglichst vereinfachten Form der Lebensbescheinigung und Auszahlungsbevollmächtigung der Post gegenüber einverstanden erklären.

ANGESTELLTENFRAGEN

Angestelltenversicherung und Krieg

Wir wiesen bereits in Heft 32 darauf hin, daß während der Dauer des Krieges die zu den Fahnen einberufenen Angestellten keine Beiträge entrichten brauchen. Die Militärdienstzeit wird aber als Beitragszeit angerechnet. § 51 des Angestellten-Versicherungsgesetzes bestimmt:

„Als Beitragsmonate im Sinne der §§ 15 und 49 werden die Kalendermonate angerechnet, in denen der Versicherte 1. zur Erfüllung der Wehrpflicht in Friedens-, Mobilmachungs- oder Kriegszeiten eingezogen gewesen ist; 2. in Mobilmachungs- oder Kriegszeiten freiwillig militärische Dienstleistungen verrichtet hat."

An die vollen Leistungen aus der Angestelltenversicherung hat zur Zeit der Versicherte noch keinen Anspruch, da noch nicht die Wartezeit von 120 Beitragsmonaten zurückgelegt ist. Es gilt jetzt nur der § 398:

„Tritt der Versicherungsfall innerhalb der ersten 15 Jahre nach dem Inkrafttreten dieses Gesetzes ein, ohne daß ein Anspruch auf Leistungen nach diesem Gesetz geltend gemacht werden kann, so steht beim Tode des Versicherten der hinterlassenen Witwe oder dem Witwer oder, falls solche nicht vorhanden sind, den hinterlassenen Kindern unter 18 Jahren ein Anspruch auf Erstattung der Hälfte der für den Verstorbenen eingezahlten Beiträge zu. Bei der freiwilligen Versicherung werden drei Quartale der von dem freiwillig Versicherten eingezahlten Beiträge zurückerstattet. Der Anspruch verfällt, wenn er nicht innerhalb eines Jahres nach dem Tode des Versicherten geltend gemacht wird."

Eltern, Geschwister und über 18 Jahre alte Kinder sind also von dem Anspruch auf die Erstattung der Hälfte der eingezahlten Beiträge ausgeschlossen.

BEAMTENFRAGEN

Beamtenrecht und Krieg

Nach § 66 des Reichs-Militärgesetzes sollen Reichs-, Staats- und Kommunalbeamte durch ihre Einberufung zum Militärdienst in ihren bürgerlichen Dienstverhältnissen keinen Nachteil erleiden. Es bleiben den aktiven und in den Ruhestand versetzten Beamten das Diensteinkommen bezw. das Ruhegehalt unverkürzt, und es ist unwesentlich, ob der Eintritt in den Kriegsdienst kraft Wehrpflicht oder freiwillig erfolgt. Für die Reichsbeamten sind hierzu Ausführungsbestimmungen durch Verordnung vom 8. Mai 1888 (RZ. Bl. 1888 S. 169) und für die preußischen Beamten durch Staatsministerialbeschluß vom 1. Juni 1888 und das Kriegsgesetz vom 4. August 1914 ergangen. Nach letzterem kommt den Zivilbeamten die volle Kriegsversorgung zu, ebenso deren evtl. Hinterbliebenen.

RECHTSFRAGEN

In Patenten-, Gebrauchsmuster- und Warenzeichensachen

sind die vom Patentamt verfügten Fristen um drei Monate verlängert worden. Das Patentamt hofft, mit dieser Maßnahme zu verhüten, daß Rechtsuchende, die infolge des Kriegszustandes nicht in der Lage sind, die Bescheide des Amtes innerhalb der ihnen gesetzten Fristen zu beantworten, aus einer Nichtbeantwortung Nachteile erleiden. Eine etwaige Verlängerung der Frist bleibt vorbehalten.

Durch diesen Beschluß des Patentamts werden aber die in den Gesetzen selbst vorgesehenen Fristen (Beschwerdefrist, Gebührenzahlungsfrist usw.), zu deren Abänderung das Patentamt nicht befugt ist, nicht betroffen. Insbesondere vermag das Patentamt Anträgen auf Stundung von Gebühren nur dann zu entsprechen, wenn es sich um die Zahlung der Gebühr für das erste und zweite Patentjahr handelt, weil das Patentgesetz nur eine Stundung dieser Gebühren vorsieht. Es bleibt daher an sich zunächst die Verpflichtung bestehen, die gesetzlich geordneten Fristen inne zu halten, also auch die fälligen Gebühren zu entrichten. Sollte sich aber die Innehaltung der gesetzlichen Fristen angesichts des Kriegszustandes im einzelnen Falle nicht durchführen lassen, so besteht die Absicht, eintretenden Schädigungen, soweit möglich, durch entsprechende Anwendung der Vorschriften der Zivilprozeßordnung über die Wiedereinsetzung in den vorigen Stand entgegenzuwirken. In §§ 233 ff. Zivilprozeßordnung ist bestimmt, daß einer Partei, welche durch Naturereignisse oder durch andere unabwendbare Zufälle verhindert worden ist, eine Notfrist einzuhalten, nach Beseitigung der Verhinderung auf Antrag die Wiedereinsetzung in den vorigen Stand zu erteilen ist.

*

Die Kriegsgesetze über den Schutz der an Wahrnehmung ihrer Rechte behinderten Personen und über die gerichtliche Bewilligung von Zahlungsfristen

Durch Zustimmung des Reichstages in der Sitzung vom 4. August ist ein Gesetz über „den Schutz der an Wahrnehmung ihrer Rechte behinderten Personen" in Kraft getreten, dessen hauptsächlichste Bestimmungen folgendermaßen lauten:

§ 2. In bürgerlichen Rechtsstreitigkeiten, welche bei den ordentlichen Gerichten anhängig sind oder anhängig werden, wird das Verfahren unterbrochen: 1. wenn eine Partei vermöge ihres Dienstverhältnisses, Amtes oder Berufs zu den mobilen oder gegen den Feind verwendeten Teilen der Land- oder Seemacht oder zu der Besatzung einer armierten oder in der Armierung begriffenen Festung gehört; 2. wenn eine Partei dienstlich aus Anlaß der Kriegsführung des Reiches sich im Ausland aufhält; 3. wenn eine Partei als Kriegsgefangener oder Geisel sich in der Gewalt des Feindes befindet.

Die vorstehende Bestimmung findet auch Anwendung auf die bürgerlichen Rechtsstreitigkeiten, welche bei den auf Grund des Gewerbegerichtsgesetzes (Reichs-Gesetzblatt 1901, S. 353) zur Entscheidung gewerblicher Streitigkeiten berufenen Gerichten und den auf Grund des Gesetzes vom 6. Juli 1904 (Reichs-Gesetzblatt S. 266) errichteten Kaufmannsgerichten anhängig sind oder anhängig werden.

§ 3. Eine Unterbrechung des Verfahrens tritt nicht ein, 1. wenn die im § 2 bezeichnete Partei einen persönlichen Sicherheitsarrest erwirkt hat, insoweit es sich um die Entscheidung handelt, ob der Arrest aufrechtzuerhalten oder aufzuheben sei; 2. wenn die Partei durch einen Prozeßbevollmächtigten vertreten ist oder einen anderen zur Wahrnehmung ihrer Rechte berufenen Vertreter hat.

In den unter Nr. 2 bezeichneten Fällen hat das Prozeßgericht auf Antrag des Vertreters die Aussetzung des Verfahrens anzuordnen.

§ 4. Die Unterbrechung oder Aussetzung des Verfahrens hört auf: 1. mit der Beendigung des Kriegszustandes; 2. vor diesem Zeitpunkt mit der Aufnahme des Verfahrens durch die im § 2 bezeichnete Partei (Zivilprozeßordnung § 250).

Erfolgt die Aufnahme durch die Partei nicht bis zum Ablauf eines Monats seit der Beendigung des nach § 2 maßgebenden Verhältnisses, so kann die Partei zur Aufnahme und zugleich zur Verhandlung der Hauptsache geladen werden. Erscheint sie in dem Termine nicht, und wird der Ablauf der für die Aufnahme festgesetzten Frist glaubhaft gemacht, so ist auf Antrag die Beendigung des nach § 2 maßgebenden Verhältnisses als zugestanden anzunehmen und zur Hauptsache zu verhandeln.

§ 5. Die Zwangsvollstreckung gegen die im § 2 bezeichneten Personen wegen privatrechtlicher und öffentlich-rechtlicher Geldforderungen unterliegt folgenden Beschränkungen: 1. Die Versteigerung und die anderweite Verwertung beweglicher körperlicher Sachen ist unzulässig. Die Vollstreckungsbehörde kann jedoch auf Antrag oder von Amts wegen anordnen, daß eine verbrauchbare Sache oder eine Sache, die der Gefahr einer beträchtlichen Wertsverringerung ausgesetzt ist, oder deren Aufbewahrung unverhältnismäßige Kosten verursachen würde, versteigert und der Erlös hinterlegt oder zur Befriedigung des Gläubigers an diesen abgeführt werde. Die Ablieferung von gepfändetem Gelde an den Gläubiger wird hierdurch nicht ausgeschlossen. 2. Die Versteigerung von Gegenständen, welche der Zwangsvollstreckung in das unbewegliche Vermögen unterliegen, ist unzulässig.

Die vorstehenden Bestimmungen finden auch Anwendung auf Zwangsvollstreckungen in das Vermögen der Ehefrauen und Kinder der im § 2 bezeichneten Personen insoweit die Zwangsvollstreckung die Vermögensrechte berührt, die dem Ehemann auf Grund des ehelichen Güterrechtes oder die den Eltern auf Grund der elterlichen Gewalt zustehen.

Die §§ 6 und 7, die den Konkurs betreffen, können wohl hier übergangen werden. Das Gesetz lautet dann weiter:

§ 8. Die Verjährung ist gehemmt zugunsten der im § 2 bezeichneten Personen und ihrer Gegner bis zur Beendigung des Kriegszustandes oder des nach § 2 maßgebenden Verhältnisses.

Das Gleiche gilt von der gesetzlich für die Beschreitung des Rechtsweges vorgeschriebenen Ausschlußfristen sowie von den Fristen, auf welche die Vorschriften des § 203 des Bürgerlichen Gesetzbuches ganz oder teilweise entsprechende Anwendung finden.

§ 9. Die Bestimmungen dieses Gesetzes, mit Ausnahme der in den §§ 5, 6 enthaltenen Vorschriften, finden entsprechende Anwendung auf diejenigen natürlichen Personen, welche durch eine im § 2 bezeichnete Person gesetzlich vertreten werden, sofern sie nicht prozeßfähig sind.

Soll eine solche Person verklagt oder soll der Rechtsstreit gegen sie fortgesetzt werden, so kann ihr der Vorsitzende des Prozeßgerichts, falls mit dem Verzuge Gefahr verbunden ist, auf Antrag einen besonderen Vertreter bestellen. Ist der Rechtsstreit bei der Bestellung des besonderen Vertreters bereits anhängig, so endet mit der Bestellung desselben die Unterbrechung des Verfahrens. Der besondere Vertreter ist zu dem Antrag auf Aussetzung des Verfahrens nicht befugt.

§ 10. Die Bestimmungen dieses Gesetzes über die Unterbrechung und die Aussetzung des Verfahrens finden, sofern nicht das Landesrecht etwas anderes bestimmt, auch auf die bürgerlichen Rechtsstreitigkeiten Anwendung, welche bei den im § 14 des Gerichtsverfassungsgesetzes zugelassenen besonderen Gerichten anhängig sind oder anhängig werden. Die Landesregierungen sind befugt, ergänzende und abweichende Anordnungen im Verordnungswege zu erlassen.

§ 11. Der Zeitpunkt, mit welchem der Kriegszustand als beendet anzusehen ist, wird durch Kaiserliche Verordnung bestimmt.

Der Bundesrat hat ferner auf Grund des § 3 des Gesetzes über die Ermächtigung des Bundesrats zu wirtschaftlichen Maßnahmen und über die Verlängerung der Fristen des Wechsel- und Scheckrechts im Falle kriegerischer Ereignisse vom 4. August 1914 (Reichs-Gesetzbl. S. 327) folgende Verordnung erlassen:

§ 1. In bürgerlichen Rechtsstreitigkeiten, die bei den ordentlichen Gerichten anhängig sind oder anhängig werden, kann das Prozeßgericht auf Antrag des Beklagten eine mit der Verkündung des Urteils beginnende Zahlungsfrist von längstens drei Monaten in dem Urteil bestimmen. Die Bestimmung ist zulässig, wenn die Lage des Beklagten sie rechtfertigt und die Zahlungsfrist dem Kläger nicht einen unverhältnismäßigen Nachteil bringt. Sie kann für den Gesamtbetrag oder einen Teilbetrag der Forderung erfolgen und von der Leistung einer nach freiem Ermessen des Gerichts zu bestimmenden Sicherheit abhängig gemacht werden.

Der Antrag ist nur zulässig, wenn Gegenstand des Rechtsstreits eine vor dem 31. Juli 1914 entstandene Geldforderung*) ist. Die tatsächlichen Behauptungen, die den Antrag begründen, sind glaubhaft zu machen.

Der Zinsenlauf wird durch die Bestimmung der Zahlungsfrist nicht berührt.

§ 2. Der Schuldner ist befugt, unter Anerkennung der Forderung des Gläubigers diesen vor das Amtsgericht, vor dem der Gläubiger seinen allgemeinen Gerichtsstand hat, zur Verhandlung über die Bestimmung einer Zahlungsfrist zu laden. In dem auf Antrag des Gläubigers zu erlassenden Anerkenntnisurteil ist zugleich über die Bestimmung einer Zahlungsfrist zu erkennen. Die Vorschriften des § 1 sind entsprechend anzuwenden.

§ 3. Das Vollstreckungsgericht kann die Vollstreckung in das Vermögen des Schuldners auf dessen Antrag für die Dauer von längstens drei Monaten einstellen. Die Frist beginnt mit der Bekanntmachung des Beschlusses an den Schuldner. Die Vorschriften des § 1 Abs. 1 Satz 2, 3 Abs. 2, sind entsprechend anzuwenden.

Ist eine Zahlungsfrist bereits nach den §§ 1, 2 bestimmt worden, so findet § 3 Abs. 1 keine Anwendung.

§ 4. Wird ein Rechtsstreit durch einen vor Gericht abgeschlossenen oder dem Gerichte mitgeteilten Vergleich erledigt, so werden die Gerichtsgebühren nur zur Hälfte erhoben; übersteigt der Steitgegenstand nicht einhundert Mark, so werden Gerichtsgebühren nicht erhoben.

*) Eine offiziöse Auslassung weist darauf hin, daß unter „Geldforderung" auch eine Warenforderung verstanden wird, weil diese sich in Geld umsetzt.

VERSCHIEDENES

Aufschrift der Feldpostsendungen

Die nach dem Feldheere gerichteten Postsendungen können, da die Marschquartiere der einzelnen Truppenteile fortwährend wechseln, nicht, wie im gewöhnlichen Verkehr, auf einen vom Absender anzugebenden bestimmten Ort geleitet, sondern müssen zunächst der Feldpostanstalt zugeführt werden, die für den Truppenteil den Postdienst wahrzunehmen hat. Für jedes Armee-Oberkommando, jedes Armeekorps, jede Division — Infanterie-, Kavallerie- oder Reservedivision — ist je eine mobile Feldpostanstalt in Tätigkeit. Bis zu dieser Feldpostanstalt, die bei dem Stabe mitmarschiert, werden die an die Truppen gerichteten Sendungen befördert; von dort werden sie durch Kommandierte der einzelnen Truppenabteilungen oder Detachements abgeholt. Hiernach können die Sendungen nur in dem Falle pünktlich an den Empfänger gelangen, wenn die Aufschriften der Briefe usw. richtig und deutlich ergeben: welchem Armeekorps, welcher Division, welchem Regiment, welchem Bataillon, welcher Kompagnie oder welchem sonstigen Truppenteile der Empfänger angehört sowie welchen Dienstgrad und welche Dienststellung er bekleidet. Dasselbe gilt sinngemäß für die Sendungen an die Angehörigen der mobilen Marine.

Sind diese Angaben auf den Briefen usw. an die mobilen Truppen richtig und vollständig enthalten, dann können die Sendungen mit Sicherheit der zutreffenden Feldpostanstalt zugeführt werden. Eine Angabe des Bestimmungsorts in der Aufschrift ist nicht erforderlich, kann vielmehr leicht zu Verzögerungen bei Uebermittlung der Sendungen führen. Es ist daher zweckmäßiger, auf den Briefen usw. einen Bestimmungsort gar nicht zu vermerken, sofern der Empfänger zu den Truppen gehört, die infolge von Marschbewegungen den Standort wechseln. Wenn dagegen der Empfänger zu den Truppen einer Festungsbesatzung gehört, bei einem Ersatztruppenteile steht oder überhaupt ein festes Standquartier hat, so ist dies auf den Briefen usw. deutlich zu vermerken, außerdem ist in diesen Fällen der Bestimmungsort anzugeben. Die Aufschriften der Briefe usw. müssen recht klar und übersichtlich sein. Besonders empfiehlt es sich, die Angaben über Armeekorps, Division, Regiment usw. oder Kriegsschiff immer an einer bestimmten Stelle, am besten unten rechts niederzuschreiben. Die Ziffern in den Nummern der Divisionen, Regimenter usw. und der Name des Empfängers müssen recht deutlich, scharf und genügend groß geschrieben werden. Blasse Tinte und feine Schrift sind möglichst zu vermeiden. Nachlässige Ziffern und Schriftzüge, oder auch solche, die zwar dem an seine Schrift gewöhnten Absender sehr deutlich vorkommen mögen, es aber in der Tat nicht sind, zumal wo es sich unter Hunderttausenden von Aufschriften um sofortige Entzifferung im Augenblick handelt, werden leicht die Ursache der Verzögerung oder Unanbringlichkeit der Feldpostsendungen. Im übrigen empfiehlt es sich, auf allen Briefsendungen nach dem Feldheer oder mobilen Marine den Absender anzugeben. Eine Verpflichtung hierzu besteht jedoch nicht.

Das Publikum wird ersucht, im eigenen Interesse auf die obigen Punkte Rücksicht zu nehmen.

Der Staatssekretär des Reichs-Postamts.

Kraetke.

*

Das Eiserne Kreuz und sein künstlerischer Formgeber

Kein gelehrter Heraldiker, kein Wappenkünstler hat dem Eisernen Kreuz seine schlichte künstlerisch anprechende Form gegeben, sondern ein Techniker, Carl Friedrich Schinkel, allerdings der genialste Baumeister Preußens und seiner Zeit, dessen Bauwerke eine Hauptzierde unserer Reichshauptstadt sind. —

Im Schinkel-Museum der Kgl. Techn. Hochschule zu Charlottenburg werden die Ur-Zeichnungen aufbewahrt; die Besucher der Jahrhundert-Ausstellung in Breslau werden aber dieselben dort gesehen haben.

Die grundlegende Idee des Ordens soll König Friedrich Wilhelm selber im Februar 1813 ausgearbeitet haben. — In seiner näheren Umgebung befand sich jedoch niemand, der über die Kunst der zeichnerischen Darstellung in zufriedenstellendem Maße verfügte, und so sandte der Herrscher gleich nach der Stiftung des Ordens in Breslau (d. 10. März 1813) den Auftrag zur Ausarbeitung des Kreuzes an Schinkel nach Berlin, und nicht an das Heroldsamt, dessen Obliegenheit es eigentlich gewesen wäre. — Der geniale Architekt empfing die Sendung gerade an seinem 32. Geburtstag, den 13. März, fühlte sich durch diesen außerordentlichen Gunstbeweis hochbeglückt, machte sich sofort ans Werk, und schuf die Form des Eisernen Kreuzes, die uns allen bekannt ist: denn das „Eiserne Kreuz" des Deutsch-französischen Krieges 1870/71 ist nur eine beabsichtigte Wiederholung des Eisernen Kreuzes der Freiheitskriege, ebenso das alte Landwehrkreuz mit der berühmten Inschrift

„Mit Gott für König und Vaterland."

W. Kaefemann.

*

15 beherzigenswerte Gebote

Nüchterne Kriegsregeln für die, die zu Hause bleiben.

1. Nicht nur das Schlachtfeld, Deine vier Wände wollen Helden sehen.
2. Bereichere Dich nicht auf Kosten Deines Volkes; das ist Landesverrat.
3. Zahle Deine Rechnungen.
4. Erhalte Dich und die Deinen gesund, damit ihr niemanden zur Last fallt.
5. Lege Dein Geld in die Sparkasse, damit es Arbeit schaffe.
6. Gebt Gelegenheit zum Verdienen, wo ihr könnt.
7. Vergiß die Kranken nicht.
8. Halte das Deine in Ordnung, damit Du jederzeit Opfer bringen kannst.
9. Ueberlege Dir, was Du kannst, und verlaß Dich nicht auf andere.
10. Rechne nicht mit lauter Siegen und setze Deinen Kopf doppelt steif in den Nacken, wenn einmal eine Schlappe kommen sollte.
11. Jeder kann jeden Tag etwas besonders Gutes tun, und wäre es nur ein freundlicher Händedruck.
12. Kopflosigkeit im Inland ist schlimmer als eine verlorene Schlacht im Feld.
13. Laß Deine Kinder diese hohen Stunden miterleben und führe keinen Hauskrieg.
14. Denke jeden Tag, daß Du ein Deutscher bist.
15. Sei stolz auf diese unvergleichliche Schicksalsstunde Deines Volkes. Wir haben groß begonnen. Aber die Probe kommt erst: sie darf keinen Kleinen unter uns finden. Dann werden wir der Unsrigen im Felde wert. Ein Volk, Ein Schicksal!

Gott walt's!

Traub, Abgeordneter.

Buchhandlung des D. T.-V.

Antiquarisch bieten wir an:

Mehrtens, Statik und Festigkeitslehre. Sämtl. Bände, neueste Aufl., sehr gut erhalten. 30,— M (Ladenpreis 74,— M).
Rietschel, Leitfaden zum Berechnen und Entwerfen von Lüftungs- und Heizungsanlagen. 2 Bde. Vorletzte (4.) Auflage. 14,— M (Ladenpreis 24,— M).
„Hütte", Bd. I bis III, Lederband, 21. Aufl. 12 M (Ladenpreis 21,— M).

Aus unseren Beständen empfehlen wir ferner:

Sombart, Sozialismus und soziale Bewegung, geb. 3,20 M.
Elster, Lexikon des Arbeitsrechtes, geb. 4,50 M.
Naumann, Neudeutsche Wirtschaftspolitik (Vorzugspreis) geb. 3,50 M (Ladenpreis 5 M).
Traub, Ethik und Kapitalismus, geb. 5,— M.
Potthoff, Probleme des Arbeitsrechtes, Pappband 4,— M, Leinenband 5,— M.
Potthoff, Soziale Rechte und Pflichten, geh. 1,— M.
Die Ausbildung für den technischen Beruf in der mechanischen Industrie (Maschinen-, Schiffbau, Elektrotechnik), —,35 M.
Ziegler, Die Lage der Gemeindebeamten Deutschlands, —,45 M.
Tolkmitt-Bubendey, Wasserbaukunst, geb. 10,— M.
Michenfelder, Grundzüge moderner Aufzugsanlagen, geh. 2,80 M.
Haeder, Der kranke Gas- und Oelmotor, geb. 8,75 M.
Weber, Die Fabrikation des Hartgusses, geb. 3,50 M.
Johow, Hilfsbuch für den Schiffbau, geb. 24,— M.
Doorentz, Eiserne Dächer, geb. 7,— M.
Gittermann, Moderne Wohn- und Geschäftshausfassaden (Barock-, Rokoko-, Empire- und Biedermeierstil) in Mappe 9,— M.
Vonderlinn, Statik für Hoch- und Tiefbautechniker, geb. 5,50 M.
Franke, Schmiedeeiserne Gitter, antiquarisch in Mappe 15,— M (neu 20,— M).
Dumstrey, Die Körperpflege des Kulturmenschen, geh. 4 M.

Ferner haben wir noch vorrätig:

Güldners Ka[illegible] Betriebsleitung und Maschinenbau 2,50 M.

Der Versand erfolgt durch die Verbands-Buchhandlung bei Bestellungen im Werte von 3 M aufwärts portofrei bei Voreinsendung des Betrages, sonst unter Nachnahme.

STERBETAFEL

Paul Hunger, 22090, Werkmeister, Ploesti (Rumänien), 24. Juli 14.

Theodor Schindler, 1009, Maschinentechniker, Wilhelmshaven-Rüstringen, 2. August 14.

Geschäftliche Mitteilungen

Für unsere verwundeten Soldaten! Die unseren Lesern durch ihre Beilagen hinlänglich bekannte Akademische Buchhandlung R. Max Lippold in Leipzig hat, wie wir erfahren, den Leipziger Lazaretten 2000 Bände der „Meisterromane und Erzählungen aus geschichtlich großen Zeiten" unentgeltlich übergeben. Es handelt sich hierbei um eine Lektüre, die so recht für unsere Tage geeignet ist. Die in der geschichtlich größten Zeit, in der sie jetzt ihr Vaterland mit verteidigten, mehr oder weniger Verwundeten und Genesungsuchenden werden mit Freuden auch die vergangenen großen Zeiten an sich vorüberziehen lassen, um die Tage ihrer Leiden wenigstens auf Stunden vergessen zu lassen. So mancher Edeldenkende dürfte vielleicht bereit sein, auch etwas zu tun, um den Verwundeten in anderen Städten die gleiche Freude zu machen. Aus diesem Grunde hat sich die Akademische Buchhandlung R. Max Lippold in Leipzig bereit erklärt, allen solchen, welche die „Meisterromane und Erzählungen aus geschichtlich großen Zeiten" für gleiche Zwecke verwenden wollen, die Bände zum Selbstkostenpreis abzugeben und bitten wir Interessenten, sich direkt mit der Firma in Verbindung zu setzen.

Herzogl. Sächsische Baugewerbeschule zu Gotha. Der Unterricht an der Baugewerbeschule mußte am Montag, den 3. August, geschlossen werden, weil sämtliche Schüler die Anstalt verließen, um ihrer Militärpflicht zu genügen oder sich freiwillig zu stellen. An der am 7. August beendigten Reifeprüfung beteiligten sich 4 Schüler, die alle die Prüfung bestanden. Es erhielten das Prädikat „Gut bestanden" Erich Rang, Gotha und Kurt Selle, Oldisleben, „Bestanden" Hermann Schlegel, Langensalza und August Schreiber, Erfurt. Der Unterricht an der Handwerkerschule wurde am 5. August bis zum 22. August geschlossen, da deren Schüler wegen dringender Ernte- und sonstiger Arbeiten am Schulbesuch zurzeit verhindert sind.

Großherzogliche Baugewerkenschule, Weimar. Die Reifeprüfung fand am 5. August statt. Alle 15 Schüler, die sich gemeldet hatten, bestanden; den Schülern Ernst Lautenbach, Oskar Ludwig und Fritz Taudte konnte das Prädikat „mit Auszeichnung bestanden", den Schülern Arthur Mattusch, Karl Meier, Oskar Thate und Paul Walther das Prädikat „gut bestanden" zuerkannt werden. Prämien aus der Stiftung der Kasse ehemaliger Weimarer Bauschüler erhielten die Schüler Lautenbach und Ludwig.

DEUTSCHE TECHNIKER-ZEITUNG
HERAUSGEGEBEN VOM DEUTSCHEN TECHNIKER-VERBANDE
Schriftleitung:
Dr. Höfle, Verbandsdirektor. Erich Händeler, verantwortlicher Schriftleiter.
XXXI. Jahrg. 5. September 1914 Heft 35/36

Kriegsfonds (1. Quittung)

D. T.-V. . . . . 5000 M

Geschäftsführender Vorstand: Cosmus, Harenberg, Heinze, Reifland, Reichel, Schirmbeck . . . . 82 M

Beamte und Angestellte: Bender, Bormfeldt, Gaedke, Haendeler, Dr. Höfle, Hofmann, Kaufmann, Kroebel, Lenz, Lustig, Mourgues, Müller, Ziegler, Behrend, Bieler, Buchholz, Conrad, Franke, Gohlke, Hennig, Matzdorf, Miersch, Schulze, Worm, Rechtsanwalt Grünspach (100 M) . . . . 439 M

Zweigverwaltungen: Bergedorf (40 M), Buer (31 M), Bunzlau (50,15 M), Coethen (100 M), Crefeld (25 M), Elberfeld (200 M), Elsenborn (8,15 M), Lichterfelde (15 M), Lübeck (100 M), Mülheim a. Rh. (100 M), Passau (60 M), Schwedt a. O. (27,67 M), Siegen (9 M), Sorau N.-L. (30 M), Staßfurt-L. (105 M), Tegel (50 M) . . . . 950,97 M

Mitglieder: G. Albert 3,05 M, Arnold, Spandau 4 M, H. Befort, Halle a. S. 7 M, Bentin, Bremen 8 M, H. Berndt 8 M, H. Brandt 5 M, W. Bunten 2 M, Bürgermeister Burkhardt, Sondershausen 50 M, K. Dähne 6 M, A. Dickmann 20 M, W. Eggert 4 M, J. Engel, Biebrich 8 M, J. Fleckner 4 M, A. Freund 8 M, W. Göldner 4 M, M. Grätz 10 M, J. Graf 8 M, E. Grotjahn, F. Grützmann 3 M, E. Hempler 5 M, P. Herrmann 10 M, H. Huber, Pirmasens 0,25 M, H. Josche 2 M, F. Kaiser 10 M, W. Kiesel 5 M, J. Lau 8 M, A. Liebig, Teupitz 2 M, Mahlke, Spandau 4 M, W. Melzer 10 M, H. Mirtschin, Dresden 20 M, A. Morenz 2 M, K. Müller, Bremen 8 M, R. Muster 3 M, H. v. Nahmer, Burgen 3 M, W. Nehler, Frankfurt a. M. 3 M, R. Ney, Steglitz 5 M, K. Paul, Zehlendorf 10 M, H. Person, Chemnitz 10 M, W. Peters, Norden 10 M, L. Rauschenbach 4,30 M, O. Reinsdorf 5 M, S. Riedel 10 M, R. Sachse, Neuhagen 8 M, J. Sattler, Wetzlar 10 M, A. Schröder, Berlin 10 M, A. Schwerin 12 M, V. Sersisko 8 M, A. Sültmeyer 7,58 M, O. Starke, Moosdorf 3 M, H. Stolt, Luckau 10 M, W. Wilhelm 14,05 M, Winkler, Kiel 3 M, Witzig, Spandau 4 M, C. Wolf, Schermeisel 8 M, G. Zorn, Berlin 6 M . . . . 415,23 M

Es gingen bis jetzt ein 6887,20 Mark

Den Spendern herzlichen Dank! Aber es sind noch viele in unseren Reihen, die geben können. Kollegen, folgt dem Beispiel! Wenn Ihr das Glück habt, Euch in gesicherter Stellung zu befinden, dann müßt Ihr helfen, die Not und das Elend zu mildern!

Deutscher Techniker-Verband.

Kriegsadressen

Wir bitten nochmals, uns die Kriegsadressen, die noch ausstehen, schnellstens mitzuteilen, damit wir diese für den Fortbestand unseres Verbandes überaus wichtige Einrichtung in kurzem auf alle Zweigstellen ausdehnen können. Falls der eine oder andere Kollege inzwischen zum Landsturm einberufen sein sollte, dürfen wir uns wohl bestimmt darauf verlassen, daß für einen Nachfolger gesorgt und uns die neue Adresse mitgeteilt wird.

Als Kriegsobmänner haben sich auf Grund unseres Rundschreibens außer den in Heft 33/34 genannten Kollegen für nachstehende Verwaltungen gemeldet:

Alfeld: W. Peck, Alfeld a. Leine, Am Markt.
Alsfeld: Willi Müller, Alsfeld, Jahnstr. 5.
Altona: A. Straube, Altona-Ottensen, Friedensstr. 99.
Amberg: Friedr. Amschler, Amberg E $33^1/_3$.
Ansbach: P. Glitz, Ansbach, Lessingstr. 4.
Arnsdorf: Ernst Mauksch, Großröhrsdorf i. Sa. 132b.
Aschaffenburg: Ed. Petzold, Aschaffenburg, Hanauer Straße.
Aschersleben: Ing. Paul Popp, Aschersleben, Wilhelmsplatz 2.
Aue: Kühne, Niederschlema (Erzgeb.).
Augsburg: Zweigverwaltung Augsburg in Augsburg, Wintergasse R 9/0/R.
Aurich: Wilh. Koch, Aurich, Nürnberger Str. 3.
Bad Wildungen: J. H. Wenderoth, Bad Wildungen, p. A. Hunck.
Bärwalde: Wilh. Frommelt, Bärwalde N.-M., b. Hn. Zmstr. Voß.
Bamberg: A. Müller, Bamberg, Holzmarkt 3.
Barmen: Franz Andreas, Barmen, Tunnelstr. 16.
Bautzen: Gneus, Bautzen, Flinzstr. 16.
Bensheim: H. Grimm, Bensheim, Rheinstr. 64.
Berlin-Schöneberg: Carl la Haine, Berlin-Schöneberg, Sedanstr. 54.
Berlin-Wilmersdorf: H. Langeheine, Schmargendorf, Kösener Straße 10.
Berlin-Steglitz: F. Schumann, Berlin-Steglitz, Monumentenstr. 45.
Berlin-Tempelhof: Ing. Wilhelm Beilstein, Berlin-Tempelhof, Albrechtstr. 124.
Berlin-Tegel: Will. Nowack, Reinickendorf-West, Graf-Häseler-Straße 29.
Berlin-Zehlendorf: Franz Weiße, Zehlendorf, Düppelstr. 4.
Bielefeld: Max Lange, Bielefeld, Spindelstr. 15.
Bonn: W. Heuer, Bonn, Dietkirchenstr. 28.
Borbeck: Max Bahr, Borbeck, Marxstr. 12.
Braunsberg: Stadtbaumstr. Lutterberg, Braunsberg i. Ostpr.
Brieg: Ing. Paul Kubler, Brieg-Schlüsselndorfer Str. 15.
Brohl: Br. Hartmann, Brohl a. Rh., Nippesstraße.
Bromberg: P. Schulz, Schleusenau, Chausseestr. 98.
Brunsbüttelkoog: Johannes Carstens, Brunsbüttelkoog, Koogstraße 69.
Bünde: H. Binder, Bünde i. W., Fünfhausener Str. 8.
Burg i. Dithm.: Herm. Wolf, Burg i. Dithm., Kl. Mühlenstr. 8.
Buxtehude: Julius Müller, Altkloster, P. Buxtehude, Marktstr. 80.
Cassel: Ernst Hasselbarth, Cassel, Albrechtstr. 12.
Cöln: F. Bolten, Bausekretär, Cöln a. Rh., Appellhofplatz 4.
Coethen: H. Landsmann, Coethen (Anh.), Auguststr. 11.
Colmar i. E.: Heinrich Kopp, Colmar i. Els., Ruestgasse 25.
Danzig: G. Müller, Danzig-Langfuhr, Hauptstr. 118.
Dt.-Krone: Hugo Goede, Dt.-Krone, Kronenstr. 9.
Derne: H. Schütt, Derne, Kirchstr. 17.
Dillenburg: Karl Gerlach, Dillenburg, Friedrichstr. 29.
Dillingen: Georg Paffrath, Dillingen (Saar), Kaiser-Friedrich-Straße 13.
Dirschau: Fr. Wiedenfeld, Dirschau, Schönebecker Straße.
Dortmund: Aug. Kleffmann, Dortmund, Hagenstr. 46.
Duisburg: Johann Freisem, Duisburg-Hochfeld, Grunwaldstr. 104.
Eberswalde: Wilh. Wraase, Eberswalde, Schöpfurter Str. 17.
Eickel: Karl Weber, Hordel, Magdeburger Str. 105.
Eisenach: Paul Wieber, Eisenach, Waldhausstr. 22.
Elberfeld: Ludwig Spieß, Elberfeld, Juliusstr. 13.

Kriegsauskunftsstelle

Allen Kollegen und ihren Angehörigen steht die Kriegsauskunftsstelle des Verbandes Berlin SW. 48, Wilhelmstraße 130 offen.

Wer Rat und Tat in den Fragen des praktischen Lebens braucht, wende sich vertrauensvoll an den Verband.

Elbing: Adam Röder, Elbing, Holzstr. 3.
Elmshorn: Ing. Peter Mahrt, Elmshorn, Friedrichstr. 28.
Elsenborn: Erich Brauns, Elsenborn, Uebungsplatz, Milit.-Bauamt.
Eltmann: Josef Gruber, Eltmann i. Bayern.
Emden: A. Grüschow, Emden, Schweckendickstr. 21.
Erkelenz: Heinrich Behrens, Erkelenz, Allerstr. 28.
Erfurt: Herm. Schelle, Erfurt, Michaelisstr. 24.
Eschweiler: Paul Budde, Eschweiler, Englertstr. 5.
Essen: H. Hofmann, Essen (Ruhr), Ortrudstr. 31.
Euskirchen: Heinrich Bögelsack, Euskirchen, Bahnhofstr. 15.
Finsterwalde: Zümer, Finsterwalde a. Spree, Gartenstr. 14d.
Frankenthal: K. Aue, Frankenthal (Bayern), Gartenstr. 12.
Frankfurt a. M.: Ing. J. Hanno, Frankfurt a. M.-Niederrad, Bruchsfelder Str. 10.
Freiburg i. Br.: Herm. Reinhardt, Arch., Freiburg i. Br., Karthäuserstr. 11.
Fürth: Bauführer Prestel, Fürth, Amalienstr. 50.
Fürstenwalde: Rud. Hölck, Fürstenwalde, Mühlenbrücken 9.
Fulda: Jos. Schmitt, Fulda, Eichsfeld 36.
Geestemünde: Ing. K. Boos, Geestemünde, Parallelstr. 1.
Gelnhausen: Ph. Kreis, Gelnhausen, Schützengraben 12.
Gelsenkirchen: Jul. Schüller, Gelsenkirchen, Hochstr. 24.
Gera: Fritz Werner, Gera-Pfortm. (Reuß), Fröbelstr. 6.
Gladbeck: Ernst Grauel, Gladbeck, Reutforter Str. 91.
Glauchau: Hößler, Glauchau i. Sa., Breitestr. 19.
Göppingen: Ing. Th. Kirschbaum, Göppingen i. Württemberg, Reuschstr. 2.
Görlitz: Paul Wolff, Ing., Görlitz, Leipziger Str. 43.
Göttingen: Friedrich Keunecke, Göttingen, Brauweg 1.
Hadersleben: Georg Glasz, Hadersleben, Erloffer Weg 18.
Hagendingen-Rombach: Arch. Paul-Veh, Wallingen b. Rombach in Lothringen, Diedenhofener Str. 21.
Hamborn: Cyriakus Lengemann, Hamborn-Marxloh, Mathildenstraße 25.
Hameln: Osk. v. Lühmann, Hameln, Schillerstr. 25.
Haspe: Joh. Briefs, Haspe, Enneper Str. 44.
Hattingen: Fr.Becker, Welper, P.Hattingen a.Ruhr, Brucherstr.23.
Heilbronn: Aug. Rössel, Heilbronn, Chem. Fabrik Wohlgelogen.
Heiligenstadt: Bauass. W. Schmidt, Heiligenstadt, Schillerstr. 780.
Herne: L. Scherger, Herne i. W., Heinrichstr. 29.
Hildesheim: H. Nordmann, Hildesheim, Moltkestr. 64.
Ilmenau: Georg Dreyer, Ilmenau, Schwanitzstr. 8.
Ingolstadt: Georg Färber, Ingolstadt, Schutterstr. 6.
Iserlohn: Wilh. Korte, Iserlohn, Unnaer Str. 25.
Jünkerath: Wilh. Gerhard, Jünkerather Gewerkschafter.
Kaiserslautern: J. Metzger, Kaiserslautern, Beethovenstr. 23.
Konstanz: Carl Schulter, Konstanz, Obere Laube 9.
Landshut: Jak. Kohn, Landshut i. Bayern, Seligentaler Str. 37.
Lauban: Franz Horn, Lauban i. Schl., Moltkestr. 5.
Liegnitz: Arch. Lorenz Huber, Liegnitz, Sofienstr. 37.
Lippstadt: Fritz Ludolph, Lippstadt, Soeststr. 14.
Lüneburg: Joh. Dankert, Lüneburg, Vor dem Mönchsgarten 4.
Magdeburg: Ing. Jos. Pflugk, Magdeburg-N., Lübecker Str. 21.
Mainz: Arch. Moritz Krantz, Mainz, Kryissigstr. 17.
Mannheim: Rich. Kluge, Mannheim, Spelzenstr. 13.
Marienwerder: H. Wiebold, Marienwerder i. Westpr., Neubau der Kaserne.
Mühlacker: Otto Striederle, Mühlacker, Bahnhofstr. 73.
Mülheim (Ruhr): Otto Friedenreich, Mülheim (Ruhr), Oststr. 15.
Müllrose: Max Kubler, Müllrose.
Münsterberg-Strehlen: Willy Dau, Strehlen i. Schl., Gr. Fischergasse 5.
Nakel: G. Peter, Nakel, Wilhelmstr. 397.
Naumburg, Bad Kösen u. Umg.: Otto Bühnert, Naumburg a. S., Spessartstr. 18.
Neukölln: Ing. Herm. Rheinländer, Neukölln, Mahlower Str. 8.
Neunkirchen: Ing. Georg Moser, Neunkirchen (Saar), Wellersweiler Str. 88.
Neuß: Friedr. Hertz, Neuß, Büttgerstr. 1.
Neustadt i. H.: Emil Voß, Neustadt i. Holst., Am Heisterbusch.
Neustadt i. W.: W. Rusdorf, Neustadt i. Westpr., Bahnhofstr. 5.
Neuwied: Jul. Brennecke, Neuwied, Andernacher Str. 14.
Nordenham: Otto Fischer, Wilhelmshaven, 7. Komp., II. Bau-Division.
Northeim: K. Schuricht, Northeim i. H., Breitestr. 33.
Oberbaden: Hubert Teusch, Lörrach (Bad.), Brombacher Str. 21.
Ohligs: Friedrich Weilhaupt, Ohligs, Deusberger Str. 9.
Olbernhau: Ing. C. Böhme, Olbernhau, Bleichenweg 3.
Oldenburg: C. Westing, Oldenburg, Marlatourstr. 22.
Oschatz: Arch. G. Beyer, Oschatz, Promenade 1b.
Osnabrück: Herm. Schütte, Osnabrück, Parkstr. 45.
Peine: W. Broecker, Baumeister, Peine.
Pirmasens: W. Altendorf, Pirmasens, Hohenzollernstr. 2.
Pirna: Reinh. Seidemann, Pirna, Kaiser-Wilhelm-Str. 22.
Recklinghausen: Martin Ukena, Recklinghausen, Königswall 21.
Reichenbach i. V.: Reinh. Friedel, Reichenbach i. V., (Gartenstadt) Rosenstraße.
Reistenhausen: Leo Geyer, Dorfprozelten (U.-Fr.).
Reutlingen: H. Pieau, Reutlingen, Bismarckstr. 76.
Rheine: H. Hildebrandt, Rheine, Neuenkirchener Str. 79.
Rosenheim: O. Wimmer, Rosenheim i. Bayern, Münchener Str. 42.
Schleswig: Fritz Diedrichs, Schleswig 2, Alter Garten.
Schwedt: M. Kretschmer, Schwedt, Vierradenerplatz 57.
Schwerin: M. Holländer, Schwerin i. M., Roonstr. 14.
Seesen: G. Sievers, Seesen, Gartenstraße.
Siegen: G. Heinz, Siegen i. W., Schubstr. 24 II.
Sonneberg: H. Ziller, Sonneberg (S.-M.), Gerichtstorg. 1.
Spandau-Siemensstadt: Claaßen, Siemensstadt, Reichsstr. 26.
Speyer: Ernst Wenger, Speyer a. Rh., Lindenstr. 6.
Sorau: Ing. R. Neumann, Sorau (N.-L.), Bahnhofstr. 5.
Stargard: Nik. Heutmann, Stargard i. Pomm., Lehmannstr. 9.
Staßfurt: Leo Freudenberg, Staßfurt, Bahnhofstraße.
Stettin: Rich. Zimmermann, Stettin, Hohenzollernstr. 7.
Stolp: Walt. Dittloff, Stolp i. Pomm., Küsterstr. 13.
Straßburg i. Els.: Emil Osterloh, Straßburg i. Els., Finkmattstr. 4.
Striegau: Richard Zimmermann, Striegau, Wilhelmstr. 3.
Swinemünde: Ing. Alex. Prieß, Swinemünde, Färberstr. 16.
Tilsit: Theodor Warnke, Tilsit, Stolbecker Str. 2.
Trier: Jos. Fuisting, Trier, Kaiserstr. 4.
Ulm: A. Futterknecht, Ulm, Pionierstr. 20.
Unna: Ing. Christian Hassel, Werl i. W., Neuestr. 15.
Varel: Carl Gerdes, Varel i. Oldenburg, Oldenburger Str. 59.
Viersen: Phil. Ahrens, Viersen (Rhld.), Königsallee 11.
Weinheim: Karl Eckstein, Weinheim, Erbsengasse 4 II.
Werne: Anton Seebröcker, Werne (Bez. Münster), Kirchplatz 296.
Wetzlar: Wilhelm Boller, Wetzlar, Helgebachstr. 14.
Wiesdorf: E. Gräbe, Opladen, An der Robertsburg 35.
Wilhelmsburg: H. Drohm, Wilhelmsburg a. E., Rotenhäuserstraße 51.
Witten: August Fahlbusch, Witten, Herbeder Str. 65.
Wohlau: Frau Elisabeth Putzke, Wohlau i. Schl., Bahnmeisterei.
Znin: E. Weidner bei Seel, Znin, Posener Straße.
Zossen: Rich. Döbberin, Zossen, Bahnhofstr. 31.
Zwickau: Emil Rascher, Zwickau i. S., Alexanderstr. 2.

Frauen unserer Kollegen!

Wenn Ihr das Gehalt Eures im Felde stehenden Mannes weiter bezieht, so sendet möglichst sofort den Beitrag bis zum Schlusse des Jahres (2 Mark für den Monat) an den

Deutschen Techniker-Verband

Berlin SW. 48, Wilhelmstraße 130

ein.

Ihr handelt damit im Sinne Eurer Männer!

Die Aufgaben unserer Kriegsvertrauensmänner

1. Die Einziehung der Beiträge.

Wir hatten an dieser Stelle bekannt gemacht, daß die Beiträge an die Hauptgeschäftsstelle gezahlt werden sollen. Für die uns direkt zugehenden Beiträge werden die Beitragsmarken ebenfalls direkt von der Hauptgeschäftsstelle an die Mitglieder abgegeben. Dieses Verfahren der direkten Beitragszahlung soll während des Kriegszustandes als Grundlage für die Beitrags-Einziehung bestehen bleiben. Ueberall da, wo wir unsere örtlichen Verwaltungsorgane aber aufrecht erhalten können, soll die Einziehung der Beiträge durch die Kriegsvertrauensmänner erfolgen. Wir haben durch ein Rundschreiben die Kriegsvertrauensmänner gebeten, sich zur Einkassierung der Beiträge durch persönlichen Besuch der Mitglieder bereit zu erklären. Wir werden die Kriegsvertrauensmänner, die sich zu dieser Arbeit bereit erklären, mit einer besonderen Ausweiskarte versehen.

Wir weisen auch an dieser Stelle darauf hin, daß den eingezogenen Mitgliedern die Beiträge gestundet werden. Etwaige Stellenlose, die nicht in der Lage sind, die Beiträge zu zahlen, müssen auf Grund der Satzung (§ 15) um Stundung einkommen. Die in Stellung befindlichen Mitglieder müssen die Beiträge unbedingt entrichten. An die Frauen derjenigen Mitglieder, die im Felde stehen, denen aber weiter das Gehalt zufließt, wird der Appell gerichtet, die Beiträge für ihre Männer zu zahlen.

2. Der Kriegsfonds.

Unsere Kriegsvertrauensmänner haben wir ferner gebeten, auch die Sammlung für unseren Kriegsfonds mit zu übernehmen, der für die Familien der unter den Fahnen stehenden Mitglieder bestimmt ist. Wir haben in der vergangenen Woche besondere Sammellisten ausgegeben. Der Geschäftsführende Vorstand, die Verbandsbeamten und das Bureaupersonal, soweit es weiter tätig ist, werden 5% ihres Monatseinkommens an diesen Fonds abführen. Wenn nicht jeder den Betrag von 5% vielleicht abzustoßen in der Lage sein wird, so sind auch in geringerer Höhe laufende Spenden für diesen Fonds von großem Wert. Sollte es nicht möglich sein, von den Mitgliedern laufende Beiträge zu erreichen, so werden die Herren Vertrauensmänner bei ihren Besuchen wohl sicher einmalige Spenden erhalten können.

Die Angehörigen von Mitgliedern, die um Bewilligung aus diesem Kriegsfonds nachsuchen, müssen in dem Gesuch außer der Begründung für ihre Bedürftigkeit genau angeben, zu welchem Truppenteil unser Mitglied eingezogen ist und wann die Einberufung erfolgte. Die bei uns eingereichten Gesuche geben wir an unseren Vertrauensmann weiter, der die Angaben prüfen muß. Ist es nicht möglich, die Angaben durch einen Vertrauensmann bescheinigen zu lassen, so muß von einem Siegel führenden Beamten (Orts- oder Polizeibehörde), die Tatsache der Einberufung beglaubigt werden. Vorbedingung für die Gewährung der Unterstützungen ist es ferner, daß die Verbandsbeiträge mindestens bis einschließlich April bezahlt sind, da nach der Satzung (§ 15) ein Mitglied überhaupt gestrichen wird, wenn die Beiträge länger als drei Monate im Rückstande sind.

Freiwillige vor!

Von vielen Zweigverwaltungen und Abteilungen stehen sämtliche Vorstandsmitglieder unter den Waffen. Wir bitten Mitglieder aller Zweigverwaltungen, deren Kriegsadresse nicht in diesem und dem vorigen Heft veröffentlicht ist, sich freiwillig zur Uebernahme der Verwaltung ihrer Zweigverwaltung oder Abteilung bereit zu erklären.

3. Die Kriegsauskunftsstelle.

Wie wir bereits bekannt gegeben haben, ist in unserem Verbandsbureau eine Kriegsauskunftsstelle eingerichtet worden. Auch unsere Kriegsvertrauensmänner sind bereit, den Mitgliedern mit Rat und Tat zur Seite zu stehen. Besonders sei jetzt darauf hingewiesen, daß bei Mietsschwierigkeiten unsere Hauptgeschäftsstelle gern durch Rat und Aufsetzung von Schriftstücken den Mitgliedern und ihren Angehörigen behilflich sein wird.

4. Stellenvermittlung.

Wir bitten unsere Mitglieder dringend, alle offenen Stellen, gleich welcher Art, unseren Kriegsvertrauensmännern zu melden, die sie, soweit keine sofortige Besetzung möglich ist, an die Hauptgeschäftsstelle weiter geben.

SOZIALPOLITIK

Oeffentliche Unterstützung in der Kriegszeit ist keine Armenunterstützung

Das Reichsamt des Innern hat die Auffassung, daß Unterstützungen an Arbeitslose, die in der gegenwärtigen Kriegszeit gezahlt werden, nicht als Armenunterstützung anzusehen seien, als richtig anerkannt und wird einen Erlaß an die Bundesregierungen richten, wonach derartige Unterstützungen die politischen Rechte der Empfänger nicht berühren.

Kollegen

die Ihr in festen Stellungen seid, bezahlt Eure

Verbandsbeiträge

bis zum Schluß des Jahres

im voraus.

Es gilt den Verband zu erhalten!

ANGESTELLTENFRAGEN

Angestelltenversicherung und Krieg

Für die zur Wehrpflicht einberufenen und für die kriegsfreiwilligen Angestellten, bei denen eine Fortzahlung des Gehalts seitens der Arbeitgeber nicht erfolgt, sind keine weiteren Beiträge für die Angestelltenversicherung zu leisten. Die Anwartschaft auf die Leistungen aus der Versicherung bleibt den Angestellten während des Dienstes im Heere und einer eventuellen Krankheit oder Verwundung erhalten. Die Militärdienstzeit wird als Beitragszeit im Sinne der §§ 15 und 49 des Versicherungsgesetzes angerechnet (s. auch D.T.Z. Heft 33/34 S. 391). Die Anrechnung bezieht sich nur auf die in dem Gesetz vorgesehenen Fristen, nicht aber auf die späteren Leistungen.

Nach einem Beschluß des Direktoriums der Reichsversicherungsanstalt für Angestellte müssen für diejenigen Angestellten, die ihr Gehalt während des Militärdienstes in früherer Höhe fortgezahlt erhalten, oder einen Teil dieses Gehaltes weiterbeziehen, die Versicherungsbeiträge geleistet werden. Die von den Arbeitgebern an die Ehefrauen oder sonstigen Familienangehörigen gewährten Unterstützungen an Stelle des Gehalts werden als Gehalt angesehen und verpflichten zur Beitragsleistung. Bei Gewährung von Teilbeträgen sind gelegentlich der nächsten Beitragszahlung die Veränderungen in den bisher verwendeten Uebersichtsformularen zu vermerken. Die zu entrichtenden Beiträge ermäßigen sich gemäß der niedrigeren Gehaltsklasse, in die die Angestellten infolge der Lohnreduktion eintreten. Das letztere gilt auch für diejenigen noch in Stellung befindlichen Angestellten, die auf Grund des Abschlusses eines neuen Dienstvertrages oder sonstiger Vereinbarungen ein niedrigeres Gehalt als bisher beziehen und damit in eine niedrigere Gehaltsklasse gelangen. Auch hier sind bei der der Veränderung folgenden Beitragszahlung in den Uebersichtsformularen die Namen der Angestellten mit den neuen Gehaltsklassen zu verzeichnen. Ein Versicherter, welcher aus obigen Gründen neuerdings ein geringeres Entgelt empfängt, kann jedoch auch in seiner bisherigen Gehaltsklasse verbleiben, falls er vorher mindestens sechs Beitragsmonate in der bisherigen Gehaltsklasse zurückgelegt hatte. Der Arbeitgeber ist in diesem Falle nur dann zum höheren Beitrag verpflichtet, wenn dies mit dem Angestellten ausdrücklich vereinbart worden ist; sonst muß die Differenz der Angestellte zahlen.

STANDESFRAGEN

Fortführung der Bautätigkeit

Die Mobilmachung hat das Baugewerbe, das schon in den letzten Friedensjahren an vielen Orten des Deutschen Reiches sehr darniederlag, wohl aufs schwerste in Mitleidenschaft gezogen. Bei den Bautechnikern macht sich dies in besonderem Maße fühlbar. Trotzdem viele Kollegen unter den Fahnen stehen, dauert die Stellenlosigkeit unter den zurückgebliebenen Bautechnikern nicht nur fort, sondern hat noch eine große Vermehrung erfahren. Die allgemein durchbrechende Opferwilligkeit zur Hebung der Not der Arbeitslosen tritt erfreulicherweise auch beim Reichsbund baugewerblicher Arbeitgeberverbände in Erscheinung. In einem Aufruf empfiehlt der Bund, dem auch der Deutsche Arbeitgeberbund für das Baugewerbe und die großen Arbeitgebervereinigungen der Baunebengewerbe angehören, seinen Mitgliedern, ihre Betriebe nach Möglichkeit fortzuführen bezw. wieder zu eröffnen, sobald die Zufuhren von Baumaterialien wieder erfolgen können. Die Bauherren, Private und Behörden, werden um Unterstützung dieser Bestrebungen und um schnelle Bezahlung der gelieferten Arbeiten, die Lieferanten um weitgehende Nachsicht und Stundung gebeten. Es gelte, wie es in dem Aufruf weiterhin heißt, bittere Not von vielen Familien aus den Arbeitnehmerkreisen abzuwenden; die Arbeitgeber seien bereit, ihrerseits Opfer zu bringen, erwarten aber, daß ihre Bemühungen allgemeine Unterstützung finden.

In ähnlicher Weise ist der Beton-Arbeitgeber-Verband für Deutschland, E. V., vorgegangen. Seinem Aufruf, die Bautätigkeit fortzuführen, wird noch hinzugefügt, daß jeder Industrielle, Gewerbetreibende oder Privatmann, der Personal und Arbeiter hält, sich bestreben möge, sie weiter zu beschäftigen und Eingezogene durch Arbeitslose zu ersetzen. Wenn mangels Aufträgen in den Fabriken nur auf Vorrat gearbeitet werden könnte, so sei auch dieses Opfer im Interesse des Vaterlandes notwendig. Wo die Arbeitsgelegenheit nicht ausreicht, empfiehlt der Bund im Einverständnis mit dem Deutschen Bauarbeiterverband dringend, eine möglichst große Zahl vorzugsweise verheirateter Arbeitsloser dadurch an der vorhandenen Arbeitsmöglichkeit zu beteiligen, daß Wechselschichten eingerichtet werden, sei es, daß man eine Schicht vormittags, die andere nachmittags, oder sei es, daß man die eine am ersten Tage, die andere am zweiten Tage arbeiten läßt usf. Die Einhaltung des vertraglichen oder üblichen Stundenlohnes sei eine Selbstverständlichkeit. Der Arbeitgeber dürfe sich nicht mit dem Makel belasten, in dieser schweren Zeit, wo der Arbeiter Schulter an Schulter mit ihm in patriotischer Begeisterung für des Vaterlandes Freiheit kämpft, daheim die Löhne drücken zu wollen. Der Bund richtet weiterhin die Bitte an seine Mitglieder, den Angehörigen der einberufenen Angestellten und Poliere das Gehalt oder den Lohn ihrer Ernährer weiter zu gewähren.

Möge dem Aufruf recht zahlreich Folge geleistet werden, damit nicht die kommende Zeit ein namenloses Elend über den Stand der Bautechniker bringt. Mf.

STANDESBEWEGUNG

Aus dem D. T.-V.

Die Beschlüsse des Geschäftsführenden Vorstandes in der Sitzung vom 2. August sind von der Mehrheit der Gesamtvorstandsmitglieder gebilligt worden. Dagegen hat sich nur eine Stimme ausgesprochen. Die ordnungsmäßige Abstimmung wird nach Beendigung des Krieges vorgenommen werden.

Die Beamten und Angestellten des Verbandes, soweit sie zur Erledigung der laufenden Verbandsarbeiten weiter tätig bleiben, haben sich mit einer Erniedrigung ihres Gehalts um 20% einverstanden erklärt. Den Angehörigen der eingezogenen Beamten werden $^2/_3$ des Gehalts weiter gezahlt.

*

Zu den Fahnen einberufen sind, soweit uns Meldungen z. Zt. vorliegen, vom Gesamtvorstand des D. T.-V.: Jordan, Kahnt, Langbein, Mühlenkamp, Sander, Schweißfurth; vom Geschäftsführenden Vorstand: Schramm, Wildegans; von den Verbandsbeamten: Kaufmann, Kröbel; von den Angestellten des Verbandes: Busch, Lehmann.

Von unserer Zweigverwaltung Forbach i. Lothr. geht uns soeben die Nachricht zu:

„Alle unsere Techniker haben einrücken müssen. Es erfüllt mich mit Stolz, Ihnen das mitteilen zu dürfen, und grüße als letzter einrückender Landsturmmann. (gez.) Keller."

DEUTSCHE TECHNIKER-ZEITUNG

HERAUSGEGEBEN VOM DEUTSCHEN TECHNIKER-VERBANDE

Schriftleitung:
Dr. Höfle, Verbandsdirektor. Erich Händeler, verantwortlicher Schriftleiter.

XXXI. Jahrg. | 19. September 1914 | Heft 37/38

Kriegsfonds (2. Quittung)

Zweigverwaltungen: Bautzen 8,40. Bayreuth 100,—. Beeck 99,—. Berlin 8,75, Berlin Bez. IV: Fahrenbald 1,—, Filsch 2,—, Haase 1,—, E. Heinzel 3,—, O. Horn 2,—, R. Hüttig 1,50, G. Kreßler 1,—, Lahmann 1,—, A. Lettow 5,—, El. Lettow 3,—, W. Moßkopf 1,—, W. Schulz 1,—, E. Simon 1,— (23,50). Betriebsgruppe Stadthaus Berlin: Brauer 1,—, Brückner 5,—, Glauer 2,—, Görlitz 3,—, P. Guddat 1,—, Harwarth 2,—, Lemke 1,—, A. Lieberwirth 2,—, Plosse 3,—, Köster 3,—, Lüdecke 1,—, Pfeiffer 3,—, R. Schmiedel 5,—, H. Schmidt 3,—, B. Schulz 1,—, Valenthin 4,— (40,—). Bromberg: Bruschat 3,—, Deparade 2,—, Goertz 1,—, Hermann 5,—, Kieling 2,—, J. Konkol 2,—, Krause 5,—, Kretschmer 10,—, Kuklinski 1,—, Liedke 10,—, Lorenz 0,50, Pandow 6,—, Poppler 1,50, Ruhl 6,—, Saß 2,—, Schubert 1,—, P. Schulz 5,—, Seidler 1,—, Zühlke 2,— (66,—). Braunschweig: Gruppe städtischer Baubeamter: Balke 2,—, Bertram 1,—, Brückmann 2,—, Cirkler 2,—, Clusmann 2,—, F. Koch 2,—, R. Lütze 5,—, W. Ehlers 1,—, W. Isębeck 5,—, Landmann 2,—, L. Müller 2,—, Robbin 2,—, Sauerwald 3,—, Stengel 2,—, Tedder 1,— (34,—). Brunsbüttelkoog 13,33. Burg i. Dithm.: Behrens 5,—, Braren 10,—, Buhk 5,—, Dahm 3,—, Freise 5,—, Greve 3,—, H. Groath 5,—, Hancke 4,—, Hauschild 5,—, Heitmüller 5,—, Hinrichs 10,—, Kruse 5,—, P. Laaß 5,—, Paaske 10,—, Rödler 5,—, Scharfe 25,—, Schmidt 5,—, Thormann 5,—, Wolf 3,—, Ungenannt 3,— (Sa. 126,— M). Cöln a. Rh.: Blatz 10,—, F. Bolten 20,—, H. Brandt 10,—, 10,—, H. Bunte 10,—, Demker 5,—, A. Düsterhaus 10,—, A. Eickhoff 1,—, W. Friedrerichs 10,—, Füllenbach 5,—, Heubeling 5,—, Hirsch 3,—, Höft 3,—, Klencz 10,—, Krause 3,—, G. Krumme 4,—, 5,—, Ledosquet 5,—, Leveh 6,—, Meis 10,—, Moskendahl 10,—, A. Meyer 10,—, A. Müller 5,—, Nohl 3,—, Nothar 10,—, M. Otto 2,—, G. Paul 10,—, Pellikan 15,—, Peters 3,—, Pikalo 5,—, A. Schmidt 5,—, J. Ph. Schroeder 2,—, J. Schüller 20,—, Uhlig 10,—, Uhrmacher 2,—, J. Stockmann 10,—, M. Türk 10,—, Weber 3,—, Wuttke 2,— (Sa. 282,— M). Danzig: A. Bendixen 2,—, Bernhardt 1,—, F. Brales 2,—, Brocksch 1,—, R. Eisendick 1,—, E. Gerndt 2,—, R. Grabowski 1,—, J. Holtz 2,—, A. Hückel 2,—, C. Jacob 2,—, K. Kabus 2,—, R. König 2,—, H. Kolbe 2,—, Liewers 1,—, G. Möller 2,—, P. Peterson 2,—, A. Pilz 2,—, H. Reichardt 2,—, E. Rose 2,—, K. Schiller 1,—, R. Schymanski 1,—, J. Seidel 2,—, K. Völkers 2,—, Wiemert 1,—, F. Zimmermann 2,— (Sa. 42,— M). Elberfeld 230,—. Freiburg 50,—. Graudenz 76,—, 16,—, Vergnügungskasse 40,—. Hannover-Linden: Alm 5,—, Becker 1,—, Bruns 1,—, Dröslmeyer 1,—, Dülkin 1,—, A. Gercke 2,—, Gorgs 2,—, Hagemann 2,—, Hanke 3,—, Hodnin 1,—, Howatsch 10,—, Iffarth 1,50, H. Kahn 20,—, Kettner 5,—, W. Klasmeier 5,—, Kuckelmann 5,—, W. Lefherz 2,—, Lischke 1,—, M. Klarck 5,—, H. Kohl 2,—, Liesebeck 2,50, Löbel 1,—, Mentmoes 2,—, G. Ring 20,—, Ruhle 1,—, Rusack 3,—, Schachtebutz 20,—, K. Schönemann 1,—, Schettker 2,—, A. Schmitmann 2,—, Schmücker 1,—, Th. Schönbrunn 2,—, Sinnlug 2,—, Strumpf 2,—, Vorberg 1,50, F. Wendt 1,50, Wich 2,— (Sa. 142,— M). Sammlung v. Mitglied. d. Militärneubauamts Hannover 30,—. Königswusterhausen: F. Otto 10,—. Lichterfelde: Bergmann 5,—, Buchholz 3,—, Eschenhorn 3,—, Hartwig 2,—, Hensel 3,—, Kriesbach 2,—, Plewe 3,—, Prentke 3,—, Stange 5,— (Sa. 29,— M). Magdeburg: Bergmann 2,—, Bobe 2,—, Buße 10,—, Dallach 2,—, Dannerow 3,—, Donitzky 1,—, Erler 5,—, Hesse 2,—, Gürke 2,50, Hoffmann 1,—, A. Hoffmann 2,— W. Hurz 2,—, H. Löhr 2,—, L. Müller 2,—, E. Papenroth 10,—, Peine 2,—, O. Rohr 2,—, F. Schulze 20,—, Schwalbe 2,—, Sietz 1,—, Stieger 10,—, Stoige 3,—, Studt 2,—, Theuerkauf 2,—, Tutzschke 1,—, F. Ullrich 2,—, O. Zemter 2,— (Sa. 146,—). Memel 50,80. Mülhausen i. Th.: A. Becker 5,—, B. Becker 3,—, J. Denutti 3,—, E. Dodenhoff 3,— P. Haß 3,—, Herzog 5,—, O. Herr 3,—, W. Jakobs 3,—, Köppe 10,—, Krieger 3,—, R. Krüger 3,—, O. Leibing 3,—, O. Lotz 3,—, W. Pohlmann 10,—, A. Reuther 5,—, O. Roselt 3,—, O. Roth 3,—, F. Schmidt 3,—, O. Schöring 3,—, A. Seifert 3,—, W. Stein 3,—, O. Urbach 3,—, O. Westfehling 3,—, E. Wetter 3,—, A. Zindt 3,—, Kegelklub „Haarscharf" 50,—, Sammlung anläßlich eines Ausflugs 3,50 (Sa. abzüglich Sammellohn 141,60). München 40,—. Naumburg 8,88, Neiße 26,—, Nürnberg 165,—, 100,—, Offenbach a. M. 53,—. Oldenburg 50,—. Peine: W. Bröcker 7,72, H. Schwarz 3,— (Sa. 10,72). Spandau: A. Bähre 2,—, Bitter 3,—, Breddin 2,—, E. Camin 3,—, R. Fredrich 5,—, R. Gaede 5,—, M. Heinisch 2,—, E. Hilker 3,—, E. Hübner 5,—, P. Lotzel 3,—, E. Mertin 3,—, E. Micksch 5,—, A. Palis 3,—, B. Reichenbecher 4,—, R. Thurmann 5,—, E. Wilke 2,—, Wünsche 3,—, Zytowski 2,— (Sa. 60,—). Kollegen der Munitionsfabrik: Hinz 13,—, Rademacher 6,75, Schäfer 6,—, Thieme 3,— (Sa. 28,75). Techn. Bureau der Geschoßfabrik: Janeck 6,—, Fröhse 6,—, Neubauer 1,— (Sa. abzügl. Porto 12,80). Techn. Bureau d. Gewehrfabrik: Rabe, Jaeppelt (Sa. 15,—). Techn. Bureau der Geschützgießerei: Jacobi, Mahlke, Arnold, Witzig, Steinbeck, Rüthning (Sa. 22,50). Uerdingen 15,—, Viersen 10,—, Waldenburg 66,—; Werdau: M. Bohn 1,—, F. Drechsel 3,—, K. Eckhardt 1,—, A. Frommelt 1,50, P. Hentschel 3,—, M. Holpert 2,—, A. Krügel 3,—, Martin 2,—, R. Meyner 2,50, R. Reinhold 1,—, M. Schubert 2,—, W. Schubert 2,—, R. Wild 2,50 (Sa. 26,50). Wilhelmshaven-R.: 150,—, 190,—, 125,—, Kegelklub „Pytagoras" 70,— (Sa. 535). Würzburg: K. Brembs 4,—, F. Dorsch 4,—, F. Gabriel 4,—, K. Hartmann 10,—, K. Höhn 5,—, W. Krähmer 14,—, L. Rückert 5,—, J. Schmitt 4,— (Sa. 50,—). Zehlendorf: Bröse 2,—, E. Glaeser 2,—, Lange 3,—, E. Lodder 2,—, Richter 2,—, Weise 2,— (Sa. 13,—). Sa. 3122,53 M.

Mitglieder: M. Acker 3,—, H. Alting 10,—, L. Bergemann 5,—, F. Berghoff 50,—, K. Binnebörtel 8,—, P. Blümich 6,—, H. Bock 2,—, M. Bode 20,—, A. Bösang 5,—, O. Böttcher 3,—, M. Bolten 4,—, H. Bormann 20,—, O. Bruckmann 5,—, D. Burkhardt 5,—, H. Cassier 5,50, F. Cohnert 10,—, E. Cramer 2,—, G. Dähnert 14,—, A. Dondoni 10,—, F. Echtler 10,—, K. Einz 5,—, F. Francke 10,—, A. Frey 5,—, C. Gerner 3,05, E. Gierke 20,—, P. Grudzinzki 3,—, H. Haase, Bremen 28,75, J. Hanske 11,30, H. Harnisch 5,—, Chr. Haßel 5,—, A. Hasselhuhn 3,—, W. Heinrich 7,50, Heling 8,—, K. Henkler 10,—, A. Herrgesell 3,—, H. Hüneke 6,—, S. Iser 3,—, Käher 10,—, K. Kaiser 5,—, C. Kampe 25,—, O. Kannelhardt 10,—, Kanngießer 5,—, E. Kassel 5,—, E. Kischer 10,—, F. Klaus 6,—, H. Knelles 10,—, E. Köhler 5,—, A. Kraemer 5,—, W. Kreysel 8,—, A. Kruschnitz 5,—, E. Kruse 3,—, E. Kubisch 8,—, A. Küster 10,—, E. Landmann 10,—, Leyendecker 10,—, P. Liebenow 10,—, R. Linke 20,—, G. Lorenz 10,—, J. Lorenzen 6,—, M. Ludwig 5,—, A. Lüttich 5,—, B. Matern 4,—, W. Michel 6,—, A. Müller 3,—, R. Müller 20,—, A. Naumann 5,—, M. Niedermeier 8,—, J. Nink 24,—, E. Nordt 10,—, W. Padberg 10,—, Chr. Pfeiffer 13,—, Plaß 13,—, W. Plaß 10,—, H. Ploen 10,—, F. Praetzelt 10,—, M. Reinhardt 5,—, K. Rentsch 5,—, W. Richter 5,—, C. Rommel 20,—, Rückert 10,—, H. Sack 5,—, K. Schacht 6,—, O. Scharmer 2,—, A. Schatz 8,—, R. Schientz, Berlin-Lichtenberg 60,—, E. Schilling 5,—, H. Schlein 5,—, Schmidt 5,—, E. Schneider 3,—, F. Schütz 3,—, W. Schulze 10,—, O. Schumacher 5,—, Chr. Sandroß 2,—, W. Seyffert 3,—, C. Sommerfeldt 10,05, E. Sundquist 6,—, F. Stern 4,—, C. Theuermeister 5,—, P. Thierbach 8,—, O. Trappenschuh 10,—, J. Vollmer 8,—, H. Weber 2,—, C. Wegele 10,—, E. Weißenborn, Kronach 100,—, W. Wilhelmi 15,05, O. Wimmer 5,—, O. Windisch 4,—, Wittel 5,—, G. Wolfgramm 2,—, W. Zeßin 7,—, L. Zinsmeister 5,— M (Sa. 1059,20 M.).

Summa	4 181,73 M.
Dazu 1. Quittung	6 887,20 M.
	11 068,93 M.

Es bedarf noch weiter der helfenden Tat jedes Verbandsmitgliedes, das sich in Stellung befindet und sein Gehalt fortbezieht. Es gilt, die Not zu lindern, die den Familien droht, deren Ernährer im Felde steht und die nicht wissen, woher sie das Nötigste zum Leben nehmen sollen. Kollegen, die Ihr in gesicherter Stellung seid, folgt dem Beispiele, das Euch obige 2. Quittung zeigt! Ihr Frauen unserer Mitglieder, die Ihr im Genusse des Gehaltes Eurer Männer seid, tut desgleichen.

Es gilt zu handeln! Ihr wißt, im Anfang war die Tat!

Miete und Krieg

Von ERICH HAENDELER.

Die Mietsverträge sind durch den Krieg nicht berührt worden; sie bestehen in vollem Umfange weiter. Wohl aber hat der Mieter, dem durch die kriegerischen Ereignisse die Erfüllung seiner aus dem Vertrage hervorgehenden Verpflichtungen erschwert worden ist, durch die Kriegsnotgesetze verschiedene Handhaben erhalten, um sich vor dem wirtschaftlichen Zusammenbruch zu schützen. Es kommen für ihn in Betracht:

1. Das Gesetz vom 4. August über den „Schutz der an Wahrnehmung ihrer Rechte behinderten Personen", das wir in Heft 33/34 auf Seite 392 im Auszug wiedergegeben haben. Danach wird in bürgerlichen Rechtsstreitigkeiten das Verfahren gegen die der mobilen Macht Angehörigen bis zur Beendigung des Kriegszustandes unterbrochen.

2. Die Verordnung des Bundesrats vom 4. August über die gerichtliche Bewilligung von Zahlungsfristen, ebenfalls abgedruckt in Heft 33/34 Seite 393, wonach die Gerichte eine Zahlungsfrist von längstens drei Monaten gewähren können.

3. Die Verordnung des Bundesrats vom 18. August über die Folgen einer nicht rechtzeitigen Zahlung einer Geldforderung. Diese Verordnung lautet:

§ 1. In bürgerlichen Rechtsstreitigkeiten, die bei den ordentlichen Gerichten anhängig sind oder anhängig werden, kann das Prozeßgericht — unbeschadet der Befugnis, gemäß der Bekanntmachung vom 7. August 1914 (Reichs-Gesetzbl. S. 359) Zahlungsfristen zu bewilligen — auf Antrag des Schuldners im Urteil anordnen, daß die besonderen Rechtsfolgen, die wegen der Nichtzahlung oder der nicht rechtzeitigen Zahlung einer vor dem 31. Juli 1914 entstandenen Geldforderung nach Gesetz oder Vertrag eingetreten sind oder eintreten (Verpflichtung zur Räumung wegen Nichtzahlung des M i e t z i n s e s, Fälligkeit des Kapitals wegen Nichtzahlung von Zinsen usw.), als nicht eingetreten gelten; das Gericht kann auch anordnen, daß die Folgen nur unter einer Bedingung, insbesondere erst nach dem fruchtlosen Ablauf einer auf höchstens drei Monate zu bemessenden Frist, eintreten.

Die Anordnungen sind unzulässig, wenn die Rechtsfolgen am 31. Juli 1914 bereits eingetreten waren.

Die Vorschriften des § 1 Abs. 1 Satz 2, 3, Abs. 2 Satz 2 sowie die Vorschriften des § 2 der Bekanntmachung vom 7. August 1914 (Reichs-Gesetzbl. S. 359) gelten entsprechend.

§ 2. Die Kosten des Prozesses können der obsiegenden Partei ganz oder teilweise auferlegt werden, wenn sie auf Grund einer gemäß § 1 getroffenen Anordnung obsiegt.

§ 3. Hat der Gläubiger für seine Forderung einen vollstreckbaren Titel, so kann der Schuldner den Antrag, die Rechtsfolgen der Nichtzahlung oder der nicht rechtzeitigen Zahlung zu beseitigen (§ 1), durch Einwendung gegen die Zulässigkeit der Vollstreckungsklausel (§ 732 der Zivilprozeßordnung) geltend machen. Diese Bestimmung findet keine Anwendung, wenn bereits eine Anordnung nach § 1 getroffen worden ist.

Unter Berücksichtigung dieser Gesetze und Verordnungen seien die nachfolgenden Rechtsfälle betrachtet.

A. D e r z u r F a h n e E i n b e r u f e n e h i n t e r l ä ß t k e i n e F a m i l i e.

Hier ist gegenüber der vielfach geäußerten Meinung zunächst nochmals zu betonen, daß die von den Eingezogenen eingegangenen Mietsverträge durch die Einberufung nicht gelöst worden sind.

Hatte der Eingezogene nur ein möbliertes Zimmer inne, so wird es ihm möglich gewesen sein, das Zimmer zu einem kurzfristigen Termin zu kündigen, für anderweitige Unterbringung seiner eigenen Sachen zu sorgen und die etwa noch fällige Miete zu bezahlen. Ist die Kündigung nicht ausgesprochen worden und befinden sich die dem Mieter gehörigen Sachen weiter in dem gemieteten Zimmer, so bleibt die Verpflichtung zur Mietszahlung unverändert bestehen. Eine Klage auf Zahlung der Miete kann gegen den Eingezogenen allerdings nicht angestrengt werden, ebenso wenig ist eine Pfändung seiner Sachen durchführbar. Der Vermieter erhält auch durch Nichtzahlung der Miete nicht das Recht, die Sachen des eingezogenen Mieters ohne dessen besondere Einwilligung aus der Wohnung zu entfernen.

Schwieriger ist die Lage für diejenigen ledigen Eingezogenen, die eine eigene Wohnung besitzen und durch den Mietsvertrag für längere Zeit gebunden sind. Sie können sich nicht auf § 570 BGB. berufen, der Militärpersonen im Falle ihrer Versetzung die gesetzliche Kündigung, also je nach der Mietszahlung vierteljährliche oder monatliche, zugesteht, sondern sind zur Erfüllung des Mietsvertrages verpflichtet. Es ist darum dringend zu empfehlen, sofort mit dem Vermieter eine Einigung dahin zu versuchen, daß entweder der Mietsvertrag ganz gelöst oder eine Ermäßigung der Miete während der Kriegszeit erreicht wird. Der Hinweis auf die entstehende Schuldenlast, auf die Unmöglichkeit, sie nach Beendigung des Krieges zu bezahlen usw., werden den Vermieter sicher zu einer Einigung bewegen.

B. D e r z u r F a h n e E i n b e r u f e n e h i n t e r l ä ß t e i n e F a m i l i e.

Von einem Aufgeben der Wohnung wird hier nur in wenigen Fällen die Rede sein können. Aber ist der Ehefrau und den Kindern die Möglichkeit gegeben, bei Verwandten unterzukommen, so wird, wenn die Familie kein Einkommen weiter bezieht, auch hier der Weg einer Einigung mit dem Hauswirt versucht werden können. Einem Familienvater mit geringem Gehalt wird es nach Beendigung des Krieges noch schwieriger sein, die in den Kriegsmonaten aufgelaufenen Mietsschulden in absehbarer Zeit zu tilgen. Die Verhandlungen mit dem Hauswirt brauchen nicht unbedingt von dem im Felde Stehenden geführt zu werden; die zwischen Hauswirt und Ehefrau getroffenen Vereinbarungen haben die gleiche Gültigkeit, so daß dem Hauswirt nicht die Möglichkeit gegeben ist, nach Rückkehr des Ehemannes aus dem Kriege die getroffenen Vereinbarungen als ungültig anzufechten.

In der Regel wird aber der Haushalt weiter geführt werden müssen. Hier entstehen, wenn die Gehaltszahlung aufgehört hat, die größten wirtschaftlichen Nöte. Die staatlichen und gemeindlichen Unterstützungen reichen kaum aus, um den Lebensunterhalt zu bestreiten, so daß es beim besten Willen nicht möglich ist, die Miete zu entrichten. In einzelnen Gemeinden ist der Versuch gemacht, durch amtliche Bekanntmachungen es so hinzustellen, als ob die Kriegsunterstützung Empfangenden verpflichtet wären, von der Unterstützung zunächst ihre Mietsschulden zu bezahlen. Eine derartige Aeußerung entbehrt jeder gesetzlichen Grundlage. Niemand kann gezwungen werden, den staatlichen Anteil der Unterstützung zur Bestreitung der Mietsschuld zu verwenden; es wäre nur die Möglichkeit vorhanden, daß die Gemeinden ihre Unterstützungen, die sie als Zuschlag zu der staatlichen Unterstützung zahlen, dem Hauswirt für Begleichung der Mietsschuld zukommen lassen. Gesetzlich wäre ein derartiges Vorgehen der Gemeinde zulässig. Die Meldungen von derartigen Versuchen werden wohl auch nicht ganz verstummen, da leider durch das vielfach in Deutschland vorhandene Hausbesitzerprivileg in den Gemeindekörperschaften eigennützige Hausbesitzer in ihrem Sonderinteresse handeln können. Aber derartige Maßnahmen wären ein H o h n auf den Zweck, den die Kriegsunterstützung haben soll, nämlich die Unterstützten vor dem Verhungern zu schützen. Sollten die Angehörigen eines Verbandsmitgliedes mit derartigen Maßnahmen bedroht werden, so muß selbstverständlich sofort die Hilfe des Verbandes in Anspruch genommen werden.

Ist der Familie nicht die Möglichkeit gegeben, die Miete zu bezahlen, so wird auch zunächst der gütliche Versuch einer Einigung mit dem Hauswirt gemacht werden müssen. Es wird wohl in vielen Fällen gelingen, einen teilweisen Erlaß der Miete oder wenigstens eine Stundung zu vereinbaren. Zeigt der Hauswirt aber keinerlei Entgegenkommen, dann ist die Familie des zu den Fahnen Einberufenen durch das oben wiedergegebene Kriegsgesetz vom 4. August gesichert. Der Hauswirt kann keinerlei Klage auf Zahlung der Miete, Pfändung der Sachen oder Räumung der Wohnung anstrengen. Auch dann, wenn die Ehefrau genommen werden, damit der Richter sich über die Rechtslage vollkommen unterrichten kann. In solchen Fällen werden die Angehörigen der Verbandsmitglieder gut tun, sich sofort mit dem Verbande in Verbindung zu setzen, damit ihnen Ratschläge zur Klagebeantwortung gegeben werden können.

Es bleibt nun noch der Fall

C. zu betrachten, daß die Familie eines durch Stellunglosigkeit in Not Geratenen nicht in der Lage ist, die Miete zu bezahlen. Gerade unter den Angestellten werden zum 1. Oktober viele ihre Stellung verloren haben, ohne eine neue Verdienstmöglichkeit zu finden. Aber auch dann, wenn es ihnen gelingen sollte, irgend welche Aushilfsarbeit zu erhalten, wird der geringe Verdienst nicht ausreichen, um all die

In den meisten Zweigverwaltungen finden wieder im

Oktober Versammlungen

statt. Ort und Zeit werden durch besondere Einladungen bekannt gegeben. Niemand darf diese Sitzungen versäumen, die in der Zeit der Kriegsnot dringend erforderlich sind, um den Verband zusammenzuhalten.

den Mietsvertrag mit unterzeichnet hat, kann der Hauswirt nicht auf dem Klagewege vorgehen. Es liegt bis jetzt eine Entscheidung des Amtsgerichts Rostock in einer Exmissionsklage vor, die folgendermaßen lautet:

In Sachen der Firma X., hier, vertreten durch Rechtsanwalt Dr. Müller hier, Klägerin, gegen den Arbeitsmann Y. hier und Ehefrau, Beklagte, beide vertreten durch Arbeitersekretär Henck, hier, wird der am 28. d. M. anstehende Termin aufgehoben.

Herr Henck hat nachgewiesen, daß Y. vom 4. Mobilmachungstag ab zum Heere einberufen und eingestellt ist und hat Aussetzung des Verfahrens, und zwar gegen beide Beklagte beantragt. Dieser Antrag ist betreffs des Ehemannes Y. ohne weiteres durch § 3 des Gesetzes vom 4. 8. 1914 betr. den Schutz der infolge des Krieges an Wahrnehmung ihrer Rechte behinderten Personen begründet. **Im Sinne jener Vorschrift muß er aber auch für die mitangeklagte Ehefrau als begründet angesehen werden.**

Rostock, den 21. August 1914.

Großherzogliches Amtsgericht.
gez. Sellmann.

Es ist ausgeschlossen, daß dieses Gerichtsurteil in einer höheren Instanz angefochten werden kann. Bereits 1888 hat das Reichsgericht (Bolze, Entscheidungen des Reichsgerichts, Band 5, Nr. 980) dahin entschieden, daß eine Zwangsvollstreckung aus Räumungsklagen gegen zwei Mieter unzulässig ist, weil nur gegen einen geklagt war.

Sollte der Hauswirt trotzdem den Versuch machen, durch ein Gerichtsurteil die Zahlung der Miete, die Exmission oder die Pfändung zu erzwingen, so muß der vom Gericht angesetzte Termin unter allen Umständen wahr- Verpflichtungen zu erfüllen, die sie bei ihrem früheren Einkommen auf sich genommen haben. Falls der Hauswirt kein Entgegenkommen zeigt, wird der Mieter hier den Schutz der Verordnungen vom 4. August und vom 18. August in Anspruch nehmen müssen, nach denen der Richter eine längstens dreimonatliche Zahlungsfrist gewähren und entsprechend auch Klagen auf Exmission oder Pfändung auf drei Monate vertagen kann. Es sei noch besonders darauf hingewiesen, daß der Mieter nicht abzuwarten braucht, bis er vom Hauswirt verklagt wird, um die Gewährung der dreimonatlichen Frist für sich zu erreichen, sondern daß er auch selbst in der Lage ist, den Hauswirt zur Festsetzung einer Stundungsfrist unter Anerkennung seiner Schuld vor das Amtsgericht zu laden.

Das Beste ist es für unsere Mitglieder und ihre Angehörige, sich in Zweifelsfällen an den Verband zu wenden. Wir sind gern bereit, jedem mit Rat und Tat zur Seite zu stehen. Die sachgemäße Abfassung von Schriftstücken und Klagen ist oft für die Regelung der Differenzen von größter Bedeutung.

Es sei noch zum Schluß betont, daß der zur Fahne Einberufene, der als Angestellter oder Beamter sein Gehalt ganz oder zum größeren Teil weiter bezieht oder sonst durch seine Vermögensverhältnisse dazu in der Lage ist, die Pflicht und Schuldigkeit hat, seine Mietsschulden regelmäßig zu begleichen; auch das ist eine nationale Forderung, ebenso berechtigt wie die, daß die Vermieter ihren Mietsschuldnern so weit wie möglich entgegenkommen sollen.

Kriegsadressen

3. Liste.

(1. Liste Heft 33/34. 2. Liste Heft 35/36.)

Altenessen: J. Härle, Altenessen, Jacobstr. 17.
Annaberg: P. Leopold, Altone, Schiller-Platz 3.
Aschersleben: Ing. Paul Popp, Aschersleben, Georgstr. 7.
Bautzen: Alfred Reh, Bautzen, Tuchmacherstr. 10.
Berlin: Otto Dolz, Berlin NW. 87, Waldstr. 29.
Berlin-Friedenau: Paul Beuster, Berlin-Friedenau, Bornstr. 18.
Berlin-Lichterfelde: L. Plewe, Berlin-Lichterfelde, Chausseestr. 58.
Berlin-Schöneberg: Kurt v. Hertzberg, Schöneberg b. Berlin, Ebersstraße 81.
Berlin-Steglitz: Paul Fricke, Steglitz b. Berlin, Rezonvillestr. 8.
Berlin-Wilmersdorf: H. Langeheine, Schmargendorf, Kösener Straße 10.
Bingen: Bauf. Adolf Stenger, Bingen a. Rh., Hasselpfad 6.
Birkenfeld: Bmstr. Aug. Müller, Birkenfeld (Fürstentum), Trierer Straße.
Bleckede, Betriebsdir. N. Schneider, Bleckede.
Bochum: W. Bartel, Bochum- Hugo-Schulz-Straße 1.
Bremerhaven-Lehe: H. Neumann, Bremerhaven-Lehe, Nordstr. 47.
Chemnitz: F. Benndorf, Chemnitz, Fritz-Reuter-Straße 19.
Coburg: Aug. Engel, Coburg, Steingasse 13.
Coepenick: C. Gruber, Coepenick, Lindenstr. 10a, Port. I.
Coethen: H. Landsmann, Coethen (Anh.), Augustastr. 11.
Culm: Kurt Buchholz, Culm, Thomervorstadt 81.
Cuxhaven: B. Block, Cuxhaven, Seedeich 12.
Dt.-Eylau: Wilh. Gumpricht, Dt.-Eylau, Bahnhofstraße.
Diedenhofen: Stadtbausekr. Albert Radtke, Diedenhofen, Beauregard, Haxingerstr. 1a.
Duisburg-Beeck: Hugo Oberheiden, Duisburg-Beeck, Herzogstraße 7.
Essen-Altendorf: Heinr. Jacke, Essen-West, Helmholtzstr. 20.
Friedrichshagen: Georg Peters, Friedrichshagen, Ahorn-Allee 24.
Friedrichsort: Friedrich Cordes, Pries b. Friedrichsort, Strohmeier-Allee 12.
Genthin: Stadtbaumeister E. Boerner, Langestr. 18, 1.
Gleiwitz: Willy Böning, Gleiwitz, Oberwallstr. 37.
Gnesen: Herm. Kersten, Gnesen, Nollaustr. 5.
Gotha: Ernst Kämmerer, Gotha, Gothaer Straße 126.
Graudenz: Adolf Kuhlmey, Graudenz, Fritz-Reuter-Straße 7.
Gramzow: Alfred Reuter, Gramzow b. C. Kunholz.
Gütersloh: Hans Arndt, Gütersloh, Moltkestr. 51.
Hagen i. W.: Stadt-B.-Ass. Wilh. König, Hagen i. W., Hochstraße 12.
Hagenau: Phil. Ebel, Hagenau (Els.), Barbarossastr. 17.
Halberstadt: Ed. Wachenschwanz, Halberstadt, Bismarckstr. 20.
Harburg: W. Wittig, Harburg a. E., Neuestr. 15.
Jüterbog: Herm. Marquardt, Jüterbog, Promenade 40.
Königsberg (N/M.): O. Zimmermann, Königsberg (N/M.), Unt. Rennbahnstraße 2.
Landau: Wilh. Felliau, Landau (Pfalz), Kronstr. 17.
Langen: Philipp Hellers, Langen (Bez. Darmstadt), Lutherplatz 1.
Lauenburg i. P.: Leo Kawczynski, Lauenburg i. P., Kaiserstr. 37.
Luxemburg: W. Blattmann, Echternach (Luxemburg), Luxemburger Straße.
Lübeck: W. Helms, Lübeck, Cronsforder-Allee 85b.
Lübz: W. Vietense, Zmr.-Mstr., Lübz i. M., Bauhog.
Marburg: E. Leukel, Marburg a. L., Biegenstr. 24.
Marienburg: Karl Tekenburg, Marienburg (W.-Pr.), Kuhlmannsgasse 1.
Marienwerder: H. Wiebold, Marienwerder, Neubau d. Kreishauses.
Meiningen: H. Böttger, Meiningen, Mittelstr. 5.
Memel: Carl Josuweit, Memel, Süderhuk 8—10.
Mittweida: Ing. Walter Dietze, Mittweida, Steinweg 19.
München: Zweigverw. München in München, Elisenstr. 7.
Mörs: Arch. Max Schmid, Mörs a. Rh., Asbergerstr. 21.
Myslowitz: Gust. Hostiau, Myslowitz, Kronprinzenstr. 10.
Neiße: Jos. Weigl, Kgl. Bahnmstr., Neiße, Am Bahnhof.
Neumünster: G. Brascher, Neumünster, Hansa-Ring 14.
Oberhausen: Otto Kestner, Oberhausen (Rhld.), Altmarkt 2.
Oppau: Wilh. Weiß, Oppau (Rhpflz.), Edigheimer Straße 7.
Pforzheim: J. Bitz, Pforzheim, Rudolfstr. 36.
Posen: Ph. Kühne, Posen, Margarethenstr. 29.
Prenzlau: Hans Kurth, Prenzlau, Prinzenstr. 547.
Reichenbach i. V.: Arno Spindler, Reichenbach i. V., Schneidenbacherstraße 40.
Remscheid: Aug. Windel, Stadt-B.-Ass., Remscheid, Bergstr. 15.
Rheydt: Arch. Wilh. Kamp jr., Rheydt, Gartenstr. 99.
Riesa: Oswald Meißner, Oberbahnmeister, Riesa, Stationsgebäude R. C.
Rosdzin-Schopponitz: Maurer-Meister Drewnik, Rosdzin (O.-S.), Hüttenstraße 10.
Rybnik: Adolf Unverzagt, Rybnik, Ratibor-Straße 23.
Reinickendorf: Paul Naumann, Reinickendorf-Ost, Rutlistr. 8.
Schlawe: Max Waldenburger, Schlawe i. Pomm., Nicolaistr. 12.
Schöningen: Julius Schwach, Schöningen, Wallstr. 20.
Stargard: Paul Feldmann, Stargard i. Pomm., Bahnhofstr. 3.
Strausberg: Otto Schmidt, Hohenstein, P. Strausberg.
Templin: Ing. Art. Mende, Templin, Röddeliner Straße 9
Uelzen: Stadtbf. Otto Bransky, Uelzen, Alewinstraße.
Uerdingen: Ing. Theodor Jaeppelt, Uerdingen, Krefelder Str. 3.
Wernigerode: A. Kuhlmann, Wernigerode, Burgberg 8.
Wesel: Ing. Hans Gösele, Wesel, Lipperheystr. 14.
Wiesbaden: Heinr. Wessel, Wiesbaden, Eltviller Straße 1.
Zabrze: L. Bischoff, Zabrze, Florianstr. 4.
Zerbst: Ing. Otto Lindenberg, Zerbst, Bahnhofstr. 7.
Zittau: Ernst Dietrich, Ing., Zittau, Aeuß. Qybinerstr. 14.
Znin: E. Weidner, Znin, Posener Straße.
Zweibrücken: Franz Lehrieder, Zweibrücken, Hochstr. 4.

Berichtigung.

Bautzen: Alfred Reh, Bautzen, Schäfferstr. 31 (nicht wie in Nr. 35/36 Koll. Gneus, Flinzstr. 16).
Friedland i. M.: Otto Hensler (nicht Heusler), Friedland i. M., Gerichtsstraße 1.

Wo bleiben die letzten Kriegsadressen?

SOZIALPOLITIK

Die Krankenversicherung der Kriegsteilnehmer

Das Reichsgesetz vom 4. August ds. Jahres enthält einige wichtige Bestimmungen über die Krankenversicherung, worauf in Ergänzung unserer Mitteilungen in Heft 33/34 nochmals hingewiesen sei.

Wir führten bereits aus, daß alle Versicherten, die zum Heeresdienst einberufen oder im Sanitäts- oder ähnlichen Dienst tätig sind und dadurch für die Kriegszeit aus der Versicherung ausscheiden, nach Beendigung ihrer Militärdienstzeit der Krankenversicherung unter unverkürzter Aufrechterhaltung ihrer Rechte und Anwartschaften wieder beitreten können.

Das neue Reichsgesetz gewährt aber auch jedem zur Fahne einberufenen Krankenkassenmitglied das Recht, freiwilliges Mitglied zu bleiben, indem es die Bestimmung der Reichsversicherungsordnung, wonach nur Mitglieder im Inland der Krankenkasse angehören können, dahin abändert, daß der Heeresdienst im Ausland die Berechtigung, freiwilliges Krankenkassenmitglied zu bleiben, nicht ausschließt.

Wer Mitglied bleiben will, muß es der Kasse binnen drei Wochen nach dem Ausscheiden d. h. nach der Entlassung aus seinem Arbeitsverhältnis der Kasse anzeigen. Der Anzeige steht es gleich, wenn in der gleichen Frist, also binnen drei Wochen, die satzungsmäßigen Beiträge voll gezahlt werden. Unter dem „voll" gezahlt werden ist zu verstehen, daß nicht nur die $^2/_3$ der Beträge, die die Versicherten zu zahlen haben, sondern auch das letzte Drittel, das der Arbeitgeber zu zahlen hat, von dem freiwillig weiter Versicherten an die Kasse gezahlt werden muß. Jeder, der sich freiwillig weiter versichert, muß aber nicht Mitglied derselben Klasse oder Lohnstufe, der er in der Krankenkasse angehörte, bleiben, sondern kann in eine niedere Klasse oder Lohnstufe übertreten. Ein Versicherter kann also z. B. bei freiwilliger Weiterversicherung in die niedrigste Versicherungsklasse seiner Kasse sich überschreiben lassen. Es ist dann noch weiter zu beachten, daß die Mitgliedschaft der freiwillig Versicherten erlischt, wenn sie zweimal nacheinander am Zahltage die Beiträge nicht entrichten und seit dem ersten dieser Tage mindestens vier Wochen vergangen sind. In der Satzung kann allerdings auch eine längere Frist vorgesehen sein, so daß dann diese gelten würde. Welche Vorteile erwachsen nun den Familien der Krieger aus der freiwilligen Weiterversicherung bei der Krankenkasse? Es verbleiben diesen versicherten Kriegern oder deren Familien die Regelleistungen (Mindestleistungen) der Krankenkasse. Dazu gehört vor allem das Krankengeld für den Versicherten, wenn er während seiner Dienstzeit unter der Fahne erkrankt. Die Familien erhalten weiter das Sterbegeld, falls ihr Ernährer im Felde dahingerafft wird. Diese Vorteile, die durch die freiwillige Weiterversicherung in die niedrigste Mitgliederklasse einer Krankenkasse, also mit verhältnismäßig niedrigen Beiträgen gewährt werwerden können, sind sicherlich die Weiterversicherung wert.

Es empfiehlt sich daher sehr, daß die Angehörigen unserer im Felde stehenden Kollegen, sofern diese es nicht selbst getan haben, für deren Weiterversicherung schleunigst durch Zahlung der Beiträge Sorge tragen. Auch darf der Hoffnung Ausdruck gegeben werden, daß die Arbeitgeber, die ihren zur Fahne einberufenen Angestellten das Gehalt weiter zahlen, diesen die Weiterversicherung bei der Krankenkasse dadurch erleichtern, daß sie auch ihren Beitragsanteil weiter entrichten. Mf.

*

Invalidenversicherung

Aus einer Bekanntmachung des Vorstandes der Landesversicherungsanstalt Berlin seien folgende Sätze von allgemeinem Interesse wiedergegeben:

1. Den Angehörigen der zum Kriegsdienst eingezogenen Versicherten wird dringend geraten, deren Quittungskarte für die Invalidenversicherung aufrechnen zu lassen und die Aufrechnungsbescheinigung sorgfältig aufzubewahren.
2. Für die zum Kriegsdienst eingezogenen Versicherten sind Beitragsmarken nicht zu verwenden, auch wenn Lohn oder Gehalt weiter gezahlt werden. Die Militärzeiten werden bei der späteren Rentenfeststellung als Beitragswochen angerechnet.
3. Für die in versicherungspflichtiger Beschäftigung verbleibenden Personen sind auch während des Krieges Beitragsmarken zu verwenden.

*

Die Unterstützung der Familien Einberufener

Zu unserem Bericht über die Abänderung des Gesetzes betreffend die Unterstützung von Familien in den Dienst eingetretener Mannschaften seien hier noch einige Bestimmungen aus dem Gesetz selbst nachgetragen, die für die Familienangehörigen unserer Verbandsmitglieder, die die Unterstützung in Anspruch nehmen wollen, von Bedeutung sind. Nach § 1 ist Voraussetzung für die Gewährung von Unterstützungen die „Bedürftigkeit". Die eingesetzte Kommission ist berechtigt, Auskunft über die Verhältnisse der einzelnen Familien von den Gemeindebehörden zu erfordern. Nach § 2 haben gemäß der neuen Fassung Anspruch auf Unterstützung

a) die Ehefrau des Eingetretenen und dessen eheliche und den ehelichen gesetzlich gleichstehenden Kinder unter 15 Jahren,

b) dessen Kinder über 15 Jahre, Verwandte in aufsteigender Linie und Geschwister, insofern sie von ihm unterhalten wurden oder das Unterstützungsbedürfnis erst nach erfolgtem Diensteintritt hervorgetreten ist,

c) dessen uneheliche Kinder, insofern seine Verpflichtung als Vater zur Gewährung des Unterhalts festgestellt ist.

Unter den unter b bezeichneten Voraussetzungen kann den Verwandten der Ehefrau in aufsteigender Linie und ihren Kindern aus früherer Ehe eine Unterstützung gewährt werden. Entfernte Verwandte und geschiedene Ehefrauen steht ein solcher Unterstützungsanspruch nicht zu.

Die Mindestsätze der Unterstützung haben wir in Heft 33/34 bereits bekanntgegeben. Es ist dazu noch zu bemerken, daß die Geldunterstützung teilweise durch Lieferung von Brotkorn, Kartoffeln, Brennmaterial usw. ersetzt werden k a n n. Unterstützungen von Privatvereinen und Privatpersonen dürfen auf die gesetzlich festgelegten Mindestbeträge n i c h t angerechnet werden.

In § 10 wird schließlich noch bestimmt, daß die bewilligten Unterstützungsbeträge in halbmonatlichen Raten vorauszuzahlen sind. Rückzahlungen der vorausbezahlten Beträge finden auch dann nicht statt, wenn der in den Dienst Eingetretene vor Ablauf der halbmonatlichen Periode zurückkehrt. Für Beginn und Fortdauer der Unterstützungen kommt auch der für Hin- und Rückmarsch zum bezw. vom Truppenteil erforderliche Zeitraum in Berechnung. Die Unterstützungen werden dadurch nicht unterbrochen, daß der in den Dienst Eingetretene als krank oder verwundet zeitweise in die Heimat beurlaubt wird. Wenn der in den Dienst Eingetretene vor seiner Rückkehr verstirbt oder vermißt wird, so werden die Unterstützungen solange gewährt, bis die Formation, welcher er angehörte, auf den Friedensfuß zurückgeführt oder aufgelöst wird.

Die Stellen, an die die Anträge auf Unterstützung zu stellen sind, sind im Deutschen Reiche sehr verschieden. Zum großen Teil sind die Steuerkassen zur Entgegennahme der Unterstützungsgesuche ermächtigt worden. Bei Stellung des Antrages müssen in der Regel vorgelegt werden 1. der nach erfolgter Einstellung in das Regiment von diesem unterschriebene Ausweis zur eventuellen Unterstützung, 2. diejenigen Urkunden, welche die Verwandtschaft des Bedürftigen mit dem Eingetretenen dartun, also z. B. bei Ehefrauen die Heiratsurkunde, bei Kindern deren Geburtsurkunde. Hdl.

*

Die Bekämpfung der Arbeitslosigkeit

Eine der schlimmsten Wirkungen des Krieges ist die Arbeitslosigkeit. Sie kann sich zu einer direkten Gefahr für die Volkswirtschaft auswachsen. Wenn von allen Seiten der Bekämpfung der Arbeitslosigkeit die größte Aufmerksamkeit zugewendet wird, so ist das eine der verdienstvollsten Aufgaben. Ueber den Umfang der Stellenlosigkeit im technischen Berufe haben wir keine genauen Angaben. Sie dürfte jedoch schon ziemlich groß sein.

Das beste Mittel zur Bekämpfung der Arbeitslosigkeit bleibt natürlich die Weiterbeschäftigung der Arbeitnehmer bezw. die Beschaffung neuer Arbeit. S t a a t und G e m e i n d e tun im allgemeinen ihre Pflicht. In Angriff genommene Arbeiten werden weitergeführt, bereits bewilligte in Angriff genommen und die Kredite aufgebraucht. Notstandsarbeiten werden in die Wege geleitet. Allerdings ist es auch vorgekommen, daß Gemeinden Techniker entließen wegen Mangels an Arbeit. Bei einer Gemeinde kam es vor, daß man Technikern kündigte, weil es an Beschäftigung fehle, auf der andern Seite aber kriegsfreiwilligen Technikern Schwierigkeiten wegen des Eintritts machte mit der Begründung, die vorhandenen Arbeiten ließen ein Ausscheiden nicht ohne weiteres zu. Die Oeffentlichkeit wird für solche Vorkommnisse kein Verständnis haben. Bei gutem Willen wird es Staat und Gemeinde möglich sein, ihre Techniker weiter zu beschäftigen. Die Versicherungsanstalten und Sparkassen können durch schnelle Auszahlung zugesagter Darlehen und Gewährung neuer Kredite den Gemeinden helfen. An Strafanstalten sind keine Aufträge zu erteilen. Die Kulturarbeiten in den landwirtschaftlichen Verwaltungen — Urbarmachung von Mooren und Oedländern, Forstarbeiten — sind weiter zu führen bezw. neu in Angriff zu nehmen.

Die privaten Arbeitgeber, die für den Heeresbedarf arbeiten, sind stark beschäftigt. Trotzdem mußten wir uns gegen verschiedene Firmen wenden, die, obwohl sie öffentliche Aufträge hatten, Entlassungen von Technikern vornahmen. Wenn schon solche Firmen so wenig soziales Verständnis zeigen, braucht man sich nicht zu wundern, wenn die Betriebe, die keine öffentlichen Aufträge zu erwarten haben, eine Rücksicht auf ihre Angestellten nicht kennen. Der preußische Minister für Handel und Gewerbe hat die Arbeitgeber aufgefordert, ihre Arbeitnehmer weiter zu beschäftigen. Begrüßenswerterweise ist dieser Aufforderung in großem Umfang nachgekommen worden. Man wird natürlich nur an die Arbeitgeber ein solches Anfordern stellen können, die wirtschaftlich dazu in der Lage sind. Wenn es nicht anders geht, ist Arbeitsverkürzung notwendig, um möglichst vielen Beschäftigung zu gewähren. Auch Gehaltsreduzierungen werden unter Umständen in Kauf zu nehmen sein. Ueberstunden sind grundsätzlich zu vermeiden.

Durch die großen Unterschiede des Beschäftigungsgrades in den einzelnen Gewerben und durch die starke Verschiebung der Arbeitsmöglichkeiten in den einzelnen Gegenden gewinnt die Arbeitsvermittlung wachsende Bedeutung. Die Stellenvermittlung des D. T.-V. gibt sich alle Mühe, stellenlose Mitglieder unterzubringen. In der Presse, in einem Rundschreiben an die Arbeitgeber haben wir auf unsere Stellenvermittelung hingewiesen. Da das Zusammenarbeiten der örtlich vorhandenen Arbeitsnachweise sehr wünschenswert ist, sind wir mit dem Verband Märkischer Arbeitsnachweise in Verbindung getreten. An der Zentrale für Arbeitsnachweise des Kaiserlich Statistischen Amtes, die eine Uebersicht über den Arbeitsmarkt des ganzen Reiches geben will, sind wir beteiligt. Unsere Stellenvermittlungszentralen sind angewiesen, jede Woche an die Zentrale die gewünschten Mitteilungen über die stellenlosen Techniker ihres Bezirkes gelangen zu lassen. Wenn wir zurzeit gezwungen sind, manchen sozialen Gesichtspunkt zurücktreten zu lassen, so bedeutet das keinen Verzicht auf unsere sozialen Mindestforderungen. Unsere Mitglieder müssen schließlich Arbeiten übernehmen, die nicht direkt ihrer Vorbildung und bisherigen Tätigkeit entsprechen. Es kann dem gesunden Kopfarbeiter nicht schaden, wenn er mal Handarbeiten verrichten lernt. So anerkennenswert es sein mag, wenn Personen sich zu unentgeltlichen Arbeitsleistungen anbieten, so muß heute grundsätzlich darauf bestanden werden, daß unentgeltliche Kräfte nicht eingestellt werden. Besonders groß ist die Gefahr der Arbeitslosigkeit in den Großstädten. Durch Zusammenarbeiten der Arbeitsnachweise halte man den Zuzug neuer Arbeitslosen von den Großstädten fern und sorge für die Rückwanderung aufs Land. Man kann auch verlangen, daß Ausländer, besonders Angehörige der mit uns Krieg führenden Staaten nicht unsern Bürgern das Brot wegnehmen. Wenn es richtig ist, daß in Hildesheim ein Engländer zum stellvertretenden Direktor des Gas- und Wasserwerks bestellt wurde, so kann das nicht scharf genug verurteilt werden.

Trotz aller Maßnahmen kann eine große Zahl Arbeitsloser nicht unterkommen. Ihre Familien sind zum Teil schlimmer daran, als die der im Felde stehenden, da diese wenigstens die staatliche Kriegsunterstützung erhalten. Es ist daher sehr zu begrüßen, daß die Gemeinden — in Berlin und andern Städten ist es schon geschehen — Arbeitslosenunterstützungen einführen. In Berlin haben wir an den Besprechungen teilgenommen und uns bereit erklärt, die Auszahlung der Unterstützungen und die Kontrolle, soweit unsere Mitglieder in Betracht kommen, zu übernehmen. Auch die Landesversicherungsanstalten wollen Gelder zur Unterstützung der Arbeitslosen bereitstellen. Die Landesversicherungsanstalt Berlin hat bereits 5 Millionen Mark zur Verfügung gestellt.

Achten wir überall auf die Durchführung der hier dargelegten Grundsätze. Dort, wo es nötig ist, müssen wir entsprechende Anregungen geben. Wird gegen die Grundsätze gehandelt, so mache man dem Verband Mitteilung. Arbeiten wir Hand in Hand und tragen unseren Teil zur Stärkung des deutschen Wirtschaftslebens durch die Bekämpfung der Arbeitslosigkeit bei. Dr. H.

*

Ausbeutung der Notlage

Es soll hoch anerkannt werden, daß ein großer Teil des deutschen Unternehmertums in unserer gegenwärtigen schweren Zeit seiner nationalen Pflichten sich vollkommen bewußt war und darnach handelte. Viele Arbeitgeber haben unter eignen Opfern ihre Betriebe durchgehalten, viele zahlen den im Felde stehenden Angestellten den Gehalt oder einen Teil desselben weiter oder gewähren ihren Familien laufende Unterstützungen.

Leider gibt es auch eine Schicht von Arbeitgebern, die von der gegebenen Notlage profitieren wollen. Nicht als ob wir heute den strengen Maßstab sozialen Empfindens wie zu Friedenszeiten anlegen wollen. Wir wissen genau, daß manche Forderungen zurückzutreten haben, und es heute in erster Linie auf die Aufrechterhaltung der Existenzen, wenn auch unter persönlicher Einschränkung und Verzicht auf gewohnte Genüsse ankommt. Es sei nur daran erinnert, daß der Bauarbeiterverband dem Vorstand des Arbeitgeberbundes für das Baugewerbe einen Beschluß mitgeteilt hat, wonach alle Streiks und Sperrungen aufgehoben sind. Aber auch bei der Zurückstellung sozialer Gesichtspunkte ist eine Grenze dadurch gegeben, daß der Arbeitgeber sich nicht aus der Notlage bereichert oder glaubt, der Arbeitnehmer sei so geschwächt, daß alte scharfmacherische Pläne verwirklicht werden könnten.

So glaubten Arbeitgeber, der Ausbruch des Krieges berechtige sie ohne weiteres zur Entlassung von Angestellten. Die deutschen Gerichte werden sie hoffentlich belehren, daß eine solche Meinung irrig ist. Wenn allerdings der alleinige Geschäftsinhaber ins Feld muß und eine ausreichende Vertretung nicht vorhanden ist, oder die Geschäftsfortführung nicht möglich ist, weil die Betriebsmittel fehlen, oder aus andern Gründen eine völlige Geschäftseinstellung nötig ist, wird die sofortige Entlassung gerechtfertigt erscheinen. In allen andern Fällen ist aber das Vorliegen eines wichtigen Grundes zu verneinen und die gesetzliche Kündigungsfrist einzuhalten. Andere Firmen weigerten sich, Angestellte, die einberufen waren, aber wieder entlassen wurden, neu einzustellen, wozu sie gesetzlich verpflichtet sind, wenn die Unterbrechung des Dienstverhältnisses nur kurze Zeit gedauert hat. Firmen, was in jedem einzelnen Falls eigens untersucht werden muß, die regulär beschäftigt sind, benützen die Gelegenheit zu Gehaltsverminderungen. Der Angestellte muß es sich ruhig gefallen lassen, weil er sonst gekündigt würde. Da ist ein Aufruf des altenburgischen Staatsministeriums bemerkenswert, in dem die Arbeitgeber ermahnt werden, das Ueberangebot an Arbeitskräften nicht zu Lohndrückereien zu benützen.

Im Schneidergewerbe entstanden bei der Fertigung von Militärsachen Differenzen, weil unzureichende Löhne gezahlt wurden. Es wurde festgestellt, daß der Lohndruck soweit ging, daß für Militärmäntel nur 3 bis 5 M Arbeitslohn gezahlt wurden. Das Zwischenmeistertum machte sich unangenehm bemerkbar. Die Militärbehörde hat begrüßenswerterweise eingegriffen. Charakterisch ist folgendes Beispiel. Von Zwischenmeistern wurde an Heimarbeiterinnen für 100 Soldatenproviantbeutel 75 Pfg. bezw. 55 Pfg. bezahlt, während Heimarbeiterinnen, die die Anfertigung von solchen Beuteln direkt vom Zentralarbeitsnachweis übernahmen, pro 75 Stück 1,50 M erhielten. In allen Fällen handelte es sich um völlig gleiche Arbeiten. Einige Arbeitgeber im Baugewerbe glaubten sich an die mit den Gewerkschaften getroffenen Tarife nicht mehr gebunden. Mit Genugtuung sei aber hervorgehoben, daß die deutschen Arbeitgeberverbände sich energisch gegen die Versuche, die durch den Krieg herbeigeführte Schwächung der Gewerkschaften zum Bruch der tariflichen Abmachungen zu mißbrauchen, gewandt haben.

In Hannover zeigen sich ganz bedenkliche Vorgänge auf dem Gebiet des Arbeitsnachweises. Die Handelskammer hatte Arbeitgeber und Arbeitnehmer zur Gründung eines einheitlichen Arbeitsnachweises eingeladen. Da an dem später veröffentlichten Aufruf auch Organisationen der technischen Angestellten beteiligt waren, durfte man annehmen, daß die Stellenvermittlung für alle Angestellte eingerichtet werden solle. Später stellte sich heraus, daß die technischen Angestellten ausgeschlossen seien. Sehr merkwürdig ist die Begründung. Der Vorsitzende der Handelskammer sagte: bei der bekannten ablehnenden Stellung der Großindustrie zu gewissen Verbänden der technischen Angestellten müsse man alles vermeiden, was bei den Industriellen anstoßen könnte. Der Syndikus der Kammer erklärte, die Industrie habe beschlossen, den Arbeitgebernachweis für die industriellen Arbeiter auch auf die technischen Angestellten auszudehnen, und hielt die jetzige Zeit für die Durchführung dieses Entschlusses für geeignet. Wenn die Arbeitgeber die Zeit der Not benutzen wollen, um den alten Lieblingsgedanken des einseitigen Arbeitgebernachweises durchzuführen, so ist das überaus verwerflich. Noch mehr befremden muß es, wenn ein amtliches Organ wie die Handelskammer sich zur Durchführung solcher Wünsche mißbrauchen läßt. In Eingaben an die Handelskammer Hannover, den deutschen Handelstag, das Ministerium für Handel und Gewerbe und das Reichsamt des Innern haben wir gegen ein solches Vorgehen protestiert.

Seien wir auf der Hut. Bringen wir jede Ausbeutung der Notlage in die Oeffentlichkeit. Dr. H.

STANDESBEWEGUNG

Aus dem D. T.-V.

Den bitteren Ernst des Krieges hat auch unser Verband in diesen Tagen erfahren. Vier unserer Mitglieder sind auf dem Schlachtfelde im Kampf um Deutschlands Größe und Freiheit gefallen; Artur Scobel aus Elberfeld, Richard Müller und Oswald Nöske aus Königsberg, Joseph Aumer aus Regensburg. Wir betrauern in ihnen treue Verbandsmitglieder, in Artur Scobel auch einen eifrigen Mitarbeiter des Briefkastens unserer D. T.-Z.

Ehre ihren Andenken! Sie starben den Heldentod fürs Vaterland.

Von der Zweigverwaltung Mörchingen erhielten wir folgende Karte:

Mörchingen, d. 24. 8. 1914. „Die Mitglieder der Zweigverwaltung Mörchingen-Château-Salins sind mit Ausnahme des unterzeichneten Vorsitzenden ins Feld gezogen. Die Kriegsadresse bleibt dieselbe wie bisher. Hier hat es kräftig gedonnert, mein Bureau ist von einer Granate vollständig zerstört. Aber dank des kräftigen Eingreifens unserer braven Bayern ist kein kriegsfähiger Franzose in Mörchingen gewesen. Wie es in Château-Salins aussieht, weiß ich nicht, die Franzosen waren mehrere Tage dort. Bei den Bayern lernte ich einen Unteroffizier, Mitglied des D. T.-V., kennen und gab ihm die Kriegsbeschlüsse des Verbandes bekannt, welche ihn offensichtlich erfreuten. Nun weiter mit Gott! Heute donnern die Kanonen in größerer Entfernnug wieder furchtbar. Der Himmel beschütze Deutschland und unseren D. T.-V. Kolleg. Gruß! gez. Marwitz."

Das Mitglied des Gesamtvorstandes, Herr Mühlenkamp, der als Vizefeldwebel der Landwehr im Felde steht, teilt uns mit, daß in seiner Kompagnie etwa 30 Mitglieder des D. T.-V. seien.

*

Kriegsmaßnahmen des D. T.-V.

1. Rundschreiben an die Arbeitgeber durch Geschäftsstellen und Stellenvermittelungszentralen zwecks Empfehlung unserer Stellenvermittelung.
2. Durch Zeitungsnotizen Hinweis auf unsere Stellenvermittelung.
3. Beteiligung an der Zentrale für Arbeitsnachweise des Kaiserlich Statistischen Amtes.
4. Beteiligung an dem Verband Märkischer Arbeitsnachweise Berlin.
5. Eingabe an den Zivil-Gouverneur von Belgien um Berücksichtigung unserer Stellenvermittelung bei Bedarf.
6. Eingabe an die Gemeindeverwaltungen von Neukölln und Weißensee wegen Weiterbeschäftigung der Techniker.
7. Eingabe an die Kanalverwaltung des Kaiser-Wilhelm-Kanals wegen Weiterzahlung des Gehaltes an die Techniker, die im Felde stehen.
8. Eingabe an den Magistrat Berlin, auf die Firma Gebauer seinen Einfluß geltend zu machen, daß eine Kündigung der Angestellten unterbleibt.
9. Eingaben an die Kgl. Militärverwaltung Spandau und an das Kriegsministerium, die Kündigung der Techniker bei der Firma Polysius in Dessau zu verhindern, weil die Firma große Militärlieferungen hat.
10. Teilnahme an den Verhandlungen der Stadt Berlin wegen Arbeitslosen-Unterstützung. Wir haben uns bereit erklärt, die Auszahlung der Unterstützungen und die Kontrolle der unterstützten Mitglieder unseres Verbandes zu übernehmen.
11. In gleichem Sinne Eingaben an die Gemeindeverwaltung von Lichterfelde und Lichtenberg, die auch Arbeitslosen-Unterstützungen gewähren.
12. Eingabe an den Zweckverband Groß-Berlin wegen Schaffung einer Arbeitslosen-Unterstützung in allen zum Zweckverband Groß-Berlin gehörenden Gemeinden.
13. Eingaben an die Handelskammer Hannover, den Deutschen Handelstag, das Preußische Ministerium für Handel und Gewerbe und das Reichsamt des Innern wegen des Vorgehens der Handelskammer Hannover. Diese will auf Veranlassung der Arbeitgeber einen Arbeitsnachweis für die Angestellten einrichten. Die technischen Angestellten sollen aber ausgeschlossen werden.

STERBETAFEL

Es starben den Heldentod fürs Vaterland

Artur Scobel, 42644, Elberfeld
Richard Müller, 62338, Königsberg i. Pr.
Oswald Nöske, 41496, Königsberg i. Pr.
Joseph Aumer, 65964, Regensburg.

Wir hatten ferner folgende Todesfälle zu verzeichnen:

Artur Schumann, 59903, Hochbautechniker, Colmar i. E., 16. August 1914.
Anton Weinholz, 36371, Baugewerksmeister, Duisburg-Beeck, 30. August 1914.
Bruno Fünfstück, 8141, Ingenieur, Görlitz i. Schl., 28. August 1914.

Fürsorge für verwundete Verbands-Kollegen!

Unser Mitglied Max Schönfelder hat sich bereit erklärt, einen verwundeten Kollegen aufzunehmen, für dessen Wiederherstellung der Arzt eine Kur in den Teplitzer Thermen angebracht hält. — Unser Mitglied Stolt in Luckau (Lausitz) erbietet sich ebenfalls, zwei verwundete Kollegen, die zur Erholung Landaufenthalt benötigen und mittellos sind, unentgeltlich aufzunehmen.

Kollegen! Frauen unserer Kollegen!

Sendet nachstehenden Fragebogen, falls Ihr die darin enthaltenen Fragen nicht bereits beantwortet habt, umgehend an die Kriegsadresse Eurer Zweigverwaltung ab. Wir brauchen die Angaben dringend zur Uebersicht über unsere Mitglieder.

Fragebogen.

Name:	**Eingezogen:** ....
Ort:	**Wird Gehalt trotzdem weiter gezahlt?** .... (zu welchem Teil?)
Wohnung:	**In Stellung?** ....
Militärverhältnis: .... (Reserve, Landwehr, Landsturm I, Landsturm II ged., Landsturm II nicht ged.)	**Stellenlos?** ....

Sitzungskalender

Geschäftsstelle Bromberg.

Diejenigen Vorstände der örtlichen Verwaltungen unserer Arbeitsgemeinschaft, die mit der Zahlung der von uns verauslagten Porti für Versendung des ostdeutschen Verkündigungsblattes im Rückstand sind, bitten wir hiermit höflichst, uns die in Rechnung gestellten Beträge umgehend einzusenden, damit wir nach Möglichkeit unseren Verpflichtungen der Buchdruckerei gegenüber nachkommen können.

Die nächste Nummer des Verkündigungsblattes erscheint an dem auf die Demobilisierung folgenden Monatsschluß.

Cöln. Adr.: F. Bolten, Cöln, Klingelpütz 24. Zusammenkunft der Mitglieder am 1. Sonntag im Monat 11 Uhr vorm., i. d. Borussia. Monatsbeitr. und Kriegsfondsbeitr. an das Postscheckkonto 11 694 L. Grüttner-Cöln. Die Geschäftsstelle ist vorläufig Montags und Donnerstags von 8 bis 9 Uhr abds. geöffnet. An die Zahlung der rückständ. Beiträge wird erinnert. Die Angehörigen der einberufenen Koll. werden gebeten, dies der Geschäftsstelle mitzuteilen.

Merseburg und Umg. Br.-A.: M. Ludwig, Am Stadtpark 1. Die Versammlungen finden nach wie vor jeden 1. Sonnabend jeden Monats statt. Um recht regen Besuch wird gebeten. Die Tagesordnung wird daselbst bekannt gegeben.

DEUTSCHE TECHNIKER-ZEITUNG

HERAUSGEGEBEN VOM DEUTSCHEN TECHNIKER-VERBANDE

Schriftleitung:
Dr. Höfle, Verbandsdirektor. Erich Händeler, verantwortlicher Schriftleiter.

XXXI. Jahrg. | 3. Oktober 1914 | Heft 39/40

Kriegsfonds!

Durch Beschluss des Geschäftsführenden Vorstandes vom 2. August 1914 sind dem Kriegsfonds zur Unterstützung der Familien der im Felde stehenden Mitglieder aus Verbandsmitteln 5000 Mark überwiesen. Durch die Opferwilligkeit unserer Mitglieder sind wir bis jetzt in der Lage gewesen, wie aus nachstehender Abrechnung sich ergibt, den Ansprüchen gerecht zu werden, die von diesen Familien an uns gestellt worden sind. Mit dem 1. Oktober tritt aber auch durch die zahlreichen Entlassungen für viele Familien, deren Ernährer nicht zu den Fahnen einberufen worden ist, eine ebenso große Notlage ein. Der Geschäftsführende Vorstand hat darum beschlossen, die Aufgabe des Kriegsfonds dahin zu erweitern, daß auch den stellenlosen Mitgliedern für ihre Familien Unterstützungen gewährt werden können. Zu diesem Zwecke sind dem Kriegsfonds weitere 10000 Mark aus Verbandsmitteln überwiesen worden. Wir erwarten aber auch von unseren Mitgliedern, daß sie noch in größerem Maße als bisher durch freiwillige einmalige Spenden und vor allem durch regelmässige monatliche Zuwendungen dieser außerordentlich erweiterten Aufgabe unserer Kriegskasse gerecht werden.

Der Geschäftsführende Vorstand des Deutschen Techniker-Verbandes

Paul Reifland, 1. Vorsitzender — Dr. Höfle, Verbandsdirektor

3. Quittung

Zweigverwaltungen: Aurich: Deichgräber 3,—, Hellbach 2,—, Koch 2,—, Kursch 2,—, A. Ludwig 20,—, W. Ludwig 1,—, Redenius 1,—, Reinecke 1,—, Ruhnke 1,—, Sohns 2,—, (35,—). Braunschweig: Bahrs 2,—, R. Bergmann 1,—, E. Bläsche 2,—, F. Böse 2,—, H. Brennecke 2,—, Dillenburg 1,—, G. Eimbeck 1,50, F. Englisch 2,—, Göhmann 1,—, R. Heyland 1,—, Hinnstedt 1,—, R. Hirschl 2,—, E. Hodemacher 1,—, Hoff 1,—, J. Horschler 1,—, C. Kästner 1,—, W. Kellner 3,—, Kirchbach 1,—, M. Klüglich 1,—, A. Koch 2,—, O. Kolleck 3,—, J. Kougmann 1,—, A. Kümper 2,—, A. Kuhfuß 2,—, M. Lauke 2,—, Reinicke 2,—, K. Sasse 2,50, C. Schirmer 2,—, F. Schlüter 3,—, K. Schrader 1,—, O. Spintje 3,—, Steiner 2,—, H. Sübken 1,—, H. Süssenguth 2,—, C. Wolff 3,—, M. Wollweber 1,—, J. Zimmermann 3,—, R. Zimmermann 1,—, R. Zobel 1,— (68,—). Brieg 10,—, Brunsbüttelkoog 8,—, Burg 12,80, Coepenick: W. Blenn 3,—, C. Gruber 5,—, O. Kieselack 5,—, W. Pleß 5,—, C. Prüß 5,—, A. Tornack 5,— (28,—). Cüstrin 10,—, Darmstadt 59,50, Düsseldorf 59,07, Eberswalde: Dietl 1,—, Gerlich 2,—, Haspel 20,—, Kindler 10,—, Koch 3,—, Konicar 8,—, Mögling 2,—, Narewski 5,—, Nienaber 20,—, Noormann 5,—, Salzbrenner 10,—, Schulz 2,—, Wraase 5,— (93,—). Eckernförde 40,—, Friedland i. M.: Hensler 10,—, Hass 6,— (16,—). Geestemünde: Becker 5,—, Bockelmann 10,—, Boos 10,—, Bothas 10,—, Bräuer 10,—, Claas 10,—, Knackstedt 10,—, Niclas 10,—, Ohnesorge 5,—, Seier 5,—, Uhde 5,—, Vahlsing 5,—, Weigner 5,—, Wessels 10,—, Wilhelm 10,— (120,—). Gelsenkirchen 107,—, Gnesen 10,—, Graudenz 50,—, 64,—, 73,— (187,—). Greiz 8,50, Hadersleben: A. Bekke 5,—, G. Glaß 10,— (15,—). Halle 75,—, Hamborn 60,—, Hannover 18,—, Heiligenstadt: Bodmann 10,—, Heiter 2,—, Laus 2,—, Reuß 2,—, Schmidt 5,—, Schwab 10,— (31,—). Ilmenau: A. Pabst 5,—, F. Wilhelm 5,—, aus der Kupferkasse 3,50 (13,50). Kiel 200,—, Königsberg i. Pr.: Albrecht 20,—, Allzeit 3,—, Boenke 2,—, Braun 10,—, Brostowski 10,—, Budinski 8,—, Dombrowski 3,—, Fiscal 4,—, Flögel 20,—, Fremdling 5,—, Freyer 3,—, Gabel 4,—, Goltz 3,—, Grabe 2,—, Grau 10,—, Groß 20,—, Hartmann 2,—, Hübner 10,—, Janiczeweski 5,—, Jansohn 3,—, Juraschka 10,—, Kaiser 5,—, E. Kerwin 5,—, Joh. Kerwin 5,—, Kimmling 10,—, Kopp 5,—, Krüger 5,—, Leest 5,—, Matz 20,—, Meßelhäuser 2,—, Pohl 5,—, Preller 2,—, Pultke 5,—, Reischuck 1,—, Richter 2,—, Rogaischat 3,—, Ruhnau 10,—, Steeg 50,—, Suhrau 3,—, Wüstner 4,— (304,—). Landshut 50,—, Langen: Dallwein 1,50, Göbel 2,—, Heller 2,—, Henning 2,— (7,50). Lauenburg 10,—, Lichtenberg 3,—, Magdeburg 12,80, Kriegsglück 3,— (15,80). Mittweida 1,30, München 100,—, Münster

33,—. Neukölln: A. Altstädt 1,50, V. Jacob 10,—, F. Lamprecht 1,50 ,K. Lehmann 10,—, B. Leipziger 2,—, A. Peckmann 1,—, B. Reinhardt 1,—, F. Sorge 8,—, Walter 3,—, Porto 15 Pfg. (38,15). Pankow: Brudy 2,—, Donath 2,—, Franzen 3,—, Lorenz 3,—, Lux 4,—, Melis 2,—, P. Michel 2,—, Peckmann 2,—, Pohl 1,—, Salewsky 2,—, Schmiedel 2,—, Stemmer 3,—, Theuerkauf 2,—, Wrage 2,—, Vorstandssitzung 5,— (37,—). Sagan: K. Scheinichen 4,—, Schweidnitz 20,—, Sonneberg 22,—, Spandau: Hoppe 5,—, Krage 3,—, Großmann 5,—, Höhn 10,—, Hochmann 5,—, Müller 4,—, Otto 5,—, Gräber 5,—, Hannemann 5,—, Zindler 5,—, Buchholz 5,—, Schwentzel 5,—, Lange 5,—, Seeger 5,—, Michsch 5,—, Stoll 5,—, Schultze 5,—, Brandes 5,—, H. Hoffmann 5,—, M. Hoffmann 3,—, = 100,—, Siemensstadt. Appel 5,—, Badmeier 2,—, Benecke 10,—, Bernhard 3,—, Eicke 1,—, Eickhoff 20,—, Ex 2,—, Fischer 1,—, Fritzsche 3,—, Funke 5,—, Goericke 1,—, Groenefeld 3,—, Heublein 3,—, C. Howin 20,—, Jancke 3,—, Kaps 2,—, Kegel 3,—, Kettner 5,—, Klassen 3,—, Leutert 10,—, Lorenz 4,—, Marzahn 20,—, Mende 3,—, A. Müller 2,—, C. Müller 2,—, Noetzel 1,—, Peitzer 2,—, Prior 1,—, Reichenbecher 3,—, Reuter 3,—, Röling 20,—, Schaar 5,—, Schmolke 10,—, H. Singer 20,—, Thomer 10,—, Viedt 3,—, Walter 3,—, Werner 1,—, Wurl 1,—, Zabel 1,—, R. Str. 2,— = 222,— (322,—). Stargard: Reichardt 4,—, Stettin: Bollert 10,—, Borchert 3,—, Heynacher 5,—, Jansen 5,—, Jarius 5,—, Knebel 5,—, Knoche 5,—, Koch 5,—, Schüßler 5,—, Vellguth 5,—, Vogel 5,—, Wagner 3,—, Zimmermann 5,—, Zindel 5,— (73,—). Straßburg: Gabel 5,—, Osterloh 10,— (15,—). Tegel 60,—, 13,15 (73,15). Tempelhof 144,—, Templin 5,—, Trebnitz: R. Heinze 5,—, E. Lange 5,—, G. Spindler 5,— (15,—). Werdau 25,15, Wiesbaden 90,—, Wilhelmshaven 242,25, 290,— (532,25). Würzburg 39,— M. Sa. 3267,67 M.

Mitglieder: A. Baake 3,—, Bartling 40,—, W. Bell 5,—, O. Bode 4,—, P. Dähne 6,—, Dickmann 1,—, G. Elz 12,—, P. Flemming 5,—, E. Fröhlich 20,05, G. Fuhrmann 6,—, G. Geelhaar 10,—, A. Ginz 10,—, H. Goller 5,—, W. Grimm 3,03, W. Harder 28,—, G. Hartmann 8,—, Hebestreit 3,—, H. Jaeger 8,—, P. Juckel 10,—, H. Karges 10,—, H. Knütter 20,—, R. Koch 4,—, J. Kuchel 3,—, R. Lewin 10,—, F. Lohse 5,50, H. Lüders 3,—, H. Magerstedt 8,—, A. Meyer 7,50, E. Müller 8,—, R. Ney 5,—, H. Philipp 3,—, A. Preuß 10,—, W. Rehr 5,—, O. Remmer 4,—, D. Rummel 18,—, Sattler 2,—, W. Sauerbrey 11,—, K. Schönfelder 3,—, K. Staberow 10,—, A. Thömke 9,—, P. Ulrich 3,—, O. Widderich 6,—, A. Wilhelm 8,—, E. Woernlein 10,—, Mitgl.-Nr. 5609 100,—, Ww. O. A. aus Steglitz 5,—, (Sa. 483,08 M).

Ferner gingen ein von Herrn Scheuner (Hauptgeschäftsstelle) 7,— Mark.

	Summa 3 757,75 M
Dazu 1. Quittung	6 887,20 M.
„ 2. „	4 181,73 M.
D. T.-V.	10 000,— M.
	24 826,68 M.
An Unterstützungen wurden bisher ausgezahlt	2480,— M.

Berichtigung. In unserer Quittung Nr. 1 ist für die Herren Arnold, Mahlke und Witzig, Spandau ein Betrag von je 4,— M eingesetzt; es soll jedoch heißen: Arnold 2,—, Mahlke 5,— und Witzig 5,— M.

Es können nur Unterstützungs-Gesuche berücksichtigt werden, denen das Mitgliedbuch beigefügt ist

Die Einwirkung des Kriegszustandes auf das Recht der preußischen Beamten und der in Betrieben kraft Dienstvertrages Angestellten

Von Bürgermeister HANS ASSMANN.

Nach § 66 des Reichsmilitärgesetzes vom 2. Mai sollen Reichs-, Staats- und Kommunalbeamte durch ihre Einberufung zum Militärdienst in ihren bürgerlichen Dienstverhältnissen keinen Nachteil erleiden. Ihre Stellen, ihr persönliches Diensteinkommen aus denselben und ihr Dienstalter, sowie alle sich daraus ergebenden Ansprüche bleiben ihnen in der Zeit der Einberufung zum Militärdienst gewahrt. Erhalten dieselben „Offizierbesoldung“, so kann ihnen der reine Betrag derselben auf die Zivilbesoldung angerechnet werden; denjenigen, welche einen eigenen Hausstand mit Frau und Kind haben, beim Verlassen ihres Wohnortes jedoch nur, wenn und soweit das reine Zivildiensteinkommen und Militärgehalt zusammen den Betrag von 3600 M jährlich übersteigen. Nach denselben Grundsätzen sind pensionierte oder auf Wartegeld stehende Zivilbeamte hinsichtlich ihrer Pensionen oder Wartegelder zu behandeln, wenn sie bei einer Mobilmachung in den Kriegsdienst treten. Obige Vergünstigungen kommen nach ausgesprochener Mobilmachung auch denjenigen in ihren Zivilstellungen abkömmlichen Reichs- und Staatsbeamten zugute, welche sich freiwillig in das Heer aufnehmen lassen.

Nach Absatz 5 des § 66 bleibt es den einzelnen Bundesregierungen überlassen, nähere Bestimmungen hierüber zu treffen. Es kommen mithin u. a. in Betracht: für die Reichsbeamten die Verordnung vom 8. Mai 1888 (RZBl. 1888 S. 189), für die preußischen Beamten der Staatsministerbeschluß vom 1. Juni 1888, Min.-Erl. vom 17. Juli und 25. September 1888, für die sächsischen Beamten die Verordnung vom 15. Dezember 1888 (GVBl. 1888 S. 936), für die bayerischen Beamten die Verordnung vom 18. Juli 1879 (RBl. 1879 S. 143), für die badischen Beamten die Verordnung vom 28. November 1889 und 12. Oktober 1894 (GVBl. 1889 S. 457, 1894 S. 401) und für die hessischen Beamten die Verordnung vom 24. Januar 1890 (RBl. 1890 S. 9).

Für die preußischen Staatsbeamten einschließlich der diesen gleichgestellten Kommunal- und anderen Beamten, die infolge einer Mobilmachung einberufen werden, oder „sofern sie in ihrer Zivilstellung abkömmlich sind, freiwillig eintreten“, ist nun durch Ministerialbeschluß vom 1. Juni 1888 folgendes bestimmt worden: Jedem etatsmäßig angestellten Beamten bleibt während des Krieges seine Zivilstelle gewahrt. Diesen sowohl als auch den ständig gegen Entgelt beschäftigten Beamten wird während der Dauer des Kriegsdienstes ihr persönliches Diensteinkommen unverkürzt gezahlt, also Gehalt, fixierte diätarische Remuneration, Orts- und Stellen-, Funktions- und persönliche Zulagen, Wohnungsgeldzuschuß, Mietsentschädigung, ruhegehaltsfähiges nebenamtliches Einkommen, ruhegehaltsfähige schwankende Diensteinkünfte, nicht aber Repräsentations-, Dienstaufwands- und Kassenfehlgelder (Mankogeld).

Erhält der Beamte Offizier- oder Ober-Militärbeamten-Gehalt, so wird siebenzehntel der

Kriegsbesoldung, und bei den auf Wartegeld gesetzten Beamten oder Ruhegehaltsempfängern derselbe Teil auf die Zivilbesoldung in Anrechnung gebracht, falls diese sieben Zehntel „und“ das Ruhegehalt oder das Wartegeld zusammen das vor der Inruhestandsetzung oder der Stellung auf Wartegeld bezogene Zivildiensteinkommen übersteigen. Hat der aktive Beamte Familienangehörige, welchen er im eigenen Haushalt Wohnung und Unterhalt auf Grund einer gesetzlichen oder moralischen Unterstützungsverbindlichkeit gewährt, oder hat er die Bewirtschaftung eines Dienstlandes fortzuführen, so findet für die Dauer seiner Abwesenheit aus dem Wohnorte die Anrechnung nur insoweit statt, als das Zivileinkommen „und“ sieben Zehntel der Kriegsbesoldung zusammen den Betrag von 3600 M übersteigen. Bei den Ruhegehalts- und Wartegeldempfängern findet, falls das bezogene Zivildiensteinkommen 3600 M oder weniger betragen hat, bei Vorhandensein zu versorgender Familienangehöriger eine gleichartige Vergünstigung in geringerem Umfange statt. Als Familienangehörige gelten Ehefrauen, Kinder, Eltern, nahe Verwandte und Pflegekinder. Die Anrechnung beginnt mit dem Beginn des Monats des Abganges aus dem Wohnorte und endet mit dem Schluß des Monats der Rückkehr hierin.

Erhält der aktive Beamte oder Ruhe- oder Wartegeldempfänger dagegen Unteroffizier- oder Mannschaftsbesoldung oder die Besoldung keines oberen Beamten der Militärverwaltung, so ist dies ohne Einwirkung auf die Zahlung der Beamtenbesoldung; diese ist also unverkürzt zu zahlen. Das Diensteinkommen eines mit der Stellvertretung eines Offiziers betrauten Unteroffiziers ist das Einkommen eines Unteroffiziers und nicht etwa das eines Offiziers.

Wird ein Beamter als Kriegsteilnehmer dienstunfähig oder stirbt er infolge des Krieges, so steht dem Beamten neben dem Zivilruhegehalte bezw. den Hinterbliebenen des Beamten neben den Zivilhinterbliebenenbezügen die volle Kriegsversorgung zu, die sich nach dem Offizier- oder Mannschaftsversorgungsgesetz vom 31. Mai 1906 (RGBl. 1906 S. 593), dem Militärhinterbliebenengesetz vom 17. Mai 1907 (RGBl. 1907 S. 214) und dem Fürsorgegesetz für Luftfahrer vom 29. Juni 1912 (RGBl. 1912 S. 415) richtet. (Vergl. Kriegsgesetz vom 4. August 1914.)

Die Anstellungsbehörde wird im Kriegsfalle daher genötigt sein, Hilfskräfte anzustellen, zum Teil auch inaktive Beamte wieder beschäftigen oder anstellen. Die Beschäftigung oder Wiederanstellung wird in der Regel nur eine auf Zeit mit oder ohne Beamteneigenschaft sein, je nachdem es sich um obrigkeitliche oder andere Obliegenheiten handelt (vergl. § 2, 10, 18 KBG.). Auch kann eine ehrenamtliche oder nebenamtliche Tätigkeit in Frage kommen (vergl. § 1 KBG.). Bei den Ruhegehaltsempfängern kommt dann unter Umständen ein Ruhe- oder eine Kürzung des Ruhegehalts in Frage (vergl. § 14 und insbesondere § 15 KBG., Min.-Erl. vom 17. Dezember 1909).

Hinsichtlich der auf Privatdienstvertrag Angestellten kommen entweder die Bestimmungen des Dienstvertrages oder die Bestimmungen des § 611 BGB. in Betracht. Die Anstellungsbehörde kann hiernach vom Kündigungsrecht Gebrauch machen. Tut sie es nicht, dann läuft der Dienstvertrag weiter. Ein Dienstvertrag auf Zeit, der erst nach Beendigung des Krieges endigt, kann durch Kündigung nicht gelöst werden. Strittig ist die Frage, ob dem Gekündigten bis zum Ablaufe der Vertragszeit oder dem Nichtgekündigten während der ganzen Vertragszeit der Anspruch auf Diensteinkommen zusteht. Es kommt hier der § 616 BGB. in Frage. Hiernach steht dem Dienstpflichtigen dann der Anspruch auf Vergütung zu, wenn er ohne sein Verschulden für eine verhältnismäßig nicht erhebliche Zeit an der Dienstausübung verhindert wird. Die Kriegsdienstleistung während der gesamten Kriegszeit würde wohl nicht mehr als „verhältnismäßig nicht erhebliche Zeit“ in Frage kommen, denn unter „nicht erheblich“ versteht man nicht geringfügig im Verhältnis zu der tatsächlichen Dauer und der Gesamtlage der Beteiligten, so daß die Größe des Betriebes und die Art und der Umfang der durch das Wegbleiben des Verpflichteten entstandenen Störung in Betracht kommt. Wäre der Dienstverpflichtete in der Lage, durch einen Vertreter die Dienstleistung ausführen zu lassen, so würde der Anspruch nicht untergehen. Entscheidungen über die Frage, ob die Kriegszeit als nicht erheblich im Sinne des § 616 BGB. anzusehen ist, bestehen nicht, in der Literatur wird die Frage aber verneint.

Handelt es sich um einen Angestellten im Sinne der Reichs-Gewerbeordnung, dann kommt § 133 c Ziffer 4 der RGwO. in Betracht, wonach eine sofortige Lösung des Dienstverhältnisses erfolgen kann, da der Krieg immer von unabsehbarer Dauer ist.

Steuerrechtlich ist der Kriegszustand insofern von Einfluß, als die Unteroffiziere und Mannschaften bei einem veranlagten Staatseinkommensteuerbetrag bis zu 3000 M gänzlich staatseinkommensteuerfrei sind. Bei den Offizieren und Ober-Beamten kommt das Militärdiensteinkommen vom Zivileinkommen in Abzug. Hinsichtlich der Kommunalbesteuerung gilt der Grundsatz, daß nur mit der Ermäßigung des Staatseinkommensteuersatzes gemäß § 63 des Staatseinkommensteuergesetzes die Kommunalsteuer sich ermäßigt. Nur die aktiven Offiziere und die denselben gleichgestellten Personen im Sinne des Gesetzes vom 29. Juni 1886 (GesS. 1886 S. 181) sind während der Zeit der Zugehörigkeit zur Kriegsformation gänzlich kommunalsteuerfrei. Unberührt bleiben die Ergänzungs- und die Realsteuern, sowie die indirekten Steuern aller Art, insofern durch Kriegsgesetz- usw. nicht ausdrücklich eine Aenderung während des Krieges angeordnet wird.

Krieg und Volkswirtschaft

Von Dr. HÖFLE.

Friedrich der Große hat den Satz geprägt: „Mit Bajonetten kann man Schlachten gewinnen, über das Resultat des Krieges entscheidet die Oekonomie“. Man kann behaupten, daß die Festigkeit und Leistungsfähigkeit der Volkswirtschaft von der gleichen Bedeutung ist wie die nationale Verteidigung nach außen. Das beleuchtet schon die einfache Tatsache, daß zu einem modernen Krieg ungeheure Summen gehören. Rechnet man nur 10 M pro Tag und Mann, so betragen die Kosten eines Fünfmillionenheeres 50 Millionen pro Tag und 1,5 Milliarden pro Monat. Der Zusammenbruch des Wirtschaftslebens zwingt das Volk zum Friedensschluß, ob es will oder nicht. Deutschland hat jetzt Gelegenheit zu beweisen, daß wirklich die 40 Jahre deutsches Reich, die hinter uns liegen, für sein Wirtschaftsleben eine Entwicklung bedeuten, wie sie kein anderes Kulturvolk aufzuweisen hat. Die sichere Ruhe, mit der unsere Mobilmachung nach wohlvorbereitetem Plan auch nach der finanziellen Seite durchgeführt wurde, hat Freund und Feind imponiert. Mit je größerer Ruhe wir zeigen, daß wir aus eigener Kraft den finanziellen Anforderungen des Krieges gewachsen sind, desto mehr werden wir unsere Gegner entmutigen und bei den neutralen Staaten Sympathie erwerben. Vor allem England möge erkennen, daß wir die Früchte einer 40 jährigen Friedensarbeit nicht ohne weiteres von den englischen Krämern entreißen lassen, das um so weniger, als nur der blasse Neid auf unsere wirtschaftliche Entwicklung der Grund zu Englands Einmischung in den Krieg war. England sieht eben, daß deutscher Fleiß und deutsche Tatkraft für es in wachsendem Maße eine Konkurrenz bedeuten. Ein paar Zahlen werden das dartun. 1890 erzeugte Deutschland 2,9 Millionen Tonnen Roheisen, Großbritannien 8,5 Millionen Tonnen. 1907 hatte Deutschland mit 12,9 Millionen Tonnen den Konkurrenten England mit 10 Millionen Tonnen weit geschlagen. Deutschlands Stahlproduktion betrug 1912 17 Millionen Tonnen, die englische nur 6,5 Millionen. Setzt man den Bestand der Handelsflotte von 1894/95 = 100, so vermehrte sich bis 1905/06 die Flotte Großbritanniens auf 159, dagegen die Deutschlands auf 292. Mit unserer Handelsbilanz in Höhe von 19 Milliarden kommen wir der englischen mit ihren 22 Milliarden immer näher. Vor allem macht unsere gewaltig entwickelte Elektrizitätsindustrie mit einem Export von 260 Millionen Mark gegenüber dem englischen Export von 130 Millionen, sowie unsere chemische Industrie England schwere Sorgen. Der Krieg, den wir führen, gilt also auch der Verteidigung unserer wirtschaftlichen Stellung. Mit einem 67-Millionen-Volk sind wir in wachsendem Maße Industrieveredelungsland geworden. Wir sind gezwungen, um unserem Volke Brot und Arbeit zu sichern, Welthandelspolitik zu treiben. Wir sind gewillt, in friedlichem Wettbewerb den Kampf mit unseren Konkurrenten auf dem Weltmarkt aufzunehmen, sind aber auch bereit, unsere Weltmachtsstellung im Interesse unseres Wirtschaftslebens mit dem Schwerte zu verteidigen.

Für die Festigkeit unserer Volkswirtschaft dürften in der Hauptsache drei Fragen von Bedeutung sein: Die Gestaltung der Finanzverhältnisse, die Versorgung mit Lebensmitteln und die Aufrechterhaltung der wirtschaftlichen Tätigkeit:

Daß das finanzielle Rückgrat unserer Volkswirtschaft gesund ist, beweist die Tatsache, daß wir bisher über die mit dem Kriege verbundenen Störungen im Zahlungs- und Kreditverkehr ohne ein Moratorium hinweggekommen sind, während England, Oesterreich — hier trägt man sich allerdings mit dem Gedanken eines langsamen Abbaus des Moratoriums — auch neutraler Staaten wie Schweden, Dänemark, Griechenland, Türkei ein Moratorium in Anspruch nehmen mußten. Ein Moratorium berechtigt allgemein den Schuldner zur Hinausschiebung seiner Zahlungen. Man hat über die Zweckmäßigkeit eines Moratoriums in Deutschland sehr diskutiert. Wenn man bedenkt, daß das Moratorium jedermann hindert, über seine Guthaben zu verfügen, wird man der deutschen Reichsregierung zustimmen, daß das Moratorium nur dann zur Anwendung kommen darf, wenn alle anderen Mittel versagen. Vom Standpunkt des Angestellten aus wird man ein allgemeines Moratorium nicht begrüßen können, da Lohn- und Gehaltszahlungen unbedingt ins Stocken geraten müßten und eine Schwächung oder gar teilweise Unterbindung der Kaufkraft weiterer Bevölkerungsschichten unvermeidlich wäre. Der Weg, den man in Deutschland gegangen ist, ein teilweises Moratorium einzuführen, wonach es dem Gericht überlassen bleibt, im einzelnen Fall die Zahlungspflicht bezw. die Vollstreckung eines Urteils um drei Monate hinauszuschieben, ist entschieden der bessere gewesen. Sodann hat man durch Einrichtung der staatlichen Darlehnskasse, von Kriegskreditbanken, von eignen Kreditgenossenschaften für den Mittelstand, durch die Beleihung von Hypotheken den erforderlichen Kredit flüssig gemacht. Die Reichsregierung hat sich vorbehalten, gegen allzu schroffes Vorgehen der Konventionen einzuschreiten.

Auch der letzte Ausweis der Reichsbank vom 31. Aug. 1914 ist recht günstig. Unter den Aktivas findet sich eine Zunahme des Goldbestandes um 27 Millionen M, so daß der Goldbestand der Reichsbank 1½ Milliarden betrug. Immerhin be-

finden sich noch 200 bis 300 Millionen Gold in Umlauf. Es muß verlangt werden, daß alles Gold der Reichsbank oder öffentlichen Zahlungsstellen, wie Eisenbahn, Post überwiesen werde. Das Bestreben gewisser Kreise, „Metallgeldreserven“ anzulegen, ist antinational und kann zu nachteiligen Folgen des volkswirtschaftlichen Prozesses führen. Wir haben in Deutschland Goldwährung, und Verpflichtungen dem Ausland gegenüber kann nur in Gold nachgekommen werden. Jedes Goldstück, das bei der Reichsbank eingeht, versetzt sie in die Lage, den dreifachen Betrag in Scheinen verausgaben zu können. Die Angst vor dem Papiergeld ist vollkommen unbegründet. Die Banknoten sind seit 1909, die Reichskassenscheine seit 4. August dieses Jahres gesetzliche Zahlungsmittel, sind also Geld und besitzen die Eigenschaft, daß mit ihnen genau so gut Verbindlichkeiten beglichen werden können wie mit Gold. Nun könnte der Goldreservist folgendermaßen argumentieren: Die Geltungskraft des in Deutschland umlaufenden Papiergeldes ist an die Existenz des Deutschen Reiches, zum mindesten an die Integrität der Reichsbank und der deutschen Reichsfinanzen geknüpft, das Gold aber behält Goldeigenschaft über den Bestand des Reiches hinaus. Solchen Leuten erwidert Sombart mit Recht: Es muß jemand ein erbärmlicher Lump sein, wenn er an die ökonomische Erhaltung seiner werten eignen, gänzlich belanglosen Person denkt, auch für den Fall, daß Deutschland staatlich oder wirtschaftlich zugrunde geht.

Bekanntlich hat der Reichstag einen Kriegskredit in Höhe von 5 Milliarden bewilligt. Die 5 Milliarden betragen ein Achtel unseres normalen Jahreseinkommens und die Hälfte unseres normalen jährlichen Vermögenszuwachses. Professor Schumacher-Bonn weist darauf hin, daß die zu zeichnende Milliarde Schatzanweisungen hinter den jährlichen Beiträgen, die für unsere Sozialversicherung aufgebraucht werden, noch um 100 Millionen zurückbleibt, fast genau so viel ist wie der Jahreszuwachs unserer Sparkassenguthaben — diese betragen 14 Milliarden Mark — und um ein gutes Drittel hinter den Beträgen zurückbleibt, die alljährlich bei unseren privaten Lebensversicherungen als Prämien eingezahlt werden. Ein glänzender Beweis von der Stärke der deutschen Volkswirtschaft liegt in der Tatsache, daß fast 4,4 Milliarden Kriegsanleihe gezeichnet sind. Zugleich ist es aber auch ein Beweis von der Opferwilligkeit des deutschen Volkes — man konnte fünfprozentige Kriegsanleihen in Höhe von 100 Mark durch Einzahlung von 97,50 M erwerben —, denn auch die sog. „kleinen Leute“ haben kräftig Kriegsanleihen gezeichnet.

Natürlich spielt die Lebensmittelversorgung eine große Rolle. Können wir uns für die Dauer des Krieges im wesentlichen selbst ernähren? lautet die Frage. Man kann sie ruhig mit ja beantworten. Die Jahresproduktion der deutschen Landwirtschaft wird auf 12 Milliarden geschätzt. Der Gesamtbedarf an landwirtschaftlichen Produkten beträgt pro Jahr 16 Milliarden. Demnach wären wir zu einem Viertel auf das Ausland angewiesen. Dabei sind aber die Genußmittel, wie Südfrüchte usw., deren Einfuhr 2 Milliarden M ausmacht, mit eingerechnet. Auf diese könnten wir ohne weiteres verzichten. Dazu bleibt immer noch die Möglichkeit, trotz aller Anstrengungen Englands etwas Nahrungsmittel über Italien, Dänemark, Oesterreich nach Deutschland zu bringen. Vor allem interessiert die Brot- und Fleischversorgung. Die deutsche Getreideernte betrug 1913 16,8 Millionen Tonnen, darunter Roggen 12,2 Millionen und Weizen 4,6 Millionen. Eingeführt wurden an Weizen 2,5 Millionen Tonnen, an Roggen 354 000; ausgeführt wurden an Weizen 955 000 Tonnen, an Roggen 1,1 Millionen Tonnen. Der Einfuhrüberschuß betrug demnach 700 000 Tonnen. Eigentümlicherweise haben wir eine größere Roggenausfuhr als Einfuhr. Die Ausfuhr kann ohne weiteres unterbleiben. Wenn wir von außen nicht mehr so viel Weizen herein bekommen, müssen wir uns nach der

Frauen unserer Kollegen!

Wenn Ihr das Gehalt Eures im Felde stehenden Mannes weiter bezieht, so sendet möglichst sofort den Beitrag bis zum Schlusse des Jahres (2 Mark für den Monat) an den

Deutschen Techniker-Verband

Berlin, Postscheckkonto 17056

ein.

Ihr handelt damit im Sinne Eurer Männer!

Decke strecken und mehr Roggenbrot essen. Das bayerische Ministerium hat die Bevölkerung schon aufgefordert, sie möge sich an das Schwarzbrot anstatt des Weißbrots gewöhnen. Da wir 1914 eine gute Getreideernte hatten, dürfte das Ergebnis nicht geringer sein als 1913. Für die Fleischversorgung ist von Bedeutung, daß wir unseren Viehbestand stark vermehrt haben. So betrug die Zahl der Schweine 1883 9 Millionen, 1907 schon 22,1 Millionen. Die Mehreinfuhr an Vieh und Fleisch beträgt 280 Milliarden M. 4,19 Prozent des Gesamtverbrauchs, der bekanntlich mehr als 50 kg pro Kopf der Bevölkerung beträgt, werden aus dem Ausland bezogen. An Kartoffeln haben wir keinen Mangel, denn 1910 betrug die Jahresernte 43 Millionen Tonnen gegen 24,9 Millionen im Jahre 1883. Wir dürften demnach in der Lage sein, durchzuhalten. Notwendig bleibt eine Kontrolle der Lebensmittelpreise durch die Behörden. Die Festsetzung von Höchstpreisen und zwar sowohl im Groß- wie im Detailhandel ist ein unumgänglich erforderlicher Schutz der Konsumenten. Jetzt schon zeigt sich ein starkes Steigen der Getreidepreise. Mitte Juli 1914 kostete der Weizen 205 M, der Roggen 170 M. Am 24. September 1914 waren die Preise 250 bezw. 229 M.

Mit Recht sagt die Handelskammer Essen: „Die erfolgreiche Durchführung des Deutschland aufgezwungenen schweren Kampfes ist nur gesichert, wenn gleichzeitig die wirtschaftliche Tätigkeit in Deutschland aufrecht erhalten wird.“ Durch Gesetze und Verordnungen des Bundesrats, die sich auf das Wechsel- und Konkursrecht, den Zivilprozeß beziehen, hat man die Rechtsverhältnisse den Wirtschaftsverhältnissen angepaßt. Ueberall ist man an der Arbeit, die Betriebe aufrecht zu erhalten (S. Artikel: „Bekämpfung der Arbeitslosigkeit“ in der letzten Nummer). Der Eisenbahn- und Güterverkehr wird soweit als möglich aufrecht erhalten. Gegenüber den Bemühungen Englands, unsere Ausfuhr und unseren Handel zu schädigen, werden Ausfuhr- und Tariferleichterungen durchgeführt. Es gilt in erster Linie die wirtschaftlichen Repressalien Englands, die eine Schwächung unseres Handels als Hauptaufgabe ansehen, abzuwehren. Daß übrigens auch das englische Wirtschaftsleben stark unter dem Kriege leidet, sehen wir aus der Tatsache, daß die Textilindustriellen von Manchester beschlossen haben, 15 Prozent ihrer Betriebe stillzulegen, wodurch 80 000 Arbeiter brotlos werden. Zur Ueberwachung ausländischer Unternehmungen ist eine eigene Bundesratsverordnung ergangen. Die Organisationen der deutschen Industrie haben einen Kriegsausschuß geschaffen, der eine systematische Verteilung der eingehenden Aufträge vornimmt. Der deutsche Landwirtschaftsrat hat eine Unterstützung dieser Zentrale zugesagt. Die Zigarrenindustrie hat sich bemüht, durch Gründung einer Zentrale für die Lieferung von Kriegszigarren den Betrieben der fünf Tabakfabrikationsgebiete Deutschlands gleichmäßig Beschäftigung zu verschaffen. So weit die militärischen Interessen es zulassen, wird für eine zeitliche Verteilung der Aufträge Sorge getragen. Infolge der Einschränkungen der Handelsbeziehungen Deutschlands ist vor allem eine Stärkung des inneren Marktes nötig. Das Programm der Reichs- und Staatsbehörden zur Bekämpfung der Arbeitslosigkeit bemerkt hierzu: „So berechtigt die Zurückhaltung in Luxusausgaben und so verständlich die Einschränkung des Haushalts ist, so sollte doch immer wieder darauf hingewiesen werden, daß zur Aufrechterhaltung des Wirtschaftslebens jeder einzelne nach seiner Kraft zunächst seinen eigenen Haushalt in gewohnter Weise fortführen muß. Wer bisher bezahlte Kräfte als Dienstboten, Wäscherinnen beschäftigt hat, soll dies nach wie vor tun. Wer Aufträge vergeben kann, soll damit nicht zurückhalten und z. B. demnächst die Wintersachen einkaufen. Hausfrauen sollen den von ihnen beschäftigten Schneiderinnen jetzt Ausbesserungsarbeiten usw. übertragen. Daß man jetzt pünktlich zahlen und Schulden möglichst bald bezahlen soll, ist selbstverständlich.“

Es braucht wohl nicht eigens betont zu werden, daß die Bevorzugung deutscher Erzeugnisse vor den ausländischen eine nationale Pflicht ist. Auf diesem Gebiete können auch wir manches tun.

Wir alle wünschen, daß unsere Volkswirtschaft die schwere Zeit glücklich übersteht. Unser Verband ist mit dem Blühen und Gedeihen des Wirtschaftslebens aufs engste verknüpft. Tue daher jeder nach der volkswirtschaftlichen und Verbandsseite seine Pflicht!

VOLKSWIRTSCHAFT

Kein behördlicher Widerstand mehr gegen die Konsumvereine?

Wie der Krieg die politischen Gegensätze gemildert hat, so hat er auch auf dem Gebiete der Konsumvereinsbewegung dazu geführt, daß der Widerstand der Behörden gegen die dem Zentralverband angeschlossenen Konsumvereine, der lediglich auf politischen Erwägungen beruhte, fallen gelassen worden ist. Der Vorstand des Zentralverbandes Deutscher Konsumvereine hat sich an verschiedene Ministerien mit der Beschwerde gewandt, daß den Reichs- und Staatsbeamten vielfach die Zugehörigkeit zu seinen Vereinen direkt verboten oder sonst unmöglich gemacht werde. Das Reichspostamt hat darauf folgende Verfügung erlassen:

„Es wird kein Einspruch erhoben werden, wenn Angehörige der Reichspost- und Telegraphenverwaltung den Konsumgenossenschaften des Zentralverbandes Deutscher Konsumvereine beitreten. Die Oberpostdirektionen haben hiervon Kenntnis erhalten.“

Auch verschiedene Eisenbahndirektionen haben auf eine Anfrage in ähnlichem Sinne geantwortet. Es wäre erfreulich, wenn alle Behörden in Zukunft den gleichen Standpunkt einnehmen würden. Freie Entwicklung für die Konsumvereine — gleich welcher Richtung — ist eine Forderung, die alle Arbeitnehmer einmütig erheben müssen.

ANGESTELLTENFRAGEN

Heilverfahren aus der Angestelltenversicherung während des Krieges

Mit Rücksicht auf die durch den Ausbruch des Krieges geschaffene Lage hat das Direktorium der Reichsversicherungsanstalt für Angestellte den Beschluß gefaßt, daß die Durchführung von Heilverfahren auf diejenigen Fälle beschränkt bleibt, bei denen es sich um Erkrankungen der Lunge handelt. Anträge dieser Art finden also auch während des Krieges Berücksichtigung.

*

Die Angestelltenversicherung der Kriegsteilnehmer

Zu der Frage der Entrichtung der Beiträge zur Angestelltenversicherung für Kriegsdienstpflichtige hat, wie wir bereits in Heft 35/36 erwähnten, das Direktorium der Reichsversicherungsanstalt Stellung genommen. Wir geben die amtliche Bekanntmachung nachstehend wieder:

„Es kommt darauf an, ob das Angestelltenverhältnis aus Anlaß der Einziehung des Versicherten zur Erfüllung der Wehrpflicht durch Kündigung ordnungsmäßig aufgelöst worden ist oder nicht (§ 620 Abs. 2, § 626 des Bürgerlichen Gesetzbuches, § 60, § 72 Ziffer 3 des Handelsgesetzbuches).

Ist die Kündigung nicht erfolgt und wird dem Versicherten oder seinen Angehörigen während der Kriegszeit das Gehalt fortgezahlt, so sind auch die Beiträge zur Angestelltenversicherung an die Reichsversicherungsanstalt weiter zu entrichten. Dasselbe gilt, wenn der Versicherte oder seine Angehörigen nicht das volle Gehalt, sondern nur einen Teilbetrag davon erhalten. In diesem Falle ist der Beitrag in der entsprechend niedrigeren Gehaltsklasse zu entrichten.

Ist die Kündigung ordnungsmäßig zustande gekommen, und wird dem Versicherten oder seinen Angehörigen das Gehalt ganz oder teilweise fortgezahlt, so gelten diese Zuwendungen als freiwillige Unterstützungen und verpflichten nicht zur Beitragsentrichtung. Das wird auch dann zu gelten haben, wenn der Arbeitgeber bei der Kündigung erklärt hat, den gekündigten Angestellten auf sein Ansuchen später wieder in die frühere Stellung aufzunehmen.

Die Kündigung kann selbstredend auch nachträglich erfolgen.

Wird die Weiterzahlung der Bezüge gänzlich eingestellt, so entfällt die Beitragspflicht ebenfalls.

Schließlich ist hervorzuheben, daß Streit über die erörterten Fragen im ordentlichen Verfahren gemäß § 210 des Versicherungsgesetzes für Angestellte durch den Rentenausschuß der Angestelltenversicherung in Berlin-Wilmersdorf, Nikolsburger Platz 2 zu entscheiden ist."

STANDESFRAGEN

Konkurrenz durch Diplom-Ingenieure

Auch beim Verein Deutscher Ingenieure macht sich nun die Kriegszeit deutlich bemerkbar. Die vom Verein beim Kriegsausbruch geschaffene „Zentralstelle für Ingenieurarbeit" hat eine solche Fülle von Beschäftigungsgesuchen namentlich in Notlage befindlicher Fachgenossen zu verzeichnen, daß diese Zentralstelle zu einem „Allgemeinen Arbeitsnachweis aller höheren technischen Berufsstände" ausgebaut werden mußte. Vertreten sind darin die Gruppen: Architekten, Bauingenieure, Berg- und Hüttenleute, Elektrotechniker und Maschineningenieure. Hiermit hat der Verein seinen bisher rein wissenschaftlichen Aufgaben gänzlich neuartige hinzugesellt. In Preßnotizen hat er bereits eine rege Werbetätigkeit für die Beschäftigung der seine Dienste in Anspruch nehmenden höheren Techniker entwickelt. Wenn er dabei dafür eintritt, daß „auf allen Gebieten des Bauwesens und der Industrie nicht nur die unterbrochenen Arbeiten wieder aufgenommen, sondern auch die vor dem Ausbruch des Krieges vorbereiteten weiter bearbeitet werden", so ist dem nur zuzustimmen. Auch daß nur bezahlte Hilfskräfte die durch die Kriegslage sich ergebenden Lücken ausfüllen sollen, ist eine Aufforderung, die am Platze ist. Man wird ferner nichts dagegen einzuwenden haben, daß der Verein im Notfalle eine Einschränkung der Gehälter empfiehlt, wenn dadurch eine Verminderung der Zahl der Beamten vermieden werden kann.

Leider muß jedoch festgestellt werden, daß der Verein bei seinem Bestreben, die Arbeitsgelegenheit für höhere technische Berufsstände zu vermehren, entschieden zu weit geht. In dem Aufruf des Vereins heißt es nämlich am Schluß:

„... Ferner sollte die Arbeitsgelegenheit dadurch erhöht werden, daß keine Arbeiten von unteren Kräften für höhere geleistet werden, sondern höheren, erwerbslos gewordenen Kräften untere Stellungen geöffnet werden, so daß z. B. Architekten und Ingenieure als Aufsichtsbeamte auf den Bauplätzen und in den Werkstätten, Oberingenieure und Bureauvorsteher als einfache Ingenieure und Zeichner usw. beschäftigt werden."

Der Verfasser dieses Aufrufs, den er doch sicherlich im Namen des ganzen Vereins gezeichnet hat, vergißt wohl ganz, daß es auch eine große Zahl Mittelschultechniker gibt, die sich mindestens in derselben Notlage wie ihre „höheren" Berufsgenossen befinden. Daß die akademischen Ingenieurkreise unter völliger Verzichtleistung auf den oft betonten Standesunterschied im Begriff sind, den Mittelschultechnikern unter den gegenwärtigen Verhältnissen Konkurrenz zu machen, wirft auf den Arbeitsmarkt der Kriegszeit ein eigenartiges Schlaglicht.

Mf.

*

Ein Schreiber als Techniker?

Der Arbeitsmarkt des Berliner Lokalanzeigers vom 17. September enthielt folgendes Stellenangebot:

> **Flotter Schreiber**
> mit eigener Schreibmaschine, der auch imstande ist, kleinere hochbautechnische Zeichnungen und Berechnungen anzufertigen und die bei Neubauten erforderlichen Bücher zu führen, wird für sofort gesucht. Bewerbungen mit Lebenslauf, Zeugnisabschriften und Gehaltsansprüchen sind zu richten an das Kgl. Hochbauamt Berlin V, Chausseestraße 103.

An gewisse Absonderlichkeiten des Arbeitsmarktes in der gegenwärtigen Kriegszeit wird man keinen zu strengen Maßstab legen können. Trotzdem ist dieser Fall erstaunlich, da er zeigt, daß es eine Behörde fertig bringt, einen Schreiber ungeachtet der gerade jetzt erhöhten Notlage des Technikerstandes mit technischen Dienstleistungen zu betrauen. Nach der Abfassung der Anzeige muß die Schreibhilfe über eine gewisse technische Vorbildung unbedingt verfügen. Während nun ein Techniker wohl auch ein flotter Maschinenschreiber sein kann, ist es doch ein Unding, von einem Schreiber die in dem Stellenangebot zur Bedingung gemachten technischen Vorkenntnisse zu verlangen, Fähigkeiten, die für die Besetzung des ausgeschriebenen Postens zweifellos mindestens ebenso wichtig sind, wie die verlangten im Maschinenschreiben. Kommt aber das „Anlernen" des Schreibers für die Anfertigung „kleinerer hochbautechnischen Zeichnungen und Berechnungen" selbstverständlich überhaupt nicht in Frage, so ist im Gegensatz hierzu eine Vervollkommnung im Maschinenschreiben unter Umständen doch sehr leicht zu erzielen.

Da nicht anzunehmen ist, daß der eben gekennzeichnete Widerspruch in den Voraussetzungen und Bedingungen des Ausschreibens dem Kgl. Hochbauamte entgangen sein sollte, können wir in der Bezeichnung „Schreiber", die dem Inhaber dieser Technikerstellung bei voraussichtlich entsprechend niedrigem Gehalt zuteil werden soll, nur eine Herabsetzung des Technikerstandes erblicken. Das Vorgehen des Hochbauamtes entspringt lediglich falsch angebrachten Sparsamkeitsrücksichten. Denn es kann doch niemand ernstlich behaupten wollen, daß der durch die gegenwärtigen Zeitläufte erhöhte Zwang zur Sparsamkeit diese Maßnahmen des Hochbauamtes verursacht hat.

Mf.

STANDESBEWEGUNG

Arbeitslosenunterstützung

Eine große Anzahl Gemeinden haben öffentliche Mittel zur Unterstützung der Arbeitslosen frei gemacht; manche Gemeindeverwaltungen haben aber bisher noch nichts getan. Da wird es Aufgabe unserer Zweigverwaltungen sein, die säumigen Verwaltungen an die Erfüllung ihrer Pflicht zu erinnern. Wir bitten unsere Ortsverwaltungen, sich zu diesem Zwecke umgehend mit der Hauptgeschäftsstelle in Verbindung zu setzen.

EHREN-TAFEL

Das Eiserne Kreuz erhielt:

Heinrich Kappers, Mitgl. 60197, Ludwigshafen a. Rh., Unteroff. d. Reſ. 4. Komp. 5. bayr. Inf.-Erſatz-Reg.

Es ſtarben den Heldentod fürs Vaterland:

Karl Oberbeckmann, Mitgl. 68637, ſeit 1. 10. 1912 Bauführer in Iſſelhorſt (Zweigverw. Gütersloh).

Karl Langendorf, Mitgl. 68282, ſeit 1. 4. 1909 Hochbauwerkmeiſter in Breiſach (Zweigverw. Freiburg i. Br.).

Wilhelm Weidmann, Mitgl. 67557, ſeit 1. 10. 1912 Bauführer in Bayreuth (Zweigverw. Bayreuth), am 3. 9. als Unteroffizier der Reſ.-Komp. 7. bayr. Inf.-Reg.).

Bruno Philipp, Mitgl. 75155, ſeit 1. 1. 1914 Bautechniker in Leubnitz (Zweigverw. Werdau).

Franz Senff, Mitgl. 73847, ſeit 1. 10. 1913 Techniker in Berlin 55 (Zweigverw. Berlin), beim Sturm auf Lüttich gefallen.

Ernſt Schumann, Mitgl. 57257, ſeit 1. 4. 1910 Straßburg (Elſ.).

Emil Heinfling, Mitgl. 38717, ſeit 1. 4. 1906 Bautechniker in München.

Joſef Reiſer, Mitgl. 61591, ſeit 1. 4. 1911 Bautechniker in München.

Es wurden verwundet:

Paul Götze, Mitgl. 77657, Straßburg i. E. (ſchwer).
Ferd. Oſer, Mitgl. 66022, Konſtanz (leicht).

PATENTWESEN

Krieg und Patentwesen

Die durch das Kaiserliche Patentamt verfügte Bekanntmachung vom 4. August d. J. über die Verlängerung der Fristen bezieht sich, wie wir bereits in Heft 33/34 mitteilten, nicht auf die in unserem Patent-, Warenzeichen- und Gebrauchsmusterschutzgesetz vorgesehenen Fristen für Gebührenzahlung, Beschwerden usw., zu deren Abänderung das Patentamt nicht befugt ist.

Um den Verfall deutscher Patente infolge der durch den Krieg verursachten Erschwernisse des Erwerbslebens zu verhindern, hat der Bundesrat auf Grund des Gesetzes über die Ermächtigung des Bundesrats zu wirtschaftlichen Maßnahmen usw. vom 4. August 1914 folgende Verordnung erlassen:

§ 1. Das Patentgesetz kann bis auf weiteres einem Patentinhaber, der infolge des Krieges außerstand gesetzt worden ist, die nach § 8 Abs. 2 des Patentgesetzes vom 7. April 1891 fällige Jahresgebühr zu zahlen, auf Antrag die Gebühr bis zum Ablauf von längstens neun Monaten vom Beginne des laufenden Patentjahrs an stunden und die Zuschlagsgebühr (§ 8 Abs. 3 a. a. O.) erlassen. Die Entscheidung des Patentamtes ist unanfechtbar.

Für Patente, die am 31. Juli 1914 noch nicht erloschen waren, ist die Stundung auch dann zulässig, wenn sie nach Ablauf der gesetzlichen Zahlungsfristen (§ 8 Abs. 3 a. a. O.) beantragt ist.

§ 2. Wer durch den Kriegszustand verhindert worden ist, dem Patentamt gegenüber eine Frist einzuhalten, deren Versäumung nach gesetzlicher Vorschrift einen Rechtsnachteil zur Folge hat, ist auf Antrag wieder in den vorigen Zustand einzusetzen. Die Wiedereinsetzung muß innerhalb einer Frist von zwei Monaten beantragt werden; im übrigen sind die Bestimmungen der Zivilprozeßordnung entsprechend anzuwenden.

§ 3. Die Vorschriften der §§ 1, 2 finden zugunsten von Angehörigen ausländischer Staaten nur dann Anwendung, wenn in diesen Staaten nach einer im Reichs-Gesetzblatt enthaltenen Bekanntmachung den deutschen Reichsangehörigen gleichartige Erleichterungen gewährt werden.

§ 4. Diese Verordnung tritt mit dem Tage der Verkündung in Kraft.

Berlin, den 10. September 1914.

Der Stellvertreter des Reichskanzlers.
Delbrück.

Ueber die Stellung des feindlichen Auslandes zu den dort erworbenen Rechten deutscher Patentinhaber verlautet bis jetzt folgendes:

In Frankreich sind auf Grund gesetzlicher Ermächtigung durch eine Verordnung des Präsidenten der Republik vom 14. August 1914 die gesetzlichen Fristen, innerhalb deren zur Aufrechterhaltung der Patente, des Ausstellungs- und Musterschutzes Jahresgebühren zu zahlen sind, vom 1. August an bis zu einem beim Aufhören der Feindseligkeiten zu bestimmenden Zeitpunkt außer Lauf gesetzt; die gleiche Vergünstigung kommt der bei der Anmeldung eines Patentes zu leistenden Zahlung zu. Einen Unterschied zwischen Inländern und Ausländern macht die Verordnung nicht. Im Gegensatz hierzu steht die gleichzeitig eingegangene Nachricht, daß Frankreich sich dem Vorgehen Englands gegen deutsche und österreichische Patentrechte und Schutzmarken anschließen will. Danach wäre aber eine Vergewaltigung dieser Rechte zu erwarten. Denn die englische Regierung soll nach einer Meldung der „New York Herald" beschlossen haben, den gesetzlichen Schutz aller deutschen und österreichischen Patente und Schutzmarken zurückzuziehen. Wiederum sieht man also England in edlem Bunde mit Japan, das schon in Friedenszeiten die Patente aus allen Ländern (einschließlich der englischen!) stiehlt.

Aus § 3 der vorstehenden neuen Bundesratsverordnung ist zu entnehmen, daß das in § 12 Abs. 2 des Patentgesetzes ausdrücklich vorbehaltene Vergeltungsrecht gegen Maßnahmen ausländischer Staaten von der deutschen Reichsverwaltung sehr wohl in Anwendung gebracht werden kann. Eine Prüfung von Patentanmeldungen fremder Staatsangehöriger, die mit uns im Krieg stehen, findet von Amts wegen nicht mehr statt. Setzen die feindlichen Staaten die Schutzrechte deutscher Staatsangehöriger außer Kraft, so wird Deutschland Gleiches mit Gleichem vergelten. Die Wiedervergeltung dürfte sich bei unseren Feinden um so fühlbarer machen, als in Deutschland eine ganze Reihe wertvoller Patente englischer und französischer Inhaber bestehen. Mf.

RECHTSFRAGEN

Die Kündigung nach erfolgter Gehaltsherabsetzung verstößt unter Umständen wider Treu und Glauben

Daß die Kündigung nach erfolgter Gehaltsherabsetzung unter Umständen wider Treu und Glauben verstoßen kann, hat das Kaufmannsgericht Aue am 3. September in einem Urteil entschieden. Dem Kläger war von seiner Firma nahegelegt worden, für die Dauer des Krieges auf die Hälfte seines sonst 250 M betragenden Gehaltes zu verzichten. Aus der Fassung „für die Dauer des Krieges" und den Worten, daß die Firma hoffe, mit dieser Maßnahme für ein halbes Jahr auszukommen, hatte der Gehilfe geschlossen, daß während des Krieges eine weitere Aenderung seines Dienstvertrages nicht vorgenommen werden wird, und sich daher mit der vorgeschlagenen Gehaltskürzung einverstanden erklärt. Hierbei hat er der Firma seine Auffassung von der Fortdauer des Dienstverhältnisses kund gegeben. Darauf hat die Firma aber mittels Brief vom 12. August 1914, also rechtzeitig, die Stellung für Ende September 1914 gekündigt und ihm gleichzeitig angeboten, mit ihm, wiederum für die Dauer der Kriegszeit, einen neuen Anstellungsvertrag zu schließen, Inhalts dessen die Hälfte des bisherigen Gehaltes gezahlt werden und eine für beide Vertragsteile geltende vierzehntägige Kündigungsfrist bestehen sollte.

Mit diesem neuen Anerbieten erklärte sich der Kläger nicht einverstanden, ganz abgesehen davon, daß die vereinbarte vierzehntägige Kündigungsfrist ungesetzlich gewesen wäre. Er widerrief daher infolge der Kündigung auch sein Einverständnis mit der Gehaltskürzung und beanspruchte sein volles Gehalt für die Zeit bis zum Ablauf der Ende September 1914 endenden Kündigungsfrist. Im weiteren Verlaufe der Auseinandersetzung kam es dann aus hier nebensächlichen Gründen zur sofortigen Entlassung des Angestellten und zur Klage. Das Gericht verurteilte den Prinzipal zur Zahlung des vollen Gehalts zunächst, weil die behaupteten Entlassungsgründe tatsächlich rechtlich nicht zu beachten waren, dann aber auch mußte das Gericht den Anspruch in voller Höhe des Gehaltes für gerechtfertigt halten. Letzteres begründet sich darauf, daß der Kläger in der Tat annehmen durfte, es sollte während der Zeit von etwa einem halben Jahre ihm die Stellung nicht aufgekündigt werden. Wörtlich heißt es dann in der Begründung: „Den Ausschluß der Kündigung während der Kriegszeit durfte er als Bedingung seines Einverständnisses mit der Gehaltskürzung ansehen. Aber das Ansinnen der Erklärung des Einverständnisses mit einer Gehaltskürzung unter Verschweigung der kurz darauf zur Ausführung gebrachten Absicht, auch den übrigen Teil des Vertrags aufzukündigen, das verstößt gegen Treu und Glauben. Nach Treu und Glauben aber durfte mit Rücksicht auf die Verkehrssitte der Kläger den Vertrag, worin er sich mit Kürzung seines Gehalts auf die Hälfte einverstanden erklärte, so auslegen, daß während der Kriegszeit oder wenigstens auf etwa ein halbes Jahr ihm das Anstellungsverhältnis nicht aufgekündigt würde. Und so hatte gemäß § 157 des Bürgerlichen Gesetzbuches auch das Gericht den Vertrag auszulegen." Hiernach war dem Anspruche des Klägers das volle Monatsgehalt zugrunde zu legen und zwar bis Ende September 1914.

Krieg und Nationalökonomie

Ganz besonderes Interesse in der gegenwärtigen Zeit werden folgende Vortragsreihen finden, die im Herbstquartal von Dr. Oskar Stillich an der Humboldt-Akademie gehalten werden und zwar:

Donnerstag, den 15. Oktober, von 8—9 Uhr: Völkerrecht, insbesondere Kriegsrecht, Georgenstr. 30/31. 9—10 Uhr: Handel und Handelspolitik im Kriege.

Montag, den 19. Oktober, von 7—8 Uhr: Belgien, Frankreich, England, Rußland, Japan und Serbien. Wissenschaftliche Grundlagen zum besseren Verständnis der gegenwärtigen Situation und der kommenden Friedensaufgaben (Lützowstr. 84 d); von 8—9 Uhr: Nationalökonomie (ebenda); 9—10 Uhr: Anleitung zu sozialen Beobachtungen und Arbeiten (ebenda).

Dienstag, den 20. Okt., von 8—½10 Uhr: Unser Geld- und Bankwesen in der gegenwärtigen Kriegszeit. Mit besonderer Berücksichtigung der Methoden zur Erlangung von Bankkredit (Landwirtschaftliche Hochschule, Invalidenstraße 42).

Karten für den 10 stündigen Zyklus zu 3 M (für Mitglieder des Wissenschaftlichen Zentralvereins), 3,50 M für Mitglieder der dem W. C. V. korporativ angeschlossenen Vereine und für die ermäßigten Berufe, 5 M für sonstige Hörer in einer Anzahl von Buchhandlungen und im Hauptbureau, Kurfürstenstr. 166 I (10 bis 1/2, 1 bis 5 Uhr). — Der Eintritt zum ersten Vortrag jeder Reihe ist für jedermann frei.

Sitzungskalender

Zweigverwaltungen

Cöln. Adr.: F. Bolten, Cöln, Klingelpütz 24. Sonntag, den 4. 10. 14 $10^1/_2$ Uhr vorm. in der Borussia, Hohenzollernring 66, Mitgliederversammlung. Vollzähliges Erscheinen aller nicht eingezogenen Kollegen erbeten. Zahlung der Monats- und Kriegsfondsbeiträge an Postscheckkonto 11 694 L. Grüttner-Cöln, an die Vertrauensleute oder Montag und Donnerstag abends von 8 bis 9 Uhr in dem Geschäftszimmer.

Halle-Saalkreis. Am Dienstag, den 6. Okt., abends $8^1/_2$ Uhr, findet im Vereinslokal Ratskeller unsere nächste Monats-Versammlung statt, zu der wir alle Kollegen herzlich einladen. Die Tagesordnung wird in der Versammlung bekannt gegeben. Da einige Vorstandsmitglieder eingezogen sind, müssen Vertreter für diese leergewordenen Vorstandsämter gewählt werden. Die Kassengeschäfte führt Kollege Fix, Halle a. S., Beesenerstr. 10 d. Die Stellenvermittlung liegt in Händen des Kollegen Eckert, Halle a. S., Yorkstr. 75. Unsere Versammlungen finden jetzt wieder regelmäßig jeden ersten Dienstag im Monat statt. Vollzähliges Erscheinen ist sehr erwünscht. Damit unsere Zweigverwaltung auch an der Sammlung für den Kriegsfonds entsprechend beteiligt ist, wird eine Liste zur Einzeichnung den Kollegen in Halle in ihrer Wohnung vorgelegt, wodurch auch die Kollegen sich an der Sammlung beteiligen können, die nicht zu den Versammlungen kommen. Es sind schon ganz namhafte Beträge gezahlt worden, jedoch möchten wir auch an dieser Stelle allen Kollegen unsere Bitte um Beteiligung an der Sammlung warm ans Herz legen. Kollegen, es ist eine gute Sache, für die Ihr Euer Scherflein gebt! Also nicht lange gezögert, sondern frisch ans Werk!

München. Den Mitgliedern zur Kenntnis, daß die Wochenzusammenkünfte und Monatsversammlungen auch während des Krieges stattfinden. Dienstag, den 6. Okt., im Restaurant Domhof, Kaufingerstr. 15, Monatsversammlung, wozu wir alle Kollegen mit der Bitte um zahlreiches Erscheinen herzlich einladen. Die Tagesordnung wird in der Versammlung bekannt gegeben. Rundschreiben, sowie besondere Einladungen ergehen an die Mitglieder während des Krieges nicht mehr. Einen ansehnlichen Geldbetrag konnten wir den Frauen und Kindern unserer im Felde stehenden Kollegen übermitteln. Kollegen! denkt daran, daß die da draußen ihr Leben, ihr Blut hergeben, laßt uns helfen, wo wir können. Kollegen! setzt die begonnene Sammlung mit allem Eifer fort, wir bitten Euch herzlichst, die bisherigen Monatsraten pünktlich einzuzahlen. Gleichzeitig teilen wir mit, daß Geschäftsstellenleiter Bender, um seiner vaterländischen Pflicht nachzukommen, ins Lager Lechfeld eingezogen wurde. Kollege Huith hat bereitwilligst die Arbeiten der Geschäftsstelle übernommen. Für die Dauer des Krieges wurde als Vorsitzender der Zweigverwaltung Kollege Jell gewählt.

Offenbach a. M. Dienstag, den 6. Oktober, abends 9 Uhr, Hauptversammlung im Hotel „Kaiser Friedrich". Tagesordnung: 1. Sitzungsbericht; 2. Eingänge; 3. Kriegsmaßnahmen des Verbandes; 4. Kriegsmaßnahmen des Sozialen Ausschusses Offenbach; 5. Kriegsfonds; 6. Verschiedenes.

Schwierige Grundwasserabdichtung.

Ein hervorragender Praktiker schreibt über „Schachts Pixol-Emulsion", mit der er einen großen Maschinenraum 50 cm unter dem Grundwasserspiegel mit Erfolg abgedichtet hat, u. a.:

Trotz des enorm hohen Wasserdruckes ist der Boden absolut trocken, und ist auch selbst an der zuletzt gewaltsam eingepreßten Stelle kein Minimum von Nässe bemerkbar. — Auf dem Boden wurden 9 Niederdruckdampfkessel aufgestellt und zeigte sich auch trotz der vollständig ungleichen Belastung der Boden trocken. — Mit gewöhnlichem Beton wäre die Arbeit unausführbar gewesen. — Ich fasse mein Urteil kurz zusammen: Schachts Pixol-Emulsion ist ein erstklassiges Dichtungsmittel, das selbst unter den schwierigsten Verhältnissen gegen alles Grund- und Tagewasser verwendet werden kann; ich werde es in jedem Falle verwenden und kann es allen Fachleuten aufs beste empfehlen. —

Diese und zahlreiche andere begeisterte Anerkennungen, sowie die Gutachten des Königlichen Materialprüfungsamtes in Groß-Lichterfelde-Berlin, bekräftigen den guten Ruf von Schachts Pixol-Emulsion als besten wasserabdichtenden Mörtelzusatz. Nasse Keller usw. können damit staubtrocken hergestellt werden. Der Kostenpreis beläuft sich je nach Art und Ausführung der Abdichtung auf nur 18 bis 52 Pfg. per qm bei Frankolieferung innerhalb Deutschlands. Die Lieferungen erfolgen in Blechflaschen von 5, 20, 50 und 100 Kilo, sowie in Holzfässern von ca. 125 bis 250 Kilo, direkt durch die **Chemische Fabrik F. Schacht, Braunschweig**, oder durch die einschlägigen Händler-Geschäfte. Prospekte und Anwendungsvorschriften werden von ersterer gratis verabfolgt.

⁘ ⁘ ⁘ Geschäftliche Mitteilungen ⁘ ⁘ ⁘

Besonderer Mahnruf an die Kunden buchhändlerischer Ratengeschäfte. Ein besonderer Zweig des Buchhandels ist der sogenannte Raten- und Versandbuchhandel. Derselbe hat sich im Laufe der Zeit zu einer besonderen Stütze des Verlagsbuchhandels entwickelt, setzt er doch schätzungsweise jährlich etwa 30 Millionen Mark um. Die schwere Prüfung des Krieges, die so unerwartet über uns ergeht, legt diesen Geschäftszweig mit einem Schlage lahm. Nicht bloß hunderte, sondern tausende fleißiger Buchhandlungsreisenden wurden an einem Tage erwerbs- und brotlos, nicht minder wurden auch eine große Anzahl Angestellter im im Innendienst sofort überzählich. Die Rateneingänge der Geschäfte gingen auf 10 bis 15% der sonst üblichen zurück. Der Ratenbuchhandel hat ja in seiner heutigen Größe einen Krieg noch nicht erlebt und es fehlt jeder Anhalt für die Zukunft.

Mußte aber der Sturz der Rateneingänge ein so vollständiger sein? Nein, sicherlich nicht! 85 bis 90% der Kunden sind nicht ins Feld gezogen. Man kann sich zwar ein einigermaßen genaues Bild, da fortgesetzt noch Einberufungen erfolgen, nicht machen, die Kunden verteilen sich aber auf zu verschiedene Alters- und Erwerbskreise, darunter auch reichlich weibliche, so daß sicherlich von den Ausfällen nur ein bescheidener Prozentsatz durch den Ruf zur Fahne gerechtfertigt ist. Die Teilzahlungen sind in der Regel so gering, oft nur 5 Pfg. auf den Tag berechnet, aber man hat beobachten können, daß zu Tausenden tatsächlich angesehene wohlhabende Bürger und gut bezahlte Beamte sich einfach über die Pflicht, die kleinen Zahlungen zu leisten, hinwegsetzen und Mahnungen wenig Verständnis entgegenbringen.

Der irrigen Meinung, durch den Kriegsausbruch sei eine Zahlungseinstellung oder Fristgewährung ohne weiteres gerechtfertigt, muß allseitig nachdrücklich entgegengetreten werden. Wer ohne Not solche kleine Beträge zurückhält, versündigt sich geradezu an unserer Volkswirtschaft und bedroht das Gebäude der Kreditwirtschaft. Wir müssen mit dieser übertriebenen Angst, in deren Folge in unsinnigster Weise die Gelder zurückgehalten werden, brechen. Wir müssen alles daran setzen, ein allgemeines Moratorium zu vermeiden.

Also sehe es ein jeder als Ehrensache an, genau wie er seine Steuern, seine Miete und seine Handwerker am Ort bezahlt, auch seinem Buchhändler, selbst wenn er weit entfernt wohnt, in bisheriger Weise regelmäßig die so kleinen Beträge zu entrichten. Denke er ja nicht, daß dieser gerade die Gelder entbehren kann. Er verfügt ja überhaupt über keine anderen Werte als über seine Außenstände. Er muß es auch als seine nationale Pflicht betrachten, seinen Lieferanten gerecht zu werden. Und gehen die Gelder weiter ein, so hilft ein jeder damit, daß die so schwer getroffenen Betriebe im Gange bleiben können, daß den im Felde Stehenden oder durch den Krieg selbst schwer Bedrohten der verdiente Zahlungsaufschub gewährt werden kann, daß alte treue Angestellte weitere Beschäftigung finden und die große Zahl schon erwerbsloser Angestellter und Reisenden, wenn sie kein anderes Fortkommen finden, so weit wie möglich unterstützt werden können.

DEUTSCHE TECHNIKER-ZEITUNG
HERAUSGEGEBEN VOM DEUTSCHEN TECHNIKER-VERBANDE
Schriftleitung:
Dr. Höfle, Verbandsdirektor. Erich Händeler, verantwortlicher Schriftleiter.
XXXI. Jahrg. 17. Oktober 1914 Heft 41/42

Kriegsfonds (4. Quittung)

Geschäftsführender Vorstand: Cosmus, Hárenberg, Heinze, Reifland, Reichel, Schirmbeck 83,50 M.

Zweigverwaltungen: Ansbach 30,00. Augsburg: Gruppe A: Eberl 3,00, Göger 8,00, Gollwitzer 5,00, Mayer 5,00, Riedl 3,00, Schmeißer 3,00 = 27,00. — Höß 5,00, Danniger 5,00, Horle 5,00, Kapfer 3,00, Riolini 5,00, Schalk 4,00 = 27,00. Gruppe B: Arnold 5,00, Bergner 3,00, Christian 5,00, Geiger 3,00, Heinrich 10,00, Horlig 3,00, Jungbauer 5,00, Klaus 3,00, Krauß 2,00, Langer 3,00, Piersch 5,00, Pust 5,00, Sengerling 5,00, Spieldiener 5,00, Steck 3,00, Wächtler 3,00 = 68,00. Gruppe C: Schreck 3,00, Strobel 5,00 = 8,00. Gruppe D: Denzel 7,00, Hiller 3,00, Lederle 3,00, Poland 6,00, Regner 6,00, Spangenberg 6,00, Steinle 3,00, Stocker 3,00, Wolf 7,00 = 44,00 (174,00). Barmen 8,00. Berlin: Franke 10,00, Hahn 5,00, Laskowski 2,00, Modrow 1,00, O. Müller 6,00, Pfeiffer 4,00, Stähr 2,00, Winter 10,00 (40,00). Birkenfeld 5,00. Bonn: M. Schmitz 2,00, Arlt 2,00, Stoy 1,00, Doms 2,00, Chowacki 2,00, Heuer 2,50, Lewalder 2,00, F. Schmitz 2,00, Bechtold 2,50, Meisel 0,50, Hegermann 2,00, Stößel 1,00, Roßbach 2,00, Dely 2,00 (25,50). Bottrop 59,83. Breslau: Nitschmann 10,00, Scheuner 3,00, Lorbeer 5,00, Sültmann 5,00, Petrich 2,00, Jänsch 2,00, Pohl 2,00, Fischer 2,00, Schnabel 1.00, Kabus 1,00, Mottlau 2,00, Moses 2,00, Hartmann 1,00, Rzimann 2,00, Schütze 3,00, Dannenberg 5,00, Echtler 5,00, Damköhler 2,50, Andres 1,00, Mertin 2,00, Stammtisch 3,00 (61,50). Bromberg: Kaukusch 3,00, Konkol 2,00, Lorenz 0,50, Fritsch 1,00, Eilers 5,00, Lossier 4,00, Zühlke 2,00, Ruhn 20,00, Jeitner 3,00, Kretschmer 10,00, Schubert 1,00, Köppen 4,00, Klöpping 2,00, Hermann 2,00, Bruschat 6,00, Wehner 3,00, Saß 4,00, Kuklinski 1,00, Pandow 6,00, P. Schulz 5,00, Buchholz 20,00, Geselligkeitskasse 25,00 (129,50). Bunzlau: Baum 3,00, Seise 3,00 (6,00). Cuxhaven 123,00. Danzig 15,00. Darmstadt 60,00. Dessau 52,00. Dillingen-Saar: Dickenscheid 3,00, Eisenberg 20,00, Frenger 3,00, Paffrath 3,00, Scheil 10,00, Sommer 5,00 (47,00). Dortmund 100,00. Friedenau 16,00. Graudenz 95,00, 142,00 (237,00). Hagenau: Ebel 3,00, Heinemann 3,00, Klaus 3,00 (9,00). Hannover: Bahr, Baumgarten, Hennings, Kunz, Wiegand, Wittmer (19,00). Ilmenau: Dreyer 2,00, Krüger 2,00, Pfeiffer 2,00 (6,00). Iserlohn: 16,00, 11,00 (27,00). Kaiserslautern 2,21. Kiel 300,00, Betrieb K. W. Schiffbau Ressort 72,00 (372,00). Königsberg: Hohler 15,00, Kohl 5,00, Werner 10,00 (30,00). Köslin: Battige 5,00, Bönicke 5,00, Mertens 10,00 (20,00). Landshut 17,00. Ludwigshafen a. Rh.: Meinhardt 5,00, Reinhardt 2,00, Kraft 3,00, Raschbichler 1,00, Schweikart 1,00, Walter 1,00, E. Müller 1,00, Handrich 1,00, Scholl 1,00, König 1,00, Kolb 2,00 (19,00). Lübeck 100,00. Mannheim 110,00. Minden 38,00. München 391,00. Nakel 26,50. Neuruppin 1,00. Nürnberg 35,00. Oberhausen 66,00. Remscheid: Bendel 10,00, Dominikus 5,00, Frese 10,00, Keidel 8,00, Menthen 20,00, Sommer 10,00, Schoppmann 3,00, Stölting 15,00, Voigt 5,00, Weidel 15,00 (101,00). Rosdzin-Schoppinitz: Fitzek, Hasert, Kowarsch (20,00). Schwerin 3,00. Spandau: Kegelklub der Techniker der Heeresverwaltung (19,00). Staßfurt 11,44. Viersen 43,50. Warmbrunn: Beßler 10,00, Schättner 10,00, Schelzig 10,00, Schüßler 5,00, Wilhelm 10,00 (45,00). Weißenfels 52,00. Weißensee: Kroker 1,00, Rotzoll 2,00, Barth 2,00, Riderich 1,00, Kaube 1,00, Hoppe 1,00, Techl 1,00, Wilms 1,00, Wolff 3,00, Pohl 2,00, Zipprich 2,00, Breier 2,00, Michelsen 3,00, Frau Suchland geb. Rotzoll 1,50, B. Meyer 1,00 (24,50). Westpriegnitz: Behrends 5,00. Wiesbaden 35,50, 49,50 (85,00). Wilhelmshaven 700,00. Würzburg: A. Köhler 4,00, L. Köhler 20,00, Rockenmayer 5,00, Röder 5,00, Oehrlein 5,00, Spiegel 10,00, Weigand 5,00, Porto 0,15 (54,15). (Sa.: 3641,63 M.)

Mitglieder: M. Acker 5,00, M. Bertram 30,00, W. Bielemann 3,00, A. Bösang 5,00, Breidenbach 1,00, E. Cassel 5,00, W. Eggert 4,00, A. Emig 3,00, F. Franke 10,00, C. Gerdes 25,00, Gericke 2,00, O. Goldschmidt 1,00, O. Grabow 5,00, A. Günther 8,00, Haetzelt 10,00, F. W. Heinz 16,00, P. Heling 8,00, P. Herzer 20,00, K. Hilscher 10,00, J. Hoffmann 4,00, J. Holsten 20,00, H. Huber — 26 626 — 10,00, C. Hüper 5,00, P. Jauch 3,00, Ivers 10,00, F. Kaiser 5,00, W. Kalle 10,00, F. Klaus 4,00, Knöfel 25,00, O. König 15,00, J. Kohl 5,00, G. Koschel 3,00, M. Küster 6,00, K. Linde 5,00, O. Lindenberg 4,00, Lorenzen 10,00, A. Ludwig 5,00, Majer 6,00, Marwitz 10,00, K. Meitner 10,00, Meurer 10,00, Münch 10,00, Müntze 4,00, P. Nebroy 3,00 M. Oesterwitz 50,00, H. Peters 2,00, O. Peukert 2,00, Pfaffrath 3,00, A. Pfeiffer 10,00, H. Ploen 10,00, M. Salowsky 10,00, Schacht 3,00, Schild 8,00, O. Schlegelmilch 30,00, H. Schmiemann 4,00, Schmitz 5,00, K. Schultze 4,00, R. Sieker 10,00, Söhrnsen 20,00, R. Stauß 5,00, Stolt 4,00, Strewinski 4,00, E. Sundquist 3,00, H. Tomscheidt 1,50, P. Voige 8,00, F. Weber 10,00, M. Weber 5,00, F. Weghöft 2,00, H. Wegner 2,00, Wiedemann 6,00, W. Wilhelmi 15,05, B. Winck 15,05, C. Ziegler, Elberfeld 15,00, A. Ziegler 3,00, Ungenannt 5,55, Ungenannt 2,00. (Sa.: 650,15 M.)

	Zusammen	4 375,28 M.
Dazu Endbetrag der 3. Quittung		24 826,68 M.
		29 201,96 M.

An Unterstützungen wurden bisher ausgezahlt:

1. Quittung	2480,00 M.
2. Quittung	1009,00 M.
Summa:	3489,00 M.

Zur Beachtung

Allen Gesuchen um Gewährung von Unterstützungen muß das Mitgliedbuch beigefügt werden. Ist das Mitgliedbuch nicht zur Hand, dann ist die Mitgliednummer, ist auch diese nicht bekannt, neben dem genauen Namen und Stand des Mitgliedes Geburtstag und Geburtsort, möglichst auch noch die letzten Wohnorte anzugeben, damit die Mitgliednummer aufgefunden werden kann.

Die Einberufung des Mitgliedes zum Heere oder die Stellenlosigkeit muß von dem Kriegsvertrauensmann oder von der Polizei- bzw. Ortsbehörde beglaubigt werden. Das Gesuch muß ferner eine Begründung der Bedürftigkeit unter Angabe von etwaigen Gehaltsbezügen oder anderweitigen Unterstützungen, die die Familie oder das Mitglied bezieht, enthalten.

Die Gesuche sind an die Hauptgeschäftsstelle, Berlin SW. 48, Wilhelmstr. 130, Abt. II, zu richten.

Es gibt eine Grenze!

Von Dr. HÖFLE.

Auch eine Organisation muß den gegenwärtigen außergewöhnlichen Verhältnissen Rechnung tragen. Wir haben schon öfter zum Ausdruck gebracht, daß wir heute nicht den strengen Maßstab sozialen Empfindens wie zu Friedenszeiten anlegen können. Manche sozialpolitische Forderung hat zurückzutreten, weil es zurzeit in erster Linie auf die Aufrechterhaltung der Existenzen, wenn auch unter persönlichen Einschränkungen und Verzicht auf gewohnte Genüsse ankommt.

Eine Reihe von Vorkommnissen gibt uns jedoch Veranlassung zu betonen: Es gibt eine Grenze auch für die Zurückstellung sozialer Gesichtspunkte. Daß die

Ausnutzung einer Notlage des Arbeitnehmers durch die Arbeitgeber etwas Verwerfliches ist, haben wir bereits in einer der letzten Nummern der „Deutschen Technikerzeitung" hervorgehoben. Aber auch auf anderen Gebieten gibt es Grenzen, die einzuhalten sind. Bedauerlicherweise sind es Techniker, die im Staatsdienst tätig sind, mit denen wir uns zunächst zu befassen haben und zwar vor allem die Militärbautechniker.

Bekanntlich haben die höchsten staatlichen Stellen die privaten Arbeitgeber aufgefordert, möglichst ihre Arbeitnehmer weiter zu beschäftigen. Man dürfte daraufhin annehmen, daß die staatlichen Betriebe selbst sich nach der Aufforderung richten würden. Das preußische Kriegsministerium hat begrüßenswerterweise folgenden Erlaß herausgegeben:

„Nach der Verfügung vom 21. 8. 1914 Nr. 455/8. 14. U 1. sollen bei den Erwägungen über den Umfang der Fortführung der Bauten Rücksichten auf die Bevölkerung hinsichtlich der Verminderung der Arbeitslosigkeit mitbestimmend sein.

Das Bestreben nach Verminderung der Arbeitslosigkeit macht es notwendig, die in der Heeresbauverwaltung selbst beschäftigten Hilfskräfte der Beschäftigungslosigkeit, soweit das nur irgend möglich ist, nicht preiszugeben. Die Kgl. Intendanturen haben daher darauf Bedacht zu nehmen, daß die vertragsmäßig beschäftigten Personen, Architekten, Techniker und Hilfsschreiber, nicht zur Entlassung kommen. Sollten bereits Kündigungen infolge der Mobilmachung erfolgt sein, wird die Möglichkeit der Zurückziehung der Kündigung zu erwägen sein.

Bei der großen Zahl der zum Truppendienst einberufenen Techniker usw. wird sich die Ueberweisung entbehrlich werdender Hilfskräfte in freigewordene Stellen ermöglichen lassen.

Falls ein Ausgleich innerhalb des Korpsbereichs nicht angängig ist, haben sich die Königlichen Intendanturen über verfügbare Hilfskräfte und freie Stellen fortdauernd gegenseitig rechtzeitig Mitteilung zu machen."

In einer Besprechung im Kriegsministerium wurde uns auch eine möglichst strikte Einhaltung des Erlasses zugesagt. Die Militärbauämter scheinen sich aber nicht immer an die Verfügung zu halten. Eine Reihe von Militärbauämtern hat Techniker entlassen. Wir meinen, daß es für die Militärverwaltung nicht schwierig sein dürfte, ihre Techniker weiter zu beschäftigen. Arbeit hat sie sicherlich genug. Ein Teil ihrer früheren Techniker dürfte dazu eingezogen sein. Weitere Wünsche der auf Privatdienstvertrag angestellten Techniker beziehen sich auf die Gewährung einer Kriegszulage, ähnlich der, wie sie Beamte und zum Teil auch die Arbeiter der Militärverwaltung beziehen. Nicht besonders sozial ist es, wenn Festungsgouverneure den Familien von Technikern, die das Festungsgebiet verlassen mußten, monatlich 9 M als Unterstützung zahlt. Beim Militärbauamt einer süddeutschen Stadt mußten wir uns dagegen wenden, daß noch unbezahlte Kräfte Verwendung finden.

Recht auffallend ist, daß fast alle staatlichen Behörden vergessen haben, bei der Weiterzahlung des Gehaltes auch die auf Privatdienstvertrag angestellten Techniker, soweit sie zum Heere eingezogen sind, zu berücksichtigen. So hat ein Erlaß des Regierungspräsidenten an die Kgl. Hochbauämter in Preußen folgenden Inhalt:

„Soweit Bautechniker und Schreiber auf Grund vorschriftsmäßig abgeschlossener Verträge beschäftigt gewesen, aber beim Ausbruch des Krieges zum Heeresdienst eingezogen worden sind, liegt der Fall des § 616 BGB. — cfr. § 4 des Formulars für Dienstverträge, S. 313 des Anhangs zur Dienstanweisung — nicht vor. Es handelt sich hier nicht um eine vorübergehende Behinderung bezw. um eine Unterbrechung der Dienstleistung, sondern um eine — durch die Einstellung in das Heer — erfolgte tatsächliche und sofortige Lösung des Dienstverhältnisses selbst. Die tatsächliche Lösung ist als am Tage der Einberufung erfolgt anzusehen. Ein Rechtsanspruch auf Lohngewährung über den Tag der Einberufung hinaus steht dem Eingezogenen nicht zu. Ob noch ministerielle Sonderbestimmungen auf Grund von Billigkeitserwägungen ergehen werden, bleibt abzuwarten."

In der Eisenbahnverwaltung erging ein Erlaß, wonach den etatmäßig angestellten oder ständig gegen Entgelt beschäftigten Staatsbeamten während der Dauer des Krieges ihr persönliches Diensteinkommen unverkürzt fortgewährt wird und die Arbeiter auf Grund einer früheren Verfügung 25% ihres Lohnes und 6% für jedes Kind, jedoch zusammen nicht mehr als 50%, erhalten. Ueber die auf Privatdienstvertrag angestellten Techniker ist nichts verfügt. Dementsprechend wurde den eingezogenen Technikern das Gehalt für Monat August noch ausgezahlt, soweit sie verheiratet waren oder für ihre Familien zu sorgen hatten, die übrigen erhielten das Gehalt bis zum Tage des Austritts aus dem Dienst.

Wir glauben, daß die soziale Fürsorge, die die öffentlichen Verwaltungen den Arbeitern zubilligen, auch für die Angestellten verlangt werden kann. Ohne den Beamten irgendwie nahetreten zu wollen, dürfte doch ein stichhaltiger Grund, die auf Privatdienstvertrag angestellten Techniker so wesentlich anders zu behandeln als die Beamten, nicht ersichtlich sein. Nach unseren Informationen sollen Erwägungen im Gange sein, den auf Privatdienstvertrag tätigen Technikern für die Dauer des Krieges einen Teil des Gehalts weiter zu zahlen. Wir haben in verschiedenen Eingaben gebeten, diese Erwägungen möglichst bald im Sinne der Weiterzahlung zum Abschluß zu bringen. Ein gutes Beispiel nach dieser Richtung gaben die Verwaltung des Kaiser-Wilhelm-Kanals, die das ganze Gehalt weiterzahlt, und das Staatsministerium des Innern von Bayern, das 75% des Gehalts weitergewährt, wenn die Techniker verheiratet sind oder Angehörige zu unterstützen haben.

Noch zu verurteilen sind die Firmen, „die vollbeschäftigt sind, den Zeitpunkt aber für geeignet halten, Gehaltskürzungen bei ihren Angestellten vorzunehmen, von einer Arbeitszeitverkürzung entsprechend der Gehaltskürzung gar nicht zu reden". Auf der anderen Seite zeigen sich die Firmen dann äußerst „nobel" und zeichnen hohe Beträge für das Rote Kreuz. Zur Charakterisierung einer solchen Handlungsweise fehlt uns der Ausdruck. Das Rote Kreuz sollte Spenden von solchen Firmen einfach ablehnen. In München mußte sich der Gehilfenausschuß der Handelskammer bereits mit der Angelegenheit befassen.

Auch Firmen, die hinreichend Militäraufträge oder andere öffentliche Lieferungen haben, versuchen es mit Gehaltskürzungen oder nehmen gar Entlassungen von Angestellten vor. Wenn solche Firmen mit schlechtem Beispiel vorangehen, braucht man sich nicht zu wundern, wenn die privaten Arbeitgeber ohne öffenltiche Aufträge sich an Rücksichten auf ihre Angestellten nicht gebunden fühlen. Das Generalkommando in Metz hat, wie bekannt, ein offenes Wort gesprochen, indem es einfach mit der Entziehung der Aufträge drohte. Wir stehen mit einer ganzen Reihe von Firmen dieserhalb in Verhandlungen bezw. sahen uns gezwungen, uns an die Generalkommandos zu wenden.

Eine eigentümliche Stellung in dieser Frage nimmt das preußische Kriegsministerium ein. Nach Zeitungsnotizen soll von ihm folgender Erlaß ergangen sein:

Infolge vorgekommener Mißstände hat das Preußische Kriegsministerium unterm 22. September verfügt, daß vor Vergebung aller weiteren Lieferungsaufträge für das Heer in Zukunft die schriftliche Verpflichtung der Lieferfirmen abzugeben ist, daß sie für die Dauer der Lieferzeit keine Lohnherabsetzungen und keine Arbeiterentlassungen vornehmen. In allen Fällen, in denen die Abgabe dieser Erklärung verweigert wird, sind die Aufträge anderweitig zu vergeben. Es ist in hohem Grade bedauerlich und bezeichnend, daß die Regierung gezwungen gewesen ist, zu diesem Zwangsmittel zu greifen.

Wir durften annehmen, daß die Worte „Lohn" und „Arbeiter" in weitestem Sinn aufzufassen sind und der Erlaß sich auch auf die Angestellten bezieht. Das scheint aber nicht der Fall zu sein. Denn auf unsere Bitte, das Kriegsministerium möge seinen Einfluß bei den Firmen, die Staatsaufträge haben, geltend machen, erhielten wir durch die Feldzeugmeisterei die Antwort, daß der Heeresverwaltung eine Einwirkung auf die Privatfirmen hinsichtlich Anstellung und Entlassung ihres Personals nicht zustehe. Unserem Wunsche könne daher nicht entsprochen werden. Wir haben in einer eigenen Eingabe das Kriegsministerium auf diesen Widerspruch aufmerksam gemacht und gebeten, die Angestellten mit den Arbeitern gleich zu behandeln.

Die Erfahrungen, die wir nach mancher Richtung seit Ausbruch des Krieges gemacht haben, zwingen uns, mit größter Aufmerksamkeit die einzelnen Vorgänge zu verfolgen. Wir dürfen erwarten, daß uns dabei unsere Mitglieder kräftig mit Material unterstützen. Es muß verhütet werden, daß durch allzu große Zugeständnisse auf sozialem Gebiet die Gefahr heraufbeschworen wird, daß nach dem Kriege das soziale Niveau des Technikers weiter gesunken ist.

Kriegsadressen

Wir bringen nachstehend wieder einen Nachtrag zu den in den Heften 33/34, 35/36 und 37/38 veröffentlichten Kriegsadressen und machen nochmals darauf aufmerksam, daß in den meisten Verwaltungsstellen die Kriegsvertrauensleute oder mit besonderem Ausweis versehene Kassierer zur Annahme der Verbandsbeiträge berechtigt sind, also die Beiträge auch an die örtliche Verwaltungsstelle gezahlt werden können.

Von einer Anzahl von Verwaltungsstellen ist uns eine Kriegsadresse noch nicht bekannt gegeben worden. Es sind die Zweigverwaltungen Ahlen, Auerbach, Baden-Baden, Bad Harzburg, Bernburg, Beuthen, Birnbaum, Blankenese, Bozen, Burg b. Magdeburg, Castrop, Corbach, Cosel, Datteln, Diez, Düren, Falkenstein i. V., Filehne, Flensburg, Frankenstein, Freystadt, Friedberg, Gevelsberg, Glogau, Greifenhagen, Greifswald, Grimma, Guben, Hamm, Haynau, Heidelberg, Herford, Hochemmerich, Hörde, Höchst, Holzminden, Insterburg, Jarotschin, Kempten, Königshütte, Konitz, Kreuznach, Landsberg a. W., Langendreer-Werne, Lingen, Lintfort, Lötzen, Lüdenscheid, Lünen, Lyck, Meerane, Metz, Neurode, Neustadt a. H., Neustadt i. M., Nordhausen, Obornik, Oels, Offenburg, Oppeln, Osterode, Passau, Pößneck, Ratibor, Regenwalde, Saargemünd, St. Avold, Schneidemühl, Schweinfurt, Seesen, Sensburg, Soest, Solingen, Stendal, Sternberg, Straubing, Tarnowitz, Wanne, Weimar, Wismar, Worms und die Verwaltungsabteilungen Arnswalde, Baruth, Bleicherode, Bocholt, Bramsche, Crossen, Czarnikau, Dahme i. M., Dt.-Lissa, Donauwörth, Eckernförde, Eichstädt, Emmerich, Eschwege, Eutin, Friedeberg (Neumark), Fürstenberg a. O., Glückstadt, Goldap, Greiz, Güstrow, Gumbinnen, Heidenheim, Hersfeld, Husum, Itzehoe, Johannisburg, Kempen i. P., Kray, Kyritz, Lindau, Lindow, Lissa, Luckau, Luckenwalde, Lübben, Lütgendortmund, Lychen, Mettmann, Meuselwitz, Nauen, Neidenburg, Neubrandenburg, Neuenburg, Neustadt (O.-Schl.), Osterburg, Ostrowo, Pillau, Pr.-Stargard, Rawitsch, Recke, Salzwedel, Schönebeck a. E., Seegeberg, Sonderburg, Steele, Sterkrade, Stetten, Suhl, Tapiau, Trachenberg, Vacha, Waren, Winsen, Wongrowitz, Zehdenick.

Wir richten hierdurch an diese Verwaltungen nochmals die dringende Mahnung, das Versäumte nachzuholen. Sollten wir für Abteilungen keine Vertrauensmänner gewinnen, so werden wir sie auflösen und der nächsten Zweigverwaltung zuteilen müssen.

Aachen: Franz Roß, Aachen, Stephanstr. 39.
Allenstein: Fr. Kuloff, Allenstein, Hohensteiner Querstr. 19 II.
Altenburg: Rob. Anders, Altenburg (S.-A.), Weibermarkt 11.

Bad Kissingen: Nik. Reuthal, Bad Kissingen, Hemmerichstraße 7.
Bad Oeynhausen: E. Gabbert, Bad Oeynhausen, Kanalstr. 9.
Berlin: Otto Dolz, NW. 87, Waldstr. 29; Willy Eisfeld, NO. 55, Naugarder Str. 9; Max Beil, NW. 21, Oldenburger Str. 32; Wilh. Pfeiffer, N. 65, Seestr. 42; Fritz Siegenthaler, NO. 55, Pasteurstr. 4; Alfred Lettow, SW. 29, Marheineke-Pl. 10; Reinh. Hüttig, W. 35, Lützowstr. 62.
Berlin-Reinickendorf: Paul Naumann, Berlin-Reinickendorf, Rütlistr. 8.
Brandenburg: Hugo Schwartz, Brandenburg a. H., Steinstraße 43.
Braunschweig: R. Lütge, Braunschweig, Roonstr. 25.
Breslau: Willy Scheuner, Breslau, Scheitniger Str. 26.

Dorsten: Wilh. Vogt, Marl, Kr. Recklinghausen, Steinstr. 4.
Dortmund: O. Esdar, Dortmund, Saarbrücker Str. 43.
Duisburg-Meiderich: E. Sandgräber, Duisburg-Meiderich, Wiesenstr. 49.

Fraustadt: Ernst Kirste, Fraustadt i. Pos., Bahnhofstr.

Gummersbach: A. Witzig, Gummersbach, Wilhelmstr. 13.

Helgoland: F. Plate, Helgoland, Hafenbau.
Homburg i. Pf.: Albert Schmitt, Homburg i. Pf., Eisenbahnstr.

Karlsruhe i. B.: Aug. Schneider, Karlsruhe i. B., Vorholzstr. 41.

Lübbecke i. W.: Joh. Witte, Blasheim b. Lübbecke, Osnabrücker Straße 191.

Marktredwitz: Wilh. Jena, Marktredwitz, Bergstr. 2.
Miltenberg: Jos. Ullrich, Miltenberg i. Bay., Hauptstr.
Mörchingen: Theodor Marwitz, Mörchingen (Els.-Lothr.).
Mülhausen i. Els.: Wilh. Knosp, Mülhausen i. Els., Grastigasse 17.

Paderborn: Herm. Lindrum, Bahnmstr. 1. Kl., Bahnhofstr. 25.
Pinneberg: Martin Kruse, Pinneberg, Bahnhofstr. 23.

Rostock: Joh. Grewe, Rostock, Leonhardtstr. 25.

Saarbrücken: M. Klaren, Saarbrücken 3, Rathausstr. 21.
Saarburg: Arch. Joh. Haferlach, Saarburg, Rotbrückenstr.
Saarlouis: P. Block, Saarlouis, Stadtbauamt.
Schlitz: Josef Zeppenfeld, Hutzdorf, P. Schlitz i. Hessen.
Sondershausen: Bürgermeister Burkhardt, Sondershausen (Thüringen).

Thorn: Julius Erling, Thorn, Thalstr. 40.

Velbert: W. Bernsdorf, Velbert, Schloßstr. 40.

Berichtigungen.

Aschersleben: Ing. Paul Popp, Aschersleben, Georgstr. 7.
Aue: Otto Kühne, Niederschlema (Erzgeb.).
Augsburg: Zweigv. Augsburg, Augsburg, Wintergasse R 9/0/R.

Berlin-Steglitz: Karl Simoleit, Berlin-Steglitz, Ringstr. 10.
Bremerhaven-Lehe: H. Neumann, Bremerhaven, Gneisenaustraße 1.
Brieg: Ing. Paul Kubler, Brieg, Neuhäuserstr. 44 I.

Cöln: F. Bolten, Cöln a. Rh., Klingelpütz 24.
Culm: Kurt Buchholz, Culm, Thomasvorstadt 8 c.

Elbing: Adam Röder, Elbing, Herrenstr. 10 I.

Genthin: Stadtbmstr. Ernst Börner, Genthin, Parchenstr. 26 I.
Goslar: Mrmstr. Fritz Pfeiffer, Goslar, Wohldenberger Str.
Gumbinnen: Franz Müller, Direktor d. städt. Betriebswerke, Darkehmer Str.

Halle-Saalkreis: Carl Taube, Halle a. S., Zietenstr. 16.

Landau (Pfalz): Wilh. Fillian, Landau (Pfalz), Kronenstr. 18.
Löbau i. Sa.: Emil Spür, Löbau i. Sa., Bahnhofstr. 28.

M.-Gladbach: Paul Castell, M.-Gladbach, Bleichstr. 10.

Neukölln: Koll. Leipziger hat sein Kassiereramt niedergelegt. Br.-Adr. u. Kass. jetzt: Herm. Rheinländer, Mahlowstr. 8.
Neumünster: G. Bracker, Neumünster, Hansa-Ring 14.
Neuwied: Jul. Bremecke, Neuwied, Feldkirchstr. 76.

Oppau: Georg Ebersbach, Oppau i. Bay., Bismarckstr. 26.

Sonneberg: H. Zillet, Sonneberg (S.-M.), Gerichtsteig 1.
Spandau, Bez. Siemensstadt: Ed. Klassen, Siemensstadt, Reisstraße 26.
Swinemünde: Frdr. Schmidt, Swinemünde, Karlstr. 23.

Templin: Art. Mende, Templin, Prenzlauer Chaussee 12.

Zittau: Max Maasz, Zittau, Sedanstr. 12.

VOLKSWIRTSCHAFT

Der kleine Sparer bei der Kriegsanleihe

Es ist schon mehrfach betont worden, wie wichtig das vertrauensvolle Einspringen der kleinen Sparer für den Erfolg der Anleihe war. Die jetzt bekannt gegebenen Ziffern geben ein genaues Bild davon, was kleine und große Kapitalisten zum Resultat beigesteuert haben. Es wurden gezeichnet:

Beträge von M.			Zahl der Zeichner	Summe M.
100	u.	200	231 112	36 111 400
300	bis	500	241 804	110 700 700
600	„	2 000	453 143	586 964 300
2 100	„	5 000	157 591	579 403 600
5 100	„	10 000	56 438	450 148 500
10 100	„	20 000	19 313	307 186 600
20 100	„	50 000	11 584	410 458 000
50 100	„	100 000	3 629	315 046 200
100 100	„	500 000	2 050	508 548 400
500 000	„	1 000 000	361	287 196 700
über		1 000 000	210	868 937 000
		Zusammen	1 177 235	4 460 701 400

Danach sind über 700 Millionen Mark in Beträgen von 100 bis 2000 Mark gezeichnet worden.

SOZIALPOLITIK

Kriegsversicherung

Ein erhebliches Interesse für die Familienangehörigen der im Kriege stehenden Ernährer beanspruchen unter den augenblicklichen Verhältnissen die auf diese Personen abgeschlossenen Lebensversicherungen. In den weitaus meisten Fällen wird an die Einbeziehung der Kriegsgefahr bei dem Abschluß der Versicherung nicht gedacht worden sein, so daß nunmehr für den durch den Krieg verursachten Todesfall entweder der Effekt der Versicherung vollständig illusorisch wird, oder aber nur mit außerordentlichen Zubußen aufrecht erhalten werden kann. Ein Teil der Versicherungsgesellschaften hat sich nach dem Ausbruch des Krieges auf die Einbeziehung des Kriegsrisikos überhaupt nicht mehr eingelassen. Die Hinterbliebenen der bei ihnen Versicherten haben also im Todesfalle nur Anspruch auf Auszahlung der Prämienreserven, die aber in den ersten Jahren nach Abschluß des Vertrages im Vergleich zur Versicherungssumme kaum nennenswerte Beträge ergeben.

In allen diesen Fällen ist also die Absicht des Versicherungsnehmers nicht erreicht, im Falle seines früheren Todes seine Angehörigen vor der dringendsten Not überhaupt oder so lange, bis sie sich in den veränderten Verhältnissen zurechtzufinden vermöchten, zu schützen. Vielen wird es aber auch dann, wenn die satzungsgemäßen Bedingungen der Gesellschaft oder ihre für den Kriegsfall besonders gefaßten Beschlüsse eine nachträgliche Einbeziehung zulassen, durch den Einkommensausfall nicht möglich sein, die Beträge aufzubringen, die als Zubuße für die Aufrechterhaltung der ganzen Versicherungssumme im Kriegsfall erforderlich sind. Auch sie sind deshalb trotz der theoretischen Möglichkeit außerstande, sich die Wohltat der Versicherung in dem ursprünglich beabsichtigten Umfang praktisch zu erhalten.

Für solche Familien und außerdem noch für alle Nichtversicherten greift nun eine für diesen Krieg nach dem Muster der Nassauer Kriegsversicherung von 1870 besonders geschaffene Einrichtung helfend ein, um auch ihnen je nach Maßgabe der aufzubringenden Geldmittel die Möglichkeit zu geben, den Hinterbliebenen beim Tode des Versicherten ein kleines Kapital zu sichern, mit dem sie sich über die Zeit der ersten Not hinweghelfen können.

Es sind dies die Kriegsversicherungen, die zunächst von einer Anzahl von Provinzialverbänden mit Gewährung von Zuschüssen für deren engere Verwaltungsbezirke, nun aber auch für das ganze Reichsgebiet von der gemeinnützigen deutschen Volksversicherung eingerichtet worden sind. Der Abschluß der Versicherung geschieht durch den Erwerb von Anteilscheinen, der sowohl vom Versicherten selbst, als auch von dessen Angehörigen oder dritten Personen bewirkt werden kann. Es ist hier also, wenn der Familie Barmittel oder Sparguthaben nicht zur Verfügung stehen, Wohltätigkeitsvereinen, zahlungsfähigen und wohlmeinenden Arbeitgebern, auf Wunsch der Angestellten auch Dienststellen, die im Besitze von Kautionen ihrer Angestellten sind, bequeme Gelegenheit gegeben, durch den Ankauf eines oder mehrerer Anteilscheine den Familien ihnen nahestehender Kriegsteilnehmer, wenn diese im Felde fallen sollten, eine sicher mit innigstem Dank begrüßte Unterstützung zukommen zu lassen. Die Anteilscheine lauten bei den Provinzialversicherungen auf 10 M, bei der Volksversicherung auf 5 M. Für einen Versicherten können Einzahlungen bis zum Betrage von 200 M geleistet werden. Mit der bei jeder Deutschen Postanstalt auf Postscheckkonto 14 — Kriegsversicherung der Deutschen Volksversicherung in Berlin — möglichen Einzahlung ist die Versicherung abgeschlossen. Zu beachten ist dabei, daß auf dem linken Abschnitt der Zahlkarte, den die Volksversicherung erhält, Vor- und Zuname, Geburtstag, Wohnort und der Beruf des Versicherten genau und deutlich lesbar angegeben werden. Die Versicherung beginnt mit der durch den Poststempel bezeichneten Stunde.

Man hofft als Versicherungssumme den 25 fachen Betrag des Anteilscheines auszahlen zu können. Dieser Annahme ist die Kriegssterblichkeit während des Feldzuges 1870/71 zu Grunde gelegt. Sollte die durchschnittliche Kriegssterblichkeit, von jetzt ab gerechnet, in diesem Kriege sich höher gestalten, so würde die Versicherungssumme sich entsprechend erniedrigen. Man wird aber zum mindesten mit etwa 20 fachem Betrage rechnen können. Die eingezahlten Beträge werden nach Beendigung des Krieges voll und unverkürzt auf die Kriegssterbefälle nach dem Verhältnis der darauf geleisteten Einzahlungen verteilt. Einzelne Provinzialversicherungen gewähren auch schon sofort nach Einreichung der Belege über den Tod des Versicherten Vorauszahlung der Unterstützung bis zu 100 M. Lz.

*

Die Not der Mieter

In Heft 37/38 hatten wir eine Uebersicht über die Gesetze und Verordnungen gegeben, die den Mieter vor rücksichtslosem Vorgehen des Vermieters schützen sollen. Trotzdem bringt aber die Kriegszeit durch die weiterbestehenden Mietsverpflichtungen über tausende von Familien Not und Elend. Denn die aus dem Mietsvertrage entstehenden Verpflichtungen bleiben vollinhaltlich bestehen. Die Zahlungsverbindlichkeiten können gerichtlich nicht aufgehoben, sondern nur aufgeschoben werden. Das hat kürzlich noch ausdrücklich eine Aeußerung der Zentralinstanzen in Reich und Bundesstaaten, die durch das Wolffsche Telegraphenbureau verbreitet worden ist, betont:

Die Kriegszeit befreit den Mieter einer Wohnung nicht von der Verpflichtung zur pünktlichen Zahlung des Mietzinses, und die Nichtzahlung zieht mit gewissen Einschränkungen, die zur Vermeidung von Härten getroffen sind, auch während des Krieges rechtlich die gleichen Folgen nach sich wie in Friedenszeiten, nämlich die Klage auf Zahlung und auf Räumung und gegebenenfalls die im Zwangswege durchgeführte Exmission. Es würde mit der Aufrechterhaltung des gesamten Wirtschaftslebens unvereinbar sein, auf einem praktisch so bedeutsamen Gebiete ohne weiteres und ohne gleichzeitige Regelung aller Folgen eine Durchbrechung des bestehenden Rechts anzuerkennen, und es muß als gewissenlos bezeichnet werden, wenn in der Oeffentlichkeit immer wieder die Behauptung aufgestellt wird, daß die Kriegszeit die Verpflichtung zur Mietszahlung aufschöbe. Ganz abgesehen davon, daß damit den wirklichen Interessen des einzelnen wenig gedient sein kann, da es sich in diesem Falle naturgemäß nur um eine Stundung, nicht aber um einen endgültigen Erlaß der Zahlung handeln würde, ist es auch ohne weiteres offensichtlich, daß die Befreiung des Mieters die Zahlungsunfähigkeit des Vermieters, der Verzug des Vermieters in der Zahlung der Hypothekenzinsen wiederum die Leistungsunfähigkeit des Hypothekengläubigers nach sich ziehen kann und daß so in weitgreifender Wechselwirkung das ganze Wirtschaftsleben beeinflußt werden muß, letzten Endes wieder zum Schaden des kleinen Mannes, der an der Aufrechterhaltung der wirtschaftlichen Ordnung ein starkes Interesse hat. Deutschland fühlt sich stark genug, die schwierigen Verhältnisse, wie sie durch den Krieg geschaffen sind, auch ohne Moratorium, dessen andere Staaten nicht entraten können, Herr zu bleiben; ein Moratorium auf einem wichtigen Teilgebiete ist nicht denkbar ohne ein Moratorium weitesten Umfanges. Es ist ein wirtschaftliches Unding, den Satz proklamieren zu wollen: Jedermann kann ruhig wohnen bleiben, auch wenn er seinen Verpflichtungen aus dem Mietsvertrage nicht nachkommt. Ein solcher Grundsatz würde nicht zuletzt von denen ausgenutzt werden, welche durchaus zahlungsfähig sind, würde die böswilligen Zahler geradezu züchten und die Gutwilligen schädigen.

Der Grundgedanke dieser Ausführungen deckt sich mit dem Standpunkte, den wir gegenüber der Forderung eines Moratoriums vertreten haben. In erster Linie muß verhütet werden, daß das Wirtschaftsleben zusammenbricht, in zweiter Reihe kommt erst die Sorge um die Existenz des Einzelnen. Das ist der Grundsatz, mit dem unser deutsches Volk in den Krieg gezogen ist. Aber ebenso wie draußen im Felde, wenn der Sieg errungen, die Hilfe für den Einzelnen unter dem Zeichen des Roten Kreuzes einsetzt, so müssen auch wir, nachdem das Weiterbestehen der Volkswirtschaft gesichert ist, mit allen Mitteln dafür sorgen, daß die Einzelwirtschaften nicht zusammenbrechen. Die Sorge gilt in erster Linie dem Mieter; denn ein Mensch ohne Wohnung ist eine wirtschaftlich vernichtete Existenz.

Mit dem Ziele, die schlimmsten Uebelstände zu beseitigen, sind die ebenfalls in dem oben erwähnten Artikel wiedergegebenen Kriegsnotgesetze und -Verordnungen erlassen worden. Welchen Schutz sie bieten, zeigt u. a. eine Bekanntmachung des Oberkommandos von Königsberg, die sicher ihre Wirkung nicht verfehlt haben wird:

„Die in den letzten Tagen in weitem Umfange erfolgte Mahnung der Hauswirte um Zahlung der rückständigen Miete bei gleichzeitigem Drohen, die Mieter aus den Wohnungen hinauszuwerfen, oder Drohen mit Pfändung der Möbel und Absperren des Wassers trifft zweifellos die Frauen und Kinder der Kriegsteilnehmer auf das härteste. Zu der Sorge um das Leben des Ernährers, zu der Sorge um Beschaffung der Lebensmittel kommt dann noch die Sorge um die Wohnung, die die Betroffenen nur kopflos macht und oft der Verzweiflung nahe bringt.

Denjenigen Hausbesitzern, die vor solchen Härten nicht zurückgeschreckt sind, sollte doch bekannt sein, daß sie nicht berechtigt sind, Zwangsmaßregeln gegen die Frauen der Kriegsteilnehmer ohne weiteres vorzunehmen. Sie dürfen die Familien weder ohne weiteres heraussetzen, noch ihnen ihre Möbel einbehalten. Einer Klage auf Exmission dürften die Richter auf Grund des Notgesetzes vom 4. August d. J. vorläufig doch wohl nicht stattgeben. Und eine Grausamkeit ist es, wenn manche Hauswirte, wie glaubhaft berichtet wird, durch Drohung und peinigende Maßnahmen gegen die Frauen der Kriegsteilnehmer versuchen, ihre bisher ganz oder zum Teil unbezahlt gebliebenen Mieten einzubekommen."

Aber trotz dieser Kriegsnotgesetze bleibt das Uebel bestehen, daß tausende Mieter, die trotz besten Willens nicht zahlen können, in unerschwingliche Schuldenlasten hineingetrieben werden. Von Monat zu Monat wächst die Mietschuld an. Kehrt der Mann aus dem Felde zurück, sieht er sich vor einer Schuldenlast, die seinen wirtschaftlichen Zusammenbruch herbeiführen muß. Hier wird es nach Beendigung des Krieges Sache des Reiches und der Gemeinden sein müssen, helfend einzugreifen. Den Männern, die ihr Leben für das Vaterland aufs Spiel setzen, soll nicht das wirtschaftliche Elend drohen, wenn sie aus dem Felde siegreich heimgekehrt sind.

Doch auch jetzt können die Gemeinden vorsorgen. Durch die Einrichtung von Mieteinigungs- und Mietschutzämtern können Vereinbarungen zwischen Mieter und Vermieter herbeigeführt werden, die das Anwachsen unerschwinglicher Schuldenlasten verhüten können. Auch manchem Vermieter ist mit der Entrichtung eines Teils der Wohnungsmiete mehr geholfen als mit einem unsicheren Wechsel auf die Zukunft. Die Tätigkeit dieser Mieteinigungsämter muß allerdings noch durch die Bewilligung von Mietbeihilfen unterstützt werden. So hat z. B. Berlin-Schöneberg 150 000 M zu diesem Zweck zur Verfügung gestellt. Von diesen Mitteln sollen Inhaber kleinerer und mittlerer Wohnungen bis zu einer Jahresmiete von 1200 M 30 bis 40 Prozent der Miete gewährt werden unter der Voraussetzung, daß der Hauswirt mindestens 25 Prozent der Miete nachläßt und eine Einigung zwischen Mieter und Vermieter über das Mietsverhältnis vorliegt. In ähnlicher Weise sind Hanau, Ludwigshafen, Chemnitz und Stuttgart vorgegangen. Es wäre dringend zu wünschen, daß alle Gemeinden diesem Beispiel folgen.

Aufs schärfste muß aber gegen das Vorgehen einiger Gemeinden protestiert werden, die ihre Zuschüsse zur Kriegsunterstützung für die Bezahlung der Mietschulden verwenden. Auch das Landratsamt des Kreises Niederbarnim ist in dieser Weise vorgegangen. Es hat die Gemeindeverwaltungen angewiesen, bei der Auszahlung der Unterstützungsgelder folgende Bekanntmachung mit auszuhändigen:

„Die gesetzliche Unterstützung für die Familien der Kriegsteilnehmer ist erheblich geringer als der vom Kreisausschuß festgesetzte und jetzt gezahlte Betrag. Die Erhöhung ist vom Kreise Niederbarnim nicht lediglich zur Bestreitung des Unterhalts der Familie, sondern hauptsächlich deshalb erfolgt, um den Familien zu ermöglichen, die Wohnungsmiete, die auch während des Krieges voll zu entrichten ist, pünktlich an den Hauswirt zahlen zu können."

Der Zuschlag im Kreise Niederbarnim zur staatlichen Kriegsunterstützung beträgt auch nur 100%. Der Ehefrau des Kriegsteilnehmers werden also monatlich 18 M gezahlt. Es wird das Geheimnis des Landrats bleiben, wie von diesen 18 M der Lebensunterhalt bestritten und dazu noch die Miete, die im Kreise Niederbarnim bei einer 1- bis 2-Zimmerwohnung zwischen 20 und 40 M monatlich schwankt, gezahlt werden soll.

Auch durch die Not des Krieges haben viele Menschen noch kein soziales Verständnis bekommen.

Hdl.

ANGESTELLTENFRAGEN

Konkurrenzklauselgesetz und Krieg

Der Bundesrat hat das sofortige Inkrafttreten des neuen Konkurrenzklauselgesetzes, soweit die Bestimmungen über den Wegfall des Gesetzes bei Kündigung durch den Arbeitgeber in Betracht kommen, beschlossen. Der Beschluß kann auf eine Eingabe der Sozialen Arbeitsgemeinschaft der kaufmännischen Verbände und des Verbandes reisender Kaufleute Deutschlands zurückgeführt werden, die den Bundesrat um Erlaß einer Notverordnung mit Rücksicht auf die durch den Kriegszustand geschaffene Lage ersucht hatten. Nach dem neuen Gesetz wird bekanntlich das Wettbewerbsverbot bei Kündigung unwirksam, es sei denn, daß für die Kündigung ein erheblicher Anlaß in der Person des Handlungsgehilfen vorliegt oder daß sich der Prinzipal bei der Kündigung bereit erklärt, während der Dauer der Beschränkung die zuletzt bezogenen vertragsmäßigen Leistungen zu gewähren. Das Gesetz sollte ursprünglich erst am 1. Januar des kommenden Jahres in Kraft treten. Die neue Verordnung des Bundesrats bezieht sich auf alle Dienstverhältnisse, die am Tage ihrer Kündigung noch nicht beendet sind. Will ein Prinzipal, der gekündigt hat, ohne daß in der Person des Gehilfen ein Anlaß vorlag, das Wettbewerbsverbot durch Fortzahlung des Gehalts in Wirksamkeit erhalten, so muß er dies bei der Kündigung oder wenn die Kündigung zur Zeit des Erlasses der Verordnung schon erfolgt war, unverzüglich erklären.

STANDESBEWEGUNG

Vom Reichs-Postamt

ist uns auf unsere Eingabe vom 29. September erwidert worden:

„Die Ober-Postdirektionen sind auf die Stellenvermittlung des Deutschen Techniker-Verbandes aufmerksam gemacht worden. Im Bedarfsfalle wird die Vermittlungsstelle in Anspruch genommen werden.

Techniker, die sich um eine außerhalb ihres Berufs liegende Beschäftigung bewerben wollen, würden sich mit ihren Gesuchen an die Postbehörde in ihrem Wohnort zu wenden haben.

In Vertretung des Staatssekretärs.
gez. Granzow."

*

Kriegsmaßnahmen des D. T. V.

1. Eingaben an die Oberpräsidenten von Potsdam und Hannover wegen Prüfungstermin für das erleichterte Examen zum Einjährig-Freiwilligen Militärdienst.
2. Teilnahme an den Verhandlungen des Magistrats Wilmersdorf wegen Arbeitslosenunterstützung.
3. Eingaben an die Kgl. Intendantur des Militärverkehrswesens, verschiedener Militärbauämter und das preußische Kriegsministerium wegen Entlassungen von Technikern bei den Militärbauämtern.
4. Mündliche Besprechung im Kriegsministerium wegen der Verhältnisse der Militärbautechniker (Entlassungen, Kriegszulage und Weiterzahlung des Gehalts).
5. Eingaben an eine Reihe von Firmen, die öffentliche Aufträge haben, trotzdem aber Gehaltsreduzierungen und Entlassungen vornehmen.
6. Eingaben an verschiedene Generalkommandos bezw. das Kriegsministerium wegen der gleichen Angelegenheit.
7. Empfehlung unserer Stellenvermittlung bei den Kaiserlichen Werften in Kiel und Wilhelmshafen, sowie bei dem Reichspostamt und Preußischen Ministerium der öffentlichen Arbeiten.
8. Bemühungen im Preuß. Kriegsministerium und Ministerium der öffentlichen Arbeiten, wegen Weiterzahlung des Gehalts an Techn e , die auf Privatdienstvertrag tätig und eingezogen sind. ik r
9. Eingabe an das Bayrische Kriegsministerium wegen Beschäftigung unbezahlter Kräfte bei einem Militärbauamt.
10. Empfehlung unserer Stellenvermittlung bei dem neuen Oberpräsidenten von Königsberg.

EHREN-TAFEL

Das Eiserne Kreuz erhielt:

Karl Röper, Braunschweig, Mitgl. 60574, Unteroffizier d. Ref. Inf.-Reg. 92.

Es starben den Heldentod fürs Vaterland:

Benno Ahr, Zäckeritz, Altrüdnitz, Mitgl. 52800, seit 1. 4. 1909, gefallen 25. Aug. vor Antwerpen.

Paul Claß, Cannstatt, Mitgl. 72490, seit 1. 8. 1913, gefallen am 5. 9. in Frankreich.

Karl Dauer, Sondershausen, Mitgl. 39306, seit 1. 7. 1906, gefallen am 5. 9. als Unteroffizier im Ref.-Inf.-Reg. 82.

Heinr. Gamb, M.-Gladbach, Mitgl. 57896, seit 1. 4. 1910, gefallen am 6. 9. in Frankreich.

Emil Heinfling, München, Mitgl. 38717, seit 1. 4. 1906, gefallen bei Diedolshausen am 15. 9.

Hubert Huppertz, Erkelenz, Mitgl. 61197, seit 1. 1. 1911, gefallen am 15. 9.

Konr. Huthoff, Bremen, Mitgl. 29681, seit 1. 7. 1904.

Karl Ilmer, Jena, Mitgl. 55339, seit 1. 10. 1909.

Ernst Kaestner, Crefeld, Mitgl. 56670, seit 1. 1. 1910.

Heinr. Kube, Berlin, Mitgl. 34433, seit 1. 10. 1905, am 28. 8. verwundet, am 8. 9. im Lazarett zu Danzig gestorben.

Arno Lindner, Plauen, Mitgl. 71460, seit 1. 5. 1913, gefallen am 24. 8. bei La Croix.

Richard Naumann, Dresden, Mitgl. 51754, seit 1. 1. 1909, gefallen bei Reims.

Josef Reiser, München, Mitgl. 61591, seit 1. 4. 1911, gefallen bei Diedolshausen am 15. 9.

Walter Ritter, Straßburg (Els.), Mitgl. 67139, seit 1. 7. 1912, gefallen am 2. 9. bei St. Benoit.

Carl W. Schellberg, Frankfurt a. M.-Bo., Mitgl. 74761, seit 1. 1. 1914.

Ewald Schnur, Bielefeld, Mitgl. 71918, seit 1. 7. 1913, gefallen in Frankreich.

Fritz Stock, Charlottenburg, Mitgl. 72475, seit 1. 8. 1913, gefallen am 26. 8.

Wilh. Volp, Merseburg, Mitgl. 64270, seit 1. 10. 1911, am 19. 9. infolge schwerer Verwundung im Lazarett verschieden.

Friedrich Woweries, Frankfurt a. M., Mitgl. 69879, seit 1. 3. 1913, gefallen am 22. 9. als Einj.-Freiw.-Unteroffizier im Inf.-Reg. 81.

Es wurden verwundet:

Otto Bortfeld, Braunschweig, Mitgl. 51945.

Heins Drolshagen, Mörchingen i. Lthr., Mitgl. 75611.

Eugen Mahr, Frankfurt a. M.-Eschersh., Mitgl. 08240, (schwer).

Für die verwundeten Verbandsmitglieder

Bereits in Heft 37/38 hatten wir bekannt gegeben, daß unser Mitglied Max Schönfelder sich bereit erklärt hat, einen verwundeten Kollegen aufzunehmen, für dessen Wiederherstellung der Arzt eine Kur in den Teplitzer Thermen angebracht hält, und unser Mitglied Stolt in Luckau (Lausitz) hat sich ebenfalls erboten, zwei verwundete Kollegen, die zur Erholung Landaufenthalt benötigen und mittellos sind, unentgeltlich aufzunehmen.

Jetzt teilt uns Kollege Gustav Giebel in Heinebach, Kr. Melsungen mit, daß auch er einem unbemittelten verwundeten Kollegen Landaufenthalt zur Erholung kostenlos gewähren will.

*

Aus dem D. T. V.

Von unserer Zweigverwaltung Offenburg (Baden) sind alle Kollegen zu den Fahnen berufen.

VERSCHIEDENES

Weiterzahlung des Gehalts während der Heerespflicht?

Im Gegensatz zu der Auffassung, die wir an dieser Stelle über die Frage äußerten, ob im Falle der Einberufung zu den Fahnen das Gehalt weiter gezahlt werden muß, hat das Kaufmannsgericht zu Mannheim durch Urteil vom 13. Aug. 1914 entschieden, daß dem wegen seiner Einberufung zum Heere entlassenen Angestellten die Rechte aus § 63 HGB. zustehen. Der diesem Urteil beigegebenen Begründung entnehmen wir folgende Zeilen:

„Auch das Kaufmannsgericht Mannheim hat bisher dem § 63 die Anwendbarkeit auf militärische Dienstleistungen versagt. Aber alles das hat doch nur Bezug gehabt auf militärische Dienstleistungen in Friedenszeiten. Davon ist der jetzt vorliegende Fall der Einberufung zum Kriegsdienst zweifellos streng zu unterscheiden. Die militärischen Uebungen in Friedenszeiten sind eine Folge der allgemeinen Militärdienstpflicht überhaupt; sie können daher ebensowenig wie diese allgemeine Dienstpflicht und ebensowenig wie z. B. die allgemeine Schulpflicht und Steuerpflicht als Unglück bezeichnet werden; auch weiß jeder Angestellte genau, ob und auf wann etwa ihm diese Friedensübungen bevorstehen, er kann sich darauf einrichten, so daß sie ihn nicht unvorbereitet treffen. Es geht also nicht an, die bisherige Rechtsprechung über die Uebungen in Friedenszeiten und die darauf bezüglichen Verhandlungen bei der Schaffung des neuen Handelsgesetzbuchs auf den jetzt vorliegenden Kriegsfall anzuwenden. Vielmehr ist ganz unabhängig von alledem die Frage zu stellen: Kann der gegenwärtige Krieg als Unglück im Sinne des § 63 HGB. gelten? Das Gericht denkt darüber folgendermaßen: Niemand kann bestreiten, daß dieser Krieg sowohl von der ganzen Nation wie von jedem einzelnen als großes Unglück empfunden worden ist, um so mehr, als es ein trotz aller Bemühungen der Reichsregierung, den Frieden zu erhalten, dem deutschen Volke aufgezwungener reiner Verteidigungskrieg ist. Das Gericht verkennt keineswegs, daß dieser Krieg sowohl der ganzen Nation hervorragende Gelegenheit gibt, die in ihr wohnenden sittlichen Kräfte in höchstem Glanze zu zeigen, als auch jedem einzelnen, sei er Kriegsteilnehmer oder nicht, die Entfaltung höchster Opferwilligkeit, die Bezeugung größter Vaterlandsliebe, ermöglicht, mehr als es in Friedenszeiten jemals denkbar wäre; es verkennt auch keineswegs, daß es für die zum Waffendienst Einberufenen nicht nur eine Pflicht, sondern auch eine Freude und Ehre ist, für ihr Vaterland kämpfen zu dürfen. Aber das alles ändert doch nichts daran, daß der Kriegsausbruch selbst, also die unmittelbare Veranlassung der Einberufung zum Kriegsdienst und damit der Dienstverhinderung, allgemein und mit Recht als großes Unglück angesehen worden ist und angesehen wird. Wollte man dies aber auch schließlich vom höheren ethischen Standpunkt aus jetzt nicht mehr gelten lassen, so bleibt doch als ganz unbestreitbar die Tatsache, daß der Krieg und seine Folgen, also auch die Einberufung zum Waffendienst im rein wirtschaftlichen Sinne, als Unglück angesehen werden müssen. In dem vorliegenden Prozeß aber, wo es sich nur um materielle Werte, um eine Geldschuld handelt, kann doch wohl nur dieser wirtschaftliche Gesichtspunkt ausschlaggebend sein. Ohne sich also mit seiner bisherigen Rechtsprechung in Widerspruch zu setzen, billigt das Gericht dem Kläger den § 63 HGB. zu."

Dieses Urteil des Mannheimer Kaufmannsgerichtes ist bis jetzt vereinzelt geblieben; es besteht auch wenig Wahrscheinlichkeit, daß ordentliche Gerichte dieser Rechtsprechung beitreten werden. Bemerkenswert ist, daß Rechtsanwalt Dr. Baum in Nr. 12 der Monatsschrift des Verbandes Deutscher Gewerbe- und Kaufmannsgerichte eine dem Mannheimer Urteil entgegengesetzte Stellung einnimmt. Er schreibt dort:

„Nach übereinstimmender Judikatur bezieht sich § 616 BGB. auch auf militärische Dienstleistungen. Zweifelhaft ist nur, inwieweit eine Arbeitsunterbrechung durch militärische Dienstleistungen als verhältnismäßig nicht erhebliche Zeit anzusehen ist. Es kommt hierbei nicht lediglich auf die kontraktliche Zeitdauer des Vertrages und auf die vereinbarte Kündigungsfrist, sondern auch auf die tatsächliche Dauer, die das Arbeitsverhältnis bereits gehabt hat, die Größe des Betriebes und die Art und den Umfang der durch das Wegbleiben eines Arbeitnehmers hervorgerufenen Störung an. Auch darüber ist die Judikatur einig, daß der Umfang der Frist im allgemeinen bei höheren Angestellten weiter gesteckt werden muß als bei gewerblichen Arbeitern. Bei ersteren hat die Judikatur vielfach sogar eine sechswöchentliche Uebung noch als verhältnismäßig nicht erhebliche Zeit angesehen. Bei dem größten Teil der zu den Fahnen Einberufenen wird ja freilich die Anwendung des § 616 dadurch entfallen, daß voraussichtlich der Kriegszustand und die Einberufung die Dauer von mehreren Monaten überschreiten wird. Praktisch kann die Anwendung aber immerhin noch in recht zahlreichen Fällen werden, in denen Ausgehobene schon nach wenigen Tagen als unbrauchbar oder überzählig wieder entlassen worden sind. Rechte aus § 616 kann der Angestellte nur für diejenige Zeit geltend machen, während deren das Dienstverhältnis noch besteht. Mit seiner Auflösung erlöschen alle auf diese Bestimmung gegründeten Ansprüche.

Ueber die Zeit der Auflösung des Dienstverhältnisses hinaus haben allerdings Handlungsgehilfen gemäß § 72 Abs. 2 HGB. und höhere technische Angestellte gemäß § 133e Abs. 2 HGB.

Achtung!

Wir bitten dringend alle Mitglieder, die noch nicht den Fragebogen in Heft 37/38 ausgefüllt haben, das Versäumte nachzuholen. Wir brauchen die Angaben dringend, um unsere Gesuche an Behörden und Firmen durch statistische Unterlagen begründen zu können.

Die Fragebogen sind auf eine Postkarte mit der ganzen Fläche aufzukleben und an die Hauptgeschäftsstelle, Berlin SW. 48, Wilhelmstraße 130, einzusenden.

Fragebogen.

Name: ....

Ort: ....

Wohnung: ....

Militärverhältnis: ....
(Reserve, Landwehr, Landsturm I, Landsturm II ged., Landsturm II nicht ged.)

Eingezogen: ....

Wird Gehalt trotzdem weiter gezahlt? ....
(zu welchem Teil?)

In Stellung? ....

Stellenlos? ....

einen Anspruch auf Fortzahlung des Gehalts, wenn sie durch „unverschuldetes Unglück" an der Leistung der Dienste behindert sind. Die Praxis nimmt aber übereinstimmend an, daß die Einberufung zu militärischen Dienstleistungen nicht unter den Begriff des unverschuldeten Unglücks fällt. Wenn dies bisher auch naturgemäß nur für militärische Uebungen im Freien ausgesprochen werden konnte, so wird dies doch zweifellos gleichfalls angenommen werden müssen, wenn die Dienstleistungen für den eigentlichen und letzten Zweck aller militärischen Ausbildung, für den Kriegsfall erfolgt. Die Frage, ob der Krieg für die Gesamtwirtschaft als Unglück anzusehen ist, ist hierfür gleichgültig. Für den einzelnen jedenfalls kann die Erfüllung nationaler Pflichten nicht als Unglücksfall angesehen werden."

Diesen Ausführungen hat sich auch die fünfte Kammer des Berliner Kaufmannsgerichts in einer kürzlich verhandelten Klagesache angeschlossen.

STERBETAFEL

Hans Barth, Mannheim-Käfertal, Mitgl. 51362.

Richard Marotzke, Leipzig 13, Klostergasse 8/10, Mitgl. 38470, seit 1. 4. 1906, gest. 20. 9. 1914.

Arn. Schiele, Hamburg 23, Maxstraße 241, Mitgl. 24339, seit 1. 1. 1903.

Franz Stankewitz, Königsberg 4, Voigtstraße 161, Mitgl. 19035, seit 1. 10. 1900.

Gustav Trinks, Berlin-Pankow, Mitgl. 5695, seit 1. 1. 1891, gest. 2. 9. 1914.

Buchhandlung des D. T.-V.

Antiquarisch bieten wir an:

Rietschel, Leitfaden zum Berechnen und Entwerfen von Lüftungs- und Heizungsanlagen. 2 Bde. Vorletzte (4.) Auflage. 14,— M (Ladenpreis 24,— M).

Aus unseren Beständen empfehlen wir ferner:

Baum & Grünspach, Technikerrecht. Vorzugspreis 2,50 M (Ladenpreis 3 M).

Sombart, Sozialismus und soziale Bewegung, geb. 3,20 M.

Elster, Lexikon des Arbeitsrechtes, geb. 4,50 M.

Naumann, Neudeutsche Wirtschaftspolitik (Vorzugspreis geb. 3,50 M (Ladenpreis 5 M).

Traub, Ethik und Kapitalismus, geb. 5,— M.

Potthoff, Probleme des Arbeitsrechtes, Pappband 4,— M, Leinenband 5,— M.

Potthoff, Soziale Rechte und Pflichten, geh. 1,— M.

Die Ausbildung für den technischen Beruf in der mechanischen Industrie (Maschinen-, Schiffbau, Elektrotechnik), —,35 M.

Ziegler, Die Lage der Gemeindebeamten Deutschlands, —,45 M.

Michenfelder, Grundzüge moderner Aufzugsanlagen, geh. 2,80 M.

Haeder, Der kranke Gas- und Oelmotor, geb. 8,75 M.

Weber, Die Fabrikation des Hartgusses, geb. 3,50 M.

Johow, Hilfsbuch für den Schiffbau, geb. 24,— M.

Doorentz, Eiserne Dächer, geb. 7,— M.

Gittermann, Moderne Wohn- und Geschäftshausfassaden (Barock-, Rokoko-, Empire- und Biedermeierstil) in Mappe 9,— M.

Franke, Schmiedeeiserne Gitter, antiquarisch in Mappe 15,— M (neu 20,— M).

Dumstrey, Die Körperpflege des Kulturmenschen, geh. 4 M.

Ferner haben wir noch vorrätig:

Güldners Kalender für Betriebsleitung und Maschinenbau 2,50 M.

Der Versand erfolgt durch die Verbands-Buchhandlung bei Bestellungen im Werte von 3 M aufwärts portofrei bei Voreinsendung des Betrages, sonst unter Nachnahme.

Geschäftliche Mitteilungen

Kriegs-Bedarfsartikel. Zu den wichtigsten Kriegsbedarfsartikeln gehören unstreitig auch elektrische Taschenlampen und Anhängelampen. Tausende von unseren Soldaten haben sich beim Ausrücken mit einer elektrischen Lampe versehen, sie ist ihnen geradezu unentbehrlich geworden. Es ist wohl überflüssig, zu schildern, wie oft und in welchem Maße die elektrische Taschenlampe den wackeren Kriegern unschätzbare Dienste leisten kann. Leider aber ist es immer noch nur ein kleiner Prozentsatz von unserem Millionenheere, welcher mit elektrischen Taschenlampen ausgerüstet ist. Es kann allen Händlern nur warm empfohlen werden, das Publikum auf die elektrischen Taschenlampen und ihren unermeßlichen Wert für die im Felde stehenden Soldaten mit allen Mitteln aufmerksam zu machen. Es werden fortdauernd praktische Artikel gesucht, die den im Felde stehenden Angehörigen nachgesandt werden können. Eine elektrische Taschen- oder Anhängelampe, bezw. eine Ersatzbatterie läßt sich bequem als Feldpostbrief versenden. Die Spezialfabrik für Taschenlampen Oskar Böttcher Berlin W. 56, Bülowstr. 56. liefert alle Sorten elektrische Taschen- und Anhängelampen in preiswertester und gediegenster Ausführung an alle selbständigen Geschäftsleute der Branche. Aus dem reichhaltigen Katalog dieser Firma haben wir oben zwei Anhängelampen-Spezialtypen abgebildet, die sich für militärische Zwecke besonders vorteilhaft eignen.

An der Ingenieur-Akademie zu Wismar a. d. Ostsee beginnen die Vorträge und Uebungen, und zwar in allen Abteilungen, für das Winter-Semester am 26. Oktober 1914.

Umsonst eine Karte vom Kriegsschauplatz legt die Firma Süddeutsche Konserven- und Nährmittelfabrik Georg Rau, München allen Sendungen bei, die auf Grund des Inserates in der heutigen Nummer bestellt werden!

Sämtlichen 11 Schülern der 1. Klasse der Königl. Maschinenbauschule zu Graudenz wurde das Reifezeugnis erteilt (darunter drei Schülern mit dem Prädikat „gut").

DEUTSCHE TECHNIKER-ZEITUNG

HERAUSGEGEBEN VOM DEUTSCHEN TECHNIKER-VERBANDE

Schriftleitung:
Dr. Höfle, Verbandsdirektor. Erich Händeler, verantwortlicher Schriftleiter.

XXXI. Jahrg. **31. Oktober 1914** **Heft 43/44**

Bekanntmachung

Im Gegensatz zu der Lage bei Beginn des Krieges, wo jeder Ueberblick über die Entwicklung der Verhältnisse fehlte, können wir heute nach mancher Richtung, vor allem auch nach der finanziellen Seite, klarer sehen. Die gesammelten Erfahrungen veranlaßten den Geschäftsführenden Vorstand, seinen Beschluß vom 2. August bezüglich des Sterbegeldes aufzuheben und zu beschließen, daß in Zukunft das

Sterbegeld in voller Höhe

sowohl an die zu Hause Gestorbenen als auch an die im Felde Gefallenen zur Auszahlung gelangt. Der Beschluß hat rückwirkende Kraft. In den Sterbefällen, bei denen nur ein Drittel des Sterbegeldes ausgezahlt worden ist, werden die restlichen ²/₃ sofort nachgezahlt.

Diese Leistungen des Verbandes sind aber nur dann möglich, wenn die Mitglieder es als ihre Pflicht betrachten, die Verbandsbeiträge pünktlich abzuführen. Wir bitten unsere Kriegsvertrauensmänner, sich nach wie vor mit aller Kraft in diesem Sinne zu bemühen.

Mit Freuden stellen wir den Eingang reichlicher Spenden für unseren Kriegsfonds fest. Wir werden dadurch in die Lage gesetzt, manche Not zu lindern. Wir appellieren aufs neue an den sozialen Sinn unserer Mitglieder und bitten auch in Zukunft des Kriegsfonds zu gedenken.

Der Geschäftsführende Vorstand

gez. Paul Reifland, Vorsitzender — Dr. Höfle, Verbandsdirektor

Kriegsfonds (5. Quittung)

Zweigverwaltungen: Allenstein 86,76. Aschersleben: Finke 5,00, Kottusch 2,00, Kruse 1,00, Popp 5,00 (13,00). Aue: 2,00, 17,50 (19,50). Bad-Wildungen 14,00. Bergedorf 15,00. Berlin: Material-Prüfungs-Amt 15,00. Brieg 10,00. Borbeck 3,08. Burg i. Dithm.: Wolf 3,00, Timm 10,00, Paaske 5,00, Behrens 5,00, Thormann 5,00, Laaß 5,00, Gorath 5,00, Freise 5,00, Heitmüller 5,00, Buhk 5,00, Hauschild 3,00, Greve 3,00, Hamke 4,00, Braren 10,00, Lawrenz 3,00, Koch 3,00, Rödler 5,00, Kruse 3,00 (87,00). Burg bei Magdeburg: Balkow 2,00, Düben 5,00, Gebhardt 5,00 (12,00). Cassel 251,34. Charlottenburg: Beyer 1,00, Grotsch 5,00, Paustian 1,00 (7,00). Chemnitz: 140,00 (erste Rate). Coblenz 30,15. Cöln: Askevold 10,00, Blatz 5,00, Bolten 10,00, Brandt 10,00, Cornelius 2,00, Feldhoff 10,00, Friederichs 25,00, Hornmann 4,00, Heubeling 5,00, Gräsche 10,00, Glabasnia 1,00, König 10,00, Krumme 5,00, Lau 8,00, Ledesquet 14,00, Leven 6,00, Lübke 10,00, Linder 2,00, Meinhardt 5,00, Moskendaft 10,00, Aug. Müller 5,00, Padberg 10,00, Paul 10,00, Pellikan 10,00, Pikale 5,00, Philippi 3,00, Rausch 3,00, Reidelbach 5,00, Schmatolla 3,00, Schlüter 5,00, Schulze 5,00, Saalborn 5,00, Siemianowski 10,00, Stelle 7,50, Sturm 3,00, Wolters 2,00, Wagner 5,00, Ungenannt 1,00, 2,00, Sammelbüchse 1,25 (262,75). Coepenick: Gruber 5,00. Cottbus 22,00. Crimmitschau 10,00. Danzig 5,00, 80,00 (85,00). Darmstadt: H. S. V. 26 10,00, Ripper 10,00, Sames 7,00, H. Müller 12,50, L. Wießmann 7,00, Heß 5,00, Aßmuth 5,00, Thümmel 5,00, Stumpf 10,00, Barg 5,00, Heldmann 10,00, Hubertus 10,00, Kreft 6,00, Werner 10,00, Rückert 10,00, Kison 5,00, Wilbert 6,00, Simon 5,00, Kremer 4,00, Wagner 4,00 (146,50). Düsseldorf 100,00. Duisburg 25,15. Elberfeld 200,00. Elbing 6,50. Essen 718,17. Frankenthal 21,00. Frankfurt am Main: Gottwald 2,00, Hanno 10,00, Nehler 3,00, Schunke 3,00 (18,00). Freiberg 66,00. Friedenau 6,00. Friedrichsort 540,45. Fürstenwalde 7,16. Gelsenkirchen 14,00. Gießen 5,00. Gleiwitz: Böning 3,00, Burg 10,00, Chmelius 3,00, Dittert 3,00, Gohlke 2,00, Haertel 5,00, Irret 1,00, Manowski 3,00, Maywald 10,00, Müller 5,00, Neidhardt 2,00, Pander 3,00, Zimon 5,00 (55,00). Gnesen 20,00. Görlitz 30,00. Graudenz 118,40. Greiz i. V.: Krebs 8,50, Lippold 5,00 (13,50). Hadersleben: Hening, Apenrade 10,00. Halle:

75,00. Hamburg 1447,50. Hannover-Linden. 61,50. Hildesheim: Meseck 3,50, Krieg 2,00, Nordmann 5,00, Hallier 3,00, Rattentidt 5,00, Herke 3,00, Wolf 5,00, Sickert 3,00, Borchard 5,00, Schmidt 3,00, Risett 3,00, Quandt 2,00' Wolf 2,00, Böttcher 3,00, Rudolf 1,50, Maschke 3,00, Thimm 5,00, Falke 5,00, Reiffner 3,00 (65,00). Hoerde. 18,50. Karlsruhe 100,00. Kiel: 134,80, 200,00, 75,00, R. Wackerhagen 25,00, T. J. u. U. T. 65,20 (500,00). Königsberg N/M.: Zimmermann 10,00. Königsberg i. Pr.: Von der Eisenbahn-Baukompagnie Nr. I 13,00, von der Zweigverwaltung 147,00 (160,00). Landsberg a. W. 10,00. Leipzig 148,00. Lichterfelde: Bergmann 3,00, Buchholz 3,00, Felix 2,00, Hensel 3,00, Plewe 3,00, Stange 3,00, Weber 3,00 (20,00). Magdeburg: Nicke 10,00, Klüssendorf 10,00, Stieger 10,00, Papenroth 10,00, Rudloff 3,00, Friese 3,00, Brandt 3,00, Walter 3,00, Wernecke 3,00, Walter 2,00, Tutzschke 1,00, Sietz 2,00, Bethge 3,00, Doesseler 1,00, Michael 1,00, Donitzky 1,00, Hurz 2,00, Kegel 1,50, Schröter 1,00, Seidel 1,00, Stolte 1,00, Grosch 2,50, Plötner 4,00 (79,00). Marienburg 125,00. Metz: Durch die Herren Kafitz und Will von dem techn. Aufsichtspersonal des Arm.-Abschnitts V 106,00. Mühlhausen i. Th. 76,50. Mülheim a. Rh. 1,88, Th. Bergmann 5,00, Hasselbeck 5,00, Ritter 20,00 (31,88). München. 267,00. Münster 44,00. Münsterberg-Strehlen: Dau 10,00, Illgner 10,00, Kurock 15,00, Windszus 10,00 (45,00). Neusalz a. Oder 18,00. Niederschöneweide: Gurrau 3,00, Hahne 2,00, Dittmann 2,00, Kößler 2,00, Hornig 2,00, Schwirner 2,00, Paul 2,00 (15,00). Nowawes 9,00. Nürnberg 120,00. Ohligs 27,50. Oranienburg 13,00. Osnabrück 228,15. Pankow: Brudy 2,00, Daalmeyer 2,00, Donath 1,00, Engel 3,00, Gerhardt 3,00, Gutschow 1,00, Herholz 2,00, Myrta 5,00, Salowski 2,00, Voigt 2,00, Ungenannt 0,45 (23,45). Plauen 30,00. Posen: R. Hein 10,00, Jache 20,00, Seidler 20,00, Fechner 20'00 = 70,00, Zeuner 5,00, Weber 1,00, Klekotta 5,00, Kühne 20'00, Kreß 10,00, P. Dahmen 20,00, J. Dahmen 20,00, Wollher 2,00, Reimann 5,00, Horwig 20,00, Leder 20,00, Radtke 5,00, Günther 10,00, Dorr 2,00, Riese 10,00, Jürgens 10,00, Nöske 10,00, Viestedt 10,00, Demke 3,00, Friese 5,00, Rohfleisch 5,00, Cranz 2,00, Jesionek 3,00, Geist 1,00, Koop 5,00, Petrykowski 2,00, Wildenhagen 4,00, Wolf 5,00, Wegner 20,00, Zweigverwaltung Posen aus ihrem alten Fonds 100,00 = 340,00, durch den Kollegen Wegner vom Obermeister der Posener Bauinnung 100,00, durch den Kollegen Rohfleisch von Ungenannt 5,00 (515,00). Potsdam 75,50. Quedlinburg: Mielke 8,00, Claus 5,00, Steiner 3,00, Rübel 5,00, Arndt 5,00, Jaeger 5,00 = 31,00, bereits veröffentlicht 8,00 (23,00). Regensburg 30,00. Reistenhausen 10,15. Remscheid 120,00. Saarbrücken 232,00. St. Avold: Derner 3,00, A. Müller 3,00, Alf. Müller 3,00, Ch. Mertens 3,00, Lühmann 3,00, Lehmann 5,00, Diemer 3,00, Leo Bongert 100,00, Aug. Bongert 100,00, M. Pilz 20,00 (Porto 15 Pf.) (243,15). Schweidnitz: Kindler 20,00. Spandau: Hinz 12,00, Rademacher 6,75, Schäfer 5,00 (23,75), 4,00, 96,00 (123,75). Stettin 59,00, 21,00 (80,00). Stolp 106,00. Straßburg i. Els.: Techn. Beamten der Reichseisenbahn 20,00, Aberle 5,00, Bremer 2,00, Claus 4,00, Eisenschmied 2,00, Fischer 10,00, Kintz 2,00, Marquardt 5,00, Offland 1,00, Roxek 1,00, Sammel 5,00 = 57,00, Dentel 3,00, Saßong 5,00, Blunk 5,00, v. Boltenstein 4,00, Bischoff 1,00 = 18,00 (75,00). Stuttgart: Barth 5,00, Boger 2,00, Cronenberg 5,00, Dittger 5,00, Glaenz 12,00, Hahn 20,00, Helferich 5,00, Hillebrand 3,00, Ihle 6,00, Knörzer 2,00, Langjahr 3,00, Martens 3,00, Rebmann 3,00, Schmidt 10,00, Seifert 2,00, Steinhilber 10,00, Trautwein 5,00' Uebel 20,00 (121,00). Templin: 3,15. Wesel 53,95. Wiesbaden 9,00. Wiesdorf 70,00. Wilhelmshaven 550,00. Würzburg 51,15. Zehdenick: Stemmwedel 3,00. Zehlendorf 14,50. Züllichau: Wagschal 10,00, Schindler 5,00, Dreppenstedt 3,00 (18,00). Zweibrücken 20,00. (Sa.: 9650,99 M.)

Mitglieder: H. Alting 10,05, F. Ballenberger 5,00, E. Birnbaum 3,00, C. Börsig 10,00, H. Bornmann 5,00, F. Bosse 2,00, Brückner 6,00, W. Bunten 5,00, H. Busche 8,05, H. v. Carlowitz 20,00, J. Courte 2,00, K. Daum 3,00, W. Ditten 4,00, N. Fabry 8,00, H. Frick 5,00, E. Gaede 5,00, G. Geise 4,00, A. Giffhorn 3,00, H. Glatz 3,00, A. Heil 90,00, W. Heisener 10,00, P. Herrmann 10,00, A. Heyser 10,00, Jacobsen 5,00, Kahlau 5,00, G. Kamutzky 10,00, Ed. Kern 20,00, C. Kloß 8,00, Kluge 14,00, W. Koch 5,00, E. Köhler 7,00, R. Köhler 16,00, Joh. Köhn 20,00, E. König 10,00, G. Körblein 4,00, E. Koser 1,00, J. Kronewitter 3,00, A. Krüger 3,00, Länens 20,00, W. Lemmerzahl 3,00, E. Lindner 25,00, W. Lindner 6,00, A. Ludwig 5,00, Frau Lustig, Bromberg 6,25, A. Mende 2,78, Frau Witwe Müller 38,33, G. Müller 9,84, O. Nauendorf 8,00, A. Naumann 5,00, W. Nelles 6,00, E. Neumann 5,00, R. Ney 5,00, W. Noack 4,00, H. Persson 10,00, A. Petersen & E. Neumann 10,00, Alb. Phul 8,00, G. Pilz 3,00, H. Polenz 8,00, F. Rabis 5,00, W. Rauch 4,00, W. Rehr 5,00, F. Reimer 20,00, M. Reuschel 5,00, H. Ring 3,00, Rocktäschel 2,00, G. Sagebiel 20,00, Schmauser 2,00, W. Schnare 2,00, H. Schoelkopf 5,00, H. Schröder 5,00, Schroll 3,00, W. Schulz 2,00, M. Schwenkler 30,00, H. Steinert 5,00, L. Tantz 5,00, H. Teichmann 3,00, H. Thent 11,00, H. Zugel 5,00, Mitglied — 30 270 — 3,00, ferner durch Herrn C. Gruber von dem Mitgliede Kieselack 5,00, Tornack 5,00. (Sa.: 705,30 M.)

Zusammen:	10 356,29 M.
Dazu Endbetrag der 4. Quittung:	29 201,96 M.
Insgesamt:	39 558,25 M.
Gezahlt wurden seit der letzten Veröffentlichung	5 066,67 M.
Dazu Endbetrag der 4. Ausgaben-Quittung	3 489,00 M.
Insgesamt:	8 555,67 M.

Berichtigung: Die in Heft 39/40 unter dem Namen P. „Ulrich" quittierten 3,00 M sind von Herrn P. Uhlich — 21 246 — gespendet worden.

Zur Beachtung

Allen Gesuchen um Gewährung von Unterstützungen muß das Mitgliedbuch beigefügt werden. Ist das Mitgliedbuch nicht zur Hand, dann ist die Mitgliednummer, ist auch diese nicht bekannt, neben dem genauen Namen und Stand des Mitgliedes Geburtstag und Geburtsort, möglichst auch noch die letzten Wohnorte anzugeben, damit die Mitgliednummer aufgefunden werden kann.

Die Einberufung des Mitgliedes zum Heere oder die Stellenlosigkeit muß von dem Kriegsvertrauensmann oder von der Polizei- bzw. Ortsbehörde beglaubigt werden. Das Gesuch muß ferner eine Begründung der Bedürftigkeit unter Angabe von etwaigen Gehaltsbezügen oder anderweitigen Unterstützungen, die die Familie oder das Mitglied bezieht, enthalten.

Die im Felde stehenden Mitglieder müssen die Beiträge bis einschließlich April 1914 gezahlt haben, stellenlose Mitglieder, die den Kriegsfonds in Anspruch nehmen wollen, bis einschließlich Juli, wenn ihnen nicht durch ausdrückliche Bestätigung der örtlichen Verwaltung eine Beitragsstundung für frühere Monate auf Grund § 20 der Satzung bewilligt war.

Den Kriegsteilnehmern sind während der Dauer des Feldzuges die Beiträge ohne besonderen Antrag gestundet. Andere Mitglieder, die nicht in der Lage sind, die Beiträge pünktlich zu entrichten, müssen auf Grund § 20 der Satzung Stundung nachsuchen. Darüber, inwieweit Kriegsteilnehmern und Stellenlosen Beiträge unter Anrechnung der Mitgliedszeit erlassen werden, wird nach Beendigung des Krieges der Gesamtvorstand entscheiden.

Die Gesuche um Unterstützungen sind an die Hauptgeschäftsstelle, Berlin SW. 48, Wilhelmstraße 130, Abteilung II, zu richten.

Unsere Stellung zu den öffentlichen Arbeitsnachweisen

Von Dr. HÖFLE.

Zu den Fragen, vor die die Organisationen der Angestellten neuerdings gestellt werden, gehört die des öffentlichen Arbeitsnachweises. Nicht in dem Sinn, als ob es sich um ein ganz neues Problem handelte, sondern nur insofern, als durch Eingaben verschiedener Organisationen an die Stadtverwaltungen um Errichtung öffentlicher Arbeitsnachweise die Frage neu aufgerollt ist und wir gezwungen sind, dazu Stellung zu nehmen.

Die Frage der Arbeitsvermittlung war stets ein Streitobjekt. Die Arbeitgeber suchen durch einseitige Arbeitgebernachweise Einfluß auf den Arbeitsmarkt zu erlangen. Die „schwarzen Listen" hängen eng mit diesen Bestrebungen zusammen. Die Arbeitnehmerorganisationen haben ihre Arbeitsnachweise gegenübergestellt. Auf ihrer Seite steht auch die größte Anwartschaft auf solche Einrichtungen. Denn der Arbeitnehmer bietet seine Ware Arbeitskraft an. Heute geschiehts naturgemäß durch die Organisation. Die Arbeiten und Mühen, die den Arbeitnehmerorganisationen durch die Arbeitsvermittlung entstehen, sind ziemlich groß und die Kosten nicht unerheblich. Das Angebot an Arbeitskräften übersteigt meistens die Nachfrage. Allerdings darf dabei nicht außer acht gelassen werden, daß viele Angestellte auf dem Arbeitsmarkt erscheinen, die in Stellung sind und nur sich zu verbessern suchen. Die Zahl der durch die Arbeitgeber bei den Arbeitsnachweisen der Arbeitnehmer angemeldeten Stellen hängt wesentlich von der prinzipiellen Stellung der Arbeitnehmerverbände zu den Arbeitgebern, also von ihrer Auffassung über das Arbeitsverhältnis ab. Naturgemäß spielt dabei die Stärke der Arbeitnehmerorganisationen eine Rolle. Wenn eben die Gesamtheit oder wenigstens ein großer Teil des betreffenden Berufsstands organisiert ist, werden die Arbeitgeber gezwungen sein, die Arbeitsnachweise der Arbeitnehmerorganisationen zu benützen. Ein Mangel liegt ohne Zweifel in der Zersplitterung des Arbeitsnachweises, indem jede Organisation ihre eigenen Einrichtungen geschaffen hat und Verbindungen untereinander, abgesehen von der „Sozialen Arbeitsgemeinschaft kaufmännischer Verbände", nicht bestehen.

Diese Gesichtspunkte haben die Frage des öffentlichen Arbeitsnachweises, getragen von den Gemeinden unter paritätischer Mitwirkung von Arbeitgebern und Arbeitnehmern, entstehen lassen. Dabei muß eine technische und eine wirtschaftliche Seite unterschieden werden. Bei der technischen Seite handelt es sich in der Hauptsache darum, ob der öffentliche Arbeitsnachweis dem individuellen Bedürfnis des Arbeitgebers und den besonderen Fähigkeiten des Arbeitnehmers Rechnung tragen kann. Wenn dieses Moment schon bei der qualifizierten Arbeiterschaft von Bedeutung ist, so ist das erst wohl bei den Angestellten der Fall. Auch der oben schon angedeutete Gesichtspunkt, daß es sich vielfach erst um eine künftige Arbeitsbeschaffung handelt, indem viele in Stellung befindliche Angestellte auf dem Stellenmarkt erscheinen, darf nicht außer acht gelassen werden. Jedoch dürfte sich für die Technik der öffentlichen Arbeitsnachweise ein Weg finden lassen.

Wichtiger ist die wirtschaftliche Seite. Es handelt sich zuguterletzt um die Frage: ob der Kampf um die Verbesserung der Arbeitsverhältnisse streng von der Arbeitsvermittlung zu trennen ist, ob die Aufgabe der Arbeitsvermittlung nur in dem Ausgleich des Angebots und der Nachfrage auf dem Arbeitsmarkt besteht. Man wird auf die Stellung der Arbeiterschaft verweisen. Früher Gegner der öffentlichen Arbeitsnachweise, ist sie heute Anhänger. Der Grund ist allerdings sehr einfach. Die Arbeiterschaft ist infolge der in großem Maße vorhandenen Homogenität in der Lage, die gewerkschaftlichen Mittel, wie Streik, Boykott usw. fast schrankenlos zur Anwendung zu bringen. Das wichtigste aber ist, daß die Fragen des Arbeitsverhältnisses, insbesondere die Lohnfrage, anderwärts geregelt ist, im kollektiven Arbeitsvertrag, im Tarifvertrag. Trotz des Widerstands der Arbeitgeber hat der Tarifgedanke bei der Arbeiterschaft kräftig Fuß gefaßt, was die große Zahl der bestehenden Tarife beweist. Auch für die Nichtorganisierten ist der Tarif vielfach der Maßstab für die Arbeitslöhne. Die Behörden erkennen vielfach die Tarife für ihre Arbeiten und Lieferungen an und haben ihnen durch die Lohnklauseln Aufnahme in ihre Submissionsbestimmungen gewährt.

Wie stehts nach dieser Richtung bei den Angestellten? Die Meinungen über die Zweckmäßigkeit und Durchführbarkeit der öffentlichen Arbeitsnachweise gehen weit auseinander. Es sei nur auf die unterschiedliche Auffassung zwischen der bereits genannten „Sozialen Arbeitsgemeinschaft kaufmännischer Verbände" (58er Verein für Handlungskommis, Verein deutscher Handlungsgehilfen und Verband deutscher kaufmännischer Vereine) und dem Deutschnationalen Handlungsgehilfenverband verwiesen. In eignen Schriften haben die Verbände ihre Anschauungen über den öffentlichen Arbeitsnachweis niedergelegt. Wir im D. T.-V. stehen auf dem Standpunkt, daß bei dem Angestellten nicht ohne weiteres der Kampf um die wirtschaftliche Besserstellung von der Arbeitsvermittlung getrennt werden kann. Der Gesichtspunkt, daß die Stellenvermittlung ein Mittel ist, um die Techniker zum Anschluß an die Organisation zu veranlassen, kann nur eine untergeordnete Rolle spielen. Wenn sich die Arbeitsvermittlung besser durch öffentliche Arbeitsnachweise regeln läßt, so haben egoistische Motive zurückzutreten. In Anbetracht dessen, daß aber die Hauptaufgabe einer modernen Berufsorganisation nicht der Wohlfahrtszweck, sondern die Interessenvertretung dem Arbeitgeber gegenüber sein muß, sehen wir in der Stellenvermittlung unseres Verbandes, verbunden mit der Stellenlosenunterstützung, ein gewerkschaftliches Mittel. Wir suchen durch Betonung unserer sozialen Mindestforderungen, wie Mindestlohn usw., bei der Stellenvermittlung und durch die Pflege unserer Auskunftei einen Einfluß auf die Arbeits- und Lohnverhältnisse unserer Mitglieder zu gewinnen. Diese Arbeit gewinnt an Bedeutung dadurch, daß die in starkem Maße vorhandene Differenzierung unter den Technikern, die Anwendung der rein gewerkschaftlichen Mittel zur Besserung der Arbeitsverhältnisse, wie Streik usw., nur in geringem Umfange ermöglicht. Dazu kommt, daß eine anderweitige Regelung der Lohn- und Arbeitsverhältnisse in Tarifverträgen wie bei der Arbeiterschaft nicht vorhanden ist. Tarifverträge zwischen Arbeitgebern und Angestellten sind äußerst gering. Die Frage ist, ob sie für die Angestellten jemals von großer Bedeutung werden. Für die allgemeinen Arbeitsbedingungen mag dies der Fall sein. Bezüglich der Lohnverhältnisse wird im Hinblick auf die individuelle Leistungsfähigkeit des Technikers stets der individuelle Arbeitsvertrag mit Lohnsätzen von Person zu Person das Uebergewicht behalten. Die Voraussetzung für tarifliche Gehaltssätze ist eine Mechanisierung der Arbeitsleistungen. Diese fehlt beim Techniker.

Wenn wir uns an den Bestrebungen auf Schaffung paritätischer Arbeitsnachweise beteiligen sollen, so kann dies nur dann geschehen, wenn dabei unsern sozialen Mindestforderungen Rechnung getragen wird. Unseres Erachtens könnte das ruhig geschehen, denn unsere sozialen Mindestforderungen sind nichts außergewöhnliches und bilden das Mindestmaß dessen, was an sozialen Gesichtspunkten bei dem Arbeitsvertrag zu beachten ist.

Die gegebene Zeit ist aber zur Erörterung sozialer Forderungen sehr ungeeignet. Wir halten daher den Zeitpunkt, um eine starke Bewegung im Sinne der öffentlichen Arbeitsnachweise herbeizuführen, nicht für gegeben. Wenn wir uns in den einzelnen Städten an den Arbeiten zur Schaffung öffentlicher Arbeitsnachweise beteiligen, so tun wir das, um in erster Linie die technische Seite, von der oben die Rede war, zu prüfen. Denn für die Dauer des Krieges sind wir bereit, unsere sozialen Forderungen gegenüber den öffentlichen Arbeitsnachweisen zurückzustellen. Bei Wiedereintritt normaler Zeiten können wir darauf nicht verzichten.

SOZIALPOLITIK

Firmen mit Staatsaufträgen

Aus fast allen Teilen des Reiches laufen bei uns Klagen ein, daß Firmen, die große Staatsaufträge, Heereslieferungen usw. haben, trotzdem Angestellte entlassen, oder, was noch häufiger vorkommt, Gehaltsverminderungen vornehmen. Wenn es sich um Aufrechterhaltung von nicht vollbeschäftigten Betrieben handelt, werden die Angestellten, wenn es auch schmerzlich ist, schließlich, um Entlassungen zu verhüten, mit Gehaltskürzungen einverstanden sein. Ntaürlich muß dabei verlangt werden, daß auch eine entsprechende Verkürzung der Arbeitszeit stattfindet. Für das Vorgehen von Firmen, die Staatsaufträge in genügendem Umfang haben, fehlt uns aber jedes Verständnis. Leider nimmt das preußische Kriegsministerium gegenüber den mit Staatsaufträgen versehenen Firmen eine recht eigentümliche Stellung ein, indem es ablehnt, auf die Firmen einzuwirken. Wir haben in Nr. 41/42 der D. T.-Z. in dem Artikel „Es gibt eine Grenze“ das näher auseinandergelegt.

Neuerdings konnten wir feststellen, daß auch die stellvertretenden Generalkommandos nicht einheitlich vorgehen. Bekannt ist das Vorgehen des Metzer Gouverneurs. Erfreulicherweise geht der stellvertretende kommandierende General des 7. Armeekorps in gleicher Weise vor. Er hat folgendes bekannt gemacht:

„Es ist mir ein Erlaß des Gouverneurs von Metz zur Kenntnis gekommen, den ich seiner Bedeutung wegen in der Hauptsache wiederzugeben mich veranlaßt sehe. Das Gouvernement hat in Erfahrung gebracht, so heißt es darin, daß einzelne Geschäftshäuser verabredet haben, während der Kriegszeit ihren Angestellten, die sie weiter beschäftigen, nur die Hälfte ihres bisherigen Gehalts zu zahlen, und die Angestellten sich in ihrer Notlage diesen Bedingungen haben fügen müssen. Abgesehen davon, daß das ganze Verhalten dieser Firmen ungesetzlich ist, werden dieselben darauf aufmerksam gemacht, daß, falls die Angestellten nicht ihr volles Gehalt, und zwar für die verflossene Zeit, ausbezahlt erhalten, der gesamte Güterverkehr für die in Frage kommenden Geschäfte unter Vorbehalt weiterer Maßnahmen gesperrt werden wird. — Auch mir sind in der letzten Zeit aus den Kreisen kaufmännischer Angestellten vielfach Klagen über ein ähnliches Verhalten von Firmen zu Ohren gekommen. Wenn ich dieses Verfahren auch aufs entschiedenste verurteile, so habe ich doch bislang nicht verallgemeinern wollen und mich deshalb nicht entschließen können, eine ähnliche Strafbestimmung zu erlassen. Vielmehr habe ich in allen Kreisen durch gütliche Verhandlungen ein Einvernehmen zwischen Arbeitgebern und Arbeitnehmern zu erzielen versucht und fast immer auch erreicht. Diesen Weg bin ich deshalb gegangen, weil ich nicht bloß der unzweifelhaft vorhandenen schwierigen Lage der Arbeitgeber Rechnung tragen wollte, sondern auch, weil ich der Ueberzeugung bin, daß die meisten Arbeitgeber die Interessen ihrer Angestellten als ihre eigenen ansehen und es deshalb für ihre Pflicht erachten, die durch den Krieg hervorgerufene Notlage gemeinsam mit ihnen zu tragen. Ich gebe der Hoffnung Ausdruck, daß die Arbeitgeber auch für die Folge nach Möglichkeit in diesem Sinne handeln werden.“

Dagegen hat das stellvertretende Generalkommando des 5. Armeekorps in Posen, an das wir eine Eingabe wegen einer Firma mit Staatsaufträgen, die Entlassungen und Gehaltskürzungen vorgenommen hat, gerichtet hätten, uns erklärt, daß es für Einwirkung auf die Firma nicht zuständig sei. Es verwies uns an den Auftraggeber der Firma, in diesem Fall das Sächsische Kriegsministerium.

Wir meinen, etwas mehr Einheitlichkeit sollte doch vorhanden sein. Die ganze Frage wäre an sich sehr einfach zu lösen. Bei Abschluß der Lieferungsverträge wird eine Klausel aufgenommen — Lohnklausel —, wonach die Firmen sich verpflichten, während der Zeit, in der sie staatliche Aufträge haben, von Entlassungen von Angestellten und Gehaltskürzungen Abstand zu nehmen. Dr. H.

ANGESTELLTENFRAGEN

Die Kriegshilfe der Angestelltenversicherung

Mit einer Reihe von Kriegsmaßnahmen beschäftigte sich die letzte Sitzung des Verwaltungsrates der Angestelltenversicherung.

Die Gehaltsverhältnisse der zum Kriegsdienst einberufenen Beamten der Reichsversicherungsanstalt, denen Kriegsfreiwillige und dem Roten Kreuz bereits Verpflichtete gleichstehen, sind entsprechend den für die Beamten der Reichs- und Staatsbehörden geltenden Bestimmungen geregelt. Danach erhalten die bereits fest angestellten Beamten im Felde das ganze Gehalt weiter. Den nur auf Probe beschäftigten verheirateten Beamten wird das volle Tagegeld wie bisher, den Unverheirateten nur die Hälfte des Tagegeldes gewährt. Reserveoffiziere müssen sich jedoch $^{7}/_{10}$ ihres militärischen Diensteinkommens auf das Zivilgehalt anrechnen lassen.

Wenn die Angestelltenversicherung auch nicht in der Lage ist, ebenso wie die Landesversicherungsanstalten gemäß § 1274 der Reichsversicherungsordnung Maßnahmen zur Linderung der Kriegsnot zu ergreifen, so sind doch verschiedene erfreuliche Schritte getan worden. Dem „Kriegsausschuß für warme Unterkleidung“ soll ein Geldbetrag bis zu einer Million zum Ankauf von Wollsachen als vorbeugende Maßnahme zur Vermeidung eines Heilverfahrens zur Verfügung gestellt werden. Der dem Präsidenten zur Verfügung stehende Unterstützungsfonds für die Beamten und Angestellten der Reichsversicherungsanstalt wird auch zu Liebesgaben für die im Felde stehenden Beamten der Behörde verwendet werden. Weiter wurde ein Betrag bis zu zehn Millionen Mark von dem Gesichtspunkte vorbeugender Maßnahmen für das Heilverfahren aus für die Kriegsfürsorge zur Verfügung gestellt. Der Verwaltungsrat befürwortete, daß Gelder aus diesem Fonds auch zur Unterstützung von Stellenlosen verwandt werden sollen, wenn das gesetzlich zulässig wäre. Zurzeit ist eine solche Verwendung der Mittel der Angestelltenversicherung gesetzlich allerdings ausgeschlossen. Der Hamburger Senat hat aber, einer Anregung der Bürgerschaft folgend, beim Bundesrat beantragt, die Reichsversicherungsanstalt auf gesetzlichem Wege zur Bereitstellung von Beträgen zu solchen Zwecken zu ermächtigen.

Beunruhigung hatte die Einstellung des Heilverfahrens nach Ausbruch des Krieges durch die Angestelltenversicherung hervorgerufen. Von seiten des Direktors wurde darauf hingewiesen, daß in der Heilverfahren-Abteilung fast alle Aerzte und etwa $^{3}/_{4}$ der Beamten eingezogen worden seien, so daß eine Bearbeitung von neuen Anträgen undurchführbar gewesen wäre. Außerdem hatten mehrere Sanatorien mitgeteilt, daß sie sich dem Roten Kreuz hätten zur Verfügung stellen müssen. Jetzt ist aber beabsichtigt, nach Möglichkeit das Heilverfahren wieder im alten Umfange durchzuführen.

STANDESBEWEGUNG

Aus dem D. T.-V.

Wie die 5. Quittung über den Kriegsfonds zeigt, ist in den Kreisen unserer Verbandsmitglieder eine schöne Opferwilligkeit vorhanden. Die Spenden übertreffen oft alle Erwartungen. Andererseits darf aber nicht verschwiegen werden, daß viele Verbandsmitglieder, die wohl imstande wären, durch einen Beitrag die Not ihrer Kollegen zu lindern, sich abseits halten, so daß die Kollegen, auf deren Schultern auch sonst die Verbandsarbeit ruht und die durch regelmäßigen Besuch der Versammlungen stets ihre Opferwilligkeit gezeigt haben, auch jetzt wieder die Lasten auf sich nehmen. Allerdings manche, die sich vorher lau zeigten, sind in dieser Zeit der nationalen Erhebung aus ihrer Gleichgültigkeit herausgetreten; wir begrüßen sie mit Freuden als treue Mitarbeiter. Aber auch die andern müssen noch kommen. Es darf in diesem Kriege keinen geben, der nicht voll seine Pflicht tut.

Besonderen Dank schulden wir der Witwe des kürzlich verstorbenen Kollegen Ernst Müller, die in hochherziger Weise das von ihr zu beanspruchende Sterbegeld dem Kriegsfonds überwiesen hat. Ebenso danken wir auch den verschiedenen Kollegen, die nicht unseren Reihen angehören, aber trotzdem zum Teil sogar recht hohe Beträge gestiftet haben.

Ausdrücklich erwähnt sei noch das Vorgehen der gesamten Technikerschaft der Kaiserlichen Torpedowerkstatt in Friedrichsort. Die Kollegen beschlossen einmütig, während der Dauer des gegenwärtigen Krieges für Zwecke der freiwilligen Kriegshilfe auf einen Teil ihres Gehaltes zu verzichten. Es wurden folgende Sätze festgelegt:

für verheiratete Beamte 4 Proz. ihres Gehaltes,
für unverheiratete Beamte 6 Proz. ihres Gehaltes,
für verheiratete Privatangestellte 3 Proz. ihres Gehaltes,
für unverheiratete Privatangestellte 5 Proz. ihres Gehaltes.

Diese Prozentsätze sollen allmonatlich bei den Gehaltszahlungen von der Behörde zurückbehalten und durch eine Kommission dem Kriegsfonds des D. T.-V. bezw. des B. t.-i. B. im Verhältnis der Beiträge der betr. Mitglieder abgeführt werden. Die zur Entgegennahme und Abführung der Gelder gewählte Kommission besteht aus vier Mitgliedern, von welchen zwei dem D. T.-V. und zwei dem B. t.-i. B. angehören. Es ist besonderer Wunsch der Geber, daß diese Spende ausschließlich zur Unterstützung von Familien der Kriegsdienst machenden Kollegen verwendet wird.

Ein älteres Mitglied in Brooklyn (New-York) sandte uns

dieser Tage 10 M für den Kriegsfonds und bemerkte in dem Begleitbrief folgendes hierzu:

„In allen größeren Städten der Vereinigten Staaten haben die Deutschen Sammlungen für die Kriegsnotleidenden, für das Rote Kreuz usw. veranstaltet, wie Sie aus beigelegten Zeitungsausschnitten ersehen mögen, die im allgemeinen nur Beiträge von Groß-New-York darstellen." (Die Ausschnitte entstammen dem Sonntagsblatt der in deutscher Sprache erscheinenden New-Yorker Staatszeitung und legen ein schönes Zeugnis ab von dem Opfermut unserer Stammesgenossen in Nordamerika.) „Mögen diese ernsten Zeiten," so schreibt unser Kollege weiter, „recht bald mit einem glänzenden Sieg der deutschen Sache enden. Diese Ueberzahl der Feinde zu besiegen ist nur möglich durch die überwältigende deutsche Einigkeit." (gez.). Gustav Mueller, Mitgl.-Nr. 17130.

VERSCHIEDENES

Renten der verwundeten Krieger, der Witwen und Waisen

Nachstehend geben wir eine kurze Uebersicht über die Renten, die als Entschädigung verwundeter und arbeitsunfähiger Krieger sowie als Familienunterstützung für die Hinterbliebenen der im Felde Gefallenen gezahlt werden:

Rente des verwundeten und erwerbsunfähigen Kriegers.

Maßgebend für diese Rente ist das Gesetz über die Militärversorgung vom 31. Mai 1906. Danach beträgt die Rente bei

EHREN-TAFEL

Das Eiserne Kreuz erhielten:

Ed. Höse, Corbach, Mitgl. 62135, Unteroffizier der Maschgew.-Abteilung 83, z. Z. verwundet im Elisabethaus, Bad-Nauheim.

Werner Zickermann, Lübchen, P. Guhrau, Mitgl. 53840, bei der Fernsprechabteilung des VI. Reserve-Korps.

Max Binder, Regensburg, Mitgl. 57653, Reserve-Unteroffizier beim 2. Bayrischen Pionier-Bataillon.

Rudolf Gallm, Reistenhausen, Mitgl. 60244.

Ernst Großmann, Cöpenick, Mitgl. 72969, Unteroffizier-Aspirant der Reserve, am 30. 9. 1914 bei Soisson.

Es starben den Heldentod fürs Vaterland:

Paul Krause, Mitgl. 68835, seit 1. 3. 1913, Hochbautechniker in Falkenburg in Pommern (Zweigverw. Neustettin).

Paul Kohlbrandt, Mitgl. 71710, seit 1. 6. 1913, Tiefbautechniker in Kiel (Zweigverw. Kiel), gefallen in Frankreich.

Wilhelm Wilsenack, Mitgl. 78104, seit 1. 6. 1914, Techniker in Leopoldshall (Zweigverw. Staßfurt-Leopoldshall), am 26. 8. 1914 in Frankreich gefallen.

Otto David, Mitgl. 65896, seit 1. 4. 1912, Hochbautechniker in Wismar (Zweigverw. Wismar), gefallen in Frankreich am 23. 9. 1914.

Ernst Fischer, Mitgl. 63721, seit 1. 10. 1911, Tiefbautechniker in Düsseldorf-Oberkassel (Zweigverw. Düsseldorf), am 6. 9. 1914 gefallen beim Sturm auf Maubeuge.

Alexander Hübner, Mitgl. 73621, seit 1. 10. 1913, Bautechniker in Nowawes (Zweigverw. Nowawes).

Kurt Bergs, Mitgl. 63235, seit 1. 10. 1911, Hochbautechniker in Riesa a. E. (Zweigverw. Riesa), gefallen am 22. 8. 1914 in Belgien.

Heinrich Keil, Mitgl. 77714, seit 1. 5. 1914, Bautechniker in Frankfurt a. M.-Sk. (Zweigverw. Frankfurt a. M.).

Adolf Strelau, Mitgl. 76774, seit 1. 5. 1914, Bauingenieur in Geestemünde (Zweigverw. Geestemünde), gefallen am 16. 9. 1914 in Frankreich.

Alfred Oehler, Mitgl. 50423, seit 1. 10. 1908, Bautechniker in Teltow, gefallen Anfang Oktober in Frankreich.

Heinrich Haß, Mitgl. 74211, seit 1. 11. 1913, Maschineningenieur in „Hof" Bastenberg bei Rendsburg (Zweigverw. Rendsburg), gefallen in Frankreich.

Norbert Veil, Mitgl. 64832, seit 1. 1. 1912, Diplomingenieur in Breslau (Zweigverw. Breslau), gefallen am 24. 9. 1914 in Frankreich.

Norbert Heinze, Mitgl. 36947, seit 1. 1. 1906, Hochbautechniker in Dingelstedt (Zweigverw. Halberstadt), gefallen in Frankreich.

Franz Berghaus, Mitgl. 74064, seit 1. 11. 1913, Bautechniker in Rheine i. W. (Zweigverw. Rheine), gefallen im September in Frankreich.

Wilhelm Bormann, Mitgl. 68442, seit 1. 10. 1912, Bautechniker in Bordersholm (Zweigverw. Kiel), gefallen in Frankreich.

Ernst Hendrichs, Mitgl. 53638, seit 1. 7. 1909, Bautechniker in Crefeld (Zweigverw. Crefeld), gefallen in Frankreich.

Leonhard Mohr, Mitgl. 76479, seit 1. 4. 1914, Steinmetztechniker in Mannheim-Neckarau (Zweigverw. Mannheim), gefallen am 3. September.

Herrmann Brückner, Mitgl. 52468, seit 1. 4. 1909, Bautechniker in Bramsche bei Osnabrück (Zweigverw. Bramsche), verwundet im Kampfe bei Reims am 14. September, gestorben im Lazarett zu Berru bei Reims am 21. September.

Markus Struve, Mitgl. 67149, seit 1. 7. 1912, in Jevenstedt bei Rendsburg, gefallen am 20. September nach einem sehr blutigen Gefecht in Frankreich.

Walter Seifert, Mitgl. 55268, seit 1. 10. 1909, Maschinentechniker in Plauen i. V. (Zweigverw. Plauen).

Gustav Bardowicks, Mitgl. 67613, seit 1. 10. 1912, Architekt in Rostock i. M. (Zweigverw. Rostock).

Walter Kühne, Mitgl. 77929, seit 1. 5. 1914, Tiefbautechniker in Northeim (Zweigverw. Northeim).

Wenzel Doubek, Mitgl. 49119, seit 1. 7. 1908, Hochbautechniker in Hamburg, Billh. Röhrendamm 249 (Zweigverw. Hamburg), starb infolge der in der Schlacht bei St. Quentin erlittenen schweren Verwundung.

Adolf Platz, Mitgl. 41206, seit 1. 10. 1906, Ingenieur in München (Zweigverw. München), gefallen bei Kolmar.

Johannes Heidrich, Mitgl. 76446, seit 1. 4. 1914, Bautechniker in Pferdsdorf (Rhön) (Abt. Vacha), gefallen am 21. 9. 1914 bei den Kämpfen um Albert.

Hans Forster, Mitgl. 26004, seit 1. 7. 1903, Diplomingenieur in Nieder-Jentz (Zweigverw. Diedenhofen), gefallen in Frankreich.

August Schmidt, Mitgl. 78627, seit 1. 7. 1914, Meliorationstechniker, starb infolge einer schweren Verwundung, die er auf dem Felde der Ehre erhalten hatte.

Kurt Preiß, Mitgl. 29300, seit 1. 7. 1904, Maschinentechniker in Magdeburg (Zweigverw. Magdeburg), starb am 7. 10. 1914 infolge einer Verwundung im Feldlazarett in Frankreich.

Paul Jung, Mitgl. 71083, seit 1. 4. 1913, Bautechniker in Westerburg im Westerwald, gefallen am 8. 9. 1914 in Frankreich.

Es wurden verwundet:

Friedrich Roosen-Bielefeld, Mitgl. 56689 (schwer),

Karl Heissenberg-Bielefeld, Mitgl. 46684 (leicht),

Heinrich Mensch-Frankfurt a. M.-Bk., Mitgl. 39047.

Paul Forbriger-Zwickau, Mitgl. 74463 (schwer, Schuß durch beide Fersen).

P. Richard Sprenger-Zwickau, Mitgl. 61616 (schwer, Brustschuß).

Otto Hartmann-Steglitz, Mitgl. 59848 (schwer, rechter Unterarm).

Albert Schäfers-Vohwinkel, Mitgl. 69269.

Fr. Landeck-Czernitz, Kr. Rybnik, Mitgl. 45372 (schwer).

Aug. Baurichter-Eidinghausen, Mitgl. 65112.

Joseph Ringelmann-Mannheim, Mitgl. 37176.

Alexis Bruhn-Mannheim, Mitgl. 63299.

Gustav Lucke-Berlin, Mitgl. 28335 (schwer).

Christian Qualm-Rostock, Mitgl. 57543 (schwer, Beinverletzung durch Schrapnellschuß).

H. Bruhn-Rostock, Mitgl. 68997, beim Sturm auf Lüttich verwundet.

Georg Raulf-Northeim, Mitgl. 61739 (schwer), z. Zt. im Lazarett in Kaiserswerth.

Paul Götze-Straßburg-Neudorf, Mitgl. 77657.

Thomas Asmussen-Hamburg, Mitgl. 53575.

völliger Erwerbsunfähigkeit, also wenn der Verwundete gar nichts mehr verdienen kann, für

Feldwebel	900 M,
Sergeanten	720 „
Unteroffiziere	600 „
Gemeine	540 „

Bei teilweiser Erwerbsunfähigkeit wird entsprechend weniger gezahlt. In bestimmten Fällen der Verwundung gibt es eine Verstümmelungszulage. Sie beträgt bei dem Verlust einer Hand, eines Fußes, der Sprache, des Gehörs auf beiden Ohren monatlich 27 M, bei Verlust oder Erblindung beider Augen monatlich 54 M. Die Verstümmelungszulage kann bewilligt werden bei Störung der Hand, des Armes usw., wenn die Störung so hochgradig ist, daß sie dem Verlust des Gliedes gleich zu achten ist oder bei schweren Gesundheitsstörungen, die fremde Wartung und Pflege nötig machen.

Neben der Rente wird noch in jedem Falle eine Kriegszulage gezahlt, die monatlich 15 M beträgt.

Kriegs-Witwengeld.

Die Unterstützung der Witwen, Waisen und Eltern wird durch das Militärhinterbliebenen-Gesetz vom 17. Mai 1907 geregelt. Danach wird Kriegs-Witwengeld gezahlt, wenn der Ehemann im Kriege gefallen, an einer Kriegsverwundung gestorben oder eine sonstige Kriegsdienstbeschädigung erlitten hat und an ihren Folgen vor Ablauf von 10 Jahren gestorben ist.

Die Kriegs-Witwenrente beträgt jährlich:

1. für die Witwe eines Feldwebels, Vizefeldwebels; eines Sergeanten, mit der Löhnung eines Vizefeldwebels, eines Zugführers der freiwilligen Kriegs-Krankenpflege oder eines Unterbeamten mit einem pensionsfähigen Diensteinkommen von jährlich mehr als 1200 M: 600 M;
2. für die Witwe eines Sergeanten, Unteroffiziers, Zugführerstellvertreters oder Sektionsführers der freiwilligen Kriegs-Krankenpflege oder eines Unterbeamten mit einem pensionsfähigen Diensteinkommen von jährlich 1200 M und weniger: 500 M;
3. für die Witwe eines Gemeinen oder einer jeden anderen Person des Unterpersonals der freiwilligen Kriegs-Krankenpflege: 400 M.

Kriegs-Waisengeld.

Es wird den ehelichen oder legitimierten Kindern bis zum vollendeten 18. Jahre gezahlt und beträgt jährlich:

1. für jedes vaterlose Kind einer Militärperson der Unterklassen, eines Angehörigen der freiwilligen Kriegs-Krankenpflege oder eines Unterbeamten: 168 M;
2. für jedes elternlose Kind einer Militärperson der Unterklassen eines Angehörigen der freiwilligen Kriegs-Krankenpflege oder eines Unterbeamten: 240 M.

Dem elternlosen Kinde steht das Kind gleich, dessen Mutter zur Zeit des Todes seines Vaters zum Bezuge des Kriegs-Witwengeldes nicht berechtigt ist.

Es darf wohl erwartet werden, daß nachträglich eine Gesetzesänderung auch den unehelichen Kindern eine Waisenrente zugesprochen wird, ähnlich wie bei der Familienunterstützung während der Kriegszeit.

Kriegs-Elterngeld.

Bedürftige Eltern und Großeltern können, wenn ihr Sohn oder Enkel im Kriege gefallen oder an den Folgen einer Verwundung gestorben ist, oder an einer sonstigen Kriegsdienstbeschädigung vor Ablauf von 10 Jahren nach dem Friedensschluß stirbt, ein Kriegs-Elterngeld erhalten. Es wird aber nur dann gezahlt, wenn der verstorbene Kriegsteilnehmer vor Eintritt in das Feldheer oder nach seiner Entlassung aus diesem zur Zeit seines Todes oder bis zu seiner letzten Krankheit den Lebensunterhalt der Eltern oder Großeltern ganz oder überwiegend bestritten hat. Das Kriegs-Elterngeld beträgt für den Vater und jeden Großvater, für die Mutter und jede Großmutter eines Soldaten der Unterklasse, eines Unterbeamten oder eines Angehörigen der freiwilligen Kriegs-Krankenpflege höchstens 250 M.

Sonstige Unterstützungen.

Die Angehörigen der zu den Linien-Regimentern und Truppen zählenden Offiziere, Feldwebel, Unteroffiziere und gemeinen Soldaten erhalten nach den Vorschriften des Gesetzes eine höhere Unterstützung. (Sogenannte allgemeine Versorgung.)

Den Hinterbliebenen von solchen nicht dem Feldheere zugeteilten Angehörigen des aktiven Heeres, die in der Zeit von der Mobilmachung bis zur Demobilmachung wegen des eingetretenen Krieges außerordentlichen Anstrengungen oder Entbehrungen oder dem Leben und der Gesundheit gefährlichen Einflüssen ausgesetzt waren, und infolgedessen vor Ablauf eines Jahres nach dem Friedensschluß gestorben sind, kann die oberste Militärverwaltungsbehörde in dem oben angeführten Umfang eine Kriegsversorgung gewähren.

Das Soldatentestament

das durch § 44 des Reichsmilitärgesetzes vom 2. Mai 1874 für die Militärpersonen zugelassen ist, unterliegt folgenden Bestimmungen:

1. Die Befugnis, in Kriegszeiten oder während eines Belagerungszustandes privilegierte militärische Verfügungen zu errichten, beginnt für Militärpersonen von der Zeit, wo sie entweder ihre Standquartiere oder im Falle ihnen solche nicht angewiesen sind, ihre bisherigen Wohnorte im Dienste verlassen oder in denselben angegriffen oder belagert werden.

Kriegsgefangene oder Geiseln haben diese Befugnis, solange sie sich in der Gewalt des Feindes befinden.

2. Privilegierte militärische letztwillige Verfügungen sind in gültiger Form errichtet:

a) wenn sie vom Testator eigenhändig geschrieben und unterschrieben sind;
b) wenn sie von dem Testator eigenhändig unterschrieben und von zwei Zeugen oder einem Auditeur oder Offizier mitunterzeichnet sind;
c) wenn von einem Auditeur oder Offizier, unter Zuziehung zweier Zeugen oder noch eines Auditeurs oder Offiziers, über die mündliche Erklärung des Testators eine schriftliche Verhandlung aufgenommen und diese dem Testator vorgelesen sowie von dem Auditeur oder Offizier und den Zeugen, bezw. von den Auditeuren oder Offizieren unterschrieben ist.

Bei verwundeten oder kranken Militärpersonen können die unter b) und c) erwähnten Auditeure oder Offiziere durch Militärärzte oder höhere Lazarettbeamte oder Militärgeistliche vertreten werden.

3. Die unter 2 erwähnten Zeugen sind Beweiszeugen; sie brauchen nicht die Eigenschaft von Instrumentszeugen zu haben und es kann die Aussage eines derselben für vollständig beweisend angenommen werden.

4. Die nach Vorschrift unter 2c aufgenommene Verhandlung hat in Betreff ihres Inhaltes und der in ihr angegebenen Zeit der Aufnahme die Beweiskraft einer öffentlichen Urkunde.

Ist in der eigenhändig geschriebenen und unterschriebenen, oder in der eigenhändig unterschriebenen letztwilligen Verfügung (2a. b.) die Zeit der Errichtung angegeben, so streitet die Vermutung bis zum Beweise des Gegenteils für die Richtigkeit dieser Angabe.

Eine gleiche Vermutung streitet dafür, daß die letztwillige Verfügung während des die privilegierte Form zulassenden Ausnahmezustandes errichtet ist, wenn dieselbe während dieser Zeit oder innerhalb vierzehn Tage nach deren Aufhören einer vorgesetzten Militärbehörde zur Aufbewahrung übergeben ist, oder wenn dieselbe in dem Feldnachlaß des Testators aufgefunden wird.

5. Privilegierte militärische letztwillige Verfügungen verlieren ihre Gültigkeit mit dem Ablauf eines Jahres von dem Tage ab, an welchem der Truppenteil, zu dem der Testator gehört, demobil gemacht ist, oder der Testator aufgehört hat, zu dem mobilen Truppenteil zu gehören, oder als Kriegsgefangener oder Geisel aus der Gewalt des Feindes entlassen ist.

Der Lauf dieser Frist wird jedoch suspendiert durch anhaltende Unfähigkeit des Testators zur Errichtung einer anderweitigen letztwilligen Verfügung.

Wenn der Testator innerhalb des Jahres vermißt und in dem Verfahren auf Todeserklärung oder auf Abwesenheitserklärung festgestellt wird, daß er seit jener Zeit verschollen ist, so tritt die Ungültigkeit der letztwilligen Verfügung nicht ein.

⌗ ⌗ ⌗ ⌗ VERBANDSNACHRICHTEN ⌗ ⌗ ⌗ ⌗

Bekanntmachung

1. Wiederaufnahme früherer Mitglieder.

Der Termin für die Wiederaufnahme früherer Mitglieder auf Grund der Metzer Beschlüsse wird hinausgeschoben. Der Wiedereintritt kann erfolgen bis 1/2 Jahr nach dem Friedensschluß.

2. Die Generalversammlungen.

Nach § 24 der Satzungen haben jedes Jahr im Monat Januar die Generalversammlungen unserer Zweigverwaltungen stattzufinden. Wir bitten unsere Zweigverwaltungen darnach zu handeln, dürfen aber im Hinblick auf die Kriegslage erwarten, daß die vorhandenen Kriegsvertrauensmänner und sonstige Verbandsfunktionäre in ihren Aemtern belassen werden.

3. Die örtlichen Verwaltungen

werden dringend gebeten, alle Briefe und Meldungen in Verwaltungsangelegenheiten über die zuständigen Geschäftsstellen zu leiten.

Der Geschäftsführende Vorstand des D.-T.-V.

Paul Reifland, 1. Vors. Dr. Höfle, Verbandsdirektor.

Z. **Aue** (Erzgebirge). Kr.-V. Karl Georgi, Aue i. V., Pfarrstraße 22.

Berlin. Die nachstehend aufgeführten Kollegen sind in ihrer Eigenschaft als Kriegs-Vertrauensmänner bemüht, den Verbands-Kollegen sowohl wie den Frauen der zur Fahne einberufenen Kollegen in allen Verbandsangelegenheiten, soweit möglich auch in privaten Angelegenheiten, mit Rat und Tat zur Seite zu stehen, sowie Beiträge zu kassieren. Otto Dolz, NW. 87, Waldstr. 29, Vorsitzender. Willi Eisfeld, NO. 55, Naugarder Straße 9, Kass.

1. Bezirk NW. Max Beil, NW. 21, Oldenburger Straße 32, Bezirksführer. Emil Rottke, NW. 87, Gotzkowskystr. 27. M. Nowakowsky, NW. 21, Dortmunder Straße 11, Gth. III. R. Mierke, NW. 21, Bremer Straße 62 III. Karl Isenrath, NW. 21, Waldenser Straße 33 II. Max Altenberg, NW. 21, Oldenburger Straße 30 II. Franz Bartsch, NW. 21, Wilhelmshavener Straße 33 I. Wilh. Bender, NW. 23, Claudiusstr. 10.

2. Bezirk N. — C. Wilhelm Pfeiffer, Nr. 65, Seestr. 42 I, Bezirksführer. E. Voelz, N. 37, Senefelderstr. 12. A. Müller, N. 65, Kameruner Straße 9. Otto Müller, N. 65, Barfußstr. 15. Stephan Kansy, N. 20, Grünthaler Straße 70 I. Richard Schulz, N. 20, Wriezener Straße 41. Conrad Winter, Wilhelm Krause, N. 20, Hochstraße 30 II. Richard Muth, N. 37, Treskowstr. 50. Joh. Lehmann, N. 58, Hiddenseeer Straße 4. M. Thielemann, N. 113, Bornholmer Straße 92. M. Preuß, N. 113, Kopenhagener Straße 28. Robert Hahn, N. 39, Torfstr. 14. E. Grünberg, N. 54, Sophienstr. 18 b. Hiltz. M. Burba, N. 65, Seestr. 43. Max Lehmann, N. 113, Uckermünder Straße 12. Ernst Wichmann, C. 25, Kaiserstr. 32 III. Herm. Baum, N. 113, Stolpische Straße 12. Paul Zander, N. 37, Weißenburger Straße 30.

3. Bezirk NO. — O.-SO. Fritz Siegenthaler, NO. 55, Pasteurstr. 4, Bezirksführer. Richard Wewzow, O 112, Simon-Dach-Straße 39, Obmann der Schüler-Werbe-Kommission. Wendel Grein, NO. 55, Rastenburger Straße 14. Bernhard Prasse, O. 34, Thaerstraße 3. Fritz Sieg, NO. 55, Goldaper Straße 2. Rudolf Quolke, O. 34, Ebertystr. 57. Fritz Jürgens, O. 112, Weichselstraße 9. Heinrich Lange, Nieder-Barnim-Straße 3. Willy Scherff, O. 34, Warschauer Straße 56.

4. Bezirk S. — SW. — W. Alfred Lettow, SW. 29, Marheineckeplatz 10, 1. Bezirksführer. R. Hüttig, W. 35, Lützowstraße 62, 2. Bezirksführer. M. Lahmann, Ludwigkirchstraße 11. G. Filsch, S. 59, Hasenheide 10. E. Koser, SW. 41, Königgrätzer Straße 109. v. Kurowski, SW. 47, Großbeerenstraße 41. Fahrenwaldt, Nettelbeckstraße 20. Henke, SW. 29, Fidicinstr. 5 bei Dossow. William, W. 57, Pallasstraße 12.

Unsere Versammlungen finden in Form von Zahlabenden mit allgemeiner Aussprache statt. 1. Bezirk: NW. am 1. Freitag im Monat: Brauerei-Ausschank „Patzenhofer", Thurm- und Stromstraßen-Ecke. 2. Bezirk: N. — C. am 1. Donnerstag im Monat: Hotel Nordischer Hof, Invalidenstraße 12b, Stettiner Bahnhof. 3. Bezirk: NO. — O. — SO. am 1. Mittwoch im Monat: Restaurant Petersburger Hof, Petersburger Straße 57. 4. Bezirk: S. — SW. — W. am 2. Freitag im Monat: Vereinshaus des Westens, Bülowstraße 107. Kollegen! Gedenkt unserer Stellenlosen und der unterstützungsbedürftigen Familien der zur Fahne Einberufenen.

Berlin-Schöneberg. Kriegsadressen: Kurt von Hertzberg, Schriftführer, Ebersstraße 81 II. Carl la Haine, Kassierer, Sedanstrasse 54. Versammlungslokal: Ratskeller, Kaiser-Wilhelm-platz 3 I. Die durch die Mobilisierung unterbrochenen Versammlungen werden am Donnerstag, 5. November 1914, 9 Uhr abds., wieder aufgenommen. Wir bitten die Herren Kollegen zu dieser Versammlung recht zahlreich erscheinen zu wollen. Die Tagesordnung wird in der Sitzung bekannt gegeben.

Z. **Birnbaum.** Kr.-V.: August Kraemer, Birnbaum, Neustädterstraße.

Z. **Brandenburg a. H.** Kr.-V.: Heinr. Grote, Harlunger Straße 54 II.

Z. **Brohl a. Rh.** Kr.-V.: Peter Zenner, Geschäftsführer, Brohl am Rhein.

Z. **Burg** (Bez. Magdeburg). Kr.-A.: Karl Gebhardt, Burg bei Magdeburg, Zerbster Promenade 13.

Z. **Burg i. D.** Kr.-V.: H. Wolf, Burgstraße.

Charlottenburg. Am 6. November findet im Vereinslokal Logenrestaurant Charlottenburg, Berliner Straße, eine Hauptversammlung statt. Tagesordnung: Besprechung über Wiederaufnahme der monatlichen Hauptversammlungen und der Verbandstätigkeit. Zahlung der Beiträge.

Z. **Cöln.** Die regelmäßigen Versammlungen finden von jetzt ab wieder am 1. Donnerstag im Monat, abends 8½ Uhr, in der Borussia statt. Nächste Versammlung am 5. 11. 14 mit Damen. Bericht über die Verbandstätigkeit, Unterstützungswesen usw., anschließend Vortrag (Thema wird noch bekannt gegeben). Um zahlreiches Erscheinen wird gebeten. Beitragszahlungen bis Jahresschluß und Kriegsfondsstiftungen erbitten wir umgehend an Postscheckkonto 11 694 L. Grüttner-Cöln. Unsere Geschäftsstelle Appellhofplatz 4 ist vorläufig Montags und Donnerstags von 8 bis 9 Uhr abends geöffnet.

Z. **Corbach i. Waldeck.** Kr.-V.: Otto Bielig, Kirchstraße.

Z. **Crefeld.** Von 49 Mitgliedern der Zweigverwaltung sind bis heute 18 Kollegen zu den Fahnen einberufen worden. Leider sind uns auch schon zwei Kollegen durch den Heldentod entrissen worden. — Es finden jetzt jeden ersten Donnerstag im Monat zwangslose Zusammenkünfte im Vereinslokale „Hotel Liese", Südwall 36, statt, wozu alle Kollegen dringend eingeladen sind. Es werden an den Abenden Beitragsmarken ausgegeben sowie Verbandsangelegenheiten verhandelt. Die Zweigverwaltung Crefeld hat sich auch der aus 17 Zweigvereinen bestehenden Angestellten-Vereinigung angeschlossen. Diese tagt jeden Mittwoch abend von 8 Uhr ab im „Franziskaner", Königstraße. Es werden daselbst unentgeltlich Auskünfte jeder Art in Rechtsfragen, wie solche jetzt besonders durch den Krieg hervorgerufen werden, gegeben. — Die Kriegsadresse der Zweigverwaltung Crefeld lautet: Hans Schneppenhorst, Ingenieur, Crefeld, Luisenstraße 26. — Anstelle der ins Feld gerückten Herren Schriftführer und Kassierer wurden Ersatzmänner gewählt; es sind diese als stellvertr. Schriftführer Hugo Stöcker, Crefeld, Steinstr. 98; für den stellvertr. Kassierer Wilhelm Willemsen, Crefeld, Oberstr. 20.

Z. **Datteln.** Kr.-V.: B. Mudersbach, Datteln, Reisenkampstraße 1 b.

Z. **Delmenhorst.** Kr.-V.: Paul Peschel, Neue Straße 19.

Z. **Dortmund.** Kr.-V.: Otto Esdar, Saarbrücker Straße 43; Kassierer: Rud. Borns, Krückenweg 5.

Eutin. Kr.-V.: Architekt Aug. Waldvogel, Eutin, Peterstr.

Z. **Frankenstein.** Kr.-V.: Baer, Max, Mrmstr., Nimptsch, Bez. Breslau.

Z. **Hamburg.** Die Stellenvermittelung Hamburg bittet jedes Stellung suchende Mitglied aus Hamburg, Altona und Umgegend, sich zu melden, gleichviel ob es in der Bewerberliste eingetragen ist oder nicht. Es sind viele Wieder-Anmeldungen vernachlässigt; es muß deshalb eine neue Liste hergestellt werden. Den Stellungsuchenden der übrigen Vermittelungsabteilungen empfehlen wir, ihre Eintragung in der Bewerberliste prüfen zu lassen.

Z. **Hamm.** Kr.-V.: M. Bauer, Hamm, Feidickstraße 6.

Z. **Haspe.** Kr.-V.: Heinr. Balzer, Moltkestraße.

Z. **Hochemmerich.** Kr.-V.: B. Nübel, Hochemmerich, Bismarckstraße 26.

Z. **Hörde.** Kr.-V.: L. Conze, Schützenstr. 29; Kassierer: J. Leßwiß, Moltkestraße 21.

Z. **Kempen.** Bisher. Vorsitzender Gugisch, steht im Felde. Wer meldet sich freiwillig?

Kiel. Versammlung am 5. Nov. im „Prinzenhof". Tagesordnung: Neue Maßnahmen der Verbandsleitung, Unterstützung der Stellenlosen, Ergänzung der Kriegsteilnehmerlisten.

Z. **Königsberg i. Pr.** Brief- und Kassenadresse: Flögel, Hardenbergstr. 3. Donnerstag, 5. Nov., abds. 8 Uhr, findet in unserem Vereinslokal der Jubiläumshalle die Monatsversammlung statt. Die Tagesordnung wird in der Versammlung bekannt gegeben. Jeden Sonntag vormittag Frühschoppen im Lokal der Jubiläumshalle.

Z. **Köslin.** Kr.-V.: Wilh. Herber, Arch., Neuklenzerstr. 13.

Leipzig. Wir geben hierdurch allen zurückgebliebenen Kollegen der Zweigverwaltung bekannt, daß unsere Monatsversammlungen nach wie vor jeden 1. Mittwoch im Monat abgehalten werden und verweisen vorerst auf die am Mittwoch, den 4. November, im Vereinslokal, Künstlerhaus, Bosestr. 9, abends ½9 Uhr, stattfindende Versammlung. Nach erled. Tagesordnung findet ein sehr interessanter Vortrag des Koll. K. Keiser über „Der Krieg und die Künste" statt, worauf wir besonders hinweisen möchten.

H. Drachau, stellv. Vors.

Z. **Lippstadt.** Es wird hierdurch an die am 7. November, abends 8½ Uhr, im Vereinslokale J. Bonsel, am Markt, stattfindende Versammlung erinnert. Erscheinen sämtlicher Kollegen in dieser ernsten Zeit ist Ehrensache.

A. **Lissa.** Kr.-V.: Gg. Pietzko, B.-Ing., Moltkestr. 35.

Z. **Lütgendortmund.** Kr.-V.: R. Fernholz, Lütgendortmund, Oespelerstr. 32.

Z. **Mainz.** Mittwoch, 4. Nov., abends 8½ Uhr, im Vereinslokal „Restaurant zur Sonne", Betzelstraße, Monatsversammlung, wozu wir alle Kollegen mit der Bitte um zahlreiches Erscheinen herzlich einladen. Die Tagesordnung wird in der Versammlung bekanntgegeben.

Z. **Marienburg.** Vors.: K. Tekenburg, Ruhlmannsgasse 1. Kass.: Nicolai, Wilhelmistr. 12. Am Sonntag, den 4. Oktober, fand die erste Zusammenkunft während des Krieges statt. Es waren fast alle noch am Orte anwesenden Kollegen der Einladung gefolgt. Nach Besprechung der Verbandsangelegenheiten wurde unseren im Felde liegenden Kollegen gedacht. Die Sammlung für unseren Kriegsfonds ergab die ansehnliche Summe von 125 M. Auf Wunsch finden diese Zusammenkünfte von jetzt ab jeden Sonntag nachmittag im Restaurant „Esau's Garten", Kalthof, statt. Die Sammelliste für den Kriegsfonds wird auch bei den zu den Zusammenkünften nicht erscheinenden Kollegen vorgelegt mit der Bitte um ein Scherflein. Kollegen! Gedenkt der Hinterbliebenen unserer gefallenen Mitglieder und gebt gerne euer Scherflein. Es ist für eine gute Sache.

Z. **Merseburg.** Br.-A.: M. Ludwig, Am Stadtpark 1. Nächste Versammlung Sonnabend, 7. Nov., pünktlich 8½ Uhr, im Rest. Herzog Christian, Weißenfelser Straße. Tagesordnung wird daselbst bekannt gegeben. Die Eingänge enthalten wichtige Mitteilungen. Es wird daher um regen Besuch der Versammlung ersucht.

Z. **Offenburg.** Kr.-V.: Wilhelm Mathes, Offenburg, Werderstr. 13.

Z. **Oldenburg.** Kr.-V.: Richard Tramm, Ofener Chaussee 60.

Z. **Osterode, O.-Pr.** Kr.-V.: Gust. Kasten, Roßgarten 9.

Z. **Pillau.** Kr.-V.: Otto Nordquest, Kgl. Bauassist., Camstigaller Straße 3.

Posen. Kriegsadresse: Ph. Kühne, Posen O. 5, Margarethenstraße 29 III. Adr. d. Kassenwartes: W. Paul, Kaiser-Friedrichstraße 26 IV. Am Sonnabend, den 3. Oktober, fand die erste Versammlung seit Ausbruch des Krieges statt. Trotzdem eine große Zahl der Mitglieder zu den Fahnen einberufen ist, war eine stattliche Zahl dem Rufe der zurückgebliebenen Vorstandsmitglieder gefolgt. Besonders freudig überraschte es, daß sich an der Versammlung Kollegen aus fast allen deutschen Gauen beteiligten, die zurzeit ihrer Pflicht als Vaterlandsverteidiger in der Festung Posen genügen. Auch Herr Kaufmann aus Berlin — zurzeit bei den Fernsprechtruppen der Festung Posen — war herbeigeeilt, um die Gelegenheit, einige Stunden mit Verbandskollegen aus allen Gauen des Reiches zusammen zu sein, wahrzunehmen. Nach einigen Begrüßungsworten des Kollegen Kühne begründete Herr Kaufmann die Beschlüsse des geschäftsführenden Vorstandes und betonte, daß es das Bestreben der Mitglieder sein müsse, den Verband über die schweren Zeiten möglichst ungeschwächt hinwegzubringen, damit er nach dem Kriege, in der zu erwartenden Periode wirtschaftlichen Aufschwunges, die Interessen des Standes mit dem nötigen Nachdruck wahrnehmen könne. Er schloß seine Ausführungen mit einem Appell an die Mitglieder, nach besten Kräften zur Auffüllung des Kriegsfonds beizutragen. Herr Kaufmann fand volles Verständnis für seine Ausführungen. Die Versammlung erklärte sich ohne Diskussion mit den Beschlüssen des Verbandsvorstandes einverstanden. Eine während der Versammlung veranstaltete Sammlung ergab einen Ertrag von 320 M für den Kriegsfonds. Dieser Betrag wird sich durch Fortsetzung der Sammlung bei den in der Versammlung nicht anwesenden Mitgliedern voraussichtlich bald verdoppeln. Herr E. König, Hohenlohestr. 3 I, hat die Stellenvermittlung wieder übernommen. Die nächste Versammlung findet im November statt.

Z. Rostock. Berichtigung. Kr.-V.: Walter Krohn, Rostock, Kabutzenhof 10.

Z. **Solingen.** Kr.-V.: Otto Moser, Solingen, Körnerstr. 43.

Z. **Stettin.** Unsere nächste Versammlung findet Mittwoch, 4. Nov., abends 9 Uhr, im Versammlungslokal Restaurant „Zum Pschorrbräu", Falkenwalder Straße, statt. Die Tagesordnung wird in der Versammlung bekannt gegeben. Wir bitten die Kollegen um zahlreiches Erscheinen. Kr.-V.: Rich. Zimmermann, Hohenzollernstr. 7; Kr.-Kass.: Felix Jarius, Pestalozzistr. 18; Kr.-Schriftf.: Carl Bollert, Stoltingstr. 21.

Z. **Stuttgart.** Kr.-V.: Hermann Glaenz, Lehenstr. 27; Kass.: Fritz Schmidt, techn. Eisenb.-Sekr., Rosenbergstr. 112 II.

A. **Waren i. Mecklbg.** Kr.-V.: Werner Amende, Waren i. Mecklbg., Gr. Grünstr. 8 I.

Z. **Weimar.** Kr.-V.: Paul Müller, Roonstr. 28; Kass.: Wilh. Leithardt, Lassenstr. 41; Schriftf.: Arth. Böber, Schöndorf b. Weimar.

Z. **Wurzen.** Kr.-V.: Herm. Kammbach, Wurzen, Torgauerstraße 43.

BRIEFKASTEN

Eine Veröffentlichung von Antworten ist wegen Raummangels vorläufig nicht möglich. Die einlaufenden Antworten werden den Fragestellern direkt zugänglich gemacht.

Frage 191. **Tuchschere.** Kann mir ein Kollege eine elektrisch betriebene Tuchschere empfehlen mit rotierendem Messer, mittels welcher mehrere Tuchlagen auf einmal abgeschnitten werden? Von welcher Firma werden solche Maschinen hergestellt? Es soll früher ein Kollege in Cannstatt a. N. (Württemberg) einen Musterschutz oder Patent darauf gehabt haben.

STERBETAFEL

A. Weite, Altdrewitz bei Cüstrin, Mitgl. 65922, seit 1. 10. 1911, gest. 9. 10. 1914.

Max Uhlemann, Leipzig-Eutritzsch, Mitgl. 177, seit 1. 11. 1884, gest. 11. 10. 1914. Wir verlieren in dem Dahingeschiedenen einen der Mitbegründer unseres Vaterlandes.

Adam Frey, Straßburg-Kronenburg, Mitgl. 69683, seit 1. 1. 1913, gestorben.

DEUTSCHE TECHNIKER-ZEITUNG
HERAUSGEGEBEN VOM DEUTSCHEN TECHNIKER-VERBANDE
Schriftleitung:
Dr. Höfle, Verbandsdirektor. Erich Händeler, verantwortlicher Schriftleiter.

XXXI. Jahrg. 14. November 1914 Heft 45/46

Aufruf zur Mitarbeit!

Es ist erfreulich, daß die Organe und Mitglieder unseres Verbandes auf Fühlung mit der Hauptgeschäftsstelle großen Wert legen. Leider kommt es aber immer noch vor, daß wir über wichtige Vorgänge, die unsern Verband, die Angestelltenbewegung oder die allgemeine soziale Bewegung betreffen, nicht rechtzeitig Nachricht erhalten. Häufig erfahren wir von solchen Vorkommnissen erst auf Umwegen, und dann ist es zum Eingreifen oft zu spät. Wir richten daher an unsere Verbandsorgane und Mitglieder die dringende Bitte, der Hauptgeschäftsstelle Berlin sofort Mitteilung zu machen, wenn Sie von irgend etwas erfahren, was für uns von Interesse ist. Nur dann ist der D. T.-V. in der Lage, die Interessen seiner Mitglieder mit Nachdruck zu vertreten.

Kriegsfonds (6. Quittung)

Beamte: H. Bormfeldt, E. Händeler, Dr. Höfle, L. Hofmann, A. Lenz, E. Lustig, H. Mourgues, C. Müller, C. Ziegler. 173,08 M.

Zweigverwaltungen: Annaberg: P. Leopold 25,00, E. Zimmermann 2,00, Arno Müller 2,00, Alb. Wötzel 10,00, P. Frisch 2,00, C. Lötsch 6,00 (47,00). Altenessen: L. Goedecke 10,00, J. Härle 10,00, W. Ramrath 10,00, W. Michel 10,00, Th. Hendrickt 3,00, W. Schäfer 10,00, A. Spierling 10,00, R. Pietsch 10,00, Franke 10,00, Haupt 10,00, H. Fiedler 2,00, F. Winkler 6,00, Hancke 5,00 (106,00). Bad Kissingen: A. Hein 10,00, A. Bauer 3,00, H. Schicks 4,00, N. Reuthal 2,00, J. Brauner 1,00, W. Bovenschen 5,00 (26,00). Bamberg: F. Böck 3,00, B. Ehrlich 3,00, F. Grell 1,00, F. Hartling 3,00, J. Mergner 5,00, A. Müller 10,00, H. Rössert 2,00, H. Saalfrank 3,00, M. Schenk 4,00, E. Schröder 3,00, A. Schubert 5,00, L. Thomas 20,00, G. Wiedefeld 5,00, A. Tirsching 1,00, Hofstetter 3,00, Halm 2,00, A. Richter 3,00, Wirth 3,00, B. Klemm 3,00 (82,00). Berlin: K. Heinze 2,00, F. Schultze 2,00, E. Schröeder 0,50, R. Köppe 1,70, W. Linke 4,00, R. Walczuch 4,00, L. Walch 5,00, J. Dreykluft 3,00, O. Ladewig 7,00, Eisfeld 5,00 = 34,20, P. Hirte 1,00, M. Wall 10,00, F. Wilmes 1,00 = 12,00, E. Kotzerke 5,00, W. Markmann 5,00 = 10,00, Nawrath 3,00, Zytowski 3,00, Bunke 3,00, Bartsch 4,00, Dolz 5,00, Lieberwirth 2,00, Seidel 10,00, H. Fischer 2,00, Huenerberg 3,00, Ungenannt 1,00 = 36,00 (92,20). Bielefeld 275,00. Bonn 20,00. Braunschweig: Dietz 3,00, Kuhlmann 2,00, Brennecke 2,00, Jochmann 3,00, Friedrich 2,00, Zobel 1,00, Haars 2,00, Klüglich 1,00, C. Kirchbach 1,00, O. Pahl 2,00, H. Harling 2,00, Brinkmann 3,00, Lühken 2,00, Berghänel 2,00, Behrens 3,00, Bernhardt 2,00, Hirche 2,00, Heine 10,00, Schmidt 3,00, Klußmann 5,00, Jänicke 5,00, Hille 2,00, Wöhler 1,00, Hennig 5,00, Gille 3,00, Rosenberg 3,00, Lüdecke 3,00, Wißkott 5,00, Sander 5,00, Wiese 3,00, Lütge 5,00, Korte 3,00, Breuer 1,00, Hirsekorn 5,00, Köpke 5,00, Stepf 5,00, Haars 2,00, Sahli 1,00, Schaller 2,00, Thomas 3,00, Habsch 1,00, Nieß 3,00, Würz 1,00, Horschler 1,00, Steib 3,00, Schaare 10,00, Bahrs 4,00, Schulze 5,00, Doppelkopp 1,00 (149,00). Cannstatt 50,15. Charlottenburg 128,00. Culm: Buchholz 10,00, Lauchstädt 10,00, Pfeifer 3,00 (23,00). Dessau 11,00. Eschweiler: P. Budde 10,00, R. Schwarz 10,00, J. Rett 10,00, F. Wolff 10,00, v. d. Heiden 2,50, D. H.-V. 2,00 (44,50). Frankenstein-Nimptsch: M. Baer 10,00, C. Galisch 3,00, O. Witt 4,00 (17,00). Hagen 100,00. Halberstadt 5,00. Hanau 31,00. Hohensalza: (Verbandsmitglieder) Dickert 5,00, Graupe 5,00, Herter 5,00, Krieghoff 5,00, Koßmann 10,00, Palm 5,00, Riemer 3,00, Wagner 10,00, Grodzki 6,00, Engel 5,00 = 59,00; (Nichtverbandsmitglieder bezw. Handwerksmeister) Leitreiter 5,00, Kleinert 5,00, Bach 5,00, Kickbusch 5,00, Heller 5,00, Seger 5,00, Radtke 5,00, Hotel Foraite 5,00, Zink 1,00, Gebr. Leitreiter 10,00 = 51,00 (110,00). Königsberg i. Pr.: Barkhorn 10,00, Ruhnau 5,00, Frick 3,00, Blohme 0,50, Hau 0,50, Seißenbach 0,50 (19,50). Liegnitz 25,00. Ludwigshafen am Rhein: Meinhardt 10,00, Reinhardt 4,00, Kraft 1,50, Mengel 10,00, Heß 4,50, Raschbichler 2,00, Schweikart 3,00, Walter 2,00, Müller 2,00, Handrich 2,00, Scholl 2,00, Feldmann 3,00, König 2,00, Winterkorn 3,00, Müller 2,00, Keßler 4,00, Frey 2,00, Graf 2,00, Weidemann 2,00, Eitelmann 2,00, Treiter 3,00, Kuhn 5,00, Rheinnecker 1,00, Heieck 1,00 (75,00). Magdeburg: Damerow 3,00, Möhring 20,00 = 23,00, Freie techn. Vereinigung Magdeburg 30,00 (53,00). Merseburg 40,00. München 281,40. Neumünster: Blohm 10,00, Ritzka 5,00, Michels 5,00, Bracker 5,00, Reichert 3,00, Qualen 5,00, Mahrt 5,00, Jaaks 2,00, Brockstedt 2,00, Moritzer 4,00, Stock 5,00, Beust 2,00, Könecke 5,00 (58,00). Neustadt i. Holstein: Ahrens 3,00, Dünnweber 6,00, Voß 5,00 (14,00). Oberhausen 46,00. Oldenburg 32,00. Osnabrück: Ide 10,00, Wilker 6,00 (16,00). Posen 100,00, durch Herrn Deetz 50,00 (150,00). Reutlingen: v. d. Marwitz 1,00, Ottmann 1,00, Riehle 1,00, Picau 1,00, Prescher 1,00, Stoß 1,00, Autenrieb 1,00, Ottmann 1,20, Prescher 1,00, Riehle 1,00, Stoß 1,00, v. d. Marwitz 0,35 (11,35). Riesa 8,00. Rostock 50,00. Rybnick 21,00. Schöningen 4,00. Siegen: J. Mader 2,00. Staßfurt: M. Sieges 46,00. Tegel: Berger 2,00, Blumeier 2,00, Jacob 3,00, Lamotke 2,00, Lindau 3,00, Nowack 5,00, Seeliger 2,00, Portis 0,15 (60,31). Waldenburg 12,00. Weißensee: Busch 3,00, Grams 2,00, Sauerbrey 2,00, Enesat 3,00, Malter 3,00, Schreiber 5,00, Hinrich 5,00, Jahn 0,50, J. Kahn und Frau 4,00, Neumann 3,00, Daubitz 3,00, Nögel 1,00 = 34,50, Rotzoll 3,50, Barth 2,00, Eich 2,00, Marz 3,00, Techel 1,00 (11,50). Werdau: Wild 2,50, Meyner 2,50, Eisenhut 3,00, Eckart 1,00, Krögel 3,00, Schubert 2,00, Hentschel 3,00, Drechsel 2,00, Bohn 1,00, Schubert 2,00, Reinhold 1,00, Frommelt 1,00 (24,00). Wilhelmshaven: 9. Rate 126,65. (Portis 0,73.) (Sa. abzüglich 76,76 M, die in Heft 34/44 für die Zweigverwaltung Allenstein zu viel veröffentlicht wurden 2420,97 M.)

Mitglieder: Altmann 5,05, Beecken 10,00, Biedermann 5,00, Binck 5,00, Cassier 5,50, Bohne 3,00, Czech 3,00, Dieckmann 3,00, Diedrich 18,00, Flade 3,00, Förster 9,00, Greve 4,00, Günther 10,00, Heling 8,00, Hensler 5,00, Herrmann 10,00, Heyser 5,00, Hinz 3,00, Höffmann 25,00, Hofmann 6,00, Kansy

8,50, Kern 20,00, Kräcker 20,00, Lohel 4,00, Lorenzen 10,00, Lüdicke 10,00, R. Müller 2,00, Ninow 1,00, Paulus 3,00, Pichler 20,00, Rubin 10,00, Schatz 10,00, Schneller 22,00, O. Schulz 3,10, M. Stock 5,00, Theilen 5,00, Tomscheidt 1,50, Tully 3,00, Werneck 25,00, Wollenhaupt 5,00, Wusterack 5,00, Widderich 2,00, Wilhelmi 15,05, Wimmler 3,00, Mitglied Nr. 31 671 12,00.

(Sa. 370,70 M.)

Zusammen	2 964,75 M.
Dazu Endbetrag der 5. Quittung	39 558,25 M.
	42 523,00 M.

Gezahlt wurden seit der letzten Veröffentlichung	3 114,60 M.
Dazu Endbetrag der 5. Ausgaben-Quittung	8 555,67 M.
	11 670,27 M.

Die in Heft 43/44 für die Zweigverwaltung Königsberg i. Pr. veröffentlichten 160,00 M wurden von folgenden Herren gespendet: Von der Eisenbahn-Baukompagnie Nr. 1, zurzeit Königsberg i. Pr.: Dischmann 8,00, Lehmann 1,00, Lekies 1,00, Schlichting 1,00, Bach 1,00, Siebold 0,50, Ambronn 0,50 = 13,00. Von der Zweigverwaltung Königsberg i. Pr.: Kuczewski 10,00, Grave 5,00, Kerwien 6,00, Behrend 2,00, Hübner 5,00, Jacobi 1,00, Kratzel 5,00, Wittig 2,00, Brundtke 11,00, Barkhorn 10,00, Richter 1,00, Grabe 1,00, Scholz 1,00, Gelmroth 10,00, Flögel 10,00, Kniffka 3,00, Züchner 5,00, Kirn 5,00, Lücker 6,00, Reimann 10,00, Preller 6,00, Gabel 10,00, Manthey 10,00, Heerhorst 5,00, Müller 3,00, Reimer 4,00 = 147,00 (160,00).

Ferner die im gleichen Heft von der Zweigverwaltung Saarbrücken veröffentlichten 232,00 M wurden von folgenden Herren gespendet: Eisenbahn-Techniker-Verein 50,00, Landwehr 8,00, Klären 10,00, Wagner 5,00, Unnold 5,00, Pick 5,00, Feien 5,00, Schieben 5,00, Philippi 5,00, Sölzer 4,00, Sabransky 10,00, Naunapper 5,00, Fantschinsky 5,00, Dauster 5,00, F. Müller 3,00, Böning 5,00, Hündgen 5,00, Gutte 5,00, Seyffarth 5,00, Gestewitz 5,00, Till 5,00, Henge 4,00, Deutsch 5,00, Pink 4,00, Albrecht 3,00, Goldhagen 5,00, Aßmann 3,00, Höhn 3,00, Mühleip 5,00, Gehle 5,00, König 5,00, Rauwald 30,00 (232,00).

Ausländer an deutschen technischen Schulen und Fabriken

Von Gewerbeschuldirektor Ingenieur H. WEIDEMANN, Zwickau i. Sa.

In Mittweida sollten bekanntlich bei Beginn des Krieges die das dortige Technikum besuchenden Russen in besonderen Kursen weiter unterrichtet werden. Erst als ein allgemeiner Entrüstungssturm einsetzte, nahm man von diesem Vorhaben Abstand. Aber nicht nur im Hinblick auf diesen Fall, sondern zur grundsätzlichen Beurteilung der Ausländerfrage an unseren technischen Lehranstalten sind die nachstehenden Ausführungen des geschätzten Verfassers von besonderem Interesse. Die Redaktion.

Es dürfte sich verlohnen, einmal den Nachteilen nachzuspüren, die infolge des Besuches deutscher Schulen durch Ausländer dem Deutschtum erwachsen. Aus naheliegenden Gründen betrachten wir in der Hauptsache die deutschen technischen Schulen.

Früher erhielten die deutschen Techniker fast ausschließlich die technischen Stellen des Auslandes. Diese Vorliebe des Auslandes für deutsche Ingenieure resultierte einmal aus der gründlichen theoretischen und praktischen Bildung der deutschen Fachleute, andererseits aber aus der Beharrlichkeit, mit der der Deutsche schnell und sicher fremde Sprachen erlernt. Es ist hinlänglich bekannt, daß beispielsweise der eingebildete Engländer es nicht für notwendig hält, sich fremde Sprachen anzueignen. Ausnahmen bestätigen nur die Regel. — Vielfach hört man Deutschland das Land der Schulen nennen. Wir Deutsche können mit Recht, ohne Ueberhebung, sagen, daß wir in der Tat die besten und zahlreichsten Schulen der Welt besitzen. Diese Tatsache blieb den Ausländern nicht verborgen. Bald kamen sie, erst einzeln, dann aber in hellen Haufen. Die Direktoren vieler Technika rieben sich die Hände. Verdienten doch die Schulen an diesen Leuten ein schönes Stück Geld. Soweit war also die Sache recht niedlich. Daß sich die Ausländer, obenan die Russen, gegen ihre deutschen Kommilitonen vielfach frech und anmaßend betrugen, hatte ja weiter nichts zu sagen. Wenn dann die Herren Ausländer ihr Ingenieur-Zeugnis in der Tasche hatten, kehrten sie zurück nach ihren heimischen Gefilden und erhielten dort die Ausländer jene Stellen, die bislang deutsche Ingenieure innegehabt hatten. Der deutsche Fachmann sorgte dafür, daß aus seinem Mutterlande Erzeugnisse in den fremden Ländern eingeführt wurden. Der ausländische Techniker — wer will ihm das verdenken —, strebte natürlich dahin, sein Land möglichst unabhängig von Deutschland zu machen. Auf diese Art hat die deutsche Volkswirtschaft schon bedeutende Summen eingebüßt. Man halte mir nicht entgegen, daß sich doch die Ausfuhr von Jahr zu Jahr gehoben habe. Nach meiner Auffassung würde unsere Ausfuhr noch erheblich größer gewesen sein, wenn wir die Ausländer nicht an unseren Schulen gezüchtet hätten.

Vielfältig begegnet man der Ansicht, die Ausländer lernten auf unseren Lehranstalten Erzeugnisse deutschen Gewerbefleißes kennen und würden diese in ihren Heimatländern einbürgern. Das halte ich für einen Trugschluß! Als Industrieller würde ich nie einer Schule, die Ausländer beherbergt, meine Erzeugnisse zu Lehrzwecken verkaufen oder gar schenken. Noch weniger würde ich einer solchen Anstalt den Werdegang irgendwelcher Waren zukommen lassen. Ich bin überzeugt, daß der Ausländer dahin strebt, die gesehenen, eingehend erklärten und maßstäblich skizzierten Gegenstände nachzubilden. Immerhin kann das Ausland ja unsere Maschinen mit der Absicht der Nachahmung beziehen. Aber es ist immer noch ein großer Unterschied, ob ich etwas nachahme, von dem ich weiß, wie ich es am zweckmäßigsten anzufangen habe, oder etwas, bei dem ich erst selbst die günstigsten Kniffe durch eigene Erfahrungen und Verluste erwerben muß. Noch schwieriger ist natürlich die Nachahmung ohne Vorbereitung auf dem Gebiete der chemischen Industrie. — Kürzlich sagte mir ein Königlich Preußischer Bergrat: „Der Deutsche ist sehr ehrgeizig! Hat er nach vieler Mühe ein neues Verfahren herausgeknobelt, so muß es natürlich sofort und zwar möglichst in einer internationalen Zeitschrift, die in drei bis vier Sprachen erscheint, veröffentlicht werden, damit ja das Ausland die Sache sofort erfährt und ausnutzt. Klüger wäre es, der Erfinder böte den deutschen Firmen sein neues Verfahren zur Ausnützung an. Er würde zwar dadurch nicht berühmt, aber der deutschen Volkswirtschaft würde dafür um so mehr genützt." Ich glaube, der Herr Bergrat hat nicht ganz unrecht.

Wie mir ein russischer Professor aus Moskau diesen Sommer in Thüringen erzählte, hat Rußland überhaupt keine technischen Mittelschulen, sondern nur technische Hochschulen, die zudem nicht so gut als die deutschen sein sollen. Ein Urteil, was um so bedeutsamer ist, da der Russe im allgemeinen in der Unterhaltung nie zugibt, daß deutsche Einrichtungen besser sind als russische. Dies stete In-Schutz-Nehmen seines Vaterlandes durch den Russen lassen, wie wir wissen, viele „Deutsche" vermissen. Sie loben alles Ausländische, verurteilen alles Einheimische, und nachdem sie einige Monate im Auslande gelebt haben, radebrechen sie die deutsche Sprache mit fremdländischen Brocken gemischt. Hoffentlich wird auch hier der gewaltige Krieg gründlich Wandel schaffen. — — Rußland spart große Summen, die Deutschland für seine technischen Mittelschulen aufbringen muß. Wie aber kommen wir dazu, durch unsere Steuerzahler die technische Ausbildung der Russen zu bewirken? Dankbar muß hier anerkannt werden, daß die staatlichen Schulen in der Aufnahme von Ausländern sehr wählerisch sind, viele überhaupt keine zulassen.

Bisher erwähnte ich einen Hauptpunkt noch nicht. Jedes Jahr verlassen Tausende von jungen ausländischen Technikern, mit deutschem Wissen und Können ausgerüstet, die deutschen Schulen. Von den Ausländern tritt eine ganze Anzahl in unsere Fabriken ein. Dadurch werden dem deutschen Technikerstande Stellen entzogen. Viele dieser Ausländer sind von einer geradezu hündischen Höflichkeit gegen die Vorgesetzten. Diese Unterwürfigkeit macht sich auch vielfach bezahlt. Sind diese höflichen Herren aber selbst erst einmal in leitenden Stellungen, so stellen sie naturgemäß möglichst nur ihre Landsleute an. Selbstverständlich gilt auch hier der Satz: Keine Regel ohne Ausnahme. Zahlreiche Stellen gehen so deutschen Technikern in ihrem Vaterlande verloren. Wie aber häufig ausländische Abteilungsvorstände und Oberingenieure ihre deutschen Untergebenen behandeln, darüber ließe sich ein besonderer Abschnitt schreiben.

Unleugbar hat jede Fabrik ihre besonderen Arbeitsverfahren, ihre durch mühsame Arbeit gewonnenen Erfahrungen, ihre statistischen Sammlungen usw. Auf diese wertvollen Dinge sind die Herren Ausländer besonders erpicht. Sie scheuen weder Mühe noch Arbeit, diese Dinge zu „sammeln". Wahrscheinlich, um sie zum Nutzen der deutschen Industrie im Auslande zu verwerten! Man frage die deutschen Besucher der technischen Schulen nach ihren ausländischen „Kameraden", dann wird wohl selbst der verbissenste Ausländerfreund die Ohren steifhalten! Nur ein Fall finde hier Platz. Am 13. August d. J. fuhr ich mit einem technischen Mittelschüler einer Privatanstalt von Dortmund nach Hagen. Er erzählte, daß die Russen mit besonderer Vorliebe auf den Tanzsälen rohe Schlägereien mit den Deutschen anfingen. Am liebsten schlügen sie mit schweren Bierseideln zu. Vor dem Schlagen hieben sie aber erst die glatte Kante des Glases ab, damit die Wunde recht gefährlich ausfalle. Sicher entsteht dies erfreuliche Betragen aus der Hochachtung für die deutsche Gastfreundschaft. — Sind die Sitten und Gebräuche, die besonders die Herren Russen nach unserem Vaterlande verpflanzen, wirklich so wertvoll, daß wir sie nötig haben? Ich glaube, wir können wahrhaftig darauf verzichten!

Gerade technische Privatschulen erhalten in vielen deutschen Städten nicht nur von den Stadtverwaltungen freie Gebäude, Heizung und Beleuchtung, sondern auch noch häufig recht erhebliche Jahresbeiträge. Von den deutschen Technikern erheischt daher die Liebe zu unserem deutschen technischen Stande, überall in den Kreisen der Stadtverwaltungen durch Aufklärung zu wirken. Besonders aber gilt es zu erreichen, daß die Städte ihre Unterstützungen an jene Lehranstalten abhängig machen von dem Ausschluß der Ausländer. Ich bin der festen Ueberzeugung, daß keine Stadtverwaltung nach dem blutigen und opferreichen Ringen noch den moralischen Mut besitzt, Lehranstalten zu fördern, die mit deutschen geistigen Waffen Ausländer ausrüstet, die diese dann zur Vernichtung unserer Väter, Brüder und Söhne mißbrauchen. Wir deutschen Techniker haben aber auch die Pflicht, unseren deutschen Nachwuchs von solchen Schulen zurückzuhalten, die nicht in ihren Berichten ausdrücklich die Aufnahme der Ausländer ablehnen. Deutsche Beharrlichkeit, deutsche Zähigkeit, deutsche Tatkraft haben schon oft ihr Ziel erreicht. Sollten sie hier versagen, wenn wir alle den eisernen Willen bekunden? —

Wieviel unmeßbares Elend hat die russische ruchlose Brut über Ost- und Westpreußen gestreut! Wird nun endlich einmal der schwächliche deutsche Humanitätsdusel, durch deutsche Kraft vernichtet, zusammenbrechen? Möge auch die deutsche Technikerschaft, der es nicht vergönnt ist, für unsere Art und Sitte mit gewaffneter Faust zu kämpfen, ihr Alles einsetzen, die feige Bande aus unseren deutschen Schulen endgültig zu bannen.

Wir deutschen Techniker müssen mit aller Wucht dahin arbeiten, daß die vorläufige Verfügung der Behörden, die besagt, daß bis auf weiteres Angehörige der im Kriegszustande mit der österreichisch-ungarischen Monarchie und dem Deutschen Reiche befindlichen Staaten vom Unterrichte auszuschließen sind, zum Reichsgesetz erhoben wird. Die große Zeit predigt uns mit deutlicher und vernehmbarer Stimme, daß über allem belanglosen Parteihader das große Wort in Flammenschrift geschrieben steht: „Du bist ein Deutscher". Darum mögen die Herzen der deutschen Techniker machtvoll höher schlagen und jedweden zertreten, der sich frech gegen deutsche Art und Sitte erhebt!

VOLKSWIRTSCHAFT

600 Millionen Goldzuwachs der Reichsbank

Ebenso wie in der Stärke unseres Heeres und unserer Flotte hat sich das feindliche Ausland in der Beurteilung unseres Wirtschaftslebens getäuscht. Wenn der Krieg selbstverständlich unserem Wirtschaftsleben auch schwere Stöße versetzt hat, so hat sich doch gezeigt, daß es im Innern durchaus gesund ist und den schwersten Stürmen standzuhalten vermag. Besonders die Vermehrung des Goldbestandes unserer Reichsbank hat im Auslande Staunen hervorgerufen. Der Ausweis der Reichsbank zum 31. Oktober zeigte einen Goldbestand von 1858 Millionen Mark in Gold. Das ist eine Milliarde mehr als im gleichen Zeitpunkt vor drei Jahren, über 600 Millionen mehr als am 31. Oktober vorigen Jahres und ebenfalls annähernd 600 Millionen mehr als zu Beginn des Krieges. Berücksichtigt man die 200 Millionen des Kriegsschatzes, die der Reichsbank zuflossen, so ergibt sich doch immerhin noch ein Goldzuwachs von 400 Millionen.

Aber gleichwohl befinden sich noch ungeheure Mengen Gold im freien Verkehr. Man schätzte sie zu Beginn des Krieges auf 2 Milliarden. Wenn auch 400 Millionen davon jetzt der Reichsbank zugeführt sind, so bleibt doch noch viel zu tun, um das

Alles Gold dem Reiche!

Kollegen! Noch viel Gold befindet sich in Deutschland im freien Verkehr. Sorgt dafür, daß es der Reichsbank zufließt! Alles Gold, das durch Eure Hände geht, muß sofort bei öffentlichen Kassen oder bei Postanstalten gegen Papiergeld umgetauscht werden. Wirkt auch in Eurem Bekanntenkreise in gleichem Sinne!

Ziel zu erreichen, daß beim Friedensschluß unsere Reichsbank und damit unser Wirtschaftsleben so stark wie möglich dasteht. Wird alles Gold bei der Reichsbank zusammengezogen, so kann der Goldbestand eine Höhe von 3 Milliarden Mark erreichen.

Es ist Pflicht eines jeden von uns, an diesem Ziele mitzuarbeiten. Jeder, der Gold in seine Hand bekommt, muß es bei öffentlichen Kassen oder bei den Postanstalten gegen Papierscheine umwechseln. Ebenso muß jeder im Kreise seiner Bekannten in diesem Sinne wirken. Hdl.

SOZIALPOLITIK

Die Frage des Arbeitsnachweises

hat uns, wie aus den letzten Nummern der D. T.-Z. hervorgeht, seit Kriegsausbruch öfter beschäftigt. Wegen des angeblichen Ausschlusses der Techniker von der neugegründeten Stellenvermittlung der Handelskammer Hannover und der Ueberweisung der Techniker an den einseitigen Arbeitgebernachweis hatten wir uns sowohl mit der Handelskammer Hannover, sowie dem preußischen Ministerium für Handel und Gewerbe, als Aufsichtsinstanz der Handelskammern in Verbindung gesetzt. Von beiden Seiten erhielten wir Nachricht, daß die Techniker in die Stellenvermittlung der Hannoverschen Handelskammer mit einbezogen seien. Die Frage des öffentlichen Arbeitsnachweises ist noch in der Schwebe. Jetzt wird durch Zeitungsnachrichten bekannt, daß unter dem Titel einer Auskunftsstelle der Bayrische Industriellen-Verband eine Art Stellenvermittlung für kaufmännische und technische Angestellte eingerichtet hat. Dieser Verband bittet die Firmen, die überflüssige Angestellte haben, ihm deren Personalien, Art der bisherigen Beschäftigung, Kenntnisse, Gehaltsansprüche, sowie Mitteilung, ob sie auch außerhalb ihres jetzigen Wohnortes in Stellung zu treten bereit sind, aufzugeben, während gleichzeitig diejenigen industriellen Firmen, welche offene Stellen zu besetzen haben, ersucht werden, der Geschäftsstelle des Verbandes sofort Mitteilungen hierüber zu machen. Der Verband wird dann versuchen, den beiderseitigen Wünschen nach Möglichkeit zu entsprechen. Solange diese Austauschstelle als Kriegsmaßnahme gedacht ist, wird man dagegen nichts einwenden können. Im übrigen läuft aber das ganz auf einen einseitigen Arbeitgeberarbeitsnachweis hinaus. Unter den Angaben über Personalien können sich leicht Mitteilungen über Verbandszugehörigkeit finden. Wir haben umso mehr Anlaß, der Angelegenheit Aufmerksamkeit zu schenken, als uns der Bayrische Metallindustriellen-Verband wegen seiner Stellung zum Koalitionsrecht der Angestellten noch in guter Erinnerung ist. Dr. H.

*

Oeffentliche Aufträge nur an Firmen, die ihren Angestellten das volle Gehalt zahlen!

Die Reichsversicherungsanstalt ist bei ihrem Beschluß, 500 000 M für die Beschaffung von Wollsachen für das im Felde stehende Heer zu bewilligen, über den wir im vorigen Heft berichteten, mit einem erfreulichen Beispiel vorangegangen. Es wurde beschlossen, daß die Aufträge nur solchen Firmen erteilt werden sollen, die vom 1. Oktober ab ihrem Personal volle Gehälter zahlen.

Es wäre dringend zu wünschen, daß alle Staats- und Gemeindebehörden diesem Beispiel folgen, um dem Mißbrauch zu steuern, daß Firmen, die voll beschäftigt sind, auf Kosten der Angestellten und Arbeiter ihre Gewinne erhöhen. Für die volle Arbeitsleistung des Arbeitnehmers muß auch das volle Gehalt gezahlt werden; Gehaltskürzungen sind nur dann zulässig, wenn auch die Arbeitszeit verkürzt wird. Hdl.

Kollegen

bezahlt pünktlich Eure

Verbandsbeiträge!

Strenge Pflichterfüllung ist die sittliche Forderung, die sich in dieser Kriegszeit jeder stellen muß. Es darf niemand mit seinem Beitrag im Rückstand sein.

Die Beiträge sind entweder an die Kriegsvertrauensmänner oder an die Hauptgeschäftsstelle (nur Postscheckkonto Berlin 17056) zu senden.

Beim Ausbleiben oder bei verspäteter Lieferung einer Nummer

(die D. T.-Z. erscheint jetzt nur alle 14 Tage)

wollen sich die Mitglieder stets nur an den Briefträger oder die zuständige Bestell-Postanstalt wenden. Erst wenn Nachlieferung und Aufklärung nicht in angemessener Frist erfolgen, wende man sich unter Angabe der bereits unternommenen Schritte an die Hauptgeschäftsstelle.

STANDESFRAGEN

Eine dringende Warnung an deutsche Techniker

wird in den Tageszeitungen veröffentlicht: In letzter Zeit finden sich in chemischen Zeitschriften Anzeigen, in denen Chemiker und Techniker für das Ausland gesucht werden, um in Fabriken zur Herstellung von Cyankali und anderen Stoffen tätig zu sein. Aus verschiedenen Anzeichen besteht der dringende Verdacht, daß es sich dabei um Unternehmungen im feindlichen Ausland handelt, in denen gewisse für die Kriegsführung erforderliche Stoffe hergestellt werden sollen. Selbstverständlich darf kein deutscher Chemiker oder Techniker eine derartige Stellung übernehmen, weil er sich dadurch des Landesverrates schuldig machen würde. Nach § 89 des Strafgesetzbuches wird ein Deutscher, welcher vorsätzlich während eines gegen das Deutsche Reich ausgebrochenen Krieges einer feindlichen Macht Vorschub leistet, wegen Landesverrates mit Zuchthaus bis zu zehn Jahren oder, wenn mildernde Umstände vorhanden sind, mit Festungshaft bis zu zehn Jahren bestraft. Alle beteiligten Kreise, die derartige Anzeigen in einem Fachblatt finden, werden gut tun, hiervon der Behörde umgehend Mitteilung zu machen.

STANDESBEWEGUNG

Aus dem D. T.-V.

Beim Abschluß dieses Heftes der D. T.-Z. trifft uns die schmerzliche Trauerkunde, daß unsere heldenmütigen Verteidiger von Tsingtau der Uebermacht der Angreifer erlegen sind. Von Anfang an war es klar, daß unser Pachtgebiet von Kiautschau von der kleinen Heldenschar, die keinerlei Unterstützung von außen mehr bekommen konnte, gegen die unendliche feindliche Uebermacht nicht gehalten werden konnte. Daß Tsingtau sich trotzdem mehr als 2 Monate hat verteidigen können, ist dem Heldenmut der tapferen Männer dort draußen zu danken gewesen, in deren Sinn der Kommandant unserer ostasiatischen Kolonie an den Kaiser telegraphiert hatte: „Einstehe für Pflichterfüllung bis zum Aeußersten".

Auch manches unserer Verbandsmitglieder hat im fernen Osten mit seinem Blut das Vaterland verteidigt. Hatten wir doch in Kiautschau eine Zweigverwaltung des D. T.-V., der vor Beginn des Krieges folgende Mitglieder angehörten:

1. Fritz Biber, Mitgl. 27 144. 2. Rudolf Ebertz, Mitgl. 65 364. 3. Max Eißner, Mitgl. 25 684. 4. Rich. Faber, Mitgl. 71 081. 5. Otto Fick, Mitgl. 34 392. 6. Heinr. Glaubitz, Mitgl. 29 081. 7. Hachmeister, Mitgl. 61 092. 8. Jul. Hammer, Mitgl. 25 670. 9. Wilh. Jacob, Mitgl. 13 008. 10. Georg Jensch, Mitgl. 71 726. 11. Werner Jeune, Mitgl. 34 304. 12. Kankowski, Mitgl. 51 848. 13. Kappler, Mitgl. 61 091. 14. Klingner, Mitgl. 61 093. 15. C. Krüger, Mitgl. 40 873. 16. Aug. Meyer, Mitgl. 25 679. 17. Adolf Prüß, Mitgl. 39 185. 18. Walter Rechau, Mitgl. 25 672. 19. Paul Richter, Mitgl. 30 352. 20. Ed. Rollke, Mitgl. 50 244. 21. Hch. Saxen, Mitgl. 50 627. 22. Max Schneider, Mitgl. 65 365. 23. Wilh. Schürrholz, Mitgl. 77 961. 24. H. Syree, Mitgl. 40 875. 25. Franz Waßmann, Mitgl. 25 605. 26. Karl Weidel, Mitgl. 69 555.

Bekanntlich sind aus anderen Gegenden Ostasiens viele Deutsche nach Tsingtau geeilt, um an der Verteidigung unserer Kolonie teilzunehmen. Es kann daher angenommen werden, daß der oder jener Verbandskollege aus Tientsin, Hankau usw. jetzt ebenfalls in Tsingtau als Mitkämpfer weilt. Zu unserer Zweigverwaltung Ostasien bezw. Hankau zählen noch die folgenden Verbandsmitglieder:

27. Ferdinand Wichert, Tientsin, Mitgl. 64 501. 28. Friedr. Schnock, Schanghai, Mitgl. 25 669. 29. Karl Behrendt, Tsinanfu, Schantung, Mitgl. 24 247. 30. Albert Benz, Hankau, Mitgl. 69 719. 31. Carl Hülsemann, Hankau, Mitgl. 40 391. 32. Karl Loske, Hankau, Mitgl. 63 043. 33. Wilh. Thönissen, Hankau, Mitgl. 73 458.

Ein Mitglied, das sich zu Beginn des Krieges in Buenos-Aires aufhielt, schreibt uns von seinem jetzigen Aufenthaltsort in Deutschland:

„Meine am 4. August ab Buenos-Aires geplante Rückreise konnte ich wegen des Kriegsausbruches und der Einstellung des Dampferverkehrs erst Ende August ausführen. Ich wurde unterwegs mit den gesamten Reisenden des Schiffes „Gebria" des Holländischen Lloyds in Falmouth gefangen gehalten und konnte meine Rückreise nach abermaliger erheblicher Verzögerung nur vollenden, indem ich mit schwedischen Papieren als Schwede reiste."

Um unseren im Felde stehenden Kollegen mit dem Verbande in Fühlung zu halten, senden wir denen, die uns ihre genaue Feldadresse angeben, die Deutsche Techniker-Zeitung als Feldpostbrief unentgeltlich zu. Den Familien der im Felde Stehenden wird die Zeitung aber nach wie vor weiter geliefert, damit diese sie für ihre Angehörigen sammeln können.

Unser Kollege Paul Müller aus Charlottenburg schrieb uns nach dem Empfang der letzten D. T.-Z.:

„Sage hiermit meinen besten Dank. Ich habe mich sehr gefreut, daß der D. T.-V. in dieser schweren Zeit voll und ganz seine Pflicht tut. Ich habe mich auch gefreut, daß der Kriegsfonds eine so gute Unterstützung durch die Kollegen zu verzeichnen hat. Aber es ist noch lange nicht genug, um all das Elend zu lindern. Wenn man hier draußen alle Not und alles Elend sieht, das hier unter der Bevölkerung herrscht, so wird es einem klar, daß es einzig und allein unseren braven Truppen zu verdanken ist, daß solches Elend nicht auch in unserem Vaterlande herrscht. Darum müssen die daheim in fester Stellung Befindlichen alles daran setzen, um den Kollegen im Felde die Gewißheit zu geben: Für meine Familie sorgt alles, ja sogar mein Berufsverband. Jeder läßt dann viel leichteren Herzens sein Leben für das Vaterland. Jeder Kollege rauche eine Zigarre und trinke täglich ein Glas Bier weniger und zahle den Betrag dafür in den Kriegsfonds des D. T.-V. Ich hoffe, daß der D. T.-V. auch weiterhin seine Pflicht tun wird!

VERSCHIEDENES

Der Krieg kein Entlassungsgrund

Beim Ausbruch des Krieges haben viele Geschäftsinhaber ihre Angestellten ohne Innehaltung der Kündigungsfrist entlassen. Da über die Rechtsverhältnisse im Kriege vielfach irrige Ansichten verbreitet waren, nahmen viele Angestellte die Entlassung ohne Widerspruch hin und begnügten sich mit dem Gehalt bis zum Tage ihrer Entlassung. Mit einem solchen Rechtsfall hatte sich kürzlich die zweite Kammer des Berliner Kaufmannsgerichts zu beschäftigen. Zwei junge Mädchen waren von einer Firma anfang August wegen der Geschäftsunterbindung durch den Krieg sofort entlassen worden. Das Gehalt bis zum Tage der Entlassung nahmen sie ohne Einrede an. Der Beklagte wies in der Gerichtsverhandlung darauf hin, daß es Pflicht der Klägerinnen gewesen wäre, gegen die Entlassung zu protestieren und auf ihre weiteren Ansprüche aufmerksam zu machen. Jetzt könnten sie nicht plötzlich mit Forderungen hervortreten, die sie vorher nicht geltend gemacht hätten. Demgegenüber wiesen die jungen Mädchen daraufhin, daß sie im Moment der sofortigen Entlassung selbst nicht im Klaren darüber waren, was sie bei den veränderten Zeitverhältnissen verlangen konnten. Erst nachdem sie einige Wochen später von rechtskundiger Seite Aufklärung darüber erhalten hatten, strengten sie die Klage an. Das Kaufmannsgericht verurteilte den Beklagten zur Zahlung beider Gehälter. Die Entlassung ohne Gehaltsentschädigung sei nicht gerechtfertigt gewesen, in dem fehlenden Widerspruch sei noch kein Einverständnis zu erblicken. Allerdings wurde in dem Urteil noch darauf hingewiesen, daß man von einem jungen Mädchen nicht verlangen könnte, daß es sich gleich der Tragweite der widerspruchslosen Hinnahme der Entlassung bewußt sei.

VERSICHERUNGSWESEN

Zur Versicherung gegen Feuer und Einbruch

Durch unser Abkommen mit der Feuer- und Einbruchs-Versicherungsanstalt des Verbandes Deutscher Beamtenvereine ist es den Mitgliedern des Deutschen Techniker-Verbandes ermöglicht, zu überaus mäßigen Prämien ihre Haushaltungsgegenstände innerhalb des Deutschen Reiches zu versichern.

Die genannte Versicherungsanstalt, die durch den Beamtenstand errichtet wurde und die ehrenamtlich beaufsichtigt und verwaltet wird, erhebt nur soviel Beiträge, als zur Existenz des Unternehmens nötig sind, und verwendet die Ueberschüsse nur im Interesse der Versicherten, ohne selbst Gewinn erzielen zu wollen; sie bietet infolge der vorhandenen großen Reserven die beste Sicherheit für die Erfüllung der übernommenen Pflichten.

Wir veröffentlichen nachstehend den Tarif für die Versicherungen, in dem gegenüber den bisherigen Bestimmungen einige kleine Aenderungen eingetreten sind. Gleichzeitig laden wir die noch nicht beteiligten Kollegen zur Beteiligung dringend ein. Insbesondere wird denjenigen Kollegen, welche ihre Haushaltungsgegenstände bei englischen Gesellschaften versichert haben, besonders empfehlen, dort die Mitgliedschaft baldigst zu kündigen und bei der genannten Gesellschaft zu erwerben, die nicht nur sichere Gewähr für einen wirksamen und umfassenden Versicherungsschutz, sondern auch den Vorteil erheblich geringerer Beiträge bietet.

1. Es kann unabhängig voneinander gegen Feuer- oder Einbruchsschaden versichert werden.

2. An Eintrittsgeld wird bis zu 10 000 M Versicherungssumme 1 M, darüber hinaus für jede weiteren angefangenen 5000 M noch 50 Pf. mehr erhoben. Wird gegen Feuer und Einbruch versichert, dann wird das Eintrittsgeld nur nach der Gesamtversicherungssumme berechnet.

3. Der Jahresbeitrag für die Feuerversicherung beträgt 60 Pf. pro 1000 M Versicherungssumme. Für die Einbruchsdiebstahl-Versicherung wird ebenfalls nur 60 Pf. pro 1000 M erhoben.

4. Ohne besonderen Zuschlag: Mitversicherung gegen Beraubung und räuberische Erpressung innerhalb der eigentlichen Wohnräume.

Werden die Beiträge für 5 Jahre in einer Summe bei Beginn der Versicherung entrichtet, so wird auf die Beitragssätze einschließlich der Zuschläge ein Nachlaß von 20 v. H. gewährt.

5. Agentur- und Schreibgebühren, Einziehungskosten und dergleichen werden nicht erhoben. Bei Wohnungsänderungen werden für die Genehmigung durch die Direktion keine Gebühren, auch keine Postgebühren erhoben.

EHREN-TAFEL

Das Eiserne Kreuz erhielten:

M. Georg Arnold, Mitgl. 60 466, Plauen i. V.
Johann Banner, Berlin-Friedenau, Mitgl. 44 896.
Ernst Beelow, Vohwinkel, Mitgl. 55 659, Wehrmann bei der Armee-Telegraphen-Abteilung.
Erich Benndorf, Chemnitz, Mitgl. 02 054, Gefreiter im Kgl. Sächs. Reserve-Jäger-Batl. Nr. 13.
Bernh. Bollert, Braunschweig, Mitgl. 67 093, Unteroffizier der Res., 92. Inf.-Regt.
Fritz Bröcking, Posen, Mitgl. 24 556, Hauptmann d. Landw.
Rudolf Gahn, Reistenhausen, Mitgl. 35 243.
Arthur Hesse, Wiesdorf, Mitgl. 55 835.
Wilhelm Kaiser, Neuwied, Mitgl. 74 699.
Alfred Kemter, Jauer i. Schl., Mitgl. 76 603, Kriegsfreiwill.
Heinr. Koch, Buer i. W., Mitgl. 74 486.
Ernst Littau, Hildesheim, Mitgl. 52 450.
Joh. Nagel, Wandsbek b. Hamburg, Mitgl. 45 270.
Wilh. Nazarenus, Mitgl. 38 657, Zwickau.
Otto Röver, Halberstadt, Mitgl. 29 605.
Hermann Rohbock, Bln.-Pankow, Mitgl. 69 326, Unteroffizier im 20. Inf.-Regt.
Hermann Rose, Schmalkalden, Mitgl. 56 121, Kriegsfreiwill., Landsturmmann und Motorradfahrer.
Josef Serpelloni, Konstanz, Mitgl. 75 062.
Richard Sünderhauf, Plauen i. V., Mitgl. 60 517.
Fritz Weise, Düren (Rhld.), Mitgl. 65 421.
Michael Wolf, Rosenheim i. Bay., Mitgl. 56 419, Pion.-Utoffz.
Ernst Zschabitz, Braunschweig, Mitgl. 10 705, Unteroffizier im Landsturm-Pionier-Bataillon 10.

Es starben den Heldentod fürs Vaterland:

Hans Beierle, München, Hosp.-Mitgl. (Zw.-Verw. München).
Otto Beyer, Heidenau i. Sa., Mitgl. 34 713, seit 1. 10. 05 (Zweigverwaltung Pirna).
Paul Bögel, Hamburg, Mitgl. 61 826, seit 1. 4. 11 (Zweigverwaltung Hamburg).
Wilhelm Dieckhöfer, Altenessen, Mitgl. 63 941, seit 1. 10. 11 (Zweigverw. Altenessen), gefallen am 9. Oktober 1914.
Albert Feiler, Coburg, Mitgl. 77 296.
Rudolf Flemming, Chemnitz, Mitgl. 43 066, seit 1. 4. 1907 (Zweigv. Chemnitz), gef. am 14. Sept. 1914, bei Morowilliers als Gefreiter im Landwehr-Regt. 104.
Otto Freitag, Castrop, Mitgl. 74 750, seit 1. 1. 14 (Zweigverwaltung Castrop).
Gustav Grasse, Wetzlar, Mitgl. 68 017, seit 1. 10. 12 (Zweigverwaltung Wetzlar).
Fritz Hamester, Pries b. Friedrichsort, Mitgl. 63 662, seit 1. 10. 11 (Zweigv. Friedrichsort), erlag am 14. Oktober im Lazarett in Münster i. W. seiner am 5. Okt. in Frankreich erlittenen Verwundung.
Max Hein, Cuxhaven, Mitgl. 69 607, seit 1. 1. 13 (Zweigverwaltung Cuxhaven), gefallen in Frankreich.
Herm. Henken, Bautechn., Mitgl. 67 292, seit 1. 7. 1912 (Zw. Duisburg).
Max Hiller, Betr.-Sekr., Mitgl. 35 357, seit 1. 1. 06 (Zw. Landsberg a. W.), (Kriegslazarett Brügge am 3. 11.).
Wolfgang Holzer, Stuttgart, Mitgl. 71 771, seit 1. 6. 1913 (Zweigv. Cannstatt), gef. am 22. Aug. 1914 in Frankreich.
Hans Ketel, Hamburg, Mitgl. 77 500, seit 1. 5. 1914 (Zweigverwaltung Hamburg).
Ludwig Knieper, Mitgl. 52 675, Lütgendortmund, gefallen am 13. 10. 1914 vor Lionville.
Heinr. Kock, Hamburg, Mitgl. 52 584, seit 1. 4. 09 (Zweigv. Hamburg), gefallen am 6. Sept. 1914 bei Normée.
Max Kohl, Aachen, Mitgl. 67 873, seit 1. 10. 12 (Zv. Aachen).
Wilh. Krause, Posen, Mitgl. 57 756, seit 1. 4. 10 (Zv. Posen).
Ernst Kutschmann, Hamburg, Mitgl. 59 731, seit 1. 10. 10 (Zweigverw. Hamburg), am 8. Sept. 1914 bei Chalons gef.
Hans Lichtwart, Loetzen, Mitgl. 53 999, seit 1. 7. 09 (Zweigv. Loetzen), Ritter des Eisernen Kreuzes, starb im Dienste des Vaterlandes infolge eines Unfalls als freiw. Motorradf.
Willy Linder, Ohligs, Mitgl. 72 173, seit 1. 6. 13 (Zweigverw. Ohligs), gefallen am 8. 9. 14 bei Joches (Frankreich).
Friedrich Lütgebüter, Mitgl. 53 083, Braunschweig.
Siegfried Menzner, Mutterstadt, Mitgl. 64 620, seit 1. 1. 12 (Zweigv. Ludwigshafen a. Rh.), gef. 27. 9. 1914 in Frankr.
Julian Metzger, Bad Kissingen, Mitgl. 43 174, seit 1. 4. 07 (Zweigv. Bad Kissingen), gef. im September in Frankreich.
Georg Kurt Müller, Arch. (Zv. Danzig), Mitgl. 25 940, seit 1. 7. 03, auf dem Schlachtfeld bei Helenow vor Warschau am 15. Oktober gefallen.
Kurt Oehlschlägel, Leipzig-Eutr., Mitgl. 65 921, seit 1. 1. 12 (Zweigverwaltung Leipzig).
Ernst Paulick, Berlin, Mitgl. 60 898 (Zweigv. Berlin), am 20. 9. 1914 gefallen in Frankreich.
Th. Poggel, Osnabrück, Mitgl. 77 802, seit 1. 5. 14 (Zweigv. Osnabrück).
Wilhelm Reiners, Bremen, Mitgl. 61 953, seit 1. 4. 11 (Zweigv. Bremen), gef. in Frankr. bei ein. Sturmangriff am 20. 9. 14.
Oscar Riedl, München, Mitgl. 42 022, seit 1. 1. 07 (Zweigverwaltung München).
Heinrich Rieger, München, Mitgl. 03 806 (Zweigv. München).
Heinr. Sax, Solingen, Mitgl. 74 433, Reserv. im Jäger-Batl. Nr. 7, gefallen am 13. 9. 1914 in Frankreich.
Otto Schülke, Lauban, Mitgl. 54 597, seit 1. 10. 09 (Zweigv. Lauban).
Karl Schwarz, München, Mitgl. 61 712, seit 1. 4. 11 (Zweigv. München).
Wilhelm Vork, Elberfeld, Mitgl. 47 692, seit 1. 4. 08 (Zweigv. Elberfeld), gefallen am 27. September 1914 bei Hattencourt als Unteroffizier d. R. Inf.-Regts. Nr. 174.
Friedrich Wegener, Ziesar, Mitgl. 72 014, seit 1. 7. 13 (Abt. Genthin), gefallen am 2. Oktober 1914 in Frankreich.
Hch. Wüppesahl, Bremen, Mitgl. 66 543, seit 1. 4. 12 (Zweigv. Bremen), gef. in Frankr. bei ein. Sturmangr. am 20. 9. 14.
Kurt Zeidler, Annaberg, Mitgl. 48 262, seit 1. 4. 08 (Zweigv. Annaberg), gef. a. 26. 9. 14 im Nachtgef. b. Vauderincourt.

Es wurden verwundet:

Joh. Andresen, Hamburg-Fuhlsbüttel, Mitgl. 30 503.
Fritz Bröcking, Posen, Mitgl. 24 556.
Konrad Gruner, Breslau, Mitgl. 70 094.
Franz Hedwig, Königsberg i. Pr., Mitgl. 60 092.
Arthur Hesse, Wiesdorf, Mitgl. 55 835.
Adolf Hollmann, Speyer, Mitgl. 68 333.
Otto Immendorf, Hildesheim, Mitgl. 45 441 (Knieschuß).
Joseph Kretz, Mülhausen (Els.), Mitgl. 62 781.
Friedrich Lütgebüter, Braunschweig, Mitgl. 53 083.
Karl Minne, Speyer, Mitgl. 57 145.
Carl Müller, Karlsruhe, Mitgl. 77 561.
Kurt Müller, Holzminden, Hospitantenmitglied.
Christian Qualen, Rostock, Mitgl. 57 543.
Georg Raulf, Northeim, Mitgl. 61 739.
W. Staake, Hildesheim, Mitgl. 62 818 (linke Hand).
August Weiser, Wiesdorf, Mitgl. 66 436.
Theodor Witthöft, Braunschweig, Mitgl. 60 383.
Friedrich Wöltje, Hildesheim, Mitgl. 44 973 (linkes Bein).
Raim. Wolf, Mülheim a. Rh., Mitgl. 48 134, Res.-Art.-Rgt. 15.

6. 10 Prozent der Gesamtversicherungssumme sind in der Feuerversicherung als Außenversicherung kostenlos gedeckt.

7. In der Einbruchsdiebstahl-Versicherung können die auf Reisen innerhalb Deutschlands mitgeführten Sachen gegen einen Zuschlag von 60 Pf. für 1000 M Versicherungssumme für den Fall des Verlustes oder der Beschädigung bei einem Einbruche versichert werden.

Alle Anfragen, Beitrittserklärungen, Wohnungsummeldungen, Geldsendungen und Schadenmeldungen sind zu richten an den Vertrauensmann, unseren Verbandskollegen Emil Rohr, Charlottenburg 5, Städtisches Bürgerhaus.

Die Versicherungspflicht der bei Notstandsarbeiten beschäftigten Techniker

Um der durch den Krieg hervorgerufenen großen Arbeitslosigkeit einigermaßen zu steuern, haben in dankenswerter Weise Staats- und Gemeinde-Behörden vielfach Notstandsarbeiten in Angriff genommen. Dadurch werden eine große Anzahl von Technikern beschäftigt, die durch die Einschränkung und Stillsetzung von Privatbetrieben stellungslos geworden und nun einen vorübergehenden Erwerb bei diesen Arbeiten anzunehmen gezwungen sind. Es entsteht dadurch hinsichtlich der Versicherungspflicht bezw. der Aufrechterhaltung der bisher erworbenen Anwartschaft bei der Reichsversicherungsanstalt für Angestellte die Frage, wieweit diese Art der Beschäftigung die Versicherungspflicht begründet. Eine generelle Regelung wird kaum möglich sein, sondern es dürfte sich die Notwendigkeit herausstellen, über die Versicherungspflicht von Fall zu Fall zu entscheiden. Es wird sich deshalb empfehlen, gleich zu Beginn einer solchen Beschäftigung die Entscheidung des Renten-Ausschusses Berlin der Angestellten-Versicherung anzurufen, um rechtzeitig Klarheit über die Einkommensverhältnisse zu schaffen. In der Eingabe an den Renten-Ausschuß sind zunächst der Name und die für die Ausstellung der Versicherungskarte sonst noch erforderlichen Daten genau zu wiederholen, außerdem sind Art und Umfang der Tätigkeit, die sonstigen Obliegenheiten und Befugnisse bei der neuen Beschäftigung und die bisherige Berufstätigkeit zu schildern. Soweit als möglich dürfte auch die Angabe über die voraussichtliche Dauer der Beschäftigung bei den Notstandsarbeiten erwünscht sein.

Wir bitten unsere an dieser Frage interessierten Mitglieder, sich genau an die vorstehende Veröffentlichung zu halten. Lz.

⁂ VERBANDSNACHRICHTEN ⁂

Zur Beachtung

Allen Gesuchen um Gewährung von Unterstützung muß das Mitgliedbuch beigefügt werden. Ist das Mitgliedbuch nicht zur Hand, dann ist die Mitgliednummer, ist auch diese nicht bekannt, neben dem genauen Namen und Stand des Mitgliedes Geburtstag und Geburtsort, möglichst auch noch die letzten Wohnorte anzugeben, damit die Mitgliednummer aufgefunden werden kann.

Die Einberufung des Mitgliedes zum Heere oder die Stellenlosigkeit muß von dem Kriegsvertrauensmann oder von der Polizei- bzw. Ortsbehörde beglaubigt werden. Das Gesuch muß ferner eine Begründung der Bedürftigkeit unter Angabe von etwaigen Gehaltsbezügen oder anderweitigen Unterstützungen, die die Familie oder das Mitglied bezieht, enthalten.

Die im Felde stehenden Mitglieder müssen die Beiträge bis einschließlich April 1914 gezahlt haben, stellenlose Mitglieder, die den Kriegsfonds in Anspruch nehmen wollen, bis einschließlich Juli, wenn ihnen nicht durch ausdrückliche Bestätigung der örtlichen Verwaltung eine Beitragsstundung für frühere Monate auf Grund § 20 der Satzung bewilligt war.

Den Kriegsteilnehmern sind während der Dauer des Feldzuges die Beiträge ohne besonderen Antrag gestundet. Andere Mitglieder, die nicht in der Lage sind, die Beiträge pünktlich zu entrichten, müssen auf Grund § 20 der Satzung Stundung nachsuchen. Darüber, inwieweit Kriegsteilnehmern und Stellenlosen Beiträge unter Anrechnung der Mitgliedszeit erlassen werden, wird nach Beendigung des Krieges der Gesamtvorstand entscheiden.

Die Gesuche um Unterstützungen sind an die Hauptgeschäftsstelle, Berlin SW. 48, Wilhelmstraße 130, Abteilung II, zu richten.

Z. Aachen. Vrs. u. Br.-A.: Franz Roß, Architekt, Aachen, Stefanstr. 39. Unsere regelmäßigen Versammlungen haben wir, wie bereits durch Einzeleinladungen mitgeteilt, wieder aufgenommen. Die nächste Versammlung findet am 21. November statt. Wir bitten auch an dieser Stelle um recht zahlreiches Erscheinen aller noch nicht zu den Fahnen einberufenen Mitglieder. An die Stelle des im Felde stehenden 1. Kassierers Herrn Mich. Kemmerich tritt der 2. Kassierer Herr Koll. Jos. Derichs, Charlottenstr. 29. Wir bitten unsere Mitglieder, sich wegen der Beitragszahlung an diesen zu wenden. Zu unseren Versammlungen sind Gäste herzlichst willkommen.

A. Ahlen i. W. Kr.-V.: Karl Meyer, Ahlen (Westf.), Bergamtsstraße 31.

Z. Bad Harzburg. Kr.-V.: Selmar Iser, Vienenburg, Goslarstraße 195.

Z. Bad Kissingen. 1. Kr.-V.: Hermann Juchelka, Ludwigstraße 15; 2. Kr.-V.: Nik. Renthal, Hemmerichstraße 7.

Z. Bautzen. Kr.-V.: A. Reh, verzogen nach Tuchmacherstraße 10.

Z. Bln.-Tempelhof. Kr.-V.: Fritz Rings, Bln.-Tempelhof, Viktoriastraße 4 (nicht mehr Beilstein).

Z. Bozen. Kr.-V.: Hans Pfeiffer, Bozen (Tirol), Stadtbauamt.

A. Culm. Kr.-V.: Ing. Otto Huhn, Kgl. Fortifikation.

Z. Dorsten. Berichtigung. Kr.-V.: nicht Vogt, sondern Voigt.

Z. Eckernförde. Kr.-V.: Peter Harder, Stadtbaumeister, Eckernförde.

Z. Glauchau. Kr.-V.: wieder Baumeister Oswald Häber, Glauchau, Augustusstraße 16 a, nicht mehr Max Hößler.

A. Gramzow. Bisheriger Kr.-V.: Alfred Reuter, z. Militär eingezogen.

V. A. Greiz i. V. Kr.-V.: Ernst Krebs, Heinrichstr. 29.

Z. Holzminden. Kr.-V.: Carl Flentje, Mil.-Bf., Holzminden, Allersheimer Straße 16.

Z. Königshütte. Kr.-V.: Viktor König, Königshütte, Ratzekstraße 14, Hintergebäude.

Z. Konitz. Kr.-V.: Ernst Lehnigk, Konitz, Hennigsdorfer Straße 30.

Z. Landsberg a. W. Kr.-V.: Alexander Dietz, Landsberg an der Warte, Neuestraße 25 II.

A. Lindau. Kr.-V.: Egid. Etschmann, Aeschach-Lindau H. 91.

Z. Lintfort. Kr.-V.: Theod. Huyeng, Camp, Bez. Düsseldorf, P. Rheinberg (Rhld.).

A. Dt.-Lissa. Kr.-V.: Fritz Köhler, Dt.-Lissa, Breslauer Straße 37.

Z. Loetzen, O.-Pr. Kr.-V.: Fritz Stamp, Kgl. Wasserbauwart, Loetzen, Wasserbauamt.

Z. Meerane i. Sa. Kr.-V.: Stadtbaumstr. Arthur Hofmann, Meerane i. Sa., Crotenlaiderstr. 59.

Z. Neustadt i. Mckl. Kr.-V.: Paul Beutz, Bahnhof.

Z. Neustettin. Kr.-V.: Otto Bechmann, Neustettin, Königstraße 56, nicht mehr W. Luther.

Z. Oberhausen. Kr.-V.: vorläufig Nicolaus Kraefft, Oberhausen (Rhld.), Styrumer Straße 62.

Z. Obornik. Kr.-V.: Maurermstr. Wilh. Pilz, Obornik, Bahnhofstraße 10.

Z. Posen. Kriegsadresse Ph. Kühne, Margaretenstr. 29. Kassenwart: W. Paul, Kaiser-Friedrich-Str. 26 IV. Stellenvermittlung: E. König, Hohenlohestr. 3 I. Am 31. Okt. fand die zweite gut besuchte Kriegsversammlung statt. Bei Erledigung der Tagesordnung wurde mitgeteilt, daß etwa 100 Mitglieder unter den Fahnen stehen. 3 Mitglieder vom städt. Tiefbauamt stehen in Frankreich bei einer Komp. Außer der Sammlung für den Kriegsfonds, die bis zum Schluß der Versammlung den Betrag von 770 Mark erreichte, wurde noch eine kleine Sammlung für Liebesgaben veranstaltet, die die im Felde stehenden Mitglieder erhalten sollen. Sie ergab zunächst den Betrag von 15 Mark. Spenden, auch Naturalien, wie Zigarren, Zigaretten, Schokolade usw., nimmt Herr Wildenhayn, Posen, Prinzenstraße 22 III, entgegen.

Z. V. Sensburg. Kr.-V.: Max Maeckel, Sensburg, Königsberger Straße 12.

A. Suhl. Kr.-V.: Alfred Henschel, Suhl, Mühlhügel 4.

V. A. Trachenberg. Kr.-V.: Architekt Nedomlel, bei Maurermeister Pöhl in Trachenberg i. Schl.

Z. Wanne. Kr.-V.: Heinrich Möller, Wanne, Göbenstr. 53 a.

A. Znin. Bisheriger Kr.-V.: E. Weidner, im Felde.

Berichtigungen.

Z. Altona. Kr.-V.: A. Straube, Altona-Ottensen, Friedens-Allee 99.

Z. Duisburg-Meiderich. Kr.-V.: E. Landgraber, Biesenstr. 49 (nicht Landgräber).

Z. Ohligs. Kr.-V.: Friedr. Weishaupt, Ohligs, Deusbergerstraße 9 (nicht Weilhaupt).

Eltern und Geschwister aus Lyk
sucht
Hermann **Walter Dyck**
29. Eisenbahn-Baukompagnie, Frankreich.

Im Dienste des Vaterlandes starb infolge eines Unfalles der freiwillige Motorradfahrer

Herr Hans Lichtwarth

aus Lötzen.

Wir betrauern in dem leider so früh Entschlafenen, dessen Brust das Eiserne Kreuz zierte, einen lieben Freund und Kollegen und werden ihm ein dauerndes Andenken bewahren.

Zweigverwaltung Loetzen
des Deutschen Techniker-Verbandes.

STERBETAFEL

Kurt Enke, Frankenberg i. Sa., Mitgl. 58742, feit 1. 7. 1910 (Zweigverw. Chemnitz).

Richard Gosky, Glogau, Mitgl. 60813, feit 1. 1. 1911 (Zweigverw. Glogau), geft. 6. 10. 1914.

Paul Haible, Straßburg-Königshofen, Mitgl. 60039, feit 1. 1. 1911 (Zw. Straßburg), geft. 21. 10. 1914.

Carl Hübner, Pofen, Mitgl. 63573, feit 1. 10. 1911 (Zweigverw. Pofen), geft. 30. 10. 1914.

Anton Keller, München, Mitgl. 45644, feit 1. 10. 1907 (Zweigverw. München), geft. 14. 10. 1914.

Ludwig Keller, Stockdorf (Bay.), Mitgl. 27679, feit 1. 1. 1904 (Zweigverw. München), geft. 14. 10. 1914.

P. J. Knobelsdorff, Osnabrück, Mitgl. 10115, feit 1. 8. 1895 (Zweigverw. Osnabrück).

Guftav Michel, Berlin, Mitgl. 78039, geft. 25. 10. 1914.

Karl Morlock, Mülheim (Rh.), Mitgl. 63383, feit 1. 10. 1911, geft. 17. 10. 1914.

Friedrich Schier, Bad Ems, Mitgl. 8489, feit 1. 1. 1894, geft. 6. 10. 1914.

Druckfehler-Berichtigung.

In der „Sterbetafel" in Heft 43/44 sind zwei Druckfehler untergelaufen. Das verstorbene Mitglied 65922 heißt W o i t e, nicht Weite; statt „Vaterlandes" muß es ferner V e r b a n d e s heißen. Auf Seite 426 rechte Spalte, Zeile 31, ist statt „Direktors" D i r e k t o r i u m s zu lesen.

BRIEFKASTEN

Eine Veröffentlichung von Antworten ist wegen Raummangels vorläufig nicht möglich. Die einlaufenden Antworten werden den Fragestellern direkt zugänglich gemacht.

Frage 192. Schrotladung. Welche Anfangsgeschwindigkeit besitzen die Schrote gewöhnlicher Jagdflinten?

Frage 193. Vertragsstreitigkeit bei Verputzarbeiten. Ich habe einem Stukkateur einen größeren Auftrag gegeben mit folgendem Wortlaut:

„. . . Die Verputzarbeiten an der Vorderfront . . . . . auf 2 cm starken dichten Zementunterputz in Terranova oder Edelputz nach meiner Wahl aufzutragen und zu schaben." Weiter heißt es: „Sie verpflichten sich gute, saubere und fachgemäße Arbeit zu liefern und haften insbesondere dafür, daß der Putz keine Feuchtigkeit durchläßt. Zu allen Arbeiten ist nur bestes Material zu verwenden."

Der Stukkateur hat nun nicht reinen Zementmörtel zum Untergrund verwandt, sondern Zement und Sackkalk zu gleichen Mengen. War er dazu berechtigt? M. E. durfte er das nicht. Da aber der hergestellte Putz nicht schlecht war, glaubte ich mich nicht berechtigt, Wandlung, d. h. in diesem Falle, Entfernung des nicht vertragsmäßigen Putzes, zu verlangen, da dieses mit unverhältnismäßig großen Kosten verbunden gewesen wäre; ich habe aber einen Abzug von 0,25 M für das qm gemacht. Wie ist die Rechtslage?

Geschäftliche Mitteilungen

E t w a s W i c h t i g e s a u f d e m G e b i e t e d e r H e i z u n g s t e c h n i k. Der Herbst ist da, der Vorbote des Winters. Leise erinnert er uns daran durch die verschiedensten Vorgänge in der Natur, daß in nicht allzulanger Zeit langsam der Winter einsetzt und uns ermahnt, durch rechtzeitige Beschaffung von Heizmaterialien auf den Einzug desselben vorbereitet zu sein.

Holz und Kohle genügt allein noch nicht, sondern jeder fürsorgliche Hausvater oder Hausmutter überzeugt sich, ob auch die Heizungsanlagen in gutem Zustande sind. Einen großen Einfluß auf die Beheizung unserer Wohnungen spielt die Beschaffenheit unserer Oefen, bezw. deren Zubehörteile. Wie oft haben durch fehlerhafte Verbindungsanlage z w i s c h e n O f e n r o h r u n d K a m i n und dadurch gezeitigt fortwährende Einströmungen von Rauchgasen mit seinen schädlichen Bestandteilen in Wohnräumen Menschenleben an ihrer Gesundheit geschädigt, ja vernichtet.

Eine Erfindung, welche dazu beschaffen ist, obigen Mißstand zu beseitigen, sind die p a t e n t i e r t e n O f e n r o h r - W a n d b ü c h s e n „S y s t e m K r a u s" D. R. P. Nr 203157, siehe nebenstehende Abbildung. Dieselben haben Verwendung gefunden bei den verschiedensten Behörden im In- und Ausland, Ofensetzern, Privaten usw. und haben sich aufs beste bewährt.

Die Wandbüchse ist ein aus Metall hergestelltes konisches Rohrfutter mit absolut selbsttätig doppelt hermetischer Dichtung, die durch einen federnden Ring mit Asbestverkleidung bewirkt wird, zugleich ein strammes selbsttätiges Festhalten der Ofenrohre bezweckt und ein zu tiefes Einschieben derselben in den Kamin verhindert. Ein Durchdrücken von Rauch, Ruß und Feuerfunken usw. ist somit ausgeschlossen. In ein und dieselbe Büchse können Rohre bis $1\frac{1}{2}$ cm Durchmesserunterschied geschoben werden und dichtet dennoch hermetisch. Die Wandbüchsen sind in den verschiedensten gangbaren Größen zu haben. Verlangen Sie Frankopreisliste und Prospekt vom Patentinhaber: N i k o l a u s K r a u s, S c h w e i n f u r t a. M., Theresienstraße 28.

DEUTSCHE TECHNIKER-ZEITUNG

HERAUSGEGEBEN VOM DEUTSCHEN TECHNIKER-VERBANDE

Schriftleitung:
Dr. Höfle, Verbandsdirektor. **Erich Händeler**, verantwortlicher Schriftleiter.

XXXI. Jahrg. **28. November 1914** **Heft 47/48**

Kriegsfonds (7. Quittung)

Geschäftsführender Vorstand: Cosmus, Heinze, Reifland, Schirmbeck 43,00 M.

Zweigverwaltungen: Augsburg: Gruppe A. 14,50, Gruppe B. 37,50, Gruppe D. 32,75 (84,75). Bad-Oynhausen: Kirmse 2,00, Westphal 2,00, Fricke 2,00, Lange 4,00, Keutenich 5,00, Wittkowsky 4,00, Bültemeyer 4,00, Steiner 4,00, Schunke 10,00, Gabbert 10,00 (47,00). Bärwalde: Frommelt 10,00. Bautzen 14,15. Berlin: E. Sundquist 1,00, Kirschbaum 1,00, H. Schneider 2,00, H. Friedrich 5,00, Frenzel 3,00, Umnus 1,50, Mierke 2,50, Ungenannt 3,00 = 19,00, Anschütz 3,00, Muth 5,00, Fritz 5,00, Petersdorf 1,00, Aug. Müller 2,00, Winter 2,50, W. Krause 2,50, Mittelstädt 2,00, Voelz 3,00, Burba 2,00, Pfeiffer 2,00 = 30,00, Betriebsgruppe Stadthaus: Schulz 2,00, Schmiedel 3,00, Lüdecke 1,00 = 6,00 (55,00). Berlin-Dahlem: Material-Prüfungs-Amt 10,00. Berlin-Lichterfelde: Bahner 3,00, Hünecke 3,00, Stange 3,00, Stoll 5,00 (14,00). Borbeck: Hofmann 5,00, Holzermann 6,00, Koch 2,00 (13,00). Breslau: Junge 3,00, Stapf 15,00, Altwasser 2,00, E. Tischer 2,00, O. Wengler 2,00, Dlugosch 3,00 (27,00): Bromberg 75,50. Burg i. Dithm.: Bender 5,00, Freise 5,00, Gorath 5,00, Dahm 3,00, Thormann 3,00, Behrens 5,00, Paasche 5,00, Wolf 2,00, Greve 3,00, Schmidt 4,00, Hancke 4,00, Heitmüller 3,00 (52,00). Charlottenburg: Eckhardt 3,00. Chemnitz 102,00. Coblenz 25,00. Cöln: Adler 5,00, Askevold 2,00, Aust 3,00, Brandt 10,00, Calmus 1,00, Cornelius 2,00, Düsterhans 3,00, Eickhoff 0,50, Franke 5,00, Fries 3,00, Gabler-Gumbert 4,00, Gräsche 8,00, Hafer 3,00, Horst 1,00, Hornmann 2,00, Heubling 5,00, König, Fr. 3,00, König, W. 5,00, Krumme 5,00, Krahn 1,00, Linder 1,00, Lübke 3,00, Leven 8,00, Meyer 2,00, Meskendahl 20,00, Marondel 5,00, Nettar 5,00, Pörtje 2,00, Pikale 3,00, G. Paul 10,00, Pellikan 10,00, Scholz 2,00, Schwalbe 1,00, Aug. Schmidt 10,00, Uhlig 5,00, Wolters 2,00, Ungenannt 1,00, Ungenannt 1,00 (162,50). Cuxhaven: Block 5,00, Lübke 5,00, Oertel 6,00, Schwedler 2,00, H. Steinmetz 5,00, Wagner 2,00, W. Lunden 3,00, Bishoff 5,00, Stelling 3,00, P. Östermann 5,00, Bunk 3,00, Kroß 3,00, Münster 4,00, Land 2,00, Schuchmacher 10,00, Wegner 5,00, M. Kroos 2,00, P. Wolf 3,00, F. Johannsen 3,00, E. Voigt 5,00, E. Bäumler 5,00, H. Feldmann 2,00, B. Feldmann 2,00 (90,00 abzügl. Porto = 89,85). Danzig 41,00. Darmstadt: H. S. V. 26 10,00, Ripper 10,00, Sames 5,00, Müller 12,50, Wießmann 7,00, Heß 5,00, Aßmuth 5,00, Thümmel 5,00, Kinkel 2,00, Bang 5,00, Heldmann 10,00, Rückert 10,00, Böhm 10,00, Hübler 10,00, Wagner 5,00, Wenz 3,00, Wallhäuser 5,00, Heyl 5,00 (124,50). Deggendorf: Brand 3,00, Stegbauer 2,00, Dobmeier 2,00, Birner 1,00, Eschenbach 1,00, Eid 1,00, Folger 1,00 (11,00). Delmenhorst 8,30. Diedenhofen: Horz 50,00, Griebel 30,00, Bals 20,00, Gabbardo 30,00, Münster 3,00, Karche 2,00, Kreppert 3,00, Gläser 10,00, Heß 10,00, Hallenbach 20,00, Höfling 5,00, Thieste 5,00, Suffeda 5,00, Freudenberger 10,00, Vissing 5,00, Kauert 5,00, Auerbach 5,00, Werner 20,00, Witt 10,00, Arend 5,00, Wehrmann 100,00, Pallmann 10,00, Kreuzer 5,00, Weber 5,00, Schur 50,00, Mertin 15,00, Herkenhöner 10,00, Neuhoff 10,00, Kihm 10,00, Düren 100,00, Hoermann 5,00, Lothr. Portland Cementwerke Diesdorf 300,00, Ges. f. Kalk- u. Cement-Industrie 100,00, Diesdorfer Cementwerke A.-G. Diesdorf 100,00, Diesdorfer Cementwerke A.-G. Metzerwiese 100,00, Griesbach & Großmann 20,00, Feller 10,00, Heinz 5,00, Greim 20,00, Gewehr 20,00, Knaf 6,00, Radtke 6,00, Speckel 4,00, Kreis 6,00, Schoeneich 8,00, Joecks 6,00, Bobbert 6,00, Dalmar 4,00, C. Thieste 10,00, Schiefferdecker 6,00, Butzbach 10,00, Hildebrandt 10,00, Somny 6,00, Goebel 4,00, Dorn 6,00, Kühn 4,00, Bomers 10,00, Hüttenkremer 2,00, Haffenegger 10,00, Fütterer 10,00, Englam 10,00, Möhle 10,00, Limmeroth 6,00, Scharffenberg 6,00, Martin 20,00, Dietz 6,00, Großmann 6,00, Ring 2,00 (1448,00). Dortmund: Borns 12,00, Rebhan 10,00, Schimm 5,00, Müller 5,00, Brahm 2,00, Esdar 3,00, Kuhlmann 2,00, Wagner 2,00, Lindken 5,00, Ungenannt 1,00 (47,00). Düsseldorf 100,00. Eickel 30,00. Elbing: 6,50, Leeder 10,00 (16,50). Freiburg i. B. 50,00. Friedrichsort: Von den Technikern der Kaiserl. Torpedowerkstatt als II. Rate 579,87, Carstens 10,00 (589,87). Fürth 46,15. Genthin: Börner 3,00. Gevelsberg 38,00. Großenhain 17,15. Hamburg II. Rate 1592,00. Hannover: Militär-Neubauamt Langenforth Hannover 24,00. Kattowitz 45,00. Kiel: 151,25, 48,75, 10,40, T. J. & J. U. 86,80, K. W. Ress. IV 69,80, Howaldswerke 33,00, Betrieb Kaiserl. Werft Schiffbau Ressort 73,00 (473,00). Landshut 4,00. Loetzen: Stamp 5,00, Schäfer 8,00, Sarembe 2,00, Wachtel 3,00, Kluge 3,00, Schulz 10,00, Bischoff 2,00, Fischbach 2,00, Hudel 2,00, Hösch 5,00, Cöhn 5,00, Sauerbaum 2,00 (49,00). Magdeburg: Stieger 10,00, Papenroth 10,00, Walter 2,00, Koch 1,00, Seydel 1,00, Tutzschke 1,50, Gürke 1,00, Schwalbe 1,00, Peter 1,00, Ullrich 1,00, Friese 1,50, Grave 1,00, Hilgert 1,00, Mahlert 1,00, Fessel 1,00, Hoffmann 1,00, Stolte 1,00, Bobe 2,00, F. Schulze 10,00, Schröter 1,00 (50,00). Mannheim 134,15. M.-Gladbach 25,00. Neustadt i. Holstein: J. Lund 3,00. Nürnberg 60,00. Oldenburg 70,00. Posen: Durch Koll. Wahrenholz vom Bahnmeister-Verein 10,00, Bekedorf 5,00, Flegel 8,00, Ginz 5,00, Kreß 5,00, Kronberg 10,00, König 10,00, Krüger 3,00, Berndt 1,00, Dorr 2,00, Bade 2,00, Klekotta 3,00, Schilling 10,00, Kempf 25,00, Schiersch 10,00, Fritz 5,00 (114,00). Rheine 24,00. Rosenheim 14,00. Schöneberg 22,00. Schweidnitz 35,00. Siegen 20,00. Spandau: Haack 4,00, Schultze 4,00, Hopstock 5,00, Rüthning 2,00, Witzig 5,00, Arnold 2,00, Neubauer 0,50 = 22,50, Rabe 10,00, Spillner 5,00 = 15,00, Hinz 12,00, Schäfer 6,00 = 18,00 (55,50). Stettin: Stettiner Bauhütte 200,00, Gose 5,00, Brenneke 8,00, Kettner 5,00, Gericke 5,00 = 23,00, Patzelt 3,00, Knebel 3,00, Hase 5,00, Henning 5,00, Borchert 3,00, J. Meyer 3,00, F. Meckel 5,00, Milde 5,00, Fischer 2,00 = 34,00 (257,00). Wanne 17,50. Weißenfels: Nitzsche 6,00, Schömburg 10,00, Deister 10,00, Helmhold 4,50, Schwetzel 6,00, Lindemann 5,00 (41,50). Wiesbaden 48,50. Wilhelmsburg 20,00. Wilhelmshaven 1213,15. Wismar 25,00. Würzburg 121,15. Zeitz: Laue 10,00, Renter 3,00, Heber 3,00, Wesselmann 3,00, Kühn 5,00, Kuhn 3,00, Krowatschek 3,00, Dümler 3,00, Finger 3,00, Theile 3,00, Meichsner 3,00, Schipke 5,00, Bermel 3,00, Ludwig 3,00, Leopold 4,00 (57,00). Zittau 40,00.

(Sa.: 8009,67 M.)

Mitglieder: Alting 10,00, Bielemann 3,00, Bruckmann 5,00, Cassel 5,00, Denig 4,00, Peters 3,00, Ditten 4,00, Fegers 50,00, Fössel 5,00, Hauschild 3,00, Hoffmann 6,15, Johnen 30,00, Jungkurth 20,00, Kahl 7,00, Katzenbach 10,00, Kayer 12,00, Klipp 10,00, Krüger 2,00, Lehmgrübner 5,00, Liebelt 2,00, Ludwig 5,00, Lück 3,00, J. Müller 5,00, A. Naumann 5,00, Neumann 5,00, Niebank 10,00, Noll 6,00, Oswald 3,00, Peeck 3,00, Pflöschner 4,00, Ring 10,00, P. v. Rysse 10,00, Schädel 4,00, O. Schulze 4,00, Schweder 5,00, Steiner 8,00, Steinke 5,00, A. Ziegler 3,00.

(Sa.: 294,15 M.)

Zusammen	8 346,82 M.
Dazu Endbetrag der 6. Quittung	42 523,00 M.
	50 869,82 M.

Gezahlt wurden seit der letzten Veröffentlichung	4 876,00 M.
Dazu Endbetrag der 6. Ausgaben-Quittung	11 670,27 M.
Sa.	16 546,27 M.

Die in Heft 37/38 für die Zweigverw. Magdeburg veröffentlichten 146,00 M wurden von folgenden Kollegen gespendet:

Papenroth 10,00, Stoige 3,00, Theuerkauf 2,00, Rohr 2,00, Dallach 2,00, Erler 5,00, Stieger 10,00, Studt 2,00, L. Müller 2,00, Klepp 2,00, A. Hoffmann 2,00, Bobe 2,00, Zemter 2,00, Gürke 2,50, Bergmann 2,00, Hesse 2,00, Dornitzky 1,00, Stolte 1,50, Falkenberg 1,00, Kegel 1,00, Mahlert 2,00, Feuchter 2,00, Kröpfle 1,00, Lüteke 3,00, Schluricke 2,00, Wegbrett 2,00, Walter 2,00, Bethge 2,00, Kuntze 2,00, Doesseler 1,00, Nieber 1,00, Nose 2,00, Schachtel 2,00, Wunsch 2,00, Heinz 2,00, Kämpfer 2,00, Fritsch 2,00, Grave 2,00, Abb 1,00, Koch 1,00, Osterrath

1,00, Brandt 3,00, Friese 3,00, Löhr 2,00, Schwalbe 2,00, Peine 2,00, Hoffmann 1,00, Sietz 1,00, Tutzschke 1,00, Busse 10,00, F. Schulze 20,00, Damerow 3,00, Ullrich 2,00, Kurz 2,00 (146,00).

Desgleichen die in Heft 45/46 für die Zweigverw. Charlottenburg veröffentlichten 128,00 M von folgenden Damen bezw. Herren:

E. Rohr 28,00, Mahlke 28,00, Gruber 3,00, Köpke 3,00, Eisfeld 5,00, Frl. Reichelt 3,00, T. P. 1,00, Sammlung Baubureau Krankenhaus f. Geburtshilfe 6,00, Dormeyer & Lange 6,00, Falcke 2,00, Queißer 2,00, Raab 1,00, Frl. Wetzel 1,00, Frl. Reek 3,00, Baustube 1,50, Frl. M. Zische 20,00, W. Wünsche 3,00, Carlbala 1,00, Uebe 3,00, Bachmann 5,00, G. M. Lindow 2,00, B. 0,50 (128,00).

Desgleichen die in Heft 43/44 für die Zweigverw. Mühlhausen i. Th. veröffentlichten 76,50 M von folgenden Herren:

Krieger 5,00, Wetter 5,00, Roth 5,00, Venutti 5,00, Westfehling 5,00, Dodenhoff 3,00, Blümer 2,00, Herr 3,00, Roselt 2,00, Reuther 5,00, Pohlemann 10,00, Seifert 2,00, Köppe 10,00, Becker 3,00, Becker, B. 3,00, Schörnig 3,00, Zindt 3,00, Leibing 3,00, Herzog 5,00 (82,00 abzüglich 10 Proz. Sammellohn für 53,00 und Porto 76,50).

Es ist erfreulich, daß die Spenden zum Kriegsfonds so reichlich eingehen. Von verschiedenen im Felde stehenden Kollegen ist uns bestätigt worden, daß es ein beruhigendes Gefühl für die Kriegsteilnehmer sei, zu wissen, daß auch der Verband sich um ihre Angehörigen kümmert. Wir gewähren die Unterstützungen an die Familien unserer Krieger und an die Stellenlosen laufend in monatlichen Raten. Dadurch werden jeden Monat große Summen erforderlich. Auch gehen jeden Tag neue Gesuche ein und erhöhen sich dadurch die Ansprüche wesentlich. Wir bitten daher auch in Zukunft des Kriegsfonds zu gedenken.

Die Verbandsleitung.

Pflichterfüllung bis zum Äußersten!

Von ERICH HÄNDELER.

Im letzten Heft gaben wir die Namen unserer Kollegen bekannt, die wahrscheinlich an dem glorreichen Heldenkampf um Tsingtau teilgenommen haben. Ueber ihr Schicksal ist uns zurzeit noch nichts Näheres bekannt. Aber davon sind wir überzeugt, daß sie das Gelöbnis, das der Gouverneur von Tsingtau Meyer-Waldeck seinem Vaterlande gab: „Pflichterfüllung bis zum Aeußersten“, erfüllt haben. Und von dem gleichen Wollen sind all unsere Verbandsmitglieder beseelt, die als tapfere Kämpfer für Recht, Freiheit und Gerechtigkeit, wie ein Kaiserwort diesen Riesenkampf des deutschen Volkes, des verbündeten Oesterreichs und des Osmanischen Reiches genannt hat, gegen Ost und West und draußen auf den Meeren ihr Leben für Volk und Vaterland eingesetzt haben.

Pflichterfüllung bis zum Aeußersten! So denken alle unsere Krieger. Es ist für sie nicht ein hartes Gebot, das ihnen aufgezwungen ist und dem sie Folge leisten müssen, weil sie die Staatsgewalt dazu zwingt, sondern diese Pflichterfüllung bis zum Aeußersten, die uns tagtäglich die kurzen Berichte aus dem Hauptquartier und die vielen Schilderungen über die gewaltigen Schlachten in Ost und West zeigt, ist geboren aus dem Innersten heraus, aus der Liebe zu Volk und Vaterland. Das ist die sittliche Stärke unseres Heeres, das seine Kraft nicht nur der militärischen und technischen Organisation verdankt, sondern mit in erster Linie der Tatsache, daß es das Heer des deutschen Volkes ist, des Volkes, das einen Kant, einen Fichte, einen Goethe sein eigen nennt. Der kategorische Imperativ Kants, seine Anwendung auf den Staatsgedanken durch Fichte in seinen Reden an die deutsche Nation, das Ideal der Persönlichkeit, die von der Pflichterfüllung durchdrungen ist, das uns Goethe gegeben, das alles hat unserem deutschen Volke mit seinen Schulen und Hochschulen, mit seinem Staatsaufbau und seiner sozialen Gesetzgebung die Stärke verliehen, die es unüberwindlich macht.

Diese Pflichterfüllung bis zum Aeußersten soll aber nicht nur bei unseren Kämpfern auf den Schlachtfeldern lebendig sein; sie muß auch leben in denen, die daheimgeblieben sind. Ein moderner Krieg wird nicht nur von Kriegern geschlagen, die mit der Waffe in der Hand dem Feinde entgegentreten, sondern auch von denen, die im Lande für die Aufrechterhaltung des Wirtschaftslebens verantwortlich sind. Was nützt es, wenn der Mut und die Tapferkeit unseres Heeres unübertrefflich ist, aber die wirtschaftliche Kraft des Landes verloren ist? Was bedeutet ein Sieg, wenn unser Wirtschaftsorganismus zugrunde gegangen ist? Er kommt fast einer Niederlage gleich?

Pflichterfüllung bis zum Aeußersten ist darum auch für uns das höchste sittliche Gebot. Wenn wir an unsere Kollegen draußen im Felde denken, so muß der vornehmste Gedanke für uns sein, den Verband auch durch die Kriegszeit hindurch in alter Stärke und Kraft zu erhalten, ja noch mehr, ihn so auszubauen, daß die nach siegreichem Kampf zurückkehrenden Kollegen uns danken für die Arbeit, die wir inzwischen vollbracht. Die Anforderungen, die an den Verband nach dem Kriege gestellt werden, sind riesengroß. Da wird es sich zeigen, ob die deutsche Technikerschaft eine Organisation hat, die allen Stürmen zu trotzen vermag, die ihnen eine feste Stütze zum weiteren Aufsteigen unseres Standes ist. Fast sollte man meinen, daß der deutsche Technikerstand als Träger der deutschen Technik, der wir in diesem Kriege so unendlich viel verdanken, auch eine bessere Bewertung finden wird und daß eine angemessenere Einschätzung technischer Arbeit eintritt. Aber wir kennen die wirtschaftlichen Schwierigkeiten, die uns entgegenstehen und die nach dem Kriege eher stärker als schwächer sein werden.

Darum auf zur Arbeit für unseren Verband! Viel ist schon geschehen. Das Anwachsen unseres Kriegsfonds hat gezeigt, wie groß die Opferwilligkeit unserer Mitglieder ist, um die Not des Augenblicks zu lindern; aber viel Gelder müssen noch weiterhin aufgebracht werden, wenn wir allen Angehörigen der Kriegsteilnehmer, die in Not sind, und den vielen Stellenlosen während der ganzen Dauer des Krieges die monatlichen Unterstützungen auszahlen wollen. Ungeheure Anforderungen werden an die Sterbegeldunterstützung gestellt, die allen Hinterbliebenen von Verbandskollegen in voller Höhe ausgezahlt wird; die Ehrentafel und Sterbetafel in jedem Heft der D. T.-Z. reden eine beredte Sprache.

Wir danken herzlichst allen, die oft eigentlich weit über ihr Können hinaus gegeben haben, um die Not zu lindern. Aber das Beispiel dieser opferwilligen Mitglieder sollte alle übrigen anspornen. Es gibt viele, die geben könnten und doch abseits stehen. Kollegen, die Sie bis jetzt noch mit Gaben zurückgehalten haben, stehen Sie nicht weiter zurück. Wir erbitten nicht Ihre Hilfe zur Wohltätigkeit, wir erinnern Sie nur an die Worte: Pflichterfüllung bis zum Aeußersten! Und Pflicht jedes Kollegen ist es auch, derer zu gedenken, die durch die Wirrnisse des Krieges ihr Einkommen verloren haben.

Von der Pflicht jedes Mitgliedes, seinen Beitrag pünktlich zu entrichten, sollte es eigentlich im Zusammenhang mit diesem Aufruf an die Opferwilligkeit der Kollegen nicht nötig sein zu reden. Aber leider muß dieses Kapitel auch hier gestreift werden. Es gibt viele Verbandsmitglieder, die glauben, sie brauchten nur dafür zu sorgen, daß sie nicht mehr als drei Monate mit ihrem Beitrag im Rückstande sind, um der Streichung aus den Mit-

Achtung! Sehr wichtig! Achtung!

Beitrags-Einziehung

Im Dezember müssen alle für das Jahr 1914 (einschl. Dezember) noch rückständigen Beiträge bezahlt werden. Die Zahlungen sind an den Kassierer der zuständigen örtlichen Verwaltung entweder persönlich oder durch Postanweisung zu entrichten. Ist dessen Adresse nicht bekannt, oder ist das Mitglied keiner Verwaltung zugeteilt, dann sind die Beiträge direkt an die Hauptgeschäftsstelle Berlin SW. 48, Wilhelmstraße 130 mit dem Vermerk, für welche Monate sie bestimmt sind, zu senden.

Alle rückständigen Beiträge bis einschl. Dezember, also auch Beträge über 2 und 4 Mark, werden im Januar durch Nachnahme von der Hauptgeschäftsstelle unter Zuschlag der Nachnahmegebühr erhoben. Den Kriegsteilnehmern sind die Beiträge laut Beschluß des Geschäftsführenden Vorstandes vom 2. August gestundet. Alle übrigen Mitglieder, die zur Zahlung der Beiträge nicht in der Lage sind, müssen bei dem Vorstand der zuständigen Verwaltung beziehungsweise bei der Hauptgeschäftsstelle um Stundung nachsuchen.

Mitglieder, die weder den Beitrag für 1914 einschließlich Dezember einsenden, noch um Stundung nachsuchen, werden von der Mitgliederliste gestrichen, wenn sie mehr als drei Monate mit dem Beitrag im Rückstand sind.

Der Geschäftsführende Vorstand

gez. Paul Reifland, Vorsitzender gez. Dr. Höfle, Verbandsdirektor

Pünktliche Beitragszahlung ist während der Kriegszeit doppelte Pflicht jedes Mitgliedes!

Auszug aus der Satzung

§ 19. Der Beitrag für ordentliche und für fördernde Mitglieder beträgt monatlich zwei Mark. Er ist im voraus zahlbar.	§ 12. Jedes Mitglied ist verpflichtet, die Satzungen und die Beschlüsse der Verbandsorgane zu befolgen, im besonderen die Beiträge pünktlich und portofrei zu entrichten.	§ 20. .... Beiträge können mit Zustimmung der örtlichen Verwaltungsstelle ein Vierteljahr gestundet werden.	§ 15. Gestrichen wird ein Mitglied aus den Listen des Verbandes, wenn es m. seinem Beitrage länger als 3 Monate im Rückstande ist, ohne Stundung erhalten zu haben.

Weiterlieferung der D. T. Z. für 1915

Jede Wohnungsänderung zum 1. Januar 1915

muß sofort der Hauptgeschäftsstelle mitgeteilt werden, damit die Zustellung der Zeitung nicht unterbrochen wird. Für Mitglieder, die ihre neue Adresse nicht bis zum 5. Dezember mitgeteilt haben, muß das Abonnement für die alte Adresse abgeschlossen werden, sodaß sie gemäß den Bestimmungen der Post eine Ueberweisungsgebühr von 50 Pfg. entrichten müssen.

Angehörige von Kriegsteilnehmern

die eine Weiterlieferung der Zeitung für das Jahr 1915 wünschen, müssen dies der Hauptgeschäftsstelle sofort mitteilen, da sonst die Lieferung mit dem laufenden Jahre eingestellt wird.

Auf Wunsch senden wir den im Felde stehenden Kollegen die Zeitung nach, wenn uns die genaue Feldadresse angegeben wird.

Wir bitten die Meldeformulare auf Seite 445 zu benutzen

gliederlisten gemäß § 15 der Satzung zu entgehen. Leider ist diese Auffassung in weiten Kreisen des Verbandes verbreitet, obwohl sie dem § 19 der Satzung widerspricht, wonach der Beitrag von 2 Mark monatlich im voraus zu entrichten ist. Es ist wohl angebracht, in dieser Zeit der Anspannung aller Kräfte unseres Volkes mit dieser Nachlässigkeit zu brechen. Die umstehende Bekanntmachung fordert darum, daß im Dezember alle rückständigen Beiträge beglichen werden, also auch der im Dezember fällige Beitrag. Alle am 31. Dezember noch ausstehenden Beiträge werden im Januar durch Nachnahme erhoben. Eine Härte soll diese Maßnahme nicht in sich schließen. Im Gegenteil, wir sind bereit, in weitgehendstem Maße Stundungen zu gewähren. Die Vorstände der örtlichen Verwaltungen sind berechtigt, Stundung bis drei Monate zu bewilligen. Aber auch weitergehende Stundungen können beim Geschäftsführenden Vorstande nachgesucht werden. Insbesondere wird allen Stellenlosen entgegengekommen werden; den Kriegsteilnehmern sind die Beiträge allgemein gestundet. Auf niemand, der wirtschaftlich nicht in der Lage ist, seinen Beitragsverpflichtungen nachzukommen, soll ein Druck ausgeübt werden. Aber das können wir von jedem Mitgliede verlangen, daß es entweder seine Beitragspflicht erfüllt oder gemäß der Satzung Stundung beantragt. Nachlässigkeit darf jetzt kein Entschuldigungsgrund sein.

Einen noch fester als vorher gefügten Verband sollen unsere im Felde stehenden Kollegen nach ihrer Rückkehr vorfinden. Ein jeder von uns muß an diesem Ziele mitarbeiten. Unsere Kriegsvertrauensmänner und die im Amte verbliebenen Vorstandsmitglieder haben in den vier Kriegsmonaten ausgezeichnete Arbeit geleistet und dem Verband über die allerschwerste Zeit hinweggeholfen. Jetzt heißt es auch für alle Mitglieder, die nicht unter den Fahnen stehen, sich an der Verbandsarbeit zu beteiligen. Niemand darf den Dezemberversammlungen fern bleiben, die in einer großen Zahl örtlicher Verwaltungen angesetzt sind. Gerade die persönliche Fühlungnahme der Mitglieder ist jetzt notwendiger als je. Und sollten die Daheimgebliebenen nicht dasselbe Bedürfnis haben wie die Kollegen draußen im Felde, die sich, wo sie sich treffen, enger aneinanderschließen? Die Deutsche Techniker-Zeitung, die wir ins Feld nachsenden, geht dort von Hand zu Hand. Selbst neue Mitglieder werden in den Reihen der Kriegsteilnehmer für den Verband geworben und gewonnen.

Drum frisch an die Arbeit für den Verband. Es darf keiner zurückbleiben. Auch wir wollen unseren kämpfenden Kollegen zeigen, daß wir wissen, was Pflichterfüllung heißt!

SOZIALPOLITIK

Gegen Lohnkürzungen

Dem Erlasse des Gouverneurs von Metz gegen die Kürzungen der Gehälter und Löhne durch Firmen, die trotz der Kriegszeit voll beschäftigt sind, ist ein Erlaß des stellvertretenden kommandierenden Generals des 7. (westfälischen) Armeekorps gefolgt. Auch der stellvertretende kommandierende General des 10. Armeekorps hatte eine ähnliche Bekanntmachung erlassen, die folgendermaßen lautet:

„In letzter Zeit sind zahlreiche Beschwerden von Beamten und Arbeitern industrieller Unternehmungen usw. an mich gelangt, in denen über eine übermäßige Kürzung ihrer Einnahmen geklagt wird, ohne daß die Arbeitgeber durch schlechte Geschäftslage zu solcher Maßnahme gezwungen wären. Die Beschwerden richten sich zum Teil auch gegen solche Unternehmer, die durch Aufträge der Militärbehörden reichlich beschäftigt sind. Die Prüfung der Berechtigung der Beschwerden ist in die Wege geleitet, und ich muß mir weitere Schritte gegen diejenigen Firmen vorbehalten, bei denen eine unbegründete und übermäßige Kürzung der Gehälter und Löhne sich herausstellen sollte. Während ich einerseits eine unbegründete Kürzung der Einnahmen der Angestellten — bis zu 33 und 50 Prozent — auf das schärfste verurteilen müßte, und mich der Hoffnung hingebe, daß die Zahl der Arbeitgeber eine verschwindend geringe sein wird, die so gewissenlos wären, die Zeitumstände auf Kosten ihrer Angestellten zu eigenem Vorteil auszunutzen, so muß ich andererseits darauf hinweisen, daß zweifellos viele Arbeitgeber trotz Rückgangs ihres Geschäfts von einer Kündigung ihrer Angestellten abgesehen haben und ihnen aus freiem Entschluß einen Teil des Gehalts ausbezahlen, um sie und ihre Familien vor Not zu bewahren. Diese ernsteste und größte Zeit, die unser Vaterland je durchlebt hat, werden wir nur dann siegreich überwinden, wenn, wie bisher, alle Gesellschaftsklassen und Parteien Hand in Hand gehen, und ein jeder auf dem Posten, wohin er gestellt ist, seine Pflicht tut. Zu diesen Pflichten gehört auch die Opferwilligkeit der Arbeitgeber und dankbare Anerkennung und Rücksichtnahme auf die Verhältnisse seitens der Beamten und Arbeiter.

Der kommandierende General v. Linde-Suden,
General der Infanterie."

Diese Mahnungen haben den Unwillen verschiedener Unternehmerkreise erregt. Die Handelskammern in Bonn, Elberfeld, Essen und Hagen in W., sowie der Verein der Industriellen im Regierungsbezirk Köln erklären derartige „verallgemeinernde" Warnungen für ungerechtfertigt. Die Elberfelder Handelskammer geht sogar so weit zu behaupten, daß die Militärlieferungen „vielleicht keinen oder nur geringen Nutzen" abwerfen. Sie meint, die Verwarnung werde nur Verbitterung bei den Unternehmern erregen, die ihr Personal trotz gewinnlosen oder gar verlustbringenden Betriebs weiter beschäftigen und damit große Opfer auf sich nehmen. „Diese werden dann womöglich dazu übergehen, einen Teil ihrer Angestellten ganz zu entlassen, insbesondere diejenigen, für die jetzt eigentlich keine Beschäftigung vorhanden ist." In das gleiche Horn stößt die „Deutsche Arbeitgeber-Zeitung". Dieses Blatt bringt aus „Industriekreisen" einen Artikel, der davon ausgeht, daß mit der Aufwärtsbewegung der Industrie die Löhne gestiegen seien und daß es deshalb „wirtschaftlich unverständlich" wäre, daß man bei dem jetzigen Riesensturz die Löhne nicht entsprechend herabsetzen wolle. Der Verfasser führt sogar noch weiter aus:

„Ob dann nach der Wiederkehr normaler Verhältnisse, bei der Einschiebung in die neue gewerbliche Weltlage die Aufrechterhaltung der Lohnhöhe, wie sie vor dem Kriege bestand, überhaupt möglich sein wird, muß bezweifelt werden. Ein Sinken nach dem Kriege könnte aber schwere innere Kämpfe zur Folge haben."

Es ist rührend, mit welcher Fürsorge hier ein Unternehmer an die Zukunft der Arbeitnehmer denkt. Aber diese Sorge über die Höhe der Gehälter und Löhne nach dem Kriege kann er ihnen getrost selbst überlassen. Sollten die Herren schon vergessen haben, daß zu Beginn des Krieges stillschweigend auf beiden Seiten der „Burgfriede" anerkannt worden ist? Solchen Argumenten gegenüber, wie sie die Arbeitgeber-Zeitung bringt, könnten die Arbeitnehmer darauf hinweisen, daß auch die Preise der Lebensmittel und des Lebensunterhaltes außerordentlich gestiegen sind, so daß gerade eine Erhöhung ihres Lohnes berechtigt wäre. Man sollte doch derartige Aeußerungen, die auf eine Verschärfung des Gegensatzes zwischen den Unternehmern und den Angestellten und Arbeitern hinauslaufen, im Interesse des deutschen Volkes jetzt von der Erörterung ausschließen. Hdl.

*

Ein neuer Erlaß gegen Gehaltskürzungen

Von verschiedenen stellvertretenden Generalkommandos konnten wir erfreulicherweise berichten, daß sie gegen Firmen, die in ungerechtfertigter Weise Gehaltskürzungen oder Entlassungen von Angestellten vornahmen, vorgegangen sind. Der stellvertretende General des 1. bayrischen Armeekorps Freiherr von der Tann hat einen geradezu klassischen Erlaß in dieser Richtung herausgegeben. Er lautet:

„Dem Generalkommando ist bekannt geworden, daß eine Reihe von Arbeitgebern seit Beginn der Mobilmachung ungerechtfertigterweise die bisherigen Gehälter gekürzt hat und ihren Arbeitern, insbesondere den Heimarbeiterinnen, außerordentlich niedrige Löhne zahlt.

Diesem gemeingefährlichem Geschäftsgebaren muß ein Ziel gesetzt werden.

Auf Grund des Art. 4 Ziffer 2 des Gesetzes über den Kriegszustand vom 5. November 1912 befehle ich hiemit, daß die Arbeitgeber die Gehälter ihrer Angestellten und die Löhne ihrer Arbeiter unverzüglich so regeln, daß diesen ein ihren Leistungen entsprechender Verdienst verbleibt. Gegen Zuwiderhandelnde werde ich unnachsichtlich mit aller Schärfe vorgehen.

Als Zwangsmaßregeln gegen die schuldigen Arbeitgeber habe ich in Aussicht genommen:

Oeffentliche Bekanntgabe der Namen und Firmen, dauernde Entziehung von Militärlieferungen, Sperrung des Eisenbahn-Güterverkehrs für die Geschäfte, Schließung der das Gemeinwohl gefährdenden Geschäftsbetriebe.

Außerdem haben Zuwiderhandlungen strafgerichtliches Einschreiten zu gewärtigen."

Hoffentlich bleibt das energische Vorgehen nicht ohne Wirkung. Es ist wirklich bedauerlich, daß solche Erlasse überhaupt notwendig werden. D. H.

ANGESTELLTENFRAGEN

Angestelltenversicherungszwang bei Gehaltsermäßigung

Die Handelskammer Berlin hatte an das Direktorium der Reichsversicherungsanstalt eine Anfrage über die Gestaltung der Versicherung bei Gehaltsermäßigung gerichtet. Die Antwort bestimmt folgendes:

Nach § 1 Absatz 3 des Versicherungsgesetzes für Angestellte ist abweichend von dem Wortlaut der Reichsversicherungsordnung nicht der regelmäßige Jahresarbeitsverdienst, sondern der Jahresarbeitsverdienst als maßgebend für die Versicherungspflicht erklärt.

Bei festen Gehaltsbezügen ist die Versicherungspflicht eines Angestellten stets nach seinen jeweiligen Bezügen zu beurteilen, und eine etwa für die Zukunft in Aussicht stehende Veränderung der Gehaltsbedingungen kann hierbei nicht in Betracht gezogen werden.

Erhält sonach ein nach Art seiner Tätigkeit nach dem Versicherungsgesetz für Angestellte versicherungspflichtiger Angestellter für die Dauer des Kriegszustandes auf Grund einer Vereinbarung mit seinem Arbeitgeber ein den Betrag von 5000 M nicht übersteigendes Gehalt, so unterliegt er für diese Zeit dem Versicherungszwange des Versicherungsgesetzes für Angestellte, und zwar ohne Rücksicht auf ein etwaiges Versprechen des Arbeitgebers, ihm nach Beendigung des Krieges das frühere höhere Gehalt wieder zu bezahlen.

gez. Koch.

BEAMTENFRAGEN

Nebenbeschäftigung der Beamten

Die bayerischen Staatsministerien haben bezüglich der Nebenbeschäftigung der Beamten folgende Bekanntmachung erlassen:

„Durch die allgemeine Stockung des Wirtschaftslebens, die der Krieg im Gefolge hat, werden alle erwerbstätigen Schichten der Bevölkerung schwer getroffen. Die Rücksicht auf das allgemeine Wohl macht es in einer Zeit den Beamten des Staates, deren Existenz durch die staatliche Anstellung gesichert ist, zur Pflicht, sich aller Nebenbeschäftigungen zu enthalten, durch die berufsmäßige Gewerbetreibende in ihrem Erwerb geschmälert werden können. Die Erlaubnis zum Betrieb eines Gewerbes oder zu einer Nebenbeschäftigung, mit der eine Entlohnung verbunden ist, darf daher bis auf weiteres nur noch ausnahmsweise und dann erteilt werden, wenn eine Benachteiligung freier Gewerbetreibender und freier Erwerbstätiger ausgeschlossen ist. In den Fällen, in denen eine solche Erlaubnis schon erteilt ist, soll geprüft werden, ob die Rücksicht auf die erwerbstätigen Stände nicht die Zurücknahme der Erlaubnis notwendig oder wünschenswert macht. Die Erlaubnis, bei musikalischen Veranstaltungen gegen Bezahlung mitzuwirken, darf bis auf weiteres nicht mehr erteilt werden. Eine erteilte Erlaubnis ist zu widerrufen. Ausnahmen behalten sich die Ministerien vor. Die Beobachtung dieser Bestimmungen ist sorgfältig zu überwachen."

STANDESBEWEGUNG

Kriegsmaßnahmen des D. T.-V.

Verhandlungen mit Firmen mit Staatsaufträgen wegen Gehaltskürzungen bezw. Entlassung von Angestellten.

Eingaben an zwei Militärbauämter wegen Beschäftigung unentgeltlicher Kräfte.

Eingaben an verschiedene Generalkommandos mit der Bitte, doch auf Firmen einzuwirken, die Staatsaufträge haben, trotzdem aber Angestellte entlassen oder Gehaltskürzungen vorgenommen haben.

Empfehlung unserer Stellenvermittlung bei dem preußischen Ministerium der öffentlichen Arbeiten, dem Leiter der Armierungsarbeiten in Posen, dem preußischen Kriegsministerium.

Verhandlungen mit Magistrat Schöneberg und Rostock wegen Arbeitslosenunterstützung.

Eingabe an das preußische Landwirtschaftsministerium wegen Weiterzahlung des Gehalts an die auf Privatdienstvertrag Angestellten, die im Felde stehen.

Beteiligung an einer Eingabe an den Bundesrat wegen Aenderung des Versicherungsgesetzes für Angestellte im Sinne des § 1274 der R.V.O.

Eingabe an die Kgl. Klosterkammer Hannover wegen Kündigung eines Technikers.

Eingaben an den Magistrat Berlin, Wilmersdorf und Magdeburg wegen einer Firma, die trotz großer städtischer Aufträge ihre Techniker entlassen hat.

Teilnahme an den Verhandlungen mit Magistrat Berlin wegen Schaffung eines öffentlich-rechtlichen Arbeitsnachweises für Angestellte.

Eingabe an den Magistrat Flensburg wegen besserer Bezahlung der als Hilfsschreiber verwendeten Techniker.

Verhandlungen mit Militärbauämtern wegen Ueberstunden und Ausstellung von Zeugnissen.

*

Aus dem D. T.-V.

Auf vielfache Anfragen machen wir hiermit darauf aufmerksam, daß das Sterbegeld, das der D. T.-V. an die Hinterbliebenen unserer verstorbenen Mitglieder zahlt, nach einjähriger Mitgliedschaft 50 M beträgt. Die Summe erhöht sich nach je 1 Jahre Mitgliedschaft um 10 M bis zum Höchstbetrage von 400 M.

Ernst Littau, Hildesheim, Mitgl. 52450, ist zum Leutnant der Reserve befördert worden.

Von unseren im Felde stehenden Mitgliedern werden als vermißt gemeldet: Kurt Deparade, Schröttersdorf bei Bromberg, Mitgl. 48931, Leopold Schmidt, Bautzen, Mitgl. 48267, Otto Kummert, Mühlhausen i. Th., Mitgl. 68847, Louis Schmidt, Bochum, Mitgl. 42139, der in russische Gefangenschaft geriet, Osk. Wonneberger, Bunzlau, Mitgl. 21486, langjähr. Vorsitzender unserer Zweigverwaltung Bunzlau.

Unser Mitglied Berck schreibt unter dem 6. XI. 14. aus dem nördlichen Belgien:

Da ich annehme, daß unser Verband Kriegsdokumente 1914 sammelt (von seinen Mitgliedern), so will ich auch ein Scherflein dazu beitragen. Die Verbündeten sind aus dem letzten Zipfelchen von Belgien bald herausgehauen, vor allem aber die Engländer, denn heute geht die Nachricht um, daß sie die Franzosen in die vordersten Stellungen geschickt haben und sie selbst etwas mehr zurückgegangen sind. Sehr bezeichnend für England. Unser Eisenbahnstützpunkt ist Courtrai, die Engländer haben durch ihre Flieger fortgesetzt den Bahnhof bombardiert, ohne viel Schaden anzurichten. Gestern hat aber ein solcher Kerl 6 Bomben auf einmal geworfen, die furchtbar gewirkt haben, jedoch nur zum Leidwesen der Belgier; denn die Bomben sind in eine dem Bahnhof nächstliegende Straße gefallen, haben eine große Häuserreihe zerstört und die Straße aufgerissen. Sechs tote Belgier und etwa 14 Verwundete (Frauen und Kinder hauptsächlich) war das Ergebnis der englischen Waffentat — und Brüder der Belgier. Die Erbitterung der Bevölkerung war so groß, daß sie sich anbot, uns Dienste gegen England zu leisten. Viele kollegiale Grüße C. E. Berck.

VERBANDSNACHRICHTEN

Z. Berlin-Tegel. Br.-A.: W. Nowack, Kriegsvertrauensmann, Reinickendorf-W. bei Berlin, Graf-Haeseler-Str. 29. Mitgliederversammlung der Zweigverwaltung Tegel: Donnerstag, den 3. Dezember, abends 8½ Uhr, im Restaurant Hamuseck in Tegel, Hauptstraße. Die Tagesordnung wird noch bekanntgegeben.

Z. Charlottenburg. In der am 6. Nov. einberufenen Versammlung wurde beschlossen, während der Kriegszeit zwanglose Zusammenkünfte abzuhalten, in denen die Verbandsangelegenheiten besprochen werden sollen. Die Versammlungen finden am 1. und 3. Freitag jeden Monats im Logenrestauant, Berliner Straße, statt. Die Anwesenheit der Damen der Mitglieder ist erwünscht.

A. Bramsche. Kr.-V.: Walter Scholz, Hemke bei Bramsche.

Z. Chemnitz i. S. Briefaufschrift u. Vorsitzender: F. Benndorf, Städt. Grundstücksinspektor, Fritz-Reuter-Str. 19; in Kassensachen: K. Schauseil, Ingenieur, Ludwigstr. 43. — Montag, den 7. Dezember, abends ½9 Uhr, Monatsversammlung im Kaufmännischen Vereinshause. Die Tagesordnung wird in der

EHREN-  TAFEL

Das Eiserne Kreuz erhielten:

Ferdinand Behle, Uerdingen, Mitgl. 59 431 (mehrmals leicht verwundet).
Fritz Beyer, Bielefeld, Mitgl. 54 735, Pionier-Unteroffizier.
Ernst Borchardt, Bromberg, Mitgl. 77 055.
Paul Brühl, Baumeister, Bautzen, Mitgl. 28 551.
Walter Butz, Stahnsdorf, Mitgl. 59 283.
Wilhelm Decker, Pries, Mitgl. 49 737 (Zweigverw. Friedrichsort) und ist zum Unteroffizier befördert.
Erich Draub, Gleiwitz, Mitgl. 57 762.
Alfred Eichler, Wurzen i. Sa., Mitgl. 73 599, erhielt außer dem Eisernen Kreuz die König-Friedrich-August-Medaille in Silber für besondere Tapferkeit vor dem Feinde.
Heinrich Fischer, Harburg a. E., Mitgl. 26 546.
Alfred Gruntz, Elberfeld, Mitgl. 72 374, Gefreiter im 53. Res.-Inf.-Regt.
Paul Haller, Baumeister, Bautzen, Mitgl. 30 709.
Georg Huschenbeth, Bochum, Mitgl. 68 689.
Otto Immendorf, Hildesheim, Mitgl. 45 441.
Otto Juling, Offenbach a. M., Mitgl. 58 346.
R. Kampmann, Minden, Mitgl. 59 223.
Arno Krauß, Plauen i. V., Mitgl. 24 898.
Erich Krüger, Posen, Mitgl. 60 203.
Alexander Kurzeja, Halle (Saale), Mitgl. 18 278, Landwehrmann im Füs.-Regt. Nr. 36.
Rud. Linke, Breslau, Mitgl. 60 158.
Ferd. Linßer, Meiningen, Mitgl. 47 301.
Walter Luckau, Bromberg, Mitgl. 52 616.
Christian Mozer, Stuttgart, Mitgl. 72 584.
Kurt Münzner, (Zw. Hamm), Mitgl. 52 255.
Ernst Ney, Wilhelmsburg, Mitgl. 67 851, Vizefeldwebel im Res.-Inf.-Regt. 78.
Ernst Parnemann, Göppingen, Mitgl. 66 908.
Heinr. Pülz, Bochum, Mitgl. 71 156.
Herm. Pump, Bergedorf, Mitgl. 49 834.
Paul Puscholt, Braunschweig, Mitgl. 25 051.
Walter Räther, Erfurt, Mitgl. 67 173.
Karl Richter, Magdeburg, Mitgl. 74 569.
Leopold Richter, Cassel, Mitgl. 36 951.
Albert Rößner, Erfurt, Mitgl. 27 088.
Phil. Schuppert, Ludwigshafen a. Rh., Mitgl. 65 090.
Friedr. Sembdner, Mitgl. 67 160, in Kiel.
Paul Seppelt, Zwickau, Mitgl. 59 627.
Hans Stenz, Nürnberg, Mitgl. 48 939.
Fritz Thielemann, Hannover, Mitgl. 43 831, leicht verwundet.
Gustav Winter, Mitgl. 77 871 in Berlin.

Es starben den Heldentod fürs Vaterland:

Adolf Angenstein, Gladbeck i. W., Mitgl. 77 400, seit 1. 5. 14 (Zweigverw. Gladbeck).
Lorenz Berg, Hohensalza, Mitgl. 34 315, seit 1. 10. 05 (Zweigverw. Hohensalza), am 31. 10. 14 in Russ.-Polen gefallen.
Franz Carl, Recklinghausen, Mitgl. 48 236, seit 1. 4. 08 Zweigverw. Recklinghausen), fiel gelegentlich eines Liebesgabentransportes nach dem westl. Kriegsschauplatz am 23. 10. 14 b. Courtecon (Nordfrankreich).
Paul Echterbeck, Bielefeld, Mitgl. 55 592, seit 1. 10. 09 (Zweigverw. Bielefeld), gefallen am 29. Okt. in Westrosebeeken (Belg.) als Offizierstellvertr. im Pion.-Bat. Nr. 24.
Fritz Eichler, Elbing, Mitgl. 73 573, seit 1. 10. 13 (Zweigverw. Elbing), gef. im Gefecht b. Dombrovka (Rußland).
Martin Engelmann, Leipzig, Mitgl. 47 678, seit 1. 4. 08 (Zweigverw. Leipzig), in der Nacht vom 31. 10. zum 1. 11. während eines Sturmangriffes bei Warneton mit noch 29 Kameraden gefallen (Kopfschuß).
Paul Gebhardt, Halle (Saale), Mitgl. 42 784, seit 1. 4. 07 (Zweigverw. Halle), gefallen am 12. Nov. vor Verdun.
Rud. Greuel, Königsberg i. Pr., Mitgl. 63 589, seit 1. 10. 11 (Zweigverw. Königsberg).
Heinrich Heidemann, Mülheim-Ruhr, Hospitantenmitglied.
Max Heienbrock, Borbeck, Mitgl. 76 458, seit 1.4.14 (Zweigv. Borbeck), erlag am 25. Okt. 1914 im Lazarett zu Aizelles seiner a. d. Schlachtfelde am 4. Okt. erlittenen Verwund.
Karl Emil Hommel, Penig, Mitgl. 69 122, seit 1. 1. 13, starb am 21. 9. 14 im Lazarett zu St. Souplet infolge einer am 19. 9. 14 erlittenen Verwundung.
Josef Janzer, Karlsruhe i. B., Mitgl. 75 848, seit 1. 4. 14 (Zweigv. Karlsruhe).
Otto Jüling, Offenbach a. M., Mitgl. 58 346, seit 1. 7. 10 (Zweigverw. Offenbach), Inhaber des Eisernen Kreuzes, gefallen am 11. 11. 14 bei Ypern.
Max Kaiser, Leipzig-E., Mitgl. 58 720, seit 1. 7. 10 (Zweigv. Leipzig), gef. am 13. Okt. 14 bei Condé.
Otto Kitzing, Leipzig-Linden, Mitgl. 36 347, seit 1. 1. 06 (Zweigv. Leipzig), am 25. 10. 14 im Feldlazarett Dadizeele gestorben infolge seiner erlittenen Verwundung.
Arno Kutzscher, Leipzig, Mitgl. 52 159, seit 1. 4. 09 (Zweigv. Leipz.), am 26. 10. 14 gef. i. d. Kämpfen b. Keilberg-Moole.
Ludwig Lehr, Kempten (Bay.), Mitgl. 35 608, seit 1. 1. 06 (Zweigv. Kempten) am 25. 9. 14 in Frankreich gefallen.
Max Lichtenberger, Grube Ilse, Mitgl. 43 483, seit 1. 4. 07, Leutnant der Reserve, Inhaber des Eisernen Kreuzes, gefallen am 20. 9. 14 bei Chevillecourt.
Julius Liedtke, Cassel, Mitgl. 70 377, seit 1. 3. 13 (Zweigv. Cassel), gefallen in Südpolen.
Ferd. Lobmeyer, Frankfurt a. M.-Hedd., Mitgl. 53 342 seit 1. 4. 09 (Zweigv. Frankfurt a. M.), gef. als Offizier-Stellvertreter im 81. Inf.-Regt. am 13. Oktober.
Fritz Naujock, Mitgl. 65 092, gefallen am 26. Aug. bei Groß-Gardehnen, Kr. Neidenburg, Ostpr., in Ausübung seiner aktiven Militärpflicht.
Rich. Neuenfeld, Spandau, Mitgl. 66 665, seit 1. 4. 12 (Zweigverw. Spandau), gef. a. 7. 11. a. d. östl. Kriegsschauplatz.
Walter Neumann, Ing., Meerane, Mitgl. 71 122, seit 1. 4. 13 (Zweigv. Meerane i. Sa.), gef. am 8. 9. in Nordfrankreich.
Wilhelm Nilges, Bromberg, Mitgl. 47 570, am 13. Okt. 14 im Lazarett in La Fère gestorben.
Jacob Pöhner, Cassel, Mitgl. 46 951, seit 1. 1. 08 (Zweigverw. Cassel), gefallen am 15. 9. 14 bei Servos in Frankreich.
Karl Pohlmann, Königsberg, Mitgl. 77 064, seit 1. 5. 14 (Zweigv. Königsberg), im Felde gefallen.
Anton Rappel, Nürnberg, Mitgl. 62 063, seit 1. 4. 11 (Zweigverw. Nürnberg), am 5. 10. 14 bei Aprimont gefallen.
Bruno Willi Richter, Bautzen, Mitgl. 60 729, seit 1. 1. 11 (Zweigv. Bautzen), als Kriegsfreiw. b. Quide-Krusaik gef.
Johann Riechers, Bremen, Mitgl. 60 076, seit 1. 1. 11 (Zweigverw. Brem.), am 20. 9. 14 gef. b. Sturmangr. a. Nampcel.
Heinrich Schaefer, Offenbach a. M., Mitgl. 48 026, seit 1. 4. 08 (Zweigv, Offenbach), Wehrmann im Res.-Inf.-Regt. Nr. 80. Nach viertägiger heißer Feldschlacht bei Ville sur Tourbe (Marne) krank in das Asfeld-Lazarett in Sedan verbracht, am 30. Okt. daselbst gestorben.
Fritz Schulze, Magdeburg, Mitgl. 57 295, seit 1. 4. 10 (Zweigverw. Magdeburg), gefallen in Frankreich.
Paul Seelbach, Coblenz, Mitgl. 71 920, seit 1. 6. 13 (Zweigv. Coblenz), am 5. Okt. gefallen.
Richard Slomka, Myslowitz, Mitgl. 38 060, seit 1. 1. 06 (Zweigverw. Myslowitz), nach einer schweren, in den Kämpfen bei Tarnawka (Rußland) erlittenen Verwundung von Kosakenhorden meuchlings ermordet.
Franz Steinhagen, Schlawe, Mitgl. 74 770, seit 1. 1. 14 (Zweigverw. Schlawe), Inhaber des Eisernen Kreuzes, gefallen in Frankreich.
Josef Stockamp, Borbeck, Mitgl. 65 211, seit 1. 1. 12 (Zweigverw. Borbeck), gefallen am 24. Sept. 1914 bei Ognolles.
Ernst Strehl, Grafenwöhr, Mitgl. 74 611, seit 1. 1. 14 (Zweigv. Bayreuth), gefallen am 21. Sept. in Frankreich.
Georg Fellgiebel, Nicolai (Schl.), Mitgl. 63 620, seit 1. 10. 11 (Zweigverw. Kattowitz).
Karl Tietze, Merseburg, Mitgl. 55 803, seit 1. 1. 10 (Zweigv. Merseburg), gefallen am 24. Aug. 14 in Frankreich.
Georg Trautner, Nürnberg, Mitgl. 78 227, seit 1. 6. 14 (Zweigverw. Nürnberg), gefallen.
Wilhelm Vornbäumen, Wietersheim, Mitgl. 73 441, seit 1. 10. 13 (Zweigverw. Minden).
Ludwig Weinberger, München, Mitgl. 59 718, seit 1. 10. 10 (Zweigv. München), am 23. 10. 14 in Nordfrankreich gef.
Max Weller, Schlawe, Mitgl. 70 794, seit 1. 4. 13 (Zweigverw. Schlawe), gefallen in Rußland.
Robert Wilhelm, Duisburg, Mitgl. 04 539, (Zweigverw. Duisburg) bei Lille gefallen.

(Fortsetzung nächste Seite.)

Ehren-Tafel

Es wurden verwundet:

Erich Draub, Gleiwitz, Mitgl. 57 762.
K. O. M. Fabel, Plauen i. V., Mitgl. 25 923, schwer verwundet und in englischer Gefangenschaft (King Georg V.-Hospital, Dublin, Irland).
Walter Findelsen, Bromberg, Mitgl. 68 541 (bereits wieder garnisondienstfähig).
Heinrich Finze, Minden, Mitgl. 63 490, verwundet und in Gefangenschaft in Frankreich.
Heinrich Flauaus, Offenbach a. M., Mitgl. 55 178.
Herm. Freudenberg, Harburg, Mitgl. 62 245.
Albert Fröhlich, Werdau, Hospitantenmitglied.
Herm. Hotopp, Minden, Mitgl. 68 521, verwundet und in Gefangenschaft in England.
Adam Krämer, Bochum, Mitgl. 61 897.
Arthur Kramer, Halle (Saale), Mitgl. 44 475 (Schrapnellschuß durch den Hals).
Adolf Lange, Frankfurt a. M., Mitgl. 62 510.
Alfred Leonhardt, Frankfurt a. M., Mitgl. 69 228 (leicht, tut bereits wieder Dienst).
Wilh. Mätzschker, Harburg a. E., Mitgl. 70 074.
Carl Nühring, Harburg a. E., Mitgl. 75 427.
Werner Pieper, Bergedorf, Mitgl. 77 765.
Heinrich Rathmann, Bergedorf, Mitgl. 46 307.
Otto Schmidt, Bergedorf, Mitgl. 26 316.
Alfred **Seifert,** Marienburg, Mitgl. 67 984.
Rud. Stöber, Braunschweig, Mitgl. 20 657.
Rud. Stümer, Warnemünde, Mitgl. 75 127 (schwer).
Emil **Vogelsang,** Bochum, Mitgl. 64 923.
Joh. Woisyk, Babinitz, Mitgl. 73 413.
Alexander **Wolniewicz,** Posen, Mitgl. 60 598.

Berichtigung:

Gustav Bardowiks, Rostock, Mitgl. 67 613, nicht gefallen, sondern im Felde.
Karl **Schwarz,** München, Mitgl. 61 712, nicht gefallen, sondern im Felde. Die uns zugegangenen Nachrichten beruhten erfreulicherweise auf einem Irrtum.
Kurt **Enke,** Baumeister, Frankenberg i. Sa., Mitgl. 58 742, ist nicht, wie wir auf Grund einer falschen Meldung des Postzeitungsamtes anzeigten, gestorben, sondern ist laut Mitteilung der Zw. Chemnitz auf dem westl. Kriegsschauplatz schwer verwundet und als vermißt gemeldet worden.

Versammlung bekanntgegeben. Die Anwesenheit aller nicht zur Fahne einberufenen Herren Kollegen wird bestimmt erwartet.

Cöln. Adr.: Bausekr. Bolten, Cöln, Klingelpütz 24. Donnerstag, den 3. Dezember, abends $8^1/_2$ Uhr, in der Borussia Versammlung mit Damen. Bericht über die Tätigkeit des D. T.-V. u. d. Zv. für 1914, Beschluß über fernere Veranstaltungen, Ergänzungswahlen zum Vorstand und den Ausschüssen. — Im Dezember versenden wir an die im Feld stehenden Mitglieder Weihnachtsliebesgaben. Die Angehörigen bitten wir, die noch fehlenden Adressen hierzu umgehend anzugeben. Monatsbeiträge, Beiträge zum Kriegsfonds und für Liebesgaben bitten wir umgehend an Koll. Bolten einzuzahlen. Die bis zum 5. Dezember nicht eingegangenen Beiträge werden durch die Damen einiger Mitglieder eingezogen. Wir hoffen, daß die Damen keine vergeblichen Gänge zu machen haben.

Z. Delmenhorst. Kr.-V.: Paul Peschel, Delmenhorst, wohnt jetzt Schillerstraße, Neubau.

Z. Diez. Kr.-V.: Phil. Schwab, Diez, Kgl. Hochbauamt.

Z. Fürstenwalde. Kr.-V.: Kurt Zürner, Fürstenwalde a. Spree, Gartenstraße 14 d (nicht mehr Holck).

Z. Gevelsberg. Kr.-V.: Emil Böhmer, Milspe i. Westf., Vörderstraße 117.

Z. Gnesen. Kr.-V.: Otto Schleifenbaum, Gnesen, Wreschener Straße 42 (nicht mehr Kersten).

Z. Hamburg. Hauptversammlung am Mittwoch, den 2. Dezember 1914, abends $8^1/_2$ Uhr, in den Neustädter Gesellschaftssälen, Valentinskamp 40/42 (Weißer Saal). Tagesordnung: 1. Protokoll. 2. Mitteilungen des Vorstandes. 3. Mitglieder-Bewegung. 4. Vorstandswahlen. 5. Wahl von 2 Kassenrevisoren. 6. Bericht des Kriegsausschusses und Mitteilungen von den im Felde stehenden Kollegen. 7. Verschiedenes. — In Anbetracht der ernsten Zeit bitten wir alle Mitglieder, unverzüglich ihre rückständigen Beiträge zu bezahlen. Beiträge werden täglich im Geschäftszimmer, Ellernthorsbrücke 10 II. (Telephon Gruppe 4. 4532 Nr. 1) zwischen $4^1/_2$—8 Uhr nachm. entgegengenommen. — Zwecks Versendung von Liebesgaben bitten wir die Kollegen, oder deren Angehörigen um Mitteilung der Adressen unserer im Felde stehenden Mitglieder. — Von jetzt ab finden die Versammlungen wieder regelmäßig am 1. Mittwoch eines jeden Monats statt im bisherigen Vereinslokal, Neustädter Gesellschaftssälen, Valentinskamp 40/42. Einladungen zu diesen Versammlungen werden nicht mehr versandt. Die Tagesordnung wird in der D. T.-Z. bekanntgegeben.

Z. Insterburg. Kr.-V.: E. Herrmenau, Stadtbaukontrolleur, Insterburg, Kasernenstraße 17 a.

Z. **Königsberg i. Pr.** Brief- u. Kassenadr.: Flögel, Hardenbergstr. 3. — Donnerstag, den 3. Dezember, abends 8 Uhr, findet in unserem Vereinslokal der Jubiläumshalle die Monats-

---

Sofort ausfüllen!

Bitte ausschneiden und mit der ganzen Fläche auf eine Postkarte aufkleben.

Anzeige eines Wohnungswechsels

Mitglied Nr. ....

Name ....

verzieht zum 1. Januar 191[illegible]

von ....

nach ....

....

....

Weiterlieferung der D. T.-Z. für Kriegsteilnehmer.

Ich bitte die Deutsche Techniker-Zeitung für Mitglied Nr. ....

Name ....

zurzeit zum Heere eingezogen, für 1915 weiter an folgende Adresse zu liefern:

....

....

....

Datum .... Unterschrift ....

Die Karten sind zu richten an den Deutschen Techniker-Verband, Berlin SW. 48, Wilhelmstr. 130.

versammlung statt. Die Tagesordnung wird in der Versammlung bekanntgegeben. Jeden Sonntag vormittags Frühschoppen im Lokal der Jubiläumshalle.

Kiel. Vors. u. Br.-A.: W. Heinitz, Kirchenweg 36. Die nächste Versammlung findet Donnerstag, den 3. Dezember, abends 1/29 Uhr, im Prinzenhof, Fährstraße 40 statt. — Wir machen bekannt, daß solche Kollegen des hiesigen Stadtbezirkes, die infolge des Krieges stellungslos geworden sind, sich wegen Erlangung einer Kriegs-Unterstützung an die „Städt. Kriegshilfe" wenden können durch Vermittlung unseres Kollegen Hahn, Wilhelminenstr. 14 a.

Z. Luxemburg. Kr.-V.: Karl Bischoff, Luxemburg, Kastanienstraße 24 (nicht Blattmann).

Z. Mainz. Mittwoch, den 2. Dezember, abends 8½ Uhr, im Vereinslokale Restaurant „Zur Sonne", Letzelstraße, Kriegssitzung, wozu wir alle Kollegen mit der dringenden Bitte um zahlreiches Erscheinen herzlich einladen. Mitgliederbeiträge werden entgegengenommen.

Z. Merseburg. Br.-A.: M. Ludwig, Am Stadtpark 1. Die nächste Versammlung findet Sonnabend, den 5. Dezember, abends 8½ Uhr im Restaurant „Herzog Christian", Weißenfelser Str., statt. Durch Einberufungen zum Heere werden die Geschäfte des Schriftführers durch Herrn Kollegen W. Büttner, Friedrichstraße 36, die Geschäfte des Kassierers durch Herrn Kollegen W. Hetzer, Roter Brückenrain 15, wahrgenommen.

Z. Metz. Kr.-V.: Franz Wißler, Ing., Metz, Klarastraße 3.

Z. München. Dienstag, den 1. Dezember, Monatsversammlung im Rest. „Domhof", Kaufunger Str. Wir bitten um zahlreiches Erscheinen. Die Abonnenten der „Süddeutschen Bauzeitung" werden ersucht, die Beiträge für das Jahr 1914, soweit dies noch nicht geschehen, bald möglichst einzusenden. Für das Jahr 1915 werden Einweisungen nur besorgt, wenn schriftliche Bestellungen erfolgen. Bezugspreis für Verbandsmitglieder pro Jahr 6,50 M. Bestellungen und Zahlungen nimmt entgegen: Frz. Kaiser, München, Ysenburg-Str. 4 II.

Z. Neustadt a. H. Kr.-V.: Donat Löhr, Neustadt a. Haardt, Luitpoldstraße 42.

Z. Nürnberg. Br.-A. während des Krieges: C. Held, Wirth-Str. 16 II. Mittwoch, den 2. Dezember, abends 8½ Uhr, findet in unserem Vereinslokal „Theodor Körner" Monatsversammlung mit Vortrag des Herrn Koll. Fr. Herzer über „Krieg und Berufsorganisation" statt. Wir bitten um zahlreiches Erscheinen aller noch nicht zum Kriegsdienst einberufenen Mitglieder und Hospitanten. Auch Gäste sind herzlichst willkommen. Gleichzeitig wird dringend gebeten, unser Rundschreiben vom November beachten zu wollen und den Fragebogen auszufüllen, der auch in der Versammlung abgegeben werden kann.

Z. Offenbach a. M. Dienstag, den 1. Dezbr., abends 9 Uhr, Hauptversammlung im Kaiser-Friedrich-Hotel. Die Tagesordnung wird in der Versammlung bekanntgegeben.

Z. Quedlinburg. Kr.-V.: Herm. Jaeger, Quedlinburg, Steinholzstraße 9 I.

Abt. Rastenburg. Kr.-V.: Georg Höpfner, Rastenburg, jetzt Wilhelmstraße 9.

Z. Rendsburg. Kr.-V.: Carl Fritz, Rendsburg, Wallstraße 24 (nicht mehr Grade).

A. Sagan. Kr.-V.: Robert Kirchmeier, Sagan, Stadtwiese 6 (nicht mehr Kreßler).

Z. Spandau. Sitzung Mittwoch, den 2. Dezember, abends 8½ Uhr, in Conrads Festsälen, Schönwalder Str. 2. Tagesordnung: 1. Verlesen des Sitzungsberichtes. 2. Mitgliederbewegung. 3. Vortrag des Herrn Dr. Höfle, Verbandsdirektor. 4. Verbandsangelegenheiten. 5. Verschiedenes. Um recht rege Beteiligung wird gebeten.

Z. Stettin. Unsere nächste Versammlung findet Mittwoch, den 2. Dezember, abends 9 Uhr, im Restaurant „Zum Pschorrbräu", Falkenwalder Str., statt. Die Tagesordnung wird in der Versammlung bekanntgegeben. Wir bitten um regen Besuch der Versammlung.

Z. Templin (Uckermark). Kr.-V.: Art. Mende, Prenzlauer Chaussee 12 (nicht mehr Röddeliner Straße).

Z. Würzburg. Vereinslokal Schöntalerhof. Dienstag, den 1. Dezember, Monatsversammlung. Zahlreiches Erscheinen der Kollegen dringend erwünscht, da u. a. Beschluß über weiteren Ausbau der Sammeltätigkeit in Würzburg für unseren Kriegsfonds gefaßt werden muß. — Dienstag, den 5. Januar 1915: Ordentliche Hauptversammlung mit der satzungsgemäßen Tagesordnung. Kollegen! Von unseren Mitgliedern steht mehr als ein Drittel unter den Waffen! Ehrensache für die Zurückgebliebenen ist es, mitzuarbeiten für unseren D. T.-V., der auch berufen ist, in dieser schweren Zeit seine Pflicht gegenüber dem Vaterland zu erfüllen. Unsere Zweigverwaltung hat mit der Sammlung zum Kriegsfonds schon schöne Erfolge erzielt. Aber noch vieles muß hierbei nachgeholt werden. Darum Kollegen! Unterstützt unsere Sache nach allen Kräften, indem Ihr neben reichlichen Spenden auch bei den Versammlungen recht zahlreich erscheint! Pünktliche Bezahlung der Verbandsbeiträge ist jetzt zwingende Notwendigkeit, wenn unser D. T.-V. seine segensreiche Tätigkeit weiter entfalten soll. Einigkeit macht stark! Deshalb wollen wir fest zusammenhalten, und dann wird unser Vaterland und der D. T.-V. gestärkt aus diesem Weltkrieg hervorgehen.

Z. Zweibrücken. Kr.-V.: Johann Luck, Zweibrücken i. Pfalz, Wackenstraße 131 (nicht mehr Lehrieder).

STERBETAFEL

Rudolf Anderfen, Daresfalam, Mitgl. 59188, feit 1. 10. 1910, geft. 30. 9. 1914.

Jakob Brunner, Nürnberg, Mitgl. 5660, feit 1. 1. 1891 (Zweigverw. Nürnberg), geft. 11. 11. 1914.

Franz Dietz, Düffeldorf, Mitgl. 27810, feit 1. 1. 1904 (Zweigverw. Düffeldorf), geft. 2. 11. 1914.

Willy Gade, Aleppo, Mitgl. 63423, feit 1. 10. 1911, geft. 14. 9. 1914.

Joh. Knauf, Willingshaufen, Mitgl. 67515, feit 1. 10. 1912.

Otto Reuß, Hamburg, Mitgl. 64334, feit 1. 10. 1911 (Zweigverw. Hamburg), geft. November 1914.

Wilhelm Seidler, Augsburg, Mitgl. 76107, feit 1.4.1914 (Zweigverw. Augsburg), geft. Oktober 1914.

Karl Thielemann, Duisburg-Beeck, Mitgl. 71897, feit 1. 5. 1913 (Zweigverw. Duisburg-Beeck), geft. 26. 10. 1914.

Reinh. Triebel, Eifenbahn-Affiftent, Erfurt, Mitgl. 5948, feit 1. 4. 1891, geft. 4. 11. 1914.

Friedrich Wunder, Wiesbaden, Mitgl. 44239, feit 1. 7. 1907 (Zweigverw. Wiesbaden), geft. 2. 11. 14.

Berichtigung zur Sterbetafel in Heft 45/46:
Nicht Ludwig Keller, Mitgl. 27679, geft., fondern nur Anton Keller, München, Mitgl. 45644.

Am 30. 10. starb bei einem Sturmangriff vor Noyon den Heldentod für sein geliebtes Vaterland unser Mitglied

Otto Niemann

Kriegsfreiw. Pionier

Ehre seinem Andenken.

Zweigverwaltung Pillau.

Wir bitten unsere Freunde, von dem Hinscheiden unseres Mitgliedes

Herrn Jakob Brunner - Nürnberg

M. Nr. 5660, Kenntnis zu nehmen. Herr Brunner war jahrelang Mitglied des Verwaltungsrates des D. T. V. und gehörte später dem Gesamtvorstande an. Mit großer Liebe hat er die Verbandsarbeit gefördert. Wir verlieren in ihm einen alten treuen Kämpen, dem wir ein dauerndes Andenken bewahren.

Deutscher Techniker-Verband.

Die Vernichtung einer englischen Kavalleriebrigade bei Maubeuge hat der bekannte Schlachtenmaler Professor Georg Koch in einem wirkungsvollen Gemälde dargestellt. Seine getreue Wiedergabe enthält das soeben erschienene erste Heft von Bongs Illustrierter Kriegsgeschichte „Der Krieg 1914 in Wort und Bild" (Deutsches Verlagshaus Bong & Co., Berlin W. 57), die in wöchentlichen Lieferungen zum Preise von 30 Pf. erscheint. Das vorliegende Heft beweist, daß sich hier militärische Schriftsteller hervorragenden Rufes und erste Maler und Zeichner vereinigt haben, um eine Kriegsgeschichte zu schaffen, die fachmännische Zuverlässigkeit und fesselnde Darstellung vereinigt. Jede Lieferung und mit ihnen das Werk gliedert sich in zwei Teile, von denen der erste die eigentliche Kriegsgeschichte zu Lande und zur See, der zweite, als Krieg in Einzelschilderungen die Wiedergabe begeisternder Episoden und Helden einzelner Abteilungen, Regimenter, Patrouillen, Luftschiffe, Flieger usw. enthält. In der Kriegsgeschichte des ersten Heftes stellt Generalleutnant von Ardenne die Kämpfe bis zum Aufmarsch an der russischen Grenze und den Einmarsch in Belgien bis zur Eroberung Lüttichs in fortreißender, begeisternder Weise dar. Aus dem zweiten Teil dieses Heftes seien die Aufsätze über die Heldentat des „U 9" von Graf Ernst zu Reventlow, die Eroberung Antwerpens von Oberstleutnant Frobenius und die Vernichtung der englischen Brigade bei Maubeuge von Generalleutnant Friedrich Freiherr v. Dincklage-Campe besonders hervorgehoben. Die Hefte sind sehr gut ausgestattet und reich illustriert. Wir können unseren Lesern die Anschaffung bestens empfehlen.

DEUTSCHE TECHNIKER-ZEITUNG

HERAUSGEGEBEN VOM DEUTSCHEN TECHNIKER-VERBANDE

Schriftleitung:
Dr. Höfle, Verbandsdirektor. Erich Händeler, verantwortlicher Schriftleiter.

XXXI. Jahrg. 12. Dezember 1914 Heft 49/50

Beitrags-Einziehung

Im Dezember müssen alle für das Jahr 1914 (einschl. Dezember) noch rückständigen Beiträge bezahlt werden. Die Zahlungen sind an den Kassierer der zuständigen örtlichen Verwaltung entweder persönlich oder durch Postanweisung zu entrichten. Ist dessen Adresse nicht bekannt, oder ist das Mitglied keiner Verwaltung zugeteilt, dann sind die Beiträge direkt an die Hauptgeschäftsstelle Berlin SW. 48, Wilhelmstraße 130 mit dem Vermerk, für welche Monate sie bestimmt sind, zu senden.

Alle rückständigen Beiträge bis einschl. Dezember, also auch Beträge über 2 und 4 Mark, werden im Januar durch Nachnahme von der Hauptgeschäftsstelle unter Zuschlag der Nachnahmegebühr erhoben. Den Kriegsteilnehmern sind die Beiträge laut Beschluß des Geschäftsführenden Vorstandes vom 2. August gestundet. Alle übrigen Mitglieder, die zur Zahlung der Beiträge nicht in der Lage sind, müssen bei dem Vorstand der zuständigen Verwaltung beziehungsweise bei der Hauptgeschäftsstelle um Stundung nachsuchen.

Mitglieder, die weder den Beitrag für 1914 einschließlich Dezember einsenden, noch um Stundung nachsuchen, werden von der Mitgliederliste gestrichen, wenn sie mehr als drei Monate mit dem Beitrag im Rückstand sind.

Der Geschäftsführende Vorstand

gez. Paul Reifland, Vorsitzender gez. Dr. Höfle, Verbandsdirektor

Pünktliche Beitragszahlung ist während der Kriegszeit doppelte Pflicht jedes Mitgliedes!

Auszug aus der Satzung

§ 19. Der Beitrag für ordentliche und für fördernde Mitglieder beträgt monatlich zwei Mark. Er ist im voraus zahlbar.	§ 12. Jedes Mitglied ist verpflichtet, die Satzungen und die Beschlüsse der Verbandsorgane zu befolgen, im besonderen die Beiträge pünktlich und portofrei zu entrichten.	§ 20. .... Beiträge können mit Zustimmung der örtlichen Verwaltungsstelle ein Vierteljahr gestundet werden.	§ 15. Gestrichen wird ein Mitglied aus den Listen des Verbandes, wenn es m. seinem Beitrage länger als 3 Monate im Rückstande ist, ohne Stundung erhalten zu haben.

Kriegshilfe (8. Quittung)

Geschäftsführender Vorstand: Harenberg, Reichel, c-land 34,00 M.

Beamte und Angestellte: G. Gaedke, E. Händeler, Dr. Höfle, L. Hoffmann, A. Lenz, E. Lustig, H. Mourgues, K. Müller, L. Matzdorf, G. Wolff 174,85 M.

Zweigverwaltungen: Aue: K. Rohland 8,00. Bad Wildungen: Rumpf 3,00, Schublitz 2,00, Söder 1,50 (6,50), Bergedorf 15,00. Berlin: Mohrstedt 3,00, Weitling 3,00, Wild 4,00, Pfingsten 5,00, Wagner 0,50, Hübsch 3,00, Freund 10,00, Kühl 10,00, Moßkopf 1,00, Horn 2,00 (41,50). Bochum 140,15. Bonn 16,00. Braunschweig: Balke 2,00, Stengel 2,00, Sandmann 2,00, Funke 2,00, Sauerwald 2,00, Robbin 2,00, Cirkler 2,00, Kästner 2,00, Claßmann 2,00, Fedder 2,00, Isebeck 5,00, Koch 3,00, Dittrich 5,00, Delling 3,00, Staats 3,00, Hensel 15,00, Kolbeck 1,00, Kroll 2,00, Hirschelmann 2,00, Himstedt 1,00, W. Kuhlmann 10,00, Barteldt 2,00, Bauer 2,00, Reinicke 1,00, Safli 1,00, Gordian 5,00, F. Schmidt 2,00, Hirche 2,00, Schlüter 1,00, Bahrs 1,00, Wiese 1,00, Englisch 1,00, Haars 1,00, Moß 2,00, Lütge 3,00, Spintje 2,00, Lentz 3,00, Greißinger 2,00, Blanke 3,00, Schulze 3,00, Rowold 2,00, E. Schütze 2,00, Berger 1,00, Otto 2,00, Imroth 1,00, Rehmann 1,00, Kesselschläger 2,00, Rojahn 2,00, Stolz 3,00, Wenzel 3,00, Schlüter 3,00, Lippelt 3,00, Göntgen 1,50, Meier 2,00, Jänicke 3,00, Eifrig 2,00, Berking 10,00, Göhrt-Nieß Differenz 1,00 (152,50). Brieg: Groos 10,00, Nothtroff 1,00, Kubler 2,00 (13,00). Burg (Dithm.): Koch 6,00. Dessau: 20,60. Dtsch.-Krone: Elker 3,00, Goede 3,00 (6,00). Dresden: 100,00. Duisburg-Beeck: 87,15. Eisenach: 33,15. Erfurt: 96,50. Frankenthal: Keul 5,00, Eckert 5,00, Aue 2,00 (12,00). Gelsenkirchen: 29,00. Halle a. S.: 50,00. Hannover-Linden: Howabode 2,00, Kohl 2,00, Neubert 1,00, Breitung 2,00, Barkholz 1,00, Kalb 5,00, Gläscher 1,00, Reichardt 1,00, Luchau 3,00, Krüger 2,00, Schachtebeck 5,00, Heißleder 2,00, Lefherz 2,00, Lohel 1,00, Alm 2,00, Wißbröcker 1,00, Becker 1,00, Oberbeck 1,00, Klasmeier 2,00, Heermeyer 1,00, Schmidt 1,00, Gißrau 1,00, Neuhäuser 1,00, Bierend 2,00, Geute 1,00, Dülken 0,50, Bruns 1,00, Vorberg 1,00, Keyser 1,00, Knapp 1,00, Metzler 1,00, Neumann 1,00, Petthoft 1,00, Kahn 5,00, Ring 3,00, Heitmüller 15,00, Durch Kassenboten gesammelt 8,00 = 82,50, Meyer 8,00 (90,50). Jena: Giese 15,00, Schütze 15,00, Führ 15,00, Roßteutscher 9,00, Ahlert 5,00, Schoder 15,00, Behrends 3,00 (77,00). Ilmenau: Schuldt 2,00, Wilhelm 5,00, Pfeiffer 2,00 (9,00). Insterburg: 60,00. Jüterbog: Marquardt 3,00, Gallasch 2,00, Breyer 10,00, Scharkow 2,00, Taubert 3,00, Dreher 3,00, Geserick 3,00, Pitz 2,00, Freydank 2,00, Hopstock 2,00 (32,00). Kaiserslautern: Graf 2,00, Metzger 2,00, Schönlau 2,00, Lösch 1,00, Grünewald 1,00, Marx 2,00, Jungbeck 2,00, Ziegler 1,00, Gamper 1,00, Schirmer 1,00, Stumpf 0,50, Steil 1,00, Runge 2,00, Meyer 1,00, Reucker 2,00, Nigge 2,00, Gunzelmann (Verlust einer Wette) 5,00 (28,50). Karlsruhe: 120,00, Königsberg (Pr.): Flögel 10,00, Gabel 10,00, Fremdling 5,00, Brundtke 5,00, Kniffka 3,00, Ruhnau 10,00, Lücker 3,00, Ubert 3,00, Kadach 3,00, Kniemeyer 2,00, Freyer 3,00, Grau 5,00, Rörig 10,00. In der Versammlung am 5. 11. 14 gesammelt 10,75 (82,75). Leipzig: 98,00. Lübben: Schmidt 10,00. Marienburg: Schlubeck 5,00, Teckenburg 10,00, Schruba 15,00, Mathes 5,00, Sachse 20,00, Nebel 10,00, Janze 10,00 = 75,00, Neumich 5,00, Thater 10,00, Nebel 5,00, Przedwojewski 5,00, Möbius 5,00, Hillmer 3,00, Saemann 3,00, Krienke 3,00, Tekenburg 5,00 = 44,00 (119,00). Meißen: 20,00. Minden: 173,00. Mühlhausen (Th.): Krieger 3,00, Roselt 2,00, Köppe 10,00, Westpfehling 5,00, Herr 3,00, Venutti 5,00, Seifert 3,00, Reuther 5,00, Bader & Co. 5,00, Pohlmann 10,00, A. Becker 3,00, Heß 3,00, Dodenhoff 3,00, Herzog 3,00, Leibing 3,00, Zindt 3,00, Br. Becker 3,00, Schäring 1,00 = 73,00 abzüglich Sammellohn und Porto 5,90 (67,10). Neuß: Hertz 20,00, Müller 20,00, Medler 1,00, Stoschek 1,00 (42,00). Offenbach: Gloser 5,00, Dehe 5,00, Kindler 3,00, Tolksdrof 5,00, Horn 2,00, Kästner 5,00, Hauffe 2,00, Werner 2,00, Kaltschmidt 2,00, Schubarth 2,00, Helmreich 2,00, Groh 2,00, Repp 2,00, Reinartz 2,00, Görlich 2,00, Geschke 2,00, Kichner 3,00, Hirth 2,00 (50,00). Plauen: 30,00. Posen: Wiegandt 5,00, Panster 10,00, Ehrmann 2,00, Weigel 2,00, Zychlinski 5,00, Blauer 2,00, Peyser 40,00 (66,00). Remscheid: Keidel 16,00, Gautz 3,00, Schaulat 20,00, Tückhardt 10,00, Voigt 3,00, Grote 3,00, Windel 15,00, Fröhlich 10,00, Pickhardt 5,00, Bendel 5,00, Sommer 5,00, Schreyer 5,00, Schöneborn 3,00, Schonherr 3,00 (106,00). Rosdzin-Schoppinitz: Fitzek, Hasert, Kowarsch (6,05). Spandau: Michehl 2,00, Müller 2,00, Richter 2,00, Weber 2,00 (8,00). Tegel: Nowack 5,00, Seeliger 2,00, Berger 2,00, Lindau 3,00, Lamotke 2,00, Jacob 3,00, Blumeier 2,00, Jacobi 2,00, Leisegang 1,00, Gerlach 2,00 (24,00). Trier: Techn. Beamten der Bau-Abt. Trier und der Baufirma B. Liebold & Co. 20,60. Warmbrunn: Schüßler 5,00, Schelzig 10,00, Hofmann 2,00, Wolf 3,00, Hinke 1,00, Nitsche 2,00 (23,00). Wernigerode: 31,15. Zabrze: Ossowski 20,00, Raebel 10,00, Mitschke 5,00, Legs 5,00, Bischoff 5,00, Bruckmeier 5,00, Gollenia 5,00, Reinecke 10,00, Weitig 5,00, Kublik 20,00, Katscher 15,00, Bräuer 2,00, Borsey 3,00, Bedow 0,50, Döring 3,00, Dietrich 10,00, Dominik 10,00, Hofmann 10,00, Körner 5,00, Pietzko 10,00, Silber 50,00, Simon 20,00, Pluta 6,00, Scharf 3,00, Schulze 2,00, Conrad 2,00, Mleinek 5,00, Porto 0,15 (246,65). Zwickau: Rascher 5,00, Münch 3,00, Kaulfers 3,00, Kasper 3,00, Lingner 3,00, Eußert 1,00 (18,00).

Mitglieder: Altendorf 3,00, Bielemann 3,00, Bürger 4,00, Pietsch 5,00, A. Freund 6,00, Fröhlich 20,05, Grützmann 5,00, Jacobi 10,00, Kaukusch 2,00, F. Klaus 4,00, W. Koch 10,00, Külchen 12,00, Lorenzen 10,00, Mattausch 2,00, Moos 3,05, Scharfe 25,00, Stahl 15,00, Stöter 1,50, Tievenow 20,00, Walcher 3,00, Winkler 5,00, durch den Vater des verstorbenen Mitgliedes Herrn K. Morlock 35,00, Ungenannt 21,00 (Sa. 224,60).

Zusammen	2 925,10 M.
Dazu Endbetrag der 7. Quittung	50 869,82 M.
	53 794,92 M.
Gezahlt wurden seit der letzten Veröffentlichung	6 411,00 M.
Dazu Endbetrag der 7. Ausgaben-Quittung	16 546,27 M.
	22 957,27 M.

Berichtigung: Die in Heft 43/44 veröffentlichten M 25,00 wurden nicht, wie dort irrtümlich vermerkt, von Herrn E. Lindner, sondern E. Lindauer, Räschen b. Merke, gespendet.

Ebenfalls wurden nicht, wie in Heft 45/46 unter Zweigverwaltung Braunschweig für Herrn Nieß veröffentlicht, M 3,00, sondern M 2,00, und von Herrn Göhrt M 2,00 gespendet.

Ferner sind die in Heft 43/44 für die Zweigverwaltung Augsburg veröffentlichten M 19,50 von folgenden Kollegen gestiftet: Kühne, Sonntag, Weber, Leibiger, Drechsler, Mathes, Kilthau, Wendler, Georgi, Rudorf, Kunz, Steubler.

Die Lebensmittelversorgung während des Krieges

Von Dr. HÖFLE.

Die Frage der Lebensmittelversorgung hängt in normalen Zeiten eng mit der Handels- und Zollpolitik zusammen. Bei der Möglichkeit der Einfuhr von Lebensmitteln aus dem Ausland taucht der Gedanke auf, die inländische Produktion durch Zölle zu schützen. Andererseits bedürfen wir der Zufuhr aus dem Ausland. Durch Handelsverträge werden dann die Beziehungen zwischen den einzelnen Staaten geregelt. Nach dieser Richtung stehen wir vor einer Neuorientierung, denn der Zolltarif von 1902 und die Handelsverträge müssen in den nächsten zwei Jahren erneuert bezw. den veränderten Verhältnissen angepaßt werden. Handels- und Zollpolitik werden bei uns je nach der politischen Ueberzeugung verschieden beurteilt. In Wirklichkeit dürfte es sich in der Hauptsache um eine Frage der Zweckmäßigkeit handeln, die je nach der Lage des Weltmarkts und der Eigenart der einzelnen Volkswirtschaft zu entscheiden ist. Es ist durchaus nicht gesagt, daß Deutschland für alle Zeiten Schutzzolland und England ewig Freihandelsland bleiben müssen.

All diese Gesichtspunkte treten während der Dauer eines Krieges zurück. In dieser Zeit des fast völligen Abschlusses von Welthandel und Weltverkehr kommt es in erster Linie darauf an, mit dem vorhandenen Vorrat durchzuhalten. Wenn auch in Kriegszeiten eine Steigerung der Preise erklärlich erscheint, so darf doch erwartet werden, daß die Preise „angemessen" sind und sich im Verhältnis zu den vorhandenen Vorräten bewegen. Spekulationspreise haben im Krieg erst recht keine Berechtigung. Die Verhältnisse der Jetztzeit erfordern, daß jeder Teil unserer Volkswirtschaft sich mit dem Nutzen zufrieden gibt, der seinen Fortbestand sichert. Arbeiter, Angestellte und Beamte verwenden einen wesentlichen Teil des Einkommens für die Ernährung. Man schätzt bei der Arbeiterschaft den Betrag auf 50% des Einkommens, beim „neuen Mittelstand" auf 40%. Die Preissteigerung der Lebensmittel, die eine Verringerung des Einkommens bedeutet, sucht man durch Verringerung des Ernährungsstandes wieder auszugleichen, was eine Gefahr für die Volkskraft und die Volksgesundheit bedeutet. Zugleich ist damit in der Regel eine Verringerung des Kulturbedarfs verbunden. Indem durch die Steigerung der Lebensmittelpreise die Kaufkraft der öffentlichen Unterstützung der Kriegsteilnehmer sinkt, wird der Haushalt von Staat und Gemeinden neu belastet. Personen, die bisher von der Benutzung der Kriegsunterstützung Abstand genommen haben, sind jetzt gezwungen, öffentliche Hilfe und private Wohltätigkeit in Anspruch zu nehmen. Unser Volk hat an sich durch den Krieg Opfer genug zu bringen. Durch ungerechtfertigte Preissteigerungen das Volk noch mehr zu belasten, ist mehr wie antinational.

Obwohl genaue Angaben über die vorhandenen Vorräte an Lebensmitteln fehlen, hat man doch das Empfinden, daß die Lebensmittel eine Preissteigerung aufweisen, die durch die Marktlage nicht gerechtfertigt erscheint. Das

Angebot wird gar oft künstlich zurückgehalten. Zu Beginn des Krieges war wohl auch die allzu stürmische Nachfrage der Grund für Preissteigerungen. Dieses Moment dürfte jedoch heute seine Bedeutung verloren haben. Der Großhandel hat sich auf einzelnen Gebieten eine Art Monopolstellung geschaffen, indem er die vorhandenen Vorräte aufgekauft hat. Die Preissteigerung beträgt bei einzelnen Produkten 100 und mehr Prozent. (Bei industriellen Rohstoffen kommen Preissteigerungen von 300 und 400 Prozent vor.) So sind Erbsen seit August um 100% im Preise gestiegen. Um sich ein Urteil zu bilden über die vorhandenen Vorräte, geben die Zahlen unserer Handels- und Produktionsstatistik einigen Anhalt. Der Gesamtbedarf an landwirtschaftlichen Stoffen beträgt 16 Milliarden im Jahre; davon werden 12 Milliarden im Inland erzeugt. Wir sind also zu einem Viertel auf das Ausland angewiesen. Dafür fällt aber jegliche Getreideausfuhr weg. Trotzdem wir vom Ausland Getreide notwendig haben, führen wir noch Getreide aus. Die Gesamtausfuhr Deutschlands an Getreide aller Art einschließlich Hülsenfrüchte betrug 1910 354 Millionen Mark. Bei Roggen, Roggenmehl, Weizenmehl, Bier, Zucker und Schweineschinken war die Ausfuhr sogar größer als die Einfuhr. Durch das Wegfallen der Ausfuhr an landwirtschaftlichen Produkten gleichen wir zwar die mangelnde Einfuhr nicht aus, denn die Einfuhr betrug z. B. an Getreide einschließlich Hülsenfrüchte 1910 922 Millionen Mark, aber wir verbessern das Verhältnis zu unseren Gunsten. Wenn allerdings die Folge ein erhöhter Konsum an Roggenbrot ist, so bedeutet das kein Unglück. Günstiger liegen die Verhältnisse hinsichtlich der Fleischversorgung. Die Mehreinfuhr an Vieh und Fleisch betrug 1910 280 Millionen Mark. 4,19 Prozent des Gesamtverbrauchs werden aus dem Ausland bezogen. Schließlich kann ein Verzicht auf Fleischgenuß bis zu einem gewissen Grade leichter ertragen werden.

Die Produktionsstatistik liefert folgende Zahlen (Siehe Deutschlands Volkswohlstand von Dr. Helffrich, Verlag Stilke, Berlin, 1,00 M), wenn wir den Durchschnitt der Jahre 1883—1887 (a) mit dem Durchschnitt der Jahre 1908—1912 (b) vergleichen. Es betrug:

bei	Erntemenge in Tonnen a.	b.	der Ertrag pro Hektar in Doppelzentnern a.	b.
Roggen	5 867 700	11 012 171	10,0	17,8
Weizen	2 585 200	3 962 390	13,4	20,7
Sommergerste .	2 232 800	3 220 066	12,8	20,1
Kartoffeln . . .	25 459 200	44 220 213	87,4	133,4
Hafer	4 291 000	8 189 062	11,3	19,0
Wiesenheu . . .	16 874 600	25 024 865	28,5	42,1

Es stieg von 1883 (10. Januar) bis 1912 (2. Dezember) die Zahl

der Pferde	von	3 522 545	auf	4 516 273
des Rindviehs	„	15 786 764	„	20 158 738
der Schweine	„	9 206 195	„	21 885 073
der Ziegen	„	2 640 994	„	3 383 971

Diese Zahlen dürften ungefähr auch für das Jahr 1914 Geltung haben. Die fehlende Ausfuhr macht sich natürlich bemerkbar.

Prof. Wohltmann, eine Autorität auf diesem Gebiete, berechnet den Fehlbetrag an Weizen aus der Erschwerung der Einfuhr für das Jahr 1914 auf etwa 20 Millionen Doppelzentner. Dem wird — die bisherige Ernährungsweise vorausgesetzt — gegenüberstehen ein Ueberschuß von 5 Millionen Doppelzentner Roggen, 3,6 Millionen Doppelzentner Mehl und 1 Million Doppelzentner Graupen, Grieß und Grütze, die früher ausgeführt wurden. Es würden (nach Wohltmann) also immerhin noch 10 000 Doppelzentner Brotkorn fehlen. Prof. Wohltmann meint nun: Wenn in Deutschland in diesem Jahre pro Kopf der Bevölkerung 100 kg Kartoffeln mehr als sonst genossen werden, so könne die Weizeneinfuhr gänzlich entbehrt werden. Auch der Ersatz für die fehlenden ausländischen Futtermittel müßten in erster Linie durch Kartoffel bewirkt werden. Bei der Betrachtung darf nicht außer acht gelassen werden, daß trotz aller Absperrungsmaßregeln Englands eine Zufuhr von landwirtschaftlichen Produkten aus neutralen Ländern, wenn auch nur in geringem Umfang, möglich ist.

Zur Herbeiführung „angemessener“ Preise kommen in der Hauptsache in Betracht: Maßnahmen der Gesetzgebung und Maßnahmen der Konsumenten. Am 31. Juli erging ein Verbot der Ausfuhr von Tieren und tierischen Produkten, von Verpflegungs-, Futter- und

Kollegen! Sammelt für unsere im Felde stehenden Truppen alte Kleider zum Schutze gegen Kälte!

Im Kampfe gegen eine Welt von Feinden ist die Gesundheit unserer Truppen unerläßliche Vorbedingung für den Sieg. Dazu ist es aber notwendig, daß sich die Soldaten gegen die Unbilden des kommenden Winters in ausreichendem Maße schützen können.

Zu diesem Zwecke geht vom „Kriegsausschuß für warme Unterkleider“ an alle die dringende Aufforderung, alle alten Kleider (Anzüge, Mäntel, Frauenröcke, wollenes Unterzeug) zu sammeln und dem Kriegsausschuß zur Verfügung zu stellen. Wir haben auch nach dieser Richtung hin unsere Organisation in den Dienst der großen Sache des Vaterlandes gestellt und unsere lokalen Verwaltungen aufgefordert, Depots anzulegen und nach Kräften alte Kleider aller Art zu sammeln.

Wir richten auch an Sie das dringende Ersuchen, sich persönlich darum zu bemühen, daß die Gaben reichlich fließen; denn viele Millionen Soldaten müssen täglich mit warmen Schutzmitteln versehen werden.

Setzen Sie sich deshalb mit Ihrem Kriegsvertrauensmanne, der von uns die nötigen Anweisungen bereits erhalten hat, in Verbindung, sorgen Sie dafür, daß auch aus den Ihnen nahestehenden Kreisen die von uns angelegten Depots reichlich gefüllt werden.

Alle weiteren Auskünfte in dieser Sache erteilt der Leiter unserer Berliner Geschäftsstelle, Herr Karl Müller, Berlin, Wilhelmstr. 130, der auch **portofreie** direkte Sendungen unter obiger Adresse entgegennimmt.

Für Groß-Berlin nimmt unsere Hauptgeschäftsstelle (soweit die Zweigverwaltungen Groß-Berlins es nicht vorziehen, Depots anzulegen) von 9—5 Uhr derartige Gaben gern entgegen.

Kollege! Lassen Sie den Ruf nicht ungehört verhallen! Auch ganz alte Sachen können, entsprechend verarbeitet, noch gute Dienste tun und werden dringend erbeten.

Streumittel. Um die Einfuhr von Lebensmitteln zu erleichtern, hat der Bundesrat auf Grund eines Gesetzes vom 4. August bestimmt, daß bis auf weiteres Getreide, Hülsenfrüchte, frische Kartoffeln, Gemüse, Vieh, Fisch, Fette, Müllereierzeugnisse, Erdöl usw. zollfrei eingehen, daß ferner die Einfuhr von Büchsenfleisch, Hartwürsten sowie von geschlachteten Tieren ohne Miteinfuhr der inneren Organe für die Dauer des Krieges gestattet ist.

Um den Verkehr von Getreide und Mehl über das ganze Land zu erleichtern, sind auf sämtlichen deutschen Staatsbahnen und den meisten Privatbahnen billige Ausnahmetarife bewilligt für Mindestfrachten von 10 Tonnen, und zwar auf Strecken von mehr als 400 Kilometer für Roggen, Weizen, Roggen- und Weizenmehl, sowie auf Strecken von mehr als 150 Kilometer für Kartoffeln.

Um eine Schwächung unseres Viehbestandes zu verhüten, hat der Bundesrat vom 18. September ab für die Dauer von drei Monaten die Schlachtung von Kälbern verboten, die weniger als 75 Kilogramm Lebendgewicht haben, und von weiblichen, noch nicht sieben Jahre alten Rindern. Die Landeszentralbehörden können auch für die Schlachtung von Schweinen Beschränkungen anordnen. Das Recht, Höchstpreise festzusetzen, ist dem Bundesrat durch Gesetz vom 4. August übertragen. Höchstpreise sind bis heute für Roggen, Weizen, Kleie und Kartoffeln vorgesehen. In Berlin betragen die gesetzlich zulässigen Höchstpreise für Weizen 260 M, Roggen 220 M, Gerste 205 M jeweils pro Tonne. Kleie 13 M pro Doppelzentner. Zur Regelung der Kartoffelpreise sind vier Produktionszonen festgelegt. Die vier Produktionszonen umfassen etwa folgende Gebiete: Erster Bezirk: Deutschland östlich der Elbe; zweiter Bezirk: Thüringen; dritter Bezirk: Nordwestdeutschland; vierter Bezirk: West- und Süddeutschland. Die für die einzelnen Bezirke festgelegten und vom 28. November ab gültigen Höchstpreise, die nur für den Produzenten, d. h. also den Landwirt gelten, sind für die gewöhnlichen Sorten: pro Zentner erster Bezirk 2,50 M, zweiter Bezirk 2,60 M, dritter Bezirk 2,70 M, vierter Bezirk 2,80 M. Die Preise für die besten Speisekartoffeln sind pro Zentner um 25 Pfg. höher.

Weiterum sind folgende Vorschriften ergangen: das Weizenmehl muß gestreckt werden durch einen Zusat von Roggenmehl, das Roggenmehl durch einen Zusatz vo Kartoffelmehl oder Kartoffelflocken. Dem Weizenmehl müssen mindestens zehn Gewichtsteile Roggenmehl, dem Rog mehl fünf Gewichtsteile Kartoffeln zugemengt werder Werden mehr Kartoffeln beigemengt, so muß das Brot di Bezeichnung „K“, das heißt Kartoffelbrot, erhalten. Da Verfüttern von mahlfähigem Weizen und Roggen ist ve boten. Zur Herstellung von Roggenmehl ist der Rog gen mindestens bis zu 72 Prozent und der Weizen bi mindestens 75 Prozent durchzumahlen. Endlich ist durc eine Erleichterung des gesetzlichen Ent eignungsverfahrens dafür gesorgt, daß keine Vo räte eingesperrt und dem Verbrauc ferngehalten werden können.

Mit diesen Maßnahmen ist abe nicht genug getan. Um die Interesse der Konsumenten zu vertreten, ist ar 6. Dezember d. J. von den Arbeiter Angestellten- und Beamtenorganisatione ein Kriegsausschuß für Konsumenteninteressen gegründe worden, an dem auch der D. T.-V beteiligt ist. Aufgabe dieses Aus schusses ist, alles Material zu sammel und bei gesetzlichen Aktionen die In teressen der Konsumenten zu vertreter Wir werden darüber noch berichter

Unter den Maßnahmen der Kon sumenten steht eine vernünftige, spar same Verwendung der vorhandene Lebensmittel in erster Linie. Die Re gierung fordert auf, in der Kriegszei mehr Roggenbrot als Weizenbrot z essen. Mit Konditorsachen ist zu sparer Die Brotvergeudung der Kinder is zu bekämpfen. In der Nachfrage nach Kalbfleisch ist ma zuhalten. Alles ungenutzt liegende Land ist zur Gemüs zucht, Futtererzeugung oder zur Kleintierzucht zu verwende Die Haushaltungs-Abfälle sind zu sammeln, sie sind ein gut Mittel zur Schweinemast. Der bekannte Fachmann Rho schreibt: „Eine Großstadt mit 100 000 Einwohnern, zu 20 0(Haushaltungen gerechnet, und deren Abfälle auf 50 M im Ja als Schweinefutter taxiert, gibt einen Betrag von 1 Million Mark.

Die Frage der Lebensmittelversorgung während de Krieges ist wichtig genug, daß wir sie in der D. T.-Z. we ter behandeln und als Organisation alles tun, um de Kriegswucher, in welcher Form er sich auch zeige mag, zu bekämpfen.

SOZIALPOLITIK

Soziale Erlasse von Behörden

In dem Artikel: „Es gibt eine Grenze“ (D. T.-Z. Nr. 41/42) hatten wir als Mangel bezeichnet, daß für die auf Privatdienstvertrag bei Behörden angestellten Techniker, soweit sie im Felde stehen, keinerlei Bestimmungen über die Weiterzahlung des Gehaltes ergangen seien, während die Beamten das ganze Gehalt weiterbeziehen und die Arbeiter 25% ihres Lohnes und 6% für jedes Kind, jedoch zusammen nicht mehr als 50% erhalten. Auch war eine Kriegszulage an die auf Privatdienstvertrag bei den Behörden beschäftigten Techniker als wünschenswert bezeichnet worden. Zur Begründung der beiden Forderungen haben wir uns mit Eingaben an die Ministerien, so das preußische Kriegsministerium, das Landwirtschaftsministerium, das Ministerium der öffentlichen Arbeiten, gewandt.

Jetzt wird bekannt, daß das Preußische Finanzministerium in einem Erlaß die Weiterzahlung eines Teiles des Gehalts verfügt hat. Dieser Erlaß hat für alle im Geschäftsbereich der preußischen Ministerien tätigen Angestellten Bedeutung. Die diesbezügliche Verfügung des preußischen Kriegsministerium enthalten in Nr. 31 des Armee-Verordnungsblattes unter Nr. 30 ordnet an:

„Den Angehörigen der Lohnangestellten in höherer Stellun wird ebenfalls eine laufende Beihilfe bewilligt. Diese beträgt nach der Bedürftigkeit für die Ehefrau des Einberufenen bis z 40 v. H., für jedes Kind unter 15 Jahren bis zu 10 v. H., zı sammen jedoch nicht mehr als 66⅔ v. H. des zuletzt bezogene Monatsgehalts. Die Zahlung dieser Beihilfe beginnt für die berei mit einem vollen Monatsentgelt als einmalige Beihilfe bedacht Personen mit Ablauf des Monats nach dem Tage der Einberufun Künftig ist die vertragliche Monatsvergütung den in höher Stellung befindlichen Lohnangestellten bis Ablauf des Einb rufungsmonats zu zahlen und die laufende Beihilfe mit Begir des neuen Monats. Nehmen die Angehörigen der Lohnangeste ten in höherer Stellung die reichsgesetzliche Familienunte stützung in Anspruch, dann ist hierauf bei Festsetzung der la fenden Beihilfe zu rücksichtigen.“

So begrüßenswert an sich der Erlaß ist, so fällt doch au daß der Nachweis des Bedürfnisses gefordert wir Die wirtschaftliche Lage des weitaus größten Teils der in B tracht kommenden Angestellten ist so, daß die Weiterzahlur eines Teils des Gehalts recht gut vertragen werden kann. Es wä nicht zu weit gegangen, wenn die Behörden einfach den im Felde stehenden Angestellten die vorgesehenen Gehaltssätze auszahlten.

Auch die Frage der Kriegszulage ist im Bereich des Preußischen Kriegsministeriums gelöst. Ein Erlaß (Nr. 34 des Armeeverordnungsblattes Nr. 360) bestimmt: daß die Angestellten im Stand- oder Wohnort für die Dauer des mobilen Zustands bis zum Schluß des Demobilmonats außer dem bisherigen Einkommen $^3/_{20}$ der Höchstvergütung ihrer Vergütungsklasse erhalten. In den Fällen, in denen diese $^3/_{20}$ keine angemessene Entschädigung für die geleistete Wehrarbeit gegenüber der normalen Pflichterfüllung bilden, kann mit Genehmigung des Kriegsministeriums eine besondere Ueberstundenvergütung neben der Kriegszulage gewährt werden. In den Fällen, in denen nach den Annahmebedingungen eine Bezahlung geleisteter Ueberstunden zulässig ist und tatsächlich stattfindet, werden die $^3/_{20}$ nicht bezahlt. Die Bestimmungen über die Ueberstunden sollten unseres Erachtens überhaupt nicht zur Anwendung kommen. Heute, wo es noch manchen stellenlosen Techniker gibt, darf wenigstens von den Behörden die Vermeidung von Ueberstunden erwartet werden.

Weiter ist zu erwähnen, daß im Großherzogtum Baden bestimmt wurde: Die im Vertragsverhältnis stehenden Bediensteten, die zwar nicht zu den Beamtenanwärtern zählen, die aber im Zeitpunkt ihrer Einberufung zum Militärdienst mindestens 1 Jahr ununterbrochen im staatlichen Dienste gegen Entgelt beschäftigt waren und deren Beibehaltung im Dienste auch weiterhin beabsichtigt war, sind wie die etatsmäßigen Beamten zu behandeln.

Ferner hat die Kgl. Sächsische Staatsbahnverwaltung angeordnet: Den zum Kriegsdienst im deutschen oder österreichischen Heere einberufenen oder noch einzuberufenden Beamten und Hilfsbeamten, als Bahnmeister-, Telegraphenmeister- und Werkmeisteraspiranten, techn. Hilfsarbeitern, Technikern und diätarischen Zeichnern, insoweit sie Gehalt oder Monatsdiäten beziehen, wird während des Kriegsdienstes ihr persönliches Diensteinkommen unverkürzt fortgewährt, ohne Rücksicht darauf, ob sie verheiratet sind oder nicht.

Die Stadt Remscheid hat verfügt, daß allen Angestellten, verheirateten und unverheirateten, das volle Gehalt für den Monat der Einberufung gezahlt wird. Für die weitere Zeit fallen die Gehaltszahlungen für Unverheiratete fort. Verheiratete Angestellte sollen für die Folgezeit bei 10- und mehrjähriger Dienstzeit 60% des Gehalts, steigend bei 1 und 2 Kindern um je 5% bis 75%, bei Angestellten unter 10jähriger Dienstzeit 50% des Gehalts, steigend bei 1 und 2 Kindern um je 5% bis 65%, erhalten. Den Verheirateten werden diejenigen Unverheirateten gleichgestellt, welche bedürftige Angehörige unterhalten müssen. Die Entscheidung hierüber sowie über die Höhe erfolgt von Fall zu Fall auf Antrag durch den Bürgermeister.

Die Beiträge für die Angestelltenversicherung sollen für die verheirateten Angestellten seitens der Stadt weiter gezahlt werden. Ebenso werden die Krankenkassenbeiträge für die verheirateten Angestellten zwecks freiwilliger Weiterversicherung in der Lohnklasse 2 in Höhe von 45 Pf. wöchentlich seitens der Stadt gezahlt.

In der Stadt Merseburg sind die Verhältnisse der Angestellten folgendermaßen geregelt. Sie erhalten, sofern sie monatliche Vergütung bezogen haben, die volle Besoldung noch für den Monat, in welchem sie zur Fahne einberufen sind, und für den darauf folgenden Monat, sofern sie Wochenlohn oder Tagelohn bezogen haben, den vollen zuletzt bezogenen Lohnsatz noch bis zum Schluß des Monats ihrer Einberufung.

Den Angehörigen der unter II bezeichneten Personen werden, sofern sie bedürftig sind, Familienunterstützungen gewährt vom Tage des Wegfalls der Monatsvergütung oder des Lohnes an. Diese Familienunterstützung soll einen Zuschuß zu der reichsgesetzlichen Unterstützung bilden und so bemessen werden, daß die Zuschußbeihilfe der Provinz und die Reichsunterstützung zusammen folgende Prozentsätze der Vergütung oder des Lohnes des Einberufenen ausmachen:

40% für die alleinstehende Ehefrau,
50% für die Ehefrau mit 1 Kind,
60% für die Ehefrau mit 2 Kindern,
70% für die Ehefrau mit 3 oder mehr Kindern.

Diese Sätze erhöhen sich in den Wintermonaten (vom 1. November bis Ende April) um monatlich 5 Mark und zwar die Reichsunterstützung um 3 Mark, die Zuschußbeihilfe der Provinz um 2 Mark.

In Betracht kommen nur Kinder unter 15 Jahren. Die Familienunterstützungen der Provinz werden halbmonatlich nachträglich gezahlt. D. H.

*

Arbeitslosenunterstützung unter Mitwirkung der Verbände

Mit verschiedenen Städten, so Berlin, Wilmersdorf, standen wir wegen der Ausgestaltung der Arbeitslosenunterstützung in Verhandlungen. Der Magistrat Schöneberg hat uns jetzt Mitteilung gemacht von der Neuregelung seiner Arbeitslosenunterstützung. Die Erwerbslosigkeit und Hilfsbedürftigkeit muß eine Folge des Krieges sein. Die Höhe der Unterstützungen richtet sich nach dem Grade der Bedürftigkeit. Die Unterstützungen werden nur unter Berücksichtigung anderweitiger Einkünfte gewährt. Die Höchstsätze der Unterstützungen betragen wöchentlich ausschließlich der zu gewährenden Mietszuschüsse für einen alleinstehenden Mann 7,00 M, für eine alleinstehende Frau 5,50 M, für ein kinderloses Ehepaar 8,00 M, für jede weiter zu unterstützende Person 1,50 M bis zum Höchstbetrag von 17 M. Soweit Angestellte und Arbeiter von ihrer Berufsvereinigung Arbeitslosenunterstützung erhalten, wird diese zur Hälfte auf die städtische Unterstützung angerechnet. Die Kassen der Berufsvereinigungen verauslagen den Betrag des städtischen Zuschusses und reichen in jedem Monat der städtischen „Deputation für Unterstützung Kriegsbedürftiger" die Berechnung ihrer Auslagen nebst den dazu gehörigen Unterlagen für die Zeit vom ersten bis zum letzten des vorausgegangenen Monats ein. Der Zuschuß wird innerhalb dreier Wochen nach Einreichung an die Kassen der Berufsorganisationen zurückgewährt. Die Organisationen müssen allmonatlich ein Verzeichnis ihrer zu unterstützenden Mitglieder einreichen. Die Auszahlung der städtischen Arbeitslosenunterstützung erfolgt demnach durch die Organisationen. Leider ist es nicht gelungen, eine Bestimmung herbeizuführen, wonach auch die Kontrolle über die Annahme neuer Stellen von den Organisationen ausgeübt wird, denn die Unterstützungsempfänger haben sich mindestens jeden zweiten Tag auf dem städtischen Arbeitsamt zu melden. D. H.

*

Mitwirkung der Städte beim Arbeitsnachweis

Mehrere Male haben wir darauf hingewiesen, daß in einzelnen Städten Versuche mit öffentlichen Arbeitsnachweisen angestellt werden. Die Technik, die dabei zur Verwendung kommt, ist allerdings eine verschiedene. In Ludwigshafen a. Rh. hat man eine Kommission zur Fürsorge stellenloser Privatangestellter gegründet, in der auch unsere Zweigverwaltung vertreten ist. Die Firmen der Stadt sind aufgefordert worden, bei Vakanzen sich mit der Kommission in Verbindung zu setzen, die dann sucht, die Stellenlosen unterzubringen. In Breslau hat man es mit einer Zentralisierung der bestehenden örtlichen Arbeitsnachweise versucht. Auch unsere Zweigverwaltung ist beteiligt. Das Zusammenarbeiten der Breslauer Arbeitsnachweise geschieht in folgender Weise:

Jeder Arbeitsnachweis wird zweimal wöchentlich, Mittwoch und Samstag, unmittelbar vor Schluß der Geschäftsstunden die Zahl der bei ihm gemeldeten offenen Stellen und der Stellensuchenden den städtischen Arbeitsnachweisen mitteilen. Die Mitteilung erfolgt auf Vordrucken, die die städtischen Arbeitsnachweise kostenfrei zur Verfügung stellen. Es ist getrennt für den Arbeitsnachweis für Männer und für den Arbeitsnachweis für Frauen zu berichten.

Glaubt ein städtischer Arbeitsnachweis auf Grund der Berichte, eine Stelle besetzen zu können, so zieht er möglichst durch Fernsprecher bei dem berichtenden Arbeitsnachweis nähere Erkundigungen ein. Die endgültige Besetzung erfolgt in der Weise, daß die Arbeitsnachweise die Arbeitslosen, die sich bei ihnen gemeldet haben, mit einer Ausweiskarte zu dem Arbeitsnachweis schicken, bei dem die offene Stelle gemeldet ist. Dieser Arbeitsnachweis vermittelt dann die Besetzung der Stelle und gibt nach Erledigung dem Arbeitsnachweis, der den Arbeitsuchenden überwiesen hatte, Nachricht. Nachricht ist auch dann zu geben, wenn der Arbeitslose eine Stelle ohne wichtigen Grund nicht annimmt oder nach kurzer Zeit wieder aufgibt.

In Berlin, wo die Errichtung eines eigentlichen städtischen Arbeitsnachweises für Angestellte angeregt worden war, ist noch keine Entscheidung gefallen.

ANGESTELLTENFRAGEN

Das Heilverfahren der Angestelltenversicherung im Kriege

In den Kreisen der Versicherten besteht, wie die vielen an die Reichsversicherungsanstalt gerichteten Anfragen erkennen lassen, immer noch nicht die wünschenswerte Klarheit darüber, in welcher Weise das Direktorium der Reichsversicherungsanstalt den infolge des Kriegsausbruchs eingetretenen Verhältnissen auf dem Gebiete des Heilverfahrens Rechnung getragen hat.

Nachdem in der ersten Zeit nach der Kriegserklärung die Durchführung des Heilverfahrens insofern eine Einschränkung erfahren mußte, als Heilverfahren nur in den Fällen gewährt wurden, in denen es sich um tuberkulose Erkrankungen der Lunge handelte, wurde diese durch die damaligen Verhältnisse gebotene Einschränkung sogleich aufgehoben, nachdem die inzwischen angestellten Erhebungen hinsichtlich der Frage der ärztlichen Versorgung der Patienten und der Anzahl der zur Verfügung stehenden Sanatorien usw. ein zufriedenstellendes Ergebnis aufgewiesen hatten.

Seit diesem, bereits längere Zeit zurückliegenden Zeitpunkte werden also die Heilverfahren wieder in dem vor dem Ausbruch des Krieges bestehenden Umfange durchgeführt.

Angestelltenausschuß bei dem bayrischen Landesbeirat für Industrie, Gewerbe und Handel

Durch Königliche Verordnung vom 13. November d. J. wurde bestimmt, daß der 1907 beim Bayrischen Staatsministerium des K. Hauses und des Aeußern gebildete Beirat für wichtige wirtschaftliche und soziale Angelegenheiten in Zukunft den Namen: „Landesbeirat für Industrie, Gewerbe und Handel" führt. Dieser Beirat ist in vier selbständige Abteilungen gegliedert: 1. für Industrie und Handel, 2. für Handwerk und Gewerbe, 3. für Arbeiterschutz und -Wohlfahrt, 4. für wirtschaftliche und soziale Angelegenheiten der kaufmännischen und technischen Angestellten. Damit ist für eine Art gesetzliche Vertretung der Angestellten Sorge getragen. Wenn sie auch nicht als gleichbedeutend mit den gesetzlichen Vertretungen der andern Stände, wie sie in Handels-, Gewerbe- und Landwirtschaftskammern vorhanden sind, angesehen werden kann, so haben die Angestellten wenigstens in Bayern die Möglichkeit, der Regierung und dem Parlament gegenüber sich Gehör zu verschaffen. Die Angestellten-Abteilung besteht aus 8 Vertretern der kaufmännischen Verbände, in welchen die Handlungsgehilfen Bayerns vertreten sind, und vier Vertretern der technischen Angestellten. Diese werden vom sozialen Ausschuß der Technikerverbände, der gebildet wird vom Deutschen Werkmeisterverband, dem D. T.-V. und dem Bund technisch industrieller Beamten vorgeschlagen. Unsere Geschäftsstelle München hat die Weiterbehandlung der ganzen Frage, speziell die Wahl der Vertreter, bereits in die Hand genommen. Dr. H.

:: :: :: STANDESBEWEGUNG :: :: :: ::

Aus dem D. T.-V.

Herr Berger, Elberfeld, Mitglied des Gesamtvorstandes, gehörte am 1. Dezember 1914 fünfundzwanzig Jahre dem D. T.-V. an. Die Tätigkeit des Herrn Kollegen Berger, seine Bedeutung für unsere Standesarbeit ist bekannt. Seit Jahren steht er mit in der vordersten Reihe. In seiner Zweigverwaltung, in der Bezirksverwaltung bezw. Arbeitsgemeinschaft, im Gesamtvorstand wird Herr Berger sehr hoch geschätzt. Wir haben es als unsere selbstverständliche Pflicht angesehen, Herrn Berger unsere besten Wünsche auszusprechen und hoffen, daß die Arbeitskraft des Herrn Berger dem D. T.-V. noch lange Jahre erhalten bleibt.

Herr Reichel, Mitglied des Geschäftsführenden Vorstands, ist dieser Tage als gedienter Landsturmmann eingezogen, so daß vom Geschäftsführenden Vorstand jetzt 3 Herren (außer Herrn Reichel noch die Herren Wildegans und Schramm) im Felde stehen.

Karl Claren, Stadtbaumeister in Spandau, Mitgl. 28 427, wurde zum Hauptmann der Landwehr befördert.

Von unserer Verwaltungsabteilung Selb i. Bay. sind sämtliche Mitglieder im Felde.

Kollege Glösser (Mitgl. 51 012) schreibt uns aus dem Reservelazarett in Pirmasens u. a.: „Bekam heute zum ersten Male wieder eine Nummer unserer Zeitung in die Hand (wahrscheinlich infolge Wichtigkeit der Nummer von meinem Vater gesandt) und konnte viel Erfreuliches, aber auch recht Trauriges darin lesen. Aber eins tat mir ungemein wohl, daß die gefallenen Kollegen als Helden in der Ehrentafel namentlich aufgeführt sind und auch der Verwundeten, soweit als bekannt, nicht vergessen wurde. Wir Feldzugsteilnehmer sehen das als einen Beweis an, daß unsere Tat vor dem Feinde, unsere Gesundheit und wenn es sein muß, unser Leben dem Vaterlande opfern, in den Kreisen unserer zurückgebliebenen Kollegen hoch eingeschätzt wird.

*

Kriegshilfe für die technischen Berufsstände

Die tiefgehende Erregung und Erschütterung, die der mit so elementarer Gewalt hereingebrochene Krieg in den ersten Wochen auch in unser deutsches Wirtschaftsleben brachte, hat heute einer ruhigen Auffassung Platz gemacht. Industrie und Gewerbe haben für den Wegfall der Ausfuhr nach dem Auslande Absatzgebiete in dem Kriegsbedarf des Heeres und der Marine gefunden und Dank ihrer außerordentlichen Anpassungsfähigkeit sich auch rasch in die in Bezug auf Produktion und Verbrauch eingetretene Umschichtung hineingelebt. Der in der ersten Bestürzung gefürchtete Niedergang des deutschen Wirtschaftslebens ist also nicht eingetreten, im Gegenteil in einer erheblichen Anzahl von Gewerben und Industrien ist nach den amtlichen statistischen Ausweisen der Beschäftigungsgrad günstiger als in der gleichen Zeit des Vorjahres.

Wenn es trotzdem viele durch Arbeitslosigkeit hervorgerufene Not zu lindern und zu heben gilt, so ist die Ursache hierfür nicht in der allgemeinen Wirtschaftslage, sondern in den besonderen Verhältnissen zu suchen, die auch wieder der Krieg geschaffen hat. Besonders für die technischen Angestellten trifft dies zu. Einerseits eignen sich die verfügbaren Kräfte nicht immer ohne weiteres für die durch die Kriegsbedürfnisse sich öffnenden Stellen, andererseits ist es nicht immer möglich, den Ueberschuß an Arbeitskräften auf einer Stelle dorthin zu leiten, wo Mangel an Arbeitsangebot ist, zum Teil der militärischen Beschränkungen wegen, die dem Aufenthaltswechsel entgegen stehen, in der Hauptsache aber, weil es den einzelnen Arbeitsnachweisen gar nicht möglich ist, alle Arbeitsgelegenheit zu erfahren und von der zu ihrer Kenntnis gelangten allen brachliegenden Arbeitskräften Nachricht zu geben, also Angebot und Nachfrage restlos auszugleichen.

Um dieses für die technischen Berufe in möglichst großem Umfange zu erreichen, soll nun eine Zentralstelle für Kriegshilfe für die technischen Berufsstände geschaffen werden, deren Tätigkeit in der Hauptsache darin bestände,

- weitere Arbeitsgelegenheit zu ermitteln und zu beschaffen,
- die Zusammenarbeit der einzelnen Nachweise zu regeln und in Verbindung damit
- eine eingehendere Kontrolle für die Inanspruchnahme der Unterstützungskassen zu ermöglichen.

In der Versammlung, zu der sich auf Einladung des Vereins deutscher Ingenieure in seinem neuen Heim die Vertreter der größeren technischen Verbände eingefunden hatten, wurde von allen Seiten übereinstimmend darauf hingewiesen, daß eine Notlage in erster Linie für die älteren Berufsangehörigen vorliegt, die nicht nur sehr schwer in Stellungen unterzubringen sind, die ihrer Erfahrung und ihrem Können entsprechen, sondern überhaupt kaum irgendwo angenommen werden. Ein Beispiel, wenn auch zum Teil aus anderen als den in normalen Zeiten geltenden Gründen für das immer stärker hervortretende Problem des „alternden Technikers". Mit Genugtuung wurde festgestellt, daß die Staatsregierung und die Verwaltungen einzelner großer Industriewerke die Wichtigkeit der Beschaffung vermehrter Arbeitsgelegenheit richtig erkannt haben. Gleichzeitig wurde aber auch von verschiedenen Seiten berichtet, daß es bei einigen unserer Stadtverwaltungen und auch bei den unteren staatlichen Behörden recht schwer geworden ist, Verständnis für die Vermehrung von Arbeitsgelegenheit zu finden, und unser Vertreter wies noch besonders darauf hin, daß sogar die Verwaltung der Haupt- und Residenzstadt Berlin, die doch sicher finanzkräftig genug ist, um wenigstens in diesen außergewöhnlichen Zeiten großzügig zu sein, von ihrer für die Beschäftigung von technischen Angestellten auf 35 Jahre festgelegten Altersgrenze nicht abgehen will.

Den vereinten Bemühungen der in der Kriegshilfe zusammenarbeitenden Verbände wird es aber hoffentlich gelingen, die volkswirtschaftlich allein richtige Erkenntnis zu verbreiten, daß wichtiger als Arbeitslosen-Unterstützung die Beseitigung der Arbeitslosigkeit selbst ist. In diesem Sinne wollen auch wir so wie es in unseren bisherigen Kriegsmaßnahmen immer schon geschehen ist, an den Arbeiten der Kriegshilfe für die technischen Berufsstände nach besten Kräften mithelfen. Lz.

:: :: :: :: VERBANDSNACHRICHTEN :: :: :: ::

Z. Allenstein. Kr.-V.: Fr. Ruloff, Hohensteiner Querstr. 19 II (nicht Kuloff).

A. Bärwalde, N.-M. Kr.-V.: Wilhelm Frommelt, Güstebieser Chaussee 314.

Z. Bernburg. Kr.-V.: Reinh. Grunewald, Bernburg, Kugelweg 11 a.

Z. Beuthen. Kr.-V.: Walter Specht, Beuthen (Ob.-Schles.), Gartenstraße 22.

Z. Breslau. Vorsitzender u. Kassierer: Willy Scheuner, Breslau 9, Scheitniger Str. 26. Alle Geldsendungen sind bis zur Neuwahl des Kassierers an vorgenannten Kollegen zu entrichten.

Z. Düren. Kr.-V.: Carl Schneemann, Rölsdorf, Post Düren, Nr. 1.

Z. Guben. Kr.-V.: Hans Barton, Grünstr. 70.

Z. Gumbinnen. Kr.-V.: G. Schiefferdecker, Moltkestr. 6.

Z. Höchst a. M. Kr.-V.: Rudolf Werlein, Humboldtstr. 4.

Z. Kempten. Kr.-V.: Aug. Groß, Bfr., Kronprinzenstr. 47 II.

Z. Landshut (Bay.). Am Donnerstag, den 7. Januar 1915, abends 8 Uhr, findet im Vereinslokale (Schleuse) unsere Jahres-Hauptversammlung mit folgender Tagesordnung statt: 1. Geschäfts- und Kassabericht, 2. Neuwahl der Vorstandschaft und der beiden Rechnungsprüfer, 3. Anträge und Sonstiges. Hierzu ergeht höflichste Einladung.

Z. Lübben. Kr.-V.: Adolf Siedentopf, Lübben, Paul-Gerhard-Straße 10.

Z. Passau. Kr.-V.: Georg Wenger, techn. Sekr., Passau, Angerstraße 41.

EHREN-TAFEL

Das Eiserne Kreuz erhielten:

Georg Alt, Amberg, Mitgl. 48 467.
Joh. Andresen, Hamburg, Mitgl. 30 503, unter Beförderung zum Vizefeldwebel.
Fritz Brade, Neuwied, Mitgl. 77 819, Uff. im Pion.-Bat. 8.
Joseph Braun, Moselkern, Mitgl. 73 221, Uff. b. Divisions-Brücken-Train.
Karl Claren, Stadtbaumeister, Spandau, Mitgl. 28 427.
Bernhard David, Rendsburg, Mitgl. 49 984.
Karl Deike, Vienenburg, Mitgl. 60 969.
Curt Dittrich, Arnsdorf, Mitgl. 25 120, Eisernes Kreuz und Friedrich-August-Medaille.
Ferdinand Erdt, Burscheid, Mitgl. 75 736.
Heinrich v. Haß, Oberhausen (Rhl.), Mitgl. 75 194.
Otto Horn, Reutlingen, Mitgl. 76 761.
Wilhelm Kliegel, Amberg, Mitgl. 47 940.
Georg Körner, Prieborn, Kr. Strehlen, Mitgl. 59 788.
Curt Kopp, Friedeberg, N.-M., Mitgl. 64 216.
Aug. Krakhecken, Dortmund, Mitgl. 60 366, unter Beförderung zum Unteroffizier.
Aug. Lohschelder, Oberhausen (Rhl.), Mitgl. 63 714.
Oskar Meyer, Braunschweig, Mitgl. 70 669, Landst.-Pionier.
Fritz Muth, Lauenburg i. Pomm., Mitgl. 47 590.
Ewald Niestrath, Bielefeld, Mitgl. 70 246.
Erich Röhren, Bremen, Mitgl. 59 896, Kriegsfreiwilliger Gefreiter im Dragonerregiment Nr. 5.
Max Sauer, Görlitz, Mitgl. 40 926, und die Oesterr. Tapferkeitsmedaille in Silber.
Otto Venter, Oberhausen (Rhl.), Mitgl. 69 272.
H. Watermann, Bremen, Mitgl. 59 450, Landwehrmann im Res.-Inf.-Regt. Nr. 75.
Alfred Weißkopf, Cannstatt, Mitgl. 59 085.
Emil Wellnitz, Ratibor, Mitgl. 55 137.
Franz Wißmiller, Ingolstadt, Mitgl. 66 970.
Erich Kublick, Dresden, Mitgl. 62 417.
Josef Lamprecht, Bamberg, Mitgl. 66 795, in Nordfrankreich am 8. 11.

Es starben den Heldentod fürs Vaterland:

Hans P. Auerbach, Plauen, Mitgl. 71 586, seit 1. 5. 13, bei Dünkirchen.
Karl Behrendt, Reinickendorf, Mitgl. 74 480, seit 1. 10. 13 (Zweigverw. Reinickendorf), am 13. 10. 14 gefallen bei Iwangorod.
Adolf Bertram, Remscheid, Mitgl. 56 619, seit 1. 1. 10 Zweigv. Remscheid), am 26. Okt. b. Sturm auf Neuve-Chapelle.
Bernh. Bollert, Braunschweig, Mitgl. 67 093, seit 1. 7. 12 (Zweigv. Braunschweig), Inhaber des Eisernen Kreuzes, gefallen in Frankreich.
Menno Cornelius, Rüstringen, Mitgl. 58 579, seit 1. 7. 10. (Zweigv. Wilhelmshaven), gefallen am 3. 11. 14 bei Moorlede in Belgien.
Max Crahè, Königswusterhausen, Mitgl. 63 474, seit 1. 10. 11 (Abteilung Königswusterhausen).
Otto Diederich, Tiefbautechn., St. Wendel, Mitgl. 33 185, seit 1. 7. 05 (Zweigv. Neunkirchen), gefallen am 27. August.
Alexander Haas, Stuttgart, Mitgl. 71 419, seit 1. 5. 13 (Zw. Stuttgart), am 25. Oktober in Nordbelgien.
Gustav Habild, Staßfurt, Mitgl. 39 859, seit 1. 7. 06 (Zweigv. Staßfurt-Leopoldshall), am 24. Aug. b. Eton (Frankreich).
Karl Haun, Hagenau i. Els., Mitgl. 60 174, seit 1. 1. 11 (Zw. Hagenau).
Reinhold Heine, Braunschweig, Mitgl. 54 825, seit 1. 10. 09 (Zweigv. Braunschweig), mit dem Panzerkreuzer York untergegangen.
Ludwig Kirschhoch, Diez, Mitgl. 67 456, seit 1. 7. 12 in der Schlacht bei Tannenberg.
Herm. Kleböhmer, Hamburg, Mitgl. 71 725, seit 1. 6. 13.
Aug. Knarr, Bayreuth, Mitgl. 35 411 seit 1. 1. 06, in Frankr.
Wilh. Kreutz, Oppeln, Mitgl. 77 490, seit 1. 5. 14 (Zweigv. Oppeln), infolge einer im Felde zugestoßenen Krankheit gestorben.
Karl Lindauer, Untertürkheim, Mitgl. 31 121, seit 1. 1. 05 (Zw. Cannstatt), am 21. Oktober in Belgien.
G. Lohschelder, Oberhausen (Rhl.), Mitgl. 55 676, seit 1. 1. 10, fand den Heldentod auf S. M. S. York.
Wilhelm Maaß, Königsberg i. Pr., Mitgl. 73 073, seit 1. 9. 13 (Zweigv. Königsberg).
Otto Niemann, Pillau, Mitgl. 76 648, seit 1. 4. 14, bei einem Sturmangriff am 30. 10. vor Noyon.
Ernst Ploy, Gollnow, Mitgl. 25 317, seit 1. 4. 03 (Zweigv. Gollnow), am 10. Oktober bei Zielecho.
Franz Reckzeh, Charlottenburg, Mitgl. 77 132. Seinen Wunden (doppelter Lungenschuß, Rückenmarkschuß u. Beinschuß) im Lazarett erlegen.
Ernst Röhlk, Rendsburg, Mitgl. 38 340, seit 1. 4. 06 (Zweigv. Rendsburg), starb am 11. 11. 14 im Festungslazarett zu Metz infolge einer schweren Verwundung.
Victor Scherer, Amberg, Mitgl. 70 545, seit 1. 4. 13 (Zweigv. Amberg).
Wilhelm Schröder, Sorau, zuletzt Sagan, Mitgl. 68 145, seit 1. 10. 12, erl. seinen Wund. i. Laz. Müllheim a. 21. 10. 14.
Gustav Rudolf Schwotzer, Niederplanitz i. Sa., Hosp.-Mitgl. 08 150, am 20. Aug. bei Schirrgut.
Walter Spreen, Bielefeld, Schüler-Mitgl. 06 490, am 17. Nov. bei einem Sturmangriff auf Ypern.
Oswin Steglich, Dresden, Mitgl. 40 401, seit 1. 10. 06 (Zweigverwaltung Dresden).
Johann Syring, Hagenau i. Els., Mitgl. 48 993, seit 1. 7. 08 (Zweigverwaltung Hagenau).
Herm. Tausendfreund, Dirschau, Mitgl. 41 096, seit 1. 10. 06.
Karl Töllner, Hannover, Mitgl. 53 799, seit 1. 7. 09 (Zweigverwaltung Hannover), am 12. Nov. an der Yser.
Willy Torner, Charlottenburg, Mitgl. 50 221, seit 1. 10. 08 (Zweigverw. Charlottenburg), bei Chalons in der Zeit vom 6. bis 9. Sept. 1914.
Gustav Wächter, Schildesche, Mitgl. 61 887, seit 1. 4. 11 (Zw. Bielefeld), 16. Nov. in Rußland.
Wilh. Wenzel, Berlin, Mitgl. 23 005, seit 1. 4. 02 (Zweigv. Berlin), am 3. Nov. durch Detonation eines Pulverwagens ums Leben gekommen.

Es wurden verwundet:

Wolfgang Adler, Selb, Mitgl. 69 373, schwer verwundet.
Heinr. Baar, Celle, Mitgl. 68 677, (Schrapnellschuß in die Magengegend), z. Zt. im Lazarett Deckoffizierschule, Wilhelmshaven.
Karl Baumhard, Mitgl. 55 891, Dt. Eylau, schwer verwundet.
Franz Ehrich, Siegen i. W., Mitgl. 49 302, schwer verwundet, Lazarett Friedrich-Wilhelmsstift zu Bonn a. Rh.
Heinrich Ellermann, Bielefeld, Mitgl. 44 926.
R. Fuhrmann, Zweibrücken, Mitgl. 42 364, Kopfschuß, schwer verwundet.
Kurt Fehmel, Harburg, Mitgl. 58 141.
Walt. Grabowski, Königsberg i. Pr., Mitgl. 44 403, schwer verwundet, Lazarett Arolsen.
Alfred Herrmann, Leipzig, Mitgl. 70 820, bei Les Ecluses am Kopfe verwundet und in engl. Gefangenschaft.
Hans Lorenz, Mülheim (Ruhr), Mitgl. 55 248, Schuß durch rechten Unterarm in Rußland.
Martin Näke, Zwickau, Mitgl. 61 261, Uff. d. Res. 2. Pion.-Bat. 22, Schuß in den Oberarm beim Angriff auf Ypern.
Ewald Niestrath, Bielefeld, Mitgl. 70 246.
Joh. Reinhold, Zwickau, Mitgl. 65 999.
Rud. Tuxhorn, Bielefeld, Mitgl. 46 266.
E. Weber, Zweibrücken, Mitgl. 35 468, linke Hand leicht. Lazarett in Weißenfels a. S.

Z. Nordenham. Kr.-V.: Franz Wilhelm Steckert, Nordenham i. Old., Plaatweg 10 (nicht mehr Otto Fischer).

A. Olbernhau. Kr.-V.: Ludwig Mauersberger, Olbernhau, Aeußere Grünthaler Str. 74, P. Kupferhammer-Grünthal (n i c h t m e h r Böhme).

Z. Schwedt a. O. Kr.-V.: Leo Prange, Schwedt a. O., Kietzerstraße 12 (n i c h t m e h r Weihrauch).

A. Vacha. Kr.-V.: Ing. Wilh. Müller, Vacha a. d. Werra.

Stellenvermittlung des D. T.-V.

Geschäftsstellen:

Braunschweig: Rudolfstr. 11.
Bromberg: Rinkauer Str. 42.
Elberfeld: Bleichstr. 9 (Tel. 4190).
Leipzig: Thomasring 18 (Tel. 6298).
München: Elisenstr. 7 II (Tel. 14 148).

Zweigstellen
der Stellenvermittlung, die zurzeit noch in Tätigkeit sind:

Augsburg: Geschäftsstelle der Zweigverwaltung Augsburg in Augsburg, Wintergasse A 9/0, Hof links.
Bochum: W. Bartel, Hugo-Schulz-Straße 1.
Braunschweig: R. Mohs, Raabestr. 5 II.
Bremen: G. Petermann, Goesselstr. 47 (Hoch- und Tiefbau).
K. Dietzschold, Fleetrade 8 (Industr.).
Breslau: A. Sültmann, Breslau 5, Viktoriastr. 26 p. r.
Cassel: F. Thielke, Schumannstraße 5.
Chemnitz: F. Benndorf, Fritz-Reuter-Straße 19 (Bau).
K. Schauseil, Ludwigstr. 43 (Industr.).
Cöln: F. Bolten, Klingelpütz 24.
Danzig: P. Scholz, Schlüsseldamm 34 I.
Dortmund: O. Esdar, Saarbrücker Str. 42 (Masch.).
F. Hartmann, Arneckestr. 2 (Bau).
Duisburg: J. Freisen, Duisburg-Hochfeld, Grunewaldstr. 104.
Dresden: A. Krumbiegel, Stiftsplatz 2.
Erfurt: H. Schelle, Michaelisstr. 24.
Frankfurt a. M.: W. Nehler, Postfach 45.
Hamburg-Altona: E. Natho, Leibnizstr. 6.
Hamm i. W.: Ed. Müller, Roonstr. 49 II.
Hannover: W. Lefherz, Lutherstr. 24 D (Bau).
G. Bruns, Kl. Pfahlstr. 6 III (Industr.).
Karlsruhe i. B.: A. Schneider, Vorholzstr. 41.
Kiel: H. Hahn, Wilhelminenstr. 14 a (Bau- u. Maschinenfach).
Königsberg i. Pr.: A. Reining, Prinzhauseneck 10.
Konstanz: W. Knecht, Wiesenstr. 17.
Köslin: Herber, Neuklanzer Straße 13.
Lübeck: H. Behrens, Geverdesstr. 19.
Magdeburg: P. Kegel, Wittenberger Str. 20 p. (Bau).
J. Pflugk, Lübecker Straße 21 (Industrie).
Mannheim: Fr. Krieger, Stephanienpromenade 15.
Niederschles.: Joh. Nahrendorf, Waldenburg i. Schles., Fürstensteinstraße 6 a III.
Nürnberg: Fr. Herzer, Adamstr. 17 II (Bau).
Fr. Born, Theresienstr. 18 II (Industrie).
Osnabrück: B. Klare, Luisenstr. 30.
Pforzheim: J. Bitz, Rudolfstraße 36.
Posen: E. König, Hohenlohestraße 3.
Rheinland und Westfalen: J. Stender, Essen-Ruhr, Brigittastr. 58 (Vermessung und Kultur).
Saarbrücken: Geschäftsstelle der Zweigverwaltung Saarbrücken, Reichstraße 11.
Straßburg i. E.: Emil Koslowsky, Straßburg-Neudorf, Baldnersweg 22.
Wiesbaden: H. Wessel, Eltvirastraße 1.
Wilhelmshaven: G. Taddiken, Wilhelmshaven, Admiral-Klatt-Straße 27.
Würzburg: V. Lindner, Auverastr. 12 I.

⁞⁞ ⁞⁞ ⁞⁞ ⁞⁞ ⁞⁞ ⁞⁞ BRIEFKASTEN ⁞⁞ ⁞⁞ ⁞⁞ ⁞⁞ ⁞⁞ ⁞⁞

Eine Veröffentlichung von Antworten ist wegen Raummangels vorläufig nicht möglich. Die einlaufenden Antworten werden den Fragestellern direkt zugänglich gemacht.

Frage 194. Ich habe **Gewehrriemengarnituren** schwarz oder braun glänzend zu färben, so daß sie ein ähnliches Aussehen erhalten, wie die brünierten Gewehrläufe, und bitte um Auskunft, wie dieses schnell und billig herzustellen ist. Aufmerksam machen möchte ich noch darauf, daß sich im Innern eine Spiralfeder befindet, die der Hitze nicht derart ausgesetzt werden darf, daß sie an Federkraft einbüßt, und auch nicht rosten darf.

Frage 195. Eine massive **Räucherkammer** liegt an einem langen Rohrkasten. Von der Hitze haben sich Risse in den Rohrwangen gebildet. Die Kammer ist nur 1,00·0,80 m groß und mündet in ein russisches Rohr von 250 qcm Querschnitt. Es brennen aber unter dem Rost acht Gasflammen und erzeugen mehr Hitze als Rauch, die direkt in den Schornstein abgeführt wird, worin außerdem noch 2 Oefen münden. Es wurde nun von der Baupolizei verlangt, die Kammer an ein vorhandenes Steigerohr mit 25 cm starken Wangen zu verlegen. Die Wangen sind aber an 3 Seiten nur 1/2 Stein stark und auch der Platz ist sehr beengt, so daß eine Verlegung inmitten der großen Wurstfabrik im Erdgeschoß des Vorderhauses möglichst vermieden werden soll. Vielleicht gelingt es, eine genügende Abkühlung der Heizluftgase zu erreichen. Die Wasserleitung liegt zu entfernt, aber es stehen über der Doppeldecke der Kammer noch 1,60 m Höhe für Zugkanäle zur Verfügung, wovon ich mir Erfolg verspreche. Es soll auch die Ausstrahlung nach dem Arbeitsraum verhindert werden. Kann mir einer der Herren Kollegen einen Rat erteilen, wie über den Bau einer guten Räucher- bezw. Heißluftkammer überhaupt? Meinen Dank im voraus.

A. B. **Expedition.** (Mitgl. 70 556.) Ihr Stellengesuch konnte nicht aufgenommen werden, da Sie Ihren Wohnort nicht angegeben hatten. In unseren Listen werden Sie als „unbekannt verzogen" geführt.

Alle Anfragen und Anmeldungen

die das Erholungsheim betreffen, sind n u r zu richten: **An das Erholungsheim des Deutschen Techniker-Verbandes in Sondershausen.**

Einbanddecken zur Deutschen Techniker-Zeitung

sind von der Firma Berliner Buchbinderei W ü b b e n & Co., B e r l i n SW. 68, Kochstraße 60/61, zum Preise von 1 M für das Stück zuzüglich 50 Pfg. bezw. 25 Pfg. für Porto zu beziehen. Um den Anzeigenteil nicht mit einbinden zu lassen, sind zwei Rückenstärken (Decke A mit Anzeigen, Decke B ohne Anzeigen) zum gleichen Preise lieferbar. Bei Bestellungen ist anzugeben, ob Decke A oder Decke B gewünscht wird

STERBETAFEL

Carl Albrecht, Saarbrücken, Mitgl. 32995, seit 1. 7. 05.
Hugo Koppe, Berlin, Hospitantenmitglied.
Paul Neumann, Bauführer, Frankfurt a. O., Mitgl. 17311, seit 1. 1. 1900 (Zw. Frankfurt a. O.) gest. 13. 11. 14.
Julius Schneisgen, Düsseldorf, Mitgl. 44017.
Hans Zschoche, Burgstädt, Mitgl. 45467, seit 1. 10. 07 (Zweigverw. Chemnitz) gest. 12. 11. 14.

Auf dem Schlachtfeld von Slowike-Nowa, nordwestlich von Ivangorod, fand am 13. Oktober 1914 unser Kollege

Herr Architekt **Karl Behrendt**

Gefreiter der Landwehr in der 2. Komp. des Garde-Reserve-Schützen-Bataillons, im 32. Lebensjahre den Heldentod fürs Vaterland.
Wir werden ihm ein dauerndes Andenken bewahren.

Zweigverwaltung Berlin-Reinickendorf (Ost) und Umgegend.
I. A.: Paul Naumann.

DEUTSCHE TECHNIKER-ZEITUNG
HERAUSGEGEBEN VOM DEUTSCHEN TECHNIKER-VERBANDE
Schriftleitung:
Dr. Höfle, Verbandsdirektor. Erich Händeler, verantwortlicher Schriftleiter.
XXXI. Jahrg. 29. Dezember 1914 Heft 51/52

Kriegshilfe (9. Quittung)

Geschäftsführender Vorstand: Cosmus, Harenberg, Heinze 15,00.

Zweigverwaltungen: Aue: Georgi 2,00, Seifert 20,00, Weber 1,00, Mothes 1,00, Wendler 3,00, Kühne 2,00, Sonntag 5,00, Lange 10,00, Gutte 1,00, Kilthan 1,00, Rudorf 2,00 (48,00). Berlin: gespendet vom Vorstand 42,00, Freund 5,00, Kaiser 5,00, Knoth 5,00, Hahn 4,00, Schulz, Rich. 1,00, Liepach 2,00, Dolz 3,00, Pfeiffer 2,00, Kansy 1,00, Eisfeld 2,00 = 72,00, Fisch 1,00, Altenberg 2,00, Scherz 2,00, Kuroch 1,00, Schulz, Max 2,00, Rohwedder 1,00, Plötz 1,00, Kosub 1,00, Arnold 7,00, Rottke 5,00 (95,00). Bramsche: 20,00. Brandenburg: 23,00. Breslau: Kleinert 2,00, Wolfsohn 5,00, Echtler 5,00, Weißenberger 2,00, Reimann 12,00, Halfpaap 10,00, Freyer 10,00 (46,00). Brieg: Groß 10,00, Schölkopf 4,00 (14,00). Chemnitz: 3. Rate 78,15, 4. Rate 62,00 (140,15). Coblenz: 20,00. Cöln: Allert 3,00, Askevold 2,00, Aust 2,00, Bersch 3,00, Cornelius 2,00, Düsterhaus 2,00, Eickhoff 0,50, Friedrich 1,00, Gräsche 3,00, Hornmann 2,00, Jungherz 2,00, Klencz 2,00, König 3,00, Krumme 5,00, Körner 2,00, Linder 1,00, Lübke 2,00, Lennartz 1,00, Meis 1,00, Meskendahl 10,00, Meyer 2,00, Paul 10,00, Peters 1,00, Pellikan 3,00, Pörtje 2,00, Scholz, H. 5,00, Scholz, R. 1,00, Schwalbert 5,00, Schulze 3,00, Schmidt 5,00, Stockmann 10,00, Vef 4,00, Wolters 1,00 (101,50). Cöpenick: Häusler 5,00, Gruber 3,00, Warnecke 3,00 (11,00). Danzig: 63,50. Dresden: 200,00. Düsseldorf: 4. Rate 100,00. Emden: Schwoon 5,00, Grüschow 3,00, Kreistechnik. Jiper 3,00, Schmidt 2,00, Bordthäuser 2,00, Ruthenberg 2,00, Mierig 5,00, Harms 2,00, Janssen 2,00, Braa 3,00, Ammermann 3,00, Gosewisch 3,00, Rodenberg 3,00, Porto 0,15 (38,15). Essen: 200,00. Euskirchen: Aus der Kegelkasse 10,00, Bögelsack 3,00 (13,00). Frankenstein-Nimptsch: 31,15. Frankfurt a. M.: 51,00. Friedrichsort: Von den Technikern der Kaiserlichen Torpedo-Werkstatt in Friedrichsort als dritte Rate 542,45, Carstens 20,00, Birck 18,00, Hamann 6,00, Heitmann 5,00, Hempel 7,50, Neumann 8,00, Stölting 10,00 (616,95). Geestemünde: 30,00. Gelsenkirchen: 45,70. Göppingen: 65,00. Halle a. S.: 50,00. Hamburg: 3. Rate 1591,10. Hannover: Kunz, Wiegand, Schönbaum, Trenkmann, Bahr, Wedsmeier, Hennings, Wittmer, Baumgart = 24,00, Potthoff 1,00, Peters 2,00, Krüger 1,00, Lüchau 2,00, Wendt 1,00, Barkhoff 1,00, Kalb 5,00, Reichardt 1,00, Bierend 2,00, Henke 1,00, Hodum 2,00, Schönemann 1,00, Seidler 4,00, Reißleder 2,00, Kowalnoh 2,00, Schmidt 1,00, Klasmeier 2,00, Lefherz 2,00, Lohel 1,00, Thies 1,00, Winkelmann 1,00, Sander 1,00, Gißrau 1,00, Vorberg 1,00, Kahn 5,00, Heitmüller 10,00, Metzler 1,00 (79,00). Harburg: 200,00. Heidelberg: 13,00. Iserlohn: 21,00. Kiel: 22,00, Howaldtswerke 38,00, K. W. Schiffbauressort 45,00, K. W. Hafenbauressort, Hilfs- und Privatbeamte 150,00, K. W. Hafenbauressort, Etatsmäßige Beamte 13,00, K. W. Artillerieressort (Sasse 5,00, Stoltenberg 5,00, Landt 6,00, Haberkorn 10,00, Tiedemann 6,00) (300,00). Köslin: 14,80. Leipzig: 151,50. Loetzen: Otto Franke 5,00, Rich. Franke 2,00, Hempel 5,00, Kluge 3,00, Lewandowski 2,00, Meyer 3,00, Orgassa 8,00, Stamp 2,00, Schmidt 2,00, Wachtel 2,00, Sauerbaum 3,00, Graeger 5,00, Danfeld 5,00, Heesch 5,00 (52,00). Magdeburg: Möhring 20,00, Damerow 3,00, Kegel 1,00, Walter 1,00, Stieger 10,00, Mahlert 1,00, Peter 1,00, Kurz 1,00 (38,00). Mülheim a. Rhein: Kattenborn 1,00, Kuhnke 7,00, Teegler 2,00, Hochmuth 5,00, Schweren sen. 2,00, Hasselbeck 3,00, Möckel 3,00, Schmahl 3,00, Winter 5,00, Ungenannt 3,00, Ungenannt 1,00, Porto 0,15 (35,15). München: 217,50. Neiße: 37,00. Nürnberg: 110,00. Oberhausen: 10,00. Oldenburg: 18,00. Pankow-Bln.: Krause 10,00, Gay 5,00, Donath 2,00, Zarske 3,00, Myrta 5,00, Peekmann 3,00, Melis 3,00, Daalmeyer 2,00, Wrage 2,00 (35,00). Posen: Hein 50,00, Besch 5,00, Göttsch 10,00, Schneider 5,00, Walter 5,00, Urbanick 5,00, Werdin 5,00, Hilscher 10,00, Fiebig 2,00, Engmann 10,00, Fechner 2,00, Knölcke 8,00, Koch 2,00, Günther 20,00, Friedrich 5,00, Krause 5,00, Grahmann 10,00 (159,00). Reutlingen: 5,50. Riesa: 17,00. Schneidemühl: Militärneubauamt 12,00. Schöneberg: 11,00. Schöningen: Seidenfaden 5,00, Bunz 3,00, E. Müller 5,00, Schwach 3,00, Wallbaum 3,00, Gahrns 3,00, Weihe 3,00, Mensch 2,00 (27,00). Siegen: 10,00. Spandau: Adam 2,00, Hannemann 2,00, Graeber 2,00, Höhn 3,00, Brandes 2,00, H. Hoffmann 2,00, Miksch 2,00, Böttcher 2,00, Krage 2,00, P. Müller 5,00, Ungenannt 1,00 = 25,00, Raeße 2,00, Dreher 2,00, Dohrmann 1,00, Schwentzel 2,00, Rüthning 2,00, Arnold 2,00, Wiszinsky 3,00, Emmrich 1,00, Hirsch 1,00, Stoll 3,00, Zeiner 5,00, Jente 2,00 = 26,00 (51,00). Speyer: 25,15. Stargard: 20,00. Staßfurt-Leopoldshall: 40,00. Stettin: Kelm 10,00, Kelm 5,00, Zeitz 2,00, Reichel 3,00, Helmecke 5,00, Tönges 5,00, Naske 3,00, Behrendt 1,00, Scharm 5,00, Heymacher 5,00, Nittmann 1,00, Beckmann 5,00 (50,00). Straßburg: 50,00. Stuttgart: Lehnes 5,00, Steinhauer 5,00, Boyer 2,00, Kolb 10,00, Glaenz 4,00, F. Schmidt 3,00, Knirzer 2,00 (31,00). Tegel: Nowack 5,00, Seeliger 2,00, Berger 2,00, Lindau 3,00, Lamotke 2,00, Jacob 3,00, Jacobi 2,00, Blümeier 2,00, Gerlach 2,00, Hempel 2,00 (25,00). Traunstein: Kupfberger 1,00, Buh 2,00, Geitz 2,00, Graf 5,00 (10,00). Wiesbaden: 57,50. Werdau: 5,00. Würzburg: Köhler 10,00, Schicks 5,00, Eidel 2,00, Pfadenhauer 2,00, Klopf 2,00, Betz 2,00, Hartmann 5,00, Porto 0,15 (28,15). Zweibrücken: 20,00. Zwickau: Rascher 1,00, Senftenberg 1,00 (2,00) (5602,45 M).

Mitglieder: Bauer 1,00, Bodé 4,00, Böndel 30,00, Bormann 5,00, M. Burch 3,00, Dähne 3,00, Peters 3,00, P. Ernst 4,00, Freydank 3,00, Hartmann 25,15, Hecker 5,00, Heling 8,00, E. Heyser 5,00, Hollender 5,00, Krüger 2,00, Küster 3,00, Lahmann 5,00, Leyendecker 10,00, Linke 2,00, Lüben 5,00, Martin 1,00, Meckeler 15,00, Menz 8,00, Mitscherling 2,00, Mosch 5,00, Niehoff 1,00, Pakusa 8,00, Pasche 5,00, Plünzke 4,00, Rump 20,00, R. von Rysse 10,00, Saalmann 3,00, Schiel 20,00, Schirmer 8,00, Schmiedehaus 10,00, Schneller 10,00, Schwenk 4,00, Speick 2,00, Staudt 10,00, Sutter 2,00, Tomscheidt 1,50, Tornack 5,00, Tully 3,00, Viol 3,00, Wahrburg 5,00, Wilhelmi 15,05, Zügel 5,00, Erlös aus dem Verkauf von Kriegskarten durch Hrn. v. Carlowitz 6,00, Mitgl. Nr. 15 885, 10,00, von den Erben des Baumeisters Herrn M. Uhlemann, das denselben zustehende Sterbegeld von 330,00 M, M. H. Schmidt, Rente zurückgezahlt 30,00 M (692,70 M).

Zusammen	6 310,15 M.
Dazu Endbetrag der 8. Quittung	53 794,92 M.
	60 105,07 M.
Gezahlt wurden seit der letzten Veröffentlichung	5 021,35 M.
Dazu Endbetrag der 8. Ausgaben-Quittung	22 957,27 M.
	27 978,62 M.

Die in Heft 47/48 für die Zweigverwaltung Kiel veröffentlichten 151,25 M wurden wie folgt gespendet: Hafenbau-Ressort 119,00, Sasse 5,00, Stoltenberg 5,00, Haberkorn 10,00, Landt 6,25, Tiedemann 6,00.

Desgleichen die für die Zweigverwaltung Karlsruhe insgesamt veröffentlichten 220,00 M, unter anderen von folgenden Herren: Aug. Schneider, W. Henschel, J. Bandrexel, O. Gruber, J. Schöpperle, C. Ries, F. Jentner, P. Wiedemann, G. Koch, D. Burkhardt, J. Hanagarth, K. Ludin, G. Widmaier, A. Gaebelein, F. Mußler, G. Lang, L. Joos, K. Sulzer, A. Mathes, L. Gnam, R. Reisig, E. Haas, Ph. Wolf, F. Woll, F. Theil, J. Lais, O. Göbel, F. Striebel.

Ferner sind die in Heft 49/50 unter Berichtigungen für die Zweigverwaltung Augsburg näher veröffentlichten 19,50 M nicht von dieser, sondern von der Zweigverwaltung Aue i. Erzgeb. freundlichst gespendet worden. Gleichzeitig muß es dort heißen: von den Kollegen Mothes . . . . (usw.) gestiftet, nicht Mathes.

Der Kriegszustand und die Rechtsverhältnisse der technischen Angestellten.

Von A. LENZ.

Unter diesem Titel brachten wir gleich nach Ausbruch des Krieges in Nr. 32 der D. T.-Z. einen Artikel zur allgemeinen Aufklärung für unsere Mitglieder. Eine beschleunigte Rechtsbelehrung war naturgemäß zunächst für diejenigen Kollegen erforderlich, deren Anstellungsverhältnis durch die Einberufung zur Fahne eine vorzeitige und unerwartete Beendigung erfahren hatte. Gar nicht selten waren aber auch die Fälle, wo die vertraglichen Beziehungen ebenfalls ohne Einhaltung einer Kündigungsfrist gelöst wurden, ohne daß die Einberufung des Angestellten oder des Inhabers in Frage kam.

Vereinzelt, in der Hauptsache im Baufach, waren es die Angestellten, die von der irrigen Meinung ausgingen, oder sich eine solche suggerieren ließen, daß der Krieg alle Verträge löse. In den kleineren Geschäften, wo der Angestellte noch die persönlichen Sorgen des Besitzers um Gedeih und Verderb des Unternehmens teilt, packte der junge ledige Techniker seine Sachen und reiste nach Hause, sich und den Chef von den Sorgen des täglichen Unterhalts entlastend. Der Schaden war bei praktischer und verständiger Einschätzung der in Betracht kommenden Verhältnisse nicht allzugroß.

Anders lagen die Dinge, wenn der Angestellte keine solche Zufluchtsstätte oder wenn er gar selbst Familie hatte. Da war es doch notwendig, darauf hinzuweisen, daß selbst bei weitgehendster Rücksichtnahme auf die wirtschaftliche Bedrängnis des Unternehmers, der Angestellte nicht allein das unabwendbare Kriegsopfer zu sein brauchte, und wir haben hier manchem unserer Mitglieder durch unsern Rechtsrat noch nachträglich die in der Uebereilung übernommenen Lasten etwas erleichtern helfen.

Naturgemäß ging die übergroße Zahl der fristlosen Kündigungen von den Arbeitgebern aus. Hier war der Grund seltener in der irrigen Meinung zu suchen, daß der Krieg die Verträge löse, öfter waren Bestürzung und Ratlosigkeit die Triebfedern, durch Ueberbordwerfen allen Ballastes das eigene Schifflein so gut als irgend möglich durch die gefahrdrohende wirtschaftliche Brandung hindurchzusteuern.

Leider war aber auch die Zahl derjenigen Betriebe nicht gering, bei denen die Entlassungen oder einseitige Vertragsbeschränkungen allein und ausschließlich auf die rücksichtslose Geltendmachung der größeren wirtschaftlichen Macht, auf eine Vergewaltigung des wirtschaftlich Schwächeren hinausliefen, die im Vergleich zu der von allen Klassen der Bevölkerung gezeigten Opferbereitschaft doppelt schwer auf den Betroffenen lasteten. Es muß anerkennend hervorgehoben werden, daß die Staats- und Militärbehörden einem solchen Gebaren nach Kräften entgegenzuwirken sich bemühen und gerne ihre Unterstützung leihen, wenn sie um Abwehr gegen allzu krasse Fälle angegangen werden; es muß auch anerkannt werden, daß andere Unternehmungen ihre Angestellten zum Teil mit bedeutenden Geldopfern durchgehalten und auch noch die Angehörigen der zur Fahne einberufenen vor der äußersten Not bewahrt haben. Jedenfalls aber verblieb den Berufsorganisationen reichlich Gelegenheit, mit Rat und Tat gegen die ihren Mitgliedern widerfahrenen Rechtsverletzungen einzuschreiten. Dieser Tätigkeit verdanken wir heute bereits eine Anzahl von Gerichtsentscheidungen, die die Rechtslage in vieler Hinsicht wesentlich günstiger erscheinen lassen, als wir sie in unserem eingangs erwähnten Artikel zu beurteilen in der Lage waren.

Wir haben damals besonders darauf hingewiesen, daß wir uns bei dem vollständigen Fehlen der für solche abnormalen Verhältnisse zutreffenden Entscheidungen auf juristische Erwägungen, vor allem aber auf Kommentare anerkannter Autoritäten stützen mußten. Die letzteren gingen fast übereinstimmend dahin, daß die Einberufung des Angestellten zur Fahne nicht nur nach § 626 des B. G. B. den Dienstvertrag fristlos löse, sondern daß auch weder durch den § 616 B. G. B. noch durch den § 133c der G. O., noch durch den § 63 des H. G. B. ein über den Entlassungstermin hinausgehender Gehaltsanspruch begründet werde.

Inzwischen hat sich aber eine andere Auffassung geltend gemacht, die zunächst in einigen Entscheidungen von Kaufmannsgerichten in die Erscheinung tritt. Auf das Urteil des Kaufmannsgerichtes Mannheim haben wir in Nr. 41/42 Seite 421 der Verbandszeitung bereits aufmerksam gemacht. In den Entscheidungsgründen wird ausdrücklich betont, daß auch das Kaufmannsgericht Mannheim bisher dem § 63 des H. G. B. die Anwendbarkeit auf militärische Dienstleistungen versagt habe. Da aber das alles doch nur Bezug auf militärische Dienstleistungen in Friedenszeiten gehabt habe, sei der vorliegende Fall der Einberufung zum Kriegsdienst streng davon zu unterscheiden. Während die ersteren eine Folge der allgemeinen Militärdienstpflicht überhaupt sind, auf die jeder sich vorbereiten und einrichten könne, werde niemand bestreiten, daß dieser Krieg sowohl von der ganzen Nation, als auch von jedem Einzelnen als großes Unglück empfunden wird. In voller Würdigung der Argumente, welche vom höheren ethischen Standpunkt aus gegen diese

Auffassung vorzubringen wären, sieht das Gericht doch als unbestreitbare Tatsache an, daß der Krieg und seine Folgen, also auch die Einberufung zum Waffendienst im rein wirtschaftlichen Sinne als Unglück, für den einzelnen als unverschuldetes Unglück angesehen werden müsse und billigte dem klagenden Angestellten den § 63 des H. G. B. zu.

Unter die Berufung auf die Stellungnahme in dem vorerwähnten Fall hat dasselbe Gericht auch in einer am 6. November verhandelten Klage zugunsten des Klägers entschieden. Aus den Gründen besonders bemerkenswert ist hierbei noch, daß das Gericht auch die Berücksichtigung des von der Beklagten vorgebrachten Einwandes abgelehnt hat, daß der Kläger als unverheirateter Mann der Weiterzahlung des Gehaltes nicht bedürfe, da er als Kriegsteilnehmer ja seinen Lebensunterhalt habe. Es wäre auch ein gefährliches Beginnen gewesen, die grundsätzliche Auslegung des Gesetzestextes nach dem subjektiven Urteil über die Bedürfnisfrage zu differenzieren.

Klagen für unsere Mitglieder schweben, sind uns Entscheidungen bisher noch nicht bekannt geworden, anscheinend hat sich auch noch keines mit einem Berufungsfall gegen die oben erwähnten Entscheidungen zu befassen gehabt.

Im Interesse der auf Privatdienstvertrag bei Behörden angestellten Techniker wäre eine Uebereinstimmung mit den Kaufmannsgerichten dringend zu wünschen, da dieser Angestelltengruppe ohnehin nur die ungünstigeren Bestimmungen des § 616 B. G. B. zur Seite stehen und leider nicht alle Behörden der sozialen Pflicht, die Angehörigen ihrer zur Fahne einberufenen Angestellten vor der Sorge ums tägliche Brot zu bewahren, nachgekommen sind.

Eine andere Gruppe von Rechtsfragen, die aber in Bezug auf die grundsätzliche Auffassung weniger umstritten sind, bilden die fristlosen Entlassungen wegen schlechten Geschäftsganges und damit zusammenhängender Betriebseinschränkung. Hierher gehören auch die gesuchten Entlassungsgründe, die manchmal die recht eigenartige

Sie erhalten im Januar eine Nachnahme,

wenn Sie nicht im alten Jahre alle Beitragsschulden (§ 12 und § 19 der Satzung) beglichen oder Stundung (§ 20 der Satzung) beantragt haben. Mitglieder, die die Nachnahme nicht einlösen, werden, wenn sie länger als 3 Monate mit dem Beitrage im Rückstande sind, von der Mitgliederliste gestrichen.

Außerdem ist das letzterwähnte Urteil noch deshalb beachtenswert, weil das Gericht in den Entscheidungsgründen auch zu der Kritik Stellung nimmt, die das ersterwähnte inzwischen in der Fachliteratur erfahren hatte. Die Unterstützung, die ihm durch Professor Dr. Oertmann in Erlangen und durch die Handelskammern Magdeburg und Hamburg zuteil geworden war, wird besonders erwähnt.

Auf den Standpunkt des Mannheimer hat sich in einer Entscheidung vom 24. September auch das Dresdener Kaufmannsgericht gestellt, das hauptsächlich auch zu der Entstehungsgeschichte des Gesetzes Stellung nimmt, und in dieser eine Stärkung der gegenteiligen Auslegung nicht erblicken kann. Die Begründung sagt, daß es schwer einzusehen ist, warum der Gesetzgeber, der dem Angestellten auch im Interesse seiner Familie, im Falle einer Erkrankung neben dem Krankengeld den Anspruch auf Gehalt für die Dauer von 6 Wochen gibt, ihn in dem außerordentlichen Falle, wo er in Erfüllung seiner staatsbürgerlichen Pflicht infolge eines Krieges auf lange Zeit hinaus erwerbslos wird, mit seiner sozialen Fürsorge im Stich lassen sollte.

Demgegenüber sei eine Entscheidung des Kaufmannsgerichtes in Leipzig erwähnt, daß eine Verhinderung an der Leistung der Dienste, welche auf Grund der Reichsverfassung, des Wehrgesetzes und der Militärgesetze, demnach auf Grund von Staatsgesetzen gefordert werde, nicht als ein Unglück ansehen kann und deshalb die Klage auf Zahlung des Gehaltes für 6 Wochen vom Tage der Einberufung an abgewiesen hat.

Wie aus vorstehendem erhellt, wird die dem Angestellten günstige Auslegung der gesetzlichen Bestimmungen vorerst nur vereinzelt und nur von den Sondergerichten vertreten. Von ordentlichen Gerichten, von denen auch

Erscheinung offenbarten, daß nicht nur jüngere, kurze Zeit erst in ihrer Stellung tätige Angestellte ihren Dienstobliegenheiten nicht gewachsen waren, sondern daß mit einem Male auch langjährig bewährte Kräfte ganz plötzlich den Ansprüchen ihrer Vorgesetzten oder ihrer Prinzipale nicht mehr zu genügen vermochten. Auch aus den auf diesem Gebiet vorliegenden Entscheidungen gewinnt man die Ueberzeugung, daß die erkennenden Gerichte bemüht waren, zwischen den bedrohten Rechten der Angestellten und den berechtigten Interessen der Arbeitgeber den richtigen Ausgleich zu finden.

Das Kaufmannsgericht München hatte sich am 12. September mit der Klage eines Geschäftsreisenden zu befassen, dessen Dienstverhältnis am 30. Juli zum 31. August gekündigt und auf dessen weitere Tätigkeit gleichzeitig verzichtet worden war. Der Kläger verlangte das Augustgehalt, die Beklagte beantragte Abweisung der Klage, da dem Kläger Anfang August angesichts der Kriegslage, die seine Beschäftigung als Reisender unmöglich gemacht habe, der Auftrag erteilt worden sei, die Kontrolle bei den Montagearbeiten zu übernehmen, was er aber abgelehnt habe.

Der Klage wurde aus folgenden Gründen stattgegeben:

Das Dienstverhältnis kann im allgemeinen ohne Einhaltung einer Kündigungsfrist gekündigt werden, wenn ein wichtiger Grund vorliegt. Nach Anschauung des Gerichts schafft der Krieg nur in ganz vereinzelten Ausnahmen einen derartig wichtigen Grund, z. B. wenn der einzige Geschäftsinhaber ohne die Möglichkeit einer Stellvertretung zur Fahne einberufen wird, und dadurch schon aus äußerlichen Gründen ohne subjektives Ermessen jegliche geschäftliche Betätigung von selbst aufhören muß, oder wenn infolge äußeren Zwanges, z. B. feindlicher Invasion, der Betrieb eingestellt wird. Im allgemeinen ist aber daran festzuhalten, daß der Geschäftsbetrieb nur auf Risiko des Geschäftsinhabers geführt wird; dieser hat sonach auch allein für die außerordentlichen Folgen des Geschäftsniederganges oder der von ihm nach freiem Ermessen verfügten Geschäftsschließung aufzukommen, ebenso wie er auch den Vorteil eines plötzlichen Geschäftsaufschwunges infolge außerordentlicher Verhältnisse für sich allein rechtlich beanspruchen kann. Die allgemeine Berechtigung der plötzlichen Entlassung des Angestellten wegen der Folgen des Kriegsausbruches würde die Anerkennung der mindestens teilweisen Abwälzung des Geschäftsrisikos auf den Angestellten bedeuten, ein Rechtszustand, der schon mit den Begriffen „Prinzipal" und „Handlungsgehilfe" unvereinbar wäre. Es können daher auch Einschränkungen oder Schließungen von Geschäftsbetrieben, welche lediglich auf finanziellen Kalkulationen über die Höhe eines Geschäftsgewinnes beruhen, die fristlose Entlassung nicht rechtfertigen. Der gleiche wirtschaftliche Gesichtspunkt führte auch den Gesetzgeber dazu, sogar im Falle der Konkurseröffnung, gleichviel, ob diese verschuldet oder unverschuldet ist, ein fristloses Entlassungsrecht gegenüber den Angestellten zu verneinen, vielmehr ausdrücklich zu bestimmen, daß auch in diesem Falle des finanziellen Zusammenbruches das Dienstverhältnis nur unter Einhaltung der ordentlichen bezw. gesetzlichen Kündigungsfrist gelöst werden kann. In Anwendung dieser Grundsätze war die Beklagte nicht berechtigt, der Kläger aus — wenn auch begründeten — Furcht einer sehr geringen fruchtbaren Akquisitionstätigkeit sofort zu entlassen; in derartigen Fällen bleibt dem Prinzipal nur der Weg der ordentlichen Kündigung offen.

gestellten auf einen den Betrieb überwachenden Ingenieur eingeschränkt hatte. Die Beklagte verweigert die verlangte Gehaltszahlung bis zum Ablauf der Kündigungsfrist, da nach ihrer Meinung die durch den Krieg verursachte Aenderung der Betriebsverhältnisse ein wichtiger Grund ist, der die fristlose Kündigung mit sofortiger Wirkung rechtfertigt.

Das Gericht begründet die Abweisung der Klage folgendermaßen:

Das Gericht hat zu prüfen, ob die durch den Krieg hervorgerufenen Betriebsveränderungen einen wichtigen Grund zur sofortigen Entlassung bedeuten. Das Gericht bezweifelt dies nicht. Es kann der Beklagten nicht zugemutet werden, einen Angestellten, dessen Arbeitskraft sie bis auf weiteres nicht verwenden kann, zu behalten, nachdem eine so schwere und ungewöhnliche Katastrophe über die Industrie hereingebrochen ist. — Die billige Abwägung der Interessen führt dazu, daß in solchen Zeitläufen dem Unternehmer jede nicht unerläßliche Ausgabe erspart werden muß. Ihn treffen so schwere Verluste und Einbußen, daß man ihm die Weiterbezahlung unverwendbarer Arbeitskräfte nicht ansinnen kann. Der Krieg mit seinen Wirkungen ist nicht zu vergleichen mit einer schlechten Konjunktur, wie sie im normalen Verlauf der Volkswirtschaft von Zeit zu Zeit einmal vorkommt. Sie würde dem Unternehmer gewiß nicht die Befugnis geben, einen Angestellten sofort zu entlassen. Ereignisse jedoch, die das Reich vom Ausland absperren, das Gewerbe, von einzelnen Zweigen abgesehen, fast vollständig lähmen, den Geldzufluß aus Nachbarländern unterbinden, den Eisenbahn- und Schiffsverkehr zum größten Teil zum Stillstehen bringen, lassen sich mit einfachen, vorübergehenden Verschlechterungen des Marktes nicht vergleichen. Wenn ein Krieg, der einen Betrieb zum Stillegen zwingt, nicht als ein wichtiger Grund zur fristlosen Kündigung gelten soll, so ist kaum auszudenken, welche Gründe denn als „wichtige" im Sinne des Gesetzes angesehen werden müssen. Daß ein Betrieb, der vom Krieg nicht berührt wird oder gar von ihm belebt wird, einen Angestellten nicht sofort entlassen kann, weil der Krieg ein wichtiger Kündigungsgrund sei, versteht sich von selbst. Für die Beklagte dagegen in ihrem Verhältnis zum Kläger muß der Krieg und die dadurch verursachte Betriebsverkleinerung unbedingt als wichtiger, die sofortige Aufhebung des Dienstverhältnisses rechtfertigender Grund bezeichnet werden.

In einem andern Fall, in dem es sich auch um eine vorzeitige, der vereinbarten Kündigungsfrist nicht entsprechende Lösung des Dienstverhältnisses handelte, hat das Kaufmannsgericht Breslau seinem Urteil gegen die beklagte Firma folgende Begründung gegeben:

Das Gericht hatte zu prüfen, ob ein wichtiger Grund zur Entlassung des Klägers im Sinne der §§ 70 und 72 HGB. vorlag. Diese Frage war zu verneinen. Wenn die Beklagte behauptet, daß der größte Teil ihrer Außenstände infolge des Ausbruchs des Krieges uneinziehbar geworden sei, so muß ihr erwidert werden, daß nach der Bekanntmachung über die gerichtliche Bewilligung von Zahlungsfristen vom 7. August 1914 die ordentlichen Gerichte bei Geldforderungen aus der Zeit vor dem 31. Juli 1914 nur eine dreimonatige Zahlungsfrist bewilligen können, und daher Außenstände nicht ohne weiteres uneinziehbar geworden sind. Auch die Annahme, daß der größte Teil der Schuldner der Beklagten infolge des Krieges zahlungsunfähig geworden sei und bleiben würde, ist hierdurch nicht gerechtfertigt, zumal mit einem siegreichen Ausgange des Krieges zu rechnen ist und war. Wenn auch zugegeben werden muß, daß durch den Ausbruch des Krieges eine wesentliche Stockung im Umsatze eingetreten und vielleicht auch größerer Schaden entstanden ist, so konnte der Beklagten trotz alledem recht wohl zugemutet werden, den Kläger wenigstens bis zum Ablauf der Kündigungsfrist weiter zu beschäftigen und zu bezahlen. Nach der Erklärung der Beklagten hat sie ihren Geschäftsbetrieb nicht völlig eingestellt, sondern hält ihn zu einem Teil noch aufrecht. Eine völlige Einstellung würde auch nach Ansicht des Gerichts durchaus ungerechtfertigt sein, da es sich bei dem von der Beklagten betriebenen Geschäftszweig um die Befriedigung eines unabweisbaren Bedürfnisses der Bevölkerung handelt und angenommen werden muß, daß der Geschäftsbetrieb selbst bei längerer Dauer des Krieges in gewissem Umfange aufrecht erhalten werden kann.

Zugunsten des Arbeitgebers hat dagegen das Gewerbegericht in Offenbach a. M. in einer Klage entschieden, die ein am 5. August ohne Einhaltung einer Frist gekündigter Zeichner gegen eine Maschinenfabrik anstrengte, die ihren Betrieb von 100 Arbeitern auf 4—5, von 15 technischen An-

Anschließend hieran noch ein Beispiel von den gesuchten Entlassungsgründen:

Die beim Kaufmannsgericht Bremen verklagte Firma hat eine Angestellte am 7. August d. J. ohne Einhaltung der vereinbarten Kündigungsfrist von einem Monat entlassen. Als Grund der Entlassung hat sie angeführt, die Klägerin habe sich 20 Minuten ohne Erlaubnis aus dem Geschäfte entfernt. Hierdurch habe die Klägerin gegen die Arbeitsordnung verstoßen. Die Entlassung sei somit berechtigt. Die beklagte Firma hat auf den Einwand der Klägerin zugegeben, daß sie zunächst von der Klägerin einen Schein habe unterzeichnen lassen, nach welchem sie mit ihrer sofortigen Entlassung sich einverstanden erklärt habe. Diesen Schein, in welchem nach der allerdings von der Beklagten bestrittenen Behauptung der Angestellten ausdrücklich gestanden hat, daß die Entlassung wegen des ausgebrochenen Krieges erfolgte, hat die Beklagte nachträglich zerrissen.

Was den von der Beklagten angeführten Entlassungsgrund anbelangt, so kann das Gericht diesen als ausreichend nicht betrachten, da keineswegs jede, auch noch so kurze Entfernung während der Arbeitszeit als wichtiger Grund zur sofortigen Entlassung angesehen werden kann. Das Gericht ist auch der Ueberzeugung, daß die Beklagte nur einen Grund gesucht hat, sich der Klägerin, da das Geschäftspersonal wegen des ausgebrochenen Krieges vermindert werden sollte, zu entledigen. Zu diesem Zwecke ließ die Beklagte zunächst den erwähnten Schein von der Beklagten unterzeichnen. Als die Beklagte dann inzwischen erfahren hatte, daß durch den Krieg an dem Dienstverhältnis nichts geändert werde, suchte sie nach einem anderen Entlassungsgrund und gab den erwähnten an.

Man wird es mit Genugtuung empfinden, daß das Gericht die Motive der Kündigung ins Licht gerückt und entsprechend zu würdigen sich bemüht hat. Leider hat so mancher Angestellte, dem in gleicher Weise mitgespielt worden war, in seiner Not und Verängstigung darauf verzichten müssen, sich sein gutes Recht an Gerichtsstelle zu erstreiten.

Nun interessiert uns noch eine andere Gruppe von Rechtsfällen, in denen es darauf ankommt, ob der zunächst zur Fahne Einberufene, aber aus irgendwelchen von ihm nicht verschuldeten Gründen nach kurzer Zeit vom Militärdienst wieder entlassene Angestellte Anspruch auf Wiederhaben. Der seit 1. Mai cr. als Ingenieur gegen vierteljährliche Kündigung angestellte Kollege war zum 5. August nach Stettin einberufen. Er vereinbarte mit seiner Firma, daß diese ihm an Stelle des vertraglichen Monatsgehaltes von 300 M infolge der Einziehung zum Kriegsdienst für die Monate August bis Oktober je eine Vergütung von 100 M einräume. Nach etwa zwei Wochen stellte sich heraus, daß er wegen eines Herzfehlers dienstuntauglich sei. Er kehrte zurück und erklärte am 22. August der Firma, daß er das Dienstverhältnis fortsetzen wolle, die ihm dieses aber verweigerte. Das Amtsgericht Dresden entschied nach dem Klageantrag aus folgenden Gründen:

Das Abkommen zwischen den Parteien, wie es im Schreiben der Beklagten vom 4. August enthalten ist, war unter der stillschweigenden Voraussetzung getroffen, daß der Kläger infolge seiner Einberufung zum Kriegsdienste die ihm nach dem mit der Beklagten abgeschlossenen Dienstvertrage obliegenden Verpflichtungen und zwar auf unbestimmte Zeit nicht erfüllen konnte. Das ergibt der klare Wortlaut des Schreibens, worin es heißt, daß dem Kläger infolge seiner Einziehung zum Militärdienste für die Monate August bis mit Oktober eine Vergütung von je 100 Mark sowie auf die gleiche Zeit ein Mietszinsnachlaß gewährt werde. Ohne diese Abkommen würde der Kläger, da von einer Verhinderung an der Leistung seiner Dienste für eine verhältnismäßig nicht erhebliche Zeit schwerlich die Rede sein kann — § 616 B. G. B. — seiner Gehaltsansprüche verlustig gegangen sein, da die Voraussetzungen des § 393 B. G. B. gegeben sind. Liegen diese Voraussetzungen vor, d. h. war der Kläger infolge eines von ihm nicht zu vertretenden Umstandes außerstande, seine Dienstleistungen zu gewähren, so folgt daraus nicht von selbst die Auflösung des zwischen ihm und der Beklagten bestandenen Vertragsverhältnisses, hierzu bedurfte es vielmehr einer ausdrücklichen Erklärung eines der beiden Vertragsteile. Der Ansicht der Beklagten, daß durch das Abkommen vom 4. August 1914 der zwischen den Parteien bestandene Dienstvertrag als stillschweigend aufgehoben zu gelten habe, kann darum nicht beigetreten werden. Die Parteien und insbesondere die Beklagte haben mit der Möglichkeit, daß der Kläger nach so kurzer Zeit arbeitsfähig sich wieder zur Leistung seiner Dienste zur Verfügung stellen werde, überhaupt nicht gerechnet. Hierfür spricht gerade der Umstand, daß sie für diesen Fall eine Vereinbarung nicht getroffen habe. Denn was die Parteien aber selbst nicht gedacht haben, das können sie auch nicht stillschweigend gewollt haben.

Solange der zwischen den Parteien abgeschlossene Dienstvertrag nicht aufgehoben war, galt er noch fort. Nur während der Dauer seiner Abwesenheit galt die Abmachung vom 4. August 1914.

Allen Kriegsteilnehmern sind die Beiträge ohne besonderen Antrag gestundet. Inwieweit den Kriegsteilnehmern die Beiträge unter Anrechnung der Mitgliedzeit ganz erlassen werden, wird nach Beendigung des Krieges der Gesamtvorstand beschließen. Von den Angehörigen der im Feld stehenden Kollegen, die während des Feldzuges im Genusse des ganzen oder des größten Teils des Gehaltes stehen, erwarten wir aber auch jetzt pünktliche Beitragszahlung.

dereintritt in seine frühere Stellung hat. Diese Fälle dürften besonders in neuerer Zeit häufiger vorkommen, wenn bei der Einberufung des ungedienten Landsturmes am Gestellungsort zunächst nur eine oberflächliche und erst nach der Ueberweisung an einen bestimmten Truppenteil eine eingehende ärztliche Untersuchung stattfindet, deren Ergebnis dann die Dienstuntauglichkeit und Zurückweisung des Einberufenen ist.

Ueber diese Streitfrage liegt uns eine Entscheidung des Kölner Kaufmannsgerichtes vor, die der Klage eines Handlungsgehilfen stattgegeben hat, der bei Erhalt der Einberufungsordre mit seiner Firma vereinbart hatte, gegen Auszahlung des Gehaltes bis zur Beendigung seiner Tätigkeit auf weitere Ansprüche verzichten zu wollen. Er wurde jedoch nach wenigen Tagen als dienstuntauglich wieder entlassen und meldete sich wieder zum Dienstantritt bei seiner Firma. Diese verweigerte jedoch unter Berufung auf die getroffene Vereinbarung seine Wiedereinstellung. Der Angestellte focht die ausgestellte Ausgleichsquittung wegen Irrtums als ungültig an. Das Gericht entsprach seiner Forderung mit folgender Begründung:

Nach § 119 des B.G.B. kann der Kläger seine Willenserklärung anfechten, wenn er bei Abgabe derselben sich in einem Irrtum befunden hat. Die Erklärung, die einem vollen Verzicht auf alle seine Rechte gleichkommt, würde seitens des Klägers nicht abgegeben worden sein, wenn er Kenntnis von der Sachlage gehabt hätte und dadurch den Fall verständig zu würdigen in der Lage gewesen sein würde.

Wir geben zu, daß man die Gründe, die hier zugunsten des Angestellten ins Treffen geführt werden, teilweise auch dem Standpunkte der beklagten Firma zugute rechnen kann, umsomehr wird aber das Urteil dem allgemeinen Rechtsempfinden entsprechen, das wir in unserem Rechtsschutz für eines unserer Mitglieder erstritten

Nun zum Schluß noch die Streitfragen, die sich aus den Abkommen über Gehaltsverminderungen gegen die Zusage der Weiterbeschäftigung des Angestellten über die Kriegsdauer ergeben haben. Wir haben überall dort, wo eine offensichtliche Herabminderung der wirtschaftlichen Leistungsfähigkeit eines Unternehmens die Kündigung einer Anzahl von Angestellten gerechtfertigt hätte erscheinen lassen, angeregt oder Anregungen unterstützt, die den Zweck hatten, solchen Entlassungen durch allgemeine Herabsetzung der Gehälter vorzubeugen. Wir haben immer darauf hingewiesen, daß es vom volkswirtschaftlichen

Standpunkt aus befürwortet werden muß, lieber sämtlichen Angestellten eines Unternehmens ein Existenzminimum zu sichern, als einem Teil derselben auf Kosten des andern Teils die Mittel zum Lebensunterhalt ganz zu entziehen. Erfreulicherweise haben wir für unsere Bemühungen auch vielfach Verständnis und Entgegenkommen gefunden. Leider hat man aber auch vielfach die Erfahrung machen müssen, daß zwar zunächst eine Einigung über eine teilweise Verminderung des Gehaltes zu erzielen war, daß dann aber der zweite Teil des Abkommens von den Arbeitgebern zu irgend einem gelegenen Zeitpunkt und unter Vorschub von oft recht fadenscheinigen Gründen nicht gehalten, sondern Angestellte trotzdem nach Verlauf von wenigen Wochen gekündigt wurden.

Daß eine solche Handlungsweise in einer Entscheidung des Kaufmannsgerichtes Aue schärfste Verurteilung erfuhr, dürfte wohl allseitig mit Genugtuung begrüßt werden. Der Prinzipal ist verurteilt, an den Handlungsgehilfen sofort 250 M und Ende September 1914 weitere 250 M zu zahlen. Wir führten das Wesentliche aus den Entscheidungsgründen bereits in Nr. 39/40, Seite 413, an.

Mit diesen Ausführungen glauben wir, unseren Mitgliedern Richtlinien für die Beurteilung derjenigen Rechtsfragen gegeben zu haben, die in der Hauptsache unter den gegenwärtigen Verhältnissen an sie herantreten können. Mögen im einzelnen die Begleitumstände auch noch eine besondere sachkundige Belehrung und Beurteilung erfordern, so dürfte es im allgemeinen doch jedem einzelnen möglich sein, sich zunächst vor allzu offenkundigen Versuchen in der Beschränkung ihrer Rechte zu schützen, andererseits ihnen aber auch zeigen, wo die Grenze liegt, die bei der Wahrnehmung der eigenen Interessen unter Rücksichtnahme auf die auch für viele Arbeitgeber außerordentlich schweren Zeiten außer acht zu lassen eine Beeinträchtigung der allgemeinen nationalen Interessen sein würde.

SOZIALPOLITIK

Ein Kriegsausschuß für Konsumenteninteressen

Das Empfinden, daß die rapide Preissteigerung bei vielen Produkten, besonders bei Lebensmitteln in keinem Verhältnis stehe zu den vorhandenen Vorräten und die Tatsache, daß sich der Kriegswucher auch noch in anderer Form, z. B. ungerechtfertigten Lohn- und Gehaltskürzungen bemerkbar macht, haben die Konsumentenorganisationen veranlaßt, sich in einem Kriegsausschuß für Konsumenteninteressen zusammenzuschließen. An den Vorarbeiten waren wir stark beteiligt; die offizielle Gründung ist am 13. Dezember in Berlin unter Teilnahme zahlreicher Vertreter von Arbeiter-, Angestellten- und Beamtenverbänden, sowie Konsumvereinen und gemeinnützigen Organisationen, wie Gesellschaft für Soziale Reform, erfolgt.

Als nächste Ziele des Ausschusses sind gedacht: Sammlung von Material über die Frage der Volksernährung und des Massenbedarfs, Aufklärung der Konsumenten und Erziehung zu einem vernünftigen, sparsamen und zweckentsprechenden Verbrauch der vorhandenen Vorräte, Einwirkung auf Regierung, Parlamente und Oeffentlichkeit im Sinne der Konsumenteninteressen und Bekämpfung des Kriegswuchers in jeglicher Form. Um die Arbeit zu erleichtern, werden Unterausschüsse gebildet, zu deren Beratungen Fachleute, Autoritäten und Wissenschaftler hinzugezogen werden. Einstweilen sind drei Unterausschüsse gebildet: einer zur Bekämpfung des Warenwuchers, einer zur Vorberatung gesetzlicher Maßnahmen, wie Höchstpreise, und einer zur Bekämpfung des Arbeitswuchers. Die Organisation ist sehr einfach. Der Kriegsausschuß wird von den Vertretern der angeschlossenen Organisationen gebildet. Das entscheidende Organ ist der Gesamtausschuß, in dem die Hauptgruppen der angeschlossenen Stände vertreten sind. Die technische Leitung liegt in den Händen des Geschäftsführenden Ausschusses. In diesem sind wir vertreten und haben zugleich den Vorsitz in dem Unterausschuß zur Bekämpfung des Arbeitswuchers.

Am Gründungstag waren schon über 6 Millionen Mitglieder vorhanden, hinter denen rund 15 Millionen Konsumenten stehen. Der Ausschuß hat seine Arbeit schon begonnen. Wir wünschen ihm reichen Erfolg. Dr. H.

ANGESTELLTENFRAGEN

Ein Beitrag zur Frage der Werkspensionskassen

Man soll zu Kriegszeiten möglichst Auseinandersetzungen mit dem wirtschaftlichen Gegner vermeiden. Wir handeln zwar nach diesem Grundsatz, können aber Fragen, die gerade auf der Tagesordnung stehen, nicht ganz aus dem Wege gehen. So waren wir gezwungen, in der letzten Generalversammlung der Görlitzer Maschinenbauanstalt, die am 10. Dezember in Görlitz stattfand und an der unser Verbandsdirektor als Aktionär teilnahm, zu der Pensionskasse der genannten Firma erneut Stellung zu nehmen. Schon einige Monate bestehen zwischen der Firma und den Angestellten wegen der Pensionskasse Meinungsverschiedenheiten. Es würde zu weit führen, auf die Vorgeschichte näher einzugehen. Heute liegen die Dinge so, daß die Angestellten Beiträge bis zu einigen hundert Mark und die Firma solche in Höhe von 125 000 M an die Pensionskasse zu zahlen haben. Ein früherer Vorschlag der Angestellten, eine Liquidation der Pensionskasse in dem Sinne durchzuführen, daß nur die zurzeit laufenden Ansprüche der Pensionäre befriedigt werden, war vom Aufsichtsrat der Firma ursprünglich angenommen, dann aber abgelehnt worden. Daraufhin wurde die Pensionskasse durch einen Beschluß der Generalversammlung der Mitglieder aufgelöst. Dieser Beschluß ist vom Regierungspräsidenten zu genehmigen. Der Firma steht gegen den Beschluß ein Vetorecht zu, von dem sie auch Gebrauch machte. Der Regierungspräsident versagte dem Auflösungsbeschluß seine Genehmigung. Gegen diesen Bescheid des Regierungspräsidenten hat die Pensionskasse die Entscheidung des Oberverwaltungsgerichts angerufen.

In der genannten Generalversammlung versuchten die Vertreter der Organisationen, auch der B. t. i. B. war vertreten, die Aktionärversammlung zu bewegen, die Direktion der Firma zu veranlassen, das eingelegte Veto zurückzunehmen. Unsere Vertretung legte dar, daß es doch zwecklos sei, eine Einrichtung aufrecht zu erhalten, die von den Beteiligten nicht gewünscht werde. Die Pensionskasse sei durch die Reichsversicherungsanstalt für Angestellte überholt. Man könne den Angestellten nicht zumuten, daß sie die hohen Beiträge nachzahlten. Wenn die Firma $^1/_2$ Million Unterbilanz habe, dürfte es ihr schwer fallen, die 125 000 M Beiträge zur Pensionskasse nachzuzahlen. Leider wurde vom Vorstandstisch der Versuch gemacht, die Frage der Pensionskasse durch Hervorkehrung persönlicher Momente auf ein totes Geleise zu schieben. Unser Verbandsdirektor hielt den Herren entgegen, daß die Pensionskassenfrage auch vom Standpunkt der Aktionäre aus von Bedeutung sei, ganz abgesehen von der finanziellen Seite, indem die Art der Behandlung der Frage von seiten der Firma geeignet sei, Beunruhigung in die Kreise der Angestellten hineinzutragen, wodurch die Arbeitsfreudigkeit nicht gefördert werde. Obwohl die Pensionskasse mit rund 400 000 M in der Jahresbilanz der Firma erschien, lehnte der Vorsitzende des Aufsichtsrats ab, über den Antrag auf Zurücknahme des Vetos abstimmen zu lassen, da der Antrag nicht auf der Tagesordnung stände. Es bleibt demnach nichts anderes übrig, als die Entscheidung des Oberverwaltungsgerichts abzuwarten. Dr. H.

VERBANDSNACHRICHTEN

Z. St. Avold. Kr.-V.: Alfons Müller, St. Avold, Lubelner Straße 1.

Z. Berlin. Br.-Adr.: Otto Dolz, Berlin NW. 87, Waldstr. 29. Die Vertrauensmänner Wendel Grein, NO. 55, Rastenburger Str., Julius Schulze, Boxhagener Str. und Franz Schlüter, Richthofen-Straße, sind zur Fahne einberufen. Als Ersatzmann fungiert: Emil Gaedicke, Arch., NO. 55, Chodowiecki-Str. 6. Unsere Hauptversammlung findet Dienstag, den 5. Januar 1915, abends pünktlich $8^1/_2$ Uhr, im Hotel „Nordischer Hof", Invaliden-Str. 126, gegenüber dem Stettiner Bahnhofe, statt. Tagesordnung: Protokoll-Verlesung. 1. Geschäftsbericht. 2. Rechenschaftsbericht. 3. Entlastung des Vorstandes. 4. Aufstellung des Haushaltplanes. 5. Desgl. des Arbeitsplanes für die Werbetätigkeit. 6. Neuwahl des Vorstandes und der Kassenprüfer. 7. Neuwahl der Vertreter zum Bezirkstag. 8. Vortrag: „Die Weltmachtsstellung Deutschlands und der Krieg". Referent Herr Dr. Höfle, Verb.-Direktor. 9. Diskussion. 10. Verschiedenes. — Punkt 8 Uhr treten im selben Saal die 4 Gruppen zu einer kleinen Tagung zusammen. Alle unsere noch in Berlin weilenden Kollegen werden mit Rücksicht auf die wichtige Tagesordnung dringend gebeten, ohne Ausnahme und recht pünktlich zu erscheinen.

Der Vorstand.

EHREN-TAFEL

Das Eiserne Kreuz erhielten:

Franz Biese, Cöln-Mülheim, Mitgl. 28 894.
Friedrich Böker, Oberhausen, Rhld., Mitgl. 74 670.
Karl Born, Weidenau b. Siegen, Mitgl. 55 846.
Hermann Brune, Gütersloh, Mitgl. 69 588.
Max Buchenrieder, Landshut, Mitgl. 43 052.
Walter Busse, Halle (Saale), Mitgl. 59 906.
Konrad Butte, Cassel, Mitgl. 78 308.
Martin Diesener aus Prenzlau, Leutn. d. R. in einem Inf.-Rgt., Mitgl. 40 455.
Gerh. Floß, Gößnitz, Mitgl. 21 077.
Albert Friedrichs, Lübeck, Mitgl. 48 297.
Wilh. Hans, Pionier-Unteroff. d. Res., Mitgl. 67 811.
Paul Heinrich, Wittenberge (Potsdam), Mitgl. 54 590, Uff. im Res.-Rgt. 12.
Otto Herm, Karlsruhe (Baden), Mitgl. 74 854.
R. Hertzog, Minden, Mitgl. 60 468.
R. Mette, Lübeck, Mitgl. 48 569.
Georg Meyer, Posen, Mitgl. 49 537.
Wilh. Müller, Bielefeld, Mitgl. 61 496.
Paul Parthy, Magdeburg, Mitgl. 74 198.
Alfred Robaschik, Hirschberg, Mitgl. 32 365.
Joh. Roggenkamp, Lübeck, Mitgl. 56 077.
Emil Rohne, Plantières, P. Queuleu (Zweigv. Metz), Mitgl. 13 554, freiw. Kraftwagenführer.
H. Roß, Kiel, Mitgl. 43 828.
Val. Rudolph, Karlsruhe (Baden), Mitgl. 77 896.
August P. Schausten, Oberhausen (Rhld).
Albert Scheuerpflug, Karlsruhe (Baden), Mitgl. 72 253.
Fritz Schmidt, Westerhüsen a. d. E., Mitgl. 64 135 (Zweigv. Magdeburg), in Frankreich schwer verwundet.
Karl Schnur, Luxemburg, Mitgl. 58 963.
Reinhold Schulz, Maldeuten, Mitgl. 70 882.
Friedr. Schweller, Mallmitz, Mitgl. 26 757 (vor Dixmuiden).
Karl Siegel, Sablon, P. Metz (Zweigv. Metz), Mitgl. 49 564, unter Beförderung vom Off.-Stellvertr. zum Leutnant.
Peter Sönnichsen, Pries b. Friedrichsort, Mitgl. 67 726.
Spielhagen, Schwerin i. M., Mitgl. 60 495, Eis. Kreuz und Mecklenburgisches Verdienstkreuz.
August Stoßel, Lübeck, Mitgl. 57 051.
Otto Wittstock, Charlottenburg, Mitgl. 50 550.

Es starben den Heldentod fürs Vaterland:

Hermann Abhöh, Schwerte (Zweigv. Hörde), Mitgl. 72 626, seit 1. 9. 13, am 24. Nov. in Frankreich.
Adolf Bartholdi, Harburg, Mitgl. 24 073, seit 1. 10. 02.
Adolf Bertram, Remscheid-Viersinghausen, Mitgl. 56 619, seit 1. 1. 10, beim Sturm auf Neuve-Chapelle.
Hch. Bitter, Corbach, Mitgl. 64 842, seit 1. 1. 12.
Bernh. Bleichstein, Eberswalde, Mitgl. 34 222, seit 1. 10. 1905, seinen Wunden erlegen.
Heinr. Boevers, Mitgl. 25 553 und 1. Vors. unserer Zweigverwaltung Gummersbach, bei einem Sturmangriff in der Nähe von Ypern. Der Verstorbene war ein langjähriges und äußerst eifriges Mitglied.
Aegidius Breuer, Hörde b. Dortmund, Mitgl. 55 325, seit 1. 10. 1909, am 24. Oktober in Rußland.
Alfred Claude, München, Mitgl. 75 648, seit 1. 1. 1914, am 29. Okt. bei einem Sturmangriff in Flandern.
Artur Doctor, Halle (Saale), Mitgl. 71 028, seit 1. 4. 1914.
Heinrich Döhle, Bremen, Mitgl. 67 479, seit 1. 4. 1912, bei einem Sturmangriff auf ein Dorf bei Iwangorod am 24. 10.
Kurt Enke, Frankenberg i. Sa., Mitgl. 58 742, seit 1. 7. 1910 (Zweigv. Chemnitz), bisher vermißt, nach neueren Nachrichten der Heeresleitung vor etwa zwei Monaten auf dem westlichen Kriegsschauplatz gefallen.
Peter Geyer, Charlottenburg, Mitgl. 40 532, seit 1. 10. 1906, 20. Nov. in Belgien.
Heinr. Hartmann, Liegnitz, Mitgl. 70 287, seit 1. 4. 1913, am 22. August bei Longwy.
Walter John, Uelzen, Mitgl. 60 968, seit 1. 1. 1911, nachdem ihm kurz zuvor unter Beförderung zum Unteroffizier das Eiserne Kreuz verliehen worden war.
Fritz Jungermann, Trier, Mitgl. 74 986, seit 1. 1. 1914, am 3. Nov. beim Sturmangriff bei Becelaere.
Hermann Kruel, Neustadt, Wpr., Mitgl. 56 703, seit 1. 1. 1910, Vors. unserer Zweigverw. Neustadt, Wpr., auf dem östl. Kriegsschauplatz.
Max Lotz, Fürth a. Berg, Hosp.-Mitgl. 05 213, am 21. Nov. im Gefecht bei Larazon.
Walter Mülsch, Prausnitz b. Breslau, Abt. Trachenberg, Mitglied 52 807, seit 1. 4. 1909.
Kurt Neumann, Schwedt a. d. O., Mitgl. 71 038, seit 1. 4. 1913, beim Sturmangriff auf eine feindliche Stellung bei Langemark in Belgien.
Peter Heinrich Nuber, Forbach (Lothringen), Mitgl. 67 227, seit 1. 7. 1912.
Fritz Reuker, Berlin, Mitgl. 59 102, seit 1. 10. 1910, in den Kämpfen bei Dixmuiden am 1. Nov.
Otto Redeker, Cuxhaven, Mitgl. 72 639, seit 1. 8. 1913, im Westen am 11. Nov.
Karl Römer, Borna, Bez. Leipzig, Hosp.-Mitgl. 06 517, am 12. November.
Walter Römmler, Chemnitz-Gablenz, Mitgl. 66 171, seit 1. 4. 1912, am 12. Nov. bei einem Sturmangr. bei Pont Rouge.
Friedr. Schütze, Rauda, Post Eisenberg, S.-Altenb. (Zweigverw. Gera-Reuß), Mitgl. 70 122, seit 1. 1. 13, **Inhaber des Eisernen Kreuzes**, am 17. Nov. in Bucquoy bei Bapaume durch Artillerie-Sprengstück tödlich verletzt.
Louis Trimper, Mülhausen i. Els., Mitgl. 45 736, seit 1. 1. 1908, gestorben am 2. November im Lazarett zu Courtrai infolge der am 21. Oktober bei Becelaere erlittenen Verwundung.

Es wurden verwundet:

Karl Besselmann, Bochum, Mitgl. 24 988.
Edm. Berrens, Reinickendorf-West, Mitgl. 78 611 (Beinsch.).
Robert Bittighofer, Pirmasens, Mitgl. 55 213 (schwer, zwei Schrapnellschüsse durch Oberarm und Leber). Reservelazarett München, Landsberger Straße 124.
Otto Dietrich, Düsseldorf, Mitgl. 16 137, Autounfall, Bruch des linken Oberarmes.
Fr. Frühling, Minden, Mitgl. 60 830.
Willi Gerloff, Viersen, Mitgl. 47 963, beim Sturmangriff im Argonnenwald schwere Bauchverl., Lazarett Viersen.
Emil Gern, Schwetzingen, Mitgl. 75 851.
Wilh. Hachmeister, Harburg, Mitgl. 71 324 (leicht).
Carl Hoffmann, Liegnitz, Schüler-Mitgl. 07 847.
Adolf Hoppe, Harburg, Mitgl. 65 020 (leicht).
Carl Jakob, Karlsruhe (Baden), Mitgl. 47 512.
Otto John, Karlsruhe (Baden), Mitgl. 60 471.
Albert Kerber, Karlsruhe (Baden), Mitgl. 60 569.
Karl König, Mülhausen i. Els., Mitgl. 63 682, verw. am 21. X. bei Becelaere, bereits wieder beim Regiment.
Arno Klopfstedt, Steglitz, Mitgl. 40 336, Schulterschuß in den Gefechten an der Yser.
Johann Leist, Harburg, Mitgl. 57 383 (leicht).
Heinr. Meyer, Haarburg, Mitgl. 32 304 (leicht).
Carl Müller, Karlsruhe (Baden), Mitgl. 77 561.
Simon Oberer, Landshut (Bay.), Mitgl. 37 555, Off.-Stellv. in einem Res.-Inf.-Rgt. (Knieschuß), Lazarett Aachen.
Wilh. Rehm, Hittfeld, Mitgl. 62 108.
Oskar Rosenthal, Bochum, Mitgl. 45 939.
Heinr. Schäfer, Wissen a. d. Sieg, Mitgl. 72 183.
Fritz Schmidt, Westerhüsen a. d. E., Mitgl. 64 135 (schwer). Erhielt das **Eiserne Kreuz**.
Curt Scholle, Karlsruhe (Baden), Mitgl. 59 751.

Im Feldzuge erkrankten:

Wilh. Albert, Karlsruhe (Baden), Mitgl. 63 802.
Otto Vetter, Karlsruhe (Baden), Mitgl. 73 270.

Berlin-Friedenau. Kr.-V.: O. Knoth, Friedenau, Rubensstr. 31.

Z. Berlin-Schöneberg. Kr.-Adr.: Karl la Haine, Sedanstr. 54, Kurt v. Hertzberg, Ebersstraße 81. — Versammlungslokal „Ratskeller", Kaiser-Wilhelm-Platz 3, I. Zu der am Donnerstag, den 7. Januar 1915, abends pünktlich um 9 Uhr, stattfindenden Versammlung werden die Herren Kollegen freundlichst eingeladen. Es ist in der Kriegszeit Ehrensache, zu den Sitzungen zu erscheinen, um die Vorstandsmitglieder in Verbandsangelegenheiten zu unterstützen und im Verbandsinteresse mitzuarbeiten. Wir hoffen, daß der Besuch in dem neuen Jahr ein recht reger werden wird. Die Tagesordnung wird in der Sitzung bekannt gegeben.

Z. Frankfurt a. M.: Mittwoch, den 6. Januar, Hauptversammlung im Vereinslokal „Graf Häseler", Gr. Gallusstraße.

A. Genthin. Kr.-V.: Ernst Börner, jetzt Genthin, Langestraße 18.

Z. Königsberg i. Pr. Brief- und Kassenadresse: Flögel, Haidenbergstraße 3. Donnerstag, den 7. Januar 1915, abends 8 Uhr, findet in unserem Vereinslokal der Jubiläumshalle die Jahres-Hauptversammlung statt. Jeden Sonntagvormittag Frühschoppen im Lokal der Jubiläumshalle.

Königshütte (Oberschl.). Kr.-V.: Viktor König, jetzt Königshütte (Oberschl.), Karlstr. 34.

Z. München: Dienstag, den 5. Januar 1915, im Restaurant „Domhof", Jahreshauptversammlung mit folgender Tagesordnung: 1. Bericht des Vorstandes, des Kassierers und der Revisoren. 2. Ersatzwahl der Ausschußmitglieder für die Zeit der Kriegsdauer. 3. Wünsche und Anträge. Anträge müssen bis 1. Januar 1915 an den Vorstand Hans Jell, Ing.-Ass., München, Walterstraße 13 II. eingereicht werden. — Kollegen! Wir bitten auch im neuen Jahre die Frauen und Kinder der im Felde stehenden Kollegen nicht zu vergessen und ersuchen um Zusendung von Beiträgen an die Zweigverw. München, Elisenstraße. — Adressenänderungen sind umgehend bei uns zu melden.

Z. Posen. Kriegsvertrauensmann Ph. Kühne, Margarethenstraße 29, III. Kassenwart W. Paul, Kaiser-Friedrich-Str. 26, IV. Stellenvermittlung und Krankenkasse E. König, Hohenlohestr. 3, I. In der Versammlung am 5. 12. erreichte der Kriegsfonds 1000 M. Auf die Anfang November an die im Felde stehenden Mitglieder gesandten Liebesgaben sind eine Anzahl Schreiben eingegangen, aus denen hervorgeht, daß die Kleinigkeiten gern angenommen sind. Es wurde beschlossen, den im Felde stehenden Kollegen auch zu Weihnachten ein Paketchen zu senden. Weiter wurde beschlossen, sich an der Sammlung von Wollsachen zu beteiligen. Wir bitten alle Mitglieder, entbehrliche Wollsachen, neue und alte, wie alte Kleider, Röcke, Mäntel, Decken, auch Frauenkleider, umgehend an den Kriegsvertrauensmann zu schicken. — Die nächste Jahreshauptversammlung findet Donnerstag, den 7. Januar, in der „Bauhütte", Viktoriastraße 23, statt.

Z. Regensburg. Die satzungsgemäße Jahres-Hauptversammlung findet Dienstag, den 12. Januar 1915, abends 8 Uhr, im Vereinslokal „Klosterkeller der Jesuitenbrauerei" statt. Eines jeden Mitgliedes Pflicht ist es, pünktlich zu erscheinen; es ergeht hiermit das dringende Ansuchen hierzu. Noch rückständige Beiträge wollen umgehend an unseren Kassierer, Kollegen J. Brandl, von-der-Tannstraße 32, abgeliefert werden.

Z. Rostock. Kr.-V.: Walter Krohn, Rostock, Borwinstr. 16 a (nicht mehr Kabutzenhof 10).

Z. Siegen. Kr.-V.: W. Dreisbach, Giersbergstr. 22 (nicht mehr Heinz).

Z. Spandau: Mittwoch, den 6. Januar, abends 8 Uhr: Versammlung der Mitglieder der Sterbe- und Unterstützungskasse. — Abends 8½ Uhr: Hauptversammlung. 1. Sitzungsbericht. 2. Mitgliederbewegung. 3. Jahresberichte. 4. Vorstandswahlen. 5. Verbandsangelegenheiten. 6. Verschiedenes.

Z. Straßburg i. Els. Kr.-V.: Max Blunk, Straßburg-Neudorf (Elsaß), Lazarettstr. 66 a (nicht mehr Osterloh).

BRIEFKASTEN

Eine Veröffentlichung von Antworten ist wegen Raummangels vorläufig nicht möglich. Die einlaufenden Antworten werden den Fragestellern direkt zugänglich gemacht.

Frage 196. Schutz gegen Holzfäulnis. Imprägnierte Holzpfähle und Holzmaste sollen zur Erzielung einer noch größeren Lebensdauer mit einem weiteren Anstrich versehen werden. Welcher Kollege kann mir eine passende Anstrichmasse empfehlen? Das Holz soll nur bestrichen werden, soweit es in den Erdboden zu stehen kommt. Lack-, Farb- oder Oelanstriche haben sich nicht bewährt. Die Masse könnte erhitzt oder kalt aufgetragen werden, nur müßte sie in beiden Fällen sehr rasch trocknen und fest werden, eine 2 bis 4 mm starke Isolierschicht bilden und nicht spröde sein. Ich bin gern bereit, Bemühungen zu vergüten.

Frage 197. Verwendung von verschieden starkem Zinkblech bei Dachrinnen. Ein Klempnermeister hatte bei einem Neubau Dachrinnen aus Zinkblech Nr. 13 auszuführen. Beim Nachmessen ergaben sich verschiedene Stärken und zwar solche, die nach den Tabellen dem Zinkblech Nr. 11, 12, 13 und 14 entsprechen. Der Klempner behauptet, Zinkbleche wären solchen Schwankungen unterworfen, daß diese Stärkenunterschiede vorkommen können. Auffällig ist, daß die einzelnen Meterstücke, soweit ich sie nachmessen konnte, allerwärts gleichstark waren, so daß sich an ein Rinnenstück Zink Nr. 12 ein solches von Nr. 13 oder Nr. 11 anreiht. Kann mir einer der Herren Kollegen Auskunft geben, ob Zinkbleche tatsächlich so gewaltige Schwankungen zeigen, oder an wen ich mich um Auskunft, die lediglich zu meiner persönlichen Orientierung dienen soll, wenden könnte?

BÜCHERSCHAU

12 Kriegspostkarten von Otto Soltau. In hübschem Umschlag Preis 1 M, einzeln 10 Pf.

Inhalt: 1. Fußsoldat, 2. Reiter, 3. Flieger, 4. Matrose, 5. Kanonier, 6. Schwester, 7. Auffahrende Batterie, 8. Wir treten zum Beten, 9. Reserve, 10. Kriegstrauer, 11. Verwundete, 12. Kriegsgottesdienst. (Türmer-Verlag [Greiner & Pfeiffer] in Stuttgart.) Soltaus Kriegsbilder zeugen von einem starken Verständnis unserer herrlichen Zeit und sind in ihrer herzhaft gezeichneten Technik, die von wirklich gründlichem Können zeugt, ebenso deutsch, wie in der Schlichtheit und Tiefe des Erlebens.

STERBETAFEL

Andreas Betz, Würzburg, Mitgl. 55135, seit 1. 10. 09.

Karl Schreiber, Schweidnitz, Mitgl 272, seit 1. 12. 84.

Mit dem Verstorbenen ist wieder eines unserer ältesten Verbandsmitglieder dahingegangen, dessen Verlust wir sehr beklagen.

Am 3. Dezember starb den Tod auf dem Schlachtfelde vor Ypern in Frankreich der Kriegsfreiwillige

Herr **Fritz Jungermann**

Eisenbahnbautechniker, Trier.

Ferner verschied am 24. November an den Folgen einer langen Krankheit in seiner Heimat

Herr **Johann Spanier**

Architekt, Freudenburg.

Wir betrauern in beiden, so früh aus dem Leben Gerissenen, zwei liebe, treue Kollegen, deren Andenken bei uns in steter ehrender Erinnerung bleiben wird.

Zweigverwaltung Trier,

Wir erfüllen die traurige Pflicht, allen Freunden und Kollegen von dem plötzlichen Ableben unseres langjährigen Mitgliedes, des

Kollegen **K. Schreiber,** Schweidnitz

Kenntnis zu geben.

Wir verlieren in ihm einen alten, treuen Kämpen, dem wir ein dauerndes Andenken bewahren werden.

Zweigverwaltung Schweidnitz.

Um Auskunft über seine aus Lyck seit dem 2. August d. Js. vermißten Eltern und Geschwister bittet

Bautechniker Hermann Walter Dieck

z. Zt. Gefreiter der Reserve 29. Eisenbahn-Bau-Kompagnie durch die Militär-Eisenbahn-Direktion I in Lille (Frankreich).

Vermißt wird:

August Dieck, Zimmerpolier, zuletzt Baugeschäft Carl Schulze, Lyck.
Frau Karoline Dieck, zuletzt Lyck.
Paul Dieck, zuletzt Lyck, Bahnhofsbetriebswerkstätte, beim Infanterie-Regiment 151 10. Komp. 1910/12 gedient.
Emil Dieck, Zimmerpolier, Baugeschäft C. Schulze, am Kasernenneubau Arys und Lötzen.
Walter Dieck, Friseurgehilfe, zuletzt 15. Juli 1914 in Cranz.
Grete Dieck, 14 Jahre alt, zuletzt Lyck.
Hedwig Guske aus Chelchen, Kreis Lyck.

Sonder-Beilage zur „Deutschen Techniker-Zeitung“

XXXI. Jahrgang. Berlin, den 3. April 1914 Heft 14

Bekanntmachung.

Der unterzeichnete Geschäftsführende Vorstand beruft hierdurch den

22. ordentlichen Verbandstag

für den 30. und 31. Mai und 1. Juni nach Metz ein.

Tagesordnung

I. Jahresbericht.
II. Rechenschaftsbericht.
III. Bericht der Kassenprüfer und Entlastung.
IV. Referate über folgende Fragen:
Die Frau im technischen Berufe,
Die Baukontrolleurfrage,
Der alternde Techniker,
Maximalarbeitszeit und Minimalgehalt,
Einheitliches Angestellten- und Beamtenrecht,
Das Koalitionsrecht,
Parteipolitische Neutralität,
Bildungswesen und Fortbildungsschulfragen.
V. Anträge.
VI. Kostenanschlag.
VII. Wahlen.

Wir verweisen noch besonders auf folgenden Beschluß des Gesamtvorstandes in seiner Sitzung vom 1. März 1914: „Bis vier Wochen vor dem Verbandstage müssen alle Verwaltungsstellen die fälligen Abrechnungen eingesandt und die entsprechenden Zahlungen an die Hauptgeschäftsstelle abgeführt haben. Andernfalls kann der Gesamtvorstand der betreffenden Bezirksverwaltung das Stimmrecht, auch das Vertretungsrecht teilweise oder ganz entziehen“.

Der Geschäftsführende Vorstand.
gez. Paul Reifland, Vorsitzender.

Vor Beginn des Verbandstages findet gemäß § 51 der Gruppentag statt.

Programm des Verbandstages:

Freitag, den 29. Mai:

Abends 8 Uhr: Bierabend im großen Stadthaussaal, gegeben von der Stadt Metz.

Sonnabend, den 30. Mai:

Vormittags 8½ Uhr: Beginn des Gruppentages.
Vormittags 11 Uhr: Eröffnung des Verbandstages im großen Terminussaale, Kaiser-Wilhelm-Ring. Vortrag des Landtagsabgeordneten Donnevert.
Nachmittags 2 Uhr: Beginn der Verhandlungen. Darnach Kommissionssitzungen, ebenfalls im Hotel Terminus.
Abends 8½ Uhr: Festkommers im großen Terminussaale.

Für die Nichtteilnehmer an den Verhandlungen finden am Sonnabend Besichtigungen der Sehenswürdigkeiten der Stadt Metz unter sachkundiger Führung, mit Vorträgen des Museumsdirektors Herrn Professor Keune statt.

Sonntag, den 31. Mai:

Vormittags 8 Uhr: Fortsetzung der Verhandlungen.
Abends 8 Uhr: Fest auf der Esplanade mit elektrischer Beleuchtung.

Auch an diesem Tage sind wieder für die Nichtteilnehmer Besichtigungen von Metz und von den in näherer Umgegend liegenden Schlachtfeldern, sowie eine Dampferfahrt auf der Mosel vorgesehen.

Montag, den 1. Juni:

Vormittags 8 Uhr: Fortsetzung der Verhandlungen.
Nach Schluß der Verhandlungen zwangloses Beisammensein.

Dienstag, den 2. Juni:

Wagenfahrt auf die Schlachtfelder von St. Privat, Gravelotte, Vionville, Mars-la-Tour. Hier Vorträge von Stabsoffizieren des Kaiserlichen Gouvernements Metz. Abends zwangloses Beisammensein in Metz.

Mittwoch, den 3. Juni:

Fahrt nach Straßburg mit festlicher Begrüßung in der Orangerie durch die Stadt Straßburg.

Donnerstag, den 4. Juni:

Ausflüge in die Vogesen oder Luxemburg.

Diejenigen Kollegen, die sich an einer gemeinsamen

Fahrt nach Paris

beteiligen wollen, werden gebeten, sich sofort mit der Geschäftsstelle des Verbandes Metz, Ponceletstraße 6, in Verbindung zu setzen.

Wir weisen auch an dieser Stelle auf die

Festschrift zum Verbandstage

hin und bitten, die Bestellungen umgehend bei der obigen Adresse aufzugeben.

I. Finanzausschuß.

Allgemeines.

1. Antrag der Zweigverwaltung Essen a. d. Ruhr. 1.

Den Mitgliedern der Finanzkommission des Verbandstages ist mindestens vierzehn Tage vor dem Verbandstage eine besondere Erläuterung und Spezifizierung zu den veröffentlichten Etats zuzustellen, damit sie in der Lage sind, an Hand der Erläuterungen eine genaue Prüfung der einzelnen Positionen der Rechenschaftsberichte und der Etats-Neuaufstellung vornehmen zu können.

Begründung: Die bisherige Aufstellung und Behandlung der Etats- und Rechenschaftsberichte und die Vorbereitung derselben für die Beratungen in den Sitzungen der Finanzkommission des Verbandstages ließen viel zu wünschen übrig. Zur Beratung in der Kommission standen nur die knappen Veröffentlichungen in der D. T.-Z. zur Verfügung. Die von dem Finanzsekretär in der Sitzung gegebenen Auskünfte und Erläuterungen waren nicht erschöpfend genug; sie konnten aber in der kurzen Zeit, die für die Beratungen in der Kommission zur Verfügung stand, kaum besser gegeben werden. Da nun eines der wichtigsten Rechte des Verbandstages das Etatsrecht ist, so können und müssen die Abgeordneten verlangen, daß ihnen in jeder Beziehung hinreichende Auskunft und Aufklärung zuteil wird.

2. Antrag der Zweigverwaltung Pankow. 2.

In die Ausführungsbestimmungen zur Satzung ist als 3. Absatz des § 44 die nachstehende Bestimmung aufzunehmen:

Die Anlegung von Verbandsgeldern nach § 53 der Satzung darf, wenn hierbei ein Betrag von mehr als 5000 Mark in Betracht kommt, nur nach vorheriger Anhörung und Genehmigung des Gesamtvorstandes geschehen.

Begründung: Es erscheint ungenügend, die Beurteilung der Mündelsicherheit einer Geldanlage allein dem Geschäftsführenden Verbandsvorstand zu überlassen. Es ist eine selbstverständliche Aufsichtspflicht des Gesamtvorstandes, in allen Fällen, wo es sich um die Anlegung größerer Beträge des Verbandsvermögens handelt, die Entscheidung zu treffen.

Verwaltung der Hauptkasse.

3. Antrag der Zweigverwaltung Essen a. d. Ruhr. 3.

In die Etatsvorschläge ist ein größerer Dispositionsfonds zur Verfügung des Gesamtvorstandes einzustellen, aus dem im Etat nicht vorgesehene dringliche Ausgaben zu bestreiten sind. Außerdem sind aus diesem Fonds begründete Ueberschreitungen einzelner Positionen nachzubewilligen. In Zukunft ist der Dispositionsfonds aus den Jahresüberschüssen der Zweig- und Bezirksverwaltungen anzusammeln.

Begründung: Bisher ist es noch nicht gelungen, daß die vom Verbandstage aufgestellten und genehmigten Etatsvoranschläge eingehalten worden sind. Dieses dürfte auch in Zukunft kaum der Fall sein, da dringliche Ausgaben und Ueberschreitungen einzelner Positionen immer vorkommen werden. Damit nun bei derartigen Fällen nicht der ganze Etatvoranschlag verschoben wird, ist ein Dispositionsfonds unbedingt erforderlich.

4. Antrag der Zweigverwaltung Amberg. 4.

Der Verbandstag 1914 wolle beschließen: -

Zur Stärkung der Stellenlosenunterstützung des Verbandes wird ein unantastbarer Hilfsfonds geschaffen. Die

Mittel hierzu werden aus einer fortlaufenden freiwilligen Sammlung beschafft.

Begründung: Jede Beitragserhöhung bringt auch die Befürchtung eines Mitgliederabfalles mit sich. In den jetzigen teueren Zeitläuften auch nicht ganz ohne Hintergrund. Das Wörtchen „muß" ist im deutschen Wörterschatz eines der für die Deutschen härtesten Wörter.

Viel leichter ist, etwas freiwillig, ungezwungen zu geben, als geben zu müssen. Freiwillige Sammlungen haben im deutschen Volke schon Großes geschaffen, warum sollten unsere in guten Verhältnissen lebenden Mitglieder nicht auch ein Scherflein für ihre notleidenden, unterstützungsbedürftigen Standeskollegen übrig haben. Ein auf diese Weise geschaffener Fonds kann dazu beitragen, den Verband zu erstarken und die Unterstützungskasse durch die Zinszuführung zu entlasten, zu unterstützen. Selbsthilfe ist oft die beste Hilfe.

5. Antrag der Zweigverwaltung Essen a. d. Ruhr. **5.**

Die Reorganisation der Hauptkasse in Berlin ist so durchzuführen, daß die jetzige Sterbekasse (Begräbnisbeihilfekasse) nach wie vor mit ihrem Vermögen als Sonderkasse bestehen bleibt. Von den Verbandsbeiträgen sind für das Mitglied und Jahr 1 M an die Sterbekasse abzuführen. Jeder Verbandstag hat zu prüfen, ob dieser Betrag noch genügt. Der Beitrag von 1 M darf nicht herabgesetzt, aber nach Bedarf erhöht werden. Das Vermögen der Begräbnisbeihilfe darf nur mit Genehmigung des Verbandstages zu anderen Zwecken Verwendung finden.

Begründung: Durch die auf der Gesamtvorstandssitzung am 8. 6. 13 in Leipzig gegebene Anregung, die Verbandskasse zu reorganisieren, besteht die Gefahr, daß das jetzige Vermögen der Sterbekasse aufgezehrt werden könnte. Der als Ersatz für die Sterbekasse geplante Garantiefonds bietet hingegen keine genügende Gewähr. Es muß bei unserer Finanzverbandspolitik unter allen Umständen daran festgehalten werden, daß jede Zeit sich selber erhält. Andererseits muß aber auch für die Zukunft gesorgt werden, weil nicht bestimmt werden kann, welche Ansprüche später an unsere Sterbekasse gestellt werden.

6. Antrag der Zweigverwaltung Tempelhof. **6.**

Der 22. Verbandstag wolle beschließen, die anzulegenden Gelder des Verbandes nicht bei Banken oder in Wertpapieren festzulegen, sondern nach Möglichkeit innerhalb gemeinnütziger Institute, wie Baugenossenschaften usw., in Form von I. Hypotheken bis zur Grenze der Mündelsicherheit.

Begründung: Der Grund zu dem Antrage ist, daß im allgemeinen durch die Bodenpolitik der Banken dem Mittelstande die Wohnungs- und Lebensverhältnisse verteuert werden.

7. Antrag der Zweigverwaltung Meiningen. **7.**

Der Verbandstag wolle beschließen, daß die Verbandskassen in der Regel vierteljährlich durch einen vereidigten Bücherrevisor geprüft werden. Diese Prüfungen sind zum Teil unangemeldet vorzunehmen. Das Ergebnis ist sämtlichen Bezirksverwaltungen anschließend mitzuteilen.

Rückvergütungen an die örtlichen Verwaltungsstellen.

8. Antrag der Zweigverwaltung für den Dillkreis. **8.**

Der Verbandstag wolle den Geschäftsführenden Vorstand beauftragen, feststellen zu lassen, wieviel Prozent der Beiträge gegenwärtig die örtlichen Verwaltungsstellen mit größerer Mitgliederzahl jährlich für die Geschäfts- und Werbekosten einschließlich der im Interesse der fachlichen, sozial- und wirtschaftspolitischen Weiterbildung der Mitglieder erfolgenden Aufwendungen verbrauchen und wieviel Prozent der Beiträge die Verwaltungsstellen mit kleinerer Mitgliederzahl benötigen werden, um ihren Mitgliedern ebensoviel bieten zu können, wie die Verwaltungsstellen mit größerer Mitgliederzahl.

Nach dem Ergebnis der Ermittelungen sind die den Verwaltungsstellen nach § 26 der Satzung zustehenden Anteile der Beiträge erneut in der Weise festzusetzen, daß die Verwaltungsstellen mit größerer Mitgliederzahl prozentual kleinere Beiträge und die Verwaltungsstellen mit kleinerer Mitgliederzahl prozentual größere Beiträge für diese Zwecke verbrauchen dürfen als gegenwärtig zulässig ist.

Begründung: Die Geschäfts- und sonstigen Unkosten der einzelnen Verwaltungsstellen stehen nicht im gleichen Verhältnis wie die Anzahl der Mitglieder zueinander. Diese Kosten stellen sich vielmehr pro Mitglied bei einer großen Mitgliederzahl niedriger als bei einer kleinen Mitgliederzahl.

Bei der gegenwärtigen gleichmäßigen Behandlung aller Verwaltungsstellen hinsichtlich des für die letzteren zum eigenen Verbrauch bestimmten Höchstbetrages von 20 % der Beiträge, verbleiben den Verwaltungsstellen mit größerer Mitgliederzahl nach Bestreitung der eigentlichen Geschäftsunkosten noch erhebliche Beiträge, die für sonstige Zwecke des Verbandes, wie fachwissenschaftliche Fortbildung der Mitglieder und dergleichen, satzungsgemäß Verwendung finden können. Demgegenüber reichen die den Verwaltungsstellen mit kleiner Mitgliederzahl zur Verfügung stehenden Mittel nur zur Bestreitung der notwendigsten Geschäftsunkosten aus. Dieses Verhältnis sollte aber naturgemäß mehr ein umgekehrtes sein, denn die Mitglieder der ersteren Verwaltungsstellen wohnen meistens in größeren Städten, wo ohne dem mehr Gelegenheit zu ihrer geistigen Fortbildung geboten wird, als an den Orten, wo die den Verwaltungsstellen mit kleinerer Mitgliederzahl angehörenden Mitglieder wohnen. Unter den betreffenden Mitgliedern erregt dieser Mißstand mit Recht Unzufriedenheit, da eine gleichwertige Behandlung der Mitglieder nur in der Gewährung gleicher natureller Leistungen erblickt werden kann. Es kommt noch hinzu, daß es sich bei den kleineren Verwaltungsstellen fast nur um Mitglieder handelt, die die sonstigen sozialen Einrichtungen des Verbandes wenig oder gar nicht in Anspruch nehmen und mithin diesen ein sonstiger augenscheinlicher Vorteil der Zugehörigkeit zum Deutschen Techniker-Verband nicht gezeigt werden kann.

Die vorgeschlagenen Maßnahmen dürften sehr dazu beitragen, die Mitglieder der kleinen Verwaltungseinheiten dem Verbande zu erhalten.

9. Antrag der Zweigverwaltung Tempelhof. **9.**

Der 22. Verbandstag wolle die jetzige Bestimmung, daß die Zweigverwaltungen bis 20 % der Beiträge zur Deckung ihrer Unkosten einbehalten können, klarer festlegen und dahin ändern, daß die prozentuale Höhe dieser Ueberweisungen staffelweise im ungefähren Verhältnis zur Mitgliederzahl erfolgt.

10. Antrag der Zweigverwaltung Celle. **10.**

Der Verbandstag wolle beschließen, den Zweigverwaltungen von vielleicht unter 50 Mitgliedern einen höheren Prozentsatz der Rückvergütung zu gewähren.

Begründung: Nach § 26 der Statuten stehen den Zweigverwaltungen bis 20 % der eingezogenen Beiträge zur Deckung der Kosten zu, ohne Rücksicht auf die Anzahl der Mitglieder. Die Unkosten einer Zweigverwaltung steigen aber nicht in demselben Verhältnis wie die Mitgliederzahl. Gerade den kleineren Zweigverwaltungen entstehen verhältnismäßig große Unkosten. In den großen Städten und Industriegegenden treiben die unsicheren Verhältnisse den Kollegen von selbst schon zu einem Verbande, auch ist dort das Verständnis für Sozialpolitik größer, denn dort sieht der Kollege die schlechte Lage der Techniker fast täglich mit eigenen Augen. Anders in den kleineren Städten und auf dem Lande. Die Kollegen sind meistens einzelne Angestellte eines kleinen Unternehmers und wollen von einer Zugehörigkeit zu einem Verbande nichts wissen. Auch setzen die Unternehmer der Zugehörigkeit zu einem Verbande viel Widerstand entgegen. Die kleineren Zweigverwaltungen müssen daher vielmehr kämpfen, um Kollegen dem Verbande zu gewinnen und um die Kollegen, die dem Verbande bereits angehören, diesem zu erhalten. Aber die Mittel hierzu fehlen. Die 20 % reichen fast nur für Verwaltungskosten. Die vom Verbande angeregte Beschaffung von Fachschriften und sozialpolitischen Werken ist nicht möglich. Vorträge, seien es Agitations-, sozialpolitische-, Fach- oder Lichtbildervorträge, können nicht gehalten werden, sobald dadurch größere Unkosten verursacht werden. Und meistens sind damit große Kosten verbunden. Aber gerade durch das Hinaustreten an die Oeffentlichkeit und dadurch, daß den Kollegen durch Vorträge, Bücher, Zeitschriften Gelegenheit geboten wird, weiter in die Sozialpolitik und Fachwissenschaft einzudringen, können dem Verbande Mitglieder gewonnen werden und Verbandsmitglieder dem Verbande erhalten bleiben.

11. Antrag der Bezirksverwaltung Thüringen. **11.**

a) Der Verbandstag wolle zu Abs. 4 § 32 beschließen wie folgt: Die Bezirksverwaltungen erhalten zur Deckung ihrer Unkosten einen Durchschnittssatz bis zu 7½% des Verbandsbeitrages ihres Bezirks aus der Verbandskasse.

b) Der Verbandstag wolle beschließen:

Nach § 30 der Ausführungsbestimmungen „Zur Bestreitung der Verwaltungs- und Werbekosten erhalten die Bezirksverwaltungen nach § 32 der Satzung einen Durchschnittssatz bis zu 7½% der von ihren Mitgliedern eingegangenen Beiträge von der Hauptgeschäftsstelle überwiesen".

c) Der Verbandstag wolle zu Nr. 4b des Haushaltplanes für 1914 folgende Staffelung in der Rückerstattung zur Bestreitung der örtlichen Kosten der Bezirksverwaltungen beschließen:

Bezirksverw.	mit einem Mitgl.-Bestande bis zu 500	erh.	10 %
„	mit mehr als 500—1000	„	8 %
	„ „ „ 1000—2000	„	7 %
„	„ „ „ 2000	„	6 %

12. Antrag der Zweigverwaltung Posen. **12.**

Der XXII. Verbandstag wolle beschließen, daß die den Zweigverwaltungen und Verwaltungsabteilungen zur Verfügung stehenden Verwaltungskosten wie folgt gestaffelt werden:

Verwaltungen von	3—50	Mitgl. erhalten	20 %	des Beitrages
„ „	50—100	„ „	18 %	„ „
„ „	100—200	„ „	16 %	„ „
„ „	200—300	„ „	14 %	„ „
„ „	300—500	„ „	12 %	„ „
„ „	über 500	„ „	10 %	„ „

Ueberschreitet eine Verwaltung die Grenze nur um wenige Mitglieder, so ist ihr der frühere Betrag so lange zu gewähren, bis ihr nach dem der größeren Mitgliederzahl entsprechenden geringeren Prozentsatze ein größerer Betrag zusteht.

Begründung: Von den lokalen Verwaltungen des Verbandes wird immer noch ein verhältnismäßig hoher Betrag des Verbandsbeitrages verwendet, während die Zentrale sich überall die größte Beschränkung auferlegen muß. Der Etat für die nächsten Jahre läßt sich nur balancieren, wenn den Zweigverwaltungen nicht mehr wie 15% für örtliche Verwaltungskosten zurückvergütet werden. Für die kleineren Verwaltungen ist dieser Betrag zu gering, während die großen Verwaltungen auch mit geringeren Beträgen auskommen können.

13. Antrag der Zweigverwaltung Harburg. **13.**

Der Verbandstag wolle beschließen:

Die den Zweigverwaltungen des D. T.-V. zurückzuvergütenden Verwaltungsgelder sind der Größe der Verwaltungen entsprechend zu staffeln und zwar erhalten

Verwaltungen	bis 50	Mitglieder . . .	25 %
„	über 50 „ 100	„ . . .	22,5 %
	„ 100 „ 250	„ . . .	20 %
„	„ 250 „ 500	„ . . .	17,5 %
„	„ 500	Mitglieder	15 %

Begründung: Die allen Zweigverwaltungen ohne Rücksicht auf ihre Größe gleichmäßig zur Last fallenden Ausgaben lassen es als ausgeschlossen erscheinen, daß die kleineren Verwaltungen mit den ihnen jetzt zustehenden 20% auskommen, zumal gerade sie im Interesse des Verbandes eine viel intensivere Agitationstätigkeit entfalten müssen, als die großen Verwaltungen. Andererseits aber können die großen Zweigverwaltungen ihre Aufgaben auch noch bei 17,5% und 15% erfüllen.

14. Antrag der Bezirksverwaltung Thüringen. **14.**

a) Der Verbandstag wolle zu Abt. 4 § 26 der Satzung wie folgt beschließen:

Die Zweigverwaltungen haben das Recht, zur Deckung örtlicher Kosten einen Durchschnittsbetrag bis 17½% der eingegangenen Beiträge, je nach ihrer Mitgliederzahl (vergleiche § 9 Absatz 2 der Ausführungsbestimmungen), zurückzubehalten. Die Gelder dürfen nur für Verbandszwecke verwendet werden. Ueber ihre Verwendung ist dem Geschäftsführenden Vorstande jährlich und sonst auf Erfordern Bericht zu erstatten.

b) Der Verbandstag wolle beschließen:

Zu § 9 Absatz 2 der Ausführungsbestimmungen „Zur Bestreitung der örtlichen Verwaltungs- und Werbekosten kann nach § 26 der Satzung ein Durchschnittssatz von 17½% der eingegangenen Verbandsbeiträge nach folgender Staffelung verwendet werden":

Sämtliche Verwaltungsabteilungen erhalten 22%.

Zweigverwaltungen mit	15— 50	Mitgliedern erhalten	22%
„ „	50—100	„ „	20%
„	100—250	„ „	15%
„ „	250—500	„ „	13%
„ „	500 u. mehr	„ „	12%

c) Der Verbandstag wolle zu Nr. 4b der Ausgabe des Haushaltsplanes für 1914 die obigen Staffelungen in den Rückerstattungen an die Zweigverwaltungen und Verwaltungsabteilungen beschließen:

Begründung: Es hat sich, besonders im letzten Jahre, gezeigt, daß die Verwaltungsabteilungen und die kleinen Zweigverwaltungen mit den ihn zustehenden 20% nicht auskommen können.

Da im Haushaltsplan 1914 diese sogar auf 15% erniedrigt, vom Gesamtvorstand inzwischen auf 17½% erhöht worden sind, ist eine Staffelung erst recht notwendig.

Abrechnungen der örtlichen Verwaltungsstellen.

15. Antrag der Zweigverwaltung Brandenburg a. d. Havel. 15.

Der XXII. Verbandstag wolle beschließen, im § 9, Absatz 2 der Ausführungsbestimmungen hinter „Geschäftsführenden Vorstandes" die Worte „bis zum 1. April jeden Jahres" einzufügen.

Begründung: Bei der geltenden Abrechnungsweise der den Zweigverwaltungen zustehenden 20% bis zum 15. Januar jeden Jahres sind die Kassen derselben im ersten Vierteljahr leer, die Ausgaben aber naturgemäß am größten. Diese Nachteile treten noch bedeutend stärker in die Erscheinung, wenn beim Jahreswechsel auch der Vorstand wechselt, bezugsweise ergänzt wird. Es wird deshalb um Annahme dieses Antrages gebeten.

16. Antrag der Landesverwaltung Elsaß-Lothringen. 16.

Der XXII. Verbandstag wolle beschließen, daß ein etwaiger Ueberschuß der örtlichen Verwaltungsgelder am Schlusse des Geschäftsjahres nicht dem Verbande zugeführt wird, sondern auf das nächste Geschäftsjahr zu übertragen ist.

Begründung: Es dürfte in der Natur der Sache liegen, daß jede Zweigverwaltung das Bestreben hat, ihre Gelder restlos aufzubrauchen, während solche in späteren Jahren für unvorhergesehene Agitations- und Werbearbeiten usw. dringend benötigt werden.

17. Antrag der Zweigverwaltung Halle-Saalkreis. 17.

Der Verbandstag wolle beschließen, den Verwaltungen am Jahresschluß ein Wirtschaftsgeld zu überlassen, damit sie nicht am Jahresanfang mittellos dastehen. Die Summe kann je nach Zahl der Mitglieder der Verwaltung bestimmt werden.

Begründung: Laut Bestimmungen müssen am Jahresschluß die Abrechnung sowie sämtliche vorhandenen Gelder nach Berlin an die Hauptgeschäftsstelle abgeführt werden, so daß die Verwaltungen bis zur nächsten Einnahme ohne jede Barmittel dastehen. Da die Einladungen zu den Versammlungen, eventuell zu haltende Vorträge usw. stets eine größere Summe erfordern, so kann hierdurch der Geschäftsbetrieb der Verwaltung mitunter sehr gestört werden. Es kann den Vorstandsmitgliedern nicht gut zugemutet werden, daß sie derartige Unkosten aus ihrer Tasche bestreiten. Es ist selbstverständlich, daß die Verwaltungen keine unnötigen Gelder ansammeln sollen, vielmehr ist es so gedacht, daß die Verwaltungen einen gleichbleibenden Reservefonds erhalten, der Eigentum des Verbandes bleibt.

18. Antrag der Zweigverwaltung Neukölln. **18.**

Der Verbandstag wolle dahin wirken, daß die 20% vom Jahresbetrag der Zweigverwaltungen nicht mehr an die Hauptkasse des Verbandes nach Abzug der Unkosten abzuführen sind, sondern als dauernder Bestand den Zweigverwaltungen verbleiben; und zwar bei Zweigverwaltungen über 100 Mitglieder, prozentual, d. h. pro Mitglied 1 M nicht übersteigen.

Begründung: Die Zweigverwaltungen müssen zur erfolgreichen Arbeit für die Verbandsinteressen verschiedene Ausgaben bestreiten, die je nach der Art der zu Gebote stehenden Mittel mehr oder minder erfolgreich angewendet werden können. Arbeitet eine Zweigverwaltung gut, so werden auch immer ihre Ersparnisse dem allgemeinen Verbandsinteresse so wie so zugute kommen.

19. Antrag der Zweigverwaltung Nowawes und Umgegend. **19.**

Der Verbandstag wolle dahin wirken, daß die den Zweigverwaltungen von den ihnen an Verwaltungskosten zustehenden 20% der Mitgliederbeiträge am Jahresschlusse nach Rechnungslegung verbleibenden Ueberschüsse bis zum Betrage von 100 M diesen zur weiteren Verfügung belassen werden und nur die den Betrag von 100 M übersteigenden Gelder an die Zentralkasse abzuführen sind.

Begründung: Der Antrag soll bezwecken, auch den kleineren Zweigverwaltungen eine bessere Agitation zu ermöglichen. Durch die durch Rundschreiben Nr. 59 vom 29. Dezember 1913 seitens der Zentralleitung verfügte Abführung der am Jahresschlusse nach Rechnungslegung der Zweigverwaltungen verbliebenen Ueberschüsse an die Hauptkasse ist den kleineren Zweigverwaltungen jede Möglichkeit genommen worden, größere Agitationsveranstaltungen, als z. B. Abhalten von Vorträgen usw., durchzuführen.

Die kleineren Zweigverwaltungen können bei allergrößter Sparsamkeit nur ganz minimale Jahresüberschüsse erzielen, die zur Abhaltung von Vorträgen, zur Fortbildung der Mitglieder oder zu Agitationszwecken bei weitem nicht ausreichen. Sie können die Kosten zu einer einzigen derartigen Veranstaltung nur in mehreren Jahren (etwa 2 bis 3) zusammenbringen. Durch die Forderung der Ablieferung der Ueberschüsse am Jahresschlusse ist den Zweigverwaltungen das Sparen zu Ortsveranstaltungen unterbunden.

Durch die Abführung der Gelder am Jahresschlusse dürfte der Zentralleitung auch für die Folge kein großer Vorteil erwachsen.

Die kleineren Zweigverwaltungen, die in Jahresfrist nicht Summen zusammenbringen können, die eine Veranstaltung von Agitationsabenden gestatten, werden durch den Abführungszwang zu einer schlechten Finanzwirtschaft verleitet, denn zweifelsohne wird in Zukunft jede kleine Zweigverwaltung so arbeiten, daß am Jahresschlusse sich „Soll" und „Haben" ausgleichen und so der Hauptleidtragende die Zentralkasse sein wird. Davon, daß Ueberschußgelder an die Hauptkasse abzuführen sind, ist weder etwas in den Statuten noch in den Ausführungsbestimmungen gesagt worden.

20. Antrag der Bezirksverwaltung Oberschlesien. **20.**

Der Verbandstag wolle beschließen, daß die Gelder, die am Jahresschluß von den Zweigverwaltungen und Verwaltungsabteilungen erübrigt worden sind, nicht mehr dem Verbande zurückgegeben werden, sondern den Zweigverwaltungen und Verwaltungsabteilungen verbleiben.

Begründung: Wenn das Geld den Zweigverwaltungen und Verwaltungsabteilungen verbliebe, würden diese zur größeren Sparsamkeit angehalten werden, und es ist sehr gut, wenn für spätere Fälle, wie verstärkte Agitation usw., die Verwaltungen einen Reservefonds haben.

21. Antrag der Zweigverwaltung Pankow. **21.**

Der von den Zweigverwaltungen aus den einbehaltenen 20% am Jahresschlusse verbleibende Ueberschuß verbleibt den Zweigverwaltungen und ist nur soweit der Hauptverbandskasse zu überweisen, als er 10% der von der Zweigverwaltung vereinnahmten Jahres-Beiträge übersteigt.

Begründung: Z. Zt. stellt die Verbandsleitung, ohne hierzu durch die Verbandssatzungen ermächtigt zu sein, die Forderung, daß der ganze Ueberschuß am Jahresschluß an die Verbandskasse zu überweisen ist. Hierdurch wird die Tätigkeit der Zweigverwaltungen während der ersten und besten Monate jeden Jahres lahm gelegt, da sie immer wieder erst neue Mittel ansammeln muß. Auch hat die Zweigverwaltung nicht die Möglichkeit, während eines Jahres einmal zu sparen, um im nächsten Jahre für vielleicht größere Aufgaben mehr Mittel zu erlangen. Es muß daher der Ueberschuß den Zweigverwaltungen verbleiben. Nur wenn der Ueberschuß eine übermäßige Höhe erreicht, ist der eine gewisse Grenze überschießende Teil zweckmäßig der Verbandshauptkasse zu überweisen.

22. Antrag der Zweigverwaltung Pforzheim. 22.

Der Verbandstag wolle beschließen: Die den Zweigverwaltungen zustehenden Anteile von 20% der Beiträge sind den Zweigverwaltungen zur Verfügung zu lassen, auch für den Fall, daß am Jahresschluß eine Ersparnis zu verzeichnen ist. Es ist lediglich Rechenschaft abzulegen über die Gründe, die zu der Ersparnis Anlaß gaben, ferner sind Vorschläge zu machen, in welcher Weise die übrig gebliebenen Gelder im kommenden Jahre zweckmäßig verwendet werden sollen.

Begründung: Die im verflossenen Jahre verfügte Rückzahlung der übrig gebliebenen Gelder läßt die Gefahr entstehen, daß etwaige Ersparnisse noch kurz vor Jahresschluß zu Ausgaben verwendet werden, die ganz oder zum Teil unterbleiben könnten. Es wird also genau das Gegenteil von Sparsamkeit erzeugt, ganz abgesehen davon, daß die Ersparnisse des einen Jahres sehr oft gemacht werden im Hinblick auf größere Ausgaben im kommenden Jahre (Bezirkstag, größere Veranstaltungen und Anschaffungen).

23. Antrag der Zweigverwaltung Trier. 23.

Der XXII. Verbandstag wolle beschließen, die Ausführungsbestimmungen, die besagen, daß die am Ende des IV. Quartals in den Kassen der Zweigverwaltungen befindlichen Gelder an die Hauptkasse in Berlin abzuführen sind, darnach zu ändern, daß nur der Betrag abzuführen ist, der mehr als 1 M pro Mitglied beträgt.

Begründung: Es ist Tatsache, daß in den Monaten Januar bis April, also im I. Quartal, teils durch die in diese Zeit reichlich fallenden geselligen Veranstaltungen die Mitgliederbeiträge am spärlichsten eingehen, andererseits für die Zweigverwaltungen diese Zeit für Werbearbeit und Agitation sehr günstig ist, wofür jedoch meistens Geld vorhanden sein muß. Ferner müssen die laufenden Ausgaben bestritten werden, wobei unvorhergesehene Fälle auch berücksichtigt werden müssen. Außerdem kann es vorkommen, daß für einen gerade günstig fallenden Agitationsfeldzug oder Bezirkstag und dergleichen Geld vorhanden sein muß, das ja außerdem, wenn es in den Kassen der Zweigverwaltungen verbleibt, doch nicht verloren geht. Nach außen hin wirkt diese Bestimmung außerdem kleinlich und einer gewissenhaften örtlichen Verwaltung unwürdig.

24. Antrag der Zweigverwaltung Hannover-Linden. 24.

Der Verbandstag wolle beschließen, daß die Jahresabrechnungen der Zweigverwaltungen bezw. Ortsgruppen künftig zum Schluß des Geschäftsjahres am 31. 12. eingereicht werden sollen, da sich dann Einnahme und Ausgabe genauer feststellen lassen.

Begründung: Nach den Ausführungsbestimmungen hat die Jahresabrechnung bis zum 1. 12. eines jeden Jahres zu erfolgen. Dieser Abschluß zeigt aber eine nur annähernde Uebersicht der Bilanz, da Einnahme sowie Ausgabe per Dezember nur im Durchschnitt angenommen werden können, und die endgültige Abrechnung muß nochmals am 1. 1. des neuen Jahres erfolgen, um sie mit dem Kassenberichte in Uebereinstimmung zu bringen. Dieses erfordert doppelte Arbeit der Kassenrevisoren und der Kassierer. Eine Verzögerung der Abrechnung des Verbandsvorstandes kann durch diesen Antrag nicht erfolgen; die Zweigverwaltungen und Ortsgruppen können die Abrechnung bis spätestens am 5. Januar eingereicht haben, wie auch im Rundschreiben des Verbandsvorstandes am Ende vorigen Jahres bekannt gegeben würde.

Einziehung der Beiträge.

25. Antrag des Geschäftsführenden Vorstandes. 25.

Der Verbandstag wolle beschließen: Das bisherige Verfahren der Beitragseinziehung durch die Zweigverwaltungen bezw. Abteilungen wird aufgehoben, an dessen Stelle tritt direkte Zahlung des Beitrages durch die Mitglieder an die Hauptgeschäftsstelle.

Begründung: Die bisher in der Anwendung gewesenen Methoden der Beitragseinziehung haben sich nicht bewährt, weil denselben viele Mängel anhafteten, die selbst bei vorsichtiger und gewissenhafter Handhabung leider zu oft zu Differenzen mit den Verwaltungen bezw. Mitgliedern führten und vor allen Dingen nicht den zur Einhaltung unserer Dispositionen notwendigen finanziellen Erfolg aufzuweisen hatten.

Wir empfehlen daher, in Zukunft folgenden Weg einzuschlagen: Die Mitglieder zahlen ihre Beiträge direkt an die Hauptgeschäftsstelle. Die Beiträge sind satzungsgemäß monatlich im voraus zu entrichten. Der Portoersparnis wegen würde es sich aber empfehlen, die Beiträge für mehrere Monate im voraus zu zahlen. Die Hauptgeschäftsstelle benachrichtigt von den erfolgten Zahlungen die bezüglichen Verwaltungen, welche die entsprechende Anzahl entwerteter Beitragsmarken an die betreffenden Zahler aushändigen. Am Schlusse des Vierteljahres erhalten die sämtlichen Verwaltungen umfassende Zusammenstellungen sämtlicher für ihr Bereich in Frage kommenden Zahlungen, womit auch sofort Ueberweisung der auf die Gesamtsumme entfallenden Verwaltungsspesen erfolgt. Mitglieder, die mit einem Vierteljahresbeitrage im Rückstande sind, erhalten sodann ohne vorherige Befragung der Verwaltungen eine Mahnung, welcher die Ankündigung einer Postnachnahme angeschlossen ist, falls Zahlung bis zu einem bestimmten Termin nicht erfolgen sollte. Dieser Modus wiederholt sich dann am Schlusse jeden Vierteljahres aufs neue. Die Vorteile dieses Systems sind offenkundig folgende:

1. Größtmöglichste Entlastung der Verwaltungskassierer, da von denselben weder Abrechnungen aufzustellen, noch Mahnungen auszusenden sind.
2. Die Führung des Beitragskontos kommt für die Verwaltungen in Fortfall; es wird nur noch das Markenbuch geführt und die Stammrolle nach den Vierteljahrsabrechnungen der H. G. St. berichtigt.
3. Vereinfachte Führung des Kassenbuches, das nur noch als Einnahme die Verwaltungsspesen und die damit bestrittenen Ausgaben enthält.
4. Ausschaltung von Differenzen zwischen Verwaltung und Mitglied in Beitragsangelegenheiten.
5. Die bisher an den Verwaltungskassierer gezahlten 2% kommen von der vom Verbandstag festgesetzten Rückvergütung in Abzug. Dieser gekürzte Betrag dient zur Deckung der Kosten, die der Hauptkasse durch das Einziehen der Beiträge entstehen.
6. Die aufgeführten Erleichterungen werden die Besetzung des Verwaltungskassierer-Postens wesentlich begünstigen und Amtsniederlegungen seltener auftreten lassen.
7. Jedes Mitglied, wo es auch wohnt, weiß wohin die Beitragszahlung zu richten ist; Rückfrage und Antwort werden dadurch vermieden.
8. Die Hauptgeschäftsstelle ist durch dieses Verfahren in die Lage gesetzt, vierteljährlich eine alle Mitglieder umfassende Abrechnung vorzunehmen, ohne von den Verwaltungen abhängig zu sein; bisher war dieses unmöglich, weil ein großer Teil derselben auf keine Weise zu bewegen war, ihre Abrechnungen einzureichen.
9. Die wiederholten, kostspieligen Mahnungen wegen ausstehender Abrechnungen und die sich daraus stets ergebenden Differenzen kommen in Fortfall.
10. Die Hauptkasse verfügt stets über das erforderliche Betriebskapital, letzteres ruhte bisher teilweise wochenlang und zinslos in den Kassen der Zweigverwaltung.

Das vorstehend empfohlene Verfahren ist bei unseren Einzelmitgliedern bereits seit Jahren in Anwendung gebracht worden und hat sich vorzüglich bewährt. Zur Beweisführunrg lassen wir einige Zahlen folgen:

Laut Rechenschaftsbericht schuldeten:

am 31. 12. 1909 9349 Einzelmitglieder zusammen 1634,85 M
am 31. 12. 1910 10245 Einzelmitglieder zusammen 1131,— M
am 31. 12. 1911 9817 Einzelmitglieder zusammen 3817,97 M
am 31. 12. 1912 10115 Einzelmitglieder zusammen 3003,45 M.

Entwurf
für den Aufbau des Systems bei der zentralisierten Beitragseinziehung.

Im Anschluß an den Antrag des Geschäftsführenden Vorstandes für den Verbandstag und die demselben beigefügte Begründung gestatten wir uns hiermit eine Darstellung zu geben, wie sich die Ausführung des Systems in den Zweigverwaltungen resp. Verwaltungsabteilungen und der Hauptgeschäftsstelle vollziehen würde.

Es ist in Aussicht genommen, den Zweigverwaltungen resp. Abteilungen eine entsprechende Anzahl von Beitragsmarken zu überlassen, aus Gründen, die später noch in Erwägung gezogen werden. In der ersten Zeit wird es sich nicht vermeiden lassen, daß Mitglieder in der Monatsversammlung ihre Beitragszahlungen an den Kassierer abführen und hiergegen ließe sich wohl nichts sagen, da den Herren dadurch das Porto erspart werden würde. Als Bedingung dafür müßte aber gelten, daß der Kassierer die vereinnahmten Beiträge nicht wie bisher erst am Schlusse des Monats absendet und die dazu gehörige Abrechnung am Ende des Quartals, sondern das sofort nach erfolgter Zahlung, also möglichst am nächsten Tage, die eingegangenen Beiträge an uns übermittelt werden unter gleichzeitiger Aufgabe der Zahler. Dadurch würden wir in den Stand gesetzt, die eingehenden Beiträge sofort in bar zur Verfügung zu haben und könnte andererseits auch hier in der H. G. St. sofort die uns übersandte Aufstellung in eine Abrechnung umgewandelt und übertragen werden, so daß die jetzt übliche Methode, die Abrechnungen erst am Vierteljahrsschlusse resp. nach Eingang zu übertragen, in günstiger Weise umgestaltet werden würde. Eine derjenigen Arbeiten, die den Verwaltungskassierern viel Umstände bereitet und uns viel Verdruß, Schreibereien und Kosten verursacht, ist die Einreichung der Abrechnung und wir sehen hierin gerade einen Hauptübelstand, daß wir in dieser Beziehung bisher von den Zweigverwaltungen abhängig gewesen sind.

Bei Einführung der Zentralisierung würden wir nach den uns im Laufe des Vierteljahrs gemachten Aufgaben am Schlusse desselben die Abrechnung selbst herstellen und in Abschrift an die Verwaltungen übersenden unter gleichzeitiger Beifügung der darauf entfallenden Verwaltungsspesen. Die Verwaltungen werden sich nicht damit einverstanden erklären, die letztgenannte Summe erst am Schlusse des Vierteljahres zu erhalten und deswegen würde es sich empfehlen, eine entsprechende Teilzahlung schon am Anfange des Vierteljahres den Verwaltungen zu übermitteln und die restliche Summe am Schlusse des Vierteljahres abzuführen.

Mitglieder, die ihre Beiträge in den Versammlungen nicht zahlen, würden gehalten sein, diese direkt und portofrei einzusenden. Um diesen Herren nun die Sache etwas angenehm zu machen, würde es vielleicht in Erwägung zu ziehen sein, bei Einsendung von 6 Monatsbeiträgen das Porto zu erlassen resp. auf Kosten der H. G. St. zu übernehmen. Die Verwaltungen wären mit Zahlkarten reichlich zu versehen, so daß die Mitglieder dort ihren Bedarf stets im Stande sind zu decken. Die Kosten, die den Mitgliedern durch direkte Uebersendung entstehen, würden ohnehin keine so ergeblichen sein, da es ja doch wohl nicht anzunehmen ist, daß Beiträge in Monatsraten eingesandt werden, sondern daß die Herren vor Ablauf des Vierteljahres die für die letztvergangenen 3 Monate fälligen Beiträge einsenden. Die hierbei entstehenden Portospesen würden somit 4 × 20 = 80 Pfg. pro Jahr betragen, die das Mitglied auf sich übernehmen müßte, weil es eben den gegebenen Weg über die Verwaltung in der Versammlung nicht in Anspruch nimmt.

Wir sind der Ansicht, daß sich durch dieses System viele Differenzen, die zwischen dem Mitgliede und der Verwaltung eintreten könnten, vermeiden lassen werden, denn säumige Zahler werden wohl eher mit einer Mahnung von der H. G. St. vorlieb nehmen, als von dem ihm persönlich bekannten Kassierer. Wenigstens liegt der Gedanke sehr nahe, daß Herren die Versammlungen deswegen nicht besuchen, weil sie von ihrer Verwaltung gemahnt worden sind und nicht gern dem Aug in Aug gegenübertreten wollen, der über ihren Rückstand informiert ist und von dem sie gleichzeitig eine neue persönliche Mahnung befürchten.

Für die in den Versammlungen gezahlten Beiträge verabfolgt der Kassierer sofort die entsprechende Anzahl von Marken, während über bei uns eingegangene Zahlungen die Verwaltungen sofort informiert werden, mit der Bitte, die entsprechende Anzahl Beitragsmarken ebenfalls auszuhändigen. Es bleibt dadurch also in dieser Beziehung das Band zwischen Verwaltung und Mitglied wie bisher bestehen.

Im übrigen würde sich dann die Handhabung des Mahnverfahrens genau so vollziehen, wie bisher, nur mit dem Unterschiede, daß die Mahnliste in Fortfall kommen würde, die Mitglieder also ohne Befragung der Verwaltung von hier aus gemahnt werden. Hierbei entstehende Fehler, d. h. zu Unrecht erfolgte Mahnungen, würden damit nur auf das Konto „unrichtige Handhabung bei der Verwaltung" zu setzen sein, weil wir, sofern wir sofort über bei der Verwaltung eingehende Zahlungen informiert werden, niemals in die Lage kommen könnten, ein Mitglied zu Unrecht zu mahnen. Wenn in dieser Beziehung z. Zt. Versehen vorgekommen sind, so sind sie darauf zurückzuführen, daß das dem jetzigen System zugrunde liegende strenge Hand in Hand arbeiten noch nicht im vollen Umfange hat durchgeführt werden können. Im übrigen können solche Mitglieder, die bei einem Rückstande von drei Monaten und darüber eine Mahnung zu verhindern wünschen, nach wie vor ihre Stundungsanträge entweder bei der Verwaltung oder an uns einreichen, die in der bisher üblichen Form größtes Entgegenkommen finden werden.

Wenn dann die Verwaltungen bei ihren Versammlungen und in ihren Verkündigungsblättern immer wieder auf das in genauen Grenzen sich bewegende System unserer Beitragseinziehung hinweisen, so wird in absehbarer Zeit das Gros der Mitglieder über dasselbe soweit informiert sein, daß Differenzen, die sich evtl. hieraus herleiten lassen könnten, bis auf ein Minimum beschränkt werden dürften.

In Frage zu ziehen wäre vielleicht, ob nicht bei solchen Mitgliedern, die nicht an dem Orte wohnen, wo die Verwaltung ihren Sitz hat, die Beitragsmarken von hier aus direkt gesandt werden, oder ob es den Verwaltungen überlassen bleiben soll, dieselben auszuhändigen.

In dem Gedanken der Zentralisation des Beitragswesens liegen klar und deutlich 3 Hauptmomente verkörpert, die bei strenger Durchführung des Systems großen Segen für uns bringen könnten. In erster Reihe die denkbar möglichste Aufbesserung unserer Finanzen, in zweiter Reihe die größtmöglichste Entlastung des Verwaltungskassierers, der dadurch in die Lage gesetzt wird, sich ebenfalls an der Propaganda zu beteiligen. Auch die infolge der Schwere des Kassiereramtes und der damit in Verbindung stehenden Unannehmlichkeiten so häufig vorkommenden Amtsniederlegungen würden auf diese Weise wohl ziemlich ausgeschaltet werden können. Als 3. Punkt sei erwähnt, daß Differenzen zwischen Mitglied und Hauptgeschäftsstelle wohl nicht mehr in so häufigen Fällen denkbar wären, als bisher. Der direkte Weg ermöglicht eine schnellere Erledigung aller vorkommenden Fälle und der Uebelstand, der früher so häufig zu Unklarheiten führte, nämlich das Ansammeln hoher Rückstände in den Kassen der Zweigverwaltungen, würde nunmehr vollständig in Fortfall kommen.

26. Antrag der Bezirksverwaltung Rheinland. 26.

Der Verbandstag wolle beschließen, daß Mahnungen des Geschäftsführenden Vorstandes an Mitglieder wegen rückständiger Beiträge durch die Zweigverwaltungen und Abteilungen gehen.

Begründung: Die Verwaltungsstellen können die Mahnung zurückhalten, wenn das betr. Mitglied inzwischen bezahlt hat. Hierdurch werden unangenehme Fälle und Austritte von Mitgliedern vermieden.

27. Antrag der Bezirksverwaltung Pommern. 27.

Der Verbandstag wolle beschließen, daß die Beiträge stets an diejenigen Zweigverwaltungen abzuführen sind, der das betreffende Mitglied bis zu seinem Verzuge angehört hat.

Begründung: Es ist vorgekommen, daß, wenn Mitglieder von einer in die andere Zweigverwaltung übersiedeln, sie in ersterer noch Beiträge rückständig sind. Hierdurch hat die Kasse der ersten Zweigverwaltung Nachteil, da ihr die 20% des Verbandsbeitrages für diese Zeit verloren gehen.

28. Antrag der Bezirksverwaltung Pommern. 28.

Der Verbandstag wolle beschließen, daß die Verbandsorgane angewiesen werden, bei Ueberweisungen von Mitgliedern an die Zweigverwaltungen oder von einer Zweigverwaltung oder Abteilung zur andern, diesen stets anzugeben, bis wie weit das betreffende Mitglied seine Beiträge bezahlt hat.

Begründung: Wird einer Zweigverwaltung ein neues Mitglied von der Hauptgeschäftsstelle oder einer anderen Zweigverwaltung ohne Angabe der bisher geleisteten Beiträge überwiesen, so muß die Zweigverwaltung erst bei diesem Mitgliede deshalb anfragen. Hierdurch entstehen nur unnötige Schreibarbeiten und Portoausgaben. Der Kassierer ist auf die Wahrheitsliebe des betreffenden Mitgliedes angewiesen, da ihm vorerst eine Kontrolle über die gemachten Angaben fehlt. Noch größere Schwierigkeiten entstehen, wenn das betreffende Mitglied an einem anderen Orte wohnt, als wo die Zweigverwaltung ihren Sitz hat. Es müßte bei jeder Ueberweisung heißen: „Die Beiträge sind bezahlt bis zum?"

Oertliche Kassenverwaltung.

29. Antrag der Zweigverwaltung Bremen. 29.

Die Zweigverwaltungen sind berechtigt, von dem ihnen zustehenden Verbandsbeitrag (20%) ihren Vorstand nach ihrem Ermessen zu entschädigen.

Begründung: Die vielseitigen Arbeiten in der Zweigverwaltung können auf die Dauer nicht unentgeltlich ausgeführt werden.

0. Antrag der Zweigverwaltung Königsberg i. Pr. 30.

Für die Mitglieder des Vorstandes der Bezirks- und Zweigverwaltungen, die ehrenamtlich tätig sein sollen, dürfen Anwesenheitsgelder zu den Vorstandssitzungen nicht bewilligt werden.

Begründung: Einzelne Zweigverwaltungen haben in den Verkündigungsblättern bekannt gegeben, daß sie für Vorstandssitzungen Anwesenheitsgelder bewilligt haben. Man kann daher den Wunsch verstehen, diese Forderung zu verallgemeinern. Ganz abgesehen davon, daß es kaum der vom Verbande so oft geforderten Opferwilligkeit entspricht, wenn seine ehrenamtlich tätigen Mitglieder solche Entschädigungsansprüche stellen, so muß schon aus finanziellen Rücksichten dagegen Einspruch erhoben werden.

Die Kosten würden betragen: 27 Bezirksverwaltungen + 376 Zweigverwaltungen, zusammen 403 Verwaltungen. Rechnet man pro Jahr 12 Sitzungen à 7 Mitglieder à 1 M Anwesenheitsgelder, so ergibt sich eine Summe von 403 × 84 = 33 852 M.

31. Antrag der Landesverwaltung Elsaß-Lothringen. 31.

Der XXII. Verbandstag wolle beschließen, den Kassierern der Zweigverwaltungen können als Verlustgeld 2% der Beiträge gewährt werden. Dieses ist sinngemäß in die Ausführungsbestimmungen aufzunehmen.

Begründung: Erfolgt auf dem Verbandstage.

II. Satzungs- und Verwaltungsausschuß.

Allgemeines.

32. Antrag der Zweigverwaltung Spandau. 32.

Unter § 3 der Verbandssatzungen ist unter einem neuen Absatz 11 hinzuzufügen:

„11. Gesellige Veranstaltungen zwecks Agitation."

Begründung: Die Zweigverwaltungen werden es als zwingendes Bedürfnis empfinden, daß sie in Zukunft gesellige Veranstaltungen im beschränkten Rahmen wieder veranstalten dürfen. In kleineren Orten ist durch die Neugestaltung der Dinge das gesellige Leben in der Kollegenschaft direkt unterbunden worden, was nicht zur Gewinnung von Mitgliedern beigetragen hat. Es soll auch weiter darauf hingewiesen werden, daß in vielen Orten neben den Zweigverwaltungen die alten Vereine — z. B. in Spandau drei — weiter bestehen geblieben sind, teils zur Veranstaltung von Geselligkeiten, Besichtigungen und Vorträgen, teils zur Förderung von Sonderinteressen. Diese alten Vereine nehmen nach wie vor Mitglieder auf, die teils dem D. T.-V., teils dem B. t.-i. B. und teils auch keiner Organisation angehören. Somit ist ein Durcheinander innerhalb unserer Kreise entstanden, was zur Hebung unserer Standesinteressen nicht beitragen kann. Die Folge hiervon ist, daß die Kollegen in ihre Sonderversammlungen gehen und die Zweigverwaltungssitzungen nicht besuchen.

Zur Abänderung dieses Zustandes muß den Vorständen der Zweigverwaltungen in Zukunft wieder gestattet werden, im Anschluß an Besichtigungen, Vorträge und Vereinssitzungen gesellige Veranstaltungen in bescheidenen Grenzen stattfinden zu lassen, ebenso wie das Feiern eines alljährlichen Stiftungsfestes sehr zur Hebung der Agitation im Orte und zum Ansehen des Standes innerhalb der Bürgerschaft beitragen kann. In dieser Beziehung dürfen kleinere Städte nicht mit den Großstädten — besonders nicht mit Groß-Berlin — verallgemeinert werden. Wir sind überzeugt, daß nach diesem Probejahr in unserem Verbandsleben viele Zweigverwaltungen im Reiche zu unserer Ueberzeugung kommen werden und unseren Antrag unterstützen.

Beiträge.

33. Antrag der Zweigverwaltung Ingolstadt. 33.

Der Verbandstag wolle beschließen, daß die in pensionsberechtigten, bezw. etatsmäßigen Beamtenstellen befindlichen Kollegen einen verminderten Jahresbeitrag zahlen brauchen.

Begründung: Die festangestellten Kollegen, die sich in etatsmäßigen Stellen befinden, wie die bayerischen technischen Staats- und Gemeindebeamten, sind noch in einer eigenen Interessenorganisation vereinigt. Es scheiden daher die meisten Kollegen, sobald sie in etatsmäßige Stellen gelangen, aus dem Verbande aus, da ihnen der Beitrag von 24 M jährlich neben ihren sonstigen Beiträgen zu Standesorganisationen zu hoch erscheint. Um nun die beamteten Kollegen zu erhalten, stellt die Zweigverwaltung den Antrag, den Jahresbeitrag der Kollegen, die sich in Staats- oder Gemeindediensten befinden, und ferner solcher Kollegen, die in einem Geschäft, in dem eine Pensionskasse mit rechtlichem Anspruch besteht und die 10 Jahre dort beschäftigt sind, zu ermäßigen.

34. Antrag der Zweigverwaltung Amberg. 34.

Der Verbandstag wolle beschließen: Die etatsmäßig und mit Pensionsberechtigung angestellten Mitglieder des Verbandes bezahlen einen Jahresbeitrag von 16 M, bei gleichen Rechten wie die übrigen Verbandsmitglieder.

Begründung: Ein großer Teil unserer Mitglieder ist bestrebt, im Laufe der Zeit eine Beamtenstellung mit Altersversorgung zu erlangen. Ist das Ziel erreicht, dann geben viele die Mitgliedschaft im Verbande auf. Einmal sind sie nicht ideal genug veranlagt, um für die Förderung ihrer Kollegen noch Opfer zu bringen, und zum anderen treten diese Beamten dann den Verbänden innerhalb ihrer Interessengruppen bei.

In den jetzigen verteuerten Lebensverhältnissen muß jedermann mit jeder, auch der kleinsten Ausgabe, rechnen. Doppelt zu zahlen, im Verband und in den Interessengruppen, fällt schwer. Es erscheint deshalb gerechtfertigt, den beamteten Mitgliedern einen geringeren Verbandsbeitrag aufzuerlegen. Da die Beamten die Stellenlosenunterstützung und Stellenvermittlung nicht in Anspruch nehmen, muß ihnen ein Ausgleich in Gestalt eines niedrigeren Beitrages gewährt werden.

Es erscheint sicher wertvoller, die beamteten Techniker möglichst vollzählig für den Verband zu gewinnen und zu erhalten, als sie durch den gleichhchen Beitrag, wie ihn die die Stellenlosenunterstützung genießenden nicht etatsmäßig angestellten Verbandsmitglieder bezahlen, vom Verbandsgedanken vollständig fernzuhalten.

Der Wert eines Verbandes zählt auch nach der Anzahl seiner hinter ihm stehenden Mitglieder.

35. Antrag der Zweigverwaltung München. **35.**

Der Verbandsbeitrag für etatsmäßig angestellte Beamte des Staates und der Gemeinden soll auf monatlich 1,40 M, mithin auf jährlich 16,80 M, herabgesetzt werden, damit diese einschließlich des Beitrages, den sie an ihre bestehenden Beamtenvereine entrichten, von denen sie sich im Interesse der Technikerschaft nicht ausschließen können und dürfen, keinen höheren Beitrag für ihre Standesvertretung zu leisten haben, als die Privattechniker.

36. Antrag der Zweigverwaltung Passau. **36.**

Der Verbandstag wolle beschließen, die Beiträge für die etatsmäßigen Beamten im Staats- und Gemeindedienst auf 16,80 M, d. i. 1,40 M pro Monat, unbenommen etwa freiwilliger Mehrleistungen, festzusetzen.

Diese Beiträge können nur dann und zwar prozentual erhöht werden, wenn die Mitgliederbeiträge des D. T.-V. die Höhe von 30 M erreicht haben, keinesfalls dürfen die Beiträge für die oben angeführten Gruppen C und D die Summe von 20 M überschreiten.

Begründung: Die Entwicklung des D. T.-V. seit dem Kölner Verbandstag infolge der dort beschlossenen Neuorganisation hat gezeigt, daß durch die Erhöhung der Beiträge auf 24 M sehr viele ältere Kollegen aus dem Verbande ausgetreten sind und zwar in der Mehrzahl Staats- und Gemeindetechniker; die Statistik des D. T.-V. für 1913 bestätigt diese Tatsache. Besonders für Süddeutschland ist es schwer, Zweigverwaltungen für die Folge in industriearmen Gegenden am Leben zu erhalten, da neue Zugänge für die Gruppen C und D nicht zu erwarten sind und die jetzigen Mitglieder mit den bestehenden Verhältnissen nicht zufrieden sind. Bei einer Agitation verweisen sie auf die großen Ausgaben bei den Unterstützungseinrichtungen des D. T.-V., wobei die Gruppen C und D im Verhältnis ihrer Mitgliederzahl nur geringen, oft gar keinen Anteil haben. Den Pensionierten ist es nach langjähriger Mitgliedschaft überhaupt schwer, die jetzigen satzungsmäßigen und etwa noch gesteigerten Beiträge weiter zu entrichten; sie sind dann gezwungen, durch Austritt auf alle Rechte und die Sterbekasse verzichten zu müssen.

Eine Schädigung der Verbandsinteressen ist nicht zu befürchten, im Gegenteil werden jetzt dem Verband Fernstehende gewonnen, wodurch nicht nur die innere Organisation gesunden, sondern auch das Ansehen des Verbandes nach außen gefördert wird. Die hohen Ausgaben für die Deutsche Techniker-Zeitung lassen sich durch zweckentsprechende Ausstattung des Verbandsorgans wesentlich vermindern und die Einsparungen daraus kommen wichtigeren Abteilungen des D. T.-V. zugute.

37. Antrag der Zweigverwaltung Regensburg. **37.**

Der Verbandstag wolle beschließen, § 19 Satz 1 der Verbandssatzungen wie folgt zu fassen: Die etatsmäßig angestellten Beamten des Staats und der Gemeinden zahlen als ordentliche Mitglieder einen Beitrag von monatlich 1,50 M, alle übrigen ordentlichen und fördernden Mitglieder monatlich 2 M.

Begründung: Der frühere Techniker-Verein Regensburg hatte bereits vor etwa 3 oder 4 Jahren einen Antrag zur Verminderung der Verbandsbeiträge für die Beamten-Mitglieder eingebracht, der aber nicht angenommen wurde. Ein großer Teil der in Frage kommenden Mitglieder ist daher aus dem D. T.-V. ausgetreten. Es werden noch mehr Mitglieder austreten, wenn der D. T.-V. nicht gewillt ist, andere Wege zu finden. Der D. T.-V. schadet sich dadurch selbst, da er nicht mehr mit dem Nachdruck dem Staate und den Gemeinden gegenüber eintreten kann. Damit sind gewissermaßen auch die Interessen der übrigen Mitglieder und speziell der jüngeren Techniker in Mitleidenschaft gezogen, als doch viele davon mit einem Uebertritt in den Staats- oder Gemeindedienst evtl. rechnen werden. Die Stärkung der getrennt stehenden Sondervereine, welche durch die Abwanderung vom D. T.-V. eintritt, ist nicht von Vorteil für das Gesamtinteresse des Technikerstandes.

Wir verhehlen uns andererseits nicht, daß es nach unserer Meinung für die etatsmäßig angestellten Staats- und Gemeindetechniker ein Standesgebot wäre, daß sie, als die sicher Angestellten, die viel ungünstiger stehenden Privattechniker unterstützen sollten.

38. Antrag der Zweigverwaltung Posen. 38.

a) Der Verbandstag wolle beschließen, daß Anwärter für die technische Beamtenlaufbahn auf ihren Antrag wie Studierende behandelt werden.

b) Der Verbandstag wolle beschließen, daß Mitglieder, die aus dem Verbande ausgetreten sind, weil ihnen während ihrer Ausbildungszeit für eine technische Beamtenlaufbahn die Mittel fehlten, unter Anrechnung ihrer früheren Mitgliederjahre wieder aufzunehmen sind.

Begründung: Dem Verbande gehen jedes Jahr eine große Anzahl Mitglieder verloren, die in ihrer Stellung als Privatangestellte bei Behörden 180 bis 200 M verdienen und dann zu einer mehrjährigen Vorbereitungszeit für die technische Beamtenlaufbahn einberufen werden. Damit sinkt das Gehalt auf 100 bis 115 M und weniger im Monat. In vielen Fällen sind die Kollegen schon verheiratet oder haben Angehörige zu unterstützen oder sie haben ihre Lebenshaltung auf das höhere Einkommen zugeschnitten.

Das geringe Gehalt reicht nun bei weitem nicht zur Bestreitung der Bedürfnisse aus. An allen Ecken muß gespart werden und da wird leider in vielen Fällen auch an den Verbandsbeiträgen gespart. Viele dieser Kollegen würden später wieder eintreten, wenn ihnen ihre früheren Mitgliedsjahre angerechnet würden. Bisher geschieht das nicht. Dadurch gehen dem Verbande viele Mitglieder verloren, die an die Kassen des Verbandes nur in seltenen Fällen Ansprüche stellen. Das wird vermieden, wenn diese Mitglieder während ihrer Ausbildungszeit einen geringeren Beitrag zahlen, wofür ihnen die Techniker-Zeitung geliefert wird. Ihre Rechte müßten während der Ausbildungszeit ruhen. Sobald sie aber nach erfolgter Anstellung wieder als ordentliche Mitglieder eintreten, leben die Ansprüche, die sie vorher als ordentliche Mitglieder erworben haben, wieder auf.

39. Antrag der Zweigverwaltung Halle-Saalkreis. 39.

Der Verbandstag wolle beschließen, daß die Kollegen, die während ihrer Militärzeit in den Verband eintreten, als Hospitanten aufgenommen werden können. Es sollen ihnen die gleichen und ev. noch weitere Vergünstigungen gewährt werden, die die Schüler und die auch die Kollegen während ihrer Militärzeit erhalten, die bereits vorher Verbandsmitglied waren.

Begründung: Es ist vorgekommen, daß Kollegen im Laufe des letzten Vierteljahres ihrer Militärzeit dem Verbande beitreten, um die Stellenvermittelung in Anspruch nehmen zu können. Da diese Kollegen nach Beendigung ihrer Militärzeit oft noch eine Zeitlang stellenlos sind, so fällt es ihnen oft sehr schwer, den Verbandsbeitrag von 2 M pro Monat zu zahlen. Der Wunsch, diesen Kollegen entgegenzukommen, indem sie nur eine Mark pro Vierteljahr zahlen brauchten, ist wohl ganz berechtigt.

40. Antrag der Zweigverwaltung Merseburg und Umgegend. 40.

Der Verbandstag wolle durch Beschluß den § 17 der Verbandssatzungen dahin abändern, daß wiedereintretende Verbandskollegen durch Nachzahlung der Beiträge für die Zeit der Nichtmitgliedschaft in den Genuß der alten Rechte wieder eintreten und unter der alten Nummer als Mitglieder weitergeführt werden, ohne daß besondere Bedingungen an diese gestellt werden.

Begründung: Die Zweigverwaltung Merseburg hätte mehrfach Gelegenheit gehabt, alte Mitglieder, die sich vom Verband entfernt und gern diesem wieder beitreten möchten, oder auch alte Mitglieder, die nach ihrer Militärzeit die Meldefrist versäumt haben, wieder dem Verband zuzuführen, wenn sie bedingungslos in ihre alten Rechte hätten eintreten können.

41. Antrag der Zweigverwaltung Remscheid. **41.**

Der Verband hat diejenigen Mitglieder, welche durch dauernde Krankheit oder Invalidität nachweisbar nicht mehr in der Lage sind, die Verbandsbeiträge zu zahlen, nicht zu streichen, sondern ihre Mitgliedschaft in eine beitragsfreie umzuwandeln.

Bei ihrem Ableben ist das Sterbegeld zu zahlen, welches ihnen bei Eintritt der Zahlungsunfähigkeit zustand.

Begründung: So mancher Verbandskollege, der durch Alter oder andere Wechselfälle des Lebens in die mißliche Lage gekommen war, seine Beiträge nicht mehr zahlen zu können, wurde bisher nach kürzerer oder längerer Stundung seiner fälligen Beiträge als Mitglied gestrichen. Dies ist einer Organisation, die auch ihren wirtschaftlich schwachen Mitgliedern beistehen soll, nicht würdig. Es dürfte ein Akt der Gerechtigkeit sein, wenn die Betreffenden Verbandsmitglieder bleiben können und der Leistungen des Verbandes bezüglich des Sterbegeldes nicht verlustig gehen. Bedingung ist jedoch, daß das betreffende Mitglied dem Verbande schon längere Jahre angehört hat und seinen Verpflichtungen nachgekommen ist.

42. Antrag der Bezirksverwaltung Sachsen-Anhalt. **42.**

§ 229 Abs. 2 der Ausführungsbestimmungen soll lauten: „Nach 25jähriger Mitgliedschaft und Erreichung des 60. Lebensjahres, oder bei Eintritt der Invalidität, für welche die Bestimmungen der Angestelltenversicherung maßgebend sind, können die Beiträge auf besonderen Antrag erlassen werden."

Anträge auf Neuorganisation
(Gaue, Geschäftsstellen, Bezirksverwaltungen, Vertretung im Gesamtvorstand)

43. Antrag der Bezirksverwaltung Rheinland. **43.**

a) Der Verbandstag wolle die jetzigen Arbeitsgemeinschaften in Gaue umwandeln. Die Leitung eines Gaues liegt in den Händen eines Geschäftsführenden Vorstandes, welcher aus den Mitgliedern der örtlichen Zweigverwaltung zu wählen ist.

b) Jeder Gau erhält eine Geschäftsstelle, welche einen vom Geschäftsführenden Verbandsvorstand, mit Zustimmung des Gauvorstandes, zu engagierenden Beamten als Leiter erhält. Der Geschäftsstellenleiter untersteht dem Gauvorstand.

c) Jeder Gau erhält weiter einen erweiterten Vorstand, der aus höchstens acht Mitgliedern bestehen darf. Der Gauvorstand wird vom Gautag aus den dem Gau angehörenden Zweigverwaltungen gewählt.

d) Jeder Gau entsendet in den Gesamtvorstand des Verbandes für jedes angefangene 2000 seiner Mitglieder einen Vertreter.

Begründung: Die jetzigen Arbeitsgemeinschaften können nur als ein Provisorium betrachtet werden, denn es geht nicht, daß man in der einen Arbeitsgemeinschaft anders als in der anderen verfährt. Ferner geht es nicht so weiter, daß der Geschäftsstellenleiter dem Geschäftsführenden Vorstand verantwortlich ist und sich über die Beschlüsse der Arbeitsgemeinschaften, der späteren Gaue, einfach hinwegsetzen kann. Der jetzige Gesamtvorstand des Verbandes ist zu groß, eine Verminderung der Mitglieder ist aus finanziellen, sowie anderen Gründen eine Notwendigkeit.

44. Antrag der Bezirksverwaltung Sachsen-Anhalt. **44.**

Der XXII. Verbandstag zu Metz wolle beschließen:

Die Bezirksverwaltungseinteilungen sind aufzuheben, an deren Stelle tritt die Gaubildung. Die bestehenden Geschäftsstellenbezirke bilden je einen Gau.

Begründung: Nachdem die nach dem Kölner Verbandstage neu eingerichteten Zweigverwaltungen eine befruchtende Tätigkeit im Verbandsleben gezeitigt haben, erscheint es zweckmäßig, unsere Ausgaben nach Möglichkeit herabzumindern dadurch, daß die Bezirksverwaltungen aufgehoben und dafür Geschäftsstellen bezw. Gaue entsprechend eingerichtet werden. Wir erhoffen dadurch, daß die Mitgliederbeiträge in absehbarer Zeit keiner Erhöhung bedürfen.

45. Antrag der Zweigverwaltungen Ludwigshafen a. Rh., Landau i. d. Pfalz, Neustadt a. d. Hardt.

45.

a) Der XXII. Verbandstag wolle beschließen, die in den Satzungen unter § 30 bis 36 geschaffene Verbandseinheit der Bezirksverwaltung aufzulösen und die diesbezüglichen Satzungsparagraphen aufzuheben.

b) An Stelle der Bezirksverwaltungen treten Gaue, die die jeweiligen Arbeitsgebiete der bereits bestehenden oder noch zu errichtenden Geschäftsstellen umfassen.

c) Die Bestimmungen in den §§ 26, 43 und 46 der Satzungen sind der neuen Verbandseinheit der Gaue anzupassen und zwar so, daß bezügl.

a) des § 26 der Deckungsbeitrag von 20% auf 24% erhöht wird,

b) des § 43 der vorletzte Satz in Wegfall kommt und an dessen Stelle folgender tritt: Auf je 1000 Mitglieder und für einen die 500 übersteigenden Rest ist von den Gauen ein Vertreter in den Gesamtvorstand zu senden,

c) des § 46 es heißen muß statt
..... entsenden die „Bezirksverwaltungen" einen Abgeordneten, ... entsenden die „Gaue" einen Abgeordneten.

d) Der Neugestaltung der Gaue sind nachstehende Leitsätze zugrunde zu legen:

a) Die Geschäfte der Gaue werden besorgt durch
1. den Gauvorstand,
2. den besoldeten Gau- (z. Zt. Geschäftsstellen-) leiter.

b) Zur Deckung der Unkosten, soweit dieselben bezüglich des Gehalts und des Bureauaversums nicht von der Hauptkasse direkt beglichen werden, erhalten die Gaue 3½% des Verbandsbeitrages.

c) Als Ersatz für die Bezirkstage finden Gautage nach Bedarf statt. Ein solcher ist mindestens einmal im Jahre abzuhalten.

d) Die Gautage setzen sich zusammen aus den Vertretern der örtlichen Verwaltungsstellen, dem Gauvorstande und dem Gauleiter. Die beiden letzteren haben nur beratende Stimme.

e) Hinsichtlich der Pflichten des Gauvorstandes, der Aufgaben der Gautage, sowie der Vorschriften betr. Teilung in Berufsgruppen, gelten die Satzungsbestimmungen analog jenen der derzeitigen Bezirksverwaltungen (§§ 31, 35 und 36 der Satzungen).

f) Die nähere Regelung bezw. Abänderung und Neuergänzung der diesbezüglichen Ausführungsbestimmungen sind vom Gesamtvorstande baldigst vorzunehmen.

Begründung: 1. Die jetzigen Bezirksverwaltungen haben mangels einer berufsmäßigen Leitung und in Rücksicht auf die in sozialer und wirtschaftlicher Hinsicht notwendige intensivere Aufklärungsarbeit nicht mehr den organisatorischen Wert und damit auch nicht mehr den gewünschten Erfolg.

2. Die vielen einzelnen Bezirkstage stellen an die Verbandsgelder große Anforderungen, ohne für die Beteiligten wie für die Fernstehenden im Verhältnis zu der aufgewendeten Arbeit und zu den notwendigen Mitteln besonders nutzbringend und in bezug auf die Berufs- und Agitationsfragen unseres Verbandes besonders förderlich zu sein.

3. Die Rechte und Vertretungen der örtlichen Verwaltungsstellen werden in keiner Hinsicht geschmälert, dagegen wird für die Zweigverwaltungen die notwendige Erhöhung ihrer Betriebsmittel herbeigeführt.

4. Die bisher für die Vorstände der Bezirksverwaltungen notwendigen und im allgemeinen für die Organisationstätigkeit besonders gut veranlagten Kollegen bleiben den Zweigverwaltungen vorbehalten, was für diese wieder von großem Nutzen sein wird.

5. Die Gautage haben durch die Zusammenkunft einer größeren Anzahl Verbandskollegen für unsere Vertretungen nach außen hin einen größeren agitatorischen Wert und werden auch auf die Beteiligten durch die Zusammenfassung größerer stammverwandter Gebiete und Interessensphären einen nachhaltigeren Eindruck ausüben. Es sind sozusagen kleine Verbandstage.

6. Die Hauptgeschäftsstelle wie auch die derzeitigen Geschäftsstellen werden durch die Auflösung der Bezirksverwaltungen erheblich entlastet und dadurch die Verwaltungskosten erheblich verringert.

7. Nähere und ausführlichere Begründung folgt auf dem Verbandstage.

46. Antrag der Zweigverwaltung Werdau. **46.**

Die Zweigverwaltung Werdau hält einen Ausbau des Verbandes auf der Grundlage Hauptgeschäftsstelle — Geschäftsstelle — Zweigverwaltung für das richtigste und stellt deshalb den Antrag, auf dem nächsten Verbandstage die Auflösung der Bezirksverwaltungen bewirken zu wollen, dafür die Geschäftsstellen zu erweitern und für 1000 Mitglieder einen Vertreter in den Gesamtvorstand zu wählen.

Begründung: Die Zweigverwaltung Werdau des D.T.-V. nimmt davon Kenntnis, daß die Zweigverwaltungen in Zukunft einen Beitrag für die Kosten der Landesverwaltung leisten sollen, welcher die Mittel der Zweigverwaltungen, namentlich derjenigen mit kleinerer Mitgliederzahl unverhältnismäßig in Anspruch nimmt. Die Zweigverwaltung Werdau stellt bei dieser Gelegenheit fest, daß die Bezirksverwaltungen für die ordnungsmäßige Abwicklung der Verbandsangelegenheiten als Glied zwischen der Hauptgeschäftsstelle und den Zweigverwaltungen nicht unbedingt notwendig sind; vielmehr verteuern sie die Verbandseinrichtungen unnötig und geben zu Unklarheiten bei den Mitgliedern Anlaß.

47. Antrag der Zweigverwaltungen Köln und Nürnberg. **47.**

Die Zahl der Mitglieder des Gesamtvorstandes ist einzuschränken. Bezirksverwaltungen erhalten für je 2000 Mitglieder einen Vertreter.

Begründung: Diese Maßnahme empfiehlt sich dringend sowohl im Interesse der Kostenersparnis als auch um ein schnelleres und sicheres Arbeiten im Gesamtvorstand zu ermöglichen.

48. Antrag der Westdeutschen Bezirksverwaltung und der Zweigverwaltungen Elberfeld und Gelsenkirchen. **48.**

Auf Grund des Beschlusses der Hauptversammlung vom 3. März beantragen wir folgende Abänderungen des § 43 Abs. 1 der Satzung:

„Der Gesamtvorstand besteht aus den Vertretern der Bezirksverwaltungen, die für jedes angefangene 2000 ihrer Mitgliederzahl einen Vertreter entsenden, und den von den Gruppentagen gewählten Mitgliedern der Hauptausschüsse der Berufsgruppen A, B, C, D. Für jeden Vertreter ist ein Ersatzmann zu wählen. Der Geschäftsführende Vorstand gehört dem Gesamtvorstand mit beratender Stimme an."

Begründung: 1. Es entspricht den Gründen der Billigkeit und Zweckmäßigkeit, größeren Bezirksverwaltungen eine ihrer Mitgliederzahl entsprechende Vertretung im Gesamtvorstande zu gewähren. Außerdem darf nicht unberücksichtigt bleiben, daß der Zusammenschluß mehrerer Bezirksverwaltungen, z. B. innerhalb eines Geschäftsstellenbereiches, durch die augenblickliche Vertretung im Gesamtvorstand wesentlich behindert wird.

2. Die Wiedereinbeziehung der auswärtigen 12 Hauptausschußmitglieder in den Gesamtvorstand liegt im wesentlichen Interesse des Verbandes. Ein inniges Zusammenarbeiten der Hauptausschüsse mit dem Gesamtvorstand, das durchaus im im Interesse des Verbandes gefordert werden muß, ist nur dann

gegeben, wenn die Hauptausschußmitglieder Sitz und Stimme haben.

49. Antrag der Zweigverwaltung Köln. **49.**

Die Zahl der Vertreter zu den Bezirkstagen ist einzuschränken. Stimmenübertragung auf die Hälfte der Vertreter ist zulässig.

Begründung: Nach der Verbandssatzung senden Zweigverwaltungen für je 50 Mitglieder einen Vertreter.

Im Interesse der Sparsamkeit liegt es, diese Zahl einzuschränken. Da eine Stellvertretung satzungsgemäß nicht zulässig ist, der gewählte Vertreter aber durch Krankheit oder sonstige Umstände verhindert sein kann, so muß eine Stimmübertragung auf einen anderen Vertreter statthaft sein, um nicht das Stimmrecht der betr. Zweigverwaltung zu schmälern.

50. Antrag der Bezirksverwaltung Dresden. **50.**

Der Verbandstag wolle beschließen, daß der § 24 der Ausführungsbestimmungen (Abs. 1 4. Zeile) nachstehenden Wortlaut erhält: „Zählt eine Zweigverwaltung 65 Mitglieder, so kann sie zwei Vertreter, bei 115 Mitgliedern drei Vertreter, und für jede weiteren 50 Mitglieder einen Vertreter mehr entsenden."

Begründung: Durch Annahme dieses Antrags wird die Berechtigung der Zweigverwaltungen mit der Mindestzahl von 15 Mitgliedern in folgerichtiger Weise auf die größeren Zweigverwaltungen übertragen und angewendet.

51. Antrag der Zweigverwaltung Mühlhausen i. Thür. **51.**

Der Verbandstag wolle beschließen, daß eine Kommission gebildet werde, die nachprüft, ob die zurzeit bestehende Aufteilung des Reichsgebietes in Geschäftsstellen immer die richtige ist.

Begründung: Die Zuordnung der Bezirksverwaltung Thüringen zur Geschäftsstelle Braunschweig erscheint z. B. nicht besonders günstig, da Thüringen und Sachsen politisch und geographisch in engerer Verbindung und Fühlung stehen als Thüringen und Braunschweig, letzteres mit ausgeprägt norddeutschem Charakter. Zudem dürften im allgemeinen z. B. auch die Verkehrsverbindungen zwischen Thüringen und Sachsen bedeutend günstiger sein als zwischen Thüringen und Braunschweig.

52. Antrag der Bezirksverwaltung Thüringen. **52.**

Der Verbandstag wolle beschließen:

Geschäftsstellen sind nur da einzurichten, wo eine ehrenamtliche Erledigung der Schriftsachen wegen der großen Menge durch den Bezirksvorsitzenden nicht mehr möglich ist. Wo eine Geschäftsstelle besteht, hat diese gleichzeitig die schriftlichen Arbeiten der am Ort bestehenden Bezirksverwaltung mit zu erledigen. Letztere hat zu den Kosten der Geschäftsstelle entsprechend der geleisteten Arbeit beizutragen.

Begründung: Erfolgt nötigenfalls auf dem Verbandstage.

53. Antrag der Bezirksverwaltung Oberschlesien. **53.**

Der Verbandstag wolle beschließen, daß die Bezirksverwaltung Oberschlesien an die Geschäftsstelle Sachsen angegliedert wird.

Begründung: Das Königreich Sachsen ist ein Industriestaat, und zwar im Verhältnis zu seiner Landfläche der größte und vielseitigste.

Die Schwerindustrie Oberschlesiens steht dauernd mit der Maschinen- und Leichtindustrie Sachsens in Verbindung. Die geschäftlichen Fäden laufen zwischen beiden Industriegebieten sowohl in den höheren Verwaltungsstellen, wie in den Finanzabteilungen und nicht zum geringsten in der Kollegenschaft. Viele Angestellte benutzen Oberschlesien lediglich als Durchgangsstadium, in dem sie bis zu zehn Jahren verbleiben (der eine längere und der andere kürzere Zeit), um nach Mitteldeutschland, d. h. nach dem Königreich Sachsen, zurückzugehen. Es findet somit ein reger Austausch der Angestelltenkräfte statt.

Der Geschäftsstellenleiter des Industriestaates Sachsen wird für die Anforderungen Oberschlesiens mehr Verständnis und Feingefühl haben, als jeder andere Geschäftsstellenleiter. (Abgesehen selbstredend von jeder Persönlichkeit; wir wollen keiner

Person nahetreten.) — Zudem wird es wirtschaftlich oft billiger sein, wenn für die beiden Industriezentren Maßnahmen aus einer Hand kommen.

Maßgebend aber muß wohl der Gesichtspunkt sein, daß bei einem örtlichen Kampfe der Angestellten gegen die Industriemagnaten auch sämtliche andere Zweigstellen sachlich und vom Gesichts- und Standpunkt aus über die Vorgänge und zu treffenden Maßnahmen unterrichtet werden.

Ein Hin und Her, ein unterschiedliches Vorgehen und gar ein Gegeneinanderarbeiten werden damit ausgeschlossen; ein Zusammenarbeiten, das Ziehen am Strang nach einer Richtung werden dagegen erlangt, und eine Ratlosigkeit und Verschiedenheit in der Auffassung der Sachlage, wie sie leider im Verbande so oft zu konstatieren war, werden unterbleiben.

Einheit in der Leitung, Einheitlichkeit in der Ausführung sind dabei maßgebende Faktoren.

54. Antrag der Zweigverwaltung Eisenach. 54.

Der Verbandstag wolle beschließen, eine Geschäftsstelle für Mitteldeutschland, umfassend die Thür. Staaten, den südlichen Teil der Provinz Sachsen und einen Teil der Provinz Hessen mit dem Sitze Erfurt oder Gotha einrichten zu wollen.

Begründung: Bei der großen Zahl der technsichen Lehranstalten, die sich in Thüringen befinden, ist eine besonders rege Agitation in diesen Bezirken erforderlich. Die Geschäftsstelle Braunschweig, der die Bezirksverwaltung Thüringen jetzt zugeteilt ist, liegt zu diesem Zweck viel zu weit ab.

55. Antrag der Zweigverwaltung Nürnberg. 55.

Der Verbandstag wolle beschließen, daß die Bezirksverwaltung Bayern mit Rücksicht auf die Zweigverwaltung Nürnberg, die die sechstgrößte Anzahl von Mitgliedern aller Zweigverwaltungen in ganz Deutschland aufweist und die zweitgrößte Zweigverwaltung Süddeutschlands ist, in eine Bezirksverwaltung von Nord- und Südbayern geteilt wird und daß der Sitz der Bezirksverwaltung Nordbayern nach Nürnberg verlegt wird.

56. Antrag der Bezirksverwaltung Rheinland. 56.

Der Verbandstag wolle beschließen:

Der Regierungsbezirk Trier ist der Bezirksverwaltung Rheinland zu unterstellen.

Begründung: Der Reg.-Bez. Trier gehört zur Rheinprovinz. Die in diesem Bezirk wohnenden Verbandsmitglieder waren bis zur Gründung der Bezirksverwaltung Obermosel der Bezirksverwaltung Rheinland unterstellt. Nach der neuen Einteilung ist der Reg.-Bez. Trier der Geschäftsstelle München zugeteilt, wo er von Köln in 2 Stunden zu erreichen ist. Wir glauben verlangen zu dürfen, daß die Begrenzung unserer Bezirksverwaltung auch dem Namen entspricht.

Verbandstag.

57. Antrag der Zweigverwaltungen Cannstatt, Kiel, Stuttgart, Feuerbach. 57.

Aenderung § 46. Der Verbandstag setzt sich aus den Abgeordneten und dem Gesamtvorstande, der nur beratende Stimme hat, zusammen. Für je 300 Mitglieder und für einen die Hundert übersteigenden Rest entsenden die Bezirksverwaltungen einen Abgeordneten.

Begründung: Die seitherige Erfahrung mit der Anzahl der Abgeordneten an Verbandstagen hat sowohl in der Beratung, wie auch auf die Unkosten bezogen, gezeigt, daß eine Reduzierung der Abgeordnetenzahl im Interesse der Verbandskasse, angebracht ist. Der Verbandstag würde dadurch der Verbandskasse ca. 5000 M billiger zu stehen kommen als bisher, die Abgeordneten-Anzahl würde sich von ca. 138 auf ca. 93 reduzieren, was wiederum für die beteiligten Bezirksverwaltungen eine Ersparnis von ca. 2000 M bringen würde.

58. Antrag der Zweigverwaltung Neukölln. 58.

Der Verbandstag wolle dahin wirken, daß bei der nächsten Satzungsänderung der § 46 dahin geändert wird, daß nicht mehr die Bezirksverwaltung auf je 200 Mitglieder einen Delegierten zum Verbandstag entsendet, sondern daß alle Zweigverwaltungen ihre Delegierten selbst bestimmen, und zwar Zweigverwaltungen bis 200 Mitglieder einen Delegierten, auf jede weiteren 200 Mitglieder noch einen Delegierten und für einen die Hundert übersteigenden Rest ebenfalls einen Abgeordneten.

Begründung: Die Zweigverwaltungen, die jetzt die Hauptarbeit des Verbandes leisten, haben auch das größte Interesse daran, an den Beratungen auf den Verbandstagen durch ihre Vertreter beteiligt zu sein, und ist es falsch, wenn nur einige Zweigverwaltungen dort vertreten sind. Alle Zweigverwaltungen müssen an dem Verbandstage beteiligt sein, wie auch allen Zweigverwaltungen die Verbandsarbeit gleichmäßig übermittelt wird. Es ist daher unbedingt erforderlich, daß jede Zweigverwaltung ihre Delegierten zum Verbandstage entsenden kann.

59. Antrag der Zweigverwaltung Heidelberg. **59.**

Der Verbandstag wolle beschließen:

Alle Veranstaltungen des Verbandes, wie Verbandstage, Wanderversammlungen, Bezirks- und Landestage, sind ohne Protektorat abzuhalten.

Begründung: In den letzten Jahren ist es wiederholt vorgekommen, daß im Verlauf einer Veranstaltung es zu Unstimmigkeiten zwischen Protektor und der Leitung der Veranstaltung gekommen ist. Wir verweisen nur auf die Jahrhundert-Ausstellung in Breslau und das Deutsche Turnfest in Frankfurt a. M. Beide verdankten ihr Zustandekommen hohem patriotischen Geist und Idealismus. Moderne Angestellten-Organisationen sind sehr oft genötigt, Beschlüsse zu fassen, die gegen Maßnahmen der Reichsregierung oder solcher von Bundesstaaten gerichtet sind. Dies kann Konfliktstoff zwischen Protektor und dem Verbande geben. Auch sind wir Gegner des Protektionswesens. Unser Ehrenmitglied, Clemens Thieme, der eigentliche Anreger zur Erbauung des Völkerschlachtdenkmals bei Leipzig, hat uns bewiesen, daß es möglich ist, auch ohne Protektion Werke zu errichten, die Jahrhunderte überdauern werden.

60. Antrag der Zweigverwaltung Posen. **60.**

Der Verbandstag wolle beschließen, den Verbandstag in Zukunft nur alle 3 Jahre abzuhalten.

Begründung: Der Verband hat in dem letzten Jahrzehnt innerlich und äußerlich grundlegende Aenderungen vollzogen. In Köln hat die gewerkschaftliche Richtung den endgültigen Sieg davon getragen, so daß Auseinandersetzungen, wie sie in Breslau, Königsberg, Stuttgart und Köln notwendig waren, nicht mehr zu erwarten sind. Tauchen aber in der längeren Zeit von drei Jahren Fragen auf, die schnell entschieden werden müssen, so hat der Verband in seinem Gesamtvorstande eine Körperschaft, die durch die enge Fühlung mit den Mitgliederkreisen in der Lage ist, den Willen der Mitglieder zu vertreten und durchzuführen. Die Kosten der Verbandstage können deshalb ohne Bedenken durch längere Zwischenräume vermindert werden.

61. Antrag der Zweigverwaltung Kiel. **61.**

Der XXII. Verbandstag wolle beschließen, daß der Verbandstag stets in Berlin abzuhalten ist.

Begründung: Durch Teilnahme des Geschäftsführenden Vorstandes, von Mitgliedern der Bezirksverwaltung Brandenburg und des nötigen Beamtenkörpers, sowie durch den Transport der Schreibmaschinen und des nötigen Aktenmaterials nach dem jeweiligen Tagungsort entstehen hohe Kosten, die in keinem Verhältnis zu dem evtl. Vorteil (Agitation, Gewinnung von Mitgliedern) stehen. Bei den kolossalen Ausgaben, die der Verband auf allen Gebieten leisten muß, ist Sparsamkeit die erste Pflicht.

62. Antrag der Bezirksverwaltung Sachsen-Anhalt. **62.**

Der XXII. Verbandstag zu Metz wolle seine Zustimmung geben:

Den Verbandstag 1916 anläßlich der stattfindenden Provinzialausstellung nach Magdeburg einzuberufen.

63. Antrag der Bezirksverwaltung Dresden. **63.**

Der Verbandstag wolle beschließen, daß der Deutsche Techniker-Verband sich an der Ausstellung „Das deutsche Handwerk Dresden 1915“ beteilige und die Mittel hierzu, 8000 Mark, bewillige.

Wenn wir an die Beteiligung des Deutschen Techniker-Verbandes als Standesorganisation einerseits und als Angestelltenorganisation andererseits an der Ausstellung „Das deutsche Handwerk" denken, müssen uns drei Fragen vor Augen sein:

1. Was will der Verband?
2. Was will die Ausstellung?
3. Was wollen wir?

Zu 1. Der Verband will durch die Beteiligung an einer Ausstellung das Interesse auf sich lenken, zeigen, was er bietet und wie vielseitig er die Mitglieder zusammenschließt. Damit will er werben. Der organisatorische Zusammenschluß in einem Verbande hat einmal wirtschaftlichen, zum anderen wissenschaftlichen Zweck. Nach Lage der Verhältnisse und des einzelnen treten die beiden Gründe in gegenseitig kämpfende Wechselbeziehung. Dem einen nützt der Zusammenschluß im Verbande zu gewissen Zeiten wirtschaftlich, in gewissen Lebenslagen aber will er mit Berufskollegen im engsten Sinne zusammengeschlossen sein, um durch Austausch gegenseitig ergänzender Bildungsstoffe sich geistiger Waffen mächtig zu machen, die ihm oft von selbst über wirtschaftliche Klippen hinweghelfen. Zu allen Zeiten bedeutet der Spruch: „Wissen ist Macht" goldene Worte. Der Techniker hat ein großes Interesse, Wissensgebiete zu erweitern und der Deutsche Techniker-Verband will seinen Mitgliedern in allen Lebenslagen helfen. In der Ausstellung „Das deutsche Handwerk" tritt nun der Techniker in erster Linie als Schaffender auf, der den breiten Schichten des Handwerks zeigen will, was er leistet und welchen Nutzen der Handwerker hat, wenn er nach seiner Entwicklung zum Techniker sich dem Verbande anschließt. So kann der Techniker, der auch aus dem Gewerbebetriebe gekommen ist, durch Veröffentlichung seiner Leistungen anregen und im Rahmen einer Ausstellung für seinen Verband werben.

Zu 2. Die Ausstellung soll dem Handwerk dienen, indem sie ihm alles in Wort, Bild, Modell oder Original vor Augen führt, womit der einzelne wirtschaftlich werten kann.

Zu 3. Wir wollen dem Handwerk dienen, indem wir unsere Kräfte zum Gelingen eines großen Werkes zur Verfügung stellen, unserem Stande damit zu Achtung verhelfend.

Um in der Ausstellung „Das deutsche Handwerk" die engen Beziehungen des Technikers zum Handwerk zu zeigen, sind es zwei Leitgedanken, die das Gesamtbild durchziehen können:

I. Was hat der Techniker für das Handwerk getan?
II. Wie ist der Techniker durch das Handwerk angeregt worden?

Mit Rücksicht darauf, die im Verbande vertretenen Berufsgruppen in einer Gesamtausstellung vereinigt zu sehen und in Beziehung zueinander zur Geltung zu bringen, kämen folgende Ausstellungsobjekte in Betracht:

Gruppe A: Grund und Boden: Pläne, Stadt, Land, Gebirge.
„ B: Gebäude: Grundrisse, Ansichten, Einrichtungen, Modelle.
„ C: Fabrikation: Geräte, Maschinen, Werkzeuge.
„ D: Ausbildung: Für Meister, Gehilfen, Lehrlinge,

die im Wege des Preisausschreibens zu erlangen sind.

Weitere eingehende Begründung, die die Annahme des Antrages weiter fördernd wirken wird, erfolgt auf dem Verbandstage, wie auch die Begründung zur Höhe der Unkosten und deren voraussichtliche Deckung gegeben werden wird.

64. Antrag der Zweigverwaltung Karlsruhe. 64.

Die Zweigverwaltung Karlsruhe stellt hiermit den Antrag, anläßlich der Jubiläums-Ausstellung der Stadt Karlsruhe im Jahre 1915 eine Wanderversammlung des Deutschen Techniker-Verbandes nach hier festzulegen. Es wird hierbei vorausgesetzt, daß diese Veranstaltung die Unterstützung der städtischen Behörden sowie auch der Verbandsleitung findet. Die Zweigverwaltung wird es sich angelegen sein lassen, die nötigen Schritte bei den in Betracht kommenden Behörden einzuleiten.

Gesamtvorstand.

65. Antrag der Zweigverwaltung Posen. 65.

Der Verbandstag wolle beschließen, daß in Zukunft in jedem Jahre nur eine Sitzung des Gesamtvorstandes abzuhalten ist, wenn nicht wichtige Ereignisse eine zweite Sitzung unbedingt erforderlich machen. Ob ein Ereignis wichtig genug ist, entscheiden die Gesamtvorstandsmitglieder in schriftlicher Abstimmung.

66. Antrag der Zweigverwaltung Berlin. **66.**

Der Verbandstag möge beschließen:

Auf jedem Verbandstage hat der Gesamtvorstand aus seiner Mitte eine siebengliedrige Kommission zu wählen, deren Obmann berechtigt ist, bei wichtigen Anlässen diese Kommission zusammenzurufen.

Begründung: Die letzten Vorgänge haben bewiesen, daß es notwendig werden kann, neben dem Geschäftsführenden Vorstande auch in kurzer Zeit den Gesamtvorstand zusammentreten zu lassen. Da das aber mit erheblichen Kosten verknüpft ist, so könnte durch eine wie vorstehend beantragte Kommission unter Umständen ein vorläufiger Beschluß gefaßt werden, der einen Zusammentritt des ganzen Gesamtvorstandes erübrigt. Die schnellere Beweglichkeit dieser Kommission hätte auch im Gefolge, daß etwaige dem Verbande nicht dienliche Beschlüsse des Geschäftsführenden Vorstandes eine schnelle Aenderung und Berichtigung erfahren könnten.

67. Antrag der Landesverwaltung Elsaß-Lothringen. **67.**

Der Verbandstag wolle beschließen:

a) § 43 der Satzung erhält folgenden Nachtrag:

„Der Gesamtvorstand wählt aus seiner Mitte einen Vorsitzenden und dessen Ersatzmann."

b) § 45 der Satzung ist wie folgt abzuändern:

„Die Einberufung erfolgt unter Bekanntgabe der Tagesordnung durch den Vorsitzenden des Gesamtvorstandes."

c) Sinngemäß sind folgende Leitsätze in die Ausführungsbestimmungen hineinzuarbeiten:

1. Der Vorsitzende des Gesamtvorstandes leitet die Gesamtvorstandssitzungen.
2. Der Geschäftsführende Vorstand hat dem Vorsitzenden des Gesamtvorstandes Tagesordnung und Termin der Vorstandssitzung mindestens 4 Wochen vor der Sitzung zu unterbreiten, die von diesen zu genehmigen sind.

68. Antrag der Zweigverwaltung Pankow. **68.**

Der Verbandstag wolle beschließen:

In die Ausführungsbestimmungen zur Satzung ist als 4. Absatz des § 47 die nachstehende Bestimmung aufzunehmen:

Der Gesamtvorstand wählt aus seiner Mitte einen Obmann, der in dringenden Fällen befugt ist, vorbehaltlich der nachträglichen Stellungnahme des Gesamtvorstandes in dessen Namen einstweilige Maßnahmen gegenüber der Geschäftsleitung des Geschäftsführenden Verbandsvorstandes zu ergreifen, die diesem gegenüber bindende Kraft haben.

Begründung: Zur Zeit ist es nach den geltenden Bestimmungen nicht möglich, die Ausführung eines Beschlusses des Geschäftsführenden Vorstandes zu verhindern, wenn einem Teile des Vorstandes, welcher sich in der Minorität befindet, die Ausführung als nicht im Verbandsinteresse liegend erscheint. Hier muß die Möglichkeit gegeben sein, sofort an die Aufsichtsinstanz mit der Aussicht auf Inhibierung eines solchen Beschlusses noch vor dessen Ausführung herantreten zu können.

Geschäftsführender Vorstand.

69. Antrag der Bezirksverwaltungen Niederschlesien und Pommern. **69.**

Der Verbandstag wolle beschließen:

Auf jedem Verbandstage scheidet nur die Hälfte der Mitglieder des Geschäftsführenden Verbands-Vorstandes aus. Wiederwahl ist zulässig. Dem § 130 der Ausführungsbestimmungen ist sinngemäßer Text zu geben.

Begründung: Unserer Organisation ist zur planmäßigen und ruhigen Fortentwickelung eine gewisse Stetigkeit in der Leitung unbedingt nötig. Bei dem bestehenden Wahlmodus kann der Fall eintreten, daß der gesamte Geschäftsführende Verbandsvorstand ausscheiden muß, wenn er der Bezirksverwaltung Brandenburg nicht paßt. Daß ein solcher Fall eine schwere Erschütterung unserer Organisation herbeiführen kann, braucht nicht besonders betont zu werden.

Bleibt jedoch die Hälfte mit den Verbandsgeschäften erfahrener Vorstandsmitglieder weiter in der Leitung, so ist den neuen Mitgliedern Gelegenheit gegeben, sich einzuarbeiten, ohne daß der Verband leidet.

70. Antrag der Bezirksverwaltung Brandenburg. **70.**

Der Verbandstag wolle beschließen: „Der letzte Absatz des § 95 der Ausführungsbestimmungen, welcher lautet: „Der Gruppentag hat das Vorschlagsrecht für die Mitglieder zum Geschäftsführenden Vorstande, wenn ihm die von der Bezirksverwaltung Brandenburg vorgeschlagenen Kandidaten (§ 128) nicht „zusagen" wird gestrichen."

Ferner werden im § 130 der Ausführungsbestimmungen von dem Satze „Das Vorschlagsrecht hat die Bezirksverwaltung Brandenburg (§ 128) und der Gruppentag (§ 95) die Worte „und der Gruppentag (§ 95)" gestrichen."

Begründung: Die Kandidaten und deren Ersatzmänner für den Geschäftsführenden Vorstand sind nach § 128 der Ausführungsbestimmungen von der Bezirksverwaltung Brandenburg nach den Vorschlägen der betreffenden Berufs- bezw. Bezirksgruppen innerhalb der Bezirks-Verwaltung zu wählen. Die definitive Wahl erfolgt nach § 47 Abs. 6 der Satzung und nach § 130 der Ausführungsbestimmungen auf dem Verbandstage.

Die rechtliche Wirkung dieser Bestimmungen ist die, daß die Bezirksverwaltung Brandenburg die Verpflichtung und allein das Recht hat, geeignete Kandidaten und deren Ersatzmänner für den Geschäftsführenden Vorstand aus den Reihen ihrer Mitglieder zu wählen. Die Wahl auf dem Verbandstage hat lediglich die Wirkung der Bestätigung. Da die von der Bezirksverwaltung Brandenburg aufgestellten Kandidaten nach parlamentarischen Grundsätzen, also auf Beschluß der Mehrheit gewählt werden, so würde es eine durch nichts zu rechtfertigende Vergewaltigung der Mehrheit sein, wenn die Zwischeninstanz, der Gruppentag, das Recht haben sollte, ordnungsmäßig gewählte Kandidaten abzulehnen, weil sie ihm nicht „zusagen" und nun ihrerseits andere Vorschläge zu machen. Dadurch würde das allein der Bezirksverwaltung Brandenburg satzungsgemäß zustehende Recht, die Kandidaten für den Geschäftsführenden Vorstand zu wählen, illusorisch werden und es könnte der Fall eintreten, daß eine Minderheitspartei in der Bezirksverwaltung Brandenburg den Gruppentag so zu beeinflussen versteht, daß die von der Mehrheit der Bezirksverwaltung Brandenburg gewählten Kandidaten abgelehnt und dafür die Kandidaten der Minderheit, also die nicht von der Mehrheit der Bezirksverwaltung Brandenburg gewählten Kandidaten, vorgeschlagen und auf dem Verbandstage auch gewählt werden. Diese rechtlich unzulässige Handlung würde zwar mit Erfolg von der vorschlagenden Mehrheitspartei beanstandet und umgestoßen werden, sie würde aber ein gedeihliches Arbeiten in der Bezirksverwaltung Brandenburg unmöglich machen und dem Verbande schwere Verluste materieller und moralischer Wirkung zufügen. Der materielle Verlust würde entstehen durch die Kosten, die ein durch das Einspruchsverfahren gegen die ungültigen Wahlen des Verbandstages eventuell stattzuhabender außerordentlicher Verbandstag verursachen würde, der moralische Schaden, der in seinen Folgen gar nicht abzusehen ist, würde durch die Wirkung des Streites im eigenen Lager auf die Verbandsmitglieder selbst, die unorganisierten Kollegen, die Angehörigen anderer Organisationen und die Oeffentlichkeit entstehen.

Um diesen Unzuträglichkeiten zu entgehen und um dem Gruppentage nicht eine schwerwiegende Machtbefugnis zu verleihen, ist es notwendig, die oben genannten Bestimmungen der §§ 95 und 130, in denen die versteckte Aufforderung zur Auflehnung gegen die Verbandsdisziplin und das parlamentarisch-demokratische Gesetz der Unterordnung der Minderheit unter die Mehrheit, enthalten ist, zu beseitigen.

71. Antrag der Bezirksverwaltung Dresden. **71.**

Der Verbandstag wolle beschließen:

Der Verbandstag ist berechtigt, Kandidaten, die nach § 128 der A. B. die B. V. Brandenburg oder nach § 95 der A. B. die Gruppentage für die Aemter des Geschäftsführenden Vorstandes vorschlagen, abzulehnen und eigene Vorschläge im Sinne des § 37 der Satzung am Verbandstage zu machen.

Mit Annahme tritt diese Maßnahme in Kraft.

Begründung: Wiederholt ist beobachtet worden, daß Kollegen, die sich durchaus bewährt haben, nur deswegen nicht wieder in Vorschlag gebracht werden, weil durch irgendwelchen Zufall oder durch Treibereien kleiner Minderheiten ihre Namen nicht auf die Kandidatenliste gesetzt wurden. Der Verbandstag muß sich das Recht vorbehalten, bewährte Kräfte wieder wählen zu können. Auch liegt es im Interesse der Verbandsarbeit, wenn ein vollständiger Wechsel alle zwei Jahre vermieden wird.

72. Antrag der Bezirksverwaltung Dresden. 72.

Der Verbandstag wolle beschließen, daß der § 37 der Satzungen (Zeile 6) nachstehenden Wortlaut erhält: Die Mitglieder des Vorstandes müssen bis auf zwei ihren Wohnsitz im Gebiete des Zweckverbandes Groß-Berlin haben. Die außerhalb wohnenden sind aus den Sitzen der Bezirksverwaltungen zu wählen, welche nicht mehr als 200 km vom Sitz des Verbandes entfernt sind.

Begründung: Es muß als gerechtfertigt anerkannt werden, daß mindestens $^1/_4$ der Mitglieder des Geschäftsführenden Vorstandes anderen Verwaltungen angehören, da hierdurch erreicht wird, daß Mitglieder, die in anderen Verwaltungen reiche Erfahrungen durch jahrelange Betätigung im Verbande besitzen, zu dem verantwortungsvollen Amte eines Vorstandsmitgliedes herangezogen werden können. Die heutigen Verkehrsverhältnisse lassen es zu, aus Orten wie Magdeburg, Halle, Leipzig, Dresden, Cottbus, Görlitz, Frankfurt a. O., Stettin, in kurzer Zeit die Zentrale Berlin zu erreichen. Die entstehenden Reiseunkosten sind gegenüber dem reorganisierenden Werte der Mitarbeit nicht von Belang.

73. Antrag der Zweigverwaltung Marburg. 73.

Der Jahresbericht, sowie die Rechnungslegung des Verbandes sind wieder wie früher alljährlich in der Deutschen Techniker-Zeitung zu veröffentlichen oder den einzelnen Bezirksverwaltungen und Ortsgruppen alljährlich in einem besonderen Abdruck bekannt zu geben.

Begründung: Damit auch das einzelne Mitglied über die Entwicklung des Verbandes sowie über den Stand der Finanzen von Jahr zu Jahr unterrichtet wird, ist es unbedingt erforderlich, den Jahresbericht und die Bilanz wieder wie früher alljährlich bekannt zu geben, um so mehr, als letzteres auch gleichzeitig eine gewisse Uebersicht für jedes Mitglied über die während des Jahres erfolgte Verwendung der Gelder bildet.

74. Antrag der Zweigverwaltung Köln. 74.

Der Geschäftsführende und der Gesamtvorstand haben die Verpflichtung, den Vorständen der Bezirksverwaltungen Arbeitsgemeinschaften und Verwaltungen regelmäßig aber mindestens vierteljährlich über alle Verbandsangelegenheiten erschöpfend Bericht zu geben.

Begründung: Es hat sich als dringende Notwendigkeit ergeben, daß die Verbandsmitglieder mehr als seither schneller und genauer über alle Verbandsangelegenheiten unterrichtet werden, damit sie in der Lage sind, einerseits Anfeindungen besser begegnen zu können, andererseits für die Werbetätigkeit stets ergiebiges Material in die Hände zu bekommen.

75. Antrag der Zweigverwaltung Cassel. 75.

Der Verbandstag wolle beschließen:

Der Geschäftsführende Vorstand hat monatlich kurze Berichte über alle abgehaltenen Sitzungen sowie die in den Vorstandssitzungen gefaßten Beschlüsse den Bezirks- und Zweigverwaltungen und den Abteilungen einzusenden.

Begründung: Erfolgt auf dem Verbandstage.

76. Antrag der Zweigverwaltung Neukölln. 76.

Laut § 38 der Satzungen führt der Geschäftsführende Vorstand die Aufsicht auch über die Zweigverwaltungen. Die Zweigverwaltung Neukölln beantragt nun: Der Verbandstag wolle dahin wirken, daß die Zweigverwaltungen auch etwas uber die Tätigkeit des Geschäftsführenden Vorstandes erfahren.

Begründung: Die Zweigverwaltungen, welche jetzt einen Hauptteil des Verbandes darstellen, sind verpflichtet, über alles dem Geschäftsführenden Vorstande Bericht zu erstatten. Sie haben aber auch ein sehr großes Interesse, zu erfahren, was eigentlich der Geschäftsführende Vorstand macht.

77. Antrag der Zweigverwaltung Berlin. 77.

Der Verbandstag möge beschließen:

Der Hauptkassierer des Verbandes hat die Pflicht, bei allen finanziellen Aktionen des Geschäftsführenden Vorstandes, die gegen die Satzungen verstoßen, Einspruch zu erheben. An dieses Recht ist für den Kassierer die Verpflichtung geknüpft, dem Gesamtvorstande sofort von dem Widerspruch Mitteilung zu machen. Durch den Widerspruch des Hauptkassierers ist die betr. Finanz-Aktion erledigt, bis die Siebener-Kommission des Gesamtvorstandes entschieden hat, ob der Widerspruch des Kassierers berechtigt oder unberechtigt ist.

78. Antrag der Landesverwaltung Elsaß-Lothringen. 78.

Der XXII. Verbandstag wolle beschließen, den Posten des Verbandsdirektors zu streichen und hierfür einen Geschäftsführer, der Techniker sein muß und im Verband in führender Stelle tätig gewesen ist, anzustellen.

Bei Anstellung von leitenden Beamten sind die sämtlichen Bewerbungen dem Vorsitzenden des Gesamtvorstandes zu unterbreiten. Dieser hat unter den Bewerbern nach seinem Ermessen und im Einvernehmen mit dem Geschäftsführenden Vorstande mindestens 5 zur engeren Wahl in Vorschlag zu bringen.

B e g r ü n d u n g: Es gehört nicht allein zu unseren programmatischen Forderungen, das Zurückdrängen des Technikers durch Angehörige anderer Berufsschichten aufzuhalten, sondern wir haben auch bei jeder sich bietenden Gelegenheit von allen Mitteln Gebrauch gemacht, um den Techniker in führende Stellungen hineinzubringen. Durch die Anstellung eines Nichttechnikers als Verbandsdirektor hat der Gesamtvorstand auf diese programmatische Forderung verzichtet und damit zum Ausdruck gebracht, daß der Techniker nicht in der Lage ist, die Interessen seiner Berufskollegen zu vertreten. Andererseits bildet die von einer Zufallsmehrheit zustande gekommene Wahl eines Nichttechnikers eine Gefahr für den Verband, wenn dieser in seiner Vergangenheit, insbesondere durch Aufstellung bestimmter Grundsätze, festgelegt ist.

Wir halten es nicht mit unseren Verbandsgrundsätzen vereinbar, wenn an die Spitze der Verbandsgeschäfte mit Sitz und Stimme im Geschäftsführenden Vorstande eine Person gestellt wird, die einerseits nicht unserem Stande angehört und andererseits in ihrer Vergangenheit festgelegt ist. Um den Verband vor Fehlgriffen irgendwelcher Art zu bewahren, fordern wir die Aufhebung des Verbandsdirektorspostens und Umwandlung in eine Geschäftsführerstelle, die nur durch einen Techniker besetzt werden darf.

Wir sind aber auch der Ansicht, daß die Arbeit der Verbandsfunktionäre keine ersprießliche sein kann, wenn das streng durchgeführte Direktorialsystem zur Anwendung gelangt.

79. Antrag der Bezirksverwaltung Rheinland und der Zweigverwaltungen Erkelenz und Hannover-Linden. 79.

Der Verbandstag wolle eine siebengliedrige Kommission ernennen, welche aus Mitgliedern des Gesamtvorstandes und aus Delegierten zum Verbandstag zusammengesetzt ist und diese beauftragen, bis zum nächsten Verbandstag geeignete Vorschläge über Verlegung des Sitzes des Verbandes nach einer mehr westlich gelegenen Stadt zu unterbreiten.

B e g r ü n d u n g: Die hohen Mieten, welche in Berlin für die Verbandsräume gezahlt werden und die Aussichtslosigkeit in Berlin selbst, ein geeignetes Verbandsgebäude zu errichten, sowie die eigentümlichen Berliner Verhältnisse, die der Entwickelung des Verbandes mehr hinderlich als förderlich gewesen sind, machen es notwendig, sich ernstlich einmal mit der Verlegung des Verbandes nach einer anderen Stadt, in deren Umgebung natürlich ein großer Teil von Verbandsmitgliedern ihren Wohnsitz haben muß, zu befassen. Wir haben vom Reichstag so wenig Entgegenkommen zu erwarten, daß aus diesem Grunde, die Notwendigkeit, den Sitz in Berlin zu belassen, nicht stichhaltig ist. Für unsere Finanzen würde die Verlegung zweifellos von Vorteil sein. Wir könnten für die jetzige Miete von 10 000 M an einem anderen Ort mit billigeren Grundstückspreisen daran denken, uns ein eigenes Gebäude zu errichten.

80. Antrag der Bezirksverwaltung Dresden. 80.

Wird die Verlegung der Zentrale des Verbandes beschlossen, so ist diese an einen Ort zu verlegen, der seine Lage in Mitteldeutschland hat.

Begründung: Es ist allenthalben bekannt und wird auch von Mitgliedern unserer Verwaltung gewünscht, daß eine Verlegung der Zentrale des Verbandes aus reorganisatorischen Gründen eine Frage der Zeit ist. Sollte ein dementsprechender Beschluß gefaßt werden, so können nur Orte in Frage kommen, deren zentrale Lage es ebenfalls ermöglicht, gleiche Reisewege für die zur Beratungen in der Zentrale berufenen Vertreter zu schaffen. Außerdem ist es den zu Besprechungen mit den Reichs- und Staatsverwaltungen nach der Reichshauptstadt zu entsendenden Vorstandsmitgliedern und Verbandsbeamten gegeben, die Reisezeiten kurz zu bemessen, wodurch die reorganisatorischen Vorteile nicht durch die entstehenden Unkosten aufgehoben werden.

81. Antrag der Zweigverwaltung Harburg. 81.

Der Verbandstag wolle beschließen:

Der Geschäftsführende Vorstand ist zu beauftragen, die Organisation der Hauptgeschäftsstelle zu verbessern. Sämtliche Stellen — mit Ausnahme der lediglich mechanischen Schreibposten — sind nach Möglichkeit mit Kollegen zu besetzen. Jede Abteilung ist einem vollverantwortlichen Kollegen zu unterstellen. Derselbe hat ausschließlich dafür zu sorgen, daß die Geschäfte seiner Abteilung ordnungsmäßig erledigt werden, er nimmt die seine Abteilung betreffenden Beschwerden entgegen und veranlaßt die Abstellung sich etwa ergebender Mißstände.

Begründung: Für das Wohl des Verbandes ist eine schnell und sicher arbeitende innere Verwaltung ebenso wichtig, wie eine gute umsichtige Agitation nach außen. Es ist ein Uebelstand, wenn unsere Agitationsbeamten gleichzeitig mit verantwortungsvollen Posten des Innendienstes belastet werden, denn, abgesehen davon, daß ein guter Agitator noch lange kein guter Verwaltungsbeamter zu sein braucht, muß das eine oder andere Gebiet unter dieser Doppelbelastung der Beamten leiden und manche für den einzelnen Kollegen wichtigere Sache wird verspätet oder überhastet und daher oberflächlicher erledigt, wie die sich in letzter Zeit mehrenden Klagen von Kollegen beweisen. Wird dagegen jede Abteilung einem Kollegen unterstellt, dem lediglich die Sorge obliegt, daß die seiner Abteilung zustehenden Arbeiten schnell und gewissenhaft erledigt werden, so wird das ohne Zweifel das Vertrauen der Mitglieder zum Verbande heben und so dazu beitragen, daß dieses Vertrauen auch in weitere, uns heute noch fernstehende Technikerkreise hineingetragen wird.

Bezirksverwaltungen.

82. Antrag des Gesamtvorstandes. 82.

Der Verbandstag wolle

a) § 30 der Satzung dahin ändern, daß für den Bezirksvorstand eine zweijährige Wahlperiode gilt.

b) § 34 dahin ändern, daß auch im Behinderungsfalle des Abgeordneten der Ersatzmann eintritt.

83. Antrag der Landesverwaltung Elsaß-Lothringen. 83.

Der XXII. Verbandstag wolle beschließen, daß die Ausführungsbestimmungen § 48 dahin abgeändert werden, daß es heißt: „Der Ersatzmann tritt an die Stelle seines Vorgängers in Krankheits- und sonstigen Behinderungsfällen."

Begründung: Erfolgt auf dem Verbandstage.

84. Antrag der Zweigverwaltung Heidelberg. 84.

Die Einladungen zu den Versammlungen, sowie die Rundschreiben und Zeitungsnotizen der Zweigverwaltungen sind nicht mehr der Hauptgeschäftsstelle, sondern dem Vorstande der Bezirks- bezw. Landesverwaltung in zwei Exemplaren einzureichen. Dieser gibt dann ein Exemplar der zuständigen Geschäftsstelle weiter.

Begründung: Die Bezirks- und Landesverwaltungsvorstände klagen oft darüber, daß sie nicht genügend über den Geschäftsgang in den Zweigverwaltungen und Abteilungen unterrichtet sind. Durch die Zusendung der Versammlungsanzeigen, Rundschreiben und Zeitungsnotizen u. a. m. der Zweigverwaltungen und Abteilungen an den Bezirks- oder Landesvorstand würde dieser Mißstand wesentlich gebessert werden. Der Bezirksverwaltungsvorstand ist in der Lage, aus dem Inhalte dieser Zusendungen Schlüsse zu ziehen, was die Hauptgeschäftsstelle infolge der großen Entfernung und der Unkenntnis der örtlichen Verhältnisse nicht kann.

Zweigverwaltungen.

85. Antrag der Zweigverwaltung Mainz. **85.**

Der Verbandstag wolle beschließen, a) den 1. Satz des § 113 der Ausführungsbestimmungen zur Satzung des D. T.-V., sowie b) den 2. Absatz des § 24 der Satzung des D. T.-V. folgendermaßen abzuändern:

Zu a) Die Wahlen der Zweigverwaltungen werden in der Jahreshauptversammlung, die spätestens in der ersten Januarhälfte des neuen Vereinsjahres stattfinden soll, vorgenommen.

Zu b) sind die Worte: „Die im Dezember stattfindet" zu streichen und durch die Worte: „Die spätestens in der ersten Januarhälfte des neuen Vereinsjahres stattfinden soll" zu ersetzen.

Begründung: Die Neuwahlen können erst stattfinden, nachdem dem alten Vorstand Entlastung erteilt ist. Der Vorstand kann aber erst entlastet werden, wenn von dem Kassierer die 4. Quartalsabrechnung abgeschlossen ist. Es ist aber — ohne daß vielleicht noch $^1/_4$ der Jahresbeiträge ausstehen — der Abschluß der Abrechnung erst am Schlusse des Jahres (Ende Dezember) möglich. Dies hat selbst der geschäftsführende Vorstand zugegeben, als er den Termin der Ablieferung der 4. Quartalsabrechnung bis zum 5. Januar verlängerte. Es wird allerdings nie eine Abrechnung ohne rückständige Beiträge abgeschlossen werden können, aber es ist doch ein großer Unterschied, ob $^1/_4$ oder $^1/_{20}$ der Jahresbeiträge rückständig sind.

Durch die Annahme dieses Antrages kann auch nicht der Fall eintreten, den man in der Verbandszeitung zu lesen Gelegenheit hatte, daß eine Zweigverwaltung die Wahlen im Dezember vornahm, die Erstattung des Jahres- und Kassenberichtes aber erst einer im Januar stattgefundenen Hauptversammlung vorbehielt.

86. Antrag der Landesverwaltung Elsaß-Lothringen. **86.**

Der XXII. Verbandstag wolle beschließen, der § 24 Abs. 2 der Satzung ist dahin zu ändern, daß die Jahreshauptversammlung zu Anfang Januar stattzufinden hat.

Begründung: Da in der Jahres-Hauptversammlung dem Vorstand einschließlich dem Kassierer Entlastung erteilt werden muß, dies aber nur auf Grund des Rechenschaftsberichtes möglich ist, da andererseits dieser Rechenschaftsbericht erst auf Grund der fertigen Jahresrechnung, die Ende Dezember aufzustellen ist, gemacht werden kann, so dürfte der Termin Anfang Dezember als verfehlt zu bezeichnen und an dessen Stelle Anfang Januar zu setzen sein. Nach dem bisherigen Modus bestände für den alten Kassierer Interimszeit von einem Monat, währenddessen er neben dem neuen Kassierer die Kasse verwaltet, was zu Kompetenzkonflikten und Unannehmlichkeiten führen könnte.

87. Antrag der Zweigverwaltung Köln. **87.**

Zweigverwaltungen mit mehr als 350 Mitgliedern erhalten einen Verbandszuschuß zur Besoldung einer Arbeitshilfe.

Begründung: Es muß danach gestrebt werden, die ehrenamtlich tätigen Mitglieder von der Erledigung der sich stets mehrenden mechanischen Arbeit zu entlasten, damit diese Kollegen sich der Agitation und der Werbetätigkeit widmen können. Diese Forderung muß umsomehr gestellt werden, als es heute schon schwer fällt, wirklich arbeitsfreudige Mitglieder für Vorstandsämter zu erhalten.

88. Antrag der Zweigverwaltung Köln. **88.**

Das Verbandsgebiet ist restlos in Zweigverwaltungsgebiete aufzuteilen.

Begründung: Um ein einheitliches und gutes Arbeiten in allen Verbandssachen zu ermöglichen, ist es unbedingt erforderlich, alle Mitglieder den einzelnen Zweigverwaltungen anzugliedern.

89. Antrag der Zweigverwaltung Rostock. 89.

Die Zweigverwaltung beantragt, die Grenzen der einzelnen Zweigverwaltungen nach Karten bezw. Ortsverzeichnissen bestimmt festzulegen, und diese Grenzen möglichst den Landesgrenzen anzupassen.

Begründung: Es bestehen Zweifel, welche Ortschaften der hiesigen Zweigverwaltung angehören bezw. wie weit das Interessengebiet der Zweigverwaltung reicht. Z. B. gehört die Stadt Ribnitz in Mecklenburg, soweit wie diesseits bekannt, zur Zweigverwaltung Schwerin, obgleich der Ort von Rostock nur 30 km entfernt liegt, während die Entfernung bis Schwerin 100 km beträgt.

90. Antrag der Zweigverwaltung Rostock. 90.

Die Zweigverwaltung beantragt, daß die innerhalb der Zweigverwaltungen sich bildenden Verwaltungsabteilungen auch weiter der betreffenden Zweigverwaltung angehören.

Begründung: Nach § 1 der Ausführungsbestimmungen besteht schon eine Verwaltungsabteilung bei Anwesenheit von nur drei Mitgliedern in einem Ort, eine Zahl, die zweifellos in den kleinen Städten oft erreicht wird, die aber andererseits wieder sehr schwanken kann, so daß zeitweise drei und mehr Mitglieder an einem Ort vorhanden sind, zeitweise jedoch auch wieder weniger wie drei Mitglieder vorhanden sein dürften, so daß die Mitglieder oft nicht wissen, woran sie sich halten sollen und daher lieber einer Zweigverwaltung angehören, als eine selbständige Verwaltungsabteilung bilden.

91. Antrag der Zweigverwaltung Köln. 91.

Schreiben der Hauptgeschäftsstelle an Mitglieder sind stets durch die betr. Zweigverwaltung zu senden.

Begründung: Es muß als außerordentlich notwendig bezeichnet werden, daß die Zweigverwaltungen über alle Angelegenheiten ihrer Mitglieder in Verbandsangelegenheiten unterrichtet sind, da nur dann eine glatte Abwicklung der Geschäfte gewährleistet ist.

92. Antrag der Zweigverwaltung Bremen. 92.

Das Adressenverzeichnis der Zweig-, Bezirksverwaltungen und Verwaltungsstellen ist vierteljährlich bekannt zu geben.

Begründung: Die Geschäftsführung der einzelnen Zweigverwaltungen und Verwaltungsstellen wird hierdurch wesentlich erleichtert, da die Adressen oft wechseln.

93. Antrag der Zweigverwaltung Steglitz. 93.

Die Zweigverwaltung Steglitz stellt den Antrag, den Verbandsbeamten, welche Mitglieder des Verbandes sind, in den Zweigverwaltungen, denen sie angehören, das Stimmrecht einzuräumen.

Begründung: Die Kollegen, welche in langjähriger ehrenamtlicher Tätigkeit die Qualifikation zur Führung der Verbandsgeschäfte erworben haben, müssen uns mit ihrem Einfluß infolge der großen Erfahrung im Verbandsleben besonders wertvoll sein. Es ist daher sehr zu wünschen, daß diese Kollegen die Versammlungen ihrer Zweigverwaltung besuchen und nicht allein mit Rat der Verwaltung zur Seite stehn, sondern auch ihren wertvollen Einfluß in der Abstimmung zur Geltung bringen. Der Besuch der Versammlungen wird ihnen jedoch verleidet, wenn sie bei Abstimmungen ausgeschaltet werden. Es ist außerdem eine Ungerechtigkeit, von diesen Kollegen Beiträge zu verlangen, ihnen jedoch, trotzdem sie Angestellte sind, das Stimmrecht vorzuenthalten.

Gruppengliederung.

94. Antrag der Zweigverwaltung Essen a. d. Ruhr. 94.

Der Verbandstag wolle endgültig entscheiden, ob die Gruppengliederung innerhalb unseres Verbandes nach wirtschaftlichen oder fachlichen Gesichtspunkten zu erfolgen hat.

95. Antrag der Zweigverwaltung Hamburg. 95.

Der Verbandstag möge beschließen: Wegen der gemeinsamen sozialen Interessen der Gruppen C und D ist der Ausbau des Verbandes zu vereinfachen, indem die

Gruppen C und D zu einer Gruppe C „Staatstechniker und Gemeindetechniker" verschmolzen werden. Zur Entscheidung dieser Frage ist eine gemeinsame Tagung beider Gruppen, wenn möglich schon auf dem diesjährigen Verbandstage, herbeizuführen.

Begründung: Erfolgt auf dem Verbandstage.

96. Antrag der Zweigverwaltung Hamburg. 96.

Um die sozialen und wirtschaftlichen Interessen der Staats- und Gemeindetechniker durch den Verband zweckmäßiger und gründlicher wahrzunehmen, möge der Verbandstag folgende Maßnahmen beschließen:

1. Die Gruppen C und D erhalten eine besondere Abteilung in der Hauptgeschäftsstelle, die von einem Beamten geführt wird, der die sozialen Verhältnisse der Staats- und Gemeindetechniker genau kennt.
2. Das für die Gruppe D herausgegebene Blatt „Der technische Gemeindebeamte" ist auch auf die Gruppe C auszudehnen, die Bezeichnung des Blattes ist zweckentsprechend umzuändern, etwa in der „Staats- und Gemeindetechniker".
3. Die unter 1. geforderte Abteilung erhält als selbständige Einrichtung ein Archiv für sich.

Begründung: Erfolgt auf dem Verbandstage

III Wohlfahrtsausschuß

Stellenvermittlung.

97. Antrag der Zweigverwaltung Posen. 97.

Der Verbandstag wolle beschließen, daß beide Vakanzenlisten auch in Zukunft beibehalten werden. Um die Kosten zu vermindern und zu erreichen, daß die Liste nur von tatsächlich interessierten Mitgliedern bezogen wird, ist von jedem Besteller zu verlangen, daß er der Bestellung die nötige Anzahl frankierter und mit seiner Adresse versehener Briefumschläge beifügt. Unterläßt ein Mitglied das bei der Bestellung, so ist ihm die erste Liste mit der Aufforderung, die Briefumschläge sofort abzusenden, zuzustellen. Mitglieder, die stellenlos sind oder sich in gekündigter Stellung befinden, erhalten die Liste portofrei, wenn sie der Bestellung das Kündigungsschreiben und eine Anzahl mit ihrer genauen Adresse versehenen Briefumschläge beifügen.

Begründung: Jetzt wird die Vakanzenliste von vielen Mitgliedern gewohnheitsmäßig bezogen, aber kaum beachtet, weil die betreffenden Kollegen sich gelegentlich einmal um eine bessere Stellung bewerben wollen. Da alle besseren Stellungen nach wie vor in der Technikerzeitung ausgeschrieben werden, so liegt für diese Kollegen kein Anlaß zum dauernden Bezug der Vakanzenliste vor. Das sicherste Mittel, um den unnötigen Bezug der Liste zu verhindern, ist die vorgeschlagene Belastung der Besteller mit den Portokosten, die von dem Einzelnen kaum bemerkt wird, dem Verband aber eine erhebliche Summe Geldes und die Arbeit des Adressenschreibens erspart.

98. Antrag der Zweigverwaltung Berlin. 98.

Der Verbandstag möge beschließen:

Die jetzt von den in Stellung befindlichen Kollegen zu erstattenden Portokosten für den Bezug der Vakanzenliste werden nicht mehr erhoben.

Begründung: Ein jeder Kollege hat das Recht, die Stellenvermittelung in Anspruch zu nehmen, ganz gleich, ob er in Stellung ist oder nicht. Will nun ein in Stellung befindlicher Kollege sich verändern und bittet um Zusendung der Vakanzenliste, so muß ihm diese ohne Zahlung einer besonderen Steuer zugestellt werden. Selbstverständlich ist es, daß die stellungslosen Kollegen bei Besetzung von vakanten Stellen zuerst berücksichtigt werden.

99. Antrag der Zweigverwaltung Hamborn. **99.**

Der Verbandstag wolle beschließen, den Stellennachweis vollständig in der Deutschen Techniker-Zeitung wie früher erscheinen zu lassen, dafür die Adressen und Nachrichten der einzelnen Zweigverwaltungen wegfallen zu lassen oder sie nur für ein bestimmtes Entgelt in die Zeitung aufzunehmen.

Begründung: Eine der wichtigsten Angelegenheiten, über welche die Mitglieder des Verbandes von dem Verbandsorgan Auskunft verlangen, ist die Frage nach den offenen Stellen. Wert oder Unwert der Zeitung wird von manchen an der Zahl und Bewertung der ausgeschriebenen Stellen bemessen. Nicht allein der stellenlose Kollege ist an dieser Frage interessiert, auch der junge Techniker, der wandern muß, um Kenntnisse zu sammeln, und nicht zuletzt der ältere von uns, der die passende Gelegenheit wahrnehmen möchte, eine besser besoldete oder sonst geeignete Stelle zu bekommen. Nicht jeder kann die vielen in Betracht kommenden Fachblätter lesen oder halten. Es ist deshalb sehr zu bedauern, daß seit einiger Zeit die Technikerzeitung die zu besetzenden Stellen nicht mehr in dem früheren Umfange bekannt gibt. Es kann dies nicht damit begründet werden, daß kein Raum in der Zeitung zur Verfügung stehe. Es besteht eine Rubrik: Mitteilungen aus den Zweig- und Bezirksverwaltungen, in welcher so manches veröffentlicht wird, was die Allgemeinheit unserer Mitglieder nicht im geringsten interessiert, infolgedessen auch zum größten Teile nicht aufgenommen werden sollte. Der damit gewonnene Raum könnte dann im Sinne des Vorerwähnten beste Verwendung finden.

100. Antrag der Zweigverwaltung Rostock. **100.**

Die Zweigverwaltung beantragt, sämtliche besser dotierte Stellen, etwa von ca. 150 M Monatsgehalt an, wieder wie früher jeden Sonnabend in der Deutschen Techniker-Zeitung erscheinen zu lassen.

Begründung: Die Zustellung der Vakanzenlisten geschieht nur auf Antrag der Mitglieder und zwar immer nur auf bestimmte Zeit. Es sind jedoch viele Mitglieder vorhanden, die für den Augenblick eine leidlich gute Stellung haben, die sich jedoch um eine etwaige bessere Stellung gerne bewerben, wenn ihnen diese rechtzeitig bekannt wird. Diese Mitglieder mögen deshalb jedoch die Stellenvermittlung nicht stets in Anspruch nehmen, würden aber, wenn sie in der Techniker-Zeitung die Ausschreibung einer besseren Stellung lesen, die Gelegenheit gerne ergreifen, um ihre soziale Lage zu verbessern.

101. Antrag der Zweigverwaltung Mannheim. **101.**

Der Verbandstag wolle beschließen, daß die Bekanntgabe der offenen Stellen wieder wie früher in der Deutschen Techniker-Zeitung stattfindet und daneben die Vakanzenlisten bestehen bleiben sollen.

Begründung: Durch die jetzige Art der Veröffentlichung der offenen Stellen geht dem Verbande wertvolles Agitationsmaterial für die Gewinnung neuer Mitglieder verloren. Ebenso wird die Verbesserungsmöglichkeit der Kollegen durch die gegenwärtige Handhabung herabgemindert, da nicht jeder gleich zur Einforderung der Vakanzenlisten schreiten will.

102. Antrag der Zweigverwaltung Osnabrück. **102.**

Der Verbandstag wolle beschließen:

Die Stellenvermittlung dahin auszubauen, daß die Vakanzenlisten nicht wie bisher nur den Stellensuchenden, sondern allgemein, außer dem Obmanne der Stellenvermittlung, den drei Vorstandsmitgliedern der Zweigverwaltungen und Abteilungen sowie auch den Vertrauensmännern der Betriebsgruppen zugesandt werden, woselbst sie von den Mitgliedern eingesehen werden können.

Begründung: Daß unsere Techniker-Zeitung in der Stellenvermittlung versagt, ist allgemein bekannt. Aber auch die Vakanzenlisten erreichen in ihrer jetzigen Verteilung ihren Zweck nur sehr unvollkommen, da sie nur den Obmännern für die Stellenvermittlung und den darum ansuchenden Mitgliedern zugesandt werden. Letzteren auch nur auf kurze Zeit. Daher bewerben sich um die ausgeschriebenen Stellen in der Ueberzahl nur jüngere Techniker, so daß das Angebot vielfach nicht den Wünschen der Ausschreibenden entspricht. Dagegen gibt es eine große Zahl älterer Mitglieder, die sich auch gelegentlich um eine bessere Stellung bewerben würden, wenn ihnen nur die ausgeschriebenen Stellen rechtzeitig zugehen würden, denen aber das fortwährende

Anfordern der Vakanzenliste zuviel Umstände macht. Dadurch, daß die Vakanzenlisten bei den Vorstandsmitgliedern und den Vertrauensmännern der Betriebsgruppen ausliegen, werden sie allen Mitgliedern leicht zugänglich, womit auch die Qualität der Bewerbungen auf die Ausschreibungen in unserer Vakanzenliste bedeutend gehoben wird.

103. Antrag der Zweigverwaltung Remscheid. 103.

Der Verbandstag wolle beschließen, die Hauptgeschäftsstelle zu beauftragen, dafür zu sorgen, daß diejenigen Kollegen, die durch ihr Bewerbungsschreiben bei der Stellenvermittlung nicht berücksichtigt worden sind, in zweckentsprechender Form hiervon Kenntnis erhalten. Wir schlagen hierzu vor:

1. Bekanntgabe der Nummern der erledigten Vakanzen in der D. T.-Z.

2. Es dürfte angebracht sein, sowohl in der Rubrik der D. T.-Z., als auch in der Vakanzenliste, eine Notiz einzusetzen, durch die die Bewerber, die Rücksendung wünschen, darauf aufmerksam gemacht werden, daß dies nur dann geschieht, wenn Rückporto beigelegt ist.

104. Antrag der Zweigverwaltung Osnabrück. 104.

Der Verbandstag wolle den Geschäftsführenden Vorstand beauftragen, eine Anleitung über die äußere Form zur Abfassung von Bewerbungsgesuchen herauszugeben und den Obmännern der Stellenvermittlung zur Verfügung zu stellen.

Begründung: Es gehen stets eine Anzahl Bewerbungsschreiben ein, die der äußeren Form so wenig genügen, daß man sie gar nicht vorlegen darf. Diesem vorzubeugen dürfte die Herausgabe einiger Muster zweckdienlich sein. Die Anleitung soll sich nur auf die äußere Form der Gesuche beschränken. Sofern darum unter den Bewerbungen ein Gesuch ist, das der zu verlangenden Form nicht allgemein genügt, wird dieses unter Beifügung einer Anleitung zurückgegeben.

105. Antrag der Zweigverwaltung Bremen. 105.

Die Stellenvermittler erhalten für jede vermittelte Stelle 3 Mark.

Begründung: Durch schnelle Besetzung der offenen Stellen wird an Stellenlosenunterstützungsgeldern gespart. Durch die geringe Prämie werden die Stellenvermittler zu ihren vielseitigen Arbeiten angespornt.

106. Antrag der Bezirksverwaltung Pommern. 106.

Der Verbandstag wolle beschließen, daß den Obmännern der Stellenvermittelung für ihre Müheleistungen vom Verband eine Entschädigung, im Verhältnis zu der Zahl der angemeldeten, bezw. besetzten Stellen, gewährt wird.

Begründung: Erfolgt auf dem Verbandstage.

107. Antrag der Zweigverwaltung Mainz. 107.

Der Verband möge in allen größeren Städten — etwa über 100 000 Einwohner — und Plätzen, an denen besonders viele Techniker gesucht werden, Zweigstellen seiner Stellenvermittlung einrichten, die gleichzeitig die Kontrolle der Stellenlosen-Unterstützung übernehmen.

Begründung: Die Zweigverwaltung Mainz hält die Stellenvermittlung als ein besonders geeignetes Agitationsmittel. Allen Zweigverwaltungen, die keine Zweigstelle der Verbands-Stellenvermittlung haben, fehlt dieses Agitationsmittel. Die zu besetzenden Stellen können nicht übersehen werden, die Verbandskollegen fallen mitunter der Unterstützungskasse zur Last, während nichtangeschlossene Techniker die Stellen besetzen. Die Verbindung der beiden Einrichtungen, Stellenvermittlung und Stellenlosenunterstützung, könnte für den Verband von großem Vorteil sein.

Unterstützungen und Darlehen.

108. Antrag der Zweigverwaltung Essen a. d. Ruhr. 108.

Bei Gewährung von Unterstützungen ist die Verbandsleitung verpflichtet, den das Gesuch befürwortenden Mitgliedern Kenntnis von der Gewährung zu geben. Ein Unterstützungsgesuch befürwortende Mitglieder sind verpflichtet, ihre volle Adresse nebst Mitgliedsnummer anzugeben.

Begründung: Sinngemäß wie zu Darlehen. Recht oft können aber auch solche Mitglieder wieder in die Lage kommen, die ihnen gewährte Unterstützung wieder zurückzuzahlen. Sie werden dieses umso eher tun, wenn bekannt ist, daß die die Unterstützung befürwortenden Mitglieder Kenntnis von der Gewährung erhalten. Andererseits dürfen aber auch solche Mitglieder dann die Pflicht in sich fühlen, wirkliche Verbandsarbeit mitzuleisten und nicht, wie so oft, nach Gewährung der Unterstützung dem Verbande den Rücken kehren.

109. Antrag der Zweigverwaltung Bremen. 109.

Der Verbandstag wolle beschließen: Die Auszahlung der Stellenlosenunterstützung erfolgt durch die Zweigverwaltung.

Begründung: Durch die Auszahlung der Stellenlosenunterstützung am Orte wird das Zusammengehörigkeitsgefühl der Mitglieder innerhalb der Zweigverwaltung gefördert, das Verbandsbureau entlastet und die Kosten geringer, auch ist es dann sehr oft eher möglich, den Kollegen neue Stellung zu besorgen.

110. Antrag der Zweigverwaltung Essen a. d. Ruhr. 110.

Die Verbandsleitung ist verpflichtet, den ein Gesuch befürwortenden Mitgliedern Kenntnis von der Gewährung und der Rückzahlung eines Darlehens zu geben. Auch wenn die Rückzahlung Schwierigkeiten bereitet, ist den befürwortenden Mitgliedern hiervon Kenntnis zu geben. Die das Gesuch befürwortenden Mitglieder haben ihre volle Adresse und Mitgliedsnummer hierbei anzugeben.

Begründung: Im finanziellen Interesse unseres Verbandes muß eine derartige Maßnahme gefordert werden. Die Auszahlung und Rückzahlung von Darlehen entzieht sich jetzt vollständig der Kenntnis der das Gesuch befürwortenden Mitglieder. Auch dürfte die Rückzahlung des Darlehens von säumigen Darlehensnehmern leichter zu erreichen sein, wenn die Befürworter den Säumigen an seine Pflicht erinnern können.

Stellenlosenunterstützung.

111. Antrag der Zweigverwaltung Mülheim a. Rhein. 111.

Der Verbandstag wolle beschließen, daß die Unterstützungsgelder für stellenlose Mitglieder in Zukunft nicht mehr direkt von der Hauptverwaltungsstelle, sondern durch die Zweigverwaltungen und Abteilungen ausgezahlt werden.

Begründung: Die große Inanspruchnahme der Stellenlosen-Unterstützungskasse im letzten Jahre dürfte vielleicht auch in manchen Fällen auf Mißbrauch dieser Einrichtung zurückzuführen sein, entweder dadurch, daß stellenlose Mitglieder sich nicht mit dem nötigen Eifer um eine neue Stellung bemühten, oder aber noch Unterstützung bezogen, während sie schon wieder Stellung hatten. Erfolgt die Auszahlung der Unterstützung durch die Unterorgane des Verbandes, so ist eine viel größere Kontrolle möglich.

112. Antrag der Zweigverwaltung Breslau. 112.

Die Zahlung der Stellenlosen-Unterstützung hat in Zukunft, nachdem die Anweisung von der Hauptgeschäftsstelle aus Berlin eingegangen ist, durch den Kassierer der Zweigverwaltungen bezw. Verwaltungsabteilungen zu erfolgen. Die rückständigen oder fälligen Beiträge sind von der ersten Stellenlosen-Unterstützung in Abzug zu bringen.

Begründung: Bei der jetzigen Handhabung, wobei den Kollegen die Stellenlosenunterstützung direkt von der Hauptgeschäftsstelle aus Berlin zugesandt wird, ergehen wohl Anfragen an die Vorstände der Zweigverwaltungen und Verwaltungsabteilungen, ob die betreffenden Kollegen ihre Beiträge bezahlt haben, verneinendenfalls werden diese dann von der Unterstützung in Abzug gebracht. Bei diesem Verfahren sind aber verschiedentlich Fehler unterlaufen, die Kollegen erhielten die ihnen zustehende Unterstützung, die rückständigen Beiträge wurden ihnen jedoch nicht abgezogen. Wenn dagegen die Unterstützung durch den Kassierer der Zweigverwaltung oder Verwaltungsabteilung ausgezahlt wird, so ist auch über die stellungslosen Kollegen eine genauere Kontrolle möglich, die bis jetzt fast gänzlich fehlte, aber in Anbetracht der immer größeren Inanspruchnahme unserer Stellenlosenunterstützung unbedingt eingeführt werden muß.

113. Antrag der Zweigverwaltung Essen a. d. Ruhr. 113.

Die Auszahlung der Stellenlosen-Unterstützung erfolgt durch den Kassierer der Ortsverwaltung auf Grund jedesmaliger besonderer Anweisung der Hauptkasse in Berlin.

Begründung: Durch die örtliche Auszahlung der Stellenlosen-Unterstützung ist eine im finanziellen Interesse unseres Verbandes liegende Kontrolle gewährleistet. Auch bleibt der Stellenlose in reger, für ihn nur nutzbringender Beziehung zur Verwaltungsstelle.

114. Antrag der Zweigverwaltung Essen a. d. Ruhr. 114.

Stellenlose Mitglieder sollen gehalten sein, sich während ihrer Stellenlosigkeit dem Vorstand der örtlichen Verwaltungsstelle zur Erledigung von Verbandsarbeiten zur Verfügung zu stellen.

Begründung: Bei dem regen Geschäftsgange innerhalb unseres Verbandes sind die einzelnen Verwaltungsstellen dauernd mit Arbeiten überhäuft. Es wird sich daher recht oft die Gelegenheit bieten, daß stellenlose Mitglieder ihre freie Zeit im Interesse des Verbandes ausnützen können. Als Beispiel führen wir an: Hausagitation, Einholung von Auskünften, schriftliche Arbeiten und so weiter.

115. Antrag der Zweigverwaltungen Jüterbog und Pankow. 115.

Der Verbandstag wolle beschließen, daß der § 3 der Satzungen für Stellenlosenunterstützung wie folgt ergänzt wird:

Auch Mitgliedern, die erst nach dem fünften Tage nach erfolgter Stellenlosigkeit oder nach Beendigung einer Krankheit, die Stellenlosigkeit im Gefolge hat, Antrag auf Stellenlosenunterstützung stellen, wird diese gewährt, wenn die Bedingungen nach § 2 der oben benannten Satzungen erfüllt sind.

Begründung: Es gibt viele Mitglieder, die versuchen, sich bei eintretender Stellenlosigkeit zunächst ohne Hilfe des Verbandes durchzuhelfen. Aus diesem Grunde unterlassen sie es, in der jetzt festgesetzten Frist von fünf Tagen einen Antrag auf Stellenlosenunterstützung zu stellen. Nach dem jetzigen Wortlaut des § 3 erscheint jedoch, daß Anträge, die nicht in der festgesetzten Frist von fünf Tagen nach erfolgter Stellenlosigkeit gestellt sind, keinen Anspruch auf Gewährung der Unterstützung haben.

Zutreffendenfalls würde dieses eine direkte Benachteiligung der Mitglieder sein, die ihren Antrag aus dem Grunde nicht rechtzeitig gestellt haben, um die Verbandskasse nicht sofort in Anspruch zu nehmen. Ferner wird durch die Bestimmung, daß nur die in der festgesetzten Frist von fünf Tagen gestellten Anträge berücksichtigt werden, jedes stellenlose Mitglied gezwungen, sofort eine Unterstützung zu beantragen, was keinen Vorteil für die Verbandskasse ergeben kann.

116. Antrag der Zweigverwaltung Steglitz. 116.

Der Verbandstag wolle beschließen, dem Verbande eine Stellenlosen-Versicherung anzugliedern, wodurch es den Verbandsmitgliedern ermöglicht wird, sich bei Stellenlosigkeit eine Rente zu sichern.

Als Satzungsunterlagen könnten die der Ferienhilfskassen dienen.

Begründung: Bei der jetzigen Stellenlosenunterstützung bekommen die Kollegen, welche gekündigt sind oder Gründe zum sofortigen Verlassen ihrer Stellung haben, diese Unterstützung. Es dürfte aber auch sehr viele Kollegen geben, die gezwungen wären, ihre Stellung aufzugeben, ohne daß sie Unterstützung beanspruchen können. Hier könnte eine Versicherung, wie im Antrag gestellt, segensreich wirken; dieses ist zugleich die beste Selbsthilfe.

117. Antrag der Zweigverwaltung Hildesheim. 117.

Der Verbandstag wolle beschließen:

Die im Hauptbureau der Auskunftei des Verbandes vorhandenen Unterlagen von Auskünften über Firmen usw. sind, soweit diese sich auf den Sitz einer Stellenvermittelungsfiliale erstrecken, dem Obmann derselben in Abschrift zu übermitteln. Mit allen vorkommenden Nachträgen, Aenderungen und dergl. ist in gleicher Weise zu verfahren. Gestellte Anfragen sind vom Hauptbureau direkt an den Obmann der Stellenvermittelung zu richten. Letzterer hat dem Fragenden direkt Auskunft zu erteilen unter gleichzeitiger Uebersendung einer Abschrift der erteilten Auskunft nach Berlin. Für etwaigen Mißbrauch des Materials sind die Obmänner der Stellenvermittelung verantwortlich.

Begründung: Nach dem bisherigen Verfahren werden Anfragen über Firmen von Berlin dem Vorsitzenden der Zweigverwaltung zugesandt. Von hier werden die Anfragen in den meisten Fällen dem Obmann der Stellenvermittelung übermittelt, da dieser in der Regel die einschlägigen Verhältnisse am besten kennt. Der Letztere gibt die Auskunft nach Berlin und erst von hier gelangt diese in die Hände des Fragestellers. Dieses Verfahren ist zu umständlich und zeitraubend, da dem Stellensuchenden daran gelegen ist, schnell die Auskunft zu erlangen, wenn nicht die verzögerte Auskunft unter Umständen die Erlangung der betreffenden Stelle überhaupt in Frage stellt. Der im Antrag bezeichnete Weg wird in vielen Fällen wesentlich schnellere Auskünfte ermöglichen.

Beihilfe zu den Bestattungskosten.

118. Antrag der Landesverwaltung Elsaß-Lothringen. 118.

Der XXII. Verbandstag wolle beschließen, daß das Sterbegeld von 50 M bis 400 M auf 100 M bis 400 M erhöht wird. Der Höchstbetrag von 400 M soll nach dem vollendeten 31. Mitgliedsjahr erreicht werden, so daß die Steigung 10 M für jedes vollendete Mitgliedsjahr beträgt.

119. Antrag der Zweigverwaltung Erfurt. 119.

Der Verbandstag wolle beschließen:

Die Staffelung der Beihilfe zu Bestattungskosten soll eine dahingehende Aenderung erfahren, daß die zu gewährende Höchstsumme von 400 M schon nach Verlauf von 25 Jahren erreicht wird. Dies läßt sich sehr leicht ermöglichen dadurch, daß an Stelle der jährlich hinzutretenden 10 M 15 M gesetzt werden.

Begründung: Nach dem letzten Jahresbericht beträgt die Beihilfe zu den Bestattungskosten nur ca. 3% der jährlichen Mitgliedsbeiträge, ein an und für sich sehr niedriger Satz. Da ferner bislang die Zinsen vom Grundstock niemals aufgebraucht worden sind, die zu gewährende Beihilfe aber eines der wichtigsten Glieder der Wohlfahrtseinrichtungen mit darstellt, ist es nicht mehr recht wie billig, den zu gewährenden Höchstsatz von 400 M schon früher, als es jetzt der Fall ist, zu erreichen.

Allgemeines.

120. Antrag der Westdeutschen Bezirksverwaltung. 120.

Die vom Verbandsvorstande beabsichtigte Einrichtung einer Kollektivunfallversicherung für Unglücksfälle usw. bei Besichtigungen ist daran gescheitert, daß nicht genügend Zweigverwaltungen sich daran beteiligt haben, um die von der Versicherung verlangte Mitgliedschaft von 8000 sicher zu stellen. Mit Rücksicht auf den großen Wert einer solchen Versicherung für die Mitglieder des D. T.-V. ist zu beschließen, daß der Verbandsvorstand beauftragt wird, die Versicherung abzuschließen und die hierdurch entstehenden Kosten auf die einzelnen Zweigverwaltungen zu verrechnen.

121. Antrag der Zweigverwaltung Remscheid. 121.

Der Verbandstag möge, falls die Kosten nicht zu hoch sind, die Mitgliedschaft des Verbandes Deutscher Beamtenvereine erwerben, damit die hiermit verbundenen Vorteile auch unseren Mitgliedern zugute kommen.

Begründung: Der Verband Deutscher Beamtenvereine bietet seinen Mitgliedern und den angeschlossenen Vereinen sehr viele Vorteile in Versicherungen, Preisermäßigungen in Hotels, Jugendheimen, Badeorten usw., die in einem starken Handbuch zusammengestellt sind.

122. Antrag der Zweigverwaltung Mainz. 122.

Der Deutsche Techniker-Verband lehnt die öffentlichen Stellennachweise ab und empfiehlt seinen Mitgliedern, aus Standesrücksichten derartige Einrichtungen nicht zu benutzen.

Begründung: Bei der Vermittlung von Stellen für technische Angestellte durch die öffentlichen Arbeitsnachweise wird kein Mindestgehalt zu Grunde gelegt. Es werden deshalb hier alle diejenigen Unternehmer Personal suchen, die ein geringeres Gehalt zahlen wollen. Organisierte Techniker müssen deshalb diese Stellenvermittlungen ablehnen, die nicht in ihrem Interesse eingerichtet worden sind.

123. Antrag der Bezirksverwaltung Niederschlesien. 123.

Der Verbandstag wolle die Gründung einer „Techniker-Sparkasse" beschließen, die als Genossenschaft mit beschränkter Haftpflicht einzurichten ist.

Begründung: Mehr und mehr muß auch unsere Organisation Wert darauf legen, Einrichtungen zu schaffen, die, auf genossenschaftlicher Grundlage aufgebaut, geeignet sind, einen allmählichen Ausgleich zwischen den teilweise niedrigen Gehältern und dem gesunkenen Geldwert herbeizuführen. Als Mittel zum Zweck soll die „Techniker-Sparkasse" dienen, die die gesparten Beiträge so anlegen muß, daß sie den wirtschaftlichen Interessen der Mitglieder dienen. Während die städtischen Sparkassen und Banken häufig zur Steigerung der Bodenpreise und damit zur Steigerung des Lebensunterhaltes der Sparer beitragen, soll durch die „Techniker-Sparkasse" eine gesunde Förderung von Baugenossenschaften, Konsumvereinen usw. ermöglicht werden, kurz, es sollen alle Einrichtungen unterstützt werden, die den Mitgliedern wirtschaftlichen Nutzen bringen.

124. Antrag der Bezirksverwaltung Oberschlesien. 124.

Der Deutsche Techniker-Verband wolle sich mit anderen Angestellten-Organisationen zu einer Interessengemeinschaft zusammenschließen, um „eine Bank für Deutsche Angestellte" zu gründen.

Begründung: Die Vorgänge bei der Deutschen Bank — die sich als Gegnerin der Koalitionsfreiheit gezeigt hat — und die hiermit zusammenhängende Zurückziehung der Depositen seitens der Gewerkschaften in Höhe von 20 Millionen M haben gezeigt, daß die Gewerkschaften, wenn sie geschlossen vorgehen, bereits eine Macht sind, mit der auch die Banken zu rechnen haben.

Um nun einerseits die Geschlossenheit der gewerkschaftlichen Angestellten-Verbände dauernd zu wahren und andererseits die Geschlossenheit nach außen hin dokumentierend zu Nutz und Frommen der Angestellten dauernd auszunutzen, empfehlen wir die Gründung der „B. f. D. A.".

Für einen zukünftigen Kampf der einzelnen Angestellten-Organisationen sowie der Gesamtheit der Angestellten ist ein finanzieller Rückhalt nötig, wie das tägliche Brot. Haben wir erst einen Juliusturm, eine B. f. D. A., so kann diese arbeiten, wie auch andere Banken arbeiten, die aufs Verdienen angewiesen sind! Jedenfalls werden viele Angestellte, auch anderer Organisationen, ihre Spargroschen zu unserer Bank tragen, wenn sie erst da ist.

Daß die beteiligten Organisationen ihre toten Kapitalien, Sterbekasse usw., die nicht angegriffen werden dürfen und stetig wachsen, auf unserer Bank zu deponieren hätten, ist wohl selbstverständlich. Auf den Gründungsfonds des Stammkapitals kommen wir weiter unten.

Schon das Erscheinen einer B. f. D. A., schon ihre bloße Existenz, wird uns ein Schild sein im Kampfe gegen die Arbeitgeber. Diese werden es sich mehr denn je überlegen, den Angestellten einen Kampf aufzuzwingen, wenn diese einen Kriegsfonds hinter sich haben.

Und nun zum Gründungsfonds der Bank. Die in Frage kommenden Angestellten-Organisationen haben unter ihren Mitgliedern einen einmaligen „Wehrbeitrag" von 1 M pro Person zu erheben. Mit 200 000 M kann in bescheidenen Verhältnissen eine Bank gegründet werden.

Als Arbeitsfonds kämen hinzu:

1. die Kapitalien der betreffenden Organisationen;
2. die Spargroschen der Angestellten;
3. die Kapitalsanlagen anderer Leute, wie sie alle Banken aufzuweisen haben.

Unter günstigeren Auspizien würde wohl selten eine Bank gegründet sein.

Ein Finanztechniker würde weitere Momente hinzufügen können, die eine Gründung befürworteten.

125. Antrag der Bezirksverwaltung Rheinland. **125.**

Der Verbandstag wolle den Geschäftsführenden Verbandsvorstand beauftragen, unverzüglich in Verhandlung mit anderen technischen Angestelltenverbänden zu treten, um ein Kartell zur gemeinsamen Führung der Stellenvermittelung, Stellenlosenunterstützung, des Rechtsschutzes und der Auskunftei zu schaffen. Die Leistungen der Stellenlosenunterstützungskassen sind einheitlich zu gestalten.

Begründung: Die Organisationen der technischen Angestellten können unmöglich die immer weiter steigenden Kosten für die sozialen Einrichtungen, wie sie durch die gegenwärtigen Verhältnisse bedingt sind und die in schlechteren Zeiten oder bei sonstigen Ereignissen noch mehr steigen werden, tragen, wenn sie sich nicht finanziell unmöglich machen wollen. Ein gemeinsames Vorgehen der Verbände, wie vorstehend angeführt, gibt allein Garantie, daß sich die Kosten verringern und dabei die höchste Leistung erzielt wird.

IV. Sozialpolitischer Ausschuß.

Sozialpolitik.

126. Antrag der Zweigverwaltung Tempelhof. **126.**

Der 22. Verbandstag wolle sich eingehend mit der Frage befassen: Welche Mittel und Wege sind zu ergreifen, um der immer mehr überhandnehmenden Gepflogenheit in der Privat-Industrie, in Staats- und Gemeindebetrieben erfolgreich entgegenzutreten, daß ältere Angestellte, welche ihre besten Kräfte im Dienste des Unternehmers verbraucht haben, ohne stichhaltigen Grund entlassen, im Gehalt oder in sonstiger Weise zurückgesetzt werden.

Diesen bedauerlichen Vorgängen im heutigen Wirtschaftsleben ist vom Verbande mehr Aufmerksamkeit als bisher entgegenzubringen und für genügende Aufklärung der Oeffentlichkeit Sorge zu tragen.

127. Antrag der Zweigverwaltung Kiel. **127.**

Der XXII. Verbandstag wolle beschließen, daß vom D. T.-V. energische Maßnahmen zu ergreifen sind, um dem systematischen Hineindrängen der Diplom-Ingenieure in die Stellungen der Mittelschultechniker bei Staat und Kommune Einhalt zu tun.

128. Antrag der Zweigverwaltung Zwickau. **128.**

Der Verband wolle in Verbindung mit den anderen Angestelltenverbänden dahin wirken, daß die schleunigste Aenderung der jetzigen Quittungen für die Angestelltenversicherung vorgenommen wird, damit der Arbeitgeber nicht in der Lage ist, das von den Angestellten früher bezogene Gehalt zu ersehen und zu kontrollieren.

Begründung: Siehe Heft 18 Seite 65 der Techniker-Zeitung. Noch schlimmer wie in diesem Fall kann es einem Angestellten ergehen, wenn er durch wirtschaftlichen Rückgang seine gute Stellung gekündigt bekommt und eine billigere Notstellung annimmt. In diesem Falle ist es dem Angestellten kaum möglich, wieder in die Höhe zu kommen, oder wenn es ihm doch gelingt, nur unter erschwerten Umständen mit wirtschaftlichen Verlusten.

129. Antrag der Zweigverwaltung Gladbeck. **129.**

Die Verbandsleitung wolle Maßnahmen ergreifen, um dem Eindringen weiblicher Kräfte in den technischen Beruf zu begegnen. Es kann nicht anerkannt werden, daß durch Zeichnerinnen usw. dem ungesunden Zustand, daß ungeschulte männliche Kräfte in unserem Berufe tätig sind, ein Ende bereitet wird. Vielmehr wird durch die Zeichnerinnen dies Uebel vergrößert. Den sich speziell zur technischen Ausbildung weiblicher Kräfte bildenden Lehranstalten muß mit allen Mitteln entgegen gearbeitet werden, zumal die Gelegenheit zur Ausbildung männlicher Kräfte allein schon durch die anerkannten Fachschulen viel zu groß ist.

Anschließend hieran wäre zu wünschen, daß der Verband derartige, neu auftretende Mißstände mit größter Schnelligkeit bearbeitet, um solche Bedrohungen unseres Standes im Keime sofort zu ersticken. Ein Zusammengehen mit anderen Verbänden, welche ähnliche Ziele verfolgen, wäre zu begrüßen.

130. Antrag der Zweigverwaltung Kiel. **130.**

Der XXII. Verbandstag wolle beschließen:

Es ist eine Erhebung einzuleiten, um eine Regelung der Anstellung von Staatspensionären in Staats-, Kommunal- und privaten Betrieben zu erreichen.

Begründung: Durch die Anstellung von Staatspensionären wird schulmäßig vorgebildeten Technikern häufig die Gelegenheit genommen, Stellung zu finden, da die Staatspensionäre für ein geringeres Gehalt arbeiten, als es ein befähigter Technikers imstande ist. Aus diesen und anderen Gründen soll von Staats wegen die Anstellung der Staatspensionäre geregelt werden. (Stellenlosigkeit, Gehaltsdrückung.)

131. Antrag der Zweigverwaltungen Coblenz und Rathenow. **131.**

Der Verbandstag wolle den Verbandsvorstand beauftragen: In erhöhtem Maße und mit allen Kräften dahin zu wirken, daß bei der Besetzung neu geschaffener Stellen des Staates und der Selbstverwaltungen, für die vorherrschend technische Kenntnisse notwendig sind, wie Wohnungsinspektoren, Gewerbe- und Fortbildungsschullehrer usw., die mittleren Techniker in größerer Anzahl als seither berücksichtigt werden.

Begründung: Wenn auch die vom Verband in dieser Richtung geleistete Arbeit anerkannt werden muß, so ist es bei der Ueberfüllung des technischen Berufes doch dringend notwendig, daß durch Eingaben bei den in Betracht kommenden Behörden und durch Aufklärung in den Tageszeitungen mehr als bisher darauf hingewiesen wird, daß für derartige Stellen der Techniker infolge seiner Vorbildung und seiner praktischen Kenntnisse am geeignetsten erscheinen muß.

132. Antrag der Bezirksverwaltung Dresden. **132.**

Der Verbandstag wolle für die weitere Bearbeitung der Baukontrolleurfrage einheitliche Richtlinien aufstellen und insbesondere festlegen, ob in dieser Frage ein Zusammengehen mit der Arbeiterschaft, wie dies in der Deutschen Techniker-Zeitung zum Ausdruck gebracht wurde, für den deutschen Technikerstand förderlich ist.

Begründung: Die in den beiden Artikeln der D. T.-Z. zum Ausdruck gebrachten Anschauungen entsprechen nicht den Wünschen eines großen Teiles der, dem Baufach angehörenden Kollegen, die als Baukontrolleure nur den gereiften, praktisch erfahrenen und damit dem zur Beurteilung und Ausübung unbedingt erforderlichen technischen Wissen versehenen, älteren Techniker gelten lassen wollen. Ein Zusammenarbeiten mit der Arbeiterschaft ist für das Ansehen des vollwertigen deutschen Technikers direkt schädlich und nur geeignet, die geringen Sympathien, die der Techniker in der Oeffentlichkeit besitzt, noch weiter zu untergraben. Es ist für den deutschen Techniker vielmehr weitaus förderlicher, wenn der Verbandstag klar zum Ausdruck bringt, daß er in dieser Frage mit der organisierten Arbeiterschaft zu arbeiten nicht gewillt ist. Weitere Begründung erfolgt auf dem Verbandstage.

133. Antrag der Bezirksverwaltung Dresden. **133.**

Der Verbandstag wolle beschließen, zur Durchführung der wiederkehrenden Wahlen zur „Angestellten-Versicherung" und den „Ausschüssen der Ortskrankenkassen" einen Wahlfonds zu bilden und diesem pro Jahr und Mitglied 10 Pfennig zuzuführen, oder aber die örtlichen Verwaltungen zu ermächtigen, selbst einen derartigen Fonds durch jährliche Rücklagen zu bilden.

Begründung: Da nach der Satzung die örtlichen Verwaltungen keine Rücklagen machen dürfen, werden die entstehenden bedeutenden Ausgaben aus den in diesen Jahren zur Verfügung stehenden satzungsgemäßen Mitteln nicht gedeckt werden können, ohne in den übrigen erforderlichen Ausgaben wesentliche Einschränkung, die nur schädigend einwirken würden, machen zu müssen.

134. Antrag der Zweigverwaltung Hamburg. **134.**

Der Verbandstag möge beschließen: Den Zweigverwaltungen wird anheim gestellt, mehr als bisher vorbehaltlich der Genehmigung des Geschäftsführenden Vorstandes, körperschaftliches Mitglied solcher sozialpolitischen oder wohltätigen Vereine zu werden, die entweder vom Verbande als sozialpolitisch wertvoll anerkannt sind, oder deren Tätigkeit die Erringung wirtschaftlicher Vorteile für Privatangestellte und Beamte erstrebt.

Begründung: Erfolgt auf dem Verbandstage.

Schulfragen.

135. Antrag der Zweigverwaltungen Rathenow und Remscheid. **135.**

Die Verbandsleitung hat bei den gesetzgebenden Körperschaften vorstellig zu werden, daß die weitere Gründung von technischen Lehranstalten (staatlichen und privaten) unterbleibt. Ferner ist auf die Behörde einzuwirken, daß in Zukunft die Organisationen der technischen Beamten und Angestellten, deren Nachwuchs aus diesen Schulen hervorgeht, vor der Konzessionserteilung neuer Schulen über die Notwendigkeit mitbefragt werden.

Begründung: Durch Veröffentlichung in leitenden Tageszeitungen ist von Zeit zu Zeit auf die durch Ueberfüllung im technischen Berufe entstandenen Mißstände und auf ihre Folgen für den Einzelnen und die Gesamtheit der Angestellten, sowie auf die volkswirtschaftlichen Nachteile der Ueberfüllung hinzuweisen (ähnlich wie es Oberlehrer, Aerzte, Rechtsanwälte usw. bereits tun). Da man heute schon die Notwendigkeit offiziellen Unterrichtes durch Fortbildungsschulen für den Nachwuchs in Handwerk und Gewerbe anerkennt, also die private Lehrtätigkeit als nicht geeignet oder ausreichend ansieht, und ferner das offizielle Studium für die höheren Techniker vorgeschrieben ist, sollte für die wohl ebenso wichtige Schicht der mittleren Techniker gefordert werden, daß nur staatliche Lehranstalten als maßgebend zu betrachten und mit deren Abschlußprüfung gewisse gesetzlich festzulegende Vorteile zu verbinden sind. Solange kein Bedarf vorliegt, hat jede weitere Neugründung von technischen Lehranstalten zu unterbleiben.

136. Antrag der Zweigverwaltung Eberswalde. **136.**

Der Verbandstag wolle beschließen, daß vom Verbandsvorstand mit allen Mitteln gegen die Ueberfüllung des Technikerberufes gearbeitet werde, besonders im Hinblick auf die noch andauernd erfolgende unnötige Neugründung von technischen Schulen.

Begründung: Trotzdem das technische Bildungswesen bereits ein Programmpunkt des Verbandes ist, glaubt die Zweigverwaltung auf diese wundeste Stelle des heutigen Technikerloses nochmals hinweisen zu müssen, weil nur durch energische Abwehrmaßregeln der Ueberfüllung des Technikerberufes begegnet werden kann, die bei der heutigen Arbeitslosigkeit der Techniker zu einer ganz bedeutenden Kalamität geworden ist. Insbesondere sind die Privatschulen zu bekämpfen, die im allgemeinen nur ein unvollkommen ausgebildetes Material auf den Arbeitsmarkt werfen.

137. Antrag der Zweigverwaltung Zwickau. **137.**

Der Verbandstag wolle dahin wirken, daß den Mittelschultechnikern, welche eine abgeschlossene Schulbildung und die erforderliche Reifeprüfung bestanden sowie das 20. Lebensjahr noch nicht überschritten haben, ebenfalls wie den Volksschullehrern bezw. Schülern höherer Lehranstalten das Einjährig-Freiwilligen-Zeugnis erteilt wird.

Begründung: Der Techniker wird zum großen Teil von allen anderen Berufsklassen häufig durch Unkenntnis in seinen Leistungen und Wissenschaften unterschätzt, da die Fernstehenden von dem umfangreichen Wissen des Technikers in praktischer und theoretischer Hinsicht keine Ahnung haben. Es ist allerhöchste Zeit, daß man dem Techniker das Recht einräumt, das ihm wegen seiner Kenntnisse schon lange zustehen sollte. Seine Vorbildung ist mindestens gleich hoch anzurechnen wie die eines Seminaristen oder eines 17 jährigen Realschülers oder Gymnasiasten.

138. Antrag der Zweigverwaltung Bremen. 138.

Der Deutsche Techniker-Verband möge bei jeder Gelegenheit dahin wirken, daß zur Ablegung der Abgangsprüfung an einer anerkannten Baugewerkschule die Gesellenprüfung erforderlich ist.

Begründung: Durch eine vollständige praktische Ausbildung wird der Technikerstand gehoben und der Ueberfüllung unseres Berufes vorgebeugt.

139. Antrag der Zweigverwaltung Zwickau. 139.

Der Verband wolle dahin wirken, daß die Gewerbeschullehrerfrage durch Herausgabe von geeigneten Schriften und Materialsammlungen zur genügenden Aufklärung noch mehr als bisher gefördert wird, damit die Tätigkeit des Technikers als Gewerbelehrer behauptet und gefestigt wird.

Begründung: Daß der Techniker in weit höherem Maße geeignet ist, dem Gewerbelehrling die für seinen Beruf erforderlichen Erklärungen faßlich und sachlich zu geben, bedarf kaum der weiteren Ausführung. Die Praxis zeigt, daß ein Pädagoge kaum in der Lage ist, einem Maschinenbauer zu erklären, welcher Maschinenteil bei einer zu bauenden Maschine zuerst und zuletzt gebraucht wird. Noch weniger ist er in der Lage zu sagen, welches geeignete Material und aus welchen Gründen es zu den einzelnen Teilen genommen wird. Wie kann weiter ein Schullehrer einem Tischler- oder Formerlehrling die Teilung eines Modells und die Einformung erklären und dergl. mehr.

140. Antrag der Zweigverwaltung Coblenz. 140.

Der Verbandstag wolle den Verbandsvorstand beauftragen: Durch geeignete Veranstaltungen, wie Abhaltung von zusammenhängenden Kursen und Vorträgen, den Mitgliedern Gelegenheit zu geben, sich ohne erhebliche Kosten die Kenntnisse zu erwerben, die außer den technischen zur Uebernahme der Stellen notwendig sind.

Begründung: Um auch den Technikern in kleinen und mittleren Städten Gelegenheit zur Aneignung der für dergl. Stellen verlangten Kenntnisse zu geben, ist erforderlich, daß in möglichst vielen und nicht nur in ein oder zwei Großstädten innerhalb der Zweigverwaltungen einschlägige Kurse und Vorträge abgehalten werden.

Deutsche Techniker-Zeitung.

141. Antrag der Bezirksverwaltung Bayern. 141.

Die Technikerzeitung soll in Zukunft, um die hohen Ausgaben hierfür (jetzt zirka 4 M netto pro Mitglied und Jahr) herabzumindern, in einer Stärke von nur 16 Seiten und ohne Umschlag herausgegeben werden. Die erste Seite ist mit einem entsprechenden Titelkopf zu versehen und hat stets einen geeigneten Leitartikel zu enthalten. Die Inserate sind hinten anzufügen und für den textlichen Inhalt ungefähr die jetzige Einteilung beizubehalten. Der Hauptwert soll dabei auf den sozialen Teil und den technischen Fragekasten gelegt werden; die technische Rundschau soll abwechselnd gute Abhandlungen des technischen Fortschrittes auf den einzelnen Gebieten bringen usw.

Die Kosten der Zeitung würden sich dann ungefähr belaufen auf:

1. Bei 52 Nummern: Druckkosten (nach eingeholter Offerte) pro Nummer auf ca. M. 760 × 52 = rund	M. 39 500.—
2. Postgebühren und Zustellgebühr pro Mitglied und Jahr . . . . . . 48 Pf.	
Porto bei einem Gewicht von ca. 33 g bei 52 Nummern rund 1,75 kg = 0,39 u. 0,75 = . . 46,5 „	
Pro Mitglied und Jahr zus. 94,5 Pf.	
Mithin bei einer Versendung von 32000 Exemplaren	M. 30 200.—
3. Redaktion pauschal	„ 14 500.—
4. Honorare an Mitarbeiter	„ 4 500.—
5. Bildstöcke	„ 1 100.—
6. Diverses	„ 200.—
Gesamtkosten	M. 90 000.—
Hiervon ab für Inserate u. Abonnements zus.	„ 10 000.—
Bleiben Nettokosten	M. 80 000.—

mithin pro Mitglied und Jahr 2,66 M, demnach eine Einsparung von rund 30 000 M.

Die Zeitung würde dabei an ihrem Wert und Inhalt nicht verlieren, weil die Zahl der Textseiten mit 12 bestehen bleiben würde, da anzunehmen ist, daß die Inserate im Selbstverlag nicht mehr als 3 Seiten ausmachen werden, weshalb auch nur hierfür inkl. Abonnements 10 000 Mark an Einnahmen vorgesehen sind. Sollten diese dann trotzdem mehr werden, so sind sie so zu berechnen, daß auch die dadurch entstehenden Mehrkosten gedeckt werden.

Wenn dann die Ausgaben für die Zeitung noch mehr eingeschränkt werden sollen und die jetzt hierfür aufgewendeten Mehrkosten anderweitig als Reservefonds und für andere wichtige soziale Zwecke angelegt werden würden, so dürfte es vollauf genügen, die Zeitung nur alle 10 Tage erscheinen zu lassen.

Die Kosten würden dann betragen:

1. Drucksachen und Papier	28 000 M
2. Postgebühren	21 000 „
3. Redaktion	13 600 „
4. Honorare	4 000 „
5. Bildstöcke	4 000 „
6. Diverses	400 „
Gesamtsumme:	68 000 M.
Hiervon ab für Inserate und Abonnements	8 000 M
bleibt Nettosumme	60 000 M.

pro Mitglied netto 2 M.

Der Zweck, dem die Zeitung dienen soll, wird gewiß auch durch diesen Vorschlag nicht eingeschränkt, wenn ihr Inhalt, und auf diesen kommt es doch an, gut ist. Der Ueberschuß gegen die jetzigen Ausgaben ist aber so groß und für den Verband mit seinen stets wachsenden Ausgaben so nützlich, daß sich der Versuch nicht allein lohnen, sondern auch eine Beitragserhöhung auf absehbare Zeit hinaus hintanhalten würde.

142. Antrag der Zweigverwaltung Charlottenburg. **142.**

Der Verbandstag wolle beschließen: daß die Deutsche Techniker-Zeitung in einer anderen Aufmachung herausgegeben wird. Z. B. in einem anderen Umschlag, einer anderen Farbe und mit einem anderen Kopf.

Die erste Seite auf dem Umschlag ist für Werbetätigkeit, sozialpolitische Bemerkungen, Auszüge aus den die

Techniker betreffenden Reichstagsberichten, Angelegenheiten aus dem Patentrecht, dem Koalitionsrecht, der Arbeitslosenversicherungsfrage usw., zu reservieren.

143. Antrag der Zweigverwaltung Augsburg.

Die Deutsche Techniker-Zeitung, sobald der Druck- und Inseraten-Vertrag abgelaufen ist, in billigerer, einfacherer Ausführung erscheinen zu lassen.

Begründung: Nachdem der fachwissenschaftliche Teil der Verbandszeitung, der ja infolge Illustrationen der verschiedensten Art sowohl besseres Papier als auch besseren Druck bedingt, sehr in den Hintergrund getreten ist, glauben wir, daß bei Herstellung der Zeitung große Ersparnisse gemacht werden können. Für eine Zeitschrift von fast nur sozialpolitischem Inhalt würde eine weit einfachere Ausführung genügen.

144. Antrag der Zweigverwaltung Rendsburg.

Der neue Vertrag über den Verlag der D. T.-Z. ist erst nach Begutachtung durch wirtschaftliche und juristische Sachverständige sowie Fachleute des Buchgewerbes mit einer Verlagsfirma abzuschließen, deren Angebot aus einer öffentlichen Verdingung hervorgehend als günstigstes erkannt wurde. Die Kosten der Begutachtung sind in den Haushaltplan einzustellen. Der Anzeigenteil ist in seinem Umfang und Einnahmen bedeutend zu erhöhen.

Begründung: Nach dem letzthin veröffentlichten Rechenschaftsbericht für 1911 wurden rund 157 600 M für die Verbandszeitung verausgabt. Die Einnahmen betrugen für Anzeigen, Beilagen, Abonnements rund 42 500 M, so daß die Verbandskasse 115 000 M zuzusetzen hatte. Auf rund 700 Textseiten entfielen ebenso viel Anzeigenseiten. Zum Vergleich sei angeführt, daß nach dem Rechenschaftsbericht des „Vereins Deutscher Ingenieure" für die Vereinszeitschrift mit der Monatsbeilage „Technik und Wirtschaft" 933 000 M verausgabt wurden. Einnahmen standen gegenüber 85 500 M für Anzeigen und Beilagen sowie 103 000 M für Abonnements, Sonderdruck und Normen, zusammen 988 000 M. Der Ueberschuß der Vereinskasse betrug demnach 55 000 M. Rund 2100 Textseiten standen gegenüber über 5000 Anzeigenseiten.

Man beachte, daß das Verhältnis von Text zur Anzeige im Verbandsorgan 1 : 1, in der Zeitschrift des Vereins Deutscher Ingenieure fast 1 : 2,5 beträgt. Ferner vergleiche man, daß die D. T.-Z. rund 60 M für die Seite, die Z. d. V. d. I. dagegen 430 M unter Mitberücksichtigung der Monatsbeilage durch Anzeigen und buchhändlerischen Vertrieb vereinnahmt. Wenn auch die Verbesserung des Textes der D. T.-Z. seit 1914 nicht verkannt werden soll, so muß doch mit Entschiedenheit auf Gewinnung eines rührigen und geschickten Verlegers, dem die Vermehrung und Verbesserung des Anzeigenteils angelegen ist, hingestrebt werden. Der enorme Zuschuß von 115 000 M ist ganz bedeutend herabzusetzen.

145. Antrag der Zweigverwaltung Hildesheim.

Der Verbandstag wolle beschließen:

Dem in der Deutschen Techniker-Zeitung eingerichteten „Briefkasten" ist seitens der Redaktion ganz besondere Aufmerksamkeit zu widmen; wenn möglich, ist derselbe noch weiter auszubauen, damit er sich in immer größerem Maße zu einer Lieblingslektüre aller Kollegen ausbildet.

Begründung: Es steht außer Zweifel, daß die Anfragen und Antworten im Briefkasten infolge ihrer Vielseitigkeit von den in der Praxis stehenden Kollegen gern gelesen werden. Insbesondere bietet sich den jüngeren Mitgliedern Gelegenheit, ihr praktisches Wissen durch die Ratschläge erfahrener Kollegen zu bereichern. Zugunsten des weiteren Ausbaues des „Briefkastens" hätte die Veröffentlichung manches Fachartikels ohne Nachteil für das Ansehen der D. T.-Z. unterbleiben können. Der außerordentlich große agitatorische Wert des „Briefkastens" darf nicht unterschätzt werden.

146. Antrag der Zweigverwaltung Köln.

Der technische Teil in der Techniker-Zeitung ist unter Ausbau des Fragekastens fortzulassen.

Begründung: Bei der zunehmenden Spezialisierung der technischen Berufe ist es ausgeschlossen, alle Mitglieder in den einzelnen Nummern der Techniker-Zeitung interessierende Fachartikel zu bringen. Hierfür stehen den Mitgliedern besondere Fachzeitungen zur Verfügung. Durch den Ausbau des Fragekastens und die erweiterte Aufnahme von sozialpolitischen und allgemeinen Artikeln dürfte den Wünschen der Mitglieder mehr als seither Rechnung getragen werden.

147. Antrag der Zweigverwaltung Köln. 147.

Die unentgeltliche Besprechung von Büchern usw. in der Techniker-Zeitung ist fortzulassen.

Begründung: An der Bücherbesprechung hat in erster Linie der betr. Verleger ein Interesse, es ist daher eine Forderung der Billigkeit, wenn solche Reklame entsprechend zugunsten des hohen Zeitungsetats vergütet wird.

148. Antrag der Zweigverwaltung Breslau. 148.

Das Ableben jedes Verbandskollegen ist auf einer in der Deutschen Techniker-Zeitung neu einzuführenden Sterbetafel von der Hauptgeschäftsstelle Berlin aus bekannt zu geben.

Begründung: Bis jetzt werden nur die von den einzelnen örtlichen Verbandsorganen eingesandten Todesnachrichten veröffentlicht, wodurch nicht ausgeschlossen erscheint, daß ein großer Teil von Todesfällen von Verbandskollegen überhaupt nicht bekannt gegeben wird. Da durch die Auszahlung des Sterbegeldes in der Hauptgeschäftsstelle Berlin sämtliche Todesnachrichten eingehen, hat diese das Ableben aller Kollegen auf der Sterbetafel bekannt zu geben. Die Bekanntmachungen haben gratis zu erfolgen und sollen nur kurz Namen, Alter, Stand und Ort enthalten.

149. Antrag der Zweigverwaltung Cüstrin. 149.

Die Ueberweisung der Techniker-Zeitung bei einem Wohnortswechsel eines Mitgliedes ist derart zu regeln, daß die Ueberweisungsgebühr von 0,50 M in Fortfall kommt.

Monatsblätter.

150. Antrag der Zweigverwaltung Pankow und Umgegend. 150.

Die von den einzelnen Bezirksverwaltungen unterhaltenen Bezirksmitteilungen, Monatsblätter usw. werden vom 1. Januar 1915 ab aufgehoben. Als Ersatz wird der Deutschen Techniker-Zeitung alle 14 Tage eine Beilage beigegeben, welche übersichtlich geordnet alle Verbands-, Bezirks- und Zweigverwaltungsmitteilungen enthält. Eventuell könnte diese Beilage, damit sie nicht zu umfangreich wird, in 8 bis 10 Bezirke innerhalb des Deutschen Reiches geteilt werden, dergestalt, daß für alle Teile der Kopf mit den Verbands- und Bezirksmitteilungen gleich, die Zweigverwaltungsmitteilungen aber entsprechend geteilt sind. Zur Kostendeckung hat jede Bezirksverwaltung pro Mitglied und Jahr 0,50 M an die Verbandskasse zu erstatten. Die event. Mehrkosten trägt die Verbandskasse.

Begründung: Z. Zt. bildet die Unterhaltung der Bezirksmitteilungen, Monatsblätter usw. mit geringen Ausnahmen eine ständige Sorge und Last für die Bezirksverwaltungen, ohne daß etwas Zufriedenstellendes dabei geschaffen wäre. Zudem bilden die vielen kleinen Blätter und Blättchen und die unvollständige in den Winkeln der Techniker-Zeitung versteckte Rubrik für Verbandsmitteilungen ein Bild der Zerrissenheit und Unübersichtlichkeit, wie es jeder Einsichtige nur beklagen muß. Sie bedeuten eine Arbeits- und Geldvergeudung. Propaganda können wir mit den Blättchen nicht machen. Außerdem wäre es erwünscht, die Deutsche Techniker-Zeitung zu entlasten und ihr ein vornehmes Gewand zu geben, zugleich aber eine Gelegenheit zu schaffen, die Verbandsmitteilungen einem besseren und mehr ins Auge fallenden Rahmen einzufügen und einen Meinungsaustausch zwischen Nord und Süd, Ost und West zu ermöglichen. Man wende nicht ein, daß es den Norddeutschen nicht interessiert, was die Süddeutschen treiben oder umgekehrt. Das ist gerade der heutige Uebelstand, daß jede Verwaltung abgeschlossen für sich arbeitet und keinerlei Anregung von außen her zugänglich ist. Aus einer einheitlichen Beilage zur Techniker-Zeitung, den „Verbandsmitteilungen", würde jeder, auch der Fernstehende, neue Anregung schöpfen. Es würde ein edler Wetteifer zwischen den einzelnen Verwaltungen stattfinden. Vor allem haben wir aber damit ein einheitliches Ganzes, man kann sich jeder Zeit über den Stand des Deutschen Techniker-Verbandes im Deutschen Reiche orientieren.

Taschenbuch.

151. Antrag der Zweigverwaltung Essen a. d. Ruhr. **151.**

Die Verbandsleitung ist verpflichtet, ein Taschenbuch herauszugeben und gegen eine angemessene Vergütung unter den Mitgliedern zu vertreiben. In dieses Buch sind die Satzungen, die Ausführungsbestimmungen, Bestimmungen über die Inanspruchnahme der Stellenlosenunterstützung, der Darlehns- und Unterstützungskasse und alle sonstigen wichtigen Bestimmungen und Verfügungen des Verbandes aufzunehmen. Ferner wichtige Gesetzesauszüge für Techniker usw., Mitteilungen über andere Verbände u. a.

Begründung: An einem derartigen Buche mangelt es dem D. T.-V. Das zuletzt herausgegebene Buch war nur ein kleiner Versuch, der keinerlei Anspruch auf Vollständigkeit hatte und nicht für die Aufnahme des hiermit geforderten Buches als Maßstab gelten kann.

152. Antrag der Zweigverwaltung Jena. **152.**

Der Verbandstag wolle beschließen, daß das im Jahre 1913 herausgegebene Taschenbuch künftig in Fortfall kommt und an dessen Stelle ein technischer Kalender mit Anhang tritt.

Begründung: Nach den Berichten des Verbandsvorstandes sind die entstandenen Unkosten für das Taschenbuch 1913 durch den Verkauf nicht gedeckt. Dieses läßt sich jedoch durch Herausgabe eines technischen Kalenders in der ähnlichen Ausführung des Baugewerks- oder Baukalenders, jedoch mit Anhang vom Taschenbuch 1913, ermöglichen. Es ist sogar sichere Aussicht vorhanden, daß hierbei ein bedeutender Ueberschuß erzielt wird, der den Wohlfahrtseinrichtungen des Verbandes zu überweisen wäre.

Bekanntmachung

Gemäß § 25 der revidierten Satzung findet am Sonntag, den 3. Mai 1914, vormittags 10 Uhr, in Berlin, „Restaurant Lehrervereinshaus“, Saal III, IV und V, Alexanderstraße 41, die

regelmäßige Generalversammlung

der „Eingeschriebenen Hilfskasse Nr. 58 für Architekten, Ingenieure und Techniker Deutschlands, gegründet vom Deutschen Techniker-Verbande“ statt. — Oertliche Verwaltungsstellen derselben sind in Bayern (Sitz München), Berlin, Braunschweig, Breslau, Dresden, Elsaß-Lothringen (Sitz Metz), Frankfurt a. M., Halle a. S., Hamburg-Altona, Hannover (Sitz Osnabrück), Kiel, Königsberg i. Pr., Kurhessen-Waldeck (Sitz Cassel), Leipzig, Magdeburg, Gr. Oldenburg (Sitz Wilhelmshaven), Posen, Rheinland (Sitz Mülheim-Rhein), Stettin, Thüringen (Sitz Erfurt), Westfalen (Sitz Dortmund), Württemberg (Sitz Stuttgart).

Tagesordnung:

1. Rechenschaftsbericht und Entlastung des Hauptvorstandes.
2. Wahl des Hauptvorstandes.
3. Wahl des Aufsichtsrates.
4. Wahl der Kassenprüfer.
5. Festsetzung der Reise- und Tagegelder für die Abgeordneten.
6. Beschlußfassung über die vom Kaiserlichen Aufsichtsamt für Privatversicherung durchgesehene und mit den vom Amte in ständiger Praxis aufgestellten Grundsätzen und den gesetzlichen Bestimmungen in Uebereinstimmung gebrachte neue Satzung.

Anträge des Aufsichtsrates.

7. Die Generalversammlung wolle beschließen:
entweder die Geschäftsordnung mit den Ausführungsbestimmungen als Nachtrag, Anhang oder Ergänzung in die Satzung mit aufzunehmen und der Behörde zur Kenntnisnahme bezw. Genehmigung einzureichen und zwar unter Berücksichtigung aller wünschenswerten Ergänzungen zu den einzelnen Paragraphen der Satzung,
oder aber, falls Anträge auf Satzungsänderungen vorliegen und zur Beratung kommen, die Geschäftsordnung mit Ausführungsbestimmungen in die Satzung überhaupt einzureihen.

Begründung: Den an den Aufsichtsrat gerichteten Beschwerden zufolge, werden die Ansprüche der Mitglieder an die Kasse immer größer. Es erscheint deshalb als Gebot der Notwendigkeit, daß die Ausführungsbestimmungen und Erläuterungen zu der Satzung auch von der Behörde sanktioniert worden sind und bei Streitigkeiten vor Gericht als Teil der Satzung anerkannt und respektiert werden. Jetzt hält sich das Gericht jedenfalls nur an die Satzung. Außerdem kommt es vor, daß die Mitglieder die jetzige, von der Satzung getrennt gehaltene Geschäftsordnung nicht besitzen und die darin enthaltenen Vorschriften usw. nicht kennen wollen.

In der Satzung sollte deshalb alles enthalten sein, was für die Verwaltungen, den Vorstand und die Mitglieder der Kasse maßgebend ist. Als nachahmungswertes Beispiel seien die Satzungen der „Kranken- und Begräbniskasse des Verbandes deutscher Handlungsgehilfen“ nach den Beschlüssen der G.-V. vom 9. 6. 1913 angeführt.

Als wünschenswerte Ergänzungen zu den einzelnen Paragraphen ist folgendes anzuführen:

Zu § 7 der Satzung, sowie §§ 21 bis 22 der Ausführungsbestimmungen:

1. Die ärztliche Behandlung hat grundsätzlich, soweit nichts anderes bestimmt wird, durch staatl. geprüfte Aerzte zu erfolgen.
2. Als Arzthonorar wird vergütet:
   a) für die erste Untersuchung bis 5 M, für Konsultationen in der Wohnung des Arztes 2 M, für Besuche in der Wohnung des Erkrankten 3 M;
   b) bei Behandlung durch Spezialärzte unter Beobachtung von § 7 Abs. 4 der Satzung 3 bis 5 M;
   c) bei Geschlechtskrankheiten 3 M für die erste Behandlung, 2 M für die weiteren Konsultationen.
3. Höhere Beträge können nur ausnahmsweise durch die Ortsverwaltung nach Rücksprache mit dem Hauptvorstande bewilligt werden. Dasselbe gilt auch für
4. Die Bewilligung der Kosten für Röntgenbestrahlung, Elektrisieren, Galvanisieren und sonstige Extraleistungen der Aerzte, sofern diese Manipulationen nicht als Heilmittel, sondern als ausführende Tätigkeit der Aerzte in Frage kommen.

Zu Abs. 5 § 7 der Satzung:

5. Der Höchstbetrag für Operationen darf die Summe von 150 M nicht überschreiten.

Zu Nr. 8 § 7 der Satzung:

6. Auf Ansuchen kann mit Zustimmung des Hauptvorstandes den erkrankten Mitgliedern, wenn der Arzt ihres Wohnortes dies für unbedingt notwendig hält, die Absolvierung einer Kur in einem Badeorte (ohne Sanatoriumbehandlung) gewährt werden und zwar ohne Vergütung für Arzt und Arzneien, wofür den Mitgliedern das tägliche Krankengeld um 1 M erhöht wird.
7. Ausländische Kur- und Badeorte dürfen in der Regel nicht aufgesucht werden oder nur, wenn der Vertrauensarzt nach Prüfung des Einzelfalles dies befürwortet.

Zu § 7 Abs. a Heilmittel betreffend:

8. Mit der Bezeichnung „ähnliche Heilmittel“ ist die Aehnlichkeit zu Brillen und Bruchbändern in bezug auf den dafür lt. § 26 der Ausführungsbestimmungen festgesetzten Kostenpunkt zu verstehen.
9. Mehrkosten für Heilmittel können nur mit Zustimmung der Ortsverwaltungen, gegebenenfalls nach Rücksprache mit dem Hauptvorstande bis zum Höchstbetrage von 20 M für jeden Krankheitsfall auf besonderen Antrag bewilligt werden.

§ 24
der Ausführungsbestimmungen

10. ist zu streichen, und § 26 sinngemäß nach vorstehenden Angaben unter 8 zu ändern.

§ 29
der Ausführungsbestimmungen

11. steht im Widerspruch zu § 8 1. Abs. und ist zu streichen.

Zu § 8 Abs. 1 der Satzung:

12. Kuren in ausländischen Sanatorien können nicht berücksichtigt werden.

Zu § 8 letzter Abs. der Satzung:

Unter Bezugnahme auf die Sätze für Operationen nach § 7 kann auf Ansuchen bei Krankenhausbehandlung eine Beihilfe zu den Kosten größerer Operationen gewährt werden.

Zu § 25
der Ausführungsbestimmungen

13. Die Kosten für Zahnplomben werden in der Regel mit 2 M vergütet. Nervtöten mit Nebenbehandlung und Füllen des Nervkanals kann extra vergütet werden. Der Gesamtbetrag darf jedoch die Höhe von 2 M nicht überschreiten.

der Ortsverwaltung Berlin:

8. Die Generalversammlung wolle beschließen:
daß zur Quittungsleistung der gezahlten Beiträge das Markensystem eingeführt wird.
9. Der § 9 Abs. III der Satzung ist zu ändern bezw. dahin auszulegen, daß nur bei Erkrankungen mit Erwerbsunfähigkeit oder bei solchen Krankheiten von längerer Zeitdauer (über 4 Wochen) der Genesungsvermerk seitens des Arztes im Krankenschein erforderlich ist.

Bei Krankheiten, welche die Unterbrechung der Berufstätigkeit nicht zur Folge haben und die innerhalb vier Wochen behoben sind, genügt die Bescheinigung des betreffenden Mitgliedes: „Bin wieder gesund“. Datum. Unterschrift.

Begründung: Die nötigen Gesundheitsbescheinigungen seitens des Arztes kosten der Kasse eine sehr große Summe im Jahre; denn der letzte Besuch des Patienten beim Arzt hat in den meisten Fällen nur den Zweck, den Krankenschein dahin zu vervollständigen, wofür die Kasse in jedem Falle etwa 2 M zahlen muß.

10. Die Verwaltungskosten sind entsprechend dem erhöhten Beitrage herabzusetzen.

Begründung: Bei der Erhöhung des Monatsbeitrages von 3 M auf 3,50 M lag gleichzeitig ein Antrag vor auf Ermäßigung der Verwaltungskosten, der jedoch damals abgelehnt wurde.

11. Ortsverwaltungen, die mehrere Delegierte zu stellen haben, sollen mindestens einen Funktionär entsenden.

Begründung: Erfolgt auf der Generalversammlung.

12. Der Satzung sind kurze Erläuterungen über die Leistungen der Kasse in Krankheitsfällen, über Beitragshöhe usw., sowie auch über diejenigen Heilmittel, welche nicht bezahlt werden, beizufügen.
Begründung: Durch diesen Auszug der Ausführungsbestimmungen, Satzung usw. unter Beifügung noch weiterer wichtiger Angaben soll den Mitgliedern das Auffinden solcher wissenswerter Einzelheiten erleichtert werden.
Die Beifügung einer Aufstellung derjenigen Heilmittel, für welche die Kasse eine Rückvergütung nicht leistet, ist zur Aufklärung und Vermeidung sehr oft vorkommender Streitfälle ganz besonders ratsam und dringend erforderlich.

Anträge
der Ortsverwaltung Hamburg-Altona.

13. Die Generalversammlung wolle beschließen:
Der Aufsichtsrat und Hauptvorstand wird angewiesen, die räumlich zu großen Ortsverwaltungen, vor allen Berlin, zu teilen und zwar so, daß die neuen ehrenamtlich zu führenden Verwaltungsstellen eine Mitgliederzahl von höchstens 150 bis 200 enthalten.
Die Teilung hat bis zum 1. Juli 1914 zu erfolgen. Sollten wider Erwarten die örtlichen Verhältnisse von Berlin eine Teilung der Verwaltungsstelle nicht ratsam erscheinen lassen, was erschöpfend begründet werden muß, so ist ein Sekretär anzustellen (§ 25 Ziffer 4 der Satzung).
Begründung: Eine Zusammenstellung über Einnahmen und Ausgaben der seit 5 Jahren bestehenden Ortsverwaltungen zeigt deutlich, daß die räumlich großen Ortsverwaltungen ungünstiger arbeiten als die kleineren.
Ganz besonders tritt das bei der Verwaltungsstelle Berlin in Erscheinung, die in diesen 5 Jahren nicht nur keine Ueberschüsse, sondern 12 605 M Unterbilanz aufweist.
Hier ist Abhilfe dringend erforderlich, denn es kann nicht angehen, daß Berlin und auch die übrigen dauernd ungünstig arbeitenden Ortsverwaltungen mit unterhalten werden, dies führt zum Ruin der Kasse. Es müssen Mittel und Wege gefunden werden ,dies zu verhüten, und wird u. E. durch Teilung der Verwaltungsstellen oder daß für Berlin ein Sekretär angestellt wird, Abhilfe geschaffen werden.

14. Die Generalversammlung wolle beschließen:
Der § 4 der jetzigen Satzung ist dahin zu erweitern, daß auch Mitglieder, die infolge der neuen Versicherungsordnung einer Pflichtkasse angehören müssen und um nicht in zwei Kassen zu zahlen, aus unserm Verein austreten, nach Erlöschen der Versicherungspflicht, derselben Wohltaten wie die zum Militär eingezogenen Mitglieder teilhaftig werden können (vergleiche auch Geschäftsordnung § 28).
Begründung: Es dürfte recht und billig sein, den in Frage kommenden Mitgliedern den Beitritt in der im Antrage ausgesprochenen Form zu erleichtern, jedenfalls würde der Verein dadurch nur gewinnen und sein Ansehen gehoben werden können.

15. Im § 2 Abs. 3 ist statt „auch“ das Wort „nur“ zu setzen und folgender Zusatz: „den Aufgenommenen wird die Gebühr bis zum Betrage von 3 M zurückerstattet“ zu machen.
Begründung: Die Uebernahme der Kosten für die ärztliche Untersuchung zum Zwecke des Beitritts würde für den Verein ein gutes Agitationsmittel sein und dürfte daher nicht allzuschwer ins Gewicht fallen.

16. Der § 30 der Geschäftsordnung ist dahin zu erweitern, daß auch der Hauptvorstand mit einer entsprechenden Geldbuße aus eigenen Mitteln zu belegen ist, falls durch sein Verschulden der ausführliche Rechenschaftsbericht nicht rechtzeitig, d. h. bis zu den zwecks Stellung von Anträgen stattfindenden Mitgliederversammlungen (10. bis 15. März) in die Hände der Ortsverwaltung gelangt.
Begründung: Bei Abhaltung der Mitgliederversammlungen zwecks Stellung von Anträgen zur Generalversammlung kann seitens des Ortsverwaltungsvorstandes auf berechtigte Anfragen aus dem Mitgliederkreise über Kassenverhältnisse usw. keine Auskunft erteilt werden, weil der Rechenschaftsbericht nicht fertig gestellt ist.
Dies führt zu unliebsamen Weiterungen, die vermieden werden könnten in der Annahme, daß, da die Kassierer der Ortsverwaltungen mit Ordnungsstrafen belegt werden, wenn diese ihre Abrechnungen nicht rechtzeitig einsenden, die Schuld der verspäteten Fertigstellung des Rechenschaftsberichtes lediglich beim Hauptvorstand liegt.

Anträge
der Ortsverwaltung Kiel.

17. Die Generalversammlung wolle den § 7b der Zuschußkassensatzung folgenden Wortlaut geben:
„Im Falle der Erwerbsunfähigkeit vom 21. Krankheitstage ab für jeden Kalendertag ein Krankengeld von 3 M.“
Begründung: Bei Inkrafttreten der Zuschußkassensatzung ist unsere Kasse nicht mehr gehalten, die Mindestleistungen der Pflichtkassen nach der RVO., hinsichtlich des Krankengeldes zu gewähren. Es würde daher angebracht sein, den Zeitpunkt des Krankengeldbezuges, wie im Antrag zum Ausdruck gebracht, hinauszuschieben, um dadurch eine Entlastung der Kasse herbeizuführen.

18. Die Generalversammlung wolle der Zuschußkassensatzung einen Passus einfügen, wonach in den Ortsverwaltungen innerhalb einer gewissen Frist Neuwahlen stattfinden.

Anträge
der Ortsverwaltung Rheinland.

19. § 7 Abs. 7 ist folgender Wortlaut zu geben:
Mitgliedern, welche zugleich der Gemeindekrankenversicherung oder einer auf Grund des Krankenversicherungsgesetzes vom 1. Januar 1914 errichteten Krankenkasse, sowie der Reichs-Invaliditätskasse und staatlichen Angestelltenversicherung angehören, kann anstelle der freien ärztlichen Behandlung und anstelle der Arznei eine Erhöhung des Krankengeldes um 1 M gewährt werden.
Begründung: Da die Angestellten nicht nur bis 2500 M der Krankenkasse und der Invaliditätsversicherung, sowie über die Gehaltsgrenze hinaus auch der Angestellten-Versicherung angehören müssen, so wird es in Zukunft sehr oft vorkommen, daß sie bei Krankheit aus der einen oder anderen Versicherung Leistungen erhalten und hat der Abs. 7 des § 7 für diese Fälle gleiche Berechtigung.

Antrag
der Ortsverwaltung Kurhessen-Waldeck.

20. Die Generalversammlung wolle beschließen:
Im § 7 der Satzung ist Abs. 3 und 6 zu streichen und an dieser Stelle zu setzen:
„Die Krankenunterstützung endet spätestens mit dem Ablaufe der sechsundzwanzigsten Woche nach Beginn der Krankheit. Für die der gesetzlichen Unfallversicherung unterworfenen Mitglieder endet jede aus Anlaß eines Betriebsunfalles herzuleitende Unterstützung mit Ablauf der 13 Woche nach dem Unfall.“

21. Geschäftliches.

Berlin, den 4. April 1914.

Der Hauptvorstand:
Hermann Knütter, Vorsitzender.

Rotationsdruck der Brühl'schen Universitäts-Buch- und Steindruckerei R. Lange, Gießen.

Deutsche Techniker-Zeitung

Wochenschrift für alle technischen Berufsstände · Herausgegeben vom Deutschen Techniker-Verbande

Heft 51/52 · 31. Jahrg. | Kommissions-Verlag: Leipzig. Redaktion: Berlin SW. 48 · Postversand: Gießen | 29. Dezember 1914

Dieses ist

das letzte Heft der D. T. Z.

das Sie im alten Jahre erhalten. Beachten Sie darum genau die Bekanntmachungen, insbesondere die Ankündigung, dass alle rückständigen Beiträge, soweit nicht Stundung gewährt worden ist,

durch Nachnahme

eingezogen werden.

Elektrische Haus-Telegraphen

Tableaux-, Telephon-Apparate, Blitzableiter-Material, kleine Lichtanlagen Motore, Elektrisier-Apparate, Taschenlampen, Feuerzeuge, Rasier-Apparate.

R. Schwaan & Zimmermann,
Berlin O.27, Grüner Weg 5.

Amerikanisches Detectiv-Institut „The Light".

Erledigung all. Vertrauensangelegenheiten, Eheaffären, Ermittlungen, Beweismaterial, Beobachtungen in den Badeorten, mäßiges Honorar. Strengste Diskretion. Referenzen aus ersten Kreisen. Garantierter Erfolg.
Detectiv-Institut „The Light" Berlin, Elsasserstr. 82 I. Inh. Max Dames & Co.

Was man zum Eisenbetonkonstrukteur braucht

Schlüter, Säule und Balken
8 M, Lehrg. im Lichte der Praxis

Schlüter, Rahmen u. Gewölbe
12 M, Lehrg. f. techn. Mittelschüler

auch gegen **3 M** Monats-Rate

Verlag Hermann Meusser,
Berlin W. 57/4, Potsdamer Str. 75.

FABRIKSCHORNSTEINE
NEUBAU u. REPARATUREN
BLITZABLEITUNG, KESSELEINMAUERUNG
Sulze & Schröder
HANNOVER. TELEPHON 1237
Über 2000 Ausführungen im In- u. Auslande

Bitte beachten
Sie die kleinen Anzeigen!

Die Menge –

20 Liter Guntersblumer, Oppenheimer oder Niersteiner Weißwein, Medoc oder Dürkheimer Rotwein für **17 M,** Griech. Muscat (Süßwein) für **20 M,** Alter span. Portwein, jetzt Tarragona **25 M,** Alter Malaga, dunkel oder golden **28 M** per Nachnahme, Faß leihweise, längere Verbindung Ziel. Die Weine sind glanzhell bis zum letzten Tropfen. Für Echtheit und Flaschenreife wird garantiert durch Zurücknahme und Tragung aller Kosten, wenn nicht gefällt. Tausende Anerkennungen aus allen Beamtenkreisen.

H. WIRSING,
Wein-Im- u. Export, Sebnitz i. Sa.
Nb. Meine Offerte ist sólch irreführenden „Selbstkosten plus 10 Proz." vorzuziehen

---

Gegründet 1884.

Paul Sachse,
Berlin-Reinickendorf.
Fabrik gelochter Bleche.
Heizkörperverkleidungen.

Nettetaler Trass verbessert u. verbilligt Mörtel wie Beton. Vorzüglich bewährt bei Hoch- und Tiefbauten

Schwemmsteine } leicht, isolierend,
Bimskies } feuersicher.

J. MEURIN, Trasswerke, **Andernach** a. Rhein.

„O, meine Beine!"

So hört man oft klagen. Aber warum ermüden Sie so schnell? Weil Sie keine Absätze Continental tragen! — Lassen Sie sich raten und verlangen Sie vom Schuhmacher ausdrücklich die enorm haltbaren

Absätze Continental

Schützt Leben und Gesundheit eurer Soldaten im Felde!

Mancher Feind wird durch ein gutes Fernglas frühzeitig erkannt und unschädlich gemacht. Sie können also Ihren dem Soldatenstande angehörigen Verwandten und Bekannten keine größere Freude bereiten, als wenn Sie dieselben mit einem diensttauglichen Feldstecher beschenken.

Billige, präzise gearbeitete, sehr lichtstarke
Militär- und Jagd-Ferngläser,
die sich für den harten Kriegsgebrauch, mit festem, feldmäßigem Ledereitui versehen, sehr gut eignen.

Nr.			Nr.		
793,	4 ×	16,50 Mk.	809,	6 ×	27,00 Mk.
804,	3¾ ×	17,50 „	810,	5 ×	30,50 „
805,	4 ×	19,50 „	811,	5 ×	32,50 „
814,	4½ ×	20,50 „	817,	5 ×	33,00 „
837,	4 ×	22,00 „	842a,	6 ×	42,00 „

Nr. 793 bis 837 kosten mit gutem, feldmäßigem Ledereitui mit Riemen 3,00 Mk. mehr, Nr. 809 bis 811 sind mit feldmäßigem Ledereitui ausgerüstet.

Aeußerst preiswerte, lichtstarke Dämmerungs-, Kriegs- und Jagd-Prismenbinokel, auf der Genter Weltausstellung mit der goldenen Medaille ausgezeichnet.

Armee-Modelle	6 ×	8 ×	10 ×	Vergrößerung
27 resp. 30 mm Obj.-Durchm.	85.00	95.00	115.00	Mk.

Jagd-Modelle	6 ×	8 ×	Vergrößerung
	125,00	135.00	Mk.

5 Gläser 8 Tage zur Ansicht.

Bequeme Zahlungsweise gestattet. Lieferung direkt an Private. Bei Barzahlung entsprechendes Sconto. Kataloge gratis und franko.

Große Auswahl in Jagd-, Militär- und Reise-Gläsern, Damen- und Herren-Theatergläsern, Prismenbinokeln, Teleskopen für Astronomie und Aussichtspunkte, Mikroskopen, photographischen Apparaten, Brillen und Pincenez usw.

Busch-, Hensoldt-, Görz-, Schütz-, Voigtländer-, Olgee- usw. Fabrikate **zu Originalfabrikpreisen.**

Reparaturen preiswert und schnell.

Alfred Scharnbeck, optische Anstalt, **Rathenow 15.**
Telephon 105. Telephon 105.

Transformatoren

für Klingel, Licht, Kraft und alle anderen Zwecke.

Ernst Bürklen,
Chemnitz,
Spezialfabrik für Transformatoren.
Mitgl. d. D. T. V.

H. Friederichs & Co.
Sagan

15 jährige Spezialität

Gradierwerke | Kaminkühler

Kataloge bereitwilligst | Ingenieurbesuche kostenlos

Bandsäge
Maschinen-Werke
Gubisch
Liegnitz 52.
Spezialfabrik und Eisengießerei moderner Sägewerks- und Holzbearbeitungsmaschinen.

Echte Briefmarken sehr bill. Preisliste für Sammler gratis. August Marbes, Bremen.

Reserviert
für die
Firma Chr. Döbbrick
Fabrik für Eisenkonstruktion und Kunstschmiedewerke
Unter-Barmen,
Wiesenstraße 25 II.

Schornsteinbau

Reparaturen, Erhöhungen
Dissipator-Schornsteine

Kessel-Einmauerung

Flugaschenfänger
Maschinen-Fund.

Georg Richter, Chemnitz
Kaiserstraße 40.

Auflage 35200 Exemplare

DEUTSCHE TECHNIKER-ZEITUNG

Annahme von Inseraten und Beilagen: beim Verlag: Degener & Co., LEIPZIG, Hospitalstr. 13/15, Tel. 850 und 3619

ANZEIGEN: Die 4gespaltene mm-Zeile oder deren Raum 20 Pfg. Inserat-Annahmeschluß 10 Tage, für Stellen-Angebote, Gesuche 8 Tage vor Erscheinen. Beilagen nach Uebereinkunft. Annahme od. Ablehnung von Text- bezw. Inseratbeiträgen od. Beilagen ausdrücklich ohne Angabe von Gründen vorbehalten. ABONNEMENTS nimmt jede Buchhandlung, Postanstalt, auch der Verlag entgegen. Halbjahrspreis für Deutschland und Oesterreich-Ungarn M 7.50 für das Ausland M 9.25. Schriftleitung: Berlin SW. 48, Wilhelmstraße 130. Fernspr.-Anschl.: Amt Nollendorf 2793 und 2794. Redaktionsschl.: Sonnabend mittag 12 Uhr.

Tüchtiger

Tiefbautechniker

für sofort gesucht. Angebote nebst Zeugnisabschriften und Gehaltsansprüchen erbittet

H. Schmidt, Tiefbaugeschäft, Heide in Holstein. 928

Bei der Königlichen Gewehrfabrik Erfurt ist die Stelle eines

Bausekretariats-Anwärters

sofort zu besetzen.

Anfangsgehalt: Für Zivilanwärter 1600 M; für Militäranwärter 1800 M nebst Wohnungsgeldzuschuß. Bewerber, die das Reifezeugnis einer anerkannten Baugewerkschule besitzen oder die Festungsbauschule mit Erfolg besucht haben, können die Bedingungen von der Gewehrfabrik beziehen. 911

Königliche Gewehrfabrik Erfurt.

Maschinentechniker

mit dem Reifezeugnis einer höheren Maschinenbauschule, die im Entwerfen von Werkstattanlagen bewandert oder in der Elektrotechnik erfahren sind, zum sofortigen Eintritt gesucht. Anerbieten mit Lebenslauf, Zeugnissen, Angabe der Gehaltsansprüche und des Zeitpunktes, zu dem Eintritt erfolgen kann, sind zu richten an die

Königliche Eisenbahndirektion Cassel. 945

Zeugnis-Abschriften

garant. **unübertreffb.** Schreibm.-Arb.

Das Stück nur 2 Pfg.

(mind. 30 Stück) umgehend.

A. E. Schoeps Berlin-Wilmersdorf, Deimolder Straße 61 am Kaiserplatz.

Bekanntmachung.

Zur vorübergehenden Beschäftigung wird ein im Hoch- und Tiefbau erfahrener **Techniker** sofort gesucht. Vergütung monatlich 150 Mark.

Geseke, den 9. Dezember 1914.

Der Magistrat.

Dissen. 950

Aelterer, tüchtiger Hochbautechniker gesucht, möglichst militärfrei, mit mehrjähriger Erfahrung im Dienste der Staatsbauverwaltung. 948

Den Bewerbungen mit Angabe der Gehaltsansprüche sind Zeugnisabschriften u. Lebenslauf beizufügen.

Königl. Neubaubureau für die amtsgerichtlichen Bauten Lehe i. H.

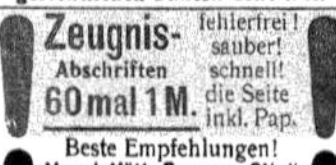

Beste Empfehlungen!

Vervielfält.-Bureau „Cito“
Hannover 73, Georgsplatz 7.

Bessere Stellung

erlangt **sicher**, wer meinen **Perplex-Ratgeber** (Deutsches Reichs-Gebrauchs-Muster), das **anerkannt** beste Werk auf diesem Gebiete, benutzt. 44 Großquartseiten = 88 Oktavseiten. Preis 1,25 M, Nachn. 1,45 M. Man verlange unbedingt **kostenlosen** Prospekt. [1066

Wilh. Streitz, Berlin 201, Pasteurstraße 16.

Willy Fuhrmann, Oberammergau

im bayerischen Hochgebirge

Spezialhaus für Loden- und Sportbekleidung

liefert ohne Anprobe nach eingesandten Maßen gefertigte

Jagd-Mäntel, Jagd-Röcke, Paletots, Pelerinen, Straßen-, Sport- und Jagd-Anzüge, Lodenjoppen, Ski-Anzüge, Damen- ::: Straßen- und Sport-Kostüme :::

bei Garantie für tadellosen Sitz,

in allen modernen Farben und Preislagen aus echt oberbayerischen, imprägniert-wasserdichten Lodenstoffen, die auch meterweise abgegeben werden.

Jedes Damenkostüm wird von ersten Wiener Herrenschneidern gearbeitet.

Spezialität: Poröse Kamelhaarloden

Erstklassige Referenzen! 907

Fordern Sie neuesten Hauptkatalog T u. Muster-Kollektionen kostenlos und unverbindlich.

Brillanten, Uhren
Goldwaren, Alfenide, Metallwaren.

Preisliste frei.

Beleuchtungskörper für jede Lichtquelle, **photogr. Apparate, Lederwaren, Reiseartikel.**

L. Römer, Altona (Elbe) 120.

Größere chemische Fabrik des Niederrheins sucht zum sofortigen Eintritt einen tüchtigen, arbeitsfreudigen

Techniker

welcher im Maschinen- und Bauzeichnen firm ist. Flottes und sauberes Zeichnen ist unbedingt erforderlich. Bewerber wollen ihre Gehaltsansprüche, Zeugnisabschriften und Bewerbung einreichen unter Chiffre **D. G. 836** an die Annoncen-Expedition **Carl Foerster, Düsseldorf 9.** 961

Installationstechniker

für Wasserleitungs-, Kanalisations-, Beleuchtungsanlagen, erwünscht auch für Zentralheizungs- u. Warmwasserbereitungs-Anlagen, doch nicht Bedingung, für dauernd per sofort gesucht. Meldung mit Ansprüchen an 934

F. Zühlsdorff, Ingenieur, Graudenz.

Tiefbau-techniker

mit abgeschlossener Bauschulbildung, möglichst Erfahrung im Eisenbahnbau, militärfrei, für die Kleinbahnabteilung der Provinzialverwaltung, hierselbst, zu baldigem Eintritt gesucht. Meldungen sind unter Angabe der Gehalts-Ansprüche mit Lebenslauf u. Zeugnis-Abschriften umgehend an mich einzureichen.

Merseburg, den 16. Dezbr. 1914.

Der Landeshauptmann der Provinz Sachsen. 963

Sofort gesucht.

a) Mehrere vollständig militärfreie Tiefbautechniker

zur Weiterführung der bei dem Kriegsausbruch abgebrochenen Entwurfsarbeiten für Straßen- und Brückenbauten, Bauabrechnungen und zur Inangriffnahme umfangreicher Bauausführungen im Unternehmer- und Gefangenenbetriebe.

Im Vermessungswesen erfahrene Bewerber mit abgeschlossener Baugewerksschulbildung werden bevorzugt.

Außentätigkeit bei zufriedenstellenden Leistungen im Bureau. Zulagen:

a) bei Vermessungsarbeiten vier Mark pro Tag, b) bei vertretungsweiser Bauaufsicht bis vier Wochen drei Mark pro Tag, c) bei Bauaufsicht zwei Mark pro Tag, d) Fahrradzulage 15 Mark pro Monat.

b) Vollständig militärfreie Bureaugehilfen

vertraut mit sämtlichen im Baubetriebe vorkommenden Rechnungssachen und in der Führung der Registraturgeschäfte.

Kündigungsfrist zu a) u. b) vier Wochen.

Bewerber wollen beglaubigte Zeugnisabschriften, selbstgefertigte Niederschrift des Lebenslaufes unter Angabe des frühesten Diensteintrittes und der Vergütungsansprüche bis spätestens 3. Januar 1915 einreichen. Zureisekosten werden nicht gewährt. 964

Konitz (Wpr.), den 17. Dezember 1914.

Der Vorstand des Königlichen Forstwegebauamts.

Betriebs-Techniker

mit prakt. Werkstatts-Erfahrg. in mod. Arbeitsmethoden u. Akkordwesen der Massenfabrikation von Präz.-Werkzeugen sowie Schnellst.-Härterei gesucht. Spezialist in

Spiral-Bohrern

bevorzugt. Offerten mit Lebenslauf und Zeugn., Kopien und Gehalts-Ansprüchen unter **D. Z. 956** an **Degener & Co., Leipzig**, Hospitalstraße 13/15.

Zeugnisabschriften

etc. Ausführung unerreicht. 1199

1 Seite 20 × 0.60 M 30 × 0.75 M inkl. 50 × 1.– M Pap.

Porto besonders. Muster gratis.

W. Knoop, gepr. Lehrer der Stenogr.

Berlin-Wilmersdorf 2, Tübinger Str. 6.

Ein junger, erfahrener **Hochbautechniker**

mit Praxis für Anschlag, Entwurf und Abrechnung, sowie zur Hilfeleistung bei den laufenden Dienstgeschäften möglichst sofort auf einige Monate gesucht. Gehalt 150–170 M monatlich. Meldungen mit Lebenslauf, Zeugnisabschriften und Angabe der Gehaltsansprüche möglichst sofort erbeten.

Stadtbauamt Gardelegen (Bez. Magdeburg). 962

Verbandsmitglieder 20% Rabatt.

Zeugnis- 20× 1,– M, 30× 1,20 M, 50× 1,50 M pro Seite

Abschriften, das Beste in dieser Art.

Ausarbeitung kompletter Bewerbungsofferten nach meiner erfolgsichersten Original-Methode. Man säume nicht, Prosp. usw. kostenfrei einzufordern. Glänzende Anerkennungen

Wilh. Streitz, Berlin 201, Pasteurstr. 16

Erfahrener und zuverlässiger **Tiefbautechniker,** Absolvent einer anerkannten Baugewerkschule, zur Hilfeleistung bei Aufstellung von Entwürfen gesucht. Bewerbungsgesuche mit Lebenslauf und Zeugnisabschriften, sow. Angabe der Gehaltsansprüche einzureichen an das 987

Königliche Bauamt II für den Masurischen Kanal, Insterburg, Wilhelmstr. 22.

für Abteilbau dauernd!

Offerten unt. **D. Z. 960** an **Degener & Co., Leipzig**, Hospitalstr. 13/15.

Dr. MAX JANECKE, Verlagsbuchhdlg. Leipzig, Hospitalstr. 10

Elemente der Differential- und Integralrechnung

für höhere technische Lehranstalten u. zum Selbstunterricht. Von Prof. Dr. K. Düsing. Mit zahlreichen Beispielen aus der technischen Mechanik v. Dipl.-Ing. E. Preger. 3. Auflage. Geb. M 1,90.

Beste, billigste und leistungsfähige **Spezialfabrik für Parkett-Kegelbahn mit Bohlenregulierung**

ges. gesch. Erste Rhein. Kegelbahn-Bauanstalt

Ernst Moutin

(Inh. Ernst Lohr), Solingen A.

Kostenanschläge unverbindlich. — Mehrfach prämiiert. Telephon 2199. [1257

Lightning Source UK Ltd.
Milton Keynes UK
UKHW02f1241170918
329045UK00013B/788/P